Peter Hartmann

Kostengesetze

Beck'sche Kurz-Kommentare

Band 2

Kostengesetze

Gerichtskostengesetz, Kostenordnung und Kostenvorschriften des Arbeitsgerichts-, Sozialgerichts- und Landwirtschaftsverfahrensgesetzes, Bundesgebührenordnung für Rechtsanwälte, Gerichtsvollzieherkostengesetz, Entschädigungsgesetze für ehrenamtliche Richter, für Zeugen und Sachverständige, Justizverwaltungskostenordnung, Durchführungs- und Beitreibungsvorschriften sowie Gebührentabellen

Kurz-Kommentar von

Dr. Dr. Peter Hartmann

Richter am Amtsgericht Lübeck

unter Mitwirkung von

Dr. Jan Albers

Präsident des Hamburgischen Oberverwaltungsgerichts a. D.

23., neubearbeitete Auflage
des von Adolf Baumbach begründeten und von Wolfgang Lauterbach von der 10. bis zur 16. Auflage fortgeführten Werkes

C. H. BECK'SCHE VERLAGSBUCHHANDLUNG
MÜNCHEN 1989

CIP-Titelaufnahme der Deutschen Bibliothek

Hartmann, Peter:
Kostengesetze : Gerichtskostengesetz, Kostenordnung und Kostenvorschriften des Arbeitsgerichts-, Sozialgerichts- und Landwirtschaftsverfahrensgesetzes, Bundesgebührenordnung für Rechtsanwälte, Gerichtsvollzieherkostengesetz, Entschädigungsgesetze für ehrenamtliche Richter, für Zeugen und Sachverständige, Justizverwaltungskostenordnung, Durchführungs- und Beitreibungsvorschriften sowie Gebührentabellen ; Kurzkommentar / von Peter Hartmann. Unter Mitw. von Jan Albers. – 23., neubearb. Aufl. d. von Adolf Baumbach begr. u. von Wolfgang Lauterbach von d. 10. bis zur 16. Aufl. fortgef. Werkes. – München : Beck, 1989
(Beck'sche Kurz-Kommentare ; Bd. 2)
ISBN 3 406 33943 3
NE: Baumbach, Adolf: Kostengesetze; GT

ISBN 3 406 33943 3

Druck der C. H. Beck'schen Buchdruckerei Nördlingen

Vorwort

Die Vorauflage ist seit geraumer Zeit vergriffen. Seit ihrem Erscheinen haben Gesetzgebung, Rechtsprechung und Lehre das Kostenrecht wiederum kräftig weiterentwickelt. Der Zeitpunkt einiger größerer angekündigter Reformen ist allerdings noch ungewiß. Das alles machte eine Neuauflage erforderlich.

Die vorliegende gründliche Neubearbeitung enthält die ganze Fülle des Materials der letzten zwei Jahre. Neu sind unter anderem die auch drucktechnischen Hervorhebungen größerer oder wesentlicher Streitfragen sowie eine Vertiefung der Kommentierung weiterer erheblicher Teile vor allem der BRAGO. Erweitert wurden auch die Erläuterungen zum Streitwert, nicht zuletzt auf dem gerade wieder in Bewegung geratenen Gebiet des Verfahrens vor den Finanz- und Verwaltungsgerichten.

Eingearbeitet sind unter anderem die endgültige Fassung der zum 1. Juni 1987 bundeseinheitlich in Kraft getretenen Änderungen der Kostenverfügung, der Bestimmungen über die Festsetzung der aus der Staatskasse zu gewährenden Vergütung der Rechtsanwälte und Steuerberater und der Durchführungsbestimmungen zum Gesetz über die Prozeßkostenhilfe; die zum 1. September 1987 in Kraft getretene Neufassung der Seerechtlichen Verteilungsordnung; das Halbleiterschutzgesetz vom 22. Oktober 1987, durch das auch die BRAGO geändert wurde; die Entscheidung des Bundesverfassungsgerichts vom 14. Juli 1987 zum anwaltlichen Standesrecht mit ihren vielfältigen Auswirkungen auch auf das Kostenrecht; das Gesetz zur Ausführung der EG-Verordnung über die Europäische wirtschaftliche Interessenvereinigung vom 14. Januar 1988; das Anerkennungs- und Vollstreckungsausführungsgesetz vom 30. Mai 1988; die Dritte Verordnung zur Änderung der Gebührenordnung für Ärzte vom 9. Juni 1988 mit ihren zahlreichen Gebührenanhebungen, die bei § 5 ZSEG mitverarbeitet sind; das Steuerreformgesetz vom 25. Juli 1988; die Neufassung des Betriebsverfassungsgesetzes vom 23. Dezember 1988; die im Rechenwerk umfangreichen Änderungen der Durchführungsbestimmungen zum Gesetz über die Prozeßkostenhilfe zum 1. April 1989; Änderungen der Verordnungen über Auslagenpauschsätze nach dem Gesetz über Kosten der Gerichtsvollzieher zum 1. April 1989; das Poststrukturgesetz vom 8. Juni 1989, durch das unter anderem der neue § 17a ZSEG eingefügt wurde; das Gesetz zur Regelung des Geschäftswertes bei land- oder forstwirtschaftlichen Betriebsübergaben und zur Änderung sonstiger kostenrechtlicher Vorschriften vom 15. Juni 1989, durch das unter anderem die §§ 143, 144 KostO erheblich geändert wurden; die mit Gesetzeskraft erlassene Entscheidung des Bundesverfassungsgerichts vom 9. Mai 1989 zur Verfassungsmäßigkeit der Mitbeachtung der Einkommens- und Vermögensverhältnisse der Eheleute bei der Berechnung des Streitwertes und Gegenstandswertes in Scheidungssachen.

Vorwort

Die 23. Auflage enthält bei der Gesetzgebung den Stand von Anfang September 1989, bei der Rechtsprechung und Lehre im wesentlichen denjenigen von Anfang August 1989. Damit ist das Werk wieder auf neuestem Stand.

Unverändert sind die Bemühung um eine gesetzestreue, praxisnahe, konzentrierte, interessenneutrale Darstellung der zahlreichen Auslegungsfragen auf der Basis möglichst vollständiger, ständig aktualisierter Fundstellen und mithilfe eines aufgelockerten Schriftbildes ohne jeden Telegrammstil und unter Verwendung nur der überall üblichen wichtigsten Abkürzungen.

Herr Präsident des Hamburgischen Oberverwaltungsgerichts a. D. Dr. Jan Albers, Hamburg, hat auch in dieser Auflage den § 13 GKG mit seinen Anhängen und ferner die §§ 24, 113–117, 119 BRAGO bearbeitet und mit manchem Rat und vielerlei Anregungen geholfen, unter anderem bei § 20 III GKG und bei KV 1200ff.

Der Verlag hat auch zu dieser Auflage keine Mühen gescheut, die höchstmögliche Aktualität zu bieten. Dafür verdient er besonderen Dank.

Den Lesern, die durch ihre kritischen Stellungnahmen und durch mannigfache Hinweise zum Gelingen dieser Neuauflage beigetragen haben, möchte ich meinen herzlichen Dank sagen!

Lübeck, im September 1989 Peter Hartmann

Inhaltsübersicht

Inhaltsübersicht

Inhaltsübersicht

Inhaltsübersicht

X. Bundesgebührenordnung für Rechtsanwälte

XI. Gesetz über Kosten der Gerichtsvollzieher

XII. Gesetz zur Änderung und Ergänzung kostenrechtlicher Vorschriften (KostÄndG)

Inhaltsübersicht

Verzeichnis der abgedruckten Vorschriften

(Römische Zahlen = Nummern der Teile des Buches)

abgedruckte Vorschriften

Abkürzungsverzeichnis

aA . . . . am Anfang
aaO. . . . . am angeführten Ort
abgedr . . . . abgedruckt
Abk . . . . Abkommen
ABl. . . . . Amtsblatt
Abl, abl . . . . Ablehnung, ablehnend
Abs. . . . . Absatz
abw . . . . teilweise abweichend
AbzG . . . . Abzahlungsgesetz
AcP . . . . Archiv für civilistische Praxis (Band und Seite)
aE. . . . . am Ende
aF . . . . alte Fassung
AFG . . . . Arbeitsförderungsgesetz
AG . . . . Amtsgericht, Ausführungsgesetz
AGB . . . . Allgemeine Geschäftsbedingungen
AGBG. . . . . Gesetz zur Regelung des Rechts der Allgemeinen Geschäftsbedingungen
AKB . . . . Allgemeine Bedingungen für die Kraftfahrtversicherung
AktG. . . . . Aktiengesetz, Aktiengesellschaft
aM . . . . anderer Meinung
AmtlBegr . . . . Amtliche Begründung
AmtlMitt . . . . Amtliche Mitteilungen
AMVO . . . . Altbaumieten-Verordnung
AnfG. . . . . Anfechtungsgesetz
Anh . . . . Anhang
Anl . . . . Anlage
Anm . . . . Anmerkung
AnO . . . . Anordnung
AnwBl . . . . Anwaltsblatt (Jahr und Seite)
AnwR . . . . Anwartschaftsrecht
AöR . . . . Archiv des öffentlichen Rechts (Band und Seite)
AP . . . . Arbeitsrechtliche Praxis, Nachschlagewerk des BAG (Gesetz, § und Nr der Entscheidung)
ArbG . . . . Arbeitsgericht
ArbGG . . . . Arbeitsgerichtsgesetz
Art(t) . . . . Artikel (mehrere Artikel)
AS . . . . Amtliche Sammlung, vor allem der OVG und VGH (Band und Seite)
Aufl . . . . Auflage
AUG. . . . . Auslandsunterhaltsgesetz
ausf. . . . . ausführlich
AusfV . . . . Ausführungsverordnung
AV . . . . Allgemeine Verfügung
AVAG. . . . . Anerkennungs- und Vollstreckungsausführungsgesetz
AVB . . . . Allgemeine Versicherungsbedingungen

Abkürzungsverzeichnis

AVG	Angestelltenversicherungsgesetz
AVO	Ausführungsverordnung
AWD	Außenwirtschaftsdienst des Betriebs-Beraters (Jahr und Seite)
AWG	Außenwirtschaftsgesetz
B	Bundes-
BABl	Bundesarbeitsblatt
Bad	Baden
BAföG	Bundesausbildungsförderungsgesetz
BAG	Bundesarbeitsgericht
Bbg	Bamberg
BAnz	Bundesanzeiger
Barnstedt/Steffen	LwVG, Kommentar, 4. Aufl 1988
BauGB	Baugesetzbuch
Baumb/Duden/Hopt	Baumbach/Duden/Hopt, Kurzkommentar zum Handelsgesetzbuch, 27. Aufl 1987
BaWü	Baden-Württemberg
BaWüVBl	Baden-Württembergisches Verwaltungsblatt (Jahr und Seite)
Bay	Bayern
BayBS	Bereinigte Sammlung des bayerischen Landesrechts (Band und Seite)
BayObLG	Bayerisches Oberstes Landesgericht (auch Sammlung seiner Entscheidungen in Zivilsachen, Jahr und Seite)
BayVBl	Bayerische Verwaltungsblätter (Jahr und Seite)
BayVGH	Bayerischer Verwaltungsgerichtshof
BB	Betriebs-Berater (Jahr und Seite)
BBauBl	Bundesbaublatt (Jahr und Seite)
BBesG	Bundesbesoldungsgesetz
BBG	Bundesbeamtengesetz
Bd	Band
BDiszplG	Bundesdisziplinargericht
Beermann	Ziemer/Haarmann/Lohse/Beermann, Rechtsschutz in Steuersachen, 5. Teil Abschn G (Randziffer)
BEG	Bundesgesetz zur Entschädigung für Opfer der nationalsozialistischen Verfolgung
begl	beglaubigt
Begr	Begriff, Begründung
Bek	Bekanntmachung
Bekl, bekl	Beklagter, beklagt
Bem	Bemerkung
BerHG	Beratungshilfegesetz
Berlin FG	Berlinförderungsgesetz
bes	besonders, besondere, r, s
Beschl	Beschluß
Beschw	Beschwerde
Best	Bestimmung
BetrVG	Betriebsverfassungsgesetz
BeurkG	Beurkundungsgesetz
Beushausen/Küntzel-Kersten/Bühling	KostO, Kommentar, 5. Aufl 1965

Abkürzungsverzeichnis

Bfg	Berufung
BFH	Bundesfinanzhof (auch Entscheidungen des BFH, Band und Seite)
BGB	Bürgerliches Gesetzbuch
BGBl	Bundesgesetzblatt (Teil, Jahr und Seite; soweit nicht hervorgehoben: Teil I)
BGesundhBl	Bundesgesundheitsblatt (Band und Seite)
BGH	Bundesgerichtshof (auch Entscheidungen des BGH in Zivilsachen, Band und Seite)
BGH GrZS	Bundesgerichtshof, Großer Senat in Zivilsachen
BGHSt	Bundesgerichtshof, Entscheidungen in Strafsachen (Band und Seite)
BGH VGrS	Bundesgerichtshof, Vereinigte Große Senate
BinnSchVerfG	Gesetz über das gerichtliche Verfahren in Binnenschiffahrtssachen
BJM	Bundesjustizminister
BKGG	Bundeskindergeldgesetz
Bl	Blatt
BLAH	Baumbach/Lauterbach/Albers/Hartmann, ZPO, Kurzkommentar, 48. Aufl 1990
Bleutge	ZSEG, Kommentar, 1987
Bln	Berlin
BMF	Bundesminister(ium) der Finanzen
BMinG	Bundesministergesetz
BMJ	Bundesminister(ium) der Justiz
BNotO	Bundesnotarordnung
Boeker	Kostenrecht im steuerlichen Rechtsmittelverfahren, 2. Aufl 1964
BPersVG	Bundespersonalvertretungsgesetz
BR	Bundesrat
BRAGO	Bundesrechtsanwaltsgebührenordnung
BRAO	Bundesrechtsanwaltsordnung
Bre	Bremen
Breith	Breithaupt, Sammlung von Entscheidungen der Sozialversicherung, Versorgung und Arbeitslosenversicherung (Jahr und Seite)
Bremer	Der Sachverständige, 2. Aufl 1973
BRep	Bundesrepublik Deutschland
Brieske	Erstattung von Anwaltsgebühren durch Gegner und Dritte, 1987
Brocke/Reese	Die Entschädigung von Beisitzern, Zeugen und Sachverständigen, 2. Aufl 1964
BRRG	Beamtenrechtsrahmengesetz
BRS	Beamtenrechtssammlung (Band und Nr)
Brschw	Braunschweig
BSeuchG	Bundesseuchengesetz
BSG	Bundessozialgericht
BSHG	Bundessozialhilfegesetz
BStBl	Bundessteuerblatt (Jahr, Teil und Seite)
BT	Bundestag
Buchholz	Sammel- und Nachschlagewerk der Rechtsprechung des BVerwG (Band und Seite)
Bühling	KostO, Kommentar, 5. Aufl 1965

Abkürzungsverzeichnis

Bülow/Böckstiegel . . .	Internationaler Rechtsverkehr
BVFG	Gesetz und die Angelegenheiten der Vertriebenen und Flüchtlinge (BundesvertriebenenG)
BVerfG	Bundesverfassungsgericht (auch Entscheidungen des Bundesverfassungsgerichts, Band und Seite)
BVerfGG	Gesetz über das Bundesverfassungsgericht
BVerwG	Bundesverwaltungsgericht (auch Entscheidungen des Bundesverwaltungsgerichts, Band und Seite)
BWVPr	Baden-Württembergische Verwaltungspraxis (Jahr und Seite)
BZRG	Bundeszentralregistergesetz
CIM	Internationales Übereinkommen über den Eisenbahnfrachtverkehr
CIV	Internationales Übereinkommen über den Eisenbahn-Personen- und Gepäckverkehr
CR	Computer und Recht (Jahr und Seite)
DAngVers	Die Angestelltenversicherung (Jahr und Seite)
DAR	Deutsches Autorecht (Jahr und Seite)
DB	Der Betrieb (Jahr und Seite)
dch	durch
DDR	Deutsche Demokratische Republik
DGVZ	Deutsche Gerichtsvollzieherzeitung (Jahr und Seite)
dh	das heißt
Diss	Dissertation
DJT	Verhandlungen des Deutschen Juristentages (Band, Teil und Seite)
DNotZ	Deutsche Notar-Zeitschrift (Jahr und Seite)
DÖD	Der öffentliche Dienst (Jahr und Seite)
DÖV	Die öffentliche Verwaltung (Jahr und Seite)
DOHH	Drischler/Oestreich/Heun/Haupt, GKG, Kommentar, 4. Aufl 1987
Dortm	Dortmund
DRiG	Deutsches Richtergesetz
DRiZ	Deutsche Richterzeitung (Jahr und Seite)
DRspr	Deutsche Rechtsprechung, Entscheidungssammlung und Aufsatzhinweise
DStR	Deutsches Steuerrecht (Jahr und Seite)
dt	deutsch
DtZ ges gerichtlMed . .	Deutsche Zeitschrift der gesamten gerichtlichen Medizin (Band und Seite)
Düss	Düsseldorf
DV	Deutsche Verwaltung (Jahr und Seite)
DVBl	Deutsches Verwaltungsblatt (Jahr und Seite)
DVKostG	Durchführungsbestimmungen zu den Kostengesetzen
DVO	Durchführungsverordnung
DWW	Deutsche Wohnungswirtschaft (Jahr und Seite)
EAGV	Vertrag über die Europäische Atomgemeinschaft
EBAO	Einforderungs- und Beitreibungsordnung

Abkürzungsverzeichnis

ebso	ebenso
Eckert	Handbuch des Berufs-, Gebühren- und Kostenrechts, 1989
Eckert/Böttcher	Steuerberatergebührenverordnung (Kommentar), 2. Aufl 1989 (Randziffer)
von Eicken	Erstattungsfähige Kosten, 4. Aufl 1985
EFG	Entscheidungen der Finanzgerichte (Jahr und Seite)
EG	Einführungsgesetz
EGKSV	Vertrag über die Europäische Gemeinschaft für Kohle und Stahl
EGMR	Europäischer Gerichtshof für die Menschenrechte
EheG	Ehegesetz
EhrRiEG	Gesetz über die Entschädigung der ehrenamtlichen Richter
Einf	Einführung
Einl	Einleitung (ohne Zusatz: am Anfang des Buches)
EKMR	Europäische Menschenrechtskommission
ELM	von Eicken/Lappe/Madert (vormals Willenbücher), Die Kostenfestsetzung, 17. Aufl 1987
Enders	Die BRAGO für Anfänger, 5. Aufl 1987
EntlG	Gesetz zur Entlastung der Gerichte in der Verwaltungs- und Finanzgerichtsbarkeit
Entsch	Entscheidung
entspr	entsprechend, entspricht
Entw	Entwurf
ErbbauVO	Verordnung über das Erbbaurecht
Erl	Erlaß
Ernst	Anwaltsgebühren berechnen und geltend machen, 1988
EStG	Einkommensteuergesetz
EuGH	Gerichtshof der Europäischen Gemeinschaften
EuGÜbk	Übereinkommen der Europäischen Gemeinschaft über die gerichtliche Zuständigkeit und die Vollstreckung gerichtlicher Entscheidungen in Zivil- und Handelssachen
eV	eingetragener Verein
EVO	Eisenbahnverkehrsordnung
EWGV	Vertrag zur Gründung der Europäischen Wirtschaftsgemeinschaft
Eyermann/Fröhler	VwGO, Kommentar, 9. Aufl 1988
Fam (-G, -S)	Familie (-ngericht, -nsache)
FamRÄndG	Familienrechtsänderungsgesetz
FamRZ	Zeitschrift für das gesamte Familienrecht (Jahr und Seite)
ff	folgende
Ffm	Frankfurt am Main
FG	Finanzgericht, Freiwillige Gerichtsbarkeit
FGG	Reichsgesetz über die freiwillige Gerichtsbarkeit
FGO	Finanzgerichtsordnung
FinA	Finanzamt
FinG(V)	Finanzgericht(sverfahren

Abkürzungsverzeichnis

Finkelnburg/Jank	Vorläufiger Rechtsschutz im Verwaltungsstreitverfahren, 3. Aufl 1986 (Randziffer)
FN	Fußnote
G	Gesetz, Gericht (in Zusammensetzungen), Gesellschaft
GBl.	Gesetzblatt
GBO	Grundbuchordnung
Geb.	Gebühr(en)
GebrMG	Gebrauchsmustergesetz
Geckle	Gerichts- und Anwaltskosten, 9. Aufl 1981
gem	gemäß
GenG	Gesetz betr die Erwerbs- und Wirtschaftsgenossenschaften
Gerold	Handbuch des Streitwerts, 1959
GeschmMG	Geschmacksmustergesetz
GeschSt	Geschäftsstelle
GewArch	Gewerbearchiv (Jahr und Seite)
GewO	Gewerbeordnung
GFG	Graduiertenförderungsgesetz
GG	Grundgesetz für die Bundesrepublik Deutschland
ggf	gegebenenfalls
GKG	Gerichtskostengesetz
Gläub	Gläubiger
GleichberG	Gleichberechtigungsgesetz
GmbHG	Gesetz betreffend die Gesellschaften mit beschränkter Haftung
GmS	Gemeinsamer Senat der obersten Gerichtshöfe des Bundes
GOÄ	Gebührenordnung für Ärzte
Göttlich/Mümmler BRAGO	Bundesrechtsanwaltsgebührenordnung, Kommentar, 16. Aufl 1987
Göttlich/Mümmler KostO	Kostenordnung, Kommentar, 9. Aufl 1987
GPatG	Gemeinschaftspatentgesetz
Gräber	FGO, Kommentar, 2. Aufl bearbeitet von v. Groll/Koch/Ruban, 1987
Grdz	Grundzüge
GRUR	Gewerblicher Rechtsschutz und Urheberrecht (Jahr und Seite)
GrZS, GSZ	Großer Zivilsenat
GSEM	Gerold/Schmidt/von Eicken/Madert, BRAGO, Kommentar, 10. Aufl 1989 (Randziffer)
GüKG	Güterkraftverkehrsgesetz
GV	Gebührenverzeichnis der Anlage 1 zum Arbeitsgerichtsgesetz (Nr)
GVBl	Gesetz- und Verordnungsblatt
GVG	Gerichtsverfassungsgesetz
GVGA	Geschäftsanweisung für Gerichtsvollzieher
GVKostG	Gesetz über Kosten der Gerichtsvollzieher
GVKostGr	Gerichtsvollzieherkostengrundsätze
GWB	Gesetz gegen Wettbewerbsbeschränkungen

HaagUnterhÜbk	Haager Unterhaltsübereinkommen
Haferland	Kostenrecht der Freiwilligen Gerichtsbarkeit – KostO –, 1981
Haferland KostR	Praxis des Kostenrechts, Notariatskosten – Gerichtskosten in Handelsregistersachen, 1987
HmbJVBl	Hamburgisches Justizverwaltungsblatt (Jahr und Seite)
Hann	Hannover
HansJVBl	Hanseatisches Justizverwaltungsblatt (Jahr und Seite)
Hbg	Hamburg
Hdb	Handbuch
HEntmAbk	Haager Abkommen über die Entmündigung usw
Hess	Hessen
HEZ	Höchstrichterliche Entscheidungen in Zivilsachen (Band und Seite)
HGA	Hypothekengewinnabgabe
HGB	Handelsgesetzbuch
Hillach/Rohs	Handbuch des Streitwerts usw, 6. Aufl 1986
hM	herrschende Meinung
Hodes/Mümmler	Kostenrechtsprechung seit 1945, 2. Aufl 1974
HöfeVfO	Verfahrensordnung für Höfesachen
Höver	Gebührentabellen usw., 20. Aufl 1987
Hs	Halbsatz
HZPrAbk	Haager Abkommen über den Zivilprozeß vom 17. 7. 1905
HZPrÜbk	Haager Übereinkommen über den Zivilprozeß vom 1. 3. 54
idF	in der Fassung
IPR	Internationales Privatrecht
IRG	Gesetz über die internationale Rechtshilfe in Strafsachen
iRv	im Rahmen von
iS	im Sinne
iü	im übrigen
iVm	in Verbindung mit
JA	Jugendamt, auch Juristische Arbeitsblätter (Jahr und Seite)
Jaeger	Konkursordnung, Kommentar, bearbeitet von Lent, Weber, Jahr, Klug, 9. Aufl ab 1977
JB	Das juristische Büro (Jahr und Spalte)
JBeitrO	Justizbeitreibungsordnung
JBl	Justizblatt
Jessnitzer Sachv	Der gerichtliche Sachverständige, 9. Aufl 1988
Jessnitzer BRAO	Bundesrechtsanwaltsordnung, 4. Aufl 1987
JFG	Jahrbücher für die Rechtsprechung in der freiwilligen Gerichtsbarkeit, herausgegeben von Ring (Band und Seite)
Jg	Jahrgang
JGG	Jugendgerichtsgesetz
JKassO	Justizkassenordnung

Abkürzungsverzeichnis

JMBl	Justizministerialblatt
JR	Juristische Rundschau (Jahr und Seite)
JurA	Juristische Analysen (Jahr und Seite)
JuS	Juristische Schulung (Jahr und Seite)
Just	Die Justiz, Amtsblatt des Justizministeriums Baden-Württemberg (Jahr und Seite)
JustVA	Justizverwaltungsabkommen
JVBl	Justizverwaltungsblatt
JVKostO	Justizverwaltungskostenordnung
JW	Juristische Wochenschrift (Jahr und Seite)
JWG	Gesetz für Jugendwohlfahrt
JZ	Juristenzeitung (Jahr und Seite)
KAGG	Gesetz über Kapitalanlagegesellschaften
Karlsr	Karlsruhe
Kblz	Koblenz
KfB	Kammer für Baulandsachen
KfH	Kammer für Handelssachen
KG	Kammergericht, Kommanditgesellschaft
KGaA	Kommanditgesellschaft auf Aktien
KgfEG	Kriegsgefangenenentschädigungsgesetz
KGJ	Jahrbuch für Entscheidungen des Kammergerichts (Band und Seite)
Kl	Kläger, Klage
KLBR	Korintenberg/Lappe/Bengel/Reimann, KostO, Kommentar, 11. Aufl 1987 (§§ und Randziffer)
Kleinknecht/Meyer	StPO, Kommentar, 39. Aufl 1989
Klempt/Meyer	Das Kostenrecht des Steuerprozesses, 1969
Klinger	VwGO, Kommentar, 2. Aufl 1964
KO	Konkursordnung
Komm	Kommentar
Kopp	VerwGO, Kommentar, 8. Aufl 1989
Kost	Kosten
KostÄndG 1957	Gesetz zur Änderung und Ergänzung kostenrechtlicher Vorschriften vom 26. 7. 1957
KostO	Kostenordnung
KostVfg	Kostenverfügung
KR	Kostenrechtsprechung, bearbeitet von Lappe/von Eicken/Noll/Schneider/Herget, 2. Aufl, Loseblattausgabe (Gesetz, § und Nr)
krit	kritisch
KStZ	Kommunale Steuerzeitschrift (Jahr und Seite)
KTS	Konkurs-, Treuhand- und Schiedsgerichtswesen (Jahr und Seite)
Kunigk	Das Anwaltshonorar, 1978
KV	Kostenverzeichnis der Anlage 1 zum Gerichtskostengesetz (Nr)
KWG	Gesetz über das Kreditwesen
LAG	Landesarbeitsgericht; Lastenausgleichsgesetz
Lappe	GKG, Kommentar, 1976, mit Nachtrag 1978
Lappe FamS	Kosten in Familiensachen, 4. Aufl 1983
Lappe GebTab	Gebührentabellen, 15. Aufl 1988

Abkürzungsverzeichnis

Lappe JKR	Justizkostenrecht, 1981
Lappe/Steinbild	Justizbeitreibungsordnung, Kommentar, 1960
Lappe/Stöber	Kosten in Handelssachen, 1963
LFzG	Lohnfortzahlungsgesetz
LG	Landgericht
LM	Das Nachschlagewerk des Bundesgerichtshofs in Zivilsachen, begründet von Lindenmaier und Möhring (Gesetzesstelle und Entscheidungsnummer; Nr ohne Gesetzesstelle bezieht sich auf den kommentierten Paragraphen)
LPachtVG	Landpachtverkehrsgesetz
LS	Leitsatz
LSG	Landessozialgericht
lt	letzter
LuftfzRG	Gesetz über Rechte an Luftfahrzeugen
LuftVG	Luftverkehrsgesetz
LVerwG	Landesverwaltungsgericht
LWLH	Lange/Wulff/Lüdtke/Handjery, HöfeO, Kommentar, 7. Aufl 1976
LwVG	Gesetz über das gerichtliche Verfahren in Landwirtschaftssachen
m	mit
Madert	Gebühren des Strafverteidigers, 1987
Mannh	Mannheim
Markl	GKG, Kommentar, 2. Aufl 1981
MDR	Monatsschrift für Deutsches Recht (Jahr und Seite)
Meyer/Höver	ZSEG, Kommentar, 16. Aufl 1987 (Randziffer)
Meyer/Ladewig	SGG, Kommentar, 3. Aufl 1987
MHG	Gesetz zur Regelung der Miethöhe
Mielke	GKG, Kommentar, 1965
MinBl	Ministerialblatt
Mitt	Mitteilung
MRG	Militärregierungsgesetz
MRK	Menschenrechtskonvention
MRVO	Verordnung der Militärregierung
MSchG	Mieterschutzgesetz
Mü	München
Müller	Der Sachverständige im gerichtlichen Verfahren, 3. Aufl 1988
Münst	Münster
MuW	Markenschutz und Wettbewerb (Jahr und Seite)
mwN	mit weiteren Nachweisen
MWSt	Mehrwertsteuer
Nachw	Nachweis; mit Nachweisen
Nds	Niedersachsen
NdsRpfl	Niedersächsische Rechtspflege (Jahr und Seite)
NEhelG	Gesetz über die rechtliche Stellung der nichtehelichen Kinder
nF	neue Fassung, neue Folge
NJW	Neue Juristische Wochenschrift (Jahr und Seite)
NJW-RR (auch: RR)	NJW-Rechtsprechungs-Report (Jahr und Seite)

Abkürzungsverzeichnis

Noll	Die Streitwertfestsetzung im Verwaltungsprozeß, 1970 (Rdn)
Nov	Novelle
NRW	Nordrhein-Westfalen
NTS	Nato-Truppenstatut
Nürnb	Nürnberg
NVwZ	Neue Zeitschrift für Verwaltungsrecht (Jahr und Seite)
NVwZ-RR	NVwZ-Rechtsprechungs-Report (Jahr und Seite)
NZV	Neue Zeitschrift für Verkehrsrecht (Jahr und Seite)
oä	oder ähnliches
ÖffAnz	Öffentlicher Anzeiger (Vereinigtes Wirtschaftsgebiet)
OGB	Gemeinsamer Senat der Obersten Gerichtshöfe des Bundes
OGH	Entscheidungen des Obersten Gerichtshofs für die Britische Zone in Zivilsachen (Band und Seite)
OHG	Offene Handelsgesellschaft
Oldb	Oldenburg
OLG	Oberlandesgericht (mit Ortsnamen)
OLGZ	Entscheidungen der Oberlandesgerichte in Zivilsachen (Jahr und Seite)
OVG	Oberverwaltungsgericht
OWiG	Gesetz über Ordnungswidrigkeiten
Pal	BGB, Kommentar, 48. Aufl 1989 (folgt Name des Bearbeiters)
PatG	Patentgericht, Patentgesetz
PolVO	Polizeiverordnung
PostStruktG	Poststrukturgesetz
PostVerfG	Postverfassungsgesetz
Prot	Protokoll; Protokolle der Kommission für die II. Lesung des Entwurfs des BGB
Proz, proz	Prozeß-, prozessual, prozeßrechtlich
ProzBev	Prozeßbevollmächtigter
ProzG	Prozeßgericht
ProzVgl	Prozeßvergleich
PStG	Personenstandsgesetz
R, -r	Recht, Reich, -rechtlich
RA	Rechtsanwalt
RAGeb	Rechtsanwaltsgebühren
RAO	Reichsabgabenordnung
RBerG	Rechtsberatungsgesetz
RdA	Recht der Arbeit (Jahr und Seite)
RdErl	Runderlaß
RdL	Recht der Landwirtschaft (Jahr und Seite)
Rdn	Randnote (-nummer)
Rdz	Randziffer
Recht	Das Recht (Zeitschrift, Jahr und Nr der Entscheidung

Redeker/v Oertzen . . .	VwGO, Kommentar, 9. Aufl 1988
Ref	Referent, Referendar
Reg	Regierung, Register
RegBl	Regierungsblatt
Rev	Revision
RFinH	Reichsfinanzhof
RG	Reichsgericht
RGBl	Reichsgesetzblatt, ohne Ziffer = Teil I; mit II- = Teil II
RG GrZS	Reichsgericht, Großer Senat in Zivilsachen
RGSt	Entscheidungen des Reichsgerichts in Strafsachen (Band und Seite)
RHG	Gesetz über die innerdeutsche Rechts- und Amtshilfe in Strafsachen
RhPf	Rheinland-Pfalz
RhSchiffG	Rheinschiffahrtsgericht
RJM	Reichsminister der Justiz; auch allgemeine Verfügung desselben
Rohs/Wedewer	KostO, Kommentar, 3. Aufl 1984ff
RoS	Rosenberg/Schwab, Zivilprozeßrecht, Erkenntnisverfahren, 14. Aufl. 1987
Rpfl	Rechtspfleger
RpflBl	Rechtspflegerblatt (Jahr und Seite)
Rpfleger	Der Deutsche Rechtspfleger (Jahr und Seite)
RPflG	Rechtspflegergesetz
RR (auch: NJW-RR) . .	NJW-Rechtsprechungs-Report (Jahr und Seite)
RS	Riedel/Sußbauer, BRAGO, Kommentar, 6. Aufl bearbeitet von Chemnitz, Fraunholz, Keller, 1988
Rspr	Rechtsprechung
RStBl	Reichssteuerblatt (Jahr und Seite)
RzW	Rechtsprechung zum Wiedergutmachungsrecht (NJW) (Jahr und Seite)
S	Satz, Seite
s	siehe
Saarbr	Saarbrücken
SaBl	Sammelblatt für Rechtsvorschriften des Bundes und der Länder (Jahr und Seite)
SAE	Sammlung arbeitsrechtlicher Entscheidungen (Jahr und Nr)
SaGö	Saage/Göppinger, Freiheitsentziehung und Unterbringung, 2. Aufl 1975
SchGei	Schumann/Geißinger, BRAGO, Kommentar, 2. Aufl ab 1973
SchiffG	Schiffahrtsgericht
SchlAnh	Schlußanhang
Schlesw	Schleswig
SchlHA	Schleswig-Holsteinische Anzeigen (Jahr und Seite)
SchmB	Schmidt/Baldus, Gebühren und Kostenerstattung in Straf- und Bußgeldsachen, 3. Aufl 1989
SchmW	Schmidt/Schmidt, Der Gegenstandswert in bürgerlichen Rechtsangelegenheiten, 2. Aufl 1977 (Rdn)
Schneider	Streitwert-Kommentar, 8. Aufl 1989

Abkürzungsverzeichnis

Schreiber	Kostenrecht, in: Lexikon des Rechts, Zivilverfahrensrecht, 1989
Schröder/Kay	Das Kostenwesen der Gerichtsvollzieher, 8. Aufl bearbeitet von Grohmann und Kuhlmann, 1987
Schunck/De Clerck	VwGO, Kommentar, 3. Aufl 1977
SchwBG	Schwerbehindertengesetz
sd	siehe dort
SeemO	Seemannsordnung
SeeVertO	Seerechtliche Verteilungsordnung
SG	Sozialgericht
SGB	Sozialgesetzbuch (mit Angabe des jeweiligen Buches, zB: X)
SGb	Die Sozialgerichtsbarkeit (Jahr und Seite)
SGG	Sozialgerichtsgesetz
SJZ	Süddeutsche Juristenzeitung (Jahr und Seite, ab 1947 Spalte)
sog	sogenannt
SozVers	Die Sozialversicherung (Jahr und Seite)
StA	Standesamt, Staatsanwalt(schaft)
StBG	Steuerberatungsgesetz
StBGebV	Steuerberatergebührenverordnung
StGB	Strafgesetzbuch
Stgt	Stuttgart
StHG	Staatshaftungsgesetz
StK	Strafkammer
StPO	Strafprozeßordnung
Str, str	Streit, streitig
StrEG	Gesetz über die Entschädigung für Strafverfolgungsmaßnahmen
stRspr	ständige Rechtsprechung
StS	Strafsenat
StVG	Straßenverkehrsgesetz
StVO	Straßenverkehrsordnung
StVollzG	Strafvollzugsgesetz
1. StVRG	Erstes Gesetz zur Reform des Strafverfahrensrechts
StVZO	Straßenverkehrs-Zulassungs-Ordnung
Swolana	BRAGO, Kommentar, 6. Aufl 1981
Tab	Tabelle
ThP	Thomas/Putzo, ZPO – Erläuterungen, 15. Aufl 1987
Tipke/Kruse	AO-FGO, Kommentar, Vorbemerkung zu den §§ 135–149 FGO, Grundzüge des Kostenrechts
Tschischgale	Kostenrecht in Zivilsachen, 1951
Tschischgale/Satzky	Kostenrecht in Arbeitssachen, 3. Aufl 1982
Tschischgale SozS	Kostenrecht in Sozialsachen, 1959
TSG	Transsexuellengesetz
Tüb	Tübingen
TÜV	Technischer Überwachungsverein
Tz	Textziffer
u	und
ua	unter anderem

uä	und ähnliche
UdG	Urkundsbeamter der Geschäftsstelle
Üb	Überblick, Übersicht
Übk	Übereinkommen
UmstG	Umstellungsgesetz
umstr	umstritten
Univ	Universität
unstr	unstreitig
Urban	Gerichts- und Anwaltskosten, 1973
UrhG	Urheberrechtsgesetz
Urt	Urteil
USG	Unterhaltssicherungsgesetz
UStG	Umsatzsteuergesetz (Mehrwertsteuer)
uU	unter Umständen
UWG	Gesetz über den unlauteren Wettbewerb
-V, v	Verfahren, von, vor
vAw	von Amts wegen
VBlBW	Verwaltungsblätter für Baden-Württemberg (Jahr und Seite)
VereinhG	Gesetz zur Wiederherstellung der Rechtseinheit
Verf	Verfahren, Verfassung
VerkMitt	Verkehrsrechtliche Mitteilungen (Jahr und Seite)
Veröff	Veröffentlichung
VerschÄndG	Gesetz zur Änderung von Vorschriften des Verschollenheitsrechts
VersR	Versicherungsrecht (Jahr und Seite)
Verw	Verwaltung
VerwAkt (VA)	Verwaltungsakt
VerwArch	Verwaltungsarchiv (Band und Seite)
VerwG	Verwaltungsgericht
VerwRspr	Verwaltungsrechtsprechung in Deutschland (Band und Seite, auch Nr)
Vfg	Verfügung
VG	Verwaltungsgericht
VG/FGEntlG	Gesetz zur Entlastung der Gerichte in der Verwaltungs und Finanzgerichtsbarkeit
VGH	Verwaltungsgerichtshof
vgl, Vgl	vergleiche, Vergleich
VglO	Vergleichsordnung
VGrS	Vereinigte Große Senate
VHG	Vertragshilfegesetz
VO	Verordnung
VOBl	Verordnungsblatt
VOBlBrZ	Verordnungsblatt für die britische Zone
VollstrVergV	Vollstreckungsvergütungsverordnung
Vorb, Vorbem	Vorbemerkung
Vors	Vorsatz, Vorsitzender
VRS	Verkehrsrechtssammlung (Jahr und Seite)
VVG	Gesetz über den Versicherungsvertrag
VwGO	Verwaltungsgerichtsordnung
VwVfG	Verwaltungsverfahrensgesetz

Abkürzungsverzeichnis

VwVG	Verwaltungs-Vollstreckungsgesetz
VwZG	Verwaltungszustellungsgesetz
WährG	Währungsgesetz
WAG	Wertausgleichsgesetz
Waldner	Die Kostenordnung für Anfänger, 1987
WBeschwO	Wehrbeschwerdeordnung
WDisziplO	Wehrdisziplinarordnung
WEG	Wohnungseigentumsgesetz
Wellmann/Schneider/ Wiesen/Niessen	Der Sachverständige in der Praxis, 5. Aufl 1988
WertpMitt	Wertpapiermitteilungen (Jahr und Seite)
WG	Wechselgesetz
wg	wegen
WGG	Wohngeldgesetz
WiGBl	Gesetzblatt für das Vereinigte Wirtschaftsgebiet (Jahr und Seite)
WM	Wohnungswirtschaft und Mietrecht (Jahr und Seite)
Wöhrmann	LwVG, Kommentar, 1954
WPflG	Wehrpflichtgesetz
WRP	Wettbewerb in Recht und Praxis (Jahr und Seite)
Wü	Württemberg
WuV	Wirtschaft und Wettbewerb (Jahr und Seite)
WVerf	Weimarer Verfassung
Wz	Warenzeichen
WZG	Warenzeichengesetz
Z	Ziffer
zB	zum Beispiel
ZBlJugR	Zentralblatt für Jugendrecht (Jahr und Seite)
ZDG	Zivildienstgesetz
ZerKR	Zeitschrift für evangelisches Kirchenrecht (Bd und Seite)
ZfF	Zeitschrift für Fürsorgewesen (Jahr und Seite)
ZfS	Zeitschrift für Schadensrecht (Jahr und Seite)
ZfSH/SGB	Zeitschrift für Sozialhilfe und SGB (Jahr und Seite)
ZivK	Zivilkammer
ZivProz, zivproz	Zivilprozeß, zivilprozessual
ZK	Zivilkammer
ZMR	Zeitschrift für Miet- und Raumrecht (Jahr und Seite)
Zö	Zöller usw, ZPO, Kommentar, 15. Aufl 1987 (zB ZöGei = Zöller/Geimer)
ZPO	Zivilprozeßordnung
ZRP	Zeitschrift für Rechtspolitik (Jahr und Seite)
ZRHO	Rechtshilfeordnung in Zivilsachen
ZS	Zivilsenat
ZSEG	Gesetz über die Entschädigung von Zeugen und Sachverständigen
ZSW	Zeitschrift für das gesamte Sachverständigenwesen (Jahr und Seite)
zT	zum Teil
ZustErgG	Zuständigkeitsergänzungsgesetz

ZVG	Zwangsversteigerungsgesetz
Zweibr	Zweibrücken
ZwV	Zwangsvollstreckung
ZwVMaßnG	Gesetz über Maßnahmen auf dem Gebiete der Zwangsvollstreckung
zZ	zur Zeit
ZZP	Zeitschrift für Zivilprozeß (Band und Seite)

Einleitung

I. Die Entwicklung der Kostengesetze

§ 2 EGZPO bestimmte, daß das Kostenwesen in bürgerlichen Rechtsstreitigkeiten für den ganzen Umfang des Reichs durch eine Gebührenordnung geregelt werde. Demgemäß traten gleichzeitig mit dem GVG, der ZPO und der StPO am 1. 10. 1879 in Kraft: Das Gerichtskostengesetz vom 18. 6. 1878, RGBl 140; die Gebührenordnung für Gerichtsvollzieher vom 24. 6. 1878, RGBl 166; die Gebührenordnung für Zeugen und Sachverständige vom 30. 6. 1878, RGBl 173; die Gebührenordnung für Rechtsanwälte vom 7. 7. 1879, RGBl 176.

Sie galten für die Verfahren vor den ordentlichen Gerichten, auf die die ZPO, StPO und KO Anwendung finden. Die RAGebO ging in § 91 aF insofern weiter, als sie auch im schiedsrichterlichen Verfahren, im Verfahren wegen der Nichtigkeitserklärung oder Zurücknahme eines Patents, worüber das Patentamt entscheidet, im Disziplinarverfahren nach dem RBeamtG, dem ehrengerichtlichen Verfahren gegen Rechtsanwälte und bei der Untersuchung von Seeunfällen entsprechend anwendbar war. Nicht anwendbar waren die Kostengesetze auf Verfahren vor den Verwaltungsbehörden und Verwaltungsgerichten.

Die Gesetze sind zahlreichen Änderungen unterworfen gewesen. Sie sind deshalb auch wiederholt neu bekanntgemacht worden. Ausgedehnt wurde der Geltungsbereich auf die Verfahren nach der VglO. Anwendbar waren sie auch – die RAGebO zunächst nur in den höheren Instanzen, erst seit dem ÄndG vom 2. 12. 1955, BGBl 743, auch in der ersten Instanz – im Verfahren vor den Arbeitsgerichten, allerdings das GKG mit den sich aus § 12 ArbGG, die GerVollzGebO mit den sich aus § 9 III 2 ArbGG ergebenden Änderungen. Durch Gesetz vom 20. 12. 1928, RGBl 411, wurde die Erstattung von RAGebühren in Armensachen grundsätzlich neu geregelt. Das Gesetz bezog sich auf bürgerliche Rechtsstreitigkeiten, galt zunächst auch für Privatklagen und die Nebenklage entsprechend (später ersetzt durch § 70 RAGebO idF von Art 7 Z 35 VereinhG).

Auf dem Gebiet der freiwilligen Gerichtsbarkeit war trotz des reichsrechtlichen Verfahrensrechts, des FGG und der GBO, kostenrechtlich eine Vereinheitlichung zunächst nicht eingetreten. Sowohl für die gerichtliche Tätigkeit wie für diejenige des Notars galt Landesrecht, desgleichen für den Rechtsanwalt, soweit er in derartigen Sachen tätig wurde. Erst die Kostenordnung vom 25. 11. 1935, RGBl 1371, die dann ebenfalls wiederholt abgeändert wurde, vereinheitlichte die Gerichts- und Notarkosten. Ihre Bestimmungen wurden durch § 19 Vertragshilfegesetz vom 26. 3. 1952, BGBl 198, § 33 des Gesetzes über das gerichtliche Verfahren in Landwirtschaftssachen vom 21. 7. 1953, BGBl 667, und § 14 des Gesetzes über das gerichtliche Verfahren bei Freiheitsentziehungen vom 29. 6. 1956, BGBl 55, auch für diese Verfahren grundsätzlich für anwendbar erklärt. Allerdings enthalten diese Gesetze eine Reihe von

Sonderbestimmungen. Die KostO gilt ferner für Streitigkeiten aus der Hausratsverordnung und dem Wohnungseigentumsgesetz vom 15. 3. 1951, BGBl 175.

Eine Vereinheitlichung für die Justizverwaltungskosten, für die weder GKG noch KostO maßgebend sind, brachte wenig später die VO vom 14. 2. 1940, RGBl 357 (Justizverwaltungskostenordnung) nebst ihrer DurchfVO vom 21. 5. 1940, DJ 621.

Der Durchführung des GKG und der KostO diente die reichseinheitlich vom RJM erlassene KostVfG vom 20. 11. 1940, DJ 1361.

Nach dem 2. Weltkrieg bestand zunächst keine einheitliche deutsche Gesetzgebungsgewalt. Gesetze und Verordnungen konnten nur von den Teilgewalten für ihr Gebiet erlassen werden, bis durch Art 74 Z 1 GG das gerichtliche Verfahren und damit auch das damit verbundene Kostenwesen zum Gegenstand der konkurrierenden Gesetzgebung erklärt wurde. Durch das Gesetz zur Wiederherstellung der Rechtseinheit auf dem Gebiete der Gerichtsverfassung, der bürgerlichen Rechtspflege, des Strafverfahrens und des Kostenrechts vom 12. 9. 1950, BGBl 455 (VereinhG), wurden Kriegsvorschriften und einige Vorschriften der Länder im Interesse der Einheitlichkeit aufgehoben, die Kostengesetze selbst auch vielfach geändert. Weitere Änderungen zugleich mit einer Gebührenerhöhung durch Zuschläge brachte das Gesetz über Maßnahmen auf dem Gebiete des Kostenrechts vom 7. 8. 1952, BGBl 401.

Die Regelung des GKG für die Gerichtsgebühren in bürgerlichen Rechtsstreitigkeiten war inzwischen auch für andere Verfahrensarten übernommen, damit also eine gewisse Vereinheitlichung auf diesem Gebiet erzielt worden. So für die Verwaltungsgerichtsbarkeit innerhalb der britischen Zone, § 104 MRVO 165, für das Verfahren vor dem Bundesverwaltungsgericht, § 73 BVGG. Bereits vorher hatte § 311 AO für die Bestimmung der Rechtsmittelgebühr vor den Finanzgerichten auf § 8 GKG aF Bezug genommen. Anders das Verfahren vor den Sozialgerichten. Es ist grundsätzlich kostenfrei, § 183 SGG. Die Körperschaften oder Anstalten des öffentlichen Rechts haben jedoch für jede Streitsache, an der sie beteiligt sind, eine Pauschgebühr zu zahlen, deren Höhe sich nach dem Instanzenzug richtet, § 184 SGG. S Teil II B dieses Buchs.

Durch das Gesetz zur Änderung und Ergänzung kostenrechtlicher Vorschriften vom 26. 7. 1957, BGBl 861, übernommen für Berlin durch Gesetz vom 23. 8. 1957, GVBl 49, wurde das Kostenrecht stark umgestellt. Ziel war eine Vereinfachung. Für die Gebühren der Rechtsanwälte, die Kosten der Gerichtsvollzieher, die Entschädigung von Zeugen und Sachverständigen und die Entschädigung der ehrenamtlichen Beisitzer bei den Gerichten wurden unter Aufhebung der bisherigen neue Gesetze erlassen. Die Bundesgebührenordnung für Rechtsanwälte, in die auch die Bestimmungen über die Armenanwälte eingearbeitet wurden, und das Gesetz über die Entschädigung von Zeugen und Sachverständigen galten nunmehr einheitlich in allen Zweigen der Gerichtsbarkeit, das Gesetz über die Entschädigung der ehrenamtlichen Beisitzer bei den Gerichten für solche bei den ordentlichen Gerichten, den Gerichten für Arbeitssachen, der Verwaltungs-, Finanz- und Sozialgerichtsbarkeit, die Entschädigung der Beisitzer in anderen Verfahren war nach diesem Gesetz ausgerichtet, Art X §§ 13 ff KostÄndG. Beide Gesetze wurden durch Gesetz vom 21. 6. 63, BGBl 745, nochmals geändert und durch die Gesetze vom 1. 10. 69, BGBl 1756 und 1753, neugefaßt.

In der Bundesgebührenordnung für Rechtsanwälte ist die Vergütung für sämtliche Tätigkeiten der Anwälte, also zB auch die auf dem Gebiet der freiwilligen Gerichtsbarkeit, vor den Verwaltungs-, Sozial- und Finanzgerichten bundeseinheitlich geregelt, so daß das Landesrecht fast ganz zurückgedrängt ist. Dasselbe gilt für das Gesetz über Kosten der Gerichtsvollzieher. Die durch das Kostenmaßnahmegesetz vorgesehenen Zuschläge wurden eingearbeitet, dieses Gesetz demgemäß aufgehoben. Sämtliche Gebührenstaffeln folgen jetzt dem System der Wertklassen.

Zahlreiche außerhalb des GKG, der KostO und BRAGebO stehende Kostenvorschriften wurden in diese Gesetze eingearbeitet. Die Systematik und damit die Übersichtlichkeit wurde verbessert. Demgemäß befinden sich jetzt die Kostenvorschriften über die Zwangsversteigerung und Zwangsverwaltung nicht mehr in der KostO, sondern im GKG, so daß dieses das Kostengesetz für die streitige, die KostO das für die freiwillige Gerichtsbarkeit ist. Die Rechtsmittel in Kostensachen wurden § 17 KostO angeglichen, wie auch die Anfechtung von Vorschußanordnungen vereinheitlicht wurde. Zahlreiche Streitfragen wurden geklärt. Auch der Umfang der Erstattung der Gebühren und Auslagen der Rechtsbeistände ist in Anlehnung an die Bundesgebührenordnung für Rechtsanwälte gesetzlich geregelt worden, Art IX KostÄndG.

Im Saarland galt für die Übergangszeit noch Frankenwährung. Demgemäß war dort zunächst noch weiter das saarländische JustizkostenG vom 20. 4. 1950, ABl 657, 875 (mehrfach geändert) in Geltung. Auch das KostÄndG galt im Saarland zunächst nicht, Art XI § 9 KostÄndG. Gemäß § 1 des Gesetzes zur Einführung von Bundesrecht im Saarland vom 30. 6. 1959, BGBl 313, gilt seit dem Ende der Übergangszeit (Art 3 des Saarvertrages vom 27. 10. 1956, BGBl II 1587), also seit 6. 7. 1959, Bek vom 30. 6. 1959, BGBl 401, nunmehr auch die Kostengesetzgebung des übrigen Bundesgebiets.

Zusammenhängend mit Änderungen der Verfahrensgesetze wurden auch die Kostengesetze vielfach geändert, neue Bestimmungen eingeführt (vgl die Angaben bei den Überschriften der Gesetze). Durch Gesetz vom 24. 10. 72, BGBl 2013, wurden unter anderem die Gebühren der Pflichtverteidiger erheblich erhöht und damit leidlich auf die mit solcher Tätigkeit verbundenen wirtschaftlichen Risiken abgestimmt.

Zahlreiche Änderungen brachten das EGStGB, in Kraft seit 1. 1. 75, wegen der notwendigen Angleichung an das neue materielle Strafrecht, sowie das 1. StVRG vom 9. 12. 74, BGBl 3393, im Zusammenhang mit der Neufassung der StPO. Der Beschwerdewert wurde durch Gesetz vom 20. 12. 74, BGBl 3651, in Kraft seit 1. 1. 75, auf 100 DM angehoben. Zum 1. 1. 75 führten der Bund und mehrere Länder eine neue Einforderungs- und Beitreibungsanordnung ein. Das Gesetz zur Änderung des Revisionsrechts in Zivilsachen vom 2. 7. 75, BGBl 1863, dazu Vogel NJW **75**, 1297, brachte unter anderem den Wegfall des § 35a BRAGebO mit sich.

Durch das KostÄndG vom 20. 8. 75, BGBl 2189 (Nov 75), wurde eine seit vielen Jahren geplante Vereinheitlichung und Modernisierung sowie eine wirtschaftliche Anpassung des Kostenrechts nach einem höchst unerfreulichen Hin und Her des Gesetzgebungsverfahrens vorgenommen. Die Nov 75 trat, viel zu kurzfristig, am 15. 9. 75 in Kraft, Art 5 § 6, und brachte vor allem im GKG, aber auch in sämtlichen anderen Kostengesetzen vielfältige Änderungen teils dogmatisch-struktureller, teils gesetzestechnischer, teils wirtschaftlicher Art mit sich, unter anderem die Einführung eines Kostenverzeichnisses beim GKG (KV) und eines Gebührenverzeichnisses beim ArbGG (GV) zwecks besserer Verwendbarkeit elektronischer Datenverarbeitungsanlagen, den Fortfall einer Reihe weniger bedeutsamer Gebührentatbestände, die verstärkte Einführung von Festgebühren bei Massengeschäften, die zum Teil erhebliche Anhebung der Gebühren der Rechtsanwälte und Gerichtsvollzieher, darüber hinaus eine Erweiterung des Geltungsbereichs des GKG auf Verfahren nach der VwGO und FGO. Daraus folgten zahllose Umstellungen vor allem im GKG, die eine Neubekanntmachung erforderlich machten.

Diese ließ monatelang auf sich warten und erfolgte trotz erheblicher fiskalischer Bedenken mehrerer Bundesländer schließlich durch den Bundesjustizminister unter Ausnutzung der ihm in der Nov 75 gegebenen Befugnis, eine bereinigte neue Paragraphenfolge einzuführen und einige Unstimmigkeiten des Wortlauts zu beseitigen. Die Neubekanntmachung vom 15. 12. 75, BGBl 3047, erfolgte laut ihrer Präambel „in der ab 15. September 1975 geltenden Fassung", also rückwirkend. Mithin gilt die neue Paragraphenfolge bereits seit 15. 9. 75. Auf diese Weise wurden die Kostengesetze binnen weniger Monate zum Teil drei-, ja viermal geändert, ohne daß wirklich tiefgreifende Vereinfachungen auf breiterer Front vorgenommen worden wären. Schneider MDR **75**, 884 bezeichnete die Nov 75 sogar als „Flickwerk minderer Güte" und bloße „Texttüftelei" (885). Übersichten über die Nov 75 befinden sich ua bei Bischof NJW **75**, 1721, Mümmler JB **75**, 993, 1137, 1281, Redeker NJW **75**, 2280, Schmidt NJW **75**, 1726, Schneider MDR **75**, 881.

Unter dem 1. 3. 76 wurden die KostVfg und die GVKostGr bundeseinheitlich neugefaßt.

Weitere Änderungen ergaben sich beim GKG, der BRAGO und der JVKostO durch das StVollzG vom 16. 3. 76, BGBl 581. Durch das 1. EheRG vom 14. 6. 76, BGBl 1421, wurden zahlreiche Kostenvorschriften geändert. Weitere Änderungen ergaben sich durch das AdoptG, das Gesetz zur Vereinfachten Abänderung von Unterhaltsrenten, das Gesetz über die Gebühren des Patentamts und des Patentgerichts, das Gesetz zur Änderung des ZSEG usw vom 22. 11. 76, BGBl 3221, die VereinfNov vom 3. 12. 76, BGBl 3281, durch das EGAO 1977, durch das Gesetz vom 22. 6. 77, BGBl 998, durch das StÄndG 1977, BGBl 1586, dann das VG/FGEntlG vom 31. 3. 78, BGBl 446, das Gesetz vom 1. 2. 79, BGBl 127, die arbeitsgerichtliche Beschleunigungsnovelle vom 21. 5. 79, BGBl 545, das Gesetz vom 18. 7. 79, BGBl 1061, die Umsatzsteuernovelle 1980, die bundeseinheitlichen Änderungen der KostVfg im Frühjahr 1980, die Kartellrechtsnovelle 1980.

Erhebliche Auswirkungen brachte sodann das Gesetz über die Prozeßkostenhilfe vom 13. 6. 80, BGBl 677. Weitere Änderungen ergaben sich aus dem Gesetz zur Änderung des GmbH-Rechts 1980 und aus dem Gesetz vom 10. 9. 80, BGBl 1654.

Viele Gebühren der BRAGO wurden durch das 5. Änderungsgesetz vom 18. 8. 80, BGBl 1503, mit Wirkung vom 1. 1. 1981 erhöht. Die weitergehenden Reformbestrebungen (unter anderem war der Wegfall der umstrittenen Erörterungsgebühr geplant) fielen dem Zeitdruck des Gesetzgebers bisher zum Opfer. Weitere Änderungen ergaben sich durch das Gesetz vom 10. 6. 81, BGBl 514.

Änderungen der JVKostO und der BRAGO ergaben sich mit Wirkung ab 1. 7. 83 aus dem Gesetz über die internationale Rechtshilfe vom 23. 12. 82, BGBl 2071.

Durch das Zweite Gesetz zur Änderung der GVKostG vom 8. 3. 84 wurden die Gebühren des Gerichtsvollziehers mit Wirkung vom 1. 4. 84 teilweise erheblich angehoben. Die GVKostGr wurden zum 1. 1. 85 bundeseinheitlich geändert.

Weitere Änderungen brachten unter anderem das Adoptionsanpassungsgesetz vom 24. 6. 85, das Gesetz zur Änderung von Kostengesetzen vom 9. 12. 86, BGBl 2326, mit seinen zahlreichen Gebührenanhebungen, freilich ohne die zunächst geplanten größeren dogmatischen Eingriffe, das Halbleiterschutzgesetz vom 22. 10. 87, BGBl 2294, das Gesetz zur Änderung des Geschmacksmustergesetzes vom 18. 12. 86, BGBl 2501, das EWIV-Ausführungsgesetz vom 14. 4. 88, BGBl 514, das Anerkennungs- und Vollstreckungsausführungsgesetz vom 30. 5. 88, BGBl 662, die Dritte Verordnung zur Änderung der Gebührenordnung für Ärzte vom 9. 6. 88, BGBl 797, das PostStruktG vom 8. 6. 89, BGBl 1026, das Gesetz zur Regelung des Geschäftswertes bei land- oder forstwirtschaftlichen Betriebsübergaben usw vom 15. 6. 89, BGBl 1082. Zur geplanten Strukturreform der BRAGO Winter, NJW **88**, 524.

II. Gemeinsames und Besonderheiten der Kostengesetze

A. Grundbegriffe

Schrifttum: Lappe, Justizkostenrecht, 1981; derselbe, Justizkosten-Verfahren, Festschrift für Schmidt (1981) 43.

1) Kosten. Man bezeichnet als Kosten diejenigen Abgaben, die der Staat für die Inanspruchnahme der Gerichte fordert, also die sog Gerichtskosten. Kosten im Sinne der Verfahrensgesetze sind aber auch diejenigen Aufwendungen, die einer Person für die Inanspruchnahme des Gerichts, des Anwalts, des Notars und sonst bei der Durchführung eines Verfahrens entstehen, also die sog gerichtlichen und außergerichtlichen Kosten. Soweit es sich um ein Prozeßverfahren handelt, regelt das Verfahrensrecht sowohl die Frage, wer die Kosten trägt, als auch die Frage, wie die zugehörige Auseinandersetzung zwischen den Parteien erfolgt, vgl §§ 91 ff, 103 ff ZPO, 464 ff StPO, 154 ff VwGO, 192 SGG, §§ 135 ff FGO, § 13a FGG.

2) Kostenrecht. Unter diesem Begriff wird in diesem Buch nur die Regelung der Gebühren und Auslagen ihrer Art und Zusammensetzung nach verstanden, die man an das Gericht, die Justizbehörde, den Anwalt, den Notar, den Gerichtsvollzieher oder den Rechtsbeistand für deren Inanspruchnahme zahlen muß (Kostenrecht im engeren Sinn).

3) Kostengesetzgebung. Sie gehört zum Verfahrensrecht im weiteren Sinn und damit zur konkurrierenden Gesetzgebung, Art 74 Z 1 GG, LAG Stgt Rpfleger **81**, 371, während die Durchführung Ländersache ist, Art 83 GG. Es gibt eine Vielfalt von Kostenverfahren. Man sollte sie bereinigen, vereinfachen und vereinheitlichen, Lappe Festschrift für Schmidt (1981) 66.

Kostenrecht ist öffentliches Recht. Es ist zwingend. Eine Abweichung ist nur in Ausnahmefällen zulässig, zB nach § 3 BRAGO. Allerdings können mehrere am Verfahren Beteiligte in einem gewissen Umfang Vereinbarungen über die Kostenverteilung treffen.

Die Rechtsnatur der Kostenvorschriften ist nicht einheitlich. Soweit die Kosten dem Staat zufließen, betreffen die Kostenvorschriften öffentliche Abgaben, also kein Entgelt, Hamm Rpfleger **73**, 451. Dieser Fall liegt zB dann vor, wenn man Kosten wegen der Tätigkeit des Gerichts oder des Gerichtsvollziehers an die Gerichtskasse zahlen muß. Ein weiterer Fall sind diejenigen Notargebühren, die dem Staat zufließen, Üb vor § 140 KostO und § 142 KostO.

Demgegenüber handelt es sich bei der Inanspruchnahme eines Rechtsanwalts oder eines Notars insoweit, als dem letzteren die Gebühren selbst zufließen, und bei der Inanspruchnahme eines Rechtsbeistands um eine Vergütung. Eine Vergütung stellt auch die Entschädigung eines Zeugen oder Sachverständigen oder eines ehrenamtlichen Richters dar.

Die Kostenpflicht ist als Verfahrensgrundsatz mit dem GG vereinbar, Ffm Rpfleger **77**, 265 mwN.

4) Gebühren

Schrifttum: Wilke, Gebührenrecht und GG, 1973.

A. Grundsatz. Die Kosten, die man an das Gericht oder an den Rechtsanwalt, den Notar, den Gerichtsvollzieher oder den Rechtsbeistand für deren Tätigkeit zahlen muß, sind aus Gebühren und Auslagen zusammengesetzt, vgl BGH **98**, 320, Hbg FamRZ **88**, 537. Die Gebühren sind öffentliche Abgaben aus Anlaß einer besonderen Inanspruchnahme des Staats, BAG GRUR **82**, 557 mwN.

B. Gebührenarten. Im einzelnen sind folgende Begriffe zu beachten:

a) Pauschgebühr. Sie stellt die Gegenleistung für einen bestimmten Verfahrensabschnitt oder für einen bestimmten Akt dar. Sie entsteht grundsätzlich nur einmal, gilt also den gesamten Abschnitt oder Akt ab, ohne daß es im einzelnen Fall auf die Höhe der aufgewandten Mühe ankommt. Dieser Mühe trägt das Gesetz in anderer Weise Rechnung. Beispiele einer Pauschgebühr: §§ 27 GKG, 35 KostO, 13, 37, 87 BRAGO.

b) Wertgebühr. Die Berechnung der Gebühr erfolgt im allgemeinen unter einer Zugrundelegung des Streitwerts, des Geschäftswerts oder des Gegenstandswerts, in einer Strafsache wegen der Gerichtskosten unter einer Zugrundelegung des Ausmaßes der rechtskräftig erkannten Strafe. Aus der Höhe dieses jeweiligen Werts ergibt sich nach der im Kostengesetz enthaltenen Gebührentabelle die volle Gebühr. Der Wert und der Gebührenansatz ergeben erst zusammen die angemessene Gebühr des Einzelfalls, insofern richtig Lappe DNotZ **81**, 411. Man darf aber jedenfalls grundsätzlich nicht etwa die Höhe des Werts in eine Abhängigkeit zu der Gebühr bringen, die er auslöst, insofern aM Lappe DNotZ **81**, 411.

Um der Mühewaltung des Gerichts oder des Anwalts usw gerecht zu werden, teilt das Gesetz das Verfahren einer Instanz kostenmäßig im Regelfall in mehrere Abschnitte auf, zB für die Gerichtskosten in das Verfahren im allgemeinen und in das Urteil. Daher können für dieselbe Instanz mehrere Gebühren entstehen. Die Höhe der Gebühren, für die ein Streitwert oder Geschäftswert maßgebend ist, bestimmt sich jetzt allgemein nach dem System der Wertklassen (vgl die Gebührentabellen). Das frühere System der Wertprozente ist weitgehend aufgegeben worden.

c) Rahmengebühr. Die Kostengesetze verwenden neben dem eben genannten System der Wertklassen gelegentlich auch sog Rahmengebühren, zB bei der Gebühr des Wahlverteidigers in einer Strafsache, §§ 83ff BRAGO. Hier ist der Rahmen durch eine Höchst- und eine Mindestgebühr abgegrenzt (Betragsrahmen). Innerhalb des Rahmens richtet sich die Bemessung im Einzelfall nach seinen Gesamtumständen, insbesondere nach der Bedeutung der Sache, dem Umfang und der Schwierigkeit der anwaltlichen Tätigkeit, aber auch nach den finanziellen Verhältnissen des Auftraggebers, § 12 BRAGO.

Daneben kennt die BRAGO auch den Gebührensatzrahmen. In einem solchen Fall richtet sich zwar die Gebühr nach dem Gegenstandswert, die ihm entsprechende Gebühr wird aber je nach der Lage des Einzelfalls nur zu einem Bruchteil bis zur vollen Gebühr erhoben, zB in den Fällen der §§ 20 I, 118 II BRAGO.

d) Festgebühr. Das Gesetz kennt ferner Festgebühren, also in DM bestimmte Beträge. Beispiele: KV 1096–1098, 1149–1152, §§ 82, 92 KostO, 120 II BRAGO, 30, 31 GVKostG.

5) Auslagen. Vgl zunächst Anm 4 A. Auslagenvorschriften befinden sich zB in KV 1900ff, §§ 136, 137 KostO, 27 BRAGO, 36 GVKostG. Zu den Auslagen gehören auch die Reisekosten sowie die für die Entschädigung eines Zeugen oder Sachverständigen aufgewendeten Beträge, die das ZSEG regelt.

Die Auslagen sind durch das Gesetz fest umgrenzt. Über die dort genannten Beträge hinaus dürfen keine Auslagen erhoben werden.

B. Die Kosten im einzelnen

1) Gerichtskosten, A. Rechtsnatur. Gerichtskosten sind öffentliche Abgaben für die Tätigkeit der Gerichte, also eine Justizsteuer, Kblz Rpfleger **75**, 447, LG Hbg KTS **75**, 45, LG Karlsr VersR **77**, 1121. Die Gerichtskosten sind im GKG, im ArbGG, in der KostO und im LwVG, im SGG und in anderen Gesetzen geregelt, zB im BVerfGG.

Der ordentliche Rechtsweg ist sowohl dem Staat als auch dem Bürger verschlossen. Der Staat treibt die berechneten Kosten nach der JBeitrO, Teil IX A dieses Buchs, und nach der EBAO, Teil IX B dieses Buchs, bei. Über eine Erinnerung gegen den Kostenansatz entscheidet das Gericht des Ansatzes, §§ 5 GKG, 14 KostO, 46 LwVG. Über eine Erinnerung gegen die Art und Weise der Vollstreckung oder gegen das Verfahren des Vollziehungsbeamten entscheidet die Vollstreckungsbehörde, § 6 I Z 1 JBeitrO. Als weitere Rechtsbehelfe bei einer Einwendung, die den beizutreibenden Anspruch selbst betrifft, stehen diejenigen des GKG und der KostO, unter Umständen auch der Klageweg zur Verfügung. Der Dritte, bei dem eine Vollstreckung stattgefunden hat, hat die Rechtsbehelfe nach § 6 I Z 1 JBeitrO.

Eine Zahlung, die jemand für den Schuldner vornimmt, ist als eine Zahlung des Schuldners anzusehen.

B. Kostenansatz. Ihn nimmt der Kostenbeamte vor, § 1 KostVfg, Teil VII A dieses Buchs. Der Kostenansatz ist eine Verwaltungstätigkeit. Der Kostenbeamte unterliegt daher insoweit der Aufsicht der vorgesetzten Dienstbehörde. Er ist an ihre Weisungen gebunden. Eine Tätigkeit des Gerichts findet nur im Rahmen der gesetzlichen Vorschriften statt. Die Verjährung richtet sich nach den §§ 10 GKG, 17 KostO. Für den Kostenansatz ist es unerheblich, ob das zugrunde liegende Verfahren sachlichrechtlich oder prozeßrechtlich korrekt durchgeführt worden ist. Im Fall einer offensichtlichen Unrichtigkeit können allerdings die §§ 8 GKG, 16 KostO zu beachten sein. Eine Vermutung für ein richtiges Verfahren besteht nicht. Insofern besteht ein Unterschied zu der Beurteilung eines Sitzungsprotokolls. Soweit das Protokoll einen Verfahrensmangel ergibt, muß der Kostenbeamte zunächst klären, ob das Gericht das Protokoll berichtigen will.

C. Kostenverfügung. Die KostVfg, Teil VII A dieses Buchs, dient der Durchführung der Kostengesetze, soweit sie die Gerichtskosten betrifft (GKG, KostO). Die KostVfg ist zwar bundeseinheitlich beschlossen, dennoch aber eine Verwaltungsanweisung des jeweiligen Landes. Der Richter ist nicht an sie gebunden.

D. Kassenbehörde. Zu den Kassenbehörden zählen: Die Gerichtskasse beim AG, auch für die diesem angegliederten Behörden; die Gerichtskasse beim LG, auch für die diesem angegliederte Staatsanwaltschaft und für die diesem angegliederte Vollzugsanstalt; die Oberjustizkasse bei dem OLG, auch für die diesem angegliederte Generalstaatsanwaltschaft. S dazu die JKassO.

E. Auslegung der Kostenvorschriften. Man darf Gerichtskosten wie Notarkosten, Hamm DNotZ **73**, 50, also Gebühren und Auslagen, nur insoweit erheben, als das Gesetz sie ausdrücklich vorsieht, §§ 1 GKG, 1 KostO. Alle Handlungen, für die das Gesetz nicht eindeutig Kosten vorsieht, sind kostenfrei. Kostenvorschriften sind also vor allem insoweit, als sie von einer allgemeinen Regel eine Ausnahme darstellen, eng auszulegen, insofern richtig Düss Rpfleger **77**, 460.

Indessen darf sich auch eine derartige Auslegung nicht an den Wortlaut klammern, sondern muß immerhin dem Sinn und Zweck der jeweiligen Vorschrift entsprechen, Lappe MDR **77**, 279, Salander Rpfleger **77**, 123.

2) Rechtsanwaltskosten. A. Rechtsnatur. Zu den Anwaltskosten zählen diejenigen Gebühren und Auslagen, die der Anwalt von seiner Partei, seinem Auftraggeber, zu fordern hat. Die BRAGO regelt grundsätzlich die Vergütung für jede Tätigkeit eines Anwalts, also auch diejenige für seine Tätigkeit vor einem Verwaltungs-, Sozial-, Finanzgericht. Daher kommt insofern nur noch ausnahmsweise eine landesrechtliche

Regelung zur Anwendung, Art XI § 5 II KostÄndG 1957, Teil XII dieses Buchs.

Unberührt bleibt die Vergütung, die ein Anwalt auf Grund einer besonderen bürgerlichrechtlichen oder prozeßrechtlichen Stellung erhält, zB: Als Vormund; als Testamentsvollstrecker; als Konkursverwalter; als Schiedsrichter. Vgl insofern § 1 II BRAGO.

Die Rechtsbeziehungen zwischen einem Anwalt und seinem Auftraggeber, seiner Partei, richten sich nach dem bürgerlichen Recht. Nach richtiger Ansicht ist das Auftragsverhältnis des Anwalts zu seinem Auftraggeber grundsätzlich ein Dienstvertrag, der eine Geschäftsbesorgung zum Gegenstand hat. Ein Werkvertrag liegt nur insoweit vor, als der Auftraggeber ein Gutachten des Anwalts bestellt, Grdz 3 vor § 1 BRAGO.

Im Außenverhältnis zum Prozeßgegner und zum Gericht kommt es jedoch im Rahmen eines Rechtsstreits vor allem auf den Umfang der Prozeßvollmacht an, also im Zivilprozeß auf denjenigen der Vollmacht im Sinn der §§ 78ff ZPO. In einer Strafsache gibt die StPO Vorschriften über die Stellung des Verteidigers oder des Bevollmächtigten (Beistands) des Privat- oder Nebenklägers, ebenso wegen der Wirkung nach außen.

Die Stellung des Anwalts ist in gewissem Umfang derjenigen eines Beamten angeglichen. Seine Rechte und Pflichten sind insofern wesentlich in der BRAGO geregelt. Diese geht als Sonderrecht den zivilrechtlichen Bestimmungen vor.

Die BRAGO ordnet in erster Linie die gebührenrechtlichen Beziehungen zwischen dem Anwalt und seinem Auftraggeber. Sie regelt aber auch die Ansprüche des im Verfahren auf die Bewilligung einer Prozeßkostenhilfe beigeordneten Anwalts und des Pflichtverteidigers gegen die Staatskasse, §§ 97, 121ff BRAGO. Eine weitere Anspruchsgrundlage für den Anwalt enthält das BerHG.

Die Erstattungsfähigkeit der Kosten richtet sich nach der jeweils in Betracht kommenden Verfahrensordnung; vgl Becker-Eberhard, Grundlagen der Kostenerstattung bei der Verfolgung zivilrechtlicher Ansprüche, 1985 (Berger Lerch MDR **86**, 175, Loritz ZZP **99**, 112); Brieske, Erstattung von Anwaltsgebühren durch Gegner und Dritte, 1987 (Bespr Bratfisch Rpfleger **88**, 88); von Eicken, Erstattungsfähige Kosten und Erstattungsverfahren, 4. Aufl 1985 (Bespr Bergerfurth FamRZ **86**, 766, Förschler ZZP **99**, 213); Rauer (Herausgeber), Kostenerstattung und Streitwert, Festschrift für Schmidt, 1981; Schneider, Kostenentscheidung im Zivilurteil, 2. Aufl 1977; Siebert, Die Prinzipien der Kostenerstattung und der Erstattungsfähigkeit vorgerichtlicher Kosten des Rechtsstreits, 1985.

B. Prozeßwirtschaftlichkeit. Der Grundsatz der Prozeßwirtschaftlichkeit, BLAH Einl III 3, gilt auch für die Anwaltskosten. Er hat folgende Auswirkungen: Aus dem bürgerlichrechtlichen Dienst- bzw Werkvertrag folgt bereits, daß der Anwalt seiner Partei gegenüber die Kosten möglichst niedrig halten muß. Aus dem Prozeßrechtsverhältnis, BLAH Grdz 2 vor § 128 ZPO, folgt diese Pflicht für jede Partei gegenüber dem Prozeßgegner. Daher muß auch der Anwalt als Prozeßbevollmächtigter einer Partei den Grundsatz der Prozeßwirtschaftlichkeit gegenüber dem Prozeßgegner beachten.

3) Gerichtsvollzieherkosten. Sie werden im GVKostG, Teil XI dieses Buchs, geregelt. Es handelt sich um diejenigen Kosten, die das Gesetz für die Tätigkeit eines Gerichtsvollziehers erhebt. Sie sind grundsätzlich bundesrechtlich geregelt. Die Landesregierungen sind aber im GVKostG ermächtigt, Pauschsätze für gewisse Auslagen usw durch Rechtsverordnung zu regeln, zB für Vordruckkosten oder Fernsprechgebühren.

Die Gerichtsvollzieherkosten werden zugunsten der Staatskasse erhoben. Der Gerichtsvollzieher erhält zu seinem festen Gehalt hiervon einen Teil und außerdem eine Entschädigung zum Ausgleich des Dienstaufwands nach dem Landesrecht.

Der Gerichtsvollzieher ist ein Beamter. Seine Handlung ist eine Amtshandlung. Soweit §§ 3, 15 GVKostG von „Auftrag" oder „Auftraggeber" sprechen, drückt sich das Gesetz also nicht ganz zutreffend aus. Denn man erteilt dem Gerichtsvollzieher keinen bürgerlichrechtlichen Auftrag, sondern stellt bei ihm den Antrag auf die Vornahme einer Amtshandlung. Es kommt also kein Dienstvertrag oder Werkvertrag zustande. Dem entsprechend haftet das jeweilige Bundesland für eine objektiv rechtswidrige Amtshandlung des Gerichtsvollziehers zunächst nach dem StHG.

Auch das GVKostG unterscheidet zwischen Gebühren und Auslagen. Auch insofern entsteht eine Gebühr nur, soweit das Gesetz sie als solche vorsieht, § 1 GVKostG.

4) Notarkosten. Über die Kosten der Notare vgl §§ 140ff KostO, Teil III dieses Buchs.

5) Rechtsbeistandskosten. Die Gebühren und Auslagen eines Rechtsbeistands regelt Art IX KostÄndG 1957, Teil XII dieses Buchs.

6) Kosten ehrenamtlicher Richter. Vgl Teil VI dieses Buchs.

7) Kosten der Zeugen und Sachverständigen. Sie sind im ZSEG geregelt, Teil V dieses Buchs.

8) Sonstige Kosten. Wegen der Kosten der Zwangsvollstreckung nach der AO gilt das Gesetz vom 12. 4. 61, BGBl 429, zuletzt geändert durch Gesetz vom 20. 5. 75, BGBl 1119.

III. Währungsverschiedenheit

1) Saarland. Eine Währungsverschiedenheit bestand bis zum 5. 7. 59 zwischen dem Saarland und der übrigen BRD, da im Saarland auf Grund des dort geltenden saarländischen Justizkostengesetzes vom 24. 4. 50, ABl 657, 875, noch die Frankenwährung galt.

2) Berlin-West. Wegen der besonderen intersektoralen Währungsverhältnisse von Berlin-West in der Übergangszeit vgl KG JR **49**, 477 (Anm Tschischgale). Da das KG und das LG Bln die Zuständigkeit auch für Ostberliner Sachen in Anspruch nehmen, wird der Streitwert derjenigen, die vor ein Ostberliner Gericht gehören, in DM-Ost festgesetzt, KG (1.ZS) NJW **54**, 38, Tschischgale JR **54**, 135, aM KG (4.ZS) NJW **55**, 349. Die Gebührenberechnung richtet sich nach der Währungseinheit, in der der Streitwert festgesetzt ist. Auslagen werden in derjenigen Währung erstattet, in der sie entstanden sind.

3) Deutsche Demokratische Republik. Im Verhältnis zur BRep ist sie kein Ausland, sind ihre Bewohner keine Ausländer, sondern Deutsche, Art 16, 116 I GG, und wie Bürger der BRep zu behandeln, (zumindest) soweit sie in den Schutzbereich der BRep und des GG geraten, BVerfG **36**, 31 und NJW **74**, 894, vgl OVG Münst JZ **79**, 136. Gleichwohl besteht eine Währungsverschiedenheit. Maßgebend ist das am Gerichtsort geltende Recht (die lex fori). Im einzelnen gelten folgende Regelungen:

A. Kostenansatz. Der Kostenansatz für die Gerichtskosten erfolgt nach dem am Gerichtsort geltenden Recht, und zwar auch insoweit, als es sich um die Währungsumstellung handelt.

B. Prozeßkostenhilfe. Das am Gerichtsort geltende Recht entscheidet auch darüber, ob und in welchem Umfang ein im Verfahren auf die Bewilligung einer Prozeßkostenhilfe beigeordneter Anwalt gegenüber der Staatskasse einen öffentlichrechtlichen Vergütungsanspruch hat, § 121 BRAGO.

C. Streitwert. Das am Gerichtsort geltende Recht entscheidet über die Festsetzung des Streitwerts. Allerdings wird der Streitwert insoweit, als eine Verbindlichkeit in DM-Ost umstritten ist, durch den jeweiligen Kurs dieser Währung beeinflußt, vgl LG Bln JR **50**, 58.

D. Notarkosten. Für sie ist das Recht desjenigen Orts maßgeblich, an dem der Notar zugelassen ist.

E. Kostenerstattung. Das Recht des Gerichtsorts entscheidet auch über Art und Umfang der Kostenerstattungspflicht der unterliegenden Partei, §§ 91ff ZPO. Denn diese Pflicht folgt allein aus dem Prozeßrechtsverhältnis, BLAH Üb 8 vor § 91 ZPO.

Bei der Prüfung, welche Kosten zur zweckentsprechenden Rechtsverfolgung oder Rechtsverteidigung notwendig waren, kann sich allerdings die Währungsverschiedenheit auswirken. Das gilt zB dann, wenn es um die Gebühren des im anderen Währungsgebiet wohnenden Verkehrsanwalts geht. Für ihn gilt zwar der in DM-West festgesetzte Streitwert, BGH NJW **54**, 1200 (vgl allerdings auch Anm 2); er ist aber entsprechend den in der DDR geltenden Gebührenvorschriften festzusetzen.

F. Gerichtsvollzieher. Für seine Gebühren gilt ebenfalls das Recht desjenigen Gerichts, bei dem er seinen Amtssitz hat.

G. Anwaltskosten. Die Anwaltsgebühren sind staatlich festgesetzte Gebühren. Sie lassen nur in einem beschränkten Umfang eine vom Gesetz abweichende Bemessung durch einen Vertrag zu, § 3 BRAGO. Dennoch ist es zweifelhaft, ob die lex fori unmittelbar anwendbar ist. Denn es handelt sich bei dem Vertrag zwischen dem Anwalt und dem Auftraggeber regelmäßig um einen Dienstvertrag, der eine Geschäftsbesorgung zum Gegenstand hat, vgl oben II B 2. Insoweit muß man also interlokalrechtliche Grundsätze heranziehen.

Auch dann kommt man aber im allgemeinen zur Anwendung des am Sitz des Anwalts geltenden Währungsrechts, BGH NJW **54**, 1200. Denn der Auftraggeber mußte den Umständen nach grundsätzlich annehmen, daß der Anwalt für Gebühren in dieser Währung und nach den für diese geltenden Vorschriften tätig werden wollte. Das gilt insbesondere insoweit, als ein in der DDR tätiger Anwalt keine Gebührenvereinbarung in DM-West treffen darf (Besatzungsrecht) und als auch die Vereinbarung eines in der BRep ansässigen Anwalts mit seinem Auftraggeber, daß jener an ihn Gebühren in einer anderen Währung als DM-West zahlen soll, der Genehmigung nach § 3 WährG unterliegt.

Es kommt also nicht auf den Wohnsitz des Gebührenschuldners als des Erfüllungsorts an.

Anwaltsgebühren können zu Lasten gesperrter Konten von Gläubigern in der DDR auf Grund der Allgemeinen Genehmigung gemäß Mitt Nr 6004/61 der Deutschen Bundesbank vom 24. 8. 1961, BAnz Nr 167, gezahlt werden, soweit diese im Zusammenhang mit der Verwaltung von Vermögenswerten des Inhabers stehen.

H. Beitreibung. Die Kostenforderung einer Gerichtskasse der DDR lautet grundsätzlich auf DM-Ost. Ein Gericht der BRep oder ein Westberliner Gericht muß eine Umrechnung in DM-West vornehmen. Die umgerechnete Forderung unterliegt einheitlich für das ganze Währungsgebiet der Sperre nach DVO 3 zu MRG 53, BLAH SchlAnh IV B b Art 1 Anm 2 A. Ein Ersuchen um die Einzahlung eines derartigen Betrags auf ein westdeutsches Sperrkonto ist wegen der Allgemeinen Genehmigung, Mitt Nr 6004/61 der Deutschen Bundesbank, BAnz Nr 167/ 61 (auch für eine Forderung in DM-Ost), unbedenklich. Es ist aber eine besondere Vollstreckungsgenehmigung erforderlich. Eine Abhebung vom Sperrkonto ist nur mit einer Genehmigung der zuständigen Landeszentralbank möglich.

Im Fall einer zwangsweisen Einziehung ist der Kurs einer Wechselstube in der BRep zugrunde zu legen, vgl Düss Rpfleger **57**, 258, Hbg MDR **51**, 109, Hamm NJW **53**, 750, Kühne NJW **59**, 729, aM BGH NJW **54**, 1200, Düss Rpfleger **62**, 139, RS Rdz 52 (es müsse eine Umrechnung im Verhältnis 1 : 1 erfolgen).

Die Kostenforderung einer Gerichtskasse der BRep stößt in der DDR auf ähnliche Schwierigkeiten, AG Meiningen NJ **50**, 320; s auch das DDR-Gesetz über Devisenverkehr und Devisenkontrolle vom 8. 2. 1956, GBl 321, nebst Durchführungsbestimmungen, vor allem die 3. DVO vom 22. 3. 1956, GBl 326 (SaBl 567), die eine Einzahlung auf ein Devisenkonto anordnet, BLAH SchlAnh IV B.

I. Rechtshilfekosten. § 164 I GVG sieht vor, daß Kosten und Auslagen der Rechtshilfe von der ersuchenden Behörde nicht erstattet werden. Daher ist ein Rechtshilfeersuchen der DDR in der BRep im allgemeinen auszuführen. Die DDR-Stellen führen Rechtshilfeersuchen eines Gerichts der BRep nur in begrenztem Umfang aus. Die Ausführung eines DDR-Rechtshilfeersuchens darf in der BRD also jedenfalls nicht davon abhängig gemacht werden, daß die ersuchende Stelle den Ersatz der beim ersuchten Gericht entstehenden Auslagen verspricht, vgl auch BLAH Üb 5 vor § 156 GVG.

I. Gerichtskostengesetz

in der Fassung der Bek v 15. 12. 75, BGBl 3047, zuletzt geändert durch G v 15. 6. 89, BGBl 1082

(gilt in Berlin gemäß Gesetz v 5. 1. 76, GVBl 46)

Grundzüge

1) Geschichtliches. Das deutsche GKG vom 18. 6. 1878 trat gleichzeitig mit den Reichsjustizgesetzen in Kraft, die es ergänzt, § 1 EGGVG. Es ist vielfach abgeändert worden. Die erste Änderung erfolgte durch das Gesetz vom 21. 12. 22, RGBl **23**, 1. Dieses Gesetz vereinfachte die Kostenberechnung und sicherte die Staatskasse durch eine Vorwegerhebung der Gebühren, klärte auch zahlreiche Streitfragen. Für das Gebiet der BRep setzte sodann das Vereinheitlichungsgesetz vom 12. 9. 50, BGBl 455, der Rechtszersplitterung in den drei Westzonen ein Ende und bereinigte gleichzeitig die Kriegsbestimmungen. Durch Art I des KostÄndG vom 26. 7. 57, BGBl 861, erfuhr das GKG eine tiefgreifende Änderung. Man erstrebte eine Vereinfachung und Vereinheitlichung. Deshalb glich man die Rechtsmittel dem § 14 KostO an. Man vereinheitlichte auch die Anfechtbarkeit der Vorschußanordnungen. Aus rechtssystematischen Gründen übernahm man die Bestimmungen über die Zwangsversteigerung und die Zwangsverwaltung in das GKG. Man ordnete auch die sonstige Reihenfolge der Vorschriften vielfach anders.

Über die weitere Entwicklung vgl Einl I. Die dort näher erwähnte Nov 75 brachte umfassende Änderungen und Umstrukturierungen technischer Art im GKG mit sich, ohne in seine Grundlagen wirklich einzugreifen. Lediglich der Fortfall der gerichtlichen Beweisgebühr (ausgeglichen durch eine Verdoppelung der Urteilsgebühr in bestimmten Fällen), die Streichung nebensächlicher Gebührentatbestände, die verstärkte Verwendung von Festgebühren und vor allem die Trennung in §§ (Wertvorschriften) und Anlagen (Gebührentatbestände des Kostenverzeichnisses – KV – sowie Gebührentabelle) können als wirklich wesentliche Änderungen bezeichnet werden.

Dessen ungeachtet geriet das GKG äußerlich derart durcheinander, daß der Bundesjustizminister es in Ausnutzung der ihm in der Nov 75 gegebenen Befugnis, eine bereinigte Paragraphenfolge einzuführen und einige Unstimmigkeiten zu beseitigen, am 15. 12. 75, BGBl 3047, rückwirkend zum 15. 9. 75, Einl I, neu bekanntmachte.

Weitere Änderungen erfolgten durch das StVollzG, das unter anderem die Einfügung des § 48a und des KV 1790–1793 brachte, ferner durch das 1. EheRG mit zahlreichen Änderungen des GKG, ferner durch das Gesetz zur vereinfachten Abänderung von Unterhaltsrenten (Änderungen im KV), das Änderungsgesetz zum ZSEG (Änderungen im KV), die VereinfNov 77 (Änderungen vor allem im KV), das Gesetz zur Änderung zwangsvollstreckungsrechtlicher Vorschriften, das Gesetz über die Prozeßkostenhilfe, das AusfG zum deutsch-israelischen Vertrag vom 13. 8.

80, BGBl 1301, das Gesetz vom 10. 6. 81, BGBl 514, das 5. Gesetz zur Änderung der BRAGO, das Ausführungsgesetz zum deutsch-österreichischen Konkursvertrag, das Unterhaltsänderungsgesetz vom 20. 2. 86, BGBl 301, das Zweite Gesetz zur Bekämpfung der Wirtschaftskriminalität vom 15. 5. 86, BGBl 721, das Gesetz zur Änderung des Gesetzes über Ordnungswidrigkeiten, des Straßenverkehrsgesetzes und anderer Gesetze vom 7. 7. 86, BGBl 977, das Gesetz vom 25. 7. 86, BGBl 1156, das Gesetz zur Änderung von Kostengesetzen vom 9. 12. 86, BGBl 2326, das Anerkennungs- und Vollstreckungsausführungsgesetz (AVAG) vom 30. 5. 88, BGBl 662, das Gesetz zur Regelung des Geschäftswertes bei land- oder forstwirtschaftlichen Betriebsübergaben und zur Änderung sonstiger kostenrechtlicher Vorschriften vom 15. 6. 89, BGBl 1082.

2) Amtliche Übersicht. Das GKG enthält jetzt folgende

Amtliche Übersicht

Eine wichtige Ergänzung gibt die bundeseinheitliche KostVfg, die auch Vorschriften für den Kostenbeamten enthält. Sie ist im Teil VII A dieses Buches abgedruckt.

3) Persönlicher Geltungsbereich. Das GKG regelt ausschließlich das Verhältnis des Kostenschuldners zur Staatskasse. Die kostenrechtlichen Beziehungen der Prozeßbeteiligten untereinander, namentlich die Frage, inwieweit ein Anspruch auf eine Kostenerstattung besteht, ergeben sich aus den Prozeßordnungen.

4) Sachlicher Geltungsbereich. Der sachliche Geltungsbereich des GKG ist begrenzt, § 1. Einbezogen sind die Kosten des gerichtlichen Verfahrens nach dem OWiG, § 48, und die Kosten bei einer Zwangsversteigerung oder Zwangsverwaltung, §§ 28ff.

Das Gesetz ist auch in anderen Gesetzen oder Verordnungen für ganz oder teilweise anwendbar erklärt worden. § 12 ArbGG enthält besondere Vorschriften für das Verfahren vor den Arbeitsgerichten, erklärt aber in gewisssem Umfang das GKG für anwendbar.

Demgegenüber richten sich die Kosten im Verfahren der freiwilligen Gerichtsbarkeit, auch wenn es sich um ein dortiges streitiges Verfahren handelt, nach der KostO. Wegen einer Scheidungsfolgesache vgl §§ 1 II, 17a, 19a, ferner §§ 19, 131a KostO.

Wegen der Kosten des Rechtsbeschwerde- und Berufungsverfahrens vor dem BGH in einer Patentsache, §§ 102 II, 110 II PatG, abgedruckt im Anhang nach KV 1039, verweist das Gesetz ausnahmsweise, BGH GRUR **84**, 38, ebenfalls auf das GKG. Sondervorschriften enthalten zB § 122ff der Wirtschaftsprüferordnung wegen des berufsgerichtlichen Verfahrens. Wegen der Geltung anderer bundesrechtlicher Kostenvorschriften vgl § 71.

5) Grundsätzliche Kostenpflicht; Gebührenhöhe. Regelmäßig ist ein gerichtliches Verfahren kostenpflichtig. Der Bund und die Länder erheben für die Tätigkeit ihrer Gerichte eine Abgabe. Sie soll besonders in Zivilsachen die Kosten einigermaßen abdecken.

Die Höhe der Gebühren richtet sich im Zivilprozeß und im Verfahren nach der VwGO sowie nach der FGO nach dem Streitwert. Im Strafverfahren richtet sich die Höhe der Gebühren nach der zuerkannten Strafe, im Verfahren nach dem OWiG nach der Geldbuße. Vgl auch Einl II A 4.

6) Weitere Einzelfragen. Die Überschriften sind Teile des Gesetzes. Übersichten über den Meinungsstand zu Streitfragen beim GKG befinden sich bei Lappe zuletzt NJW **88**, 3130, Schneider NJW **81**, 558.

Erster Abschnitt. Allgemeine Vorschriften

Übersicht

1) Allgemeines. Abschnitt 1 gibt eine Reihe von Vorschriften für das ganze Gebiet des Gerichtskostenwesens, enthält aber keineswegs alle gemeinsamen Vorschriften. Solche finden sich vielmehr auch in Abschnitt 6 und 7.

Geltungsbereich

1 **I Für das Verfahren**
a) vor den ordentlichen Gerichten nach der Zivilprozeßordnung, der Konkursordnung, der Vergleichsordnung, der Seerechtlichen Verteilungsordnung, dem Gesetz über die Zwangsversteigerung und die Zwangsverwaltung, der Strafprozeßordnung, dem Gesetz über Ordnungswidrigkeiten und dem Strafvollzugsgesetz,
b) vor den Gerichten der Verwaltungsgerichtsbarkeit nach der Verwaltungsgerichtsordnung,
c) vor den Gerichten der Finanzgerichtsbarkeit nach der Finanzgerichtsordnung,
d) vor den Staatsanwaltschaften nach dem Gesetz über Ordnungswidrigkeiten

werden Kosten (Gebühren und Auslagen) nur nach diesem Gesetz erhoben.

II Die Vorschriften dieses Gesetzes über die Erhebung von Kosten für das Verfahren vor den ordentlichen Gerichten nach der Zivilprozeßordnung gelten auch für Familiensachen des § 621 Abs. 1 Nr. 1 bis 3, 6, 7 und 9 der Zivilprozeßordnung, die Folgesachen einer Scheidungssache sind.

III Vorbehaltlich besonderer Bestimmungen im Arbeitsgerichtsgesetz gelten die Vorschriften dieses Gesetzes über die Erhebung von Kosten für Verfahren vor den ordentlichen Gerichten nach der Zivilprozeßordnung auch für Verfahren vor den Gerichten für Arbeitssachen nach dem Arbeitsgerichtsgesetz.

Schrifttum: Oestreicher, Gerichtskosten und Streitwert im Verwaltungsprozeß, Festschrift für Schmidt (1981) 123.

Vorbem. Id angefügt durch Art 5 I Z 1b des G vom 7. 7. 86, BGBl 977, in Kraft ab 1. 4. 87, Art 9 I.

1) Allgemeines. § 1 regelt zwei grundsätzliche Fragen: Die Vorschrift bestimmt den Geltungsbereich des GKG. Sie stellt außerdem den grundlegenden Satz auf, daß sämtliche gerichtliche Handlungen kostenfrei sind, soweit das Gesetz nichts anderes vorschreibt.

2) Ordentliche Gerichte, I a. A. Grundsatz. Das GKG ist nach I a nur dann anwendbar, wenn es sich um eine vor ein ordentliches Gericht gehörende Rechtssache handelt und wenn auf diese Rechtssache eine der im Gesetz genannten Verfahrensordnungen anwendbar ist, also: ZPO; KO; VglO; SeeVertO; ZVG; StPO; OWiG; StVollzG.

Das GVG ist nicht genannt. Daher bleibt eine Beschwerde in einem Ordnungsmittelverfahren nach § 181 GVG kostenfrei, KG Rpfleger **64**, 352.

Es ist unerheblich, ob die Anwendbarkeit eine der vorgenannten Verfahrensordnungen durch früheres Reichsrecht, durch Bundesrecht oder durch Landesrecht begründet ist.

Soweit ein Verfahren vor einer Verwaltungsbehörde stattfindet, gilt das GKG nicht.

Wegen einer entsprechenden Anwendung des GKG in einem Verfahren vor einem anderen Gericht, namentlich vor einem Arbeitsgericht, vgl Grdz 4 vor § 1. Wegen des Verfahrens vor einem Entschädigungsgericht vgl § 225 BEG.

B. Begriff des ordentlichen Gerichts. Zu den ordentlichen Gerichten zählen das AG, das LG, das OLG und der BGH, § 12 GVG. Es kommt darauf an, ob ein Verfahren nach den genannten Verfahrensordnungen vor einem dieser Gerichte stattfindet oder stattfinden soll. Es ist unerheblich, ob dieses Gericht gesetzwidrig besetzt ist, es sei denn, daß eine nichtige Amtshandlung vorliegt, eine Scheinentscheidung, die nur das Gewand, aber nicht das Wesen einer Entscheidung hat, zB ein nicht verkündetes Urteil oder eine Beweiserhebung durch einen Nichtrichter. Eine bloße Mangelhaftigkeit der Amtshandlung schadet nicht. Deshalb ist es auch unerheblich, ob das ordentliche Gericht tatsächlich zuständig ist und ob der Rechtsweg gegeben ist.

Keineswegs wird das GKG dadurch anwendbar, daß ein Gesetz, zB das FGG, das Verfahren gelegentlich unter einer entsprechenden Anwendung der ZPO ordnet, Mü MDR **87**, 856. Wegen der Verzahnung der Verfahren nach dem FGG und der ZPO in einer Familiensache vgl BLAH § 621 a ZPO Anm 3, ferner § 131 a KostO Anm 1.

C. Verfahren vor der Staatsanwaltschaft außerhalb OWiG. Die Staatsanwaltschaft ist kein „ordentliches Gericht", überhaupt kein „Gericht". Trotzdem ist das GKG auf das Verfahren vor ihr anwendbar. Das stellt I d nur für das OWiG klar; diese Ergänzung von 1986 ändert nichts an der Anwendbarkeit von § 1 auch für die übrige Tätigkeit der Staatsanwaltschaft, so daß kein Umkehrschluß zulässig ist. Das ergibt sich aus dem Sinn und Zweck des § 1. Die Staatsanwaltschaft hat wesentliche Aufgaben im Strafverfahren. Diese Aufgaben sind den richterlichen gleichwertig. Die Staatsanwaltschaft ist ein Teil des Aufbaus der Gerichte. Sie ist „bei den Gerichten" errichtet, § 141 GVG. Die ungenaue Fassung des § 1 steht darum einer ausdehnenden Auslegung des GKG auf das Verfahren vor der Staatsanwaltschaft auch außerhalb des in Id genannten Bereichs nicht entgegen.

In Betracht kommen können allerdings insoweit nur Auslagen, Üb 2 vor § 40.

3) Verwaltungsgerichte, Ib. Wie die Vorschrift ausdrücklich bestimmt, gilt das GKG nur, soweit ein Gericht der Verwaltungsgerichtsbarkeit in einem Verfahren tätig wird, auf das die VwGO anwendbar ist, also zB nicht in einem Verfahren nach dem PersVertrG. Auch bleiben gemäß § 71 andere bundesgesetzlichen Kostenvorschriften unberührt, zB in einer Flurbereinigungssache.

4) Finanzgerichte, Ic. Wie die Vorschrift ausdrücklich bestimmt, gilt das GKG nur, soweit ein Gericht der Finanzgerichtsbarkeit in einem Verfahren tätig wird, auf das die FGO anwendbar ist. Dann aber gilt auch eben nur das GKG. Daher ist zB § 135 V 1, 2 FGO unanwendbar geworden, BFH BB **89**, 619; bei mehreren Kostenschuldnern gilt also nur die gesamtschuldnerische Haftung nach § 59, soweit nicht das Gericht in der Kostengrundentscheidung eine andere Regelung trifft, BFH BB **89**, 619.

5) Staatsanwaltschaft nach OWiG, Id. Vgl Anm 2 C.

Zu Betracht kommen im Verfahren nach dem OWiG, anders als in den übrigen Verfahren, sowohl Gebühren, zB bei der Entscheidung über die Halterhaftung, § 25a StVG, als auch Auslagen, zB bei der Entscheidung über die Anerkennung der entsprechenden Anwaltskosten als notwendige Auslagen, § 109a OWiG.

6) Scheidungsfolgesachen, II. In einem solchen Verfahren ist das GKG anwendbar, soweit die beiden folgenden Voraussetzungen zusammentreffen:

A. Fälle. Es muß einer der folgenden Fälle vorliegen:

a) Elterliche Sorge, § 621 I Z 1 ZPO. Es muß um die elterliche Sorge für ein eheliches Kind gehen. Das Familiengericht muß zuständig sein.

b) Umgangsrecht, § 621 I Z 2 ZPO. Es muß um das Umgangsrecht des nicht Sorgeberechtigten mit dem Kind gehen.

c) Kindesherausgabe, § 621 I Z 3 ZPO. Es muß um einen Anspruch auf die Herausgabe eines Kindes gehen.

d) Versorgungsausgleich, § 621 I Z 6 ZPO. Es muß um einen Anspruch aus einem Versorgungsausgleich gehen.

e) Ehewohnung, Hausrat, § 621 I Z 7 ZPO. Es muß um einen Anspruch wegen der Ehewohnung oder wegen des Hausrats gehen.

f) Stundung, Übertragung von Vermögensgegenstand, § 621 Z 9 ZPO. Es muß entweder um die Stundung einer Ausgleichsforderung, § 1382 BGB, oder um die Übertragung eines Vermögensgegenstands gehen, § 1383 BGB.

B. Verbundverfahren. Das Verfahren muß nach der ZPO im sogenannten Verbund ablaufen, §§ 623ff ZPO, vgl BayObLG Rpfleger **77**, 329.

Soweit dagegen über eine der unter A genannten Familiensachen nicht gleichzeitig mit der Scheidungssache verhandelt wird, ist entweder die KostO oder § 21 HausrVO anwendbar, KG Rpfleger **79**, 355, Karlsr Rpfleger **81**, 324, Schwab FamRZ **76**, 661, vgl. §§ 99, 131a KostO.

Zum Verhältnis der Verfahrensarten zueinander BayObLG Rpfleger **77**, 329, BLAH § 621a ZPO Anm 1–4.

7) Arbeitsgerichte, III. Das GKG gilt in einem arbeitsrechtlichen Verfahren nur dann, wenn folgende Voraussetzungen zusammentreffen:

A. Hilfsweise Geltung. Im ArbGG dürfen keine besonderen, vorrangigen Bestimmungen getroffen sein, vgl dazu § 12 ArbGG, Teil II A dieses Buches.

B. Weitere Voraussetzungen. Es muß um solche Kosten gehen, die im Verfahren vor einem Gericht für Arbeitssachen nach dem ArbGG entstehen und entsprechenden Kosten im Verfahren vor einem ordentlichen Gericht nach der ZPO vergleichbar sind.

8) Sonstige Verfahrensarten. Das GKG ist in folgenden Verfahrensarten unanwendbar: Im Verfahren der freiwilligen Gerichtsbarkeit, Anm 2 B; in einer Wohnungseigentumssache, Grdz 2 vor § 1 KostO, Düss Rpfleger **83**, 177, Hamm Rpfleger **83**, 177, aM LG Paderborn JB **81**, 742; im Ehrengerichtsverfahren; im Disziplinarverfahren; im Vertragshilfeverfahren; im Verfahren vor einer anderen Amtsstelle, etwa vor einer Polizeibehörde; grundsätzlich im Verfahren vor dem BPatG, BGH GRUR **84**, 38, vgl Anhang nach KV 1039.

Wenn die Parteien in einem Prozeßvergleich das Gericht bitten, den Vorsitzenden einer Gutachterkommission zu bestellen, und wenn der letztere eine Entschädigung erhält, liegen keine Gerichtskosten vor, Hamm Rpfleger **75**, 331.

9) Erhebung von Kosten, I–III. A. Kostenbegriff. Kosten sind, wie die Klammer in I ergibt, Gebühren und Auslagen, vgl BGH **98**, 320, Hbg FamRZ **88**, 537. Über den Unterschied vgl Einl II A 4.

B. Nur nach diesem Gesetz. In dieser Einschränkung liegen folgende Gesichtspunkte:

a) Ausschließlichkeit der Justizsteuer. Der Staat ist in seinem Anspruch aus einer gerichtlichen Handlung auf die Zahlung von Gebühren und Auslagen des GKG angewiesen. Insofern besteht eine weitere Einschränkung durch §§ 114ff ZPO bei der Prozeßkostenhilfe. Der Staat darf einer Partei unter keinem Vorwand für ihre bloße Akteneinsicht eine Gebühr abfordern, auch nicht nach dem Abschluß des Verfahrens.

b) Grundsatz der Gebührenfreiheit. Alle gerichtlichen Handlungen sind gebühren- und auslagenfrei, soweit nicht das GKG einschließlich des KV, Karls Rpfleger **89**, 172 mwN, VGH Kassel AnwBl **84**, 49, Scholz BaWüBl **82**, 6, oder ein anderes Bundesgesetz etwas anderes vorsehen, vgl KG MDR **84**, 593, ferner LG Kblz Rpfleger **86**, 450. Denn natürlich gilt zB § 92 I 2 ZPO neben dem GKG. Die Vorschriften über die Prozeßkostenhilfe gehen dem GKG vor. Es besteht also (auch) ein Verbot der Analogie, Karlsr Rpfleger **89**, 172 mwN.

Ein Ersuchen ins Ausland ist eine Verwaltungshandlung. Daher ist insofern die Erhebung einer Verwaltungsgebühr statthaft.

C. Weitere Einzelfragen. Die Worte „werden erhoben" in I bedeuten: „entstehen". Über die Einziehung die JBeitrO, Teil IX A dieses Buchs. Über die Verjährung vgl § 10.

Kostenfreiheit

2 **I In Verfahren vor den ordentlichen Gerichten und den Gerichten der Finanzgerichtsbarkeit sind von der Zahlung der Kosten befreit der Bund und die Länder sowie die nach Haushaltsplänen des Bundes oder eines Landes verwalteten öffentlichen Anstalten und Kassen. Bundesbahn und Bundespost sind von der Zahlung der Auslagen nicht befreit.**

II Sonstige bundesrechtliche Vorschriften, durch die für Verfahren vor den ordentlichen Gerichten und den Gerichten der Finanzgerichtsbarkeit eine sachliche oder persönliche Befreiung von Kosten gewährt ist, bleiben in Kraft. Landesrechtliche Vorschriften, die für diese Verfahren in weiteren Fällen eine sachliche oder persönliche Befreiung von Kosten gewähren, bleiben unberührt.

III Vor den Gerichten der Verwaltungsgerichtsbarkeit und den Gerichten für Arbeitssachen finden bundesrechtliche oder landesrechtliche Vorschriften über persönliche Kostenfreiheit keine Anwendung. Vorschriften über sachliche Kostenfreiheit bleiben unberührt.

IV Soweit jemandem, der von Kosten befreit ist, Kosten des Verfahrens auferlegt werden, sind Kosten nicht zu erheben; bereits erhobene Kosten sind zurückzuzahlen. Das gleiche gilt, soweit ein von Kosten Befreiter Kosten des Verfahrens übernimmt.

1) Allgemeines. Kostenfreiheit bedeutet Befreiung von Gebühren und Auslagen, § 1 Anm 3. Die Kostenfreiheit kann auf Bundesrecht oder auf Landesrecht beruhen. Sie hat ihre Ursache in der Pflicht, den Aufwand für die Errichtung und Unterhaltung der Gerichtsorganisation als Träger der Justizhoheit zu bezahlen, BGH Rpfleger **82**, 81. I–III betrifft die Wirkungen für den Befreiten, IV betrifft diejenigen für den Gegner, Kblz JB **77**, 1779.

§ 2 bezieht sich nur auf solche Kosten, die man von vornherein dem Gerichtsfiskus schuldet, § 1, nicht aber auf diejenigen Kosten, die der Verlierer dem Sieger erstatten muß. Daher muß ein unterliegendes Bundesland die Kosten des im Verfahren auf die Bewilligung einer Prozeßkostenhilfe beigeordneten Anwalts des Gegners erstatten, BGH NJW **65**, 538 (zum alten Recht).

I, II erfaßt die Verfahren vor den ordentlichen Gerichten und vor den Gerichten der Finanzgerichtsbarkeit. III erfaßt die Verfahren vor den Gerichten der Verwaltungsgerichtsbarkeit und der Arbeitsgerichtsbarkeit, LAG Stgt Rpfleger **81**, 371 (die Vorschrift ist verfassungsgemäß). IV erfaßt sämtliche in I–III genannten Verfahren.

Die §§ 140 FGO, 163 VwGO sind aufgehoben worden. Wegen der Kirchen vgl Anm 5 B.

2) Kostenfreiheit, I. A. Befreite Rechtssubjekte. I nennt folgende Befreite:

a) Bund, Länder. Befreit sind der Bund, also sämtliche Bundesministerien und deren Unterbehörden, ferner die Länder, also sämtliche Länderministerien, Landesämter, Regierungspräsidenten und deren Unterbehörden, sowie West-Berlin. Man muß hierher auch die Bundespost in ihren drei öffentlichen Unternehmen rechnen, da sie Sondervermögen des Bundes sind, § 2 PostVerfG. Freilich hat die Post keine Auslagenfreiheit, I 2.

Die Kostenbefreiung gilt vor sämtlichen Gerichten des Bundes und der Länder. Es ist erforderlich, daß der Rechtsträger unmittelbar als Partei oder als ein rechtlich Beteiligter im Sinn von § 57 FGO auftritt. Eine nur wirtschaftliche Beteiligung am Prozeß eines anderen, zB des Konkursverwalters, reicht nicht aus, BGH **LM** § 114 ZPO aF Nr 26 mwN, aM zB Stgt NJW **74**, 867.

b) Öffentliche Anstalt, Kasse. I befreit ferner die nach den Haushaltsplänen des Bundes oder eines Landes für Rechnung des Bundes oder Landes verwalteten öffentlichen Anstalten oder Kassen. Es ist notwendig, daß der Rechtsträger mit seinen gesamten Einnahmen und Ausgaben in einem Haushaltsplan ausgewiesen wird. Es genügt nicht, daß nur ein einzelner Einnahmeposten dort erscheint, nicht aber die Ausgaben dort verzeichnet sind, KG Rpfleger **82**, 487 mwN. Das gilt selbst dann, wenn es sich um einen wesentlichen Einnahmeposten handelt, BGH Rpfleger **78**, 305 mwN.

Nach diesen Vorschriften sind befreit zB: Die Bundesbahn, allerdings nicht hinsichtlich der Auslagen, I 2; Kunz MDR **89**, 593; die Bundesautobahn; alle übrigen bundeseigenen Verwaltungen, Art 87 I GG, also: Die Bundesstraßenverwaltung, G vom 2. 3. 51, BGBl 157, die Bundeswasserstraßenverwaltung, G vom 21. 5. 51, BGBl 352, das Bundesoberseeamt, VerwAnO vom 28. 11. 50, BGBl 768; die deutsche Landesrentenbank, BGH Rpfleger **54**, 371; ein Stadtstaat. Es ist unerheblich, ob seine Gemeindeangelegenheiten von den staatlichen getrennt werden oder nicht, BGH **14**, 305 (für Berlin), BGH **13**, 207 (für Hamburg).

Bremen, das noch selbständige Gemeinden hat, ist nur in einer Landesangelegenheit befreit, vgl BGH **13**, 207, aM Johannsen **LM** § 90 GKG aF Nr 6.

B. Nichtbefreite Rechtssubjekte. Keine Befreiung erhalten zB: Eine öffentlichrechtliche Körperschaft; eine Kapitalgesellschaft, selbst wenn der Bund oder ein Land sämtliche Anteile besitzt, LG Bln Rpfleger **83**, 503 mwN; die Einfuhr- und Vorratsstelle, BFH BB **75**, 165; eine Gemeinde oder ein Gemeindeverband, Hamm Rpfleger **83**, 504 (auch ein Landschaftsverband), vgl auch § 22 VI KostVfg, mit Ausnahme der oben genannten Stadtstaaten; die Deutsche Bundesbank; eine Landesbank; die Bundesanstalt für Arbeit und ihre Landesarbeitsämter und Arbeitsämter, AG Staufen DGVZ **76**, 63, Krauthausen DGVZ **84**, 5, Mümmler DGVZ **69**, 19; ein Träger der Sozialversicherung, § 64 III 2 SGB (X), denn §§ 3–7 SGB (X) erfassen nur eine Amtshilfe, nicht auch eine Rechtsshilfe, vgl § 1 II SGB (X), BT-Drs 8/2034, und außerdem behält ein übergangener Schadensersatzanspruch seinen bürgerlichrechtlichen Charakter, Stgt

MDR **89**, 365, LG Schweinf JB **81**, 1707; eine kommunale Versorgungskasse oder ähnliche Einrichtung, LG Düss Rpfleger **77**, 115; eine Staatliche Hochschule; eine zwar staatliche, jedoch privatrechtlich organisierte Genossenschaft, LG Bln Rpfleger **83**, 503; eine Gemeinnützige Siedlungsgenossenschaft; eine Berufsgenossenschaft, Düss Rpfleger **81**, 456, LG Lüneb Rpfleger **82**, 200, AG Dorsten Rpfleger **82**, 240, AG Hbg Rpfleger **82**, 240, AG Memmingen Rpfleger **83**, 127 (je wegen der Auslagenfreiheit), ein Eigenbetrieb, BGH Rpfleger **82**, 81, KG Rpfleger **82**, 487 (Berliner Stadtreinigung); der Generalbundesanwalt im Verfahren nach dem AUG, denn er ist nicht Partei, sondern Bevollmächtigter; freilich erhält das Kind grds Prozeßkostenhilfe, die zur endgültigen Befreiung von den in § 122 I ZPO genannten Kosten führen kann, § 9 AUG, abgedruckt in Üb 3 A vor § 49. Für das außergerichtliche Verfahren einschließlich der Entgegennahme und Behandlung der Gesuche durch die Justizbehörden gewährt § 12 AUG Kostenfreiheit.

3) Bundesrechtliche Kostenfreiheit, II 1. Auf Grund etwaiger besonderer bundesrechtlicher Vorschriften kann eine Kostenfreiheit eintreten. Das gilt zB für: Gewisse erledigte Verfahren nach § 89 BVFG idF vom 3. 9. 71, BGBl 1566; gewisse erledigte „Contergan"-Prozesse, § 24 G vom 17. 12. 71, BGBl 2018, geändert durch G vom 22. 7. 76, BGBl 1876, in Kraft seit 31. 12. 72, BGBl 2045 (die Vorschriften sind mit dem GG vereinbar, BGH **64**, 38); das Verfahren vor einem Entschädigungsgericht nebst dem zugehörigen Beweissicherungsverfahren, § 228 BEG; das Verfahren vor dem Rheinschiffahrtsgericht, Art 39 RhSchAkte, BGBl **52**, 645, BGH **62**, 177; ein berufsgerichtliches Verfahren usw nach § 146 StBG (hier kommt allerdings nur eine Gebührenfreiheit in Betracht); den Träger der Sozialhilfe, der Jugendhilfe und der Kriegsopferfürsorge bei einem Verfahren wegen einer Sozialleistung, § 64 III 1, 2 SGB (X) in Verbindung mit dort II 1, abgedruckt § 144 KostO Anm 2 (vgl freilich auch Anm 5 A); das Deutsche Rote Kreuz, § 18 G vom 9. 12. 37, RGBl 1330 (hier kommt allerdings nur eine Gebührenfreiheit in Betracht) trotz seiner heute andersartigen Organisation, Ffm MDR **58**, 348, KG Rpfleger **56**, 88, Köln Rpfleger **57**, 91, vgl dazu auch Rutisch/Höver Rpfleger **57**, 91, Stgt NJW **58**, 1193.

Eine für die freiwillige Gerichtsbarkeit gewährte Gebührenfreiheit erstreckt sich evtl nicht auf die streitige Gerichtsbarkeit, vgl zB § 151 II BauGB, abgedruckt bei § 11 KostO Anh II (eine Ausnahme besteht im Fall einer etwaigen landesrechtlichen Kostenfreiheit, s dort). Wegen einer sachlichrechtlichen Kostenfreiheit vgl auch § 11 KostO Anm 2B.

4) Landesrechtliche Kostenfreiheit, II 2. Soweit nach dem Landesrecht Kostenfreiheit besteht, gilt sie fort, wenn nicht bundesrechtliche Bestimmungen etwas abweichendes regeln, Kblz Rpfleger **81**, 497. Eine landesrechtliche Kostenfreiheit ergreift nur das betreffende Bundesland, dann aber ohne Rücksicht auf den Wohnsitz der Beteiligten, Klässel Rpfleger **72**, 433. Sie ergreift nicht zB das Verfahren vor dem Bundesgerichtshof, BGH Rpfleger **78**, 305. Im einzelnen gelten folgende Regelungen:

Baden-Württemberg: §§ 5, 6 G idF vom 25. 3. 75, GBl 261, zuletzt geändert durch G vom 7. 4. 81, GBl 217;

Bayern:

Berlin: G vom 24. 11. 70, GVBl 1934;

Bremen: G vom 3. 8. 61, GBl 983;

Hamburg: G vom 11. 2. 72, GVBl 35;

Hessen: Preußisches G vom 25. 7. 10, PrGS 241, wegen der Feuerversicherung unbeweglicher Sachen, dazu Ffm Rpfleger **82**, 442; G vom 15. 5. 58, GVBl 60;

Niedersachsen: § 1 G vom 10. 4. 73, GVBl 111, zuletzt geändert durch G vom 12. 7. 76, GVBl 193;

Nordrhein-Westfalen: § 1 G vom 21. 10. 69, GVBl 725, geändert durch G vom 14. 10. 75, GVBl 562, und 22. 3. 77, GVBl 136;

Rheinland-Pfalz: VO vom 24. 6. 77, GVBl 185, dazu Kblz Rpfleger **81**, 497;

Saarland: § 4 G vom 30. 6. 71, ABl 473;

Schleswig-Holstein: G vom 23. 12. 69, GVBl **70**, 4, zuletzt geändert durch G vom 26. 3. 79, GVBl 251, vgl Schlesw SchlHA **77**, 159 (aber auch § 11 KostO Anm 1).

5) Teilweise Kostenfreiheit, III. A. Allgemeines. Im Verfahren vor einem Gericht der Verwaltungsgerichtsbarkeit oder der Arbeitsgerichtsbarkeit, das nach den Regeln der VwGO oder des ArbGG stattfindet, bleiben bundes- oder landesrechtliche Vorschriften unberührt, soweit sie eine sachliche Kostenfreiheit gewähren, zB § 188 S 2 VwGO in einem Verfahren wegen Sozialhilfe, also aller Fürsorgemaßnahmen, Kopp § 188 VwGO Rdz 3, ferner wegen einer Jugendhilfe, Kriegsopferfürsorge, Schwerbehindertenfürsorge und Ausbildungsförderung sowie wegen eines Mutterschutzes, BVerwG **36**, 160, OVG Hbg NJW **83**, 1748; diese Kostenfreiheit gilt auch für die öffentliche Hand, BVerwG **47**, 238.

Dagegen besteht keine sachliche Kostenfreiheit in einer Kriegsgefangenen-Entschädigungssache, BVerwG Buchholz 310 § 188 Nr 8 mwN, oder in einer Wohngeldsache, OVG Lüneb SchlHA **82**, 142.

Bundes- oder landesrechtliche Bestimmungen über eine persönliche Kostenfreiheit sind unbeachtlich, soweit sie sich auf das Gerichtsverfahren erstrecken, LAG Stgt Rpfleger **81**, 371.

B. Kirche. Kirchen und andere Religionsgemeinschaften des öffentlichen Rechts bestätigte § 163 II VwGO aF unter Verweisung auf Art 140 GG eine Kostenfreiheit. Die Vorschrift ist weggefallen, ohne daß dadurch insoweit eine Rechtsänderung bezweckt wurde, Begründung des RegEntw. Vgl also nach wie vor Art 140 GG, 136–139 WRV. OVG Münster DÖV **70**, 102 hielt § 163 II VwGO aF für unanwendbar, sofern es um eine Kirche in Nordrhein-Westfalen gehe. Auch die Begründung des RegEntw äußert Zweifel, ob (noch) eine Kostenfreiheit für die Kirchen bestehe. Vgl auch Schnapp ZevKR **14**, 361.

6) Bedeutung der Kostenfreiheit, IV. A. Grundsatz. Die Kostenfreiheit erfaßt jede beliebige Gebühr ohne Rücksicht auf ihren Rechtsgrund, also auch diejenige nach § 34. Das gilt auch für den Fall einer Kostenübernahme nach § 54 Z 2, vgl Mümmler JB **76**, 1158. Auch eine

Haftung kraft Gesetzes, § 54 Z 3, ändert nichts. Denn § 2 geht als Sondervorschrift vor. Soweit das Gericht einem Gebührenfreien durch eine Entscheidung die Kosten auferlegt oder soweit er sie übernimmt, etwa durch einen Prozeßvergleich, darf man vom Gegner keine Gebühren erheben, auch nicht auf Grund von § 49. Der persönlich Befreite kann diesen Umstand aber nicht im Fall der Übernahme von Kosten eines nicht Befreiten geltend machen, LG Essen Rpfleger **74**, 81, vgl auch § 11 KostO Anm 1. Soweit also der Befreite zur Bezahlung von Kosten verurteilt worden ist, ist der siegende Gegner frei. Wegen der endgültigen Kostenfreiheit nach § 9 AUG vgl Üb 3 vor § 49.

B. Streitgenosse, Streithelfer. Ein Streitgenosse und ein Streithelfer des Befreiten haften verringert um denjenigen Betrag, den ihnen der Befreite nach § 426 BGB ersetzen müßte, BGH **12**, 270, Köln MDR **78**, 678. Unter Umständen haftet der nicht Befreite also überhaupt nicht, Düss Rpfleger **83**, 39. Im Fall einer Aufhebung der Kosten nach § 98 ZPO hat demgemäß der Streitgenosse des Befreiten ¼ zu tragen, BGH **17**, 9. Etwas anderes gilt insofern, als die Streitgegenstände verschieden sind.

Demgegenüber sind die vollen Vorschüsse vom Streitgenossen zu erheben. Denn der befreiten Partei können weder Kosten auferlegt werden noch können solche Kosten von ihr übernommen sein, und im übrigen ist nicht vorauszusehen, welche Entwicklung eintreten wird, Kblz NJW **55**, 676.

C. Rückzahlung. Bereits erhobene Gebühren sind nach einer Entscheidung über die Kosten gegebenenfalls unmittelbar aus der Staatskasse ohne ein Kostenfestsetzungsverfahren zurückzuzahlen, Düss Rpfleger **83**, 39, LG Flensb JB **75**, 59. Im Fall einer Kostenverteilung sind die vom Gegner bezahlten Kosten auf dessen Kostenschuld zu verrechnen; der Überschuß ist zurückzuzahlen. Der siegende Gegner kann verauslagte Gerichtskosten nicht vom Kostenbefreiten verlangen, Düss Rpfleger **83**, 39, Kblz JB **77**, 1979. Denn dieser hat niemals Gerichtskosten zu zahlen. Vielmehr ist der Gegner auf die Erinnerung nach § 5 angewiesen, Düss Rpfleger **83**, 39.

D. Zweitschuldnerhaftung. IV gilt entsprechend nach § 58 II 2 zu Gunsten des Zweitschuldners, zB Hamm NJW **77**, 2083 mwN (zustm Markl), Lappe § 58 Rdz 9, Markl NJW **77**, 2081, aM zB Düss Rpfleger **78**, 465 mwN.

7) Auslagenfreiheit. Die Auslagenfreiheit ist eine Folge der Kostenfreiheit, Anm 1. Soweit eine Auslagenfreiheit besteht, bezieht sie sich auf sämtliche Auslagen. Schreibauslagen werden allerdings auch im Fall einer Kostenfreiheit im Rahmen des KV 1900 Z 1c erhoben. Die Deutsche Bundespost und die Deutsche Bundesbahn sind nicht auslagenfrei, I 2. Eine Befreiung nach II, III gilt nur in dem bundesrechtlich oder landesrechtlich vorgesehenen Umfang. Eine Gebührenfreiheit bezieht sich nur auf die Gebühren, nicht auf die Auslagen, LG Flensb JB **75**, 59.

Sicherstellung und Vorauszahlung

3 In weiterem Umfang als die Prozeßordnungen und dieses Gesetz es gestatten, darf die Tätigkeit der Gerichte von der Sicherstellung oder Zahlung der Kosten nicht abhängig gemacht werden.

1) **Allgemeines.** Die Vorschrift dient der Sicherung des Staates für die Gerichtskosten. Diese Sicherung kann durch die Einforderung eines Vorschusses oder durch die Vorwegerhebung der Gebühr erfolgen. Das Gesetz kennt beide Wege. Sie sind scharf zu unterscheiden. Ein Vorschuß verfällt erst dann endgültig, wenn ein Kostenanspruch entstanden ist. Eine Vorwegleistung verfällt sofort und wird nur in den gesetzlich geregelten Fällen ganz oder teilweise zurückgezahlt.

Gegen die Anordnung eines Vorschusses oder einer Vorauszahlung ist die Beschwerde nach § 6 statthaft.

2) **Geltungsbereich.** Ein Vorschuß oder eine Vorauszahlung sind nur zu fordern, soweit die Prozeßordnungen, vgl § 1 Anm 2 A b, 3–5, oder das GKG oder ein anderes Bundesgesetz diese Möglichkeit vorsehen. Der Staat leistet also grundsätzlich, wenn auch praktisch nur ausnahmsweise, vor. § 3 gilt nur im Geltungsbereich des GKG, § 1.

Die entsprechende Anwendung der Vorschrift auf andere Fälle ist schon durch die Ausnahmenatur des § 3 ausgeschlossen. Namentlich entfällt jede Sicherung, soweit das Gericht einen Beweis von Amts wegen erhebt, zB in einer Strafsache oder in einer Bußgeldsache. In einer anderen Sache kann allerdings auch bei einer von Amts wegen vorzunehmenden Handlung des Gerichts ein Auslagenvorschuß nach § 68 III in Betracht kommen, etwa im Fall einer Zeugenladung nach den §§ 273, 358a, 616 ZPO.

Im Verfahren vor den Arbeitsgerichten kommt weder ein Vorschuß noch eine Vorauszahlung in Betracht, § 12 IV 2, 3 ArbGG.

3) **Voraussetzungen im einzelnen. A. Prozeßordnungen.** Die Prozeßordnungen sehen eine Vorschußzahlung nur in folgenden Fällen vor:

a) Zeuge, Sachverständiger. Ein Vorschuß ist zu zahlen, soweit die Ladung und Vernehmung eines Zeugen oder eines Sachverständigen in Betracht kommt, §§ 379, 402 ZPO.

b) Konkursverfahren. Ein Vorschuß kommt im Konkursverfahren nach § 107 KO in Betracht.

c) Vergleichsverfahren. Ein Vorschuß kommt im Vergleichsverfahren nach § 17 Z 6 VglO in Betracht.

d) Strafverfahren. Im Strafverfahren kann das Gericht demjenigen die Leistung einer Sicherheit auferlegen, der eine gerichtliche Entscheidung über die Erhebung der öffentlichen Klage beantragt, § 176 StPO.

B. GKG. Das GKG enthält folgende einschlägige Vorschriften:

a) Vorschuß. Eine Vorschußzahlung ist nach dem GKG für folgende Fälle vorgesehen:

aa) Gebühren. Eine Pflicht zur Zahlung eines Vorschusses für Gebühren besteht nach § 66 in Zwangsversteigerungs- und Zwangsverwaltungsangelegenheiten, ferner in einer Strafsache für den Privatkläger in der ersten Instanz sowie dann, wenn er eine Berufung oder Revision einlegt oder die Wiederaufnahmeklage erhebt. In diesen Fällen kann auch der Nebenkläger zahlungspflichtig sein, § 67 I in Verbindung mit §§ 379a (s § 67 Anm 1), 390 IV StPO, s auch § 67 II.

bb) Auslagen. Für Auslagen besteht grundsätzlich eine Vorschußpflicht, soweit der Antragsteller eine Handlung fordert, die mit Auslagen verbunden ist, § 68 I. Darüber hinaus kann das Gericht auch wegen einer von Amts wegen vorzunehmenden Handlung nach § 68 III 1 anordnen, daß ein Vorschuß für die Auslagen zu zahlen ist. In einer Strafsache besteht eine Pflicht zur Vorschußzahlung wegen der Auslagen für eine beantragte Handlung des Gerichts nur, soweit der Privatkläger, der Widerkläger oder der Nebenkläger Berufung oder Revision eingelegt hat, § 68 II.

Im übrigen besteht weder in einer Strafsache noch in einer Bußgeldsache für eine von Amts wegen vorzunehmende Handlung eine Pflicht zur Zahlung eines Auslagenvorschusses.

b) Vorwegleistung. Das GKG sieht eine Vorwegleistung in folgenden Fällen vor:

aa) Verfahrensgebühr. Der Kläger muß die Verfahrensgebühr grundsätzlich vorwegzahlen, §§ 61, 65 I. Von diesem Grundsatz gilt nach § 65 II eine Ausnahme.

bb) Mahngebühr. Der Antragsteller des Mahnverfahrens muß die Mahngebühr nach § 65 III vorwegleisten.

cc) Offenbarungsversicherung. Der Gläubiger muß für das Verfahren auf die Abnahme der Offenbarungsversicherung gemäß § 65 IV Gebühren vorwegleisten.

dd) Zwangsvollstreckung. In der sonstigen Zwangsvollstreckung besteht eine Vorwegleistungspflicht wegen der Gebühren und der Auslagen nach § 65 V.

ee) Seerechtliche Verteilungsordnung. Im Verfahren nach der SeeVertO besteht eine Vorwegleistungspflicht wegen der Gebühren und Auslagen nach § 65 VI.

ff) Ausfertigung, Abschrift. Wer eine Ausfertigung oder Abschrift beantragt, muß die Auslagen teilweise nach § 64 II vorwegleisten.

C. Andere Gesetze. Eine Pflicht zur Zahlung eines Vorschusses oder einer Vorwegleistung besteht zB nach § 7 I ZSEG, also dann, wenn sich die Parteien dem Gericht gegenüber mit einer bestimmten Entschädigung für die Leistung eines Sachverständigen einverstanden erklärt haben.

Kostenansatz

4 **I Außer in Strafsachen und in gerichtlichen Verfahren nach dem Gesetz über Ordnungswidrigkeiten werden angesetzt**
1. die Kosten der ersten Instanz bei dem Gericht, bei dem das

Verfahren erster Instanz anhängig ist oder zuletzt anhängig war,
2. die Kosten des Rechtsmittelverfahrens bei dem Rechtsmittelgericht.
Dies gilt auch dann, wenn die Kosten bei einem ersuchten Gericht entstanden sind.

II Ist in Strafsachen oder in gerichtlichen Verfahren nach dem Gesetz über Ordnungswidrigkeiten eine gerichtliche Entscheidung durch die Staatsanwaltschaft zu vollstrecken oder in Jugendgerichtssachen eine Vollstreckung einzuleiten, so werden die Kosten angesetzt
1. in Strafsachen und in gerichtlichen Verfahren nach dem Gesetz über Ordnungswidrigkeiten bei der Staatsanwaltschaft,
2. in Jugendgerichtssachen bei dem Amtsgericht, dem der Jugendrichter angehört, der die Vollstreckung einzuleiten hat (§ 84 des Jugendgerichtsgesetzes).
Im übrigen werden die Kosten in diesen Verfahren bei dem Gericht des ersten Rechtszuges angesetzt. Die Kosten des Rechtsmittelverfahrens vor dem Bundesgerichtshof werden stets bei dem Bundesgerichtshof angesetzt.

IIa Hat die Staatsanwaltschaft im Falle des § 25a des Straßenverkehrsgesetzes eine abschließende Entscheidung getroffen, so werden die Kosten einschließlich derer, die durch einen Antrag auf gerichtliche Entscheidung entstanden sind, bei ihr angesetzt.

III Der Kostenansatz kann im Verwaltungsweg berichtigt werden, solange nicht eine gerichtliche Entscheidung getroffen ist. Ergeht nach der gerichtlichen Entscheidung über den Kostenansatz eine Entscheidung, durch die der Streitwert anders festgesetzt wird, so kann der Kostenansatz ebenfalls berichtigt werden.

Vorbem. IIa angefügt durch Art 5 I Z 2 des G vom 7. 7. 86, BGBl 977, in Kraft ab 1. 4. 87, Art 9 I.

1) Allgemeines, I, II, IIa. § 4 enthält im wesentlichen dieselbe Regelung wie § 5 KostVfg, Teil VII A dieses Buchs, die neben § 4 weiter gilt. Vgl dort auch zu den weiteren Einzelheiten. Im Fall eines Freispruchs auf Kosten der Landeskasse ist der Kostenbeamte des Gerichts zuständig, nicht derjenige der Staatsanwaltschaft, AG Freibg Rpfleger **79**, 229. Im Fall der Halterhaftung, § 25a StVG, ist der Kostenbeamte der Staatsanwaltschaft zuständig, unabhängig davon, wer die Kosten trägt. Ein Ansatz der Schreibauslagen ist nach § 4 möglich, aber auch nach § 64 I 2, vgl dort Anm 2. Vgl ferner § 14 KostO.

I 2 gilt, anders als § 147 aF FGO, auch im Verfahren vor dem BFH.

2) Berichtigung, III. Die Tätigkeit des Urkundsbeamten der Geschäftsstelle bei der Aufstellung der Kostenrechnung ist eine reine Verwaltungstätigkeit. Sie enthält keine Entscheidung und bindet das Gericht infolgedessen nicht. Der Kostenbeamte untersteht der Aufsicht seiner vorgesetzten Behörde und hat ihre Anweisungen zu befolgen. Eine solche Anweisung trägt aber selbst dann, wenn sie vom Aufsichtsrichter ausgehen würde, nicht den Charakter einer gerichtlichen Entscheidung, sondern stellt auch ihrerseits nur eine Verwaltungsanordnung dar, § 43 KostVfg, Teil VII A dieses Buchs.

Der Vorstand der Justizbehörde und der Kostenprüfungsbeamte (der Leiter des Rechnungsamts und der Bezirksrevisor), § 42 KostVfg, dürfen den Kostenansatz beanstanden und zur Änderung anweisen. Der Kostenbeamte darf das Gericht nicht von sich aus anrufen, § 43 KostVfg. Der Umstand, daß der Kostenschuldner die Kosten schon bezahlt haben mag, ändert an dem Anweisungsrecht nichts.

Soweit das Gericht bereits entschieden hat, entfällt damit grundsätzlich die Zulässigkeit einer Aufsichtsbeschwerde und die Möglichkeit einer Abänderung im Aufsichtsweg. Von diesem Grundsatz gilt insoweit eine Ausnahme, als das Gericht den Streitwert anschließend anders festsetzt. Denn in diesem Fall ist wiederum eine Berichtigung des Kostenansatzes von Amts wegen zulässig, III 2.

Welchen Rechtsbehelf der Beschwerdeführer meint, das muß man im Wege einer Auslegung ermitteln. Über das Zusammentreffen mit § 16 ZSEG und die Möglichkeit des Kostenschuldners, im Weg der Erinnerung nach § 5 die dortige Festsetzung nicht gegen sich gelten zu lassen, vgl § 16 ZSEG Anm 4 A.

Erinnerung, Beschwerde

5 **I Über Erinnerungen des Kostenschuldners und der Staatskasse gegen den Kostenansatz entscheidet das Gericht, bei dem die Kosten angesetzt sind. Sind die Kosten bei der Staatsanwaltschaft angesetzt worden, so ist das Gericht der ersten Instanz zuständig. War das Verfahren in erster Instanz bei mehreren Gerichten anhängig, so ist das Gericht, bei dem es zuletzt anhängig war, auch insoweit zuständig, als Kosten bei den anderen Gerichten angesetzt worden sind.**

II Gegen die Entscheidung über die Erinnerung können der Kostenschuldner und die Staatskasse Beschwerde einlegen, wenn der Wert des Beschwerdegegenstandes einhundert Deutsche Mark übersteigt. Eine Beschwerde an einen obersten Gerichtshof des Bundes ist nicht zulässig. Abweichend hiervon steht den Beteiligten gegen den Beschluß eines Finanzgerichts die Beschwerde an den Bundesfinanzhof zu, wenn eine der Voraussetzungen des § 115 Abs. 2 Nr. 1 bis 3 der Finanzgerichtsordnung vorliegt. Die Beschwerde ist nicht an eine Frist gebunden. Das Gericht, das über die Erinnerung entschieden hat, kann der Beschwerde abhelfen. Im übrigen sind die für die Beschwerde in der Hauptsache geltenden Verfahrensvorschriften anzuwenden. Eine weitere Beschwerde findet nicht statt.

III Erinnerung und Beschwerde können zu Protokoll der Geschäftsstelle oder schriftlich, auch ohne Mitwirkung eines Bevollmächtigten, eingelegt werden. Sie haben keine aufschiebende Wirkung. Der Vorsitzende kann auf Antrag oder von Amts wegen die aufschiebende Wirkung ganz oder teilweise anordnen.

IV **Das Verfahren über die Erinnerung und über die Beschwerde ist gebührenfrei. Kosten werden nicht erstattet.**

Gliederung

1) Allgemeines. Die Gerichtskosten sind eine öffentlichrechtliche Abgabe, eine Justizsteuer, Einl II B 1. Daraus folgt: Der Rechtsweg ist nicht zulässig, BGH NJW **84**, 871 mwN. Der vom Gesetz gegebene Rechtsbehelf ist lediglich die Erinnerung, also eine gegen den Kostenansatz erhobene Vorstellung, die zu einer Nachprüfung des Ansatzes durch das Gericht führt, BGH NJW **84**, 871. Da es sich um eine im Rahmen des Gerichtsaufbaus erhobene Abgabe handelt, liegt insofern mittelbar doch ein beschränkter „Rechtsweg" vor.

2) Erinnerung, I. A. Erinnerungsberechtigte. Zur Einlegung der Erinnerung nach I sind folgende Beteiligte berechtigt:

a) Kostenschuldner. Der Kostenschuldner kann die Erinnerung einlegen, BGH NJW **84**, 871. Wer Kostenschuldner ist, ergibt sich aus §§ 49ff, 58 II. Der Kostenschuldner muß grundsätzlich als solcher in der Kostenrechnung benannt worden sein, nur grundsätzlich richtig Düss Rpfleger **85**, 255; vgl ferner Schlesw SchlHA **81**, 71 mwN, LG Essen Rpfleger **74**, 81, vgl §§ 4 I, 7, 8, 27 I Z 4 und II, III KostVfg, Teil VII A dieses Buchs, aM insofern Mü Rpfleger **82**, 240. Es ist nicht erforderlich, daß das Gericht gerade diesen Kostenschuldner auch bereits zur Zahlung aufgefordert, ihm also eine Kostenrechnung übersandt hat, insofern ebenso Mü Rpfleger **82**, 240 mwN, insofern aM Düss Rpfleger **85**, 255.

Auch der zu Unrecht in Anspruch Genommene ist zur Erinnerung berechtigt, BGH Rpfleger **56**, 12. Freilich muß die Kostenrechnung nach außen wirksam geworden, also wenigstens einem Beteiligten zugegangen sein, Mü Rpfleger **82**, 239.

Erinnerungsberechtigt ist unter Umständen auch der Versicherer, der für den Kostenschuldner unmittelbar an die Staatskasse gezahlt hat, Düss VersR **83**, 251 (er hat aber keinen eigenen sachlichrechtlichen Rückzahlungsanspruch nur wegen einer Streitwertherabsetzung).

Der bemittelte Streitgenosse eines Beteiligten, dem das Gericht eine Prozeßkostenhilfe bewilligt hat, ist nicht mit einer Kostenrechnung zur Zahlung der Kosten des dem Unterstützten beigeordneten Anwalts heranzuziehen. Der bemittelte Streitgenosse kann höchstens sachlichrechtlich haften.

b) Staatskasse. Die Staatskasse ist zur Einlegung der Erinnerung berechtigt. Sie wird durch den Bezirksrevisor oder den Leiter des Rechnungsamts vertreten. Die Staatskasse kann auch eine Verjährung des Anspruchs des im Verfahren der Prozeßkostenhilfe beigeordneten Anwalts geltend machen. Sie soll allerdings nur bei einer grundsätzlichen Streitfrage eine Erinnerung einlegen, soweit es angemessen erscheint, eine gerichtliche Entscheidung herbeizuführen. In anderen Fällen soll die Staatskasse den Weg der Anweisung zur Berichtigung im Verwaltungsverfahren nach § 45 KostVfg wählen.

Die Staatskasse kann sowohl dann die Erinnerung einlegen, wenn ihr der Kostenansatz als zu niedrig erscheint, als auch dann, wenn er ihr als zu hoch erscheint, KG Rpfleger **77**, 227. Im letzteren Fall ist die Erinnerung keineswegs eine solche zugunsten des Schuldners, sondern zugunsten der eigenen, nämlich sonst mit einer Rückforderung bedrohten Kasse.

Eine Abänderung im Aufsichtsweg hat ganz andere Voraussetzungen und Folgen als eine gerichtliche Entscheidung.

c) Amtsverteidiger. Zur Erinnerung nach I ist ferner der gerichtlich bestellte Verteidiger insoweit berechtigt, als die ihm aus der Staatskasse zustehende und festgesetzte Vergütung zu gering ist, § 98 II BRAGO. Ein an ihn gezahlter Betrag wird in die Kostenrechnung aufgenommen, KV 1906. Deshalb hat auch insofern der Kostenschuldner die Möglichkeit der Erinnerung.

d) Beigeordneter Anwalt. Der im Verfahren der Prozeßkostenhilfe beigeordnete Anwalt kann ebenfalls die Erinnerung einlegen, § 128 III BRAGO. Freilich handelt es sich in diesem Fall um Parteikosten, die nur äußerlich in den Kostenansatz aufgenommen worden sind, § 30 BRAGO Anm 3.

B. Gegenstand der Erinnerung. Die Erinnerung richtet sich gegen den Kostenansatz. Dieser besteht in der Aufstellung der Kostenrechnung, § 4 I KostVfg, die zugunsten der Staatskasse aufgestellt wird. Die Kostenrechnung muß außer der Bezeichnung der Sache folgende Einzelheiten enthalten: Sie muß den Kostenansatz im einzelnen darstellen; sie muß einen etwa gezahlten Kostenvorschuß nennen, Stgt Rpfleger **81**, 163 mwN; sie muß die angewendete Vorschrift bezeichnen; soweit es um eine Wertgebühr geht, muß sie den zugrunde gelegten Wert nennen; sie muß den Gesamtbetrag der Kosten nennen; sie muß den Namen und die Anschrift der Kostenschuldner angeben, § 27 I KostVfg, vgl § 27 II, III KostVfg.

Der Kostenansatz ist eine Einheit. Deshalb begründet die Unrichtigkeit eines einzelnen Postens nicht die Erinnerung, soweit das Gesamtergebnis richtig ist. Freilich gilt das nur in rechnerischer Hinsicht.

Die Erinnerung kann aber auch zum Ziel haben, statt einer Rückerstattung lediglich eine Berichtigung des Kostenansatzes vorzunehmen, vgl auch KG Rpfleger **83**, 326. Wegen des Falls § 64 II s dort Anm 4.

Ein Kostenansatz kann unabhängig davon vorliegen, ob auch schon eine Zahlungsaufforderung ergangen ist.

Auslagen umfassen auch die Vergütung der Zeugen und Sachverständigen, KV 1904, BGH NJW **84**, 871. Lammel MDR **77**, 630 wendet § 5 im Fall der Schlechterfüllung durch den Pflichtverteidiger ebenfalls an.

C. Abgrenzung zur Vollstreckungserinnerung. Gegen die Art und Weise der Kostenerhebung, namentlich gegen die Art der Beitreibung, ist nicht die Erinnerung nach § 5 statthaft, sondern die Vollstreckungserinnerung nach § 6 I Z 1 JBeitrO, Teil IX A dieses Buchs, in Verbindung mit § 766 ZPO. Diese Vollstreckungserinnerung richtet sich an das Vollstreckungsgericht. Gegen seine Entscheidung ist die sofortige Beschwerde nach § 793 ZPO statthaft. Als Vollstreckungsgericht ist dasjenige nach den §§ 764, 828 II ZPO zuständig. Es entscheidet durch den Richter, § 20 Z 17 a RPflG. In diesem Verfahren entstehen Kosten nach § 788 ZPO. Vgl im übrigen §§ 151 I 2 FGO, 167 I 2 VwGO.

D. Form, Frist, Wert. Die Erinnerung ist nicht an eine Form oder an eine Frist gebunden. Sie wird durch eine Bezahlung der Kosten nicht unzulässig, solange keine Verjährung eingetreten ist. Es ist keine Wertgrenze wie bei der Beschwerde zu beachten.

Die Erinnerung erledigt sich für die erinnernde Partei, soweit der Kostenbeamte der Erinnerung stattgibt, § 35 II KostVfg. Eine Zahlungspflicht besteht trotz der Erinnerung weiter, solange nicht auf Grund des Antrags des Erinnerungsführers die Einziehung eingestellt worden ist.

E. Inhalt der Erinnerung im einzelnen. Die Erinnerung rügt eine Verletzung des Kostenrechts irgendwelcher Art bei der Aufstellung der Kosten. Sie kann sich insbesondere auf folgende Situationen erstrecken:

a) Kostenansatz. Die Erinnerung kann sich gegen den Kostenansatz richten. Sie ist nicht schon vor der Aufstellung des Kostenansatzes zulässig, insofern aM KG Rpfleger **77**, 227. Zum Kostenansatz gehören auch die Berücksichtigung der KostVfg, Teil VII A dieses Buches, Kblz Rpfleger **88**, 384, und die Fälligkeit der Kosten. Soweit der Kostenansatz auf einer irrigen Annahme des Streitwerts beruht, kann sich die Erinnerung auch auf diesen Fehler stützen.

Soweit das Gericht den Streitwert nach § 25 festgesetzt hat, muß man zunächst diesen Festsetzungsbeschluß mit der Beschwerde angreifen. Eine „Erinnerung" ist in diesem Fall unter Umständen als eine Beschwerde auszulegen, Düss Rpfleger **72**, 463. Erst anschließend an das Beschwerdeverfahren wird die Erinnerung statthaft.

Die Erinnerung kann sich auch gegen die Notwendigkeit und Höhe von Auslagen richten, BGH NJW **84**, 871. In diesem Fall darf man aber grds (Ausnahme: § 8) nicht auch die Anordnung, die die Auslagen verursacht hat, mit der Erinnerung nach § 5 bemängeln, Düss AnwBl **83**, 462. Die Erinnerung ist auch zur Nachprüfung der Berechtigung einer Auslagenforderung einer am Ermittlungsverfahren beteiligten an deren Behörde statthaft. Denn der Kostenbeamte würde durch ein solches Verfahren unter Umständen den Art 19 IV GG verletzen, BVerfG NJW **70**, 853.

Zulässig ist auch eine Erinnerung zur Prüfung der Frage, ob Zeugen- oder Sachverständigengelder überzahlt worden sind, Kblz VersR **88**, 297. Vgl auch § 16 ZSEG Anm 4 A.

b) Zahlungspflicht. Die Erinnerung kann sich auch gegen eine Frage der Zahlungspflicht richten, also auch gegen die Heranziehung einer Person, die nicht Kostenschuldner ist, vor allem also einer Partei kraft Amts als persönlichen Kostenschuldners. Die Erinnerung kann sich ferner gegen die Reihenfolge der Inanspruchnahme mehrerer Kostenschuldner richten. Sie ist ferner in folgenden Fällen denkbar: Es geht um die Verpflichtung zur Duldung einer Vollstreckung; es geht um den Anspruch selbst, etwa wegen seiner Verjährung, § 10; es geht um eine unberechtigte Nachforderung; der Erinnerungsführer behauptet die Befriedigung; es geht um die Aufrechnung mit einer Gegenforderung, soweit die Gegenforderung anerkannt oder gerichtlich festgestellt worden ist, § 8 I JBeitrO.

Dagegen kann man eine aufschiebende Einwendung im Sinn von §§ 781–784, 786 ZPO nur durch eine Klage geltend machen, § 8 II JBeitrO, KG Rpfleger **64**, 385. Die dem Kostenansatz zugrunde liegende gerichtliche Entscheidung kann mit der Erinnerung nicht angefochten werden. Sie ist die Grundlage des Verfahrens nach § 5 und für den Kostenbeamten wie auch für das Rechtsmittelgericht bindend, Celle NJW **71**, 1905 (allenfalls ist § 8 anwendbar), Ffm AnwBl **88**, 179. Ebensowenig kann man mit der Erinnerung nach § 5 die Notwendigkeit der Anberaumung eines auswärtigen Termins, Schlesw Rpfleger **56**, 324, oder die Frage nachprüfen lassen, ob man dem eigenen ProzBev überhaupt einen Klageauftrag erteilt hatte, Kblz VersR **85**, 672. Eine Erinnerung wegen der Bewilligung der Prozeßkostenhilfe oder wegen der Aufhebung der Bewilligung ist nicht statthaft, obwohl die Vorschriften der ZPO zum Verfahren der Prozeßkostenhilfe ein Teil des Kostenrechts sind.

Wegen einer Vorschußanordnung vgl § 6. Wegen eines offensichtlichen Gesetzesverstoßes oder einer völligen Unhaltbarkeit der Entscheidung vgl § 8.

3) Verfahren. A. Zuständigkeit. Zur Entscheidung über die Erinnerung ist dasjenige Gericht zuständig, dessen Kostenbeamter der Geschäftsstelle den Kostenansatz aufgestellt hat, I 1. Das ergibt sich aus § 4. Es ist unerheblich, ob dieser Kostenbeamte zuständig war. Im Fall einer Entscheidung des Einzelrichters nach § 348 ZPO oder des Vorsitzenden der Kammer für Handelssachen nach § 349 ZPO in der Hauptsache ist sein Gericht zuständig. Entsprechendes gilt für eine Entscheidung des Vorsitzenden nach §§ 69 II, 114 II FGO, 80 VII, 123 II VwGO.

Der Rechtspfleger entscheidet, soweit das zugrunde liegende Geschäft ihm übertragen worden ist, § 4 RPflG, Niederée DRpflZ **84**, 45, vgl § 14 KostO Anm 3 A.

Soweit ein Beamter der Staatsanwaltschaft Kosten angesetzt hat, ist aus praktischen Erwägungen das Gericht der ersten Instanz für dieses Verfahren zuständig, I 2, Düss AnwBl **85**, 153.

Soweit das Verfahren in erster Instanz bei mehreren Gerichten anhängig war, gilt die Sonderregelung des I 3.

Es gibt keine Durchgriffserinnerung, Mü Rpfleger **78**, 111. Wenn der Bezirksrevisor die Erinnerung einer Prozeßpartei für begründet erklärt, prüft das Gericht nur noch, ob § 8 anwendbar ist, LG Bln MDR **80**, 678.

B. Einlegung. Vgl Anm 5.

C. Verhandlung. Das Gericht kann auf Grund einer freigestellten mündlichen Verhandlung entscheiden. Sie kommt aber praktisch kaum vor.

D. Entscheidung. Die Entscheidung ergeht durch einen Beschluß. Er bedarf grundsätzlich einer Begründung, vgl BLAH § 329 ZPO Anm 1 Ab, §§ 113 II FGO, 122 II VwGO. Er ergeht gebührenfrei, IV, aber nicht auslagenfrei, vgl Ffm JB **78**, 1848.

Das Gericht teilt den Beschluß dem Erinnerungsführer formlos mit. Ein Erinnerungsgegner fehlt. Im Fall der Änderung zu Lasten der Staatskasse macht das Gericht dem zur Vertretung der Staatskasse zuständigen Beamten eine formlose Mitteilung, § 45 II KostVfg. Eine förmliche Zustellung ist nicht erforderlich, § 329 II 1 ZPO, §§ 53 I FGO, 56 I VwGO. Es findet keine Kostenerstattung statt, IV 2.

E. Abänderung von Amts wegen. Eine Abänderung des Beschlusses von Amts wegen ist unstatthaft. Die früheren diesbezüglichen Vorschriften von I 3, 4 aF sind entfallen. Allerdings ist eine bloße Berichtigung offenbarer Schreib- oder Rechenfehler usw entsprechend § 319 ZPO zulässig, Begründung RegEntw.

4) Beschwerde, II. A. Zulässigkeit. Gegen den Beschluß des Gerichts über die Erinnerung ist als eine eigenständige Regelung, BGH NJW **84**, 871, eine einfache Beschwerde zulässig, II 1. Soweit der Rechtspfleger über die Erinnerung entschieden hat, Anm 3 A, ist die Erinnerung nach § 11 I 1 RPflG statthaft. In diesem Fall verläuft das Verfahren nach § 11 II RPflG, vgl § 14 KostO Anm 3 A. Die Beschwerde ist auch dann statthaft, wenn sonstige Beschwerden durch Spezialgesetz ausgeschlossen sind, zB bei den Verwaltungsgerichten in Wehrpflicht- und Lastenausgleichsachen, aM OVG Münst **KR** Nr 17. Denn II 6 bezieht sich nur auf das Verfahren, nicht auf die Statthaftigkeit der Beschwerde, E.

B. Beschwerdewert. Die Erinnerung setzt voraus, daß der Wert des Beschwerdegegenstands 100 DM übersteigt. Es muß also der Beschluß im Erinnerungsverfahren, nicht etwa der ursprüngliche Ansatz, Hamm JB **70**, 47, den Beschwerdeführer um mehr als 100 DM beschweren. Das alles gilt auch bei greifbarer Gesetzwidrigkeit usw, Schlesw SchlHA **88**, 39.

C. Beschwerde an Obersten Gerichtshof des Bundes. a) Grundsatz. Eine Beschwerde an einen Obersten Gerichtshof des Bundes ist grundsätzlich nicht zulässig, II 2, BGH **67**, 346. Das gilt für die Erstentscheidung eines OLG, LAG, OVG.

b) Ausnahmen. Von diesem Grundsatz gilt gemäß II 3 folgende Ausnahme: Ein Beteiligter kann gegen den Beschluß eines FG die Beschwerde an den BFH einlegen, soweit eine der Voraussetzungen des § 115 II Z 1–3 FGO vorliegt. Dieser Regelung steht allerdings Art 1 Z 4 BFHEntlG entgegen. Nach dieser Bestimmung ist die Beschwerde gegen eine Entscheidung des FG in einer Kostenansatzsache nicht mehr zulässig. Dasselbe gilt gegen eine Entscheidung des FG in einer Streitwertfestsetzungssache, BFH BB **77**, 1198. Freilich gilt Art 1 BFHEntlG nach seinen Eingangsworten nur „für Beschwerden ... nach der FGO". Gleichwohl verneinen BFH zB NJW **76**, 648, BB **76**, 1111 und **77**, 1189, Schall BB **88**, 378 mwN die Statthaftigkeit der Beschwerde; aM Lappe 18, Zehendner BB **75**, 1235; zweifelnd Werner NJW **75**, 1543. Schall BB **88**, 388 fordert mit gewichtigen Gründen die Einführung einer Zulassungsbeschwerde durch das FG in Kosten- und Streitwertsachen.

D. Form, Frist. Die Beschwerde ist ohne Einhaltung einer besonderen Form zulässig. Sie ist nicht an eine Frist gebunden, II 4. Vgl im übrigen Anm 5.

E. Weiteres Verfahren. Wegen der Einlegung vgl Anm 5. Das Beschwerdegericht entscheidet auf Grund einer freigestellten mündlicher Verhandlung. Es muß wegen Art 103 I GG den Beschwerdegegner vor einer ihm nachteiligen Entscheidung anhören, vgl BVerfG **34**, 346. Das Beschwerdegericht entscheidet im Fall des § 11 II RPflG in voller Besetzung, vgl Celle NJW **72**, 1903, Hamm Rpfleger **74**, 203, Kblz Rpfleger **74**, 354 je mwN, aM zB Stgt Rpfleger **74**, 118, Karlsr NJW **71**, 765 (unter Umständen müsse der Einzelrichter entscheiden).

Der Vorderrichter kann der Beschwerde abhelfen, II 5. Im übrigen gelten die in der jeweiligen Verfahrensordnung einschlägigen Beschwerdevorschriften, II 6, also §§ 567 ff ZPO, 146 ff VwGO, 78 ff ArbGG.

F. Entscheidung. Das Gericht entscheidet durch einen Beschluß. Wegen der Besetzung vgl F. Der Beschluß bedarf grundsätzlich einer Begründung, vgl BLAH § 329 ZPO Anm 1 A b, § 122 II VwGO. Das Gericht teilt den Beschluß dem Beschwerdeführer formlos mit, §§ 329 I 2 ZPO, 35 II StPO, 56 VwGO. Wegen der Kosten vgl Anm 6.

G. Weitere Beschwerde. Eine weitere Beschwerde ist nicht statthaft, II 7.

Zulässig ist aber eine Beschwerde gegen die Erstentscheidung des als Rechtsmittelinstanz tätig gewordenen LG, Mü MDR **61**, 779, vgl aber auch § 14 KostO Anm 3 A.

H. Neue Beschwerde. Eine neue Erinnerung ist wegen der zugesprochenen oder aberkannten Posten der Kostenrechnung nach dem Abschluß des Beschwerdeverfahrens nicht mehr statthaft, Mü MDR **83**, 585.

5) Einlegung der Erinnerung oder Beschwerde, III. Die Erinnerung und die Beschwerde können zum Protokoll der Geschäftsstelle oder schriftlich eingelegt werden, III 1. Ein Anwaltszwang besteht nicht, III 1. Das gilt aber nicht nur für die Einlegung, sondern auch für das gesamte nachfolgende Verfahren über die Erinnerung oder die Beschwerde.

Weder die Erinnerung noch die Beschwerde haben grundsätzlich eine aufschiebende Wirkung, III 3. Der Vorsitzende kann aber auf Grund eines Antrags eines Beteiligten oder von Amts wegen im Rahmen seines pflichtgemäßen Ermessens, Mü MDR **85**, 333, die aufschiebende Wirkung ganz oder teilweise anordnen, III 3. Das gilt auch in einem Verfahren nach § 1 Ia. Der Beschluß nach III 3 ist nicht anfechtbar, Mü MDR **85**, 333.

6) Kosten, IV. Das Verfahren über die Erinnerung und über die Beschwerde ist gebührenfrei, IV 1, BGH NJW **84**, 871. Eine Auslagenfreiheit entsteht allerdings nicht. Vgl freilich KV 1920 und Ffm JB **78**, 1849. Eine Kostenerstattung findet nicht statt, IV 2. Diese Vorschrift ist mit dem GG vereinbar, Mü MDR **77**, 502 mwN. Etwa zu berechnende Auslagen trägt der Zahlungspflichtige. Dahin gehören vor allem die durch eine amtliche Ermittlung verursachten Kosten. Alle Ermittlungen geschehen hier von Amts wegen, Stgt NJW **63**, 1257.

Es ergeht keine Entscheidung über eine Kostenrückzahlung. Eine solche Rückzahlung haben der Kostenbeamte oder die Aufsichtsbehörde zu veranlassen, Kblz JB **77**, 1430. Sie wird vom Kassenleiter verfügt, § 91 JKassO, ist also eine reine Verwaltungstätigkeit.

Beschwerde gegen Anordnung eines Vorschusses oder einer Vorauszahlung

6 Gegen den Beschluß, durch den die Tätigkeit des Gerichts auf Grund dieses Gesetzes von der Zahlung eines Kostenvorschusses oder von einer Vorauszahlung abhängig gemacht wird, und wegen der Höhe des Vorschusses oder der Vorauszahlung findet die Beschwerde statt, auch wenn der Wert des Beschwerdegegenstandes einhundert Deutsche Mark nicht übersteigt. § 5 Abs. 2 Satz 2 bis 7 und Abs. 4 ist anzuwenden.

1) Geltungsbereich. § 6 gilt nur, soweit das Gericht seine Tätigkeit von der Zahlung eines Kostenvorschusses oder einer Vorauszahlung „auf Grund dieses Gesetzes" abhängig macht, Ffm Rpfleger **73**, 63, also zB nach den §§ 65, 68.

Soweit das Gericht seine Tätigkeit von derartigen Zahlungen auf Grund anderer Vorschriften abhängig macht, zB nach den §§ 379, 402 ZPO, 379a StPO, ist eine Beschwerde allenfalls nach jenen Verfahrensordnungen zulässig.

2) Voraussetzungen. Eine Beschwerde ist statthaft, soweit eine der folgenden beiden Voraussetzungen erfüllt ist:

A. Abhängigkeit überhaupt. Das Gericht muß seine Tätigkeit überhaupt von der Zahlung eines Kostenvorschusses oder einer Vorauszahlung einer bereits fälligen Gebühr abhängig gemacht haben, zB nach den §§ 65, 68. Die Beschwerde richtet sich dann meist gegen eine Verfügung des Richters.

B. Höhe des Vorschusses. Die Beschwerde kann sich auch auf die Höhe des verlangten Vorschusses beschränken. Der Urkundsbeamte der Geschäftsstelle setzt die Höhe fest, sobald der Richter die Vorschußpflicht dem Grunde nach zugeordnet hat.

Dagegen ist gegen einen Kostenansatz zunächst nur die Erinnerung nach § 576 ZPO an das Gericht des Urkundsbeamten und erst gegen die Entscheidung des Gerichts die einfache Beschwerde nach § 5 zulässig.

3) Beschwerdewert. Da es sich um die Zulässigkeit der Gewährung des Rechtsschutzes für die Hauptsache handelt, ist die Zulässigkeit der Beschwerde nicht von der Einhaltung eines Beschwerdewerts abhängig. Vgl im übrigen § 5 II 2–7, IV.

Nachforderung

7 Wegen irrigen Ansatzes dürfen Kosten nur nachgefordert werden, wenn der berichtigte Ansatz dem Zahlungspflichtigen vor Ablauf des nächsten Kalenderjahres, nachdem die Entscheidung Rechtskraft erlangt oder das Verfahren sich anderweitig erledigt hat, mitgeteilt worden ist. Ist die Wertfestsetzung geändert worden, so genügt es, wenn der berichtigte Ansatz dem Zahlungspflichtigen drei Monate nach der Änderung der Wertfestsetzung mitgeteilt worden ist.

1) Geltungsbereich. § 7 soll den Kostenschuldner gegen eine verspätete Nachforderung von Gerichtskosten schützen. Sein Anwendungsgebiet ist beschränkt.

§ 7 erfaßt auch ein Verfahren vor den Arbeitsgerichten. KG Rpfleger **81**, 457 wendet S 1 entsprechend auf eine Herabsetzung der Entschädigung eines Sachverständigen an.

Die Verjährung einer Kostenschuld richtet sich nach § 10.

§ 7 ist unanwendbar, soweit die Partei den irrigen Ansatz durch eine zu niedrige Wertangabe veranlaßt hat.

2) Begriff der Nachforderung. Eine Nachforderung liegt beim Zusammentreffen der folgenden Voraussetzungen vor:

A. Früherer Kostenansatz. Es muß eine frühere Kostenanforderung vorliegen, ein „Ansatz" im Sinn des § 5. Dieser Ansatz muß vorbehaltlos sein, Bbg Rpfleger **62**, 352. Der Kostenschuldner muß den Ansatz für endgültig gehalten haben. Er muß zu einer solchen Annahme auch berechtigt gewesen sein. Eine solche Berechtigung liegt vor, wenn der Kostenschuldner eine vorbehaltlose Kostenrechnung erhalten hat, wenn eine Gebühr aber wegen der Aussichtslosigkeit einer weiteren Beitreibung nicht angesetzt wurde und wenn man das dem Schuldner nicht mitgeteilt hatte, BGH NJW **55**, 1197.

Wenn die Kostenrechnung erst nach dem Ablauf der Frist des S 1 dem Kostenschuldner zugeht, ist keine Nachforderung mehr möglich, Hamm NJW **59**, 689. Eine Nachforderung liegt nicht vor, soweit Kosten später entstanden oder fällig geworden sind oder soweit eine vorbehaltlose Kostenrechnung noch nicht erteilt worden war, Bbg Rpfleger **62**, 352, LG Würzb JB **78**, 1358.

B. Höherer Neuansatz. Der neue Kostenansatz muß höher sein als der alte. Es kommt allerdings nur auf die Gesamtsumme an, nicht auf einzelne Posten.

C. Verschiedene Instanzen. Es muß sich um Kosten nicht derselben Instanz im Sinn des § 27 handeln, sondern um Kosten des gesamten Verfahrens.

D. Derselbe Kostenschuldner. Der frühere Ansatz und die Nachforderung müssen sich an denselben Kostenschuldner wenden. Jeder Kostenschuldner ist gesondert zu behandeln. Soweit eine Nachforderung nur gegenüber einem von mehreren Gesamtschuldnern ergeht, berührt sie den anderen Gesamtschuldner nicht.

3) Mitteilung. Die Nachforderung erfolgt in derselben Weise wie der ursprüngliche Kostenansatz. Es genügt also eine einfache schriftliche Mitteilung.

4) Irriger Ansatz. Ein Kostenansatz ist insoweit irrig, als sein Gesamtbetrag wegen irgendwelcher Fehler bei irgendwelchen Einzelposten zu niedrig ist. Es ist unerheblich, warum ein Einzelposten zu niedrig angesetzt wurde. Ausreichend ist auch die völlige Auslassung eines Einzelpostens. Ausreichend ist ferner ein Rechtsirrtum. Es genügt auch, daß eine nachträgliche anderweitige Streitwertfestsetzung den ursprünglichen Kostenansatz objektiv irrig gemacht hat, S 2.

Hat der Kostenbeamte die Einzelposten nur falsch zusammengezählt, dann ist die Nachforderung nicht durch § 7 begrenzt, Celle NdsRpfl **65**, 153.

Man darf aber keinen Posten einstellen, der nicht in die Rechnung gehört, zB nicht die Kosten der ersten Instanz in die Rechnung der zweiten.

Lassen sich bei der Schlußrechnung noch nicht alle Posten übersehen, so muß der Urkundsbeamte der Geschäftsstelle in der Rechnung solche Posten offenhalten.

Ein irriger Ansatz liegt nicht vor, soweit der Urkundsbeamte der Geschäftsstelle aus irgendeinem Grund die Kosten gar nicht oder nur von einem Dritten erfordert hat.

5) Frist für die Nachforderung. A. Fristbeginn. Die Frist für die Nachforderung beginnt mit der Rechtskraft oder endgültigen Erledigung des Verfahrens, vgl auch § 25 I 4. Ein Verfahren ist dann endgültig erledigt, wenn das Gericht diejenigen Handlungen völlig abgeschlossen hat, zu denen es nach den Verfahrensvorschriften verpflichtet ist. Im Prozeß kann eine endgültige Erledigung auch durch eine Klagerücknahme, durch einen Vergleich oder eben durch den Eintritt der Rechtskraft zustande kommen.

Auch ein Teilurteil erledigt in seinem Umfang endgültig, soweit es eine Kostenentscheidung enthält, während es den von ihm nicht erfaßten Teil des Prozesses natürlich unberührt läßt.

Der Begriff Verfahren ist in § 7 so wie stets im GKG zu verstehen. Jedes im GKG allgemein als selbständiges Verfahren behandelte Verfahren gilt auch nach § 7 als ein selbständiges Verfahren, soweit es zu einer Kostenentscheidung führt. Infolgedessen muß man zB das Mahnverfahren, das Güteverfahren, das Beschwerdeverfahren, das Kostenfestsetzungsverfahren gesondert behandeln. Dasselbe gilt für die Rückforderung aus der Staatskasse bezahlter Gebühren eines im Verfahren der Prozeßkostenhilfe beigeordneten Anwalts. Soweit der Wegfall der Bereicherung eingetreten ist, kann man sich auf diesen Umstand nicht berufen, Mü Rpfleger **72**, 114.

Man muß notfalls durch eine Anfrage bei den Parteien feststellen, ob das Verfahren endgültig beendet ist, soweit sich die Beendigung nicht aus den Akten ergibt.

B. Fristablauf. Die Frist zur Nachforderung endet mit dem Ablauf desjenigen Kalenderjahres, das auf das Kalenderjahr folgt, in dem die Entscheidung Rechtskraft erlangt oder das Verfahren sich anderweitig erledigt hat. Soweit das Gericht den Streitwert geändert hat, reicht es aus, daß der Kostenbeamte dem Kostenschuldner den auf Grund des neuen Wertes angefertigten neuen Ansatz binnen 3 Monaten nach der Änderung der Wertfestsetzung mitteilt. Die Dreimonatsfrist beginnt mit der Änderung, also mit dem Hinausgehen des Beschlusses an die Geschäftsstelle, nicht mit seiner Mitteilung an die Parteien, denn sonst läge eine Hinausschiebung des Fristbeginns im Belieben des Urkundsbeamten der Geschäftsstelle.

Die Änderung muß innerhalb der vorgenannten Fristen dem Kostenschuldner mitgeteilt worden sein.

C. Weitere Einzelfragen. Eine Wiedereinsetzung in den vorigen Stand läßt ein früheres Verfahren wieder aufleben, setzt also eine neue Frist in Lauf. Die Ablehnung einer Wiedereinsetzung hat diese Wirkung nicht. Eine Wiederaufnahmeklage eröffnet ein neues Verfahren. Die Nachforderung erfolgt nach § 36 KostVfg, Teil VII A dieses Buchs.

6) Rechtsmittel. Gegen eine Nachforderung kann der Kostenschuldner die Erinnerung nach § 5 einlegen.

Einführung vor § 8
Stundung und Nichterhebung von Gerichtskosten

1) Allgemeines. A. Begriffe. Das Gesetz unterscheidet zwischen dem Entstehen, der Nichterhebung von Gerichtskosten, der Stundung und dem Unterbleiben einer Kostenrechnung. Im einzelnen gilt die folgende Regelung:

a) Nichterhebung. Die Nichterhebung führt zu einem Verlust des Kostenanspruchs des Staates, Köln DGVZ **88**, 138. Das Gesetz sieht eine Nichterhebung auf folgenden Wegen vor:

aa) Einstellung der Einziehung. In Betracht kommt die Anordnung, von der weiteren Einziehung der Gerichtskosten abzusehen.

bb) Erlaß, Niederschlagung. In Betracht kommt ferner die gesetzliche Möglichkeit oder Notwendigkeit, Gerichtskosten niederzuschlagen oder dem Schuldner zu erlassen.

b) Stundung. Sie führt nur zu einem zeitlich begrenzten Aufschub der Fälligkeit des fortbestehenden Kostenanspruchs des Staates.

c) Unterbleiben der Kostenrechnung. Dieser Weg dient in denjenigen Fällen, in denen die Beitreibung von Kosten sinnlos erscheint, der Verwaltungsvereinfachung. Seine Wirkungen gehen tatsächlich weiter als eine bloße Stundung, auch wenn dieser Weg theoretisch nicht zu einem Verlust des Kostenanspruchs des Staates führt, sondern ihm die spätere Geltendmachung der Kostenforderung theoretisch offenhält.

B. Voraussetzungen. Hier gelten im wesentlichen die folgenden Grundsätze:

a) Nichterhebung. Hier sind wiederum folgende Fälle zu unterscheiden:

aa) Unrichtige Sachbehandlung. Eine Nichterhebung kommt bei Gebühren wie Auslagen in Betracht, die durch eine unrichtige Sachbehandlung erwachsen sind.

Unter den Voraussetzungen des § 8 I 1 besteht eine Pflicht zur Nichterhebung, Köln DGVZ **88**, 138. Vgl auch § 16 KostO. Im übrigen besteht bei der Nichterhebung im Gnadenweg ein pflichtgemäßes Ermessen des zuständigen Beamten.

bb) Amtsvertagung. Auslagen für einen Termin, der von Amts wegen verlegt oder vertagt wurde, dürfen nicht erhoben werden, § 8 I 2.

cc) Unkenntnis der Verhältnisse. Wenn ein Antrag auf einer unverschuldeten Unkenntnis der tatsächlichen oder rechtlichen Verhältnisse beruhte, kommt die Nichterhebung der Gerichtskosten (Gebühren und Auslagen) in Betracht, falls entweder der Antragsteller seinen Antrag zurücknahm oder ein abweisender Bescheid erging. In beiden Fällen steht die Nichterhebung im pflichtgemäßen Amtsermessen.

dd) Härtefall. Eine Nichterhebung (Niederschlagung) kommt ferner in Betracht, wenn die Einziehung der Gerichtskosten mit erheblichen Härten für den Zahlungspflichtigen verbunden wäre. Die einschlägigen Vorschriften sind im Teil VII D dieses Buches abgedruckt.

b) Stundung. Auch eine Stundung kommt in Betracht, wenn durch die alsbaldige Einziehung von Gerichtskosten mit erheblichen Härten für den Zahlungspflichtigen zu rechnen wäre und der Anspruch durch eine Stundung auch nicht gefährdet wird. Auch die insofern einschlägigen Bestimmungen sind im Teil VII D dieses Buches abgedruckt.

c) Keine Kostenrechnung. Das Unterbleiben der Aufstellung der Kostenrechnung kommt in folgenden Fällen in Betracht:

aa) Prozeßkostenhilfe. Solange der Kostenschuldner oder sein Prozeßgegner infolge der Zubilligung einer Prozeßkostenhilfe, §§ 114ff ZPO, von der Pflicht zur Bezahlung von Gerichtskosten (Gebühren und Auslagen) befreit sind, darf der Kostenbeamte keine Kostenrechnung aufstellen.

bb) Unvermögen. Die Aufstellung der Kostenrechnung unterbleibt auch, solange der Kostenschuldner offenkundig oder sonst bekannt zur Zahlung dauernd unvermögend ist. Dieser Fall liegt auch dann vor, wenn nicht einmal die Zahlung eines Teilbetrages in absehbarer Zeit möglich ist, vgl §§ 9, 10 KostVfg, Teil VII A dieses Buchs.

C. Zuständigkeit. Sie ist im wesentlichen folgendermaßen geregelt:

a) Gericht. Unter den Voraussetzungen des § 8 ist das Gericht zur Entscheidung zuständig. Vgl auch § 16 KostO.

b) Verwaltungsbehörde. Unter den Voraussetzungen des § 44 KostVfg (Teil VII A dieses Buchs) ist der Präsident des Gerichts oder der Leiter der Staatsanwaltschaft für seinen jeweiligen Dienstbereich neben dem erkennenden Gericht zur Entscheidung zuständig.

c) Gnadenbehörde. Unter den im Teil VII D dieses Buchs genannten Voraussetzungen ist die jeweilige Gnadenbehörde zur Entscheidung zuständig.

Nichterhebung von Kosten wegen unrichtiger Sachbehandlung

8 **I Kosten, die bei richtiger Behandlung der Sache nicht entstanden wären, werden nicht erhoben. Das gleiche gilt für Auslagen, die durch eine von Amts wegen veranlaßte Verlegung eines Termins oder Vertagung einer Verhandlung entstanden sind. Für abweisende Bescheide sowie bei Zurücknahme eines Antrags kann von der Erhebung von Kosten abgesehen werden, wenn der Antrag auf unverschuldeter Unkenntnis der tatsächlichen oder rechtlichen Verhältnisse beruht.**

II Die Entscheidung trifft das Gericht. Solange nicht das Gericht entschieden hat, können Anordnungen nach Absatz 1 im Verwaltungsweg erlassen werden. Eine im Verwaltungsweg getroffene Anordnung kann nur im Verwaltungsweg geändert werden.

1) Allgemeines. Wegen der Begriffe, der allgemeinen Voraussetzungen und der Zuständigkeit vgl zunächst die Einf vor § 8. § 8 bezieht sich grundsätzlich wegen § 1 I nur auf die Gerichtskosten (Gebühren und Auslagen, BPatG GRUR **84**, 341, Düss MDR **85**, 60), also nicht auf die Kosten der Partei bzw eines Beteiligten, Hbg Rpfleger **83**, 175, Köln RR **87**, 1088, Mü JB **78**, 102 und MDR **82**, 761, vgl aber auch BGH WM **85**, 35 (zu § 16 KostO), oder auf die Kosten des Gerichtsvollziehers, dazu § 11 GVKostG, Teil XI dieses Buches, oder auf Polizeikosten, aM LG Lüneb VersR **85**, 1200 mwN. Rechtssystematisch ist das Verfahren der Nichterhebung ein Kostenansatzverfahren, mit dem der Kostenschuldner geltend machen kann, daß ein Kostenansatz von vornherein unberechtigt war, Köln MDR **88**, 162, VGH Mü BayVBl **82**, 415 mwN.

Die Vorschrift ist gemäß § 98 PatG entsprechend anwendbar, BPatG GRUR **84**, 341.

2) Unrichtige Sachbehandlung, I 1. A. Allgemeines. Unter den nachfolgend erörterten Voraussetzungen darf das Gericht Kosten nicht erheben. Das ergibt sich aus den Gesetzesworten „werden nicht erhoben". Das Gericht hat also allenfalls bei der Prüfung der Frage, ob eine richtige oder unrichtige Sachbehandlung vorlag, ein pflichtgemäßes Ermessen. Sobald die Unrichtigkeit der Sachbehandlung festgestellt ist, muß das Gericht die von dieser unrichtigen Sachbehandlung betroffenen Kosten von Amts wegen niederschlagen, Köln DGVZ **88**, 138.

Zu den Kosten zählen auch hier die Gebühren und Auslagen des Gerichts, Einl II A 4, BGH **98**, 320, BPatG GRUR **84**, 341, also auch die Kosten des vom Gericht ernannten oder bestellten Sachverständigen, KV 1904, aM offenbar insofern Düss VersR **81**, 538 mwN, und die Auslagen des Zeugen, soweit sie vom Gericht zu erstatten sind. I 2 enthält für Auslagen nicht etwa eine gegenüber I 1 spezielle abschließende, sondern eine den I 1 ergänzende Sonderregelung.

B. Voraussetzungen im einzelnen. Damit die Kosten niedergeschlagen werden, müssen die folgenden Voraussetzungen zusammentreffen:

a) Fehler des Gerichts oder der Behörde. Es muß sich um einen Fehler eines Gerichts oder der sonst mit der Sache (zuvor) befaßten Behörde handeln. Es ist unerheblich, welcher Angehörige des Gerichts den

Fehler begangen hat. Es reicht aus, daß ein Gerichtswachtmeister falsch handelt.

Es reicht auch eine unrichtige Behandlung durch einen Angehörigen der Staatsanwaltschaft aus, LG Hildesh Rpfleger **62**, 454. Dasselbe gilt zB bei einem Fehler des Finanzamts, Schall BB **88**, 380. Freilich muß der Fehler gerade bei der Behandlung der bestimmten einzelnen Sache entstanden sein, nicht zB bei der Organisation auswärtiger Gerichtstage, Schall BB **88**, 380, aM Lappe NJW **87**, 1860.

§ 8 ist unanwendbar, soweit lediglich ein Sachverständiger einen Fehler begangen hat, Kblz Rpfleger **81**, 37 mwN.

b) Unrichtigkeit. aa) Grundsatz. Eine Unrichtigkeit liegt nur vor, soweit das Gericht usw gegen eine eindeutige gesetzliche Norm verstoßen hat und soweit der Verstoß auch offen zutage tritt. Denn erst in diesem Fall liegt überhaupt objektiv eine Amtspflichtverletzung vor. Mit dieser Auslegung klammert man keineswegs irgendwelche objektiven Pflichtverletzungen von der Staatshaftung aus.

Es liegt also keineswegs schon stets deshalb eine Unrichtigkeit vor, weil das Gericht usw irgendeinen Verfahrensfehler begangen hat, selbst wenn das höhere Gericht die Sache deshalb an das untere Gericht zurückverwiesen hat, aM Hamm DRiZ **79**, 375, Warburg NJW **73**, 25 betr StPO und offenbar auch Brschw JB **77**, 1777, ferner Düss JB **75**, 1226, Köln NJW **79**, 1835. Vielmehr ist eine Differenzierung nötig: Ein offensichtlicher schwerer Verfahrensfehler kann ausreichen, ein leichterer Verfahrensfehler reicht in der Regel nicht aus, schon gar nicht reicht eine abweichende Beurteilung einer Rechtsfrage, BGH **93**, 213, insbesondere einer wissenschaftlichen Streitfrage aus, Schlesw SchlHA **86**, 46, insofern aM Karlsr OLGZ **77**, 486. Es genügt auch nicht, daß das Gericht lediglich unzweckmäßig gehandelt hat. Ebensowenig reicht es aus, daß das Gericht von einer Ermessensvorschrift keinen Gebrauch gemacht hat.

Die gegenteilige Ansicht zwingt zur Nichterhebung zB immer dann, wenn eine höhere Instanz wegen einer abweichenden rechtlichen Beurteilung von der Entscheidung der unteren Instanz abweicht. Das entspricht eindeutig nicht der Absicht des Gesetzes, BFH BStBl **70** II 852, Stgt OLGZ **79**, 64. Man kann überhaupt grundsätzlich nicht etwa mit einem Antrag nach § 8 eine Nachprüfung der Sachentscheidung auf ihre sachliche Richtigkeit erzwingen, Ffm JB **75**, 61 (zustm Mümmler).

Diese Frage ist **streitig. Wie hier** zB BGH **98**, 320, **LM** § 7 aF Nr 2 und VersR **84**, 78, BFH BB **73**, 755, im Ergebnis auch BPatG GRUR **84**, 341, ferner zB Bbg JB **76**, 1087, Düss AnwBl **78**, 358 und Rpfleger **78**, 70 je mwN, Hbg Rpfleger **83**, 175, Hamm JB **77**, 1420, FamRZ **86**, 1140 und MDR **88**, 1066, KG OLGZ **84**, 419 mwN, Kblz Rpfleger **87**, 435 mwN, Köln DGVZ **88**, 139, Schlesw SchlHA **86**, 46 und SchlHA **89**, 111, LG Frankenthal Rpfleger **81**, 324, LG Mainz Rpfleger **87**, 477, OVG Hbg Rpfleger **86**, 68 mwN, Mümmler JB **77**, 1501, Schall BB **88**, 380, vgl auch § 16 KostO Anm 2 A; **offen** Hamm NJW **78**, 2604 mwN, unklar Düss MDR **78**, 339; krit Blomeyer NJW **77**, 558; **aM** Lappe zB RpflBl **76**, 36, Schneider zB JB **75**, 877.

§ 8 ist unanwendbar, soweit das Gericht einen Zeugen oder einen

Sachverständigen vernommen hat, ohne von der beweisführenden Partei einen Kostenvorschuß zu verlangen.

bb) Einzelfragen. Es sind im einzelnen die folgenden Fallgruppen zu unterscheiden:

aaa) Vorliegen einer Unrichtigkeit. Eine unrichtige Sachbehandlung kann zB in folgenden Fällen vorliegen: Das Gericht hat das rechtliche Gehör versagt; die Richterbank war falsch besetzt; das Gericht hat über einen in Wahrheit nicht gestellten Antrag entschieden, Köln MDR **72**, 1044 und **74**, 498; das Gericht hat einen Sachverständigen nicht davon benachrichtigt, daß das Verfahren ausgesetzt worden ist; das Gericht hat nur durch „Beauftragung" eines ProzBev einen Zeugen im letzten Moment abgeladen, Hamm MDR **88**, 1066; das Gericht hat gegen Art 103 I GG verstoßen; das Gericht hat gegen § 139 ZPO verstoßen, nur grundsätzlich richtig Hamm AnwBl **84**, 93, ferner Schlesw SchlHA **78**, 108; das Gericht hat gegen § 53 ZPO, BGH NJW **88**, 51, oder gegen § 249 ZPO verstoßen; das Gericht hat eine Prozeßunfähigkeit nicht beachtet, Mü RR **89**, 256; das Familiengericht hat eine in erster Instanz ordnungsgemäß geltend gemachte Folgesache nicht in den Entscheidungsverbund einbezogen, Bbg FamRZ **88**, 742; die Berufung ist offensichtlich gesetzwidrig zugelassen worden, Mü JB **78**, 102; das Berufungsurteil muß wegen eines absoluten Revisionsgrundes aufgehoben werden, BGH VersR **87**, 405 (Entscheidungsgründe fehlten bis zum Ablauf der Frist des § 552 ZPO); die Revision ist offensichtlich gesetzwidrig zugelassen worden, BGH MDR **80**, 203 mwN; das Gericht hat ein Gutachten eingeholt, dessen Kosten zehnmal so hoch sind wie die zu erwartende Strafe, ohne den Antragsteller vorher auf diese Kostenfolge aufmerksam zu machen, LG Köln NJW **67**, 1482; das Gericht hat ein wegen offenkundig anderer Hautfarbe usw entbehrliches Blutgruppengutachten eingeholt, Schlesw SchlHA **89**, 78 (aber Vorsicht!); das Gericht hat zu viele Abschriften gefordert, vgl BGH WM **85**, 35 (zu § 16 KostO); das Gericht hat einen Eilantrag vorwerfbar verspätet aufgenommen, LG Ffm MDR **85**, 153; das Gericht hat durch einen unrichtigen Hinweis den Kläger veranlaßt, vom Vorbehalt abzugehen, die Klage werde nur im Umfang der Bewilligung von Prozeßkostenhilfe erhoben, OVG Hbg Rpfleger **86**, 68 (zustm Schneider **KR** Nr 63); das Gericht hat durch eine unrichtige Rechtsmittelbelehrung die erfolglose Einlegung des Rechtsmittels veranlaßt, BAG BB **87**, 552; das Gericht hat einen begründeten Ablehnungsantrag jedenfalls auch durch sein Verhalten herbeigeführt; das Gericht hat das Prozeßkostenhilfegesuch und zugleich die Klage ablehnend beschieden, OVG Hbg Rpfleger **86**, 68, VGH Kassel NJW **85**, 218; die Rechtslage ist bei gleicher Besetzung im Prozeßkostenhilfeverfahren anders als im Prozeß beurteilt worden, Schlesw SchlHA **89**, 111 (Vorsicht! Bessere Einsicht ehrt das Gericht!). Auch eine fehlerhafte Nichtverweisung kann hierher zählen, BVerwG **KR** Nr 54, OVG Hbg **KR** Nr 52.

bbb) Fehlen einer Unrichtigkeit. Die Unrichtigkeit der Sachbehandlung kann zB in folgenden Fällen zu verneinen sein: Das untere Gericht hat einen Verfahrensfehler begangen, der das obere Gericht zur Zurückverweisung der Sache veranlaßte, aM Hamm DRiZ **79**, 375, Warburg NJW **73**, 25 betr die StPO und offenbar auch Brschw JB **77**, 1777, ferner Düss JB **75**, 1226, Köln NJW **79**, 1835. In einem solchen Fall muß man allerdings prüfen, ob ein offensichtlich schwerer Verfahrensfehler vorliegt (nur dann kommt eine unrichtige Sachbehandlung in Betracht); das Gericht beurteilt eine wissenschaftliche Streitfrage anders, Schlesw SchlHA **86**, 46, aM Karlsr OLGZ **77**, 486; das Gericht hat objektiv unzweckmäßig gehandelt, etwa einen Zeugen unnötig geladen oder ein Verfahren unnötig von einem anderen abgetrennt, aM OVG Münst NJW **78**, 720; eine neue Besetzung des Gerichts beurteilt die Rechtslage anders als die frühere Richterbank, Mü Rpfleger **56**, 29, bzw als der Vorsitzende, solange nur er zuständig war, Schlesw SchlHA **89**, 111; das Gericht hat eine Unterrichtung nach § 11 II 4 RPflG unterlassen, abw Meyer-Stolte Rpfleger **76**, 300; in einem Anwaltsprozeß hat das Gericht nicht auf die Stellung eines Antrags hingewirkt, der mit geringeren Kosten zu demselben Ergebnis hätte führen können, Ffm Rpfleger **56**, 50; das Gericht hat von einer Ermessensvorschrift keinen Gebrauch gemacht; das Gericht hat einen Zeugen oder einen Sachverständigen vernommen, ohne für ihn vorher einen Vorschuß anzufordern; das Gericht hat vorsorglich einen Dolmetscher geladen, der dann trotz der Ausländereigenschaft des Betroffenen nicht benötigt wurde, aM LAG Hamm MDR **86**, 172 (aber das ist jedenfalls kein offen zutage tretender Verstoß); das Gericht hat ohne Eilpost abgeladen, Kblz Rpfleger **87**, 435 (Ausnahme: Diese Abladung war auf keinen Fall rasch genug).

Weitere Fälle: Das Gericht hat dem Angeklagten gegen seinen Willen neben dem Wahlverteidiger einen Pflichtverteidiger bestellt, weil diese Maßnahme wegen der Fürsorgepflicht des Gerichts nach dem bisherigen Verfahrensverlauf geboten war, Düss AnwBl **83**, 462; das Gericht hat die Pflichtverteidigung trotz nachträglicher Bestellung eines Wahlverteidigers aufrechterhalten, weil damit zu rechnen war, der letztere werde alsbald niederlegen, um selbst zum Pflichtverteidiger bestellt zu werden, LG Mainz Rpfleger **87**, 478; das Gericht hat zwei Hauptverhandlungstage gebraucht, obwohl vielleicht nur einer notwendig gewesen wäre, Hbg Rpfleger **83**, 175; das Gericht stellt die Klageschrift den Geschäftsführern einer gelöschten GmbH zu, die der Kläger ersichtlich lediglich persönlich verklagen will, Kblz VersR **83**, 671; das Gericht hat keinen Auslagenvorschuß nach § 379 S 1 ZPO gefordert, obwohl er notwendig war, Düss VersR **85**, 504.

C. Ursächlichkeit. Eine unrichtige Behandlung muß für die Kosten ursächlich gewesen sein, Kblz VersR **89**, 379. Die Ursächlichkeit ist grundsätzlich dann zu bejahen, wenn die Partei gerade auf Grund des Mangels ein Rechtsmittel eingelegt hat, Mü RR **89**, 256, selbst wenn die Einlegung objektiv vermeidbar war, BGH **LM** § 7 aF Nr 3, Düss VersR **84**, 1154. Ein etwa mitwirkendes Verschulden der Partei ist unerheblich, OVG Hbg Rpfleger **86**, 69, strenger Hamm FamRZ **86**, 1140 (krit Bosch). Es reicht aus, daß die Kosten im Fall einer richtigen Sachbehandlung zwar entstanden wären, daß aber gerade dieser Kostenschuldner dann nicht gehaftet hätte, Ffm Rpfleger **79**, 152 mwN.

Eine Ursächlichkeit fehlt zB in folgenden Fällen: Es geht nur um die mittelbare Folge einer unrichtigen Sachbehandlung, Düss VersR **84**, 1154; das Gericht hat zwar die Ablehnung eines Antrags auf einen objektiv offenbar unhaltbaren Grund gestützt, es hätte den Antrag aber aus einem anderen, nicht erörterten, in Wahrheit aber objektiv zutreffenden Grund ebenso abweisen müssen. Denn dann wären die Kosten auch im Fall einer richtigen Behandlung entstanden; das Gericht hat einen Antrag auf die Bewilligung einer Prozeßkostenhilfe in einem Fall übersehen, in dem es den Antrag hätte ablehnen müssen.

Soweit das Gericht dem Antrag hätte stattgeben müssen, kommt einen Stundung durch die Verwaltung infrage, Anm 5 Ca. Im Fall der Zurückverweisung wegen eines Verfahrensmangels werden die Kosten der Revisions- oder Berufungsinstanz nicht erhoben, Köln MDR **74**, 498. Die Nichterhebung kommt aber nicht wegen solcher Kosten in Betracht, die durch die Berufungseinlegung entstanden sind, BGH JVBl **58**, 221. Das Revisionsgericht ist für die Niederschlagung der Kosten beider Instanzen zuständig, kann aber auch noch die Kosten eines früheren Revisionsverfahrens niederschlagen, BGH **27**, 170.

3) Terminsverlegung, Vertagung, I 2. Das Gericht darf Auslagen nicht erheben, die durch die von Amts wegen veranlaßte Verlegung eines Termins oder durch eine von Amts wegen veranlaßte Vertagung einer Verhandlung verursacht sind. Die Verlegung oder Vertagung muß durch einen Umstand veranlaßt worden sein, den die Partei nicht zu vertreten hatte, etwa durch die Krankheit eines Richters oder eines Zeugen oder durch ein Verhalten des Gerichts, das einen Ablehnungsantrag zumindest mitbegründete.

In diesen Fällen entstehen keine Gebühren, sind also nicht einzusetzen.

Soweit eine Terminverlegung oder eine Vertagung auf einem Antrag eines Beteiligten beruht, kommt I 2 nicht in Betracht. Wenn ein Verlegungs- oder Vertragsantrag und eine Verlegung oder Vertagung von Amts wegen zusammentreffen, kommt es darauf an, ob das Gericht die Verlegung oder Vertagung auch unabhängig von dem zugleich oder vorher eingegangenen Antrag vorgenommen hätte. Nur in diesem Fall kommt I 2 in Betracht.

Soweit die §§ 95 ZPO, 34 GKG anwendbar sind, ist I 2 unanwendbar.

4) Abweisung, Antragsrücknahme I 3. A. Geltungsbereich. Die Vorschrift erlaubt dem Gericht, nach pflichtgemäßem Ermessen von der Kostenerhebung abzusehen, sofern einer der folgenden Fälle a oder b vorliegt und außerdem die Voraussetzungen B vorliegen.

a) Abweisung. Das Gericht muß einen abweisenden Bescheid erteilt haben. Hierhin gehört jede verwerfende oder zurückweisende Entscheidung. Die Art und Form der Entscheidung, etwa durch einen Beschluß oder durch ein Urteil, und der förmliche oder sachliche Inhalt der Entscheidung sind unerheblich, vgl BGH **98**, 319. Hier zählt zB auch ein belastender Kostenbeschluß nach einer Erledigung der Hauptsache, FG Hbg EFG **81**, 105.

b) Antragsrücknahme. Der Antragsteller muß ein Ersuchen beliebiger Art um die Vornahme einer gerichtlichen Handlung wirksam zurückgenommen haben. Hierhin gehören alle Anträge, die Gebühren oder Auslagen verursachen, zB: Der Klagantrag; eine Rechtsmitteleinlegung.

B. Unkenntnis der Verhältnisse. In den Fällen A muß der Antrag außerdem auf einer vom Antragsteller nicht verschuldeten Unkenntnis der Verhältnisse beruhen. Das Gericht muß in diesem Zusammenhang die Umstände des Einzelfalls berücksichtigen, vgl § 233 ZPO.

Eine unverschuldete Unkenntnis mag zB dann vorliegen, wenn der Antragsteller die neuen Tatsachen nicht gekannt hat und seinen Antrag nur deshalb nicht zurückgenommen hat. In diesem Fall darf man freilich nur denjenigen Unterschiedsbetrag berücksichtigen, der zwischen dem an sich anzusetzenden und dem durch die Antragsrücknahme entstandenen Betrag liegt, LG Bln JB **70**, 678.

Eine vorherige Belehrung des Antragstellers führt grundsätzlich dazu, daß er sich insoweit anschließend nicht mehr auf eine unverschuldete Unkenntnis der Verhältnisse berufen kann. Eine Belehrung liegt auch in einer Zurückweisung des Antrags oder seiner Verwerfung durch die Vorinstanz. Das Unterbleiben einer Belehrung durch das Finanzamt oder das Finanzgericht über etwa einschlägige Rechtsprechung führt noch nicht stets zur Schuldlosigkeit, FG Nürnb EFG **86**, 89.

Im übrigen ist es unerheblich, ob sich die Unkenntnis des Antragstellers auf einen tatsächlichen oder einen rechtlichen Umstand bezieht. Allerdings muß auch eine etwaige Rechtsunkenntnis unverschuldet sein. Auch in diesem Zusammenhang muß das Gericht den Bildungsgrad des Antragstellers und die sonstigen Umstände des Einzelfalls berücksichtigen.

Das Handeln eines Vertreters oder des Prozeßbevollmächtigten ist im Rahmen eines Verfahrens nach der ZPO dem Vertretenen zuzurechnen, §§ 51 II, 85 II ZPO, ebenso im Verfahren der Finanz- und Verwaltungsgerichte, Kopp § 60 VwGO Rdz 15 mwN.

5) Verfahren, II. A. Zuständigkeit. Zur Entscheidung ist grundsätzlich das Gericht der Instanz zuständig. Der Rechtspfleger entscheidet, soweit das zugrunde liegende Geschäft ihm übertragen ist, § 4 RPflG. Das Gericht der höheren Instanz ist zuständig, sobald und solange es mit der Sache befaßt ist, BGH **27**, 163, oder soweit es mit der Sache befaßt war. Im Fall einer einfachen Beschwerde ist also das Beschwerdegericht erst dann zuständig, wenn das untere Gericht der Beschwerde nicht abgeholfen hat, insofern richtig Hamm DRiZ **79**, 375. Das Rechtsmittelgericht kann also auch noch dann entscheiden, wenn es mit der Hauptsache nicht mehr befaßt ist, Lappe 6. Jedes Gericht kann nur über die Kosten seiner Instanz entscheiden, VGH Mü BayVBl **82**, 415 mwN, aM DOHH Rdz 33 und 20. Aufl.

B. Verfahrensablauf. Das Verfahren beginnt auf Grund eines Antrags oder von Amts wegen. Ein Anwaltszwang besteht nicht. Man kann den Antrag zum Protokoll des Urkundsbeamten der Geschäftsstelle einlegen. Ein Antrag gilt als eine Erinnerung nach § 5, insofern richtig Hamm DRiZ **79**, 375, Mü MDR **87**, 343, ferner OVG Hbg Rpfleger **86**, 68, OVG Münst FamRZ **86**, 493. Solange nicht feststeht, ob der Antragsteller überhaupt mit Kosten belastet ist, ist der Antrag unzulässig, BFH BStBl **69** III 530. Es besteht keine Antragsfrist. Man kann den Antrag also auch nach dem Eintritt der Rechtskraft, sogar nach der Zahlung der Kosten einlegen.

Das Gericht entscheidet auf Grund einer freigestellten mündlichen Verhandlung. Es muß den von seiner Entscheidung Betroffenen vorher anhören, Art 103 I GG.

C. Entscheidung. Es sind folgende Möglichkeiten zu unterscheiden:

a) Verwaltungsentscheidung. Solange eine gerichtliche Entscheidung fehlt, kann die Entscheidung im Verwaltungsweg ergehen. Das gilt unabhängig davon, ob ein gerichtliches Verfahren nach § 8 bereits anhängig ist. Bereits eine erstinstanzliche stattgebende oder ablehnende Entscheidung des Gerichts macht eine Entscheidung im Verwaltungsweg unzulässig. Andererseits bleibt die Entscheidung im Verwaltungsweg statthaft, soweit das Gericht einen Antrag nach § 8 zurückgewiesen hat.

Soweit die Verwaltung einen Antrag nach § 8 ablehnt, gilt nicht § 23 EGGVG (Anrufung des OLG), sondern § 5 (Anrufung des Gerichts) als der einfachere Weg.

Über die zuständige Verwaltungsstelle vgl § 44 KostVfg, Teil VII A dieses Buchs. Die Verwaltung darf ihre Entscheidung abändern, soweit nicht inzwischen das Gericht eine Entscheidung getroffen hat. Eine unzulässige Verwaltungsentscheidung ist wirkungslos.

b) Gerichtliche Entscheidung. Eine Entscheidung des Gerichts ergeht in der Form eines Beschlusses. Er muß grundsätzlich eine Begründung enthalten, BLAH § 329 ZPO Anm 1 A b, §§ 113 II FGO, 122 II VwGO. Das Gericht teilt den Beschluß dem Betroffenen formlos mit. Es kann seine Entscheidung auch in ein Urteil aufnehmen. Das ändert an der Anfechtbarkeit durch eine Beschwerde nichts.

Häufig wählt das Gericht die Form: „Kosten bleiben außer Ansatz". Zulässig ist auch zB die Formulierung: „Die Kosten ... werden nicht erhoben (oder: niedergeschlagen)".

Soweit die erste Instanz einem Antrag stattgegeben hat, statt ihn aus zwingenden förmlichen Gründen abzulehnen, darf man die Kosten der zweiten Instanz nicht erheben und muß diejenigen der ersten Instanz dem Antragsteller auferlegen. Wenn die erste Instanz einen Antrag abgelehnt hat und die zweite ihm stattgibt, darf man die Kosten der zweiten Instanz nicht erheben, vgl KV 1181 usw.

Eine unzulässige gerichtliche Entscheidung ist von derselben Instanz oder im Beschwerdeweg aufzuheben.

Das Gericht kann seine Entscheidung entsprechend § 5 nicht abändern.

D. Betroffene Kosten. Es werden diejenigen Kosten (Gebühren und Auslagen, Anm 1) nicht erhoben, die bei richtiger Sachbehandlung nicht entstanden wären. Wenn das Gericht einen Antrag auf die Bewilligung einer Prozeßkostenhilfe nicht oder nur verspätet beschieden hat, kommt ein endgültiger Kostenerlaß nicht in Betracht. Die Kosten sind, soweit eine rückwirkende Bewilligung nicht mehr möglich ist, vorbehaltlich der Aufhebung der Bewilligung, § 124 ZPO, nicht zu erheben. Eine Nichterhebung ist nur insoweit zulässig, als Mehrkosten entstanden sind.

E. Rechtsbehelfe. Gegen die ablehnende Entscheidung der Verwaltung ist die Anrufung des Gerichts nach § 5 statthaft. Gegen die Entscheidung des Gerichts kann der Betroffene die Erinnerung und die einfache Beschwerde einlegen, § 5, Schneider MDR **87**, 289. Dabei ist ein Beschwerdewert von 100 DM erforderlich.

Eine unzulässige gerichtliche Entscheidung ist von derselben Instanz oder im Beschwerdeweg aufzuheben, OVG Hbg Rpfleger **86**, 68. Die Entscheidung ist im übrigen rechtskraftfähig, OVG Münst FamRZ **86**, 493. Gegen einen letztinstanzlichen Beschluß ist evtl ein Antrag auf Wiederaufnahme statthaft, OVG Münster FamRZ **86**, 493, abw Schneider MDR **87**, 288 mwN.

Verweisungen

9 **[I] Verweist ein erstinstanzliches Gericht oder ein Rechtsmittelgericht ein Verfahren an ein erstinstanzliches Gericht desselben oder eines anderen Zweiges der Gerichtsbarkeit, so ist das frühere erstinstanzliche Verfahren als Teil des Verfahrens vor dem übernehmenden Gericht zu behandeln.**

[II] Mehrkosten, die durch Anrufung eines Gerichts entstehen, zu dem der Rechtsweg nicht gegeben oder das für das Verfahren nicht zuständig ist, werden nur dann erhoben, wenn die Anrufung auf verschuldeter Unkenntnis der tatsächlichen oder rechtlichen Verhältnisse beruht. Die Entscheidung trifft das Gericht, an das verwiesen worden ist.

1) Allgemeines. § 9 behandelt den Fall der Verweisung an ein anderes Gericht. § 33 behandelt den Fall der Zurückverweisung an ein unteres Gericht. In beiden Fällen bildet das weitere Verfahren in demselben prozessualen Rechtszug auch dieselbe Kosteninstanz. Im Fall der Verweisung an das Gericht eines anderen Bundeslandes braucht man die Gebühr nicht nochmals zu entrichten, obwohl jedes Bundesland seinen eigenen Haushalt hat.

§ 9 erfaßt jeden Fall der Verweisung an ein anderes Gericht. Den Gegensatz bildet eine Verweisung lediglich an eine andere Abteilung oder ein anderes Kollegium desselben Gerichts. Für einen solchen Verweisungsfall gilt aber sachlich nichts anderes.

§ 9 erfaßt zB: Eine Verweisung nach § 281 ZPO wegen einer sachlichen oder örtlichen Unzuständigkeit; eine Verweisung nach § 506 ZPO vom AG an das LG; eine Verweisung nach den §§ 697, 700 ZPO im Mahnverfahren; eine Verweisung nach § 112 GenG.

Die Abgabe nach den §§ 696 I, 700 III 1 ZPO ist keine Verweisung.

Der Verweisungsbeschluß hat keine Kostenentscheidung zu enthalten. Eine in ihm etwa trotzdem enthaltene derartige Entscheidung läßt keine Gebühr entstehen. Die Verweisung bindet auch wegen der Kostenpflicht grundsätzlich schlechthin; wegen der Ausnahmen BLAH § 281 ZPO Anm 3 Bb.

Soweit dasjenige Gericht, an das der Rechtsstreit verwiesen wurde, die Sache zurückverweist, weil in Wahrheit keine wirksame oder bindende Verweisung vorliege, so entsteht auch durch eine solche Zurückverweisung keine Gebühr.

2) Verweisung. I. Es sind die folgenden Fallgruppen zu unterscheiden:

A. Innerhalb des Geltungsbereichs des GKG. Im Fall einer Verweisung innerhalb des Geltungsbereichs des GKG, § 1, werden Kosten nur nach den für das übernehmende Gericht geltenden Vorschriften erhoben. Daher kann zB eine Gebühr wegfallen, die vor dem verweisenden Gericht entstanden war. Nach den Regeln vor dem übernehmenden Gericht sind auch die Fragen der Fälligkeit, des Streitwerts, vgl Ffm JB **76**, 369, § 12 ArbGG Anm 7, oder eines Vorschusses zu beurteilen.

Insgesamt entstehen aber infolge einer solchen Verweisung keine höheren Kosten als diejenigen, die bei einer getrennten Berechnung angesetzt worden wären. Denn § 9 soll den Kostenschuldner begünstigen, nicht belasten, Lappe 2.

B. Verweisung aus dem Geltungsbereich des GKG heraus. In diesem Fall, etwa bei einer Verweisung eines ordentlichen Gerichts an ein Sozialgericht, werden jedenfalls die nach dem GKG anfallenden Kosten nicht erhoben. Vielmehr bestimmen die für das übernehmende Gericht geltenden Kostenvorschriften, ob und welche Kosten dort insgesamt erhoben werden, etwa nach der KostO vor einem Gericht der freiwilligen Gerichtsbarkeit.

Vgl freilich die §§ 40 WEG, 23 HausrVO, 12 III LwVG: Diese Vorschriften berücksichtigen einen Gebührentatbestand des Verfahrens vor dem verweisenden Gericht auch bei der Kostenberechnung vor dem übernehmenden Gericht.

C. Verweisung in den Geltungsbereich des GKG hinein. In diesem Fall findet eine Anrechnung der vor dem verweisenden Gericht entstandenen Kosten auf die nach dem GKG vor dem übernehmenden Gericht entstehenden Kosten statt, Lappe 4.

D. Auslagen. Für die Auslagen gilt dasselbe wie für die Gebühren nach Anm 2–4, abw Lappe 5 (maßgeblich sei stets das Recht der Entstehung der Auslagen).

3) Mehrkosten, II. A. Grundsatz. Die Vorschrift betrifft nur die nach dem GKG anfallenden Kosten, soweit diese in der Rechtsmittelinstanz entstanden sind. Die in II vorausgesetzte Unkenntnis ist zB dann „verschuldet", wenn der Vorderrichter auf seine Unzuständigkeit hingewiesen hatte, ohne daß der Beteiligte wenigstens hilfsweise einen zulässigen Verweisungsantrag gestellt hätte. Das Verschulden eines gesetzlichen Vertreters oder eines Prozeßbevollmächtigten gilt als ein solches der Partei, vgl §§ 51 II, 85 II ZPO. Bei einem Zweifel darüber, ob eine Unkenntnis vorlag und ob sie verschuldet war, werden die Mehrkosten nicht erhoben. Eine gewisse Unsicherheit zB über die Zuständigkeit und die Zulässigkeit des Rechtswegs ist unschädlich, solange nicht Zweifel an diesen Fragen naheliegen.

Freilich muß man generell fordern, daß die Partei oder ihr gesetzlicher Vertreter oder Prozeßbevollmächtigter sich über eine solche Frage auch anhand der gängigen Literatur informiert.

B. Verfahren. Das Gericht kann über die Mehrkosten auf Grund einer freigestellten mündlichen Verhandlung entscheiden. Es muß den Betroffenen vor einer ihm nachteiligen Entscheidung anhören, Art 103 I GG.

C. Entscheidung. Die Entscheidung erfolgt durch einen Beschluß. Er ist grundsätzlich zu begründen, BLAH § 329 ZPO Anm 1 A b. Er wird dem Betroffenen formlos mitgeteilt.

D. Rechtsmittel. Gegen den Beschluß ist die Erinnerung nach § 5 zulässig.

Verjährung

10 **I Ansprüche auf Zahlung von Kosten verjähren in vier Jahren nach Ablauf des Kalenderjahres, in dem das Verfahren durch rechtskräftige Entscheidung über die Kosten, durch Vergleich oder in sonstiger Weise beendet ist.**

II Ansprüche auf Rückerstattung von Kosten verjähren in vier Jahren nach Ablauf des Kalenderjahres, in dem der Anspruch entstanden ist. Die Verjährung beginnt jedoch nicht vor dem im Absatz 1 bezeichneten Zeitpunkt.

III Auf die Verjährung sind die Vorschriften des Bürgerlichen Gesetzbuches anzuwenden; die Verjährung wird nicht von Amts wegen berücksichtigt. Die Verjährung der Ansprüche auf Zahlung von Kosten wird auch durch die Aufforderung zur Zahlung oder durch eine dem Schuldner mitgeteilte Stundung unterbrochen. Ist der Aufenthalt des Kostenschuldners unbekannt, so genügt die Zustellung durch Aufgabe zur Post unter seiner letzten bekannten Anschrift. Bei Kostenbeträgen unter zwanzig Deutsche Mark wird die Verjährung nicht unterbrochen.

1) Verjährung des Zahlungsanspruchs, I. Der Anspruch auf die Zahlung von Kosten, also auch der Auslagen, Karlsr MDR **88**, 799, verjährt in vier Jahren. Die Verjährungsfrist beginnt mit dem Ablauf des Kalenderjahres der Beendigung. Der Begriff des Verfahrens ist derselbe wie bei § 7, dort Anm 5. Eine Beendigung liegt in einer rechtskräftigen Entscheidung, Karlsr MDR **88**, 799. In einer Strafsache kommt für den Beschuldigten nur dieser Fall der Beendigung in Betracht. In einem Zivilprozeß, einem Verwaltungsverfahren oder einem Finanzprozeß liegt die Beendigung auch in einer Klagerücknahme oder in einer Rücknahme des Rechtsmittels, falls diese Rücknahme eine Rechtskraft eintreten läßt. Dasselbe gilt in einem Verfahren, in dem eine rechtskräftige Entscheidung bereits im Vorverfahren vorliegt, etwa in einem Urkundenprozeß oder Wechselprozeß oder bei einem Urteil über den Grund des Anspruchs. Freilich kann die Verjährung nur den von dieser Entscheidung betroffenen Haftungsgrund erfassen, also bei einem Urteil über den Grund, das keine Kostenentscheidung enthält, nur die Antragshaftung.

„In sonstiger Weise" bedeutet: Auf rein tatsächliche Art, etwa durch eine Aussetzung auf unbestimmte Zeit oder durch das Ruhen des Verfahrens. Man muß notfalls den Parteiwillen ermitteln.

Für die Auslagen läuft keine besondere Verjährungsfrist. Auch für einen dritten Auslagenschuldner gilt die Verjährungsfrist nach I.

Es kommt weder auf die Entstehung noch auf die Fälligkeit oder auf die Bezifferbarkeit an, Karlsr MDR **88**, 799.

2) Verjährung des Rückerstattungsanspruchs, II. Für den Anspruch auf die Rückerstattung von Kosten läuft eine vierjährige Frist vom Schluß des Entstehungsjahrs an. Dieses fällt mit dem Beendigungsjahr nach I oft nicht zusammen. Nach II 2 beginnt die Verjährungsfrist jedoch nicht vor derjenigen des Kostenanspruchs nach I.

Im Fall der Nichterhebung der Kosten wegen einer unrichtigen Behandlung nach § 8 entsteht der Rückerstattungsanspruch mit der Rechtskraft der Entscheidung.

3) Rechtsfolgen der Verjährung, III. A. Grundsatz. Die Verjährung richtet sich grundsätzlich nach den §§ 194ff BGB, Karlsr MDR **88**, 799. Sie ist also nicht von Amts wegen zu berücksichtigen. Soweit der Kostenschuldner gegenüber einer Einziehung die Verjährung geltend macht, erfolgt diese Einrede nach § 5, vgl § 8 JBeitrO, Teil IX A dieses Buchs.

Man muß die Verjährung gegenüber dem Erstschuldner und dem Zweitschuldner getrennt beurteilen. Die Verjährung gegenüber dem Zweitschuldner ist gehemmt, solange nicht § 58 II anwendbar ist, LG Bln Rpfleger **82**, 313. Im übrigen erfolgt eine Hemmung der Verjährung nach § 202 I BGB. Jedoch hat eine Stundung keine Hemmungswirkung, sondern unterbricht die Verjährung, B c. Die Einstellung der Einziehung ist eine Verwaltungssache. Sie hemmt, stundet oder unterbricht nicht.

B. Unterbrechung der Verjährung. Eine Unterbrechung kommt in folgenden Fällen in Betracht:

a) §§ 208ff BGB. Eine Unterbrechung kann durch einen der in § 208ff BGB genannten Fälle eintreten.

b) Zahlungsaufforderung. Der Zugang einer Zahlungsaufforderung unterbricht die Verjährung ebenfalls. Es ist nicht erforderlich, daß die Zahlungsaufforderung in einer besonderen Form erfolgt. Es genügt die Kostenrechnung, Kblz Rpfleger **88**, 428. Das in ihr genannte Datum ist unerheblich; es kommt auf den Zugang an, Kblz Rpfleger **88**, 428. Wenn der Aufenthalt des Schuldners unbekannt ist, genügt eine förmliche Zustellung durch die Aufgabe zur Post, § 175 ZPO, vgl auch § 213 ZPO. Ein einfacher Brief genügt in diesem Fall nicht.

Eine Zustellung ist mit der Übergabe an die Post erfolgt, zB durch den Einwurf in den Postbriefkasten. Es gibt keinen Anscheinsbeweis für den (gar rechtzeitigen) Zugang einer einfachen Brief-Aufforderung, BlAH-Anh § 286 ZPO Anm 4 „Rechtsgeschäft" mwN, Kblz Rpfleger **84**, 434, aM Schneider MDR **84**, 281.

c) Stundung. Die Mitteilung einer Stundung unterbricht die Verjährung, hat also nicht nur eine Hemmungswirkung. Wenn die Verjährungsfrist noch nicht läuft, schiebt die Stundung den Beginn hinaus. Im Fall einer Kostenschuld von weniger als 20 DM tritt allerdings keine Unterbrechung ein. In diesem Fall hemmt eine Stundung die Verjährung entsprechend § 202 BGB.

Der Unterschied zwischen einer Hemmung und einer Unterbrechung liegt darin, daß die Hemmung den Rest der Frist nach der Beseitigung weiterlaufen läßt, während nach einer Unterbrechung die ganze Frist neu läuft.

Die Bewilligung einer Prozeßkostenhilfe unterbricht nicht, sondern hemmt bis zum Erlaß eines Aufhebungsbeschlusses.

C. Geltendmachung der Verjährung. Man beruft sich auf den Eintritt der Verjährung durch eine Erinnerung nach § 5.

Höhe der Kosten

11 **I Kosten werden nach dem Kostenverzeichnis der Anlage 1 zu diesem Gesetz erhoben.**

II Die Gebühren richten sich nach dem Wert des Streitgegenstandes (Streitwert), soweit nichts anderes bestimmt ist. Die Gebühr bei einem Streitwert bis 300 Deutsche Mark beträgt 15 Deutsche Mark. Die Gebühr erhöht sich bei einem

Streitwert bis (Deutsche Mark)	für jeden angefangenen Betrag von weiteren (Deutsche Mark)	um (Deutsche Mark)
3000	300	9
10000	500	9
20000	1000	12
100000	5000	36
400000	15000	90
1000000	30000	180
über 1000000	50000	150

Eine Gebührentabelle für Streitwerte bis eine Million Deutsche Mark ist diesem Gesetz als Anlage 2 beigefügt.

III Der Mindestbetrag einer Gebühr ist 15 Deutsche Mark. Dies gilt nicht für das durch die Geschäftsstelle an die Post gerichtete Ersuchen um Bewirkung einer Zustellung (§ 196 ZPO). Pfennigbeträge werden auf volle zehn Deutsche Pfennig aufgerundet.

Vorbem. II 2, III 1 idF Art 1 I Z 1 G v 9. 12. 86, BGBl 2326, in Kraft seit 1. 1. 87, Art 10.

1) Kostenverzeichnis, I. Das Kostenverzeichnis (KV) in der amtlichen Anlage 1 zum GKG, abgedruckt und erläutert hinter § 73, gibt an, ob und welche Gebühr für den fraglichen Vorgang erhoben wird. Zum Teil muß man dazu die Tabelle nach II 3 in der amtlichen Anlage 2 zum GKG, abgedruckt im Schlußanhang A, heranziehen.

2) Kostenstreitwert, II. Der sog Kostenstreitwert bestimmt grundsätzlich die Höhe der Gebühr, II 1. Er wird wie folgt ermittelt:

A. Streitgegenstand. Man muß den Wert des Streitgegenstands feststellen. Streitgegenstand ist der prozessuale Anspruch, also der vom Kläger oder Widerkläger auf Grund eines bestimmten Sachverhalts begehrte, der Rechtskraft fähige Rechtsausspruch des Gerichts. Man darf diesen prozessualen Anspruch nicht mit dem sachlichrechtlichen Anspruch verwechseln. Vgl im einzelnen BLAH § 2 ZPO Anm 2 mwN.

B. Antrag. Maßgebend ist der wirklich gestellte Antrag unter Berücksichtigung seiner Begründung. Man muß einen offenbaren Rechenfehler berücksichtigen.

Unbeachtet bleiben: Eine Einwendung des Beklagten (wegen seiner Aufrechnung vgl § 19 III); die Belange des Widersprechenden in einem vorläufigen Verfahren; die Frage, ob der Anspruch begründet ist oder anerkannt wird; eine Gegenleistung, selbst im Fall der Wandlung; dasjenige, das das Gericht nur als eine Vorbedingung des geltend gemachten Anspruchs bescheidet; ein Zurückbehaltungsrecht, § 12 Anh I: § 6 ZPO Anm 1 B; derjenige Teil des Antrags, der keine selbständige Bedeutung hat, zB der Umstand, daß der Verkäufer im Fall einer Wandlung die Ware zurücknehmen muß oder daß im Fall einer Eigentumsklage das Eigentum anerkannt werden soll.

C. Anspruchsmehrheit. Man muß mehrere Ansprüche zusammenrechnen, wenn sie selbständig geltend gemacht werden. Bei einem Haupt- und Hilfsantrag gilt § 19 IV. Bei einem Wahlanspruch entscheidet die höhere Leistung, wenn der Kläger zu wählen hat. Soweit der Bekl zu wählen hat, muß man nach § 3 schätzen, wobei man von der geringeren Leistung ausgehen muß. Weitere Einzelfälle vgl § 12 Anh I: § 3 ZPO Anm 3. Die Festsetzung nach dem Wert des Streitgegenstands, dem Streitwert, gilt auch in einem nichtstreitigen Verfahren, zB im Aufgebotsverfahren.

D. Unerheblichkeit des Streitwerts. Bei mancher Gebühr entfällt ein Bezug auf den Streitwert, II 1 Hs 2. Das gilt zB: Bei einer Festgebühr, etwa nach KV 1096–1098; bei einer Gebühr, die nach dem KV auf der Grundlage einer Geldbuße, zB KV 1630, oder einer Ausgangsgebühr berechnet werden, zB KV 1602 (die Vorschrift verweist auf KV 1600).

3) Mindestbetrag, III. Einen Mindestbetrag sieht das Gesetz nur für die Gebühren vor, nicht für die Auslagen. „Gebühr" ist die im Einzelfall anzusetzende. Also ist auch der Mindestbetrag der ¼ Gebühr 15 DM.

Auch eine Aufrundung gilt nur für Gebühren, und zwar ebenso wie der Mindestsatz für jede einzelne Gebühr.

Eine Ausnahme von III 1 enthält III 2 für den Fall des § 196 ZPO, vgl KV 1175.

Im arbeitsgerichtlichen Verfahren gilt III nur für das LAG und für das BAG. Vor dem ArbG gilt ein Mindestbetrag von 3 DM, § 12 II ArbGG, Teil II A dieses Buchs.

Zweiter Abschnitt. Bürgerliche Rechtsstreitigkeiten und Scheidungsfolgesachen, Verfahren vor Gerichten der Verwaltungsgerichtsbarkeit und Finanzgerichtsbarkeit

Übersicht

1) Geltungsbereich. Abschnitt 2 regelt die Wertberechnung in den nach der ZPO, der VwGO und der FGO behandelten Angelegenheiten. Für die Höhe der Gebühren und für die Bemessung der Auslagen gilt das KV. Aus dem Rahmen des Abschnitts fällt die Verzögerungsgebühr des § 34.

2) Begriffe. Man kann die Gebühren ihrer Art nach einteilen in Verfahrensgebühren, die ein Verfahren besteuern, also den ganzen Prozeß oder einen in sich abgeschlossenen Teil des Prozesses, und Aktgebühren, die aus der Vornahme einer einzelnen Prozeßhandlung erwachsen. Das GKG kennt beide Arten. Die Gebührenregelung des GKG beruht auf dem Pauschalsystem. Es wird also nicht eine Gebühr durch eine Reihe gleichartiger Handlungen fällig, sondern alle diese Handlungen gilt eine, ohne Rücksicht auf die Arbeitslast erhobene Gebühr ab. Die übrigen Prozeßhandlungen bleiben unbesteuert.

3) Gebührenfreiheit. Soweit das GKG keine Gebühr vorsieht, ist der Akt gebührenfrei.

Gebührenfrei sind zB folgende Handlungen und Verfahren: Die gesamte Prozeß- und Sachleitung; die Bewilligung der Prozeßkostenhilfe; die Entscheidung über eine Ablehnung einer Gerichtsperson; die Entscheidung über die Verhängung einer Verzögerungsgebühr nach § 34 (nur sie selbst ist zu zahlen); eine Ordnungsmaßnahme gegenüber einem Zeugen oder Sachverständigen; die Verweisung an ein anderes Gericht; die Berichtigung des Urteils, etwa nach den §§ 319, 320 ZPO; das Kostenfestsetzungsverfahren; die Entscheidung über die Rückgabe einer Sicherheitsleistung; die Erteilung der Vollstreckungsklausel, des Rechtskraftzeugnisses oder des Notfristzeugnisses, sowie einer weiteren vollstreckbaren Ausfertigung; das Verfahren über eine Einwendung gegen die Zwangsvollstreckung nach § 766 ZPO; die Bewilligung einer Zustellung an einem Feiertag oder zur Nachtzeit; ein Vollstreckungsersuchen an eine Behörde. Soweit diese Akte in einem anhängigen Prozeß erfolgen, sind sie durch die Verfahrensgebühr abgegolten.

4) Weitere Einzelfragen. Das Entstehen der Gebühr ist stets an die Handlung einer Partei oder eines Beteiligten oder des Gerichts geknüpft. Eine Vorschußpflicht besteht für Gebühren nicht (etwas anderes gilt für Auslagen), wohl besteht aber regelmäßig eine Vorwegleistungspflicht, vgl Üb 2 B vor § 49.

Jede Gebühr verfällt in derselben Instanz nur einmal. Der Begriff der Instanz ist nicht derselbe wie im Zivilprozeß, § 27. Neben der Verfahrens- und Urteilsgebühr entsteht im Zivilprozeß nur ausnahmsweise eine andere Gebühr; die Mahngebühr ist im Grunde eine ermäßigte Verfahrensgebühr.

Wertberechnung in bürgerlichen Rechtsstreitigkeiten und Scheidungsfolgesachen

12 **I Für die Wertberechnung in bürgerlichen Rechtsstreitigkeiten und in den in § 1 Abs. 2 genannten Scheidungsfolgesachen gelten die §§ 3 bis 9 der Zivilprozeßordnung und § 148 der Konkursordnung, soweit in den folgenden Vorschriften nichts anderes bestimmt ist.**

II In nichtvermögensrechtlichen Streitigkeiten ist der Wert des Streitgegenstandes unter Berücksichtigung aller Umstände des Einzelfalles, insbesondere des Umfangs und der Bedeutung der Sache und der Vermögens- und Einkommensverhältnisse der Parteien, nach Ermessen zu bestimmen. In Ehesachen ist für die Ein-

kommensverhältnisse das in drei Monaten erzielte Nettoeinkommen der Eheleute einzusetzen. In Kindschaftssachen ist von einem Wert von 4000 Deutsche Mark auszugehen, in einer Scheidungsfolgesache nach § 623 Abs. 1, 4, § 621 Abs. 1 Nr. 1, 2 oder 3 der Zivilprozeßordnung von 1500 Deutsche Mark. Der Wert darf nicht über 2 Millionen Deutsche Mark und nicht unter 600 Deutsche Mark, in Ehesachen jedoch nicht unter 4000 Deutsche Mark, angenommen werden.

III Ist mit einem nichtvermögensrechtlichen Anspruch ein aus ihm hergeleiteter vermögensrechtlicher Anspruch verbunden, so ist nur ein Anspruch, und zwar der höhere, maßgebend.

1) Allgemeines, I. §§ 12–22 enthalten Grundsätze der Berechnung des Kostenstreitwerts. §§ 3–9 ZPO, 148 KO dienen zunächst der Ermittlung der sachlichen Zuständigkeit. Sie sind daher gemäß I nur insoweit anwendbar, als nicht §§ 12–22 Sondervorschriften enthalten.

Bürgerliche Rechtsstreitigkeiten sind alle vor ein ordentliches Gericht gehörenden Rechtssachen, auf die die ZPO Anwendung findet. Weder die Zulässigkeit des Rechtswegs noch die Ordnungsmäßigkeit des Vorgangs, der die Gebühr zum Entstehen bringt, sind erheblich; es kommt nur auf die äußere Form an.

Scheidungsfolgesachen sind nur die in § 1 II, dort Anm 5, genannten.

2) Nichtvermögensrechtliche Streitigkeit, II

Schrifttum: Haberzettl, Streitwert und Kosten in Ehe- und Familiensachen, 2. Aufl 1985; Gerhard Rohs, Der Streitwert in nichtvermögensrechtlichen Streitigkeiten usw, Diss Münster 1975; Günther Rohs, Streitwert in Ehe- und Folgesachen, Festschrift für Schmidt (1981) 183.

A. Grundsatz. Für die Frage, ob ein nichtvermögensrechtlicher Anspruch vorliegt, entscheidet allein die Natur des Rechts, für das der Kläger einen Schutz verlangt. Es ist also unerheblich, was der Bekl mit seinem Einwand bezweckt. Es können auch verschiedene Ansprüche vorliegen, zB: Die Gestattung des Getrenntlebens und die Übertragung der Personenfürsorge; der Anspruch auf die Unterlassung einer Ehrenkränkung und der Anspruch auf deren Widerruf, KG NJW **69**, 1305.

B. Vermögensrechtlicher Anspruch. Vermögensrechtlich ist jeder Anspruch, der entweder auf einer vermögensrechtlichen Beziehung beruht oder auf Geld oder Geldeswert geht, vgl LAG Bre AnwBl **84**, 165, ohne Rücksicht auf den Ursprung und den Zweck. Deshalb ist ein Unterhaltsanspruch oder ein Unterlassungsanspruch des gewerblichen Rechtsschutzes immer vermögensrechtlich. Der Kostenstreit in einer nichtvermögensrechtlichen Sache ist insoweit vermögensrechtlich, als er zur Hauptsache geworden ist, Schlesw SchlHA **74**, 113.

Vermögensrechtlich ist auch der Anspruch auf die Ausschließung aus einer Körperschaft, soweit es nicht auch um die Ehre und die allgemeine Achtung geht. Auch wenn es dem Kläger ausschließlich um die Verteidigung seiner Ehre geht, kann der Rechtsstreit nach dem Inhalt des Klageanspruchs vermögensrechtlich sein, BGH GRUR **81**, 297. Wegen eines Zwischenstreits vgl § 12 Anh I Anm 3.

Vermögensrechtlich ist auch der Unterlassungsanspruch nach § 824

BGB, Köln MDR **57**, 238. Bei einer Klage aus einem Namensrecht muß man unterscheiden: Soweit es sich um die wirtschaftliche Verwertung des Namens handelt, etwa in einer Firma, einem Warenzeichen, einer sonstigen geschäftlichen Bezeichnung, ist der Name vermögensrechtlich; im übrigen hat er keinen Vermögenswert. Dasselbe gilt bei einem urheberrechtlichen Unterlassungsanspruch, BGH GRUR **58**, 101. Vermögensrechtlich sind: Der Auskunftsanspruch nach §§ 1605, 1361 IV 4 BGB, BGH NJW **82**, 1651, sowie der Anspruch auf eine Hausbesichtigung nach §§ 2038, 745 BGB, BGH NJW **82**, 1765; eine mit Kündigungsdrohung verbundene Abmahnung, BAG MDR **82**, 694; ein Anspruch auf die Entfernung einer Abmahnung aus der Personalakte, LAG Hamm MDR **84**, 877.

C. Nichtvermögensrechtlicher Anspruch, zum Begriff Schack MDR **84**, 456 mwN. Hierher zählt jeder Anspruch, der einem nichtvermögensrechtlichen Verhältnis entspringt und, Köln MDR **74**, 53 nicht auf Geld oder Geldeswert geht.

Nichtvermögensrechtlich sind zB folgende Ansprüche: Eine Personenstandssache, nämlich eine Ehesache im Sinn des § 606 ZPO, nicht des § 614 ZPO, § 12 Anh I Anm 3 „Aussetzungsantrag"; eine Kindschaftssache im Sinn der §§ 640ff ZPO, etwa die Klage auf die Feststellung der ehelichen oder nichtehelichen Vaterschaft, KG NJW **73**, 1050, oder die Klage auf die Feststellung der Unwirksamkeit der Anerkennung der Vaterschaft, §§ 1600ff BGB; die Gestattung des Getrenntlebens und die Übertragung der Personensorge im Verfahren nach § 627 ZP0, s auch § 20 II, oder im Verfahren nach § 1671 BGB, Mü NJW **74**, 370, nicht aber im Verfahren nach § 1672 BGB, Schlesw AnwBl **78**, 180 (dann gilt § 94 I Z 4, II KostO); eine Entmündigungssache, LG Frankenth Rpfleger **76**, 373; ein Beseitigungsanspruch zum Schutz des Persönlichkeitsrechts, BGH VersR **82**, 296; ein Anspruch auf die Unterlassung von Anrufen, die (nur) eine Störung und Belästigung des persönlichen Bereichs darstellen, BGH NJW **85**, 809; ein Anspruch nach § 99 IV BetrVG, LAG Hann AnwBl **84**, 166; ein Ehrenanspruch, also der soziale Geltungsanspruch, BGH NJW **85**, 979, auch des Arbeitnehmers, LAG Hamm AnwBl **84**, 156, etwa der den Angriff auf die Ehre abwehrende und auf die §§ 823 II BGB, 185, 186 StGB gestützte Unterlassungsanspruch, BGH NJW **85**, 979, vgl Köln VersR **74**, 151, selbst wenn Vermögensinteressen des Gegners mitberührt werden, BGH VersR **83**, 832, oder wenn ein Vermögensschaden eingetreten ist, falls der Kläger den Vermögensschaden nicht geltend macht, es sei denn, daß sein Rechtsschutzbegehren wesentlich auch wirtschaftlichen Belangen dienen soll, vgl BGH NJW **74**, 140 und NJW **85**, 979 mwN, Mü JB **77**, 852 jw mwN.

Weitere Fälle: Die Klage auf die Herausgabe eines Tagebuchs; eine vorbeugende Unterlassungsklage wegen der Verletzung des Rechts am eigenen Bild, KG Rpfleger **70**, 34; der Anspruch auf die Einsicht in eine Personalakte, Köln VersR **80**, 490; die Frage der Zugehörigkeit zu einem Idealverein, Köln MDR **84**, 153, vgl auch Ffm Rpfleger **66**, 25; der Streit über die Auflösung des Landesverbands einer politischen Partei, KG JB **70**, 309; der Streit um den Ausschluß aus einer Genossenschaft wegen eines ehrenrührigen Verhaltens, Celle NdsRpfl **61**, 221. S auch § 13 Anh I.

Ein nichtvermögensrechtlicher Anspruch wird nicht dadurch zu einem vermögensrechtlichen, daß der Kläger einseitig die Erledigung der Hauptsache erklärt, BGH NJW **82**, 767.

D. Wertberechnung. Man muß den Streitwert in einer nichtvermögensrechtlichen Sache gemäß II 1 wie folgt bestimmen:

a) Gesamtabwägung. Alle Umstände des Einzelfalls sind zu berücksichtigen, zB Bbg JB **76**, 217, 799, Ffm JB **76**, 798, Hamm Rpfleger **89**, 104, Mümmler JB **76**, 718.

b) Ausgangswert, II 3. Einen generell bezifferten Ausgangswert nennt das Gesetz nur noch für Kindschaftssachen, II 3 Hs 1, vgl Mü MDR **89**, 360, aM zB LAG Hamm MDR **80**, 613, ZöSchn § 3 ZPO Rdz 16. In einem solchen Fall muß man von 4000 DM ausgehen. Bei einigen Scheidungsfolgesachen nach § 623 I, IV in Verbindung mit § 621 I ZPO ist der Ausgangswert 1500 DM, nämlich: Im Streit um die elterliche Sorge für ein eheliches Kind, soweit das Familiengericht zuständig ist, § 621 I Z 1 ZPO; beim Streit um das Umgangsrecht des nicht Sorgeberechtigten mit dem Kind, § 621 I Z 2 ZPO; beim Streit um die Herausgabe eines Kindes, § 621 I Z 3 ZPO.

Eine Entmündigungssache zählt nicht mehr hierher, LG Frankenth Rpfleger **76**, 373. Ebensowenig zählt eine andere Familiensache oder eine andere als die eben erwähnten Scheidungsfolgesachen oder eine Ehesache hierher, KG NJW **76**, 900, vgl auch BVerfG **40**, 236, auch nicht ein isoliertes Sorgerechtsverfahren der freiwilligen Gerichtsbarkeit, auf das § 94 II KostO anzuwenden ist, Hamm AnwBl **87**, 96. Bei den letzteren Sachen gibt es vielmehr nur für einen der in Betracht kommenden Bewertungsfaktoren einen Ausgangswert, nämlich bei den Einkommensverhältnissen. Für sie muß man gemäß II 2 einen Ausgangswert in Höhe des 3-Monats-Nettoeinkommens beider Eheleute einsetzen. Diesen Ausgangswert kann man nur im Einzelfall beziffern.

c) Mindestwert, II 4. Einen Mindestwert nennt II 4 nur noch für die beiden folgenden Fälle:

aa) Ehesache, dazu Haberzettl, Streitwert und Kosten in Ehe- und Familiensachen, 2. Aufl 1985: In einer Ehesache beträgt der Mindestwert 4000 DM. Einige Gerichte halten diesen Wert trotz einer Prozeßkostenhilfe zugunsten beider Parteien oder eines geringen gerichtlichen Umfangs des Streits nicht für zwingend, zB Bbg JB **77**, 832, Hamm (1. FamS) JB **84**, 733, KG NJW **76**, 900, Zweibr FamRZ **84**, 725, aM Hamm (5. FamS) AnwBl **84**, 505 (krit Schmidt).

bb) Übrige Sachen. Für alle übrigen nichtvermögensrechtlichen Streitigkeiten beträgt der gesetzliche Mindestwert 600 DM, Mü MDR **89**, 360.

d) Höchstwert, II 4. Die Vorschrift bestimmt einen Höchstwert für sämtliche nichtvermögensrechtlichen Sachen von 2000000 DM.

e) Regelwert. LAG Hamm MDR **80**, 613 will 4000 DM im Regelfall nicht unterschreiten. S aber b).

E. Einzelfaktoren, II 1. a) Grundsatz. Die Vorschrift nennt die dort genannten Einzelfaktoren zwar nur beispielsweise, bestimmt aber, daß man sie „insbesondere“ berücksichtigen soll. Das bedeutet keineswegs, daß man nur sie zu erörtern braucht. Zum Ermessen gehört mindestens ein kurzer Hinweis darauf, daß weitere denkbare Faktoren im konkreten Einzelfall keinerlei Bedeutung erlangt haben.

b) Umfang der Sache. Zu berücksichtigen ist der Umfang der Sache für das Gericht, Bbg JB **77**, 1590, Celle JB **76**, 797, Düss AnwBl **86**, 250, Köln JB **76**, 1540. Es kommt also nicht darauf an, welche Arbeit der Anwalt für die vorgerichtliche Betreuung der Sache aufgewendet hat. Zu berücksichtigen sind sowohl der tatsächliche Umfang der Sache wie auch der Umfang der rechtlichen Probleme; die Frage, wie weit das Verfahren bis zur Beendigung vorangekommen war, Schlesw SchlHA **85**, 180. Man muß dabei von dem Leitbild der ZPO vom Ablauf einer streitigen Verhandlung und nicht nur von Leerformeln ausgehen, Bbg JB **76**, 220, 486.

Beachtlich sind zB: Die Kürze oder Länge der Ausführungen einer Partei; die Schwierigkeit der Klärung des Sachverhalts, Neustadt AnwBl **61**, 145, Nürnb JB **75**, 1620; der Umfang zu prüfender Beiakten; die Dauer des Prozesses, soweit sie auf das Verhalten der Parteien oder ihrer Anwälte zurückzuführen ist, Hamm JB **76**, 800; eine rechtliche Schwierigkeit, Kblz JB **75**, 1092, Nürnb JB **75**, 1620; der Grad der Streitigkeit, Karlsr AnwBl **81**, 405.

c) Bedeutung der Sache. Man muß ferner die Bedeutung der Sache berücksichtigen. Auch hier kommt es sowohl auf eine tatsächliche Bedeutung als auch auf eine rechtliche an.

Beachtlich sind zB: Die Stellung einer Partei im öffentlichen Leben, KG NJW **69**, 1305; das Ansehen, der Name, die Auswirkung wirtschaftlicher Art auf ein Unternehmen oder auf Angehörige.

d) Vermögens- und Einkommensverhältnisse. Dieser Faktor ist bei einer Ehescheidungssache verfassungsgemäß, BVerfG BGBl **89**, 1301, aber auch im übrigen unbedenklich. Er ist zwar wichtig, Düss AnwBl **77**, 412, aber eben doch nur ein Einzelfaktor, Bbg JB **76**, 1233, Celle JB **76**, 797, Nürnb JB **76**, 800, Oldb JB **77**, 833, Schlesw SchlHA **76**, 131. Im übrigen gelten hier im wesentlichen folgende Regeln:

aa) Vermögen. Wenig brauchbar ist eine Bewertung durch den Betriebsinhaber, ebensowenig ein Steuerbescheid usw, Ffm JB **77**, 703. Besser brauchbar ist der Lebenszuschnitt im Zeitpunkt des Urteils, Bbg JB **77**, 1424, Ffm JB **70**, 681. KG Rpfleger **65**, 313, LG Darmst JB **76**, 1093 berücksichtigen das Vermögen erst dann, wenn es den Freibetrag der Vermögenssteuer überschreitet, vgl Hamm MDR **84**, 766, Köln MDR **75**, 767, aM Oswald NJW **76**, 2254. Zum Grundvermögen Mü AnwBl **85**, 203.

Man darf die Erträgnisse heranziehen, jedoch kein Schema etwa derart bilden, daß das Vermögen 10% des Streitwerts darstelle, aM Düss NJW **72**, 773, Nürnb JB **77**, 377, LG Bayreuth JB **78**, 1548. Ein Vermögen ist nicht schon belanglos, weil es keine Erträge abwirft, Celle DB **69**, 2275, oder weil es belastet ist, Schmidt JB **75**, 505, aM Düss JB **75**, 505 (wegen eines Nießbrauchs).

Unbeachtlich ist der übliche Hausrat, ein kleines Sparguthaben usw, Mümmler JB **76**, 4 (er will sogar einen Pkw der Mittelklasse unbeachtet lassen). Köln FamRZ **87**, 183 setzt beim Einfamilienhaus drei Kaltmieten an.

Maßgeblicher Zeitpunkt ist die Beendigung des Verfahrens, zB infolge einer Klagerücknahme, KG Rpfleger **73**, 36. Denn man kann erst dann alle Umstände abschließend überblicken, Celle MDR **64**, 65.

bb) Einkommen. Auch hier ist kein Schematismus zulässig, Hamm Rpfleger **89**, 104; Tabellen wie die von Ffm NJW **72**, 589, Schmidt AnwBl **66**, 1 aufgestellten sind abzulehnen, vgl Düss JB **75**, 505 und AnwBl **75**, 139, Karlsr NJW **73**, 1003 (ausf). Übersicht über die Rechtsprechung bei Nierhaus AnwBl **75**, 35, Schneider MDR **74**, 271.

Beachtlich sind zB: Die Höhe der laufenden Ausgaben; Schulden und sonstige Belastungen, Düss JB **75**, 504; die Kinderzahl; eine Unterhaltspflicht, KG NJW **76**, 900 (das OLG will in der Regel pro Kind vom 3-Monats-Einkommen 600 DM absetzen); eine Entnahme aus einem Gewerbebetrieb, selbst wenn er mit einem Verlust arbeitet, KG JB **70**, 680. Saarbr AnwBl **80**, 294 nimmt nicht schon dann einen Abzug vor, wenn das Gericht beiden Parteien eine Prozeßkostenhilfe gewährt hat.

F. Ehesache, II 2. a) Ausgangswert. In einer Ehesache, dazu Nierhaus AnwBl **76**, 375, Schmidt AnwBl **77**, 442 (je Üb), ferner krit Kblz NJW **77**, 257 (abl Schmidt), muß man von dem gesetzlichen Ausgangswert des in 3 Monaten erzielten Nettoeinkommens beider Eheleute ausgehen, Ffm JB **78**, 1852. Freilich ist auch hier kein Schematismus zulässig, zB Hamm Rpfleger **89**, 104.

Es kommt auf diejenigen 3 Monate an, die hintereinander vor der Einreichung des Scheidungsantrags oder der sonstigen Klage liegen, I in Verbindung mit § 4 ZPO, Bbg JB **76**, 217, Düss AnwBl **86**, 159, KG NJW **76**, 900, Saarbr RR **86**, 308, Zweibr AnwBl **83**, 174, Lappe 16. Hat sich das Einkommen bis zur Klageeinreichung verringert, kann es auf das Dreifache des Einkommens im letzteren Zeitpunkt ankommen, Karlsr FamRZ **88**, 1193. Eine Steigerung während des Prozesses ist gemäß § 15 I beachtlich, Düss AnwBl **86**, 159, Zweibr AnwBl **83**, 174, Lappe 16, Schneider MDR **75**, 882, aM Mümmler, JB **76**, 4 (er läßt allein die letzte mündliche Verhandlung maßgeblich sein); eine Verminderung ist wie sonst im Prozeß nicht beachtlich, zB Karlsr FamRZ **88**, 1193, Zweibr AnwBl **83**, 174, aM Celle AnwBl **87**, 45 (zustm Madert), Düss MDR **88**, 507, Saarbr AnwBl **85**, 587 (abl Schmidt).

Unter dem Nettoeinkommen ist dasjenige zu verstehen, was nach dem Abzug gesetzlich vorgeschriebener Beträge beliebiger Art vom Bruttoeinkommen verbleibt und was der Arbeitgeber demgemäß dem Empfänger oder nach dessen Weisung oder auf Grund einer etwaigen Lohnpfändung einem Dritten auszahlt.

b) Abzüge. An Abzügen sind zB beachtlich: Sämtliche Steuern, Nürnb JB **77**, 377; ein Freibetrag, LG Bayreuth JB **76**, 796; eine Sozialabgabe, Bbg JB **76**, 217, KG NJW **76**, 900; eine Unterhaltspflicht gegenüber einem jeden Kind, Bbg zB JB **78**, 1359, Ffm zB AnwBl **77**, 71 (abw JB **78**, 1852), Köln MDR **76**, 588 (das OLG läßt den gerichtlichen Unterhaltsschlüssel maßgeblich sein), Düss AnwBl **86**, 250, Nürnb JB **77**, 377, Schlesw SchlHA **76**, 100 (man darf auch größere Geldschulden abziehen. Man muß aber auf den Einzelfall abstellen, Düss FamRZ **86**, 706; Saarbr RR **86**, 308 läßt nur ungewöhnliche Verbindlichkeiten zum Abzug zu), Düss AnwBl **83**, 177 (abl Schmidt) und FamRZ **86**, 706, LG Bayreuth zB

JB **78**, 1547 (diese Gerichte billigen pro Kind monatlich 300 DM zu), Hamm AnwBl **84**, 505, Nürnb FamRZ **86**, 194 (diese OLG billigen pro Kind monatlich 500 DM zu), LG Darmst JB **76**, 1093 (das LG billigt pro Kind monatlich 900 DM zu).

Weiterhin sind zB folgende Abzüge zu beachten: Ein Zwangsbeitrag; eine Direktüberweisung des Arbeitgebers an eine Bausparkasse; ein privater Versicherungsbeitrag, Bbg JB **78**, 1056; ein Kindergeld oder eine Berlin-Zulage, KG NJW **76**, 900; zu einem angemessenen Teil das 13. Gehalt oder eine Weihnachtsgratifikation oder ein Urlaubsgeld, KG NJW **76**, 900.

Das Gericht darf aber keine „Ersatz- Steuerveranlagung" vornehmen, Bbg JB **77**, 1426. Ein fingiertes Arbeitsverhältnis einer Partei zwecks Herabsetzung ihres Vermögens ist unbeachtlich, Bbg JB **77**, 1117. Die Nur-Hausfrau hat kein anzurechnendes Einkommen. Wegen des Landwirts Bbg JB **77**, 241. Vgl zum Nettoeinkommen im übrigen Schneider MDR **74**, 272.

G. Kindschaftssache, II 3. In einer Kindschaftssache besteht zwar ein Ausgangswert von 4000 DM, Hamm Rpfleger **84**, 333. Dennoch muß das Gericht immer der Bedeutung des Streits Rechnung tragen, KG NJW **73**, 1050 mwN, Celle NdsRpfl **61**, 150 (die Entscheidung betrifft mehrere Kinder). Freilich sollte das Gericht von dem Ausgangswert nur dann abweichen, wenn die Umstände des Einzelfalls das erfordern, Düss NJW **72**, 114, Ffm Rpfleger **71**, 117. In einer Anfechtungssache sollte das Gericht auch bei ärmlichen Verhältnissen mit Rücksicht auf die Bedeutung der Sache einen Wert unter 4000 DM nur in einem Ausnahmefall festsetzen, Ffm NJW **64**, 159, Nürnb Rpfleger **71**, 329.

Wenn in einem Verfahren die Ehelichkeit mehrerer Kinder angefochten wird, liegen mehrere Ansprüche vor, § 5 ZPO. Man muß sie zusammenrechnen, und zwar auch dann, wenn es sich um Zwillinge handelt, Hamm Rpfleger **65**, 379, KG Rpfleger **65**, 280, s auch § 6 BRAGO.

In einer Entmündigungssache darf man nur selten einen Wert unter dem Ausgangswert einer Kindschaftssache (4000 DM) annehmen. Denn die Entmündigung stellt stets einen schweren Eingriff in die Persönlichkeitssphäre dar, Hamm Rpfleger **63**, 92, LG Frankenth Rpfleger **76**, 373.

H. Scheidungsfolgesachen II 3. Der gesetzliche Ausgangswert von 1500 DM gilt nur für die oben D genannten Sachen. Auch bei ihnen bildet die Summe lediglich den Ausgangswert, das Gericht darf also entsprechend der Bedeutung der Sache einen abweichenden Wert festsetzen, Celle JB **78**, 103, Düss AnwBl **83**, 88, Hamm Rpfleger **89**, 104.

Freilich sollte das Gericht einen abweichenden Wert auch in diesen Fällen nur dann zugrunde legen, wenn die Umstände es erfordern, also zB nicht schon deshalb, weil die Herausgabe eines Kindes ein erheblicher Eingriff ist. Denn das ist eben jede derartige Handlung, und trotzdem legt das Gesetz einen Ausgangswert von (nur) 1500 DM fest. Eher kommt eine höhere Festsetzung in Betracht, zB dann, wenn das Kind sich ungewöhnlich hartnäckig gegen die Herausgabe sträubt und wenn das Gericht daher eine besonders umfangreiche Begutachtung veranlassen mußte. Wegen des elterlichen Sorgerechts Düss AnwBl **83**, 88 (das Gericht geht bei einer einstweiligen Anordnung von 1000 DM aus, vgl

§ 8 BRAGO Anm 4), Hamm Rpfleger **82**, 314, Rpfleger **87**, 265 und Rpfleger **89**, 104, Saarbr AnwBl **84**, 372 (diese Gerichte setzen auch bei einer Regelung für mehrere Kinder grundsätzlich nur 1500 DM an), KG JB **77**, 378 (das Gericht nimmt bei einfachen Verhältnissen für das erste Kind einen Wert von 600 DM, für jedes weitere Kind einen Wert von ca 300 DM an). Bei der Regelung der Rechtsverhältnisse an der Ehewohnung ist grundsätzlich deren Jahresmietwert maßgeblich, Karlsr MDR **81**, 681, aM Saarbr AnwBl **81**, 405 für das Verbundverfahren (das OLG setzt dann den halben Hausratwert an).

3) Verbindung verschiedenartiger Ansprüche, III. Das Gesetz meint nicht alle Fälle der Anspruchshäufung, sondern nur die Verbindung eines nichtvermögensrechtlichen Anspruchs mit einem aus ihm hergeleiteten vermögensrechtlichen.

III ist daher zB in folgenden Fällen anwendbar: Es liegt eine Verbindung der Ansprüche auf die Feststellung der Vaterschaft und auf die Zahlung des Regelunterhalts nach § 643 ZPO vor, Hamm Rpfleger **84**, 333, KG NJW **73**, 1050 mwN; ein Ehegatte fordert das Recht zum Getrenntleben und die Zahlung von Unterhalt nach § 1361 BGB. Saarbr NJW **75**, 1791.

III ist zB in folgenden Fällen unanwendbar: Eltern streiten über das Personensorgerecht und gleichzeitig über den Unterhalt für ein gemeinsames Kind.

Die Frage ist **streitig. Wie hier** zB Saarbr NJW **75**, 1791, Schlesw JB **77**, 836, LG Bayreuth JB **76**, 801 je mwN, jetzt auch Ffm AnwBl **74**, 49; **aM** zB Zweibr JB **77**, 1259 (abl Mümmler), LG Münst JB **75**, 1621 je mwN (abl Mümmler).

Wenn der Kläger mehrere nichtvermögensrechtliche Ansprüche geltend macht, zB denjenigen auf ein Getrenntleben und auf die Übertragung des Personensorgerechts, dann muß man die Ansprüche zusammenrechnen, § 5 ZPO, Mü NJW **74**, 370, vgl auch Anm 2 A.

Welcher von den in III genannten Ansprüchen der höhere und der damit für den Streitwert allein maßgeblich ist, das muß man durch einen Vergleich und notfalls durch die Schätzung beider Ansprüche ermitteln. Dabei muß man den Wert des nichtvermögensrechtlichen Anspruchs nach § 3 ZPO schätzen. Vgl zu diesen Fragen auch Matthias MDR **53**, 713 und 54, 10.

III ist bei einer Scheidungssache und einer Scheidungsfolgesache unanwendbar, §§ 19a S 3. Vielmehr erfolgt in einem solchen Fall eine Zusammenrechnung, § 19a S 1.

Anhang nach § 12
Der Streitwert nach §§ 3 bis 9 ZPO, 148 KO, 144 PatG, 31a WZG, 26 GebrMG, 23a, b UWG, 247 AktG

Einführung

§§ ohne Zusatz sind solche der ZPO

1) Voraussetzungen. A. Wertarten. Der Streitwert hat vielfache Bedeutung, Schumann NJW **82**, 1257. Das Gericht setzt den Wert in folgenden Fällen fest:

a) Zuständigkeitswert. Die Wertfestsetzung erfolgt nach den §§ 3–9, wenn der Wert eine Bedeutung für die sachliche Zuständigkeit oder für die Zulässigkeit eines Rechtsmittels oder für die vorläufige Vollstreckbarkeit hat.

b) Kostenwert. Die Wertfestsetzung erfolgt nach § 25 GKG, wenn der Wert eine Grundlage für die Berechnung der Gerichtsgebühren und der Anwaltsgebühren bilden soll (§ 7 BRAGO nennt den Wert Gegenstandswert). Trotz einer Festsetzung nach § 25 GKG können die Parteien den Wert zB in einem Prozeßvergleich abweichend vereinbaren. Eine solche Regelung ist dann allerdings nur für die Berechnung und Verrechnung der außergerichtlichen Gebühren beachtlich, dagegen für die entsprechende Behandlung der Gerichtskosten unbeachtlich, Hamm AnwBl **75**, 96.

Wenn das Gericht den Wert nach §§ 3–9 festgesetzt hat, ist diese Festsetzung auch für die Gebührenberechnung maßgeblich, § 24 GKG; zum Problem KG VersR **80**, 873 mwN, Mü MDR **88**, 973. Das gilt mit Ausnahme vor allem eines Miet- oder Pachtanspruchs, eines Unterhaltsanspruchs, einer Stufenklage, einer Widerklage, eines Arrests und einer einstweiligen Verfügung. §§ 14–20 GKG.

c) Beschwerdewert. Vgl BLAH § 511a Anm 3 A, BVerfG **68**, 382 und NJW **85**, 2250, BGH NJW **82**, 1765 und NJW **84**, 371 mwN.

B. Auf Antrag oder von Amts wegen. Die Voraussetzungen einer Wertfestsetzung sind davon abhängig, ob die Wertfestsetzung für die Zuständigkeit oder für die Kostenberechnung erfolgen soll, vgl BGH **59**, 20.

a) Zuständigkeitswert. Eine Festsetzung für die sachliche Zuständigkeit erfolgt regelmäßig nur dann, wenn die Parteien über die Zuständigkeit oder über die Zulässigkeit des Rechtsmittels streiten. Das Gericht darf in einem solchen Fall bereits zu Beginn des Rechtsstreits oder in dessen Verlauf durch einen Beschluß entscheiden, braucht seine Entscheidung aber erst im Urteil zu treffen.

Das Gericht darf und muß den Zuständigkeitswert aber auch von Amts wegen festsetzen, zB wenn seine sachliche Zuständigkeit nach dem Tatsachenvortrag des Klägers fehlt und daher eine Verweisung in Betracht kommt.

b) Kostenwert. Demgegenüber erfolgt eine Festsetzung für die Kosten in folgenden Fällen, und zwar stets durch einen Beschluß:

aa) Antrag. Eine Partei, ihr ProzBev oder die Staatskasse stellen einen Antrag. Er wird zurückgewiesen, wenn das Rechtsschutzbedürfnis fehlt, das auch hier erforderlich ist, vgl BFH BB **75**, 545, wenn zB der Wert unzweideutig feststeht, wie im Fall einer Forderung auf die Zahlung einer bestimmten Geldsumme.

bb) Von Amts wegen. Das Gericht hält eine Wertfestsetzung für angemessen, etwa um Zweifel des Kostenbeamten zu beheben.

C. Höhere Instanz. Sowohl bei einer Wertfestsetzung für die Zuständigkeit oder für die Zulässigkeit eines Rechtsmittels als auch bei einer Wertfestsetzung für die Kosten setzt die höhere Instanz den Wert grundsätzlich nach ihrem eigenen pflichtgemäßen Ermessen fest, vgl LAG Mü AnwBl **85**, 96, Wenzel DB **81**, 162 (für das arbeitsgerichtliche Verfahren). Wenn das für die sachliche Zuständigkeit geschehen ist, dann muß die untere Instanz den Wert bei einer etwa zeitlich nachfolgenden gleichartigen Entscheidung mindestens so hoch festsetzen, daß die Zuständigkeitsgrenze und die Grenze des Beschwerdewerts erreicht werden. Wegen der Festsetzung des Werts der Beschwer durch das OLG vgl § 546 II.

Das höhere Gericht kann den Kostenwert für die untere Instanz bindend festsetzen. Wenn eine solche Festsetzung nicht erfolgt ist, ist die untere Instanz insoweit nicht gebunden. Wenn das untere Gericht seine sachliche Zuständigkeit mit Recht oder zu Unrecht bejaht, dann ist das Beschwerdegericht an diese Entscheidung gebunden; der Wert liegt nicht unterhalb jener Grenze, Köln Rpfleger **74**, 22 und JB **75**, 1355.

2) Verfahren. A. Beschluß. Das Gericht muß den Wertfestsetzungsbeschluß grundsätzlich begründen, KG Rpfleger **75**, 109, Schneider MDR **74**, 802, BLAH § 329 Anm 1 Ab. Die Begründung kann sich aus dem engen Zusammenhang mit einem Verweisungsbeschluß ergeben, Mü MDR **88**, 973. Der Beschluß wird allen Beteiligten, also allen denjenigen, deren Gebührenschuld oder Gebührenanspruch berührt wird, KG Rpfleger **75**, 109, grundsätzlich von Amts wegen formlos mitgeteilt, § 329 II 1. Im Fall des § 107 II wird der Beschluß allerdings förmlich zugestellt, § 329 II 2.

Das Gericht darf und muß seine Wertfestsetzung von Amts wegen ändern, sobald die Rechtslage die Änderung verlangt, und zwar auch dann, wenn die Sache inzwischen beim Rechtsmittelgericht anhängig ist, vgl BGH **KR** § 23 GKG (aF) Nr 80, Schneider MDR **72**, 100 mwN. Eine solche Änderung ist allerdings nur innerhalb von sechs Monaten seit der Rechtskraft der Entscheidung in der Hauptsache oder seit einer anderweitigen Erledigung des Verfahrens zulässig, § 25 I 3 und 4 GKG.

Gebühren: Das Verfahren ist gerichtsgebührenfrei; der Anwalt erhält ebenfalls keine Gebühr, § 37 Z 3 BRAGO.

B. Rechtsbehelfe. Die Regelung hat sich wie folgt entwickelt:

a) Zuständigkeitswert. Wenn das Gericht den Wert für die sachliche Zuständigkeit festgesetzt hat, ist gegen einen etwaigen bloßen Wertfestsetzungsbeschluß kein Rechtsmittel statthaft. Denn die Wertfestsetzung für die sachliche Zuständigkeit stellt nur eine vorläufige Kundgebung dar, KG MDR **87**, 853 mwN, Mü MDR **88**, 973. Ein Verweisungsbeschluß ist unanfechtbar, § 281. Im übrigen ist nur diejenige Entscheidung anfechtbar, durch die das Gericht über seine Zuständigkeit entschieden hat, unabhängig davon, ob das in einem Urteil oder in einem Beschluß geschehen ist.

b) Kostenwert. Wenn das Gericht den Kostenstreitwert festgesetzt hat, ist die Beschwerde nach § 25 II GKG unter folgenden Voraussetzungen statthaft: **aa)** Die Staatskasse hält den Streitwert für zu niedrig: **bb)** der RA hält den Streitwert für zu niedrig, § 9 II BRAGO; **cc)** eine Partei hält den Streitwert für zu hoch. In anderen Fällen fehlt die Beschwer, vgl Hbg MDR **77**, 407, aM OVG Hbg DÖV **65**, 781, falls die von der Gegenseite zu erstattenden Anwaltsgebühren hinter denjenigen zurückbleiben, die man nach der eigenen Honorarvereinbarung zahlen muß. Die andere Partei ist im Beschwerdeverfahren kein Gegner, selbst wenn sie widerspricht, VGH Kassel AnwBl **84**, 49 mwN, aM Stgt NJW **59**, 890 (aber es handelt sich nicht um einen Parteienstreit, sondern um eine Festsetzung zum Zweck der Berechnung der Gerichts- und Anwaltskosten, vgl auch § 25 GKG Anm 4).

Die Beschwerdesumme muß 100 DM übersteigen, § 567 II. Dieser Betrag wird nach den Unterschiedsbetrag derjenigen Gebühren berechnet, derentwegen eine Festsetzung des Kostenstreitwerts beantragt worden ist.

Eine weitere Beschwerde ist unzulässig, § 568 III. Wenn das LG den Kostenstreitwert erstmalig als Berufungsgericht festsetzt, dann ist eine Beschwerde gegen den für das Verfahren vor dem AG festgesetzten Wert nicht als weitere Beschwerde, sondern als erste Beschwerde anzusehen, Ffm Rpfleger **53**, 88. Durch die Festsetzung des Kostenstreitwerts werden grundsätzlich weder Gerichtsgebühren noch Rechtsanwaltsgebühren ausgelöst. Im Beschwerdeverfahren ergeht eine Kostenentscheidung nur dann, wenn die Beschwerde zurückgewiesen wird, § 97 I. Wenn die Beschwerde nämlich Erfolg hat, fehlt ein Gegner, so daß § 91 nicht anwendbar ist.

Im Beschwerdeverfahren nach § 25 II GKG erwächst keine Gerichtsgebühr, § 25 III GKG; vgl im übrigen KV 1181. Das Beschwerdeverfahren kann auch noch dann fortgesetzt werden, wenn das Urteil in der Sache selbst bereits rechtskräftig ist. Wenn sich dann ein Wert ergibt, der zur Folge hat, daß die Kostenentscheidung unrichtig geworden ist, dann gilt das bei BLAH § 319 Anm 1 Ausgeführte.

c) Rechtsmittelwert. Wenn das LG den Wert als Berufungsgericht zur Vorbereitung eines Verwerfungsbeschlusses festgesetzt hat, um darauf hinzuweisen, daß die Berufungssumme des § 511a nicht erreicht sei, ist keine Beschwerde statthaft, vgl Hamm MDR **47**, 257. Denn andernfalls müßte das OLG über die Zulässigkeit der Berufung entscheiden.

C. Arbeitsgerichtsverfahren, dazu Hecker AnwBl **84**, 116 (ausf). In diesem Verfahren erfolgt die Wertfestsetzung im Urteil, § 61 I ArbGG, und zwar entweder im Tenor oder in den Entscheidungsgründen, Wenzel DB **81**, 166. Unabhängig von diesem für das Rechtsmittelverfahren der Hauptsache grundsätzlich unanfechtbaren und bindenden Urteilsstreitwert, BAG AnwBl **84**, 146, LAG Hamm DB **84**, 1685, kann das

ArbG den Kostenstreitwert aber gesondert festsetzen, soweit Bedenken gegen die Richtigkeit des Urteilsstreitwerts bestehen, LAG Hamm MDR **84**, 259 mwN, aM LAG Mü AnwBl **84**, 147. Der Gebührenstreitwert richtet sich nicht nach dem zuletzt gestellten Antrag, sondern nach dem höchsten Wert der Instanz, der eine Gebühr ausgelöst hat, Wenzel DB **81**, 166. Das Rechtsmittelgericht, das mit der Hauptsache befaßt ist, kann die Streitwertfestsetzung von Amts wegen oder auf Grund eines Antrags ändern, § 25 I 3 GKG, Wenzel DB **81**, 166, und für das Rechtsmittelverfahren einen eigenen Kostenstreitwert festsetzen, LAG Mü AnwBl **85**, 96.

Gegen die mit dem Urteil verbundene Wertfestsetzung findet unabhängig von einem etwaigen Rechtsmittel in der Hauptsache die Beschwerde statt, § 25 II GKG, Wenzel DB **81**, 166. Gegen die Streitwertfestsetzung durch das LAG ist die Gegenvorstellung zulässig; das LAG kann den Urteilsstreitwert durch einen Beschluß berichtigen, § 25 I 3 GKG, Wenzel DB **81**, 166. Wegen der Bedeutung des Werts für die Revisionsinstanz vgl BLAH § 546 Anm 4. Wenn das Urteil keine Wertfestsetzung enthält, sind die §§ 319, 321 anwendbar.

Vgl auch § 25 Anm 1 C; ferner § 12 ArbGG Anm 2ff, Teil II A dieses Buches.

D. Finanzgerichtsverfahren. In diesem Verfahren ist gegen die Wertfestsetzung des Gerichts keine Beschwerde statthaft; Art 1 Z 4 BFHEntlG hat den Vorrang vor § 5 II 3 GKG, BFH NJW **76**, 648.

E. Baulandsache. In diesem Verfahren entscheidet über eine Streitwertbeschwerde der Zivilsenat des OLG in der Besetzung mit drei Berufsrichtern, Köln NJW **65**, 2404, Oldb NJW **65**, 1768, vgl aber auch BGH **41**, 262, Bbg NJW **66**, 60, Kblz NJW **68**, 899, Mü NJW **66**, 893 (diese Gerichte halten eine Besetzung mit fünf Richtern für erforderlich).

I. Regelung nach der ZPO

Wertfestsetzung nach Ermessen

ZPO § 3. Der Wert wird von dem Gericht nach freiem Ermessen festgesetzt; es kann eine beantragte Beweisaufnahme sowie von Amts wegen die Einnahme des Augenscheins und die Begutachtung durch Sachverständige anordnen.

Schrifttum: Dörndorfer, Der Streitwert für Anfänger, 1988; Hillach/Rohs, Handbuch des Streitwerts, 7. Aufl 1988 (Bespr Bischof NJW **88**, 3008, Schneider MDR **88**, 894); Rauer (Herausgeber), Kostenerstattung und Streitwert, Festschrift für Schmidt, 1981; Gerhard Rohs, Der Streitwert in nichtvermögensrechtlichen Angelegenheiten, Diss Münster 1975; Günther Rohs, Streitwert in Ehe- und Folgesachen, Festschrift für Schmidt (1981) 183; Schmidt/Schmidt, Der Gegenstandswert in bürgerlichen Rechtsangelegenheiten, 2. Aufl 1978; Schneider, Streitwert-Kommentar, 8. Aufl 1989 (Bespr Röwer MDR **89**, 487); Schneider MDR zuletzt **89**, 300 und 389.

1) Voraussetzungen. Vgl zunächst Einf vor § 3. Das Gericht setzt den Wert nach seinem pflichtgemäßen Ermessen fest, soweit die §§ 4–9

ZPO, 14–20 GKG unanwendbar sind oder soweit der Streitgegenstand, der Beschwerdegegenstand, die Beschwer oder die Verurteilung nicht schon in einer bestimmten Geldsumme bestehen.

Eine etwaige Uneinbringlichkeit ist nur bei § 148 KO zu beachten. Ein Zwischenzins ist nicht abzuziehen.

2) Ermessen. A. Verkehrswert. Der Ausdruck „freies Ermessen" in § 3 befreit das Gericht nicht von der Pflicht, den vollen Wert zu ermitteln und festzusetzen, vgl Ffm NJW **73**, 1888. Das Gericht hat nur insofern eine Freiheit, als es darum geht, ob es überhaupt eine Wertfestsetzung vornehmen will. Wenn es sich zu einer Wertfestsetzung entschließt, muß es ein pflichtgemäßes Ermessen ausüben. Von der Notwendigkeit, den vollen Streitwert festzusetzen, gelten bei den §§ 23a, b UWG, 144 PatG, 31a WZG, 247, 249I, 256 VII, 275 IV AktG Ausnahmen Anh III.

Maßgebend sind auf der Grundlage des Antrags des Klägers, Ffm AnwBl **82**, 198, unabhängig von seiner Zulässigkeit und Begründetheit, Düss AnwBl **82**, 435, zunächst etwaige gesetzliche Sonderregeln, Schumann NJW **82**, 1263. Soweit sie fehlen, ist das wahre Interesse, der objektive Verkehrswert maßgeblich, BayObLG AnwBl **83**, 30, nicht der Liebhaberwert oder der Wert nur für den Kläger. Es kommt also nicht nur auf diejenige wirtschaftliche Bedeutung an, die gerade der Kläger seinen Anträgen beimißt, insofern richtig Schönbach NJW **77**, 857, insofern aM zB Bbg JB **77**, 851. Freilich sind die Wertangaben des Klägers ein wichtiger Anhaltspunkt für den wahren Streitwert, Ffm AnwBl **83**, 89, Köln MDR **85**, 153 mwN.

Die Belange des Bekl sind grundsätzlich unerheblich, BLAH § 2 Anm 2 B. Das Gericht muß die Ausführungen des Bekl aber mitberücksichtigen, um die Eigenart und die wirtschaftliche Bedeutung der Klage richtig zu erkennen, Schneider MDR **72**, 277.

Wenn der Kläger dazu übergegangen ist, das Interesse zu fordern, § 264 Z 3, dann entscheidet das Interesse. Wenn der Anspruch für jede Partei einen anderen Wert hat, dann entscheidet grundsätzlich der Verkehrswert für den Kläger, Schmidt AnwBl **76**, 123. Die Klagebegründung dient als ein Auslegungsmittel. Offenbare Schreibfehler oder Rechenfehler der Klageschrift sind zu berichtigen. Sie verändern den Streitwert nicht. In der höheren Instanz entscheidet das wahre Interesse, wie es sich aus dem Antrag des Rechtsmittelführers ergibt, § 14 I GKG, LG Mannh ZMR **76**, 90.

Für die Frage, ob der Streitwert in DM West oder in Ostmark festzusetzen ist, kommt es auf die am Gerichtsort geltende Währung an, aM KG JR **49**, 477 (maßgeblich sei der Sitz des zur Entscheidung stehenden Rechtsverhältnisses. Aber ein Gericht im Gebiet der BRep kann nicht in Ostmark festsetzen und umgekehrt; das Gericht der BRep kann nur den Wert des anderen Währungsgebiets bei seiner eigenen Festsetzung berücksichtigen).

B. Umfang der Prüfung. Das „freie Ermessen" darf nicht zu einer Willkür des Gerichts führen. Freilich fehlen oft die notwendigen Unterlagen. In einem solchen Fall muß die Schätzung oft ziemlich willkürlich sein. Das Gericht braucht keinen Beweis zu erheben. Das ergibt sich aus dem Wort „kann" im Gesetzestext. Das Gericht darf und muß das Verhalten der Parteien berücksichtigen. So spricht zB die Hinzuziehung eines Privatgutachters für einen höheren Wert. Die schon wegen Art 103 I GG stets gebotene Anhörung der Parteien ist unter Umständen zusätzlich nach § 278 III erforderlich.

Die Parteien sollen den Wert bei jedem Antrag angeben, der nicht auf die Zahlung einer bestimmten Geldsumme hinausläuft oder dessen Wert sich nicht aus früheren Anträgen ergibt, § 23 I GKG, § 253 III. Wenn das Gericht Beweise erhebt, dann geschieht das auch zum Nutzen der Staatskasse. Brschw JB **77**, 403 wendet hilfsweise § 13 I 2 GKG entsprechend an. Ein erstinstanzliches Ermessen ist auch für das Beschwerdegericht maßgeblich, solange keine neuen Tatsachen zu beurteilen sind, BAG DB **88**, 188 mwN. Wenn das Gericht lediglich den Kostenstreitwert festsetzt, entstehen für die Partei Kosten nur nach § 26 GKG. Wenn das Gericht den Wert für die sachliche Zuständigkeit festsetzt, entstehen allenfalls Auslagen, jedenfalls keine Gerichtsgebühren.

3) Einzelfälle in Auswahl. Die Rechtsprechung ist unübersehbar umfangreich. Die Tendenzen schwanken. Man kann daher Entscheidungen nur zurückhalend als Anhaltspunkte benutzen. Vor allem die vor der Kostennovelle 1975 veröffentlichte Rechtsprechung und Lehre ist zum Teil nur noch bedingt verwertbar.

Wenn nichts anderes gesagt ist, sollte man den Wert nach § 3 an Hand der Fingerzeige schätzen.

Nicht näher bezeichnete Vorschriften sind solche der ZPO

Abänderungsklage: Maßgeblich sind §§ 9 ZPO, 17 GKG, und zwar auf der Basis der Differenz zwischen dem abzuändernden Vollstreckungstitel und dem jetzt geforderten Betrag, Hbg FamRZ **82**, 322.

Ablehnung des Richters: Grundsätzlich ist der Wert der Hauptsache maßgeblich, es sei denn, daß die Befangenheit nur im Hinblick auf einen einzelnen Anspruch besteht.

Diese Frage ist **streitig. Wie hier** zB BGH NJW **68**, 796, Düss JB **82**, 761, Ffm MDR **62**, 226 und JB **80**, 279, Hamm MDR **78**, 582 mwN, ThP § 46 Anm 1d, Wiecz B IV c 2; **aM** zB BFH BStBl **76** II 691, Kblz Rpfleger **88**, 508 mwN (je abgelehnten Richter seien 10% des Werts der Hauptsache anzusetzen), Ffm JB **80**, 279, Köln Rpfleger **78**, 226 (⅓ bis ⅒ der Hauptsache), Nürnb BayJMBl **59**, 191, Gerold Streitwert „Ablehnungsverfahren". Nürnb MDR **83**, 846 mwN hält eine Bewertung nach § 12 II GKG für richtig, da es sich um eine nichtvermögensrechtliche Sache handle; Köln Rpfleger **87**, 166 mwN wendet § 12 II GKG auch in einer vermögensrechtlichen Sache an. Im Konkursverfahren ist die voraussichtliche Konkursquote zu beachten, BayObLG NJW **89**, 44. Lange MDR **74**, 276 wendet je nach der Art des Hauptverfahrens § 3 ZPO oder § 12 II GKG an.

S auch „Ablehnung des Schiedsrichters".

Ablehnung des Sachverständigen: Der Wert liegt meist unter dem Wert der Hauptsache, OVG Lünebg NJW **67**, 269. Es entscheidet das Interesse daran, daß dieser Sachverständige nicht mitwirke, Bre JB **76**, 1357 mwN. Daraus ergibt sich, daß als Wert im allgemeinen das Interesse an der Wichtigkeit des Beweispunkts angesetzt werden muß.

Diese Frage ist **streitig. Wie hier** zB Schneider ABC „Ablehnung"

Nr 3: **aM** zB Nürnb JB **66**, 876, im Ergebnis auch Mü JB **80**, 1055 (diese Gericht wenden den Wert der Hauptsache an). Ffm MDR **80**, 145 mwN begrenzt den Beschwerdewert des Zwischenstreits über die Ablehnung des Sachverständigen auf ein Drittel des Werts der Hauptsache; Hbg NJW **70**, 1239 wendet hier § 3 an. Köln MDR **76**, 322 mwN wendet § 12 II GKG an, da es sich auch hier um eine nichtvermögensrechtliche Sache handle.

Ablehnung des Schiedsrichters: Maßgeblich ist grundsätzlich der Wert der Hauptsache, abw zB Köln Rpfleger **87**, 166 mwN. S auch „Ablehnung des Richters", „Schiedsgerichtsverfahren: a) Beschlußverfahren".

Abnahme der Kaufsache: Maßgeblich ist das Interesse des Klägers an der Abnahme. § 6 ist unanwendbar, Stgt Rpfleger **64**, 162. Der Anspruch auf die Kaufpreisforderung und derjenigen auf die Abnahme der Kaufsache werden nicht zusammengerechnet, § 5 Anm 2 B b, ThP § 5 Anm 3 c.

Abrechnung: Maßgeblich ist das wirtschaftliche und evtl auch das ideelle Interesse an ihrer Erteilung.

S auch „Stufenklage: a) Rechnungslegung"; „Zwangsvollstreckung: a) Erwirkung von Handlungen und Unterlassungen".

Absonderungsrecht: Maßgeblich ist § 6, dort Anm 3 A.

Abstammung: Gemäß § 12 II 3 GKG ist von 4000 DM auszugehen.

Abtretung: Maßgeblich ist zunächst § 6, bei der Abtretung eines wiederkehrenden Rechts jedoch § 9.

Allgemeine Geschäftsbedingungen: Maßgeblich ist das Interesse des Klägers an der Durchsetzung seines Unterlassungsanspruchs, Bunte DB **80**, 486 mwN. Es ist wie beim Widerrufsanspruch, § 13 I AGBG, nach § 3 zu schätzen. Unter Umständen ist das Interesse der Allgemeinheit an der Ausschaltung der umstrittenen Klausel maßgeblich, vgl BGH GRUR **68**, 106. Der Höchstwert beträgt 500000 DM, § 22 AGBG, dazu Löwe/von Westphalen/Trinkner, § 22 AGBG Rdz 2. Je angegriffene Klausel können 3000–5000 DM festgesetzt werden, Bunte DB **80**, 485 mwN. S auch „Unterlassung".

Anerkenntnis: Es führt grds nicht zu einer Verringerung des Streitwerts, Düss FamRZ **87**, 1281 mwN.

Anfechtung: S § 6 Anm 4.

Anmeldung zum Handelsregister: Der Wert einer Mitwirkung wird nach § 3 geschätzt. Dabei ist die Höhe der Einlage oder des Gesellschaftsanteils ein bloßer Anhaltspunkt, vgl BGH BB **79**, 647.

Anschlußrechtsmittel: Die Streitwerte des Rechtsmittels und des unselbständigen Anschlußrechtsmittels können bei einer Ablehnung des ersteren zusammenzurechnen sein, sofern das letztere überhaupt einen eigenen Streitwert hat, also zB nicht bloß um Zinsen geht, BGH MDR **85**, 52. Dasselbe gilt beim „Hilfsanschlußrechtsmittel", BGH VersR **89**, 647.

Anspruchsmehrheit: Üb bei Frank, Anspruchsmehrheiten im Streitwertrecht, 1986.

Antragsüberschreitung: Für die Fälle des § 308 vgl Schneider MDR **71**, 437.

Arbeitsverhältnis: Vgl Anh § 12 Einf 2 C, ferner § 12 ArbGG Anm 2, Teil II A dieses Buches.

Arrest: Der Kostenstreitwert ist gemäß § 20 GKG nach § 3 ZPO zu schätzen, auch beim Besitzstreit, Düss AnwBl **86**, 37. Man muß von dem Wert des zu sichernden Anspruchs ausgehen. Da das Arrestverfahren aber nur eine vorläufige Klärung bringen kann, ist der Wert grundsätzlich geringer als derjenige des Hauptanspruchs, KG NJW **65**, 1029 (es nimmt je nach der Sachlage ein Drittel oder die Hälfte des Werts des Hauptanspruchs an; Schneider MDR **74**, 273 mwN setzt bei einem ausländischen Schuldner die Hälfte des Werts des Hauptanspruchs an). Der Wert im vorläufigen Verfahren kann aber den Wert des Hauptanspruchs dann erreichen, wenn andernfalls die Vollstreckung ganz vereitelt werden würde, Bre NJW **58**, 2023, Köln MDR **62**, 60, LG Darmst JB **76**, 1090.

Im Widerspruchs- und Aufhebungsverfahren ist derselbe Wert wie im Antragsverfahren anzusetzen, Köln VersR **73**, 1032. Denn auch in diesem Verfahrensabschnitt ist das Interesse des Antragstellers maßgeblich, weil der Widerspruch kein Rechtsmittel ist. Nur bei einem auf die Kosten beschränkten Widerspruch, BLAH § 924 Anm 2 A, ist das bloße Kosteninteresse maßgeblich, Ffm JB **82**, 283, Hbg JB **85**, 283, KG MDR **82**, 853, Mü AnwBl **87**, 289 mwN. Das Interesse des Antragstellers entscheidet unter Umständen auch dann, wenn es um die Einstellung der Zwangsvollstreckung auf Grund eines Urteils geht, das einen Arrestbeschluß aufgehoben hat, Köln VersR **73**, 1032. Bei § 927 ist Obergrenze der Wert, den der aufzuhebende Titel bei der Klageerhebung noch für den Kläger hat, Celle Rpfleger **69**, 96. Das Interesse des Schuldners entscheidet dann, wenn es um die Aufhebung der Arrestvollziehung geht, § 934. Wenn es sich nur um die formelle Beseitigung des Arrests handelt, dann ist ein geringerer Wert anzusetzen, Mü Rpfleger **63**, 388.

In einer Unterhaltssache wird der Wert nach § 17 I GKG berechnet. Das gilt grundsätzlich auch für einen Arrest, Düss FamRZ **85**, 1155 mwN, oder eine einstweilige Verfügung nach § 1615 o BGB. Das Kostenpauschquantum ist zu berücksichtigen, Köln MDR **62**, 60, aM zB KG NJW **65**, 1029. Das Gericht darf keinen höheren Wert als denjenigen der Hauptsache annehmen, Düss FamRZ **85**, 1156 mwN. Eine Forderungspfändung, § 930, wird nicht berücksichtigt.

Aufgebot: Maßgebend ist das Interesse des Antragstellers, § 3. Im Aufgebotsverfahren wegen eines Hypothekenbriefs, eines Grundschuldbriefs oder eines Rentenbriefs ist als Streitwert daher nicht der Betrag der Hypothekenforderung anzusetzen, denn es handelt sich nicht um diese. Maßgeblich sind dann vielmehr grundsätzlich 10–20% des Nennwerts der Hypothek, soweit nicht der Grundstückswert usw geringer ist, LG Bln Rpfleger **88**, 549 mwN. Wenn es um ein Aufgebotsverfahren nach dem G v 18. 4. 50, BGBl 88, geht, sind §§ 3 und 6 nicht anwendbar, weil die Hypothek nicht der Gegenstand der Verfügung ist, LG Hildesheim Rpfleger **65**, 241, aM Gerold Streitwert III 8 Rdz 6.

Auflassung: § 6 Anm 1 A a. Entgegennahme s „Abnahme der Kaufsache", aM Waltinger Rpfleger **72**, 87 (in beiden Fällen sei § 3 anwendbar).

Aufopferung: Die Entschädigung wegen eines Impfschadens ist nach § 17 II GKG zu berechnen, BGH **53**, 172, aM BGH **7**, 335 (diese Entscheidung geht von § 9 ZPO aus).

Aufrechnung: A. Kostenstreitwert. Für den Kostenstreitwert ist folgende Unterscheidung zu treffen:

a) Hauptaufrechnung. Hier sind folgende Unterscheidungen notwendig:

aa) Unstreitigkeit der Gegenforderung. Im Fall einer unbedingten Hauptaufrechnung oder dann, wenn der Bekl eine unstreitige Gegenforderung im Weg einer Haupt- oder Hilfsaufrechnung geltend macht, ist die Klageforderung maßgeblich, abw Pfennig NJW **76**, 1074.

bb) Streitigkeit der Gegenforderung. Auch soweit der Bekl mit einer oder mehreren Gegenforderungen aufrechnet, die der Kläger bestreitet, ist nur die Klageforderung maßgeblich, abw Hamm AnwBl **86**, 204 mwN.

b) Hilfsaufrechnung mit streitiger Gegenforderung. Vgl dazu § 19 III GKG.

B. Zuständigkeitswert. Maßgeblich ist die Klageforderung.

Ausgleichsanspruch: S „Erbrechtlicher Anspruch", „Handelsvertreter".

Auskunft: Der Wert hängt von dem Interesse an der Auskunftserteilung ab, § 3, BGH zuletzt RR **88**, 837 mwN. Er beträgt in der Regel einen Bruchteil desjenigen Anspruchs, dessen Geltendmachung die Auskunft erleichtern soll, Celle AnwBl **87**, 286. Er beträgt zB nur einen geringen Bruchteil, etwa 1/10, wenn die fraglichen Verhältnisse fast bekannt sind, etwa wenn es um den Lohn des Gegners geht, Schlesw SchlHA **78**, 22. Er kann auch 1/4 betragen. Es ist auch ein höheres Interesse möglich, BGH NJW **73**, 369, Bbg FamRZ **86**, 1144, Düss FamRZ **88**, 1188, Köln Rpfleger **76**, 140 mwN, Mü MDR **72**, 247, AG Hbg FamRZ **77**, 816. Das gilt etwa dann, wenn der Kläger einen Zahlungsanspruch ohne die Auskunft voraussichtlich nicht weiter verfolgen kann. In einem solchen Fall kann der Wert der Auskunft fast den Wert des Zahlungsanspruchs erreichen, BGH MDR **62**, 564, Ffm MDR **87**, 509. Das Interesse des Bekl, die Auskunft zu erschweren, ist unerheblich, BGH Rpfleger **78**, 53.

Andererseits darf das Gericht nicht außer Acht lassen, ob eine Ungewißheit über bestimmte Geschäfte beseitigt wird, selbst wenn das nicht in der gehörigen Form geschieht, BGH NJW **64**, 2061.

Wenn es um ein Rechtsmittel des Klägers geht, bleibt sein Interesse maßgeblich, BGH RR **88**, 837, Düss FamRZ **88**, 1188; wenn es nur um ein Rechtsmittel des Bekl geht, dann ist als Wert das Interesse des Bekl daran maßgeblich, die Auskunft nicht leisten zu müssen.

Diese Frage ist **streitig. Wie hier** zB BGH zB FamRZ **88**, 1152 sowie FamRZ **89**, 157, 731 und RR **89**, 580, 739 je mwN (Aufwand an Zeit und Kosten für eine Auskunft), Düss FamRZ **87**, 173 und FamRZ **88**, 1188, Ffm RR **88**, 838, Hbg FamRZ **89**, 770 (Vollstreckungsabwehrklage), Köln VersR **89**, 163, Zweibr FamRZ **87**, 393 je mwN, LG Hbg WM **87**, 118; **aM** zB KG RR **88**, 1214, Saarbr JB **85**, 1238; vgl in diesem Anh III D.

Dasselbe gilt dann, wenn das LG einen Auskunftsanspruch und einen entsprechenden Zahlungsanspruch abgewiesen hat, das OLG den Bekl aber zur Auskunft verurteilt hat und wenn das OLG den sich daraus ergebenden Zahlungsanspruch abgewiesen hat, BGH NJW **70**, 1083.

Maßgeblich ist der Zeitpunkt der Einreichung der Klage, Ffm MDR **87**, 508. Der Wert ermäßigt sich also nicht, wenn sich auf Grund der Auskunftserteilung herausstellt, daß der Leistungsanspruch weniger oder gar nichts wert ist, insofern aM Ffm MDR **87**, 508. Man muß schätzen, von welchem Betrag auszugehen ist. Dabei kann die Angabe des erhofften Betrags nur einen Anhaltspunkt bieten, vgl Köln NJW **60**, 2295. Eine Zusammenfassung mit dem Wert der Rechnungslegung ist zulässig. Die Feststellung einer Schadensersatzpflicht ist neben der Auskunftserteilung besonders zu bewerten, Ffm GRUR **55**, 450. Für die Gerichts- und Anwaltskosten entscheidet im Fall der Stufenklage der höchste Wert, § 18 GKG. Vgl ferner § 132 V 5, 6 AktG, dazu Düss DB **74**, 770. S auch „Mietverhältnis, Klage auf Herkunft".

Auslandswährung: Maßgeblich ist der Umrechnungsbetrag in DM im Zeitpunkt der Klagerhebung. Beim Kostenstreitwert ist § 15 I GKG zu beachten. S auch „Geldforderung".

Ausscheiden und Ausschließung: Maßgeblich ist sowohl beim wirtschaftlichen Verein als auch bei der Gesellschaft § 3. Der Wert der Kapitalanteile der Kläger ist zu berücksichtigen, BGH **19**, 175, aM Hamm Rpfleger **62**, 222 (maßgeblich sei der wirtschaftliche Wert des Interesses am Ausscheiden). Beim Idealverein ist § 12 II 1 GKG maßgeblich, vgl auch Ffm Rpfleger **66**, 25.

S auch „Gesellschaft".

Aussetzungsantrag: Maßgeblich ist das Interesse der Parteien an der Aussetzung, nicht der Wert des Hauptverfahrens, BGH **22**, 283, Bbg JB **78**, 1243, Düss FamRZ **74**, 312, Hamm NJW **71**, 2318, Kblz FamRZ **73**, 377, Schneider MDR **73**, 542 mwN (grundsätzlich ⅕). ThP § 3 Anm 2 „Aussetzung" setzen den Wert keineswegs höher als ⅓ des Werts des Hauptverfahrens an; indessen kann gerade an einer Aussetzung z B zur „Vorklärung" im Strafverfahren ein derartiges Interesse bestehen, daß ⅓ keineswegs ausreichen. Im Abgabenprozeß sind 5% des streitigen Betrags maßgeblich, BFH BB **71**, 598. Im Beschwerdeverfahren sind grundsätzlich 20% des Hauptsachewerts anzusetzen, Köln MDR **73**, 683.

Bauhandwerkerhypothek: Bei der Eintragung einer Vormerkung ist ⅓–¼ des Hypothekenrechts anzusetzen, Bbg JB **75**, 649, abw z B ThP § 3 Anm 2 „Bauhandwerkerhypothek" (⅓–½). Bei der Klage auf die Bewilligung der Bauhandwerkerhypothek ist der Wert der zu sichernden Forderung maßgeblich, § 6 Anm 3 B.

S auch „Einstweilige Verfügung".

Baulandsache: Im Fall einer vorzeitigen Besitzeinweisung nach § 116 BauGB ist das Interesse an der Aufhebung grundsätzlich mit 20% des Grundstückswerts anzusetzen, BGH **61**, 252, Köln Rpfleger **76**, 140, aM Hbg NJW **65**, 2404 (es nimmt ein Drittel des Grundstückswerts an), Steffen DVBl **69**, 178 (er stellt auf eine „richtige" Entschädigung wegen der Besitzeinweisung ab. Aber wer weiß die in jenem Zeitpunkt?). In einem Verfahren nach § 224 BauGB beträgt der Wert ⅙ des Grundstückswerts. Bei einer unbezifferten Leistungsklage liegt der angemessene Entschädigungsbetrag im Rahmen der etwa genannten Mindest- und Höchstbeträge, Mü NJW **68**, 1937.

Wenn es um die Anfechtung der Einleitung eines Umlegungsverfahrens geht, beträgt der Wert ebenso wie bei einer Zuweisung von Ersatzland statt einer Geldentschädigung und umgekehrt 20% des Werts der einzuziehenden Fläche und etwaiger Aufbauten, BGH **48**, 200 und **49**, 317, abw Mü WertpMitt **67**, 885. Dasselbe gilt im Fall der Anfechtung des Unterlegungsplans nach § 66 BauGB, BGH **51**, 341. Wenn es um eine Grenzregulierung geht, ist der Wert der abzugebenden Teilfläche maßgeblich, BGH **50**, 291. Im Fall der Aufhebung des Umlegungsplans zur Schaffung einer besseren Zufahrt sind 10% der in die Umlegung einbezogenen Fläche als Streitwert anzusetzen, Karlsr AnwBl **74**, 353.

S auch „Enteignung".

Bedingter Anspruch: Man muß den Grad der Wahrscheinlichkeit des Bedingungseintritts schätzen.

Befreiung: Maßgeblich ist der vom Kläger genannte Geldbetrag der Verbindlichkeit, Bischof ZIP **84**, 1450. Wenn es um die Befreiung von der persönlichen Haftung für eine Hypothek geht, ist der Betrag der Schuld maßgeblich. Die persönliche und die dingliche Haftung werden nicht zusammengezählt. Wenn es um die Befreiung von der Bürgschaftsverpflichtung geht, ist ebenfalls der Betrag der Schuld maßgeblich. Wenn es um die Befreiung von der gesetzlichen Unterhaltspflicht geht, ist § 3 anzuwenden, nicht § 9, auch nicht etwa § 17 III GKG, BGH NJW **74**, 2128. Wenn es um die Befreiung eines Gesamtschuldners im Innenverhältnis geht, ist der Wert des übernommenen Anteils maßgeblich, Hbg JB **80**, 279. Zinsen des Anspruchs, von dem der Kläger die Befreiung verlangt, sind Nebenforderungen, § 4, BGH NJW **60**, 2336. Anders verhält es sich mit den Kosten des Vorprozesses, BGH MDR **76**, 649.

Befristeter Anspruch: Man muß den Wert nach § 3 schätzen, und zwar im Zeitpunkt der Geltendmachung des Anspruchs, § 4, und dabei die Fälligkeit oder den Zeitpunkt des Wegfalls des Anspruches berücksichtigen, ThP § 3 Anm 2 „Befristete Rechte".

Bereicherung: Bei einer Sache ist § 6 maßgeblich, sonst ist grundsätzlich der Betrag der Forderung anzusetzen, § 3.

Berufung: Wegen des Ausspruchs auf den Verlust der Berufung vgl „Verlustigkeitsbeschluß". Der Wert der versehentlich eingelegten Berufung kann mit dem gesetzlichen Tabellen-Mindestwert anzusetzen sein, Ffm MDR **84**, 237. Der Wert der mangels Beschwer unzulässigen Berufung beträgt mindestens 701 DM, Ffm MDR **84**, 502, abw Markl § 14 GKG Rdz 4 (maßgeblich sei der Wert der Mindestgebühr).

S auch „Anschlußrechtsmittel".

Beschwerde: Maßgeblich ist das Interesse des Beschwerdeführers an einer Änderung der angefochtenen Entscheidung. Die Wertfestsetzung gehört zur Prüfung der Zulässigkeit der Beschwerde. Eine etwaige Gegenleistung bleibt unberücksichtigt, auch wenn sie von vornherein angeboten wurde. Wenn eine Zug um Zug zu erbringende Gegenleistung der alleinige Gegenstand der Beschwerde ist, dann ist der Wert dieser Gegenleistung maßgeblich. Er wird nach oben durch den Wert des Klaganspruchs begrenzt, BGH NJW **73**, 654 (zustm Kuntze JR **73**, 423). Bei einer Zinsforderung mit einem ungewissen Erfüllungszeitpunkt erfolgt eine Schätzung nach § 3, BGH BB **81**, 1491.

S auch „Ablehnung des Richters", „Sicherheitsleistung".

Besitzstreit: Der Wert richtet sich im Prozeß nach § 6, dort Anm 1 A a, bei der einstweiligen Verfügung usw nach § 20 GKG, Düss AnwBl **86**, 37.

Betagter Anspruch: Ein Zwischenzins darf nicht abgezogen werden, Voormann MDR **87**, 722, aM zB LAG Köln MDR **87**, 169 (zustm Hirte).

Beweisaufnahme: Der Wert richtet sich nach dem Gegenstand des Beweises. Falls sich die Beweisaufnahme nur auf einen Teil der Klageforderung ersteckt, ist also nur dieser Teil maßgeblich.

Beweissicherung: Beim Beweissicherungsverfahren während des Prozesses gilt dessen Streitwert, Kblz BB **85**, 2202. Beim isolierten Beweissicherungsverfahren ist der Wert des zu sichernden Anspruchs maßgeblich; die geringere Gebühr trägt dem Umstand Rechnung, daß die Hauptsache nicht im Streit ist.

Diese Frage ist **streitig. Wie hier** zB zB KG JB **66**, 607, Köln JB **78**, 1676 und GRUR **88**, 716 (Wettbewerbsverein), Nürnb JB **64**, 616, LG Bayreuth JB **78**, 739, LG Kblz AnwBl **82**, 198, LG Köln (11. ZK) AnwBl **78**, 312, LG Köln (13. ZK) JB **77**, 250 (zustm Mümmler), LG Mü AnwBl **83**, 175, LG Nürnb-Fürth AnwBl **82**, 437, LG Verden AnwBl **83**, 90; **ähnlich** LG Bln AnwBl **81**, 195, LG Darmst Rpfleger **85**, 509 (diese Gerichte stellen darauf ab, ob die Durchsetzbarkeit des Hauptanspruchs vom Beweissicherungsverfahren abhängt); **abw** Knacke NJW **86**, 36; **aM** zB Ffm NJW **76**, 1325, LG Freibg MDR **80**, 852, LG Karlsr AnwBl **84**, 615, LG Köln (19. ZK) MDR **78**, 231 je mwN (maßgeblich sei das Interesse an der Maßnahme, also nur ein Bruchteil des Werts des Hauptanspruchs), diesem ähnlich LG Kaisersl Rpfleger **81**, 317 (das Interesse sei maßgeblich, wenn ein bestimmter Anspruch für das Gericht noch nicht erkennbar sei).

Wenn ein Teil des Anspruchs unstreitig ist, scheidet er für die Wertberechnung aus. Wenn mehrere Rechtsstreitigkeiten vorliegen, findet eine Aufteilung im Verhältnis des Streitwerts statt, Hbg MDR **82**, 326 mwN, Köln NJW **72**, 953, aM Ffm AnwBl **79**, 431 (die Kosten seien in derjenigen Höhe zu erstatten, in der sie bei Zugrundelegung des Streitwerts der Hauptsache angefallen wären). Wegen der Zuständigkeit bei der Festsetzung Hamm NJW **76**, 116.

Bezugsverpflichtung: Der Wert orientiert sich nicht am Umsatz, sondern am Gewinn und ist nach § 3 zu schätzen, Bbg MDR **77**, 935.

Bucheinsicht: S „Auskunft".

Bürgschaft: Maßgeblich ist der Betrag der gesicherten oder zu sichernden Forderung ohne Rücksicht auf eine etwaige Betagung oder Bedingung, § 6 Anm 2. Bei der Klage gegen den Hauptschuldner und den Bürgen erfolgt keine Zusammenrechnung nach 5. Bei der Klage gegen den Bürgen ist für Zinsen und Kosten § 4 I anwendbar, BGH MDR **58**, 765. Bei der Klage des Bürgen gegen den Hauptschuldner zählen die vom Bürgen gezahlten Zinsen und Kosten als Teil der Hauptforderung.

S auch „Herausgabe: b) Herausgabe einer Urkunde".

Dauervertrag: Der Wert wird nach § 3 und nicht nach § 9 berechnet. Denn ein Dauervertrag läuft regelmäßig kürzer als ein Vertrag der in § 9 genannten Art, KG NJW **56**, 1206 (wegen eines Fernsprechanschlusses). Der Umsatz ist bei einem langfristigen Liefervertrag nur ein Anhaltspunkt. Daneben ist der Gewinn maßgeblich, Bbg MDR **77**, 935. Ein Automatenaufstellvertrag der üblichen Art ist nicht nach § 16 GKG zu bewerten; sondern nach § 3, Kblz VersR **80**, 1123. Beim Miet- und Pachtvertrag usw ist § 16 GKG anwendbar. Beim Arbeitsvertrag ist zunächst § 12 VII ArbGG zu beachten, Teil II A dieses Buchs; im übrigen gilt § 17 III GKG.

Dauerwohnrecht: Der Wert der Inhaberschaft richtet sich nach § 9, abw AG Ffm AnwBl **84**, 449 (§§ 3, 6). Im übrigen gilt § 16 GKG, vgl Ffm MDR **63**, 937 (zum alten Recht). Der Wert seiner Löschung wird nach § 3 berechnet. Maßgeblich ist dabei die Wertminderung des Grundstücks durch das Wohnrecht, Ffm Rpfleger **58**, 19.

Deckungsprozeß: S „Versicherung: a) Deckungsprozeß".

Dienstbarkeit: Der Wert ist nach § 7 zu berechnen.

Dienstvertrag: Maßgeblich ist § 3, soweit es um die Anstellung, die Beendigung usw geht, BGH RR **86**, 676; jedoch gelten für die Zuständigkeit § 9 und für die Kosten § 17 III GKG, soweit das Entgelt umstritten ist. Die letztere Vorschrift kann auch als Ausgangswert bei der Feststellung des Bestehens des Vertrags von Bedeutung sein, BGH RR **86**, 676. § 12 VII ArbGG, Teil II A dieses Buchs, gilt nur für das arbeitsgerichtliche Verfahren, BGH RR **86**, 676 mwN.

Drittwiderspruchsklage: S „Widerspruchsklage: a) Widerspruchsklage des Dritten, § 771".

Duldung der Zwangsvollstreckung: Die Duldung hat neben einem Anspruch auf eine Verurteilung zu einer Leistung keinen besonderen Wert, § 5. Wenn der Anspruch auf eine Duldung selbständig geltend gemacht wird, ist er dem vollen Wert der Forderung oder der Haftungsmasse gleichzusetzen, je nachdem, ob die Forderung oder die Haftungsmasse kleiner ist, KG AnwBl **79**, 229.

S auch „Zwangsvollstreckung".

Durchsuchung: Bei § 758 ist ein Bruchteil der zu vollstreckenden Forderung oder des Werts des zu pfändenden Gegenstandes anzusetzen, Köln MDR **88**, 329.

Ehesache, dazu Haberzettl, Streitwert und Kosten in Ehe- und Familiensachen, 2. Aufl 1985 (Bespr Hendrichs Rpfleger **85**, 464); Günther Rohs, Streitwert in Ehe- und Folgesachen, Festschrift für Schmidt (1981) 183. Der Wert ist nach den §§ 12 II, III, 17a, 19a GKG zu berechnen; vgl zunächst dort.

Der Wert einer einstweiligen Anordnung wird nach § 20 II GKG berechnet. Ein Verbot des Betretens der Wohnung hat neben einer Entscheidung über das Recht zum Getrenntleben keinen besonderen Wert. Im Fall des § 1389 BGB ist grundsätzlich die Höhe der verlangten Sicherheitsleistung maßgeblich, Mü Rpfleger **77**, 176. Das Getrenntleben und der Unterhalt sind gesondert zu bewerten, Saarbr NJW **75**, 1791, auch der Getrenntlebens- und der Geschiedenenunterhalt, Hbg FamRZ **84**, 1250. Bei der Regelung wegen der Ehewohnung ist vom Jahresmietwert auszugehen, Karlsr MDR **81**, 681, aM Saarbr AnwBl **81**, 405 für das Verbundverfahren (das OLG setzt dann den halben Hausratswert an). Es ist unerheblich, ob das Gericht eine Prozeßkostenhilfe bewilligt hat, Zweibr FamRZ **84**, 725. Vgl ferner zur

Bewertung von Scheidungsvereinbarungen Köln AnwBl **88**, 66, Mü FamRZ **86**, 828, Mümmler JB **70**, 109.

S auch „Gemeinschaft“, „Unterhalt“.

Ehre: Der Wert ist nach § 12 II, III GKG zu berechnen, Mü JB **77**, 852 mwN, LAG Hamm AnwBl **84**, 156.

S auch „Veröffentlichungsbefugnis“.

Eidesstattliche Versicherung: Wegen der Festgebühr von 25 DM nach KV 1152 oder 1153 ist keine Wertfestsetzung für die Gerichtskosten notwendig. Etwas anderes gilt für die Anwaltsgebühr, § 58 III Z 11 BRAGO. Im Fall des § 883 II gilt § 6, LG Köln JB **77**, 404.

Soweit im Beschwerdeverfahren keine Änderung des Streitgegenstands erfolgt, gilt wiederum nur die Festgebühr.

Diese Frage ist **streitig. Wie hier** zB Lappe § 14 GKG Anm 8; **aM** zB Mü MDR **87**, 1035 mwN (§ 58 III Z 11 BRAGO gilt entsprechend), LG Köln JB **77**, 405 (das Gericht geht davon aus, daß bei § 883 II § 6 anwendbar sei, anders als bei § 807), Schneider MDR **76**, 789.

Eigentum: Im Fall einer Störung, § 1004 BGB, ist § 3 maßgeblich. Im übrigen gilt § 6, dort Anm 1 A a, auch wegen eines Eigentumsvorbehalts.

S auch „Wohnungseigentum“.

Einheitswert: Auch beim Einheitswert zum Stichtag 1. 1. 1964 sind als Streitwert 40% des streitigen Unterschiedsbetrags anzusetzen, BFH BB **72**, 206.

Einstweilige Anordnung: Der Wert wird nach § 20 II, III GKG berechnet. Ein gemäß § 620 I Z 4 unzulässiger Anspruch auf einen Unterhalt für die Vergangenheit erhöht gleichwohl den Streitwert, Düss AnwBl **82**, 435. Soweit es um eine verneinende Feststellungsklage gegen eine einstweilige Anordnung geht, richtet sich der Kostenstreitwert nach § 17 GKG, nicht nach § 20 II GKG, Schlesw FamRZ **88**, 536 mwN.

Einstweilige Verfügung: Der Wert ist für die Gebührenberechnung nach § 20 I GKG zu schätzen, s dort. S auch „Arrest“, „Gewerblicher Rechtsschutz“.

Eintragungsbewilligung: Man muß von dem Anspruch ausgehen, auf dem die Eintragung beruhen soll, also gilt zB beim Eigentum § 6, bei einer Grunddienstbarkeit § 7, bei einer Reallast § 9, ThP § 3 Anm 2 „Eintragungsbewilligung“. Das gilt auch beim Berichtigungsanspruch.

Elterliche Sorge: Maßgeblich ist § 12 II 3 GKG.

Enteignung: Maßgeblich ist der Sachwert, der objektive Verkehrswert, der nach § 6 berechnet wird, Hamm RdL **71**, 109, und zwar auch bei einer Teilfläche, BGH NJW **63**, 2173. Danach bemißt sich sowohl der Wert des Antrags auf die Einleitung des Enteignungsverfahrens als auch der Wert eines Antrags auf den Erlaß einer gerichtlichen Entscheidung, der sich gegen die Enteignung richtet, BGH NJW **68**, 153. Zinsen auf den Entschädigungsbetrag sind unbeachtlich, BGH MDR **70**, 994. Beim Streit nur um die Höhe der Entschädigung ist der Unterschied zwischen dem festgesetzten und dem begehrten Betrag maßgeblich, § 3. Eine etwaige Wertminderung des Restgrundstücks ist unerheblich, vgl BGH NJW **63**, 2173.

S auch „Baulandsache“.

Entmündigung: Maßgeblich sind § 12 II 1, 4 GKG.
Erbbaurecht: Wenn es um eine Erhöhung des Erbbauzinses geht, gilt § 9. Der Wert beträgt also das 25fache des Erhöhungsbetrags, vgl § 9 Anm 3B.
Erbrechtlicher Anspruch, dazu Schneider JB **77**, 433 (Übersicht), derselbe Rpfleger **82**, 268 (zu Miterbenklagen): Wenn es um die Nichtigkeit eines Testaments geht, ist das Interesse an dieser Feststellung maßgeblich, BGH **LM** § 9 BRAGO Nr 2. Bei einer Klage auf die Zustimmung zu einer Erbauseinandersetzung ist das Interesse des Klägers an seinem Auseinandersetzungsplan maßgeblich, BGH **LM** § 9 BRAGO Nr 2 mwN, aM zB Celle Rpfleger **61**, 211, Schmidt NJW **75**, 1417 (der volle Nachlaßwert sei maßgeblich). Wenn es um die Klage auf die Feststellung der Unzulässigkeit einer Auseinandersetzungsversteigerung geht, ist das Interesse des Klägers am Fortbestand der Erbengemeinschaft maßgeblich, Hamm JB **77**, 1616. Wenn bei einer Erbauseinandersetzung über mehrere Grundstücke nur die Verteilung einiger dieser Grundstücke streitig ist, dann ist nur der Wert der streitigen Grundstücke maßgeblich, BGH NJW **69**, 1350.

Bei einer Klage des Miterben gegen einen Nachlaßschuldner auf eine Leistung an alle Erben nach § 2039 BGB ist der Wert der ganzen eingeklagten Leistung und nicht nur das anteilige Interesse des klagenden Miterben maßgeblich, BGH **LM** § 3 Nr 9. Wenn aber ein Miterbe von einem anderen Miterben eine Hinterlegung zu Gunsten des Nachlasses verlangt, dann ist die eingeklagte Forderung um denjenigen Betrag zu kürzen, der auf den beklagten Miterben entfällt, BGH NJW **67**, 443. Wenn ein Miterbe die Berichtigung des Grundbuchs dahin verlangt, daß anstelle des beklagten Miterben alle Erben in Erbengemeinschaft eingetragen werden sollen, dann entscheidet der Grundstückswert abzüglich desjenigen Anteils, der dem Erbteil des bereits eingetragenen Erben entspricht, BGH MDR **58**, 676, Köln JB **75**, 939. Dasselbe gilt bei einer Klage eines Miterben gegen einen anderen Miterben auf eine Mitwirkung bei der Auflassung eines Nachlaßgrundstücks, BGH **LM** § 3 Nr 44, Stgt NJW **75**, 394. Denn dem beklagten Miterben verbleibt sein Anteil, aM StJ I a (der ganze Wert sei maßgeblich).

Bei einem Streit um die Auflassung des Grundstücks an einen Dritten ist der ganze Wert maßgeblich, soweit der beklagte Erbe bei der Auflassung mitwirken soll, BGH **LM** § 6 Nr 4. Dasselbe gilt dann, wenn der ganze Nachlaß an einen Dritten zwecks Versteigerung herausgegeben werden soll, Hbg Rpfleger **51**, 633. Wenn ein Miterbe zugleich ein Nachlaßgläubiger ist und wenn er eine gegen den Nachlaß gerichtete Forderung anderen Miterben gegenüber geltend macht, dann muß man berücksichtigen, daß diese Forderung den Kläger als Miterben in Höhe seines Anteils belastet. Deshalb muß man den Teil der Forderung, der seinem Anteil entspricht, als außer Streit befindlich ansehen und daher von der Gesamtforderung abziehen, BGH **LM** § 6 Nr 5.

Wenn ein Miterbe eine Klage dahingehend erhebt, daß eine Forderung gegen den Nachlaß nicht bestehe, dann ist der Wert lediglich nach dem Interesse des Klägers an der Befreiung von der Verbindlichkeit anzunehmen, BGH Rpfleger **55**, 101. Dasselbe gilt im Fall einer positiven Feststellungsklage dahin, daß ein von der Erbengemeinschaft mit einem Dritten abgeschlossener Vertrag wirksam bestehe, BGH **LM** § 10 GKG aF Nr 10.

Das Interesse des Miterben, also sein Anteil, seine Besserstellung, ist dann maßgeblich, wenn es sich um die Klage auf die Feststellung seines Erbrechts handelt, Bbg JB **75**, 1367, oder wenn es um eine Feststellung der gesetzlichen Erbfolge geht, Schlesw SchlHA **58**, 83. Freilich muß man in diesen Fällen unstreitige Pflichtteilsansprüche abziehen, BGH **LM** § 3 Nr 50. Wenn es sich um eine Erbunwürdigkeitsklage handelt, dann ist nur derjenige Vorteil maßgeblich, den der Kläger erstrebt, Speckmann MDR **72**, 908, aM BGH **LM** § 3 Nr 41, Schneider MDR **72**, 278. Bei einer Klage auf die Feststellung einer Ausgleichspflicht ist das Interesse des Klägers an der Ausgleichung maßgeblich, BGH **LM** § 3 Nr 9.

Wenn es sich um die Klage auf die Vorlegung eines Nachlaßverzeichnisses und um eine Auskunft über den Verbleib von Erbschaftsgegenständen handelt, dann kommt es auf das Interesse des Klägers an, Schwierigkeiten bei der Ermittlung des Erbschaftsbestandes zu überwinden. Der Wert der Gegenstände hat also nur eine mittelbare Bedeutung, Köln MDR **59**, 223. Eine Haftungsbeschränkung des Erben ist erst bei einer Zwangsvollstreckung erheblich und daher im Streitverfahren noch nicht beachtlich.

Im Erbschein-Einziehungsverfahren ist der Wert des beanspruchten Erbteils maßgeblich, BGH JZ **77**, 137.

Bei der Klage des Vorerben auf eine Zustimmung ist § 3 anwendbar, vgl Schlesw Rpfleger **68**, 325.

S auch „Gemeinschaft", „Testamentsvollstreckung".

Erfüllung: S „Gegenseitiger Vertrag".

Erledigterklärung: Hier sind folgende Situationen zu unterscheiden:

a) Volle Erledigung streitig; Beklagter säumig. Der Kläger beantragt, die gesamte Hauptsache für erledigt zu erklären, der Bekl beantragt, die Klage abzuweisen, oder der Bekl ist säumig. In diesen beiden Fällen muß das Gericht eine Entscheidung in der Hauptsache treffen, BLAH § 91a Anm 15 A. Daher ist als Wert der Betrag der Klageforderung anzunehmen.

Diese Frage ist **streitig. Wie hier** zB Celle AnwBl **80**, 254, jetzt auch Düss AnwBl **81**, 444, ferner Hamm (23. ZS) AnwBl **82**, 75 mwN, KG DB **87**, 380, Karlsr AnwBl **83**, 192, Kblz (15. ZS) AnwBl **83**, 517, Mü Rpfleger AnwBl **85**, 384 und MDR **89**, 73, Schlesw SchlHA **84**, 152 je mwN, Stgt JB **75**, 1500, LG Aachen AnwBl **83**, 176, LG Konstanz AnwBl **78**, 261, LG Wuppertal AnwBl **80**, 73, Beuermann DRiZ **78**, 311, Göppinger JB **75**, 1411 mwN, Schmidt MDR **84**, 372, ZöSchn § 3 ZPO Rdz 16 „Einseitige Erledigterklärung"; **abw** zB BGH NJW **82**, 768 (der Streitwert könne ausnahmsweise den Wert der Hauptsache erreichen), Hamm (4. ZS) JB **76**, 1684 (der Wert sei durchweg geringer), Schlesw SchlHA **83**, 58 (es komme darauf an, ob der Bekl ein über die Kosten hinausgehendes wirtschaftliches Interesse verfolge), Celle NJW **70**, 2113, Mü NJW **75**, 2021, LG Mü AnwBl **81**, 112, ThP § 91a Anm 13c (es sei ein Abschlag von 50% gegenüber dem Wert der Hauptsache angemessen; abl Chemnitz); **aM** zB BGH NJW

69, 1173, BGH **LM** § 91a Nr 11 und 13, BFH DB **89**, 28, Bbg JB **78**, 1393, Hbg MDR **73**, 417 und MDR **82**, 64, jetzt auch Kblz (14. ZS) zuletzt ZMR **88**, 434 mwN, insofern auch Köln VersR **89**, 66, ferner Schlesw SchlHA **85**, 162, Stgt MDR **89**, 266, LG Aachen AnwBl **84**, 373, grds auch LG Düss ZMR **78**, 96, ferner LG Essen NJW **72**, 294, LG Nürnb-Fürth NJW **74**, 2008 je mwN, ZöV § 91a Rdz 48 (maßgeblich sei nur die Summe derjenigen Kosten, die bis zum Zeitpunkt der Erledigterklärung des Klägers entstanden seien, ebenso Köln AnwBl **82**, 199 bei einer Erledigterklärung alsbald nach der Zustellung des Mahnbescheids vor der Abgabe der Akten an das Streitgericht, Hbg MDR **71**, 768 für den Wert des Rechtsmittels des Bekl gegen ein Urteil, das die Erledigung der Hauptsache ausspricht; dagegen Köln DB **73**, 1399, Schneider MDR **73**, 626 mwN, die auch dann den Wert der Hauptsache als maßgeblich ansehen).

Der Kostenstreitwert und der Beschwerdewert sind evtl auch in diesen Fällen unterschiedlich hoch, vgl Schneider MDR **77**, 967. Bei § 926 II setzt Ffm GRUR **87**, 652 nur das Kosteninteresse an.

S auch „Nichtvermögensrechtlicher Anspruch“.

b) Vor Rechtshängigkeit. Wird eine „Erledigterklärung“ vor oder zugleich mit der Klage zugestellt, so liegt in Wahrheit keine Erledigung der Hauptsache vor, da vor dem Eintritt der Rechtshängigkeit kein Prozeßrechtsverhältnis entstanden ist, BLAH § 91a Anm 6 F. Das übersieht Hamm MDR **73**, 941.

c) Beiderseitige wirksame Vollerledigterklärungen. Bei beiderseitigen wirksamen Erledigterklärungen wegen der gesamten Hauptsache ist als Wert der Betrag der bisher entstandenen Kosten anzusetzen, Köln AnwBl **83**, 517, Beuermann DRiZ **78**, 311. Das gilt auch dann, wenn die Parteien die Hauptsache durch einen Vergleich erledigen, Köln DB **72**, 436, oder wenn die Parteien über eine deren beiderseitigen Erledigterklärung zugrunde liegende Zahlung irrten, Köln VersR **74**, 605. Noch unklare außergerichtliche Kosten bleiben außer Ansatz, KG MDR **88**, 236.

d) Beiderseitige wirksame Teilerledigterklärungen. Bei beiderseitigen wirksamen Teilerledigterklärungen ist als Wert der Betrag der restlichen Hauptforderung nebst den Kosten des erledigten Teils anzusetzen, § 22 III GKG.

Auch diese Frage ist **streitig. Wie hier** zB Hamm Rpfleger **73**, 101; **aM** zB BGH **26**, 174 und **LM** § 91a Nr 15, Nürnb RR **87**, 1279 mwN, LG Wuppertal AnwBl **78**, 108 (maßgeblich sei die restliche Hauptforderung nebst Zinsen, § 4), Köln VersR **74**, 605 (maßgeblich sei die restliche Hauptforderung nebst Zinsen und Kosten), BGH JB **81**, 1489, Ffm Rpfleger **83**, 504, Kblz GRUR **84**, 838 mwN, ThP § 91a Anm 13b (maßgeblich sei nur die restliche Hauptforderung). Beim Kostenvergleich nebst übereinstimmenden Resterledigterklärungen kann man zum Vergleichswert diejenigen Kosten hinzurechnen, die die Resterledigung betreffen, Bbg JB **74**, 1440.

e) Einseitige wirksame Teilerledigterklärung. Bei einer wirksamen einseitigen Teilerledigterklärung ist der Wert der gesamten Hauptsache maßgeblich.

Auch diese Frage ist **streitig. Wie hier** zB Stgt JB **75**, 1500, Schneider MDR **73**, 627; **aM** zB BGH RR **88**, 1465 (zur Beschwer), Celle MDR **88**, 414 mwN, Hbg MDR **82**, 64, Kblz zuletzt ZMR **88**, 434 mwN, ThP § 91a Anm 13d (maßgeblich seien die restliche Hauptforderung und der Betrag der Kosten des für erledigt erklärten Teils). Zinsen bleiben unberücksichtigt, insofern ebenso Celle MDR **88**, 414.

f) Sonstige Fragen. Im Mahnverfahren ist der Übergang von der Anhängigkeit zur Rechtshängigkeit nach § 693 III zu beurteilen, insofern unklar Karlsr MDR **88**, 1066. Wegen eines Verfahrens vor den Finanzgerichten BFH BB **71**, 1039. Wegen des Beschwerdewerts in der Rechtsmittelinstanz vgl auch BLAH § 511a Anm 3 A.

Ermessensantrag: § 3 Anm 2. S auch „Schmerzensgeld".

Erwirkung einer Handlung: S „Vornahme einer Handlung", „Zwangsvollstreckung: a) Erwirkung einer Handlung oder Unterlassung".

Fälligkeit: Maßgebend ist der Wert der geltendgemachten Leistung, Schmidt AnwBl **80**, 257, aM LG Bielefeld AnwBl **80**, 256 (maßgeblich sei nur das Interesse des Bekl an der Hinauszögerung der Fälligkeit).

Familiensache: S „Ehesache", „Hausrat", „Unterhalt", „Versorgungsausgleich".

Fernwärme: S „Wärmelieferungsvertrag".

Feststellungsklage: Hier sind folgende Fälle zu unterscheiden:

a) Behauptende Feststellungsklage. Bei ihr gilt im allgemeinen als ein etwas geringerer Wert als derjenige des Leistungsanspruchs. Es sind etwa 20% abzuziehen, BGH NJW **65**, 2298 und JB **75**, 1598, Hamm AnwBl **84**, 95, KG JB **75**, 509, insofern auch LG Bln MDR **86**, 323, ferner LAG Hamm MDR **72**, 723, vgl § 9 Anm 3A. Ausnahmsweise können 50% des Werts des Leistungsanspruchs genügen, Celle JB **69**, 978, oder sogar nur 40%, Ffm AnwBl **82**, 436. Wenn sicher ist, daß der Bekl auf Grund eines Feststellungsurteil zahlen wird, dann kann der Wert der Feststellungsklage den Wert einer Leistungsklage erreichen, Köln NJW **60**, 2248, aM BGH RR **88**, 690 mwN. Der Wert der Feststellungsklage ist aber unter keinen Umständen höher als der Wert der Leistungsklage. Ideelle Belange des Klägers bleiben unberücksichtigt. Wenn es um die Feststellung eines ziffernmäßig unbestimmten Anspruch geht, erfolgt eine Schätzung nach dem wahren Interesse des Klägers. Der Wert wird in diesem Fall nach oben durch die Höhe des Anspruchs begrenzt. Wenn der Eintritt eines Schadens unwahrscheinlich ist, gilt evtl nur ein „Erinnerungswert", Düss JB **75**, 232.

b) Leugnende Feststellungsklage. Es gilt der volle Wert der aus dem Rechtsverhältnis abgeleiteten, nicht nur der etwa eingeklagten Forderung. Denn die Klage soll die Möglichkeit jeder Leistungsklage des Gegners ausschließen, BGH **2**, 276 und NJW **70**, 2025, BAG JZ **61**, 666, Brschw MDR **75**, 848, Celle VersR **85**, 397, Düss VersR **74**, 1034, Saarbr JB **78**, 1719, Schlesw SchlHA **82**, 75 und FamRZ **88**, 536; **aM** zB Karlsr MDR **59**, 401 (es gelte derselbe Wert wie bei einer behauptenden Feststellungsklage, da sich das Interesse des Klägers einer leugnenden Feststellungsklage nicht mit dem Interesse des Gegners an einer Leistungsklage decke. Aber das Interesse des Klägers besteht darin, daß er überhaupt nicht zu leisten braucht; deshalb liegt ein negatives Spiegelbild der Leistungsklage vor, vgl Köln DB **71**, 1155. Deshalb ist auch Hamm MDR **72**, 335 unrichtig, wonach bei einer leugnenden Feststellungsklage betreffend die Fälligkeit auf alle Umstände abzustellen sei, insbesondere auf die Zeit bis zur Fälligkeit). Das gilt auch im Fall wiederkehrender Leistungen, Mü RR **88**, 190, und bei einem Unterlassungsanspruch, aM Mü DB **86**, 1920. Ein schwebendes Vergleichsverfahren ändert den Wert nicht, zumal eine Vollstreckung noch nach 30 Jahren zulässig ist, Ffm NJW **63**, 354. Ebensowenig mindern eine Zug-um-Zug-Leistung, Nürnb JB **66**, 876, oder ein Zweifel an der Zahlungsfähigkeit des Klägers den Wert, ThP § 3 Anm 2 „Feststellungsklage". Wenn die Höhe auf einer Schätzung beruht, dann ist eine zahlenmäßige Angabe des Bekl nicht unbedingt maßgebend. S auch § 9 Anm 3 A.

c) Häufung einer Feststellungs- und einer Leistungsklage. In diesem Fall ist zu prüfen, ob die Feststellung eine selbständige Bedeutung hat, § 5. Der Wert einer Zwischenklage nach § 280 ist für die Kosten nicht durch den Wert des ursprünglichen Streitgegenstands begrenzt. Etwas anderes gilt für den Beschwerdewert, BGH **LM** § 280 Nr 18.

d) Konkursfeststellungsklage. Der Wert richtet sich nach der voraussichtlichen Konkursdividende, und zwar ohne Rücksicht auf sonstige Sicherungsrechte, BGH NJW **64**, 1229, s auch § 12 GKG Anh VIII (§ 148 KO), Schneider MDR **74**, 101 und unten „Konkursverfahren", „Vorrecht".

Firma: S „Name".

Fischereirecht: Man muß den Wert schätzen. Als Anhaltspunkte dienen: Der im gewöhnlichen Geschäftsverkehr erzielbare Kaufpreis; eine Wertminderung des an den Fischgrund angrenzenden Grundstücks und ein 20facher Jahresbetrag, der sich bei einer Verpachtung erzielen läßt, die ja nur auf eine vorübergehende Zeit erfolgen würde, BGH **LM** § 3 Nr 40.

Forderung: Maßgeblich ist der Nennbetrag. Bei der Klage auf die Erfüllung ist der Wert der Sachforderung entscheidend. Wenn ihre Fälligkeit streitig ist, gilt ihr voller Betrag. Wenn der Schuldner eine leugnende Feststellungsklage dahin erhoben hat, die Forderung sei noch nicht fällig, dann gilt sein Interesse an dieser Feststellung als der Wert, Hbg MDR **72**, 335.

S auch „Geldforderung", „Schmerzensgeld".

Freigabe eines Bankguthabens: Maßgeblich ist der volle Betrag und nicht nur das Interesse an der sofortigen Verfügungsmöglichkeit, Kiel SchlHA **47**, 205.

Freistellung: S „Befreiung".

Gegendarstellung: Maßgeblich ist § 12 II GKG.

Gegenseitiger Vertrag: Bei einem Anspruch auf die Erfüllung des Vertrags gilt der Wert der verlangten Leistung ohne einen Abzug der Gegenleistung. Das gilt auch bei einer Leistung Zug um Zug, § 6 Anm 1 C. Eine Gegenleistung ist überhaupt nicht zu beachten. Andernfalls würde ja bei einer Gleichwertigkeit der Leistung und der Gegenleistung ein Wert völlig fehlen, OVG Bre AnwBl **84**, 50. Wenn es um einen Anspruch auf eine Nichtigerklärung geht, dann ist das Interesse des Klägers am Nichtbestehen maßgeblich, zB Brschw JB **83**, 434, Düss JB **67**, 161, Ffm AnwBl **82** 247, aM zB Celle AnwBl **84**, 448, Schmidt AnwBl **85**, 29 je mwN (maßgebend sei der volle Ursprungswert). Das gilt selbst dann, wenn der Anspruch auf die Nichtigerklärung eine selbständige Bedeutung hat, BLAH § 2 Anm 2. Dabei muß man die Vorteile und Nachteile miteinander abwägen. Es sind nicht etwa die weiteren Folgen der Aufrechterhaltung zu berücksichtigen.

Gehalt: Maßgeblich sind § 12 VII ArbGG, Teil II A dieses Buchs, § 17 III, IV GKG. Bei der Forderung des Vertretungsorgans einer Handelsgesellschaft ist § 9 anwendbar, dort Anm 1 B.

Geldforderung: Maßgeblich ist der Betrag der Klageforderung. Das gilt dann, wenn es um die Freigabe eines Guthabens geht. In einem solchen Fall kommt es also nicht auf das Interesse an der Freigabe ab, Kiel SchlHA **47**, 205. Bei einem unbezifferten Antrag gilt unter Umständen der zugesprochene Betrag als maßgeblich, Köln BB **73**, 729. Wenn die Fälligkeit streitig ist, dann ist der volle Betrag der Forderung maßgeblich. Hat der Schuldner eine leugnende Feststellungsklage dahin erhoben, die Forderung sei noch nicht fällig, dann ist das Interesse an dieser Feststellung maßgeblich, Hbg MDR **72**, 335.

S auch „Auslandswährung", „Forderung", „Schmerzensgeld".

Gemeinschaft: Bei der Klage auf ihre Aufhebung ist das Interesse des Klägers maßgeblich, § 3. Wenn es um ihre Teilung geht, ist der volle Wert des zu Verteilenden maßgeblich, aM ThP § 3 Anm 2 „Gemeinschaft" (der Anteil des Klägers bleibe außer Betracht). Etwas anderes gilt nur bei einem Streit um die Art oder den Zeitpunkt der Teilung. Unter Umständen gilt aber der Wert des einzelnen Gegenstands, um den es zB bei einer Scheidungsvereinbarung ausschließlich geht, Stgt JB **76**, 371. Bei einer Klage auf die Vornahme eines vorzeitigen Zugewinnausgleichs ist grundsätzlich ¼ des zu erwartenden Ausgleichs maßgeblich; kurz vor der Scheidung ist ein geringer Wert anzusetzen. BGH **LM** § 3 Nr 46, ähnlich Schlesw SchlHA **79**, 180. Im Fall einer Klage mit dem Ziel der Aufhebung einer fortgesetzten Gütergemeinschaft ist die Hälfte des Anteils des Klägers maßgeblich, BGH **LM** § 3 Nr 45, vgl auch „Erbrechtlicher Anspruch".

Genossenschaft: Wenn es um die Feststellung der Unwirksamkeit einer Ausschließung geht und soweit der Anspruch vermögensrechtlich ist, gelten nicht der Mietwert der Genossenschaftswohnung oder das Vorstandsgehalt, sondern der Wert des Anteils unter einer Berücksichtigung aller Vorteile der Mitgliedschaft, OGH Rpfleger **49**, 469.

Gesamtschuldner: § 5 Anm 2 B b.

Geschäftsbedingungen: S „Allgemeine Geschäftsbedingungen".

Gesellschaft: Im Fall der Anfechtung eines Beschlusses der Hauptversammlung einer Aktiengesellschaft setzt das Gericht den Wert auf Grund der gesamten Verhältnisse unter einer Berücksichtigung des Interesses der Gesellschaft an der Aufrechterhaltung des Beschlusses fest, § 247 I AktG (diese Lösung ist allerdings bei der Gesellschaft mit beschränkter Haftung nicht entsprechend anwendbar, Celle Rpfleger **74**, 233 mwN). Das Gericht hat die Möglichkeit, den Kostenstreitwert der wirtschaftlichen Lage einer Partei anzupassen, § 247 II AktG, auch noch in der Berufungsinstanz, Ffm BB **85**, 1360. Dasselbe gilt im Fall einer Nichtigkeitsklage nach den §§ 249, 256 VII, 275 IV AktG. Der Kläger kann sich nicht darauf berufen, er sei an der Gesellschaft nur in geringem Umfang beteiligt, KG GmbHRdsch **56**, 92.

Bei der Auflösung einer Offenen Handelsgesellschaft ist das Interesse des Klägers maßgeblich, Köln BB **82**, 1384. Bei der Auflösung einer Gesellschaft mit beschränkter Haftung gelten dieselben Grundsätze, Hamm GmbHRdsch **55**, 226, Köln DB **88**, 281, abw Mü GmbHRdsch **57**, 43 (maßgeblich sei der Wert der Beteiligung des Klägers ohne Berücksichtigung des weiteren Interesses an der Auflösung). Wenn es um die Klage eines Gesellschafters gegen einen Mitgesellschafter mit dem Ziel einer Leistung an die Gesellschaft geht, dann ist der volle Betrag der Forderung ohne einen Abzug des Anteils des Klägers maßgeblich.

Im Fall der Ausschließung eines Gesellschafters ist § 3 unter einer Berücksichtigung des Werts der Anteile des Klägers anzuwenden, BGH **19**, 175. Dasselbe gilt beim Ausscheiden des Gesellschafters, Köln MDR **71**, 768, aM Hamm Rpfleger **62**, 222 (maßgeblich sei der wirtschaftliche Wert des Interesses am Ausscheiden), oder bei einer Klage mit dem Ziel der Eintragung des Ausscheidens, BGH Rpfleger **79**, 194 (der Wert beträgt dann etwa ¼ des Anteils des Klägers), oder bei einer Eintragung einer Gesamtprokura, Köln MDR **74**, 53 (das Gericht legt jeweils nur 1/10 der Einlage zugrunde). Vgl auch § 9 Anm 3A.

S auch „Ausscheiden und Ausschließung".

Gewerblicher Rechtsschutz: Maßgeblich sind die Art und der Umfang der Verletzungshandlung, aber auch die Bedeutung und der Umsatz des Geschädigten, Karlsr BB **75**, 108. Das Gericht muß die Schädigung schätzen. In diesem Zusammenhang muß das Gericht eine Umsatzschmälerung berücksichtigen, Karlsr MDR **80**, 59, unter Umständen auch den Umstand, daß die Produktionsfähigkeit nicht voll ausgenutzt werden kann, Ffm JB **76**, 368 und 1249, Karlsr NJW **53**, 512. Das Gericht darf aber die Umsatzentwicklung nicht als die alleinige Berechnungsgrundlage verstehen, BGH NJW **82**, 2775. Wenn es um einen Verstoß gegen die Karenzzeit vor dem Beginn eines Schlußverkaufs geht, dann liegt der Wert selten unter 10000 DM, Hbg GRUR **75**, 40. Wegen einer Verbandsklage, etwa nach § 13 UWG, s „Unterlassung: a) Allgemeine Geschäftsbedingungen".

Wenn es sich um eine einstweilige Verfügung handelt, dann erledigt ein gerichtliches Verbot oft den ganzen Streit. In einem solchen Fall ist der Wert des vorläufigen Verfahrens demjenigen der Hauptsache anzunähern. Etwas ähnliches gilt auch bei einer Warenzeichenverletzung, bei der die Schädigung des guten Rufs infolge schlechter Qualität und die Verwässerungsgefahr besonders wesentlich sein können, Celle DB **62**, 1565. Das Interesse an einer Befugnis zur Bekanntmachung der Entscheidung geht oft im Interesse am Unterlassungsanspruch auf und ist daher grundsätzlich nicht besonders zu bewerten, aM ThP § 3 Anm 2 „Gewerblicher Rechtsschutz". Das Bekanntmachungsinteresse kann aber auch insbesondere im Fall einer schädigenden Äußerung erheblich über den Unterlassungsanspruch hinausgehen.

Vgl ferner die Vorschriften, die eine Herabsetzung des Streitwerts zugunsten des wirtschaftlich Unterlegenen ermöglichen: §§ 26 GebrMG, 144 PatG, 23a, b UWG, 31a WZG, Anh III.

S auch „Unterlassung: e) Gewerblicher Rechtsschutz". Vgl auch Kur, Streitwert und Kosten im Verfahren wegen unlauteren Wettbewerbs usw, 1980 (Bespr Henkels GRUR **82**, 639), Ulrich GRUR **84**, 177 (ausf).

Grundbucheintragung: S „Eintragungsbewilligung".

Grund des Anspruchs: Bei einer Entscheidung nach § 304 ist der gesamte Anspruch des Klägers maßgeblich, und zwar selbst dann, wenn das Gericht später im Betragsverfahren eine geringere Forderung als die begehrte zuerkannt hat, BGH VersR **76**, 988 mwN.

Grunddienstbarkeit: Der Wert ist nach § 7 zu berechnen.

Grundpfandrecht: S § 6 Anm 3.

Handelsregister: S „Anmeldung zum Handelsregister".

Handelsvertreter: Vgl Mü AnwBl **77**, 468, Schneider BB **76**, 1298 mwN: zB gilt bei einem unbezifferten Antrag diejenige Summe, die nach dem Tatsachenvortrag des Klägers schlüssig wäre. Seine Klage auf die Feststellung der Unwirksamkeit einer ihm gegenüber erhöhten außerordentlichen Kündigung bestimmt sich nach § 3, nicht nach § 17 III GKG, Ffm MDR **74**, 1028, Mü DB **85**, 645.

Handlung: S „Zwangsvollstreckung: a) Vornahme einer Handlung oder Unterlassung".

Hauptversammlung: Bei der Anfechtungsklage ist § 247 AktG zu beachten, Anh III.

Hausrat: Beim Streit um seine Benutzung, § 620 Z 7 ZPO, ist § 3 ZPO anwendbar, § 20 II 2 GKG.

Herausgabe: S zunächst § 6. Es sind folgende Fälle zu unterscheiden:

a) Herausgabe einer Sache. Es gilt der Wert der Sache, § 6, zB der Vorbehaltsware, selbst wenn nur noch ein Restbetrag der Kaufpreisforderung aussteht. Wenn der Wert jedoch infolge einer Rücknahme nachhaltig gesunken ist, muß dieser Umstand wertmindernd berücksichtigt werden. Das gilt zB dann, wenn gelieferte Einbauten beschädigt wurden, Ffm NJW **70**, 334, Schneider MDR **72**, 277. Im übrigen ist nicht der Kaufpreis maßgeblich, sondern der wahre Verkehrswert, Köln MDR **73**, 147. Im Fall des zusätzlichen Antrags, dem Bekl eine Herausgabefrist zu setzen und ihn nach dem ergebnislosen Fristablauf zum Schadensersatz zu verurteilen, gilt der höhere Wert der beiden Anträge, LG Köln MDR **84**, 501, abw Schneider MDR **84**, 853. Zum Berufungswert bei § 510b Schneider MDR **87**, 60, aM LG Karlsr MDR **87**, 60.

b) Herausgabe einer Urkunde. Wenn es sich um ein Wertpapier handelt, dann ist der Wert des verbrieften Rechts maßgeblich, zB der Kurswert, § 15 GKG, abw BGH NJW **88**, 2804 (der Wert der Beschwer bemesse sich am Interesse an der Herausgabe; aber das ist doch durchweg der Wert zB der Wechselsumme). Andernfalls, etwa bei der Herausgabe eines Grundschuld- oder Hypothekenbriefs, ist der Wert zu schätzen, der dem Interesse des Klägers an dem Besitz der Urkunde entspricht, Bre Rpfleger **85**, 78 mwN. Dabei kann der Betrag einer nach § 273 III BGB zu berechnenden Sicherheitsleistung ausreichen, Bre Rpfleger **85**, 78. Wenn es um eine Unveräußerlichkeit geht, gilt

§ 12 II GKG, Köln BB **73**, 67. Wenn beide Parteien den Hypothekenbrief jeweils als angeblicher Gläubiger herausverlangen, dann ist der Wert der Hypothek maßgeblich. Bei einem Sparkassenbuch mit Sicherungskarte ist das eingetragene Guthaben maßgeblich, KG Rpfleger **70**, 96, aM Schneider ABC.

Der Wert einer Klage auf die Herausgabe einer Bürgschaftsurkunde entspricht jedenfalls dann, wenn der Kläger die Inanspruchnahme des Bürgen durch den Bekl verhindern will, dem Wert der durch die Bürgschaft gesicherten Forderung und nicht (nur) dem Kostenaufwand der Erlangung oder des Fortbestands der Bürgschaft, Ffm AnwBl **80**, 460 mwN, aM zB Hamm JB **81**, 434, Stgt JB **80**, 896, LG Köln AnwBl **82**, 437 (diese Gerichte setzen mangels besonderer Umstände einen Bruchteil des Werts der Forderung an, etwa 20–30%).

Beim Kraftfahrzeugbrief gilt weder der Gebührenbetrag für eine Neuanschaffung noch der Wert des Wagens, da der Wert des Fahrzeugs nicht geschmälert wird. Die letzteren Gesichtspunkte können aber eine mitentscheidende Bedeutung haben, KG Rpfleger **62**, 154, LG Bochum AnwBl **84**, 202 mwN (1/10–1/2 des Fahrzeugwerts). Wenn es um die Vorlegung einer Urkunde geht, dann ist das Interesse des Klägers an der Vorlegung maßgeblich. Dieses Interesse kann erheblich sein, wenn erst eine Vorlegung weitere Maßnahmen ermöglicht, etwa eine Schadensberechnung, s „Zwischenstreit". Der Anspruch auf die Herausgabe einer Lohnsteuerkarte und des Versicherungsnachweisheftes läßt sich mit 500 DM bewerten, LAG Hamm DB **85**, 1897, LAG Stgt BB **84**, 1234; ebenso hoch lassen sich jeweils die Ansprüche auf die Erteilung einer Arbeitsbescheinigung im Sinne des § 133 AFG und auf die Erteilung einer Verdienstbescheinigung zwecks Erlangung von Konkursausfallgeld ansetzen, LAG Hamm DB **85**, 1897.

Hilfsantrag: Vgl § 5 Anm 2 B, wegen der Gebühren aber § 19 IV GKG. Danach ist der höhere Wert des Hilfsanspruchs dann maßgeblich, wenn das Gericht über den Hilfsanspruch entscheidet. Eine Entscheidung über den Hilfsanspruch fehlt dann, wenn der Hilfsanspruch nur im Rahmen einer Klagänderung erhoben worden ist und wenn das Gericht diese Klagänderung nicht zugelassen hat, Nürnb MDR **80**, 238. In den sonstigen Fällen ist ein höherer Wert unerheblich, ein gleich hoher oder ein niedriger Wert sind ohnehin unerheblich. Es findet also nach dem Wortlaut des § 19 IV GKG im Gegensatz zu § 19 III GKG keinerlei Zusammenrechnung statt, BGH RR **88**, 396 mwN, Hamm MDR **86**, 860, KG MDR **87**, 946 mwN, Wenzel BB **84**, 1495.

Ffm (8. ZS) RR **86**, 1063 mwN fordert im Anschluß an Düss NJW **75**, 2105 (jene Entscheidung erging noch zum alten Recht) eine Zusammenrechnung, wenn der Streitgegenstand des beschiedenen Hauptanspruchs und des beschiedenen Hilfsanspruchs verschieden hoch sind, da das Gesetz in § 19 III–IV GKG eine unlogische Regelung getroffen habe, weil es die Zusammenrechnung der Werte nur bei einer Hilfsaufrechnung zugelassen habe, nicht im Fall eines Hilfsanspruchs. Es müsse daher eine „Interpretationskorrektur" vorgenommen werden, damit sachlich gleichartige Gebührentatbestände auch wirklich gleich behandelt würden; BGH RR **88**, 396 mwN, Hamm MDR **86**, 860, Lappe § 19 GKG Rdz 19 widersprechen dieser Ansicht mit Recht. Ffm JB **77**,

706 und MDR **80**, 65, Mü MDR **79**, 412 wenden § 19 III 2 GKG im Fall eines Vergleichs über den Hauptanspruch und den Hilfsanspruch entsprechend an; abw Ffm MDR **80**, 587 (abl Schneider), Hamm VersR **84**, 1086 (es sei § 19 IV GKG entsprechend anwendbar), Köln MDR **79**, 412 und RR **87**, 906.

Hilfsaufrechnung: S § 19 GKG Anm 4.

Hilfswiderklage: § 19 III, IV GKG ist entsprechend anwendbar, Schneider MDR **88**, 464 mwN.

Hinterlegung: Beim Streit um ihre Vornahme ist der Wert nach § 3 zu schätzen. Bei einer Klage nach § 13 II Z 2 HO ist der Wert der Sache maßgeblich. Wenn es um die Einwilligung zur Herausgabe des Hinterlegten geht, ist § 6 anwendbar, KG JB **78**, 427. Die Zinsen zählen nicht zu den Nebenforderungen nach § 4, BGH NJW **67**, 930.

Hypothek: S § 6 Anm 3 B.

Immission: Maßgeblich ist diejenige Wertminderung, die man angesichts der voraussichtlichen Dauer der Störung befürchten muß, aM Schlesw SchlHA **73**, 88 mwN, Schneider ABC (maßgeblich sei eine unbestimmte Dauer der Störung).

Jagdrecht: Es ist § 3 anzuwenden. Bei einer Klage über das Bestehen oder die Beendigung der Jagdpacht ist § 16 GKG anwendbar.

Kaution: S „Sicherheitsleistung".

Kindschaftssache: Es ist vom Regelstreitwert nach § 12 II 3 GKG (4000 DM) auszugehen. Abweichungen sind im Rahmen des § 12 II 4 GKG möglich.

S auch „Vaterschaftsanerkenntnis".

Klagenhäufung: S § 5.

Klagerücknahme: Beim Antrag nach § 269 III 3 ist § 3 anwendbar, aM zB ThP § 3 Anm 2 „Klagerücknahme" (maßgeblich seien nur die bis zur Klagerücknähme erwachsenen Kosten). Beim Streit um die Wirksamkeit der Klagerücknahme ist der Wert der Hauptsache maßgeblich.

Konkursverfahren: S Anh III.

Kosten: S § 4 I ZPO, § 22 I–III GKG.

Kraftloserklärung: S „Aufgebot".

Leasing: Es gelten dieselben Grundsätze wie bei der Miete, Ffm MDR **78**, 145 (bei einem Streit um den Bestand gelten evtl §§ 16 GKG, 6 ZPO).

Leibrente: S § 9 Anm 1 B.

Löschung: Es sind folgende Fälle zu unterscheiden:

a) Löschung einer Auflassungsvormerkung. Vgl § 6 Anm 3 B.

b) Löschung einer Hypothek. Es ist § 6 anzuwenden.

c) Löschung eines Warenzeichens oder Gebrauchsmusters. Maßgeblich ist das Interesse des Klägers an der Löschung. Im Fall einer Volksklage (Popularklage), zB nach § 10 II 2 WZG, ist das Interesse der Allgemeinheit an der Beseitigung des Wettbewerbs maßgeblich. Dasselbe gilt bei der Löschung eines Patents, BPatG GRUR **78**, 535.

Lohn: S „Gehalt".

Mehrheit von Ansprüchen: S „Anspruchsmehrheit".

Mietverhältnis: Maßgeblich sind für die Zuständigkeit § 8, bei Wohnraum § 29a; für den Kostenstreitwert gilt jedoch § 16 GKG. Zum Anwaltsgebühren-Gegenstandswert Wiesner AnwBl **85**, 237. Im übrigen gilt im einzelnen folgendes:

a) Klage auf den Abschluß eines Mietvertrags. Es gilt § 3, Hamm Rpfleger **49**, 570.

b) Klage auf Auskunft über die Miete. Der Wert einer Klage, gemäß § 29 NMVO Auskunft über die Ermittlung und Zusammensetzung der zulässigen Miete zu geben und durch eine Wirtschaftlichkeitsberechnung sowie durch die Vorlage der zugehörigen Unterlagen zu belegen, läßt sich mit 1000 DM festsetzen, AG Köln WM **81**, 283. Der Wert einer Einsicht außerhalb des Orts der Wohnung ist nach den Aufwendungen usw des Vermieters zu schätzen, LG Kiel WM **88**, 223.

c) Klage wegen des Bestehens oder der Dauer des Vertrags. S zunächst § 8. Zu dem Zins im Sinn von § 16 GKG zählen nicht nur der eigentliche Mietzins, wie LG Hamm WM **79**, 39 jetzt meint, sondern auch vertragliche Gegenleistungen anderer Art, zB die Übernahme öffentlicher Abgaben, etwa der Grundsteuer, Hamm Rpfleger **76**, 435, und sonstige Leistungen, Feuerversicherungsprämien, Instandsetzungskosten, Baukostenzuschüsse usw, aber nicht Leistungen nebensächlicher Art und sonstige Leistungen, die im Verkehr nicht als Entgelt für die Gebrauchsüberlassung angesehen werden, also nicht das Entgelt für Heizung und Warmwasser.

Diese Frage ist **streitig. Wie hier** zB BGH **18**, 168, LG Augsb WM **80**, 205, LG Mü WM **85**, 125, AG Hann MDR **74**, 412; **aM** (es gelte die Bruttomiete) zB LG Bielef ZMR **73**, 18, LG Ffm WM **76**, 270, LG Heilbr AnwBl **81**, 69 je mwN, LG Kiel WM **87**, 61, LG Köln WM **87**, 61, LG Mainz Rpfleger **76**, 69, LG Ulm MDR **79**, 768, AG Brschw MDR **74**, 758.

Der Mietzins bestimmt sich nach dem Vertrag, soweit nicht der gesetzliche Mietzins zugrunde zu legen ist. Nach § 16 I GKG ist auch der Anspruch des Mieters auf eine Gebrauchsüberlassung zu bewerten, aM Celle MDR **89**, 272 (es sei § 16 II GKG anwendbar. Aber das ist eine eng auszulegende Sondervorschrift).

d) Klage auf eine Zustimmung zur Mieterhöhung nach §§ 2ff MHG. Als Wert ist höchstens der Jahresbetrag des zusätzlich geforderten Mietzinses maßgebend, § 16 V GKG.

Diese Frage ist **streitig. Wie hier** zB LG Aachen WM **79**, 63, LG Ansbach WM **79**, 129, LG Bln (61. ZK) MDR **86**, 323, LG Dortm WM **79**, 198, LG Hbg MDR **77**, 496 und MDR **82**, 148, LG Hann MDR **82**, 232, vgl LG Köln WM **85**, 391, ferner Lessing DRiZ **83**, 461, auch für den Beschwerdewert, zB LG Hbg (11. ZK) WM **87**, 60, (16. ZK) WM **85**, 127, LG Münst JB **84**, 453 (abl Mümmler), LG Wuppert WM **88**, 280 mwN, AG Brschw WM **85**, 127, StJSch § 9 Rdz 3, ThP 2; **offen** BVerfG **68**, 383, 111.

Die **Gegenmeinungen** sind untereinander **uneinig.** Vgl zB LG Bln (64. ZK) ZMR **89**, 24, LG Bonn WM **89**, 27 mwN (es gelte der 3fache Jahres-Zusatzbetrag), LG Kaisersl ZMR **79**, 82 (4facher Jahreszusatzbetrag), Köln WM **85**, 126, LG Hagen ZMR **87**, 97 (5facher Jahres-Zusatzbetrag), LG Köln ZMR **86**, 124 (15facher Jahreszusatzbetrag), LG Bln MDR **85**, 1034 (Differenz während der restlichen Mietdauer), LG Hagen WM **85**, 130 (eingeklagter Betrag).

Dadurch ist der frühere Streit hinsichtlich des Kostenstreitwerts erledigt, BVerfG **68**, 382. Die Zahlung eines Teils des Erhöhungsbetrags bereits vor der Rechtshängigkeit oder gar nach ihrem Eintritt hat auf die Streitwerthöhe grundsätzlich keinen Einfluß, denn diese richtet sich nur nach dem Klagevorbringen und einer etwaigen Klageerhöhung; aM LG Bre WM **82**, 131. Die Vorschrift gilt aber nur bei Wohnräumen, § 16 GKG Anm 5. Beim Gewerberaum gilt statt § 16 V GKG die Vorschrift des § 9 ZPO, Bbg AnwBl **84**, 95.

e) Feststellungsklage wegen künftiger Mietzinsen. Hier gilt bei einer unbestimmten Mietdauer § 3, BGH NJW **58**, 1867; § 8 ZPO und § 16 GKG sind unanwendbar, da weder das Bestehen noch die Dauer streitig sind und da § 16 GKG ohnehin nur eine Regelung für unbestimmte Verhältnisse trifft, während der Kläger bei einem Anspruch auf die Feststellung der Verpflichtung des Bekl zu einer erhöhten Mietzahlung einen bestimmten Anspruch geltend macht. Es entscheidet das Interesse des Klägers an der Feststellung und an dem mutmaßlichen Eintritt der Erhöhung. Es liegt nahe, auf den Beschwerdewert § 16 V GKG entsprechend anzuwenden, **aM** Hbg MDR **63**, 422, LG Bln MDR **86**, 323 und MDR **87**, 63, LG Hbg MDR **75**, 1024 (es gelte der 3fache Jahreszins). Dasselbe gilt bei der Feststellung des Vertragsinhalts, sofern die Wirksamkeit des Vertrags unstreitig ist, Kblz ZMR **78**, 64.

KG NJW **64**, 1480 will auch bei einem langen Mietvertrag nur den vollen Jahresbetrag anwenden, da § 16 I GKG die Obergrenze bilde und da der Streitwert für einen einzelnen vertraglichen Anspruch auch über § 3 nicht höher festgesetzt werden könne als für den Bestand des ganzen Vertrags; ähnlich LG Bln ZMR **75**, 218 für eine Klage auf die Vornahme einer Vermieterreparatur.

Demgegenüber gilt § 9, wenn künftige Miet- oder Pachtzinsen auf Grund eines auf bestimmte Zeit abgeschlossenen Vertrags streitig sind.

Diese Frage ist **streitig. Wie hier** zB BGH NJW **66**, 778, Düss Rpfleger **73**, 145; **aM** zB Ffm Rpfleger **80**, 299, Hamm Rpfleger **76**, 435, Karlsr MDR **77**, 407 (diese Gerichte wenden § 3 an).

f) Klage auf Duldung einer Modernisierung. In einem solchen Fall ist der 12fache Monatsbetrag der voraussichtlichen Mieterhöhung maßgeblich, § 16 V GKG entsprechend.

Diese Frage ist **streitig. Wie hier** zB (zum alten Recht) LG Mannh MDR **76**, 1025 zB **aM**; LG Bln ZMR **85**, 343, LG Hbg ZMR **85**, 127 (maßgeblich sei der dreifache Jahresbetrag).

g) Mangel der Mietsache. Der Anspruch auf seine Beseitigung bemißt sich nach dem dreifachen Jahresbetrag der Mietminderung, LG Hbg (7. ZK) ZMR **85**, 388 und (16. ZK) MDR **85**, 1032.

h) Sonstige Fälle. Bei der Klage eines Mieters gegen einen anderen wegen Lärms kann als Wert der Jahresbetrag einer berechtigten Mietminderung in Betracht kommen, Ffm WM **86**, 19. Beim Streit, ob § 5 WiStG verletzt ist, gilt die 3jährige Differenz, LG Hbg WM **87**, 61. Beim Streit um die Entfernung einer Balkonpflanze setzt LG Hbg WM **89**, 10 etwa 500 DM an. Beim Streit um Haustierhaltung kommt es auf die gedachte Zusatzabnutzung an, LG Hbg WM **87**, 232; die Mieterinteressen sind mitzuberücksichtigen, LG Hbg WM **89**, 10 (1000 DM); AG Rüsselsheim ZMR **87**, 344 schlägt bei Gestattung der Tierhaltung monatlich 25–35 DM auf; LG Würzb WM **88**, 157 bewertet den Antrag auf Entfernung eines Zwergschnautzers nebst Unterlassung der Hundehaltung mit 1000 DM je Instanz, AG Kenzungen WM **86**, 248 bewertet die Unterlassung der Hundehaltung außergerichtlich meist mit bis zu 2000 DM.

Vgl auch „Räumung", „Unterlassung", „Wärmelieferungsvertrag".

Minderung: Maßgeblich ist derjenige Betrag, um den der Kläger den Preis herabsetzen lassen will. § 19 III GKG ist unanwendbar, Köln MDR **79**, 413.

Miterbe: S „Erbrechtlicher Anspruch".

Nacherbe: S „Erbrechtlicher Anspruch".

Nachforderung: Bei der Klage nach § 324 ist wegen der verlangten Sicherstellung § 6 anwendbar, dort Anm 2.

Nachverfahren: Maßgeblich ist derjenige Betrag, dessentwegen das Gericht dem Bekl die Ausführung seiner Rechte vorbehalten hat, Mü MDR **87**, 766 mwN.

Name: Der Streit ist in der Regel nichtvermögensrechtlich, § 12 II GKG; vgl aber auch BLAH Üb 3 B a vor § 1. Der geschäftliche Name ist vermögensrechtlich. Das gilt insbesondere für die Firma.

Nebenforderung: Der Wert ist nach § 4 und für die Kosten nach § 22 GKG zu berechnen.

Nebenintervention: S „Streithilfe".

Nichtigkeitsklage: Es gilt der Wert der Verurteilung, deren Aufhebung der Kläger begehrt, BGH AnwBl **78**, 260 mwN, Seetzen NJW **84**, 348.

Nichtvermögensrechtlicher Anspruch: Maßgeblich ist § 12 II GKG, dort Anm 2. Ein nichtvermögensrechtlicher Anspruch wird nicht dadurch zu einem vermögensrechtlichen, daß der Kläger einseitig die Hauptsache für erledigt erklärt, BGH VersR **82**, 296.

Nießbrauch: Bei der Einräumung gilt § 3, BGH RR **88**, 396 mwN zu dieser Streitfrage, aM 22 Aufl; bei der Erfüllung, Aufhebung und Löschung gilt § 6, ThP § 3 Anm 2 „Nießbrauch". Maßgeblich ist der Wert nach dem Reinertrag abzüglich der Unkosten für die voraussichtliche Dauer des Nießbrauchs. Der Wert einer Vormerkung ist niedriger; evtl ist § 24 III KostO entsprechend anwendbar, Bbg JB **75**, 649. Für den Kostenstreitwert kann § 16 II GKG („ähnliches Nutzungsverhältnis") gelten, Köln WM **85**, 125, aM Schlesw SchlHA **86**, 46 (§ 3).

Notanwalt, §§ 78 b, c: Maßgeblich ist der Wert der Hauptsache, Bre JB **77**, 91, Zweibr JB **77**, 1001.

Notweg: § 7 Anm 1 A.

Nutzung: Sofern sie als eine Nebenforderung geltend gemacht wird, gilt § 4. Bei einer als Hauptsache geltend gemachten wiederkehrenden Nutzung gilt § 9.

Nutzungsverhältnis: § 16 I GKG gilt auch für ein der Miete oder Pacht ähnliches Nutzungsverhältnis. S daher „Mietverhältnis".

Offenbarung: S „Eidesstattliche Versicherung".

Ordnungs- und Zwangsmittel: Bei der Verhängung gegen eine Partei, § 141, gegen einen Zeugen, § 380, gegen einen Sachverständigen,

§§ 409, 411, oder im Weg der Anordnung nach §§ 177, 178 GVG ist der verhängte Betrag ausschlaggebend. Bei einer Festsetzung nach den §§ 888, 890 ist nicht der Schwere der Maßnahme maßgeblich (von ihr geht Mü MDR **55**, 306 im Fall der Beschwerde des Schuldners aus), auch nicht der Wert der Hauptsache, wie ThP § 3 ZPO Anm 2 „Ordnungsmittel", „Zwangsvollstreckung" meinen, sondern es gilt das Interesse des Gläubigers an der Abwehr eines weiteren Verstoßes, KG Rpfleger **70**, 97, Nürnb MDR **84**, 762 mwN. Dieses Interesse kann sich im Fall einer Fortsetzung der Verletzungen oder angesichts einer sehr groben Verletzung dem Wert der Hauptsache nähern, Ffm Rpfleger **74**, 73, vgl auch Celle NdsRpfl **62**, 281. Auch im Fall der Androhung eines Zwangsmittels oder Ordnungsmittels ist das Interesse an der Durchsetzung des vollstreckbaren Anspruchs maßgeblich, Celle NJW **63**, 2031.

Wenn es um derartige Maßnahmen in einem Verfahren auf den Erlaß eines Arrests oder einer einstweiligen Verfügung geht, sind von dem Wert der zugehörigen Hauptsache in der Regel ⅓–¼ anzusetzen.

Im Beschwerdeverfahren liegt die untere Wertgrenze bei dem angefochtenen Betrag, Düss MDR **77**, 676.

Pachtverhältnis: Es gilt § 8 und für den Kostenstreitwert § 16 GKG. Bei einem Streit nur über die Höhe des Pachtzinses ist § 3 und nicht § 9 anwendbar, Ffm JB **75**, 372, Karlsr AnwBl **83**, 174, aM Brschw AnwBl **82**, 487.

Patent: Im Beschwerdeverfahren vor dem Patentgericht und im Nichtigkeitsverfahren ist das Interesse der Allgemeinheit an der Patentvernichtung maßgeblich. Dieses Interesse entspricht meist dem gemeinen Wert des Patents im Zeitpunkt der Klagerhebung oder im Zeitpunkt der Berufungseinlegung zuzüglich der etwa aufgelaufenen Schadensersatzansprüche, BGH NJW **57**, 144, BPatG GRUR **87**, 287. Zur Problematik Struif GRUR **85**, 248. Bei einem Streit um eine Unterlassung, eine Auskunft, eine Schadensersatzpflicht sind die Art und der Umfang der Verletzung maßgeblich, aber auch der Umsatz des Geschädigten, Karlsr BB **75**, 109. Im Berufungs- und im Rechtsbeschwerdeverfahren ist der Wert nach § 3 zu schätzen.

Gebührenrechtlich besteht die Möglichkeit, im Patentverfahren bei einer Gefährdung der wirtschaftlichen Lage einer Partei den Wert niedriger anzusetzen, § 144 PatG. Zur zeitlichen Grenze des Antrags BPatG GRUR **82**, 363. Vgl Anh III A nach § 12 GKG.

Persönlichkeitsrecht: S § 12 II GKG. S auch „Schmerzensgeld".

Pfandrecht: Es ist § 6 anzuwenden.

Pfändung: Bei der Pfändung einer Forderung oder eines sonstigen Rechts ist der Betrag der zu vollstreckenden Forderung maßgeblich. Wenn der Wert des gepfändeten Rechts niedriger ist, dann gilt dieser geringere Wert, § 6 Anm 3 B, Köln Rpfleger **74**, 165 mwN. Wenn es um ein künftig fällig werdendes Arbeitseinkommen geht, § 850d III, denn gilt nur der Wert der zu vollstreckenden Forderung, **aM** Köln MDR **87**, 61, AG Freyung MDR **85**, 858 (evtl nur Wert des Pfandgegenstands). Wegen des Werts eines Unterhaltsanspruchs vgl § 6 Anm 4.

Pflichtteilsanspruch: S „Erbrechtlicher Anspruch", „Feststellungsklage", „Geldforderung".

Preisbindung: S „Gewerblicher Rechtsschutz".

Prozeßkostenhilfe: Maßgeblich ist bei einer wegen KV 1181 nur im Fall einer Beschwerde, § 127, in Betracht kommenden Kostenentscheidung, § 127 Anm 9, das Kosteninteresse des Beschwerdeführers, BFH BB **73**, 1153, Schlesw SchlHA **58**, 231, insofern aM Nürnb FamRZ **89**, 201 (§ 3), Ffm MDR **88**, 785 (falls nur die Ratenhöhe umstritten ist). Bei nur teilweiser Verwerfung oder Zurückweisung der Beschwerde ist nur dieser Teil beachtlich, insofern richtig Nürnb FamRZ **89**, 201.

Für die Anwaltskosten in der Beschwerdeinstanz geht BFH DB **87**, 568 vom Hauptsachewert aus.

Vgl ferner § 51 II BRAGO, Teil X dieses Buchs.

Prozeßvoraussetzung: Maßgeblich ist stets der Wert der Hauptsache, BGH **37**, 264, Düss JB **72**, 1021, Hamm NJW **69**, 243, KG MDR **57**, 366, Mü Rpfleger **56**, 30, ThP, ZöSchn, abw Rötelmann NJW **62**, 1191.

Rangfolge: Man muß den Wert nach § 3 schätzen.

Ratenzahlung: Der Wert einer Vereinbarung ist nach § 3 zu schätzen.

Räumung: Es gilt § 16 II GKG.

Räumungsfrist: Im Verfahren nach §§ 721, 794a muß man den Wert nach § 3 schätzen. Er berägt also die Miete bzw Nutzungsentschädigung für die begehrte Frist, jedoch höchstens für 1 Jahr, errechnet gemäß §§ 721 V 2 bzw 794a III.

Wegen eines Verfahrens nach § 765a s „Vollstreckungsschutz".

Reallast: Maßgeblich ist § 9. Bei der Forderung nach einer Rente und deren Absicherung durch eine Reallast erfolgt keine Zusammenrechnung, Nürnb JB **64**, 684.

Rechnungslegung: Maßgeblich ist das Interesse des Klägers an der Erleichterung der Begründung des Zahlungsanspruchs, BGH Rpfleger **59**, 110. In der Regel ist ¼ des mutmaßlichen Zahlungsanspruchs anzusetzen, Köln VersR **76**, 1154. Das Gericht muß auch den etwaigen Umstand berücksichtigen, daß der Bekl die Unklarheit über die Höhe des Hauptanspruchs vielleicht schon weitgehend beseitigt hat. Der Wert kann denjenigen der Hauptsache fast erreichen, wenn der Kläger für die Geltendmachung des Hauptanspruchs auf die Rechnungslegung angewiesen ist, BGH MDR **62**, 564. Durch einen Streit über den Grund wird der Wert nicht erhöht, BGH NJW **64**, 2061. Bei einem Rechtsmittel gilt das Interesse des Beschwerdeführers an der Nichteinlegung (vgl aber „Zwangsvollstreckung"). Dasselbe gilt bei einem Streit wegen der Erteilung eines Buchauszugs nach § 87c HGB. Gebührenrechtlich gilt bei der Stufenklage § 18 GKG.

S auch „Stufenklage".

Rechtshängigkeit: Bei einem Streit über die Rechtshängigkeit ist der volle Wert des Anspruchs maßgebend.

Rechtsmittel: Maßgeblich ist § 14 GKG. Beim Anschlußrechtsmittel ist § 19 II GKG zu beachten. Vgl auch Märten, Die Streitwertbemessung bei nachträglicher Rechtsmittelbeschränkung, 1981.

Regelunterhalt: Maßgeblich ist der Jahresbetrag auf der Grundlage des Regelbedarfs, den das Gericht nach freiem Ermessen bestimmt, § 17 I 2 GKG.

S auch „Abänderungsklage".

Rente: Der Wert ist nach § 9 zu berechnen, der Kostenwert nach § 17 II GKG, vgl auch „Aufopferung".

Revision: S „Anschlußrechtsmittel".

Rückerstattung: Bei einer Rückerstattung nach § 717 ist der Wert nicht höher als derjenige des vorangegangenen Rechtsstreits. Zinsen und Kosten werden nicht hinzugerechnet.

S auch „Urteilsänderung".

Rücknahme einer Sache: Maßgeblich ist § 3, Karlsr Just **70**, 12.

Schadensersatz: Bei einer bezifferten Summe ist sie maßgeblich, § 3. Bei einer unbezifferten Summe kann eine Schätzung nach §§ 3, 287 in Betracht kommen; s im übrigen „Schmerzensgeld". Bei einer Wiederherstellung des früheren Zustands in natura kommen §§ 3, 6 als Ausgangspunkte in Betracht.

Schätzung: Wenn der Kläger den fraglichen Betrag in das Ermessen des Gerichts gestellt hat, dann bleibt im allgemeinen eine etwaige eigene Schätzung des Klägers außer Betracht. Sein tatsächliches Vorbringen ist aber zu beachten.

S auch „Schmerzensgeld".

Scheck: S „Geldforderung", „Herausgabe: b) Herausgabe einer Urkunde".

Scheidung: S „Ehesache".

Scheidungsfolgen: S „Ehesache".

Schiedsgerichtsverfahren: Hier sind folgende Fälle zu unterscheiden:

a) Beschlußverfahren. Im Verfahren nach § 1045 ist das Interesse des Antragstellers an der Maßnahme maßgeblich. Die Ernennung und die Ablehnung eines Schiedsrichters betreffen den ganzen Anspruch. Da es sich um einen vorbereitenden Akt handelt, ist die Gebühr schon durch KV 1145–1148, § 46 II BRAGO ermäßigt, **aM** zB Düss NJW **54**, 1492 (der Wert liege erheblich niedriger als der Anspruch), Hbg Rpfleger **63**, 314 (der Wert betrage etwa ¼ des Anspruchs).

S auch „Ablehnung des Schiedsrichters".

b) Vollstreckbarerklärung. In diesem Verfahren ist der volle Wert des Schiedsspruchs oder des Schiedsvergleichs maßgeblich. Denn erst die Vollstreckbarerklärung stellt den Vollstreckungstitel als rechtswirksam fest. Das gilt grundsätzlich auch dann, wenn nur ein Teil des Titels vollstreckbar ist, Hbg NJW **58**, 1046. Die Partei kann aber ihren Antrag auf einen Teil des Schiedsspruchs beschränken. Das kann auch stillschweigend geschehen, Düss Rpfleger **75**, 257, aM Ffm NJW **61**, 735. Dann ist als Wert nur dieser Teilbetrag anzusetzen, Düss Rpfleger **75**, 257 mwN, **aM** Ffm JB **75**, 229, LG Bonn NJW **76**, 1981 mwN (es gelte stets nur derjenige Teil des Vergleichs, der dem Antragsteller günstig sei). Dasselbe gilt bei zwei Ansprüchen, von denen einer abgewiesen wurde und darum nicht vollstreckbar ist, Schwab NJW **61**, 735.

c) Niederlegung. In diesem Verfahren ist der Wert desjenigen Gegenstands maßgeblich, über den der Schiedsspruch erkannt hat oder den der Schiedsspruch ausgeräumt hat.

d) Aufhebungsklage. In diesem Verfahren ist der Wert der Abweisung maßgeblich. Dasjenige, was schon durch den Schiedsspruch abgewiesen wurde, ist nicht hinzuzurechnen. Kosten und Zinsen sind nicht mitzurechnen, BGH MDR **57**, 95.

Schmerzensgeld: Maßgeblich ist grundsätzlich diejenige Summe, die sich auf Grund des Tatsachenvortrags des Klägers bei dessen objektiver Würdigung als angemessen ergibt.

Das ist im wesentlichen **unstreitig. Wie hier** zB Bbg VersR **78**, 1116 und VersR **84**, 875, insofern auch BayObLG AnwBl **89**, 164, ferner Düss Rpfleger **81**, 317 (abl Schmidt), Hamm AnwBl **84**, 202, Kblz JB **77**, 718 je mwN, Mü MDR **87**, 851, Nürnb VersR **77**, 262, Zweibr JB **78**, 1550, LG Itzehoe AnwBl **85**, 43, LG Nürnb AnwBl **84**, 448, LG Saarbr AnwBl **80**, 358, Schneider MDR **85**, 993 mwN; **aM** LG Karlsr AnwBl **81**, 445 (maßgeblich sei die erkennbare Vorstellung des Klägers vom Streitwert).

Eine vom Kläger genannte Mindestsumme ist im allgemeinen nicht schon als solche subjektive Meinung maßgeblich, Ffm VersR **79**, 265, **aM** insofern Bbg VersR **78**, 1116, BayObLG AwBl **89**, 164, ferner Celle NJW **77**, 343 (diese Entscheidung ist zum Teil durch die Vereinfachungsnovelle überholt), Hamm VersR **77**, 935, Mü NJW **86**, 3089, Nürnb MDR **76**, 411 rechte Spalte, Schlesw SchlHA **80**, 118. In der Regel ist der Wert aber auch bei der eben erforderlichen objektiven Würdigung nicht geringer als der Betrag, den der Kläger mindestens begehrt, Hamm AnwBl **84**, 202 mwN, Mü Rpfleger **67**, 166, LG Bochum VersR **78**, 1150, in Wahrheit ebenso Nürnb VersR **88**, 301, LG Itzehoe AnwBl **85**, 43.

Wenn der Kläger einen höheren Betrag als denjenigen nennt, den das Gericht an sich für angemessen hält, dann sollte dieser Umstand in der Regel mitberücksichtigt werden, Bre Rpfleger **65**, 98, Mü MDR **87**, 851, vgl Zweibr JZ **78**, 109. Ein bloßer Wertvorschlag beim unbezifferten Antrag läßt eine Abweichung von 20% bei der Wertfestsetzung zu, Ffm MDR **82**, 674.

Die im Urteil zugesprochene Summe ist nur dann für die Wertfestsetzung maßgeblich, wenn die nach dem Tatsachenvortrag des Klägers bei seiner objektiven Bewertung maßgeblichen Bemessungsumstände auch der Entscheidung zugrunde lagen, Mü VersR **74**, 347. Dieser Fall liegt nicht vor, wenn zB die Klagebehauptungen zum Teil unbewiesen geblieben sind. Dann ist als Wert wiederum derjenige Betrag anzusetzen, der nach dem Tatsachenvortrag des Klägers angemessen gewesen wäre, wenn seine Behauptungen voll bewiesen worden wären, KG MDR **73**, 146, vgl Karlsr MDR **67**, 773 mwN.

Wegen einer Wertänderung in der Berufungsinstanz Zweibr JZ **78**, 244.

Seerechtliches Verteilungsverfahren: Es ist § 3 anwendbar, vgl § 35 GKG.

Sicherheitsleistung: Wenn es um eine Einrede der mangelnden Sicherheitsleistung geht, entspricht der Wert demjenigen der Klage, BGH **37**, 268, vgl auch BLAH § 511a Anm 3 C, § 718 Anm 2, abw Karlsr MDR **86**, 594 (Wert der Sicherheitsleistung). Im Fall des § 713 ist ebenfalls der Wert der Hauptsache maßgeblich, Hbg MDR **74**, 53. Im Fall des § 718 ist das Interesse des Antragstellers maßgeblich, KG MDR **74**, 323. Im Fall einer Beschwerde gegen die Unterlassung der Anordnung einer Sicherheitsleistung nach § 769 ist grundsätzlich $\frac{1}{10}$ des Werts der Hauptsache anzusetzen, Mü Rpfleger **81**, 371. Bei der Klage auf Rückzahlung einer Kaution sind die Zinsen einzurechnen, AG Michelstadt WM **87**, 353.

S auch „Eheverfahren".

Sicherstellung: Es ist § 6 anwendbar.

Sicherungsübereignung: Vgl § 6 Anm 2.

Sorgerecht: Bei seiner Regelung ist § 12 II, III GKG anwendbar.

S auch „Ehesache".

Stationierungsschaden: Wenn er im Weg eines Vergleichs vor der Erhebung der Klage abgegolten wurde, ist der Berechnung der Anwaltsgebühr der zuerkannte Ersatzbetrag zugrunde zu legen. Dieser Betrag ist auch dann maßgeblich, wenn es um ein Schmerzensgeld und einen merkantilen Minderwert geht, BGH **39**, 60, vgl auch BGH NJW **64**, 1523.

Streithilfe: Maßgeblich ist derjenige Teil des Anspruchs der Hauptpartei, auf den sich das Interesse des Streithelfers erstreckt, also die Auswirkung des Urteils auf ihn, Hbg MDR **77**, 1026 und AnwBl **85**, 263, niemals aber ein höherer Wert als derjenige des Hauptanspruchs, Kblz Rpfleger **77**, 175, Mü MDR **58**, 112, so wohl auch (jetzt) Stgt AnwBl **79**, 431. Wenn der Streithelfer dieselben Anträge wie die Hauptpartei stellt, dann ist der Wert der Hauptsache maßgeblich.

Diese Frage ist **streitig. Wie hier** zB BGH **31**, 144, vgl Hbg (6. ZS) AnwBl **85**, 263, ferner Hbg (8. ZS) JB **69**, 555, Nürnb JB **68**, 240, Schneider MDR **79**, 266 mwN; **aM** zB Hbg (10. ZS) MDR **77**, 1026, Kblz MDR **83**, 59 je mwN (auch in dieser Situation sei nur das Interesse des Streithelfers maßgeblich, jedenfalls in der ersten Instanz, Kblz MDR **83**, 59).

Bei einem Streit um die Zulassung des Streithelfers ist sein Interesse am Beitritt maßgeblich. Der Wert kann unter dem Wert des Hauptprozesses liegen, BGH **LM** § 71 Nr 2. In einem Gebrauchsmuster-Löschungsverfahren kann das wirtschaftliche Interesse der Allgemeinheit maßgeblich sein, BPatG GRUR **85**, 524. Einzelheiten Schneider JB **74**, 273.

Streitwertbeschwerde: Maßgeblich ist der Unterschiedsbetrag zwischen dem festgesetzten und dem angestrebten Wert.

Stufenklage: Vgl zunächst „Auskunft", „Rechnungslegung" und „Offenbarung", ferner § 5 Anm 2 B a, § 18 GKG Anm 2 und Schneider Rpfleger **77**, 92. Maßgeblich ist das Interesse des Klägers, BGH NJW **64**, 2061. Da nur der höchste Anspruch maßgebend ist, § 18 GKG, Celle AnwBl **87**, 286, Hamm AnwBl **81**, 69 und FamRZ **86**, 1111, ist jeder der verbundenen Ansprüche sogleich nach § 3 zu schätzen, LG Bayreuth JB **75**, 792, Schneider MDR **86**, 554. Im einzelnen gilt folgendes:

a) Rechnungslegung. Ihr Wert richtet sich nach dem Interesse des Klägers daran, sich die Begründung des Zahlungsanspruchs zu erleichtern, KG AnwBl **84**, 612, Köln VersR **76**, 1154. Dieses Interesse kann im Einzelfall so hoch wie der Herausgabeanspruch zu bewerten sein, nämlich dann, wenn der Kläger ohne eine Rechnungslegung keinerlei Anhaltspunkte hätte, Ffm MDR **87**, 509. Im allgemeinen ist das Interesse an der Rechnungslegung aber niedriger anzusetzen, zB auf ¼ des mutmaßlichen Zahlungsanspruchs, Köln VersR **76**, 1154. Maßgeblich ist der Zeitpunkt der Klagerhebung. Wenn eine Berufung nur die eidesstattliche Versicherung zur Offenbarung betrifft, kann zB ½ des Auskunftsanspruchs anzusetzen sein, Köln Rpfleger **77**, 116.

Auch der Antrag auf die Ermittlung des Werts eines zum Nachlaß gehörenden Grundstücks ist nach dem Grundsatz zu behandeln, daß der höchste der verbundenen Ansprüche maßgebend ist, Hamm AnwBl **81**, 69.

b) Eidesstattliche Versicherung. Das Interesse an ihrer Abnahme bestimmt sich nach demjenigen Mehrbetrag, den sich der Kläger von diesem Verfahren verspricht.

c) Herausgabeanspruch. Sein Wert ist ebenso hoch wie der Wert desjenigen anzusetzen, das herausgegeben werden muß, KG AnwBl **84**, 612.

d) Wertänderung. Es ergibt sich meist, daß für die Verfahrensgebühr praktisch im allgemeinen der Wert des Herausgabeanspruchs allein maßgeblich ist. Für spätere Gebühren kann der Herausgabeanspruch niedriger sein. Höher ist er auch dann praktisch nicht. Denn wenn der Kläger auf Grund der erhaltenen Rechnungslegung einen höher bezifferten Antrag auf eine Herausgabe stellt, dann ist der Streitwert auch für das übrige Verfahren nach § 15 GKG zu erhöhen. Etwas anderes gilt nur dann, wenn sich der Herausgabeanspruch nach der Rechnungslegung infolge einer Teilleistung ermäßigt. Wenn die Klage nur auf eine Auskunftserteilung und auf die Leistung der eidesstattlichen Versicherung abzielt, dann ist für die Wertfestsetzung die Vorstellung des Klägers davon maßgebend, was er durch dieses Verfahren erlangen könnte. Unter Umständen kann dann der nachgeschobene Zahlungsanspruch niedriger sein, Düss MDR **63**, 937 und FamRZ **87**, 1281, vgl Ffm FamRZ **87**, 85.

e) Teilabweisung. Wenn das Gericht bereits den Auskunftsanspruch als unbegründet abweisen mußte, ist die Vorstellung des Klägers davon maßgeblich, was er durch die Auskunft und die Leistung der eidesstattlichen Versicherung seitens des Bekl erhalten konnte, Düss NJW **61**, 2021. Anders ausgedrückt: Wenn der Kläger die Anträge aller Stufen gestellt hatte und bereits der erste Antrag abgewiesen wird, ist der Wert aller Stufen maßgeblich, Düss NJW **64**, 2164, aM Düss NJW **73**, 2034 (aber die Antragstellung war einerseits zum Teil unnötig, andererseits zulässig, Köln NJW **73**, 1848).

f) Leistungs- und Stufenklage. Die Werte sind zusammenzurechnen KG Rpfleger **73**, 226, Mü MDR **89**, 646, LG Bayreuth JB **77**, 1734.

g) Stufen- und Widerklage: Die Streitwerte sind zusammenzurechnen, Karlsr AnwBl **84**, 203.

Teilklage: Maßgeblich ist der geforderte (Teil-)Anspruch.

Teilstreitwert: Maßgeblich ist § 21 GKG.

Testamentsvollstrecker: Maßgeblich ist § 3. Bei der Klage des Testamentsvollstreckers auf seine Einsetzung wenden Schneider ABC, ThP § 3 Anm 2 „Testamentsvollstrecker" § 9 als Ausgangsvorschrift an.

Trennung: Vom Zeitpunkt der Trennung in mehrere Prozesse an ist eine Aufspaltung in die Einzelwerte vorzunehmen, zB FG Bln EFG **83**, 198, Schneider MDR **74**, 9, aM FG Hbg EFG **83**, 254.

Überbau: S § 7 Anm 1 A.

Übereignung: Maßgeblich ist, wie bei einer Herausgabe, § 6, dort Anm 1 A a, B.

Übergabe einer Sache: Maßgeblich ist, wie bei einer Herausgabe, § 6.

Überweisung einer Forderung: Maßgeblich ist § 6, also ist der Wert des Pfandrechts die Obergrenze.

Umlegungsverfahren: Der Streit um die Einbeziehung eines Grundstücks in das Umlegungsverfahren ist kein Eigentumsstreit. Daher ist § 6 unanwendbar, Karlsr AnwBl **84**, 202. Als Wert sind vielmehr 20% des Werts des eingeworfenen Grund und Bodens anzunehmen, Karlsr AnwBl **84**, 202. Dabei sind die etwa vorhandenen Aufbauten, Anpflanzungen und sonstigen Einrichtungen einzubeziehen, BGH **49**, 317 (krit Mü Rpfleger **71**, 366). Derselbe Grundsatz gilt dann, wenn ein Umlegungsplan nach § 66 BauGB angefochten wird, BGH **51**, 341, oder wenn es sich um einen Streit um die Zustellung eines Auszugs aus der Bestandskarte und dem Bestandsverzeichnis handelt, vgl schon (zum alten Recht) BGH Rpfleger **78**, 95.

Umweltschutz: Maßgeblich ist das Interesse des Klägers und nicht das Interesse des Bekl, Roth NJW **72**, 925. Je nach der Begründung der Klage ist entweder § 3 anzuwenden, wenn nämlich eine Störung des Eigentums oder des Besitzes behauptet wird, oder § 12 II GKG maßgeblich, wenn eine Beeinträchtigung des Persönlichkeitsrechts behauptet wird.

Unbezifferter Antrag: § 3 Anm 2.

S auch „Schmerzensgeld".

Unfall: Verschiedenartige Ansprüche sind zusammenzuzählen, vgl § 9 Anm 1. Wenn der Kläger einen Anspruch mit der Einschränkung stellt, er verlange die Leistung nur, „soweit die Ansprüche nicht auf den Sozialversicherungsträger übergegangen sind", dann muß man die übergegangenen Ansprüche abziehen, BGH VersR **61**, 887.

Unlauterer Wettbewerb: S „Gewerblicher Rechtsschutz".

Unterhalt: Maßgeblich ist § 9, vgl § 4 Anm 2 B. Für den Kostenstreitwert gilt § 17 GKG, Ffm AnwBl **82**, 198.

S auch „Abänderungsklage", „Auskunft", „Ehesache", „Einstweilige Anordnung", „Einstweilige Verfügung".

Unterlassung: Hier sind folgende Fälle zu unterscheiden:

a) Allgemeine Geschäftsbedingungen. Bei einer Verbandsklage wegen eines Verstoßes gegen das AGBG ist der Wert mit höchstens 500000 DM anzusetzen, § 22 AGBG. Maßgeblich ist im übrigen das Interesse des Klägers, Bunte DB **80**, 486. Je angegriffene Klausel können 3000–5000 DM angesetzt werden, vgl Bunte DB **80**, 485 mwN.

b) Beleidigung. Es ist von § 12 II GKG auszugehen. Das Ausmaß der Rufbeeinträchtigung kann den Streitwert natürlich erheblich beeinflussen, Ffm AnwBl **83**, 89. Man muß unter Umständen die wirtschaftliche Auswirkung mitberücksichtigen, Mü JB **77**, 852 mwN. Die Streitwerte eines Widerrufs- und eines Unterlassungsanspruchs sind zusammenzurechnen, Düss AnwBl **80**, 358.

c) Besitz- und Eigentumsstörung. Die Schuldform muß evtl mitbeachtet werden, Köln VersR **76**, 740.

d) Dienstbarkeit. Im Fall der Abwehrklage gegen eine Dienstbarkeit vgl § 7 Anm 1.

e) Gewerblicher Rechtsschutz, dazu Ulrich GRUR **84**, 177 (ausf). Maßgeblich ist die Beeinträchtigung des Rechts des Klägers, also seine voraussichtliche Umsatzschmälerung, Ffm JB **76**, 368, Karlsr MDR **80**, 59, Saarbr AnwBl **78**, 467, abw LG Mosbach BB **83**, 2073 (maßgeblich sei der drohende Schaden; zustm Herr MDR **85**, 187, Schneider zuletzt MDR **84**, 545, abl Thesen MDR **84**, 544). Bei der Klage eines Anwalts auf die Unterlassung der Ankündigung einer unerlaubten Rechtsberatung kann sein Interesse maßgeblich sein, LG Ffm AnwBl **82**, 83. Man muß aber auch die Verwirrung des Verkehrs und die Verwässerung des Zeichens infolge des Verhaltens des Bekl nach § 3 mitberücksichtigen, Ffm Rpfleger **74**, 117. Es ist ferner zu berücksichtigen, daß jedes Unterlassungsurteil auch eine Entscheidung mit einer der Rechtskraft fähigen Feststellungswirkung enthält. Diese Wirkung muß mitbewertet werden, BGH **52**, 2 (Anm Rietschl **LM** Nr 37) und BLAH Einf 3 B vor §§ 322–327. Bei einer Immobilienwerbung können 10% des Kaufpreises anzusetzen sein, KG RR **87**, 878.

Wenn entweder mehrere natürliche oder juristische Personen oder eine wirtschaftliche Interessenvereinigung klagen, dann ist die Summe der Interessen aller Kläger maßgeblich, also zB die Summe derjenigen Beträge, die durch eine Abwerbung jährlich hätten verloren gehen können, Karlsr MDR **80**, 59. Unter Umständen muß man einen höheren Wert ansetzen, wenn die Kläger auch Belange von Nichtmitgliedern wahrnehmen. Im Fall einer Verbandsklage nach § 13 UWG gilt das Interesse der Allgemeinheit als der Wert, also nicht das Interesse der gesamten Mitglieder oder der jeweils betroffenen Mitglieder, Hamm AnwBl **87**, 45, Stgt RR **87**, 430 je mwN, aM Marotzke ZZP **98**, 199. Es entscheiden also in einem solchen Fall folgende Faktoren: Die allgemeine Bedeutung der beanstandeten Handlung; die Gefahr der Nachahmung; die Größe der Verletzungen; der Umfang der in Erscheinung tretenden Handlungen, BGH **LM** Nr 52, Düss JB **75**, 229, aM Karlsr BB **68**, 642. Zur Herabsetzung bei gehäuften Abmahnungen Düss GRUR **84**, 218.

Als Beschwerdegegenstand ist das Ziel des Rechtsmittelklägers an der Aufhebung des Verbots für den Zeitraum nach der Entscheidung über das Rechtsmittel anzusehen. Außerdem muß man das Interesse des Rechtsmittelklägers an der Beseitigung der Feststellungswirkung des Unterlassungsurteils berücksichtigen, also das Interesse daran, daß über die Unterlassung nicht anders entschieden werden kann, und zwar auch nicht als Vorfrage, BGH **52**, 5.

Wenn es um die Unterlassung einer Kritik an einem wirtschaftlichen Unternehmen durch eine einstweilige Verfügung geht, dann ist die Höhe der Gefahr eines Schadens bis zum Erlaß des Urteils in der Hauptsache maßgeblich, Celle NJW **64**, 1527. Bei einer wirtschaftlich schwachen Partei kann der Wert für die Gebührenrechnung niedriger festgesetzt werden, § 23a, b UWG, vgl aber (zum alten Recht) Düss DB **77**, 1598 (es kann nämlich unter Umständen ein Rechtsmißbrauch vorliegen), KG AnwBl **78**, 142 (man muß ein gewisses Verhältnis zu dem an sich angemessenen Wert herstellen).

Wenn es um die Unterlassung einer Einwirkung (Immission) geht, muß man den Wert nach der Wertminderung schätzen. § 7 kann einen Anhalt geben, ist aber nicht direkt anwendbar.

S auch das Hauptstichwort „Gewerblicher Rechtsschutz".

f) Mietvertrag. Eine Unterlassungsklage auf Grund eines Mietvertrags ist nicht nach § 16 GKG zu bewerten, sondern nach § 3 ZPO, so wohl auch LG Hann WM **85**, 128. Wegen Hundehaltung s „Mietverhältnis: h) Sonstige Fälle".

g) Zwangsvollstreckung. Im Fall einer Klage auf eine Unterlassung der Zwangsvollstreckung aus einem angeblich erschlichenen Urteil bleiben die nach diesem Urteil zu zahlenden Kosten außer Betracht, BGH NJW **68**, 1275, Mü BB **88**, 1843, aM Hbg MDR **88**, 1060 (aber eine Unterlassungsklage ist keine Schadensersatzklage).

Urheberrechtsschiedstelle: Nach § 13 III VO v 20. 12. 85, BGBl 2543, gilt die ZPO.

Urkunde: Beim Streit um ihre Feststellung gilt § 3, ebenso beim Streit um ihre Vorlegung zur Einsichtnahme, Köln MDR **83**, 321 (¼ des Hauptsachewerts).

S auch „Herausgabe: b) Herausgabe einer Urkunde", „Zwischenstreit".

Urteilsänderung: Wenn es um einen Anspruch nach § 717 geht, dann findet keine Erhöhung des Werts statt, falls dieser Anspruch in demselben Verfahren geltend gemacht wird, ohne daß der Antragsteller einen weitergehenden Schaden ersetzt verlangt. Das gilt auch bei einem einfachen Antrag nach § 717 II, BGH **38**, 237, so jetzt auch LAG Bln DB **88**, 612. Man darf auch weder Zinsen noch Kosten hinzurechnen, und zwar unabhängig davon, in welcher Klageform der Schadensersatz verlangt wird, BLAH § 717 Anm 3 B, Stgt AnwBl **76**, 133. Entsprechendes gilt in den Fällen der §§ 302 IV, 600 II.

Valuta: Im Fall einer Klage auf eine Zahlung in einer ausländischen Währung ist der Kurswert im Zeitpunkt der Klagerhebung oder im Zeitpunkt der Einlegung des Rechtsmittels maßgeblich, § 4.

Vaterschaftsanerkenntnis: In den Fällen der §§ 1600f BGB in Verbindung mit § 640 II Z 1 Hs 2 ZPO, §§ 1600l und 1600n BGB, § 640 II Z 3 ZPO ist jeweils nach § 12 II 3 GKG von einem Regelstreitwert von 4000 DM auszugehen.

S auch „Kindschaftssache".

Verbindung: Vgl § 5 Anm 2 A.

Verein: Bei der Zugehörigkeit zum Verein entscheidet seine Natur, § 12 Anm 2 C; nichtvermögensrechtlich, § 12 II GKG, ist der Streit beim Idealverein, Köln MDR **84**, 153 (1000 DM), vgl auch Ffm Rpfleger **66**, 25, oder der Streit über die Auflösung des Landesvorstandes einer politischen Partei, KG JB **70**, 309.

S auch „Ausscheiden und Ausschließung".

Vergleich: Maßgeblich ist der Wert sämtlicher streitigen Ansprüche, die in den Vergleich einbezogen worden sind, BGH NJW **64**, 1523, Bbg AnwBl **84**, 94, Hamm Rpfleger **83**, 504, nur grds richtig LAG Köln MDR **87**, 169 (wegen einer Abzinsung s aber oben „Betagter Anspruch"), ferner Schneider Rpfleger **86**, 82 mwN, also nicht der Betrag oder Wert, auf den sich die Parteien einigen. Das gilt auch zB bei einem Totalschaden, LG Freibg AnwBl **71**, 361. S auch „Stationierungsschaden". Wenn ein bisher unstreitiges Rechtsverhältnis in den Vergleich einbezogen worden ist, dann ist zwar von § 779 BGB auszugehen; man muß aber den sortigen Begriff „Unsicherheit" weit auslegen.

Diese Frage ist **streitig. Wie hier** zB Schmidt MDR **75**, 27, ähnlich Zweibr MDR **78**, 496 (dieses Gericht hält das Interesse an der Titulierung für maßgeblich), Markl Festschrift für Schmidt (1981) 87 mwN; **abw** Schneider Rpfleger **86**, 83; **aM** zB KG NJW **69**, 434.

Man muß als zB unterscheiden, ob nur ein deklaratorischer Vergleich vorliegt; dann muß man ihn grundsätzlich unberücksichtigt lassen, vgl auch LG Verden JB **70**, 256, LAG Stgt DB **84**, 784, oder ob auch für das bisher unstreitige Rechtsverhältnis immerhin zumindest vorsorglich eben Vollstreckungstitel geschaffen werden sollte, Ffm MDR **62**, 662, aM zB Köln MDR **63**, 690. S auch „Aufrechnung", „Ratenzahlung". Wegen einer vergleichsweisen Verpflichtung zur Rücknahme einer Klage vgl Köln MDR **71**, 58. Die Übernahme der Verpflichtung zur Rücknahme eines in einem anderen Verfahren gegen einen Dritten eingelegten Rechtsmittels braucht den Vergleichswert nicht zu erhöhen, Köln MDR **71**, 58, LAG Hamm MDR **80**, 613.

Wenn eine Partei im Vergleich auf einen Teil des bisher nicht eingeklagten Anspruchs verzichtet, weil dessen Durchsetzbarkeit zweifelhaft ist, dann erhöht sich der Vergleichswert nur um einen angemessenen Teilbetrag, zB LAG Hamm MDR **80**, 613 (abl Schmidt AnwBl **84**, 363).

Wenn ein zur Aufrechnung gestellter Anspruch auch nur evtl nicht durchsetzbar ist, zB wegen einer Verjährung, will Karlsr MDR **81**, 57 das beim Streitwert berücksichtigen. Diese Auffassung verkennt, daß es zum Wesen des Vergleichs gehört, gerade eine Ungewißheit zu beseitigen, § 779 I BGB.

Es ist für den Wert dann unerheblich, ob die Parteien den Vergleich in einem anderen Verfahren geschlossen haben, Hamm Rpfleger **83**, 504, oder ob für die Prüfung der Gegenforderung ein anderes Gericht zuständig gewesen wäre, etwa das Familiengericht, KG Rpfleger **83**, 505.

Beim Vergleich nur über die Kosten des Rechtsstreits ist der Betrag aller bisher entstandenen Kosten maßgeblich.

Beim Streit um die Wirksamkeit des Vergleichs ist der Wert des ursprünglichen Klagantrags maßgeblich. Weitere Einzelfragen bei Schneider Rpfleger **86**, 81.

Verlustigkeitsbeschluß: Im Fall des § 515 III, auch in Verbindung mit § 346, sind diejenigen gerichtlichen und außergerichtlichen Kosten maßgeblich, die bis zum Antrag auf den Erlaß der Verlustigkeitserklärung und der Kostenentscheidung entstanden sind, BGH **15**, 394, Bbg JB **75**, 771 und **76**, 335, Schlesw SchlHA **76**, 142.

Veröffentlichung: Ihr Wert ist neben demjenigen einer Unterlassungs- oder Schadensersatzklage besonders zu bewerten, Hbg MDR **77**, 142 mwN, aM zB Stgt NJW **59**, 890.

Versicherung: Hier sind folgende Situationen zu unterscheiden:

a) Deckungsprozeß. Die §§ 3 und 9 sind anwendbar, vgl Hamm AnwBl **84**, 95, und zwar wegen § 17 II 2 GKG auch für den Kostenstreitwert, BGH NJW **74**, 2128 und NJW **82**, 1399 mwN.

Das ist **streitig; abw** zB Hamm NJW **74**, 1387 (die Leistung des Versicherers sei mit höchstens 5000 DM anzusetzen, dazu offen BGH VersR **82**, 591, krit Imendörfer NJW **74**, 2137), ähnlich Düss VersR **74**, 1034 (die Begrenzung gelte insofern, als die Versicherung schon gezahlt habe), Schlesw VersR **76**, 333 (die Begrenzung gelte nur dann, wenn man ausschließlich dem Rückgriffsanspruch vorbeuge); **aM** zB Saarbr JBl Saar **67**, 107, Schneider MDR **73**, 181 mwN.

b) Krankenhaustagegeld. Bei dieser Versicherung ist § 3 anwendbar, Köln JB **77**, 1131 (das Gericht geht von einer Fünfjahresprämie aus).

c) Todesfallrisiko. Bei einer Versicherung auf dieses Risiko ist § 3 anwendbar. Man kann § 6 mit heranziehen, Brschw JB **75**, 1099.

Versorgungsausgleich: Maßgeblich ist § 17a GKG.

Verteilungsverfahren: Maßgeblich ist die Verteilungsmasse ohne einen Abzug der Kosten und ohne eine Hinzurechnung von Zinsen. Wenn ein Überschuß für den Schuldner verbleibt, dann ist nach § 6 der verteilte und für die Kosten verwendete Betrag maßgeblich.

Vertragsabschluß: Maßgeblich ist § 3; § 16 GKG ist nicht anwendbar.

Verzugszinsen: Wenn sie selbstständig eingeklagt werden, ist § 3 und nicht etwa § 9 anwendbar, BGH **36**, 147.

Vollstreckbarerklärung: Maßgeblich ist § 3.

S auch „Schiedsgerichtsverfahren: b) Vollstreckbarerklärung", „Zwangsvollstreckung".

Vollstreckungsabwehrklage: Maßgeblich ist der Umfang der Ausschließung der Zwangsvollstreckung, auch bei Vermögensverfall, BGH RR **88**, 444, oder im Fall des § 768, Köln MDR **80**, 852 mwN. Dasselbe gilt auch dann, wenn die Zwangsvollstreckung auf Grund einer notariellen Urkunde stattfindet. Soweit es nach unstreitiger Teilerfüllung um die Unzulässigkeit gleichwohl der Zwangsvollstreckung insgesamt geht, schätzt Kblz VersR **88**, 1304 den Wert der Teilerfüllung (nur) nach § 3. Falls der Kläger allerdings nur die Unzulässigkeitserklärung eines Teils jener Urkunde erreichen will, dann ist nur jener Teil der Urkunde maßgeblich, BGH NJW **62**, 806, Köln Rpfleger **76**, 139. Wenn auf Grund des streitigen Vollstreckungstitels Kosten festgesetzt wurden, dann sind diese nach § 4 eine Nebenforderung und werden daher dem Wert nicht hinzugerechnet, BGH NJW **68**, 1275, aM LG Köln NJW **64**,2165.

Wenn der Kläger gleichzeitig beantragt, bereits durchgeführte Zwangsvollstreckungsmaßnahmen rückgängig zu machen, dann erhöht sich der Wert durch diesen Zusatzantrag nicht, Schlesw SchlHA **58**, 113. Falls nur die Fälligkeit streitig ist, gilt nur der Wert der einstweiligen Ausschließung. In der Beschwerdeinstanz gegenüber einer Maßnahme nach § 769 ist nur ein nach § 3 bemessener Bruchteil des Werts der Hauptsache anzusetzen, KG Rpfleger **82**, 308 mwN.

S auch „Auskunft", „Zwangsvollstreckung".

Vollstreckungsklausel. Im Fall einer Klage auf die Erteilung der Klausel nach § 731 ist der Wert desjenigen Anspruchs maßgeblich, der beigetrieben wird, Köln Rpfleger **69**, 247, LG Hildesheim NJW **64**, 1232. Im Fall des § 768 ist der Umfang der Ausschließung der Zwangsvollstreckung maßgeblich, Köln MDR **80**, 852 mwN.

S auch „Zwangsvollstreckung".

Vollstreckungsschutz: Während des Rechtsstreits zur Hauptsache gilt kein besonderer Wert. Im Verfahren nach § 765a ist der Wert, soweit erforderlich, nach § 3 auf Grund des Interesses an der begehrten Maßnahme zu schätzen. Im Verfahren nach § 813a ist der Unterschiedsbetrag zwischen dem gewöhnlichen Verkaufswert und dem geschätzten Versteigerungserlös maßgeblich, § 3, AG Hann NdsRpfl **70**, 177.

Vorbereitender Anspruch: S „Herausgabe", „Rechnungslegung", „Stufenklage".

Vorkaufsrecht: Wenn es um den Antrag auf die Herausgabe eines Gegenstands geht, der einem Vorkaufsrecht unterliegt, dann ist § 6 anwendbar. Im Fall einer Klage auf die Feststellung des Bestehens oder Nichtbestehens des Vorkaufsrechts oder der Feststellung, ob das Vorkaufsrecht rechtzeitig ausgeübt worden sei, ist § 3 anwendbar. Daher ist das Interesse an der Feststellung maßgeblich, BGH **LM** Nr 13. Im Fall der Aufhebung bzw Löschung ist § 3 anwendbar.

Vorlegung einer Urkunde: S „Herausgabe", a) Herausgabe einer Urkunde", „Zwischenstreit".

Vormerkung: Vgl § 6 Anm 3 B.

Vornahme einer Handlung: Bei der Klage ist § 3 anwendbar, also das (volle) Interesse des Klägers ohne die erforderlichen Kosten.

S auch „Zwangsvollstreckung: a) Erwirkung einer Handlung oder Unterlassung".

Vorrecht: Bei einem Vorrecht im Konkurs ist der Wert nach § 148 KO, Anh II nach § 12 GKG, zu bestimmen. Im Fall einer Vollstreckungsklage ist der Wert der niedrigeren Forderung ohne Zinsen und Kosten anzusetzen.

Vorschußzahlung: Eine unter einem Vorbehalt erfolgte Vorschußzahlung wird von der Klageforderung nicht abgezogen, ThP § 3 Anm 2 „Vorschußzahlungen".

Vorzugsklage: Maßgeblich ist der Wert der geringeren vollstreckbaren Forderung ohne Zinsen und Kosten.

Wahlschuld: Es sind folgende Fälle zu unterscheiden:

a) Wahlrecht des Klägers. Maßgeblich ist die höhere Leistung, soweit der Kläger nicht die niedrigere Leistung wählt. Beim Streit nur um die Person des Wahlberechtigten ist § 3 maßgeblich, also der etwaige Unterschiedsbetrag.

b) Wahlrecht des Beklagten. In diesem Fall ist die niedrigere Leistung maßgeblich.

Währung: S „Auslandswährung".

Wandlung: Im Fall des § 465 BGB gilt § 3. Im Fall des § 467 BGB gilt der Wert der Forderung oder der Sache. Bei der Klage auf die Rücknahme der Sache ist § 3 anwendbar, vgl Karlsr Just **70**, 12.

Wärmelieferungsvertrag: Das Interesse des Klägers ist nach § 3, nicht nach § 8, zu schätzen, BGH RR **89**, 381.

Wechsel: S zunächst „Geldforderung". Für die Nebenforderungen gilt § 4 II.

S auch „Herausgabe: Bei Herausgabe einer Urkunde".

Wegnahme: S „Duldung der Zwangsvollstreckung".

Wertpapier: S „Herausgabe: b) Herausgabe einer Urkunde".

Wettbewerbsrecht: S „Gewerblicher Rechtsschutz".

Widerklage: Es ist § 5 anzuwenden. Die unzulässige Widerklage allein gegen einen Dritten ist auch bei einer nur hilfsweisen Erhebung unabhängig von § 19 IV GKG selbständig zu bewerten, Mü MDR **84**, 499 mwN. Für den Kostenstreitwert gilt im übrigen § 19 GKG.

S auch „Hilfswiderklage".

Widerruf: Maßgeblich ist § 3, vgl Celle NdsRpfl **70**, 207.

Widerspruchsklage: Es sind folgende Fälle zu unterscheiden:

a) Widerspruchsklage des Dritten, § 771. Maßgeblich ist die Höhe derjenigen Forderung, für die gepfändet wurde, und zwar ohne Zinsen und Kosten. Der Wert beträgt jedoch höchstens den Wert des Pfändungsgegenstands, § 6, Düss Rpfleger **78**, 426, Mü Rpfleger **77**, 336 (und zwar für jeden Gläubiger besonders). Ausnahmsweise kann § 3 anwendbar sein, LG Ffm Rpfleger **75**, 322.

b) Widerspruchsklage des Nacherben, § 773. Im Fall einer solchen Widerspruchsklage ist der Gesamtwert der Leistung maßgeblich, s „Erbrechtlicher Anspruch".

c) Teilungsversteigerung, § 180 ZVG. Maßgeblich ist die Höhe der Forderung ohne Zinsen und Kosten, jedoch begrenzt durch den Wert des zu versteigernden Objekts, aM LG Ffm Rpfleger **75**, 322 (das Gericht wendet § 3 an).

Wiederaufnahme: S zunächst § 4 Anm 3 A. Maßgeblich ist § 3, nach oben begrenzt durch den Wert des aufzunehmenden Verfahrens, ohne Zinsen und Kosten, Hbg MDR **69**, 228.

Willenserklärung: Beim Streit um ihre Abgabe muß man das Interesse des Klägers nach § 3 schätzen, Mü AnwBl **88**, 645, und dabei berücksichtigen, ob durch die Willenserklärung ein vermögensrechtlicher, nichtvermögensrechtlicher oder kombinierter Erfolg eintritt. Eine Willenserklärung, die nach Beurkundung der Auflassung weiter der Vollziehung dient, kann mit 1/10 bis 1/4 des Grundstückswerts zu bemessen sein, Mü AnwBl **88**, 645.

Wohnrecht: Der Wert ist nach § 7 zu bestimmen, aM LG Heidelb AnwBl **84**, 373 (es wendet § 3 an).

Wohnungseigentum: Wenn es um die Entziehung des Wohnungseigentums geht, §§ 18, 19 WEG, dann ist das Interesse der Kläger am Eigentumswechsel maßgeblich, in der Regel also der objektive Verkehrswert, Karlsr AnwBl **80**, 255 mwN, LG Mü Rpfleger **70**, 93, AG Hildesh ZMR **87**, 346.

Im gerichtlichen Verfahren setzt der Richter den Wert nach dem Interesse der Beteiligten fest, § 48 II WEG; KG MDR **88**, 56 begrenzt den Wert im Interesse gleichen Zugangs zu den Gerichten bei einer großen Gemeinschaft auf das Fünffache des wirtschaftlichen Eigeninteresses des Antragsstellers; **abw** BayObLG RR **89**, 79 (angemessene, aber nicht volle Berücksichtigung des Interesses aller Beteiligten); **aM** Schmid ZMR **88**, 366 (er fordert aber eine entsprechende Gesetzesänderung).

Zum Geschäftswert bei der Anfechtung eines Eigentümerbeschlusses über die Jahresabrechnung und den Wirtschaftsplan BayObLG **79**, 312. Bei einer nur auf Verfahrensfehler bei der Anberaumung der Versammlung der Wohnungseigentümer gestützten Anfechtung ihres Beschlusses begrenzt LG Köln RR **89**, 81 den Wert auf die Kosten einer neuen Versammlung. Bei der Klage auf die Herausgabe einer gekauften Eigentumswohnung ist § 6 anwendbar, BGH WertMitt **67**, 662, also nicht § 16 II 2 GKG, Ffm AnwBl **84**, 203.

Vgl auch Anh I nach § 128a KostO, Teil III dieses Buches.

Zeugnis: Wenn es um die Ausstellung eines Zeugnisses geht, ist § 3 anzuwenden, LAG Bre AnwBl **84**, 155; LAG Hamm AnwBl **87**, 497, LAG Kiel AnwBl **87**, 497 je mwN, LAG Stgt AnwBl **86**, 106 gehen beim endgültigen qualifizierten Zeugnis von einem Monatslohn aus; LAG Hamm AnwBl **87**, 497 und BB **89**, 634 setzt beim Zwischenzeugnis einen halben Monatslohn an, LAG Kiel AnwBl **87**, 497 auch dann einen vollen.

Zeugnisverweigerungsrecht: Maßgeblich ist entweder § 3 ZPO oder (im nichtvermögensrechtlich begründeten Verweigerungsfall) § 12 II GKG. Man muß den Wert der Hauptsache im Zwischenstreit nach § 387 mitberücksichtigen, KG NJW **68**, 1937.

Zinsen: Es ist § 4 anwendbar. Für den Kostenstreitwert gilt § 22 GKG. Soweit Zinsen zur Hauptforderung werden, gilt § 3, nicht § 9, auch in der Beschwerdeinstanz, BGH BB **81**, 1491.

Zug-um-Zug-Leistung: Vgl § 6 Anm 1 B.

Zurückbehaltungsrecht: Vgl § 6 Anm 1B.

Zurückverweisung: Wegen der Einheitlichkeit der Instanz ist der alte Wert maßgeblich.

Zuständigkeit: Im Fall einer abgesonderten Verhandlung über die Zuständigkeit ist der Wert der Hauptsache maßgeblich, Düss Rpfleger **72**, 463, Hamm NJW **69**, 243. In der Berufungsinstanz ist bei einem Hilfsantrag auf eine Verweisung ⅓ des Werts der Hauptsache anzusetzen, LG Brschw NJW **73**, 1846.

Zustimmung: S „Willenserklärung".

Zwangsvollstreckung: Es sind folgende Fälle zu unterscheiden:

a) Erwirkung einer Handlung oder Unterlassung. Maßgeblich ist, auch in der Beschwerdeinstanz, BayObLG **88**, 444, der Wert einer Durchführung der Zwangsvollstreckung für den Gläubiger, insofern ebenso Mü MDR **83**, 1029 mwN. Dieser Wert ist in der Regel ebenso hoch wie der Wert der Hauptsache anzusetzen, zB BayObLG **88**, 444, LAG Stgt AnwBl **86**, 106 mwN, ThP § 3 Anm 2 „Zwangsvollstreckung", abw Nürnb AnwBl **79**, 390 (es handle sich um eine Frage, die nur von Fall zu Fall entschieden werden könne; mitbeachtlich sei die Art des Verstoßes). Die Höhe eines Zwangsmittels oder Ordnungsmittels ist unerheblich, KG MDR **73**, 507, so grds auch LAG Stgt AnwBl **86**, 106, ferner VGH Mannh NJW **73**, 1898.

Der Betrag eines Zwangsmittels oder Ordnungsmittels muß aber im Beschwerdeverfahren bei einer Zwangsvollstreckung nach den §§ 888, 890 beachtet werden.

Diese Frage ist **streitig. Wie hier** zB Düss MDR **77**, 676, Stgt Rpfleger **73**, 314 mwN; **aM** insofern Mü MDR **83**, 1029 mwN, LAG Bln BB **79**, 1404, LAG Bre AnwBl **88**, 174, LAG Stgt AnwBl **86**, 106.

Der Wert ist allerdings unter Umständen höher, nämlich dann, wenn zusätzlich Streit darüber besteht, ob der Schuldner das zugrundeliegende Verhalten wiederholen darf, Düss MDR **77**, 676.

Bei einer Klage auf die Beschaffung einer Genehmigung des Vormundschaftsgerichts zum Abschluß eines Kaufvertrags über ein Grundstück ist der Wert des Grundstücks maßgeblich, Ffm Rpfleger **59**, 137.

b) Einstellung, Beschränkung, Aufhebung. In diesen Fällen gilt der Rest der Schuld auf Grund des Vollstreckungstitels ohne Zinsen und Kosten. Wenn es um einen bloßen Aufschub geht, ist ein nach § 3 bemessener Bruchteil der Restforderung anzusetzen, KG Rpfleger **82**, 308 mwN, LG Bayreuth JB **76**, 803. Wenn die Zwangsvollstreckung nur wegen der Kosten möglich ist, dann sind nur die Kosten maßgeblich, BGH **10**, 249.

c) Vollstreckungsklage. In dieser Situation ist der Wert desjenigen Anspruchs maßgeblich, der vollstreckt werden soll.

d) Unzulässigkeit. Im Fall einer Klage auf die Unzulässigkeit der Zwangsvollstreckung ist die Höhe des gesamten Zahlungsanspruchs maßgeblich. Falls der Kläger die Zwangsvollstreckung nur wegen eines Teils der Ansprüche für unzulässig hält, dann ist nur der umstrittene Teil maßgeblich, BGH NJW **62**, 806.

e) Zinsen. Sie sind auch in der Zwangsvollstreckung wie sonst zu behandeln, § 4 ZPO, § 22 GKG, Mü BB **88**, 1843, abw Köln DGVZ **86**, 151 mwN (wegen KV 1149, 1181, § 57 II 1 BRAGO seien die Zinsen im Beschwerdeverfahren hinzuzurechnen). Prozeßkosten sind hinzuzurechnen. Die Kosten der Zwangsvollstreckung sind nicht hinzuzurechnen, vgl „Vollstreckungsabwehrklage" und § 6.

S auch „Duldung der Zwangsvollstreckung", „Pfändung", „Unterlassung. g) Zwangsvollsteckung", „Vollstreckbarerklärung", „Vollstreckungsabwehrklage", „Vollstreckungsschutz".

Zwischenfeststellungsklage: S „Feststellungsklage".

Zwischenstreit: Der Wert ist nach dem Wert der Aussage des Zeugen für die Hauptsache zu schätzen, § 3, KG NJW **68**, 1937, Köln MDR **83**, 321 (¼ des Hauptsachewerts), **aM** Köln VersR **73**, 832 (unabhängig von dem Wert der Hauptsache gelte § 12 II GKG. Aber die vermögensrechtliche Beziehung ist oft auch für den Zwischenstreit die Grundlage). Wenn es um den ausschlaggebenden, evtl den einzigen Zeugen geht, dann kann der Wert des Zwischenstreits den Wert der Hauptsache erreichen. Vgl auch Schneider JB **78**, 26 und MDR **73**, 272.

S auch „Urkunde", „Zuständigkeit".

Wertberechnung. Nebenforderungen

ZPO § 4. I Für die Wertberechnung ist der Zeitpunkt der Einreichung der Klage, in der Rechtsmittelinstanz der Zeitpunkt der Einlegung des Rechtsmittels, bei der Verurteilung der Zeitpunkt des Schlusses der mündlichen Verhandlung, auf die das Urteil ergeht, entscheidend; Früchte, Nutzungen, Zinsen und Kosten bleiben unberücksichtigt, wenn sie als Nebenforderungen geltend gemacht werden.

II Bei Ansprüchen aus Wechseln im Sinne des Wechselgesetzes sind Zinsen, Kosten und Provision, die außer der Wechselsumme gefordert werden, als Nebenforderungen anzusehen.

1) Allgemeines. Bei der Kostenberechnung muß man außer dem § 4 auch die §§ 14, 15, 22 GKG, 8ff BRAGO beachten. Nach § 141 GKG ist der Wert zur Zeit der Beendigung der Instanz maßgebend, falls er im Verlauf des Verfahrens gestiegen ist, etwa infolge des Ansteigens des Börsenkurses. Eine Wertverminderung im Verlauf der Instanz bleibt unbeachtet, Düss AnwBl **81**, 444. Vgl aber auch § 14 II GKG. Die Fälligkeit der Gebühr richtet sich nach § 61 GKG.

2) Zeitpunkt für die Wertberechnung, I. A. Grundsätze. Für die Wertberechnung sind folgende Zeitpunkte maßgeblich:

a) Klageinreichung. Zunächst kommt der Zeitpunkt der Einreichung der Klage in Betracht, also der Zeitpunkt ihres Eingangs beim Gericht, nicht etwa der Zeitpunkt der Klagerhebung, also nicht etwa der Zeitpunkt der Zustellung an den Bekl, aM Zeiss, Zivilprozeßrecht, 7. Aufl (1989) 29. Es ist unerheblich, ob die Klage bei ihrer Einreichung mangelhaft oder ordnungsgemäß war, vgl Köln VersR **74**, 605.

b) Berufung. Ferner kommt der Zeitpunkt der Einlegung der Berufung in Betracht. Wegen der Gebührenberechnung gilt dann allerdings § 15 I GKG. Der Zeitpunkt der Einlegung der Berufung hat aber nur dann eine Bedeutung, wenn sich der Wert zwischen der Einreichung der Klage und der Einlegung des Rechtsmittels verändert hat. Vgl dazu § 511a. Der Beschwerdewert kann den Wert der ersten Instanz übersteigen. Man muß beide Werte im Zeitpunkt der Einlegung miteinander vergleichen. Wenn der Berufungskläger die Berufung freiwillig unter die Rechtsmittelgrenze ermäßigt, dann wird sein Rechtsmittel unzulässig, BGH NJW **51**, 274, Düss FamRZ **82**, 498. Etwas anderes gilt dann, wenn die Ermäßigung unfreiwillig erfolgte, BGH **LM** § 546 Nr 8, 54 (etwa zur Abwendung der Zwangsvollstreckung, was ausdrücklich erklärt werden muß, Hamm NJW **75**, 1843), oder wenn der Berufungsbekl seinen Abweisungsantrag aufrechterhält und nur hilfsweise die Hauptsache für erledigt erklärt, BGH NJW **67**, 564.

c) Revision. Wegen § 546 II ist ferner der Zeitpunkt des Erlasses des Berufungsurteils maßgeblich, soweit es um den Wert der Beschwer geht und soweit die Zulässigkeit der Revision von diesem Wert abhängig ist. Im übrigen ist der Zeitpunkt der Einlegung der Revision maßgeblich, vgl BGH VersR **82**, 591.

d) Sonstiges Rechtsmittel. Maßgeblich ist der Zeitpunkt seiner Einlegung.

e) Verurteilung. Maßgeblich ist die letzte mündliche Verhandlung. Wenn keine mündliche Verhandlung stattgefunden hat, ist derjenige Zeitpunkt maßgeblich, der dem Schluß einer mündlichen Verhandlung nach § 128 II 2, III 2 gleichsteht.

f) Sonstige Fälle. Maßgeblich ist der Zeitpunkt des Eingangs des Antrags.

B. Einzelheiten. Nach A sind bei einer Unterhaltsklage die Rückstände aus der Zeit vor der Klageinreichung dem Streitwert hinzuzurechnen, § 17 IV GKG, die nach der Klageinreichung fällig gewordenen Beträge bleiben außer Betracht, vgl BGH **LM** § 9 Nr 12 (zum alten Recht), Oldb FamRZ **79**, 64. Wenn der Kläger zunächst eine Feststellungsklage eingereicht hatte und nun wegen der inzwischen fällig gewordenen Beträge zur Leistungsklage übergegangen ist, dann werden die Werte zusammengerechnet, BGH **2**, 74, vgl auch § 9 Anm 3.

Eine Verbindung oder eine Trennung der Prozesse hat auf die sachliche Zuständigkeit des Gerichts keinen Einfluß. Eine solche Maßnahme wirkt wegen des Kostenstreitwerts nur für die Zukunft. Eine Minderung des Verkehrswerts der Streitsache während des Verfahrens in derselben Instanz ist unerheblich; s BLAH § 511a Anm 4 „zu § 4" (für die Kostenberechnung vgl oben Anm 1). Eine Erweiterung der Klage oder eine Widerklage können eine Verweisung vom AG an das LG notwendig machen, § 506. § 4 gilt nicht, wenn die Sondervorschrift des § 8 anwendbar ist, BGH **LM** § 5 Nr 12. Bei einem Verstoß gegen § 308 bleibt der Antrag maßgeblich, BGH **LM** § 5 Nr 12.

3) Nebenforderung, I. A. Grundsatz. Eine Nebenforderung ist ein Anspruch, den dieselbe Partei neben dem Hauptanspruch erhebt und der sachlichrechtlich vom Hauptanspruch abhängig ist, BGH **LM** § 5 VVG Nr 2, Bbg JB **76**, 344, Celle MDR **88**, 414, Schlesw Rpfleger **82**, 301. Die Höhe der Nebenforderung ist für ihre Einordnung unerheblich. Eine Forderung bleibt bei der Wertberechnung dann unberücksichtigt, wenn sie als eine bloße Nebenforderung geltend gemacht wird. Wenn der Kläger die fragliche Forderung jedoch als Hauptforderung geltend macht oder wenn das vorerwähnte Abhängigkeitsverhältnis fehlt, dann muß die Nebenforderung der Hauptforderung hinzugerechnet werden.

a) Beispiele einer Hinzurechnung: Zinsen aus einem nicht miteingeklagten Kapital, vgl auch B; unter Umständen rückständige Bezüge neben wiederkehrenden Leistungen, vgl Anm 2 B; Kosten oder Zinsen eines Dritten, die man im Wege eines Rückgriffs geltend macht; Kosten oder Zinsen in einem Anfechtungsprozeß außerhalb eines Konkursverfahrens, denn sie erhöhen die Forderung; das Bezugsrecht auf junge Aktien neben dem Anspruch auf die Herausgabe der Aktien; Kosten eines früheren Prozesses bei einer Maßnahme der Zwangsvollstreckung; Kosten, die ziffernmäßig genannt sind, BGH Rpfleger **59**, 111; bei einer Klage auf eine Einwilligung in die Auszahlung eines hinterlegten Betrags diejenigen Zinsen, die bis zur Einlegung des Rechtsmittels aufgelaufen sind, denn es liegt ein einheitliches Verlangen vor, also keine Nebenforderung gegenüber dem Bekl, vielmehr muß der Staat den Betrag verzinsen, BGH MDR **67**, 280.

§ 4 gilt auch zB: Bei einer Wiederaufnahmeklage; wenn der Kläger einen Vollstreckungsschaden infolge einer Änderung des Urteils geltend macht, BLAH § 717 Anm 3 B; bei einer Vollstreckungsabwehrklage, § 767 (die Kosten des Vorprozesses sind als Nebenforderung anzusehen. BGH NJW **68**, 1275); bei einer Klage auf die Aufhebung eines Schiedsspruchs, BGH MDR **57**, 95 (im Schiedsspruch zuerkannte Zinsen und Kosten).

b) Beispiele des Verbots einer Hinzurechnung: Zinsen desjenigen Anspruchs, von dem eine Befreiung begehrt wird, BGH **LM** Nr 14 (wohl aber Kosten, BGH **LM** § 5 VVG Nr 2); Zinsen, die man im Wege einer Anschlußberufung fordert, Schlesw SchlHA **76**, 14; eine Enteignungsentschädigung nach dem BauGB, vgl (zum alten Recht) BGH

NJW **70**, 1083, Zweibr Rpfleger **87**, 156; ein Steuersäumniszuschlag, BGH Rpfleger **79**, 111; Kosten einer Vollstreckungsklage nach § 722. Eine Nebenforderung wird nicht schon durch ihre getrennte Berechnung zum Hauptanspruch. Im übrigen ist die Rechtsnatur die Klage unerheblich.

B. Ausnahmen. Zu Hauptansprüchen werden folgende Forderungen:

a) Nebenforderung. Sie wird zum Hauptanspruch nach der Erledigung des bisherigen Hauptanspruchs, Schlesw Rpfleger **82**, 301. Wird nur ein Teilbetrag des Hauptanspruchs erledigt, so werden auch die zu diesem Teilbetrag gehörenden Zinsen neben dem in derselben Instanz weiterhin geltend gemachten Rest des Hauptanspruchs zu einem weiteren Hauptanspruch, BGH **26**, 175, Ffm JB **78**, 591, vgl auch Lappe Rpfleger **55**, 121.

b) Kosten. Sie bleiben neben dem noch feststehenden Hauptanspruch auch dann Nebenforderung, wenn der Kläger sie in den bezifferten Hauptantrag eingerechnet hat, BGH RR **88**, 1199 mwN. Sie werden zum Hauptanspruch unter Umständen erst nach der Erledigung aller anderen Hauptansprüche, Köln GRUR **85**, 459. Die Kosten einer nur teilweise erledigten Hauptsache werden nicht zum Hauptanspruch. BGH Rpfleger **55**, 12. Dasselbe gilt dann, wenn gegen ein Teilurteil die Berufung und gegen die Kostenentscheidung des Schlußurteils ebenfalls die Berufung eingelegt wird, vgl BLAH § 99 Anm 5 C. Man darf auch in diesem Fall die Kosten auf Grund des Schlußurteils nicht dem Wert der Beschwer aus dem Teilurteil hinzufügen, Köln MDR **57**, 173. Wenn der Kläger ein Rechtsmittel gegenüber mehreren Bekl eingelegt hat, einem der Bekl gegenüber aber nur deshalb, weil er den Rechtsstreit in der Hauptsache ihm gegenüber nicht für erledigt erklärt hat, dann ist der Wert einheitlich festzusetzen. Das Gericht muß das insoweit bestehende Kosteninteresse des Klägers mitberücksichtigen, BGH **LM** Nr 9.

C. Sonderfälle. Nicht hinzuzurechnen sind folgende Beträge:

a) Früchte, vgl § 99 BGB.

b) Nutzungen, vgl § 100 BGB.

c) Zinsen. Hierher gehören vertragliche und gesetzliche Zinsen, Mü BB **88**, 1843, und zwar auch solche Zinsen, die ein ausländisches Gericht in seinem Urteil zuerkannt hat, wenn es jetzt um eine Klage mit dem Ziel einer Vollstreckbarerklärung jenes Urteils geht, BGH **LM** Nr 7. Die Zinsen gehören auch dann hierher, wenn nunmehr ein Bürge, BGH MDR **58**, 765, oder eine Versicherung für die Zinsen in Anspruch genommen werden, Nürnb VersR **78**, 854.

Schäden, die der Kläger in der Form von Zinsen geltend macht, etwa Verzugszinsen, sind als Zinsen nicht hinzuzurechnen, wenn sie neben dem Hauptanspruch geltend gemacht werden und vom Hauptanspruch abhängig sind. Denn in solchem Fall liegt keine Hauptforderung vor, sondern eine Nebenforderung, Bbg JB **78**, 1549. Bei einer Enteignung nach § 17 IV LandbeschG oder nach § 113 II BauGB darf man neben der Hauptsumme für die Enteignung keine Zinsforderung hinzurechnen, BGH **LM** Nr 17. Die Beschwerdesumme läßt sich nicht dadurch künstlich herstellen, daß man die Zinsen hinzurechnet.

Die Zusammenfassung von Zinsen mit dem Kapital und etwaigen Zinseszinsen zu einer Summe macht die Zinsen nicht zur Hauptforderung, BGH **LM** Nr 5, Bbg JB **78**, 1549, ThP 2c, ZöM 7c, aM Hamm AnwBl **84**, 504 (abl Chemnitz), auch nicht bei einem deklaratorischen Schuldanerkenntnis, Köln BB **80**, 344. Etwas anderes gilt dann, wenn die Zinsen kontokorrentmäßig oder vertraglich zum Kapital zugeschlagen werden dürfen, Bbg JB **76**, 344, Mü JB **76**, 238 je mwN. Wenn Zinsen Nebenforderungen sind, ist auch die auf die Zinsen etwa entfallende Mehrwertsteuer eine Nebenforderung, BGH **LM** Nr 19, vgl freilich auch KG OLGZ **80**, 246. Die Zinsen eines nicht mehr im Streit befindlichen Hauptanspruchs sind allerdings nun eine Hauptforderung, Celle MDR **71**, 404, Ffm FamRZ **82**, 806 mwN, selbst wenn noch ein anderer Teil des Hauptanspruchs in derselben Instanz anhängig ist, BGH **26**, 175, aM Köln VersR **74**, 605. Etwas anderes kann bei einer Anschlußrevision wegen der Zinsen gelten, wenn nur ein Teil der Hauptforderung in die Revisionsinstanz gekommen ist, BGH MDR **85**, 52 mwN.

Wegen der Widerspruchsklage und wegen eines Vorrechtsstreits in der Zwangsvollstreckung vgl Anh nach § 3 „Vorrecht", „Widerspruchsklage".

d) Kosten, also alle im Prozeß und außerhalb des Prozesses entstandenen Aufwendungen zur Durchsetzung des Anspruchs, Bbg JB **76**, 344 (also auch eine Kreditgebühr, selbst wenn man sie mit dem Darlehen zu einem Betrag zusammengefaßt hat), Mü BB **88**, 1843.

Hierher zählen zB folgende Fälle: Die Kosten eines früher wegen desselben Anspruchs geführten Prozesses; die Kosten der Befriedigung aus einem Grundstück bei einer dinglichen Klage, BGH **LM** § 3 Nr 6; die Kosten, die bei der Vornahme des der Klage zugrunde liegenden Rechtsgeschäfts entstanden sind, etwa die Kosten einer Versendung, einer Hinterlegung, einer vertraglichen Wandlung; die Kosten eines vorangegangenen Schiedsverfahrens, aM Hbg Rpfleger **56**, 169; außergerichtliche Kosten, etwa Inkassokosten, Saarbr JB **77**, 1277 mwN, selbst wenn sich diese Unkosten auf Teile des Hauptanspruchs bezogen, die nicht mehr im Streit befindlich sind, oder Unfallfinanzierungskosten, Köln VersR **74**, 605, oder Protokollierungskosten; die Kosten einer Mahnung oder eines Selbsthilfeverkaufs; bei einer Klage auf die Unterlassung der Zwangsvollstreckung aus einem erschlichenen Urteil und dem zugehörigen Kostenfestsetzungsbeschluß die festgesetzten Kosten, BGH NJW **68**, 1275.

Nicht hierher zählen zB: Kosten, die in einem ausländischen Urteil ziffernmäßig allein oder neben der Hauptforderung genannt worden sind. Denn in diesem Fall liegt keine Nebenforderung vor, BGH **LM** Nr 7.

D. Andere Unkosten. Nur die in § 4 aufgeführten Nebenforderungen bleiben unberücksichtigt. Alle anderen Nebenforderungen sind hinzuzurechnen.

Hierhin gehören zB: Ein Zuwachs; ein Schaden; Aufwendungen, die man im Prozeß auf die Hauptsache gemacht hat, etwa ein Lagergeld, Frachtkosten, Futterkosten; ein Verzugsschaden.

Nicht hier her gehören zB Steuersäumniszuschläge, BGH **LM** Nr 6.

4) Wechselanspruch, II. Bei ihm sind die Zinsen, die Kosten und die

Provisionen Nebenforderungen, und zwar sowohl im Wechselprozeß als auch im ordentlichen Verfahren. Etwas anderes gilt bei einer Klage aus dem Grundgeschäft, StJ IV. Zum Begriff des Wechselanspruchs vgl bei § 602.

5) Scheckanspruch. II gilt im Scheckprozeß entsprechend.

Mehrere Ansprüche

ZPO § 5. Mehrere in einer Klage geltend gemachten Ansprüche werden zusammengerechnet; dies gilt nicht für den Gegenstand der Klage und der Widerklage.

Schrifttum: Frank, Anspruchsmehrheiten im Streitwertrecht, 1986 (Bespr Bischof NJW **86**, 2816, Lüke ZZP **100**, 232, Schneider MDR **87**, 967); Schumann NJW **82**, 2800.

1) Allgemeines. Der erste Halbsatz der Vorschrift ist auch für die Gebührenberechnung anwendbar. Demgegenüber darf man die Klage und die Widerklage nicht für den Beschwerdewert, sondern nur für den Kostenstreitwert zusammenrechnen, LG Aachen MDR **87**, 853, und zwar nur dann, wenn die Klage und die Widerklage nicht denselben Streitgegenstand betreffen, §§ 19 I 2 GKG, 8 BRAGO. Dasselbe gilt im Verfahren vor dem Arbeitsgericht. Denn die Wertfestsetzung ist sachlichrechtlich zugleich eine Festsetzung des Beschwerdewerts der höheren Instanz, vgl BGH VersR **81**, 157, BAG BB **75**, 885. Für die Anwaltsgebühren erfolgt unter Umständen abweichend von § 5 keine Zusammenrechnung, Mü MDR **73**, 771.

2) Mehrere Ansprüche. A. Grundsatz. Mehrere in derselben Klage geltend gemachte Ansprüche sind zusammenzurechnen. Das betrifft sowohl die Klägerhäufung als auch die Anspruchshäufung (s subjektive oder objektive Klagenhäufung), §§ 59, 60, 260, BGH VersR **81**, 157, Kblz GRUR **84**, 909. Die Klagebegründung ist unerheblich. Der Grundsatz der Zusammenrechnung gilt auch dann, wenn eine Verbindung erfolgt, zB Schneider MDR **74**, 9. Die Ansprüche müssen aber einen selbständigen Wert, also verschiedene Streitgegenstände haben, BGH AnwBl **76**, 339 und VersR **81**, 157, Ffm JB **77**, 1136, LG Mönchengladb ZMR **85**, 164.

Die Verbindung läßt die vor ihrer Vornahme entstandenen Werte (und Kosten) unberührt, vgl Mü AnwBl **81**, 155.

B. Beispiele. a) Zusammenzurechnen sind: Die Ansprüche der Stufenklage, § 254, und der Leistungsklage, KG Rpfleger **73**, 226, vgl aber auch § 18 GKG. Etwas anderes gilt auch dann, wenn man von dem zunächst erhobenen Auskunftsanspruch zum Schadensersatzanspruch übergeht, Celle DB **71**, 865; die Gestattung des Getrenntlebens und die Übertragung der elterlichen Sorge, § 620; eine Ehelichkeitsanfechtungsklage gegenüber Geschwistern, KG Rpfleger **65**, 280; ein Hauptantrag und ein Hilfsantrag, falls der Hilfsantrag von dem Hauptantrag unabhängig ist und falls der Hauptantrag abgewiesen wird, LG Münster MDR **66**, 340, ebenso wegen § 322 II, wenn die Klage zwar begründet ist, wenn das Gericht aber feststellt, daß eine Gegenforderung nicht bestehe, oder wenn die letztere Feststellung in einem Vergleich getroffen wird, Düss MDR **70**, 1021. Wegen mehrfach gestaffelter Hilfsanträge vgl auch BGH NJW **84**, 371 mwN (Beschwerdewert); wegen der Kosten des Hilfsantrags § 19 IV GKG. Wegen der Aufrechnung s § 3 Anm 3 „Aufrechnung".

b) Nicht zusammenzurechnen sind: Wahlanträge, vgl § 3 Anm 3 „Wahlschuld"; ein Sicherungsanspruch, etwa eine Pfandklage, und eine persönliche Forderung, Ffm JB **77**, 1136, Schlesw SchlHA **86**, 184 mwN; eine Vollstreckungsabwehrklage und die Rückgewähr der Zahlung, BGH **LM** Nr 13; ein Hauptanspruch und ein Hilfsanspruch (der höhere entscheidet, BFH BB **73**, 827, VGH Mü ZMR **77**, 112. Jedoch ist nur der Hauptantrag zu berücksichtigen, falls das Gericht über den höheren Hilfsantrag nicht entschieden hat, Köln MDR **63**, 1021, Mü MDR **63**, 854, OVG Münster NJW **73**, 1899 mwN, Schneider MDR **72**, 278, aM Brschw JB **71**, 981. Eine Zusammenrechnung erfolgt aber dann, wenn das Gericht über beide Anträge entschieden hat oder wenn das Gericht den Bekl auf Grund des Hilfsantrags verurteilt oder die Klage auf Grund des Hilfsantrags der Bekl abgewiesen hat, LG Münster MDR **66**, 340, vgl auch Ffm JB **70**, 687); Anträge, von denen einer in dem anderen steckt.

Ferner sind nicht zusammenzurechnen: Die Feststellung des gesamten Rechtsverhältnisses und eine Klage auf die Leistung eines Teilbetrags, BGH **LM** Nr 8 (wenn das Teilurteil angefochten wird, dann gilt in der Rechtsmittelinstanz der Wert des gesamten Rechtsverhältnisses); der Anspruch mehrerer Gesamtgläubiger auf dieselbe Leistung, zB auf eine Unterlassung, BGH BB **87**, 641; ein Anspruch des Gesamtgläubigers und ein Anspruch des Gesamtschuldners, wenn jeweils das Ganze im Streit ist, vgl LAG Hamm BB **82**, 374 mwN (wenn man gegen einen Streitgenossen ein Rechtsmittel eingelegt hat, wird der Wert zusammengerechnet, soweit die Ansprüche gegenüber diesem Streitgenossen identisch sind, BGH **23**, 339); der Anspruch, der vor der Klagänderung und im Anschluß an sie geltend gemacht wird, da die Ansprüche unter diesen Umständen nicht nebeneinander geltend gemacht worden sind, KG Rpfleger **68**, 289; die Kaufpreisforderung und der Anspruch auf die Abnahme der Kaufsache; der Anspruch auf die Herausgabe einer Ware, die man unter einem Eigentumsvorbehalt geliefert hat, und der Anspruch auf die Zahlung des Restkaufpreises, Hbg MDR **65**, 394; der Anspruch auf die Vornahme einer Handlung und der Anspruch auf die Zahlung einer Entschädigung nach § 510b.

Ferner sind nicht zusammenzurechnen: Der Anspruch auf die Herausgabe der Sache und der Anspruch auf die Zahlung einer Geldsumme als eines Wertersatzes für den Fall der Unmöglichkeit der Herausgabe; die Ansprüche gegen mehrere Streitgenossen auf dieselbe Leistung, auch bei nachträglicher Klagerweiterung, Kblz AnwBl **85**, 203; der Anspruch auf die Leistung gegenüber dem einen Schuldner und der Anspruch auf die Duldung der Zwangsvollstreckung gegenüber dem anderen Schuldner, denn derselbe Anspruch geht hier in zwei verschiedene Richtungen. Das gilt zB bei einem Anspruch des Anfechtungsgläubigers nach dem AnfG auf die Zahlung eines Wertersatzes und auf die Duldung der Zwangsvollstreckung über den Rechtsnachfolger, Ffm MDR **55**, 496; der Anspruch auf eine unteilbare Leistung gegenüber mehreren Schuldnern; der Leistungsantrag und der Antrag auf die Feststellung des Annahmeverzugs des Bekl mit der Rücknahme von Gegenständen, LG Mönchengladb ZMR **85**, 164; eine Klage auf die Feststellung der Unzulässigkeit der Zwangsvollstreckung und auf die Aushändigung einer löschungsfähigen Quittung; die Beschwerdewerte von verschiedenen Parteien, BGH VersR **81**, 158.

C. Nebenforderung. Eine solche bleibt unberücksichtigt, § 4. Eine nachträgliche Prozeßverbindung oder Prozeßtrennung ist für die Gebühren bedeutungslos, muß allerdings bei der Beurteilung der weiteren sachlichen Zuständigkeit beachtet werden. Wenn für den einen der Ansprüche eine ausschließliche Zuständigkeit besteht, für den anderen nur eine gewöhnliche Zuständigkeit, dann darf man die Ansprüche zur Beurteilung der Zuständigkeit nicht zusammenrechnen. Man kann zB eine vor das AG gehörende Vollstreckungsabwehrklage nach § 767 nicht mit einer anderen Klage zusammenrechnen, um das LG zuständig zu machen. Wegen des Kostenstreitwerts s § 22 GKG. Wenn das AG ohne Rücksicht auf den Streitwert zuständig ist, § 23 Z 2 GVG, dann darf man einen derartigen Anspruch nicht mit einem anderen zusammen beim LG erheben, § 206. Eine Zusammenrechnung erfolgt also auch in diesem Fall nur für den Kostenstreitwert. Für den Beschwerdewert gilt bei allen Rechtsmitteln § 5 entsprechend.

3) Klage und Widerklage. Sie dürfen zur Beurteilung der Zuständigkeit in keinem Fall zusammengerechnet werden. Für den Kostenstreitwert vgl Anm 1; wegen des Beschwerdewerts vgl BLAH § 511a Anm 4. Zeitlich getrennte Ansprüche der Widerklage können einzeln und zusammengerechnet eine Verweisung nach § 506 erforderlich machen. Wegen eines Ersatzanspruchs auf Grund einer Änderung des Urteils vgl § 3 Anm 3 „Urteilsänderung".

Besitz. Sicherstellung. Pfandrecht

ZPO § 6. Der Wert wird bestimmt: durch den Wert einer Sache, wenn es auf deren Besitz, und durch den Betrag einer Forderung, wenn es auf deren Sicherstellung oder ein Pfandrecht ankommt. Hat der Gegenstand des Pfandrechts einen geringeren Wert, so ist dieser maßgebend.

1) Besitzstreit, Eigentumsstreit. A. Allgemeines. Bei solchen Streitigkeiten, dazu Köln MDR **73**, 147, ist der Wert der Sache maßgeblich. Im einzelnen gilt folgendes:

B. Beispiele. a) Hierher gehören: Eine Klage auf die Feststellung des Eigentums, KG MDR **70**, 152; eine Klage mit dem Ziel der Bestellung eines Erbbaurechts, Saarbr AnwBl **78**, 107; der Anspruch auf die Erteilung der Auflassung, vgl auch C, Celle MDR **77**, 672 mwN, Karlsr AnwBl **82**, 375, aM Vollkommer Rpfleger **73**, 63, Waltinger Rpfleger **72**, 87 (sie wenden § 3 an); eine Besitzklage jeder Art, also auf Grund eines mittelbaren Besitzes, eines unmittelbaren Besitzes, eines Eigenbesitzes, eines Fremdbesitzes (demgegenüber ist § 16 II GKG dann anwendbar, wenn der Kläger seinen Anspruch auf ein Mietverhältnis und gleichzeitig auf einen anderen Rechtsgrund stützt, etwa auf ein Eigentum oder auf eine verbotene Eigenmacht, BGH **LM** § 10 GKG aF Nr 6); der Besitz des Testamentsvollstreckers; eine persönliche Klage aus dem Besitz, etwa auf die Herausgabe gemäß einem Verwahrungsvertrag; ein Anspruch des Käufers auf die Übergabe der Kaufsache (wegen des Anspruchs des Verkäufers auf die Abnahme der Sache ist § 6 unanwendbar, Stgt Rpfleger **64**, 162); ein Anspruch auf die Herausgabe einer Sache, die der Kläger unter einem Eigentumsvorbehalt geliefert hat, Ffm NJW **70**, 334; eine Klage auf die Erteilung einer Einwilligung zur Herausgabe einer hinterlegten Sache, KG AnwBl **78**, 107, s auch § 3 Anm 3 „Herausgabe"; ein Anspruch auf eine Rückgewähr wegen einer Nichterfüllung, Köln MDR **73**, 147, LG Bayreuth JB **77**, 1116, LG Ffm AnwBl **77**, 252; ein Anspruch auf eine Rückgewähr wegen der Nichtigkeit des Vertrags. Wegen eines Vorkaufsrechts und einer Enteignung s § 3 Anm 3.

b) Nicht hierher gehören: Eine Abwehrklage (negatorische Klage); ein Streit darüber, ob ein Grundstück in ein Umlegungsverfahren einbezogen werden soll, BGH **49**, 319; eine vorbereitende Klage, vgl § 3 Anm 3; eine vorläufige Regelung im Weg eines Arrests oder einer einstweiligen Verfügung, § 20 GKG, dazu Köln VersR **76**, 740; eine vorzeitige Besitzeinweisung nach dem BauGB (es gilt § 20 GKG entsprechend); es entscheidet das Interesse des Klägers, meist etwa ⅓ des Werts der Fläche, Hbg NJW **65**, 2404, vgl aber auch § 13 GKG; ein Anspruch auf die Herausgabe einer Beweisurkunde oder einer anderen Urkunde, die keine Wertträger sind, § 3 Anm 3 „Herausgabe". Bei einem Wertpapier entscheidet sein Kurswert, § 3 Anm 3 „Herausgabe: b) Herausgabe einer Urkunde".

C. Verkehrswert. Maßgebend ist der Wert der Sache, also der objektive Verkehrswert, § 3 Anm 2, bei einem Grundstück und bei der Klage auf die Feststellung des Eigentums, KG NJW **70**, 334, also nicht der Einheitswert, Hbg Rpfleger **49**, 419. Der Verkehrswert gilt auch dann, wenn es um ein Mietwohngrundstück geht, Ffm Rpfleger **61**, 23 (also entscheidet hier nicht der Ertragswert). Der Kaufpreis ist nicht maßgeblich, Köln MDR **73**, 147. Er erbringt aber meist einen Anscheinsbeweis für die Höhe des Verkehrswerts.

Lasten, zB valutierende Grundpfandrechte, Bbg JB **77**, 1278, mindern den Wert auf das wirtschaftliche Interesse des Klägers an der Herausgabe usw herab.

Das Gesetz nennt zwar keinen Mindestbetrag, Schlesw Rpfleger **80**, 239; eine völlige Wertlosigkeit liegt aber keineswegs vor, soweit man um eine Sache streitet, LG Köln NJW **77**, 256. Selbst bei einem zur Zeit nicht einlösbaren Wechsel kann ein gewisses Interesse an der Herausgabe durchaus bestehen, Köln MDR **75**, 60.

Diese Frage ist **streitig. Wie hier** zB im Ergebnis auch Ffm MDR **81**, 590, ferner zB Karlsr NJW **68**, 110, LG Köln NJW **77**, 255 mwN (abl Schönbach NJW **77**, 856); **aM** zB BGH **LM** Nr 1, 5, KG Rpfleger **74**, 439, insofern auch Mü MDR **81**, 501 je mwN.

Eine Gegenleistung bleibt grundsätzlich außer Betracht, Ffm AnwBl **84**, 94, Stgt AnwBl **82**, 529 je mwN. Das gilt zB für das Angebot der geschuldeten Gegenleistung (etwas anderes gilt natürlich dann, wenn ein aufgerechneter Betrag abgezogen werden muß) oder für den Einwand, der Schuldner brauche nur Zug um Zug zu erfüllen, oder für ein behauptetes Zurückbehaltungsrecht, Bbg JB **78**, 428. Wenn der Kläger auf eine Auflassung oder auf eine Herausgabe klagt und wenn nur ein Zurückbehaltungsrecht des Bekl streitig ist, dann ist das Zurückbehaltungsrecht für die Wertberechnung unerheblich, insofern auch Mü MDR **81**, 501 mwN, und zwar unabhängig davon, ob der Anspruch, der das Zurückbehaltungsrecht begründet, gegenüber dem Klaganspruch höher oder geringer ist.

Diese Frage ist **streitig. Wie hier** zB Celle MDR **77**, 672, Waldner NJW **80**, 217 je mwN; **aM** zB Neustadt Rpfleger **63**, 66, Schneider NJW **74**, 1692.

Wenn der Kläger vom Bekl eine Zahlung Zug um Zug gegen die Lieferung des verkauften Kraftfahrzeugs fordert, dann ist der Preis des Fahrzeugs maßgeblich, auch wenn die Parteien (nur) über den Wert eines in Zahlung gegebenen Altwagens streiten.

Auch diese Frage ist **streitig. Wie hier** zB Nürnb Rpfleger **70**, 249; **aM** Brschw NJW **73**, 1982, Böhmer JZ **74**, 656 (sie gehen nur von der Gegenleistung aus).

Wenn es um eine Mietersache geht, die in das Mietgrundstück eingebaut war und getrennt wurde, dann ist ihr Wert maßgeblich, KG Rpfleger **71**, 227; wenn die Herausgabe der eingebauten Sache verlangt wird, dann muß man den durch die Herausgabe verminderten Wert berücksichtigen, Ffm Rpfleger **70**, 69. Wenn der Bekl nur eine kurzfristige Räumungsfrist beantragt, muß man den Wert nach § 3 in Verbindung mit § 16 II GKG schätzen, KG Rpfleger **68**, 193.

Wenn der Kläger nur einen Teil der Sache beansprucht, dann ist der Wert dieses Teils maßgeblich; das gilt auch bei einem Hinterlegungsgläubiger, KG AnwBl **78**, 107, Schlesw JB **76**, 239. Wenn der Kläger gegen diejenigen Gesamthandeigentümer vorgeht, die eine Herausgabe verweigern, während die übrigen Gesamthandeigentümer die Herausgabe bewilligen, dann ist der Verkaufswert der Rechtsfolge maßgeblich, also der Wert des gesamten Grundstücks, BGH **LM** Nr 4.

Wenn in der höheren Instanz nur noch streitig ist, ob der Bekl auf Grund seines Zurückbehaltungsrechts nur Zug um Zug leisten muß, dann ist der Wert des Zurückbehaltungsrechts maßgeblich, BGH MDR **85**, 1022 mwN, KG OLGZ **79**, 348 mwN, Saarbr AnwBl **79**, 154.

Vgl auch § 3 Anm 3 „Baulandsache“, „Erbrechtlicher Anspruch“ und „Herausgabe“.

2) Sicherstellung einer Forderung. Wenn man um eine beliebige bestehende oder erst noch zu bestellende Sicherheit streitet, etwa um eine Bürgschaft, dann entscheidet der Betrag der gesicherten oder zu sichernden Forderung ohne Rücksicht auf eine etwaige Betagung oder Bedingung. Wegen des Streits um ein Pfandrecht vgl Anm 3. Im Fall der Eintragung eines Widerspruchs ist immer § 3 anwendbar. Wenn es um die Herausgabe einer zur Sicherung übereigneten Sache geht, dann ist der Wert der Forderung maßgeblich, falls dieser Wert unter demjenigen der Sache selbst liegt. Denn man muß das Sicherungseigentum eher wie ein Pfandrecht behandeln, BGH MDR **59**, 385, Mü NJW **53**, 1870, im Ergebnis ebenso LG Stgt MDR **77**, 676. Wenn dagegen eine unter einem Eigentumsvorbehalt verkaufte Sache zurückverlangt wird, dann ist der volle Sachwert maßgeblich, Stgt AnwBl **59**, 41.

3) Pfandrecht. A. Geltungsbereich. § 6 betrifft das Fahrnispfandrecht und das Grundstückspfandrecht. Das Gesetz verwendet also den Ausdruck „Pfandrecht" nicht in dem beschränkten Sinn des BGB. Die Art der Klage ist unerheblich. Es ist auch unerheblich, ob das Pfandrecht vertraglich oder gesetzlich begründet wurde.

Beispiele: Die Widerspruchsklage nach § 771, vgl auch § 3 Anm 3; eine Klage auf die Löschung einer Hypothek; ein Absonderungsanspruch im Konkursverfahren; eine Erinnerung gegen eine Pfändung und Überweisung (der Wert beträgt dann höchstens die gepfändete Forderung); ein Streit über die Art und Weise der Verwertung eines Pfandrechts.

B. Wertberechnung. a) Grundsatz. Die Wertberechnung erfolgt nach dem Betrag der Forderung, Köln DB **74**, 429. Wenn der Gegenstand des Pfandrechts aber einen geringeren Wert als den Betrag der Forderung hat, dann ist dieser geringere Wert maßgeblich. Diese Regelung gilt für ein bestehendes Pfandrecht. Wenn das Pfandrecht erst noch zu bestellen ist, dann gilt sie auch für dieses Pfandrecht, falls für die Sicherung der Forderung ein bestimmter Gegenstand bezeichnet worden ist, Gerold Streitwert III 61 „Pfandrecht" 2, 3, aM Mü NJW **58**, 1687. Die Forderung ist nach § 4 zu berechnen. Gegenstand des Pfandrechts ist die Pfandsache. Ein Vorpfandrecht ist nicht zu berücksichtigen. Denn jede Pfändung ergreift den ganzen Gegenstand. Andernfalls müßte man im Fall der Erschöpfung des Werts durch vorangegangene Vorpfandrechte das nachfolgende Vorpfandrecht mit 0 DM bewerten. BGH NJW **52**, 1335, Berg NJW **52**, 548, aM StJSchu 2 (er legt nur den Überschuß zugrunde). Dasselbe gilt im Fall einer Widerspruchsklage, BGH Rpfleger **59**, 112. Wenn es sich um eine Zwangsüberweisung nach § 825 handelt, ist der Wert der Pfandsache maßgeblich, falls dieser geringer ist, vgl auch Lappe Rpfleger **59**, 88.

b) Einzelfragen. In einem Rangstreit erfolgt die Berechnung nach der kleineren Forderung, Celle NdsRpfl **64**, 107. Ffm AnwBl **82**, 111 wendet beim Anspruch auf die Einräumung des Vorrangs § 23 III 1 KostO entsprechend an. Bei einer Klage auf die Herausgabe der Pfandsache ist deren höherer Wert unerheblich. Wenn ein Dritter die Pfandsache herausverlangt und wenn der Besitzer die Sache wegen eines Pfandrechts zurückhält, dann gilt § 6. Denn der Dritte kann die Sache ja auslösen.

Im Fall der Löschung einer Hypothek ist ihr Nennbetrag maßgeblich. Das ist **streitig. Wie hier** zB Celle MDR **77**, 935, Ffm JB **77**, 720 mwN; **aM** zB Hbg MDR **75**, 847 (dieses Gericht geht von dem jeweiligen Restbetrag der Hypothek aus), Köln MDR **80**, 1025 (dieses Gericht berechnet den Streitwert nach § 6, soweit die zu sichernde Forderung noch besteht, im übrigen aber nach dem Interesse des Klägers an der Löschung, § 3).

Im Fall der Löschung einer Höchstbetragshypothek ist derjenige Höchstbetrag der Forderung maßgeblich, der sich aus dem Grundbuch ergibt. Denn das Grundstück haftet gegebenenfalls bis zu dieser Höhe, Hbg Rpfleger **51**, 570. Wenn es um die Abtretung einer Hypothek geht, dann ist ihr Nennwert und nicht ihre Valutierung maßgeblich, Köln JMBl NRW **69**, 274. Ist die Hypothek vor einem Währungsstichtag zurückbezahlt worden, Hbg Rpfleger **51**, 571, Schlesw SchlHA **64**, 262, oder behauptet der Grundstückseigentümer, die Hypothek sei nicht entstanden und ihm stehe deshalb eine Eigentümergrundschuld zu, so ist der Wert des 1:1 umgestellten Betrags maßgeblich, BGH NJW **54**, 877.

Bei einer einstweiligen Verfügung mit dem Ziel der Eintragung einer Vormerkung zur Sicherung einer Forderung ist von dieser Forderung auszugehen und das Interesse des Antragstellers an der Sicherung nach § 3 zu schätzen, also ein Bruchteil festzustellen, Bre AnwBl **76**, 441 (das Gericht legt 9/10 zugrunde), vgl Düss NJW **53**, 424 Nr 8, Ffm DB **83**, 2354, LG Frankenth AnwBl **83**, 556 (das Gericht legt 1/3 zugrunde). Dasselbe gilt im Fall einer Auflassungsvormerkung, Bbg JB **76**, 1094 mwN, aM zB Zweibr Rpfleger **67**, 2 (dieses Gericht wendet § 6 an).

Wenn es um die Löschung einer Auflassungsvormerkung geht, dann ist die Höhe derjenigen Nachteile maßgeblich, die durch die Löschung wirtschaftlich verursacht werden, BGH **LM** § 3 Nr 47 (er geht von 25% des Verkehrswerts aus, nimmt aber nach einer Zwangsversteigerung nur 5% des Verkehrswerts als Wert an), ähnlich Ffm AnwBl **83**, 174, ferner Bbg JB **76**, 1247, Köln JB **78**, 1054 und MDR **83**, 495 (diese Gerichte legen je 1/10 zugrunde), Mü JB **78**, 1564 mwN (dieses Gericht legt 1/4 zugrunde), Celle Rpfleger **70**, 248, (es geht von 1/10 des Kaufpreises aus), Nürnb NJW **77**, 857, jetzt auch Schneider MDR **83**, 639 (sie gehen von keinem allgemeinen Prozentsatz aus). Bbg JB **75**, 649 nimmt bei der Eintragung der Vormerkung wegen einer Bauhandwerkerhypothek 1/3– 1/4 des Hypothekenwerts an. Bbg JB **75**, 940 geht bei einer Löschung einer solchen Vormerkung von demselben Wert aus. Ffm JB **75**, 514 geht bei der Löschung von einer Vormerkung von 1/4 des Hypothekenwerts aus.

4) Sinngemäße Anwendung. § 6 ist bei einer Anfechtung außerhalb und innerhalb eines Konkursverfahrens entsprechend anwendbar, BGH KTS **82**, 449. Man muß dann von dem Wert des Zurückzugewährenden abzüglich der Belastungen ausgehen, soweit nicht diejenige Forderung geringer ist, derentwegen die Anfechtung erfolgt ist, im Ergebnis ebenso BGH KTS **82**, 449. Entsprechend und nicht nach § 17 GKG ist der Wert auch im Fall eines Unterhaltsanspruchs anzusetzen. Zinsen und Kosten gehören als ein Teil des Hauptanspruchs zur Forderung, BGH KTS **82**, 449. Wenn die Anfechtung ein Grundstück der Zwangsvollstreckung unterwerfen soll, dann gilt der Grundstückswert abzüglich der Lasten als maßgeblich. In diesem Zusammenhang kommt es darauf an, inwieweit der Kläger mit einer Befriedigung rechnen kann (Versteigerungswert).

Köln VersR **82**, 50 hält § 6 für den Kostenstreitwert überhaupt nur für entsprechend anwendbar und fordert eine einschränkende Auslegung.

S auch § 3 Anm 3 „Duldung“ und „Erbrechtlicher Anspruch“.

Grunddienstbarkeit

ZPO § 7. Der Wert einer Grunddienstbarkeit wird durch den Wert, den sie für das herrschende Grundstück hat, und wenn der Betrag, um den sich der Wert des dienenden Grundstücks durch die Dienstbarkeit mindert, größer ist, durch diesen Betrag bestimmt.

1) Geltungsbereich. A. Allgemeines. § 7 bezieht sich auf Grunddienstbarkeiten im Sinn des § 1018 BGB, nicht auf persönliche Dienstbarkeiten oder auf Reallasten. Denn bei den letzteren handelt es sich nicht um Beziehungen zwischen Grundstücken. § 7 ist auf Nachbarrechtsbeschränkungen nach §§ 906 ff BGB entsprechend anzuwenden, wenn diese Beschränkungen ähnlich wie eine Dienstbarkeit wirken. Das ist zB bei einem Notwegrecht der Fall, Stgt Rpfleger **64**, 163, Schneider ZMR **76**, 193 mwN, aM ThP § 3 Anm 2 „Notweg" (maßgeblich sei § 3).

Wenn es um die Beseitigung eines Überbaus geht, muß man den Wert nach dem Interesse des Klägers schätzen; § 7 ist dann nicht entsprechend anwendbar.

Diese Frage ist **streitig. Wie hier** zB BGH RR **86**, 737 mwN; **aM** zB BGH NJW **72**, 201 (er geht vom Verkehrswert der überbauten Fläche aus), LG Bayreuth JB **79**, 437 (es legt die durch den Überbau bewirkte Wertminderung zugrunde), LG Bonn NJW **61**, 1823, StJSchu 4, 6.

§ 7 gilt ferner bei einem Streit über das Bestehen oder über den Umfang einer Dienstbarkeit oder bei einem Streit um die Einräumung oder die Beseitigung einer Dienstbarkeit. Wenn es um einen Abwehranspruch geht, dann ist die Vorschrift nur dann anwendbar, wenn die Störung gerade in der Ausübung einer Dienstbarkeit besteht oder sich gegen eine Dienstbarkeit richtet, ZöSchn 2, insofern aM BGH RR **86**, 737; andernfalls ist § 3 anzuwenden. In einem bloßen Streit über eine Wiederholungsgefahr ist § 3 anwendbar.

B. Wertberechnung. Man muß den Wert für das herrschende Grundstück und die Wertminderung beim dienenden Grundstück miteinander vergleichen und beide Werte nach § 3 einschätzen. Der höhere Wert entscheidet. Die Kosten der Beseitigung der als unerlaubt bekämpften Anlage sind zu berücksichtigen. In der Revisionsinstanz ist nur das Interesse des Revisionsklägers maßgebend. In diesem Abschnitt findet kein Wertvergleich nach § 7 statt, BGH **23**, 205.

Pacht- oder Mietverhältnis

ZPO § 8. Ist das Bestehen oder die Dauer eines Pacht- oder Mietverhältnisses streitig, so ist der Betrag des auf die gesamte streitige Zeit fallenden Zinses und, wenn der fünfundzwanzigfache Betrag des einjährigen Zinses geringer ist, dieser Betrag für die Wertberechnung entscheidend.

1) Allgemeines. § 8 gilt nur für die Feststellung der sachlichen Zuständigkeit, soweit nicht § 23 Z 2a GVG oder § 7 eingreifen. Für die Kosten gilt bei einer mehr als einjährigen Dauer des Miet- oder Pachtverhältnisses § 16 I GKG; das übersieht LG Zweibr JB **78**, 255. Bei einer Räumung ist § 16 II GKG für die Kosten maßgeblich.

2) Voraussetzungen. A. Streit um Miet- oder Pachtverhältnis. § 8 betrifft nur einen Streit über das Bestehen oder über die Dauer eines Miet- oder Pachtverhältnisses, also nicht einen Streit wegen eines Anspruchs auf die Zahlung von Geld oder auf sonstige Leistungen. Das Miet- oder Pachtverhältnis muß die Grundlage des Anspruchs bilden. § 8 ist eine Sondervorschrift gegenüber § 6.

B. Beispiele der Anwendbarkeit: Es geht um die Feststellung, daß das Mietverhältnis seit einem bestimmten Tage infolge einer fristlosen Kündigung nicht mehr bestehe, BGH **LM** § 3 Nr 14 (für die Gebührenberechnung gilt auch hier § 16 GKG); es geht um eine Klage auf Grund einer Untermiete oder Unterpacht; es geht um eine Überlassung, Benutzung oder Räumung, wenn nach dem Tatsachenvortrag des Klägers irgendwie streitig ist, ob ein Mietverhältnis oder ein Pachtverhältnis besteht, BGH **LM** Nr 1.

C. Beispiele der Unanwendbarkeit: Es geht um ein Nutzungsrecht, das dem Mietrecht oder Pachtrecht nur ähnlich ist. Es handelt sich um eine Klage, die allein auf das Eigentum gestützt wird, § 6 Anm 1 A a. Es handelt sich um eine Klage auf die Herausgabe des Rentenguts, dann gilt § 6; unstreitig ist der Vertrag erloschen oder wird innerhalb eines bestimmten Zeitraums erlöschen. Dann betrifft nämlich die Klage auf die Feststellung der Nichtigkeit des Vertrags nur die Abwehr der Schadensfolgen. Deshalb gilt in einem solchen Fall § 3; es geht um die Klage eines Dritten mit dem Ziel der Feststellung der Nichtigkeit des Pachtvertrags, BGH **LM** § 256 Nr 25 (das Gericht hält das Interesse des Dritten für maßgeblich).

3) Wertberechnung. Hier sind folgende Fälle zu unterscheiden:

A. Gesamte streitige Zeit. Grundsätzlich ist derjenige Zins maßgeblich, der in der gesamten streitigen Zeit anfällt. Zins ist nicht nur der eigentliche Miet- oder Pachtzins, mag er in bar oder in Naturalien zu leisten sein, sondern auch eine vertragliche Gegenleistung anderer Art, zB: Die Übernahme öffentlicher Abgaben und sonstiger Lasten; die Übernahme der Feuerversicherungsprämie; die Übernahme von Instandhaltungskosten; die Zahlung eines Baukostenzuschusses, BGH **18**, 168.

Nicht zum Zins zählen zB: Das Entgelt für zusätzliche Leistungen außerhalb der Überlassung des Raumes, etwa Heizkosten; Warmwasserkosten; Leistungen unbedeutender Art, die im Verkehr im allgemeinen nicht als ein Teil des Entgelts der Gebrauchsüberlassung angesehen werden.

Der Beginn des maßgebenden Zeitraums liegt im allgemeinen im Zeitpunkt der Klagerhebung, nicht früher. Wenn der Kläger die Feststellung begehrt, daß eine fristlose Kündigung wirksam sei, dann liegt der Beginn im Zeitpunkt der behaupteten Beendigung des Mietverhältnisses, BGH **LM** § 3 Nr 14. Es kommt nicht auf den Zeitpunkt der Einlegung eines Rechtsmittels an. Denn § 4 gilt gegenüber der Sondervorschrift des § 8 nicht, BGH **LM** § 4 Nr 12.

Das Ende des maßgeblichen Zeitraums liegt im Fall einer bestimmten Mietdauer im Zeitpunkt des Ablaufs der Mietzeit. Bei einer unbestimmten Mietdauer handelt es sich regelmäßig um den nächsten zulässigen Kündigungstag. Soweit also kein Mieterschutz besteht, ergibt sich der Wert aus dem Unterschied der beiderseitigen Berechnung bis zu diesem Tag. Das gilt auch dann, wenn der Gegner den Widerruf der Kündigung einredeweise geltend macht, BGH **LM** Nr 4. Wenn das Mietverhältnis nur durch eine Klage aufgehoben werden kann, dann muß man die Dauer schätzen.

Nebenleistungen bleiben unberücksichtigt. Das gilt etwa für die vertragsmäßige Übernahme von Wildschäden, BGH NJW **62**, 446. Naturalleistungen des Pächters sind nach § 3 zu schätzen. Der Anspruch auf den Mietzins ist ebenso wie der Anspruch auf die Räumung ein Hauptanspruch. Man darf nicht schon deswegen einen Wertabzug vornehmen, weil eine Feststellungsklage vorliegt. Denn § 8 bezieht sich ja in erster Linie auf eine solche Klageart, BGH **LM** § 3 Nr 14.

B. 25facher Jahresbetrag. Wenn der 25fache Betrag des einjährigen Zinses geringer als die gesamte Streitsumme ist, dann entscheidet der 25fache Betrag.

Wiederkehrende Nutzungen und Leistungen

ZPO § 9. Der Wert des Rechts auf wiederkehrende Nutzungen oder Leistungen wird nach dem Wert des einjährigen Bezugs berechnet, und zwar:

auf den zwölfundeinhalbfachen Betrag, wenn der künftige Wegfall des Bezugsrechts gewiß, die Zeit des Wegfalls aber ungewiß ist;

auf den fünfundzwanzigfachen Betrag, bei unbeschränkter oder bestimmter Dauer des Bezugsrechts. Bei bestimmter Dauer des Bezugsrechts ist der Gesamtbetrag der künftigen Bezüge maßgebend, wenn er der geringere ist.

1) Allgemeines. Das Gericht sollte bei einer Streitwertfestsetzung erkennen und zum Ausdruck bringen, daß § 9 grundsätzlich nur für die Zuständigkeit und die Zulässigkeit eines Rechtsmittels gilt, § 17 GKG demgegenüber nur für die Gebühren, Hbg FamRZ **82**, 322. § 9 gilt insbesondere nicht für die Gebühren, wenn es um folgende Fälle geht:

A. Unterhalt. Es handelt sich um einen gesetzlichen Unterhaltsanspruch. In einem solchen Fall gilt der einjährige Betrag. Wenn streitig ist, ob eine vertragliche Verpflichtung vorliegt, die über eine gesetzliche Verpflichtung hinausgeht, dann gilt § 9 nur für denjenigen Betrag, der über die gesetzliche Verpflichtung hinausgeht. Im übrigen ist dann § 17 GKG anzuwenden, Hbg FamRZ **82**, 322. Bei einem Streit um die Befreiung von der gesetzlichen Unterhaltspflicht gilt § 3 und nicht etwa § 17 II GKG entsprechend, vgl BGH NJW **74**, 2128. Auch beim bloßen Verweigern eines Vollstreckungstitels bleibt der volle Streitwert eines Verweigerns jeder Zahlung maßgeblich, Karlsr FamRZ **84**, 585 mwN.

Der Anspruch der Eltern auf den Ersatz ihrer Unterhaltsaufwendungen für ein wegen fehlgeschlagener Sterilisation entgegen der Familienplanung geborenes gesundes Kind ist auch für die Kosten ensprechend § 9 zu bewerten, § 17 I, II GKG ist insoweit unanwendbar, BGH NJW **81**, 1318.

B. Rente. Es geht um einen gesetzlichen Rentenzahlungsanspruch wegen einer Körperverletzung oder einer Haftpflichtverletzung sowie um einen wiederkehrenden Anspruch aus einem Beamtenverhältnis oder einem Arbeitsverhältnis oder um den Anspruch eines Dritten wegen des Wegfalls eines Dienstes nach § 845 BGB (dann ist höchstens der 5jährige bzw 3jährige Bezug maßgeblich). Denn in diesen Fällen ist § 17 II, III GKG anwendbar; es geht um den Anspruch des Organmitglieds einer Gesellschaft aus seinem Anstellungsvertrag.

Diese Frage ist **streitig. Wie hier** zB jetzt auch BGH NJW **81**, 2466, ferner Bbg JB **75**, 65, Ffm NJW **61**, 517, KG NJW **68**, 756; **aM** zB Ffm NJW **68**, 2112, Kblz Rpfleger **80**, 68 mwN, Köln MDR **68**, 593, Schlesw SchlHA **80**, 151; es handelt sich um einen Rentenzahlungsanspruch auf Grund einer Aufopferung.

§ 9 ist bei einem Anspruch eines Handelsvertreters anwendbar, Ffm MDR **74**, 1028, Schneider BB **76**, 1300.

2) Voraussetzungen. A. Recht auf wiederkehrende Nutzungen oder Leistungen. Vgl § 100 BGB. Nach dem Sinn und Zweck des § 9 wird auch ein solches Recht erfaßt, das seiner Natur nach erfahrungsgemäß wenigstens 12½ Jahre andauern wird oder jedenfalls solange dauern kann, das also auf Dauer angelegt ist, so daß Verzugszinsen für eine nicht eingeklagte Forderung hier ausscheiden, BGH **36**, 147. Auch die in Anm 1 genannten Ansprüche werden erfaßt, ferner zB: Eine Überbaurente, Celle JR **51**, 26; eine Notwegrente; eine Reallast; ein Altenteils- oder Leibgedingevertrag, Bbg BayJBMl **51**, 230. Über Mietzinsen § 3 Anm 3 „Mietverhältnis"; § 9 ist also beim Streit um die Erhöhung von Mietzins für Gewerberaum anwendbar, Bbg AnwBl **84**, 95.

Das Recht muß wiederkehrend sein. Es muß sich also in einem gleichen oder nahezu gleichen Zwischenraum aus demselben Rechtsgrund wiederholen. Der Zwischenraum braucht nicht ein Jahr zu umfassen. Wenn das Recht bedingt ist, dann muß man es im Weg einer Schätzung nach § 3 bewerten. Wenn eine Feststellungsklage vorliegt, sind die Regeln Anm 3 zu beachten. Dasselbe gilt im Fall einer Anfechtungsklage wegen einer wiederkehrenden Leistung oder bei einem Anspruch gegenüber einem Dritten auf eine Befreiung von einer gesetzlichen Unterhaltspflicht, ferner bei einem Anspruch nach § 826 BGB, weil sich der Bekl durch die Erschleichung eines Scheidungsurteils der gesetzlichen Unterhaltspflicht entzogen habe, BGH NJW **60**, 1460. Demgegenüber muß man eine Unterhaltssumme, die auf Grund eines Vergleichs auch im Weg der Scheidung wegen der Schuld des Berechtigten gezahlt wird, als auf Grund des bisherigen familienrechtlichen Verhältnisses vereinbart ansehen; deshalb gilt in einem solchen Fall § 17 I GKG, KG NJW **62**, 1683.

B. Keine Dauernutzung. Die Nutzung darf nicht dauernd sein, wie der Nießbrauch oder ein Wohnrecht; das letztere ist unter Beachtung des § 24 KostO nach § 3 zu schätzen, Schlesw SchlHA **50**, 261, berichtigt 292.

3) Wertberechnung. Es sind folgende Fälle zu unterscheiden:

A. 12½facher Betrag. Diese Berechnung ist dann anzuwenden, wenn gewiß ist, daß das Recht wegfallen wird, wenn zB bei einer Rente ihr spätester Wegfallzeitpunkt feststeht, Hamm AnwBl **87**, 471 und wenn lediglich ungewiß ist, wann der Wegfall eintreten wird. Ob der Wegfall ungewiß ist, das bestimmt sich nach dem Zeitpunkt der Einreichung der Klage oder der Einlegung des Rechtsmittels, § 4. Die Beträge, die seit der Einreichung der Klage oder seit dem Erlaß des Urteils aufgelaufen sind, dürfen nicht hinzugerechnet werden, BGH NJW **60**, 1459. Wohl aber muß man die vor diesen Zeitpunkten rückständig gewordenen Beträge hinzurechnen. § 4 Anm 2 B, vgl aber auch BGH **2**, 74; in diesem Zusammenhang ist dann der Zeitpunkt der Einlegung einer Berufung unerheblich. Das Feststellungsinteresse ist bei einer behaupteten Feststellungsklage in bezug auf eine Rente im allgemeinen mit einem Abschlag zu bewerten; der 10fache Betrag mag dann angemessen sein, BGH NJW **51**, 194, insofern auch Hamm AnwBl **77**, 111.

Der 12½fache Betrag ist auch dann anzusetzen, wenn zweifelhaft ist, ob die Nutzung 12½ Jahre hindurch andauern wird, BGH **3**, 362 (das Gericht erörtert die Rente einer 75jährigen Frau). BGH **19**, 176 bewertet aber die Klage auf die Zahlung einer Vergütung an einen hochbetagten Geschäftsführer niedriger, ähnlich BGH NJW **62**, 1248 (es geht um einen 87½ Jahre alten Mann). Ffm JB **76**, 1097, wohl auch Köln VersR **89**, 378, ferner Schneider MDR **76**, 273 mwN wenden in solchen Fällen § 3 an. Wenn es um eine leugnende Feststellungsklage geht, dann muß man den Wert voll ansetzen. Denn diese Klage schließt die Möglichkeit einer Leistungsklage aus, BGH NJW **51**, 801.

B. 25facher Betrag. Dieser Wert ist dann anzusetzen, wenn die Dauer des Bezugsrechts unbeschränkt oder bestimmt ist. Wenn ein geringerer Höchstbetrag feststeht, dann ist dieser geringere Betrag in allen Fällen maßgebend. Das gilt etwa dann, wenn ein Rentenanspruch nur noch zwei Jahre andauern wird. Etwas anderes gilt dann, wenn der frühere Wegfall nur wahrscheinlich ist. Wenn es um unregelmäßige Bezüge geht, etwa eine Baulast usw, dann muß man die Berechnung nach dem jährlichen Durchschnitt vornehmen.

C. Schwankende Beträge usw. Bei schwankenden Beträgen, dazu LG Essen MDR **76**, 676 mwN, erfolgt eine Berechnung nach den 12½ bzw 25 höchsten Jahressätzen. Denn sonst würde der höhere Anspruch niedriger bewertet werden, BGH MDR **66**, 321. Voraussetzung für diese Berechnung ist aber, daß überhaupt so viele Beträge streitig sind. Andernfalls darf man nur die Zahl der streitigen Höchstjahresbeträge ansetzen, und zwar im Höchstfall insgesamt 25 Jahresbeträge, BGH NJW **53**, 104. Das gilt auch bei einem Streit um die Erhöhung des Erbbauzinses, Ffm JB **77**, 1132, Mü JB **77**, 1003 je mwN. Wenn die noch nicht fälligen Abgaben nach dem LAG insgesamt im Streit sind, dann ist nicht der 25fache Betrag anzusetzen, sondern der Zeitwert, § 77 LAG, BGH **LM** § 60 LAG Nr 3, aM Schlesw SchlHA **55**, 278 (dieses Gericht legt die Ablösungssumme nach § 119 LAG zugrunde).

II. Regelung nach § 148 KO

KO § 148. Der Wert des Streitgegenstandes eines Prozesses über die Richtigkeit oder das Vorrecht einer Forderung ist mit Rücksicht auf das Verhältnis der Teilungs- zur Schuldenmasse von dem Prozeßgerichte nach freiem Ermessen festzusetzen.

1) Allgemeines. § 148 gilt nur für eine eigentliche Konkursforderung. Das ergibt sich eindeutig aus der Stellung der Vorschrift im System der KO.

A. Beispiele der Anwendbarkeit: Es geht um eine Konkursforderung, die wegen des Bestreitens durch den Konkursverwalter oder durch einen Gläubiger im Prozeß freizustellen ist, Ffm KTS **80**, 66; es geht um die Feststellung eines etwa beanspruchten Vorrechts, §§ 139, 146 KO; es geht um die Aufnahme eines im Zeitpunkt der Konkurseröffnung anhängig gewesenen Rechtsstreits; nach der Beendigung des Rechtszugs wird ein Konkursverfahren eröffnet, Hamm NJW **75**, 743, Köln AnwBl **75**, 63, Mümmler JB **76**, 278 je mwN, aM zB Nürnb JB **62**, 425. S auch § 77 II BRAGO; es geht in einem Verwaltungsstreitverfahren um die Richtigkeit einer im Konkursverfahren angemeldeten Forderung, OVG Münster BB **82**, 2074.

B. Beispiele der Unanwendbarkeit: Es handelt sich um eine Klage gegen den Gemeinschuldner selbst, § 144 II KO. In diesem Fall entscheidet nämlich der Betrag der Forderung bzw der Wert der Feststellung, Ffm KTS **80**, 66, jedoch abzüglich der voraussichtlichen Konkursdividende, BGH MDR **66**, 996, Schneider MDR **74**, 101; es geht um einen Anspruch auf eine Aussonderung oder auf eine Absonderung. Im Fall eines Rechtsmittels wegen eines solchen Anspruchs entscheidet das wirtschaftliche Interesse an seinem Erfolg, BayObLG MDR **74**, 324; es geht um einen Masseanspruch, BGH RR **88**, 689 mwN, aM LAG Bre Rpfleger **88**, 378 (wendet § 148 KO entspr an).

2) Wertfestsetzung. A. Grundsatz. Das Gericht setzt den Streitwert nach „freiem", in Wahrheit pflichtgemäßem, aber weitem Ermessen entsprechend dem Verhältnis der Teilungsmasse zur Schuldenmasse fest, also nach der voraussichtlichen Konkursdividende, BGH **LM** Nr 2, Ffm NJW **73**, 1888, Schneider MDR **74**, 102, aM Karlsr MDR **58**, 251 (der Wert sei nicht unbedingt nach oben oder unten durch die Konkursdividende begrenzt).

B. Teilungsmasse. Als Teilungsmasse ist dasjenige anzusehen, was nach einer Befriedigung der Absonderungsberechtigten und der Massegläubiger übrig bleibt. Soweit sich Vermögen des Gemeinschuldners in der DDR befindet, bleibt es außer Betracht, BGH **LM** Nr 1.

C. Schuldenmasse. Schuldenmasse ist dasjenige, was an Forderungen mit oder ohne Anspruch auf ein Vorrecht zum Konkurs angemeldet worden ist. Dabei muß man eine bestrittene Forderung mit einer der Wahrscheinlichkeit entsprechenden Quote ansetzen. Wenn nur ein Vorrecht und nicht die zugrunde liegende Forderung streitig ist, dann ist als Streitwert der Unterschiedsbetrag zwischen der Dividende der bevorrechtigten und der nichtbevorrechtigten Forderung anzusetzen, Schneider MDR **74**, 103.

D. Einzelfragen zur Quote. Da § 148 nicht die Konkursdividende schlechthin für maßgebend erklärt, sondern die nach „freiem" Ermessen festzusetzende, also die nach einem in Wahrheit pflichtgemäßen Ermessen zu schätzende, A, ist es unerheblich, ob die Dividende bei der Beendigung des Konkursverfahrens niedriger ist als ursprünglich angenommen. Maßgebend ist vielmehr der Zeitpunkt der Klagerhebung, Ffm KTS **80**, 66, bzw der Aufnahme des Verfahrens gegenüber dem Konkursverwalter, BGH KTS **80**, 247, Schlesw SchlHA **81**, 119, insofern auch LAG Bre Rpfleger **88**, 378.

Der Vollstreckungstitel stellt zumindest für den Fall einen Vermögenswert dar, daß der Gemeinschuldner später Vermögen neu erwirbt. Deshalb muß man selbst bei einer voraussichtlichen Konkursquote von 0 für die Feststellung einer Forderung zur Tabelle einen gewissen Wert ansetzen. In diesem Fall empfiehlt es sich, den Wert auf 10% der Forderung zu bemessen, Ffm KTS **86**, 709 mwN, aM zB Bbg JB **78**, 724 mwN, KG Rpfleger **74**, 222 (diese Gerichte setzen die niedrigste Gebührenstufe an).

Falls im Zeitpunkt der Beendigung der Instanz eine höhere Dividende als ursprünglich angenommen feststeht, ist § 15 I GKG anwendbar.

III. Regelung nach den übrigen Vorschriften

(Patentstreitsachen, Streitsachen nach Warenzeichen- und Gebrauchsmustergesetz, Gesetz gegen den unlauteren Wettbewerb, Aktiengesetz).

A. Patentstreitsachen

PatG § 144. I Macht in einer Patentstreitsache eine Partei glaubhaft, daß die Belastung mit den Prozeßkosten nach dem vollen Streitwert ihre wirtschaftliche Lage erheblich gefährden würde, so kann das Gericht auf ihren Antrag anordnen, daß die Verpflichtung dieser Partei zur Zahlung von Gerichtskosten sich nach einem ihrer Wirtschaftslage angepaßten Teil des Streitwerts bemißt. Die Anordnung hat zur Folge, daß die begünstigte Partei die Gebühren ihres Rechtsanwalts ebenfalls nur nach diesem Teil des Streitwerts zu entrichten hat. Soweit ihr Kosten des Rechtsstreits auferlegt werden oder soweit sie diese übernimmt, hat sie von dem Gegner entrichteten Gerichtsgebühren und die Gebühren seines Rechtsanwalts nur nach dem Teil des Streitwerts zu erstatten. Soweit die außergerichtlichen Kosten dem Gegner auferlegt oder von ihm übernommen werden, kann der Rechtsanwalt der begünstigten Partei seine Gebühren von dem Gegner nach dem für diesen geltenden Streitwert beitreiben.

II Der Antrag nach Abs. 1 kann vor der Geschäftsstelle des Gerichts zur Niederschrift erklärt werden. Er ist vor der Verhandlung zur Hauptsache anzubringen. Danach ist er nur zulässig, wenn der angenommene oder festgesetzte Streitwert später durch das Gericht heraufgesetzt wird. Vor der Entscheidung über den Antrag ist der Gegner zu hören.

1) Allgemeines. § 144, der unverändert (mit neuer Numerierung) weitergilt, § 41 GKG, durchbricht den Grundsatz der vollen Kostenhaftung gegenüber dem Gegner und der Staatskasse, vgl BGH GRUR **82**, 672. Ein mittelloser Erfinder oder kleiner Patentverwerter soll finanziell im Stande sein, einen Prozeß mit einem Großunternehmen überhaupt durchführen zu können. Meist handelt es sich ja um einen hohen Wert und um die Notwendigkeit eines Rechtsstreits durch alle Instanzen. Eine Prozeßkostenhilfe wäre kein vollwertiger Ersatz der Vergünstigung des § 144. Denn die letztere Vorschrift wirkt endgültig und auch gegenüber dem siegenden Gegner. § 144 bleibt also auch neben den §§ 114ff ZPO anwendbar. Das ist für die Erstattungspflicht, Anm 4 A c, wichtig, BGH **LM** § 53 PatG aF Nr 1.

§ 144 gilt auch im Berufungsverfahren vor dem BGH und im Nichtigkeitsverfahren vor dem BPatG, BGH GRUR **82**, 672.

2) Voraussetzungen, I. A. Patentstreitsache. Es muß eine Patentstreitsache vorliegen. Das ist eine Klage, durch die man einen Anspruch aus einem im PatG geregelten Rechtsverhältnis geltend macht, § 143 I

PatG. Es ist eine weite Auslegung geboten. Hierher gehören alle Ansprüche aus dem Erfinderrecht und dem Patentrecht und alle mit solchen Ansprüchen zusammenhängenden Ansprüche. Es reicht auch aus, daß eine Patentverletzung im Ausland erfolgt ist.

B. Gefährdung der wirtschaftlichen Lage. Die Partei muß glaubhaft machen, § 294 ZPO, daß die Kostenlast nach dem vollen Streitwert ihre wirtschaftliche Lage erheblich gefährden würde.

Es ist unerheblich, ob die Partei die Kosten zunächst aufbringen könnte. Es kommt vielmehr darauf an, wie ihre wirtschaftliche Lage im Fall des Unterliegens sein würde. Die wirtschaftlichen Schwierigkeiten mögen auch erst nach der Antragstellung entstanden sein, BPatG **24**, 169, Struif GRUR **85**, 252. Dabei muß man für jede Instanz besonders entscheiden. Eine Partei kann sehr wohl im Stande sein, die Kosten der 1. Instanz ohne Schwierigkeiten bestreiten zu können, während sie außer Stande sein mag, die Kosten der weiteren Instanzen zu tragen.

Es ist eine erhebliche Gefährdung notwendig. Eine nur fühlbare Belastung reicht nicht aus. Auch eine juristische Person kann die Vergünstigung erhalten, ohne daß die Voraussetzungen des § 116 Z 2 ZPO vorzuliegen brauchen, **LM** § 53 PatG aF Nr 2.

Die Aussichten des Prozesses sind nicht etwa wie bei der Prozeßkostenhilfe zu prüfen. Trotzdem darf man die Rechtslage im Prozeß natürlich nicht gänzlich unberücksichtigt lassen. Denn das würde bedeuten, die Vergünstigung des § 144 auch dann zu gewähren, wenn die Prozeßchancen minimal sind. Das wiederum ließe sich nicht mit dem Umstand vereinbaren, daß der Steuerzahler jedenfalls indirekt durch Verzicht des Fiskus auf Einnahmen, die dem wahren Streitwert entsprechen würden, hier die finanzielle Hauptlast tragen soll.

Wenn der Prozeß für den Antragsteller also offensichtlich gänzlich aussichtslos oder gar mutwillig ist, dann muß man schon nach Treu und Glauben, die auch im Prozeß gelten, BLAH Einl III 6, die Vergünstigung des § 144 ablehnen.

Ein Ausländer darf unabhängig davon begünstigt werden, ob die Gegenseitigkeit verbürgt ist, BGH **73**, 315 mwN, aM zB Klauer/Möhring § 53 PatG aF Rdz 3 (zum alten Recht).

3) Verfahren, I, II. A. Antrag. Antragsberechtigt ist jede Partei, also auch der Beklagte. Der Antrag unterliegt keinem Anwaltszwang. Man kann ihn zum Protokoll des Urkundsbeamten der Geschäftsstelle stellen.

Der Antrag ist grundsätzlich nur vor der Verhandlung zur Hauptsache, BLAH § 39 ZPO Anm 2, zulässig, II 2, Struif GRUR **85**, 252. Später ist er nur zulässig, wenn der angenommene oder festgesetzte Streitwert später durch das Gericht heraufgesetzt wird, II 3, BPatG **24**, 169, Struif GRUR **85**, 252, oder wenn das Gericht den Streitwert erst später erstmals festsetzt, BGH **LM** § 53 PatG aF Nr 2 (der Urkundsbeamte der Geschäftsstelle nimmt vorher keinen Streitwert an). Es kommt darauf an, ob die Partei erst nach der Verhandlung zur Hauptsache erfahren hat, daß sie mehr Kosten zahlen muß, als sie vor der Antragstellung annehmen mußte, BPatG GRUR **82**, 363. Infrage kommt auch eine erst nach der Verhandlung eingetretenen ganz entscheidende Verschlechterung der wirtschaftlichen Lage, nicht aber zB die Sperrung eines weiteren Kredits, Düss GRUR **85**, 219.

Soweit der Antragsteller die Vergünstigung vor der Verhandlung zur Hauptsache beantragt hat, muß das Gericht immer den Prozeßgegner anhören. Wenn eine Partei zunächst die Heraufsetzung beantragt und anschließend zur Hauptsache verhandelt, muß sie sich auch an ihrem Antrag festhalten lassen.

B. Entscheidung. Das Gericht entscheidet gemäß § 25 GKG durch einen Beschluß. Der Beschluß ist grundsätzlich zu begründen, BLAH § 329 ZPO Anm 1 Ab. Die Herabsetzung des Streitwerts setzt voraus, daß das Gericht den ordentlichen Streitwert vorher oder gleichzeitig festgesetzt hat. Das ist schon deshalb erforderlich, weil der ordentliche Streitwert für den Gegner maßgebend bleibt. Das Gericht darf den Streitwert für die finanziell stärkere Partei nicht höher bemessen, als das nach allgemeinen Grundsätzen zu geschen hätte.

Soweit die Voraussetzungen nach Anm 2 vorliegen, muß das Gericht den Streitwert niedriger festsetzen; das Wort „kann" in I 1 eröffnet insofern kein Ermessensspielraum, sondern stellt nur die Zuständigkeit klar.

C. Rechtsmittel. Gegen die Entscheidung ist die Beschwerde wie sonst statthaft.

4) Folgen, I. A. Haftungsfolgen. Eine Herabsetzung des Streitwerts nach I hat für den Begünstigten folgende Haftungswirkungen:

a) Der Staatskasse gegenüber. Der Begünstigte haftet der Staatskasse für die Gerichtskosten nur nach dem geringeren Streitwert, unabhängig davon, aus welchem Rechtsgrund er haftet.

b) Dem Prozeßbevollmächtigten gegenüber. Der Begünstigte haftet dem eigenen Prozeßbevollmächtigten gegenüber ebenfalls nur nach dem geringeren Streitwert, unabhängig davon, aus welchem Rechtsgrund.

c) Dem Prozeßgegner gegenüber. Der Begünstigte ist dem Prozeßgegner gegenüber zu einer Erstattung von Kosten ebenfalls nur nach dem geringeren Streitwert verpflichtet, unabhängig davon, aus welchem Rechtsgrund.

B. Weitere Einzelheiten. Die Anordnung wirkt auch für eine spätere Instanz. Sie wirkt nur für den Begünstigten. Daher tritt im Falle seines Unterliegens eine Zweithaftung des Prozeßgegners nur für entsprechende Kosten und eine Ersthaftung nur insoweit ein, als er einen Antrag gestellt hatte. Die Staatskasse haftet dem im Verfahren der Prozeßkostenhilfe beigeordneten Anwalt nach dem nicht herabgesetzten Streitwert, BGH **LM** § 53 PatG aF Nr 3. Der Prozeßgegner muß seinem eigenen Anwalt und dem gegnerischen Anwalt die Gebühren nach dem höheren Streitwert ersetzen.

Für die Auslagen hat § 144 keine Bedeutung.

B. Bürgerliche Rechtsstreitigkeiten nach dem WZG und GebrMG

1) Allgemeines. § 31a WZG und § 26 GebrMG, auf den § 11 II Halbleiterschutzgesetz verweist, sind mit § 144 PatG gleichlautend. Vgl daher die Anm bei A.

C. Bürgerliche Rechtsstreitigkeiten nach dem UWG

1) Allgemeines. § 23a UWG lautet:

UWG § 23a. Bei der Bemessung des Streitwerts für Ansprüche auf Unterlassung von Zuwiderhandlungen gegen die §§ 1, 3, 4, 6, 6a bis 6e, 7, 8 ist es wertmindernd zu berücksichtigen, wenn die Sache nach Art und Umfang einfach gelagert ist oder eine Belastung einer der Parteien mit den Prozeßkosten nach dem vollen Streitwert angesichts ihrer Vermögens- und Einkommensverhältnisse nicht tragbar erscheint.

§ 23b UWG enthält zunächst in I 1 eine dem § 144 I 1 PatG entsprechende Regelung. Ihr folgt in I 2 folgende Bestimmung:

UWG § 23b I 2. Das Gericht kann die Anordnung davon abhängig machen, daß die Partei außerdem glaubhaft macht, daß die von ihr zu tragenden Kosten des Rechtsstreits weder unmittelbar noch mittelbar von einem Dritten übernommen werden.

Die Vorschriften sind auch auf eine verneinende Feststellungsklage anwendbar, KG GRUR **88**, 148. Die Regelungen gelten nur für den Kostenstreitwert, KG GRUR **87**, 452, Kblz GRUR **88**, 474. Zum Übergangsrecht KG GRUR **87**, 452. Eine Glaubhaftmachung ist in der Regel durch eine eidesstattliche Versicherung möglich und ausreichend. Im übrigen vgl die Anm zu § 144 PatG. Es darf kein Schematismus stattfinden, Schlesw SchlHA **87**, 60, aM KG GRUR **87**, 453 (regelmäßig Herabsetzung auf 50%). Zur Problematik Ulrich GRUR **89**, 401 (ausf.).

Der Art nach einfach ist zB ein rechtlich für den sachkundigen Anwalt eindeutiger, routinemäßig zu bearbeitender Verstoß, Köln GRUR **88**, 776 und RR **88**, 304; dem Umfang nach einfach ist zB eine Sache, die der Anwalt mit knapp fünf Seiten Schriftsatz abschließend darstellen kann, so großzügig Köln RR **88**, 304.

Man kann §§ 23a, b UWG als Schutzmaßnahme gegen Rechtsmißbrauch durch Verbandsklagen ansehen, Kblz GRUR **88**, 474. Ein Wettbewerbschutzverband kann nicht schon deshalb, weil er auch im öffentlichen Interesse arbeitet, eine Streitwertherabsetzung fordern, BGH DB **89**, 41; es kommt im übrigen nicht auf seine Gesamtlage an, sondern auf die Kostenlast des Einzelfalls, der er aber grundsätzlich bis in die Revisionsinstanz finanziell gewachsen sein muß, BGH DB **89**, 41; er muß einen gewissen Streitwert „durchhalten" können, Ffm GRUR **89**, 133 (15000 DM).

Der Antragsgegner kann sich auf § 23a, b UWG nach dem Erlaß einer einstweiligen Verfügung durch einen Beschluß auch dann berufen, wenn er keinen Widerspruch einlegt, Hbg GRUR **85**, 148. Die Belastung ist nach den Kosten des bestimmten Einzelverfahrens und nicht nach der gesamten Prozeßtätigkeit zB des klagenden Wettbewerbsvereins zu beurteilen, Stgt RR **86**, 1164, abw Köln GRUR **88**, 716.

Eine Berufung auf § 23a, b UWG kann unter Umständen einen

Rechtsmißbrauch darstellen, vgl schon (zum alten Recht) Düss DB **77**, 1598, ferner zB Ffm GRUR **89**, 133, Hbg GRUR **85**, 148. KG AnwBl **78**, 142, Schlesw SchlHA **87**, 60 fordern ein gewisses Verhältnis zu dem an sich angenommenen Wert.

Eine Vergünstigung für eine auf das Rabattgesetz stützbare Klage setzt voraus, daß der Kläger sich auch auf das UWG stützen kann, KG DB **87**, 2641. Entsprechendes gilt beim Verstoß gegen das WZG, Stgt RR **88**, 304. Neben § 23a kommt § 23b kaum noch in Betracht, Köln GRUR **88**, 716. Es reicht überhaupt, das jedenfalls auch eine der in § 23a genannten Vorschriften verletzt ist, Köln GRUR **88**, 775.

D. Anfechtungs- und Nichtigkeitsklagen nach dem AktG

AktG § 247 I. Den Streitwert bestimmt das Prozeßgericht unter Berücksichtigung aller Umstände des einzelnen Falles, insbesondere der Bedeutung der Sache für die Parteien, nach billigem Ermessen. Er darf jedoch ein Zehntel des Grundkapitals oder, wenn dieses Zehntel mehr als eine Million Deutsche Mark beträgt, eine Million Deutsche Mark nur insoweit übersteigen, als die Bedeutung der Sache für den Kläger höher zu bewerten ist.

1) Geltungsbereich. I geht davon aus, daß es nicht gerechtfertigt ist, den Streitwert nur nach dem wirtschaftlichen Interesse des Klägers an der Beseitigung des beanstandeten Beschlusses zu bemessen, weil im Hinblick auf die erweiterte Rechtskraftwirkung des § 248 AktG auch die Bedeutung der Sache für die Gesellschaft und die anderen Aktionäre zu berücksichtigen ist, BGH MDR **82**, 209. II und III entsprechen dem § 144 I, II PatG fast wörtlich. Die Entscheidung nach II ist noch in der Berufungsinstanz zulässig, Ffm BB **85**, 1360. § 247 gilt für eine Anfechtungsklage nach § 246 AktG und ferner sinngemäß für die Nichtigkeitsklage nach § 249 I AktG, für eine Klage auf die Feststellung der Nichtigkeit des festgestellten Jahresabschlusses nach § 256 VII AktG, für eine Klage auf die Nichtigerklärung der Gesellschaft nach § 275 IV AktG.

Beispiele für II: Ffm JB **76**, 347 und BB **85**, 1360.

Wertberechnung in Verfahren vor Gerichten der Verwaltungsgerichtsbarkeit und Finanzgerichtsbarkeit

13 **I In Verfahren vor den Gerichten der Verwaltungsgerichtsbarkeit und der Finanzgerichtsbarkeit ist der Streitwert vorbehaltlich der folgenden Vorschriften nach der sich aus dem Antrag des Klägers für ihn ergebenden Bedeutung der Sache nach Ermessen zu bestimmen. Bietet der bisherige Sach- und Streitstand hierfür keine genügenden Anhaltspunkte, so ist ein Streitwert von 6000 Deutsche Mark anzunehmen.**

II Betrifft der Antrag des Klägers eine bezifferte Geldleistung oder einen hierauf gerichteten Verwaltungsakt, so ist deren Höhe maßgebend.

III **Dem Kläger steht gleich, wer sonst das Verfahren der ersten Instanz beantragt hat.**

Vorbem. I 2 idF Art 1 I Z 2 G v 9. 12. 86, BGBl 2326, in Kraft seit 1. 1. 87, Art. 10; Übergangsvorschrift: § 73 I.

Schrifttum: Lappe NJW **85**, 1880, **86**, 2553; **87**, 1863; **88**, 3132; Zimmer NVwZ **88**, 706; Oestreicher, Gerichtskosten und Streitwert im Verwaltungsprozeß, Entwicklung und Ausblick, Festschrift H. Schmidt 1981 S. 123–141; Schmidt AnwBl **83**, 303; Scholz, Die Rechtsprechung des VGH BaWü zu Fragen des Kostenrechts, VBlBW **81**, 1 u 37; Eyermann/Fröhler § 162 Rdz 17 u 17a; Redeker/v. Oertzen § 165 Anm 4–14b; Kopp § 189 Rdz 6–19; Beermann Rdz 10380ff; Gräber Vor § 135 FGO Rdz 23ff; Tipke/Kruse Tz 81ff (betr Finanzgerichtsbarkeit).

Gliederung

1) Geltungsbereich. A. Streitwert. Die Wertberechnung nach § 13 betrifft nur die Grundlage für die Erhebung der Gerichtsgebühren, § 11 II, und damit auch der RA-Gebühren, §§ 8 I 1 und 9 BRAGO, in Verfahren vor den Gerichten der Verwaltungs- und Finanzgerichtsbarkeit. Soweit es sich um die Zuständigkeit und die Zulässigkeit eines Rechtsmittels handelt, zB nach Art 2 § 4 EntlG, gelten dagegen die nach § 173 VwGO bzw § 155 FGO sinngemäß anwendbaren Vorschriften der §§ 3ff ZPO, Anh § 12, BFH BStBl **77** II 614. Unanwendbar ist § 13 in der Sozialgerichtsbarkeit, in der keine Gerichtsgebühren erhoben werden, §§ 183ff SGG, abgedruckt und erläutert in Teil II B. Soweit hier für die RA-Gebühren der Gegenstandswert maßgeblich ist, § 116 II BRAGO, ist er nach § 8 I 3 u II BRAGO zu bemessen; jedoch sind dabei die Grundsätze des § 13 heranzuziehen, vgl § 116 BRAGO Anm 3 B.

Außerhalb der Verwaltungs- und Finanzgerichtsbarkeit gilt § 13 an sich nicht. Jedoch ist er in den Verfahren des § 110 II BRAGO **entspr anzuwenden** (auch iRv §§ 62 I Z 2–4 u 78 Z 2–4 DRiG), soweit nicht Sondervorschriften wie § 202 II BRAO bestehen; das gleiche gilt in Verfahren wegen des Verlustes von Dienstbezügen, § 9 BBesG, vor einem Disziplinargericht (keine Anwendung von § 109 BRAGO), VGH Mü NVwZ-RR **89**, 54. Der Grundgedanke des I 2 darf auch in der Zivilgerichtsbarkeit herangezogen werden, wenn für eine Schätzung nach § 3 ZPO genügende Anhaltspunkte fehlen, Brschw NdsRpfl **77**, 126, oder iRv § 12 II 1 keine besonderen Bemessungsumstände vorliegen, ZöSchn § 3 Rdz 16 („nichtvermögensrechtl Streitigkeit"), aM Mü MDR **89**, 360.

B. Gegenstandswert. Sofern in bestimmten Streitigkeiten vor den Verwaltungsgerichten keine Gerichtskosten erhoben werden, also namentlich in Sozialsachen nach § 188 VwGO und in Personalvertretungssachen nach § 83 II BPersVG (und den entsprechenden Landesvorschriften) iVm § 12 V ArbGG sowie im Vorlageverfahren nach § 47 V VwGO, entfällt die Festsetzung eines Streitwerts. Der für die RA-Gebühren maßgebliche Gegenstandswert bemißt sich in diesen Fällen nicht nach § 8 I 3 u II BRAGO, sondern gemäß § 8 I 1 BRAGO nach den für die Gerichtsgebühren geltenden Wertvorschriften, weil diese Wertvorschriften nur wegen sachlicher Gebührenfreiheit nicht anzuwenden sind, BVerwG BayVBl **89**, 285, JB **88**, 1555, Buchholz 238 3 A § 83 BPersVG Nr 8 = ZBR **78**, 247, OVG Bln NJW **82**, 2517, OVG Hbg VerwRspr **32**, 1053, VGH Mannh VBlBW **88**, 222 u NVwZ **84**, 187, OVG Bre **KR** § 10 BRAGO Nr 19; **abw** ohne überzeugende Begründung BVerwG Buchholz 238.3 A § 83 Nr 26 (krit Lappe **KR** Nr 137), VGH Mannh ZBR **88**, 140, OVG Münst ZBR **87**, 255 (offen gelassen VGH Mü BayVBl **86**, 348, OVG Münst **KR** Nr 162). Anzuwenden sind also auch insoweit § 13ff.

2) Allgemeines. A. Grundregel. Bei der Wertberechnung wird nicht zwischen vermögensrechtlichen und anderen Streitigkeiten unterschieden, weil diese Unterscheidung in der Praxis der Verwaltungsgerichte zu erheblichen Schwierigkeiten geführt hatte, Noll 147ff. Soweit die folgenden Vorschriften nichts abweichendes bestimmen, ist der Streitwert (Gegenstandswert) vielmehr in allen Sachen nach der sich aus dem Antrag des Klägers für ihn ergebenden Bedeutung der Sache zu bestimmen, I, Anm 3; betrifft der Antrag eine bezifferte Geldleistung oder einen hierauf gerichteten Verwaltungsakt, so ist die Höhe dieser Leistung maßgebend, II, Anm 4, also namentlich bei der Anfechtung von Abgabenbescheiden und bei Klagen auf Bewilligung einer bestimmten Zahlung.

B. Weitere Wertvorschriften. Da die Grundregel vorbehaltlich der folgenden Vorschriften gilt, sind ferner die §§ 14 bis 22 anwendbar. Sie gehen § 13 I (und auch II) vor, soweit sie Sonderbestimmungen enthalten. Neben bzw statt § 13 sind demgemäß anzuwenden:

§ 14 (Wertberechnung im Rechtsmittelverfahren), BVerwG Rpfleger **89**, 129 u 171, DVBl **77**, 653, vgl Anh I „Beigeladener“ und § 14 Anm 2 A;

§ 15 (Zeitpunkt der Wertberechnung), so daß immer dann, wenn der Streit um gesetzlich bestimmte Leistungen geht (zB im Fall des § 17 III), der am Ende der Instanz maßgebliche Betrag zugrunde zu legen ist, vgl Kopp § 189 Rdz 7;

§ 16 (Miet-, Pacht- und ähnliche Nutzungsverhältnisse), und zwar I, II u V in Streitigkeiten über Wohnraum, zB nach Obdachlosenrecht, weil die sozialen Gründe für eine Begrenzung des Streitwerts auch hier gelten;

§ 17 (Wiederkehrende Leistungen), und zwar III u IV unmittelbar für Zahlungsklagen und III mittelbar für sonstige Klagen in beamtenrechtlichen Angelegenheiten sowie entsprechend für die mit Unterhaltsklagen vergleichbaren Streitigkeiten, zB nach BAföG und

BSHG, wie überhaupt für wiederkehrende Leistungen aus öffrechtl Rechtsverhältnissen, BVerwG NVwZ **88**, 1019 (abw BVerwG NVwZ-RR **89**, 280); vgl Anh I § 13;

§ **18** (Stufenklage), soweit entsprechende Streitigkeiten in der Verwaltungs- und Finanzgerichtsbarkeit vorkommen, vgl BLAH § 254 Anm 4;

§ **19** (Klage und Widerklage, wechselseitige Rechtsmittel, Aufrechnung, Hilfsanspruch);

§ **20** (einstweilige Maßnahmen), und zwar I ergänzend zu § 13 im gerichtlichen Verfahren über eine Arrestmaßnahme der Verwaltung, § 20 Anm 1, und III unmittelbar, § 20 Anm 3;

§ **21** (Teile des Streitgegenstandes), VGH Mannh VBlBW **81**, 322, OVG Lüneb NJW **77**, 917 (Beiladung);

§ **22** (Nebenforderungen).

Wegen der Einzelheiten siehe die Erläuterungen zu diesen Vorschriften.

C. Ergänzende Bestimmungen. Sofern die §§ 13 bis 22 nichts anderes besagen, sind ferner die einschlägigen Bestimmungen der ZPO zu beachten, falls sie nach § 173 VwGO bzw § 155 FGO sinngemäß anzuwenden sind und auch im Zivilverfahren für die Gebührenberechnung gelten. Das trifft namentlich zu auf **§ 4 I Hs 1 ZPO** (Zeitpunkt der Wertberechnung, ergänzt durch § 14), Lappe § 14 Rdz 3, und auf **§ 5 Hs 1 ZPO** (mehrere Ansprüche), Anh I § 12, BVerwG Buchholz 451.171 Nr 12, NJW **82**, 1257, OVG Bre **KR** § 20 Nr 71, VGH Mü BayVBl **85**, 444 mwN; vgl Anh I § 13 unter „Klagenhäufung". Nicht zurückgegriffen werden darf dagegen auf § 9 ZPO, BVerwG BayVBl **89**, 286, OVG Münst **KR** Nr 167.

D. Sonstige Vorschriften. Unmittelbar anwendbar sind die §§ 23 (Angabe des Wertes), 24 (Maßgeblichkeit des Zulässigkeitswerts, § 146 III VwGO bzw § 128 III FGO, Art 2 § 4 EntlG), 25 (Festsetzung des Gebührenwerts) u 27 (einmalige Erhebung der Gebühren); wegen der Einzelheiten s die Erläuterungen zu diesen Vorschriften. Dagegen kommt eine Schätzung des Streitwerts durch Sachverständige, § 26, wegen § 13 I 2 nicht in Betracht, aM Markl 5.

3) Bestimmung nach der Bedeutung der Sache für den Kläger, I.

A. Antrag als Grundlage. Maßgeblich ist allein die sich aus seinem Antrag für den Kläger ergebende Bedeutung der Sache, nicht dagegen andere Umstände wie der Umfang der Sache, die Mühewaltung des Gerichts oder die wirtschaftlichen Verhältnisse der Beteiligten, BVerwG DVBl **77**, 653, VGH Mannh **KR** Nr 2. Dabei kommt es nur auf die Bedeutung für den Kläger (oder sonstigen Antragsteller, III) an, so daß die Auswirkungen der Entscheidung für den Beklagten oder einen Beigeladenen nicht berücksichtigt werden dürfen, Kopp § 189 Rdz 11, mögen sie auch noch so schwerwiegend sein, wie zB bei der Klage eines Nachbarn gegen die Genehmigung eines Großvorhabens (die insoweit früher bestehende Streitfrage, vgl VGH Mannh NJW **73**, 1094, ist durch die Nov 75 im Sinne der hM, BVerwG DVBl **72**, 682, Noll 196ff, entschieden worden). Wegen der Festsetzung eines besonderen Streitwerts für den Beigeladenen s Anh I § 13. Die Bedeutung der Sache wird nur insoweit berücksichtigt, als sie sich aus dem Antrag des Klägers (oder sonstigen Antragstellers, III) für ihn ergibt. Umstände, die über den konkreten Antrag hinausgehen, bleiben außer Betracht, BFH BStBl **76** II 685, zB die Bedeutung für andere Verfahren derselben oder anderer Beteiligter (Musterprozeß), BVerwG Buchholz 310 § 154 VwGO Nr 8, VGH Mü BayVBl **82**, 443. Im Rechtsmittelverfahren gilt § 14, BVerwG DVBl **77**, 653, so daß der Wert durch die Anträge des Rechtsmittelklägers begrenzt wird, sonst aber bei unverändertem Streitgegenstand auch für Rechtsmittel des Beklagten oder Beigeladenen mit dem Wert 1. Instanz identisch ist, BVerwG Rpfleger **89**, 129, s Anm 2 B. Fehlt ein formulierter Antrag, ist das Klagebegehren maßgeblich, wie es sich aus dem Vorbringen des Klägers ergibt, §§ 88 VwGO, 96 I 2 FGO (RegEntwBegr).

B. Bedeutung der Sache, I 1. Ihre Bedeutung für den Kläger entspricht seinem Interesse an der erstrebten Entscheidung. Maßgeblich ist nicht die subjektive Bedeutung, die der Kläger der Sache beimißt (Affektionsinteresse), sondern der Wert, den die Sache bei objektiver Beurteilung für den Kläger hat (RegEntwBegr), vgl Noll 201, VGH Mannh NJW **77**, 827. In dieser Weise zu bewerten sind demnach die rechtliche Tragweite der Entscheidung und die Auswirkungen, die ein Erfolg des Begehrens für die wirtschaftliche oder sonstige Lage des Klägers hat, wobei es auch auf die Bedeutung des in seiner Person betroffenen Rechts ankommt, Redeker DVBl **75**, 925. Außer Betracht bleiben die Auswirkungen der Entscheidung auf andere Beteiligte oder andere Verfahren, Anm 3 A.

a) In der Mehrzahl der Fälle wird der Streit allein durch die **wirtschaftlichen Auswirkungen** des Obsiegens bestimmt, nämlich durch den Vermögenswert, den der Kläger in diesem Fall behält (zB Sachwert des Gebäudes, dessen Abbruch die Behörde verlangt hatte, oder Wert der Aufwendungen bei Anfechtung eines Leistungsgebots) oder hinzugewinnt (zB Wert der erstrebten Erlaubnis). Zusätzlich oder allein ergibt sich der Streitwert aus **sonstigen Auswirkungen** der begehrten Entscheidung, etwa auf die Stellung des Klägers in der Gesellschaft oder Familie (zB bei Klagen auf Einbürgerung, Namensänderung usw) oder auf das betroffene Recht (zB bei Klagen von Gemeinden gegen eine Planung).

b) Erstrecken sich die Auswirkungen auf eine **längere Zeit,** zB bei Streitigkeiten um eine Berufszulassung oder den beamtenrechtlichen Status, so ist dieser Umstand gebührend zu berücksichtigen (zB bei Klage auf Erteilung der ärztlichen Approbation), BSG AnwBl **82**, 30 mwN; dabei ist eine Pauschalierung zulässig und geboten, s Anm 3 C (der Jahreswert wird aber bei Dauerverhältnissen der Bedeutung der Sache idR nicht gerecht, abw die hM, s Anh I unten „Arztrecht“, „Berufszulassung“ u „Gewerberecht“). Bei wiederkehrenden Leistungen aus öffrechtl Rechtsverhältnissen ist entspr § 17 III vom Dreijahresbetrag auszugehen, BVerwG NVwZ **88**, 1019, abw OVG Münst **KR** Nr 167. Wenn eine Leistung für eine bestimmte Zeit streitig ist, zB für einen Veranlagungs- oder Bewilligungszeitraum, so ist dieser zugrunde zu legen, OVG Hbg VerwRspr **32**, 1053. Dabei ist zu beachten, daß bei Streit um die (gänzliche oder teilweise) Versagung einer Hilfe sich die Rechtskraft auf die Zeit bis zur Entscheidung erstrecken kann, zB beim Wohngeld, BVerwG **41**, 221, **44**, 266, FEVS **23**, 402 (nicht dagegen bei Leistungen nach BaföG, BVerwG FamRZ **81**, 824). Doch greift in diesen Fällen idR eine Begrenzung des Streitwerts, zB nach § 16 I, ein, vgl Anh I.

c) Das Interesse des Klägers (oder sonstigen Antragstellers, III) wird in allen Fällen durch die rechtliche Tragweite der erstrebten Entscheidung bestimmt, so daß der Streitwert für die **einzelnen Klagearten** uU verschieden zu bemessen ist: **aa)** Bei einer **Anfechtungsklage** ist das Interesse am Wegfall des Verwaltungsaktes maßgeblich. Bei Klagen gegen einen Zahlungsgrundbescheid ist der zu erwartende Gesamtbetrag idR um 20 vH zu kürzen, BVerwG NVwZ **88**, 1019. Richtet sich eine Anfechtungsklage (was prozessual nur ausnahmsweise zulässig ist) gegen die Ablehnung einer Vergünstigung (zB Baugenehmigung), ist vom Interesse an der Vergünstigung auszugehen und der so gefundene Wert angemessen zu kürzen, vgl unten zur Bescheidungsklage. **bb)** Der Streitwert der **Verpflichtungsklage** entspricht dem Interesse des Klägers am begehrten Verwaltungsakt. Bei einer Klage auf bloße **Bescheidung** ist der Wert häufig geringer, je nachdem, inwieweit sie den Kläger seinem Endziel näher bringt, OVG Hbg ZBR **80**, 289. Beispiel: Wert der Klage auf Erteilung der Baugenehmigung 20000 DM, Wert der Bescheidungsklage 15000 DM (¾), wenn die Behörde die Bebaubarkeit schlechthin verneint hatte, aber nur 10000 DM (½), wenn allein eine neue Ermessensausübung erstrebt wird. Anders liegt es, wenn zB nur die genaue Errechnung einer Geldleistung offen bleibt: Hier ist keine Kürzung vorzunehmen, aM OVG Bre **KR** Nr 172. Eine Verpflichtung nur dem Grunde nach ist idR niedriger zu bewerten als die geltend gemachte Forderung, OVG Münst **KR** Nr 40, wenn die Festsetzung im Ermessen der Behörde steht oder auch die Höhe der Forderung streitig ist. **cc)** Der Streitwert der **sonstigen Leistungsklage** ergibt sich aus dem Wert der Leistung für den Kläger; hier kann auf die von den Zivilgerichten entwickelten Grundsätze, Anh I § 12, zurückgegriffen werden. **dd) Feststellungsklage:** die positive ist idR geringer als eine entsprechende Leistungsklage zu bewerten, es sei denn, der Erfolg kommt einem Grundurteil gleich (zB bei Zahlungsansprüchen gegen den Staat), vgl VGH Mü BayVBl **86**, 60; der Wert der negativen Feststellungsklage, die prozessual nur ausnahmsweise zulässig ist, ist mit dem vollen Wert des bestrittenen Rechts anzusetzen, OVG Münst **KR** Nr 167. Der Wert der Fortsetzungsfeststellungsklage, §§ 113 I 4 VwGO, 100 I 4 FGO, ist geringer als der Wert der Hauptklage (idR die Hälfte), vgl OVG Lüneb AnwBl **87**, 95, FG BaWü EFG **85**, 364.

d) Maßgeblicher Zeitpunkt. Er ergibt sich aus § 4 ZPO (iVm § 173 VwGO bzw § 155 FGO) sowie aus den §§ 14 und 15, oben Anm 2 B u C. Ermäßigt der Kläger seinen Antrag, werden mehrere Ansprüche getrennt oder ergeht ein Teilurteil, ist für die später anfallenden Gebühren ein zweiter (idR geringerer) Wert anzusetzen, BVerwG Buchholz 310 § 161 Nr 51, VGH Mü BayVBl **84**, 221, Kopp § 189 Rdz 7 mwN.

C. Bestimmung des Streitwerts. Es ist nach Ermessen festzusetzen, I 1, und zwar nach den Anhaltspunkten, die sich aus dem bisherigen Sach- und Streitstand ergeben, vgl I 2. Dadurch wird dem Gericht (ebenso wie nach § 3 ZPO, vgl Anh I § 12) ein Spielraum für die Beurteilung der Bedeutung der Sache und für ihre Bewertung eingeräumt. Eine Beweiserhebung zur Ermittlung der dafür maßgeblichen Merkmale ist ausgeschlossen, wie I 2 ergibt, VGH Mü BayVBl **78**, 221, unten D. Die Berücksichtigung der wirtschaftlichen oder sozialen Lage des Klägers, um zu einem für ihn „tragbaren" Streitwert zu kommen, ist nicht zulässig, aM OVG Münst GewArch **76**, 381 = **KR** Nr 1, OVG Saarlouis **KR** Nr 4 (aber § 13 verweist, anders als § 14 I aF, gerade nicht auf alle Umstände des Einzelfalles, sondern knüpft nur an die Bedeutung der Sache für den Kläger an, Anm 3 A, die objektiv zu bestimmen ist, Anm 3 B; diese Gleichstellung mit entsprechenden Verfahren vor den Zivilgerichten, zB nach BauGB, ist im Hinblick auf Art 19 IV GG unbedenklich, vgl Fromm DÖV **82**, 206). Für die Bemessung besteht keine obere Grenze, insbesondere ist § 12 II 4 nicht entsprechend anzuwenden, OVG Münst **KR** Nr 16 u 19.

Um das Kostenrisiko für die Beteiligten überschaubar zu machen, ist eine **möglichst einheitliche Praxis** der Gerichte dringend erforderlich, an der es bislang weitgehend fehlt, vgl Anh I u Zimmer NVwZ **88**, 706 mwN; Abhilfe sollte (jedenfalls für einzelne Materien wie Bau- und Beamtenrecht) so schnell wie möglich der Gesetzgeber schaffen (Vorschläge bei Zimmer aaO). Da es gegen Streitwertbeschlüsse der OVG (VGH) und FG keine Beschwerde gibt, § 5 Anm 4 C, müßten bis zu einer gesetzlichen Neuregelung BVerwG und BFH in ihrer eigenen Festsetzungspraxis Bewertungsrichtlinien zu I 1 entwickeln (wie früher der BFH im Abgabenrecht und das BVerwG im Beamten- und Lastenausgleichsrecht, Noll 54ff, 96), denen die Instanzgerichte folgen sollten, vgl Noll bei **KR** Nr 188, Redeker DVBl **75**, 926 u Redeker/v. Oertzen § 165 Anm 14b. Im Interesse der Rechtssicherheit und der Gleichbehandlung ist eine weitgehende Schematisierung (und bei Leistungen auch Pauschalierung) für gleichartige Streitigkeiten zulässig und geboten, zB für beamtenrechtliche Ansprüche, Berufszulassungen, Bau- und Bewerbegenehmigungen usw. **Einzelfälle s Anh I** u **II § 13.**

D. Auffangwert, I 2. Bietet der bisherige Sach- und Streitstand keine genügenden Anhaltspunkte für die Bemessung, so ist ein **Streitwert von 6000 DM** anzunehmen (bis 31. 12. 86: 4000 DM; krit zur Anhebung Fliegauf/Schneider VBlBW **87**, 245). Danach ist eine Beweiserhebung zur Ermittlung der nach I 1 maßgebenden Merkmale nicht zulässig (RegEntwBegr), abw Markl 5. Jedoch ist den Beteiligten hier wie auch sonst ausreichend Gelegenheit zu geben, sich zum Streitwert zu äußern, Art 103 I GG; sie sind nach § 23 verpflichtet, Angaben zu machen, Markl 4a u 5.

Aus I 2 ergibt sich nicht etwa ein Ausgangswert, an den sich die Festsetzung nach I anzulehnen hätte (anders nach § 30 II KostO und § 8 II BRAGO), und erst recht kein Regelwert, VGH Mannh BWVPr **76**, 278, vgl auch BVerfG AnwBl **75**, 438. Bei dem Betrag von 6000 DM handelt es sich vielmehr um einen **Auffangwert** (fiktiven Streitwert) bzw subsidiären Ausnahmewert, Noll NJW **76**, 221, der immer und nur dann festzusetzen ist, wenn eine individuelle Bemessung nicht möglich ist, weil hinreichende Anhaltspunkte fehlen, VGH Mannh BWVPr **76**, 202.

Beispiele: im Verwaltungsrechtsweg bei Klagen auf Namensänderung oder Änderung einer Beurteilung sowie gegen die Abschiebung eines Ausländers alsbald nach erstmaliger Einreise, ferner bei unsicherer Prognose hinsichtlich der Auswirkungen einer Entscheidung, zB im Prüfungs- oder Hochschulzulassungsrecht, BVerwG Buchholz 360 § 13 GKG Nr 8, und in aller Regel in Personalvertretungssachen, vielfach in Kommunalsachen, ebenso bei Streit um einen Sitz im Rundfunkrat, OVG Bre **KR** § 20 Nr 69, u bei Beschwerden gegen die Zurückweisung eines Verbandsgeschäftsführers nach RBerG, OVG Münst AS **32**, 114; im Finanzrechtsweg bei einer nur vorsorglich gegen eine Steuerschätzung erhobenen Klage, FG Kassel EFG **78**, 344, bei einer Klage auf Buchführungserleichterung, FG Hamburg EFG **79**, 514, oder auf Eintragung einer bestimmten Person als Leiter der Beratungsstelle eines Lohnsteuerhilfevereins, BFH BStBl **81** II 105. I 2 ist naturgemäß auch dann anzuwenden, wenn das Vorbringen des Klägers einen bestimmten Gegenstand des Streites überhaupt nicht erkennen läßt, BFH BStBl **78** II 135, oder selbst für eine Schätzung jeglicher Anhaltspunkt dafür fehlt, was der Kläger will, FG BaWü EFG **86**, 146. Da es sich um einen fiktiven Pauschalbetrag handelt, ist er bei Bescheidungsklagen, Anm 3 B c bb, nicht zu ermäßigen, FG Hamburg EFG **79**, 514. Bei Klagenhäufung, Anh I § 13, ist der Betrag ggf zu vervielfachen, BFH BStBl **82** II 705, OVG Bre **KR** Nr 113, VGH Mannh **KR** Nr 55, FG BaWü EFG **86**, 146, Lappe NJW **83**, 1469.

Der gesetzliche Auffangwert ist aber **keine starre Größe.** Falls die Bedeutung des Antrags erkennbar in ihrem Wert über oder unter 6000 DM liegt, ist der Streitwert nach der in I 1 enthaltenen Grundregel entsprechend höher oder niedriger festzusetzen, Lappe 8, OVG Münst **KR** Nr 52. Das gilt insbesondere dann, wenn die Bedeutung im Einzelfall von einem unter I 2 fallenden Streitfalltypus (zB Ausweisung eines Ausländers, Beurteilung eines Beamten, Studienzulassung, Prüfungsentscheidung) abweicht, OVG Hbg **KR** Nr 170, VGH Mann **KR** § 20 Nr 7 u 15. Dabei ist eine von 6000 DM ausgehende prozentuale Niedriger- oder Höherbewertung unbedenklich, um ein bloßes „Greifen" des Wertes auszuschließen, OVG Lüneb **KR** Nr 54 m abl Anm Noll, aM Lappe NJW **83**, 1469. Gibt es einen über 6000 DM liegenden konkreten Mindestwert, ist dieser anzusetzen, OVG Hbg **KR** Nr 92.

4) Bestimmung nach bezifferter Geldleistung, II. Betrifft der Antrag des Klägers (oder sonstigen Antragstellers, III) eine bezifferte Geldleistung (zB Klage auf Zahlung) oder einen hierauf gerichteten Verwaltungsakt (zB Anfechtung eines Abgabenbescheides oder Verpflichtung zur Erteilung eines Bewilligungsbescheides über einen bestimmten Betrag), so ist die Höhe dieser Geldleistung maßgeblich. Für wiederkehrende Leistungen ist, soweit nicht § 17 eingreift, der Zeitraum zugrunde zu legen, für den die Geldleistung zu erbringen ist (konkreter Veranlagungs- oder Bewilligungszeitraum nach der anzuwendenden Vorschrift), Anm 3 B b, VGH Mü BayVBl **78**, 471. Ob mit der geforderten Zahlung Bedingungen oder Gegenpflichten, zB auf Rückzahlung, verbunden sind, ist unerheblich, OVG Bre AnwBl **84**, 50. Eine Ermäßigung aus sozialen Gründen ist nicht zulässig (und wegen der Möglichkeit der PKH nicht erforderlich).

Anzuwenden ist II nur dann, wenn die Geldleistung in das Vermögen des Empfängers übergeht, mag sie auch als Darlehn gewährt werden, OVG Münst VerwRspr **31**, 762. In anderen Fällen, zB bei Sicherheitsleistung oder Erfüllung einer Depotpflicht, ist der Streitwert nach I 1 zu bestimmen, wobei sich die dafür maßgebliche Bedeutung der Sache aus der entgehenden Nutzung des Betrages ergibt. Ist die Geldleistung im Klagantrag oder im Verwaltungsakt nicht beziffert worden, sondern nur bestimmbar, so gilt nicht II, sondern ebenfalls I 1, Oestreicher S 135, BVerwG NVwZ **88**, 1019, aM OVG Münst VerwRspr **31**, 762, zustm Noll bei **KR** Nr 34; dabei wird die Bedeutung der Sache idR der zu erwartenden Leistung entsprechen, bei wiederkehrenden Leistungen entspr § 17 III begrenzt auf drei Jahre, im Falle eines Beitragsgrundbescheids mit einem Abschlag von 20 vH, BVerwG aaO. Wenn sich ein Verwaltungsakt nur mittelbar auf eine Geldleistung auswirkt (zB ein Steuerbefreiungs- oder Einheitswertbescheid), ist der Streitwert aufgrund dieser Auswirkungen nach I 1 zu bestimmen, vgl Anh II § 13, Stichworte „Einheitsbewertung“ und „Einheitliche Gewinnfeststellung“.

Für Nebenforderungen gilt § 22.

5) Festsetzung. Für die Festsetzung des Streitwerts, Anm 1 A, und ihre Anfechtung gelten §§ 24 und 25; der Streitwertbeschluß muß in nachvollziehbarer Weise die Erwägungen des Gerichts erkennen lassen, VGH Mannh VBlBW **88**, 21. Der Wert ist nach Maßgabe des § 23 von den Beteiligten anzugeben. Die Festsetzung des Gegenstandswertes, Anm 1 B, und ihre Anfechtung richten sich ausschließlich nach § 10 BRAGO, s dortige Anm 2 u 3.

Anhang nach § 13

I. Streitwertschlüssel für die Verwaltungsgerichtsbarkeit

Vorbem. Im Folgenden werden für die Festsetzung in Einzelfällen Fingerzeige gegeben (vgl auch GSEM § 114 Rdz 22, Kopp § 189 Rdz 7–19, Markl Anh § 13, SchGei § 114 Rdz 55ff, Schmidt AnwBl **83**, 303, Scholz VBlBW **81**, 1 u 37).

Abgabenrecht: Für die Anfechtung von Leistungsbescheiden ist die Höhe der Geldleistung maßgeblich, deren Zahlung vom Ausgang des Rechtsstreits abhängt, bei wiederkehrenden Leistungen diejenige innerhalb des Veranlagungszeitraums, ggf entspr § 17 III auf 3 Jahre begrenzt, § 13 Anm 4, BVerwG NVwZ **88**, 1019 (abw NVwZ-RR **89**, 279: 5 Jahre); bei Beitragsgrundbescheiden ist ein Abschlag (idR 20 vH) geboten, BVerwG aaO. Sind Vorauszahlungen angerechnet, ergibt sich der Wert aus dem veranlagten Betrag, wenn der Kläger die Forderung dem Grunde nach bestreitet, OVG Münst ZMR **77**, 111. Bei Teilanfechtung der Höhe bestimmt sich der Streitwert nach dem streitigen Betrag, zB dem nach Meinung des Klägers durch Anrechnung getilgten, OVG Münst **KR** § 115 BRAGO aF Nr 94. Begehrt der Kläger Stundung, ist die Bedeutung der Sache, § 13 I, idR mit 10 vH des Abgabenbetrages zu bewerten, OVG Münst AS **33**, 210 (zu diesem Bemessungssatz krit VGH Mü VerwRspr **32**, 382). Vgl hierzu und im übrigen **Anh II.**

Ablehnung eines Richters oder Sachverständigen, vgl Anh I § 12 (§ 3 ZPO):

Richtig dürfte eine unter dem Wert der Hauptsache liegende Bewertung sein, Noll 141, für die § 13 I gilt (Faustregel: Das Interesse an der anderen Besetzung des Gerichts ist idR mit ⅓ des Werts der Hauptsache anzunehmen, OVG Hbg **KR** Nr 53, bei Ablehnung aller Richter höher, aber auch dann unter dem Wert der Hauptsache anzusetzen, aM VGH Mü BayVBl **80**, 602); für die Ablehnung eines Sachverständigen ist die Bedeutung der Beweisaufnahme maßgeblich (Faustregel: Bei Abhängigkeit der gesamten Entscheidung ⅓ des Werts der Hauptsache). S auch § 13 Anh II.

Anfechtungsklage: S § 13 Anm 3 Bc.

Arztrecht: Wegen Approbation s unter „Berufszulassung"; danach sind die erzielten oder erwarteten Brutto-Einnahmen abzüglich der Praxisunkosten für die Dauer von mindestens 5 Jahren zugrundezulegen, vgl BSG AnwBl **82**, 308 mwN in einer Kassenarztsache; entsprechendes gilt für die Entziehung, aM VGH Mannh **KR** Nr 21 u § 20 Nr 27: Jahresbetrag. Entspr ist der Streit um eine Zusatzbezeichnung zu bewerten, OVG Hbg **KR** Nr 92, abl Noll. Für den Streit um die Erlaubnis nach § 10 BÄO ist wegen ihrer Befristung der Jahresbetrag des erzielten oder erwarteten Bruttogewinns anzusetzen, aM OVG Kblz NJW **78**, 1212: Bewertung mit einem Fünftel des Streits um die Approbation, für den nach dem Jahresgewinn idR 100000 DM anzusetzen sind. Die Klage auf Befreiung vom ärztlichen Notdienst wird idR mit 6000 DM zu bewerten sein, § 13 I 2.

Atomrecht (Lappe NJW **84**, 1214): Das allein maßgebliche Interesse des klagenden Bürgers, § 13 Anm 3 A, wird durch den Umfang der Beeinträchtigung bestimmt, die er abwehren will (vgl „Nachbarklage"); idR werden 10000 DM nicht unterschritten werden dürfen (vgl Zimmer NVwZ **88**, 706). Notfalls ist auf § 13 I 2 zurückzugreifen, BVerwG Buchholz 360 § 13 GKG Nr 6. Bei Klagen mehrerer gegen dieselbe Anlage sind die Werte zusammenzurechnen, BVerwG aaO.

Auflage: Richtet sich die Klage nur gegen eine Auflage, wird der Wert durch die wirtschaftlichen Auswirkungen dieser Auflage bestimmt, nämlich die mit ihrer Erfüllung verbundenen Aufwendungen oder Beeinträchtigungen.

Aufrechnung: § 19 Anm 4.

Aufschiebende Wirkung, § 80 VwGO: § 20 Anm 3.

Ausländerrecht: Bei Streit um Aufenthaltserlaubnis (§ 2 AuslG) oder Ausweisung (§ 10 AuslG) ist grundsätzlich § 13 I 2 anwendbar, hM, so daß über 6000 DM nur in Ausnahmefällen (zB aus dem Rahmen fallenden wirtschaftlichen Auswirkungen) hinausgegangen werden darf. Ist der Ausweisungsverfügung eine Abschiebungsandrohung beigefügt, so erhöht sich der Streitwert idR nicht, BVerwG Buchholz 402.24 § 9 Nr 3. Bei einer Klage auf Aufhebung der Ausweisung und Erteilung einer Aufenthaltserlaubnis sind die Werte zusammenzurechnen, BVerwG DÖV **82**, 410, BayVBl **82**, 380, OVG Münst **KR** Nr 67. Entsprechendes gilt für den Streit um das **Asylrecht** nach dem AsylVfG; auch hier ist § 13 I 2 anzuwenden, hM, OVG Münst **KR** Nr 52, VGH Mü BayVBl **83**, 123 mwN, VG Kblz AnwBl **86**, 108, für die mitklagenden Familienangehörigen weniger, BVerwG DVBl **87**, 1111, Übersicht über die Staffelung (6000 – 3000 – 1500, ab 3. Kind weniger) bei OVG Lüneb **KR** Nr 188 (zustm Noll), OVG Münst **KR** Nr 174 u 181, OVG Bre JB **86**, 742, VGH Mü BayVBl **81**, 540, aM VGH Kassel LS DVBl **88**, 1032, VGH Mannh, vgl Huber NJW **82**, 1922, VG Hann InfAuslR **85**, 151 (jeweils voller Wert). Bei „Verbundklagen" nach § 30 AsylVfG sind die Werte zusammenzurechnen und der Streitwert für den Alleinkläger bzw den ersten Elternteil idR auf 9000 DM festzusetzen, BVerwG in stRspr, vgl OVG Lüneb **KR** Nr 188 (zustm Noll),

OVG Bre **KR** Nr 195, VGH Mü BayVBl **83**, 123 mwN, OVG Münst **KR** Nr 52, Gerhardt/Jacob DÖV **80**, 752, abw VGH Kassel JB **88**, 372 u JZ **88**, 171 (7000 DM), aM Fischer NJW **81**, 487, VG Köln NVwZ **82**, 56. Ein erhöhter Streitwert ist beim Streit um eine Aufenthaltsberechtigung (§ 8 AuslG), OVG Bre JB **88**, 1076, aM BVerwG JB **88**, 1233 u Buchholz 402.24 § 8 Nr 7, ein geringerer Streitwert bei Klagen wegen isolierter Abschiebung (§ 13 AuslG), Duldung (§ 17 AuslG) oder Zurückweisung (§ 18 AuslG) und allgemein bei bloßer Androhung von Maßnahmen (abw OVG Bre AnwBl **87**, 337) anzunehmen. Für Streitigkeiten über die **Einbürgerung** (und für Verfahren zur Klärung der Staatsangehörigkeit) gilt idR § 13 I 2, BVerwG Buchholz 360 § 13 GKG Nr 13 u 19.

Aussetzung des Verfahrens: Anh I § 12, § 3 ZPO Anm 3. Vgl auch Anh II § 13.

Aussetzung der Vollziehung (Wiederherstellung der aufschiebenden Wirkung), § 80 VwGO: § 20 Anm 3.

BAföG (Gegenstandswert, § 13 Anm 1 B u 5): Bei Klagen auf Förderung durch Zuschuß und Grunddarlehen (§ 17 I, II aF BAföG) ist der streitige Gesamtbetrag für die Dauer des Bewilligungszeitraums maßgeblich, jedoch entsprechend § 17 I nie mehr als der Jahresbetrag, OVG Bre **KR** Nr 172, OVG Münst VerwRspr **31**, 762, OVG Hbg **KR** Nr 36 u § 20 Nr 43 sowie HbgJVBl **80**, 102, VGH Mannh LS NJW **77**, 317, ebenso bei Klagen auf Förderung allein durch Darlehen, OVG Münst u Hbg aaO, jetzt auch BVerwG Buchholz 360 § 13 Nr 10, in beiden Fällen ohne Hinzurechnung der Rückstände, VGH Mannh LS NJW **77**, 317, Scholz VBlBW **81**, 4; bei Klagen auf Zuschuß statt Zusatzdarlehns ist die Hälfte des begehrten jährlichen Zuschußbetrages anzusetzen, BVerwG Buchholz 360 § 13 GKG Nr 16, OVG Hbg **KR** Nr 30, aM VGH Mannh **KR** Nr 63: ⅔ des jährlichen Darlehensbetrages. Für den Streit um die Überleitung (§ 37 aF BAföG) ist die Hälfte des Jahresbetrags zuzüglich der Rückstände bei Klageerhebung entsprechend § 17 IV maßgeblich, OVG Hbg FamRZ **75**, 185 (LS). Bei Streit um Rückzahlung, § 20 BAföG, ist der volle Betrag anzusetzen, dagegen weniger bei Streit um die Modalitäten, OVG Hbg **KR** Nr 71, u für das Begehren, gezahlte Darlehnsbeträge in Zuschüsse umzuwandeln, die Hälfte des Zuschußbetrages, und zwar ohne Begrenzung auf den Jahresbetrag, OVG Hbg **KR** Nr 69. Bei Streit um Auskunftspflicht, § 47 IV BAföG, gilt idR § 13 I 2.

Baurechtliche Angelegenheiten (zur Rspr Zimmer NVwZ **88**, 706): **a) Baugenehmigung.** Bei Streit um die Bebaubarkeit schlechthin ist die Hälfte der Bodenwertsteigerung anzusetzen, BVerwG **KR** Nr 140, die in Ermangelung anderer Anhaltspunkte mit den Kosten des geplanten Gebäudes gleichgesetzt werden kann. Bei Streit um die Errichtung eines bestimmten Bauwerks kommt es auf den mit dem Vorhaben verbundenen Nutzen (Sachwert und Ertrag) an, der mit den dafür erforderlichen Baukosten pauschaliert werden darf, ähnlich Noll bei **KR** Nr 87, OVG Hbg **KR** Nr 56, VGH Mü **KR** Nr 14, VG Freiburg NJW **72**, 1683, abw OVG Lüneburg AnwBl **83**, 280 u VGH Mannh (Scholz BWVBl **81**, 2), die für Einfamilienhäuser einen Eckwert von 15000 DM, OVG Lüneb NdsRpfl **89**, 17, bzw 10000 DM zugrundelegen, OVG Münst AnwBl **83**, 279, das bei größeren Mehrfamilienhäusern von 5000 DM/Wohnung ausgeht, VGH Mü AnwBl **82**, 445 u AnwBl **83**, 281, der ⅐ bis ⅒ der Baukosten veranschlagt (ebenso OVG Bre **KR** Nr 87), sowie OVG Saarl AS **19**, 215, das an den Jahresbetrag der Nettoerträge anknüpft; handelt es sich um eine Bau- oder Bebauungsgenehmigung für gewerbliche Räume, bietet sich eine Anknüpfung an den voraussichtlich zu erzielenden jährlichen Reingewinn an, OVG Münst **KR** 23 u 29, OVG Bln **KR** Nr 79 (aM OVG Hbg **KR** Nr 56: ⅙ der mutmaßlichen Baukosten, OVG Lüneb AnwBl **87**, 95: Pauschbetrag je qm, VGH Mannh NJW **77**, 827: freie Schätzung). Bei Streit um eine **Voranfrage** oder einen Vorbescheid ist der Wert nach dem Nutzen für den Kläger anzusetzen, VGH Mannh AnwBl **81**, 250, der bei beabsichtigter Eigenbebauung idR mit ½ bis ¾ des Wertes einer Baugenehmigung anzunehmen ist, VGH Mü AnwBl **82**, 445, OVG Bre **KR** Nr 87, krit Noll. Bei Klage gegen Zurückstellung, § 15 BauGB, ⅓ jenes Werts, OVG Lüneb AnwBl **87**, 95. Für die Genehmigung von **Werbeträgern** ist der damit für den Kläger verbundene Nutzen maßgeblich, bei Plakattafeln idR der Netto-Ertrag für 5 Jahre pro Tafel, notfalls 6000 DM gemäß § 13 I 2 (keine Ermäßigung bei Klage auf Genehmigung mehrerer Tafeln), abw VGH Mannh VBlBW **83**, 103 (6000 DM pro Tafel), VGH Mü **KR** Nr 20 (3000 DM pro Tafel). Das alles gilt auch für den Streit um die Rücknahme der Genehmigung, VGH Mü BayVBl **83**, 59. Erstrebt der Kläger eine Abbruchgenehmigung zum Zweck der Neubebauung, wird § 13 I 2 anzuwenden sein, aM OVG Lüneb AnwBl **87**, 196 (abl Noll **KR** Nr 171). **b) Abwehr von Maßnahmen.** Der Streit ist idR mit den Kosten der Maßnahme zu bewerten, Anm 3 B a, VGH Kassel AnwBl **82**, 309 (Modernisierungsgebot). Im Fall einer **Abbruchverfügung** ist der Zeitwert des Gebäudes zuzüglich Abbruchkosten maßgeblich, VGH Mü BayVBl **82**, 190, VGH Mannh NJW **77**, 827, vgl Scholz BWVBl **81**, 2, vom OVG Lüneb bei Einfamilienhäusern mit 100000 DM pauschaliert, NdsRpfl **86**, 87 (der Wert einer gleichzeitig erhobenen Verpflichtungsklage auf Erteilung der Baugenehmigung bleibt außer Betracht; das gleiche gilt für die Androhung eines Zwangsgeldes, VGH Mü aaO). Die **Untersagung** der gewerblichen Nutzung ist mit dem dreifachen Jahresbetrag der Aufwendungen für Ersatzräume zu bewerten, OVG Hbg HbgJVBl **86**, 50 (abw OVG Bre JB **86**, 1542 bei Behelfsheim: halber Jahresbetrag). Für den Streit um die Duldungsverfügung gegen Mieter kommt der Jahresmietwert entsprechend § 16 in Betracht. **c)** Im übrigen siehe auch unter **„Nachbarklage"**.

Beamtenrechtliche Angelegenheiten (zur Rspr Zimmer NVwZ **88**, 706): **a)** Sog **Statussachen,** zB der Streit um das Bestehen eines Beamtenverhältnisses oder eine Beförderung, sind nach § 13 I 1 zu bewerten. Maßgeblicher Anhaltspunkt ist die Höhe der Brutto-Bezüge (Endgrundgehalt ohne Ortszuschlag, aM OVG Münst **KR** Nr 81) bzw der Versorgungsbezüge, deren Zahlung vom Ausgang des Rechtsstreits abhängt, und zwar bei **Lebenszeitbeamten** der dreijährige Bezug. Die früher vielfach und auch heute noch vertretene Auffassung, daß der Jahresbetrag maßgeblich sei, wird dem Gebot, den Wert nach der Bedeutung der Sache zu bestimmen, schwerlich gerecht und läßt sich angesichts des § 17 III nicht aufrechterhalten: Der (Gesamt- oder Teil-) Status darf nicht geringer bewertet werden als die Ansprüche auf wiederkehrende Leistungen aus diesem Verhältnis, weil es an einer Sondervorschrift in der Art des § 12 VII ArbGG fehlt und deshalb die ihr zugrunde liegenden sozialen Erwägungen, BAG NJW **65**, 1830, die auch bei Beamten für eine Begrenzung des Kostenrisikos sprechen, nicht berücksichtigt werden dürfen, str; wie hier VGH Kassel NVwZ **84**, 186, VGH Mü BayVBl **78**, 60, OVG Hbg – I. Senat – in stRspr, zuletzt **KR** Nr 43 mwN u zustm Anm Noll bei Nr 46, OVG Bre JB **88**, 343, OVG Münst **KR** Nr 81, AnwBl **83**, 281, SchGei § 114 Rdz 64, **aM** BVerwG ZBR **80**, 89 (ohne Begr), OVG Hbg – III. Senat – JB **88**, 909, OVG Kblz NVwZ **82**, 264, OVG Saarlouis **KR** § 13 Nr 4, OVG Lüneburg V B 2/77 u 35/77, jetzt auch Lappe NJW **82**, 1738. Bei **Beamten auf Probe** ist wegen der geringeren Bedeutung vom Zweijahresbetrag der Brutto-Bezüge (Endgrundgehalt) auszugehen, OVG Hbg **KR** Nr 46, **KR** § 17 Nr 15 u § 20 Nr 16; aM OVG Münst NVwZ **85**, 353: Hälfte des dreifachen Jahresbetrages (dazu Noll **KR** Nr 109), BVerwG ZBR **80**, 89, VGH Mannh **KR** Nr 17: Halbjahres- bzw Jahresbetrag (krit auch Noll **KR** Nr 46), bei **Widerrufsbeamten** idR vom Jahresbetrag der Bezüge, OVG Münst NVwZ **85**, 353, aM VGH Kassel NVwZ **84**, 186: dreifacher Jahresbetrag (krit Noll **KR** Nr 99), OVG Kblz NVwZ **82**, 264: Hälfte des Jahresbetrages des Endgrundgehalts; OVG Kblz NVwZ **85**, 352: bei Beamten im Vorbereitungsdienst doppelter Auffangwert (krit Noll **KR** Nr 115); OVG Bre JB **87**, 1523: einfacher Auffangwert; VGH Mü BayVBl **78**, 60: Bezüge für die Dauer des Vorbereitungsdienstes, und zwar ohne Rücksicht auf die Restdauer der Probe- bzw Ausbildungszeit (bei Einstellung in den juristischen Vorbereitungsdienst Halbjahresbetrag, OVG Hbg **KR** Nr 46 m zustm Anm Noll). Bei Streit um vorzeitige **Versetzung in den Ruhestand** ist die Differenz der Bezüge für höchstens 3 Jahre maßgeblich, aM VG Saarlouis AnwBl **82**, 539, abl Noll **KR** Nr 77, bei Streit um eine Zwangspensionierung zuzüglich der Nachzahlung der einbehaltenen Bezüge, § 44 V BBG. Für Bescheidungsklagen sind ¾ dieser Beträge anzusetzen, § 13 Anm 3 Bc, OVG Hbg ZBR **80**, 289. Rückstände der Bezüge bei Klagerhebung sind in Statussachen nicht hinzuzurechnen, OVG Münst LS ZBR **81**, 262, OVG Lüneb DVBl **62**, 142. **b)** Bei Streit um **vermögensrechtliche Einzelbeziehungen** ergibt sich der Wert aus § 13 II iVm § 17 III u IV, OVG Kblz NVwZ **82**, 264, VGH Mü NVwZ **84**, 185, und zwar bei bezifferter Leistung unmittelbar, bei unbezifferter Leistung mittelbar über § 13 I, vgl § 13 Anm 4. **Beispiele:** Verbesserung des BDA (Differenzbetrag), OVG Bre JB **86**, 1059, OVG Lüneb ZBR **81**, 256; Gewährung von Beihilfen; günstigere Versorgung, OVG Lüneb ZBR **72**, 157 u **74**, 397; Rückforderung von Bezügen; Ruhen von Bezügen nach § 55 BeamtVG, VGH Kassel AnwBl **84**, 49, OVG Hbg NVwZ **84**, 256; Verlust von Dienstbezügen nach § 9 BBesG, VGH Mü NVwZ-RR **89**, 54. Rückstände sind nur bei Zahlungsklagen hinzuzurechnen, § 17 IV, sonst nicht, OVG Lüneb ZBR **72**, 157, aM OVG Münst NVwZ **84**, 187, VGH Kassel AnwBl **84**, 49, VGH Mü NVwZ **84**, 185. Bei Bescheidungsklagen ist ein Abschlag zu machen, OVG Lüneb ZBR **81**, 256, wenn der Behörde noch ein Spielraum bleibt, Anm 3 Bc. **c)** In **sonstigen Angelegenheiten** ist § 13 I 1 anzuwenden, zB bei Klagen gegen Versetzung, Umsetzung, Bewertung des Dienstpostens, Anerkennung eines Dienstunfalls, OVG Hbg ZBR **84**, 350, oder bei einer Konkurrentenklage gegen die Beförderung oder Einweisung eines anderen, abw OVG Bre JB **88**, 343 (§ 13 I 2). Notfalls ist nach § 13 I 2 der Wert mit 6000 DM anzusetzen, etwa bei Streit um Beurteilungen oder Teilzeitarbeit, vgl Scholz VBlBW **81**, 13, oder um die Pflicht, sich ärztlich untersuchen zu lassen.

Beigeladener: Für ihn gilt der für den Klaggegenstand maßgebliche Wert, § 13 Anm 3 A, OVG Hbg **KR** Nr 84, und zwar auch in der Rechtsmittelinstanz ohne Rücksicht darauf, wer das Rechtsmittel einlegt, § 14 II 1, BVerwG Rpfleger **89**, 129, vgl BGH MDR **82**, 499. Dies kann für den Beigeladenen zu erheblichem Kostenrisiko führen, Noll NJW **76**, 221. Ausnahmsweise kommt nach § 21 eine besondere Wertfestsetzung in Frage, wenn sich die Beiladung nur auf einen Teil des Streitgegenstandes bezieht, Noll NJW **76**, 221, was nach wirtschaftlichen Gesichtspunkten zu entscheiden ist, VGH Mü BayVBl **85**, 414, OVG Lüneb NJW **77**, 917.

Maßgeblich bleibt auch dann die Bedeutung dieses Teils der Sache für den Kläger, § 13 Anm 3 A, abw VGH Mü aaO.

Berufszulassung: Die Bedeutung der Sache wird idR durch die mit der Zulassung verbundene Erhöhung der Brutto-Einnahmen bestimmt. Sofern sie unbefristet erteilt wird (zB Approbation des Arztes), ist die erwartete Erhöhung für die Dauer von 5 Jahren zugrunde zu legen, vgl BGH **39**, 115 u BSG AnwBl **82**, 308 (beide gehen in stRspr von 5 bis 10 Jahren aus), str, aM VGH Mü BayVBl **82**, 668 mwN, OVG Kblz GewArch **77**, 193 u NJW **78**, 1212, OVG Münst GewArch **76**, 381, VGH Mannh **KR** Nr 21: Jahresbetrag; vgl unter „Arztrecht" und „Gewerberecht". S auch Anh II § 13.

Beweissicherungsverfahren: Maßgeblich ist das Interesse des Antragstellers an der Sicherung, das seinem Interesse an der Hauptsache nicht immer entspricht, VGH Mü VerwRspr **25**, 254, vgl VGH Mannh VBlBW **84**, 244 mwN.

Darlehn: Für die Klage auf Zahlung gilt § 13 II, OVG Bre **KR** Nr 97, zustm Noll; s unter „BAföG".

Durchsuchungsermächtigung nach Art 13 II GG: Die richterliche Anordnung, BLAH § 758 Anm 2 u 6, ist idR mit dem Betrag der beizutreibenden Forderung zu bewerten, vgl BFH BStBl **80** II 561.

Einbürgerung: Vgl „Ausländerrecht".

Einstweilige Anordnung, § 123 VwGO: § 20 Anm 3.

Enteignung: Maßgeblich ist der Sachwert iSv § 6 ZPO (Verkehrswert des Grundstücks), BVerwG **KR** Nr 97, da es auf den Gegenwert der Entschädigung nicht ankommt, so jetzt auch VGH Mü BayVBl **87**, 380; vgl für das Baulandverfahren BGH **48**, 200, **50**, 291, stRspr, Einzelheiten bei Ernst/Zinkahn/Bielenberg § 168 BBauG Rdz 23ff. Dies gilt auch bei Streit über die Rückübertragung, aM OVG Münst **KR** Nr 119 (dazu Lappe NJW **86**, 2553). Bei Streit um vorläufige Besitzeinweisung sind 20 vH des Sachwertes anzusetzen, VGH Mannh Just **86**, 60 mwN. Verlangt der Kläger als Entschädigung Ersatzland statt Geld, kommt es auf sein Interesse an, VGH Mü BayVBl **85**, 444. Vgl unter „Planfeststellung" und Anh I § 12 (§ 3 ZPO) unter „Baulandsachen" und „Enteignung".

Erledigung der Hauptsache: Bei Erledigung ist der Betrag der Kosten maßgeblich, VGH Mannh VBlBW **82**, 334.

Fahrerlaubnis: Die Bedeutung der Sache hängt ab (vgl auch Scholz VBlBW **81**, 4) a) von der Klasse der erstrebten Erlaubnis, VGH Mü BayVBl **79**, 476, VG Köln NJW **70**, 2229 (Anhaltspunkte: 3000 DM für Klasse 4 oder 5, 6000 DM für Klasse 3, 8000 DM für Klasse 2), und b) von dem Verwendungszweck, so daß eine beabsichtigte Tätigkeit als Berufsfahrer werterhöhend wirkt, weshalb für den sog Taxi-Führerschein idR 9000 DM anzusetzen sind, VGH Mü aaO (keine Berücksichtigung der zu erwartenden Einkünfte, weil es sich nicht um eine Berufserlaubnis handelt). Für Anordnung einer Untersuchung sind 3000 DM anzusetzen, OVG Lüneb **KR** Nr 103.

Fahrtenbuchauflage: In aller Regel 6000 DM, § 13 I 2, VGH Kassel AnwBl **80**, 418, abw ohne Begr BVerwG NJW **89**, 1624 (300 DM je Monat).

Flurbereinigung: Anzuwenden ist idR § 13 I 2, OVG Kblz **KR** Nr 94, differenzierend BVerwG **KR** Nr 146.

Gewerberecht (Wolff NVwZ **84**, 223): Maßgeblich sind idR die wirtschaftlichen Auswirkungen. Zugrunde zu legen ist der vom Erfolg abhängige Gewinn, OVG Münst DVBl **72**, 837, GewArch **76**, 381 = **KR** Nr 1 u GewArch **81**, 130, ohne Abzug der Steuern, bei Dauerregelungen ermittelt nach dem Durchschnitt mehrerer Jahre und bezogen auf 5 Jahre (die früher übliche Begrenzung auf 1 Jahr, Noll 74–76, wird der nach § 13 allein maßgeblichen Bedeutung der Sache nicht gerecht, Fromm DÖV **82**, 205, aM Wolff NVwZ **84**, 223, OVG Kblz GewArch **77**, 193 u NJW **78**, 1212, VGH Mannh GewArch **85**, 303, VGH Mü BayVBl **88**, 285, OVG Münst in stRspr, offen gelassen VGH Mannh GewArch **85**, 304; dazu § 13 Anm 3 C, s auch unter „Berufszulassung"). Erst recht ist die Festsetzung auf den doppelten Umsatzbetrag abzulehnen, so aber OVG Lüneb **KR** Nr 54 m abl Anm Noll. Bei Gewerbeerlaubnissen bzw -untersagungen wird der Wert mindestens mit 12000 DM anzunehmen sein, so auch OVG Münst GewArch **81**, 130, vielfach aber höher, VGH Mannh GewArch **85**, 303 u 394 (Gaststätte). Geringer ist eine Schließungsverfügung nach § 35 V GewO zu bewerten, OVG Münst GewArch **82**, 155. Zum Wert einer Klage auf Sperrzeitverkürzung VGH Mannh GewArch **85**, 304.

Grunderwerbsteuerbefreiung: Die Klage auf Erteilung der dafür nötigen Bescheinigung ist idR mit 75 vH der abzuwehrenden Steuerbelastung zu bewerten, OVG Münst KStZ **75**, 77, abw OVG Lüneb AnwBl **88**, 67 (100 vH).

Grundsteuervergünstigung: Der Streitwert einer Klage auf die Bescheinigung nach §§ 82, 83 2. WoBauG entspricht der damit erzielten Grundsteuerersparnis für die Dauer von 10 Jahren, OVG Hbg ZMR **80**, 249, Noll 127. Die Auswirkungen auf die Grunderwerbsteuer (und auf etwaige Grundbuchkosten) sind hinzuzurechnen, OVG Hbg aaO, VGH Mü BayBVl **73**, 673.

Handwerksrecht: Bei Klagen auf Eintragung in die Handwerksrolle oder auf Ausnahmebewilligung gelten die unter „Gewerberecht" dargelegten Grundsätze, vgl Wolff NVwZ **84**, 224. Der Wert wird uU geringer anzusetzen sein, zB bei Klagen einer Gesellschaft, Scholz VBlBW **81**, 3. Der Wert des Streits um das Bestehen der Meisterprüfung beträgt idR 9000 DM, OVG Kblz GewArch **80**, 90.

Hilfsanspruch: § 19 Anm 5.

Hochschulrecht: Eine Klage auf Zulassung zum Studium ist idR mit 6000 DM zu bewerten, § 13 I 2, da ein erfolgreicher Abschluß noch fernliegt und ungewiß ist, OVG Münst **KR** § 20 GKG Nr 96, OVG Bre JB **87**, 735 u 1525, VGH Mannh in stRspr, Scholz VBlBW **81**, 3; dies gilt auch dann, wenn nur die Beteiligung an einem gerichtlichen Verteilungsverfahren begehrt wird, OVG Lüneb SchlHA **78**, 178, aM VGH Mü BayVBl **78**, 305: 2000 DM. Keine Bewertung nach den Einkünften im späteren Berufsleben, zB als Arzt, VGH Mannh **KR** Nr 2, aM OVG Münst NJW **77**, 350 = **KR** Nr 3. S auch unter „Prüfungssachen". Der Streit um vorläufige Rückmeldung ist geringer zu bewerten, VGH Mannh **KR** § 20 Nr 14, ebenso die Zulassung zu einer Lehrveranstaltung oder die Erteilung eines Praktikumscheines, VGH Mannh AnwBl **87**, 337. – Vgl Finkelnburg/Jank 402 mwN.

Jugendwohlfahrtsgesetz: Bei Streit um Kosten (zB einer Heimunterbringung) höchstens der Jahresbetrag, § 17 I entspr, OVG Hbg **KR** Nr 114. Für die vorläufige Zulassung eines Kindergartens gilt § 13 I 2, VGH Mü BayVBl **88**, 734.

Klagenhäufung (Kopp § 189 Rdz 7): Sinngemäß ist § 5 ZPO, Anh I § 12, anzuwenden, wenn die Anträge selbständige Bedeutung haben, mithin nicht auf denselben Gegenstand gerichtet sind oder keine wirtschaftliche Einheit darstellen, BVerwG NJW **82**, 1257, OVG Münst ZBR **87**, 255, VGH Mü BayVBl **88**, 413, **86**, 60 u **85**, 444 mwN, OVG Bre **KR** Nr 113, Scholz VBlBW **81**, 4; dies gilt zB bei Klagen auf Aufhebung und Erstattung, VGH Mü BayVBl **79**, 700, VGH Mannh AnwBl **80**, 220, und „Verbundklagen" von Asylbewerbern, s unter „Ausländerrecht". Die Werte sind nicht zusammenzurechnen, wenn ein Kläger dasselbe Begehren mit mehreren Anträgen verfolgt, BVerwG **KR** § 189 VwGO Nr 9, oder mehrere Kläger dies in Rechtsgemeinschaft tun, zB sich als Miteigentümer oder Gesamtschuldner gegen ein Gebot oder Verbot wenden, VGH Mü BayVBl **82**, 315 (auch bei gemeinsamer Klage gegen formell getrennte VerwAkte, VGH Mü BayVBl **86**, 221). Dagegen findet eine Zusammenrechnung statt, wenn sonst mehrere Kläger denselben VerwAkt anfechten oder erstreben, zB Eigentümer verschiedener Grundstücke gemeinschaftlich eine Nachbarklage erheben, OVG Bre **KR** Nr 107 u § 20 Nr 71 (krit Lappe), VGH Mannh **KR** Nr 55 (abl Lappe NJW **83**, 1469), VGH Mü BayVBl **81**, 29 mwN, oder einen Normenkontrollantrag stellen, aM OVG Lüneb **KR** Nr 104 (abl Noll, zustm Lappe NJW **85**, 1880 u **87**, 1863). Wegen Haupt- und Hilfsantrag sowie Klage und Widerklage s § 19; § 19 IV gilt auch dann, wenn der Kläger einen ihn belastenden VerwAkt und die damit verbundenen Zwangsmittelandrohung anficht, vgl VGH Mü BayVBl **82**, 190.

Kommunalrecht: Maßgeblich ist immer die Bedeutung der Sache für den Kläger (Antragsteller), § 13. Klagen von Körperschaften (Gemeinden) sind idR hoch zu bewerten, vgl Noll 89–91. Wahlanfechtung: Der Wert hängt ab von der Größe der Gemeinde und davon, ob der Gewählte sein Recht verteidigt oder Anfechtungsberechtigte die Wahl anfechten (dann höherer Streitwert), Noll 94. Für die Anfechtung von Bürgermeisterwahlen setzt VGH Mannh jetzt nicht mehr 10000 DM fest, Scholz VBlBW **81**, 2, sondern 4000 DM (jetzt 6000 DM), BWVBl **83**, 32, zustm Noll bei **KR** Nr 85.

Konkurs: Bei Streit um das Vorrecht öffentlichrechtlicher Forderungen ist iRv § 13 I 1 ab Konkurseröffnung § 148 KO, Anh VIII § 12, ergänzend heranzuziehen, Lappe NJW **84**, 1214, Schneider MDR **83**, 278 (zu OVG Münst NVwZ **84**, 188). S auch Anh II.

Kriegsopferfürsorge, §§ 25 ff BVG (Gegenstandswert, § 13 Anm 1 B u 5): Es gilt das gleiche wie für Sozialhilfe, s dort.

Leistungsklage: Der Streitwert entspricht dem Wert der geforderten Leistung, der sich auch bei Darlehen mit dem vollen Betrag deckt, vgl OVG Kblz BBauBl **87**, 536, Anh I unter „BAföG". Werden Rückstände zusammen mit laufenden Zahlungen eingeklagt, ist für erstere der Kapitalwert bei Klagerhebung maßgebend, Anh I § 12, Anm zu § 4 ZPO, soweit nicht § 17 IV eingreift. Für Nebenforderungen gilt § 22.

Milch-GarantiemengenVO: Vgl OVG Lüneb SchlHA **86**, 127.

Mutterschutz (Gegenstandswert, § 13 Anm 1 B u 5): Streit um Zustimmung zur Kündigung ist entspr § 12 VII ArbGG zu bewerten, OVG Hbg **KR** Nr 84.

Nachbarklage im Bau- und Gewerberecht: Das insoweit allein maßgebliche Interesse des Klägers (Antragstellers) an der von ihm erstrebten Entscheidung, § 13 Anm 3 A, wird durch den Umfang der Beeinträchtigung bestimmt, die abgewehrt werden soll, zB Gefährdung der Gesundheit, Minderung des Verkehrswerts des Grundstücks oder seiner Nutzung, Noll 196 ff, Scholz VBlBW **81**, 2 (Rspr des VGH Mannh), BVerwG DVBl **72**, 682, VGH Mannh VBlBW **82**, 196, VGH Mü BayVBl **80**, 124 u **77**, 774, OVG Bre BRS **27** Nr 191 (abw Entscheidungen, zB OVG Bln NJW **72**, 304, OVG Münst NJW **73**, 1061, sind durch die Nov 75 überholt). Bei Klage wegen schwerer Beeinträchtigung der Nutzung, BVerwG NJW **79**, 995, ist der Wert nach dem Ausmaß dieser Beeinträchtigung im konkreten Fall zu bemessen, nicht schematisch mit einem Drittel des Wertes des Grundstücks, OVG Hbg MDR **81**, 433; er kann bei geringerer Beeinträchtigung uU auch nur 6000 DM betragen, VGH Mü BayVBl **77**, 774. Ist der

Kläger eine Körperschaft, so richtet sich der Wert nach der Summe der Beeinträchtigungen, vgl VGH Mü GewArch **75**, 61 (Klage einer Stadt gegen eine Genehmigung nach § 7 AtomG), VGH Mannh BWVPr **76**, 202 (Klage einer Gemeinde gegen Baugenehmigung in einer anderen Gemeinde). Zur Bemessung des Wertes bei Klagen gegen Großvorhaben vgl OVG Lüneb DÖV **82**, 204 m teilweise krit Anm Fromm, Oestreicher S 136f. Wegen des Streitwerts vorläufiger Verfahren, § 80 VwGO, s § 20 Anm 3 B.

Nebenforderungen: S § 22.

Nichtvorlagebeschwerde, § 47 VII VwGO (in der ab 1. 7. 87 geltenden Fassung des Art 2 Z 9b G v 8. 12. 86, BGBl 2191): Streitwert der Hauptsache wie bei der Nichtzulassungsbeschwerde.

Nichtzulassungsbeschwerde, §§ 131, 132 VWGO: Streitwert der Hauptsache, da einem Streit um die Zulässigkeit der Revision bzw Berufung ähnlich, stRspr, Noll 135, vgl BSG NJW **78**, 1704 (LS), BFH BStBl **82** II 329.

Normenkontrollverfahren, § 47 VwGO: Maßgeblich ist allein die Bedeutung für den Kläger (Antragsteller), § 13 I, nicht die Tragweite der Entscheidung für die Allgemeinheit. Es kommt allein darauf an, welchen Nachteil aus der Anwendung der Norm der Kläger von sich oder anderen abwenden will, OVG Hbg HbgJVBl **87**, 33, VGH Mü BayVBl **82**, 285, aM OVG Lüneb **KR** Nr 104 (abl Noll), vgl Lappe NJW **85**, 1880; für eine landesweite RechtsVO sind idR 20000 DM angemessen, BVerwG NVwZ **89**, 555, für einen Bebauungsplan 10000 DM, BVerwG BayVBl **89**, 285 (betr Vorlageverf, § 47 V VwGO). Vgl unter „Klagenhäufung", „Nachbarklage" und „Nichtvorlagebeschwerde".

Obdachloseneinweisung: Anzuwenden ist idR § 13 I 2, VGH Kassel AnwBl **84**, 318.

Ordnungsrecht (Polizeirecht): Der Streitwert der Anfechtungsklage gegen eine Ordnungsverfügung enspricht der Beeinträchtigung, die der Kläger abwenden will. Hohe Kosten einer angedrohten Ersatzvornahme dürfen nur berücksichtigt werden, wenn über die Androhung entschieden wird, s unter „Klagenhäufung", aM OVG Kblz DÖV **53**, 705 (LS).

Ordnungswidrigkeiten: Der Streitwert der Anfechtung einer Verwarnung wird durch die Gebühr (und etwaige sonstige Folgen) bestimmt (VGH Mü BayVBl **73**, 26 ist durch die Nov 75 überholt).

Personalvertretungssachen (Gegenstandswert, § 13 Anm 1 B u 5): Für Mitbestimmungsstreitigkeiten sind in aller Regel wegen des objektiven Charakters des Verfahrens nach § 13 I 2 6000 DM anzusetzen, hM, BVerwG Buchholz 238 3 A § 83 BPersVG Nr 8 u Nr 26, VGH Mannh ZBR **88**, 140 u NVwZ **84**, 187, OVG Münst ZBR **87**, 255, VGH Mü BayVBl **86**, 348 mwN, OVG Bre **KR** Nr 113.

Planfeststellung, zB nach FernstrG, PBefG usw: Der Wert der Anfechtungsklage ergibt sich aus der Beeinträchtigung, die der Kläger (Antragsteller) abwenden will, zB aus der Minderung des Verkehrswerts seines Grundstücks oder einzelner Erträge bzw aus der Beeinträchtigung der Planungshoheit der klagenden Gebietskörperschaft oder sonstiger Nachteile für sie, Redeker DVBl **75**, 925, und etwaigen Vorteilen des Vorhabens für den Kläger, wobei idR die Nachteile den Ausschlag geben. Eine Pauschalierung mit 10000 DM, OVG Lüneb DÖV **82**, 204 m teilweise krit Anm Fromm, OVG Bre **KR** Nr 107, wird § 13 I 1 nicht gerecht, vgl BVerwG DVBl **83**, 901. Geht es um die Inanspruchnahme eines Grundstücks, wird dessen Verkehrswert anzusetzen sein, aM OVG Lüneb **KR** Nr 122 (20 vH). S auch unter „Enteignung" u „Nachbarklage". Notfalls ist der Wert nach § 13 I 2 festzusetzen.

Polizeirecht: S „Baurechtliche Angelegenheiten" und „Ordnungsrecht".

Prozeßkostenhilfe: Der Wert entspricht den Gerichts- und RAKosten, die der Antragsteller für die Instanz aufwenden müßte, s Anh I § 12 (§ 3 ZPO), wobei für die RAGebühren der Wert der Hauptsache maßgeblich ist, §§ 114 I, 51 II BRAGO; dies gilt auch für die PKH-Beschwerde, vgl BFH BStBl **87** II 201 mwN.

Prüfungsrecht: Der Streit um das Nichtbestehen ist nach der (wirtschaftlichen und ideellen) Bedeutung zu bewerten; deshalb sind 6000 DM für Schulabschlußprüfungen (§ 13 I 2), aber idR mindestens 9000 DM für Hochschulprüfungen und 12000 DM für 2. Staatsprüfungen anzusetzen, Zimmermann DVBl **78**, 1007 gegen BVerwG DVBl **77**, 653 u VGH Mannh **KR** Nr 11, OVG Kblz GewArch **80**, 90: 4000 bzw 8000 DM (jetzt also 6000 bzw 9000 DM), OVG Münst **KR** Nr 110, VGH Mü **KR** Nr 142, OVG Bre **KR** Nr 182, VG Wiesbaden AnwBl **83**, 282: Auffangwert (vgl Zimmer NVwZ **88**, 706). Geht es um Modalitäten der Prüfung, gilt § 13 I 2, BVerwG JB **86**, 252. S auch Anh II § 13 „Steuerberater".

Rundfunkgebühren: IdR der dreifache Jahresbetrag bei Streit um Befreiung, OVG Bre **KR** Nr 68.

Schulrecht: Bei Klagen auf Aufnahme in eine Schule, Versetzung oder Bestehen einer Prüfung sind die Auswirkungen maßgeblich, die ein Erfolg der Klage hat; häufig wird eine Festsetzung nach § 13 I 2 auf 6000 DM in Betracht kommen, VGH Kassel NVwZ **82**, 686. Entsprechendes gilt für die Klage gegen eine Abschulung, VGH Mannh **KR** § 20 Nr 15, oder Umschulung, Schulstrafen, Zeugnisse, vgl VGH Mü BayVBl **87**, 59.

Schwerbehindertenrecht (Gegenstandswert, § 13 Anm 1 B u 5): Streitigkeiten um die Zustimmung zur Kündigung sind entspr § 12 VII ArbGG mit dem Vierteljahresbetrag des Arbeitsentgelts zu bewerten, VGH Kassel AnwBl **88**, 488, OVG Hbg ZfSH **87**, 382 mwN u **KR** Nr 102 (betr Änderungskündigung), OVG Bln AS **12**, 104, str, aM BVerwG JB **88**, 1555 (krit Lappe **KR** Nr 202), OVG Münst **KR** Nr 162, OVG Bre JB **86**, 581, VGH Mü BayVBl **82**, 59 (§ 13 I 2).

Soldatenrecht: Wegen der Klagen von Berufssoldaten s unter „beamtenrechtliche Angelegenheiten", iü unter „Wehrrecht". Streit um den Status eines Zeitsoldaten: Bezüge für die streitige Zeit, höchstens für 3 Jahre, VGH Kassel AS **30**, 94.

Sozialhilfe (Gegenstandswert, § 13 Anm 1 B u 5): Bei Streit um laufende Hilfe ist der streitige Betrag, jedoch entspr § 17 I höchstens der Jahresbetrag maßgeblich, VGH Mannh VBlBW **88**, 222, VGH Kassel AnwBl **84**, 560, OVG Münst **KR** Nr 173 u § 17 Nr 25 mwN, aM Rotter ZfSH/SGB **83**, 211 (aber der Schutzzweck des § 17 I gebietet dessen entspr Anwendung auch auf die Sozialhilfe). Rückstände sind nicht hinzuzurechnen, BVerwG **KR** § 115 BRAGO aF Nr 28, OVG Münst **KR** Nr 173, VGH Mannh aaO. Bei Anfechtung einer Überleitung, § 90 BSHG, ist der Wert mit der Hälfte der übergeleiteten Beträge anzusetzen, wobei laufende Ansprüche mit der Hälfte des Jahreswerts zu bewerten sind, OVG Hbg **KR** Nr 180, aM VGH Mü BayVBl **85**, 59 u OVG Bre JB **85**, 1210 (§ 13 I 2), krit Noll **KR** Nr 123.

Teile des Streitgegenstandes: S § 21, VGH Mannh VBlBW **81**, 322.

Teilungsgenehmigung, § 19 BauGB: Das Interesse des Klägers ist mindestens mit der Hälfte des erwarteten Kaufpreises zu bewerten, vgl VGH Mannh **KR** Nr 65; aM VG Schlesw JB **71**, 277: Kaufpreis für das baureife Grundstück (aber die Genehmigung macht nur den Weg frei für die Veräußerung oder Bebauung), OVG Lüneb AnwBl **83**, 280: bei geplanter Bebauung mit einem Einfamilienhaus pauschal 7000 DM.

Überleitung: Vgl „BAföG" und „Sozialhilfe".

Umweltschutz: Vgl „Planfeststellung" und „Nachbarklage". Stets entscheidet das Interesse des Klägers oder der mehreren Kläger (s dazu „Klagenhäufung"). Einzelfälle nach AtomG: VGH Mü GewArch **75**, 61, VGH Mannh MDR **76**, 609.

Verpflichtungsklage: S § 13 Anm 3 B b.

Versorgungswerk: Für Klage auf Ruhegeld gilt § 17 III, BVerwG BayVBl **89**, 286.

Vertriebenenausweis: Die Bedeutung der Sache wird durch die Vergünstigungen bestimmt, die der Kläger durch den Ausweis auf Grund des BFVG und anderer Gesetze erlangt. Bei verbundenen Klagen mehrerer Familienangehöriger sind die Werte entsprechend § 5 ZPO zusammenzurechnen, aM VG Bln **KR** § 115 BRAGO aF Nr 7, aber für Ehefrau und Kinder niedriger anzusetzen (⅔ bzw ⅙, weil die Bedeutung insofern geringer ist).

Verwaltungsvollstreckung (Wolff NVwZ **84**, 223): Klagen gegen unmittelbaren Zwang und Ersatzvornahme sind idR wie die Grundverfügung zu bewerten, Klagen gegen die Festsetzung eines Zwangsgeldes in dessen Höhe; geringer zu bewerten sind Klagen gegen die Androhung von Verwaltungszwang, OVG Münst **KR** Nr 158, OVG Bre JB **88**, 372. Vgl Anh II unter „Vollstreckung".

Vorkaufsrecht (§§ 24ff BauGB): Anzusetzen ist ein Bruchteil des vereinbarten Kaufpreises, idR etwa 25 vH, OVG Bre **KR** Nr 112 (abw VGH Mü BayVBl **82**, 699 u OVG Münst **KR** Nr 80).

Waffenrecht: Anhaltspunkte bei Streit um Waffenschein und Waffenbesitzkarte: Grad der Gefährdung, Wert der gefährdeten Rechtsgüter. Häufig wird § 13 I 2 anzuwenden sein, OVG Hbg **KR** Nr 149 (für bloße Munitionserwerbsberechtigung ein Viertel).

Wehrrecht: Die Bedeutung der Sache hängt von den Auswirkungen der Einberufung ab, die bei Streit um bloße Zurückstellung idR geringer sind. Meist wird eine Festsetzung auf 6000 DM in Betracht kommen, § 13 I 2, BVerwG NVwZ **83**, 608, VG Wiesbaden AnwBl **87**, 286.

Widerklage: § 19 Anm 2.

Wirtschaftsrecht: Vgl „Gewerberecht'. Bei Subventionsstreitigkeiten ist der erstrebte Betrag maßgeblich. Eine Konkurrentenklage ist nach der vom Kläger erstrebten Chance der Bewilligung zu bewerten, BVerwG Buchholz 451.55 Nr 87.

Wohngeld: Der Streitwert entspricht dem begehrten Betrag für höchstens ein Jahr (Bewilligungszeitraum); dies gilt entsprechend § 16 auch dann, wenn sich die Rechtskraft der Entscheidung darüber hinaus auf die Zeit bis zur Entscheidung, BVerwG **41**, 221, **44**, 266, FEVS **23**, 402, erstreckt.

Wohnungsrecht: Maßgeblich ist die Bedeutung der Sache für den Kläger (Antragsteller). Anhaltspunkte: Der Wert des Streits um die Bescheinigung der Wohnberechtigung (§ 5 WoBindG) ist entsprechend § 16 mit der einjährigen Mietdifferenz zwischen öffentlich geförderten und sonstigen Wohnungen angemessener Größe anzusetzen, der Wert des Streits um Bestehen oder Dauer der Bindung bzw Freistellung ohne Einschränkungen (§ 7 WoBindG) mit der dreijährigen Differenz, da der Grundgedanke des § 16 (Schutz des Mieters) hier nicht eingreift, aM OVG Münst **KR** § 115 BRAGO aF Nr 106, der Wert des Streits um Zweckentfremdung (Art 6 MietRVerbG) nach dem Vorteil für den Kläger, zB Mietdifferenz für 3 Jahre, die Klage gegen eine Räumungsanordnung hingegen mit dem einjährigen Mietbetrag, § 16 I, aM VGH Mü BayVBl **88**, 476 (§ 13 I 2). Zur

Bewertung des Streits um die Anerkennung zusätzlicher Kosten, § 4a II BerechnungsVO, OVG Bre **KR** Nr 116.

II. Streitwertschlüssel für die Finanzgerichtsbarkeit

Vorbem. Maßgeblich ist, wenn nicht der bezifferte Geldbetrag nach § 13 II anzusetzen ist, die Bedeutung der Sache für den Kläger (Antragsteller), § 13 I. Sie wird durch das finanzielle Interesse an der erstrebten Änderung für den streitigen Veranlagungszeitraum bestimmt. Bemessungsgrundlage ist der Steuerbetrag, um den unmittelbar gestritten wird, BFH BStBl **58** III 122. Ist der Betrag für ein Jahr streitig, bleiben Auswirkungen auf die Besteuerung der folgenden Jahre idR außer Betracht, BFH BStBl **58** III 385. Geht es um eine einheitliche Rechtsmittelentscheidung für mehrere Veranlagungszeiträume, so ist der zusammengerechnete Betrag maßgeblich, BFH BStBl **69** II 587.

Im Folgenden werden wichtige Einzelfälle aus der Rechtsprechung aufgeführt, vgl SchGei § 114 Rdz 116ff; i ü ist auf das Sonderschrifttum zu verweisen: Gräber Vor § 135 FGO Rdz 30; Hübschmann/Hepp/Spitaler § 139 FGO Rdz 68–130; Reichel/Mittelstaedt, Der Streitwert im Steuerrecht, 1979; Tipke/Kruse Tz 81ff, insbes „ABC der Streitwerte“ Tz 103; Ziemer/Haarmann/Lohse/Beermann, Rechtsschutz in Steuersachen, Tz 10391–10487/2. **Ergänzend ist Anh I heranzuziehen.**

Ablehnung von Richtern und Sachverständigen: S Anh I (FG Saarld läßt Wert der Hauptsache maßgeblich sein, EFG **75**, 77, dagegen mit Recht BFH BStBl **76** II 691, der pauschal 1/10 des Werts der Hauptsache für die Ablehnung eines Richters, bei Ablehnung mehrerer Richter einen entsprechend größeren Bruchteil zugrundelegen will).

Arrest: Der Wert entspricht der Hälfte der Hinterlegungssumme, BFH BStBl **82** II 328 mwN, stRspr.

Aufrechnung: S § 19 Anm 4. Die Anfechtung einer Aufrechnung des FA mit Steuerforderungen ist mit 1/10 dieser Forderungen zu bewerten, wenn es nur um die Zulässigkeit der Aufrechnung geht, FG Berlin EFG **76**, 583.

Auskunftsbegehren: Sofern das finanzielle Interesse nicht erkennbar ist, sind für jedes Begehren 6000 DM anzusetzen, BFH BStBl **82** II 705.

Aussetzung des Verfahrens: Das Interesse am Hinausschieben der Entscheidung ist ebenso wie bei der Aussetzung der Vollziehung pauschal mit 10 vH des streitbefangenen Betrags zu bewerten, FG Hbg EFG **72**, 351 (abw BFH BStBl **71** II 154: 5 vH). Vgl auch Anh I § 12, § 3 ZPO Anm 3.

Aussetzung der Vollziehung, § 69 FGO: § 20 Anm 3.

Beigeladener: S Anh I.

Berufszulassung: S „Steuerberater“ und Anh I.

Betriebsprüfung: Für den Streit über die Anordnung sind idR 50 vH der zu erwartenden Mehrsteuer anzusetzen, notfalls 6000 DM, BFH BStBl **85** II 257. Die Klage auf Wiederholung ist mit 50 vH der endgültig erstrebten Steuerherabsetzung zu bewerten, FG Düss EFG **72**, 350.

Bevollmächtigter: Für die Beschwerde gegen die Anordnung, einen Bevollmächtigten zu bestellen, ist 1/10 des Streitwerts der Hauptsache anzusetzen, BFH BStBl **78** II 135.

Beweissicherung: S Anh I.

Buchführungspflicht: Da mittelbare Auswirkungen außer Betracht bleiben, ist idR ein Wert von 6000 DM anzunehmen, § 13 I 2, BFH BStBl **84**, II 39, abl Lappe NJW **85**, 1880.

Einheitliche Feststellung von Einkünften: Maßgeblich ist das durch die Auswirkungen auf die Steuerpflicht bestimmte Interesse des in diesem Verfahren unmittelbar Betroffenen, FG Saarld EFG **88**, 258, das mit einem Prozentsatz des streitigen Gewinnanteils zu bewerten ist; Folgewirkungen für andere Personen bleiben außer Betracht, BFH BStBl **78** II 409. IdR ist der Streit um die Verteilung des Gewinns mit 25 vH des streitigen Teils zu bewerten, BFH BStBl **80** II 591 mwN, auch bei Streit um Verlustanteil, BFH BStBl **74** II 461, und bei einer Verpflichtungsklage gegen einen negativen Feststellungsbescheid, BFH BStBl **75** II 827; nach den Auswirkungen auf die beteiligten Mitunternehmer können im Einzelfall auch höhere Vomhundertsätze maßgeblich sein, BFH BStBl **82** II 542, zB 50 vH bei Ausgleich positiver Einkünfte durch die angestrebten höheren Verlustbeträge, BFH BStBl **88** II 289, oder bei Besteuerung nach höchsten Sätzen, BFH BStBl **81** II 38 (dazu FG Saarld EFG **88**, 258). Begehrt nur ein Gesellschafter oder Erbe die ersatzlose Aufhebung des Feststellungsbescheides, so ist der ihm zugerechnete Gewinnanteil Bemessungsgrundlage, BFH BStBl **79** II 608, FG Düss EFG **88**, 137. Höher anzusetzen ist der Wert, wenn der festgestellte oder erstrebte Gewinnanteil der einzelnen Beteiligten höher als 15000 DM ist, BFH BStBl **70** II 547 (abw FG Nürnb EFG **85**, 413: ab 30000 DM), niedriger (10 vH), wenn die Aufteilung zwischen Ehegatten streitig ist, BFH BStBl **62** III 404, noch geringer (1 vH), wenn Auswirkungen auf die Einkommensteuer fehlen, BFH BStBl **70** II 547. Wenn die steuerliche Auswirkung im Einzelfall genau und ohne Schwierigkeit ermittelt werden kann, will FG Düss EFG **76**, 298 diese zugrundelegen. Zum Wert der Klage einer Bauherrengemeinschaft vgl FG Saarld EFG **88**, 654 mwN, FG BaWü EFG **85**, 413.

Einheitsbewertung: Nach stRspr werden die für den Streitwert maßgeblichen steuerlichen Auswirkungen pauschal bemessen. Für die Bewertung sind idR 30 vT des Unterschieds zwischen festgestelltem und begehrtem Einheitswert anzusetzen, BFH BStBl **82** II 512 mwN, FG RhldPf EFG **88**, 44 (anteilig ermäßigt bei kürzerer als dreijähriger Wirkungsdauer), bei Streit über die Aufteilung 15 vT, BFH BStBl **84** II 721. Ist die Artfeststellung „Betriebsgrundstück" zum 1. 1. 74 streitig, ist der Wert auf 21 vT festzusetzen, BFH BStBl **76** II 774, bei Streit um Artfeststellung „Einfamilienhaus" auf 60 vT des ganzen Einheitswerts, BFH BStBl **84** II 421, vgl FG Düss EFG **86**, 90. Der Streitwert bei Artfortschreibung ist zu schätzen, FG Düsseldorf EFG **77**, 288, notfalls nach § 13 I 2 festzusetzen. Bei Klagen auf ersatzlose Aufhebung beträgt der Wert 25 vH des festgestellten Gesamtgewinns, BFH BStBl **76** II 22.

Einkommensteuer: Maßgeblich ist der Unterschied zwischen dem festgesetzten und dem erstrebten Steuerbetrag für ein Jahr ohne Zuschläge und Abgaben, die vom Einkommen oder der Einkommensteuer abhängen, stRspr, BFH **79** II 441 mwN. Auch Folgesteuern, zB Kirchensteuer, bleiben außer Betracht, BFH BStBl **67** III 291, **75** II 145 (es sei denn, die Kirchensteuer ist ebenfalls Gegenstand des Streits, FG Saarl EFG **84**, 253), ebenso etwa einbehaltene Steuerabzugsbeträge, BFH BStBl **78** II 58. Das gleiche gilt bei gleichzeitiger Anfechtung der einheitlichen Gewinnfeststellung, BFH BB **78**, 347. Zum Wert eines Streits um die Feststellung eines höheren Teilwerts, § 55 V EStG, vgl BFH BStBl **84** II 33 (gegen FG Düss EFG **79**, 515), zum Streit um gesonderte Gewinnfeststellung FG BaWü EFG **88**, 257 mwN, zum Streit um Vorauszahlungen FG Nürnb LS EFG **88**, 136, FG Kassel EFG **83**, 369 (idR Jahressoll, bei Festsetzung für mehrere Veranlagungszeiträume Addition, FG Hbg EFG **88**, 536), abw bei fehlenden Auswirkungen auf die Veranlagung FG Münst EFG **89**, 370, FG Nürnb EFG **88**, 654 (10 vH).

Einstweilige Anordnung, § 114 FGO: § 20 Anm 3.

Erledigung der Hauptsache: Maßgeblich ab (einseitiger) Erledigungserklärung ist das Kosteninteresse, BFH BStBl **89** II 106 mwN.

Erlaß, § 227 AO 1977: Maßgeblich ist der Betrag, um dessen Erlaß gestritten wird, BFH BStBl **55** II 56. Keine Zusammenrechnung, wenn neben Herabsetzung der Steuer hilfsweise Erlaß begehrt wird, FG Nds EFG **72**, 453, es sei denn, es wird über den Erlaß entschieden, § 19 IV.

Fälligkeit: Der Streit allein um die Fälligkeit einer nach Grund und Höhe unstreitigen Forderung ist mit 10 vH dieser Forderung zu bewerten, FG Düss EFG **74**, 435; bei einem Streit um Vorverlegung der Fälligkeit, § 221 AO 1977, ist der Jahresbetrag des Zinsnachteils maßgeblich, FG Saarld EFG **75**, 24.

Gewerbesteuer: Der Wert entspricht dem Unterschied zwischen festgesetzten und erstrebtem Steuermeßbetrag, vervielfältigt mit dem jeweiligen Hebesatz, BFH BStBl **65** III 483.

Grundsteuer: Anzusetzen ist das Vierfache der auf den streitigen Meßbetrag entfallenden Jahresgrundsteuer, BFH BStBl **52** II 283, auch in den Fällen der Grundsteuervergünstigung, BFH BStBl **62** III 358.

Haftung: Maßgeblich ist die im Bescheid festgestellte Haftungsschuld, BFH BStBl **72** II 181. Klagen mehrere Gesellschafter gegen gesonderte Haftungsbescheide gleicher Höhe, bemißt sich der Wert nach einer einzigen Haftungsschuld, FG Münster EFG **78**, 475.

Kirchensteuer: S unter „Einkommensteuer".

Klagenhäufung: Die Werte sind zusammenzurechnen, § 5 ZPO, Anh I § 12, bei Verbindung mehrerer Klagen sowohl eines Steuerpflichtigen, BFH BStBl **69** II 587, als auch mehrerer Steuerpflichtiger, BFH BStBl **62** II 320, wenn die Begehren selbständige Bedeutung haben, BFH BStBl **84** II 206 (dazu Lappe NJW **85**, 1880), FG BaWü EFG **89**, 303, **86**, 146. Mehrere Klagen gegen einen einheitlichen Einspruchsbescheid über verschiedene Veranlagungszeiträume sind bis zur Verbindung selbständige Angelegenheiten mit eigenen Streitwerten, aM BFH BStBl **74** II 422. Vgl auch Anh I.

Körperschaftsteuer: Vgl unter „Einkommensteuer". Zum Streitwert bei gesonderter Feststellung nach § 47 KStG vgl FG Düss EFG **89**, 34 u **81**, 591, FG Hbg EFG **89**, 34, bei Klagen gegen den Ansatz verdeckter Gewinnausschüttungen FG Saarl EFG **84**, 632.

Konkurs: Für Feststellungsverfahren iSv § 251 III AO kommt es außerhalb der Anwendung von § 148 KO auf den Mehrbetrag an, der sich aus dem beanspruchten Vorrecht ergeben würde, BFH BStBl **88** II 125.

Kraftfahrzeugsteuer: Bei unbefristeter Festsetzung ist der auf den regelmäßigen Entrichtungszeitraum (1 Jahr) entfallende Betrag maßgeblich, BFH BStBl **74** II 432, bei befristeter Festsetzung der ganze Betrag.

Leistungsklage: S Anh I.

Lohnsteuer: Bei Streit um einen Freibetrag entspricht der Wert dem sich daraus ergebenden Steuerbetrag für höchstens 1 Jahr. Jahresausgleich: Maßgeblich ist der umstrittene Betrag für das jeweilige Jahr (nicht auch die Auswirkungen auf die Zukunft, BFH BStBl **58** III 385), bei Klage auf Durchführung des Ausgleichs der beantragte Erstattungsbetrag, BFH BStBl **73** II 685, **75** II 145.

Lohnsteuerhilfeverein: Der Streit um die Eintragung einer bestimmten Person als Leiter einer Beratungsstelle ist nach § 13 I 2 mit 6000 DM zu bewerten, BFH BStBl **81** II 105 (zum Revisionswert, insoweit krit Lappe NJW **82**, 1739).

Nachprüfungsvorbehalt, § 164 AO 1977: idR 6000 DM, § 13 I 2, BFH BStBl **80** II 417.

Nichtzulassungsbeschwerde, § 115 III FGO: Streitwert ist wie im Verwaltungsstreitverfahren der Wert der Sache, Anh I, BFH BStBl **78** II 314 u **82** II 329.

Prozeßkostenhilfe: S Anh I; wie dort BFH BStBl **87** II 201, **73** II 684.

Rechtsbehelfsentscheidung: Wird nur sie angefochten, entspricht der Wert demjenigen der Sache selbst, BFH BStBl **82** II 328.

Schlußbesprechung, § 201 AO 1977: Der Streit um die Verpflichtung zu ihrer Abhaltung ist mit 10 vH der steuerlichen Auswirkungen anzusetzen, BFH BStBl **80** II 751.

Steuerberater (Steuerbevollmächtigter): S Anh I „Berufszulassung". Der Streit um die Anerkennung einer Steuerberatungsgesellschaft ist höher zu bewerten als der Streit um Zulassung einer Einzelperson, idR mit 50000 DM, BFH **133**, 322 u BStBl **81** II 790, aM FG Münst EFG **89**, 35 für Klagen gegen die Anerkennung (§ 13 I 2). Anzusetzen sind heute (nach Änderung von § 13 I 2) pauschal für Klagen auf Zulassung zum Seminar gemäß § 157 StBerG, BFH BStBl **78** II 599, oder zur Prüfung 12000 DM, vgl BFH NJW **76**, 1864, für den Streit um ihr Bestehen 15000 DM, vgl BFH BStBl **83** II 422, krit Lappe NJW **84**, 1214. Bei Untersagung der Hilfeleistung in Steuersachen setzt BFH BB **79**, 412 nur die Einkünfte aus dieser Tätigkeit im vorangegangenen Kalenderjahr als Streitwert an, was § 13 I 1 nicht gerecht werden dürfte.

Steuererklärung: Streit um die Verpflichtung zur Abgabe ist mit der Hälfte des mutmaßlichen Steuerbetrages zu bewerten, wenn es auch um die Steuerpflicht geht, FG Karlsr EFG **83**, 146, sonst nach § 13 I 2, FG Bln EFG **88**, 504.

Stundung: Regelmäßig 10 vH des Steuerbetrags, dessen Stundung streitig ist, BFH BStBl **63** III 76.

Umsatzsteuer: Vgl unter „Einkommensteuer".

Untätigkeitsklage: Bei Klage auf Tätigwerden sind idR 10 vH des Steuerbetrags anzusetzen, BFH BStBl **63** III 270, bei Klage auf bestimmte Sachentscheidung ist der volle Wert maßgeblich, BFH BStBl **67** III 253.

Vermögensteuer: Der Wert entspricht dem Dreifachen des streitigen Jahresbetrags, BFH BStBl **83** II 528, wenn nicht Neu- oder Hauptveranlagung bevorsteht, BFH BStBl **72** II 627.

Vollstreckung: Maßgeblich ist die Höhe der Forderung, BFH BStBl **71** II 25, bei Streit um eine Pfändung jedoch höchstens der Wert des gepfändeten Rechts, BFH BStBl **78** II 71. S auch Anh I unter „Verwaltungsvollstreckung".

Zinsen: Sie bleiben als Nebenforderungen außer Betracht, § 22, vgl BFH BStBl **58** III 385.

Zolltarifauskunft: Der Wert beträgt je Auskunftsbegehren idR 6000 DM gemäß § 13 I 2, BFH NJW **78**, 184, BStBl **87** II 719 u **82** II 705.

Zurückweisung eines Prozeßbevollmächtigten: 10 vH des Wertes der Hauptsache, BFH NVwZ **83**, 376.

Wertberechnung in Berufungs- und Revisionsverfahren

14 **I Im Berufungs- und Revisionsverfahren bestimmt sich der Streitwert nach den Anträgen des Rechtsmittelklägers. Endet das Verfahren, ohne daß solche Anträge eingereicht werden,**

oder werden, wenn eine Frist für die Berufungs- oder Revisionsbegründung vorgeschrieben ist, innerhalb dieser Frist Berufungs- oder Revisionsanträge nicht eingereicht, so ist die Beschwer maßgebend.

II Der Streitwert ist durch den Wert des Streitgegenstandes der ersten Instanz begrenzt. Das gilt nicht, soweit der Streitgegenstand erweitert wird. § 15 Abs. 1 bleibt unberührt.

Schrifttum: Märten, Die Streitwertbemessung bei nachträglicher Rechtsmittelbeschränkung, 1981.

1) Berufungs- und Revisionsverfahren, I. A. Antrag, I 1. Im Berufungs- und Revisionsverfahren ist für den Streitwert grundsätzlich der Antrag des Rechtsmittelklägers maßgeblich, Bbg Rpfleger **86**, 197, Schlesw SchlHA **88**, 172. Das entspricht der Erkenntnis, daß sich das Interesse des Rechtsmittelführers von demjenigen der übrigen Prozeßbeteiligten unterscheiden kann, BVerwG Rpfleger **89**, 129. Bei unverändertem Streitgegenstand bleibt es freilich grundsätzlich beim erstinstanzlichen Streitwert, BVerwG Rpfleger **89**, 129.

Der Rechtsmittelkläger braucht einen Antrag erst am Ende der Rechtsmittelbegründungsfrist zu stellen, §§ 519 III Z 1, 554 III Z 1 ZPO, 120 II 2 FGO, 139 II 2 VwGO. Bis zum Ablauf der Begründungsfrist bleibt der Streitwert also unter Umständen ungeklärt. Kosten der Rechtsmittelinstanz, § 61, können erst dann eingefordert werden, wenn der Antrag feststeht, Köln JMBl NRW **67**, 132, aM Mielke § 36 aF Anm 5 (er beachtet nicht, daß der für den Streitwert maßgebliche Antrag erst in der Rechtsmittelbegründungsschrift gestellt zu werden braucht. Daher treffen auch die Erwägungen BGH **1**, 205 nicht mehr zu, BGH NJW **74**, 1286, Hbg MDR **74**, 942, Mü MDR **74**, 590).

Man muß einen unklaren Antrag nach dessen Begründung auslegen. Ein eindeutiger Antrag ist aber für den Kostenstreitwert (anders als bei der Ermittlung der Zulässigkeit des Rechtsmittels, vgl BGH BB **76**, 815 mwN), auch dann bindend, wenn seine Begründung eine in Wahrheit geringere Beschwer ergibt, zB Köln MDR **72**, 791, Schneider MDR **75**, 1028 mwN, vgl auch Hamm JB **77**, 705, aM Düss MDR **75**, 1027 (dazu Dinslage MDR **76**, 235).

Soweit der Rechtsmittelkläger das Rechtsmittel ohne eine Antragsstellung einlegt und es dann auf einen geringfügigen Betrag beschränkt oder zurücknimmt, liegt kein Rechtsmißbrauch vor, jedenfalls nicht, wenn das Gesetz eine derart lange Überlegungsfrist gestattet.

Diese Frage ist **streitig. Wie hier** zB BGH **LM** § 11 aF Nr 9, Bbg JB **78**, 891 mwN, Hamm (6. ZS) MDR **79**, 591, Schlesw SchlHA **88**, 172 mwN, Baumgärtel/ Klingmüller VersR **80**, 421; **aM** zB BGH (GSZ) **70**, 369 mwN, Hamm (7. ZS) AnwBl **79**, 273, Nürnb **KR** § 11 aF Nr 16, krit Celle VersR **79**, 919, ferner Schneider NJW **78**, 790 mwN (der Wert betrage in einem solchen Fall wenigstens den Betrag der Mindestbeschwer).

B. Beschwer, I 2. a) Voraussetzungen. Die Beschwer ist für den Kostenstreitwert maßgebend, wenn eine der folgenden Situationen eingetreten ist:

aa) Kein rechtzeitiger Antrag. Das Gesetz muß für die Berufungs- oder Revisionsbegründung eine Frist vorgeschrieben haben und der Rechtsmittelkläger muß innerhalb dieser Frist keine Berufungs- oder Revisionsanträge eingereicht haben. Unter der Einreichung ist ein Schriftsatz zu verstehen, der beim Gericht eingeht, Bbg JB **76**, 483. Ein späterer Antrag mit einem geringeren Wert bleibt außer Betracht.

bb) Überhaupt kein Antrag. Das Berufungs- oder Revisionsverfahren muß geendet haben, ohne daß der Rechtsmittelkläger überhaupt einen Rechtsmittelantrag eingereicht hat. Dieser Fall liegt zB dann vor, wenn sich die Sache innerhalb der Rechtsmittelfrist durch eine Rechtsmittelrücknahme, Köln MDR **84**, 766, durch einen Vergleich oder durch die Anordnung des Ruhens des Verfahrens erledigt hat.

b) Berechnung der Beschwer. Die Beschwer ergibt sich aus dem Vergleich der Anträge des Rechtsmittelklägers in der vorigen Instanz und aus dem dort erzielten Ergebnis, vgl Celle MDR **75**, 767. Im Fall einer Rechtsmittelbeschränkung wegen der Erledigung der Hauptsache vor der Einlegung des Rechtsmittels ist dieselbe Berechnung notwendig. Denn der Rechtsmittelkläger beabsichtigt dann im Umfang der Rechtsmittelbeschränkung keine Urteilsänderung mehr, BGH **LM** § 11 aF Nr 8. I 2 stellt nur klar, daß sich der Kostenstreitwert im Falle des Fehlens oder der Verspätung einer Rechtsmittelbeschränkung nach dem ganzen Umfang des Unterliegens in der Vorinstanz richtet.

2) Begrenzung des Streitwerts, II. A. Grundsatz, II 1. Im Berufungs- oder Revisionsverfahren ist der Kostenstreitwert grundsätzlich durch den Wert des Streitgegenstandes der 1. Instanz begrenzt, BVerwG Rpfleger **89**, 129. Es ist also nicht etwa die sachlichrechtliche Beschwer auch für den Kostenstreitwert maßgeblich, vgl schon BGH **59**, 19 und **LM** § 11 aF Nr 9. Dieser Grundsatz gilt auch dann, wenn zB das Interesse des Beigeladenen nach der VwGO von dem Interesse des Klägers abweicht oder wenn es um ein Rechtsmittel des Klägers geht, insofern aM BVerwG Rpfleger **89**, 171 (aber der Wortlaut von II 1 ist eindeutig).

B. Ausnahmen, II 2, 3. Die Begrenzung durch den Wert der Vorinstanz gilt nicht, soweit der Streitgegenstand im Berufungs- oder Revisionsverfahren eine Erweiterung erfährt. In diesem Fall ist der Streitwert des Berufungs- oder Revisionsverfahrens ebenso hoch wie der Wert des Streitgegenstands nach seiner Erweiterung. Dasselbe gilt dann, wenn innerhalb derselben Instanz eine Werterhöhung stattfindet, II 3 in Verbindung mit § 15 I, BGH NJW **82**, 341.

Zeitpunkt der Wertberechnung

15 **I Ist der Wert des Streitgegenstandes bei Beendigung der Instanz höher als zu Beginn der Instanz, so ist den in der Instanz entstandenen Gebühren der höhere Wert zugrunde zu legen.**

II In der Zwangsvollstreckung ist für die Wertberechnung der Zeitpunkt der die Zwangsvollstreckung einleitenden Prozeßhandlung entscheidend.

1) Wertänderung, I. A. Werterhöhung. I gilt für sämtliche vom GKG erfaßten Verfahren und Instanzen, also auch zB für einen Antrag auf den Erlaß einer einstweiligen Verfügung oder einer einstweiligen Anordnung. Soweit sich der Wert innerhalb der Instanz erhöht, muß man den höheren Wert der Kostenberechnung zugrunde legen. In Betracht kommt auch eine scheinbare Steigerung durch ein Absinken der Valuta oder ein Ansteigen des Kurses eines Börsenpapiers. Im Fall der Mehrheit von Gegenständen, die in einem einheitlichen Klagantrag genannt sind, entscheidet bei deren Wertveränderung (teils Erhöhung, teils Minderung) nicht die Änderung der Einzelgegenstände, sondern der Wertvergleich aller eingeklagten Gegenstände zusammen, BGH **LM** § 11 aF Nr 7.

Die Erhöhung muß im Zeitpunkt der Beendigung der Instanz andauern. Wenn das Verfahren zu einem tatsächlichen Stillstand kommt, wenn eine Partei es zB nicht aufnimmt, dann ist die letzte Prozeßhandlung als die Beendigung der Instanz im Sinn von I anzusehen. Man muß in diesem Fall also den Wert beim Instanzbeginn mit dem Wert im Zeitpunkt der letzten Prozeßhandlung vergleichen.

I ist auch bei einem nichtvermögensrechtlichen Streit anwendbar und gegenüber § 4 ZPO vorrangig, KG Rpfleger **73**, 376.

I ist nicht anwendbar, soweit sich der Streitgegenstand selbst ändert, etwa in Folge einer Klagerweiterung. In diesem Fall liegen für dieselbe Instanz verschiedene Streitwerte vor, Bre JB **76**, 484.

B. Wertminderung. Eine Wertminderung bleibt außer Betracht, BGH VersR **82**, 591, Ffm KTS **80**, 66. Man kann also den Gedanken des I nicht umkehren, KG Rpfleger **73**, 36, Karlsr FamRZ **88**, 1193. Vgl allerdings § 19 Anm 4 Ab. Wenn jedoch der Kläger im Fall einer Feststellungsklage ohne die Möglichkeit, ihr Endergebnis zu überschauen, als Streitwert einen höheren Betrag als denjenigen angegeben hat, der den an die Stelle des Feststellungsantrags getretenen Leistungsantrag ausmacht, dann ist der Leistungsantrag maßgebend. Denn die Schätzung des Klägers ist als solche für die Wertfestsetzung unverbindlich, Köln AnwBl **62**, 129.

2) Zwangsvollstreckung, II. Die Zwangsvollstreckung gilt für das GKG als eine besondere Instanz. Eine „die Zwangsvollstreckung einleitende Prozeßhandlung" ist nicht etwa dasselbe wie der Beginn der Zwangsvollstreckung im Sinn der §§ 750ff ZPO. Über den Begriff der Prozeßhandlung BLAH Grdz 5 vor § 128 ZPO. Hierhin gehört regelmäßig auch der an das Vollstreckungsgericht gerichtete Antrag auf die Vornahme einer Vollstreckungshandlung oder die Einleitung des Verteilungsverfahrens durch das Gericht.

Für die Wertberechnung ist der Zeitpunkt des Eingangs des Antrags usw maßgebend. § 29 I hat Vorrang vor § 15 II, LG Paderborn Rpfleger **89**, 168.

Miet-, Pacht- und ähnliche Nutzungsverhältnisse

16 **I Ist das Bestehen oder die Dauer eines Miet-, Pacht- oder ähnlichen Nutzungsverhältnisses streitig, so ist der Betrag des auf die streitige Zeit entfallenden Zinses und, wenn der einjährige Zins geringer ist, dieser Betrag für die Wertberechnung maßgebend.**

II Wird wegen Beendigung eines Miet-, Pacht- oder ähnlichen Nutzungsverhältnisses die Räumung eines Grundstücks, Gebäudes oder Gebäudeteils verlangt, so ist ohne Rücksicht darauf, ob über das Bestehen des Nutzungsverhältnisses Streit besteht, der für die Dauer eines Jahres zu entrichtende Zins maßgebend, wenn sich nicht nach Absatz 1 ein geringerer Streitwert ergibt. Verlangt ein Kläger die Räumung oder Herausgabe auch aus einem anderen Rechtsgrund, so ist der Wert der Nutzung eines Jahres maßgebend.

III Werden der Anspruch auf Räumung von Wohnraum und der Anspruch nach den §§ 556a, 556b des Bürgerlichen Gesetzbuchs auf Fortsetzung des Mietverhältnisses über diesen Wohnraum in demselben Prozeß verhandelt, so werden die Werte nicht zusammengerechnet.

IV Bei Ansprüchen nach den §§ 556a, 556b des Bürgerlichen Gesetzbuchs ist auch für die Rechtsmittelinstanz der für die erste Instanz maßgebende Wert zugrunde zu legen, sofern nicht die Beschwer geringer ist.

V Bei Ansprüchen auf Erhöhung des Mietzinses für Wohnraum ist höchstens der Jahresbetrag des zusätzlich geforderten Zinses maßgebend.

1) Allgemeines. § 16 gilt für die Wertfestsetzung zur Gebührenberechnung. Für die Festsetzung zur Bestimmung der sachlichen Zuständigkeit gilt § 8 ZPO, s Anh nach § 12. § 15 I ist auch hier anwendbar, was LG Köln WM **73**, 174 übersieht; es entscheidet dann also unter Umständen der Mietzins usw im Zeitpunkt des Urteils. Ein Feststellungsantrag hat keinen höheren Wert als ein für dieselbe Zeitspanne erhobener Leistungsanspruch. Bei einem gemischten Vertrag, insbesondere einem Hauswartsvertrag, ist für die Anwendbarkeit von § 16 maßgeblich, welcher Teil des Vertrags der wesentliche ist, ob also der Anteil des Dienstvertrags oder der Anteil des Mietvertrags an dem gesamten Vertragsverhältnis überwiegt.

Die aus sozialen Gründen geschaffene Vorschrift ist grundsätzlich weit auszulegen, Ffm AnwBl **84**, 203 (auch zu den Grenzen). Wegen der Verwaltungsgerichte § 13 Anm 2 B.

2) Streit über Bestehen oder Dauer, I. A. Geltungsbereich.

a) Grundsatz. I erfaßt den Streit über das Bestehen oder die Dauer eines Miet-, Pacht- oder ähnlichen Nutzungsverhältnisses. Dahin würde begrifflich auch der Streit um eine Räumung wegen Beendigung eines solchen Verhältnisses gehören. Indessen schafft II für den Räumungsstreit Sonderregeln, die vorrangig sind.

Zum Mietverhältnis, §§ 535 ff BGB, gehört auch das Untermietverhältnis. Zum Pachtverhältnis, §§ 581 ff BGB, gehört auch das Unterpachtverhältnis.

I setzt nicht voraus, daß ein dort genanntes Nutzungsverhältnis wirksam besteht. Es reicht aus, daß ein Streit über seinen Bestand oder über seine Dauer besteht, Karlsr NJW **56**, 310, aM Oldb NJW **55**, 956. Um die Natur des Streits erkennen zu können, muß man auch die Einlassung des Bekl beachten, Mü NJW **53**, 1399; wendet dieser ein, es liege ein Miet-, Pacht- oder ähnliches Nutzungsverhältnis vor, dann ist es unerheblich, ob der Kläger seine Klage auf sein Eigentum oder auf eine andere Anspruchsgrundlage stützt, Schneider Streitwert-ABC Nr 11 (Mietstreitigkeit).

Etwas anderes gilt allerdings, wenn der Bekl gegenüber einer Herausgabeklage nicht Miete usw einwendet, sondern etwas anderes; in diesem Fall gilt § 7, da II 2 dann nicht mehr zutrifft.

Die Prozeßparteien brauchen nicht mit den Vertragsparteien identisch zu sein.

b) Beispiele der Anwendbarkeit: Es geht um ein mietähnliches Dauerwohnrecht, etwa nach den §§ 1093 ff BGB, LG Mannh ZMR **74**, 275; es geht um ein Dauerwohnrecht nach § 31 WEG, so jetzt auch Ffm NJW **63**, 1930, jedenfalls wenn der Kläger gleichzeitig die Feststellung des Nichtbestehens und die Löschung verlangt; es geht um ein öffentlichrechtliches auf eine Gebrauchsüberlassung gerichtetes Leistungsverhältnis, etwa nach § 1 BLG; auch ein dinglicher Nießbrauch kann hierher zählen, Köln MDR **81**, 767; es geht um das Bestehen oder die Dauer eines Jagdpachtvertrags, Bbg NJW **53**, 230; es geht um die Bewilligung oder die Dauer einer Räumungsfrist nach § 721 III ZPO, LG Stgt Rpfleger **68**, 62; es geht um die Feststellung, daß ein Mietvertrag mit einem bestimmten Tag infolge fristloser Kündigung erloschen sei, BGH **LM** § 3 ZPO Nr 14; es geht um die Feststellung, daß eine Kündigung wirksam erfolgt sei, Ffm MDR **67**, 313.

Weitere Fälle der Anwendbarkeit: Es liegt eine Klage auf die Feststellung einer Nichtigkeit vor; es geht um einen Streit darüber, wer aus einem Rechtsverhältnis berechtigt ist, Hbg NJW **65**, 2406; es geht um die Klage des Vermieters gegen den Bürgen des Mieters; es geht um die Klage des Mieters auf Gebrauchsüberlassung, aM Celle MDR **89**, 272 (dann sei II anwendbar. Aber II ist als Sonderregel eng auszulegen). Wegen einer Hausratssache vgl §§ 19a, 20 II, § 21 HausrVO, s § 98 KostO Anh III.

c) Beispiele der Unanwendbarkeit: Es geht um einen Anspruch auf die Zahlung von Geld oder auf eine sonstige Leistung, etwa um die Räumungs- und Herausgabeklage des Verkäufers von Wohnungseigentum gegenüber dem Käufer. In einem solchen Fall gilt § 6 ZPO, selbst wenn mit dem Wohnungseigentumskauf ein Nutzungsverhältnis verbunden war, BGH NJW **67**, 1863, aM Köln MDR **74**, 323 (die Entscheidung betrifft einen Rücktritt vom Eigenheimvertrag), ähnlich Köln JB **78**, 1054 (die Entscheidung betrifft einen Rücktritt von einem Bewerbervertrag); die Vertragsdauer steht fest und die Parteien streiten über eine künftige Miet- oder Pachtzahlung, in diesem Fall gilt § 9 ZPO, s Anh I nach § 12 „Mietverhältnis“; es handelt sich um die Feststellungsklage über den Inhalt des Mietvertrags oder um die Klage auf die Feststellung der Wirksamkeit eines mit einem Dritten abgeschlossenen Pachtvertrags (in diesen Fällen gilt § 3 ZPO), BGH **LM** § 12 aF Nr 10, Kblz ZMR **78**, 64 mwN.

Weitere Fälle der Unanwendbarkeit: Es handelt sich um eine Klage auf die Gestattung, einen Mietraum auszubauen oder mit einer bestimmten Person einen Mietvertrag abzuschließen, Hamm Rpfleger **49**, 570; es geht um einen Mietvertragsabschluß auf Grund eines Vorvertrags; es handelt sich um eine Klage auf eine Umgestaltung und eine anschließende Besitzeinräumung, Schmidt MDR **72**, 430, aM LG Nürnb MDR **72**, 430; es geht um einen Automatenaufstellvertrag der üblichen Art (in diesem Fall ist § 3 ZPO anwendbar), Kblz VersR **80**, 1123.

B. Wertberechnung. a) Grundsatz. Maßgebend ist in I der auf die streitige Zeit fallende Mietzins. Wenn der einjährige Mietzins geringer ist, ist er maßgebend. Zins ist nicht nur der eigentliche Miet- und Pachtzins in Geld oder Naturalien, wie LG Hann WM **79**, 39 jetzt, ferner LG Stgt MDR **83**, 763 meinen. Vielmehr muß man auch vertragliche Gegenleistungen anderer Art hinzurechnen, zB: Die Übernahme öffentlicher Abgaben, etwa der Grundsteuer, Hamm Rpfleger **76**, 435, und sonstiger Leistungen, etwa von Feuerversicherungsprämien, Instandsetzungskosten, Baukostenzuschüssen.

Nicht hinzurechnen darf man Leistungen nebensächlicher Art und sonstige Leistungen, die man im Verkehr nicht als Entgelt für die Gebrauchsüberlassung ansieht. Hierher zählen zB: Das Entgelt für Heizung und Warmwasser.

Diese Frage ist **streitig. Wie hier** zB BGH **18**, 173, LG Augsb WM **80**, 205, AG Hann MDR **74**, 412, Gelhaar ZMR **82**, 359; **abw** LG Ffm Rpfleger **82**, 121 (man dürfe neben der Nettomiete überhaupt keine gesondert vereinbarten Nebenleistungen ansetzen), LG Kblz ZMR **87**, 24 (man müsse eine Nebenkostenpauschale einbeziehen); **aM** LG Ffm WM **76**, 270, LG Heilbr AnwBl **81**, 69, LG Köln AnwBl **81**, 286 je mwN, LG Mainz Rpfleger **76**, 69, LG Ulm MDR **79**, 768, AG Bergheim ZMR **82**, 190, AG Brschw MDR **74**, 758.

b) Einzelfragen. Bei einem Mietvertrag auf unbestimmte Zeit muß man die Zeit nach dem nächsten zulässigen Kündigungstermin zuzüglich der Kündigungsfrist berechnen, vgl. LG Würzb JB **77**, 706. Wenn eine Partei bei einem Streit um das Fortbestehen eines Wohnrechts die Bewilligung seiner Löschung geltend macht, ist der einjährige Zins maßgeblich, Düss JMBl NRW **65**, 83. Wenn die Parteien über die Gewährung einer Räumungsfrist streiten, ist ebenfalls der einjährige Zins maßgebend, LG Stgt Rpfleger **68**, 62.

Der Mietzins bestimmt sich nach dem Vertrag, soweit nicht der gesetzliche Mietzins zugrunde zu legen ist. Notfalls muß man vom angemessenen Zins ausgehen. Soweit der Zins gestaffelt ist, muß man davon ausgehen, daß die gesamte restliche Vertragsdauer im Streit ist. Darum muß man einen durchschnittlichen Zins zugrunde legen.

3) Räumung, II. A. Beendigung des Rechtsverhältnisses, II 1. Die Vorschrift erfaßt den Streit um die Frage, ob der Bekl wegen der Beendigung eines Miet-, Pacht- oder ähnlichen Nutzungsverhältnisses, evtl zB eines Nießbrauchs, Köln WM **85**, 125, das Grundstück, Gebäude oder den Gebäudeteil räumen muß. Maßgebend ist der in der Klage genannte Räumungsgrund. Es ist unerheblich, ob zugleich über das Bestehen des Nutzungsverhältnisses ein Streit besteht, ob das Nutzungsverhältnis also in Wahrheit bereits erloschen ist.

Streitwert ist aus sozialen Gründen, Ffm AnwBl **84**, 203, höchstens der Jahresbetrag, Anm 2 B a. Wenn die streitige Zeit weniger als ein Jahr ausmacht, ist der geringere Streitwert maßgebend, LG Mainz Rpfleger **76**, 69, Anm 2 B. Es kommt nur auf den Streit um den Räumungsanspruch an, nicht darauf, ob auch Streit über das Bestehen des Mietverhältnisses vorliegt, LG Hbg ZMR **86**, 125.

B. Räumung aus anderem Rechtsgrund, II 2. Die Vorschrift erfaßt als eine ebenfalls gegenüber I vorrangige Sonderregelung den Fall, daß der Kläger „auch", nicht nur, LG Kassel Rpfleger **87**, 425 (Zuschlag), aus einem anderen Rechtsgrund als demjenigen der Beendigung eines Miet-, Pacht- oder ähnlichen Nutzungsverhältnisses die Räumung oder Herausgabe verlangt.

Hierher gehört zB: Eine auf Eigentum gestützte Klage, LG Mosbach MDR **85**, 594; eine auf Besitz gestützte Klage; eine Klage auf Herausgabe einer ungerechtfertigten Bereicherung. II 2 ist auch dann anwendbar, wenn die eben genannten Gründe des Herausgabeverlangens zu denjenigen nach I hinzutreten.

Ferner ist II 2 zB in folgenden Fällen anwendbar: Der Kläger verlangt nur eine vorübergehende Räumung, um etwa eine Renovierung durchführen zu können, LG Mannh ZMR **74**, 275; er verlangt die Räumung nur auf Grund des Eigentums, der Bekl wendet jedoch das Bestehen eines Nutzungsverhältnisses ein, BGH **48**, 177, KG JB **78**, 892, LG Bayreuth JB **77**, 1425, vgl Anm 2 A. Denn in einem solchen Fall muß das Gericht auch die Frage der Beendigung des Nutzungsverhältnisses entscheiden, falls es bestanden hat, Celle RdL **64**, 131.

In allen diesen Fällen ist als Wert stets der einjährige Nutzungsbetrag maßgebend. Er ist meistens ebensohoch wie der einjährige Mietzins, kann aber einen anderen Betrag ausmachen, Celle RdL **64**, 131.

II ist beim Streit zwischen Verkäufer und Käufer einer Eigentumswohnung auf deren Räumung unanwendbar, Ffm AnwBl **84**, 203. Die Vorschrift ist auch auf die Klage des Mieters auf Gebrauchsüberlassung unanwendbar, Anm 2 Ab. LG Kleve DGVZ **87**, 90 wendet bei der Räumung auf Grund eines Zuschlagsbeschlusses nicht II 2 an, sondern legt den Verkehrswert zugrunde.

C. Klage auf Räumung und Zahlung. Soweit der Kläger neben der Räumung den Mietzins oder Nutzungswert einklagt, muß man den Wert des Räumungsanspruchs nach II und den Wert des Zahlungsanspruchs nach § 12 zusammenrechnen.

4) Räumung und Fortsetzungsanspruch, III, IV. III bestimmt, daß im Fall der Verbindung einer Klage auf die Räumung von Wohnraum und der Geltendmachung der Sozialklausel nach den §§ 556a, 556b BGB als Streitwert für die Kosten, nicht stets auch für ein Rechtsmittel, LG Bln ZMR **85**, 387, stets nur der Jahreszins anzusetzen ist, soweit das Gericht über beide Ansprüche in demselben Prozeß verhandelt, vgl auch

§ 19 Anm 2 B. Es ist unerheblich, in welcher prozessualen Form Räumung und Sozialklausel geltend gemacht werden. Nach III ist auch der Fall zu bewerten, daß der Vermieter noch im Besitz der Wohnung ist und daß der Mieter die Überlassung und die Verlängerung der Mietzeit fordert, LG Frankenth MDR **68**, 419.

Der Jahreszins richtet sich nach der derzeitigen Höhe des Mietzinses. Wenn der Mieter der Räumung widerspricht und die Verlängerung des Mietverhältnisses gegen eine Mieterhöhung anbietet, etwa im Weg einer Feststellungswiderklage, dann muß man den erhöhten Wert ansetzen. Dasselbe gilt dann, wenn das Gericht den Räumungsanspruch abgewiesen hat und dahin entschieden hat, daß das Mietverhältnis gegen Zahlung einer entsprechend erhöhten Miete fortzusetzen sei, II, Schmidt-Futterer MDR **65**, 348.

Wenn das Gericht den Mieter zur Räumung verurteilt hat, wenn das Rechtsmittelgericht jedoch den Räumungsanspruch abweist und dahin entscheidet, daß das Mietverhältnis gegen Zahlung einer erhöhten Miete fortzusetzen sei, dann bleibt es bei dem Streitwert der ersten Instanz. Dasselbe gilt dann, wenn der Vermieter in der Rechtsmittelinstanz nur eine erhöhte Miete fordert.

5) Erhöhung der Wohnungsmiete, V. Bei einer Klage auf die Zustimmung des Mieters zur Erhöhung des Mietzinses nach § 2 MHG ist zunächst I anwendbar. Jedoch begrenzt V den Wert auf den Jahresbetrag des zusätzlich geforderten Zinses. Der Unterschiedsbetrag zwischen dem bisherigen und dem geforderten höheren Mietzins wird ausgehend von derjenigen Miete berechnet, die im Zeitpunkt der Klageerhebung galt; ihr ist derjenige Betrag gegenüberzustellen, den der Vermieter bei der Klageerhebung oder später im Weg einer Klagerhöhung fordert, § 15 I, und den der Mieter bis zu diesem Zeitpunkt nicht bezahlen will, aM AG Stgt ZMR **74**, 156 (ein vorprozessuales Anerkenntnis sei unbeachtlich), LG Bre WM **82**, 131 (eine freiwillige teilweise Zahlung vor der Rechtshängigkeit könne den Streitwert mindern). Was zum Mietzins gehört, bestimmt sich wie bei Anm 2 B.

Durch V ist der langjährige Streit zur Wertbemessung beim Wohnraum überholt. Vgl im übrigen Anh I nach § 12 „Mietverhältnis".

V gilt aber nur bei Wohnraum. Beim Geschäftsraum gilt § 9 ZPO, Bbg AnwBl **84**, 95.

Wiederkehrende Leistungen

17 **I Bei Ansprüchen auf Erfüllung einer gesetzlichen Unterhaltspflicht ist der Jahresbetrag der wiederkehrenden Leistungen maßgebend, wenn nicht der Gesamtbetrag der geforderten Leistungen geringer ist. Wird auf Leistung des Regelunterhalts geklagt (§§ 642, 642d der Zivilprozeßordnung), so ist der Jahresbetrag auf der Grundlage des Regelbedarfs nach freiem Ermessen zu bestimmen.**

II Wird wegen der Tötung eines Menschen oder wegen der Verletzung des Körpers oder der Gesundheit eines Menschen Schadensersatz durch Entrichtung einer Geldrente verlangt, so ist der

fünffache Betrag des einjährigen Bezuges maßgebend, wenn nicht der Gesamtbetrag der geforderten Leistungen geringer ist. Dies gilt nicht bei Ansprüchen aus einem Vertrag, der auf Leistung einer solchen Rente gerichtet ist.

III Bei Ansprüchen auf wiederkehrende Leistungen aus einem öffentlich-rechtlichen Dienst- oder Amtsverhältnis, einer Dienstpflicht oder einer Tätigkeit, die an Stelle einer gesetzlichen Dienstpflicht geleistet werden kann, sowie bei Ansprüchen von Arbeitnehmern auf wiederkehrende Leistungen ist der dreifache Jahresbetrag der wiederkehrenden Leistungen maßgebend, wenn nicht der Gesamtbetrag der geforderten Leistungen geringer ist.

IV Rückstände aus der Zeit vor der Einreichung der Klage werden dem Streitwert hinzugerechnet.

1) Allgemeines. § 17 gibt in I–III Regeln für die Bewertung der dort genannten Ansprüche für den Zeitraum ab Beginn des Monats der Klageeinreichung (nicht erst ab Klagezustellung, also nicht erst ab Rechtshängigkeit, vgl Ffm FamRZ **89**, 297, Schlesw SchlHA **88**, 145). IV erfaßt den Zeitraum vor der Einreichung der Klage, Schlesw SchlHA **88**, 145, mit einer zusätzlichen Bewertungsvorschrift.

§ 17 gilt auch im arbeitsgerichtlichen Verfahren, ferner im verwaltungsgerichtlichen Verfahren, § 13 Anm 2 B und Anh I, dazu aber auch VGH Kassel AnwBl **84**, 560.

2) Gesetzliche Unterhaltspflicht, I. A. Geltungsbereich. I erfaßt nur eine gesetzliche Unterhaltspflicht. Eine freiwillige Unterhaltspflicht zählt grundsätzlich nicht hierher, und zwar selbst dann nicht, wenn der Schuldner seine Leistung durch einen verbindlichen Vertrag zugesagt hat. Wenn der Vertrag allerdings nur eine bereits bestehende gesetzliche Unterhaltspflicht näher regelt, ist I jedenfalls insoweit anwendbar, als die Vertragspflicht nicht über die gesetzliche Pflicht hinausgeht, krit Hbg JB **76**, 1234.

I erfaßt eine „wiederkehrende Leistung" im Sinn des § 9 ZPO, s Anh I nach § 12. § 9 ZPO ist aber nur für die Bestimmung der sachlichen Zuständigkeit und im übrigen für den Kostenstreitwert insoweit anwendbar, als der Unterhaltsanspruch kein gesetzlicher ist. § 17 hat gebührenrechtlich in seinem Geltungsumfang gegenüber § 9 ZPO Vorrang, Hamm FamRZ **88**, 402. Die Vorschrift ist freilich gegenüber nur für die Gebühren auf Grund eines gesetzlichen Unterhaltsanspruchs maßgeblich, Hbg FamRZ **82**, 322. Das sollte man bei einer Streitwertfestsetzung erkennen und zum Ausdruck bringen, Schmidt MDR **81**, 986.

Soweit der Kläger neben einem gesetzlichen Unterhaltsanspruch auch einen vertraglich vereinbarten Unterhaltsanspruch geltend macht, ist sein Klagantrag maßgebend, Mü AnwBl **80**, 293 mwN, aM Zweibr MDR **78**, 496.

I gilt innerhalb des Kreises der gesetzlichen Unterhaltsansprüche für einen solchen Anspruch jeder Art, also zB auf Grund einer Verwandtschaft oder auf Grund der Ehe.

B. Einzelfragen. a) Vergleich. Ein Kapitalabfindungsvertrag außerhalb des Unterhaltsprozesses kann nicht unter I fallen. Denn es fehlt an dem Merkmal einer wiederkehrenden Leistung. Wenn die Parteien im Unterhaltsprozeß statt einer Unterhaltsrente vergleichsweise einen einmaligen Abfindungsvertrag vereinbaren, ist allerdings I anwendbar, Hbg FamRZ **87**, 184, Mümmler JB **78**, 787 je mwN, aM zB Ffm Rpfleger **80**, 239, Schmidt AnwBl **77**, 444 (diese lassen die Kapitalabfindung maßgeblich sein). Denn nur der Anspruch auf die Zahlung des gesetzlichen Unterhalts ist im Streit, nicht die Vergleichssumme. Wenn der Vergleich die gesetzliche Unterhaltspflicht dahingestellt läßt, ist als Streitwert der zugesagte Betrag anzusetzen. Ein bloßes Titulierungsinteresse läßt sich mit ¼ des Werts nach I ansetzen, Kblz AnwBl **84**, 205.

b) Verzicht. Im Fall eines Verzichts muß man alle Umstände berücksichtigen, insbesondere die Fragen, ob der Gläubiger infolge eines Verschuldens des Schuldners mit einem Unterhalt rechnen konnte, oder ob sich die Unterhaltspflicht infolge der zu erwartenden Bedürftigkeit des Gläubigers erhöhen könnte, Celle MDR **59**, 935. Auch in einem solchen Fall entscheidet der sich ergebende Jahresbetrag. Man muß zu ihm nach IV die Rückstände hinzurechnen, berechnet nach den höchsten wiederkehrenden Leistungen.

Ein Verzicht auf das Recht der Erhebung einer Abänderungsklage nach § 323 ZPO verändert den Streitwert nicht, Nürnb BayJMBl **50**, 170.

c) Ungewolltes Kind. Wegen des Ersatzes von Unterhalt für ein ungewolltes Kind s Anh I nach § 12: § 9 ZPO Anm 1 A.

d) Weniger als ein Jahr. Nur wenn der Gesamtbetrag des Unterhaltsanspruchs beim Eingang der Klage, Düss AnwBl **86**, 405, Hamm FamRZ **87**, 405, endgültig geringer ist als der Wert des einjährigen Unterhaltsbezugs, gilt die geringere Summe, nicht etwa ein nach § 9 ZPO zu berechnender Durchschnitt.

e) Sonstige Bedeutung des Antrags. Der Klagantrag ist auch dann maßgeblich, wenn der Bekl schon freiwillig eine, evtl niedrigere, Unterhaltsrente gezahlt hatte, Ffm AnwBl **82**, 198. Eine Begrenzung kann im Antrag der Gewährung auf die Dauer der Instanz liegen. Über die Berechnung bei schwankenden Beträgen s Anh I nach § 12 GKG: § 9 ZPO Anm 3, vgl LG Essen MDR **76**, 676 mwN.

f) Vaterschaftsfeststellung. Ein Antrag auf die Feststellung der nichtehelichen Vaterschaft ist nicht vermögensrechtlich.

g) Regelunterhalt. Im Fall einer Klage auf die Zahlung des Regelunterhalts nach den §§ 642, 642d ZPO, der ja erst später die Höhe nach festgesetzt wird, § 642a ZPO, muß man den Jahresbetrag schätzen. Man muß dabei auch einen nach § 1615g BGB anzurechnenden Betrag hinzurechnen, ebenso einen etwaigen Abschlag oder Zuschlag nach § 1615h BGB, § 1642d ZPO, LG Mainz Rpfleger **72**, 379. Wegen § 641d ZPO vgl § 20 II 1.

h) Vollstreckungsabwehrklage. I gilt auch für den Streitwert der Vollstreckungsabwehrklage gegenüber einem Vollstreckungstitel, der einen Unterhaltsanspruch enthält. Ein rückständiger Unterhaltsbetrag ist nach IV einzurechnen.

i) Trennungs- und Nachscheidungsunterhalt. Da beide Ansprüche nicht identisch sind, BGH **78**, 130, FamRZ **81**, 441, FamRZ **82**, 783 und FamRZ **85**, 581, muß man sie gemäß § 12 I iVm § 5 ZPO addieren, Hamm FamRZ **88**, 402 mwN (krit Schriftleitung).

j) Umstellungsfragen. Wenn ein rechtskräftiger Unterhaltstitel, der auf eine Geldrente lautet, auf die Zahlung des Regelunterhalts umgestellt wird und wenn dieser festgesetzt wird, dann ist als Streitwert der Jahresbetrag des Unterschieds zwischen der bisherigen Geldrente und dem beantragten Betrag des Regelunterhalts anzusetzen, Art 12 § 15 III, 14 NEhelG, LG Mainz Rpfleger **72**, 380. Wegen der Abänderungs- und Nachforderungsklage s Anm 4.

3) Rentenanspruch usw, II. A. Geltungsbereich. II erwähnt allgemein den Schadensersatz wegen der Tötung eines Menschen oder der Verletzung seines Körpers oder seiner Gesundheit.

a) Anwendbarkeit. Hierunter fallen zB: Ein Rentenanspruch auf Grund einer Körperverletzung oder Tötung, §§ 843, 844 BGB, einschließlich des Anspruchs auf eine Erhöhung der Unterhaltsrente wegen einer Vermehrung der Bedürfnisse des Gläubigers, KG JB **75**, 508; ein Anspruch eines Dritten wegen des Wegfalls der Dienste nach § 845 BGB; jeder Anspruch, auf den diese vorgenannten Vorschriften entsprechend anzuwenden sind, etwa auf Grund der Versäumung einer dem Dienstherrn obliegenden Schutzvorrichtung, § 618 III BGB, oder auf Grund der Verletzung der dem Unternehmer gegenüber dem Handlungsgehilfen oder Auszubildenden obliegenden Pflichten, §§ 62 III, 76 I HGB; entsprechend auch ein verrentetes Schmerzensgeld, LG Freib Rpfleger **51**, 571; ein Anspruch auf Grund eines Aufopferungsschadens, etwa ein Anspruch wegen eines Impfschadens, BGH **53**, 172; ein Anspruch nach den §§ 10–13 StVG, §§ 21–24 LuftVG.

Dem gesetzlichen Rentenanspruch ist ein aus einer Vertragsverletzung entstehender Anspruch gleichzustellen, etwa derjenige aus einem Beförderungsvertrag, BGH VersR **79**, 86.

Die Vorschrift gilt ferner für den Anspruch auf wiederkehrende Leistungen nach § 225 III BEG, wenn die Dauer der Rente ungewiß ist, BGH RzW **65**, 528, und für den Rückgriffsanspruch nach § 640 RVO, BGH **LM** § 13 aF Nr 14.

II ist schließlich anwendbar, wenn eine Kapitalabfindung an die Stelle eines Rentenanspruchs tritt, Düss VersR **77**, 868, Ffm MDR **71**, 404. Wenn allerdings der Rentenanspruch höher ist als der sich nach II ergebende Anspruch, dann gilt der höhere Betrag, Schlesw SchlHA **68**, 145, aM Hamm NJW **66**, 162 (das OLG läßt stets den Vergleichsbetrag maßgebend sein).

b) Unanwendbarkeit, II ist als Ausnahmevorschrift über § 3 ZPO nicht ausdehnend auslegbar, BGH **7**, 335 und VersR **79**, 86, Köln VersR **89**, 378. Daher gilt II unter anderem nicht für einen Schadensersatzanspruch gegen einen Anwalt, der einen Rentenverlust verschuldet hat, BGH VersR **79**, 86 (der BGH läßt § 9 ZPO maßgeblich sein), oder für einen Versorgungsanspruch eines Hinterbliebenen eines Organmitglieds einer Gesellschaft, BGH Rpfleger **54**, 439, aM KG NJW **55**, 875. Ausdrücklich ausgenommen ist nach II 2 ein Anspruch, wenn der Vertrag gerade auf die Leistung einer solchen Rente gerichtet ist, etwa im Fall eines Garantievertrags, eines Versicherungsvertrags oder eines Rentenvertrags. Nach II 2 ist also auch der Deckungsanspruch des Versicherungsnehmers gegenüber seiner Haftpflichtversicherung ausgenommen.

Für diesen Anspruch sind die §§ 3, 9 ZPO maßgeblich. Das ist **streitig. Wie hier** zB BGH NJW **74**, 2128 und NJW **82**, 1399 mwN, Ffm VersR **81**, 445, Köln VersR **89**, 378, Markl 1; **abw** Hamm NJW **74**, 1387 (das OLG setzt die Leistung des Versicherers mit höchstens 5000 DM an, dazu krit Imendörfer NJW **74**, 2137; ähnlich Düss VersR **74**, 1934: Eine Begrenzung erfolge nur, sofern die Versicherung schon gezahlt habe), Schlesw VersR **76**, 333 (das OLG nimmt eine Begrenzung nur dann vor, wenn sie ausschließlich einem Rückgriffsanspruch vorbeugen soll); **aM** zB Saarbr JBl Saar **67**, 107, Schneider MDR **73**, 181 mwN.

Wegen des Ersatzes von Unterhalt für ein ungewolltes Kind s Anh I nach § 12: § 9 ZPO Anm 1 A.

B. Berechnung im einzelnen. II läßt den fünfjährigen Betrag des Rentenanspruchs maßgeblich sein. Es ist der fünffache Bezug der höchsten Jahresrente maßgeblich, also nicht die kapitalisierte Entschädigung, BGH VersR **76**, 988. Eine Anrechnung eines vorprozessual erhaltenen Teilbetrags ist beachtlich, soweit der Rest unter den Fünfjahresbetrag sinkt, Kblz VersR **87**, 289. Bei einer Forderung für mindestens 2 Jahre setzt Ffm AnwBl **82**, 436 fälschlich nur die restlichen 3 Jahre des 5-Jahres-Zeitraums an.

4) Anspruch auf wiederkehrende Leistung, III. A. Geltungsbereich. Es muß sich um einen Anspruch handeln, der eine dauernd gleichartige wiederkehrende Leistung betrifft. Hierher gehören alle wiederkehrenden Leistungen aus den in III genannten Rechtsverhältnissen. Dabei ist eine weite Auslegung geboten, vgl auch § 13 Anh I „Beamtenrechtliche Angelegenheit".

Hierher gehören zB: Eine Naturalleistung; ein Hinterbliebenenanspruch; ein Schadensersatzanspruch auf Grund schuldhafter Nichtabführung von Sozialversicherungsbeiträgen gegen den Arbeitgeber, LAG Ffm NJW **66**, 692; unter Umständen ein Gehalts- oder Rentenanspruch eines Gesellschafters, Kblz JB **76**, 647; ein Anspruch eines Organmitglieds einer juristischen Person oder eines Vorstandsmitglieds einer Handelsgesellschaft, denn es handelt sich auch in diesen Fällen um eine wirtschaftlich abhängige Tätigkeit, der regelmäßig wiederkehrende Leistungen in Gestalt von Gehalts- und Versorgungsansprüchen gegenüberstehen.

Diese Frage ist **streitig. Wie hier** zB jetzt auch BGH NJW **81**, 2466, ferner Bbg JB **75**, 65, Ffm NJW **61**, 517, KG NJW **68**, 756; **aM** zB Kblz Rpfleger **80**, 68 mwN, Köln MDR **68**, 593, Schlesw SchlHA **80**, 151, vgl aber auch BGH BB **80**, 1271 (wegen eines Insolvenz-Sicherungsanspruchs).

Nicht nach III zählt der Anspruch eines Handelsvertreters, Ffm MDR **74**, 1028, Mü DB **85**, 645.

Wegen der Bewertung einer Klage betreffend das Bestehen oder Nichtbestehen eines Arbeitsverhältnisses einschließlich der Eingruppierungsstreitigkeit s § 12 VII ArbGG, Teil II A dieses Buchs.

B. Bewertung. Bei einer Klage der in III genannten Art ist der dreifache Jahresbetrag maßgebend, OVG Münster AnwBl **83**, 281, wenn nicht der Gesamtbetrag geringer ist; im letzteren Fall gilt der geringere Betrag. Wenn ein Arbeitsvertrag auf unbestimmte Zeit mit dem Kündigungsrecht eines Vertragspartners abgeschlossen wurde, dann muß man mindestens vom Zeitraum bis zum nächstmöglichen Vertragsende ausgehen, LAG Stgt AnwBl **88**, 181. Unter Umständen muß man einen längeren Zeitraum zugrunde legen, etwa im Fall eines Arbeitsvertrags zwischen Ehegatten, Köln Rpfleger **74**, 165 mwN. Es ist unerheblich, ob der Vertrag eine Kündigungsmöglichkeit aus wichtigem Grund vorsieht.

5) Einzelfragen zu I–III. A. Abänderungsklage. Die Abänderungsklage nach § 323 ZPO hat zum Streitwert den Unterschied zwischen dem bisherigen und den neu begehrten Jahresbetrag; vgl auch Anm 2 A.

B. Nachforderungsklage. Die Nachforderungsklage nach § 324 ZPO ist nach I und II zu bewerten.

C. Umwandlung. Wenn eine gesetzliche Rente in eine vertragliche umgewandelt wird, ändert das nichts an der Anwendbarkeit des § 17.

6) Rückstände, IV. Die Vorschrift entscheidet eine frühere Streitfrage. Unter einem Rückstand ist unabhängig vom prozessualen Rückstandsbegriff, Schlesw SchlHA **88**, 145, ein fälliger Betrag zu verstehen, insofern richtig Oldb FamRZ **79**, 64, aM Hamm FamRZ **82**, 626 (das OLG rechnet den im Einreichungsmonat zu zahlenden Unterhalt nicht als Rückstand mit). Ein solcher Rückstand ist für den Zeitraum bis zur Klageeinreichung (also nicht bis zur Klagezustellung oder Rechtshängigkeit, Schlesw SchlHA **88**, 145) dem nach I–III errechneten Streitwert hinzuzurechnen. Das bloße Prozeßkostenhilfegesuch ist keine Klage, Schlesw SchlHA **88**, 145; jedoch kann beides vorliegen, BLAH § 117 Anm 3.

Der Rückstand kann also den nach I–III errechneten Wert übersteigen.

Entscheidender Zeitpunkt ist der erste Eingangsstempel des Gerichts (also seiner Posteinlaufstelle, nicht etwa der zuständigen Geschäftsstelle). Falls er fehlt oder falsch ist, kommt es auf den sonst nachweisbaren Tag des Eingangs bei der Posteinlaufstelle oder den sonstigen ersten Eingang beim Gericht an. Der Monat des Eingangs rechnet nicht zu den Rückständen, Ffm FamRZ **87**, 968. Bei einer Stufenklage reicht zB der mit dem Auskunftsanspruch geltend gemachte, noch unbezifferte Zahlungsanspruch aus, KG AnwBl **84**, 612. Ein schon beigefügter Klageentwurf oder eine schon beigefügte Klagebegründung jeweils bei einem Antrag auf eine Prozeßkostenhilfe reichen als „Klageeinreichung"im Sinn von IV aus, Ffm FamRZ **87**, 968. Eine bloße Ankündigung einer Klage in einem Antrag auf die Bewilligung einer Prozeßkostenhilfe reicht nicht aus, Ffm FamRZ **87**, 968, Schlesw SchlHA **78**, 212, aM Düss MDR **86**, 507 mwN (aber es bleibt dann noch völlig offen, ob wann und mit welchen Betrag Klage eingereicht werden wird). Bei einer Stufenklage wird auch der zunächst noch nicht bezifferbare Zahlungsanspruch mit der Klageinreichung anhängig, BGH NJW **81**, 1731, Hbg MDR **83**, 1032 mwN. Durch eine Klagerhöhung entsteht kein Rückstand, Hbg MDR **83**, 1032 mwN, aM Karlsr FamRZ **86**, 195 mwN.

Nicht hinzuzurechnen ist derjenige Betrag, der zwischen dem Abschluß der ersten Instanz und dem Zeitpunkt der Einlegung der Berufung aufgelaufen ist, Anh I nach § 12: § 4 ZPO Anm 2 B.

IV ist in einer Entschädigungssache nach dem BEG nicht anwendbar, BGH RzW **58**, 371. OVG Münster AnwBl **83**, 281 schränkt IV erheblich ein und läßt Rückstände während eines erforderlichen Antrags- bzw Widerspruchsverfahrens unberücksichtigt. Das überzeugt gerade bei einem (ja meist) notwendigen derartigen Verfahren keineswegs.

Versorgungsausgleich

17a Im Verfahren über den Versorgungsausgleich sind maßgebend

1. in den Fällen des § 1587b des Bürgerlichen Gesetzbuchs der Jahresbetrag der Rente, die den zu übertragenden oder zu begründenden Rentenanwartschaften entspricht, mindestens jedoch 1000 Deutsche Mark,

2. im Falle des § 1587g Abs. 1 des Bürgerlichen Gesetzbuchs der Jahresbetrag der Geldrente, mindestens jedoch 1000 Deutsche Mark.

1) Allgemeines. Die Vorschrift stimmt inhaltlich voll mit § 99 III Z 1, 2 KostO, Teil III dieses Buchs, überein. Vgl wegen der Einzelheiten daher dort. Es ist wertmäßig unerheblich, ob das Verfahren nach der ZPO abläuft (dann gilt § 17a) oder ob es nach dem FGG abläuft (dann gilt § 99 KostO). Wegen des Ineinandergreifens der beiden Verfahrensarten BLAH § 621a ZPO Anm 1–4, Schwab FamRZ **76**, 661. Vgl § 1 Anm 5 B.

2) Geltungsbereich. Die Vorschrift erfaßt die beiden folgenden Fallgruppen:

A. Übertragung und Begründung einer Rentenanwartschaft, Z 1. Das ist der Fall des § 1587b BGB. Es ist unerheblich, ob das Verfahren über den Versorgungsausgleich bereits abgeschlossen ist oder nicht. Es ist ebenso unerheblich, ob das Verfahren viel oder wenig Arbeit gemacht hat, ob der Antragsteller den Scheidungsantrag zurückgenommen hat, ob die Eheleute sich ausgesöhnt haben, Schlesw SchlHA **83**, 61, und ob das Gericht den Scheidungsantrag abgewiesen hat, Hamm Rpfleger **81**, 207.

Etwas anderes gilt allenfalls dann, wenn man im Fall der Rücknahme eines Scheidungsantrags den Umfang der zu übertragenden Rentenanwartschaften nicht absehen kann. Dann mag zB ein Mindestwert von 1000 DM gerechtfertigt sein, Hamm Rpfleger **81**, 207. Der Minderwert ist auch dann 1000 DM, wenn die Parteien nur über zB monatlich 3,70 DM streiten, Karlsr AnwBl **83**, 524.

B. Anspruch auf eine Ausgleichsrente, Z 2. Das ist der Fall des § 1587g I BGB.

3) Gemeinsame Einzelfragen. Ein Verfahren liegt auch dann vor, wenn die Parteien den Versorgungsausgleich durch einen Ehevertrag ausgeschlossen und dies in einer auch objektiv dennoch notwendigen gerichtlichen Erörterung bestätigt haben, KG FamRZ **87**, 727. Die bloße

Vorklärung, ob Anlaß zur Einleitung des Versorgungsausgleichsverfahrens durch das Gericht besteht, leitet es aber noch stets nicht ein, KG FamRZ **87**, 727 mwN. In den Fällen Z 1 und 2 ist als Mindestwert jeweils 1000 DM anzusetzen, auch wenn kein Ausgleich stattfindet, Hamm FamRZ **86**, 1117. Im übrigen ist in beiden Fällen der Jahresbetrag der Rente maßgeblich, Stgt FamRZ **80**, 467. Das gilt auch dann, wenn die Beteiligten über den Grund und die Höhe der Übertragung nicht streiten, Düss FamRZ **79**, 170.

Kostenschuldner sind der Antragsteller, § 49 S 1, sowie die in § 54 Genannten.

Die Fälligkeit richtet sich nach § 61.

Es besteht keine Vorauszahlungspflicht, § 65 II.

Stufenklage

18 **Wird mit der Klage auf Rechnungslegung oder auf Vorlegung eines Vermögensverzeichnisses oder auf Abgabe einer eidesstattlichen Versicherung die Klage auf Herausgabe desjenigen verbunden, was der Beklagte aus dem zugrunde liegenden Rechtsverhältnis schuldet, so ist für die Wertberechnung nur einer der verbundenen Ansprüche, und zwar der höhere, maßgebend.**

1) Allgemeines. Vgl Üb Schneider Rpfleger **77**, 92. § 18 behandelt die Stufenklage, vor allem diejenige nach § 254 ZPO. Da das Geschuldete erst nach der Erledigung der vorbereitenden Ansprüche zu ermitteln ist, also nach der Rechnungslegung und evtl der Offenbarungsversicherung, da der Kläger aber nur an der Herausgabe ein wirkliches Interesse hat, Hamm AnwBl **81**, 69, läßt § 18 nur den höchsten der Ansprüche maßgebend sein, Kblz AnwBl **89**, 397.

Für die sachliche Zuständigkeit gilt § 18 nicht. Insofern muß man vielmehr die Ansprüche zusammenrechnen, ebenso beim Zusammentreffen einer Leistungsklage und einer Stufenklage, KG Rpfleger **73**, 226, LG Bayreuth JB **77**, 1734. S auch Anh I nach § 12: § 3 ZPO.

§ 18 ist im Verfahren vor den Arbeitsgerichten anwendbar, ebenso im Verfahren vor den Verwaltungsgerichten, § 13 Anm 2 B.

2) Wertberechnung. Vgl Anh I nach § 12 GKG „Stufenklage". Da nur der höchste Anspruch maßgebend ist, Celle AnwBl **87**, 286, Hamm AnwBl **81**, 69 und FamRZ **86**, 1111, muß man sämtliche verbundenen Ansprüche schätzen, § 3 ZPO, LG Bayreuth JB **75**, 792. Dabei ergeben sich folgende Einzelfragen:

A. Rechnungslegungsanspruch. Sein Wert richtet sich nach dem Interesse des Klägers daran, sich die Begründung des Zahlungsanspruchs zu erleichtern, Köln VersR **76**, 1154; vgl auch Anh I nach § 12: § 3 ZPO Anm 3. Dieses Interesse mag im Einzelfall so hoch sein wie der Herausgabeanspruch, wenn nämlich der Kläger ohne die Rechnung keinerlei Anhaltspunkte hat. Höher als der Wert des Herausgabeanspruchs kann auch der Wert des Rechnungslegungsanspruchs in keinem Fall sein. Durchweg ist der Wert des Rechnungslegungsanspruchs niedriger als derjenige des Herausgabeanspruchs. Man kann zB ¼ des mutmaßlichen Zahlungsanspruchs ansetzen, Köln VersR **76**, 1154.

Der Wert richtet sich im übrigen nach dem Zeitpunkt der Klagerhebung, Kblz AnwBl **89**, 397. Soweit eine Berufung nur die Offenbarungsversicherung des Bekl betrifft, kann zB ½ des Auskunftsanspruchs maßgebend sein, Köln Rpfleger **77**, 116.

B. Offenbarungsversicherung. Das Interesse des Klägers daran, daß der Bekl die eidesstattliche Versicherung zur Offenbarung ablege, bestimmt sich nach dem Mehrbetrag, den sich der Kläger aus dieser Versicherung verspricht.

C. Herausgabeanspruch. Sein Wert ist nach dem Wert des Herauszugebenden zu bemessen.

D. Weitere Einzelfragen. Es zeigt sich, daß für die Verfahrensgebühr praktisch in der Regel der Herausgabeanspruch allein maßgebend ist. Für spätere Gebühren kann der Herausgabeanspruch niedriger sein. Höher ist er auch dann praktisch nie. Denn wenn der Kläger auf Grund der gelegten Rechnung einen höher bezifferten Antrag auf die Herausgabe stellt, dann ist auch für das übrige Verfahren der Streitwert nach § 15 zu erhöhen. Etwas anderes gilt nur dann, wenn sich der Herausgabeanspruch nach einer Rechnungslegung infolge einer Teilleistung des Schuldners ermäßigt.

Wenn der Kläger nur auf die Erteilung einer Auskunft und die Leistung der eidesstattlichen Versicherung zur Offenbarung klagt, dann muß man für die Wertfestsetzung die Vorstellung des Klägers darüber maßgebend sein lassen, was der Kläger durch die Auskunft und durch die Offenbarungsversicherung erlangen kann. Unter Umständen kann ein dann nachgeschobener Zahlungsanspruch niedriger zu bewerten sein, Düss MDR **63**, 937. Dasselbe gilt dann, wenn das Gericht nur über den Auskunftsanspruch verhandelt hat und wenn sich dieser dann bereits als unbegründet herausgestellt hat, Düss NJW **61**, 2021, vgl Ffm FamRZ **87**, 85.

Klage und Widerklage, wechselseitige Rechtsmittel, Aufrechnung, Hilfsanspruch

19 **I Soweit Klage und Widerklage, die nicht in getrennten Prozessen verhandelt werden, denselben Streitgegenstand betreffen, sind die Gebühren nach dem einfachen Wert dieses Gegenstandes zu berechnen. Soweit beide Klagen nicht denselben Streitgegenstand betreffen, sind die Gegenstände zusammenzurechnen.**

II Das gleiche gilt für wechselseitig eingelegte Rechtsmittel, die nicht in getrennten Prozessen verhandelt werden.

III Macht der Beklagte hilfsweise die Aufrechnung mit einer bestrittenen Gegenforderung geltend, so erhöht sich der Streitwert um den Wert der Gegenforderung, soweit eine der Rechtskraft fähige Entscheidung über sie ergeht. Bei einer Erledigung des Rechtsstreits durch Vergleich gilt Satz 1 entsprechend.

IV Der höhere Wert eines hilfsweise geltend gemachten Anspruchs ist maßgebend, wenn über ihn entschieden wird; sonst bleibt dieser Anspruch außer Betracht.

Schrifttum: Madert, Der Streitwert bei der Eventualaufrechnung usw, Festschrift für Schmidt (1981) 67.

1) **Allgemeines.** § 19 gilt nicht für die sachliche Zuständigkeit; für sie darf man den Wert nicht zusammenrechnen, § 5 ZPO. Die Vorschrift ist vor den Finanz- und Verwaltungsgerichten anwendbar, § 13 Anm 2 B.

2) **Widerklage, I. A. Begriff.** I setzt voraus, daß eine echte Widerklage vorliegt. Eine rechtsvernichtende Einrede verursacht demgegenüber keine Sonderkosten. Die Widerklage muß wenigstens durch die Einreichung der Erhebungsschrift beim Gericht geltend gemacht worden sein. Eine förmliche Zustellung an den Widerbeklagten nach den §§ 253, 261, II, 270 ZPO ist also nicht erforderlich. Es ist unerheblich, ob die Widerklage zulässig ist. Wegen der unzulässigen Haupt- oder Hilfswiderklage allein gegen einen Dritten Anh I nach § 12 Anm 3 „Widerklage".

Eine Hilfswiderklage (Eventualwiderklage), BGH **21**, 13, BLAH Anh § 253 ZPO Anm 2B, verursacht ebenfalls Gebühren, zumal der mit ihr geltend gemachte Anspruch mit ihrer Erhebung (zunächst) rechtshängig wird, BGH **LM** § 5 ZPO Nr 11, Stgt Rpfleger **80**, 488, vgl Hamm JB **78**, 64 (die Fälligkeit richtet sich nach § 61, Mü Rpfleger **73**, 327). Das gilt auch dann, wenn man die Hilfswiderklage für unzulässig hält, falls und soweit sich das Verfahren auf sie erstreckt, Ffm Rpfleger **67**, 233, aM KG NJW **66**, 1759. Es entsteht insofern also zumindest die Verfahrensgebühr.

Ein Zwischenantrag nach den §§ 302 IV, 600 II, 717 ZPO steht der Widerklage sachlich und folglich auch kostenrechtlich gleich.

Soweit eine Widerklage bei gleichbleibendem Streitgegenstand auch gegen eine bisher am Rechtsstreit nicht beteiligte dritte Person vorliegt, BGH **40**, 185, entstehen keine Gebühren, Mü Rpfleger **68**, 232.

B. Nicht getrennte Prozesse. I ist nur anwendbar, soweit das Gericht über die Klage und die Widerklage nicht in getrennten Prozessen verhandeln läßt. Es darf also insbesondere keine gerichtliche Anordnung der Verhandlung in getrennten Prozessen nach § 145 I, II ZPO ergangen sein. Vom Zeitpunkt der Trennung ab erfolgt eine gesonderte Kostenberechnung.

Der Fall der Anordnung des Gerichts, daß die Verhandlung zunächst auf eines oder auf einige von mehreren Angriffs- oder Verteidigungsmitteln zu beschränken sei, § 146 ZPO, gehört nicht hierher. Im Fall einer Prozeßverbindung nach § 147 ZPO wandelt das Gericht unter Umständen eine Klage in eine Widerklage um, nämlich dann, wenn die Parteien in den vorher getrennten Prozessen gegenseitige Ansprüche betrieben hatten. Die Verbindung kann aber nur für die Zukunft wirken, berührt also die bereits entstandenen Gebühren nicht, vgl aber auch KG Rpfleger **73**, 441.

C. Nämlichkeit des Streitgegenstands. a) Grundsatz. Soweit das Gericht über die Klage und die Widerklage in nicht getrennten Prozessen verhandeln läßt, kommt es für die Höhe der Gebühren darauf an, ob die Klage und die Widerklage denselben Streitgegenstand betrifft. Nur in diesem Fall sind die Gebühren nach dem einfachen Wert dieses Gegenstands zu berechnen, I 1. Soweit die Klage und die Widerklage demgegenüber verschiedene Streitgegenstände betreffen, muß man für die Kosten die Gegenstände zusammenrechnen, I 2.

b) Voraussetzungen im einzelnen. Eine Nämlichkeit des Streitgegenstands der Klage und Widerklage liegt nur dann vor, wenn die folgenden Voraussetzungen zusammentreffen:

aa) Keine Bestandsfähigkeit beider Ansprüche nebeneinander. Der Anspruch, den der Kläger geltend macht, und der Anspruch des Widerklägers dürfen nicht nebeneinander bestehen können. Anders ausgedrückt: Das Gericht darf nicht beiden Anträgen gleichzeitig stattgeben können. Die Anträge der Klage und der Widerklage müssen sich also gegenseitig ausschließen, BGH **43**, 33, Hamm JB **78**, 64, KG Rpfleger **81**, 31 mwN, Nürnb AnwBl **83**, 89, vgl auch Zweibr FamRZ **88**, 421, ferner LG Bayreuth JB **77**, 1116.

bb) Dasselbe Interesse. Die Klage und die Widerklage müssen dasselbe Interesse betreffen, Karlsr NJW **76**, 247 (abl Nieder NJW **76**, 901) und MDR **88**, 1067.

Es entscheidet also weder eine Verschiedenheit der Anträge, insofern unklar Hamm FamRZ **81**, 809, noch eine Verschiedenheit der Klagegründe.

c) Beispiele der Nämlichkeit des Streitgegenstands. Eine Nämlichkeit liegt in folgenden Fällen vor: Der Widerkläger verlangt die Rückgabe eines beigetriebenen Betrags nach § 717 ZPO, BGH **38**, 237, Nürnb Rpfleger **56**, 269; der Kläger verlangt eine Zahlung, der Widerkläger verlangt die Herausgabe des Schuldscheins oder der Bürgschaftsurkunde für die Klageforderung, Stgt MDR **80**, 678; der Kläger fordert die Leistung aus einem Vertrag, der Widerkläger begehrt die Feststellung des Nichtbestehens des Vertrags, Brschw MDR **75**, 848; der Kläger verlangt die Herausgabe eines Kraftfahrzeugs, der Widerkläger die Herausgabe des zugehörigen Kraftfahrzeugbriefs, Ffm MDR **61**, 332.

d) Beispiele des Fehlens der Nämlichkeit. Die Streitgegenstände der Klage und der Widerklage sind in folgenden Fällen nicht identisch: Der Kläger macht einen Teilanspruch geltend, der Widerkläger begehrt die Feststellung, daß kein höherer als der eingeklagte Teilanspruch bestehe; der Kläger verlangt die Lieferung der Kaufsache, der Widerkläger macht Ansprüche auf einen Schadensersatz geltend; der Kläger fordert die Auflassung, der Widerkläger den Restkaufpreis, Karlsr MDR **88**, 1067; der Kläger und der Widerkläger machen verschiedene Teilansprüche aus demselben Rechtsverhältnis geltend, Celle NdsRpfl **64**, 107, Karlsr NJW **76**, 247, Nürnb AnwBl **83**, 89, Schlesw AnwBl **84**, 205; die Klage hat eine Auflösung der Gesellschaft zum Ziel, die Widerklage den Ausschluß eines Gesellschafters. Denn selbst wenn im Fall des Erfolgs dieses Widerklägers ein Rechtsschutzbedürfnis für diesen Kläger nicht mehr gegeben wäre, schließen sich doch die Anträge der Klage und der Widerklage nicht gegenseitig aus, Düss NJW **66**, 1589.

D. Wertberechnung. a) Nämlichkeit des Streitgegenstands, I 1. In diesem Fall berechnet man die Gebühren nach dem höheren der beiden Werte der Klage und der Widerklage.

b) Verschiedene Streitgegenstände, I 2. In diesem Fall muß man die Werte der Streitgegenstände der Klage und der Widerklage zusammenrechnen.

c) Hilfswiderklage. Bei einer Hilfswiderklage erfolgt eine Zusammenrechnung nur dann, falls der Eventualfall eintritt, für den sie erhoben wurde, BGH **LM** § 5 ZPO Nr 11, Köln JB **75**, 506 mwN (die Entscheidung betrifft eine Einbeziehung in einen Vergleich), LG Freibg Rpfleger **82**, 357, aM zB Celle Rpfleger **64**, 230. Sonst würde die Rechtshängigkeit rückwirkend wegfallen, BGH **21**, 16 und **LM** § 5 ZPO Nr 12.

d) Weitere Einzelfragen. Durch die Widerklage kann unter Umständen eine Erhöhung der Verfahrensgebühr eintreten. In einem solchen Fall muß der Widerkläger nur den Unterschiedsbetrag gegenüber der vom Kläger vorweggeleisteten Gebühr zahlen, haftet aber für die gesamte Gebühr gesamtschuldnerisch. Der Widerkläger ist zu einer Vorwegleistung nicht verpflichtet. Die Urteilsgebühren können nur für die Klage oder Widerklage entstehen und treffen dann die andere Partei nicht.

3) Wechselseitige Rechtsmittel, II. Sie liegen vor, wenn beide Parteien gegen dasselbe Urteil oder gegen mehrere Urteile der Vorinstanz selbständig oder im Wege der Anschließung ein Rechtsmittel einlegen, auch eine Beschwerde. Die Rücknahme einer selbständigen Berufung vor der Einlegung einer Anschlußberufung ist unschädlich, KG Rpfleger **71**, 34.

Auch bei wechselseitigen Rechtsmitteln gilt der Grundsatz des I: Es kommt darauf an, ob die Rechtsmittel verschiedene Streitgegenstände betreffen. In diesem Fall muß man die Werte zusammenrechnen; andernfalls entscheidet der höhere Wert. Eine Verschiedenheit der Streitgegenstände liegt jedenfalls immer dann vor, wenn die Berufung und die Anschließung sich auf verschiedene Teile derselben Forderung beziehen. Eine Zusammenrechnung ist auch dann erforderlich, wenn eine unselbständige Anschlußrevision durch die Nichtannahme der Revision ihre Wirkung verliert, BGH (GSZ) **72**, 340, Schneider MDR **77**, 917.

Eine Berechnung nur nach dem höheren Wert ist auch im Fall wechselseitiger Rechtsmittel dann erforderlich, wenn sich die Ansprüche gegenseitig ausschließen, Schneider MDR **73**, 980. Auch dann ist die Behandlung des Rechtsmittels in demselben Verfahren eine weitere Voraussetzung der Ermäßigung. Eine Anschließung stellt allerdings grundsätzlich kein neues Verfahren dar, es sei denn, das Gericht hätte das Anschlußrechtsmittel vorweg als unzulässig verworfen, BAG NJW **60**, 1173, Hamm JB **77**, 1716.

Durch Rechtsmittel gegen verschiedene Urteile, etwa mehrere Teilurteile, entstehen verschiedene Prozesse, die sich nur durch eine Prozeßverbindung vereinigen lassen. II führt aber in Verbindung mit I 1 zur Ermäßigung, wenn das Gericht einen Gesamtschuldner verurteilt hat, die Klage gegen den anderen Gesamtschuldner aber abgewiesen hat und wenn der verurteilte Gesamtschuldner und der Kläger, letzterer im Umfang der Klagabweisung, Rechtsmittel einlegen, BGH **7**, 152.

Streitwert ist der Wert des Klaganspruchs, Mü Rpfleger **56**, 29. Wenn das Gericht den Klaganspruch teils zugesprochen, teils abgewiesen hat, dann muß man wegen der Verschiedenheit stets zusammenrechnen.

Wenn ein Rechtsmittel eine Nebenforderung betrifft, wird diese niemals neben der gleichfalls in die Rechtsmittelinstanz gelangten Hauptforderung berücksichtigt, §§ 12 I, 22 I, § 4 ZPO.

Wenn eine Partei wegen der Klage und der Widerklage Rechtsmittel einlegt (es handelt sich dann um ein einseitiges Rechtsmittel), dann muß man die Gebühren in der zweiten Instanz ebenso wie in der ersten berechnen, also prüfen, ob eine Nämlichkeit des Streitgegenstands vorliegt oder ob die Streitgegenstände verschieden sind.

4) Hilfsaufrechnung, III. A. Erste Instanz. Zur Entstehungsgeschichte zB Schneider NJW **75**, 2106 mwN, zur Systematik Madert, Der Streitwert bei der Eventualaufrechnung usw, Festschrift für Schmidt (1981) 67, Schneider MDR **84**, 196. III hat eine endgültige Abkehr von der früheren einhelligen Rechtsprechung vorgenommen, wonach keine Streitwertaddition zulässig war. Deshalb sind die zum früheren Recht ergangenen Entscheidungen überholt, zB BGH (GSZ) **59**, 17 und **LM** § 5 ZPO Nr 12. Vielmehr knüpft III an BGH **48**, 212 und die diesem folgende Rechtsprechung und Lehre an, vgl zB Bettermann NJW **72**, 2287, Schmidt Rpfleger **72**, 164, Schneider MDR **74**, 182.

IV ist auf die Hilfsaufrechnung, die III behandelt, unanwendbar. Das ist **streitig. Wie hier** zB Zweibr RPfleger **85**, 328 mwN; **aM** zB Ffm JB **80**, 1544, Köln **KR** Nr 23. Wegen der Hilfswiderklage Anm 5 B.

Eine Erhöhung des Streitwerts um den Wert der Aufrechnungsforderung erfolgt nur, wenn die folgenden Voraussetzungen zusammentreffen, Schlesw SchlHA **81**, 189:

a) Wirkliche Aufrechnung. Es muß sich um eine echte Aufrechnung handeln, also um einen Anspruch mit einem von der Klageforderung unabhängigen Wert, Kblz JZ **85**, 1012, und nicht etwa nur um eine Einrede oder eine sonstige Einwendung des Bekl wie ein Zurückbehaltungsrecht, die Einrede des nichterfüllten Vertrags, eine Wandelung, eine Minderung, Düss AnwBl **84**, 614, ein geltend gemachtes Pfandrecht, soweit der Bekl ihretwegen keine Widerklage erhoben hat. Düss AnwBl **84**, 614 stellt der Aufrechnung im Ergebnis ein Vorgehen nach § 633 III BGB gleich, aM Mü MDR **87**, 670. BGH NJW **78**, 814 verneint für einen Anspruch aus § 635 BGB den Aufrechnungscharakter, aM Ffm BauR **86**, 611.

b) Bloße Hilfsaufrechnung. Der Bekl darf die zur Aufrechnung gestellte Forderung lediglich hilfsweise geltend gemacht haben. Man muß seine Erklärungen wie sonst auslegen. Eine Hauptaufrechnung macht III vom Zeitpunkt ihrer Erklärung an unanwendbar, Mü DB **87**, 1481, so wohl auch LAG Hamm BB **82**, 1860, abw Ffm RR **86**, 1064 mwN. Etwas anderes gilt, wenn zur Haupt- eine Hilfsaufrechnung mit einer anderen Forderung tritt, Schlesw SchlHA **87**, 131 mwN.

c) Streitigkeit der Hilfsaufrechnung. Die zur Hilfsaufrechnung gestellte Forderung muß entweder von vornherein streitig gewesen sein (in diesem Fall ist § 15 I zu beachten) oder doch im Laufe des Rechtsstreits streitig geworden sein.

Es kommt aber nicht darauf an, ob der Kläger die Hilfsaufrechnung für unzulässig oder für unbegründet hält, insofern aM Lappe 11 (aber III berücksichtigt die Mehrarbeit des Gerichts infolge der Hilfsaufrechnung, Saarbr AnwBl **80**, 155, Zweibr Rpfleger **85**, 328, und eine solche Mehrarbeit kann auch schon durch die von Amts wegen erforderliche, vorrangige Prüfung der Zulässigkeit der Hilfsaufrechnung entstehen).

d) Rechtskraftfähige Entscheidung. Über die streitige Hilfsaufrechnung muß eine der inneren und nicht nur formellen Rechtskraft fähige Entscheidung ergangen sein, Ffm Rpfleger **85**, 510. Es darf zB nicht in Wahrheit nur um das Entstehen der Klageforderung gehen, vgl BGH Rpfleger **85**, 510, ferner KG VersR **81**, 860, Köln MDR **79**, 413. Es reicht auch grundsätzlich nicht aus, daß das Gericht die Hilfsaufrechnung als unzulässig bezeichnet, Ffm MDR **84**, 239, Oldb MDR **84**, 239. Eine Zurückweisung der Hilfsaufrechnung als verspätet ist aber ausreichend, Ffm MDR **84**, 239. Nach § 322 II ZPO ist eine Entscheidung dahin, daß die Gegenforderung nicht bestehe, bis zur Höhe desjenigen Betrags der Rechtskraft fähig, für den die Aufrechnung geltend gemacht wird, BLAH § 322 ZPO Anm 3, vgl Bbg JB **77**, 380, Celle AnwBl **84**, 311, so wohl auch Nürnb VersR **83**, 864, ferner LG Bayreuth JB **78**, 893. Maßgeblich ist das Urteil, nicht die Aufrechnungserklärung, Schlesw SchlHA **83**, 198. Es kommt für den erstinstanzlichen Wert nur auf die Entscheidung dieser ersten Instanz an, BGH Rpfleger **87**, 38.

B. Rechtsmittelinstanz. In der Rechtsmittelinstanz kommt es darauf an, ob das Vordergericht über die Hilfsaufrechnung entschieden hatte, BGH Rpfleger **78**, 440, Saarbr AnwBl **80**, 155, aM Schlesw SchlHA **83**, 61 mwN.

C. Vergleich. Im Fall der Erledigung des Rechtsstreits durch einen Vergleich gilt III 1 entsprechend, Mü AnwBl **88**, 247 mwN (krit Madert); vgl auch Anh I § 12 Anm 3 „Vergleich".

5) Hilfsanspruch, IV. A. Grundsatz. Zur Entstehungsgeschichte zB Ffm MDR **79**, 411, Schneider NJW **75**, 2106 mwN. Der höhere Wert des Hilfsanspruchs ist nur insoweit beachtlich, als das Gericht über den Hilfsanspruch entscheidet. Eine solche Entscheidung fehlt, wenn der Kläger den Hilfsanspruch nur im Rahmen einer Klagänderung erhoben hat und wenn das Gericht die Klagänderung nicht zuläßt, Nürnb MDR **80**, 238. In den sonstigen Fällen ist ein höherer Wert des Hilfsanspruchs unerheblich, ein gleich hoher oder niedrigerer ohnehin, Düss Rpfleger **82**, 161.

Es findet also schon nach dem Wortlaut des IV im Gegensatz zu demjenigen des III keinerlei Addition statt, BGH RR **88**, 396 mwN, Hamm MDR **86**, 860, KG MDR **87**, 946 mwN, Wenzel BB **84**, 1495.

Ffm (8. ZS) RR **86**, 1063 hält die Regelung des III–IV für unlogisch, weil die Wertaddition nur im Fall der Hilfsaufrechnung eingeführt worden sei, nicht aber im Fall des Vorliegens eines Hilfsanspruchs, und fordert daher dann, wenn der Wert des beschiedenen Hauptanspruchs und derjenige des ebenfalls beschiedenen Hilfsanspruchs unterschiedlich hoch sind, eine „Interpretationskorrektur", in Wahrheit also ebenfalls eine Zusammenrechnung der Werte, um gleiche Gebührentatbestände auch gleich zu behandeln. BGH RR **88**, 396 mwN, Hamm MDR **86**, 860, KG MDR **85**, 419, Lappe 19 widersprechen dieser Ansicht mit Recht.

B. Einzelfragen. Ffm JB **77**, 706 und MDR **80**, 65, Mü MDR **79**, 412 wenden III 2 im Fall eines Vergleichs über einen Hauptanspruch und einen Hilfsanspruch entsprechend an; abw Ffm MDR **80**, 587 (abl Schneider), Hamm VersR **84**, 1086 (IV sei entsprechend anwendbar), Köln MDR **79**, 412 und RR **87**, 506. Auf die Hilfswiderklage ist III, IV entsprechend anwendbar, Schneider MDR **88**, 464 mwN. IV ist auf den sog unechten Hilfsantrag vor dem Arbeitsgericht unanwendbar, LAG Hamm BB **88**, 1754.

Scheidungssachen und Folgesachen

19a **Die Scheidungssache und die Folgesachen (§ 623 Abs. 1, 4, § 621 Abs. 1 der Zivilprozeßordnung) gelten als ein Verfahren, dessen Gebühren nach dem zusammengerechneten Wert der Gegenstände zu berechnen sind. Eine Scheidungsfolgesache nach § 623 Abs. 1, 4, § 621 Abs. 1 Nr. 1, 2 oder 3 der Zivilprozeßordnung ist auch dann als ein Gegenstand zu bewerten, wenn sie mehrere Kinder betrifft. § 12 Abs. 3 ist nicht anzuwenden.**

1) Allgemeines. Scheidungssachen werden stets nach den §§ 622ff ZPO geregelt, dazu zB Bbg JB **78**, 1229, Kblz JB **78**, 1694, Köln JB **78**, 1698. Damit ist das GKG anwendbar. Folgesachen werden entweder ebenso geregelt (diesen Fall erfaßt das GKG mit) oder im Verfahren nach dem FGG geregelt; dann gilt § 99 KostO. Wegen der Verzahnung der Verfahren nach der ZPO und nach dem FGG BLAH § 621a ZPO Anm 1–4, Schwab FamRZ **76**, 661. Wegen des Versorgungsausgleichs s § 17a.

Eine Folgesache wird aber auch dann nicht stets mit anhängig, wenn das Gericht sie von Amts wegen behandeln muß, Nürnb MDR **80**, 675.

Die Gebühren errechnen sich nach KV 1110–1139.

2) Streitwert. A. Grundsatz. a) Scheidung. Der Wert des Scheidungsverfahrens errechnet sich nach § 12 II 1, 2.

b) Folgesachen. Hier gilt die folgende Regelung:

aa) Sorgerecht, Umgangsrecht, Kindesherausgabe, § 621 I Z 1–3 ZPO. Der Wert beträgt 1500 DM, § 12 II 3. Auch bei mehreren Kindern liegt nur ein Gegenstand vor, S 2.

bb) Unterhaltspflicht gegenüber dem ehelichen Kind oder gegenüber dem Ehegatten, § 621 I Z 4, 5 ZPO. Der Wert richtet sich nach § 17.

cc) Versorgungsausgleich, § 621 I Z 6 ZPO. Der Wert richtet sich nach § 17a.

dd) Ehewohnung, Hausrat, § 621 I Z 7 ZPO. Der Wert richtet sich nach den §§ 3 ZPO in Verbindung mit § 12 I, also nicht nach § 20 II (diese Vorschrift regelt nur den Fall der einstweiligen Anordnung).

ee) Eheliches Güterrecht, Stundung der Ausgleichsforderung, Übertragung von Vermögensgegenständen, § 621 I Z 8, 9, ZPO. Der Wert richtet sich nach den §§ 3 ZPO in Verbindung mit 12 I, also nicht nach § 20 II (diese Vorschrift regelt nur den Fall einer einstweiligen Anordnung).

B. Einzelfragen. Alle Fälle A gelten als ein zusammen mit dem Scheidungsverfahren einheitliches Verfahren. Man muß die Werte zusammenrechnen, S 1. Trotz des Zusammentreffens vermögensrechtlicher und nichtvermögensrechtlicher Ansprüche ist § 12 III unanwendbar, S 3. Es gilt also nicht etwa nur der höhere Anspruch. Vielmehr findet eben eine Zusammenrechnung aller Ansprüche statt, Celle JB **78**, 103, Göppinger AnwBl **77**, 439.

Hamm AnwBl **78**, 423, AG Bayreuth JB **78**, 724 (abl Mümmler) setzen allerdings nach der Beendigung eines Scheidungsverfahrens den Wert einer abgetrennten selbständigen Folgesache gesondert fest.

Arreste, einstweilige Verfügungen, einstweilige Anordnungen

20 **I Im Verfahren über einen Antrag auf Anordnung, Abänderung oder Aufhebung eines Arrestes oder einer einstweiligen Verfügung bestimmt sich der Wert nach § 3 der Zivilprozeßordnung.**

II Ist in einem Verfahren nach § 620 Satz 1 Nr. 4, 6 oder in einem Verfahren nach § 641d der Zivilprozeßordnung die Unterhaltspflicht zu regeln, so wird der Wert nach dem sechsmonatigen Bezug berechnet. Im Verfahren nach § 620 Satz 1 Nr. 7 der Zivilprozeßordnung bestimmt sich der Wert, soweit die Benutzung der Ehewohnung zu regeln ist, nach dem dreimonatigen Mietwert, soweit die Benutzung des Hausrats zu regeln ist, nach § 3 der Zivilprozeßordnung.

III Im Verfahren über einen Antrag auf Erlaß, Abänderung oder Aufhebung einer einstweiligen Anordnung nach § 123 der Verwaltungsgerichtsordnung oder § 114 der Finanzgerichtsordnung und in Verfahren nach § 80 Abs. 5 bis 7 der Verwaltungsgerichtsordnung oder § 69 Abs. 3, 4 der Finanzgerichtsordnung bestimmt sich der Wert nach § 13 Abs. 1.

1) Arrest, einstweilige Verfügung, I. A. Grundsatz. Man muß den Wert nach dem Interesse des Antragstellers an der Sicherstellung schätzen, § 3 ZPO, Schlesw SchlHA **78**, 22. Da es sich aber um eine nur vorläufige Maßnahme handelt, erreicht der Wert in der Regel nicht denjenigen der Hauptsache, sondern bleibt im allgemeinen erheblich unter jenem, etwa bei $1/3$–$1/2$ des Werts der Hauptsache, Ffm AnwBl **84**, 94, Hamm AnwBl **84**, 96, KG NJW **65**, 1029, Schlesw JB **71**, 538, LG Frankenth AnwBl **83**, 557, Schneider ZMR **76**, 194. Ein noch geringerer Bruchteil wäre meist nicht gerechtfertigt, abw Köln GRUR **88**, 726 ($1/7$–$1/8$; abl Ahrens). Beim Notbedarfsanspruch ist meist ein 6-Monats-Betrag angemessen, KG MDR **88**, 154 mwN.

Der Wert des vorläufigen Verfahrens kann sich allerdings auch dem Wert der Hauptsache nähern, Bbg JB **75**, 793, etwa dann, wenn das Gericht im vorläufigen Verfahren praktisch schon endgültig über die Sache entscheiden muß, Ffm AnwBl **83**, 89, Köln JB **77**, 1118, Schlesw SchlHA **78**, 22, LG Bayreuth JB **77**, 1269, LAG Hamm AnwBl **81**, 107, zB dann, wenn es um die Unterlassung eines Ausverkaufs oder einer Ausverkaufswerbung geht oder wenn nur ein Arrest die Vollstreckungsmöglichkeit schafft und genügend Pfändbares in die Hände des Gläubigers bringt, Bre NJW **58**, 2023, Köln MDR **62**, 60, vgl LG Darmst JB **76**, 1090, und überhaupt bei der sog Leistungsverfügung. BLAH Grdz 2 C vor § 916 ZPO.

Man darf den Wert der Hauptsache in keinem Fall überschreiten.

B. Einzelfragen. Wenn der Gläubiger die einstweilige Verfügung nur in bestimmte Gegenstände vollziehen kann, zB in das Bankdepot eines Ausländers im Inland, ist der Wert nicht höher als derjenige dieses Gegenstands. Bei einer drohenden Zwangsversteigerung oder beim drohenden Verkauf eines Grundstücks, die den völligen Rechtsverlust zur Folge hätten, kann man die Eintragung einer Vormerkung zur Sicherung für eine Hypothekenbestellung annähernd dem Hypothekenbetrag gleichsetzen, Bbg JB **78**, 1552, Nürnb Rpfleger **63**, 179, dazu Schneider MDR **72**, 371 mwN. Im Fall der einstweiligen Verfügung mit dem Ziel der Eintragung einer Vormerkung wegen einer Bauhandwerkerhypothek muß man als Wert etwa ⅓–¼ der zugrundeliegenden Handwerkerforderung ansetzen, Düss JB **75**, 649 mwN, Ffm JB **77**, 719, abw Bre AnwBl **76**, 441, LG Saarbr AnwBl **81**, 70 (diese Gerichte setzen als Wert 9/10 der Hauptforderung an). Das Kostenpauschquantum ist zu berücksichtigen, Köln MDR **62**, 60.

Im Fall der Einräumung eines Nießbrauchs oder der Eintragung eines Wohnungsrechts muß man die voraussichtliche Lebensdauer des Berechtigten schätzen und dann etwa ¼ des sich so ergebenden Werts ansetzen, Neustadt Rpfleger **63**, 35.

Die Bewertungsregeln gelten sowohl im Anordnungsverfahren als auch im Widerspruchsverfahren und im Aufhebungsverfahren eines Arrests oder einer einstweiligen Verfügung, Köln VersR **73**, 1032, ebenso beim Vollzug, LG Darmst JB **76**, 1091. Man darf also nicht das Interesse des Gegners berücksichtigen, zumal man sein Bestreiten ja auch sonst nicht wertet. Vielmehr ist das Interesse des Antragstellers maßgeblich, auch unter Umständen im Fall der Einstellung der Zwangsvollstreckung eines den Arrestbeschluß aufhebenden Urteils, Köln VersR **73**, 1032. Das gilt auch im Fall einer Klage gegen einen Arrestgläubiger auf eine Löschungsbewilligung, Köln MDR **77**, 495.

I ist im Verfahren vor den Arbeitsgerichten anwendbar, etwa wegen eines Anspruchs nach § 102 V 2 BetrVG, ArbG Bln **73**, 192. Im Verfahren vor den Finanzgerichten für einen Arrest nach §§ 324 ff AO wird der Wert der Hauptsache meist um ½ zu unterschreiten sein. Im Fall eines Arrests in einen bestimmten Gegenstand begrenzt deren Wert den Streitwert des vorläufigen Verfahrens, BFH BStBl **66** II 653 (der Wert ist die Hälfte der Hinterlegungssumme), Tipke/Kruse Tz 93 und 103.

2) Ehe-, Vaterschafts-, Ehewohnungs-, Hausratssache, II. In diesen Sonderfällen gelten folgende Regelungen:

A. Ehesache, II 1. a) Voraussetzungen. Es müssen folgende Voraussetzungen zusammentreffen:

aa) Ehesache. Es muß eine Ehesache im Sinn des § 606 ZPO vorliegen.

bb) Antrag wegen Unterhaltspflicht, § 620 Z 4, 6 ZPO. Es muß ein Antrag auf eine einstweilige Anordnung der Unterhaltspflicht gegenüber einem Kinde im Verhältnis der Ehegatten zueinander oder über den Unterhalt eines Ehegatten vorliegen.

§ 620a II ZPO macht einen solchen Antrag zulässig, sobald die Ehesache anhängig oder ein Antrag auf die Bewilligung der Prozeßkostenhilfe eingereicht ist. Der Antrag kann zum Protokoll des Urkundsbeamten der Geschäftsstelle erklärt werden. Der Antragsteller soll die Voraussetzungen für die Anordnung glaubhaft machen.

Das Getrenntleben der Ehegatten oder die Sorge für die Person der Kinder gehört nicht hierher. Für einen solchen Streit bemißt sich der Wert nach § 12 auch im Verfahren auf den Erlaß einer einstweiligen Anordnung.

Soweit es um eine verneinende Feststellungsklage gegen eine einstweilige Anordnung geht, richtet sich der Kostenstreitwert nach § 17, nicht nach § 20 II, Schlesw FamRZ **88**, 536 mwN.

b) Streitwert. In den Fällen a beträgt der Streitwert zwar bei Anhängigkeit des Hauptprozesses evtl einen nach § 17 I zu berechnenden Betrag, jedoch jedenfalls sonst grundsätzlich den sechsmonatigen Bezug, vgl auch Hbg MDR **79**, 854, Luthin FamRZ **87**, 780. Wenn die Parteien den künftigen Unterhalt im Weg eines Vergleichs regeln, ist zunächst § 19a anwendbar, sonst § 17 I, KG AnwBl **67**, 202. Ein gemäß § 620 I Z 4 ZPO unzulässiger Anspruch auf einen Unterhalt für die Vergangenheit erhöht gleichwohl den Streitwert, Düss AnwBl **82**, 435.

c) Gebührenhöhe. Es gilt KV 1161.

B. Vaterschaftsstreit, II 1. a) Voraussetzungen. Es müssen folgende Voraussetzungen zusammentreffen:

aa) Anhängigkeit eines solchen Rechtsstreits, § 641d ZPO. Der Kläger muß mindestens eine derartige Klage beim Gericht eingereicht haben.

bb) Antrag. Es muß ein Antrag auf eine einstweilige Regelung der Unterhaltspflicht oder auf eine einstweilige Regelung ihrer Sicherstellung (Sicherheitsleistung) vorliegen.

Die Regelung bezieht sich nicht auf den Fall einer einstweiligen Verfügung nach § 1615o BGB; ein solcher Streit ist nach I zu bewerten.

b) Streitwert. Der Wert wird nach dem sechsmonatigen Bezug berechnet. Man muß das in § 17 Anm 2 B für den Regelunterhalt Ausgeführte berücksichtigen. Wenn der Kläger nur eine Sicherheitsleistung fordert, muß man einen Abschlag von dem vorgenannten Wert vornehmen.

c) Gebührenhöhe. Es gilt KV 1163.

C. Ehewohnung, Hausrat, II 2. a) Geltungsbereich. Im Fall einer endgültigen Regelung gilt § 21 II der 6. DVO EheG, vgl § 98 KostO (Teil III dieses Buchs) Anh III Anm 2. II 2 nennt nur den Fall einer einstweiligen Anordnung nach § 620 Z 7 ZPO, Schlesw SchlHA **80**, 79.

b) Streitwert. Im Fall eines Streits um die Benutzung der Ehewohnung ist der dreimonatige Mietwert anzusetzen, also ¼ des Werts eines endgültigen Verfahrens um diese Fragen. Daher ist es naheliegend, auch beim Verfahren auf den Erlaß einer einstweiligen Anordnung wegen des Hausrats trotz der Verweisung in II 2 letzter Hs auf das freie Ermessen des § 3 ZPO als Anhalts- oder Ausgangspunkt ebenfalls etwa ¼ des im endsprechenden endgültigen Verfahrens nach § 21 II der 6. DVO EheG anzusetzenden Werts zu wählen, also ¼ des Hausratswerts.

c) Gebührenhöhe. Es gilt KV 1161.

3) Einstweilige Anordnung usw, III. A. Grundsatz. Vgl zunächst Finkelnburg/Jank Rdz 400–402, 834–836, Renck NJW **73**, 840, Tipke/Kruse Tz 93 und 103. Die Verweisung auf § 13 I bedeutet, daß auch in den in III genannten Fällen die Bedeutung der Sache maßgeblich ist, OVG Bre AnwBl **87**, 337, also das Interesse des Antragstellers an dem Erlaß einer einstweiligen Anordnung oder am Aufschub der Vollziehung, VGH Mü **KR** Nr 5, VG Hbg GewArch **83**, 261. Bei mehreren Antragstellern, die jeweils eigene Rechte verfolgen, muß man die Werte entsprechend § 5 ZPO zusammenrechnen, VGH Mannh NJW **77**, 1790.

Man darf den Wert der Hauptsache nur dann ansetzen, wenn die Bedeutung des vorläufigen Verfahrens dem Hauptverfahren gleichkommt, etwa weil die Eilanordnung bereits vollendete Tatsachen schafft. Das gilt zB: Bei einer einstweiligen Anordnung auf die Einräumung einer Sendezeit; bei einer Aussetzung der Vollziehung eines Versammlungsverbots; in einer Asyl-Sache, vgl auch B c, OVG Bre AnwBl **87**, 337, OVG Kblz NVwZ **83**, 172, VG Kblz AnwBl **86**, 108. In der Regel hat aber eine Maßnahme nach III eine geringere Bedeutung, VGH Mü NJW **73**, 2046 und BayVBl **78**, 60, VGH Mannh **KR** Nr 27. Man muß also einen Bruchteil des Werts der Hauptsache annehmen, OVG Hbg AnwBl **87**, 286.

B. Einzelheiten. Für die in III genannten Fälle gelten folgende Einzelregelungen:

a) § 123 VwGO. Die Bewertung mit nicht weniger als ⅓ des Werts der Hauptsache, b, ist in der Regel angemessen. Oft ist ½ des Werts der Hauptsache angemessen, VGH Mü **KR** § 115 BRAGO Nr 97, Noll 134 mwN, etwa im Fall einer zeitlich begrenzten Zuweisung eines Studienplatzes, VGH Mannh BWVPr **76**, 278, oder in einer Angelegenheit nach dem BAföG, OVG Hbg VerwRspr **32**, 1054 mwN (es sei denn, der Eilantrag bezöge sich auf einen kürzeren Zeitraum als der Antrag in der Hauptsache). Wenn die Bedeutung des vorläufigen Verfahrens demjenigen der Hauptsache nahekommt, kann im vorläufigen Verfahren ¾ des Werts der Hauptsache angemessen sein, etwa bei einer unbefristeten Zuteilung eines Studienplatzes, OVG Münster **KR** Nr 2 und 30, insoweit aM VGH Mannh zB **KR** Nr 24 (zustm Noll), so daß zB 4000 DM angemessen sein können, vgl Finkelnburg Rdz 686. Ein Bruchteil ist auch dann anzusetzen, wenn sich der Wert der Hauptsache nach dem Auffangwert des § 13 I 2 bestimmt, VGH Mannh **KR** Nr 7, OVG Münster VerwRspr **27**, 1025, oder wenn für die Hauptsache § 13 II maßgeblich ist. Ausnahmsweise ist der volle Wert anzusetzen, A.

b) § 114 FGO. Vgl zunächst a. Eine Pauschalierung mit 10% des Werts der Hauptsache, wie sie früher vertreten wurde, wird der Regelung des III nicht gerecht. Wenn der Antragsteller nämlich die erstrebte Leistung beziffert hat, dann muß man die daraus erkennbare Bedeutung der einstweiligen Anordnung für ihn berücksichtigen. Wenn eine einstweilige Anordnung hinter der Entscheidung in der Hauptsache zurückbleiben würde und wenn keine besonderen Umstände vorliegen, ist in der Regel ⅓ des Werts der Hauptsache angemessen, BFH BStBl **77** II 80, abw FG Stgt EFG **82**, 205 mwN (das Gericht geht von ½ des Werts der

Hauptsache aus). Wenn sich die einstweilige Anordnung gegen eine Vollstreckungsmaßnahme richtet, sind 10% der Forderung anzusetzen, BFH BB **78**, 347 und KTS **83**, 151. Das gilt auch dann, wenn sich die einstweilige Anordnung auf ein Verbot der Vollziehung während des Klageverfahrens richtet, vgl FG Hbg EFG **78**, 94 (dieses Gericht setzt 5% des Werts der Forderung an), aM BFH NJW **77**, 1216.

c) § 80 V–VII VwGO. Die Bedeutung der Sache wird durch die Auswirkungen der erstrebten Maßnahme bestimmt, vgl Redeker/v Oertzen § 80 Anm 64. Man muß unter Umständen die zur Abwehr der sonst eintretenden Nachteile erforderlichen Kosten zugrunde legen, OVG Münster **KR** Nr 31. Wenn eine Aussetzung vollendete Tatsachen schafft, etwa im Fall des Verbots einer Demonstration, oder wenn die Bedeutung der Aussetzung sonst derjenigen der Hauptsache gleichkommt, dann ist der Wert der Hauptsache maßgebend, etwa im Fall der Abschiebung eines Ausländers, der sich in der BRep eine Existenz geschaffen hat, A, VGH Mannh BWVPr **76**, 277.

In den meisten Fällen ist die Bedeutung des Aufschubs geringer, VGH Mü BayVBl **76**, 276. In einem solchen Fall muß man einen Bruchteil des Werts der Hauptsache ansetzen, Noll 128 ff (auch in den Fällen des § 13 I 2, VGH Mannh **KR** Nr 6 und 7). Im Fall einer Annäherung des Werts des vorläufigen Verfahrens an denjenigen der Hauptsache kann man ¾ des Werts der Hauptsache ansetzen, OVG Kblz NJW **77**, 1356. Andernfalls sind für die aufschiebende Wirkung der Klage ⅓ des Werts der Hauptsache angemessen, VGH Kassel NJW **65**, 1829, und für die aufschiebende Wirkung des Widerspruchs grundsätzlich ebenfalls ⅓ des Werts der Hauptsache, so jetzt OVG Hbg HmbJVBl **89**, 45 (⅙ nur dann, wenn der Antrag zeitlich auf den Abschluß des Widerspruchsverfahrens beschränkt ist).

In einer Abgabensache sind unter Umständen nur 10% des streitigen Betrags als Wert anzunehmen, zB OVG Hbg HmbJVBl **89**, 46, OVG Münster MDR **84**, 344 mwN, Noll 130, vgl allerdings auch zB OVG Lüneb III B 118/76 (dieses Gericht setzt ⅓ des streitigen Betrags an), VGH Mannh AnwBl **83**, 281 mwN, ferner jetzt VGH Mü BayVBl **82**, 443 (diese Gerichte setzen 25% an) und oben b.

Für das kostenrechtlich selbständige Verfahren nach § 80 VI VwGO ist nach seiner Bedeutung ein neuer Wert anzusetzen.

Zum Wert im Fall mehrerer Klagen gegen denselben Verwaltungsakt VGH Mü DVBl **82**, 211.

d) § 69 III, IV FGO. Regelmäßig muß man 10% desjenigen Betrags ansetzen, für den der Antragsteller eine Aussetzung beantragt, BFH BStBl **67**, III 121 und 321, Tipke-Kruse Tz 103 mwN. Dasselbe gilt im Streit um die Vollziehbarkeit des Widerrufs der Aussetzung, BFH DStR **76**, 351. Wenn der Streit nur darum geht, ob im Fall einer Aussetzung eine Sicherheit zu leisten ist, beträgt der Wert 10% der geforderten Sicherheit, BFH BStBl **73** II 16, vgl auch FG Münster EFG **76**, 24. Wenn neben der Aussetzung auch die Sicherheit streitig ist, bleibt es bei 10% der betroffenen Forderung, aM FG Hann EFG **77**, 383 (dieses Gericht setzt 15% der betroffenen Forderung an).

Im Fall eines Antrags auf eine zinslose Aussetzung sind 6% als Jahreszinsen (§ 238 AO) hinzuzurechnen, FG Mü EFG **78**, 560.

Teile des Streitgegenstandes

21 **I Für Handlungen, die einen Teil des Streitgegenstandes betreffen, sind die Gebühren nur nach dem Wert dieses Teils zu berechnen.**

II Sind von einzelnen Wertteilen in derselben Instanz für gleiche Handlungen Gebühren zu berechnen, so darf nicht mehr erhoben werden, als wenn die Gebühr von dem Gesamtbetrag der Wertteile zu berechnen wäre.

III Sind für Teile des Gegenstandes verschiedene Gebührensätze anzuwenden, so sind die Gebühren für die Teile gesondert zu berechnen; die aus dem Gesamtbetrag der Wertteile nach dem höchsten Gebührensatz berechnete Gebühr darf jedoch nicht überschritten werden.

1) Allgemeines, I. Die Vorschrift betrifft nach ihrem klaren Wortlaut in Verbindung mit § 1 I nur „Gebühren", nicht „Auslagen", aM Mü MDR **89**, 166 (dann sei § 21 entsprechend anwendbar). Für eine gerichtliche Handlung, die eine Gebühr auslösen kann, entsteht eine Gebühr nur nach demjenigen Wert des Streitgegenstands, den diese Handlung selbst betrifft. Beispiel: Die Klage betrifft 1000 DM. Die Verfahrensgebühr wird von dieser Summe berechnet. Wenn nun ein Urteil in diesem Rechtsstreit nur über einen Teilbetrag der Klage von 100 DM ergeht, dann entsteht die Urteilsgebühr nur aus jenen 100 DM.

Wegen einer Handlung, die nur eine Nebenforderung betrifft, s § 22.

Wenn auf Grund eines Rechtsmittels gegen ein Teilurteil nicht nur dieses aufgehoben wurde, sondern durch das Hineinziehen des Restanspruchs seitens des Gerichts auch dieser letztere abgewiesen wurde, dann ist Streitwert trotzdem nur ein Betrag in Höhe des Teilurteils, BGH MDR **59**, 909.

Die Vorschrift ist vor den Finanz- und Verwaltungsgerichten anwendbar, § 13 Anm 2 B.

2) Einzelne Wertteile, II. A. Grundsatz. In jeder Instanz (über diesen Begriff § 27) und für jeden Wertteil dürfen die Verfahrensgebühr und die Urteilsgebühr nur einmal entstehen. Es ist nun aber denkbar, daß mehrere gebührenerzeugende Handlungen verschiedene Wertteile betreffen. Beispiel: Die Klage lautet über 800 DM. Der Kläger erweitert die Klageforderung auf 1000 DM. Ein Urteil ergeht zunächst über 200 DM, dann über weitere 300 DM.

Für solche Fälle bestimmt II, daß die Gesamtgebühr für gleiche Handlungen, also für gleichartige gebührenerzeugende Handlungen, nicht höher sein darf, als wäre sie nach dem ganzen betroffenen Streitwert berechnet.

In den genannten Beispielen wären also die Urteilsgebühren zwar nach den einzelnen Handlungen zu berechnen, ihr Gesamtbetrag dürfte aber nicht höher sein, als wäre die Urteilsgebühr nach einem Streitwert von 500 DM einmalig berechnet worden. Anders ausgedrückt: Nur der Unterschiedsbetrag zwischen der erstmalig berechneten und der nach dem ganzen später betroffenen Streitwert zu berechnenden Gebühr ist anzusetzen. Das gilt auch nach einem Mahnverfahren, LG Krefeld MDR **78**, 854 mwN.

B. Einzelfragen. Wenn eine Handlung nur einen Streitgenossen berührt, dann entsteht die Gebühr nur gegen diesen. Wenn die Handlung mehrere Streitgenossen berührt, entsteht die Gebühr nur einmal, soweit sich der Streitgegenstand deckt, wenn etwa wegen jedes Streitgenossen ein Teilurteil ergangen ist und wenn jeder Streitgenosse gegen das ihn betreffende Teilurteil ein Rechtsmittel einlegt, bereits also mit der ersten Berufung der ganze Streitgegenstand in die zweite Instanz kommt, aM Celle NdsRpfl **59**, 136, Düss MDR **61**, 66, vgl auch § 27 Anm 2 B. Wenn der Streitgegenstand verschieden ist, entsteht die Gebühr gegen jeden Streitgenossen besonders, ihre Gesamthöhe ist aber durch II begrenzt.

3) Verschiedene Gebührensätze, III. Wenn für Teile des Gegenstands verschiedene Gebührensätze anzuwenden sind, dann muß man die Gebühr für die Teile gesondert berechnen, etwa im Fall des § 13 III BRAGO. Es kommt jedoch höchstens diejenige Gebühr zum Ansatz, die nach dem Gesamtwert dieser Teile nach dem höchsten Gebührensatz berechnet wird.

Beispiel: Die Berufung lautet über 20000 DM. Der Berufungskläger nimmt sie in Höhe von 15000 DM zurück. Berechnung nach III: KV 1021 (= ½ Gebühr) nach 15000 DM = 141 DM + KV 1020 (= 1 ½ Gebühren) nach 5000 DM = 198 DM, also insgesamt = 339 DM. Die nach III Hs 2 zulässige Höchstgebühr wäre 1 ½ Gebühren von 20000 DM = 513 DM. Dieser Betrag wird nicht überschritten. Das Endergebnis lautet also: 339 DM.

Schlesw SchlHA **88**, 65 wendet III entsprechend bei einem Teilanerkenntnis und streitigen Schlußurteil an.

Nebenforderungen

22 **I Bei Handlungen, die außer dem Hauptanspruch auch Früchte, Nutzungen, Zinsen oder Kosten als Nebenforderungen betreffen, wird der Wert der Nebenforderung nicht berücksichtigt.**

II Bei Handlungen, die Früchte, Nutzungen, Zinsen oder Kosten als Nebenforderungen ohne den Hauptanspruch betreffen, ist der Wert der Nebenforderungen maßgebend, soweit er den Wert des Hauptanspruchs nicht übersteigt.

III Bei Handlungen, welche die Kosten des Rechtsstreits ohne den Hauptanspruch betreffen, ist der Betrag der Kosten maßgebend, soweit er den Wert des Hauptanspruchs nicht übersteigt.

1) Allgemeines; Nebenforderung neben dem Hauptanspruch, I. § 22 behandelt einen Unterfall des § 21. Eine Nebenforderung neben einer Hauptforderung bleibt unberücksichtigt, I, vgl §§ 4 I Hs 2 ZPO, 18 II 2 KostO, und zwar auch in der Zwangsvollstreckung, denn der frühere II ist weggefallen. Erst sobald die Nebenforderung selbst zur Hauptforderung wird, dient sie als Grundlage der Gebührenberechnung. Wenn das Gericht wegen der Nebenforderung eine Handlung vornimmt, obwohl dieselbe Handlung den Hauptanspruch betoffen hat, wenn auch nur zum kleinsten Teil, dann entsteht keine weitere Gebühr.

Ein Schaden ist keine Nebenforderung, sondern ist der Hauptforderung zuzurechnen, Anh I nach § 12: § 4 ZPO Anm 3 D (vgl zum Begriff der Nebenforderung dort Anm 3 A).

§ 22 gilt auch im Verfahren vor den Arbeits-, ferner vor den Finanz- und Verwaltungsgerichten, § 13 Anmm 2 B. Hinterziehungszinsen, die in einem Bescheid gesondert festgesetzt wurden, sind als Hauptforderung anzusehen und dürfen deshalb nicht nach I außer Betracht bleiben, FG Düss EFG **77**, 513.

2) Nebenforderung ohne Hauptanspruch, II. A. Voraussetzungen. II ist nur anwendbar, wenn folgende Voraussetzungen zusammentreffen:

a) Lediglich Nebenforderungen. Die Handlung darf keinen Teil des Hauptanspruchs berühren. Sie darf lediglich Früchte, Zinsen, Nutzungen, Kosten betreffen. Wenn sie doch irgendeinen Teil des Hauptanspruchs berührt, bemessen sich die Gebühren ausschließlich nach dem betroffenen Teil des Hauptanspruchs. „Kosten" bedeutet hier nicht etwa die Kosten des Prozesses, von denen III handelt, sondern die Kosten im Sinn des § 4 ZPO.

b) Hauptanspruch noch vorhanden. Die Nebenforderung muß noch eine solche sein. Es muß also noch ein Hauptanspruch bestehen. Wenn er weggefallen ist, wird die Nebenforderung selbst zum Hauptanspruch. Die Kosten sind dann nach ihrem Wert zu berechnen.

Näheres über die Nebenforderungen Anh I nach § 12: § 4 ZPO.

B. Streitwert. Wenn die Voraussetzungen A vorliegen, berechnet sich der Streitwert zwar nach der von der Handlung betroffenen Nebenforderung; doch ermäßigen sich die Kosten unter Umständen auf die nach dem vollen Hauptanspruch zu berechnende entsprechende Gebühr, so wie sich dessen Streitwert zur Zeit darstellt.

Beispiel: Das Gericht erläßt über 1000 DM Zinsen ein Urteil, während der Hauptanspruch 800 DM beträgt. Die Urteilsgebühr wird nach dem Streitwert von 800 DM berechnet.

Wenn eine gleiche Gebühr bereits vom Hauptanspruch entstanden ist, dann muß man zwar nach § 21 jede Gebühr besonders ansetzen, aber den Gesamtbetrag auf die vom Hauptanspruch berechnete Gebühr ermäßigen.

3) Kosten, III. A. Voraussetzungen. III behandelt im Gegensatz zu den „Kosten" in I, II die wirklichen Prozeßkosten. „Rechtsstreit" bedeutet freilich nicht einen Prozeß schlechthin, sondern jedes in Abschnitt 2 geregelte Verfahren.

Voraussetzung ist, daß die Handlung ausschließlich die Kosten betrifft und daß die Kosten Hauptforderung geworden sind. Indessen ist auch der Begriff des Hauptanspruchs, wie sich aus der Gegenüberstellung des Hauptanspruchs und der Kosten ergibt, in III nicht derselbe wie in I, II: Er umfaßt in III eben alles, was nicht Prozeßkosten (die Kosten gerade dieses Prozesses) sind, also was § 99 ZPO „Hauptsache" im Gegensatz zum Kostenpunkt nennt.

Solange darum auch nur ein Teil der Zinsen oder der Kosten im Sinn von I, II streitig ist, mag auch der eigentliche Hauptanspruch längst erledigt sein, ist III nicht anwendbar; vgl auch Anh I nach § 12: § 3 ZPO Anm 3, § 4 ZPO Anm 3 B.

III ist aber anwendbar, wenn Gegenstand des Rechtsmittelverfahrens ausschließlich diejenigen Kosten sind, die das Gericht in einem Schlußurteil oder Ergänzungsurteil dem Unterliegenden auferlegt hat.

B. Streitwert. Bei III ist als Streitwert der Betrag der gerichtlichen und außergerichtlichen Kosten aller Beteiligten anzusetzen, soweit sie bis zur Erledigung der Hauptsache aufgelaufen sind. Denn um sie geht der Streit. Was infolge des Streits an Kosten weiter entsteht, ist wiederum eine Nebenforderung dieses Anspruchs.

§ 21 ist im Fall III nicht anwendbar. Denn die Kosten sind kein Teil des Streitgegenstands.

Auch der Wert nach III ist ebenso wie derjenige nach II durch denjenigen der Hauptsache begrenzt; vgl Anm 2 B.

Wenn sich die Klage erledigt, nicht aber die Widerklage, dann wird die Widerklage zum Hauptanspruch. Daher ist in einem solchen Fall III unanwendbar.

Angabe des Wertes

23 **I Bei jedem Antrag ist der Wert des Streitgegenstandes, sofern dieser nicht in einer bestimmten Geldsumme besteht oder sich aus früheren Anträgen ergibt, und auf Erfordern auch der Wert eines Teils des Streitgegenstandes schriftlich oder zu Protokoll der Geschäftsstelle anzugeben.**

II Die Angabe kann jederzeit berichtigt werden.

1) Wertangabe, I, II. A. Notwendigkeit. § 23 erweitert den § 253 III ZPO auf alle Anträge in einem Verfahren, das in § 1 genannt ist. Die Vorschrift gilt auch im Verfahren vor den Arbeits- und ferner vor den Finanz- und Verwaltungsgerichten, § 13 Anm 2 D. Eine Wertangabe ist bei jedem Antrag notwendig, der ein gebührenpflichtiges Verfahren einleitet, also zB: Bei einer Klage; bei einer Widerklage; bei einem Antrag auf den Erlaß eines Arrests oder einer einstweiligen Verfügung; bei einem Antrag auf die Durchführung einer Vollstreckungsmaßnahme durch das Gericht; bei einem Antrag, der auf eine in das Ermessen des Gerichts gestellte Handlung abzielt, Mü JB **76**, 1359.

Die Angabe des Werts eines größenmäßigen Teils eines Antrags ist nur dann erforderlich, wenn das Gericht den Antragsteller dazu auffordert.

B. Entbehrlichkeit. Eine Wertangabe ist entbehrlich, wenn einer der folgenden Fälle vorliegt:

a) Bestimmte Summe. Die Wertangabe ist nicht erforderlich, wenn der Antrag auf eine bestimmte Summe lautet. Das ist nicht der Fall, wenn der Antrag auf eine bezifferte Summe in einer ausländischen Währung lautet. Denn es kommt darauf an, welchen Kurswert die auswärtige Währung im Entscheidungszeitpunkt haben wird. Das kann man beim Beginn des Verfahrens höchstens abschätzen.

die Kosten muß nach denselben Grundsätzen geschehen wie diejenige nach § 24. Es dürfen also für die Wertfestsetzung keine unterschiedlichen Zeitpunkte maßgeblich sein, wie sie nach den §§ 14, 15 möglich wären.

Eine Ausnahme von der Regel des § 24 gilt ferner für alle Fälle der §§ 16–20 (Miet-, Unterhalts-, Rentenanspruch, Stufenklage, Widerklage, Arrest, einstweilige Verfügung).

B. Wirkung. Eine Entscheidung nach § 24 wirkt nur für diejenige Instanz, für die sie ergeht. Eine Wertfestsetzung mit einer Wirkung für die nachgeordneten Instanzen ist, anders als bei § 25, nicht statthaft. Trotzdem muß die niedere Instanz die erörterten Grenzen einhalten. Denn andernfalls würde sie den für sie bindenden Ausspruch über die Zulässigkeit oder Unzulässigkeit des Rechtsmittels angreifen. Dementsprechend darf das AG, an das das LG die Sache verwiesen hat, nicht über die Höchstsumme seiner Zuständigkeit hinaus festsetzen.

Wertfestsetzung für die Gerichtsgebühren

25 **I Soweit eine Entscheidung nach § 24 Satz 1 nicht ergeht oder nach § 24 Satz 2 nicht bindet, setzt das Prozeßgericht den Wert durch Beschluß fest, wenn dies eine Partei, ein Beteiligter oder die Staatskasse beantragt oder das Gericht es für angemessen erachtet. Der Antrag kann zu Protokoll der Geschäftsstelle oder schriftlich, auch ohne Mitwirkung eines Bevollmächtigten, gestellt werden. Die Festsetzung kann von dem Gericht, das sie getroffen hat, und, wenn das Verfahren wegen der Hauptsache oder wegen der Entscheidung über den Streitwert, den Kostenansatz oder die Kostenfestsetzung in der Rechtsmittelinstanz schwebt, von dem Rechtsmittelgericht von Amts wegen geändert werden. Die Änderung ist nur innerhalb von sechs Monaten zulässig, nachdem die Entscheidung in der Hauptsache Rechtskraft erlangt oder das Verfahren sich anderweitig erledigt hat.**

II Gegen den Beschluß findet die Beschwerde statt, wenn der Wert des Beschwerdegegenstandes einhundert Deutsche Mark übersteigt; § 5 Abs. 2 Satz 2, 3, 5 bis 7 und Abs. 3 Satz 1 ist anzuwenden. Die Beschwerde ist ausgeschlossen, wenn das Rechtsmittelgericht den Beschluß erlassen hat. Sie ist nur zulässig, wenn sie innerhalb der in Absatz 1 Satz 4 bestimmten Frist eingelegt wird; ist der Streitwert später als einen Monat vor Ablauf dieser Frist festgesetzt worden, so kann sie noch innerhalb eines Monats nach Zustellung oder formloser Mitteilung des Festsetzungsbeschlusses eingelegt werden.

III Das Verfahren über die Beschwerde ist gebührenfrei. Kosten werden nicht erstattet.

Gliederung

1) Allgemeines. A. Rechtssystematik. Über die beiden Arten der Wertfestsetzung und ihr Verhältnis zueinander s Anh nach § 12: Einf 1, ferner die Erläuterungen zu § 24. Soweit das Gericht eine Wertfestsetzung nach § 24 nicht vorgenommen hat, braucht es keineswegs immer eine solche nach § 25 vorzunehmen. Sie ist allerdings stets auf Grund eines zulässigen Antrags erforderlich und empfiehlt sich im übrigen in vielen Fällen schon deshalb, weil dann für das etwaige Kostenfestsetzungsverfahren von vornherein klare Wertverhältnisse vorliegen.

B. Zuständigkeit. Zur Festsetzung des Kostenstreitwerts ist zunächst stets der Urkundsbeamte der Geschäftsstelle als das zur Kostenberechnung berufene Organ zuständig. Er ist im Rahmen des eigenen pflichtgemäßen Ermessens berechtigt und verpflichtet, einen Kostenstreitwert anzunehmen, nach ihm die Kosten zu berechnen und den Kostenschuldner festzustellen, §§ 4 I, 5 I KostVfg, Teil VII A dieses Buchs. Dabei ist der Urkundsbeamte an das Gesetz und an die Verwaltungsanordnungen gebunden, insbesondere an die KostVfg. An Angaben der Parteien ist er nicht gebunden, auch nicht an übereinstimmende Angaben.

Der Urkundsbeamte kann zwar die Akten dem Richter mit der Bitte um eine Festsetzung des Kostenstreitwerts von Amts wegen vorlegen, den Richter aber auf diesem Weg nicht zu einer entsprechenden Tätigkeit zwingen. Wenn der Richter die Akten mit der Bemerkung zurückgibt, der Kostenbeamte möge den Kostenstreitwert in eigener Zuständigkeit ansetzen, ist der Kostenbeamte zu dieser Festsetzung in eigener Zuständigkeit verpflichtet.

Er kann den Richter zu einer Festsetzung des Kostenstreitwerts von Amts wegen nur insoweit zwingen, als der Urkundsbeamte einen Antrag einer Partei, eines Beteiligten oder der Staatskasse anregen kann. Soweit der Urkundsbeamte aber vom Richter bereits erfahren hat, daß dieser eine Festsetzung des Kostenstreitwerts von Amts wegen jedenfalls derzeit nicht beabsichtige, dürfte die Anregung zur Antragsstellung eines nach I Berechtigten jedenfalls dann, wenn dafür nicht schwerwiegende Berechnungsschwierigkeiten sprechen, als Umgehung der eigenen Entscheidungspflicht eine Amtspflichtverletzung darstellen, zumindest gegen ein in solcher Situation vorhandenes nobile officium des Urkundsbeamten verstoßen und auch einer etwaigen Dienstaufsichtsbeschwerde unterliegen. Der Urkundsbeamte hat ja durch die durchweg aktenkundige Vorlage beim Richter nachgewiesen, daß er sich um dessen Entscheidung (vergeblich) bemüht hat.

C. Arbeitsgericht. Im Verfahren vor den Arbeitsgerichten ist die von Amts wegen im Urteil vorzunehmende, also in den Tenor oder in die Entscheidungsgründe aufzunehmende Wertfestsetzung, § 61 I ArbGG, unabhängig von diesem für das Rechtsmittelverfahren der Hauptsache grundsätzlich unanfechtbaren und bindenden Urteilsstreitwert doch jedenfalls für den Kostenstreitwert nicht bindend, soweit Bedenken gegen die Richtigkeit des Urteilsstreitwerts bestehen, Anh § 12 GKG Einf 2 C. § 25 GKG ist auch im übrigen voll anwendbar, § 24 GKG ändert trotz § 12 VII 3 ArbGG daran nichts, § 12 ArbGG Anm 2 A mwN, Teil II A dieses Buchs. Ein Wertfestsetzungsanhang ist während der Instanz jederzeit zulässig, LAG Hamm DB **82**, 1470.

Vgl ferner Anh § 12 Einf 2 C.

2) Wertfestsetzung, I 1, 2. A. Voraussetzungen. Eine Wertfestsetzung nach I 1, 2 ist zulässig, wenn folgende Voraussetzungen vorliegen:

a) Keine Bindung nach § 24. Es darf keine Entscheidung nach § 24 S 1 ergangen sein oder nach § 24 S 2 binden. Ob eine solche Bindungswirkung vorliegt, ergibt sich aus § 24 Anm 2.

b) Antrag. Wenn das Gericht keine Festsetzung von Amts wegen für angemessen erachtet, c, ist ein Antrag erforderlich. Das gilt auch im Verfahren auf die Bewilligung einer Prozeßkostenhilfe. Denn dieser Antrag, der nur klare Verhältnisse schaffen soll, setzt keine Beschwer voraus. Antragsberechtigt sind folgende Personen:

aa) Partei. Zum Antrag ist nach I 1 jede Partei berechtigt.

bb) Anwalt. Zum Antrag ist auch jeder am Verfahren beteiligte Anwalt berechtigt, § 9 II BRAGO.

cc) Staatskasse. Zum Antrag ist ferner die Staatskasse berechtigt. Sie wird durch den zuständigen Bezirksrevisor tätig. Der Urkundsbeamte der Geschäftsstelle kann eine Festsetzung nur anregen, hat aber kein eigenes Antragsrecht, Anm 1 B. Er ist auch nicht ohne weiteres der Vertreter der Staatskasse. Er hat daher auch keinen Rechtsbehelf gegen die Ablehnung oder angeblich unrichtige Festsetzung. Er kann allerdings einen Antrag des Bezirksrevisors anregen.

dd) Andere Beteiligte. Schließlich ist zum Antrag jeder weitere am Verfahren Beteiligte berechtigt.

c) Von Amts wegen. Soweit das Gericht nicht auf Grund eines zulässigen Antrags, b, eine Festsetzung vornehmen muß, ist es zur Festsetzung von Amts wegen berechtigt und im Rahmen seines pflichtgemäßen Ermessens verpflichtet. In den Fällen der §§ 61 I, 69 II ArbGG besteht eine Pflicht zur Festsetzung von Amts wegen, Anm 1 C.

Eine Festsetzung von Amts wegen ist zB insoweit erforderlich, als der Richter dem Urkundsbeamten der Geschäftsstelle eine richtige Festsetzung des Kostenstreitwerts nicht zumuten kann oder nicht zutrauen möchte oder soweit der Urkundsbeamte bereits einen offenbar unrichtigen Wert angenommen hat.

B. Verfahren. a) Form. Ein etwaiger Antrag auf die Festsetzung des Kostenstreitwerts ist schriftlich oder zum Protokoll des Urkundsbeamten der Geschäftsstelle zulässig. Er unterliegt also keinem Anwaltszwang, I 2.

b) Zuständigkeit. aa) Urkundsbeamter. Zunächst ist der Urkundsbeamte der Geschäftsstelle zur Annahme eines Werts zuständig, Anm 1 B. Er nimmt aber keine förmliche Wertfestsetzung vor. Zur letzteren ist nur der Richter zuständig.

bb) Richter. Zur förmlichen Festsetzung des Kostenstreitwerts ist das Prozeßgericht zuständig, und zwar derjenigen Instanz, für die die Festsetzung erfolgen soll, für die höhere also das Rechtsmittelgericht. Der Vorsitzende der Kammer für Handelssachen ist zu einer Wertfestsetzung ohne die Mitwirkung der Handelsrichter befugt, § 349 II Z 11 ZPO. Es ist unerheblich, ob die Instanz bereits beendet ist. Der Einzelrichter entscheidet, soweit er die Sache beendet.

cc) Rechtspfleger. Soweit der Rpfl das Geschäft bearbeitet, nimmt er die Festsetzung des Kostenstreitwerts in eigener Zuständigkeit vor, § 4 I RPflG, vgl § 31 KostO Anm 1 B b cc, BayObLG Rpfleger **74**, 392 mwN.

c) Weiteres Verfahren. Eine Festsetzung des Kostenstreitwerts ist auch dann zulässig, wenn der Rechtsstreit ausgesetzt ist, Hamm MDR **71**, 495. Auch nach dem Abschluß des ganzen Verfahrens ist die Wertfestsetzung zulässig, soweit noch keine förmliche Wertfestsetzung durch das Gericht erfolgt war; eine bloße vorläufige Annahme eines Werts durch den Urkundsbeamten der Geschäftsstelle oder den Richter ist unschädlich. Das Antragsrecht ist ohnehin zeitlich unbefristet.

Das Gericht kann über den Kostenstreitwert mündlich verhandeln, ist zur mündlichen Verhandlung aber nicht verpflichtet. Das gilt auch dann, wenn ein Antragsteller eine mündliche Verhandlung beantragt hat.

d) Rechtsschutzbedürfnis. Im Zeitpunkt der Entscheidung muß das Rechtsschutzbedürfnis als Zulässigkeitsvoraussetzung einer jeden gerichtlichen Entscheidung vorliegen, BFH BStBl **88** II 289 mwN. Ein Rechtsschutzbedürfnis für eine Wertfestsetzung besteht auch dann, wenn der Kostenbeamte schon einen Kostenansatz vorgenommen hat, BFH BB **78**, 1507. Das Rechtsschutzbedürfnis fehlt, soweit man den Kostenstreitwert ohne irgendwelche Schwierigkeit errechnen kann, zB bei einer bezifferten Zahlungsklage, BFH BStBl **88** II 289, Lappe 4, aM zB Ffm Rpfleger **82**, 487 mwN (aber jede gerichtliche Entscheidung setzt ein Rechtsschutzbedürfnis voraus), oder wenn mit Sicherheit keine Gerichtskosten anfallen, LG Mü AnwBl **88**, 72, und auch nicht eine Abhängigkeit von Anwaltskosten von einer gerichtlichen Festsetzung nach § 25 besteht.

C. Entscheidung. a) Form. Das Gericht setzt den Kostenstreitwert durch einen Beschluß fest. Ein Beschluß liegt auch dann vor, wenn das Gericht die Festsetzung des Kostenstreitwerts zulässigerweise, Wenzel BB **81**, 166, in die Urteilsformel oder in die Entscheidungsgründe des Urteils aufgenommen hat. Ein Beschluß liegt aber nur insoweit vor, als man einen eindeutigen Willen des Prozeßgerichts erkennen kann, gerade den Kostenstreitwert festzusetzen.

b) Begründung. aa) Notwendigkeit. Das Gericht muß den Festsetzungsbeschluß mit einer wenigstens stichwortartigen Begründung versehen, BLAH § 329 ZPO Anm 1 A b mwN, vgl Bbg JB **77**, 381, Düss OLGZ **72**, 245, Kblz NJW **74**, 2055, VGH Mannh VBlBW **88**, 21, Schneider MDR **74**, 802. Denn sonst würden die Grundlagen der Nachprüfbarkeit durch die Partei, vgl BVerfG **6**, 44, wie durch das Gericht fehlen, Bbg JB **78**, 1360. Das Gericht muß eine zunächst fehlende Begründung spätestens dann nachholen, wenn es einer Beschwerde gegen seinen Beschluß nicht abhilft, Hamm Rpfleger **89**, 104, KG NJW **74**, 2010 und Rpfleger **75**, 109 je mwN, LG Bln JB **76**, 1542.

bb) Entbehrlichkeit. Soweit allerdings der Beschluß in keinerlei Rechte eines Beteiligten eingreift, darf eine Begründung fehlen, vgl BVerfG NJW **57**, 298. Das gilt zB dann, wenn das Gericht in seinem Festsetzungsbeschluß den übereinstimmenden Anträgen aller Beteiligten voll entsprochen hat. Denn wäre eine Beschwerde unzulässig, Bbg JB **75**, 1463.

Eine Begründung ist auch dann entbehrlich, wenn alle Beteiligten die Erwägungen des Gerichts schon einwandfrei kennen, etwa aus einer mündlichen Verhandlung. Es empfiehlt sich aber, in einem solchen Fall in das Verhandlungsprotokoll einen Vermerk darüber aufzunehmen, daß die Fragen des Kostenstreitwerts erörtert wurden.

Eine Begründung ist schließlich dann entbehrlich, wenn alle Parteien einen Rechtsmittelverzicht wirksam erklärt haben, Köln MDR **71**, 225, oder wenn sich schließlich der richtige Kostenstreitwert aus dem Streitstoff selbst einwandfrei ergibt, Bbg JB **78**, 1360 etwa dann, wenn das Gericht auf Grund eines bereits bezifferten Antrags eine Wertfestsetzung vorgenommen hatte, vgl auch Düss OLGZ **72**, 245.

Es ist weder eine Entscheidung noch gar deren Begründung, wenn irgendwo im Urteilkopf steht: „Wert × DM".

c) Kosten. Die Entscheidung ist gebührenfrei, § 1.

d) Mitteilung. Das Gericht braucht seinen Beschluß nicht förmlich zuzustellen. Denn seine Entscheidung unterliegt keinem befristeten Rechtsmittel. Es genügt also eine formlose Mitteilung von Amts wegen. Sie ist aber auch erforderlich. Eine förmliche Zustellung ist allerdings im Fall des § 107 ZPO (anderweitige Festsetzung wegen einer Streitwertänderung) wegen der dann anlaufenden Erinnerungsfrist notwendig, §§ 329 II 2 ZPO, 56 VwGO, 53 FGO.

e) Wirkung. aa) Grundsatz. Der Kostenfestsetzungsbeschluß wirkt für und gegen alle Beteiligten, auch für die Kostenerstattung. Außergerichtliche Kosten sind hier, anders als bei II, zu erstatten.

Diese Frage ist **streitig. Wie hier** zB Mü NJW **68**, 1937, Nürnb NJW **68**, 849, Lappe **KR** § 23 aF Nr 38 Anm; **aM** zB Ffm NJW **75**, 742, Hbg MDR **66**, 770, Mü NJW **68**, 2152, (abl Schmidt NJW **69**, 105), Schlesw SchlHA **75**, 67, LG Mannh ZMR **74**, 275, OVG Münster DVBl **72**, 838.

Der Beschluß erwächst aber nicht in äußere Rechtskraft. Eine rechtskräftige Entscheidung über die Anwaltsgebühren im Prozeß zwischen dem Anwalt und der Partei steht eine Abänderbarkeit des Kostenstreitwertbeschlusses nicht entgegen.

Eine endgültige falsche Festsetzung des Kostenstreitwerts kann eine Amtshaftung auslösen, vgl Matzen AnwBl **76**, 333.

bb) Instanzfragen. Jede Instanz setzt für sich fest, BGH Rpfleger **87**, 38, BFH BStBl **77** II 42. Daher läßt ein Wertfestsetzungsbeschluß den anderen Instanzen freie Hand, auch den nachgeordneten, KG VersR **81**, 860. Solange in der unteren Instanz keine Festsetzung des Kostenstreitwerts erfolgt ist, darf das Rechtsmittelgericht diesen Wert nicht für die untere Instanz festsetzen, Köln VersR **73**, 1032 und DGVZ **86**, 151. Wohl aber darf und muß die höhere Instanz für ihre Entscheidung einen Wert annehmen, wenn die untere Instanz noch keine Festsetzung vorgenommen hat. Das gilt auch dann, wenn es für die Zulässigkeit des Rechtsmittels auf den Wert ankommt. Es ist ein alltäglicher Vorgang, daß verschiedene Instanzen einen verschiedenen Kostenstreitwert annehmen. Die höhere Instanz kann zwar anregen, die untere Instanz möge den Wert festsetzen, kann aber deren Festsetzung nicht erzwingen und die eigene Entscheidung nicht von der Befolgung einer solchen Anregung abhängig machen.

Allerdings darf das Rechtsmittelgericht die Entscheidung des nachgeordneten Gerichts ändern, I 3, BFH BStBl **77** II 42, Nürnb JB **75**, 1352. Wegen der Voraussetzungen hierfür Anm 3 B.

In keinem Fall darf die untere Instanz den Kostenstreitwert mit einer bindenden Wirkung für die höhere Instanz festsetzen. Von diesem Grundsatz gilt nur im Verfahren vor den Arbeitsgerichten eine Ausnahme.

Soweit das AG den Rechtsstreit an das LG verwiesen hat, muß das LG den Kostenstreitwert auch für einen im Verfahren vor dem AG etwa bereits erledigten Anspruch festsetzen.

3) Änderung der Festsetzung, I 3, 4. A. Zulässigkeit, Notwendigkeit. a) Grundsatz. Eine Änderung der Festsetzung des Kostenstreitwerts ist dann, wenn die Rechtslage es verlangt, nicht nur zulässig, sondern auch notwendig. Das Wort „kann" in I 3 stellt keinen Ermessensspielraum zur Verfügung, sondern regelt nur die Zuständigkeit.

Diese Frage ist **streitig. Wie hier** zB BGH **KR** § 23 aF Nr 80, Kblz AnwBl **88**, 295 mwN, OVG Münster NJW **75**, 1183, Markl Rdz 15; **aM** zB BVerwG Rpfleger **89**, 171, Ulrich GRUR **84**, 182.

Die Änderung ist von Amts wegen oder auf Grund der Anregung eines Beteiligten zulässig und erforderlich. Ein förmlicher Antrag ist nicht erforderlich. Wenn das Gericht einer Anregung zur Änderung des Kostenstreitwerts nicht gefolgt ist, dann muß man eine solche Anregung als eine Beschwerde gegen die Wertfestsetzung ansehen, falls der Anregende beschwert ist.

Von einer Änderung der Wertfestsetzung ist die Berichtigung einer als offenbar unrichtig erkannten Wertfestsetzung nach § 319 ZPO zu unterscheiden, vgl Celle JB **76**, 1338.

b) Auswirkung auf die Kostenentscheidung. Eine Änderung der Festsetzung des Kostenstreitwerts ist auch dann zulässig, wenn durch diese Maßnahme die bisherige Kostenentscheidung unrichtig wird. Denn eine Berichtigung der Kostenentscheidung ist zulässig, wenn die Berichtigung in der Sache sie bedingt, und zwar auch dann, wenn das Gericht über die Kosten praktisch unbrauchbar entschieden hat. Strenggenommen ist diese Lösung dogmatisch falsch. Sie stellt aber den einzigen Ausweg dar, wenn kein Rechtsbehelf möglich ist. Das gilt auch dann, wenn die Kostenentscheidung gemäß § 99 I unanfechtbar ist.

Diese Frage ist **streitig. Wie hier** zB insofern Hamm VersR **77**, 935 mwN, vgl auch Köln MDR **80**, 762 (abl Schneider), ferner Mü JB **76**, 1360, LG Hechingen NJW **75**, 93, LG Köln RR **87**, 956, Hartung MDR **78**, 195, Speckmann NJW **72**, 235 je mwN, BLAH § 319 ZPO Anm 1; **abw** zB insofern KG NJW **75**, 2107 mwN, Köln MDR **77**, 584, wohl auch Köln BB **79**, 1378, VGH Kassel AnwBl **88**, 180, ferner Schneider MDR **72**, 100, 373 (eine Änderung sei ohne Rücksicht auf die Abänderbarkeit der Kostenentscheidung zulässig); **aM** zB BGH MDR **77**, 925 (abl Schneider, ebenso derselbe MDR **78**, 196), Köln (5. ZS) JB **77**, 1135 mwN (eine Änderung sei unzulässig).

B. Voraussetzungen im einzelnen. Eine Änderung der Festsetzung des Kostenstreitwerts ist zulässig, wenn eine der beiden Voraussetzungen a oder b vorliegt und wenn außerdem die zeitlichen Grenzen des I 4 eingehalten sind, c. Im einzelnen gilt folgendes:

a) Änderung durch das Gericht der Instanz. Dasjenige Gericht, das den Kostenstreitwert festgesetzt hat, kann seinen Beschluß für seine Instanz unter folgenden Voraussetzungen ändern:

aa) Zuständigkeit. Die Sache muß entweder noch in derselben Instanz schweben oder darf zwar bereits in der höheren Instanz anhängig sein, im letzteren Fall darf aber das Rechtsmittelgericht noch nicht eine Festsetzung des Kostenstreitwerts auch für die untere Instanz vorgenommen, also deren Entscheidung bereits abgeändert haben, insofern grundsätzlich richtig Ffm MDR **82**, 589, vgl aber b.

bb) Änderung der Verhältnisse usw. Eine Änderung der Festsetzung des Kostenstreitwerts ist im allgemeinen nur dann erforderlich, wenn sich zB die Verhältnisse geändert haben, Bbg JB **77**, 1423, oder wenn das Gericht bei seiner ersten Festsetzung eine bereits vorhandene Rechtsprechung nicht berücksichtigt hatte.

Eine Änderung der Festsetzung ist zB in folgenden Fällen nicht erforderlich: Die einschlägige Rechtsprechung hat sich nach dem Erlaß des ersten Festsetzungsbeschlusses geändert, Hamm NJW **73**, 198 (zustm Schneider MDR **73**, 418), LG Kiel VersR **75**, 1037; das Gericht kommt in seiner jetzigen Besetzung bei einem zulässigen Ermessen zu einer wesentlich anderen Bewertung des Kostenstreitwerts, Ffm MDR **57**, 174, vgl Köln VersR **79**, 945 mwN.

b) Rechtsmittelgericht. Das Rechtsmittelgericht kann den Kostenstreitwert, den das Gericht der unteren Instanz festgesetzt hatte, **erstmalig** nur dann ändern, wenn und solange das Verfahren wegen der Hauptsache, auch eines Teils, VGH Kassel AnwBl **88**, 180, oder wegen der Entscheidung über den Streitwert, den Kostenansatz oder die Kostenfestsetzung in der Rechtsmittelinstanz schwebt.

Das ist **nahezu unstreitig,** zB BGH VersR **89**, 817 mwN, Hamm Rpfleger **73**, 107; **abw** Schneider MDR **72**, 100.

Nur bei **wiederholter** Änderung ist das Rechtsmittelgericht zeitlich frei, BGH VersR **89**, 817 mwN.

Es reicht aus, daß das Verfahren wegen der Kostenfestsetzung für die Rechtsmittelinstanz dort schwebt, OVG Saarlouis AS **11**, 237.

Eine Änderung durch das Rechtsmittelgericht ist nicht zulässig, wenn eine Beschwerde unzulässig ist, OVG Bre **KR** Nr 65, insofern aM OVG Münst DÖV **78**, 816, oder wenn das Rechtsmittelgericht über einen Antrag auf die Bewilligung einer Prozeßkostenhilfe oder über eine Beschwerde gegen die Versagung einer Prozeßkostenhilfe zu entscheiden hat, Schneider MDR **72**, 99.

Soweit das Rechtsmittelgericht den Kostenstreitwert von der unteren Instanz abweichend festsetzt, ohne entsprechend eindeutig den Beschluß der Vorinstanz zu ändern, sollte das Rechtsmittelgericht seine Entscheidung unter allen Umständen begründen. Sofern eine solche Begründung nicht vorliegt, ist das untere Gericht nicht zu einer Überprüfung verpflichtet, Schneider MDR **72**, 101.

c) Zeitliche Grenzen, I 4. aa) Grundsatz. Von der Festsetzung des Kostenstreitwerts hängt die Höhe der Gerichtskosten und der Anwaltsgebühren ab. Deshalb darf der Kostenstreitwert nur innerhalb gewisser zeitlicher Grenzen abänderbar sein; andernfalls würde die Rechtssicherheit leiden. Deshalb begrenzt I 4 die Änderungsmöglichkeit zeitlich, Anm 4 B c. Diese zeitlichen Grenzen gelten aber nur für eine echte Abänderung einer schon vorher erfolgten Festsetzung des Kostenstreitwerts, Ffm MDR **87**, 244 mwN, also nicht für eine erste Festsetzung des Kostenstreitwerts, BFH BB **78**, 1508.

bb) Fristberechnung. Die Sechsmonatsfrist wird nach den §§ 186 ff BGB berechnet, Nürnb AnwBl **81**, 499. Gegen die Versäumung der Frist nach I 4 ist keine Wiedereinsetzung zulässig, Nürnb AnwBl **81**, 499 mwN. Sie beginnt wie folgt:

aaa) Rechtskraft. Die Sechsmonatsfrist beginnt mit dem Eintritt der Rechtskraft der Entscheidung in der Hauptsache, Nürnb AnwBl **81**, 499. Das gilt auch in den Fällen der §§ 620ff ZPO, KG Rpfleger **78**, 392. Eine Erledigung nur einer Instanz genügt nicht, BGH **LM** § 23 aF Nr 1, vgl aber BGH **70**, 368.

bbb) Anderweitige Erledigung. Die Frist beginnt auch dann, wenn sich das gesamte Verfahren anderweitig als durch den Eintritt der Rechtskraft in der Hauptsache erledigt hat. Das ist zB in folgenden Situationen der Fall: Die Beweissicherung ist beendet, ähnlich LG Mü AnwBl **78**, 231 (abl Täuber); die Parteien haben einen Prozeßvergleich geschlossen; sie haben einen außergerichtlichen Vergleich geschlossen; das Verfahren ist unterbrochen worden und es besteht keine Aussicht auf seine erneute Aufnahme; der Bekl ist aus dem Rechtsstreit ausgeschieden.

Wenn die Hauptsache nach § 91a ZPO von beiden Parteien für erledigt erklärt wurde, liegt nicht der Fall bbb, sondern derjenige aaa vor; man muß also den Eintritt der Rechtskraft des Beschlusses nach § 91a ZPO nicht abwarten.

Es ist unerheblich, ob nach einer Scheidungssache noch eine abgetrennte Folgesache anhängig ist, Schlesw SchlHA **81**, 119.

Der Eintritt der Erledigung nur einer Instanz genügt nicht, BGH **LM** § 23 aF Nr 1, vgl aber BGH **70**, 368.

4) Beschwerde, II, III. A. Voraussetzungen. Eine Beschwerde ist zulässig, soweit die folgenden Voraussetzungen zusammentreffen:

a) Beschwerdefähiger Beschluß. Es muß ein beschwerdefähiger Beschluß vorliegen. Man muß in dem Festsetzungsbeschluß oder in dem Beschluß, durch den das Gericht der unteren Instanz darüber befindet, ob es einer Beschwerde abhilft, erkennen können, um was es sich handelt, es sei denn, daß sich der Gegenstand der Entscheidung eindeutig auch ohne nähere Darlegung ergibt. Man muß ferner erkennen können, auf welcher Grundlage das Gericht den Kostenstreitwert festgesetzt hat. Denn andernfalls würde dem Beschwerdeführer die Beschwerdebegründung und dem Beschwerdegericht die Entscheidung unnötig erschwert werden, Ffm NJW **68**, 409.

Eine Beschwerde ist insoweit unzulässig, als das Rechtsmittelgericht den Kostenstreitwert festgesetzt hat, II 2. Dieser Fall liegt vor, wenn das LG als Berufungsgericht den Kostenstreitwert seinerseits erstmalig festgesetzt hat, ferner dann, wenn das LG als Berufungsgericht eine Festsetzung des Kostenstreitwerts durch das erstinstanzliche Gericht abgeändert hat, und zwar unabhängig davon, ob gegen die Entscheidung des Gerichts in der Hauptsache kein Rechtsmittel statthaft ist, Ffm Rpfleger **71**, 446, jetzt auch KG NJW **83**, 2950 mwN, ferner Karlsr NJW **64**, 361, Köln FamRZ **86**, 695, Schneider MDR **72**, 372.

Gegen eine Entscheidung des Vorsitzenden im Verfahren nach § 80 VII 1 VwGO ist die Beschwerde statthaft, OVG Hbg Bs VI 4/86 v 7. 2. 86. Gegen eine Entscheidung des OLG oder des OVG ist keine Beschwerde statthaft, II 1 Hs 2 in Verbindung mit § 5 II 2; wegen des BFH vgl § 5 Anm 4. Eine Anfechtung des Wertfestsetzungsbeschlusses ist auch nicht zusammen mit der Anfechtung einer Verwerfung der Berufung nach § 519b ZPO statthaft. Das Revisionsgericht kann aber von

Amts wegen einen anderen Kostenstreitwert festsetzen, der trotz eines niedrigeren Werts des OLG die Revision zuläßt, und umgekehrt.

b) Beschwer. Wie bei jedem Rechtsmittel ist auch für eine Beschwerde gegen die Festsetzung des Kostenstreitwerts eine Beschwer erforderlich. Deshalb kann sich ein Anwalt aus eigenem Recht nach §§ 9 II BRAGO, Bbg AnwBl **84**, 95, nur über eine zu niedrige Wertfestsetzung, die Partei nur über eine zu hohe beschweren, BGH RR **86**, 737, BFH BB **72**, 564. Das gilt auch dann, wenn die Partei mit dem Anwalt ein über das Gesetz hinausgehendes höheres Honorar nach § 3 I BRAGO vereinbart hat (es hindert den Anwalt übrigens nicht, eine Erhöhung des festgesetzten Kostenstreitwerts zu fordern, BFH NJW **76**, 208). Denn andernfalls könnte die Partei das erhöhte Honorar auf den Gegner abwälzen, der sich bereits auf einen festgesetzten Kostenstreitwert eingerichtet hat und nicht mit einer Streitwerterhöhung nur deshalb rechnen muß, weil sein Gegner einen teureren Anwalt beschäftigt hat.

Diese Frage ist **streitig. Wie hier** zB Ffm JB **70**, 311, Schneider JB **70**, 279; **offen** OVG Münst DÖV **78**, 816; **aM** BFH NJW **70**, 1767 mwN, VGH Kassel DÖV **76**, 607, OVG Lüneb NJW **72**, 788, VGH Mü AnwBl **82**, 445, Tschischgale MDR **64**, 97.

Unter Umständen muß eine Umdeutung erfolgen, Bbg JB **76**, 1677.

Die Staatskasse kann sowohl im Fall einer zu niedrigen Festsetzung als auch bei einer zu hohen beschwert sein, Bbg AnwBl **84**, 95, im letzteren Fall aber nur insoweit, als sie deshalb dem im Verfahren der Prozeßkostenhilfe beigeordneten Anwalt mehr vergüten muß, KG AnwBl **84**, 612.

Die Partei eines Anwalts, der eine Beschwerde einlegt, kann ein ihm entgegengesetztes Ziel verfolgen wollen. Ein Gegner ist aber weder hier noch im Fall anderer Antragsteller vorhanden, und zwar auch dann nicht, wenn das Gericht die Partei oder einen anderen am Streitwert Interessierten anhört, Schlesw Rpfleger **62**, 394, VGH Kassel AnwBl **84**, 49 mwN.

Die Partei ist auch in einem Patentstreit beschwert, für den der Gegner eine Streitwertermäßigung nach § 144 PatG erhalten hat, ebenso in den anderen im Anh nach § 12: IX genannten Fällen.

Wer nur außergerichtliche Kosten übernommen hat (ohne Mitteilung nach § 54 Z 2), ist nicht beschwert, aM Freund NJW **56**, 9. Wer einer Festsetzung des Kostenstreitwerts zugestimmt hatte, ist nicht beschwert, Bbg JB **75**, 1463. Zu Unrecht verneint OVG Münst Rpfleger **75**, 148 die Beschwer einer in der ersten Instanz obsiegenden Partei für einen Herabsetzungsantrag schon wegen I 3, krit auch Schmidt Rpfleger **75**, 265. Nach einem Beweissicherungsverfahren kann eine Beschwer schon wegen etwaiger sachlichrechtlicher Ersatzansprüche vorliegen, LG Münst MDR **89**, 554, aM LG Brschw JB **85**, 1213.

c) Beschwerdewert. Der Beschwerdewert muß 100 DM übersteigen, II 1 Hs 1; vgl auch bei § 5 II 1.

B. Verfahren. a) Zuständigkeit. Soweit der Urkundsbeamte der Geschäftsstelle einen Kostenstreitwert angesetzt (nicht festgesetzt) hatte, muß man zunächst die Entscheidung seines Gerichts herbeiführen; erst gegen die Entscheidung des Richters ist die Beschwerde statthaft. In einer Familiensache ist das OLG (Familien-Senat) zuständig, Bischof MDR **78**, 716.

b) Form. Die Einlegung der Beschwerde kann schriftlich oder zum Protokoll des Urkundsbeamten der Geschäftsstelle erfolgen. Es herrscht kein Anwaltszwang, II 1 Hs 2 in Verbindung mit § 5 III 1, und zwar auch dann nicht, wenn sich der Anwalt nach § 9 II BRAGO beschwert.

c) Weitere Verfahrensfragen. Die Beschwerde ist unzulässig, wenn sie später als nach den in I 4 genannten Zeitpunkten eingelegt wird. Wenn also auch die ändernde Entscheidung ergehen kann, dann kann die Änderung doch nicht mehr mit einer späteren Beschwerde veranlaßt werden. Nur dann, wenn die Festsetzung zwar später als einen Monat vor dem Ablauf der in I 4 genannten Frist erfolgt, aber noch innerhalb dieser Sechsmonatsfrist, BGH GRUR **79**, 433, Schlesw SchlHA **78**, 180, läuft die Beschwerdefrist noch einen Monat nach der Zustellung oder formlosen Mitteilung des Festsetzungsbeschlusses, BGH NJW **66**, 2061. Wenn die Streitwertfestsetzung erst nach dem Ablauf der Frist des I 4 erfolgt, dann ist eine Abänderung zulässig, sofern die Partei innerhalb einer angemessenen Frist einen entsprechenden Antrag stellt, BGH MDR **64**, 483 und NJW **66**, 2061, Köln Rpfleger **77**, 148, Schlesw SchlHA **78**, 180, offen Ffm MDR **87**, 244.

Die Verweisung in II 3 auf I 4 macht die Beschwerde nicht im Sinn von § 9 V ArbGG fristgebunden, LAG Hamm DB **86**, 1291 (daher besteht keine Belehrungspflicht).

Wenn der angefochtene Festsetzungsbeschluß keine Begründung enthält, wenn es sich außerdem um eine schwierige Sache handelt und wenn obendrein etwa noch weitere erhebliche Verfahrensfehler vorliegen, ist eine Zurückverweisung zulässig, Bbg JB **78**, 1360, Köln MDR **72**, 335, vgl Schneider MDR **72**, 373 mwN.

Wenn das AG an das LG verwiesen hatte, dann entscheidet das OLG. Das weitere Verfahren verläuft nach II 1 Hs 2 in Verbindung mit § 5 II 2, 3, 5–6 s dort, auch wegen des BFHEntlG.

Das festsetzende Gericht kann der Beschwerde abhelfen, ArbG Siegen AnwBl **84**, 156. Das Beschwerdegericht ist nicht an die Streitwertfestsetzung des Prozeßgerichts gebunden, KG NJW **70**, 255.

Eine Streitwertbeschwerde ist auch noch dann zulässig, wenn die Entscheidung in der Hauptsache bereits rechtskräftig geworden ist, I 4. Durch eine Beschwerdeentscheidung kann also wegen einer erheblichen Veränderung des Streitwerts die Kostenentscheidung der Hauptsache unrichtig werden, dazu Anm 3 A b.

Gegen die Versäumung der Frist nach II 3 ist keine Wiedereinsetzung zulässig, KG Rpfleger **80**, 443.

Die höhere Instanz kann auch von Amts wegen die Entscheidung der Vorinstanz abändern, Hamm JB **78**, 1563, Mü Rpfleger **77**, 336 mwN, insofern auch Zweibr Rpfleger **80**. 201. Soweit die Beschwerde innerhalb der Frist des I 4 einging, ist die Abänderung von Amts wegen auch nach dem Fristablauf zulässig, BVerwG NVwZ **88**, 1019. Eine Abänderung von Amts wegen ist auch zum Nachteil des Beschwerdeführers zulässig.

d) Weitere Beschwerde. Eine weitere Beschwerde ist immer unzulässig, II 1 Hs 2 in Verbindung mit § 5 II 7. Das gilt auch im Verfahren nach dem ZVG, Bbg JB **76**, 1677; vgl freilich Einl IV § 2 Anm 2 B.

e) Entscheidung. Das Gericht teilt seine Beschwerdeentscheidung dem Beschwerdeführer und dem Prozeßgegner formlos mit, §§ 329 II 1 ZPO, 56 VwGO, 53 FGO. Eine förmliche Zustellung ist also nicht erforderlich.

Im Beschwerdeverfahren entstehen keine Gebühren, wohl aber Auslagen. Es findet keine Kostenerstattung statt, III, vgl § 5 IV. Es gibt keine Kostenentscheidung zu Lasten des Prozeßgegners des Beschwerdeführers, LG Ffm Rpfleger **85**, 208, auch nicht wegen Gerichtsauslagen. Denn er ist kein Gegner, BFH NJW **76**, 1864, VGH Kassel AnwBl **84**, 49 mwN.

5) Gegenvorstellung. A. Grundsatz. Die Gegenvorstellung richtet sich an das bisherige Gericht und erbittet lediglich um dessen (nochmalige) Überprüfung des Falls, vgl BGH VersR **82**, 598 und RR **86**, 737. Zur allgemeinen Zulässigkeit einer Gegenvorstellung Düss MDR **77**, 235 und FamRZ **78**, 125, KG FamRZ **75**, 103, BLAH Üb 1 C vor § 567 ZPO, RoS § 148 II 4 je mwN, Ratte, Wiederholung der Beschwerde und Gegenvorstellung 1975 (Bespr Kirberger Rpfleger **76**, 339), Schmidt, Die Gegenvorstellung usw, Diss Bonn 1971.

Eine Gegenvorstellung ist trotz des aus allgemeinen prozessualen Grundsätzen folgenden Verbots einer Umgehung des gesetzlich zur Verfügung stehenden Rechtsbehelfs nicht schlechthin unzulässig.

B. Voraussetzungen im einzelnen. Eine Gegenvorstellung ist jedoch nur zulässig, wenn die folgenden Voraussetzungen zusammentreffen:

a) Zulässigkeit einer Beschwerde. Eine Beschwerde nach II muß insofern zulässig sein, als die angegriffene Entscheidung ihrer Art nach beschwerdefähig sein muß, BGH RR **86**, 737. Denn die Gegenvorstellung unterscheidet sich von der Beschwerde unter anderem durch das Fehlen einer Anrufung des übergeordneten Gerichts und kann überdies als eine Anregung zur Änderung von Amts wegen gelten, I 3. Die Gegenvorstellung kommt auch dann in Betracht, wenn ein Beschwerdegericht fehlt oder wenn eine Beschwerdesumme nicht erreicht ist, BGH RR **86**, 737.

b) Rechtsschutzbedürfnis. Es muß ein Rechtsschutzbedürfnis vorliegen, vgl Bre JB **78**, 602 mwN, Köln MDR **73**, 236, Schneider MDR **72**, 568. Man darf ein Rechtsschutzbedürfnis wegen der stets erforderlichen Beschwerdemöglichkeit nur ausnahmsweise bejahen.

c) Weitere Einzelfragen. Eine Gegenvorstellung gegen den Festsetzungsbeschluß des Rechtsmittelgerichts wegen des vorinstanzlichen Werts ist wegen II 2 in der Regel unzulässig, BGH RR **86**, 737, KG FamRZ **75**, 103 mwN. Das gilt zumindest dann, wenn der Beschwerdeführer sie später als 6 Monate seit der Erledigung der Hauptsache einlegt, Köln MDR **73**, 236. Von diesem Grundsatz mag eine Ausnahme gelten, wenn das Gericht gegen das Gebot des rechtlichen Gehörs des Beschwerdegegners verstoßen hat, Art 103 I GG, vgl Hamm JB **76**, 1121 mwN, oder wenn es sich um eine Änderung oder Klarstellung nach § 319 ZPO handelt.

Man muß die Frist des II 3 einhalten, BGH RR **86**, 373.

Im Verfahren auf eine Gegenvorstellung entstehen keine Gerichtsgebühren, § 1, KG FamRZ **75**, 104. Wegen der Gebühren des Anwalts § 37 BRAGO Anm 4 J, § 61 BRAGO Anm 1.

Schätzung des Wertes

26 **Wird eine Abschätzung durch Sachverständige erforderlich, so ist in dem Beschluß, durch den der Wert festgesetzt wird (§ 25), über die Kosten der Abschätzung zu entscheiden. Diese Kosten können ganz oder teilweise der Partei auferlegt werden, welche die Abschätzung durch Unterlassen der ihr obliegenden Wertangabe, durch unrichtige Angabe des Wertes, durch unbegründetes Bestreiten des angegebenen Wertes oder durch eine unbegründete Beschwerde veranlaßt hat.**

1) Geltungsbereich. Die Vorschrift bezieht sich nur auf den Fall des § 25 GKG in Verbindung mit § 3 ZPO, nicht auf eine Wertfestsetzung nach § 24. Das ergibt sich bereits aus dem Gesetzeswortlaut. Die Kosten einer im Rahmen des § 24 stattfindenden Abschätzung fallen unter die Prozeßkosten.

Da im Verfahren vor den Arbeitsgerichten eine Wertfestsetzung keine Bedeutung mehr für die Rechtsmittelfähigkeit hat, § 12 ArbGG Anm 2 A, Teil II A dieses Buchs, ist § 26 jetzt auch im Verfahren vor den Arbeitsgerichten unbeschränkt anwendbar.

Dagegen ist § 26 im Verfahren vor den Finanz- und Verwaltungsgerichten unanwendbar, aM Markl § 13 Rdz 5.

2) Abschätzung. A. Erforderlichkeit. Eine Abschätzung durch einen Sachverständigen ist nur selten erforderlich. Sie kann zB in einem schwierigen Fall des gewerblichen Rechtsschutzes notwendig sein, etwa dann, wenn das Gericht den Wert des Patents, die Beeinträchtigung des Wettbewerbers und andere Nachteile nicht selbst wertmäßig beurteilen kann. Sie kommt ferner dann in Betracht, wenn erkennbar wird, daß die Parteien einen zu niedrigen Wert angeben. Sie ist aber vor allem auch dann erforderlich, wenn der Antragsteller die nach § 23 erforderliche Wertangabe trotz einer Aufforderung zur Nachholung innerhalb einer angemessenen Frist unterlassen hat.

Soweit eine Abschätzung durch einen Sachverständigen objektiv erforderlich wird, ist das Gericht zu einer Beschlußfassung nach S 1 nicht nur berechtigt, sondern auch verpflichtet. Das ergibt sich aus den Worten „so ist" in S 1. Insofern besteht also kein Ermessensspielraum des Gerichts.

Soweit das Gericht gleichwohl eine Entscheidung nach S 1 vergessen hat, ist auf Grund des Antrags eines Beteiligten ein Ergänzungsverfahren in entsprechender Anwendung des § 321 ZPO oder von Amts wegen unter den Voraussetzungen des § 319 I ZPO auch eine entsprechende Berichtigung (Ergänzung) zulässig und notwendig.

B. Verfahren. a) Zuständigkeit. Zur Anordnung einer Abschätzung durch einen Sachverständigen ist nur der Richter, nicht der Urkundsbeamte der Geschäftsstelle befugt. Denn der letztere darf keinen förmlichen Wertfestsetzungsbeschluß erlassen. Die Anordnung erfolgt in der Form eines Beweisbeschlusses, § 358 ZPO. Eine Anhörung des Antragstellers vor dem Erlaß eines solchen Beschlusses ist jedenfalls dann notwendig, wenn das Gericht damit rechnen muß, das eine Kostenentscheidung nach S 2 zu Lasten des Antragstellers in Betracht kommt.

Die Anhörung liegt aber durchweg bereits darin, daß das Gericht dem Antragsteller anheimgibt, innerhalb einer angemessenen Frist die unterlassene Wertangabe nachzuholen. Das Gericht braucht in einem solchen Fall nicht ausdrücklich darauf hinzuweisen, daß es nach ergebnislosem Fristablauf nach § 26 verfahren will. Das gilt insbesondere dann, wenn der Antragsteller durch einen Anwalt vertreten wird.

b) Weiteres Verfahren. Das Gericht braucht über die Entscheidung darüber, wer die Kosten der Abschätzung nach § 26 tragen soll, keine mündliche Verhandlung abzuhalten. Es muß aber denjenigen, der durch seine Entscheidung beschwert werden würde, vorher anhören, Art 103 I GG. Freilich liegt die Anhörung schon in der Gelegenheit zur Stellungnahme auf einen gegnerischen Festsetzungsantrag oder in der Gelegenheit zur Nachholung einer nach § 23 erforderlichen Wertangabe, ohne daß das Gericht in diesem Zusammenhang ausdrücklich auf § 26 hinweisen müßte.

C. Entscheidung. Die Entscheidung erfolgt durch einen Beschluß. Das Gericht kann ihn mit dem Wertfestsetzungsbeschluß verbinden. Der Beschluß bedarf grundsätzlich einer Begründung, BLAH § 329 ZPO Anm 1 A b mwN. Das Gericht teilt den Beschluß den Beteiligten formlos mit.

Das Gericht kann die nach § 26 S 1 entstehenden Auslagen selbst dann, wenn eine Partei im Sinn von S 2 schuldhaft handelte, teilweise oder ganz dem Staat auferlegen. Es hat einen Ermessensspielraum. Es muß sein Ermessen aber pflichtgemäß und nachprüfbar ausüben und dabei abwägen, welche Umstände für eine Kostenentscheidung zu Lasten der Partei, welche für eine solche zu Lasten des Staats sprechen.

Die Entscheidung ist nur insofern eine solche nach § 26, als das Gericht darüber befindet, wem die Sachverständigenkosten auferlegt werden. Das gilt auch bei einer Verteilung dieser Kosten auf den Staat und die Partei. Die Frage, welche Kosten der Sachverständige überhaupt erstattet fordern kann (Gebühren und seine Auslagen), ist auch dann nach § 16 ZSEG zu beurteilen und anfechtbar, wenn sie mit einem Beschluß nach § 26 GKG verbunden ist.

D. Kosten der Abschätzung. a) Grundsatz. Grundsätzlich trägt der Staat die Kosten der Abschätzung. Denn die Abschätzung erfolgt in seinem, dem Kosteninteresse.

b) Ausnahmen. Ausnahmsweise darf das Gericht die Kosten der Abschätzung ganz oder teilweise derjenigen Partei auferlegen, die die Abschätzung vorwerfbar veranlaßt hat. Die Notwendigkeit eines Verschuldens dieser Partei ergibt sich zwar nicht unmittelbar ais dem Wortlaut von S 2, wohl aber aus dem Sinn dieser eng auszulegenden Ausnahmevorschrift.

Ein Verschulden kann in folgenden Fällen vorliegen:

aa) Keine Wertangabe. Die Partei handelt vorwerfbar, soweit sie ohne eine rechtzeitige Mitteilung ausreichender Hinderungsgründe eine ihr nach § 23 vorgeschriebene Wertangabe unterläßt. Ein Verschulden setzt in diesem Zusammenhang voraus, daß das Gericht die Partei eindeutig zur Angabe nach § 23 aufgefordert und ihr auch eine angemessene Frist zur Antwort gelassen hat. Zur Wertangabe ist stets nur der Antragsteller verpflichtet, § 23 Anm 1.

bb) Unrichtige Wertangabe. Ein Verschulden kann auch darin liegen, daß der Antragsteller eine objektiv unrichtigen Wert angegeben hat. Hier kann allerdings auch den Antragsgegner eine entsprechendes Verschulden treffen, soweit er sich sei es auf Anforderung des Gerichts, sei es von sich aus geäußert und einen unrichtigen Wert angeregt hat.

Freilich muß aus den Umständen erkennbar werden, daß derjenige, der sich zum Wert geäußert hat, diesen bei der ihm zuzumutenden Sorgfalt hätte genauer und richtiger angeben können und müssen. Dabei ist auf die Kenntnisse derjenigen Partei, die objektiv unrichtige Angaben macht, abzustellen.

An die Sorgfaltspflicht des Antragstellers ist wegen § 23 ein schärferer Maßstab anzulegen als an diejenige des Prozeßgegners. Soweit der letztere sich ohne eine Aufforderung des Gerichts von sich aus geäußert hat, ist das ihm zuzumutende Sorgfaltsmaß keineswegs stets geringer als dann, wenn er sich auf Grund einer Aufforderung oder Anheimgabe des Gerichts geäußert hat. Es kommt auch in diesem Zusammenhang ganz auf die Fallumstände und das wirtschaftliche Interesse der Beteiligten an.

cc) Unbegründetes Bestreiten. Ein Verschulden kann auch darin liegen, daß der Prozeßgegner das Antragstellers dessen Wertangaben bestreitet, obwohl sie objektiv richtig waren. Auch in diesem Zusammenhang kommt es darauf an, ob man dem Prozeßgegner eine größere Sorgfalt bei der Stellungnahme zur gegnerischen Wertangabe zumuten konnte.

dd) Unbegründete Beschwerde. Ein Verschulden kann schließlich in einer objektiv unbegründeten Beschwerde gegen die Festsetzung des Kostenstreitwerts liegen.

ee) Weitere Einzelfragen. Die Partei trägt die Kosten in den Fällen aa–dd auch dann, wenn das Verschulden nur bei ihrem gesetzlichen Vertreter oder bei ihrem Prozeßbevollmächtigten liegt, §§ 51 II, 85 II ZPO. Als Partei ist auch der Streithelfer anzusehen, soweit seine Erklärung statt derjenigen der Partei oder neben dieser gilt. Überhaupt bezieht sich § 26 auf Auslagen, nicht auf Gebühren.

E. Rechtsmittel. Gegen den Beschluß des Gerichts ist die einfache Beschwerde statthaft. Sie ist immer nur zusammen mit der Wertfestsetzung zulässig, § 99 I ZPO entspr. Der Beschwerdeführer kann die Höhe der dem Sachverständigen zu erstattenden Kosten (Gebühren und seine Auslagen) nicht mit der Beschwerde gegen den nach § 26 ergangenen Beschluß bemängeln, sondern nur im Rahmen eines Beschwerdeverfahrens nach § 16 ZSEG.

Eine Beschwerde ist ohne die Beschränkung des § 99 I ZPO statthaft, soweit der Beschwerdeführer einen ihn von Kosten nach § 26 entlastenden Beschluß beantragt hatte und soweit das Gericht einen solchen Beschluß überhaupt nicht erlassen hat. Denn mit der Beschwerde bemängelt der Beschwerdeführer in diesem Fall das Fehlen einer Kostenentscheidung.

Einmalige Erhebung der Gebühren

27 Die Gebühr für das Verfahren im allgemeinen und die Gebühr für eine Entscheidung werden in jeder Instanz hinsichtlich eines jeden Teils des Streitgegenstandes nur einmal erhoben.

1) Allgemeines. Die Vorschrift enthält den Grundsatz der Einmaligkeit der Regelgebühr, auf dem das Pauschalsystem beruht. Das Gesetz durchbricht diesen Grundsatz an einigen Stellen für die Urteilsgebühr. Bei gleichem Streitgegenstand entsteht die Verfahrensgebühr nicht nochmals, wenn der Bekl die Widerklage auf eine bisher am Rechtsstreit nicht beteiligte Person ausdehnt, BGH **40**, 185, Mü Rpfleger **68**, 232.

§ 27 ist im Verfahren vor den Arbeits-, ferner vor den Finanz- und Verwaltungsgerichten anwendbar, § 13 Anm 2 D.

2) Instanz. A. Begriff. Der Begriff der Instanz ist nicht derselbe wie derjenige in der ZPO, Bre JB **76**, 350, und auch nicht derselbe wie derjenige der Rechtszugs im Sinn von § 13 II 2 BRAGO, Zehendner BB **81**, 846. Während dort die drei Instanzen mit der Klagerhebung oder der Einlegung des Rechtsmittels beginnen und mit der Erledigung des gesamten vom Gericht der Instanz zu bewältigenden Prozeßstoffs enden, also nicht immer mit einem Urteil, zB nicht mit einem Zwischenurteil, und während die Zurückverweisung dort keine neue Instanz begründet, BLAH § 176 ZPO Anm 2 C, gilt im Gerichtskostengesetz (anders wiederum als in der BRAGO) folgendes:

a) Beginn. Die Instanz beginnt mit der Einreichung, nicht mit der Zustellung, der Klage, einer Rechtsmittelschrift oder eines gebührenpflichtigen Antrags.

b) Ende. Die Instanz endet mit dem Wirksamwerden des Schlußurteils, zB seiner Verkündung. Sie endet ferner mit dem Abschluß eines Prozeßvergleichs oder mit der Mitteilung eines außergerichtlichen Vergleichs (maßgebend ist der Eingang beim Gericht), ferner mit der wirksamen Rücknahme der Klage oder eines Rechtsmittels. Sie kann beendet sein, aber durch spätere Ereignisse gleichwohl wieder aufleben.

B. Einzelfälle in Auswahl

Anfechtungsklage: Die Anfechtungsklage im Entmündigungs- und Aufgebotsverfahren stellt eine neue Instanz dar.

Erledigung der Hauptsache: Im Verfahren gegenüber mehreren Streitgenossen stellen Vorgänge, die zur Erledigung im Verhältnis zum einen Streitgenossen führen, und solche, die zur Erledigung im Verhältnis zum anderen Streitgenossen führen, Vorgänge derselben Instanz dar.

Erneuter Antrag: Nach der Zurücknahme einer Klage oder Widerklage oder eines Rechtsmittels und nach der Verwerfung eines Rechtsmittels stellt eine erneute Klage oder Widerklage oder ein erneutes Rechtsmittel einen Vorgang derselben Instanz dar. Nach einem Beschluß, der den Berufungskläger der Berufung verlustig erklärt, oder nach dem Hinfälligwerden einer Anschlußberufung stellt eine neue Berufung einen Vorgang derselben Instanz dar, vgl § 13 BRAGO Anm 3D, Hbg MDR **72**, 877, im Ergebnis auch Pantle NJW **88**, 2775, aM zB Markl 6a.

Nach der Abweisung einer Klage als unzulässig eröffnet eine neue Klage eine neue Instanz.

Grund des Anspruchs: Das Verfahren über den Grund des Anspruchs und das Betragsverfahren stellen Vorgänge derselben Instanz dar, und zwar auch nach dem Erlaß eines Zwischenurteils gemäß § 304 ZPO. Das gilt selbst dann, wenn inzwischen ein Rechtsmittel schwebte, Bre JB **76**, 484. Wenn der Rechtsmittelführer wegen einiger Zweifel an der Zulässigkeit des bereits eingelegten Rechtsmittels vorsorglich ein gleichartiges Rechtsmittel nochmals einlegt, liegt für beide Rechtsmittel dieselbe Instanz vor.

Wenn der Rechtsmittelführer gleichzeitig gegen dieselbe Entscheidung eine Berufung und eine Beschwerde oder eine Sprungrevision und eine Berufung einlegt, dann eröffnet er verschiedene Instanzen. Sie liegen auch dann vor, wenn sich eine Berufung gegen ein Grundurteil und eine weitere Berufung gegen das spätere Betragsurteil richten; etwas anderes gilt erst nach einer Verbindung der beiden Berufungsverfahren.

Klagänderung: Das Verfahren nach der Zulassung einer Klageänderung zählt zu derselben Instanz wie das Verfahren vor der Klageänderung. Das gilt auch dann, wenn sich die Klage nunmehr statt auf den ursprünglichen Anspruch selbst auf einen inzwischen abgeschlossenen außergerichtlichen Vergleich stützt.

Nachverfahren: Das Verfahren bis zum Erlaß eines Vorbehaltsurteils und das Nachverfahren, §§ 302, 599 ZPO, stellen dieselbe Instanz dar.

Wenn aber zunächst gegen das Vorbehaltsurteil und später gegen das in derselben Sache ergangene Nachurteil Rechtsmittel eingelegt werden, liegen verschiedene Instanzen vor. In diesem Fall muß man also die Verfahrensgebühr für jedes der beiden Rechtsmittel gesondert ansetzen, Mü NJW **64**, 601.

Prozeßverbindung: Im Fall der Verbindung mehrerer Prozesse nach § 147 ZPO liegt dieselbe Instanz vor.

Prozeßvergleich: Das Verfahren vor dem Prozeßgericht bis zum Abschluß des Prozeßvergleichs und das Verfahren vor demselben Gericht im Streit über die Wirksamkeit des Prozeßvergleichs stellen dieselbe Instanz dar.

Prozeßtrennung: Eine Prozeßtrennung nach § 145 läßt für beide nun getrennten Verfahren dieselbe Instanz bestehen.

Rechtsmittel: Soweit beide Parteien oder mehrere Streitgenossen gegen dasselbe Urteil Rechtsmittel einlegen, liegt dieselbe Instanz vor.

Soweit eine Partei mehrere in derselben Sache ergangenen Urteile durch getrennte Rechtsmittel anficht, liegen verschiedene Instanzen vor. Das gilt auch im Fall einer Vorbehalts- und Nachurteils, s „Nachverfahren". Soweit eine Partei in einer früher zurückverwiesenen Sache ein neues Rechtsmittel einlegt, liegt eine neue Instanz vor, BFH BStBl **70** II 852.

Teilurteil: Mehrere Berufungen gegen Teilurteile, die einzelne gesamtschuldnerisch belangte Streitgenossen betreffen, stellen dieselbe Instanz dar.

Urteilsvervollständigung: Eine Vervollständigung des in abgekürzter Form ergangenen Versäumnis- oder Anerkenntnisurteils, § 313b ZPO, das im Ausland zur Anerkennung und Vollstreckung gebracht werden soll, durch die Hinzufügung von Tatbestand und Entscheidungsgründen ergeht in derselben Instanz. Vgl dazu § 9 IV AusfG vom 26. 6. 1959, BGBl 425, zum deutsch-belgischen Anerkennungs- und Vollstreckungsabkommen vom 30. 6. 1958, § 9 IV AusfG vom 28. 3. 1961, BGBl 301, zum deutsch-britischen Anerkennungs- und Vollstreckungsabkommen vom 14. 7. 1960, § 8 IV AusfG vom 5. 2. 63, BGBl 129, zum deutsch- griechischen Anerkennungs- und Vollstreckungsabkommen, § 18 IV AusfG vom 15. 1. 65, BGBl 17, zum deutsch-niederländischen Anerkennungs- und Vollstreckungsabkommen; s auch § 37 BRAGO Anm 8.

Verweisung: Das Verfahren vor und nach einer Verweisung an eine andere Kammer oder Abteilung oder an ein anderes Gericht sowie das Verfahren vor und nach der Zurückverweisung an dasselbe Gericht, § 33, stellen dieselbe Instanz dar.

S auch „Zurückverweisung".

Wiederaufnahme: Das Wiederaufnahmeverfahren eröffnet eine neue Instanz, und zwar nochmals dieselbe wie diejenige, deren Entscheidung der Kläger anficht, BFH BB **85**, 985.

Zulässigkeitsrüge: Das Verfahren über eine Zulässigkeitsrüge und das Verfahren zur Hauptsache stellen dieselbe Instanz dar, und zwar auch dann, wenn inzwischen schon ein Urteil vorliegt.

Zurückverweisung: Nach einer Zurückverweisung eröffnet ein neues Rechtsmittel eine neue Instanz, BFH BStBl **70** II 852.

Zuständigkeitsbestimmung: Das Verfahren vor einer Zuständigkeitsbestimmung nach § 36 ZPO, das Verfahren der Zuständigkeitsbestimmung und das anschließende Verfahren vor demjenigen Gericht, das als zuständig bestimmt worden ist, stellen dieselbe Instanz dar.

3) Einmaligkeit der Gebührenerhebung. Jede Regelgebühr wird in derselben Instanz, Anm 2, hinsichtlich eines jeden Teiles des Streitgegenstands nur einmal erhoben. Soweit sich aber der Streitgegenstand verändert, ist § 21 anwendbar.

Anordnung der Zwangsversteigerung und Zwangsverwaltung

28 **I Ist der Antrag auf Anordnung der Zwangsversteigerung oder Zwangsverwaltung eines Grundstücks von einem Gläubiger gestellt, so bestimmt sich der Wert für die Entscheidung über den Antrag und für die Entscheidung über den Beitritt nach dem Betrag der vollstreckbaren Forderung, höchstens jedoch nach dem letzten Einheitswert des Grundstücks, der zur Zeit der Fälligkeit der Gebühr bereits festgestellt ist. Weicht der Gegenstand des**

Verfahrens vom Gegenstand der Einheitsbewertung wesentlich ab oder hat sich der Wert infolge bestimmter Umstände, die nach dem Feststellungszeitpunkt des Einheitswerts eingetreten sind, wesentlich verändert, so ist höchstens der nach freiem Ermessen auf der Grundlage des Einheitswerts ermittelte Wert maßgebend. Wird der Einheitswert nicht nachgewiesen, so ist das Finanzamt um Auskunft über die Höhe des Einheitswerts zu ersuchen. Wird der Antrag wegen eines Teils der Forderung gestellt, so ist der Teilbetrag nur maßgebend, wenn es sich um einen nach § 10 Abs. 1 Nr. 5 des Gesetzes über die Zwangsversteigerung und die Zwangsverwaltung zu befriedigenden Anspruch handelt, sowie im Verfahren der Zwangsverwaltung.

II In anderen als den in Absatz 1 bestimmten Fällen ist die Hälfte des Einheitswerts maßgebend. Dies gilt auch, wenn ein Gläubiger eines Miteigentümers die Zwangsversteigerung zum Zwecke der Aufhebung der Gemeinschaft betreibt.

1) Streitwert, I, II. A. Gläubiger als Antragsteller. In diesem Fall ist die vollstreckbare Forderung ohne Zinsen oder Kosten, § 22 I, Schneider MDR **76**, 181, der Streitwert. Wenn er höher ist als derjenige zum Zeitpunkt der Fälligkeit der Gebühr, § 62, dann ist ein bereits rechtskräftig festgestellter Einheitswert maßgeblich, und zwar unter Umständen der Einheitswert von 1964, Art 5 § 1 Nov 75 in Verbindung mit Art 4 I G vom 13. 8. 65, BGBl 851, Mümmler JB **75**, 1303. Das Prozeßgericht muß unter Umständen das Finanzamt ersuchen, den rechtskräftig festgestellten Einheitswert mitzuteilen. Dieses Ersuchen wird durch die Gebühr für die Anordnung des Verfahrens mitabgegolten. Soweit ein Einheitswert überhaupt noch nicht amtlich festgestellt worden ist, muß man ihn entsprechend § 19 II 3 KostO einschließlich der etwa notwendigen Berichtigung schätzen, LG Mü Rpfleger **73**, 71.

Wenn sich eine wesentliche Abweichung des Gegenstands des Verfahrens vom Einheitswert ergibt, zB dadurch, daß dem Zwangsversteigerungs- oder Zwangsverwaltungsverfahren auch Maschinen und Betriebsanlagen unterliegen, LG Mü Rpfleger **73**, 71, oder wenn infolge einer unverhältnismäßigen Höherbelastung oder einer wesentlichen Veränderung des Werts nach der letzten Einheitsbewertung Veränderungen eintreten, dann muß das Gericht den Wert nach seinem „freien", in Wahrheit pflichtgemäßen Ermessen ermitteln. Auch diese Ermittlung muß aber auf der Grundlage des Einheitswerts erfolgen, sie darf nicht auf der Grundlage eines Verkehrswerts vorgenommen werden, I 2.

Der volle Wert der vollstreckbaren Forderung, also einer solchen, bei der der Vollstreckungstitel, die Vollstreckungsklausel und die Zustimmung vorliegen, höchstens aber der Einheitswert sind auch dann maßgebend, wenn der Gläubiger das Verfahren nur wegen eines Teils seiner Forderung betreibt. Ein Teilbetrag ist nur dann maßgebend, wenn es sich um einen Anspruch handelt, der nach § 10 I Z 5 ZVG (persönlicher Titel) zu befriedigen ist, sowie im Fall einer Zwangsverwaltung, I 4.

Eine über den Teilbetrag hinausgehende Forderung scheidet jedoch mangels Fälligkeit aus, selbst wenn auch eine Vollstreckungsklausel für sie vorliegt, LG Bln Rpfleger **81**, 207 mwN. Denn die Zwangsvollstrekkung darf nicht vor dem Ablauf der Fälligkeitstags beginnen, § 751 ZPO, der bei einer Annuität regelmäßig feststeht, Hamm Rpfleger **59**, 130, LG Würzb Rpfleger **65**, 280, aM LG Dortm Rpfleger **60**, 70, 258 (einschränkend NJW **61**, 1826). Etwas anderes gilt nur im Fall einer willkürlichen Beschränkung auf eine der fälligen Annuitäten.

Nebenfolgen dürfen nicht berücksichtigt werden, § 22 I, Schneider MDR **76**, 180.

B. Weiterer Antragsteller. Wenn ein anderer als der Gläubiger den Antrag stellt, etwa ein Miterbe oder der Konkursverwalter, § 172 ZVG, oder der Gläubiger eines Miteigentümers zwecks Aufhebung der Gemeinschaft, II 2, dann ist der halbe Einheitswert maßgebend, auch wenn der Anteil des Antragstellers mehr als ½ ist.

2) Gebührenhöhe. Maßgeblich sind KV 1500–1571.

Zwangsversteigerung

29 **I Bei der Zwangsversteigerung von Grundstücken sind die Gebühren für das Verfahren im allgemeinen bis zur Bestimmung des ersten Versteigerungstermins, für die Bestimmung des Versteigerungstermins und das weitere Verfahren sowie für die Abhaltung des Versteigerungstermins von dem gemäß § 74a Abs. 5 des Gesetzes über die Zwangsversteigerung und die Zwangsverwaltung festgesetzten Wert zu berechnen. Ist ein solcher Wert nicht festgesetzt, so ist der Einheitswert maßgebend; § 28 Abs. 1 Satz 2 und 3 gilt entsprechend.**

II Die Gebühr für die Erteilung des Zuschlags bestimmt sich nach dem Gebot ohne Zinsen, für das der Zuschlag erteilt ist, einschließlich des Werts der nach den Versteigerungsbedingungen bestehenbleibenden Rechte zuzüglich des Betrages, in dessen Höhe der Ersteher nach § 114a des Gesetzes über die Zwangsversteigerung und die Zwangsverwaltung als aus dem Grundstück befriedigt gilt. Im Falle der Zwangsversteigerung zur Aufhebung einer Gemeinschaft vermindert sich der Wert nach Satz 1 um den Anteil des Erstehers an dem Gegenstand des Verfahrens; bei Gesamthandeigentum ist jeder Mitberechtigte wie ein Eigentümer nach dem Verhältnis seines Anteils anzusehen.

III Die Gebühr für das Verteilungsverfahren bestimmt sich nach dem Gebot ohne Zinsen, für das der Zuschlag erteilt ist, einschließlich des Wertes der nach den Versteigerungsbedingungen bestehenbleibenden Rechte. Der Erlös aus einer gesonderten Versteigerung oder son stigen Verwertung (§ 65 des Gesetzes über die Zwangsversteigerung und die Zwangsverwaltung) wird hinzugerechnet.

IV Sind mehrere Gegenstände betroffen, so ist der Gesamtwert maßgebend.

V Bei Zuschlägen an verschiedene Ersteher wird die Gebühr für die Erteilung des Zuschlags von jedem Ersteher nach dem Wert der auf ihn entfallenden Gegenstände erhoben. Eine Bietergemeinschaft gilt als ein Ersteher.

Vorbem. II 1, III 1 idF Art 1 I Z 3 G v 9. 12. 86, BGBl 2326, in Kraft seit 1. 1. 87, Art 10.

1) Verfahrensgebühren, I. Die Gebühren für das Verfahren bis zur Bestimmung des ersten Versteigerungstermins, für die Terminsbestimmung und für das weitere Verfahren sowie für die Abhaltung des Versteigerungstermins, KV 1510–1520, sind von demjenigen Wert zu berechnen, den das Vollstreckungsgericht festsetzt. Die Wertfestsetzung erfolgt wegen des Vorrangs von I vor § 15 II nach Maßgabe des Verkehrswerts, LG Paderborn Rpfleger **89**, 168, evtl nach einer Anhörung von Sachverständigen. Die Festsetzung des Werts der beweglichen Gegenstände, auf die sich die Zwangsversteigerung erstreckt, erfolgt auf Grund einer pflichtgemäßen Schätzung unter Berücksichtigung aller Umstände. Die Wertfestsetzung des Vollstreckungsgerichts bindet für die Gebührenberechnung.

Gegen den Wertfestsetzungsbeschluß der Vollstreckungsgerichts ist die befristete Erinnerung nach § 11 I 2 RPflG zulässig; vgl ferner § 74a V 3 ZVG.

Soweit das Vollstreckungsgericht keinen Wert festgesetzt hat, ist der Einheitswert maßgebend. § 28 I 2, 3 sind entsprechend anwendbar, I 2.

Für eine Eintragung im Grundbuch gilt ausschließlich die KostO, Zweibr Rpfleger **88**, 409.

2) Zuschlagsgebühr, II. Die Zuschlagsgebühr nach KV 1525 bestimmt sich nicht mehr nach dem festgesetzten Wert, sondern nach dem Gebot ohne Zinsen, für das der Zuschlag erteilt worden ist, einschließlich des Wertes der nach den Versteigerungsbedingungen oder nach den vertraglichen Bedingungen, LG Krefeld Rpfleger **76**, 332 (abl Stöber), aM Mümmler JB **77**, 1503, bestehenbleibenden Rechte, II 1, vgl §§ 52, 74a I 1 ZVG. Das gilt auch dann, wenn der Ersteher für diese Rechte schon vor der Erteilung des Zuschlags ganz oder teilweise persönlich haftet, etwa aus einer Gesamthypothek. Hinzuzurechnen ist derjenige Betrag, in dessen Höhe der Ersteher gem § 114a ZVG als befriedigt gilt, also soweit der Anspruch des aus dem Grundbuch berechtigten Erstehers durch sein Meistgebot nicht gedeckt ist, aber bei einem Gebot zum Betrag der $^7/_{10}$-Grenze gedeckt sein würde. Durch diese Regelung ist der Streit zur Anwendung von II 1 bei § 85a ZVG erledigt. Sie findet wegen § 53 II 2, dort Anm 3, auch dann Anwendung, wenn der aus dem Grundstück Berechtigte seine Rechte aus dem Meistgebot an einen Dritten abtritt, selbst wenn dieser letztere nicht aus dem Grundstück berechtigt ist, LG Lüneburg Rpfleger **88**, 113.

Im Fall einer Teilungsversteigerung nach § 180 ZVG vermindert sich der nach S 1 errechnet Wert um den Anteil des Erstehers am Gegenstand des Verfahrens, II 2. Im Fall eines Gesamthandeigentums ist jeder Mitberechtigte wie ein Miteigentümer anzusehen.

3) Verteilungsgebühr, III. Die Verteilungsgebühr, KV 1530, 1531, berechnet sich zunächst ebenso wie bei II nach demjenigen Gebot ohne Zinsen, das zum Zuschlag geführt hat, einschließlich derjenigen Rechte, die nach den Versteigerungsbedingungen bestehen bleiben, ebenso des Erlöses aus einer Sonderverwertung nach § 65 ZVG.

Nicht einzurechnen ist aber, insofern anders als bei II 1, der Betrag, in dessen Höhe ein Ersteher nach § 114a ZVG als aus dem Grundstück befriedigt gilt. Es gibt also keine Absetzung des sog Ersteheranteils. Denn die Verteilung umfaßt auch dann den genannten Erlös, wenn ein Miteigentümer Ersteher ist, BT-Drs 10/5113.

4) Mehrheit von Gegenständen, IV. In diesem Fall, vgl § 18 ZVG, ist der Gesamtwert für alle Gebühren maßgeblich, soweit der abgegoltene Verfahrensteil sich auf die mehreren Gegenstände bezieht.

5) Verschiedene Ersteher, V. Man muß die Zuschlagsgebühr von jedem Ersteher nach dem Wert des von ihm Ersteigerten besonders berechnen. Wenn das Verfahren teils durchgeführt, teils eingestellt worden ist, erfolgt eine getrennte Berechnung der einzelnen Gebühren. Im Fall eines Zuschlags an eine Personenmehrheit zur gesamten Hand oder an eine sonstige Bietergemeinschaft erfolgt eine einheitliche Berechnung.

Zwangsverwaltung

30 Die Gebühr für die Durchführung des Zwangsverwaltungsverfahrens bestimmt sich nach dem Gesamtwert der Einkünfte.

1) Allgemeines. Maßgebend ist der Gesamtbetrag der Jahreseinkünfte. Dieser Bezugszeitraum ergibt sich daraus, daß auch KV 1560 von jedem (angefangenen) Jahr ausgeht.

„Einkünfte" sind die Bruttoerträgnisse (Nutzungen), nicht bloß die Überschüsse im Sinn des § 155 II ZVG. Man darf eine Vergütung des Zwangsverwalters oder anderer Aufsichtspersonen ebensowenig abziehen wie öffentliche Lasten.

Schiffe, Schiffsbauwerke, Luftfahrzeuge und grundstücksgleiche Rechte

31 Die §§ 28 bis 30 gelten entsprechend für die Zwangsversteigerung von Schiffen, Schiffsbauwerken und Luftfahrzeugen sowie für die Zwangsversteigerung oder die Zwangsverwaltung von Rechten, die den Vorschriften der Zwangsvollstreckung in das unbewegliche Vermögen unterliegen, einschließlich der unbeweglichen Kuxe.

1) Allgemeines. § 31 unterstellt den §§ 28–30 die Zwangsversteigerung eines Schiffs oder Schiffsbauwerks, §§ 162ff ZVG, die Zwangsversteigerung eines Luftfahrzeugs, § 110 LuftfG, die Zwangsversteigerung und Zwangsverwaltung eines grundstücksähnlichen Rechts, vgl § 77 KostO Anm 1, und die Zwangsversteigerung von Wohnungseigentum nach dem WEG.

Bei einem Schiff ist eine Zwangsverwaltung unzulässig, § 870a I ZPO.

Zwangsliquidation einer Bahneinheit

32 **I Bei der Berechnung des Wertes für die Entscheidung über den Antrag auf Eröffnung der Zwangsliquidation einer Bahneinheit gilt § 28 entsprechend.**

II Die Gebühr für das Verfahren bestimmt sich nach dem Gesamtwert der Bestandteile der Bahneinheit.

1) Allgemeines. Die Zwangsliquidation einer Bahneinheit tritt im Fall der Einstellung des Betriebs oder im Fall des Erlöschens der Betriebsgenehmigung ein. Sie dient der abgesonderten Befriedigung der Bahngläubiger.

2) Streitwert. Es sind folgende Fälle zu unterscheiden:

A. Eröffnungsantrag, I. Der Wert für die Gebühr KV 1590 wird wie bei § 28 berechnet.

B. Verfahren, II. Der Wert für die Gebühren nach KV 1591–1592 richtet sich nach dem Gesamtwert der Bestandteile der Bahneinheit.

Zurückverweisung

33 **Wird eine Sache zur anderweitigen Verhandlung an das Gericht der unteren Instanz zurückverwiesen, so bildet das weitere Verfahren mit dem früheren Verfahren vor diesem Gericht im Sinne des § 27 eine Instanz.**

1) Begriff. § 33 erfaßt den Fall, daß ein höheres Gericht die Sache an das niedere Gericht zurückverweist. Es ist unerheblich, aus welchem Grund diese Zurückverweisung geschieht. Insofern besteht ein Unterschied zum Fall der Verweisung, § 9.

Im Fall einer Zurückverweisung muß man gebührenrechtlich unterstellen, daß die untere Instanz nicht abgeschlossen war. Das gilt nicht nur bei einem Zwischenurteil oder bei einem Vorbehaltsurteil, sondern auch in anderen Fällen. Die tatsächlich beendete untere Instanz lebt gebührenrechtlich wieder auf.

2) Fälle. Eine Zurückverweisung liegt zB in folgenden Fällen vor: §§ 538, 539, 565, 566a ZPO, 127, 127 FGO, 130, 144 VwGO. Wenn das Revisionsgericht an das Gericht der ersten Instanz zurückweist („Gericht der unteren Instanz"), gilt das auch für die Gebühr dieser Instanz, Markl 4, aM KG NJW **69**, 2151.

Wenn aber gegen das neue Urteil ein Rechtsmittel eingelegt wird, dann entstehen auch neue Gebühren. Denn in diesem Fall findet keine Zusammenfassung der Rechtsmittelverfahren statt, BFH BStBl **70** II 852, Köln Rpfleger **63**, 362. Neue Gebühren entstehen auch dann, wenn der BGH eine durch eine Sprungrevision an ihn gelangte Sache an das OLG zurückverweist. Denn das OLG ist nicht das Gericht „der" unteren Instanz.

3) Folgen der Nämlichkeit der Instanz. Da die Einheit der Instanz, § 27, durch die Zurückverweisung erhalten bleibt, bleiben die früher entstandenen Gebühren unberührt. Die Urteilsgebühr fällt also nicht fort, wenn die Parteien nunmehr einen Prozeßvergleich oder einen außergerichtlichen Vergleich schließen.

Neue Regelgebühren können nur entstehen, soweit sich der Streitgegenstand erhöht oder ein anderer Teil von einem Akt betroffen wird, oder in den Fällen KV 1014–1015, 1024–1025, 1204, 1214, 1304.

Verzögerung des Rechtsstreits

34 **I Wird außer im Fall des § 335 der Zivilprozeßordnung durch Verschulden des Klägers, des Beklagten oder eines Vertreters die Vertagung einer mündlichen Verhandlung oder die Anberaumung eines neuen Termins zur mündlichen Verhandlung nötig oder ist die Erledigung des Rechtsstreits durch nachträgliches Vorbringen von Angriffs- oder Verteidigungsmitteln, Beweismitteln oder Beweiseinreden, die früher vorgebracht werden konnten, verzögert worden, so kann das Gericht dem Kläger oder dem Beklagten von Amts wegen eine besondere Gebühr in Höhe einer Gebühr auferlegen. Die Gebühr kann bis auf ein Viertel ermäßigt werden. Dem Kläger, dem Beklagten oder dem Vertreter stehen gleich der Nebenintervenient, der Beigeladene, der Oberbundesanwalt und der Vertreter des öffentlichen Interesses sowie ihre Vertreter.**

II Gegen den Beschluß findet die Beschwerde statt, wenn der Wert des Beschwerdegegenstandes einhundert Deutsche Mark übersteigt. § 5 Abs. 2 Satz 2 bis 7, Abs. 3 Satz 1 und Abs. 4 ist anzuwenden.

Schrifttum: Schneider JB **76**, 5 (ausf).

1) Allgemeines. § 34 sieht einen Rechtsnachteil vor, den das Gericht dann verhängen kann, wenn eine Partei ihre gesetzliche Prozeßförderungspflicht, BLAH Grdz 2 E vor § 128 ZPO, vgl ferner § 282 ZPO, schuldhaft verletzt hat und wenn es dadurch zu einer Verzögerung des Verfahrens gekommen ist. Voraussetzung der Anwendung des § 34 ist ein Verstoß der Partei als solcher. Er kann auch dann vorliegen, wenn das Gericht die Partei zur Aufklärung des Sachverhalts anhören wollte, § 141 ZPO, Köln NJW **72**, 1999, vgl Köln MDR **74**, 240, Oldb Rpfleger **65**, 316, aM Celle NJW **61**, 1825. Ein derartiger Verstoß ist aber unerheblich, wenn er im Zusammenhang mit einer förmlichen Parteivernehmung nach den §§ 445 ff ZPO erfolgt ist.

§ 34 kann in jedem Verfahren angewendet werden, das der ZPO unterworfen ist, Mü FamRZ **79**, 300, sofern in ihm eine notwendige oder freigestellte mündliche Verhandlung stattfindet. Die Bestimmung ist daher auch anwendbar: Im Verfahren auf den Erlaß eines Arrests oder einer einstweiligen Verfügung; im Beschwerdeverfahren; im Verfahren zur Vollstreckbarerklärung eines Schiedsspruchs.

Die Verzögerungsgebühr ist von einer Kostenverteilung unabhängig. Deshalb ist eine Maßnahme nach § 34 wirkungsvoller als eine Maßnahme nach § 95 ZPO. Die Praxis macht von der Möglichkeit des § 34 zu selten Gebrauch, Schrader DRiZ **74**, 291; die Vorschrift ist vielen Juristen völlig unbekannt. § 34 ist mit dem GG vereinbar, BFH NJW **70**, 727.

NJW **72**, 1286, Mü NJW **75**, 937. Das Gericht muß vor einer Ahndung auch in diesem Zusammenhang alle zulässigen Möglichkeiten der Verhinderung einer Verzögerung ausschöpfen, zB nach § 273 ZPO, Düss AnwBl **75**, 235, Hamm NJW **75**, 2026, Zweibr JB **78**, 270, LG Kblz AnwBl **78**, 103. Die Notwendigkeit, einen Verkündungstermin anzusetzen, kann zur Annahme einer Verzögerung ausreichen, abw Schrader DRiZ **74**, 291.

Eine Verzögerungsgebühr ist grundsätzlich unabhängig davon zulässig, ob das Gericht das verspätete Vorbringen nach den §§ 296, 528 ZPO zurückweist, abw ZöSchn § 95 ZPO Rdz 5 (nur wenn das Gericht nicht zurückweist, aber zurückweisen könnte). Die Verzögerungsgebühr kann also zB dann in Betracht kommen, wenn das verspätete Vorbringen als zulässig angesehen wird, falls trotzdem ausnahmsweise eine Verzögerung eintritt, vgl (zum alten Recht) Schrader DRiZ **74**, 291.

c) Möglichkeit früheren Vortrags. Das Vorbringen muß früher möglich gewesen sein. Die Partei muß also entweder das verspätete Vorbringen oder das Unterlassen einer rechtzeitigen Ermittlung verschuldet haben. Sie muß sich also entweder zum Zweck der Verzögerung oder der Verschleppung des Prozesses oder aus Nachlässigkeit so verhalten haben. In einer Ehesache hat die Partei im allgemeinen einen größeren Spielraum, den Zeitpunkt ihres Vorbringens zu bestimmen, Ffm MDR **60**, 411.

3) Verfahren, I. A. Allgemeines. a) Zuständigkeit. Zur Entscheidung über eine Verzögerungsgebühr ist „das Gericht“, also das Prozeßgericht zuständig. Es ist also auch der Einzelrichter nach § 348 ZPO zuständig, nicht aber der beauftragte oder der ersuchte Richter. Der letztere muß die Entscheidung dem Prozeßgericht überlassen. Das Prozeßgericht hat ein pflichtgemäßes Ermessen, Düss AnwBl **75**, 235. Es sollte eine Verzögerungsgebühr immer dann auferlegen, wenn sie angebracht und zweckdienlich ist.

b) Weiteres Verfahren. Das Gericht kann gegen jede Partei nach § 34 vorgehen, Mü Rpfleger **58**, 236. Es muß die betroffene Partei vor einer Entscheidung anhören, Art 103 I GG, BFH NJW **70**, 112, vgl Hamm MDR **78**, 150 mwN, LG Essen MDR **71**, 406, sowie evtl aus § 278 III ZPO. Das Gericht muß zur Verschuldensfrage unter Umständen von Amts wegen Ermittlungen anstellen, Stgt NJW **70**, 1611.

c) Entscheidung. Die Entscheidung ergeht in der Form eines Beschlusses. Er ist zu begründen, Stgt NJW **70**, 1611, vgl zB BLAH § 329 ZPO Anm 1 Ab. Das Gericht kann die Entscheidung in jeder Lage des Verfahrens treffen, spätestens aber im Zeitpunkt der Verkündung des Schlußurteils. Der Beschluß ist von Amts wegen zuzustellen, denn er ist ein Vollstreckungstitel, § 329 III ZPO. Er kann auch gegenüber einer solchen Partei verhängt werden, die eine Prozeßkostenhilfe beansprucht. Denn § 122 I Z 1 ZPO befreit die so begünstigte Partei nicht von der Zahlung einer Summe, die nicht zu den Kosten des Rechtsstreits gerechnet werden kann. Ebensowenig ist der Gegner derjenigen Partei befreit, der das Gericht eine Prozeßkostenhilfe bewilligt hat, und zwar aus denselben Erwägungen. Die Festsetzung einer Verzögerungsgebühr erfolgt unter Umständen gegenüber beiden Parteien, Mü Rpfleger **58**, 236.

Selbst wenn aber der Vertreter der Partei schuldhaft handelte, setzt das Gericht die Verzögerungsgebühr doch stets nur gegenüber seiner Partei fest. Die Partei kann den Vertreter dann unter Umständen im Innenverhältnis insoweit haftbar machen.

d) Kosten. Das Verhängungsverfahren und der Beschluß lösen keine Gerichtsgebühr aus. Ein Antragsteller und damit ein Antragschuldner liegen nicht vor. Denn das Gericht muß von Amts wegen befinden. Außergerichtliche Kosten werden nicht erstattet, II 2 in Verbindung mit § 5 IV 2.

e) Weitere Einzelfragen. Das Gericht kann im Laufe des Verfahrens auch mehrere Verzögerungsgebühren gegenüber derselben Partei oder gegenüber mehreren Parteien verhängen. § 27 gilt für die Verzögerungsgebühr nicht.

Das Gericht kann einen wirksam gewordenen Anordnungsbeschluß nur im Beschwerdeverfahren abändern.

B. Höhe der Gebühr. Grundsätzlich muß das Gericht als Verzögerungsgebühr eine volle Gebühr auferlegen, LG Kblz AnwBl **78**, 103, aM Schneider JB **76**, 5, 17. Das Gericht kann die Gebühr aber unter Berücksichtigung der Umstände des Falls bis auf eine Viertelgebühr ermäßigen. Auch eine höhere Instanz verhängt grundsätzlich nach demselben Maßstab wie die erste Instanz, also nicht etwa eine automatisch erhöhte Gebühr. Vgl im übrigen KV 1185.

C. Streitwert. Streitwert ist derjenige des Prozesses oder des sonstigen Verfahrens im Zeitpunkt der Verhängung der Verzögerungsgebühr, soweit sich die Verzögerung auf das gesamte Verfahren auswirkt. Wenn sie nur einen Teil des Verfahrens betrifft und wenn das Gericht ein Teilurteil für unangebracht hält, dann ist der ganze Prozeß verzögert und daher sein Gesamtwert maßgebend. Bei Streitgenossen muß man den für die Höhe der Verzögerungsgebühr ja maßgeblichen Streitwert für jeden gesondert ermitteln, Nürnb JB **65**, 300.

D. Fälligkeit. Gebührenschuldner. Gebührenschuldner ist nur diejenige Partei, der gegenüber das Gericht die Gebühr verhängt hat. Die Fälligkeit der Verzögerungsgebühr tritt in dem Zeitpunkt ein, in dem der Anordnungsbeschluß wirksam wird. Da die Verzögerungsgebühr eine Sondergebühr ist, befreit eine etwaige persönliche Gebührenfreiheit der Partei nicht von dieser Verzögerungsgebühr. Eine etwa bewilligte Prozeßkostenhilfe befreit ebenfalls nicht.

4) Beschwerde, II. Beschwerdeberechtigt ist nur die beschwerte Partei selbst, nicht ihr Vertreter oder ein „Antragsteller", vgl Anm 3 A d. Nur ein Anordnungsbeschluß ist anfechtbar, nicht ein Aufhebungsbeschluß. Wenn das Gericht freilich einen Anordnungsbeschluß von Amts wegen unzulässig aufgehoben hatte, obwohl keine Beschwerde vorlag, dann kann die Staatskasse die Erinnerung nach § 5 einlegen. Die Beschwerde wird schriftlich oder zum Protokoll der Geschäftsstelle eingelegt. Es besteht kein Anwaltszwang, II 2 in Verbindung mit § 5 III 1. Die Beschwerdesumme muß 100 DM übersteigen, II 1. Bei einem Verstoß gegen das rechtliche Gehör ist eine Heilung ohne eine Zurückverweisung möglich, Hamm MDR **78**. 150.

BFH DB **82**, 1444 versagt die Beschwerde während der Geltung des BFHEntlG.

Eine weitere Beschwerde nach § 568 ZPO ist unstatthaft, II 2 in Verbindung mit § 5 II 7.

Gebühren: Des Gerichts: keine, § 34 II 2 in Verbindung mit § 5 IV; des RA: § 61 I Z 1 BRAGO. Die außergerichtlichen Kosten werden im Verhältnis der Parteien nicht erstattet, II 2 in Verbindung mit § 5 IV 2. Sie fallen entsprechend § 91 ZPO der Staatskasse zur Last, soweit der Beschwerdeführer Erfolg hat, aM ZöSchn § 95 ZPO Rdz 7 (aber § 91 ZPO gilt in den von ihm erfaßten Verfahrensarten auch für dieses Nebenverfahren).

Im Verfahren vor den Verwaltungsgerichten sind für die Beschwerde § 146 ff zu beachten.

Anhang nach § 34
Gebühren und Auslagen in Kartellsachen

GWB § 78. I Für die Gebühren und Auslagen im Beschwerdeverfahren und im Rechtsbeschwerdeverfahren gelten die Vorschriften für bürgerliche Rechtsstreitigkeiten entsprechend; für Beschlüsse nach § 70 wird die Urteilsgebühr erhoben. Die Gebühren im Beschwerdeverfahren richten sich nach den Vorschriften für die Berufungsinstanz, die Gebühren im Rechtsbeschwerdeverfahren nach den Vorschriften für die Revisionsinstanz.

II Im Verfahren auf Grund einer Beschwerde oder Rechtsbeschwerde eines Beigeladenen (§ 51 Abs. 2 Nr. 4) ist der Streitwert nach der sich aus dem Antrag des Beigeladenen für ihn ergebenden Bedeutung der Sache nach Ermessen zu bestimmen, jedoch nicht über 500000 Deutsche Mark.

1) Allgemeines. Das Verfahren vor den Kartellbehörden, §§ 51 ff GWB, ist ein Verwaltungsverfahren. Es wird gebührenrechtlich durch die VO vom 16. 11. 70, BGBl 1535, geregelt. § 78 GWB regelt die Gebühren und Auslagen nur in folgenden Fällen:

A. Beschwerde. I regelt die Kosten der Beschwerde gegen eine Verfügung der Kartellbehörde oder gegen die Unterlassung einer beantragten Verfügung der Kartellbehörde, § 62 GWB. Über die Beschwerde entscheidet der Kartellsenat des OLG, § 62 IV GWB, grundsätzlich auf Grund einer mündlichen Verhandlung, § 68 GWB. Es besteht Anwaltszwang, § 67 GWB.

B. Rechtsbeschwerde. § 78 GWB regelt die Kosten einer Rechtsbeschwerde gegen den Beschwerdebeschluß eines OLG, soweit er die Hauptsache betrifft, § 73 GWB. Über sie entscheidet der BGH.

C. Sonstige Fälle. In den sonstigen Fällen trifft das GWB keine besondere Bestimmung. Es ist vielmehr KV 1181 und § 16 II ZSEG heranzuziehen. Wegen der Anwaltsgebühr § 65 a BRAGO.

Zu diesen sonstigen Fällen gehören folgende Situationen: Es handelt sich um die Beschwerde gegen einen von der Kartellbehörde gegen den ausgebliebenen Zeugen verhängtes Ordnungsmittel, § 380 III ZPO; es handelt sich um eine sofortige Beschwerde in einem Zwischenstreit wegen einer Zeugnisverweigerung, § 387 III ZPO; es handelt sich um die entsprechende Beschwerde eines Sachverständigen, § 402 ZPO; es geht um eine sofortige Beschwerde wegen der Ablehnung eines Sachverständigen, § 406 V ZPO; die Beschwerde richtet sich gegen die Bemessung der Entschädigung eines Zeugen oder Sachverständigen, §§ 401, 413 ZPO. In allen diesen Fällen ist das OLG zuständig, § 54 II GWB.

2) Gebührenhöhe, I. Es gelten die Vorschriften für bürgerliche Rechtsstreitigkeiten entsprechend. Es entsteht also stets die Verfahrensgebühr, KV 1020. Für den über die Beschwerde oder Rechtsbeschwerde entscheidenden Beschluß entsteht eine Urteilsgebühr entsprechend KV 1026–1027. Soweit die Kartellbehörde eine einstweilige Anordnung getroffen hat, § 56 GWB, ist gegen ihre Entscheidung die Beschwerde zulässig, § 62 GWB. Über die Beschwerde gegen die Verfügung der Kartellbehörde entscheidet gleichfalls das OLG.

Die entsprechende Anwendung der Vorschriften des GKG fordert auch eine solche der KV 1061–1064. Dabei muß man auch hier für den Beschluß die Urteilsgebühr erheben. Auch für die Nichtzulassungsbeschwerde kommen nur die Gebühren nach KV 1061 ff in Betracht. Denn es handelt sich in diesem Fall nicht um eine Rechtsbeschwerde, sondern um eine Beschwerde, die die Rechtsbeschwerde erst vorbereitet oder endgültig ablehnt.

3) Streitwert, II. Für den Streitwert ist grundsätzlich § 14 GKG maßgebend. Es entscheidet also der Antrag des Beschwerdeführers, § 14 I 1 GKG, mithin sein Interesse an der Abänderung der Entscheidung der Kartellbehörde oder des OLG. Dieses Interesse ist grundsätzlich vermögensrechtlich.

Unerheblich sind die meist kleinen Einlagen der Gesellschafter bei der Gründung des Kartells. Maßgeblich ist vielmehr der erwartete Vorteil. Für seine Bemessung ist der Umsatz in denjenigen Artikeln, für die die Preise oder Konditionen gebunden werden sollen, ein Anhalt, Schumann NJW **59**, 465.

Die VO vom 16. 11. 70, BGBl 1535, sieht in Verbindung mit § 80 III GWB für die Tätigkeit der Kartellbehörde einen Gebührenrahmen bis 50000 DM vor. Das spricht dafür, daß hier hohe Streitwerte allein der Sache entsprechen können.

II gibt für den Beigeladenen eine Wertgrenze.

Dritter Abschnitt. Vergleichsverfahren zur Abwendung des Konkurses, Konkursverfahren, seerechtliches Verteilungsverfahren

Übersicht

1) Rechtssystematik. Auch die Gebühren im Konkurs-, Vergleichs- und seerechtlichen Verteilungsverfahren sind Pauschalgebühren. Auch in diesen Verfahren entsteht nur insoweit eine Gebühr, als das GKG sie ausdrücklich vorsieht. Andere gerichtliche Handlungen sind gebührenfrei oder durch eine andere Gebühr mitabgegolten.

Wegen der Vergütung des Konkurs- und Vergleichsverwalters s § 1 BRAGO Anm 3 B, Teil X dieses Buchs.

2) Deutsch-österreichischer Konkursantrag. Das AusfG vom 8. 3. 85, BGBl 535, bestimmt in:

§ 14 AusfG: Soweit nicht aus §§ 11 bis 13 sich Abweichungen ergeben, gilt für das eine Zwangsmaßnahme betreffende Verfahren die Zivilprozeßordnung entsprechend. Das Verfahren, in dem über das Ersuchen oder den Antrag auf Anordnung der Zwangsmaßnahme oder über die Beschwerde gegen die Ablehnung der Anordnung entschieden wird, ist kostenfrei.

Kostenfreiheit gilt auch im Verfahren über die Beschwerde des Masseverwalters betr eine gerichtliche Entscheidung zu der Verpflichtung des Schuldners, von einer Postsperre erfaßte Sendungen dem Masseverwalter auszuhändigen, § 17 II 8 AusfG.

Entsprechend anzuwendende Vorschriften

35 Für die Gebühren im Vergleichsverfahren zur Abwendung des Konkurses, im Konkursverfahren und im seerechtlichen Verteilungsverfahren gelten die §§ 22, 23, 25, 26 dieses Gesetzes und § 3 der Zivilprozeßordnung entsprechend.

1) Anwendbare Vorschriften. § 35 macht aus Abschnitt 2 folgende Vorschriften anwendbar:

A. Nebenforderungen. § 22 ist entsprechend anwendbar. Danach wird eine Nebenforderung grundsätzlich nicht berücksichtigt.

B. Wertangabe. § 23 ist entsprechend anwendbar. Danach muß der Antragsteller den Streitwert angeben. Der Prozeßgegner des Antragstellers ist zur Wertangabe nicht verpflichtet, aber berechtigt, den Wert anzuregen.

C. Wertfestsetzung. Die §§ 25, 26 sind entsprechend anwendbar. Vgl dazu auch § 3 ZPO.

Die Wertbemessung geschieht also auch in den vorliegenden Verfahren zunächst durch den Urkundsbeamten der Geschäftsstelle. Auf Grund eines Antrags oder insoweit, als das Gericht (Richter bzw Rpfl) eine Wertfestsetzung für angemessen oder erforderlich hält, setzt das Gericht den Wert nach seinem pflichtgemäßen Ermessen fest. Dabei kann es eine Abschätzung durch einen Sachverständigen veranlassen und ist zu dieser Maßnahme unter Umständen verpflichtet. Schon vorher kann es eine Augenscheinseinnahme oder Begutachtung nach § 3 ZPO veranlassen.

2) Unanwendbare Vorschriften. Die §§ 4–9 ZPO, 148 KO sind unanwendbar. Es erfolgt also eine gesonderte Streitwert- und Gebührenberechnung bei mehreren Gemeinschuldnern desselben Konkursverfahrens, Oldb Rpfleger **53**, 533. Die Aktivmasse wird vorläufig frei geschätzt. Bei der Verteilung zeigt sie sich endgültig. Man muß die Wertannahme dann berichtigen, § 37 III.

Wertberechnung

36 **[I] Die Gebühr für das Vergleichsverfahren zur Abwendung des Konkurses wird nach dem Betrag der Aktiven (§ 5 der Vergleichsordnung) zur Zeit der Stellung des Antrags auf Eröffnung des Vergleichsverfahrens erhoben. Gegenstände, die zur abgesonderten Befriedigung dienen, werden nur in Höhe des für diese nicht erforderlichen Betrages angesetzt.**

[II] Übersteigt der Wert der Aktiven den Gesamtbetrag der Forderungen der am Verfahren beteiligten Gläubiger, so ist der Gesamtbetrag der Forderungen maßgebend.

1) Streitwert. Der Wert berechnet sich nach dem Wert der Aktiven, nach oben begrenzt durch den Gesamtbetrag der Gläubigerforderungen. „Aktiven" sind sämtliche Vermögensgegenstände des Schuldners, § 5 I VglO. Ihr Wert ist nach ihrer Verwertbarkeit frei zu schätzen; S 2 entspricht dem § 37 S 2. Also sind Grundstücke unter Abzug der Belastungen anzusetzen. „Am Verfahren beteiligt" sind die in §§ 25, 27 VglO Genannten. Die Forderungen sind mit ihrem Nennbetrag einzustellen, ohne Rücksicht auf eine Beitreibbarkeit und einschließlich Nebenforderungen. Ansprüche der am Vergleichsverfahren nicht beteiligten Gläubiger sind nicht anzusetzen. Maßgebender Zeitpunkt ist der Eingang des Antrags auf die Eröffnung des Vergleichsverfahrens.

2) Gebührenhöhe. Es gelten KV 1400–1402.

Wertberechnung

37 **[I] Die Gebühren für den Antrag auf Eröffnung des Konkursverfahrens und für die Durchführung des Konkursverfahrens werden nach dem Betrag der Aktivmasse erhoben. Gegenstände, die zur abgesonderten Befriedigung dienen, werden nur in Höhe des für diese nicht erforderlichen Betrags angesetzt.**

[II] Ist die Aktivmasse höher als die Schuldenmasse, so wird die Gebühr nach dem Betrag der Schuldenmasse erhoben.

[III] Für die Berechnung der Masse ist die Zeit der Beendigung des Verfahrens maßgebend.

[IV] Ist der Antrag auf Eröffnung des Konkursverfahrens von einem Gläubiger gestellt, so wird die Gebühr für das Verfahren über den Antrag nach dem Betrag seiner Forderung, wenn jedoch der Betrag der Aktivmasse geringer ist, nach diesem Betrag erhoben.

1) Allgemeines. § 37 stellt den Grundsatz auf, daß sich die Durchführungsgebühr, KV 1420, nach der Aktivmasse oder der geringeren Schuldenmasse berechnet, und daß die Eröffnungsgebühr, KV 1410, 1411, ebenso berechnet wird, jedoch mit der Einschränkung nach IV.

2) Regelberechnung, I–III. A. Aktivmasse. Regelmäßig entscheidet für die Eröffnungsgebühr wie für die Durchführungsgebühr der Betrag der Aktivmasse. Diese umfaßt die gesamte Konkursmasse, also das dem Gemeinschuldner gehörende, einer Zwangsvollstreckung unterliegende Vermögen, § 1 KO, einschließlich der Früchte, Nutzungen und Zinsen; § 22 ist unanwendbar, soweit es wie hier nicht um Forderungen des Gläubigers geht (etwas anderes gilt im Fall D).

Nicht zur Aktivmasse zählen: Diejenigen Gegenstände, die einem Aussonderungsrecht unterliegen; die Mittel, die ein Dritter für einen Zwangsvergleich gegeben hat; dasjenige, was der Gemeinschuldner nach der Eröffnung des Konkursverfahrens erworben hat.

B. Absonderungsrechte. Abzuziehen sind Gegenstände, die einer abgesonderten Befriedigung unterliegen, §§ 47–52 KO, und zwar in Höhe des dazu nötigen Betrags.

Massekosten und Masseschulden werden nicht mehr abgesetzt.

C. Schätzung. Man muß die zur Aktivmasse gehörenden oder sie vermindernden Gegenstände und Rechte nach ihrem objektiven Wert pflichtgemäß schätzen, Markl Rdz 7, Meyer-Stolte Rpfleger **86**, 110 mwN. Die Einschränkungen der §§ 4–9 ZPO gelten nicht. Grundsätzlich bildet das Inventar des Konkursverwalters die Grundlage der Schätzung. Im Fall der Fortführung des Geschäfts durch den Konkursverwalter muß man der Aktivmasse nur den Reinerlös zuschlagen, nicht den Produktionserlös, LG Hof **KR** § 51 aF Nr 1.

D. Schuldenmasse. Soweit die Aktivmasse höher ist als die Schuldenmasse, entscheidet die Schuldenmasse. Sie umfaßt die Gesamtheit aller festgestellten oder, falls eine Feststellung fehlt, alle angemeldeten und nicht zurückgenommenen Konkursforderungen einschließlich der Nebenforderungen bis zum Zeitpunkt der Eröffnung des Konkursverfahrens, §§ 61, 62 KO.

E. Berechnungszeitpunkt. Für die Berechnung der Aktivmasse und der Schuldenmasse entscheidet der Zeitpunkt der Beendigung des Konkursverfahrens. Deshalb muß man bei der Schuldenmasse diejenigen Anmeldungen berücksichtigen, die bis zum Wirksamwerden des Aufhebungsbeschlusses oder des Einstellungsbeschlusses erfolgt sind. Man muß also wegen der früheren Fälligkeit der Gebühr, § 61, vgl auch KV 1420, eine vorläufige Berechnung vornehmen und diese später unter Umständen richtigstellen.

3) Konkursantrag des Gläubigers, IV. Wenn ein Gläubiger die Konkurseröffnung beantragt, dann berechnet sich die Eröffnungsgebühr (nicht die Durchführungsgebühr) nach folgenden Regeln:

A. Forderungsbetrag. Grundsätzlich berechnet sich die Eröffnungsgebühr nach dem Betrag der Forderung dieses Gläubigers, jedoch wegen § 22 ohne Berücksichtigung der Nebenforderungen, und zwar ist der wirkliche Nennbetrag der Hauptforderung maßgeblich, auch wenn der Gläubiger einen geringeren Betrag angegeben hat.

B. Aktivmasse. Wenn die Aktivmasse geringer als der wirkliche Nennbetrag der Forderung des Gläubigers ist, dann entscheidet der Betrag der Aktivmasse, Markl Rdz 7, aM LG Krefeld Rpfleger **83**, 332 (abl Meyer-Stolte). Das gilt auch im Fall der Zurücknahme des Antrags oder der Zurückverweisung mangels Masse; maßgebend ist dann die Mindestgebühr des KV 1411, Meyer-Stolte Rpfleger **83**, 332 und 375, aM LG

Krefeld Rpfleger **83**, 332, LG Mainz Rpfleger **86**, 110 (maßgeblich sei auch dann die Forderung).

Beschwerden

38 Bei der Beschwerde des Gemeinschuldners gegen den Beschluß über die Eröffnung des Konkursverfahrens (§ 109 der Konkursordnung) oder den Beschluß über die Bestätigung des Zwangsvergleichs (§§ 189, 230 Abs. 2, § 236 der Konkursordnung) gilt § 37 Abs. 1 bis 3. Bei der Beschwerde eines sonstigen Antragstellers gegen die Abweisung des Eröffnungsantrags gilt § 37 Abs. 4. Bei der Beschwerde eines Konkursgläubigers gegen den Beschluß über die Bestätigung des Zwangsvergleichs bestimmt sich der Wert nach dem Betrag der Forderung unter Berücksichtigung des Verhältnisses der Teilungsmasse zur Schuldenmasse.

1) Streitwert. Es sind folgende Fallgruppen zu unterscheiden:

A. Eröffnungsbeschluß. Im Fall einer Beschwerde des Gemeinschuldners gegen den Beschluß über die Eröffnung des Konkursverfahrens nach § 109 KO muß man wiederum wie folgt unterscheiden:

a) Gläubigerantrag. Soweit das Verfahren auf Grund des Antrags eines Gläubigers eröffnet worden ist, ist für die Beschwerde gegen den Eröffnungsbeschluß die Forderung dieses Gläubigers ohne Nebenforderungen maßgebend. Wenn jedoch der Betrag der Aktivmasse geringer als die Forderung des Gläubigers ist, dann ist der Betrag der Aktivmasse maßgeblich, §§ 37 IV, 22.

b) Antrag des Gemeinschuldners. Soweit das Verfahren auf Grund des Antrags des Gemeinschuldners eröffnet worden ist, beträgt der Streitwert für eine Beschwerde gegen den Eröffnungsbeschluß soviel wie der Wert der Aktivmasse. Wenn jedoch die Schuldenmasse geringer ist, dann ist ihr Betrag maßgeblich, § 37 I–III.

B. Bestätigung des Zwangsvergleichs. Im Fall einer Beschwerde gegen den Beschluß über die Bestätigung des Zwangsvergleichs nach den §§ 189, 230 II, 236 KO muß man wie folgt unterscheiden:

a) Gläubigerbeschwerde. Im Fall der Beschwerde eines Gläubigers ist Streitwert die auf seine Forderung ohne Nebenforderungen, § 22, entfallende Dividende.

b) Gemeinschuldnerbeschwerde. Im Fall einer Beschwerde des Gemeinschuldners ist Streitwert die Aktivmasse. Wenn jedoch die Schuldenmasse geringer als die Aktivmasse ist, dann ist die Schuldenmasse maßgeblich, § 37 I–III.

C. Andere Fälle. Im Fall einer Beschwerde gegen einen anderen als den in A, B genannten Beschluß ist mangels einer besonderen Vorschrift der Streitwert nach dem Interesse des Beschwerdeführers frei zu schätzen, §§ 35 GKG, 3 ZPO.

Seerechtliches Verteilungsverfahren

39 Die Gebühren für den Antrag auf Eröffnung des seerechtlichen Verteilungsverfahrens und für die Durchführung des Verteilungsverfahrens richten sich nach dem Betrag der festgesetzten Haftungssumme. Ist diese höher als der Gesamtbetrag der Ansprüche, für deren Gläubiger das Recht auf Teilnahme an dem Verteilungsverfahren festgestellt wird, so richten sich die Gebühren nach dem Gesamtbetrag der Ansprüche.

1) Allgemeines. Das seerechtliche Verteilungsverfahren, nicht zu verwechseln mit dem Dispacheverfahren, §§ 728 HGB, 149ff FGG, 123 KostO, bezweckt einen geordneten Rechtsgang bei der Einzahlung und Verteilung der Haftungssumme, durch die ein Reeder seine Haftung in den durch §§ 486ff HGB bestimmten Fällen beschränken kann. Das Verfahren ist unter anderem dem Verfahren der §§ 872–882 ZPO nachgebildet. Diese Vorschriften sind daher hilfsweise anwendbar, § 3 SeeVertO.

Sachlich zuständig ist das AG. Die Gerichtsstände ergeben sich aus § 2 SeeVertO. Funktionell zuständig ist grundsätzlich der Rpfl, § 3 Z 2 RPflG, jedoch im Eröffnungsverfahren und in einigen weiteren Fällen der Richter, § 19a RPflG. Wegen der Kosten des Sachwalters §§ 31–33 SeeVertO.

2) Streitwert. Als Streitwert gilt die vom Gericht gemäß § 5 SeeVertO festgesetzte und evtl gemäß § 30 II SeeVertO erhöhte Haftungssumme, jedoch höchstens die Summe der am Verteilungsverfahren teilnehmenden Ansprüche, die im Prüfungsverfahren festgestellt werden, §§ 13ff SeeVertO. Die festgesetzte Haftungssumme ist auch dann maßgeblich, wenn man ihre Einzahlung durch eine Sicherheitsleistung ersetzen kann und wenn die Sicherheitsleistung die Haftungssumme nicht voll deckt, § 5 III SeeVertO.

3) Gebührenhöhe. Es gelten KV 1450–1460.

4) Fälligkeit, Vorschuß, Kostenschuldner usw. Die Fälligkeit richtet sich nach § 61. Ein Vorschuß für die Gerichtskosten richtet sich nach § 65 VI. Ein Vorschuß für die Sachwalterkosten usw richtet sich § 32 II SeeVertO. Der Kostenansatz erfolgt nach § 13 KostVfg, Teil VII A dieses Buchs. Kostenschuldner ist der Antragsteller, § 52. Als solcher gilt auch derjenige, der eine Erweiterung des Verfahrens nach § 30 SeeVertO beantragt, § 30 V SeeVertO.

Vierter Abschnitt. Strafsachen

Übersicht

1) Begriff. Unter einer Strafsache im Sinn des GKG ist nur ein Verfahren vor den ordentlichen Gerichten, § 1, zu verstehen, das auf die Verhängung einer öffentlichen Strafe gerichtet ist.

Demgemäß ist das GKG nicht anwendbar: Auf ein Ehrengerichtsverfahren; auf ein Dienststrafverfahren; auf ein Verfahren der Finanzbehörde; auf ein Verfahren vor einem ordentlichen Gericht, das nur eine Ordnungsmaßnahme eine Zwangsmaßnahme oder eine Maßnahme wegen einer Ungebühr betrifft.

2) **Gebührenpflicht.** Die Gebührenpflicht in Strafsachen knüpft grundsätzlich nicht wie diejenige in bürgerlichen Rechtsstreitigkeiten an eine bestimmte gerichtliche Handlung an, sondern an die Tatsache, daß das Gericht rechtskräftig auf eine Strafe erkannt hat, §§ 40 I, 45. Die Gebührenhöhe richtet sich nach der Höhe der Strafe, KV 1600ff, oder nach einem festen Satz, also nicht nach einem Gegenstandswert, § 11, BGH NJW **64**, 674.

Voraussetzung der Entstehung einer Gebühr ist stets eine gerichtliche Entscheidung über die Kosten des Verfahrens. Ohne eine solche Kostenentscheidung besteht allenfalls eine Vorschußpflicht in einer Privatklagesache, in der Rechtsmittelinstanz oder für das Wiederaufnahmeverfahren auch für den Nebenkläger, hinsichtlich der Auslagen auch für den Widerkläger, §§ 67, 68 II.

Die Gebühren sind pauschaliert. Die Fälligkeit der Kosten tritt mit der Rechtskraft einer verurteilenden Entscheidung ein, § 63 II. Soweit das Gesetz keine Gebühr vorsieht, herrscht Gebührenfreiheit. In einer Strafvollzugssache gilt das GKG ebenfalls, §§ 1 Ia, 48a, KV 1790–1793; vgl im übrigen § 10 JVKostO, Teil VIII A dieses Buchs.

Das staatsanwaltschaftliche Ermittlungsverfahren und das Auslieferungsverfahren sind gebührenfrei.

Auslagen sind gemäß KV 1900ff zu berechnen, soweit sie entstanden sind.

3) **Privatklagesache.** In einem solchen Verfahren entstehen Gebühren nach verschiedenen Grundsätzen, KV 1640ff. Der Privatkläger ist nach den §§ 67, 68 vorschußpflichtig.

4) **Bußgeldverfahren.** Wegen dieses Verfahrens vgl § 48.

Grundlage der Gebührenbemessung

40 **I In Strafsachen bemessen sich die Gerichtsgebühren für alle Rechtszüge nach der rechtskräftig erkannten Strafe.**

II Bei Verurteilung zu Jugendstrafe von unbestimmter Dauer bemißt sich die Gebühr nach dem im Urteil festgesetzten Mindestmaß. Bestimmt das Urteil das Mindestmaß nicht ausdrücklich, so wird das gesetzliche Mindestmaß zugrunde gelegt.

III Ist neben einer Freiheitsstrafe auf Geldstrafe erkannt, so ist die Zahl der Tagessätze der Dauer der Freiheitsstrafe hinzuzurechnen; dabei entsprechen dreißig Tagessätze einem Monat Freiheitsstrafe.

IV Ist auf Verwarnung mit Strafvorbehalt erkannt, so bestimmt sich die Gebühr nach der vorbehaltenen Geldstrafe.

V Eine Gebühr wird für alle Rechtszüge auch bei rechtskräftiger Anordnung einer Maßregel der Besserung und Sicherung erhoben. Ist die Maßregel neben einer Strafe angeordnet worden, so wird die Gebühr gesondert berechnet.

VI Wird im Strafverfahren oder im selbständigen Verfahren nach den §§ 440, 441, 444 Abs. 3 der Strafprozeßordnung
1. die Einziehung, der Verfall, die Vernichtung, die Unbrauchbarmachung oder die Abführung des Mehrerlöses angeordnet oder
2. eine Geldbuße gegen eine juristische Person oder eine Personenvereinigung festgesetzt,
so wird wegen der Anordnung oder Festsetzung einer dieser Rechtsfolgen eine Gebühr nur für das gegen dieses Erkenntnis gerichtete Rechtsmittel- oder Wiederaufnahmeverfahren erhoben. Wird im Nachverfahren (§ 439 der Strafprozeßordnung) der Antrag verworfen, so gilt Satz 1 entsprechend.

1) Allgemeines, I. A. Strafsache. I bezieht sich auf jede beliebige Strafsache, Begriff Üb 1 vor § 40. Zum Strafverfahren gehört auch das staatsanwaltliche Ermittlungsverfahren. Wegen des Strafvollzugs Üb 2 vor § 40.

B. Alle Rechtszüge. a) Grundsatz. I bestimmt, daß sich die Gerichtsgebühren für alle Rechtszüge an demselben Bemessungsmaßstab orientieren, nämlich an der rechtskräftig erkannten Strafe. Das bedeutet: Die letzte Instanz ist maßgeblich.

Rechtszug im Sinn von Abschnitt 4 ist das Verfahren vom ersten Tätigwerden der zur Entscheidung berufenen Stelle der ersten oder der höheren Instanz bis zum Erlaß des Urteils, bis zur Verwerfung des Rechtsmittels oder bis zur Zurücknahme des Rechtsmittels. Jede Gebühr wird für jeden Rechtszug nur einmal erhoben. Eine Wiedereinsetzung in den vorigen Stand oder ein Einspruch gegen einen Strafbefehl begründen keinen neuen Rechtszug. Wegen einer Wiederaufnahme des Verfahrens s § 43.

Eine Verweisung an ein anderes Gericht oder eine Zurückverweisung an die untere Instanz beginnen gleichfalls keinen neuen Rechtszug. Ein erneutes Rechtsmittel nach einer Zurückverweisung begründet ebenfalls keinen neuen Rechtszug, anders als im Zivilprozeß.

Wenn in demselben Rechtszug mehrere auf eine Strafe lautende rechtskräftige Urteile ergehen, dann entsteht die Gebühr mit jedem Urteil neu und ist nach seinem Inhalt zu berechnen.

Die Gebühren dürfen den Betrag der Strafe grundsätzlich nicht übersteigen, KV Abschnitt F Eingangsworte S 1–2.

b) Einzelfragen. Man muß folgende Situationen unterscheiden:

aa) Verurteilung. Sofern eine rechtskräftige Verurteilung erfolgt, entstehen die Gerichtsgebühren für diese Instanz und für sämtliche Vorinstanzen nach dem Betrag der rechtskräftig erkannten Strafe, unabhängig davon, mit welchem Ergebnis die Vorinstanzen endeten.

bb) Freispruch. Wenn der Angeklagte im letzten Rechtszug rechtskräftig freigesprochen wird, entsteht für keine Instanz irgendeine Gerichtsgebühr. Auch in diesem Fall ist es also unerheblich, wie die Vorinstanzen endeten.

cc) Zurückverweisung. Soweit das Gericht das Verfahren zurückverweist, kommt es auf das nach der Zurückverweisung verhängte endgültige Urteil an. Soweit dieses Urteil bei der bereits vor der Zurückverweisung erkannten Strafe bleibt, muß der Angeklagte auch die Rechtsmittelkosten tragen. Soweit dieses neue Urteil von demjenigen vor der Zurückverweisung unterschiedlich ist, entscheidet diejenige Strafe, die das Gericht nach der Zurückverweisung in der nunmehr letzten Instanz verhängt hat.

dd) Weitere Einzelfragen. In jedem Fall kann man die Gebühr eines Rechtszugs nur nach derjenigen Strafe bemessen, über die in diesem Rechtszug entschieden wurde. Wenn also zB in der 1. Instanz ein Urteil wegen zweier Straftaten ergangen ist, derentwegen das Gericht eine Gesamtstrafe festgesetzt hat, und wenn der Angeklagte ein Rechtsmittel nur wegen der einen Straftat eingelegt hat, dann ist in der höheren Instanz die Einzelstrafe wegen dieser einen Straftat maßgebend; nur sie oder eine etwa erkannte geringere Strafe kann den Wertmesser dieses Rechtszugs bilden.

Soweit das Rechtsmittel nur eine Nebenfolge betrifft, die allein keine Gebühr verursacht, können auch durch das Urteil der höheren Instanz keine solchen Gebühren entstehen.

Soweit sich das Rechtsmittel nur gegen eine der in V genannten Verurteilungen richtet, ist nur deren Wert maßgebend.

C. Rechtskräftig erkannte Strafe. Maßgeblich ist die rechtskräftig erkannte Strafe, KV 1600ff. Allerdings stehen folgende Maßnahmen einer Verurteilung gleich: Die Anordnung einer Maßnahme der Besserung und Sicherung, V 1; eine Verwarnung mit einem Strafvorbehalt, eine Straffreierklärung, das Absehen von einer Strafe, vgl zB §§ 84 IV, 89 III, 129 V StGB, 465 I StPO.

Einer Bestrafung stehen zB folgende Entscheidungen nicht gleich: Das Absehen von der Erhebung der öffentlichen Klage durch die Staatsanwaltschaft, § 153a I StPO; die Einstellung des Verfahrens nach § 153a II StPO; eine Einstellung des Verfahrens aus einem anderen Grund; ein Freispruch.

„Strafe" ist im Sinn des GKG nur die Hauptstrafe. Eine Nebenstrafe bleibt unberücksichtigt. Wegen einer Einziehung, Vernichtung, eines Verfalls, der Abführung eines Mehrerlöses usw, soweit sie Kostenfolgen haben, ist VI zu beachten.

Neben einer Strafe bleiben vor allem folgende Maßnahmen unbeachtet: Der Verlust der Amtsfähigkeit usw, § 45 StGB; eine Veröffentlichungsbefugnis; ein Gnadenerweis; eine Amnestie; die Anrechnung der Untersuchungshaft.

Strafe ist die Gesamtstrafe, nicht die Summe der Einzelstrafen.

Das Gericht muß die Strafe oder Maßnahme rechtskräftig verhängt haben. Demnach entsteht die Gerichtsgebühr erst mit der Rechtskraft der Entscheidung, mag es sich um ein Urteil oder um einen Strafbefehl handeln. Sie gilt in einem solchen Fall aber das gesamte vorangegangene Verfahren ab. Sie ist also keine Aktgebühr, sondern eine Verfahrensgebühr.

2) Jugendstrafe, II. Auch bei einer Verurteilung zu einer Jugendstrafe entstehen Gerichtskosten erst mit der rechtskräftigen Verurteilung. Im Verfahren gegen einen Jugendlichen kann das Gericht aber von der Auferlegung von Kosten oder Auslagen absehen, § 74 JGG. Dasselbe gilt im

Verfahren gegen einen Heranwachsenden (18, aber noch nicht 21 Jahre alt), soweit eine Jugendstrafe in Betracht kommt, §§ 105ff JGG, soweit das Gericht also das allgemeine Strafrecht nicht anwendet.

Wenn das Gericht auf eine Jugendstrafe von unbestimmter Dauer erkennt, § 19 JGG, dann muß man für die Gerichtsgebühr das im Urteil festgesetzte Mindestmaß zugrunde legen. Soweit das Gericht das Mindestmaß im Urteil nicht festgesetzt hat, muß man das gesetzliche Mindestmaß zugrunde legen, II 2.

Die Verhängung einer Erziehungsmaßregel oder eines Zuchtmittels nach den §§ 9–16 JGG ist keine Strafe. In diesem Fall entstehen also keine Gebühren, wohl aber Auslagen, falls das Gericht nicht auch davon absieht, die Auslagen dem Angeklagten aufzuerlegen, § 74 JGG.

3) Geldstrafe neben Freiheitsstrafe, III. Man muß folgende Situationen unterscheiden:

A. Beide Strafen als Hauptstrafen. Soweit das Gericht sowohl die Geldstrafe als auch daneben die Freiheitsstrafe als Hauptstrafen verhängt, muß man die Zahl der Tagessätze der Dauer der Freiheitsstrafe hinzurechnen. Dabei gelten 30 Tagessätze als 1 Monat Freiheitsstrafe.

B. Ersatzweise Freiheitsstrafe. Soweit das Gericht in erster Linie eine Geldstrafe und nur ersatzweise eine Freiheitsstrafe verhängt, kommt es nur auf die Geldstrafe an.

4) Verwarnung mit Strafvorbehalt, IV. In einem solchen Fall, §§ 59ff StGB, richtet sich die Gerichtsgebühr nach der vorbehaltenen Geldstrafe, also nach der Zahl der Tagessätze. Bei einem gleichzeitigen Verfall usw, § 59 III StGB, ist VI anwendbar.

5) Besserungs- und Sicherungsmaßregel, V. Für eine solche Maßregel entsteht in jedem Fall für jeden Rechtszug eine Gebühr, unabhängig davon, ob das Gericht diese Maßregel selbständig oder neben einem Freispruch oder neben einer Strafe anordnet. Im letzteren Fall muß man sowohl für die Strafe als auch für die Maßregel eine Gebühr berechnen.

Die Gebührenhöhe ergibt sich auch KV 1600c.

6) Einziehung usw, VI. A. Geltungsbereich. VI regelt einheitlich die Gebühren im Fall der Anordnung einer Nebenfolge, gilt also für die Anordnung im Strafverfahren wie in einem selbständigen Verfahren nach den §§ 440, 441, 444 III StPO. VI regelt die Gebühren, wenn das Gericht eine Einziehung, einen Verfall, eine Vernichtung, eine Unbrauchbarmachung oder die Abführung des Mehrerlöses anordnet oder wenn es gegen eine juristische Person oder gegen eine Personenvereinigung eine Geldbuße festsetzt.

Eine Gebühr entsteht allerdings in diesen Fällen nur für ein Rechtsmittelverfahren auf Grund des Antrags des Betroffenen, also auch für ein Beschwerdeverfahren, sowie für ein Wiederaufnahmeverfahren, VI 1. Auch die Verwerfung eines im Nachverfahren geltend gemachten Rechts an der eingezogenen Sache, § 439 StPO, hat eine Gebühr zu Folge.

Der Ausspruch einer Einziehung, die Festsetzung einer Geldbuße und die Zurückweisung des Antrags im Nachverfahren lösen keine Gebühr aus. Das gilt unabhängig davon, ob diese Entscheidungen in einem subjektiven oder im sog objektiven Verfahren (in dem der Angeklagte fehlt) erfolgen.

Wenn sich das Rechtsmittel oder der Antrag auf die Wiederaufnahme des Verfahrens auch gegen die Verhängung der Strafe richten, dann ist das Verfahren insofern gebührenpflichtig; denn VI beschränkt sich auf die dort genannten Rechtsfolgen.

B. Kostenschuldner. Kostenschuldner ist derjenige, der das Rechtsmittel erfolglos eingelegt hat, § 473 I StPO. Das gilt auch für den Antragsteller im Nachverfahren, dessen Recht an der eingezogenen Sache nicht erwiesen ist, dessen Antrag das Gericht also verworfen hat, VI 2, § 439 StPO.

Nachträgliche Bildung einer Gesamtstrafe oder einer Einheitsstrafe

41 **I Wird auf Grund des § 55 Abs. 1 des Strafgesetzbuchs eine Gesamtstrafe gebildet, so bemißt sich die Gebühr für das neue Verfahren nach dem Betrag, um den die Gesamtstrafe die früher erkannte Strafe übersteigt. Dies gilt entsprechend, wenn ein Urteil, in dem auf Jugendstrafe erkannt ist, nach § 31 Abs. 2 des Jugendgerichtsgesetzes in ein neues Urteil einbezogen wird.**

II In den Fällen des § 460 der Strafprozeßordnung und des § 66 des Jugendgerichtsgesetzes verbleibt es bei den Gebühren für die früheren Verfahren.

1) Gesamtstrafe, I 1. Im Fall der Gesamtstrafe durch Erhöhung der höchsten Einzelstrafe, §§ 55 I, 54 I StGB, und in dem Fall, daß das Gericht in mehreren Verfahren auf Strafe erkennt (Zusatzstrafe), bleibt die für das erste Verfahren berechnete Gebühr unberührt. Dagegen richtet sich die Gebühr in den späteren Verfahren nach der Zusatzstrafe, nicht nach der Einzelstrafe. Vgl auch Wagner Rpfleger **51**, 21.

2) Einbeziehung einer Jugendstrafe, I, 2. Wenn das Gericht unter Einbeziehung des Urteils nur einheitlich auf Maßnahmen oder Jugendstrafe erkennt, § 31 JGG, nachdem es vorher nur auf eine Erziehungsmaßnahme oder auf ein Zuchtmittel erkannt hatte, dann entsteht jetzt die Gebühr, § 40 Anm 2. Hatte das Gericht schon auf eine Jugendstrafe erkannt, so ist die Zusatzstrafe maßgeblich.

3) Nachträgliche Gesamtstrafe, Ergänzung rechtskräftiger Entscheidungen, II. Wenn das Gericht eine Gesamtstrafe nachträglich aus mehreren rechtskräftigen Strafen durch einen besonderen Beschluß nach § 460 StPO bildet, dann ist dieser gebührenfrei. Entsprechendes gilt im Fall des § 66 JGG. Die früheren Gebühren bleiben unberührt.

Mehrere Angeschuldigte

42 **I Betrifft eine Strafsache mehrere Angeschuldigte, so ist die Gebühr von jedem gesondert nach Maßgabe der gegen ihn erkannten Strafe oder angeordneten Maßregel der Besserung und Sicherung zu erheben.**

II Wird wegen derselben Tat eine der in § 40 Abs. 6 bezeichneten Nebenfolgen angeordnet, so wird nur eine Gebühr erhoben. § 58 bleibt unberührt.

1) Gebühr, I. Für jeden von mehreren Verurteilten ist die Gebühr nach der gegen ihn verhängten Strafe oder der gegen ihn erkannten Maßregel der Besserung und Sicherung, § 40 Anm 5, getrennt zu berechnen. Wenn alle Angeklagten in die Kosten verurteilt sind, dann schulden doch nur die zu einer Strafe Verurteilten Kosten.

2) Auslagen. Für sie gilt

StPO § 466. Mitangeklagte, gegen die in bezug auf dieselbe Tat auf Strafe erkannt oder eine Maßregel der Besserung und Sicherung angeordnet wird, haften für die Auslagen als Gesamtschuldner. Dies gilt nicht für die durch die Tätigkeit eines bestellten Verteidigers oder eines Dolmetschers und die durch die Vollstreckung, die einstweilige Unterbringung oder die Untersuchungshaft entstandenen Kosten sowie für Auslagen, die durch Untersuchungshandlungen, die ausschließlich gegen einen Mitangeklagten gerichtet waren, entstanden sind.

Diese Haftung tritt kraft Gesetzes ein. Das gilt auch dann, wenn das Urteil sie nicht ausspricht. „In bezug auf dieselbe Tat" verlangt nur eine Tätigkeit der mehreren in Richtung auf die Tat. Daher kann ein unbewußtes und ungewolltes Zusammenwirken in diesem Zusammenhang genügen. Aus diesem Grund besteht eine Gesamthaftung zB beim Diebstahl oder bei der Hehlerei.

Eine Verurteilung in getrennten Entscheidungen genügt.

Auslagen, die wegen anderer Personen wegen selbständiger Straftaten entstanden sind, scheiden hier aus. Wenn einem Verurteilten im Weg einer Amnestie die Kosten erlassen werden, dann wirkt diese Maßnahme auch für die anderen Verurteilten insoweit, als sie bei einer Inanspruchnahme als Gesamtschuldner gegen den Amnestierten einen Rückgriff nehmen könnten, zB wegen der vom Staat verauslagten Verteidigergebühren für den Amnestierten, Bbg Rpfleger **50**, 430.

Von der Gesamthaftung nimmt das Gesetz ausdrücklich diejenigen Auslagen aus, die durch die Tätigkeit eines bestellten Verteidigers oder Dolmetschers oder durch die Vollstreckung, durch die einstweilige Unterbringung oder durch die Untersuchungshaft entstanden sind. Ebenso sind diejenigen Auslagen ausgenommen, die durch eine Untersuchungshandlung entstanden sind, die ausschließlich gegen einen Mitangeklagten gerichtet war.

3) Nebenfolgen, II. Im Fall einer Einziehung, eines Verfalls, einer Vernichtung, einer Unbrauchbarmachung, der Abführung des Mehrerlöses und einer Geldbuße gegenüber einer juristischen Person oder einer Personenvereinigung entstehen auch bei einer Mehrheit von Angeschuldigten wegen derselben Tat insofern Gebühren nur einmal. Die gesamtschuldnerische Haftung nach § 58 bleibt jedoch bestehen.

Wiederaufnahme des Verfahrens

43 **Wird nach Anordnung der Wiederaufnahme des Verfahrens (§ 370 Abs. 2 der Strafprozeßordnung) das frühere Urteil aufgehoben, so gilt für die Gebührenerhebung das neue Verfahren mit dem früheren Verfahren zusammen als ein Rechtszug. Dies gilt auch für das Wiederaufnahmeverfahren, das sich gegen einen Strafbefehl richtet (§ 373a der Strafprozeßordnung).**

1) Dieselbe Instanz. Wenn das Gericht einen früheren Strafbefehl oder ein früheres Urteil aufhebt, dann gelten das frühere und das anschließende neue Verfahren als dieselbe Instanz.

Soweit das Gericht also in dem neuen Verfahren eine Verurteilung ausspricht, muß man alle Gebühren aller Instanzen nach dieser neuen Strafe bemessen. Soweit das Gericht in dem neuen Verfahren einen Freispruch verkündet oder soweit das neue Verfahren eingestellt wird, entfallen sämtliche Gebühren aller Instanzen. In dieser Situation muß die Staatskasse die bereits gezahlten Gebühren erstatten. Vgl im übrigen KV 1611, § 46.

Zurücknahme des Strafantrages

44 **Das Gericht kann die Gebühr, die regelmäßig zu erheben ist, wenn das Verfahren nach Eröffnung des Hauptverfahrens infolge Zurücknahme des Antrags, durch den es bedingt war, eingestellt wird, herabsetzen oder beschließen, daß von der Erhebung einer Gebühr abgesehen wird.**

1) Ermessensentscheidung. Die Einstellung des Verfahrens nach der Eröffnung des Hauptverfahrens infolge der Zurücknahme eines notwendig gewesenen Strafantrags löst als einer der Fälle des KV 1638 grundsätzlich eine Festgebühr von 50 DM aus. Diese Festgebühr ist gemäß § 470 StPO je nach der Entscheidung des Gerichts entweder vom Antragsteller oder vom Angeklagten oder von einem Nebenbeteiligten (soweit er zur Übernahme bereit ist) und evtl von der Staatskasse zu tragen.

§ 44 ermöglicht unabhängig davon, wer nun der Kostenschuldner ist, dem Gericht die Herabsetzung bis zum gesetzlichen Mindestbetrag von 15 DM, § 11 III 1, oder sogar einen gänzlichen Erlaß der Gebühr.

Das Gericht darf und muß insofern ein pflichtgemäßes Ermessen ausüben. Das Verfahren erfordert insofern keine mündliche Verhandlung. Das Gericht entscheidet durch einen Beschluß, den es zugleich oder nach einer Entscheidung gemäß § 470 StPO verhängt. Es entscheidet durch den Richter, nicht durch den Rpfl.

Das Gericht teilt die Entscheidung formlos mit, § 35 II 2 Hs 1 StPO entspr.

Gegen die Entscheidung ist entsprechend § 304 III StPO die Beschwerde zulässig, soweit der gesetzliche Beschwerdewert von 100 DM überschritten ist.

Verurteilung im Privatklageverfahren

45 Für das Verfahren auf erhobene Privatklage gelten, wenn der Beschuldigte zu einer Strafe verurteilt wird, die §§ 40 bis 43.

1) Gebühren. A. Grundsatz. Voraussetzung der Anwendung des § 45 ist die Verurteilung des Angeklagten zu einer Strafe. Es entstehen grundsätzlich dieselben Gebühren wie im Amtsverfahren, KV 1460ff, 1600.

B. Anwendbare Vorschriften. Im einzelnen sind folgende Vorschriften anwendbar:

a) § 40. Die rechtskräftig erkannte Strafe entscheidet für die Gebührenpflicht aller Instanzen.

b) § 41. Maßgeblich ist die Gesamtstrafe.

c) § 42. Im Fall der Mehrheit von Angeschuldigten haften die mehreren dem Privatkläger gesamtschuldnerisch für die Auslagen, dem Staat ebenso nach § 466 StPO.

d) § 43. Im Fall der Wiederaufnahme des Verfahrens auf Grund des Antrags eines Verurteilten ist § 43 anwendbar.

Bei einer Wiederaufnahme auf Grund des Antrags des Privatklägers gilt demgegenüber § 46.

2) Auslagen. Der Verurteilte trägt die Auslagen, § 471 I StPO. Allerdings kann das Gericht im Fall eines Teilerfolgs der Privatklage die notwendigen Auslagen der Beteiligten sowie die Kosten des Verfahrens angemessen verteilen oder nach seinem pflichtgemäßen Ermessen nur einem der Beteiligten auferlegen, § 471 III Z 1 StPO. Dasselbe gilt beim Zusammentreffen einer Privatklage und einer Widerklage.

In der Rechtsmittelinstanz trägt derjenige die Auslagen, der das Rechtsmittel erfolglos eingelegt hatte, § 473 StPO. Bei einem teilweisen Erfolg des Rechtsmittels kann das Gericht die Auslagen verteilen, § 473 IV StPO. Ein teilweiser Erfolg liegt auch dann vor, wenn ein Teilrechtsmittel einen vollen Erfolg hatte.

Wiederaufnahme eines Privatklageverfahrens

46 Wird die Wiederaufnahme eines Privatklageverfahrens auf Antrag des Privatklägers angeordnet, so ist, sofern auf eine höhere Strafe erkannt wird, § 43 Satz 1 anzuwenden.

1) Geltungsbereich. Für einen Antrag des Angeklagten oder des verurteilten Widerbeklagten gelten §§ 45, 43.

Wenn ein Privatklageverfahren auf Grund des Antrags des Privatklägers wiederaufgenommen wird, gilt folgendes:

A. Keine höhere Strafe. Soweit das Gericht nicht auf eine höhere Strafe erkennt, beträgt die Gebühr 100 DM, KV 1657.

B. Höhere Strafe. Soweit das Gericht auf eine höhere Strafe erkennt, gilt das neue Verfahren für die Gebühren zusammen mit dem früheren Verfahren als derselbe Rechtszug, § 46 in Verbindung mit § 43 S 1, s dort.

Vollstreckung in das Vermögen

47 Für das Verfahren zur Vollstreckung einer Entscheidung über einen aus der Straftat erwachsenen vermögensrechtlichen Anspruch oder über Erstattung von Kosten (§§ 406b, 464b der Strafprozeßordnung) werden Gebühren nach den Vorschriften für bürgerliche Rechtsstreitigkeiten gesondert erhoben.

1) Geltungsbereich. § 47 betrifft die Vollstreckung einer Entscheidung über einen aus der Straftat erwachsenen vermögensrechtlichen Anspruch oder über eine Kostenerstattung. In allen diesen Fällen erfolgt die Vollstreckung nach den §§ 406b, 464b StPO nach den Regeln über die Vollstreckung eines zivilgerichtlichen Urteils. Deshalb entstehen in diesen Fällen Gebühren nach KV 1149–1152, für eine Beschwerde Gebühren nach KV 1181.

2) Kostenschuldner usw. Kostenschuldner ist der Verurteilte, § 465 StPO, § 54 Z 1, ferner für die notwendigen Kosten der Zwangsvollstreckung der Vollstreckungsschuldner, § 54 Z 4. Für die Kostenerstattung gelten § 788 ZPO, §§ 54 Z 4, 60. Daneben haftet der Antragsteller, §§ 49, 58 II.

Fünfter Abschnitt. Gerichtliche Verfahren nach dem Gesetz über Ordnungswidrigkeiten

Übersicht

1) Allgemeines. Unter einer Ordnungswidrigkeit versteht man eine rechtswidrige und vorwerfbare Handlung, die den Tatbestand eines Gesetzes verwirklicht, das die Ahndung mit einer Geldbuße zuläßt, § 1 I OWiG. Das Verfahren ist in §§ 35ff OWiG geregelt. Für die Verfolgung ist im allgemeinen die Verwaltungsbehörde zuständig, ebenso wie für die Ahndung, soweit nicht das Gericht berufen ist, § 35 II OWiG. Die Verwaltungsbehörde erläßt einen Bußgeldbescheid, § 65 OWiG. Der Betroffene kann innerhalb einer Woche seit der Zustellung Einspruch einlegen, § 67 OWiG. Über den Einspruch entscheidet der Amtsrichter des Bezirks der Verwaltungsbehörde, § 68 I OWiG. Soweit der Einspruch nicht frist- und formgerecht eingelegt worden ist, wird er als unzulässig verworfen, § 70 OWiG. Im Fall der sog Halterhaftung kann neben der Verwaltungsbehörde auch die Staatsanwaltschaft nach § 25a StVG zu einer abschließenden Kostenentscheidung zuständig sein.

Das Verfahren über einen zulässigen Einspruch verläuft mit einigen Ausnahmen nach den Vorschriften der StPO. Soweit der Betroffene und die Staatsanwaltschaft nicht widersprechen, kann das Gericht ohne eine mündliche Verhandlung durch einen Beschluß entscheiden, § 72 I OWiG. Andernfalls muß das Gericht nach einer mündlichen Verhandlung durch ein Urteil entscheiden.

Die Entscheidung des Gerichts lautet auf einen Freispruch oder auf die Verhängung einer Geldbuße, unter Umständen daneben auf den

Ausspruch einer Nebenfolge, oder schließlich auf eine Einstellung des Verfahrens, § 72 II OWiG.

Gegen die Entscheidung des Amtsrichters ist die Rechtsbeschwerde unter den Voraussetzungen des § 79 I 1 OWiG oder dann, wenn das Gericht sie im Urteil zugelassen hat, statthaft, § 79 I 2, 80 OWiG.

Wegen der Kosten des Verfahrens vor der Verwaltungsbehörde gelten die §§ 105 ff OWiG.

2) Gebühren und Streitwert. §§ 1 Ia, 48 und KV 1700 ff regeln die Gerichtsgebühren und den Streitwert für das gerichtliche Verfahren durch eine Bezugnahme im einzelnen und erschöpfend, BayObLG Rpfleger **59**, 391. Dabei gilt, wie auch sonst im GKG, der Grundsatz, daß eine gerichtliche Handlung gebührenfrei ist, soweit das Gesetz für sie eine Gebühr nicht ausdrücklich vorsieht, § 1 I.

Für das Verfahren vor der Verwaltungsbehörde sind weder §§ 1, 48 noch KV 1700 ff anwendbar, sondern §§ 105 ff, insbesondere § 107 OWiG.

48 **Für das gerichtliche Verfahren nach dem Gesetz über Ordnungswidrigkeiten gelten § 40 Abs. 1, 6, §§ 42, 43 und 47 sinngemäß.**

1) Allgemeines. §§ 1 Ia, 48 regeln zusammen mit §§ 54 Z 1, 55, 57 S 1 und KV 1700 ff das gesamte gerichtliche Ordnungswidrigkeitenverfahren, Üb 2 vor § 48. Da das Bußgeldverfahren dem Strafprozeß nachgebildet ist, § 46 I OWiG, sind diejenigen Vorschriften grundsätzlich entsprechend anwendbar, die der vierte Abschnitt des GKG enthält. § 48 nennt jedoch die einzelnen in Betracht kommenden Vorschriften, da die übrigen Regeln dieses Abschnitts nicht passen.

2) Anwendbare Einzelvorschriften. Es sind folgende Einzelbestimmungen anwendbar:

A. Rechtskräftige Geldbuße, § 40 I. Die Gebühren richten sich für alle Rechtszüge nach der rechtskräftig festgesetzten Geldbuße.

B. Einziehung usw, § 40 VI. Im Fall einer Einziehung usw entsteht eine Gebühr nur für das Rechtsmittelverfahren oder für das Wiederaufnahmeverfahren.

C. Mehrere Betroffene, § 42. Soweit ein Verfahren mehrere betrifft, erwächst für jeden Betroffenen eine gesonderte Gebühr entsprechend der gegen ihn verhängten Geldbuße.

D. Wiederaufnahme, § 43. Im Fall der Wiederaufnahme und der Aufhebung einer früheren Entscheidung bilden das frühere Verfahren und das anschließende neue Verfahren denselben Rechtszug.

E. Vollstreckung, § 47. Die Vollstreckung erfolgt wie bei einer bürgerlichen Rechtsstreitigkeit.

Sechster Abschnitt. Gerichtliche Verfahren nach dem Strafvollzugsgesetz

Übersicht

1) Allgemeines. Das StVollzG regelt von der Planung über die Durchführung bis zur Beendigung alle Stadien und alle Einzelfragen des Vollzugs einer Freiheitsstrafe oder einer freiheitsentziehenden Maßregel der Besserung und Sicherung. Gegen eine Maßnahme zur Regelung einer einzelnen Angelegenheit im Strafvollzug kann der Verurteilte eine gerichtliche Entscheidung beantragen, er kann auch den Erlaß einer abgelehnten oder unterlassenen Maßnahme beantragen, §§ 109–115 StVollzG.

Für diese Entscheidungen ist diejenige Strafvollstreckungskammer örtlich zuständig, in deren Bezirk die Vollzugsbehörde ihren Sitz hat. Die Entscheidung erfolgt ohne eine mündliche Verhandlung durch einen Beschluß.

Gegen den Beschluß ist die Rechtsbeschwerde zulässig, soweit es geboten ist, zur Rechtsfortbildung oder zur Sicherung einer einheitlichen Rechtsprechung eine Nachprüfung zu ermöglichen, §§ 116–121 StVollzG.

2) Kostenentscheidung. Das Gericht muß in der das Verfahren abschließende Entscheidung eine Kostenentscheidung treffen, § 121 StVollzG, zT in Verbindung mit §§ 464–473 StPO. Eine Prozeßkostenhilfe ist in entsprechender Anwendung der §§ 114ff ZPO möglich, § 120 II StVollzG.

48a **Im gerichtlichen Verfahren nach dem Strafvollzugsgesetz gelten die §§ 13, 25 Abs. 1 Satz 3 und 4, Abs. 2 und 3 entsprechend. Der Wert ist von Amts wegen festzusetzen.**

1) Geltungsbereich. Die Vorschrift meint ein gerichtliches Verfahren nach den §§ 109–121 StVollzG, also einschließlich des Verfahrens über die Rechtsbeschwerde, Üb 1 vor § 48a. § 48a regelt den Streitwert. KV 1790–1793 regeln die Höhe der Gebühren des Gerichts. § 66a BRAGO regelt die Höhe der Gebühren des Anwalts. Wegen einer Prozeßkostenhilfe Üb 2 vor § 48a.

Eine Wertfestsetzung erfolgt von Amts wegen, S 2. Eine Änderung ist von Amts wegen statthaft, S 1 in Verbindung mit § 25 I 3, jedoch nur innerhalb von 6 Monaten seit dem Eintritt der Rechtskraft der Entscheidung im Verfahren nach den §§ 109ff StVollzG oder nach der Erledigung eines solchen Verfahrens, § 25 I 4.

Eine Beschwerde ist nur gegen die Wertfestsetzung durch die Strafvollstreckungskammer statthaft. Wegen der Einzelheiten gilt S 1 in Verbindung mit § 25 II. Das Beschwerdeverfahren ist gebührenfrei; es findet keine Kostenerstattung statt, S 1 in Verbindung mit § 25 III.

Vgl im übrigen § 10 JVKostO, Teil VIII A dieses Buchs.

2) Streitwert. Aus S 1 in Verbindung mit § 13 ergibt sich: Grundsätzlich ist für den Streitwert diejenige Bedeutung maßgeblich, die die Sache für den Gefangenen nach dem Antrag des Gefangenen oder der Vollzugsbehörde, § 111 I, bzw im Verfahren vor dem OLG oder dem BGH nach dem Antrag der Aufsichtsbehörde, also der Landesjustizverwaltung hat, §§ 111 II, 151 StVollzG. Soweit keine anderen genügenden Anhaltspunkte vorliegen, muß man von 4000 DM ausgehen. Falls der Antrag eine bezifferte Geldleistung betrifft, zB ein Arbeitsentgelt oder eine Ausbildungsbeihilfe oder eine Ausfallentschädigung oder ein Taschengeld oder ein Hausgeld, §§ 43–47 StVollzG, ist die Höhe dieser Geldleistung maßgeblich. In jedem Fall übt das Gericht bei der Festsetzung des Streitwerts ein pflichtgemäßes Ermessen aus, § 13 I 1.

Siebenter Abschnitt. Kostenzahlung und Kostenvorschuß

Übersicht

1) Systematik. Der Abschnitt 7 regelt das Verhältnis des Zahlungspflichtigen zur Gerichtskasse, zum Staat. Er ist in Anlehnung an §§ 2 ff KostO so geordnet, daß die Vorschriften über den Kostenschuldner vorangestellt sind und daß diejenigen über die Fälligkeit, den Vorschuß und die Sicherstellung der Kosten folgen.

Die Beziehung des Kostenschuldners zu einem Dritten, insbesondere die Frage der Kostenerstattung, ist von der Frage der Zahlungspflicht gegenüber der Gerichtskasse sorgfältig zu trennen. Die Kostenerstattung wird in anderen Gesetzen geordnet, nämlich der ZPO und der StPO.

2) Begriffe. Man muß zwischen folgenden Begriffen unterscheiden:

A. Entstehung, Fälligkeit. Man muß zwischen der Entstehung, dem Erwachsen einer Kostenschuld, und ihrer Fälligkeit unterscheiden. Zwar wird die Kostenschuld grundsätzlich bereits mit ihrem Erwachsen fällig. Indessen kommen Abweichungen vor, vor allem im Fall der Stundung und dann, wenn es sich um eine Strafsache handelt.

Die Fälligkeit tritt grundsätzlich mit dem Beginn eines Verfahrens oder eines Verfahrensabschnitts ein. In Strafsachen gelten andere Fälligkeitszeitpunkte. Die Fälligkeit hat den Kostenansatz zur Folge. Sie hat auch die Beitreibung durch die Gerichtskasse als Vollstreckungsbehörde zur Folge. Die Gerichtskasse muß grundsätzlich den Schuldner zunächst auffordern und mahnen und darf die Beitreibung erst mit dem Ablauf von zwei Wochen seit der Aufforderung beginnen, § 5 JBeitrO, Teil IX A dieses Buchs. Die Beitreibung ist unabhängig davon, ob von der Vorwegleistung abgesehen wurde oder nicht.

Im Verfahren vor den Arbeitsgerichten tritt die Fälligkeit abweichend vom GKG erst mit der Beendigung des Rechtszugs oder mit der Anordnung des Ruhens des Verfahrens ein.

B. Vorwegleistungspflicht. Sie besteht in allen denjenigen Verfahren, in denen das Gesetz sie vorschreibt oder das Gericht zu ihrer Anordnung ermächtigt. Die Vorwegleistungspflicht dient der Sicherung der Staatskasse, vgl LG Hbg MDR **78**, 50. Die Vorwegleistung dient auch der Vereinfachung der Erhebung.

Im Verfahren vor den Arbeitsgerichten besteht keine Vorwegleistungspflicht, § 12 IV ArbGG, Teil II A dieses Buchs.

C. Vorschuß. Er wird für die Gerichtsgebühren im Zwangsversteigerungs- und Zwangsverwaltungsverfahren, in Strafsachen vom Privat- oder Nebenkläger, ferner bei einer Handlung erhoben, die mit Auslagen verbunden ist, § 68. Die Vornahme der gerichtlichen Handlung ist allerdings nur im Fall des § 68 von der Zahlung des Vorschusses abhängig. Die Vorschußpflicht ist also nicht ohne weiteres ein Fall der Vorwegleistungspflicht.

Andererseits ist der Vorschuß eine endgültige Kostenschuld wie andere und darum, wenn er nicht bezahlt wird, beizutreiben, § 69.

Der Vorschuß wird angesetzt, sobald er zu leisten ist, § 13 KostVfg, Teil VII A dieses Buchs.

3) Prozeßkostenhilfe. A. Zivilsache. a) Grundsatz. Die Vorschriften über die Prozeßkostenhilfe der ZPO gehen denen des 7. Abschnitts vor. Die hier wesentlichen Vorschriften lauten wie folgt:

ZPO § 119. I Die Bewilligung der Prozeßkostenhilfe erfolgt für jeden Rechtszug besonders. In einem höheren Rechtszug ist nicht zu prüfen, ob die Rechtsverfolgung oder Rechtsverteidigung hinreichende Aussicht auf Erfolg bietet oder mutwillig erscheint, wenn der Gegner das Rechtsmittel eingelegt hat.

ZPO § 122. I Die Bewilligung der Prozeßkostenhilfe bewirkt, daß
1. die Bundes- oder Landeskasse
a) die rückständigen und die entstehenden Gerichtskosten und Gerichtsvollzieherkosten,
b) die auf sie übergegangenen Ansprüche der beigeordneten Rechtsanwälte gegen die Partei
nur nach den Bestimmungen, die das Gericht trifft, gegen die Partei geltend machen kann,
2. die Partei von der Verpflichtung zur Sicherheitsleistung für die Prozeßkosten befreit ist,
3. die beigeordneten Rechtsanwälte Ansprüche auf Vergütung gegen die Partei nicht geltend machen können.

II Ist dem Kläger, dem Berufungskläger oder dem Revisionskläger Prozeßkostenhilfe bewilligt und ist nicht bestimmt worden, daß Zahlungen an die Bundes- oder Landeskasse zu leisten sind, so hat dies für den Gegner die einstweilige Befreiung von den in Absatz 1 Nr. 1 Buchstabe a bezeichneten Kosten zur Folge.

ZPO § 125. I Die Gerichtskosten und die Gerichtsvollzieherkosten können vom Gegner erst eingezogen werden, wenn er rechtskräftig in die Prozeßkosten verurteilt ist.

II Die Gerichtskosten, von deren Zahlung der Gegner einstweilen befreit ist, sind von ihm einzuziehen, soweit er rechtskräftig in die

Prozeßkosten verurteilt oder der Rechtsstreit ohne Urteil über die Kosten beendet ist.

ZPO § 126. [I] Die für die Partei bestellten Rechtsanwälte sind berechtigt, ihre Gebühren und Auslagen von dem in die Prozeßkosten verurteilten Gegner im eigenen Namen beizutreiben.

[II] Eine Einrede aus der Person der Partei ist nicht zulässig. Der Gegner kann mit Kosten aufrechnen, die nach der in demselben Rechtsstreit über die Kosten erlassenen Entscheidung von der Partei zu erstatten sind.

Ferner bestimmt

AUG § 9 S 2: Durch die Bewilligung der Prozeßkostenhilfe nach diesem Gesetz wird der Antragsteller endgültig von der Zahlung der in § 122 Abs. 1 der Zivilprozeßordnung genannten Kosten befreit, sofern die Bewilligung nicht nach § 124 Nr. 1 der Zivilprozeßordnung aufgehoben wird.

Wegen der Erläuterungen vgl BLAH. Hier nur einige Bemerkungen.

b) Instanz. Das Gericht muß die Prozeßkostenhilfe für jede Instanz besonders bewilligen, auch im Verfahren nach dem AUG. Der Begriff der Instanz ist dabei derselbe wie bei § 27.

Die für das Mahnverfahren bewilligte Prozeßkostenhilfe erstreckt sich auch auf das nachfolgende streitige Verfahren über denselben Anspruch. Denn man muß einen entsprechenden Willen des Gerichts annehmen, und es handelt sich ja praktisch um dasselbe Verfahren.

Eine Prozeßkostenhilfe erstreckt sich nicht auf die folgenden Fälle: Der Rechtsstreit geht nach einer Verweisung vor einem anderen Gericht fort; der Rechtsstreit findet seine Fortsetzung nach einer Zurückverweisung; neben dem bereits laufenden Hauptprozeß beginnt ein Verfahren auf den Erlaß eines Arrests oder einer einstweiligen Verfügung, und umgekehrt; gegenüber der bereits anhängigen Klage erhebt der Bekl eine Widerklage (vgl freilich BLAH § 114 ZPO Anm 4 B); es erfolgt eine Anschließung; der Kläger erweitert die bisherige Klageforderung.

Soweit das Gericht die Prozeßkostenhilfe zulässigerweise rückwirkend gewährt hat, ist dieser Umstand auch für die Kostenhaftung maßgebend. Ohne eine Rückwirkung wirkt die Bewilligung der Prozeßkostenhilfe allerdings nur für die Zukunft. Freilich braucht das Gericht seinen Ausspruch nicht ausdrücklich zu formulieren; sein Wille, die Prozeßkostenhilfe rückwirkend zu gewähren, muß nur eindeutig erkennbar sein.

c) Wirkung. Die Prozeßkostenhilfe bewirkt, daß die Staatskasse der Partei und dann, wenn das Gericht sie dem Kläger, dem Berufungskläger oder dem Revisionskläger bewilligt hat, nach Maßgabe des § 122 II ZPO auch dem Gegner gegenüber rückständige und entstehende Gerichtskosten (Gebühren und Auslagen) einschließlich etwaiger Kosten des Gerichtsvollziehers nur nach den gerichtlichen Bestimmungen geltend machen darf. Im Verfahren nach dem AUG tritt sogar grds eine endgültige gesetzliche Befreiung ein. Vgl auch § 130 BRAGO Anm 2 B, Teil X dieses Buchs. Die Prozeßkostenhilfe bewirkt ferner eine Befreiung von Sicherungspflichten für die Prozeßkosten.

Wenn der Unterstützte als Streitgenosse klagt, dann ist der Prozeßgegner nur befreit, wenn sämtliche Streitgenossen eine Prozeßkostenhilfe bewilligt erhalten haben. Der Prozeßgegner ist nur für die Verteidigung befreit, nicht für einen Angriff, etwa eine Widerklage, eine Anschließung usw, auch nicht für eine von ihm betriebene Zwangsvollstreckung.

Die Befreiung wirkt nicht, soweit bereits eine Zahlung erfolgt ist. Daher ist die Gerichtskasse zur Rückzahlung solcher Beträge nicht verpflichtet.

d) Aufhebung. Soweit das Gericht die Prozeßkostenhilfe aufhebt, muß die Gerichtskasse die fraglichen Beträge einziehen, § 124 ZPO. Die Einziehung vom Prozeßgegner kann für die ihm und für die dem Unterstützten erlassenen Gebühren und Auslagen erfolgen, soweit der Prozeßgegner rechtskräftig in die Prozeßkosten verurteilt worden ist oder soweit der Rechtsstreit ohne Urteil über die Kosten beendet ist, § 125 II ZPO. Das letztere ist dann anzunehmen, wenn der Rechtsstreit seit geraumer Zeit nicht betrieben wird und wenn eine Fortsetzung nicht in einer baldigen, sicheren Aussicht steht. Die Gerichtskosten sind ferner dann vom Prozeßgegner einzuziehen, wenn er sie nach § 54 übernommen hat.

Gegen die Zahlungsanordnung steht dem Betroffenen die Beschwerde nach § 127 II 2 ZPO zu. Das gilt auch für den beigeordneten Anwalt, Bre NJW **71**, 1372.

e) Teilbewilligung. Soweit die Prozeßkostenhilfe nur für einen Teil des Rechtsstreits bewilligt worden ist, wirkt die Befreiung für den Unterstützten und den Prozeßgegner dementsprechend beschränkt. Auch eine Vorwegleistungspflicht ermäßigt sich entsprechend. Vgl § 65 Anm 6 A.

f) Kostenbehandlung. Über die Behandlung der Kosten in einer Prozeßkostenhilfesache durch den Kostenbeamten s § 9 KostVfg, Teil VII A dieses Buchs.

B. Strafsache. In einer Strafsache kommt eine Prozeßkostenhilfe nur für den Privatkläger oder für den Nebenkläger in Betracht, die unter den Voraussetzungen des § 67 einen Vorschuß zu zahlen haben. Eine Pozeßkostenhilfe ist allerdings auch für die Widerkläger statthaft. Er braucht freilich keinen Vorschuß zu leisten.

Der Beschuldigte kann keine Prozeßkostenhilfe erhalten.

Soweit eine Prozeßkostenhilfe in Betracht kommt, sind die §§ 114ff ZPO entsprechend anwendbar, § 379 StPO.

C. Finanz-, Verwaltungssache. In einem Verfahren vor den Finanz- oder Verwaltungsgerichten gelten die §§ 114ff ZPO entsprechend, § 142 FGO, § 166 VwGO.

Kostenschuldner in bürgerlichen Rechtsstreitigkeiten und in Scheidungsfolgesachen, in Verfahren vor den Gerichten der Verwaltungsgerichtsbarkeit und der Finanzgerichtsbarkeit

49 **In bürgerlichen Rechtsstreitigkeiten und in den in § 1 Abs. 2 genannten Scheidungsfolgesachen, in Verfahren vor Gerichten der Verwaltungsgerichtsbarkeit und der Finanzgerichts-**

barkeit ist Schuldner der Kosten derjenige, der das Verfahren der Instanz beantragt hat. Dies gilt nicht im amtsgerichtlichen Entmündigungsverfahren wegen Geisteskrankheit oder Geistesschwäche.

1) Allgemeines. § 49 enthält den Grundsatz, daß der Antragsteller als Veranlasser in den dort genannten Verfahren Kostenschuldner ist, Stgt MDR **87**, 1036. Neben ihm haftet nach § 54 derjenige als Gesamtschuldner, dem das Gericht die Kosten durch eine unbedingte Entscheidung auferlegt hat oder der sie übernommen hat. Gegenüber einem Dritten entsteht eine Vergleichsgebühr nur insoweit, als er sich am Verfahren beteiligt. Gegenüber dem Verurteilten und gegenüber einem Kostenübernehmer ist der Antragsteller lediglich Zweitschuldner, § 58 II.

Zum Begriff der bürgerlichen Rechtsstreitigkeit s § 12 Anm 2.

2) Kostenschuldner. A. Antragsteller. Der jeweilige Antragsteller haftet der Staatskasse – nur um sie handelt es sich hier, nicht um den Gegner – grundsätzlich für sämtliche Gebühren und Auslagen der Instanz, Hbg MDR **84**, 413 mwN, abw zB Bre JB **76**, 349, KG Rpfleger **80**, 121, auch für diejenigen, die durch eine bloße Verteidigungsmaßnahme des Bekl veranlaßt wurden, KG MDR **84**, 154 (s aber auch unten), zB für diejenigen des Nachverfahrens nach einem Vorbehaltsurteil, ferner für die Gebühren eines Zeugen, den das Gericht lediglich auf Veranlassung des Prozeßgegners geladen hat. Allerdings entlastet den Antragsteller praktisch die Vorschußpflicht nach § 68. Soweit der Prozeßgegner eine Prozeßkostenhilfe bewilligt erhalten hat, gilt § 58 II 2. Wegen der Schreibauslagen ist § 56 zu beachten.

Im amtsgerichtlichen Entmündigungsverfahren wegen Geisteskrankheit oder Geistesschwäche, §§ 645, 646 ZPO, haftet der Antragsteller nicht, also weder für die Anfechtungsklage, § 664 ZPO, noch für den Beschluß, durch den das Gericht die Entmündigung wegen Verschwendung, Trunksucht oder Rauschgiftsucht ausspricht, § 680 ZPO. Die Haftung des Antragstellers für ihm vom Gericht auferlegte Kosten, § 658 II ZPO, wird aber durch S 2 nicht berührt, § 60.

Antragsteller ist nur die Partei selbst, nicht der gesetzliche Vertreter und auch nicht der Prozeßbevollmächtigte. Die Partei kraft Amts, also der Konkursverwalter, der Nachlaßverwalter, der Zwangsverwalter, BLAH Grdz 2C vor § 50 ZPO, haftet nur mit dem verwalteten Vermögen. Im Fall einer Prozeßstandschaft oder Prozeßgeschäftsführung, also dann, wenn jemand ein fremdes Recht verfolgt, etwa der Einziehungsabtretungsnehmer, haftet der Antragsteller, nicht der Berechtigte. Kosten, in die das Gericht den Abtretungsnehmer verurteilt hat, kann man nicht vom Abtretenden mit der Begründung beitreiben, es liege ein Scheinvertrag vor.

Der Vertreter ohne Vertretungsmacht ist selbst Antragsteller. Dasselbe gilt für einen zu Unrecht in den Prozeß hineingezogenen Dritten, soweit er sich (zulässig) wehrt, etwa durch einen Einspruch, LG Bln Rpfleger **83**, 369. Soweit ein Anwalt ohne einen Auftrag klagt oder ein Rechtsmittel einlegt, haftet er persönlich, unabhängig davon, ob er für sich persönlich handeln wollte. Wenn ein Anwalt der ersten Instanz ohne einen besonderen Auftrag Berufung einlegt, dann haftet die von ihm vertretene Partei. Denn der Anwalt handelt im Rahmen seiner Prozeßvollmacht.

Es ist unerheblich, auf wessen Prozeßhandlung ein Zwischenurteil beruht. Es haftet auch in diesem Fall immer der Kläger.

Soweit der Bekl selbst zum Antragsteller wird, indem er zum Angriff übergeht, haftet er für die durch seinen Antrag veranlaßten Kosten der Instanz. Das gilt zB für den Einspruch gegen einen Vollstreckungsbescheid, KV 1005 Anm 2, für die Widerklage, die stets ein Angriff ist, auch soweit sie nur eine Verteidigung bezweckt, Hbg MDR **89**, 272, oder für einen Beweissicherungsantrag, LG Stade NJW **65**, 1813, oder für die Hilfsaufrechnung des Rechtsmittelführers, KG MDR **84**, 154. Soweit der Widerkläger nach der Erledigung der Klage den Prozeß weiter betreibt, ist er von diesem Zeitpunkt an alleiniger Antragsteller, vgl Hbg MDR **89**, 272. Dasselbe gilt dann, wenn er die abgewiesene Widerklage in der zweiten Instanz weiter verfolgt, BGH NJW **70**, 245.

Der Streithelfer, der ebenso wie die unterstützte Hauptpartei ein Rechtsmittel eingelegt hat und die durch die Streithilfe verursachten Kosten tragen muß, während die unterstützte Hauptpartei die übrigen Kosten tragen soll, ist weder Entscheidungsschuldner, § 54 Z 1, noch Antragsschuldner. Denn er ist nur ein Gehilfe, auch zählen seine Kosten nicht zu denjenigen des Rechtsstreits, also der Partei, BGH **39**, 297. Daher wird der Streitgehilfe, der das von der Hauptpartei eingelegte Rechtsmittel allein weiterführt, auch nicht dadurch zum Kostenschuldner, daß der Klageanspruch nunmehr an ihn abgetreten ist und aß er den Rechtsstreit daher nunmehr im eigenen Interesse weiterführt, BGH Rpfleger **55**, 44. Legt er aber allein ein Rechtsmittel ein, so ist er wegen § 51 ZPO dann, wenn sich die Partei am Rechtsmittel nicht beteiligt, auch für die Kosten des Rechtsmittels Gebührenschuldner, BGH **LM** § 582 ZPO Nr 1; vgl auch C.

Der betreibende Anwalt ist im Verfahren zur Festsetzung der gesetzlichen Vergütung des Anwalts Kostenschuldner, LG Hildesh NdsRpfl **66**, 143.

Durch die Zustimmung zu einer Klagerücknahme wird der Bekl nicht zum Kostenschuldner, selbst wenn dadurch seine Anschlußberufung hinfällig wird, § 522 I ZPO. Die Haftung des Antragstellers erstreckt sich nicht auf solche Kosten, die infolge eines fremden Verschuldens entstanden sind, etwa auf eine Verzögerungsgebühr nach § 34.

Wer eine Prozeßkostenhilfe erfolglos beantragt hat, haftet für die Auslagen des Verfahrens nach § 118 ZPO, Celle NJW **66**, 114 (Zeugen- und Sachverständigengebühren).

B. Mehrheit von Antragstellern. Mehrere Antragsteller haften als Gesamtschuldner, § 59. Ihre Haftung setzt nicht voraus, daß ihre Anträge denselben Streitgegenstand betreffen. Wenn zB zwei Streitgenossen ihre ganz selbständigen Forderungen in derselben Klage verbinden, dann muß man die Streitgegenstände zusammenrechnen. Für die Gerichtsgebühren haftet jeder Streitgenosse, soweit der Betrag für beide identisch ist, als Gesamtschuldner mit anderen Streitgenossen. Im Fall einer Klage und Widerklage oder bei wechselseitigen Rechtsmitteln haften beide Parteien als Gesamtschuldner, soweit der Streitgegenstand derselbe ist.

Soweit der Streitgegenstand verschieden ist, haftet jeder Teil für die durch das Verfahren über seine Anträge entstandenen Kosten. Eine gesamtschuldnerische Haftung tritt also nur für denjenigen Teil ein, der etwa gleich ist. Ferner haften beide für denjenigen Betrag, um den die nach dem gesamten Streitgegenstand berechnete Gebühr hinter den getrennt berechneten Gebühren zurückbleibt, Hamm JB **70**, 422, Schlesw SchlHA **54**, 120.

Soweit in einem Eheverfahren der Bestand der Ehe im Streit steht, besteht ein einheitlicher Streitgegenstand ohne Rücksicht auf einzelne Anträge der Ehegatten, Ffm NJW **56**, 678, BLAH Einf 3 vor § 610 ZPO. Soweit die Gebühren nur die Klage oder nur die Widerklage betreffen, haften die nicht Betroffenen nicht.

Hat ein Streitgenosse eine Gebührenfreiheit, dann schuldet der Antragsteller nur die Hälfte der Gebühren, also in Höhe desjenigen Betrags, in der für ihn eine Ausgleichsmöglichkeit nach § 426 BGB entfällt, BGH NJW **54**, 513, § 2 Anm 6 B. Ein Zwischenantrag nach den §§ 302 IV, 600 II, 717 II, III ZPO ist wie eine Widerklage zu behandeln.

C. Instanz. Kostenschuldner ist derjenige, der den Antrag für die Instanz gestellt hat, vgl auch BFH BB **77**, 1138. Der Widerkläger ist also für die Kosten der Widerklage Kostenschuldner. Der Begriff der Instanz ist wie bei § 27 zu verstehen. Eine unselbständige Anschlußberufung ist zwar kein Rechtsmittel, BGH **4**, 229. Wenn sie aber besondere Kosten verursacht, dann ist der sich Anschließende insofern Kostenschuldner, Mü JB **75**, 1231, Mümmler JB **77**, 1503 je mwN.

In einer Ehesache sind sowohl der Antragsteller als auch sein Prozeßgegner Kostenschuldner, obwohl die Anträge beider Parteien denselben Streitgegenstand betreffen.

Man muß die Kosten nach den Instanzen getrennt behandeln. Es findet keine Verrechnung von einer Instanz auf die andere statt. Eine besondere Kosteninstanz sind zB folgende Situationen: Das streitige Verfahren gegenüber dem vorangegangenen Mahnverfahren, Mü MDR **84**, 948. Der Antragsteller haftet für die Kosten des streitigen Verfahrens, wenn er es nach § 696 I 1 ZPO beantragt hatte, vgl insofern (zum alten Recht) KG Rpfleger **77**, 386 mwN, ferner (zum neuen Recht) Mümmler JB **77**, 1505. Er haftet aber nicht für die durch den Einspruch des Prozeßgegners gegen den Vollstreckungsbescheid entstehenden Kosten, insofern aM (zum alten Recht) KG Rpfleger **80**, 121 mwN. Der Kostenschuldner haftet trotz des Einspruchs gegen den Vollstreckungsbescheid nicht als Antragsteller, soweit der Gläubiger die Klage anschließend erweitert, Bre JB **76**, 350.

Weitere Fälle einer besonderen Kosteninstanz sind zB: Das Arreständerungsverfahren gegenüber dem Arrestverfahren; der Einspruch des Bekl in Verbindung mit einem Antrag auf eine Wiedereinsetzung in den vorigen Stand nach einem rechtskräftigen Versäumnisurteil, aM LG Regensb Rpfleger **66**, 219.

Keine besondere Kosteninstanz begründen zB: Das Arrestwiderspruchsverfahren; das Nachverfahren nach einem Vorbehaltsurteil; das Verfahren auf Grund des rechtzeitigen Einspruchs gegen ein Versäumnisurteil, Mü MDR **84**, 948 mwN.

Soweit in einem Vergleich Ansprüche mitverglichen werden, die nicht

Gegenstand des Rechtsstreits sind, ist nur deren Gläubiger als Antragsteller anzusehen, Mü NJW **73**, 1889 mwN, aM zB KG Rpfleger **62**, 122. Wenn ein Dritter einem Vergleich beitritt, dann ist er in Höhe seiner Beteiligung als Antragsteller anzusehen.

D. Kostenentscheidung zu Lasten des Prozeßgegners. Die Haftung des Antragstellers bleibt auch insoweit bestehen, als das Gericht in einer Entscheidung dem Prozeßgegner Kosten auferlegt hat. Der Antragsteller und der Prozeßgegner haften dann gesamtschuldnerisch. Soweit das Gericht dem Antragsteller in der Entscheidung keine Kosten auferlegt hat, haftet er allerdings nur als Zweitschuldner, § 58 II 1, vgl aber bei einer Prozeßkostenhilfe § 58 II 2.

Die Haftung nach § 49 und diejenige nach § 54 hat nicht stets denselben Umfang.

F. Prozeßübernahme. Soweit ein Dritter den Prozeß übernimmt, §§ 75 ff, 265 f ZPO, haftet der bisherige Antragsteller neben dem Übernehmer gesamtschuldnerisch für die bis zur Übernahme entstandenen Kosten.

Kostenschuldner im Konkursverfahren

50 **I Im Konkursverfahren ist der Antragsteller Schuldner der Gebühr für das Verfahren über den Antrag auf Eröffnung des Konkursverfahrens. Wird der Antrag auf Eröffnung des Verfahrens abgewiesen oder zurückgenommen, so ist der Antragsteller auch Schuldner der in dem Verfahren entstandenen Auslagen.**

II Im übrigen ist Schuldner der Gebühren und Auslagen der Gemeinschuldner.

1) Gebührenschuldner. Es sind folgende Fälle zu unterscheiden, die sich nur auf das gesetzliche Verhältnis des Kostenschuldners zur Staatskasse beziehen, sodaß eine abweichende gerichtliche Kostenentscheidung mit dem Vorrang der §§ 54 Z 1, 58 II möglich und evtl, zB nach § 91a ZPO, notwendig ist, Uhlenbruck KTS **83**, 343:

A. Antragsteller. Der Antragsteller haftet in folgenden Fällen:

a) Eröffnungsverfahren. Er haftet für die Eröffnungsgebühr, KV 1410–1411.

b) Besonderer Prüfungstermin. Er haftet ferner für die Kosten eines besonderen Prüfungstermins, KV 1430. Das ergibt sich aus § 142 III KO. Als Antragsteller ist in diesem Fall der Gläubiger anzusehen, vgl § 60.

c) Beschwerdeverfahren. Der Antragsteller haftet für die Beschwerdegebühr, KV 1440–1441, sofern das Gericht seine Beschwerde verwirft oder zurückweist. Sofern es sich um die Beschwerde gegen die Eröffnung des Konkursverfahrens handelt, haftet der Beschwerdeführer auch im Fall des Erfolgs der Beschwerde, allerdings nur als Zweitschuldner hinter dem verurteilten Gegner.

B. Gemeinschuldner. Er haftet für die Durchführungsgebühr, KV 1420, 1424, aber auch 1421.

2) Auslagenschuldner. Man muß folgende Fälle unterscheiden:

A. Antragsteller. Der Antragsteller haftet in folgenden Fällen:

a) Eröffnungsverfahren. Er haftet im Fall der Abweisung des Konkursantrags oder im Fall der Rücknahme des Konkursantrags. Die Vorschrift ist zwingend, LG Memmingen MDR **87**, 767. Bei einer Erledigterklärung des Gläubigers kann § 91 a ZPO entsprechend angewandt werden, LG Memmingen MDR **87**, 767.

b) Wiederaufnahme. Der Antragsteller haftet im Fall der Wiederaufnahme vor der Entscheidung.

c) Besonderer Prüfungstermin. Der Antragsteller haftet für die Auslagen eines besonderen Prüfungstermins. Als Antragsteller ist der Gläubiger anzusehen, vgl § 60.

d) Beschwerdeverfahren. Der Antragsteller haftet für die Auslagen des Beschwerdeverfahrens, soweit das Gericht die Beschwerde verwirft oder zurückweist oder soweit der Beschwerdeführer die Beschwerde zurücknimmt, ferner dann, wenn das Beschwerdeverfahren sich gegen den Eröffnungsbeschluß richtet. Soweit die Beschwerde Erfolg hat, kommt eine Niederschlagung auch der Auslagen in Betracht.

B. Gemeinschuldner. Der Gemeinschuldner haftet für die Auslagen in folgenden Fällen:

a) Konkurseröffnung. Soweit das Gericht den Konkurs eröffnet hat, haftet der Gemeinschuldner für die Auslagen des gesamten Konkursverfahrens.

b) Beschwerdeverfahren. Im Fall eines Beschwerdeverfahrens haftet der Gemeinschuldner in demselben Umfang wie der Antragsteller, A d.

Kostenschuldner im Vergleichsverfahren

51 Im Vergleichsverfahren zur Abwendung des Konkurses ist Schuldner der Kosten der Vergleichsschuldner.

1) Verfahrenskosten. Der Vergleichsschuldner ist Schuldner der Gebühren wie der Auslagen des Vergleichsverfahrens. Denn nur er kann das Vergleichsverfahren wirksam beantragen. Soweit ein anderer den Vergleichsantrag stellt, etwa ein Gläubiger, entstehen keine Gebühren.

2) Beschwerdeverfahren. Die Beschwerdegebühr schuldet der in die Kosten verurteilte Beschwerdeführer. Der Beschwerdeführer haftet auch im Fall der Verwerfung, Zurückweisung oder Rücknahme der Beschwerde für die Auslagen. Bei einem Erfolg der Beschwerde sind die Auslagen nach § 8 niederzuschlagen.

Kostenschuldner im seerechtlichen Verteilungsverfahren

52 Im seerechtlichen Verteilungsverfahren ist Schuldner der Kosten der Antragsteller.

1) Antragsteller. Schuldner der Gebühren und Auslagen ist grundsätzlich nur der jeweilige Antragsteller, vgl § 49 I. Im Fall der Mehrheit von Antragstellern gilt § 59. Der Antragsteller trägt auch die Kosten eines Sachwalters und den insofern vom Gericht vor der Eröffnung einzufordernden Vorschuß, §§ 31, 32 SeeVertO. Wegen der von der Haftungssumme zu tragenden Kosten §§ 31 II, 33 SeeVertO.

Wegen des Beschwerdeverfahrens vgl § 51 Anm 2.

2) Gläubiger. Die Kosten eines besonderen Prüfungstermins, KV 1455, sind vom Gläubiger zu tragen, der sein Recht zu diesem besonderen Termin angemeldet hat, §§ 18 SeeVertO, 142 III KO, letztere abgedruckt bei § 60 Anm 3. Im Fall der Gläubigermehrheit s bei KV 1430.

Kostenschuldner im Zwangsversteigerungs- und Zwangsverwaltungsverfahren

53 **I Im Zwangsversteigerungs- und Zwangsverwaltungsverfahren ist Schuldner der Gebühren für die Entscheidung über den Antrag auf Anordnung der Zwangsversteigerung oder Zwangsverwaltung und die Entscheidung über den Beitritt, für das Verfahren der Zwangsversteigerung bis zur Bestimmung des Versteigerungstermins, für die Bestimmung des Versteigerungstermins und das weitere Verfahren, für die Abhaltung des Versteigerungstermins, für das Verteilungsverfahren, für die Jahresgebühr bei der Zwangsverwaltung, für die Entscheidung über den Antrag auf Eröffnung der Zwangsliquidation einer Bahneinheit und für das Verfahren bei der Zwangsliquidation selbst der Antragsteller, soweit die Gebühren nicht dem Erlös entnommen werden können. Dies gilt auch für die im Verfahren entstehenden Auslagen.**

II Schuldner der Kosten für die Erteilung des Zuschlags ist, vorbehaltlich des § 54 Nr. 3, nur der Ersteher. Im Falle der Abtretung der Rechte aus dem Meistgebot oder der Erklärung, für einen Dritten geboten zu haben (§ 81 des Gesetzes über die Zwangsversteigerung und die Zwangsverwaltung), haften der Ersteher und der Meistbietende als Gesamtschuldner.

1) Allgemeines. § 53 betrifft die Gebühren des KV 1500ff und der im Verfahren entstehenden Auslagen, KV 1900ff, vgl auch § 29 GVKostG, Teil XI dieses Buchs. Wegen der Fälligkeit s § 62. Wegen des Vorschusses s § 66. Die Gebühr für die Eintragung des Erstehers in das Grundbuch richtet sich nach § 60 KostO. Der Ersteher haftet für diese Gebühr allein. Er haftet neben den Gläubigern auch für diejenigen Gebühren, die durch die Eintragung einer Sicherungshypothek für eine Forderung gegen den Ersteher entstehen, § 4 KostO.

2) Haftung des Antragstellers, I. A. Grundsatz. Der Antragsteller haftet für das Anordnungsverfahren bei einer Zwangsversteigerung oder Zwangsverwaltung, auch wegen eines Beitritts, KV 1500, 1550. Er haftet ferner für die allgemeine Verfahrensgebühr bis zur Bestimmung des Versteigerungstermins, KV 1510. Er haftet für die Gebühr wegen der Bestimmung des ersten Versteigerungstermins und für das weitere Verfahren, KV 1511. Er haftet auch für die Abhaltung des Versteigerungstermins, KV 1520. Er haftet für die Kosten des Verteilungsverfahrens, KV

1530, 1531, sowie für die Jahresgebühr der Zwangsverwaltung, KV 1560, für die Gebühr wegen der Eröffnung der Zwangsliquidation einer Bahneinheit, KV 1590, und für das Verfahren, KV 1591–1592, soweit es sich nicht um Beschwerdegebühren handelt.

Die Haftung des Antragstellers erstreckt sich auch auf die im Verfahren entstehenden Auslagen, demgemäß auch auf diejenigen Auslagen, die bei der Überwachung des Sequesters durch das Gericht entstehen, LG Köln JMBl NRW **66**, 120.

Außer dem Antragsteller haften der Vollstreckungsschuldner und der gesetzlich Verpflichtete, § 54 Z 3, 4.

B. Ausnahmen. Die Haftung entfällt, soweit das Gericht die Kosten dem Erlös entnehmen kann. Eine Vorwegentnahme ist für die Verfahrenskosten der Zwangsversteigerung gestattet. Davon gilt eine Ausnahme für die Kosten der Anordnung des Verfahrens und die Kosten des Beitritts eines Gläubigers.

Wegen einer nachträglichen Verteilungshandlung s §§ 109 I, 155 I ZVG.

Eine Vorwegentnahme ist auch im Fall der Gebührenfreiheit eines Beteiligten statthaft.

Bei der Nichtberichtigung des Bargebots ist die Forderung gegen den Ersteher wegen der Kosten auf die Gerichtskasse zu übertragen, § 118 ZVG. Der Antragsteller wird dann frei, wenn die Gerichtskasse nicht binnen 3 Monaten dem Gericht gegenüber auf die Rechte aus der Übertragung verzichtet.

Der Beigetretene haftet als Antragsteller nur für diejenigen durch eine gerichte Handlung erwachsenden Kosten, für die er die Rechtsstellung eines Gläubigers hat. Wenn zB die Versteigerung nur auf Grund des Antrags des eigentlichen Antragstellers stattgefunden hat, während das Verfahren für den Beigetretenen eingestellt worden war, dann haftet der Beigetretene nur für die Verfahrensgebühren.

3) Zuschlagskosten, II. Für die Zuschlagskosten, KV 1525, 1900ff, haften nur der Ersteher und der gesetzliche Kostenschuldner, § 54 Z 3, nicht der Antragsteller. Mehrere Ersteher haften als Gesamtschuldner, soweit sie gemeinsam erwerben, § 58 I. Andernfalls haftet jeder Ersteher nur für seinen Teil. Im Fall der Abtretung der Rechte aus dem Meistgebot oder im Fall der Aufdeckung eines Bietungsauftrags, § 81 ZVG, haftet der Meistbietende neben dem Ersteher als Gesamtschuldner und auch seinerseits als Erstschuldner, LG Lüneb Rpfleger **88**, 113. Das gilt auch dann, wenn der Ersteher persönlich nicht aus dem Grundstück Berechtigter ist, vgl LG Lüneb Rpfleger **88**, 113.

Der Dritte haftet im Fall des § 61 ZVG nicht.

Gegenüber der auf dem Kostenrecht begründeten persönlichen Inanspruchnahme ist eine Berufung auf eine persönliche Gebührenfreiheit zulässig.

Die Gebühr ist nicht dem Versteigerungserlös zu entnehmen, § 109 ZVG.

4) Beschwerdegebühr. Die Haftung für die Beschwerdegebühr, KV 1540, 1541, 1570, 1571, 1595, 1596, richtet sich nach § 49. Eine Vorwegentnahme aus dem Versteigerungserlös ist nicht statthaft.

Sonstige Kostenschuldner

54 **Kostenschuldner ist ferner**
1. derjenige, dem durch gerichtliche oder staatsanwaltschaftliche Entscheidung die Kosten des Verfahrens auferlegt sind;
2. derjenige, der sie durch eine vor Gericht abgegebene oder dem Gericht mitgeteilte Erklärung oder in einem vor Gericht abgeschlossenen oder dem Gericht mitgeteilten Vergleich übernommen hat;
dies gilt auch, wenn bei einem Vergleich ohne Bestimmung über die Kosten diese als von beiden Teilen je zur Hälfte übernommen anzusehen sind;
3. derjenige, der für die Kostenschuld eines anderen kraft Gesetzes haftet;
4. der Vollstreckungsschuldner für die notwendigen Kosten der Zwangsvollstreckung.

Vorbem. Z 1 idF Art 5 I Z 3 G vom 11. 7. 86, BGBl 977, in Kraft ab 1. 4. 87, Art 9 I.

Gliederung

1) Allgemeines. § 54 gilt für alle nach dem GKG zu beurteilenden Verfahren. In Strafsachen enthält die Vorschrift, abgesehen von den §§ 55, 56, 67–70, die einzige Grundlage für Kostentitel.

§ 54 tritt zu den §§ 49–55 hinzu, vgl Kblz VersR **80**, 1149. Soweit das Gericht eine Prozeßkostenhilfe bewilligt hatte, muß man aber auch den § 58 II 2 sowie § 125 II ZPO als vorrangig beachten.

Die Entscheidung, die Kostenübernahme usw bestimmen den Umfang der Haftung. Streitgenossen haften nach § 54 schlechthin als Gesamtschuldner, also nicht beschränkt wie bei § 49. Das gilt auch für die Haftung als Entscheidungsschuldner, soweit nicht die Entscheidung eine andere Kostenverteilung vorsieht. Der Mithaftende wird nach § 8 II KostVfg, Teil VII A dieses Buchs, herangezogen.

Eine Erinnerung gegen die Heranziehung ist stets an das Gericht derjenigen Instanz zu richten, die die Heranziehung ausgesprochen hat.

2) Entscheidungsschuldner, Z 1. A. Entscheidung. Eine gerichtliche oder staatsanwaltliche Entscheidung im Sinn von Z 1 braucht weder rechtskräftig noch vollstreckbar zu sein. Es reicht aus, daß eine einstweilige Einstellung vorliegt, Ffm Rpfleger **81**, 118 mwN. Ausreichend sind auch zB: Ein Mahnbescheid, § 692 I Z 3 ZPO; ein Vollstreckungsbescheid, § 699 III ZPO; ein Urteil mit Vorbehalt nach § 10 AnfG, Kblz Rpfleger **87**, 338. Es ist unerheblich, ob es sich um ein Urteil oder um einen Beschluß handelt. Es reicht aus, daß die Entscheidung die Partei eindeutig als den Kostenschuldner bezeichnet. Es ist unerheblich, ob die Entscheidung sachlichrechtlich richtig ist.

Solange die Entscheidung nicht bereits im Rechtsmittelverfahren abgeändert worden ist, bleibt die etwaige Einlegung eines Rechtsmittels unerheblich, § 57, Ffm Rpfleger **81**, 118 mwN.

In einer Strafsache muß die Entscheidung rechtskräftig sein. Das folgt zwar nicht aus § 54, wohl aber daraus, daß vor der Rechtskraft keine Kostenschuld besteht, §§ 40 I, 63 II, KV 1671 S 2.

Zur Bezahlung von Gerichtsgebühren durch die Arbeitsbelohnung des Gefangenen vgl Kblz MDR **72**, 169.

B. Kostenauferlegung. Die Entscheidung muß einem Beteiligten die Kosten auferlegen. Eine Haftung besteht nur für die auferlegten Kosten. Wenn das Gericht dem Beteiligten die gesamten Kosten des Verfahrens auferlegt, dann umfaßt diese Entscheidung nur diejenigen Kosten nicht, über die das Gericht eine besondere Entscheidung getroffen hat, etwa eine Verzögerungsgebühr nach § 34 oder diejenige, die das Gericht oder das Gesetz ausdrücklich ausnehmen. Auch Schreibauslagen nach § 56 werden nicht mitumfaßt, es sei denn, daß es sich um notwendige Schreibauslagen handelt, § 56 Anm 2 A.

Soweit das Gericht die Kosten einem Beteiligten nur zu einem Bruchteil auferlegt hat, muß man alle Gebühren und Auslagen zusammenrechnen und dem Bruchteil gemäß verteilen.

Wenn das Gericht die Kosten gegeneinander aufgehoben hat, dann trägt nach den §§ 92 I ZPO, 136 I FGO, 155 VwGO jede Partei bzw jeder Beteiligte ½ der Gerichtskosten; das gilt auch im Verhältnis zur Staatskasse.

Wenn das Gericht im Fall einer Klage und Widerklage oder im Fall von wechselseitigen Rechtsmitteln die Kosten fälschlich nicht nach Bruchteilen verteilt, sondern gesondert hat, dann muß man nach § 49 verfahren.

C. Fehlen einer Kostenentscheidung. In diesem Fall muß man prüfen, ob die Kosten zu denjenigen eines anderen Verfahrens gehören oder ob sie zum gesamten Verfahren zählen und deshalb von seiner Kostenentscheidung mitergriffen werden. Im letzteren Fall besteht auch für die Kosten mit dem Erlaß der Kostenentscheidung eine Entscheidungshaftung nach Z 1. Auf diese Weise werden zB die Kosten eines Beweissicherungsverfahrens behandelt, soweit nicht § 96 ZPO etwas anderes bestimmt, Mü Rpfleger **73**, 446, DOHH B III, Lappe Rdz 7, Markl § 40 Anm 4, aM zB Ffm AnwBl **81**, 195 mwN (die Kosten des Beweissicherungsverfahrens gehörten zu den außergerichtlichen Kosten).

Ferner muß man auf diese Weise zB folgende Kosten behandeln: Diejenigen eines Verfahrens auf den Erlaß eines Arrests oder einer einstweiligen Verfügung, soweit dort eine Kostenentscheidung nicht ergangen ist; diejenigen einer Einstellung der Zwangsvollstreckung nach § 707 ZPO; diejenigen aus einer anderen die Parteien betreffenden Zwischenentscheidung. Sehr oft muß man die in Frage kommende Entscheidung auslegen.

3) Übernahmeschuldner, Z 2. A. Übernahmeerklärung. Eine Kostenübernahme ist in sämtlichen Sachen statthaft, auch zB in einem Strafverfahren, LG Zweibr Rpfleger **83**, 369, Markl 9, aM LG Köln NJW **62**, 1024. Die Regelung ist mit dem GG vereinbar, BVerfG **51**, 296 = BGBl **79**, 1216. Ihr Inhalt ist die dem Gericht gegenüber formlos abgegebene Erklärung, die Kosten ganz oder teilweise zu übernehmen. Die Erklärung bedarf keiner Annahme. Sie ist unwiderruflich, LG Zweibr Rpfleger **83**, 369. Die zivilrechtlichen Anfechtungsgründe wegen eines Willenmangels sind unanwendbar, LG Zweibr Rpfleger **83**, 369. Denn es handelt sich um eine prozessuale Erklärung, vgl auch Bbg JB **77**, 1594.

Eine Mitteilung an das Gericht steht einer Erklärung gleich. Doch können eine Erklärung und eine Mitteilung nur durch den Übernehmer oder durch einen berechtigten Vertreter wirksam erfolgen. Die Prozeßvollmacht ermächtigt zur Abgabe der Erklärung. Eine Parteivereinbarung ist nicht erforderlich. Übernehmer kann eine Partei oder ein Dritter sein. Ein Rechtsschutzversicherer will aber die Übernahme in der Regel nicht unabhängig vom Verfahrensausgang übernehmen, Stgt Rpfleger **85**, 169. Es genügt eine vom Prozeßbevollmächtigten dem Gericht einge reichte unmißverständliche Erklärung, etwa mit dem Wortlaut: „Kosten zahle ich". Die Formulierung „Ich sage für die Kosten gut" kann bedeuten, daß nur eine Bürgschaft erklärt wird, Hamm Rpfleger **75**, 37, vgl § 3 KostO Anm 2 B; das übersieht Schneider JB **75**, 1034 bei der Erörterung der Formulierung „Ich sage mich für den Vorschuß stark". Wenn der angebliche Übernehmer die Richtigkeit der Mitteilung eines anderen bestreitet, dann darf der Kostenbeamte die Wirksamkeit der Übernahmeerklärung nicht nachprüfen.

Die Übernahme kann vor oder nach dem Eintritt der Fälligkeit der Gebühr oder ihrem Erwachsen erfolgen, LG Zweibr Rpfleger **83**, 369. Sie ergreift diejenigen Kosten, auf die sie sich bezieht, keineswegs andere als die von der Partei zu tragenden Kosten, sofern kein gegenteiliger Wille erklärt ist. Notfalls muß man den Willen des Übernehmers erforschen.

Die Übernahme läßt keine Bedingung zu, LG Zweibr Rpfleger **83**, 369, auch nicht diejenige eines bestimmten Verfahrensausgangs, Stgt Rpfleger **85**, 169, wohl aber eine Befristung. Denn die Übernahme schafft ja einen weiteren Kostenschuldner. Deshalb liegt keine Übernahme im Sinn von Z 2 vor, wenn der Beschuldigte vor einer Einstellung des Verfahrens wegen Geringfügigkeit erklärt, er werde Kosten „übernehmen", Hamm NJW **71**, 2320.

Die Übernahme der Kosten läßt eine Kostenhaftung kraft Gesetzes, zB als Antragsschuldner, unberührt, Mü Rpfleger **85**, 328. Die Übernahme befreit das Gericht nicht von der Pflicht, über die Kosten des Verfahrens nach Maßgabe der Gesetze zu entscheiden, LG Zweibr Rpfleger **83**, 369.

Der gesetzliche Kostenschuldner erhält aber infolge der Übernahmeerklärung des anderen einen Freistellungsanspruch gegen ihn.

B. Vergleich. Übernahmeschuldner ist auch derjenige, der die Kosten durch einen Prozeßvergleich übernommen hat, Hamm Rpfleger **84**, 76. Soweit der Vergleich keine Kostenregelung enthält, gelten die §§ 98 ZPO, 160 VwGO. Die Kosten sind im letzteren Fall als gegeneinander aufgehoben anzusehen. Etwas anderes gilt natürlich dann, wenn der Vergleich die ausdrückliche Bestimmung enthält, daß die Kosten nicht mitverglichen sind. Vgl auch BLAH § 98 ZPO Anm 2 A.

Es ist für die Kosten unerheblich, ob der Prozeßvergleich sachlichrechtlich wirksam ist. Wenn die Parteien dem Gericht gemeinsam den Abschluß eines außergerichtlichen Vergleichs mit einer Kostenverteilung anzeigen oder wenn der Prozeßgegner den von der anderen Partei mitgeteilten außergerichtlichen Vergleich bestätigt, dann liegt eine Übernahme im Sinn von Z 2 vor. Soweit das Prozeßgericht den Vergleich allerdings für unwirksam erklärt, entfällt die Gebühr.

Wenn der Konkursverwalter einen außergerichtlichen Vergleich nicht mitgeteilt hat, dann sind die Kosten keine Massekosten. Wenn in einem außergerichtlichen Vergleich eine Kostenregelung fehlt, dann muß man ebenfalls den § 98 ZPO entsprechend anwenden.

Im bloßen Zugeständnis, die Sache sei durch einen Vergleich erledigt, liegt keine Übernahme. Sie liegt auch nicht im Beitritt eines Dritten zum Vergleich. Ein der gerichtlichen Entscheidung nachfolgender Vergleich kann zwar die Ansprüche aus der Entscheidung aufheben, nicht aber die Entscheidung selbst. Er berührt darum die Haftung der Staatskasse gegenüber nicht, § 57 S 1; entsprechendes gilt bei einem vorangehenden Vergleich, zB in einer Eheschließungssache, KG MDR **72**, 960.

4) Gesetzliche Haftung, Z 3. A. Grundsatz. Kostenschuldner ist auch derjenige, der kraft Gesetzes für die Kostenschuld eines anderen haftet, zB der Erbe für die vom Erblasser oder vom Testamentsvollstrekker eingegangene Verbindlichkeit, Schlesw SchHA **84**, 167, nicht aber, wenn dem Erblasser Prozeßkostenhilfe zustand, Düss MDR **87**, 1031, KG Rpfleger **86**, 281; freilich können Kosten infolge der Aufnahme des Prozesses durch den Erben in seiner Person neu entstehen, Düss MDR **87**, 1031. Kostenschuldner ist ferner der persönlich haftende Gesellschafter einer Kommanditgesellschaft, Stgt MDR **85**, 946 (und zwar ohne eine Begrenzung nach § 109 I Z 3 VglO); ferner die Nachfolgegemeinde bei einer Eingemeindung, BVerwG **KR** Nr 7.

Die Staatskasse kann den so Haftenden wie jeden anderen Kosten schuldner in Anspruch nehmen. Das gilt auch gegenüber demjenigen, der nur auf eine Duldung haftet, sowie gegenüber dem Vermögensübernehmer, BGH **LM** § 99 aF Nr 2. Die Kostenhaftung tritt auch ohne eine entsprechende gerichtliche Entscheidung ein, Schlesw SchHA **84**, 167.

Der Kostenbeamte muß die etwa notwendigen Ermittlungen von Amts wegen anstellen. Wenn aber die Staatskasse bereits einen dinglichen Zugriff auf das Grundstück des Kostenschuldners nach Z 3 genommen hat, dann kann sie nicht den späteren Erwerber des Grundstücks unter dem Gesichtspunkt einer Vermögensübernahme als zusätzlichen persönlichen Schuldner in Anspruch nehmen, Mü NJW **65**, 1443.

Der Belangte kann gegen die Heranziehung gemäß § 5 die Erinnerung einlegen, vgl § 8 JBeitrO, Teil IX A dieses Buchs.

B. Haftung des Ehegatten. a) Zugewinngemeinschaft. Beim gesetzlichen Güterstand der Zugewinngemeinschaft besteht eine gesetzliche gegenseitige Haftung der Eheleute für Kostenschulden des anderen nicht. Allerdings ist in jedem Güterstand ein Ehegatte verpflichtet, dem anderen die Kosten eines Rechtsstreits in einer persönlichen Angelegenheit vorzuschießen, § 1360a IV BGB. Aus dieser Pflicht folgt aber nicht eine unmittelbare gesetzliche Kostenhaftung im Sinn von Z 3. In der Zwangsvollstreckung muß man allerdings § 739 ZPO beachten.

b) Gütergemeinschaft. Im vertraglichen Güterstand der Gütergemeinschaft besteht eine Haftung des alleinverwaltenden Ehgatten für die Gerichtskosten des nicht verwaltenden Ehegatten (nicht umgekehrt), §§ 1438 II, 1437 II BGB. Wenn die Ehegatten das Gesamtgut gemeinsam verwalten, dann haftet jeder Ehegatte für die Gerichtskosten als Gesamtschuldner, §§ 1460 II, 1459 II BGB.

C. Haftung des Inhabers der elterlichen Sorge. Eine solche Haftung besteht nicht mehr, seitdem § 1654 BGB durch das Gleichberechtigungsgesetz von 1957 aufgehoben worden ist. Die Eltern haften dem Kind zwar für die Kosten eines lebenswichtigen Rechtsstreits, nicht aber haften sie einem Dritten gegenüber, daher auch nicht gegenüber der Staatskasse.

D. Weitere zivilrechtliche Haftungsgründe. In Betracht kommen folgende Fälle:

a) Vermögensübernehmer. Er haftet kraft Gesetzes gemäß § 419 BGB.

b) Erbe des Kostenschuldners, Erbschaftskäufer. Sie haften nach allgemeinen Grundsätzen.

c) Erwerber des Handelsgeschäft bei Fortführung der Firma. Er haftet gemäß § 25 HGB.

d) Gesellschafter. Der Gesellschafter einer Offenen Handelsgesellschaft, der persönlich haftende Gesellschafter und der Kommanditist einer Kommanditgesellschaft haften gemäß §§ 128, 171 HGB. Der Kommanditist haftet in Höhe der Einlage. Dabei ist er nur dafür beweispflichtig, daß er die Einlage voll erbracht hat. Die Staatskasse muß demgegenüber darlegen und beweisen, daß die Einlage später ganz oder teilweise zurückgezahlt wurde, BGH DB **79**, 436.

e) Nießbraucher. Der Nießbraucher eines Vermögens haftet nach § 1086 HGB.

f) Gesellschaftsschuld. Vgl § 735 BGB.

g) Verein. Wegen der Schuld eines nicht rechtsfähigen Vereins vgl § 54 BGB.

h) Treugeber. Er haftet nicht für die Kosten des Treunehmers, etwa des Inkassoabtretungsnehmers.

5) Vollstreckungsschuldner, Z 4. Er haftet nur für die notwendigen Kosten der Zwangsvollstreckung. Vgl dazu

ZPO § 788. [I] **Die Kosten der Zwangsvollstreckung fallen, soweit sie notwendig waren (§ 91), dem Schuldner zur Last; sie sind zugleich mit dem zur Zwangsvollstreckung stehenden Anspruch beizutreiben. Als Kosten der Zwangsvollstreckung gelten auch die Kosten der Ausfertigung und der Zustellung des Urteils.**

[II] **Die Kosten der Zwangsvollstreckung sind dem Schuldner zu erstatten, wenn das Urteil, aus dem die Zwangsvollstreckung erfolgt ist, aufgehoben wird.**

[III] **Die Kosten eines Verfahrens nach den §§ 765a, 811a, 811b, 813a, 850k, 851a und 851b kann das Gericht ganz oder teilweise dem Gläubiger auferlegen, wenn dies aus besonderen, in dem Verhalten des Gläubigers liegenden Gründen der Billigkeit entspricht.**

Z 4 entspricht § 3 Z 4 KostO. Die Vorschrift schafft eine unmittelbare Haftung des Vollstreckungsschuldners. Die Notwendigkeit der Kosten ist wie bei den §§ 788, 91 ZPO zu beurteilen, Hamm Rpfleger **75**, 266, Köln Rpfleger **86**, 240 je mwN. Wenn der Vollstreckungstitel infolge einer Aufhebung wegfällt, dann muß die Staatskasse dem Vollstreckungsschuldner die Kosten erstatten, § 788 II ZPO. Etwas anderes gilt im Fall der bloßen Aufhebung der Vollstreckungsmaßnahme.

Z 4 bezieht sich nicht auf die der Staatskasse durch eine Zwangsbeitreibung von Gerichtskosten entstehenden Kosten. Für diese gelten § 1 I Z 4, § 4 JBeitrO, Teil IX A dieses Buchs.

Auslagenschuldner in besonderen Fällen

55 Der Betroffene, der im gerichtlichen Verfahren nach dem Gesetz über Ordnungswidrigkeiten den Einspruch gegen einen Bußgelbescheid zurücknimmt, ist Schuldner der entstandenen Auslagen.

1) Vorbem. Fassung des Art 5 I Z 4 G vom 7. 7. 86, BGBl 977, in Kraft ab 1. 4. 87, Art 9 I.

1) Geltungsbereich. Abweichend von der aF gilt § 55 jetzt nur noch für den Fall der Rücknahme des Einspruchs gegen einen Bußgeldbescheid im gerichtlichen Verfahren nach dem OWiG. Dazu zählt das Zwischenverfahren nach § 69 OWiG ebensowenig wie das sonstige Verfahren vor der Staatsanwaltschaft, etwa nach § 25a StVG (Halterhaftung). Die Rücknahme muß wirksam erfolgt sein. Eine Gebühr entsteht dann nicht.

Der Betroffene trägt die Auslagen. Sie werden mit der Rücknahme des Einspruchs fällig, § 63 I.

Schuldner der Schreibauslagen

56 Schuldner der Schreibauslagen ist ferner derjenige, der die Erteilung der Ausfertigungen und Abschriften beantragt hat. Sind Abschriften angefertigt worden, weil die Partei oder

der Beteiligte es unterlassen hat, einem von Amts wegen zuzustellenden Schriftsatz die erforderliche Zahl von Abschriften beizufügen, so ist Schuldner der Schreibauslagen nur die Partei oder der Beteiligte.

1) Allgemeines. Die Vorschrift schafft für Schreibauslagen einen Schuldner. Neben diesem haften grundsätzlich für die entstandenen notwendigen Kosten die Schuldner der §§ 49–54, wie das Wort „ferner" in S 1 ergibt.

2) Schreibauslagen. A. Grundsatz, S 1. Schuldner der Übersendung einer auf Grund des Antrags erteilten Ausfertigung oder Abschrift ist neben den in Anm 1 Genannten immer auch derjenige, der diesen Antrag gestellt hat. Das ist nicht stets der Antragsteller des § 49, grundsätzlich aber nicht der ProzBev, nur insofern richtig KG MDR **84**, 592. Der Antragsteller im Sinn von S 1 haftet immer persönlich. Sein Vertreter haftet also nicht. Etwas anderes gilt nur dann, wenn ein Anwalt eine Abschrift verlangt, die er der Partei nicht berechnen darf, etwa eine zweite Abschrift oder die Ausfertigung einer gerichtlichen Entscheidung oder eines Protokolls, BFH DB **77**, 570, Nürnb BayJMBl **63**, 46, vgl dazu § 27 BRAGO („zusätzlich").

Die Bewilligung einer Prozeßkostenhilfe kann zur Folge haben, daß die Pflicht zur Erstattung der Auslagen nach § 56 gestundet ist.

Ein in die Prozeßkosten rechtskräftig verurteilter Prozeßgegner haftet auch für die Auslagen, soweit sie notwendig waren, § 91 I 1 ZPO.

§ 56 betrifft nicht den Fall der Gebührenfreiheit. In einem solchen Fall bleibt es also bei der Haftung nach den §§ 49, 54.

B. Ausnahme, S 2. Wenn die Partei oder der Beteiligte für einen von Amts wegen zuzustellenden Schriftsatz nicht die erforderliche Zahl von Abschriften liefert, KV 1900 Z 1b, dann haftet nur die Partei oder der Beteiligte. Es haftet also weder derjenige, der das Verfahren der Instanz beantragt hat, noch der Entscheidungsschuldner dieser Instanz.

Erlöschen der Zahlungspflicht

57 Die durch gerichtliche oder staatsanwaltschaftliche Entscheidung begründete Verpflichtung zur Zahlung von Kosten erlischt, soweit die Entscheidung durch eine andere Entscheidung aufgehoben oder abgeändert wird. Soweit die Verpflichtung zur Zahlung von Kosten nur auf der aufgehobenen oder abgeänderten Entscheidung beruht hat, werden bereits gezahlte Kosten zurückerstattet.

Vorbem. Fassung des Art 5 I Z 4 G vom 7. 7. 86, BGBl 977, in Kraft ab 1. 4. 87, Art 9 I.

1) Allgemeines. Die Vorschrift bezieht sich nur auf die Entscheidungshaftung. Da diese Haftung auf einer gerichtlichen oder staatsanwaltlichen Entscheidung beruht, muß sie insoweit entfallen, als die Entscheidung selbst wegfällt.

Die anderen Haftungsgründe der §§ 49, 54 bleiben unberührt. Es findet also keine Rückzahlung statt, soweit sich aus den letzteren Vorschriften eine Zahlungspflicht ergibt, Nürnb BayJMBl **54**, 166.

§ 57 ist nicht entsprechend anwendbar, wenn die höhere Instanz keine nach § 19 III der Rechtskraft fähige Entscheidung getroffen hat, Saarbr AnwBl **80**, 155.

2) Erlöschen der Zahlungspflicht, S 1. Die Entscheidungshaftung für die Kosten erlischt nicht schon dadurch, daß außer dem bisherigen Kostenschuldner noch ein anderer Beteiligter zum Kostenschuldner wird. Sie erlischt vielmehr nur insoweit, als die Entscheidung aufgehoben oder abgeändert wird. Diese Maßnahme kann nur durch eine neue Entscheidung geschehen. Die letztere braucht aber ebensowenig rechtskräftig oder auch nur vorläufig vollstreckbar zu sein wie die erste Entscheidung, auf der die Haftung aus § 54 beruht. Ein Beschluß, durch den das Gericht nach einer Klagerücknahme gemäß § 269 III 3 ZPO feststellt, daß der Kläger die Kosten tragen muß, reicht nicht aus, Düss Rpfleger **74**, 234, aM ZöSchn 4 vor § 91 ZPO. Ausreichend ist aber ein Beschluß nach § 344 ZPO, BLAH § 269 ZPO Anm 4 B mwN, oder eine Erledigung der Hauptsache in der Rechtsmittelinstanz.

Ein Vergleich kann die Entscheidung des Gerichts weder aufheben noch ändern, wie S 1 klarstellt. Er berührt nur die Ansprüche aus der Entscheidung und bleibt für den Kostenansatz außer Betracht, Düss Rpfleger **74**, 234, KG MDR **72**, 960. Daher kann die Partei eine aus dem Vergleich folgende Überzahlung nur dem Prozeßgegner gegenüber geltend machen, nicht gegenüber der Staatskasse.

Eine Zurückverweisung bewirkt ein Erlöschen nur aus § 54 Z 1, nicht bei den anderen Haftungsgründen. Die Folge des Erlöschens ist: Unbezahlte Kosten dürfen nicht mehr eingezogen werden; bezahlte Kosten sind grundsätzlich zurückzuzahlen. Das Erlöschen tritt mit dem Wirksamwerden der neuen Entscheidung ein.

3) Zurückzahlung, S 2. Eine Zurückzahlung erfolgt, soweit die Zahlungspflicht nur auf der aufgehobenen oder abgeänderten Entscheidung beruhte und soweit eine Zahlung erfolgte. Es ist unerheblich, ob die Gerichtskasse die Kosten zwangsweise beigetrieben hatte. Überzahlte Kosten der einen Instanz sind nicht auf die Kosten einer anderen Instanz zu verrechnen. Die Zurückzahlungspflicht besteht nur gegenüber demjenigen, dessen Kostenschuld erloschen ist, Stgt Rpfleger **85**, 169.

Soweit eine Kostenpflicht auch aus einem anderen Grunde besteht, zB nach § 49, erfolgt keine Rückzahlung. Abgesehen davon erfolgt aber auch dann eine Rückzahlung, wenn die Kostenforderung wegfällt, etwa infolge einer Kostenniederschlagung nach § 8, oder soweit einem neuen Entscheidungsschuldner nach § 2 IV eine Gebührenfreiheit zusteht.

Wenn das Gericht im Laufe des Verfahrens eine Prozeßkostenhilfe bewilligt, dann besteht kein Rückzahlungsanspruch. Denn die Bewilligung befreit grundsätzlich nur von rückständigen und künftigen Kosten. Etwas anderes gilt allerdings im Fall einer rückwirkenden Bewilligung der Prozeßkostenhilfe.

Die Vorschuß- und Nachzahlungspflichten nach den §§ 67–69 werden durch § 57 nicht berührt. Denn sie werden überhaupt nicht durch eine gerichtliche Entscheidung begründet, sondern bestehen kraft Gesetzes.

Mehrere Kostenschuldner

58 **I Mehrere Kostenschuldner haften als Gesamtschuldner.**
II Soweit ein Kostenschuldner auf Grund von § 54 Nr. 1 oder 2 haftet, soll die Haftung eines anderen Kostenschuldners nur geltend gemacht werden, wenn eine Zwangsvollstreckung in das bewegliche Vermögen des ersteren erfolglos geblieben ist oder aussichtslos erscheint. Soweit einem Kostenschuldner, der auf Grund von § 54 Nr. 1 haftet, die Prozeßkostenhilfe bewilligt ist, soll die Haftung eines anderen Kostenschuldners nicht geltend gemacht werden.

1) Allgemeines. Die Vorschrift regelt die Haftung einer Mehrheit von Kostenschuldnern sowohl für die Gebühren als auch für die Auslagen, mit Ausnahme derjenigen des § 56. Man muß im übrigen zwischen dem Erstschuldner und dem Zweitschuldner unterscheiden. § 58 setzt voraus, daß die mehreren Kostenschuldner in derselben Sache dieselben Kosten schulden.

Die Vorschrift gilt nicht bei Streitgenossen. Diesen Fall regelt § 59. Die Vorschrift gilt auch nicht, wenn mehrere Personen haften, jedoch jeder für einen anderen Kostenbetrag, zB der Gläubiger für die Mahngebühr, KV 1000, beide Parteien für die ½-Verfahrensgebühr kraft eines Antrags auf die Durchführung des streitigen Verfahrens nach § 696 I 1 ZPO, KV 1005.

Über die Behandlung in der Kostenrechnung s § 8 KostVfg, Teil VII A dieses Buchs, vgl Bbg JB **76**, 644.

§ 58 ist im Verfahren vor den Arbeits-, Finanz- und Verwaltungsgerichten anwendbar.

2) Gesamthaftung, I. A. Begriff. Bei einer gesamtschuldnerischen Haftung haftet jeder Schuldner dem Gläubiger, hier also der Staatskasse, für die Bezahlung der vollen Schuld. Die Zahlung eines Schuldners befreit aber im Außenverhältnis sämtliche weiteren Schuldner, § 421 BGB. Im Verhältnis zueinander sind die Gesamtschuldner grundsätzlich zu gleichen Teilen verpflichtet, sofern sich nichts anderes aus dem Gesetz oder etwa aus der Entscheidung des Gerichts ergibt, § 426 BGB, VGH Stgt Rpfleger **81**, 72. Dementsprechend hat der zahlende Gesamtschuldner einen Rückgriffsanspruch gegen die übrigen Gesamtschuldner, soweit er mehr als seinen Teil gezahlt hat. Im Fall des § 66 vgl aber § 109 ZVG, AG Saarbr JB **78**.

B. Voraussetzungen. Eine Gesamthaftung nach I tritt ein, wenn die folgenden Voraussetzungen zusammentreffen:

a) Mehrheit von Schuldnern. Es müssen mehrere Schuldner vorhanden sein.

b) Dieselbe Schuld. Diese mehreren Schuldner müssen auch gerade dieselbe Kostenschuld zu zahlen haben. Es ist unerheblich, aus welchem Rechtsgrund diese Kostenschuld entstanden ist. Von drei Kostenschuldnern mag der eine auf Grund seines Antrags haften, der andere auf Grund einer Kostenübernahme, der dritte auf Grund einer gerichtlichen Entscheidung.

Die Gesamthaft geht in keinem Fall weiter als die Kostenschuld. Wenn die mehreren Kostenschuldner für eine Gebühr haften, zB nur zu einem Teil alle, so besteht nur für diesen Teil eine Gesamthaft.

3) Erst- und Zweitschuldner, II. A. Grundsatz. Nach II haften neben dem Entscheidungsschuldner und dem Übernahmeschuldner der Antragsschuldner, der Zivilrechtsschuldner oder der Vollstreckungsschuldner erst an zweiter Stelle, als sog Zweitschuldner. Das bedeutet keine Beeinträchtigung der Gesamthaft. Vielmehr enthält II eine Ordnungsvorschrift, wie sich schon aus dem Wort „soll" in II 1 ergibt. Die Staatskasse soll zunächst versuchen, sich aus dem Vermögen des Entscheidungsschuldners oder des Übernahmeschuldners zu befriedigen.

Diese Ordnungsvorschrift bedeutet allerdings für die Staatskasse eine Amtspflicht, vgl BGH NJW **65**, 1227, KG AnwBl **69**, 435 mwN, abw BVerwG NJW **74**, 252 (das Gericht meint, wegen § 8 II KostVfg habe die Staatskasse einen Ermessensspielraum; s aber § 9 KostVfg, Teil VII A dieses Buchs).

Ein Verstoß gegen II gibt dem an erster Stelle belangten sonstigen Schuldner die Möglichkeit der Erinnerung nach § 5.

Über die Heranziehung des Zweitschuldners befindet der Kostenbeamte derjenigen Instanz, um deren Kosten es sich handelt. Wenn der Zweitschuldner einmal haftet, dann haftet er endgültig. § 93c ZPO steht der Regelung nach II nicht entgegen, Mü Rpfleger **71**, 447.

B. Unanwendbarkeit. II gilt nicht im Verhältnis mehrerer Entscheidungs- und Übernahmeschuldner zueinander, KG MDR **72**, 960. Die Vorschrift bezieht sich nicht auf einen bezahlten Betrag; für diesen gilt § 57. II gilt nur, solange mehrere Gesamtkostenschuldner vorhanden sind, also nicht mehr, wenn es nur noch einen Kostenschuldner gibt, und zwar selbst dann nicht, wenn dieser Zustand infolge eines Gnadenakts eingetreten ist, und ferner dann nicht, wenn der Anspruch der Staatskasse getilgt ist. Deshalb hat man gegen die Staatskasse auch keinen Anspruch auf die Rückzahlung eines Vorschusses, Kblz Rpfleger **80**, 444.

Im Fall wechselseitiger Rechtsmittel besteht die Hilfshaftung nach II nur im Verhältnis derjenigen Gesamtkosten, die durch das eigene Rechtsmittel entstanden sind.

C. Voraussetzungen. Die Hilfshaftung nach II tritt ein, wenn eine der beiden folgenden Voraussetzungen vorliegt:

a) Erfolglose oder aussichtslose Zwangsvollstreckung, II 1. Eine Zwangsvollstreckung in das bewegliche Vermögen des Erstschuldners muß entweder bereits erfolglos geblieben sein oder als aussichtslos erscheinen. Eine einzige Zwangsvollstreckung reicht aus, Schlesw SchlHA **84**, 168 mwN. Beim inländischen Zweitschuldner mit Dauerwohnsitz im Ausland kommt es auf seine Zahlungsunwilligkeit an, Kblz Rpfleger **85**, 510.

Bei mehreren Erstschuldnern müssen diese Umstände auf alle zutreffen. II bezieht sich aber nur auf das Verlangen einer Zahlung, nicht auf die Verrechnung eines Vorschusses, Celle NdsRpfl **67**, 133.

Die Art der erfolglosen Zwangsvollstreckung in das bewegliche Vermögen ist unerheblich. Das unbewegliche Vermögen bleibt außer Betracht, Kblz Rpfleger **85**, 510. Man darf keine eidesstattliche Versicherung zwecks Offenbarung fordern.

Ob eine Zwangsvollstreckung in das bewegliche Vermögen aussichtslos erscheint, ist unter einer Würdigung aller Umstände zu prüfen, KG AnwBl **79**, 433. Eine Aussichtslosigkeit ist zu vermuten, wenn der Kostenschuldner bereits die Offenbarungsversicherung abgegeben hat oder wenn erst vor kurzem eine Pfändung in das bewegliche Vermögen erfolglos geblieben ist. Es reicht auch aus, daß über das Vermögen des Erstschuldners das Konkursverfahren eröffnet wurde, Mü Rpfleger **66**, 219, oder daß seine Eröffnung mangels Masse abgelehnt wurde, Mü MDR **86**, 684.

Wenn ein Ausländer im Inland kein Vermögen besitzt, ist die Konkurseröffnung über sein Vermögen allerdings nur dann ein Anlaß, die Aussichtslosigkeit der Zwangsvollstreckung im Sinn von II anzunehmen, wenn auch eine Zwangsvollstreckung im Ausland nach der allgemeinen Erfahrung keinen baldigen Erfolg verspricht, etwa wegen irgendwelcher Devisenschwierigkeiten, oder wenn sie voraussichtlich sehr lange dauern würde oder unverhältnismäßig hohe Kosten verursachen würde, BGH Rpfleger **75**, 432, Hbg MDR **87**, 947 je mwN, Mü NJW **60**, 539. Man braucht die Vermittlungstätigkeit der Auslandsvertretung nicht in Anspruch zu nehmen, KG Rpfleger **67**, 233, Kblz Rpfleger **85**, 510, aM Mü NJW **66**, 1083. Diese Überlegungen gelten auch im Verhältnis der BRep zur DDR und umgekehrt, Celle JR **66**, 349. Man darf den Zweitschuldner noch nicht in Anspruch nehmen, wenn der Aufenthalt des Erstschuldners nur unbekannt ist, sofern immerhin noch irgendwelche zugriffsfähigen Gegenstände des beweglichen Vermögens des Erstschuldners bekannt sind. Es reicht zur Annahme der Erfolglosigkeit oder Aussichtslosigkeit auch nicht aus, daß die Bewilligung der Prozeßkostenhilfe schon vor Jahren erfolgte, BGH MDR **82**, 308. Zur rechtspolitischen Situation Mümmler, JB **76**, 1289.

b) Prozeßkostenhilfe, II 2. Soweit das Gericht dem Entscheidungsschuldner (Erstschuldner) eine Prozeßkostenhilfe bewilligt hat, darf der Kostenbeamte Kosten, von denen der Mittellose befreit ist, von ihm nicht anfordern und nicht auf ihn ansetzen. Das gilt freilich nur, solange nicht das Gericht die Bewilligung der Prozeßkostenhilfe nach § 124 ZPO aufgehoben hat, Düss MDR **89**, 365. Freilich darf und muß der Kostenbeamte unter Umständen auf einen Beschluß nach § 124 ZPO hinwirken, § 9 V KostVfg, KG JB **70**, 170.

Trotzdem soll die Staatskasse die Haftung eines anderen Kostenschuldners als des Entscheidungsschuldners nicht geltend machen, vgl Hamm zuletzt NJW **77**, 2083 (zustm Markl). Der Sinn der Regelung besteht in folgender Überlegung: Würde die Staatskasse gegen den Zweitschuldner vorgehen, so könnte der Zweitschuldner gegen den mittellosen Entscheidungsschuldner Ansprüche geltend machen, § 123 ZPO, Ffm JB **75**, 1481, KG AnwBl **79**, 434, Mü MDR **73**, 147 je mwN, LG Bayreuth JB **77**, 1429. Infolgedessen würde der mittellose Entscheidungsschuldner zwar nicht der Staatskasse, wohl aber dem Prozeßgegner gegenüber zahlen müssen. Das soll wegen seiner Mittellosigkeit verhindert werden, Düss Rpfleger **88**, 164, Ffm Rpfleger **89**, 40, Hbg FamRZ **88**, 536.

Die Regelung ist mit dem GG vereinbar, BVerfG **51**, 296 = BGBl **79**, 1216, Kblz MDR **86**, 243. Das Wort „soll" in II 2 bedeutet genau wie das entsprechende Wort in II 1 eine Amtspflicht der Staatskasse, A. Infolgedessen muß die Staatskasse auch einen etwa vom Zweitschuldner erhaltenen Vorschuß an diesen zurückzahlen, zB LG Osnabr JB **78**, 107, AG Marbg AnwBl **88**, 248 mwN, insofern aM zB Schlesw SchlHA **79**, 182 mwN.

Die Staatskasse zahlt aber solche Kosten, die ein Kostenschuldner endgültig gezahlt hat, nicht zurück, BGH MDR **82**, 308, Düss Rpfleger **79**, 430, Ffm JB **82**, 1227, Hbg FamRZ **88**, 536, Köln Rpfleger **81**, 244 je mwN, LG Bln MDR **82**, 1026, LG Krefeld Rpfleger **84**, 479, insofern aM Hamm Rpfleger **77**, 414.

Soweit das Gericht beiden Parteien eine Prozeßkostenhilfe bewilligt hat, darf nach II 2 eine Nachzahlung derjenigen Partei, die lediglich Antragsschuldnerin ist, erst dann angeordnet werden, wenn eine Nachzahlung der Entscheidungsschuldnerin nicht in Betracht kommt, Düss Rpfleger **88**, 164, Ffm Rpfleger **67**, 79, vgl KG Rpfleger **79**, 153, in Wahrheit auch Hamm Rpfleger **74**, 322, vgl auch KG AnwBl **79**, 433.

Wie das Wort „soweit" ergibt, kommt II 2 nur für diejenige Instanz in Betracht, für die das Gericht eine Prozeßkostenhilfe bewilligt hat, BGH MDR **82**, 307.

II 2 ist unanwendbar, soweit der Mittellose Übernahmeschuldner nach § 54 Z 2 ist, Düss Rpfleger **87**, 478, Hamm Rpfleger **84**, 76, Kblz zB MDR **86**, 243 und VersR **87**, 1226 je mwN, Schlesw SchlHA **79**, 44, was Zweibr Rpfleger **87**, 128 übersieht, oder soweit ein Rechtsübergang nach § 130 BRAGO erfolgt ist, Köln FamRZ **86**, 926 mwN, oder soweit Eltern und Kinder im isolierten Sorgerechtsverfahren nach § 621 I Z 1–3 ZPO für gerichtliche Auslagen als Gesamtschuldner haften und einer von ihnen Prozeßkostenhilfe erhalten hat, Ffm Rpfleger **89**, 40.

Haftung von Streitgenossen und Beigeladenen

59 Streitgenossen haften als Gesamtschuldner, wenn die Kosten nicht durch gerichtliche Entscheidung unter sie verteilt sind. Das gleiche gilt für mehrere Beigeladene, denen Kosten auferlegt worden sind.

1) Geltungsbereich. Die Vorschrift gilt im Zivilprozeß; im Zwangsversteigerungsverfahren; im Zwangsverwaltungsverfahren; im Konkursverfahren; im Vergleichsverfahren; ferner in der Verwaltungsgerichtsbarkeit und der Finanzgerichtsbarkeit, wie sich aus § 1 Ic, BFH BB **89**, 619, und auch aus § 59 S 2 ergibt; § 135 V 1 FGO (Kopfhaftung) ist also nicht mehr anwendbar, BFH BB **89**, 619. Sie erfaßt Gebühren, Auslagen und Vorschüsse.

Im Strafverfahren gilt § 59 grundsätzlich nicht. Denn ihm gehen die §§ 42 I GKG, 466, 471 IV StPO mit § 60 vor. Allerdings haften mehrere vorschußpflichtige Privat- und Nebenkläger als Gesamtschuldner, sei es nach § 59 oder nach den §§ 69, 58. Ebenso haften mehrere Anzeigende im Fall des § 469 StPO wohl aus § 59.

Im Verfahren vor den Arbeitsgerichten ist § 59 anwendbar.

2) Voraussetzungen. A. Streitgenossenschaft. Die gesamtschuldnerische Haftung mehrerer Kostenschuldner tritt in allen Fällen der Streitgenossenschaft ein. Hierher zählt auch der Fall der streitgenössischen Streithilfe, § 69 ZPO, und der Fall einer nachträglichen, erst infolge einer Prozeßverbindung hervorgerufenen Streitgenossenschaft. Im Konkursverfahren genügt es, daß mehrere Personen einen übereinstimmenden Antrag stellen, s bei KV 1410, 1411, 1430.

B. Keine abweichende Entscheidung. Eine gesamtschuldnerische Haftung der Streitgenossen nach § 59 tritt nur ein, soweit nicht das Gericht eine andere Verteilung der Kosten in einer Entscheidung vorgenommen hat, vgl BFH BB **89**, 619. Es reicht nicht aus, daß überhaupt irgendeine gerichtliche Kostenentscheidung vorliegt. Sie muß vielmehr eine Kostenverteilung nach Bruchteilen enthalten. Im letzteren Fall ist es unerheblich, ob die mehreren Kostenschuldner nach § 100 I ZPO für die Kostenerstattung nach Kopfteilen haften; gegenüber der Staatskasse haften sie nach § 59 gesamtschuldnerisch.

Auch im Fall einer gerichtlichen Kostenverteilung bleibt eine gesamtschuldnerische Antragshaftung bestehen. Es gilt aber § 58 II. Eine gesamtschuldnerische Haftung tritt auch ohne eine gerichtliche Entscheidung immer dann ein, wenn mehrere Antragsteller nach § 49 haften.

Jeder Gesamtschuldner haftet nur bis zum Betrag seiner Kosten. § 59 bestimmt nur, wie gehaftet wird, während die §§ 49, 54 bestimmen, wer haftet.

Soweit mehrere die Kostenschuld übernommen haben, § 54, haften sie mangels einer abweichenden Erklärung als Gesamtschuldner.

C. Kostenverteilung. Was S 1 „Kostenverteilung" nennt, ist die Verteilung nach § 100 II, III ZPO. In Frage kommt also entweder die Mehrbelastung eines Streitgenossen, soweit er in einem erheblich größeren Umfang am Verfahren beteiligt war, oder die alleinige Belastung eines Streitgenossen mit den durch sein besonderes Angriffs- oder Verteidigungsmittel veranlaßten Kosten. Soweit das Gericht eine derartige Kostenverteilung vorgenommen hat, gilt sie auch für das Verhältnis zur Staatskasse. Auch in diesem Fall kann ein Streitgenosse also nicht für eine Gebühr haften, die allein gegen einen anderen entstanden ist.

Wenn daher in den oben genannten Fällen bei einer verschiedenen Beteiligung verschieden hohe Kosten erwachsen sind, dann besteht eine Gesamthaftung nur insoweit, als die Streitgegenstände zusammenfallen und die Kosten gegen alle entstanden sind, und in entsprechender Höhe, Düss Rpfleger **86**, 157 mwN.

Auch neben einer Entscheidungshaftung im Fall der Belastung eines Streitgenossen mit den durch sein besonderes Angriffs- oder Verteidigungsmittel veranlaßten Kosten bleibt eine gesamtschuldnerische Antragshaftung als zweitschuldnerische Haftung bestehen, §§ 49, 54, 58. Soweit das Gericht in der Kostenentscheidung die unterschiedliche Beteiligung von Streitgenossen unberücksichtigt gelassen hat, bleibt es für die Kostenfestsetzung bei der im Urteil genannten Quote, Mü MDR **89**, 167 mwN.

3) Beigeladener. Die vorstehende Regelung gilt entsprechend für die Haftung mehrerer Beigeladener, §§ 60 FGO, 65 VwGO.

Verpflichtung zur Zahlung von Kosten in besonderen Fällen

60 Die nach § 100 Abs. 4, § 658 Abs. 2 der Zivilprozeßordnung, §§ 57 bis 60, 142 der Konkursordnung, §§ 466, 471 Abs. 4, *§ 472 der Strafprozeßordnung* begründete Verpflichtung *zur Zahlung von Kosten besteht auch gegenüber der Staatskasse.*

Vorbem. § 472 StPO aufgehoben durch EGStGB v 2. 3. 74, BGBl 469.

1) Allgemeines. Nach § 60 besteht eine durch andere Gesetze begründete Kostenhaftung auch gegenüber der Staatskasse. Diese Bestimmungen sind zum wesentlichen Bestandteil des GKG gemacht. Die Staatskasse kann die aus den betreffenden Bestimmungen Verpflichteten mithin genauso in Anspruch nehmen wie andere Kostenschuldner, also ohne weiteren Titel. Andererseits steht den Belangten die Erinnerung aus § 5 offen.

Im Verfahren vor den Arbeitsgerichten ist § 60 anwendbar.

2) Zivilprozeßordnung. In Betracht kommen §§ 100 IV, 658 II. Über die Haftung nach § 788 s § 54 Anm 5.

A. ZPO § 100. IV Werden mehrere Beklagte als Gesamtschuldner verurteilt, so haften sie auch für die Kostenerstattung, unbeschadet der Vorschrift des Abs. 3, als Gesamtschuldner. Die Vorschriften des bürgerlichen Rechts, nach denen sich diese Haftung auf die im Abs. 3 bezeichneten Kosten erstreckt, bleiben unberührt.

Streitgenossen haften gesamtschuldnerisch, auch wenn sie nur nach Kopfteilen verurteilt sind. Etwas anderes gilt, soweit ein Fall des § 100 II, III ZPO vorliegt, § 59 Anm 2 C. Auch insoweit tritt aber eine Gesamthaftung ein, soweit sie das bürgerliche Recht vorschreibt.

B. ZPO § 658. II Insoweit einen der in § 646 Abs. 1 bezeichneten Antragsteller bei Stellung des Antrages nach dem Ermessen des Gerichts ein Verschulden trifft, können ihm die Kosten ganz oder teilweise zur Last gelegt werden.

Bei einem verschuldet unberechtigten Entmündigungsantrag können nach richterlichem Ermessen dem Antragsteller Kosten auferlegt werden. Den Antrag können nach § 646 I ZPO stellen der Ehegatte, der personensorgeberechtigte gesetzliche Vertreter, Verwandte aller Grade im Sinn des § 1589 BGB; Verwandte jedoch nicht, wenn es sich um eine Person unter elterlicher Sorge oder Vormundschaft handelt, gegen einen Ehegatten auch nur, wenn der andere Ehegatte zur Antragstellung dauernd außerstande, sein Aufenthalt unbekannt oder die häusliche Gemeinschaft der Ehegatten aufgehoben ist.

3) Konkursordnung. In Frage kommen:

KO § 57. Aus der Konkursmasse sind die Massekosten und Masseschulden vorweg zu berichtigen.

KO § 58. Massekosten sind:
1. die gerichtlichen Kosten für das gemeinschaftliche Verfahren;
2., 3. . . .

KO § 59. Masseschulden sind:
1. die Ansprüche, welche aus Geschäften oder Handlungen des Konkursverwalters entstehen;
2., 3. . . .

KO § 60. **I Sobald sich herausstellt, daß die Konkursmasse zur vollständigen Befriedigung aller Massegläubiger nicht ausreicht, werden Massekosten und Masseschulden, soweit diese Ansprüche auf einen Geldbetrag gerichtet sind, nach folgender Rangordnung, bei gleichem Rang nach dem Verhältnis ihrer Beträge, berichtigt:**
1. die Masseschulden im Sinne des § 59 Abs. 1 Nr. 1, 2,
2. die Massekosten im Sinne des § 58 Nr. 1, 2, von diesen zuerst die baren Auslagen,
3. die Masseschulden im Sinne des § 59 Abs. 1 Nr. 3, 4,
4. die Massekosten im Sinne des § 58 Nr. 3.

II § 13 Abs. 1 Satz 2 des Gesetzes, betreffend die Anfechtung von Rechtshandlungen eines Schuldners außerhalb des Konkursverfahrens, in der Fassung der Bekanntmachung vom 20. Mai 1898 (Reichsgesetzbl. S. 709), geändert durch die Vergleichsordnung vom 5. Juli 1927 (Reichsgesetzbl. I S. 139), bleibt unberührt.

KO § 142. **I In dem Prüfungstermine sind auch diejenigen Forderungen, welche nach dem Ablaufe der Anmeldefrist angemeldet sind, zu prüfen, wenn weder der Verwalter noch ein Konkursgläubiger hiergegen Widerspruch erhebt; anderenfalls ist auf Kosten des Säumigen ein besonderer Prüfungstermin zu bestimmen.**

II Auf nachträglich beanspruchte Vorrechte und sonstige Änderungen der Anmeldung findet die vorstehende Bestimmung entsprechende Anwendung.

III Gläubiger, welche Forderungen nach dem Prüfungstermin anmelden, tragen die Kosten des besonderen Prüfungstermins.

Zu § 59: Dazu gehören die Kosten der vom Konkursverwalter geführten Prozesse.

Zu **§ 142:** Vgl KV 1430.

4) Strafprozeßordnung. In Frage kommen:

StPO § 466 (ist bei § 42 Anm 2 abgedruckt).

StPO § 471. **IV Mehrere Privatkläger haften als Gesamtschuldner. Das gleiche gilt hinsichtlich der Haftung mehrerer Beschuldigter für die dem Privatkläger erwachsenen notwendigen Auslagen.**

Zu § 466: „Dieselbe Tat“ bedeutet derselbe strafrechtliche Vorgang. Liegt daher auch vor bei Begünstigter und Hehler; bei aktiver und passiver Bestechung; nicht aber, wenn sich die Tätigkeit der mehreren in verschiedenen strafrechtlichen Richtungen äußert, wie bei gegenseitigen Beleidigungen. S auch § 42 Anm 2.

Zu § 471: Gilt auch für Nebenkläger. Kosten des unterbevollmächtigten auswärtigen Anwalts sind in Höhe der Reisekosten des Hauptbevollmächtigten erstattungsfähig.

Fälligkeit der Gebühren

61 In bürgerlichen Rechtsstreitigkeiten einschließlich der Familiensachen nach § 621 Abs. 1 Nr. 4, 5 und 8 der Zivilprozeßordnung, im Konkursverfahren, im Vergleichsverfahren zur Abwendung des Konkurses und im seerechtlichen Verteilungsverfahren wird die Gebühr mit der Stellung des Antrags fällig, durch den das Verfahren bedingt ist; soweit die Gebühr eine Entscheidung oder sonstige gerichtliche Handlung voraussetzt, wird sie mit dieser fällig.

1) Geltungsbereich. Die Vorschrift betrifft die Fälligkeit der Gebühren im Zivilprozeß einschließlich einer Familiensache des § 621 I Z 4 (Unterhaltspflicht gegenüber einem ehelichen Kind), Z 5 (Unterhaltspflicht gegenüber dem anderen Ehegatten), Z 8 ZPO (Anspruch aus dem ehelichen Güterrecht). § 61 bezieht sich ferner auf ein Konkursverfahren, ein Vergleichsverfahren und ein seerechtliches Verteilungsverfahren. Über den Begriff der bürgerlichen Rechtsstreitigkeit s bei § 12 I.

Das GKG kennt noch die Pflicht zur Vorauszahlung, § 65, und die Vorschußpflicht, §§ 66ff. Beide Pflichten sind von der Fälligkeit zu unterscheiden.

Im Verfahren vor den Arbeitsgerichten aller Instanzen ist § 61 unanwendbar, Üb 2 A vor § 49.

2) Fälligkeit. Man muß folgende Fälle unterscheiden:

A. Antrag, Hs 1. Im Zivilprozeß und in den anderen in S 1 genannten Verfahrensarten wird die Gebühr fällig, einziehbar (also nicht gestundet), sobald der Antrag gestellt ist, durch den das Verfahren bedingt ist, KG FamRZ **86**, 285.

Es braucht sich nicht um einen förmlichen Antrag oder um einen Sachantrag zu handeln. Vielmehr reicht jede Handlung der Partei aus, die notwendig ist, um ein gerichtliches Verfahren in Gang zu setzen, Schlesw SchlHA **81**, 56 mwN, auch zB bei seiner Aufnahme nach § 250 ZPO, Düss MDR **87**, 1031. Mit Rücksicht auf die Zweiteilung im Fall der Einlegung einer Berufung oder Revision, §§ 518, 519, 553, 554 ZPO, darf man einen Antrag in diesen Fällen grundsätzlich erst dann als vollständig gestellt ansehen, wenn der Umfang der Anfechtung des Urteils erkennbar wird. Erst dann tritt also in diesen Fällen grundsätzlich die Fälligkeit ein, Schlesw SchlHA **81**, 56.

Von diesem Grundsatz kann eine Ausnahme gelten, soweit es nicht zur Einreichung einer Rechtsmittelbegründungsschrift kommt, Schlesw SchlHA **81**, 56.

Der Antrag ist in demjenigen Zeitpunkt als gestellt anzusehen, in dem die Schrift bei der Posteingangsstelle eines Gerichts eingeht oder in dem der Antragsteller einen zum Protokoll des Urkundsbeamten erklärten Antrag nach seiner vollständigen Aufnahme unterschrieben übergibt. Es ist unerheblich, ob diese Vorgänge sich bei dem wirklich zuständigen Gericht ereignen oder ob das Annahmegericht die Vorgänge unverzüglich oder vorwerfbar spät an das in Wahrheit zuständige Gericht weiterleitet.

Die Fälligkeit tritt auch dann ein, wenn der Kläger gleichzeitig mit der

Klage einen Antrag auf die Bewilligung einer Prozeßkostenhilfe einreicht, soweit er nicht zumindest stillschweigend, aber eindeutig erklärt, daß er nicht beide Verfahren nebeneinander in Gang setzen wolle, BGH **4**, 333. Eine als Klageschrift bezeichnete Schrift muß man als zur Terminsbestimmung und zum weiteren Klageverfahren eingereicht ansehen, sofern der Absender sie nicht eindeutig als eine bloße Beilage oder Begründung eines Prozeßkostenhilfeantrags bezeichnet. Falls er die Klageschrift als solche bereits unterschrieben hat, muß er sie zur Vermeidung der Annahme, er wolle sie auch schon als solche einreichen, kennzeichnen, etwa als einen bloßen „Entwurf"; vgl dazu BLAH § 117 ZPO Anm 3B.

Im Fall der Erweiterung eines Klagantrags oder im Fall einer Widerklage, auch einer hilfsweisen Widerklage, mit einem nicht identischen Streitgegenstand erhöht sich die Gebühr mit dem Eintritt der Erweiterung oder der Erhebung der Widerklage, s KV 1005, 1010. Die Gerichtskasse darf nur den Mehrbetrag unter einer Zugrundelegung des einheitlichen Streitwerts fordern, § 19 I 2.

Die Fälligkeit tritt zB dann, wenn die Entstehung der Gebühr nicht an eine gerichtliche Handlung oder Entscheidung geknüpft ist, bei der Verfahrensgebühr, der Mahngebühr oder der Arrestgebühr mit der Antragstellung ein.

B. Entscheidung, gerichtliche Handlung, Hs 2. Sofern im Zivilprozeß das Entstehen einer Gerichtsgebühr voraussetzt, daß das Gericht eine Entscheidung oder eine sonstige Handlung vorgenommen hat, entscheidet für die Fälligkeit dieser Gebühr derjenige Zeitpunkt, in dem die entsprechende Maßnahme des Gerichts wirksam wird. Vorher liegt nur ein innerer Vorgang vor, der keine Gebühr auslöst.

Ein typischer Fall nach Hs 2 ist die Urteilsgebühr. Wegen der Einzelheiten der verschiedenen derartigen Gebühren vgl die Erlasse zu den in Betracht kommenden Gebührenvorschriften.

3) Verzug. Der Verzug begründet grundsätzlich keine Verzugszinsen, Düss DNotZ **81**, 76.

Zwangsversteigerung und Zwangsverwaltung

62 **I Die Gebühr für die Entscheidung über den Antrag auf Anordnung der Zwangsversteigerung oder Zwangsverwaltung und die Entscheidung über den Beitritt wird mit der Entscheidung, die Gebühren für das Verfahren der Zwangsversteigerung bis zur Bestimmung des Versteigerungstermins, für die Bestimmung des Versteigerungstermins und das weitere Verfahren, für die Abhaltung des Versteigerungstermins und für das Verteilungsverfahren werden im Verteilungstermin und, wenn das Verfahren vorher aufgehoben wird, mit der Aufhebung fällig.**

II Die Gebühr für die Erteilung des Zuschlags wird mit der Verkündung des Zuschlags und, wenn der Zuschlag vom Beschwerdegericht erteilt wird, mit der Zustellung des Beschlusses an den Ersteher fällig.

III Im Verfahren der Zwangsverwaltung werden die Gebühren mit der Aufhebung des Verfahrens, und, wenn es länger als ein Jahr dauert, am Ende eines jeden Jahres fällig.

1) Geltungsbereich. § 62 betrifft die Fälligkeit. Wegen des Vorschusses vgl § 66. Zwangsverwaltung ist hier nur im Fachsinn gemeint, § 30 Anm 1.

2) Zwangsversteigerung, I, II. Man muß für die Fälligkeit folgende Situationen unterscheiden:

A. Anordnungsgebühr, I. Sie wird mit der Entscheidung über die Anordnung der Zwangsversteigerung fällig. Es ist unerheblich, ob das Gericht den Versteigerungsantrag zurückweist oder ihm stattgibt. Es ist nicht erforderlich, daß die Entscheidung des Gerichts bereits rechtskräftig geworden ist.

B. Verfahrens-, Termins- und Verteilungsgebühr, I. Diese Gebühren werden im Verteilungstermin fällig, § 105 ZVG, allerdings im Fall einer vorher erfolgten Aufhebung des Verfahrens bereits mit der Hinausgabe des Aufhebungsbeschlusses. Im Fall einer außergerichtlichen Verteilung, §§ 143 ff ZVG, tritt die Fälligkeit mit der Erbringung des Nachweises oder mit dem Ablauf der Zweiwochenfrist ein.

C. Zuschlagsgebühr, II. Sie wird mit der Verkündung des Zuschlags fällig, LG Lüneb Rpfleger **88**, 112. Es ist unerheblich, ob und wann der Zuschlagsbeschluß rechtskräftig wird. Soweit erst das Beschwerdegericht den Zuschlag erteilt, entsteht die Zuschlagsgebühr mit der Zustellung des Zuschlagsbeschlusses an den Ersteher, vgl § 104 ZVG.

3) Zwangsverwaltung, II. Vgl zunächst Anm 1. Die Fälligkeit tritt grundsätzlich mit dem Aufhebungsbeschluß ein. Im Fall einer Dauer der Zwangsverwaltung über ein Jahr hinaus tritt die Fälligkeit jedoch jeweils mit der Wiederkehr des Kalendertags der Beschlagnahme ein, §§ 151, 22 ZVG.

Fälligkeit der Gebühren in sonstigen Fällen, Fälligkeit der Auslagen

63 I Im übrigen werden die Gebühren sowie die Auslagen fällig, sobald eine unbedingte Entscheidung über die Kosten ergangen ist oder das Verfahren oder die Instanz durch Vergleich, Zurücknahme oder anderweitige Erledigung beendigt ist.

II In Strafsachen werden die Kosten, die dem verurteilten Beschuldigten zur Last fallen, erst mit der Rechtskraft des Urteils fällig. Satz 1 gilt in gerichtlichen Verfahren nach dem Gesetz über Ordnungswidrigkeiten entsprechend.

1) Geltungsbereich. Man muß folgende Situationen unterscheiden:

A. Gebühren. Die Vorschrift regelt die Fälligkeit von Gebühren in folgenden Verfahren: Strafsachen; Verfahren nach dem OWiG; Verfahren nach dem StVollzG; Verfahren vor den Verwaltungsgerichten; Verfahren vor den Finanzgerichten. Dieser Geltungsbereich ergibt sich aus den Worten „Im übrigen“ in I, vgl § 1.

Die Fälligkeit der Gebühren in den anderen Sachen ordnen abschließend die §§ 61, 62. Im Verfahren vor den Arbeitsgerichten ist § 63 unanwendbar; ihn ersetzt § 12 IV ArbGG, Teil II A dieses Buchs.

B. Auslagen. § 63 regelt ferner zusammen mit § 68 die Fälligkeit von Auslagen in sämtlichen Angelegenheiten des GKG. Einzelheiten bei den einzelnen Vorschriften.

2) Gebühren nach I. A. Persönlicher Geltungsbereich. I erfaßt in den in Anm 1 A genannten Verfahrensarten nur diejenigen Gebühren, die nicht dem Verurteilten zur Last fallen (diese werden von II geregelt). Danach verbleiben für I diejenigen Gebühren, die folgende Personen schulden: Der Privatkläger; der Nebenkläger; der Einziehungsbeteiligte; der Anzeigende; der Verletzte (soweit sie das Anklageerzwingungsverfahren erfolglos betrieben haben); der Beschwerdeführer (der nicht zugleich ein Beschuldigter ist).

B. Fälligkeit. Die Gebühren werden gegenüber den in A genannten Personen fällig, wenn eine der folgenden Voraussetzungen eintritt:

a) Kostenentscheidung. Das Gericht muß eine unbedingte Kostenentscheidung gegenüber dem in A genannten Kostenschuldner erlassen haben. Es ist unerheblich, ob und wann diese Entscheidung rechtskräftig wird.

b) Beendigung des Verfahrens. Das Verfahren muß irgendwie beendigt sein. In Betracht kommt ein Vergleich, eine Zurücknahme oder eine anderweitige beliebige Art der Erledigung. In keinem dieser Fälle kommt es darauf an, ob das Gericht eine Kostenentscheidung erlassen oder eine sonstige Kostenregelung getroffen hat, BGH NJW **81**, 1048.

3) Auslagen nach I. Die Auslagen werden mit alleiniger Ausnahme derjenigen Auslagen, die ein Verurteilter in einer Strafsache oder in einer Bußgeldsache zu tragen hat (für diese gilt II) fällig, wenn eine der folgenden Voraussetzungen vorliegt:

A. Kostenentscheidung. Die Auslagen werden mit dem Wirksamwerden einer unbedingten Kostenentscheidung fällig. Es ist nicht erforderlich, daß diese Entscheidung rechtskräftig oder vollstreckbar ist. Die Instanz braucht auch noch nicht endgültig beendet zu sein. Es ist ebenso unerheblich, ob das Gericht die Zwangsvollstreckung eingestellt hat. Eine bedingte Entscheidung macht zwar die Urteilsgebühr fällig, nicht aber die Auslagen. Im Fall einer Teilentscheidung über die Kosten tritt eine entsprechende Fälligkeit ein. Hierher gehören zB diejenigen Auslagen, die das Gericht einem Freigesprochenen auferlegt hat.

B. Beendigung des Verfahrens oder der Instanz. Mit diesen Ereignissen tritt die Fälligkeit der Auslagen ebenfalls ein. Das Gesetz nennt die Fälle des Vergleichs (gerichtlich oder außergerichtlich), der Rücknahme (einer Klage, eines Antrags oder eines Rechtsmittels) nur als Beispiele und fügt hinzu, es genüge jede anderweitige Art der Erledigung. Vgl hierzu zB bei KV 1012.

Es reichen also zB aus: Eine Zurückverweisung ohne eine Kostenentscheidung; das längere Nichtbetreiben des Prozesses; die Anordnung des Ruhens des Verfahrens, zu diesem Problem VGH Mannh NJW **81**, 1047, Scholz BaWüBl **82**, 6 mwN; ein rein tatsächlicher Stillstand, VGH Stgt

Rpfleger **81**, 72. In diesem Fall empfiehlt sich allerdings eine Anfrage bei den Parteien, ob sie den Prozeß in absehbarer Zeit weiterbetreiben wollen. Erst wenn sie keine Antwort erteilen, darf man davon ausgehen, daß das Verfahren beendet ist.

Im Fall der Rücknahme eines Antrags auf eine gerichtliche Entscheidung ist der Antragsteller als solcher Schuldner der entstandenen Auslagen nach § 55.

4) Gebühren und Auslagen nach II. Der Verurteilte haftet im Strafverfahren, einschließlich des Privatklageverfahrens, und im Bußgeldverfahren für Gebühren und Auslagen erst im Zeitpunkt der Rechtskraft einer gegen ihn gerichteten gerichtlichen Entscheidung. Vorher tritt also auch keine Fälligkeit ein.

Diejenigen Kosten, die das Gericht einem für straffrei erklärten oder außer Verfolgung gesetzten Angeklagten nach den §§ 467, 468 StPO auferlegt hat oder die er durch seinen Wiederaufnahmeantrag veranlaßt hat, fallen nicht unter II, sondern unter I, und zwar selbst dann, wenn das Gericht den Antragsteller vorher rechtskräftig verurteilt hatte. Entsprechendes gilt für den Betroffenen im Fall der Aufhebung eines Bußgeldbescheids, sofern das Gericht ihm diejenigen Kosten auferlegt, die durch seine schuldhafte Säumnis entstanden sind, §§ 70 I OWiG, 467 II StPO.

Fälligkeit der Schreibauslagen

64 **I Die Schreibauslagen werden sofort nach ihrer Entstehung fällig. Sie können bei der Stelle angesetzt werden, von der die Ausfertigungen oder Abschriften erteilt werden.**

II Die Erteilung oder Anfertigung der auf Antrag zu erteilenden Ausfertigungen und Abschriften kann von der vorherigen Zahlung eines die Schreibauslagen deckenden Betrags abhängig gemacht werden. § 5 gilt entsprechend.

1) Geltungsbereich. Die Vorschrift entspricht den §§ 7 KostO, 7 I JVKostO, 5 II VO über Verwaltungskosten beim Deutschen Patentamt. Sie ist im Verfahren vor den Arbeitsgerichten unanwendbar. Schreibauslagen entstehen im allgemeinen dort nicht. Soweit sie entstehen, tritt ihre Fälligkeit nach § 12 IV ArbGG ein, Teil II A dieses Buchs.

2) Fälligkeit, I. Schreibauslagen werden stets sofort nach der Entstehung des Schriftstücks fällig. Eine Zahlungspflicht entsteht also auch dann, wenn der Antrag nach der Anfertigung, aber vor der Absendung oder Aushändigung des Schriftstücks zurückgenommen wird. Wegen der Wirkung der Prozeßkostenhilfe auf die Pflicht zur Erstattung von Schreibauslagen Üb 3 A c vor § 49.

I 2 schafft neben § 4 eine Zuständigkeitsbestimmung für den Kostenansatz der Schreibauslagen und ermöglicht es insbesondere, den Ansatz für solche Auslagen wegen derjenigen Schriftstücke, die die Staatsanwaltschaft erteilt, auch dann bei ihr vorzunehmen, wenn § 4 II 1 Z 1 unanwendbar ist.

3) Vorwegleistung, II. Die Behörde kann stets eine Vorwegleistung für solche Schreibauslagen verlangen, die für die Anfertigung oder Erteilung einer solchen Ausfertigung oder Abschrift entstehen, die das Gericht nur auf Grund eines Antrags vornimmt. Man kann die Vorwegleistung natürlich auch vor der Aushändigung einer solchen Ausfertigung oder Abschrift fordern. Die Behörde kann zu diesem Zweck die Ausfertigung oder Abschrift per Postnachnahme übersenden. Sie kann allerdings auch eine spätere Bezahlung (Nachzahlung) fordern. Das gilt zB dann, wenn sie zunächst eine zu geringe Vorwegleistung gefordert hatte.

Zur Einforderung der Vorwegleistung ist der Urkundsbeamte der Geschäftsstelle zuständig. Das gilt auch dann, wenn der Vorstand des Gerichts die Erteilung der Ausfertigung oder Abschrift angeordnet hat, § 199 II ZPO.

Soweit das Gericht eine Prozeßkostenhilfe bewilligt hatte, tritt keine Fälligkeit ein. Deshalb ist insoweit II unanwendbar.

4) Rechtsbehelf. Gegen die Anforderung einer Vorwegleistung ist die Erinnerung nach § 5 statthaft, KG Rpfleger **83**, 326. Man kann im Fall bereits zu Unrecht eingeforderter und deshalb gezahlter Auslagen auch deren Rückzahlung verlangen, KG Rpfleger **83**, 326. Gegen die daraufhin ergehende Entscheidung des Gerichts ist nur unter den Voraussetzungen des § 5 II die Beschwerde statthaft, KG Rpfleger **83**, 326. Es ist ein Beschwerdewert von mehr als 100 DM erforderlich. Er wird nur selten erreicht.

Vorauszahlung und Vorschuß in Verfahren vor den ordentlichen Gerichten

65 **I In bürgerlichen Rechtsstreitigkeiten soll die Klage erst nach Zahlung der erforderten Gebühr für das Verfahren im allgemeinen und der Auslagen für die Zustellung der Klage zugestellt werden. Im Mahnverfahren soll auf Antrag des Antragstellers nach Erhebung des Widerspruchs die Sache an das Gericht, das in dem Mahnbescheid gemäß § 692 Abs. 1 Nr. 1 der Zivilprozeßordnung bezeichnet worden ist, erst abgegeben werden, wenn die erforderte Gebühr für das Mahnverfahren, die erforderte Gebühr für das Verfahren im allgemeinen und die Auslagen für die Zustellung des Mahnbescheids und der Ladung oder Fristsetzung gezahlt sind; dies gilt entsprechend für das Verfahren nach Erlaß eines Vollstreckungsbescheids unter Vorbehalt der Ausführung der Rechte des Beklagten. Wird der Klageantrag erweitert, so soll vor Zahlung der erforderten Gebühr für das Verfahren im allgemeinen keine gerichtliche Handlung vorgenommen werden; dies gilt auch in der Rechtsmittelinstanz.**

II Absatz 1 gilt nicht für Scheidungsfolgesachen und für Anfechtungsklagen in Entmündigungssachen nach §§ 664, 679, 684, 686 der Zivilprozeßordnung.

III Der Mahnbescheid soll erst nach Zahlung der dafür vorgesehenen Gebühr und der Auslagen für die Zustellung erlassen werden. Wird der Mahnbescheid maschinell erstellt, so gilt Satz 1 erst für den Erlaß des Vollstreckungsbescheids.

IV Über den Antrag auf Abnahme der eidesstattlichen Versicherung oder über den Antrag auf Erteilung der Abschrift eines mit

eidesstattlicher Versicherung abgegebenen Vermögensverzeichnisses einschließlich der Niederschrift über die Abgabe der eidesstattlichen Versicherung soll erst nach Zahlung der dafür vorgesehenen Gebühr entschieden werden.

V Über Anträge auf gerichtliche Handlungen der Zwangsvollstreckung gemäß § 829 Abs. 1, §§ 835, 839, 846 bis 848, 857, 858, 885 Abs. 4 oder § 886 der Zivilprozeßordnung soll erst nach Zahlung der Gebühr für das Verfahren und der Auslagen für die Zustellung entschieden werden.

VI Über den Antrag auf Eröffnung des seerechtlichen Verteilungsverfahrens soll erst nach Zahlung der dafür vorgesehenen Gebühr und der Auslagen für die öffentliche Bekanntmachung entschieden werden.

VII Die Absätze 1, 4 bis 6 gelten nicht,
1. soweit dem Antragsteller die Prozeßkostenhilfe bewilligt ist,
2. wenn dem Antragsteller Gebührenfreiheit zusteht,
3. wenn glaubhaft gemacht wird, daß dem Antragsteller die alsbaldige Zahlung der Kosten mit Rücksicht auf seine Vermögenslage oder aus sonstigen Gründen Schwierigkeiten bereiten würde,
4. wenn glaubhaft gemacht wird, daß eine Verzögerung dem Antragsteller einen nicht oder nur schwer zu ersetzenden Schaden bringen würde; zur Glaubhaftmachung genügt in diesem Falle die Erklärung des zum Prozeßbevollmächtigten bestellten Rechtsanwalts.

In den Fällen der Nummern 3 und 4 ist nicht von der Vorauszahlung oder der Vorschußzahlung zu befreien, wenn die beabsichtigte Rechtsverfolgung aussichtslos oder mutwillig erscheint. Absatz 3 gilt nicht, soweit dem Antragsteller die Prozeßkostenhilfe bewilligt ist oder Gebührenfreiheit zusteht.

Vorbem. IV idF Art 1 I Z 4 G vom 9. 12. 86, BGBl 2326, in Kraft seit 1. 1. 87, Art 10.

Gliederung

1) Allgemeines. Im Verfahren vor den Arbeitsgerichten aller Instanzen ist § 65 unanwendbar, § 12 IV ArbGG, Teil II A dieses Buchs. Hatte dort bereits eine mündliche Verhandlung stattgefunden, so kann auch nach der Verweisung ans LG die Bestimmung eines weiteren Termins nicht von der Zahlung der Verfahrensgeführt abhängig gemacht werden, Ffm MDR **60**, 508. Ein ProzBev ist nie vorschußpflichtig, BVerwG NJW **71**, 2086, Seltmann VersR **74**, 103. Bei einem Streit über eine Arbeitnehmererfindung sind I und III unanwendbar, § 39 Gesetz vom 25. 7. 57, BGBl 756. In Baulandsachen ist I 1 und 3 unanwendbar, § 221 IV BauGB. In Entschädigungssachen kann ein Vorschuß nur bei einer offenbar mutwilligen Rechtsverfolgung verlangt werden, § 225 II 2 BEG.

Im Fall der Nichtzahlung werden lediglich die Akten gemäß § 7 III e AktO weggelegt, LG Frankenth Rpfleger **84**, 288.

2) Vorwegleistungspflicht bei Klagen, I. A. Anwendungsbereich. Gerichtliche Handlungen sind von der Zahlung einer Gebühr abhängig. Daher besteht eine Vorwegleistungspflicht. Sie besteht allerdings nur, soweit einer der folgenden Fälle vorliegt:

a) Klage, Rechtsmittel. Die Vorwegleistungspflicht besteht bei einer Klage 1. Instanz, vgl B; nicht mehr bei der Einlegung eines Rechtsmittels, Ffm NJW **85**, 751, Hbg MDR **59**, 852.

b) Klagerweiterung. Die Vorwegleistungspflicht besteht bei einer Klagerweiterung, Anm 2 D.

c) Mahnverfahren. Die Vorwegleistungspflicht besteht beim Antrag auf Erlaß eines Mahnbescheids bzw Vollstreckungsbescheids und beim Antrag auf die Durchführung des streitigen Verfahrens nach der Erhebung des Widerspruchs bzw Einspruchs, Anm 4 B.

d) Eidesstattliche Versicherung. Die Vorwegleistungspflicht besteht bei der Terminsbestimmung zur Abnahme der eidesstattlichen Versicherung, Anm 5 A.

e) Verweisung. Die Vorwegleistungspflicht besteht nach einer Verweisung von einem kostenfreien Verfahren in ein kostenpflichtiges, BGH **62**, 177, aM Ffm MDR **60**, 508 betr die Verweisung vom ArbG an das ordentliche Gericht.

f) Vollstreckungsverfahren. Die Vorwegleistungspflicht besteht nach § 758 ZPO, LG Hann Rpfleger **87**, 435 mwN, aM zB DOHH 27, ferner nach §§ 829 I, 835, 839, 846 bis 848, 857, 858, 885 IV, 886 ZPO.

g) Seerechtliches Verteilungsverfahren. Die Vorwegleistungspflicht besteht bei einem Antrag auf die Eröffnung des Seerechtlichen Verteilungsverfahrens.

B. Klage, I 1. Das Gericht soll die Klageschrift erst nach der Zahlung der Verfahrensgebühr, KV 1010, 1110 (nur bei der Scheidung), und der Auslagen für die Zustellung, KV 1902, zustellen. Das gilt unabhängig davon, ob es sich um ein Verfahren mit einem frühen ersten Termin oder um ein schriftliches Vorverfahren handelt, vgl Schlesw SchlHA **78**, 69. Wenn jedoch einmal, gleichgültig auf wessen Antrag, die Klage zugestellt oder ein Termin bestimmt worden ist, dann kann das Gericht nicht mehr die Abhaltung des ersten oder gar des späteren Termins oder eine andere Handlung von einer Zahlung abhängig machen, Mü RR **89**, 64, es kann also auch nicht gegen den verhandlungsbereiten Kläger ein Versäumnisurteil erlassen, BGH **62**, 179, vgl D. Eine Nichtzulassung gibt die Beschwerde aus § 6 GKG, § 567 ZPO. Das gilt auch, wenn ein ArbG, das bereits zugestellt hat, ans LG verweist, Ffm MDR **60**, 508. Das Gericht „soll" seine Maßnahmen von der Zahlung abhängig machen, hat also ein pflichtgemäßes Ermessen, Kblz FamRZ **85**, 417, Kronenbitter AnwBl **74**, 230. Es muß allerdings eine drohende Verjährung oder eine drohende Klagausschlußfrist beachten, soweit der Kläger Prozeßkostenhilfe oder einstweilige Befreiung nach VII beantragt hat, Mü NJW **66**, 1518.

Unerheblich ist, welcher Prozeßart die Klage angehört, sofern es sich eben nur um eine Klage handelt (Ausnahme: Fälle II), nicht, wie im Arrest- und einstweiligen Verfügungsverfahren, um ein unter Umständen (das überliest Kronenbitter AnwBl **74**, 229) im Beschlußweg zu erledigendes Gesuch. Der Kostenbeamte veranlaßt die Erhebung des Vorschusses regelmäßig selbständig, § 22 II 2 KostVfg, Teil VII A dieses Buchs.

Ein Verstoß ist prozessual belanglos, Ffm FamRZ **82**, 810; also kann auch der Gegner ihn nicht rügen, Kronenbitter AnwBl **74**, 230. § 65 GKG gilt auch für den Einzelrichter und den Vorsitzenden der Kammer für Handelssachen. Eine Frist für die Zahlung besteht nicht. Die Gebühr ist mit dem Eingang der Klage fällig. Der Termin wird „nach der Zahlung" anberaumt. Der Urkundsbeamte der Geschäftsstelle muß daher die Akten sofort nach ihrer Kenntnis von der Zahlung mit dem entsprechenden Vermerk vorlegen. Bei § 78a II ZPO wird gar nicht erst ein Vorschuß angefordert, sondern die Zustellung der Klage sogleich abgelehnt.

Rechtsbehelfe: Beschwerde, kein Mindestbeschwerdewert, § 6 GKG. Beschwerdeberechtigt ist der in Anspruch Genommene.

C. Verfahrensgebühr. Zu zahlen ist die „erforderte Gebühr für das Verfahren im allgemeinen". Ist sie gezahlt, so hat der Kläger seine Vorwegleistungspflicht (nicht die Gebührenpflicht) erfüllt. Wenn zuviel gefordert wurde, bleibt dem Kläger die Erinnerung aus § 6 GKG. Notfalls muß das Gericht zunächst den Wert festsetzen. Hat der Kläger die Gebühr selbst berechnet und in bar oder in Kostenmarken entrichtet, so hat der Urkundsbeamte der Geschäftsstelle einen etwa fehlenden Betrag nachzufordern, andernfalls die Akten mit einem Vermerk der Richtigkeit dem Gericht vorzulegen. Der Richter prüft die Höhe nicht nach.

D. Klagerweiterung, I 3. Wird der Klagantrag erweitert, so soll das Gericht vor der Zahlung der erforderlichen Verfahrensgebühr keine gerichtliche Handlung vornehmen. Ausnahmen sind nur nach VII Z 1–4 möglich, Hamm RR **89**, 383. Die Vorschrift gilt nur zu Lasten des Klägers. Der Gegner kann einen neuen Termin beantragen. Wenn auf Betreiben der einen oder der anderen Partei einmal die Klagerweiterung zugestellt worden ist, ist keine Zurückweisung der Erweiterung mehr möglich, B und auch insofern BGH **62**, 178.

Die Folgen einer unterlassenen Vorwegleistung können nur die Klagerweiterung ergreifen, nicht etwa die ganze Klage. Daher darf eine versagende Entscheidung nur wegen der Klagerweiterung ergehen, während im übrigen zu verhandeln ist. Da „keine gerichtliche Handlung" vorzunehmen ist, darf der Urkundsbeamte der Geschäftsstelle nicht einmal eine Zustellung der Klagerweiterung ohne Rücksicht auf den noch weitergehenden Inhalt jenes Schriftsatzes. Ebenso sind keine Maßnahmen gemäß § 273 ff möglich und ist keine mündliche Verhandlung anzusetzen.

E. Widerklage. Auf sie ist § 65 I nicht anzuwenden; über sie ist immer ohne Vorwegleistung zu verhandeln, also auch ohne Rücksicht darauf, ob ein Vorschuß für die Klage gezahlt wurde, Ffm FamRZ **82**, 810, Neustadt NJW **54**, 1371.

F. Rechtsmittelinstanz. I 3 gilt auch in der Rechtsmittelinstanz, Hs 2; im übrigen ist in den oberen Instanzen kein Vorschuß im Sinn von I notwendig.

3) Keine Vorwegleistungspflicht, II. Eine Vorwegleistungspflicht besteht wegen des öffentlichen Interesses an der baldigen Durchführung des Verfahrens nicht: Für Scheidungsfolgesachen, §§ 623 ff ZPO (wohl aber für den Scheidungsantrag, § 622 ZPO); für Anfechtungsklagen gemäß §§ 664, 679, 684, 686 ZPO. Diese Ausnahmen sind eng auszulegen.

4) Vorwegleistungspflicht im Mahnverfahren, III, I 2. A. Mahnbescheid. Im Mahnverfahren soll das Gericht den Mahnbescheid grundsätzlich, III 1 (anders bei einer maschinellen Erstellung, §§ 689 I 2, 690 III ZPO usw, III 2) erst nach der Zahlung der Mahngebühr des KV 1000 (1/2 Gebühr) und der Auslagen für die Zustellung, KV 1902, erlassen. Da die Post die Auftragsgebühr nicht erstattet, ist bei einer erfolglosen Zustellung eine weitere Gebühr einzufordern, wenn mit einer neuen Anschrift zugestellt werden soll. Die Zurückweisung des Gesuchs erfolgt sofort.

B. Abgabe nach Widerspruch. Wird gegen den Mahnbescheid Widerspruch erhoben oder ist ein Vollstreckungsbescheid auf den Widerspruch des Antragsgegners nur unter dem Vorbehalt der Ausführung seiner Rechte erlassen, § 703 a II Z 4 ZPO, so soll die Sache an das nach § 692 I Z 1 ZPO bezeichnete Gericht erst nach der Zahlung der Mahngebühr, der erforderten (nicht der erforderlichen) Verfahrensgebühr (1/2, KV 1005) und der Auslagen für die Ladung und Zustellung oder Fristsetzung abgegeben werden, I 2. Voraussetzung ist, daß der Antragsteller eine Abgabe beantragt hat; das verlangt der Text ausdrücklich. Also besteht keine Vorwegleistungspflicht des beantragenden Antragsgegners, Köln OLGZ **79**, 120; dieser ist aber Gebührenschuldner, Köln OLGZ **79**, 120, vgl § 49 I, und die Gebühr ist von ihm beizutreiben. Es erfolgt keine Vorwegleistung, wenn gemäß § 696 V ZPO verwiesen worden ist. Vgl im übrigen Anm 2 A c.

5) Weitere Fallgruppen. Eine Vorwegleistungspflicht besteht ferner in folgenden Fällen:

A. Eidesstattliche Versicherung, IV. Eine Vorwegleistungspflicht besteht im Verfahren auf die Abgabe der eidesstattlichen Versicherung, und zwar bei dem Verfahren nach § 807 ZPO und demjenigen nach § 883 II ZPO. Sie gilt sowohl für den Antrag auf die Abnahme (also nicht erst für die Terminanberaumung) als auch für den Antrag auf die Erteilung einer Abschrift eines Vermögensverzeichnisses bzw eines Protokolls über die Abgabe und umfaßt die Gebühren KV 1152, 1153 und die Auslagen KV 1902 (es entstehen für die erste Zustellung im Fall KV 1152 keine Auslagen).

B. Zwangsvollstreckung, V. Eine Vorwegleistungspflicht besteht bei einer Reihe von Anträgern im Rahmen der Zwangsvollstreckung, Anm 2 Af. Eine Fristsetzung erfolgt nicht, da die Gebühr bereits mit dem Antragseingang fällig wird, § 61, LG Frankenth Rpfleger **84**, 288.

C. Seerechtliches Verteilungsverfahren, VI. Eine Vorwegleistungspflicht besteht im Eröffnungsverfahren nach der Seeverteilungsordnung vom 25. 7. 86, BGBl 1130, in Kraft seit 1. 9. 87, BGBl 2083; vgl Anm 2 A g. S auch deren folgende vorschriften:

SeeVertO § 31 I Der Antragsteller trägt folgende Kosten:
1. die Vergütung und die Auslagen des Sachwalters;
2. die von dem Sachwalter aufgewandten Kosten der Verwaltung und Verwertung von Sicherheiten.

SeeVertO § 32 II Das Gericht soll die Eröffnung des Verteilungsverfahrens von der Einzahlung eines angemessenen Vorschusses auf die von dem Antragsteller nach § 31 Abs. 1 zu tragenden Kosten abhängig machen.

6) Weitere Ausnahmen von der Vorwegleistungspflicht, VII. A. Prozeßkostenhilfe, Z 1. Die Vorwegleistungspflicht entfällt außer gemäß II, soweit dem Antragsteller im Sinn von I, III–VI eine Prozeßkostenhilfe bewilligt worden ist, 1 Z 1, S 3. Das folgt schon aus § 122 I Z 1 a ZPO, der die Fälligkeit der Gebühr aufhebt. Das Gesuch hat diese Wirkung noch nicht. Ist die Prozeßkostenhilfe zum Teil bewilligt worden, so muß der Unterstützte insofern von Kosten freibleiben. Er hat den Unterschied zwischen der Gebühr nach dem vollen Streitwert und dem von der Prozeßkostenhilfe gedeckten Teil zu zahlen, weil sonst ein doppelter Streitwert gelten würde, BGH **13**, 373.

B. Gebührenfreiheit, Z 2; Schwierigkeiten, Z 3, 4. a) Voraussetzungen. Die Pflicht entfällt auch, soweit dem Antragsteller eine persönliche oder sachliche Gebührenfreiheit zusteht, 1 Z 2, S 3, § 2, oder wenn der Antragsteller glaubhaft macht, daß ihm die alsbaldige Zahlung der Kosten wegen seiner Vermögenslage oder aus sonstigen Gründen Schwierigkeiten bereiten würde, 1 Z 3, also wenn die erforderte Summe angesichts des Vermögens oder der Flüssigkeit der Mittel des Antragstellers nicht ohne ernsthaften Schaden geleistet werden könnte. Die Erklärung, daß der Antragsteller in Raten zahlen könnte, ist nicht ausreichend, BGH **31**, 348. 1 Z 3 findet aber Anwendung, wenn der in der DDR befindliche Gläubiger in der BRep klagen will, weil er sich den notwendigen Betrag in der anderen Währung nicht beschaffen oder überweisen kann, ebenso wenn sonst der Beschaffung der erforderlichen Geldmittel ernstliche Devisenschwierigkeit entgegenstehen.

Keine Befreiung erfolgt, wenn sich der Antragsteller die Mittel zur

Prozeßführung durch einen Vorschuß eines anderen beschaffen kann, wie zB die Ehefrau. Eine Befreiung ist aber möglich, wenn die Zahlung nicht nur vorübergehend, Celle NdsRpfl **60**, 213, sondern dauernd Schwierigkeiten mit sich bringen würde. Denn auch anderen Personen ist dann die alsbaldige Zahlung nicht möglich. Es ist ein Antrag oder ein Hinweis des Klägers auf VII nötig, BGH **LM** LandbeschG Nr 19, aM Schlesw SchlHA **76**, 32. Der Antragsteller braucht keine natürliche Person zu sein. Er macht seine Angaben nach § 294 ZPO glaubhaft. Die Erleichterung 1 Z 4 Hs 2 ist hier nicht vorgesehen; der Richter kann sich aber mit der Erklärung des Anwalts begnügen; BGH **LM** LandbeschG Nr 19 läßt offen, ob eine solche Erklärung genügt. Keine Befreiung erfolgt, soweit S 2 vorliegt.

b) Zuständigkeit. aa) Vorsitzender, Einzelrichter. Der Vorsitzende oder Einzelrichter entscheidet, wenn es sich um eine Zustellung oder eine Terminsbestimmung handelt.

bb) Amtsrichter. Er entscheidet, im Eröffnungsverfahren gemäß SeeVertO.

cc) Rechtspfleger. Er entscheidet wenn ein Mahnbescheid zu erlassen ist, sowie nach der Eröffnung des Verfahrens gemäß SeeVertO.

dd) Gericht. Es entscheidet, wenn es um eine Klagerweiterung geht.

c) Weiteres Verfahren. Ein Stundungsrecht hat keine dieser Stellen; die Fälligkeit der Gebühr wird durch die Entscheidung nicht berührt.

Rechtsbehelfe: Gegen die Entscheidung des Rpfl Erinnerung ans Gericht; gegen dessen Entscheidung oder gegen die Entscheidung des Vorsitzenden oder des Einzelrichters Beschwerde, § 6 GKG, Anm 2 A, § 11 RPflG.

C. Verzögerungsgefahr. Die Pflicht entfällt weiter, wenn der Antragsteller glaubhaft macht, daß eine Verzögerung ihm einen nicht oder nur schwer zu ersetzenden Schaden brächte, 1 Z 4. „Verzögerung" ist hier nur das Hinausschieben der Zustellung bzw Terminsbestimmung, des Mahnbescheids, der Verhandlung, der Eröffnung, nicht der Prozeßerledigung. Bei einem feststehenden Streitwert und dann, wenn Kostenmarken bestehen, ist dieser Fall selten, da ja der Antragsteller zumindest die Gebühr ohne weiteres berechnen und durch Aufkleben der Marken entrichten kann. „Nicht zu ersetzender Schaden" ist, ähnlich § 707 ZPO, eine Wirkung, die nicht beseitigt oder ausgeglichen werden kann, also namentlich eine drohende Verjährung. Ein schwer zu ersetzender Schaden genügt jedoch bereits.

Hierher kann zB eine Gefährdung einer Unterhaltsforderung gehören, Schlesw SchlHA **82**, 198.

Es ist eine Glaubhaftmachung vorgeschrieben; schon deshalb ist ein Antrag oder Hinweis des Klägers auf VII nötig, BGH **LM** LandbeschG Nr 19, aM Schlesw SchlHA **76**, 32. Doch genügt hier „die Erklärung des zum Prozeßbevollmächtigten bestellten Rechtsanwalts". Damit ist nur einem bestimmten Mittel der Glaubhaftmachung eine bindende Kraft beigelegt worden, ein Fall einer gesetzlichen Beweisregel; nicht etwa ist der RA von der Pflicht befreit, greifbare Tatsachen anzugeben, die er ja gerade glaubhaft machen soll. Keine Befreiung erfolgt, soweit S 2 vorliegt, D.

Wenn die beabsichtigte Rechtsverfolgung aussichtslos oder mutwillig erscheint, VII 2, erfolgt in den Fällen VII 1 Z 3, 4 trotz Vorliegens der Voraussetzungen B bzw C keine Befreiung. Vgl die umgekehrten Voraussetzungen des § 114 I ZPO, s auch Hamm RR **89**, 383.

Vorschuß im Zwangsversteigerungs- und Zwangsverwaltungsverfahren

66 **I Im Zwangsversteigerungsverfahren ist spätestens bei der Bestimmung des Zwangsversteigerungstermins ein Vorschuß in Höhe des Doppelten einer Gebühr für die Abhaltung des Versteigerungstermins zu erheben.**

II Im Zwangsverwaltungsverfahren hat der Antragsteller jährlich einen angemessenen Gebührenvorschuß zu zahlen.

1) Zwangsversteigerung, I. Der Antragsteller und der betreibende Gläubiger haften als Gesamtschuldner, § 53 Anm 2. Sie müssen spätestens im Zeitpunkt der Bestimmung des Versteigerungstermins einen Vorschuß in Höhe der doppelten Gebühr KV 1520 leisten, also $^{6}/_{10}$. Das Gericht kann diesen Vorschuß allerdings schon nach der Anordnung des Versteigerungsverfahrens anfordern. Eine Vorschußpflicht besteht nur in der eben genannten Höhe.

Daneben besteht die Pflicht zur Zahlung eines Auslagenvorschusses nach § 68. Wegen mehrerer Kostenschuldner vgl § 58 Anm 2 aE.

2) Zwangsverwaltung, II. Der Antragsteller muß einen Vorschuß in angemessener Höhe leisten. Angemessen ist ein Betrag, der die voraussichtlich erwachsenden Gebühren und Auslagen für ein Jahr deckt. Vgl auch KV 1560, § 24 KostVfg, Teil VII A dieses Buchs. Der Antragsteller muß zum Beginn jedes weiteren Jahres der Zwangsverwaltung einen weiteren Vorschuß leisten, der die in diesem weiteren Jahr voraussichtlich erwachsenden Gebühren und Auslagen deckt. Die Höhe des Vorschusses kann je nach dem Ablauf des Verfahrens und den allgemeinen Kosten einer Zwangsverwaltung also von Jahr zu Jahr schwanken.

Vorschuß in Strafsachen

67 **I In Strafsachen hat der Privatkläger oder derjenige, der als Privatkläger oder Nebenkläger eine Berufung oder Revision einlegt oder eine Wiederaufnahme des Verfahrens beantragt, einen Gebührenvorschuß in Höhe der Hälfte der bei Freispruch oder Straffreierklärung des Beschuldigten im Privatklageverfahren zu erhebenden Gebühr für die Instanz zu zahlen. Der Widerkläger ist zur Zahlung eines Gebührenvorschusses nicht verpflichtet.**

II Wer als Privatkläger das Verfahren nach den §§ 440, 441 der Strafprozeßordnung betreibt oder als Privatkläger oder Nebenkläger in einem solchen Verfahren ein Rechtsmittel einlegt oder die Wiederaufnahme des Verfahrens beantragt, hat gleichfalls den in Absatz 1 bestimmten Gebührenvorschuß zu zahlen.

Gebührenvorschuß

StPO § 379a. [I] Zur Zahlung des Gebührenvorschusses nach § 67 Abs. 1 des Gerichtskostengesetzes soll, sofern nicht dem Privatkläger die Prozeßkostenhilfe bewilligt ist oder Gebührenfreiheit zusteht, vom Gericht eine Frist bestimmt werden; hierbei soll auf die nach Absatz 3 eintretenden Folgen hingewiesen werden.

[II] Vor Zahlung des Vorschusses soll keine gerichtliche Handlung vorgenommen werden, es sei denn, daß glaubhaft gemacht wird, daß die Verzögerung dem Privatkläger einen nicht oder nur schwer zu ersetzenden Nachteil bringen würde.

[III] Nach fruchtlosem Ablauf der nach Absatz 1 gestellten Frist wird die Privatklage zurückgewiesen. Der Beschluß kann mit sofortiger Beschwerde angefochten werden. Er ist von dem Gericht, das ihn erlassen hat, von Amts wegen aufzuheben, wenn sich herausstellt, daß die Zahlung innerhalb der gesetzten Frist eingegangen ist.

1) Vorschußpflicht, I, II. A. Privatkläger. Der Privatkläger muß, auch im objektiven Strafverfahren, § 40 VI, einen Vorschuß unter folgenden Voraussetzungen entrichten:

a) Erste Instanz. In dieser Instanz muß der Privatkläger den Vorschuß stets zahlen.

b) Höhere Instanz. In der höheren Instanz braucht der Privatkläger einen Vorschuß nur insoweit zu zahlen, als er Berufung oder Revision einlegt, § 390 IV StPO. Er braucht also insoweit keinen Vorschuß zu bezahlen, als der Angeklagte das Rechtsmittel einlegen oder als der Privatkläger lediglich als Widerbekl ein Rechtsmittel einlegt, Bbg NJW **49**, 835.

c) Wiederaufnahmeverfahren. Der Privatkläger muß einen Vorschuß zahlen, soweit er als solcher und nicht nur als Widerbekl eine Wiederaufnahme des Verfahrens beantragt hat.

B. Nebenkläger. Der Nebenkläger ist zur Zahlung eines Vorschusses in der ersten Instanz nicht verpflichtet. Im übrigen besteht eine Vorschußpflicht unter folgenden Voraussetzungen:

a) Höhere Instanz. Der Nebenkläger muß einen Vorschuß zahlen, sobald er als solcher und nicht nur als Wiederbekl Berufung oder Revision einlegt.

b) Wiederaufnahmeverfahren. Der Nebenkläger muß einen Vorschuß ferner entrichten, sowiet er als solcher und nicht nur als Wiederbekl die Wiederaufnahme des Verfahrens beantragt, § 401 I StPO.

C. Selbständiges Einziehungsverfahren. In einem solchen Verfahren, §§ 440, 441, 444 III StPO, muß der betreibende Privatkläger einen Vorschuß zahlen. Dasselbe gilt dann, wenn er als solcher ein Rechtsmittel einlegt oder die Wiederaufnahme des Verfahrens beantragt, II. Die Vorschußpflicht besteht aber insoweit nicht, als das Verfahren auf Grund des Antrags der Staatsanwaltschaft eingeleitet wird.

Der Nebenkläger ist in demselben Umfang vorschußpflichtig wie bei B.

D. Vorschußhöhe. Der Vorschuß beträgt ½ der Gebühren KV 1650ff. Es ist unerheblich, ob am Verfahren mehrere Beschuldigte oder Privatkläger beteiligt sind. Mehrere Privatkläger haften als Gesamtschuldner, § 58.

2) Vorwegleistungspflicht. A. Notwendigkeit. Eine Vorwegleistungspflicht besteht im Umfang der Vorschußpflicht. Das ergibt sich aus § 379a I StPO. Diese Vorschrift wird durch § 390 IV StPO (Rechtsmittel des Privatklägers) ergänzt.

Der Einziehungsberechtigte braucht keine Vorwegleistung zu erbringen. Denn § 379a StPO nennt ihn nicht.

B. Wegfall. Eine Vorwegleistungspflicht entfällt, wenn eine der folgenden Voraussetzungen zutrifft:

a) Prozeßkostenhilfe. Eine Vorwegleistungspflicht entfällt, soweit das Gericht dem Privatkläger eine Prozeßkostenhilfe bewilligt. Das ergibt sich auch schon aus § 379a I StPO.

b) Gebührenfreiheit. Eine Vorwegleistungspflicht entfällt auch, soweit dem Privatkläger eine persönliche oder sachliche Gebührenfreiheit zusteht.

c) Nachteil. Eine Vorwegleistungspflicht entfällt schließlich, soweit der Privatkläger glaubhaft macht, daß ihm die Verzögerung einen nicht oder schwer zu ersetzenden Nachteil bringen würde, § 65 VII 1 Z 4 (die Vorschrift spricht vom „Schaden"). Dieser Fall kann zB dann zutreffen, wenn sich der Beschuldigte dem Verfahren entzieht oder die schwere Beleidigung weiter verbreitet oder einen unlauteren Wettbewerb fortsetzt.

Eine Glaubhaftmachung ist mit jedem im Strafprozeß statthaften Mittel zulässig. Das Gericht muß den Fall der Benachteiligung infolge einer Verzögerung durch einen Beschluß feststellen. Im übrigen gilt § 65 Anm 8 C hier entsprechend.

C. Frist. a) Berechnung, Wahrung. Das Gericht muß dem Privatkläger nach dem Eingang der Privatklage, dem Privat- oder Nebenkläger nach dem Eingang der Rechtsmittelschrift oder eines Wiederaufnahmeantrags eine Frist zur Zahlung setzen und ihn zugleich auf die gesetzlichen Folgen einer unentschuldigten Fristversäumung hinweisen. Die Fristsetzung darf nur in den Fällen B unterbleiben. Die Frist ist entweder nach Tagen oder nach Wochen oder auch kalendermäßig zu bemessen. Sie muß eine angemessene Dauer haben.

Das Gericht muß die Verfügung, durch die es die Frist setzt, dem Privat- oder Nebenkläger in einer Ausfertigung oder in einer beglaubigten Abschrift zustellen, § 35 II, 37 StPO, 170 ZPO. Die Frist beginnt mit der Bekanntgabe des erforderlichen Betrag und der Einforderung. Durch einen Antrag auf die Bewilligung einer Prozeßkostenhilfe wird die Frist nicht unterbrochen. Das Gericht muß aber in einem geeigneten Fall die Frist um einen angemessenen Zeitraum verlängern.

Mit der Bewilligung einer Prozeßkostenhilfe entfällt eine Fristsetzung kraft Gesetzes.

Der Privat- oder Nebenkläger wahrt die Frist durch den Eingang der Zahlung. Er braucht diesen Eingang nicht nachzuweisen. Das Gericht muß vielmehr von Amts wegen prüfen, ob die Zahlung rechtzeitig eingegangen ist. Im Fall einer Zahlung mit einer Zahlkarte genügt die Gutschrift. Bis zur Gutschrift ist keine Zahlung erfolgt, weil der Absender die Zahlung widerrufen kann. Nur eine volle Zahlung der vom Gericht verlangten Summe wahrt die Frist.

b) Versäumung. Eine Fristversäumung zwingt das Gericht zur Zurückweisung der Privat- oder Nebenklage, zur Verwerfung des Rechtsmittels oder des Wiederaufnahmeantrags. Die Berufung des Nebenklägers kann nicht mehr wegen der Nichtzahlung des Vorschusses verworfen werden, Ffm MDR **80**, 603, Hamm MDR **85**, 251.

Die Zurückweisung oder Verwerfung erfolgt durch einen Beschluß. Der Beschluß ist wirkungslos, soweit das Gericht dem Zahlungspflichtigen nicht die Höhe des erforderlichen Vorschusses gesetzmäßig bekanntgegeben hatte.

Das Gericht muß seinen Beschluß aufheben, wenn sich herausstellt, daß die Zahlung fristgemäß und vollständig eingegangen war oder daß der Privat- oder Nebenkäger eine sachliche oder persönliche Gebührenfreiheit hatte oder soweit das Gericht nachträglich eine Prozeßkostenhilfe bewilligt hat.

Solange der Beschluß wirksam ist, muß die Staatskasse den Vorschuß beitreiben.

D. Vorschuß und gerichtliche Handlung. Vor dem Eingang des Vorschusses soll das Gericht keine Handlung vornehmen, es sei denn, daß der Privatkläger glaubhaft macht, daß ihm die Verzögerung einen nicht oder schwer zu ersetzenden Nachteil brächte, B c. Zu den gerichtlichen Handlungen zählt auch die Mitteilung der Privatklage an den Beschuldigten oder an die Staatsanwaltschaft.

Eine Verletzung dieser Sollbestimmung bleibt aber ohne prozessuale Folgen. Trotzdem muß das Gericht die Sollvorschrift als Amtspflicht beachten. Man muß auch beachten, daß § 379a StPO nicht nur die Terminsbestimmung bedingt. Daraus folgt, daß das Gericht auch jede beliebige Handlung während des Verfahrens bis zum Erlaß des Urteils von einer Vorschußzahlung abhängig machen kann, soll und muß.

Auf den Nebenkläger ist § 379a III StPO unanwendbar, jedenfalls soweit auch die Staatsanwaltschaft ein Rechtsmittel eingelegt hat. Das Verfahren wird also insoweit durch die etwaige Anforderung des Vorschusses nicht aufgehalten.

E. Rechtsbehelfe. Es sind folgende Fälle zu unterscheiden:

a) Fristsetzung. Gegen die Fristsetzung ist die Beschwerde nach § 304 StPO statthaft.

b) Abstandnahme. Gegen eine Entscheidung, durch die das Gericht von einer Fristsetzung ausdrücklich Abstand nimmt, ist kein Rechtsbehelf statthaft.

c) Untätigkeit. Gegen eine bloße Untätigkeit des Gerichts ist allenfalls eine Dienstaufsichtsbeschwerde statthaft, soweit keinerlei Rechtsgrundlage für die bloße Untätigkeit erkennbar ist.

d) Zurückweisung, Verwerfung. Gegen den Beschluß des Gerichts, durch den es die Privat- und Nebenklage, das Rechtsmittel oder den Wiederaufnahmeantrag wegen einer Versäumung der Frist verwirft oder zurückweist, ist die sofortige Beschwerde nach § 379a III StPO statthaft.

Auslagenvorschuß

68 **I Wird die Vornahme einer Handlung, mit der Auslagen verbunden sind, beantragt, so hat derjenige, der die Handlung beantragt hat, einen zur Deckung der Auslagen hinreichenden Vorschuß zu zahlen. Das Gericht soll die Vornahme der Handlung von der vorherigen Zahlung des Vorschusses abhängig machen. Dies gilt nicht für die Anordnung einer Haft.**

II Die Vorschußpflicht nach Absatz 1 besteht in Strafsachen nur für den Privatkläger, den Widerkläger sowie für den Nebenkläger, der Berufung oder Revision eingelegt hat.

III Bei Handlungen, die von Amts wegen vorgenommen werden, kann ein Vorschuß zur Deckung der Auslagen erhoben werden. Dies gilt nicht in Strafsachen und in gerichtlichen Verfahren nach dem Gesetz über Ordnungswidrigkeiten.

1) Allgemeines. I, II begründen eine gesetzliche Pflicht zur Zahlung eines hinreichenden Vorschusses zur Deckung von Auslagen in den dort genannten Fällen. Nur diese Fälle enthalten also eine gesetzliche Vorschußpflicht. Demgegenüber enthalten III sowie zB §§ 379, 402 ZPO gesetzliche Ermächtigungen des Gerichts, in den dort genannten Fällen Auslagenvorschüsse zu fordern. In diesen Fällen begründet also nicht allein das Gesetz, sondern erst die auf ihm beruhende richterliche Anordnung eine Zahlungspflicht, vgl Stgt MDR **87**, 1036. Auch diese bezieht sich nur auf Auslagen. Sie ist eine Vorschußpflicht im weiteren Sinne und läßt sich auch als Vorwegleistungspflicht kennzeichnen.

Schließlich enthält § 65 in den dort genannten Fällen sowohl für Gebühren als auch für gewisse Auslagen Sollvorschriften zur Vorauszahlung. Diese begründen allerdings für das Gericht eine Amtspflicht zur Beachtung. Diese Vorwegleistungspflicht ist von den Pflichten nach § 68 trotz teilweiser Überschneidungen der Anwendungsbereiche beider Vorschriften begrifflich zu unterscheiden.

Im einzelnen gehen jüngere und speziellere Vorschriften dem älteren § 68 vor. Das gilt zB für die §§ 379, 402 in der Fassung des Art I Z 53 VereinfNov, BLAH § 379 ZPO Anm 1 Aa, Röbke NJW **86**, 238.

§ 68 erweitert die Vorschußpflicht auf fast sämtliche Auslagen einschließlich derjenigen, die bei einer von Amts wegen vorzunehmenden Handlung des Gerichts entstehen, III 1, vgl auch § 22 KostVfg, Teil VII dieses Buches, ferner Stgt **KR** Nr 10, LG Bln **KR** Nr 17. Allerdings beschränken II, III 2 die Vorschußpflicht bei Strafsachen und gerichtlichen Verfahren nach dem OWiG. Wegen der Rechtsbehelfe vgl § 6, insbesondere dort Anm 2.

Im Verfahren vor den Arbeitsgerichten ist § 68 unanwendbar. Denn dort werden nach § 12 IV ArbGG, Teil II A dieses Buchs, keine Kostenvorschüsse erhoben. Das gleiche gilt im Verfahren vor den Verwaltungsgerichten, Kopp § 189 VwGO Rdz 5.

2) Vorschußpflicht, I–III. A. Voraussetzungen. Eine Vorschußpflicht kraft Gesetzes besteht unter folgenden Voraussetzungen:

a) Antrag. Es muß ein Antrag zur Vornahme einer gerichtlichen Handlung, die mit Auslagen verbunden ist, vorliegen. Unter einem Antrag ist jede formlose, selbst die stillschweigende Bitte um die Vornahme einer Handlung zu verstehen, auch wenn sie in einem vorbereitenden Schriftsatz enthalten ist. Das Wort Antrag ist also im weitesten Sinne zu verstehen, nicht etwa nur im prozeßrechtlichen. Allerdings muß der Wille des Antragstellers klar zutage treten, das Gericht möge auf Grund seiner Ansinnens eine Handlung vornehmen.

Ein Antrag ist zB: Die Klage; ein Beweisantritt, Kblz VersR **88**, 702, Zweibr Rpfleger **89**, 81; ein Antrag auf eine prozeßleitende Anordnung nach § 273 ZPO, Düss MDR **74**, 321; ein Antrag auf eine Konkurseröffnung; ein Antrag auf die Eröffnung eines gerichtlichen Vergleichsverfahrens. Wer die Eröffnung eines dieser beiden Verfahren betreibt, haftet für alle Auslagen des Eröffnungsverfahrens einschließlich der Bekanntmachung des zugehörigen Eröffnungsbeschlusses, LG Hildesh MDR **57**, 111, aM Markl 2a (er meint, es liege ein Antrag auf die Vornahme eines Verfahrens und nicht auf eine mit Auslagen verbundene Handlung vor. Eine Konkurs- oder Vergleichseröffnung zieht aber zwangsläufig Zustellungen und öffentliche Bekanntmachungen nach sich).

Nicht hierher gehören die Zustellungsauslagen beim Kostenfestsetzungsbeschluß, LG Bln Rpfleger **86**, 73.

Wenn das Gericht aber einen Vergleichsantrag ablehnt, dann muß es zugleich von Amts wegen gemäß § 19 VglO über die Eröffnung des Anschlußkonkurses befinden. Daher steckt im Antrag auf die Eröffnung des Vergleichsverfahrens nach § 7 VglO zugleich ein bedingter Antrag auf eine Eröffnung des Anschlußkonkurses. Aus diesem Grunde darf das Gericht dann nach der Eröffnung des Anschlußkonkurses keinen weiteren Vorschuß fordern.

Für die weitere Durchführung des Konkursverfahrens besteht eine Vorschußpflicht nur nach III. Denn insofern nimmt das Gericht seine Handlung von Amts wegen vor. Das gilt auch für eine etwaige Bestimmung eines besonderen Prüfungstermins.

b) Auslagenschuldner. Für die beantragte Handlung ist jeder Antragsteller vorschußpflichtig. Dabei kommt es weder auf seine Parteistellung noch auf seine etwaige Beweislast an, Kblz Rpfleger **88**, 384 und VersR **88**, 702, Stgt MDR **87**, 1036 (s aber unten), ebensowenig darauf, ob er sich an einer von einem anderen beantragten Handlung beteiligt.

Deshalb ist ein Widerkläger nicht für eine Beweisaufnahme vorschußpflichtig, die das Gericht schon auf Grund des Antrags des Klägers vornehmen muß. Das gilt selbst dann, wenn die Entscheidung auch der Widerklage vom Ausgang dieser Beweisaufnahme abhängt.

Auch ein Gegenbeweisantritt fällt unter § 68, natürlich nur, soweit eine Beweisanordnung auch auf ihm beruht, Anm 1, Stgt MDR **87**, 1036. Soweit beide Parteien denselben Beweis angetreten haben, haften sie für die gesamten dadurch verursachten Kosten als Gesamtschuldner, Zweibr Rpfleger **89**, 81 mwN.

B. Umfang des Vorschusses. Der Vorschuß soll die gesamten durch die gerichtlichen Handlungen voraussichtlich verursachten Auslagen decken, soweit sie unter KV 1900ff fallen. Es kommt darauf an, was das Gericht auf Grund des Antrags veranlassen muß oder kann, ohne daß man die Zweckmäßigkeit seiner Maßnahmen hier nachprüfen darf, abw

Mü Rpfleger **71**, 329 (das OLG nimmt eine Verrechnung nur auf diejenigen Auslagen vor, zu deren Deckung der Vorschuß gezahlt worden war).

Wenn zB eine Partei durch die Bezeichnung der zu begutachtenden Punkte einen Sachverständigenbeweis antritt, § 403 ZPO, und wenn das Gericht nun objektiv unzweckmäßig zugleich oder nacheinander vier Sachverständige vernimmt oder einen besonders teuren Sachverständigen beauftragt, dann muß der Antragsteller trotzdem den vom Gericht für alle Sachverständigen erforderten Vorschuß leisten. Etwas anderes gilt nur dann, wenn sich sein Antrag auf die Beauftragung eines von ihm bestimmt bezeichneten einzelnen Sachverständigen beschränkt.

Das Gericht kann jederzeit einen weiteren Vorschuß anfordern, soweit der bereits erforderte und eingezahlte nicht genügt, und zwar von jedem Gesamtschuldner, Zweibr Rpfleger **89**, 81 (§ 58 II bleibt beachtlich). Das gilt auch nach der Einholung eines gegenüber der vorherigen Schätzung teurer gewordenen Gutachtens, Hbg MDR **81**, 327, DOHH 9. Wenn das Gericht infolge eines Beweisantritts oder infolge eines anderen Verlangens einer gar anwaltlich vertretenen Partei im Zivilprozeß einen Dolmetscher hinzuziehen muß, dann muß der Antragsteller auch dessen Kosten vorschießen, KG NJW **73**, 436.

C. Fälligkeit. Die Fälligkeit des Vorschusses tritt erst mit der Anordnung der gerichtlichen Handlung ein, nicht schon mit dem etwaigen Antrag, Stgt MDR **87**, 1036. Diese Fälligkeit gilt auch bei einer von Amts wegen vorzunehmenden gerichtlichen Handlung.

D. Verrechnung. Der Vorschuß ist zunächst auf die Auslagen zu verrechnen, Köln Rpfleger **82**, 121. Er ist eine endgültige Kostenschuld, KG AnwBl **84**, 456 mwN, also auch nachzuzahlen, § 69. Eine Rückzahlung erfolgt nur, soweit er nicht verbraucht ist, KG AnwBl **84**, 456 mwN. Die Verrechnung des Überschusses erfolgt auch auf eine andere Kostenschuld der Partei ohne Rücksicht auf die Instanz. Das gilt auch dann, wenn ein Anwalt für seine Partei gezahlt hat.

Es findet aber keine Verrechnung auf die Kostenschuld des Prozeßgegners statt.

Die Abrechnung muß außer in Straf- oder Bußgeldsachen nach der Erledigung der vorschußpflichtigen Handlung erfolgen. Die Staatskasse darf einen nichtverbrauchten Vorschuß nicht schon deshalb einbehalten, weil sie damit rechnet und rechnen darf, daß ihr aus diesem Verfahren künftig noch weitere Forderungen gegen den Antragsteller erwachsen könnten.

E. Wegfall. Eine Vorschußpflicht entfällt mit der Bewilligung einer Prozeßkostenhilfe, soweit nicht das Gericht etwas Abweichendes bestimmt hat, § 122 I Z 1a ZPO. Sie entfällt ferner meist für den Prozeßgegner des Unterstützten, falls er Bekl oder Rechtsmittelbekl ist, § 122 II ZPO. Für einen persönlich Gebührenfreien gilt ein Wegfall aber nur insoweit, als er auch auslagenfrei ist, § 2. Vgl auch § 22 VI KostVfg, Teil VII A dieses Buchs.

Eine Vorschußpflicht besteht ferner nicht für die im Verfahren über den gegnerischen Antrag auf eine Ablehnung des Sachverständigen entstehenden Auslagen, Mü Rpfleger **81**, 73.

3) Strafsache, Bußgeldsache, II, III 2. Man muß folgende Fälle unterscheiden:

A. Gerichtshandlung auf Antrag. Soweit das Gericht in einer solchen Sache eine Handlung nur auf Grund des Antrags eines Beteiligten vornimmt, besteht eine Vorschußpflicht unter folgenden Voraussetzungen:

a) Privatklage. Der Privatkläger ist für die Auslagen vorschußpflichtig, soweit er als solcher die gerichtliche Handlung beantragt, nicht etwa als Widerbekl oder als Rechtsmittelbekl. Er ist auch nicht etwa für solche Beweisanregungen vorschußpflichtig, die der Beschuldigte ausspricht. Denn der Privatkläger könnte dann durch die Nichtzahlung des Vorschusses die Beweiserhebung vereiteln, zB Düss JMBl NRW **55**, 286, LG Karlsr NJW **63**, 66, aM zB Thomas AnwBl **79**, 130 mwN (aber die von ihm für möglich gehaltene Art der Wahrunterstellung schon wegen der Verweigerung eines Vorschusses ist äußerst problematisch). Der Privatkläger braucht auch insofern keinen Auslagenvorschuß zu zahlen, als nur der Angeklagte eine Berufung eingelegt hat oder als das Berufungsverfahren nur auf Grund eines zulässigen Wiederaufnahmeantrags des Verurteilten erneuert wird, Düss Rpfleger **65**, 284.

b) Widerklage. Im Fall der Widerklage gelten dieselben Regeln wie bei der Privatklage, a. Es ist unerheblich, ob eine Widerklage allein oder neben der Privatklage verfolgt wird.

c) Nebenklage. Der Nebenkläger ist nur insofern für die Auslagen vorschußpflichtig, als er eine Berufung oder Revision eingelegt hat. In diesem Fall gelten dieselben Regeln wie bei der Privatklage, a. Der Beschuldigte ist nicht vorschußpflichtig.

d) Beschuldigter. Der Beschuldigte ist in keinem Fall vorschußpflichtig.

B. Gerichtshandlung von Amts wegen. Soweit das Gericht eine Handlung von Amts wegen vornehmen muß, besteht keine Vorschußpflicht, Hbg FamRZ **86**, 196, Hamm MDR **76**, 779 mwN, KG NJW **82**, 111.

Fortdauer der Vorschußpflicht

69 **Die Verpflichtung zur Zahlung der vorzuschießenden Beträge bleibt bestehen, auch wenn die Kosten des Verfahrens einem anderen auferlegt oder von einem anderen übernommen sind. § 58 Abs. 2 gilt entsprechend.**

1) Geltungsbereich. Die Vorschußpflicht betrifft immer eine endgültige Kostenschuld. Aus diesem Grundsatz zieht § 69 die Folgen. Der Vorschuß soll die Staatskasse wegen bestimmter Gebühren und Auslagen sichern, ihr also insoweit eine endgültige Befriedigung verschaffen.

Im Verfahren vor den Arbeitsgerichten ist § 58 unanwendbar.

2) Nachzahlungspflicht. Die Vorschußpflicht wird durch die Vornahme der zu bezahlenden Handlung nicht berührt. Der Zahlungspflichtige ist und bleibt zu einer Nachzahlung verpflichtet, auch wenn das Gericht die Beweisaufnahme schon beendet hat, Hbg MDR **65**, 496, Stgt

Rpfleger **81**, 163 mwN, aM Ffm OLGZ **68**, 436. Eine Nachzahlungspflicht besteht auch dann, wenn sich die Instanz ohne den Erlaß einer Kostenentscheidung erledigt hat. Die Nachzahlungspflicht besteht sogar dann, wenn das Gericht die Kosten einem anderen Beteiligten auferlegt hat, Düss Rpfleger **74**, 81, Kblz VersR **87**, 996 (daher auch insofern kein Rückzahlungsanspruch), oder wenn ein anderer Beteiligter die Kosten übernommen hat, selbst wenn das Gericht ihm eine Prozeßkostenhilfe bewilligt hatte.

Wenn das Gericht zwar einen Vorschuß erfordert, die Handlung dann aber vor dem Eingang des Vorschusses vorgenommen hatte und wenn die Handlung geringere Kosten als die vorschußweise angeforderten verursacht hat, dann verringert sich die Nachzahlungspflicht auf den geringeren Endbetrag. Denn nur insoweit ist eine Kostenschuld erwachsen, und die Staatskasse muß den dem Vorschuß zugrunde liegenden Kostenansatz von Amts wegen berichtigen.

3) Verrechnung. Vgl § 68 Anm 2D. In einer Strafsache setzt die Verrechnung eine rechtskräftige Entscheidung voraus. Denn er ergibt sich erst aus ihr, welche Kosten entstehen. Deshalb haftet der Privatkläger bis zur Rechtskraft der Verurteilung des Angeklagten allein.

Eine Niederschlagung der Schuld eines Kostenschuldners der §§ 49–56 wegen seiner Mittellosigkeit oder im Gnadenweg läßt die Vorschußschuld des Prozeßgegeners unberührt. Denn die Niederschlagung betrifft nur das Verhältnis zwischen der Staatskasse und diesem Kostenschuldner.

An sich haften der Vorschußschuldner und der Kostenschuldner der §§ 49–56 als Gesamtschuldner, § 58. § 58 II 1 bestimmt aber, daß der Vorschußschuldner gegenüber dem Entscheidungsschuldner und gegenüber dem Übernahmeschuldner nur als Zweitschuldner haftet, vgl Düss Rpfleger **74**, 81.

Achter Abschnitt. Schluß- und Übergangsvorschriften

Forst- und Feldrügesachen

70 **Die Vorschriften dieses Gesetzes gelten für das gerichtliche Verfahren in Forst- und Feldrügesachen entsprechend.**

1) Allgemeines. Die Vorschrift erstreckt das GKG auf das gerichtliche Verfahren in Forst- und Feldrügesachen. Für dieses Verfahren gelten in manchen Bundesländern Besonderheiten, vgl § 3 III EG StPO.

Anwendung anderer Kostenvorschriften

71 **Andere bundesrechtliche Kostenvorschriften bleiben unberührt.**

1) Allgemeines. §§ 1, 2, 8 haben Vorrang vor § 71. Da § 1 jedoch nicht sämtliche Verfahren vor den dort genannten Gerichten erfaßt, zB nicht ein solches vor dem VG, das nicht auf Grund der Vorschriften der VwGO geführt wird, stellt § 71 klar, daß in den von § 1 nicht erfaßten Fällen andere bundesrechtliche Kostenvorschriften gültig bleiben.

§ 71 hat zB Bedeutung für ein Verfahren nach dem FlurBG oder für ein Verfahren nach den §§ 102 II, 110 II PatG, KV 1039 Anh, oder nach § 78 GWB, § 34 Anh.

Rechnungsgebühren

72 **I Soweit in den Ländern noch für Rechnungsarbeiten Beamte oder Angestellte besonders bestellt werden (Rechnungsbeamte), sind als Auslagen Rechnungsgebühren zu erheben, die nach dem für die Arbeit erforderlichen Zeitaufwand bemessen werden. Sie betragen 15 Deutsche Mark für die Stunde; die letzte, bereits begonnene Stunde wird voll gerechnet.**

II Die Rechnungsgebühren setzt das Gericht, das den Rechnungsbeamten beauftragt hat, von Amts wegen fest. Gegen die Festsetzung findet die Beschwerde statt; § 5 Abs. 2 bis 4 gilt entsprechend. Beschwerdeberechtigt sind die Staatskasse und derjenige, der für die Rechnungsgebühren als Kostenschuldner in Anspruch genommen wird.

Vorbem. I 2 idF Art 1 I Z 5 G v 9. 12. 86, BGBl 2326, in Kraft seit 1. 1. 87, Art 10.

1) Allgemeines. Die Bestellung eines Rechnungsbeamten ist Landessache, ebenso die Festsetzung des Gebührenanteils eines nebenamtlichen Rechnungsbeamten. Rechnungsgebühren sind Auslagen, I 1.

Die Hinzuziehung eines Rechnungsbeamten ist nur in einem besonderen Fall erforderlich, etwa dann, wenn der Urkundsbeamte der Geschäftsstelle das Rechenwerk nicht bewältigen kann. Solche Situationen sind zB in folgenden Verfahren möglich: Im Konkursverfahren; im Vergleichsverfahren; im Zwangsversteigerungsverfahren; im Zwangsverwaltungsverfahren; bei einer großen Vermögensverwaltung.

Soweit der Rpfl mit einer derartigen Sache befaßt ist, vgl zB §§ 3 Z 2c, e–g RPflG, ist die Hinzuziehung eines Rechnungsbeamten nur ganz ausnahmsweise erforderlich.

2) Gebühren, Einziehung, I, II 1. Die Berechnung erfolgt nach dem Zeitaufwand des Rechnungsbeamten. Jede angefangene Stunde wird voll gerechnet. Der Gegenstandswert ist unerheblich. Der Rechnungsbeamte vermerkt die benötigte Zeit. Das Gericht prüft und setzt fest. Der Kostenbeamte muß die Festsetzung in die Kostenrechnung übernehmen.

3) Beschwerde, II 2, 3. § 5 II–IV ist entsprechend anwendbar; vgl die dortigen Anm. Es ist also auch ein Beschwerdewert von über 100 DM erforderlich.

Man kann die Beschwerde zum Protokoll des Urkundsbeamten der Geschäftsstelle oder schriftlich einlegen. Es besteht kein Anwaltszwang, § 5 III. Beschwerdeberechtigt sind die Staatskasse und der als Kostenschuldner in Anspruch Genommene. Der Zweitschuldner hat ein Beschwerderecht erst insoweit, als die Staatskasse auch ihn herangezogen hat. Der Rechnungsbeamte hat kein persönliches Beschwerderecht.

Man kann mit der Beschwerde sowohl die Frage nachprüfen lassen, ob man überhaupt herangezogen werden konnte, als auch die Höhe der Gebühren überprüfen lassen.

Das Beschwerdeverfahren ist gebührenfrei. Es findet keine Kostenerstattung statt, § 5 IV.

Übergangsvorschrift

73 **I In Rechtsstreitigkeiten, die vor dem Inkrafttreten einer Gesetzesänderung anhängig geworden sind, werden die Kosten nach bisherigem Recht erhoben. Dies gilt nicht im Verfahren über ein Rechtsmittel, das nach dem Inkrafttreten einer Gesetzesänderung eingelegt worden ist. Die Sätze 1 und 2 gelten auch, wenn Vorschriften geändert werden, auf die dieses Gesetz verweist.**

II In Strafsachen, in gerichtlichen Verfahren nach dem Gesetz über Ordnungswidrigkeiten und nach dem Strafvollzugsgesetz werden die Kosten nach dem bisherigen Recht erhoben, wenn die über die Kosten ergehende Entscheidung vor dem Inkrafttreten einer Gesetzesänderung rechtskräftig geworden ist.

III In Vergleichsverfahren zur Abwendung des Konkurses, Konkursverfahren, seerechtlichen Verteilungsverfahren und Verfahren der Zwangsversteigerung und Zwangsverwaltung gilt das bisherige Recht für Kosten, die vor dem Inkrafttreten einer Gesetzesänderung fällig geworden sind.

Vorbem. Eingefügt durch Art 1 I Z 7 G v 9. 12. 86, BGBl 2326, in Kraft seit 1. 1. 87, Art 10.

1) Allgemeines. § 73 sieht grundsätzlich von einer Rückwirkung ab, vgl schon Bbg JB **78**, 1646, Mü MüJB **77**, **76** (je zum alten Recht). Das ist rechtsstaatlich geboten, vgl schon Kblz Rpfleger **75**, 447 (zum alten Recht). § 73 knüpft an Art XI § 3 KostÄndG 1957, Teil XII dieses Buchs, an und gibt unterschiedliche Anknüpfungspunkte für die einzelnen Gebührenarten. Vgl im übrigen §§ 161 KostO, 18 ZSEG, 16 EhrRiEG, 134 BRAGO.

2) Rechtsstreitigkeiten, I. A. Erste Instanz, I 1. a) Begriff. Zu den erstinstanzlichen Rechtsstreitigkeiten zählen alle selbständigen Verfahren nach der ZPO, LG Bln (wegen §§ 926 II, 927), nach der VwGO, der FGO, dem ArbGG, nicht dagegen Verfahren nach der StPO, dem OWiG, II, der KO, der VglO, der SeeVertO, dem ZVG, III (zB wegen der Rechnungsgebühren, § 72, Mümmler JB **76**, 761, aM AG Nürnb JB **76**, 761).

b) Anhängigkeit. Der Zeitpunkt, in dem die Sache anhängig geworden ist, ist für anzuwendende Recht maßgeblich. Wenn die Anhängigkeit vor dem Inkrafttreten einer Gesetzesänderung eingetreten ist, gilt altes Recht. Andernfalls gilt neues Recht.

Anhängigkeit bedeutet nicht notwendig Rechtshängigkeit. Vielmehr reicht bereits das Schweben eines beliebigen prozessualen Verfahrens aus, BLAH § 261 ZPO Anm 1 A.

Wenn also ein Mahnverfahren vor dem Inkrafttreten einer Gesetzesänderung anhängig war, nach dem Inkrafttreten aber in ein streitiges Urteilsverfahren übergeleitet wurde, dann entstehen Gebühren und Auslagen nach dem alten Recht. Dasselbe gilt natürlich für die Kosten einer vor dem Inkrafttreten einer Gesetzesänderung eingegangenen Klage und für eine erst später erhobene Widerklage einschließlich späterer Klageerweiterungen oder Widerklageerweiterungen.

c) Streitwert. Der Zeitpunkt der Anhängigkeit, b, ist auch für die Frage maßgeblich, nach welchem Recht der Streitwert festzusetzen ist, vgl (je zum alten Recht) Ffm JB **76**, 938, KG JB **76**, 939 mwN, Karlsr NJW **58**, 108, OVG Bre AnwBl **87**, 553, Mümmler JB **75**, 1299, Wege SchlHA **76**, 53 je mwN, Pastor NJW **58**, 171; falsch Gatscha NJW **57**, 1752.

B. Verfahren über ein Rechtsmittel, I 2. In diesen Verfahren entscheidet für die Kosten der Zeitpunkt der Einlegung des Rechtsmittels, Mü MDR **80**, 253, also der Eingang beim Rechtsmittelgericht, zB §§ 518, 553 ZPO, und im Fall der Beschwerde grundsätzlich der Eingang beim denjenigen Gericht, dessen Entscheidung angefochten wird, zB § 569 I ZPO. Der Zeitpunkt des Eingangs eines späteren Anschlußrechtsmittels ist unerheblich, Celle JB **58**, 125, Düss VersR **78**, 570, Wege SchlHA **76**, 53.

Während sich das Kostenfestsetzungsverfahren als ein Anhang zum Verfahren des Rechtszugs in einer vor dem Inkrafttreten einer Gesetzesänderung anhängig gewordenen Sache nach altem Recht richtet, gilt für die Zulässigkeit eines Rechtsmittels die Regelung nach I 2.

Im Fall einer Zurückverweisung nach dem Inkrafttreten einer Gesetzesänderung ist für das weitere Verfahren das neue Recht anwendbar, Hbg MDR **76**, 764, Mü MDR **80**, 253 mwN. Falls in einem Grundverfahren eine Entscheidung über das Rechtsmittel vor dem Inkrafttreten einer Gesetzesänderung ergangen ist, gilt für ein nach diesem Inkrafttreten anhängig gewordenes Betragsverfahren das neue Recht.

C. Verweisungsvorschrift, I 3. Die Zeitpunkte I 1, 2 gelten auch dann, wenn auch oder nur eine solche Vorschrift geändert wird, auf die das GKG lediglich verweist, zB wenn §§ 3–9 ZPO geändert werden.

3) Strafsache, Bußgeldsache, Strafvollzugssache, II. Es kommt darauf an, ob die Kostenentscheidung vor oder nach dem Inkrafttreten einer Gesetzesänderung rechtskräftig geworden ist.

4) Vergleich, Konkurs usw, III. Die Vorschrift stellt klar, daß in den dort genannten Verfahren nach der VglO, der KO, der SeeVertO und dem ZVG auch dann, wenn es sich im einzelnen um eine echte Rechtsstreitigkeit handelt, etwa um eine Klage nach § 146 KO, die Fälligkeit vor oder nach dem Inkrafttreten einer Gesetzesänderung über die Anwendbarkeit des alten oder neuen Rechts zu Gebühren, Auslagen und zum Streitwert maßgeblich ist. Denn III geht als Sonderregel dem I vor und erfaßt die Kosten der in III genannten Verfahren ohne Ausnahme. Die Fälligkeit richtet sich nach den etwaigen Sondervorschriften der einschlägigen Verfahrensordnungen, sonst nach §§ 61 ff.

Anlage 2
(zu § 11 Abs. 2)

Kostenverzeichnis

Nr.	Gebührentatbestand	Gebührenbetrag in DM oder Satz der Gebühr nach § 11 Abs. 2 GKG

A. Bürgerliche Rechtsstreitigkeiten und Scheidungsfolgesachen vor den ordentlichen Gerichten außer Verfahren der Zwangsversteigerung und Zwangsverwaltung

I. Mahnverfahren

1000	**Entscheidung über den Antrag auf Erlaß eines Mahnbescheids**	½

1) Allgemeines. KV 1000 setzt ½ Gebühr für die Entscheidung im Mahnverfahren fest. Die ½ Gebühr entsteht also nicht schon dann, wenn das Mahnverfahren ohne eine gerichtliche Entscheidung endet. Grundgedanke ist die Überlegung, das Mahnverfahren möglichst zu fördern. Dieses Verfahren soll nicht zu teuer werden. Deshalb bringt ein anschließendes streitiges Verfahren nur eine weitere halbe Verfahrensgebühr zur Entstehung, KV 1005. Auch dann entsteht also im ganzen nur eine volle Gebühr, entsprechend der sonstigen Verfahrensgebühr nach KV 1010. Freilich erreicht das Gesetz diese Absicht nur dann, wenn das streitige Verfahren auch durchgeführt wird, Anm 3.

Im Verfahren vor den Arbeitsgerichten gelten GV 2100, 2110.

2) Entscheidungsgebühr. Die Mahngebühr ist keine Verfahrensgebühr, sondern eine Entscheidungsgebühr, insofern aM Hamm Rpfleger **79**, 117, LG Essen Rpfleger **76**, 327. Sie entsteht und wird fällig, sobald das Gericht im Verfahren auf Grund des Antrags auf den Erlaß eines Mahnbescheids eine Entscheidung getroffen hat, LG Essen Rpfleger **76**, 327. Eine Entscheidung liegt nicht schon in einer Zwischenverfügung des Rpfl, durch die er einen Mangel des Mahnantrags rügt und dem Antragsteller die Beseitigung des Mangels anheimgibt. Vielmehr muß entweder eine Entscheidung vorliegen, durch die das Gericht den Antrag auf den Erlaß des Mahnbescheids zurückweist, § 691 ZPO, oder durch die es den Mahnbescheid erläßt, § 692 ZPO.

Beide Entscheidungen erfolgen in der Form eines Beschlusses. Es wird prozessual erst dann wirksam, wenn das Gericht ihn dem Antragsgegner in der gesetzlich erforderlichen Form mitteilt, BLAH § 691 ZPO Anm 4. Es ist sowohl im Fall der Zurückweisung des Mahnantrags als auch im Fall des Erlasses des Mahnbescheids eine förmliche Zustellung erforderlich, BLAH § 691 ZPO Anm 2 D, 3. KV 1000 meint aber wohl nicht erst den Zeitpunkt der Wirksamkeit der Entscheidung, auch nicht denjenigen

Nr.	Gebührentatbestand	Gebührenbetrag in DM oder Satz der Gebühr nach § 11 Abs. 2 GKG

ihrer Entstehung, also nicht denjenigen der Herausgabe durch die Geschäftsstelle, sondern den Akt der Unterzeichnung, obwohl das Gesetz im Gegensatz zu KV 1006, 1012 usw hier nicht von einer unterschriebenen Verfügung spricht, Lappe, aM zB LG Frankenthal Rpfleger **79**, 78, Mümmler JB **77**, 1506 mwN.

Bis zur Herausgabe der Ausfertigung kann der Rpfl freilich seine Entscheidung beseitigen, BLAG § 329 ZPO Anm 4 A. Daher entsteht die Mahngebühr praktisch doch erst dann endgültig, wenn die Entscheidung die Akten verlassen hat, um nach außen zu dringen, Lappe.

3) Weitere Einzelfragen. Da das gesamte Verfahren bis zur Entscheidung über den Erlaß des Mahnbescheids gebührenfrei ist, entsteht auch dann keine Mahngebühr, wenn der Antragsteller den Antrag vor dem Erlaß einer Entscheidung zurücknimmt. Streitwert ist der Wert des im Mahnverfahren verfolgten Anspruchs. Schuldner ist der Antragsteller, § 49, vgl auch § 54. Es ist unbedenklich, dem Mahnschuldner im Fall einer persönlichen Gebührenfreiheit des Antragstellers oder im Fall der Bewilligung einer Prozeßkostenhilfe zu Gunsten des Antragstellers die Kostenzahlung aufzugeben, DOHH 6, Markl § 38 Anm 3, ZöK § 688 ZPO Anm 2a. Es ist zulässig, die Kosten erst nach dem Erlaß des Vollstreckungsbescheids einzuziehen.

II. Prozeßverfahren

1. Prozeßverfahren erster Instanz

1005	**Verfahren im allgemeinen, soweit ein Mahnverfahren vorausgegangen ist . . . . .**	½ **Soweit diese Gebühr zusammen mit der Gebühr 1000 eine Gebühr übersteigt, wird sie nicht erhoben**

1) Prozeßverfahren. Ein Prozeßverfahren findet nach einem vorausgegangenen Mahnverfahren in folgenden Fällen statt:

A. Widerspruch. Ein Prozeßverfahren beginnt, wenn nach einem Widerspruch gegen einen Mahnbescheid von einer der Parteien ein Antrag auf die Durchführung eines streitigen Verfahrens eingeht, § 696 I 1 ZPO. Es ist unerheblich, welche der Parteien den Antrag stellt. Soweit eine Partei den Antrag bereits zusammen mit dem Mahnantrag vorsorglich gestellt hat, beginnt das Prozeßverfahren erst mit dem Eingang des Widerspruchs beim Gericht. Denn erst mit diesem Vorgang wird der

Nr.	Gebührentatbestand	Gebührenbetrag in DM oder Satz der Gebühr nach § 11 Abs. 2 GKG

vorsorgliche Antrag auf die Durchführung des streitigen Verfahrens wirksam.

Wenn gegen mehrere Mahnbescheide Widersprüche eingegangen sind und das Gericht die Verfahren verbindet, tritt keine Rückwirkung der Widersprüche auf den Zeitpunkt vor der Verbindung ein. Deshalb bleiben die Einzelstreitwerte maßgeblich, Hamm Rpfleger **83**, 177 mwN. Wenn ein Prozeßverfahren gegen mehrere Widersprechende bei verschiedenen Gerichten anhängig wird, entsteht die Gebühr KV 1005 für jedes Prozeßverfahren nach dem jeweiligen Streitwert, Hamm Rpfleger **83**, 177 mwN.

B. Einspruch. Ein Prozeßverfahren beginnt ferner mit einem Einspruch gegen einen Vollstreckungsbescheid, Köln Rpfleger **83**, 460. In diesem Fall ist der Eingang der Einspruchsschrift beim Gericht maßgeblich.

C. Nachverfahren. Ein Prozeßverfahren entsteht schließlich dann, wenn das Gericht einen Urkunden-, Wechsel- oder Scheckmahnbescheid erlassen hatte und wenn der Antragsgegner nun den Antrag stellt, das Nachverfahren einzuleiten. Das Prozeßverfahren beginnt in diesem Fall mit der Ladung des Gegners zum Nachverfahren.

2) Verfahrensgebühr. Vgl zunächst KV 1010 Anm 2. Die Verfahrensgebühr entsteht nur zu ½. Man muß also zunächst so rechnen, als ob die Sache von Anfang an streitig gewesen wäre und eine volle Verfahrensgebühr hätte entstehen lassen, und muß den daraus resultierenden Betrag halbieren.

Es besteht aber ein darüber hinaus wesentlicher Unterschied. Nach § 49 haftet derjenige für die Kosten, der das Verfahren der Instanz beantragt hat. Das ordentliche Verfahren beginnt gegenüber dem Mahnverfahren eine neue kostenrechtliche Instanz, Hbg MDR **84**, 413, Köln Rpfleger **83**, 460, Kblz JB **77**, 1779, Stgt Rpfleger **73**, 228, vgl § 49 Anm 2 C. Hat nun der Antragsteller des Mahnverfahrens das streitige Verfahren beantragt, so haftet er und muß vorwegleisten, § 61, unabhängig davon, ob er den Antrag vor oder nach dem Erlaß des Mahnbescheids gestellt hatte, vgl (zum alten Recht) LG Bln Rpfleger **62**, 31. Hat der Antragsgegner des Mahnverfahrens das streitige Verfahren beantragt, so ist er auch Kostenschuldner. Das ist **streitig; wie hier** zB Hbg MDR **83**, 413, Köln Rpfleger **83**, 460, ferner (zum alten Recht) insofern Mü Rpfleger **77**, 336 mwN; **aM** zB Bre JB **76**, 349, KG Rpfleger **80**, 121, Lappe § 49 Rdz 9.

Der Antragsgegner des Mahnverfahrens ist allerdings auch nach der Beantragung des streitigen Verfahrens zu einer Vorwegleistung nicht verpflichtet.

Im Fall eines Einspruchs gegen einen Vollstreckungsbescheid ist kein Antrag auf die Durchführung des streitigen Verfahrens notwendig, § 700 III ZPO, Köln Rpfleger **83**, 460. Daher beginnt das Prozeßverfah-

Nr.	Gebührentatbestand	Gebührenbetrag in DM oder Satz der Gebühr nach § 11 Abs. 2 GKG

ren kostenmäßig in diesem Fall bereits mit der Abgabe der Akten von Amts wegen an dasjenige Gericht, das im Mahnbescheid gemäß § 692 I Z 1 ZPO bezeichnet wurde.

3) Streitwert. Streitwert ist für die Streitinstanz derjenige Wert, der in diese Instanz gelangt. Wenn das Gericht also einen Mahnbescheid über 1000 DM erlassen hat und eine Partei ein streitiges Verfahren nur wegen eines Teilbetrags von 200 DM beantragt hat, dann beträgt der Streitwert nur 200 DM. Man muß dann eine ½ Gebühr von 1000 DM sowie eine ½ Gebühr von 200 DM erheben.

Wenn das Gericht nach der Abgabe oder nach einer Verweisung einen Termin anberaumt, dann muß für den Streitwert derjenige Betrag maßgebend sein, der in das streitige Verfahren gekommen ist. Sofern der Schuldner inzwischen Abzahlungen geleistet hat, ist derjenige Betrag maßgeblich, den der Gläubiger noch am Tag des Aktieneingangs bei demjenigen Gericht, an das die Sache abgegeben wurde oder verwiesen wurde, verlangt hat. Denn nur in dieser Höhe ist die Sache in Wahrheit in das streitige Verfahren gelangt, § 697 I 4 ZPO.

KV 1000 + 1005 darf keinen höheren Gesamtbetrag ergeben als eine volle Verfahrensgebühr nach dem Gesamtwert, § 21 Düss MDR **80**, 239 mwN.

1006	**Beendigung des Verfahrens nach vorausgegangenem Mahnverfahren durch Zurücknahme des Antrags auf Durchführung des streitigen Verfahrens, der Klage, des Widerspruchs oder des Einspruchs vor Ablauf des Tages, an dem entweder eine Anordnung nach § 273 ZPO unterschriftlich verfügt oder ein Beweisbeschluß unterschrieben ist, und vor Beginn des Tages, der für die mündliche Verhandlung vorgesehen war; Erledigungserklärungen nach § 91a ZPO stehen der Zurücknahme nicht gleich**	**Gebühr 1005 entfällt**

1) Geltungsbereich. Vgl KV 1012 Anm 1 ff. Auch die Zurücknahme des Antrags auf die Durchführung des streitigen Verfahrens, § 696 IV 1 ZPO, kann die Gebühr KV 1005 entfallen lassen.

1010	**Verfahren im allgemeinen, soweit kein Mahnverfahren vorausgegangen ist und es sich nicht um eine Klage nach § 641 q Abs 1, 2 ZPO handelt**	**1**

Nr.	Gebührentatbestand	Gebührenbetrag in DM oder Satz der Gebühr nach § 11 Abs. 2 GKG

1) Allgemeines. Im „Prozeßverfahren", einer unglücklichen Wortbildung, erwachsen regelmäßig die Gebühr für das gesamte Verfahren im allgemeinen, KV 1005, 1010 bzw 1011, sowie eine Urteilsgebühr, falls ein streitiges Urteil ergeht, KV 1013–1017. Hinzu kann unter Umständen die Vergleichsgebühr nach KV 1170 treten. Sie erwächst zwar im Prozeß, aber nicht durch den Prozeß. Denn sie wird nur insoweit erhoben, als der Wert des Vergleichs den Wert des Streitgegenstands überschreitet. Jede dieser Gebühren ist von der anderen unabhängig und kann von einem eigenen Streitwert erwachsen.

Mit dem Begriff „Prozeßverfahren" meint der gesamte Abschnitt II den eigentlichen Prozeß, also das durch eine Klage eingeleitete und durch ein Endurteil abzuschließende Verfahren. Dahin gehören auch: Der Urkundenprozeß; der Scheckprozeß; der Wechselprozeß; der Kindschaftsprozeß; eine im Prozeßweg erledigte Entmündigungs-, Aufgebots- oder Schiedssache (Aufhebungsklage).

Nicht hierher gehören: Das Arrestverfahren, KV 1050ff; das Verfahren in einer Scheidungssache oder einer Folgesache, KV 1110–1139; das nichtstreitige Entmündigungs- oder Aufgebotsverfahren, KV 1141ff; eine Vollstreckbarerklärung im Schiedsverfahren, KV 1080ff.

Wegen der Klage gegen einen Abänderungsbeschluß in einer Unterhaltssache, § 641q I, II ZPO, gilt die Sonderregel des KV 1011. Im übrigen gilt auch insofern der Abschnitt II. Das Mahnverfahren gehört von der Überleitung in das streitige Verfahren an zum Prozeßverfahren.

2) Verfahrensgebühr. A. Grundsatz. Die Verfahrensgebühr besteuert das „Verfahren im allgemeinen". Sie entsteht durch jede einzelne durch das Gericht oder dem Gericht gegenüber im Laufe des Prozesses vorgenommene Prozeßhandlung neu. Sie entsteht auch durch irgendeine nach der Aufhebung der Bewilligung einer Prozeßkostenhilfe vorgenommene Prozeßhandlung.

Sie entsteht aber nicht, wenn der Kläger die Klage nach der Aufhebung der Bewilligung der Prozeßkostenhilfe sofort zurücknimmt. Denn diese Klagerücknahme ist keine Prozeßhandlung, die auf den Fortgang des Verfahrens gerichtet wäre, Ffm NJW **65**, 1811.

Eine Urteilsgebühr kann nur entstehen, soweit zuvor eine Verfahrensgebühr entstanden ist. Die Verfahrensgebühr gilt sämtliche Prozeßhandlungen ab, für die das Gesetz keine besonderen Gebühren vorsieht. Mitabgegolten sind insbesondere: Ein nichtstreitiges Urteil, also ein Versäumnisurteil der 1. Instanz gegenüber der säumigen Partei, §§ 330, 331 II Hs 1 ZPO; ein Anerkenntnisurteil; ein Verzichtsurteil; einen Vergleich (die Vergleichsgebühr nach KV 1170 betrifft nur den nicht im Prozeß befangenen Teil). Wegen des EuGÜbk vgl KV 1096–1098 Anm 1.

Nicht abgegolten ist ein sog unechtes Versäumnisurteil gegenüber dem Kläger, § 331 II Hs 2 ZPO.

Nr.	Gebührentatbestand	Gebührenbetrag in DM oder Satz der Gebühr nach § 11 Abs. 2 GKG

B. Entstehung, Fälligkeit. Die Verfahrensgebühr entsteht und wird fällig, soweit eine der folgenden Voraussetzungen vorliegt:

a) Klage. Die Verfahrensgebühr entsteht mit der Einreichung der Klageschrift beim Gericht. Es kommt also nicht darauf an, ob das Gericht die Klageschrift dem Gegner zustellen läßt, ob also die Klage auch erhoben wird, § 253 I ZPO.

b) Klagerweiterung. Die Verfahrensgebühr entsteht ferner, soweit der Kläger die Klage durch einen mündlichen Vortrag oder durch die Einreichung eines Schriftsatzes erweitert, vgl § 256 II ZPO. Die zur Erhebung der erweiterten Klage notwendige Zustellung ist ebenso wie diejenige der ersten Klage entbehrlich, § 61.

c) Widerklage. Die Verfahrensgebühr entsteht ferner, wenn der Beklagte eine Widerklage einreicht, KG Rpfleger **65**, 323, aM KG Rpfleger **78**, 270 mwN. Man muß auch einen im Prozeß geltend gemachten Ersatzanspruch nach den §§ 302 IV, 600 II, 717 II ZPO als eine Widerklage im Sinn des KV 1005, 1010 bzw 1011 ansehen, obwohl ein solcher Ersatzanspruch prozessual keine Widerklage zu sein braucht. In allen diesen Fällen reicht die bloße Einreichung der Widerklage aus; ihre Zustellung (Erhebung) ist nicht erforderlich.

Auch eine Hilfswiderklage läßt die Verfahrensgebühr entstehen, § 19 Anm 2 A. Jedoch kann die Verfahrensgebühr später rückwirkend entfallen, sofern das Gericht über die Hilfswiderklage nicht zu entscheiden braucht, Mü Rpfleger **73**, 327.

d) Rechtsmittelschrift. Die Verfahrensgebühr entsteht ferner mit der Einreichung einer Berufungsschrift, Revisionsschrift oder Anschließungsschrift, vgl KV 1020, 1030. Auch in diesen Fällen reicht die bloße Einreichung aus.

e) Antrag auf streitiges Verfahren; Einspruch. Die Verfahrensgebühr entsteht schließlich dann, wenn im Anschluß an ein Mahnverfahren eine der Parteien den Antrag auf die Durchführung des streitigen Verfahrens stellt oder wenn der Beklagte gegen einen Vollstreckungsbescheid Einspruch einlegt, vgl KV 1005.

C. Weitere Einzelfragen. Es ist kostenrechtlich belanglos, ob eine Klage usw prozessual zulässig oder ordnungsmäßig erhoben worden ist, BFH BB **85**, 985. Soweit eine Verfahrensgebühr erwachsen ist, bleibt das spätere Schicksal der Klage usw unerheblich, Mü JB **78**, 1853, vgl auch LG Hbg KTS **75**, 45.

Ausnahmsweise erlischt der Gebührenanspruch ganz oder teilweise rückwirkend, sofern eine Klagerücknahme oder eine Rechtsmittelrücknahme usw vorliegen, KV 1006, 1012, 1021, 1031.

Wegen des Kostenschuldners vgl §§ 49, 54. Wegen der Vorauszahlung vgl § 65 I.

Nr.	Gebührentatbestand	Gebührenbetrag in DM oder Satz der Gebühr nach § 11 Abs. 2 GKG

3) Streitwert. Der Streitwert berechnet sich nach demjenigen der Klage. Im Fall einer Klagerweiterung erhöht sich die Gebühr entsprechend. Denn sie entsteht als Verfahrensgebühr jetzt nach dem neuen Streitwert. Man muß also den alten und den neuen Streitwert vergleichen. Das gilt auch insofern, als das Gericht einen Antrag auf die Gewährung einer Prozeßkostenhilfe für die Klagerweiterung abgelehnt hat, sofern es die Prozeßkostenhilfe für den ursprünglichen Klaganspruch bewilligt hatte. Denn man würde andernfalls den Kläger durch die Ablehnung des Antrags im Umfang der Klagerweiterung mittelbar mit Kosten belasten, BGH **13**, 373.

Die Verfahrensgebühr kann sich nicht nachträglich vermindern. Daraus folgt: Im Fall einer Erledigung eines Teils des Anspruchs und der anschließenden Wiedererhöhung des Klaganspruchs durch einen neuen Anspruch muß man diesen neuen dem Streitwert hinzurechnen, sofern keine Klagerücknahme vorliegt. Beispiel: Die Klageforderung beträgt 5000 DM. Nach einer Verhandlung zur Sache erledigt sich die Hauptsache in Höhe von 2000 DM. Anschließend erweitert der Kläger die Klagforderung um 2000 DM auf Grund eines anderen Sachverhalts. Der Streitwert beträgt 7000 DM.

Im Fall einer Wertänderung ist § 15 I anwendbar. In der höheren Instanz berechnet sich der Streitwert nach den Anträgen des Rechtsmittelklägers, § 14 I 1, andernfalls nach S 2, stets begrenzt gemäß § 14 II. Die Verfahrensgebühr erhöht sich nicht, wenn ein Vergleich den Streitgegenstand überschreitet. Denn der überschießende Teil gehört ja nicht zum streitigen Verfahren, KV 1170 Anm 2 B. Eine Prozeßverbindung läßt die bereits entstandenen Verfahrensgebühren unberührt.

1011	**Verfahren im allgemeinen bei einer Klage nach § 641 q Abs 1, 2 ZPO**	**1 ermäßigt um die Gebühr 1164**

1) Geltungsbereich. KV 1011 enthält eine Sonderregelung für den Fall einer Klage mit dem Ziel der Abänderung eines im Vereinfachten Verfahren nach den §§ 641 l ff ZPO ergangenen letzten Beschlusses, § 641 q I, II ZPO. Die Beschlußgebühr KV 1164 (10 DM) wird angerechnet.

Im übrigen gelten die Regeln des Abschnitts II.

1012	**Zurücknahme der Klage vor Ablauf des Tages, an dem entweder eine Anordnung nach § 273 ZPO unterschriftlich verfügt oder ein Beweisbeschluß unterschrieben ist, und vor Beginn des Tages, der für die**	

Nr.	Gebührentatbestand	Gebührenbetrag in DM oder Satz der Gebühr nach § 11 Abs. 2 GKG
	mündliche Verhandlung vorgesehen war; Erledigungserklärungen nach § 91a ZPO stehen der Zurücknahme nicht gleich	**Gebühren 1010, 1011 entfallen**

1) Allgemeines. Die Verfahrensgebühren und die verwandten Gebühren entstehen jeweils mit dem Eingang des Antrags, § 61. KV 1006, 1012 schaffen dennoch durch einen Wegfall der Gebühren Vergünstigungen, solange das Verfahren vor demjenigen Zeitpunkt endet, in dem ein „Eindringen des Gerichts in den Streitstoff sichtbar" geworden ist.

Diese Frage ist **streitig. Wie hier** zB BPatG GRUR **78**, 558, Ffm AnwBl **88**, 411, Hbg MDR **76**, 764, Hamm JB **77**, 1109, Mü Rpfleger **81**, 124, AG Flensb JB **78**, 727, VGH Kassel AnwBl **86**, 404, nur generell auch Köln MDR **77**, 324 (die Anordnung des persönlichen Erscheinens dient jetzt in der Regel sehr wohl der Erledigung in demselben Termin, vgl § 272 I ZPO); **aM** zB Mü MDR **77**, 589, Schlesw SchlHA **82**, 48, Stgt Rpfleger **81**, 372.

In Wahrheit kann die Verfahrensgebühr auch noch nach einer erheblichen Tätigkeit des Gerichts wegfallen, nämlich dann, wenn das Verfahren erst nach einer Prüfung, Beratung, Abstimmung, ja Formulierung einer Anordnung oder eines Beweisbeschlusses endet, wenn aber das Gericht diese Anordnung oder diesen Beschluß noch nicht oder erst am Tage des Eingangs der Rücknahmeerklärung unterschrieben hatte. Im Grunde liegen also die in KV 1006, 1012 genannten Wegfallzeitpunkte zu spät.

2) Klagerücknahme. A. Begriff. Das GKG versteht unter einer Klagerücknahme nicht unbedingt dasselbe wie die ZPO, Köln Rpfleger **73**, 376. KV 1012 umfaßt auch den Fall, daß der Kläger das Gericht vor dem Eintritt der Rechtshängigkeit nach den §§ 261 I, 253 I ZPO bittet, von weiteren Maßnahmen abzusehen, daß er also die Sache vor einer „Klagerhebung" als „erledigt" bezeichnet. Es genügt also ein solches Verhalten der betreibenden Partei, das den Prozeß tatsächlich erledigt und dem Gericht weitere Arbeit erspart, LG Bayreuth JB **75**, 795. Man muß die Widerklage wie eine Klage behandeln. Auch die Rücknahme der Widerklage ist also wie eine Klagerücknahme anzusehen. Das gilt auch für die Rücknahme einer in der zweiten Instanz erhobenen Widerklage, KG JB **67**, 754, sowie für die in der zweiten Instanz anhängig gewordene Klagerweiterung, KG NJW **63**, 305, aM Düss NJW **68**, 409, sowie für eine vor dem Berufungsgericht erhobene Restitutionsklage. Wegen der Rücknahme des Arrestgesuchs vgl KV 1050 Anm 2.

Im Fall einer Teilrücknahme sind die §§ 21, 22 zu beachten.

B. Prozeßvergleich. Mit Rücksicht darauf, daß man den Begriff der Klagerücknahme nicht im Sinn der ZPO auffassen darf, daß man vielmehr als leitenden Gesichtspunkt eine Arbeitsersparnis des Gerichts ansehen muß, ist auch eine Beendigung des Verfahrens durch einen Prozeßvergleich nach KV 1006, 1012 zu beurteilen. Das ist eine Abweichung

Nr.	Gebührentatbestand	Gebührenbetrag in DM oder Satz der Gebühr nach § 11 Abs. 2 GKG

von einer früheren formaljuristischen Betrachtung, nach der der Vergleich für den Begriff der Klagerücknahme keinen Raum lasse, weil er das Verfahren beende, KG JW **38**, 903.

Man darf den Prozeßvergleich insbesondere dann der Klagerücknahme gleichstellen, wenn der Kläger im Prozeßvergleich die Klagerücknahme erklärt. Das ist **streitig. Wie hier** zB Mü Rpfleger **72**, 267, Nürnb JB **72**, 1094, LG Bayreuth JB **75**, 795; **aM** zB insofern KG Rpfleger **74**, 450, Köln Rpfleger **73**, 376 je mwN, ferner OVG Lüneb NJW **71**, 1331, OVG Münster DB **71**, 1254.

Man darf auch dann den Prozeßvergleich wie eine Klagerücknahme ansehen, wenn er im Verfahren auf die Bewilligung einer Prozeßkostenhilfe ergeht und den beabsichtigten Prozeß erledigt, § 118 I 3 ZPO, Köln Rpfleger **73**, 376 mwN, Mü NJW **70**, 2117. Schließlich gehört auch eine Rücknahmeerklärung auf Grund eines außergerichtlichen Vergleichs hierher.

C. Kostenfeststellung, § 269 ZPO. Soweit das Gericht nach einer wirksamen Klagerücknahme auf Grund eines Antrags des Beklagten gemäß § 269 III ZPO feststellt, daß der Kläger die Kosten tragen muß, ist dieser Ausspruch gebührenfrei.

3) Wirksame Erledigterklärungen. Nicht jede Verringerung der Mühewaltung des Gerichts ergibt schon eine Gebührenvergünstigung. KV 1006, 1012 lassen die Verfahrensgebühren bestehen, soweit beide Parteien den Rechtsstreit in der Hauptsache wirksam für erledigt erklären. Das Gericht muß dann noch über die Kosten entscheiden. § 91a ZPO.

Sofern nur eine einseitige Erledigterklärung vorliegt, sind KV 1006, 1012 unanwendbar. Denn in diesem Fall muß das Gericht ja noch eine streitige Sachentscheidung erlassen, BLAH § 91a ZPO Anm 15 A.

4) Weitere Voraussetzungen des Gebührenwegfalls. Sofern eine Klagerücknahme bzw ein Prozeßvergleich vorliegen, entfällt die Verfahrensgebühr nur, wenn sämtliche folgenden weiteren Bedingungen erfüllt sind:

A. Noch keine prozeßleitende Anordnung. a) Begriff. Das Gericht darf eine prozeßleitende Anordnung nach § 273 ZPO frühestens am Tag der Klagerücknahme usw unterschrieben haben. § 273 ZPO erfaßt „alle erforderlichen vorbereitenden Maßnahmen", evtl auch die routinemäßigen, Düss Rpfleger **84**, 435, und gibt in II nur Beispiele: Die Anordnung der Ergänzung eines Schriftsatzes; ein Ersuchen um Erteilung einer amtlichen Auskunft; die Anordnung des persönlichen Erscheinens einer Partei, zB KG Rpfleger **78**, 270 mwN, Mü Rpfleger **81**, 124, aM zB Hbg JB **77**, 385, Mümmler JB **77**, 1507 mwN; die Anordnung der Ladung eines Zeugen oder Sachverständigen; die Anordnung der Beiziehung von Akten, Schlesw SchlHA **82**, 48, FG BaWü EFG **84**, 466; eine Anordnung

Nr.	Gebührentatbestand	Gebührenbetrag in DM oder Satz der Gebühr nach § 11 Abs. 2 GKG

nach Art 3 § 1, 3 VG/FGEntlG, FG Bln EFG **85**, 87, FG Düss EFG **86**, 580, FG Kiel EFG **82**, 156, abw FG Nürnb EFG **86**, 420; eine Anfrage des FG, FG RhlPf EFG **86**, 146.

In diesem Rahmen ist es unerheblich, ob das Gericht seine prozeßleitende Anordnung in der Form einer Verfügung oder eines Beschlusses getroffen hat, welchen Inhalt die Anordnung im einzelnen hat, ob das Gericht § 273 ZPO erwähnt, ob es zB ein Formular benutzt hat, Schlesw SchlHA **82**, 48, und ob die Anordnung auch rückschauend betrachtet verfahrensfördernd war, vgl Hamm Rpfleger **82**, 443 (zu KV 1111).

Eine routinemäßige Anfrage, ob gegen die Übertragung auf den Einzelrichter Bedenken bestehen, nach § 271 III ZPO ist keine solche Anordnung, Kblz MDR **85**, 65, Schlesw SchlHA **82**, 48, LG Bayreuth JB **77**, 543, LG Frankenth Rpfleger **86**, 321, Markl, StJL § 273 ZPO Rdz 43, ZöSte § 271 ZPO Rdz 7. Sie liegt aber vor, wenn das Gericht entgegen § 271 III ZPO die Anfrage erst nach eigenem Eindringen in den Streitstoff später hält, vgl BLAH § 348 ZPO Anm 3B, ZöSte § 271 ZPO Rdz 7. Ein Beschluß nach § 769 ZPO ist keine verfahrensfördernde Maßnahme nach § 273 ZPO, Ffm AnwBl **88**, 411.

b) Maßgebende Zeitpunkte. Für die Frage, ob die Verfahrensgebühr wegfallen kann, sind folgende Zeitpunkte maßgeblich:

aa) Schriftliche Anordnung. Maßgeblich ist das in der Akte stehende Datum der Unterschrift des Gerichts. Dieses Datum gilt auch dann, wenn das Gericht an jenem Tag in Wahrheit die Entscheidung nur auf Tonband usw diktiert und sie erst später unterschrieben hat. Denn die Frage, wenn das Gericht nun wirklich unterschrieben hat, läßt sich meistens nicht eindeutig klären, sofern das Gericht nicht auch dieses Datum vermerkt oder das Diktatdatum verbessert hat usw. KV 1006, 1012 meinen daher nicht denjenigen Tag, „an" dem das Gericht seine Unterschrift geleistet hat, sondern denjenigen Tag, „unter" dem es unterschrieben hat.

bb) Mündliche Anordnung. Soweit das Gericht seine prozeßleitende Anordnung mündlich, zB telefonisch, erteilt hat, ist dasjenige Datum maßgeblich, unter dem das Gericht den entsprechenden Aktenvermerk gefertigt hat.

Wenn sich allerdings aus jenem Vermerk eindeutig erkennen läßt, daß das Gericht die mündliche Anordnung schon zu einem früheren Zeitpunkt getroffen hat, dann ist jener frühere Zeitpunkt maßgeblich.

cc) Weitere Einzelfragen. Weder bei aa noch bei bb kommt es darauf an, wann die Anordnung des Gerichts nach außen gedrungen ist, wann also zB die Akten in das Ausgangsfach gelangten, wann sie an den Wachtmeister ausgehändigt wurden, wann sie in der Geschäftsstelle oder in der Kanzlei eingingen und wann die Anordnung den Empfänger erreicht hat. Insofern gelten also zum Teil andere Regeln als bei KV 1000.

Nr.	Gebührentatbestand	Gebührenbetrag in DM oder Satz der Gebühr nach § 11 Abs. 2 GKG

B. Beweisbeschluß. Das Gericht darf einen etwaigen Beweisbeschluß frühestens am Tage der Klagerücknahme usw unterschrieben haben. Hierhin und nicht zu A zählt auch ein Beweisbeschluß nach § 358a ZPO. Im übrigen gelten die Voraussetzungen wie bei A entsprechend.

C. Verhandlungstermin. Ein vorgesehener Verhandlungstermin darf im Fall der Klagerücknahme usw noch nicht begonnen haben. Es ist unerheblich, ob es sich um einen frühen ersten Termin nach § 275 ZPO handelt, AG Flensb JB **78**, 727, oder um einen Haupttermin nach § 278 ZPO. Es darf auch noch kein anderer Termin stattgefunden haben, wegen § 9 I auch nicht vor der Verweisung, Ffm JB **77**, 1114, auch kein Gütetermin nach § 54 ArbGG, Mü Rpfleger **81**, 124.

Im Fall einer Aufhebung oder Verlegung des Termins, § 227 I 1 Hs 1 ZPO, kommt es auf den zuletzt vorgesehenen Verhandlungstermin an, Hbg MDR **76**, 764, Hamm JB **77**, 1110. Im Fall einer Vertagung nach dem Beginn des Verhandlungstermins, § 227 I 1 Hs 2 ZPO, kommt es auf den bisherigen Verhandlungstermin an, Düss VersR **78**, 673.

1013	**Grundurteil (§ 304 ZPO), Vorbehaltsurteil (§§ 302, 599 ZPO)**	**1**

1) Grundurteil. Ein Grundurteil nach § 304 ZPO läßt die Urteilsgebühr nach KV 1013 entstehen.

2) Vorbehaltsurteil. Hier muß man folgende Fälle unterscheiden:

A. Urkunden-, Wechsel-, Scheckprozeß. Ein Vorbehaltsurteil in einem dieser Verfahren nach den §§ 599, 602, 605a ZPO verbraucht die Urteilsgebühr nur für das vorangegangene Verfahren, nicht für das Nachverfahren. Dort entsteht allerdings keine Verfahrensgebühr mehr. Wenn das Berufungsgericht ein solches Vorbehaltsurteil erläßt, gilt dasselbe unabhängig davon, in welcher Instanz das Verfahren fortzusetzen ist; in jedem Fall erwächst für das Urteil im Nachverfahren eine besondere Urteilsgebühr. Wenn die beiden Urteile nur zum Teil denselben Streitgegenstand betreffen, gilt § 21.

B. Vorbehalt der Aufrechnung. Bei einem Vorbehaltsurteil nach § 302 ZPO gilt KV 1013 nur dann an Stelle von KV 1016–1017, wenn das Gericht den Vorbehalt in der Urteilsformel ausspricht.

3) Gemeinsame Einzelfragen. Die Fälligkeit richtet sich nach § 61. Der Kostenschuldner ist nach den §§ 49, 54 festzustellen.

Endurteil, soweit ihm ein Grundurteil oder ein Vorbehaltsurteil vorausgegangen ist, mit Ausnahme des Anerkenntnisurteils, Verzichtsurteils und Versäumnisurteils gegen die säumige Partei:

Nr.	Gebührentatbestand	Gebührenbetrag in DM oder Satz der Gebühr nach § 11 Abs. 2 GKG
1014	**Urteil enthält eine Begründung und muß sie enthalten**	1
1015	**Urteil enthält keine Begründung oder braucht sie nicht zu enthalten (§ 313a ZPO)**	½
	Endurteil, soweit ihm kein Grundurteil oder Vorbehaltsurteil vorausgegangen ist, mit Ausnahme des Anerkenntnisurteils, Verzichtsurteils und Versäumnisurteils gegen die säumige Partei:	
1016	**Urteil enthält eine Begründung und muß sie enthalten**	2
1017	**Urteil enthält keine Begründung oder braucht sie nicht zu enthalten (§ 313a ZPO)**	1

Zu KV 1014–1017:

1) Allgemeines. Die Urteilsgebühr setzt „ein Endurteil" voraus. Sie ist also eine Aktgebühr, keine Verfahrensgebühr. Endurteil ist das über die Klage oder über ein Rechtsmittel entscheidende Urteil, im Gegensatz zu einem bloßen Zwischenurteil, das nur einen Zwischenstreit zwischen den Parteien oder zwischen einer Partei und einem Dritten beendet. Es ist unerheblich, ob sich das Urteil auf die Sache bezieht, ein Sachurteil ist, oder ob es sich nur auf Prozeßvoraussetzungen bezieht, ein Prozeßurteil ist, insofern richtig LG Bayreuth JB **77**, 79, vgl auch BLAH Üb 2 vor § 300 ZPO, oder ob das Urteil auf Grund einer streitigen Verhandlung oder einer einseitigen Verhandlung ergangen ist, Bbg JB **77**, 243, Mümmler JB **77**, 1508 mwN.

Wenn das Gericht einen Beschluß erlassen hat, statt ein Urteil zu fällen, dann entsteht keine Urteilsgebühr. Wenn das Gericht ein Urteil gefällt hat, statt einen Beschluß zu erlassen, dann entsteht zwar die Urteilsgebühr; man muß sie aber nach § 8 niederschlagen.

2) Entstehung, Fälligkeit. Die Urteilsgebühr entsteht bei sämtlichen Endurteilen außer den vor KV 1014, 1016 ausdrücklich ausgenommenen. In Frage kommen also zB: Eine Entscheidung im schriftlichen Verfahren, § 128 II, III ZPO; eine Entscheidung nach Lage der Akten; ein Urteil auf Grund einer nichtstreitigen Verhandlung in einer Kindschaftssache oder Entmündigungssache. Wegen des Grundurteils oder eines Vorbehaltsurteils s KV 1013. Die Gebühr entspricht derjenigen für das ordentliche Verfahren.

Die Urteilsgebühr entsteht und wird fällig, sobald das Urteil wirksam wird. Die Wirksamkeit kann mit seiner Verkündung eintreten, auch im

Nr.	Gebührentatbestand	Gebührenbetrag in DM oder Satz der Gebühr nach § 11 Abs. 2 GKG

schriftlichen Verfahren nach § 128 II, III ZPO, auch beim sog unechten Versäumnisurteil, falls der Kläger einen Antrag nach § 330 III ZPO gestellt hat. Denn eine Zustellung an Stelle einer Verkündung findet gemäß § 310 III ZPO nur „bei einem Versäumnisurteil" statt, und das unechte ist kein solches.

3) Ausnahmen. Ausnahmsweise entsteht keine Urteilsgebühr, obwohl ein Endurteil vorliegt, wenn einer der folgenden Fälle vorliegt:

A. Anerkenntnisurteil. Ein Anerkenntnisurteil nach § 307 I, II ZPO läßt keine Urteilsgebühr entstehen. Bei einem Teilanerkenntnis- und streitigen Schlußurteil berechnet sich der Wert nur nach dem streitigen Gegenstandsteil, Schlesw SchlHA **88**,65.

B. Verzichtsurteil. Ein Verzichtsurteil nach § 306 ZPO läßt ebenfalls keine Urteilsgebühr entstehen.

C. Versäumnisurteil. Ein echtes Versäumnisurteil gegen die säumige Partei läßt ebenfalls keine Urteilsgebühr entstehen. Das gilt sowohl dann, wenn das Versäumnisurteil gegen den säumigen Kläger nach § 330 ZPO ergeht, als auch dann, wenn es gegen den säumigen Beklagten nach § 331 I, II Hs 1, III ZPO ergeht. In diesen Fällen läßt auch ein sog Zweites Versäumnisurteil keine Urteilsgebühr entstehen, vgl BGH JZ **78**, 653.

Dagegen entsteht beim sog unechten Versäumnisurteil (der Beklagte ist säumig, die Klage ist aber nicht schlüssig begründet, das Gericht weist daher die Klage durch streitiges Urteil ab, BLAH Üb 3 B vor § 330 ZPO) die Urteilsgebühr, und zwar auch im Fall des § 310 III ZPO, Anm 2.

4) Streitwert. Für die Urteilsgebühr kommt es auf den Wert des Akts an. Der Wert kann zwar nicht höher sein als derjenige für die Verfahrensgebühr, wohl aber niedriger, vor allem dann, wenn das Gericht nur ein Teilurteil erläßt oder wenn nur über einen Teil des Streitgegenstands ein streitmäßiges Urteil ergeht, über einen anderen Teil aber zB ein Versäumnisurteil, vgl Karlsr JB **75**, 71 mwN.

5) Höhe der Gebühr. A. Grundsatz. Die Gebührenhöhe hängt grundsätzlich davon ab, ob das Urteil eine Begründung enthält und ob es auch eine solche enthalten muß oder ob nach § 313a ZPO eine Begründung entbehrlich ist. Wenn im letzteren Fall dennoch eine Begründung vorhanden ist, mag es sich um einen Tatbestand und/oder um Entscheidungsgründe handeln, dann ist dieser Umstand kostenrechtlich unbeachtlich, es entsteht also doch nur die ermäßigte Gebühr nach KV 1015 oder 1017.

§ 313a ZPO lautet:

ZPO § 313a. I Des Tatbestandes und der Entscheidungsgründe bedarf es nicht, wenn die Parteien auf sie spätestens am zweiten Tag nach dem Schluß der mündlichen Verhandlung verzichten und ein Rechtsmittel gegen das Urteil unzweifelhaft nicht eingelegt werden kann.

Nr.	Gebührentatbestand	Gebührenbetrag in DM oder Satz der Gebühr nach § 11 Abs. 2 GKG

II Absatz 1 ist nicht anzuwenden

1. in Ehesachen, mit Ausnahme der eine Scheidung aussprechenden Entscheidungen;

2. in Kindschaftssachen;

3. in Entmündigungssachen;

4. im Falle der Verurteilung zu künftig fällig werdenden wiederkehrenden Leistungen;

5. wenn zu erwarten ist, daß das Urteil im Ausland geltend gemacht werden wird; soll ein ohne Tatbestand und Entscheidungsgründe hergestelltes Urteil im Ausland geltend gemacht werden, so gelten die Vorschriften über die Vervollständigung von Versäumnis- und Anerkenntnisurteilen entsprechend.

Die Ermäßigung nach KV 1015, 1017 gilt im Gesamtbereich der bürgerlichen Rechtsstreitigkeiten in allen Verfahrensarten und allen Instanzen, vgl KV 1025, 1027, 1037, 1055, 1057, 1062, 1083, 1093, 1115, 1117, 1125, 1127, 1137. Darüber hinaus gilt die Ermäßigung auch in der Arbeitsgerichtsbarkeit, GV 2125, 2127, 2134, 2164, Teil II A dieses Buchs.

Es entsteht eine Ermäßigung um 25%, wegen KV 1013 von 2 auf 1½ Gesamtgebühren, wenn ein Grundurteil nach § 304 ZPO oder ein Vorbehaltsurteil nach den §§ 302, 305, 599, 602, 605a ZPO vorausgegangen ist. Es ist unerheblich, ob das Gericht ein solches Urteil zu Recht oder zu Unrecht erlassen hat. Wenn ein solches Urteil nicht ergangen ist, erwächst eine Ermäßigung um 50%, also von 2 Gebühren auf 1 Gebühr. Die Gebührenermäßigung interessiert nicht nur den Unterlegenen als den Entscheidungsschuldner nach § 54 I Z 1, sondern auch jeden weiteren gesetzlichen Kostenschuldner nach den §§ 49, 54, vor allem also den Antragschuldner, oft aber auch den Sieger. Denn er könnte gemäß § 58 I ebenfalls haften, wenn auch wegen § 58 II nur hilfsweise und im Fall einer Prozeßkostenhilfe zugunsten des „Unterlegenen“ nur ganz ausnahmsweise.

Auf alle diese Auswirkungen eines rechtzeitigen Verzichts darf und sollte der Vorsitzende beim Schluß der mündlichen Verhandlung bzw zu dem diesem Schluß entsprechenden Zeitpunkt, §§ 128 II, III ZPO, von Amts wegen jedenfalls kurz hinweisen, zumindest gegenüber einer nicht rechtskundigen Partei. Denn sie kann sonst den Sinn eines Verzichts kaum voll erkennen. Allerdings besteht keine derartige Hinweispflicht; § 139 ZPO meint nur die bis zur Sachentscheidung selbst, also für die Entscheidungsformel sachdienlichen Anträge, § 278 III ZPO ist unanwendbar, weil er das Wie, nicht das Ob einer Entscheidungsbegründung meint. Deshalb hat auch die Unterlassung eines rechtzeitigen Hinweises weder eine Kostenniederschlagung gemäß § 8 zur Folge (es liegt kein offenkundiger Verstoß vor, § 8 Anm 2 A B b) noch eine Amtshaftung gegenüber dem Kostenschuldner.

Nr.	Gebührentatbestand	Gebührenbetrag in DM oder Satz der Gebühr nach § 11 Abs. 2 GKG

Der Hinweis auf die Möglichkeit des Verzichts sollte auch nicht zu einer Nötigung der Parteien führen. Eher muß sich das Gericht würdevoll dazu bequemen, ein vollständiges Urteil anzufertigen. Erlaubt und ratsam ist es aber, die finanziellen Auswirkungen eines Verzichts in DM geschätzt mitzuteilen. Das alles gilt entsprechend bei einem Beschluß, Schneider MDR **78**, 92, zB nach § 91a ZPO (der Gesetzgeber hielt eine ausdrückliche diesbezügliche Regelung für entbehrlich, BR-Drs 551/74), wie auch aus KV 1019, 1029, 1039 usw erkennbar wird.

Die Regelung ist im arbeitsgerichtlichen Urteilsverfahren anwendbar, nicht aber im arbeitsgerichtlichen Beschlußverfahren, Lorenz BB **77**, 1003, Philippsen pp NJW **77**, 1135, betr das Beschlußverfahren aM Grunsky JZ **78**, 87. Sie ist im patentgerichtlichen Verfahren unanwendbar, Schmieder NJW **77**, 1218 (allenfalls gilt § 543 ZPO entsprechend).

B. Entbehrlichkeit, § 313a I ZPO. Entbehrlich sind Tatbestand und Entscheidungsgründe beim streitigen Urteil (wegen des Anerkenntnis-, Versäumnis-, Verzichtsurteils § 313b ZPO) gleich welcher Unterart nur unter folgenden Voraussetzungen, von denen keine fehlen darf: Es darf keiner der Fälle II vorliegen, C c; es muß ein Verzicht erfolgt sein, C a; ein Rechtsmittel muß unzweifelhaft unzulässig sein, C b.

Ein Verstoß ist ein Verfahrensmangel, § 539 ZPO, und begründet die Revision. Beim endgültigen Fehlen von Entscheidungsgründen liegt ein absoluter Revisionsgrund vor, § 551 Z 7 ZPO. Soweit ein Tatbestand und Entscheidungsgründe objektiv erforderlich sind, beginnt die Frist zur Einlegung des Rechtsmittels mit der Zustellung der vollständigen Urteilsfassung, spätestens aber mit dem Ablauf von 5 Monaten nach der Verkündung, §§ 516, 552 ZPO. Für den Antrag auf eine nachträgliche Herstellung einer vollständigen Urteilsfassung entsteht keine Gebühr, § 37 Z 6 BRAGO entsprechend.

C. Voraussetzungen im einzelnen. Es müssen folgende Voraussetzungen erfüllt sein:

a) Verzicht, § 313a I ZPO. Der Verzicht ist nur unter den folgenden Voraussetzungen wirksam:

aa) Allseitige Erklärung. Alle vom Urteil rechtlich berührten Parteien müssen den Verzicht erklären. Es handelt sich um eine grundsätzlich unwiderrufliche Prozeßhandlung, BLAH Grdz 5 G vor § 128 ZPO. Der Verzicht wird mit seinem Eingang beim zuständigen Gericht wirksam, nicht erst mit dem Eingang auf der Geschäftsstelle der zuständigen Abteilung. § 129a ZPO ist anwendbar. Ein Anwaltszwang besteht wie sonst.

Man darf den Verzicht nicht unter einer Bedingung erklären, sonst ist er unwirksam. Man braucht den Verzicht nicht in der mündlichen Verhandlung zu erklären, sondern kann ihn auch noch nach ihrem Schluß erklären. Man kann ihn auch schlüssig erklären, sofern er eindeutig ist.

Nr.	Gebührentatbestand	Gebührenbetrag in DM oder Satz der Gebühr nach § 11 Abs. 2 GKG

Im Zweifel liegt kein Verzicht vor. Man darf diesen Verzicht nicht mit dem Verzicht des § 306 ZPO verwechseln. Trotzdem sind die Voraussetzungen des § 306 zum Teil vergleichbar.

bb) Rechtzeitigkeit. Außerdem muß der Verzicht spätestens am 2. Tag nach dem Schluß der mündlichen Verhandlung beim zuständigen Gericht eingehen. § 222 ZPO ist anwendbar. Bei einem Verhandlungsschluß zB am Gründonnerstag läuft die Frist grundsätzlich erst am Dienstag nach Ostern um 24 Uhr ab. Maßgeblicher Eingangszeitpunkt ist derjenige der letzten erforderlichen Erklärung.

Die Fristverletzung führt zur Unwirksamkeit des Verzichts, aM Schneider MDR **85**, 907; ThP § 313a ZPO Anm 2a.

cc) Form. Eine besondere Form ist nicht erforderlich. Freilich müssen die Anforderungen eines bestimmenden Schriftsatzes erfüllt sein, BLAH § 129 ZPO Anm 1. Der Schriftsatz kann auch einen anderen zusätzlichen Inhalt haben.

b) Kein Rechtsmittel, § 313a I ZPO. aa) Grundsatz. Es darf unzweifelhaft kein Rechtsmittel zulässig sein. Das ist von Amts wegen aus der Sicht des entscheidenden Gerichts zu beurteilen, nicht aus derjenigen des Rechtsmittelgerichts. Denn das letztere Gericht darf sich noch gar nicht dazu äußern. Erforderlich ist ein objektiver Maßstab auf Grund der Prozeßlage beim Ablauf der 2-Tages-Frist.

bb) Einzelfragen. Es kommen folgende Fälle in Betracht:

aaa) Kein ausreichender Beschwerdewert. Der Beschwerdewert, §§ 511a I, 3ff ZPO, darf bei keinem vom Urteil rechtlich Berührten überschritten worden sein.

bbb) Berufungsurteil des LG. Es muß ein Urteil des LG als Berufungsgericht vorliegen.

ccc) Urteil des OLG. Es muß ein nicht revisibles Urteil des OLG vorliegen.

ddd) Rechtsmittelverzicht. Es muß ein bereits wirksam erfolgter Rechtsmittelverzicht vorliegen.

Bei aaa bis ddd führt jeder Zweifel zur Pflicht des Gerichts, eine vollständige Urteilsfassung herzustellen. Das gilt auch, solange einer hM noch eine aM gegenübersteht.

cc) Verstoß. Soweit das Gericht die Statthaftigkeit eines Rechtsmittels übersehen hat, darf es die Begründung oder Vervollständigung wegen § 318 ZPO nicht nachholen, Schneider MDR **85**, 907. Das Rechtsmittelgericht wendet dann evtl §§ 539, 540, 551 Z 7 ZPO an, BGH **32**, 24, Schneider MDR **78**, 4.

c) Vollständige Fassung, § 313a II ZPO. Ob eine vollständige Fassung notwendig ist, das richtet sich einerseits nach der Verfahrens- bzw

Nr.	Gebührentatbestand	Gebührenbetrag in DM oder Satz der Gebühr nach § 11 Abs. 2 GKG

Anspruchsart, andererseits nach einer etwaigen Auslandsberührung. Notwendig ist eine vollständige Fassung in folgenden Fällen:

aa) Ehesache, Z 1. Ein vollständiges Urteil ist in Ehesachen erforderlich, §§ 606ff ZPO. Jedoch darf das Urteil, das eine Scheidung ausspricht, unter den Voraussetzungen des § 313a ZPO ohne einen Tatbestand und ohne Entscheidungsgründe ergehen. Das gilt freilich nur für den Scheidungsausspruch, während das Gericht den Ausspruch über die Folgesachen begründen muß, etwa denjenigen über einen Versorgungsausgleich, BGH NJW **81**, 2816, Hamm NJW **79**, 434. Das Gericht darf auch den Scheidungsausspruch begründen, sogar gegen den Antrag beider Parteien. Denn gemäß § 313a I ZPO „bedarf" der Scheidungsausspruch lediglich keiner Begründung. Das Gericht muß ein die Scheidung ablehnendes Urteil vollständig begründen. Dann ist aber eine abgekürzte Fassung nach den §§ 313b, 612 IV ZPO zulässig.

bb) Kindschafts- und Entmündigungssache, Z 2, 3. Ein vollständiges Urteil ist in einer Kindschafts- oder Entmündigungssache nach den §§ 640ff ZPO wegen des öffentlichen Interesses erforderlich.

cc) Wiederkehrende Leistung, Z 4. Eine vollständige Fassung ist bei einem Urteil auf künftig fällige wiederkehrende Leistungen erforderlich, auch in den Fällen der §§ 323, 641q ZPO, soweit das Gericht die Notwendigkeit einer solchen Leistung bejaht, im Fall einer negativen Feststellungsklage also bei einer Klagabweisung. Grund ist die Notwendigkeit, bei einer etwaigen erstmaligen oder weiteren Abänderung des Urteils durch ein Urteil oder in einem Beschlußverfahren die Grundlagen der letzten Entscheidung eindeutig vorzufinden. Auch in einem solchen Fall ist natürlich keine Begründung bei § 313b ZPO notwendig. Freilich ist sie dann ratsam.

dd) Auslandsberührung, Z 5. Eine vollständige Fassung ist schließlich dann erforderlich, wenn das Urteil voraussichtlich im Ausland geltend gemacht werden muß, sei es zwecks Anerkennung oder zur Zwangsvollstreckung oder sonstwie. Das braucht nicht glaubhaft gemacht zu werden, sofern die Auslandsbenutzung aus der Natur der Sache herzuleiten ist, zB dann, wenn am Scheidungsverfahren ein Ausländer beteiligt ist, selbst wenn er zugleich Deutscher ist. Evtl ist das Urteil zu vervollständigen, soweit die Ausführungsgesetze zu internationalen Abkommen über Versäumnis- oder Anerkenntnisurteile das fordern, Z 5 Hs 2.

	Beschluß nach § 91a ZPO, soweit nicht bereits eine Gebühr nach Nummern 1014, 1016 entstanden ist:	
1018	**Beschluß enthält eine schriftliche Begründung; von ihr konnte bei entsprechender**	

Nr.	Gebührentatbestand	Gebührenbetrag in DM oder Satz der Gebühr nach § 11 Abs. 2 GKG
	Anwendung des § 313a ZPO auch nicht abgesehen werden	**1**
1019	**Beschluß enthält keine schriftliche Begründung oder braucht sie bei entsprechender Anwendung des § 313a ZPO nicht zu enthalten . . . .**	**½**

Zu KV 1018–1019:

1) Allgemeines. Nach § 91a ZPO entscheidet das Gericht über die Kosten unter Berücksichtigung des bisherigen Sach- und Streitstandes nach billigem Ermessen durch einen Beschluß, soweit die Parteien den Rechtsstreit in der Hauptsache übereinstimmend wirksam für erledigt erklärt haben. Vgl dazu BLAH § 91a ZPO Anm 8.

KV 1018–1019 gelten nicht, soweit schon KV 1014–1017 gelten, also zB nicht, wenn die Erledigung der Hauptsache nach einer Zurückverweisung eintritt.

Vgl im übrigen KV 1028–1029, 1038–1039.

2) Höhe der Gebühren. Die Gebührenhöhe ist davon abhängig, ob der Beschluß bei einer entsprechenden Anwendung des § 313a ZPO eine schriftliche Begründung enthalten mußte. Der Gesetzgeber hat also eine ausdrückliche Sonderregelung der dem § 313a ZPO entsprechenden Fälle in § 91a ZPO für entbehrlich gehalten, BR-Drs 551/74. Wegen der Voraussetzungen des § 313a ZPO vgl zu KV 1014–1017 Anm 5.

3) Streitwert. Wegen des Streitwerts vgl § 12 Anh I § 3 ZPO „Erledigungserklärung“.

4) Fälligkeit, Kostenschuldner usw. Die Fälligkeit richtet sich nach § 61. Der Kostenschuldner ist nach den §§ 49, 54 zu ermitteln.

	2. Berufungsverfahren, auch nach erstinstanzlichen Verfahren der zu IV bezeichneten Art	
1020	**Verfahren im allgemeinen . . . .**	**1½**

1) Geltungsbereich. KV 1020ff sind auch in Baulandsachen anwendbar, §§ 169, 170 BBauG. Die Vorschriften gelten auch für einen erstinstanzlichen Arrestantrag beim Berufungsgericht als dem Gericht der Hauptsache, § 943 ZPO, sowie für eine in der Berufungsinstanz erhobene Zwischenfeststellungsklage, KG Rpfleger **56**, 88. Bei einer Wiederaufnahmeklage, mag es sich um eine Nichtigkeits- oder Restitutionsklage handeln, entsteht die Gebühr je nach der Instanz, vor der eine Verhandlung stattfindet. Im Fall einer Verweisung im Wiederaufnahmeverfahren greift § 9 ein.

Nr.	Gebührentatbestand	Gebührenbetrag in DM oder Satz der Gebühr nach § 11 Abs. 2 GKG

2) Streitwert. Der Streitwert im Rechtsmittelverfahren richtet sich nach § 14.

1021	**Zurücknahme der Berufung oder der Klage vor Ablauf des Tages, an dem entweder eine Anordnung nach § 273 ZPO unterschriftlich verfügt, ein Beweisbeschluß unterschrieben oder ein Termin zur mündlichen Verhandlung unterschriftlich bestimmt ist; Erledigungserklärungen nach § 91a ZPO stehen der Zurücknahme nicht gleich**	**Gebühr 1020 ermäßigt sich auf ½**

1) Allgemeines. Vgl zunächst KV 1006, 1012. Es bestehen jedoch gewisse Abweichungen. Im einzelnen müssen folgende Voraussetzungen erfüllt sein:

A. Rücknahme. Die Ermäßigung setzt voraus, daß die Berufung oder die Klage entweder vor dem Ablauf desjenigen Tages zurückgenommen ist, an dem das Gericht eine Anordnung nach § 273 ZPO unterschriftlich verfügt hat, oder vor dem Ablauf desjenigen Tages, an dem das Gericht einen Beweisbeschluß unterschrieben hat, oder vor dem Ablauf desjenigen Tages, an dem das Gericht einen Verhandlungstermin durch eine Unterschrift unter einer Terminsverfügung bestimmt hat. Das alles gilt auch im Berufungsverfahren auf Grund einer Nichtigkeitsklage nach dem PatG. Daher steht die Bestellung und Beauftragung eines Sachverständigen und dessen schriftliche Gutachtenerstellung vor der Terminsbestimmung jetzt entgegen. Wenn das Gericht unzulässigerweise einen Sühnetermin anberaumt hat, gilt KV 1021.

Man muß die Rücknahme gegenüber dem Gericht erklären. Der Begriff ist weit zu fassen. Es genügt die Erklärung des Willens, die Sache nicht weiter zu verfolgen. Eine solche Erklärung kann in einem Hinweis auf einen beiliegenden außergerichtlichen Vergleich liegen. Denn auch in einem solchen Fall ist wie bei KV 1006, 1012 als gesetzgeberischer Grund die Ersparung der Mühewaltung des Gerichts anzusehen. Daher muß man die Rücknahme eines Rechtsmittels infolge eines Vergleichs oder innerhalb eines Vergleichs so wie dort beurteilen.

Dagegen tritt keine Gebührenermäßigung ein, soweit die Berufung oder die Klage erst nach der Anordnung eines Termins erfolgt, den das Gericht wieder aufhebt, BGH **LM** § 36 aF Nr 5. Wegen der Zurücknahme einer erst in der zweiten Instanz erweiterten Klage oder Widerklage s bei KV 1006, 1012.

Für die Kostenberechnung genügt die einseitige Anzeige des Rücknehmenden. Es ist unerheblich, ob die Rücknahme vor oder nach dem Ab-

Nr.	Gebührentatbestand	Gebührenbetrag in DM oder Satz der Gebühr nach § 11 Abs. 2 GKG

lauf der Begründungsfrist erklärt worden ist. Das Gericht hat einen Verhandlungstermin erst dann bestimmt, wenn es die Terminsverfügung wirksam unterschrieben hat. Das spätere Schicksal der Verfügung ist dann unerheblich, solange das Gericht die Terminsanordnung nicht aufhebt.

Im Fall der Rücknahme einer zweiten unwirksamen Berufung erwächst keine Gebühr. Die Entscheidung des Gerichts, nach einer Rücknahme des Rechtsmittels dem Rechtsmittelführer die Kosten aufzuerlegen, vgl § 515 III ZPO, ist gebührenfrei.

B. Umfang der Anfechtung. Wenn der Rechtsmittelführer das Rechtsmittel zunächst ohne eine Umgrenzung der Anfechtung eingelegt hat, dann ergibt erst der Berufungsantrag, inwieweit er eine Anfechtung vornimmt. Zeigt dieser Antrag, daß die Entscheidung nur beschränkt angefochten ist, dann liegt keine Rücknahme vor. Denn erst durch den Berufungsantrag wird erkennbar, welchen Streitwert das Rechtsmittel hat. § 519 III ZPO läßt die Umgrenzung des mit der Berufung verfolgten Zieles noch bis einen Monat nach der Einlegung der Berufung zu, auf Grund eines Antrags evtl noch länger. § 61 steht nicht engegen. Denn in der Regel ist der Berufungsantrag erst in der Rechtsmittelbegründungsschrift vollständig vorhanden, ähnlich Hornig NJW **51**, 564. Erst dann tritt auch die Fälligkeit ein. Im Ergebnis wie hier die meisten Instanzgerichte.

Wenn ein Antrag nicht gestellt wird, dann liegt eine Rücknahme in Höhe der Beschwer vor, § 14 Anm 1.

C. Berechnung bei Teilrücknahme. Es gibt verschiedene Berechnungsarten. Man muß die Gebühr nach KV 1020 aus derjenigen Summe zusammenzählen, die nach einer teilweisen Rechtsmittelrücknahme oder einer teilweisen Verwerfung des Rechtsmittels weiter streitig bleibt. ⅓ des Unterschiedsbetrags der beiden Gebühren wird der Gebühr nach KV 1020 für den übrig gebliebenen und weiter streitigen Betrag hinzugezählt, BGH **1**, 211. Man muß ferner § 21 II beachten.

2) Anschlußberufung. Auf sie ist KV 1021 voll anwendbar. Als Terminsbestimmung ist diejenige anzusehen, die das Gericht auf Grund des Hauptrechtsmittels vornimmt. Die Gegenmeinung hätte zur Folge, die Anschließung in einer sachlich nicht beabsichtigten Weise zu benachteiligen.

1023	**Grundurteil (§ 304 ZPO), Vorbehaltsurteil (§§ 302, 599 ZPO)**	1

1) Geltungsbereich. Die Vorschrift meint nur ein solches Urteil, das in der Berufungsinstanz erstmalig ergeht. Im Fall eines Urteils auf Grund einer Berufung gegen ein Grund- oder Vorbehaltsurteil der ersten Instanz gelten KV 1026–1027.

Nr.	Gebührentatbestand	Gebührenbetrag in DM oder Satz der Gebühr nach § 11 Abs. 2 GKG
	Urteil, das die Instanz abschließt, soweit ihm ein Grundurteil oder Vorbehaltsurteil nach Nummer 1023 vorausgegangen ist, mit Ausnahme des Anerkenntnisurteils, Verzichtsurteils und Versäumnisurteils gegen die säumige Partei:	
1024	**Urteil enthält eine Begründung und muß sie enthalten . . . .**	**1**
1025	**Urteil enthält keine Begründung oder braucht sie nicht zu enthalten (§ 313a ZPO) . . . .**	**½**

1) Geltungsbereich. Vgl KV 1014–1015.

	Urteil, das die Instanz abschließt, soweit ihm kein Grundurteil oder Vorbehaltsurteil nach Nummer 1023 vorausgegangen ist, mit Ausnahme des Anerkenntnisurteils, Verzichtsurteils und Versäumnisurteils gegen die säumige Partei:	
1026	**Urteil enthält eine Begründung und muß sie enthalten . . . .**	**2**
1027	**Urteil enthält keine Begründung oder braucht sie nicht zu enthalten (§ 313a ZPO) . . . .**	**1**

1) Geltungsbereich. Vgl KV 1016–1017, aber auch KV 1023 Anm 1. Auch eine Kurzfassung nach § 543 I ZPO löst KV 1026 aus, Bre Rpfleger **78**, 233, KG Rpfleger **78**, 234.

	Beschluß nach § 91a ZPO, soweit nicht bereits eine Gebühr nach Nummern 1024, 1026 entstanden ist:	
1028	**Beschluß enthält eine schriftliche Begründung; von ihr konnte bei entsprechender Anwendung des § 313a ZPO auch nicht abgesehen werden . . . .**	**1**
1029	**Beschluß enthält keine schriftliche Begründung oder braucht sie bei entsprechender Anwendung des § 313a ZPO nicht zu enthalten . . . .**	**½**

1) Geltungsbereich. Vgl KV 1018–1019.

Nr.	Gebührentatbestand	Gebührenbetrag in DM oder Satz der Gebühr nach § 11 Abs. 2 GKG
	3. Revisionsverfahren	
1030	**Verfahren im allgemeinen**	**2**

1) Geltungsbereich. Vgl KV 1010, 1020.

1031	**Zurücknahme der Revision oder Klage, bevor die Schrift zur Begründung der Revision bei Gericht eingegangen ist; Erledigungserklärungen nach § 91a ZPO stehen der Zurücknahme nicht gleich**	**Gebühr 1030 ermäßigt sich auf ½**

1) Geltungsbereich. Wegen einer Zurücknahme vgl KV 1006, 1012, 1021. Die Vergünstigung entfällt, sobald die Revisionsbegründungsschrift eingegangen ist. Ihr Inhalt ist unerheblich, BGH NJW **79**, 311.

1032	**Ablehnung der Annahme der Revision in den Fällen der §§ 554b, 566a ZPO**	**Gebühr 1030 ermäßigt sich auf ½**

1) Geltungsbereich. Die Vorschrift gilt zunächst im Fall einer Ablehnung der Annahme der Revision mangels deren grundsätzlicher Bedeutung, § 554b ZPO, ferner im Fall der Ablehnung einer Sprungrevision, § 566a ZPO.

Soweit das Revisionsgericht durch ein Urteil statt durch einen Beschluß entschieden hat, können die Gebühren nach KV 1036 bzw 1037 hinzutreten.

	Urteil, das die Instanz abschließt, mit Ausnahme des Anerkenntnisurteils, Verzichtsurteils und Versäumnisurteils gegen die säumige Partei:	
1036	**Urteil enthält eine Begründung und muß sie enthalten**	**2**
1037	**Urteil enthält keine Begründung oder braucht sie nicht zu enthalten (§ 313a ZPO)**	**1**

1) Geltungsbereich. Vgl KV 1026, 1027. Es ist hier unerheblich, ob ein Grundurteil oder ein Vorbehaltsurteil vorausgegangen sind. Im Fall eines Versäumnisurteils entsteht auch dann keine Gebühr, wenn das Urteil inhaltlich nicht auf der Säumnis beruht, BGH JZ **78**, 652.

Nr.	Gebührentatbestand	Gebührenbetrag in DM oder Satz der Gebühr nach § 11 Abs. 2 GKG
	Beschluß nach § 91a ZPO:	
1038	**Beschluß enthält eine schriftliche Begründung; von ihr konnte bei entsprechender Anwendung des § 313a ZPO auch nicht abgesehen werden**	1
1039	**Beschluß enthält keine schriftliche Begründung oder braucht sie bei entsprechender Anwendung des § 313a ZPO nicht zu enthalten**	½

1) Geltungsbereich. Vgl KV 1018–1019, 1028–1029.

Anhang nach KV 1039

I. Gerichtsgebühren im Verfahren vor dem Bundesgerichtshof in Patent-, Gebrauchsmuster-, Geschmacksmuster- und Warenzeichensachen

Einführung

1) Allgemeines. Nach § 65 I PatG wird das Patentgericht als ein selbständiges und unabhängiges Bundesgericht tätig. Es ist für die Entscheidung über eine Beschwerde gegen einen Beschluß der Prüfungsstelle oder der Patentabteilung des Patentamts sowie über eine Klage auf die Erklärung der Nichtigkeit oder Zurücknahme eines Patents und auf die Erteilung einer Zwangslizenz zuständig. Wenn ein Beteiligter in einer Patent-, Gebrauchsmuster-, Geschmacksmuster- oder Warenzeichensache eine Beschwerde einlegt oder wenn es um eine Nichtigkeitsklage oder um eine Klage auf die Zurücknahme eines Patents oder um eine Klage auf die Erteilung einer Zwangslizenz oder um einen Antrag auf den Erlaß einer einstweiligen Verfügung in einer Patent- oder Gebrauchsmustersache oder um eine Einlegung der Berufung in einer Patent- oder Gebrauchsmustersache oder um die Einlegung der Beschwerde gegen die Entscheidung über den Antrag auf den Erlaß einer einstweiligen Verfügung beim Patentgericht geht, ist stets gleichzeitig eine Gebühr nach dem unten abgedruckten GV des dort genannten Gesetzes vom 18. 8. 76, BGBl 2188, zuletzt geändert durch das Halbleiterschutzgesetz vom 22. 10. 87, BGBl 2294, zu entrichten.

Wird die Gebühr nicht rechtzeitig gezahlt, dann gilt die Beschwerde oder Berufung als nicht eingelegt, §§ 73 III, 110 I PatG, 18 II GebrMG, 10a I GeschmMG, 13 I WZG, die Klage gilt als nicht erhoben, der Antrag auf den Erlaß einer einstweiligen Verfügung gilt als nicht gestellt.

Nr.	Gebührentatbestand	Gebührenbetrag in DM oder Satz der Gebühr nach § 11 Abs. 2 GKG

Für Auslagen gilt im Verfahren vor dem Patentgericht das GKG entsprechend, § 98 PatG, BGH GRUR **84**, 38, also KV 1000ff; ein Auslagenvorschuß ist gemäß § 68 GKG zu beurteilen.

2) Rechtsmittel. Gegen einen Beschluß des Beschwerdesenats des Patentgerichts findet unter den Voraussetzungen des § 100 PatG die Rechtsbeschwerde statt. Gegen ein Urteil des Nichtigkeitssenats des Patentgerichts findet die Berufung statt, § 110 PatG. Gegen ein Urteil über den Erlaß einer einstweiligen Verfügung wegen der Erteilung einer Zwangslizenz findet die Beschwerde statt, § 122 PatG. Sämtliche vorgenannten Rechtsmittel gehen an den BGH. Vgl ferner §§ 18 V, 20 GebrMG, 10a II GeschmMG, 13 V WZG, 66 BRAGO.

Rechtsbeschwerde

PatG § 102 II In dem Rechtsbeschwerdeverfahren vor dem Bundesgerichtshof richten sich die Gebühren und Auslagen nach den Vorschriften des Gerichtskostengesetzes. Für das Verfahren wird eine volle Gebühr erhoben, die nach den Sätzen berechnet wird, die für das Verfahren in der Revisionsinstanz gelten. Die Bestimmungen des § 144 über die Streitwertfestsetzung gelten entsprechend.

1) Allgemeines. Die Rechtsbeschwerde wird beim BGH eingelegt, § 102 I PatG. Deshalb entsteht keine Beschwerdegebühr nach dem Tarif bei der Einlegung wie zB im Fall einer Berufungseinlegung im Nichtigkeitsstreit, § 110 I PatG. Für das Verfahren entsteht das Doppelte einer vollen Gebühr, KV 1030. Jedoch kann das Gericht auf Grund des Antrags einer bedürftigen Partei anordnen, daß sie nur zur Zahlung von Gerichtskosten nach einem ihrer Wirtschaftslage angepaßten Teil des Streitwerts verpflichtet ist, § 144 PatG, vgl § 12 GKG Anh III A. Wegen der Auslagen vgl KV 1900ff. Ein Auslagenvorschuß wird nach § 68 GKG beurteilt. Das Kostenfestsetzungsverfahren richtet sich nach der ZPO, § 80 V PatG.

Dieselbe Regelung gilt auch für die Rechtsbeschwerde in einer Gebrauchsmuster- oder Warenzeichensache, §§ 18 V GebrMG, 10a II GeschmMG, 13 V WZG. Zur Erstattungsfähigkeit BGH **LM** § 9 GebrMG aF Nr 4.

Berufungsverfahren

PatG § 110. I Gegen die Urteile der Nichtigkeitssenate des Patentgerichts (§ 84) findet die Berufung an den Bundesgerichtshof statt. Sie ist innerhalb eines Monats nach Zustellung beim Patentgericht schriftlich einzulegen. Innerhalb dieser Frist ist eine Gebühr nach dem Tarif zu zahlen; wird sie nicht gezahlt, so gilt die Berufung als nicht eingelegt.

II In dem Verfahren vor dem Bundesgerichtshof werden Gebühren und Auslagen nach den Vorschriften des Gerichtskostengesetzes erhoben. Die Gebühren werden nach den Sätzen berechnet, die für das Verfahren in der Revisionsinstanz gelten. Statt einer zweifachen Ge-

Nr.	Gebührentatbestand	Gebührenbetrag in DM oder Satz der Gebühr nach § 11 Abs. 2 GKG

bühr für das Urteil wird jedoch eine vierfache Gebühr erhoben. Die Bestimmungen des § 144 über die Streitwertfestsetzung gelten entsprechend. Die für die Einlegung der Berufung gezahlte Gebühr wird auf die Gebühren des Bundesgerichtshofs angerechnet; sie wird nicht zurückgezahlt.

III In dem Urteil ist auch über die Kosten des Verfahrens zu entscheiden. Die Vorschriften der Zivilprozeßordnung über die Prozeßkosten sind entsprechend anzuwenden, soweit nicht die Billigkeit eine andere Entscheidung erfordert; die Vorschriften der Zivilprozeßordnung über das Kostenfestsetzungsverfahren und die Zwangsvollstreckung aus Kostenfestsetzungsbeschlüssen sind entsprechend anzuwenden.

IV Beschlüsse der Nichtigkeitssenate sind nur zusammen mit ihren Urteilen (§ 84) anfechtbar; § 71 Abs. 3 der Zivilprozeßordnung ist nicht anzuwenden. § 112 Abs. 2 bleibt unberührt.

1) Patentsache. Der Nichtigkeitssenat des Patentgerichts muß über eine Klage auf die Erklärung der Nichtigkeit oder Zurücknahme eines Patents oder einer Erteilung einer Zwangslizenz entscheiden, §§ 81 I, 84 I PatG. Vor dem BGH können die Gebühren nach KV 1030, 1031, 1032, dazu BGH MDR **84**, 486, ferner nach KV 1038–1039 entstehen. Für ein Urteil des BGH entsteht im Fall KV 1036 statt der doppelten die vierfache Gebühr, II 3. Jedoch greift evtl § 144 PatG ein. Es erfolgt eine Anrechnung der Einlegungsgebühr (300 DM), II, auf die beim BGH entstehenden Gerichtsgebühren, jedoch keine Rückzahlung.

Die Fälligkeit der Gebühr richtet sich nach § 61 GKG. Auslagen erwachsen gemäß KV 1900ff. Ein Auslagenvorschuß wird nach § 68 GKG beurteilt. Das gilt insbesondere dann, wenn es um ein Sachverständigengutachten geht.

2) Gebrauchsmustersache. § 110 PatG ist auch in einer Gebrauchsmustersache entsprechend anwendbar, § 20 GebrMG in Verbindung mit § 110 PatG.

Beschwerdeverfahren

PatG § 122. I Gegen die Urteile der Nichtigkeitssenate des Patentgerichts über den Erlaß einstweiliger Verfügungen im Verfahren wegen Erteilung einer Zwangslizenz (§ 85) findet die Beschwerde an den Bundesgerichtshof statt. § 110 Abs. 4 Satz 1 gilt entsprechend.

II Die Beschwerde ist innerhalb eines Monats nach Zustellung schriftlich beim Patentgericht einzulegen. Innerhalb dieser Frist ist eine Gebühr nach dem Tarif zu zahlen; wird sie nicht gezahlt, so gilt die Beschwerde als nicht erhoben. Für die Auslagen gilt § 110 Abs. 2 Satz 1 entsprechend.

III Das Patentgericht legt die Beschwerde ohne sachliche Stellungnahme dem Bundesgerichtshof vor.

IV

Nr.	Gebührentatbestand	Gebührenbetrag in DM oder Satz der Gebühr nach § 11 Abs. 2 GKG

1) Patentsache. Aus der Bezugnahme auf § 110 II 1 PatG (oben abgedruckt) folgt, daß für die Auslagen die Vorschriften des GKG maßgebend sind.

2) Gebrauchsmustersache. § 122 PatG ist auch in einer Gebrauchsmustersache entsprechend anwendbar, § 20 GebrMG in Verbindung mit § 122 PatG.

II. Gebühren des Patentgerichts

Diese Gebühren sind geregelt im Gesetz über die Gebühren des Patentamts und des Patentgerichts vom 18. 8. 76, BGBl 2188, in Kraft seit 1. 1. 76, zuletzt geändert durch § 12 des Halbleiterschutzgesetzes vom 22. 10. 87, BGBl 2294, in Kraft seit 1. 11. 87, § 28 G.

Nr.	Gebührentatbestand	Gebühr in Deutsche Mark

§§ 1, 2 lauten:

Gebührenverzeichnis

1 **Die Gebühren des Deutschen Patentamts und des Bundespatentgerichts bestimmen sich, soweit sie nicht anderweitig gesetzlich festgesetzt sind, nach dem anliegenden Gebührenverzeichnis.**

Gebührenmarken

2 **Die Gebühren können durch Verwendung von Gebührenmarken entrichtet werden.**

Das als Anlage zu § 1 verkündete **Gebührenverzeichnis lautet** im Abschnitt B (Abschnitt A betrifft die Gebühren des Patentamts):

200000	**B. Gebühren des Patentgerichts**	
210000	**I. Patentsachen**	
214000	**1. Beschwerdeverfahren**	
214100	**Für die Einlegung der Beschwerde (§ 73 Abs. 3 des Patentgesetzes)**	**200**
215000	**2. Nichtigkeits-, Zurücknahme und Zwangslizenzverfahren**	

Nr.	Gebührentatbestand	Gebühr in Deutsche Mark
215100	a) Klagen	
215110	(i) Für die Klage auf Erklärung der Nichtigkeit oder auf Zurücknahme oder auf Erteilung einer Zwangslizenz (§ 81 Abs. 6)	500
215120	(ii) Für die Einlegung der Berufung gegen Urteile der Nichtigkeitssenate (§ 110 Abs. 1)	400
215200	b) Einstweilige Verfügungen	
215210	(i) Für den Antrag auf Erlaß einer einstweiligen Verfügung (§ 85 Abs. 2)	400
215220	(ii) Für die Einlegung der Beschwerde gegen die Entscheidung über den Antrag auf Erlaß einer einstweiligen Verfügung (§ 122 Abs. 2)	400
220000	II. Gebrauchsmustersachen	
224000	1. Beschwerdeverfahren	
224100	a) Für die Einlegung der Beschwerde	
224110	(i) gegen den Beschluß der Gebrauchsmusterstelle (§ 18 Abs. 2 des Gebrauchsmustergesetzes) . .	200
224120	(ii) gegen den Beschluß der Gebrauchsmusterabteilung (§ 18 Abs. 2 des Gebrauchsmustergesetzes)	350
225000	2. Zwangslizenzverfahren	
225100	a) Klagen	
225110	(i) Für die Klage auf Erteilung einer Zwangslizenz (§ 20 des Gebrauchsmustergesetzes in Verbindung mit § 81 Abs. 6 des Patentgesetzes)	350
225120	(ii) Für die Einlegung der Berufung (§ 20 des Gebrauchsmustergesetzes in Verbindung mit § 110 Abs. 1 des Patentgesetzes)	275
225200	b) Einstweilige Verfügungen	
225210	(i) Für den Antrag auf Erlaß einer einstweiligen Verfügung (§ 20 des Gebrauchsmustergesetzes in Verbindung mit § 85 Abs. 2 des Patentgesetzes)	275

Nr.	Gebührentatbestand	Gebühr in Deutsche Mark
225220	(ii) Für die Einlegung der Beschwerde gegen die Entscheidung über den Antrag auf Erlaß einer einstweiligen Verfügung (§ 20 des Gebrauchsmustergesetzes in Verbindung mit § 122 Abs. 2 des Patentgesetzes)	257
230000	III. Warenzeichensachen	
234000	1. Beschwerdeverfahren	
234100	a) für die Einlegung der Beschwerde (§ 13 Abs. 2 des Warenzeichengesetzes) außer dem Fall der Nr. 234600 . .	200
234300	b) Für die Einlegung der Beschwerde nach § 2 Abs. 3 der Verordnung über die internationale Registrierung von Fabrik- oder Handelsmarken in der Fassung vom 17. Juli 1953 (Bundesgesetzbl. I S. 656)	200
234600	c) Für die Einlegung der Beschwerde in Löschungssachen (§ 13 Abs. 2, § 10 Abs. 2 Nr. 2)	350
240000	IV. Musterregistersachen	
244000	Beschwerdeverfahren	
244100	Für die Einlegung der Beschwerde (§ 10a des Geschmacksmustergesetzes)	
244110	a) gegen die Entscheidung des Patentamts, die ein einzelnes Muster oder Modell betrifft	200
244120	b) gegen die Entscheidung des Patentamts, die eine Sammelanmeldung (§ 7 Abs. 9) betrifft	350
250000	V. Topographieschutzsachen	
254000	Beschwerdeverfahren	
254100	Für die Einlegung der Beschwerde	
254110	a) gegen den Beschluß der Topographiestelle (§ 4 Abs. 4 Satz 3 des Halbleiterschutzgesetzes in Verbindung mit § 18 Abs. 2 des Gebrauchsmustergesetzes) .	200
254120	b) gegen den Beschluß der Topographieabteilung (§ 4 Abs. 4 Satz 3 des Halbleiterschutzgesetzes in Verbindung mit § 18 Abs. 2 des Gebrauchsmustergesetzes)	350

Nr.	Gebührentatbestand	Gebühr in Deutsche Mark
260000	**VI. Sortenschutzsachen**	
264000	**Beschwerdeverfahren**	
264100	**Für die Einlegung der Bescherde gegen Beschlüsse der Widerspruchsausschüsse beim Bundessortenamt (§ 34 Abs. 2 des Sortenschutzgesetzes)**	**200**

Nr.	Gebührentatbestand	Gebührenbetrag in DM oder Satz der Gebühr nach § 11 Abs. 2 GKG
	III. Verfahren über Anträge auf Anordnung, Aufhebung oder Abänderung eines Arrestes oder einer einstweiligen Verfügung	
1050	**Verfahren erster Instanz über einen Antrag auf Anordnung eines Arrestes oder einer einstweiligen Verfügung** . . . . **Im Falle des § 942 ZPO gilt das Verfahren vor dem Amtsgericht und dem Gericht der Hauptsache als ein Rechtsstreit.**	½

1) Allgemeines. KV 1050ff regeln die Gebühren für das vorläufige Verfahren zum Teil abweichend vom ordentlichen Prozeß. Der vorläufige Prozeß wird als ein selbständiges Verfahren behandelt. Die im Hauptprozeß entstehenden Gebühren werden durch die im vorläufigen Verfahren entstehenden nicht berührt. Das gilt auch für eine etwa nach den §§ 935ff ZPO im Eheverfahren erlassene einstweilige Verfügung (wegen einer einstweiligen Anordnung vgl KV 1161, 1162) und ebenso, wenn der Arrest- oder Verfügungsantrag mit einer Klage verbunden ist oder wenn etwa in demselben Urteil Entscheidungen über den Verfügungsantrag und den Antrag in der Hauptsache getroffen worden sind.

Wegen des Antrags eines Kindes auf den Erlaß einer einstweiligen Verfügung mit dem Ziel der Zahlung des Unterhalts für die ersten drei Monate und wegen des Antrags auf die Zahlung von Entbindungs- und Unterhaltskosten für die Mutter nach den §§ 1615o BGB, 641d ZPO vgl KV 1163. Wegen einer einstweiligen Anordnung zur Zahlung eines Prozeßkostenvorschusses in einer Unterhaltssache nach § 127a ZPO vgl KV

Nr.	Gebührentatbestand	Gebührenbetrag in DM oder Satz der Gebühr nach § 11 Abs. 2 GKG

1160. Wegen einer nachträglichen Begründung nach dem EuGÜbk vgl KV 1096–1098 Anm 3. Im Verfahren vor den Arbeitsgerichten gelten GV 2150–2169, Teil II A dieses Buchs. Wegen einer einstweiligen Anordnung nach der VwGO vgl KV 1230ff. Wegen einer einstweiligen Anordnung nach der FGO vgl KV 1330ff.

Der Arrest und die einstweilige Verfügung sind keine Akte der Zwangsvollstreckung, obwohl die ZPO sie im 8. Buch regelt.

2) Gebührenhöhe. Für das Verfahren über den Antrag auf den Erlaß eines Arrests oder einer einstweiligen Verfügung entsteht ½ Gebühr. In dieses Verfahren gehört nicht nur die Anordnung durch einen Beschluß, auch diejenige nach § 942 ZPO durch das AG, KV 1050 S 2, vgl § 27, sowie das Ersuchen um Eintragung an das Grundbuchamt oder an die Registerbehörde nach § 941 ZPO, sondern auch das gesamte Widerspruchsverfahren und das Rechtfertigungsverfahren einschließlich der darin ergehenden Entscheidungen beliebiger Art.

Ein Antrag auf den Erlaß eines Arrests und ein solcher auf den Erlaß einer einstweiligen Verfügung leiten zwei getrennte Verfahren ein.

Durch die Arrestgebühr wird das grundsätzlich gesamte Arrestverfahren abgegolten, auch der Arrestvollzug, soweit nicht KV 1149 anwendbar ist, aM ZöM § 922 ZPO Anm V 1. Andererseits entsteht die ½ Gebühr auch dann, wenn die Sache verglichen wird. Nun kann der Wert des Vergleichs denjenigen des Streitgegenstands übersteigen. Das kommt namentlich dann vor, wenn die Parteien im Arrestverfahren die Hauptsache mitvergleichen. In diesem Fall kommt KV 1170 zur Anwendung.

Die Klagerhebung nach § 926 I ZPO läßt Gebühren nach KV 1010ff entstehen. Wegen § 926 II ZPO vgl KV 1051.

Durch die ½ Gebühr wird das Endurteil, § 922 I 1 ZPO, nicht abgegolten, vgl KV 1054–1055. Soweit das Urteil nur einen Teil des Streitgegenstands betrifft, etwa im Fall eines nur teilweisen Widerspruchs, gilt § 21. Eine Verbindung der Hauptsache und der Arrestsache berührt die Höhe der Gebühren nicht. Eine Antragsrücknahme beseitigt die Gebühr KV 1050 nicht, Bbg JB **76**, 621, Ffm Rpfleger **87**, 128, Hbg JB **76**, 1541, Karlsr Just **77**, 202, FG Hbg JB **76**, 1540, Lappe, Mümmler JB **77**, 1508; **aM** LG Ffm JB **76**, 620, rechtspolitisch krit Pietzcker GRUR **76**, 194.

Die Beschwerdegebühr, KV 1180 Anm 2 G, kann neben den erstinstanzlichen Gebühren entstehen.

3) Streitwert. Der Streitwert errechnet sich nach § 20.

4) Fälligkeit, Kostenschuldner usw. Die Fälligkeit der Verfahrensgebühr tritt mit der Einreichung des Antrags, § 61, diejenige der Urteilsgebühr mit dem Wirksamwerden des Urteils ein. Eine Vorwegleistungspflicht besteht in der 1. Instanz nicht. Denn § 65 setzt eine Klage voraus. Kostenschuldner sind: Grundsätzlich der Antragsteller, § 49; ausnahmsweise der Antragsgegner, soweit das Gericht ihm im Beschluß oder Urteil Kosten auferlegt, § 54 Z 1.

Nr.	Gebührentatbestand	Gebührenbetrag in DM oder Satz der Gebühr nach § 11 Abs. 2 GKG
1051	**Verfahren erster Instanz über einen Antrag auf Aufhebung oder Abänderung eines Arrestes oder einer einstweiligen Verfügung (§ 926 Abs. 2, §§ 927, 936 ZPO)**	½

1) Geltungsbereich. Die Vorschrift nennt folgende Fälle: Eine Aufhebung des Arrests wegen einer Versäumung der Klagefrist, § 926 II ZPO; eine Aufhebung des Arrests wegen veränderter Umstände, § 927 ZPO; die Anwendbarkeit der genannten Vorschriften auf eine einstweilige Verfügung, § 936 ZPO. Jedes dieser gebührenrechtlich gegenüber dem Anordnungsverfahren selbständigen Verfahren, LG Bln MDR **89**, 366 mwN, läßt die Gebühr KV 1051 entstehen.

Auf andere Fälle sind KV 1051, 1056–1057 nicht anwendbar, namentlich nicht auf die Aufhebung nach § 942 III ZPO durch das AG im Fall der Unterlassung einer Ladung zum Rechtfertigungsverfahren (diese Aufhebung verursacht keine Gebühren). Diese anderen Fälle sind völlig neue Verfahren. Infolgedessen entstehen dort Gebühren nach KV 1050, 1054–1055 unabhängig von den für das Anordnungsverfahren erhobenen Gebühren. Die Gebühren sind in diesen neuen Verfahren dieselben wie im Anordnungsverfahren. Die Entscheidung erfolgt immer durch ein Urteil.

Eine Antragsrücknahme ist unerheblich, Mü Rpfleger **78**, 234 mwN.

2) Streitwert. Als Streitwert ist derjenige des Anordnungsverfahrens anzusehen, sofern nicht nur eine teilweise Aufhebung betrieben wird.

3) Fälligkeit, Kostenschuldner usw. Die Fälligkeit tritt mit dem Eingang des Antrags ein, § 61, LG Bln MDR **89**, 366. Wer Kostenschuldner ist, bestimmt sich nach §§ 49, 54.

	Endurteil erster Instanz außer Anerkenntnisurteil, Verzichtsurteil und Versäumnisurteil gegen die säumige Partei in dem Verfahren über den Antrag auf Anordnung eines Arrestes oder einer einstweiligen Verfügung:	
1054	**Urteil enthält eine Begründung und muß sie enthalten**	1
1055	**Urteil enthält keine Begründung oder braucht sie nicht zu enthalten (§ 313a ZPO)**	½
	Endurteil erster Instanz außer Anerkenntnisurteil, Verzichtsurteil und Versäumnisurteil gegen die säumige Partei in dem Verfahren über den Antrag auf Abände-	

Nr.	Gebührentatbestand	Gebührenbetrag in DM oder Satz der Gebühr nach § 11 Abs. 2 GKG
	rung oder Aufhebung eines Arrestes oder einer einstweiligen Verfügung (§ 926 Abs. 2, §§ 927, 936 ZPO):	
1056	**Urteil enthält eine Begründung und muß sie enthalten**	**1**
1057	**Urteil enthält keine Begründung oder braucht sie nicht zu enthalten (§ 313a ZPO)**	**½**
1060	**Berufungsverfahren**	**¾**
	Urteil, das die Berufungsinstanz abschließt, außer Anerkenntnisurteil, Verzichtsurteil und Versäumnisurteil gegen die säumige Partei:	
1061	**Urteil enthält eine Begründung und muß sie enthalten**	**1**
1062	**Urteil enthält keine Begründung oder braucht sie nicht zu enthalten (§ 313a ZPO)**	**½**
	Beschluß nach § 91a ZPO in der Berufungsinstanz:	
1063	**Beschluß enthält eine schriftliche Begründung; von ihr konnte bei entsprechender Anwendung des § 313a ZPO auch nicht abgesehen werden**	**½**
1064	**Beschluß enthält keine schriftliche Begründung oder braucht sie bei entsprechender Anwendung des § 313a ZPO nicht zu enthalten**	**¼**

Zu KV 1054–1064:

1) Allgemeines. Es ist unerheblich, ob es sich um ein Anordnungsverfahren, Widerspruchsverfahen, Abänderungsverfahren oder Aufhebungsverfahren handelt. Entstehen kann also nicht nur die Verfahrensgebühr, sondern außerdem auch die Urteilsgebühr. Daneben kann die Gebühr für die Erledigung der Hauptsache, § 91a ZPO, nur noch in der Berufungsinstanz entstehen, KV 1063–1064. Im Fall der Verwerfung der Berufung als unzulässig und im Fall der Rücknahme der Berufung erfolgt keine Ermäßigung der Gebühr KV 1060, Mü Rpfleger **78**, 234. Denn KV 1050–1064 sind selbständig neben KV 1020–1039 anwendbar. Eine ent-

Nr.	Gebührentatbestand	Gebührenbetrag in DM oder Satz der Gebühr nach § 11 Abs. 2 GKG

sprechende Anwendung von KV 1021 oder gar von KV 1031 ist also unzulässig.

Die Gebühren nach KV 1060–1064 entstehen auch, wenn das Berufungsgericht in 1. Instanz entscheidet, weil es als Gericht der Hauptsache zuständig ist. Denn auch in diesem Fall entscheidet es, weil es als Berufungsgericht mit der Sache befaßt ist; seine Entscheidung hat dieselbe Bedeutung wie diejenige eines Berufungsgerichts, aM Mü Rpfleger **56**, 30, DOHH KV 1050–1064 Rdz 6, ZöSche § 922 ZPO Anm V 1.

Kostenschuldner ist der Rechtsmittelkläger, § 49. Die Fälligkeit tritt mit der Einreichung der Berufungsschrift zu ¾ ein, ferner mit der Wirksamkeit des Urteils. Wegen § 313a ZPO vgl zu KV 1014–1017 Anm 5.

In der Beschwerdeinstanz findet nicht KV 1060–1064 Anwendung, sondern KV 1180–1181.

IV. 1. Erstinstanzliche Verfahren über Anträge auf Vollstreckbarerklärung eines Schiedsspruchs oder schiedsrichterlichen Vergleichs (§§ 1042, 1044a ZPO)

2. Erstinstanzliche Verfahren über Anträge auf Vollstreckbarerklärung ausländischer Schuldtitel oder auf Erteilung der Vollstreckungsklausel zu ausländischen Schuldtiteln sowie Verfahren der Aufhebung oder Abänderung der Vollstreckbarerklärung oder der Vollstreckungsklausel mit Ausnahme der nachstehend unter 3 und 4 bezeichneten Verfahren, soweit nicht in Staatsverträgen bestimmt ist, daß ein Schuldtitel kostenfrei für vollstreckbar zu erklären ist

1080	**Verfahren im allgemeinen . . . .**	**1**

1) Geltungsbereich. Wie die allgemeine Fassung des Gesetzestextes in IV 1.–2. vor KV 1080 ergibt, regelt das KV die Gebühren für alle Verfahren über Anträge auf eine Vollstreckbarerklärung oder auf die Erteilung der Vollstreckungsklausel sowie im Verfahren der Aufhebung oder Abänderung der Vollstreckbarerklärung oder der Vollstreckungsklausel, und zwar bei sämtlichen ausländischen Schuldtiteln, also nicht nur bei einem Urteil, sondern auch bei einem Beschluß, einem Schiedsspruch, einer vollstreckbaren Urkunde. Ein solcher Schuldtitel braucht auch nicht von einem Gericht herzurühren.

Nr.	Gebührentatbestand	Gebührenbetrag in DM oder Satz der Gebühr nach § 11 Abs. 2 GKG

KV 1080 gilt aber nur für ein auf einem Staatsvertrag beruhendes vereinfachtes Verfahren, nicht auch für die Vollstreckungsklage; für diese sind KV 1010ff unmittelbar anwendbar. Wegen der in Betracht kommenden Staatsverträge vgl § 47 BRAGO Anm 1, ebenso wegen der Anwaltsgebühren.

KV 1080ff gelten nicht, soweit in einem Staatsvertrag bestimmt ist, daß ein Schuldtitel kostenfrei für vollstreckbar zu erklären ist, IV 2. vor KV 1080. Das gilt zB: Auf Grund des HZPrÜbk, vgl KV 1098 Anh. Wegen der Vollstreckbarerklärung vgl im übrigen die Texte der Abkommen bei BLAH SchlAnh V.

1081	**Zurücknahme des Antrags, bevor der Gegner angehört worden ist und bevor der für die mündliche Verhandlung vorgesehene Tag begonnen hat . . . .**	**Gebühr 1080 entfällt**

1) Voraussetzungen. Eine Rücknahme des Antrags bringt die Gebühr KV 1080 in Wegfall, wenn eine der folgenden Voraussetzungen vorliegt:

A. Vor Anhörung des Gegners. Die Antragsrücknahme muß vor einer Anhörung des Antragsgegners erfolgt sein, § 1042a ZPO. Ein bloßer Ablauf der Äußerungsfrist gilt als eine Anhörung, auch wenn der Antragsteller von der Fristsetzung keine Kenntnis hatte, Düss Rpfleger **74**, 233.

B. Vor Beginn der Verhandlung. Die Antragsrücknahme muß vor dem Beginn desjenigen Tags erfolgt sein, den das Gericht zur mündlichen Verhandlung vorgesehen hatte, vgl KV 1012.

2) Weitere Einzelfragen. Im Fall einer Teilrücknahme gilt § 21. Streitwert ist der volle Wert des vom Antrag betroffenen Teils des Schiedsspruchs. Denn die Bedeutung der Vollstreckbarerklärung geht über die Ermöglichung der Zwangsvollstreckung hinaus, weil sie die Unanfechtbarkeit des Schiedsspruchs bis auf Restitutionsgründe feststellt, § 1043 ZPO. Bei einem Schiedsvergleich gilt dasselbe, § 1044a II ZPO. Man darf also nicht von einem vollstreckungsfähigen Teil sprechen.

	Endurteil außer Anerkenntnisurteil, Verzichtsurteil und Versäumnisurteil gegen die säumige Partei:	
1082	**Urteil enthält eine Begründung und muß sie enthalten . . . .**	2

Nr.	Gebührentatbestand	Gebührenbetrag in DM oder Satz der Gebühr nach § 11 Abs. 2 GKG
1083	**Urteil enthält keine Begründung oder braucht sie nicht zu enthalten (§ 313a ZPO) . . .**	1

1) Geltungsbereich. Vgl KV 1016–1017.

	Beschluß nach § 91a ZPO, soweit nicht bereits eine Gebühr nach Nummer 1082 entstanden ist:	
1084	**Beschluß enthält eine schriftliche Begründung; von ihr konnte bei entsprechender Anwendung des § 313a ZPO auch nicht abgesehen werden . . .**	1
1085	**Beschluß enthält keine schriftliche Begründung oder braucht sie bei entsprechender Anwendung des § 313a ZPO nicht zu enthalten . . .**	½

1) Geltungsbereich. Vgl KV 1018–1019.

	3. Erstinstanzliches Verfahren nach § 3 Abs. 2 des Gesetzes zur Ausführung des Vertrages zwischen der Bundesrepublik Deutschland und der Republik Österreich vom 6. Juni 1959 über die gegenseitige Anerkennung und Vollstreckung von gerichtlichen Entscheidungen, Vergleichen und öffentlichen Urkunden in Zivil- und Handelssachen vom 8. März 1960 (Bundesgesetzbl. I S. 169)	
1090	**Verfahren im allgemeinen . . .**	1
1091	**In dem Verfahren wird nicht durch Urteil entschieden . . .**	Gebühr 1090 ermäßigt sich auf ¼
	Endurteil außer Anerkenntnisurteil, Verzichtsurteil und Versäumnisurteil gegen die säumige Partei:	
1092	**Urteil enthält eine Begründung und muß sie enthalten . . .**	2
1093	**Urteil enthält keine Begründung oder braucht sie nicht zu enthalten (§ 313a ZPO) . . .**	1

Nr.	Gebührentatbestand	Gebührenbetrag in DM oder Satz der Gebühr nach § 11 Abs. 2 GKG
	Beschluß nach § 91a ZPO, soweit nicht bereits eine Gebühr nach Nummer 1092 entstanden ist:	
1094	**Beschluß enthält eine schriftliche Begründung; von ihr konnte bei entsprechender Anwendung des § 313a ZPO auch nicht abgesehen werden**	1
1095	**Beschluß enthält keine schriftliche Begründung oder braucht sie bei entsprechender Anwendung des § 313a ZPO nicht zu enthalten**	½

Zu KV 1090–1095:

1) Allgemeines. Die Vorschriften betreffen lediglich die Gebühren für das in § 3 II AusfG vorgesehene Nachverfahren. Zuständig ist der Rpfl, § 21 I Z 3 RPflG. Nach Art 8 des deutsch-österreichischen Vollstreckungsvertrags, BLAH SchlAnh V B 3, kann das österreichische Gericht auf Grund des Antrags des Gläubigers für seine noch nicht rechtskräftige Entscheidung dann, wenn es in Österreich eine Exekution zur Sicherstellung bewilligen dürfte, unter sinngemäßer Anwendung des österreichischen Exekutionsordnung die Exekution zur Sicherstellung für zulässig erklären. In dem Beschluß oder Urteil des deutschen Gerichts, das im Vollstreckungsverfahren auch hier mit der Gebührenfolge des KV 1080ff ergeht, ist dann auszusprechen, daß die Entscheidung des österreichischen Gerichts nur zur Sicherung der Zwangsvollstreckung für vollstreckbar erklärt wird, § 3 I AusfG.

Die österreichische Entscheidung kann später in Rechtskraft erwachsen. Sie kann auch schon in Rechtskraft erwachsen sein, bevor das Gericht über die Vollstreckbarerklärung einen Beschluß oder ein Urteil erlassen hat. Wenn die österreichische Rechtskraft in dem Verfahren über die Vollstreckbarerklärung nicht geltend gemacht worden ist, dann muß das Gericht seinen Beschluß oder sein Urteil auf Grund des Antrags des Gläubigers dahin ändern, daß die Entscheidung ohne eine Beschränkung für vorläufig vollstreckbar erklärt wird. Dabei ist es unerheblich, ob der Antragsteller des Vollstreckungsverfahrens die Rechtskraft der österreichischen Entscheidung bereits hätte geltend machen können.

2) Gebührenhöhe. Das Nachverfahren löst Gebühren nach KV 1090–1095 aus. Wenn der Schuldner widerspricht, § 3 II AusfG in Verbindung mit §§ 1042ff ZPO, dann muß das Gericht auf Grund einer mündlichen Verhandlung durch ein Endurteil entscheiden, § 1042a ZPO. In diesem Fall können also 3 Gebühren entstehen. Wenn das Gericht dagegen, ohne daß Widerspruch erhoben wird, durch Beschluß entscheidet, wie es die Regel ist, dann ermäßigen sich die Gerichtsgebühren für das Nachverfah-

Nr.	Gebührentatbestand	Gebührenbetrag in DM oder Satz der Gebühr nach § 11 Abs. 2 GKG

ren auf ¼. Denn es sind bereits im voraufgegangenen Vollstreckungsverfahren die Gebühren nach KV 1080ff erhoben worden.

Vgl zu KV 1092–1093 auch KV 1016–1017, zu KV 1094–1095 auch KV 1018–1019. Wegen § 313a ZPO vgl zu KV 1014–1017 Anm 5.

	4. Verfahren auf Zulassung der Zwangsvollstreckung aus Schuldtiteln und auf Feststellung der Anerkennung einer Entscheidung nach dem Anerkennungs- und Vollstreckungsausführungsgesetz vom 30. Mai 1988 (BGBl. I 662)	
1096	**Verfahren über den Antrag, den Schuldtitel mit der Vollstreckungsklausel zu versehen oder festzustellen, ob die Entscheidung anzuerkennen ist . . . .**	**120 DM**
1097	**Verfahren über die Beschwerde gegen die Zulassung der Zwangsvollstreckung, die Feststellung der Anerkennung oder die Ablehnung des Antrags . . . .**	**180 DM**
1098	**Verfahren über die Rechtsbeschwerde . . .**	**240 DM**

Zu KV 1096–1098:

1) Allgemeines. Das Übereinkommen der Europäischen Gemeinschaft über die gerichtliche Zuständigkeit und die Vollstreckung gerichtlicher Entscheidungen in Zivil- und Handelssachen vom 27. 9. 68, BGBl **72** II 774, in Kraft seit 1. 2. 73, Bek vom 12. 1. 73, BGBl 26, Geltungsbereich vgl BLAH SchlAnh V C Üb vor § 1, und das AVAG vom 30. 5. 88, BGBl 662, BLAH SchlAnh V C 2, ermöglichen eine erheblich vereinfachte Zwangsvollstreckung sowie Feststellung der Anerkennung von Titeln der Mitgliedstaaten.

2) Fälle. Gerichtskosten werden in folgenden Fällen erhoben:

A. Feststellung, KV 1096. Es geht um die Feststellung der Anerkennung, §§ 27, 28 AVAG, oder um die Erteilung der Vollstreckungsklausel, §§ 3ff AVAG. Es entsteht eine Festgebühr von 120 DM. Sie umfaßt das Ausfertigungsverfahren nach §§ 8ff AVAG. Daneben entstehen Auslagen wie sonst. Kostenschuldner ist im Fall einer Ablehnung der Antragsteller, § 10 S 3 AVAG, im Fall des Stattgebens im Verfahren zur Feststellung der Antragsgegner, § 28 S 1 Hs 2 AVAG (bei einer auf die Kosten beschränkten Beschwerde evtl dem Antragsteller, § 28 S 3 AVAG), im Fall des Verfahrens auf die Erteilung der Vollstreckungsklausel grds der Schuldner, §§ 8 IV AVAG, 788 ZPO.

Nr.	Gebührentatbestand	Gebührenbetrag in DM oder Satz der Gebühr nach § 11 Abs. 2 GKG

B. Beschwerde, KV 1097. Im Verfahren über die Beschwerde gegen die Feststellung, Klauselerteilung, sowie im Verfahren über die Ablehnung dieser Entscheidungen nach §§ 11 ff, 28 S 2, 3 AVAG entsteht eine Festgebühr von 180 DM. Sie umfaßt die Einwendungen nach § 13 AVAG mit, nicht aber ein Verfahren gemäß §§ 15 AVAG, 767 ZPO. Wegen der Auslagen und des Kostenschuldners vgl A.

C. Rechtsbeschwerde, KV 1098. Im Verfahren über die Rechtsbeschwerde gegen eine Beschwerdeentscheidung nach §§ 17 AVAG entsteht eine Festgebühr von 240 DM. Wegen der Auslagen und des Kostenschuldners vgl A.

3) Weitere Einzelfragen. Im übrigen ist auf das Verfahren vor dem deutschen Gericht das GKG anwendbar. Kosten entstehen also nur, soweit dort vorgesehen, § 1.

Insbesondere entstehen keine Gerichtsgebühren in folgenden Fällen: Es geht um eine auf Grund des Antrags einer Partei vorzunehmende Vervollständigung eines Versäumnisurteils oder Anerkenntnisurteils, § 32 I–III AVAG; es geht um eine auf Grund des Antrags einer Partei beizufügende Begründung eines Arrestbefehls oder einer einstweiligen Verfügung oder einstweiligen Anordnung, § 32 IV AVAG; es geht um ein Auslegungsverfahren vor dem EuGH, Art 4 V des Auslegungsprotokolls zum EuGÜbk vom 3. 6. 71, BGBl **72** II 846.

Im letzteren Fall herrscht völlige Gerichtskostenfreiheit. In den anderen Fällen kann die Pflicht zum Auslagenersatz nach KV 1900 ff entstehen.

Anhang nach KV 1098

Regelung nach dem Haager Zivilprozeßübereinkommen

vom 1. 3. 54, BGBl **58** II 577, und dem deutschen AusfG vom 18. 12. 58, BGBl 939

Art. 7. [I] **Für Zustellungen dürfen Gebühren oder Auslagen irgendwelcher Art nicht erhoben werden.**

[II] **Der ersuchte Staat ist jedoch vorbehaltlich anderweitiger Vereinbarung berechtigt, von dem ersuchenden Staat die Erstattung der Auslagen zu verlangen, die in den Fällen des Artikels 3 dadurch entstanden sind, daß bei der Zustellung ein Gerichtsbeamter mitgewirkt hat oder daß bei ihr eine besondere Form angewandt worden ist.**

Bemerkung. S § 3 AusfG. Zusatzvereinbarungen zu II bestehen mit Belgien, Dänemark, Luxemburg, den Niederlanden, Österreich, Schweden und der Schweiz.

Nr.	Gebührentatbestand	Gebührenbetrag in DM oder Satz der Gebühr nach § 11 Abs. 2 GKG

Art. 16. [I] **Für die Erledigung von Ersuchen dürfen Gebühren oder Auslagen irgendwelcher Art nicht erhoben werden.**

[II] **Der ersuchte Staat ist jedoch vorbehaltlich anderweitiger Vereinbarung berechtigt, von dem ersuchenden Staat die Erstattung der an Zeugen oder Sachverständige gezahlten Entschädigungen sowie der Auslagen zu verlangen, die dadurch entstanden sind, daß wegen Nichterscheinens von Zeugen die Mitwirkung eines Gerichtsbeamten erforderlich war oder daß nach Artikel 14 Abs. 2 verfahren worden ist.**

Bemerkung. Art 14 II betrifft das Verlangen des ersuchenden Staates, nach einer besonderen Form zu verfahren.

Zu Art 7 und 16:

§ 3 AusfG. Für die Übermittlung eines Zustellungsantrages (Artikel 1 Abs. 1 und 3 des Übereinkommens) oder eines Rechtshilfeersuchens (Artikel 8, Artikel 9 Abs. 1 und 3) durch den diplomatischen oder konsularischen Vertreter der Bundesrepublik Deutschland wird eine Gebühr von zwei Deutsche Mark erhoben. Diese Gebühr bleibt außer Ansatz, wenn der Zustellungsantrag oder das Rechtshilfeersuchen nicht erledigt werden kann.

Art. 18. [I] **War der Kläger oder Intervenient von der Sicherheitsleistung, der Hinterlegung oder der Vorschußpflicht auf Grund des Artikels 17 Abs. 1 und 2 oder der im Staate der Klageerhebung geltenden Rechtsvorschriften befreit, so wird eine Entscheidung über die Kosten des Prozesses, die in einem Vertragsstaat gegen ihn ergangen ist, gemäß einem auf diplomatischem Wege zu stellenden Antrag in jedem anderen Vertragsstaat durch die zuständige Behörde kostenfrei für vollstreckbar erklärt.**

[II] **Das gleiche gilt für gerichtliche Entscheidungen, durch die der Betrag der Kosten des Prozesses später festgesetzt wird.**

[III] ......

Bemerkung. Eine entsprechende Bestimmung enthält Art 9 Z 3 des Europäischen Niederlassungsabkommens vom 13. 12. 55, dem die BRep durch G vom 30. 9. 59, BGBl II 997, zugestimmt hat.

Art. 19. [IV] **Die für die Entscheidung über den Antrag auf Vollstreckbarerklärung zuständige Behörde hat, sofern die Partei dies gleichzeitig beantragt, den Betrag der in Absatz 2 Nr. 3 erwähnten Kosten der Bescheinigung, der Übersetzung und der Beglaubigung bei der Vollstreckbarerklärung zu berücksichtigen. Diese Kosten gelten als Kosten des Prozesses.**

§ 10 AusfG. [I] .....

[II] **Für die Übermittlung eines Antrags auf Bewilligung des** Armenrechts **durch den diplomatischen oder konsularischen Vertreter der Bundesrepublik Deutschland werden Gebühren und Auslagen nicht erhoben.**

Nr.	Gebührentatbestand	Gebührenbetrag in DM oder Satz der Gebühr nach § 11 Abs. 2 GKG

V. Verfahren in Scheidungssachen und Folgesachen

1. Verfahren erster Instanz

1110	**Verfahren im allgemeinen**	**1**

Zu KV 1110–1139:

1) Allgemeines. Scheidungsfolgesachen werden stets nach §§ 622ff ZPO und damit gebührenrechtlich nach dem GKG geregelt. Folgesachen werden entweder ebenso geregelt (diesen Fall erfaßt das GKG mit) oder im Verfahren nach dem FGG geregelt; dann ist § 99 KostO anwendbar. Wegen der Verzahnung der Verfahren nach der ZPO und nach dem FGG vgl BLAH § 621a ZPO Anm 1–4, Schwab FamRZ **76**, 661.

2) Gebührenhöhe. KV 1110–1139 enthalten Sonderregeln. Sie entsprechen freilich im Aufbau weitgehend den Regeln KV 1010ff. Deren Anm sind daher auch hier mitverwertbar. Die Gebühren für eine einstweilige Anordnung sind im KV 1160–1163 besonders geregelt. Vgl die dortigen Anm.

3) Streitwert. Der Streitwert richtet sich nach den §§ 17a, 19a, 20 II.

4) Fälligkeit, Kostenschuldner usw. Wer Gebührenschuldner ist, bestimmt sich nach den §§ 49, 54. Die Fälligkeit richtet sich nach § 61. Eine Vorauszahlungspflicht besteht im Fall eines Scheidungsantrags nach § 65 I 1. Im Fall einer Scheidungsfolgesache entsteht keine Vorauszahlungspflicht, § 65 II. Im übrigen ist stets § 65 VII zu beachten.

1111	**Zurücknahme des Antrags oder der Klage vor Ablauf des Tages, an dem entweder eine Anordnung nach § 273 ZPO unterschriftlich verfügt oder ein Beweisbeschluß unterschrieben ist, und vor Beginn des Tages, der für die mündliche Verhandlung vorgesehen war; Erledigungserklärungen nach § 91a ZPO stehen der Zurücknahme nicht gleich**	**Gebühr 1110 entfällt**

1) Geltungsbereich. Vgl KV 1012 Anm 2–4 und Hamm Rpfleger **82**, 443.

1113	**Grundurteil (§ 304 ZPO), Vorbehaltsurteil (§§ 302, 599 ZPO)**	½
	Endurteil, soweit ihm ein Grundurteil oder ein Vorbehaltsurteil vorausgegangen	

Nr.	Gebührentatbestand	Gebührenbetrag in DM oder Satz der Gebühr nach § 11 Abs. 2 GKG
	ist, mit Ausnahme des Anerkenntnisurteils, Verzichtsurteils und Versäumnisurteils gegen die säumige Partei:	
1114	**Urteil enthält eine Begründung und muß sie enthalten**	½
1115	**Urteil enthält keine Begründung oder braucht sie nicht zu enthalten (§ 313a ZPO)**	¼
	Endurteil, soweit ihm kein Grundurteil oder Vorbehaltsurteil vorausgegangen ist, mit Ausnahme des Anerkenntnisurteils, Verzichtsurteils und Versäumnisurteils gegen die säumige Partei; Beschluß in den in § 1 Abs. 2 GKG genannten Scheidungsfolgesachen, der die Instanz abschließt:	
1116	**Urteil enthält eine Begründung und muß sie enthalten**	**1**
	Beschluß	**1**
1117	**Urteil enthält keine Begründung oder braucht sie nicht zu enthalten (§ 313a ZPO)**	½

Zu KV 1114–1117:

1) Geltungsbereich. Vgl zu KV 1014–1017 Anm 2. Die dortigen Regelungen gelten entsprechend dann, wenn das Gericht durch einen Beschluß entscheidet. Allerdings ist die Gebührenermäßigung des KV 1117 für den Fall des Fehlens einer schriftlichen Begründung eines Beschlusses entfallen.

	Beschluß nach § 91a ZPO, soweit nicht bereits eine Gebühr nach Nummern 1114, 1116 entstanden ist:	
1118	**Beschluß enthält eine schriftliche Begründung; von ihr konnte bei entsprechender Anwendung des § 313a ZPO auch nicht abgesehen werden**	1
1119	**Beschluß enthält keine schriftliche Begründung oder braucht sie bei entsprechender Anwendung des § 313a ZPO nicht zu enthalten**	½

Nr.	Gebührentatbestand	Gebührenbetrag in DM oder Satz der Gebühr nach § 11 Abs. 2 GKG

Zu KV 1118–1119:

1) Geltungsbereich. Vgl zu KV 1018–1019 Anm 1.

2. Berufungsverfahren, Beschwerden in Folgesachen nach § 621e Abs. 1, § 629a Abs. 2 i. V. m. § 621e Abs. 1 ZPO

1120	**Verfahren im allgemeinen**	1½

1) Geltungsbereich. Vgl KV 1120.

1121	**Zurücknahme der Berufung, der Beschwerde, des Antrags oder der Klage vor Ablauf des Tages, an dem entweder eine Anordnung nach § 273 ZPO unterschriftlich verfügt, ein Beweisbeschluß unterschrieben oder ein Termin zur mündlichen Verhandlung unterschriftlich bestimmt ist; Erledigungserklärungen nach § 91a ZPO stehen der Zurücknahme nicht gleich**	**Gebühr 1120 ermäßigt sich auf ½**

1) Geltungsbereich. Vgl KV 1021.

1123	**Grundurteil (§ 304 ZPO), Vorbehaltsurteil (§§ 302, 599 ZPO)**	¾
	Urteil, das die Instanz abschließt, soweit ihm ein Grundurteil oder Vorbehaltsurteil nach Nummer 1123 vorausgegangen ist, mit Ausnahme des Anerkenntnisurteils, Verzichtsurteils und Versäumnisurteils gegen die säumige Partei:	
1124	**Urteil enthält eine Begründung und muß sie enthalten**	¾
1125	**Urteil enthält keine Begründung oder braucht sie nicht zu enthalten (§ 313a ZPO)**	⅜
	Urteil, das die Instanz abschließt, soweit ihm kein Grundurteil oder Vorbehaltsurteil nach Nummer 1123 vorausgegangen ist, mit Ausnahme des Anerkenntnisurteils, Verzichtsurteils und Versäumnisur-	

Nr.	Gebührentatbestand	Gebührenbetrag in DM oder Satz der Gebühr nach § 11 Abs. 2 GKG
	teils gegen die säumige Partei; Beschluß in den in § 1 Abs. 2 GKG genannten Scheidungsfolgesachen, der die Instanz abschließt:	
1126	**Urteil enthält eine Begründung und muß sie enthalten . . . .**	1½
	Beschluß	1½
1127	**Urteil enthält keine Begründung oder braucht sie nicht zu enthalten (§ 313a ZPO) . . . .**	¾

Zu KV 1123–1127:

1) Geltungsbereich. Vgl zu KV 1014–1017 Anm 5, KV 1024–1027. Allerdings ist die Gebührenermäßigung des KV 1127 für den Fall des Fehlens einer schriftlichen Begründung eines Beschlusses entfallen.

	Beschluß nach § 91a ZPO, soweit nicht bereits eine Gebühr nach Nummern 1124, 1126 entstanden ist:	
1128	**Beschluß enthält eine schriftliche Begründung; von ihr konnte bei entsprechender Anwendung des § 313a ZPO auch nicht abgesehen werden . . . .**	1
1129	**Beschluß enthält keine schriftliche Begründung oder braucht sie bei entsprechender Anwendung des § 313a ZPO nicht zu enthalten . . . .**	½

Zu KV 1128–1129:

1) Geltungsbereich. Vgl zu KV 1018–1019 Anm 1, KV 1028–1029.

	3. Revisionsverfahren, Beschwerden in Folgesachen nach § 621e Abs. 2 Satz 1, § 629a Abs. 2 i. V. m. § 621e Abs. 2 Satz 1 ZPO	
1130	**Verfahren im allgemeinen . . . .**	2

1) Geltungsbereich. Vgl zu KV 1030.

1131	**Zurücknahme der Revision, der weiteren Beschwerde, des Antrags oder der Klage, bevor die Schrift zur Begründung der Re-**	

Nr.	Gebührentatbestand	Gebührenbetrag in DM oder Satz der Gebühr nach § 11 Abs. 2 GKG
	vision oder der weiteren Beschwerde bei Gericht eingegangen ist; Erledigungserklärungen nach § 91a ZPO stehen der Zurücknahme nicht gleich	**Gebühr 1130 ermäßigt sich auf ½**

1) Geltungsbereich. Vgl KV 1031.

	Urteil, das die Instanz abschließt, mit Ausnahme des Anerkenntnisurteils, Verzichtsurteils und Versäumnisurteils gegen die säumige Partei; Beschluß in den in § 1 Abs. 2 GKG genannten Scheidungsfolgesachen, der die Instanz abschließt:	
1136	**Urteil enthält eine Begründung und muß sie enthalten**	**2**
	Beschluß	**2**
1137	**Urteil enthält keine Begründung oder braucht sie nicht zu enthalten (§ 313a ZPO)**	**1**

Zu KV 1136–1137:

1) Geltungsbereich. Vgl zu KV 1014–1017 Anm 5, KV 1036–1037. Allerdings ist die Gebührenermäßigung des KV 1137 für den Fall des Fehlens einer schriftlichen Begründung eines Beschlusses entfallen.

	Beschluß nach § 91a ZPO:	
1138	**Beschluß enthält eine schriftliche Begründung; von ihr konnte bei entsprechender Anwendung des § 313a ZPO auch nicht abgesehen werden**	**1**
1139	**Beschluß enthält keine schriftliche Begründung oder braucht sie bei entsprechender Anwendung des § 313a ZPO nicht zu enthalten**	**½**

Zu KV 1138–1139:

1) Geltungsbereich. Vgl zu KV 1018–1019 Anm 1, KV 1038–1039.

	VI. Besondere Verfahren	
1140	**Verfahren über den Antrag auf Sicherung des Beweises**	**½**

Nr.	Gebührentatbestand	Gebührenbetrag in DM oder Satz der Gebühr nach § 11 Abs. 2 GKG

1) Allgemeines. Die Vorschrift erfaßt ein Verfahren nach den §§ 485ff ZPO. Das Beweissicherungsverfahren kann im Rahmen eines Zivilprozesses oder selbständig erfolgen. Es kann beim Prozeßgericht oder beim AG des Aufenthalts bzw der Belegenheit nach § 486 II, III ZPO ablaufen. Wenn es in einer höheren Instanz stattfindet, erhöht sich die Gebühr nicht.

Die Gebühr gilt die gesamte Tätigkeit des Gerichts im Beweissicherungsverfahren ab, auch die Bestellung eines Vertreters nach § 494 ZPO.

Jeder neue Antrag begründet eine neue Gebühr, selbst wenn das Gericht über mehrere Anträge gemeinsam entscheidet. Demgegenüber leitet ein Antrag auf eine Ergänzung oder auf eine Berichtigung kein neues Verfahren ein. Ob nur ein solcher Antrag vorliegt, kann zweifelhaft sein. Ein neues Verfahren liegt jedenfalls dann vor, wenn das Gericht über eine neue Tatsache einen Beweis sichern soll, also auch dann, wenn nun der Antragsgegner seinerseits die Vernehmung eines Zeugen beantragt, § 49 Anm 2 A, LG Stade Rpfleger **66**, 58. Es würde aber zu weit gehen, schon in der Nachschiebung eines gleichartigen Beweismittels zu demselben Punkt ein neues Verfahren zu sehen; dergleichen läßt sich auch nicht aus § 487 Z 3 ZPO folgern.

Die Beweissicherung kann das Ziel haben, ein Beweismittel zu sichern. Dann ist das ganze Verfahren auf dieses Beweismittel abgestellt; kein anderes Beweismittel kann in diesem Verfahren an seine Stelle treten. Die Beweissicherung kann auch das Ziel haben, den Zustand einer Sache festzustellen. In diesem Fall kann der Antragsteller Beweismittel jeder Art, nicht nur gleichartige, im Verfahren nachschieben.

2) Streitwert. Vgl § 12 GKG Anh I: „Beweissicherung" mwN.

3) Fälligkeit, Kostenschuldner usw. Die Gebühr entsteht mit der Einreichung des Antrags. Kostenschuldner ist der Antragsteller, § 49, insbesondere für die Auslagen, LG Stade MDR **65**, 587, soweit er sie verursacht hat, Bbg JB **72**, 902, Mü JB **75**, 1230. Ein Auslagenvorschuß ist nach § 68 zu beurteilen. Eine im Hauptprozeß ergehende Kostenentscheidung bewirkt auch eine nach § 58 II vorrangige Haftung aus § 54 (vgl aber § 96 ZPO), Mü Rpfleger **73**, 446.

Eine Antragsrücknahme bewirkt keinen Erlaß der Gebühr mehr.

Die Sondervorschriften der §§ 14 I BinnSchG, 11 I FlößereiG für Unfälle eines Schiffs oder Floßes sind durch § 158 II KostO aufgehoben worden. Die Beweisaufnahme nach dem Binnenschiffahrts- und Flößereirechts fällt, ebenso wie eine seerechtliche Verklarung, unter § 50 II KostO.

1141	**Verfahren über den Antrag auf Entmündigung, soweit die Amtsgerichte zuständig sind**	½

Nr.	Gebührentatbestand	Gebührenbetrag in DM oder Satz der Gebühr nach § 11 Abs. 2 GKG
1142	**Verfahren über den Antrag auf Wiederaufhebung einer Entmündigung, soweit die Amtsgerichte zuständig sind**	½

Zu KV 1141–1142:

1) Allgemeines. Die Gebühren entstehen nur, „soweit die Amtsgerichte zuständig sind", also soweit das AG im Beschlußverfahren über die Entmündigung oder über deren Aufhebung zu entscheiden hat. Für den Entmündigungsprozeß gelten KV 1010ff; ebenso gilt KV 1141–1142 nicht für das Verfahren vor dem Vormundschaftsgericht oder für das Beschwerdeverfahren.

Die Gebühren gelten jeweils das gesamte Verfahren einschließlich der Entscheidung ab. Eine Überweisung nach §§ 650ff ZPO eröffnet keine neue Instanz. Ein Entmündigungs- und ein Aufhebungsverfahren sind verschiedene Instanzen. Die Bestellung eines Vertreters nach den §§ 668, 679, 686 ZPO ist mitabgegolten. Ein einziges Verfahren liegt auch dann vor, wenn sich der Antrag gegen mehrere Personen richtet. Jeder Antrag eröffnet eine neue Instanz, sofern er nicht nur als ein Berichtigungs- oder Ergänzungsantrag aufzufassen ist. Eine Rücknahme des Antrags bewirkt keinen Gebührenerlaß mehr.

2) Streitwert. Wenn sich der Antrag gegen mehrere Personen richtet, muß man die einzelnen selbständigen Ansprüche zusammenrechnen. Im übrigen gilt für den Streitwert § 12 II.

3) Fälligkeit, Kostenschuldner usw. Die Fälligkeit tritt mit dem Eingang des Antrags ein, § 61. Es entsteht kein Zwang zur Zahlung eines Auslagenvorschusses. Denn es handelt sich stets um ein Amtsverfahren, § 653 ZPO. Kostenschuldner ist der Antragsteller, § 49 S 1, aber nicht im Fall einer Entmündigung wegen Geisteskrankheit oder Geistesschwäche, § 49 S 2. Die endgültige Verpflichtung zur Kostentragung nach den §§ 54, 60 hat mit der Einziehung der fälligen Gebühr nichts zu tun.

1143	**Verteilungsverfahren**	½

1) Allgemeines. Die Gebühr gilt grundsätzlich das gesamte Verfahren nach den §§ 872ff ZPO ab. Darunter fällt also auch ein „anderweitiges" Verfahren nach § 880 ZPO. Denn es stellt nur eine Fortsetzung dar. Es kommt nicht auf die Zahl der Verteilungspläne an.

Dagegen fällt eine Klage nach den §§ 878ff ZPO unter KV 1010ff.

2) Streitwert. Als Streitwert gilt die Verteilungsmasse ohne Abzug der Kosten, aber ohne Hinzurechnung der Zinsen, §§ 12 I, 22 I in Verbindung mit §§ 5, 6 ZPO. Bleibt ein Überschuß zugunsten des Schuldners, so ist Streitwert entsprechend § 6 ZPO der verteilte und für die Kosten verwendete Betrag. Soweit wiederkehrende Bezüge hinterlegt

Nr.	Gebührentatbestand	Gebührenbetrag in DM oder Satz der Gebühr nach § 11 Abs. 2 GKG

werden, etwa Gehaltsbezüge, erhöht sich durch die späteren Hinterlegungen zwar der Streitwert; das Verfahren bleibt aber einheitlich.

3) Fälligkeit; Gebührenhöhe; Kostenschuldner. Das Verteilungsverfahren beginnt nicht auf Grund eines Antrags, sondern beim Vorliegen seiner Voraussetzungen von Amts wegen. Deshalb wird die Gebühr gemäß § 61 letzter Hs grundsätzlich bereits mit der Einleitung fällig, also mit der Aufforderung des Gerichts an die Gläubiger, eine Berechnung ihrer Ansprüche einzureichen, § 873 ZPO.

Die Höhe der Gebühr ergibt sich allerdings erst infolge der Abhaltung des Verteilungstermins endgültig. Das Gericht entnimmt die Kosten der Masse, § 874 II ZPO.

Kostenschuldner ist nur der Vollstreckungsschuldner. Denn ein Antragsteller fehlt oder ist jedenfalls nicht erforderlich.

1144 Aufgebotsverfahren . . . . ½

1) Allgemeines. KV 1144 bezieht sich nur auf das Aufgebotsverfahren vor dem AG. Ein Anfechtungsverfahren gegen ein Ausschlußurteil fällt unter KV 1010ff. Eine Todeserklärung fällt unter das FGG-Verfahren und damit unter § 128 KostO. Ein landesrechtliches Aufgebotsverfahren gehört nicht hierher.

Die Gebühr KV 1144 gilt das gesamte Verfahren ab. Dazu gehören: Eine Beweisaufnahme; Ermittlungen; ein Ausschlußurteil und eine Zahlungssperre nach den §§ 1019, 1020 ZPO. Jeder Antrag begründet ein Verfahren. Soweit das Gericht nachträglich mehrere Anträge miteinander verbindet, § 959 ZPO, ändert sich an der gesonderten Berechnung für jeden Antrag nichts.

2) Streitwert. Als Streitwert gilt das Interesse des Antragstellers. Das Gericht muß dieses Interesse nach pflichtgemäßem Ermessen schätzen. Wenn es sich um eine Kraftloserklärung eines Hypothekenbriefs, Grundschuldbriefs oder Rentenschuldbriefs für eine Hypothek usw auf einem im Bundesgebiet gelegenen Grundstück handelt, der zwar nicht abhanden gekommen oder vernichtet ist, den der Berechtigte aber infolge einer im Bundesgebiet nicht rechtswirksamen Maßnahme nicht in Besitz nehmen kann, dann beträgt der Streitwert ⅕ des Wertes der dem Antragsteller noch zustehenden Hypothek. Das Gericht kann den Wert aber aus besonderen Gründen auch anders festsetzen, Gesetz vom 18. 4. 50, BGBl 88, in der Fassung des Gesetzes vom 20. 12. 52, BGBl 830.

3) Fälligkeit; Gebührenhöhe; Kostenschuldner. Die Gebühr erwächst mit dem Antrag, § 61. Der Gebührenschuldner wird nach § 49 oder § 54 Z 1 ermittelt. Eine Vorschußpflicht entsteht nach § 68 wegen der durch das Aufgebot (nicht durch die Ermittlung von Amts wegen) entstehenden Kosten. Eine Rücknahme des Antrages begründet keinen Gebührenerlaß mehr.

Nr.	Gebührentatbestand	Gebührenbetrag in DM oder Satz der Gebühr nach § 11 Abs. 2 GKG
1145	**Verfahren bei Ernennung eines Schiedsrichters**	½
1146	**Verfahren bei Ablehnung eines Schiedsrichters**	½
1147	**Verfahren bei Erlöschen eines Schiedsvertrages**	½
1148	**Verfahren bei Anordnung der von den Schiedsrichtern für erforderlich erachteten richterlichen Handlungen**	½

Zu KV 1145–1148:

1) Allgemeines. KV 1145–1148 erfassen das Verfahren nach dem Zehnten Buch der ZPO. Eine Vollstreckbarerklärung oder Niederlegung wird nach KV 1080–1085, der Aufhebungsprozeß wird nach KV 1010ff versteuert.

2) Fälle. Das Gesetz nennt folgende Fallgruppen:

A. Ernennung eines Schiedsrichters, KV 1145. Gemeint ist eine Ernennung nach den §§ 1029 II, 1031 ZPO, aber auch einer der anderen nach § 1045 ZPO zu behandelnden Fälle, zB ein Streit über die Vertragsmäßigkeit der Ernennung.

Dagegen gehört nicht hierher eine nach dem Schiedsvertrag erfolgende Ernennung durch den Vorsitzenden eines bestimmten Gerichts. Sie ist Privatsache.

B. Ablehnung eines Schiedsrichters, KV 1146. Die Vorschrift erfaßt das Verfahren nach § 1032 ZPO. Es ist unerheblich, wer den Ablehnungsantrag gestellt hat und ob das Gericht zuständig ist.

C. Erlöschen eines Schiedsvertrags, KV 1147. Die Vorschrift erfaßt ein Verfahren, soweit das Gericht nach § 1045 ZPO entscheidet. Ein Antrag genügt, auch wenn das Gericht im Prozeßweg zu entscheiden hätte.

D. Anordnung einer richterlichen Handlung, KV 1148. Die Vorschrift erfaßt ein Verfahren nach § 1036 ZPO, soweit das Schiedsgericht eine Anordnung für notwendig hält, etwa eine niedliche Vernehmung usw. Es ist unerheblich, ob eine solche Handlung auch wirklich erforderlich ist. Die Anordnung der Handlung ist das Ziel des Antrags und sein Ende. Die Durchführung der richterlichen Handlung fällt nicht unter KV 1145–1148. Es ist auch unerheblich, ob die angeordnete Handlung sonst gebührenfrei ist, etwa eine Zustellung im Ausland.

3) Weitere Einzelfragen. In allen Fällen gilt die Gebühr das ganze, durch den Antrag veranlaßte Verfahren ab, einschließlich einer Beweisaufnahme. Dagegen ist jedes der in Anm 2 A–D genannten Verfahren ein

Nr.	Gebührentatbestand	Gebührenbetrag in DM oder Satz der Gebühr nach § 11 Abs. 2 GKG

besonderes Verfahren, selbst wenn die Anträge verbunden wurden. Eine Anrechnung auf andere Gebühren findet nicht statt.

4) Fälligkeit; Gebührenhöhe; Kostenschuldner. Die Fälligkeit tritt mit dem Eingang des Antrags ein, § 61. Eine Antragsrücknahme bewirkt keinen Gebührenerlaß mehr. Kostenschuldner ist lediglich der Antragsteller, § 49, abw Lappe zu (jetzt:) KV 1145, 1146, 1148 (auch § 54 sei anwendbar). Als Antragsteller ist jedoch nicht etwa das Schiedsgericht anzusehen; Antragsteller sind vielmehr die Partei oder die Parteien gesamtschuldnerisch, und zwar auch bei einem offenbar unzulässigen Ersuchen. Denn die Ermächtigung der Schiedsrichter bezieht sich auf das gesamte Verfahren.

1149	**Verfahren über Anträge auf gerichtliche Handlungen der Zwangsvollstreckung gemäß § 829 Abs. 1, §§ 835, 839, 846 bis 848, 857, 858, 885 Abs. 4 oder § 886 ZPO; mehrere Verfahren innerhalb eines Rechtszuges gelten als ein Verfahren, sofern sie denselben Anspruch und denselben Gegenstand betreffen**	**15 DM**

1) Geltungsbereich. Zu KV 1149 gehören folgende Fallgruppen, auch im Rahmen des Arrestvollzugs:

A. Forderungspfändung. Hierher zählt ein Verfahren nach § 829 I ZPO.

B. Forderungsüberweisung. Hierher zählt ferner ein Verfahren nach den §§ 835, 839 ZPO.

C. Pfändung von Anspruch auf Herausgabe. Hierher zählt ferner ein Verfahren nach den §§ 846–848 ZPO.

D. Pfändung eines anderen Vermögensrechts. Hierher zählt ferner ein Verfahren nach § 857 ZPO.

E. Zwangsvollstreckung in eine Schiffspart. Hierher zählt ferner ein Verfahren nach § 858 ZPO.

F. Räumungsverkauf. Hierher zählt ferner ein Verfahren nach § 885 IV ZPO.

G. Überweisung des Herausgabeanspruchs. Hierher zählt schließlich ein Verfahren nach § 886 ZPO.

H. Sonstige Fälle. Nicht unter KV 1149 gehören zB: Eine Erinnerung nach § 766 ZPO, BGH **69**, 148; ein Ersuchen um die Mitwirkung einer anderen Behörde; eine Erlaubnis zu einer Vollstreckungshandlung zur Nachtzeit usw, § 761 ZPO; die Ernennung eines Sequesters oder eines zuständigen Gerichtsvollziehers, § 854 ZPO; die Berichtigung eines

Nr.	Gebührentatbestand	Gebührenbetrag in DM oder Satz der Gebühr nach § 11 Abs. 2 GKG

Pfändungsbeschlusses nach § 850 IV ZPO; eine Zwangsvollstreckung im Ausland, § 791 ZPO; eine Ermächtigung zur Umschreibung, § 822 ZPO; eine Ermächtigung zur Wiederinkurssetzung, § 823 ZPO; die Anordnung einer besonderen Verwertung, § 825 ZPO; die Anordnung einer anderweitigen Verwertung, § 844 ZPO; ein Pfändungsantrag, soweit das Gericht schon den gleichzeitigen Arrestantrag abweist, ZöM § 922 ZPO Anm V 1 mwN; die Anordnung der Versteigerung und Hinterlegung, § 930 ZPO; die Aufhebung des Vollzugs, § 934 ZPO.

2) Fälligkeit; Gebührenhöhe; Kostenschuldner. Die Gebühr entsteht mit dem Antrag, § 61. Die Festgebühr entsteht auch dann nur einmal, wenn der Gläubiger auf Grund derselben Forderung einen Antrag auf eine Pfändung und Überweisung mehrerer Forderungen des Schuldners gegenüber verschiedenen Drittschuldnern stellt, zB LG Zweibr Rpfleger **77**, 76 mwN, aM zB LG Verden NdsRpfl **70**, 209, oder wenn er im Verfahren wegen mehrere Gesamtschuldner deren Ansprüche auf Lohnsteuererstattung pfändet, aM AG Hagen Rpfleger **86**, 111. Jeder neue Antrag leitet ein neues Verfahren ein. Wenn mehrere verbundene oder in verschiedenen Verfahren gestellte Anträge denselben Anspruch und denselben Gegenstand innerhalb desselben Rechtszugs betreffen, entsteht die Festgebühr ebenfalls nur einmal, etwa im Fall der Pfändung und Überweisung derselben Forderung.

Kostenschuldner ist der Antragsteller, § 49, möglicherweise auch der Vollstreckungsschuldner, § 54 Z 4.

1150	**Verfahren nach § 765a ZPO**	**15 DM**

1) Allgemeines. Die Vorschrift ist auch dann anwendbar, wenn neben dem Verfahren nach § 765a ZPO ein Verfahren nach § 30a ZVG (mit besonderer Gebühr) anhängig ist, Düss VersR **77**, 726. Wegen des Beschwerdeverfahrens s KV 1540 Anm 1.

1151	**Verfahren nach § 813a ZPO**	**15 DM**
1152	**Verfahren über den Antrag auf Abnahme der eidesstattlichen Versicherung einschließlich der Verfahren über Anträge auf Erzwingung der Abgabe der eidesstattlichen Versicherung**	**25 DM**
1153	**Erteilung der Abschrift eines mit eidesstattlicher Versicherung abgegebenen Vermögensverzeichnisses einschließlich der Niederschrift über die Abgabe der eidesstattlichen Versicherung, soweit von dem**	

Nr.	Gebührentatbestand	Gebührenbetrag in DM oder Satz der Gebühr nach § 11 Abs. 2 GKG
	Antragsteller nicht bereits eine Gebühr nach Nummer 1152 zu erheben ist	**25 DM**

1) Geltungsbereich. Zu KV 1152 gehört die prozessuale Abgabe einer eidesstattlichen Versicherung nach § 807 ZPO, ferner die sachlichrechtliche Abgabe einer eidesstattlichen Versicherung, soweit das Verfahren nach § 883 II ZPO stattfindet.

Soweit im letzteren Fall das Verfahren nach § 83 II FGG stattfindet, gilt § 124 KostO. Die konkursrechtliche Abgabe einer eidesstattlichen Versicherung fällt unter KV 1420. Die eidesstattliche Versicherung eines Vergleichsschuldners fällt unter KV 1400. Das Ersuchen der Versicherungsträger auf die Abgabe einer eidesstattlichen Versicherung ist ein Ersuchen um die Vornahme einer Rechtshilfehandlung und darum jetzt kostenpflichtig, § 2 GKG Anm 2 B, aM 22. Aufl; entsprechendes gilt bei einem Konkursantrag.

Gebührenpflichtig ist wieder das Verfahren als Ganzes. Daher entsteht zB auch dann wieder die Gebühr, wenn der Gläubiger den Antrag auf die Abnahme der eidesstattlichen Versicherung vor dem Zeitpunkt der Terminsbestimmung zurücknimmt. Das Erzwingungsverfahren ist durch die Gebühr für das Abgabeverfahren mitabgegolten. Eine Terminsbestimmung ist auch dann gebührenfrei, wenn der Gläubiger eine Ergänzung der bereits abgegebenen eidesstattlichen Versicherung des Schuldners beantragt, vgl schon LG Frankenth Rpfleger **84**, 194 (zum alten Recht). Eine Einsicht in das Schuldnerverzeichnis ist gebührenfrei. Wegen einer Abschrift des Vermögensverzeichnisses nur gilt KV 1153. Wegen der Auslagen KV 1900 Z 3.

2) Fälligkeit usw. Die Festgebühr wird mit der Antragstellung fällig, § 61 Hs 1. Kostenschuldner ist der Antragsteller, § 49, oder der Vollstreckungsschuldner, § 54 Z 4, oder der in die Kosten Verurteilte, § 54 Z 1.

3) Beschwerdeverfahren. Im Beschwerdeverfahren wendet Mü MDR **87**, 1035 mwN für den Streitwert § 58 III Z 11 BRAGO entsprechend an, weil KV 1181 eine Wertgebühr geblieben ist. Mümmler JB **76**, 722 läßt die der Zwangsvollstreckung unterliegende Hauptforderung maßgeblich sein.

Demgegenüber weist Lappe § 14 Anm 8 mit Recht auf § 14 II 1 hin. Es erwächst also auch im Beschwerdeverfahren nur eine Festgebühr von 25 DM.

	VII. Einstweilige Anordnungen	
1160	**Entscheidung über einen Antrag nach § 127a ZPO . . . .**	½
	Mehrere Entscheidungen innerhalb eines Rechtszuges gelten als eine Entscheidung.	

Nr.	Gebührentatbestand	Gebührenbetrag in DM oder Satz der Gebühr nach § 11 Abs. 2 GKG

1) Allgemeines. § 127a ZPO schafft keine sachlichrechtliche Anspruchsnorm, sondern regelt nur die raschere prozessuale Durchsetzbarkeit anderer Normen, insofern (nur allgemein) richtig Kblz FamRZ **78**, 901, aM zB Wacke MünchKomm § 1360a BGB Rdz 21. § 127a I ZPO erfaßt trotz seines scheinbar umfassenden Wortlauts nur diejenigen Unterhaltssachen, die weder von § 620 Z 9 ZPO noch von § 621f ZPO in Verbindung mit § 621 I Z 1–3, 6–9 ZPO geregelt werden. Denn jene Sondervorschriften gehen dem § 127a ZPO vor; insofern gilt KV 1162.

Es bleiben also in der Regel nur der Unterhaltsanspruch des ehelichen oder des nichtehelichen Kindes sowie anderer Verwandter, dann allerdings auch im Fall einer zugehörigen Vollstreckungsabwehrklage nach § 767 ZPO, Düss FamRZ **78**, 427, nicht aber ein Anspruch eines Ehegatten auf einen Prozeßkostenvorschuß gegen den geschiedenen anderen Ehegatten.

Diese Frage ist **streitig. Wie hier** zB BayObLG **80**, 79 (jedenfalls nach der Beendigung der Instanz), Düss FamRZ **78**, 124, Hbg FamRZ **78**, 902 mwN, StJSchl § 621f ZPO Rdz 3, ThP; **offen** Ffm FamRZ **79**, 732; **aM** zB BGH NJW **80**, 1392, Celle FamRZ **78**, 783, Düss FamRZ **79**, 806, Mü FamRZ **79**, 72, Stgt NJW **79**, 1168 je mwN, AG Hanau FamRZ **79**, 419.

Im Fall einer Verbindung eines Unterhaltsanspruchs mit einem anderen Anspruch gilt § 127a I ZPO nur für den Unterhalt. Das ergibt sich aus den Worten „für diesen Rechtstreit". Daher muß man den übrigen Vorschuß notfalls durch eine Klage einholen.

Der Begriff des Rechtszugs ist derjenige wie der Begriff der Instanz, § 27.

2) Streitwert. Man muß den Streitwert nach den §§ 12 I GKG, 3ff ZPO ermitteln. Es handelt sich durchweg um den begehrten Vorschuß. Im Fall mehrerer Entscheidungen muß man eventuell zusammenrechnen, § 5 ZPO. Denn KV 1160 begrenzt in diesen Fällen nur die Gebühren, nicht den Wert.

3) Fälligkeit usw. Die Fälligkeit tritt mit der Entscheidung ein, § 61 Hs 2. Der Kostenschuldner ist nach den §§ 49, 54 zu ermitteln.

1161	**Entscheidung über einen Antrag nach § 620 Satz 1 Nr. 4, 6 bis 9 ZPO . . . .**	½
	Mehrere Entscheidungen innerhalb eines Rechtszuges gelten als eine Entscheidung.	

1) Allgemeines. Die Vorschrift erfaßt eine einstweilige Anordnung in folgenden Fällen.

A. Unterhalt gegenüber ehelichem Kind. Es geht um ein Verfahren wegen einer Unterhaltszahlung gegenüber einem ehelichen Kind im Verhältnis der Ehegatten zueinander, § 620 S 1 Z 4 ZPO. Hier richtet sich der Streitwert nach § 20 II 1.

Nr.	Gebührentatbestand	Gebührenbetrag in DM oder Satz der Gebühr nach § 11 Abs. 2 GKG

B. Ehegattenunterhalt. Es geht um ein Verfahren um die Zahlung von Unterhalt eines Ehegatten an den anderen, § 620 S 1 Z 6 ZPO. Hier richtet sich der Streitwert nach § 20 II 1.

C. Ehewohnung, Hausrat. Es geht um ein Verfahren wegen der Ehewohnung oder wegen des Hausrats nach § 620 S 1 Z 7 ZPO. Hier richtet sich der Wert nach § 20 II 2.

D. Herausgabe. Es geht um ein Verfahren wegen der Herausgabe von Sachen, § 620 S 1 Z 8 ZPO. Hier ist der Wert wie bei § 12 Anh: § 3 ZPO „Herausgabe" zu ermitteln.

E. Prozeßkostenvorschuß. Es geht um einen nicht nach § 127a ZPO (für diese Vorschrift gilt KV 1160), sondern gemäß § 620 S 1 Z 9 ZPO geregelten Prozeßkostenvorschuß. Zur Abgrenzung im einzelnen KV 1160 Anm 1. Hier richtet sich der Wert nach den Regeln wie KV 1160 Anm 2. Denn § 20 II nennt den § 620 S 1 Z 9 ZPO nicht.

2) Fälligkeit usw. Die Fälligkeit tritt mit der Entscheidung ein, § 61 Hs 2. Der Kostenschuldner ist nach den §§ 49, 54 zu ermitteln. Wegen mehrerer Entscheidungen gilt KV 1160 Anm 3 entsprechend.

1162	**Entscheidung über einen Antrag nach § 621f ZPO**	½
	Mehrere Entscheidungen innerhalb eines Rechtszuges gelten als eine Entscheidung.	

1) Allgemeines. Die Vorschrift erfaßt eine einstweilige Anordnung nach § 621f ZPO auf die Zahlung eines Kostenvorschusses in einer Familiensache nach § 621 I Z 1–3, 6–9 ZPO, vgl dort. Nur in den übrigen Fällen ist KV 1160 oder KV 1161 anwendbar.

2) Streitwert. Im Fall eines Verfahrens nach § 621 Z 1–3 ZPO muß man von § 12 II 3 Hs 2 ausgehen, also von 1500 DM. Im Fall eines Verfahrens nach § 621 Z 6 ZPO muß man von § 17a ausgehen. Bei einem Verfahren nach § 621 Z 7 ZPO muß man von § 20 II 2 ausgehen, obwohl die Vorschrift nicht direkt anwendbar ist. Bei einem Verfahren nach § 621 Z 8, 9 ZPO muß man von § 12 I GKG in Verbindung mit § 3 ZPO ausgehen und jeweils die zu § 20 I entwickelten Gesichtspunkte, dort Anm 1, berücksichtigen.

3) Fälligkeit usw. Die Fälligkeit entsteht mit der Entscheidung, § 61 Hs 2. Der Kostenschuldner ist nach §§ 49, 54 zu ermitteln.

1163	**Entscheidung über einen Antrag nach § 641d ZPO**	½
	Mehrere Entscheidungen innerhalb eines Rechtszuges gelten als eine Entscheidung.	

Nr.	Gebührentatbestand	Gebührenbetrag in DM oder Satz der Gebühr nach § 11 Abs. 2 GKG

1) Allgemeines. Die Vorschrift erfaßt eine einstweilige Anordnung nach § 641 d ZPO auf die Zahlung eines Unterhalts bzw seine Sicherstellung durch eine Sicherheitsleistung. Wegen der Einzelheiten vgl § 20 Anm 2 B. Wegen mehrerer Entscheidungen vgl KV 1160 Anm 2.

VIII. Besondere Verfahren bei Kindesunterhalt

1164	**Beschluß, durch den nach § 641 p ZPO ein Titel über Unterhalt abgeändert wird . . . .**	**15 DM**

1) Allgemeines. Die Vorschrift erfaßt einen Abänderungsbeschluß nach § 641 p ZPO im Vereinfachten Verfahren der §§ 641 l ff ZPO, 1612 a BGB zwecks Anpassung eines Unterhaltstitels im Weg einer gerichtlichen Entscheidung, eines Vergleichs oder einer Verpflichtungsurkunde zugunsten eines ehelichen Kindes.

Beim nichtehelichen Kind ist KV 1166 anwendbar. Soweit das Gericht einen Abänderungsantrag zurückweist, entsteht keine Gebühr, unabhängig davon, ob die Zurückweisung nach § 641 m III ZPO als unzulässig oder nach § 641 p I 1 ZPO als unbegründet erfolgt. Soweit der Rpfl das Vereinfachte Verfahren gemäß § 641 o II ZPO aussetzt, entsteht ebenfalls keine Gebühr.

2) Streitwert. Der Streitwert ist nach § 17 zu ermitteln.

3) Fälligkeit usw. Die Fälligkeit tritt mit der Entscheidung ein, § 61 Hs 2. Der Kostenschuldner ist nach den §§ 49, 54 zu ermitteln.

1165	**Entscheidung über einen Antrag auf Festsetzung des Regelunterhalts nach § 642 a Abs. 1, 2 oder § 642 d ZPO, wenn die Festsetzung auf Grund eines Vergleichs nach § 642 c Nr. 1 ZPO beantragt wird, der vor einer Gütestelle geschlossen wurde, oder auf Grund einer Urkunde nach § 642 c Nr. 2 ZPO . . . .**	**15 DM**
1166	**Entscheidung über einen Antrag auf Neufestsetzung des Regelunterhalts nach § 642 b Abs. 1 Satz 1, 2 ZPO . . . .**	**15 DM**
1167	**Entscheidung über einen Antrag auf Stundung rückständiger Unterhaltsbeträge nach § 643 a Abs. 4 Satz 2 ZPO . . . .**	**15 DM**
1168	**Entscheidung über einen Antrag auf Aufhebung oder Änderung der Stundung nach § 642 f ZPO . . . .**	**15 DM**

Nr.	Gebührentatbestand	Gebührenbetrag in DM oder Satz der Gebühr nach § 11 Abs. 2 GKG

Zu KV 1165–1168:

1) Allgemeines. Das NEhelG hat die Verurteilung des nichtehelichen Vaters zur Zahlung eines Regelunterhalts eingeführt. Das Verfahren wird in zwei Teilen durchgeführt. Zunächst findet das Urteilsverfahren statt. Es endet mit einer Verurteilung zur Zahlung des Regelunterhalts, §§ 642a, 642d, 643 I ZPO. Dann erfolgt das Festsetzungsverfahren nach den §§ 642a, 643 II ZPO. Für das Festsetzungsverfahren entsteht keine besondere Gebühr. Denn das Urteilsverfahren und das Festsetzungsverfahren gelten als ein einheitliches Verfahren.

KV 1165–1168 sind nur insoweit anwendbar, als ein solches Verfahren der Festsetzung nicht vorausgegangen ist; sie kostet in diesen Fällen nur die halbe Gebühr.

KV 1165–1168 stellen Entscheidungsgebühren dar. Das Verfahren ist also gebührenfrei, sofern das Gericht keine Entscheidung trifft.

2) Geltungsbereich. Eine halbe Gebühr kommt für jede der folgenden Entscheidungen in Betracht:

A. Festsetzung auf Grund eines Vergleichs, KV 1165. Das Gericht setzt den Regelunterhalt auf Grund eines Vergleichs fest, durch den sich der Vater vor einer durch die Landesjustizverwaltung eingerichteten oder anerkannten Gütestelle, § 794 I Z 1 ZPO, gemäß § 642a, b ZPO zur Zahlung des Regelunterhalts verpflichtet hat. Das Verfahren verläuft nach den §§ 642a I, II, 642d ZPO.

B. Festsetzung auf Grund Verpflichtungsurkunde, KV 1165. Das Gericht setzt den Regelunterhalt auf Grund einer Urkunde fest, durch die sich der Vater vor einem deutschen Gericht oder deutschen Notar innerhalb der Grenzen seiner Amtsbefugnisse zur Zahlung des Regelunterhalts verpflichtet und sich zugleich der Festsetzung des Regelunterhalts gemäß §§ 642a, b ZPO unterworfen hat, § 642c Z 2 ZPO.

Im Fall einer Unterwerfung nach § 49 JWG gilt demgegenüber § 55a KostO.

C. Neufestsetzung, KV 1166. Das Gericht setzt im Fall einer Änderung der Verhältnisse den Regelunterhalt neu fest, § 642b ZPO.

D. Stundung, KV 1167. Das Gericht bewilligt wegen rückständiger Unterhaltsbeträge eine Stundung, § 643a IV 2 ZPO.

E. Aufhebung oder Änderung der Stundung, KV 1168. Das Gericht hebt eine Stundungsbewilligung auf oder ändert sie ab, § 642f ZPO. Es muß sich in diesem Fall ausschließlich um eine Aufhebung oder Änderung der Stundung handeln, andernfalls handelt es sich um ein Nachverfahren, Anm 5.

3) Streitwert. Der Streitwert richtet sich bei KV 1165, 1166 nach § 17, bei KV 1167, 1168 nach den §§ 17, 12 I GKG in Verbindung mit § 3 ZPO.

Nr.	Gebührentatbestand	Gebührenbetrag in DM oder Satz der Gebühr nach § 11 Abs. 2 GKG

4) Fälligkeit usw. Die Fälligkeit tritt mit der Entscheidung ein, § 61 Hs 2. Der Kostenschuldner wird nach §§ 49, 54 ermittelt.

5) Nachverfahren, § 643a I–III ZPO. In einem solchen Nachverfahren gelten KV 1165–1168 nicht. Es handelt sich dann um einen Fall des § 12 III, also um die Verbindung eines nichtvermögensrechtlichen Anspruchs mit einem vermögensrechtlichen, Göppinger FamRZ **70**, 169, Odersky Art 5 Z 7 NEhelG Anm 2. Im allgemeinen bleibt der Wert des vermögensrechtlichen Streitgegenstands unberücksichtigt, außer wenn besonders hohe Rückstände vorhanden sind.

Im Nachverfahren nach § 643a ZPO ergibt sich der Streitwert aus einer Zusammenrechnung des Unterschiedsbetrags zwischen dem Regelunterhalt und dem Betrag der beantragten Erhöhung oder Ermäßigung der Rückstände, deren Erlaß verlangt wird, § 5 ZPO, sowie aus dem Interesse an der Stundung, das man schätzen muß, §§ 12 I GKG, 3 ZPO.

IX. Vergleich

1170	**Abschluß eines Vergleichs vor Gericht in einem Rechtsstreit außer einem Vergleich über Ansprüche, die in Verfahren nach § 620 oder § 641d ZPO geltend gemacht werden können: Soweit der Wert des Vergleichsgegenstandes den Wert des Streitgegenstandes übersteigt . . . .**	¼

Schrifttum: Markl, Vergleichswert bei Einbeziehung nicht streitbefangener Rechtsverhältnisse und bei Vereinbarung einer Kapitalabfindung, Festschrift für Schmidt (1981) 86.

1) Allgemeines. KV 1170 setzt ¼ Gebühr für den Prozeßvergleich fest.

Die Gebühr ist eine Aktgebühr. Sie ist weder eine Verfahrensgebühr, insofern richtig KG Rpfleger **74**, 450, auch nicht ein Ersatz für sie, so ZöSchn § 98 ZPO Rdz 7, noch eine Urteilsgebühr.

Im Verfahren vor den Arbeitsgerichten herrscht Gebührenfreiheit, GV 2112, 2121, 2131, 2155, 2161.

2) Voraussetzungen. Es müssen folgende Voraussetzungen zusammentreffen:

A. Rechtsstreit. Der Prozeßvergleich muß in einem Rechtsstreit geschlossen werden. Es ist unerheblich, um welche Verfahrensart es sich dabei im einzelnen handelt. Ausreichend ist also auch ein vorläufiges Verfahren, etwa ein Arrestverfahren, Stgt Rpfleger **73**, 328, ein Beschwerdeverfahren oder ein Beweissicherungsverfahren.

Das Prozeßkostenhilfeverfahren ist kein Rechtsstreit. Ein dort nach § 118 ZPO geschlossener Vergleich ist gebührenfrei, Pecher NJW **81**,

Nr.	Gebührentatbestand	Gebührenbetrag in DM oder Satz der Gebühr nach § 11 Abs. 2 GKG

2170. Das gilt selbst dann, wenn die Parteien ihn vor der Einlegung eines Rechtsmittels im Prozeßkostenhilfeverfahren höherer Instanz geschlossen haben und wenn sie weitere Ansprüche in den Vergleich hineingezogen haben. Das ergibt sich aus der kostenrechtlichen Begünstigung des Prozeßkostenhilfeverfahrens.

B. Prozeßvergleich. Die Parteien müssen in diesem Rechtsstreit auch gerade einen Prozeßvergleich abgeschlossen haben. Ein Prozeßvergleich liegt nur insoweit vor, als die Voraussetzungen des § 794 I Z 1 ZPO erfüllt sind. Es handelt sich also nicht um einen Prozeßvergleich, wenn die Beteiligten die Einigung trotz eines Anwaltszwangs ohne die Mitwirkung von Anwälten schließen, etwa anläßlich einer Scheidung, vgl Mümmler JB **78**, 161. Das gilt selbst dann, wenn diese Einigung vor dem Gericht stattfindet, zB Köln NJW **72**, 2317 mwN, BLAH Anh § 307 ZPO Anm 4 F, aM zB Ffm OLGZ **70**, 476.

Ein Prozeßvergleich liegt auch dann nicht vor, wenn die Parteien einen Vergleichsvorschlag des Gerichts außergerichtlich annehmen.

C. Überschreitung des Streitwerts. Der Prozeßvergleich ist gebührenfrei, soweit er lediglich den bisherigen Streitwert betrifft. Eine Erklärung im Vergleich, zB eine Auflassung, löst auch nicht noch andere Gebühren aus, etwa diejenigen nach der KostO, Nürnb BayJMBl **54**, 164.

Eine Vergleichsgebühr entsteht also nur, soweit der Wert des Vergleichs denjenigen des Streitgegenstands übersteigt. Dabei ist „Vergleichsgegenstand" der vom Vergleich betroffene Gegenstand, nicht etwa der danach geschuldete, Köln MDR **71**, 854. Um also zu ermitteln, ob und inwieweit KV 1170 anwendbar ist, muß man den Wert des bisherigen Rechtsstreits und denjenigen des Prozeßvergleichs miteinander vergleichen und die Werte notfalls festsetzen.

Soweit der Streitwert selbst bei unterschiedlichen Streitgegenständen gleich hoch bleibt, entsteht keine Gebühr. Das gilt zB dann, wenn der Kläger einen Unterhalt für ein Jahr einklagt, wenn sich die Parteien aber für einen unbeschränkten Zeitraum vergleichen. Denn der Streitwert bleibt in diesem Fall nach § 18 I unverändert. Verschieden sind die Streitwerte dagegen immer dann, wenn die Hauptsache im Arrest- oder Verfügungsprozeß verglichen wird. Die beiden Verfahren dienen verschiedenen Zwecken.

Die Bedeutung einer Generalklausel „zur Abfindung aller Ansprüche" und ähnlicher Formulierungen ist im Einzelfall zu ermitteln. Eine solche Klausel kann den Streitgegenstand betreffen, aber auch alle Ansprüche einer oder beider Parteien.

Maßgeblich für den Vergleichswert sind alle irgendwie streitigen, in den Prozeßvergleich einbezogenen Ansprüche. Im Fall einer Einbeziehung eines bisher unstreitigen Rechtsverhältnisses muß man zwar von

Nr.	Gebührentatbestand	Gebührenbetrag in DM oder Satz der Gebühr nach § 11 Abs. 2 GKG

§ 779 BGB ausgehen, den dortigen Begriff „Unsicherheit" aber weit auslegen, im Ergebnis ebenso Schmidt MDR **75**, 27, ähnlich Zweibr MDR **78**, 496 (das OLG läßt das Interesse an der Titulierung entscheiden), Markl Festschrift für Schmidt (1981) 87 mwN, aM zB KG NJW **69**, 434.

Man muß also zB unterscheiden, ob der Vergleich das Rechtsverhältnis nur aufklärend (deklaratorisch) behandelt, so daß dieser Punkt unberücksichtigt bleibt, LG Verden JB **70**, 256, oder ob die Parteien einen besonderen Vollstreckungstitel auch für diesen Punkt schaffen wollten, Ffm MDR **62**, 662, oder ob in Wahrheit nur eine unstreitige Erklärung beurkundet werden sollte, um zB die Kosten einer Auflassung zu ersparen, Ffm Rpfleger **59**, 231, Schmidt MDR **75**, 26.

Der Beitritt eines Dritten zum Prozeßvergleich erhöht den Vergleichsgegenstand nicht. Denn er betrifft keinen neuen Streitgegenstand, aM NdsRpfl **62**, 182 (für den Fall, daß die Parteien im Prozeßvergleich den vom Dritten zu bezahlenden Betrag erst aushandelten).

Beispiel für die Anwendbarkeit von KV 1170: Der Kläger hat einen Teilbetrag von 1000 DM eingeklagt. Die Parteien haben den gesamten Anspruch dahin verglichen, daß der Beklagte 8000 DM zahlt.

Der Prozeßvergleich ist erst dann wirksam abgeschlossen, wenn eine etwaige Widerrufsfrist abgelaufen ist.

D. Unanwendbarkeit. Eine Vergleichsgebühr entsteht nicht in folgenden Fällen: Die Parteien einigen sich über einen Unterhaltsanspruch gegenüber einem Kind im Verhältnis der Ehegatten zueinander, § 620 S 1 Z 4 ZPO, über einen Unterhaltsanspruch der Ehegatten untereinander, § 620 S 1 Z 6 ZPO, über einen Anspruch wegen einer Ehewohnung oder wegen des Hausrats, § 620 S 1 Z 7 ZPO, über einen Anspruch auf die Herausgabe persönlicher Sachen, § 620 S 1 Z 8 ZPO, über einen Prozeßkostenvorschuß, § 620 S 1 Z 9 ZPO, über einen Kostenvorschuß, § 621f ZPO, über einen Anspruch nach § 1615o BGB, § 641d ZPO. In diesen Fällen gelten KV 1161–1163.

Bei einer Einigung über das Sorgerecht nach den §§ 1671–1672 BGB entsteht ebenfalls keine Vergleichsgebühr. Denn es handelt sich nicht um einen Prozeßvergleich, Brschw NdsRpfl **62** 138, Zweibr Rpfleger **80**, 312 mwN, aM zB Celle Rpfleger **79**, 35, Düss JB **79**, 1654.

Wenn die Parteien mehrere Rechtsstreite miteinander führen und sich in einem von ihnen miteinander vergleichen, dann ist im anderen KV 1170 unanwendbar. Das gilt unabhängig davon, ob die Prozesse in derselben Instanz oder in verschiedenen Instanzen anhängig sind. Es entsteht keine Gebühr. Das muß auch dann gelten, wenn die betroffenen Verfahren verschiedene Gebühren auslösen, nicht aber dann, wenn eines der betroffenen Verfahren gar nicht mehr anhängig ist oder wenn die Verfahrensgebühr infolge einer wirksamen Antragsrücknahme völlig weggefallen ist. Vgl auch Anm 3.

Nr.	Gebührentatbestand	Gebührenbetrag in DM oder Satz der Gebühr nach § 11 Abs. 2 GKG

3) Gebührenhöhe. Die Gebühr berechnet sich nach dem Unterschied der Streitwerte, B. Für die Einzelstreitwerte gelten die §§ 12ff GKG, 3 ZPO. Wenn sich die Gebühr trotz unterschiedlicher Streitwerte nicht erhöht, darf man auch nichts erheben. Wenn der Kläger eine Rentenrate eingeklagt hat und wenn der Prozeßvergleich den gesamten Rentenanspruch ergreift, dann berechnet man die Vergleichsgebühr nach § 17 II aus demjenigen Zeitraum, um den 5 Jahre die Zeit übersteigen, für die der Kläger die Klage erhoben hat. Die Gebühr berechnet sich auch in der höheren Instanz ohne eine Erhöhung. Sie beträgt also immer ¼ der vollen Gebühr.

Die Verfahrensgebühr erhöht sich durch einen Prozeßvergleich nicht. Die Vergleichsgebühr wird nicht etwa im Ergebnis auf die Verfahrensgebühr angerechnet, Markl 6, aM Mü Rpfleger **69**, 175, ZöSchn § 98 Rdz 7 (aber die Verfahrensgebühr ist, wenn überhaupt, vor dem Entstehen der Vergleichsgebühr entstanden). Natürlich gilt das erst für eine Verfahrensgebühr für ein anderes Verfahren, aM zB Mü Rpfleger **61**, 422; vgl auch Anm 2 D.

X. Zustellungsersuchen

1175	**Ersuchen durch die Geschäftsstelle an die Post um Bewirkung einer Zustellung (§ 196 ZPO), die nicht von Amts wegen erfolgt**	**2 DM und, wenn eine nicht vom Gericht hergestellte Abschrift beglaubigt wird, je Seite 1 DM**

1) Allgemeines. KV 1175 ist nur insoweit anwendbar, als der Urkundsbeamte der Geschäftsstelle bei einer auf Betreiben der Partei vorzunehmenden Zustellung die Post um die Bewirkung der Zustellung ersucht, §§ 166 II, 168, 196 ZPO. Der Urkundsbeamte hat dann das zuzustellende Schriftstück zu beglaubigen. Dafür entsteht nur dann je angefangene Seite eine Gebühr von 1 DM, wenn das Gericht die Abschrift nicht von Amts wegen herstellt.

Im übrigen gibt KV 1175 dieselben Gebühren wie § 16 I 1, VII GVKostG, vgl § 194 ZPO. Für die Auslagen gilt KV 1902.

2) Fälligkeit, Kostenschuldner usw. Die Fälligkeit tritt mit dem Eingang des Antrags bei der Geschäftsstelle ein, § 61. Die Gebühr ist eben doch eine Gerichtsgebühr. Kostenschuldner ist der Antragsteller, § 49. Es besteht keine Vorschußpflicht.

Nr.	Gebührentatbestand	Gebührenbetrag in DM oder Satz der Gebühr nach § 11 Abs. 2 GKG
	XI. Beschwerdeverfahren	
1180	**Verfahren über Beschwerden nach § 71 Abs. 2, § 91a Abs. 2, § 99 Abs. 2, § 269 Abs. 3, § 620c Satz 1, § 641d Abs. 3 ZPO sowie über Beschwerden gegen die Zurückweisung eines Antrags auf Anordnung eines Arrestes oder einer einstweiligen Verfügung**	1

1) Geltungsbereich. KV 1180–1181 gelten für sämtliche Beschwerden vor den ordentlichen Gerichten nach der ZPO. Insbesondere gehören hierher: Ein Verfahren, das die ZPO selbst regelt; eine Beschwerde in einem landesgesetzlich nach der ZPO geordneten Verfahren vor dem ordentlichen Gericht; eine Beschwerde nach den §§ 60 II, 73 I BGB. Denn auch diese Beschwerden sind „nach den Vorschriften der ZPO" statthaft. Im Beschwerdeverfahren während eines Konkurs- oder Vergleichsverfahrens gelten KV 1440–1441. Im Beschwerdeverfahren während eines Seerechtlichen Verteilungsverfahrens gilt KV 1460. Im Beschwerdeverfahren während einer Zwangsversteigerung oder Zwangsverwaltung gelten KV 1540–1541, 1570–1571. Im Beschwerdeverfahren wegen einer Zwangsliquidation gelten KV 1595–1596.

KV 1180–1181 sind nicht anwendbar auf eine Beschwerde nach den §§ 159, 178, 181 GVG. Denn die Vorschriften enthalten Sonderregeln, so daß das Beschwerdeverfahren nicht unter § 1 fällt, Lappe zu KV 1151 aF, aM Stgt MDR **58**, 935. KV 1180–1181 gilt auch nicht im Beschwerdeverfahren über die Bewilligung einer Prozeßkostenhilfe für eine Privatklage. Denn dieses Verfahren unterliegt der StPO. Die Vorschriften gelten auch nicht in einem Beschwerdeverfahren nach dem FGG sowie im Beschwerdeverfahren wegen einer Dienstaufsichtsbeschwerde oder eines andersartigen Rechtsbehelfs, etwa einer Erinnerung, eines Widerspruchs usw.

Wenn freilich ein im Gesetz fälschlich anders bezeichneter Rechtsbehelf in Wahrheit eine Beschwerde ist und wenn das Gericht ihn auch als Beschwerde behandelt, so entsteht die Beschwerdegebühr, es sei denn, daß dieses Beschwerdeverfahren wiederum seinerseits zB nach dem FGG abläuft, etwa bei den §§ 5, 6 BerHG.

Das Verfahren nach § 576 ZPO zur Anrufung des Gerichts gegen eine Entscheidung des Rpfl ist gebührenfrei, ebenso die Erinnerung nach § 11 I RPflG. Demgegenüber besteht im Fall des § 11 II 5 RPflG eine Gebührenfreiheit nur unter der Voraussetzung, daß der Beschwerdeführer die Beschwerde vor dem Erlaß einer gerichtlichen Verfügung zurücknimmt, § 11 VI 2 RPflG, KG Rpfleger **71**, 64.

2) Einzelfälle. KV 1180 behandelt folgende Einzelfälle:

A. Zulässigkeit einer Streithilfe, § 71 II ZPO. Das Gericht entscheidet durch ein Zwischenurteil. Das ändert nichts an der Zulässigkeit

Nr.	Gebührentatbestand	Gebührenbetrag in DM oder Satz der Gebühr nach § 11 Abs. 2 GKG

der Beschwerde und an der Entstehung der Beschwerdegebühr, soweit die Zulässigkeit der Streithilfe im Endurteil ausgesprochen wird. Soweit der Unterlegene zu Unrecht Berufung einlegt und das Gericht sie als solche behandelt, ist KV 1180 nicht anwendbar.

Beschwerdegegner ist diejenige Partei, die die Zurückweisung der Streithilfe beantragt, oder der Streithelfer, BLAH § 71 ZPO Anm 1.

B. Erledigung der Hauptsache, § 91a II ZPO. Vgl zunächst KV 1018–1019. Eine Kostenentscheidung ergeht dann, wenn beide Parteien die Hauptsache übereinstimmend für erledigt erklärt haben, durch einen Beschluß. Gegen ihn ist unter den Voraussetzungen des § 567 II ZPO die sofortige Beschwerde zulässig. In diesem Verfahren entsteht die Gebühr KV 1180.

C. Anerkenntnis, § 99 II ZPO. Soweit das Gericht nach der Erledigung der Hauptsache auf Grund eines Anerkenntnisses eine Kostenentscheidung getroffen hat, ist die sofortige Beschwerde zulässig. In diesem Verfahren entsteht die Gebühr KV 1180.

D. Klagerücknahme, § 269 III ZPO. Soweit das Gericht nach einer wirksamen Klagerücknahme auf Grund des Antrags des Beklagten durch einen Beschluß feststellt, daß der Kläger kraft Gesetzes die Kosten tragen muß, ist gegen diesen Beschluß die sofortige Beschwerde zulässig. In diesem Beschwerdeverfahren entsteht die Gebühr KV 1180.

E. Anordnung im Eheverfahren usw, §§ 620c S 1 ZPO. Soweit das Familiengericht in einem Eheverfahren auf Grund einer mündlichen Verhandlung eine einstweilige Anordnung trifft oder diese aufhebt, ist die Beschwerde zulässig. Über sie entscheidet das OLG, § 119 I Z 2, II GVG. In diesem Beschwerdeverfahren entsteht die Gebühr KV 1180.

F. Anordnung im Vaterschaftsverfahren, § 641d III ZPO. Soweit das AG während eines Rechtsstreits mit dem Ziel der Feststellung des Bestehens der nichtehelichen Vaterschaft eine Anordnung durch Beschluß trifft, ist dagegen die Beschwerde zulässig. Über sie entscheidet das OLG, § 119 I Z 2, II GVG. In diesem Beschwerdeverfahren entsteht die Gebühr KV 1180.

G. Arrest, einstweilige Verfügung, §§ 916ff, 935ff ZPO. Soweit das Gericht den Antrag auf den Erlaß eines Arrests oder einer einstweiligen Verfügung (nicht etwa den Antrag auf den Erlaß einer einstweiligen Anordnung) durch einen Beschluß und nicht etwa durch ein Urteil zurückweist, mag die Beschlußform fehlerhaft oder richtig sein, ist die einfache Beschwerde nach § 567 I ZPO zulässig. Im Beschwerdeverfahren entsteht die Gebühr KV 1180, und zwar unabhängig vom Erfolg der Beschwerde. Nach einer Zurückverweisung entsteht für das weitere erstinstanzliche Verfahren die Gebühr KV 1050 nicht nochmals, §§ 27, 33. Die Gebühr KV 1180 entsteht im Fall einer Beschwerde gegen einen zweiten Zurückweisungsbeschluß erneut.

Nr.	Gebührentatbestand	Gebührenbetrag in DM oder Satz der Gebühr nach § 11 Abs. 2 GKG

Soweit das Gericht einem solchen Antrag durch einen Beschluß stattgibt, mag die Beschlußform zulässig oder unzulässig gewesen sein, ist nur der Widerspruch statthaft.

Für die Verhandlung über den Widerspruch vor dem unteren Gericht, die dort auch dann stattfindet, wenn erst die obere Instanz den Arrest oder die einstweilige Verfügung erlassen hatte, BLAH § 924 ZPO Anm 2 B, lebt die Arrestinstanz wieder auf und entsteht im Fall eines Urteils eine weitere Gebühr. Gebührenschuldner ist dann also der Arrestkläger.

H. Weitere Fälle. Wegen der weiteren Anwendungsfälle vgl Anm 1 und KV 1097, 1098.

3) Verfahrensgebühr. Die Beschwerdegebühr gilt als eine Verfahrensgebühr das gesamte Verfahren über die Beschwerde ab. Dazu gehört auch eine etwaige mündliche Verhandlung und eine Beweisaufnahme. Demgegenüber entsteht die Vergleichsgebühr des KV 1170, soweit deren Voraussetzungen vorliegen.

Die Instanz beginnt mit der Einlegung der Beschwerde, auch wenn der Beschwerdeführer sich an das unzuständige Gericht wendet. Die Instanz endet mit der Abhilfe durch das untere Gericht oder mit der Zurücknahme der Beschwerde oder mit einem Vergleich oder mit der abschließenden Entscheidung des Beschwerdegerichts. Eine weitere Beschwerde eröffnet stets eine neue Instanz.

Mehrere Beschwerden gegen dieselbe Entscheidung begründen nur ein Verfahren, wenn die frühere Instanz noch nicht erledigt war. Wenn dieselbe Partei dieselbe Entscheidung mit mehreren Beschwerden angreift, liegt nur ein Verfahren vor, soweit diese Beschwerden denselben Punkt betreffen, so daß die eine von ihnen als nur vorsorglich eingelegt anzusehen ist. Etwas anderes gilt, wenn eine Partei eine erledigte Beschwerde wiederholt oder wenn die erste Instanz über mehrere selbständige Anträge entschieden hat und wenn der Beschwerdeführer nun gegen diese Entscheidungen Beschwerde einlegt, selbst wenn die Beschwerdeentscheidung auch in einem Beschluß ergeht, KG Rpfleger **70**, 36.

Mehrere Beschwerden gegen verschiedene Entscheidungen leiten verschiedene Verfahren ein. Eine Erweiterung der Beschwerde begründet kein neues Verfahren.

Die Gebühr ist immer eine volle, auch im Fall der Rücknahme der Beschwerde. Die Gebühr ist unabhängig davon, ob und welche Gebühr in der Vorinstanz zu erheben war, zB im Fall einer Zurückweisung der Beschwerde gegen die Versagung einer Prozeßkostenhilfe.

4) Streitwert. Der Beschwerdewert bemißt sich nach dem Interesse des Beschwerdeführers und nach seinem Antrag. Er ist also durchweg ebenso hoch wie der Wert der angefochtenen Entscheidung oder, falls eine Teilung möglich ist, der Wert des angefochtenen Teils, § 6 ZPO (Wert der Vollstreckungsforderung). Im Fall einer Aussetzung muß man

Nr.	Gebührentatbestand	Gebührenbetrag in DM oder Satz der Gebühr nach § 11 Abs. 2 GKG

den Streitwert nach dem Interesse der Parteien an der Aussetzung bemessen, BGH **22**, 283.

Soweit ein Dritter beschwerdeberechtigt ist, zB nach § 387 ZPO, ist als Streitwert das Interesse des Dritten am Erfolg der Beschwerde anzusehen, etwa an der Aufhebung der Ordnungsmaßnahme oder an der Vermeidung der Folgen einer Zeugnisverweigerung. Soweit es sich um ein besonderes Verfahren innerhalb des Hauptverfahrens handelt, das man aus dem größeren Rahmen ausscheiden kann, ist Streitwert das Interesse des Beschwerdeführers am Erfolg der Beschwerde. Das gilt etwa beim Kostenfestsetzungsverfahren oder bei einer Beschwerde gegen eine Wertfestsetzung.

Im Beschwerdeverfahren gegen eine Versagung der Prozeßkostenhilfe ist derjenige Betrag maßgeblich, den der Beschwerdeführer nun zur Rechtsverfolgung aufwenden muß, BFH BB **73**, 1153, Schlesw SchlHA **58**, 231. § 51 II BRAGO ist eine Sonderbestimmung und hier nicht anwendbar, Brschw MDR **59**, 853, aM Lappe Rpfleger **57**, 370.

Eine Beschwerde gegen eine Zwischenentscheidung wird nach dem Interesse des Beschwerdeführers bewertet. Ob die angefochtene Entscheidung gebührenfrei ist, ist unerheblich. Etwas anderes gilt nur insoweit, als für das ganze Verfahren nach einer etwaigen Sondervorschrift eine sachliche Gebührenfreiheit gilt. Wegen der Problematik für den Fall, daß in der ersten Instanz eine Festgebühr galt, vgl KV 1181 Anm 3.

5) Fälligkeit, Kostenschuldner usw. Die Beschwerdegebühr wird mit der Einlegung der Beschwerde, also ihrem Eingang beim Gericht, fällig, § 61. Eine Rücknahme der Beschwerde führt keine Ermäßigung herbei, auch nicht im Fall des § 91a ZPO. Die Gebühr entsteht ohne jede Rücksicht auf den Ausgang des Beschwerdeverfahrens. Kostenschuldner ist der Antragsteller, § 49, oder der im Beschwerdeverfahren Unterlegene, §§ 54, 58 II.

1181	**Verfahren über nicht besonders aufgeführte Beschwerden: Soweit die Beschwerde verworfen oder zurückgewiesen wird . . . .**	**1**

1) Allgemeines. A. Hilfsnatur. Vgl zunächst KV 1180 Anm 1. Im Regelfall, also in allen nicht gesetzlich besonders geordneten Fällen, entsteht eine Gebühr für das Beschwerdeverfahren überhaupt nur, soweit das Gericht die Beschwerde als unzulässig verwirft oder zurückweist. Hierher zählt auch die Zurückweisung der Beschwerde gegen eine gebührenfreie Entscheidung über einen Antrag mit dem Ziel der Ablehnung eines Richters, Mü Rpfleger **56**, 30.

Im Fall einer Zurückverweisung oder einer teilweisen Zurückverweisung entsteht keine Beschwerdegebühr. Denn es hat kein ausscheidbarer Teil bereits endgültig einen Erfolg gehabt.

Nr.	Gebührentatbestand	Gebührenbetrag in DM oder Satz der Gebühr nach § 11 Abs. 2 GKG

Ein Beschwerdeverfahren, in dem das Gericht gar keine Entscheidung trifft, etwa wegen der Zurücknahme der Beschwerde oder wegen einer sonstigen Erledigung, ist gebührenfrei. Dasselbe gilt für ein Beschwerdeverfahren, in dem das Gericht der Beschwerde stattgibt oder die Beschwerde für erledigt erklärt, sofern es im letzteren Fall keine Kostenentscheidung trifft. Bei einem Teilerfolg muß man die Gebühren nur nach § 3 ZPO nach dem Wert des erfolglosen Teils berechnen, Nürnb FamRZ **89**, 201. § 25 III ist vorrangig.

B. Kostenentscheidung. Der Ausspruch des Gerichts „Die Entscheidung ist gebührenfrei" ist auslegungsbedürftig. Was das Gericht gemeint hat, muß es erläutern. Die Vermutung spricht gegen eine Kostenniederschlagung. Es ergeben sich im einzelnen folgende Auslegungsmöglichkeiten:

a) Bewilligung der Kostenfreiheit. Das Gericht mag bewußt eine Gebührenfreiheit bewilligt haben. Dann hat es regelmäßig auch eine Auslagenfreiheit wegen der in KV 1920 genannten Auslagen nach § 8 GKG bewilligt. Eine Entscheidung über die Erstattungspflicht außergerichtlicher Kosten erfolgt demgegenüber grundsätzlich im Endurteil zur Sache.

b) Bloße Feststellung. Das Gericht mag auch die nach dem Gesetz eingetretene Gebührenfreiheit überflüssiger Weise nochmals besonders festgestellt haben.

c) Irrtum über Gebührenfreiheit. Das Gericht mag auch irrig angenommen haben, es bestehe nach dem Gesetz Gebührenfreiheit, und deswegen eine entsprechende Feststellung getroffen haben. Dann fehlt in Wahrheit eine Kostenentscheidung. Das Gericht muß sie nachholen, BLAH § 329 ZPO Anm 3.

2) Weitere Beschwerde. Im Verfahren auf Grund einer weiteren Beschwerde gelten folgende Regeln:

A. Verwerfung, Zurückweisung. Soweit das Gericht die weitere Beschwerde verwirft oder zurückweist, entsteht eine Gebühr nach KV 1181.

B. Erfolg. Soweit die weitere Beschwerde Erfolg hat, muß man wiederum folgende Unterscheidung treffen:

a) Weitere Beschwerde des Beschwerdeführers. In diesem Fall entsteht für beide Beschwerdeinstanzen keine Gebühr.

b) Weitere Beschwerde des Beschwerdegegners. Soweit das Gericht auf Grund einer weiteren Beschwerde des Beschwerdegegners die erste Beschwerde des Beschwerdeführers verwirft oder zurückweist, darf man die Gebühr nur für die erste Beschwerde berechnen, nicht für die weitere Beschwerde.

C. Teilerfolg. Im Fall eines Teilerfolgs der weiteren Beschwerde muß man die Gebühr nach § 3 ZPO wie bei der Erstbeschwerde, Anm 1 A,

Nr.	Gebührentatbestand	Gebührenbetrag in DM oder Satz der Gebühr nach § 11 Abs. 2 GKG

lediglich von demjenigen Teil berechnen, zu dem die weitere Beschwerde keinen Erfolg hat, vgl auch Nürnb FamRZ **89**, 201 (zur Erstbeschwerde).

3) Festgebühr. Soweit im Verfahren der ersten Instanz eine Festgebühr entstand, besteht wegen § 14 II 1 auch im Beschwerdeverfahren kein besonderer Streitwert, soweit im Beschwerdeverfahren keine Änderung des Streitgegenstands erfolgt ist. Insofern ist die Regelung für die Gerichtskosten anders als diejenige für die Anwaltsgebühren, vgl § 58 III Z 11 BRAGO.

Es entsteht also im Beschwerdeverfahren wiederum nur die Festgebühr, Lappe 8, aM zB Düss Rpfleger **84**, 38, Ffm Rpfleger **83**, 177 je mwN (die dort genannten Gerichte wenden § 58 III Z 11 BRAGO entsprechend an), LG Bln VersR **88**, 499 (das LG berechnet die Kosten, die die Partei ohne Bewilligung von Prozeßkostenhilfe aufzuwenden hätte), LG Köln JB **77**, 405 (das LG wendet die §§ 6 ZPO, 12 GKG ohne eine Beschränkung nach § 58 III Z 11 BRAGO an), Markl 5, Schneider MDR **76**, 789.

XII. Verzögerung des Rechtsstreits

1185	**Auferlegung einer Gebühr nach § 34 GKG**	**wie vom Gericht bestimmt**

1) Geltungsbereich. Vgl die Anm zu § 34.

B. Verfahren vor den Gerichten der Verwaltungsgerichtsbarkeit

I. Prozeßverfahren

1. Prozeßverfahren erster Instanz

1200	**Verfahren im allgemeinen**	**1**

Schrifttum: Oestreiher, Gerichtskosten und Streitwert im Verwaltungsprozeß, Festschrift für Schmidt (1981) 123.

1) Geltungsbereich. Vgl zunächst KV 1010, 1300. Unter einem Prozeßverfahren ist dasjenige nach den §§ 81ff VwGO zu verstehen, soweit es sich um ein selbständiges Verfahren handelt. Eine Sonderregelung wegen des Verfahrens nach den §§ 80, 123 VwGO ist in KV 1230ff vorhanden, eine Sonderregelung wegen des Beweissicherungsverfahrens enthält KV 1250; eine Sonderregelung wegen eines Prozeßvergleichs enthält KV 1260; das Beschwerdeverfahren ist in KV 1270–1271 geregelt.

Für ein nichtstreitiges Verfahren, etwa nach § 24 VwGO, entsteht keine Prozeßgebühr nach KV 1200.

Nr.	Gebührentatbestand	Gebührenbetrag in DM oder Satz der Gebühr nach § 11 Abs. 2 GKG

Das Vollstreckungsverfahren, §§ 167 ff VwGO, ist grundsätzlich gerade kein Prozeßverfahren mehr. Eine Gebühr entsteht nicht, auch keine Festgebühr wie nach KV 1149. Eine Ausnahme gilt zB im Fall einer Vollstreckungsabwehrklage.

2) Streitwert. Der Streitwert wird nach § 13 ermittelt, vgl dort Anh I.

3) Fälligkeit, Kostenschuldner usw. Die Fälligkeit tritt mit der Verfahrensbeendigung ein, § 63 I. Wegen der Auslagen vgl § 64. Der Kostenschuldner ist nach §§ 49, 54 zu ermitteln. Es besteht keine Vorauszahlungspflicht.

1201	**Zurücknahme der Klage vor Ablauf des Tages, an dem entweder eine Anordnung oder Ladung nach § 87 VwGO unterschriftlich verfügt oder ein Beweisbeschluß unterschrieben ist, vor Erlaß eines Vorbescheides und vor Beginn des Tages, der für die mündliche Verhandlung vorgesehen war; die Erledigung des Rechtsstreits in der Hauptsache (§ 161 Abs. 2 VwGO) steht der Zurücknahme nicht gleich .....**	**Gebühr 1200 entfällt**

1) Allgemeines. Vgl zunächst KV 1012. Nur eine gerade nach § 87 VwGO ergangene Anordnung ist erheblich, VGH Mü BayVBl **82**, 477. Zu einer solchen Anordnung zählen alle diejenigen Maßnahmen des Gerichts, die notwendig oder ratsam waren, um den Rechtsstreit möglichst in einer einzigen mündlichen Verhandlung zu erledigen, auch um zu einer Einigung zu kommen.

Nicht hierher zählen: Eine routinemäßige Maßnahme ohne nähere Beschäftigung mit dem Prozeßstoff, extra die Anforderung des angefochtenen Bescheids, VGH Kassel AnwBl **86**, 404, vgl freilich auch KV 1012 Anm 4 A a; eine Anordnung auf Grund einer anderen Vorschrift, zB nach § 86 III VwGO, VGH Mü BayVBl **82**, 477 (der Umstand, daß sie auch auf einer solchen beruht, ist ein erheblicher Anhaltspunkt dafür, daß sie nicht hierher zählt); eine Anhörung nach Art 2 § 1 I 3 VG/FGEntlG v 31. 3. 78, BGBl 446, OVG Kblz DÖV **82**, 252, VGH Mü BayVBl **82**, 477; ein Hinweis, der die mündliche Verhandlung nicht vorzubereiten, sondern zu erübrigen, bezweckt, etwa die Anheimgabe, die Klage zurückzunehmen, VGH Mü BayVBl **82**, 116 und 477; die bloße Aufforderung zur Vorlage der Vollmacht, VGH Kassel AnwBl **86**, 404 mwN; ein bloßer Hinweis, eine bloße Anregung oder ein bloßer Vorschlag, VGH Mü BayVBl **82**, 477, zB einer außergerichtlichen Einigung, OVG Lüneb JB **77**, 544, oder die Anforderung von Akten einer Behörde, VGH Kassel AnwBl **86**, 404, Scholz BaWüBl **81**, 5 mwN, so jetzt auch VGH Mü

Nr.	Gebührentatbestand	Gebührenbetrag in DM oder Satz der Gebühr nach § 11 Abs. 2 GKG

BayVBl **82**, 116 mwN. Die Anordnung muß gerade durch das Gericht erfolgt sein.

Ein Vorbescheid ist erst mit seiner förmlichen Zustellung „erlassen", zB Eyermann-Fröhler § 84 VwGO Rdz 14, aM Tipke-Kruse vor § 139 FGO Rdz 29.

1202	**Zurücknahme des Antrags nach § 47 VwGO vor Ablauf des Tages, an dem die Erwiderung des Antragsgegners bei Gericht eingeht**	**Gebühr 1200 entfällt**
1203	**Vorbescheid (§ 84 VwGO), Grundurteil (§ 111 VwGO), Vorbehaltsurteil (§ 173 VwGO i. V. m. § 302 ZPO)**	**1**

1) Allgemeines. Ein rechtzeitiger Antrag auf die Durchführung einer mündlichen Verhandlung beseitigt trotz § 84 II 2 VwGO die Gebühr nach KV 1203 nicht, Lappe. Ferner bestimmt das VG/FGEntlG vom 31. 3. 78, BGBl 446, zuletzt geändert durch Art 1 G vom 4. 7. 85, BGBl 1274, in

Art 2 § 1 IV 1: Für die Gerichtskosten steht der Gerichtsbescheid einem Urteil gleich.

1204	**Endurteil, soweit ihm ein Vorbescheid, Grundurteil oder Vorbehaltsurteil vorausgegangen ist**	**1**
1205	**Endurteil, soweit ihm kein Vorbescheid, Grundurteil oder Vorbehaltsurteil vorausgegangen ist**	**2**

Zu KV 1204–1205:

1) Allgemeines. Wegen der Urteilsgebühren vgl zunächst KV 1014 ff. Ein Gerichtsbescheid steht dem Urteil gleich, KV 1203 Anm 1. Die Fälligkeit tritt mit der Beendigung des Verfahrens ein, § 63 I. Im Fall eines Anerkenntnis- oder Verzichtsurteils gilt KV 1014 entsprechend, Lappe.

1206	**Entscheidung nach § 47 VwGO**	**2**
1208	**Beschluß nach § 161 Abs. 2 VwGO, soweit nicht bereits eine Gebühr nach Nummern 1204, 1205 entstanden ist**	**1**

Nr.	Gebührentatbestand	Gebührenbetrag in DM oder Satz der Gebühr nach § 11 Abs. 2 GKG

1) Allgemeines. Vgl zunächst KV 1018. Die Fälligkeit tritt mit der Beendigung des Verfahrens ein, § 63 I. Die Vorschrift ist nicht ausdehnend auszulegen, § 1 I.

2. Berufungsverfahren

1210	**Verfahren im allgemeinen**	1½

1) Allgemeines. Vgl zunächst KV 1020, 1200 Anm 1. Die Fälligkeit tritt mit der Beendigung des Verfahrens ein, § 63 I. Der Kostenschuldner ist nach den §§ 49, 54 zu ermitteln. Der Streitwert wird nach den §§ 13, 14 berechnet, vgl § 13 Anh I.

Die Sonderregelung nach KV 1230ff tritt auch dann ein, wenn der Antragsteller seinen Antrag erstmals bei dem Berufungsgericht stellt.

1211	**Zurücknahme der Berufung oder der Klage vor Ablauf des Tages, an dem entweder eine Anordnung oder Ladung nach § 125 Abs. 1 in Verbindung mit § 87 VwGO unterschriftlich verfügt, ein Beweisbeschluß unterschrieben oder ein Termin zur mündlichen Verhandlung unterschriftlich bestimmt ist; die Erledigung des Rechtsstreits in der Hauptsache (§ 161 Abs. 2 VwGO) steht der Zurücknahme nicht gleich**	**Gebühr 1210 ermäßigt sich auf ½**

1) Allgemeines. Vgl zunächst KV 1201, 1021. Der Fall der Zurücknahme vor dem Erlaß eines Vorbescheids ist hier anders als bei KV 1201 nicht erwähnt.

1213	**Grundurteil (§ 111 VwGO), Vorbehaltsurteil (§ 173 VwGO i. V. m. § 302 ZPO)**.	1

1) Allgemeines. Vgl KV 1013. Anders als in erster Instanz entsteht für einen Vorbescheid nach § 84 VwGO keine Gebühr, Scholz BaWüBl **81**, 6.

1214	**Urteil, das die Instanz abschließt, soweit ihm ein Grundurteil oder Vorbehaltsurteil nach Nummer 1213 vorausgegangen ist.** . .	1
1215	**Urteil, das die Instanz abschließt, soweit ihm kein Grundurteil oder Vorbehaltsur-**	

Nr.	Gebührentatbestand	Gebührenbetrag in DM oder Satz der Gebühr nach § 11 Abs. 2 GKG
	teil nach Nummer 1213 vorausgegangen ist.	**2**

Zu KV 1214–1215:

1) Allgemeines. Vgl zunächst KV 1014, 1016. Ferner bestimmt Art 2 § 5 IV 1 VG/FGEntlG vom 31. 3. 78, BGBl 446,zuletzt geändert durch Art 1 G vom 4. 7. 85, BGBl 1274, für den Fall, daß das Berufungsgericht die Berufung durch einen Beschluß einstimmig zurückweist:

Art 2 § 5^{IV}: Für die Gerichtskosten steht der Beschluß einem Urteil gleich.

Falls das OVG nach Art 2 § 6 VG/FGEntlG im Urteil von einer weiteren Darstellung der Entscheidungsgründe absieht, soweit es die Berufung als unbegründet zurückweist, gelten KV 1015, 1017 entsprechend.

Wegen eines Anerkenntnis- oder Verzichtsurteils vgl zu KV 1204–1205 Anm 1, es gilt also KV 1024 entsprechend.

Da der Fall des Vorbescheids im Berufungsverfahren anders als bei KV 1201, 1203–1205 nicht erwähnt ist, obwohl ein Vorbescheid im Berufungsverfahren zulässig ist, zB Eyermann-Fröhler § 125 VwGO Rdz 4, entsteht wegen § 1 I GKG für den Fall des Vorbescheids hier keine Gebühr. Denn eine ausdehnende Auslegung ist unzulässig.

1218	**Beschluß nach § 161 Abs. 2 VwGO, soweit nicht bereits eine Gebühr nach Nummern 1214, 1215 entstanden ist. . . . .**	**1**

1) Allgemeines. Vgl zunächst KV 1208. KV 1218 ist unanwendbar, soweit die Parteien einen außergerichtlichen Vergleich mit einer Kostenregelung schließen und die Hauptsache anschließend übereinstimmend für erledigt erklären, VGH Mü BayVBl **80**, 120.

3. Revisionsverfahren

1220	**Verfahren im allgemeinen . . . .**	**2**

1) Allgemeines. Vgl KV 1030.

1221	**Zurücknahme der Revision oder der Klage, bevor die Schrift zur Begründung der Revision bei Gericht eingegangen ist; die Erledigung des Rechtsstreits in der Hauptsache (§ 161 Abs. 2 VwGO) steht der Zurücknahme nicht gleich. . . . .**	**Gebühr 1220 ermäßigt sich auf ½**

1) Allgemeines. Vgl zunächst KV 1012, 1031, 1201, 1211. Es ist unerheblich, ob die Revisionsbegründung bereits gleichzeitig mit der

Nr.	Gebührentatbestand	Gebührenbetrag in DM oder Satz der Gebühr nach § 11 Abs. 2 GKG

Revisionsschrift oder später beim Revisionsgericht eingeht. Es kommt nur darauf an, ob die Revision oder die Klage vor dem Eingang der Revisionsbegründung zurückgenommen wird, vgl Bieler DStR **75**, 626 (zu KV 1311).

1223	**Urteil, das die Instanz abschließt**	2

1) Allgemeines. Vgl zunächst KV 1014ff, 1036ff, 1204–1205. Es ist unerheblich, wie das Urteil lautet, ob das Gericht also der Revision stattgibt, sie verwirft oder zurückweist usw, vgl BVerwG MDR **76**, 781, denn § 36 I 1 aF ist weggefallen. Ebenso unerheblich ist die Art des Urteils.

1228	**Beschluß nach § 161 Abs. 2 VwGO**	1

1) Allgemeines. Vgl KV 1208, 1218.

II. Einstweilige Anordnungen, Verfahren nach § 80 Abs. 5 VwGO

Das Verfahren vor dem Vorsitzenden und das Verfahren vor Gericht gelten als ein Verfahren.

1230	**Verfahren erster Instanz über den Antrag auf Erlaß einer einstweiligen Anordnung nach § 123 VwGO**	½
1231	**Verfahren erster Instanz über den Antrag auf Aufhebung einer einstweiligen Anordnung (§ 123 VwGO i.V.m. § 926 Abs. 2 ZPO)**	½
1232	**Verfahren über den Antrag nach § 80 Abs. 5 VwGO**	½
	Mehrere Verfahren gelten innerhalb eines Rechtszuges als ein Verfahren.	

Zu KV 1230–1232:

1) Allgemeines. Eine Gebührenermäßigung tritt nicht ein, soweit der Antrag zurückgenommen wird. Denn es fehlt eine den KV 1201, 1211, 1221 entsprechende Vorschrift, vgl KV 1332 Anm 1. Wegen einer entsprechenden Anwendung im Fall der Aufhebung auf Grund veränderter Umstände vgl BLAH § 927 ZPO Anm 5, Lappe.

Im Verfahren nach § 47 VII VwGO ist KV 1230 bis zu einer empfehlenswerten gesetzlichen Spezialregelung entsprechend anwendbar, Scholz BaWüBl **81**, 6.

Nr.	Gebührentatbestand	Gebührenbetrag in DM oder Satz der Gebühr nach § 11 Abs. 2 GKG

Wegen des Verfahrens vor dem Vorsitzenden vgl vor KV 1230.

KV 1232 gilt für alle erstinstanzlichen Verfahren, auch für ein solches vor dem OVG oder vor dem BVerwG, auch ein Änderungsverfahren nach § 80 VI 1 VwGO.

KV 1232 II ist auch dann anwendbar, wenn der Kläger mehrere Anträge nacheinander stellt, zB zunächst die aufschiebende Wirkung des Widerspruchs und später die aufschiebende Wirkung der Klage begehrt hat, Waldner MDR **82**, 81, aM VG Ansbach MDR **82**, 80. Die Art der Entscheidungen der etwaigen mehreren Verfahren ist unerheblich, BFH BStBl **82**, II 137 (zu KV 1332). Allerdings muß der Abschluß in derselben Instanz erfolgt sein. Im Fall eines Änderungsantrags nach § 80 VI 1 VwGO gegen einen erstinstanzlichen Beschluß, den der Antragsteller in der Berufungsinstanz beim Gericht der Hauptsache stellt, entsteht die Gebühr KV 1232 I noch einmal.

2) Streitwert. Der Streitwert wird nach § 20 III ermittelt.

3) Fälligkeit, Kostenschuldner usw. Die Fälligkeit tritt mit der Beendigung des Verfahrens ein, § 63 I. Der Kostenschuldner wird nach den §§ 49, 54 ermittelt.

1234	**Die erste Instanz abschließende Entscheidung auf Grund mündlicher Verhandlung über den Antrag auf Erlaß einer einstweiligen Anordnung nach § 123 VwGO . . . . . .**	**1**
1235	**Die erste Instanz abschließende Entscheidung auf Grund mündlicher Verhandlung über den Antrag auf Aufhebung einer einstweiligen Anordnung (§ 123 VwGO i.V.m. § 926 Abs. 2 ZPO) . . . .**	**1**

Zu KV 1234–1235:

1) Allgemeines. Nach Art 2 § 3 I 1 VG/FGEntlG entscheidet das VG über den Antrag auf den Erlaß einer einstweiligen Anordnung nach § 123 VwGO durch einen Beschluß. Im Rechtsmittelverfahren entsteht eine Gebühr auch ohne eine mündliche Verhandlung, KV 1240 Anm 1. Im Fall einer Entscheidung nach § 80 V oder VI VwGO entsteht wegen § 1 I GKG keine besondere Gebühr, Lappe.

Im Verfahren nach § 47 VII VwGO ist KV 1234 bis zum Erlaß einer empfehlenswerten gesetzlichen Spezialregelung entsprechend anwendbar, Scholz BaWüBl **81**, 6.

2) Streitwert. Der Streitwert wird nach § 20 III ermittelt.

3) Fälligkeit, Kostenschuldner usw. Die Fälligkeit tritt mit der Beendigung des Verfahrens ein, § 63 I. Der Kostenschuldner wird nach den §§ 49, 54 ermittelt.

Nr.	Gebührentatbestand	Gebührenbetrag in DM oder Satz der Gebühr nach § 11 Abs. 2 GKG
1240	**Verfahren zweiter Instanz über ein Rechtsmittel gegen die in den Nummern 1234 und 1235 genannten Entscheidungen; ausgenommen sind Beschwerden gegen die Zurückweisung des Antrags**	¾

1) Geltungsbereich. Vgl dazu Art 2 § 3 II VG/FGEntlG v 31. 3. 78, BGBl 446, zuletzt geändert durch Art 1 G vom 4. 7. 85, BGBl 1274:

Art 2 § 3 II: Für die Gerichtskosten gilt Nummer 1240 erster Halbsatz des Kostenverzeichnisses zum Gerichtskostengesetz auch dann, wenn in erster Instanz nicht auf Grund mündlicher Verhandlung entschieden worden ist.

Die Gebühr für das Beschwerdeverfahren im Fall von KV 1234 entsteht also auch dann, wenn der angefochtene Beschluß ohne eine mündliche Verhandlung ergangen war.

1241	**Entscheidung auf Grund mündlicher Verhandlung, die die zweite Instanz abschließt**	1

1) Allgemeines. Die Gebühr entsteht nur nach einer mündlichen Verhandlung, also nicht, soweit das Gericht zB im Fall von KV 1235 nach § 125 II 2 VwGO ohne eine mündliche Verhandlung durch einen Beschluß entschieden hat.

1242	**Beschluß nach § 161 Abs. 2 VwGO in der zweiten Instanz**	½

1) Allgemeines. Vgl KV 1208, 1218, 1228.

III. Beweissicherung

1250	**Verfahren über den Antrag auf Sicherung des Beweises**	½

1) Allgemeines. Vgl KV 1140. Die Fälligkeit tritt im Fall der Anhängigkeit einer Hauptsache dann ein, wenn dort eine Kostenentscheidung ergeht oder wenn sich die Hauptsache anderweitig erledigt. Andernfalls tritt die Fälligkeit mit der Beendigung des Beweissicherungsverfahrens ein, § 63 I, Lappe.

IV. Vergleich

1260	**Abschluß eines Vergleichs vor Gericht in einem Rechtsstreit: Soweit der Wert des Vergleichsgegenstandes den Wert des Streitgegenstandes übersteigt**	¼

Nr.	Gebührentatbestand	Gebührenbetrag in DM oder Satz der Gebühr nach § 11 Abs. 2 GKG

1) Allgemeines. Vgl KV 1170. Die Fälligkeit tritt mit der Beendigung des Verfahrens ein, § 63 I.

V. Beschwerdeverfahren

1270	**Verfahren über Beschwerden gegen eine Kostenentscheidung nach § 92 Abs. 2, § 161 Abs. 2 VwGO, über Beschwerden nach § 158 Abs. 2 in Verbindung mit § 156 VwGO sowie über Beschwerden gegen die Zurückweisung eines Antrags auf Erlaß einer einstweiligen Anordnung nach § 123 VwGO**	**1**
1271	**Verfahren über in Nummer 1270 nicht aufgeführte Beschwerden: Soweit die Beschwerde verworfen oder zurückgewiesen wird**	**1**

Zu KV 1270–1271:

1) Allgemeines. Im Fall einer Beschwerde gegen eine Entscheidung nach § 80 VwGO entsteht allenfalls die Gebühr nach KV 1271, nicht diejenige nach KV 1270 (der Fall ist dort nicht aufgeführt, vgl § 1 I GKG). Durch eine Rücknahme der Beschwerde tritt keine Gebührenermäßigung ein, Lappe. Im Beschwerdeverfahren des Prozeßkostenhilfeverfahrens kann eine Gebühr entstehen, OVG Lüneb AnwBl **87**, 197 (anders als bei KV 1180!).

2) Streitwert. Der Streitwert ist im Fall des KV 1270 grundsätzlich nach § 22 III und für den Fall eines Verfahrens nach § 123 VwGO nach § 20 III zu ermitteln. Bei KV 1271 ist der Wert nach den §§ 13ff zu ermitteln.

3) Fälligkeit, Kostenschuldner usw. Die Fälligkeit tritt mit der Beendigung des Beschwerdeverfahrens ein, § 63 I. Der Kostenschuldner ist nach den §§ 49, 54 zu ermitteln.

VI. Verzögerung des Rechtsstreits

1280	**Auferlegung einer Gebühr nach § 34 GKG**	**wie vom Gericht bestimmt**

1) Allgmeines. Vgl KV 1185.

Nr.	Gebührentatbestand	Gebührenbetrag in DM oder Satz der Gebühr nach § 11 Abs. 2 GKG

VII. Zwangsvollstreckungsverfahren

1290	**Verfahren über Anträge auf gerichtliche Handlungen der Zwangsvollstreckung gemäß §§ 169, 170 VwGO**	**15 DM**

1) **Allgemeines.** Vgl KV 1149.

C. Verfahren vor den Gerichten der Finanzgerichtsbarkeit

I. Prozeßverfahren

1. Prozeßverfahren erster Instanz

1300	**Verfahren im allgemeinen**	**1**

1) **Allgemeines.** Vgl zunächst KV 1010, 1200. Unter einem Prozeßverfahren ist das Verfahren nach den §§ 63ff FGO zu verstehen, soweit es sich um ein selbständiges Verfahren handelt. KV 1330ff enthalten Sonderregelungen wegen der Verfahren nach den §§ 69 III, IV, 114 FGO. KV 1350 enthält eine Sonderregelung für das Beweissicherungsverfahren. KV 1370–1371 enthalten die Regelung des Beschwerdeverfahrens.

Das Vollstreckungsverfahren nach den §§ 150ff FGO ist kein Prozeßverfahren mehr.

2) **Streitwert.** Der Streitwert wird nach § 13 ermittelt, vgl dort Anh II.

3) **Fälligkeit, Kostenschuldner usw.** Die Fälligkeit tritt mit der Beendigung des Verfahrens ein, § 63 I. Wegen der Auslagen gilt § 64. Der Kostenschuldner wird nach den §§ 49, 54 ermittelt. Es besteht keine Vorauszahlungspflicht.

1301	**Zurücknahme der Klage vor Ablauf des Tages, an dem entweder eine Anordnung oder Ladung nach § 79 FGO unterschriftlich verfügt oder ein Beweisbeschluß unterschrieben ist, vor Erlaß eines Vorbescheides und vor Beginn des Tages, der für die mündliche Verhandlung vorgesehen war; die Erledigung des Rechtsstreits in der Hauptsache (§ 138 FGO) steht der Zurücknahme nicht gleich**	**Gebühr 1300 entfällt**

1) **Allgemeines.** Vgl zunächst KV 1012, 1201. Nur eine gerade nach § 79 FGO ergangene Anordnung ist erheblich.

Nr.	Gebührentatbestand	Gebührenbetrag in DM oder Satz der Gebühr nach § 11 Abs. 2 GKG

Es reichen zB aus: Die schriftliche Anforderung von Prüfungsunterlagen in einem Verfahren wegen einer Steuerberaterprüfung, FG BaWü EFG **84**, 466; eine Anfrage des Berichterstatters zwecks Sachverhaltsklärung und Abgrenzung des Streitgegenstands, FG RhPf EFG **86**, 146.

Es reichen zB nicht aus: Eine bloße Anordnung nach § 80 FGO, FG Nürnb EFG **80**, 309, oder nach § 65 II FGO, FG Bln (VII. Sen) EFG **87**, 475, oder nach § 69 FGO, FG RhPf, zitiert bei Schall BB **88**, 379, FG Stgt EFG **87**, 425, aM FG Saarl EFG **85**, 577, auch nicht ein bloßer Hinweis auf die Unzulässigkeit der Klage, FG Freibg EFG **84**, 84, FG Münster EFG **76**, 411, oder auf einen Parallelfall, FG Hamm EFG **80**, 298. Eine Vorabentscheidung des EuGH nach Art 177 EWG-Vertrag ist keine Anordnung nach § 79 FGO, FG Hbg EFG **85**, 311. Ebensowenig reicht eine Fortsetzung nach Art 3 § 1, § 3 I Nr 1 BFHEntlG aus, wenn sie stattfand, ohne daß das Gericht in den Streitstoff eindrang, FG Bln (VII. Sen) EFG **87**, 475, FG Münst EFG **79**, 404 mwN, FG Nürnb EFG **86**, 420, aM FG Bln (V. Sen) EFG **85**, 87 (ausf), FG Düss EFG **86**, 580, FG Kiel EFG **82**, 156; zur Problematik einer solchen Anordnung allgemein BFH **146**, 573 (krit Schall BB **88**, 379 mwN).

Die Anordnung muß gerade vom Gericht vorgenommen worden sein. Ein Vorbescheid ist erst mit seiner förmlichen Zustellung „erlassen", zB FG Hbg EFG **85**, 311, Ziemer-Birkholz § 106 FGO Rdz 2, aM FG RhPf EFG **87**, 323 (es komme auf seine Unterzeichnung an).

1303	**Vorbescheid (§ 90 Abs. 3 FGO) außer Zwischenvorbescheid, Grundurteil (§ 99 FGO), Vorbehaltsurteil (§ 155 FGO i. V. m. § 302 ZPO)**	1

1) Allgemeines. KV 1303 ist auch dann anwendbar, wenn eine Partei die mündliche Verhandlung beantragt hat und wenn sich die Hauptsache dann erledigt hat, LG Wiesb EFG **80**, 359. Zur Anwendbarkeit von KV 1300ff bei verbundenen Verfahren FG BaWü EFG **83**, 42.

1304	**Endurteil, soweit ihm ein Vorbescheid, Grundurteil oder Vorbehaltsurteil vorausgegangen ist**	1
1305	**Endurteil, soweit ihm kein Vorbescheid, Grundurteil oder Vorbehaltsurteil vorausgegangen ist**	2

Zu KV 1304–1305:

1) Allgemeines. Vgl wegen der Urteilsgebühren zunächst KV 1014ff, 1204ff.

Nr.	Gebührentatbestand	Gebührenbetrag in DM oder Satz der Gebühr nach § 11 Abs. 2 GKG

2) Fälligkeit, Kostenschuldner usw. Die Fälligkeit tritt mit der Beendigung des Verfahrens ein, § 63 I. Der Kostenschuldner wird nach den §§ 49, 54 ermittelt.

1308	**Beschluß nach § 138 FGO, soweit nicht bereits eine Gebühr nach Nummern 1304, 1305 entstanden ist**	1

1) Allgemeines. Vgl zunächst KV 1018, 1208. Man darf die Vorschrift nicht ausdehnend auslegen, § 1 I.

2) Fälligkeit, Kostenschuldner usw. Die Fälligkeit tritt mit der Beendigung des Verfahrens ein, § 63 I. Der Kostenschuldner wird nach den §§ 49, 54 ermittelt.

2. Revisionsverfahren

1310	**Verfahren im allgemeinen**	2

1) Allgemeines. Vgl KV 1030, 1220.

1311	**Zurücknahme der Revision oder der Klage, bevor die Schrift zur Begründung der Revision bei Gericht eingegangen ist; die Erledigung des Rechtsstreits in der Hauptsache (§ 138 FGO) steht der Zurücknahme nicht gleich**	**Gebühr 1310 ermäßigt sich auf ½**

1) Allgemeines. Vgl zunächst KV 1012, 1031, 1221, dort Anm 1 wegen des Zeitpunkts des Eingangs der Revisionsbegründung.

1313	**Vorbescheid (§ 90 Abs. 3 FGO) außer Zwischenvorbescheid**	1
1314	**Urteil, das die Instanz abschließt, soweit kein Vorbescheid vorausgegangen ist**	2
1315	**Urteil, das die Instanz abschließt, soweit ein Vorbescheid vorausgegangen ist**	1

Zu KV 1314–1315:

1) Allgemeines. Vgl zunächst KV 1014 ff, 1036 ff, 1223. KV 1313 gilt auch im Fall des § 90 III 3 FGO, BFH BB **84**, 199. Es ist unerheblich, ob die Revisionsinstanz mit der Verwerfung der Revision, einer Zurückweisung, einer Zurückverweisung oder mit dem Stattgeben endet, vgl BVerwG MDR **76**, 781 (zu KV 1223). Auch die Art des Revisionsurteils ist unerheblich.

Nr.	Gebührentatbestand	Gebührenbetrag in DM oder Satz der Gebühr nach § 11 Abs. 2 GKG
1318	**Beschluß nach § 138 FGO**	1

1) Allgemeines. Vgl KV 1308.

II. Einstweilige Anordnungen, Verfahren nach § 69 Abs. 3, 4 FGO

Das Verfahren vor dem Vorsitzenden und das Verfahren vor Gericht gelten als ein Verfahren.

Nr.	Gebührentatbestand	Gebührenbetrag
1330	**Verfahren über den Antrag auf Erlaß einer einstweiligen Anordnung nach § 114 FGO**	½
1331	**Verfahren über den Antrag auf Aufhebung einer einstweiligen Anordnung (§ 114 FGO i. V. m. § 926 Abs. 2 ZPO)**	½
1332	**Verfahren über den Antrag nach § 69 Abs. 3, 4 FGO** . . . . **Mehrere Verfahren gelten innerhalb eines Rechtszuges als ein Verfahren.**	½

Zu KV 1330–1332:

1) Allgemeines. Vgl zunächst KV 1230–1232. Im Fall einer Rücknahme des Antrags tritt keine Gebührenermäßigung ein. Denn eine den KV 1201, 1211, 1221 entsprechende Vorschrift fehlt. Mehrere Verfahren liegen auch dann vor, wenn der Antragsteller den ersten Antrag zurückgenommen hat und wenn das Gericht auch auf Grund des zweiten Antrags keine Sachentscheidung getroffen hat, BFH DB **82**, 210. Wenn das Gericht in einem Aussetzungsverfahren nach § 69 FGO dem vollmachtlosen Vertreter des Steuerpflichtigen die Kosten auferlegt und in einem weiteren Aussetzungsverfahren desselben Rechtszugs dem Steuerpflichtigen, dann entfällt die Wirkung des ersten Kostenausspruchs, FG Mü EFG **81**, 204.

Nr.	Gebührentatbestand	Gebührenbetrag
1334	**Die Instanz abschließende Entscheidung auf Grund mündlicher Verhandlung über den Antrag auf Erlaß einer einstweiligen Anordnung nach § 114 FGO**	1
1335	**Die Instanz abschließende Entscheidung auf Grund mündlicher Verhandlung über den Antrag auf Aufhebung einer einstwei-**	

Nr.	Gebührentatbestand	Gebührenbetrag in DM oder Satz der Gebühr nach § 11 Abs. 2 GKG
	ligen Anordnung (§ 114 FGO i. V. m. § 926 Abs. 2 ZPO)	**1**

Zu KV 1334–1335:

1) Allgemeines. Es ist unerheblich, ob die Entscheidung in der Form eines Beschlusses oder eines Urteils ergeht. Es kommt nur darauf an, ob eine mündliche Verhandlung stattgefunden hat.

2) Streitwert. Der Streitwert ist nach § 20 III festzustellen.

3) Fälligkeit, Kostenschuldner usw. Die Fälligkeit tritt mit der Beendigung des Verfahrens ein, § 63 I. Der Kostenschuldner wird nach den §§ 49, 54 ermittelt.

III. Beweissicherung

1350	**Verfahren über den Antrag auf Sicherung des Beweises**	½

1) Allgemeines. Vgl zunächst KV 1140, 1250.

2) Fälligkeit, Kostenschuldner usw. Soweit eine Hauptsache anhängig ist, tritt die Fälligkeit mit deren Kostenentscheidung oder anderweitiger Erledigung ein. Andernfalls tritt die Fälligkeit mit der Beendigung des Beweissicherungsverfahrens ein, § 63 I. Der Kostenschuldner wird nach den §§ 49, 54 ermittelt.

IV. Beschwerdeverfahren

1370	**Verfahren über Beschwerden gegen die Zurückweisung eines Antrags auf Erlaß einer einstweiligen Anordnung nach § 114 FGO**	**1**
1371	**Verfahren über in Nummer 1370 nicht aufgeführte Beschwerden: Soweit die Beschwerde verworfen oder zurückgewiesen wird**	**1**

Zu KV 1370–1371:

1) Allgemeines. Die Vorschriften sind auch bei einer Beschwerde gegen die Ablehnung von Prozeßkostenhilfe anwendbar, BFH BStBl **89** II 47. Durch eine Rücknahme der Beschwerde tritt keine Ermäßigung der Gebühr ein.

2) Streitwert. Der Streitwert ist nach § 20 III zu ermitteln.

3) Fälligkeit, Kostenschuldner usw. Die Fälligkeit tritt mit der Beendigung des Verfahrens ein, § 63 I. Der Kostenschuldner wird nach den §§ 49, 54 ermittelt.

Nr.	Gebührentatbestand	Gebührenbetrag in DM oder Satz der Gebühr nach § 11 Abs. 2 GKG

V. Verzögerung des Rechtsstreits

1380	**Auferlegung einer Gebühr nach § 34 GKG**	**wie vom Gericht bestimmt**

1) Allgemeines. Vgl KV 1185, 1280.

D. Vergleichsverfahren zur Abwendung des Konkurses, Konkursverfahren, seerechtliches Verteilungsverfahren

I. Vergleichsverfahren zur Abwendung des Konkurses

1400	**Verfahren im allgemeinen einschließlich des Verfahrens zur Abnahme der in § 69 Abs. 2 VerglO vorgesehenen eidesstattlichen Versicherung**	**1**

1) Allgemeines. Für das gesamte Vergleichsverfahren entsteht eine Verfahrensgebühr. Sie gilt die gesamte gerichtliche Tätigkeit ab, unter anderem also: Das Eröffnungsverfahren; die Anordnung einer Verfügungsbeschränkung; eine Anordnung wegen eines vorläufigen Verwalters; eine Anordnung über den Vergleichsverwalter; eine Anordnung wegen eines Gläubigerbeirats, §§ 11, 38, 44 VglO; das Verfahren zum Zweck der Abgabe einer eidesstattlichen Offenbarungsversicherung.

Das Verfahren endet mit der Bestätigung des Vergleichs. Deshalb fällt eine Zwangsvollstreckung aus dem Vergleich nicht mehr unter KV 1400.

Eine Amtseintragung im Grundbuch ist nach den §§ 61 IV, 63 II, 65 II VglO gebührenfrei. Gebührenfrei ist auch eine Eintragung in einem amtlichen Register, § 87 Z 1 KostO. Die Anordnung einer Sicherungsmaßregel nach § 88 II VglO ist ebenfalls gebührenfrei.

2) Fälligkeit, Kostenschuldner usw. Die Fälligkeit tritt mit der Einreichung des Vergleichsantrags beim Gericht ein, § 61. Kostenschuldner ist der Vergleichsschuldner, § 51.

1401	**Verfahren erledigt sich ohne Anberaumung eines Vergleichstermins**	**Gebühr 1400 ermäßigt sich auf ½**

1) Allgemeines. Eine Erledigung des Verfahrens liegt auch vor, wenn das Gericht die Eröffnung des Vergleichsverfahrens ablehnt oder vor der Anberaumung eines Vergleichstermins das Verfahren einstellt oder wenn

Nr.	Gebührentatbestand	Gebührenbetrag in DM oder Satz der Gebühr nach § 11 Abs. 2 GKG

der Antragsteller den Antrag vor der Anberaumung des Vergleichstermins zurücknimmt.

Eine spätere Antragsrücknahme ist demgegenüber unbeachtlich.

1402	**Soweit eine Beschwerde verworfen oder zurückgewiesen wird . . . .**	½

1) **Allgemeines.** Im Vergleichsverfahren ist eine Beschwerde nur insoweit zulässig, als das Gesetz sie ausdrücklich für statthaft erklärt. Eine weitere Beschwerde ist nicht statthaft, § 121 VglO. Eine unzulässige Beschwerde kostet aber ebenfalls eine Gebühr nach KV 1402.

Die ½ Gebühr entsteht nur, soweit das Gericht die Beschwerde verwirft oder zurückweist.

2) **Streitwert.** Hier muß man folgende Fälle unterscheiden:

A. Gegen Konkurseröffnung. Im Fall einer Beschwerde gegen die Eröffnung des Konkursverfahrens ist der Beschwerdewert nach § 36 zu berechnen.

B. Zwangsgeld. Im Fall der Beschwerde des Vergleichsverwalters gegen die Festsetzung eines Zwangsgelds nach § 41 IV VglO ist als Beschwerdewert der Betrag des Zwangsgelds oder derjenige Betrag anzusetzen, um den der Vergleichsverwalter eine Ermäßigung verlangt.

C. Sonstige Fälle. Im übrigen ist das Interesse des Beschwerdeführers maßgeblich. Das Gericht muß dieses Interesse frei schätzen.

In den Fällen A–C ist für den Beschwerdewert jeweils der Eingang der Beschwerde maßgeblich.

3) **Fälligkeit, Kostenschuldner usw.** Die Fälligkeit tritt mit dem Eingang der Beschwerde beim Gericht ein, § 61. Der Kostenschuldner ist nach § 54 Z 1 zu

	II. Konkursverfahren	
1410	**Verfahren über den Antrag des Gemeinschuldners auf Konkurseröffnung . . . . . .**	½
	Dies gilt nicht für ein Verfahren, in dem über die Eröffnung des Anschlußkonkurses entschieden wird.	
1411	**Verfahren über den Antrag eines Gläubigers auf Konkurseröffnung . . . .**	½ **jedoch mindestens 30 DM**

Nr.	Gebührentatbestand	Gebührenbetrag in DM oder Satz der Gebühr nach § 11 Abs. 2 GKG

Zu KV 1410–1411:

1) Allgemeines. KV 1410–1411 gelten das gesamte Verfahren über den Eröffnungsantrag ab, Delhaes KTS **87**, 599 (Üb). Das Verfahren beginnt mit dem Eingang desAntrags. Es endet mit der Eröffnung des Konkursverfahrens, mit der Abweisung des Antrags, mit der Nichtzulassung oder mit der Rücknahme des Antrags. Abgegolten sind vor allem alle Ermittlungen, Anordnungen nach § 105 II KO und die Aufhebung vorläufiger Maßnahmen.

Wenn das Beschwerdegericht den Eröffnungsbeschluß im Beschwerdeverfahren aufhebt, entfällt nur gemäß KV 1421 die Gebühr nach KV 1420, nicht aber diejenige nach KV 1410 oder 1411. Der Antrag eines Sozialversicherungsträgers auf die Eröffnung des Konkursverfahrens ist, anders als im Verfahren mit dem Ziel der Abgabe einer eidesstattlichen Offenbarungsversicherung, kein Rechtshilfeantrag im Sinn von § 115 RVO. Daher ist dieser Antrag nicht gebührenfrei, Mü Rpfleger **55**, 245, LG Bln Rpfleger **53**, 475, LG Hbg Rpfleger **54**, 150; **aM** Karlsr Rpfleger **54**, 529 (ausf). LG Stgt Rpfleger **80**, 181 hält den Eröffnungsantrag des Bundesaufsichtsamts nach § 46b S 3 KWG für gebührenfrei.

Sequesterkosten sind bei einer Ablehnung der Eröffnung des Konkursverfahrens keine Auslagen; sie sind dann von der Staatskasse zu tragen, LG Ffm Rpfleger **86**, 496.

2) Streitwert. Der Streitwert wird nach § 37 berechnet.

3) Fälligkeit, Kostenschuldner. A. Fälligkeit. Die Fälligkeit tritt mit dem Eingang des Konkursantrags beim Gericht ein, § 61. Das Gericht darf im Konkurseröffnungsverfahren seine Tätigkeit aber nicht von der Zahlung abhängig machen.

B. Gebührenschuldner. Gebührenschuldner ist der Antragsteller, § 50 I. Im übrigen muß man für die Gebühren folgende Unterscheidung treffen:

a) Konkursantrag des Gläubigers. In diesem Fall muß man wiederum folgende Unterscheidung treffen:

aa) Abweisung, Zurücknahme. Sofern das Gericht den Antrag abweist oder sofern der Gläubiger den Antrag zurücknimmt, ist nur der Gläubiger Gebührenschuldner, § 50 I 1.

bb) Eröffnung. Im Fall der Eröffnung des Konkursverfahrens ist der Gläubiger neben dem Gemeinschuldner Gebührenschuldner, § 50 I 1, II. Die Gebühr gehört zu den Massekosten, § 58 Z 1 KO. Soweit der Gläubiger die Gebühr bezahlt hat, gehört sein Erstattungsanspruch zu den Massekosten.

b) Konkursantrag des Gemeinschuldners. In diesem Fall findet eine Anrechnung nach KV 1424 statt.

C. Auslagenschuldner. Schuldner der Auslagen, §§ 75, 106 KO: sind die folgenden Personen:

Nr.	Gebührentatbestand	Gebührenbetrag in DM oder Satz der Gebühr nach § 11 Abs. 2 GKG

a) Ablehnung, Rücknahme. Im Fall der Ablehnung oder Rücknahme des Konkursantrags ist der Antragsteller Auslagenschuldner, § 50 I 2.

b) Eröffnung. Im Fall der Eröffnung des Konkursverfahrens ist der Gemeinschuldner Auslagenschuldner, § 50 II. Die Schuld gehört in diesem Fall zu den Massekosten, § 58 Z 1 KO.

Ein nach § 107 KO vorgeschossener Betrag haftet für Gebühren und Auslagen.

4) Mehrheit von Anträgen. Mehrere Anträge begründen dann, wenn sie selbständig gestellt worden sind, jeweils Gebühren. Selbständige Anträge liegen vor, wenn der Gläubiger und der Gemeinschuldner jeweils einen Konkursantrag stellen, und zwar schon deshalb, weil dann die Wertberechnung verschieden ist. § 37. Mehrere Anträge liegen aber auch vor, wenn mehrere Gläubiger einen Konkursantrag stellen. Jaeger ZZP **52**, 98. Die Unterscheidung, ob die Anträge gemeinsam oder getrennt sind, ist wegen des Fehlens eines inneren Zusammenhangs und wegen der Unanwendbarkeit des § 5 ZPO grundsätzlich unbrauchbar, LG Bln Rpfleger **72**, 330.

Etwas anderes gilt dann, wenn zwischen den Konkursanträgen ausnahmsweise wirklich ein innerer Zusammenhang besteht, also zB dann, wenn Gesamtgläubiger Konkursanträge stellen. In einem solchen Fall entsteht nur eine Gebühr. Dementsprechend entsteht auch dann nur eine Gebühr, wenn zB mehrere gesetzliche Vertreter zusammen oder getrennt die Konkurseröffnung beantragen, etwa die Vorstandsmitglieder einer Aktiengesellschaft, Jaeger ZZP **52**, 98. Einzelheiten Uhlenbruck KTS **87**, 565.

1412	**Ein ausgesetzter Antrag auf Konkurseröffnung (§ 46 VerglO)** **a) wird durch Überleitung des Vergleichsverfahrens in das Konkursverfahren (§ 102 VerglO) gegenstandslos** **b) gilt nach § 84 VerglO als nicht gestellt . .**	**Gebühr 1411 entfällt**
1420	**Durchführung des Konkursverfahrens einschließlich des Verfahrens zur Abnahme der eidesstattlichen Versicherung nach § 125 KO und des Verfahrens über Anträge auf Erzwingung der Abgabe der eidesstattlichen Versicherung . . . .**	**3**
1421	**Eröffnungsbeschluß wird auf Beschwerde aufgehoben . . . .**	**Gebühr 1420 entfällt**

Nr.	Gebührentatbestand	Gebührenbetrag in DM oder Satz der Gebühr nach § 11 Abs. 2 GKG
1422	**Verfahren wird vor Ablauf der Anmeldefrist nach § 202, § 204 KO oder nach § 3 des Ausführungsgestzes zum deutsch-österreichischen Konkursvertrag eingestellt . . .**	**Gebühr 1420 ermäßigt sich auf 1**
1423	**Verfahren wird nach Ablauf der Anmeldefrist nach § 202, § 204 KO oder nach § 3 des Ausführungsgesetzes zum deutsch-österreichischen Konkursvertrag eingestellt . . .**	**Gebühr 1420 ermäßigt sich auf 2**
1424	**Verfahren ist auf Antrag des Gemeinschuldners eröffnet . . . .**	**Gebühren 1420, 1422, 1423 ermäßigen sich um die Gebühr 1410**
1425	**Vergleichsverfahren ist in das Konkursverfahren übergeleitet worden (§ 102 VerglO) . . . .**	**Gebühr 1420 ermäßigt sich um die Gebühr 1400 oder 1401**

Zu KV 1420–1425:

1) Allgemeines. Sobald das Konkursgericht das Konkursverfahren eröffnet hat, wird seine gesamte weitere Tätigkeit bis zur Beendigung des Konkursverfahrens durch die Verfahrensgebühr des KV 1420 abgegolten. Neben ihr können besonders Gebühren nur nach den KV 1430–1441 entstehen. Eine Nachtragsverteilung nach § 166 KO kann die Gebühr nur insoweit beeinflussen, als sie den Wert der Aktivmasse erhöht. Über den Zeitpunkt des Kostenansatzes vgl § 14 Z 1 KostVfg, Teil VII A dieses Buchs.

Wegen des deutsch-österreichischen Konkursvertrags vgl § 3 AusfG vom 8. 3. 85, BGBl 535.

2) Gebührenhöhe. A. Grundsatz. Die Gebühr beträgt grundsätzlich das Dreifache der vollen Gebühr.

Nr.	Gebührentatbestand	Gebührenbetrag in DM oder Satz der Gebühr nach § 11 Abs. 2 GKG

B. Ausnahmen. Eine Ermäßigung tritt infolge der Einstellung des Konkursverfahrens nach den §§ 202, 204 KO ein, und zwar wie folgt:

a) Einfache Gebühr, KV 1422. Eine Ermäßigung auf die einfache Gebühr tritt ein, soweit das Gericht das Konkursverfahren vor dem Ablauf der Anmeldefrist nach den §§ 110, 138 KO einstellt.

b) Doppelte Gebühr, KV 1423. Eine Ermäßigung auf die doppelte Gebühr tritt ein, soweit das Gericht das Konkursverfahren später als nach a einstellt. In diesem Fall ist es unerheblich, welchen Stand das Konkursverfahren im Zeitpunkt der Einstellung hatte.

c) Ermäßigung um die Hälfte, KV 1424. Eine Ermäßigung um die Gebühr KV 1410 tritt ein, soweit das Gericht das Konkursverfahren auf Grund des Antrags des Gemeinschuldners eröffnet hatte. In diesem Fall tritt eine Ermäßigung nicht nur bei KV 1420 ein, sondern auch bei KV 1422, 1423. Wenn zB der Gemeinschuldner das Konkursverfahren beantragt hatte und das Gericht das Verfahren nach dem Ablauf der Anmeldefrist einstellt, entstehen im Ergebnis nur 3 – ½ = 2½ Gebühren.

d) Ganze oder halbe Gebühr, KV 1425. Eine Ermäßigung um die Gebühren KV 1400 oder 1401 tritt ein, soweit das Gericht ein Vergleichsverfahren in ein Konkursverfahren übergeleitet hat.

Eine Durchführungsgebühr entsteht nicht, soweit das Beschwerdegericht im Beschwerdeverfahren einen Eröffnungsbeschluß aufhebt, KV 1421. Die Aufhebung läßt immer die volle Gebühr bestehen.

3) Streitwert. Der Streitwert ist nach § 37 zu berechnen.

4) Fälligkeit, Kostenschuldner. Lappe zu KV 1420 läßt die Fälligkeit mit der Eröffnung des Konkursverfahrens eintreten. Der Eröffnungsbeschluß ist aber nur eine zeitliche Voraussetzung der Durchführung, nicht eine kostenrechtliche. Der Eröffnungsbeschluß gehört außerdem einem anderen Verfahren an. Der Umstand, daß die Höhe der Durchführungsgebühr erst im Fall der Beendigung des Konkursverfahrens feststeht, hat mit ihrer Fälligkeit nichts zu tun und begründet nur einen Aufschub der Erhebung.

Deshalb ist der Beginn der Durchführung entscheidend, auch wenn ein Eröffnungsbeschluß zu Unrecht fehlt. Wenn eine nachträgliche Ermäßigung eintritt, ist das zuviel Gezahlte zurückzuzahlen, ein im Kostenrecht sehr häufiger Fall.

Gebührenschuldner ist der Gemeinschuldner, § 50 II, nicht der Konkursverwalter. Ein Vorschuß richtet sich nach § 107 I KO.

1430	**Prüfung von Forderungen in einem besonderen Prüfungstermin (§ 142 KO) je Gläubiger**	**20 DM**

1) Allgemeines. Die Gebühr KV 1430 ist eine Aktgebühr, Uhlenbruck KTS **75**, 17. Sie entsteht erst dann, wenn der besondere Prüfungs-

Nr.	Gebührentatbestand	Gebührenbetrag in DM oder Satz der Gebühr nach § 11 Abs. 2 GKG

termin auch tatsächlich stattfindet und zur Prüfung von Forderungen führt. Wenn das Gericht im Termin auch andere Forderungen ohne einen Widerspruch eines Beteiligten mitprüft oder noch andere Geschäfte vornimmt, berührt das die Gebühr KV 1430 nicht. Aus einer solchen Mitprüfung entsteht auch keine Neugebühr für einen anderen Gläubiger.

Es handelt sich um eine Festgebühr. Sie deckt auch die Kosten der öffentlichen Bekanntmachung ab, vgl KV 1903.

2) Kostenschuldner. Gebührenschuldner ist der Gläubiger. Wenn mehrere Schuldner sind, dann muß man die Gebühr für jeden gesondert berechnen. Die Gläubiger der ohne einen Widerspruch mitgeprüften Forderungen haften nicht mit.

Beschwerdeverfahren:

1440	**Beschwerde gegen den Beschluß über die Eröffnung des Konkursverfahrens (§ 109 KO)**	1

1) Allgemeines. Zum Beschwerdeverfahren nach KV 1440 gehört dasjenige gegen einen Eröffnungsbeschluß wie gegen einen zurückweisenden Beschluß, § 109 KO. Eine Rücknahme der Beschwerde ist unerheblich.

2) Fälligkeit, Kostenschuldner usw. Die Fälligkeit tritt mit dem Eingang der Beschwerde ein, § 61. Der Gebührenschuldner ist nach § 50 I (in entsprechender Anwendung) zu ermitteln, nicht nach § 49, Lappe § 50 Anm 4. Im Fall des Erfolgs der Beschwerde haftet ferner der in die Kosten verurteilte Gegner, §§ 54 Z 1, 58 II.

1441	**Verfahren über in Nummer 1440 nicht aufgeführte Beschwerden: Soweit die Beschwerde verworfen oder zurückgewiesen wird**	1

1) Allgemeines. Für ein Beschwerdeverfahren, das nicht unter KV 1440 fällt, entsteht die (volle) Beschwerdegebühr nur, soweit das Beschwerdegericht die Beschwerde zurückweist oder verwirft. Bei jedem anderen Ergebnis entsteht keine Gebühr, also auch nicht dann, wenn der Beschwerdeführer die Beschwerde zurücknimmt.

2) Streitwert. Der Wert ist nach §§ 35, 38 in Verbindung mit § 3 ZPO zu ermitteln.

3) Fälligkeit, Kostenschuldner usw. Die Fälligkeit tritt mit der Entscheidung ein, § 61. Gebührenschuldner ist der Beschwerdeführer, § 54 Z 1. Ist der Konkursverwalter Beschwerdeführer, so haftet die Masse. Ist der Gemeinschuldner Beschwerdeführer, so zahlt er aus seinem freien

Nr.	Gebührentatbestand	Gebührenbetrag in DM oder Satz der Gebühr nach § 11 Abs. 2 GKG

Vermögen. Die Auslagen sind im Fall des Erfolgs der Beschwerde Kosten des Konkursverfahrens und Massekosten, § 58 Z 1 KO.

III. Seerechtliches Verteilungsverfahren

1450	**Verfahren über den Antrag auf Eröffnung des seerechtlichen Verteilungsverfahrens .**	1

1) Allgemeines. Vgl zunächst KV 1410 Anm 1 entsprechend.

2) Fälligkeit, Kostenschuldner usw. Vgl § 39 Anm 2.

3) Streitwert. Der Streitwert ist nach § 39 zu berechnen.

1451	**Durchführung des Verteilungsverfahrens .**	2

1) Allgemeines. Auch die zu KV 1450 hinzutretende Durchführungsgebühr ist eine Verfahrensgebühr. Sie gilt die gesamte an die Eröffnung anschließende Tätigkeit des Gerichts bis zur Beendigung des Verfahrens durch eine Aufhebung oder Einstellung ab. Besondere Gebühren entstehen daneben nur nach KV 1450, 1455, 1460. Auch eine Nachtragsverteilung nach § 26 VI SeeVertO ist mitabgegolten.

2) Streitwert. Der Streitwert wird nach § 39 ermittelt.

3) Fälligkeit, Kostenschuldner usw. Die Fälligkeit tritt mit der Verfahrenseröffnung ein, § 61 Hs 2. Der Kostenschuldner ist nach § 52 zu ermitteln.

1455	**Prüfung von Forderungen in einem besonderen Prüfungstermin (§ 11 der Seerechtlichen Verteilungsordnung) je Gläubiger . .**	20 DM

1) Allgemeines. Das Prüfungsverfahren ist demjenigen der KO nachgebildet. § 18 SeeVertO verweist wegen nachträglicher Anmeldungen unter anderem auf § 142 KO, abgedruckt in § 60 Anm 3. Die besondere Prüfungsgebühr ist eine Aktgebühr. Vgl wegen der Einzelheiten KV 1430 Anm 1.

2) Fälligkeit, Kostenschuldner usw. Die Fälligkeit tritt mit der Anberaumung des Prüfungstermins ein, § 61 Hs 2. Es ist kein Auslagenvorschuß zu zahlen. Denn das Gericht muß den Prüfungstermin von Amts wegen anberaumen, § 68. Kostenschuldner ist derjenige Gläubiger, der seine Forderung zu einem besonderen Prüfungstermin anmeldet, §§ 18 SeeVertO, 142 III KO. Im Fall einer Mehrheit von Gläubigern gilt KV 1430 Anm 1 entsprechend.

1460	**Soweit eine Beschwerde verworfen oder zurückgewiesen wird . . . .**	1

1) Allgemeines. Vgl zunächst KV 1151. Soweit eine Erinnerung vorliegt, § 12 II–VI SeeVertO, entsteht grundsätzlich keine Gebühr.

Nr.	Gebührentatbestand	Gebührenbetrag in DM oder Satz der Gebühr nach § 11 Abs. 2 GKG

2) Streitwert. Der Streitwert ist nach den §§ 39, 35 in Verbindung mit § 3 ZPO zu ermitteln.

3) Fälligkeit, Kostenschuldner usw. Die Fälligkeit richtet sich nach § 61. Kostenschuldner ist der Beschwerdeführer, § 54 Z 1.

E. Verfahren der Zwangsversteigerung und Zwangsverwaltung

Übersicht

1) Allgemeines. Die Liegenschaftszwangsvollstreckung gehört zur streitigen Gerichtsbarkeit. Nur die Gebühr für die Eintragung einer Zwangshypothek regelt weiterhin § 63 KostO.

2) Geltungsbereich. Zu KV 1500–1596 gehören folgende Fälle:

A. Zwangsversteigerung. Hierher gehört die Zwangsversteigerung eines Grundstücks; eines grundstücksgleichen Rechts; eines Schiffs; eines Schiffsbauwerks; eines Luftfahrzeugs, vgl § 110 LuftfG. Hierher gehört auch eine Zwangsversteigerung auf Grund des Antrags des Konkursverwalters. Ferner gehört hierher eine echte Zwangsversteigerung zur Aufhebung einer Gemeinschaft, während eine freiwillige Versteigerung zur Aufhebung einer Gemeinschaft zur freiwilligen Gerichtsbarkeit gehört und daher Gebühren nach § 53 KostO auslöst.

B. Zwangsverwaltung. Hierher gehört ferner das Zwangsverwaltungsverfahren.

C. Zwangsliquidation. Hierher gehört schließlich das Verfahren zur Zwangsliquidation einer Bahneinheit.

3) Fälligkeit, Kostenschuldner usw. Die Fälligkeit richtet sich nach § 62. Ein Vorschuß ist nach § 66 zu zahlen. Kostenschuldner sind: Der Antragsteller; für die Zuschlagsgebühr der Ersteher; im Fall der Abtretung der Rechte aus dem Meistgebot der Ersteher und der Meistbietende, § 53.

	I. Zwangsversteigerung von Grundstükken sowie von Schiffen, Schiffsbauwerken, Luftfahrzeugen und Rechten, die den Vorschriften der Zwangsvollstrekkung in das unbewegliche Vermögen unterliegen, einschließlich der unbeweglichen Kuxe	
1500	**Entscheidung über den Antrag auf Anordnung der Zwangsversteigerung oder über den Beitritt zum Verfahren**	3/10

Nr.	Gebührentatbestand	Gebührenbetrag in DM oder Satz der Gebühr nach § 11 Abs. 2 GKG

1) Geltungsbereich. Die 3/10 Gebühr erwächst in folgenden Fällen:

A. Antrag. Die Gebühr erwächst für die Entscheidung über den Antrag auf die Durchführung einer Zwangsversteigerung. Es ist unerheblich, welchen Inhalt die Entscheidung hat. Hierher gehört auch der Antrag auf eine Zwangsversteigerung in besonderen Fällen. Dazu zählen zB: Der Antrag des Konkursverwalters oder eines Erben zur Aufhebung einer Gemeinschaft nach den §§ 172ff ZVG; der Antrag eines Landlieferungsverbandes; ein Antrag im Verwaltungszwangsverfahren.

Nicht hierher zählt eine Sequestration nach § 938 ZPO.

Im Fall einer Wiederversteigerung nach den §§ 132ff ZVG entsteht eine neue Gebühr.

B. Beitritt. Die Gebühr entsteht ferner für die Entscheidung über den Beitritt zu einem Zwangsversteigerungsverfahren, § 27 ZVG.

2) Einzelfragen. Mehrere Anträge eines Gläubigers auf Grund eines einheitlichen Vollstreckungstitels begründen nur eine Gebühr; dasselbe gilt für mehrere Anträge mehrerer Gläubiger, KV 1149 entsprechend. Soweit ein Antrag mehrere Grundstücke betrifft, entsteht nur eine Gebühr nach dem zusammengerechneten Wert, sofern das Gericht die Entscheidung in demselben Beschluß trifft. Soweit das Gericht über denselben Antrag auf die Zwangsversteigerung mehrerer Grundstücke in mehreren getrennten Beschlüssen entscheidet, entstehen getrennte Gebühren.

Ein Ersuchen um die Eintragung eines Zwangsversteigerungsvermerks gehört noch hierher.

3) Fälligkeit, Kostenschuldner usw. Die Fälligkeit tritt mit dem Erlaß der Entscheidung ein. Wegen des Kostenschuldners vgl Üb 3 vor KV 1500. Im Fall einer Prozeßkostenhilfe für den Schuldner ist eine Mitteilung der Zweitschuldnerrechnung an die Kasse zwecks Anmeldung zum geringsten Gebot erforderlich, § 45 ZVG. Eine Vorschußpflicht besteht nach § 66.

1510	**Verfahren im allgemeinen bis zur Bestimmung des Versteigerungstermins**	1/10

1) Allgemeines. KV 1510 gilt die gesamte Tätigkeit des Gerichts für den Zeitabschnitt nach der Anordnung des Verfahrens bis zur Bestimmung des Versteigerungstermins ab, ohne daß eine besondere Handlung des Gerichts erforderlich wäre. Abgegolten sind zB: Alle Ermittlungen; eine Belehrung; ein Einstellungsverfahren; die Bestimmung des Verkehrswerts; die Abschlußverfügung im Anschluß an die Rücknahme des Versteigerungsantrags.

Ein Ersuchen um die Eintragung des Zwangsversteigerungsvermerks gehört aber noch zu KV 1500, dort Anm 2.

Nr.	Gebührentatbestand	Gebührenbetrag in DM oder Satz der Gebühr nach § 11 Abs. 2 GKG
1511	**Bestimmung des ersten Versteigerungstermins und weiteres Verfahren**	2/10
1520	**Abhaltung des Versteigerungstermins; er gilt als abgehalten, wenn zur Abgabe von Geboten aufgefordert worden ist. Gebühr wird nur einmal erhoben, auch wenn mehrere Termine stattfinden**	3/10
1521	**Zuschlag wird auf Grund des § 74a, § 85a ZVG, § 13 oder § 13a des Gesetzes über Vollstreckungsschutz für die Binnenschiffahrt versagt**	**Gebühr 1520 entfällt**

1) Allgemeines. Die Terminsgebühr gilt sämtliche Versteigerungstermine ab, nicht aber andere Termine; für die letzteren gilt KV 1511. Die Terminsgebühr entsteht nur, soweit das Gericht in einem Versteigerungstermin zur Abgabe von Geboten aufgefordert hat. Ein Vortermin nach § 62 ZVG ist durch KV 1511 abgegolten. Der Erfolg des Versteigerungstermins ist unerheblich. Es entsteht aber keine Terminsgebühr, soweit das Gericht den Zuschlag wegen des Nichterreichens des 5/10 – bzw 7/10 – Werts versagt, §§ 74a, 85a ZVG, 13, 13a BSchiffG, KV 1521, Die Auslagen, die durch die dann notwendig werdende Bestellung eines neuen Termins entstehen, werden durch KV 1511 abgegolten.

2) Streitwert. Wegen des Vorrangs von § 29 I vor § 15 II ist der festgesetzte Verkehrswert maßgebend, LG Paderborn Rpfleger **89**, 168.

1525	**Erteilung des Zuschlags**	6/10
1526	**Zuschlagsbeschluß wird aufgehoben**	**Gebühr 1525 entfällt**

1) Allgemeines. Die Zuschlagsgebühr gilt mit der doppelten 3/10-Gebühr die Erteilung des Zuschlags ab, § 81 ZVG. Die besondere Versteigerung beweglicher Sachen nach § 65 ZVG fällt unter KV 1511. Dasselbe gilt für die Entscheidung über die Erteilung des Zuschlags. Daher entfällt bei seiner Aufhebung die 6/10-Gebühr, KV 1526. Dasselbe gilt im Fall der Versagung des Zuschlags. Wegen des Werts § 29 Anm 2.

Nach manchen Sondergesetzen ist der Zuschlag allerdings gebührenfrei, vgl § 29 ReichssiedlungsG.

2) Fälligkeit, Kostenschuldner usw. Die Fälligkeit richtet sich nach § 62 II ZPO.

1530	**Verteilungsverfahren**	6/10

Nr.	Gebührentatbestand	Gebührenbetrag in DM oder Satz der Gebühr nach § 11 Abs. 2 GKG
1531	**Fall der §§ 143, 144 ZVG**	**Gebühr 1530 ermäßigt sich auf 3/10**

1) Allgemeines. Die Verteilungsgebühr gilt das gesamte Verteilungsverfahren nach den §§ 106ff ZVG ab. Auch sie beträgt grundsätzlich das Doppelte der 3/10-Gebühr.

Sie ermäßigt sich jedoch auf die 3/10-Gebühr, wenn entweder die Beteiligten nachweisen, daß sie sich über den Erlös geeinigt haben, § 143 ZVG, oder wenn der Nachweis erbracht wird, daß die Berechtigten befriedigt worden sind, § 144 ZVG. In beiden Fällen muß der ganze Versteigerungserlös betroffen sein. Andernfalls entsteht eine volle Gebühr, also auch wegen des nachgewiesenen Teils.

2) Streitwert. Als Streitwert ist das Gebot ohne Zinsen, einschließlich des Werts der bestehenbleibenden Rechte. Vgl im übrigen § 29 Anm 3.

	Beschwerdeverfahren:	
1540	**Verwerfung oder Zurückweisung der Beschwerde**	2/10
1541	**Zurücknahme der Beschwerde**	1/10

1) Allgemeines. KV 1540, 1541 dienen ähnlichen Zwecken wie § 131 KostO. Im Zwangsversteigerungsverfahren besteht eine Beschwerdemöglichkeit nur mit der Beschränkung des § 95 ZVG, außerdem nach § 74a V ZVG. Im Zwangsverwaltungsverfahren ist die Beschwerde unbeschränkt zulässig.

Das Beschwerdeverfahren ist grundsätzlich gebührenfrei. Von diesem Grundsatz gilt eine Ausnahme für den Fall der Verwerfung oder Zurückweisung der Beschwerde, KV 1540, sowie für den Fall der Zurücknahme der Beschwerde, KV 1541. Im Fall einer teilweisen Zurücknahme der Beschwerde gilt § 21 III. Soweit eine Beschwerde begründet ist, entsteht auch kein Anspruch der Staatskasse auf Ersatz der Auslagen, es sei denn, daß das Gericht die Kosten dem Gegner auferlegt hat, KV 1920.

Mehrere Beschwerden gegen verschiedene Entscheidungen haben mehrere Gebühren zur Folge.

Soweit der Beschwerdeführer das Rechtsmittel sowohl auf § 30a ZVG wie auf § 765a ZPO stützt, entsteht doch nur eine einzige Gebühr nach KV 1181, Düss VersR **77**, 726, aM Ffm Rpfleger **84**, 480 mwN. Denn das Gericht muß auch im Rahmen einer Prüfung nach § 30a ZPO mitprüfen, ob die Voraussetzungen des § 765a ZPO vorliegen, vgl Mü Rpfleger **68**, 32.

Eine Erinnerung nach § 766 ZPO ist stets gebührenfrei. KV 1540, 1541 gelten auch für eine weitere Beschwerde.

Nr.	Gebührentatbestand	Gebührenbetrag in DM oder Satz der Gebühr nach § 11 Abs. 2 GKG

2) Streitwert. Der Streitwert bestimmt sich im Rahmen von §§ 28, 29 wegen § 12 I nach § 3 ZPO. Man muß ihn also unter einer Abwägung aller Umstände nach der wirtschaftlichen Bedeutung des Rechtsmittels ermitteln, KG Rpfleger **82**, 233 mwN, aM zB Bre Rpfleger **77**, 421 (das OLG berechnet dieselben Gebühren wie in der 1. Instanz). Dabei hat eine Richterablehnung neben der Beschwerde in der Sache keinen selbständigen Wert, Mü Rpfleger **85**, 377.

Im Fall einer Zuschlagsbeschwerde ist der Grundstückswert nicht allein maßgeblich, kann aber einen Anhaltspunkt geben. § 6 ist nicht anwendbar.

3) Fälligkeit, Kostenschuldner usw. Die Fälligkeit richtet sich nach § 63 I. Der Kostenschuldner wird nach § 54 I ermittelt.

II. Zwangsverwaltung von Grundstücken sowie von Rechten, die den Vorschriften der Zwangsvollstreckung in das unbewegliche Vermögen unterliegen, einschließlich der unbeweglichen Kuxe

1550	**Entscheidung über den Antrag auf Anordnung der Zwangsverwaltung oder über den Beitritt zum Verfahren**	3/10

1) Allgemeines. Vgl zunächst KV 1500 Anm 1. Die Vorschrift gilt auch für eine Zwangsverwaltung auf Grund einer einstweiligen Verfügung, nicht aber im Fall der Fortsetzung eines ergebnislos verlaufenen Zwangsversteigerungsverfahrens als Zwangsverwaltungsverfahren.

Das Ersuchen zur Eintragung eines Vermerks über die Zwangsverwaltung im Grundbuch gehört noch hierher.

1560	**Durchführung des Verfahrens: Für jedes angefangene Jahr, beginnend mit dem Tag der Beschlagnahme**	6/10

1) Allgemeines. Die Verfahrensgebühr entsteht, zunächst mit der Beschlagnahme, §§ 22, 146, 151 ZVG (und zwar zu dem danach frühesten Zeitpunkt), jährlich neu in Höhe von 6/10 der vollen Gebühr. Sie gilt die gesamte Tätigkeit des Gerichts ab, zB: Die Aufstellung des Teilungsplans; die Beaufsichtigung des Verwalters; Ermittlungen jeder Art. Eine Einweisung des Zwangsverwalters nach § 150 II ZVG ist unerheblich. Die Gebühr entsteht auch, wenn das Verfahren vorher aufgehoben wird.

2) Streitwert. Der Streitwert richtet sich nach § 30.

Nr.	Gebührentatbestand	Gebührenbetrag in DM oder Satz der Gebühr nach § 11 Abs. 2 GKG

3) Fälligkeit, Kostenschuldner usw. Die Fälligkeit richtet sich nach § 62 III. Ein Vorschuß ist nach § 66 II zu erheben, vgl § 24 KostVfg, Teil VII A dieses Buchs. Der Kostenschuldner wird nach § 53 I ermittelt.

	Beschwerdeverfahren:	
1570	**Verwerfung oder Zurückweisung der Beschwerde**	2/10
1571	**Zurücknahme der Beschwerde**	1/10

1) Allgemeines. Vgl KV 1541 Anm 1.

	III. Verfahren der Zwangsliquidation einer Bahneinheit	
1590	**Entscheidung über den Antrag auf Eröffnung der Zwangsliquidation**	3/10
1591	**Verfahren im allgemeinen**	1/2
1592	**Verfahren wird eingestellt**	**Gebühr 1591 ermäßigt sich auf 3/10**

1) Allgemeines. Vgl § 32 Anm 1.

	Beschwerdeverfahren:	
1595	**Verwerfung oder Zurückweisung der Beschwerde**	2/10
1596	**Zurücknahme der Beschwerde**	1/10

1) Allgemeines. Vgl KV 1541 Anm 1.

Nr.	Gebührentatbestand	Gebührenbetrag in DM oder Satz der Gebühr der Nummer 1600, soweit nichts anderes vermerkt
	F. Strafsachen	
	Bei Verurteilung zu Geldstrafe darf die Gebühr, die auf Grund eines der folgenden Gebührentatbestände von dem Verurteilten zu erheben ist, den Betrag der Geld-	

Nr.	Gebührentatbestand	Gebührenbetrag in DM oder Satz der Gebühr der Nummer 1600, soweit nichts anderes vermerkt
	strafe nicht übersteigen; § 11 Abs. 3 gilt insoweit nicht. Die Gebührentatbestände 1672 und 1680 sind jedoch ausgenommen.	
	I. Der Beschuldigte ist im Offizialverfahren rechtskräftig zu einer Strafe verurteilt oder es ist auf Verwarnung mit Strafvorbehalt erkannt oder eine Maßregel der Besserung und Sicherung angeordnet worden	
	1. Verfahren im ersten Rechtszug	
1600	**Hauptverhandlung mit Urteil bei**	
	a) Verurteilung zu Freiheitsstrafe	
	bis zu 3 Monaten einschließlich	**60 DM**
	bis zu 6 Monaten einschließlich	**120 DM**
	bis zu 2 Jahren einschließlich.........	**240 DM**
	von mehr als 2 Jahren	**360 DM**
	b) Verurteilung zu Geldstrafe	
	bis zu 90 Tagessätzen..............	**60 DM**
	bis zu 180 Tagessätzen.............	**120 DM**
	von mehr als 180 Tagessätzen........	**240 DM**
	c) Anordnung einer Maßregel der Besserung und Sicherung	**60 DM**

1) Allgemeines. Über die das Strafverfahren beherrschenden Grundsätze für die Gebührenerhebung siehe die Erläuterungen zu § 40. KV 1600 gilt die gesamte erste Instanz ab. Dazu gehört die gerichtliche Tätigkeit im Vorverfahren und nach dem Eintritt der Rechtskraft des Urteils, soweit das Gesetz sie der Staatsanwaltschaft oder dem Gericht erster Instanz zuweist, § 462 StPO, sowie die Tätigkeit nach einer Zurückverweisung.

Eine Trennung mehrerer Anklagen, sei es in mehrere Aburteilungen vor demselben Gericht, sei es in eine Aburteilung und in eine Verweisung, begründet mehrere Instanzen. Eine Verbindung nach § 237 StPO vereinigt zu derselben Instanz.

2) Gebührenhöhe. A. Freiheitsstrafe. Eine Untersuchungshaft ist unerheblich.

B. Geldstrafe. Die Gebühr darf den Strafbetrag nicht übersteigen, F vor KV 1600. Im übrigen ergibt sich der Mindestbetrag der Gebühr aus § 11. Mehrere Geldstrafen in demselben Urteil werden zusammengerechnet. Dieselbe Geldstrafe liegt auch insoweit vor, als das Gericht auf eine Freiheitsstrafe nur ersatzweise erkannt hat, § 40 Anm 2.

Nr.	Gebührentatbestand	Gebührenbetrag in DM oder Satz der Gebühr der Nummer 1600, soweit nichts anderes vermerkt

Über das Zusammentreffen einer Freiheitsstrafe und einer Geldstrafe vgl § 40 Anm 3.

C. Straffreierklärung, Absehen von Strafe. Trotz einer Straffreierklärung kann das Gericht den Angeklagten in die Kosten verurteilen, § 468 StPO. Man muß auch ein Absehen von einer Strafe im kostenrechtlichen Sinn als eine Verurteilung bewerten, § 465 I 2 StPO. Dieser Fall bleibt allerdings gebührenfrei; es entsteht nur die Pflicht zum Ersatz von Auslagen. Wegen der Jugendlichen vgl § 40 Anm 2. Über eine Straffreierklärung im Privatklageverfahren vgl KV 1650.

D. Besserungs- und Sicherungsmaßregel. Eine solche Maßnahme läßt eine Gebühr von 60 DM entstehen. Hierher gehört auch die Entziehung der Fahrerlaubnis. Hier steht die Verhängung einer Sperre vor der Neuerteilung einer Fahrerlaubnis gleich, LG Hildesh **KR** § 70 aF Nr. 1. Das gilt auch dann, wenn das Gericht die Sperre auf Grund eines Strafbefehls verhängt hat. Soweit das Gericht die Sperre auf Grund der Verurteilung wegen eines weiteren Verkehrsverstoßes verlängert, entsteht nochmals eine Gebühr von 60 DM.

1601	**Verfahren bei Strafbefehlen, es sei denn, daß nach Einspruch durch Urteil entschieden wird**	½

1) Allgemeines. KV 1601 bezieht sich auf den Strafbefehl. Es ist nach den allgemeinen Grundsätzen des Kostenrechts unerheblich, ob das Gericht einen solchen Strafbefehl auch innerhalb seiner sachlichen Zuständigkeit erlassen hat.

2) Entscheidung durch Strafbefehl. Die Gebühr entsteht erst dann, wenn der Strafbefehl rechtskräftig geworden ist, §§ 40 I, 63 II. Ein Einspruch muß also entweder unterlassen worden oder verworfen worden oder zurückgenommen worden sein. Eine Wiedereinsetzung in den vorigen Stand wegen der Versäumung der Einspruchsfrist ist gebührenfrei. Die Rücknahme oder die Verwerfung des Einspruchs sind insofern gebührenfrei, als diese Folgen vor dem Beginn der Hauptverhandlung eintreten.

Die Gebühr beträgt ½ der Urteilssätze. Die Mindestgebühr beträgt entsprechend § 11 III 15 DM. Die Gebühr darf aber die Geldstrafe nicht übersteigen, F vor KV 1600.

3) Erledigung durch Hauptverhandlung. Die Gebühr erhöht sich auf die volle Gebühr, also um eine weitere ½ Gebühr, sobald das Gericht eine Hauptverhandlung über den Einspruch anberaumt und den Angeklagten in ihr verurteilt hat, sei es auch nur in der Form einer Verwerfung des Einspruchs wegen seiner Unzulässigkeit (es mag ein Form- oder

Nr.	Gebührentatbestand	Gebührenbetrag in DM oder Satz der Gebühr der Nummer 1600, soweit nichts anderes vermerkt

Fristfehler vorliegen) oder wegen eines unentschuldigten Ausbleibens des Angeklagten, § 412 StPO.

Soweit das Gericht dagegen auf Grund der Hauptverhandlung den Angeklagten freispricht oder das Verfahren einstellt oder von einer Strafe absieht, bleibt das gesamte voraufgegangene Verfahren gebührenfrei, einschließlich des Erlasses des Strafbefehls.

Soweit gegen den Angeklagten nach dem Eintritt der Rechtskraft der in der mündlichen Verhandlung ergangenen Entscheidung wegen derselben Straftat eine neue Strafverfolgung aus einem anderen rechtlichen Gesichtspunkt einleitet, entsteht eine neue selbständige Gebühr, auf die nichts anzurechnen ist. Eine Anrechnung findet jedoch unter Umständen in Höhe der im Strafbefehl genannten Strafe nach § 8 statt.

Soweit der Angeklagte nur wegen einer von mehreren Straftaten einen Einspruch erhebt und das Gericht über diesen Einspruch durch ein Urteil entscheidet, gelten die in § 40 Anm 1 B b dd entwickelten Grundsätze entsprechend.

2. Berufungsverfahren

1602	**Berufungsverfahren mit Urteil**	**1 wenn vom Gericht nicht anders bestimmt (§ 473 StPO)**

Zu KV 1602, 1604:

1) Allgemeines. Die Berufungs- oder Revisionsinstanz beginnt mit dem ersten Tätigwerden des zur Entscheidung berufenen Rechtsmittelgerichts und dauert bis zum Wirksamwerden seines Urteils oder bis zur wirksamen Erledigung durch einen Beschluß, zB auf eine Verwerfung des Rechtsmittels, oder bis zur Rücknahme des Rechtsmittels. Eine Erhöhung der Gebühr tritt nicht ein.

Soweit nach einer Zurückverweisung erneut ein Rechtsmittel eingelegt wird, entsteht dadurch gegenüber der früheren gleichen Instanz keine neue Rechtsmittelinstanz, selbst wenn dasselbe Rechtsmittelgericht entscheidet, selbst wenn also zB der Angeklagte ein OLG statt des BGH als Revisionsgericht anruft.

2) Gebührenhöhe. Die volle Gebühr entsteht, wenn folgende Voraussetzungen zusammentreffen:

A. Hauptverhandlung. In der Rechtsmittelinstanz muß eine Hauptverhandlung stattgefunden haben.

Nr.	Gebührentatbestand	Gebührenbetrag in DM oder Satz der Gebühr der Nummer 1600, soweit nichts anderes vermerkt

B. Verurteilung. Es muß eine rechtskräftige Verurteilung ergangen sein, § 40 Anm 1. Es ist unerheblich, ob das Gericht das Rechtsmittel aus förmlichen Gründen verwirft oder wegen einer wenigstens teilweisen sachlichen Grundlosigkeit erkennt. Eine Einziehung, eine Unbrauchbarmachung usw sind nach KV 1620ff zu beurteilen. Wegen einer Maßregel der Besserung und Sicherung vgl KV 1600c.

Soweit das Gericht auf Straffreiheit erkennt, entsteht keine Gebühr.

3) Teilweiser Erfolg. Soweit das Rechtsmittel einen teilweisen Erfolg hat, ist nach § 40 Anm 1 B b zu verfahren, falls nicht das Gericht den § 473 StPO anwendet. Bei einem teilweisen Erfolg kann das Gericht also die Gebühr entsprechend ermäßigen, § 473 IV StPO. Der Verurteilte hat darauf einen Anspruch.

Ein teilweiser Erfolg liegt bereits dann vor, wenn das Gericht die Strafe mildert oder wenn der Angeklagte nur wegen des Strafmaßes Berufung eingelegt hatte. Denn das Ergebnis des gesamten Strafverfahrens ist auch in diesem Fall nur ein Teilerfolg.

Es findet keine Verteilung nach Bruchteilen statt. Soweit das Gericht den Angeklagten wegen einer von mehreren angeblichen Straftaten freispricht, ist § 473 I StPO unanwendbar. In diesem Fall gilt § 465 StPO. Das Gericht darf dem Angeklagten also keine Kosten auferlegen, soweit es ihn freigesprochen hat.

Der Ersatz der Auslagen wird in den §§ 465 II, 473 IV StPO geregelt.

1603	**Erledigung des Berufungsverfahrens ohne Urteil**	¼

Zu KV 1603, 1605:

1) Allgemeines. Eine Ermäßigung auf ¼-Gebühr tritt ein, sofern eine der folgenden Voraussetzungen vorliegt:

A. Zurücknahme vor Beginn der Hauptverhandlung. Der Beschwerdeführer muß das Rechtsmittel vor dem Beginn der Hauptverhandlung zurückgenommen haben. Es ist in diesem Fall unerheblich, ob das Verfahren wegen eines anderen Rechtsmittels, etwa der Staatsanwaltschaft, seinen Fortgang nimmt, vgl § 473 StPO. Das gilt auch dann, wenn die Staatsanwaltschaft das Rechtsmittel zugunsten des Angeklagten eingelegt hat und das Gericht daraufhin die Strafe mildert.

Die Hauptverhandlung beginnt mit dem Aufruf der Sache, §§ 243 I, 324 I StPO, in der Revisionsinstanz mit dem Beginn des Vortrags des Berichterstatters, § 351 I StPO. Vgl ferner § 83 BRAGO.

B. Verwerfung des Rechtsmittels. Das Gericht muß das Rechtsmittel, sei es eine Berufung oder eine Revision, durch einen Beschluß als unzulässig verworfen haben, §§ 319 I, 322 I 1, 346 I, 349 I StPO. Soweit

Nr.	Gebührentatbestand	Gebührenbetrag in DM oder Satz der Gebühr der Nummer 1600, soweit nichts anderes vermerkt

der Angeklagte demgegenüber eine Entscheidung des Rechtsmittelgerichts verlangt, §§ 319 II, 346 II StPO, entstehen durch dieses Verfahren keine weiteren Kosten.

C. Aufhebung des Urteils. Das Revisionsgericht muß das angefochtene Urteil durch einen Beschluß aufgehoben haben, § 349 IV StPO. Es muß also die zugunsten des Angeklagten eingelegte Revision einstimmig für begründet gehalten haben.

D. Zurücknahme nach Beginn der Hauptverhandlung. Der Rechtsmittelführer muß die Berufung nach dem Beginn der Hauptverhandlung zurückgenommen haben. Es ist unerheblich, ob er die Zurücknahme innerhalb oder außerhalb der Hauptverhandlung erklärt hat. Es reicht aus, daß er die Zurücknahme nach einer Vertagung erklärt hat.

E. Offensichtliche Unbegründetheit. Das Revisionsgericht muß die Revision durch einen Beschluß als offensichtlich unbegründet verworfen haben, § 349 II StPO. Denn in diesem Fall hat das Gericht das Verfahren durch eine sachlichrechtliche Prüfung endgültig entschieden.

2) Gebührenhöhe. In den Fällen KV 1603 entsteht grundsätzlich ¼ Gebühr. Die Gebühr fällt für die Revisionsinstanz fort, soweit der Rechtsmittelführer die Revision vor dem Ablauf seiner Begründungsfrist zurückgenommen hat, KV 1605, also vor dem Ablauf eines Monats nach dem Ablauf einer Woche seit der Urteilsverkündung bzw im Fall der Abwesenheit des Angeklagten seit der Urteilszustellung, §§ 345 I, 341 StPO, bzw dann, wenn das Urteil zu diesem Zeitpunkt noch nicht zugestellt worden war, vor dem Ablauf eines Monats seit der Zustellung, § 345 I 2 StPO.

Die Zurücknahme eines noch unbestimmten Rechtsmittels ist keine Revisionsrücknahme. Daher entsteht in diesem Fall nicht die Gebühr KV 1605, sondern die Gebühr KV 1603, Zweibr MDR **72**, 803.

Die Obergrenze aller Gebühren liegt bei dem Betrag der Strafe, F vor KV 1600.

3. Revisionsverfahren

1604	**Revisionsverfahren mit Urteil . . . .**	**1 wenn vom Gericht nicht anders bestimmt (§ 473 StPO)**
1605	**Erledigung des Revisionsverfahrens ohne Urteil mit Ausnahme der Zurücknahme der Revision vor Ablauf der Begründungsfrist . . . .**	¼

Nr.	Gebührentatbestand	Gebührenbetrag in DM oder Satz der Gebühr der Nummer 1600, soweit nichts anderes vermerkt
	II. Wiederaufnahme eines durch rechtskräftiges Urteil oder rechtskräftigen Strafbefehl abgeschlossenen Verfahrens, soweit zu Freiheitsstrafen oder Geldstrafen verurteilt oder auf Verwarnung mit Strafvorbehalt erkannt worden ist oder Maßregeln der Besserung und Sicherung angeordnet worden sind	
1610	**Verwerfung oder Ablehnung eines Antrags auf Wiederaufnahme des Verfahrens**	½

1) Allgemeines. KV 1610 geht davon aus, daß eine sachlich begründete Wiederaufnahme keine neue Instanz und daher gebührenfrei ist. Etwas anderes gilt dann, wenn die Wiederaufnahme unbegründet ist oder soweit das Gericht den Wiederaufnahmeantrag zurückweist. Soweit der Antragsteller den Wiederaufnahmeantrag vor einer Entscheidung des Gerichts zurückgenommen hat, entsteht keine Gebühr. Soweit die Wiederaufnahme nur teilweise einen sachlichen Erfolg hat, gilt § 40 Anm 1 B b aa entsprechend.

2) Gebührenhöhe. Die ½-Gebühr entsteht stets dann, wenn bereits der Wiederaufnahmeantrag ergebnislos bleibt, also dann, wenn das Gericht ihn als unzulässig verwirft, §§ 363, 366 II, 368 StPO, oder als unbegründet zurückweist, § 370 StPO, oder ihn ablehnt, § 371 StPO. Das alles gilt auch im Fall eines Antrags auf eine Wiederaufnahme des Verfahrens nach dem Erlaß eines Strafbefehls.

1611	**Urteil nach erneuter Hauptverhandlung . .**	**1 wenn vom Gericht nicht anders bestimmt (§ 473 StPO)**

1) Allgemeines. Im Fall der Aufrechterhaltung des früheren Urteils ist KV 1611 zusätzlich zu KV 1600 oder 1601 anwendbar. Im Fall einer anderweitigen Entscheidung gilt § 43. Vgl im übrigen § 473 V StPO.

III. 1. Berufung, Revision und Wiederaufnahme betreffend

a) die Einziehung, den Verfall, die Vernichtung, die Unbrauchbarmachung oder die Abführung des Mehrerlöses im Strafverfahren oder

Nr.	Gebührentatbestand	Gebührenbetrag in DM oder Satz der Gebühr der Nummer 1600, soweit nichts anderes vermerkt
	im selbständigen Verfahren nach §§ 440, 441, 444 Abs. 3 StPO; b) die Verwerfung eines Antrags nach § 439 oder § 440 StPO 2. Antrag des Privatklägers nach § 440 StPO	
1620	Verwerfung der Berufung durch Urteil . .	50 DM wenn vom Gericht nicht anders bestimmt (§ 473 StPO)
1621	Erledigung der Berufung ohne Urteil	15 DM
1622	Verwerfung der Revision durch Urteil . . .	50 DM wenn vom Gericht nicht anders bestimmt (§ 473 StPO)
1623	Erledigung der Revision ohne Urteil mit Ausnahme der Zurücknahme der Revision vor Ablauf der Begründungsfrist	15 DM
1624	Verwerfung oder Ablehnung eines Antrags auf Wiederaufnahme des Verfahrens	25 DM
1625	Urteil nach erneuter Hauptverhandlung (§ 373 StPO)	50 DM wenn vom Gericht nicht anders bestimmt (§ 473 StPO)
1626	Zurückweisung des Antrags des Privatklägers nach § 440 StPO	
	a) durch Urteil.	50 DM
	b) durch Beschluß	25 DM
	IV. Berufung, Revision und Wiederaufnahme betreffend Festsetzung einer Geldbuße gegen eine juristische Person oder eine Personenvereinigung	

Nr.	Gebührentatbestand	Gebührenbetrag in DM oder Satz der Gebühr der Nummer 1600, soweit nichts anderes vermerkt
1630	Verwerfung der Berufung durch Urteil . .	10 vom Hundert des Betrages der Geldbuße – mindestens 40 DM und höchstens 20000 DM – wenn vom Gericht nicht anders bestimmt (§ 473 StPO)
1631	Erledigung der Berufung ohne Urteil	2,5 vom Hundert des Betrages der Geldbuße, mindestens 15 DM und höchstens 5000 DM
1632	Verwerfung der Revision durch Urteil . . .	10 vom Hundert des Betrages der Geldbuße – mindestens 40 DM und höchstens 20000 DM – wenn vom Gericht nicht anders bestimmt (§ 473 StPO)
1633	Erledigung der Revision ohne Urteil mit Ausnahme der Zurücknahme der Revision vor Ablauf der Begründungsfrist	2,5 vom Hundert des Betrages der Geldbuße, mindestens 15 DM und höchstens 5000 DM
1634	Verwerfung oder Ablehnung eines Antrags auf Wiederaufnahme des Verfahrens .	5 vom Hundert

Nr.	Gebührentatbestand	Gebührenbetrag in DM oder Satz der Gebühr der Nummer 1600, soweit nichts anderes vermerkt
		des Betrages der Geldbuße, mindestens 20 DM und höchstens 10000 DM
1635	**Urteil nach erneuter Hauptverhandlung (§ 373 StPO)**	**10 vom Hundert des Betrages der Geldbuße – mindestens 40 DM und höchstens 20000 DM – wenn vom Gericht nicht anders bestimmt (§ 473 StPO)**
	V. Klageerzwingungsverfahren, unwahre Anzeige und Zurücknahme des Strafantrags	
1638	**Dem Antragsteller oder Anzeigenden sind die Kosten auferlegt worden (§§ 177, 469, 470 StPO)**	**50 DM wenn vom Gericht nicht anders bestimmt (§ 44 GKG)**

Vorbem. Fassg KV 1631, 1633 gem Art 8 § 5 Buchstabe a G v 9. 12. 8, BGBl 2326.

1) Erfolgloser Antrag. A. Einzelner Antrag. Soweit die Staatsanwaltschaft die Erhebung der Anklage ablehnt, kann der Verletzte eine gerichtliche Entscheidung beantragen, § 172 II StPO. Soweit dieser Antrag erfolglos bleibt, sind kostenrechtlich folgende Situationen zu unterscheiden:

a) Verwerfung als unzulässig; Zurücknahme. Soweit das Gericht den Antrag wegen eines Mangels bei den förmlichen Voraussetzungen verwirft oder soweit der Antragsteller den Antrag vor der Entscheidung des Gerichts zurücknimmt, entstehen keine Gebühren, Bre MDR **84**, 164, Kblz NJW **77**, 1462.

Nr.	Gebührentatbestand	Gebührenbetrag in DM oder Satz der Gebühr der Nummer 1600, soweit nichts anderes vermerkt

b) Verwerfung aus sachlichen Gründen. Soweit das Gericht den Antrag aus sachlichen Gründen verwirft, entsteht die Gebühr KV 1638. Der Antragsteller trägt dann nämlich die Kosten nach §§ 174, 177 StPO, auch die notwendigen Auslagen des Beschuldigten im Verfahren vor dem OLG, Stgt NJW **62**, 2021.

c) Keine Sicherheitsleistung. Soweit der Antragsteller ihm eine vom Gericht nach § 176 I StPO auferlegte Sicherheitsleistung nicht fristgemäß leistet, entsteht ebenfalls die Gebühr KV 1638. Das Gericht erklärt dann den Antrag als zurückgenommen, § 176 II StPO, und erlegt dem Antragsteller die Kosten auf, § 177 StPO.

d) Freispruch im Wiederaufnahmeverfahren. KV 1638 ist auch dann anwendbar, wenn das Gericht den Angeklagten im Wiederaufnahmeverfahren freispricht.

Die Fälligkeit tritt in den Fällen a–c mit der Entscheidung ein, § 63.

B. Mehrere Anträge. Wenn mehrere Anträge vorliegen, muß man eine Trennung vornehmen, soweit die einzelnen Verletzten getrennte Straftaten behaupten. Soweit mehrere Anträge wegen derselben Straftat gegen mehrere Personen vorliegen, entsteht nur eine Gebühr. Mehrere Entscheidungen begründen mehrere Gebühren. Ein Auslagenersatz kommt nur insoweit in Betracht, als die Auslagen nach der Antragstellung entstanden sind. Mehrere Antragsteller haften gesamtschuldnerisch, §§ 471 IV StPO, 58, 60 GKG.

2) Grundlose Strafanzeige. Die Gebühr KV 1638 entsteht, soweit das Gericht entsprechend § 469 StPO demjenigen die Kosten auferlegt, der durch eine vorsätzlich oder leichtfertig erstattete unwahre Anzeige ein auch nur außergerichtliches Verfahren veranlaßt hat. Die Voraussetzungen einer solchen Entscheidung sind also nicht so streng wie die Voraussetzungen der Bestrafung wegen falscher Verdächtigung nach § 164 StGB. Es ist also keine Anzeige wider besseres Wissen erforderlich.

Die Fälligkeit tritt mit dem Wirksamwerden des Beschlusses ein. Im Fall der Beteiligung mehrerer gilt Anm 1 B entsprechend.

3) Antragsrücknahme. Soweit das Verfahren eingestellt wird, bleibt der Angeklagte grundsätzlich gebührenfrei. Nach § 470 StPO hat aber das Gericht dem Antragsteller die Kosten und die Auslagen des Beschuldigten und eines Nebenbeteiligten (§§ 431 I 1, 442, 444 I 1 StPO) aufzuerlegen, soweit das Gericht bei einem nur auf Grund eines Strafantrags verfolgbaren Delikt die Einstellung wegen der Rücknahme des Strafantrags aussprechen muß.

In diesen Fällen läßt KV 1638 eine Gebühr gegenüber dem Antragsteller entstehen, soweit die folgenden Voraussetzungen zusammentreffen:

Nr.	Gebührentatbestand	Gebührenbetrag in DM oder Satz der Gebühr der Nummer 1600, soweit nichts anderes vermerkt

A. Eröffnung des Hauptverfahrens. Das Gericht muß das Hauptverfahren eröffnet haben. Wenn der Verletzte den Strafantrag schon vorher zurückgenommen hatte, darf das Gericht nach § 470 StPO nur die Auslagen auferlegen.

B. Notwendiger Strafantrag. Das Verfahren muß durch den Strafantrag bedingt gewesen sein. Deshalb entstehen keine Gebühren, soweit das Verfahren auch ohne einen Strafantrag von Amts wegen zu betreiben war.

C. Antragsrücknahme. Das Gericht muß das Verfahren wegen der Antragsrücknahme eingestellt haben. Es ist unerheblich, ob die Einstellung durch einen Beschluß oder im Urteil erfolgt ist und ob das Gericht dem Antragsteller die Kosten auferlegt hat.

In den Fällen A–C entsteht die Gebühr mit dem Wirksamwerden der Entscheidung, § 63 I. Sie entsteht nur einmal, selbst wenn mehrere Antragsteller ihre Strafanträge zurücknehmen oder wenn die Rücknahme mehrere Beschuldigte betrifft. Mehrere Antragsteller haften als Gesamtschuldner, § 58.

	VI. Privatklageverfahren, auch in der Form des Verfahrens nach Widerklage	
	1. Der Beschuldigte ist zu einer Strafe verurteilt worden	
	a) Verfahren im ersten Rechtszug	
1640	**Hauptverhandlung mit Urteil**	**1**
	b) Berufungsverfahren	
1641	**Berufungsverfahren mit Urteil, wenn der Privatkläger mit Erfolg oder der Beschuldigte die Berufung eingelegt hat**	**1** **wenn vom Gericht nicht anders bestimmt (§ 473 StPO)**
1642	**Berufungsverfahren mit Urteil, wenn der Privatkläger ohne Erfolg die Berufung eingelegt hat**	**100 DM**
1643	**Erledigung der Berufung des Beschuldigten ohne Urteil**	¼
1644	**Erledigung der Berufung des Privatklägers ohne Urteil**	**25 DM**

Nr.	Gebührentatbestand	Gebührenbetrag in DM oder Satz der Gebühr der Nummer 1600, soweit nichts anderes vermerkt
	c) Revisionsverfahren	
1645	Revisionsverfahren mit Urteil, wenn der Privatkläger mit Erfolg oder der Beschuldigte die Revision eingelegt hat	1 wenn vom Gericht nicht anders bestimmt (§ 473 StPO)
1646	Revisionsverfahren mit Urteil, wenn der Privatkläger ohne Erfolg die Revision eingelegt hat	100 DM
1647	Erledigung der Revision des Beschuldigten ohne Urteil mit Ausnahme der Zurücknahme der Revision vor Ablauf der Begründungsfrist	¼
1648	Erledigung der Revision des Privatklägers ohne Urteil mit Ausnahme der Zurücknahme der Revision vor Ablauf der Begründungsfrist	25 DM
	2. Der Beschuldigte ist nicht verurteilt worden, das Verfahren ist auch nicht wegen Geringfügigkeit eingestellt worden	
	a) Verfahren im ersten Rechtszug	
1650	Hauptverhandlung mit Urteil	100 DM
1651	Erledigung des Verfahrens ohne Urteil ...	25 DM
	b) Berufungsverfahren	
1652	Berufungsverfahren mit Urteil, wenn der Privatkläger die Berufung eingelegt hat ..	100 DM
1653	Erledigung der Berufung des Privatklägers ohne Urteil	25 DM
	c) Revisionsverfahren	
1654	Revisionsverfahren mit Urteil, wenn der Privatkläger die Revision eingelegt hat ...	100 DM
1655	Erledigung der Revision des Privatklägers ohne Urteil mit Ausnahme der Zurück-	

Nr.	Gebührentatbestand	Gebührenbetrag in DM oder Satz der Gebühr der Nummer 1600, soweit nichts anderes vermerkt
	nahme der Revision vor Ablauf der Begründungsfrist	**25 DM**
	3. Wiederaufnahme eines Privatklageverfahrens auf Antrag des Privatklägers	
1656	**Der Antrag wird verworfen**	**25 DM**
1657	**Nach Anordnung der Wiederaufnahme wird nicht auf eine höhere Strafe erkannt**	**100 DM**

Zu KV 1656–1657:

1) Geltungsbereich. KV 1656–1657 behandeln lediglich die Wiederaufnahme auf Grund des Antrags des Privatklägers. Es sind folgende Situationen zu unterscheiden:

A. Verwerfung. Soweit das Gericht den Antrag auf eine Wiederaufnahme des Verfahrens als unzulässig oder als unbegründet verwirft, entsteht die Gebühr KV 1656.

B. Wiederaufnahme. Soweit keine Verwerfung erfolgt, muß man folgende Situationen unterscheiden:

a) Aufrechterhaltung des Urteils, Freispruch, Einstellung, Straffreierklärung. In diesen Fällen entsteht die Gebühr KV 1657 zu Lasten des Privatklägers. Sie ist außer der früher entstandenen Gebühr zu zahlen.

b) Geringere Strafe. Soweit das Gericht im Wiederaufnahmeverfahren auf eine geringere Strafe erkennt, entstehen sowohl für das frühere als auch für das jetzige Verfahren Gebühren. Es liegen zwei Instanzen vor. Für das neue Verfahren entstehen 100 DM, für das frühere entsteht die Gebühr nach der niederen Strafe.

c) Höhere Strafe. Soweit das Gericht im Wiederaufnahmeverfahren auf eine höhere Strafe erkennt, gelten beide Verfahren als eine Instanz, § 43 S 1. Die Gebühr richtet sich nach der jetzigen Strafe.

	VII. Nebenklage	
	Dem Nebenkläger sind Kosten auferlegt worden	
1660	**Die Berufung oder Revision des Nebenklägers wird durch Urteil verworfen; auf Grund der Berufung oder Revision des Nebenklägers wird der Angeklagte freigesprochen oder für straffrei erklärt**	**100 DM**

Nr.	Gebührentatbestand	Gebührenbetrag in DM oder Satz der Gebühr der Nummer 1600, soweit nichts anderes vermerkt
1661	**Erledigung der Berufung oder Revision des Nebenklägers ohne Urteil mit Ausnahme der Zurücknahme der Revision vor Ablauf der Begründungsfrist . . . .**	**25 DM**
1662	**Der Antrag des Nebenklägers auf Wiederaufnahme des Verfahrens wird verworfen**	**25 DM**
1663	**Nach Anordnung der Wiederaufnahme des Verfahrens auf Antrag des Nebenklägers wird nicht auf eine höhere Strafe erkannt .**	**100 DM**
	VIII. Beschwerdeverfahren	
	Verwerfung oder Zurückweisung einer Beschwerde des Beschuldigten, Privatklägers, Nebenklägers oder Nebenbeteiligten	
1670	**1. gegen einen Beschluß, durch den ein Antrag auf Wiederaufnahme des Verfahrens hinsichtlich einer Freiheitsstrafe, einer Geldstrafe oder einer Maßregel der Besserung und Sicherung verworfen oder abgelehnt wurde . . . .**	**½ wenn vom Gericht nicht anders bestimmt (§ 473 StPO)**

Zu KV 1670–1673:

1) Allgemeines. KV 1670ff finden auf alle Beschwerden Anwendung, die nach der StPO zu behandeln sind. Soweit der Beschwerdeführer seine Beschwerde zurücknimmt, entsteht keine Gebühr. Dasselbe gilt dann, wenn sich die Beschwerde ohne eine gerichtliche Entscheidung erledigt oder soweit das Gericht der Beschwerde stattgibt.

Soweit das Gericht die Beschwerde zurückweist, ist der Beschwerdeführer gebührenpflichtig. Unter einer Zurückweisung verstehen KV 1670–1673 eine Erfolglosigkeit aus irgendeinem Grund, auch aus einem förmlichen Grund.

Eine Dienstaufsichtsbeschwerde gehört nicht hierher.

Die Gebühr darf die Strafe nicht übersteigen, F vor KV 1600. Wegen der Auslagen vgl KV 1920.

2) Fälligkeit, Kostenschuldner usw. Während andere Beschwerdeführer die Gebühr sofort mit deren Fälligkeit schulden, ist die Fälligkeit einer vom Beschuldigten zu zahlenden Beschwerdegebühr durch eine

Nr.	Gebührentatbestand	Gebührenbetrag in DM oder Satz der Gebühr der Nummer 1600, soweit nichts anderes vermerkt

rechtskräftige Verurteilung zu einer Strafe oder zu einer Verwarnung mit einem Strafvorbehalt oder durch eine rechtskräftige Anordnung einer Maßregel der Besserung und Sicherung aufschiebend bedingt; vgl auch § 40 Anm 3.

Das Fehlen einer Kostenentscheidung im Beschwerdebeschluß ist unschädlich. Die Kostenentscheidung wird dann durch die Auferlegung der Kosten des Verfahrens nachgeholt. Wenn der Beschluß eine Kostenentscheidung enthält, muß man die Einziehung der Gebühr mit Rücksicht auf die oben genannte Bedingung bis zum Eintritt der Rechtskraft der Beschwerdeentscheidung aussetzen.

Es reicht aus, daß das Gericht den Beschuldigten wegen irgendwelcher Straftat in demselben Verfahren verurteilt hat. Ein Zusammenhang mit der Beschwerde kann völlig fehlen.

1671	**2. gegen eine Entscheidung, durch die im Strafverfahren oder im selbständigen Verfahren nach den §§ 440, 441, 444 Abs. 3 StPO eine Geldbuße gegen eine juristische Person oder Personenvereinigung festgesetzt worden ist . . . . . .**	**5 vom Hundert des Betrages der Geldbuße – mindestens 20 DM und höchstens 10000 DM – wenn vom Gericht nicht anders bestimmt (§ 473 StPO)**
	Eine Gebühr wird nur erhoben, wenn eine Geldbuße rechtskräftig festgesetzt ist.	
1672	**3. im Kostenfestsetzungsverfahren . . . . . .**	**1 Gebühr nach § 11 Abs. 2 GKG**
1673	**4. in sonstigen Fällen außer in Beschwerdeverfahren nach § 5 Abs. 2 GKG und § 98 Abs. 3 BRAGO . . . .**	**15 DM**
	Von dem Beschuldigten wird eine Gebühr nur erhoben, wenn gegen ihn	

Nr.	Gebührentatbestand	Gebührenbetrag in DM oder Satz der Gebühr der Nummer 1600, soweit nichts anderes vermerkt
	rechtskräftig auf eine Strafe oder auf Verwarnung mit Strafvorbehalt erkannt oder eine Maßregel der Besserung und Sicherung angeordnet ist.	
	IX. Entschädigungsverfahren	
1680	**Soweit dem Verletzten oder seinem Erben im Strafverfahren ein aus der Straftat erwachsener vermögensrechtlicher Anspruch zuerkannt ist (§ 403 StPO) . . . .**	**1 Gebühr nach § 11 Abs. 2 GKG für jeden Rechtszug nach dem Wert des zuerkannten Anspruchs**

1) Allgemeines. § 403 StPO gibt dem Verletzten oder seinem Erben das Recht, einen vermögensrechtlichen Entschädigungsanspruch, der zur Zuständigkeit der ordentlichen Gerichte gehört und den er noch nicht anderweitig geltend gemacht hat, im Strafverfahren geltend zu machen. KV 1680 bezieht sich nur auf diesen vermögensrechtlichen Anspruch, wie die Verweisung auf § 403 StPO zeigt.

2) Gebührenhöhe. Für jeden Rechtszug entsteht eine volle Gebühr nach dem Wert des zuerkannten Anspruchs. Im Fall einer teilweisen Zuerkennung erwächst die Gebühr also nach dem anerkannten Teil. Soweit der Antragsteller den Antrag zurücknimmt, entsteht keine Gebühr. Dasselbe gilt, soweit das Gericht von der Zubilligung einer Entschädigung absieht.

3) Streitwert. Der Streitwert richtet sich nach den §§ 3ff ZPO, 12 GKG.

4) Fälligkeit, Kostenschuldner usw. Die Fälligkeit tritt mit der Rechtskraft des Urteils ein, § 63 II. Kostenschuldner ist allein der verurteilte Angeklagte. § 49 kommt nicht zur Anwendung. Soweit das Gericht aber von einer Entschädigung absieht, dem Verletzten einen Teil des Anspruchs nicht zuerkennt oder soweit der Verletzte den Antrag zurücknimmt, entscheidet das Gericht nach pflichtgemäßem Ermessen darüber, wer die insoweit entstandenen gerichtlichen und insoweit den Beteiligten erwachsenen notwendigen Auslagen trägt. Das Gericht kann die gerichtlichen Auslagen der Staatskasse auferlegen, soweit eine Belastung der Beteiligten unbillig wäre, vgl § 472a II StPO.

Nr.	Gebührentatbestand	Gebührenbetrag in DM oder Satz der Gebühr der Nummer 1700, soweit nichts anderes vermerkt
	G. Verfahren nach dem Gesetz über Ordnungswidrigkeiten	
	I. Gegen den Betroffenen oder den Beschuldigten ist im Bußgeldverfahren oder im Strafverfahren rechtskräftig eine Geldbuße festgesetzt worden	
	1. Verfahren im ersten Rechtszug	
1700	Hauptverhandlung mit Urteil oder Beschluß ohne Hauptverhandlung	10 vom Hundert des Betrages der Geldbuße, mindestens 40 DM und höchstens 20000 DM
1701	Verfahren bei Strafbefehlen, es sei denn, daß nach Einspruch durch Urteil entschieden wird	½
	2. Berufungsverfahren (§ 82 Abs. 1, § 83 Abs. 2 Satz 1 OWiG)	
1702	Berufungsverfahren mit Urteil	1 wenn vom Gericht nicht anders bestimmt (§ 473 StPO)
1703	Erledigung des Berufungsverfahrens ohne Urteil	¼
	3. Rechtsbeschwerdeverfahren (§§ 79, 80, 83 Abs. 1, 2 Satz 3 OWiG)	
1704	Rechtsbeschwerdeverfahren mit Urteil oder Beschluß nach § 79 Abs. 5 OWiG	1 wenn vom Gericht nicht anders bestimmt (§ 473 StPO i. V. m. § 46 Abs. 1 OWiG)

Nr.	Gebührentatbestand	Gebührenbetrag in DM oder Satz der Gebühr der Nummer 1700, soweit nichts anderes vermerkt

1) Allgemeines. Die volle Gebühr setzt bei einem Beschlußverfahren nur voraus, daß der Beschluß nach § 79 V OWiG ergeht. Das kann auch dann der Fall sein, wenn das Gericht die Rechtsbeschwerde als unzulässig verwirft, vgl BGH Rpfleger **88**, 124.

Nr.	Gebührentatbestand	Gebührenbetrag
1705	**Erledigung der Rechtsbeschwerde ohne Urteil oder Beschluß nach § 79 Abs. 5 OWiG mit Ausnahme der Zurücknahme der Rechtsbeschwerde vor Ablauf der Begründungsfrist**	¼
	4. Revisionsverfahren (§ 82 Abs. 1 OWiG)	
1706	**Revisionsverfahren mit Urteil**	**1 wenn vom Gericht nicht anders bestimmt (§ 473 StPO)**
1707	**Erledigung des Revisionsverfahrens ohne Urteil mit Ausnahme der Zurücknahme der Revision vor Ablauf der Begründungsfrist**	¼
	II. Verfahren nach Einspruch ohne Sachentscheidung	
1720	**Verwerfung des Einspruchs nach Beginn der Hauptverhandlung**	½
	III. Wiederaufnahme des Bußgeldverfahrens oder des Strafverfahrens, soweit gegen den Betroffenen oder den Beschuldigten eine Geldbuße festgesetzt worden ist	
1730	**Verwerfung oder Ablehnung eines Antrags auf Wiederaufnahme des Verfahrens**	½
1731	**Entscheidung nach erneuter Hauptverhandlung (§ 373 StPO i. V. m. § 46 Abs. 1 OWiG)**	**1 wenn vom Gericht nicht anders bestimmt (§ 473 StPO i. V. m. § 46 Abs. 1 OWiG)**

Nr.	Gebührentatbestand	Gebührenbetrag in DM oder Satz der Gebühr der Nummer 1700, soweit nichts anderes vermerkt
	IV. Berufung, Rechtsbeschwerde, Revision und Wiederaufnahme betreffend 1. die Einziehung, den Verfall, die Unbrauchbarmachung oder die Abführung des Mehrerlöses neben einer Geldbuße oder selbständig; 2. die Verwerfung eines Antrags nach § 439 StPO i. V. m. § 46 Abs. 1 OWiG	
1740	Verwerfung der Berufung durch Urteil . .	50 DM wenn vom Gericht nicht anders bestimmt (§ 473 StPO)
1741	Erledigung der Berufung ohne Urteil	15 DM
1742	Verwerfung der Rechtsbeschwerde durch Urteil oder Beschluß nach § 79 Abs. 5 OWiG	50 DM wenn vom Gericht nicht anders bestimmt (§ 473 StPO i. V. m. § 46 Abs. 1 OWiG)
1743	Erledigung der Rechtsbeschwerde ohne Urteil oder Beschluß nach § 79 Abs. 5 OWiG mit Ausnahme der Zurücknahme der Rechtsbeschwerde vor Ablauf der Begründungsfrist	15 DM
1744	Verwerfung der Revision durch Urteil . . .	50 DM wenn vom Gericht nicht anders bestimmt (§ 473 StPO)
1745	Erledigung der Revision ohne Urteil mit Ausnahme der Zurücknahme der Revision vor Ablauf der Begründungsfrist	15 DM
1746	Verwerfung oder Ablehnung eines Antrags auf Wiederaufnahme des Verfahrens	25 DM

Nr.	Gebührentatbestand	Gebührenbetrag in DM oder Satz der Gebühr der Nummer 1700, soweit nichts anderes vermerkt
1747	Entscheidung nach erneuter Hauptverhandlung (§ 373 StPO i. V. m. § 46 Abs. 1 OWiG)	50 DM wenn vom Gericht nicht anders bestimmt (§ 473 StPO i. V. m. § 46 Abs. 1 OWiG)
	V. Berufung, Rechtsbeschwerde, Revision und Wiederaufnahme betreffend die Festsetzung einer Geldbuße gegen eine juristische Person oder eine Personenvereinigung	
1750	Verwerfung der Berufung durch Urteil . .	1 wenn vom Gericht nicht anders bestimmt (§ 473 StPO)
1751	Erledigung der Berufung ohne Urteil	¼
1752	Verwerfung der Rechtsbeschwerde durch Urteil oder Beschluß nach § 79 Abs. 5 OWiG	1 wenn vom Gericht nicht anders bestimmt (§ 473 StPO i. V. m. § 46 Abs. 1 OWiG)

1) Allgemeines. Die volle Gebühr setzt bei einem Beschlußverfahren nur voraus, daß der Beschluß nach § 79 V OWiG ergeht. Das kann auch dann der Fall sein, wenn das Gericht die Rechtsbeschwerde als unzulässig verwirft, vgl BGH Rpfleger **88**, 124.

1753	Erledigung der Rechtsbeschwerde ohne Urteil oder Beschluß nach § 79 Abs. 5 OWiG mit Ausnahme der Zurücknahme der Rechtsbeschwerde vor Ablauf der Begründungsfrist	¼

Nr.	Gebührentatbestand	Gebührenbetrag in DM oder Satz der Gebühr der Nummer 1700, soweit nichts anderes vermerkt
1754	Verwerfung der Revision durch Urteil ...	1 wenn vom Gericht nicht anders bestimmt (§ 473 StPO)
1755	Erledigung der Revision ohne Urteil mit Ausnahme der Zurücknahme der Revision vor Ablauf der Begründungsfrist	¼
1756	Verwerfung oder Ablehnung eines Antrags auf Wiederaufnahme des Verfahrens	½
1757	Entscheidung nach erneuter Hauptverhandlung (§ 373 StPO i. V. m. § 46 Abs. 1 OWiG)	1 wenn vom Gericht nicht anders bestimmt (§ 473 StPO i. V. m. § 46 Abs. 1 OWiG)
	VI. Unwahre Anzeige	
1760	Dem Anzeigenden sind die Kosten auferlegt worden (§ 469 StPO i. V. m. § 46 Abs. 1 OWiG)	50 DM
	VII. Beschwerdeverfahren	
	Verwerfung oder Zurückweisung einer Beschwerde des Betroffenen oder Nebenbeteiligten	
1770	1. gegen einen Beschluß, durch den ein Antrag auf Wiederaufnahme des Verfahrens hinsichtlich einer Geldbuße verworfen oder abgelehnt wurde	½
1771	2. gegen eine Entscheidung, durch die im gerichtlichen Verfahren nach dem OWiG oder im selbständigen Verfahren nach § 30 OWiG eine Geldbuße gegen eine juristische Person oder eine Personenvereinigung festgesetzt worden ist ..	½

Nr.	Gebührentatbestand	Gebührenbetrag in DM oder Satz der Gebühr der Nummer 1700, soweit nichts anderes vermerkt
		wenn vom Gericht nicht anders bestimmt (§ 473 StPO i.V.m. § 46 Abs. 1 OWiG)
	Eine Gebühr wird nur erhoben, wenn eine Geldbuße rechtskräftig festgesetzt ist.	
1772	3. im Kostenfestsetzungsverfahren	1 Gebühr nach § 11 Abs. 2 GKG
1773	4. in sonstigen Fällen außer in Beschwerdeverfahren nach § 5 Abs. 2 GKG und § 98 Abs. 3, § 105 Abs. 3 BRAGO	15 DM
	Eine Gebühr wird nur erhoben, wenn eine Geldbuße rechtskräftig festgesetzt ist.	
	VIII. Verfahren mit abschließender Entscheidung im Falle des § 25a des Straßenverkehrsgesetzes	
1780	Entscheidung des Gerichts	40 DM
1781	Entscheidung der Staatsanwaltschaft	20 DM

Nr.	Gebührentatbestand	Satz der Gebühr nach § 11 Abs. 2 GKG
	H. Gerichtliche Verfahren nach dem Strafvollzugsgesetz	
1790	Zurückweisung des Antrages	1
1791	Zurücknahme des Antrages	½

Nr.	Gebührentatbestand	Satz der Gebühr nach § 11 Abs. 2 GKG

1) Geltungsbereich. Eine Gebühr entsteht weder im Fall der Ablehnung eines Antrags auf den Erlaß einer einstweiligen Anordnung noch im Fall der Verwerfung der dagegen gerichteten Beschwerde, Celle Rpfleger **82**, 314.

1792	**Verwerfung der Rechtsbeschwerde**	1
1793	**Zurücknahme der Rechtsbeschwerde**	½

1) Allgemeines. Der Antrag auf eine gerichtliche Entscheidung richtet sich nach § 109 StVollzG. Die Rechtsbeschwerde richtet sich nach § 116 StVollzG.

2) Streitwert. Der Wert richtet sich nach § 48a. Vgl § 66a BRAGO.

Nr.	Auslagen	Höhe

I. Auslagen

Übersicht

1) Allgemeines. Auslagen werden nur nach KV 1900ff geschuldet. Soweit diese Vorschriften keinen Auslagenersatz vorsehen, entsteht auch keine Ersatzpflicht. Das gilt insbesondere wegen der Verwendung von Papier, Verpackung usw. Ein Anspruch läßt sich auch nicht darauf stützen, daß aus der vom Staat bezahlten Auslage eine Bereicherung des Begünstigten erwachsen sei. Denn die Auslagen werden grundsätzlich bereits durch die Gebühren abgegolten.

KV 1900ff gelten für sämtliche Verfahren, für die das GKG anzuwenden ist. Im Verfahren vor den Arbeitsgerichten sind KV 1900ff anwendbar; doch werden Schreibauslagen in bestimmten arbeitsrechtlichen Verfahrensarten nicht erhoben, § 12 V ArbGG. Auslagen für Dolmetscher und Übersetzer werden unter den in § 12 V a ArbGG genannten Voraussetzungen nicht erhoben.

KV 1900ff gelten nicht für solche Auslagen, die ein Dritter veranlaßt hat, etwa durch seinen Antrag auf die Erteilung einer Abschrift. Solche Auslagen setzt die Justizverwaltung nach den Verwaltungsvorschriften fest.

Die Barauslagen müssen wirklich verauslagt worden sein. Sie sind ohne einen Mindestsatz und ohne eine Aufrundung zu ersetzen. Postgebühren werden grundsätzlich nicht mehr erhoben, sondern durch die Verfahrenspauschgebühr abgegolten; vgl aber KV 1902. Das gilt auch für Ladungen und Zustellungen sowie für Aktenversendungen.

Nr.	Auslagen	Höhe

Es entsteht kein Anspruch der Staatskasse auf den Ersatz ihrer Fernsprechgebühren.

2) Auslagenfreiheit. Man muß die Auslagenfreiheit von der Gebührenfreiheit unterscheiden. Eine Kostenfreiheit schließt eine Auslagenfreiheit ein, vgl dazu § 2.

Der Auslagenschuldner wird nach § 55 ermittelt. Ein Auslagenvorschuß richtet sich nach § 68.

Eine Prozeßkostenhilfe befreit grundsätzlich von allen baren Auslagen, § 122 I ZPO. Wenn das Gericht die Prozeßkostenhilfe nur für einen Teil bewilligt hat und wenn die Auslagen für den gesamten Anspruch entstanden sind, dann muß man eine angemessene Verteilung vornehmen.

Eine Niederschlagung der Auslagen ist nach § 8 I 2 vorzunehmen.

1900	**Die Schreibauslagen betragen für jede Seite unabhängig von der Art der Herstellung in demselben Rechtszug . . . .**	**1 DM**
	a) für die ersten 50 Seiten	**1 DM**
	b) für jede weitere Seite	**0,30 DM**

Die Höhe der Schreibauslagen ist für jeden Kostenschuldner nach § 56 gesondert zu berechnen; Gesamtschuldner gelten als ein Schuldner.

1. Schreibauslagen werden erhoben für

a) Ausfertigungen und Abschriften, die auf Antrag erteilt oder angefertigt werden;

b) Abschriften, die angefertigt worden sind, weil die Partei oder ein Beteiligter es unterlassen hat, einem von Amts wegen zuzustellenden Schriftsatz die erforderliche Zahl von Abschriften beizufügen;

c) Ausfertigungen und Abschriften jeder Art, wenn sachliche oder persönliche Gebührenfreiheit gewährt ist; die folgende Bestimmung bleibt unberührt.

2. Frei von Schreibauslagen sind für jede Partei, jeden Beteiligten und jeden Beschuldigten

a) eine vollständige Ausfertigung oder Abschrift jeder gerichtlichen Entscheidung und jedes vor Gericht abgeschlossenen Vergleichs;

Nr.	Auslagen	Höhe
	b) eine Ausfertigung ohne Tatbestand und Entscheidungsgründe; c) eine weitere vollständige Ausfertigung oder Abschrift bei Vertretung durch einen Bevollmächtigten; d) eine Abschrift jeder Niederschrift über eine Sitzung. 3. Schreibauslagen für die Abschrift eines mit eidesstattlicher Versicherung abgegebenen Vermögensverzeichnisses einschließlich der Niederschrift über die Abgabe der eidesstattlichen Versicherung werden von demjenigen Kostenschuldner nicht erhoben, von dem eine Gebühr nach Nummer 1152 oder 1153 zu erheben ist. 4. Werden für Ausfertigungen oder Abschriften Entwürfe verwandt, die der Antragsteller dem Gericht zur Verfügung gestellt hat und die nur durch Geschäftsnummer, Zeitangaben, Kostenrechnung, Ausfertigung- oder Beglaubigungsvermerk und Unterschrift des ausfertigenden Beamten zu ergänzen sind, so werden Schreibauslagen nicht erhoben.	

1) Allgemeines. A. Begriff der Ausfertigung. Dieser Begriff ist im GKG nicht derselbe wie in der ZPO. Nach der ZPO liegt eine Ausfertigung nur vor, soweit die Urschrift bei den Akten bleibt, BLAH § 170 ZPO Anm 2 A. Nach dem GKG liegt eine Ausfertigung vor, soweit es sich um ein Schriftstück urkundlichen Charakters handelt, das der Richter oder der Urkundsbeamte unterzeichnet hat und das zur Hinausgabe bestimmt ist und keine Urschrift darstellt; eine Urschrift braucht nicht bei den Akten zurückzubleiben.

Hierher gehören also auch: Eine Ladung; ein Rechtskraftzeugnis; eine Auskunft aus dem Schuldnerverzeichnis.

B. Auslagenpflicht. Eine Pflicht zur Erstattung von Schreibauslagen für eine Ausfertigung oder Abschrift besteht nur dann, wenn einer der Fälle Anm 2 vorliegt.

2) Erstattungspflicht, Z 1. Eine Pflicht zur Erstattung von Schreibauslagen besteht nur, wenn einer der folgenden Fälle vorliegt:

A. Erteilung oder Anfertigung auf Antrag, Z 1a. Soweit das Gericht eine Ausfertigung oder eine Abschrift auf Grund eines Antrags erteilt oder anfertigt, besteht eine Erstattungspflicht. Der Antrag darf

Nr.	Auslagen	Höhe

sich aber nur auf die Ausfertigung oder Abschrift beziehen, nicht auf die Entscheidung. Ein allgemeiner Antrag genügt.

Soweit das Gericht die Ausfertigung oder Abschrift auch ohne einen Antrag hätte erteilen müssen, etwa im Fall einer Entscheidung, entstehen Schreibauslagen nur nach 1 b–c. Das gilt bei allen von Amts wegen bekanntzugebenden Schriftstücken, zB der Mitteilung des Pfändungs- und Überweisungsbeschlusses an den Gläubiger.

Eine Auskunft aus dem Schuldnerverzeichnis ist schreibauslagenfrei. Dasselbe gilt für ein Notfristenzeugnis, für ein Rechtskraftzeugnis oder für eine Beglaubigung.

B. Fehlen von Abschriften, Z 1 b. Eine Erstattungspflicht besteht ferner, soweit eine Partei oder ein Beteiligter es unterlassen hat, einem von Amts wegen zuzustellenden Schriftsatz die erforderliche Zahl von Abschriften beizufügen, und soweit das Gericht deshalb eine Abschrift anfertigt.

Eine Beifügungspflicht besteht zB nach den §§ 103 II, 133 I, 253 V, 340a, 519a, 553a, 554 V ZPO, 381 StPO (Kostenrechnung, vorbereitende Schriftsätze, Klage-, Einspruchs- und Rechtsmittelschriften, Berufungs-, Revisionsbegründung, Privatklage). Es ist unerheblich, ob eine förmliche Zustellung erforderlich ist. Hierher gehört auch der Fall, daß eine Partei die vorgeschriebenen Abschriften nicht einreicht und daß das Gericht diese Abschriften für eine gesetzlich notwendige Mitteilung anfertigen muß, wie bei § 4 III VglO.

Sofern dagegen die Partei eine Erklärung zum Protokoll des Urkundsbeamten der Geschäftsstelle abgibt, entstehen zwar dem Staat infolge der Anfertigung von Abschriften Kosten; die Partei hat aber keine Obliegenheiten verletzt, und zwar auch nicht im Fall einer Erklärung nach § 129a ZPO. Im letzteren Fall können allenfalls Schreibauslagen zB nach KV 1901 wegen der Notwendigkeit einer Übersendung gemäß § 129a II ZPO entstehen. Im Fall des § 105 I ZPO (Festsetzungsgesuch durch die Einreichung der Kostenberechnung vor der Verkündung) ist die Anfertigung der Abschriften auf Staatskosten ausdrücklich vorgeschrieben.

Alleiniger Schreibauslagenschuldner ist derjenige, der die Einreichung versäumt hat, § 56 S 2.

Soweit die KostO anwendbar ist, gilt Z 1 b nicht, LG Krefeld Rpfleger **82**, 488.

C. Gebührenfreiheit, Z 1c. Eine Erstattungspflicht wegen der Schreibauslagen besteht auch im Fall einer sachlichen oder persönlichen Gebührenfreiheit. Vgl auch § 18 KostVfg, Teil VII A dieses Buchs. Hier sind im einzelnen folgende Situationen zu unterscheiden:

a) Sachliche Gebührenfreiheit. In diesem Fall hat das Gesetz ein ganzes Verfahren durch besondere Vorschriften für gebührenfrei erklärt. Beispiele: Die Todeserklärung eines Verschollenen; die Amtshilfe zugunsten eines Versicherungsträgers. Die wegen einer sachlichen Gebührenfreiheit zu zahlenden Schreibauslagen können die ohne eine solche Gebührenfreiheit erwachsenden Gebühren übersteigen.

Nr.	Auslagen	Höhe

Soweit das Gesetz für eine Handlung außerhalb des Prozesses ohnehin keine Gebühr vorsieht, kann man keine Gebührenfreiheit annehmen. Denn sonst würden Schreibauslagen für jeden nicht durch eine Gebühr abgegoltenen Akt entstehen. Beispiel: Eine Zustellung zur Nachtzeit.

b) Persönliche Gebührenfreiheit. In diesem Fall ist eine Person als solche frei. Die Gebührenfreiheit kann bundesrechtlich oder kraft Zulassung durch Bundesrecht landesrechtlich begründet worden sein. Ein persönlich Gebührenfreier muß grundsätzlich Schreibauslagen in allen Fällen erstatten, in denen ihm das Gericht entweder auf Grund seines Antrages oder von Amts wegen eine Ausfertigung oder eine Abschrift irgendwelcher Art erteilt. Von diesem Grundsatz sind nur die in Z 2, 3 genannten Fälle ausgenommen, ferner die Erteilung anderer Schriftstücke als eine Ausfertigung oder Abschrift.

Da die persönliche Gebührenfreiheit eines Prozeßbeteiligten die Erstattungspflicht eines anderen Prozeßbeteiligten nicht berührt, muß das Gericht im Fall der Beteiligung solcher anderer Personen die Einziehung bis zur Entscheidung über die Kosten aussetzen. Denn wenn das Gericht die Kosten dem gebührenpflichtigen Gegner auferlegt, dann muß er die Schreibauslagen im Rahmen von Anm 1, 2 tragen; andere Schreibauslagen werden nicht erhoben, weil die Befreite sonst schlechter darstünde als ohne Freiheit. Andernsfalls trägt die Schreibauslagen voll der Gebührenbefreite.

Im Fall einer Kostenteilung muß man auch die Schreibauslagen verteilen. Die übrigen Auslagen sind vom Gebührenfreien nicht zu zahlen. Denn sonst stünde er schlechter dar.

3) Auslagenfreiheit, Z 2. Frei von Schreibauslagen sind für jede Partei, jeden Beteiligten und jeden Beschuldigten Ausfertigungen und Abschriften, soweit einer der folgenden, nebeneinander möglichen Fälle vorliegt:

A. Vollständige Fassung einer Entscheidung oder eines Vergleichs, Z 2a. Frei von Erstattungspflicht für Schreibauslagen ist die vollständige Ausfertigung oder Abschrift jeder gerichtlichen Entscheidung und jedes vor dem Gericht abgeschlossenen Prozeßvergleichs, sofern das Gericht sie der Partei, einem Beteiligten oder dem Beschuldigten erteilt.

Unter einer Entscheidung ist nur ein Ausspruch mit einer unmittelbaren Rechtsfolge zu verstehen. Hierher zählen zB nicht: Eine prozeßleitende Verfügung, etwa ein Hinweis, eine Aufforderung, eine Anfrage, OVG Münster Rpfleger **81**, 125, und zwar auch dann nicht, wenn eine solche prozeßleitende Verfügung eine Frist in Lauf setzt. Denn auch dann soll die Verfügung ja erst eine etwa nachfolgende Entscheidung vorbereiten.

B. Ausfertigung ohne Tatbestand und Entscheidungsgründe, Z 2b. Frei von einer Erstattungspflicht ist ferner die Erteilung einer Ausfertigung ohne einen Tatbestand und ohne Entscheidungsgründe. Das gilt unabhängig davon, ob ein Tatbestand bzw Entscheidungsgründe überhaupt zu einer vollständigen Ausfertigung oder Abschrift gehören wür-

Nr.	Auslagen	Höhe

den, vgl §§ 313a, 543 ZPO, und ob das Gericht schon eine vollständige Ausfertigung oder Abschrift erteilt hat.

C. Vertretung durch einen Bevollmächtigten, Z 2c. Frei von der Erstattungspflicht ist die Erteilung einer weiteren vollständigen Ausfertigung oder Abschrift im Fall der Vertretung durch einen Bevollmächtigten. Diese weitere Ausfertigung oder Abschrift muß zu derjenigen nach Z 2a hinzutreten. Es muß sich um eine vollständige weitere Ausfertigung oder Abschrift handeln; eine weitere abgekürzte reicht nicht aus. Es muß ferner ein Bevollmächtigter im Zeitpunkt des Antrags oder der Erteilung vorhanden sein. Jeder Bevollmächtigte erhält eine weitere vollständige Ausfertigung oder Abschrift auslagenfrei, aM Lappe zu Z 2c.

D. Protokollabschrift, Z 2 d. Frei von der Erstattungspflicht ist schließlich die Erteilung einer Abschrift jeder Niederschrift über „eine", genauer: jede Sitzung, auch zB des verordneten Richters, § 362 II ZPO. Auslagenfrei ist nur eine einzige Abschrift eines jeden Protokolls, und zwar auch dann, wenn die Partei durch einen Anwalt vertreten ist, Hbg JB **78**, 728. Eine Protokollanlage gehört zur Niederschrift, sofern das Gericht die Anlage im eigentlichen Protokoll als Anlage bezeichnet hat, § 160 V ZPO. Das gilt zB: Bei einem Antrag, den die Partei nach § 297 I 2 ZPO verlesen hat.

Im Fall der Abschrift eines Vermögensverzeichnisses nach § 807 ZPO gilt Z 3 als vorrangige Sondervorschrift.

4) Eidesstattliche Versicherung, Z 3. Als Ausgleich für die Gebühren KV 1152, 1153 gibt Z 3 demjenigen Kostenschuldner, der eine dieser Gebühren zu zahlen hat, eine Auslagenfreiheit für die Abschrift des mit der eidesstattlichen Versicherung abgegebenen Vermögensverzeichnisses einschließlich des Abgabeprotokolls. Wer gebührenfrei, aber nicht auslagenfrei ist, hat Schreibauslagen zu zahlen, Anm 2 C; vgl freilich dann Z 2d, Anm 3 D.

5) Entwurf, Z 4. In diesem Fall muß man folgende Situationen unterscheiden:

A. Auslagenfreiheit. Soweit das Gericht für eine Ausfertigung oder für eine Abschrift einen Entwurf verwendet, den der Antragsteller dem Gericht zur Verfügung gestellt hat und den das Gericht nur durch die Eintragung der Geschäftsnummer, einer Zeitangabe, der Kostenrechnung, eines Vermerks über die Ausfertigung oder über die Beglaubigung und durch die Unterschrift des ausfertigenden Beamten ergänzen muß, entsteht keine Erstattungspflicht für Schreibauslagen.

B. Ausnahmen. Soweit das Gericht einen Entwurf über die in A genannten Punkte hinaus ergänzen muß, entsteht eine Erstattungspflicht für die Schreibauslagen.

6) Höhe der Schreibauslagen. Für jede Seite entstehen für jeden Rechtszug unabhängig von deren Format oder Herstellungsart und unabhängig davon, in welcher Sprache die Ausfertigung oder Abschrift verfaßt ist, für die ersten 50 Seiten je 1 DM und für jede weitere Seite 0,30

Nr.	Auslagen	Höhe

DM, und zwar ist die Berechnung für jeden Kostenschuldner, § 56, gesondert vorzunehmen; Gesamtschuldner, §§ 421ff BGB, gelten als nur ein Schuldner, wie KV 1900 klarstellt. Vgl. § 136 III KostO.

1901 Telegrafen- und Fernschreibgebühren . . . in voller Höhe

1) Allgemeines. Telegrafen- und Fernschreibgebühren lassen stets eine Erstattungspflicht entstehen. Das gilt auch dann, wenn ein Beteiligter das falsche Gericht angerufen hat und wenn dieses die Akten an das richtige Gericht weiterleitet usw, aM Renner MDR **73**, 810, ferner dann, wenn im Fall des § 129a II 1 ZPO die gebotene Unverzüglichkeit der Weiterleitung an das richtige Gericht eine telegrafische oder fernschriftliche Übersendung notwendig macht. Es ist unerheblich, ob infolge der telegrafischen oder fernschriftlichen Übermittlung anderweitige Kosten erspart bleiben.

Nicht hierher zählen Telefonkosten, erst recht nicht die Kosten einer Telefonüberwachung, zB Karlsr Rpfleger **89**, 172 mwN, aM Ffm Rpfleger **85**, 170.

2) Höhe der Schreibauslagen. Die Kosten der telegrafischen oder fernschriftlichen Erledigung sind in voller Höhe zu erstatten. Maßgeblich ist die jeweilige Fernmeldeordnung nebst ihren Gebührenvorschriften sowie die jeweils gültige Verordnung über die Gebühren für den Fernschreib- und Datexdienst der Deutschen Bundespost.

1902 Postgebühren für Zustellungen durch die Post mit Zustellungsurkunde; dieselben Beträge werden auch für Zustellungen durch Justizbedienstete nach den §§ 211, 212 der Zivilprozeßordnung erhoben . . . . in Höhe der Postgebühren

Von demjenigen Kostenschuldner, von dem eine Gebühr nach Nummer 1152 zu erheben ist, werden für die erste Zustellung keine Auslagen erhoben.

1) Allgemeines. Postgebühren für eine amtliche Zustellung mittels einer Zustellungsurkunde oder für eine amtliche Zustellung durch einen Justizbediensteten nach den §§ 211, 212 ZPO sind zu erstatten. In diesem Zusammenhang ist § 39 PostO zu beachten. Die Vorschrift lautet:

PostO § 39. Die Post kann beauftragt werden, Schriftstücke, deren förmliche Zustellung gesetzlich vorgesehen oder gerichtlich oder behördlich angeordnet ist, durch einen Postbediensteten nach den Vorschriften der Zivilprozeßordnung zustellen zu lassen.

Postgebühren sind also nur dann erstattungspflichtig, wenn sie für eine Zustellung der vorstehenden Art entstehen, zB: Bei der Zustellung eines Urteils von Amts wegen, §§ 310 III, 317 1 ZPO in Verbindung mit § 270 I ZPO; bei einer förmlichen Zustellung eines Beschlusses, etwa

Nr.	Auslagen	Höhe

nach den §§ 329 II 2, I, 659, 683 I ZPO; bei einer vom Gericht ordnungsgemäß angeordneten förmlichen Ladung eines Zeugen oder Sachverständigen mittels Zustellungsurkunde, LAG Bre Rpfleger **88**, 165, zB §§ 377 I, 402 ZPO; im Fall der Zustellung eines Kostenfestsetzungsbeschlusses, § 104 I ZPO; bei einer Zustellung durch einen Justizbediensteten nach §§ 211, 212 ZPO.

Das gilt auch, soweit eine Wiederholung der Zustellung notwendig wird, zB wegen unrichtiger Anschrift; auch diese Kosten treffen aber den Verlierer (und geben ihm evtl einen sachlichrechtlichen Ersatzanspruch), nicht stets den Verursacher, denn §§ 91ff ZPO regeln die prozessuale Kostenpflicht abschließend, BLAH Üb 8 A vor § 91 ZPO. Das übersieht LAG Bre Rpfleger **88**, 165.

KV 1902 gilt nicht, sofern das Gericht den Weg der Zustellung durch die Aufgabe zur Post wählt. Dasselbe gilt, sofern das Gericht die Sendung durch einen Einschreibebrief zusendet, § 213 ZPO. Diese Ausnahmen gelten in allen Verfahrensarten, zB nach §§ 4 ZVG, 77 KO. Denn in allen diesen Fällen ist die Zustellung bereits mit der Übergabe des zuzustellenden Schriftstücks an die Post bewirkt, während im Fall eines Postzustellungsauftrags die Übergabe durch den Postbediensteten entscheidet, §§ 170, 193ff ZPO.

Soweit das Gericht eine objektiv nicht erforderliche förmliche Zustellung gewählt hat, entstehen keine Auslagen nach KV 1902, sondern sind die Auslagen gemäß § 8 niederzuschlagen. Ob die Zustellung objektiv erforderlich war, ist aber nicht nach dem abstrakten Gesetzeswort, sondern nach den Umständen des konkreten Einzelfalls zu entscheiden. Angesichts der verbreiteten Nachlässigkeit gegenüber gerichtlichen Vorladungen usw ist im Interesse des dringend notwendigen zügigen Verfahrensablaufs und einer Vermeidung überflüssiger weiterer Termine grundsätzlich eine förmliche Zustellung mit Zustellungsurkunde bei jeder Ladung objektiv notwendig. Das gilt insbesondere beim Zeugen, auch beim Polizisten als Zeugen.

Nur so kann das Gericht zuverlässig klären, ob die Ladung den Prozeßbeteiligten erreicht hat, ob Ladungsfristen eingehalten wurden usw. Nur so lassen sich auch zB die Voraussetzungen einer Verhängung von Ordnungsmitteln, einer zwangsweisen Vorführung nach § 380 ZPO usw zuverlässig und ohne vermeidbare Mehrarbeit spätestens im Termin klären. Deshalb hat der Kostenbeamte grundsätzlich davon auszugehen, daß eine vom Gericht angeordnete förmliche Zustellung objektiv erforderlich war.

Im Zweifel muß er eine dienstliche Auskunft des Richters einholen, der zu ihrer Abgabe verpflichtet ist, soweit sich die objektive Notwendigkeit nicht bereits eindeutig aus dem bisherigen Akteninhalt ergibt.

Eine Niederschlagung kommt in Betracht, soweit das Gericht eine Zustellung durch die Post nach § 196 ZPO wählen konnte, aber ohne objektive Notwendigkeit nicht gewählt hat. Auch insofern ist jedoch die Frage der Notwendigkeit nach den vorstehenden Grundsätzen zu beantworten.

Nr.	Auslagen	Höhe

2) Höhe der Schreibauslagen. Die Höhe der erstattungspflichtigen Postgebühren ergibt sich aus der jeweiligen Postgebührenordnung. Erstattungspflichtig ist nur die aus dieser Gebührenordnung ersichtliche Zustellungsgebühr, zur Zeit 5 DM, nicht das außerdem erforderliche Porto, Lappe.

1903	**Kosten, die durch öffentliche Bekanntmachung entstehen, mit Ausnahme der hierbei erwachsenen Postgebühren, jedoch nicht die Kosten der Bekanntmachung eines besonderen Prüfungstermins (§ 142 KO, § 11 der Seerechtlichen Verteilungsordnung)**	**in voller Höhe**

1) Allgemeines. Erstattungspflichtig sind diejenigen Kosten, die durch eine öffentliche Bekanntmachung entstehen, mit Ausnahme der hierbei erwachsenen Postgebühren. Das gilt auch im Fall einer öffentlichen Zustellung. Soweit der Auftrag zur öffentlichen Bekanntmachung zurückgenommen wird, sind die bereits entstandenen Kosten erstattungspflichtig. Außer Betracht bleiben neben den Portokosten des Gerichts für den Antrag diejenigen für die Übersendung der Belege.

Im Fall des § 142 KO gilt nur KV 1430. Im Fall des § 11 SeeVertO gilt nur KV 1455.

1904	**Nach dem Gesetz über die Entschädigung von Zeugen und Sachverständigen zu zahlende Beträge, und zwar auch dann, wenn aus Gründen der Gegenseitigkeit, der Verwaltungsvereinfachung und dgl. keine Zahlungen zu leisten sind**	**in voller Höhe**
	Ist für einen Beschuldigten oder Betroffenen, der der deutschen Sprache nicht mächtig, taub oder stumm ist, im Strafverfahren oder im gerichtlichen Verfahren nach dem Gesetz über Ordnungswidrigkeiten ein Dolmetscher oder Übersetzer herangezogen worden, um Erklärungen oder Schriftstücke zu übertragen, auf deren Verständnis der Beschuldigte oder Betroffene zu seiner Verteidigung angewiesen ist, werden von diesem die dadurch entstandenen Auslagen nur erhoben, wenn das Gericht ihm diese nach § 464c StPO oder die Kosten nach § 467 Abs. 2 Satz 1 StPO, jeweils auch i.V.m. § 46 Abs. 1 OWiG, auferlegt hat.	
	Sind die Aufwendungen durch mehrere	

Nr.	Auslagen	Höhe
	Geschäfte veranlaßt, die sich auf verschiedene Rechtssachen beziehen, so werden die Aufwendungen auf die mehreren Geschäfte unter Berücksichtigung der auf die einzelnen Geschäfte verwendeten Zeit angemessen verteilt.	

Vorbem. S 2 idF Art 2 Z 1 G v 15. 6. 89, BGBl 1082, in Kraft seit 1. 7. 89, Art 5.

1) Allgemeines, S 1. Erstattungspflichtig sind die Gebühren, die das Gericht an einen Zeugen, Sachverständigen, Dolmetscher oder Übersetzer auf Grund des ZSEG zahlen muß. Für die Erstattungspflicht kommt es also nicht darauf an, welche Beträge das Gericht tatsächlich gezahlt hat, sondern auf diejenigen Beträge, die es zahlen muß oder mußte, Düss AnwBl **89**, 237, Schlesw MDR **85**, 80 mwN. Soweit das Gericht eine Überzahlung vorgenommen hat, kann der Auslagenschuldner freilich auch nach § 5 die Erinnerung einlegen. Im Fall einer schriftlichen Bekundung nach § 377 II, V ZPO darf das Gericht dem Zeugen nur seine Auslagen erstatten, § 401 ZPO. Soweit das Gericht im Verfahren auf die Bewilligung einer Prozeßkostenhilfe eine Beweisaufnahme vorgenommen hat und den Antrag anschließend zurückweist, muß der Antragsteller die entstandenen Auslagen erstatten. Hierher zählten bis 30. 6. 89 nicht die Kosten einer nach der StPO zulässig erfolgten Telefonüberwachung, § 1 Anm 9 B b, Mü MDR **85**, 783, LG Kblz Rpfleger **86**, 450, aM Ffm Rpfleger **85**, 170. Sie werden seit 1. 7. 89 nach § 17 a ZSEG, Teil V dieses Buchs, erstattet.

Sofern ein Sachverständiger deshalb keine Entschädigung beanspruchen kann, weil er als ein Angehöriger einer Behörde oder sonstigen öffentlichen Stelle das Gutachten in Erfüllung seiner Dienstaufgaben erstattet, vertreten oder erläutert hat, § 1 II ZSEG, Teil V dieses Buchs, entsteht eine Erstattungspflicht evtl trotzdem nach dem Einzelfall, allerdings keineswegs stets, Stgt Rpfleger **87**, 388. Der Kostenbeamte muß notfalls die Zeit- und sonstigen Angaben vom Sachverständigen erfragen. Diese Auslagen werden auch dann erhoben, wenn aus Gründen der Gegenseitigkeit, Verwaltungsvereinfachung usw tatsächlich die Gerichtskasse an die andere Kasse oder den Beamten nicht zu zahlen braucht, denn der Schuldner hat von solchen Abrechnungsvereinfachungen keinen Vorteil.

2) Auslagenfreiheit, S 2. Art 6 III e MRK verbietet die Auferlegung von Dolmetscherkosten, soweit der Betroffene deutsch nicht spricht oder nicht versteht. Dem trägt S 2 in seiner jetzigen Neufassung scheinbar nur eingeschränkt Rechnung, indem er die Erstattungspflicht für die Fälle der §§ 467 II 1, 464 c StPO (Auslagenauferlegung wegen Verschuldens) evtl je in Verbindung mit § 46 I OWiG bestehenläßt; indessen will natürlich Art 6 III e MRK solches Verschulden nicht belohnen. Danach ist der frühere diesbezügliche Streit – wie schon vor der Neufassung von S 2 – überholt, Kühne Festschrift für Schmidt (1981) 33 mwN.

Nr.	Auslagen	Höhe

Diese Frage ist allerdings zumindest für den Zustand bis 1. 7. 89 **streitig. Wie hier** zB EGMR NJW **79**, 1091, EKMR NJW **78**, 478, Düss AnwBl **82**, 257 mwN, Mü NJW **82**, 2740 (auch nicht als Pflichtverteidigungskosten; **abw** insofern Oldb Rpfleger **81**, 125, LG Mainz Rpfleger **84**, 35 mwN, Markl 2), LG Bln AnwBl **80**, 30, LG Bonn JB **78**, 1849 mwN, LG Ffm Rpfleger **78**, 464, AG Bln-Tiergarten NJW **78**, 2462.

Da Art 6 III c MRK jeden Betroffenen begünstigt, ist S 2 unabhängig von der Frage der formellen Vorrangigkeit der MRK in seiner jetzigen Fassung schon nach deren Wortlaut auch im Bußgeldverfahren direkt anwendbar. Der frühere Streit um seine entsprechende Anwendbarkeit ist damit überholt.

Das alles gilt freilich nur, sofern das Gericht den Dolmetscher gerade amtlich herangezogen hat, Düss AnwBl **86**, 107 mwN, Ffm NJW **81**, 533, Mü NJW **81**, 534 mwN, vgl KV 1906 Anm 1. Der Begriff „herangezogen“ ist wie bei § 1 Anm 3 A ZSEG, Teil V dieses Buchs, zu verstehen.

S 2 erfaßt auch einen stummen oder tauben Inländer oder Ausländer.

Wegen der Besonderheiten vor den Arbeitsgerichten vgl § 12 Va ArbGG, Teil II A dieses Buchs.

1905	**Die bei Geschäften außerhalb der Gerichtsstelle den Gerichtspersonen auf Grund gesetzlicher Vorschriften gewährten Vergütungen (Reisekostenvergütung, Auslagenersatz) und die Kosten für die Bereitstellung von Räumen . . . .**	**in voller Höhe**
	Sind diese Aufwendungen durch mehrere Geschäfte veranlaßt, die sich auf verschiedene Rechtssachen beziehen, so werden die Aufwendungen auf die mehreren Geschäfte unter Berücksichtigung der Entfernungen und der auf die einzelnen Geschäfte verwendeten Zeit angemessen verteilt.	

1) Allgemeines. Ein Auslagenersatz kommt nur wegen einer Tätigkeit des Gerichts außerhalb der Gerichtsstelle in Betracht. Gerichtsstelle ist derjenige Raum, in dem das Gericht seine Tätigkeit bestimmungsgemäß regelmäßig vornimmt. Das ist auch am Ort des Gerichtstags der Fall, zB § 160 KostO, Teil III dieses Buchs, FG RhPf EFG **86**, 626. Allerdings muß der Gerichtstag planmäßig eingerichtet worden sein, Kblz NJW **57**, 796 (Anm Lauterbach), Markl 3. Ein einzelner oder mehrere auswärtige Termine in einzelnen Sachen schaffen noch keinen Gerichtstag, FG RhPf EFG **86**, 626 (abl Lappe NJW **87**, 1860, zustm Schall BB **88**, 380). Unter KV 1005 fällt vor allem ein sog Ortstermin.

Die hierher gehörigen Personen sind zum einen die Gerichtspersonen, also Richter, auch Handelsrichter, Beamte der Staatsanwaltschaft, Urkundsbeamte, Gerichtwachtmeister. Die Höhe der Vergütung bemißt

Nr.	Auslagen	Höhe

sich nach dem BRKG, dazu AuslRKVO, in der jeweils festgesetzten Höhe, vgl auch § 10 ZSEG Anm 2, Teil V dieses Buchs. Hierher gehören aber auch nichtbeamtete Beisitzer, also Schöffen, Beisitzer der Arbeitsgerichte, Mitschöffen usw.

An Auslagen kommen jedoch nur Reisekostenvergütungen und der Auslagenersatz nach den §§ 3, 4 EhrRiEG, Teil VI dieses Buchs, in Betracht, nicht auch eine Entschädigung wegen der Zeitversäumnis.

Soweit das Gericht in derselben Sitzung mehrere Angelegenheiten erledigt, gilt S 2.

2) Höhe der Auslagen. Die „Kosten für die Bereitstellung von Räumen" umfassen die Miete, Heizung, Beleuchtung usw. Alle Auslagen sind jedoch nur mit dem wirklich gezahlten und zahlbaren Betrag zu fordern, freilich auch Kosten für einen Dienstwagen, selbst wenn sie dem Benutzer weder angelastet noch erstattet werden, vgl Hbg JB **71**, 782, aM FG RhPf EFG **86**, 626 (es wendet dann KV 1907 an).

1906 An Rechtsanwälte zu zahlende Beträge . . . in voller Höhe

1) Allgemeines. Hierher gehören auch die Kosten des bestellten Verteidigers, § 97 BRAGO (soweit nicht Art 6 I MRK entgegensteht, KV 1904 Anm 2, dazu aber auch Düss (1. StS) Rpfleger **84**, 116 mwN, LG Mü AnwBl **82**, 496), BGH Rpfleger **79**, 413, Düss (5 StS) Rpfleger **85**, 329, Mü NJW **81**, 534 je mwN, vgl KV 1904 Anm 1, allerdings nicht die Kosten der Ablichtung des Hauptverhandlungsprotokolls, Mü Rpfleger **82**, 486. Auch die Kosten des gegen den Willen des Angeklagten zusätzlich zum Wahlverteidiger rechtmäßig bestellten Pflichtverteidigers zählen hierher, Düss AnwBl **83**, 462 mwN.

Nicht hierher gehören die im Prozeßkostenhilfeverfahren vom Staat an den beigeordneten Anwalt gezahlten Gebühren. Denn § 130 BRAGO regelt den Ersatz dieser Kosten abschließend, Zweibr Rpfleger **84**, 118 mwN.

Voraussetzung für die Pflicht zum Auslagenersatz ist also der Übergang auf die Landeskasse, vgl auch § 5 IX KostVfg, Teil VII A dieses Buchs.

1907 Kosten einer Beförderung von Personen sowie Beträge, die mittellosen Personen für die Reise zum Ort einer Verhandlung, Vernehmung oder Untersuchung und für die Rückreise gewährt werden . . . . in voller Höhe

1) Allgemeines. Unter KV 1907 fallen folgende Kosten:

A. Personenbeförderung. Der Auslagenschuldner muß diejenigen Auslagen erstatten, die zur Beförderung von Personen entstanden sind. Hierher zählt zB: Die Vorführung einer Partei, des Beschuldigten, des zu Entmündigenden, eines Zeugen, des Gemeinschuldners; die Überführung des Verhafteten in die Haftanstalt, des zu Entmündigenden oder

Nr.	Auslagen	Höhe

Beschuldigten in eine Anstalt; die Beförderung zum Zweck der Vollstreckung einer Strafe; Gefangenentransportkosten, soweit der Transport zur Vernehmung als Zeuge in einem gerichtlichen oder staatsanwaltschaftlichen Verfahren oder zu einem gerichtlichen Termin in einer Sache erfolgt, die nicht im Zusammenhang mit demjenigen Verfahren steht, in dem das Gericht eine Freiheitsstrafe verhängt oder die Untersuchungshaft angeordnet hat.

Nicht hierher zählen zB Kosten der Beförderung zum Zweck der Vollstreckung einer Strafe, soweit § 10 JVKostO, Teil VIII A dieses Buchs, deren Nichterhebung vorsieht; die Vorschrift ist gegenüber § 464a I 1 StPO, §§ 1 I, 11 I GKG vorrangig.

B. Unterstützung mittelloser Partei. Der Kostenschuldner muß ferner die Kosten der Unterstützung einer mittellosen Partei insoweit als Auslagen ersetzen, als das Gericht das persönliche Erscheinen dieser Partei angeordnet hat oder sie vernehmen will. Hierher gehört auch die Zahlung an einen mittellosen Beschuldigten für die Hin- und Rückreise, auch zur Blutentnahme oder zur Vornahme einer erbbiologischen Untersuchung.

2) Einzelheiten. Zu den Reisekosten gehören die notwendigen Mehraufwendungen für Verpflegung und Übernachtung. Die Zahlung erfolgt infolge eines Vorschusses oder nachträglich. Wegen der Reiseentschädigung an mittellose Personen vgl ZSEG Anh A, B, Teil V dieses Buchs. Eine geleistete Zahlung bleibt ein Teil der Gerichtskosten, nicht etwa der außergerichtlichen Kosten, selbst wenn die Landeskasse den Gegner nach § 49 I 1 in Anspruch genommen hat und wenn er sie nun von demjenigen erstattet fordert, dem das Gericht die Prozeßkostenhilfe bewilligt hatte, Zweibr Rpfleger **84**, 118 mwN.

1908	**Kosten einer Beförderung von Tieren und Sachen, mit Ausnahme der hierbei erwachsenen Postgebühren, der Verwahrung von Sachen, der Bewachung von Schiffen und Luftfahrzeugen sowie der Verwahrung und Fütterung von Tieren . .**	**in voller Höhe**

1) Geltungsbereich. Eine Erstattungspflicht besteht wegen folgender Auslagen:

A. Beförderung von Tieren und Sachen. Hierher gehört die Beförderung von Überführungsstücken, Beweisgegenständen, zB die Überführung eines zum Zwecke des Beweises erforderlichen Kraftfahrzeugs, Celle NJW **60**, 1026. Hierher gehört auch die Beförderung eines Gegenstands, der der Einziehung unterworfen ist, oder der Transport von Akten, außer denjenigen zu der Sache selbst.

Die bei einer solchen Beförderung entstehenden Postgebühren sind allerdings nicht zu erstatten.

Nr.	Auslagen	Höhe

B. Verwahrung von Sachen. Die Verwahrung ist grundsätzlich auslagenfrei, zB dann, wenn es sich um ein Überführungsstück handelt. Die Verwahrung kann aber ausnahmsweise besondere Kosten verursachen, die dann als Auslagen zu erstatten sind, zB dann, wenn es um die Hinterlegung einer Kostbarkeit oder eines Wertpapiers geht.

C. Bewachung eines Schiffes oder Luftfahrzeugs. Diese Bewachung, zB nach § 931 IV ZPO, ist insoweit zu erstatten, als die zugehörigen Kosten nicht bereits nach KV 1911, 1912 erhoben werden.

D. Verwahrung und Fütterung eines Tieres. Ein Tier ist eigentlich eine Sache. Die Kosten einer bei sorgfältigem Handeln etwa gebotenen Versicherung sind Beförderungs- oder Verwahrungskosten, A, B.

1909	**Kosten einer Zwangshaft . . . .**	**in Höhe der für die Freiheitsstrafe geltenden Sätze**

1) Geltungsbereich. Hierher gehört zB eine Zwangshaft § 888, 889 II, 901, 918, 933 ZPO. Vgl auch § 10 II JVKostO, Teil VIII A dieses Buchs.

1910	**Kosten einer Haft außer Zwangshaft, Kosten einer einstweiligen Unterbringung (§ 126a StPO), einer Unterbringung zur Beobachtung (§ 81 StPO, § 73 JGG) und einer einstweiligen Unterbringung in einem Erziehungsheim (§ 71 Abs. 2, § 72 Abs. 3 JGG). Diese Kosten werden nur angesetzt, wenn sie nach den für die Freiheitsstrafe geltenden Vorschriften zu erheben wären .**	**in Höhe der für die Freiheitsstrafe geltenden Sätze**

1) Geltungsbereich. Hierher gehören zB: Theoretisch die Untersuchungshaft; ferner die Haft nach §§ 380, 390 ZPO, insofern aM Lappe zu KV 1909; die Haft nach § 890 ZPO. Vgl aber § 10 I JVKostO, Teil VIII A dieses Buchs, dazu Karlsr JB **78**, 1854. Da die in KV 1910 Genannten und Gemeinten nicht zu den in § 10 I JVKostO Genannten zählen, herrscht praktisch wegen § 1 I letzter Hs GKG eine Auslagenfreiheit.

1911	**Beträge, die anderen inländischen Behörden, öffentlichen Einrichtungen oder Beamten als Ersatz für Auslagen der unter den Nummern 1900 bis 1910 bezeichneten**	

Nr.	Auslagen	Höhe
	Art zustehen, und zwar auch dann, wenn aus Gründen der Gegenseitigkeit, der Verwaltungsvereinfachung und dgl. keine Zahlungen zu leisten sind	**begrenzt durch die Höchstsätze für die Auslagen 1900 bis 1910**

1) Geltungsbereich. Zu KV 1911 gehören folgende Fälle:

A. Heil- oder Pflegekosten. Solche Kosten im Fall der Unterbringung in einer öffentlichen Anstalt nach § 656 ZPO sind zu ersetzen. Wegen der Unterbringung nach der StPO oder nach dem JGG vgl KV 1910.

B. Zahlung an Fachbehörde. Eine Zahlung des Gerichts an eine Fachbehörde für ihr Gutachten oder ihre Auskunft ist zu vergüten, vgl KV 1904, 1913, § 8 I Z 1 ZSEG. Hierzu gehören auch die Kosten für eine behördliche Untersuchung, die dem Verurteilten zur Last fallen, §§ 42 III LebMittelG, 58 VII WeinG, 27 III Milch- und FettG (freilich kann die Behörde nach dieser Vorschrift Proben ohne ein Entgelt entnehmen); vgl auch § 5 IVb KostVfg, Teil VII A dieses Buchs.

C. Zahlung an Gerichtsvollzieher. Auch eine solche Zahlung ist zu ersetzen.

D. Auslagen der Polizei. Solche Auslagen sind zu ersetzen, soweit die Polizei das Ersuchen des Gerichts oder der Staatsanwaltschaft ausgeführt hat. Infrage kommt ferner die Tätigkeit der Polizei als Hilfsorgan der Staatsanwaltschaft, bei einer eigenen Erforschung nach § 163 StPO, vgl § 5 IVa KostVfg, Teil VII A dieses Buchs.

Eine Zahlung an den Konkursverwalter oder an den Vergleichsverwalter gehört nicht hierher; eine solche Vergütung fällt unter die Massekosten.

Bei einer Zahlung an eine andere Behörde findet keine Nachprüfung durch das Gericht statt, auch nicht nach § 5.

In allen Fällen werden die Auslagen aber nur insoweit erhoben, als sie dem Berechtigten nach KV 1900 bis 1910 zustehen. Wegen der Gegenseitigkeit usw KV 1904 Anm 1.

1912	**Beträge, die ausländischen Behörden, Einrichtungen oder Personen im Ausland zustehen, sowie Kosten des Rechtshilfeverkehrs mit dem Ausland, und zwar auch dann, wenn aus Gründen der Gegenseitigkeit, der Verwaltungsvereinfachung und dgl. keine Zahlungen zu leisten sind . . . . .**	**in voller Höhe**

Nr.	Auslagen	Höhe

1) Geltungsbereich. Über diese Auslagen vgl zB §§ 98ff ZRHO in der seit 1. 1. 71 geltenden Fassung, BAnz 1/71. Hierher gehören auch Auslagen wegen einer Auslieferung. Anders als im Fall KV 1911 findet keine Begrenzung auf die Auslagen nach KV 1900–1910 oder auf deren Höchstsätze statt. Vielmehr sind die vollen den ausländischen Stellen zustehenden Beträge zu erheben.

1913	**Auslagen der in den Nummern 1900 bis 1912 bezeichneten Art, soweit sie durch die Vorbereitung der öffentlichen Klage entstanden sind**	**begrenzt durch die Höchstsätze für die Auslagen 1900 bis 1911**
1914	**Auslagen der in den Nummern 1900 bis 1904 Satz 1 und den Nummern 1905 bis 1912 bezeichneten Art, soweit sie durch das dem gerichtlichen Verfahren vorausgegangene Bußgeldverfahren entstanden sind**	**begrenzt durch die Höchstsätze für die Auslagen 1900 bis 1911**
1920	**Auslagen, die durch eine für begründet befundene Beschwerde entstanden sind, werden nicht erhoben, soweit das Beschwerdeverfahren gebührenfrei ist; dies gilt nicht, soweit das Beschwerdegericht die Kosten dem Gegner des Beschwerdeführers auferlegt hat.**	

1) Geltungsbereich. Nach KV 1920 entsteht eine Erstattungspflicht in folgenden Fällen:

A. Gebührenpflicht. Die Auslagen werden erhoben, soweit das Gericht eine Gebühr erhebt, zB in den Fällen KV 1180, 1181; 1270, 1271; 1370, 1371.

B. Kostenauferlegung. Auslagen werden auch insoweit erhoben, als das Gericht die Kosten dem Gegner des Beschwerdeführers auferlegt; diese Entscheidung kommt aber zB nicht bei einer Streitwertbeschwerde in Betracht, § 25 Anm 4 A b. Auslagenschuldner ist dann dieser Gegner, § 54 Z 4.

2) Weitere Einzelheiten. Wegen einer Niederschlagung vgl § 8. Die Auslagen einer erfolglosen Beschwerde trägt der Beschwerdeführer. Bei einem Teilerfolg ist KV 1920 entsprechend anwendbar, soweit sich Auslagen aussondern lassen, Ffm JB **78**, 1849.

II. A. Arbeitsgerichtsverfahren

Grundzüge

Schrifttum: Tschischgale-Satzky, Das Kostenrecht in Arbeitssachen, 3. Aufl 1982 (Bespr Tschöpe NJW **83**, 158).

1) Systematik. A. Gerichtskosten. Das ArbGG in der Fassung vom 2. 7. 79, BGBl 853, berichtigt 1036, in Kraft seit 1. 7. 79, Art 5 Gesetz vom 21. 5. 79, BGBl 545, mehrfach geändert, baut noch teilweise auf der Fassung vom 3. 9. 53 auf, zeigt aber vielfach Annäherungen an die ZPO mit deren VereinfNov. Die gebührenrechtlichen Bestimmungen enthält § 12 ArbGG.

Grundsätzlich gilt auch im Arbeitsgerichtsverfahren das GKG, jedoch mit Abweichungen. Sie sind vor allem für die erste Instanz beträchtlich. § 12 enthält Bestimmungen, die teilweise nur für die erste Instanz gelten, teilweise nur für die höheren Instanzen, teilweise für alle Instanzen. Das ArbGG enthält jetzt als Anlage 1 ein eigenes Gebührenverzeichnis (GV) und als Anlage 2 eine eigene Gebührentabelle. Das Gesetz verweist aber zum Teil trotzdem auf die Gebührentabelle des GKG und über § 1 auch auf KV 1900ff. Das ist eine reichlich komplizierte Neuregelung.

B. Anwaltskosten. a) Grundsatz. Ein Rechtsanwalt bedarf vor einem Arbeitsgericht keiner Zulassung mehr, § 11 I 1 ArbGG. Vor dem LAG müssen sich die Parteien insoweit, als sie nicht durch den Vertreter einer Gewerkschaft, einer Arbeitgebervereinigung oder des Zusammenschlusses solcher Verbände vertreten sind, durch einen Anwalt vertreten lassen, vor dem BAG herrscht stets Anwaltszwang, § 11 II ArbGG.

Der Anwalt erhält dieselben Gebühren wie vor den ordentlichen Gerichten, also diejenigen, die sich aus der BRAGO ergeben. Das folgt schon aus § 1 BRAGO, im übrigen aber auch aus § 11a III ArbGG. Die BRAGO gilt im Urteilsverfahren wie im Beschlußverfahren, LAG Bln DB **76**, 1388, ebenso vor dem Schiedsgericht, § 104 ArbGG; vgl § 62 BRAGO. Eine Kostenentscheidung ergeht allerdings im Beschlußverfahren nicht, BAG **AP** § 13 BetrVG Nr 1.

b) Erstattungsfähigkeit. Hier sind folgende Situationen zu unterscheiden:

aa) Erster Rechtszug. Die Kosten des Prozeßbevollmächtigten des ersten Rechtszuges sind als solche grundsätzlich nicht erstattungsfähig, BAG **AP** § 61 ArbGG Nr 3. Das gilt auch im Verfahren auf den Erlaß einer einstweiligen Verfügung, LAG Ffm NJW **65**, 1549, und auch für die Kosten des Vertreters des Streithelfers, LAG Stgt BB **83**, 706 und BB **89**, 850. Im Verfahren vor dem ArbG sind auch die Kosten einer Vollstreckungsabwehrklage nicht erstattungsfähig, LAG Bln AnwBl **81**, 504. § 12a I 1 ArbGG ist mit dem GG vereinbar, BVerfG **31**, 306.

Ausnahmsweise besteht eine Erstattungsfähigkeit nach § 12a I 3, II 2 ArbGG. Im übrigen sind die Kosten des Anwalts in Höhe ersparter eigener Reisekosten der Partei erstattungsfähig, LAG Bln DB **61**, 244, LAG Ffm DB **61**, 1199, LAG Rheinland-Pfalz MDR **76**, 258 (selbst wenn ein Gesellschafter der Partei ständig am Gerichtsort ansässig ist), ArbG Ludwigsh MDR **71**, 429. Im Fall einer besonderen Sachkunde des Anwalts besteht eine Erstattungsfähigkeit in Höhe seiner Reisekosten, ArbG Bochum MDR **77**, 963. Im übrigen sind die Porto- und Telefonauslagen erstattungsfähig, LAG Hamm DB **71**, 1727.

Die Erstattungsfähigkeit entfällt, soweit ein Termin infolge einer wirksamen Klagerücknahme nicht mehr stattgefunden hat, LAG Hamm MDR **71**, 428.

bb) Berufungs-, Beschwerdeverfahren. In diesen Instanzen muß man prüfen, ob und inwieweit die Hinzuziehung eines Anwalts wegen der Schwierigkeit der Sach- oder Rechtslage nötig war, BAG MDR **75**, 609, abw LAG Düss AnwBl **84**, 162 (erstattungsfähig seien auch dann die Reisekosten bis zur Höhe der Kosten einer gedachten Informationsreise der Partei zu einem am Sitz des Rechtsmittelgerichts ansässigen Anwalt). Wegen § 12a I ArbGG LAG Hamm BB **81**, 306. Das gilt auch für die Kosten eines Verkehrsanwalts, LAG Düss AnwBl **81**, 504 mwN.

cc) Revisionsverfahren. Für die Erstattungsfähigkeit der Kosten eines auswärtigen Anwalts vor dem BAG ist § 91 II 1, 2 ZPO unanwendbar. Zur zweckentsprechenden Rechtsverfolgung oder Rechtsverteidigung, § 91 I ZPO sind Reisekosten eines außerhalb Kassels ansässigen Anwalts nicht schlechthin notwendig. Erstattungsfähig sind vielmehr nur die Kosten des im ersten Rechtszug am Wohnsitz der Partei ansässigen, damals beauftragten und für den zweiten Rechtszug beibehaltenen Anwalts oder auch die Kosten für den am Sitz des LAG beauftragten Anwalts, soweit er die Partei nun auch im dritten Rechtszug vertritt, also nur insoweit, als die Partei den örtlich richtigen Anwalt der ersten oder zweiten Instanz beibehalten hat.

Soweit sie einen anderen Anwalt für die Revisionsinstanz wählt, sind nur die Reisekosten erstattungsfähig, die im Fall der Beachtung der vorstehenden Grundsätze zur Wahrnehmung der Sache vor dem Revisionsgericht entstanden wären, BAG NJW **63**, 1027.

Das muß auch für die Erstattungsfähigkeit der Reisekosten des vor dem LAG vertretenen Anwalts gelten, vgl dazu LAG Hamm MDR **72**, 546.

dd) Verweisung. S § 12 Anm 6.

ee) Zwangsvollstreckung. Die Kosten im Zwangsvollstreckungsverfahren sind erstattungsfähig, BAG NJW **55**, 927.

ff) Vergleich. Anwaltskosten, die eine Partei in einem Vergleich übernommen hat, sind in einer entsprechenden Anwendung des § 12a I 1 ArbGG nicht erstattungsfähig, LAG Düss NJW **55**, 360, soweit nicht erstattungsfähige Reisekosten erspart wurden, LAG Düss **AP** § 61 Nr 9.

c) Kostenfestsetzung. Soweit die Anwaltskosten nicht erstattungsfähig sind, erfolgt auch keine Kostenfestsetzung, LAG Hamm MDR **72**, 546, aM LAG Ffm NJW **58**, 1415, LAG Stgt NJW **59**, 65.

Beordnung eines Rechtsanwalts. Prozeßkostenhilfe

11a **I Einer Partei, die außerstande ist, ohne Beeinträchtigung des für sie und ihre Familie notwendigen Unterhalts die Kosten des Prozesses zu bestreiten, und die nicht durch ein Mitglied oder einen Angestellten einer Gewerkschaft oder einer Vereinigung von Arbeitgebern vertreten werden kann, hat der Vorsitzende des Arbeitsgerichts auf ihren Antrag einen Rechtsanwalt beizuordnen, wenn die Gegenpartei durch einen Rechtsanwalt vertreten ist. Die Partei ist auf ihr Antragsrecht hinzuweisen.**

II Die Beiordnung kann unterbleiben, wenn sie aus besonderen Gründen nicht erforderlich ist, oder wenn die Rechtsverfolgung offensichtlich mutwillig ist.

III Die Vorschriften der Zivilprozeßordnung über die Prozeßkostenhilfe gelten in Verfahren vor den Gerichten in Arbeitssachen entsprechend.

IV Der Bundesminister für Arbeit und Sozialordnung wird ermächtigt, zur Vereinfachung und Vereinheitlichung des Verfahrens durch Rechtsverordnung mit Zustimmung des Bundesrates Vordrucke für die Erklärung der Partei über ihre persönlichen und wirtschaftlichen Verhältnisse (117 Abs. 2 der Zivilprozeßordnung) einzuführen.

1) **Wegen I, III** vgl BLAH § 114 ZPO Anm 3 B.

2) **Vordrucke, IV.** S VO v 24. 11. 80, BGBl 2163, in Kraft seit 1. 1. 81. Es besteht ein Benutzungszwang, III in Verbindung mit § 117 IV ZPO.

Kosten

12 **I Im Urteilsverfahren (§ 2 Abs. 5) werden Gebühren nach dem Verzeichnis der Anlage 1 zu diesem Gesetz erhoben.**

II Im Verfahren vor dem Arbeitsgericht wird eine einmalige Gebühr bis zu höchstens fünfhundert Deutsche Mark erhoben. Die einmalige Gebühr bestimmt sich nach der Tabelle der Anlage 2 zu diesem Gesetz. Der Mindestbetrag einer Gebühr ist drei Deutsche Mark.

III Im Verfahren vor dem Landesarbeitsgericht und dem Bundesarbeitsgericht vermindern sich die Gebühren der Tabelle, die dem Gerichtskostengesetz als Anlage 2 beigefügt ist, um zwei Zehntel. Im übrigen betragen die Gebühr für das Verfahren und die Gebühr für das Urteil im Verfahren vor dem Landesarbeitsgericht das Eineinhalbfache und im Verfahren vor dem Bundesarbeitsgericht das Doppelte der Gebühr.

IV Kosten werden erst fällig, wenn das Verfahren in dem jeweiligen Rechtszug beendet ist, sechs Monate geruht hat oder sechs Monate von den Parteien nicht betrieben worden ist. Kostenvorschüsse werden nicht erhoben; dies gilt für die Zwangsvollstrek-

kung auch dann, wenn das Amtsgericht Vollstreckungsgericht ist. Die Gerichtsvollzieher dürfen Gebührenvorschüsse nicht erheben. Soweit ein Kostenschuldner nach § 54 Nr. 1 oder 2 des Gerichtskostengesetzes haftet, ist § 49 Satz 1 des Gerichtskostengesetzes nicht anzuwenden.

V In Verfahren nach § 2a Abs. 1, § 103 Abs. 3, § 108 Abs. 3 und § 109 werden Kosten nicht erhoben.

Va Kosten für vom Gericht herangezogene Dolmetscher und Übersetzer werden nicht erhoben, wenn ein Ausländer Partei und die Gegenseitigkeit verbürgt oder ein Staatenloser Partei ist.

VI Die Verordnung über Kosten im Bereich der Justizverwaltung gilt entsprechend. Bei Einziehung der Gerichts- und Verwaltungskosten leisten die Vollstreckungsbehörden der Justizverwaltung oder die sonst nach Landesrecht zuständigen Stellen den Gerichten für Arbeitssachen Amtshilfe.

VII Für die Wertberechnung bei Rechtsstreitigkeiten über das Bestehen, das Nichtbestehen oder die Kündigung eines Arbeitsverhältnisses ist höchstens der Betrag des für die Dauer eines Vierteljahres zu leistenden Arbeitsentgelts maßgebend; eine Abfindung wird nicht hinzugerechnet. Bei Rechtsstreitigkeiten über wiederkehrende Leistungen ist der Wert des dreijährigen Bezugs und bei Rechtsstreitigkeiten über Eingruppierungen der Wert des dreijährigen Unterschiedsbetrages zur begehrten Vergütung maßgebend, sofern nicht der Gesamtbetrag der geforderten Leistungen geringer ist; bis zur Klageerhebung entstandene Rückstände werden nicht hinzugerechnet. § 24 Satz 1 des Gerichtskostengesetzes findet keine Anwendung.

Vorbem. S auch die Erläuterungen bei den einzelnen Vorschriften des GKG. Die Tabelle ist im Schlußanhang dieses Buchs abgedruckt.

Schrifttum: Tschischgale/Satzky, Das Kostenrecht in Arbeitssachen, 3. Aufl 1982.

Gliederung

8) Kostenvorschuß, IV

9) Kostenfreiheit, V

10) Dolmetscher und Übersetzer, Va

A. Heranziehung durch Gericht
B. Ausländer
C. Staatenloser

11) Einziehung usw

1) Allgemeines. § 12 ist (nur, BGH RR **86**, 676, Mü RR **88**, 190) insoweit anwendbar, als eine Angelegenheit vor ein Arbeitsgericht gekommen ist, sei es zu Recht oder zu Unrecht. Jedoch ist das Verfahren nach den §§ 2a I, 103 III, 108 II, 109 ArbGG gebühren- und auslagenfrei, V, bietet also keinen Anlaß zu einer Kostenentscheidung, BAG NJW **54**, 1421. Ein Anwalt kann als Prozeßbevollmächtigter seine Gebühren fordern, Grdz 1 B vor § 11a. Über die Kosten im Fall der Verweisung vom ArbG an das ordentliche Gericht und umgekehrt Anm 6. Der Kostenansatz erfolgt nach § 4 GKG. Eine Erinnerung gegen den Kostenansatz ist nach § 5 GKG statthaft.

2) Streitwert, I–III, VII. A. Wertfestsetzung, dazu Hecker AnwBl **84**, 116 (ausf). Das ArbG setzt den Streitwert im Urteil fest, § 61 I ArbGG, und zwar im Tenor oder in den Entscheidungsgründen, insofern richtig LAG Kiel AnwBl **88**, 294, ferner Wenzel DB **81**, 166. Diese Festsetzung hat Bedeutung für die Rechtsmittelfähigkeit, BAG BB **80**, 1528 und AnwBl **84**, 146, LAG Bln AnwBl **82**, 393 mwN, LAG Bre AnwBl **83**, 38, LAG Hbg AnwBl **89**, 167, so jetzt auch LAG Hamm MDR **84**, 259, ferner LAG Stgt BB **82**, 620. § 61 I ArbGG ist eine Zusatzvorschrift zu § 25 GKG, LAG Hamm MDR **84**, 259, Wenzel DB **81**, 163, abw Strobelt DB **81**, 2382. Ein Wertfestsetzungsantrag ist während der Instanz jederzeit zulässig, LAG Hamm DB **82**, 1470.

Dasselbe gilt in der Berufungsinstanz für § 69 II ArbGG, Wenzel DB **81**, 165.

§ 12 VII 3 ArbGG bedeutet auch nicht etwa, daß die Wertfestsetzung im Urteil für die Gerichtsgebühren unerheblich wäre, aM LAG Stgt AnwBl **84**, 152. Vielmehr ist die Wertfestsetzung eben als eine Entscheidung auch im Sinn von § 25 ArbGG kostenrechtlich beachtlich und bindend, soweit nicht § 25 GKG Abänderungen usw zuläßt, Wenzel DB **81**, 165, abw Strobelt DB **81**, 2382 mwN. § 25 GKG ist also für die weitere Behandlung der im Urteil erfolgten Wertfestsetzung voll anwendbar, vgl § 1 III GKG, Wenzel DB **81**, 166 mwN, aM insofern LAG Hbg AnwBl **89**, 167, LAG Kiel AnwBl **88**, 294, ferner LAG Mü AnwBl **84**, 147. Das Berufungsgericht kann für seinen Rechtszug einen eigenen Kostenstreitwert festsetzen, LAG Mü AnwBl **85**, 96.

VII gilt auch für einen Streit zwischen dem Arbeitnehmer und einer Unterstützungskasse, LAG Stgt DB **81**, 945. Beim Ausbildungsverhältnis ist VII entsprechend anwendbar, BAG BB **84**, 1943, LAG Ffm AnwBl **85**, 100, ArbG Siegen AnwBl **84**, 156.

B. Bestand des Arbeitsverhältnisses, Kündigung. Der Rechtsstreit mag um das Bestehen oder Nichtbestehen des Arbeitsverhältnisses oder um seine Kündigung gehen. Soweit er sich auf solche Fragen beschränkt, LAG Kiel AnwBl **81**, 503, LAG Saarbr MDR **81**, 789, LAG Stgt BB **83**, 579, aM LAG Hamm DB **81**, 986, zB bei einer Kündigungsschutzklage, gilt als Wert unabhängig von der bisherigen Dauer des Arbeitsverhältnisses, LAG Mü MDR **86**, 698, höchstens je Kündigung, LAG Hbg AnwBl **85**, 98 und MDR **87**, 1051, LAG Hamm DB **82**, 1472 und AnwBl **85**, 98, LAG Hann AnwBl **85**, 99, LAG Kiel AnwBl **85**, 99, LAG Mü AnwBl **89**, 240, LAG Stgt AnwBl **85**, 99, der Vierteljahresbetrag des zu leistenden Arbeitsentgelts, LAG Hamm BB **78**, 1015 und **80**, 212, selbst wenn eine Partei einen Auflösungsantrag nach § 7 KSchG stellt, BAG NJW **60**, 884, LAG Saarbr JB **75**, 800.

Dieser Höchstwert eines Vierteljahresbetrags kommt auch dann in Betracht, wenn der Streit darum geht, ob ein Vertrag überhaupt ein Arbeitsvertrag ist, BAG NJW **65**, 1830, oder wenn kein Kündigungsschutz besteht, LAG Hamm AnwBl **82**, 312, oder wenn es um die außerordentliche Kündigung eines Betriebsratsmitglieds geht, LAG Bre DB **84**, 2416 und DB **85**, 396, oder wenn der Kläger die Klage auf Feststellung des Fortbestehens eines Arbeitsverhältnisses mit einer Kündigungsschutzklage verbindet, BAG DB **85**, 556. § 19 IV GKG ist auf den sog unechten Hilfsantrag solcher Art unanwendbar, LAG Hamm BB **88**, 1754.

Wenn der Kläger nur die Feststellung der Unwirksamkeit einer Kündigung als einer außerordentlichen Kündigung begehrt, ist nur der Zeitraum von ihrem angeblichen Wirksamwerden bis zum Ablauf der ordentlichen Kündigungsfrist maßgeblich, die infolge einer Umdeutung begonnen haben kann, BAG DB **80**, 312.

Wegen der Änderungsschutzklage, § 2 KSchG, LAG Ffm DB **86**, 1400, LAG Hamm DB **86**, 1344 mwN (§ 12 VII 1 ArbGG), aM LAG Bre AnwBl **88**, 485 mwN, LAG Mü AnwBl **85**, 97, LAG Stgt DB **85**, 1539 (§ 12 VII 2 ArbGG entspr).

Wegen des künftigen Lohns Vossen DB **86**, 326 (ausf).

Zum Arbeitsentgelt zählen zB bei einem Chefarzt alle vertraglich erlaubten Nebentätigkeiten, LAG Hamm AnwBl **76**, 167. Man darf eine Abfindung allerdings nicht hinzurechnen, LG Saarbr AnwBl **77**, 253, ebensowenig ein anteiliges Weihnachts- oder Urlaubsgeld, LAG Köln DB **82**, 1226. Freilich gilt dann, wenn ein sonstiger Leistungsanspruch hinzutritt, nur der höhere Betrag, LAG Saarbr AnwBl **77**, 252. Der Wert eines Beschäftigungsanspruchs läßt sich mit dem doppelten Betrag des Monatsentgelt bewerten, zB LAG Düss AnwBl **87**, 554, LAG Hamm AnwBl **84**, 148 mwN und MDR **87**, 85, **abw** LAG Mainz AnwBl **83**, 36 (das Gericht setzt die Hälfte des Werts des Kündigungsschutzantrags an), LAG Hbg AnwBl **84**, 316 und AnwBl **89**, 168 (ein Monatsverdienst).

Die vorstehenden Regeln gelten auch dann, wenn zunächst ein Kündigungsschutz, die Aufhebung des Arbeitsverhältnisses und die Zuerkennung einer Abfindung Streitgegenstände waren und wenn in der Revisionsinstanz nur noch einer dieser Ansprüche übrig blieb, BAG RdA **69**, 191.

Eine höhere Abfindung oder eine Trennungsentschädigung ändern den Streitwert auch nicht, wenn die Parteien in einen Vergleich die bisher noch nicht rechtshängigen, aber streitigen Gehaltsbezüge einbezogen haben, BAG DB **67**, 472, abw LAG Hamm DB **81**, 2388, AnwBl **82**, 394 und AnwBl **84**, 157 je mwN. Wegen eines nachvertraglichen Wettbewerbsverbots LAG Hamm AnwBl **84**, 156. Wegen einer Abfindung nach einem Sozialplan LAG Ffm BB **77**, 1549. Der Anspruch auf die Herausgabe der Arbeitsbescheinigung ist nicht mit dem Betrag der zu erwartenden Arbeitslosenhilfe zu bewerten, sondern mit DM 500,– ausreichend bewertet, LAG Hamm DB **85**, 1897, LAG Stgt BB **84**, 1234. Zum Wert des Zeugnisses oder Zwischenzeugnisses Anh I nach § 12 GKG: § 3 ZPO Anm 3 „Zeugnis", Teil I dieses Buchs.

Man muß den etwaigen Antrag auf die Erteilung eines Zwischenzeugnisses, LAG Hbg AnwBl **85**, 98, LAG Hann AnwBl **85**, 98, oder auf eine Lohnzahlung, die in die Zeit vor oder nach der Kündigung fällt, besonders berücksichtigen.

Diese Frage ist **streitig. Wie hier** zB LAG Bln AnwBl **83**, 35 und AnwBl **84**, 151, LAG Hbg AnwBl **84**, 150 mwN, LAG Hamm AnwBl **78**, 143, BB **80**, 212 sowie BB **82**, 2188, LAG Hann AnwBl **85**, 98, LAG Mannh AnwBl **82**, 75, Krekeler AnwBl **74**, 242 (er legt VII als eine Ausnahme gegenüber § 3 ZPO eng aus), Wenzel BB **84**, 1494 (ausf); **aM** zB LAG BreAnwBl **83**, 38 (für die ersten 3 Monate der Kündigungsfrist), LAG Düss **KR** Nr 1, Schumann BB **83**, 505. LAG Hbg AnwBl **84**, 315 unterwirft den Wert eines Sozialplan-Abfindungsanspruches nicht dem VII 1.

Der Wert des Vierteljahresbetrags ist bereits der Höchstbetrag. Innerhalb der so gegebenen Grenze muß das Gericht den wahren Streitwert nach § 3 ZPO schätzen, BAG BB **85**, 1472, LAG Bln BB **80**, 45 und AnwBl **83**, 35, LAG Düss AnwBl **82**, 316, insofern grds auch LAG Ffm BB **82**, 53, ferner LAG Hann AnwBl **82**, 316, LAG Kiel AnwBl **82**, 206 mwN, LAG Mainz AnwBl **82**, 314 mwN, LAG Rheinland-Pfalz DB **82**, 654, LAG Stgt AnwBl **82**, 313, Kopp AnwBl **80**, 451; **abw** LAG Mü AnwBl **86**, 706.

LAG Hamm bewertet einen zweiten Kündigungsschutzprozeß, der sich gegen den Betriebserwerber richtet, gegenüber dem ersten, der sich gegen den Verkäufer richtete, mit drei weiteren Monatsgehältern gesondert; LAG Hamm DB **86**, 1184 bewertet bei im Kündigungsschutzprozeß nachgeschobener ordentlicher Kündigung wegen betrieblicher Gründe das Zweitverfahren geringer; ähnlich jetzt LAG Bre BB **87**, 479, LAG Köln MDR **89**, 673. LAG Hamm MDR **86**, 787 bewertet bei der Umwandlung einer fristlosen in eine ordentliche, vier Monate später wirksame Kündigung die Kündigungsschutzklage mit zwei Monatsentgelten; ähnlich LAG Bln BB **87**, 479 bei zwei Kündigungen. LAG Mü AnwBl **89**, 239 gibt auch dann nur insgesamt 3 Monatsverdienste als Wert, wenn mehrere zu unterschiedlichen Terminen erklärte Kündigungen in demselben Verfahren angegriffen werden.

Dabei ist wegen der §§ 1 I, II, 16, 17 III Hs 2 GKG der streitige Zeitraum seit dem streitigen Ereignis maßgebend, LAG Köln DB **82**, 1226. Deshalb kommt ein Streitwert mit einem geringeren Betrag als dem Vierteljahresbetrag des Arbeitsentgelts dann infrage, wenn sich das Interesse des Klägers auf einen kürzeren Zeitraum beschränkt.

Diese Frage ist **streitig. Wie hier** zB LAG Bln AnwBl **81**, 154 mwN, LAG Düss AnwBl **82**, 316, LAG Köln AnwBl **82**, 393; **aM** zB LAG Ffm zB BB **82**, 53, LAG Hann AnwBl **82**, 315 (diese Gerichte wollen die Obergrenze nur dann wesentlich unterschreiten, wenn ungewöhnliche Umstände vorliegen).

In jedem Fall muß das Gericht eine Wertfestsetzung unterhalb des Vierteljahresbetrags des Entgelts begründen, LAG Bre DB **64**, 739.

C. Weitere Einzelfragen. Bei einer Klage auf die Feststellung des Fortbestandes des Arbeitsverhältnisses auf unbestimmte Dauer ist der 3-Monats-Betrag grundsätzlich als Streitwert angebracht, LAG Mü AnwBl **81**, 456. In einem Rechtsstreit über eine wiederkehrende Leistung ist grds der 3jährige Bezug maßgeblich, VII 2 Hs 1. Das gilt auch zB bei einer jährlich wiederkehrenden Sonderprämie, LAG Bre AnwBl **84**, 165. Man darf einen Rückstand aus der Zeit vor der Klagerhebung nicht hinzurechnen, unabhängig von deren Rechtshängigkeitszeitpunkt, LAG Hamm AnwBl **81**, 504, und unabhängig von einer die Rückstände umfassenden Aufrechnung, LAG Hamm BB **82**, 1860. Man darf auch nicht die Rückstände während des Prozesses hinzurechnen, LAG Bre MDR **88**, 609. Der Gesamtbetrag der geforderten Leistungen errechnet sich bei einem vor dem Ablauf von drei Jahren kündbaren Vertrag nach dem nächstzulässigen Kündigungstermin, LAG Stgt AnwBl **88**, 181.

Der Wert einer Klage auf die Feststellung nach § 4 KSchG sowie auf die Feststellung der Verpflichtung zur Weiterzahlung des Vertragslohns (beides sind zunächst gesonderte Werte, LAG Stgt BB **86**, 262) beträgt grundsätzlich ca. 80% des Dreimonatslohns, LAG Hamm DB **83**, 1246.

Soweit der Arbeitnehmer neben der Kündigungsschutzklage eine Entlassungsentschädigung verlangt, muß man die Streitwerte zusammenrechnen, LAG Hamm MDR **82**, 259.

Der Antrag auf die Zahlung eines nicht bezifferten Bruttolohns „gemäß BAT II (bestehend aus Grundvergütung, Ortszuschlag, Zulage)" für vier kalendermäßig bestimmte Monate liegt unter dem Viermonatsbetrag, LAG Hamm DB **81**, 2548.

In einem Rechtsstreit über eine Eingruppierung ist der Unterschiedsbetrag zwischen der gewährten und der begehrten Vergütung für die Dauer von 3 Jahren maßgeblich, sofern nicht der Gesamtbetrag der geforderten Leistung geringer ist, VII 2 Hs 1, LAG Hbg AnwBl **84**, 157, LAG Hamm DB **76**, 1019. Das gilt auch dann, wenn mehr als 3 Jahre umstritten sind.

Diese Frage ist **streitig. Wie hier** zB LAG Bln MDR **88**, 346 mwN, LAG Hamm MDR **87**, 169; **aM** zB LAG Hamm AuR **79**, 92, LAG Stgt AnwBl **85**, 101 (sie kürzen beim Eingruppierungsstreit dann um 20%).

Ein Rückstand ist in allen Fällen nach VII 2 nur für den Zeitraum ab Klagerhebung, also ab Zustellung der Klageschrift, hinzuzurechnen, VII 2 Hs 2. Wegen des Werts von Bezügen und Renten s auch § 17 GKG. Wegen einer Änderungskündigung LAG Hamm (5. K.) BB **82**, 1671 und (8. K.) MDR **82**, 876, LAG Mü AnwBl **85**, 96, LAG Stgt DB **85**, 1539. Wegen eines Betriebskredits LAG Bre AnwBl **85**, 100.

Zum Streitwert der Klage des Pfändungsgläubigers gegen den Drittschuldner LAG Hamm AnwBl **83**, 38. Zum Streitwert nach einer Trennung in mehrere Verfahren LAG Hamm MDR **83**, 874. Bei der Klage auf eine angemessene Vergütung für eine Arbeitnehmererfindung muß man den sozialen Zweck des § 38 ArbEG mitbeachten, Düss GRuR **84**, 653. Der Wert des Anspruchs auf die Entfernung einer Abmahnung aus der Personalakte läßt sich mit einem Monatseinkommen bewerten. LAG Hamm MDR **84**, 877. Der Wert eines Beschlußverfahrens um die Einleitung eines Zustimmungsersetzungsverfahrens nach § 99 IV BetrVG ist in Anlehnung an VII 1 zu schätzen, LAG Hamm MDR **89**, 571; er beträgt daher zB 1,5 Monatsentgelte, wenn es um eine dreimonatige Aushilfsentschädigung geht, so jetzt LAG Hamm DB **87**, 1847. Eine Versetzung ohne Lohnänderung kann 500 DM wert sein, LAG Mü AnwBl **88**, 486, aber auch den Wert von 3 Monatsgehältern erreichen, wenn die Folgen weitreichend sind, LAG Bre AnwBl **89**, 168. Bei der Klage auf die Feststellung der Unwirksamkeit der Entziehung von Leitungsfunktionen können 2½ Monatsgehälter als Wert angemessen sein, LAG Hamm DB **86**, 1932. Zum Streit um Vergütungsdifferenzen aus vier Jahren ist VII 2 entsprechend anwendbar (Differenz aus drei Jahren), LAG Hamm BB **86**, 2132.

3) Verfahren vor dem ArbG, II. In diesem Verfahren gilt ein besonderer Gebührentarif. Er gilt das gesamte Verfahren durch eine einmalige Gebühr ab. Sie ersetzt auch die Urteilsgebühr.

Neben dieser einmaligen Gebühr entstehen Gebühren nach GV 2100 für das Mahnverfahren, nach GV 2150, 2151 für einen Arrest oder eine einstweilige Verfügung und nach GV 2200 für ein Beweissicherungsverfahren.

Die Höchstgebühr beträgt 500 DM. Sie wird bei einem Streitwert von mehr als 16600 DM erreicht. Die Mindestgebühr beträgt immer 3 DM.

4) Verfahren vor dem LAG oder BAG, III. In diesen Verfahren werden wegen § 1 I letzter Hs, II GKG Gebühren praktisch nur in den Fällen GV 2120–2139, 2152–2169, 2210–2400 erhoben, und zwar zu den im GV bereits umgerechneten Sätzen.

Beispiel: Die Verfahrensgebühr vor dem LAG beträgt an sich $^{15}/_{10}$, III 2 Hs 1. Diese werden aber um $^{2}/_{10}$ von $^{15}/_{10}$, also um 20% gekürzt. Das meint III 1 in allerdings ungeschickter Ausdrucksweise. Es bleiben also $^{12}/_{10}$, nicht etwa $^{13}/_{10}$. Diese $^{12}/_{10}$ sind aber bereits in GV 2120 ausgerechnet worden. Die Verfahrensgebühr nach GV 2120 betägt also bei einem Streitwert von 1000 DM = 39 DM (Anlage 2 zum GKG) + 7,80 DM = 46,80 DM. Dementsprechend errechnet GV 2130 $^{16}/_{10}$, nicht etwa $^{18}/_{10}$, der Anlage 2 zum GKG.

Der Wert kann sich natürlich gegenüber der ersten Instanz verringern, vgl zB LG Bln MDR **88**, 346.

5) Auslagen. Auslagen sind in allen Fällen nach I–IV gemäß § 1 I, III GKG nach KV 1900ff zu erstatten. Das bestätigt der amtliche Hinweis hinter der Überschrift des GV.

6) Verweisung. Bei einer Verweisung von einem Gericht der Arbeitsgerichtsbarkeit an ein ordentliches Gericht und überhaupt vor dem letzteren ist § 3 ZPO bzw § 9 GKG anwendbar, BGH RR **86**, 676, Ffm JB **76**, 369, Mü RR **88**, 190. Diejenige Verfahrensart, in der das Verfahren nach der Verweisung fortgesetzt wird, ist maßgeblich dafür, ob die Gerichtsgebühren nach dem GKG oder nach § 12 ArbGG zu berechnen sind. Eine in dem Verfahren vor der Verweisung bezahlte Gebühr wird auf die endgültigen Gebühren angerechnet. Eine Rückzahlung findet allerdings nicht statt. Wegen der Erstattungsfähigkeit bei dieser Verweisung LAG Ffm AnwBl **85**, 104, LAG Kiel AnwBl **85**, 102, LAG Mü AnwBl **85**, 103, LAG Stgt AnwBl **85**, 103 (für eine Widerklage).

Wenn das ArbG an ein LG verweist, dann war bisher ein Kostenvorschuß ja nicht gezahlt, § 12 IV ArbGG. Infolge der Verweisung gilt jedoch nunmehr § 61 GKG. Die nun fällige Verfahrensgebühr wird sofort fällig, Mü Rpfleger **81**, 124 mwN.

Anwaltskosten sind dann wegen § 12a I 1, ArbGG nur erstattungsfähig, soweit sie vor dem ordentlichen Gericht (erneut) entstehen, Mü NJW **71**, 473 und NJW **71**, 1617, Stgt AnwBl **85**, 104, aM von Gierke-Braune/Hiekel Rpfleger **85**, 228 mwN (sie seien auch insoweit voll erstattungsfähig, als sie vor dem unzuständigen Gericht entstanden, unabhängig davon, ob derselbe Anwalt vor dem ArbG tätig geblieben sei). Wenn das LAG den Rechtsstreit an das ArbG verweist, gilt II in Verbindung mit § 9 GKG. Die durch eine Vertretung beim LG entstandenen Anwaltskosten sind als Mehrkosten, § 281 III ZPO, erstattungsfähig, § 12a I 2 ArbGG.

7) Fälligkeit, IV. A. Grundsatz. Gebühren und Auslagen werden erst dann fällig, wenn das Verfahren in dem jeweiligen Rechtszug entweder beendet ist oder seit 6 Monaten ruht oder seit 6 Monaten von keiner Partei betrieben wird. Diese vom GKG völlig abweichende Regelung, vgl LAG Hamm MDR **81**, 259, gilt für sämtliche Instanzen und sämtliche vor den Gerichten der Arbeitsgerichtsbarkeit zu erhebenden Gebühren und Auslagen.

Soweit ein ordentliches Gericht sachlich zuständig ist, wie meist im Fall einer Zwangsvollstreckung, § 62 II ArbGG, gelten die Vorschriften des GKG und nicht IV.

Aus § 12 folgt, daß eine Vorwegleistungspflicht im Verfahren vor einem Gericht der Arbeitsgerichtsbarkeit entfällt. Denn soweit keine Kosten fällig sind, kann man auch nicht ihre Zahlung verlangen.

B. Verfahrensbeendigung. Das Verfahren ist beendet, wenn eine der folgenden Voraussetzungen vorliegt:

a) Urteil. Das Verfahren endet mit dem Erlaß eines Endurteils, auch eines Versäumnisurteils. Im Fall des Einspruchs gegen das Versäumnisurteil lebt die Instanz wieder auf. Die Zustellung von Amts wegen nach § 50 ArbGG hat eine Bedeutung nur für die Rechtsmittelfrist, nicht für die Beendigung der Instanz, vgl § 61 ArbGG.

b) Vollstreckungsbescheid, Widerspruch. Das Verfahren endet mit dem Erlaß eines Vollstreckungsbescheids oder mit dem Eingang eines Widerspruchs gegen einen Mahnbescheid, also nicht schon mit dem Erlaß des Mahnbescheids.

c) Arrest, einstweilige Verfügung. Das Verfahren endet mit dem Erlaß eines Arrests oder einer einstweiligen Verfügung. Es ist in diesem Fall unerheblich, ob das Gericht durch einen Beschluß oder durch ein Urteil entscheidet. Im letzteren Fall liegt zugleich eine Beendigung nach a vor.

d) Vergleich. Das Verfahren endet mit dem Abschluß eines Prozeßvergleichs.

e) Klagerücknahme. Das Verfahren endet schließlich dann, wenn eine wirksame Klagerücknahme erfolgt.

C. Ruhen. Es muß eine Anordnung nach §§ 251, 251a III ZPO in Verbindung mit dem ArbGG vorliegen, LAG Hamm DB **87**, 2264. Ein Aussetzungsbeschluß steht nicht gleich, LAG Hamm DB **87**, 2264.

D. Nichtbestreiten. Es ist erforderlich, daß die Parteien den Verfahrensfortgang überhaupt in der Hand haben, LAG Hamm DB **87**, 2264.

E. Zweitschuldnerhaftung. Die Haftung nach § 58 II GKG besteht im Arbeitsgerichtsverfahren nicht mehr, § 12 IV 3 ArbGG.

8) Kostenvorschuß, IV. Ein Kostenvorschuß wird unter keinen Umständen erhoben. IV 2 setzt sämtliche Vorschriften des GKG und der ZPO über einen Gebühren- oder Auslagenvorschuß außer Kraft. Das gilt auch für die Zwangsvollstreckung. Auch der Gerichtsvollzieher darf keinen Vorschuß erheben, §§ 12 IV 3 ArbGG, 5 S 3 GVKostG. Allerdings braucht der Gerichtsvollzieher die Kosten für eine Handlung, die einen finanziellen Aufwand erfordert, etwa für einen Transport, nicht von sich aus vorzuschießen.

Mit dem Wegfall der Vorschußpflicht entfällt aber keineswegs die etwaige Notwendigkeit eines Antrags auf die Bewilligung einer Prozeßkostenhilfe, LAG Düss **KR** Nr 22. Denn die Prozeßkostenhilfe kann nauch noch im weiteren Verfahren fortwirken.

9) Kostenfreiheit, V. Eine Kostenfreiheit tritt ebenso wie im GKG immer dann ein, wenn eine gesetzliche Grundlage für einen Kostenansatz fehlt. Gebühren- und auslagenfrei sind bestimmte Fälle des BetrVG, Angelegenheiten aus dem Mitbestimmungsgesetz, Entscheidungen über die Tariffähigkeit und die Tarifzuständigkeit einer Vereinigung, § 2a I ArbGG; das Verfahren über die Ablehnung eines Schiedsrichters, § 103 III ArbGG; das Verfahren der Niederlegung eines Schiedsspruchs, § 108 III ArbGG; das Verfahren der Vollstreckbarerklärung eines Schiedsspruchs, § 109 ArbGG.

Eine persönliche Gebührenfreiheit entfällt, § 2 III 1 GKG. Eine sachliche Gebührenfreiheit bleibt gemäß § 2 III 2 GKG möglich. Ob sie vorliegt, ergibt das Landesrecht, zB in Baden-Württemberg §§ 5, 6 LJustKG idF vom 25. 3. 75, GBl 261, in Niedersachsen § 1 Gesetz vom 10. 4. 73, GVBl 111, in Nordrhein-Westfalen Gesetz vom 21. 10. 69, GVBl 725, geändert durch Gesetz vom 14. 10. 75, GVBl 562.

Eine Beschwerde ist unzulässig. Soweit eine Beschwerde erhoben wird, entstehen Gebühren nach GV 2301.

Auch im Bereich der Kostenfreiheit ist wegen § 10 I BRAGO eine Wertfestsetzung statthaft und ratsam, vgl § 25 GKG Anm 1 B. Der Wert beträgt meist 6000 DM, § 8 II 2 BRAGO, vgl LAG Hamm MDR **71**, 876. Übersicht über die Rechtsprechung bei Wenzel DB **77**, 723.

10) Dolmetscher und Übersetzer, Va. Die Kosten solcher Personen dürfen nicht erhoben werden, soweit eine der folgenden Voraussetzungen vorliegt:

A. Heranziehung durch Gericht. Der Dolmetscher oder Übersetzer muß vom Gericht und nicht von einer Partei herangezogen worden sein.

B. Ausländer. Am Verfahren muß eine ausländische Partei beteiligt sein; in diesem Fall muß aber auch die Gegenseitigkeit verbürgt sein.

C. Staatenloser. Am Verfahren muß eine staatenlose Partei beteiligt sein. In diesem Fall entfällt natürlich die Notwendigkeit einer Verbürgung der Gegenseitigkeit.

11) Einziehung usw. Für die Einziehung sind die Vorschriften der JVKostO, Teil VIII A dieses Buchs, entsprechend anwendbar. Bei der Einziehung der Gerichtskosten und Verwaltungskosten haben die Vollstreckungsbehörden der Justizverwaltung oder die sonstigen nach dem Landesrecht zuständigen Stellen eine Amtshilfe zu leisten.

Anlage 1
(zu § 12 Abs. 1)

Gebührenverzeichnis*

Nr.	Gebührentatbestand	Gebühr

Vorbem. Vgl die entsprechenden Ziffern des KV zum GKG.

	I. Mahnverfahren	**Satz für die Gebühr nach der Tabelle der Anlage 2**
2100	**Entscheidung über den Antrag auf Erlaß eines Mahnbescheids**	**½** **Die Gebühr darf nicht ½ einer Gebühr nach der Tabelle der Anlage 2 des GKG überschreiten**

1) Allgemeines. Das Mahnverfahren, § 46a ArbGG, ist weitgehend den §§ 688ff ZPO nachgebildet. Vgl KV 1000. Wegen § 1 III GKG besteht eine Vorauszahlungspflicht entsprechend § 65 I 2 GKG (statt einer Abgabe erfolgt auf Antrag eine Terminbestimmung).

II. Prozeßverfahren

	1. Prozeßverfahren vor dem Arbeitsgericht . .	**Satz für die Gebühr nach der Tabelle der Anlage 2**
2110	**Verfahren im allgemeinen, soweit ein Mahnverfahren vorausgegangen ist**	**1** **abzüglich der Gebühr 2100**

*** Hinweis: Für Auslagen gilt Abschnitt I der Anlage 1 des GKG**

Nr.	Gebührentatbestand	Gebühr
2111	**Verfahren im allgemeinen, soweit kein Mahnverfahren vorausgegangen ist . . . . .**	**1**

Zu GV 2110–2111:

1) Allgemeines. Vgl KV 1005, 1010.

2112	**Beendigung des Verfahrens: ohne streitige Verhandlung außer durch Versäumnisurteil oder durch Beschluß nach § 91a ZPO; durch einen vor Gericht abgeschlossenen oder ihm mitgeteilten Vergleich, auch wenn der Wert des Vergleichsgegenstandes den Wert des Streitgegenstandes übersteigt . . . .**	**Gebühren 2110, 2111 entfallen**

1) Allgemeines. Die Gebühren entfallen auch dann, wenn der Vergleich außergerichtlich und erst nach der Verkündung des Urteils, aber natürlich vor seiner Rechtskraft, zustandekommt, LAG Hamm MDR **74**, 964, Schneider MDR **86**, 22, aM LAG Köln MDR **86**, 84.

2113	**Beendigung des Verfahrens: durch Klagerücknahme, Anerkenntnis- oder Verzichtsurteil nach streitiger Verhandlung; durch Versäumnisurteil; durch ein Urteil, das nach § 313a ZPO eine Begründung nicht enthält oder nicht zu enthalten braucht . . . .**	**Gebühr 2110 entfällt, Gebühr 2111 ermäßigt sich auf ½**

1) Allgemeines. Wegen § 313a ZPO vgl zu KV 1014–1017 Anm 5.

Beschluß nach § 91a ZPO:

2117	**Beschluß enthält eine schriftliche Begründung; von ihr konnte bei entsprechender Anwendung des § 313a ZPO auch nicht abgesehen werden . . . .**	**Gebühr 2110 entfällt, Gebühr 2111 ermäßigt sich auf ½**
2118	**Beschluß enthält keine schriftliche Begründung oder braucht sie bei entspre-**	

Nr.	Gebührentatbestand	Gebühr
	chender Anwendung des § 313a ZPO nicht zu enthalten	**Gebühr 2110 entfällt, Gebühr 2111 ermäßigt sich auf** $^{3}/_{10}$

Zu GV 2117–2118:

1) Allgemeines. Vgl wegen § 313a ZPO zu KV 1018–1019 Anm 2.

Nr.	Gebührentatbestand	Gebühr
	2. Berufungsverfahren	**Satz für die Gebühr nach der Tabelle der Anlage 2 des GKG**
2120	**Verfahren im allgemeinen . . . .**	$^{12}/_{10}$

1) Allgemeines. Vgl KV 1020.

Nr.	Gebührentatbestand	Gebühr
2121	**Beendigung des Verfahrens durch einen vor Gericht abgeschlossenen oder ihm mitgeteilten Vergleich, auch wenn der Wert des Vergleichsgegenstandes den Wert des Streitgegenstandes übersteigt . . . .**	**Gebühr 2120 entfällt**
2122	**Beendigung des Verfahrens ohne streitige Verhandlung . . . .**	**Gebühr 2120 ermäßigt sich auf** $^{4}/_{10}$
2123	**Grundurteil (§ 304 ZPO), Vorbehaltsurteil (§ 302 ZPO) . . . .**	$^{6}/_{10}$

1) Allgemeines. Vgl KV 1013, 1023.

Nr.	Gebührentatbestand	Gebühr
	Urteil, das die Instanz abschließt, soweit ihm ein Grundurteil oder Vorbehaltsurteil nach Nummer 2123 vorausgegangen ist, außer Prozeßurteil, Anerkenntnisurteil, Verzichtsurteil und Versäumnisurteil gegen die säumige Partei:	
2124	**Urteil enthält eine Begründung und muß sie enthalten . . . .**	$^{6}/_{10}$
2125	**Urteil enthält keine Begründung oder braucht sie nicht zu enthalten (§ 313a ZPO) . . . .**	$^{3}/_{10}$

Nr.	Gebührentatbestand	Gebühr
	Urteil, das die Instanz abschließt, soweit ihm kein Grundurteil oder Vorbehaltsurteil nach Nummer 2123 vorausgegangen ist, außer Prozeßurteil, Anerkenntnisurteil, Verzichtsurteil und Versäumnisurteil gegen die säumige Partei:	
2126	**Urteil enthält eine Begründung und muß sie enthalten**	12/10
2127	**Urteil enthält keine Begründung oder braucht sie nicht zu enthalten (§ 313a ZPO)**	6/10

Zu GV 2124–2127:

1) Allgemeines. Vgl KV 1014, 1024ff. Wegen § 313a ZPO vgl zu KV 1014–1017 Anm 5.

Nr.	Gebührentatbestand	Gebühr
	Beschluß nach § 91a ZPO, soweit nicht bereits eine Gebühr nach den Nummern 2124 oder 2126 fällig geworden ist:	
2128	**Beschluß enthält eine schriftliche Begründung; von ihr konnte bei entsprechender Anwendung des § 313a ZPO auch nicht abgesehen werden**	4/10
2129	**Beschluß enthält keine schriftliche Begründung oder braucht sie bei entsprechender Anwendung des § 313a ZPO nicht zu enthalten**	2/10

Zu GV 2128–2129:

1) Allgemeines. Vgl KV 1018–1019, 1028–1029. Wegen § 313a ZPO vgl zu KV 1018–1019 Anm 2.

Nr.	Gebührentatbestand	Gebühr
	3. Revisionsverfahren	**Satz für die Gebühr nach der Tabelle der Anlage 2 des GKG**
2130	**Verfahren im allgemeinen**	16/10

1) Allgemeines. Vgl KV 1030.

Nr.	Gebührentatbestand	Gebühr
2131	**Beendigung des Verfahrens durch einen vor Gericht abgeschlossenen oder ihm mitgeteilten Vergleich, auch wenn der**	

Nr.	Gebührentatbestand	Gebühr
	Wert des Vergleichsgegenstandes den Wert des Streitgegenstandes übersteigt	**Gebühr 2130 entfällt**
2132	**Beendigung des Verfahrens ohne streitige Verhandlung . . . .**	**Gebühr 2130 ermäßigt sich auf 4/10**
	Urteil, das die Instanz abschließt, außer Prozeßurteil, Anerkenntnisurteil, Verzichtsurteil und Versäumnisurteil gegen die säumige Partei:	
2133	**Urteil enthält eine Begründung und muß sie enthalten . . . .**	16/10
2134	**Urteil enthält keine Begründung oder braucht sie nicht zu enthalten (§ 313a ZPO) . . . .**	8/10

Zu GV 2133–2134:

1) Allgemeines. Vgl KV 1036–1037. Wegen § 313a ZPO vgl zu KV 1014–1017 Anm 5.

	Beschluß nach § 91a ZPO:	
2138	**Beschluß enthält eine schriftliche Begründung; von ihr konnte bei entsprechender Anwendung des § 313a ZPO auch nicht abgesehen werden . . . .**	4/10
2139	**Beschluß enthält keine schriftliche Begründung oder braucht sie bei entsprechender Anwendung des § 313a ZPO nicht zu enthalten . . . .**	2/10

Zu GV 2138–2139:

1) Allgemeines. Vgl KV 1038–1039. Wegen § 313a ZPO vgl zu KV 1018–1019 Anm 2.

	III. Verfahren über Anträge auf Anordnung, Abänderung oder Aufhebung eines Arrestes oder einer einstweiligen Verfügung	
	1. Verfahren vor dem Gericht der Hauptsache	
2150	**Verfahren vor dem Arbeitsgericht über einen Antrag auf Anordnung eines Arrestes oder einer einstweiligen Verfügung . . . . .**	**Satz für die Gebühr nach**

Nr.	Gebührentatbestand	Gebühr
		der Tabelle der Anlage 2 des GKG **4/10**

1) Allgemeines. Vgl KV 1050.

2151	**Verfahren vor dem Arbeitsgericht über einen Antrag auf Aufhebung oder Abänderung eines Arrestes oder einer einstweiligen Verfügung (§ 926 Abs. 2, §§ 927, 936 ZPO)**	**Satz für die Gebühr nach der Tabelle der Anlage 2 des GKG** **4/10**

1) Allgemeines. Vgl KV 1051.

2152	**Verfahren vor dem Landesarbeitsgericht über einen Antrag auf Anordnung eines Arrestes oder einer einstweiligen Verfügung**	**Satz für die Gebühr nach der Tabelle der Anlage 2 des GKG** **4/10**

1) Allgemeines. Vgl KV 1050.

2153	**Verfahren vor dem Landesarbeitsgericht über einen Antrag auf Aufhebung oder Abänderung eines Arrestes oder einer einstweiligen Verfügung (§ 926 Abs. 2, §§ 927, 936 ZPO)**	**Satz für die Gebühr nach der Tabelle der Anlage 2 des GKG** **4/10**

1) Allgemeines. Vgl KV 1051.

2155	**Beendigung des Verfahrens ohne Entscheidung über den Antrag oder nach Erledigung der Hauptsache oder Beendigung des Verfahrens durch einen vor Gericht abge-**	

Nr.	Gebührentatbestand	Gebühr
	schlossenen oder ihm mitgeteilten Vergleich, auch wenn der Wert des Vergleichsgegenstandes den Wert des Streitgegenstandes übersteigt	**Gebühren 2150, 2151, 2152, 2153 entfallen**
	2. Berufungsverfahren	**Satz für die Gebühr nach der Tabelle der Anlage 2 des GKG**
2160	**Verfahren im allgemeinen**	$^{6}/_{10}$

1) Allgemeines. Vgl KV 1060.

Nr.	Gebührentatbestand	Gebühr
2161	**Beendigung des Verfahrens durch einen vor Gericht abgeschlossenen oder ihm mitgeteilten Vergleich, auch wenn der Wert des Vergleichsgegenstandes den Wert des Streitgegenstandes übersteigt**	**Gebühr 2160 entfällt**
2162	**Beendigung des Verfahrens ohne streitige Verhandlung**	**Gebühr 2160 ermäßigt sich auf** $^{2}/_{10}$
	Endurteil außer Prozeßurteil, Anerkenntnisurteil, Verzichtsurteil und Versäumnisurteil gegen die säumige Partei:	
2163	**Urteil enthält eine Begründung und muß sie enthalten**	$^{6}/_{10}$
2164	**Urteil enthält keine Begründung oder braucht sie nicht zu enthalten (§ 313a ZPO)**	$^{3}/_{10}$

Zu GV 2163–2164:

1) Allgemeines. Vgl KV 1061–1062. Wegen § 313a ZPO vgl zu KV 1014–1017 Anm 5.

Nr.	Gebührentatbestand	Gebühr
	Beschluß nach § 91a ZPO:	
2168	**Beschluß enthält eine schriftliche Begründung; von ihr konnte bei entsprechender Anwendung des § 313a ZPO auch nicht abgesehen werden**	$^{2}/_{10}$

Nr.	Gebührentatbestand	Gebühr
2169	**Beschluß enthält keine schriftliche Begründung oder braucht sie bei entsprechender Anwendung des § 313a ZPO nicht zu enthalten . . . .**	$^{1}/_{10}$

Zu GV 2168–2169:

1) Allgemeines. Vgl KV 1063–1064. Wegen § 313a ZPO vgl zu KV 1018–1019 Anm 2.

Nr.	Gebührentatbestand	Gebühr
	IV. Beweissicherung	
2200	**Verfahren über den Antrag auf Sicherung des Beweises vor dem Arbeitsgericht . . . .**	**Satz für die Gebühr nach der Tabelle der Anlage 2 des GKG** $^{4}/_{10}$
2210	**Verfahren über den Antrag auf Sicherung des Beweises vor dem Landesarbeitsgericht . . . .**	**Satz für die Gebühr nach der Tabelle der Anlage 2 des GKG** $^{4}/_{10}$

Zu GV 2200–2210:

1) Allgemeines. Vgl KV 1140.

Nr.	Gebührentatbestand	Gebühr
	V. Beschwerdeverfahren	**Satz für die Gebühr nach der Tabelle der Anlage 2 des GKG**
2300	**Verfahren über Beschwerden nach § 71 Abs. 2, § 91a Abs. 2, § 99 Abs. 2, § 269 Abs. 3 ZPO sowie über Beschwerden gegen die Zurückweisung eines Antrags auf Anordnung eines Arrestes oder einer einstweiligen Verfügung . . . .**	$^{8}/_{10}$
2301	**Verfahren über in Nummer 2300 nicht aufgeführten Beschwerden: Soweit die Beschwerde verworfen oder zurückgewiesen wird . . . .**	$^{8}/_{10}$

Nr.	Gebührentatbestand	Gebühr

Zu GV 2300–2301:

1) Allgemeines. Vgl KV 1180–1181. Es erfolgt keine ausdehnende Auslegung, § 1 I, III GKG. Wenzel DB **77**, 723 hält auch eine erfolglose Streitwertbeschwerde im Beschlußverfahren entsprechend § 12 V ArbGG für kostenfrei.

	VI. Verzögerung des Rechtsstreits	
2400	**Auferlegung einer Gebühr nach § 34 GKG**	**wie vom Gericht bestimmt.**

1) Allgemeines. Vgl KV 1185.

B. Sozialgerichtsverfahren

Grundzüge

1) Systematik. Die KostNov 75 hat zwar die Kosten für ein Verfahren nach der VwGO oder nach der FGO in den Geltungsbereich des GKG einbezogen, dagegen für ein Verfahren nach dem ArbGG noch eine begrenzte Sonderreglung bestehen lassen. Für ein Verfahren nach dem SGG hat die KostNov 75 noch keine Anwendbarkeit des GKG ermöglicht.

Das ändert freilich nichts daran, daß die Vorschriften des GKG entsprechend anwendbar sind, sofern das SGG weder eine ausdrückliche Sonderregelung enthält noch einen Begriff verwendet, der mit demjenigen des GKG nicht vergleichbar ist.

2) Kostenfreiheit. § 183 SGG enthält den Grundsatz der Kostenfreiheit, soweit nichts anderes bestimmt ist. Auch im übrigen findet man Anklänge an das GKG, aber auch erhebliche Abweichungen.

183 **Das Verfahren vor den Gerichten der Sozialgerichtsbarkeit ist kostenfrei, soweit nichts anderes bestimmt ist.**

1) Allgemeines. Der Grundsatz der Kostenfreiheit hat zur Folge, daß man die §§ 184ff als Ausnahmebestimmungen eng auslegen muß. Vgl § 1 1 GKG. Zu den Kosten zählen die Gebühren und Auslagen, wie auch bei § 1 I GKG.

Eine Kostenfreiheit besteht nur „vor den Gerichten". § 183 regelt also nicht, ob und welche Kosten vor den Sozialbehörden entstehen und ob ein Beteiligter seine Kosten vom Gegner oder von einem Dritten erstattet verlangen kann. Vgl insofern §§ 193ff.

§ 104 I 2 ZPO ist anwendbar, SG Bre AnwBl **79**, 30.

184 **I Die Körperschaften oder Anstalten des öffentlichen Rechts haben für jede Streitsache, an der sie beteiligt sind, eine Gebühr zu entrichten. Die Gebühr entsteht, sobald die Streitsache rechtshängig geworden ist; sie ist für jeden Rechtszug zu zahlen.**

II Die Bundesregierung setzt die Höhe der Gebühr durch Rechtsverordnung fest, die der Zustimmung des Bundesrates bedarf.

1) Gebührenpflicht, I. Eine Körperschaft oder Anstalt des öffentlichen Rechts ist nur insoweit gebührenpflichtig, als folgende Voraussetzungen zusammentreffen:

A. Organisationsform. Es muß nach der Verfassung, Satzung, nach einem Gesetz oder Staatsvertrag usw eine Organisationsform der Körperschaft oder Anstalt des öffentlichen Rechts vorliegen.

Eine kirchliche Körperschaft des öffentlichen Rechts zählt nicht hierher, BSG 5 S 1/78 vom 10. 10. 79.

B. Streitsache. Es muß eine Streitsache vorliegen, also ein Verfahren oder ein Rechtsstreit. Es ist unerheblich, wieviele Ansprüche die Partei in ihm verfolgt und wieviele Personen an ihm beteiligt sind, BSG SGb **65**, 63. Ausreichend ist auch ein selbständiges Beschlußverfahren oder ein Beschwerdeverfahren.

Ein bloßes Zwischenverfahren oder Nachverfahren reicht nicht aus. Im Fall einer Nichtzulassungsbeschwerde nach § 160a kommt eine Gebührenpflicht nur dann in Betracht, wenn die Beschwerde erfolglos bleibt.

C. Beteiligung. Es muß eine Beteiligung der Körperschaft oder Anstalt vorliegen, § 69. Sie muß also als Kläger, Beklagter oder Beigeladener tätig sein. Es ist unerheblich, in wessen Auftrag oder für wessen Rechnung sie tätig wird.

D. Rechtshängigkeit. Die Rechtshängigkeit muß eingetreten sein, § 94. Es muß also eine Klage erhoben worden sein. In diesem Fall ist es unerheblich, ob das Gericht den Rechtsstreit anschließend an ein anderes Gericht verwiesen oder die Klage mangels Zuständigkeit des Gerichts abgewiesen hat.

Der bloße Klageingang beim Gericht oder gar bei einer Behörde reicht nicht aus.

Die Unabhängigkeit der Gebührenpflicht von Obsiegen oder Unterliegen ist verfassungsgemäß, BVerfG **76**, 139.

E. Keine Gebührenfreiheit. Es darf weder eine persönliche noch eine sachliche Gebührenfreiheit bestehen. Eine Ausführungsbehörde des Bundes oder eines Landes ist gebührenfrei, weil sie keine Körperschaft oder Anstalt im Sinne von I ist.

2) Rechtszug, I. Jeder Rechtszug fordert eine neue Gebühr, I Hs 2. Im alle beiderseitiger Rechtsmittel liegt nur ein einziger Rechtsmittelzug vor.

Eine Zurückverweisung begründet keinen neuen Rechtszug, LSG Schlesw SGb **68**, 420.

3) Gebührenhöhe, II. Die Ermächtigung zum Erlaß einer VO entspricht noch den Anforderungen des Art 80 I GG, BVerfG **76**, 142. Die VO nach II vom 31. 3. 55, BGBl 180, geändert durch VO vom 10. 12. 62, BGBl 721, und durch VO vom 13. 5. 68, BGBl 412, bestimmt in den §§

1 Die Höhe der Gebühr, welche die Körperschaften oder Anstalten des öffentlichen Rechts für jede Streitsache zu entrichten haben, an der sie beteiligt sind, wird für das Verfahren

vor den Sozialgerichten auf	**100 Deutsche Mark,**
vor den Landessozialgerichten auf	**150 Deutsche Mark,**
vor dem Bundessozialgericht auf	**200 Deutsche Mark**

festgesetzt.

2 **I Sind dem Gericht keine Kosten für Gutachten entstanden, so ermäßigt sich die Gebühr des § 1 für das Verfahren**

vor den Sozialgerichten auf	**50 Deutsche Mark,**
vor den Landessozialgerichten auf	**70 Deutsche Mark.**

II Die Ermäßigung nach Absatz 1 tritt auch ein, wenn lediglich

1. die in § 106 Abs. 3 Nr. 2 SGG bezeichneten Unterlagen beigezogen worden sind;

2. ein Sachverständiger in der mündlichen Verhandlung zur Unterrichtung des Gerichts gehört worden ist.

III In Streitsachen, welche eine einmalige Leistung im Werte von mehr als 40 Deutsche Mark und weniger als 500 Deutsche Mark betreffen, ermäßigt sich die Gebühr nach Absatz 1 in jedem Rechtszug auf 25 Deutsche Mark. Hat die Leistung einen Wert von 40 Deutsche Mark oder weniger, so beträgt die Gebühr höchstens die Hälfte der Streitsumme, mindestens aber 3 Deutsche Mark.

Bem. Zum Begriff der einmaligen Leistung LSG Schlesw SchlHA **89**, 168 mwN.

185

Die Gebühr wird fällig, sobald die Streitsache durch Zurücknahme des Rechtsbehelfs, durch Vergleich, Anerkenntnis, Vorbescheid, Beschluß oder durch Urteil erledigt ist.

1) Allgemeines. Die Fälligkeit ist von der Entstehung der Gebühr zu unterscheiden, § 184 I. Die Fälligkeit tritt erst mit der Erledigung des jeweiligen Rechtszugs, nicht des gesamten Verfahrens ein. Die Erledigung tritt auch in folgenden Fällen ein: Ein Vorbescheid ist rechtskräftig geworden; nach dem Tod eines Beteiligten nimmt niemand das Verfahren auf, BSG SGb **66**, 317; das Verfahren ruht länger als 6 Monate (dieser Fall liegt nicht vor, wenn eine Partei das Verfahren vor der Festsetzung der Gebühren durch das Gericht weiterbetreibt).

186

Wird eine Sache nicht durch Urteil erledigt, so ermäßigt sich die Gebühr auf die Hälfte. Die Gebühr entfällt, wenn die Erledigung auf einer Rechtsänderung beruht.

1) Allgemeines. Der Vorbescheid steht zwar dem Urteil gleich, § 105 II 2, ist aber kein Urteil. Daher läßt eine Erledigung des Rechtsstreits durch einen Vorbescheid nur die ermäßtigte Gebühr des § 186 entstehen.

187

Sind an einer Streitsache mehrere Körperschaften oder Anstalten des öffentlichen Rechts beteiligt, so haben sie die Gebühr zu gleichen Teilen zu entrichten.

188

Wird ein durch rechtskräftiges Urteil abgeschlossenes Verfahren wieder aufgenommen, so ist das neue Verfahren eine besondere Streitsache.

189 **I Die Gebühren für die Streitsachen werden in einem Verzeichnis zusammengestellt. Die Mitteilung eines Auszuges aus diesem Verzeichnis an die Körperschaften oder Anstalten des öffentlichen Rechts gilt als Feststellung der Gebührenschuld und als Aufforderung, den Gebührenbetrag binnen eines Monats an die in der Mitteilung angegebene Stelle zu zahlen.**

II Die Feststellung erfolgt durch den Urkundsbeamten der Geschäftsstelle. Gegen diese Feststellung kann binnen eines Monats nach Mitteilung das Gericht angerufen werden, das endgültig entscheidet.

190 **Die Präsidenten und die aufsichtsführenden Richter der Gerichte der Sozialgerichtsbarkeit sind befugt, eine Gebühr, die durch unrichtige Behandlung der Sache ohne Schuld an der gebührenpflichtigen Beteiligung entstanden ist, niederzuschlagen. Sie können von der Einziehung absehen, wenn sie mit Kosten oder Verwaltungsaufwand verknüpft ist, die in keinem Verhältnis zu der Einnahme stehen.**

191 **Ist das persönliche Erscheinen eines Beteiligten angeordnet worden, so werden ihm auf Antrag bare Auslagen und Zeitverlust wie einem Zeugen vergütet; sie können vergütet werden, wenn er ohne Anordnung erscheint und das Gericht das Erscheinen für geboten hält.**

1) Allgemeines. Für den Antrag besteht keine Frist. § 118 ist ebensowenig anwendbar wie die §§ 401 ZPO, 15 II ZSEG. Ein Antrag nach § 191 tritt an die Stelle eines Antrags nach dem ZSEG, zB LSG Stgt SGb **60**, 183, vgl SG Bln AnwBl **84**, 573, aM LSG Mainz SozVers **74**, 20. Soweit § 191 anwendbar ist, entsteht kein Erstattungsanspruch nach § 193, SG Würzb ZfS **57**, 272.

192 **Hat ein Beteiligter, dessen Vertreter oder Bevollmächtigter durch Mutwillen, Verschleppung oder Irreführung dem Gericht oder einem Beteiligten Kosten verursacht, so kann sie das Gericht dem Beteiligten im Urteil ganz oder teilweise auferlegen. § 193 Abs. 1 gilt entsprechend.**

1) Mutwille liegt schon vor, wenn der Beteiligte oder sein Prozeßbevollmächtigter die Aussichtslosigkeit des Rechtsbegehrens kennen und trotzdem den Prozeß fortführen, LSG Schlesw SchlHA **79**, 82. Die durch Mutwillen verursachten Kosten können geschätzt werden, LSG Schlesw SchlHA **79**, 82.

193 **I Das Gericht hat im Urteil zu entscheiden, ob und in welchem Umfange die Beteiligten einander Kosten zu erstatten haben; es entscheidet auf Antrag durch Beschluß, wenn das Verfahren anders beendet wird.**

II Kosten sind die zur zweckentsprechenden Rechtsverfolgung notwendigen Aufwendungen der Beteiligten.

III Die gesetzlichen Gebühren und die notwendigen Auslagen eines Rechtsanwalts (§§ 25 bis 30 Bundesgebührenordnung für Rechtsanwälte) oder eines Rechtsbeistandes sind stets erstattungsfähig.

IV Nicht erstattungsfähig sind die Aufwendungen der Behörden, der Körperschaften und Anstalten des öffentlichen Rechts.

1) Allgemeines. Bei I ist kein Antrag erforderlich, Wilde/Homann NJW **81**, 1070. Der Grundgedanke des § 91 ZPO ist anwendbar, Wilde/Homann NJW **81**, 1070. Es ist aber durchaus zulässig, dem Sieger die Kosten aufzuerlegen, BSG **17**, 128, Wilde/Homann NJW **81**, 1070.

Das Gericht muß dann, wenn in seinem Urteil ein Ausspruch über die Pflicht zur Kostenerstattung fehlt, auf Grund eines Antrags eines Beteiligten diese Entscheidung durch einen Beschluß nachholen, § 140. Auch die notwendigen Kosten des Vorverfahrens sind erstattungsfähig, BSG AnwBl **77**, 248 mwN, Wilde/Homann NJW **81**, 1070. Das gilt aber nicht, soweit sich an das Vorverfahren kein sozialgerichtliches Verfahren anschließt, LSG Schlesw SchlHA **80**, 216, SG Bln MDR **81**, 260.

Eine Entscheidung nach I kann auch dann ergehen, wenn der Rechtsstreit nach einer Verweisung von einem Gericht für Arbeitssachen an ein Gericht der Sozialgerichtsbarkeit vor der Anberaumung einer mündlichen Verhandlung durch eine Klagerücknahme beendet worden ist, LSG Schlesw SchlHA **80**, 220.

2) Kosten, II. Kosten, die ein Beteiligter nach § 109 endgültig tragen muß, sind nach II nicht erstattungsfähig, Wilde/Homann NJW **81**, 1070.

194 **Sind mehrere Beteiligte kostenpflichtig, so gilt § 100 der Zivilprozeßordnung entsprechend. Die Kosten können ihnen als Gesamtschuldnern auferlegt werden, wenn das Streitverhältnis ihnen gegenüber nur einheitlich entschieden werden kann.**

195 **Wird der Rechtsstreit durch gerichtlichen Vergleich erledigt und haben die Beteiligten keine Bestimmung über die Kosten getroffen, so trägt jeder Beteiligte seine Kosten.**

1) Allgemeines. Die Beteiligten können die Kosten in einem Vergleich bewußt ungeregelt lassen und eine Entscheidung des Gerichts nach § 193 beantragen, Wilde/Homann NJW **81**, 1071. § 195 ist auf den außergerichtlichen Vergleich entsprechend anwendbar, soweit eine Kostenvereinbarung fehlt und soweit nicht das Gericht nach seinem billigen Ermessen eine Entscheidung treffen soll, Wilde/Homann NJW **81**, 1071.

196 **(weggefallen)**

197 **I Auf Antrag der Beteiligten oder ihrer Bevollmächtigten setzt der Urkundsbeamte des Gerichts des ersten Rechtszugs den Betrag der zu erstattenden Kosten fest. § 104 Abs. 2 der Zivilprozeßordnung findet entsprechende Anwendung.**

II Gegen die Entscheidung des Urkundsbeamten der Geschäftsstelle kann binnen eines Monats nach Bekanntgabe das Gericht angerufen werden, das endgültig entscheidet.

1) Festsetzung, I. Soweit eine Kostengrundentscheidung vorliegt oder soweit die Beteiligten in einem Vergleich eine Kostenregelung getroffen haben, setzt der Urkundsbeamte der Geschäftsstelle auf Grund eines Antrags den Betrag der zu erstattenden Kosten fest. Der Antrag ist nicht fristgebunden; es ist aber eine Verwirkung möglich, Wilde/Homann NJW **81**, 1073. Weitere Einzelheiten bei Wilde/Homann NJW **81**, 1073.

2) Verzinsung, I. Die Anwaltsgebühren sind auf Grund eines Antrags vom Tag des Eingangs des Festsetzungsgesuchs an mit 4% zu verzinsen, SG Bln AnwBl **79**, 160 mwN, SG Bre AnwBl **79**, 30, jetzt auch SG Hbg AnwBl **80**, 429, ferner SG Hann AnwBl **80**, 428, SG Köln AnwBl **80**, 426, SG Mü AnwBl **80**, 426 je mwN.

III. Gesetz über die Kosten in Angelegenheiten der freiwilligen Gerichtsbarkeit

(Kostenordnung)

idF G v 26. 7. 57, BGBl 960, zuletzt geändert durch G v 15. 6. 89, BGBl 1082

Grundzüge

1) Geschichtliches. Bis zum Erlaß der KostO war das Gerichts- und Notariatskostenwesen auf dem Gebiet der freiwilligen Gerichtsbarkeit und der Liegenschaftszwangsvollstreckung zersplittert. Jedes Land hatte seine eigenen Kostenvorschriften mit sehr unterschiedlichen Sätzen. Das führte zu sehr eigenartigen Erscheinungen. Es war eine Kunst für sich, einen größeren Vorgang an demjenigen Ort beurkunden zu lassen, wo die Gebührensätze am niedrigsten waren.

Die KostO räumte mit diesem Zustand auf. Sie erging zunächst als eine Verordnung des Reichsjustizministers auf Grund des Art 5 des Gesetzes vom 16. 2. 34, RGBl 91 (Überleitung der Rechtspflege auf das Reich). Sie brachte im wesentlichen eine Kodifikation. Dem Landesrecht ließ sie nur noch einen geringen Raum; vgl zB für Tätigkeiten im Gemeindebereich in Baden-Württemberg §§ 15ff LJustKostG vom 30. 3. 71, GBl 96, ferner zB in Hessen §§ 20ff OrtsgerichtsG in der Fassung vom 2. 4. 80, GVBl 114. Die KostO beruht in der Hauptsache auf dem bisherigen preußischen Kostenrecht, BayObLG Rpfleger **83**, 43 mwN. Sie enthält aber auch Grundsätze, die aus anderen Rechten stammen, sowie neue Regeln. Sie trat am 1. 4. 36 in Kraft.

Art II KostÄndG vom 26. 7. 57, BGBl 960, änderte die KostO in vielen Einzelheiten. Die Gebühren für die Zwangsversteigerung und Zwangsverwaltung sind seither im GKG geregelt. Das GKG enthält seither die Regelung der Kosten der streitigen Gerichtsbarkeit, die KostO diejenige der Kosten der freiwilligen Gerichtsbarkeit.

Dementsprechend erhielt die KostO eine andere Benennung und wurde als Gesetz neu bekanntgemacht.

Ihre Regelung hat bei der Neuregelung mancher anderer Kostengesetze als Vorbild gedient, zB im Rechtsmittelwesen und für die Systematik des GKG.

Die späteren Änderungen enthalten im wesentlichen eine Anpassung oder Ergänzung an bestehende andere Gesetze, so zB das Gesetz über Maßnahmen auf dem Gebiet des Grundbuchwesens vom 20. 12. 63, BGBl 986, das Gesetz zur Änderung von Vorschriften des Justizkostenrechts vom 28. 12. 68, BGBl 1458, das Nichtehelichengesetz vom 19. 8. 69, BGBl 1243 (Art 11), das EGStGB vom 2. 3. 74, BGBl 469 (Art 117).

Durch Art 4 § 4 Nov 75, Übergangsrecht Einl IV, wurden zahlreiche Gebühren den allgemeinen Kostensteigerungen angepaßt. Ferner wurde das Verfahren der §§ 14, 31 zum Teil neu geregelt, schließlich wurden die §§ 136, 137 weitgehend neugefaßt. Weitere Änderungen erfolgten durch das 1. EheRG und das AdoptG, ferner durch das Gesetz vom 22. 6. 77, BGBl 998, sowie die Strafrechtsänderungsgesetze vom 16. 8. 77, BGBl 1586, und vom 30. 11. 78, BGBl 1849.

Weitere Änderungen brachten das Gesetz zur Neuregelung des Rechts der elterlichen Sorge vom 18. 7. 79, BGBl 1061, das Gesetz zur Neufassung des Umsatzsteuergesetzes usw vom 26. 11. 79, BGBl 1953, das Gesetz über die Prozeßkostenhilfe vom 13. 6. 80, BGBl 677, die GmbHG-Nov 1980, das SGB – VerwVerf – vom 18. 8. 80, BGBl 1469, das Transsexuellengesetz vom 10. 9. 80, BGBl 1654, das Adoptionsanpassungsgesetz vom 24. 6. 85, BGBl 1144, das Bilanzrichtlinien-Gesetz vom 19. 12. 85, BGBl 2337, das Gesetz zur Änderung von Kostengesetzen vom 9. 12. 86, BGBl 2326 das Gesetz zur Änderung des Geschmacksmustergesetzes vom 18. 12. 86, BGBl 2501, das EWIV-Ausführungsgesetz vom 14. 4. 88, BGBl 514, das Gesetz zur Regelung des Geschäftswertes bei land- oder forstwirtschaftlichem Betriebsübergaben usw vom 15. 6. 89, BGBl 1082.

2) Geltungsbereich. Die KostO gilt im Bereich der freiwilligen Gerichtsbarkeit, soweit nicht eng auszulegende Sonderregeln Vorrang haben, etwa nach dem WEG, Anh I nach § 128a. Sie gilt nicht in Justizverwaltungssachen. Für sie gilt vielmehr die JVKostO, Teil VIII A dieses Buchs. In Vertragshilfesachen und in manchen anderen Angelegenheiten der freiwilligen Gerichtsbarkeit gelten Sondervorschriften, die auch das KostÄndG hat bestehen lassen, um die Übersichtlichkeit nicht zu gefährden. Auch im Bereich der KostO gelten die KostVfg, Teil VII A dieses Buchs, und die JBeitrO, Teil IX A dieses Buchs.

Wegen der Gebühren für Handlungen deutscher Auslandsvertretungen gilt das Gesetz vom 8. 3. 36, RGBl 137, nebst VO vom 19. 6. 36, RGBl 519, nebst Ausführungsbestimmungen vom 10. 3. 36, RMinBl 58, sowie wegen der Konsuln § 26 KonsG vom 11. 9. 74, BGBl 2317.

Die KostO gilt auch im Verfahren vor einem Gericht nach dem LwVG, Teil IV dieses Buchs, sowie im Verfahren nach dem WEG, § 1 GKG Anm 7, Düss Rpfleger **83**, 177, Hamm Rpfleger **83**, 177, aM LG Paderborn JB **81**, 742, nach dem VHG, § 128 Anm, und in zahlreichen anderen Fällen.

3) Einzelfragen. Eine Kostenentscheidung ergeht nur in besonderen Fällen, vgl zB § 3 Anm 1 sowie § 13a FGG. Die Kostenpflicht ergibt sich im übrigen unmittelbar aus dem Gesetz, §§ 2ff. Die Kostenfestsetzung regelt sich, soweit sie in Betracht kommt, gemäß § 13a II FGG nach §§ 103ff ZPO. Sie gehört dann also zur Zuständigkeit des Rpfl, § 21 I Z 1 RPflG.

4) Amtliche Übersicht. Der Gesetzgeber hat der KostO die folgende Übersicht der Gliederung und der amtlichen Überschriften der einzelnen Vorschriften vorangestellt:

Erster Teil. Gerichtskosten

Erster Abschnitt. Allgemeine Vorschriften

Zweiter Abschnitt. Gebühren in Angelegenheiten der freiwilligen Gerichtsbarkeit

1. Beurkundungen und ähnliche Geschäfte

2. Grundbuchsachen

3. Registersachen §§

4. Familienrechtliche Angelegenheiten

5. Nachlaß- und Teilungssachen

6. Sonstige Angelegenheiten §§

7. Ergänzende Gebührenvorschriften für Anträge, Beschwerden usw.

Dritter Abschnitt. Auslagen

Zweiter Teil. Kosten der Notare

Erster Teil. Gerichtskosten

Erster Abschnitt. Allgemeine Vorschriften

1. Geltungsbereich

1 **In den Angelegenheiten der freiwilligen Gerichtsbarkeit werden, soweit bundesrechtlich nichts anderes bestimmt ist, Kosten (Gebühren und Auslagen) nur nach diesem Gesetz erhoben.**

1) Geltungsbereich. A. Angelegenheiten der freiwilligen Gerichtsbarkeit. Die KostO insgesamt, nicht nur ihr erster Abschnitt, § 141 I, bezieht sich auf die Angelegenheiten der freiwilligen Gerichtsbarkeit. Das sind alle diejenigen Geschäfte, die sich nach einer gesetzlichen Regelung im Rahmen der freiwilligen Gerichtsbarkeit abspielen. Auf die wahre Natur des Geschäfts kommt es nicht an.

So gehören zB das Aufgebotsverfahren außer demjenigen nach dem VerschG sowie das Entmündigungsverfahren zum Zivilprozeß und sind nach dem GKG zu vergüten.

Demgegenüber muß man bestimmte Vorgänge in Familiensachen vor dem Familiengericht deswegen nach der KostO beurteilen, weil das Gesetz sie dem Verfahren des FGG zugeordnet hat, vgl §§ 621a I 1 ZPO, 94, 97, 99, 124, 131, 131a KostO, Karlsr Rpfleger **81**, 324.

Die Tätigkeit des Gerichtsvollziehers wird auch in einer Angelegenheit der freiwilligen Gerichtsbarkeit nur nach dem GVKostG abgegolten, dort § 1, Teil XI dieses Buchs. Wenn sich in einer Sache der freiwilligen Gerichtsbarkeit nur eine bestimmte einzelne Handlung nach der ZPO richtet, etwa eine Beschwerde, vgl auch § 621a I 2 ZPO, dann ist die KostO anwendbar. Das gilt auch für die Beschwerde gegen die Versagung einer Prozeßkostenhilfe in einer Sache, über die das Gericht im Verfahren des FGG zu entscheiden hat.

Es ist unerheblich, welches Geschäft nach der Ansicht des Kostenbeamten oder des über den Kostenansatz entscheidenden Gerichts hätte vorgenommen werden müssen, BayObLG **79**, 181.

Über die Anwendung der KostO im Verfahren nach dem WEG und nach dem VHG vgl § 128a Anh, nach der HausrVO vgl § 98 Anh III. Im Verfahren nach dem PsychKG entstehen gemäß § 40 PsychKG keine Kosten, also auch keine erstattungspflichtigen Auslagen, aM LG Essen Rpfleger **84**, 119 (abl Schulte).

B. Justizverwaltungssachen. Die Erledigung eines ausländischen Rechtshilfeersuchens, die Amtsbekräftigung (Legalisation) einer öffentlichen Urkunde, die Zulassung zur Rechtsanwaltschaft gehören zu den Aufgaben der Justizverwaltung außerhalb der besonderen Regelung der freiwilligen Gerichtsbarkeit. In Hinterlegungssachen gelten die §§ 24–26 HO, Teil VIII B dieses Buchs. Die Beitreibung der Gerichtskosten usw richtet sich nach der JBeitrO, Teil IX A dieses Buchs. Andere Geschäfte der Justizverwaltung sind bis auf einige wenige Ausnahmen noch nach dem Landesrecht zu vergüten, zB die verwaltungsmäßige Erteilung der Abschrift aus einer Akte usw.

C. Landesrechtlicher Vorbehalt. Die KostO kodifiziert für ihren Geltungsbereich das Kostenrecht. Das gilt bis auf die in § 158 vorgesehenen landesrechtlichen Vorbehalte. Diese beziehen sich aber nur auf landesrechtliche Akte der freiwilligen Gerichtsbarkeit und richten sich ebenfalls nach der KostO, § 158 II, soweit hinsichtlich der Gebühren nichts anderes bestimmt ist.

2) Kostenbegriff. Kosten sind auch im Rahmen der KostO Gebühren und Auslagen, Celle Rpfleger **79**, 118.

3) Umfang der Kostenpflicht. Soweit die KostO nicht ausdrücklich Kosten vorsieht, sind keine Gerichtskosten zu erheben (s aber § 158 II), BayObLG DB **82**, 946, Bre Rpfleger **89**, 172. Das bedeutet unter anderem: Man muß die Vorschriften der KostO wegen der Gerichtskosten grundsätzlich eng auslegen, Hamm Rpfleger **77**, 423. Es besteht also (auch) ein Analogieverbot, vgl Bre Rpfleger **89**, 172, ferner Lappe Rpfleger **84**, 339.

Die Tätigkeit des Notars ist aber grundsätzlich gebührenpflichtig, § 147 I.

2. Kostenschuldner

Allgemeiner Grundsatz

2 **Zur Zahlung der Kosten ist verpflichtet**

1. bei Geschäften, die nur auf Antrag vorzunehmen sind, jeder, der die Tätigkeit des Gerichts veranlaßt, bei der Beurkundung von Rechtsgeschäften insbesondere jeder Teil, dessen Erklärung beurkundet ist;

2. bei Geschäften, die von Amts wegen vorgenommen werden, derjenige, dessen Interesse wahrgenommen wird.

1) Allgemeines. Die KostO kennt ebenso wie das GKG folgende Arten von Kostenschuldnern:

A. Antragsschuldner. In Betracht kommt zunächst der Antragsteller, Z 1.

B. Entscheidungsschuldner. In Betracht kommt ferner derjenige, dem das Gericht die Kosten auferlegt hat, § 3 Z 1.

C. Übernahmeschuldner. In Betracht kommt ferner derjenige, der die Kosten durch eine vor dem Gericht abgegebene oder dem Gericht mitgeteilte Erklärung übernommen hat, § 3 Z 2.

D. Sachlichrechtlicher Schuldner. In Betracht kommt ferner derjenige, der nach den Vorschriften des Bürgerlichen Rechts für die Kostenschuld eines anderen kraft Gesetzes haftet, § 3 Z 3.

E. Vollstreckungsschuldner. In Betracht kommt ferner der Vollstreckungsschuldner, soweit es um die notwendigen Kosten der Zwangsvollstreckung geht, § 3 Z 4.

F. Interessenschuldner. Schließlich kommt als Kostenschuldner bei einem Geschäft, das das Gericht von Amts wegen vornimmt, derjenige in Betracht, dessen Interesse wahrgenommen wird, Z 2.

G. Sonderregeln. Sie finden sich in verschiedenen Vorschriften, zB in den §§ 59 II, 70 II 2, 78 II 2, 112 II 2.

2) Antragsschuldner, Z 1. Eine Haftung nach dieser Vorschrift tritt ein, wenn eine der folgenden Voraussetzungen erfüllt ist:

A. Veranlassungsschuldner. a) Grundsatz. Kostenschuldner ist bei einem Geschäft, das das Gericht nur auf Grund eines Antrags vornimmt, insofern richtig Kblz Rpfleger **88**, 106, Saarbr Rpfleger **88**, 147 je mwN, jeder, der die Tätigkeit des Gerichts veranlaßt. Das gilt sowohl für die Gebühren als auch für die Auslagen, auch im Fall des § 131 III und bei § 94, dort Anm 2. Für die Frage, wer als Veranlasser gilt, kommt es auf die gesamten Umstände des Einzelfalls an, BayObLG **78**, 95 und **88**, 147, KG DNotZ **84**, 446 mwN.

b) Einzelfälle. Als „Antrag" gilt zB die Anmeldung zum Register. Wenn ein „Antrag" in Wahrheit nur eine Anregung zu einer Handlung ist, die das Gericht von Amts wegen vornehmen muß, ist nicht Z 1 anwendbar, sondern Z 2.

Auch ein Geschäftsunfähiger kann Kostenschuldner sein, KG MDR **77**, 764 mwN, vgl aber auch KG DNotZ **78**, 568 und MDR **78**, 1030.

Ein Vertreter ist nur insoweit Antragsteller, als ihm die Vertretungsmacht fehlt, vgl BayObLG Rpfleger **84**, 96 mwN, Düss MDR **87**, 684 (zu § 149), KG DNotZ **72**, 568, Köln MDR **82**, 239, vgl Zweibr Rpfleger **84**, 265. Im übrigen ist der Vertretene insofern kein Kostenschuldner, als keine Anscheinsvollmacht oder Duldungsvollmacht vorliegt, KG Rpfleger **72**, 73. Der Vertreter haftet in diesem Fall also persönlich als Veranlasser, Düss MDR **78**, 325, Ffm AnwBl **80**, 253. Ein Rechtsanwalt oder ein Notar handelt zB bei der Einlegung eines Rechtsmittels im Zweifel im Namen des Auftraggebers, Ffm BB **78**, 1340, bzw der mehreren Auftraggeber, BayObLG Rpfleger **85**, 356. Das Fehlen einer Vertragsvollmacht ist insoweit unschädlich, als eine Veranlassungsvollmacht vorlag, Köln MDR **74**, 136.

Eine Partei kraft Amts ist zwar Antragsteller, haftet aber nur mit dem verwalteten Vermögen. Das Vorstandsmitglied einer Handelsgesellschaft haftet grundsätzlich, anders als im Fall einer Vereinbarung mit dem Notar, weder für die Kosten einer Beurkundung oder Beglaubigung noch für diejenigen einer Eintragung, Celle DB **66**, 935, Ffm DNotZ **57**, 210, vgl Hamm Rpfleger **75**, 376. Das gleiche gilt für den Gründer oder Gründungsprüfer einer Aktiengesellschaft, BayObLG **73**, 238.

Vor allem in Grundbuchsachen ist es oft zweifelhaft, wer als Antragsteller anzusehen ist. Die Vertretungsbefugnis des Notars wird nach § 15 GBO grundsätzlich gegenüber allen Antragsberechtigten vermutet, BayObLG Rpfleger **87**, 14, Bre Rpfleger **87**, 494, Köln Rpfleger **86**, 412, und ist dann weder vom Auftrag noch vom Einverständnis des Antragsberechtigten abhängig, BayObLG Rpfleger **84**, 97, Düss Rpfleger **86**, 368, Zweibr Rpfleger **84**, 265, aber natürlich widerlegbar, BayObLG Rpfleger **84**, 97, Bre Rpfleger **87**, 494, Düss Rpfleger **86**, 368. Läßt der Antrag des Notars bei sachgemäßer Auslegung erkennen, daß er nur für einzelne Antragsberechtigte gestellt wird, so sind nur diese als Kostenschuldner zu behandeln, Zweibr Rpfleger **89**, 17.

Wer im übrigen die notarielle Urkunde mit seinem Antrag dem Grundbuchamt überreicht und damit dessen Tätigkeit auslöst, ist Veranlassungsschuldner, vgl Düss VersR **79**, 871 mwN. Wer aber lediglich in der Urkunde einen Eintragungsantrag gestellt hat, ist allenfalls Einreichungsschuldner, B, Hbg DNotZ **65**, 371.

Unter Umständen ist auch ein Grundpfandrechtsgläubiger Veranlasser, BayObLG Rpfleger **87**, 14 mwN, Düss Rpfleger **86**, 368, Oldb DNotZ **80**, 437, LG Landau Rpfleger **82**, 338, aM LG Bayreuth Rpfleger **80**, 475 (abl Meyer-Stolte).

Ein Kostenvorbehalt ist nicht stets beachtlich, Höfer DNotZ **77**, 507, abw LG Bad Kreuznach DNotZ **77**, 507. Kein Veranlasser ist zB derjenige, der nur einen Besprechungstermin erwirkte, BayObLG **74**, 118, KG JB **76**, 959, oder der bloß auf einen Anderkonto zahlt, ohne mit dem Notar einen Verwahrungsvertrag abzuschließen, BayObLG **88**, 147, oder der einen vom Schuldner nach § 149 hinterlegten Betrag lediglich dort abrufen darf und abruft, KG MDR **85**, 154.

B. Einreichungsschuldner. a) Grundsatz. Nach Z 1 ist im Fall einer Beurkundung eines Rechtsgeschäfts auch derjenige Kostenschuldner, dessen Erklärung beurkundet worden ist, Düss DNotZ **86**, 764. Antragsteller ist also derjenige, der in der eingereichten Urkunde die Eintragung beantragt. Wer einreicht, haftet allein, soweit sein Wille erkennbar ist, die Eintragung allein zu beantragen. Eine „Bitte“ um die Erledigung eines Eintragungsantrags eines anderen reicht nicht aus.

b) Einzelfälle. Soweit ein Notar einen Antrag nach § 15 GBO stellt, tut er das im Zweifel im Namen aller Antragsberechtigten, LG Bayreuth JB **78**, 903. Freilich muß man auch in einem solchen Fall die Gesamtumstände ermitteln und auslegen, Düss Rpfleger **77**, 267. Das gilt auch im Fall der Beschwerde eines Notars, vgl Hamm DNotZ **52**, 86. Wenn ein Notar nur im Namen des gebührenbefreiten Vertragsbeteiligten einen Antrag einreicht, dann ist der andere kein Antragsteller, Ffm DNotZ **65**, 369.

Soweit eine Behörde die Eintragung beantragt, haftet im Zweifel derjenige, in dessen Interesse die Eintragung geschieht. Ob auch der aus dem einzutragenden Recht Berechtigte haftet, soweit er den Antrag einreicht, ist eine Auslegungsfrage, § 133 BGB; man muß eine derartige Haftung meist verneinen.

Soweit mehrere Personen die einzureichende Urkunde unterzeichnen, jedoch nur einer von ihnen die Urkunde einreicht, kommt es für die Einreichungshaftung darauf an, ob auch einer der übrigen Unterzeichner den Antrag auf die Eintragung stellt und ihn nicht nur bewilligt oder in die Eintragung einwilligt.

Für die Kosten eines Notars haftet jeder, der diesem Notar den Auftrag erteilt hat usw, Düss DNotZ **75**, 375. In einer Beteiligung an einer Beurkundungsverhandlung oder Beglaubigungsverhandlung vor einem Notar liegt in der Regel ein zumindest stillschweigender Autrag, KG JB **76**, 959, nicht aber im bloßen Zuhören bei der Verlesung, LG Wuppertal JB **78**, 731. Bei einer Zustimmung, zB des Ehegatten etwa zu einem Vertrag, reicht die Haftung nur so weit, wie auch für die bloße Zustimmung Kosten entstanden wären, KG Rpfleger **87**, 266.

Es ist unerheblich, ob der Antragsteller auch sachlichrechtlich zum Antrag berechtigt ist, sofern die Behörde dem Antrag stattgibt, aM LG Bln Rpfleger **74**, 234 (abl Meyer-Stolte). Beim Erbschein haftet der Erbe. Soweit nur ein Miterbe den Antrag stellt, ist auch nur dieser Miterbe Antragsteller, Stgt JB **78**, 407 mwN. In der Beschwerdeinstanz ist der Beschwerdeführer Antragsteller.

Die bloße Zustimmung des Eigentümers zur Hypothekenlöschung ist kein Antrag. Soweit die Tätigkeit einer Behörde über einen Antrag hinausgeht, kommt eine Kostenhaftung allenfalls nach Z 2 in Betracht; andernfalls entsteht insofern überhaupt keine Kostenhaftung.

3) Interessenschuldner, Z 2. A. Grundsatz. Kostenschuldner ist bei einem Geschäft, das nur oder wenigstens auch von Amts wegen vorgenommen wird, insofern richtig Kblz Rpfleger **88**, 106 mwN, derjenige, dessen Interesse wahrgenommen wird. Derjenige, der eine solche Handlung nur anregt, haftet insoweit nicht. Soweit die Tätigkeit im öffentlichen Interesse erfolgt, fehlt ein Kostenschuldner.

B. Einzelfälle. Eine Kostenhaftung nach Z 2 kommt zB in folgenden Fällen in Betracht: Es ergeht eine Entscheidung gemäß § 1634 II 1 BGB, Celle Rpfleger **78**, 339; das Vormundschaftsgericht leitet eine Vormundschaft oder Pflegschaft ein. Bei einer Vormundschaftssache fehlt ohnehin in der Regel ein Antrag. Da das Gericht von Amts wegen zu handeln hat, liegt allenfalls eine Anregung vor. Kostenschuldner ist derjenige, der unter Vormundschaft gestellt wird, BayObLG Rpfleger **87**, 361 rechts, Düss MDR **67**, 129, aM Oldb Rpfleger **85**, 492 (aber notfalls hilft § 16). Schneider MDR **67**, 129 wendet die §§ 658, 632 ZPO entsprechend an, da die Entmündigung in Wirklichkeit ebenso wie die Gebrechlichkeitspflegschaft, um die es sich hier handele, mehr zu den Verfahren der freiwilligen Gerichtsbarkeit gehöre.

Weitere Beispiele: Es findet ein Verfahren zur Feststellung des Personenstands nach § 31 PStG statt; das Nachlaßgericht zieht einen Erbschein ein (in diesem Fall haftet der richtige Erbe für die Kosten); auf Grund eines Ersuchens des Prozeßgerichts findet eine Eintragung im Grundbuch statt, etwa nach § 941 ZPO; das Gericht entzieht einem Verein die Rechtsfähigkeit; das Nachlaßgericht wird in einer Nachlaßsache tätig (in diesem Fall haften die Erben, nicht der Nachlaßgläubiger); im Handelsregister wird eine Kommanditgesellschaft auf Grund der Umwandlung einer Kapitalgesellschaft eingetragen (es haftet die KG), BayObLG Rpfleger **61**, 367; es findet die Löschung einer Kommanditgesellschaft gemäß § 31 II 2 HGB statt, KG Rpfleger **77**, 150 (in diesem Fall haftet der Kommanditist).

Im Fall eines Verfahrens auf die Abänderung oder Entziehung einer Sorgerechtsentscheidung ist der bisherige (und weitere) Sorgerechtsträger auch nicht Auslagenschuldner, Ffm Rpfleger **88**, 106 mwN.

Weitere Kostenschuldner

3 **Kostenschuldner ist ferner**
1. derjenige, dem durch eine gerichtliche Entscheidung die Kosten auferlegt sind;
2. derjenige, der sie durch eine vor Gericht abgegebene oder dem Gericht mitgeteilte Erklärung übernommen hat;
3. derjenige, der nach den Vorschriften des bürgerlichen Rechts für die Kostenschuld eines anderen kraft Gesetzes haftet;
4. der Vollstreckungsschuldner für die notwendigen Kosten der Zwangsvollstreckung.

1) Entscheidungsschuldner, Z 1. Die Haftung des Entscheidungsschuldners tritt im Bereich der freiwilligen Gerichtsbarkeit selten ein, Ffm Rpfleger **89**, 41. Sie kann sich zB nach den §§ 13a, 33 I 2, 138 FGG ergeben, ferner nach Art 9–14 PrFGG, das unverändert weiter gilt, § 158, und das Rechtsmittel der unbeschränkten weiteren Beschwerde eröffnet. Eine Entscheidungshaftung kommt ferner nach den §§ 31 II 2, 70 I 2 in Betracht. Häufiger findet sich der Fall der Entscheidungshaftung in solchen Gesetzen, die die KostO für anwendbar erklären, etwa in der HausrVO, ferner im LwVG, Teil IV dieses Buchs, überhaupt in streitigen Verfahren der freiwilligen Gerichtsbarkeit.

Eine „kostenpflichtige Zurückweisung" bedeutet im Bereich der freiwilligen Gerichtsbarkeit nur eine an sich entbehrliche Äußerung des Gerichts darüber, daß es keinen Anlaß zu einer Kostenniederschlagung nach § 16 sieht. Soweit nach der KostO ohnehin keine Kostenschuld entsteht, ist ein solcher Ausspruch des Gerichts bedeutungslos. In einem solchen Fall gibt es gegen ihn auch kein Rechtsmittel. Wohl aber ist eine Erinnerung gegen einen Kostenansatz zulässig, der fälschlich auf einem solchen Ausspruch beruht. Ein Ausspruch des Gerichts, daß Gebühren und Auslagen nicht anzusetzen seien, bindet den Kostenbeamten nur im Fall des § 131 V, sonst nicht.

Soweit sich die Hauptache erledigt hat, muß das Gericht über die Gerichtskosten entscheiden, BayObLG MDR **63**, 690.

Der Antragschuldner nach Z 1 haftet neben dem Entscheidungsschuldner gesamtschuldnerisch und als Erstschuldner, insofern abweichend von der Regelung des GKG.

Die Aufhebung der Entscheidung beseitigt auch die Kostenhaftung nach § 3 Z 1. In einem solchen Fall sind bezahlte Kosten zurückzuzahlen.

2) Übernahmeschuldner, Z 2. A. Grundsatz. Die Vorschrift entspricht weitgehend dem § 54 Z 2, GKG, vgl dort Anm 3. Die Kostenübernahme erfolgt durch eine einseitige, formlose, unwiderrufliche Erklärung gegenüber dem Gericht oder Notar, auch in einer eingereichten Urkunde. Eine solche Erklärung liegt auch insoweit vor, als ein Vertrag, in dem der eine Teil die Kosten übernommen hat, mit dem Wissen und Wollen dieses Vertragspartners dem Gericht mitgeteilt wird, Brschw DNotZ **55**, 440, oder wenn eine solche Mitteilung an den Notar erfolgt, Celle DNotZ **65**, 368, unabhängig vom Schicksal des beurkundeten Vertrags, Köln MDR **74**, 136.

B. Einzelfragen. Eine Übernahmeerklärung in einem Vertrag allein wirkt nur zwischen den Vertragspartnern, BayObLG DNotZ **74**, 120, Ffm DNotZ **65**, 369, vgl auch KG DB **85**, 1837, ferner Karlsr DNotZ **65**, 373, Schlesw DNotZ **78**, 632, vgl freilich auch Köln MDR **74**, 136, LG Hbg DNotZ **74**, 567. Soweit der ursprüngliche Kostenschuldner eine persönliche Gebührenfreiheit hat, übernimmt der Übernehmer nur diejenigen Kosten, die auch dem ursprünglichen Schuldner entstanden wären, also unter Umständen die Auslagen, § 12 II. Wegen der Übernahme durch den Kostenfreien vgl § 11 Anm 1. Dasselbe gilt im Fall einer sachlichen Gebührenfreiheit.

Man muß die Frage, ob der Erklärende Kostenschuldner oder nur Zahlstelle werden will, nach den Umständen des Einzelfalls auslegen. Maßgeblich ist, ob die Erklärung den Übernahmewillen gegenüber dem Notar verdeutlicht, auch wenn man an sie keine hohen Anforderungen stellt, BayObLG DNotZ **85**, 563. Eine bloße Zahlstelle ist zB dann gemeint, wenn ein Notar schreibt: „Kosten zahle ich“ oder „Kosten sind bei mir zu erheben“.

Die Bereitschaft zur Übernahme nach Z 2 liegt demgegenüber zB dann vor, wenn es heißt: „Für die Kosten stehe ich ein“. Freilich kann diese Formulierung auch bedeuten, daß der Erklärende nur zur Übernahme einer Bürgschaft für die Kostenschuld eines anderen Beteiligten bereit ist, Hamm Rpfleger **75**, 37, aM zB Klässel DRiZ **76**, 390. Vgl auch § 54 GKG Anm 3 A.

Die Übernahme der Kostenschuld begründet eine gesamtschuldnerische Haftung, § 5, BayObLG **84**, 180, keine bloße Zweitschuldnerhaftung, insofern anders als beim GKG, Köln MDR **74**, 136. Der Übernehmer haftet auch, soweit er keine genügenden Mittel besitzt, und auch noch nach einer Abrechnung mit den Beteiligten.

3) Bürgerlichrechtlicher Schuldner, Z 3. Die hierher gehörigen Fälle sind dieselben wie bei § 54 Z 3 GKG, vgl dort Anm 4, auch zB Gründungsgesellschafter der Vor-GmbH, BayObLG DNotZ **86**, 177. Das Verhältnis zwischen mehreren an einem Vertrag Beteiligten, zB nach § 449 BGB, ist in diesem Zusammenhang unerheblich, BayObLG DNotZ **85**, 564 mwN, Schlesw DNotZ **78**, 632. Eine persönliche Gebührenfreiheit steht einer Inanspruchnahme nach Z 3 nicht entgegen, § 12 I.

Ein Miterbe haftet wegen des nicht von ihm persönlich beantragten gemeinschaftlichen Erbscheins nicht, Stgt JB **78**, 407.

4) Vollstreckungsschuldner, Z 4. Die Vorschrift entspricht dem § 54 Z 4 GKG, vgl dort Anm 5. Der Vollstreckungsschuldner ist neben dem Antragsteller ein unmittelbarer Kostenschuldner, Hamm Rpfleger **73**, 377. Soweit das Grundbuchamt auf Grund eines Ersuchens des Finanzamts in einem Sicherheitsbescheid eine Sicherungshypothek eingetragen hat, haftet der Steuerschuldner unmittelbar für die Kosten der Eintragung, Köln Rpfleger **77**, 459, selbst wenn auf Grund seines nachträglichen Antrags ein Aufteilungsbescheid ergeht, wonach seine Steuerschuld bei getrennter Veranlagung der Ehegatten 0 DM beträgt, Hamm Rpfleger **75**, 266.

Es ist unerheblich, ob der Vollstreckungstitel sachlich richtig ergangen ist.

Die Frage, ob es sich um notwendige Kosten der Zwangsvollstreckung handelt, ist ebenso wie bei den §§ 788, 91 ZPO zu beurteilen, vgl BLAH bei jenen Vorschriften sowie Hamm Rpfleger **75**, 266 und § 54 GKG Anm 5.

Gebührenschuldner in besonderen Fällen

4 Die Gebühr für die Eintragung des Erstehers als Eigentümer wird nur von diesem erhoben; für die Gebühren, die durch die Eintragung der Sicherungshypothek für Forderungen gegen den Ersteher erwachsen, haftet neben den Gläubigern auch der Ersteher.

1) Allgemeines. Während die Kosten einer Zwangsversteigerung und Zwangsverwaltung jetzt im GKG geregelt sind, werden Kosten für eine sonstige Eintragung im Grundbuch nach §§ 60, 62 KostO erhoben. Infolgedessen muß die KostO auch den zugehörigen Kostenschuldner bestimmen. Durch KV 1500 ff, §§ 28 ff GKG werden diese Gebühren nicht abgegolten.

2) Eintragungsschuldner. Für die Eintragung des Erstehers auf Grund des Zuschlags, § 60, haftet der Ersteher allein. Das gilt auch dann, wenn er das Recht aus dem Meistgebot an einen anderen abgetreten hat, der seinerseits die Verpflichtung aus jenem Meistgebot übernommen hat. Die Eintragung einer Sicherungshypothek für eine Forderung gegen den Ersteher, § 128 f ZVG, läßt eine Gebühr nach § 62 fällig werden. Für sie haften der Ersteher und der beteiligte Gläubiger als Gesamtschuldner.

Mehrere Kostenschuldner

5 I Mehrere Kostenschuldner haften als Gesamtschuldner. Sind an einer Beurkundung mehrere beteiligt und betreffen ihre Erklärungen verschiedene Gegenstände, so beschränkt sich die Haftung des einzelnen auf den Betrag, der entstanden wäre, wenn die übrigen Erklärungen nicht beurkundet worden wären.

II Sind durch besondere Anträge eines Beteiligten Mehrkosten entstanden, so fallen diese ihm allein zur Last.

1) Gesamthaftung, I. A. Grundsatz, I 1. Mehrere Kostenschuldner irgendwelcher Art haften als Gesamtschuldner, Düss DNotZ **86**, 764. Die KostO kennt, anders als das GKG, keine bloße Zweitschuldnerhaftung, BGH VersR **82**, 161. Daher ist § 58 II 2 GKG nicht entsprechend anwendbar, KG Rpfleger **85**, 256, Karlsr Rpfleger **81**, 324, aM Ffm Rpfleger **87**, 64 mwN. Wohl aber sieht § 8 KostVfg, Teil VII A dieses Buchs, eine Reihenfolge der Inanspruchnahme vor, deren Verletzung die Dienstaufsichtsbeschwerde ermöglicht.

Diese Vorschrift gilt allerdings nicht für den Notar, vgl Düss DNotZ **86**, 765, ferner LG Brschw JB **75**, 1094.

Auch eine ausdrückliche Kostenübernahme durch einen Vertragspartner ändert nichts an der gesamtschuldnerischen Haftung der übrigen gesetzlichen Kostenschuldner, BGH VersR **82**, 161 mwN, Ffm DNotZ **70**, 442. Die Kostenübernahme hat also nur eine Bedeutung im Innenverhältnis der Kostenschuldner; I 1 läßt sich im Außenverhältnis nicht vertraglich einschränken, BGH VersR **82**, 161. Der Notar darf jeden Gesamtschuldner bis zur Arglistgrenze in Anspruch nehmen, Düss DNotZ **86**, 764.

Im Fall einer Haftung nach § 3 Z 3 gilt insofern eine Besonderheit, als aus § 5 nicht die persönliche Haftung für die Kostenschuld folgt. Sie tritt nur nach dem bürgerlichen Recht ein. Wer die Zwangsvollstreckung nur dulden muß, haftet auch nach § 3 Z 3 nur auf eine Duldung.

Für einen Miterben gilt § 6. Für einen Anteilsberechtigten gilt im Fall einer Auseinandersetzung § 116 VI. Es muß sich um dieselbe Kostenschuld handeln.

B. Ausnahme, I 2. Soweit an einer Beurkundung mehrere beteiligt sind, haften sie grundsätzlich als Gesamtschuldner für die gesamten Kosten. Soweit die Erklärungen aber verschiedene Gegenstände betreffen, haftet der einzelne nur wegen desjenigen Betrags, der entstanden wäre, wenn die übrigen Erklärungen nicht beurkundet worden wären.

Beispiel: A verkauft sein Grundstück je zur Hälfte an B und C. Jeder haftet nur für die durch seine Beurkundung verursachten Kosten. B und C haften also nur für die durch ihren Kauf erwachsenen Kosten.

Soweit ein Geschäft von Amts wegen vorzunehmen ist, kommt es darauf an, inwieweit das Geschäft mehrere gemeinsam oder nur einen einzelnen betreffen. Die Führung der Vormundschaft betrifft immer nur jedes Mündel einzeln, begründet also keine Gesamthaftung. Etwas anderes gilt im Fall der Genehmigung eines Rechtsgeschäfts, durch die mehrere Kinder Gesamtgläubiger oder Gesamtschuldner werden.

2) Besonderer Antrag, II. Infolge eines besonderen Antrags eines Beteiligten können Mehrkosten entstehen. Soweit man nicht schon den Fall I 2 hierher rechnen will, kommt in der Hauptsache nur ein Mehrbetrag wegen der Schreibauslagen für besonders beantragte Abschriften in Betracht. Diese Mehrkosten fallen demjenigen allein zur Last, der den besonderen Antrag gestellt hat. Einen derartigen Fall nennt § 59 II.

Haftung der Erben

6 Für die Kosten, die durch die Eröffnung einer Verfügung von Todes wegen, die Sicherung eines Nachlasses, die Errichtung eines Nachlaßinventars, eine Nachlaßpflegschaft, eine Nachlaßverwaltung oder eine Pflegschaft für einen Nacherben entstehen, haften nur die Erben, und zwar nach den Vorschriften des Bürgerlichen Gesetzbuches über Nachlaßverbindlichkeiten. Das gleiche gilt für die Kosten, die durch die Entgegennahme von Erklärungen über die Annahme, Ablehnung oder Kündigung des Amtes als Testamentsvollstrecker entstehen.

1) Geltungsbereich. Die Vorschrift bezieht sich auf folgende Fälle:

A. Testamentseröffnung. In Betracht kommt zunächst die Eröffnung einer Verfügung von Todes wegen, §§ 2260–2263a, 2273 BGB.

B. Nachlaßsicherung. In Betracht kommt ferner eine Sicherung des Nachlasses, § 1960 BGB.

C. Inventarerrichtung. In Betracht kommt ferner die Errichtung eines Nachlaßinventars, §§ 1993, 2002–2004 BGB.

D. Nachlaßpflegschaft. In Betracht kommt ferner die Errichtung einer Nachlaßpflegschaft, §§ 1960 ff BGB.

E. Nachlaßverwaltung. In Betracht kommt ferner die Errichtung einer Nachlaßverwaltung, § 1975 BGB.

F. Nacherbenpflegschaft. In Betracht kommt ferner die Errichtung einer Pflegschaft für einen Nacherben, § 1913 BGB.

G. Entgegennahme von Erklärungen bei Testamentsvollstrekkung. In Betracht kommt schließlich die Entgegennahme einer Erklärung über die Annahme, die Ablehnung oder die Kündigung des Amts als Testamentsvollstrecker, §§ 2006, 2226 BGB.

2) Kostenhaftung. Es haften nur die Erben, niemand sonst. Die Erben haften nur wie für Nachlaßverbindlichkeiten, 1975 ff BGB. Sie müssen die Haftungsbeschränkung in der Vollstreckungsinstanz geltend machen, vgl § 781 ZPO.

Für die Kosten eines Erbscheins, für die Kosten einer Abschrift und für andere außerhalb des Geltungsbereichs des § 6 liegende Geschäfte haften die Erben wie andere Kostenschuldner.

Eine persönliche Gebührenfreiheit begünstigt den Erben nicht, § 12 I, auch nicht nach Gebührenbefreiungsvorschriften der Länder, vgl LG Hamm Rpfleger **89**, 64. Für die Kosten eines zurückgenommenen oder zurückgewiesenen Antrags und für die Beschwerdeinstanz gilt § 2 Z 1.

3. Fälligkeit

7 Gebühren werden mit der Beendigung des gebührenpflichtigen Geschäfts, Auslagen sofort nach ihrer Entstehung fällig.

1) Gebühren. Die Fälligkeit der Gebühren tritt mit der Beendigung des gebührenpflichtigen Geschäfts ein. Unter der Beendigung versteht man die Vollendung gerade der einzelnen gebührenpflichtigen Tätigkeit, KG Rpfleger **76**, 228, Köln MDR **74**, 136. Es braucht keine endgültige Erledigung der Angelegenheit im Sinn des § 15 vorzuliegen. Vielmehr können noch Nebengeschäfte zu erledigen sein, KG Rpfleger **76**, 228.

Wenn eine Reihe von Einzelgeschäften vorzunehmen ist, die zusammen ein einheitliches Geschäft bilden, etwa im Fall der Eintragung einer Gesamthypothek, dann kommt es auf die Vornahme des abschließenden Geschäfts an, KG Rpfleger **76**, 228. Dasselbe gilt dann, wenn eine Verfahrensgebühr zu entrichten ist. Es genügt eine Eintragung im Grundbuch, BayObLG Rpfleger **87**, 198, oder Register, auch zB im Fall der Umwandlung in eine Aktiengesellschaft, § 385c AktG, BayObLG **73**, 238. Nur im Fall einer Testamentseröffnung ist eine Benachrichtigung der Beteiligten erforderlich.

Die Gebühr für die Erteilung des Erbscheins entsteht mit seiner Hinausgabe, § 107 Anm 1 A. Die Gebühr für die Beurkundung einer eidesstattlichen Versicherung entsteht mit deren Aufnahme. Die Gebühr für die Eintragung einer Hypothek und diejenige für die Erteilung eines Hypothekenbriefs können getrennt fällig werden.

Es gibt eine Reihe von Sonderregeln gegenüber § 7.

Alsbald nach der Fälligkeit sind die Kosten anzusetzen, § 13 I KostVfg, Teil VII A dieses Buchs. Wegen einer Befreiung beim Wohnungsbau vgl § 11 Anh I, ferner BayObLG **88**, 181, Hamm Rpfleger **78**, 38, LG Gießen Rpfleger **77**, 152 je mwN.

2) Auslagen. Die Fälligkeit der Auslagen tritt sofort mit der Entstehung der Auslagen ein, unabhängig davon, ob das zugehörige Geschäft schon beendet ist. Das gilt auch für die Fälligkeit von Schreibauslagen. Wegen des Ansatzes § 13 II, III KostVfg, Teil VII A dieses Buchs.

4. Vorauszahlung und Sicherstellung

Vorschüsse

8 **I Bei Geschäften, die auf Antrag vorzunehmen sind, hat der zur Zahlung der Kosten Verpflichtete einen zur Deckung der Kosten hinreichenden Vorschuß zu zahlen. Bei Verrichtungen von Amts wegen kann ein Vorschuß nur zur Deckung der Auslagen erhoben werden. Auf die Verpflichtung zur Zahlung des Vorschusses finden die allgemeinen Vorschriften über die Zahlungspflicht Anwendung.**

II Bei Geschäften, die auf Antrag vorzunehmen sind, soll die Vornahme des Geschäfts davon abhängig gemacht werden, daß der Vorschuß gezahlt oder sichergestellt wird. Dies gilt nicht, wenn dem Antragsteller die Prozeßkostenhilfe bewilligt ist oder wenn ihm Gebührenfreiheit zusteht; es gilt ferner nicht, wenn glaubhaft gemacht ist, daß eine etwaige Verzögerung einem Beteiligten einen nicht oder nur schwer zu ersetzenden Schaden bringen würde, oder wenn aus einem anderen Grund das Verlangen nach vorheriger Zahlung oder Sicherstellung der Kosten nicht

angebracht erscheint, insbesondere wenn die Berichtigung des Grundbuchs oder die Eintragung eines Widerspruchs beantragt wird.

III Gegen Anordnungen nach Absatz 2 ist auch wegen der Höhe des Vorschusses die Beschwerde nach §§ 19, 20, 21, 23, 24 Abs. 1, §§ 25, 30 des Gesetzes über die Angelegenheiten der freiwilligen Gerichtsbarkeit, jedoch in Grundbuchsachen nach §§ 71 bis 77, 81 der Grundbuchordnung und in Schiffsregistersachen nach §§ 75 bis 82, 89 der Schiffsregisterordnung zulässig. Soweit in erster Instanz das Landgericht zuständig ist, entscheidet über die Beschwerde das Oberlandesgericht. Die Beschwerde ist auch statthaft, wenn der Beschwerdegegenstand einhundert Deutsche Mark nicht übersteigt. Das Verfahren über die Beschwerde ist gebührenfrei. Eine Kostenerstattung findet nicht statt.

1) Allgemeines. Die Vorschrift enthält keine abschließende Regelung, aM Zweibr FamRZ **82**, 530. Man muß zwischen der Vorschußpflicht, I, und der Vorwegleistungspflicht, II, unterscheiden, vgl Köln OLGZ **87**, 408, obwohl beide Pflichten wirtschaftlich vielfach auf dasselbe hinauslaufen.

2) Vorschußpflicht, I. A. Voraussetzungen. Eine Vorschußpflicht nach I besteht, sofern eine der folgenden Voraussetzungen vorliegt:

a) Antragsmaßnahme, I 1. Soweit das Gericht eine Maßnahme, ein Geschäft, nur auf Grund eines Antrags vorzunehmen hat, muß der Kostenschuldner stets einen zur Deckung der Kosten hinreichenden Vorschuß zahlen.

b) Maßnahme von Amts wegen, I 2. Soweit das Gericht eine Maßnahme, eine Verrichtung, von Amts wegen vorzunehmen hat, kann es im Rahmen eines pflichtgemäßen Ermessens einen Vorschuß fordern, Köln OLGZ **87**, 408 (WEG-Sache). Es darf diesen Vorschuß allerdings nur so bemessen, daß die Auslagen davon gedeckt sind. Der Vorschuß braucht die übrigen Kosten, also die Gebühren, nicht zu decken.

c) Einzelfragen, I 3. Die allgemeinen Vorschriften über die Zahlungspflicht finden auch bei I Anwendung. Das gilt sowohl für die Person des Vorschußpflichtigen als auch für die Beitreibung, eine etwaige Stundung und den zulässigen Rechtsbehelf.

Veranlasser, Antragsteller im Sinne des § 2 Z 1 ist im Rahmen des § 8 I nur derjenige, der eine Beurkundung usw in Gang setzt, nicht der an ihr sonst Beteiligte. Der letztere wird erst mit der Beurkundung Kostenschuldner, nicht Vorschußschuldner. Der Übernehmer, § 3 Z 2, muß die Kosten schon vor der Beurkundung übernommen haben. Der bürgerlichrechtliche Schuldner, § 3 Z 3, ist nur insoweit vorschußpflichtig, als er auf eine Zahlung haftet, vgl § 5 Anm 1 A. Mehrere Vorschußpflichtige haften als Gesamtschuldner, § 5. Die Kostenberechnung erfolgt, sobald der Vorschuß zu leisten ist, § 13 I KostVfg, Teil VII A dieses Buchs.

Die Vorschußpflicht entfällt für denjenigen, dem das Gericht eine Prozeßkostenhilfe bewilligt hat, §§ 14 FGG, 122 I Z 1 a ZPO, nicht aber für einen anderen Beteiligten, zumal ein Prozeßgegner im Sinn des § 123 ZPO fehlt.

B. Rechtsbehelf. Wer einen Vorschuß nach I zahlen soll, kann die Erinnerung nach § 14 II und gegen die Entscheidung im Erinnerungsverfahren unter den Voraussetzungen des § 14 III die Beschwerde einlegen, Köln OLGZ **87**, 408 mwN. Das übersieht möglicherweise Zweibr FamRZ **82**, 530. Eine weitere Beschwerde ist also nur statthaft, soweit sie das LG wegen der grundsätzlichen Bedeutung der zur Entscheidung stehenden Frage zuläßt, § 14 III 2, und soweit die Entscheidung auf einer Verletzung des Gesetzes beruht, § 14 III 3, Celle DNotZ **72**, 442.

3) Vorwegleistungspflicht, II. A. Rechtsnatur. Aus der Vorschußpflicht nach I ergibt sich, daß die Kostenschuld auflösend bedingt schon vor der Vornahme der gerichtlichen Maßnahme entsteht. Die Vorwegleistungspflicht nach II hat demgegenüber zur Folge, daß das Gericht die Vornahme der Maßnahme von der Zahlung abhängig machen kann.

B. Ermessen. a) Grundsatz II 1. Das Wort „soll" in II 1 bedeutet für das Gericht eine Mußvorschrift. Die Wirksamkeit der gerichtlichen Maßnahme ist allerdings von der Einforderung des Vorschusses oder seiner Sicherstellung unabhängig.

Grundsätzlich muß das Gericht die Barzahlung des Vorschusses anordnen. Es darf die bloße Sicherstellung nur insoweit zulassen, als ein ausreichend begründeter diesbezüglicher Antrag vorliegt. Vgl im übrigen § 23 KostVfg, Teil VII A dieses Buchs. Die Entscheidung darüber, ob eine Vorwegleistung zu erfolgen hat und ob in diesem Fall eine Barzahlung notwendig ist (oder eine Sicherstellung ausreicht) oder ob ein Ausnahmefall vorliegt, trifft der Richter bzw Rpfl oder der Notar. Es handelt sich in einer Grundbuchsache um eine Zwischenverfügung nach § 18 GBO, LG Düss Rpfleger **86**, 175 (zustm Meyer-Stolte). Der Kostenbeamte bestimmt lediglich die Höhe, vgl § 22 III KostVfg.

b) Ausnahmen, II 2. Eine Vorwegleistungspflicht besteht nicht, wenn eine der folgenden Situationen vorliegt, vgl auch § 65 VII GKG:

aa) Prozeßkostenhilfe. Eine Vorwegleistungspflicht besteht nicht, soweit das Gericht dem Antragsteller eine Prozeßkostenhilfe bewilligt hat, vgl § 9 KostVfg. Wenn von mehreren Gesamtschuldnern auch nur einer keine Prozeßkostenhilfe genießt, besteht die Vorwegleistungspflicht.

bb) Gebührenfreiheit. Eine Vorwegleistungspflicht besteht nicht, soweit der Antragsteller eine persönliche oder sachliche Gebührenfreiheit genießt. Wenn von mehreren Gesamtschuldnern auch nur einer diese Voraussetzung nicht erfüllt, besteht die Vorwegleistungspflicht.

cc) Verzögerungsschaden. Eine Vorwegleistungspflicht besteht nicht, soweit der Antragsteller glaubhaft macht, daß ihm eine etwaige Verzögerung einen nicht oder nur schwer zu ersetzenden Schaden bringen würde.

dd) Unangebrachtheit. Eine Vorwegleistungspflicht besteht nicht, soweit die Forderung des Gerichts nach einer Vorwegleistung aus einem anderen als den vorgenannten Gründen nicht angebracht wäre. Das Gesetz nennt als einen der möglichen Anwendungsfälle denjenigen, daß der Antragsteller eine Berichtigung des Grundbuchs oder die Eintragung des Widerspruchs begehrt. Man muß weiter hierher den Fall rechnen, daß das Gericht einen Antrag erzwingt, etwa eine Anmeldung zum Handelsregister nach § 14 HGB, oder denjenigen, daß sich ein Vorschußpflichtiger in der DDR keinen Betrag in DM-West beschaffen kann (und umgekehrt), vgl § 65 GKG Anm 6 B.

ee) Beschwerdeverfahren. Für eine Beweisaufnahme im Beschwerdeverfahren besteht keine Vorwegleistungspflicht. Denn es ist ungewiß, ob überhaupt eine Kostenschuld entsteht, zB Holthöfer DRiZ **55**, 39, abw Köln OLGZ **87**, 409 mwN (dies gelte nur bei ursprünglichen FGG-Verfahren), aM KLBR 4.

ff) Weitere Fälle. Mümmler Rpfleger **72**, 11 befürwortet eine Fortsetzung des Gerichtsgebrauchs, einen Vorschuß nur insoweit anzufordern, als der Eingang einer Zahlung dieses Kostenschuldners fraglich ist.

C. Verfahren. Das Gericht ordnet die Vorwegleistungspflicht durch eine Verfügung an. Mangels Vorwegleistung bleibt der Antrag unerledigt liegen oder wird zurückgewiesen, LG Frankenth Rpfleger **84**, 312, aM BayObLG Rpfleger **71**, 404 (die Entscheidung betrifft § 43 WEG). In einer Grundbuchsache liegt ein Eintragungshindernis im Sinn des § 18 GBO vor, solange der angeforderte Vorschuß nicht gezahlt oder, soweit ausreichend, sichergestellt ist.

4) Beschwerde, III. Gegen die Anordnung nach II als solche wie auch gegen deren Höhe ist die Beschwerde statthaft. Es handelt sich um eine unbefristete, einfache Beschwerde. Sie ist nicht von einem Beschwerdewert abhängig. Für das Beschwerdeverfahren besteht kein Anwaltszwang.

Die Beschwerde richtet sich nach den §§ 19–21, 23, 24 I, 25, 30 FGG. In einer Grundbuchsache sind mit Rücksicht auf die Einheitlichkeit des dortigen Verfahrens die §§ 71–77, 81 GBO maßgeblich, vgl LG Düss Rpfleger **86**, 175 (zustm Meyer-Stolte). In einer Schiffsregistersache sind die §§ 75–82, 89 SchiffsRegO maßgeblich.

Soweit der Rpfl die Anordnung nach II erlassen hat, ist zunächst die Erinnerung nach § 11 RPflG durchzuführen.

Eine weitere Erinnerung ist unzulässig, §§ 27 FGG, 78 GBO, 83 SchiffsRegO, Celle DNotZ **72**, 441.

Soweit das Gericht eine endgültige Kostenrechnung erteilt, erledigt sich die Vorschußberechnung und damit die Beschwerde. Eine endgültige Kostenrechnung erledigt auch eine Erinnerung nach II. Denn sie erledigt die Vorschußberechnung.

Ein Beschwerdewert ist nicht in Höhe eines Mindestbetrags von 100 DM notwendig, III 3. Im Beschwerdeverfahren entsteht keine Gerichtsgebühr, III 4. Es findet keine Kostenerstattung statt, III 5.

Zurückzahlung von Vorschüssen

9 **Vorschüsse werden nur insoweit zurückgezahlt, als sie den Gesamtbetrag der für das Geschäft bis zu dessen Beendigung entstandenen Kosten übersteigen.**

1) Allgemeines. Der Vorschuß ist eine endgültige Kostenschuld. Soweit der Vorschußpflichtige ihn nicht leistet, muß das Gericht ihn beitreiben. Diese Kostenschuld ist aber auflösend bedingt. Soweit die gerichtliche Maßnahme nicht zustande kommt oder soweit durch sie der bereits gezahlte Vorschuß nicht verbraucht ist, muß der Staat den nicht verbrauchten Teil zurückzahlen.

2) Einzelfragen. Es ist unerheblich, ob der Zahlende Kostenschuldner geworden ist, sofern keine irrige Anforderung oder irrige Zahlung vorliegt. Unter den Worten „Beendigung des Geschäfts" versteht § 9 dasselbe wie § 7, dort Anm 1. Ein ausgeschiedener Antragsteller haftet nicht für die Kosten der verbleibenden Antragsteller.

Ein Gebührenvorschuß und ein Auslagenvorschuß sind ohne Sonderung zu behandeln, also bei der Abrechnung aufeinander zu verrechnen. Dagegen darf die Kasse nicht die für eine Maßnahme gezahlten Beträge auf eine andere Maßnahme verrechnen.

3) Rechtsbehelf. Im Fall eines unrichtigen Verfahrens sind § 14 II–VI anwendbar.

Zurückbehaltungsrecht

10 **I Ausfertigungen, Abschriften sowie zurückzugebende Urkunden, die aus Anlaß des Geschäfts eingereicht sind, können zurückbehalten werden, bis die in der Angelegenheit erwachsenen Kosten bezahlt sind.**

II Von der Zurückbehaltung ist abzusehen,

1. wenn der Eingang der Kosten mit Sicherheit zu erwarten ist;

2. wenn glaubhaft gemacht wird, daß die Verzögerung der Herausgabe einem Beteiligten einen nicht oder nur schwer zu ersetzenden Schaden bringen würde, und nicht anzunehmen ist, daß die Kosten entzogen werden sollen;

3. wenn das Schriftstück nicht vom Kostenschuldner, sondern von einem Dritten eingereicht ist, dem gegenüber die Zurückbehaltung eine unbillige Härte wäre.

III § 14 Abs. 2 bis 4 gilt entsprechend.

1) Grundsatz, I. A. Betroffene Schriftstücke. Das Gericht darf bestimmte Schriftstücke zurückbehalten, um die Kostenzahlung zu sichern. Das gilt sowohl bei einem von Amts wegen vorzunehmenden Geschäft als auch bei einer Maßnahme, die nur auf Grund eines Antrags erfolgt. Das Zurückbehaltungsrecht erstreckt sich auf folgende Schriftstücke:

a) Ausfertigung, Abschrift. Das Gericht darf eine Ausfertigung oder Abschrift beliebiger Art, die es aus Anlaß eines Antragsgeschäfts für einen Beteiligten hergestellt hat, bis zur Sicherung der Kostenzahlung zurückbehalten. Das gilt zB: Für einen Erbschein; für einen Grundbuchauszug.

Das Gericht muß eine Ausfertigung oder Abschrift, die es von Amts wegen erteilen muß, unabhängig von der Sicherung der Kostenzahlung aushändigen.

b) Von Partei eingereichte Urkunde. Das Gericht darf eine solche Urkunde, die die Partei aus Anlaß dieses Geschäfts eingereicht hat, zur Sicherung der Kostenzahlung zurückbehalten. Soweit die Partei eine Urkunde aus Anlaß eines anderen Geschäfts eingereicht hat, besteht kein solches Zurückbehaltungsrecht. Soweit die Partei aber auch für das jetzige Geschäft auf jene Urkunde Bezug nimmt, gilt die Urkunde auch für das jetzige Geschäft eingereicht. Ein Zurückbehaltungsrecht besteht auch insoweit, als die Partei die Urkunde zur Beglaubigung ihrer Unterschrift eingereicht hat. Das betrifft allerdings nur eine Einreichung beim Notar.

c) Vom Dritten eingereichte Urkunde. Ein Zurückbehaltungsrecht besteht insofern, als ein Dritter persönlich oder durch die Partei eine Urkunde zum jetzigen Geschäft eingereicht hat. In diesem Fall besteht das Zurückbehaltungsrecht allerdings nur insoweit, als man dem Dritten die Zahlung des Vorschusses auch zumuten kann. Dieser Fall liegt nicht vor, soweit er etwa die Urkunde der Partei nur aus Gefälligkeit überlassen hat oder soweit man ihm die Urkunde gar gestohlen hatte.

Der Notar hat kein Zurückbehaltungsrecht an einer Urkunde gegenüber dem Konkursverwalter, der eine Ausfertigung der die Masse betreffenden Urkunden mit Recht verlangt (Konkursforderung). Ebensowenig hat der Notar ein Zurückbehaltungsrecht wegen eines Testaments, das er im Rahmen seiner Amtspflicht zur amtlichen Verwahrung zu bringen hat.

B. Zu sichernde Kosten. Ein Zurückbehaltungsrecht besteht nur für „die in der Angelegenheit erwachsenden Kosten". Angelegenheit ist nicht unbedingt gleichbedeutend mit Geschäft im Sinn des § 2. Vielmehr kann eine Angelegenheit mehrere innerlich zusammenhängende Geschäfte umfassen, vgl § 15.

Ein Zurückbehaltungsrecht besteht also nicht wegen eines fremden Geschäfts oder wegen eines anderen Kostenschuldners. Ebensowenig besteht ein Zurückbehaltungsrecht, soweit man die Urkunde von Amts wegen aushändigen muß, etwa eine Bestallung zum Vormund. Eine Kostenbefreiung und die Bewilligung einer Prozeßkostenhilfe machen eine Zurückbehaltung gegenüber dem Beteiligten unzulässig. Eine Gebührenfreiheit macht eine Zurückbehaltung wegen der Gebühren unzulässig, nicht aber wegen der Auslagen.

C. Verfahren. Nach I kann das Gericht über die Zurückbehaltung im Rahmen eines Ermessens entscheiden. Der Kostenbeamte hat allerdings im Rahmen des § 25 KostVfg, Teil VII A dieses Buchs, eine Amtspflicht zur Geltendmachung des Zurückbehaltungsrechts. Er kann die Zurückbehaltung dadurch vornehmen, daß er die betroffenen Schriftstücke nur durch Postnachnahme übersendet.

2) Ausnahmen, II. Abgesehen von den in Anm 1 A, B genannten Fällen entfällt ein Zurückbehaltungsrecht gemäß II, wenn eine der folgenden Situationen vorliegt:

A. Kosteneingang zu erwarten, Z 1. Das Zurückbehaltungsrecht fällt weg, soweit man mit dem Eingang der Kosten mit Sicherheit rechnen kann. Dieser Fall liegt zB dann vor, wenn eine Körperschaft des öffentlichen Rechts Kostenschuldner ist oder wenn die Zahlungsfähigkeit und Zahlungswilligkeit eines privaten Kostenschuldners gerichtsbekannt sind oder nach seiner Berufsstellung hochgradig angenommen werden können.

B. Verzögerungsschaden, Z 2. Ein Zurückbehaltungsrecht entfällt auch insofern, als glaubhaft gemacht wird, daß die Verzögerung der Herausgabe einem Beteiligten einen nicht oder nur schwer zu ersetzenden Schaden bringen würde.

Der Kostenbeamte muß trotz dieser Voraussetzung das Zurückbehaltungsrecht ausüben, soweit er zur Überzeugung kommt, daß es sich hier um einen Versuch handelt, dem Staat die Kosten zu entziehen.

C. Unbillige Härte gegenüber Dritten. Ein Zurückbehaltungsrecht entfällt ferner, soweit das fragliche Schriftstück nicht vom Kostenschuldner eingereicht wurde, sondern von einem Dritten, und soweit ihm gegenüber die Zurückbehaltung eine unbillige Härte wäre. Dieser Fall liegt zB dann vor, wenn ein Dritter einen Hypothekenbrief oder eine sonstige Urkunde eingereicht hat und wenn man diesem Dritten nach den Gesamtumständen des Einzelfalls eine Zahlung nicht zumuten kann oder wenn der Dritte wegen der Rangstelle der Hypothek an einer geplanten Umstellung kein wesentliches Interesse hat und nur auf eine kurzfristige Anforderung des Notars diesem den Brief zu treuen Händen Zug um Zug gegen die Tilgung der Hypothekenforderung überlassen hat, Düss VersR **83**, 1171.

D. Kostenbefreiung. Das Zurückbehaltungsrecht entfällt im Fall einer Kostenbefreiung der in Anm 1 A genannten Personen.

E. Prozeßkostenhilfe. Das Zurückbehaltungsrecht entfällt schließlich insoweit, als das Gericht eine Prozeßkostenhilfe bewilligt hat. Wenn mehrere Kostenschuldner vorhanden sind, entfällt das Zurückbehaltungsrecht aber nur gegenüber demjenigen Kostenschuldner, der diese Vergünstigung genießt, also mittellos ist.

F. Gebührenverzicht. Soweit ein Notar zulässigerweise auf eine Gebühr verzichtet hat, darf er kein Zurückbehaltungsrecht ausüben.

3) Rechtsmittel III. A. Erinnerung. Gegen die Anordnung der Zurückbehaltung und die tatsächliche Ausübung dieses Rechts durch den Kostenbeamten ist die Erinnerung nach § 14 II statthaft. Sie ist zum Protokoll des Urkundsbeamten der Geschäftsstelle oder schriftlich ohne Anwaltszwang zulässig, § 14 IV.

B. Beschwerde. Gegen eine Entscheidung nach § 14 II ist unter den Voraussetzungen des § 14 III die Beschwerde statthaft. Man kann sie zum Protokoll des Urkundsbeamten der Geschäftsstelle oder schriftlich ohne Anwaltszwang einlegen, § 14 IV.

Soweit ein Notar das Zurückbehaltungsrecht ausübt und soweit ihm die Gebühren selbst zufließen, ist die Beschwerde nach § 156 statthaft.

5. Kostenbefreiungen

Allgemeine Vorschriften

11 **I Von der Zahlung der Kosten sind befreit der Bund und die Länder sowie die nach den Haushaltsplänen des Bundes und der Länder für Rechnung des Bundes oder eines Landes verwalteten öffentlichen Anstalten und Kassen. Bundesbahn und Bundespost sind von der Zahlung der Auslagen nicht befreit.**

II Sonstige bundesrechtliche Vorschriften, durch die eine sachliche oder persönliche Befreiung von Kosten gewährt ist, bleiben in Kraft. Landesrechtliche Vorschriften, die in weiteren Fällen eine sachliche oder persönliche Befreiung von Kosten gewähren, bleiben unberührt.

III (aufgehoben)

Vorbem. früherer III aufgehoben durch Art 1 Z 1 G v 15. 6. 89, BGBl 1082, in Kraft seit 1. 7. 89, Art 5.

1) Allgemeines. I, II entsprechen inhaltlich dem § 2 GKG. Vgl daher dessen Erläuterungen. Eine dem § 2 IV GKG, insbesondere seinem S 2 entsprechende Vorschrift fehlt in § 11. Deshalb führt eine Kostenübernahme nach § 3 Z 2 durch einen Kostenfreien im Ergebnis doch nicht zu einer Befreiung.

Diese Frage ist **streitig. Wie hier** zB BayObLG MDR **84**, 766 mwN, Köln (17. ZS) Rpfleger **83**, 371 mwN und Rpfleger **87**, 129, LG Brschw JB **75**, 1094, Ackermann JB **76**, 286, Rohs DNotZ **73**, 764, Rohs/Wedewer § 3 Anm III aE; **aM** zB Köln (8. ZS) Rpfleger **73**, 37, Stgt DNotZ **85**, 572 je mwN, insofern unklar Schlesw SchlHA **77**, 159; vgl § 144 Anm 3 sowie § 2 GKG Anm 4.

Wer als Kostenpflichtiger zusammen mit einem Kostenfreien haftet, muß zahlen, abgesehen vom Ausnahmefall des § 13, vgl Mümmler JB **76**, 1160 mwN.

Wegen der Notare vgl § 144. Jene Vorschrift ist ein Sondergesetz. Man muß sie daher eng auslegen. Bei einer entsprechenden Anwendung ist Vorsicht geboten.

Eine Kostenbefreiung befreit von Gebühren und Auslagen. Eine Gebührenbefreiung befreit nur von den Gebühren.

2) Bundesrecht, I, II 1. A. Persönliche Kostenfreiheit. Die in I, II 1 genannten Stellen sind grundsätzlich dieselben wie bei § 2 I, II GKG. Vgl daher die dortigen Erläuterungen. Indessen besteht im Bereich der freiwilligen Gerichtsbarkeit unter Umständen auch dann eine Kostenfreiheit, wenn sie im entsprechenden Bereich der streitigen Gerichtsbarkeit fehlt.

Diese Kostenfreiheit ist zum Teil eine persönliche Befreiung, zum Teil eine sachliche Befreiung von Kosten. Eine Einschränkung bringt § 12.

Eine Gebührenfreiheit besteht zB: Für alle Geschäfte und Verhandlungen zur Durchführung eines Siedlungsverfahrens, § 29 RSiedlG; für alle Geschäfte und Verhandlungen zur Begründung oder Vergrößerung einer Heimstätte, auch zwecks Ausübung eines Vorkaufsrechts oder eines Heimfallanspruchs, § 34 RHeimstG. In einem solchen Fall ist das Gericht an die Versicherung des Siedlungsunternehmens, Düss Rpfleger **73**, 447, Oldb Rpfleger **75**, 149, oder des Ausgebers der Heimstätte, Hamm Rpfleger **73**, 446 je mwN, tatsächlich und rechtlich gebunden.

Für ein Geschäft, das erst nach dem Abschluß des Heimstättenvertrags geschlossen wird, besteht keine Kostenfreiheit oder Kostenermäßigung, BayObLG DNotZ **69**, 687, Schlesw DNotZ **74**, 632, Stgt JB **76**, 368. Vgl auch Celle DNotZ **73**, 491.

Eine Kostenfreiheit besteht ferner für ein Geschäft nach § 4 des Gesetzes zur Förderung der landwirtschaftlichen Siedlung vom 31. 3. 31 RGBl 122 (diese Vorschrift behandelt den Grundstückserwerb und die Veräußerung durch die deutsche Siedlungs- und Landesrentenbank). Gebührenfrei sind unter anderem auf Grund des zum 1. 1. 90 aufgehobenen, aber für eine Übergangszeit noch beachtlichen Gesetzes vom 30. 5. 53, BGBl 273, abgedruckt im Anhang I nach § 11, die als gemeinnützig anerkannten Wohnungsunternehmen und die Organe der staatlichen Wohnungspolitik.

Die Verwaltungsstelle der Hypothekengewinnabgabe ist gemäß § 139 II LAG gebührenfrei.

Wenn auf Grund des Ersuchens einer den Fiskus vertretenden Verwaltungsbehörde eine Rechtsänderung im Grundbuch eingetragen ist, etwa nach der AO, dann ist derjenige Kostenschuldner, auf dessen Kosten die Eintragung geschieht, also der Steuerschuldner usw.

B. Sachliche Kostenfreiheit. Vgl zunächst A. Eine sachliche Kostenfreiheit besteht in vielen gesetzlich besonder geordneten Fällen.

Beispiele: Geschäfte und Verhandlungen im Zusammenhang mit der Gründung einer Gesamtgesellschaft für das Steinkohlenbergbaugebiet Ruhr, § 8 SteuerÄndG vom 18. 8. 69, BGBl 1211; vgl auch § 35a des Gesetzes zur Anpassung und Gesundung des deutschen Steinkohlenbergbaus vom 15. 5. 68, BGBl 365; alle Verfahren und Entscheidungen erster Instanz über eine Eintragung in das Genossenschaftsregister oder in die Liste der Genossen (die Postgebühren und die Auslagen für Ausfertigungen und Abschriften sind aber erstattungspflichtig, § 83). Gebührenfrei ist die Androhung eines Zwangsgelds, § 119 IV.

Kostenfrei ist die Erteilung eines Erbscheins, sofern der Antrag auf dem Verlangen eines Entschädigungsorgans beruht, § 181 II, III BEG. Eine Kostenfreiheit besteht ferner zB nach den §§ 117 LAG, 64 III 1 SGB (X) in Verbindung mit seinem II 1, vgl § 144 Anm 2.

C. Notar. Für den Notar, dem die Gebühren selbst zufließen, gelten die bundesrechtlichen Befreiungsvorschriften zwar grundsätzlich ebensowenig wie die landesrechtlichen, § 144 I. Es tritt aber für eine Beurkundung am Ort der Amtshandlung eine 50%ige Ermäßigung ein, § 144 Vorbem, vgl auch unten Anm 5.

D. Niederschlagung. Eine Kostenniederschlagung im Gnadenweg hat mit der Gebührenfreiheit nichts zu tun. Vgl Einf 2 vor § 8 GKG.

3) Landesrecht, II 2. Das Landesrecht gibt sowohl für eine sachliche als auch für eine persönliche Kostenfreiheit recht uneinheitliche Vorschriften. II 2 hält diesen Rechtszustand aber bis zum Inkrafttreten einer noch nicht absehbaren bundeseinheitlichen Regelung des gesamten Bereichs der Kostenfreiheit aufrecht. Vgl die vollständige Zusammenstellung der Befreiungsvorschriften bei KAL Anh I. Wegen der Notare Anm 2 C, 5.

Es gelten unter anderem folgende Vorschriften:

Baden-Württemberg: §§ 5ff LJustKostG in der Fassung vom 25. 3. 75, GBl 261;

Bayern:

Berlin:

Bremen: §§ 8ff JustKostG vom 3. 8. 61, GBl 183;

Hamburg:

Hessen: Art 2 JustKostG vom 15. 5. 58, GVBl 60, unter Aufhebung des PrGKG;

Niedersachsen: Gesetz vom 10. 4. 73, GVBl 111;

Nordrhein-Westfalen: Gesetz vom 21. 10. 69, GVBl 725 (dieses Gesetz findet auf eine Gesellschaft bürgerlichen Rechts keine Anwendung, Hamm Rpfleger **80**, 165);

früheres Preußen: §§ 7, 8 PrGKG;

Rheinland-Pfalz:

Saarland: Art 2 § 8 Gesetz 637 vom 18. 6. 58, ABl 1039;

Schleswig-Holstein:

4) Kirche. Wegen der Neuapostolischen Kirche und ihrer Gebührenbefreiung BVerfG DNotZ **66**, 52.

Anhang nach § 11

I. Gebührenbefreiungen beim Wohnungsbau

G v 30. 5. 53, BGBl 273 (wegen des Wegfalls vgl die Vorbem hinter § 1)

§ 1. I Geschäfte, die überwiegend der Schaffung von öffentlich geförderten oder steuerbegünstigten Wohnungen oder Wohnräumen im Sinne des jeweils anzuwendenden Wohnungsbaugesetzes dienen, sind von den in der Kostenordnung bestimmten Gerichtsgebühren mit Ausnahme der Beurkundungs- und Beglaubigungsgebühren befreit. Ein Geschäft, das zugleich die Schaffung von Wohnungen oder Wohnräumen der in Satz 1 bezeichneten Art und von sonstigen Wohnungen oder Wohnräumen oder von nicht zu Wohnzwecken bestimmten Räumen betrifft, dient überwiegend der Schaffung von Wohnungen oder Wohnräumen der in Satz 1 bezeichneten Art, wenn ihre Wohnflächen die sonstigen Wohnflächen und die Nutzflächen der nicht zu Wohnzwecken bestimmten Räume übersteigen; für die Berechnung der Wohnflächen gelten die für die Wohnflächenberechnung nach dem Zweiten Wohnungsbaugesetz maßgebenden Vorschriften.

II Die Vorschrift des Absatzes 1 gilt entsprechend für Geschäfte, die den Erwerb eines unbebauten Grundstücks betreffen, wenn das Grundstück zum Zwecke der gewinnfreien Weiterveräußerung an einen Dritten erworben wird, der auf dem Grundstück Gebäude errichtet,

die überwiegend Wohnungen oder Wohnräume der in Absatz 1 bezeichneten Art enthalten. Hat binnen fünf Jahren nach dem Erwerb eine gewinnfreie Weiterveräußerung nicht stattgefunden oder treffen auf die gewinnfreie Weiterveräußerung nicht die Voraussetzungen des Absatzes 1 zu, so sind die Gebühren noch nachträglich zu erheben. Eine Weiterveräußerung im Sinne dieser Vorschrift ist auch die Bestellung eines Erbbaurechts.

III Die Vorschrift des Absatzes 1 gilt ferner entsprechend für Geschäfte, die die erste Weiterveräußerung eines Grundstücks betreffen oder mit der Weiterveräußerung unmittelbar zusammenhängen, sofern das Grundstück zum Zwecke der Weiterveräußerung mit Gebäuden bebaut worden ist, die überwiegend Wohnungen oder Wohnräume der in Absatz 1 Satz 1 bezeichneten Art enthalten, und die Geschäfte binnen fünf Jahren nach der von der Bauaufsichtsbehörde erteilten Erlaubnis zur Ingebrauchnahme vorgenommen werden. Die Frist von fünf Jahren ist auch eingehalten, wenn der gerichtlich oder notariell beurkundete Vertrag, durch den die Verpflichtung zur Weiterveräußerung begründet wird, innerhalb dieser Frist abgeschlossen wird.

IV Eine Veräußerung im Sinne des Absatzes 3 ist auch
a) die Begründung des Wohnungseigentums im Wege der Teilung durch den Eigentümer und die anschließende Übertragung des Wohnungseigentums;
b) die mit dem rechtsgeschäftlichen Erwerb eines Miteigentumsanteils an einem Grundstück unmittelbar zusammenhängende Begründung des Wohnungseigentums;
c) die Bestellung oder Übertragung eines Erbbaurechts;
d) die Bestellung eines Dauerwohnrechts.

V Geschäfte, die überwiegend eine mit Mitteln aus öffentlichen Haushalten geförderte Modernisierung von Wohnungen oder Wohnräumen betreffen, sind ebenfalls von den in der Kostenordnung bestimmten Gerichtsgebühren mit Ausnahme der Beurkundungs- und Beglaubigungsgebühren befreit.

Vorbem. Das WohnGebBefrG ist mit Wirkung vom 1. 1. 1990 aufgehoben. Art 22 III 1, 29 III SteuerreformG v 25. 7. 88, BGBl 1093. Übergangsrechtlich gilt dessen.

Art 22 III 2. **Geschäfte bleiben weiterhin von den in der Kostenordnung bestimmten Gerichtsgebühren befreit, wenn der Antrag auf Vornahme des gebührenpflichtigen Geschäfts bis zum 31. Dezember 1989 bei Gericht eingegangen ist. Werden Gebühren für ein Verfahren erhoben, gilt die Gebührenbefreiung nur noch für die Instanz, die vor diesem Zeitpunkt eingeleitet worden ist.**

Die nachfolgenden Anm gelten also nur noch für diese Übergangszeit.

1) Schaffung von Wohnraum usw I. A. Grundsatz. I 1 erfaßt wegen Art XI § 6 KostÄndG, Teil XII dieses Buchs, jetzt auch die Gebühren nach den §§ 28 ff GKG, LG Saarbr Rpfleger **71**, 157. Es handelt sich um eine sachliche, nicht um eine persönliche Gebührenbefreiung, BayObLG **87**, 2 mwN.

Das Geschäft muß zumindest überwiegend der Schaffung von Wohnraum usw dienen. Die Vorschrift ist weit auszulegen, BayObLG Rpfleger **83**, 44 mwN, Ffm JB **75**, 984 mwN, grds auch KG Rpfleger **84**, 39, ferner Schlesw Rpfleger **75**, 70; freilich darf der Zusammenhang mit dem Zweck der Vorschrift, den Wohnungsbau zu fördern, nicht fehlen, LG Frankenth Rpfleger **87**, 158. Es kommt darauf an, ob die geförderte Wohnfläche überwiegt, BayObLG **87**, 2. Bei einer Eigentümergemeinschaft muß das Gesamtobjekt überwiegend geförderten oder steuerbegünstigten Wohnraum umfasssen; andernfalls haften auch diejenigen Wohnungseigentümer, die selbst eine steuerbegünstigte Wohnung geschaffen haben, BayObLG **87**, 1. Man muß auch bei mehreren Grundstücken, die auf demselben Blatt gebucht sind, die Voraussetzungen für jedes Geschäft gesondert prüfen, Hamm BB **83**, 534.

Der Bauentschluß muß im Zeitpunkt der Vornahme des Geschäfts bereits vorliegen, Düss DNotZ **81**, 324. Eine bloße Bauabsicht ist nicht ausreichend, BayObLG MDR **79**, 326.

Der Kostenschuldner muß die Voraussetzungen einer Gebührenfreiheit nachweisen. Der Nachweis ist mit jedem gesetzlich zulässigen Mittel möglich. In FGG-Sachen gilt der Grundsatz der Amtsermittlung, auch wegen Grundbuchkosten. Zu alledem BayObLG DB **83**, 1757.

B. Einzelfälle. a) Befreiung. Ausreichend sind zB: Der Eigentumserwerb des Erbbauberechtigten auf Grund eines zugleich mit dem Erbbaurecht begründeten Ankaufsrechts, Stgt Rpfleger **82**, 242 mwN, LG Bonn Rpfleger **85**, 172, aM LG Bln Rpfleger **82**, 242; die Erwirkung einer Genehmigung des Vormundschaftsgerichts zur Aufnahme eines Baudarlehns, BayObLG FamRZ **86**, 600 mwN; der Erwerb eines zusammenhängenden Baugeländes, besonders zwecks Parzellierung, BayObLG **74**, 342; die Eintragung eines Vorkaufsrechts und einer Auflassungsvormerkung zur Sicherung eines Ankaufsrechts des Arbeitgebers neben der hypothekarischen Absicherung eines Arbeitgeberdarlehns zur Ablösung einer Zwischenfinanzierung, BayObLG DNotZ **70**, 509; eine Rückauflassungsvormerkung Düss Rpfleger **75**, 377; die Übertragung des Grundeigentums auf die Ehefrau nach der Errichtung einer Wohnung, LG Memmingen MDR **76**, 764; die Schaffung von mehr neuem Wohnraum als bereits erworben, Düss DNotZ **81**, 324; die Eigentumsübertragung auf die Gemeinde durch den Bauträger, der die Erschließung übernommen hatte, BayObLG Rpfleger **83**, 44 (sehr großzügig); es geht um die Eintragung einer späteren Abtretung auf Grund der Zuteilung des Bauspardarlehens, AG Kempen Rpfleger **85**, 172.

Eine vorläufige Finanzierungsmaßnahme dient eher der Schaffung eines öffentlich geförderten Wohnraums usw als eine endgültige Finanzierungsmaßnahme, etwa eine Umschuldung, BayObLG DNotZ **72**, 111. Die Größe des Baugrundstücks ist grundsätzlich unbeachtlich, BayObLG Rpfleger **79**, 475.

Eine Löschung kann gebührenfrei sein, wenn das zugrundeliegende Darlehn zur Zwischenfinanzierung, BayObLG Rpfleger **80**, 405, oder zur Erschließung des Baugrundstücks verwandt worden war, Hamm Rpfleger **80**, 123 mwN, oder wenn es um die Löschung eines vorrangigen Grundpfandrechts geht, LG Krefeld Rpfleger **85**, 172. Eine Gebührenbefreiung tritt auch für die Eintragung des Eigentümers eines Tauschgrundstücks ein, auf dem keine Wohnungen errichtet werden sollen, Celle DNotZ **63**, 238. Eine Gebührenbegünstigung kann auch für einen zeitlich, räumlich und wirtschaftlich mit dem Erwerb des Baugeländes eng zusammenhängenden Erwerb eines Garagengrundstücks in Frage kommen, BayObLG Rpfleger **65**, 344.

Eine Befreiung kommt auch für den Zuschlag in der Zwangsversteigerung in Betracht, Ffm Rpfleger **78**, 112. Die Übertragung der Anteile an einer BGB-Gesellschaft wirkt wie die Veräußerung des Grundstücks, LG Frankenth Rpfleger **88**, 21.

b) Keine Befreiung. Eine Befreiung kommt zB in folgenden Fällen nicht in Betracht: Es handelt sich um die Eintragung einer Grundschuld zur Sicherung eines noch aufzunehmenden Baukredits, den der Antragsteller dann aber nicht erhält, Köln Rpfleger **69**, 178; das Grundbuchamt muß einen fehlerhaften Antrag auf die Eintragung eines Grundpfandrechts zurückweisen, Ffm JB **75**, 934; es handelt sich um eine Grundbucheintragung, die beim Vollzug gebührenfrei wäre, Hamm JB **69**, 551; es findet der gleichzeitige Verkauf weiterer, derzeit nicht zu bebauender Grundstücke statt, Düss VersR **78**, 673; es handelt sich um die Löschung der beim Bau eingetragenen Rechte, wenn der Bau längst errichtet ist, LG Wuppertal JB **78**, 1710.

Weitere Beispiele: Es besteht ein offenkundiger Gegensatz zwischen der angeblichen Bauabsicht und den dem Grundbuchamt bekannten Verhältnissen, BayObLG **76**, 261 mwN; es handelt sich um einen Fall nach § 7 III ErbbVO, BayObLG Rpfleger **75**, 451; es ist eine Aufteilung eines Altbaus in Eigentumswohnungen vorgenommen worden, KG Rpfleger **77**, 151; nach der Fertigstellung des Hauses im Erbbaurecht erwirbt der Bauherr das Grundeigentum, LG Bayreuth JB **77**, 1605; es geht um die Beschaffung des Kapitals bzw des Eintritts eines weiteren Gesellschafters für einen an sich begünstigten Zweck, Köln Rpfleger **80**, 492.

Weitere Beispiele: Der Erwerber will außerdem modernisieren, KG Rpfleger **81**, 327 mwN; nach der Fertigstellung des Wohnraums nimmt der Bauherr ein weiteres Aufwendungsdarlehen auf, LG Bln Rpfleger **82**, 397; es geht um ein Grundstück in einem Ferienpark, AG Olpe Rpfleger **84**, 203; nach dem Erwerb des Baugrundstücks wird eine Firmenänderung der Bauherrin eingetragen, KG Rpfleger **84**, 289; die Wohnungseigentümer schichten ihre Anteile später untereinander um, BayObLG Rpfleger **87**, 303.

2) Weiterveräußerung, II, III. A. Grundsatz. Auch diese Vorschrift ist grundsätzlich weit auszulegen, vgl auch BayObLG Rpfleger **75**, 335, Düss Rpfleger **75**, 377, Ffm JB **75**, 984 mwN, Schlesw Rpfleger **75**, 70.

B. Einzelfälle. a) Befreiung. Eine Gebührenbefreiung nach II kann zB in folgenden Fällen in Betracht kommen: Es handelt sich um die Anlage von Straßen, den Bau von Versorgungsleitungen usw, falls die Weiterveräußerung allein und unbedingt beabsichtigt ist, BayObLG DB **79**, 90. Der Entschluß zur Weiterveräußerung braucht noch nicht im Zeitpunkt des Erwerbs des Grundstücks oder des Baubeginns vorgelegen zu haben, muß aber vor der Bezugsfähigkeit gefaßt worden sein, BayObLG DNotZ **81**, 324 und DNotZ **84**, 444 je mwN, jetzt auch Düss AnwBl **87**, 285 mwN, aM Röbke Rpfleger **85**, 461; das Straßengelände usw soll im öffentlich geförderten Wohnungsbau bebaut werden, Schlesw Rpfleger **75**, 70 mwN.

b) Keine Befreiung. Eine Gebührenbefreiung nach II kann zB in folgenden Situationen zu versagen sein: Der Ersteigerer im Zwangsversteigerungsverfahren will das Objekt weiterverkaufen, insofern aM Schlesw SchlHA **78**, 164; ein Bau- oder Finanzträger will das Objekt an einen anderen veräußern, BayObLG Rpfleger **88**, 549 mwN, abw Düss MDR **80**, 678 (die Bauvollendung durch ein Finanzierungsinstitut zur Rettung seiner Kredite könne begünstigt sein), Köln Rpfleger **78**, 73 (der Veräußerer könne eine Gebührenfreiheit beanspruchen, wenn der Erwerber keine solche beansprucht habe); bei der sogenannten Kettenauflassung kommt eine Gebührenbefreiung nur entweder für den noch nicht eingetragenen Ersterwerber oder für den Zweiterwerber in Betracht, vgl Düss Rpfleger **81**, 126 mwN.

Weitere Fälle der Nichtgewährung von Gebührenfreiheit: Es handelt sich um einen Vertrag zwischen dem Ersterwerber und dem Zweiterwerber, LG Hbg JB **78**, 585; der Hersteller und Ersterwerber erwirbt das Objekt zurück und veräußert es dann erneut, Ffm DNotZ **72**, 569, LG Mainz Rpfleger **75**, 39, aM KG Rpfleger **84**, 39; die Bebauung erfolgt nicht zur alleinigen und unbedingt beabsichtigten Weiterveräußerung, BayObLG MDR **79**, 325, LG Aschaffenb JB **75**, 1660.

3) Frist, II, III. Bei II muß die Versicherung des Erwerbers schon im Zeitpunkt der Vornahme des Geschäfts vorliegen, KG Rpfleger **78**, 243 mwN. Nach einer Versäumung der Frist ist keine Wiedereinsetzung in den vorigen Stand zulässig, BayObLG **65**, 558. Denn es handelt sich um eine Ausschlußfrist, Ffm DNotZ **71**, 567, Hamm Rpfleger **65**, 341.

4) Weitere Einzelfragen. Eine Grundsteuerbegünstigung zwingt nicht zu einer entsprechenden Anwendung der §§ 1ff, BayObLG **81**, 198 mwN. Im Fall einer Nacherhebung von Gebühren ist der Wert in ihrem Zeitpunkt maßgeblich, Hamm Rpfleger **83**, 128, LG Kblz Rpfleger **85**, 512 je mwN, aM KG Rpfleger **89**, 193 (zur Zeit der Vornahme des Geschäfts). Bei einer Modernisierung, V, kommt es nicht darauf an, ob sie überwiegend mit Mitteln eines öffentlichen Haushalts erfolgt, sondern nur darauf, ob die Modernisierung als Bestandteil des Geschäfts überwiegt und daß sie überhaupt aus irgendeiner Quelle öffentlich gefördert wird, BayObLG ZMR **89**, 93, KG Rpfleger **83**, 507. V ist nicht auf Geschäfte zur Sicherung öffentlicher Mittel beschränkt, KG DNotZ **85**, 117 mwN, LG Bln Rpfleger **83**, 507.

§ 2. Die als gemeinnützig anerkannten Wohnungsunternehmen und die Organe der staatlichen Wohnungspolitik (Gesetz über die Gemeinnützigkeit im Wohnungswesen vom 29. Februar 1940 – Reichsgesetzbl. I S. 438) sind von der Zahlung der in der Kostenordnung bestimmten Gerichtsgebühren befreit.

Vorbem. Wegen des Wegfalls des WohnGebBefrG und wegen des Übergangsrechts vgl Vorbem hinter § 1.

1) Geltungsbereich. Die Vorschrift befreit auch einen bloßen Treuhänder, Hamm Rpfleger **80**, 245 mwN.

§ 3. I Die Gebührenbefreiung ist ohne weitere Nachprüfung zu gewähren, wenn das Vorliegen der Voraussetzungen für die Befreiung wie folgt nachgewiesen wird:

1. im Falle des § 1 Abs. 1 und 3:

a) bei Bauvorhaben des öffentlich geförderten oder steuerbegünstigten Wohnungsbaues, die von Gemeinden, Gemeindeverbänden oder Körperschaften des öffentlichen Rechts durchgeführt werden, durch eine Versicherung dieser Stellen, daß es sich um ein Geschäft im Sinne des § 1 handelt;

b) bei nicht im Buchstaben a genannten Bauvorhaben des öffentlich geförderten Wohnungsbaues durch eine Bescheinigung der Stelle, welche die öffentlichen Mittel bewilligt (Bewilligungsstelle) oder durch den Bewilligungsbescheid, durch den für das Bauvorhaben die öffentlichen Mittel bewilligt worden sind;

c) bei sonstigen nicht im Buchstaben a genannten Bauvorhaben des steuerbegünstigten Wohnungsbaues durch eine Bescheinigung der Stelle, die in den Ländern für die Erteilung einer Bescheinigung über das Vorliegen der Voraussetzungen der Grundsteuervergünstigung (§§ 10, 11 des Ersten Wohnungsbaugesetzes) oder der Einkommensteuervergünstigung (§ 7c des Einkommensteuergesetzes) zuständig ist;

2. im Falle des § 1 Abs. 2 durch eine Versicherung des Erwerbers, daß das Grundstück zu dem in § 1 Abs. 2 bezeichneten Zweck erworben wird;

3. im Falle des § 1 Abs. 5 durch eine Bescheinigung der Stelle, die die Modernisierung gefördert hat;

4. im Falle des § 2, soweit es sich um anerkannte Wohnungsunternehmen oder Organe der staatlichen Wohnungspolitik handelt, durch Vorlegung einer beglaubigten Abschrift der Entscheidung der Anerkennungsbehörde über die Anerkennung.

II Solange in den Fällen des Absatzes 1 Nummer 1 Buchstaben b und c und Nummer 3 die Bescheinigung oder der Bewilligungsbescheid noch nicht vorgelegt werden kann, ist das Geschäft von Gebühren befreit, wenn der Bauherr versichert, daß es sich um ein Geschäft im Sinne des § 1 handelt. Wird innerhalb von fünf Jahren nach Abgabe der Versicherung die Bescheinigung oder der Bewilligungsbescheid nicht vorgelegt, so entfällt die Gebührenbefreiung; stehen während dieses Zeitraums baurechtliche Hinderungsgründe einer Vorlage der Bescheinigung oder des Bewilligungsbescheides entgegen, so entfällt die Gebührenbefreiung, wenn die Bescheinigung nicht innerhalb von fünf Jahren nach Wegfall des Hinderungsgrundes, spätestens jedoch innerhalb von zehn Jahren nach Abgabe der Versicherung, vorgelegt wird.

Vorbem. Wegen des Wegfalls des WohnGebBefrG und wegen des Übergangsrechts vgl Vorbem hinter § 1.

1) Keine Nachprüfung, I. In den Fällen I findet eine Gebührenbefreiung grundsätzlich ohne eine besondere gerichtliche Nachprüfung der Bescheinigung der Bewilligungsstelle statt, soweit die dort genannten gesetzlichen Voraussetzungen im übrigen vorliegen, KG Rpfleger **83**, 295 mwN. Eine Nachprüfung kommt nur ausnahmsweise in Betracht, zB dann, wenn die Bescheinigung offensichtlich unzutreffend ist, KG Rpfleger **83**, 295.

Unter einer Körperschaft im Sinn von Z 1a ist auch zB eine von der Bayerischen Versicherungskammer verwaltete öffentliche Versicherungs- und Versorgungseinrichtung einschließlich ihrer Sondervermögen zu verstehen, Bay ObLG Rpfleger **75**, 182.

2) Versicherung, II. Die Versicherung des Bauherrn muß im Zeitpunkt der Vornahme des Geschäfts vorliegen, Düss JB **78**, 1857, Ffm Rpfleger **79**, 476 je mwN. Im Fall des § 130 ZVG reicht es aus, daß die Versicherung im Versteigerungsverfahren abgegeben wird, Ffm Rpfleger **79**, 476. Die Versicherung des Erwerbers muß schon im Zeitpunkt der Vornahme des Geschäfts vorliegen, KG Rpfleger **78**, 343 mwN.

II 2 stellt eine Ausschlußfrist dar, LG Brschw Rpfleger **85**, 258 mwN. Es sind landesrechtliche Ergänzungen (Verwaltungsvorschriften zu § 14 V KostVfg, dieser abgedruckt Teil VII A dieses Buchs), zu beachten; sie sehen eine Benachrichtigung des Bauherrn über das Bevorstehen des Fristablaufs vor, deren Unterlassung zur Kostenniederschlagung nach § 16 KostO zwingen kann, LG Brschw Rpfleger **85**, 258.

Ein Hinderungsgrund im Sinn von II 2 Hs 2 ist großzügig anzunehmen, BayObLG **76**, 444, Ffm Rpfleger **79**, 476 je mwN; vgl auch BayObLG **76**, 259, Rpfleger **77**, 188 und **79**, 36 (aber auch BayObLG Rpfleger **80**, 124), Celle Rpfleger **78**, 272, Düss Rpfleger **73**, 190, Ffm JB **78**, 425, Karlsr Rpfleger **78**, 73 je mwN, Köln Rpfleger **80**, 204 mwN, AG Würzb JB **76**, 328; **aM** Ffm Rpfleger **79**, 79.

Wenn der Bauherr die Versicherung abgegeben hat, werden die Gebühren nicht fällig und beginnt die Verjährungsfrist nicht, solange die Versicherung wirkt, vgl Celle Rpfleger **82**, 443, Düss Rpfleger **82**, 398, wenn nicht der Kostenbeamte die Gebühren wegen einer Veränderung der Verhältnisse vorzeitig ansetzt, BayObLG Rpflger **80**, 317. Bei einer Nacherhebung ist für den Wert erst ihr Zeitpunkt maßgeblich, BayObLG Rpfleger **87**, 129 mwN, aM Karlsr Rpfleger **87**, 453 (maßgebend sei der Eintragungszeitpunkt). Im Fall der nachträglich zutage tretenden anfänglichen Unwirksamkeit des Anerkennungsbescheides sind die Gebühren nachzuerheben, Karlsr Rpfleger **88**, 284 mwN.

II. Abgabenfreiheit nach dem Baugesetzbuch

vom 8. 12. 86, BGBl 2191/2253

§ 151. **I Frei von Gebühren und ähnlichen nichtsteuerlichen Abgaben sowie von Auslagen sind Geschäfte und Verhandlungen**

1. **zur Vorbereitung oder Durchführung von städtebaulichen Sanierungsmaßnahmen,**
2. **zur Durchführung von Erwerbsvorgängen,**
3. **zur Gründung oder Auflösung eines Unternehmens, dessen Geschäftszweck ausschließlich darauf gerichtet ist, als Sanierungsträger tätig zu werden.**

II Die Abgabenfreiheit gilt nicht für die Kosten eines Rechtsstreits. Unberührt bleiben Regelungen nach handelsrechtlichen Vorschriften.

1) Geltungsbereich. Aus dem umfangreichen § 151 II BauGB ergibt sich, daß zu den Erwerbsvorgängen unter anderem Kaufverträge zählen, die an sich nach der KostO kostenpflichtig sind. Schon daraus folgt: § 151 I BauGB meint nicht etwa nur Abgaben an Verwaltungsstellen und ähnliche Behörden, sondern gewährt eine sachliche Kostenfreiheit im Sinn von § 11 II KostO. Demgegenüber versteht § 151 II BauGB unter den Worten „Kosten des Rechtsstreits" nur diejenigen Kosten, die nach dem GKG usw entstehen, also nicht solche, die nach der KostO entstehen.

Es besteht also zB keine Kostenfreiheit im Sinn von § 2 II 1 GKG, wohl aber unter Umständen wegen § 151 II 2 BauGB eine Kostenfreiheit im Sinn von § 2 II 2 GKG durch Landesrecht.

Für die Tätigkeit des Notars bei einem Geschäft oder einer Verhandlung nach § 151 I BauGB vgl § 144 KostO.

Einschränkungen

12 **I Die persönliche Gebührenfreiheit steht der Inanspruchnahme für die Gebühren nicht entgegen, wenn die Haftung auf der Vorschrift des § 3 Nr. 3 (Haftung nach bürgerlichem Recht) beruht, oder wenn der Kostenschuldner als Erbe nach § 6 oder als Anteilsberechtigter nach § 116 Abs. 6 für die Kosten haftet.**

II Die Gebührenfreiheit entbindet, soweit nicht ein anderes bestimmt ist, nicht von der Verpflichtung zur Zahlung der Auslagen.

1) Ausnahmen von der persönlichen Gebührenfreiheit, I. Eine persönliche Gebührenfreiheit entfällt, wenn eine der folgenden Situationen eintritt:

A. Haftung nach bürgerlichem Recht. Trotz einer persönlichen Gebührenfreiheit besteht eine Gebührenhaftung, wenn sie nach bürgerlichem Recht entsteht, § 3 Z 3.

B. Erbe. Trotz persönlicher Gebührenfreiheit haftet der Kostenschuldner, soweit er Erbe eines gebührenpflichtigen Kostenschuldners ist, § 6, LG Hann Rpfleger **89**, 64.

C. Anteilsberechtigung. Trotz persönlicher Gebührenfreiheit besteht eine Gebührenhaftung für denjenigen, der als ein Anteilsberechtigter nach § 116 VI für die Kosten haftet.

D. Gebührenübernahme. Ein an sich Gebührenfreier haftet, soweit er die Gebühren eines nicht Befreiten nach § 3 Z 2 übernimmt, vgl § 11 Anm 1.

In allen vorstehenden Fällen ist es unerheblich, auf welchen Umstand die grundsätzliche persönliche Gebührenfreiheit beruhte.

2) Auslagen, II. Soweit das Gesetz lediglich eine Gebührenfreiheit gewährt, befreit es damit noch nicht stets auch von den zugehörigen Auslagen. Vgl zB § 136 I Z 3. Wenn das Gesetz allerdings eine völlige Kostenfreiheit gewährt, zB in § 11 I, II, besteht natürlich auch eine Auslagenfreiheit. In älteren Vorschriften bedeutet allerdings das Wort „Kostenfreiheit" unter Umständen bei einer gebotenen Auslegung in Wahrheit nur eine bloße Gebührenfreiheit.

II begründet keine Verpflichtung zur Bezahlung der Auslagen, beschränkt eine solche Verpflichtung aber auch nicht etwa auf die Fälle des § 11, sondern hält sie nur aufrecht, soweit an sich eine Pflicht zur Auslagenerstattung besteht.

Gebührenfreiheit für einzelne Gesamtschuldner

13 Wenn einzelnen von mehreren Gesamtschuldnern Gebührenfreiheit zusteht, so vermindert sich der Gesamtbetrag der Gebühren um den Betrag, den die befreiten Beteiligten an die Nichtbefreiten auf Grund gesetzlicher Vorschrift zu erstatten hätten.

1) Geltungsbereich. Von mehreren Gesamtschuldnern sind grundsätzlich nach dem bürgerlichen Recht einzelne den anderen für die Kosten erstattungspflichtig. Das gilt vor allem auch insoweit, als bürgerlichrechtlich eine Gesamtschuld besteht, § 426 I BGB, insofern aM Köln Rpfleger **87**, 129, LG Bonn Rpfleger **85**, 458, ferner aber auch zB beim Kauf eines Grundstücks, wenn der Käufer in Ermangelung einer anderen Vertragsbestimmung die Kosten der Beurkundung und Eintragung trägt, § 449 BGB, insofern ebenso LG Bonn Rpfleger **85**, 458. Zu den Kosten des Kaufs rechnen auch diejenigen der Eintragung einer Auflassungsvormerkung und ihrer Löschung, Ffm DNotZ **65**, 365, Hamm NJW **65**, 303, Neustadt NJW **64**, 2117, Oldb DNotZ **65**, 745; **aM** Celle DNotZ **66**, 756. In Betracht kommen ferner die Kosten nach § 448 II BGB.

2) Gebührenfreiheit. A. Grundsatz. In allen Fällen der Anm 1 vermindert sich nach § 13 die Gesamtgebühr um den vom Befreiten an den Nichtbefreiten zu erstattenden Betrag. Bei zwei Gesamtschuldnern nach § 326 BGB vermindert sich die Gesamtgebühr also um die Hälfte. Beim Kauf kann sie sich im Fall der Befreiung des Käufers um die volle Gebühr vermindern, BayObLG Rpfleger **61**, 406, und zwar auch dann, wenn der Verkäufer im Verhältnis zum Käufer die Gerichtskosten übernommen hat, Hbg DNotZ **65**, 371; im Fall der Befreiung des Verkäufers tritt keine Verringerung ein.

B. Kostenübernahme. Wenn ein Befreiter vertragliche Kosten nach § 3 Z 2 übernimmt, dann haftet er für sie neben dem nichtbefreiten Kostenschuldner, Bre DNotZ **55**, 546, Ffm DNotZ **56**, 217, Köln Rpfleger **83**, 370; er kann diesen nicht befreien, Hbg DNotZ **56**, 622 und **65**, 370, Köln Rpfleger **87**, 129. Wenn ein Gründer einer Gesellschaft eine Gebührenfreiheit erhält, dann hat die Übernahme aller Gebühren durch die zu gründende Gesellschaft nur eine Gebührenminderung im Sinn von § 13 zur Folge, Karlsr DNotZ **65**, 373.

6. Der Kostenanspruch

Kostenanssatz, Erinnerung, Beschwerde

14 **I Die Kosten werden bei dem Gericht angesetzt, bei dem die Angelegenheit anhängig ist oder zuletzt anhängig war, auch wenn die Kosten bei einem ersuchten Gericht entstanden sind oder die Angelegenheit bei einem anderen Gericht anhängig war. Die Kosten eines Rechtsmittelverfahrens werden bei dem mit dem Rechtsmittel befaßten Gericht angesetzt.**

II Über Erinnerungen des Kostenschuldners und der Staatskasse gegen den Kostenansatz entscheidet das Gericht, bei dem die Kosten angesetzt sind.

III Gegen Entscheidungen nach Absatz 2 ist die Beschwerde nach § 567 Abs. 2, 3, § 568 Abs. 1, §§ 569 bis 575 der Zivilprozeßordnung zulässig. Gegen die Entscheidung, die ein Landgericht als Beschwerdegericht trifft, ist die weitere Beschwerde statthaft, wenn sie das Landgericht wegen der grundsätzlichen Bedeutung der zur Entscheidung stehenden Frage zuläßt. Die weitere Beschwerde kann nur darauf gestützt werden, daß die Entscheidung auf einer Verletzung des Gesetzes beruht; §§ 550 und 551 der Zivilprozeßordnung gelten entsprechend. Für die weitere Beschwerde gilt § 567 Abs. 2 der Zivilprozeßordnung nicht.

IV Erinnerungen oder Beschwerden können in allen Fällen zu Protokoll der Geschäftsstelle oder schriftlich ohne Mitwirkung eines Rechtsanwalts eingelegt werden.

V Das Verfahren über die Erinnerung und die Beschwerde ist gebührenfrei. Kosten werden nicht erstattet.

VI Der Kostenansatz kann auch im Verwaltungsweg berichtigt werden, solange nicht eine gerichtliche Entscheidung getroffen ist.

Gliederung

1) Kostenansatz, I

2) Erinnerung, II, IV, V
- A. Zulässigkeit
- B. Erinnerungsberechtigung
  - a) Kostenschuldner
  - b) Staatskasse
  - c) Dritter
- C. Verfahren
  - a) Einlegung
  - b) Zuständigkeit
  - c) Weiteres Verfahren
  - d) Entscheidung
  - e) Kosten
  - f) Änderung des Kostenansatzes

3) Beschwerde, III–V
- A. Zulässigkeit
- B. Beschwerdeberechtigung
- C. Verfahren

4) Weitere Beschwerde
- A. Zulässigkeit
  - a) Gesetzesverletzung
  - b) Zulassung
    - aa) Grundsatz
    - bb) Nachholung
    - cc) Nichtzulassungsbeschwerde
    - dd) Sonstiges
  - c) Verfahren

5) Berichtigung, VI

1) Kostenansatz, I. Zum Begriff des Kostenansatzes s §§ 4, 5 GKG. Der Kostenansatz ist eine Justizverwaltungssache, vgl §§ 4ff KostVfg, Teil VII A dieses Buchs, Düss AnwBl **89**, 168. Die KostO regelt nur die örtliche Zuständigkeit. Sie liegt allein bei demjenigen Gericht, bei dem das Verfahren anhängig ist. Soweit eine solche Anhängigkeit fehlt, kommt es auf den Ort an, an dem das Verfahren zuletzt anhängig war. Unter Umständen ist also das Rechtsmittelgericht für den Kostenansatz zuständig, I 2. Das Rechtsmittelgericht ist mit dem Rechtsmittel „befaßt", solange seine abschließende Entscheidung noch nicht wirksam geworden ist. Unter „Angelegenheit" im Sinn von I 1 ist hier nicht die Gesamtheit aller zusammengehörigen Geschäfte zu verstehen, sondern das jeweilige einzelne Geschäft, das eine Gebühr fällig macht. Entscheidend ist der Zeitpunkt des Kostenansatzes, zB bei mehreren Akten oder bei einem Wechsel des zuständigen Gerichts.

Das Gericht der Anhängigkeit ist auch im Fall einer Rechtshilfe zuständig, soweit die Rechtshilfe nicht eine Gebühr für eine selbständige Handlung entstehen läßt. Mehrere selbständige Geschäfte sind selbständig anzusetzen.

Von der Regelung nach I enthalten §§ 103 III, 107 I Ausnahmen. Für den Notar, dem die Gebühren selbst zufließen, gilt § 14 gemäß § 142 nicht. Für ihn sind vielmehr §§ 154, 156 zu beachten.

2) Erinnerung, II, IV, V. A. Zulässigkeit. Über die Bedeutung und den Umfang der Erinnerung vgl zunächst § 5 GKG und § 45 KostVfg, Teil VII A dieses Buchs. Mit der Erinnerung kann man Einwendungen geltend machen, die den Anspruch selbst betreffen, und ferner solche Einwendungen erheben, die die Art und Weise des Vorgehens der Behörde betreffen. Zulässig sind zB der Hinweis auf eine Stundung, die Behauptung, die Forderung bereits bezahlt zu haben, und die Geltendmachung einer Aufrechnung, diese allerdings nur insoweit, als die Staatskasse die Gegenforderung anerkannt hat oder als ein Gericht diese Gegenforderung zuerkannt hat, § 8 I JBeitrO, Teil IX A dieses Buchs.

B. Erinnerungsberechtigung. Zur Erinnerung sind folgende Beteiligte berechtigt:

a) Kostenschuldner. Erinnerungsberechtigt ist jeder Kostenschuldner. Es kommt nicht darauf an, aus welchem Rechtsgrund er haftet.

b) Staatskasse. Erinnerungsberechtigt ist ferner die Staatskasse.

c) Dritter. Erinnerungsberechtigt ist auch derjenige Dritte, dessen Haftung geltend gemacht wird oder der die Vollstreckung dulden soll, § 8 I JBeitrO.

Es recht nicht aus, daß der Dritte einer Vollstreckung widerspricht oder eine vorzugsweise Befriedigung aus dem Vollstreckungserlös geltend macht, § 6 I Z 1 JBeitrO. In diesem Fall ist vielmehr der ordentliche Rechtsweg statthaft.

C. Verfahren. Es sind folgende Regeln zu beachten:

a) Einlegung. Man kann eine Erinnerung zum Protokoll des Urkundsbeamten der Geschäftsstelle oder schriftlich einlegen; die Mitwirkung eines Anwalts ist nicht erforderlich, IV. Die Erinnerung ist nicht an eine Frist gebunden.

b) Zuständigkeit. Für die Entscheidung über die Erinnerung ist das Gericht des Kostenansatzes zuständig. Soweit es sich um die Kosten eines Geschäfts handelt, das dem Rechtspfleger übertragen war, ist der Rpfl auch für die Entscheidung über die Erinnerung zuständig, § 4 RPflG, zB Ffm Rpfleger **77**, 267, Hamm Rpfleger **78**, 38 je mwN, Zweibr JB **81**, 1709, LG Aschaffenb JB **77**, 1432, insofern auch LG Mainz Rpfleger **84**, 480 mwN; **aM** LG Bln JB **77**, 533, LG Kblz Rpfleger **84**, 435 (abl Meyer-Stolte mwN).

Das gilt auch dann, wenn der Rpfl den Kostenansatz gefertigt hatte. Das ist **streitig. Wie hier** zB KLBR § 31 Rdz 25, Lappe JVBl **71**, 199, Stöber Rpfleger **74**, 38; **aM** zB BayObLG Rpfleger **74**, 393, LG Bln JB **77**, 533 (abl Mümmler), insofern auch LG Mainz Rpfleger **84**, 480 je mwN.

Die Kammer für Handelssachen entscheidet, soweit sie besteht und sachlich zuständig ist. Soweit an ihrer Stelle eine Zivilkammer entschieden hat, ist die Aufhebung dieser Entscheidung und eine Zurückweisung an die Kammer für Handelssachen erforderlich.

Soweit eine Erinnerung statthaft ist, ist der ordentliche Rechtsweg nicht zulässig.

c) Weiteres Verfahren. Zunächst muß der Urkundsbeamte der Geschäftsstelle prüfen, ob er der Erinnerung abhelfen will. Soweit er nicht abhilft, muß er darüber einen Vermerk mit Gründen zur Akte geben, damit aktenkundig wird, daß er überhaupt die Prüfung vorgenommen hat. Soweit der Vermerk fehlt, gibt das Gericht die Akte dem Urkundsbeamten der Geschäftsstelle zur Nachholung dieser Prüfung und Anfertigung des Vermerks zurück. Gegen die Ablehnung einer solchen Prüfung nebst Vermerk ist die Dienstaufsichtsbeschwerde statthaft. Sie steht auch dem Gericht des Urkundsbeamten zu.

Soweit der Urkundsbeamte nach einer Prüfung durch einen begründeten Vermerk der Erinnerung nicht abgeholfen hat, entscheidet das Gericht mit oder ohne mündliche Verhandlung, die ihm freigestellt ist, und im erforderlichen Umfang nach einer Anhörung zB des Bezirksrevisors als des Vertreters der Staatskasse, Art 103 I GG.

d) Entscheidung. Das Gericht entscheidet durch einen Beschluß. Er bedarf grundsätzlich einer Begründung, BLAH § 329 ZPO Anm 1 A b mwN. Das Gericht teilt seine Entscheidung den Beteiligten formlos mit.

Soweit das Gericht des Kostenansatzes oder das Rechtsmittelgericht den Kostenansatz, die Kostenrechnung, aufhebt, muß es seinerseits den in Wahrheit geschuldeten Kostenbetrag selbst ansetzen, BayObLG Rpfleger **61**, 365. Das Gericht darf also die Neuberechnung des wahren Gesamtbetrags nicht etwa dem Urkundsbeamten der Geschäftsstelle übertragen.

Die Entscheidung wirkt für und gegen alle Beteiligten, auch gegenüber denjenigen, den das Erinnerungsverfahren nicht mitgeteilt worden war.

Eine Nachprüfung der Entscheidung des Gerichts erfolgt nur auf Grund eines Rechtsmittels gegen die zuletzt ergangene Entscheidung.

Nur ein ungeprüfter Teil der Rechnung läßt einen neuen Rechtsbehelf zu. Eine spätere Gesetzesänderung eröffnet keinen neuen Rechtsbehelf, soweit sie nicht die Rechtskraft beseitigt.

e) Kosten. Das Erinnerungsverfahren ist gerichtsgebührenfrei, V 1, aber nicht auslagenfrei. Es findet keine Kostenersattung statt, V 2.

f) Änderung des Kostenansatzes. Weder das Gericht des Erinnerungsverfahrens noch das Rechtsmittelgericht sind dazu berechtigt, den Kostenansatz von Amts wegen zu ändern, aM Mümmler JB **75**, 1626 (aber II 2–4 aF sind durch die Nov 75 entfallen; LG Bayreuth JB **75**, 1624 erging offenbar noch zum alten Recht).

Etwas anderes gilt im Fall einer Änderung der Wertfestsetzung, § 31 I 2–3.

3) Beschwerde, III-V. A. Zulässigkeit. Gegen die im Erinnerungsverfahren ergangene Entscheidung steht dem Beschwerten bei Erreichung einer Beschwerdesumme von mehr als 100 DM, § 567 II ZPO, die Beschwerde zu. Soweit der Rpfl im Erinnerungsverfahren entschieden hat, ist zunächst (wiederum) die Erinnerung statthaft, diesmal diejenige nach § 11 I 1 RPflG, Ffm JB **77**, 844 und Rpfleger **77**, 267 je mwN. Der Rpfl darf und muß in diesem Fall prüfen, ob er dieser letzteren Erinnerung abhelfen kann und will, § 11 II 1 RpflG. Das weitere Verfahren ergibt sich aus § 11 II 3–5 RPflG.

Zulässig ist auch eine (erste) Beschwerde gegen eine Erstentscheidung des im Rechtsmittelverfahren tätig gewordenen LG. Andernfalls würde nämlich eine Verkürzung des Rechtszugs nach § 14 III eintreten, vgl Düss MDR **87**, 244, KG JB **78**, 909 mwN, aM zB Ffm JB **77**, 1121 mwN.

In einer Familiensache ist das OLG (Familiensenat) zur Entscheidung über die Beschwerde zuständig, Bischof MDR **78**, 716.

Soweit sich eine Beschwerde gegen den Ansatz eines LG richtet, entscheidet über diese Erstbeschwerde das übergeordnete OLG. Das nach Art XI § 2 KostÄndG, Teil XII dieses Buchs, etwa bestimmte OLG kommt dafür nicht in Betracht.

Gegen einen Beschluß, durch den ein OLG eine Erinnerung zurückgewiesen hat, ist keine Beschwerde statthaft, § 567 III 1 ZPO.

B. Beschwerdeberechtigung. Zur Beschwerde ist jeder durch die Entscheidung im Erinnerungsverfahren Beschwerte berechtigt. Dazu zählt auch die Staatskasse, soweit sie benachrichtigt ist, vgl § 45 KostVfg, Teil VII A dieses Buchs. Erledigt sich die Hauptsache eines Verfahrens auf die gerichtliche Bestellung eines Notgeschäftsführers für eine GmbH und wird diese verpflichtet, die Gerichtskosten zu tragen, so fehlt einem Gesellschafter das Beschwerderecht wegen einer Kostenentscheidung, BayObLG DB **84**, 1295.

C. Verfahren. Das Verfahren richtet sich nach den §§ 569ff ZPO. Die Beschwerde ist unbefristet statthaft, Hbg MDR **64**, 931. Allerdings ist eine Verwirkung des Beschwerderechts möglich, wenn der Beschwerdeführer übermäßig lange mit der Einlegung der Beschwerde gewartet hatte, BayObLG **78**, 311 mwN. Soweit statt des Rpfl der Richter entschieden hatte, ist nicht stets eine Zurückverweisung notwendig, LG Mainz Rpfleger **84**, 480.

4) Weitere Beschwerde. A. Zulässigkeit. Eine weitere Beschwerde ist nur zulässig, soweit die folgenden Voraussetzungen zusammentreffen:

a) Gesetzesverletzung. Die angefochtene Entscheidung des Beschwerdegerichts muß auf einer Verletzung des Gesetzes im Sinn der §§ 550, 551 ZPO beruhen, KG Rpfleger **79**, 231. Hierzu kann ein Ermessensfehler zählen, Düss BB **88**, 1701.

b) Zulassung. aa) Grundsatz. Die weitere Beschwerde ist ferner nur insoweit zulässig, als das Beschwerdegericht sie wegen der grundsätzlichen Bedeutung der Rechtsfrage in der Beschwerdeentscheidung zugelassen hat.

Eine solche Zulassung sollte stets erfolgen, wenn es um eine noch nicht endgültig geklärte Rechtsfrage geht oder soweit das Beschwerdegericht von der Rechtsprechung der Oberlandesgerichte abweicht.

bb) Nachholung. Soweit das Beschwerdegericht die Zulassung in der Entscheidung versäumt hat, darf es diese Zulassung nicht nachholen, BayObLG **80**, 288 mwN, insofern richtig Köln JB **78**, 904.

Soweit das Beschwerdegericht die Zulassung beschlossen hatte und nur vergessen hat, den entsprechenden Ausspruch in die schriftliche Entscheidung aufzunehmen, ist diese Beschwerdeentscheidung in einer entsprechenden Anwendung des § 319 ZPO von Amts wegen zu berichtigen. Freilich muß die offenbare Unrichtigkeit aus den Gründen des Beschwerdebeschlusses oder zumindest aus denjenigen des Berichtigungsbeschlusses hervorgehen.

Für eine Berichtigung nach § 319 ZPO reicht es nicht aus, daß das Beschwerdegericht einfach vergessen hatte, die Frage der Zulassung der weiteren Beschwerde in seiner Beratung zu erörtern oder darüber nach einer (stattgefundenen) Beratung einen Beschluß zu fassen, insofern richtig Köln JB **78**, 904.

cc) Nichtzulassungsbeschwerde. Eine Nichtzulassungsbeschwerde ist grundsätzlich unzulässig, KG DNotZ **72**, 564. Auch wenn eine weitere Beschwerde nicht zugelassen wurde, ist sie allerdings dann statthaft, wenn der Beschwerdeentscheidung jegliche gesetzliche Grundlage fehlte, insofern aM BayObLG **80**, 288.

Zur Annahme eines solchen Falls genügt es freilich nicht, daß das Beschwerdegericht dem Beschwerdeführer das rechtliche Gehör verweigert hatte.

Diese Frage ist **streitig. Wie hier** zB BGH NJW **65**, 495, Hamm Rpfleger **65**, 308, KG DNotZ **72**, 564, Mümmler JB **78**, 905; **aM** zB Düss Rpfleger **64**, 277 (das OLG läßt die Nichtzulassungsbeschwerde in einem solchen Fall an Stelle einer Verfassungsbeschwerde zu), Köln JB **78**, 904 mwN.

dd) Sonstiges. Eine weitere Beschwerde ist nicht statthaft, soweit sich die (erste) Beschwerde nicht gegen den Kostenansatz richtet, sondern eine Vergütung aus der Staatskasse bezweckte, BayObLG **75**, 262 (das Gericht wendet in diesem Fall § 27 FGG an).

b) Verfahren. Die weitere Beschwerde ist eine Rechtsbeschwerde, BayObLG MDR **82**, 62. Das OLG darf nur die rechtlichen Gesichtspunkte in der angefochtenen Entscheidung des Gerichts der Erstbeschwerde nachprüfen und ist an die tatsächlichen Feststellungen des Beschwerdegerichts gebunden. Jedoch entscheidet es auch über die erst bis zum LG geratene Geschäftswertbeschwerde mit, BayObLG **63**, 84.

Zur Entscheidung über die weitere Beschwerde ist das übergeordnete OLG oder dasjenige OLG zuständig, das nach Art XI § 2 KostÄndG, Teil XII dieses Buchs, unter mehreren Oberlandesgerichten eines Bundeslands bestimmt worden ist.

Die weitere Beschwerde ist formlos zulässig. Man kann sie zum Protokoll der Geschäftsstelle oder schriftlich einlegen. Ein Anwaltszwang besteht für keinen Teil des Verfahrens über die weitere Beschwerde, IV, Hamm Rpfleger **59**, 29.

Das OLG entscheidet nach einer ihm freigestellten mündlichen Verhandlung und nach der erforderlichen Anhörung eines Beteiligten gemäß Art 103 I GG durch einen Beschluß. Der Beschluß bedarf grundsätzlich einer Begründung, BLAH § 329 ZPO Anm 1 A b mwN. Das OLG teilt den Beschluß den Beteiligten formlos mit.

Im Verfahren über die weitere Beschwerde entstehen keine Gerichtsgebühren, V 1. Es kann aber eine Pflicht zur Bezahlung der Auslagen entstehen. Eine Kostenerstattung findet nicht statt, V 2.

5) Berichtigung, VI. Vgl zunächst § 35 KostVfg, Teil VII A dieses Buchs. Solange eine gerichtliche Entscheidung über den Kostenansatz fehlt, ist seine Berichtigung im Verwaltungsweg jederzeit zulässig und notwendig, soweit sich der Kostenansatz als fehlerhaft herausstellt. Die Berichtigung ist also unter Umständen von Amts wegen geboten. Sie kann aber auch auf Grund eines Antrags des Bezirksrevisors als Vertreters der Staatskasse oder des Kostenschuldners erfolgen.

Eine gerichtliche Entscheidung, die eine Berichtigung nach VI unstatthaft macht, liegt vor, sobald der Rpfl im Erinnerungsverfahren innerhalb seiner dortigen Zuständigkeit, Anm 2 A, über die Erinnerung entschieden hat.

Eine bloße gerichtliche Zwischenentscheidung im Erinnerungsverfahren ist unschädlich.

Gegen den nach VI berichtigten Kostenansatz sind wiederum die Erinnerung nach II, die Beschwerde nach III usw zulässig.

Nachforderung

15 **Kosten können wegen unrichtigen Ansatzes nur nachgefordert werden, wenn der berichtigte Ansatz vor Ablauf des nächsten Kalenderjahres nach endgültiger Erledigung der Angelegenheit dem Zahlungspflichtigen mitgeteilt ist. Ist innerhalb dieser Frist dem Zahlungspflichtigen davon Mitteilung gemacht, daß ein Wertermittlungsverfahren eingeleitet ist, so ist die Angelegenheit erst mit der Beendigung dieses Verfahrens endgültig erledigt.**

1) Nachforderung. § 15 stimmt inhaltlich in S 1 wesentlich mit § 7 GKG überein. Vgl die dortigen Anm. § 15 soll den Kostenschuldner vor verspäteten Nachforderungen schützen, Ffm Rpfleger **77**, 380. Eine

Nachforderung ist nur beim Zusammentreffen der folgenden Voraussetzungen zulässig:

A. Kostenrechnung. Es muß eine vorbehaltlose Kostenrechnung zugegangen sein, Köln Rpfleger **78**, 113. Eine bloße Vorschußrechnung reicht grundsätzlich nicht aus, selbst wenn sie in einzelne Posten aufgeteilt ist. Sie reicht ausnahmsweise dann aus, wenn aus ihr deutlich wurde, daß der als Vorschuß geforderte Betrag bereits die endgültige Forderung darstelle, falls das Gericht später keine weitere Rechnung zusenden werde, Hamm Rpfleger **87**, 38 mwN (zustm Schopp).

B. Unrichtigkeit. Der Gesamtbetrag der von diesem Kostenschuldner zu fordernden Kosten muß sich erhöht haben.

Der Grund der Unrichtigkeit des Ansatzes ist unerheblich. Auch im Fall einer vorsätzlichen unrichtigen Angabe des Kostenschuldners ist eine Nachforderung zulässig, offen Köln Rpfleger **78**, 113. Man muß die Frage, ob der Ansatz unrichtig war, sowohl im Hinblick auf den Ansatz des Streitwerts als auch im Hinblick auf die Auslegung von Rechtsvorschriften nach dem Zeitpunkt der Entscheidung in der Sache beurteilen.

Soweit die Kosten noch nicht von diesem Kostenschuldner angefordert worden waren oder soweit sich innerhalb eines unveränderten Gesamtbetrags nur einzelne Rechnungsposten verschieben, ist § 15 unanwendbar. Die Vorschrift ist auch dann unanwendbar, wenn das Gericht die Kosten auf Grund einer Erinnerung ermäßigt, wenn das Beschwerdegericht die Kosten aber wiederum auf den früheren Satz anhebt.

C. Notar. Ein Notar, dem die Gebühren selbst zufließen, ist nicht an § 15 gebunden, § 143. Er kann Kosten solange nachfordern, bis auf Grund einer Beschwerde des Kostenschuldners eine Entscheidung des LG ergeht.

2) Frist. A. Ablauf des Kalenderjahrs, S 1. a) Grundsatz. Der berichtigte Ansatz muß dem Betroffenen vor dem Ablauf des Kalenderjahrs nach der endgültigen Erledigung der Angelegenheit zugegangen sein. Es reicht nicht aus, daß das Gericht vor dem Fristablauf nur Ermittlungen angestellt hat.

b) Angelegenheit. Unter einer Angelegenheit ist bei § 15 nicht das einzelne Geschäft zu verstehen, sondern die Gesamtheit aller in einem inneren Zusammenhang stehenden, einen einheitlichen Vorgang bildenden Geschäfte.

c) Erledigung. Eine endgültige Erledigung liegt erst dann vor, wenn das Gericht keine gebührenpflichtigen oder gebührenfreien Nebengeschäfte mehr auszuführen hat. Eine Vormundschaft ist erst mit ihrer Beendigung erledigt. Eine Eintragung im Geschmacksmusterregister ist erst mit dem Ablauf der Schutzfrist erledigt, denn die Eintragungsgebühr entlohnt auch die Aufbewahrung des Geschmacksmusters. Eine Einleitung des Wertermittlungsverfahrens erledigt eben noch nicht endgültig, S 2, Düss Rpfleger **78**, 69.

B. Wertermittlungsverfahren, S 2. Soweit das Gericht innerhalb der Frist des S 1 ein Wertermittlungsverfahren eingeleitet hat, § 31 II, und diesen Umstand dem Betroffenen auch innerhalb der vorgenannten Frist mitgeteilt hat, läuft die Frist zur Nachforderung bis zum Ablauf desjenigen Kalenderjahres, in dem das Wertermittlungsverfahren abgeschlossen ist. Das Wertermittlungsverfahren muß von dem sachbearbeitenden Rpfl eingeleitet worden sein. Ein Antrag des Bezirksrevisors wahrt die Frist nicht, Ffm Rpfleger **77**, 380. Das Gericht muß den Zeitpunkt der Mitteilung der Einleitung des Wertermittlungsverfahrens an den Zahlungspflichtigen nachweisen können. Aus diesem Grund ist es ratsam, die Mitteilung zumindest mittels eines Einschreibebriefs mit Rückschein vorzunehmen. Besser ist ihre förmliche Zustellung.

Wer den Fristablauf durch eine Täuschung herbeigeführt hat, etwa durch eine falsche Wertangabe, dem steht die Einrede der Arglist entgegen. Über mehrere Kostenschuldner § 7 GKG Anm 2 D. Wenn ein Gesamtschuldner zugleich der Vertreter des anderen Gesamtschuldners ist, genügt im Zweifel eine einmalige Mitteilung der Einleitung des Wertermittlungsverfahrens an den ersteren. Über eine Nachforderung bei einer letztwilligen Verfügung §§ 46 V, 103 IV; dazu § 39 KostVfg, Teil VII A dieses Buchs.

Nichterhebung von Kosten wegen unrichtiger Sachbehandlung

16 **I Kosten, die bei richtiger Behandlung der Sache nicht entstanden wären, werden nicht erhoben. Das gleiche gilt von Auslagen, die durch eine von Amts wegen veranlaßte Verlegung eines Termins oder Vertagung einer Verhandlung entstanden sind.**

II Die Entscheidung trifft das Gericht. Solange nicht das Gericht entschieden hat, können Anordnungen nach Absatz 1 im Verwaltungsweg erlassen werden. Eine im Verwaltungsweg getroffene Anordnung kann nur im Verwaltungsweg geändert werden.

1) Allgemeines. Die Vorschrift stimmt inhaltlich wesentlich mit § 8 GKG überein. Vgl daher die dortigen Anm. I gilt auch für den Notar, § 143, Celle DNotZ **78**, 755. Im Fall einer Einwendung eines Beteiligten gegenüber der Kostenrechnung des Notars ist § 156 anwendbar.

Das Gericht und der Notar sind verpflichtet, die Kosten möglichst niedrig zu halten, Ffm DNotZ **78**, 750. Freilich darf die Sachbehandlung unter diesem Bestreben nicht leiden. Die Bemühung um geringe Kosten darf nicht dazu führen, daß dem Gericht oder dem Notar eine erhebliche Mehrarbeit erwächst.

2) Voraussetzungen, I. A. Unrichtige Sachbehandlung, I 1. a) Grundsatz. Unter I fallen Kosten, also Gebühren und Auslagen des Gerichts oder des Notars, vgl BayObLG Rpfleger **78**, 321, oder Parteiauslagen, BGH WM **85**, 35. Die Kosten werden nur insoweit nicht erhoben, als sie bei einer richtigen Behandlung der Sache nicht entstanden wären. Vgl auch § 44 KostVfg, Teil VII A dieses Buchs.

Über den Begriff der unrichtigen Sachbehandlung § 8 GKG Anm 2.

b) Offenkundigkeit. Die Unrichtigkeit der Sachbehandlung infolge einer offenbar irrigen Entscheidung muß ganz einwandfrei zutage liegen.

Diese Frage ist **streitig. Wie hier** zB BGH NJW **62**, 2107, BAG BB **73**, 755, nur grundsätzlich richtig BayObLG DNotZ **86**, 108, ferner zB BayObLG **86**, 344, Celle DNotZ **78**, 755, Düss DNotZ **81**, 75, Hamm

DNotZ **79**, 59 und Rpfleger **85**, 257 mwN, KG MDR **82**, 63 sowie OLGZ **84**, 419 je mwN und DNotZ **84**, 118, vgl Köln RR **87**, 224; **offen** BayObLG Rpfleger **80**, 356 mwN; **aM** zB Zweibr NJW **74**, 507 (das OLG meint, eine unrichtige Sachbehandlung liege vor, sobald irgend etwas nicht mehr richtig sei).

Ein Rechtsirrtum genügt also nur insoweit, als die dort vertretene Meinung einen offensichtlichen Gesetzesverstoß darstellt, Hamm DNotZ **79**, 59 mwN. Es genügt also keineswegs, daß ein Gesetzeswortlaut so mehrdeutig ist, daß man den Sinn und Zweck der Vorschrift erst ermitteln muß, aM Ffm DNotZ **72**, 347.

c) Fälle. aa) Unrichtigkeit. Eine unrichtige Sachbehandlung liegt zB in folgenden Fällen vor: Die Beurkundung enthält eine Erklärung, durch die das Gewollte rechtlich nicht erreicht werden kann, Hamm DNotZ **87**, 167 (unwirksamer Scheidungsfolgenvergleich), KG DNotZ **70**, 437, Sturm Festschrift für Ferid (1978) 417; die beurkundete Erklärung ist nichtig. In diesem Fall liegt die unrichtige Sachbehandlung selbst dann vor, wenn die Beurkundung auf Grund des ausdrücklichen Wunsches der Beteiligten erfolgte, Sturm Festschrift für Ferid 417; Erklärungen werden in mehreren statt in der erforderlichen einheitlichen Urkunde aufgenommen, LG Darmst JB **75**, 1627; es liegt ein Fehler der Beurkundung vor, der zur Unwirksamkeit des Rechtsgeschäfts führt, Düss Rpfleger **89**, 202, Hamm NJW **78**, 2604 mwN; das Gericht oder der Notar, der für das Fehlen seines Gehilfen bei der Vorbereitung einzustehen hat, hat gegen eine klare Vorschrift verstoßen, etwa zu viele Abschriften verlangt, BGH WM **85**, 35, oder zu viele Zustellungen veranlaßt, Hamm Rpfleger **85**, 257, oder ein Rechtsmittel dem Beschwerdegericht vorgelegt, obwohl es wegen Erledigung der Hauptsache (Beseitigung eines Eintragungshindernisses) anders zu behandeln war, BayObLG Rpfleger **82**, 317; das Gericht oder der Notar haben gegen eine verbindliche Verwaltungsanordnung verstoßen, BayObLG BB **74**, 1226, LG Brschw Rpfleger **85**, 258 (etwas anderes gilt nur im Fall eines Erlasses, der nur als eine freiwillige Hilfeleistung zu verstehen ist, BVerfG SchlHA **79**, 148, Schlesw SchlHA **79**, 147 und **82**, 174, vgl allerdings auch § 148).

Eine unrichtige Sachbehandlung kann ferner in folgenden Situationen vorliegen: Der Sachverhalt ist fehlerhaft ermittelt worden, etwa infolge einer ungenauen Grundbucheinsicht, so daß nun eine Vertragsänderung notwendig wird; einer Beschwerdeentscheidung fehlt jede Sachverhaltsdarstellung, Köln RR **87**, 224; eine zulässige Antragsänderung in einer WEG-Sache ist übergangen worden, BayObLG WM **88**, 191; die Urkundsperson hat einen Erschienenen nicht sorgfältig genug auf seine Identität überprüft, Stgt DNotZ **76**, 426; es ist ein offensichtlich bloßer Testamentsentwurf eröffnet worden, LG Siegen Rpfleger **86**, 182; es ist ein zweites amtlich verwahrtes Testament ohne eine Prüfung vorgenommen worden, ob ein weiteres Testament amtlich verwahrt war. Freilich liegt in einem solchen Fall dann keine Unrichtigkeit vor, wenn die in Betracht kommenden Gemeinden neu gegliedert wurden. Insofern kann nur das Landesrecht helfen, Düss Rpfleger **81**, 77; das Gericht hat eine Nachlaßpflegschaft eingeleitet, obwohl die Erben in Wahrheit bekannt waren.

Weitere Beispiele: Es hat eine Beurkundung eines Grundstückskaufvertrags zu einem in Wahrheit erheblich überhöhten Preis ohne eine dahingehende Belehrung stattgefunden, Celle DNotZ **59**, 673; eine Beurkundung des Angebots zum Eintritt in eine Kommanditgesellschaft ist ohne das Einverständnis aller Gesellschafter vorgenommen worden, KG DNotZ **70**, 437; die Urkundsperson hat eine unrichtige Belehrung des Inhalts erteilt, zur Wirksamkeit des beurkundeten Geschäfts sei eine Genehmigung notwendig, Schlesw JB **75**, 501; der Notar hat auf die Notwendigkeit eines Negativattests nach dem BauGB hingewiesen, ohne auf die Entstehung einer Vollzugsgebühr und die Möglichkeit über Vermeidung hinzuweisen, aM BayObLG DNotZ **86**, 108; es ist eine überflüssige Anfrage nach dem BauGB vorgenommen worden, vgl (je zum alten Recht) BayObLG Rpfleger **80**, 316, Düss VersR **79**, 872, Delp JB **76**, 141, aM Düss DNotZ **75**, 377.

Weitere Beispiele: Es hat eine Beurkundung des Vertrags statt der objektiv nur erforderlichen Beurkundung einer einseitigen Erklärung stattgefunden, Ffm DNotZ **78**, 118; es hat eine Ermessensunterschreitung stattgefunden, Düss VersR **77**, 1132; der Notar hat den Gebührenpflichtigen nicht über die Folgen eines Nebengeschäfts belehrt, also nicht über das Entstehen einer Gebühr nach § 146 I, falls er (und nicht einer der Beteiligten selbst) eine Anfrage über die Ausübung eines Vorkaufsrechts usw einhole, vgl Stgt MDR **83**, 854 (abl Appell DNotZ **83**, 644), oder nicht über das Entstehen einer Hebegebühr, wenn eine gebührenfreie Maßnahme zu demselben Erfolg geführt hätte, Ffm DNotZ **65**, 309, vgl freilich § 149 Anm 3, BayObLG DNotZ **84**, 112, LG Darmst JB **76**, 1246; der Notar hat das bei ihm verwahrte Geld ohne Auftrag so festgelegt, daß gebührenerhöhende Teilauszahlungen notwendig werden, KG DB **85**, 1837; der Notar hat einen Beteiligten trotz des Umstands, daß dieser die Kostenfrage erkennbar angeschnitten hatte, nicht entsprechend belehrt, BayObLG MDR **80**, 411, Zweibr DNotZ **77**, 58 je mwN; der Notar hat bei mehreren Gestaltungsmöglichkeiten nicht auf eine billigere Lösung hingewiesen, Köln Rpfleger **89**, 130, Saarbr DNotZ **82**, 453 mwN (abl Appell), Stgt DNotZ **85**, 123; der Notar hat es unterlassen, einen Steuerbefreiungsanspruch zu erläutern, soweit er vom Gesetzestext abgewichen ist, BayObLG DNotZ **80**, 567; der Notar hat einen Darleiher nicht über die wirtschaftlichen Gefahren einer ungesicherten Darlehensvergabe belehrt, BGH BB **82**, 334; ein Notar hat die Beurkundung nicht als amtlich bestellter Vertreter eines anderen Notars, sondern als ein Eigengeschäft vorgenommen, Schlesw DNotZ **85**, 119; der Notar hat eine Willenserklärung beurkundet, die bereits nach § 894 ZPO als abgegeben gilt, Düss Rpfleger **88**, 206.

bb) Keine Unrichtigkeit. Eine unrichtige Sachbehandlung fehlt zB in folgenden Situationen: Eine Testamentseröffnung war möglicherweise zwecklos, LG Siegen Rpfleger **86**, 182; ein Notar erläßt eine eidesstattliche Versicherung nach § 2356 II 2 BGB, Karlsr Justiz **75**, 32; das Gericht hebt einen Entmündigungsbeschluß auf Grund einer Anfechtung auf, BayObLG FamRZ **81**, 916; der Notar weist beim Erstverkauf einer Eigentumswohnung auf [jetzt] § 28 I BauGB hin, KG MDR **82**, 63; eine Kostenbelehrung, die nicht erfolgt ist, war auch nicht gesetzlich vorgeschrieben, Ffm DNotZ **78**, 749, Schlesw Rpfleger **62**, 397, LG Mü DNotZ **74**, 101 mwN, abw Düss Rpfleger **83**, 357 (der Staat habe infolge der Fürsorgepflicht auch im Bereich der freiwilligen Gerichtsbarkeit eine grundsätzliche Kostenfolgen-Belehrungspflicht); das Grundbuchamt hat (nur) den Verkäufer nicht auf den Ablauf der Fünfjahresfrist und auf das Fehlen der vom Käufer beizubringenden Gebührenfreiheitsbescheinigung nach dem WohnGebBefrG hingewiesen, Schlesw SchlHA **84**, 133. Der Notar hat die Partei dahin belehrt, sie könne sich eine erforderliche Urkunde selbst besorgen, obwohl die Beschaffung üblicherweise zu den Aufgaben des Notars gehört, Karlsr DNotZ **61**, 156.

Weitere Beispiele: Der Notar hat es unterlassen, die Beteiligten darauf hinzuweisen, daß sie sich durch eine andere Beurkundung Kosten ersparen könnten, sofern eine solche Einsparung nur geringfügig gewesen wäre, DNotZ **81**, 75; das Gericht hat eine Beweisaufnahme entgegen § 19 II 1 Hs 2 vorgenommen, insofern aM BayObLG Rpfleger **81**, 76; der Notar hat wegen eines Zweifels an der Brauchbarkeit einer bisherigen Beurkundung vorsorglich eine neue Beurkundung vorgenommen, Zweibr Rpfleger **81**, 34; der Notar hat den Beteiligten nicht über die Entbehrlichkeit eines Erbscheins belehrt, weil die Bank des Beteiligten diesen (wenn auch unter Umständen rechtsirrig) angefordert hatte und weil der Antragsteller zur objektiven Berechtigung dieser Anforderung keine Beratung erbeten hat, Hamm Rpfleger **74**, 35.

Weitere Beispiele: Der Rpfl hat zunächst eine Eintragung von einem Vorschuß abhängig gemacht, aus Anlaß eines später eingehenden anderen, eintragungsreifen Antrags aber von dem Vorschuß für den früheren Antrag abgesehen und jene Eintragung verfügt, KG Rpfleger **82**, 173; der Notar hat aus Anlaß der Beurkundung eines Gesellschafts-Gründungsvertrags den Beschluß über die erste Geschäftsführerbestellung in dieselbe Urkunde mitaufgenommen, KG DNotZ **84**, 118; der Notar hat schwierige, höchstrichterlich noch nicht abschließend entschiedene Rechtsfragen unrichtig beurteilt, Stgt DNotZ **86**, 440; der Notar hat einen an sich nicht formbedürftigen Vertrag wegen Zusammenhangs mit einem formbedürftigen mitbeurkundet, BayObLG **86**, 346, oder durch die an sich nicht nötige Beurkundung für Rechtsklarheit und Rechtsfrieden gesorgt, BayObLG **87**, 193.

Zur Belehrungspflicht vgl ferner zB Haug DNotZ **72**, 388 und 453 (ausf); zur Schweige- und Redepflicht BGH MDR **73**, 488. Eine Aufklärungspflicht endet, wenn ein Beteiligter eine nur ihm persönlich mögliche Mitwirkung verweigert, LG Darmst JB **77**, 708.

c) Weitere Einzelfragen. Die Kosten müssen gerade in der unrichtig behandelten Angelegenheit entstanden sein, Köln JB **75**, 224 mwN. Bei einer Grundbucheintragung auf Grund eines objektiv unrichtigen Erbscheins ist allein die Nachlaßsache unrichtig behandelt worden. I 1 ist aber zumindest entsprechend anwendbar, wenn eine unrichtige Sachbehandlung in einem anderen Verfahren unmittelbar ursächlich für Kosten des vorliegenden Verfahrens war, BayObLG NJW **74**, 1929, vgl Hamm NJW **69**, 243, KAL 2.

B. Auslagen, I 2. Auslagen, die durch eine von Amts wegen veranlaßte Verlegung eines Termins oder Vertagung einer Verhandlung entstanden sind, werden nicht erhoben. Soweit die Verlegung oder Vertagung auf Grund eines Antrags eines Beteiligten erfolgt, muß er die dadurch verursachten Kosten tragen.

In den vorstehenden Fällen entstehen keine Gerichtsgebühren.

3) Verfahren, II. A. Zuständigkeit. Zur Entscheidung über die Nichterhebung von Kosten nach I ist das Gericht zuständig, also der Richter oder der Rpfl, § 4 RPflG, LG Mü Rpfleger **73**, 15.

Der Urkundsbeamte der Geschäftsstelle ist nicht zuständig.

B. Weiteres Verfahren. Das Verfahren findet von Amts wegen statt, sobald die Unrichtigkeit der Sachbehandlung zutage tritt, Köln DGVZ **88**, 138. Ein Antrag des Kostenschuldners ist als eine Erinnerung zu behandeln.

Es besteht keine Frist.

Solange das Gericht noch nicht entschieden hat, können die in § 44 KostVfg, Teil VII A dieses Buchs, genannten Stellen entscheiden, Mümmler JVBl **71**, 271. Nur sie dürfen dann ihre Anordnung, die Kosten ganz oder teilweise nicht zu erheben, abändern.

C. Entscheidung. Das Gericht entscheidet auf Grund einer freigestellten mündlichen Verhandlung und nach der etwa erforderlichen Anhörung eines Beteiligten gemäß Art 103 I GG durch einen Beschluß. Der Beschluß bedarf grundsätzlich einer Begründung, BLAH § 329 ZPO Anm 1 A b mwN. Die Entscheidung lautet auf eine Ablehnung einer Kostenniederschlagung oder auf eine Niederschlagung derjenigen Kosten, die das Gericht genau bezeichnen muß. Für eine genaue Bezeichnung ist allerdings eine Bezifferung nicht unbedingt erforderlich, wenn auch ratsam. Es reicht aus, daß genau erkennbar ist, welchen Teil der Kosten das Gericht niederschlägt.

Die Entscheidung darf auch zugunsten nur eines von mehreren Gesamtschuldnern ergehen. In diesem Fall berührt sie die Kostenpflicht der anderen Gesamtschuldner nicht.

Das Gericht darf dahin entscheiden, daß die Kosten ganz oder teilweise nicht zu erheben sind.

Die Entscheidung des Gerichts, auch eine ablehnende, wirkt auch gegenüber der Kassenbehörde. Eine vor dem Erlaß einer gerichtlichen Entscheidung von der Verwaltung getroffenen Anordnung, die Kosten nicht zu erheben, kann nur im Verwaltungsweg geändert werden. Eine Verwaltungsentscheidung, von einer Nichterhebung bestimmter Kosten abzusehen, entbindet das Gericht nicht von dem Recht und der Pflicht zur Prüfung nach § 16.

4) Rechtsmittel. Gegen die Entscheidung des Gerichts ist die Beschwerde nach § 14 II, unter Umständen die weitere Beschwerde nach § 14 III zulässig.

Verjährung

17 **I Ansprüche auf Zahlung von Kosten verjähren in vier Jahren nach Ablauf des Kalenderjahres, in dem der Anspruch fällig geworden ist.**

II Ansprüche auf Rückerstattung von Kosten verjähren in vier Jahren nach Ablauf des Kalenderjahres, in dem der Anspruch entstanden ist.

III Auf die Verjährung sind die Vorschriften des Bürgerlichen Gesetzbuchs anzuwenden; die Verjährung wird nicht von Amts wegen berücksichtigt. Die Verjährung der Ansprüche auf Zahlung von Kosten wird auch durch die Aufforderung zur Zahlung und durch eine dem Schuldner mitgeteilte Stundung unterbrochen; ist der Aufenthalt des Kostenschuldners unbekannt, so genügt die Zustellung durch Aufgabe zur Post unter seiner letzten bekannten Anschrift. Bei Kostenbeträgen unter zwanzig Deutsche Mark wird die Verjährung nicht unterbrochen.

1) Allgemeines. Die Vorschrift stimmt inhaltlich weitgehend mit § 10 GKG überein. III entspricht dem § 10 III GKG fast wörtlich.

2) Verjährungsfrist, I. Sie beträgt außer beim Gebührennotar, § 143, 4 Jahre. Sie beginnt mit dem Ablauf desjenigen Kalenderjahres, in dem der Anspruch fällig geworden ist. Auslagen werden mit der Verausgabung fällig. Gebühren werden mit der Beendigung des gebührenpflichtigen Geschäfts fällig, § 7, nicht mit der Beendigung der „Angelegenheit", wie bei § 15.

Die Frist läuft außer im Fall einer Hemmung oder Unterbrechung mit dem 31. Dezember ab.

§§ 46 V, 103 IV enthalten Sonderregeln. Wegen § 3 II WohnGebBefrG, § 11 Anh I, vgl Köln Rpfleger **77**, 338.

Man muß von der Verjährung das Verbot einer Nachforderung nach § 15 unterscheiden.

3) Rückerstattung, II. Die Verjährungsfrist eines Rückerstattungsanspruchs beträgt auch hier 4 Jahre. Sie beginnt aber mit dem Ablauf desjenigen Kalenderjahres, in dem der Anspruch auf die Rückerstattung entstanden ist. Dieser Anspruch entsteht mit der Überzahlung, im Fall einer Vorschußzahlung erst mit der endgültigen Kostenrechnung, es sei denn, daß aus der Vorschußanforderung erkennbar wurde, sie solle die endgültige Kostenrechnung darstellen, falls eine solche nicht binnen einer bestimmten Frist nachfolge.

Im Fall der Aufhebung des Kostenansatzes wegen einer unrichtigen Sachbehandlung entsteht der Anspruch auf die Rückerstattung von Kosten mit der Mitteilung der Entscheidung oder Anordnung nach § 16 II.

Zur etwaigen Verwirkung zB Hamm Rpfleger **87**, 204.

4) Einzelfragen, III. A. Anwendbare Vorschriften des BGB. a) Grundsatz, III 1. Die §§ 194 ff BGB sind anwendbar. Eine Hemmung der Verjährung tritt nach § 201 I BGB ein. Jedoch bewirkt eine Stundung der Forderung eine Unterbrechung. Eine Hemmung und eine Unterbrechung wirken immer nur gegenüber demjenigen Kostenschuldner, in dessen Person die Voraussetzungen eingetreten sind. Das gilt auch im Fall einer Gesamtschuldnerhaft, § 425 BGB, Schlesw JB **76**, 225.

b) Unterbrechung, III 2. Eine Unterbrechung der Verjährung tritt in folgenden Fällen ein:

aa) §§ 208ff BGB. Diese Vorschriften nennen die Voraussetzungen einer Unterbrechung im allgemeinen.

bb) Zahlungsaufforderung. Die Verjährung eines Anspruchs nach I kann auch eintreten, wenn eine der folgenden Voraussetzungen erfolgt ist:

Es genügt der Zugang einer Zahlungsaufforderung, die formlos sein kann, vgl §§ 74ff JKassO, und zwar auch einer Zahlungsaufforderung des Notars, §§ 141, 143. Allerdings muß in einem solchen Fall ein ordnungsgemäßer Kostenansatz stattgefunden haben, Düss Rpfleger **75**, 266, KG DNotZ **62**, 428. Soweit der Kostenschuldner an der Herstellung einer ordnungsgemäßen Berechnung nach § 154 mitwirken muß, zB durch das Vorlegen einer Bilanz, kann der Notar die Verjährungsfrist geringfügig überschreiten, und zwar etwa um drei Monate, muß dann aber eine Schätzung vornehmen, BayObLG DNotZ **70**, 372.

Soweit der Aufenthaltsort des Kostenschuldners unbekannt ist, genügt eine Zustellung der Zahlungsaufforderung durch die Aufgabe zur Post unter der letzten bekannten Anschrift des Kostenschuldners, § 174 ZPO. Der Urkundsbeamte der Geschäftsstelle muß diese Zustellungsart und den Zeitpunkt der Aufgabe zur Post in den Akten vermerken, § 213 ZPO. Mit der Übergabe an die Post, zB durch den Einwurf in den Briefkasten, ist diese Zustellung bewirkt.

cc) Stundungsmitteilung. Eine solche Mitteilung, vgl § 76 JKassO, ist kein Hemmungsgrund, wie nach § 202 I BGB, sondern unterbricht die Verjährung. Wenn die Frist noch nicht läuft, schiebt die Stundung den Beginn der Verjährungsfrist hinaus. Die Verjährung beginnt nach der Bewilligung einer Prozeßkostenhilfe mit der Mitteilung eines Aufhebungsbeschlusses nach § 124 ZPO.

c) Kleinbetrag, III 3. Bei einem Kostenbetrag unter 20 DM tritt keine Unterbrechung der Verjährung ein. Dafür müssen eine Stundung oder eine Bewilligung der Prozeßkostenhilfe in diesem Fall als Hemmungsgrund wirken. Der Unterschied zwischen einer Hemmung und einer Unterbrechung der Verjährung liegt darin, daß die nur gehemmte Frist nach dem Ende der Hemmung weiterläuft, während eine unterbrochene Frist nach dem Ende der Unterbrechung neu anläuft.

III 3 ist auch anwendbar, soweit eine ursprünglich höhere Kostenschuld auf einen Restbetrag von weniger als 20 DM gesunken ist.

B. Geltendmachung der Verjährung. Das Gericht darf eine Verjährung nicht von Amts wegen berücksichtigen. Der Kostenbeamte muß also auch verjährte Kosten ansetzen. Erst wenn der Kostenschuldner die Einrede der Verjährung erhebt, dürfen und müssen der Kostenbeamte oder die Verwaltungsbehörde eine Änderung des Kostenansatzes vornehmen, soweit die Voraussetzungen dafür objektiv vorliegen. Es reicht auch aus, daß sich der Kostenschuldner auf die Frist des § 15 S 1 beruft, Düss Rpfleger **87**, 39 (zustm Schopp).

Soweit der Kostenschuldner vor dem Ablauf der Verjährungsfrist die Erhebung von Kosten arglistig verhindert hat, kann er sich nicht auf die dann eingetretene Verjährung berufen.

Gegen die fehlerhafte Entscheidung des Kostenbeamten oder der Verwaltungsbehörde ist die Erinnerung nach § 14 II zulässig. Gegen die Entscheidung im Erinnerungsverfahren ist unter den Voraussetzungen des § 14 III die Beschwerde usw zulässig. In der Rechtsbeschwerdeinstanz ist eine erstmalige Erhebung der Verjährungseinrede nicht mehr zulässig, Düss Rpfleger **87**, 39 (zustm Schopp).

7. Geschäftswert

Grundsatz

18 **I Die Gebühren werden nach dem Wert berechnet, den der Gegenstand des Geschäfts zur Zeit der Fälligkeit hat (Geschäftswert).**

II Maßgebend ist der Hauptgegenstand des Geschäfts. Früchte, Nutzungen, Zinsen, Vertragsstrafen und Kosten werden nur berücksichtigt, wenn sie Gegenstand eines besonderen Geschäfts sind.

III Verbindlichkeiten, die auf dem Gegenstand lasten, werden bei Ermittlung des Geschäftswerts nicht abgezogen; dies gilt auch dann, wenn Gegenstand des Geschäfts ein Nachlaß oder eine sonstige Vermögensmasse ist.

1) Geschäftswert, I. A. Grundsatz. Während die ZPO vom Streitwert spricht, geht die KostO von dem Begriff Geschäftswert aus. Grundsätzlich sind die Gebühren nach dem Geschäftswert zu berechnen, den das Amtsgeschäft im Zeitpunkt der Fälligkeit hat. Von diesem Grundsatz kennt das Gesetz allerdings viele Ausnahmen.

B. Geschäftsgegenstand. „Gegenstand des Geschäfts" ist dasjenige Recht oder Rechtsverhältnis, zu dem sich die Vorgänge zusammenschließen. Es entscheidet nicht das Interesse der Beteiligten an dem Geschäft, das unterschiedlich groß sein kann, sondern der objektive Wert des Geschäfts. Im Fall der Genehmigung mehrerer Jahresabschlüsse ist jeder Jahresabschluß maßgeblich, nicht etwa das Gesamtergebnis, Köln DNotZ **59**, 105.

Bei einem Kaufvertrag kommt es nicht auf den Hinweis an, daß noch Erschließungskosten anfallen, Schlesw SchlHA **74**, 171 (s aber auch § 20 Anm 2 B). Es kommt auch nicht auf denjenigen Vermögensgegenstand an, über den sich die abgegebene Erklärung zuletzt verhalten.

Der maßgebliche Zeitpunkt für die Bewertung liegt regelmäßig bei der Beendigung des Geschäfts, § 7, BayObLG Rpfleger **87**, 198, Ffm MDR **78**, 150. Ausnahmen ergeben sich zB aus §§ 20 I, 21 I.

C. Mehrheit von Gegenständen. Wenn dasselbe Geschäft mehrere Gegenstände umfaßt, ergeben sich folgende Möglichkeiten:

a) Selbständigkeit der Gegenstände. Wenn die mehreren Gegenstände desselben Geschäfts selbständig sind, muß man sie in der Regel zusammenrechnen. Unter Umständen ist allerdings die Zusammenrechnung ausdrücklich verboten, vgl § 63 I. Soweit eine Vorschrift über die Wertberechnung in einem solchen Fall fehlt, muß man die Berechnung nach den Grundregeln des Kostenrechts und ihrem Sinnzusammenhang vornehmen.

b) Haupt- und Nebengegenstand. Vgl zunächst Anm 2. Soweit ein Gegenstand zum Teil betroffen ist, ist auch nur dieser Teil für den Wert maßgebend. Vgl aber §§ 35, 44, soweit über denselben Gegenstand in derselben Verhandlung mehrere Erklärungen abgegeben werden.

D. Weitere Einzelfragen. Für den Wert einer Sache oder eines Rechts an einer Sache sind die §§ 19, 20 II, 21–25 maßgeblich. Soweit diese Vorschriften unanwendbar sind, ist der allgemeine Wert maßgebend. Notfalls muß man § 30 hinzuziehen. Zum Firmenwert Mümmler JB **75**, 705 mwN. Bei einem Wertpapier mit einem Kurswert kommt es auf den Tageskurs an. Bei einer Hypothek usw kommt es auf den Nennwert an. Die Geschäftsanteile einer Gesellschaft mit beschränkter Haftung sind dem Anteil an demjenigen Reinvermögen gleichzusetzen, der sich bei einer Auseinandersetzungsbilanz am Stichtag ergeben würde. Der Anteil an einer Personalgesellschaft ist ebenso hoch wie der anteilige Wert an den Aktivwerten, ohne daß man die Schulden abziehen kann, III. Daher liegt sein Wert über dem buchmäßigen Wert, BayObLG Rpfleger **55**, 199.

Bei einem bedingten oder betagten Recht entscheidet der allgemeine Wert. Soweit ein solches Recht selbst Gegenstand des Amtsgeschäfts ist, muß man grundsätzlich einen Abschlag vornehmen, der sich nach der Wahrscheinlichkeit richtet.

Vgl wegen eines besonderen Falls § 24 VI.

2) Hauptgegenstand, II. A. Grundsatz. Der Geschäftswert richtet sich grundsätzlich allein nach dem Hauptgegenstand. Nebengegenstände, zB Früchte, Nutzungen, § 100 BGB, Zinsen, auch bei einer Enteignung, Zweibr Rpfleger **87**, 156, eine Vertragsstrafe, Kosten, bleiben auch insoweit unberücksichtigt, als aus ihnen Zahlungsrückstände entstanden sind. Das gilt vor allem auch für die Nebenleistung des Hypothekenschuldners.

B. Ausnahmen. Soweit eine Nebenleistung Gegenstand eines besonderen Geschäfts ist, muß man sie besonders berechnen. Beispiel: Das Geschäft bezieht sich nur auf Nebenleistungen, es ändert etwa einen vereinbarten Zinssatz.

Man muß nach den gesamten Umständen des Einzelfalls entscheiden, ob Steuern Haupt- oder Nebengegenstand sind. Die Umsatzsteuer kann zum Hauptgegenstand zählen, BayObLG DNotZ **72**, 105.

3) Verbindlichkeit, III. A. Grundsatz. Alle schuldrechtlichen und sachrechtlichen Lasten, die auf dem Gegenstand des Geschäfts ruhen, werden bei der Ermittlung des Geschäftswerts nicht abgezogen. Das gilt auch dann, wenn ein Nachlaß oder eine sonstige Vermögensmasse den Gegenstand des Geschäfts darstellt. Es findet also kein Abzug einer Hypothek, eines Nießbrauchs, einer Reallast, einer Grundschuld, einer Rentenschuld statt. Das alles gilt zB auch für einen Nachlaßteil, Hamm DNotZ **71**, 124. Allerdings muß man öffentliche Lasten, Grunddienstbarkeiten und Erbbaurechte abziehen.

B. Ausnahmen. Von dem vorgenannten Grundsatz gelten viele Ausnahmen, vgl zB §§ 38 III, 39 III, 46 IV, 92 I 1, 103 I, 107 II ff.

C. Einzelfragen. III gilt auch im Fall einer Umwandlung, und zwar trotz des amtlichen Vorspruchs des UmwG. In einem solchen Fall muß man den Beschluß in einzelne Teile mit einem bestimmten und mit einem unbestimmten Geldwert zerlegen. Der Vermögensübertragungsbeschluß hat einen bestimmten Geldwert in Höhe der übertragenen Aktiven ohne Schuldenabzug. Ein Verlustvortrag dient dem Ausgleich der Bilanz und ist abzuziehen. Ein Wertberichtigungsposten in einer Bilanz mindert unmittelbar den Wert der Aktiven. Sie sind also abzuziehen, vgl auch Hamm Rpfleger **65**, 374.

Der Wert einer Vermögensabgabe nach dem LAG ist nach der Zeitwerttabelle anzusetzen, ZeitwertVO vom 11. 8. 54, BGBl 258. Der Wert einer Hypothekengewinnabgabe ist nach demjenigen Betrag anzusetzen, der am Stichtach noch nicht getilgt war, § 112 IV LAG.

Soweit ein Abzug stattfinden darf, muß man die §§ 22–24 entsprechend anwenden. Jedoch bleibt das Verwandtenprivileg nach § 24 III, IV außer Betracht. Denn andernfalls würde das Gegenteil herauskommen, BayObLG Rpfleger **56**, 138 LG Lüneb DNotZ **60**, 611. In einem solchen Fall erfolgt die Bewertung vielmehr nach § 24 II.

Sachen

19 **I Der Wert einer Sache ist der gemeine Wert. Er wird durch den Preis bestimmt, der im gewöhnlichen Geschäftsverkehr nach der Beschaffenheit der Sache unter Berücksichtigung aller den Preis beeinflussenden Umstände bei einer Veräußerung zu erzielen wäre; ungewöhnliche oder nur persönliche Verhältnisse bleiben außer Betracht.**

II Bei der Bewertung von Grundbesitz ist der letzte Einheitswert maßgebend, der zur Zeit der Fälligkeit der Gebühr bereits festgestellt ist, sofern sich nicht aus dem Inhalt des Geschäfts, den Angaben der Beteiligten, Grundstücksbelastungen, amtlich bekannten oder aus den Grundakten ersichtlichen Tatsachen oder Vergleichswerten oder aus sonstigen ausreichenden Anhaltspunkten ein höherer Wert ergibt; jedoch soll von einer Beweisaufnahme zur Feststellung eines höheren Wertes abgesehen werden. Wird der Einheitswert nicht nachgewiesen, so ist das Finanzamt um Auskunft über die Höhe des Einheitswerts zu ersuchen. Ist der Einheitswert noch nicht festgestellt, so ist dieser vorläufig zu schätzen; die Schätzung ist nach der ersten Feststellung des Einheitswerts zu berichtigen; die Angelegenheit ist erst mit der Feststellung des Einheitswerts endgültig erledigt (§ 15).

III Ist der Einheitswert maßgebend, weicht aber der Gegenstand des gebührenpflichtigen Geschäfts vom Gegenstand der Einheitsbewertung wesentlich ab oder hat sich der Wert infolge bestimmter Umstände, die nach dem Feststellungszeitpunkt des Einheitswerts eingetreten sind, wesentlich verändert, so ermittelt das Gericht auf der Grundlage des Einheitswerts den Geschäftswert selbständig nach freiem Ermessen.

IV Bei einem Geschäft, das die Überlassung eines land- oder

forstwirtschaftlichen Betriebes mit Hofstelle durch Übergabevertrag, Erbvertrag oder Testament, Erb- oder Gesamtgutsauseinandersetzung oder die Fortführung des Betriebes in sonstiger Weise einschließlich der Abfindung weichender Erben betrifft, ist das land- und forstwirtschaftliche Vermögen im Sinne des Bewertungsgesetzes mit dem Vierfachen des letzten Einheitswertes, der zur Zeit der Fälligkeit der Gebühr bereits festgestellt ist, zu bewerten; Absatz 2 Satz 2 und 3 und Absatz 3 gelten entsprechend.

V Ist der nach Absatz 2 bis 4 festgestellte Wert höher als der gemeine Wert, so ist der gemeine Wert maßgebend.

Vorbem. IV, V angefügt durch Art 1 Z 2 G v 15. 6. 89, BGBl 1082, in Kraft seit 1. 7. 89, Art 5.

Gliederung

Schrifttum: Kleiber/Simon/Weyers, Wertermittlungsverordnung 1988, 1. Aufl 1988; Troll/Simon, Wertermittlung bei Geschäfts- und Fabrikgrundstücken, 2. Aufl 1986 (Bespr Meyer-Stolte Rpfleger **86**, 416).

1) Rechtssystematik. I 1 enthält den Grundsatz der Bewertung „einer Sache". Auch das Grundstück ist eine (unbewegliche) Sache. Nun enthält allerdings II für die Bewertung von „Grundbesitz" zusätzliche Regeln. Das könnte bei isolierter Betrachtung von II zu der Annahme verleiten, beim Grundbesitz gelte I nur hilfsweise. Da indessen I nicht nur von einer „beweglichen" Sache spricht, sondern von der Sache schlechthin, ist II nicht als vorrangige Sondervorschrift gegenüber I zu verstehen, sondern als Ergänzung zu I, als nähere Erläuterung des Oberbegriffs „gemeiner Wert", als amtlicher Hinweis darauf, wie dieser Begriff beim Grundbesitz näher zu ermitteln ist. I gilt also auch für die Bewertung des Grundbesitzes, Köln Rpfleger **74**, 168, Ackermann Rpfleger **73**, 284 mwN. IV, V enthalten vorrangige, eng auszulegende Sonderregeln.

2) Gemeiner Wert, I, V. Der gemeine Wert ist auch kostenrechtlich maßgeblich. Er ergibt sich aus dem Preis, den man im gewöhnlichen Geschäftsverkehr nach der Beschaffenheit der Sache bzw in V des land- oder forstwirtschaftlichen Vermögens unter einer Berücksichtigung aller den Preis beeinflussenden Umstände bei einer Veräußerung erzielen könnte. Maßgeblich sind also Angebot und Nachfrage. Sie bilden sich sowohl auf Grund der Beschaffenheit der Sache, ihres Materials, ihrer Herstellungskosten usw, als auch durch die Mode, durch die allgemeine Wirtschaftslage, durch tausend andere Faktoren, die durch die Art und Weise des Veräußerungsgeschäfts, seinen Ort und seinen Zeitpunkt sowie die Persönlichkeit der Geschäftspartner bedingt sind.

Ein ungewöhnlicher oder auch nur persönlicher Umstand bleibt gemäß I 2 Hs 2 außer Betracht. Diese Vorschrift verbietet es zB, einen Notverkauf oder einen besonderen Liebhaberwert nur für den Veräußerer oder nur für den Erwerber als maßgeblich anzusehen. Andererseits kann natürlich ein besonders niedriger oder ungewöhnlich hoher Preis durchaus noch im Rahmen des „gewöhnlichen Geschäftsverkehrs" nach I 2 Hs 1 zustande kommen. Die Abgrenzung zwischen diesem gewöhnlichen Verkehr und ungewöhnlichen bzw nur persönlichen Verhältnissen ist also nur auf Grund sämtlicher Umstände des Einzelfalls möglich. Im Zweifel liegen keine ungewöhnlichen oder nur persönlichen Verhältnisse vor.

Man darf weder das staatliche Interesse an ausreichenden Kosteneinnahmen oder dasjenige des Notars, dem die Gebühren zufließen, noch das entgegengesetzte Interesse des Kostenschuldners allein berücksichtigen. Es kommt auch nicht auf den Maßstab eines durchschnittlichen Käufers oder Verkäufers an, vielmehr sind im Rahmen des „gewöhnlichen Geschäftsverkehrs" durchaus auch gewisse von der Alltagsnorm abweichende Umstände wertbestimmend.

3) Grundbesitz, II. A. Einheitswert. a) Grundsatz. Bei der Bewertung von Grundbesitz ist grundsätzlich der letzte Einheitswert maßgebend, II 1. Diese Vorschrift stellt allerdings keine gegenüber I vorrangige Sonderregel dar, Anm 1. Sie enthält vielmehr den Ausgangspunkt der Wertermittlung, die stets den Oberbegriff des „gemeinen Werts" nach I mitbeachten muß. IV, V sind in ihrem Bereich abweichend und vorrangig, Anm 1.

Der Einheitswert ist allerdings andererseits keineswegs etwa ein bloßer Hilfswert, aM zB BayObLG DNotZ **72**, 249, Hamm Rpfleger **83**, 87 und insofern auch Stgt Rpfleger **74**, 235. Das gilt trotz des Umstands, daß II 1 seinerseits den Einheitswert in Hs 1 nur für den Fall maßgebend sein läßt, daß sich nicht nach Hs 2 abweichende Umstände für einen höheren Wert ergeben. Ebenso wie II gegenüber I keine vorrangige Sonderregel darstellt, sondern Maßstäbe zur näheren Ermittlung des gemeinen Werts bringt, bildet der Einheitswert nach II 1 Hs 1 deutlich die Grundlage für diese nähere Wertermittlung und nicht etwa eine Ausnahmeregel. Das ergibt sich auch bei Berücksichtigung des nach dem Strichpunkt mit dem Wort „jedoch" beginnenden letzten Teils von II 1. Aus der dortigen Anweisung des Gesetzes, von einer Beweisaufnahme zur Feststellung eines höheren Werts abzusehen, wird erkennbar, daß man keineswegs zunächst mit allen rechtstechnisch möglichen Mitteln nach einem höheren Wert als dem Einheitswert forschen müßte und den Einheitswert nur bei unbefriedigenden Ergebnissen dieser Suche als Hilfswert einsetzen dürfte.

Der Einheitswert ist also beim Grundbesitz der regelmäßige Ausgangspunkt, mit dem man sich durchweg begnügen darf, BayObLG Rpfleger **79**, 395 (ausf), vgl Düss DNotZ **70**, 759, Hamm MDR **76**, 324.

Zu demselben Ergebnis kommt man auch bei einer Einbeziehung von III in die Erwägungen nach II. III ergibt einerseits, daß der Einheitswert beim Grundbesitz solange maßgebend bleibt, bis sich eine erhebliche Abweichung des wahren Geschäftswerts vom Gegenstand der Einheitsbewertung ergibt, daß andererseits der Einheitswert keineswegs der alleinige Maßstab, sondern nur eine nähere Erläuterung des Oberbegriffs „gemeiner Wert" nach I ist.

b) Maßgebender Zeitpunkt. Maßgeblich ist unter den denkbaren Einheitswerten „der letzte, der zur Zeit der Fälligkeit der Gebühr bereits festgestellt ist". Die Bewertung erfolgt nach dem BewG. Es kann also sehr wohl der Einheitswert von 1964 maßgeblich sein, Art 5 § 1 Nov 75 in Verbindung mit Art 4 I des Gesetzes vom 13. 8. 65, BGBl 851, Mümmler JB **75**, 1303. Soweit eine Wertfortschreibung oder Nachfeststellung vor dem Fälligkeitszeitpunkt erfolgt ist, muß man sie berücksichtigen.

Die Fälligkeit der Gebühr richtet sich auch hier nach § 7, BayObLG Rpfleger **87**, 198. Unter Feststellung versteht II 1 die Festsetzung durch die zuständige Behörde, Düss DNotZ **70**, 759, aM Appell DNotZ **78**, 576 (der Einheitswert bedeute die letzte Rangstelle). Es kommt auf die letzte Festsetzung vor der Fälligkeit an, Ackermann zB JB **76**, 1155. Es ist unerheblich, ob die letzte Festsetzung durch die zuständige Behörde dem Betroffenen, insbesondere dem Grundeigentümer, bis zur Fälligkeit der Gebühr nach § 7, bis zum Kostenansatz oder bis zur Wertfestsetzung mitgeteilt oder auf andere Weise bekannt geworden war. Ausreichend ist also der Umstand, daß die Behörde den Einheitswert bis zum Fälligkeitszeitpunkt aus irgendeinem Anlaß festgesetzt hatte. Freilich muß die Festsetzung nach den dafür maßgebenden Vorschriften wirksam erfolgt sein. Soweit diese Vorschriften eine Mitteilung an einen Beteiligten zur Wirksamkeitsvoraussetzung machen, ist diese Mitteilung natürlich auch im Rahmen von II 1 Voraussetzung dafür, den Einheitswert zugrunde zu legen.

Es kommt darauf an, ob die wertbegründenden Tatsachen bereits im Zeitpunkt der Gebührenfälligkeit, Celle JB **75**, 225, Düss JB **76**, 226, vorhanden waren. Es ist unerheblich, ob sie dem Notar oder dem Kostenbeamten schon damals bekannt waren, Düss JB **75**, 226 mwN.

Deshalb ist es auch denkbar, daß eine erst nach der Fälligkeit dem Kostenbeamten oder dem Beschwerdegericht bekannt gewordene Tatsache zu einer Nachforderung, §§ 14, 15, oder zu einer Rückerstattung führt, § 17 II.

Wenn dem Notar vor der Absendung seiner Kostenberechnung eine solche Tatsache bekannt wird, muß er alle Beteiligten zu ihr Stellung nehmen lassen, insbesondere den Kostenschuldner. Das gilt vor allem in einem Fall, in dem die Beteiligten unterschiedliche Wertangaben gemacht haben.

Eine erst nach der Gebührenfälligkeit eintretende wertverändernde Tatsache ist nicht zu berücksichtigen, BayObLG Rpfleger **87**, 198 mwN, Celle JB **73**, 225. Der Notar darf auch nicht seine Pflicht zur Amtsverschwiegenheit nach § 18 BNotO verletzen. Er darf daher auch nicht einen anderen Notar befragen, der den Kaufvertrag eines Nachbargrundstücks beurkundet hat. Ebensowenig darf man Anhaltspunkte für die Bewertung des jetzt fraglichen Grundstücks aus einer anderen Akte weitergeben, §§ 299 ZPO, 34 FGG, 12 GBO, Schmidt DNotZ **69**, 525, 528, Stöber Rpfleger **69**, 7.

B. Höherer Wert. Der letzte Einheitswert ist bei I–III (anders bei IV, V) solange maßgeblich, bis sich ein höherer Wert nach den in II 1 genannten Anhaltspunkten ergibt, Stgt Rpfleger **87**, 365. Im einzelnen gelten insoweit folgende Regeln:

a) Ausreichende Anhaltspunkte. Ein höherer Wert als der Einheitswert ist zugrunde zu legen, sobald sich ausreichende Anhaltspunkte für ihn ergeben. Zur Prüfung der Frage, ob sie vorliegen, sind wiederum folgende Regeln zu beachten:

aa) Umfassende Berücksichtung. Obwohl II 1 nur von „sonstigen" ausreichenden Anhaltspunkten spricht und zuvor eine Reihe von Einzelfaktoren nennt, sind die letzteren doch nur beispielhafte Erläuterungen des Oberbegriffs „ausreichender Anhaltspunkt". Das bedeutet: Man muß sämtliche Gesichtspunkte beachten, die auf einen höheren Wert als den Einheitswert hinweisen, Hamm Rpfleger **73**, 330, Stgt Rpfleger **74**, 235. Das gilt auch für den Notar, Hamm Rpfleger **73**, 229. Zumindest methodisch kann dabei die Wertermittlungsverordnung in der Fassung vom 15. 8. 72, BGBl 1417, nützlich sein; sie ist allerdings nur im Rahmen des BauGB verbindlich.

bb) Gewisse Wahrscheinlichkeit. Der Ausdruck „Anhaltspunkt" in II 1 macht deutlich, daß keine völlige Gewißheit eines höheren Werts vorzuliegen braucht. Deshalb soll auch insoweit keine Beweisaufnahme stattfinden, wie das Gesetz ausdrücklich betont. Vielmehr kann man sich mit einer gewissen Wahrscheinlichkeit eines höheren Werts als des Einheitswerts begnügen.

Andererseits reicht eine bloß theoretisch denkbare oder zwar praktisch nicht zu leugnende, aber doch nur geringe Möglichkeit eines höheren Werts nicht aus. Sie stellt eben keinen „ausreichenden" Anhaltspunkt, sondern nur einen unzureichenden dar.

Im Zweifel liegt kein ausreichender Anhaltspunkt vor.

cc) Nur höherer Wert. Beachtlich ist nur ein etwa höherer Wert als der Einheitswert. Eine noch so große Wahrscheinlichkeit dafür, daß der wahre Wert unter dem letzten Einheitswert liegt, ist unbeachtlich. Das gilt jedenfalls solange, als die Einheitswerte mehr oder minder stark hinter den Verkehrswerten, den „gemeinen Werten" des I, zurückbleiben. Ersichtlich geht II von diesem seit langem bestehenden Mißverhältnis zwischen dem gemeinen Wert und dem Einheitswert aus.

dd) Gesetzliche Einzelfaktoren. II 1 nennt eine Reihe von Faktoren, aus denen sich ausreichende Anhaltspunkte eines höheren Werts als des Einheitswerts ergeben können. Die Aufzählung ist lediglich beispielhaft. In Betracht kommen folgende Merkmale:

aaa) Inhalt des Geschäfts. Schon er kann ausreichende Anhaltspunkte geben. Maßgeblich können aus dem Geschäftsinhalt zB sein: Der Kaufpreis, vgl freilich § 20 Anm 2 C; eine Bebauungspflicht des Verkäufers in einem einheitlichen Kaufvertrag, KG DB **85**, 1837; bei einer Auseinandersetzung der dem Ausscheidenden zu zahlende Betrag und die übernommenen Lasten, vgl BayObLG Rpfleger **64**, 154; beim Eintritt in eine Gesellschaft die Höhe des Bilanzwerts, vgl auch § 26 II. Wegen einer Fabrik LG Darmst JB **76**, 942. Wegen eines Kraftwerks Karlsr Rpfleger **78**, 70 mwN. Wegen eines werterhöhenden Rechts und einer wertmindernden Belastung s das Rundschreiben der Bundesminister für Wirtschaft und Finanzen vom 24. 9. 71, BAnz Nr 225 Beilage, dazu Brückner-Noack NJW **72**, 804. Vgl auch die neugefaßte Wertermittlungsverordnung vom 6. 12. 88, BGBl 2209 (vgl auch vor Anm 1).

bbb) Angaben der Beteiligten. Ausreichende Anhaltspunkte für einen höheren als den Einheitswert können sich auch aus den Angaben der Beteiligten ergeben. Der Notar soll sie über den Grundstückswert befragen, Düss DNotZ **70**, 761, Schlesw SchlHA **72**, 48. Die Angaben brauchen sich nicht aus der Urkunde zu ergeben. Man braucht grundsätzlich nicht zu prüfen, wie die Beteiligten zu ihren Angaben kamen, Hamm MDR **76**, 325. Allerdings muß man zumindest dann eine kritische Prüfung solcher Angaben vornehmen, wenn bestimmte tatsächliche Umstände für einen in Wahrheit anderen Wert sprechen, Hamm Rpfleger **73**, 330. Die persönlichen Verhältnisse sind jedenfalls unerheblich, BayObLG **85**, 5.

ccc) Grundstücksbelastungen. Für einen höheren als den Einheitswert können auch die Grundstücksbelastungen ausreichende Anhaltspunkte ergeben. Dabei ist der Wert dieser Belastungen nach den §§ 22–24 zu ermitteln, LG Bayreuth JB **75**, 1630, LG Wuppert JB **78**, 1553, BayObLG Rpfleger **78**, 71 mwN, LG Wuppert JB **75**, 1632 (diese Gerichte legen bei Grundstücksbelastungen nur deren Nennwert zugrunde). Es kommt zB durchaus vor, daß eine Hypothek den Einheitswert erreicht oder überschreitet, Oldb DNotZ **72**, 505, LG Marbg Rpfleger **58**, 384 (die Entscheidung betrifft einen Hofübergabevertrag). In einem solchen Fall kann also der Grundstückswert durchaus über dem Einheitswert liegen, insofern richtig Hamm Rpfleger **80**, 244, ferner LG Düss Rpfleger **87**, 62 mwN.

Im Fall einer Zwangshypothek oder einer Sicherungshypothek muß man allerdings mit solchen Annahmen vorsichtig sein. Dasselbe gilt bei einer Gesamthypothek, Schmidt DNotZ **69**, 524. In allen diesen Fällen hat der Schuldner in der Regel seinen gesamten Besitz belastet, ohne daß jedes einzelne Grundstück die Belastung im ganzen auch nur annähernd deckt.

Im Fall einer Belastung mit einer wiederkehrenden Leistung muß man berücksichtigen, daß hier die Lebensdauer des Begünstigten und nicht so sehr der Grundstückswert maßgebend sind, § 24 III. Zum Wert eines mit einem Erbbaurecht belasteten Grundstücks BayObLG Rpfleger **81**, 163 (das Gericht setzt den Wert sehr hoch an).

ddd) Amtlich bekannte Tatsachen oder Vergleichswerte usw. Für einen höheren als den Einheitswert können auch amtlich bekannte oder aus den Grundakten ersichtliche Tatsachen oder Vergleichswerte einen ausreichenden Anhaltspunkt geben. Der Notar soll solche Tatsachen berücksichtigen und die Grundakten des betroffenen Grundstücks einsehen, auch wenn er von einer Beweisaufnahme absehen soll.

Hierher können zB gehören: Ein Richtwert nach [jetzt] § 196 BauGB, soweit er veröffentlicht ist, BayObLG Rpfleger **79**, 396, Rpfleger **87**, 198 und DNotZ **88**, 451, Köln Rpfleger **86**, 322 je mwN, LG Bayreuth JB **77**, 1597, Schmidt DNotZ **69**, 525, aM Düss DNotZ **72**, 442 mwN. KG Rpfleger **74**, 36 vermindert in Berlin grundsätzlich den letzten derartigen Richtwert um 25%, sofern nicht der Einheitswert höher ist.

Bei einer Einsicht in die Grundakten des betroffenen Grundstücks darf man allerdings nicht nur von ihrem derzeitigen Stand ausgehen, sondern muß auch zB frühere Belastungen, Kaufverträge, Abverkäufe berücksichtigen, Schlesw SchlHA **74**, 195, ebenso eine etwa beiliegende Zwangsversteigerungsakte mit dem in ihr festgestellten Verkehrswert nach § 74 ZVG.

Einen Anhaltspunkt kann auch der Versicherungswert geben, BayObLG Rpfleger **79**, 396 und DNotZ **88**, 451, Ffm DNotZ **78**, 117 mwN, LG Cobg JB **76**, 227, LG Mü DNotZ **71**, 568 (Vorsicht!), LG Würzb JB **76**, 651.

eee) Sonstige Anhaltspunkte. Die Generalklausel in II 2 berechtigt und verpflichtet dazu, jeden irgendwie auf einen höheren als den Einheitswert hinweisenden Gesichtspunkt heranzuziehen, a.

Hierher können zB gehören: Die allgemein bekannte Marktlage der Gegend, in der das Grundstück liegt, etwa ihre Aufteilung zu einer Siedlung; der etwa allgemein bekannte Quadratmeterpreis oder Wert gleichartiger bebauter oder ähnlicher Grundstücke (etwa eines Reihenhauses) in der Gegend; ein etwa allgemein bekannter Mietpreis für Wohnungen der dortigen Gegend; ein Brandversicherungswert, BayObLG Rpfleger **87**, 198, LG Darmstadt JB **76**, 74; der nach § 74a ZVG festgesetzte Verkehrswert, Zweibr Rpfleger **88**, 409 mwN, aM jetzt Düss Rpfleger **87**, 411.

Nicht ausreichend sind im allgemeinen folgende Gesichtspunkte: Die allgemeine Ansicht, die Grundstückspreise seien gestiegen, KG DNotZ **72**, 625 mwN, aM zB Ffm **KR** § 19 KostO (A) Nr 55; der Erfahrungssatz, daß eine Bank ein Grundstück nicht bis zur Wertgrenze beleihe, Düss DNotZ **70**, 760, Hamm Rpfleger **80**, 244; der Erfahrungssatz, daß der Einheitswert im allgemeinen unter dem gemeinen Wert liege, BayObLG DNotZ **70**, 757, Oldb Rpfleger **69**, 36, Schlesw SchlHA **74**, 195; **aM** Ffm Rpfleger **71**, 372, Schumann NJW **69**, 915, Stöber Rpfleger **69**, 6. Es kann zB ein landwirtschaftlicher Boden in der unmittelbaren Nähe von sehr andersartiger Qualität sein. Vgl allerdings IV, V. Auch ein in der Nachbarschaft gelegener Baugrund ist keineswegs immer dem hier fraglichen Grund vergleichbar, vgl Celle DNotZ **71**, 604.

Problematisch ist auch die Heranziehung des § 55 II EStG.

Das ist **streitig. Wie hier** zB, Brschw (LwSen) Rpfleger **73**, 107, Oldb NdsRpfl **81**, 144, Stgt DNotZ **87**, 637 und Rpfleger **87**, 365 mwN; aM zB BayObLG Rpfleger **75**, 37, Brschw (2. ZS) DNotZ **87**, 633 je mwN, Köln Rpfleger **86**, 74, Oldb Rpfleger **89**, 200.

Die Ertragsmeßzahl ist meist kein ausreichender Anhalt, Brschw Rpfleger **73**, 107, Oldb Rpfleger **81**, 324, vgl Hamm DNotZ **71**, 748. In der Regel können außerdem bei der Bewertung eines Stadtgrundstücks Gesichtspunkte eine Rolle spielen, die schon für das Nachbargrundstück nicht maßgeblich sind. Das muß man bei einer Bewertung berücksichtigen.

Ferner sind unzureichend: Eine angebliche Offenkundigkeit, aM Schumann NJW **69**, 915, Stöber Rpfleger **69**, 6.

b) Zusammenrechnung. Es ist möglich, daß man erst auf Grund mehrerer Einzelfaktoren, dd, nicht schon auf Grund eines einzelnen, einen ausreichenden Anhaltspunkt für einen höheren Wert als den Einheitswert erhält. Insofern muß man den Eindruck, der sich aus den Einzelfaktoren ergibt, zusammenfügen. Soweit die Beteiligten verschiedene Angaben über den Verkehrswert machen und soweit man keine anderen Angaben erlangen kann, muß man den niedrigeren Wert ansetzen. Es reicht auch aus, daß alle Beteiligten jedenfalls wegen des niedrigen Werts übereinstimmen, vgl auch Schmidt DNotZ **69**, 523. Im Zweifel ist also der niedrigere Wert maßgeblich, nicht etwa der höhere.

C. Keine Beweisaufnahme. a) Grundsatz. Auch dann, wenn gewisse Anhaltspunkte für einen höheren Wert als den letzten Einheitswert vorliegen, soll das Gericht nach der ausdrücklichen Vorschrift in II 1 letzter Hs von einer Beweisaufnahme zur Feststellung dieses höheren Werts absehen, vgl BayObLG DNotZ **88**, 451. Das Gericht muß sich in solcher Situation vielmehr entschließen, entweder die bisherigen Anhaltspunkte bereits als „ausreichend" anzusehen oder eben den Wert nach dem letzten Einheitswert zu bestimmen.

Zu einer Beweisaufnahme würde insbesondere ein Schätzungsgutachten zählen. Es ist auch oft unverhältnismäßig teuer und bedeutet eine unzumutbare Verzögerung des Verfahrens, vgl BayObLG Rpfleger **79**, 396. Das gilt auch gegenüber § 31.

Wenn die Einholung einer Auskunft usw unzumutbar ist, darf man auch nicht etwa den letzten Einheitswert nach Maßgabe der Entwicklung der durchschnittlichen Baulandpreise vervielfältigen, aM Karlsr Rpfleger **82**, 40.

b) Ausnahmen. Nicht jede Maßnahme zur Ermittlung eines höheren Werts als des Einheitswerts ist eine Beweisaufnahme. Was nicht als Beweisaufnahme gilt, ist zulässig und darf und muß erfolgen.

Als Beweisaufnahme ist zB nicht anzusehen: Eine Befragung der Beteiligten; die Einsicht in die zugehörigen Grundakten, Karlsr Rpfleger **71**, 330; eine Nachfrage nach einem bereits veröffentlichten Richtpreis gemäß [jetzt] § 196 III BauGB, Hamm Rpfleger **73**, 229 mwN, Stgt Rpfleger **74**, 235, LG Würzb JB **76**, 651, aM Düss Rpfleger **71**, 372; die Einholung einer Auskunft bei einem Bürgermeisteramt oder einer Landwirtschaftsbehörde, Köln DNotZ **79**, 123, oder bei einer Landwirtschaftsbehörde, Köln Rpfleger **86**, 74, oder bei einem Bauernverband, BayObLG **75**, 249, jetzt auch Celle JB **76**, 497 mwN, aM zB Köln JB **72**, 323, oder eine ähnliche Anfrage, Ffm Rpfleger **77**, 380, Ackermann Rpfleger **73**, 286 mwN.

D. Schätzung des Einheitswerts. Solange die zuständige Behörde den Einheitswert noch nicht in wirksamer Weise festgestellt hat, muß man ihn für die Gebührenberechnung vorläufig schätzen, II 3 Hs 1. Die Schätzung nimmt der Kostenbeamte oder der Notar vor. Sie ist auch dann erforderlich, wenn eine amtliche Festsetzung des Einheitswerts voraussichtlich noch lange auf sich warten lassen wird, weil zB das Bauwerk auf dem Erbbaugrundstück noch nicht errichtet worden ist, Celle NdsRpfl **69**, 179, aM Hamm DNotZ **66**, 121 (dieses OLG bewertet das spätere Bauwerk als ein zusätzliches Recht nach § 30 I), KG DNotZ **69**, 437 (das KG hält eine Schätzung des Einheitswerts nur dann für notwendig, wenn die Festsetzung durch die Behörde in absehbarer Zeit erfolgen werde).

E. Berichtigung und Ergänzung. Sobald eine Schätzung nach II 3 Hs 1 erfolgt ist, der eine amtliche Feststellung des Einheitswerts folgt, ist die Schätzung auf Grund dieser amtlichen Festsetzung zu berichtigen.

Die Angelegenheit ist erst mit der Feststellung des Einheitswerts endgültig erledigt, II 3 letzter Hs, § 15. Eine Nachforderung wegen unrichtigen Ansatzes ist also noch nach der späteren amtlichen Festsetzung des Einheitswerts zulässig.

4) Ermessen, III. Das Gericht muß den Wert nach „freiem", in Wahrheit pflichtgemäßem Ermessen auf der Grundlage des Einheitswerts, Anm 4, ermitteln, wenn eine der beiden folgenden Voraussetzungen vorliegt:

A. Abweichung des Geschäftsgegenstands vom Einheitswert. Der Wert ist nach pflichtgemäßem Ermessen zu ermitteln, soweit der Gegenstand des gebührenpflichtigen Geschäfts vom Gegenstand der Einheitsbewertung wesentlich abweicht, III Hs 1. Dieser Fall kann zB bei einem land- oder forstwirtschaftlichen Vermögen eintreten. Im Einheitswert des zugehörigen Grundstücks ist nämlich der Wert des Inventars grundsätzlich bereits miterfaßt. Der Inventarwert darf also auch nicht bei der Feststellung des Geschäftswerts getrennt werden, Mü RdL **56**, 336. Demgegenüber ist für eine Auflassung und Eintragung des Eigentümers der reine Grundstückswert maßgebend. Ferner gehört hierher die Überlassung eines Teilgrundstücks im Fall einer einheitlichen Festsetzung des Einheitswerts des Gesamtgrundstücks. Ferner gehört hierher die Überlassung eines Fabrikgrundstücks mit Maschinen. Denn der Einheitswert des Grundstücks umfaßt den Maschinenwert auch dann nicht, wenn die Maschinen zu wesentlichen Bestandteilen des Grundstücks geworden sind.

B. Wesentliche Wertveränderung. Man muß den Wert auch dann nach pflichtgemäßem Ermessen auf der Grundlage des Einheitswerts ansetzen, wenn sich der Wert infolge bestimmter Umstände, die nach dem Zeitpunkt der letzten amtlichen Festsetzung des Einheitswerts eingetreten sind, wesentlich verändert hat. Solche Umstände müssen sich gerade auf das hier fragliche Grundstück oder seinen Teil beziehen, BayObLG **53**, 18.

In Betracht kommen zB: Der Einsturz eines Gebäudes; eine Wertsteigerung infolge nachträglich eingetretener günstiger Verkehrsverbindung; eine Erschließung des Geländes; ein Umbau; eine Zusammenlegung mehrerer Grundstücke; eine andere Art der Nutzung eines Forstgrundstücks; das andere Alter eines Waldes; ein nunmehr anderer Pflegezustand.

Eine allgemeine Wertänderung der Grundstückspreise in der Gegend braucht nicht nach III berücksichtigt zu werden. Man kann sie vielmehr nach II 1 berücksichtigen.

Soweit der Kostenbeamte in den Fällen A oder B den Wert auf der Grundlage des Einheitswerts zu schätzen hat, ist er allerdings an die Grundsätze des BewG nicht gebunden. Bei einem Teilgrundstück darf er nicht einfach den Einheitswert entsprechend der Größe der beiden Teilgrundstücke teilen, sondern muß die Qualität des hier fraglichen Teilgrundstücks mitberücksichtigen.

5) Betriebsübergabe usw, IV, V. Die Vorschrift enthält eine von der Systematik der I–III teilweise abweichende, eng auszulegende Sonderregel, Anm 1. Indessen stellen die Worte „oder ... in sonstiger Weise" in IV Hs 1 klar, daß jede Art von Überlassung erfaßt wird, soweit ein Betrieb mit Hofstelle vorliegt.

Der in IV genannte Vierfache Einheitswert gilt nicht, wenn der nach Anm 2 zu ermittelnde gemeine Wert niedriger ist. Das stellt V klar.

Kauf, Vorkaufs- und Wiederkaufsrecht

20 **I Beim Kauf von Sachen ist der Kaufpreis maßgebend; der Wert der vorbehaltenen Nutzungen und der vom Käufer übernommenen oder ihm sonst infolge der Veräußerung obliegenden Leistungen wird hinzugerechnet. Ist der Kaufpreis niedriger als der Wert der Sache (§ 19), so ist dieser maßgebend; beim Kauf eines Grundstücks bleibt eine für Rechnung des Erwerbers vorgenommene Bebauung bei der Ermittlung des Werts außer Betracht.**

II Als Wert eines Vorkaufs- oder Wiederkaufsrechts ist in der Regel der halbe Wert der Sache anzunehmen.

1) Allgemeines. Die Vorschrift betrifft nicht nur die Beurkundung eines Kaufvertrags, sondern auch diejenige der Übereignung, insbesondere der Auflassung und Eintragung, BayObLG Rpfleger **87**, 198 mwN, Hamm Rpfleger **80**, 316. § 20 ist auf einen Überlassungs- und Teilungsvertrag entsprechend anwendbar, soweit es sich um einen Austausch gegen Geld handelt, Ffm DNotZ **52**, 187 (zustm Lauterbach). § 20 ist auch im Fall der Eintragung des Erstehers auf Grund des Zuschlags anwendbar, Ffm NJW **60**, 1676, LG Oldb Rpfleger **86**, 451 (berücksichtigt zu Unrecht eine anschließende Wertminderung, vgl § 19 Anm 3 B a cc).

2) Kauf, I. A. Kaufpreis, I 1 Hs 1. Der Einfachheit halber ist gemäß I beim Kauf einer beweglichen Sache wie eines Grundstücks und auch beim Kauf eines grundstücksgleichen Rechts (für dessen Bestellung gilt § 21) grundsätzlich der Kaufpreis für die Kostenberechnung maßgebend.

Kaufpreis ist der im Kaufvertrag benannte Preis. Es kommt nicht auf die Fälligkeit und auch nicht auf die Verzinsung an. Die Mehrwertsteuer ist Teil des Kaufpreises, auch wenn sie im Kaufvertrag besonders ausgewiesen ist und wenn der Käufer zum Vorsteuerabzug berechtigt ist, Zweibr DNotZ **70**, 121.

Wenn die Parteien den Kaufpreis nur ungefähr angeben, wenn er sich insbesondere nach einer späteren Vermessung des Grundstücks richtet, dann ist die spätere Vermessung maßgebend. Notfalls muß man den Kaufpreis schätzen. § 19 ist jedenfalls anwendbar, Ffm DNotZ **70**, 511.

Der Kaufpreis umfaßt bei einem Grundstück auch das Entgelt für den Verzicht auf eine Apothekerkonzession. Die Verpflichtung zur Zahlung eines künftigen Anliegerbeitrags bleibt unberücksichtigt, Ffm Rpfleger **61**, 337, LG Darmstadt JB **75**, 499. Etwas anderes gilt dann, wenn der Käufer eine solche Verpflichtung zugunsten der Gemeinde ausdrücklich übernommen hat; denn der Verkäufer erwartet dann eine schnellere Parzellierung des Nachbargeländes, und insofern handelt es sich um eine privatrechtliche Verpflichtung, LG Darmst JB **75**, 499 (zustm Mümmler mwN).

Der Wert eines Vorvertrags ist ebenso hoch wie der Wert des in Aussicht genommenen Hauptvertrags.

B. Hinzurechnungen, I 1 Hs 2. a) Grundsatz. Zum Kaufpreis muß man den Wert einer Nutzung hinzurechnen, die sich der Verkäufer vorbehält, etwa einer Dienstbarkeit, einer Bauverpflichtung, die beurkundet ist, Hamm Rpfleger **82**, 315 mwN, vgl aber auch Düss DNotZ **71**, 120 und DNotZ **81**, 328, ferner KG Rpfleger **71**, 233 (das OLG sieht einen Rücktrittsvorbehalt für den Fall, daß keine Bebauung erfolgt, nicht als eine „Leistung" an). Ferner muß man den Wert einer Leistung hinzurechnen, die der Käufer übernommen hat oder kraft Gesetzes übernehmen muß, etwa eine Zahlung aus einer übergehenden Reallast. Es muß sich um eine Leistung handeln, die ebenso wie der Kaufpreis dem Verkäufer zugute kommt, Zweibr Rpfleger **73**, 448 mwN, die man also zu dem Nominalkaufpreis hinzuschlagen muß; vgl auch § 11 GrdErwStG.

b) Beispiele der Hinzurechnung. Hinzuzurechnen sind zB folgende Umstände: Der Käufer hat den Verkäufer von Rückständen zu befreien. In diesem Fall muß man die Rückstände anrechnen; der Käufer hat eine Vermögensabgabe nach dem LAG ohne eine Anrechnung auf den Kaufpreis übernommen. In diesem Fall muß man die restliche Vermögensabgabe hinzurechnen, LG Ffm Rpfleger **54**, 583; der Käufer übernimmt eine an sich vom Verkäufer geschuldete Maklerprovision als einen Bestandteil des Kaufpreises, Schlesw DNotZ **83**, 65; der Käufer übernimmt eine dingliche Belastung, für die er außer der Anrechnung auf den Kaufpreis auch die den Verkäufer bisher belastende persönliche Haftung übernimmt, den Verkäufer also von der persönlichen Haftung befreit. In diesem Fall ist es unerheblich, ob der Gläubiger diese Schuldübernahme später genehmigt, Ffm Rpfleger **77**, 268; der Käufer übernimmt einen Nießbrauch, eine beschränkte persönliche Dienstbarkeit, eine Reallast, es sei denn, daß der Verkäufer sie vertraglich zu beseitigen hat.

Weitere Beispiele: Es geht um den Wert eines Wiederkaufsrechts, Düss VersR **81**, 786, es sei denn, daß dieses für den Verkäufer keinen echten wirtschaftlich verwertbaren Gegenwert hat, daß es zB nur der Sicherung persönlicher oder allgemeiner Zwecke dient, Ffm Rpfleger **59**, 286; der Käufer hat vor der Fälligkeit Erschließungskosten an den Verkäufer gezahlt, Zweibr Rpfleger **73**, 448 (man muß den Wert nach § 30 II ermitteln), vgl allerdings § 18 Anm 1.

c) Beispiele keiner Hinzurechnung. Eine Hinzurechnung unterbleibt zB in folgenden Fällen: Ein Recht, das der Käufer dem Verkäufer einräumt, dient nur der Sicherung der Durchführung des Kaufvertrags, BayObLG DNotZ **65**, 363, vgl auch § 44 Anm 2 A; eine Leistung des Käufers wird auf den Kaufpreis angerechnet; der Käufer übernimmt eine Eigentümergrundschuld des Verkäufers oder eine nicht valutierende Hypothek ohne Anrechnung auf den Kaufpreis, BayObLG **57**, 106; der Käufer übernimmt eine Belastung des Verkäufers mit einem Vorkaufsrecht des Eigentümers, Ffm Rpfleger **77**, 268 mwN; es handelt sich um eine öffentliche Last, vgl KG JR **55**, 101; es geht um die Regelung eines bei Übernahme des Grundstücks noch nicht fälligen Anliegerbeitrags, LG Waldshut-Tiengen Rpfl **86**, 176 (das LG wendet § 44 II an); es geht um ein Erbbaurecht, eine Grunddienstbarkeit, eine immerwährende persönliche Dienstbarkeit; es handelt sich um eine Vereinbarung darüber, wer die Grunderwerbsteuer bezahlen soll; es geht um den Erbbauzins. Denn durch ihn wird das Erbbaurecht in seinem Wert gemindert, Celle DNotZ **60**, 410, Düss JMBlNRW **69**, 116, Hbg DNotZ **58**, 219, Hamm JB **66**, 504, KG Rpfleger **66**, 60, Oldb JB **80**, 1557, Schlesw JB **79**, 754; **aM** Kahlke DNotZ **83**, 526; der Käufer läßt auf eigene Rechnung eine Bebauung planen und behördlich genehmigen und erwirkt eine öffentliche Förderung, KG Rpfleger **85**, 377.

Eine Betagung oder die Unverzinslichkeit des Kaufpreises mindert den Wert regelmäßig nicht. Im Fall des Verkaufs eines Miteigentums erfolgt eine Berechnung nach einem Bruchteil. Das gilt auch dann, wenn die anderen Miteigentümer an einen der Miteigentümer verkaufen. Wegen einer Bauverpflichtung Hamm DNotZ **79**, 182 mwN.

C. Sachwert, I 2 Hs 1. § 20 ist eine Sonderregel gegenüber dem Grundsatz des § 19 I. Soweit daher der Kaufpreis niedriger als derjenige Wert ist, den man nach § 19 errechnen muß, ist der letztere Wert maßgeblich, Karlsr Rpfleger **87**, 453. Anders ausgedrückt: Der nach § 19 berechnete Wert ist maßgeblich, soweit er höher ist als der Kaufpreis, Hamm MDR **79**, 945.

Der nach § 19 berechnete Wert ist also zB dann maßgebend, wenn der Kaufpreis nicht annähernd so hoch ist wie der wahre Sachwert im Zeitpunkt der Eintragung, Karlsr Rpfleger **87**, 453 mwN, oder wenn der Vater das Grundstück seinem Sohn zu einem unter dem Marktwert liegenden Preis verkauft. Eine im Kaufvertrag vom Käufer übernommene wiederkehrende Leistung bestimmt beim Übersteigen des Grundstückswerts unmittelbar den Geschäftswert, Ffm Rpfleger **55**, 195. Dabei darf man eine Altenteilsleistung höchstens mit dem 5fachen ihres Betrages ansetzen, Zweibr DNotZ **66**, 123. Im Fall der Verrentung des Kaupfpreises vgl § 24 Anm 1 C.

Eine Kaufpreisbedingung des im übrigen unbedingten Vertrags erfordert eine Schätzung nach § 30 I; jedoch bleibt I 2 beachtlich, Köln DNotZ **75**, 183 mwN, aM zB Ffm Rpfleger **60**, 258 (das OLG meint, maßgeblich sei ein etwa höherer Endpreis).

Wenn der Verkäufer eines Grundstücks das Zubehör mitverkauft, dann muß man seinen Wert bei der Beurkundung der Auflassung und bei der Eintragung abziehen. Denn diese letzteren Vorgänge beziehen sich nur auf das eigentliche Grundstück. Auch eine längerfristige Stundung ist unabhängig von ihrer steuerlichen Behandlung unerheblich, Hamm Rpfleger **73**, 188.

D. Bebauung, I 2 Hs 2. Eine für die Rechnung des Erwerbers oder seines Gesamtrechtsvorgängers auf dem verkauften Grundstück vor der Eintragung vorgenommene Bebauung (nicht eine sonstige Bebauung) ist für die Wertberechnung unerheblich, BayObLG DB **74**, 2471, OLG Schlesw SchlHA **74**, 171, abw LG Cobg JB **77**, 710. Bei dieser Regelung handelt es sich um eine Ausnahmevorschrift. Sie soll Unbilligkeiten ausschließen, Zweibr Rpfleger **86**, 497. Sie ist nur dann anwendbar, wenn der letzte Einheitswert höher ist als der Kaufpreis. Andernfalls gilt der Kaufpreis als der Geschäftswert, Ffm Rpfleger **77**, 268 mwN.

An der Bebauung kann auch derjenige Grundstückseigentümer beteiligt sein, mit dem der Erwerber eines Miteigentums einen Geschäftsbesorgungsvertrag abgeschlossen hat, Zweibr Rpfleger **86**, 497 mwN, s auch Neustadt Rpfleger **62**, 286, aM KG DNotZ **81**, 73. Die Vorschrift ist aber unanwendbar, wenn nicht der Erwerber, sondern ein Dritter ohne Geschäftsbesorgungsauftrag baut, Zweibr Rpfleger **86**, 497.

3) Vorkaufsrecht, Wiederkaufsrecht, II. Im Fall der Einräumung eines solchen Rechts, §§ 504ff, 1094ff, 497ff BGB, 20 RSG, ist folgende Sonderregelung zu beachten, die auch für das Eintrittsrechts eines Dritten in einen Pachtvertrag gilt, Ffm DNotZ **55**, 265:

A. Grundsatz. Ein solches Recht wird in der Regel mit dem halben nach § 19 ermittelten Wert der Sache bemessen. Der Regelfall liegt dann vor, wenn man keinen Anhaltspunkt für einen anderen Wert hat, vgl auch BayObLG Rpfleger **76**, 11, 150 je mwN.

Das Recht bleibt allerdings insoweit unberücksichtigt, als es nur einen Teil der Kaufbedingungen darstellt und als keine selbständige Leistung des Käufers in Frage kommt. Dieser Fall liegt zB dann vor, wenn das Vorkaufsrecht zugunsten des Verkäufers, sein Wiederkaufsrecht, nur der Sicherung der Vertragsdurchführung dient, etwa der Sicherung eines etwaigen Mehrerlöses im Fall eines Verkaufs durch den Erwerber, BayObLG **64**, 294 und § 44 Anm 2 A. Wegen des Werts im Fall einer Zwangsversteigerung BGH **57**, 357, **58**, 398, **59**, 94. Ein Optionsrecht ist nach § 30 I frei zu schätzen.

B. Vorkaufsrecht am Erbbaurecht. Soweit ein solches Recht vorliegt, § 21 Anm 2 Ab, muß man die künftig auszuführende Bebauung bei der nach § 30 I vorzunehmenden Schätzung berücksichtigen. Denn in aller Regel bebaut der Erbbauberechtigte die Fläche alsbald, BayObLG Rpfleger **76**, 111 mwN, Hamm DNotZ **65**, 182. Man muß aber auch den Wert vor der Bebauung beachten, BayObLG DNotZ **84**, 115. Zu den Einzelfragen Delp JB **78**, 961 (ausf).

Die Hälfte des Wertes des Erbbaurechts, § 21 I 1, und des geschätzten Gebäudewerts ergeben den Wert des Vorkaufsrechts. Für den Gebäudewert geben die mutmaßlichen Baukosten einen wichtigen Anhaltspunkt, Hamm DNotZ **66**, 121.

Die vorstehenden Regeln gelten auch dann, wenn der Erbbauberechtigte zur Veräußerung des Erbbaurechts die Zustimmung des Grundeigentümers benötigt, wie meistens. Denn die Absicht des Grundeigentümers, das im Erbbaurecht gebaute Gebäude selbst zu erwerben, ist oft der

Anlaß für ihn, sich ein Vorkaufsrecht am Erbbaurecht einräumen zu lassen. Daher tritt die Zustimmungsbedürftigkeit wertmäßig in den Hintergrund.

Diese Frage ist **streitig. Wie hier** zB Celle DNotZ **60**, 51, Schlesw SchlHA **83**, 61 mwN; **aM** Ffm DNotZ **60**, 408, Rohs-Wedewer § 21 Anm II b (der Wert sei mit ⅕–⅒ zu bewerten). S auch § 21 Anm 1.

Im Fall der Veräußerung des Erbbaurechts erfolgt keine besondere Bewertung. Denn das dingliche Vorkaufsrecht ist mit der früheren Eintragung ein wesentlicher Bestandteil geworden, Köln DNotZ **72**, 508.

C. Weitere Einzelfragen. II gilt entsprechend im Fall eines Ankaufsrechts, Stgt Rpfleger **80**, 404 mwN, eines Wiederkaufsrechts oder eines Vorvertrags über ein Rückkaufsrecht, BayObLG **86**, 75 mwN, auch bei einer Rückauflassungsvormerkung, Zweibr Rpfleger **89**, 233 mwN, aM zB Celle Rpfleger **69**, 140. Nicht § 20, sondern § 30 I ist anwendbar, wenn der Notar klärt, ob überhaupt ein Vorkaufsrecht besteht, Düss DNotZ **75**, 377.

Erbbaurecht, Wohnungseigentum, Wohnungserbbaurecht

21 **I Bei der Bestellung eines Erbbaurechts beträgt der Wert achtzig vom Hundert des Werts des belasteten Grundstücks (§ 19 Abs. 2). Eine für Rechnung des Erbbauberechtigten erfolgte Bebauung des Grundstücks bleibt bei der Ermittlung des Grundstückswerts außer Betracht. Ist als Entgelt für die Bestellung des Erbbaurechts ein Erbbauzins vereinbart, dessen nach § 24 errechneter Wert den nach Satz 1 und 2 berechneten Wert übersteigt, so ist der Wert des Erbbauzinses maßgebend; entsprechendes gilt, wenn statt des Erbbauzinses ein fester Kapitalbetrag vereinbart ist.**

II Bei der Begründung von Wohnungseigentum (Teileigentum) sowie bei Geschäften, die die Aufhebung oder das Erlöschen von Sondereigentum betreffen, ist als Geschäftswert die Hälfte des Werts des Grundstücks (§ 19 Abs. 2) anzunehmen.

III Bei Wohnungserbbaurechten (Teilerbbaurechten) gilt Absatz 2 entsprechend mit der Maßgabe, daß an die Stelle des Werts des Grundstücks der Einheitswert des Erbbaurechts oder, wenn ein solcher nicht festgestellt ist, der nach Absatz 1 zu bestimmende Wert des Erbbaurechts tritt.

Schrifttum: Brückner-Noack NJW **71**, 736.

1) Allgemeines. Die Vorschrift enthält Regelungen für drei einander ähnliche, aber doch rechtlich unterschiedlich ausgestaltete Lebensvorgänge. I behandelt die Bestellung des Vollerbbaurechts an einem Grundstück, II die Begründung von Wohnungseigentum sowie Geschäfte, die die Aufhebung oder das Erlöschen von Sondereigentum betreffen, III behandelt die Begründung eines Wohnungserbbaurechts (Teilerbbaurechts) usw. III ist in Verbindung mit II gegenüber I vorrangig. Der ganze § 21 ist als Sonderregelung gegenüber §§ 19, 20, 22ff vorrangig; allerdings verweist I 2 auf die Bemessungsregeln des § 24 und läßt diese unter Umständen vorgehen.

2) Erbbaurechtsbestellung, I. A. Geltungsbereich. a) Anwendbarkeit. Unter I fallen Ausgestaltungen jeder Art nach den §§ 2–8, 27, 32 ErbbVO, Celle DNotZ **59**, 153 (die Entscheidung behandelt eine Entschädigung beim Heimfall), Ackermann DNotZ **58**, 507, also auch: Eine Sicherung einer Verpflichtung, die ein Beteiligter im Bestellungsvertrag eingegangen ist; eine Bestimmung, die man nicht mit einer dinglichen Wirkung vereinbaren kann; die Einräumung eines Untererbbaurechts (dieser Fall fällt insbesondere weder unter § 30 noch unter §§ 19, 39), insbesondere dann, wenn ein Siedlungsunternehmen zwecks einheitlicher Bebauung gehalten ist, das Untererbbaurecht an die einzelnen Berwerber weiterzuübertragen, Ffm DNotZ **61**, 213; das dingliche Geschäft einschließlich der Eintragung, § 873 BGB, insofern auch BayObLG DNotZ **84**, 113 mwN; ebenso wie das zugrundeliegende schuldrechtliche Geschäft; eine nachträgliche Eintragung, § 38 II Z 6b, c; die Zustimmung eines einzelnen Teilnehmers oder Berechtigten, §§ 38 II Z 1, 40; eine darauf bezügliche Vollmacht, §§ 38 II Z 4, 41; eine Beglaubigung, § 45; ein Entwurf, § 145; die Ausgestaltung des Inhalts des Erbbaurechts (man darf also eine Ausgestaltungsbestimmung nicht besonders bewerten). Wegen der Vollzugsgebühren des Notars § 146.

b) Unanwendbarkeit. Nicht unter I fallen: Ein mitbeurkundetes anderes Geschäft, etwa wegen einer Dienstbarkeit oder einer hypothekarischen Sicherheit; ein Vorkaufsrecht des Grundeigentümers am Erbbaurecht, Celle DNotZ **60**, 51, insofern abw BayObLG DNotZ **84**, 113 (es sei nicht neben der Bestellung des Erbbaurechts werterhöhend); ein Vorkaufsrecht des Erbbauberechtigten am Grundstück, denn es wird nicht als Teil des Erbbaurechts begründet, zB Ffm JB **76**, 1365 mwN, Hbg DNotZ **63**, 119, im Ergebnis aM Düss DNotZ **84**, 453 mwN; der Erwerb eines schon bestehenden Erbbaurechts, LG Bayreuth JB **75**, 1629.

Bei einem solchen Erwerb ist aber im Rahmen des § 19 der Grundsatz des I mitverwertbar, BayObLG BB **77**, 16, Düss Rpfleger **74**, 411, Köln DNotZ **72**, 608.

Nicht unter I fallen ferner: Der Erwerb des Grundeigentums; eine dem Erwerb vorausgehende Auseinandersetzung, etwa über die Verpflichtung, ein bereits gekauftes Grundstück aufzuteilen und aufzulassen; eine Bruchteilsveräußerung; ein Vertrag mit einem Dritten, etwa dem Architekten; ein Vertrag mit einem Verwalter oder mit einem Finanzierungsinstitut; die Verfügung über das Erbbaurecht, Ffm DNotZ **78**, 117. Soweit solche Geschäfte mitbeurkundet sind, erfolgt eine Zusammenrechnung nach § 44 IIa. Wenn der Erbbauberechtigte oder der Grundeigentümer ein Vorkaufsrecht erhalten, ist insofern § 39 II anwendbar, Ffm JB **76**, 1365 mwN.

B. Wert. a) Grundsatz, I 1, 2. Bei der Bestellung eines Erbbaurechts beträgt der Wert grundsätzlich 80% des Werts des belasteten Grundstücks. Den Wert des belasteten Grundstücks muß man nach § 19 II ermitteln, dort Anm 3, nur grundsätzlich richtig Hamm Rpfleger **83**, 87. Soweit der Wert des belasteten Grundstücks also noch nicht feststeht, ist § 19 II 3 anwendbar.

Im Rahmen dieser Wertermittlung muß man eine solche Bebauung des Grundstücks außer Betracht lassen, die für Rechnung des Erbbauberechtigten erfolgt, I 2. Es ist in diesem Zusammenhang unerheblich, ob der Erbbauberechtigte die Bebauung selbst durchführt oder ob ein Dritter oder der Grundeigentümer sie für Rechnung des Erbbauberechtigten durchführt, Oldb JB **78**, 1858. Ebenso unerheblich ist der Zeitpunkt der Bebauung, Celle BB **65**, 1204.

b) Ausnahme, I 3. Soweit die Vertragspartner für die Bestellung des Erbbaurechts einen Erbbauzins oder einen festen Kapitalbetrag vereinbart haben, kann sich aus dem vorrangigen I 3 eine andere Bewertung als nach I (in Verbindung mit II) ergeben.

Es kommt in diesen Fällen darauf an, wie hoch der nach § 24 zu errechnende Wert des Erbbauzinses ist und ob dieser Wert den nach I 1, 2 berechneten Wert übersteigt. Man muß also den nach § 24 kapitalisierten Betrag des Erbbauzinses mit dem 25fachen Jahresbetrag zum Vergleich heranziehen. Denn ein Erbbaurecht ist regelmäßig befristet.

Soweit der Erbbauzins während dieser Zeitspanne verschieden hoch ist, kommt es nicht auf den Durchschnittssatz an, sondern man muß die höchsten Kosten bis für insgesamt 25 Jahre feststellen und zusammenrechnen. Rohs-Wedewer II d. Deshalb muß man auch eine etwaige Wertsicherungsklausel besonders bewerten, BayObLG Rpfleger **75**, 332, Hamm DNotZ **73**, 48, aM BayObLG Rpfleger **74**, 81 (diese Entscheidung betrifft einen genehmigungsfreien Leistungsvorbehalt), Schlesw DNotZ **75**, 438; zum Wert einer solchen Wertsicherungsklausel § 30 Anm 1 C.

Demgegenüber darf man sonstige Leistungen nicht berücksichtigen, zB nicht: Eine Übernahme von Bewirtschaftungslasten; Anliegerkosten und den Lastenausgleich, Schlesw SchlHA **59**, 151; die Übernahme der von der Gemeinde zu erhebenden Erschließungsbeiträge; die Übernahme von Kosten der von der Gemeinde einem Dritten übertragenen Erschließung, Hamm DNotZ **68**, 572. Soweit der Grundstückswert noch nicht feststeht, ist § 19 II 3 anwendbar. Der Wert einer Zustimmung nach § 5 I ErbbVO ist ebenso hoch wie der Wert der Übertragung des Erbbaurechts, Düss VersR **79**, 942 mwN, aM zB Hamm Rpfleger **72**, 425 (das OLG läßt das Interesse des Grundeigentümers an der Rechtsänderung maßgeblich sein. Vgl aber § 39 Anm 2 A).

3) Wohnungseigentum, II. A. Geltungsbereich. a) Anwendbarkeit. Die Vorschrift betrifft die Begründung des Teileigentums. Dazu gehören auch: Die Ausgestaltung des Inhalts des Rechts, §§ 5, 10–12, 15, 20 ff WEG; eine Veräußerungsbeschränkung, § 12 WEG; ein Benutzungsrecht, etwa zur Aufstellung einer Dachantenne oder zur Verwertung einer Garage, soweit es sich um ein Recht gegenüber den übrigen Wohnungseigentümern handelt; eine finanzielle Verpflichtung des Wohnungseigentümers (nicht eines Dritten) und deren hypothekarische Sicherung, etwa der Baukostenbeitragspflicht. Denn auch sie dient der Verwirklichung des Rechts, Hamm DNotZ **72**, 117; das dingliche Geschäft einschließlich der Eintragung, §§ 873 BGB, 4 WEG, und einschließlich der nach § 8 WEG möglichen Erklärung des Wohnungseigentümers gegenüber dem Grundbuchamt; das zugrundeliegende schuldrechtliche Geschäft; vgl im übrigen Anm 2 A.

II ist ferner bei Geschäften anwendbar, die die Aufhebung oder das Löschen des Sondereigentums betreffen, § 9 WEG.

b) Unanwendbarkeit. Nicht unter II fallen zB: Eine der Begründung des Wohnungseigentums vorausgehende Auseinandersetzung, etwa über eine Verpflichtung, das bereits gekaufte Grundstück aufzuteilen und aufzulassen, oder eine Bruchteilsveränderung; ein Vertrag mit einem Dritten, etwa einem Architekten; eine Verpflichtung des zukünftigen Wohnungseigentümers, mit einem bestimmten Architekten einen Vertrag abzuschließen. Denn diesen Vertrag könnte auch ein außenstehender Dritter abschließen, Hamm DNotZ **70**, 548; ein Recht, das ein anderer Wohnungseigentümer einräumt; ein Darlehen eines Wohnungseigentümers an einen anderen für den vom letzteren zu bezahlenden Baukostenvorschuß nebst der zugehörigen hypothekarischen Sicherung.

B. Wert. a) Grundsatz. Als Geschäftswert ist die Hälfte des Werts des Grundstücks anzusetzen. Dieser Grundstückswert wird nach § 19 II ermittelt, dort Anm 3. Es kommt auf den Wert desjenigen Grundstücks an, auf dem das Wohnungseigentum (Teileigentum) begründet wird oder ist. Dieser Wert ist auch im Fall des § 8 WEG maßgeblich, Hamm DNotZ **72**, 116. Es kommt auf den Wert des bebauten Grundstücks nach der völligen Fertigstellung an, also den Wert einschließlich der etwa noch erforderlichen Ausbauten usw, und zwar auch dann, wenn das Gebäude auf Rechnung des Berechtigten entsteht. Diese Einbeziehung des Gebäudewerts ergibt sich daraus, daß in II eine dem I 2 entsprechende Bestimmung fehlt. Außerdem handelt es sich beim Wohnungseigentum anders als beim Erbbaurecht nicht um einen gegenseitigen Vertrag mit dem Austausch zweier Leistungen, sondern um ein gesellschaftsähnliches Rechtsverhältnis. Daher ist es richtig, in die Bewertung die Leistungen aller Beteiligten einzubeziehen, also auch die eigene Leistung. Die Gesamtbaukosten sind mitbeachtlich, BayObLG **82**, 103.

Wenn es dagegen um den Wert der Veräußerung eines Wohnungseigentums geht, dann darf man eine für Rechnung des Erwerbers vorgenommene Bebauung bei der Bewertung nicht berücksichtigen, § 20 I 2 Hs 2. Freilich ist in diesem Fall auch die Ermäßigung des § 21 II unanwendbar.

Bei der Aufhebung des Sondereigentums, §§ 4, 9 WEG, ist als Geschäftswert die Summe der Einheitswerte der Wohnungseigentumsrechte anzusetzen. Denn in einem solchen Fall wird ein Einheitswert des bebauten Grundstücks nicht festgesetzt. Wenn dann anschließend Alleineigentum begründet wird, so handelt es sich insofern um ein besonderes Geschäft, das nicht unter § 21 fällt.

b) Ausnahme. Eine besondere Wertbegünstigung gegenüber II ergibt sich im Fall einer Umwandlung aus

WEG § 63. I Werden Rechtsverhältnisse, mit denen ein Rechtserfolg bezweckt wird, der den durch dieses Gesetz geschaffenen Rechtsformen entspricht, in solche Rechtsformen umgewandelt, so ist als Geschäftswert für die Berechnung der hierdurch veranlaßten Gebühren der Gerichte und Notare im Falle des Wohnungseigentums ein Fünfundzwanzigstel des Einheitswertes des Grundstückes, im Falle des Dauerwohnrechtes ein Fünfundzwangzigstel des Wertes des Rechtes anzunehmen.

II (überholt)

III Durch Landesgesetz können Vorschriften zur Überleitung bestehender, auf Landesrecht beruhender Rechtsverhältnisse in die durch dieses Gesetz geschaffenen Rechtsformen getroffen werden.

4) Wohnungserbbaurecht, III. Bei der Bestellung eines Wohnungserbbaurechts (Teilerbbaurechts) gelten gemäß III die Regeln des II entsprechend, jedoch tritt an die Stelle des Werts des Grundstücks der Einheitswert des Erbbaurechts und dann, wenn ein solcher noch nicht amtlich feststeht, der nach I zu bestimmende Wert des Erbbaurechts. Vgl also Anm 2, 3.

Grunddienstbarkeiten

22 Der Wert einer Grunddienstbarkeit bestimmt sich nach dem Wert, den sie für das herrschende Grundstück hat; ist der Betrag, um den sich der Wert des dienenden Grundstücks durch die Dienstbarkeit mindert, größer, so ist dieser höhere Betrag maßgebend.

1) Geltungsbereich. Die Vorschrift stimmt inhaltlich völlig mit § 7 ZPO überein. Vgl seine Erläuterungen im Anh I nach § 12 GKG, Teil I dieses Buchs. Eine Dienstbarkeit beeinflußt entsprechend § 22 den Einheitswert des Grundstücks, § 19 II.

§ 22 ist im Fall einer lediglich persönlichen Dienstbarkeit unanwendbar. Für eine solche Dienstbarkeit gilt § 24, dort Anm 1 C a. Soweit auch diese Vorschrift keine ausreichenden Wertmaßstäbe setzt, muß man den Wert der persönlichen Dienstbarkeit nach § 30 bestimmen, § 24 Anm 1 C a.

Pfandrechte und sonstige Sicherheiten, Rangänderungen

23 I Der Wert eines Pfandrechts oder der sonstigen Sicherstellung einer Forderung durch Bürgschaft, Sicherungsübereignung oder dgl. bestimmt sich nach dem Betrag der Forderung und, wenn der als Pfand oder zur Sicherung dienende Gegenstand einen geringeren Wert hat, nach diesem.

II Als Wert einer Hypothek, Schiffshypothek oder Grundschuld gilt der Nennbetrag der Schuld, als Wert einer Rentenschuld der Nennbetrag der Ablösungssumme; bei der Einbeziehung in die Mithaft und bei der Entlassung aus der Mithaft ist jedoch der Wert des Grundstücks (Schiffs, Schiffsbauwerks) maßgebend, wenn er geringer ist.

III Bei Einräumung des Vorrangs oder des gleichen Rangs ist der Wert des vortretenden Rechts, höchstens jedoch der Wert des zurücktretenden Rechts maßgebend. Die Vormerkung gemäß § 1179 des Bürgerlichen Gesetzbuchs zugunsten eines nach- oder gleichstehenden Berechtigten steht der Vorrangseinräumung gleich. Der Ausschluß des Löschungsanspruchs nach § 1179a Abs. 5 des Bürgerlichen Gesetzbuchs ist wie ein Rangrücktritt des Rechts zu behandeln, als dessen Inhalt der Ausschluß vereinbart wird.

1) Pfandrecht usw, I. A. Geltungsbereich. Die Vorschrift behandelt das Pfandrecht und eine sonstige Sicherstellung einer Forderung. Sie nennt für den letzteren Fall als bloße Beispiele die Bürgschaft und eine Sicherungsübereignung, das sog Besitzlosenpfandrecht. In Betracht kommt aber auch jede andersartige Sicherstellung einer Forderung, etwa ein Garantievertrag oder eine zur Sicherung erfolgende Übertragung des Rechts oder Abtretung der Forderung, auch eine kraft Gesetzes bestehende Mithaft.

Es ist unerheblich, inwieweit der Gläubiger aus ihr schon einen anderen in Anspruch genommen hat. I bezieht sich wegen eines Pfandrechts allerdings nur auf bewegliche Sachen; die Vorschrift bezieht sich im Fall einer sonstigen Sicherstellung der Forderung auf bewegliche und unbewegliche Sachen. Sie regelt auch den Fall der Aufhebung einer Sicherstellung.

B. Wert. Man muß zunächst den Betrag der gesicherten Forderung ermitteln, dann den Wert des zur Sicherung dienenden Gegenstands. Der geringere dieser beiden Werte ist maßgeblich. Vgl auch § 12 GKG Anh I: § 6 ZPO.

Man darf einen solchen Wertvergleich allerdings nur dann vornehmen, wenn man beide vorgenannten Werte aus den beteiligten Urkunden ersehen kann. Andernfalls muß man die Bewertung nach dem Wert des Sicherungsgegenstands vornehmen. Das gilt auch dann, wenn man den Wert der zu sichernden Forderung, etwa eines Anliegerbeitrags, nicht kennt, Hamm Pfleger **58**, 321.

Im Fall der Sicherung eines dinglichen Anspruchs durch eine Vormerkung oder durch einen Widerspruch ist der Wert des gesicherten dinglichen Rechts oder Anspruchs maßgebend. Wenn es um eine Vormerkung zur Sicherung eines Anspruchs auf die Auflassung geht, ist also der Wert des Grundstücks nach § 19 II zu berechnen und dann, wenn die Grundlage der Vormerkung ein Kaufvertrag war, der Wert nach § 20 zu berechnen. Im Fall der Vormerkung auf eine Einräumung usw eines Rechts kommt es auf den Wert dieses letzteren Rechts an, also im Fall eines Erbbaurechts auf den nach § 21 berechneten Wert. Im Fall eines Widerspruchs kommt es auf den Wert desjenigen Rechts an, das mit dem Widerspruch geltend gemacht wird. Wegen einer Vormerkung zugunsten eines Grundpfandrechts vgl Anm 2, wegen der Grundbucheintragung §§ 66, 68.

Soweit es um die Sicherung einer Forderung durch ein beschränktes dingliches Recht geht, etwa einen Nießbrauch, eine Dienstbarkeit oder ein Vorkaufsrecht, ist wegen der abstrakten Natur dieser dinglichen Rechte ihr Wert und nicht etwa der Wert der zugrundeliegenden schuldrechtlichen Forderung maßgebend, sofern nicht etwa der Sicherungszweck eingetragen ist, Düss JMBl NRW **54**, 6, Rohs-Wedewer III, aM Düss Rpfleger **56**, 209.

2) Grundstückspfandrecht usw, II. A. Geltungsbereich. Die Vorschrift erfaßt die Hypothek, die Schiffshypothek, ein Pfandrecht an einem Luftfahrzeug, § 102 I LuftfRG, eine Grundschuld, eine Rentenschuld, die Einbeziehung in eine Mithaft und die Entlassung aus der Mithaft. Sie gilt ferner für die Begründung eines gesetzlichen Löschungsanspruchs nach § 1179a BGB; nur bei seinem vertraglichen Ausschluß gilt III 3, Anm 3 A. II gilt für die Eintragung im Grundbuch, in den Registern, vgl § 62, aber auch § 63 III, IV. II gilt ferner: Für die Begründung eines Kabelpfandrechts; für eine Altenteilslast als Reallast, Celle RdL **58**, 165; für die Pfandentlassung eines Grundstücks aus der Mithaft.

II Hs 2 ist unanwendbar, wenn es sich um eine Erstbelastung mehrerer Grundstücke mit einer Gesamthypothek handelt, selbst wenn sie anders (nicht landwirtschaftlich oder forstwirtschaftlich, § 36 LwVG) genutzt werden, Mü RdL **59**, 77 (zustm Riedel), aM Ffm MDR **59**, 852, Nürnb DNotZ **58**, 585 (diese Gerichte lassen den Wertvergleich auch im Fall einer gleichzeitigen Belastung maßgeblich sein, setzen sich dabei aber über die Worte „Einbeziehung in die Mithaft" in II Hs 2 hinweg). II Hs 2 ist ferner natürlich auch dann unanwendbar, wenn das landwirtschaftliche Grundstück auch gewerblich genutzt wird, Nürnb DNotZ **59**, 330.

Andererseits ist II bei einer Pfandentlassung eines Grundstücks aus der Mithaft anwendbar; das Gesetz kennt keine grundsätzliche Ermäßigung des Geschäftswerts schon deshalb, weil das Recht nicht erlischt, sondern weil nur die Haftungsgrundlage beschränkt wird, Celle RdL **58**, 165.

B. Wert. Man muß folgende Fälle unterscheiden:

a) Hypothek, Schiffshypothek, Grundschuld, Registerpfandrecht. In diesem Fall findet kein Wertvergleich statt. Vielmehr ist als Wert der Nennbetrag der Schuld maßgeblich. Im Fall einer Höchstbetragshypothek ist der Höchstbetrag anzusetzen. Im Fall einer Zwangshypothek ist nur die Hauptforderung anzusetzen.

Man muß die Hypothek auch dann mit ihrem Nennbetrag ansetzen, wenn der Gläubiger die Auszahlung mit einem Disagio vorgenommen hat, aber einen Anspruch zur Rückzahlung an ihn zum Nennwert hat. Etwas anderes gilt dann, wenn der Gläubiger den Nennbetrag ausgezahlt hat, nun aber wegen einer Tilgungsstreckung ein Aufgeld verlangen kann. Denn in einem solchen Fall liegt keine Nebenleistung nach § 18 II vor, zB Rohs-Wedewer IV a, aM BayObLG Rpfleger **66**, 269.

Der Wert einer Vormerkung oder eines Widerspruchs wegen eines der vorgenannten Rechte ist ebenso hoch wie der Wert des zugehörigen Rechts anzusetzen.

b) Rentenschuld. In diesem Fall ist die Ablösungssumme mit ihrem Nennbetrag maßgeblich.

c) Mithaft. Abweichend von a muß man im Fall der Einbeziehung in die Mithaft und im Fall der Entlassung aus ihr den Wert des Grundstücks bzw Schiffs oder Schiffsbauwerks ansetzen, falls dieser geringer als der Nennbetrag der Schuld ist. Man muß also einen Wertvergleich vornehmen. Sofern es sich um eine Mithaft wegen mehrerer Grundstücke handelt, muß man deren Wert zusammenrechnen. Soweit ein Grundstück für mehrere Grundpfandrechte mithaftet, muß man den Vergleich für jedes dieser Rechte besonders vornehmen.

d) Umstellung. Im Fall einer Umstellung ist der Umstellungsbetrag maßgebend, § 64 Anm 3 A.

3) Rangänderung usw, III. A. Geltungsbereich. Die Vorschrift ist anwendbar, soweit sich der Rang nachträglich ändert. In diesem Fall ist

II 2 auch nicht entsprechend anwendbar, Ffm Rpfleger **77**, 228. Die Löschungsvormerkung nach § 1179 BGB steht einer Rangeinräumung gleich, wenn ein Nach- oder Gleichstehender löschungsberechtigt ist. III ist nur anwendbar, wenn die Löschungsvormerkung lediglich zur Verstärkung eines gleichrangigen oder nachrangigen Werks dienen soll. Es kann zur Vermeidung der Notwendigkeit einer Kostenniederschlagung nach § 16 notwendig sein, die Beteiligten insofern zu befragen, Hamm Rpfleger **81**, 36. Wenn ein anderer löschungsberechtigt ist, gilt II. Im Fall eines Eintragungsantrags zusammen mit dem Antrag auf die Eintragung des Rechts herrscht Gebührenfreiheit, § 62 III 2.

Bei einem gesetzlichen Löschungsanspruch nach § 1179a BGB gilt II. Nur beim vertraglichen Ausschluß des Rechts nach § 1179a V BGB gilt gemäß III 3: Man muß den Ausschluß wie einen Rangrücktritt desjenigen Rechts behandeln, als dessen Inhalt er vereinbart wird. Das ist freilich nur im Fall eines nachträglichen Ausschlusses beachtlich. Bei einem anfänglichen Ausschluß ist ja dieser Ausschluß bereits Teil des Inhalts der Hypothek.

B. Wert. Man muß den Wert des vortretenden Rechts und denjenigen des zurücktretenden Rechts getrennt ermitteln und die Werte dann miteinander vergleichen. Maßgebend ist der geringere Wert. Wenn mehrere Rechte vortreten, ist ihr zusammengerechneter Wert der Höchstwert. Wenn mehrere Rechte zurücktreten, ist für die Beurkundung als Höchstwert der Wert sämtlicher zurücktretender Rechte anzusetzen. Für die Eintragung muß man aber § 64 II, V beachten. Wenn mehrere Rechte nachträglich denselben Rang erhalten, gilt dasselbe. Man muß den Wert also für die Beurkundung unter einer Berücksichtigung der Rangverschlechterung oder Rangverbesserung für die Eintragung nach § 64 berechnen.

Eine Löschungsvormerkung nach § 1179 BGB steht der Rangeinräumung gleich, sofern ein Nach- oder Gleichstehender löschungsberechtigt ist. In diesem Fall findet also ein Wertvergleich wie bei III 1 statt. Vgl aber auch §§ 44 Anm 4, 64 Anm 3 B.

Wiederkehrende Nutzungen oder Leistungen

24 **I Der Wert des Rechts auf wiederkehrende oder dauernde Nutzungen oder Leistungen wird unter Zugrundelegung des einjährigen Bezugswerts nach Maßgabe folgender Vorschriften berechnet:**

a) Der Wert von Nutzungen oder Leistungen, die auf bestimmte Zeit beschränkt sind, ist die Summe der einzelnen Jahreswerte, höchstens jedoch das Fünfundzwanzigfache des Jahreswerts; ist die Dauer des Rechts außerdem durch das Leben einer oder mehrerer Personen bedingt, so darf der nach Absatz 2 zu berechnende Wert nicht überschritten werden;

b) Bezugsrechte von unbeschränkter Dauer sind mit dem Fünfundzwanzigfachen, Nutzungen oder Leistungen von unbestimmter Dauer – vorbehaltlich der Vorschriften des Absatzes 2 – mit dem Zwölfeinhalbfachen des Jahreswerts zu bewerten.

II Ist die Nutzung oder Leistung auf die Lebensdauer einer Person beschränkt, so gilt als Geschäftswert bei einem Lebensalter

von 15 Jahren oder weniger der 22fache Betrag,
über 15 Jahren bis zu 25 Jahren der 21fache Betrag,
über 25 Jahren bis zu 35 Jahren der 20fache Betrag,
über 35 Jahren bis zu 45 Jahren der 18fache Betrag,
über 45 Jahren bis zu 55 Jahren der 15fache Betrag,
über 55 Jahren bis zu 65 Jahren der 11fache Betrag,
über 65 Jahren bis zu 75 Jahren der 7½fache Betrag,
über 75 Jahren bis zu 80 Jahren der 5fache Betrag,
über 80 Jahren der 3fache Betrag

der einjährigen Nutzung oder Leistung. Hängt die Dauer der Nutzung oder Leistung von der Lebensdauer mehrerer Personen ab, so entscheidet, je nachdem ob das Recht mit dem Tode des zuerst oder des zuletzt Sterbenden erlischt, das Lebensalter des Ältesten oder des Jüngsten.

III Der Geschäftswert ist höchstens das Fünffache des einjährigen Bezugs, wenn das Recht dem Ehegatten oder einem früheren Ehegatten des Verpflichteten oder einer Person zusteht, die mit dem Verpflichteten in gerader Linie verwandt, verschwägert oder in der Seitenlinie bis zum dritten Grad verwandt oder bis zum zweiten Grad verschwägert ist, auch wenn die die Schwägerschaft begründende Ehe nicht mehr besteht.

IV Der Geschäftswert des einem nichtehelichen Kind gegen seinen Vater zustehenden Unterhaltsrechts bestimmt sich nach dem Betrag des einjährigen Bezugs. Ist dieser Betrag in den einzelnen Jahren verschieden, so kommt der höchste Betrag zum Ansatz.

V Der einjährige Wert von Nutzungen wird zu vier vom Hundert des Werts des Gegenstandes, der die Nutzungen gewährt, angenommen, sofern nicht ein anderer Wert festgestellt werden kann.

VI Für die Berechnung des Geschäftswerts ist der Beginn des Bezugsrechts maßgebend. Bildet das Recht später den Gegenstand eines gebührenpflichtigen Geschäfts, so ist der spätere Zeitpunkt maßgebend. Steht im Zeitpunkt des Geschäfts der Beginn des Bezugsrechts noch nicht fest oder ist das Recht in anderer Weise bedingt, so ist der Geschäftswert nach den Umständen des Falles niedriger anzusetzen.

1) Allgemeines. A. Systematik. Die Vorschrift entspricht in vielen Teilen dem § 9 ZPO, vgl § 12 GKG Anh I, Teil I dieses Buchs. § 24 KostO weicht aber von § 9 ZPO teilweise auch erheblich ab. Denn § 24 enthält besondere Regeln für Nutzungen auf Lebenszeit.

B. Begriffe. Über den Begriff der wiederkehrenden Nutzungen und Leistungen (der Ausdruck „Bezugsrecht" bedeutet nichts anderes, Karlsr Rpfleger **72**, 332) s § 12 GKG Anh I: § 9 ZPO. Es kommt wesentlich darauf an, ob man einen durchschnittlichen Jahreswert feststellen kann, BGH **LM** Nr 3.

C. Beispiele. a) Anwendbarkeit. Hierher gehören zB: Ein Nießbrauch oder eine beschränkte persönliche Dienstbarkeit, soweit diese Rechte nicht etwa den Eigentümer des belasteten Grundstücks in der Ausübung seines Eigentums in einem bestimmten Umfang beschränken (dann gilt § 30, BayObLG Rpfleger **85**, 330 mwN, vgl auch Ffm Rpfleger **82**, 443, Karlsr Rpfleger **83**, 178), LG Essen Rpfleger **55**, 196; eine Tankstellen-Dienstbarkeit, Anm 5; eine Bierbezugsverpflichtung, LG Siegen Rpfleger **83**, 369; das Recht zum Halten und Verlegen einer Hochspannungsleitung, Celle JB **75**, 814 mwN, Schlesw SchlHA **88**, 40; eine Reallast, etwa das Altenteil, Celle RdL **58**, 165, auch wenn an sich im Vertrag ein bestimmter Kaufpreis steht, den der Schuldner durch die Rente abzahlt, für die die Parteien die Form einer Reallast mit einer Wertsicherungsklausel gewählt haben, Hamm DNotZ **68**, 126. Für die Wertsicherungsklausel nimmt Mümmler Rpfleger **73**, 128 10% der kapitalisierten Rente als Wert an, BayObLG Rpfleger **75**, 410 nimmt 20% der kapitalisierten Rente an.

Hierher zählen zB weiter: Ein Zins- und Rentenanspruch; ein Dauernutzungsrecht nach § 31 WEG, Ffm NJW **54**, 1613, Mümmler JB **75**, 447 mwN. Ein Bezugsrecht muß selbst Gegenstand des Geschäfts oder des Streits sein. Daher kommt § 24 nur im Fall seiner Begründung, Erhöhung oder Herabsetzung oder Aufgabe zur Anwendung, Rohs-Wedewer 1a.

b) Unanwendbarkeit. § 24 ist zB in folgenden Fällen unanwendbar: Es handelt sich um ein Erbbaurecht. Es wird nach § 21 bewertet, auch wegen des Erbbauzins; es geht um eine vom Umsatz abhängige Lizenzgebühr, BGH **LM** Nr 3; es geht um einen Austausch von Leistungen, etwa um ein Baraltenteil anstelle eines Realaltenteils, Hamm RdL **65**, 96 (in diesem Fall muß man den Wert nach § 30 schätzen); es geht um eine Gesamtvergütung für eine unbestimmte Dauer, Karlsr Rpfleger **72**, 332 (das OLG sieht diese Gesamtvergütung als maßgeblich an).

2) Wertgrundsatz, I. Im Fall eines Bezugsrechts auf eine wiederkehrende oder dauernde Nutzung oder Leistung muß man folgende Fälle unterscheiden:

A. Bestimmte Dauer, Ia. In diesem Fall ist der 25fache Jahreswert ohne einen Abzug von Zwischenzinsen als Wert anzusetzen. Soweit das Recht zugleich von der Lebensdauer abhängig ist, etwa ein Nießbrauch, ergibt sich allerdings ein Höchstwert nach II. Sondervorschriften gelten für die Rentenschuld, § 23 II, für ein Miet- oder Pachtrecht, § 25 I, und für einen Dienstvertrag, § 25 II.

B. Unbeschränkte Dauer, Ib Hs 1. Man muß zwischen einer unbeschränkten und einer unbestimmten Dauer unterscheiden. Bei einer unbeschränkten Dauer ist ungewiß, ob das Bezugsrecht überhaupt wegfallen wird. In einem solchen Fall ist der 25fache Jahresbetrag maßgebend.

Hierhin gehören zB: Ein Nießbrauch zugunsten einer „unsterblichen Person", etwa einer Gemeinde oder einer unabsehbaren Reihe von Abkömmlingen, oder evtl eine Bierbezugsverpflichtung, LG Siegen Rpfleger **83**, 369.

Gegenüber IIa ist die Sonderregelung des § 48 II WEG, abgedruckt § 128 Anh I, vorrangig, KG JB **78**, 909.

C. Unbestimmte Dauer, I b Hs 2. Man muß zwischen einem Bezugsrecht von unbeschränkter Dauer und einem solchen von unbestimmter Dauer unterscheiden. Im letzteren Fall ist gewiß, daß das Bezugsrecht einmal wegfallen wird. Ungewiß ist lediglich der Zeitpunkt des Wegfalls. In einem solchen Fall muß man den 12½fachen Jahreswert ansetzen.

Hierher gehört an sich auch eine Nutzung auf Lebenszeit. Diesen Fall regelt aber II besonders. Es bleiben also alle anderen Nutzungen, bei denen gewiß ist, daß sie einmal wegfallen werden, und nur der Zeitpunkt des Wegfalls ungewiß ist.

Wenn das Recht voraussichtlich keine 12½ Jahre hindurch andauern wird, dann muß man die voraussichtliche Dauer schätzen und den Wert nach dem so ermittelten Zeitraum bemessen. Hierher gehört die Änderung des Zinssatzes einer Hypothek usw, soweit die Fälligkeit von der Kündigung abhängt. S zur Bewertung der Beurkundung und Eintragung §§ 39 I, 64 IV.

3) Nutzung oder Leistung auf Lebenszeit usw, II. A. Geltungsbereich. II hat gegenüber I b Hs 2 Vorrang. Hierher gehören: Alle bis zum Tod einer natürlichen Person bestellten Bezugsrechte; alle Rechte zugunsten einer Gesellschaft, soweit sie sich nach dem Gesellschaftsvertrag mit dem Tod eines persönlich Haftenden auflöst oder soweit ihre Dauer auf die Lebenszeit eines anderen Gesellschafters beschränkt ist.

II ist unanwendbar, wenn nach dem Tod des zunächst Berechtigten ein anderer bezugsberechtigt sein soll, BayObLG NJW **60**, 247.

B. Wert. Man muß den Wert nach der Tabelle in II ermitteln. Bei einer Mehrheit von Berechtigten entscheidet das Alter desjenigen, dessen Lebensdauer maßgebend sein soll, II 2, Lappe **KR** Nr 29, aM Düss Rpfleger **71**, 76. Eine Kürzung wegen besonderer Verhältnisse des Berechtigten, etwa seiner unheilbaren Krankheit, ist angesichts der Unsicherheit solcher Auswirkungen unzulässig. Einzelheiten der Berechnung bei Ackermann JB **76**, 19 mwN.

4) Bezugsrecht des Ehegatten usw, III. A. Geltungsbereich. Die Vorschrift enthält eine vorrangige Sonderregel nur für die dort bezeichneten und am Rechtsgeschäft auch beteiligten Personen, BayObLG Rpfleger **84**, 120 mwN, dann freilich nicht nur für die Ersteintragung, sondern auch für ein Nachfolgegeschäft, BayObLG Rpfleger **84**, 120 mwN. Das dem nichtehelichen Kind gegenüber dem Vater zustehende Unterhaltsrecht ist allerdings in der gegenüber III wiederum vorrangigen Sonderregel des IV behandelt.

III gilt für jedes der in I, II geregelten Rechte zugunsten einer in III genannten Person. Hierher gehören auch zB: Eine Änderung des Zinssatzes einer Forderung, etwa einer Hypothek; die Übernahme anderer als wiederkehrender Leistungen in einem Altenteilsvertrag, BayObLG **56**, 87.

Die Vergünstigung nach III tritt nicht ein, soweit eine der in III genannten Personen ein Rechtsgeschäft mit einem dort nicht erwähnten Dritten ausführt, BayObLG Rpfleger **84**, 120, oder soweit eine Kommanditgesellschaft eine der in I, II genannten Verpflichtungen zu erfüllen hat und soweit einer ihrer Gesellschafter mit dem nach I, II Berechtigten in einem der in III genannten Verwandtschaftsverhältnisse steht, BayObLG **65**, 127.

B. Wert. In den Fällen III ist der Geschäftswert höchstens das Fünffache des einjährigen Bezugs.

5) Unterhaltsanspruch des nichtehelichen Kinds gegen den Vater, IV. A. Geltungsbereich. Die Vorschrift geht als Sonderregel dem III und damit erst recht den Regeln in I–II vor. Sie erfaßt den Unterhaltsanspruch eines nichtehelichen Kindes „gegen seinen Vater". Dazu zählt angesichts des (geänderten) Gesetzeswortlauts (früher „Erzeuger") nicht die Mutter des nichtehelichen Kindes. Indessen ist eine nur den Wortlaut berücksichtigende Auslegung des Gesetzes unzulässig, weil sie eine nach Art 3 GG unzulässige Bevorzugung oder Benachteiligung hervorrufen würde. Zwar ist das Gebären wahrhaftig nicht mit dem Befruchten gleichzusetzen. Für den hier allein maßgeblichen Unterhaltsanspruch des Kindes gegenüber beiden Eltern sind ihre Beteiligungsformen an seiner Erzeugung aber unerheblich. Zumindest gebietet Art 3 GG eine entsprechende Anwendung von IV auf die Mutter auch nach der Neufassung des Gesetzes.

Auch ein vertraglich vereinbarter Unterhaltsanspruch des nichtehelichen Kindes gehört hierher, Hamm Rpfleger **59**, 194.

B. Wert. Der Wert des Unterhaltsanspruchs bestimmt sich nach dem Betrag des einjährigen Bezugs und dann, wenn dieser Betrag in den einzelnen Jahren verschieden hoch ist, nach dem höchsten Jahresbetrag. Man muß einen Rückstand außer Betracht lassen. Denn es fehlt eine dem § 17 IV GKG entsprechende Vorschrift, so daß der Grundsatz der Gebührenfreiheit (und daher Wertfreiheit) mangels bestimmter gesetzlicher abweichender Regelung zu beachten ist, § 1.

6) Wertberechnung, V. A. Grundsatz. Soweit es auf einen „Jahreswert" einer Nutzung ankommt, muß man ihn nach Regeln ermitteln, die in folgender Reihenfolge zu beachten sind:

a) Direkt bezifferter Jahreswert. Zunächst ist derjenige Betrag maßgeblich, der sich aus der Sache selbst ergibt, etwa aus der Addition von 12 festbezifferten Monatsrenten.

b) Leicht bezifferbarer Wert. Sodann muß man prüfen, ob sich der Jahreswert anhand anderer als der im Vertrag stehender Gesichtspunkte verhältnismäßig leicht ermitteln läßt. Dies kann zB dann der Fall sein, wenn die Parteien den Monats- oder Jahresbetrag von einem gesetzlichen Gehalt usw abhängig gemacht haben.

c) 4% als Auffangwert. Soweit a und b keine Ergebnisse bringen, sind 4% des nutzbringenden Gegenstands als Jahreswert anzurechnen. V lehnt sich insofern an § 246 BGB an.

B. Einzelfragen. Bei einer Tankstellendienstbarkeit kommt es grundsätzlich auf das Jahresentgelt für den schuldrechtlichen Vertrag an, also auf die Jahresmiete, die Jahrespacht, die jährliche Umsatzprovision, soweit sich die Rechte aus dem schuldrechtlichen Vertrag und diejenigen aus der Dienstbarkeit im wesentlichen decken, vgl aber auch BayObLG DNotZ **71**, 309 (krit Kanzleiter). In einem solchen Fall ist V unanwendbar, Bre Rpfleger **59**, 287. Wenn schuldrechtliche Leistungen über diejenigen aus der Dienstbarkeit hinausgehen, muß man einen Abschlag vornehmen. Dabei kann ein Vergleich mit dem Entgelt eines nicht zur Dienstbarkeit Verpflichteten einen Anhaltspunkt ergeben, BayObLG DNotZ **57**, 207, Rohs-Wedewer Ib. Soweit mangels solcher Anhaltspunkte für die Wertermittlung V in Betracht kommt (nicht § 30, Hornig DNotZ **56**, 514), ist der Verkehrswert maßgebend, § 19 I.

Ähnlich muß man eine Energieleitungsdienstbarkeit beurteilen, BayObLG Rpfleger **55**, 350, aM Celle JB **75**, 814 (das OLG wendet notfalls § 30 II an). Zur Wertberechnung bei einer Bierbezugsverpflichtung LG Siegen Rpfleger **83**, 369.

Wenn die Wiederkehr der Nutzungen seltener als einjährig erfolgt, muß man den Wert nach dem Jahreswert ansetzen.

Bei einem Nießbrauch ist der Ertragswert abzüglich der dem Nießbraucher obliegenden öffentlichen Lasten und Unterhaltskosten anzusetzen. Die Zinsen der dem Nießbrauch vorgehenden Hypothek usw sind nicht abzuziehen. Eine Gegenleistung ist nicht abzuziehen. Man muß einen Rückstand hinzurechnen. Ein Nießbrauch an einem ertragslosen Grundstück ist auf 4% desjenigen Grundstückswerts anzusetzen, der sich aus § 19 II ergibt. Bei einem Streit, ob ein Nießbrauch am Hof oder nur ein Wohn- und Verpflegungsrecht vorliegen, sind I und III anwendbar, so daß nicht etwa der Unterschiedsbetrag anzusetzen ist, BGH **LM** § 22 aF Nr 1.

7) Maßgebender Zeitpunkt, VI. A. Feststehender Beginn. Soweit das Bezugsrecht schon besteht, entscheidet der Zeitpunkt seines Beginns. Bei einer Unterhaltsrente kommt es zB auf die Geburt des Kindes oder auf die Rechtskraft des Scheidungsurteils an. Soweit das Recht schon erloschen ist, gilt für die Löschung der jetzige Wert, es ist also nach der niedrigsten Stufe zu berechnen.

B. Noch ungewißer Beginn. Soweit im Zeitpunkt des Geschäfts der Beginn des Bezugsrechts noch nicht feststeht oder das Recht in anderer Weise bedingt ist, ist der Geschäftswert nach den Umständen des Falls niedriger anzusetzen, also nach der Zeit des Beginns, soweit das Recht erst zu begründen ist, oder nach dem mußmaßlichen Beginnzeitpunkt, soweit das Recht aufschiebend bedingt ist.

Eine auflösende Bedingung bleibt bei der Berechnung außer Betracht.

Miet- und Pachtrechte, Dienstverträge

25 **I Der Wert eines Miet- oder Pachtrechts bemißt sich nach dem Wert aller Leistungen des Mieters oder Pächters während der ganzen Vertragszeit. Bei Miet- oder Pachtrechten von unbestimmter Vertragsdauer ist der Wert dreier Jahre maßgebend; ist jedoch die Auflösung des Vertrags erst nach einem längeren Zeitraum zulässig, so ist dieser maßgebend. In keinem Fall darf der Wert den fünfundzwanzigfachen Betrag der einjährigen Leistung übersteigen.**

II Der Wert eines Dienstvertrags bemißt sich nach dem Wert aller Bezüge des zur Dienstleistung Verpflichteten während der

ganzen Vertragszeit, höchstens jedoch nach dem dreifachen Jahresbetrag der Bezüge.

1) Miet- und Pachtrecht, I. A. Geltungsbereich. I betrifft Miet- und Pachtrechte aller Art. Die Vorschrift ist auf einen Leihvertrag entsprechend anwendbar. Wegen einer Lizenz vgl § 24 Anm 1 C a.

Im Fall einer Sicherungsabtretung der gesamten Mieteinnahmen eines Grundstücks ist I unanwendbar. Denn in einem solchen Fall steht in Wahrheit die Nutzung in Frage, also eine Nießbrauchsbestellung.

B. Wert. Der Wert berechnet sich „nach dem Wert aller Leistungen des Mieters oder Pächters", also nicht nur nach den Miet- und Pachtzinsen, sondern zB auch nach den übernommenen Umbaukosten, Ölheizungsbeiträgen, übernommenen Lasten usw. Die Leistungen des Vermieters usw bleiben außer Betracht. Im übrigen muß man folgende Fälle unterscheiden:

a) Bestimmte Vertragsdauer. Ein solcher Vertrag liegt auch vor, wenn ein Vertragspartner unter bestimmten Voraussetzungen vorzeitig kündigen kann, Hamm DNotZ **58**, 666, aM Oldb DNotZ **58**, 47.

Bei bestimmter Vertragsdauer wird der Wert nach dem Gesamtbetrag der Leistungen des Mieters oder Pächters während der gesamten Vertragszeit berechnet. Es ist jedoch höchstens der 25fache Betrag der einjährigen Leistung anzusetzen.

b) Unbestimmte Dauer. Ein solcher Fall liegt zB bei einem Vertrag auf Lebenszeit vor, Oppenberg NJW **59**, 1262, oder dann, wenn das Vertragsende von einer im Belieben eines Partners stehenden Kündigung abhängig ist, selbst wenn der andere Vertragspartner seinerseits erst nach Jahren kündigen könnte, Hamm Rpfleger **59**, 289. Eine unbestimmte Vertragsdauer liegt auch dann vor, wenn der Vermieter dem Mieter ein Optionsrecht eingeräumt hat, LG Bln Rpfleger **61**, 165.

Bei einer unbestimmten Vertragsdauer ist der Wert dreier Jahre maßgebend, sofern die Parteien nicht eine längere Mindestvertragsdauer vereinbart haben. Das letztere ist zB dann der Fall, wenn ein Partner frühestens nach drei Jahren kündigen kann. In diesem letzteren Fall ist der Wert der Mindestvertragsdauer maßgeblich. In allen Fällen einer unbestimmten Vertragsdauer ist aber das 25fache der einjährigen Leistung der Höchstwert. Wenn die vertragliche Mindestdauer weniger als drei Jahre beträgt, ihrerseits aber unbestimmt ist, ist der dreijährige Wert maßgebend.

2) Dienstvertrag, II. A. Geltungsbereich. Hierher gehört jeder Vertrag nach §§ 611 ff BGB als Ganzes, LG Stgt AnwBl **87**, 341. Ferner zählen hierher: Der Agenturvertrag; der Kommissionsvertrag; der Handelsvertretervertrag, LG Wuppert AnwBl **75**, 241.

B. Wert. Es kommt auf den Wert aller Bezüge des zur Dienstleistung Verpflichteten während der ganzen Vertragszeit an. Maßgebend ist also das gesamte Entgelt einschließlich einer Naturalverpflegung, einer Wohnung, eines Unkostenersatzes usw, LG Wuppert AnwBl **75**, 241. Das gilt auch dann, wenn ein Vertragspartner vorzeitig kündigen darf.

Allerdings ist der 3fache Jahresbetrag der Bezüge in jedem Fall der Höchstwert.

Anmeldungen zum Handelsregister, Eintragungen in das Handelsregister

26 I Bei Anmeldungen zum Handelsregister und bei Eintragungen in das Handelsregister richtet sich der Geschäftswert, sofern nicht ein bestimmter Geldbetrag in das Register einzutragen ist, nach den folgenden Vorschriften.

II Der Geschäftswert richtet sich nach dem Wert des Betriebsvermögens. Bei der Bewertung des Betriebsvermögens ist der letzte Einheitswert maßgebend, der zur Zeit der Fälligkeit der Gebühr bereits festgestellt ist. Ergeben sich ausreichende Anhaltspunkte dafür, daß dem zu dem Betriebsvermögen gehörenden Grundbesitz ein höherer als der Wert zukommt, mit dem er zur Einheitsbewertung angesetzt ist, so ist der Unterschiedsbetrag dem Einheitswert hinzuzurechnen; § 19 ist entsprechend anzuwenden. Eine Beteiligung an einer inländischen Kapitalgesellschaft, die bei der Einheitsbewertung nach § 102 des Bewertungsgesetzes nicht mitgerechnet worden ist, wird mit dem ihr nach § 11 des Bewertungsgesetzes beizulegenden Wert zum Einheitswert hinzugerechnet. Ist eine Feststellung des in Satz 2 bezeichneten Einheitswertes nicht vorgesehen, tritt an die Stelle des Einheitswertes der Wert, der sich bei Zugrundelegung der nach § 180 Abs. 1 Nr. 3 der Abgabenordnung zur Zeit der Fälligkeit der Gebühr bereits festgestellten Werte nach Kürzung der Summe der Werte aller vermögensteuerpflichtigen Wirtschaftsgüter um die Abzüge ergibt.

III Der Geschäftswert beträgt, wenn es sich um die erste Anmeldung oder Eintragung der Firma handelt,

bei einem Wert des Betriebsvermögens

bis zu 10000 Deutsche Mark 3000 Deutsche Mark,
bis zu 20000 Deutsche Mark 6000 Deutsche Mark,
bis zu 30000 Deutsche Mark 10000 Deutsche Mark,
bis zu 50000 Deutsche Mark 16000 Deutsche Mark,
bis zu 100000 Deutsche Mark 20000 Deutsche Mark,

von dem Mehrbetrag bis zu einer Million Deutsche Mark für je 100000 Deutsche Mark 5000 Deutsche Mark,

von dem Mehrbetrag bis zu 3 Millionen Deutsche Mark für je 400000 Deutsche Mark 15000 Deutsche Mark,

von dem Mehrbetrag über 3 Millionen Deutsche Mark für je 500000 Deutsche Mark 20000 Deutsche Mark.

Bei der Berechnung des Geschäftswerts sind Betriebsvermögenswerte über 100000 Deutsche Mark bis zu einer Million Deutsche Mark auf volle 100000 Deutsche Mark, Betriebsvermögenswerte über eine Million bis zu 3 Millionen Deutsche Mark auf volle 400000 Deutsche Mark und höhere Betriebsvermögenswerte auf volle 500000 Deutsche Mark aufzurunden.

IV Wenn es sich um eine spätere Anmeldung oder Eintragung handelt, ist die Hälfte des in Absatz 3 bestimmten Werts zugrunde zu legen.

V Der Geschäftswert für Eintragungen, die dasselbe Unternehmen betreffen und gleichzeitig angemeldet werden, ist einheitlich nach den Absätzen 2 bis 4 zu bemessen; er kann jedoch nach billigem Ermessen eine bis drei Stufen höher angenommen werden. Dies gilt auch, wenn die Eintragung eines bestimmten Geldbetrages und andere Eintragungen zusammentreffen. Ist die Hälfte des einzutragenden Geldbetrages höher, so ist diese maßgebend. Der Wert für Eintragungen, die sich auf Prokuren beziehen, ist gesondert zu bemessen.

VI Das Finanzamt kann um Auskunft über die Höhe des Einheitswertes oder der nach § 180 Abs. 1 Nr. 3 der Abgabenordnung festgestellten Werte und um Erteilung einer Abschrift der Bescheide ersucht werden. Sind die Werte noch nicht festgestellt, so sind sie vorläufig zu schätzen; die Schätzung ist nach der ersten Feststellung zu berichtigen; die Angelegenheit ist erst mit der Feststellung endgültig erledigt (§ 15).

VII Ist eine Firmenänderung nur deshalb anzumelden oder einzutragen, weil der Ortsname sich geändert hat, oder handelt es sich um eine ähnliche Eintragung, die für das Unternehmen keine wirtschaftliche Bedeutung hat, so beträgt der Geschäftswert ein Zehntel des in Absatz 3 bestimmten Werts, höchstens jedoch 3000 Deutsche Mark.

VIII Betrifft die Anmeldung oder Eintragung eine Zweigniederlassung, so ist der Geschäftswert unter Berücksichtigung der Bedeutung und des Betriebskapitals der Zweigniederlassung nach billigem Ermessen niedriger festzusetzen als bei einer gleichen Anmeldung oder Eintragung, die das Unternehmen als Ganzes betrifft. Dies gilt auch, wenn ein bestimmter Geldbetrag eingetragen wird.

IX Bei der Anmeldung oder Eintragung einer Kommanditgesellschaft bestimmt sich der Geschäftswert nach Absatz 3; er kann nach billigem Ermessen eine bis drei Stufen höher angenommen werden. Ist die einzutragende Einlage des Kommanditisten höher als der nach Satz 1 bestimmte Wert, so richtet sich der Wert nach der Einlage. Ist ein Kommanditist als Nachfolger eines anderen in das Register einzutragen, so bestimmt sich der Geschäftswert für die Anmeldung oder Eintragung nach der einfachen Kommanditeinlage. Das gleiche gilt, wenn ein bisher persönlich haftender Gesellschafter als Kommanditist oder ein bisheriger Kommanditist als persönlich haftender Gesellschafter einzutragen ist.

X Bei der Beurkundung von Anmeldungen beträgt der Geschäftswert, auch wenn mehrere Anmeldungen in derselben Verhandlung beurkundet werden, in keinem Fall mehr als eine Million Deutsche Mark. Dies gilt auch, wenn ein bestimmter Geldbetrag in das Register einzutragen ist.

Vorbem. II 4 geändert, II 5 angefügt, VI geändert durch § 16 II EWIV-Ausführungsgesetz v 14. 4. 88, BGBl 514, in Kraft seit 1. 1. 89, § 18.

Schrifttum: Haferland, Praxis des Kostenrechts: Notariatskosten, Gerichtskosten in Handelsregistersachen, 1987.

Gliederung

1) Allgemeines. §§ 26–28 enthalten einheitliche Bewertungsregeln für die Beurkundung einer Anmeldung zum Handelsregister, für die Beurkundung eines Beschlusses einer Aktiengesellschaft, einer anderen Vereinigung und einer Stiftung und für die entsprechenden Registereintragungen. Die Vorschriften gelten also sowohl für den Eintragungsantrag als auch für die Vornahme der Eintragung. Allerdings bewertet das Gesetz die Vorgänge nicht immer gleich. So betrifft zB X nur die Anmeldung, V nur die Eintragung.

In allen Fällen liegt der Kostenberechnung der Geschäftswert zugrunde, I. Man muß ihn grundsätzlich nach dem Wert des Betriebsvermögens ermitteln, II.

2) Anmeldung, Eintragung im Handelsregister, I. In einem solchen Fall muß man folgende Situationen unterscheiden:

A. Bestimmter Geldbetrag. a) Geltungsbereich. Soweit ein bestimmter Geldbetrag in das Handelsregister einzutragen ist, ist dieser Betrag maßgeblich. Ein bestimmter Geldwert liegt nur dann vor, wenn der Betrag aus den dem Gericht vorliegenden Unterlagen ohne weiteres ersichtlich ist oder wenn man ihn aus diesen Unterlagen ohne Schwierigkeiten errechnen kann, zB Düss Rpfleger **63**, 304, Zweibr DNotZ **72**, 119, Reuter BB **89**, 715 mwN. Für die Bestimmung des Geldbetrags im Sinn von I ist der Unterschied der Werte vor dem Anmelde- bzw Eintragungsvorgang und hinterher maßgeblich, also die Wertverschiebung, Hamm Rpfleger **75**, 267.

Ein bestimmter Geldbetrag ist zB in folgenden Fällen anzunehmen: Es läßt sich aus Unterlagen ein solcher entnehmen, Düss AnwBl **87**, 289; handelt sich um die Errichtung einer Gesellschaft mit beschränkter Haftung, einer Aktiengesellschaft, einer Kommanditgesellschaft auf Aktien; es geht um die Verwendung des Reingewinns, soweit dieser ziffernmäßig feststeht (ohne solche ziffernmäßige Feststellung liegt wegen §§ 18 I, 7 selbst dann kein bestimmter Geldbetrag vor, wenn man ihn später ziffernmäßig ermitteln kann, Zweibr DNotZ **72**, 119); es geht um eine freie Rücklage, vgl BayObLG **81**, 127 (zu § 27). Soweit die Gesellschaft außerdem eine frühere derartige Rücklage beibehält, muß man deren Wert mitberücksichtigen, Ffm DNotZ **59**, 102; es geht um einen Verlustvortrag; es handelt sich um einen Beschluß über die Erhöhung des Grundkapitals, BayObLG **81**, 127, Rpfleger **84**, 333 und Rpfleger **86**, 112, Düss Rpfleger **79**, 438 je mwN. In diesem Fall ist es unerheblich, ob die Erhöhung einen bestimmten Betrag ausmacht oder ob der Beschluß nur eine Ermächtigung zu einer Erhöhung des Grundkapitals bis zu einem solchen bestimmten Betrag enthält.

Diese Frage ist **streitig**. Wie hier zB BayObLG Rpfleger **84**, 333 und DB **86**, 2019, Ffm Rpfleger **80**, 34 und Rpfleger 87, 508 mwN, Hamm Rpfleger **87**, 205 mwN, Köln Rpfleger **86**, 282, Zweibr Rpfleger **88**, 151 mwN; **aM** zB aM KG Rpfleger **85**, 170, KLBR 79 Rdz 2, 28ff.

Wenn es um ein genehmigtes Kapital geht, § 202 AktG, Celle DNotZ **65**, 701, ist dessen Höchstbetrag ohne Rücksicht auf die Einbeziehung einer früheren Ermächtigung maßgeblich, KG MDR **74**, 1028. Dasselbe gilt im Fall der Verlängerung der Ausnutzungsfrist, KG MDR **74**, 1028 (die Durchführung der Erhöhung aus einem genehmigten Kapital ist aber eine Anmeldung und Eintragung ohne einen bestimmten Geldbetrag, B), aM Hamm Rpfleger **85**, 127; oder wenn es um die Zustimmung zu einem Beherrschungs- und Gewinnabführungsvertrag geht, Reuter BB **89**, 716, aM Heckschen DB **89**, 31 (§ 30).

Ein bestimmter Geldbetrag liegt weiterhin zB in folgenden Fällen vor: Es geht um die Herabsetzung des Grundkapitals. In diesem Fall ist sein Nennbetrag maßgeblich, BayObLG **81**, 127; es handelt sich um die Einforderung einer Einzahlung auf die Einlagen der Gesellschafter einer

GmbH. In diesem Fall ist der Geldwert in Höhe der einzufordernden Beträge maßgeblich. Es geht um eine Aktienübertragung nach § 67 AktG. In diesem Fall ist der Kurswert maßgeblich. Bei seinem Fehlen muß man den Geschäftswert unter einer Beachtung des Gegenwerts bestimmen; es geht um die Beurkundung eines Beschlusses, die Kapitalgesellschaft durch die Übertragung des Vermögens auf den alleinigen Gesellschafter umzuwandeln, BayObLG BB **81**, 2030; wegen der Einlagen des Kommanditisten Anm 4.

Ein bestimmter Geldbetrag liegt auch im folgenden Fall vor: es geht um die Anmeldung der Löschung einer Kapitalgesellschaft, Düss Rpfleger **85**, 172 mwN, LG Wuppert JB **75**, 1242, als Spiegelbild zur Ersteintragung einer solchen, auch einer Zweigniederlassung.

Diese Frage ist **streitig. Wie hier** zB BayObLG **88**, 19 mwN, Düss Rpfleger **73**, 449, Hamm Rpfleger **85**, 511 je mwN; **aM** zB Celle Rpfleger **84**, 437, Köln Rpfleger **84**, 436, Stgt Rpfleger **88**, 71, Zweibr Rpfleger **84**, 436 (je zustm Lappe).

Freilich ist der Fall der Rötung wegen einer Umwandlung keine Anmeldung oder Eintragung mit bestimmtem Geldbetrag. Maßgeblich ist grundsätzlich die Höhe des zu löschendenden Grund- oder Stammkapitals.

Diese Frage ist **streitig. Wie hier** BayObLG Rpfleger **71**, 194, Düss Rpfleger **85**, 172, Ffm Rpfleger **68**, 298, Rohs JVBl **72**, 241, Rohs/Wedewer II b 7; **aM** zB Zweibr Rpfleger **73**, 72 mwN.

Ausnahmsweise kann der Wert im Fall der Kündigung einer inländischen Zweigniederlassung einer ausländischen Gesellschaft niedriger zu bestimmen sein, Anm 8.

b) Einzelfragen. Für die Beurkundung einer Anmeldung mit einem bestimmten Geldbetrag gilt gemäß X 2 ein Höchstwert von 1000000 DM. Es kommt bei einer Anmeldung oder Eintragung mit einem bestimmten Geldbetrag nicht darauf an, ob es sich um eine Erstanmeldung oder Ersteintragung handelt. Bei der Eintragung eines weiteren Sitzes einer Aktiengesellschaft ist als Geschäftswert stets das Grundkapital maßgeblich, Hamm Rpfleger **65**, 120. Man muß eine solche Eintragung als eine Neueintragung behandeln, Celle Rpfleger **63**, 345, Eppig DNotZ **57**, 385.

Es ist unerheblich, ob das Anfangsvermögen einer Kapitalgesellschaft höher oder niedriger als der Geldbetrag (Nominalbetrag) ist, ob die Gesellschaft zB Aktien zu einem höheren Betrag als dem Nennbetrag ausgegeben hat und ob das Stammkapital voll einbezahlt worden war. Der Kurswert der Aktien ist ebenfalls unerheblich.

B. Kein bestimmter Geldbetrag. a) Geltungsbereich. Sofern nicht ein bestimmter Geldbetrag in das Handelsregister einzutragen ist, richtet sich der Geschäftswert gemäß I sowohl bei der Anmeldung zum Register als auch bei der dortigen Eintragung nach II–X.

Ein Fall einer Anmeldung oder Eintragung ohne einen bestimmten Geldbetrag liegt zB in folgenden Situationen vor: Es geht um die Firma eines Einzelkaufmanns oder einer Offenen Handelsgesellschaft; es geht um eine Firmenänderung; es handelt sich um eine Änderung des Gegenstands des Unternehmens; es geht um die Bestellung eines Geschäftsführers; es handelt sich um die Eintragung eines Vorstandsmitglieds, Zweibr Rpfleger **76**, 263; es handelt sich um die Eintragung einer Prokura; es geht um die Anmeldung einer Verschmelzung durch eine Aufnahme nach § 339 I Z 1 AktG (die Anmeldung der Verschmelzung durch eine Neubildung hat einen bestimmten Geldwert) und um die Anmeldung der Umwandlung nach dem AktG oder nach dem UmwG, BayObLG JB **75**, 928, Hamm Rpfleger **72**, 186, Karlsr Rpfleger **74**, 413, Oldb Rpfleger **74**, 328.

Weitere Beispiele: Es geht um die Zusammenlegung mehrerer Anteile desselben Gesellschafters, Hamm Rpfleger **75**, 268; es handelt sich um eine Satzungsänderung; es geht um die Feststellung des Jahresabschlusses und der Entlastung; es handelt sich um die Eintragung der Durchführung der Kapitalerhöhung einer Aktiengesellschaft, zB Oldb Rpfleger **80**, 404 mwN, aM zB Köln Rpfleger **83**, 506 mwN; es handelt sich um eine Löschung wegen der Beendigung einer Nachtragsliquidation, Düss Rpfleger **73**, 449.

b) Einzelfragen. § 26 gilt entsprechend auch für einen Beschluß ohne einen bestimmten Geldwert, den ein Organ einer Aktiengesellschaft, einer anderen Vereinigung oder einer Stiftung faßt, für deren Betriebsvermögen ein Einheitswert festgestellt ist, ferner für eine sonstige Registeranmeldung oder Registereintragung oder für die Beurkundung eines Beschlusses, soweit für das Betriebsvermögen ein Einheitswert festgestellt worden ist. Soweit kein solcher Einheitswert festgestellt worden ist und soweit die Anmeldung usw auch keinen bestimmten Geldwert hat, ist § 28 zu beachten.

§ 26 ist auf eine Verhandlung, die die Zeichnung einer Firma oder einer Unterschrift betrifft, unanwendbar. Denn es handelt sich dann nicht um eine Anmeldung. In einem solchen Fall ist § 30 anwendbar, insbesondere § 30 II. Denn in einer solchen Situation fehlen meist tatsächliche Anhaltspunkte für eine Schätzung. Die Gebühren werden in diesem Fall nach § 38 II Z 7 ermittelt.

3) Geschäftswert, II. A. Betriebsvermögen, II 1. Der Geschäftswert richtet sich nach dem Wert des Betriebsvermögens. Der Wert des Betriebsvermögens ist also der Ausgangspunkt einer Wertermittlung, zu der das Gesetz in II 2ff nähere Anhaltspunkte gibt:

Zum Betriebsvermögen zählt das in der Bilanz ausgewiesene Aktivvermögen, insofern richtig BayObLG BB **81**, 2030 mwN. Man muß alle Teile einer wirtschaftlichen Einheit berücksichtigen, die dem Betrieb eines Gewerbes als Hauptzweck dient, soweit die Wirtschaftsgüter dem Betriebsinhaber gehören, § 95 BewG. Zum Betriebsvermögen einer Kapitalgesellschaft zählt also ihr gesamtes Vermögen. Zum Vermögen des Gesellschafters einer Offenen Handelsgesellschaft zählt nur dasjenige Vermögen, das dem Gewerbebetrieb als Hauptzweck dient. Abziehbar sind nur solche Schulden, die mit der Gesamtheit oder mit einzelnen Teilen des gewerblichen Betriebs in einem wirtschaftlichen Zusammenhang stehen, § 103 I BewG. Bei einem Verwaltungsunternehmen darf man auch versicherungstechnische Rücklagen abziehen, soweit sie für die Leistungen aus den laufenden Versicherungsverträgen erforderlich sind, §§ 103 II BewG und 53 BewDV.

B. Einheitswert, II 2–5, VI. a) Grundsatz, II 2. Bei der Bewertung des Betriebsvermögens ist der letzte Einheitswert maßgebend, der zur Zeit der Fälligkeit der Gebühr bereits festgestellt ist. Das Gesetz folgt insoweit denselben Bewertungsprinzipien wie bei § 19 II 1 für die Bewertung von Grundbesitz. Vgl die dortigen Anm. Im einzelnen gelten folgende Regeln:

b) Fälligkeit der Gebühr. Sie richtet sich nach § 7, also nach der Beendigung des gebührenpflichtigen Geschäfts.

c) Grundbesitz, II 3. Wenn sich ausreichende Anhaltspunkte dafür ergeben, daß dem zum Betriebsvermögen gehörenden Grundbesitz ein höherer Wert als derjenige zukommt, mit dem der Grundbesitz zur Einheitsbewertung angesetzt ist, dann ist nicht der letzte zur Zeit der Fälligkeit der Gebühr festgestellte Einheitswert maßgebend, sondern man muß den Unterschiedsbetrag zwischen dem Einheitswert und dem in Wahrheit höheren Wert des Grundbesitzes dem Einheitswert hinzurechnen. In diesem Fall sind die Ermittlungsregeln des § 19 entsprechend anzuwenden, II 3 letzter Hs.

Bei einer Aktiengesellschaft ist ein Anhaltspunkt für die Bewertung des Grundbesitzes derjenige Betrag, den die Jahresbilanz ausweist, §§ 177, 151 I Z II A 1–4 AktG. Man muß auch den Wert von Maschinen und maschinellen Anlagen und den Wert der Betriebs- und Geschäftsausstattung berücksichtigen, soweit es sich dabei um wesentliche Bestandteile des Grundstücks handelt, §§ 93, 94 BGB. Maßgeblich ist die letzte im Zeitpunkt der Gebührenfälligkeit vorliegende Jahresbilanz, keine spätere. Die Vermögensbilanz ist nicht tauglich. Denn sie enthält nur den Einheitswert.

Aus einem zur Registerakte eingereichten Jahresabschluß kann sich auch eine besondere Abschreibung auf diese Werte aus steuerlichen Gründen ergeben. Man darf diese Abschreibung aber kostenrechtlich nicht berücksichtigen.

Im allgemeinen ist eine Einsicht in das Grundbuch nicht erforderlich. Sie würde auch oft zu einer erheblichen Verzögerung führen. Falls andere Anhaltspunkte keine höhere Bewertung ermöglichen, bleibt es daher beim Bilanzwert, falls er höher als der Einheitswert ist. Andernfalls muß man den Einheitswert für das Betriebsvermögen einsetzen.

Soweit der festgestellte Wert des Grundbesitzes höher ist als derjenige, mit dem er zur Einheitsbewertung angesetzt wurde, kommt es ebenfalls auf den Zeitpunkt der Fälligkeit der Gebühren an, nicht den Zeitpunkt der letzten Feststellung des Einheitswerts, Hamm Rpfleger **73**, 189.

d) Beteiligung an inländischer Kapitalgesellschaft, II 4. Aus steuerlichen Überlegungen wird eine Beteiligung am Grund- oder Stammkapital zu mindestens ¼ nicht bei der Einheitsbewertung des gewerblichen Betriebs mitgerechnet, § 102 BewG. Kostenrechtlich muß man den Wert einer solchen Beteiligung mit dem sich nach § 11 BewG ergebenden gemeinen Wert der Beteiligung dem Betriebseinheitswert hinzurechnen. Im Fall einer Beteiligung an einer Aktiengesellschaft, deren Aktien an der Börse notiert werden, muß man den Wert einer solchen Beteiligung mit dem Kurswert dem Betriebseinheitswert hinzurechnen. Man kann den Wert mehreren Zweigniederlassungen auch dann anteilig zurechnen, wenn nur eine von ihnen die Beteiligungen verwaltet, Düss BB **88**, 1701.

e) Kein Einheitswert vorhanden, II 5. Soweit eine Feststellung des Einheitswertes im Sinn von II 2 nicht vorgesehen ist, tritt an seine Stelle der Wert, der sich ergibt, wenn man von § 180 I Z 3 AO ausgeht und die derart bei Fälligkeit der Gebühr, § 7, bereits festgestellten Werte um alle Werte kürzt, die sich aus den Abzügen bei vermögensteuerpflichtigen Wirtschaftsgütern ergeben.

f) Auskunft des Finanzamts, Schätzung des Einheitswerts usw, VI. Soweit der Einheitswert oder der nach II 5 erhebliche Wert maßgeblich ist und soweit das Gericht ihn nicht kennt, kommen folgende Möglichkeiten in Betracht:

aa) Vorlage der Veranlagung. Das Gericht kann verlangen, daß der Antragsteller den Wert durch die Vorlage der finanzamtlichen Veranlagung nachweist.

bb) Auskunft des Finanzamts, VI 1. Sofern der Antragsteller die Veranlagung nach aa nicht vorlegt, kann das Gericht das Finanzamt um eine Auskunft über die Höhe des Einheitswerts usw und die Erteilung von Abschriften der Bescheide ersuchen. Das Finanzamt ist kraft Gesetzes, nämlich nach VI 1, zur Erteilung dieser Auskunft und Abschrift verpflichtet, ohne sich auf die Schweigepflicht berufen zu dürfen.

Aus der in VI 1 gebotenen Möglichkeit folgt unter Umständen eine entsprechende Amtspflicht des Gerichts zur Einholung der Auskunft. Das Finanzamt darf die Erteilung der Auskunft und Abschrift nicht von einer besonderen Glaubhaftmachung der Voraussetzungen abhängig machen, vgl auch § 15 II KostVfg, Teil VII A dieses Buchs, andererseits aber auch nicht völlig ungeprüft Auskunft erteilen, sondern muß prüfen, ob im Auskunftsersuchen immerhin Umstände vorgetragen werden, die die Voraussetzungen des VI 1 als erfüllt erscheinen lassen. Da der Einheitswert oder der nach II 5 maßgebliche Wert allein häufig nicht ausreicht, muß man in einem solchen Fall denjenigen Einheitswertbescheid anfordern, der den Wert der Schachtelbeteiligung und den Einheitswert der Betriebsgrundstücke ergibt, und auch die weiter einschlägigen Werte, II 5, anfordern.

Der Einheitswert eines Betriebsgrundstücks wird nur in einer einzigen Zahl angegeben. Daher muß man unter Umständen beim Finanzamt nachfragen, welche Betriebsgrundstücke durch diese Zahl erfaßt werden, Stöber Rpfleger **69**, 10.

cc) Schätzung, VI 2. Soweit der Einheitswert oder der nach II 5 erhebliche Wert noch nicht amtlich festgestellt worden ist, muß man ihn vorläufig schätzen, Hs 1. Die Schätzung ist nach der ersten Feststellung zu berichtigen, Hs 2. Die Angelegenheit ist erst mit der Feststellung endgültig erledigt (§ 15), Hs 3. Vgl im übrigen § 19 Anm 4 A.

4) Erste Anmeldung oder Eintragung der Firma, III. A. Grundsatz. Soweit es sich um die Erstanmeldung oder Eintragung der Firma handelt, enthält III Sonderregeln, die bei der Ermittlung des Geschäftswerts denjenigen nach II vorgehen. Im Fall von Eintragungen, die dasselbe Unternehmen betreffen und gleichzeitig angemeldet werden, ist neben III auch V beachtlich. Neben III können auch VIII, IX zu beachten sein.

B. Geltungsbereich. III und nicht IV ist auch dann anwendbar, wenn ein bereits eingetragenes Handelsunternehmen unter der Erhaltung der Firma auf einen anderen Inhaber übergeht, sei es unter Lebenden, sei es infolge eines Erbfalls. III ist ferner anwendbar, wenn die Übernahme der Firma auf Grund eines Nießbrauchs oder eines Pachtvertrags oder eines ähnlichen Rechtsverhältnisses erfolgt, § 22 II HGB. Es kommt darauf an, ob ein neuer Inhaber eingetragen wird.

Daher ist III auch dann anwendbar, wenn das Unternehmen eines Einzelkaufmanns in eine Offene Handelsgesellschaft, in eine Kommanditgesellschaft oder in eine Gesellschaft mit beschränkter Haftung umgewandelt wird, nicht aber dann, wenn zu den bisherigen Gesellschaftern einer OHG ein neuer hinzutritt (das ist eine spätere Anmeldung). Es kommt nicht darauf an, ob das Unternehmen unter der bisherigen Firma mit oder ohne einen Zusatz über den Rechtsnachfolger fortgeführt wird.

Im übrigen ist nicht maßgeblich, ob ein neues Registerblatt angelegt wird, sondern es kommt auf die sachliche Rechtslage an.

C. Wert. Bei der ersten Anmeldung oder Eintragung einer Firma muß man die in III genannten vollen Stufenwerte nach der Höhe des gemäß Anm 3 A zu ermittelnden Betriebsvermögens einsetzen. Der volle Stufenwert ergibt sich aus der im Anh nach der Kommentierung des § 26 abgedruckten Tabelle. Sie enthält bereits die in III 2 vorgeschriebenen Aufrundungen.

Bei der Beurkundung einer Anmeldung beträgt allerdings der Höchstwert stets 1000000 DM, X. Für die entsprechende Eintragung selbst enthält das Gesetz keinen Höchstwert; vgl jedoch VII. Die Gebühr für die Anmeldung richtet sich nach § 38 II Z 7. Für die Eintragung entsteht die volle Gebühr, für eine Eintragung ohne einen bestimmten Geldbetrag die doppelte Gebühr, § 79 I.

5) Spätere Anmeldung oder Eintragung, IV. A. Geltungsbereich. Eine spätere Anmeldung oder Eintragung liegt zB in folgenden Fällen vor: Es handelt sich um die Löschung oder Änderung der bisherigen Firma; es geht um die Änderung des Namens unabhängig davon, ob zugleich die gesamte Firma geändert wird; es handelt sich um einen Zusatz nach § 18 II HGB; es geht um die Verlegung des Firmensitzes; es handelt sich um eine Änderung der Satzung einer Kapitalgesellschaft. Eine Änderung des Grundkapitals stellt allerdings eine Eintragung mit einem bestimmten Geldbetrag dar. Anders ist die Durchführung der Erhöhung oder Herabsetzung zu beurteilen.

Weitere Beispiele: Es geht um die Änderung des Vorstands oder um die Auflösung einer Kapitalgesellschaft; es handelt sich um die Anmeldung der Abwickler; es handelt sich um die Eintragung der Nichtigkeit des Beschlusses einer Kapitalgesellschaft; es geht um die Umwandlung einer Aktiengesellschaft in eine Gesellschaft mit beschränkter Haftung und um die damit zusammenhängende Firmenänderung; es handelt sich um eine Umwandlung einer Kapitalgesellschaft nach den UmwG durch eine Übertragung auf eine Personengesellschaft, selbst wenn diese auch erst deshalb gegründet wird.

Die Umwandlung einer Offenen Handelsgesellschaft oder Kommanditgesellschaft in ein Einzelunternehmen ist eine spätere Änderung und zugleich eine Ersteintragung.

B. Wert. Im Fall einer bloß späteren Anmeldung oder Eintragung ist die Hälfte der nach III ermittelten Werte zugrundezulegen.

6) Mehrere Eintragungen wegen desselben Unternehmens, V. A. Geltungsbereich. Bei mehreren Eintragungen, die dasselbe Unternehmen betreffen und gleichzeitig angemeldet werden, schafft V 2 vorrangige Sonderregeln. Sie gelten gemäß V 2 sowohl bei der Eintragung eines bestimmten Geldbetrags als auch bei einer anderen Eintragung. Im einzelnen sind folgende Voraussetzungen zu beachten:

a) Eintragung. V gilt nur für mehrere Eintragungen, nicht für mehrere Anmeldungen. Soweit mehrere Anmeldungen gleichzeitig beurkundet wurden, muß man nach § 44 ermitteln, ob die Gebühr von dem Wert des (gleichen) Gegenstands oder von den zusammengerechneten Werten der verschiedenen Gegenstände erhoben wird; vgl auch § 38 II Z 7. Bei mehreren Anmeldungen besteht außerdem eine Obergrenze von 1 000 000 DM, X. Wegen der Anmeldung einer Kommanditgesellschaft s Anm 10.

b) Dasselbe Unternehmen. V gilt nur für solche Eintragungen, die dasselbe Unternehmen betreffen. Es muß sich also um dieselbe Firma, dieselbe Gesellschaft handeln. Ein etwaiger Nachfolgezusatz ist unschädlich.

Soweit das Unternehmen aber auf einen neuen Inhaber übergeht und eine andere Firma erhält, betrifft die Löschung das alte Unternehmen, die Eintragung der neuen Firma ist aber als eine Ersteintragung eines anderen Unternehmens anzusehen; vgl auch § 79 II.

c) Gleichzeitige Anmeldung. V kommt nur in Betracht, wenn die mehreren Eintragungen für dasselbe Unternehmen auf einer gleichzeitigen Anmeldung beruhen.

Eine gleichzeitige Anmeldung kann in verschiedenen Schriftstücken erfolgen. Die Schriftstücke können nacheinander eingegangen sein. Im letzteren Fall darf aber im Zeitpunkt des Eingangs des späteren Schriftstücks die früher eingegangene Anmeldung noch nicht vollzogen worden sein, BayObLG DB **75**, 1261 mwN. Eine gleichzeitige Anmeldung liegt auch dann vor, wenn die eine Anmeldung zu einer sofortigen entsprechenden Eintragung führt, während das Gericht auf die andere Anmeldung nach einer Zwischenverfügung und einer entsprechenden Antragsergänzung einträgt, oder wenn das Gericht den anderen Eintragungsantrag zurückgewiesen hatte und das Rechtsmittelgericht diese Entscheidung aufhebt.

Nur die Anmeldungen müssen gleichzeitig erfolgen. Die Eintragungen brauchen nicht gleichzeitig zu erfolgen.

Die Eintragungen können auch Vorgänge betreffen, die zeitlich nacheinander liegen.

Soweit es sich um eine Satzungsänderung zum Zweck der Kapitalerhöhung und deren Durchführung handelt, liegt eine Eintragung mit einem bestimmten Geldbetrag vor. Daher ist dann nur dieser Geldbetrag maßgeblich, BayObLG DB **75**, 1261 mwN.

B. Wert. a) Ausgangswert. Unter den Voraussetzungen A ist der Geschäftswert einheitlich nach II–IV zu bemessen, V 1 Hs 1. Man muß also den Wert der mehreren Eintragungen zusammenzählen, so jetzt auch KG Rpfleger **77**, 381 mwN, abw Hamm DNotZ **72**, 632 mwN, aM KG Rpfleger **69**, 401 (das KG legt grundsätzlich die Hälfte des höchsten einzutragenden Geldbetrags zugrunde), Lappe **KR** Nr 73 (er legt bei mehreren bestimmten Beträgen eine getrennte Gebührenberechnung zugrunde). Wenn es sich um eine Ersteintragung ohne einen bestimmten Geldwert handelt, muß man sodann die Wertstufen nach III anwenden. Wenn es sich um eine spätere Eintragung handelt, muß man die Wertstufen nach IV zugrunde legen.

b) Höherbewertung. Nach „billigem", in Wahrheit pflichtgemäßem Ermessen kann und muß das Gericht einen um eine bis drei Stufen höheren Wert ansetzen. V 1 Hs 2. Das Gericht muß sämtliche Umstände des Einzelfalls abwägen und dem Betroffenen vor einer Höherbewertung eine Gelegenheit zur Äußerung geben, Art 103 I GG.

Für eine Stufenerhöhung ist die Zahl der Eintragungen und ihre Bedeutung für das Unternehmen maßgebend. Wenn die Eintragung eines bestimmten Geldbetrags mit einer solchen ohne einen bestimmten Geldbetrag zusammentrifft, wird nach § 79 I 3 das Doppelte der vollen Gebühr erhoben. Daher muß man die Hälfte des einzuzahlenden Geldbetrags mit dem festgestellten Stufenwert oder mit dessen Hälfte, IV, vergleichen. Als Wert der Eintragung gilt der höhere Betrag, BayObLG DB **75**, 2161, abw Düss VersR **78**, 545 (das OLG setzt keine höhere Gebühr als bei einer getrennten Anmeldung und Eintragung an), LG Stgt Rpfleger **78**, 153 (das LG nimmt eine getrennte Bewertung vor, sofern sie zu einer geringeren Gebühr führt). Allerdings muß man die Höchstgrenze nach § 79 II 2 beachten, Zweibr Rpfleger **76**, 263 mwN.

c) Prokura, V 4. Der Wert einer Eintragung, die sich auf eine Prokura bezieht, ist gesondert zu bemessen (nicht zusammengerechnet). Für die Eintragung der Firma ist der Wert nach III maßgebend, für die Eintragung der Prokura derjenige nach IV. Denn die Eintragung der Prokura setzt begrifflich das Bestehen der Firma voraus. Man kann diese Prokureneintragung also auch dann nicht als eine Erstanmeldung ansehen, wenn die Erstanmeldung der Firma erst gleichzeitig erfolgt.

Diese Frage ist **streitig. Wie hier** zB BayObLG BB **87**, 359 mwN, Ffm Rpfleger **63**, 304, Bühling 6b, Rohs/Wedewer III c 8; **aM** zB Hornig JVBl **57**, 118, Sußbauer JVBl **58**, 46 (sie rechnen den Geschäftswert für die Prokura den anderen Werten hinzu).

Für die Eintragung oder Änderung einer Prokura beträgt die Höchstgebühr allerdings gemäß § 79 II a 400 DM, für die Löschung gemäß § 79 II b 200 DM.

Soweit es sich um die Eintragung mehrerer Prokuren oder um deren Änderung oder um die Löschung bei demselben Unternehmen handelt und soweit diese Eintragungen gleichzeitig angemeldet werden, erfolgt die Bewertung einheitlich nach V 1. Dabei muß man grundsätzlich gemäß Hs 2 einen um eine bis drei Stufen höheren Stufenwert ansetzen.

7) Keine wirtschaftliche Bedeutung, VII. A. Geltungsbereich.

a) Grundsatz. VII betrifft den Fall, daß eine Eintragung für das Unternehmen keine wirtschaftliche Bedeutung hat. Man muß die Vorschrift eng auslegen, so grundsätzlich richtig AG Göppingen Rpfleger **85**, 213.

Es muß sich um eine Anmeldung oder Eintragung eines formalen oder berichtigenden Charakters handeln, die auf die wirtschaftliche Führung des Unternehmens keinen Einfluß hat und die auch nicht objektiv erforderlich ist, so grundsätzlich richtig AG Göppingen Rpfleger **85**, 213 mwN.

b) Beispiele der Anwendbarkeit. VII ist zB in folgenden Fällen anwendbar: Es handelt sich um die Anmeldung oder Eintragung einer Firmenänderung nur auf Grund einer Änderung des Ortsnamens (diesen Fall nennt VII selbst als Beispiel); es geht um die Änderung des Namens des Inhabers der Firma infolge seiner Verheiratung; es handelt sich um die Eintragung einer neuen Berufsbezeichnung eines Gesellschafters, Hamm Rpfleger **60**, 309; ein stellvertretender Vorsitzender oder Geschäftsführer wird zum ordentlichen bestellt, AG Köln Rpfleger **73**, 262; insofern aM AG Göppingen Rpfleger **85**, 213 (aber der Eintragungszusatz „als Stellvertreter" ist nicht Erstenrechtlich entscheidend); es handelt sich um die Eintragung einer Änderung der Satzung als Folge einer Kapitalerhöhung, Düss Rpfleger **72**, 425.

VII ist ferner in folgendem Fall anwendbar: Es handelt sich um das Erlöschen der Prokura wegen des Tods des Berechtigten.

Diese Frage ist **streitig. Wie hier** zB Hamm **KR** Nr 28 (zustm Lappe), Karlsr Rpfleger **59**, 230 (abl Rohs); **aM** zB Oldb Rpfleger **61**, 409, Mümmler JVBl **71**, 272 (man müsse die Gesamtumstände des Einzelfalls entscheiden lassen).

c) Beispiele der Unanwendbarkeit. VII ist zB in folgenden Fällen unanwendbar: Es handelt sich um eine echte Firmenänderung, selbst wenn sie nur sprachlicher Art ist; es geht um eine Zuwahl zum Aufsichtsrat, auch wenn nur ein Ersatzmann gewählt wurde; es handelt sich um die Verlegung des Sitzes der Verwaltung, LG Hildesh Rpfleger **59**, 196; es geht um die Streichung längst nicht mehr ausgeübter Geschäftsarten und um dadurch bedingte Änderungen des Gegenstands des Unternehmens, Eppig DNotZ **57**, 383; es geht um die Eintragung einer GmbH statt einer Einzelperson als Komplementärin, BayObLG Rpfleger **78**, 256.

B. Wert. Soweit VII anwendbar ist, ist als Geschäftswert $\frac{1}{10}$ des in III bestimmten Werts anzusetzen, höchstens jedoch ein Betrag von 3000 DM. Bei einem Zusammentreffen einer Anmeldung oder einer Eintragung mit einer wirtschaftlichen Bedeutung und einer solchen ohne eine wirtschaftliche Bedeutung bleibt die letztere unberücksichtigt, zB BayObLG DB **75**, 1261, abw Eppig DNotZ **58**, 275.

8) Zweigniederlassung, VIII. A. Geltungsbereich. a) Zweigniederlassung. Die Vorschrift gilt für jede Art von Zweigniederlassung eines inländischen Unternehmens. Sie ist bei einer Firma mit einem Doppelsitz unanwendbar. Denn dann sind beide Niederlassungen gleichwertig. Auf die inländische Zweigniederlassung eines ausländischen Unternehmens sind I–V, nicht VIII anwendbar, BayObLG **88**, 20, Ffm Rpfleger **87**, 508 mwN, aM Rohs/Wedewer 50.

b) Anmeldung. Eine Anmeldung wird nur dann nach VIII bewertet, wenn sich die rechtlichen und wirtschaftlichen Auswirkungen der angemeldeten Eintragung lediglich auf die Zweigniederlassung beziehen, vgl BayObLG DB **85**, 699. In diesem Fall ist es unerheblich, ob die Eintragung auch beim Register des Hauptsitzes erfolgt, zB bei einer Anmeldung einer auf die Zweigniederlassung beschränkten Prokura, Eppig DNotZ **57**, 584.

c) Eintragung. VIII gilt für jede bei einer Zweigniederlassung vorgenommene Eintragung. Das gilt auch dann, wenn daneben eine Eintragung in das Handelsregister der Hauptniederlassung vorgenommen wird, für die die Ermäßigung nach VIII nicht eintritt. Die Ermäßigung für eine Eintragung beim Register der Zweigniederlassung tritt nur ein, wenn sich jene Eintragung nur auf die Zweigniederlassung auswirkt.

B. Wert. a) Grundsatz. VIII unterscheidet nicht zwischen einer Kapital- und Personalgesellschaft. Die Vorschrift bezieht sich auch auf den Einzelkaufmann. Die Bewertung der Anmeldung oder Eintragung für die Zweigniederlassung geht von demjenigen Geschäftswert aus, den man bei einer gleichen Anmeldung oder Eintragung für das Unternehmen als ganzes ansetzen müßte. Von diesem Wert muß das Gericht einen Abzug vornehmen. Das ergibt sich aus den Worten „so ist . . . niedriger festzusetzen" in VIII 1. Insofern hat das Gericht also keinen Ermessensspielraum. Der letztere besteht nur bei der anschließenden Frage, um welchen Betrag eine niedrigere Festsetzung erfolgen soll. In diesem letzteren Zusammenhang muß das Gericht nach „billigem", in Wahrheit pflichtgemäßem Ermessen entscheiden.

Im übrigen kommt es darauf an, ob es sich um eine Eintragung einer neuerrichteten Zweigniederlassung handelt. Sie ist eine Ersteintragung, da deren Register maßgebend ist, Hamm Rpfleger **62**, 290, und zwar mit einem bestimmten Geldbetrag, Ffm BB **71**, 452. Die Löschung einer Zweigniederlassung einer Kapitalgesellschaft ist ebenso wie die Eintragung niedriger anzusetzen, BayObLG DB **85**, 699, Stöber Rpfleger **69**, 11, vgl auch Anm 1 B. Gebührenpflichtig ist auch die Errichtung einer Zweigniederlassung am Ort der Hauptniederlassung.

b) Einzelfragen. Man muß den Geschäftswert der Anmeldung oder Eintragung einer Zweigniederlassung unter einer Berücksichtigung der Bedeutung und des Betriebskapitals der Zweigniederlassung festsetzen. Um einen Maßstab für den Betrag zu erhalten, um den die Ermächtigung eintreten muß, muß man das Betriebskapital der Zweigniederlassung mit demjenigen des Gesamtunternehmens vergleichen und ferner feststellen, welche Bedeutung die Zweigniederlassung für das Gesamtunternehmen wirtschaftlich (Vergleich der Rentabilität und der Bilanzen) oder aus Gründen der Repräsentanz (Bankniederlassung an einem bedeutenden Fremdenverkehrsort) hat. Man muß auch eine voraussehbare künftige Entwicklung heranziehen. Es darf keine starre Addition von Verhältniszahlen erfolgen, Düss Rpfleger **79**, 438.

Ein Zerlegungsbescheid des Finanzamts nach § 29 GewStG ergibt einen gewissen Anhaltspunkt, reicht aber allein nicht aus, Karlsr Rpfleger **61**, 371, vgl auch LG Mannh Rpfleger **62**, 454. Die Bedeutung der Zweigniederlassung wird zum alleinigen Maßstab, soweit sich ein Vergleich der Betriebskapitalien nicht durchführen läßt, weil man keine zuverlässigen Angaben darüber gewinnen kann.

Der für die Zweigniederlassung feststellbare Geschäftswert darf aber denjenigen des Gesamtunternehmens im Zeitpunkt der Eintragung der Zweigniederlassung nicht erreichen. Schätzungen des Kostenschuldners sind dann ausreichend, wenn sie nach den sonstigen Unterlagen glaubhaft sind, BayObLG DNotZ **72**, 108.

9) Kommanditgesellschaft, IX. A. Geltungsbereich. Für den Fall einer Anmeldung oder Eintragung einer Kommanditgesellschaft enthält IX Sonderregeln. Die Anmeldung und Eintragung der KG ist eine solche ohne einen bestimmten Geldwert. Die Anmeldung und Eintragung einer Kommanditeinlage ist eine solche mit einem bestimmten Geldwert, Düss Rpfleger **74**, 235.

B. Wert. Man muß folgende Situationen unterscheiden:

a) Erste Anmeldung und Eintragung. Der Geschäftswert beträgt in einem solchen Fall den Wert des Betriebsvermögens, II. Man muß also die Stufenwerte von III ansetzen. Bei der Beurkundung einer Anmeldung ist der Höchstbetrag von 1000000 DM gemäß X zu beachten. Für eine Eintragung enthält das Gesetz keinen Höchstbetrag.

Der Stufenwert kann um 1–3 Stufen erhöht werden. Darüber muß das Gericht nach seinem „billigen", in Wahrheit auch hier pflichtgemäßen Ermessen entscheiden und dabei die Gesamtverhältnisse berücksichtigen, zB die Höhe einer Kommanditeinlage im Verhältnis zum Betriebsvermögen. Wenn die einzutragende Einlage des Kommanditisten höher ist als der Wert der ganzen Gesellschaft, entscheidet der Wert der Einlage, IX 2.

Da aber für die Eintragung einer KG mindestens das Doppelte der vollen Gebühr nach dem Wert von IX 1 erhoben wird, § 79 I 5, kann der Wert der Einlage des Kommanditisten, dessen Einlage lediglich die volle Gebühr auslöst, § 79 I 4, nur dann zum Wertmaßstab werden, wenn die ihr entsprechende volle Gebühr mehr als das Doppelte der Ersteintragung für die KG ausmacht, vgl Düss Rpfleger **74**, 235.

b) Spätere Eintragungen. Eine spätere Eintragung, etwa die weitere Eintragung eines Kommanditisten infolge seines Eintritts in die KG, wird nach dem Betrag seiner Einlage ohne eine Berücksichtigung des Betriebsvermögens bewertet. Auch im Fall eines Wechsels der Kommanditisten im Wege einer Gesamt- oder Sonderrechtsnachfolge entscheidet nicht das Betriebsvermögen, sondern die einfache Kommanditeinlage für den Geschäftswert der Anmeldung und Eintragung, IX 3. Das gilt auch beim Erwerb der Einlage durch mehrere, BayObLG **87**, 119 mwN. Hier liegt also derselbe Grundsatz wie im Fall eines Neueintritts eines Kommanditisten vor. Im Fall des Kommanditistenwechsels im Weg der Gesamtnachfolge muß man diese mitanmelden. Im Fall des Wechsels im Wege der Sonderrechtsnachfolge muß man die Versicherung abgeben, daß der Ausscheidende nicht abgefunden wurde, Ackermann JB **75**, 575.

Wenn mehrere voneinander unabhängige Kommanditistenwechsel stattfinden, liegen demgegenüber zwei verschiedene Vorgänge vor, vgl § 44.

Es entsteht eine volle Gebühr. Sie bedarf aber den Betrag von 1320 DM nicht übersteigen, § 79 I 4, II 2.

Ebenso bestimmt sich der Wert der Umwandlung einer Beteiligung des persönlich haftenden Gesellschafters in diejenige eines Kommanditisten nach den §§ 139, 161 II HGB, und umgekehrt für die Anmeldung und Eintragung nach der Höhe der einfachen Kommanditeinlage, IX 4, Ackermann JB **75**, 575. Wenn der bisherige Kommanditist als persönlich haftender Gesellschafter eingetragen wird, ist die nun zu löschende Einlage maßgebend. Im umgekehrten Fall entscheidet der Betrag der einzutragenden Einlage, vgl Düss Rpfleger **78**, 394.

Die Löschung einer Kommanditeinlage anläßlich des Ausscheidens des Kommanditisten ist eine Eintragung mit einem bestimmten Geldbetrag. Infolgedessen entscheidet seine Höhe, I, Ackermann JB **75**, 579. Demgegenüber ist die Löschung einer Kommanditgesellschaft selbst und ihrer Firma eine Eintragung ohne einen bestimmten Geldbetrag, BayObLG Rpfleger **81**, 35 mwN.

10) Höchstwert, X. Bei der Beurkundung einer Anmeldung beträgt der Geschäftswert in keinem Fall mehr als 1000000 DM, X 1. Das gilt auch dann, wenn mehrere Anmeldungen in derselben Verhandlung beurkundet werden. Es gilt ebenfalls dann, wenn ein bestimmter Geldbetrag in das Register einzutragen ist. Nur insofern enthält X eine Ausnahme von I. Für die eigentliche Eintragung eines Vorgangs mit einem bestimmten Geldbetrag ist also kein gesetzlicher Höchstwert zu beachten.

Anhang nach § 26

Geschäftswert für Handelsregistersachen

(§§ 26, 27 KostO)

Wert des Betriebsvermögens bis DM	Voller Stufenwert DM	Halber Stufenwert DM
10000	3000	1500
20000	6000	3000
30000	10000	5000
50000	16000	8000
100000	20000	10000
200000	25000	12500
300000	30000	15000
400000	35000	17500
500000	40000	20000
600000	45000	22500

Wert des Betriebsvermögens bis DM	Voller Stufenwert DM	Halber Stufenwert DM
700000	50000	25000
800000	55000	27500
900000	60000	30000
1 Mill.	65000	32500
1,4 Mill.	80000	40000
1,8 Mill.	95000	47500
2,2 Mill.	110000	55000
2,6 Mill.	125000	62500
3 Mill.	140000	70000
3,5 Mill.	160000	80000
4 Mill.	180000	90000
4,5 Mill.	200000	100000
5 Mill.	220000	110000
5,5 Mill.	240000	120000
6 Mill.	260000	130000
6,5 Mill.	280000	140000
7 Mill.	300000	150000
7,5 Mill.	320000	160000
8 Mill.	340000	170000
8,5 Mill.	360000	180000
9 Mill.	380000	190000
9,5 Mill.	400000	200000
10 Mill.	420000	210000
10,5 Mill.	440000	220000
11 Mill.	460000	230000
11,5 Mill.	480000	240000
12 Mill.	500000	250000
12,5 Mill.	520000	260000
13 Mill.	540000	270000
13,5 Mill.	560000	280000
14 Mill.	580000	290000
14,5 Mill.	600000	300000
15 Mill.	620000	310000
15,5 Mill.	640000	320000
16 Mill.	660000	330000
16,5 Mill.	680000	340000
17 Mill.	700000	350000
17,5 Mill.	720000	360000
18 Mill.	740000	370000
18,5 Mill.	760000	380000
19 Mill.	780000	390000
19,5 Mill.	800000	400000
20 Mill.	820000	410000
20,5 Mill.	840000	420000
21 Mill.	860000	430000
21,5 Mill.	880000	440000
22 Mill.	900000	450000

Wert des Betriebsvermögens bis DM	Voller Stufenwert DM	Halber Stufenwert DM
22,5 Mill.	920000	460000
23 Mill.	940000	470000
23,5 Mill.	960000	480000
24 Mill.	980000	490000
24,5 Mill.	1000000	500000
25 Mill.	1020000	510000
25,5 Mill.	1040000	520000
26 Mill.	1060000	530000
26,5 Mill.	1080000	540000
27 Mill.	1100000	550000
27,5 Mill.	1120000	560000
28 Mill.	1140000	570000
28,5 Mill.	1160000	580000
29 Mill.	1180000	590000
29,5 Mill.	1200000	600000
30 Mill.	1220000	610000
30,5 Mill.	1240000	620000
31 Mill.	1260000	630000
31,5 Mill.	1280000	640000
32 Mill.	1300000	650000
32,5 Mill.	1320000	660000
33 Mill.	1340000	670000
33,5 Mill.	1360000	680000
34 Mill.	1380000	690000
34,5 Mill.	1400000	700000
35 Mill.	1420000	710000
35,5 Mill.	1440000	720000
36 Mill.	1460000	730000
36,5 Mill.	1480000	740000
37 Mill.	1500000	750000
37,5 Mill.	1520000	760000
38 Mill.	1540000	770000
38,5 Mill.	1560000	780000
39 Mill.	1580000	790000
39,5 Mill.	1600000	800000
40 Mill.	1620000	810000
40,5 Mill.	1640000	820000
41 Mill.	1660000	830000
41,5 Mill.	1680000	840000
42 Mill.	1700000	850000
42,5 Mill.	1720000	860000
43 Mill.	1740000	870000
43,5 Mill.	1760000	880000
44 Mill.	1780000	890000
44,5 Mill.	1800000	900000
45 Mill.	1820000	910000
45,5 Mill.	1840000	920000
46 Mill.	1860000	930000

Wert des Betriebsvermögens bis DM	Voller Stufenwert DM	Halber Stufenwert DM
46,5 Mill.	1880000	940000
47 Mill.	1900000	950000
47,5 Mill.	1920000	960000
48 Mill.	1940000	970000
48,5 Mill.	1960000	980000
49 Mill.	1980000	990000
49,5 Mill.	2000000	1000000
50 Mill.	2020000	1010000
50,5 Mill.	2040000	1020000
51 Mill.	2060000	1030000
51,5 Mill.	2080000	1040000
52 Mill.	2100000	1050000
52,5 Mill.	2120000	1060000
53 Mill.	2140000	1070000
53,5 Mill.	2160000	1080000
54 Mill.	2180000	1090000
54,5 Mill.	2200000	1100000
55 Mill.	2220000	1110000
55,5 Mill.	2240000	1120000
56 Mill.	2260000	1130000
56,5 Mill.	2280000	1140000
57 Mill.	2300000	1150000
57,5 Mill.	2320000	1160000
58 Mill.	2340000	1170000
58,5 Mill.	2360000	1180000
59 Mill.	2380000	1190000
59,5 Mill.	2400000	1200000
60 Mill.	2420000	1210000
60,5 Mill.	2440000	1220000
61 Mill.	2460000	1230000
61,5 Mill.	2480000	1240000
62 Mill.	2500000	1250000
62,5 Mill.	2520000	1260000
63 Mill.	2540000	1270000
63,5 Mill.	2560000	1280000
64 Mill.	2580000	1290000
64,5 Mill.	2600000	1300000
65 Mill.	2620000	1310000
65,5 Mill.	2640000	1320000
66 Mill.	2660000	1330000
66,5 Mill.	2680000	1340000
67 Mill.	2700000	1350000
67,5 Mill.	2720000	1360000
68 Mill.	2740000	1370000
68,5 Mill.	2760000	1380000
69 Mill.	2780000	1390000
69,5 Mill.	2800000	1400000
70 Mill.	2820000	1410000

Wert des Betriebsvermögens bis DM	Voller Stufenwert DM	Halber Stufenwert DM
70,5 Mill.	2840000	1420000
71 Mill.	2860000	1430000
71,5 Mill.	2880000	1440000
72 Mill.	2900000	1450000
72,5 Mill.	2920000	1460000
73 Mill.	2940000	1470000
73,5 Mill.	2960000	1480000
74 Mill.	2980000	1490000
74,5 Mill.	3000000	1500000
75 Mill.	3020000	1510000
75,5 Mill.	3040000	1520000
76 Mill.	3060000	1530000
76,5 Mill.	3080000	1540000
77 Mill.	3100000	1550000
77,5 Mill.	3120000	1560000
78 Mill.	3140000	1570000
78,5 Mill.	3160000	1580000
79 Mill.	3180000	1590000
79,5 Mill.	3200000	1600000
80 Mill.	3220000	1610000
80,5 Mill.	3240000	1620000
81 Mill.	3260000	1630000
81,5 Mill.	3280000	1640000
82 Mill.	3300000	1650000
82,5 Mill.	3320000	1660000
83 Mill.	3340000	1670000
83,5 Mill.	3360000	1680000
84 Mill.	3380000	1690000
84,5 Mill.	3400000	1700000
85 Mill.	3420000	1710000
85,5 Mill.	3440000	1720000
86 Mill.	3460000	1730000
86,5 Mill.	3480000	1740000
87 Mill.	3500000	1750000
87,5 Mill.	3520000	1760000
88 Mill.	3540000	1770000
88,5 Mill.	3560000	1780000
89 Mill.	3580000	1790000
89,5 Mill.	3600000	1800000
90 Mill.	3620000	1810000
90,5 Mill.	3640000	1820000
91 Mill.	3660000	1830000
91,5 Mill.	3680000	1840000
92 Mill.	3700000	1850000
92,5 Mill.	3720000	1860000
93 Mill.	2740000	1870000
93,5 Mill.	2760000	1880000
94 Mill.	2780000	1890000

Wert des Betriebsvermögens bis DM	Voller Stufenwert DM	Halber Stufenwert DM
94,5 Mill.	2800000	1900000
95 Mill.	2820000	1910000
95,5 Mill.	2840000	1920000
96 Mill.	2860000	1930000
96,5 Mill.	3880000	1940000
97 Mill.	3900000	1950000
97,5 Mill.	3920000	1960000
98 Mill.	3940000	1970000
98,5 Mill.	3960000	1980000
99 Mill.	3980000	1990000
99,5 Mill.	4000000	2000000
100 Mill.	4020000	2010000

Beschlüsse von Aktiengesellschaften, anderen Vereinigungen und Stiftungen

27 **I § 26 gilt entsprechend für Beschlüsse, deren Gegenstand keinen bestimmten Geldwert hat und die von Organen von Aktiengesellschaften, anderen Vereinigungen und Stiftungen, für deren Betriebsvermögen ein Einheitswert festgestellt wird, gefaßt werden. Als Geschäftswert ist die Hälfte des in § 26 Abs. 3 bestimmten Werts anzunehmen.**

II Werden in einer Verhandlung mehrere Beschlüsse beurkundet, so gilt § 44 entsprechend. Dies gilt auch, wenn Beschlüsse, deren Gegenstand keinen bestimmten Geldwert hat, und andere Beschlüsse zusammentreffen. Mehrere Wahlen oder Wahlen zusammen mit Beschlüssen über die Entlastung der Verwaltungsträger gelten als ein Beschluß.

III Der Wert von Beschlüssen der in Absatz 1 bezeichneten Art beträgt, auch wenn in einer Verhandlung mehrere Beschlüsse beurkundet werden, in keinem Falle mehr als eine Million Deutsche Mark.

1) Allgemeines. Die Vorschrift bezieht sich nur auf den Beschluß eines der dort genannten Organe, dessen Gegenstand keinen bestimmten Geldwert hat. Soweit der Beschluß einen bestimmten Geldwert hat, ist dieser maßgebend, BayObLG **81**, 126. Aus § 27 in Verbindung mit § 28 ergibt sich, daß sich der Beschluß auf das Betriebsvermögen der Vereinigung beziehen muß. Das gilt zB dann, wenn er nur den eingetragenen

Gewerbebetrieb einer Vereinigung zum Gegenstand hat. Demgegenüber ist § 28 anwendbar, wenn auch das sonstige Vermögen betroffen wird, für das ein Einheitswert nicht festgestellt ist.

2) Entsprechende Anwendung von § 26, I. A. Voraussetzungen. I ist anwendbar, wenn folgende Voraussetzungen zusammentreffen:

a) Beschluß. Es muß ein Beschluß vorliegen. Er ist nur dann vorhanden, wenn die Versammlung eine Stellungnahme abgeben konnte und abgestimmt hat.

Die bloße Verlesung der Vorlage und ihre widerspruchslose Kenntnisnahme durch die Versammlung stellen keinen Beschluß dar, Ffm DNotZ **64**, 566. Bei einem Streit über ein Stimmrecht liegt kein Beschluß vor, solange nicht die Annahme des Punkts zu Protokoll festgestellt worden ist, BayObLG Rpfleger **73**, 59.

b) Kein bestimmter Geldwert. Der Beschluß darf keinen bestimmten Geldwert haben. Vgl § 26 Anm 2 B.

Soweit der Beschluß einen bestimmten Geldwert hat, ist dieser maßgebend, Anm 1.

c) Beschlußbeteiligte. Es muß sich um einen Beschluß handeln, den ein satzungsgemäßes oder sonst gesetzmäßiges Organ einer Aktiengesellschaft, einer anderen Vereinigung oder einer Stiftung gefaßt hat. Er muß sich auf das Betriebsvermögen dieser Vereinigung beziehen.

d) Einheitswert festgestellt. Die zuständige Behörde muß für das Betriebsvermögen der vorgenannten Vereinigung einen Einheitswert festgestellt haben.

B. Folgen. Soweit die Voraussetzungen A zusammentreffen, ist § 26 gemäß I entsprechend anwendbar. Im einzelnen ergeben sich dabei folgende Auswirkungen:

a) § 26 I. Man kann jener Vorschrift lediglich entnehmen, daß der Geschäftswert eines Beschlusses mit einem bestimmten Geldbetrag durch diesen bestimmt wird, und zwar in voller Höhe.

b) § 26 II. Bei einem Beschluß, dessen Gegenstand keinen bestimmten Geldwert hat, ist der etwaige letzte Einheitswert des Betriebsvermögens maßgebend. Das gilt zB bei einem Beschluß über eine für die Zukunft erst festzusetzende Aufsichtsratsvergütung, Düss Rpfleger **63**, 304.

c) § 26 III. Der Geschäftswert bestimmt sich nach den dort angegebenen Wertstufen, beträgt jedoch nur die Hälfte der dort genannten Summen, I 2. Dieser Umstand hat seinen Grund darin, daß für die Beurkundung eines Beschlusses der hier fraglichen Art nach § 47 bereits das Doppelte der vollen Gebühr erhoben wird.

d) § 26 IV. Die Vorschrift ist unanwendbar. Denn I 2 verweist ausnahmslos auf § 26 III. Auch unter einer Berücksichtigung der in c genannten Motive für die Fassung von I 2 kann man angesichts des eindeutigen Wortlauts dieser Bestimmung nicht noch einmal zu einer weiteren Halbierung der in § 26 III bestimmten Werte kommen und bei einer späteren Anmeldung oder Eintragung eines Beschlusses im Sinn von I auf einen Wert von nur ¼ der in § 26 III genannten Werte kommen; es muß offenbleiben, ob dieses Ergebnis wegen § 47 gerechter wäre.

e) § 26 V. Die Vorschrift ist unanwendbar. Denn sie bezieht sich auf die Eintragung mehrerer Vorgänge, die dasselbe Unternehmen betreffen und gleichzeitig angemeldet werden. Diesen Fall erfaßt aber § 27 II als vorrangige Sonderregel.

f) § 26 VI. Die Vorschrift ist entsprechend anwendbar.

g) § 26 VII. Die Vorschrift ist entsprechend anwendbar.

h) § 26 VIII. Die Vorschrift ist entsprechend anwendbar.

i) § 26 IX. Die Vorschrift ist unanwendbar.

j) § 26 X. Die Vorschrift ist unanwendbar. Denn § 27 III enthält eine vorrangige Sonderregel.

3) Mehrere Beschlüsse, II. A. Voraussetzungen. II ist anwendbar, wenn folgende Voraussetzungen zusammentreffen:

a) Mehrere Beschlußfassungen. Das satzungsgemäße oder sonst gesetzmäßige Organ im Sinn von I muß mehrere Beschlußfassungen getroffen haben.

b) Dieselbe Verhandlung. Die mehreren Beschlußfassungen müssen in derselben Verhandlung zustande gekommen und beurkundet worden sein. Das gilt auch dann, wenn es sich um Beschlußfassungen verschiedener Organe derselben Gesellschaft handelt. Im Fall einer Umwandlung einer Kapitalgesellschaft in eine neue Personengesellschaft, etwa wegen der Vermögensübertragung und der Errichtung der neuen Gesellschaft, liegen zwei Beschlußfassungen vor.

c) Inhalt der Beschlußfassungen. Die mehreren Beschlußfassungen müssen sich sämtlich auf das Betriebsvermögen beziehen.

Es ist aber unerheblich, ob Gegenstand einer jeden Beschlußfassung eine Angelegenheit mit bestimmtem Geldwert oder ohne solchen ist. II ist also sowohl dann anwendbar, wenn die Beschlußfassungen sämtlich keinen bestimmten Geldwert haben, als auch dann, wenn sie sämtlich einen bestimmten Geldwert besitzen, als auch schließlich dann, wenn ein oder mehrere Beschlüsse mit bestimmtem Geldwert mit einem oder mehreren Beschlüssen ohne einen bestimmten Geldwert zusammentreffen.

Von dieser Regel macht II 2 eine Ausnahme für den Fall, daß mehrere Wahlen vorliegen oder daß eine oder mehrere Wahlen mit einer Beschlußfassung oder mehreren solchen Entschließungen über die Entlastung der Verwaltungsträger zusammentreffen. In allen diesen Fällen fingiert II 2 das Vorliegen nur eines einzigen Beschlusses, Stgt DNotZ **78**, 124 mwN.

Auch eine Abwahl fällt unter II 3, Ackermann JB **75**, 443 mwN, ebenso mehrere Entlastungsbeschlüsse, Ackermann JB **75**, 443.

d) Sonstige Einzelfragen. Die Beurkundung eines Beschlusses und einer Erklärung zu seiner Durchführung in derselben Verhandlung fallen nicht unter II. Das räumt Eppig DNotZ **58**, 275 im Anschluß an KAL § 27 Anm 3c, Fußnote 2 entgegen seinen früheren Ausführungen DNotZ **57**, 390 ein.

B. Folgen. Soweit die Voraussetzungen A zusammentreffen, ist § 44 entsprechend anwendbar. Erst in diesem Zusammenhang kommt es darauf an, ob die Beschlußfassungen denselben Gegenstand oder verschiedene Gegenstände betreffen.

a) § 44 I. Soweit die Beschlüsse denselben Gegenstand betreffen, wird die Gebühr nur einmal von dem Wert dieses Gegenstands nach dem höchsten in Betracht kommenden Gebührensatz berechnet.

Derselbe Gegenstand liegt zB in folgenden Fällen vor: Es handelt sich um eine Herabsetzung des Kapitals und um die zugehörige Satzungsänderung; es geht um eine Kapitalerhöhung und die zugehörige Satzungsänderung; es handelt sich um Änderungen mehrerer Punkte der Satzung, Ackermann JB **75**, 443 mwN, aM zB Karlsr DNotZ **63**, 500.

b) § 44 II. Soweit die Beschlüsse verschiedene Gegenstände haben, muß man die Werte zusammenrechnen, § 44 II a, sofern nicht verschiedene Gebührensätze anzuwenden sind, § 44 II b.

Verschiedene Gegenstände liegen zB in folgenden Fällen vor: Es handelt sich um die Feststellung der Jahresbilanz und um eine Satzungsänderung; es geht um eine Herabsetzung und um eine gleichzeitige Erhöhung des Kapitals; es handelt sich um die Genehmigung des Jahresabschlusses und um einen Beschluß über die Verwendung des Reingewinns mit einer Verlustdeckung, Köln DNotZ **59**, 107.

4) Höchstwert, III. Soweit I anwendbar ist, darf der Wert in keinem Fall mehr als 1000000 DM betragen. Das gilt auch dann, wenn mehrere der in I genannten Beschlüsse zusammentreffen. III verweist nur auf I, nicht auch auf den Fall des Zusammentreffens eines Beschlusses nach I (mit unbestimmtem Geldwert) mit einem Beschluß über einen Gegenstand mit bestimmtem Geldwert. Insofern weicht III von § 26 X 2 ab.

Daraus folgt: Soweit sich unter den mehreren Beschlüssen auch ein solcher mit einem bestimmten Geldwert befindet, darf und muß man unter Umständen den Höchstwert des III um den Betrag dieses Beschlusses überschreiten.

Anmeldungen zu einem Register, Eintragungen in ein Register, Beurkundung von Beschlüssen

28 **Kommt die Feststellung eines Einheitswerts des Betriebsvermögens nicht in Betracht, so bestimmt sich bei Anmeldungen zu einem Register, bei Eintragungen in ein Register und bei der Beurkundung von Beschlüssen (§ 47), deren Gegenstand keinen bestimmten Geldwert hat, der Geschäftswert nach § 30 Abs. 2.**

1) Voraussetzungen. § 28 ist anwendbar, sofern folgende Voraussetzungen zusammentreffen:

A. Anmeldung usw. Es muß entweder eine Anmeldung zu einem Register oder eine Eintragung in ein Register oder eine Beurkundung eines Beschlusses eines Gesellschaftsorgans nach § 47 vorliegen.

B. Kein bestimmter Geldwert. Der in A genannte Vorgang darf keinen bestimmten Geldwert haben. Vgl § 26 Anm 2 B.

C. Kein Einheitswert. Es darf eine Feststellung des Einheitswerts des

Betriebsvermögens nicht in Betracht kommen. Andernfalls gelten die §§ 26, 27. Natürlich darf der Einheitswert auch noch nicht festgestellt sein.

2) Anwendungsbeispiele. § 28 kommt zB in folgenden Fällen in Betracht: Es handelt sich um die Anmeldung zum Vereinsregister, Genossenschaftsregister, Musterregister, Schiffsregister, Schiffsbauregister, Kabelbuch, vgl §§ 38 I Z 7, 86; es handelt sich um eine Eintragung in das Vereinsregister, § 80; es geht um eine Beschlußbeurkundung, sofern nicht § 27 vorliegt; es geht um die Beglaubigung der Unterschrift auf der Niederschrift eines Beschlusses der Gesellschaft oder Gemeinschaft, AG Freibg Rpfleger **85**, 378.

Die Eintragung in das Genossenschaftsregister ist gebührenfrei, § 83. Für die Eintragung in andere Register gelten besondere Wertvorschriften, §§ 84ff.

3) Wert. Soweit § 28 anwendbar ist, erfolgt die Wertbestimmung nach § 30 II. Es ist also grundsätzlich ein Wert von 5000 DM anzunehmen. Er kann nach den Gesamtumständen des Einzelfalls niedriger oder höher angenommen werden, jedoch nicht unter 200 DM und nicht über 1 000 000 DM. Das Gericht muß in diesem Zusammenhang im Rahmen eines pflichtgemäßen Ermessens die Bedeutung der Anmeldung usw für das Unternehmen berücksichtigen.

Anmeldungen zum Güterrechtsregister, Eintragungen in das Güterrechtsregister, Eintragungen auf Grund von Eheverträgen

29 **Bei Anmeldungen zum Güterrechtsregister und Eintragungen in dieses Register bestimmt sich der Wert nach § 30 Abs. 2, bei Eintragungen auf Grund von Eheverträgen nach § 39 Abs. 3.**

1) Geltungsbereich. Der Wert einer Anmeldung zum Güterrechtsregister und einer Eintragung in dieses Register bestimmt sich grundsätzlich nach § 30 II, beträgt also regelmäßig 5000 DM, kann aber je nach der Lage des Einzelfalls höher oder niedriger angenommen werden. Das gilt zB im Fall der Ausschließung der Befugnis nach § 1357 II BGB. Die Gebühren richten sich nach den §§ 38 I Z 7, 86. Im Fall einer Eintragung auf Grund eines Ehevertrags gilt die besondere Wertvorschrift des § 39 III.

In diesem Zusammenhang ist das Gesetz über den ehelichen Güterstand von Vertriebenen und Flüchtlingen vom 4. 8. 69, BGBl 1067, zu beachten. Es lautet in

§ 5: Für die Beurkundung der Erklärung nach § 2 Abs. 1, für die Aufnahme der Anmeldung zum Güterrechtsregister und für die Eintragung in das Güterrechtsregister beträgt der Geschäftswert 3000 Deutsche Mark.

Nach dieser Vorschrift konnte ein Ehegatte, der keinen Ehevertrag geschlossen hatte oder dessen Ehe geschieden war, bis zum 31. 12. 70 dem AG gegenüber erklären, daß für die Ehe der bisherige Güterstand weitergelten solle. Soweit die Eigenschaft als Vertriebener nach dem BVG oder als Flüchtling erst später eintritt, läuft eine Jahresfrist vom Zeitpunkt der Überleitung für die Abgabe der Erklärung nach § 3 des Gesetzes. § 5 enthält für die Beurkundung der Erklärung usw den Geschäftswert im Sinn der §§ 29, 30 II KostO.

Angelegenheiten ohne bestimmten Geschäftswert, nichtvermögensrechtliche Angelegenheiten

30 **I Soweit in einer vermögensrechtlichen Angelegenheit der Wert sich aus den Vorschriften dieses Gesetzes nicht ergibt und auch sonst nicht feststeht, ist er nach freiem Ermessen zu bestimmen; insbesondere ist bei Änderungen bestehender Rechte, sofern die Änderung nicht einen bestimmten Geldwert hat, sowie bei Verfügungsbeschränkungen der Wert nach freiem Ermessen festzusetzen.**

II In Ermangelung genügender tatsächlicher Anhaltspunkte für eine Schätzung ist der Wert regelmäßig auf 5000 Deutsche Mark anzunehmen. Er kann nach Lage des Falles niedriger oder höher, jedoch nicht unter 200 Deutsche Mark und nicht über eine Million Deutsche Mark angenommen werden.

III In nichtvermögensrechtlichen Angelegenheiten ist der Wert nach Absatz 2 zu bestimmen. In Angelegenheiten, die die Annahme eines Minderjährigen betreffen, beträgt der Wert stets 5000 Deutsche Mark.

Gliederung

1) Allgemeines. I, II enthalten Regeln zur Ermittlung des Geschäftswerts in einer vermögensrechtlichen Angelegenheit. Diese Regeln gelten gegenüber anderen Vorschriften nur hilfsweise, vgl BayObLG FamRZ **87**, 1294, grundsätzlich richtig auch Hamm Rpfleger **82**, 489, ferner zB Reuter BB **89**, 715. II 1 gilt wiederum gegenüber I nur hilfsweise, BayObLG DB **83**, 2622. II 2 ist aber gegenüber I vorrangig.

III enthält Regelungen für nichtvermögensrechtliche Angelegenheiten.

Für Adoptionsangelegenheiten schafft III 2 eine Festgebühr. Für die anderen nichtvermögensrechtlichen Angelegenheiten verweist III auf II. Hier findet also nicht etwa zunächst auch I Anwendung; vielmehr ist der Regelwert in II 1 ohne vorherige Prüfung nach I zugrunde zu legen. Durch die Verweisung in III auch auf II 2 Hs 1 wird allerdings in Wahrheit auch bei einer nichtvermögensrechtlichen Angelegenheit zunächst eine Prüfung erforderlich, ob tatsächliche Anhaltspunkte für einen von 5000 DM abweichenden Wert vorliegen; insofern ist II 1 auch in einer nichtvermögensrechtlichen Angelegenheit nur eine Hilfsvorschrift. II 2 Hs 2 (Mindest- und Höchstwert) ist auch in einer nichtvermögensrechtlichen Angelegenheit gegenüber II 1 vorrangig.

2) Vermögensrechtliche Angelegenheit, I, II. A. Begriff. Als vermögensrechtlich ist jede Angelegenheit anzusehen, die entweder auf einer vermögensrechtlichen Beziehung beruht oder auf Geld oder Geldeswert geht, ohne Rücksicht auf ihren Ursprung und Zweck. Es entscheidet die Natur des Rechts, dessen Schutz der Antragsteller begehrt. Die Angelegenheit kann sich also zwar auf ein nichtvermögensrechtliches Verhältnis gründen, ist aber gleichwohl dann vermögensrechtlich, wenn sie eine vermögenswerte Leistung zum Gegenstand hat, vgl BGH **14**, 74, LG Bln Rpfleger **82**, 241, BLAH Üb 3 A vor § 1 ZPO (zum Begriff des vermögensrechtlichen Anspruchs).

B. Anwendungsfälle. Eine vermögensrechtliche Angelegenheit liegt zB in folgenden Situationen vor:

a) Rechtsbegründung. Es kann sich um eine Ersteintragung im Handelsregister handeln, etwa bei einer GmbH, BayObLG **88**, 258.

b) Rechtsänderung. Zu dieser Gruppe zählen zB folgende Situationen: Es geht um die Änderung eines bestehenden vermögensrechtlichen Anspruchs, die ihrerseits keinen bestimmten Geldwert hat, etwa eine Vereinbarung der Parteien über eine andere Kündigungsfrist; im Hauptvertrag ist die Unterwerfung des Schuldners unter die „sofortige" Zwangsvollstreckung als eine bloße Nebenabrede behandelt worden, später präzisieren die Parteien sie; es handelt sich um die Umwandlung einer Buchhypothek in eine Briefhypothek oder umgekehrt (vgl aber § 67 I Z 2, III); es geht um den Hauptversammlungsbeschluß einer Aktiengesellschaft über ein genehmigtes Kapital, § 26 Anm 2 A a; es handelt sich um eine rechtsgeschäftliche Vereinbarung über einen Anteil an einer Offenen Handelsgesellschaft außerhalb des Gesellschaftsverhältnisses, etwa um die Bestimmung dieses Anteils zum Vorbehaltsgut eines Ehegatten; es handelt sich um eine Erbauseinandersetzung.

Weitere Beispiele: Es handelt sich um eine Änderung der Zahlungsbedingungen einer Hypothek nebst einer neuen Unterwerfung des Schuldners unter die „sofortige" Zwangsvollstreckung; es geht um die Umwandlung einer Grundschuld in eine Hypothek; es handelt sich um die Umwandlung mehrerer Verkehrshypotheken in eine einheitliche Sicherungshypothek; es geht um die nachträgliche Übernahme einer Bauverpflichtung.

c) Verfügungsbeschränkung. I kann ferner im Fall einer rechtlichen oder tatsächlichen Verfügungsbeschränkung anwendbar sein, zB in folgenden Fällen: Es handelt sich um ein Veräußerungsverbot; es geht um eine Baubeschränkung; es handelt sich um eine Testamentsvollstreckung; die Angelegenheit betrifft einen Treuhändersperrvermerk nach § 72 VAG, LG Mü Rpfleger **73**, 189; es geht um einen Rangvorbehalt, KG Rpfleger **83**, 178 mwN, aM zB LLBR § 64 Rdz 36; es handelt sich um die Eintragung einer Verfügungsbeschränkung wegen eines zum Deckungsstock gehörigen Grundstücks; es geht um die Löschung einer Auflassungsvormerkung, BayObLG DB **85**, 334; es geht um die Zustimmung des Eigentümers zu einer Belastung des Erbbaurechts; Rohs-Wedewer II a 9, Schalhorn JB **72**, 757, Schmidt JB **64**, 101, jetzt wohl aM Hamm Rpfleger **82**, 489 mwN; es handelt sich um die Zustimmung des Wohnungseigentümers oder des Verwalters zu der Veräußerung des Wohnungseigentums nach § 12 WEG, jetzt aM Hamm Rpfleger **84**, 489 mwN; es geht um die Anfechtung eines Beschlusses der Wohnungseigentümer, zB auf Entziehung des Wohnungseigentums eines der Beteiligten, AG Hildesh ZMR **87**, 346; es geht um die Ersetzung der Zustimmung des Grundeigentümers zu einer Veräußerung des Erbbaurechts, BayObLG AnwBl **83**, 29 mwN, Stgt (8. ZS) Rpfleger **80**, 316 mwN, LG Osnabr AnwBl **89**, 107, aM Stgt (8. ZS) DNotZ **82**, 779 mwN.

d) Weitere Fälle. I kann zB in folgenden weiteren Fällen anwendbar sein: Es geht um die Teilung eines Grundstücks; es handelt sich um die Zuschreibung eines Flurstücks zu einem Grundstück; die Angelegenheit betrifft die Vereinigung mehrerer im Grundbuch bisher selbständig eingetragener Grundstücke; es geht um einen langfristigen Liefervertrag; es handelt sich um den Wert der Anwartschaft des Nacherben; es geht um eine Wertsicherungsklausel für den Erbbauzins; es geht um eine Identitätserklärung, Hamm Rpfleger **80**, 316; es handelt sich um einen Rangvorbehalt; es geht um die Beglaubigung einer Firmen- und Unterschriftszeichnung, BayObLG DB **83**, 2621; es geht um ein Überwachungsrecht eines Gesellschafters, Zweibr Rpfleger **87**, 316, LG Frankenth Rpfleger **87**, 315.

C. Wert. a) Hilfsnatur des I. I verweist zunächst auf die übrigen Vorschriften „dieses Gesetzes". Das bedeutet: I enthält lediglich Hilfsregeln. Als anderweitige und damit vorrangige Bewertungsvorschriften kommen zB in Betracht: Im Fall einer Rangänderung § 23 III; im Fall der Beurkundung einer Anmeldung und der zugehörigen Eintragung in das Handelsregister §§ 26ff; bei einer Eintragung im Schiffsregister § 84 I.

Eine Bewertung nach I kommt auch dann nicht in Betracht, wenn sich der Wert zwar nicht aus anderen Vorschriften der KostO ergibt, wohl aber sonst feststeht. Das ist zB dann der Fall, wenn es sich um einen bestimmten Geldbetrag handelt (allerdings kann man insofern § 18 I, II als maßgeblich betrachten und muß im übrigen § 18 III beachten).

b) Ermessen. Soweit sich in einer vermögensrechtlichen Angelegenheit der Wert weder aus anderen Vorschriften der KostO ergibt noch sonst feststeht, darf und muß das Gericht ihn zunächst innerhalb eines Ermessensspielraums bestimmen. I 1 Hs 1 spricht vom „freien" Ermessen. In Wahrheit handelt es sich, wie fast stets, um ein pflichtgemäßes Ermessen. Das Gericht muß also sämtliche in Betracht kommenden Umstände des Einzelfalls berücksichtigen und miteinander abwägen.

Maßgebend sind zB: Die Bedeutung der Sache; das Interesse der Beteiligten, BayObLG Rpfleger **85**, 330; ihre Vermögenslage; überhaupt alle für den Geschäftswert irgendwie erheblichen Umstände. Einige wenige Anhaltspunkte genügen, soweit sie eine wenigstens annähernde Schätzung ermöglichen, BayObLG DB **83**, 2622. Soweit für die in diesem Zusammenhangerforderliche Schätzung genügende tatsächliche Anhaltspunkte aus dem Einzelfall ersichtlich sind, ist lediglich I, nicht II und daher auch nicht II 2 anwendbar, Anm 1. Im Rahmen einer nach I möglichen Schätzung ist das Gericht also weder an den Mindestwert von 200 DM noch an den Höchstwert von 1000000 DM in II 2 gebunden. Das ergibt sich schon aus der Stellung von II 2 innerhalb von II. Es wäre auch widersinnig, in einer vermögensrechtlichen Angelegenheit, deren Wert sich ohnehin durchweg verhältnismäßig leicht beziffern läßt, unabhängig von dem wahren bezifferbaren Betrag feste Höchst- und Mindestwerte anzusetzen. Sie haben nur dann einen Sinn, wenn eine Schätzung so gut wie keine tatsächlichen Anhaltspunkte verwerten kann.

Ebensowenig darf man im Rahmen einer pflichtgemäßen Ermessensausübung nach I von einem Regelwert ausgehen. Schon gar nicht darf man im Rahmen von I den Regelwert nach II 1 ansetzen.

Das Gericht hat die Amtspflicht, mit aller zumutbaren Sorgfalt auf das Vorliegen genügender tatsächlicher Anhaltspunkte für eine Schätzung nach I zu achten. Es darf und muß dazu auch in gewissem Umfang Ermittlungen anstellen, braucht freilich keine Ermittlungsarbeit vorzunehmen, wenn die Beteiligten trotz einer Anfrage keinerlei näheren Aufschluß geben, obwohl sie es ersichtlich tun könnten. Andererseits muß das Gericht bei seinen Ermittlungen Art 103 I GG beachten und daher einem Beteiligten eine Gelegenheit zur Äußerung geben, bevor es nach I eine von seinen Angaben erheblich abweichende Schätzung vornimmt.

Nach alledem ist I mit dem GG vereinbar, so auch BayObLG DB **83**, 2622.

c) Beispiele. Bei einer Schätzung nach I können zB folgende Gesichtspunkte erheblich sein: Im Fall einer rechtsgeschäftlichen Vereinbarung über den Anteil eines Gesellschafters an einer Offenen Handelsgesellschaft außerhalb des Gesellschaftsverhältnisses, etwa bei der Bestimmung zum Vorbehaltsgut eines Ehegatten oder bei einer Erbauseinandersetzung, bleibt § 18 III außer Betracht. Bemessungsgrundlage ist nur ein dem Anteil entsprechender Bruchteil des Reinvermögens der Gesellschaft; bei einer Bewertung eines GmbH-Anteils im Nachlaßverfahren muß man unter einer Berücksichtigung aller Umstände prüfen, ob ein vom Finanzamt nach dem „Stuttgarter Verfahren“ angenommener Wert des Betriebsgrundstücks einen brauchbaren Anhaltspunkt für den Geschäftswert gibt, BayObLG **82**, 395.

Weitere Beispiele: Bei einem Geschäft, das eine Verfügung über ein Grundstück betrifft, etwa bei der Abschreibung eines Flurstücks, muß man stets § 19 beachten; seine Werte stellen die Obergrenze dar, Celle NdsRpfl **64**, 11; bei der Änderung der Zahlungsbedingungen einer Hypothek nebst einer neuen Unterwerfung unter die „sofortige“ Zwangsvollstreckung muß man den Wert der Beurkundung nach der Bedeutung der Erklärung schätzen.

Weitere Beispiele: Die Unterwerfung kann eine gebührenfreie Nebenerklärung sein; die Umwandlung einer Grundschuld in eine Hypothek ist nach dem vollen Wert zu berechnen, § 23. Denn erst jetzt entsteht eine Forderung; im Fall der Umwandlung mehrerer Verkehrshypotheken in eine einheitliche Sicherungshypothek sind etwa 5% angemessen, Bbg Rpfleger **51**, 573; bei der Übernahme einer Bauverpflichtung entscheidet das Interesse desjenigen, der durch sie begünstigt wird, Celle NdsRpfl **62**, 111, vgl auch Ffm DNotZ **65**, 366.

Weitere Beispiele: Im Fall einer Wertsicherungsklausel für einen Erbbauzins muß man die vermutliche Veränderung der Bezugsgrößen im Kapitalisierungszeitraum berücksichtigen, Hamm DNotZ **73**, 49, vgl freilich auch Düss VersR **82**, 1076; bei einem GmbH-Anteil kommt es auf das Reinvermögen und die Ertragsaussicht der Gesellschaft an, BayObLG **77**, 51 mwN; bei einem langfristigen Vertrag, vgl Stgt DNotZ **77**, 56, ist die Dauer und das Maß der Ungewißheit der Lieferung maßgeblich; bei einer Zuschlagsbeschwerde können zwar mehrere Faktoren den Wert bestimmen, die jede zu einem anderen Ergebnis führen, es sind aber regelmäßig doch Anhaltspunkte für eine Ermessensentscheidung vorhanden, Schlesw SchlHA **52**, 192, aM Mü Rpfleger **54**, 655 (das OLG wendet in diesem Fall nur II an).

Weitere Beispiele: Im Fall der Eintragung einer Verfügungsbeschränkung wegen eines zum Deckungsstock gehörigen Grundstücks muß man das Interesse an der gesetzlichen Beschränkung und ihrer Dauter berücksichtigen, Hamm Rpfleger **63**, 307; im Fall der Zustimmung des Eigentümers zu einer Belastung des Erbbaurechts ist das Interesse des Eigentümers an der Verfügungsbeschränkung, die er aufgibt, maßgeblich, vgl Hamm DNotZ **80**, 772 mwN, aM zB Düss JB **74**, 1423 (das OLG meint, maßgebend sei der Wert der Erklärung, der der Eigentümer zustimme). Dasselbe gilt für die Beurkundung der Zustimmung des Wohnungseigentümers oder des Verwalters zur Veräußerung des Wohnungseigentums nach § 12 WEG, Hamm DNotZ **80**, 773. Bei der Anfechtung eines Wohnungseigentümer-Versammlungs-Beschlusses kann $\frac{1}{10}$ des Werts des von Entziehung bedrohten Miteigentums anzusetzen sein, AG Hildesh ZMR **87**, 346. Bei der Löschung einer Auflassungsvormerkung ist der Wert, insbesondere der Kaufpreis des betroffenen Grundstücks maßgeblich, BayObLG DB **85**, 334.

Weitere Beispiele: Bei der Zustimmung des Grundstückseigentümers zur Veräußerung des Erbbaurechts ist das Interesse des Erbbauberechtigten an der Veräußerung maßgeblich. Es beträgt in der Regel den Kaufpreis, BayObLG AnwBl **83**, 29; bei der Beglaubigung einer Firmen- und Unterschriftszeichnung kommt die Unternehmensgröße und daher der Einheitswert des Betriebsvermögens in Betracht, BayObLG DB **83**, 2622.

Weitere Beispiele: Bei einer Situation nach § 306 VII 6 AktG kommt es auf den Unterschied zwischen dem Angebot und dem objektiv angemessenen Betrag an, Düss DB **77**, 1249 mwN, andernfalls auf den rechtskräftig festgesetzten Betrag, Düss DB **78**, 1586; bei einem Überwachungsrecht eines Kommanditisten können §§ 132 V 6 AktG, 51b S 1 GmbHG beachtlich sein, Zweibr Rpfleger **87**, 316, LG Frankenth Rpfleger **87**, 315; im Fall eines Rangvorbehalts ist zumindest mitbeachtlich, ob und wann er ausgenutzt werden soll und kann, Düss Rpfleger **78**, 466; bei der Bewertung eines zum Nachlaß gehörenden Geschäftsanteils an einer Gesellschaft mit beschränkter Haftung gilt grundsätzlich der im Wirtschaftsleben maßgebende Wert, BayObLG BB **83**, 147; bei einer beschränkten persönlichen Dienstbarkeit entscheidet ihr Zweck, BayObLG Rpfleger **85**, 330 mwN. Wegen eines Kirchengrundstücks BayObLG Rpfleger **85**, 510 (krit Bengel DNotZ **86**, 436).

3) Kein tatsächlicher Anhaltspunkt, II. A. Grundsatz. II ist nur anwendbar, soweit I nicht zu einem Geschäftswert führt. Auch II 2 ist nur in diesen Grenzen anwendbar, vgl Anm 1 und 2 C a.

B. Begriff. II setzt voraus, daß keine „genügenden tatsächlichen Anhaltspunkte" für eine andere Wertschätzung vorliegen. Es darf also nicht einmal Anhaltspunkte geben, BayObLG Rpfleger **85**, 330 und BayObLG **88**, 258. Ein Anhaltspunkt ist weniger als eine Wahrscheinlichkeit oder gar eine Gewißheit, andererseits mehr als eine nur theoretische Möglichkeit. Ein Anhaltspunkt liegt also jedenfalls dann vor, wenn die Sache bei vernünftiger Betrachtung als durchaus möglich erscheint, mag sie auch nicht gerade wahrscheinlich sein.

Es muß ein „tatsächlicher" Anhaltspunkt fehlen. Das bloße Fehlen rechtlicher Anhaltspunkte ist unerheblich. Es kommt also darauf an, ob sich der Grad der Möglichkeit oder Wahrscheinlichkeit auf Grund von Tatsachen festlegen läßt.

Der tatsächliche Anhaltspunkt darf nicht „genügend" sein. Mit diesem Ausdruck wiederholt II 1 im Grunde den Begriff „Anhaltspunkt". Immerhin wird deutlich, daß eine Schätzung nach II schon dann in Betracht kommt, wenn man zwar gewisse tatsächliche Ansatzmöglichkeiten für einen nach I bestimmbaren Wert hat, wenn diese Faktoren aber eben nicht als genügend erscheinen, um eine Schätzung nach I vorzunehmen, BayObLG DB **83**, 2622. Freilich fließen die Grenzen in diesem Bereich zwischen I und II. Im Zweifel hat allerdings I Vorrang vor II, Anm 1.

Ein genügender tatsächlicher Anhaltspunkt für eine Schätzung nach I liegt jedenfalls auch dann vor, wenn der Mindestwert nach II 2 handgreiflich zu hoch wäre, etwa bei einer geringwertigen Sache für die Gebühr nach §§ 120, 121.

C. Beispiele. II kann zB in folgenden Situationen anwendbar sein: Es handelt sich um einen Streit über die Zuständigkeit, Köln RdL **64**, 272 (das OLG läßt in diesem Fall das Interesse entscheiden); es geht um eine ungesicherte, zweifelhafte Forderung; es handelt sich um eine einseitige Erklärung dahin, daß statt der Zugewinngemeinschaft der Güterstand der Gütertrennung gelten solle, Art 8 I 3 GleichBerG, vgl zB Celle MDR **59**, 852; es geht um die vor der Ehe getroffene Vereinbarung des Ausschlusses des Versorgungsausgleichs, LG Bln MDR **82**, 678; es handelt sich um eine Erklärung nach dem Gesetz über den ehelichen Güterstand von Vertriebenen und Flüchtlingen, § 29 Anm 1 (in diesem Fall liegt nicht ein tatsächlicher, sondern ein rechtlicher Bemessungsmaßstab vor: Der Geschäftswert beträgt gemäß § 5 jenes Gesetzes 3000 DM, § 29 Anm 1); es geht um eine Zwischenverfügung vor der Ersteintragung einer GmbH, BayObLG **88**, 258.

D. Wert. Im Rahmen einer Schätzung nach II sind folgende Grundsätze in folgender Reihenfolge zu beachten:

a) Regelwert, II 1. Man darf und muß von 5000 DM ausgehen, sobald sich herausstellt, daß keine genügenden tatsächlichen Anhaltspunkte für eine Schätzung nach II feststehen. Diese Lösung entspricht dem Wort „regelmäßig" in II 1. Zwar enthält II 2 Hs 1 die Möglichkeit, den Wert niedriger oder höher als 5000 DM festzusetzen. Das bedeutet aber nicht, daß man auch noch im Rahmen von II zunächst eine vom Regelwert unabhängige Schätzung versuchen müßte. Sie ist ja gerade grundsätzlich kaum möglich; andernfalls wäre überhaupt nicht II, sondern I anwendbar. Vielmehr soll II 2 lediglich ein gewisses Korrektiv in denjenigen Fällen bieten, in denen zwar keine genügenden tatsächlichen Anhaltspunkte für eine Schätzung möglich sind, andererseits aber ein Betrag von 5000 DM als unangemessen erscheint.

Daraus folgt: Das Gericht braucht in Ermangelung genügender tatsächlicher Anhaltspunkte für einen anderen Wert vor dem Ansatz des Regelwerts von 5000 DM keine weiteren Nachforschungen anzustellen. Es braucht von diesem Regelwert nur dann abzuweichen, wenn die konkreten Umstände des Einzelfalls bereits erkennen lassen, daß dieser Wert unangemessen hoch oder niedrig ist. In diesem letzteren Zusammenhang muß das Gericht allerdings alle ihm bekannten Fallumstände tatsächlicher und rechtlicher Art sorgfältig berücksichtigen. Es muß vor einer Abweichung von dem Regelwert demjenigen, der davon benachteiligt würde, gemäß Art 103 I GG das rechtliche Gehör gewähren.

b) Abweichender Wert, II 2. aa) Grundsatz. Soweit sich nach den in a genannten Gesichtspunkten die Notwendigkeit ergibt, den Wert vom Regelwert abweichend anzunehmen, ist das Gericht berechtigt und verpflichtet, diese Abweichung vorzunehmen. Es muß auch insofern die Bedeutung der Sache, LG Mü AnwBl **83**, 31, das Interesse der Beteiligten, ihre Vermögenslage, LG Mü AnwBl **83**, 31, überhaupt alle streiterheblichen Umstände berücksichtigen, BayObLG **88**, 259, Ffm DNotZ **63**, 698, Hamm Rpfleger **59**, 197.

bb) Mindestwert, Höchstwert. Nur im Rahmen einer vom Regelwert des II 1 abweichenden, aber auch nicht nach I, sondern nach II 2 Hs 1 erfolgenden Bewertung ist II 2 Hs 2 mit seinem Mindest- und Höchstwert beachtlich, Anm 1.

Der Mindestwert beträgt 200 DM, der Höchstwert 1000000 DM.

c) Fälle. In einer Anwaltszulassungssache muß man den Regelwert im allgemeinen überschreiten. Man muß die Art und den Umfang der vom Bewerber erstrebten Praxis berücksichtigen, BGH **39**, 116. Dasselbe gilt im Fall einer Notarzulassungssache, Arndt DNotZ **73**, 85. Wenn es um ein Auseinandersetzungszeugnis nach § 9 EheG geht, muß man die Einkommens- und Vermögensverhältnisse berücksichtigen, BayObLG **59**, 272, KG Rpfleger **65**, 122.

Wenn es um eine Bauverpflichtung geht, muß man prüfen, ob das Interesse des Bauberechtigten wirtschaftlich ist, ob es zB um Nutzungen für seine Nachbargrundstücke geht, oder ob es ideeller Natur ist, etwa mit Rücksicht auf die von ihm beabsichtigte bestimmte Baugestaltung. Die Baukosten sind zwar kein alleiniger, aber doch jedenfalls ein unter

1) Allgemeines. A. Systematik. I 1 entspricht im wesentlichen § 25 I 1 GKG. I 2, 3 entsprechen fast wörtlich § 25 I 3, 4 GKG. II 2 entspricht fast wörtlich § 26 S 2 GKG. III 2, 3 entsprechen fast wörtlich § 25 III GKG. Vgl daher zunächst die jeweiligen dortigen Anm.

B. Zuständigkeit. Zur Festsetzung des Geschäftswerts ist zunächst stets der Urkundsbeamte der Geschäftsstelle als das zur Kostenberechnung berufene Organ zuständig. Vgl § 25 GKG Anm 1 B. Er muß auch im Rahmen eines eigenen pflichtgemäßen Ermessens diejenigen Ermittlungen veranlassen und diejenigen Wertbestimmungen vornehmen, die ihm erforderlich erscheinen, solange eine gerichtliche Entscheidung fehlt, §§ 2, 35 II KostVfg, Teil VII A dieses Buchs.

2) Wertfestsetzung, I 1. A. Voraussetzungen. Eine Wertfestsetzung nach I 1 ist zulässig, wenn eine der folgenden Voraussetzungen vorliegt:

a) Antrag. Wenn das Gericht keine Festsetzung von Amts wegen für angemessen erachtet, b, ist ein Antrag erforderlich. Antragsberechtigt sind folgende Personen:

aa) Zahlungspflichtiger. Zum Antrag ist jeder berechtigt, der irgendeinen Teil der Gerichtskosten (Gebühren und/oder Auslagen) auf Grund gesetzlicher Vorschrift oder vertraglicher Übernahme zu zahlen verpflichtet ist. Gemeint sind also alle Kostenschuldner, §§ 2–6.

bb) Staatskasse. Zum Antrag ist ferner die Staatskasse berechtigt. Sie wird durch den zuständigen Bezirksrevisor tätig.

Der Urkundsbeamte der Geschäftsstelle kann eine Festsetzung nur anregen, hat aber kein eigenes Antragsrecht. Er ist auch nicht ohne weiteres der Vertreter der Staatskasse. Er hat daher auch keinen Rechtsbehelf gegen die Ablehnung oder angeblich unrichtige Festsetzung. Er kann allerdings einen Antrag des Bezirksrevisors anregen.

b) Von Amts wegen. Soweit das Gericht nicht auf Grund eines zulässigen Antrags, a, eine Festsetzung vornehmen muß, ist es zur Festsetzung von Amts wegen berechtigt und im Rahmen seines pflichtgemäßen Ermessens verpflichtet.

Eine Festsetzung von Amts wegen ist zB insoweit erforderlich, als der Richter dem Urkundsbeamten der Geschäftsstelle eine richtige Festsetzung des Geschäftswerts nicht zumuten kann oder nicht zutrauen möchte oder soweit der Urkundsbeamte bereits einen offenbar unrichtigen Wert angenommen hat.

B. Verfahren. a) Antragsform. Ein etwaiger Antrag auf die Festsetzung des Geschäftswerts ist schriftlich oder zum Protokoll des Urkundsbeamten der Geschäftsstelle zulässig. Er unterliegt also keinem Anwaltszwang.

b) Zuständigkeit. Zuständig ist dasjenige Gericht, das in der Hauptsache entschieden hat oder entscheiden muß, BayObLG **88**, 258.

aa) Urkundesbeamter. Zunächst ist der Urkundsbeamte der Geschäftsstelle zur Annahme eines Werts zuständig, Anm 1 B. Er nimmt aber keine förmliche Wertfestsetzung vor. Zur letzteren ist nur der Richter zuständig.

bb) Richter. Zur förmlichen Festsetzung des Geschäftswerts ist das

Gericht zuständig, und zwar diejenige Instanz, für die die Festsetzung erfolgen soll, für die höhere also das Rechtsmittelgericht. Es ist unerheblich, ob die Instanz bereits beendet ist. Der Einzelrichter entscheidet, soweit er die Sache beendet. Da §§ 349 ff ZPO im FGG-Verfahren unanwendbar sind, kann der Vorsitzende der Kammer für Handelssachen nicht allein entscheiden, BayObLG **88**, 258 mwN.

cc) Rechtspfleger. Soweit der Rpfl das Geschäft bearbeitet, nimmt er die Festsetzung des Geschäftswerts in eigener Zuständigkeit vor, § 4 I RPflG, BayObLG Rpfleger **74**, 392 mwN. Das gilt auch insoweit, als das Gesetz einzelne Handlungen dem Richter übertragen hat, etwa die Erteilung eines Erbscheins, BayObLG Rpfleger **74**, 329 und 392 (man muß auch § 6 RPflG beachten).

c) Weiteres Verfahren. Eine Festsetzung des Geschäftswerts ist auch nach dem Abschluß des ganzen Verfahrens zulässig, soweit noch keine förmliche Wertfestsetzung durch das Gericht erfolgt war; eine bloß vorläufige Annahme eines Werts durch den Urkundsbeamten der Geschäftsstelle oder den Richter ist unschädlich. Das Antragsrecht ist ohnehin zeitlich unbefristet. Ein Rechtsschutzbedürfnis für eine Wertfestsetzung besteht stets, BayObLG WM **89**, 211, und zwar auch dann, wenn der Kostenbeamte schon einen Kostenansatz angenommen hat, vgl BFH BB **78**, 1507. Eine an sich denkbare Verwirkung ist nicht bereits 2½ Jahre nach dem Ansatz und der Zahlung eingetreten, wenn der Antrag vor dem Ablauf der Verjährungsfrist des § 17 II gestellt worden ist, Hamm Rpfleger **87**, 204.

Das Gericht kann über den Geschäftswert mündlich verhandeln, ist zur mündlichen Verhandlung aber nicht verpflichtet. Das gilt auch dann, wenn ein Antragsteller eine mündliche Verhandlung beantragt hat.

C. Entscheidung. a) Ausspruch. Das Gericht setzt den Geschäftswert stets durch einen Beschluß fest. Ein Beschluß liegt auch dann vor, wenn das Gericht die Festsetzung des Geschäftswerts zulässigerweise in die Entscheidungsformel der Sachentscheidung oder in die zugehörigen Entscheidungsgründe aufgenommen hat. Ein Beschluß liegt aber nur insoweit vor, als man einen eindeutigen Willen des Gerichts erkennen kann, gerade den Geschäftswert festzusetzen.

b) Begründung. aa) Notwendigkeit. Das Gericht muß den Festsetzungsbeschluß grundsätzlich mit einer mindestens stichwortartigen Begründung versehen, BLAH § 329 ZPO Anm 1 A b mwN, vgl Bbg JB **77**, 381, Düss OLGZ **72**, 245, Kblz NJW **74**, 2055, Schneider MDR **74**, 802. Denn sonst würden die Grundlagen der Nachprüfbarkeit durch die Partei, vgl BVerfG **6**, 44, wie durch das Gericht fehlen, Bbg JB **78**, 1360. Das Gericht muß eine zunächst fehlende Begründung spätestens dann nachholen, wenn es einer Beschwerde gegen seinen Beschluß nicht abhilft, KG NJW **74**, 2010 und Rpfleger **75**, 109 je mwN, LG Bln JB **76**, 1542.

bb) Entbehrlichkeit. Soweit allerdings der Beschluß in keinerlei Rechte eines Beteiligten eingreift, darf eine Begründung fehlen, vgl BVerfG NJW **57**, 298. Das gilt zB dann, wenn das Gericht in seinem Festsetzungsbeschluß den übereinstimmenden Anträgen aller Beteiligten voll entsprochen hat. Denn dann wäre eine Beschwerde unzulässig, vgl Bbg JB **75**, 1463.

Eine Begründung ist auch dann entbehrlich, wenn alle Beteiligten die Erwägungen des Gerichts einwandfrei kennen, etwa aus einer mündlichen Verhandlung. Es empfiehlt sich aber, in einem solchen Fall in das Verhandlungsprotokoll einen Vermerk darüber aufzunehmen, daß die Fragen des Geschäftswerts erörtert wurden.

Eine Begründung ist schließlich dann entbehrlich, wenn alle Beteiligten einen Rechtsmittelverzicht wirksam erklärt haben, vgl Köln MDR **71**, 225, oder wenn sich schließlich der richtige Geschäftswert aus dem Streitstoff selbst einwandfrei ergibt, vgl Bbg JW **78**, 1360, etwa dann, wenn das Gericht auf Grund eines bereits bezifferten Antrags eine Wertfestsetzung vorgenommen hatte, vgl auch Düss OLGZ **72**, 245.

c) Weitere Einzelfragen. Es ist weder eine Entscheidung noch gar deren Begründung, wenn irgendwo im Kopf der Sachentscheidung steht: „Wert × DM".

Die Entscheidung ist gebührenfrei, § 1.

D. Mitteilung der Entscheidung. Das Gericht braucht seinen Beschluß nicht förmlich zuzustellen. Denn seine Entscheidung unterliegt keinem befristeten Rechtsmittel. Es genügt also eine formlose Mitteilung von Amts wegen. Sie ist aber auch erforderlich.

E. Wirkung der Entscheidung. Der Wertfestsetzungsbeschluß wirkt für und gegen alle Beteiligten. Auch ein nicht Zugezogener ist solange an ihn gebunden, bis das Beschwerdegericht ihn ändert oder bis das erstinstanzliche Gericht ihn auf Grund einer Anregung eines Beteiligten von Amts wegen ändert. Für die Anwaltsgebühren ist der Wertfestsetzungsbeschluß gemäß § 9 I BRAGO ebenfalls maßgebend; vgl auch § 10 BRAGO.

Für einen Notar, dem die Gebühren selbst zufließen, gilt § 31 allerdings nicht, § 143.

Der Beschluß erwächst allerdings nicht in äußere Rechtskraft. Eine rechtskräftige Entscheidung über die Anwaltsgebühren im Prozeß zwischen dem Anwalt und einem am Verfahren Beteiligten steht einer Abänderbarkeit des Wertfestsetzungsbeschlusses nicht entgegen.

Eine endgültig falsche Berechnung des Geschäftswerts kann eine Amtshaftung auslösen, vgl auch Matzen AnwBl **76**, 333.

Jede Instanz setzt für sich fest, vgl BFH BStBl **77**, II 42. Daher läßt ein Wertfestsetzungsbeschluß den anderen Instanzen freie Hand, auch den nachgeordneten, vgl KG VersR **81**, 860. Solange in erster Instanz keine Festsetzung des Geschäftswerts erfolgt ist, darf das Rechtsmittelgericht diesen Wert nicht für die erste Instanz festsetzen, vgl Köln VersR **73**, 1032. Es ist ein alltäglicher Vorgang, daß verschiedene Instanzen einen verschiedenen Geschäftswert annehmen. Allerdings darf das Rechtsmittelgericht die Entscheidung des nachgeordneten Gerichts ändern, I 2, vgl BFH BStBl **77** II 42, Nürnb JB **75**, 1352.

In keinem Fall darf die untere Instanz den Geschäftswert mit einer bindenden Wirkung für die höhere Instanz festsetzen.

Soweit das AG das Verfahren etwa zulässigerweise an das LG verwiesen hat, muß das LG den Geschäftsstreitwert auch für einen im Verfahren vor dem AG etwa bereits erledigten Anspruch festsetzen.

3) Änderung der Festsetzung, I 2, 3. A. Zulässigkeit, Notwendigkeit, I 2. Eine Änderung der Festsetzung des Geschäftswerts ist dann, wenn die Rechtslage es verlangt, nicht nur zulässig, sondern auch notwendig. Das Wort „kann" in I 2 stellt keinen Ermessensspielraum zur Verfügung, sondern regelt nur die Zuständigkeit, vgl BGH **KR** § 23 GKG aF Nr 80, Schneider MDR **78**, 443 mwN. Die Änderung ist von Amts wegen oder auf Grund der Anregung eines Beteiligten zulässig und erforderlich. Ein förmlicher Antrag ist nicht erforderlich. Wenn das Gericht einer Anregung zur Änderung des Geschäftswerts nicht gefolgt ist, dann muß man eine solche Anregung als eine Beschwerde gegen die Wertfestsetzung ansehen, falls der Anregende beschwert ist.

Von einer Änderung der Wertfestsetzung ist die Berichtigung einer als offenbar unrichtigen erkannten Wertfestsetzung entsprechend § 319 ZPO zu unterscheiden, vgl Celle JB **76**, 1338.

Eine Änderung der Festsetzung des Geschäftswerts ist auch dann zulässig, wenn durch diese Maßnahme die bisherige Kostenentscheidung unrichtig wird. Denn eine Berichtigung der Kostenentscheidung ist zulässig, wenn die Berichtigung in der Sache sie bedingt, und zwar auch dann, wenn das Gericht über die Kosten praktisch unbrauchbar entschieden hat. Streng genommen ist diese Lösung dogmatisch falsch. Sie stellt aber den einzigen Ausweg dar, wenn kein Rechtsbehelf möglich ist. Das gilt auch dann, wenn die Kostenentscheidung unanfechtbar ist, vgl § 25 GKG Anm 3 A b mwN.

B. Voraussetzungen im einzelnen. Eine Änderung der Festsetzung des Geschäftswerts ist zulässig, wenn eine der beiden Voraussetzungen a oder b vorliegt und wenn außerdem die zeitlichen Grenzen des I 3 eingehalten sind, c. Im einzelnen gilt folgendes:

a) Änderung durch das Gericht der Instanz. Dasjenige Gericht, das den Geschäftswert festgesetzt hat, kann seinen Beschluß für seine Instanz unter folgenden Voraussetzungen ändern:

aa) Zuständigkeit. Die Sache muß entweder noch in derselben Instanz schweben oder darf zwar bereits in der höheren Instanz anhängig sein, im letzteren Fall darf aber das Rechtsmittelgericht noch nicht eine Festsetzung des Geschäftswerts auch für die untere Instanz vorgenommen, also deren Entscheidung bereits abgeändert haben.

bb) Änderung der Verhältnisse usw. Eine Änderung der Festsetzung des Geschäftswerts ist im allgemeinen nur dann erforderlich, wenn sich zB die Verhältnisse geändert haben, vgl Bbg JB **77**, 1423, oder wenn das Gericht bei seiner ersten Festsetzung eine bereits vorhandene Rechtsprechung nicht berücksichtigt hatte.

Eine Änderung der Festsetzung ist zB in folgenden Fällen nicht erforderlich: Die einschlägige Rechtsprechung hat sich nach dem Erlaß des ersten Festsetzungsbeschlusses geändert, vgl Hamm NJW **73**, 198 (zustm Schneider MDR **73**, 418), LG Kiel VersR **75**, 1037; das Gericht kommt in seiner jetzigen Besetzung im Rahmen seines pflichtgemäßen Ermessens zu einer wesentlich anderen Bewertung des Geschäftswerts, vgl Ffm MDR **57**, 174, Köln VersR **79**, 945 mwN.

b) Änderung durch das Rechtsmittelgericht. Das Rechtsmittelgericht kann den Geschäftswert, den das Gericht der unteren Instanz festgesetzt hatte, nur dann ändern, wenn und solange das Verfahren wegen der Hauptsache, auch eines Teils, oder wegen der Entscheidung über den Geschäftswert, den Kostenansatz oder die Kostenfestsetzung in der Rechtsmittelinstanz schwebt, BayObLG ZMR **83**, 288 mwN, vgl Hamm Rpfleger **73**, 107, abw Schneider MDR **72**, 100. Es reicht aus, daß das Verfahren wegen der Kostenfestsetzung für die Rechtsmittelinstanz dort schwebt, vgl OVG Saarlouis AS **11**, 237.

Eine Änderung durch das Rechtsmittelgericht ist nicht zulässig, wenn eine Beschwerde unzulässig ist, insofern aM Münst DÖV **78**, 816 (zu § 25 GKG).

Soweit das Rechtsmittelgericht den Geschäftswert von der unteren Instanz abweichend festsetzt, ohne den Beschluß der Vorinstanz zu ändern, sollte das Rechtsmittelgericht seine Entscheidung unter allen Umständen begründen. Sofern eine solche Begründung nicht vorliegt, ist das untere Gericht nicht zu einer Überprüfung verpflichtet, vgl Schneider MDR **72**, 101.

c) Zeitliche Grenzen, I 3. aa) Grundsatz. Von der Festsetzung des Geschäftswerts hängt die Höhe der Gerichtskosten und der Anwaltsgebühren ab. Deshalb darf der Geschäftswert nur innerhalb gewisser zeitlicher Grenzen abänderbar sein; andernfalls würde die Rechtssicherheit leiden. Deshalb begrenzt I 3 die Änderungsmöglichkeit zeitlich.

Diese zeitlichen Grenzen gelten aber nur für eine echte Abänderung einer schon vorher erfolgten Festsetzung des Geschäftswerts, also nicht für eine erste Festsetzung des Geschäftswerts, vgl BFH BB **78**, 1508.

bb) Fristberechnung. Die Sechsmonatsfrist wird nach §§ 186ff BGB berechnet. Gegen die Versäumung der Frist nach I 3 ist keine Wiedereinsetzung zulässig, vgl KG Rpfleger **80**, 443. Sie beginnt wie folgt:

aaa) Rechtskraft. Die Sechsmonatsfrist beginnt mit dem Eintritt der Rechtskraft der Entscheidung in der Hauptsache. Eine Erledigung nur einer Instanz genügt nicht, vgl BGH **LM** § 23 GKG aF Nr 1, ferner Köln Rpfleger **87**, 23, KLBR 53, vgl aber auch BGH **70**, 368 (zu § 25 GKG).

bbb) Anderweitige Erledigung. Die Frist beginnt auch dann, wenn sich das gesamte Verfahren anderweitig als durch den Eintritt der Rechtskraft in der Hauptsache erledigt hat. Das ist zB in folgenden Situationen der Fall: Die Beweissicherung ist beendet, ähnlich LG Mü AnwBl **78**, 231 (abl Täuber); die Beteiligten haben einen Vergleich abgeschlossen; das Verfahren ist unterbrochen worden und es besteht keine Aussicht auf seine erneute Aufnahme; ein Beteiligter ist aus dem Verfahren ausgeschieden.

Wenn beide Parteien die Hauptsache entsprechend § 91a ZPO für erledigt erklärt haben, liegt nicht der Fall bbb vor, sondern derjenige aaa; man muß also den Eintritt der Rechtskraft eines etwa entsprechend § 91a ZPO gefaßten Beschlusses abwarten.

Der Eintritt der Erledigung nur einer Instanz genügt nicht, vgl BGH **LM** § 22 GKG aF Nr 1, aber auch BGHZ **70**, 368 (zu § 25 GKG).

4) Beweisaufnahme, Begutachtung, II. A. Voraussetzungen. Das Gericht ist berechtigt und im Rahmen seines pflichtgemäßen Ermessens verpflichtet, vor einer förmlichen Festsetzung des Geschäftswerts in dem ihm etwa notwendig erscheinenden Umfang eine Beweisaufnahme durchzuführen. In der Beweisaufnahme sind alle in dem zugehörigen Hauptverfahren statthaften Beweismittel zulässig. Dazu zählen grundsätzlich jedenfalls alle nach der ZPO statthaften Beweismittel. Unter ihnen nennt das Gesetz eine Begutachtung durch einen Sachverständigen nur als Erläuterung der Möglichkeiten, wie das Wort „insbesondere" klarstellt.

Die Beweisaufnahme ist nicht von einem Antrag eines Beteiligten abhängig. Sie kann vielmehr auch von Amts wegen anzuordnen sein, und zwar selbst dann, wenn das ganze Wertfestsetzungsverfahren nur auf Grund des Antrags eines Beteiligten begonnen hat. Sobald das Gericht überhaupt eine Entscheidung über die förmliche Festsetzung des Geschäftswerts treffen soll, muß es auch von Amts wegen prüfen, ob ihm eine Beweisaufnahme erforderlich erscheint.

B. Kosten. Vgl § 26 GKG Anm 2 D.

5) Beschwerde, III. A. Grundsatz. III 1 verweist sowohl zur Frage der Zulässigkeit als auch zum Verfahren der Beschwerde auf § 14 III, IV. III 2 wiederholt (überflüssigerweise) statt einer entsprechenden Verweisung auf § 14 V die dortigen Grundsätze zur Gebührenfreiheit und zum Ausschluß der Kostenerstattung. Vgl im einzelnen § 14 Anm 3. Die Beschwerde ist also auch nicht befristet, BayObLG Rpfleger **87**, 161 mwN, Schlesw SchlHA **82**, 48, aM zB Stgt JB **82**, 1384 (weitere Beschwerde). Eine Verwirkung tritt jedenfalls nicht vor dem Ablauf der Frist nach § 15 ein, Schlesw SchlHA **82**, 48. Ein mangels Zulassung unstatthaftes Rechtsmittel wird nicht dadurch statthaft, daß ein Verstoß gegen Art 103 I GG gerügt wird, BayObLG WM **89**, 211.

Eine Nichtzulassungsbeschwerde ist unstatthaft, BayObLG WM **89**, 211.

B. Besonderheiten. Man muß geschuldete Anwaltskosten in die Beschwerdesumme einrechnen, Kblz NJW **56**, 835.

Auskunftspflicht des Notars

31a **Ein Notar, der in einer Angelegenheit der freiwilligen Gerichtsbarkeit einen Antrag bei Gericht, insbesondere beim Grundbuchamt, Registergericht oder Nachlaßgericht, einreicht, hat Umstände und Anhaltspunkte, die bei seiner Kostenberechnung zu einem Abweichen des Geschäftswertes oder des Betriebsvermögenswertes vom Einheitswert geführt haben, dem Gericht mitzuteilen. Die gleichen Auskünfte hat auf Ersuchen der Notar zu erteilen, der Erklärungen beurkundet oder beglaubigt hat, die in Angelegenheiten der freiwilligen Gerichtsbarkeit von anderer Seite beim Gericht eingereicht worden sind.**

1) Allgemeines. Die Vorschrift soll verhindern, daß die Kostenberechnung des Notars und diejenige des Gerichts nicht übereinstimmen.

2) Auskunftspflicht des Notars. Der Notar muß in einer Angelegenheit der freiwilligen Gerichtsbarkeit, in der er eine Beurkundung dem

Gericht einreicht, die in § 31a genannten Umstände und Anhaltspunkte mitteilen, unabhängig davon, ob er nur als Vertreter eines Beteiligten oder sogar nur als dessen Bote tätig wird. Maßgebend ist jede Abweichung vom Einheitswert beim Geschäftswert oder Betriebsvermögenswert, §§ 19 II, 26 II.

Der Notar muß auch seine Quellen mitteilen, damit das Gericht sich ein eigenes Urteil über den wahren Wert bilden kann.

Die Verpflichtung des Notars besteht auch dann, wenn er die maßgebenden Erklärungen nur beurkundet oder beglaubigt, sie aber nicht selbst eingereicht hat.

3) Rechtsmittel. Soweit der Notar die Anforderung einer Mitteilung oder einer Ergänzung seiner Mitteilung für ungerechtfertigt hält, ist ein Antrag auf eine gerichtliche Entscheidung nach Art XI § 1 KostÄndG, Teil XII dieses Buchs, statthaft.

8. Volle Gebühr, Rahmengebühren, Nebengeschäfte

Volle Gebühr

32 **Die volle Gebühr bei einem Geschäftswert bis 500 Deutsche Mark beträgt 15 Deutsche Mark. Die Gebühr erhöht sich bei einem**

Geschäftswert bis (Deutsche Mark)	für jeden angefangenen Betrag von weiteren (Deutsche Mark)	um (Deutsche Mark)
2000	500	3
10000	2000	14
100000	5000	10
10000000	20000	30
50000000	50000	33
100000000	100000	20
500000000	500000	15
über 500000000	1000000	15.

Eine Gebührentabelle für Geschäftswerte bis 2000000 Deutsche Mark ist diesem Gesetz als Anlage beigefügt.

Vorbem. Fassg Art 2 I Z 1 G v 9. 12. 86, BGBl 2326, in Kraft seit 1. 1. 87, Art 10.

1) Gebührenarten. Die Gebühren sind teils Festgebühren, teils Rahmengebühren. Das Gesetz bemißt sie überwiegend nach dem Geschäftswert, in einigen Fällen auch nach dem Zeitaufwand, vgl § 52.

2) Gebührentabelle. Sie befindet sich im Schlußanhang C dieses Buchs.

Mindestbetrag einer Gebühr, Aufrundung

33 Der Mindestbetrag einer Gebühr ist 15 Deutsche Mark. Pfennigbeträge sind auf volle zehn Deutsche Pfennig aufzurunden.

Vorbem. Fassg Art 2 I Z 2 G v 9. 12. 86, BGBl 2326, in Kraft seit 1. 1. 87, Art 10.

1) Geltungsbereich. Die Vorschrift bezieht sich grundsätzlich auf alle Gebühren der KostO. In einigen Fällen setzt das Gesetz aber andere Mindestgebühren fest, vgl zB §§ 50 II, 55 I, 84 IV, 149 III.

§ 33 kann auch bei den zB nach § 159 der Landesgesetzgebung vorbehaltenen Gebühren anwendbar sein, BVerfG NJW **81**, 2401.

§ 33 gilt aber nur für Gebühren, nicht für Auslagen.

2) Einzelfragen. Auch ein Gebührenbruchteil muß mindestens 15 DM betragen. Unter Umständen kann man von einem Betroffenen nur einen solchen Bruchteil fordern, etwa im Fall der Gebührenfreiheit eines Beteiligten.

Die Mindestgebühr ist zu berechnen, soweit ein Geschäftswert ganz fehlt, vgl LG Siegen Rpfleger **86**, 182 (mit zu Recht anderem Ergebnis im dortigen Fall).

Rahmengebühren

34 Ist die Gebühr nur nach einem Mindest- und Höchstbetrag bestimmt, so ist die Gebühr im Einzelfall unter Berücksichtigung aller Umstände, insbesondere des Umfangs und der Bedeutung der Sache, nach billigem Ermessen zu bestimmen.

1) Geltungsbereich. Rahmengebühren sind in folgenden Vorschriften vorgesehen: §§ 56, 72, 73, 84 IV und V, 89 I, 126 III. Im allgemeinen beträgt der Rahmen 15–35 DM, nur bei § 84 IV 15–275 DM.

2) Berücksichtigung aller Umstände. Man darf bei einer Rahmengebühr nicht etwa von der Mitte des Rahmens ausgehen. Man muß vielmehr sämtliche Umstände des konkreten Einzelfalls berücksichtigen und nach pflichtgemäßem Ermessen abwägen. Oft haben der Umfang und die Bedeutung der Sache für die Gebührenbemessung besonderes Gewicht. Vgl im übrigen § 12 BRAGO.

Nebengeschäfte

35 Die für ein Geschäft bestimmte Gebühr umfaßt die gesamte auf das Geschäft verwendete Tätigkeit des Gerichts, einschließlich der Nebengeschäfte.

1) Pauschgebühr. Alle Gebühren der KostO gelten als Pauschgebühren die gesamte Tätigkeit des Gerichts oder Notars für das Hauptgeschäft und für das Nebengeschäft ab, also auch für eine unselbständige, vorbereitende oder fördernde Tätigkeit, ähnlich BayObLG MDR **80**, 588, Brschw NdsRpfl **54**, 168.

2) Nebengeschäft. A. Grundsatz. Als Nebengeschäft ist alles anzusehen, was mit dem Hauptgeschäft so eng zusammenhängt, daß es nicht als ein selbständiges Geschäft in Erscheinung tritt, das im Verhältnis zum Hauptgeschäft als minder wichtig erscheint und vorgenommen wird, um das Hauptgeschäft vorzubereiten oder seinen Vollzug zu fördern, BayObLG DNotZ **85**, 102, Stgt DNotZ **85**, 122 je mwN, was also zur Förderung und Herbeiführung des Rechtserfolgs des Hauptgeschäfts erforderlich ist. Was für das Gericht als Nebengeschäft gilt, ist auch für den Notar Nebengeschäft.

Oft hebt die KostO die Natur als Nebengeschäft besonders hervor, zB in §§ 47, 62 III, vgl auch § 60 Anm 1 C.

Eine Gebührenfreiheit für ein Hauptgeschäft gilt auch für ein Nebengeschäft, Ffm NJW **74**, 1248.

Was das Gericht oder der Notar ohne einen Verstoß gegen die Amtspflicht ablehnen könnten, gilt nicht als Nebengeschäft, Düss Rpfleger **74**, 236.

B. Beispiele. Als Nebengeschäft sind folgende Tätigkeiten anzusehen: Der Notar sieht das Grundbuch ein. Das gilt selbst dann, wenn er die Einsicht auf Grund eines ausdrücklichen Auftrags vornimmt; das Gericht nimmt eine Terminsbestimmung vor; bei einer dinglichen Last erfolgt ein Rangvermerk; es geht um die Verpflichtung zur Löschung einer vorgehenden Last im Fall einer Hypothekenbestellung; aus Anlaß der Bestellung eines Grundpfandrechts fertigt der Notar den Entwurf einer eidesstattlichen Versicherung an, Düss JMBl NRW **55**, 32; es geht um die Unterstellung eines Grundstücks oder eines Miteigentumsanteils unter eine schon an einem anderen Grundstück usw bestehende Briefgrundschuld, BayObLG DNotZ **85**, 101; im Zusammenhang mit einem Antrag auf die Erteilung eines Erbscheins liefert der Notar eine nicht von ihm entworfene oder aufgenommene letztwillige Verfügung zum Zweck ihrer Eröffnung durch das Nachlaßgericht dort ab, Hamm DNotZ **72**, 571.

Weitere Beispiele: Es geht um die Entgegennahme einer Genehmigung nach § 177 I BGB, selbst wenn der Notar an sie erinnern muß, Düss Rpfleger **74**, 236, vgl § 146 Anm 1 B; es handelt sich um die Einholung einer Genehmigung zu einer Währungsklausel bei einem Leibrentenvertrag nebst Reallast, BayObLG BB **80**, 123; der Notar holt die Genehmigung des Nachlaßgerichts zu einer Löschung ein, soweit er die Löschungsbewilligung entworfen und die Unterschrift dazu beglaubigt hatte, BayObLG MDR **80**, 588; der Notar leitet einen Betrag, den der Auftraggeber zum grundbuchlichen Vollzug des Kaufvertrags auf ein Anderkonto gezahlt hatte, an das Gericht weiter, KG Rpfleger **80**, 445 (etwas anderes gilt dann, wenn der Auftraggeber das Geld ohne eine besondere Zweckbestimmung gezahlt hatte).

Zweiter Abschnitt. Gebühren in Angelegenheiten der freiwilligen Gerichtsbarkeit

Übersicht

1) Geltungsbereich. Abschnitt 2 betrifft nur die Gebühren in einer Angelegenheit der freiwilligen Gerichtsbarkeit. Hierher gehört zB die Beurkundung des Rpfl über einen Vorgang der freiwilligen Gerichtsbarkeit.

Ein Entwurf des Notars fällt unter § 145. Ein Entwurf des Gerichts gehört nicht hierher. Einige Gesetze ergeben Sonderregeln, zB § 35 RHG.

Nicht zu den Beurkundungen der §§ 36ff zählt die Beurkundung eines Prozeßvergleichs. Das gilt selbst dann, wenn er einen Dritten erfaßt, Nürnb BayJMBl **54**, 164. Ferner gehört nicht hierher: Ein Schuldanerkenntnis; ein Bürgschafts- und Garantieversprechen aus Anlaß eines Zwangsvergleichs oder in einem gerichtlichen Vergleichsverfahren; eine Beurkundung des Gerichtsvollziehers, etwa über einen Wechselprotest usw.

1. Beurkundungen und ähnliche Geschäfte

Einseitige Erklärungen und Verträge

36 [I] **Für die Beurkundung einseitiger Erklärungen wird die volle Gebühr erhoben; unerheblich ist, ob die Erklärung von einer oder von mehreren Personen abgegeben wird.**

[II] **Für die Beurkundung von Verträgen wird das Doppelte der vollen Gebühr erhoben.**

1) Einseitige Erklärung, I. A. Grundsatz. Die Vorschrift ist unanwendbar, soweit eine der folgenden Vorschriften für das dortige Sachgebiet eine vorrangige Sonderregelung enthält.

§ 36 unterscheidet zwischen einer einseitigen Erklärung und einem Vertrag. Maßgeblich ist nicht der sachlichrechtliche Inhalt, sondern der beurkundete Text. Eine einseitige Erklärung kann zB auch dann vorliegen, wenn mehrere Personen inhaltlich gleiche Erklärungen abgeben. Es muß sich um eine rechtsgeschäftliche, eine Willenserklärung, und nicht um eine bloße Absichtserklärung handeln, BayObLG **85**, 15 mwN (abl Bengel DNotZ **85**, 574), aM KG DNotZ **87**, 382.

B. Beispiele. Als eine einseitige Erklärung sind zB die folgenden Äußerungen anzusehen: Es handelt sich um eine Kündigung; es liegt eine Quittung vor; es geht um eine Anmeldung zu einem Register; es geht um die Beurkundung der Satzung einer Einmann-GmbH, Hamm Rpfleger **84**, 38, KG Rpfleger **84**, 548 je mwN, aM Mümmler JB **81**, 837, Willemer DNotZ **81**, 472; jemand übernimmt eine Bürgschaft; es handelt sich um eine Eintragungsbewilligung, sofern nicht der sachlichrechtliche Vertrag beurkundet ist, LG Ffm Rpfleger **89**, 281; es geht um eine Fristsetzung; es liegt eine Abtretung vor (ihre Annahme macht den Vorgang zu einem Vertrag); es handelt sich um eine Umwandlungserklärung, auch eines Einzelkaufmanns, vgl schon (zum alten Recht) KG Rpfleger **75**, 447, oder einer Gebietskörperschaft, §§ 51, 58 UmwG, Stgt DNotZ **84**, 653 mwN, soweit nicht § 47 anwendbar ist, insofern offen Stgt DNotZ **83**, 577; es geht um eine Verzichtserklärung nach § 1747 II 2 BGB, LG Regensb JB **78**, 1239; es geht um die Löschungsbewilligung des Hypothekengläubigers, verbunden mit dem Löschungsantrag des Eigentümers.

Ein Hauptversammlungsbeschluß des Einmanns fällt unter § 47. Wegen eines Vertragsangebots vgl § 37. Die Beurkundung der für die Eintragung des Umstellungsbetrags eines Grundstückspfandrechts erforderlichen Erklärung erfordert nur ½ der sonst zu entrichtenden Gebühr, § 5 III der 40. DVO zum UmstG.

2) Vertrag, II. A. Grundsatz. Die Erklärungen beider Vertragsteile, Angebot und Annahme, müssen in derselben Urkunde beurkundet sein. Andernfalls liegen zwei einseitige Erklärungen nach I vor.

Im übrigen ist es unerheblich, ob ein einseitig verpflichtender oder ein zweiseitiger Vertrag vorliegt. Der Vertrag kann schuldrechtlich oder sachenrechtlich sein. Die Beurkundung einer Einigung genügt, im Ergebnis ebenso Karlsr Rpfleger **85**, 418, insofern aM Düss VersR **80**, 721. Der Vertrag kann auch familienrechtliche oder gesellschaftsrechtliche Vorgänge enthalten.

B. Beispiele. Ein Vertrag nach II ist zB in folgenden Fällen anzunehmen: Es handelt sich um die Verpfändung des Geschäftsanteils einer Gesellschaft mit beschränkter Haftung. Das gilt auch dann, wenn die Verpfändung nicht von einer Gegenleistung abhängig ist; es geht um die Beurkundung der Satzung einer Mehrpersonen-GmbH, BayObLG Rpfleger **83**, 180 mwN, oder einer Aktiengesellschaft, KG Rpfleger **75**, 447; es handelt sich um einen Gesellschaftsvertrag einer Offenen Handelsgesellschaft oder einer Kommanditgesellschaft; es geht um eine Verschmelzung. Maßgebend ist in diesem Fall der Wert des Vermögens der übertragenden Gesellschaft oder der hhere Wert des gewährten Entgelts.

Weitere Beispiele: Es handelt sich um die Abtretung der Rechte des Meistbietenden in der Zwangsversteigerung, soweit beide Erklärungen einheitlich beurkundet sind; es geht um einen Vorvertrag, der nur einen Partner bindet, dem anderen Partner aber die Annahme freistellt, vgl auch Ffm DNotZ **78**, 570 (in diesem Fall ist der Wert des vorbereiteten Hauptvertrags als Geschäftswert anzusehen); es geht um einen Vertrag, der eine Verpflichtung zu einem Erwerb, Kanzleiter DNotZ **73**, 525 (wegen des Folgevertrags vgl § 38 Anm 1 B a), bzw zur Bestellung eines dinglichen Rechts enthält, BayObLG **86**, 346 mwN.

Soweit der Notar die Urkunde unterschreibt, obwohl ein Beteiligter seine Unterschrift verweigert, liegt nur ein Entwurf vor, § 57. Vgl im übrigen wegen der Sonderfälle § 38 I, II Z 3 und 6, §§ 42, 46, 47.

c) Vertragsaufhebung, Z 3. Der Vertrag darf noch von keiner Seite erfüllt sein. Niemand darf mit der Erfüllung begonnen haben. Es darf auch kein Partner für den Fall der Vertragsaufhebung eine Gegenleistung übernehmen, andernfalls gilt § 36 II.

Eine Aufhebung der Vertragsaufhebung fällt ebenfalls unter § 36 II.

d) Vollmacht und deren Widerruf, Z 4. Hierher gehören sowohl die Erteilung der Vollmacht als auch die Ausstellung einer Vollmachtsurkunde. Die Beurkundung des der Vollmacht zugrunde liegenden Rechtsverhältnisses fällt unter § 36; nur seine bloße Erwähnung ist unschädlich, Stgt DNotZ **86**, 439 mwN. Daneben entsteht eine Gebühr nach Z 4 nur insoweit, als das Rechtsverhältnis und die Vollmacht nicht denselben Umfang hat, § 44, vgl Hamm DNotZ **84**, 451 mwN. Die im Kaufvertrag erteilte Auflassungsvollmacht hat denselben Gegenstandswert wie der Kauf.

Der Geschäftswert der Vollmacht richtet sich nach § 41, krit Köln JB **75**, 931.

e) Eintragungs- oder Löschungsantrag, Z 5a. Wenn der Notar das zugrunde liegende Rechtsgeschäft gleichzeitig beurkundet, ist gemäß § 44 I nur die Gebühr des § 36 entstanden. Man muß nach den Umständen des Einzelfalls prüfen, ob eine gleichzeitige Beurkundung vorliegt, LG Ffm Rpfleger **89**, 281 (betr das WEG). Wer zB die Eintragung einer Verkehrshypothek auf seinem Grundstück bewilligt, muß das persönliche Schuldverhältnis erwähnen; diese Erwähnung ist aber noch keine Beurkundung.

Die Beurkundung der Einigungserklärung ist neben der Bewilligung der Eintragung oder dem Eintragungsantrag grundsätzlich unnötig. Die Beifügung für eine Erläuterung oder Begründung ist gebührenfrei, ebenso die Erläuterung der einer Grundschuld zugrunde liegenden Schuld, Celle DNotZ **71**, 606 (krit Kaiser). Jedoch gilt im Fall einer echten Beurkundung der letzteren Erläuterung § 36, Stgt DNotZ **76**, 440, vgl auch LG Münst JB **77**, 247. Dasselbe gilt dann, wenn jemand neben der Bewilligung einer Löschungsvormerkung auch noch eine dahingehende schuldrechtliche Verpflichtung übernimmt, Ffm MDR **58**, 437.

Die Unterwerfung unter die „sofortige" Zwangsvollstreckung nach § 800 ZPO ist im Fall einer Verpfändung des Grundstücks ein gebührenfreies Nebengeschäft, § 62 III. Soweit sie nicht gleichzeitig erfolgt, fällt sie als Eintragungsbewilligung unter Z 5a und § 67.

f) Zustimmungserklärung, Z 5b. Hierher gehören zB Beurkundungen von Zustimmungserklärungen nach den §§ 27 GBO, 105 FGG, 35, 74 SchiffsRegO idF vom 26. 5. 51, BGBl 360, G vom 4. 12. 68, BGBl 1295.

Für den Fall der gleichzeitigen Beurkundung des zugrunde liegenden Rechtsgeschäfts gilt dasselbe wie bei Z 5a.

Eine sachlichrechtlich notwendige Zustimmung fällt nicht unter Z 5b. Man muß nach den Umständen des Einzelfalls ermitteln, welche Rechtsnatur die Zustimmungserklärung hat.

Ein Zurücktreten im Rang oder die Zustimmung eines Dritten nach § 876 BGB usw gehören nicht zu Z 5b.

g) Auflassung usw, Z 6. Die Vorschrift erfaßt die Auflassung nach § 313 BGB, eine Einigung über die Einräumung oder Aufhebung von

Sondereigentum nach § 4 I, II WEG, eine Einigung über die Bestellung oder Übertragung eines Erbbaurechts nach § 11 ErbbauVO sowie die Abtretung eines Geschäftsanteils einer GmbH nach § 15 III GmbHG. Alle diese Vorgänge setzen aber voraus, daß das zugrunde liegende Rechtsgeschäft schon beurkundet worden ist. Andernfalls gilt § 36 II.

Z 6 ist auch dann anwendbar, wenn ein ausländischer Notar das Grundgeschäft beurkundet hatte, zB LG Bonn DB **71**, 2405, aM zB BayObLG Rpfleger **77**, 422 mwN (beide Entscheidungen betreffen die Schweiz). Die Auflassung mag auch durch ein öffentliches Testament angeordnet worden sein. Im Fall eines Grundstücksverkaufs ist als zugrunde liegendes Rechtsgeschäft dasjenige anzusehen, das zur Auflassung verpflichtet, nicht aber zB die Abtretung dieses Anspruchs an einen Dritten. Im Fall einer Auflassung an jemanden, der das Vorkaufsrecht ausübt, ist derjenige Vertrag als das zugrunde liegende Rechtsgeschäft anzusehen, durch den der Verpflichtete an einen Dritten verkauft hat, Celle NdsRpfl **57**, 247.

Im Fall der Beurkundung in derselben Verhandlung wegen desselben Gegenstands, § 44 I, gilt nur § 36 II. Denselben Gegenstand betreffen auch eine Auflassung und die Annahme eines anderweitig beurkundeten Kaufantrags, KG Rpfleger **81**, 164 mwN. In diesem Fall ist es unerheblich, ob derselbe Notar jenen Kaufantrag und jetzt die Auflassung beurkundet. Denselben Gegenstand haben auch die Auflassung sowie der Antrag auf die Eintragung einer Kaufgeldhypothek.

Z 6 ist auch dann anwendbar, wenn der Verkäufer die im ursprünglichen Kaufvertrag erklärte Auflassung im Anschluß an eine Änderung des Kaufpreises wiederholt, sowie bei einer Rückkaufverpflichtung, BayObLG **86**, 137.

Z 6 gilt nicht, soweit im Anschluß an einen Beschluß der GmbH über ihre Auflösung und die Verteilung ihres Vermögens ein zum Gesellschaftsvermögen gehörendes Grundstück an die Gesellschafter aufgelassen wird. Die Verpfändung von GmbH-Anteilen bedarf der Beurkundung des Vertrags, fällt also unter § 36 II.

Der Geschäftswert richtet sich bei einem entgeltlichen Geschäft nach den §§ 20, 39 II, im Fall der Einräumung eines Erbbaurechts, eines Wohnungseigentums oder eines Wohnungserbbaurechts nach § 21.

h) Registeranmeldung, Z 7. Im einzelnen gelten folgende Regeln:

aa) Ähnliches Register. Unter diesen Begriff zählen: Das Güterrechtsregister; das Vereinsregister; das Genossenschaftsregister; das Musterregister; das Schiffsregister; das Kabelregister.

Das Genossenschaftsregister, das Musterregister, das Schiffsregister usw lassen formfreie und gebührenfreie Anmeldungen zu. Eine etwa freiwillig vorgenommene notarielle Beurkundung fällt aber stets unter Z 7.

bb) Keine Gebühr. Nach Z 7 entsteht keine besondere Gebühr für die Beglaubigung der Zeichnung neben dem Entwurf der Anmeldung und der Beglaubigung der Unterschrift des Anmelders oder im Fall der Anmeldung einer GmbH für den Entwurf der Liste der Gesellschafter, Karlsr Rpfleger **77**, 229 mwN. Im Fall einer Anmeldung zur Zweigniederlassung entsteht keine besondere Gebühr. Denn dann genügen eine beglaubigte Abschrift oder eine Ausfertigung für die Zweigniederlassung, §§ 13a HGB, 36 AktG.

cc) Geschäftswert. Maßgeblich sind die §§ 26, 28, aM KG DNotZ **74**, 440 mwN (das KG hält § 30 I für maßgeblich).

3) Viertelgebühr, III, IV. Sie entsteht für Beurkundungen in folgenden Fällen:

A. Erklärung zum Nachlaßgericht, III. Eine Viertelgebühr für eine Beurkundung einer Erklärung gegenüber dem Nachlaßgericht entsteht nur in den in § 112 I und § 117 III aufgezählten und formbedürftigen Fällen. Die Entgegennahme durch das Nachlaßgericht läßt eine Neugebühr entstehen, § 112 I, vgl dort.

Für den Geschäftswert gilt § 12 II, auch sein S 3.

B. Zustimmungserklärung, IV. Eine Viertelgebühr entsteht für die Beurkundung einer Zustimmungserklärung zur Anerkennung der Vaterschaft, zur Ehelichkeitserklärung oder zur Annahme als Kind, §§ 1600e, 1726, 1746ff BGB. Es muß also eine Anerkennung der Vaterschaft des nichtehelichen Kindes, §§ 1600aff BGB, oder ein Antrag auf eine Ehelichkeitserklärung vorliegen, § 36 I. Soweit die Einwilligungserklärung zusammen mit der Anerkennungserklärung, dem Antrag auf die Ehelichkeitserklärung oder den Kindesannahmevertrag beurkundet werden, gilt § 44.

Der Geschäftswert richtet sich nach § 30.

Eine Verzichtserklärung nach § 1747 II 2 BGB stellt keine Zustimmungserklärung im Sinn von IV dar, LG Regensb JB **78**, 1239.

Geschäftswert

39 **I Der Geschäftswert bestimmt sich nach dem Wert des Rechtsverhältnisses, auf das sich die beurkundete Erklärung bezieht. Handelt es sich um Veränderungen eines Rechtsverhältnisses, so darf der Wert des von der Veränderung betroffenen Rechtsverhältnisses nicht überschritten werden, und zwar auch dann nicht, wenn es sich um mehrere Veränderungen desselben Rechtsverhältnisses handelt.**

II Bei Verträgen, die den Austausch von Leistungen zum Gegenstand haben, ist nur der Wert der Leistungen des einen Teils und, wenn der Wert der Leistungen verschieden ist, der höhere maßgebend.

III Bei Eheverträgen bestimmt sich der Geschäftswert nach dem zusammengerechneten Wert der gegenwärtigen Vermögen beider Ehegatten und, wenn der Ehevertrag nur das Vermögen eines Ehegatten betrifft, nach diesem. Bei Ermittlung des Vermögens werden die Schulden abgezogen. Betrifft der Ehevertrag nur bestimmte Gegenstände, so ist deren Wert maßgebend.

IV Bei der Beurkundung von Satzungen ist der Wert höchstens auf 10 Millionen Deutsche Mark anzunehmen.

1) Allgemeines zu §§ 39–41. Die Vorschriften regeln den Geschäftswert von Beurkundungen. §§ 18–30 bleiben daneben nur hilfsweise anwendbar, vgl BayObLG FamRZ **87**, 1294 mwN, Hamm Rpfleger **82**, 489.

2) Rechtsverhältnis, I. A. Ausgangswert, I 1. Der Geschäftswert bestimmt sich grundsätzlich nach dem Wert der beurkundeten Erklärungen. Ihr Wert richtet sich wiederum nach demjenigen Rechtsverhältnis, das sie betreffen. Das etwa abweichende persönliche Interesse der Beteiligten ist unerheblich, BayObLG Rpfleger **75**, 268, Düss Rpfleger **81**, 248 mwN, jetzt auch Hamm Rpfleger **82**, 489 mwN. Maßgebend ist nur der beurkundete Inhalt, BayObLG Rpfleger **75**, 268, nicht die spätere Gestaltung.

So ist zB der Wert einer Unterschriftsbeglaubigung unter dem Antrag auf eine Berichtigung des Grundbuchs durch die Eintragung des Erben als des Eigentümers nach dem Wert des Grundstücks anzusetzen, § 19 II. Wenn ein niedrigerer Preis als der wahre Wert eines Grundstücks angegeben und beurkundet ist, muß man nach II verfahren, also den wirklichen Wert nach § 19 II ermitteln, aM Karlsr DNotZ **64**, 375 (das OLG geht in einem solchen Fall von dem beurkundeten Preis aus).

Die Beurkundung des Testaments und des Ehevertrags kann auch später anfallende Vorgänge umfassen. Soweit insofern keine Ansprüche entstehen, muß man den Wert unter Beachtung des Grads der Ungewißheit schützen. Wegen des Erbbaurechts vgl § 21.

Wenn Miterben eine KG gründen und ein bisher in ungeteilter Erbengemeinschaft betriebenes Unternehmen in sie einbringen, muß man die Kosten nach dem Gesellschaftsvertrag über die KG berechnen, nicht etwa nach dem Wert der Erbauseinandersetzung. Im Fall einer Löschungsbewilligung eines Miterben muß man die Kosten nach dem Wert der Hypothek ansetzen, Celle MDR **61**, 517.

Im Fall einer Verpflichtung zu einer Leistung ist dasjenige maßgebend, was zu leisten ist, etwa eine Sache oder nur deren Gebrauch. Wenn jemand also ein Grundstück unter der Bedingung erwirbt, es bebauen zu müssen, dann muß man auch die voraussichtlichen gesamten Baukosten berücksichtigen, selbst wenn nach dem Vertrag Baukostenzuschüsse zu leisten sind, Ffm Rpfleger **55**, 289, nicht etwa darf man nur das Architektenhonorar zugrunde legen, LG Darmst DNotZ **70**, 125. Wenn sich die Bauherren nach dem Treuhandvertrag zur Erteilung aller zur Durchführung des Bauvorhabens erforderlichen Vollmachten verpflichten, kann sich der Wert nach den Gesamtkosten des Bauvorhabens statt nach dem Gesamthonorar des Treuhänders richten, Düss DNotZ **81**, 326. Überhaupt kommt die Summe der Aufwendungen unabhängig davon in Betracht, ob die Bauherrengesellschafter ein bestimmtes Bauherrenmodell gewählt haben, BayObLG **86**, 234.

Ein Vorvertrag hat grundsätzlich den Wert des Hauptvertrags. Soweit der Vorvertrag eine Vereinbarung über den Hauptvertrag hinaus enthält, muß man den Wert dieser Zusatzvereinbarung mitberücksichtigen.

Bei einem Auseinandersetzungsvertrag handelt es sich nicht um einen Austausch von Leistungen, sondern um ihre Verteilung. Deshalb ist auch nicht II, sondern I anwendbar. Als Wert ist der volle Aktivwert anzuset-

2) Geschäftswert. A. Grundsatz, S 1. Der Geschäftswert bestimmt sich grundsätzlich nach dem Anteil des Zustimmenden an dem Gegenstand des zustimmungsbedürftigen Einzelgeschäfts unabhängig davon, ob dieses Einzelgeschäft den gesamten Wert des zustimmungsbedürftigen Vergmögens ausmacht.

Im Fall einer nachträglichen Zustimmung von Gesellschaftern zur Umwandlung einer Kapitalgesellschaft in eine Personengesellschaft nach §§ 17 I, 24, 25 II UmwG richtet sich der Wert nach dem Beteiligungsverhältnis an der bisherigen Gesellschaft.

B. Gesamthand, S 2. Bei einem Gesamthandverhältnis ist der Anteil entsprechend der Beteiligung an dem Gesamthandvermögen zu bemessen, unabhängig davon, ob das zustimmungsbedürftige konkrete Einzelgeschäft das gesamte Vermögen der Gesamthand umfaßt.

Beispiel: Fünf Gesamthändern steht ein Gesamthandvermögen im Wert von 100000 DM zu. Vier Gesamthänder veräußern einen Gegenstand dieses Vermögens im Wert von 20000 DM zu demselben Preis. Der fünfte Gesamthänder stimmt zu. Der Wert seiner Zustimmungserklärung beträgt nicht etwa ⅕ von 20000 (= 4000), sondern ⅕ von 100000 = 20000 DM.

Geschäftswert bei Vollmachten

41 **I Bei Vollmachten zum Abschluß eines bestimmten Rechtsgeschäfts ist der für dieses maßgebende Wert zugrunde zu legen.**

II Der Wert einer allgemeinen Vollmacht ist nach freiem Ermessen zu bestimmen; dabei ist der Umfang der erteilten Ermächtigung und das Vermögen des Vollmachtgebers angemessen zu berücksichtigen.

III Bei der von einem Mitberechtigten ausgestellten Vollmacht bestimmt sich der Wert nach dem Anteil des Mitberechtigten. § 40 Satz 2 gilt entsprechend.

IV In allen Fällen ist der Wert mit höchstens einer Million Deutsche Mark anzunehmen.

V Auf den Widerruf einer Vollmacht finden die vorstehenden Vorschriften entsprechende Anwendung.

1) Allgemeines. Die Vorschrift behandelt den Geschäftswert einer Vollmacht. Sie unterscheidet zwischen der Vollmacht zum Abschluß eines bestimmten einzelnen Rechtsgeschäfts, I, und einer allgemeinen Vollmacht (zum Abschluß noch unbestimmt vieler einzelner Rechtsgeschäfte), II. III trifft für die Fälle I, II Sonderregelungen, falls die Vollmacht nur von einem einzelnen Mitberechtigten ausgestellt ist, und unterscheidet hier wiederum wie § 40 zwischen einem Gesamthandverhältnis und anderen Mitberechtigungen. V stellt ebenso wie § 38 II Z 4 klar, daß die Beurkundung einer Vollmacht und ihr Widerruf kostenmäßig gleichstehen. IV enthält für den Geschäftswert in sämtlichen Fällen einen Höchstbetrag.

Wenn mehrere Personen außerhalb einer Gemeinschaft, Gesellschaft oder Gesamthand einen Dritten bevollmächtigen, gilt § 44. Es kommt nicht darauf an, ob diese Personen wegen eines anderen Vermögens, auf das sich die Vollmacht nicht bezieht, eine Gemeinschaft, Gesellschaft oder Gesamthand bilden.

Wenn jemand in derselben Urkunde mehrere Personen bevollmächtigt, erwächst nur eine Gebühr. Das gilt selbst dann, wenn es sich um einen Widerruf in Verbindung mit einer neuen Vollmacht handelt.

2) Bestimmtes Rechtsgeschäft, I. Bei einer Vollmacht zum Abschluß eines bestimmten einzelnen Rechtsgeschäfts entscheidet sein Wert. Beispiel: Es handelt sich um eine bestimmte Registeranmeldung. Bei einer Gründungsvollmacht für eine GmbH ist das Gründungskapital maßgeblich, KG DNotZ **69**, 247, vgl auch § 39 Anm 5. Es ist nicht erforderlich, daß das Geschäft in allen Einzelheiten feststeht. Wenn zB der Kaufpreis noch ungewiß ist, entscheidet der Wert der Sache.

Bei mehreren bestimmten Geschäften gilt § 44. Bei mehreren Verfügungen über dieselbe Sache oder dasselbe Recht ist deren Wert die Obergrenze.

In jedem Fall muß man den Höchstwert von 1000000 DM beachten, IV.

Für den Wert ist der Zeitpunkt der Beurkundung entscheidend, Celle JB **75**, 225.

3) Allgemeine Vollmacht, II. Ein solcher Fall liegt dann vor, wenn die Vollmacht nicht nur zum Abschluß eines oder mehrerer bestimmten Rechtsgeschäfte bestimmt ist. Vgl Anm 2. Die allgemeine Vollmacht hat einen nach „freiem“, in Wahrheit pflichtgemäßem Ermessen des Gerichts zu bestimmenden Wert. Das Gericht muß dabei sämtliche Umstände des Einzelfalls berücksichtigen, von denen II Hs 2 den Umfang der erteilten Ermächtigung und das Vermögen des Vollmachtgebers zwar ohne Zufügung des Worts „insbesondere“ nennt, gleichwohl aber nur als (freilich meist besonders wichtige) Einzelfaktoren versteht.

Im Fall einer Generalvollmacht kommt es darauf an, ob sie nicht nur im Außenverhältnis umfassend ist, sondern auch im Innenverhältnis zwischen Vollmachtgeber und Bevollmächtigten. Wenn ja, ist das Gesamtvermögen des Vollmachtgebers ohne Abzug der Schulden maßgebend, § 18 III. Bei einer Beschränkung im Innenverhältnis, etwa nur zur Verfügung über bestimmte Vermögensmassen, etwa Grundstücke, ist deren Wert anzusetzen.

Wenn ein Kommanditist eine Vollmacht zur Vornahme aller die KG betreffenden Anmeldungen zum Handelsregister erteilt, ist nicht III anwendbar, sondern II. Denn es handelt sich um eine allgemeine Vollmacht, BayObLG DNotZ **72**, 245 und wohl auch DB **84**, 2133, Düss DNotZ **70**, 440, LG Stgt DNotZ **79**, 639 mwN. Dasselbe gilt dann, wenn der Kommanditist eine Vollmacht erteilt, den Eintritt weiterer Kommanditisten zum Handelsregister anzumelden, LG Stgt DNotZ **79**, 639.

Auch in allen diesen Fällen ist der Höchstwert von 1000000 DM zu beachten, IV.

Soweit genügende tatsächliche Anhaltspunkte fehlen, muß man § 30 II anwenden, etwa bei einer Postvollmacht. Bei der Vollmacht zur Hausverwaltung bilden aber die Mieten eine ausreichende Berechnungsgrundlage.

4) Vollmacht des Mitberechtigten, III. Die Vorschrift gilt sowohl im Fall einer bestimmten Vollmacht nach I als auch bei einer allgemeinen Vollmacht nach II. Man muß wiederum wie bei § 40 zwischen dem Grundsatz unterscheiden, daß sich der Wert nach dem Anteil des Mitberechtigten an dem Gegenstand des der Vollmacht unterliegenden einzelnen Geschäfts richtet, und der Ausnahmeregelung beim Gesamthandverhältnis, III 2 in Verbindung mit § 40 S 2, bei der es nur auf den Anteil des Vollmachtgebers am Gesamthandvermögen ankommt, unabhängig davon, ob das Geschäft, für das er die Vollmacht erteilt, das gesamte Vermögen der Gesamthand umfaßt.

Wenn mehrere Mitberechtigte die Vollmacht erteilen, muß man ihre Anteile zusammenrechnen.

Ergänzung und Änderung beurkundeter Erklärungen

42 Für die Beurkundung von Ergänzungen und Änderungen einer beurkundeten Erklärung wird derselbe Gebührensatz wie für die ursprüngliche Beurkundung erhoben, jedoch nicht mehr als die volle Gebühr.

1) Voraussetzungen. § 42 ist anwendbar, wenn folgende Voraussetzungen zusammentreffen:

A. Beurkundung. Es muß eine Beurkundung vorliegen, die zu einer früheren anderen Beurkundung hinzutritt. Es genügt, daß ein Notar die Urkunde entworfen hat und die Unterschrift beglaubigt hat, § 145 I 4. Es reicht auch aus, daß der Notar zunächst die Urkunde entworfen hat und die Unterschrift in einem späteren Zeitpunkt beglaubigt wird.

Es reicht nicht aus, daß lediglich eine privatrechtliche Erklärung zu einer früheren beurkundeten anderen Erklärung hinzutritt oder daß die hinzutretende Erklärung nur beglaubigt wird, ohne daß wenigstens ein Entwurf einer entsprechenden Beurkundung vorliegt.

B. Ergänzung oder Änderung. Die hinzutretende Erklärung muß eine Ergänzung oder Änderung der früher beurkundeten Erklärung enthalten. Es ist unerheblich, ob es sich um eine einseitige oder gegenseitige Änderung oder Ergänzung handelt. Der Inhalt der Änderung oder Ergänzung ist ebenfalls im einzelnen unerheblich.

Eine Änderung liegt vor, wenn das ursprünglich beurkundete Vertragsverhältnis grundsätzlich nach seinem Vertragsgegenstand und seinen Vertragspartnern bestehen bleibt. Ffm DNotZ **55**, 265. Es kann sich also um eine wesentliche oder unwesentliche Änderung handeln.

2) Beispiele A. Anwendbarkeit. § 42 kann in folgenden Fällen anwendbar sein: Es handelt sich um die Änderung eines bisher nichtigen Vertrags zur Behebung der Nichtigkeit, Hamm **KR** Nr 4, LG Stgt BWNotZ **81**, 167, Göttlich/Mümmler 30, Rohs-Wedewer 3, offen Karlsr Rpfleger **85**, 417, aM KLBR 8; es handelt sich um die Änderung von Zahlungsbedingungen einer Hypothek; es geht um die Verlängerung eines Kaufangebots; ein Partner dehnt sein Angebot auf zunächst nicht berücksichtigte weitere Personen aus, KG DNotZ **55**, 496; die Vertragspartner stellen die genaue Lage und Bezeichnung des bisher unvermessenen Vertragsgrundstücks klar, Düss DNotZ **80**, 188; es geht um die Überführung eines einzelnen zum Gesamtgut der Ehegatten gehörenden Gegenstands in das Vorbehaltsgut eines der Ehegatten, BayObLG Rpfleger **61**, 249.

B. Unanwendbarkeit. § 42 kann in folgenden Fällen unanwendbar sein: Es handelt sich um die Berichtigung eines offenbaren Schreib- oder Rechenfehlers usw entsprechend § 319 ZPO. Diese Berichtigung ist gebührenfrei, soweit das Gericht den Fehler verschuldet hat. Andernfalls entsteht eine Gebühr nach § 30 I. Soweit das Versehen bei der Erklärung nicht offen zutage liegt, entsteht allerdings die Gebühr, LG Bln VersR **83**, 569. Das gilt meist dann, wenn ein Teil des sachlichen Inhalts ausgelassen ist.

In der Beurkundung einer Änderung kann zugleich die Beurkundung eines auch formlos gültigen Geschäfts stecken. Für diese letztere Beurkundung entsteht die dafür vorgesehene Gebühr.

Weitere Fälle: Es handelt sich um eine Übertragung (sie enthält keine Änderung der bisherigen Beurkundung, vgl aber auch A); die Hauptversammlung ergänzt oder ändert einen früheren Beschluß (in diesem Fall gilt § 47); die weitere Erklärung ändert das Wesen der früheren Erklärung oder greift die Identität des Inhalts der früheren Erklärung erheblich an oder beurkundet einen neuen wirtschaftlichen selbständigen Vorgang; die Parteien vereinbaren frei ein Rücktrittsrecht als nicht ausgeübt, Karlsr Rpfleger **85**, 417. Hierher kann zB die Aufnahme weiterer Gesellschafter gehören, KG Rpfleger **72**, 269.

3) Gebühr. Soweit § 42 anwendbar ist, gilt grundsätzlich derselbe Gebührensatz wie für die ursprüngliche Beurkundung, jedoch nicht mehr als die volle Gebühr.

Anerkennung einer schriftlich abgegebenen Erklärung

43 **Für die Anerkennung des Inhalts einer schriftlich abgegebenen Erklärung** (§ 9 Abs. 1 Satz 2 des Beurkundungsgesetzes), **einschließlich der Beurkundung ergänzender oder ändernder Erklärungen, wird dieselbe Gebühr wie für die Beurkundung der Erklärung erhoben.**

1) Geltungsbereich. Gemäß § 9 I 2 BeurkG gilt bei der Beurkundung einer Willenserklärung eine solche Erklärung in einem Schriftstück, auf das in der Niederschrift verwiesen wird und das der Beurkundung beigefügt wird, als in der Niederschrift selbst enthalten. Diesen Fall regelt § 43 kostenrechtlich auch dann, wenn der Vertrag erst durch die Beurkundung zustande kommt, etwa bei der Veräußerung eines Grundstücks, § 313 BGB.

Eine Änderung oder Ergänzung kostet nichts, soweit sie gleichzeitig beurkundet wird. Denn insofern findet die Beurkundung in der geänderten oder ergänzten Form statt.

Ein Beteiligter, der ihr erst nachträglich zustimmt, muß aber nach § 38 II Z 1 zahlen.

Mehrere Erklärungen in einer Urkunde

44 **I Werden in einer Verhandlung mehrere Erklärungen beurkundet, die denselben Gegenstand haben (z. B. der Kauf und die Auflassung, die Schulderklärung und die zur Hypothekenbestellung erforderlichen Erklärungen), so wird die Gebühr nur einmal von dem Wert dieses Gegenstandes nach dem höchsten in Betracht kommenden Gebührensatz berechnet. Dies gilt auch dann, wenn von mehreren Erklärungen die einen den ganzen Gegenstand, die anderen nur einen Teil davon betreffen (z. B. das Schuldversprechen und die Bürgschaft für einen Teil der Schuld); unterliegen in diesem Fall die Erklärungen verschiedenen Gebührensätzen, so werden die Gebühren gesondert berechnet, wenn dies für den Kostenschuldner günstiger ist.**

II Haben die in einer Verhandlung beurkundeten Erklärungen einen verschiedenen Gegenstand, so gilt folgendes:

a) Unterliegen alle Erklärungen dem gleichen Gebührensatz, so wird dieser nur einmal nach den zusammengerechneten Werten berechnet.

b) Sind verschiedene Gebührensätze anzuwenden, so wird jede Gebühr für sich berechnet; soweit mehrere Erklärungen dem gleichen Gebührensatz unterliegen, werden die Werte zusammengerechnet; insgesamt darf in diesem Fall nicht mehr erhoben werden, als bei Zugrundelegung des höchsten der angewendeten Gebührensätze vom Gesamtwert zu erheben sein würde.

III Treffen Erklärungen, die sich auf eine Rangänderung beziehen, mit anderen Erklärungen in einer Urkunde zusammen, so gilt als Gegenstand der Rangänderung das vortretende oder das zurücktretende Recht, je nachdem es für den Kostenschuldner nach den vorstehenden Vorschriften günstiger ist. Die Vormerkung gemäß § 1179 des Bürgerlichen Gesetzbuchs zugunsten eines nach- oder gleichstehenden Berechtigten steht der Rangänderung gleich. Das gleiche gilt für den Ausschluß des Löschungsanspruchs nach § 1179a Abs. 5 des Bürgerlichen Gesetzbuchs.

Gliederung

1) Allgemeines. Die Vorschrift betrifft nur die Beurkundung mehrerer rechtsgeschäftlicher Erklärungen, so nur grundsätzlich richtig KG DNotZ **84**, 117 mwN. Grundsätzlich entsteht auf Grund einer Urkunde nur eine Gebühr, unabhängig davon, wieviele Erklärungen diese Urkunde enthält. Eine eidesstattliche Versicherung stellt keine Erklärung im Sinn des § 44 dar. Ein Beschluß einer Gesellschafterversammlung kann eine derartige Erklärung enthalten. Damit für mehrere Erklärungen nur eine Gebühr entsteht, ist eine Beurkundung in derselben Verhandlung erforderlich, also in demselben Verhandlungsprotokoll, BayObLG DNotZ **70**, 184.

Daraus ergibt sich für den Notar die Amtspflicht, aus Kostenersparnisgründen Gegenstände, die zusammengehören, möglichst einheitlich zu beurkunden, soweit das nicht dem vorrangigen Grundsatz widerspricht, den für die Beteiligten richtigsten und sichersten Weg zu wählen, Celle DNotZ **72**, 374.

§ 44 setzt voraus, daß mehrere selbständige Erklärungen vorliegen, BayObLG DNotZ **85**, 104 und DNotZ **87**, 178. Nebenabreden gilt die Gebühr für die Hauptvereinbarung ab, § 35 Anm 1. Solche Nebenabreden sind zB: Die Unterwerfung unter die „sofortige" Zwangsvollstreckung neben der Vertragsannahme, aM Schlesw DNotZ **71**, 119 (das OLG wendet § 36 an) oder neben der Hypothekenbestellung (nicht neben der bloßen Bewilligung); ein Rangvorbehalt im Fall der Hypothekenbestellung (er entspricht einer Zahlungsbedingung); ein Zuschreibungs- oder Abschreibungsantrag neben einer Beurkundung des Verkaufs.

2) Derselbe Gegenstand, I. A. Begriff. I 1 definiert nicht, wann mehrere Erklärungen in einer Urkunde denselben Gegenstand haben, BayObLG **87**, 342. Unter demselben Gegenstand versteht man dasselbe Rechtsverhältnis, dessen Begründung, Feststellung, Anerkennung, Übertragung, Aufhebung, überhaupt alle zu seiner Erfüllung, Durchführung oder Sicherung vorgenommenen Geschäfte betreffen, BayObLG **87**, 342, Celle DB **84**, 1573, grundsätzlich auch Düss Rpfleger **85**, 40 mwN (zustm Röbke Rpfleger **85**, 258, abl Baumann DNotZ **85**, 110, Schmidt Rpfleger **85**, 40), Schlesw DNotZ **71**, 612, Stgt DNotZ **78**, 124. Man muß die Abgrenzung von I und II nach praktischen Gesichtspunkten vornehmen, Köln JB **75**, 930.

Dieselbe Urkunde kann auch mehrere Rechtsverhältnisse betreffen, BayObLG **80**, 274, Celle DNotZ **68**, 507. Einen gewissen Anhaltspunkt kann auch die Abhängigkeit eines beurkundeten weiteren Rechtsverhältnisses von dem Hauptgeschäft geben, BayObLG **87**, 342 mwN, KG JR **64**, 386.

Eine Vollmacht an mehrere Personen wegen desselben Gegenstands fällt unter § 44, KG DNotZ **70**, 545. Etwas anderes gilt, soweit dieselbe Urkunde den Beschluß eines Gesellschaftsorgans und rechtsgeschäftliche Erklärungen der Gesellschafter verbrieft, aM Eppig DNotZ **57**, 390 (er meint, § 44 sei auch in diesem Fall anwendbar. Aber § 27 II verweist auf § 44 nur zur Wertbemessung, um die es sich im § 27 allein handelt, so auch Eppig DNotZ **58**, 275; vgl auch § 47 Anm 2 B).

Für die Wertbemessung ist der Zeitpunkt der Beurkundung maßgeblich, nicht aber der Zeitpunkt einer etwaigen Vollstreckungsklausel.

B. Fälle. a) Anwendbarkeit. I kann in folgenden Fällen anwendbar sein: Es handelt sich um einen Kaufvertrag und die zugehörige Auflassung; es geht um einen Gesellschaftsvertrag und um die Auflassung einer eingebrachten Auflassung, Düss BB **88**, 1352; es geht um die schuldrechtliche Erklärung, auch eine – selbst bedingte – Haftungsübernahme und eine zugehörige Grundschuld- oder Hypothekenbestellung, BayObLG DNotZ **85**, 104, oder -löschung; es liegt der Entwurf einer löschungsfähigen Quittung und eines Löschungsantrags sowie eine gleichzeitig erfolgte Unterschriftsbeglaubigung vor, Ffm DNotZ **59**, 331; es handelt sich um einen Kaufvertrag und um die Löschung einer Eigentümergrundschuld, LG Darmst JB **77**, 714; es geht um eine Forderung und die zugehörige Erklärung der Unterwerfung unter die „sofortige" Zwangsvollstreckung, Zweibr Rpfleger **73**, 448; es handelt sich um die Forderung und die Übernahme eines Grundpfandrechts, Düss VersR **80**, 359 und Rpfleger **87**, 83, aM Ffm Rpfleger **87**, 84 je mwN; es geht um die Bewilligung der Eintragung im Grundbuch und um den zugehörigen Antrag.

Weitere Beispiele: Es handelt sich um einen Ehevertrag und um die Eintragung der Gütertrennung im Güterrechtsregister; es geht um die Aufhebung der Zugewinngemeinschaft und die Beurkundung von Art und Höhe des Zugewinns, wenn der Ausgleichsanspruch durch die gleichzeitig beurkundete Realteilung von Bruchteilseigentum erfüllt werden soll, BayObLG **87**, 342; es geht um die Beurkundung eines Gesellschaftsvertrags und um die gleichzeitige Bestellung eines Geschäftsführers, Oldb DNotZ **80**, 776, Zweibr DNotZ **78**, 674, aM KG DNotZ **84**, 117; es handelt sich um das Ausscheiden eines Gesellschafters und um eine Veränderung der Berufsbezeichnung eines anderen Gesellschafters infolge des Ausscheidens, Hamm Rpfleger **60**, 309; es handelt sich um die Beendigung der Vertretungsbefugnis eines Geschäftsführers und um die Bestellung eines anderen, Düss BB **88**, 1270; es geht um einen Kaufvertrag nach dem Bauherrenmodell und um einen zugehörigen Gesellschaftsgründungsvertrag, BayObLG **87**, 191 mwN, Hamm DB **83**, 1250, bzw eine zugehörige Vollmacht, Celle DNotZ **83**, 573 mwN; es handelt sich um den Vertragsanspruch und um seine Sicherstellung, BayObLG DNotZ **84**, 442, Hamm Rpfleger **80**, 123.

Weitere Beispiele: Es geht um eine lastenfreie Veräußerung und einen zu diesem Zweck gleichzeitig gestellten Löschungsantrag, Celle DNotZ **64**, 571, oder eine zu diesem Zweck vorgenommene Abtretung der Kaufpreisforderung, BayObLG DNotZ **84**, 442 mwN; es handelt sich um die Grundschuldbestellung durch den Verkäufer und die Abtretung des Anspruchs auf Darlehensauszahlung durch den Käufer, Köln Rpfleger **89**, 130, selbst wenn der den rechtlichen Zusammenhang herstellende Kaufvertrag anderweitig beurkundet wurde, Hamm Rpfleger **88**, 285; es geht um eine Auflassung und um den Antrag auf die Eintragung einer Auflassungsvormerkung auf Grund desselben Kaufvertrags, in dem der Antrag auf die Lösung der Vormerkung für den Fall der Eigentumsumschreibung gestellt ist, Ffm DNotZ **64**, 244. Dabei sind etwaige Zusätze oder

Bedingungen unschädlich, soweit man ohne weiteres nachprüfen kann, ob der Kaufvertrag erfüllt worden ist, Celle DNotZ **72**, 375.

Weitere Beispiele: Es geht um den Kaufvertrag über eine Eigentumswohnung und um die Zustimmung des Verwalters, LG Bln JB **78**, 1866; es handelt sich um die Zustimmung des Grundeigentümers zu einem Rangrücktritt eines Grundpfandrechts und um die Bewilligung einer Löschungsvormerkung wegen des vorrückenden Grundpfandrechts zugunsten des zurücktretenden Gläubigers, LG Darmst DNotZ **70**, 188; es handelt sich um die Genehmigung des Grundeigentümers zur Belastung eines Erbbaurechts mit einer Hypothek und um die Einräumung eines Vorrangs für diese Hypothek, Hamm Rpfleger **66**, 92. In diesem Fall erfolgt die Wertberechnung nach III; es geht um den Schuldbeitritt der Ehefrau des Käufers als Gesamtschuldnerin zu der von ihrem Ehemann als dem persönlichen Schuldner übernommenen befreienden Schuldübernahme, Ffm DNotZ **65**, 110.

Weitere Beispiele: Es handelt sich um die Beurkundung einer schuldrechtlichen Verpflichtung und der Erfüllung in derselben Urkunde, auch etwa dann, wenn in derselben Verhandlung zum Zweck der Erfüllung eines Tauschvertrages mehrere Auflassungen enthalten sind, Hamm JMBl NRW **64**, 58; es handelt sich um eine Verbindung mehrerer Rechtsverhältnisse zu einem einheitlichen Rechtsverhältnis, etwa eines Vorkaufsrechts zur Sicherung einer Hypothek und eines Wohnungsbelegungsrechts, BayObLG DNotZ **64**, 556.

Weitere Beispiele: Es geht um die Beurkundung mehrerer Pflichten, von denen der Schuldner nach der Wahl des Gläubigers nur eine Pflicht zu erfüllen hat, in demselben Vertrag, KG DNotZ **72**, 626, aM Schlesw DNotZ **71**, 612; das eine Geschäft soll nur bei Unwirksamkeit der anderen gelten, BayObLG **86**, 237; es handelt sich um eine Vollmacht an den Beschenkten zur Belastung des Grundstücks noch vor seiner Eintragung als Eigentümer im Grundbuch, KG Rpfleger **72**, 271; es handelt sich um eine Vollmacht zwecks Bestellung eines Pfandrechts am Kaufgegenstand, Ffm DNotZ **77**, 503, oder um eine Vollmacht zugunsten des Baubetreuers, BayObLG **73**, 121, abw Düss DNotZ **81**, 326 und 327, Zweibr DNotZ **81**, 329, aM zB Celle DNotZ **74**, 103; es handelt sich um eine Vollmacht zugunsten des Finanzierungsinstituts, Köln JB **75**, 930 mwN.

Weitere Beispiele: Es geht um eine Hypothekenbestellung, um die Verpflichtung zum Verkauf des belasteten Grundstücks und um die Abtretung des Erlöses, Celle DNotZ **73**, 489; es geht um den Entwurf eines Vertragsrahmens für die Veräußerung einer bereits begrenzten Zahl von Teilobjekten, Düss DNotZ **84**, 118; es geht um einen Leasingvertrag in der Form eines „sale-and-lease-back“ mit einem Erbbaurechtsbestellungsvertrag, einem Pachtvertrag und einem Ankaufsrecht, BayObLG DB **84**, 1572; es geht um eine Leibrente und eine echte Wertsicherungsklausel, zB Schlesw DNotZ **86**, 441 mwN (abl Reimann), aM zB BayObLG JB **75**, 1485.

b) Unanwendbarkeit. I kann in folgenden Fällen unanwendbar sein: Es handelt sich um einen Kaufvertrag und um die Bewilligung einer Darlehenshypothek; es geht um den Kaufvertrag und die Abtretung einer Eigentümergrundschuld an den Käufer, wenn ihr Wert den Kaufpreis übersteigt, Düss DNotZ **85**, 106; es geht um die Abtretung desselben Geschäftsanteils an zwei Personen, wobei die zweite Abtretung nur im Fall der Unwirksamkeit der ersten eintreten soll, BayObLG DNotZ **52**, 388, vgl Anm 3; es handelt sich um mehrere Änderungen desselben Rechts (in diesem Fall ist § 39 I anwendbar); es liegt eine Löschungserklärung erst zusammen mit der Auflassung vor, Celle JB **75**, 1098 (zustm Mümmler); es geht um einen Kaufvertrag und um die Löschung einer Fremdgrundschuld, LG Darmst JB **77**, 714. Wegen der gleichzeitigen Beurkundung eines Erbvertrags und eines Ehevertrags vgl § 46 III. Wegen einer Rangänderung vgl § 23 Anm 3.

Den ganzen Gegenstand und zugleich einen Teil betreffen zB ein Schuldversprechen und eine Bürgschaft für einen Teil der Schuld oder eine Hypothekenbestellung und eine Teilabtretung.

C. Geschäftswert. Soweit es sich um denselben Gegenstand im Sinn von I handelt, entsteht die Gebühr nur einmal nach dem höchsten in Frage kommenden Wert. Soweit die eine Erklärung den ganzen Gegenstand betrifft, die andere nur einen Teil, und soweit die Gebührensätze unterschiedlich hoch sind, muß man die Gebühren gesondert berechnen, also zusammenrechnen, soweit das Ergebnis für den Kostenschuldner günstiger ist. Dieser Fall kann nur dann eintreten, wenn für diejenige Erklärung, die den ganzen Gegenstand betrifft, ein niedrigerer Gebührensatz besteht als für diejenige Erklärung, die einen Teil des Gegenstands betrifft. Der Wert der Gegenstände braucht nicht derselbe zu sein.

3) Verschiedene Gegenstände, II. A. Begriff. Vgl zunächst Anm 2 A. Es kommt darauf an, ob die verschiedenen Gegenstände Grundlage der in derselben Verhandlung beurkundeten Erklärungen waren, Düss DNotZ **84**, 120, Bank JB **80**, 1318.

B. Beispiele. a) Anwendbarkeit. II kann zB in folgenden Fällen anwendbar sein: Eine Urkunde enthält die Bestellung mehrerer Rechte an demselben Grundstück oder die Aufhebung eines Kaufvertrages und den Verkauf an einen anderen, auch im Fall eines Vorkaufsrechts des Erbbauberechtigten am Grundstück, § 21 Anm 2 A b. Die Bestellung eines Ankaufsrechts oder eines Vorkaufsrechts zugunsten eines Dritten bei einem Grundstückskauf kann aber auch nur eine Beschränkung des Käufers ohne eine selbständige Leistungspflicht bedeuten. In diesem Fall ist sie dann nicht besonders zu bewerten, § 20 I, Ffm DNotZ **55**, 265.

Weitere Beispiele: Dieselbe Urkunde enthält mehrere Kaufverträge zwischen verschiedenen Beteiligten, Köln MDR **88**, 328, abw Ffm JB **80**, 116, Schlesw JB **77**, 847. In diesem Fall ist es unerheblich, ob die Urkunde für alle Verträge einheitliche Bestimmungen enthält, außerdem aber gesonderte Erklärungen der Vertragspartner über den jeweiligen Kaufgegenstand und Kaufpreis, BayObLG DNotZ **70**, 184; es handelt sich um das Ausscheiden eines Gesellschafters aus einer Offenen Handelsgesellschaft und seinen Eintritt als ein stiller Gesellschafter in die im übrigen fortgesetzte Offene Handelsgesellschaft; es handelt sich um das Ausscheiden des Geschäftsführers einer GmbH und um die Bestellung eines anderen zum Geschäftsführer.

Diese Frage ist **streitig. Wie hier** zB Hamm DNotZ **71**, 750 mwN,

Mü DNotZ **67**, 332; **aM** zB Celle DNotZ **67**, 333, Ffm DNotZ **71**, 610, LG Kleve DB **88**, 1007.

Weitere Beispiele: Es geht um die Umwandlung von Gesamthands- in Bruchteilseigentum der Gesellschafter und um die Begründung von Wohnungseigentum, Schlesw DNotZ **87**, 181 mwN; es geht um die Bestellung mehrerer Prokuristen für dasselbe Unternehmen, Karlsr Rpfleger **63**, 56, aM Lappe/Stöber 2. Kap F IV 3, Rohs/Wedewer III Cb 1 (diese Autoren meinen, es handele sich um dasselbe Rechtsverhältnis, vom Unternehmer her gesehen. Aber gerade von seinem Gesichtspunkt aus handelt es sich doch in Wahrheit um verschiedene Rechtsvorgänge).

Weitere Beispiele: Es geht um die Aufhebung eines Erbauseinandersetzungsvertrags und um den Abschluß eines neuen gleichartigen Vertrags; es handelt sich um die Aufteilung des Anteils des verstorbenen Komplementärs zwischen den übrigen Gesellschaftern unter einer Belassung des Kapitals in der Firma, die sie fortführen. Denn in diesem Fall liegt zugleich eine Erbauseinandersetzung und eine Abänderung des bestehenden Gesellschaftsvertrags vor, Celle DNotZ **68**, 507.

Weitere Beispiele: Der Verkäufer eines Grundstücks macht zwei verschiedenen Käufern alternative Vertragsangebote, Düss DNotZ **65**, 109; es handelt sich um ein Vorkaufsrecht zugunsten des Eigentümers am Erbbaurecht und um die Bestellung des Erbbaurechts, Bühling § 21 Anm 4a, vgl auch § 21 Anm 1; es geht um die Regelung eines bei der Abnahme des Grundstücks noch nicht fälligen Anliegerbeitrags, LG Waldshut-Tiengen Rpfleger **86**, 176; es handelt sich um einen Grundstückskaufvertrag und um einen Vertrag über die Herstellung eines Bauwerks oder über die Bestellung eines Erbbaurechts an diesem Grundstück, Celle DNotZ **74**, 104, Schlesw DNotZ **71**, 612. In diesem Fall muß man beide Vertragsarten zusammenzählen. Dabei darf man den Vertrag über die Herstellung des Bauwerks nur nach den dort geschuldeten Bauleistungen bewerten, Düss DNotZ **70**, 610. Celle DNotZ **74**, 104 hält in einem solchen Fall eine Vollmacht des Bauherrn für einen weiteren verschiedenen Gegenstand.

b) Unanwendbarkeit. Vgl die in Anm 2 B a genannten Fälle.

C. Geschäftswert. Soweit die in einer Verhandlung beurkundeten Erklärungen einen verschiedenen Gegenstand haben, muß man für den Geschäftswert gemäß II folgende Situationen unterscheiden:

a) Derselbe Gebührensatz, IIa. Soweit alle Erklärungen demselben Gebührensatz unterliegen, wird dieser nur einmal nach den zusammengerechneten Werten berechnet. Von den zusammengerechneten Werten entsteht also eine Gebühr, und zwar unabhängig davon, ob die Beurkundung nur auf Grund des Wunsches der Beteiligten in derselben Urkunde erfolgte, Ffm DNotZ **71**, 565 mwN.

b) Verschiedene Gebührensätze, II b. Soweit verschiedene Gebührensätze anzuwenden sind, muß man jede Gebühr für sich berechnen. Soweit mehrere Erklärungen aber demselben Gebührensatz unterliegen, muß man die Werte zusammenrechnen. Insgesamt darf eine Höchstgebühr nicht überschritten werden, die sich nach dem höchsten Satz des Gesamtwerts berechnet.

Beispiel: Es handelt sich um die Löschung einer Hypothek und um die Bestellung einer anderen Hypothek mit einer Schuldverschreibung; es handelt sich um das Ausscheiden eines Vorstandsmitglieds und um dessen Bestellung als Prokurist.

4) Rangänderung, III A. Geltungsbereich. Bei einer Rangänderung, auf die die Erklärung eines Rangvorbehalts hinzielt, und bei einer Löschungsvormerkung, § 1179 BGB, gilt grundsätzlich § 23 III. Es entscheidet also grundsätzlich der jeweils geringere Wert des vortretenden oder zurücktretenden Rechts. Wenn aber eine Rangänderung mit einer anderen Erklärung zusammentrifft, gilt die Sonderregelung des § 44 III. Sie hat gegenüber § 23 III Vorrang.

In diesem Fall kommt es darauf an, ob das vortretende oder das zurücktretende Recht für den Kostenschuldner günstiger ist. Das günstigere entscheidet. Man muß in diesem Zusammenhang prüfen, ob das höher bewertete Recht mit dem von der anderen Erklärung betroffenen Recht denselben Gegenstand bildet und ob das geringerwertige Recht unter Umständen einen verschiedenen Gegenstand hat.

Im Fall eines Ausschlusses des Löschungsanspruchs nach § 1179a V BGB ist III 3 zu beachten. Die Vorschrift hat eine Bedeutung nur dann, wenn zB der Ausschluß nachträglich vereinbart wird und wenn in derselben Verhandlung auch noch Erklärungen beurkundet werden, die sich auf das vorrangige Recht beziehen, demgegenüber der Löschungsanspruch nicht mehr bestehen soll.

B. Geschäftswert. In den Fällen III richtet sich der Wert nach § 23 III 3.

Beglaubigung von Unterschriften

45 **I Für die Beglaubigung von Unterschriften oder Handzeichen wird ein Viertel der vollen Gebühr, höchstens jedoch ein Betrag von 250 Deutsche Mark, erhoben. Der Wert ist ebenso zu bestimmen, wie wenn die Erklärung, unter der die Unterschrift oder das Handzeichen beglaubigt wird, beurkundet würde.**

II Für die nach den Staatsschuldbuchgesetzen erforderlichen Unterschriftsbeglaubigungen wird nur die Mindestgebühr erhoben.

1) Beglaubigung, I, II. A. Geltungsbereich. Die Vorschrift gilt für sämtliche Unterschriftsbeglaubigungen, und zwar auch dann, wenn die persönliche Vollziehung vor dem Gericht oder dem Notar zu beurkunden ist, etwa nach § 12 HGB. Es ist unerheblich, ob der Richter oder der Rpfl die Beglaubigung vornimmt. Soweit der Notar den Inhalt der Urkunde prüft, ist diese Tätigkeit durch die Gebühr nach I mitabgegolten. Soweit er sachliche Änderungen vornimmt, entsteht die Entwurfsgebühr, falls er zu solchen sachlichen Änderungen wenigstens stillschweigend beauftragt worden war. Eine nur förmliche Berichtigung bleibt aber unbezahlt.

Die Gebühr entsteht für im Inland vorgenommene Beglaubigung, selbst wenn die Unterschrift im Ausland erfolgte oder anerkannt wurde.

Im Fall der Beglaubigung mehrerer Unterschriften oder Handzeichen in derselben Urkunde entsteht nur eine Gebühr, sofern ein Vermerk alle beglaubigt; andernfalls entstehen jeweils neue Gebühren. Mehrere Gebühren entstehen auch im Fall der Beglaubigung der Unterschrift derselben Person auf mehreren Ausfertigungen.

B. Geschäftswert. Der Geschäftswert richtet sich nach §§ 39ff. Man muß ihn so bestimmen, als ob die Erklärung beurkundet worden wäre. Eine Zusatzgebühr kann nach § 58 entstehen. Wenn der Notar die Urkunde entworfen hat, gilt die Beurkundungsgebühr des § 145 die erste Beglaubigung ab, nicht auch spätere Beglaubigungen. Der Richter hat keine Urkunden zu entwerfen. Wenn die Urkunde verschiedene Erklärungen enthält, gilt § 44.

Die Unterschrift einzelner Mitberechtigter, etwa einzelner Miterben unter einem Auseinandersetzungsvertrag, ist nach dem Anteil an der Masse zu bewerten, nicht nach der ganzen Masse. Die gemeinsame Unterschrift aller Mitberechtigten ist aber nach der Masse zu bewerten. Im Fall der Beglaubigung nur einer Unterschrift von mehreren ist die beglaubigte Erklärung maßgebend.

C. Gebührenhöhe. a) Grundsatz, I 1. Es entsteht grundsätzlich eine ¼ Gebühr, jedoch höchstens eine Gebühr von 250 DM.

b) Unterschriftsbeglaubigung, II. Für eine nach den Staatsschuldbuchgesetzen erforderliche Unterschriftsbeglaubigung entsteht nur die Mindestgebühr von 10 DM, § 33.

Die Amtsbekräftigung (Legalisation) einer behördlichen Unterschrift ist eine Justizverwaltungssache. Diese Tätigkeit wird nach Z 1a der Anlage zu § 2 JVKostO, Teil VIII A dieses Buchs, vergütet.

Verfügungen von Todes wegen

46 **I Für die Beurkundung eines Testaments wird die volle, für die Beurkundung eines Erbvertrags oder eines gemeinschaftlichen Testaments wird das Doppelte der vollen Gebühr erhoben.**

II Für die Beurkundung des Widerrufs einer letztwilligen Verfügung, der Aufhebung oder Anfechtung eines Erbvertrags sowie des Rücktritts von einem Erbvertrag wird die Hälfte der vollen Gebühr erhoben; ist die Anfechtung dem Nachlaßgericht gegenüber zu erklären, so gilt § 38 Abs. 2 [jetzt 3]. Wird gleichzeitig eine neue Verfügung von Todes wegen beurkundet, so wird die Gebühr für den Widerruf oder die Aufhebung nur insoweit erhoben, als der Geschäftswert der neu errichteten Verfügung hinter dem der widerrufenen oder aufgehobenen Verfügung zurückbleibt.

III Wird ein Erbvertrag gleichzeitig mit einem Ehevertrag beurkundet, so wird die Gebühr nur einmal berechnet, und zwar nach dem Vertrag, der den höchsten Geschäftswert hat.

IV Wird über den ganzen Nachlaß oder einen Bruchteil davon verfügt, so ist der Gebührenberechnung der Wert des nach Abzug der Verbindlichkeiten verbleibenden reinen Vermögens oder der

Wert des entsprechenden Bruchteils des reinen Vermögens zugrunde zu legen. Vermächtnisse, Pflichtteilsrechte und Auflagen werden nicht abgezogen.

V Der Berechnung der Gebühren sind in der Regel die Angaben des Verfügenden über den Geschäftswert zugrunde zu legen. Eine Nachforderung des deshalb zu wenig angesetzten Betrags wird durch § 15 nicht ausgeschlossen; die Verjährung des Anspruchs (§ 17) beginnt in diesem Fall erst mit dem Ablauf des Jahres, in dem die Verfügung eröffnet oder zurückgegeben ist.

Vorbem. II 1 lies jetzt wie oben (Anpassung an das G v 30. 5. 73, BGBl 501).

1) Testament, Erbvertrag, I. Man muß folgende Fälle unterscheiden:

A. Testament. Die Vorschrift enthält eine gegenüber § 36 I vorrangige Sonderregelung. Die Beurkundung eines Testaments kostet eine volle Gebühr. Es ist unerheblich, ob die Urkundsperson das Testament aufnimmt oder ob es der Verfügende zum Protokoll übergibt. Die bloße Ablieferung des Testaments durch den Notar an das Gericht ist gebührenfrei. Bei der Überreichung des Testaments zur amtlichen Verwahrung entsteht nur die Gebühr nach § 101.

Ein gemeinschaftliches Testament kostet die doppelte Gebühr. Denn es enthält die Verfügungen beider Ehegatten von Todes wegen.

B. Erbvertrag. Die Vorschrift enthält eine gegenüber § 36 II vorrangige Sonderregelung. Die Beurkundung eines Erbvertrags kostet die doppelte Gebühr. Eine etwa im Erbvertrag enthaltene einseitige Verfügung von Todes wegen ist mit dieser doppelten Gebühr abgegolten. Eine Schenkung von Todes wegen ist grundsätzlich als Erbvertrag anzusehen. Andernfalls entsteht nur eine volle Gebühr nach Hs 1.

Ein Erbverzicht fällt nicht unter I, sondern unter § 36 II. Wegen eines Nottestaments in Baden-Württemberg s § 15 LJustKG idF vom 25. 3. 75, GBl 261.

2) Widerruf, II. Die Beurkundung des Widerrufs einer letztwilligen Verfügung oder der Aufhebung oder Anfechtung eines Erbvertrags oder des Rücktritts von einem Erbvertrag läßt ½ Gebühr entstehen. Soweit allerdings die Anfechtung dem Nachlaßgericht gegenüber erklärt wird, entsteht ¼ Gebühr, § 38 III. Für eine Zustimmung des Vertragspartners des Erbvertrags, die ebenfalls beurkundet wird, entsteht keine besondere Gebühr. Etwas anderes gilt allerdings dann, wenn der Vertragspartner diese Zustimmung in einer besonderen Urkunde erklärt.

Als ein bloßer Widerruf kann auch eine umfangreiche Abänderung nebst einer grundsätzlichen Neuordnung anzusehen sein, selbst wenn der frühere Erbvertrag bestehen bleibt, BayObLG **62**, 390. Im Fall der gleichzeitigen neuen Verfügung von Todes wegen gilt II 2.

Die Änderung eines Testaments usw fällt unter I. Sie kostet auch beim Erbvertrag nur eine volle Gebühr, § 42. Wenn ein Ehegatte seine in einem gemeinschaftlichen Testament getroffene Verfügung widerruft, muß man als Geschäftswert den Wert der dadurch unwirksam gewordenen Verfügung beider Ehegatten zugrunde legen.

3) Erbvertrag nebst Ehevertrag, III. Soweit ein Erbvertrag gleichzeitig mit einem Ehevertrag beurkundet wird, kosten diese Vorgänge nur eine Gebühr, berechnet nach dem Vertrag mit dem höheren Geschäftswert. Das stellt die Neufassung von III ausdrücklich klar. Die frühere Bezugnahme auf § 38, die eine Auslegung dahin ermöglichte, daß der Wert beider Verträge zusammenzurechnen sei, ist zur Klarstellung durch den jetzigen Text ersetzt worden. Das übersehen Eppig DNotZ **58**, 275, Rohs/Wedewer II.

Die Ausnahmevorschrift ist eng auszulegen. Es entstehen zB für einen Gutsüberlassungsvertrag besondere Gebühren. Wenn ein Ehevertrag, ein Erbvertrag und ein Erbverzichtsvertrag zusammentreffen, muß man den Gebührensatz nach dem zusammengerechneten Wert aller Verträge errechnen, Stgt Rpfleger **75**, 409.

4) Geschäftswert, IV. Für den Geschäftswert ist die getroffene Verfügung maßgeblich. Soweit der Erblasser über den ganzen Nachlaß oder einen Bruchteil verfügt, muß man Schulden und Lasten abziehen. Insofern handelt es sich um eine Ausnahme von § 18 III, vgl LG Würzb JB **77**, 244. Allerdings darf man Vermächtnisse, Pflichtteilsansprüche und Auflagen nicht abziehen. Eine Lastenausgleichsabgabe ist wie eine Nachlaßschuld anzusehen, Köln Rpfleger **54**, 579, LG Mü NJW **53**, 709. Auch der Anspruch auf den Zugewinnausgleich ist als eine Nachlaßschuld zu bewerten, Karlsr Rpfleger **78**, 272 mwN.

Ein Anspruch aus einem Versicherungsvertrag zugunsten eines Dritten gehört nicht zum Nachlaß.

Wenn keine Aktivmasse bleibt, ist der niedrigste Satz zugrunde zu legen. Die Ernennung eines Testamentsvollstreckers ist nur insoweit gebührenpflichtig, als sie der alleinige Inhalt der letztwilligen Verfügung war. In diesem Fall muß man die Gebühr nach I berechnen.

Die Grundsätze des IV sind für die Berechnung der Erbschaftssteuer unanwendbar.

5) Wertberechnung, Nachforderung, V. A. Wertberechnung. Grundsätzlich muß man für die Ermittlung des Geschäftswerts nach IV die Angaben des Erblassers ohne weiteres zugrunde legen. Das gilt auch dann, wenn sich gewisse, aber nicht sehr erhebliche Ansatzpunkte für Abweichungen der wahren Wertverhältnisse von den Angaben des Erblassers herausstellen. Wenn freilich handgreiflich erkennbar wird, daß er unrichtige Angaben gemacht hat, liegt kein Regelfall im Sinn von V 1 mehr vor. Das ist auch dann so, wenn man nicht sicher sein kann, daß der Erblasser die objektive Unrichtigkeit seiner Wertangaben erkannt hatte.

B. Nachforderung. Wie V 2 klarstellt, ist eine Nachforderung trotz §§ 15, 17 nicht ausgeschlossen. Allerdings ist V 2 nur insoweit anwendbar, als die Angaben des Erblassers die Ursache dafür waren oder wären, daß ein objektiv zu niedriger Geschäftswert angesetzt wird. Das stellt das Wort „deshalb" klar. Soweit ein eindeutiger Anhaltspunkt für die objektive Unrichtigkeit der Angaben des Erblassers bereits vorliegt, muß man den Geschäftswert im Rahmen des pflichtgemäßen Ermessens schätzen, KG DNotZ **71**, 116.

Über eine Berichtigung des Gebührenansatzes nach der Testamentseröffnung vgl § 39 KostVfg, Teil VII A dieses Buchs. Auch der Notar hat seine Kostenberechnung zu berichtigen, soweit sich ihre objektive Unrichtigkeit herausstellt, Hamm Rpfleger **65**, 311.

Die Kenntnis der Unrichtigkeit der Wertangabe vor der Rückgabe der letztwilligen Verfügung ist für den Beginn der Verjährung unerheblich, Hamm DNotZ **73**, 51.

Beschlüsse von Gesellschaftsorganen

47 Für die Beurkundung von Beschlüssen von Hauptversammlungen, Aufsichtsräten und sonstigen Organen von Aktiengesellschaften, anderen Vereinigungen und Stiftungen wird das Doppelte der vollen Gebühr erhoben; als gebührenfreies Nebengeschäft (§ 35) gilt bei Änderungen einer Satzung oder eines Gesellschaftsvertrags auch die für die Anmeldung zum Handelsregister erforderliche Bescheinigung des neuen vollständigen Wortlauts der Satzung oder des Gesellschaftsvertrags. Die Gebühr beträgt in keinem Falle mehr als 10000 Deutsche Mark.

1) Geltungsbereich. A. Organ. Die Vorschrift betrifft die Beurkundung des Beschlusses eines Organs einer Personenvereinigung oder Stiftung. S 1 nennt die Aktiengesellschaft nur als ein Beispiel einer solchen Vereinigung. In Betracht kommt jeder Zusammenschluß von natürlichen und/oder juristischen Personen, zB: Die GmbH, BayObLG Rpfleger **83**, 180 mwN, Hamm Rpfleger **75**, 267 (vgl freilich wegen der Beurkundung der Satzung einer Einmann-GmbH § 36 Anm 1 B); die Genossenschaft; die Gewerkschaft; der rechtsfähige Verein; der Versicherungsverein auf Gegenseitigkeit; die rechtsfähige Stiftung; eine Vereinigung ohne eine eigene Rechtspersönlichkeit, soweit sie ein Beschlußorgan hat, etwa: Der nichtrechtsfähige Verein; die Personengesellschaft des Handelsrechts; die Gemeinschaft der Wohnungseigentümer, § 23 WEG, AG Freibg Rpfleger **85**, 378.

§ 47 erfaßt einen Beschluß der Hauptversammlung oder des Aufsichtsrats oder eines anderen satzungsmäßigen oder gesetzlichen Organs einer solchen Vereinigung. Zu diesen Organen zählt insbesondere der Vorstand.

B. Beschluß. Es muß sich um einen Beschluß handeln. Soweit in der Sitzung auch noch andere Vorgänge zu beurkunden sind, ist § 47 unanwendbar. Mehrere in derselben Versammlung oder Sitzung gefaßte Beschlüsse führen nur zu einer doppelten Gebühr nach § 47 auf der Basis des nach § 27 II berechneten Geschäftswerts. Im übrigen gilt § 47 die gesamte Niederschriftstätigkeit des Notars wegen des jeweiligen Beschlusses ab. Seine weiteren Feststellungen in der Niederschrift sind insoweit unentgeltlich.

Freilich ist der Notar zu einer Beratung nicht verpflichtet. Soweit er auch sie vornimmt, also auf die Form und den Inhalt des Beschlusses vor seiner Entstehung einwirkt, gelten unter Umständen §§ 145, 147.

2) Beispiele. A. Anwendbarkeit. § 47 kann zB in folgenden Fällen anwendbar sein: Es handelt sich um die Beurkundung der ordnungsgemäßen Einberufung der Hauptversammlung, der Erstattung des Geschäftsberichts usw; es geht um die Vorlegung des Jahresabschlusses und die sonst üblichen Nebenbeurkundungen; es geht um den Beschluß einer Einmanngesellschaft; es geht um die Umwandlung einer Kapitalgesellschaft in eine gleichzeitig errichtete Offene Handelsgesellschaft oder Kommanditgesellschaft. In diesem Fall ist es unerheblich, ob in derselben Sitzung auch ein neuer Gesellschaftsvertrag beschlossen wird; es handelt sich um die Versammlung der Gesellschafter einer Offenen Handelsgesellschaft als ein besonderes Gesellschaftsorgan.

B. Unanwendbarkeit. § 47 kann zB in folgenden Fällen unanwendbar sein: Es geht um die Beurkundung einer rechtsgeschäftlichen Erklärung, die nicht durch einen Beschluß erfolgt. In diesem Fall können §§ 36ff anwendbar sein, § 44 kann unanwendbar sein, vgl aber § 44 Anm 1. Diese Situation mag etwa bei der Bestellung des Vorstands und der Anmeldung zum Handelsregister vorliegen; es geht um die Festlegung der Kapitalbeteiligung der Gesellschafter einer in eine Personengesellschaft umgewandelten Kapitalgesellschaft. Diese Festlegung ist als Teil der Errichtung der Personengesellschaft ohne einen selbständigen Wert, soweit neue Einlagen nicht erfolgen; es geht um einen Beschluß der Offenen Handelsgesellschaft oder Kommanditgesellschaft dahin, den Gesellschaftsvertrag zu ändern. Bei seiner Beurkundung entsteht eine Gebühr nach § 42, sonst eine Gebühr nach § 36 II; es geht um die Umwandlung einer Einzelfirma in eine Aktiengesellschaft. In diesem Fall ist § 36 anwendbar, KG Rpfleger **75**, 447.

C. Weitere Einzelfragen. Der Einwand, ein Beschluß sei gar nicht erforderlich gewesen, ist unerheblich, Köln DNotZ **59**, 108. Ebenso unbeachtlich ist der Einwand, man habe den Reingewinn auch niedriger ausweisen können. Ebensowenig kommt es darauf an, ob die Versammlung zu der beurkundeten Beschlußfassung nach der Satzung oder nach dem Gesetz befugt war.

3) Nebengeschäft. Als gebührenfreies Nebengeschäft im Sinn von § 35 gilt gemäß S 1 Hs 2 im Fall einer Satzungsänderung oder einer Änderung des Gesellschaftsvertrags auch die für die Anmeldung zum Handelsregister erforderliche Bescheinigung des neuen vollständigen Wortlauts der Satzung oder des Gesellschaftsvertrags.

4) Geschäftswert. Maßgeblich ist § 27. Im Fall mehrerer Beschlüsse in derselben Versammlung ist § 27 II zu beachten.

5) Gebühr. Es erwächst die doppelte Gebühr bis zum Höchstbetrag von 10000 DM. Eine Zusatzgebühr kann nach § 58 entstehen.

Verlosung, Auslosung und Vernichtung von Wertpapieren, Wahlversammlungen

48 **I Das Doppelte der vollen Gebühr wird erhoben für die Beurkundung des Hergangs bei Verlosungen, bei der Auslosung oder Vernichtung von Wertpapieren sowie bei Wahlversammlungen.**

II Für das Einzählen von Losen wird neben der im Absatz 1 bestimmten Gebühr eine weitere Gebühr in Höhe der Hälfte der vollen Gebühr erhoben.

III Der Geschäftswert bestimmt sich, soweit nicht ein bestimmter Geldbetrag feststeht, nach § 30 Abs. 2; er beträgt in allen Fällen höchstens eine Million Deutsche Mark.

IV Wird die Auslosung und Vernichtung in einer Verhandlung beurkundet, so wird die Gebühr nur einmal erhoben.

1) Geltungsbereich. A. Verlosung. Verlosung ist die Ziehung bei einer Lotterie. Es ist unerheblich, wie lange sie dauert. Bei einer Klassenlotterie muß man jede Ziehung einzeln behandeln. Eine Verteilung der Erbmasse durch das Los nach § 94 FGG ist ein Nebengeschäft des Erbauseinandersetzungsvertrags.

B. Auslosung. Eine Auslosung von Wertpapieren ist der Vorgang der Feststellung derjenigen Papiere, die zurückzuzahlen sind.

C. Vernichtung. Zum Vorgang der Vernichtung zählt nicht nur die physische Beseitigung, etwa durch Zerreißen, sondern auch die Feststellung der Ungültigkeit eines schon durch ein anderes Wertpapier ersetzten Papiers, auch wenn die äußere Entwertung des bisherigen Wertpapiers nicht stattfindet.

D. Wahlversammlung. Es handelt sich nur um eine solche Versammlung, die nicht unter § 41 fällt. Eine solche Wahlversammlung kommt kaum vor.

E. Einzählen. Dieser Vorgang erfordert mehr als zB das Einschütten der von anderen (angeblich genau) abgezählten Lose in die Lostrommel. Vielmehr umfaßt das Einzählen eine Tätigkeit, die gerade die Zahl der Lose kontrolliert, Celle Rpfleger **79**, 36, aM Mümmler JB **78**, 667.

2) Gebühr. A. Verlosung, Auslosung, Vernichtung, Wahlversammlung, I, IV. Für die Beurkundung eines jeden dieser Vorgänge entsteht eine doppelte Gebühr. Soweit der Notar allerdings eine Auslosung und eine Vernichtung beurkundet, die in derselben Verhandlung stattfinden, entsteht die doppelte Gebühr nur einmal.

B. Einzählen von Losen, II. Für diesen Vorgang entsteht eine weitere Gebühr in Höhe einer ½ Gebühr.

3) Geschäftswert, III. Der Geschäftswert bestimmt sich zunächst nach dem etwa feststehenden bestimmten Geldbetrag. Diese Situation liegt zB bei der Auslosung von Wertpapieren vor. Bei ihr ist als Geschäftswert derjenige Betrag anzusetzen, den man für die Einlösung der ausgelosten Wertpapiere aufwenden muß.

Soweit ein bestimmter Geldbetrag nicht feststeht, ist § 30 II maßgeblich.

Sowohl bei einem feststehenden bestimmten Geldbetrag als auch in den Fällen des § 30 II setzt § 48 III Hs 2 jedoch einen Höchstwert von 1 000 000 DM an.

Eide, eidesstattliche Versicherungen, Vernehmung von Zeugen und Sachverständigen, Augenscheinseinnahmen

49 **I Die volle Gebühr wird erhoben für die Abnahme von Eiden und Versicherungen an Eides Statt, für die Vernehmung von Zeugen und Sachverständigen sowie für die Mitwirkung bei Augenscheinseinnahmen, sofern diese Geschäfte nicht Teil eines anderen Verfahrens sind.**

II Bei einer eidesstattlichen Versicherung zur Erlangung eines Erbscheins oder eines Zeugnisses der in §§ 109 bis 111 bezeichneten Art bestimmt sich der Geschäftswert nach §§ 107, 109 und 111. Treten in Erbscheinsverfahren weitere Erben einer anderweit beurkundeten eidesstattlichen Versicherung bei, so bestimmt sich die Gebühr nach dem Wert ihres Anteils an dem Nachlaß.

III Wird mit der eidesstattlichen Versicherung zugleich der Antrag auf Erteilung eines Erbscheins oder eines Zeugnisses der in §§ 109 und 111 bestimmten Art beurkundet, so wird dafür eine besondere Gebühr nicht erhoben.

1) Geltungsbereich, I. Die Vorschrift erfaßt folgende Fälle:

A. Eid, eidesstattliche Versicherung. § 49 erfaßt die Abnahme eines Eides oder einer Versicherung an Eides Statt beliebiger Art. Das gilt freilich nur insoweit, als es für diese Abnahme nicht Sonderregeln gibt, etwa für die eidesstattliche Versicherung der freiwilligen Gerichtsbarkeit gemäß § 163 FGG in § 124 oder für die Beeidigung eines Sachverständigen zur Feststellung eines Zustands in § 120 Z 1.

B. Vernehmung. § 49 gilt ferner für den Fall der Vernehmung eines Zeugen oder eines Sachverständigen. Auch in diesem Fall ist die Vorschrift allerdings nur insoweit anwendbar, als eine solche Vernehmung nicht ein Teil eines anderen Verfahrens ist. Das letztere ist zB dann der Fall, wenn das Gericht in einer Vormundschaftssache einen Zeugen vernimmt.

C. Augenscheinseinnahme. § 49 gilt auch bei einer Augenscheinseinnahme. Auch diese Regelung kommt aber nur insoweit zur Anwendung, als die Augenscheinseinnahme nicht ein Teil eines anderen Verfahrens ist. In Betracht kann etwa eine Augenscheinseinnahme zur Feststellung des Zustands oder des Werts einer Sache kommen.

2) Erbschein, II, III. Bei einer eidesstattlichen Versicherung zur Erlangung eines Erbscheins oder nach §§ 109–111 gilt die volle Gebühr nach I die Beurkundung des Antrags auf die Erteilung des Erbscheins und des Antrags auf die Erteilung eines Testamentsvollstreckerzeugnisses und der meisten in §§ 109–111 genannten Zeugnisse mit ab. Die Gebühr des § 49 wird auch neben derjenigen für die Erteilung des Erbscheins, § 107 I 2, und neben derjenigen für die Erteilung der in § 109 genannten Zeugnisse erhoben.

Wenn mehrere Beteiligte eine eidesstattliche Versicherung in derselben Urkunde abgeben, um den Erbschein zu erlangen, dann entsteht nur eine Gebühr. Soweit die anderen Erben erst nachträglich beitreten, entsteht eine besondere Gebühr, die man nicht von dem Wert des ganzen Nachlasses berechnen darf, sondern nur von einem der Beteiligung entsprechenden Bruchteil, II 2.

Soweit eine eidesstattliche Versicherung mehrere Erbfälle betrifft, muß man die Gebühr für jeden Erbfall nach seinem Nachlaßwert entsprechend § 107 Anm 1 B berechnen, Ffm DNotZ **65**, 178, Hamm DNotZ **65**, 446, Neustadt DNotZ **60**, 411, KLBR 5, aM Rohs/Wedewer IV und Fn 42.

Der Geschäftswert ist wie bei der Erteilung des Erbscheins nach § 107 und der in §§ 109–111 genannten Zeugnisse zu berechnen. Kostenschuldner ist der Antragsteller.

Bescheinigungen, Abmarkungen, Verklarungen, Proteste, Schätzungen

50 **I Die volle Gebühr wird erhoben**

1. für die Erteilung von Bescheinigungen über Tatsachen oder Verhältnisse, die urkundlich nachgewiesen oder offenkundig sind;

2. für die Mitwirkung bei Abmarkungen;

3. für die Aufnahme von Protesten und ähnlichen Urkunden;

4. für die Aufnahme von Schätzungen.

II Für die Aufnahme von Verklarungen sowie Beweisaufnahmen nach dem Fünften Buch des Handelsgesetzbuchs, nach dem Binnenschiffahrtsgesetz und nach dem Flößereigesetz wird das Doppelte der vollen Gebühr, für die nachträgliche Ergänzung der Verklarung wird eine volle Gebühr erhoben.

Vorbem. II idF Art 2 I Z 3 G v 9. 12. 86, BGBl 2326, in Kraft seit 1. 1. 87, Art 10.

1) Geltungsbereich, I, II. Die Vorschrift erfaßt folgende Tätigkeiten:

A. Bescheinigung, I Z 1. Hierher gehört die Erteilung einer Bescheinigung über eine Tatsache oder über Verhältnisse, die urkundlich nachgewiesen oder offenkundig sind. Freilich entsteht eine Gebühr nur insofern, als es sich nicht um ein Nebengeschäft handelt, § 35, oder als Sonderregeln Vorrang haben. Die Bescheinigung muß mit einem Dienstsiegel erfolgt sein.

Hierher gehören zB: Die Bescheinigung über die Nämlichkeit einer Person; eine Lebensbescheinigung; die Bescheinigung über den Eingang der Erklärung der Annahme des Testamentsvollstreckeramts, LG Köln DNotZ **50**, 45; eine Bescheinigung aus der Akte; eine mit dem Amtssiegel versehene Bescheinigung des Notars aus einem gerichtlichen Buch (nicht ein bloßer Bericht); eine Bestätigung oder eine Prioritätsbescheinigung wegen einer Geschmacksmusteranmeldung im Ausland, Ffm MDR **75**, 238 (in diesem Fall ist also nicht § 89 II anwendbar). Als Sonderregel ist § 150 zu beachten.

Eine Bescheinigung des Notars über die Hinterlegung von Aktien nach § 123 III AktG ist ein Hauptgeschäft. Daneben entsteht für die Verwahrung die Gebühr nach § 149. Eine Bestätigung des Notars, daß einer

Eintragung kein Hindernis entgegensteht, fällt nicht unter Z 1, sondern unter § 147, Schlesw JB **77**, 1129.

Geschäftswert ist der Wert des Gegenstands, hilfsweise der nach § 30 II zu ermittelnde. § 30 III ist unanwendbar.

Maßgebend ist der wirkliche Inhalt der Bescheinigung. Man muß prüfen, ob nicht eine Abschriftsbeglaubigung nach § 55 vorliegt.

Die Auskunft eines Grundbuchamts ist gebührenfrei. Dasselbe gilt für eine Bescheinigung, daß im Grundbuch kein Hofvermerk eingetragen sei. In diesem Fall können aber Schreibauslagen entstehen, § 73.

B. Mitwirkung bei Abmarkung, I Z 2. Vgl §§ 919ff BGB. Das Verfahren verläuft nach dem Landesrecht, im Gebiet des früheren Preußens nach Art 31 I PrFGG.

C. Protest usw, I Z 3. Die Vorschrift erfaßt nur den Prostest im See- oder Binnenschiffahrtsfrachtrecht, zB nach § 571 HGB, sowie eine Zustellungsurkunde des Notars, die landesrechtlich geregelt ist, Rohs/Wedewer III.

Ein Wechsel- oder Scheckprotest fällt nicht unter Z 3, sondern unter § 51.

D. Schätzung, I Z 4. Es handelt sich um die Aufnahme einer Schätzung beliebiger Art.

Allerdings fällt eine gerichtliche Schätzung im Fall einer freiwilligen Versteigerung eines Grundstücks nicht unter Z 4, sondern unter § 53 I Z 2.

E. Verklarung usw, II. Die Vorschrift erfaßt die Aufnahme einer Verklarung sowie eine Beweisaufnahme nach §§ 474ff HGB, auch bei einem Binnenschiff oder nach dem Flößereigesetz. Sie gilt die gesamte Tätigkeit im gerichtlichen Verfahren ab. Dabei entsteht allerdings für eine Nachverklarung eine höhere Gebühr, II 2.

Der Geschäftswert richtet sich nach § 30 II.

2) Gebühr. A. Tätigkeit nach I. Für jede der in I genannten Tätigkeiten entsteht eine volle Gebühr.

B. Tätigkeit nach II. Für jede der in II 1 genannten Tätigkeit entsteht eine doppelte Gebühr. Für eine Nachverklarung entsteht gemäß II 2 nur eine volle Gebühr.

Wechsel- und Scheckproteste

51 **I Für die Aufnahme von Wechsel- und Scheckprotesten wird die Hälfte der vollen Gebühr erhoben.**

II Daneben wird für jeden Weg, der zur Erledigung des Protestes zurückzulegen ist, eine Wegegebühr von 3 Deutsche Mark erhoben. Die dem Protestbeamten zustehenden Reisekosten werden auf die Wegegebühr angerechnet. Die Wegegebühr wird auch dann erhoben, wenn der Auftrag zur Protesterhebung nach Antritt des Weges seine Erledigung gefunden hat.

III Die Protestgebühr ist auch dann zu zahlen, wenn ohne Aufnahme des Protestes an den Protestbeamten gezahlt oder die Zahlung ihm nachgewiesen wird.

IV Enthält der Wechsel Notadressen, so ist für die Aufnahme eines jeden Protestes wegen Verweigerung der Ehrenannahme oder wegen unterbliebener Ehrenzahlung ein Viertel der vollen Gebühr zu erheben.

V Für das Zeugnis über die Protesterhebung (Artikel 90 Abs. 2 des Wechselgesetzes und Artikel 59 Abs. 2 des Scheckgesetzes) werden eine Gebühr von 3 Deutsche Mark und die durch die Abschriften erwachsenen Schreibauslagen erhoben.

1) Protestgebühr, I, III. Durch die Protestierung eines Wechsels oder Schecks entsteht ½ Gebühr. Es ist unerheblich, ob der Notar oder der Urkundsbeamte protestiert. Dasselbe gilt hinsichtlich des Gerichtsvollziehers, § 32 GVKostG, Teil XI dieses Buchs. Eine Aufnahme des Protests ist nicht unbedingt notwendig.

Nach III reicht es aus, daß ein Wechselschuldner oder ein Dritter an den Protestbeamten zahlt oder ihm die Zahlung nachweist, sofern dieser den Wechsel im Besitz hat und beauftragt ist.

Der Notar erhält neben der Gebühr nach I, III die Hebegebühr nach § 149. Sie wird auf die Protestgebühr angerechnet.

Im Fall der Rücknahme des Auftrags vor der Entstehung der Gebühr gilt § 130. Falls der Auftrag erst nach dem Entstehen der Protestgebühr zurückgenommen wird, entsteht die volle Gebühr, sofern die Protestierung bereits begonnen hatte und nun die Beurkundung wegen der Auftragsrücknahme unterbleibt. Soweit der Auftraggeber nur die Zahlung mitteilt, ist diese Mitteilung nicht als ein Zahlungsnachweis anzusehen, sondern als eine Auftragsrücknahme.

Im Fall mehrerer Proteste macht jeder Protest eine Gebühr nach I fällig, auch wenn es sich um denselben Wechsel usw handelt.

Geschäftswert ist der Nennbetrag des Wechsels oder Schecks, § 19 II.

Es entstehen keine Schreibauslagen.

2) Wegegebühr und Reisekosten, II. Anstelle der Zusatzgebühr des § 58 wird eine Wegegebühr von 3 DM fällig, und zwar für jeden Protest unabhängig von der Länge des Wegs. Die Wegegebühr entsteht für jeden notwendigen Weg. Mehrere Wege können durch einen einzigen Protest notwendig werden. Der Rückweg wird nicht besonders bezahlt.

Die Reisekosten, die bei einem Beamten nach den landesrechtlichen Reisekostenbestimmungen zu berechnen sind, vgl auch das BRKG, dazu die AuslRKVO vom 28. 2. 74, BGBl 457, sind auf die Wegegebühr anzurechnen, nicht aber auf die Protestgebühr. Die Reisekosten bringen also die Wegegebühr, die eine echte Gebühr und keine bloße Barauslage ist, in Wegfall, wenn sie höher sind.

Soweit Reisekosten nur für einen von mehreren Wegen entstehen, darf man sie nur auf diesen Weg anrechnen.

3) Notadresse, IV. Eine Gebühr entsteht nicht durch die Angabe der Notadresse, sondern erst dann, wenn sie der Protestbeamte aufsucht. In diesem Fall ist es allerdings nicht erforderlich, daß er eine besondere Urkunde aufnimmt. II und III sind auch in diesen Fällen anwendbar.

4) Protestzeugnis, V. Ein Protestzeugnis anstelle der verschwundenen Protesturkunde kostet eine Festgebühr von 3 DM und außerdem Schreibauslagen für die Protestabschrift.

Vermögensverzeichnisse, Siegelungen

52 **I Für die Aufnahme von Vermögensverzeichnissen sowie für Siegelungen und Entsiegelungen wird nach dem Wert der verzeichneten oder versiegelten Gegenstände die Hälfte der vollen Gebühr erhoben. Das gleiche gilt für die Mitwirkung als Urkundsperson bei der Aufnahme von Vermögensverzeichnissen. Nimmt das Geschäft einen Zeitaufwand von mehr als zwei Stunden in Anspruch, so erhöht sich die Gebühr für jede weitere angefangene Stunde um die Mindestgebühr (§ 33).**

II Für die Siegelung, einschließlich der Entsiegelung und der Aufnahme eines Vermögensverzeichnisses, wird die Gebühr nur einmal nach dem Gesamtzeitaufwand erhoben.

Vorbem. I 3 idF Art 2 I Z 4 G v 9. 12. 86, BGBl 2326, in Kraft seit 1. 1. 87, Art 10.

1) Geltungsbereich. Die Aufnahme eines Vermögensverzeichnisses, eine Siegelung oder eine Entsiegelung durch das Gericht, seinen Urkundsbeamten, den Gerichtsvollzieher, § 32 GVKostG, Teil XI dieses Buchs, oder den Notar sind nach § 52 zu vergüten. Eine solche Tätigkeit durch einen Gemeindebeamten ist nach dem Landesrecht zu vergüten. Der bloße Auftrag des Gerichts zur Siegelung an einen Notar usw ist gebührenfrei.

Die gerichtliche Anordnung der Vermögensaufnahme usw fällt nicht unter § 52, sondern unter §§ 94 Z 3, 104, 114 Z 1. Im Fall eines Auseinandersetzungsvertrags, eines Übergabevertrags usw ist § 52 nur insoweit anwendbar, als die Urkundsperson wirklich persönlich das Vermögen aufnimmt und nicht nur die Erklärungen der Beteiligten über den Bestand beurkundet.

2) Gebühr. Es entsteht grundsätzlich ½ Gebühr, I 1. Der Vorgang der Siegelung und Entsiegelung läßt insgesamt nur ½ Gebühr entstehen. Es entsteht keine Zusatzgebühr nach § 58 IV. Im Fall eines erhöhten Zeitaufwands kann sich die Gebühr aber gemäß I 3, II erhöhen.

3) Geschäftswert. Maßgeblich ist grundsätzlich der Wert der verzeichneten oder versiegelten Gegenstände, I 1. Für die Siegelung einschließlich der Entsiegelung und der Aufnahme eines Vermögensverzeichnisses wird die Gebühr aber nur nach dem Gesamtzeitaufwand erhoben, II.

Freiwillige Versteigerung von Grundstücken

53 **I Bei freiwilligen Versteigerungen zum Zwecke der Veräußerung oder Verpachtung von Grundstücken und sonstigen Gegenständen, die der Zwangsvollstreckung in das unbewegliche Vermögen unterliegen, werden erhoben**

1. für das Verfahren im allgemeinen die Hälfte der vollen Gebühr;
2. für die Aufnahme einer gerichtlichen Schätzung die Hälfte der vollen Gebühr;
3. für die Abhaltung des Versteigerungstermins die volle Gebühr;
4. für die Beurkundung des Zuschlags die volle Gebühr.

II Die in Absatz 1 Nr. 1 bestimmte Gebühr wird mit dem Eingang des Antrags fällig und ist auch dann zu erheben, wenn die Versteigerung einer Ortsbehörde übertragen wird.

III Der Versteigerungstermin gilt als abgehalten, wenn zur Abgabe von Geboten aufgefordert ist.

IV Werden mehrere Grundstücke zum Zwecke der Veräußerung in demselben Verfahren versteigert, so werden die Gebühren von dem zusammengerechneten Wert der mehreren Grundstücke berechnet. Die Gebühr für die Beurkundung des Zuschlags wird jedoch für jeden Ersteher nach dem zusammengerechneten Betrag seiner Gebote erhoben; ist der zusammengerechnete Wert der ihm zugeschlagenen Grundstücke höher, so ist dieser maßgebend.

V Werden in dem Verfahren mehrere Versteigerungstermine abgehalten, so werden für jeden Termin die Gebühren besonders erhoben.

VI Schuldner der Kosten für die Beurkundung des Zuschlags ist, vorbehaltlich der Vorschrift in § 3 Nr. 3, nur der Ersteher. Hinsichtlich der übrigen Kosten gelten die allgemeinen Vorschriften über die Zahlungspflicht.

VII Tritt der Meistbietende die Rechte aus dem Meistgebot oder der Veräußerer den Anspruch gegen den Ersteher ab, oder erklärt der Meistbietende, für einen Dritten geboten zu haben, oder tritt ein Dritter diesen Erklärungen bei, so bleibt die Beurkundung gebührenfrei, wenn sie in dem Protokoll über die Versteigerung geschieht. Das gleiche gilt, wenn nach Maßgabe der Versteigerungsbedingungen für den Anspruch gegen den Ersteher die Bürgschaft übernommen oder eine sonstige Sicherheit bestellt und dies in dem Protokoll über die Versteigerung beurkundet wird.

1) Geltungsbereich. Die Vorschrift regelt die freiwillige Versteigerung oder Verpachtung eines Grundstücks oder eines grundstücksgleichen Rechts oder eines eingetragenen Schiffs.

2) Gebühren, I. Man muß die folgenden Fälle unterscheiden:

A. Verfahrensgebühr, Z 1. Für das Verfahren im allgemeinen entsteht eine ½ Gebühr. Sie gilt die gesamte Tätigkeit ab, soweit nicht Z 2–4 anwendbar sind. Sie wird mit dem Eingang des Antrags fällig, II. Sie entsteht auch im Fall der Übertragung der Versteigerung auf die Ortsbehörde und gilt diesen Auftrag mit ab. Die Gebühr der Ortsbehörde ist nach dem Landesrecht zu ermitteln.

Im Fall der Übertragung auf den Urkundsbeamten entsteht keine besondere Gebühr.

B. Schätzung, Z 2. Für die Aufnahme einer gerichtlichen Schätzung entsteht eine ½ Gebühr. Die bloße Entgegennahme einer eingereichten Schätzung ist gebührenfrei.

C. Versteigerungstermin, Z 3. Für die Abhaltung des Versteigerungstermins entsteht eine volle Gebühr. Sie erwächst mit der Aufforderung zur Abgabe eines Gebots. Als Versteigerungstermin gilt nur derjenige Termin, der zur Abgabe von Geboten bestimmt ist, also nicht ein bloßer Zuschlagstermin und dergleichen. Wenn der Versteigerungstermin mehrere Tage hintereinander andauert, entsteht nur eine einzige Terminsgebühr.

D. Zuschlag, Z 4. Für die Beurkundung des Zuschlags entsteht eine volle Gebühr. Das gilt auch dann, wenn die Beurkundung des Zuschlags nicht schon im Versteigerungstermin erfolgt. Der Zuschlag ist erst dann erteilt, wenn sämtliche Verkäufer zustimmen. Kostenschuldner sind nur der Ersteher und der sachlichrechtliche Kostenschuldner, § 3 Z 3; es entsteht insoweit also keine Mithaft der übrigen Antragsteller.

3) Geschäftswert. Grundsätzlich gilt § 20. Im Fall einer Verpachtung auf Zuschlag gilt § 24 I.

4) Weitere Einzelfragen. Die Gebühren Anm 2 B–D entstehen auch, soweit der Urkundsbeamte der Geschäftsstelle beauftragt ist. Eine Zusatzgebühr nach § 58 IV entsteht nur im Fall einer Versteigerung außerhalb der Gerichtsstelle. Alle Nebenhandlungen sind gebührenfrei. Die Aufzählung in VII ist nicht abschließend. Hierhin gehören zB: Die Beurkundung der Auflassung und der Vollmacht zur Auflassung; der Antrag des Erstehers auf eine Löschung einer nicht übernommenen Hypothek, KG DNotZ **65**, 60, Rohs/Wedewer VI.

Versteigerung von beweglichen Sachen und Rechten

54 **I Für die Versteigerung von beweglichen Sachen, von Früchten auf dem Halm oder von Holz auf dem Stamm sowie von Forderungen oder sonstigen Rechten wird das Dreifache der vollen Gebühr nach dem zusammengerechneten Wert der Gegenstände erhoben.**

II Soweit sich das Verfahren erledigt, bevor zur Abgabe von Geboten aufgefordert worden ist, ermäßigt sich die Gebühr auf ein Viertel der vollen Gebühr.

III Die Kosten können aus dem Erlös vorweg entnommen werden.

1) Geltungsbereich. Die Vorschrift betrifft eine vom Gericht, Notar, Gerichtsvollzieher vorgenommene Versteigerung einer beweglichen Sache oder eines Rechts, auch die eines nicht eingetragenen Schiffs. Früchte auf dem Halm und das Holz auf dem Stamm gelten als bewegliche Sachen. Zu den Rechten gehört die Jagdpacht.

2) Gebühr. Es entsteht nur eine Pauschgebühr. Im Fall einer Erledigung des Verfahrens vor der Aufforderung zur Abgabe eines Gebots ermäßigt sich die Gebühr auf ¼ Gebühr, II. Es entsteht keine Zusatzgebühr aus § 58, vgl dort IV.

Für die Empfangnahme des Erlöses erhält der Notar die Hebegebühr nach § 149. Das Gericht oder der Gerichtsvollzieher erhalten keine Hebegebühr.

3) Geschäftswert. Maßgeblich ist der Wert der Sache oder des Rechts, § 19.

4) Fälligkeit, Kostenschuldner. Die Rechtsgebühr wird mit der Aufforderung zum Gebot und ohne Rücksicht auf die Dauer der Versteigerung fällig. Der Kostenschuldner ist nach §§ 2ff zu ermitteln.

Beglaubigung von Abschriften

55 **I Für die Beglaubigung von Abschriften wird, soweit nicht § 132 anzuwenden ist, eine Gebühr von 1 Deutsche Mark für jede angefangene Seite erhoben. Mindestens wird ein Betrag in Höhe der Mindestgebühr (§ 33) erhoben.**

II Werden die Abschriften durch das Gericht hergestellt, so kommen die Schreibauslagen hinzu.

Vorbem. I idF Art 2 I Z 5 G v 9. 12. 86, BGBl 2326, in Kraft seit 1. 1. 87, Art 10.

1) Geltungsbereich. Die Beglaubigung ist in den Fällen §§ 132, 136 I Z 2 gebührenfrei. Für eine Abschrift aus dem Grundbuch oder Register entstehen Gebühren nach §§ 73, 89. Die Gebühr des § 55 entsteht daher nur für eine Beglaubigung einer überreichten Abschrift oder anderer als der erwähnten Urkunden.

2) Gebühr. Es entsteht eine Gebühr von 1 DM für jede angefangene Seite, jedoch wenigstens eine Mindestgebühr nach § 33.

3) Auslagen. Soweit das Gericht Abschriften herstellt, kommen zu der Gebühr nach Anm 2 die Schreibauslagen hinzu.

Gebührenfreiheit in Kindschafts- und Unterhaltssachen

55a **Beurkundungen und Beglaubigungen der in § 49 des Gesetzes für Jugendwohlfahrt genannten Art sind gebührenfrei.**

JWG § 49. **I Das Landesjugendamt kann auf Antrag des Jugendamts Beamte und Angestellte des Jugendamts ermächtigen,**

1. **die Erklärung, durch welche die Vaterschaft anerkannt wird, die Zustimmungserklärung des Kindes sowie die etwa erforderliche Zustimmung des gesetzlichen Vertreters zu einer solchen Erklärung (Erklärungen über die Anerkennung der Vaterschaft) zu beurkunden oder, soweit die Erklärung auch in öffentlich beglaubigter Form abgegeben werden kann, zu beglaubigen,**
2. **die Verpflichtung zur Erfüllung von Unterhaltsansprüchen eines Kindes oder zur Leistung einer an Stelle des Unterhalts zu gewäh-**

renden Abfindung zu beurkunden, wenn das Kind im Zeitpunkt der Beurkundung minderjährig ist,

3. die Verpflichtung zur Erfüllung von Ansprüchen einer Frau nach den §§ 1615k und 1615l des Bürgerlichen Gesetzbuchs (Entbindungskosten und Unterhalt) zu beurkunden,

4. die in § 1617 Abs. 2 und § 1618 des Bürgerlichen Gesetzbuchs bezeichneten Erklärungen (Name des Kindes) zu beglaubigen,

5. den Widerruf der Einwilligung des Kindes nach § 1746 Abs. 2 des Bürgerlichen Gesetzbuchs zu beurkunden;

6. den Verzicht des Vaters des nichtehelichen Kindes nach § 1747 Abs. 2 Satz 3 des Bürgerlichen Gesetzbuchs zu beurkunden;

7. den Widerruf einer Erklärung nach Artikel 12 § 2 Abs. 3 Satz 2 des Adoptionsgesetzes zu beglaubigen.

Der Beamte oder der Angestellte des Jugendamts soll keine Beurkundungen vornehmen, wenn ihm in der den Gegenstand des Amtsgeschäfts bildenden Angelegenheit die Vertretung eines Beteiligten obliegt. Die Landesregierungen werden ermächtigt, durch Rechtsverordnung die zuständige Behörde abweichend von Satz 1 zu bestimmen. Sie können diese Ermächtigung auf oberste Landesbehörden übertragen.

II (Weggefallen, Art II § 26 SGB X v 18. 8. 80, BGBl 1469).

III **Für die Tätigkeiten nach Absatz 1 ist jedes Jugendamt zuständig.**

1) Geltungsbereich. Die Vorschrift erfaßt die Anerkennungserklärung des Vaters, die Zustimmungserklärung des Kindes und seines gesetzlichen Vertreters nach § 1600e BGB, die Verpflichtung, die Unterhaltsansprüche des Kindes durch eine regelmäßige Zahlung zu befriedigen, die Beurkundung eines Abfindungsvertrags nach §§ 1615e, f BGB, sowie die in § 49 I Z 3–7 JWG genannten Verpflichtungen und Erklärungen.

Sicherstellung der Zeit

56 **Für die Sicherstellung der Zeit, zu der eine Privaturkunde ausgestellt ist, einschließlich der über die Vorlegung ausgestellten Bescheinigung, wird eine Gebühr von 15 bis 35 Deutsche Mark erhoben.**

Vorbem. Fassg Art 2 I Z 6 G v 9. 12. 86, BGBl 2326, in Kraft seit 1. 1. 87, Art 10.

1) Geltungsbereich. Die Vorschrift erfaßt die Beurkundung des genauen Zeitpunkts der Vorlegung einer Urkunde durch ein Zeugnis. Dieses Zeugnis wird auf die Urkunde gesetzt und muß deren Beschaffenheit klarstellen.

2) Gebühr. Es entsteht eine Gebühr von 15–35 DM. Vgl § 34.

Erfolglose Verhandlung

57 **Unterbleibt die beantragte Beurkundung infolge Zurücknahme des Antrags oder aus ähnlichen Gründen, nachdem das Gericht mit den Beteiligten darüber verhandelt hat, so wird die Hälfte der vollen Gebühr, jedoch nicht mehr als die für die beantragte Beurkundung bestimmte Gebühr erhoben; die Gebühr darf 100 Deutsche Mark nicht übersteigen.**

1) Voraussetzungen. § 57 ist anwendbar, sofern die folgenden Voraussetzungen zusammentreffen:

A. Verhandlungsbeginn. Es muß eine zum Zweck der beantragten Beurkundung sachlich erforderliche Verhandlung mit den Beteiligten begonnen haben. Unter einer Verhandlung ist eine solche im Sinn des FGG zu verstehen. Eine Vorbesprechung, etwa über die Form, die Kosten und die sonstigen Erfordernisse der beantragten Beurkundung, ist grundsätzlich noch keine Verhandlung, KG JB **76**, 960. Die Verhandlung beginnt mit der sachlichen Erörterung, Hamm DNotZ **66**, 251, KG JB **76**, 960. Es ist nicht erforderlich, daß die Urkundsperson bereits mit der Niederschrift begonnen oder diese gar beendet hat.

Die Verhandlung muß sachlich erforderlich sein. Ein Entwurf des Notars setzt unter Umständen keine Verhandlung voraus. In einem solchen Fall entsteht eine Gebühr nach § 145, falls der Auftraggeber den Antrag nach einer sachlichen Besprechung zurücknimmt.

Soweit eine Verhandlung mit den Beteiligten nicht begonnen hat, muß man wie folgt unterscheiden:

Wenn die Verhandlung wegen einer Antragsrücknahme unterbleibt, ist § 130 II–V anwendbar. Daneben entsteht keine Beratungsgebühr nach § 147 II. Wenn die Verhandlung aus einem Grund unterbleibt, der nicht in der Person des Beurkundenden liegt, etwa wegen des Tods des Auftraggebers, entsteht zwar keine Gebühr, aber möglicherweise eine Pflicht zur Erstattung der Auslagen. Wenn die Verhandlung infolge eines Umstands unterbleibt, der in der Person des Beurkundenden liegt, etwa wegen des Tods des Notars, entstehen weder Gebühren noch Auslagen.

Sondervorschriften können vorrangig sein, etwa §§ 51 III, 53 II, 54.

B. Antragsrücknahme oder „ähnliche Gründe". Nach dem Beginn der Verhandlung, A, muß die Beurkundung entweder wegen einer wirksamen Rücknahme des Beurkundungsantrags oder aus einem ähnlichen Grund unterbleiben.

Als „ähnlicher Grund" ist zB der Tod der Partei oder die Ablehnung der Beurkundung anzusehen, etwa wegen einer Geschäftsunfähigkeit. Hierher gehört auch der Fall, daß zwar die Urkundsperson unterschreibt, daß aber ein Beteiligter seine Unterschrift verweigert.

C. Unterbleiben der Beurkundung. Aus den in A, B genannten Gründen muß die beantragte Beurkundung unterblieben sein. Es reicht aus, daß irgendein Erfordernis einer wirksamen Beurkundung fehlte.

§ 57 ist unanwendbar, soweit eine auf § 145 III gestützte Rechnung rechtskräftig aufgehoben wird, Düss VersR **80**, 335.

2) Gebühr. Es entsteht eine ½ Gebühr, jedoch nicht mehr als die für die beantragte Beurkundung bestimmte Gebühr und keineswegs mehr als eine Gebühr von 100 DM.

Die Gebühr gilt auch die Beratung der Beteiligten ab, soweit die Beratung Aufgabe des Beurkundenden ist. Sie gilt ebenso alle anderen vorbereitenden und fördernden Handlungen ab, vgl § 147 II, KG JB **76**, 961.

Geschäfte außerhalb der Gerichtsstelle, an Sonn- und Feiertagen und zur Nachtzeit

58 **I Wird ein Geschäft auf Verlangen des Antragstellers oder mit Rücksicht auf die Art des Geschäfts außerhalb der Gerichtsstelle vorgenommen, so wird eine Zusatzgebühr in Höhe der Hälfte der vollen Gebühr erhoben, die jedoch den Betrag von 60 Deutsche Mark und die für das Geschäft selbst zu erhebende Gebühr nicht übersteigen darf. Werden mehrere Erklärungen in einer Verhandlung beurkundet, so wird die Gebühr nur einmal erhoben, und zwar, soweit die beurkundeten Erklärungen verschiedene Gegenstände betreffen, nach deren zusammengerechnetem Wert.**

II Haben die Gerichtspersonen den Weg zu dem Ort des Geschäfts angetreten, so wird die Zusatzgebühr auch dann erhoben, wenn das Geschäft aus einem in der Person der Beteiligten liegenden Grund nicht ausgeführt wird.

III Für Beurkundungen an Sonntagen und allgemeinen Feiertagen sowie an Werktagen außerhalb der Zeit von acht bis achtzehn Uhr, jedoch an Sonnabenden nach dreizehn Uhr, wird eine Gebühr in Höhe der Hälfte der vollen Gebühr erhoben, die jedoch den Betrag von 60 Deutsche Mark und die für das Geschäft selbst zu erhebende Gebühr nicht übersteigen darf. Treffen mehrere der in Satz 1 genannten Voraussetzungen zu, so wird die Zusatzgebühr nur einmal erhoben.

IV Die Vorschriften dieses Paragraphen gelten nicht für Geschäfte der in § 50 Nr. 2 und 4 sowie in §§ 51, 52 und 54 bezeichneten Art; im Fall des § 53 wird die Zusatzgebühr nur erhoben, wenn der Versteigerungstermin außerhalb der Gerichtsstelle abgehalten wird.

1) Außerhalb der Gerichtsstelle, I, II, IV. A. Voraussetzungen. Eine Zusatzgebühr nach I entsteht, wenn folgende Voraussetzungen vorliegen:

a) Ort der Geschäftsvornahme. Die Urkundsperson muß das Geschäft außerhalb der Geschäftsräume vornehmen. Beim Notar ist seine Kanzlei der Geschäftsraum. Seine Wohnung ist grundsätzlich nicht als Teil der Kanzlei anzusehen, kann aber nach den Umständen des Einzelfalls dazu gehören. Der Raum, in dem ein Sprechtag des Notars stattfindet, § 160, ist Teil seiner Geschäftsräume, Mümmler JB **76**, 1010.

b) Verlangen des Antragstellers. Die Vornahme des Geschäfts außerhalb der Geschäftsräume muß entweder auf Grund eines Verlangens des Antragstellers oder auf Grund der Art des Geschäfts notwendig sein.

Das Verlangen des Antragstellers kann sich bereits aus der Natur der erbetenen Tätigkeit ergeben. Ein stillschweigendes Verlangen reicht aus, Mümmler JB **76**, 1011. Oft sprechen die tatsächlichen Umstände für ein Verlangen. Das gilt auch zB dann, wenn der Notar anläßlich einer Beurkundung für einen anderen ein Geschäft vornimmt, aM Bühling Anm 3b.

c) Art des Geschäfts. Die Vornahme des Geschäfts außerhalb der Geschäftsräume muß entweder auf Grund des Verlangens des Antragstellers oder auf Grund der Art des Geschäfts notwendig sein. Bei der Beglaubigung einer Unterschrift entscheidet deren Vollziehung oder Anerkennung, nicht die Vornahme des Beglaubigungsvermerks, Mümmler JB **76**, 1011 mwN.

Es muß ein Hauptgeschäft vorliegen. Ein Nebengeschäft, etwa eine Einsicht in das Grundbuch, begründet keine Zusatzgebühr.

d) Wegantritt. Die Urkundspersonen müssen den Weg zum Ort des Geschäfts bereits angetreten haben, II. In diesem Fall ist es unerheblich, ob das Geschäft aus einem in der Person der Beteiligten liegenden Grund nicht ausgeführt wird, etwa wegen einer Rücknahme des Auftrags.

Wenn das Geschäft dagegen aus einem Grund unterbleibt, der nicht in der Person eines Beteiligten liegt, etwa wegen einer Verkehrsstörung, entsteht keine Zusatzgebühr.

e) Keine Ausnahmeregeln. Es darf kein Fall der in VI genannten Geschäfte vorliegen.

B. Gebühr. Die Zusatzgebühr entsteht in Höhe der Hälfte der vollen Gebühr, höchstens jedoch in Höhe von 60 DM und keineswegs höher als die für das Geschäft selbst zu erhebende Gebühr, I 1. Soweit mehrere Erklärungen in einer Verhandlung beurkundet werden, wird die Gebühr nur einmal erhoben, und zwar nach dem zusammengerechneten Wert der etwaigen verschiedenen Gegenstände der beurkundeten Erklärungen, I 2. Eine Beurkundung „in einer Verhandlung" liegt nur dann vor, wenn mehrere Erklärungen in derselben Urkunde vereinigt sind, Mümmler JB **76**, 1012, nicht aber dann, wenn mehrere Urkunden zu entrichten sind oder wenn es sich um die Anfertigung mehrerer Entwürfe handelt.

Die Zusatzgebühr entsteht auch im Fall einer mehrtägigen Verhandlung oder im Fall mehrerer Wege grundsätzlich nur einmal; von dieser Regel enthält § 53 V eine Ausnahme. Sie entsteht auch bei der Beurkundung mehrerer Erklärungen in derselben Verhandlung nur einmal.

Reisekosten sind neben der Zusatzgebühr besonders zu berechnen. Von diesem Grundsatz enthält § 153 II eine Ausnahme.

C. Geschäftswert. Der Geschäftswert richtet sich nach dem Wert des vorzunehmenden Geschäfts.

2) Beurkundung am Sonntag usw, III. A. Voraussetzungen. Die Zusatzgebühr nach III entsteht, wenn eine der folgenden Voraussetzungen vorliegt:

a) Sonntag, allgemeiner Feiertag. Die Beurkundung muß an einem Sonntag oder allgemeinen Feiertag stattfinden.

aa) Bundesrecht. Im gesamten Gebiet der BRD gelten folgende Tage als Feiertage: Neujahr; Karfreitag; Ostermontag; 1. Mai; Himmelfahrt;

Pfingstmontag; 17. Juni, G vom 4. 8. 53, BGBl 778, für Berlin G vom 11. 8. 53, GVBl 783, für das Saarland G vom 4. 6. 57, ABl 485; Bußtag (der Mittwoch vor dem letzten Sonntag nach Trinitatis); 1. und 2. Weihnachtstag.

Der Sonnabend vor Ostern ist kein Feiertag; ebensowenig ist derjenige durch eine etwaige Verwaltungsanordnung bestimmte Sonnabend ein Feiertag, an dem nur ein Sonntagsdienst stattfindet. Durch G vom 10. 8. 65, vgl § 222 ZPO, ist daran nichts geändert worden. Der Sonnabend ist also den Feiertagen insofern gleichgestellt.

bb) Landesrecht. Je nach dem Landesrecht gelten ferner folgende Tage als Feiertage: Epiphanias (5. 2.); Fronleichnam; Mariä Himmelfahrt (15. 8.); Allerheiligen. Hinzu kommen einige lokale Besonderheiten. Die Länder haben folgende Feiertagsgesetze erlassen:

Baden-Württemberg: G idF vom 28. 11. 70, GBl **71**, 1, geändert durch G vom 14. 3. 72, GBl 92, und 19. 7. 73, GBl 227;

Bayern: G vom 21. 5. 80, GVBl 215;

Berlin (W): G vom 28. 10. 54, GVBl 615, geändert durch G vom 17. 7. 69, GVBl 1030, und VO vom 29. 11. 54, GVBl 643/784, nebst ÄndVO vom 18. 2. 56, GVBl 169, und 16. 3. 56, GVBl 245;

Bremen: G vom 12. 11. 54, GBl 115, geändert durch G vom 8. 9. 70, GBl 94, und 1. 3. 76, GBl 85;

Hamburg: G vom 16. 10. 53, GVBl 289, geändert durch G vom 2. 3. 70, GVBl 90;

Hessen: G idF vom 29. 12. 71, GVBl 343, geändert durch G vom 15. 5. 74, GVBl 241;

Niedersachsen: G idF vom 29. 4. 69, GVBl 113, geändert durch G vom 21. 6. 72, GVBl 309, und 2. 12. 74, GVBl 535;

Nordrhein-Westfalen: G idF vom 22. 2. 77, GVBl 98;

Rheinland-Pfalz: G vom 15. 7. 70, GVBl 225;

Saarland: G vom 18. 2. 76, ABl 213;

Schleswig-Holstein: G idF v. 30. 6. 69, GVBl 112, geändert durch G vom 25. 2. 71, GVBl 66, und 9. 12. 74, GVBl 453.

b) Außerhalb der üblichen Zeit. Soweit die Beurkundung an einem Werktag (Montag bis Sonnabend) stattfindet, entsteht die Zusatzgebühr nach III dann, wenn die Beurkundung außerhalb der Zeit von 8–18 Uhr bzw an einem Sonnabend nach 13 Uhr stattfindet. Es kommt in diesem Zusammenhang nicht darauf an, welche üblichen Dienstzeiten der Notar hat, Ffm Rpfleger **63**, 93.

c) Beurkundung. In den Fällen a oder b muß die Beurkundung in den fraglichen Zeiträumen stattfinden. Unter Beurkundung kann man das Geschäft im Sinn von I verstehen, KAL Anm 8 Fn 3. Es reicht aus, daß ein Teil des Geschäfts in den genannten Sonderzeiten stattfindet. Es ist unschädlich, daß das Geschäft bzw im Fall II der Weg im übrigen außerhalb dieser Sonderzeiträume abgewickelt wird.

d) Notwendigkeit. Die Vornahme des Geschäfts während der in III genannten Sonderzeiträume muß entweder wegen eines Verlangens des Antragstellers notwendig sein oder sich aus der Art des Geschäfts ergeben. Diese Voraussetzung ist in III anders als in I nicht ausdrücklich genannt, gilt aber auch bei III. Es entsteht also keine Zusatzgebühr nach

III, wenn der Notar das Geschäft nur von sich aus außerhalb der üblichen Zeiten oder an einem anderen Ort vornehmen will, Ffm Rpfleger **63**, 93, insbesondere dann, wenn er Bürostunden hat, die von den üblichen abweichen, Oldb NdsRpfl **65**, 109.

e) Weitere Einzelfragen. Wenn der Beginn so liegt, daß das Geschäft voraussichtlich nicht innerhalb der in III genannten Zeit erledigt werden kann, dann kann der Notar beim Überschreiten dieser Zeit keine Zusatzgebühr verlangen. Jedenfalls muß er dann den Auftraggeber vor dem Eintritt in den eine Zusatzgebühr auslösenden Zeitraum auf diese Zusatzgebühr hinweisen, Düss Rpfleger **68**, 64.

B. Gebühr. Die Zusatzgebühr des III entsteht neben derjenigen nach I und II. Sie wird auch beim Zusammentreffen mehrerer Voraussetzungen des III nur einmal erhoben, III 2, etwa dann, wenn der Notar eine Beurkundung in einer Sonntagnacht vornimmt. I 2 gilt auch bei III. Erhebungen für mehrere Erklärungen in derselben Verhandlung werden also nur einmal vergütet, bei verschiedenen Gegenständen nach dem zusammengerechneten Wert, Celle DNotZ **62**, 255. Etwas anderes gilt dann, wenn der Notar zwei Verträge in derselben Urkunde beurkundet, Stgt Rpfleger **68**, 33.

Der Notar braucht den Auftraggeber auf die Zusatzgebühr grundsätzlich nur dann hinzuweisen, wenn der Auftraggeber danach fragt oder wenn der Notar erkennt, daß der Auftraggeber keine Zusatzgebühr bezahlen möchte, Hamm DNotZ **59**, 558. Von diesem Grundsatz gilt eine Ausnahme, Anm 1 A b.

Die Zusatzgebühr wird nicht auf das Abwesenheitsgeld des Notars angerechnet, § 153 II 3, sondern nur auf diejenige nach I.

Es entsteht grundsätzlich eine ½ Gebühr, höchstens jedoch ein Betrag von 60 DM und keineswegs mehr als die volle Gebühr für das Geschäft selbst.

3) Kostenschuldner. Wer Kostenschuldner der Zusatzgebühren I–III ist, ergibt sich aus § 5 I, Ackermann DNotZ **63**, 619, Bühling Anm 10, aM Oldb DNotZ **63**, 618, Rohs Rpfleger **63**, 55 (§ 5 II sei anwendbar).

Erklärungen in fremder Sprache

59 **I Gibt ein Beteiligter die zu beurkundende Erklärung in einer fremden Sprache ab, so wird für die Beurkundung eine Zusatzgebühr in Höhe der Hälfte der für die Beurkundung erwachsenen Gebühr bis zum Höchstbetrag von 60 Deutsche Mark erhoben.**

II Schuldner der Zusatzgebühr sowie der durch die Zuziehung eines Dolmetschers entstandenen Auslagen ist der Beteiligte, der die Verhandlung in der fremden Sprache veranlaßt hat.

1) Geltungsbereich. Die Vorschrift begründet eine Zusatzgebühr für denjenigen, der sich bei der Beurkundung in einer fremden Sprache erklärt. Es ist unerheblich, ob die Urkundsperson einen Dolmetscher hinzuzieht oder nicht. Der Beteiligte trägt die Kosten des zugezogenen Dolmetschers. Sie sind Auslagen. Die Vorschrift gilt auch, wenn der Notar den für die Entschließung maßgebenden Sachverhalt einer Person, die des Deutschen nicht mächtig ist, in einer fremden Sprache vorträgt, Ffm MDR **61**, 611.

§ 59 betrifft nur die Beurkundung einer Erklärung, nicht die Beurkundung eines Vorgangs, etwa eine Unterschriftsbeglaubigung, LG Bln Rpfleger **72**, 332, und nicht die Beurkundung eines Gebots bei der Versteigerung wohl allerdings die Beurkundung beim Zuschlag.

Die Vorschrift gilt nicht für einen Taubstimmen, der sich durch einen Dolmetscher erklärt, § 24 BeurkG.

2. Grundbuchsachen

Eintragung des Eigentümers

60 **I Für die Eintragung eines Eigentümers oder von Miteigentümern wird die volle Gebühr erhoben.**

II Die Gebühr ermäßigt sich auf die Hälfte bei Eintragung des Ehegatten oder von Abkömmlingen des eingetragenen Eigentümers, auch wenn die Genannten infolge der Auseinandersetzung des Gesamtguts einer Gütergemeinschaft oder eines Nachlasses oder wenn sie nachträglich als Miteigentümer von Grundstücken eingetragen werden, die zu einer Gütergemeinschaft gehören; bei der Eintragung infolge einer Erbauseinandersetzung oder der Auseinandersetzung einer Gütergemeinschaft macht es keinen Unterschied, ob inzwischen die Erben oder diejenigen, die die Gütergemeinschaft fortgesetzt haben, im Grundbuch eingetragen worden sind oder nicht.

III Werden Gebühren auf Grund der Absätze 1 und 2 nebeneinander erhoben, so wird zunächst die volle Gebühr nach dem Gesamtwert berechnet; die so berechnete Gebühr mindert sich um die Hälfte des Anteils der Personen, deren Eintragung nach Absatz 2 nur die halbe Gebühr erfordert.

IV Die Gebühren nach den Absätzen 1 bis 3 werden nicht erhoben bei Eintragung von Erben des eingetragenen Eigentümers, wenn der Eintragungsantrag binnen zwei Jahren seit dem Erbfall bei dem Grundbuchamt eingereicht wird.

V Werden auf Grund eines gleichzeitig gestellten Antrags derselbe Eigentümer oder dieselben Miteigentümer bei mehreren Grundstücken eingetragen, über die das Grundbuch bei demselben Grundbuchamt geführt wird, so werden die Gebühren nur einmal nach dem zusammengerechneten Wert erhoben.

VI Wird der Eigentümer auf Grund des § 82a der Grundbuchordnung von Amts wegen eingetragen, so wird für die Eintragung einschließlich des vorangegangenen Verfahrens vor dem Grundbuchamt oder Nachlaßgericht das Doppelte der in den Absätzen 1 und 2 bestimmten Gebühren erhoben.

Schrifttum: Hasl, Gerichtskosten in Grundbuchsachen, 5. Aufl 1972.

Gliederung

1) Eintragung des Eigentümers, I. A. Grundsatz. Die Eintragungsgebühr entsteht durch jede beliebige Eintragung eines neuen Eigentümers. Es kommt grundsätzlich nicht auf den Rechtsgrund der Eintragung an, vgl Düss MDR **89**, 326, sondern auf ihr äußeres Erscheinungsbild, KG Rpfleger **89**, 98. Von diesem Grundsatz enthält allerdings IV Ausnahmen. Für die Gebühr ist nur die tatsächliche Eintragung maßgeblich. Die Rechtsauffassung des Rpfl, die die Grundlage seiner grundbuchmäßigen Behandlung des Sachantrags war, ist also auch für die Beurteilung maßgeblich, ob und welche Kosten durch die Eintragung entstanden sind, BayObLG **52**, 137.

Soweit der Veräußerer und der Erwerber eingetragen werden, entsteht die Gebühr zweimal. Das gilt auch im Fall eines Zuschlags im Zwangsversteigerungsverfahren und auch bei der Neueintragung des bisherigen Eigentümers.

Es ist unerheblich, ob das zugrunde liegende Rechtsgeschäft, also die Auflassung und die Einigung, wirksam war.

Eine bloße Änderung des Namens oder der Firma führt nicht zur Neueintragung, sondern nur zur Berichtigung der Bezeichnung des bereits eingetragenen Eigentümers und unter Umständen zur Anwendung von § 67, dort Anm 1 G; vgl aber auch unten B a. Die Eintragung von Miteigentümern läßt die volle Gebühr entstehen, unabhängig davon, ob die Eintragung des Miteigentums zur gesamten Hand oder nach Bruchteilen erfolgt. Man darf also im Fall der Eintragung von Miteigentümern die Kosten nicht nach Bruchteilen berechnen.

Soweit es notwendig ist, zunächst den Veräußerer einzutragen, entsteht die Gebühr grundsätzlich zweimal, falls das Grundbuchamt gesetzmäßig verfahren ist und nicht den Erwerber unmittelbar eingetragen hat. Von diesem Grundsatz enthält § 40 GBO eine Ausnahme.

B. Beispiele. a) Anwendbarkeit. I kann zB in folgenden Fällen anwendbar sein: Es handelt sich um die Umschreibung des Grundstücks einer Offenen Handelsgesellschaft oder Kommanditgesellschaft auf die Gesellschafter trotz eines Fortbestehens der Gesellschaft, KG Rpfleger **89**, 98 mwN, aM BayObLG DB **83**, 40; es geht um die Einbringung eines

Grundstücks in eine Gesellschaft, selbst wenn die Gesellschafter und die Miteigentümer des Grundstücks identisch sind, Hamm JMBl NRW **58**, 268; es handelt sich um die Umwandlung einer Kapitalgesellschaft in eine Personengesellschaft oder in ein Einzelunternehmen und umgekehrt, Celle NdsRpfl **53**, 68, Ffm DNotZ **72**, 568; es geht um die Umschreibung eines Gesamteigentums in Bruchteilseigentum, vgl allerdings § 67 Anm 1 A d; es handelt sich um ein Grundstück einer Kommanditgesellschaft, deren einziger Kommanditist von dem einzigen Komplementär beerbt wird, BayObLG Rpfleger **75**, 448; es handelt sich um eine Ersteigerung, § 130 ZVG, § 69 II Hs 2, insofern richtig BayObLG JB **78**, 905, und zwar auch dann, wenn der bisherige Eigentümer den Zuschlag erhält, Düss MDR **89**, 366.

b) Unanwendbarkeit. I kann zB in folgenden Fällen unanwendbar sein: Es handelt sich um die Umwandlung einer Offenen Handelsgesellschaft in eine Kommanditgesellschaft oder umgekehrt, sofern die Gesellschafter identisch bleiben, §§ 139 I, 162 III HGB; es geht um eine Umschreibung eines der Offenen Handelsgesellschaft gehörenden Grundstücks nach ihrer Auflösung auf die Gesellschafter der nun bestehenden Gesellschaft des bürgerlichen Rechts; es geht um die Verschmelzung mehrerer Gesellschaften durch eine Aufnahme oder Umwandlung einer Gesellschaft in eine andere, aM Hamm BB **82**, 2142; es liegt überhaupt ein Vorgang vor, bei dem die Rechtspersönlichkeit identisch bleibt und nur ihre äußere Form wechselt; es handelt sich um die Eintragung des Eigentümers eines ungeteiligten Bergwerks als Eigentümer der aufgeteilten Grubenfelder. In diesem Fall muß man § 67 I Z 4 beachten.

C. Nebengeschäft. Ein Nebengeschäft ist gebührenfrei, § 35. Das gilt zB: Für die Übertragung auf ein anderes Grundbuchblatt und die Mitübertragung der bisherigen Eintragungen.

Nicht gebührenfrei sind zB folgende Vorgänge: Bei der Übertragung auf ein anderes Blatt finden echte sachliche Veränderungen statt; es handelt sich um die Entgegennahme der Auflassung und Beurkundung des Eintragungsantrags; es handelt sich um eine Umstellung eines Rangvorbehalts vor der Eintragung der Hypothek an dieser Stelle, BayObLG **52**, 137; es geht um die Eintragung eines Nacherben; es handelt sich um die Eintragung eines Vermerks über die Anordnung der Testamentsvollstreckung, § 65.

D. Geschäftswert. Für den Geschäftswert sind die §§ 18ff maßgeblich; vgl aber auch § 61. Für die Wertberechnung ist der Zeitpunkt der Eintragung ausschlaggebend. Der Wert des Zubehörs ist sowohl bei der Eintragung als auch bei der Auflassung unerheblich, anders als bei der Beurkundung. Man muß den Wert eines nach der Beurkundung bis zum Zeitpunkt der Eintragung errichteten Gebäudes grundsätzlich hinzurechnen, vgl BayObLG DB **74**, 2471. Von diesem Grundsatz macht § 20 I 2 Hs 2 eine Ausnahme. Auch ein entschädigungsloser Grunderwerb kraft Gesetzes kann einen Wert haben, BayObLG **86**, 282.

Im Fall eines Erwerbs im Zwangsversteigerungsverfahren ist als Geschäftswert das Meistgebot einschließlich des Werts etwa bestehen bleibender Rechte anzusetzen. Denn nur dieser Betrag hat sich als der in diesem Verfahren wahre Wert herausgestellt. Es sind also weder der etwaige Einheitswert noch der nach § 74a ZVG festgesetzte Wert maßgebend, aM insofern BayObLG JB **78**, 906 mwN und Rpfleger **86**, 158, LG Bayreuth JB **76**, 86 mwN (wegen § 20 I 2), LG Düss Rpfleger **87**, 62, LG Hann Rpfleger **84**, 333. Man muß eine bestehen bleibende Hypothek usw immer mit ihrem Nennwert ansetzen, selbst wenn der Gläubiger das Grundstück ersteigert, vgl allerdings auch Düss Rpfleger **71**, 118 mwN und § 29 II 1 GKG, Teil I dieses Buches.

Eine freiwillige Versteigerung ist wie ein Verkauf zu bewerten.

2) Ermäßigung, II. A. Grundsatz. II begünstigt den Erwerb eines Verwandten des eingetragenen Eigentümers. Der Rechtsgrund des Erwerbs ist grundsätzlich unerheblich. Die Vergünstigung besteht in der Ermäßigung der Gebühr auf die Hälfte der vollen Gebühr des I.

B. Eintragung des Ehegatten oder eines Abkömmlings, II Hs 1. Nur die Eintragung des jetzigen Ehegatten ist begünstigt, nicht diejenige eines früheren Ehegatten. Begünstigt ist auch die Eintragung eines Abkömmlings des früheren Eigentümers. Zu den Abkömmlingen gehören alle Verwandten in gerader absteigender Linie, also auch das nichteheliche Kind, ferner der als Kind Angenommene, § 1754 BGB.

Der Erwerbsgrund ist unerheblich, LG Bielef Rpfleger **86**, 177 mwN, aM KLBR 30. Es kommt auch nicht darauf an, wann und wie die Ehe später enden kann, Düss Rpfleger **88**, 286, oder ob der frühere Eigentümer nur zu einem Bruchteil oder zur gesamten Hand Miteigentümer gewesen ist. Es darf aber keine Eintragung auf einen anderen der Eintragung des Ehegatten usw vorangehen. Denn II begünstigt nur den unmittelbaren Erwerb, insofern ebenso Düss Rpfleger **89**, 82, Oldb Rpfleger **73**, 229, LG Wuppert JB **78**, 1374 je mwN, grundsätzlich offen Hamm Rpfleger **78**, 340 mwN, aM KLBR 31; vgl aber auch C.

Eine Eintragung auf eine von den Abkömmlingen gebildete Gesellschaft bürgerlichen Rechts fällt unter II, Hamm Rpfleger **76**, 113. Eine Eintragung auf eine von solchen Abkömmlingen gebildete Offene Handelsgesellschaft usw fällt aber nicht unter II. Ebensowenig gehört hierher die Eintragung des Sohnes als Nachfolger einer aus Eltern und Sohn gebildeten Kommanditgesellschaft, Düss ZMR **88**, 434.

C. Erbauseinandersetzung usw, II Hs 2. Es kommt darauf an, ob der Begünstigte infolge einer Erbauseinandersetzung oder einer Auseinandersetzung einer Gütergemeinschaft erwirbt. In diesem Zusammenhang ist es unerheblich, ob die Beteiligten schon als Erben eingetragen waren oder nicht. II setzt den Erwerb vom eingetragenen Eigentümer voraus, BayObLG Rpfleger **86**, 157. Man darf aber dieses Erfordernis nicht überspannen.

Daher tritt die Vergünstigung nicht nur dann ein, wenn die Miterben dem Sohn und Miterben zum Zweck der Auseinandersetzung der Erbengemeinschaft ein Grundstück auf Grund eines Vermächtnisses übertragen, sondern auch dann, wenn zwar zB die Enkel die Erben des Eigentümers sind, ein anderer aber ein Grundstück als Vermächtnis erhält, Düss DNotZ **56**, 607, Rohs/Wedewer II a, aM zB Düss Rpfleger **89**, 82, ferner insofern Oldb Rpfleger **63**, 389 (das OLG meint, man müsse diesen Fall dem Erbschaftskauf gleichstellen, weil der Sohn das Grundstück von den Erben auf Grund einer erbrechtlichen Verpflichtung erhalte), oder wenn die Abkömmlinge als Erben das Grundstück an die überlebende Ehefrau des Erblassers, die er als Vermächtnisnehmerin eingesetzt hatte, auflassen, BayObLG Rpfleger **83**, 43 mwN.

Auch die Eintragung eines Nacherben, der ein Abkömmling des Erblassers ist, kann nach II begünstigt sein, selbst wenn der Vorerbe zunächst eingetragen war, Kalrsr DNotZ **66**, 698, Rohs-Wedewer II a.

II ist aber unanwendbar, wenn ein weiterer Erbgang oder eine Veräußerung zwischen dem Erbfall und der jetzt fraglichen Eintragung gelegen haben, etwa dann, wenn ein Abkömmling das Grundstück von einem Miterben kauft, oder wenn er gar vom Alleinerben kauft, Düss VersR **81**, 755. Wenn sich Abkömmlinge zugleich als Alleinerben über den Nachlaß eines inzwischen verstorbenen weiteren Abkömmlings und als Miterben auseinandersetzen, darf man für die Eintragungen auf Grund der Auseinandersetzung nach dem verstorbenen Miterben keine Vergünstigung nach II gewähren, LG Aachen Rpfleger **62**, 415.

3) Zusammentreffen von I und II, III. Eine solche Situation kann eintreten, wenn von mehreren als Eigentümer einzutragenden einige nach I, andere nach II gebührenpflichtige sind oder wenn eine Person einzutragen ist, die nur für einen Teil des Grundstücks begünstigt ist, etwa für den Eigentumsbruchteil nach ihrem verstorbenen Vater, weil sie zB den Rest rechtsgeschäftlich oder infolge einer Erbschaft von einem Miterben erwirbt.

In diesen Fällen muß man die Gebührenberechnung nach III vornehmen.

4) Erbeneintragung, IV. A. Grundsatz. Oft scheuen sich die Erben des eingetragenen Eigentümers, sich ihrerseits als jetzige Eigentümer im Grundbuch eintragen zu lassen, weil sie den Kostenanfall befürchten oder zB den überlebenden Elternteil als bloßen Miterben schonen wollen. Um den Erben einen Anreiz zu geben, den im allgemeinen Interesse liegenden Berichtigungsantrag möglichst bald zu stellen, BayObLG Rpfleger **73**, 263, Hamm Rpfleger **78**, 340, läßt IV für einen solchen Fall eine Gebührenbefreiung unter der Voraussetzung eintreten, daß der Eintragungsantrag binnen 2 Jahren seit dem Erbfall beim Grundbuchamt eingeht. Unter dieser Voraussetzung kommt es nicht darauf an, ob der Antrag auch innerhalb dieser Frist vollzugsfähig ist, also vor allem die erforderlichen Nachweise enthält, zB den Erbschein, Köln Rpfleger **88**, 549, aM Karlsr Rpfleger **88**, 20 (aber der Gesetzeswortlaut ist eindeutig).

Als Erbe gilt auch der Erbeserbe, Düss NJW **67**, 2414, sowie der Nacherbe, KG DNotZ **68**, 257. Im letzteren Fall muß die Zweijahresfrist sowohl nach dem Eintritt des Vorerbfalls gewahrt sein, KG Rpfleger **67**, 120, als auch nach dem Eintritt des Nacherbfalls, KG DNotZ **68**, 257.

IV ist auch dann anwendbar, wenn der Sohn nach dem Höferecht den Ehegattenhof und damit auch den Teil eines noch lebenden Elternteils erbt, Köln RdL **68**, 46.

In den Fällen IV muß es sich aber ebenso wie bei III um einen unmittelbaren Übergang vom Erblasser bzw Vorerben auf den Erben bzw Nacherben ohne ein Zwischenglied handeln. Das ergibt sich aus den Worten des Gesetzes „Erben des eingetragenen Eigentümers", BayObLG Rpfleger **86**, 157, insofern richtig auch Ffm Rpfleger **74**, 330.

B. Beispiele. a) Anwendbarkeit. IV kann zB in folgenden Fällen anwendbar sein: Es geht um die Eintragung eines Enkels als des Testamentserben des eingetragenen Großvaters; es handelt sich um die Eintragung eines Kindes zusammen mit dem überlebenden Ehegatten im Wege der fortgesetzten Gütergemeinschaft, LG Bln Rpfleger **66**, 26; es handelt sich um die Eintragung eines Miterben nach einer Auseinandersetzung der Erbengemeinschaft, wobei es gleichgültig ist, ob dieser Miterbe ein Ehegatte oder ein Abkömmling des eingetragenen Eigentümers ist.

Diese Frage ist **streitig. Wie hier** zB BayObLG Rpfleger **79**, 233, Brschw MDR **66**, 424, Bre Rpfleger **66**, 182 und Rpfleger **68**, 36, Celle DNotZ **79**, 247, KG JB **72**, 170, Schlesw **KR** Nr 19, LG Essen Rpfleger **86**, 497, LG Regensb Rpfleger **77**, 268 mwN; **aM** zB Hamm Rpfleger **87**, 303 mwN, Stgt Rpfleger **82**, 201.

IV schafft zwar eine Gebührenbefreiung, aber keine Befreiung von der Pflicht zur Erstattung der Auslagen, Rohs/Wedewer IV d.

b) Unanwendbarkeit. IV kann zB in folgenden Fällen unanwendbar sein: Der nunmehr verstorbene Vater hatte zunächst geerbt, war aber noch nicht eingetragen worden, Rohs/Wedewer II a; jemand hat einen Erbanteil gekauft, KG Rpfleger **65**, 25. Läßt ein Erbe die Zweijahresfrist verstreichen, sei es auch schuldlos, Karlsr Rpfleger **88**, 20 mwN, LG Freibg Rpfleger **79**, 232, dann kann allenfalls II anwendbar sein. Da aber das Grundbuch durch den Rechtsübergang außerhalb des Grundbuchs unrichtig geworden ist, muß der Rpfl dem Eigentümer oder dem verwaltenden Testamentsvollstrecker auferlegen, einen Berichtigungsantrag zu stellen und die erforderlichen Unterlagen beizubringen, § 82 GBO.

Weiterer Fall: Der in Gütergemeinschaft lebende Ehegatte erbt, und hier wird sein Ehegatte (§ 1416 BGB) eingetragen, BayObLG Rpfleger **86**, 157.

Für das miteinzutragende Recht eines Nacherben oder für die Eintragung eines Testamentsvollstreckers ist nicht § 4 anwendbar, sondern § 65, dort Anm 1.

Diese Frage ist **streitig. Wie hier** zB Zweibr Rpfleger **89**, 150 mwN; **aM** zB KG Rpfleger **87**, 15 mwN (man darf aber IV nicht weit auslegen, denn es handelt sich um eine Ausnahmevorschrift).

5) Mehrere Grundstücke, V. Die Gebührenvergünstigung nach V tritt ein, wenn folgende Voraussetzungen zusammentreffen:

A. Dasselbe Grundbuchamt. Für die mehreren beteiligten Grundstücke muß dasselbe Grundbuchamt zuständig sein. Sofern mehrere Grundbuchämter zuständig sind, ist V unanwendbar; man muß die Gebühren dann getrennt berechnen.

B. Gleichzeitige Anträge. Es müssen für alle beteiligten Grundstükke gleichzeitige Eintragungsanträge vorliegen. Dazu genügt es, daß alle Eintragungsanträge vor einer Umschreibung eines der beteiligten Grundstücke eingehen.

C. Dieselben Eigentümer. Auf den Grundbuchblättern der beteiligten Grundstücke müssen dieselben Eigentümer oder dieselben Miteigentümer einzutragen sein.

6) Berichtigung, VI. Wenn ein Berichtigungszwangsverfahren nach § 82 GBO nicht durchführbar oder aussichtslos ist, erfolgt eine Eintragung des Eigentümers von Amts wegen nach § 82a GBO. Im letzteren Fall muß man ermitteln, ob eine Situation nach I oder eine solche nach II vorliegt. Die jeweils fällige Gebühr gilt auch das vorangegangene Verfahren vor dem Grundbuchamt oder vor dem Nachlaßgericht ab, etwa eine Erbenermittlung.

Eigentumswechsel bei Gemeinschaften zur gesamten Hand

61 **I Geht ein Grundstück, das für mehrere zur gesamten Hand eingetragen ist, auf einen oder mehrere der Mitberechtigten oder auf eine aus denselben Personen bestehende andere Gesamthandgemeinschaft über, so wird die Gebühr so berechnet, als ob die Beteiligten nach Bruchteilen berechtigt wären; die Anteile der Erwerber bleiben unberücksichtigt. Geht ein Grundstück von einem oder mehreren eingetragenen Eigentümern, die in einer Gesamthandgemeinschaft stehen, auf diese Gemeinschaft über, so wird die Gebühr so berechnet, als ob es sich um eine Gemeinschaft nach Bruchteilen handele; die Anteile der Veräußerer bleiben unberücksichtigt. Treten sonst Änderungen in der Person der an der gesamten Hand Berechtigten ein, so wird der Anteil des ausscheidenden oder neu eintretenden Mitberechtigten zugrunde gelegt.**

II Die Anteile sind entsprechend der Beteiligung an dem Gesamthandvermögen zu bemessen. Mindestens sind die Gebühren nach dem kleinsten Anteil zu berechnen.

III Die Vorschriften der Absätze 1 und 2 gelten nicht für offene Handelsgesellschaften und Kommanditgesellschaften.

1) Grundsatz, I, II. A. Geltungsbereich. Die Vorschrift begünstigt die dort genannten Vorgänge durch eine vorteilhaftere Berechnung des Geschäftswerts. Von dieser Vergünstigung sind eine Offene Handelsgesellschaft und eine Kommanditgesellschaft ausgenommen, III.

B. Voraussetzungen. Die Vergünstigung tritt ein, wenn eine der folgenden Voraussetzungen vorliegt:

a) Übergang von Gesamthand auf Mitberechtigte. Die Begünstigung tritt ein, wenn das Eigentum an einem für mehrere zur gesamten Hand eingetragenen Grundstück auf einen oder mehrere Mitberechtigten übergeht.

b) Übergang von Gesamthand auf Gesamthand. Die Begünstigung tritt ferner ein, wenn das Eigentum an einem für mehrere zur gesamten Hand eingetragenen Grundstück auf eine aus denselben Personen bestehende andere Gemeinschaft zur gesamten Hand übergeht.

c) Übergang von Mitberechtigten auf Gesamthand. Die Begünstigung tritt auch ein, wenn ein Grundstück von einem oder mehreren eingetragenen Eigentümern, die in einer Gesamthandgemeinschaft stehen, auf diese Gemeinschaft übergeht.

d) Sonstige Änderungen. Maßgebend ist nach I 3 nur der Anteil des Ausscheidenden oder Eintretenden. II ist unanwendbar. Notfalls ist nach § 30 II zu schätzen, BayObLG **89**, 56.

C. Rechtsfolgen. In allen Fällen B behandelt § 61 die Gesamthandgemeinschaft als eine Bruchteilsgemeinschaft. Während § 60 II die Erben begünstigt, auch wenn die Gemeinschaft nicht eingetragen ist, setzt § 61 eine Eintragung voraus, Stgt Rpfleger **78**, 153. Die Bemessung der Anteile erfolgt nach der Beteiligung am Gesamthandvermögen. Mindestens entstehen die Gebühren nach dem kleinsten Anteil, II.

Beispiel: In eine Gesellschaft des bürgerlichen Rechts, die aus drei Personen besteht, bringt ein Gesellschafter ein Grundstück ein. Es entstehen Gebühren von ⅔ des Grundstückswerts.

Wenn jeder nur dasjenige erhält oder veräußert, das er besitzt, wenn also zB die aus drei Personen bestehende Gesellschaft an jeden Gesellschafter ⅓ veräußert, dann muß man die Gebühren „nach dem kleinsten Anteil" berechnen, also bei gleichen Anteilen nach ⅓.

Bei der Verschmelzung von Aktiengesellschaften kommt eine Gebührenermäßigung nicht in Betracht, BayObLG Rpfleger **79**, 356.

2) OHG und KG, III. Die Vorschrift stellt die Offene Handelsgesellschaft und die Kommanditgesellschaft den Kapitalgesellschaften kostenrechtlich gleich, weil sie gemäß §§ 124, 161 II HGB manche rechtliche Selbständigkeit haben, vgl auch BayObLG Rpfleger **79**, 356. Bei diesen Gesellschaften ist also I unanwendbar. Man muß bei ihnen den ganzen Wert des Grundstücks ansetzen, BayObLG Rpfleger **75**, 449, KG Rpfleger **89**, 99, wenn zB die Offene Handelsgesellschaft ein Grundstück an einen Gesellschafter verkauft oder wenn Miterben, auch Abkömmlinge, ein Grundstück in eine von ihnen gebildete Offene Handelsgesellschaft einbringen.

Eintragung von Belastungen

62 **I Für die Eintragung einer Hypothek, Grundschuld oder Rentenschuld, einer Dienstbarkeit, eines Dauerwohnrechts, eines Dauernutzungsrechts, eines Vorkaufsrechts, einer Reallast, eines Erbbaurechts oder eines ähnlichen Rechts an einem Grundstück wird die volle Gebühr erhoben.**

II Werden Belastungen auf Grund von Gutsüberlassungsverträgen oder von Erb- oder Gesamtgutsauseinandersetzungen zugleich mit der Eintragung des neuen Eigentümers eingetragen, so wird die im Absatz 1 bestimmte Gebühr nur zur Hälfte erhoben.

III Als gebührenfreies Nebengeschäft der Eintragung des Rechts (§ 35) gilt insbesondere die gleichzeitig beantragte Eintragung der Unterwerfung unter die sofortige Zwangsvollstreckung, eines Rangvorbehalts oder des Ausschlusses der Brieferteilung. Wird gleichzeitig mit dem Antrag auf Eintragung des Rechts beantragt, eine Löschungsvormerkung gemäß § 1179 des Bürgerlichen Gesetzbuchs zugunsten des Berechtigten einzutragen, so wird für diese Eintragung eine weitere Gebühr nicht erhoben.

1) Allgemeines. Die Vorschrift betrifft nur eine Neueintragung. Eine Veränderung fällt unter § 64. Es kommt in diesem Zusammenhang nicht darauf an, wo, also in welcher Spalte die Eintragung erfolgt, sondern darauf, was einzutragen ist, Ffm Rpfleger **76**, 263. Die Bildung einer Einheitshypothek durch eine Zusammenfassung mehrerer unmittelbar aufeinanderfolgender Hypotheken zu einer einzigen Hypothek ist nur eine Veränderung, § 64.

2) Eintragung, I. Eine volle Gebühr entsteht für jede der folgenden Eintragungen:

A. Hypothek. Ihre Eintragung läßt eine volle Gebühr entstehen. Das gilt auch bei der Eintragung einer nach § 1287 S 2 BGB entstandenen Sicherungshypothek, Ffm Rpfleger **76**, 263. Der Geschäftswert richtet sich nach § 23 Anm 2 B a.

B. Grundschuld, Rentenschuld. Ihre Eintragung läßt eine volle Gebühr entstehen. Der Geschäftswert richtet sich nach § 23 Anm 2 B a.

C. Dienstbarkeit. Ihre Eintragung läßt eine volle Gebühr entstehen. Es kommt nicht darauf an, um welche Art von Dienstbarkeit es sich handelt. Der Geschäftswert der Grunddienstbarkeit richtet sich nach § 22. Der Geschäftswert des Nießbrauchs richtet sich nach § 24.

D. Vorkaufsrecht. Seine Eintragung läßt eine volle Gebühr entstehen. Der Geschäftswert richtet sich nach § 20 II.

E. Reallast. Ihre Eintragung läßt eine volle Gebühr entstehen. Der Geschäftswert richtet sich nach § 24.

F. Dauerwohn- oder Dauerbenutzungsrecht. Die Eintragung eines solchen Rechts, § 31 WEG, läßt eine volle Gebühr entstehen. Der Geschäftswert richtet sich nach § 24.

G. Erbbaurecht. Das Erbbaurecht wird kostenmäßig einem Grundstück gleichgesetzt. Die Eintragung des Erbbaurechts läßt eine volle Gebühr entstehen. Der Geschäftswert der Bestellung einschließlich der Eintragung richtet sich nach § 21. Für die Eintragung eines dinglichen Vorkaufsrechts zugunsten des Erbbauberechtigten entsteht eine gesonderte Gebühr, und zwar auch dann, wenn diese Eintragung gleichzeitig mit der Eintragung des Erbbaurechts erfolgt, LG Lübeck JB **76**, 951 (zustm Schalhorn).

H. Ähnliches Recht. Hierhin gehören zB: Das Wiederkaufsrecht. Sein Geschäftswert ist wie beim Vorkaufsrecht nach § 20 II zu ermitteln; ein Altenteil; eine Kohlenabbaugerechtigkeit.

Eine Verfügungsbeschränkung nach § 65 gehört nicht hierher.

3) Gutsüberlassung usw, II. Die Vorschrift schafft eine Gebührenermäßigung auf ½ Gebühr, falls folgende Voraussetzungen zusammentreffen:

A. Überlassungs- oder Auseinandersetzungsvertrag. In einem solchen Fall müssen wiederum folgende Voraussetzungen zusammentreffen:

a) Vertrag. Es muß ein Gutsüberlassungsvertrag oder ein Erbauseinandersetzungsvertrag oder ein Vertrag über eine Auseinandersetzung eines Gesamtguts vorliegen.

„Gutsüberlassungsvertrag“ ist ein weit auszulegender Begriff, vgl BayObLG Rpfleger **82**, 161. Es braucht nur eine teilweise Versorgung des Übergebers vorzuliegen, BGH NJW **62**, 2250, BayObLG Rpfleger **82**, 162. Der Begriff Gutsüberlassungsvertrag umfaßt auch eine Überlassung an eine andere Person als an einen Abkömmling, auch an eine familienfremde Person, BayObLG Rpfleger **61**, 127. Es müssen aber immerhin die typischen Merkmale eines Gutsüberlassungsvertrags vorliegen, vgl auch BGH NJW **57**, 259. Auch eine Auseinandersetzung setzt kein verwandtschaftliches Band voraus. Die etwaige Miteintragung des Ehegatten ist in beiden Fällen unerheblich.

b) Ursächlichkeit. Die Eintragung der Belastung muß gerade „auf Grund" des in a genannten Vorgangs erfolgen. Das Vorliegen eines einheitlichen Rechtsgeschäfts ist ein erhebliches Anzeichen, BayObLG Rpfleger **82**, 162. Die Belastung „zwecks" reicht auch dann aus, wenn ein Dritter Gläubiger wird, soweit der Schuldner mit Hilfe der Belastung an den Überlassungs- oder Auseinandersetzungspartner leistet, KAL 2, aM Ffm Rpfleger **73**, 108.

Die Belastung nur „gleichzeitig mit" dem Abschluß eines Überlassungs- oder Auseinandersetzungsvertrags reicht nicht aus, Düss VersR **81**, 755, offen BayObLG Rpfleger **82**, 162.

B. Gleichzeitige Eigentümereintragung. Zugleich mit der Eintragung der Belastung muß die Eintragung des neuen Eigentümers vorgenommen werden.

4) Nebengeschäft, III. A. Grundsatz. Ein Nebengeschäft ist gemäß § 35 gebührenfrei. III nennt einige Beispiele, deren Aufzählung keineswegs abschließend ist, wie sich auch aus dem Wort „insbesondere" in III 1 ergibt.

B. Beispiele. a) Anwendbarkeit. Als gebührenfreies Nebengeschäft sind neben den in III ausdrücklich genannten Fällen auch folgende Geschäfte anzusehen: Es handelt sich um eine Löschungsvormerkung, die gleichzeitig mit der Eintragung des Vorrechtsvermerks nach § 116 LAG beantragt ist, LG Kassel NJW **54**, 1248; es handelt sich um die Eintragung einer Unterwerfungsklausel, falls diese gleichzeitig mit der übrigen Eintragung erfolgen soll; es handelt sich um einen Rangvermerk im Falle der gleichzeitigen Eintragung; es geht um die Eintragungsbenachrichtigung. Es ist unerheblich, ob das Gericht die Löschungsvormerkung antragsmäßig erst später einträgt. Denn III verlangt nur einen gleichzeitigen Antrag, nicht eine gleichzeitige Beurkundung, Hamm DNotZ **72**, 511, oder eine gleichzeitige Erledigung.

III 2 setzt voraus, daß die Löschungsvormerkung bei einer wirtschaftlichen Betrachtung, BayObLG DNotZ **73**, 38, gerade der Verstärkung der neuen Grundstücksbelastung dient, Düss Rpfleger **75**, 267. Diese Voraussetzung liegt nur dann vor, wenn die Vormerkung dem Berechtigten nur in seiner Eigenschaft als Gläubiger der Hypothek zusteht. Er darf sie nicht zu anderen Zwecken als bloß zur Verstärkung des Grundpfandrechts verwenden können, Düss Rpfleger **75**, 268, KG DNotZ **80**, 489 je mwN. Dabei genügt eine Eintragung „zugunsten des eingetragenen Gläubigers". Es reicht auch aus, daß die Löschungsvormerkung zugunsten des jeweiligen Gläubigers erst mit der Abtretung der anfänglichen Eigentümergrundschuld wirksam wird, BayObLG DNotZ **73**, 37, Düss Rpfleger **75**, 268 mwN, oder daß der Gläubiger der Hypothek mit der Löschungsvormerkung die Abtretung und Wegpfändung der vorläufigen Eigentümergrundschuld vor einer Valutierung der Hypothek verhindern will, Bre DNotZ **70**, 375.

Falls Unklarheiten bestehen, muß das Gericht bei den Beteiligten nachfragen und unter Umständen verlangen, daß der Eintragungsantrag neu gefaßt wird, etwa dahin, daß klargestellt wird, es handele sich um den „Inhaber der Hypothek Nr ...". Andernfalls würde eine unrichtige Sachbehandlung im Sinn von § 16 entstehen können, vgl auch Rohs-Wedewer IV.

b) Unanwendbarkeit. Eine Löschungsvormerkung fällt nicht unter III, sondern unter § 64, soweit sie aus Anlaß einer Abtretung eines Grundpfandrechts zugunsten des neuen Gläubigers als neue Löschungshypothek eingetragen wird, KG NJW **68**, 508. Ein anfänglicher Ausschluß des Löschungsanspruchs nach § 1179a V BGB gehört zum Inhalt der Hypothek, bei der er eingetragen wird. Ein nachträglicher Ausschluß des Löschungsanspruchs ist nach § 44 III 3 zu behandeln.

Eintragung mehrerer Rechte, Belastung mehrerer Grundstücke

63 **I Werden ein oder mehrere Grundstücke mit mehreren Rechten der in § 62 bezeichneten Art belastet, so wird die Gebühr für die Eintragung jedes Rechts besonders erhoben. Wird gemäß § 50 der Grundbuchordnung bei einer Hypothek, Grundschuld oder Rentenschuld, die in Teilbeträgen mehreren Berechtigten zusteht, lediglich der Gesamtbetrag des Rechts eingetragen, so gilt dies als Belastung mit nur einem Recht.**

II Werden mehrere Grundstücke mit einem und demselben Recht belastet, so wird die Gebühr nur einmal erhoben, wenn die Eintragung auf Grund eines gleichzeitig gestellten Antrags erfolgt und das Grundbuch über die Grundstücke bei demselben Grundbuchamt geführt wird. Als Belastung mit einem und demselben Recht gilt auch die Belastung mehrerer Grundstücke mit einem Nießbrauch, mit einer beschränkten persönlichen Dienstbarkeit, mit einem Altenteil oder mit einem Vorkaufsrecht.

III Wird gleichzeitig die Belastung mehrerer Grundstücke mit einem und demselben Recht beantragt und wird das Grundbuch über die Grundstücke bei verschiedenen Grundbuchämtern geführt, so wird für die Eintragung auf dem Grundstück, das den höchsten Wert hat, die in § 62 Abs. 1 oder 2 bestimmte Gebühr in voller Höhe erhoben; für jede weitere Eintragung wird die Hälfte der in § 62 Abs. 1 oder 2 bestimmten Gebühr angesetzt, und zwar nach dem Wert des Grundstücks, wenn er geringer ist als der Wert des Rechts. Dabei wird der Wert mehrerer Grundstücke, über die das Grundbuch bei demselben Grundbuchamt geführt wird, zusammengerechnet. Gleichzeitig sind die Anträge gestellt, wenn sie bei einem Grundbuchamt gemeinsam eingereicht sind, bei gesonderter Antragstellung, wenn sie innerhalb eines Monats bei den beteiligten Grundbuchämtern eingehen.

IV Soweit der Antrag nicht gleichzeitig gestellt ist, wird für jede Eintragung die Hälfte der in § 62 Abs. 1 oder 2 bestimmten Gebühr erhoben, und zwar nach dem Wert des Grundstücks, wenn er ge-

ringer ist als der Wert des Rechts. Dabei wird der Wert mehrerer Grundstücke, über die das Grundbuch bei demselben Grundbuchamt geführt wird, zusammengerechnet.

1) Belastung mit mehreren Rechten, I. Mehrere Rechte liegen vor, wenn sie im Grundbuch unter verschiedenen Nummern eingetragen sind. Eine Eintragung unter derselben Nummer kann auch mehrere Rechte betreffen, etwa dann, wenn eine Zwangshypothek auf mehrere Grundstücke verteilt ist, die auf einem Grundbuchblatt eingetragen stehen, oder wenn das Recht, etwa die Hypothek, mehreren Gläubigern zu genau bestimmten Beträgen oder Anteilen zusteht.

Dagegen kann ein Recht mehreren zustehen, etwa einer Erbengemeinschaft oder einer sonstigen Gemeinschaft zur gesamten Hand. Wegen einer Bruchteilsgemeinschaft vgl Düss Rpfleger **75**, 409.

Mehrere Hypotheken usw desselben Gläubigers sind mehrere Rechte.

Die Belastung eines oder mehrerer Grundstücke mit mehreren Rechten macht eine Gebühr aus § 62 für jede Eintragung fällig, also für jedes Recht eine Gebühr. Eine Eintragung nach § 50 GBO gilt als Belastung mit nur einem Recht.

2) Belastung mehrerer Grundstücke mit nur einem Recht, II–IV. A. Begriff. Hierher gehören die Gesamthypothek oder die Gesamtgrundschuld. Als dasselbe Recht ist auch ein Nießbrauch oder eine beschränkte persönliche Dienstbarkeit für mehrere gemeinschaftlich anzusehen. Ebenso muß man das Altenteil beurteilen, selbst für Eheleute, sowie das Vorkaufsrecht. Eine Grunddienstbarkeit an mehreren Grundstücken ist nur ein Recht, soweit man sie nur gemeinsam ausüben kann. Demgegenüber betrifft eine Mitberechtigung zu Bruchteilen mehrere Rechte.

B. Gebühren. Man muß folgende Fälle unterscheiden:

a) Dasselbe Grundbuchamt. Soweit die mehreren belasteten Grundstücke demselben Grundbuchamt unterstehen, entsteht eine einmalige Gebühr im Fall der Eintragung auf Grund eines gleichzeitigen Antrags. Der Begriff „gleichzeitiger Antrag" ist wie bei § 60 Anm 5 B zu verstehen. Es genügt also, daß die Anträge gleichzeitig eingehen. Ihre gleichzeitige Erledigung ist nicht erforderlich.

Die Eigentümer der mehreren belasteten Grundstücke brauchen nicht identisch zu sein.

b) Mehrere Grundbuchämter. Soweit die mehreren belasteten Grundstücke verschiedenen Grundbuchämtern unterstehen, muß man wiederum folgende Unterscheidung treffen:

aa) Gleichzeitiger Antrag. Im Fall eines gleichzeitigen Antrags entsteht eine Gebühr nach III. „Gleichzeitige Anträge" liegen gemäß III 3 vor, wenn die Anträge bei einem Grundbuchamt gemeinsam eingereicht sind und im Fall gesonderter Antragstellung innerhalb eines Monats bei den beteiligten Grundbuchämtern eingehen.

bb) Kein gleichzeitiger Antrag. Sofern kein gleichzeitiger Antrag nach III 3 vorliegt, ist die Gebühr nach IV zu berechnen. Wegen des Gebührenansatzes vgl § 16 KostVfg, Teil VII A dieses Buchs.

Wegen einer teilweisen Gebührenbefreiung vgl im übrigen KG Rpfleger **76**, 333.

Eintragung von Veränderungen und Löschungsvormerkungen

64 **I Für die Eintragung von Veränderungen eines Rechts wird die Hälfte der vollen Gebühr erhoben. Als Veränderung eines Rechts gilt auch die Löschungsvormerkung (§ 1179 des Bürgerlichen Gesetzbuchs), soweit sie nicht gemäß § 62 Abs. 3 Satz 2 gebührenfrei einzutragen ist.**

II Bezieht sich eine Veränderung auf mehrere Rechte, so wird die in Absatz 1 bestimmte Gebühr für jedes Recht besonders erhoben, auch wenn es nur der Eintragung eines einheitlichen Vermerks bedarf.

III Beziehen sich mehrere Veränderungen, deren Eintragung gleichzeitig beantragt ist, auf ein und dasselbe Recht, so wird, gleichviel ob es der Eintragung eines oder mehrerer Vermerke bedarf, die Gebühr nur einmal nach dem zusammengerechneten Wert der Veränderungen erhoben.

IV Der Wert des veränderten Rechts darf, auch wenn es sich um mehrere Veränderungen desselben Rechts handelt, nicht überschritten werden. Handelt es sich um den Übergang eines Rechts, so finden die Vorschriften des § 61 entsprechende Anwendung.

V Änderungen des Ranges eingetragener Rechte sind nur als Veränderungen des zurücktretenden Rechts, Löschungsvormerkungen zugunsten eines nach- oder gleichstehenden Gläubigers (§ 1179 des Bürgerlichen Gesetzbuchs) nur als Veränderungen des Rechts zu behandeln, auf dessen Löschung der vorgemerkte Anspruch gerichtet ist; für die Wertberechnung bleibt die Vorschrift des § 23 Abs. 3 unberührt.

VI Betreffen die Veränderungen Rechte, mit denen mehrere Grundstücke gemeinsam belastet sind, so gelten die Vorschriften des § 63 Abs. 2 und 3 entsprechend.

1) Veränderung, I. A. Begriff. Unter einer „Veränderung" eines eingetragenen Rechts versteht I alles, was den Inhalt des Rechts ändert, also auch die Übertragung oder Belastung.

B. Fälle. Hierher gehören zB: Die Übertragung oder ein gesetzlicher Übergang auf einen anderen, vgl § 60 Anm 1, § 61 Anm 1; eine Belastung, namentlich eine Pfändung oder Verpfändung des Rechts; eine Umwandlung der Hypothek in eine Grundschuld; die Umwandlung einer Sicherungshypothek in eine gewöhnliche Hypothek; eine Rangänderung. In diesem Fall ist der Geschäftswert nach § 23 III zu bestimmen; eine Änderung des Zinssatzes. In diesem Fall muß man den Wert nach § 24 I bestimmen; eine Änderung der Zahlungsbedingungen. In diesem Fall muß man den Wert nach § 30 I bestimmen.

Ferner gehören hierher: Die Teilung einer Hypothek; die Verteilung eines Gesamtgrundpfandrechts, BayObLG Rpfleger **81**, 326 mwN (daneben entsteht keine Gebühr nach § 68); die Zusammenfassung zu einer Einheitshypothek; eine Erweiterung durch Nebenverpflichtungen.

I 2 nennt die Löschungsvormerkung nach § 1179 BGB als Fall einer Rechtsveränderung, vgl freilich auch § 62 Anm 4 B b. Die Löschung einer Löschungsvormerkung fällt demgegenüber unter § 68, Hamm Rpfleger **67**, 228.

C. Gebühr. Jede Veränderung macht grundsätzlich ½ Gebühr fällig. Eine Erhöhung des Betrags einer Einheitshypothek durch eine neue Post und die Zusammenschreibung mit der Einheitshypothek ist eine Neueintragung und eine Veränderung. In diesem Fall sind also die §§ 62 und 64 anwendbar. Die Eintragung einer Teiländerung betrifft das bis dahin ungeteilte Recht; die Zerlegung ist gebührenrechtlich unerheblich. Wegen der Eintragung eines Umstellungsbetrags Anm 3 A und § 64 Anh. Wegen der Erteilung eines durch die Kriegseinwirkung abhanden gekommenen Briefs § 71 Anm 1 B.

2) Mehrere Veränderungen, mehrere Rechte, II, III, VI. A. Begriff. Vgl zunächst § 63 Anm 1 A. Maßgebend ist der Zustand vor der Veränderung.

B. Fälle. Man muß folgende Situationen unterscheiden:

a) Veränderung mehrerer Rechte, II. Soweit sich die Veränderung auf mehrere Rechte bezieht, LG Kempten Rpfleger **84**, 480, entsteht die ½ Gebühr nach I für jedes Recht besonders, auch wenn nur die Eintragung eines einheitlichen Vermerks notwendig ist. Das gilt auch dann, wenn die mehreren Rechte hinter ein anderes zurücktreten, Hamm Rpfleger **88**, 101 mwN (keine Verfassungswidrigkeit).

b) Mehrere Veränderungen eines Rechts, III. Wenn sich mehrere Veränderungen auf ein und dasselbe Recht beziehen, LG Kempten Rpfleger **84**, 480, muß man prüfen, ob diese Veränderungen gleichzeitig zur Eintragung beantragt werden. Wenn das der Fall ist, wird die Gebühr unabhängig davon, ob eine Eintragung eines oder mehrerer Vermerke notwendig ist, nur einmal nach dem zusammengerechneten Wert der Veränderungen erhoben.

Wegen des Begriffs des gleichzeitigen Antrags § 60 Anm 4.

Beispiel: Es handelt sich um die Abtretung eines Grundschuldteils mit einem Vorrang, da die ursprünglich einheitliche Grundschuld geteilt wird (erste Veränderung) und diese neue Post den Vorrang vor dem Rest der alten erhält (zweite Veränderung); auf einen ähnlichen Fall wendet LG Kempten Rpfleger **84**, 480 II neben III an.

C. Mehrere belastete Grundstücke. Wenn die Veränderungen Rechte betreffen, die mehrere Grundstücke gemeinsam belasten, gilt § 63 II, III entsprechend, vgl auch LG Kempten Rpfleger **84**, 480. Wegen der Teilung eines Grundstücks nach dem WEG vgl § 76.

3) Geschäftswert, IV, V. A. Grundsatz. Die Bewertung einer Hypothek oder Grundschuld richtet sich grundsätzlich nach dem Nennbetrag, diejenige einer Rentenschuld nach der Ablösungssumme, § 23 II.

Im Fall einer Umstellung ist der Wert derjenige Nennbetrag, der sich aus der 40. DVO UmStG ergibt. Für die Eintragung des Umstellungsbetrags wird nur die Hälfte des sonst zu entrichtenden Betrags erhoben, also ¼ Gebühr, 40. DVO UmstG § 5 III; diese Vorschrift ist durch § 13 GBMaßnG unberührt geblieben. Dementsprechend muß man auch den Geschäftswert im Fall einer Löschung eines Grundpfandrechts errechnen, das sich vor der Währungsreform erledigt hat, Düss NJW **49**, 509,

Schlesw SchlHA **49**, 245, aM LG Bln DNotZ **54**, 437 (das LG setzt den vollen Betrag in DM an).

Im Fall der Umwandlung einer Grundschuld in eine Hypothek ist der Nennbetrag der Hypothek als Geschäftswert anzusetzen. Neue Zins- und Zahlungsbedingungen und die Unterwerfung unter die „sofortige" Zwangsvollstreckung sind gebührenfreie Nebengeschäfte.

Bei der Verteilung eines Gesamtgrundpfandrechts ist die Summe des wegverteilten Betrags und des Werts desjenigen Grundstücks maßgeblich, das nur noch mit einem Einzelgrundpfandrecht belastet ist. Der bisherige Nennbetrag des Gesamtgrundpfandrechts darf nicht überschritten werden, BayObLG **81**, 103.

B. Obergrenze, IV. Keineswegs darf man den Geschäftswert einer Veränderung eines Rechts höher als den Wert des veränderten Rechts ansetzen. Das gilt auch bei gleichzeitigen mehreren Änderungen. Im Fall eines Rechtsübergangs von einer Gesamthandgemeinschaft auf Mitberechtigte und umgekehrt, gilt § 61 entsprechend. Im Fall einer Änderung des Inhalts eines Rechts ist der bestimmte Geldbetrag maßgebend.

Soweit ein bestimmter Geldwert fehlt, ist § 30 II anwendbar. Keinen bestimmten Geldwert haben zB: Die Zusammenfassung zu einer Einheitshypothek; eine Änderung der Zahlungsbedingungen oder der Kündigungsfrist; eine Umwandlung in eine Tilgungshypothek.

Eine Abtretung der mit der Hypothek oder Grundschuld eingetragenen Rechte aus einer Löschungsvormerkung, § 1179 BGB, zusammen mit der Abtretung der Hypothek usw selbst ist ein gebührenfreies Nebengeschäft. Für die Zusammenfassung mehrerer Hypotheken unter einer Änderung der verschiedenen Zins- und Zahlungsbedingungen muß man bei jeder Einzelpost die Gebühren nach dem zusammengerechneten Wert der Änderungen errechnen.

Eine Löschungsvormerkung für den Gläubiger einer nachstehenden Hypothek ändert jede vorangehende. Deshalb entstehen durch diesen Vorgang ebensoviele Gebühren auch bei einem einheitlichen Vermerk.

C. Rangänderung, V. V behandelt eine Rangänderung nur als solche des zurücktretenden Rechts. Infolgedessen gilt nach § 23 III der jeweils niedrigere Wert des vortretenden oder zurücktretenden Rechts; das vortretende Recht wird nicht mit Gebühren belastet, vgl § 66 Anm 1, BayObLG Rpfleger **89**, 41, LG Regensb Rpfleger **89**, 41. Das gilt auch im Fall des § 1179a V BGB.

Eintragung von Verfügungsbeschränkungen

65 **I Für die Eintragung von Verfügungsbeschränkungen, insbesondere einer Nacherbfolge, einer Testamentsvollstreckung oder einer Belastung des Anteils gemäß § 1010 des Bürgerlichen Gesetzbuchs, wird, soweit nicht die Eintragung nach § 69 gebührenfrei vorzunehmen ist, die Hälfte der vollen Gebühr erhoben.**

II Bezieht sich eine Verfügungsbeschränkung auf mehrere Rechte, so wird die im Absatz 1 bestimmte Gebühr für jedes Recht

besonders erhoben, auch wenn es nur der Eintragung eines Vermerks bedarf. Betreffen die Eintragungen Rechte, mit denen mehrere Grundstücke gemeinsam belastet sind, so gilt § 63 Abs. 2 und 3 entsprechend; eine Verfügungsbeschränkung, die Eigentum an mehreren Grundstücken betrifft, steht einer Belastung der Grundstücke mit einem und demselben Recht gleich.

III **Beziehen sich mehrere Verfügungsbeschränkungen, deren Eintragung gleichzeitig beantragt ist, auf ein und dasselbe Recht, so wird die Gebühr, gleichviel ob es eines oder mehrerer Vermerke bedarf, nur einmal nach dem zusammengerechneten Wert erhoben.**

IV **Der Wert des betroffenen Rechts darf, auch wenn es sich um mehrere Verfügungsbeschränkungen hinsichtlich desselben Rechts handelt, nicht überschritten werden.**

1) Eintragung, I–III. Die Vorschrift behandelt sämtliche Verfügungsbeschränkungen, die in das Grundbuch eingetragen werden, gleichmäßig. Die Eintragung einer Verfügungsbeschränkung kann kein gebührenfreies Nebengeschäft sein. § 60 IV ist weder direkt (so Hamm Rpfleger **69**, 68), noch entsprechend (so Köln DNotZ **71**, 443) anwendbar, Bre Rpfleger **71**, 195, Düss Rpfleger **73**, 73, Zweibr Rpfleger **89**, 150 mwN.

Hierher gehören zB: Die Eintragung einer Nacherbfolge, Düss Rpfleger **88**, 142; die Eintragung einer Testamentsvollstreckung, § 60 Anm 4 Bb; die Eintragung einer Belastung nach § 1010 BGB (Regelung der Verwaltung und Nutznießung); die Eintragung einer Zugehörigkeit zu einer Bahneinheit; die Eintragung der Anordnung der Nachlaßverwaltung, soweit der Nachlaßverwalter die Eintragung beantragt (andernfalls ist sie gebührenfrei, § 69 II).

Die Eintragung eines Veräußerungsverbots auf Grund eines gerichtlichen Ersuchens, etwa über die Einleitung eines Konkursverfahrens oder die Anordnung eines Zwangsversteigerungsverfahrens, ist stets gebührenfrei, § 69 II.

§ 65 unterscheidet im übrigen, ob sich eine Verfügungsbeschränkung auf ein und dasselbe Recht oder auf mehrere Rechte bezieht; vgl §§ 63 Anm 2, 64 Anm 2. Beim Vorliegen mehrerer Rechte entsteht bei jedem Recht eine besondere Gebühr, auch wenn nur eine einzige Eintragung notwendig ist, BayObLG Rpfleger **75**, 334. Soweit eine Verfügungsbeschränkung Rechte betrifft, mit denen mehrere Grundstücke gemeinsam belastet sind, entsteht die Gebühr nur einmal, falls die Eintragung auf Grund eines gleichzeitig gestellten Antrags erfolgt und das Grundbuch über die Grundstücke bei demselben Grundbuchamt geführt wird, II Hs 1, § 63 II. Wegen der Begriffe § 60 Anm 5. Andernfalls gilt § 63 III, vgl dort Anm 2. Soweit die Anträge nicht gleichzeitig gestellt werden, tritt keine Gebührenbegünstigung ein; denn § 65 verweist nicht auf § 63 IV.

Eine Verfügungsbeschränkung, die das Eigentum an mehreren Grundstücken betrifft, wird zugunsten desselben Berechtigten einer Belastung mit nur einem Recht gleichgeachtet, II 2 Hs 2.

Bei mehreren Beschränkungen für nur ein Recht entscheidet die Gleichzeitigkeit des Antrags, III.

2) Geschäftswert, IV. Man muß den Geschäftswert nach pflichtgemäßem Ermessen ermitteln, § 30 I. Der Geschäftswert darf aber nicht höher liegen als der Wert des beschränkten Rechts. Das gilt auch dann, wenn es sich um mehrere Beschränkungen desselben Rechts handelt.

3) Kostenschuldner. Im Fall der Eintragung des Nacherben von Amts wegen, § 51 GBO, ist dieser als der Begünstigte zahlungspflichtig, § 2 Z 2. Im übrigen ist der Antragsteller der Kostenschuldner.

Eintragung von Vormerkungen und Widersprüchen

66 **I Für die Eintragung einer Vormerkung wird die Hälfte der Gebühr erhoben, die für die endgültige Eintragung zu erheben sein würde, mindestens jedoch ein Viertel der vollen Gebühr. Für die Eintragung einer Vormerkung, durch die der Anspruch auf Eintragung einer Veränderung oder der Aufhebung eines Rechts am Grundstück gesichert werden soll, wird die gleiche Gebühr erhoben, die für die gesicherte Eintragung zu erheben sein würde; die Vorschriften über die Eintragung einer Löschungsvormerkung (§ 64) bleiben unberührt.**

II Für die Eintragung eines Widerspruchs wird die Hälfte der Gebühr erhoben, die für die Grundbuchberichtigung zu erheben sein würde, zu deren Sicherung der Widerspruch eingetragen wird; mindestens wird jedoch ein Viertel der vollen Gebühr erhoben.

1) Vormerkung, I. Die Vorschrift erfaßt die Eintragung einer Vormerkung nach § 883 BGB. Eine Eintragung der Vormerkung zur Sicherung einer Veränderung oder Aufhebung eines Rechts ist ebenso wie die endgültige Eintragung zu beurteilen, Bühling 2a, KLBR 2, aM Düss Rpfleger **77**, 460 (das OLG wendet in diesem Fall § 30 I an). Die Veränderung einer Vormerkung fällt unter § 67 und nicht unter §§ 64, 66, BayObLG Rpfleger **86**, 158 mwN und Rpfleger **89**, 41, Köln Rpfleger **84**, 334, LG Regensb Rpfleger **89**, 41, Rohs/Wedewer V, aM Stgt Rpfleger **50**, 284. Die spätere endgültige Eintragung läßt die dafür geltende Gebühr besonders erwachsen. Ist daraufhin die Vormerkung usw ohne weiteres zu löschen, so entstehen insofern keine Gebühren. Über eine Amtslöschung vgl § 69 Z 2.

Eine Löschungsvormerkung nach § 1179 BGB gilt als bloße Veränderung, § 64.

2) Widerspruch, II. Die Vorschrift behandelt die Eintragung eines Widerspruchs nach § 899 BGB. Eine Veränderung eines Widerspruchs fällt unter § 66, nicht unter § 64, Rohs-Wedewer V, aM Stgt Rpfleger **50**, 283. Die spätere endgültige Eintragung läßt die dafür geltende Gebühr besonders entstehen.

3) Gebühren. Grundsätzlich entstehen durch die Eintragung einer Vormerkung oder eines Widerspruchs Gebühren in Höhe der Hälfte derjenigen Gebühr, die für die endgültige Eintragung zu erheben sein würde, mindestens jedoch ¼ der vollen Gebühr. So kostet zB eine Vormerkung auf eine Übertragung das Eigentum für einen Abkömmling ¼ Gebühr, § 60 II.

Eine von Amts wegen vorzunehmende Eintragung nach den §§ 18 II, 53 GBO ist gebührenfrei, § 67 I Z 2. §§ 60–63 gelten auch hier.

4) Geschäftswert. Der Geschäftswert richtet sich nach der endgültigen Eintragung. Man darf also wegen einer Bedingung oder Befristung keinen Abzug vornehmen. Bei einer Auflassungsvormerkung muß man von dem vollen Wert des Grundstücks ausgehen, BayObLG Rpfleger **82**, 240 und Rpfleger **86**, 31 mwN. Bei einer Auflassungsvormerkung auf Grund eines Kaufvertrags ist der Kaufpreis maßgebend. Beim Wiederkaufsrecht und beim Vorkaufsrecht ist der halbe Kaufpreis maßgebend, BayObLG Rpfleger **86**, 31 mwN, ebenso bei einem „Ankaufsrecht", also einem schuldrechtlichen bedingten und befristeten Anspruch auf eine Übertragung des Eigentums, BayObLG Rpfleger **76**, 111 und 150 je mwN. Bei einer Vormerkung nach § 28 II 3 BauGB ist grundsätzlich der halbe Grundstückswert maßgebend, vgl BayObLG Rpfleger **82**, 240.

Sonstige Eintragungen

67 **I Für alle Eintragungen, die unter keine der vorstehenden Vorschriften fallen und auch nicht als Nebengeschäft gebührenfrei sind, wird ein Viertel der vollen Gebühr erhoben. Dies gilt insbesondere**

1. für die Eintragung des Verzichts auf das Eigentum am Grundstück;

2. für die Eintragung des Ausschlusses der Erteilung eines Briefs sowie für die Eintragung der Aufhebung dieses Ausschlusses;

3. für den Vermerk von Rechten, die dem jeweiligen Eigentümer zustehen, einschließlich des Vermerks hierüber auf dem Grundbuchblatt des belasteten Grundstücks;

4. für die Eintragung der ohne Eigentumsübergang stattfindenden Teilungen, Vereinigungen und Zuschreibungen von Grundstücken;

5. für die Anlegung eines Grundbuchblatts für ein noch nicht im Grundbuch eingetragenes oder aus dem Grundbuch ausgeschiedenes Grundstück sowie für die nachträgliche Ausscheidung eines Grundstücks aus dem Grundbuch;

6. für die Eintragung der Unterwerfung unter die sofortige Zwangsvollstreckung bei einer Hypothek, Grundschuld oder Rentenschuld.

II § 60 Abs. 5, § 63 Abs. 2, § 64 Abs. 3 gelten entsprechend, jedoch ist mindestens ein Viertel der vollen Gebühr zu erheben.

III Der Wert bestimmt sich nach § 30.

1) Geltungsbereich. Die Vorschrift erfaßt alle Eintragungen, die weder unter §§ 60–66 noch unter §§ 68, 70 fallen, andererseits aber auch nicht als Nebengeschäfte, § 35, oder nach § 69 gebührenfrei sind. I ist also eine Auffangklausel, die verhindern soll, daß Eintragungen, die das Gesetz nicht selbst als gebührenfrei erklärt, gebührenfrei bleiben. Die

Aufzählung in I Z 1–6 ist nur beispielhaft und keineswegs abschließend, wie sich schon aus dem Wort „insbesondere" in I 1 ergibt.

2) Beispiele, I. Unter I fallen zB folgende Situationen:

A. Eigentumsverzicht, Z 1. Gebührenpflichtig ist die Eintragung des Verzichts auf das Eigentum am Grundstück, § 928 BGB.

B. Ausschluß der Brieferteilung usw. Z 2. Gebührenpflichtig ist die Eintragung des Ausschlusses der Erteilung eines Briefes sowie die Eintragung der Aufhebung dieses Ausschlusses, § 1116 BGB, also der Fall der Umwandlung einer Briefhypothek in eine Buchhypothek und umgekehrt. Soweit zusammen mit der Umwandlung einer Sicherungshypothek in eine Briefhypothek beantragt wird, daß der Ausschluß der Erteilung eines Briefes, der mit einer Sicherungshypothek kraft Gesetzes verbunden war, aufgehoben werde, handelt es sich entsprechend § 62 III um ein gebührenfreies Nebengeschäft, BayObLG Rpfleger **68**, 132.

Bei der Bildung eines Hypothekenbriefs muß man auch § 71 beachten.

C. Rechtsvermerk, Z 3. Gebührenpflichtig ist die Eintragung des Vermerks eines Rechts, das dem jeweiligen Eigentümer zusteht, einschließlich des Vermerks hierüber auf dem Grundbuchblatt des belasteten Grundstücks. In Betracht kommt zB eine Grunddienstbarkeit oder ein Vorkaufsrecht, § 1094 II BGB, oder eine Reallast, § 1105 II BGB.

Im Fall der Änderung eines solchen Rechts erfolgt ein gebührenfreier Vermerk beim belasteten Grundstück von Amts wegen.

D. Teilung, Vereinigung, Zuschreibung, Z 4. Gebührenpflichtig ist die Eintragung einer ohne Eigentumsübergang stattfindenden Teilung oder Vereinigung oder Zuschreibung von Grundstücksteilen in derselben Hand, § 890 BGB. Z 4 erfaßt nur den sachlichrechtlichen Vorgang, nicht denjenigen nur nach § 4 GBO.

E. Anlegung des Grundbuchblatts usw, Z 5. Gebührenpflichtig ist die Anlegung des Grundbuchblatts für ein noch nicht im Grundbuch eingetragenes oder aus dem Grundbuch ausgeschiedenes Grundstück sowie die nachträgliche Ausscheidung eines Grundstücks aus dem Grundbuch, § 3 GBO. Kostenschuldner ist der Eigentümer.

F. Unterwerfungsklausel, Z 6. Gebührenpflichtig ist die Eintragung der Unterwerfung unter die „sofortige" Zwangsvollstreckung bei einer Hypothek, Grundschuld oder Rentenschuld. Das setzt aber voraus, daß diese Eintragung nachträglich besonders beantragt wird. Dieser Fall liegt auch dann vor, wenn die Eintragung nachträglich wegen der gesamten Ansprüche erfolgt, insbesondere dann, wenn sie wegen nachträglicher Veränderungen nochmals eingetragen wird.

Soweit die Eintragung der Unterwerfungsklausel demgegenüber zusammen mit dem Recht selbst eingetragen wird, handelt es sich um ein gebührenfreies Nebengeschäft, § 35.

G. Weitere Fälle. Über die gesetzliche Aufzählung in Z 1–6 hinaus erfaßt I auch andere Geschäfte, die dann, wenn sie zusammen mit einem Hauptgeschäft vorzunehmen wären, gebührenfreie Nebengeschäfte wären, demgegenüber aber gebührenpflichtig sind, soweit sie einzeln vorzunehmen sind.

Hierher gehören zB: Die Eintragung des Erwerbsgrunds; eine bloße

Namensberichtigung wegen einer Verheiratung oder einer Firmenumbenennung, BayObLG DNotZ **71**, 602, BayObLG **79**, 178 und Rpfleger **81**, 76, Ffm DNotZ **72**, 508, KG Rpfleger **89**, 98 je mwN, vgl § 60 Anm 1 A, aber auch dort B a; eine Veränderung einer Vormerkung, § 66 Anm 1.

3) Mehrere Eintragungen, II. Im Fall einer gleichzeitigen Beantragung von Eintragungen der in § 67 genannten Art, die mehrere Grundstücke betreffen, § 60 V, ist nur eine Gebühr zu erheben, wie sich aus der Bezugnahme in II auf die dort genannten anderen Vorschriften ergibt. Jedenfalls entsteht aber eine Mindestgebühr in Höhe eines Viertels der vollen Gebühr.

Dasselbe gilt dann, wenn sich der Ausschluß der Erteilung des Briefes oder dessen Aufhebung sowie eine Unterwerfung unter die „sofortige" Zwangsvollstreckung auf ein Recht beziehen, das an mehreren Grundstücken besteht, § 63 II entsprechend.

Dasselbe gilt ferner bei Veränderungen, § 64 III entsprechend.

Soweit mehrere Eintragungen nach § 67 dasselbe Recht betreffen, entsteht nur eine Gebühr nach dem zusammengerechneten Wert.

Eine Gebührenermäßigung nach §§ 63 III, IV, 64 IV 1 entsteht nicht. Denn II erklärt diese Vorschriften nicht für anwendbar.

4) Geschäftswert, III. Der Geschäftswert bestimmt sich nach § 30. Man muß also zunächst § 30 I prüfen. Soweit diese Vorschrift unanwendbar ist, ist § 30 II zu beachten. Man darf keinen festen Prozentsatz des Grundstückswerts zugrunde legen. Vielmehr entscheiden die Fallumstände. Dabei können 10% des Grundstückswerts einen richtigen Wertansatz bedeuten, BayObLG Rpfleger **81**, 76.

Löschungen und Entlassung aus der Mithaft

68 **Für jede Löschung wird die Hälfte der für die Eintragung bestimmten Gebühr erhoben; für die Eintragung der Entlassung aus der Mithaft wird die Hälfte der Gebühr erhoben, die für die Eintragung der Einbeziehung in die Mithaft zu erheben sein würde. Mindestens wird ein Viertel der vollen Gebühr erhoben.**

1) Löschung, A. Geltungsbereich. Die Vorschrift erfaßt nicht nur die Löschung eines dinglichen Rechts, sondern die Löschung jeder Grundbucheintragung. Hierher gehören also zB auch: Die Löschung einer Veränderung; die Löschung einer Vormerkung; die Löschung eines Widerspruchs, BayObLG Rpfleger **55**, 287; die Löschung eines dinglichen Wiederkaufsrechts, LG Marbg Rpfleger **88**, 310 (zustm Meyer-Stolte).

B. Gebühr. Für jede Löschung wird die Hälfte der für die Eintragung bestimmten Gebühr erhoben, mindestens ¼ der vollen Gebühr. Die Löschung einer Veränderung, einer Löschungsvormerkung, einer Vormerkung oder eines Widerspruchs kostet ¼ Gebühr, weder mehr noch weniger, §§ 64, 66. Soweit eine Veränderung mehrere Rechte betrifft, entsteht die Gebühr für die Löschung bei jedem Recht besonders, § 64 II. Im Fall der Löschung mehrerer Veränderungen desselben Rechts entsteht nur eine Gebühr entsprechend § 64 III.

Dieser Fall liegt aber bei der Löschung des umgestellten Rechts und der

Umstellungsgrundschuld nicht vor. Hier muß man vielmehr eine getrennte Gebührenberechnung vornehmen, Hamm Rpfleger **51**, 518.

Die Gebühr gilt den Löschungsvermerk ab. Soweit ein Löschungsvermerk als solcher nicht erforderlich ist, wie bei der Übertragung des haftentlassenen Grundstücks auf ein anderes Blatt, abw Ffm DNotZ **71**, 312 (das OLG meint, in diesem Fall müsse das Gericht im Rahmen seines Ermessens entscheiden), entsteht keine Gebühr nach § 68, wohl aber eine Gebühr nach § 72. Wenn ein altes Grundbuchblatt geschlossen wird und keine Mitübertragung erfolgt, § 46 II GBO, entsteht keine Gebühr nach § 68, Köln DNotZ **59**, 111, aM zB Düss Rpfleger **77**, 460, KLBR Rdz 37 je mwN.

Gewisse Löschungen sind gebührenfrei, § 69.

2) Entlassung aus der Mithaft. A. Geltungsbereich. Eine Entlassung aus der Mithaft kann auch dann vorliegen, wenn schon eine Gesamtlöschung möglich wäre, KG Rpfleger **76**, 333.

B. Gebühr. Für die Eintragung der Entlassung aus der Mithaft wird die Hälfte derjenigen Gebühr erhoben, die für die Eintragung der Einbeziehung in die Mithaft zu erheben sein würde, mindestens aber ¼ der vollen Gebühr. Der Vermerk der Entlassung des mithaftenden Grundstücks ist ein gebührenfreies Nebengeschäft. Wenn das Gericht ein Recht nicht mit auf ein anderes Blatt überträgt, dann entsteht trotz § 46 II GBO keine Löschungsgebühr.

C. Geschäftswert. Der Geschäftswert richtet sich nach § 63 IV. Man muß also die ¼ Gebühr von dem geringeren Wert des Grundstücks oder des Rechts errechnen. Bei der Löschung des Wiederkaufsrechts ist § 20 II maßgeblich, LG Marbg Rpfleger **88**, 310 (zustm Meyer-Stolte).

Gebührenfreie Eintragungen und Löschungen, Zwischenverfügungen

69 **I Gebühren werden nicht erhoben**

1. für die Umschreibung unübersichtlicher Grundbuchblätter und für die Neufassung einzelner Teile eines Grundbuchblatts;

2. für Eintragungen und Löschungen, die gemäß § 18 Abs. 2 oder § 53 der Grundbuchordnung von Amts wegen erfolgen;

3. für Eintragungen und Löschungen, die vorgenommen werden, um Übereinstimmung zwischen dem Grundbuch und den nach § 2 Abs. 2 der Grundbuchordnung maßgebenden amtlichen Verzeichnissen zu erhalten;

4. für die Eintragung der Vereinigung mehrerer Grundstücke zu einem Grundstück und für die Zuschreibung eines oder mehrerer Grundstücke zu einem anderen Grundstück als dessen Bestandteil, einschließlich hierzu notwendiger Grundstücksteilungen und der Aufnahme des erforderlichen Antrags durch das Grundbuchamt, sofern die das amtliche Verzeichnis (§ 2 Abs. 2 der Grundbuchordnung) führende Behörde bescheinigt, daß die

Grundstücke örtlich und wirtschaftlich ein einheitliches Grundstück darstellen;

5. für die Zusammenschreibung mehrerer Grundstücke auf einem Grundbuchblatt (§ 4 der Grundbuchordnung);

6. für die Beseitigung von Doppelbuchungen, einschließlich des vorangegangenen Verfahrens vor dem Grundbuchamt.

II Gebührenfrei sind ferner, soweit nicht ein anderes bestimmt ist, Eintragungen und Löschungen, die auf Ersuchen oder Anordnung eines Gerichts, insbesondere des Vergleichs-, Konkurs- oder Vollstreckungsgerichts, erfolgen; ausgenommen sind die Eintragung des Erstehers als Eigentümer, die Eintragung der Sicherungshypothek für die Forderung gegen den Ersteher und Eintragungen auf Grund einer einstweiligen Verfügung (§ 941 der Zivilprozeßordnung).

III Für Zwischenverfügungen des Grundbuchamts (§ 18 Abs. 1 der Grundbuchordnung) werden besondere Gebühren nicht erhoben.

1) Allgemeines. Alle Grundbucheintragungen, die kein bloßes Nebengeschäft darstellen, § 35, sind grundsätzlich gebührenpflichtig. § 69 erfaßt eine Reihe von Ausnahmen von diesem Grundsatz. Die Gebührenfreiheit beruht auf dem öffentlichen Interesse an einer alsbaldigen und einwandfreien Eintragung der hier genannten Vorgänge.

2) Fälle der Gebührenfreiheit, I, II. Die nachfolgenden Fälle sind als Ausnahmen vom Grundsatz der Gebührenpflichtigkeit, Anm 1, eng auszulegen. In Betracht kommen folgende Vorgänge:

A. Umschreibung, Neufassung, I Z 1. Die Umschreibung eines unübersichtlichen Grundbuchblatts und die Neufassung einzelner Teile des Grundbuchblatts sind gebührenfrei. Vgl §§ 28 ff der Vfg vom 8. 8. 35. Es herrscht auch Auslagenfreiheit.

B. Amtseintragung, Amtslöschung, I Z 2. Gebührenfrei sind die Eintragung einer Vormerkung oder eines Widerspruchs von Amts wegen, § 18 II GBO, zur Wahrung des Rangs und zur Verhinderung eines gutgläubigen Erwerbs, sowie eine Löschung von Amts wegen, § 53 GBO, weil sich die Unzulässigkeit der Eintragung ergeben hat. Die Löschung des Amtswiderspruchs ist auch auslagenfrei.

Eine spätere Berichtigung ist grundsätzlich gebührenpflichtig. Freilich kann die Nichterhebung solcher Kosten nach § 16 in Betracht kommen.

C. Eintragung usw zwecks Übereinstimmung, I Z 3. Gebührenfrei ist eine Eintragung oder Löschung, die der Grundbuchbeamte vornimmt, um eine Übereinstimmung zwischen dem Grundbuch und dem nach § 2 II GBO maßgebenden amtlichen Verzeichnis zu erhalten. Diese Maßnahmen geschehen ja im öffentlichen Interesse.

D. Vereinigung von Grundstücken, I Z 4. Gebührenfrei ist die Eintragung der Vereinigung mehrerer Grundstücke zu einem Grundstück sowie die Zuschreibung eines oder mehrerer Grundstücke zu einem anderen Grundstück usw. Vgl §§ 890 I, II BGB, §§ 5, 6 GBO.

Voraussetzung der Gebührenfreiheit ist allerdings das Vorliegen der in Z 4 genannten Bescheinigung. Andernfalls entsteht eine Gebühr nach § 67 Z 4.

E. Zusammenschreibung, I Z 5. Gebührenfrei ist die Zusammenschreibung mehrerer Grundstücke auf demselben Grundbuchblatt nach § 4 GBO.

F. Beseitigung von Doppelbuchungen, I Z 6. Gebührenfrei ist die Beseitigung einer Doppelbuchung, § 3 I GBO, einschließlich des vorangegangenen Verfahrens vor dem Grundbuchamt.

G. Ersuchen oder Anordnung eines Gerichts, II. a) Grundsatz, II Hs 1. Gebührenfrei ist schließlich grundsätzlich eine Eintragung oder eine Löschung auf Grund eines Ersuchens oder einer Anordnung eines Gerichts, II Hs 1. II nennt in einer nur beispielhaften Aufzählung, wie das Wort „insbesondere" ergibt, das Vergleichsgericht, Konkursgericht oder Vollstreckungsgericht. Eine landwirtschaftliche Kreditanstalt gehört nicht zu diesen Stellen.

Als Ersuchen oder Anordnung kommen zB folgende Maßnahmen in Betracht: Die Eintragung der Anordnung oder Aufhebung der Zwangsversteigerung; die Löschung der durch einen Zuschlag erloschenen Rechte; die Eintragung einer Sicherungshypothek auf dem Grundstück des Vormunds, § 54 FGG (in diesem Fall ist die Löschung der Sicherungshypothek gebührenpflichtig); eine Vermögensbeschlagnahme nach der StPO; die Eintragung einer Nachlaßverwaltung, aM KLBR § 65 Rdz 11, Rohs-Wedewer II c (sie halten diese Eintragung für gebührenpflichtig, weil das Nachlaßgericht insoweit nur für den Nachlaßverwalter tätig werde); eine Eintragung auf Grund eines Ersuchens des Zwangsversteigerungsgerichts, soweit der ersteigernde Gläubiger einer Gesamthypothek diese auf allen haftenden Grundstücken zu bestimmten Beträgen bestehen läßt und keine Verteilung nach § 1132 II BGB vornimmt. In diesem Fall ist die Erteilung eines Hypothekenbriefs nach § 71 I gebührenpflichtig.

Soweit eine Eintragung wegen eines Verwaltungszwangsverfahrens erfolgt, herrscht keine sachliche, sondern nur eine persönliche Gebührenfreiheit, §§ 11 ff.

b) Ausnahmen, II Hs 2. Folgende Eintragungen sind gebührenpflichtig (insofern wird der Grundsatz der Gebührenpflichtigkeit wieder hergestellt), obwohl sie auf Grund eines Ersuchens oder einer Anordnung des Gerichts erfolgen:

aa) Ersteher. Gebührenpflichtig ist die Eintragung des Erstehers in der Zwangsversteigerung, § 130 ZVG, insofern richtig BayObLG JB **78**, 905.

bb) Sicherungshypothek. Gebührenpflichtig ist die Eintragung der Sicherungshypothek für die Forderung gegen den Ersteher nach §§ 118, 128, 130 ZVG.

cc) Einstweilige Verfügung. Gebührenpflichtig ist eine Eintragung auf Grund einer einstweiligen Verfügung nach § 941 ZPO.

In den Fällen aa–cc ist es unerheblich, ob das Gericht oder der Gläubiger den Antrag stellen. Der Gläubiger und der Schuldner haften gesamtschuldnerisch, § 3 Z 4, § 4.

3) Zwischenverfügung, III. Eine Zwischenverfügung des Grundbuchamts nach § 18 I GBO zur Wahrung des Rangs bei Mängeln des bisherigen Eintragungsantrags ist gebührenfrei. Vgl im übrigen Anm 2 B wegen der endgültigen Eintragung oder Löschung von Amts wegen nach § 18 II GBO, 53 GBO.

Löschung gegenstandsloser Rechte und Klarstellung der Rangverhältnisse

70 **I Für die Löschung gegenstandsloser Eintragungen (§ 84 der Grundbuchordnung) sowie für das vorausgegangene Verfahren vor dem Grundbuchamt, einschließlich der Beurkundung der Erklärungen der Beteiligten, werden Gebühren nicht erhoben. Das Grundbuchamt kann die Gebühr für die Löschung einem Beteiligten auferlegen, wenn dies nach den Umständen angemessen erscheint.**

II Für Eintragungen und Löschungen zur Beseitigung unklarer oder unübersichtlicher Rangverhältnisse (§ 102 Abs. 2, § 111 der Grundbuchordnung) werden Gebühren nicht erhoben; gebührenfrei ist auch das vorangegangene Verfahren vor dem Grundbuchamt, einschließlich der Beurkundung von Erklärungen der Beteiligten. Die Auslagen werden von demjenigen erhoben, dem das Grundbuchamt sie gemäß § 114 der Grundbuchordnung auferlegt hat.

1) Gegenstandslose Eintragung, I. A. Gebührenfreiheit, I 1. Die Löschung einer gegenstandslosen Eintragung nach § 84 GBO ist einschließlich des vorausgegangenen Verfahrens vor dem Grundbuchamt und der Beurkundung der Erklärungen der Beteiligten grundsätzlich gebührenfrei.

B. Gebührenpflicht, I 2. Das Grundbuchamt darf aber die Gebühr für die Löschung einem Beteiligten auferlegen, soweit es diese Maßnahme nach den Umständen für angemessen hält, I 2. Das Grundbuchamt muß sein Ermessen pflichtgemäß ausüben. Gemeint ist die Gebühr nach § 68. Ihre Auferlegung ist notwendig, soweit der Beteiligte die Löschung selbst hätte beantragen können und sollen. Das Grundbuchamt muß sämtliche Umstände des Einzelfalls abwägen. Da I 1 eine Ausnahme von dem allgemeinen Grundsatz der Gebührenpflicht von Löschungen enthält, I 2 in gewisser Beziehung wieder diesen Grundsatz herstellt, liegt die Annahme nahe, im Zweifel zu Lasten des Beteiligten zu entscheiden. Indessen bringt die Fassung von I 2 bei genauer Prüfung doch zum Ausdruck, daß sich bei der pflichtgemäßen Abwägung eindeutig ergeben muß, daß die Auferlegung der Gebühr „angemessen" erscheint. Soweit also insofern Zweifel bestehen, bleibt es doch bei der Gebührenfreiheit nach I 1.

Gegen die Entscheidung des Grundbuchamts ist keine Beschwerde statthaft. Denn es handelt sich lediglich um den Kostenansatz.

Auch soweit eine Gebührenfreiheit besteht, besteht eine Pflicht zur Erstattung der Auslagen wie sonst.

2) Unübersichtlicher Rang, II. Für eine Eintragung oder Löschung zur Beseitigung unklarer oder unübersichtlicher Rangverhältnisse nach §§ 102 II, 111 GBO entstehen keine Gebühren. Gebührenfrei ist auch das voraufgegangene Verfahren vor dem Grundbuchamt einschließlich der Beurkundungen und Erklärungen der Beteiligten.

In diesem Fall kommt, anders als bei der Löschung einer gegenstandslosen Eintragung, Anm 1, auch nicht ausnahmsweise die Auferlegung einer Gebühr nach § 68 zu Lasten eines Beteiligten in Betracht.

Eine Pflicht zur Erstattung der Auslagen besteht auch hier wie sonst.

Erteilung von Hypotheken-, Grundschuld- oder Rentenschuldbriefen

71 **I Für die Erteilung eines Hypotheken-, Grundschuld- oder Rentenschuldbriefs, eines Teilbriefs oder eines neuen Briefs wird ein Viertel der vollen Gebühr erhoben. Für die Eintragung des Erteilungsvermerks in das Grundbuch wird daneben keine Gebühr erhoben.**

II Für die Erteilung eines Gesamtbriefs wird die im Absatz 1 bestimmte Gebühr nur einmal erhoben, wenn die mehreren Grundstücke bei demselben Grundbuchamt eingetragen sind. Sind die belasteten Grundstücke bei verschiedenen Grundbuchämtern eingetragen, so werden für die gemäß § 59 Abs. 2 der Grundbuchordnung zu erteilenden besonderen Briefe die Gebühren besonders erhoben, und zwar nach dem Wert, nach dem sich die Gebühren für die Eintragung des Rechts bestimmen; ist das Recht schon eingetragen, so ist der Wert maßgebend, nach dem die Eintragungsgebühr zu erheben wäre, falls das Recht im Zeitpunkt der Brieferteilung eingetragen würde. Wird im Fall des Eintritts in die Mithaft die Mitbelastung lediglich auf dem bisherigen Brief vermerkt (§ 63 der Grundbuchordnung), so wird hierfür neben der Eintragungsgebühr eine besondere Gebühr nicht erhoben.

III Bei Erteilung eines gemeinschaftlichen Briefs (§ 66 der Grundbuchordnung) werden die Werte der einzelnen Hypotheken zusammengerechnet.

1) Gewöhnlicher Brief, I. A. Ersterteilung. Die Brieferteilung kostet ¼ Gebühr nach dem Nennwert des verbrieften Rechts, § 23 II. Die Eintragung des Erteilungsvermerks ist ein gebührenfreies Nebengeschäft. Die mit dem Brief nach § 58 I GBO zu verbindende Schuldurkunde kostet weder eine Gebühr noch Schreibauslagen, soweit sie das Gericht herstellt, §§ 132, 136 II Z 1. Soweit die Urkunde anderweitig hergestellt wird oder privatschriftlich ist, entstehen für die nach § 10 GBO zu den Akten zu nehmende beglaubigte Abschrift keinerlei Kosten, denn die Beglaubigung liegt im öffentlichen Interesse. Die Beglaubigung eines mit dem Brief nach § 58 I 2 GBO zu verbindenden Auszugs ist gebührenpflichtig und auslagenpflichtig, § 55.

Auch ein Teilbrief fällt unter I. Geschäftswert des Teilbriefs ist der Nennwert des betroffenen Teils.

B. Neuerteilung. Ein neuer Brief im Sinn von § 67 GBO fällt ebenfalls unter I. Die Fertigung einer beglaubigten Abschrift des alten Briefs usw und der Vermerk der Erteilung sind gebührenfrei. Die Unbrauchbarmachung des alten Briefs und die Übertragung der Vermerke auf den neuen Brief sind ebenfalls gebührenfrei.

Wenn das Grundbuchamt feststellt, daß der bisherige Brief durch Kriegseinwirkung vernichtet worden oder sonst abhanden gekommen ist, erteilt es einen neuen Brief. Eine Feststellung des Verlusts durch das Grundbuchamt reicht auch dann aus, wenn die Brieferteilung nachträglich ausgeschlossen ist oder wenn die Hypothek gelöscht werden soll. Die Erteilung des neuen Briefs und die Feststellung der Vernichtung des alten ergehen gebührenfrei, § 26 GBMaßnG.

2) Gesamtbrief, II. Man muß folgende Fälle unterscheiden:

A. Zuständigkeit desselben Grundbuchamts, II 1. Soweit die mehreren Grundstücke bei demselben Grundbuchamt eingetragen sind, entsteht für die Erteilung eines Gesamtbriefs die in I bestimmte Gebühr nur einmal.

B. Verschiedene Grundbuchämter zuständig, II 2. Soweit die belasteten Grundstücke bei verschiedenen Grundbuchämtern eingetragen sind, entsteht für jeden besonderen Brief ¼ Gebühr nach dem aus § 63 III zu bestimmenden Wert.

C. Mithaft, II 3. Beim Eintritt in die Mithaft bei demselben Grundbuchamt entsteht ¼ Gebühr nur, soweit ein neuer Brief gebildet wird. Für einen bloßen Vermerk auf dem bisherigen Brief entstehen allenfalls Auslagen. Soweit der Eintritt der Mithaft bei einem anderen Grundbuchamt erfolgt, entsteht ¼ Gebühr für den neuen Brief und die Verbindung mit dem alten nach einem Wert gemäß § 63 III.

D. Verteilung der Gesamthypothek. Bei einer Verteilung der Gesamthypothek auf die einzelnen Grundstücke nach § 64 GBO ist für jeden Teil ein besonderer Brief zu bilden und nach dem Nennwert der einzelnen Schuld gebührenpflichtig.

3) Gemeinschaftlicher Brief, III. In diesem Fall, § 66 GBO, muß man die Gebühr nach dem zusammengerechneten Wert der einzelnen Hypotheken oder Grundschulden berechnen. Im Fall einer Gesamthypothek erfolgt eine Berechnung wie nach II.

Vermerke auf dem Brief

72 Für die Ergänzung des Grundbuchauszugs auf dem Brief sowie für sonstige Vermerke auf dem Brief wird, sofern es sich nicht um eine gebührenfreie Nebentätigkeit handelt, eine Gebühr von 15 bis 35 Deutsche Mark erhoben.

Vorbem. Fassg Art 2 I Z 6 G v 9. 12. 86, BGBl 2326, in Kraft seit 1. 1. 87, Art 10.

1) Ergänzung des Grundbuchauszugs. Für die Ergänzung des nach § 57 I GBO in den Grundbuchbrief aufzunehmenden Grundbuchauszugs kann eine Gebühr von 15–35 DM (Rahmengebühr, § 34) entstehen. Das gilt aber nur, wenn die Ergänzung kein gebührenfreies Nebengeschäft darstellt. Sie ist ein solches Nebengeschäft, soweit sie von Amts wegen stattfindet, § 63 GBO, vgl § 71 II 3. Daher entsteht die Gebühr nur für eine Ergänzung auf Grund eines Antrags. Schreibauslagen sind durch die Rahmengebühr oder die für das Hauptgeschäft zu erhebende Gebühr abgegolten.

2) Sonstiger Vermerk. Die Vorschrift erfaßt die nach § 62 GBO auf dem Brief sonst zu vermerkenden Eintragungen. Das gilt aber nur, wenn sie kein gebührenfreies Nebengeschäft darstellt. Das ist der Fall, wenn eine Eintragungsgebühr entsteht. Daher entsteht eine Gebühr für den Vermerk nur, sofern das Grundbuchamt nicht die Hypothek selbst gleichzeitig einträgt. Schreibauslagen werden durch die Rahmengebühr oder die für das Hauptgeschäft zu erhebende Gebühr abgegolten.

Beglaubigte Abschriften

73 Für die Erteilung beglaubigter Abschriften aus dem Grundbuch wird eine Gebühr von 15 bis 35 Deutsche Mark erhoben; daneben werden die durch die Abschriften erwachsenen Schreibauslagen erhoben. Frei von Gebühren und Schreibauslagen ist die Erteilung der beglaubigten Abschriften, der Auskunft und der Mitteilungen gemäß § 19 Abs. 2 und 3 des Gesetzes über die Zwangsversteigerung und die Zwangsverwaltung.

Vorbem. Fassg Art 2 I Z 6 G v 9. 12. 86, BGBl 2326, in Kraft seit 1. 1. 87, Art 10.

1) Geltungsbereich. Eine einfache Abschrift aus dem Grundbuch kostet nur Schreibauslagen. Für die beglaubigte Abschrift kann die Rahmengebühr von 15–35 DM entstehen, vgl § 34, und zwar für jede Beglaubigung. Neben der Rahmengebühr erwachsen in Erweiterung von § 136 Schreibauslagen. Wegen der Ermäßigung im Fall der gleichzeitigen Erteilung mehrerer gleichlautender beglaubigter Abschriften § 17 KostVfg, Teil VII A dieses Buchs.

Abweichend vom vorstehenden Grundsatz ist eine beglaubigte Abschrift, eine Auskunft, § 19 II ZVG, eine Mitteilung, § 19 III ZVG, frei von Gebühren und Schreibauslagen. Eine Grundbuchabschrift für den Eigentümer im Entschuldungsverfahren ist nicht gebührenfrei. Für eine Bescheinigung über den Inhalt des Grundbuchs, vgl § 17 II, 146 ZVG, entstehen keine Kosten, Mümmler JVBl **71**, 273. Eine formlose Auskunft kostet nichts.

Grundbucheinsicht

74 Für die Einsicht des Grundbuchs werden Gebühren nicht erhoben.

1) Geltungsbereich. Die Vorschrift bezieht sich auf die Einsicht des Grundbuchs durch eine Person, die zur Einsicht ein berechtigtes Interesse hat, § 12 GBO. Eine Einsicht durch eine sonstige Person kann im Verwaltungsweg gestattet werden. Sie kostet dann ebenfalls keine Gebühren, Z 3a des Gebührenverzeichnisses zur JVerwKO, Teil VIII A dieses Buchs.

Eintragungsanträge

75 **Für die Aufnahme von Anträgen auf Eintragungen und Löschungen werden Gebühren nach Maßgabe des Beurkundungsabschnitts besonders erhoben, soweit sie in der Form des § 29 der Grundbuchordnung gestellt werden müssen. Im übrigen ist die Aufnahme und Entgegennahme von Anträgen gebührenfrei.**

1) Geltungsbereich. Das Gericht nimmt einen Antrag auf eine Eintragung oder eine Löschung grundsätzlich gebührenfrei auf oder entgegen, § 129.

Dagegen entsteht eine Gebührenpflicht, soweit es sich um eine Bewilligung oder eine sonstige Erklärung in öffentlicher oder öffentlich beglaubigter Form handelt, also um notariell aufgenommene Erklärungen, § 29 GBO.

Wohnungs- und Teileigentum

76 **I Für die Eintragung der vertraglichen Einräumung von Sondereigentum (§ 7 Abs. 1 des Wohnungseigentumsgesetzes) und für die Anlegung der Wohnungsgrundbücher (Teileigentumsgrundbücher) im Falle des § 8 des Wohnungseigentumsgesetzes wird die Hälfte der vollen Gebühr erhoben. Die Gebühr wird auch dann besonders erhoben, wenn die Eintragung von Miteigentum und die Eintragung des Sondereigentums gleichzeitig beantragt werden.**

II Für die Eintragung von Änderungen des Inhalts des Sondereigentums gilt § 64 entsprechend.

III Für die Eintragung der Aufhebung von Sondereigentum (§ 4 Abs. 1 des Wohnungseigentumsgesetzes) und für die Anlegung des Grundbuchblatts für das Grundstück (§ 9 Abs. 1 Nr. 2 und 3, Abs. 3 des Wohnungseigentumsgesetzes) wird die Hälfte der vollen Gebühr erhoben.

IV Für das Wohnungserbbaurecht (Teilerbbaurecht) gelten die Absätze 1 bis 3 entsprechend.

1) Allgemeines. Die Vorschrift bestimmt nur die Gebühr für die Eintragung des Sondereigentums, I, und für seine Aufhebung, II. Die damit verbundenen weiteren Geschäfte erfordern eine besondere Gebühr, auch wenn sie gleichzeitig beantragt werden. Das gilt zB: Für die Eintragung des Erwerbs des Miteigentums anläßlich der Begründung von Sondereigentum, I 2; für die Veräußerung eines Miteigentumsanteils aus Anlaß der Aufhebung, III.

Wegen des Geschäftswerts nach I, III sowie IV in Verbindung mit I, III vgl § 21 I und III.

2) Begründung von Sondereigentum, I. Für die bei der Begründung von Wohnungseigentum und Teileigentum erforderlichen Grundbuchgeschäfte, nämlich für die Eintragung der vertraglichen Einräumung von Sondereigentum in das Wohnungsgrundbuch, §§ 3, 4 I, 7 WEG, oder für die Anlegung des Wohnungsgrundbuchs bei der Teilung auf Grund der Teilungserklärung des Eigentümers, § 8 WEG, entsteht die Hälfte der vollen Gebühr. Die Anzahl der auf die eine oder andere Weise gebildeten Wohnungseinheiten ist unerheblich. Mit dieser Gebühr sind alle buchungstechnischen Vorgänge abgegolten, die bei der Begründung des Wohnungseigentums notwendig sind.

Ein Nebengeschäft ist gemäß § 35 gebührenfrei. Das gilt zB: Bei der vertraglichen Einräumung für die Anlegung des Wohnungsgrundbuchs; für die Schließung des bisherigen Grundbuchblatts; für die Eintragung der Beschränkung des Miteigentums; für die Eintragung des Inhalts des Sondereigentums, § 21 Anm 3, auch soweit die Eintragung nicht durch eine Bezugnahme auf die Eintragungsbewilligung erfolgt, vgl § 7 WEG; im Fall der Teilung nach § 8 WEG für die Schließung des bisherigen Blatts und die Eintragung des Wohnungseigentums im Wohnungsgrundbuch.

Wegen der gleichzeitig beantragten Eintragung des Erwerbs des Miteigentums vgl Anm 1.

Da I nur die Begründung von Sondereigentum erfaßt, regelt nicht § 76, sondern regeln §§ 60 ff die Verfügung über das dann schon entstandene Wohnungseigentum. In diesen Fällen ist der Geschäftswert auch nicht nach § 21, sondern nach § 20 zu berechnen. Demgegenüber ist § 76 anwendbar, soweit ein vorhandenes Wohnungseigentum weiter zerlegt wird. Denn dann wird ja neues Wohnungseigentum begründet.

Bei einer Belastung des Wohnungseigentums ist § 62 anwendbar.

3) Inhaltsänderung des Sondereigentums, II. Die Veränderung des eingetragenen Eigentumsrechts ist gebührenpflichtig, vgl § 64. Der Geschäftswert ist nach § 30 zu ermitteln. Jedoch darf der Geschäftswert des inhaltlich geänderten Wohnungseigentumsrechts nicht überschritten werden, § 64 IV.

4) Aufhebung des Sondereigentums, III. Sie erfolgt im Fall einer vertraglichen Aufhebung durch eine Eintragung, § 4 I WEG, ferner im Fall einer völligen Zerstörung des Gebäudes sowie im Fall der Vereinigung aller Wohnungseigentumsrechte in eine Hand, § 9 I Z 2, 3 WEG, durch eine Schließung der Wohnungsgrundbücher und durch die Anlegung eines Grundbuchblatts für das Grundstück (Erlöschen), falls die Rechte nicht bereits aufgehoben sind, § 9 III WEG. In allen diesen Fällen entsteht eine Gebühr von ½ der vollen Gebühr. Sie gilt alle beim Erlöschen notwendigen buchungstechnischen Vorgänge ab, also auch die Schließung der bisherigen und die Ablegung eines neuen Grundbuchblatts. Die gleichzeitige Veräußerung des Grundstücks oder eine Veränderung der Miteigentumsverhältnisse wird durch die Gebühr nach III allerdings nicht mitabgegolten.

Der Geschäftswert ist nach § 21 II zu bestimmen.

5) Wohnungserbbaurecht, IV. Für das Wohnungserbbaurecht (Teilerbbaurecht) gelten I–III entsprechend. Im Fall des Erwerbs des Erbbaurechts oder seiner Veräußerung entstehen besondere Eintragungsgebühren, §§ 60, 62. Wenn das Erbbaurecht durch Zeitablauf erlischt, § 27 ErbbVO, wird das Erbbaurecht und damit auch das Wohnungserbbaurecht von Amts wegen gelöscht. Dafür entsteht eine Gebühr nach § 68. Infolgedessen entfällt dann eine Gebühr nach IV in Verbindung mit III.

Grundstücksgleiche Rechte

77 **I Die für Grundstücke geltenden Vorschriften finden auf Erbbaurechte sowie auf das Bergwerkseigentum und sonstige Berechtigungen, die den für Grundstücke geltenden Vorschriften unterliegen, entsprechende Anwendung.**

II Wird ein Bergwerk mit unbeweglichen Anteilen der Gewerken in Ausführung eines nach den maßgebenden bergrechtlichen Vorschriften gefaßten Beschlusses auf die Gewerkschaft eingetragen, so wird für die Eintragung, einschließlich der vorläufigen Vermerke, der Anlegung des Gewerkenbuchs und der Ausfertigung und Aufbewahrung der Kuxscheine, die volle Gebühr erhoben. Die gleiche Gebühr wird für die Umschreibung eines Kuxes in dem Gewerkenbuch auf einen anderen Berechtigten erhoben. Für die Eintragung von Pfandrechten auf Kuxscheinen und die Eintragung von Veränderungen und Löschungen werden dieselben Gebühren erhoben wie bei entsprechenden Eintragungen und Löschungen im Grundbuch. Für die Erteilung beglaubigter Abschriften aus dem Gewerkenbuch und dessen Einsicht gelten die Vorschriften der §§ 73, 74 entsprechend.

1) Geltungsbereich. Zu den grundstücksgleichen, besser grundstücksähnlichen, Rechten zählen:

A. Bundesrecht. Bundesrechtlich sind grundstücksähnlich geregelt: Das Erbbaurecht; das Erbpachtrecht; ein Mineralgewinnungsrecht. In diesen Fällen muß man die Entstehung und die Löschung eines solchen Rechts als eine Belastung behandeln. In der Zwischenzeit steht das Recht auch kostenrechtlich einem Grundstück gleich.

B. Landesrecht. Landesrechtlich sind grundstücksähnlich geregelt: Das Bergwerkseigentum; selbständige Gerechtigkeiten, etwa: Ein Fischereirecht; ein Zwangs- und Bannrecht; ein Abdeckereirecht; eine Apothekengerechtigkeit usw. In all diesen Fällen muß man das Recht von Anfang an wie ein Grundstück behandeln, wenn man schon bei der Verleihung ein Grundbuchblatt anlegen muß, etwa beim Bergwerkseigentum nach dem preußischen Recht.

Bahneinheiten

78 **I Die für Grundstücke geltenden Vorschriften finden auf Bahneinheiten entsprechende Anwendung.**

II Die Gebühr für die Anlegung und die Schließung des Bahngrundbuchs bestimmt sich nach § 67; das gleiche gilt für den

Vermerk über das Erlöschen der Genehmigung, einschließlich der erforderlichen öffentlichen Bekanntmachung des Vermerks.

III Wird infolge Veräußerung der Bahn der Eigentumswechsel auf dem Grundbuchblatt des Bahngrundstücks eingetragen, so werden dafür Gebühren nicht erhoben.

IV Die Kosten der Anlegung des Bahngrundbuchs sowie der Vermerke über die Zugehörigkeit eines Grundstücks zur Bahneinheit trägt der Bahneigentümer. Die Kosten fallen jedoch, wenn ein Gläubiger durch den Antrag auf Eintragung einer vollstreckbaren Forderung die Anlegung des Bahngrundbuchs veranlaßt hat, diesem Gläubiger, und wenn das Bahngrundbuch aus Anlaß eines Zwangsversteigerungsverfahrens auf Ersuchen des Vollstreckungsgerichts angelegt ist, dem Ersteher zur Last.

1) Geltungsbereich. Über die Bahneinheit vgl Art 112 EG BGB. Es gilt das Landesrecht. Die Bahneinheit ist eine als selbständige Liegenschaft behandelte Sachgesamtheit. Die Eintragung der Zugehörigkeit zu einer Bahneinheit ist eine Verfügungsbeschränkung, § 65.

2) Geschäftswert. Der Geschäftswert richtet sich nach § 30 I.

3. Registersachen

Eintragungen in das Handelsregister

79 I Für Eintragungen in das Handelsregister wird die volle Gebühr erhoben. Wenn kein bestimmter Geldbetrag in das Register eingetragen wird, wird das Doppelte der vollen Gebühr erhoben. Das Doppelte der vollen Gebühr wird auch erhoben, wenn die Eintragung bestimmter Geldbeträge und andere Eintragungen zusammentreffen (§ 26 Abs. 5 Satz 1 bis 3). Nur die volle Gebühr wird erhoben, wenn sich der Geschäftswert nach der Einlage eines Kommanditisten richtet. Für die Eintragung einer Kommanditgesellschaft wird jedoch mindestens das Doppelte der vollen Gebühr erhoben, die sich aus dem nach § 26 Abs. 9 Satz 1 bestimmten Wert ergibt.

II Die in Absatz 1 Satz 2 bestimmte Gebühr darf
a) für die Eintragung einer Prokura oder deren Änderung
den Betrag von 440 Deutsche Mark,
b) für die Eintragung des Erlöschens der Prokura
den Betrag von 220 Deutsche Mark,
c) für die Löschung der Firma
den Betrag von 660 Deutsche Mark,
d) für alle sonstigen Eintragungen, wenn kein bestimmter Geldbetrag in das Register eingetragen wird und es sich nicht um die erste Eintragung der Firma handelt,
den Betrag von 1320 Deutsche Mark
nicht übersteigen. Die in Absatz 1 Satz 4 bestimmte Gebühr für die Eintragung eines Kommanditisten als Nachfolger eines anderen, eines bisher persönlich haftenden Gesellschafters als Kom-

manditisten oder eines bisherigen Kommanditisten als persönlich haftenden Gesellschafter darf den Betrag von 1320 Deutsche Mark nicht übersteigen.

III Wird die Eintragung einer Firma gelöscht (rot unterstrichen) und die Firma gleichzeitig in der anderen Abteilung des Handelsregisters eingetragen, so werden die Gebühren für die Löschung (Rotunterstreichung) und die neue Eintragung besonders erhoben.

IV Die Vermerke über die Eintragung oder Aufhebung einer Zweigniederlassung im Register der Hauptniederlassung werden gebührenfrei eingetragen.

Schrifttum: Haferland, Praxis des Kostenrechts: Notariatskosten, Gerichtskosten in Handelsregistersachen, 1987.

Vorbem. II idF Art 2 I Z 7 G v 9. 12. 86, BGBl 2326, in Kraft seit 1. 1. 87, Art 10.

1) Allgemeines, I. § 26 bestimmt den Geschäftswert, § 79 die Gebühr, die man demgemäß entrichten muß. Da der Geschäftswert nach dem Wert des Betriebsvermögens zu berechnen ist, soweit nicht ein bestimmter Geldwert eingetragen wird, § 26 III, besteht zwischen der Personal- und der Kapitalgesellschaft insofern kein Unterschied.

Mit Rücksicht darauf, daß in § 26 III der Geschäftswert erheblich geringer ist als der Wert des Betriebsvermögens, entsteht bei einer Eintragung mit einem unbestimmten Geldbetrag das Doppelte der vollen Gebühr, I 2. Der Unterschied zwischen einer Ersteintragung oder einer späteren Eintragung besteht nur bei der Feststellung des Geschäftswerts und ist für die Höhe der Eintragungsgebühr als solche grundsätzlich ohne Bedeutung; davon macht II d eine Ausnahme.

Soweit es sich um eine Eintragung mit einem bestimmten Geldbetrag handelt, ist dieser maßgebend. Das ergibt sich aus I 2, 3, Düss Rpfleger **84**, 162 mwN, abw KLBR Rdz 3, 28, 30. In einem solchen Fall erfolgt keine Gebührenverdoppelung. Sie tritt aber ein, wenn eine Eintragung eines bestimmten Geldbetrags mit einer anderen Eintragung zusammentrifft, I 3. Soweit die Voraussetzungen des § 26 V vorliegen, ist ein einheitlicher Geschäftswert zugrunde zu legen. Von diesem Grundsatz gilt eine Ausnahme, soweit es sich um eine Prokureneintragung handelt. Denn man muß ihren Wert besonders berechnen, § 26 V 4.

Die Eintragung einer Kommanditgesellschaft, für die § 26 V 1–3 nicht gilt, wird wie eine Eintragung mit einem unbestimmten Geldwert behandelt, ihrem eigentlichen Gegenstand entsprechend. Anders ist eine Einlage in eine Kommanditgesellschaft zu bewerten, I. Hamm BB **80**, 1609 läßt bei einem Kommanditistenwechsel im Weg einer Gesamtrechtsnachfolge von einem Erblasser auf mehrere gesetzliche Erben die Gebühr nur einmal entstehen und wendet dabei II 2 an.

Nebengeschäfte sind gebührenfrei, § 35. Das gilt zB: Für die Bekanntmachung der Eintragung (sie verursacht allerdings eine Erstattungspflicht wegen der Auslagen); für die Aufbewahrung eines eingereichten Schriftstücks und einer Unterschrift, § 12 HGB, soweit über diese keine besondere Verhandlung aufgenommen worden ist.

Wegen einer gebührenfreien Eintragung vgl § 87 Z 1. Gebührenfrei ist auch die Eintragung eines gerichtlich bestellten Vorstandsmitglieds oder Liquidators sowie deren gerichtliche Abberufung, zB §§ 34 IV, 148 II HGB.

2) Prokura, II a, b. Eine auf die Prokura bezogene Eintragung ist immer besonders zu bewerten, selbst wenn sie gleichzeitig mit der Eintragung desselben Unternehmens angemeldet wird, § 26 V 4; vgl dort Anm 6 Bc. Im Fall einer Gesamtprokura entsteht nur eine Gebühr, § 26 V 1. Soweit die Anmeldung die Zeichnungsbefugnis des Prokuristen an die Mitzeichnung eines Vorstandsmitglieds knüpft, entsteht nur die Eintragungsgebühr für die Prokura, nicht eine Eintragungsgebühr für die Firma, und zwar auch nicht dann, wenn die Eintragung später erfolgt. Etwas anderes gilt im Fall der gleichzeitigen Satzungsänderung.

Eine Eintragungsgebühr entsteht auch dann, wenn im Fall der Umwandlung einer Kapitalgesellschaft in eine neuerrichtete Personengesellschaft die alte Prokura wieder eingetragen wird. Ferner entsteht eine Eintragungsgebühr bei einer Sitzverlegung in einen anderen Registerbezirk, BayObLG BB **87**, 360, Mümmler JB **80**, 257, RoW 12, aM zB Köln Rpfleger **88**, 28 mwN.

Die Gebühr entsteht in Höhe des Doppelten der vollen Gebühr, I 2. Indessen schafft II 1a eine Höchstgebühr im Fall der Eintragung des Erlöschens der Prokura in Höhe von 220 DM.

Wenn die Prokura nur für eine Zweigniederlassung eingetragen wird, braucht die Gebühr nicht unter der Höchstgebühr nach II 1a zu liegen, soweit der Geschäftswert für die Zweigniederlassung hoch ist, KG Rpfleger **69**, 318.

Die Höchstgebühr gilt auch dann, wenn es sich um die Eintragung mehrerer Prokuren handelt, für die ein einheitlicher Wert zu bestimmen ist, § 26 V 1, etwa die Eintragung einer Prokura und die Änderung einer solchen. Wenn die Eintragung einer Prokura mit dem Erlöschen einer solchen zusammentrifft, entsteht eine Höchstgebühr von 440 DM.

Mit dem Erlöschen der Firma oder der Eintragung ihrer Abwicklung erlischt die Prokura kraft Gesetzes. In diesem Fall entsteht also für die Löschung der Prokura keine besondere Gebühr, Karlsr NJW **69**, 1724.

3) Firmenlöschung, II 1 c, III. Im Fall einer Löschung verschwindet die Firma aus dem Handelsregister, weil sie nicht mehr besteht. Dieser Fall tritt nicht schon dann ein, wenn die bisherige Eintragung wegen einer bloßen Sitzverlegung oder wegen einer Verschmelzung mit einer bereits in derselben Abteilung stehenden anderen Gesellschaft gerötet wird, Karlsr Rpfleger **74**, 413, wohl aber im Fall der Umwandlung der bisherigen Firma in eine neu errichtete Gesellschaft nebst der Eintragung in einer anderen Abteilung (zum Problem BayObLG JB **75**, 926, Karlsr Rpfleger **74**, 413, Ackermann JB **75**, 15), sowie bei einer Firmenänderung. Dazu genügt aber die Hinzufügung eines Nachfolgezusatzes nicht.

Im Fall der Löschung, auch einer Zweigniederlassung, BayObLG Rpfleger **75**, 38 mwN, gilt I. Wertmäßig ist die Löschung eine spätere Eintragung, vgl § 26 IV. Da die beiden Abteilungen des Handelsregisters gebührenrechtlich als besondere Register behandelt werden, entsteht für die Löschung in dem einen Register und für die gleichzeitige Eintragung in dem anderen Register je eine Gebühr. Das gilt auch dann, wenn nur das Handelsgeschäft eines Einzelkaufmanns, einer Offenen Handelsgesellschaft oder eine Kommanditgesellschaft auf eine in Abteilung B eingetragene Handelsgesellschaft mit dem Recht der Firmenfortführung übergegangen ist und wenn die Eintragung in der Abteilung A des Handelsregisters deshalb rot unterstrichen wird, § 42 Handelsregisterverfügung, oder wenn es sich um die Umwandlung einer in Abteilung A eingetragenen Anstalt des öffentlichen Rechts in eine in Abteilung B einzutragende Aktiengesellschaft ohne eine Änderung der Identität handelt, BayObLG **73**, 237, Oldb Rpfleger **74**, 328.

Für die Firmenlöschung entsteht eine Höchstgebühr von 660 DM, II 1c, Oldb Rpfleger **74**, 328.

4) Sonstige Eintragung, II d. Die Höchstgebühr für alle sonstigen Eintragungen, deren Geschäftswert nicht in einem bestimmten Geldbetrag besteht, beträgt 1320 DM. Das gilt aber nicht für die Ersteintragung einer Firma, § 26 III.

Die Höchstgebühr ist aber zu beachten, wenn mehrere Eintragungen teilweise einen bestimmten Geldbetrag, teilweise einen unbestimmten Geldbetrag betreffen und deshalb einheitlich bewertet werden, und wenn die Hälfte des einzutragenden Geldbetrags höher und deshalb maßgeblich ist, § 26 V 3, Düss Rpfleger **78**, 395 mwN, vgl § 26 Anm 6 B.

Im Fall des Zusammentreffens von Eintragungen nach II 1c und d entsteht eine Höchstgebühr von 1320 DM.

5) Zweigniederlassung, IV. Die Eintragung einer Zweigniederlassung, vgl auch § 26 Anm 8, läßt eine Gebühr nach I entstehen. Mit ihr ist auch der Vermerk im Register der Hauptniederlassung nach §§ 13 IV HGB, 42 V AktG, 12 GmbHG abgegolten. Dasselbe gilt im Fall der Aufhebung der Eintragung der Zweigniederlassung. Die Vorschrift gilt auch für eine Zweigniederlassung am Ort der Hauptniederlassung.

Eine Verlegung der Zweigniederlassung in einen anderen Registerbezirk ist als eine erste Eintragung anzusehen. Mit der Gebühr für die Sitzverlegung der Hauptniederlassung an den Ort der Zweigniederlassung, die bei dem neuen Registergericht zu entrichten ist, ist auch die Aufhebung der Zweigniederlassung abgegolten. Der Kostenansatz im Fall der Eintragung in das Register einer Zweigniederlassung, die nicht deren Errichtung oder Aufhebung betrifft, erfolgt ausschließlich beim Gericht der Hauptniederlassung, § 5 VII KostVfg, Teil VII A dieses Buchs.

Wenn eine Aktiengesellschaft mehrere Hauptniederlassungen hat, kann man eine derartige Eintragungsgebühr nur einmal erheben. Wenn also das Gericht der Hauptniederlassung sie bereits erhoben hat, kann das andere Gericht die Gebühr nicht nochmals erheben, KG DNotZ **57**, 327.

Im Fall der Löschung einer Zweigniederlassung liegt grundsätzlich ein bestimmter Geldbetrag vor, vgl § 26 Anm 2 A a.

Anhang nach § 79

Fortführung der Firma und Ausscheiden von Aktionären bei Umwandlung

§ 38 UmwG. Für die Entscheidung über einen Antrag nach § 6 Abs. 3 Satz 2 wird die volle Gebühr nach den Vorschriften der Kostenordnung erhoben. Der Geschäftswert bestimmt sich nach § 30 der Kostenordnung.

1) Geltungsbereich. Wenn eine Kapitalgesellschaft unter der Fortführung des bisher betriebenen Handelsgeschäfts in eine Personengesellschaft umgewandelt wird, dann kann das Registergericht für den Fall, daß die Kapitalgesellschaft den Namen einer natürlichen Person in ihrer Firma führt, auf Grund eines Antrags genehmigen, daß die Personengesellschaft bei der Bildung ihrer neuen Firma diesen von der Kapitalgesellschaft geführten Namen der natürlichen Person verwendet und insofern von § 19 HGB abweicht, § 6 III 2 UmwG. Für diese Entscheidung entsteht eine volle Gebühr. Der Antragsteller ist der Kostenschuldner, § 2 Z 1 KostO. Der Geschäftswert richtet sich nach § 30 KostO.

§ 39 UmwG. Für die Kosten des gerichtlichen Verfahrens (§§ 30 bis 37) gilt die Kostenordnung. Für das Verfahren des ersten Rechtszugs wird das Doppelte der vollen Gebühr erhoben. Für den zweiten Rechtszug wird die gleiche Gebühr erhoben; dies gilt auch dann, wenn die Beschwerde Erfolg hat. Wird der Antrag oder die Beschwerde zurückgenommen, bevor es zu einer Entscheidung kommt, so ermäßigt sich die Gebühr auf die Hälfte. Der Geschäftswert ist von Amts wegen festzusetzen. Er bestimmt sich nach § 30 Abs. 1 der Kostenordnung. Kostenvorschüsse werden nicht erhoben. Schuldner der Kosten ist die übernehmende Personengesellschaft (Hauptgesellschafter, Hauptgewerke). Die Kosten können jedoch ganz oder zum Teil einem anderen Beteiligten auferlegt werden, wenn dies der Billigkeit entspricht.

1) Geltungsbereich. Über die Höhe der angemessenen Abfindung der ausscheidenden Aktionäre entscheidet das LG (Kammer für Handelssachen) im Verfahren der freiwilligen Gerichtsbarkeit, §§ 30, 31 UmwG, durch einen Beschluß. Gegen ihn ist die sofortige Beschwerde zulässig, § 34 UmwG. Eine weitere Beschwerde ist unzulässig. Die Vorschrift gilt auch im Fall der Umwandlung einer GmbH oder einer bergrechtlichen Gewerkschaft in eine Personengesellschaft.

Eintragungen in das Vereinsregister

80 **I Für Eintragungen in das Vereinsregister werden erhoben**

1. für die erste Eintragung des Vereins das Doppelte der vollen Gebühr;

2. für alle späteren Eintragungen die volle Gebühr;

3. für Löschung der Gesamteintragung die Hälfte der vollen Gebühr.

II **Werden auf Grund derselben Anmeldung mehrere Eintragungen der in Absatz 1 Nr. 2 bezeichneten Art vorgenommen, so wird die Gebühr nur einmal erhoben.**

1) Einzelne Eintragung, I. A. Grundsatz. § 80 stellt für eine Eintragung zum Vereinsregister dieselben Unterschiede wie § 26 auf. Der Geschäftswert richtet sich nach § 30 II, soweit nicht der Verein ein Handelsgewerbe betreibt, § 28. Für diese Frage kommt es auf die Vermögenslage und den satzungsgemäßen Zweck des Vereins an.

B. Fälle. Man muß folgende Situationen unterscheiden:

a) Erste Eintragung, Z 1. Für die erste Eintragung des Vereins entsteht das Doppelte der vollen Gebühr.

b) Spätere Eintragungen, Z 2. Für jede spätere Eintragung entsteht eine volle Gebühr. Zu den späteren Eintragungen gehören zB: Die Änderung des Vorstands; die Verlegung des Sitzes in einen anderen Registerbezirk.

c) Löschung der Gesamteintragung, Z 3. Für die Löschung der Gesamteintragung entsteht die Hälfte der vollen Gebühr. Die Auflösung bewirkt nur dann eine Gesamtlöschung, wenn sie ausnahmsweise das Ende des Vereins bedeutet, wenn also keine Abwicklung (Liquidation) eintritt. Andernfalls handelt es sich um eine „spätere" Eintragung im Sinn von Z 2.

Als eine Löschung der Gesamteintragung gilt auch die Entziehung der Rechtsfähigkeit des Vereins durch die zuständige Behörde. Sie ist aber gebührenfrei. Denn sie liegt im öffentlichen Interesse.

d) Weitere Fälle. Die Eintragung der Konkurseröffnung ist gebührenfrei, § 87 Z 1. Die gemäß § 73 BGB erfolgende Entziehung der Rechtsfähigkeit durch das AG ist ebenfalls gebührenfrei, § 121. Ein Nebengeschäft ist ebenfalls gebührenfrei, § 35. Zu den Nebengeschäften zählen zB: Die Bekanntmachungen (sie sind auslagenpflichtig); die Beglaubigung der bei den Akten bleibenden Satzungsabschrift. Wegen der Gebühr für die Anmeldung zum Register vgl § 86. Wegen der Gebühr für eine Abschrift oder Bescheinigung vgl § 89. Eine Registereinsicht ist gebührenfrei, § 90.

2) Mehrere Eintragungen, II. Bei mehreren Eintragungen auf Grund derselben Anmeldung entsteht die Gebühr nur einmal, soweit es sich um spätere Eintragungen handelt.

Eintragungen in das Güterrechtsregister

81 **Für Eintragungen in das Güterrechtsregister wird die volle Gebühr erhoben.**

1) Geltungsbereich. Die Vorschrift erfaßt eine Eintragung in das Güterrechtsregister. Sie kostet eine volle Gebühr. Im Güterrechtsregister entstehen keine gebührenfreien Eintragungen. Sofern mehrere Eintragungen notwendig sind, etwa beim Gericht des Wohnsitzes und demjenigen der Handelsniederlassung, oder soweit gleichzeitig auch eine Eintragung in das Handelsregister erfolgen muß, entsteht hier und auch sonst jedesmal die betreffende Gebühr.

Von diesem Grundsatz gilt eine Ausnahme im Fall der Zurückverlegung des Wohnsitzes, §§ 1559 BGB, 4 II EGHGB.

2) Geschäftswert. Der Geschäftswert richtet sich bei einem Ehevertrag nach § 39 III, im übrigen nach § 30 II, etwa bei der Ausschließung der Schlüsselgewalt.

Musterregister

82 *(aufgehoben)*

Genossenschaftsregister

83 Für Eintragungen in das Genossenschaftsregister, in die Liste der Genossen, für Vormerkungen in dieser Liste sowie für die Zurückweisung oder Zurücknahme von Anträgen auf Eintragung der Vormerkung werden Gebühren nicht erhoben; jedoch werden Postgebühren in allen Fällen und Schreibauslagen für Ausfertigungen und Abschriften jeder Art erhoben.

1) Geltungsbereich. Für eine Eintragung in das Genossenschaftsregister oder in die Liste der Genossen, für eine Vormerkung in dieser Liste nach § 71 GenG sowie für die Zurückweisung und die Zurücknahme eines Antrags auf eine Eintragung einer derartigen Vormerkung entsteht keine Gebühr. Für das übrige Verfahren besteht keine Gebührenfreiheit. Gebührenpflichtig sind also die Verhängung eines Ordnungs- und Zwangsgelds, eine Beschwerde, §§ 119ff, 131, auch eine beglaubigte Abschrift, § 89.

Die Aufnahme und Entgegennahme eines Antrags sowie ihre Anmeldung ist insoweit gebührenfrei, §§ 86 S 3, 129, sofern nicht die Beurkundung durch den Notar erfolgt, § 144.

2) Geschäftswert usw. Der Geschäftswert bestimmt sich gemäß § 28 nach § 30 II. Eine Pflicht zur Erstattung von Schreibauslagen richtet sich nach § 136. Es entsteht also keine solche Auslagenpflicht, soweit § 136 V anwendbar ist, LG Aschaffenb JB **77**, 1433.

Erstattungspflichtig sind ferner die Postauslagen, Hs 2.

Eintragungen in das Schiffsregister, Schiffsurkunden

84 I Für die Eintragung des Schiffs in das Schiffsregister und für die Eintragung von Veränderungen, die das Schiff betreffen, wird ein Viertel der vollen Gebühr erhoben. Der Wert bestimmt sich bei der Eintragung des Schiffs nach dem Wert des Schiffs; bei der Eintragung von Veränderungen gilt § 30 Abs. 2. Bei der Verlegung des Heimathafens (Heimatorts) wird nur eine Gebühr bei dem Gericht des neuen Heimathafens (Heimatorts) erhoben. Die Eintragung von Veränderungen der amtlichen Kennzeichen des Schiffs ist gebührenfrei.

II Für die Löschung der Eintragung des Schiffs wird eine Gebühr nur im Fall des § 20 Abs. 2 Satz 2 der Schiffsregisterordnung erhoben; die Gebühr beträgt ein Viertel der vollen Gebühr; der Wert bestimmt sich nach dem Wert des Schiffs. Für die Eintragung, daß das Schiff das Recht zur Führung der Bundesflagge verloren hat oder daß das Schiff seinen Heimatort im Ausland hat, wird eine Gebühr nicht erhoben; das gleiche gilt für Eintragungen in den Fällen des § 17 Abs. 2 der Schiffsregisterordnung.

III Für die Eintragung eines neuen Eigentümers, für die Eintragung oder Löschung einer Schiffshypothek, eines Arrestpfandrechts oder eines Nießbrauchs und für die Eintragung von Veränderungen, die sich auf das Eigentum, die Schiffshypothek oder den Nießbrauch beziehen, ferner für die Eintragung oder Löschung von Vormerkungen, Widersprüchen und Verfügungsbeschränkungen gelten die für die entsprechenden Eintragungen im Grundbuch gegebenen Vorschriften sinngemäß mit der Maßgabe, daß in jedem Fall nur ein Viertel der vollen Gebühr erhoben wird.

IV Bei einer Reederei wird für die Eintragung eines neuen Mitreeders oder der Verpfändung oder Pfändung einer Schiffspart, für die Eintragung einer Verfügungsbeschränkung, die eine Schiffspart betrifft, und für die Eintragung eines Korrespondentreeders eine Gebühr von 15 bis 275 Deutsche Mark erhoben.

V Für die Erteilung des Schiffszertifikats, des Schiffsbriefs oder des Flaggenzeugnisses und für den Vermerk von Veränderungen auf dem Zertifikat oder dem Brief wird eine Gebühr von 15 bis 35 Deutsche Mark erhoben. Für den Vermerk von Veränderungen der amtlichen Kennzeichen werden weder Gebühren noch Schreibauslagen erhoben. Für die Erteilung eines Auszugs aus dem Schiffszertifikat werden nur Schreibauslagen erhoben.

Vorbem. IV, V 1 idF Art 2 I Z 9 G v 9. 12. 86, BGBl 2326, in Kraft seit 1. 1. 87, Art 10.

1) Eintragung des Schiffs usw, I. A. Ersteintragung. I erfaßt die erste Eintragung eines Schiffs in das Schiffsregister. Durch die ¼ Gebühr ist auch die Eintragung des Eigentümers sowie die Miteintragung eines Korrespondentreeders und eines etwaigen, vorher erhobenen Widerspruchs gegen die Eigentümereintragung nach § 16 IV SchiffsRegO vom 26. 5. 51, BGBl 360, abgegolten.

Der Geschäftswert richtet sich nach dem Wert des Schiffs, § 19 II. Es findet kein Abzug von Verbindlichkeiten statt, § 18 III.

B. Veränderung. I erfaßt auch die Eintragung einer Veränderung, die das Schiff betrifft, nicht etwa nur das Eigentum oder Hypotheken. Gemeint sind zB: Eine Namensänderung; die Verlegung des Heimathafens bzw Heimatorts. Für die letztere entsteht aber nur eine Gebühr beim Gericht des neuen Heimathafens, I 3. Für einen Vermerk der Veränderungen auf dem Schiffszertifikat oder Schiffsbrief entstehen Rahmengebühren nach V. Die Eintragung von Veränderungen der amtlichen Kennzeichen ist gebührenfrei, I 4, ebenso ein entsprechender Vermerk auf den Schiffspapieren, V 2. In diesem Fall entstehen auch keine Schreibauslagen.

Der Geschäftswert richtet sich nach § 30 II.

2) Löschung, II. Die Löschung der Eintragung des Schiffs ist grundsätzlich gebührenfrei, auch wenn das Schiff seinen Heimatort im Ausland erhält, § 20 II 1 SchiffsRegO, oder wenn das Schiff das Recht zur Führung der Bundesflagge verloren hat, § 20 III, IV SchiffsRegO, oder wenn das Schiff ein Recht zur Führung der Bundesflagge während einer gewissen Zeit nicht ausüben darf, §§ 17 II SchiffsRegO, 7 FlaggenrechtsG vom 8. 2. 51, BGBl 79.

Der Geschäftswert richtet sich nach dem Wert des Schiffs, Anm 1 A.

3) Rechtsverhältnisse am Schiff, III. Die Vorschrift erfaßt die Eintragung des neuen Eigentümers usw, vgl auch §§ 23ff SchiffsRegO. Hierher gehören auch: Die Eintragungen des neuen Eigentümers oder Miteigentümers; die Eintragung eines Eigentumswechsels bei mehreren Schiffen, § 60 IV; die Eintragung einer Schiffshypothek; die Eintragung eines Arrestpfandrechts; die Eintragung eines Nießbrauchs, §§ 62, 63; die Eintragung von deren Löschung, § 68; die Eintragung einer Veränderung, die sich auf das Eigentum, die Schiffshypothek oder einen Nießbrauch beziehen; die Eintragung der Löschung einer Vormerkung oder eines Widerspruchs, § 66; oder einer Verfügungsbeschränkung, § 65.

Es gelten die Vorschriften des Grundbuchkostenrechts, §§ 60ff entsprechend. Allerdings darf die Gebühr nicht mehr als ¼ der vollen Gebühr betragen.

4) Rahmengebühr, IV, V. Über die Rahmengebühr vgl grundsätzlich § 34. In den Fällen nach IV entsteht eine Gebühr von 15–275 DM. In den Fällen V entsteht eine Gebühr von 15–35 DM.

5) Gebührenfreiheit. Eine Gebührenfreiheit kann in folgenden Fällen eintreten:

A. Schiffskennzeichen. Gebührenfrei ist die Eintragung einer Veränderung des amtlichen Schiffskennzeichens.

B. Flaggenrecht. Gebührenfrei ist die Eintragung des Verlusts des Flaggenrechts oder des inländischen Heimatorts, II.

C. Schiffszertifikat, Schiffsbrief. Gebührenfrei ist die Eintragung eines Vermerks über eine Veränderung des amtlichen Kennzeichens auf dem Schiffszertifikat oder dem Schiffsbrief, V.

D. Zertifikatauszug. Gebührenfrei ist die Erteilung eines Auszugs aus dem Schiffszertifikat, V. In diesem Fall entsteht aber die Verpflichtung zur Erstattung von Schreibauslagen.

Eine beglaubigte Abschrift wird nach § 89 behandelt.

Eintragungen in das Schiffsbauregister und in das Kabelbuch

85 **Für Eintragungen in das Schiffsbauregister und in das Kabelbuch gilt § 84 Abs. 1 bis 4 entsprechend. Für die Eintragung des Schiffsbauwerks und des Kabels wird eine Gebühr nicht erhoben. Die Übertragung der im Schiffsbauregister eingetragenen Hypotheken in das Schiffsregister ist gebührenfrei.**

1) Geltungsbereich. Die Eintragung in das Schiffsbauregister oder in das Kabelbuch macht dieselben Gebühren fällig wie eine solche in das Schiffsregister. Die Eintragung des Schiffsbauwerks oder des Kabels selbst ist gebührenfrei. Dasselbe gilt für die Übertragung eines Pfandrechts aus dem Schiffsbauregister in das Schiffsregister nach § 81 SchiffsrechteG.

Anmeldungen, Anträge, Aufbewahrung und Prüfung von Unterlagen

86 **I Für die Aufnahme von Anmeldungen zum Handels-, Vereins- und Güterrechtsregister werden Gebühren nach Maßgabe des Beurkundungsabschnitts besonders erhoben. Das gleiche gilt in Schiffsregister-, Schiffsbauregister- und Kabelpfandsachen für die Aufnahme von Anträgen, die in der Form des § 37 der Schiffsregisterordnung gestellt werden müssen. Im übrigen ist die Aufnahme und Entgegennahme von Anträgen und Anmeldungen gebührenfrei.**

II Für die Aufbewahrung und Prüfung eines zum Handelsregister oder zum Genossenschaftsregister einzureichenden Jahresabschlusses und der dazu gehörenden Unterlagen sowie für die Aufbewahrung und Prüfung eines zum Handelsregister einzureichenden Konzernabschlusses und der dazu gehörenden Unterlagen wird jeweils eine Gebühr erhoben. Die Gebühr beträgt bei einem Jahresabschluß in der Form des § 266 Abs. 1 Satz 3 des Handelsgesetzbuchs 50 Deutsche Mark, im übrigen 100 Deutsche Mark. Zur Zahlung der Gebühr ist das einreichende Unternehmen verpflichtet.

1) Handelsregister usw, I 1. Eine Anmeldung oder ein Antrag zum Handelsregister, Vereinsregister, Güterrechtsregister muß in öffentlich beglaubigter Form erfolgen, §§ 129, 159, 161 FGG, 12 HGB, 77, 1560 BGB. Wenn ein Flüchtling oder Vertriebener seinen bisherigen Güterstand beibehalten, also die Überleitung in den gesetzlichen Güterstand des BGB verhindern wollte, mußte er eine entsprechende Erklärung bis zum 31. 12. 70 gegenüber dem AG erklären.

In jedem Fall entsteht die Beurkundungsgebühr nach § 38 II Z 7. Im Fall einer bloßen Unterschriftsbeglaubigung ist § 45 anwendbar.

Der Geschäftswert beträgt 3000 DM, §§ 2, 5 Gesetz vom 4. 8. 69, BGBl 1067.

2) Schiffsregister usw, I 2. Für die Aufnahme einer Anmeldung oder eines Antrags in einer Schiffsregistersache, Schiffsbauregistersache oder Kabelpfandsache muß man § 37 SchiffsRegO beachten. Die Gebühr des § 38 I Z 5a, b entsteht für die Aufnahme, sofern der Antrag in der gesetzlichen Form eingereicht wird.

3) Gebührenfreiheit, I 3. Alle Anträge und Anmeldungen, die nicht unter I 1 oder 2 fallen, sind gebührenfrei, und zwar sowohl ihre Aufnahme als auch ihre Entgegennahme, I 3, § 129. Das gilt zB für folgende Situationen: Es handelt sich um die Aufnahme einer Anmeldung zum

Musterregister, zum Genossenschaftsregister, um den Antrag auf die Löschung des Schiffs.

4) Aufbewahrung, Prüfung, II 1. Soweit der Jahresabschluß, also die Bilanz und die Gewinn- und Verlustrechnung, § 242 III HGB, zum Handels- oder Genossenschaftsregister einzureichen sind, entsteht die Gebühr für die Aufbewahrung und für die Prüfung insgesamt nur einmal und umfaßt auch die Aufbewahrung und die Prüfung der zugehörigen oder als zugehörig eingereichten Unterlagen, selbst wenn sich einzelne von ihnen objektiv als überflüssig herausstellen. Das alles gilt auch beim Konzernabschluß, §§ 290 HGB.

5) Gebührenhöhe, II 2. A. Kleine Kapitalgesellschaft. Die kleine Kapitalgesellschaft im Sinn von § 267 I HGB braucht nach § 266 I 3 HGB nur eine sog verkürzte Bilanz aufzustellen. Nur in diesem Fall beträgt die Gebühr 50 DM. Soweit die kleine Kapitalgesellschaft eine nicht verkürzte Bilanz erstellt, gilt B.

B. Übrige Fälle. Soweit es nicht um die verkürzte Bilanz einer kleinen Kapitalgesellschaft geht, A, entsteht eine Gebühr von 100 DM.

6) Gebührenschuldner, II 3. Dies ist stets das einreichende Unternehmen unabhängig davon, ob Jahres- bzw Konzernabschluß oder die als zugehörig eingereichten Unterlagen auch andere Unternehmen mitbetreffen.

Gebührenfreie Geschäfte des Registergerichts

87 Gebühren werden nicht erhoben

1. für die aus Anlaß eines Vergleichs- oder Konkursverfahrens von Amts wegen vorzunehmenden Eintragungen sowie für Eintragungen und Löschungen, die auf Ersuchen und Anordnung eines Gerichts, insbesondere des Vollstreckungsgerichts erfolgen; ausgenommen sind die Eintragung des Erstehers als Eigentümer eines Schiffs oder eines Schiffsbauwerks, die Eintragung der Schiffshypothek für die Forderung gegen den Ersteher sowie Eintragungen auf Grund einer einstweiligen Verfügung (§ 941 der Zivilprozeßordnung);

2. für Entscheidungen über Anträge und Beschwerden der in § 126 des Gesetzes über die Angelegenheiten der freiwilligen Gerichtsbarkeit bezeichneten Art.

1) Öffentliches Interesse, Z 1. Die Vorschrift entspricht im wesentlichen § 69 II. Gebührenpflichtig sind die Eintragung des Erstehers eines Schiffs oder Schiffsbauwerks, die Eintragung der Schiffshypothek für die Forderung gegen den Ersteher und die Eintragung auf Grund einer einstweiligen Verfügung. Es ist unerheblich, ob das Gericht oder ein Berechtigter den Antrag stellen.

2) Antrag, Beschwerde nach § 126 FGG, Z 2. Es handelt sich um einen Antrag oder eine Beschwerde eines Organs des Handelsstands, die im öffentlichen Interesse erfolgen. Solche Anträge und Beschwerden sind gebührenfrei. Das Organ des Handelsstands muß die Auslagen nur dann erstatten, wenn das Beschwerdegericht die Beschwerde zurückweist.

Löschungsverfahren, Auflösungsverfahren

88 **I Für die Zurückweisung des Widerspruchs gegen eine angedrohte Löschung im Fall des § 141 des Gesetzes über die Angelegenheiten der freiwilligen Gerichtsbarkeit wird die für die Löschung bestimmte Gebühr besonders erhoben. Das gleiche gilt für die Verwerfung oder Zurückweisung der Beschwerde gegen die Zurückweisung des Widerspruchs.**

II Für Löschungen nach §§ 142 bis 144, 159 und 161 des Gesetzes über die Angelegenheiten der freiwilligen Gerichtsbarkeit und nach §§ 2, 3 des Gesetzes über die Auflösung und Löschung von Gesellschaften und Genossenschaften vom 9. Oktober 1934 (Reichsgesetzbl. I S. 914) werden keine Gebühren erhoben. Im übrigen gilt Absatz 1 entsprechend.

III Für die Zurückweisung des Widerspruchs gegen eine Aufforderung nach § 144b des Gesetzes über die Angelegenheiten der freiwilligen Gerichtsbarkeit wird die für die Eintragung der Auflösung bestimmte Gebühr besonders erhoben. Absatz 1 Satz 2 gilt entsprechend.

1) Löschungsverfahren, I. Die Vorschrift betrifft die Amtslöschung einer erloschenen Firma, §§ 14, 31 II 2 HGB. Sie kostet stets eine Löschungsgebühr, unabhängig davon, ob ein Widerspruch erhoben worden ist oder nicht, BayObLG **80**, 262 mwN.

Im Fall der Zurückweisung des gegen die Löschung erhobenen Widerspruchs entsteht die Löschungsgebühr des § 79 zweimal, vgl Hamm OLGZ **78**, 430.

Im Fall des Erfolgs einer Beschwerde gegen den Zurückweisungsbeschluß entstehen für beide Instanzen weder Gebühren noch Auslagen.

2) Löschungsverfahren, II. §§ 142, 143 FGG betreffen die Amtslöschung wegen einer Unzulässigkeit der Eintragung. § 144 FGG betrifft die Amtslöschung der Aktiengesellschaft und der Kommanditgesellschaft auf Aktien wegen einer Nichtigkeit. §§ 159, 161 FGG betreffen eine Amtslöschung im Vereinsregister oder Güterrechtsregister wegen der Unzulässigkeit der Eintragung. §§ 2, 3 LöschG vom 9. 10. 34 betreffen die Amtslöschung einer Aktiengesellschaft, einer Kommanditgesellschaft auf Aktien, einer GmbH oder einer Genossenschaft mangels Vermögens, auch soweit das Gericht die Anmeldung des Erlöschens hätte erzwingen können.

In allen diesen Fällen entstehen weder Gebühren noch Auslagen.

3) Zurückweisung des Widerspruchs, III. Es ist unerheblich, ob das Gericht den Widerspruch als unzulässig, zB als verspätet, oder als unbegründet zurückweist.

Auch in diesen Fällen entsteht die Gebühr des § 79 zweimal. Vgl im übrigen Anm 1.

Beglaubigte Abschriften, Bescheinigungen

89 **I Für die Erteilung beglaubigter Abschriften aus den in diesem Abschnitt genannten Registern wird eine Gebühr von 15 bis 35 Deutsche Mark erhoben; daneben werden die durch die Abschriften erwachsenen Schreibauslagen erhoben.**

II Das gleiche gilt für Bescheinigungen aus den genannten Registern.

III Bescheinigungen nach § 66 Abs. 2 des Bürgerlichen Gesetzbuchs sind frei von Gebühren und Schreibauslagen.

IV § 73 Satz 2 gilt entsprechend.

Vorbem. I idF Art 2 I Z 10 G v 9. 12. 86, BGBl 2326, in Kraft seit 1. 1. 87, Art 10.

1) Beglaubigte Abschrift, I, IV. A. Geltungsbereich. Jedermann darf einen Auszug oder eine Abschrift aus einem öffentlichen Register, das im dritten Unterabschnitt genannt ist, anfordern. Zu diesen Registern gehört auch das Genossenschaftsregister; während es im übrigen keine Gebühr entstehen läßt, § 83, muß man eine beglaubigte Abschrift aus ihm bezahlen.

Eine beglaubigte Abschrift aus einer zum Register gehörenden Akte gehört nicht hierher, sondern fällt unter §§ 55, 132, 136. Soweit die Justizverwaltung sie gewährt, ist Nr 1 des Gebührenverzeichnisses der JVerwKO, Teil VIII A dieses Buchs, anwendbar. Im übrigen ist die Einsicht nach Landesrecht zu vergüten.

B. Gebühr. Für die einfache Abschrift entstehen nur Schreibauslagen. Für die beglaubigte Abschrift ensteht außerdem eine Rahmengebühr nach I. Zur Rahmengebühr vgl. § 34. Wegen der Gebühr bei der Erteilung mehrerer gleichlautender Abschriften vgl § 17 KostVfg, Teil VII A dieses Buchs.

Eine beglaubigte Abschrift oder eine Auskunft im Fall einer Zwangsversteigerung eines Schiffs nach § 19 II ZVG ist entsprechend § 73 gebührenfrei.

2) Bescheinigung, II, III. A. Geltungsbereich. Die Vorschriften erfassen Bescheinigungen aus dem Handelsregister, aus dem Vereinsregister, aus dem Güterrechtsregister, vgl §§ 9 III HGB, 32 GBO, 69 BGB, 162 FGG.

Eine Bescheinigung nach § 66 II BGB über die Eintragung auf der zurückgegebenen Vereinssatzung ist frei von Gebühren und Schreibauslagen.

B. Gebühr. Es entsteht für jede einzelne Bescheinigung eine Rahmengebühr in Höhe von 15–35 DM. Zur Rahmengebühr vgl § 34. Bei gleichlautenden Abschriften oder Bescheinigungen aus den Registern oder dann, wenn im Anschluß an eine erteilte Abschrift oder Bescheinigung bestätigt wird, daß weitere Eintragungen nicht vorhanden sind oder daß eine bestimmte Eintragung nicht erfolgt ist, ist § 17 KostVfg, Teil VII A dieses Buchs, zu beachten. Es erfolgt dann also ein Ansatz von nur [jetzt] 15 DM.

Registereinsicht

90 **Für die Einsicht der in diesem Abschnitt genannten Register werden Gebühren nicht erhoben.**

1) Einsicht. Die bloße Einsicht eines Registers ist gebührenfrei. Von der Einsicht ist die Durchsicht mit Erlaubnis der Justizverwaltung zu unterscheiden. Für sie gilt im Bereich des Bundesrechts Nr 3 JVerwKO, Teil VIII A dieses Buchs, im übrigen das Landesrecht.

Anhang nach § 90

I. Gebühren bei Antrag auf gerichtliche Entscheidung bei einer Kapitalgesellschaft

Gebühren der gerichtlichen Entscheidung über die Zusammensetzung des Aufsichtsrats

§ 99 VI AktG. Für die Kosten des Verfahrens gilt die Kostenordnung. Für das Verfahren des ersten Rechtszugs wird das Vierfache der vollen Gebühr erhoben. Für den zweiten Rechtszug wird die gleiche Gebühr erhoben; dies gilt auch dann, wenn die Beschwerde Erfolg hat. Wird der Antrag oder die Beschwerde zurückgenommen, bevor es zu einer Entscheidung kommt, so ermäßigt sich die Gebühr auf die Hälfte. Der Geschäftswert ist von Amts wegen festzusetzen. Er bestimmt sich nach § 30 Abs. 2 der Kostenordnung mit der Maßgabe, daß der Wert regelmäßig auf einhunderttausend Deutsche Mark anzunehmen ist. Kostenvorschüsse werden nicht erhoben. Schuldner der Kosten ist die Gesellschaft. Die Kosten können jedoch ganz oder zum Teil dem Antragsteller auferlegt werden, wenn dies der Billigkeit entspricht. Kosten der Beteiligten werden nicht erstattet.

1) Geltungsbereich. Im Fall eines Streits oder einer Ungewißheit über die Anwendbarkeit der §§ 95 ff, 105 AktG (Zusammensetzung des Aufsichtsrats der Aktiengesellschaft) entscheidet auf Grund eines Antrags ausschließlich das LG, § 98 AktG, im Verfahren der freiwilligen Gerichtsbarkeit durch einen Beschluß nach § 99 I, III AktG. Die Aktiengesellschaft trägt grundsätzlich die Kosten des Verfahrens. Das Gericht kann die Kosten allerdings ganz oder zum Teil dem Antragsteller auferlegen, soweit das der Billigkeit entspricht.

Gegen die Entscheidung ist die sofortige Rechtsbeschwerde statthaft, § 99 III AktG. Eine weitere Beschwerde ist nicht zulässig.

2) Gebühr. Sowohl im Verfahren erster Instanz als auch im Rechtsbeschwerdeverfahren entsteht grundsätzlich jeweils eine vierfache Gebühr. Soweit der Antrag oder die Beschwerde zurückgenommen werden, bevor das Gericht die in dem jeweiligen Rechtszug erforderliche Sachentscheidung wirksam getroffen hat, ermäßigt sich die Gebühr kraft Gesetzes auf eine doppelte Gebühr.

3) Geschäftswert. Das Gericht muß den Geschäftswert von Amts wegen festsetzen, und zwar auf der Grundlage des § 43 II KostO. Allerdings ist von einem Regelwert von 100 000 DM auszugehen.

4) Kostenschuldner usw. Die Aktiengesellschaft ist Kostenschuldner. Ein Kostenvorschuß wird nicht erhoben.

Gebühren im gerichtlichen Verfahren über das Auskunftsrecht des Aktionärs

§ 132 V AktG. Für die Kosten des Verfahrens gilt die Kostenordnung. Für das Verfahren des ersten Rechtszugs wird das Doppelte der vollen Gebühr erhoben. Für den zweiten Rechtszug wird die gleiche Gebühr erhoben; dies gilt auch dann, wenn die Beschwerde Erfolg hat. Wird der Antrag oder die Beschwerde zurückgenommen, bevor es zu einer Entscheidung oder einer vom Gericht vermittelten Einigung kommt, so ermäßigt sich die Gebühr auf die Hälfte. Der Geschäftswert ist von Amts wegen festzusetzen. Er bestimmt sich nach § 30 Abs. 2 der Kostenordnung mit der Maßgabe, daß der Wert regelmäßig auf zehntausend Deutsche Mark anzunehmen ist. Das mit dem Verfahren befaßte Gericht bestimmt nach billigem Ermessen, welchem Beteiligten die Kosten des Verfahrens aufzuerlegen sind.

1) Geltungsbereich. Die Aktionäre können in der Hauptversammlung über eine Angelegenheit der Gesellschaft Auskunft verlangen, soweit diese Auskunft zu einer sachgemäßen Beurteilung des Gegenstands der Tagesordnung erforderlich ist, § 131 I AktG. Darüber hinaus können die Aktionäre in der Hauptversammlung eine Auskunft auch unabhängig von ihrer Erheblichkeit für einen Tagesordnungspunkt fordern, soweit ein anderer Aktionär in dieser Eigenschaft eine Auskunft der Hauptversammlung erhalten hatte, § 131 IV AktG. Im Fall eines Streits darüber, ob die Gesellschaft den Aktionären Auskunft geben muß, entscheidet das LG im Verfahren der freiwilligen Gerichtsbarkeit nach § 133 I, III AktG.

Gegen die Entscheidung ist die sofortige Beschwerde zulässig, sofern das LG sie zugelassen hat.

Die Kosten richten sich nach der KostO. Das Gericht der Instanz muß nach pflichtgemäßem Ermessen prüfen, welchem Beteiligten es die Kosten auferlegt, und kann die Kosten verteilen.

2) Gebühr. Sowohl im Verfahren des ersten Rechtszugs als auch im Beschwerdeverfahren entsteht jeweils das Doppelte der vollen Gebühr, im Beschwerderechtszug auch dann, wenn die Beschwerde Erfolg hat. Soweit der Antrag oder die Beschwerde zurückgenommen werden, bevor das jeweils zuständige Gericht seine Sachentscheidung wirksam getroffen oder eine Einigung vermittelt hat, ermäßigt sich die Gebühr auf eine volle Gebühr.

3) Geschäftswert. Das Gericht muß den Geschäftswert von Amts wegen festsetzen und dabei von § 30 II KostO ausgehen, jedoch einen Regelwert von 10000 DM zugrunde legen.

Gebühren des gerichtlichen Verfahrens zur Entscheidung von Meinungsverschiedenheiten zwischen Kapitalgesellschaft und Abschlußprüfer

§ 234 III HGB. Für die Kosten des Verfahrens gilt die Kostenordnung. Für das Verfahren des ersten Rechtszugs wird das Doppelte der vollen Gebühr erhoben. Für den zweiten Rechtszug wird die gleiche

Gebühr erhoben; dies gilt auch dann, wenn die Beschwerde Erfolg hat. Wird der Antrag oder die Beschwerde zurückgenommen, bevor es zu einer Entscheidung kommt, so ermäßigt sich die Gebühr auf die Hälfte. Der Geschäftswert ist von Amts wegen festzusetzen. Er bestimmt sich nach § 30 Abs. 2 der Kostenordnung. Der Abschlußprüfer ist zur Leistung eines Kostenvorschusses nicht verpflichtet. Schuldner der Kosten ist die Kapitalgesellschaft. Die Kosten können jedoch ganz oder zum Teil dem Abschlußprüfer auferlegt werden, wenn dies der Billigkeit entspricht.

1) Geltungsbereich. Im Fall einer Meinungsverschiedenheit zwischen den Abschlußprüfern und der Kapitalgesellschaft über die Auslegung der Bestimmungen über den Jahresabschluß und über den Geschäftsbericht entscheidet das LG im Verfahren der freiwilligen Gerichtsbarkeit nach §§ 234 II HGB, 132 I AktG, durch einen Beschluß.

Gegen die Entscheidung ist die sofortige Beschwerde statthaft, sofern das LG sie zugelassen hat.

Für die Kosten des Verfahrens gilt die KostO.

2) Gebühr. Sowohl im Verfahren des ersten Rechtszugs als auch im Beschwerdeverfahren entsteht jeweils eine doppelte Gebühr, und zwar auch dann, wenn die Beschwerde Erfolg hat. Soweit der Antrag oder die Beschwerde zurückgenommen werden, bevor das jeweils zuständige Gericht die notwendige Sachentscheidung wirksam getroffen hat, ermäßigt sich die Gebühr auf eine volle Gebühr.

3) Geschäftswert. Das Gericht muß den Geschäftswert von Amts wegen festsetzen. Es hat dabei von § 30 II KostO auszugehen und braucht keinen abweichenden Regelwert zugrunde zu legen.

4) Kostenschuldner usw. Die Aktiengesellschaft ist grundsätzlich Kostenschuldner. Das Gericht kann und muß jedoch im Rahmen eines pflichtgemäßen Ermessens die Kosten ganz oder zum Teil dem Abschlußprüfer auferlegen, soweit das der Billigkeit entspricht. Insoweit ist der Abschlußprüfer Kostenschuldner.

Gebühren im gerichtlichen Verfahren über abschließende Feststellungen der Sonderprüfer

§ 260 IV AktG. Für die Kosten des Verfahrens gilt die Kostenordnung. Für das Verfahren des ersten Rechtszugs wird das Doppelte der vollen Gebühr erhoben. Für den zweiten Rechtszug wird die gleiche Gebühr erhoben; dies gilt auch dann, wenn die Beschwerde Erfolg hat. Wird der Antrag oder die Beschwerde zurückgenommen, bevor es zu einer Entscheidung kommt, so ermäßigt sich die Gebühr auf die Hälfte. Der Geschäftswert ist von Amts wegen festzusetzen. Die Kosten sind, wenn dem Antrag stattgegeben wird, der Gesellschaft, sonst dem Antragsteller aufzuerlegen. § 247 gilt sinngemäß.

1) Geltungsbereich. Das Gericht bestellt auf Grund eines Antrags (vgl § 121 Anm 1) einen Sonderprüfer, soweit ein Anlaß zur Annahme einer unzulässigen Unterbewertung besteht, § 258 AktG. Gegen die abschließenden Feststellungen der Sonderprüfungen können die Aktiengesellschaft oder eine im Gesetz näher bestimmte Minderheit von Aktionären einen Antrag auf eine gerichtliche Entscheidung stellen. Über diesen Antrag entscheidet das LG im Verfahren der freiwilligen Gerichtsbarkeit, § 260 I, III AktG, durch einen Beschluß.

Gegen die Entscheidung ist die sofortige Rechtsbeschwerde statthaft, § 260 III, 99 III AktG.

Für die Kosten des Verfahrens gilt die KostO.

2) Gebühr. Sowohl für das Verfahren des ersten Rechtszugs als auch für das Rechtsbeschwerdeverfahren entsteht das Doppelte der vollen Gebühr, und zwar auch dann, wenn die Beschwerde Erfolg hat. Soweit der Antrag oder die Beschwerde zurückgenommen werden, bevor das jeweils zuständige Gericht die sachlich erforderliche Entscheidung wirksam getroffen hat, ermäßigt sich die Gebühr auf eine volle Gebühr.

3) Geschäftswert. Das Gericht muß den Geschäftswert von Amts wegen festsetzen, § 30 KostO.

4) Kostenschuldner. Im Fall eines stattgebenden Beschlusses ist die Aktiengesellschaft Kostenschuldner. Soweit das Gericht den Antrag zurückweist, ist der Antragsteller Kostenschuldner.

Gebühren im Verfahren betreffs außenstehender Aktionäre bei Beherrschungs- und Gewinnabführungsverträgen

§ 306 VII AktG. Für die Kosten des Verfahrens gilt die Kostenordnung. Für das Verfahren des ersten Rechtszugs wird das Doppelte der vollen Gebühr erhoben. Für den zweiten Rechtszug wird die gleiche Gebühr erhoben; dies gilt auch dann, wenn die Beschwerde Erfolg hat. Wird der Antrag oder die Beschwerde zurückgenommen, bevor es zu einer Entscheidung kommt, so ermäßigt sich die Gebühr auf die Hälfte. Der Geschäftswert ist von Amts wegen festzusetzen. Er bestimmt sich nach § 30 Abs. 1 der Kostenordnung. Kostenvorschüsse werden nicht erhoben. Schuldner der Kosten sind die Vertragsteile des Unternehmensvertrags. Die Kosten können jedoch ganz oder zum Teil einem anderen Beteiligten auferlegt werden, wenn dies der Billigkeit entspricht.

1) Geltungsbereich. Eine Aktiengesellschaft oder eine Kommanditgesellschaft auf Aktien können durch einen Vertrag ihre Leitung einem anderen Unternehmen unterstellen oder sich verpflichten, ihren gesamten Gewinn an ein anderes Unternehmen abzuführen, § 291 AktG. Für die außenstehenden Aktionäre muß der Gewinnabführungsvertrag einen angemessenen Ausgleich vorsehen, § 304 AktG. Jeder der vorgenannten Verträge muß für die außenstehenden Aktionäre einen angemessene Abfindung (Erwerb der Aktien der Außenstehenden) vorsehen.

Soweit der im Vertrag vorgesehene Ausgleich oder die Abfindung nicht angemessen sind, entscheidet auf Grund eines Antrags das LG im Verfahren der freiwilligen Gerichtsbarkeit, §§ 304 III, 305 V, 306, 132 I AktG, durch einen Beschluß.

Gegen die Entscheidung ist die sofortige Beschwerde statthaft, §§ 306 II, 99 III, 1, 2, 4–9 AktG.

Für die Kosten des Verfahrens gilt die KostO.

2) Gebühr. Sowohl für das Verfahren des ersten Rechtszugs als auch für das Verfahren der sofortigen Beschwerde entsteht das Doppelte der vollen Gebühr, und zwar auch dann, wenn die sofortige Beschwerde Erfolg hat. Soweit der Antrag oder die Beschwerde zurückgenommen werden, bevor das jeweils zuständige Gericht seine sachlich notwendige Entscheidung wirksam trifft, ermäßigt sich die Gebühr auf eine volle Gebühr.

3) Geschäftswert. Das Gericht muß den Geschäftswert von Amts wegen festsetzen. Er bestimmt sich nach § 30 I KostO.

4) Kostenschuldner usw. Grundsätzlich sind die Partner des Unternehmensvertrags Kostenschuldner, auch wenn ein anderer Beteiligter im Verfahren der sofortigen Beschwerde unterliegt, solange die sofortige Beschwerde nicht offensichtlich unbegründet war, BayObLG **73**, 113, vgl Ffm NJW **72**, 64.

Das Gericht kann und muß aber im Rahmen eines pflichtgemäßen Ermessens die Kosten ganz oder zum Teil einem anderen Beteiligten als den Vertragspartnern des Unternehmensvertrags auferlegen, soweit das der Billigkeit entspricht. In diesem Fall ist dieser andere Beteiligte als Entscheidungsschuldner Kostenschuldner.

Außergerichtliche Kosten sind grundsätzlich von dem jeweils Beteiligten selbst zu tragen. Denn § 306 VII 8, 9 AktG erfassen nur die Gerichtskosten, Celle DB **74**, 86 mwN.

II. Gebühren nach dem Gesetz über Rechte an Luftfahrzeugen

vom 26. 2. 1959, BGBl 57

§ 102. I **Die Vorschriften in §§ 23, 38 Abs. 1 Nr. 5, §§ 86, 87 Nr. 1, 89, 90, 111 und 122 der Kostenordnung gelten sinngemäß mit der Maßgabe, daß an die Stelle des Schiffes das Luftfahrzeug, an die Stelle der Schiffshypothek das Registerpfandrecht an einem Luftfahrzeug und an die Stelle des Schiffsregisters das Register für Pfandrechte an Luftfahrzeugen tritt.**

II **Die Eintragung und die Löschung der Eintragung des Luftfahrzeugs oder des Ersatzteillagers sowie Eintragungen auf Grund der §§ 90 bis 92 und die Löschung einer solchen Eintragung im Register für Pfandrechte an Luftfahrzeugen sind gebührenfrei.**

III **Für die Eintragung oder Löschung des Registerpfandrechts und für die Eintragung von Veränderungen, die sich auf das Registerpfandrecht beziehen, ferner für die Eintragung oder Löschung von Vormerkungen, Widersprüchen und Verfügungsbeschränkungen gelten die für die entsprechenden Eintragungen im Grundbuch gegebenen Vorschriften sinngemäß mit der Maßgabe, daß in jedem Fall nur ein Viertel der vollen Gebühr erhoben wird. Für die Eintragung oder Löschung eines Schutzvermerks nach § 77 gelten die für die Eintragung oder Löschung einer Vormerkung nach Satz 1 geltenden Vorschriften sinngemäß.**

IV **Für die Eintragung der Erweiterung des Registerpfandrechts auf Ersatzteile oder die Löschung dieser Eintragung wird ein Viertel der vollen Gebühr nach dem Nennbetrag der Schuld erhoben; der von**

dem Gebührenschuldner glaubhaft gemachte Wert der Ersatzteile, auf die sich nach § 71 das Registerpfandrecht erstreckt, ist maßgebend, wenn er geringer ist. Wird gleichzeitig mit dem Antrag auf Eintragung oder Löschung des Registerpfandrechts die Eintragung oder Löschung der Erweiterung beantragt, so wird die Gebühr nach Satz 1 nicht erhoben.

V (hier nicht mehr abgedruckte Übergangsvorschrift)

1) Geltungsbereich, I. A. Nationales Recht. Die Anwendbarkeit der KostO ergibt sich aus ihrem § 1. § 102 I LuftfRG stellt das ausdrücklich fest, indem er die in Betracht kommenden Bestimmungen und die Entsprechungen des LuftfRG nennt, in II–V aber die erforderlichen Abweichungen und Besonderheiten regelt. Der Geschäftswert richtet sich grundsätzlich nach § 23 KostO; vgl aber IV.

B. Internationales Recht. Die BRep ist dem Genfer Abkommen über die internationale Anerkennung von Rechten mit Luftfahrzeugen vom 19. 6. 48 durch Gesetz vom 26. 2. 59, BGBl II 129, beigetreten. Nach Art VII Abs VI des Abkommens haben die gesetzlich zulässigen Vollstreckungskosten, die im gemeinsamen Interesse der Gläubiger im Laufe des Vollstreckungsverfahrens entstanden sind, den Vorrang vor allen anderen Forderungen, selbst vor solchen auf Grund von Bergungs- und Erhaltungsmaßnahmen.

2) Eintragung und Löschung, II. Ein in der Luftfahrzeugrolle eingetragenes Luftfahrzeug wird auf Grund einer Anmeldung des Eigentümers oder eines aus einem Vollstreckungstitel Berechtigten oder eines zur Wahrung einer Bergungs- oder Erhaltungsmaßnahme Berechtigten in das Register für Pfandrechte an Luftfahrzeugen eingetragen, §§ 79, 77 LuftfRG. Soweit das Registerpfandrecht auch auf das Ersatzteillager erweitert wird, erhält auch dieses ein besonderes Blatt, §§ 84, 68 II, 71 LuftfRG.

Eine Eintragung in diese Register ist ebenso wie eine Löschung aus ihnen gebührenfrei. Der Fall ähnelt demjenigen des § 85 KostO. Gebührenfrei ist auch eine Eintragung, die auf Grund eines Ersuchens des Luftfahrtbundesamts vorzunehmen ist, §§ 90–92 LuftfRG. Dazu gehören insbesondere auch Veränderungen auf Grund von Eintragungsänderungen in der Luftfahrzeugrolle wegen der Angaben nach § 80 LuftfRG (Nr und Blatt der Luftfahrzeugrolle, Staatsangehörigkeits- und Eintragungszeichen, Art und Muster des Luftfahrzeugs, Werknummer seiner Zelle, Name und Wohnsitz oder Sitz des Eigentümers nach der Eintragung in der Luftfahrzeugrolle).

3) Registerpfandrecht, III. Nach dieser Vorschrift sind nicht nur die Eintragung und Löschung des Registerpfandrechts zu beurteilen, sondern auch eine Eintragung einer Veränderung, die sich auf ein Registerpfandrecht bezieht, sowie eine Eintragung oder Löschung einer Vormerkung, eines Widerspruchs oder einer Verfügungsbeschränkung oder eines Schutzvermerks.

Es gelten die Vorschriften für Eintragungen im Grundbuch, §§ 60 ff KostO, entsprechend. Allerdings muß man ebenso wie bei § 84 III KostO beachten, daß in jedem Fall eine Eintragung oder Löschung nur ¼ Gebühr entsteht.

Ein Schutzvermerk nach § 77 LuftfRG ist wie eine Vormerkung zu behandeln.

4) Ersatzteile, IV. Die Vorschrift regelt die Kosten der Eintragung oder Löschung der Erweiterung des Registerpfandrechts auf Ersatzteile so, als ob man ein neues Registerpfandrecht eintragen oder löschen müßte. Es entsteht also auch nur ¼ Gebühr.

Geschäftswert ist der Nennbetrag der Schuld. Denn allein dieser Nennbetrag ist für das Gericht ohne weiteres als die Vertragsgrundlage ersichtlich. Da aber in manchem Fall der Wert der Ersatzteile hinter dem Nennbetrag der Schuld zurückbleibt, sollte man dann den geringeren Wert der Ersatzteile zugrunde legen, soweit der Gebührenschuldner diesen Umstand glaubhaft macht. Das Gericht soll keine Ermittlungen anstellen müssen, Begründung der Regierungsvorlage.

IV 1 gilt allerdings nur, soweit die Eintragung der Erweiterung später oder die Löschung der Erweiterung früher beantragt wird als die Eintragung oder Löschung des Registerpfandrechts. Soweit beide Anträge gleichzeitig beim Register eingehen, entfällt die Gebühr nach IV 1.

Vgl im übrigen § 63 II 1 KostO, nach dessen Vorbild IV entstanden ist.

4. Familienrechtliche Angelegenheiten

Gebührenfreie Tätigkeit des Vormundschaftsgerichts

91 **Für die Tätigkeit des Vormundschaftsgerichts werden nur die in §§ 92 bis 98 bestimmten Gebühren erhoben; im übrigen ist die Tätigkeit des Vormundschaftsgerichts gebührenfrei.**

1) Gebührenfreiheit. Die Tätigkeit des Vormundschaftsgerichts ist grundsätzlich gebührenfrei, BayObLG **89**, 78. Das gilt auch für ein Nebengeschäft. Freilich ist nur diejenige Tätigkeit gebührenfrei, die das Gericht gerade als Vormundschaftsgericht ausführt.

2) Gebührenpflicht. Eine Reihe von Tätigkeiten des Vormundschaftsgerichts sind ausnahmsweise gebührenpflichtig. Als Ausnahmeregeln sind §§ 92–98 eng auszulegen.

3) Auslagen. Es besteht stets eine Pflicht zur Erstattung von Auslagen, also auch insoweit, als Gebührenfreiheit herrscht, Celle Rpfleger **79**, 118.

Vormundschaft

92 **I Bei Vormundschaften wird für jedes Jahr eine Gebühr in Höhe von 10 Deutsche Mark von jeden angefangenen 10 000 Deutsche Mark des nach Abzug der Verbindlichkeiten verbleibenden Mündelvermögens erhoben. Die Gebühr wird erstmalig bei Einleitung der Vormundschaft und später zu Beginn jedes Kalenderjahrs fällig; für das bei der Einleitung der Vormundschaft laufende und das folgende Kalenderjahr wird nur eine Jahresgebühr erhoben; das bei Beendigung der Vormundschaft laufende Jahr wird voll gerechnet.**

II Erstreckt sich eine Vormundschaft auf mehrere Mündel, so werden die Gebühren für jedes Mündel besonders erhoben.

III Geht eine vorläufige Vormundschaft in eine endgültige über oder wird eine Vormundschaft von einem anderen Gericht übernommen, so bildet das Verfahren eine Einheit.

Vorbem. I 1 idF Art 2 I Z 11 G v 9. 12. 86, BGBl 2326, in Kraft seit 1. 1. 87, Art 10.

1) Gebühr, I. A. Grundsatz. Grundsätzlich entsteht sowohl für die vorläufige als auch für die endgültige Vormundschaft eine Jahresgebühr. Sie gilt die gesamte Tätigkeit des Vormundschaftsgerichts ab, soweit diese Tätigkeit gerade die Führung der Vormundschaft betrifft, zB: Die Beurkundung der Anerkennung, daß die Schlußrechnung richtig sei, § 1892 II BGB; die Genehmigung eines Rechtsgeschäfts, §§ 1821 ff BGB.

B. Ausnahme. Soweit die Tätigkeit des Vormundschaftsgerichts eine minderjährige, geisteskranke, geistesschwache oder gebrechliche Person betrifft und das reine Vermögen des Fürsorgebedürftigen nicht mehr als 50000 DM beträgt, bleibt die Jahresgebühr nach I gemäß § 96 außer Ansatz, § 96. Vgl die dortigen Anm.

C. Fälligkeit. Die erste Jahresgebühr wird bei der Einleitung der Vormundschaft fällig. Die Vormundschaft wird durch die Bestellung des Vormunds und im Fall einer Amtsvormundschaft, § 1791 c BGB, dann eingeleitet, wenn das Vormundschaftsgericht von der Vormundschaft Kenntnis erlangt.

Die erste Jahresgebühr gilt die Tätigkeit des Vormundschaftsgerichts im Kalenderjahr der Einleitung der Vormundschaft und im folgenden Kalenderjahr ab. Es entsteht also eine weitere Jahresgebühr erst für das übernächste Kalenderjahr seit der Einleitung. Diese weitere Jahresgebühr wird zum 1. Januar jenes übernächsten Jahres fällig. Die folgenden Jahresgebühren werden jeweils zum 1. Januar fällig. In demjenigen Jahr, in dem die Vormundschaft endet, entsteht die volle Jahresgebühr auch dann, wenn die Beendigung vor dem 31. Dezember eintritt. Diese letzte Jahresgebühr wird mit der Beendigung der Vormundschaft fällig, §§ 1882 ff BGB.

D. Kostenschuldner. Kostenschuldner ist das Mündel.

2) Mehrere Mündel, II. Bei mehreren Mündeln entstehen die Jahresgebühren für jedes Mündel besonders. Das gilt sowohl in dem Fall, daß jedes Mündel einen besonderen Vormund erhält, als auch in dem in II geregelten Fall, daß derselbe Vormund mehrere Mündel betreut.

3) Übergang, Übernahme, III. Eine Vormundschaft gilt kostenrechtlich als eine Einheit, auch wenn sie aus einer vorläufigen in eine endgültige Vormundschaft übergeht oder wenn ein anderes Vormundschaftsgericht die Aufsicht übernimmt.

Ein solcher Fall liegt nicht vor, wenn das Gericht nach der Aufhebung einer Vormundschaft über dasselbe Mündel eine neue Vormundschaft anordnen muß. In diesem Fall entstehen neue Jahresgebühren.

4) Geschäftswert. A. Grundsatz. Man muß den Geschäftswert nach dem Reinvermögen eines jeden Mündels berechnen. Soweit das Reinvermögen teilweise im Ausland liegt und unter einer besonderen Verwaltung steht und soweit nur die Erträgnisse dem Vormund zufließen, darf man nur das inländische Vermögen anrechnen. Man muß eine Rente insoweit anrechnen, als aus ihr Ersparnisse übrig bleiben. Dasselbe gilt für eine Abfindung. Es ist unerheblich, ob der Vormund eine Vermögensverwaltung führt oder ob das Vermögen einer Testamentsvollstrekkung unterliegt. Soweit das Vermögen aus einem Nacherbenrecht besteht, muß man auch im Fall einer befreiten Vorerbschaft § 30 beachten.

Eine Verbindlichkeit, § 18 Anm 3, ist abzuziehen, ebenso ein Nießbrauch, Ffm Rpfleger **74**, 331. Soweit eine Rente der Deckung des Lebensbedarfs einschließlich etwaiger Heilungskosten dient, darf man sie nicht in den Wert des Reinvermögens einrechnen.

B. Freigrenze. § 96 bestimmt, daß bei einer Vormundschaft Gebühren nur von demjenigen Betrag des Reinvermögens berechnet werden, der 50000 DM übersteigt.

Auch bei einem über 50000 DM betragenden Reinvermögen kommt aus Billigkeitsgründen eine Ermäßigung oder ein Erlaß nach der VO vom 20. 3. 35, RGBl 406, in Betracht, Teil VII D dieses Buchs.

Pflegschaft, Beistandschaft

93 **I Bei Pflegschaften oder Beistandschaften für einzelne Rechtshandlungen wird die volle Gebühr nach dem Wert des Gegenstands erhoben, auf den sich die Rechtshandlung bezieht. Ist der Fürsorgebedürftige an dem Gegenstand der Rechtshandlung nur mitberechtigt, so ist der Wert seines Anteils maßgebend; bei Gesamthandverhältnissen ist der Anteil entsprechend der Beteiligung an dem Gesamthandvermögen zu bemessen. Bei einer Pflegschaft oder Beistandschaft für mehrere Fürsorgebedürftige wird die Gebühr nach dem zusammengerechneten Wert einheitlich erhoben. Die Gebühr wird mit der Anordnung fällig. Sie wird nicht erhoben, wenn für den Fürsorgebedürftigen eine Vormundschaft oder eine Dauerpflegschaft (Absatz 2) besteht oder gleichzeitig anzuordnen ist.**

II Bei sonstigen Pflegschaften oder Beistandschaften (Dauerpflegschaften) mit Ausnahme der Nachlaßpflegschaften (§ 106) bestimmen sich die Gebühren nach § 92.

III Geht eine Vormundschaft kraft Gesetzes in eine Pflegschaft oder eine Pflegschaft kraft Gesetzes in eine Vormundschaft über, so bildet das Verfahren eine Einheit.

1) Allgemeines. § 93 unterscheidet kostenrechtlich zwischen folgenden Arten von Pflegschaft oder Beistandschaft: Einzelpflegschaft, Einzelbeistandschaft nur für eine einzelne Rechtshandlung, I 1; Dauerpflegschaft, Dauerbeistandschaft, II; Nachlaßpflegschaft, II. § 93 gilt nur für die Einzel- bzw Dauerpflegschaft oder -beistandschaft.

In diesen Fällen gilt die Gebühr die gesamte Tätigkeit des Vormundschaftsgerichts ab, also zB auch eine Genehmigung des Rechtsgeschäfts. Vgl im übrigen § 92.

Auf die Nachlaßpflegschaft ist § 106 anwendbar. Auf eine Pflegschaft nach § 44 BBG, vgl auch § 26 I BRRG, und auf eine von einer anderen

Behörde bestellte Vertretung, etwa nach den §§ 57, 779 ZPO, ist § 93 unanwendbar.

2) Einzelpflegschaft usw, I. A. Gebühr. Für eine Pflegschaft oder Beistandschaft wegen einer einzelnen Rechtshandlung entsteht eine volle Gebühr. Sie bleibt gemäß § 96 außer Ansatz, wenn das reine Vermögen des Fürsorgebedürftigen nicht mehr als 50000 DM beträgt.

B. Geschäftswert. Man muß folgende Situationen unterscheiden:

a) Alleinberechtigung. Soweit der Fürsorgebedürftige an dem Gegenstand der einzelnen Rechtshandlung allein berechtigt ist, muß man denjenigen Wert zugrunde legen, auf den sich die Rechtshandlung bezieht. Man darf die Schulden nicht abziehen. Soweit der Pfleger usw ein Rechtsgeschäft vornehmen soll, entscheidet der objektive Wert des Rechtsgeschäfts und nicht nur das subjektive Interesse des Mündels.

b) Mitberechtigung. Soweit das Mündel an dem Geschäft der Rechtshandlung nur mitberechtigt ist, ohne gesamthänderisch mitberechtigt zu sein, ist der Wert seines Anteils maßgebend.

c) Gesamthandsberechtigung. Soweit das Mündel an dem Gegenstand der Rechtshandlung als Mitglied einer Gesamthand berechtigt ist, ist der Anteil des Mündels entsprechend der Beteiligung an dem Gesamthandvermögen zu bemessen, BayObLG **88**, 317 mwN, RoW 10, aM KLBR 33–35, 40 (der Wert des gesamten Gegenstandes). Dieser Fall kommt etwa dann in Betracht, wenn das Mündel als Miterbe beteiligt ist, BayObLG **88**, 317 mwN, oder wenn es um die Gründung einer BGB-Gesellschaft geht, AG Siegen Rpfleger **85**, 459 (abl Lappe).

d) Mehrere Rechtshandlungen. Soweit eine Pflegschaft wegen mehrerer einzelner Rechtshandlungen besteht, muß man den Wert der einzelnen Rechtshandlungen zusammenziehen. Schulden darf man auch hier nicht abziehen, § 18 III.

e) Mehrere Mündel. Soweit eine Pflegschaft oder Beistandschaft für mehrere Mündel besteht, muß man die Werte zusammenrechnen, darf aber nur eine einheitliche Gebühr erheben, selbst wenn mehrere Pfleger bestellt werden, KG Rpfleger **89**, 283 mwN. Dabei ist für jeden Fürsorgebedürftigen nur der auf ihn entfallende Anteil, zB der Erbschaft, maßgeblich, KG Rpfleger **89**, 283.

C. Fälligkeit. Die Gebühr wird mit der Anordnung der Pflegschaft oder Beistandschaft für die einzelne Rechtshandlung fällig, also mit dem wirksamen Erlaß der gerichtlichen Entscheidung über die Anordnung der Pflegschaft usw, nicht erst mit der Bestellung des Pflegers.

D. Weitere Einzelfragen. Die Prüfung eines Antrags auf die Anordnung einer Pflegschaft oder Beistandschaft oder eine ablehnende Entscheidung über einen solchen Antrag sind gebührenfrei, § 91. Wegen der Möglichkeit eines Gebührenerlasses vgl Teil VII D dieses Buchs.

Soweit für den Mündel eine Vormundschaft oder eine Dauerpflegschaft bereits bei der Anordnung der Einzelpflegschaft besteht oder gleichzeitig anzuordnen ist (nicht notwendig angeordnet wird), wird für die Einzelpflegschaft keine Gebühr erhoben.

3) Dauerpflegschaft usw, II. A. Begriff. Eine Dauerpflegschaft oder Dauerbeistandschaft liegt vor, wenn die Pflegschaft oder Beistandschaft nicht nur für eine einzelne oder für mehrere einzeln bestimmte Rechtshandlungen angeordnet worden ist, sondern für einen Kreis von Angelegenheit oder für alle Angelegenheiten, BayObLG Rpfleger **81**, 125 mwN. Unter diesen Begriff würde an sich auch die Nachlaßpflegschaft fallen. Sie ist indessen in § 106 besonders geregelt.

B. Gebühr. Für eine Dauerpflegschaft entsteht eine Jahresgebühr nach denselben Grundsätzen wie bei § 92, vgl dort, also unter einem Abzug der Schulden usw.

C. Fälligkeit. Die Fälligkeit der Jahresgebühr richtet sich ebenfalls nach § 92, vgl dort.

4) Übergang in Vormundschaft usw, III. Wenn eine Vormundschaft kraft Gesetzes in eine Pflegschaft oder eine Pflegschaft kraft Gesetzes in eine Vormundschaft übergehen, §§ 1710, 1791c II BGB, dann bildet das Verfahren kostenrechtlich eine Einheit. Es entstehen also aus Anlaß dieses Übergangs keine neuen Gebühren, vgl § 92 Anm 1.

Einzelne Verrichtungen des Vormundschaftsgerichts und des Familiengerichts

94 **I Die volle Gebühr wird erhoben**

1. für Entscheidungen über den Unterhalt eines Kindes nach § 1612 des Bürgerlichen Gesetzbuchs;

2. für die Tätigkeit des Vormundschaftsgerichts im Falle der Heirat eines Elternteils, der das Vermögen seines Kindes verwaltet;

3. für die in § 1631a Abs. 2, § 1632 Abs. 4, § 1639 Abs. 1, § 1640 Abs. 3, 4, in den §§ 1666 bis 1667, 1683 Abs. 4 und in § 1689 Satz 2 des Bürgerlichen Gesetzbuchs vorgesehenen vormundschaftsgerichtlichen Entscheidungen und Anordnungen;

4. für die Übertragung der elterlichen Sorge oder ihrer Ausübung, für die Übertragung des Rechts, für die Person oder das Vermögen des Kindes zu sorgen, sowie für Entscheidungen nach § 1634 oder § 1711 des Bürgerlichen Gesetzbuchs;

5. für die Übertragung der Entscheidungsbefugnis in den persönlichen und vermögensrechtlichen Angelegenheiten des Kindes;

6. für die Anordnung auf Herausgabe des Kindes an die Eltern oder einen Elternteil und für die Bestimmung des Umgangs mit dem Kinde auf Antrag eines Elternteils nach § 1632 Abs. 3 des Bürgerlichen Gesetzbuchs;

7. für Verfahren über die Anfechtung der Ehelichkeit nach § 1599 Abs. 2, über die Anfechtung einer Anerkennung der Vaterschaft nach § 1600l Abs. 2 Halbsatz 1 und auf Feststellung der Vaterschaft nach § 1600n Abs. 2 des Bürgerlichen Gesetzbuchs;

8. für die Ersetzung der Einwilligung des gesetzlichen Vertreters oder des Sorgeberechtigten zur Eingehung der Ehe oder der Genehmigung des gesetzlichen Vertreters zu einer ohne seine Einwilligung geschlossenen Ehe; für die Ersetzung der Einwil-

ligung oder Genehmigung eines Vormundes oder Pflegers wird eine Gebühr nicht erhoben.

II Der Geschäftswert bestimmt sich nach § 30 Abs. 2. Bezieht sich die Entscheidung oder Anordnung auf mehrere Fürsorgebedürftige, so wird nur eine Gebühr erhoben.

III In den Fällen des Absatzes 1 Nr. 2 ist nur der Elternteil, der sich wiederverheiraten will, in den Fällen des Absatzes 1 Nr. 8 nur der Elternteil, dessen Einwilligung oder Genehmigung ersetzt wird, zahlungspflichtig. In den Fällen des Absatzes 1 Nr. 3 bis 6 ist zahlungspflichtig nur der Elternteil, den das Gericht nach billigem Ermessen bestimmt; es kann auch anordnen, daß von der Erhebung der Gebühr abzusehen ist.

1) Allgemeines. A. Gebührenpflicht. § 94 erfaßt bestimmte Tätigkeiten des Vormundschaftsgerichts und des Familiengerichts, die das Verhältnis zwischen Eltern und Kindern betreffen. Auch bei solchen Tätigkeiten ist der Grundsatz der Gebührenfreiheit, § 91, mitzubeachten. Daraus folgt die Notwendigkeit einer engen Auslegung auch des § 94, ebenso insofern BayObLG **89**, 78. Eine „Entscheidung" im Sinn dieser Vorschrift liegt daher nur dann vor, wenn das Gericht den Antrag als nicht bloß unzulässig, sondern unbegründet abweist oder ihm stattgibt, aM insofern BayObLG **89**, 78 (auch dann Gebührenfreiheit). Denn erst dann ist das Gericht in eine sachlichrechtliche Prüfung der Antragsvoraussetzungen eingetreten.

B. Gebührenfreiheit. Demgemäß bleibt die bloße Prüfung eines Antrags ohne irgendeine abschließende Entscheidung gebührenfrei. Auch die Zurückweisung eines Antrags lediglich als unzulässig bleibt gebührenfrei. Gebührenfrei sind weiterhin: Die Ersetzung der Einwilligung der Mutter zur Ehelichkeitserklärung, §§ 1726 ff BGB (dieser Fall war in der inzwischen weggefallenen Z 7 aF geregelt).

2) Fälle, I. Die Vorschrift nennt in einer abschließenden, eng auszulegenden Aufzählung eine Reihe von Fällen, die gebührenpflichtig sind. Soweit die Vorschrift von einer „Zahlungspflicht" spricht, sollte man genauer von einer „Kostenpflicht" sprechen, damit klargestellt ist, daß in diesen Fällen auch eine Pflicht zur Erstattung von Auslagen besteht.

Diese Frage ist **streitig. Wie hier** zB Karlsr Rpfleger **81**, 77 mwN; **aM** zB KG Rpfleger **79**, 355, Mü Rpfleger **82**, 463 je mwN.

Im einzelnen gilt die folgende Regelung:

A. Unterhalt eines Kindes, Z 1. Die volle Gebühr entsteht für eine Entscheidung über den Unterhalt eines Kindes, § 1612 BGB.

Kostenschuldner ist das Kind.

B. Heirat, Wiederheirat, Z 2. Für die Tätigkeit des Vormundschaftsgerichts im Fall der Heirat desjenigen Elternteils, dem die Vermögenssorge für das Kind zusteht, oder der Wiederverheiratung entsteht eine volle Gebühr. Es genügt, daß das Vormundschaftsgericht das Vermögensverzeichnis entgegennimmt, § 1683 BGB. Der Umfang der Tätigkeit des Vormundschaftsgerichts oder des Vermögens des Kindes ist unerheblich.

Neben der Gebühr nach Z 2 kann eine Gebühr für eine Auseinandersetzungspflegschaft nach § 93 I entstehen.

Kostenschuldner der Gebühr nach Z 2 ist derjenige Elternteil, der heiraten oder wiederheiraten will, III. Der Gesetzestext ist insofern ungenau, denn er berücksichtigt in III nicht ausdrücklich den in I Z 2 miterwähnten Fall der (Erst-)Heirat (der Mutter des nichtehelichen Kindes).

C. Entscheidung, Anordnung, Z 3. Diese Vorschrift erfaßt folgende Entscheidungen und Anordnungen des Vormundschaftsgerichts:

a) Ausbildung und Beruf, § 1631a II BGB. Es geht um die gerichtliche Ersetzung von Erklärungen der Eltern oder eines Elternteils, falls die Eltern offensichtlich keine Rücksicht auf Eignung und Neigung des Kindes nehmen und weil dadurch die Besorgnis entsteht, daß die Entwicklung des Kindes nachhaltig und schwer beeinträchtigt wird.

b) Kindesherausgabe, § 1632 IV BGB. Es geht in diesem Fall um die Anordnung des Vormundschaftsgerichts, daß ein seit längerer Zeit in Familienpflege lebendes Kind bei der Pflegeperson bleibt, wenn und solange für eine solche Anordnung die Voraussetzungen des § 1666 I 1 BGB gegeben sind.

c) Testaments- oder Schenkungsanordnung, § 1639 I BGB. Wenn das Kind auf Grund einer letztwilligen Verfügung oder durch eine Schenkung unter Lebenden Zuwendungen erhält und wenn die Eltern eine mit solcher Zuwendung verbundene Anordnung für die Verwaltung nicht beachten, muß das Vormundschaftsgericht die erforderlichen Maßregeln treffen.

d) Ungenügendes Vermögensverzeichnis, § 1640 III BGB. Es geht um die Anordnung des Vormundschaftsgerichts, ein nicht eingereichtes oder inhaltlich unzureichendes Vermögensverzeichnis nunmehr durch die zuständige Behörde oder einen zuständigen Beamten oder Notar aufzunehmen.

e) Entziehung der Vermögenssorge, § 1640 IV BGB. Es geht um die Entziehung der Vermögenssorge, weil eine Anordnung nach § 1640 III BGB keinen Erfolg verspricht usw.

f) Gefährdung des Kindeswohls, § 1666 BGB. Es geht um diejenigen Maßnahmen des Vormundschaftsgerichts, die erforderlich sind, um eine Gefährdung des körperlichen, geistigen oder seelischen Wohls des Kindes abzuwenden. Hierzu gehört auch die Ersetzung der Erklärung der Eltern oder des Elternteils sowie notfalls die Entziehung der Vermögenssorge.

g) Trennung des Kindes von der elterlichen Familie, Entziehung der Personensorge, § 1666a BGB. Es geht um derartige Maßnahmen, weil eine Gefahr für das Kind nicht auf andere Weise abgewehrt werden kann.

h) Gefährdung des Kindesvermögens, § 1667 BGB. Es geht um die dem Vormundschaftsgericht obliegenden Maßnahmen zur Abwendung der Gefahr für das Vermögen des Kindes.

i) Entziehung der Vermögenssorge, § 1683 IV BGB. Es geht um die Befugnis des Vormundschaftsgerichts, demjenigen Elternteil die Vermögenssorge zu entziehen, der im Fall einer Wiederheirat mit einem Dritten kein korrektes Vermögensverzeichnis eingereicht hat.

j) Aufnahme eines Vermögensverzeichnisses, § 1689 S 2 BGB. Es geht um die Anordnung des Vormundschaftsgerichts, ein ungenügendes Vermögensverzeichnis durch eine zuständige Behörde oder einen zuständigen Beamten oder Notar aufnehmen zu lassen.

Wegen der Kostenpflicht vgl III.

D. Sorgerechtsübertragung usw, Z 4. Eine volle Gebühr entsteht für jeden der folgenden Fälle:

a) Vollübertragung der elterlichen Sorge. Es geht um die volle Übertragung der elterlichen Sorge, §§ 1671 ff BGB, Schlesw AnwBl **78**, 180.

b) Ausübungsrecht. Es geht um die Übertragung des Rechts zur Ausübung der elterlichen Sorge, § 1678 II BGB.

Eine Anordnung des Gerichts, daß die elterliche Sorge dem anderen Elternteil allein zustehe, § 1680 BGB, ist keine Übertragung des Sorgerechts, sondern eine Bestätigung, daß dieser Elternteil das Recht behält. Gemäß § 91 ist diese Entscheidung gebührenfrei, aM Mümmler JVBl **71**, 273.

c) Personensorge. Es geht um die Übertragung des Rechts, (nur) für die Person des Kindes zu sorgen, §§ 1671 ff BGB.

d) Vermögenssorge. Es geht um die Übertragung des Rechts, (nur) für das Vermögen des Kindes zu sorgen, §§ 1671 ff BGB.

e) Umgangsregelung. Es geht um die gerichtlichen Anordnungen über den Umgang mit dem Kind, §§ 1634, 1711 BGB. Wegen der Kostenpflicht vgl III.

E. Entscheidungsbefugnis, Z 5. Eine volle Gebühr entsteht für die Übertragung der Entscheidungsbefugnis in den persönlichen und vermögensrechtlichen Angelegenheiten des Kindes, soweit sich die Eltern nicht einigen können, § 1628 BGB.

Wegen der Kostenpflicht vgl III.

F. Kindesherausgabe, Umgangsrecht, Z 6. Eine volle Gebühr entsteht für die Anordnung auf die Herausgabe des Kindes an die Eltern oder an einen Elternteil und für die Bestimmung des Umgangs mit dem Kind auf Grund des Antrags eines Elternteils nach § 1632 III BGB. Dieser Fall ist von dem in Z 4 genannten Fall der Umgangsregelung nach den §§ 1634, 1711 BGB zu unterscheiden.

Wegen der Kostenpflicht vgl III.

G. Ehelichkeitsanfechtung usw, Z 7. Eine volle Gebühr entsteht in folgenden Verfahren:

a) Anfechtung, § 1599 II BGB. Es geht um die Anfechtung der Ehelichkeit eines gestorbenen Kinds durch den Mann und die Eltern des Mannes sowie um den Fall, daß das Kind nach dem Tod des Mannes seine Ehelichkeit anficht.

b) Anfechtung, § 1600 l II BGB. Es geht um die Anfechtung der Anerkennung der Vaterschaft nach dem Tode des Mannes oder des Kindes.

c) Vaterschaftsfeststellung, § 1600 n II BGB. Es geht um die Feststellung der Vaterschaft nach dem Tod des Mannes oder nach dem Tod des Kindes.

Kostenpflichtig ist der jeweils Anfechtende, § 2 Z 1.

H. Einwilligungsersetzung usw, Z 8. Eine volle Gebühr entsteht für die Ersetzung der Einwilligung des gesetzlichen Vertreters oder des Sorgeberechtigten zur Eingehung der Ehe oder für die Ersetzung der Genehmigung des gesetzlichen Vertreters zu einer ohne seine Einwilligung geschlossenen Ehe.

Für die Ersetzung der Einwilligung oder Genehmigung eines Vormunds oder Pflegers entsteht keine Gebühr, wie Z 8 Hs 2 klarstellt.

Im Umfang der Gebührenpflichtigkeit ist kostenpflichtig derjenige Elternteil, dessen Einwilligung ersetzt wird, III 1.

3) Geschäftswert, II. Der Geschäftswert ist nach § 30 II zu bestimmen, vgl Hamm JB **78**, 1556. Soweit sich eine Entscheidung oder Anordnung auf mehrere Mündel bezieht, entsteht doch nur eine Gebühr, II 2. Es gibt keine Freigrenze. Denn § 96 nennt die Fälle § 94 nicht.

4) Kostenpflicht, III. Wegen der Fälle I Z 2, 8 vgl dort.

In den Fällen I Z 3–6 ist nur derjenige Elternteil kostenpflichtig, den das Gericht im Rahmen eines „billigen", in Wahrheit pflichtgemäßen Ermessens bestimmt. Das Gericht kann anordnen, von der Erhebung der Gebühr abzusehen.

Das Gericht kann zB bei einer Entscheidung nach I Z 3 die Kosten zwischen den Eltern verteilen, BayObLG NJW **60**, 579. Es kann die Kosten in einem solchen Fall aber nicht gegeneinander aufheben, BayObLG **60**, 223. Eine solche Formulierung meint meist das Absehen von der Anordnung der Erstattung außergerichtlicher Kosten und eine Gebührenentscheidung nach III, Ffm Rpfleger **89**, 41. Es kann die Kosten auch nicht der Staatskasse auferlegen, LG Lübeck JB **78**, 1379.

Für die Kostenpflicht muß man davon ausgehen, daß auch eine Abänderung nach § 1696 BGB eine sorgerechtliche Entscheidung ist, die eine Gebühr auslösen kann. Soweit das Gericht aber eine Anordnung nach I Z 3 ablehnt, bleibt es bei der Entscheidung, Zweibr FamRZ **84**, 1263. Daher entsteht keine Kostenpflicht, BayObLG **61**, 173.

Die Bestimmungsbefugnis des Hs 1 erstreckt sich auch auf die Auslagenverteilung. Diese Frage ist **streitig. Wie hier** zB Bbg FamRZ **87**, 1176 mwN; **abw** zB Düss JB **85**, 429 (das Gericht könne auch wegen der Auslagen nach Hs 2 vorgehen); **aM** zB Celle Rpfleger **78**, 339, Kblz Rpfleger **88**, 106, Saarbr Rpfleger **88**, 147 je mwN (zB es komme nur § 2 in Betracht).

Bei einer Entscheidung nach I Z 4 ist der vom Gericht bestimmte Elternteil kostenpflichtig, Celle Rpfleger **78**, 339, soweit das Gericht nicht von der Erhebung einer Gebühr absieht.

Ein Dritter ist nicht kostenpflichtig, insbesondere dann nicht, wenn das Gericht keine stattgebende Anordnung getroffen, sondern nur einen Antrag abgelehnt hat, BayObLG **63**, 293.

Im Fall einer Entscheidung nach I Z 5 ist der vom Gericht bestimmte Elternteil kostenpflichtig, soweit das Gericht nicht von der Erhebung einer Gebühr absieht.

Im Fall einer Entscheidung nach I Z 6 ist der vom Gericht bestimmte Elternteil kostenpflichtig, soweit das Gericht nicht von der Erhebung einer Gebühr absieht. Das Verfahren zur Festsetzung eines Zwangsgelds nach § 119 erfordert eine besondere Gebühr.

Im Beschwerdeverfahren entstehen jeweils Gebühren nach § 131. Das ergibt sich bei Berücksichtigung von § 2 Z 1, BayObLG Rpfleger **60**, 95.

Derjenige, dem das Gericht Kosten auferlegt, kann Interessenschuldner nach § 2 II sein, Mü Rpfleger **86**, 179.

Weitere Verrichtungen des Vormundschaftsgerichts

95 **I Die volle Gebühr wird erhoben**

1. für die nach § 1643 des Bürgerlichen Gesetzbuchs erforderliche Genehmigung zu einem Rechtsgeschäft;

2. für Verfügungen nach § 112, § 1629 Abs. 2, § 1631 Abs. 3, §§ 1631b, 1645, 1674, 1693, § 2282 Abs. 2, § 2290 Abs. 3, §§ 2347, 2351 des Bürgerlichen Gesetzbuchs;

3. für sonstige Fürsorgetätigkeiten des Vormundschaftsgerichts für ein unter elterlicher Sorge stehendes Kind mit Ausnahme der Tätigkeit in Angelegenheiten der Annahme als Kind.

Die Gebühr wird nicht erhoben, wenn für den Fürsorgebedürftigen eine Vormundschaft oder Dauerpflegschaft besteht, oder wenn die Verrichtungen des Vormundschaftsgerichts in den Rahmen einer Einzelpflegschaft (§ 93 Abs. 1) fallen.

II Im Falle des Absatzes 1 Nr. 1 bestimmt sich der Geschäftswert nach dem Wert des Gegenstandes, auf den sich das Rechtsgeschäft bezieht; ist der Fürsorgebedürftige an dem Gegenstand des Rechtsgeschäfts nur mitberechtigt, so ist der Wert seines Anteils maßgebend; bei Gesamthandverhältnissen ist der Anteil entsprechend der Beteiligung an dem Gesamthandvermögen zu bemessen. In den Fällen des Absatzes 1 Nr. 2, 3 bestimmt sich der Wert nach § 30 Abs. 2.

III Die Vorschrift des § 94 Abs. 2 Satz 2 gilt entsprechend.

1) Geltungsbereich. A. Gebührenpflicht. I erfaßt in einer abschließenden Aufzählung eine Reihe von Tätigkeiten des Vormundschaftsgerichts, die I 1 grundsätzlich für gebührenpflichtig erklärt. Die Aufzählung ist eng auszulegen. Denn der in I 1 aufgestellte „Grundsatz" ist in Wahrheit bereits eine Ausnahme von dem übergeordneten Grundsatz der Gebührenfreiheit in § 91.

B. Ausnahme. Auch die unter I 1 fallenden Tätigkeiten des Vormundschaftsgerichts sind „ausnahmsweise", in Wahrheit unter Wiederherstellung des Grundsatzes des § 91 regelmäßig, gebührenfrei, soweit für den Mündel eine Vormundschaft oder eine Dauerpflegschaft besteht oder soweit die Tätigkeit des Vormundschaftsgerichts in den Rahmen einer Einzelpflegschaft nach § 93 I fällt.

2) Fälle. Unter den Voraussetzungen Anm 1 ergeben sich folgende Situationen:

A. Genehmigung zum Rechtsgeschäft, Z 1. Es geht um die Genehmigung des Vormundschaftsgerichts zu einem der in § 1643 BGB aufgezählten Rechtsgeschäfte.

Eine Genehmigung des Vormundschaftsgerichts zu einem anderen Geschäft des Inhabers der elterlichen Sorge fällt allenfalls unter Z 2. Eine Genehmigung zu einem Geschäft des Vormunds fällt unter § 92.

B. Verfügung, Z 2. Hier muß man wiederum folgende Fälle unterscheiden:

a) Genehmigung des Erwerbsgeschäfts, § 112 BGB. Es geht um die Genehmigung des Vormundschaftsgerichts zur Erlaubnis des gesetzlichen Vertreters an den Mündel, ein Erwerbsgeschäft selbständig zu betreiben.

b) Vertretungsentzug, § 1629 II BGB. Es geht um die Entziehung der Vertretungsmacht wegen unterschiedlicher Interessen des Kindes und des Elternteils.

c) Unterstützung bei Personensorge, § 1631 III BGB. Es geht um unterstützende Maßnahmen des Vormundschaftsgerichts auf Grund des Antrags der Eltern bei der Ausübung ihrer Personensorge.

d) Genehmigung zur Unterbringung, § 1631 b BGB. Es geht um die Genehmigung des Vormundschaftsgerichts zur Unterbringung des Kindes, die mit einer Freiheitsentziehung verbunden ist, und um die Rücknahme einer solchen Genehmigung.

e) Neues Erwerbsgeschäft, § 1645 BGB. Es geht um die Genehmigung des Vormundschaftsgerichts an die Eltern, im Namen des Kindes ein neues Erwerbsgeschäft zu beginnen.

f) Ruhen der elterlichen Sorge, § 1674 BGB. Es geht um die Feststellung des Vormundschaftsgerichts, daß die elterliche Sorge eines Elternteils ruhe oder daß der Grund des Ruhens nicht mehr bestehe.

g) Verhinderung der Eltern, § 1693 BGB. Es geht um die Anordnung von Maßnahmen durch das Vormundschaftsgericht für den Fall, daß die Eltern verhindert sind, die elterliche Sorge auszuüben.

h) Anfechtung des Erbvertrags, § 2282 II BGB. Es geht um die Genehmigung des Vormundschaftsgerichts zur Anfechtung eines Erbvertrags durch den gesetzlichen Vertreter eines geschäftsunfähigen Erblassers.

i) Aufhebung des Erbvertrags, § 2290 III BGB. Es geht um die Genehmigung des Vormundschaftsgerichts zur Aufhebung eines Erbvertrags, soweit ein Mündel beteiligt ist.

j) Erbverzicht, § 2347 BGB. Es geht um die Genehmigung des Vormundschaftsgerichts zu einem Erbverzicht.

k) Aufhebung des Erbverzichts, § 2351 BGB. Es geht um die Genehmigung des Vormundschaftsgerichts zu einem Vertrag, durch den ein Erbverzicht aufgehoben wird, an dem ein Mündel beteiligt ist.

C. Sonstige Fürsorgetätigkeit, Z 3. Eine volle Gebühr entsteht für eine sonstige Fürsorgetätigkeit des Vormundschaftsgerichts für ein unter elterlicher Sorge stehendes Kind. Wie das Wort „sonstige“ erkennen läßt, handelt es sich hier um eine Generalklausel. Solche Klauseln sind an sich weit auszulegen. Da nun aber § 95 insgesamt eine Ausnahme vom Grundsatz der Gebührenfreiheit nach § 91 darstellt, wäre auch Z 3 nach dieser Überlegung eng auszulegen. Man löst diesen Widerspruch am besten so:

Es muß sich um eine eindeutige „Fürsorgetätigkeit" handeln. Tätigkeiten, die nicht der Fürsorge für ein unter elterlicher Sorge stehendes Kind dienen, fallen nicht unter Z 3. Ob eine Fürsorgetätigkeit vorliegt, ist in enger Auslegung zu beurteilen. Es muß auch eine solche Tätigkeit gerade durch das Vormundschaftsgericht vorgenommen werden. Soweit aber eine echte Fürsorgetätigkeit eben des Vormundschaftsgerichts für ein unter elterlicher Sorge stehendes Kind vorliegt, ist sie unabhängig von ihrer Art oder ihrem Umfang jedenfalls nach Z 3 grundsätzlich gebührenpflichtig, soweit nicht andere gesetzliche Bestimmungen abweichende Regelungen treffen.

Z 3 Hs 2 nennt nun allerdings den Fall der Tätigkeit des Vormundschaftsgerichts in einer Angelegenheit der Annahme als Kind ausdrücklich als Ausnahme. Das Vormundschaftsgericht wird also insofern auf jeden Fall gebührenfrei tätig.

Danach bleibt für Z 3 zB folgender Fall beachtlich: Es geht um die Aufhebung der fortgesetzten Gütergemeinschaft nach § 1492 III BGB.

Soweit es sich um eine Angelegenheit der Annahme als Kind bei einem Volljährigen handelt, ist § 98 anwendbar.

3) Geschäftswert, II, III. A. Einzelner Mündel, II. Man muß folgende Situationen unterscheiden:

a) Genehmigung, I Z 1. In diesem Fall sind wiederum folgende Unterscheidungen notwendig:

aa) Vollberechtigung. Soweit der Mündel an dem Gegenstand des Rechtsgeschäfts, auf das sich die Genehmigung des Vormundschaftsgerichts bezieht, allein berechtigt ist, bestimmt sich der Geschäftswert nach dem objektiven Wert des Rechtsgeschäfts. Das subjektive Interesse des Mündels ist unerheblich. Man darf Schulden nicht abziehen, § 18 III, LG Würzb JB **76**, 503 mwN.

bb) Mitberechtigung. Soweit der Mündel an dem Gegenstand des Rechtsgeschäfts nur mitberechtigt ist, ist der Wert seines Anteils maßgebend. Auf eine Mitverpflichtung oder eine gesamtschuldnerische Haftung kommt es nicht an, Karlsr Rpfleger **64**, 383, KLBR 33, aM Ffm Rpfleger **65**, 91 (das OLG legt die Höhe der gesamtschuldnerischen Haftung zugrunde).

cc) Gesamthand. Bei einem Gesamthandverhältnis ist der Anteil des Mündels entsprechend der Beteiligung an dem Gesamtvermögen zu bemessen.

b) Sonstige Tätigkeit, I Z 2, 3. In diesen Fällen richtet sich der Geschäftswert nach § 30 II.

B. Mehrere Mündel, III. Soweit sich die Entscheidung oder Anordnung des Vormundschaftsgerichts auf mehrere Mündel bezieht, entsteht nur eine Gebühr, III in Verbindung mit § 94 II 2.

4) Fälligkeit, Kostenschuldner usw. Die Fälligkeit entsteht mit der Entscheidung oder Anordnung des Vormundschaftsgerichts. Kostenschuldner ist das Kind.

Man muß im übrigen in allen Fällen des § 95 die in § 96 bestimmte Freigrenze beachten.

Freigrenze bei geringem Vermögen

96 **Betrifft die Tätigkeit des Vormundschaftsgerichts eine minderjährige, geisteskranke, geistesschwache oder gebrechliche Person, so gilt folgendes:**

Die in den §§ 92, 93 und 95 bestimmten Gebühren sowie die Schreibauslagen und Rechnungsgebühren bleiben außer Ansatz, wenn das reine Vermögen des Fürsorgebedürftigen nicht mehr als 50000 Deutsche Mark beträgt; bei Vormundschaften und Dauerpflegschaften (§ 92 und § 93 Abs. 2) werden überdies die Gebühren nur von dem 50000 Deutsche Mark übersteigenden Betrag des reinen Vermögens berechnet.

Vorbem. Fassg Art 2 I Z 12 G v 9. 12. 86, BGBl 2326, in Kraft seit 1. 1. 87, Art 10.

1) Voraussetzungen. Die Vorschrift schafft Kostenvergünstigungen, sofern die Tätigkeit des Vormundschaftsgerichts entweder einen Minderjährigen oder einen Geisteskranken oder einen Geistesschwachen oder einen Gebrechlichen betrifft und sofern es sich außerdem um eine der in §§ 92, 93 und 95 genannten Tätigkeiten handelt.

Demgemäß ist § 96 unanwendbar, soweit es sich um einen Verschwender oder einen Trunksüchtigen oder einen Abwesenden bzw Verschollenen handelt oder wenn es sich um eine Tätigkeit der in §§ 94, 97 genannten Art handelt.

2) Folgen. A. Vermögen bis 50000 DM. Soweit das Reinvermögen des Mündels höchstens 50000 DM beträgt, bleiben unter den Voraussetzungen Anm 1 sowohl die Gebühren als auch die Schreibauslagen, § 136 (§ 96 ist insofern sprachlich bei der Neufassung durch die Nov 75 versehentlich nicht mitangepaßt worden), als auch die Rechnungsgebühren, § 139, ganz außer Ansatz.

B. Vermögen über 50000 DM. Sofern das Reinvermögen des Mündels mehr als 50000 DM beträgt, entstehen im Fall einer Vormundschaft, § 92, oder einer Dauerpflegschaft, § 93 II, Gebühren nur von demjenigen Betrag des Reinvermögens, der 50000 DM übersteigt. Die anderen in §§ 92, 93 und 95 bestimmten Gebühren entstehen dann, wenn das Reinvermögen 50000 DM überhaupt übersteigt, ohne Freibetrag voll.

C. Mehrere Mündel. Bei mehreren Fürsorgebedürftigen muß man die Vermögenswerte von jedem Vermögen besonders errechnen. Das gilt auch dann, wenn das Vormundschaftsgericht für mehrere Mündel dieselbe Maßnahme trifft und wenn für diese Maßnahme nur eine einheitliche Gebühr vorgesehen ist, zB bei § 93 I 1. In diesem Fall muß man die Gebühr zu einem entsprechenden Bruchteil von demjenigen Mündel erheben, dessen Reinvermögen mehr als 50000 DM beträgt. Vgl § 10a KostVfg, Teil VII A dieses Buchs.

3) Begriff des Reinvermögens. Unter dem Reinvermögen ist das Gesamtvermögen nach dem Abzug der Schulden zu verstehen. Es kommt also für die Freigrenzen nicht auf den Wert des Gegenstands, sondern auf dieses Reinvermögen an. Der Hausrat zählt zum Vermögen. Man muß auch dasjenige hinzurechnen, was der Mündel durch das Geschäft erwirbt, für das der Pfleger bestellt wird. Denn § 96 beruht auf sozialen Erwägungen. Sie liegen unter Umständen bei der Berücksichtigung jenes Geschäfts nicht vor, BayObLG Rpfleger **67**, 154, Brschw Rpfleger **67**, 154, Hamm Rpfleger **72**, 426 mwN; **aM** zB Rohs Rpfleger **67**, 155.

Verfügungen des Vormundschaftsgerichts oder des Familiengerichts, die sich nicht auf Mündel, Pflegebefohlene oder unter elterlicher Sorge stehende Kinder beziehen

97 **I Die volle Gebühr wird erhoben**

1. **für Entscheidungen, welche die persönlichen Rechtsbeziehungen der Ehegatten oder geschiedener Ehegatten zueinander oder das eheliche Güterrecht betreffen;**
2. **für die Ersetzung der Zustimmung anteilsberechtigter Abkömmlinge zu Rechtsgeschäften des überlebenden Ehegatten im Fall der fortgesetzten Gütergemeinschaft;**
3. **für sonstige Verfügungen des Vormundschaftsgerichts, die sich nicht auf Mündel, Pflegebefohlene oder unter elterlicher Sorge stehende Kinder beziehen.**

II Der Geschäftswert bestimmt sich nach § 30 Abs. 2.

1) Geltungsbereich, I. Die Vorschrift betrifft folgende Maßnahmen des Vormundschaftsgerichts oder Familiengerichts:

A. Rechtsbeziehungen der Ehegatten, Güterrecht, Z 1. In Betracht kommen zB: Die Aufhebung einer Beschränkung oder Ausschließung der Berechtigung des anderen Ehegatten, Geschäfte mit Wirkung für den einen Ehegatten zu besorgen, § 1357 II BGB; die Ersetzung der Zustimmung des anderen Ehegatten zu einem Rechtsgeschäft, das den Grundsätzen einer ordnungsgemäßen Verwaltung entspricht, § 1365 II BGB; die Ersetzung der Zustimmung des anderen Ehegatten zu einer Verfügung des einen Ehegatten über einen Haushaltsgegenstand oder zu einer entsprechenden Verpflichtung, § 1369 II BGB; die Aufhebung oder Änderung einer rechtskräftigen Entscheidung des Familiengerichts über eine Stundung bzw Verzinsung einer Ausgleichsforderung, § 1382 VI in Verbindung mit I, II BGB; die Anordnung zur Übertragung bestimmter Vermögensgegenstände unter Anrechnung auf eine Ausgleichsforderung, § 1383 I BGB; im Fall einer allgemeinen Gütergemeinschaft die Ersetzung der Zustimmung des anderen Ehegatten zu einem Rechtsgeschäft nach §§ 1426, 1452 BGB.

B. Zustimmung des Abkömmlings, Z 2. Die Vorschrift betrifft die Ersetzung der Zustimmung eines anteilsberechtigten Abkömmlings zu einem Rechtsgeschäft des überlebenden Ehegatten im Fall der fortgesetzten Gütergemeinschaft, §§ 1487, 1426 BGB.

C. Sonstige Verfügung, Z 3. Die Vorschrift betrifft schließlich sonstige Verfügungen des Vormundschaftsgerichts, die sich nicht auf Mündel, Pflegebefohlene oder unter elterlicher Sorge stehende Kinder beziehen, etwa auf einen Ausländer, Art 23 II EGBGB, oder auf die Einbenennung eines Volljährigen (nicht eines Minderjährigen), Art 12 § 6 NEhelG, Löscher JB **75**, 22.

2) Gebühr. Für jede der in I genannten Tätigkeiten entsteht eine volle Gebühr. Es bestehen keine Freigrenzen. Denn § 96 erwähnt § 97 nicht.

3) Geschäftswert, II. Der Geschäftswert bestimmt sich nach § 30 II.

Befreiung von Ehevoraussetzungen und Eheverboten

97a **I Die volle Gebühr wird erhoben für die Befreiung vom Erfordernis der Ehemündigkeit und die Befreiung vom Eheverbot wegen Schwägerschaft (§§ 1, 4 des Ehegesetzes).**

II Der Geschäftswert bestimmt sich nach § 30 Abs. 2.

1) Voraussetzungen, I. Die Vorschrift erfaßt den Fall der Befreiung vom Erfordernis der Ehemündigkeit und der Befreiung vom Eheverbot wegen Schwägerschaft, §§ 1, 4 EheG. Eine Gebührenpflicht entsteht also nur dann, wenn das Gericht die Befreiung ausspricht. Soweit das Gericht den Antrag als unzulässig abweist, entsteht keine Gebührenpflicht. Insofern sind die zum Begriff „Entscheidung" bei § 94 Anm 1 genannten Grundsätze hier entsprechend anwendbar. Denn ersichtlich setzt auch § 97a eine Sachentscheidung voraus. Eine solche liegt allerdings auch dann vor, wenn das Gericht den Antrag nach einer sachlichrechtlichen Prüfung als unbegründet zurückweist. Im Fall der Zurücknahme des Antrags vor einer Entscheidung entsteht ebenfalls keine Gebührenpflicht, Mümmler JVBl **71**, 214.

2) Gebühr. Soweit die Voraussetzungen Anm 1 erfüllt sind, entsteht eine volle Gebühr. Der Antragsteller muß im allgemeinen bei der Antragstellung in derselben Höhe einen Vorschuß zahlen, § 8. Er kann allerdings Prozeßkostenhilfe beantragen, § 14 FGG.

3) Geschäftswert, II. Der Geschäftswert bestimmt sich nach § 30 II.

Annahme als Kind

98 **I Die volle Gebühr wird erhoben für eine Entscheidung, durch die die Annahme eines Volljährigen als Kind ausgesprochen oder ein solches Annahmeverhältnis aufgehoben wird.**

II Der Geschäftswert bestimmt sich nach § 30 Abs. 2.

1) Voraussetzungen, I. I erfaßt die Entscheidung über die Annahme eines Volljährigen als Kind oder über die Aufhebung eines solchen Annahmeverhältnisses. In beiden Fällen ist Voraussetzung einer Gebührenpflichtigkeit, daß das Gericht auch direkt die in I genannte Rechtsfolge ausgesprochen hat. Eine Zurückweisung des Antrags als unzulässig ist gebührenfrei. Anders als zB bei §§ 94, 97a ist aber auch die Zurückweisung des Antrags als unbegründet gebührenfrei. Denn I ist als Ausnahmeregel von dem Grundsatz der Gebührenfreiheit, § 91, eng auszulegen.

Allerdings entsteht für eine Beschwerdeentscheidung eine Gebühr nach den Grundsätzen des § 131.

Der Ausspruch der Annahme eines Minderjährigen als Kind oder die Aufhebung eines solchen Annahmeverhältnisses fallen nicht unter § 98. Sie fallen mithin unter die Gebührenfreiheit nach § 91.

2) Gebühr. Für jede der in I genannten Entscheidungen entsteht eine volle Gebühr. Sie gilt alle Nebengeschäfte ab, etwa die Anhörung der Beteiligten oder eine Mitteilung an eine Verwaltungsbehörde.

Es ist unerheblich, ob nur ein Ehegatte oder beide Ehegatten den Volljährigen als Kind annehmen.

Wenn jemand mehrere Volljährige als Kinder annimmt, entsteht für jede Annahme eine volle Gebühr. Dasselbe gilt dann, wenn mehrere solche Annahmeverhältnisse aufgehoben werden.

Neben der Gebühr nach I kann für die Beurkundung des Annahme- oder Aufhebungsvertrags jeweils eine Gebührenpflicht nach §§ 36 II, 38 IV, 44 I eintreten.

Eine Freigrenze besteht nicht mehr; der frühere III ist weggefallen, und § 96 nennt § 98 nicht.

3) Geschäftswert, II. Der Geschäftswert bestimmt sich nach § 30 II 1. Er beträgt also regelmäßig 5000 DM, BayObLG Rpfleger **81**, 247. § 30 III 2 ist unanwendbar. Diese Vorschrift betrifft ausdrücklich nur den Minderjährigen, BayObLG Rpfleger **81**, 247.

Das Gericht darf und muß im Rahmen seines pflichtgemäßen Ermessens den Geschäftswert nach den Umständen des Einzelfalls höher oder niedriger ansetzen, zB bei einem großen oder kleinen Vermögen des Annehmenden oder des Angenommenen, aber auch im Fall einer ungewöhnlichen gesellschaftlichen Stellung, insbesondere des Annehmenden, BayObLG Rpfleger **81**, 247 mwN. Der Geschäftswert darf jedoch keinesfalls weniger als 200 DM oder mehr als 1 000 000 DM betragen, § 30 II 2.

Anhang nach § 98

I. Kosten der Befreiung von der Beibringung des Ehefähigkeitszeugnisses für Ausländer

§ 77a EheG. I Für die Befreiung von der Beibringung des Ehefähigkeitszeugnisses für Ausländer (§ 10 Abs. 2) wird eine Gebühr von 10 bis 500 Deutsche Mark erhoben.

II Ein Zuschlag nach Artikel 4 des Gesetzes über Maßnahmen auf dem Gebiet des Kostenrechts vom 7. August 1962 (Bundesgesetzbl. I S. 401) wird nicht erhoben.

1) Geltungsbereich. Ein Ausländer muß ein Zeugnis darüber vorlegen, daß nach seinem Heimatrecht einer Eheschließung keine Hindernisse entgegenstehen. Soweit die Heimatbehörde ein solches Zeugnis nicht ausstellt oder soweit eine Ausstellbehörde nicht existiert, etwa bei einem

Staatenlosen, kann der Präsident des OLG von der Beibringung eines solchen Ehefähigkeitszeugnisses eine Befreiung gewähren, § 10 II EheG. Für diese Befreiung entsteht nach I eine Verwaltungsgebühr.

Soweit der Präsident des OLG die Befreiung verweigert, kann man einen Antrag auf eine gerichtliche Entscheidung gemäß §§ 23 ff EGGVG stellen. Über diesen Antrag entscheidet das OLG in letzter Instanz. Für das gerichtliche Verfahren entstehen Gebühren nach § 130 KostO. In einem solchen Fall entsteht ohne Begrenzung durch einen Höchstbetrag bei einer Zurückweisung des Antrags als unzulässig oder unbegründet das Doppelte der vollen Gebühr und bei einer Zurücknahme des Antrags vor dem Erlaß oder dem Zugang einer gerichtlichen Entscheidung eine volle Gebühr, § 30 I 2 EGGVG, § 161 KostO Anh. Die Antragsaufnahme nach § 26 I EGGVG ist gebührenfrei, § 129 KostO. Auch der Antrag selbst löst keine Gebühr aus, § 31 IV 3 KostO.

Soweit das Gericht dem Antrag stattgibt, entfallen Gerichtskosten, denn dann hat sich herausgestellt, daß der Präsident des OLG die Sache unrichtig behandelt hatte, § 16 KostO. Wenn die Hauptsache gemäß § 27 II 2 EGGVG vom Gericht für erledigt erklärt wird, entstehen ebenfalls keine Kosten.

2) Geschäftswert usw. Der Geschäftswert richtet sich nach § 30 II KostO. Denn es handelt sich um eine nichtvermögensrechtliche Angelegenheit.

Wegen der Erstattung außergerichtlicher Kosten gilt § 30 II EGGVG, § 160 KostO Anh.

II. Kosten der Anerkennung ausländischer Entscheidungen in Ehesachen

FamilienrechtsänderungsG vom 11. 8. 61, BGBl 1221, Art. VII

idF Art 11 Z 5 des 1. EheRG vom 14. 6. 76, BGBl 1421

§ 1. Anerkennung ausländischer Entscheidungen in Ehesachen

I Entscheidungen, durch die im Ausland eine Ehe für nichtig erklärt, aufgehoben, dem Bande nach oder unter Aufrechterhaltung des Ehebandes geschieden oder durch die das Bestehen oder Nichtbestehen einer Ehe zwischen den Parteien festgestellt ist, werden nur anerkannt, wenn die Landesjustizverwaltung festgestellt hat, daß die Voraussetzungen für die Anerkennung vorliegen. Die Verbürgung der Gegenseitigkeit ist nicht Voraussetzung für die Anerkennung. Hat ein Gericht des Staates entschieden, dem beide Ehegatten zur Zeit der Entscheidung angehört haben, so hängt die Anerkennung nicht von einer Feststellung der Landesjustizverwaltung ab.

II Zuständig ist die Justizverwaltung des Landes, in dem ein Ehegatte seinen gewöhnlichen Aufenthalt hat. Hat keiner der Ehegatten seinen gewöhnlichen Aufenthalt im Inland, so ist die Justizverwaltung des Landes zuständig, in dem eine neue Ehe geschlossen werden soll; die Justizverwaltung kann den Nachweis verlangen, daß das Aufgebot bestellt oder um Befreiung von dem Aufgebot nachgesucht ist. Soweit eine Zuständigkeit nicht gegeben ist, ist die Justizverwaltung des Landes Berlin zuständig.

III Die Entscheidung ergeht auf Antrag. Den Antrag kann stellen, wer ein rechtliches Interesse an der Anerkennung glaubhaft macht.

IV Lehnt die Landesjustizverwaltung den Antrag ab, so kann der Antragsteller die Entscheidung des Oberlandesgerichts beantragen.

V Stellt die Landesjustizverwaltung fest, daß die Voraussetzungen für die Anerkennung vorliegen, so kann ein Ehegatte, der den Antrag icht gestellt hat, die Entscheidung des Oberlandesgerichts beantragen. Die Entscheidung der Landesjustizverwaltung wird mit der Bekanntmachung an den Antragsteller wirksam. Die Landesjustizverwaltung kann jedoch in ihrer Entscheidung bestimmen, daß die Entscheidung erst nach Ablauf einer von ihr bestimmten Frist wirksam wird.

VI Das Oberlandesgericht entscheidet im Verfahren der freiwilligen Gerichtsbarkeit. Zuständig ist das Oberlandesgericht, in dessen Bezirk die Landesjustizverwaltung ihren Sitz hat. Der Antrag auf gerichtliche Entscheidung hat keine aufschiebende Wirkung. § 21 Abs. 2, §§ 23, 24 Abs. 3, §§ 25, 28 Abs. 2, 3, § 30 Abs. 1 Satz 1 und § 199 Abs. 1 des Gesetzes über die Angelegenheiten der freiwilligen Gerichtsbarkeit gelten sinngemäß. Die Entscheidung des Oberlandesgerichts ist endgültig.

VII Die vorstehenden Vorschriften sind sinngemäß anzuwenden, wenn die Feststellung begehrt wird, daß die Voraussetzungen für die Anerkennung einer Entscheidung nicht vorliegen.

VIII Die Feststellung, daß die Voraussetzungen für die Anerkennung vorliegen oder nicht vorliegen, ist für Gerichte und Verwaltungsbehörden bindend.

§ 2. Kosten

I Für die Feststellung, daß die Voraussetzungen für die Anerkennung einer ausländischen Entscheidung vorliegen oder nicht vorliegen (§ 1), wird eine Gebühr von 10 bis 500 Deutsche Mark erhoben. Ein Zuschlag nach Artikel 4 des Gesetzes über Maßnahmen auf dem Gebiete des Kostenrechts vom 7. August 1952 (Bundesgesetzbl. I S. 401) wird nicht erhoben.

II Für das Verfahren des Oberlandesgerichts werden Kosten nach der Kostenordnung erhoben. Weist das Oberlandesgericht den Antrag nach § 1 Abs. 4, 5, 7 zurück, so wird eine Gebühr von 10 bis 500 Deutsche Mark erhoben. Wird der Antrag zurückgenommen, so wird nur die Hälfte dieser Gebühr erhoben. Die Gebühr wird vom Oberlandesgericht bestimmt. Hebt das Oberlandesgericht die Entscheidung der Verwaltungsbehörde auf und entscheidet es in der Sache selbst, so bestimmt es auch die von der Verwaltungsbehörde zu erhebende Gebühr.

1) Geltungsbereich. Die Wirksamkeit einer ausländischen Entscheidung in einer Ehesache in der BRep, durch die eine Ehe dem Bande nach oder unter einer Aufrechterhaltung des Bandes geschieden, für nichtig erklärt, aufgehoben wird oder durch die das Bestehen oder Nichtbestehen der Ehe festgestellt wird, hängt grundsätzlich von einer Anerkennung der Landesjustizverwaltung ab, § 1 I 1. Eine solche Anerkennung ist nicht erforderlich, soweit ein Gericht desjenigen Staats entschieden hat, dem beide Ehegatten zur Zeit der Entscheidung angehört haben, § 1 I 3.

Soweit die Landesjustizverwaltung den Anerkennungsantrag ablehnt, kann der Antragsteller die Entscheidung des OLG beantragen, § 1 IV. Soweit die Landesjustizverwaltung dem Anerkennungsantrag stattgegeben hat, kann derjenige Ehegatte, der den zugrunde liegenden Antrag nicht gestellt hatte, von sich aus die Entscheidung des Oberlandesgerichts beantragen, § 1 V 1. Dasselbe gilt für den Fall eines Antrags auf die Feststellung, daß die Voraussetzungen für die Anerkennung einer Entscheidung nicht vorliegen, § 1 VII. Das OLG entscheidet im Verfahren der freiwilligen Gerichtsbarkeit durch einen Beschluß, § 1 VI. Auf dieses Verfahren sind §§ 23ff EGGVG unanwendbar.

2) Kosten. § 2 I enthält die Kostenregelung für das Verwaltungsverfahren vor dem Präsidenten des OLG. § 2 II enthält die Kostenregelung für das gerichtliche Verfahren vor dem OLG nach § 1 IV, V 1. Es handelt sich jeweils um eine Rahmengebühr, vgl § 34 KostO. Man muß jeweils die Bedeutung der Sache, die Einkommens- und Vermögensverhältnisse der Beteiligten, die Schwierigkeit des Falls und alle weiteren Umstände berücksichtigen.

Sofern der Antrag auf eine Entscheidung des OLG vor dem Erlaß der Entscheidung wirksam zurückgenommen wird, wird nur die Hälfte der an sich notwendigen Rahmengebühr erhoben, § 2 II 2.

Das OLG setzt die im Einzelfall innerhalb des Rahmens nach Abwägung aller Umstände maßgebliche Gebühr fest, § 2 II 3, und zwar dann, wenn das OLG die Entscheidung des Präsidenten des OLG aufhebt und in der Sache selbst entscheidet, auch die für das Verwaltungsverfahren nach § 2 I maßgebliche Gebühr. Soweit das OLG die im Verwaltungsverfahren nach § 2 I ergangene Entscheidung aufhebt und das Verfahren zur erneuten Entscheidung an den Präsidenten des OLG zurückverweist, setzt das OLG nur die für sein Verfahren nach § 2 II entstandene Gerichtsgebühr fest.

Die Anwaltsgebühr richtet sich nach § 66a BRAGO.

III. Vorschriften der Hausratsverordnung

Die **6. DVO zum EheG vom 21. 10. 44,** RGBl 256 (VO über die Behandlung der Ehewohnung und des Hausrats), zuletzt geändert durch Art 5 Z 4 G v 20. 2. 86, BGBl 301, enthält folgende Vorschriften über die Gerichtskosten:

Kosten des Verfahrens

§ 21. I Für das gerichtliche Verfahren wird die volle Gebühr erhoben. Kommt es zur richterlichen Entscheidung, so erhöht sich die Gebühr auf das Dreifache der vollen Gebühr. Wird der Antrag zurückgenommen, bevor es zu einer Entscheidung oder einer vom Gericht vermittelten Einigung gekommen ist, so ermäßigt sich die Gebühr auf die Hälfte der vollen Gebühr.

II Der Geschäftswert bestimmt sich, soweit der Streit die Wohnung betrifft, nach dem einjährigen Mietwert, soweit der Streit den Hausrat betrifft, nach dem Wert des Hausrats. Betrifft jedoch der Streit im wesentlichen nur die Benutzung des Hausrats, so ist das Interesse der Beteiligten an der Regelung maßgebend. Der Richter setzt den Wert in jedem Falle von Amts wegen fest.

III Für das Beschwerdeverfahren werden die gleichen Gebühren wie im ersten Rechtszug erhoben.

IV (gegenstandslos).

1) Allgemeines. Das Verfahren ist ein solches der freiwilligen Gerichtsbarkeit, § 13 I VO. Die Gebühr ist eine Pauschalgebühr. Sie gilt die gesamte gerichtliche Tätigkeit in diesem Verfahren ab.

Neben dem Antragsteller ist Kostenschuldner auch derjenige, den das Gericht im Rahmen seines pflichtgemäßen Ermessens als solchen bestimmt hat, § 20 VO. §§ 20, 21 VO sind in einem Verfahren nach § 1361 a I 2 BGB entsprechend anwendbar, BayObLG NJW **72**, 949. Das gilt auch bei § 1361 b BGB.

2) Gebühr, I, III. A. Erste Instanz, I. Für das gerichtliche Verfahren entsteht grundsätzlich die volle Gebühr. Das gilt auch dann, wenn das Gericht eine Einigung der Parteien vermittelt, § 13 III VO. Soweit eine gerichtliche Entscheidung erforderlich ist, entsteht das Dreifache der vollen Gebühr. Im Fall einer Zurücknahme des Antrags vor dem Erlaß einer Entscheidung oder vor einer vom Gericht vermittelten Einigung ermäßigt sich die Gebühr auf ½ Gebühr.

B. Beschwerdeverfahren, III. In dem Beschwerdeverfahren entstehen dieselben Gebühren wie im ersten Rechtszug. Soweit der Antragsteller den Antrag erst im Beschwerdeverfahren zurücknimmt, ermäßigt sich also zwar die Gebühr der Beschwerdeinstanz, nicht aber die bereits in der ersten Instanz vor dem AG entstandene Gebühr.

3) Geschäftswert, II. A. Wohnung. Soweit der Streit die Ehewohnung betrifft, ist als Geschäftswert der einjährige Mietwert anzusetzen. Das gilt auch dann, wenn eine Ausgleichszahlung vereinbart ist, selbst wenn sie höher ist als die Jahresmiete, KG Rpfleger **72**, 464. Soweit ein Vergleich zustande kommt, gelten dieselben Regeln, Schlesw JB **76**, 346.

B. Hausrat. a) Verteilung, § 8 VO. Soweit es sich um die richterliche Verteilung des Hausrats handelt, muß man den gemeinen Wert des gesamten Hausrats unter Berücksichtigung der Abnutzung als Geschäftswert ansetzen, § 19 II KostO.

b) Nutzungszuweisung, § 9 VO. Sofern es sich im wesentlichen nur um die Benutzung des Hausrats handelt, muß man das Interesse der Beteiligten an der Regelung als Geschäftswert ansetzen. Maßgeblich ist derjenige Betrag, der sich aus der Sicht eines unbeteiligten Dritten unter Berücksichtigung der subjektiven Vorstellungen der Beteiligten als das objektive Interesse ergibt; die bloß persönlichen Vorstellungen der Beteiligten über den Wert sind also nicht allein ausschlaggebend.

c) Eigentumsverteilung und Nutzungszuweisung. Bei einem Streit um beide Fragen muß man die sich aus a und b ergebenden Werte zusammmenrechnen.

Versorgungsausgleich bei Scheidung, Nichtigerklärung oder Aufhebung einer Ehe

99 **I Für das Verfahren über den Versorgungsausgleich nach § 1587b oder nach § 1587g Abs. 1 des Bürgerlichen Gesetzbuchs wird die volle Gebühr erhoben. Kommt es zum Versorgungsausgleich durch richterliche Entscheidung nach § 1587b oder nach § 1587g Abs. 1 des Bürgerlichen Gesetzbuchs, so erhöht sich die Gebühr auf das Dreifache der vollen Gebühr. Wird im Falle des § 1587g Abs. 1 des Bürgerlichen Gesetzbuchs der Antrag zurückgenommen, bevor es zu einer Entscheidung oder einer vom Gericht vermittelten Einigung gekommen ist, so ermäßigt sich die Gebühr auf die Hälfte der vollen Gebühr.**

II Die volle Gebühr wird erhoben

1. für Entscheidungen nach § 1587d Abs. 1, § 1587i Abs. 1, § 1587l Abs. 1, 3 Satz 3 des Bürgerlichen Gesetzbuchs, sofern der Antrag nicht in einem der in Absatz 1 aufgeführten Verfahren gestellt worden ist,

2. für die Aufhebung oder Änderung von Entscheidungen nach § 1587d Abs. 2, § 1587g Abs. 3, § 1587i Abs. 3 des Bürgerlichen Gesetzbuchs,

3. für die Entscheidung über den Antrag auf Neufestsetzung des zu leistenden Betrages nach § 53e Abs. 3 des Gesetzes über die Angelegenheiten der freiwilligen Gerichtsbarkeit.

III Für den Geschäftswert sind maßgebend

1. im Verfahren nach § 1587b des Bürgerlichen Gesetzbuchs der Jahresbetrag der Rente, die den zu übertragenden oder zu begründenden Rentenanwartschaften entspricht, mindestens jedoch 1000 Deutsche Mark,

2. im Verfahren nach § 1587g Abs. 1 des Bürgerlichen Gesetzbuchs der Jahresbetrag der Geldrente, mindestens jedoch 1000 Deutsche Mark,

3. im Verfahren nach § 1587l Abs. 1 des Bürgerlichen Gesetzbuchs der Jahresbetrag der Geldrente, die durch die Abfindungssumme abgegolten wird, mindestens jedoch 1000 Deutsche Mark,

4. im Verfahren zur Neufestsetzung des zu leistenden Betrages nach § 53e Abs. 3 des Gesetzes über die Angelegenheiten der freiwilligen Gerichtsbarkeit 200 Deutsche Mark.

Im übrigen bestimmt sich der Geschäftswert nach § 30.

1) **Volle Gebühr.** Jeweils eine volle Gebühr entsteht in folgenden, abschließend aufgeführten Fällen, LG Bln MDR **82**, 678:

A. Versorgungsausgleich, I 1. Es geht um ein Verfahren der freiwilligen Gerichtsbarkeit zur Übertragung und Begründung von Rentenanwartschaften, § 1587b BGB.

Geschäftswert ist der Jahresbetrag derjenigen Rente, die den zu übertragenden oder zu begründenden Rentenanwartschaften entspricht, mindestens jedoch ein Betrag von 1000 DM, III 1 Z 1.

Soweit ein solches Verfahren nicht nach den Regeln der freiwilligen Gerichtsbarkeit, sondern nach denjenigen des GKG abläuft, ist § 17a GKG maßgeblich. Eine vor der Ehe getroffene Vereinbarung über den Ausschluß des Versorgungsausgleichs ist nach § 30 zu bewerten, LG Bln MDR **82**, 678.

B. Ausgleichsrente, I 1. Es geht um ein Verfahren der freiwilligen Gerichtsbarkeit wegen einer Ausgleichsrente, § 1587g I BGB.

Geschäftswert ist der Jahresbetrag der Geldrente, mindestens jedoch ein Betrag von 1000 DM, III 1 Z 2.

Soweit das Verfahren nicht nach den Regeln der freiwilligen Gerichtsbarkeit, sondern nach denen der ZPO abläuft, ist § 17a GKG anwendbar.

C. Ruhen der Verpflichtung zur Begründung von Rentenanwartschaft usw, II Z 1. In jedem der folgenden Verfahren entsteht eine volle Gebühr, sofern der Antrag nicht in einem der in I genannten Verfahren gestellt wurde:

a) Ruhen der Verpflichtung zur Begründung von Rentenanwartschaften, § 1587d I BGB. In diesem Verfahren richtet sich der Geschäftswert nach § 30. Das ergibt sich aus III 2.

b) Abtretung von Versorgungsansprüchen, § 1587i I BGB. In diesem Verfahren richtet sich der Geschäftswert nach § 30. Das ergibt sich aus III 2.

c) Abfindung künftiger Ausgleichsansprüche, § 1587l I, III 3 BGB. Hier muß man wegen des Geschäftswerts wie folgt unterscheiden:

aa) Abfindungsforderung, § 1587l I BGB. In diesem Verfahren ist Geschäftswert der Jahresbetrag der Geldrente, die durch die Abfindungssumme abgegolten wird, mindestens jedoch ein Betrag von 1000 DM, III 1 Z 3.

bb) Gestattung der Ratenzahlung, § 1587l III 3 BGB. In diesem Verfahren richtet sich der Geschäftswert nach § 30. Das ergibt sich aus III 2.

D. Aufhebung, Änderung, II Z 2. Hier muß man folgende Fälle unterscheiden:

a) Ruhen der Verpflichtung zur Begründung von Rentenanwartschaften, § 1587d II BGB. In diesem Fall richtet sich der Geschäftswert nach § 30. Das ergibt sich aus III 2.

b) Anspruch auf Rentenzahlung, § 1587g III BGB. In diesem Verfahren richtet sich der Geschäftswert nach § 30. Das ergibt sich aus III 2.

c) Abtretung von Versorgungsansprüchen, § 1587i III BGB. In diesem Verfahren richtet sich der Geschäftswert nach § 30. Das ergibt sich aus III 2.

E. Neufestsetzung der Zahlung zur Begründung einer Rentenanwartschaft, II Z 3. Es handelt sich um eine Entscheidung im Verfahren der freiwilligen Gerichtsbarkeit über den Antrag auf eine Neufestsetzung des zu leistenden Betrags nach § 53e III FGG.

Der Geschäftswert beträgt 200 DM, III 1 Z 4.

2) Dreifache Gebühr. Sie entsteht in jedem der folgenden Fälle:

A. Übertragung und Begründung von Rentenanwartschaften, I 2. Es handelt sich um eine richterliche Entscheidung zum Versorgungsausgleich nach § 1587b BGB, insofern entsteht also neben der Verfahrensgebühr nach I 1 eine zusätzliche (dreifache) Entscheidungsgebühr nach I 2.

Der Geschäftswert beträgt auch für diese Entscheidungsgebühr den Jahresbetrag der Rente, die den zu übertragenden oder zu begründenden Rentenanwartschaften entspricht, mindestens jedoch 1000 DM, III 1 Z 1.

B. Anspruch auf Rentenzahlung, I 2. Es handelt sich um eine richterliche Entscheidung über einen Anspruch auf Rentenzahlung nach § 1587g I BGB. Hier entsteht also neben der Verfahrensgebühr nach I 1 eine zusätzliche (dreifache) Entscheidungsgebühr nach I 2.

Der Geschäftswert beträgt auch für die Entscheidungsgebühr den Jahresbetrag der Geldrente, mindestens jedoch 1000 DM, III 1 Z 2.

3) Halbe Gebühr. Sie entsteht im Verfahren auf eine Ausgleichsrente nach § 1587g I BGB, soweit der Antragsteller den Antrag zurücknimmt, bevor es zu einer gerichtlichen Entscheidung oder zu einer vom Gericht vermittelten Einigung gekommen ist, I 3.

Geschäftswert ist auch in diesem Fall der Jahresbetrag der Geldrente, mindestens jedoch ein Betrag von 1000 DM, III 1 Z 2.

4) Gebührenfreiheit. In den in II Z 1 genannten Fällen entstehen keine Gebühren (sondern nur Auslagen), sofern der Antragsteller den Antrag nicht in einem der in I genannten Verfahren gestellt hat.

5) Beschwerdeverfahren. Es gilt § 131 a.

6) Abgrenzung der Verfahrensarten. Soweit es darauf ankommt, ob die Tätigkeit des Gerichts im Verfahren der freiwilligen Gerichtsbarkeit oder im Verfahren der ZPO erfolgt, vgl zur Abgrenzung der Verfahrensarten BLAH § 621 a ZPO Anm 1–4, Schwab FamRZ **76**, 661.

Sofern es sich um einen notariell beurkundeten Abfindungsvergleich handelt, ist § 24 anwendbar.

100 (weggefallen)

5. Nachlaß- und Teilungssachen

Verwahrung von Verfügungen von Todes wegen

101 Für die amtliche Verwahrung einer Verfügung von Todes wegen wird bei der Annahme ein Viertel der vollen Gebühr erhoben.

1) Amtliche Verwahrung. Die Vorschrift setzt voraus, daß eine letztwillige Verfügung von Todes wegen in amtliche Verwahrung kommt, §§ 2248, 2258a, 2258b BGB. Nur die erste derartige amtliche Verwahrung derselben Verfügung von Todes wegen fällt unter § 101.

Die Überreichung des Testaments zum amtlichen Protokoll nach

§ 2238 BGB stellt eine Testamentserrichtung dar. Diese richtet sich nach § 46. Daneben entsteht die Gebühr nach § 101.

§ 101 ist in folgenden Fällen unanwendbar: Ein Gericht verwahrt eine letztwillige Verfügung aus irgendeinem Grund außerhalb der Vorgänge nach §§ 2248, 2258a, 2258b BGB bei irgendwelchen Akten; jemand liefert ein eigenhändiges Testament, das nicht in eine besondere amtliche Verwahrung gebracht worden war, nach dem Tod des Erblassers an das Nachlaßgericht ab, § 2259 BGB; der Erblasser reicht zwar die letztwillige Verfügung zum Nachlaßgericht ein, verlangt aber nicht eindeutig deren besondere amtliche Verwahrung; der Erblasser verlangt nachträglich eine amtliche Verwahrung des Testaments bei einem anderen Gericht, KG DNotZ **39**, 695; das Nachlaßgericht eröffnet nach dem Tod des vorverstorbenen Ehegatten das gemeinschaftliche Testament der Ehegatten und nimmt es anschließend für den Überlebenden wieder in die amtliche Verwahrung; es findet lediglich eine Öffnung und Wiederverschließung auf Wunsch des Erblassers statt; es handelt sich lediglich um die Rückgabe eines in die amtliche Verwahrung genommenen Testaments.

2) Gebühr. Es entsteht ¼ Gebühr. Sie gilt die gesamte amtliche Verwahrung unabhängig von deren Dauer und im Fall eines gemeinschaftlichen Testaments bis zum Tod des Letztlebenden ab.

3) Geschäftswert, Fälligkeit. Der Geschäftswert richtet sich nach § 103. Die Fälligkeit entsteht mit der Annahme der Verfügung von Todes wegen durch das Nachlaßgericht zur besonderen amtlichen Verwahrung.

4) Nachforderung, Verjährung. Vgl § 103 IV.

Eröffnung einer Verfügung von Todes wegen

102 **Für die Eröffnung einer Verfügung von Todes wegen wird die Hälfte der vollen Gebühr erhoben.**

1) Eröffnung. Das Nachlaßgericht muß jedes Schriftstück, das nach seiner Form und seinem Inhalt eine letztwillige Verfügung darstellt, von Amts wegen eröffnen, LG Duisb Rpfleger **88**, 190. Es ist unerheblich, ob die letztwillige Verfügung wirksam ist, LG Duisburg Rpfleger **88**, 190, LG Siegen Rpfleger **86**, 182, ob sie privatschriftlich oder in öffentlich beurkundeter Form erfolgte, ob noch weitere frühere oder gleichzeitige oder spätere letztwillige Verfügungen existieren, Stgt Rpfleger **88**, 485, LG Duisb Rpfleger **88**, 190, LG Bln Rpfleger **89**, 286, ob die Testamente inhaltlich übereinstimmen, LG Bln Rpfleger **89**, 286, und ob ein Zusatz auf einem äußerlich und inhaltlich gemeinschaftlichen Testament ersichtlich nicht von dem anderen Ehegatten herrührt.

Wenn das Schriftstück allerdings bei objektiver Betrachtung unter einer Berücksichtigung der gesamten Umstände unter keinen Umständen ein Testament darstellen konnte, würde eine Eröffnung eine unrichtige Sachbehandlung sein, § 16.

Die amtliche Eröffnung ist eine Verkündung des Inhalts. Der Rpfl muß über die Eröffnung ein Protokoll aufnehmen, § 2260 BGB.

2) Gebühr. Es entsteht ½ Gebühr. Sie gilt den Akt der Eröffnung ab, LG Duisb Rpfleger **88**, 190, und zwar einschließlich der Herbeischaffung und der Übersendung des eröffneten Testaments an das Nachlaßgericht nach § 2261 BGB. Sie gilt auch die Herbeischaffung des Testaments von einer anderen Behörde nach § 2259 II BGB sowie die Benachrichtigung der Beteiligten über den Inhalt des Testaments nach § 2262 BGB und eine Gewährung der Einsicht ab.

Werden mehrere letztwillige Verfügungen wegen desselben Erblassers eröffnet, so entsteht jedesmal eine Eröffnungsgebühr nach dem vollen Wert, und zwar auch für die Eröffnung einer widerrufenen Verfügung, Stgt Rpfleger **88**, 485, LG Duisb Rpfleger **88**, 190.

Die Erteilung einer beglaubigten Abschrift fällt unter § 132.

3) Geschäftswert, Fälligkeit, Kostenschuldner. Der Geschäftswert richtet sich nach § 103. Die Gebühr wird mit der Eröffnung fällig. Der Erbe ist Kostenschuldner, und zwar auch dann, wenn er keinerlei Interesse an der amtlichen Eröffnung hat. Soweit das Nachlaßgericht einen Dritten nach § 83 FGG zur Ablieferung einer letztwilligen Verfügung zwingt, haftet nur der Dritte für die Kosten eines Zwangsgeldsverfahrens. Für die Kosten des Verfahrens auf die Abgabe einer eidesstattlichen Versicherung nach § 83 II FGG haften nur die Erben nach § 6.

4) Sonstige Einzelfragen. Wegen der gleichzeitigen Eröffnung mehrerer Verfügungen von Todes wegen vgl § 103 II. Wegen der örtlichen Zuständigkeit für die Gebühr vgl § 103 III.

Gemeinsame Vorschriften zu den §§ 101, 102

103 **I In den Fällen der §§ 101 und 102 finden die Wertvorschriften des § 46 Abs. 4 entsprechende Anwendung.**

II Werden mehrere Verfügungen von Todes wegen desselben Erblassers bei demselben Gericht gleichzeitig eröffnet, so ist nur eine Gebühr nach dem zusammengerechneten Wert zu erheben; soweit mehrfach über den ganzen Nachlaß oder über denselben Bruchteil verfügt ist, kommt der Wert nur einmal in Betracht.

III Die Gebühr nach § 102 wird von dem Nachlaßgericht erhoben, auch wenn die Eröffnung bei einem anderen Gericht stattgefunden hat.

IV Für die Nachforderung und die Verjährung der Gebühr des § 101 gelten die Vorschriften des § 46 Abs. 5 entsprechend.

1) Geschäftswert, I, II. A. Höhe. Sowohl bei einer amtlichen Verwahrung, § 101, als auch bei der Eröffnung einer Verfügung von Todes wegen, § 102, ist für den Geschäftswert § 46 IV entsprechend anwendbar. Man muß also den Wert des nach dem Abzug der Verbindlichkeiten verbleibenden reinen Vermögens oder den Wert des entsprechenden Bruchteils des reinen Vermögens zugrunde legen. Beim Zusammentreffen von Erbeinsetzung und Vermächtnis erfolgt eine Zusammenrechnung, wobei der Nießbrauch nach § 24 zu bewerten ist, BayObLG **84**, 36. Zu den Verbindlichkeiten zählen auch ein Anspruch nach § 1378 BGB, Karlsr Rpfleger **78**, 272 mwN. Es ist unerheblich, ob die letztwillige Verfügung sachlichrechtlich wirksam ist, BayObLG **84**, 36 mwN.

Man darf ein Vermächtnis, ein Pflichtteilsrecht oder eine Auflage nicht abziehen, § 46 IV 2, BayObLG **75**, 251, Ffm Rpfleger **63**, 357, auch nicht die Beerdigungskosten, BayObLG DNotZ **59**, 668.

Bei der amtlichen Verwahrung eines gemeinschaftlichen Testaments muß man den Gesamtwert der Gegenstände zusammenrechnen. Bei der Eröffnung eines nichtigen Testaments gilt der Nachlaßwert wie sonst, LG Siegen Rpfleger **86**, 182, aM KLBR § 102 Rdz 3ff (es gelte § 33). Bei der gleichzeitigen Eröffnung mehrerer Verfügungen von Todes wegen desselben Erblassers bei demselben Gericht ist grundsätzlich der zusammengerechnete Wert maßgeblich, II Hs 1, Stgt Rpfleger **88**, 485; in allen anderen Fällen ist I in Verbindung mit § 46 IV für jede Eröffnung maßgeblich, Stgt Rpfleger **88**, 485; soweit der Erblasser in den mehreren Testamenten allerdings über den ganzen Nachlaß oder über denselben Bruchteil mehrfach verfügt hat, ist der Geschäftswert des ganzen Nachlasses oder desselben Bruchteils nur einmal anzusetzen, II Hs 2.

Im Fall der Eröffnung eines gemeinschaftlichen Testaments nach dem Tod des zunächst verstorbenen Ehegatten darf man nur das Reinvermögen dieses Erstverstorbenen ansetzen. Denn die Verkündung ist bezüglich der Verfügungen des überlebenden Ehegatten unwirksam. Nach dem Tod des Überlebenden darf man nur sein Reinvermögen ansetzen, falls nicht etwa das Testament nur solche Verfügungen enthält, die sich nur auf den Tod des Erstverstorbenen beziehen. Im letzteren Fall erfolgt nach dem Tod des Überlebenden überhaupt keine erneute Verkündung.

Man darf einen Gegenstand, über den die Ehegatten gemeinsam verfügt haben, insgesamt nur einmal ansetzen.

B. Zeitpunkt. Für den Geschäftswert kommt es auf folgende Zeitpunkte an:

a) Verwahrung. Im Fall der amtlichen Verwahrung ist der Geschäftswert im Zeitpunkt der Annahme zur amtlichen Verwahrung maßgeblich.

b) Eröffnung. Im Fall der Eröffnung der Verfügung von Todes wegen kommt es auf die Verkündung durch den Rpfl an.

2) Mehrere Verfügungen, II. A. Voraussetzungen. II ist anzuwenden, soweit die folgenden Voraussetzungen zusammentreffen:

a) Mehrere Verfügungen desselben Erblassers. Derselbe Erblasser muß mehrere Verfügungen von Todes wegen errichtet haben. Jede der Verfügungen muß die gesetzlichen Anforderungen an eine Verfügung von Todes wegen erfüllen.

Mehrere Verwahrungen usw sind getrennt zu bewerten, auch wenn sie bei demselben Gericht gleichzeitig erfolgen.

b) Dasselbe Gericht. Die Eröffnung der mehreren Verfügungen darf nicht durch verschiedene Gerichte erfolgen.

c) Gleichzeitige Eröffnung. Die mehreren Verfügungen von Todes wegen müssen gleichzeitig eröffnet werden. Die Eröffnung eines nachgereichten Testaments läßt eine besondere Eröffnungsgebühr entstehen.

Freilich kann das Gericht vergessen haben, ein weiteres Testament gleichzeitig zu eröffnen. In diesem Fall kann eine Nichterhebung nach § 16 in Betracht kommen.

Man muß denjenigen Teil der Gebühren niederschlagen, der über denjenigen Betrag hinausgeht, der bei einer gleichzeitigen Eröffnung entstanden wäre, Düss Rpfleger **81**, 77, KG Rpfleger **79**, 277 je mwN.

B. Gebühr. Unter den Voraussetzungen A entsteht eine volle Gebühr. Insofern weicht II von § 102 (½ Gebühr) ab.

C. Geschäftswert. Vgl Anm 1.

3) Gebührenzuständigkeit, III. Für die Erhebung der Eröffnungsgebühr, § 102, ist stets das Nachlaßgericht zuständig, auch wenn ein anderes Gericht die Eröffnung vorgenommen hatte. Das gilt selbst dann, wenn die Gerichte verschiedenen Bundesländern angehören, wenn also die Eröffnungsgebühr einem anderen Justizfiskus zufließt; vgl auch § 5 KostVfg, Teil VII A dieses Buchs.

III gilt aber nicht im Verhältnis zur DDR, Celle Rpfleger **66**, 185.

4) Nachforderung, Verjährung, IV. Im Fall einer amtlichen Verwahrung sind die Angaben des Erblassers über den Wert maßgebend, § 46 V. Wenn sich bei der späteren Eröffnung des Testaments ein höherer Wert als derjenige herausstellt, den der Erblasser angegeben hatte, dann darf und muß man eine Nachforderung erheben. Das gilt auch dann, wenn der Erblasser bei seinen Wertangaben gutgläubig war. Vgl § 46 V sowie § 38 KostVfg, Teil VII A dieses Buchs.

Soweit eine Falschberechnung von Kosten aus anderen Gründen als einer objektiv unrichtigen Wertangabe des Erblassers erfolgte, gilt § 15.

Sicherung des Nachlasses

104 **I Bei der Sicherung eines Nachlasses durch Siegelung oder auf andere Weise wird für das ganze Verfahren, einschließlich der erforderlichen Anordnungen wegen Aufbewahrung und Auslieferung des Nachlasses, die volle Gebühr erhoben. Die Gebühr wird mit der Anordnung fällig.**

II Neben der Gebühr werden die Gebühren für die Siegelung, Entsiegelung oder Aufnahme des Vermögensverzeichnisses (§ 52) besonders erhoben.

1) Geltungsbereich. Die Vorschrift umfaßt das gerichtliche Verfahren zur Sicherung eines Nachlasses. I 1 spricht zwar vom „ganzen Verfahren", II stellt aber klar, daß in Wahrheit eben nicht das gesamte Verfahren nach § 104 vergütet wird. Allerdings entstehen nur in den in II abschließend genannten Fällen der Siegelung, Entsiegelung oder Aufnahme eines Vermögensverzeichnisses die in § 52 vorgeschriebenen besonderen Gebühren. Die gesamte weitere Tätigkeit des Gerichts zur Sicherung des Nachlasses fällt unter I. Dazu gehören alle Anordnungen der Sicherung und Aufbewahrung sowie Auslieferung des Nachlasses, wie I 1 ausdrücklich erklärt. Es können aber auch Ausführungsarten unter I fallen, die nicht in einer Siegelung, Entsiegelung oder Aufnahme des Vermögensverzeichnisses bestehen.

Neben oder statt § 104 können auch landesrechtliche Vorschriften in Betracht kommen. Solche Bestimmungen können auch in Verbindung mit § 158 anwendbar sein, etwa dann, wenn das Nachlaßgericht eine Entsiegelung gemäß Art 106 PrFG vornimmt.

Wegen einer Anrechnung der Gebühr nach I im Fall der Einleitung einer Nachlaßpflegschaft zur Sicherung des Nachlasses vgl § 106 II.

Eine Gebühr entsteht nur, falls es zur Anordnung einer Sicherungsmaßnahme kommt, also nicht schon für das Prüfungsverfahren und auch nicht für den Fall, daß das Gericht die Anordnung einer Sicherungsmaßnahme ablehnt.

2) Geschäftswert. Maßgeblich ist der Wert der sichergestellten Nachlaßgegenstände.

3) Fälligkeit. Die Gebühr nach I entsteht im Zeitpunkt der Anordnung der ersten Sicherungsmaßnahme für diesen Nachlaß. Sie entsteht also nicht schon bei der Einreichung eines Antrags und auch nicht schon dann, wenn das Gericht prüft, ob die Voraussetzungen einer Anordnung von Sicherheitsmaßnahmen vorliegen.

Die Gebühr nach II entsteht in dem bei § 52 erwähnten Zeitpunkt.

Ermittlung des Erben

105 **Für die Ermittlung von Erben wird auch dann, wenn sie nach landesgesetzlichen Vorschriften von Amts wegen stattfindet, keine Gebühr erhoben.**

1) Geltungsbereich. Die Ermittlung der Erben ist grundsätzlich schon als Nebengeschäft eines gebührenpflichtigen Hauptgeschäfts, etwa der Erbscheinserteilung, gebührenfrei, § 35. Soweit das Nachlaßgericht von Amts wegen eine Ermittlung von Erben als Hauptgeschäft vornehmen muß, schafft § 105 auch für dieses Hauptgeschäft eine Gebührenfreiheit.

Eine Auslagenfreiheit besteht nicht.

Nachlaßpflegschaften, Gesamtgutsverwaltung

106 **I Für eine Nachlaßverwaltung, eine Gesamtgutsverwaltung, eine sonstige Nachlaßpflegschaft oder eine Pflegschaft für einen abwesenden Beteiligten nach § 88 des Gesetzes über die Angelegenheiten der freiwilligen Gerichtsbarkeit wird die volle Gebühr erhoben. Sie wird mit der Anordnung fällig. Maßgebend ist der Wert des von der Verwaltung oder Pflegschaft betroffenen Vermögens.**

II Auf die Gebühr wird eine nach § 104 entstandene Gebühr angerechnet, wenn die Nachlaßpflegschaft zur Sicherung des Nachlasses eingeleitet wird.

III Wird der Antrag auf Anordnung einer Nachlaß- oder Gesamtgutsverwaltung abgelehnt oder vor Erlaß einer Entscheidung zurückgenommen, so wird ein Viertel der vollen Gebühr von dem Antragsteller erhoben; ist der Antrag von einem Gläubiger gestellt, so bestimmt sich der Geschäftswert nach der Forderung,

jedoch nach dem Wert der Masse (Absatz 1 Satz 3), wenn dieser geringer ist.

1) Geltungsbereich, I 1. Eine Gebühr kann in jedem der folgenden Fälle entstehen:

A. Nachlaßverwaltung. Die Nachlaßverwaltung, § 2062 BGB, ist gebührenpflichtig.

B. Gesamtgutsverwaltung. Die Verwaltung des Gesamtguts im Fall der fortgesetzten Gütergemeinschaft, § 1489 II in Verbindung mit § 2062 BGB, ist gebührenpflichtig.

C. Sonstige Nachlaßpflegschaft. Gebührenpflichtig ist auch jede nicht in einer Verwaltung bestehende Pflegschaft über den Nachlaß, also eine Fürsorgetätigkeit für die Erben und die Gläubiger. §§ 92, 93 II sind wegen dieser Zielrichtung der Nachlaßpflegschaft unanwendbar.

D. Abwesenheitspflegschaft. Die Pflegschaft für einen abwesenden Beteiligten, § 88 FGG, ist nach I gebührenpflichtig.

Eine allgemeine Abwesenheitspflegschaft, § 1911 BGB, fällt demgegenüber unter § 93.

2) Gebührenhöhe, I–III. A. Anordnung, I. Für die Anordnung einer jeden der in I genannten Maßnahmen entsteht gemäß I 1 grundsätzlich eine volle Gebühr.

B. Anrechnung bei Nachlaßpflegschaft, II. Soweit das Gericht eine Pflegschaft zur Sicherung des Nachlasses einleitet, muß man auf die Gebühr nach I 1 eine etwa nach § 104 entstandene Gebühr anrechnen.

Diese Gebührenvergünstigung gilt nicht, wenn das Gericht eine Nachlaßverwaltung nur zur Sicherung der Gläubigeransprüche anordnet, § 1981 II BGB.

C. Ablehnung, Antragsrücknahme, III. Soweit der Antragsteller seinen Antrag vor dem Erlaß einer anordnenden oder ablehnenden Entscheidung des Gerichts wirksam zurücknimmt oder soweit das Gericht den Antrag auf die Anordnung einer Nachlaßverwaltung oder einer Gesamtgutsverwaltung als unzulässig oder als unbegründet ablehnt, entsteht gemäß III 1 ¼ Gebühr.

Soweit das Gericht einen Antrag auf die Anordnung einer sonstigen Nachlaßpflegschaft oder einer Abwesenheitspflegschaft, § 88 FGG, als unzulässig oder unbegründet ablehnt, entsteht nach § 106 keine Gebühr, da diese Fälle in III nicht miterwähnt sind, § 91.

3) Geschäftswert. A. Anordnung, I 3. Im Fall der Anordnung einer in I genannten Maßnahme ist der Wert des von der Verwaltung oder Pflegschaft betroffenen Vermögens als Geschäftswert anzusehen. Man darf die Schulden nicht abziehen, § 18. Wenn der Verkauf eines Nachlaßgrundstücks einen wesentlich höheren als den zunächst angenommenen Wert ergibt, kann der Verkaufspreis an Stelle des Einheitswerts, § 19 I, heranzuziehen sein, soweit der Einheitswert bereits im Zeitpunkt der Anordnung der gerichtlichen Maßnahme amtlich festgesetzt worden war, BayObLG Rpfleger **62**, 282.

B. Ablehnung, Zurücknahme, III Hs 2. Soweit ein Gläubiger einen Antrag auf eine Maßnahme nach I vor dem Erlaß einer gerichtlichen

Entscheidung wirksam zurückgenommen hat oder soweit das Gericht den Antrag gerade eines Gläubigers auf die Anordnung einer Nachlaßverwaltung oder Gesamtgutsverwaltung als unzulässig oder unbegründet abgelehnt hat, bestimmt sich der Geschäftswert in Abweichung von I 3 nicht nach dem Wert des von der Verwaltung oder Pflegschaft betroffenen Vermögens, sondern grundsätzlich nach dem Betrag der Forderung dieses Gläubigers. Soweit allerdings der Wert der Masse, den man wiederum nach I 3 berechnen muß, den Betrag der Forderung dieses Gläubigers nicht erreicht, ist der Massewert maßgeblich.

4) Fälligkeit, I 2, Kostenschuldner usw. Die Fälligkeit tritt jeweils dann ein, wenn das Gericht eine Anordnung erläßt. Soweit das Gericht die Pflegschaft über den Nachlaß und die Nachlaßverwaltung nicht zum selben Zeitpunkt anordnet, werden die Gebühren für jede dieser Anordnungen also hintereinander fällig. Soweit der Antrag wirksam zurückgenommen wird oder soweit das Gericht eine Anordnung als unzulässig oder unbegründet ablehnt, sind diese Zeitpunkte für die Fälligkeit maßgeblich.

Kostenschuldnet sind grundsätzlich die Erben. Im Fall der Gesamtgutsverwaltung ist der überlebende Ehegatte Kostenschuldner, jedoch unter dem Vorbehalt der Haftungsbeschränkung auf das Gesamtgut. In den Fällen III ist der Antragsteller Kostenschuldner.

Stundung des Pflichtteilsanspruchs, des Erbersatzanspruchs und des Ausgleichsanspruchs

106a **I Für Entscheidungen über die Stundung eines Pflichtteilsanspruchs oder eines Erbersatzanspruchs oder eines Erbausgleichsanspruchs wird die volle Gebühr erhoben.**

II Der Geschäftswert ist nach § 30 zu bestimmen.

1) Geltungsbereich, I. Die Vorschrift erfaßt Entscheidungen des Gerichts in folgenden Fällen:

A. Stundung des Pflichtteilsanspruchs. Es geht um den Antrag eines Erben, der selbst auch pflichtteilsberechtigt ist, den Pflichtteilsanspruch eines Dritten zu stunden, § 2331a I BGB. Für die Entscheidung ist stets das Nachlaßgericht zuständig, § 2331a II BGB.

B. Stundung des Erbersatzanspruchs. Es geht um die Stundung eines Erbersatzanspruchs des nichtehelichen Kindes oder seines Abkömmlings beim Tod des Vaters des Kindes usw §§ 1934a, 1934b II 1, 2331a BGB. Zuständig ist das Nachlaßgericht, §§ 1934b II 1, 2331a II 1 BGB.

C. Stundung des Erbausgleichsanspruchs. Es geht um die Stundung eines Anspruchs eines nichtehelichen Kindes zwischen 21 und 27 Jahren auf die Zahlung eines vorzeitigen Erbausgleichs durch seinen Vater, § 1934d V BGB. Wegen der Zuständigkeit vgl Palandt-Edenhofer § 1934d BGB Anm 9c mwN.

2) Gebühr, I. In jedem der in I genannten Fälle entsteht eine volle Gebühr. Das gilt auch dann, wenn das Gericht einen Antrag als unzulässig oder unbegründet zurückweist.

Soweit der Antragsteller seinen Antrag vor einer Entscheidung des

Gerichts wirksam zurücknimmt, entsteht keine Gebühr, § 91. Soweit das Gericht gleichwohl fälschlich eine Entscheidung getroffen hat, ist die Gebühr gemäß § 15 niederzuschlagen.

3) Geschäftswert, II. Der Geschäftswert richtet sich in jedem der in I genannten Fälle nach § 30.

4) Fälligkeit, Kostenschuldner usw. Die Fälligkeit tritt mit der Beendigung des Geschäfts ein, § 7. Kostenschuldner ist der Antragsteller, § 2.

Erbschein

107 **I Für die Erteilung eines Erbscheins, einschließlich des vorangegangenen Verfahrens, wird die volle Gebühr erhoben. Für die Beurkundung der eidesstattlichen Versicherung wird daneben die Gebühr des § 49 besonders erhoben; sie wird beim Nachlaßgericht angesetzt, auch wenn die Erklärung von einem anderen Gericht aufgenommen ist.**

II Maßgebend ist der Wert des nach Abzug der Nachlaßverbindlichkeiten verbleibenden reinen Nachlasses im Zeitpunkt des Erbfalls; bei einem zum Nachlaß gehörenden land- oder forstwirtschaftlichen Betrieb mit Hofstelle findet § 19 Abs. 4 und 5 Anwendung. Wird der Erbschein nur über das Erbrecht eines Miterben erteilt, so bestimmt sich der Wert nach dessen Erbteil. Bei Erteilung eines beschränkten Erbscheins (§ 2369 des Bürgerlichen Gesetzbuchs) ist der Wert der im Inland befindlichen Gegenstände maßgebend.

III Wird dem Nachlaßgericht glaubhaft gemacht, daß der Erbschein nur zur Verfügung über Grundstücke oder im Grundbuch eingetragene Rechte oder zum Zwecke der Berichtigung des Grundbuchs gebraucht wird, so werden die in Absatz 1 genannten Gebühren nur nach dem Werte der im Grundbuch des Grundbuchamts eingetragenen Grundstücke und Rechte berechnet, über die auf Grund des Erbscheins verfügt werden kann; bei einem zum Nachlaß gehörenden land- oder forstwirtschaftlichen Betrieb mit Hofstelle findet § 19 Abs. 4 und 5 Anwendung. Wird der Erbschein für mehrere Grundbuchämter benötigt, so ist der Gesamtwert der in den Grundbüchern eingetragenen Grundstücke und Rechte maßgebend. Sind die Grundstücke und Rechte mit dinglichen Rechten belastet, so werden diese bei der Wertberechnung abgezogen.

IV Die Vorschriften des Absatzes 3 gelten entsprechend, wenn dem Nachlaßgericht glaubhaft gemacht wird, daß der Erbschein nur zur Verfügung über eingetragene Schiffe oder Schiffsbauwerke oder im Schiffsregister oder Schiffsbauregister eingetragene Rechte oder zur Berichtigung dieser Register gebraucht wird.

Vorbem. II 1, III 1 idF Art 1 Z 3a, b G v 15. 6. 89, BGBl 1082, in Kraft seit 1. 7. 89, Art 5.

Gliederung

1) Geltungsbereich, I. Man muß folgende Situationen unterscheiden:

A. Erteilung des Erbscheins, I 1. Die Erteilung des Erbscheins ist gebührenpflichtig. Die Erteilung besteht in der Hinausgabe des Erbscheins, also in der Weitergabe einer Ausfertigung durch den Urkundsbeamten der Geschäftsstelle zur Beförderung an den Antragsteller, BayObLG Rpfleger **75**, 47, KG Rpfleger **81**, 497, LG Düss Rpfleger **85**, 330 mwN (im Ergebnis zustm Meyer-Stolte), aM PatEdenhofer § 2353 BGB Anm 6a, Rohs/Wedewer II (es komme auf die Unterzeichnung an). Bis zu diesem Zeitpunkt kann das Nachlaßgericht die Anordnung der Erbscheinserteilung wirksam aufheben, LG Ffm Rpfleger **71**, 411 mwN. Es ist nicht erforderlich, daß der Erbe den Erbschein auch tatsächlich ausgehändigt erhält. Soweit das Nachlaßgericht im Rahmen des Erteilungsantrags nach der Herstellung des Erbscheins die Akten an eine andere Stelle übersendet, kann ebenfalls ein Fall der Erteilung vorliegen, KG Rpfleger **81**, 498. Unter dieser Voraussetzung kommt es nicht darauf an, ob der Antragsteller mit dem Existentwerden des Erbscheins einverstanden war, KG Rpfleger **81**, 498.

Soweit es zur Erteilung des Erbscheins gekommen ist, gilt die Gebühr nach I 1 grundsätzlich das gesamte voraufgegangene Verfahren ab. Vgl aber B.

B. Eidesstattliche Versicherung, I 2. Für die Beurkundung der eidesstattlichen Versicherung nach § 2356 II 1 BGB entsteht neben der Erteilungsgebühr gemäß I 2 die Gebühr nach § 49 besonders.

Für den Erlaß der Abgabe einer eidesstattlichen Versicherung, § 2356 II 2 BGB entsteht keine besondere Gebühr.

C. Nacherbe. Auch die Erteilung für den Nacherben ist gebührenpflichtig. Die Angabe einer Nacherbschaft im Erbschein des Vorerben ist aber gebührenfrei.

D. Weiterer Erbschein. Die Erteilung eines weiteren Erbscheins auf

Grund desselben Erbfalls ist neben der Erteilung des ersten Erbscheins besonders gebührenpflichtig, I 1. Dasselbe gilt für alle weiteren Erteilungen auf Grund desselben Erbfalls. In diesen Fällen findet auch keine Anrechnung statt.

E. Mehrere Erbfälle. Soweit sich derselbe Erbschein auf mehrere Erbfälle bezieht, entstehen für jeden dieser Erbfälle Gebühren nach I 1.

F. Hoffolgezeugnis. Ein Hoffolgezeugnis nach § 18 II HöfeO fällt unter § 107 und nicht unter § 111, Schlesw SchlHA **49**, 94.

G. Testamentsvollstreckung. Die Angabe der Testamentsvollstreckung im Erbschein ist als solche gebührenfrei. Das gilt auch für die Angabe der Testamentsvollstreckung im Erbschein des Vorerben. Die Angabe des Namens des Testamentsvollstreckers kann als Erteilung eines Zeugnisses gemäß § 109 I Z 2 gebührenpflichtig sein.

H. Zurücknahme, Ablehnung. Eine wirksame Antragsrücknahme oder die Ablehnung eines Erbscheinsantrags sind nicht nach § 107, wohl aber nach § 130 I, II gebührenpflichtig.

2) Geschäftswert, II–IV. A. Grundsatz, II 1. Der Schuldner soll nur insoweit mit Kosten belastet werden, als ihm auch Vermögen zufließt, Köln MDR **87**, 1036. Sofern keiner der nachfolgend erläuterten Sonderfälle vorliegt, ist als Geschäftswert beim sog Eigenrechtserbschein, § 2353 BGB, der Wert des nach dem Abzug der Nachlaßverbindlichkeiten verbleibenden reinen Nachlaßvermögens maßgeblich, und zwar im Zeitpunkt des Erbfalls, vgl BayObLG Rpfleger **84**, 19 und FamRZ **89**, 102 je mwN.

Man muß also auch folgende Belastungen abziehen: Ein Vermächtnis oder ein Vorausvermächtnis, sofern alle Erben damit belastet sind, BayObLG Rpfleger **55**, 83; ein Pflichtteilsrecht, BayObLG **75**, 252, und zwar unabhängig davon, ob der Pflichtteilsberechtigte es geltend macht oder machen wird, Köln MDR **87**, 1036 (der Leitsatz enthält einen sinnentstellenden Schreibfehler!), abw zB KLBR 32; ein vom Erben erfüllter Pflichtteilsergänzungsanspruch, BayObLG Rpfleger **84**, 438; die Beerdigungskosten, KG Rpfleger **80**, 79 mwN; eine Soforthilfeabgabe, die einer privatrechtlichen Schuld des Erblassers ähnlich ist und jedenfalls keine Steuer darstellt, Hamm JMBlNRW **51**, 246, im Ergebnis ebenso Hbg NJW **52**, 228, abw BayObLG Rpfleger **65**, 183 (es handele sich um ein Pflichtteilsrecht); eine infolge der Vereinigung mit der Forderung des Erben erlassene Schuld des Erblassers. Denn der Nachlaß war im Zeitpunkt des Erbfalls mit dieser Schuld belastet, BGH RdL **53**, 21 und Rpfleger **59**, 4, LG Frankenth Rpfleger **86**, 475 mwN.

Man muß den Wert eines zum Nachlaß gehörenden Grundstücks nach § 19 ansetzen, vgl BayObLG **75**, 248. Beim land- oder forstwirtschaftlichen Betrieb mit Hofstelle gilt das Vierfache des letzten Einheitswerts, höchstens gilt der gemeine Wert, II 1 Hs 2 iVm § 19 IV, V. Soweit das Grundstück mit einer Hypothek usw belastet ist, ist ihr Nennbetrag maßgeblich. Ein Gesellschaftsanteil zählt zum Nachlaß, BayObLG **87**, 152. Soweit zum Nachlaß eine Sache gehört, die der Erblasser unter Eigentumsvorbehalt erworben und noch nicht voll bezahlt hatte, vermindert sich der Sachwert durch die Gebrauchsabnutzung. Man darf also nicht nur das Abzahlungsguthaben berücksichtigen, sondern muß denjenigen Preis bedenken, der sich im Zeitpunkt des Erbfalls noch erzielen läßt; der noch zu zahlende Betrag ist als Nachlaßverbindlichkeit abzuziehen, BayObLG **69**, 200.

Die Erbschaftssteuer ist keine Nachlaßverbindlichkeit, sondern eine den jeweiligen Erben persönlich treffende Belastung. Man kann sie daher bei der Ermittlung des Geschäftswert nicht berücksichtigen.

B. Miterbe, II 2. Soweit das Nachlaßgericht den Erbschein nur über das Erbrecht eines Miterben erteilt, bestimmt sich der Geschäftswert nach dessen Anteil am reinen Nachlaß, also nach dem Abzug der diesen Miterben treffenden Verbindlichkeiten, aM BayObLG NJW **72**, 1903 (das Gericht geht im Fall der Erteilung für den Überlebenden im gesetzlichen Güterstand von einem Geschäftswert des reinen Nachlasses ohne einen Abzug des gemäß § 1371 I BGB erhöhten Erbteils aus).

C. Gegenständlich beschränkter Erbschein, II 3. Soweit das Nachlaßgericht einen Erbschein lediglich gemäß § 2369 BGB, den sog Fremdrechtserbschein, erteilt, ist als Geschäftswert der Wert der im Inland befindlichen Gegenstände maßgebend. Man darf in diesem Fall keine Verbindlichkeiten abziehen, BayObLG **84**, 37 mwN.

D. Grundstücksverfügung, Schiffsverfügung usw, III, IV. a) Voraussetzungen. Die Vorschriften schaffen Gebührenermäßigungen für die folgenden dort verfassungsgemäß und auch im übrigen zulässigerweise abschließend genannten Sonderfälle, Düss AnwBl **88**, 301:

aa) Verfügung. Der Antragsteller muß den Erbschein lediglich zur Verfügung über das Grundstück oder das im Grundbuch eingetragene Recht oder nur zur Verfügung über das eingetragene Schiff oder Schiffsbauwerk oder ein im Schiffsregister oder Schiffsbauregister eingetragenes Recht benötigen.

bb) Berichtigung. Es reicht auch aus, daß der Antragsteller den Erbschein nur zur Berichtigung des Grundbuchs oder des Schiffsregisters oder des Schiffsbauregisters benötigt.

cc) Glaubhaftmachung. Der Antragsteller muß glaubhaft machen, daß er den Erbschein nur für einen der in aa oder bb genannten Zwecke benötigt, § 294 II ZPO. Eine eidesstattliche Versicherung ist gemäß § 49 II 1 zu bewerten, BayObLG **84**, 36, also wiederum nach §§ 107, 109, 111. Die Glaubhaftmachung läßt sich jedenfalls bis zur Gebührenfälligkeit nachholen, Ffm Rpfleger **89**, 157, aM KLBR 57.

b) Folgen. Soweit eine der Voraussetzungen a vorliegt, muß man für die Ermittlung des Geschäftswerts wiederum folgende Situationen unterscheiden:

aa) Einzelnes Grundbuchamt, einzelne Registerbehörde, III 1, IV. Soweit der Antragsteller einen auf die Zwecke a beschränkten Erbschein nur für ein einzelnes Grundbuchamt oder eine einzelne Registerbehörde benötigt, kommt es auf den Wert der im Grundbuch oder Register dieser Behörde eingetragenen Grundstücke, Schiffe, Schiffsbauwerke und zugehörigen Rechte an. Beim land- oder forstwirtschaftlichen Betrieb mit Hofstelle gilt das Vierfache des letzten Einheitswerts, höchstens gilt der gemeine Wert, III 1 Hs 2 iVm § 19 IV, V. S auch F.

bb) Mehrere Grundbuchämter oder Registerbehörden, III 2, IV. Soweit der Antragsteller einen Erbschein für einen der in a genannten Zwecke für mehrere Grundbuchämter oder Registerbehörden benötigt, ist als Geschäftswert der Gesamtwert der in den Grundbüchern eingetragenen Grundstücke bzw der in den Registern eingetragenen Schiffe oder Schiffsbauwerke und der zugehörigen Rechte maßgebend.

cc) Belastungen, III 3, IV. Sowohl bei aa als auch bei bb sind dingliche Rechte, mit denen das Grundstück oder Schiff oder Schiffsbauwerk belastet ist, bei der Ermittlung des Geschäftswerts abzuziehen.

E. Vorerbe, Nacherbe. Soweit das Nachlaßgericht nach dem Wegfall des Vorerben einen neuen gemeinschaftlichen Erbschein erteilt, ist der Wert des ganzen Nachlasses maßgeblich. Bei der Erteilung eines Erbscheins für den Nacherben muß man die noch vorhandenen Nachlaßverbindlichkeiten abziehen sowie einen Anspruch des Nacherben gegen den Vorerben hinzurechnen.

F. Hoffolgezeugnis. Bei einem Hoffolgezeugnis nach § 18 II HöfeO ist als Geschäftswert der gemeine Wert des Hofes abzüglich der Nachlaßverbindlichkeiten einschließlich etwaiger Hypotheken usw anzusetzen. S auch D aa.

G. Sonstige Fragen. Man darf eine dem Testamentsvollstrecker zu zahlende Vergütung nicht abziehen. Man darf auch nicht die nach dem Erbfall entstandenen Kosten abziehen. Die unterschiedlichen Regelungen der Abziehbarkeit von Nachlaßverbindlichkeiten, wie sie sich einerseits beim sog Eigenrechtserbschein nach II 1, oben A, andererseits beim sog Freundrechtserbschein nach II 3 ergeben, oben C, gelten bei III nicht, BayObLG **84**, 37. Ein dem Erben schon vor dem Erbfall zustehender Anteil bleibt für die Kosten unbeachtet. Daher muß man im Fall eines Gesamthandeigentums von Ehegatten den Geschäftswert auf der Basis der Hälfte des Einheitswerts abzüglich der Nachlaßschulden berechnen, BGH **36**, 45.

Bei jeder Wertberechnung ist der Zeitpunkt des Erbfalls maßgeblich, II 1.

Im Beschwerdeverfahren bemißt sich der Geschäftswert nicht ohne weiteres nach § 107. Denn das Beschwerdegericht erteilt keinen Erbschein. Man muß vielmehr das Interesse des Beschwerdeführers und den Wert seines Anteils als oberste Grenze ansetzen, Celle FamRZ **61**, 446.

Die ermäßigte Gebühr nach III, IV gilt auch die Abgabe einer eidesstattlichen Versicherung nach I 2 in einem solchen Verfahren mit ab.

III, IV sind auch im Fall einer Verfügung über ein Grundstück oder Schiff oder einen Schiffsbau und die in den zugehörigen Registern eingetragenen Rechte aus Anlaß eines Erbfalls anwendbar.

3) Fälligkeit, Kostenschuldner usw. Die Fälligkeit richtet sich nach § 7, Ffm Rpfleger **89**, 157. Kostenschuldner ist der Antragsteller, auch bei einer Erbengemeinschaft. Er haftet persönlich und nicht nur mit dem Nachlaß. § 6 ist unanwendbar.

Erbscheine für bestimmte Zwecke

107a **I Wird ein Erbschein für einen bestimmten Zweck gebührenfrei oder zu ermäßigten Gebühren erteilt, so werden die in § 107 Abs. 1 genannten Gebühren nacherhoben, wenn von dem Erbschein zu einem anderen Zweck Gebrauch gemacht wird.**

II Wird der Erbschein für ein gerichtliches oder behördliches Verfahren benötigt, so ist die Ausfertigung des Erbscheins dem Gericht oder der Behörde zur Aufbewahrung bei den Akten zu übersenden. Wird eine Ausfertigung oder Abschrift des Erbscheins auch für andere Zwecke erteilt oder nimmt der Antragsteller bei der Erledigung einer anderen Angelegenheit auf die Akten Bezug, in denen sich der Erbschein befindet, so hat der Antragsteller die in § 107 Abs. 1 genannten Gebühren nach dem in § 107 Abs. 2 bezeichneten Wert nachzuentrichten; die Angelegenheit ist erst mit der Erteilung der Ausfertigung oder Abschrift oder mit der Bezugnahme auf die Akten endgültig erledigt (§ 15). In den Fällen des Satzes 2 hat das Nachlaßgericht die Stelle zu benachrichtigen, welche die nach § 2356 des Bürgerlichen Gesetzbuchs erforderliche eidesstattliche Versicherung beurkundet hat.

1) Nacherhebung, I. A. Voraussetzungen. Eine Nacherhebung nach I kommt beim Zusammentreffen der folgenden Voraussetzungen in Betracht:

a) Zweckbestimmte Erteilung. Das Nachlaßgericht muß den Erbschein auf Grund einer gesetzlichen Sondervorschrift gebührenfrei oder zu einer ermäßigten Gebühr für einen in jenem Gesetz bestimmten Zweck erteilt haben.

In Betracht kommen zB: § 107 III, IV; eine Fürsorgeangelegenheit; ein Schuldenregelungsverfahren; eine Rückerstattungssache; ein Verfahren nach dem BEG; eine Versorgungssache usw.

b) Gebührenfreiheit, ermäßigte Gebühr. Der Erbschein muß zu einem der vorgenannten Zwecke auch gerade gebührenfrei oder zu ermäßigter Gebühr erteilt worden sein.

c) Anderweitige Verwendung. Der Erbschein muß nunmehr zu einem anderen als dem in a genannten, gesetzlich bestimmten Zweck gebraucht werden. In Betracht kommt nur ein Gebrauch durch denjenigen Antragsteller, der den Erbschein zunächst für den in a bestimmten Zweck beantragt und erhalten hatte.

B. Folgen. Soweit die Voraussetzungen A vorliegen, muß das Gericht die in § 107 I genannten Gebühren nacherheben, also die volle Gebühr nach § 107 I 1 und unter Umständen daneben die Gebühr des § 49 für die Beurkundung einer etwa abgegebenen eidesstattlichen Versicherung. Das Gericht hat weder bei der Klärung der Frage, ob von dem Erbschein ein anderer als der in I genannte Gebrauch gemacht wird, noch für die Frage, ob und in welcher Höhe infolgedessen eine Nacherhebung in Betracht kommt, einen Ermessensspielraum.

2) Sicherungsmaßnahme, II 1. Es handelt sich um eine früher nur bundeseinheitlich von den Bundesländern getroffene Regelung, vgl auch § 11 KostVfg, Teil VII A dieses Buchs.

Soweit der Antragsteller den Erbschein für ein gerichtliches oder behördliches Verfahren benötigt, darf das Nachlaßgericht die Ausfertigung des Erbscheins nur demjenigen Gericht oder derjenigen Behörde zur Aufbewahrung übersenden, bei der das Verfahren anhängig ist, in dem der Erbschein benötigt wird. Das Nachlaßgericht muß diese andere Stelle ersuchen, den an dem dortigen Verfahren Beteiligten weder eine Ausfertigung auszuhändigen noch eine Abschrift zu erteilen, sondern die Ausfertigung zu den dortigen Akten zu nehmen.

Außerdem muß das Nachlaßgericht auf der Urschrift und auf der Ausfertigung oder sonstigen Abschrift vermerken, daß es den Erbschein zum ausschließlichen Gebrauch für das genau zu bezeichnende andere Verfahren gebührenfrei oder zu einer ermäßigten Gebühr erteilt hat, § 11 I KostVfg.

Alle diese Maßnahmen dienen dem Zweck zu verhindern, daß mit dem Erbschein ein Gebrauch stattfindet, der zu weiteren Gebühren führen würde, ohne daß das Nachlaßgericht von diesem Gebrauch unverzüglich erfährt.

3) Nachentrichtung, II 2. A. Voraussetzungen. Eine Nachentrichtung nach II 2 kommt in Betracht, wenn eine der folgenden Voraussetzungen vorliegt:

a) Erteilung auch für andere Zwecke. Eine Nachentrichtung ist erforderlich, soweit das Nachlaßgericht eine Ausfertigung oder eine Abschrift des Erbscheins auch für einen anderen Zweck als für ein gerichtliches oder behördliches Verfahren im Sinn von II 1 erteilt.

b) Bezugnahme. Eine Nachentrichtung wird auch erforderlich, soweit der Antragsteller bei der Erledigung einer anderen Angelegenheit als der in II 1 genannten auf diejenigen Akten Bezug nimmt, in denen sich der nach II 1 erteilte Erbschein befindet. Eine solche Bezugnahme liegt auch dann vor, wenn sie bei objektiver Betrachtung zur Erledigung jener anderen Angelegenheit nicht erforderlich war. Es reicht also aus, daß der Antragsteller die Bezugnahme ersichtlich für erforderlich gehalten hat. Eine nur vorsorgliche Bezugnahme oder Erwähnung für den Fall, daß sich das dort entscheidende Gericht der Rechtsauffassung des Antragstellers nicht anschließen sollte usw, ist nicht als eine Bezugnahme im Sinn des II 2 anzusehen.

B. Folgen. Sobald eine der Voraussetzungen nach A vorliegt, muß der Antragsteller die in § 107 I genannten Gebühren nachentrichten, also sowohl die volle Gebühr des § 107 I 1 als auch die etwa daneben gemäß § 49 entstehende Gebühr für die Beurkundung der eidesstattlichen Versicherung, § 107 I 2.

Das Nachlaßgericht hat weder bei der Prüfung der Frage, ob die Voraussetzungen des II 2 vorliegen, noch bei der Klärung der Frage, ob und in welchem Umfang der Antragsteller dann Gebühren nachzuentrichten hat, einen Ermessensspielraum.

C. Geschäftswert. Im Rahmen einer Nachentrichtung nach II 2 ist der in § 107 II bezeichnete Wert maßgeblich, wie § 107a II 2 klarstellt. Vgl die Anm zu § 107 II.

D. Erlöschen des Nachforderungsanspruchs. Um zu ermöglichen, daß die Nachforderung noch erfolgen kann, wenn die Erteilung des kostenbegünstigten Erbscheins schon lange Zeit zurückliegt, bestimmt II 2 Hs 2, daß man als den Zeitpunkt der endgültigen Erledigung dieser Angelegenheit im Sinn von § 15 erst die Erteilung der in II 2 Hs 1 genannten Ausfertigung oder Abschrift oder die dort erwähnte Bezugnahme betrachten darf. Daher kann der nach § 107 I, II berichtigte Kostenansatz noch bis zum Ablauf des nächsten Kalenderjahrs erfolgen, § 15 S 1.

Die Verjährung tritt nach § 17 ein.

4) Benachrichtigungspflicht, II 3. Soweit eine Nachentrichtung nach II 2 in Betracht kommt, kann auch eine entsprechende Nachentrichtung bei derjenigen Stelle in Betracht kommen, die eine eidesstattliche Versicherung nach § 2356 BGB aufgenommen hatte. Deshalb verpflichtet II 3 das Nachlaßgericht dazu, jene Stelle zu benachrichtigen, grundsätzlich also den Notar, sobald das Nachlaßgericht im Rahmen von II 2 eine Nachentrichtung anordnen muß.

Einziehung des Erbscheins

108 Für die Einziehung oder Kraftloserklärung eines Erbscheins wird die Hälfte der vollen Gebühr erhoben. § 107 Abs. 2 bis 4 gilt entsprechend. Die Gebühr bleibt außer Ansatz, wenn in demselben Verfahren ein neuer Erbschein erteilt wird.

1) Voraussetzungen. A. Einziehung, Kraftloserklärung, S 1. Die Einziehung oder die Kraftloserklärung eines unrichtigen Erbscheins nach § 2361 BGB ist unabhängig davon, ob die Erteilung des Erbscheins gebührenpflichtig war, ihrerseits gebührenpflichtig. Eine Einziehung oder Kraftloserklärung liegt vor, sobald der Urkundsbeamte der Geschäftsstelle eine Ausfertigung oder Abschrift der Einziehungsanordnung oder Kraftloserklärung zur Beförderung an einen Beteiligten weitergegeben hat.

Soweit der Erbschein allerdings nur für einen von mehreren in ihm genannten Erbfällen unrichtig geworden ist und soweit nur infolge dieses Umstands eine teilweise Umformulierung des im übrigen richtig gebliebenen Erbscheins erforderlich ist, ist diese Umformulierung auch dann gebührenfrei, wenn das Nachlaßgericht sie als Einziehung oder Kraftloserklärung oder teilweise Maßnahme dieser Art bezeichnet oder ansieht.

B. Kein neuer Erbschein, S 2. Selbst wenn die Voraussetzungen A vorliegen, bleibt doch die in S 1 genannte Gebühr für die Einziehung oder Kraftloserklärung gemäß S 2 außer Ansatz, soweit das Nachlaßgericht in demselben Verfahren einen neuen Erbschein erteilt. Infolge dieser Neuerteilung ist also die Einziehung oder Kraftloserklärung im Ergebnis gebührenfrei.

Die Neuerteilung muß aber in demselben Verfahren erfolgen.

Es ist für die Rechtsfolge nach S 2 unerheblich, ob das Nachlaßgericht den neuen Erbschein gebührenfrei, zu einer ermäßigten Gebühr oder zur vollen Gebühr nach § 107 I erteilt.

2) Gebühr. Es entsteht eine ½ Gebühr. Sie kann jedoch außer Ansatz zu lassen sein, Anm 1 B. Sie gilt das ganze Verfahren ab, insbesondere die voraufgegangenen Ermittlungen. Allerdings kostet das Zwangsgeldverfahren gegen den Besitzer besondere Gebühren, §§ 119, 134. S 2 soll verhindern, daß die Gebühr für die Einziehung oder für die Kraftloserklärung des Erbscheins höher wird als diejenige für die Erteilung.

3) Geschäftswert. Für den Geschäftswert gelten die Regeln des § 107 II–IV entsprechend. Vgl die dortigen Anm.

In jedem Fall ist für die Berechnung des Geschäftswerts der Zeitpunkt des Erbfalls maßgeblich. Das gilt auch im Beschwerdeverfahren, BayObLG FamRZ **89**, 102 mwN.

4) Fälligkeit, Kostenschuldner usw. Die Fälligkeit richtet sich nach § 7. Kostenschuldner ist der an der Einziehung usw interessierte Erbe, § 2 Z 2.

Andere Zeugnisse

109 **I Die Vorschriften über den Erbschein gelten entsprechend**

1. für das Zeugnis über die Fortsetzung der Gütergemeinschaft nach § 1507 des Bürgerlichen Gesetzbuchs; an Stelle des Nachlasses tritt der halbe Wert des Gesamtguts der fortgesetzten Gütergemeinschaft;

2. für das erste Zeugnis über die Ernennung eines Testamentsvollstreckers; für jedes weitere Zeugnis wird ein Viertel der vollen Gebühr erhoben. Der Wert bestimmt sich nach § 30 Abs. 2.

II Absatz 1 findet auf Zeugnisse für Samtgutsverwalter, auf Besitzbescheinigungen und ähnliche Zeugnisse des Nachlaßgerichts entsprechende Anwendung.

1) Geltungsbereich, I, II. A. Systematik. Sofern einer der in § 109 genannten Fälle eintritt, entstehen Gebühren in entsprechender Anwendung der §§ 107–108. Den zugehörigen Geschäftswert muß man in den Fällen I Z 1, 2 diesen Sonderregeln unmittelbar entnehmen und im Fall II ebenfalls in entsprechender Anwendung von I Z 1, 2 ermitteln. §§ 107–108 sind also nur für die Höhe der Gebühren entsprechend anwendbar, nicht für die Ermittlung des Geschäftswerts.

B. Fälle. I, II gelten für folgende abschließend genannte Situationen:

a) Zeugnis über Fortsetzung der Gütergemeinschaft, I Z 1. Es geht um ein Zeugnis des Nachlaßgerichts für den überlebenden Ehegatten über die Fortsetzung der Gütergemeinschaft, § 1507 BGB.

b) Testamentsvollstreckerzeugnis, I Z 2. Es geht um das erste Zeugnis über die Ernennung eines Testamentsvollstreckers, § 2368 BGB. Jedes weitere Testamentsvollstreckerzeugnis kostet nur ¼ Gebühr.

c) Weitere Zeugnisse, II. Es geht um ein Zeugnis für den Samtgutsverwalter, um eine Besitzbescheinigung oder um ein ähnliches Zeugnis des Nachlaßgerichts, auch soweit dieses landesrechtlich tätig wird.

d) Sonstige Fälle. In allen nicht in a–c genannten Fällen entstehen

Gebühren neben der für den Erbschein zu erhebenden Gebühr, und zwar auch dann, wenn das Zeugnis in dem Erbschein mitenthalten ist.

Voll gebührenpflichtig ist also zB der Vorgang, daß das Nachlaßgericht im Erbschein nicht nur erwähnt, es sei eine Testamentsvollstrekkung angeordnet, sondern darüber hinaus den Testamentsvollstrecker namentlich erwähnt und etwa darüber hinaus die Grenzen seiner Verfügungsbefugnis erwähnt.

Soweit das Nachlaßgericht allerdings die Annahme des Testamentsvollstreckeramts mit dem Zusatz bescheinigt, daß der Annehmende Testamentsvollstrecker sei, handelt es sich um ein Testamentsvollstreckerzeugnis, das als erstes Zeugnis dieser Art nach I Z 2 gebührenpflichtig sein kann. Die Annahme an sich ist ein gebührenfreies Nebengeschäft, § 35.

Eine eidesstattliche Versicherung ist neben der nach § 109 entstehenden Gebühr besonders zu vergüten. Für die bloße Entgegennahme der Annahme des Testamentsvollstreckeramts gilt § 112 I Z 6. Für die Bescheinigung des Eingangs gilt § 50 Z 1, LG Köln DNotZ **50**, 45. Die Ernennung des Testamentsvollstreckers wird nach § 115 vergütet.

2) Gebühr, I. Soweit die Voraussetzungen I Z 1, 2 (dort: erstes Zeugnis) vorliegen, sind für die Gebührenhöhe §§ 107–108 entsprechend anwendbar. Für das weitere Testamentsvollstreckerzeugnis entsteht jedoch nur ¼ Gebühr, I Z 2 Hs 2. Soweit die Voraussetzungen II vorliegen, muß man von Fall zu Fall prüfen, ob die Normalgebühren nach §§ 107–108 entstehen oder ob nur ¼ Gebühr entsteht, soweit das in II genannte Zeugnis ein „weiteres Zeugnis" im Sinn von I Z 2 Hs 2 ist, auf den II ja ebenfalls verweist.

3) Geschäftswert. A. Zeugnis über Fortsetzung der Gütergemeinschaft, I Z 1. In diesem Fall tritt an die Stelle des Werts des Nachlasses der halbe Wert des Gesamtguts der fortgesetzten Gütergemeinschaft.

B. Testamentsvollstreckerzeugnis, I Z 2. In diesem Fall ist unabhängig davon, ob es sich um das erste Zeugnis oder um ein weiteres Zeugnis handelt, jedenfalls für den Geschäftswert § 30 II anwendbar, I Z 2 S 2. Der Regelwert beträgt also in diesen Fällen 5000 DM. Man muß aber die verwalteten Werte, den Umfang und die Schwierigkeit der Tätigkeit sowie ihre Bedeutung für den Nachlaß und für den Erben berücksichtigen.

C. Sonstige Zeugnisse, II. Infolge der Verweisung dieser Vorschrift auf I muß man von Fall zu Fall prüfen, ob § 30 II anwendbar ist oder ob sich der Wert in einer entsprechenden Anwendung von I Z 1 berechnet.

4) Nacherhebung. Da I (und über ihn auch II) unter anderem auf § 107 III verweisen, muß das Nachlaßgericht dann, wenn es ein nach § 109 erteiltes Zeugnis nur zu einem bestimmten Zweck erteilt hat, im Fall der anderweitigen Benutzung dieses Zeugnisses Gebühren nacherheben. Vgl auch § 11 III KostVfg, Teil VII A dieses Buchs.

Feststellung des Erbrechts des Fiskus

110 **I Für das Verfahren zur Feststellung des Erbrechts des Fiskus oder der an seine Stelle tretenden Körperschaft, Stiftung oder Anstalt des öffentlichen Rechts wird dieselbe Gebühr wie für die Erteilung eines Erbscheins erhoben.**

II Wird auf Grund der Feststellung ein Erbschein erteilt, so wird hierfür eine besondere Gebühr nicht erhoben.

1) Geltungsbereich. Die Vorschrift behandelt das Verfahren der §§ 1964ff BGB. Die etwa entstehende Gebühr gilt das gesamte Verfahren ab.

2) Gebühr. Es entstehen dieselben Gebühren wie nach § 107. Soweit der Fiskus Erbe ist, entsteht allerdings überhaupt keine Gebühr, § 11 I. Soweit an die Stelle des Fiskus eine Körperschaft, Stiftung oder Anstalt des öffentlichen Rechts tritt, entsteht eine Gebühr nur insoweit, als diese Stellen keine persönliche oder sachliche Gebührenfreiheit auf Grund anderer gesetzlicher Vorschriften genießen. Soweit das Gericht einen Erbschein gemäß II erteilt, entsteht für diese Erteilung keine besondere Gebühr neben der Verfahrensgebühr nach I.

3) Geschäftswert. Infolge der Verweisung von I auf „dieselbe Gebühr wie für die Erteilung eines Erbscheins" ist in Wahrheit auch derjenige Teil des § 107 maßgeblich, der den für jene Gebühr grundlegenden Geschäftswert beschreibt.

4) Fälligkeit, Kostenschuldner usw. Die Fälligkeit richtet sich nach § 7. Kostenschuldner ist der Antragsteller. Soweit das Nachlaßgericht einen anderen Erben als den in I Genannten ermittelt, ist dieser andere Erbe auch für die Gebühr nach I Kostenschuldner, § 2 Z 2.

Beschränkte Zeugnisse, Bescheinigungen

111 **I Die Mindestgebühr (§ 33) wird erhoben**

1. für die Zeugnisse nach §§ 36, 37 der Grundbuchordnung und § 42 der Schiffsregisterordnung;

2. für die nach den Staatsschuldbuchgesetzen erforderlichen Bescheinigungen, daß ein Rechtsnachfolger von Todes wegen, ein die Gütergemeinschaft fortsetzender Ehegatte oder ein Testamentsvollstrecker über die Buchforderung verfügen kann.

II Für die in dem Verfahren abgegebene eidesstattliche Versicherung wird die Gebühr des § 49 besonders erhoben.

III § 107a gilt entsprechend.

Vorbem. I idF, früherer II gestrichen, frühere III, IV umnumeriert in II, III durch Art 2 I Z 13 G v 9. 12. 86, BGBl 2326, in Kraft seit 1. 1. 87, Art 10.

1) Geltungsbereich, I. Die Vorschrift ist auf folgende Fälle anwendbar:

A. Zeugnis bei Auseinandersetzung, Z 1. Es geht um ein Zeugnis des Nachlaßgerichts nach §§ 36, 37 GBO oder um ein Zeugnis nach § 42 SchiffsRegO.

B. Bescheinigung, Z 2. Es geht um eine Bescheinigung des Nachlaßgerichts darüber, daß ein Rechtsnachfolger von Todes wegen, ein die Gütergemeinschaft fortsetzender Ehegatte oder ein Testamentsvollstrekker über die Buchforderung verfügen kann.

C. Andere Fälle. Das Hoffolgezeugnis nach § 18 II HöfeO fällt nicht unter § 111, sondern unter § 107.

2) Gebühr, I, II. In jedem der in I Z 1, 2 genannten Fälle entsteht die Mindestgebühr des § 33. Daneben kann jeweils die Gebühr nach § 49 entstehen, II. Soweit das Gericht in dem Zeugnis auch die Abgabe einer grundbuchmäßigen oder schiffsregistermäßigen Erklärung bescheinigt, können außerdem die Gebühren für diese Vorgänge entstehen, vgl § 86.

3) Nachforderung, III. Im Fall der Erteilung des Zeugnisses oder der Bescheinigung nach I zu einem im Gesetz besonders bestimmten Zweck kann eine Nachforderung in Betracht kommen, wenn von dem Zeugnis oder der Bescheinigung zu einem anderen Zweck Gebrauch gemacht wird, III in Verbindung mit § 107a I. Auch das weitere Verfahren der Nachforderung, § 107a II, ist in einem solchen Fall entsprechend zu beachten. Das gilt also auch für die dort genannte Wertbestimmung.

Erklärungen gegenüber dem Nachlaßgericht

112 **I Ein Viertel der vollen Gebühr wird für die Entgegennahme folgender Erklärungen erhoben:**

1. Ablehnung der fortgesetzten Gütergemeinschaft (§ 1484 des Bürgerlichen Gesetzbuchs), Verzicht eines anteilsberechtigten Abkömmlings (§ 1491 des Bürgerlichen Gesetzbuchs) oder Aufhebung der fortgesetzten Gütergemeinschaft (§ 1492 des Bürgerlichen Gesetzbuchs);

2. Ausschlagung der Erbschaft, Anfechtung der Annahme oder Ausschlagung der Erbschaft oder Anfechtung der Versäumung der Ausschlagungsfrist (§§ 1945, 1955, 1956, 2308 Abs. 1 des Bürgerlichen Gesetzbuchs);

3. Anmeldung von Forderungen im Falle des § 2061 des Bürgerlichen Gesetzbuchs;

4. Anfechtung eines Testaments oder Erbvertrags (§§ 2081, 2281 Abs. 2 des Bürgerlichen Gesetzbuchs);

5. Anzeige des Vorerben oder des Nacherben über den Eintritt der Nacherbfolge (§ 2146 des Bürgerlichen Gesetzbuchs);

6. Bestimmung der Person des Testamentsvollstreckers oder Ernennung von Mitvollstreckern (§ 2198 Abs. 1 Satz 2 und § 2199 Abs. 3 des Bürgerlichen Gesetzbuchs); Annahme oder Ablehnung des Amtes des Testamentsvollstreckers (§ 2202 des Bürgerlichen Gesetzbuchs) sowie Kündigung dieses Amtes (§ 2226 des Bürgerlichen Gesetzbuchs);

7. Anzeigen des Verkäufers oder Käufers einer Erbschaft über deren Verkauf nach § 2384 des Bürgerlichen Gesetzbuchs sowie Anzeigen in den Fällen des § 2385 des Bürgerlichen Gesetzbuchs.

II Bei der Berechnung der Gebühren wird, wenn eine vermögensrechtliche Angelegenheit vorliegt, der Wert der Vermögensmasse nach Abzug der Schulden zugrunde gelegt; im übrigen ist der Wert nach § 30 Abs. 2 zu bestimmen. Im Fall des Absatzes 1 Nr. 3 wird die Gebühr einheitlich nach dem Gesamtbetrag der angemeldeten Forderungen erhoben; Schuldner der Gebühr ist der Miterbe, der die Aufforderung erlassen hat. Wird im Fall des Absatzes 1 Nr. 2 die Erbschaft von mehreren neben- oder nacheinander berufenen Personen gleichzeitig durch Erklärung vor dem Nachlaßgericht oder durch Einreichung einer Urkunde ausgeschlagen, so wird die Gebühr nur einmal nach dem Wert der ausgeschlagenen Erbschaft erhoben.

III Für die Aufnahme der Anmeldungen und Erklärungen werden Gebühren nach § 38 Abs. 2 [jetzt: 3] besonders erhoben, soweit sie in öffentlich beglaubigter Form abzugeben oder notariell zu beurkunden sind; im übrigen ist die Aufnahme der Anmeldungen und Erklärungen gebührenfrei.

Vorbem. III Hs 1 lies jetzt wie oben (Anpassung an das G v 30. 5. 73, BGBl 501).

1) Systematik. A. Gebührenfreiheit, III Hs 2. Der Grundsatz des § 1, daß die Tätigkeit des Gerichts im Bereich der freiwilligen Gerichtsbarkeit kostenfrei ist, sofern das Bundesrecht nichts anderes bestimmt, gilt auch für das Nachlaßgericht. Das gilt unabhängig davon, daß eine dem § 91 entsprechende allgemeine Bestätigung des Grundsatzes des § 1 in §§ 107ff fehlt. III Hs 2 bestätigt den Grundsatz der Gebührenfreiheit jedenfalls für den Bereich der Aufnahme von Anmeldungen und Erklärungen gegenüber dem Nachlaßgericht.

Demgemäß ist die Aufnahme einer Anmeldung oder einer Erklärung gebührenfrei, soweit diese Anmeldung oder Erklärung formlos statthaft ist.

Eine Gebührenfreiheit kann sich aber auch aus § 115 ergeben, nämlich aus dem Zusammenhang mit einem anderen gebührenpflichtigen Verfahren. Vgl dort.

B. Gebührenpflicht. I, III Hs 1 bezeichnen die dort einzeln aufgeführten Tätigkeiten des Nachlaßgerichts als gebührenpflichtig. Diese Ausnahmen von der Regel, A, sind eng auszulegen. Bei I entsteht die Gebührenpflicht aus der Art der Erklärung, bei III Hs 1 aus der Form der Anmeldung oder Erklärung.

2) Fälle, I. Die Entgegennahme einer jeden der folgenden Erklärungen ist gebührenpflichtig. Unter einer Entgegennahme versteht man die Aufnahme zur Niederschrift des Urkundsbeamten der Geschäftsstelle oder die Kenntnisnahme des Gerichts im Fall der Einreichung einer Schrift. In den Fällen I ist die Form der Erklärung unerheblich. Sofern es sich um eine der in Z 1–7 genannten Erklärungen handelt, entsteht die Gebühr also auch dann, wenn die formlose Abgabe der Erklärung statthaft ist.

Im einzelnen handelt es sich um folgende Erklärungen:

a) Ablehnung der Fortsetzung der Gütergemeinschaft, Z 1. Es geht um die Ablehnung der Fortsetzung der Gütergemeinschaft durch den überlebenden Ehegatten, § 1484 BGB.

b) Verzicht des Abkömmlings, Z 1. Es geht um den Verzicht eines anteilsberechtigten Abkömmlings auf seinen Anteil an dem Gesamtgut, § 1491 BGB.

c) Aufhebung der fortgesetzten Gütergemeinschaft, Z 1. Es geht um die Aufhebung der fortgesetzten Gütergemeinschaft durch den überlebenden Ehegatten, § 1492 BGB.

d) Ausschlagung der Erbschaft, Z 2. Es geht um die Erklärung des Erben, er schlage die Erbschaft aus, § 1945 BGB.

e) Anfechtung der Annahme oder Ausschlagung, Z 2. Es geht um die Anfechtung der Annahme der Erbschaft oder um die Anfechtung der Ausschlagungserklärung, § 1955 BGB.

f) Anfechtung der Versäumung der Ausschlagungsfrist, Z 2. Es geht um die Anfechtung der Versäumung der Frist zur Ausschlagung der Erbschaft, § 1956 BGB.

g) Anfechtung der Ausschlagung, Z 2. Es geht um die Anfechtung der Ausschlagung der Erbschaft oder des Vermächtnisses durch einen Pflichtteilsberechtigten, § 2308 I BGB.

h) Forderungsanmeldung, Z 3. Es geht um die Anmeldung einer Forderung eines Nachlaßgläubigers auf Grund einer öffentlichen Aufforderung eines Miterben zu dieser Anmeldung, § 2061 BGB.

i) Anfechtung eines Testaments, Z 4. Es geht um die Anfechtung einer letztwilligen Verfügung, durch die ein Erbe eingesetzt, ein gesetzlicher Erbe von der Erbfolge ausgeschlossen, ein Testamentsvollstrecker ernannt oder eine Verfügung solcher Art aufgehoben wird, § 2081 BGB.

j) Anfechtung eines Erbvertrags, Z 4. Es geht um die Anfechtung einer in einem Erbvertrag zugunsten eines Dritten getroffenen Verfügung nach dem Tod des anderen Vertragspartners durch den Erblasser, § 2281 II BGB.

k) Anzeige der Nacherbfolge, Z 5. Es geht um eine Anzeige des Vorerben oder des Nacherben über den Eintritt der Nacherbfolge, § 2146 BGB.

l) Bestimmung des Testamentsvollstreckers, Z 6. Es geht um die Bestimmung der Person des Testamentsvollstreckers durch einen Dritten, § 2198 I 2 BGB.

m) Ernennung eines Mitvollstreckers, Z 6. Es geht um die Erklärung, durch die der vom Erblasser dazu ermächtigte Testamentsvollstrecker einen oder mehrere Mitvollstrecker ernennt, § 2199 I, III in Verbindung mit § 2198 I 2 BGB.

Die Erklärung des vom Erblasser dazu ermächtigten Testamentsvollstreckers, durch die er einen Nachfolger ernennt, § 2199 II, III in Verbindung mit § 2198 I 2 BGB, gehört nicht hierher.

n) Annahme oder Ablehnung des Testamentsvollstreckeramts,

Z 6. Es geht um die Erklärung, durch die der zum Testamentsvollstrecker Ernannte das Amt annimmt oder ablehnt, § 2202 BGB.

o) Kündigung des Testamentsvollstreckeramts, Z 6. Es geht um die Erklärung des Testamentsvollstreckers, durch die er sein Amt kündigt, § 2226 BGB.

p) Anzeige des Erbschaftsverkaufs, Z 7. Es geht um die Anzeige des Verkaufs der Erbschaft und des Namens des Käufers durch den Verkäufer oder Käufer, § 2384 BGB.

q) Anzeige des Weiterverkaufs usw, Z 7. Es geht um die Anzeige, durch die der Weiterverkauf einer bereits durch Vertrag erworbenen Erbschaft oder ein anderer ähnlicher Vertrag angezeigt werden, § 2385 I BGB.

3) Gebühr, I. Für die Entgegennahme einer jeden der in I genannten Erklärungen entsteht ¼ Gebühr. Das gilt auch dann, wenn mehrere Erklärungen in derselben Schrift oder durch dieselbe Handlung abgegeben werden. Wenn drei Erben dieselbe Erklärung abgeben, so liegen drei jeweils gebührenpflichtige Erklärungen vor.

Neben der ¼ Gebühr nach I kann gemäß III in Verbindung mit § 38 (jetzt) III eine weitere ¼ Gebühr entstehen, soweit die Erklärung in notariell beglaubigter oder beurkundeter Form erforderlich ist, § 45 I.

4) Geschäftswert, II. A. Vermögensrechtliche Angelegenheit. Zum Begriff § 30 Anm 2 A. Man muß im übrigen folgende Situationen unterscheiden:

a) Grundsatz. Grundsätzlich ist in einer vermögensrechtlichen Angelegenheit der Wert der Vermögensmasse nach dem Abzug der Schulden, § 18, maßgeblich.

b) Ausnahmen. In Abweichung von dem Grundsatz a ist der Geschäftswert in den nachfolgenden Sonderfällen zu bestimmen.

aa) Erbausschlagung, I Z 2. Soweit mehrere Personen, die vom Erblasser nebeneinander oder nacheinander zu Erben berufen wurden, durch Erklärungen vor dem Nachlaßgericht oder durch die Einreichung von Urkunden gleichzeitig die Erbschaft ausschlagen, entsteht für die Entgegennahme dieser Erklärungen zwar nur eine einzige ¼ Gebühr; als Geschäftswert ist aber der Gesamtwert der ausgeschlagenen Erbschaft anzusetzen, II 3.

Die Ausschlagung der Erbschaft vor dem Eintritt der Nacherbfolge erstreckt sich im Zweifel nicht auf die etwaige Berufung zum Nacherben.

bb) Forderungsanmeldung, I Z 3. In diesem Fall entsteht zwar nur eine einzige ¼ Gebühr; der Geschäftswert ist aber nach dem Gesamtbetrag der von allen Nachlaßgläubigern angemeldeten Forderungen zu bestimmen, II 2 Hs 1.

B) Nichtvermögensrechtliche Angelegenheit. In diesem Fall, also bei I Z 6, ist gemäß II 1 Hs 2 („nur übrigen") § 30 II maßgeblich.

5) Fälligkeit, Kostenschuldner usw. Für die Fälligkeit gilt § 7. Kostenschuldner sind grundsätzlich die in §§ 2ff genannten Personen. Im Fall der Forderungsanmeldung, I Z 3, ist Gebührenschuldner derjenige Miterbe, der die öffentliche Aufforderung nach § 2061 I 1 BGB erlassen hat, II 2 Hs 2. In den Fällen I Z 6 ist der Erbe Kostenschuldner.

6) Besondere Gebühr, III. Vgl zunächst Anm 1. Während eine Beurkundung nach § 38 (jetzt) III zu vergüten ist, wird eine Beglaubigung nach § 45 I besonders vergütet.

Testamentsvollstrecker

113 Die Hälfte der vollen Gebühr wird erhoben für die Ernennung oder Entlassung von Testamentsvollstreckern und für sonstige anläßlich einer Testamentsvollstreckung zu treffenden Anordnungen. Der Wert bestimmt sich nach § 30 Abs. 2.

1) Geltungsbereich. Die Vorschrift erfaßt eine Ernennung oder Entlassung des Testamentsvollstreckers durch das Nachlaßgericht, §§ 2200, 2227 BGB, und alle sonstigen aus Anlaß einer Testamentsvollstreckung vom Nachlaßgericht zu treffenden Anordnungen, etwa die Bestimmung einer Frist zur Erklärung darüber, ob der Ernannte das Amt annehmen will, § 2202 III BGB.

Neben § 113 ist § 112 I Z 6 zu beachten.

2) Gebühr. Für jede der in § 13 erwähnten gerichtlichen Maßnahmen entsteht ½ Gebühr.

Soweit eine solche Maßnahme im Zusammenhang mit einem anderen gebührenpflichtigen Verfahren steht, bleibt die Maßnahme gebührenfrei, § 115.

3) Geschäftswert. Der Geschäftswert ist nach § 30 II zu bestimmen.

4) Fälligkeit, Kostenschuldner usw. Die Fälligkeit richtet sich nach § 7. Kostenschuldner ist der Antragsteller. Soweit allerdings der Testamentsvollstrecker einen Antrag stellt, ist der Erbe Kostenschuldner.

Nachlaßinventar, Fristbestimmungen

114 Die Hälfte der vollen Gebühr wird erhoben

1. für die Entgegennahme eines Nachlaßinventars, für die Bestimmung einer Inventarfrist oder einer neuen Inventarfrist und für die Verlängerung der Inventarfrist, einschließlich der Anordnung wegen Aufnahme des Inventars durch einen Notar oder einen sonstigen zuständigen Beamten; maßgebend ist der Wert des Nachlasses nach Abzug der Schulden;

2. für die Fristbestimmungen nach §§ 2151, 2153 bis 2155, 2192, 2193 des Bürgerlichen Gesetzbuchs.

1) Geltungsbereich. Jede der folgenden Tätigkeiten ist gebührenpflichtig:

A. Entgegennahme des Nachlaßinventars, Z 1. Hier muß man wiederum folgende Fälle unterscheiden:

a) § 1993 BGB. In diesem Fall reicht der Erbe von sich aus ein Verzeichnis des Nachlasses bei dem Nachlaßgericht ein.

b) § 2003 III BGB. In diesem Fall reichen eine Behörde, ein Beamter oder ein Notar bei dem Nachlaßgericht ein Nachlaßverzeichnis ein, nachdem das Nachlaßgericht auf Antrag des Erben die Aufnahme des Verzeichnisses einer zuständigen Behörde oder einem zuständigen Beamten oder Notar übertragen hat, § 2003 I 1 BGB. Die Anordnung dieser Aufnahme des Inventars durch die Vorgenannten ist durch die Gebühr nach Z 1 mitabgegolten.

c) § 2004 BGB. In diesem Fall erklärt der Erbe vor dem Ablauf der Inventarfrist dem Nachlaßgericht gegenüber, daß ein schon beim Nachlaßgericht eingereichtes Inventar als von ihm eingereicht gelten soll.

B. Bestimmung einer Inventarfrist, Z 1. Hier geht es um die Frist, die das Nachlaßgericht dem Erben auf Grund des Antrags eines Nachlaßgläubigers zur Errichtung des Inventars setzt, § 1994 I 1 BGB.

C. Verlängerung oder Bestimmung einer neuen Frist, Z 1. In diesen Fällen geht es um die Verlängerung der Inventarfrist oder auf die Bestimmung einer neuen Inventarfrist unter den Voraussetzungen §§ 1996, 2005 II BGB.

D. Frist zur Bestimmung des Beschwerten beim Vermächtnis, Z 2. In diesem Fall geht es um die Frist, die das Nachlaßgericht dem Beschwerten oder einem Dritten auf Antrag eines Beteiligten zur Abgabe der Erklärung setzt, wer von mehreren ein Vermächtnis erhalten soll, § 2151 III 2 BGB.

E. Frist zur Bestimmung der Anteile des Vermächtnisses, Z 2. In diesem Fall geht es um die Frist, die das Nachlaßgericht einem Beschwerten oder einem Dritten auf Antrag eines der Beteiligten zur Abgabe der Erklärung setzt, was jeder von dem vermachten Gegenstand erhalten soll, §§ 2153 II 2 in Verbindung mit § 2151 III 2 BGB.

F. Wahlvermächtnis, Z 2. In diesem Fall geht es um die Frist, die das Nachlaßgericht einem Dritten auf Antrag eines Beteiligten zur Abgabe der Erklärung setzt, welchen von mehreren Gegenständen der in einem Vermächtnis Bedachte erhalten soll, § 2154 II 2 in Verbindung mit § 2151 III 2 BGB.

G. Gattungsvermächtnis, Z 2. In diesem Fall geht es um die bei einem nur der Gattung nach bestimmten Vermächtnis entsprechend notwendige Erklärung des Dritten, dem die Wahl überlassen wurde, § 2155 II in Verbindung mit § 2154 II 2 BGB.

H. Auflage, Z 2. In diesem Fall geht es um die Fristbestimmung auf Grund einer Auflage des Erblassers, auf die gemäß § 2192 BGB unter anderem die §§ 2154, 2155 BGB entsprechend anwendbar sind.

I. Bestimmung des Begünstigten, Z 2. In diesem Fall geht es um die Frist, die das Nachlaßgericht auf Antrag eines Beteiligten einem Dritten zur Abgabe der Erklärung gegenüber dem Beschwerten darüber setzt, an welche Person diejenige Leistung erfolgen soll, die der Erblasser bei der Anordnung einer Auflage bestimmt hat, § 2193 III 3 in Verbindung mit § 2151 III 2 BGB.

2) Gebühr. Für jede der vorgenannten Tätigkeiten entsteht ½ Gebühr. Soweit allerdings diese Tätigkeit im Zusammenhang mit einem anderen gebührenpflichtigen Verfahren steht, bleibt die Tätigkeit nach § 114 gebührenfrei, § 115.

3) Geschäftswert. A. Fälle nach Z 1. In jedem dieser Fälle ist der Wert des Nachlasses nach dem Abzug der Schulden der Geschäftswert, wie Z 1 ausdrücklich bestimmt.

B. Fälle nach Z 2. In jedem dieser Fälle ist Geschäftswert der Wert des Vermächtnisses oder der Auflage.

4) Fälligkeit, Kostenschuldner. Die Fälligkeit richtet sich nach § 7. Kostenschuldner ist in den Fällen Z 1 der Erbe, in den Fällen Z 2 der Antragsteller.

Gebührenfreie Erledigung in den Fällen der §§ 112 bis 114

115 **Die in §§ 112 bis 114 aufgeführten Verrichtungen bleiben gebührenfrei, wenn sie im Zusammenhang mit einem anderen nach den Vorschriften dieses Unterabschnitts gebührenpflichtigen Verfahren stehen.**

1) Voraussetzungen. A. Art der Verrichtung. Eine Gebührenfreiheit nach § 115 setzt zunächst voraus, daß es sich um einer der in §§ 112–114 genannten gerichtlichen Tätigkeiten handelt. Vgl die dortigen Anm.

B. Zusammenhang. Außerdem muß eine solche Verrichtung im Zusammenhang mit einem anderen Verfahren stehen, das nach den Vorschriften des Unterabschnitts 5, also nach §§ 101–117, gebührenpflichtig ist. Es muß sich um einen nicht nur formellen, äußeren, sondern sachlichen, inneren Zusammenhang handeln.

Eine Gebührenfreiheit besteht auch insofern, als mehrere der in §§ 112–114 genannten Verrichtungen des Nachlaßgerichts untereinander in einem inneren Zusammenhang stehen.

Es muß also entweder ein Verfahren nach §§ 101 ff oder eine Verrichtung nach §§ 112–114 die Veranlassung zu einer solchen Verrichtung oder weiteren Verrichtung gegeben haben.

Beispiele: Der an Stelle eines verstorbenen Mittestamentsvollstreckers Ernannte lehnt das Amt ab, deshalb ernennt das AG einen anderen, dieser nimmt an, und das AG erteilt ihm ein Zusatztestamentsvollstreckerzeugnis: In diesem Fall entsteht eine Gebühr nur für die erste Zeugniserteilung, § 109 Z 2; das AG bestimmt eine Inventarfrist und verlängert sie: In diesem Fall entsteht nur eine Gebühr nach § 114 Z 1.

Ein Zusammenhang fehlt zB: Zwischen einer Testamentseröffnung und der Ausschlagung der Erbschaft; zwischen der Anordnung einer Nachlaßpflegschaft oder Nachlaßverwaltung und der Ausschlagung der Erbschaft.

Gerichtliche Vermittlung der Auseinandersetzung

116 **I Für die gerichtliche Vermittlung der Auseinandersetzung eines Nachlasses oder des Gesamtguts einer Gütergemeinschaft, einschließlich des vorangegangenen Verfahrens,**

wird das Vierfache der vollen Gebühr erhoben. Die Gebühr ermäßigt sich

1. auf das Doppelte der vollen Gebühr, wenn das Verfahren ohne Bestätigung der Auseinandersetzung abgeschlossen wird;

2. auf die Hälfte der vollen Gebühr, wenn sich das Verfahren vor Eintritt in die Verhandlung durch Zurücknahme oder auf andere Weise erledigt.

Die Vorschriften des § 59 gelten entsprechend.

II Wird mit einem Dritten vor dem Teilungsgericht zum Zweck der Auseinandersetzung ein Vertrag geschlossen, so wird von dem Dritten die Hälfte der nach dem Beurkundungsabschnitt zu berechnenden Gebühr erhoben.

III Für die Beurkundung einer vertragsmäßigen Auseinandersetzung, für die Aufnahme von Vermögensverzeichnissen und Schätzungen sowie für Versteigerungen werden die Gebühren nach Maßgabe des Beurkundungsabschnitts besonders erhoben.

IV Wird die Vermittlung der Auseinandersetzung einem Notar übertragen, so wird je die Hälfte der vollen Gebühr erhoben

1. für das gerichtliche Verfahren, einschließlich der Anordnung von Beweisaufnahmen,

2. für die Bestätigung der Auseinandersetzung.

V Die Gebühr bestimmt sich nach dem Wert der den Gegenstand der Auseinandersetzung bildenden Vermögensmasse. Dabei werden die Werte mehrerer Massen, die in demselben Verfahren auseinandergesetzt werden, zusammengerechnet. Trifft die Auseinandersetzung des Gesamtguts einer Gütergemeinschaft mit der Auseinandersetzung des Nachlasses eines Ehegatten zusammen, so wird die Gebühr einheitlich nach dem zusammengerechneten Wert des Gesamtguts und des übrigen Nachlasses erhoben.

VI Für die Kosten des Verfahrens (Absätze 1 und 4) haften die Anteilsberechtigten als Gesamtschuldner.

1) Allgemeines. Die Vorschrift ist anwendbar, soweit auf Grund eines Antrags oder auch auf Grund landesgesetzlicher Vorschriften von Amts wegen die Auseinandersetzung einer Erbengemeinschaft oder einer Gesamtgutsgemeinschaft, also deren Auflösung, stattfindet. Die Mitwirkung des Notars in einem solchen Verfahren ist landesrechtlich unterschiedlich geregelt. § 116 bezweckt, auch beim Zusammenwirken des Nachlaßgerichts und des Notars die Kosten möglichst so niedrigzuhalten, als ob das Gericht die Auseinandersetzung allein vermittle; vgl auch § 148 I.

2) Gerichtliche Vermittlung, I. A. Grundsatz, I 1. Im Fall einer gerichtlichen Vermittlung oder einer Vermittlung nur durch den Notar entsteht die vierfache Gebühr. Sie gilt das gesamte Auseinandersetzungsverfahren „einschließlich des vorangegangenen Verfahrens" ab, also das gesamte Verfahren vom Eingang des Antrags bis zur Rechtskraft der Bestätigung der Auseinandersetzung.

Abgegolten sind zB: Eine Ermittlung oder Beweisaufnahme, §§ 86ff FGG; die Bestätigung einer Vereinbarung, §§ 91ff FGG; die Bestellung eines Vertreters, § 94 FGG; die Beurkundung und Bestätigung der Auseinandersetzung, § 93 FGG; die Beurkundung oder Bestätigung eines Rechtsgeschäfts zwecks Durchführung der Auseinandersetzung, etwa eine Abtretung.

Nicht abgegolten sind zB: Der Erbschein und die Pflegerbestellung, § 88 FGG (in diesen Fällen sind die §§ 106 I, 107 anwendbar).

Soweit es sich nur um eine Teilbestätigung handelt, entsteht eine Gebührenpflicht jeweils vom Teil.

Die Ermittlung der Erben ist an sich gebührenfrei, § 105. Sie bildet aber in den vorliegenden Fällen bereits einen Teil der Auseinandersetzung.

Die Aufnahme eines bereits vorher eingestellten Verfahrens begründet ein neues Verfahren mit einer neuen Gebührenpflicht.

B. Ermäßigung, I 2. Man muß folgende Fälle unterscheiden:

a) Keine Bestätigung der Auseinandersetzung, Z 1. Soweit das Verfahren ohne eine Bestätigung der Auseinandersetzung wirksam abgeschlossen wird, ermäßigt sich die Gebühr für die gerichtliche Vermittlung auf das Doppelte der vollen Gebühr. In Betracht kommt zB: Die Einstellung; eine Antragsrücknahme nach dem Eintritt in die Verhandlung (andernfalls ist Z 2 anwendbar); der Verfahrensabschluß vor dem Erlaß eines Bestätigungsbeschlusses; eine von den Antragstellern veranlaßte außergerichtliche vertragliche Auseinandersetzung vor der Beendigung des gerichtlichen Vermittlungsverfahrens. Für die letztere Beurkundung entsteht eine Gebühr nach § 36 II.

Mit dem wirksamen Erlaß des gerichtlichen Bestätigungsbeschlusses entsteht aber bereits die vierfache Gebühr nach I 1, also schon vor der Rechtskraft des Bestätigungsbeschlusses.

b) Keine Verhandlung, Z 2. Soweit sich das gerichtliche Vermittlungsverfahren vor dem Eintritt des Gerichts in eine mündliche Verhandlung mit den Beteiligten erledigt, ermäßigt sich die Gebühr für die gerichtliche Vermittlungstätigkeit auf ½ Gebühr. Es ist in diesem Fall unerheblich, ob das Verfahren infolge einer wirksamen Antragsrücknahme oder infolge eines anderen Umstands endet.

Das Gericht tritt erst dann in die Verhandlung im Sinn von Z 2 ein, wenn es nach dem Aufruf der Sache im Sitzungssaal, der Feststellung der Anwesenheit, der Erledigung weiterer etwaiger Formalien usw entweder durch eine Einführung in den Sach- und Streitstand oder durch die Entgegennahme eines Antrags oder durch eine zunächst vor Antragstellung erbetene oder vorgeschlagene Erörterung mit der Behandlung der Sachfragen beginnt. Diese Auslegung wird dem Grundsatz der Kostenfreiheit, § 1, eher gerecht als eine weite Auslegung des Begriffs „Eintritt in die Verhandlung". Die enge Auslegung dieses Begriffs ist bei Z 2 deshalb geboten, weil die Vorschrift ja eine Gebührenermäßigung auf ⅛ der vierfachen Gebühr des I 1 schafft und damit fast zur Gebührenfreiheit zurückkehrt.

Eine etwaige Zurücknahme des Vermittlungsantrags muß allerdings eindeutig und wirksam erfolgt sein, bevor das Gericht in die Verhandlung eingetreten ist. Dasselbe gilt für eine andere Erledigungsursache.

C. Zusatzgebühr, I 3. Die Zusatzgebühr nach § 59 kann in allen Fällen I 1, 2 entstehen. Die Zusatzgebühr nach § 58 ist in I 3 nicht miterwähnt und kann deshalb nicht entstehen. Denn § 58 steht in einem anderen Unterabschnitt.

3) Vertrag mit einem Dritten, II. Als Dritter ist jeder Nichterbe anzusehen, aber auch derjenige Erbe, der nicht in dieser Eigenschaft auftritt. Soweit der Dritte vor dem Teilungsgericht einen Vertrag „zum Zweck der Auseinandersetzung" schließt, etwa einen Erbschaftskauf oder einen Vertrag über den Kauf einer Nachlaßsache, trägt er ½ der Beurkundungsgebühr der §§ 36 ff; die andere Hälfte gilt die Gebühr aus § 116 als Ausnahme von § 44 ab. Die Gebühr nach II entsteht auch im Fall einer Beurkundung zusammen mit der Auseinandersetzung.

4) Vertragliche Auseinandersetzung usw, III. Die Vorschrift erfaßt eine außergerichtliche vertragliche Auseinandersetzung. Das ist der Gegensatz zu der vom Gericht vermittelten Auseinandersetzung nach I. Im übrigen muß man folgende Situationen unterscheiden:

A. Noch kein gerichtliches Verfahren. Der Auseinandersetzungsvertrag kann schon vor dem Beginn eines gerichtlichen Vermittlungsverfahrens erfolgt sein. Soweit dieser Vertrag beurkundet wird und soweit die in III genannten weiteren Verrichtungen vorliegen, entstehen Gebühren nicht nach III, sondern zB nach § 36 II. Soweit der überlebende Ehegatte in der Absicht der Wiederverheiratung eine Auseinandersetzung mit seinen Kindern nach §§ 9 EheG, 1683 BGB beantragt, meint er regelmäßig keine Auseinandersetzung nach § 116, sondern wünscht eine vormundschaftsgerichtliche Vermittlung. Für die Pflegerbestellung entsteht eine Gebühr.

B. Nach Beginn des gerichtlichen Verfahrens. Soweit eine vertragsmäßige Auseinandersetzung nach dem Beginn eines gerichtlichen Vermittlungsverfahrens zustande kommt, entstehen Gebühren nach §§ 36 ff neben denjenigen nach I besonders.

5) Beteiligung des Notars, IV. Soweit das Gericht die Vermittlung der Auseinandersetzung auf Grund des Landesrechts einem Notar überträgt, vgl § 147 EGBGB, ist IV anwendbar. In diesem Fall entsteht ½ Gebühr für das gerichtliche Verfahren einschließlich der Anordnung einer Beweisaufnahme, außerdem nach Z 2 ½ Gebühr für die Bestätigung der Auseinandersetzung. Gläubiger dieser Gebühr ist je nach dem Landesrecht entweder der Fiskus oder, zB in Bayern, der Notar. Es ist unerheblich, in welcher Lage des gerichtlichen Vermittlungsverfahrens das Gericht die Übertragung auf den Notar vornimmt. Im Fall einer bloßen Teilbestätigung entsteht die Gebühr nach Z 2 nur für diesen Teil.

Soweit die Gesamthandbeteiligten dem Notar nicht nur die Beurkundung einer außergerichtlichen Einigung, sondern die gesamte Auseinandersetzung übertragen, gilt ebenfalls § 116, vgl § 148.

6) Geschäftswert, V. Maßgeblich ist die Auseinandersetzungsmasse ohne einen Schuldenabzug, § 18 III. Man darf auch ein Vermächtnis, einen Pflichtteil usw nicht abziehen. Zum Nachlaß gehört auch eine Forderung an einen Miterben, nicht aber eine Ausgleichsforderung, § 2050 BGB. Im Fall einer Auseinandersetzung über mehrere Massen ist

V 2 zu beachten: Es entsteht eine Gebühr nach dem zusammengerechneten Wert des Gesamtguts und des übrigen Nachlasses.

Soweit das Teilungsverfahren nur zum Teil durch eine Bestätigung endet und zum anderen Teil die Erbengemeinschaft bestehen bleibt, entsteht die doppelte Gebühr von der ganzen Masse und zugleich vom Wert des erledigten Teils.

Maßgebender Zeitppunkt für die Bewertung ist die Beendigung des Verfahrens, §§ 7, 18 I. Indessen muß man den Wert der etwa während des Verfahrens veräußerten Gegenstände hinzurechnen. Andernfalls würde im Fall der Veräußerung aller Sachen gar kein Wert mehr übrig bleiben.

7) Kostenschuldner, VI. A. Verfahren nach I, IV. In diesen Fällen sind die Anteilsberechtigten, also die Miterben und die Erwerber eines Erbteils, als Gesamtschuldner Kostenschuldner, vgl § 86 II FGG. Eine persönliche Gebührenfreiheit ist in diesem Fall unbeachtlich, § 12 I. Es ist auch unerheblich, ob sich der einzelne Anteilsberechtigte am Verfahren beteiligt hat oder gar einen Antrag gestellt hat.

B. Verfahren nach III. In diesem Fall gelten §§ 2ff.

C. Weitere Einzelfragen. Das Gericht muß einen Gebührenvorschuß in Höhe einer vierfachen Gebühr erheben, sofern es nicht die Auseinandersetzung einem Notar übertragen muß oder mit Sicherheit übertragen wird.

Vererbung einer Heimstätte

117 **I Für das bei Vererbung einer Heimstätte in § 40 der Verordnung zur Ausführung des Reichsheimstättengesetzes vom 19. Juli 1940 (Reichsgesetzbl. I S. 1027) vorgesehene Verfahren vor dem Nachlaßgericht wird ein Viertel der vollen Gebühr nach dem Wert der Heimstätte (§ 31 der Verordnung) erhoben. Führt das Nachlaßgericht die Einigung der Beteiligten über die Heimstättenfolge herbei (§ 26 Nr. 3 der Verordnung), so erhöht sich die Gebühr auf die Hälfte der vollen Gebühr; mit der Gebühr ist auch die Aufnahme der Einigungserklärungen durch das Nachlaßgericht abgegolten.**

II Für das Zeugnis des Nachlaßgerichts zum Nachweis der Heimstättenfolge (§ 29 Abs. 2 und § 34 der Verordnung) wird die Hälfte der vollen Gebühr erhoben. Schuldner der Gebühr ist der Heimstättenfolger. Wird ein Erbschein erteilt, so ist die Gebühr für das Zeugnis auf die Gebühr für den Erbschein anzurechnen.

III Für die Aufnahme der dem Nachlaßgericht gegenüber abzugebenden Erklärungen werden Gebühren nach § 38 Abs. 2 [jetzt: 3] besonders erhoben, soweit sie in öffentlich beglaubigter Form abzugeben sind. Im übrigen ist die Aufnahme von Erklärungen durch die Gebühr des Absatzes 1 abgegolten.

IV Die Gebührenermäßigung nach § 35 des Reichsheimstättengesetzes vom 25. November 1937 (Reichsgesetzbl. I S. 1291) bleibt unberührt.

Vorbem. III 1 lies jetzt wie oben (Anpassung an das G v 30. 5. 73, BGBl 501).

1) Allgemeines. Ein Verfahren vor dem Nachlaßgericht findet unter anderem dann statt, wenn die Heimstätte beim Vorhandensein mehrerer Erben einem von ihnen zufällt, § 26 AusfVO RHeimstG. In einem solchen Fall muß das Nachlaßgericht von Amts wegen die erforderlichen Erklärungen der Beteiligten, des Ausgebers (des Bundeslands, einer Gemeinde oder eines Gemeindeverbands), die behördliche Genehmigung und die Auseinandersetzung veranlassen, etwa die Abfindung der Miterben und die Sicherstellung ihrer Abfindungsforderungen, §§ 32, 33 AusfVO. Das Nachlaßgericht muß ferner den Ausgeber zur Abgabe einer Erklärung auffordern, ob er den zustimmungsbedürftigen Anordnungen zustimmt oder ob er von einem Vorkaufsrecht oder von einem Heimfallanspruch Gebrauch machen will. Schließlich muß das Nachlaßgericht über die Höhe der Eintragungsfähigkeit der Abfindung der Miterben entscheiden. Vgl § 40 AusfVO.

2) Gebühren, I, III. Für das gesamte Verfahren vor dem Nachlaßgericht entsteht ¼ Gebühr als Pauschalgebühr. Sie erhöht sich auf ½ Gebühr, soweit das Nachlaßgericht eine Einigung der Beteiligten herbeiführt, soweit sich also die Beteiligten nicht untereinander einigen, vgl § 26 Z 2, 3 AusfVO. Mit dieser Pauschalgebühr ist auch die Aufnahme der Erklärungen abgegolten, I 2 Hs 2.

Soweit eine Erklärung in einer öffentlich beglaubigten Form abzugeben ist, entsteht eine weitere Gebühr von ¼, III 1 in Verbindung mit § 38 (jetzt) III.

3) Geschäftswert, I. Geschäftswert für das Verfahren des Nachlaßgerichts ist der Wert des sonstigen Nachlasses und der Anrechnungswert der Heimstätte, § 31 AusfVO, also des für den Grund und Boden seinerzeit festgesetzten Betrags unter Berücksichtigung einer etwaigen Veränderung der wirtschaftlichen Verhältnisse, vgl BGH **LM** § 2311 BGB Nr 9, zuzüglich des Jetztwerts der Baulichkeiten und Verbesserungen, §§ 6, 10, 15 RHeimstG, und eines angemessenen Betrages für das Zubehör. Man muß die bestehenden Belastungen abziehen, und zwar vorübergehende Belastungen mit einem Schätzungswert. Nicht abzugsfähig sind diejenigen Beschränkungen, die sich aus der Heimstätteneigenschaft ergeben, und die öffentlichen Lasten, die der Eintragung nicht bedürfen.

Im Fall einer Gebühr nach III 1 ist der Geschäftswert nach dem Wert der öffentlich beglaubigten Erklärung zu berechnen.

Im Fall III ist der Kostenschuldner nach § 2 Z 2 zu bestimmen.

4) Heimstättenfolgezeugnis, II. Das Zeugnis ist für die Eintragung eines Eigentumsübergangs auf den Heimstättenfolger im Grundbuch erforderlich, § 29 II AusfVO. In ihm ist zu vermerken, ob die Miterben eine hypothekarische Sicherung ihrer Abfindungsforderungen verlangen können, § 34 AusfVO. Es entsteht ½ Gebühr. Sie ist im Fall der Erteilung eines Erbscheins auf die für den Erbschein nach § 107 I erwachsene Gebühr anzurechnen.

Kostenschuldner ist der Heimstättenfolger.

5) Ermäßigung, V. Die in § 35 RHeimstG vorgesehene Gebührenmäßigung auf die Hälfte der nach § 117 entstandenen Gebühr für den Fall, daß die Heimstätte auf den Ehegatten, einen Verwandten gerader Linie oder bis zum 3. Grad der Seitenlinie oder auf einen Verschwägerten bis zum 2. Grad übertragen wird, bleibt unberührt.

6. Sonstige Angelegenheiten

Genehmigung und Beaufsichtigung von Stiftungen

118 **I Für die Genehmigung einer Familienstiftung wird die volle Gebühr erhoben.**

II Für die Aufsicht über Stiftungen oder deren Verwaltung wird für jedes angefangene Kalenderjahr die volle Gebühr erhoben. Die Gebühr wird zu Beginn jedes Zeitabschnitts im voraus fällig. Sie kann in einfach liegenden Fällen nach Ermessen des Gerichts bis auf ein Viertel der vollen Gebühr ermäßigt werden.

III Die Gebühr bestimmt sich nach dem Wert des Stiftungsvermögens nach Abzug der Schulden.

1) Genehmigung, I. Die Genehmigung einer Familienstiftung durch das Stiftungsgericht nach § 80 BGB kostet eine volle Gebühr. Die Errichtung, das Stiftungsgeschäft selbst, ist gemäß § 36 gebührenpflichtig, soweit sie beurkundet wird. Die Bestätigung eines Familienschlusses ist gebührenfrei.

2) Aufsicht usw, II. A. Geltungsbereich. II erfaßt die Aufsicht über eine Stiftung beliebiger Art sowie die Verwaltung einer solchen Stiftung. II ist also anders als I keineswegs auf die Familienstiftung begrenzt.

B. Gebühr. a) Grundsatz. Für jede Aufsicht oder Verwaltung entsteht f für jedes angefangene Kalenderjahr grundsätzlich eine volle Gebühr, II 1. Diese Gebühr gilt die gesamte Aufsichts- und Verwaltungstätigkeit des Gerichts ab, auch wenn eine solche Tätigkeit nicht besonders zutage getreten ist, BGH **70**, 318 mwN. Eine sonstige gerichtliche Tätigkeit ist durch II nicht abgegolten.

b) Ausnahme. Das Gericht kann in einem einfach liegenden Fall auf Grund eines pflichtgemäßen Ermessens unter Abwägung aller Umstände die Gebühr für die Aufsicht oder Verwaltung auf ¼ Gebühr ermäßigen, II 3.

C. Fälligkeit. Sowohl die Gebühr nach II 1 als auch diejenige nach II 3 wird zu Beginn eines jeden Zeitabschnitts im voraus fällig, II 2. Soweit die Aufsicht oder Verwaltung im Laufe des Kalenderjahrs endet, bleibt die für dieses Kalenderjahr entstandene Gebühr in voller Höhe bestehen. Bei einer mehrjährigen Aufsicht oder Stiftung ist die Jahresgebühr an demjenigen Kalendertag fällig, der dem Beginn der Aufsicht oder Verwaltung entspricht, also nicht schon am 1. Januar des Folgejahres.

3) Geschäftswert, III. Maßgebend ist das Stiftungsvermögen nach dem Abzug der Schulden. Im Fall der Genehmigung, I, gehört eine versprochene Zuwendung des Stifters zum Stiftungsvermögen. Im Fall der Aufsicht oder Verwaltung, II, ist der jeweilige Stand des Stiftungsvermögens nach dem Schuldenabzug bei der Fälligkeit maßgebend. Im Fall der Errichtung der Stiftung darf man die Schulden nicht abziehen, § 18 III.

Verfahren bei Festsetzung von Zwangs- und Ordnungsgeld

119 **I In einem Verfahren nach den §§ 132 bis 139, 159 des Gesetzes über die Angelegenheiten der freiwilligen Gerichtsbarkeit wird in jedem Rechtszug das Dreifache der vollen Gebühr erhoben**

1. für die Festsetzung des Zwangsgeldes,
2. für die Verwerfung des Einspruchs.

II Die Gebühr wird nach dem festgesetzten oder angedrohten Betrag des Zwangsgeldes berechnet; sie darf den Betrag des Zwangsgeldes nicht übersteigen.

III Jede Wiederholung der Festsetzung des Zwangsgeldes gilt als ein besonderes Verfahren.

IV Für die Androhung von Zwangsgeld werden Gebühren nicht erhoben.

V Die Vorschriften der Absätze 1 bis 4 gelten in anderen Fällen der Festsetzung von Zwangs- und Ordnungsgeld entsprechend. Sie gelten auch für die Festsetzung von Zwangsgeld gegen Vormünder (Pfleger, Beistände). Sie gelten nicht für die Festsetzung von Zwangs- und Ordnungsmittel gegen Zeugen und Sachverständige.

1) Geltungsbereich. Die Vorschrift bezieht sich auf sämtliche Zwangsgeldverfahren der freiwilligen Gerichtsbarkeit, also auch auf das Handelsregister, §§ 132–139 FGG, das Vereinsregister, § 159 FGG, die Erzwingung einer Handlung, Duldung, Herausgabe, etwa eines Kindes, §§ 33 FGG, 1634 II BGB, das Verfahren gegen ein Vorstandsmitglied einer Genossenschaft, § 160 GenG, das Schiffsregister, § 19 SchiffsregO, § 1837 II BGB, und andere Verfahren.

Lediglich das Verfahren auf den Erlaß eines Ordnungsmittels gegenüber einem Zeugen oder Sachverständigen fällt nicht unter § 119. In diesem Fall ist die ZPO entsprechend anwendbar, § 15 FGG.

2) Gebühr. A. Androhung von Zwangsgeld, IV. Für dieses Verfahren entstehen keine Gebühren.

B. Festsetzungsverfahren, I–III, V. A. Im Verfahren entsteht in jedem Rechtszug das Dreifache der vollen Gebühr sowohl für die Festsetzung des Zwangsgelds als auch für die Verwerfung eines Einspruchs, I. Eine erneute Androhung, § 133 FGG, gehört nicht mehr zu dem bisherigen Verfahren, sondern gilt als ein neues, besonderes Verfahren, III, kann also im Fall der erneuten Festsetzung wie im Fall der Verwerfung eines etwaigen erneuten Einspruchs wiederum zum Dreifachen der vollen Gebühr führen, und zwar in jedem Rechtszug besonders. Das gilt auch für den Fall einer Zurückweisung der sofortigen Beschwerde, § 139 FGG. § 130 KostO ist unanwendbar.

Für die Festsetzung eines Zwangsgelds gegenüber einem Vormund, Pfleger oder Beistand gelten die vorgenannten Regeln entsprechend, V 2.

3) Geschäftswert, II. Maßgeblich ist der festgesetzte oder angedrohte Betrag des Zwangsgelds, höchstens aber der Betrag des (festgesetzten) Zwangsgelds. Der Beschwerdewert richtet sich ebenfalls nach II, BayObLG Rpfleger **69**, 254.

4) Fälligkeit, Kostenschuldner. Die Fälligkeit richtet sich nach § 7. Kostenschuldner ist der Verurteilte, §§ 138 FGG, 3 Z 1. Eine Antragshaftung kommt in diesem von Amts wegen stattfindenden Verfahren nicht in Betracht. Mehrere Verurteilte haften für die Auslagen als Gesamtschuldner, § 5, für die Gebühren nach der Höhe ihres Zwangsgelds.

Ernennung von Sachverständigen, Bestellung eines Verwahrers, Verkauf oder Hinterlegung von Pfändern

120 **Die volle Gebühr wird erhoben**

1. **für die Ernennung und Beeidigung von Sachverständigen zur Feststellung des Zustands oder Werts von Sachen; wird gerichtlich Beweis erhoben, so werden daneben die Gebühren nach § 49 Abs. 1 und § 50 Abs. 1 Nr. 4 erhoben;**
2. **für die Bestellung eines Verwahrers nach §§ 432, 1217, 1281, 2039 des Bürgerlichen Gesetzbuchs, einschließlich der Entscheidung über seine Vergütung;**
3. **für Anordnungen des Gerichts über den Verkauf oder die Hinterlegung von Pfändern und anderen Gegenständen.**

1) Geltungsbereich. Für jede der folgenden Maßnahmen entsteht eine Gebühr:

A. Sachverständiger, Z 1. Die Ernennung und Beeidigung eines Sachverständigen zur Feststellung des Zustands oder Werts einer Sache nach §§ 1034, 1067 BGB, 608 ff HGB, 164 FGG usw ist gebührenpflichtig. Dabei stellen die Ernennung und die Beeidigung desselben Sachverständigen eine einzige Maßnahme dar, nicht etwa mehrere Maßnahmen, auch wenn die Ernennung und die Beeidigung an verschiedenen Tagen erfolgen.

Eine gerichtliche Beweisaufnahme ist außerdem nach §§ 49 I, 50 I Z 4 gebührenpflichtig.

Die Anordnung eines Beweissicherungsverfahrens nach § 485 ZPO fällt nicht unter Z 1, sondern unter KV 1140.

B. Verwahrer, Z 2. Die Bestellung eines Verwahrers ist einschließlich der Entscheidung über seine Vergütung gebührenpflichtig, soweit sie bei einer Mehrheit von Gläubigern nach § 432 BGB oder im Fall der Verletzung der Rechte des Verpfänders durch den Pfandgläubiger nach § 1217 BGB oder im Fall verpfändeter Forderungen nach § 1281 BGB oder schließlich beim Schuldner eines verstorbenen Gläubigers nach § 2039 BGB erfolgt. Wegen des Verfahrens vgl § 165 FGG. Der Vorgang der Bestellung und der Entscheidung über die Vergütung des Verwahrers stellt gebührenrechtlich nur eine einzige Maßnahme dar.

C. Verkauf und Hinterlegung von Pfändern usw. Z 3. Gebührenpflichtig ist schließlich jede gerichtliche Anordnung über den Verkauf oder die Hinterlegung eines Pfands oder eines anderen Gegenstands, zB nach §§ 1246 II BGB, 74 I GmbHG, 530 HGB, 214 II AktG. Wegen des Verfahrens vgl § 166 FGG.

In einer Hinterlegungssache gelten §§ 24ff HintO, Teil VIII B dieses Buchs.

2) Gebühr. Für jede der in Z 1 bis 3 genannten gerichtlichen Maßnahmen entsteht eine volle Gebühr.

3) Geschäftswert. Der Geschäftswert richtet sich nach § 30 I, II.

4) Fälligkeit, Kostenschuldner usw. Die Fälligkeit richtet sich nach § 7. Die Frage, wer Kostenschuldner ist, ist nach § 2ff zu beurteilen.

Ernennung und Abberufung von Vorstandsmitgliedern usw.

121 **Soweit nicht in diesem Gesetz oder in sonstigen bundesrechtlichen Vorschriften ein anderes bestimmt ist, wird das Doppelte der vollen Gebühr erhoben für die Erledigung der im Bürgerlichen Gesetzbuch in dem Titel „Juristische Personen", im Handelsgesetzbuch, im Aktiengesetz, im Genossenschaftsgesetz oder im Gesetz, betreffend die Gesellschaften mit beschränkter Haftung, den Gerichten zugewiesenen Angelegenheiten (Ernennung und Abberufung von Vorstandsmitgliedern und Liquidatoren, Bestellung und Abberufung von Abschlußprüfern und Prüfern, Ermächtigung zur Berufung einer Hauptversammlung oder Generalversammlung oder zur Einsicht von Büchern) sowie für Entscheidungen und Anordnungen ähnlicher Art.**

1) Geltungsbereich. Die Vorschrift erfaßt eine große Zahl anderweit nicht geregelter Fälle einer Anordnung oder Entscheidung des Richters der freiwilligen Gerichtsbarkeit.

Die Vorschrift erfaßt aber mit den Worten „Erledigung einer Angelegenheit" nur eine solche Maßnahme, die als Entscheidung oder Anordnung ergeht, BayObLG DB **82**, 946 mwN.

Hierher gehören zB: Die Ernennung und Abberufung eines Vorstandsmitglieds, Abschlußprüfers oder Prüfers, etwa nach §§ 29, 48 BGB (Verein), §§ 146 II, 147 HGB (Offene Handelsgesellschaft), § 318 HGB (Konzern), § 33 III AktG, BayObLG **73**, 240, §§ 85, 103 II, 104 AktG, Ffm Rpfleger **76**, 335 (in diesem Fall richtet sich der Geschäftswert nach § 30), §§ 142 II AktG.

Weitere Beispiele: Es handelt sich um die Ermächtigung zur Einberufung einer Hauptversammlung, etwa nach § 122 III AktG, es handelt sich um die Ermächtigung zur Einsicht in Bücher, etwa nach §§ 273 III AktG, 74 II GmbHG; es geht um die Entziehung der Rechtsfähigkeit des Vereins, § 73 BGB; es handelt sich um die Genehmigung zur Auflösung einer Stiftung, Celle NdsRpfl **63**, 13; es geht um die Bestellung eines Notvorstands, LG Frankenthal Rpfleger **81**, 373.

Weitere Beispiele: Es handelt sich um eine Auflösung der Genossenschaft, § 80 GenG (in diesem Fall ist § 83 unanwendbar). Wegen weiterer

Vorgänge aus dem Aktienrecht, die gebührenrechtlich der KostO unterstehen, vgl § 90 Anh I.

Nicht hierher gehört zB die Prüfung des Jahresabschlusses einer Kapitalgesellschaft durch das Registergericht; für sie gilt § 86 II.

2) Gebühr. Für jede der in § 121 erfaßten gerichtlichen Maßnahmen entsteht das Doppelte der vollen Gebühr.

3) Geschäftswert. Der Geschäftswert richtet sich nach § 30 I, II.

4) Fälligkeit, Kostenschuldner usw. Die Fälligkeit richtet sich nach § 7. Der Kostenschuldner ist nach §§ 2ff zu ermitteln.

Bestellung eines Vertreters des Grundstücks- oder Schiffseigentümers, Zustellung von Willenserklärungen, Kraftloserklärung von Vollmachten

122 **I Die Hälfte der vollen Gebühr wird erhoben**

1. für die Bestellung eines Vertreters des Grundstückseigentümers oder des Schiffseigentümers nach § 1141 Abs. 2 des Bürgerlichen Gesetzbuchs und § 42 Abs. 2 des Gesetzes über Rechte an eingetragenen Schiffen und Schiffsbauwerken vom 15. November 1940 (Reichsgesetzbl. I S. 1499);

2. für die Bewilligung der öffentlichen Zustellung einer Willenserklärung nach § 132 Abs. 2 des Bürgerlichen Gesetzbuchs;

3. für die Bewilligung der Kraftloserklärung von Vollmachten nach § 176 Abs. 2 des Bürgerlichen Gesetzbuchs.

II Der Wert bestimmt sich nach § 30 Abs. 2.

1) Geltungsbereich, I. Die Vorschrift erfaßt folgende Fälle:

A. Vertreterbestellung, Z 1. Gebührenpflichtig ist die Bestellung des Vertreters des Grundstückseigentümers zur Entgegennahme der Hypothekenkündigung, § 1141 II BGB, oder des Schiffseigentümers nach § 42 II SchiffsG.

B. Öffentliche Zustellung, Z 2. Gebührenpflichtig ist die gerichtliche Bewilligung der öffentlichen Zustellung einer Willenserklärung im Fall der Unbekanntheit des Adressaten oder seines Aufenthalts, § 132 II BGB.

C. Kraftloserklärung, Z 3. Gebührenpflichtig ist die gerichtliche Bewilligung der Kraftloserklärung einer Vollmacht durch eine öffentliche Bekanntmachung, § 176 II BGB.

2) Gebühr, I. Für jede der in I genannten gerichtlichen Maßnahmen entsteht ½ Gebühr.

3) Geschäftswert, II. Der Geschäftswert richtet sich in allen Fällen des I nach § 30 II.

4) Fälligkeit, Kostenschuldner usw. Die Fälligkeit richtet sich nach § 7. Der Kostenschuldner ist nach §§ 2ff zu ermitteln.

Dispache

123 **I Für die Bestellung eines Dispacheurs, einschließlich der Bestimmung seiner Vergütung, und für die Entscheidung über seine Verpflichtung zu der von ihm abgelehnten Aufmachung der Dispache wird insgesamt die volle Gebühr erhoben. Maßgebend für die Gebühr ist der Betrag des Haverieschadens und, wenn der Wert des Geretteten an Schiff, Fracht und Ladung geringer ist, dieser geringere Wert.**

II Für die Verhandlung über die Dispache, einschließlich der Bestätigung, wird ebenfalls die volle Gebühr erhoben. Maßgebend ist die Summe der Anteile, die die an der Verhandlung Beteiligten an dem Schaden zu tragen haben. Wird die Dispache bestätigt, so haften die an dem Verfahren Beteiligten für die Kosten als Gesamtschuldner.

1) Geltungsbereich. A. Begriff der Dispache. Die Dispache (eine Seeschadensberechnung) ist der Verteilungsplan für den Ersatz der durch eine große Havarie verursachten Schäden im Verfahren nach den §§ 149–158 FGG. Man darf sie nicht mit der Haftungsbeschränkung des Reeders und dem daraus folgenden Verfahren nach der SeeVertO verwechseln, für die §§ 35, 39, 52 GKG, 81a BRAGO anwendbar sind.

B. Vor der Verhandlung, I. Die Tätigkeit des Gerichts vor der Verhandlung über die Dispache wird nach I vergütet. Diese Vorschrift gilt das gesamte bis dahin stattgefundene Verfahren ab.

C. Verhandlung und Bestätigung, II. Die Tätigkeit des Gerichts vom Beginn der Verhandlung über die Dispache an bis zur Bestätigung der Dispache wird nach II vergütet.

2) Gebühr. Für den Abschnitt bis zur Verhandlung über die Dispache entsteht insgesamt eine volle Gebühr. Für den Abschnitt ab Verhandlungsbeginn bis zur Bestätigung entsteht nochmals eine volle Gebühr.

3) Geschäftswert. A. Vor der Verhandlung, I 2. In diesem Abschnitt ist als Geschäftswert der Betrag des Haverieschadens als Ausgangswert maßgeblich. Wenn jedoch der Wert des Geretteten an Schiff, Fracht und Ladung geringer als der Betrag des Haverieschadens ist, ist nur der geringere Wert anzusetzen.

B. Verhandlung und Bestätigung, II 2. In diesem Abschnitt ist die Summe derjenigen Anteile maßgeblich, die die an der Verhandlung Beteiligten an dem Schaden zu tragen haben.

4) Fälligkeit, Gebührenschuldner usw. Die Fälligkeit richtet sich nach § 7. Kostenschuldner ist bei I der Antragsteller. Bei II sind dann, wenn das Gericht die Dispache bestätigt, alle am Verfahren Beteiligte als Gesamtschuldner Kostenschuldner. Andernfalls ist auch hier der Antragsteller Kostenschuldner.

Eidesstattliche Versicherung

124 **[I] Für die Verhandlung in dem Termin zur Abnahme einer eidesstattlichen Versicherung nach §§ 259, 260, 1580 Satz 2, § 1587e Abs. 1, § 1587k Abs. 1, § 1605 Abs. 1 Satz 3, §§ 2006, 2028 Abs. 2, § 2057 des Bürgerlichen Gesetzbuchs und nach § 83 Abs. 2 des Gesetzes über die Angelegenheiten der freiwilligen Gerichtsbarkeit wird die volle Gebühr erhoben, auch wenn die Abgabe der eidesstattlichen Versicherung unterbleibt.**

[II] Erledigt sich das Verfahren vor Eintritt in die Verhandlung infolge Zurücknahme des Antrags oder in anderer Weise, so ermäßigt sich die Gebühr entsprechend den Vorschriften des § 130.

1) Geltungsbereich. A. Abschließende Aufzählung. I nennt eine Reihe von Fällen, in denen die Abgabe einer eidesstattlichen Versicherung vorgesehen ist, in einer abschließenden, eng auszulegenden Aufzählung, vgl Anm 2 A.

Andere Fälle aus dem Bereich der freiwilligen Gerichtsbarkeit, in denen die Abgabe einer eidesstattlichen Versicherung in Betracht kommt, fallen unter § 134.

B. Fälle. I, II sind nur in folgenden Fällen anwendbar:

a) § 259 BGB. Es geht um die eidesstattliche Versicherung desjenigen, der verpflichtet ist, über eine mit Einnahmen oder Ausgaben verbundene Verwaltung Rechenschaft abzulegen. Das Verfahren ist in § 261 BGB geregelt.

b) § 260 BGB. Es geht um die eidesstattliche Versicherung desjenigen, der verpflichtet ist, einen Inbegriff von Gegenständen herauszugeben oder über den Bestand eines solchen Inbegriffs Auskunft zu erteilen. Das Verfahren ist in § 261 BGB geregelt.

c) § 1580 S 2 BGB. Es geht um die eidesstattliche Versicherung eines geschiedenen Ehegatten, der dem früheren Ehegatten auf dessen Verlangen über seine eigenen Einkünfte und sein eigenes Vermögen Auskunft erteilen muß. Das Verfahren ist durch die Verweisung von § 1580 S 2 auf § 1605 und durch die Verweisung von § 1605 I 3 auf § 261 BGB in der letzteren Vorschrift geregelt.

d) § 1587e I BGB. Es geht um die eidesstattliche Versicherung eines Ehegatten, der zur Auskunft über Rentenanwartschaften im Zusammenhang mit dem Ausgleichsanspruch beim Versorgungsausgleich verpflichtet ist. Infolge der Verweisung von § 1587e I auf § 1580 BGB und infolge der Verweisung von § 1580 S 2 auf § 1605 und der weiteren Verweisung von § 1605 I 3 auf § 261 BGB ist das Verfahren nach § 261 BGB geregelt.

e) § 1587k I BGB. Es geht um die eidesstattliche Versicherung wegen des Ausgleichsanspruchs eines Ehegatten im Zusammenhang mit dem Anspruch auf Rentenzahlung nach § 1587g I 1 BGB. Infolge der Verweisung von § 1587 I auf § 1580, der Verweisung von § 1580 S 2 auf § 1605, der Verweisung von § 1605 I 3 auf § 261 BGB ist das Verfahren nach § 261 BGB abzuwickeln.

f) § 1605 I 3 BGB. Es geht um die eidesstattliche Versicherung eines Verwandten, einem anderen Verwandten in gerader Linie auf dessen

Verlangen über die eigenen Einkünfte und das eigene Vermögen Auskunft zu erteilen, soweit das zur Feststellung eines Unterhaltsanspruchs oder einer Unterhaltsverpflichtung erforderlich ist. Infolge der Verweisung von § 1605 I 3 auf § 261 BGB ist die letztere Vorschrift für das Verfahren anzuwenden.

g) § 2006 BGB. Es geht um die eidesstattliche Versicherung des Erben auf Verlangen eines Nachlaßgläubigers, daß er die Nachlaßgegenstände so vollständig angegeben habe, als er dazu imstande sei.

h) § 2028 II BGB. Es geht um die eidesstattliche Versicherung desjenigen, der zur Zeit des Erbfalls mit dem Erblasser in einer häuslichen Gemeinschaft gelebt hat, gegenüber dem Erben wegen einer Auskunft darüber, welche erbschaftlichen Gegenstände er geführt habe und was ihm über den Verbleib der Erbschaft bekannt sei. Infolge der Verweisung von § 2028 III auf § 261 ist die letztere Vorschrift für das Verfahren anwendbar.

i) § 2057 BGB. Es geht um die eidesstattliche Versicherung eines Miterben gegenüber den übrigen Erben wegen seiner Auskunftspflicht über Zuwendungen an sich selbst, die er nach den §§ 2050–2053 BGB zur Ausgleichung zu bringen hat. Infolge der Verweisung von § 2057 S 2 auf § 261 BGB gilt die letztere Vorschrift für das Verfahren.

j) § 83 II FGG. Es geht um die eidesstattliche Versicherung desjenigen, bei dem man Grund zur Annahme hat, daß er ein Testament im Besitz hat, über den Verbleib des Testaments. Infolge der Verweisung von § 83 II Hs 2 FGG auf §§ 900 I, 901, 902, 904–910, 913 ZPO finden die letzteren Vorschriften auf das Verfahren entsprechende Anwendung.

2) Gebühr. A. Verhandlung, I. Sobald das Gericht im Verfahren auf die Abgabe der eidesstattlichen Versicherung in eine mündliche Verhandlung eingetreten ist, entsteht in jedem der in Anm 1 B genannten Fälle gemäß I die volle Gebühr, unabhängig davon, ob es in der Folgezeit in diesem Verfahren zur Abgabe der eidesstattlichen Versicherung kommt oder nicht. Die Gebühr gilt die gesamte Tätigkeit des Gerichts im Verfahren einschließlich des Termins ab.

Die mündliche Verhandlung beginnt, sobald der Rpfl nach dem Aufruf der Sache und der Feststellung der Anwesenheit der Beteiligten in den Sach- und Streitstand einführt oder eine sonstige Erörterung der Zulässigkeit und/oder Begründetheit des Antrags beginnt oder gar einen Antrag entgegennimmt. Der bloße Aufruf und andere reine Formalien vor dem Beginn wenigstens der Erörterung der Zulässigkeit des Antrags gehören zwar schon zum Termin, sind aber noch kein „Eintritt in die Verhandlung". Nur diese enge Auslegung des Verhandlungsbegriffs entspricht der Systematik, die in § 1 eine Gebührenfreiheit als Grundsatz vorsieht, von dem die folgenden Vorschriften lediglich Ausnahmen darstellen. I schafft ja eine gegenüber II höhere Gebühr. Auch wenn II von einer „Ermäßigung" der Gebühr nach I spricht, ist doch immerhin I eine schärfere Ausnahme vom Grundsatz des § 1 als II. Daher sind die Voraussetzungen nach I eng auszulegen.

B. Erledigung vor Verhandlungseintritt, II. a) Grundsatz. Soweit sich das Verfahren vor dem Eintritt in die Verhandlung, A, aus irgendeinem Grund endgültig und wirksam erledigt, tritt eine Gebührenermäßigung ein. Für die Frage, in welchem Umfang diese Ermäßigung eintritt, verweist II auf § 130. Man muß also die dortigen Situationen unterscheiden. Vgl die dortigen Anm. Im wesentlichen gilt:

b) Antragsrücknahme. In diesem Fall ist § 130 II, IV, V entsprechend anwendbar. Es entsteht also grundsätzlich nur ¼ Gebühr bis zum Höchstbetrag von 35 DM, § 130 II. Im Fall einer teilweisen Rücknahme ist die ¼ Gebühr nach dem Wert des zurückgenommenen Teils, jedoch nur insoweit zu erheben, als die Gebühr für die Erledigung des ganzen Antrags die Gebühr für die teilweise Erledigung übersteigt, § 130 IV. Sowohl bei einer völligen als auch bei einer teilweisen Antragsrücknahme kann und muß das Gericht im Rahmen eines pflichtgemäßen Ermessens von der Erhebung der Kosten ganz absehen, soweit der Antrag auf einer nur unverschuldeten Unkenntnis der tatsächlichen oder rechtlichen Verhältnisse beruhte, § 130 V.

c) Sonstige Erledigung. Auch in diesem Fall gelten die bei b genannten Vorschriften entsprechend. Zwar enthält § 130 keine ausdrückliche Regelung für den Fall der Erledigung des Verfahrens; indessen muß man infolge der Verweisung von II auf § 130 auch für den Fall einer Erledigung „in anderer Weise" als derjenigen der Antragsrücknahme diese anderweitige Erledigung der Antragsrücknahme kostenrechtlich gleichstellen.

3) Geschäftswert. Maßgebend ist das Interesse des Antragstellers an der Abgabe der eidesstattlichen Versicherung durch den Antragsgegner, Celle Rpfleger **56**, 347.

4) Fälligkeit, Kostenschuldner usw. Die Fälligkeit richtet sich nach § 7. Kostenschuldner ist grundsätzlich der Antragsteller, § 261 III BGB, jedoch im Fall des § 83 II FGG der Erbe als derjenige, dessen Interesse wahrgenommen wird, § 2 Z 2.

Verteilungsverfahren bei Enteignungen und dgl.

125 **I Soweit bei der Enteignung, bei der Flurbereinigung, bei der Beschädigung von Grundstücken durch Bergbau oder in ähnlichen Fällen ein Verteilungsverfahren vorgesehen ist, wird dafür das Doppelte der vollen Gebühr nach dem zu verteilenden Gesamtbetrag erhoben.**

II Wird der Antrag auf Eröffnung des Verfahrens zurückgewiesen oder wird der Antrag vor Eröffnung des Verfahrens zurückgenommen, so bemißt sich die nach § 130 zu erhebende Gebühr nach dem zu verteilenden Gesamtbetrag und, wenn ein Berechtigter den Antrag gestellt hat, nach dem von ihm beanspruchten Betrag, falls er geringer ist als der Gesamtbetrag.

1) Geltungsbereich. A. Systematik. I nennt in einer nur beispielhaften Aufzählung einige Fälle von Verteilungsverfahren und macht durch die Worte „oder in ähnlichen Fällen" deutlich, daß auch andere, dort nicht ausdrücklich erwähnte Arten von Verteilungsverfahren von der

Vorschrift erfaßt werden können. Andererseits ist § 125 keineswegs auf „sämtliche Fälle" von Verteilungsverfahren anwendbar. Man muß von Fall zu Fall entscheiden, ob die KostO oder andere Kostengesetze anwendbar sind. Im einzelnen gilt folgendes:

B. Fälle. Unter I fallen zB: Das Verteilungsverfahren nach Art 53, 109 EGBGB; das Verteilungsverfahren nach § 12 II SchutzbereichsG vom 7. 12. 56, BGBl 899; das Verteilungsverfahren nach § 75 I FlurbereinigungsG vom 14. 7. 53, BGBl 591, sofern nicht nach § 74 I Z 2 jenes Gesetzes eine Kostenfreiheit besteht; das Verteilungsverfahren nach Art 67 EGBGB und den zugehörigen Landesgesetzen wegen der Beschädigung von Grundstücken durch Bergbau; das Verteilungsverfahren nach § 119 BauGB; das Verfahren nach §§ 51 I, 52 II, 55 BLG.

Weitere Fälle: Landesrechtlich vorgesehene Verteilungsverfahren, etwa: Nach dem bayerischen Gesetz über das Unschädlichkeitszeugnis vom 15. 6. 98, BayBS III 124; das Verfahren nach Art 25 ff des PrAusfGZVG (für das frühere preußische Gebiet).

I ist auf diese Verteilungsverfahren auch insoweit anwendbar, als jene Gesetze auf die Vorschriften über die Verteilung des Erlöses im Fall einer Zwangsversteigerung verweisen, so daß die Berechtigten diejenigen Beträge erhalten, die ihnen im Fall des Erlöschens ihres Rechts bei einer Zwangsversteigerung zustehen würden.

2) Gebühr. A. Grundsatz, I. Sobald das Gericht das Verteilungsverfahren wirksam eröffnet hat, entsteht für die gesamte Tätigkeit des Gerichts im Verfahren das Doppelte der vollen Gebühr.

B. Keine Verfahrenseröffnung, II. Soweit es deshalb nicht zur Verfahrenseröffnung kommt, weil entweder der Antragsteller den Antrag vorher zurücknimmt oder weil das Gericht den Antrag als unzulässig oder unbegründet zurückweist, entsteht eine Gebühr lediglich in ermäßigtem Umfang. Im einzelnen sind folgende Situationen zu unterscheiden:

a) Antragsrücknahme. Infolge der Verweisung von II auf § 130 entsteht im Falle der Antragsrücknahme vor der Eröffnung des Verfahrens gemäß § 130 II grundsätzlich ¼ Gebühr, höchstens jedoch ein Betrag von 35 DM. Soweit der Antrag nach dem pflichtgemäßen Ermessen des Gerichts auf einer lediglich unverschuldeten Unkenntnis der tatsächlichen oder rechtlichen Verhältnisse beruhte, kann und muß das Gericht von der Erhebung der Kosten ganz absehen, II in Verbindung mit § 130 V.

b) Zurückweisung. Soweit das Gericht den Eröffnungsantrag als unzulässig oder unbegründet zurückweist, entsteht infolge der Verweisung von II auf § 130 I ½ Gebühr, höchstens jedoch ein Betrag von 65 DM. Soweit der Antrag nach dem pflichtgemäßen Ermessen des Gerichts auf einer lediglich unverschuldeten Unkenntnis der tatsächlichen oder rechtlichen Verhältnisse beruhte, kann und muß das Gericht von einer Kostenerhebung auch im Fall der Zurückweisung ganz absehen, II in Verbindung mit § 130 V.

3) Geschäftswert. A. Grundsatz, I. Soweit es zu einer wirksamen Verfahrenseröffnung gekommen ist, ist als Geschäftswert der gesamte zu verteilende Betrag anzusetzen.

B. Keine Verfahrenseröffnung, II. Soweit der Antragsteller den Antrag vor der Eröffnung des Verfahrens zurücknimmt, muß man folgende Unterscheidung treffen:

a) Volle Antragsrücknahme. Im Fall der vollen Antragsrücknahme muß man wiederum folgende Unterscheidung treffen:

aa) Antrag eines Berechtigten. Sofern ein Berechtigter den Antrag gestellt und zurückgenommen hat, ist für den Geschäftswert an sich der zu verteilende Gesamtbetrag maßgeblich, II Hs 1. Wenn aber der beanspruchte Betrag unter dem Gesamtbetrag liegt, ist nur der von diesen Berechtigten beanspruchte Betrag als Geschäftswert maßgeblich, II Hs 2.

bb) Antrag des Nichtberechtigten. Soweit ein Nichtberechtigter den Antrag gestellt hat, ist der zu verteilende Gesamtbetrag maßgeblich, II Hs 1, unabhängig von der Höhe des von diesen Nichtberechtigten beanspruchten Betrags.

b) Teilweise Antragsrücknahme. Im Fall einer teilweisen Antragsrücknahme ist infolge der Verweisung von II auf § 130 IV der Wert des zurückgenommenen Teils maßgeblich, jedoch nur insoweit, als die Gebühr für die Erledigung des ganzen Antrags die Gebühr für die teilweise Erledigung übersteigt.

c) Antragszurückweisung. Soweit das Gericht den Eröffnungsantrag zurückweist, gelten dieselben Regeln wie im Fall der Antragsrücknahme, a.

4) Fälligkeit, Kostenschuldner. Die Fälligkeit richtet sich nach § 7. Der Kostenschuldner ist nach §§ 2ff zu ermitteln.

Kapitalkreditbeschaffung für landwirtschaftliche Pächter

126 **I Für die Niederlegung des Verpfändungsvertrags nach dem Pachtkreditgesetz vom 5. August 1951 (Bundesgesetzbl. I S. 494), einschließlich der Erteilung einer Bescheinigung über die erfolgte Niederlegung, wird die Hälfte der vollen Gebühr erhoben.**

II Ein Viertel der vollen Gebühr wird erhoben

1. **für die Entgegennahme der Anzeige über die Abtretung der pfandgesicherten Forderung;**
2. **für die Herausgabe des Verpfändungsvertrags.**

III Für die Erteilung einer beglaubigten Abschrift des Verpfändungsvertrags sowie einer Bescheinigung an den Pächter, daß ein Verpfändungsvertrag bei dem Amtsgericht nicht niedergelegt ist, werden 15 bis 35 Deutsche Mark erhoben. Für Abschriften werden daneben die erwachsenen Schreibauslagen angesetzt.

IV Für die Niederlegung einer Vereinbarung des Pächters und des Pfandgläubigers, durch welche die Erstreckung des Pfandrechts auf die nach seiner Entstehung vom Pächter erworbenen Inventarstücke ausgeschlossen wird, sowie für die Gestattung der

Einsicht in die bei dem Amtsgericht niedergelegten Verpfändungsverträge werden Gebühren nicht erhoben.

Vorbem. III 1 idF Art 2 I Z 14 G v 9. 12. 86, BGBl 2326, in Kraft seit 1. 1. 87, Art 10.

1) Allgemeines. Die Vorschrift bezieht sich auf die Fälle der Kreditbeschaffung nach dem PachtkreditG. Eine Gebührenpflicht entsteht entsprechend dem Grundsatz des § 1 nur in den in I–IV genannten Fällen.

2) Niederlegung usw, I. Wie die Vorschrift klarstellt, gilt die Niederlegungsgebühr auch die Bescheinigung über die Niederlegung ab. Der Geschäftswert richtet sich nach § 23 I.

Kostenschuldner ist der Niederlegende.

3) Abtretungsanzeige, II Z 1. Der Geschäftswert richtet sich nach § 23 I. Kostenschuldner ist der Anzeigende.

4) Vertragsherausgabe, II Z 2. Der Geschäftswert richtet sich nach § 23 I. Kostenschuldner ist der Pächter.

5) Beglaubigte Abschrift usw, III. Die Rahmengebühr ist im einzelnen nach § 34 zu bemessen. Der Geschäftswert richtet sich nach der wirtschaftlichen Bedeutung des Geschäfts. Kostenschuldner ist derjenige, der die Abschrift usw verlangt. III 2 stellt klar, daß neben der Gebühr die Pflicht zur Erstattung der Schreibauslagen besteht, § 136 I, III–V.

6) Niederlegung, IV. Im Fall einer Niederlegung im Sinn von IV, nicht zu verwechseln mit einer Niederlegung nach I, entstehen keine Gebühren. Das gilt auch für die zugehörige Gestattung der Einsicht in die niedergelegten Verpfändungsverträge.

Personenstandsangelegenheiten

127 **I Für die Familienregister sowie für die bei den Gerichten aufbewahrten Standesregister und Kirchenbücher gelten die Kostenvorschriften für die Amtstätigkeit des Standesbeamten entsprechend.**

II Im übrigen werden in Personenstandsangelegenheiten für die Zurückweisung von Anträgen auf eine gerichtliche Anordnung sowie für die Verwerfung oder Zurückweisung einer Beschwerde gegen eine gerichtliche Entscheidung die in §§ 130 und 131 bestimmten Gebühren erhoben.

1) Register, I. Soweit sich die dort genannten Register und Kirchenbücher, auch als Nebenregister (Zweitbücher) noch beim AG befinden und nicht schon an das Personenstandsarchiv oder an die untere Verwaltungsbehörde abgegeben worden sind, entstehen für die Vorlegung zur Einsicht, für die Erteilung einer beglaubigten Abschrift, für die Beschreibung eines Randvermerks infolge der Verweisung von I Gebühren nach §§ 67, 68 AusfVO PStG vom 12. 8. 57, BGBl 1139, in Verbindung mit Art 3 Abschnitt I Z 2 G vom 22. 7. 69, BGBl 901. Demgemäß entstehen Auslagen für Post-, Fernsprech- oder Fernschreibgebühren, Auslagen wegen der Vergütung eines Dolmetschers, § 68 II AusfVO PStG, soweit diese nicht wegen des Unvermögens der Beteiligten ermäßigt oder erlassen werden.

Soweit das AG nur oder auch überwiegend im öffentlichen Interesse tätig wird, entsteht keine Gebührenpflicht, § 67 II, III AusfVO PStG.

Kostenschuldner ist der Antragsteller, § 2 Z 1.

2) Zurückweisung des Antrags usw, II. Die Vorschrift erfaßt den Antrag an das Gericht, den Standesbeamten zur Vornahme einer Amtshandlung oder zur Berichtigung einer Eintragung anzuweisen, und das zugehörige Beschwerdeverfahren, §§ 45 I, 47, 48, 49 PStG. Für solche gerichtlichen Tätigkeiten entstehen Gebühren nach §§ 130, 131. Daher bleibt die Zurücknahme des Antrags unter den Voraussetzungen des § 130 gebührenfrei.

Soweit der Standesbeamte zur Behebung von Zweifeln an das AG eine Anfrage richtet, § 45 II PStG, findet eine Kostenaufrechnung nach § 11 statt, BayObLG **61**, 161.

Das Verfahren bleibt kostenfrei, solange es nur vor dem Standesbeamten stattfindet, BayObLG **82**, 57 mwN.

Todeserklärung und Feststellung der Todeszeit

128 I **Das Doppelte der vollen Gebühr wird erhoben für**
a) die Todeserklärung,
b) die Feststellung der Todeszeit,
c) die Aufhebung oder Änderung der Todeserklärung oder der Feststellung der Todeszeit.

II **Wird ein Aufgebotsverfahren in ein Verfahren zur Feststellung der Todeszeit übergeleitet, so ist es für die Gebührenberechnung als ein einheitliches Verfahren zu behandeln.**

III **Der Geschäftswert bestimmt sich nach § 30 Abs. 2.**

Vorbem. Art 2 § 6 VerschÄndG:

In den Fällen der §§ 1, 2 und den entsprechenden Fällen des § 4 werden für das Verfahren vor dem Amtsgericht Gerichtskosten nicht erhoben.

1) Geltungsbereich. A. Kriegsverschollenheit. Der oben abgedruckte Art 2 § 6 VerschÄndG geht als Sondervorschrift dem § 128 vor.

Demgemäß besteht eine Gerichtskostenfreiheit, soweit es sich um eine Todeserklärung oder um die Feststellung der Todeszeit bei einem aus Anlaß des Kriegs 1939–1945 Verschollenen handelt. Es ist unerheblich, ob die Verschollenheit im Kriegsgebiet oder im Heimatgebiet eingetreten ist, ob der Verschollene am Krieg als Soldat teilgenommen hat oder ob er bei einem Luftangriff in der Heimat als Zivilist verschollen ist. Die Vorschrift erfaßt auch eine Verschollenheit infolge der Gefangennahme oder infolge einer gegen die Person gerichteten Zwangsmaßnahme, durch die sie an der freien Bestimmung ihres Aufenthaltsorts gehindert worden war. Daher besteht eine Gerichtskostenfreiheit auch im Fall einer Verschollenheit infolge einer nationalsozialistischen Verfolgung oder infolge einer Flucht vor dem Feind, infolge einer Gefangennahme oder Verhaftung durch eine Besatzungsbehörde, infolge einer Verlegung in ein Konzentrationslager oder Internierungslager und dergleichen, sofern das Vermißtsein vor dem 1. 7. 48 eingetreten ist.

In allen diesen Fällen entsteht nicht nur eine Gebührenfreiheit, sondern auch eine Auslagenfreiheit.

B. Vereinte Nationen. Eine Kostenfreiheit besteht ferner für ein Verfahren nach der Konvention der Vereinten Nationen vom 6. 4. 50. BGBl **55** II 706, und vom 25. 6. 58, BGBl II 165, vgl auch § 7 G vom 7. 7. 55, BGBl 401. Auch diese Vorschriften sind gegenüber § 128 vorrangige Sondervorschriften.

C. Weitere Fälle, I, II. Soweit nicht die in A, B genannten Sonderregeln anwendbar sind, erfaßt I das Verfahren nach dem VerschollenheitsG vom 4. 7. 39, RGBl 1186. Es findet ein Aufgebot im Verfahren der freiwilligen Gerichtsbarkeit statt. Dieses läßt an sich ebensowenig eine Gebühr entstehen wie die Ablehnung einer Todeserklärung. Es entstehen Gebühren vielmehr nur für jede der in I a–c genannten Tätigkeiten. Diese Gebühren gelten das jeweils zugehörige Verfahren ab.

Soweit ein Aufgebotsverfahren in ein Verfahren zur Feststellung der Todeszeit übergeleitet wird, ist es als ein einheitliches Verfahren zu behandeln, II.

2) Gebühr, I. Für jede der in I a–c genannten Tätigkeiten entsteht das Doppelte der vollen Gebühr. Das Gericht muß über die Kosten nach §§ 34, 40 VerschollenheitsG entscheiden.

3) Geschäftswert, III. Der Geschäftswert beträgt gemäß III in Verbindung mit § 30 II regelmäßig 5000 DM, unter Umständen weniger oder mehr, jedoch mindestens 200 DM und höchstens 1000000 DM.

4) Fälligkeit, Kostenschuldner. Die Fälligkeit richtet sich nach § 7. Kostenschuldner sind stets der Antragsteller und außerdem im Fall der Todeserklärung oder der Feststellung der Todeszeit die Erben, im Fall der Aufhebung der Todeserklärung diejenigen Beteiligten, denen das Gericht die Kosten auferlegt.

Änderung der Vornamen und Feststellung der Geschlechtszugehörigkeit in besonderen Fällen

128a **I In Verfahren nach dem Gesetz über die Änderung der Vornamen und die Feststellung der Geschlechtszugehörigkeit in besonderen Fällen vom 10. September 1980 (BGBl. I S. 1654) wird erhoben**

1. das Doppelte der vollen Gebühr
- **a) für die Änderung der Vornamen nach § 1 des Gesetzes,**
- **b) für die Aufhebung der Entscheidung, durch welche die Vornamen geändert worden sind, nach § 6 des Gesetzes,**
- **c) für die Feststellung, daß der Antragsteller als dem anderen Geschlecht zugehörig anzusehen ist, nach § 8 oder § 9 Abs. 2 des Gesetzes; eine nach Nummer 2 entstandene Gebühr wird angerechnet,**
- **d) für die Aufhebung der Feststellung, daß der Antragsteller als**

dem anderen Geschlecht zugehörig anzusehen ist, nach § 9 Abs. 3 in Verbindung mit § 6 des Gesetzes;

2. das Eineinhalbfache der vollen Gebühr für die Feststellung nach § 9 Abs. 1 des Gesetzes.

II Der Geschäftswert bestimmt sich nach § 30 Abs. 2.

1) Allgemeines. Das nach § 2 TSG örtlich und sachlich zuständige AG entscheidet sowohl über einen Antrag auf eine Änderung der Vornamen als auch über einen Antrag auf die Feststellung der Zugehörigkeit zum anderen Geschlecht und schließlich über die jeweiligen etwa notwendigen Folgemaßnahmen (Aufhebungen usw) und Zwischenmaßnahmen (Vorabentscheidung nach § 9 TSG) grundsätzlich im Verfahren nach dem FGG, §§ 4 I, 6 II 1, 9 III 1 TSG. Es wird grundsätzlich durch den Richter, in den in § 14 Z 20a RPflG genannten Fällen durch den Rpfl tätig.

2) Gebühren, I. A. Grundsatz. Eine Gebührenpflicht entsteht nur, soweit es zu einer der in Z 1, 2 genannten gerichtlichen Entscheidungen kommt. Ein gerichtliches Verfahren, das ohne eine solche Entscheidung endet, bleibt also gebührenfrei. Freilich können Auslagen auch dann zu erstatten sein.

B. Höhe. I unterscheidet drei Fallgruppen:

a) Doppelte Gebühr ohne Abrechnung, Z 1a, b, d. Sie entsteht durch eine Änderung des oder der Vornamen nach § 1 TSG unabhängig von der Zahl der bisherigen bzw künftigen Vornamen und für die Aufhebung dieser Entscheidung nach § 6 TSG erneut, ferner für die Aufhebung der Entscheidung, die einen Geschlechtswandel feststellte, nach § 9 III TSG in Verbindung mit § 6 TSG.

b) Doppelte Gebühr mit Anrechnung, Z 1c. Sie entsteht durch die Feststellung des Geschlechtswandels nach §§ 8 oder 9 II TSG zunächst in Höhe von 2 Gebühren. Die 1½ Gebühr nach § 9 I TSG (Vorabentscheidung) ist jedoch anzurechnen, soweit eine Vorabentscheidung stattgefunden hat, so daß für die endgültige Entscheidung praktisch nur noch ½-Gebühr hinzutritt.

c) Eineinhalbfache Gebühr, Z 2. Sie entsteht, sobald das Gericht nach § 9 I TSG vorab festgestellt hat, daß dem Antrag auf eine Feststellung des Geschlechtswandels nur deshalb (noch) nicht stattgegeben werden dürfe, weil der Antragsteller sich einem seine äußeren Geschlechtsmerkmale verändernden operativen Eingriff nach § 8 I Z 4 TSG noch nicht unterzogen habe, noch nicht dauernd fortpflanzungsunfähig sei, § 8 Z 3 TSG, oder noch verheiratet sei, § 8 I Z 2 TSG. Die 1 ½-Gebühr entsteht insgesamt nur einmal, unabhängig davon, wie viele der vorgenannten Hinderungsgründe vorliegen und ob das Gericht die vorgenannten Hinderungsgründe in demselben Beschluß oder in mehreren getrennten Beschlüssen festgestellt hat.

3) Geschäftswert, II. Maßgeblich ist § 30 II.

4) Fälligkeit, Gebührenschuldner. Die Fälligkeit ergibt sich aus § 7. Wer Gebührenschuldner ist, bestimmt sich nach §§ 2ff; grundsätzlich haftet der Antragsteller, § 2 Z 1. Vorschüsse sind nach den Regeln der §§ 8, 9 zu zahlen bzw zurückzuzahlen.

Anhang nach § 128a

I. Kosten nach dem Wohnungseigentumsgesetz

vom 15. 3. 1951, BGBl 175, berichtigt 209, zuletzt geändert durch G vom 30. 7. 1973, BGBl 910

Vorbem. Das gerichtliche Verfahren richtet sich nach dem FGG, kostenrechtlich gilt die KostO, LG Krefeld Rpfleger **82**, 488, soweit nicht § 48 WEG als Sondervorschrift vorrangige, eng auszulegende Regeln enthält. Allerdings zählen zugehörige Nebenverfahren zum gerichtlichen Verfahren und unterliegen damit der Sonderregelung des WEG, BayObLG WM **89**, 51. Wegen der Kosten für die Beurkundungs- und Grundbuchgeschäfte Ackermann Rpfleger **55**, 260, 306. Die Rechtsanwaltsgebühren regelt § 63 I Z 2 BRAGO.

Wegen der Überleitung bestehender Rechtsverhältnisse, § 63, s § 21 Anm 3 B b.

Kosten des Verfahrens

§ 48. **I Für das gerichtliche Verfahren wird die volle Gebühr erhoben. Kommt es zur gerichtlichen Entscheidung, so erhöht sich die Gebühr auf das Dreifache der vollen Gebühr. Wird der Antrag zurückgenommen, bevor es zu einer Entscheidung oder einer vom Gericht vermittelten Einigung gekommen ist, so ermäßigt sich die Gebühr auf die Hälfte der vollen Gebühr.**

II Der Richter setzt den Geschäftswert nach dem Interesse der Beteiligten an der Entscheidung von Amts wegen fest.

III Für das Beschwerdeverfahren werden die gleichen Gebühren wie im ersten Rechtszug erhoben.

1) Geltungsbereich, I. Erfaßt ist das gesamte gerichtliche Verfahren, vgl Vorbem. Gemäß § 43 I WEG entscheidet das AG im Verfahren der freiwilligen Gerichtsbarkeit in den dort genannten Fällen, soweit es zum Streit zwischen den Beteiligten gekommen ist. Das Gericht bestimmt nach „billigem", in Wahrheit pflichtgemäßem Ermessen, welche Beteiligung die Gerichtskosten zu tragen haben, und kann auch bestimmen, daß die außergerichtlichen Kosten ganz oder teilweise zu erstatten sind, § 47 WEG.

2) Gebühren, I, III. Im erstinstanzlichen Verfahren muß man folgende Fälle unterscheiden:

A. Verfahrensgebühr, I. a) Grundsatz, I 1. Für die Tätigkeit des Gerichts vom Zeitpunkt der Einreichung des Antrags bis zu einer Entscheidung entsteht grundsätzlich eine volle Gebühr, die das gesamte Verfahren abgilt. Diese Gebühr kann sich allerdings unter den Voraussetzungen b erhöhen, unter den Voraussetzungen c ermäßigen.

b) Entscheidung, I 2. Soweit das Gericht eine wirksame Entscheidung zur Hauptsache des Verfahrens trifft, tritt nicht etwa zu der Verfahrensgebühr nach I 1 eine Entscheidungsgebühr hinzu; vielmehr erhöht sich die Verfahrensgebühr gemäß I 2 auf das Dreifache der vollen Gebühr. Mit dieser dreifachen Gebühr ist dann auch das vorangegangene Verfahren vom Antragseingang an abgegolten.

Auch eine Zurückweisung des Antrags zur Hauptsache als unzulässig oder unbegründet, löst die Erhöhung der Gebühr auf das Dreifache aus. Denn I 2 ist eine Sondervorschrift gegenüber § 131 I KostO, BayObLG **72**, 71.

Es muß aber eine Entscheidung zur Hauptsache vorliegen. Denn nur sie meint I 2. Bei einer anderen Entscheidung bleibt die KostO anwendbar, Vorbem.

Eine Entscheidung liegt vor, sobald der Beschluß des Gerichts durch den Urkundsbeamten der Geschäftsstelle zur Mitteilung an die Beteiligten herausgegangen, also entstanden ist, BLAH § 329 ZPO Anm 4 B. Eine wirksame gesetzmäßige Mitteilung an die Beteiligten ist also nicht erforderlich.

Denn I 2 vergütet die Mehrarbeit des Gerichts, die bereits mit der Entstehung der Entscheidung und nicht erst mit ihrem Wirksamwerden beendet ist. Demgemäß spricht I 2 auch nicht von einem „Erlaß der Entscheidung" oder vom „Ergehen einer Entscheidung", sondern nur davon, daß es „zur gerichtlichen Entscheidung kommt".

Eine vom Gericht vermittelte Einigung der Parteien löst die erhöhte Verfahrensgebühr nach I 2 nicht aus.

c) Antragsrücknahme, I 3. Soweit der Antrag wirksam zurückgenommen wird, bevor es zu einer gerichtlichen Entscheidung, b, oder zu einer vom Gericht vermittelten Einigung gekommen ist, ermäßigt sich die Verfahrensgebühr auf ½ Gebühr. Eine vom Gericht vermittelte Einigung liegt vor, sobald der letzte Beteiligte eine erforderliche Zustimmung wirksam erklärt hat. Der Grad des Anteils des Gerichts an dem Einigungserfolg ist unerheblich. Die gemäß I 3 entstehende ½ Gebühr gilt das gesamte gerichtliche Verfahren seit dem Eingang des Antrags ab.

B. Beschwerdeinstanz, III. Für das Beschwerdeverfahren entstehen Verfahrensgebühren in jeweils derselben Höhe wie im ersten Rechtszug, A a. Eine Erhöhung auf die dreifache Gebühr entsteht also nur bei einer Beschwerdeentscheidung zur Hauptsache des Verfahrens. Denn auch III ist als Sonderregel eng auszulegen. Bei einer Beschwerdeentscheidung in einem Nebenverfahren, zB über eine Richterablehnung oder gegen eine Aussetzung oder gegen die Zurückweisung eines Wiedereinsetzungsantrags, bleibt § 131 I KostO anwendbar, Düss Rpfleger **83**, 370 mwN, aM Köln JB **80**, 1107.

3) Geschäftswert, II. Die Vorschrift bezieht sich auf eine Streitsache, nicht zB auf eine Einigungsantrag. Für den letzteren gilt § 21 II.

In der Streitsache setzt das Gericht den Geschäftswert nach dem Interesse aller Beteiligten fest, KG JB **78**, 909. KG MDR **88**, 56 begrenzt den Wert im Interesse gleichen Zugangs zu den Gerichten bei einer großen Gemeinschaft auf das Fünffache des wirtschaftlichen Eigeninteresses des Antragstellers; **abw** BayObLG RR **89**, 79 (angemessene, aber nicht volle Berücksichtigung des Interesses aller Beteiligten); **aM** Schmid ZMR **88**, 366 (er fordert eine entsprechende Gesetzesänderung).

Soweit sich der Streit auf die Bestellung eines Verwalters bezieht, muß man den Geschäftswert nach dem Anteil derjenigen Wohnungseigentümer an dem sich nach § 25 II KostO ergebenden Wert festsetzen, die der Bestellung widersprechen, LG Bonn **KR** Nr 2. Wegen der Errichtung eines Zauns KG JB **70**, 87; wegen der Bestellung eines Beirats nach § 29 WEG, Köln Rpfleger **72**, 261. Im Fall der Verbindung mehrerer Verfahren über gleichartige Zahlungsanträge des Verwalters ist der Gesamtwert der Forderungen maßgeblich, LG Mannh ZMR **73**, 215.

Vgl ferner Anh I § 12 GKG „Wohnungseigentum".

Kosten des Verfahrens vor dem Prozeßgericht

§ 50. Gibt das Prozeßgericht die Sache nach § 46 an das Amtsgericht ab, so ist das bisherige Verfahren vor dem Prozeßgericht für die Erhebung der Gerichtskosten als Teil des Verfahrens vor dem übernehmenden Gericht zu behandeln.

1) Geltungsbereich. Das Prozeßgericht gibt die Sache dann gemäß § 46 an das AG ab, wenn sich herausstellt, daß eine Angelegenheit anhängig ist, die gemäß § 43 I vor das Gericht der freiwilligen Gerichtsbarkeit gehört. Im Fall einer solchen Abgabe muß man die im Verfahren vor dem Prozeßgericht gezahlten Vorschüsse und Gebühren auf die Gerichtskosten anrechnen, die im Verfahren der freiwilligen Gerichtsbarkeit entstehen.

II. Kosten nach dem Vertragshilfegesetz

vom 26. 3. 1952, BGBl 198, geändert durch G vom 24. 8. 1953, BGBl 1003

Vorbemerkung. A. Vertragshilfegesetz. Für Verbindlichkeiten aus der Zeit vor dem 21. 6. 48 kann das Gericht dem Schuldner auf Grund seines Antrags eine Vertragshilfe in der Form einer Stundung oder Herabsetzung, einer Einstellung der Zwangsvollstreckung, einer einstweiligen Anordnung oder einer Verfügungsbeschränkung gewähren, und zwar im Verfahren nach dem FGG. Das VGH spielt in der Praxis kaum eine Rolle mehr, vgl aber BGH WertpMitt **77**, 730.

B. Auslandsschulden. Für deutsche Auslandsschulden, Art 4, 5 IV 2 Abk vom 27. 2. 53, BGBl II 331, gilt das VHG nur nach Maßgabe des Abkommens, § 6 II VHG.

C. Vertriebene. Das VHG ist auch gemäß §§ 82ff BVFG in der Fassung vom 14. 8. 57, BGBl 1215 entsprechend anwendbar. Danach kommt eine gerichtliche Vertragshilfe bei einem Vertriebenen zur Vermeidung einer unbilligen Härte in Betracht. Sie kommt ferner bei einem DDR-Flüchtling in Betracht, § 88 BVFG. Insofern ist das VHG noch von Bedeutung.

D. Weitere Fälle. Das VHG ist ferner entsprechend anwendbar: Nach § 87 des Allgemeinen KriegsfolgenG vom 5. 11. 57, BGBl 1747 (in diesem Fall kann das Gericht einen Anspruch aus einer Schuldverschreibung stunden oder herabsetzen); nach § 26a HeimKG; nach § 9 HäftlingshilfeG; nach § 20 III FlüchtlingshilfeG. Insofern hat das VHG noch eine gewisse, aber geringe Bedeutung.

E. Weitere Einzelfragen. Für die Anwaltsgebühren gilt § 64 BRAGO. Soweit das Prozeßgericht nach § 11 IV VHG eine Vertragshilfe gewährt, gilt für die Kosten das GKG.

Gerichtskosten

§ 19. I Für die Gerichtskosten gelten, soweit nichts anderes bestimmt ist, die Vorschriften der Kostenordnung vom 25. November 1935 (Reichsgesetzbl. I S. 1371). Vorschüsse werden nicht erhoben.

II Die Gerichtsgebühr für das Verfahren des ersten Rechtszuges beträgt fünf bis eintausend Deutsche Mark. Sie wird, wenn mehrere Verfahren verbunden sind, für jeden Schuldner erhoben.

III Beantragt ein Schuldner mehrere Maßnahmen in einem Verfahren, so wird nur eine Gebühr erhoben. Werden jedoch mehrere Stundungen oder Stundung und Herabsetzung einer Verbindlichkeit gemäß § 15 Abs 2 nacheinander angeordnet, so gilt das Verfahren über jede dieser Maßnahmen für die Erhebung der Gerichtskosten und der außergerichtlichen Kosten als besonderes Verfahren.

IV Die Gebühr (Absatz 2) wird vom Richter unter Berücksichtigung des Umfanges der Sache und der Leistungsfähigkeit des Schuldners festgesetzt. Für einstweilige Anordnungen und Vollstreckungsschutzmaßnahmen (§ 12, § 13) wird keine besondere Gebühr erhoben.

V Die Kosten des Verfahrens des ersten Rechtszuges trägt grundsätzlich der Schuldner. Der Richter kann die Kosten ganz oder teilweise einem oder mehreren der übrigen Beteiligten auferlegen, soweit dies der Billigkeit entspricht.

VI Die Festsetzung der Gebühr (Absatz 4) und die Entscheidung über die Kostentragung können nicht selbständig angefochten werden.

VII Die Gebühr für das Beschwerdeverfahren (§ 18) bestimmt sich nach § 123 der Kostenordnung. Das Beschwerdegericht setzt den Wert des Beschwerdegegenstandes in jedem Falle von Amts wegen fest. Die Festsetzung ist unanfechtbar.

VIII Das Beschwerdegericht kann die Durchführung des Beschwerdeverfahrens von der Zahlung eines Kostenvorschusses abhängig machen. Über Erinnerungen gegen den Kostenansatz entscheidet das Beschwerdegericht endgültig.

Außergerichtliche Kosten

§ 20. Außergerichtliche Kosten werden nicht erstattet.

Deutsche Auslandsschulden

§ 20a. § 19 Abs. 5 Satz 2 und § 20 Satz 1 sind bei einer unter § 6 Abs. 2 fallenden Verbindlichkeit nur insoweit anzuwenden, als sich nicht aus Art. 17 Abs. 6c des Abkommens über deutsche Auslandsschulden etwas anderes ergibt.

III. Kosten im gerichtlichen Verfahren nach dem Gesetz über die Wahrnehmung von Urheberrechten und verwandten Schutzrechten

vom 9. 9. 1965, BGBl 1294, geändert durch G vom 23. 7. 70, BGBl 805, und vom 2. 3. 74, BGBl 469

Vorbem. Die Wahrnehmung von Nutzungs-, Einwilligungsrechten und von Vergütungsansprüchen nach dem UrhG für Rechnung mehrerer Urheber oder Inhaber verwandter Schutzrechte zu gemeinsamer Auswertung erfolgt durch Verwertungsgesellschaften (juristische Personen oder Personengesellschaften); geschieht das durch eine natürliche Person, so wird sie ähnlich wie eine Verwertungsgesellschaft behandelt, § 1 I, IV.

Die Verwertungsgesellschaft ist verpflichtet, die zu ihrem Tätigkeitsbereich gehörenden Rechte und Ansprüche auf Verlangen der Berechtigten zu angemessenen Bedingungen wahrzunehmen, § 6 I, ferner auf Grund der von ihr wahrgenommenen Rechte jedermann auf Verlangen zu angemessenen Bedingungen Nutzungsrechte einzuräumen oder Einwilligungen zu erteilen, § 11 I, sowie mit Vereinigungen, deren Mitglieder nach dem UrhG geschützte Werte oder Leistungen nutzen oder zur Zahlung von Vergütungen nach diesem Gesetz verpflichtet sind, über die von ihr wahrgenommenen Rechte und Ansprüche Gesamtverträge zu angemessenen Bedingungen abzuschließen, § 12.

Einigen sich die Beteiligten nicht über den Abschluß oder die Änderung eines Gesamtvertrages nach § 12 oder eines Vertrages zwischen der Verwertungsgesellschaft und einem Sendeunternehmen über die von ihr wahrgenommenen Rechte und Ansprüche, kann jeder Beteiligte die Schiedsstelle anrufen, § 14 I 1. Über diese und die im Schiedsverfahren entstehenden Kosten vgl das Gesetz vom 18. 12. 65, BGBl 2106.

Die Entscheidung dieser Stelle kann jeder Beteiligte durch den Antrag auf eine gerichtliche Entscheidung anfechten, § 14 V 3, worüber das OLG endgültig durch einen Beschluß im Verfahren der freiwilligen Gerichtsbarkeit entscheidet, § 15 I, V.

§ 15 VI. Für die Gerichtskosten gelten, soweit in diesem Gesetz nichts anderes bestimmt ist, die Vorschriften der Kostenordnung. Für das Verfahren wird das Doppelte der vollen Gebühr erhoben. Die Gebühr ermäßigt sich auf eine volle Gebühr, wenn der Antrag vor einer gerichtlichen Verfügung zurückgenommen wird. Das Gericht kann nach billigem Ermessen die Gerichtskosten einem Beteiligten ganz oder zum Teil auferlegen.

7. Ergänzende Gebührenvorschriften für Anträge, Beschwerden usw.

Gesuche, Anträge

129 **Gesuche und Anträge werden, soweit nichts anderes bestimmt ist, gebührenfrei aufgenommen.**

1) Gebührenfreiheit. Die Vorschrift ergänzt den für die gesamte KostO geltenden Grundsatz der Gebührenfreiheit mangels abweichender Vorschrift, § 1, für den Bereich der Aufnahme eines Gesuchs oder eines Antrags durch irgendeine gerichtliche Stelle, sei es durch den Urkundsbeamten der Geschäftsstelle, durch den Rpfl oder durch den Richter. Es ist insofern unerheblich, ob das Gesuch oder der Antrag einer Form bedarf und innerhalb einer Frist vorliegen muß. Gebührenfrei ist nur die eigentliche Aufnahme, nicht eine anschließende Behandlung. Die Aktenanlage auf Grund des Gesuchs oder Antrags ist noch durch die Aufnahme bedingt und insofern gebührenfrei.

Eine weitere gerichtliche Tätigkeit, etwa die Übermittlung des Gesuchs oder Antrags an einen anderen Beteiligten oder die Beiziehung von Akten usw, löst bereits ein weitergehendes gerichtliches Verfahren aus und ist jedenfalls nicht nach § 129 gebührenfrei.

2) Gebührenpflicht. Die Vorschrift stellt zugleich klar, daß gesetzliche Sonderregeln schon für die Aufnahme eines Gesuchs oder Antrags eine Gebührenpflicht auslösen können. Das gilt zB für einen Antrag auf eine Eintragung im Grundbuch, § 75; für einen Antrag auf eine Eintragung in einem Register, § 86; für eine Anmeldung oder Erklärung vor dem Nachlaßgericht, § 112 III.

Zurückweisung und Zurücknahme von Anträgen

130 **I Wird in Fällen, in denen das Gericht nur auf Antrag tätig wird, ein Antrag zurückgewiesen, so wird, soweit nichts anderes bestimmt ist, die Hälfte der vollen Gebühr, höchstens jedoch ein Betrag von 65 Deutsche Mark erhoben.**

II Wird ein Antrag zurückgenommen, bevor über ihn eine Entscheidung ergangen ist oder die beantragte Handlung stattgefunden hat, so wird, soweit nichts anderes bestimmt ist, ein Viertel der vollen Gebühr, höchstens jedoch ein Betrag von 35 Deutsche Mark erhoben.

III Der für die beantragte Verhandlung oder Entscheidung bestimmte Gebührensatz darf nicht überschritten werden.

IV Im Fall einer teilweisen Zurückweisung oder Zurücknahme ist die Gebühr nach dem Wert des zurückgewiesenen oder zurückgenommenen Teils, jedoch nur insoweit zu erheben, als die Gebühr für die Erledigung des ganzen Antrags die Gebühr für die teilweise Erledigung übersteigt.

V Bei Zurückweisung oder Zurücknahme eines Antrags kann von der Erhebung von Kosten abgesehen werden, wenn der Antrag auf unverschuldeter Unkenntnis der tatsächlichen oder rechtlichen Verhältnisse beruht. § 16 Abs. 2 gilt entsprechend.

Vorbem. I, II idF Art 2 I Z 15 G v 9. 12. 86, BGBl 2326, in Kraft seit 1. 1. 87, Art 10.

Gliederung

1) Antragszurückweisung, I, III, IV. A. Geltungsbereich, I. Die Vorschrift findet nur insoweit Anwendung, als nichts anderes gesetzlich bestimmt ist. Abweichende und daher vorrangige Kostenvorschriften gelten zB: Für das vormundschaftsgerichtliche Verfahren, §§ 91 ff.

B. Voraussetzungen im einzelnen. § 130 ist nur insofern anwendbar, als folgende Voraussetzungen zusammentreffen:

a) Antrag. Es muß ein Verfahren vorliegen, das nur auf Grund eines Antrags und nicht schon von Amts wegen stattfindet. Es muß auch ein wirksam gestellter Antrag eingegangen sein. Eine bloße Anregung zu einer Amtshandlung reicht nicht aus.

b) Zurückweisung. Das Gericht muß den Antrag endgültig oder teilweise wirksam zurückgewiesen haben. Es ist unerheblich, ob die Zurückweisung wegen Unzulässigkeit oder Unbegründetheit des Antrags erfolgt.

Eine Zwischenverfügung, etwa des Grundbuchamts, ist keine Zurückweisung. Erst dann, wenn der Antragsteller die Auflage nicht erfüllt, kommt eine Zurückweisung in Betracht.

Soweit das Gericht von Amts wegen tätig werden muß, liegt selbst dann keine Zurückweisung im Sinn von § 130 vor, wenn das Gericht einer Anregung nicht entspricht. Soweit eine angeregte oder „beantragte" Handlung von Amts wegen unzulässig wäre, kann keine Zurückweisung, sondern nur eine Bescheidung stattfinden, Rohs/Wedewer I 2b.

Eine Abgabe oder Verweisung ist keine Zurückweisung.

Die Aufhebung einer Zurückweisung macht die Gebühr rückwirkend hinfällig. Eine Bestätigung in der Beschwerdeinstanz läßt sie bestehen; dazu tritt die Gebühr nach § 131.

c) Gebührenpflicht des beantragten Geschäfts. Diejenige Tätigkeit des Gerichts, die der Antragsteller verlangt hat, muß ihrerseits gebührenpflichtig gewesen sein. Eine Zurückweisung in einem Verfahren, das seinerseits gebührenfrei ist, löst auch als Entscheidung keine Gebühr aus, Mümmler JB **75**, 935, aM Ffm JB **75**, 935, vgl freilich § 11 Anh I: § 1 Anm 1.

Die Zurückweisung eines Antrags auf eine Verlegung eines Verhandlungstermins ist stets kostenfrei.

C. Gebühren. Man muß folgende Situationen unterscheiden:

a) Volle Zurückweisung. In diesem Fall entsteht ½ Gebühr, höchstens jedoch ein Betrag von 65 DM. Der für die beantragte Verhandlung oder Entscheidung bestimmte Gebührensatz darf nicht überschritten werden.

I geht von der „Hälfte der vollen Gebühr" aus, und versteht dabei unter einer „vollen Gebühr" diejenige nach § 32, auch soweit die gerichtliche Tätigkeit eine Rahmengebühr entstehen läßt.

Soweit das Gericht mehrere Anträge zurückweist, entstehen mehrere Gebühren, und zwar auch dann, wenn das Gericht die Anträge in demselben Verfahren zusammengefaßt hat. Soweit sich weitere Anträge von selbst vor der Zurückweisung des ersten Antrags erledigen, entstehen für diese weiteren Anträge keine Gebühren. Soweit mehrere Anträge selbständige gebührenpflichtige Geschäfte betreffen, muß man für jedes Geschäft im Fall der Zurückweisung eine besondere Gebühr berechnen, auch wenn die eine Zurückweisung zur Rücknahme der anderen Anträge Veranlassung gibt oder nötigt.

b) Teilweise Zurückweisung. Auch in diesem Fall entsteht ½ Gebühr, höchstens jedoch ein Betrag von 65 DM, I. denn IV verweist zunächst auf „die Gebühr" und meint damit jene nach I. Ein Unterschied zur vollen Zurückweisung entsteht nur insoweit, als zum einen der Geschäftswert geringer ist, D b, und als zum anderen die ½ Gebühr nach diesem geringeren Geschäftswert nur insoweit entsteht, als eine Gebühr für die Erledigung des ganzen Antrags die Gebühr für eine teilweise Erledigung übersteigt, IV Hs 2.

D. Geschäftswert. Man muß wiederum folgende Unterscheidungen treffen:

a) Volle Zurückweisung. In diesem Fall muß man den Wert des beantragten Geschäfts zugrunde legen.

b) Teilweise Zurückweisung. In diesem Fall muß man als Geschäftswert den Wert des zurückgewiesenen Teils zugrunde legen, IV Hs 1. Bei mehreren Zurückweisungen muß man die Geschäftswerte für jede Zurückweisung gesondert berechnen. Das gilt auch dann, wenn die eine Zurückweisung zur Zurücknahme der anderen Anträge Veranlassung gibt oder nötigt.

2) Zurücknahme, II–IV. A. Geltungsbereich, II. Auch II–IV sind nur insoweit anwendbar, als keine abweichenden gesetzlichen Sonderregeln bestehen, wie die Worte „soweit nichts anderes bestimmt ist" in II klarstellen. Solche Sonderregeln finden sich zB in §§ 51 II 3, 54 II, 57, 58 II, 91, 116 I 2, ferner in §§ 48 I 2 WEG, 21 I 2 HausrVO.

B. Voraussetzungen im einzelnen. Die Vorschriften sind anwendbar, soweit die folgenden Voraussetzungen zusammentreffen:

a) Antrag. Es muß sich um ein Verfahren handeln, das nur auf Grund eines Antrags und nicht schon von Amts wegen stattfand. Es muß auch ein Antrag und nicht nur eine Anregung zur Vornahme einer Amtshandlung eingegangen gewesen sein.

Eine bloße Besprechung mit dem Urkundsbeamten der Geschäftsstelle oder dem Rpfl oder dem Richter ist kein Antrag, sofern nicht das Ergebnis der Besprechung in Form eines Antrags schriftlich oder zu Protokoll formuliert worden ist. Die Abstandnahme von einer im Gespräch erwogenen Antragsstellung auf Grund eines Rats des Gerichts ist durchweg ein Vorgang, der gar nicht zu einer Antragstellung geführt hat, jedenfalls aber keine Antragsrücknahme, b.

b) Rücknahme. Der Antragsteller muß seinen Antrag wirksam zurückgenommen haben. Die Rücknahme kann stillschweigend erfolgen, etwa im Nichtbeantworten einer gerichtlichen Anfrage, sofern nicht eine besondere Form erforderlich ist, etwa nach § 31 GBO.

Es ist unerheblich, ob der Antrag zulässig war.

c) Keine Entscheidung. Die Antragsrücknahme muß wirksam geworden sein, bevor in diesem Verfahren eine zugehörige gerichtliche Entscheidung „ergangen ist". Durch dieses Wort drückt II aus, daß mehr als die bloße Entstehung, also die Hinausgabe an die Geschäftsstelle, vielmehr das Wirksamwerden, also eine gesetzliche Mitteilung an einen Beteiligten, erforderlich ist, vgl BLAH § 329 ZPO Anm 4 A, vgl auch zB § 107 Anm 1 A.

Infolgedessen ist eine „Rücknahme" nach einer Zurückweisung nicht mehr nach II zu beurteilen. Solange das Gericht seine Zurückweisung aber noch nicht in gesetzlicher Form mitgeteilt hat, kann noch eine Rücknahme nach II vorliegen.

d) Kein Stattfinden der beantragten Handlung. Die beantragte Handlung darf auch noch nicht stattgefunden haben. Man muß von Fall zu Fall prüfen, welches die beantragte Handlung war und ob das Gericht schon in einer Weise tätig geworden ist, die als „Stattfinden" zu beurteilen ist.

Insbesondere darf es sich nicht um einen Beurkundungsantrag handeln, über den das Gericht schon verhandelt hat, vgl KG MDR **78**, 237 mwN; in diesem Fall wäre § 57 anwendbar, vgl LG Darmst JB **77**, 250.

e) Gebührenpflichtigkeit des beantragten Geschäfts. Die beantragte gerichtliche Handlung muß ihrerseits an sich gebührenpflichtig gewesen sein. Wenn sie von vornherein gebührenfrei war, ist auch die Rücknahme des zugrunde liegenden Antrags gebührenfrei, vgl Anm 1 B c.

C. Gebühren. Man muß folgende Situationen unterscheiden:

a) Volle Zurücknahme. In diesem Fall entsteht ¼ Gebühr, höchstens jedoch ein Betrag von 35 DM. Der für die beantragte Verhandlung oder Entscheidung bestimmte Gebührensatz darf aber nicht überschritten werden.

b) Teilweise Zurücknahme. In diesem Fall entsteht ebenfalls ¼ Gebühr, höchstens jedoch ein Betrag von 35 DM. Denn IV verweist insofern auf II, als Hs 1 „die Gebühr" nennt. Ein Unterschied zum Fall der vollen Rücknahme besteht nur einerseits insofern, als ein geringerer Geschäftswert anzusetzen ist, D b, und als andererseits die ¼ Gebühr, höchstens jedoch 35 DM, nach diesem geringeren Geschäftswert nur insoweit zu erheben ist, als die Gebühr für die Erledigung des ganzen Antrags die Gebühr für die teilweise Erledigung übersteigt, IV Hs 2.

D. Geschäftswert. Man muß wiederum folgende Situation unterscheiden:

a) Volle Zurücknahme. In diesem Fall ist als Geschäftswert der Wert des beantragten Geschäfts anzusetzen.

b) Teilweise Zurücknahme. In diesem Fall muß man als Geschäftswert den Wert des zurückgenommenen Teils ansetzen, IV Hs 1.

3) Absehen von Kosten, V. Sowohl bei einer vollen oder teilweisen Zurückweisung als auch bei einer vollen oder teilweisen Zurücknahme eines Antrags im Sinn von I–IV werden weder Gebühren noch Auslagen erhoben, soweit das Gericht im Rahmen eines pflichtgemäßen Ermessens zu dem Ergebnis kommt, daß der Antrag auf einer unverschuldeten Unkenntnis der tatsächlichen oder rechtlichen Verhältnisse beruhe.

Es ist unerheblich, ob die Zurückweisung wegen Unzulässigkeit oder Unbegründetheit erfolgt ist.

Sobald das Gericht im Rahmen seines Ermessens zu den vorgenannten Ergebnissen gekommen ist, besteht kein Ermessen mehr dazu, ob und in welchem Umfang von der Kostenerhebung abzusehen ist. Das Wort „kann" in V 1 bedeutet nur, wie so oft, eine Zuständigkeitsregelung, keine (weiteren) Ermessensspielraum. Ein Ermessen besteht also nur insofern, als es um die Voraussetzungen der Nichterhebung geht, nämlich darum, ob die Unkenntnis unverschuldet war.

Infolge der Verweisung in V 2 auf § 16 II gilt für das Verfahren: Das Gericht trifft die Entscheidung. Solange es nicht entschieden hat, kann im Verwaltungsweg eine Anordnung der Nichterhebung ergehen. Eine im Verwaltungsweg getroffene Anordnung ist nur im Verwaltungsweg abänderbar. Vgl im übrigen § 16 Anm 3.

Eine Entscheidung nach V kann nur nachträglich und nicht im voraus erfolgen. Sie kann auch auf das Beschwerdeverfahren beschränkt ergehen, BayObLG NJW **64**, 1474.

Beschwerden, Anrufung des Gerichts gegen Entscheidungen anderer Behörden oder Dienststellen

131 **I Für das Verfahren über Beschwerden wird, soweit nichts anderes bestimmt ist, erhoben**

1. **in den Fällen der Verwerfung oder Zurückweisung die Hälfte der vollen Gebühr;**
2. **in den Fällen der Zurücknahme ein Viertel der vollen Gebühr; betrifft die Zurücknahme nur einen Teil des Beschwerdegegenstandes, so ist die Gebühr nur insoweit zu erheben, als sich die Beschwerdegebühr erhöht haben würde, wenn die Entscheidung auf den zurückgenommenen Teil erstreckt worden wäre.**

Im übrigen ist das Beschwerdeverfahren gebührenfrei.

II Der Wert ist in allen Fällen nach § 30 zu bestimmen.

III Richtet sich die Beschwerde gegen eine Entscheidung des Vormundschaftsgerichts oder des Familiengerichts und ist sie von dem unter elterlicher Sorge stehenden Kind, dem Mündel oder

dem Pflegebefohlenen oder im Interesse dieser Personen eingelegt, so ist sie in jedem Fall gebührenfrei.

IV Werden Angelegenheiten der in diesem Abschnitt bezeichneten Art von anderen Behörden oder Stellen, insbesondere von Notaren, erledigt und ist in diesen Fällen eine Anrufung des Gerichts vorgesehen, so steht diese hinsichtlich der Gebühren einer Beschwerde gleich. Dies gilt nicht bei Anträgen auf Änderung von Entscheidungen des ersuchten oder beauftragten Richters oder des Urkundsbeamten der Geschäftsstelle. Es gilt ferner nicht, wenn nach einem Verwaltungsverfahren der Antrag auf gerichtliche Entscheidung gestellt wird.

V Auslagen, die durch eine für begründet befundene Beschwerde entstanden sind, werden nicht erhoben, soweit das Beschwerdeverfahren gemäß Absatz 1 Satz 2 gebührenfrei ist.

1) Allgemeines. Die Vorschrift gilt für alle Beschwerden im Bereich der freiwilligen Gerichtsbarkeit, also auch trotz §§ 60, 73 BGB in einer Vereinsangelegenheit, ferner in einer Genossenschaftssache, § 80 GenG, und zwar jeweils auch im Zusammenhang mit einem Antrag auf die Bewilligung einer Prozeßkostenhilfe oder im Verfahren über deren Aufhebung, § 14 FGG.

Die Vorschrift gilt auch im Verfahren über eine weitere Beschwerde.

Sie gilt nicht, „soweit etwas anderes bestimmt ist", I, zB: Bei der Entscheidung über die Beschwerde nach § 40 II 1 LwVG, Teil IV dieses Buchs; im Verfahren über die Beschwerde eines Organs des Handelsstands, § 87 Z 2; im Verfahren wegen der Verhängung eines Zwangsgelds oder Ordnungsgelds, § 119; grundsätzlich im Verfahren nach § 48 III WEG (Ausnahme: § 128a KostO Anh I Anm 2 B) oder nach § 21 III HausrVO.

Wegen der Kosten einer gerichtlichen Nachprüfung in einer Justizverwaltungssache vgl § 161 Anh.

I nennt die Grundregeln. III enthält Sondervorschriften für die Beschwerde gegen bestimmte Entscheidungen des Vormundschaftsgerichts oder Familiengerichts. IV stellt die in manchen Vorschriften vorgesehene „Anrufung des Gerichts" einer Beschwerde gebührenrechtlich gleich. II bestimmt für alle diese Fälle den Geschäftswert. V enthält die zugehörige Regelung der Auslagen.

2) Grundsatz, I. Das Beschwerdeverfahren beginnt mit dem Eingang der Beschwerde beim Gericht der Einlegung. Jede Beschwerde eröffnet ein besonderes Verfahren. Für die Gerichtsgebühren muß man folgende Situationen unterscheiden:

A. Erfolg der Beschwerde. Soweit eine Beschwerde erfolgreich ist, bleibt das Beschwerdeverfahren gerichtsgebührenfrei und auslagenfrei, I 2, V.

B. Verwerfung, Zurückweisung, Z 1. Soweit das Gericht eine Beschwerde als unzulässig verwirft oder als unbegründet zurückweist, entsteht ½ Gebühr. Das gilt auch dann, wenn die ½ Gebühr höher ist als die Gebühr für die Erledigung des Geschäfts. Die ½ Gebühr des

Beschwerdeverfahrens entsteht auch dann, wenn das Verfahren erster Instanz gebührenfrei war, BayObLG Rpfleger **75**, 109.

Die ½ Gebühr entsteht auch, soweit das Gericht eine Beschwerde gegen eine Zwischenverfügung, etwa des Grundbuchamts, oder in einer Personenstandssache verwirft oder zurückweist. Die ½ Gebühr entsteht auch im Verfahren über eine weitere Beschwerde. Im Fall einer nur teilweisen Verwerfung oder teilweisen Zurückweisung muß man die ½ Gebühr von dem Geschäftswert des betroffenen Teils berechnen.

Soweit sich die Hauptsache des Beschwerdeverfahrens vor der zugehörigen Sachentscheidung des Beschwerdegerichts erledigt, muß das Beschwerdegericht doch darüber entscheiden, ob die Beschwerde bis zum erledigenden Ereignis begründet war, BayObLG MDR **63**, 690, Düss MDR **81**, 327.

C. Zurücknahme, Z 2. Soweit der Beschwerdeführer die Beschwerde zurücknimmt, entsteht ¼ Gebühr. Über den Begriff der Rücknahme § 130 Anm. 2 B. Im Fall einer nur teilweisen Zurücknahme entsteht die ¼ Gebühr nur insoweit, als sich die Beschwerdegebühr erhöht haben würde, wenn die Entscheidung auf den zurückgenommenen Teil erstreckt worden wäre, Z 2 Hs 2. Diese Regelung gilt auch dann, wenn der Beschwerdeführer die Beschwerde teilweise zurücknimmt und wenn das Beschwerdegericht die restliche Beschwerde verwirft oder zurückweist.

3) Geschäftswert, II. Für den Geschäftswert des Beschwerdeverfahrens ist sowohl in einer vermögensrechtlichen als auch in einer nichtvermögensrechtlichen Angelegenheit § 30 maßgeblich, BayObLG **88**, 258. Man muß daher zunächst von § 30 I ausgehen. Dabei muß man zunächst prüfen, ob der Wert schon betragsmäßig feststeht oder sich aus anderen Vorschriften der KostO eindeutig ermitteln läßt. Andernfalls muß das Beschwerdegericht den Geschäftswert schon im Rahmen des § 30 I nach „freiem", in Wahrheit pflichtgemäßem Ermessen festsetzen und dabei alle Umstände des Einzelfalls berücksichtigen.

Dabei sind zB zu beachten: Die Bedeutung der Beschwerde für die Beteiligten, BayObLG Rpfleger **84**, 19; das Interesse des Beschwerdeführers, BayObLG Rpfleger **77**, 461, JB **78**, 1373 und Rpfleger **84**, 19 je mwN; die sonstigen Umstände des Einzelfalls, BayObLG Rpfleger **84**, 19; die im ersten Rechtszug maßgebend gewesenen Vorschriften, jetzt als Anhaltspunkte, BayObLG Rpfleger **84**, 19 mwN. Der Geschäftswert kann höher oder niedriger als in der ersten Instanz anzusetzen sein, BayObLG NJW **66**, 671, BayObLG **88**, 259 mwN.

Soweit es um ein Grundstück geht, muß man von § 19 ausgehen, abw BayObLG Rpfleger **80**, 35. Soweit es um eine Testamentvollstreckung geht, können 5% des Nachlaßwerts maßgeblich sein, Ffm Rpfleger **78**, 178. Bei einer Beschwerde im Erbscheinserteilungsverfahren kann § 107 II Anhaltspunkte für den Geschäftswert geben, BayObLG Rpfleger **75**, 109 und Rpfleger **84**, 19 mwN. Maßgeblich ist der Zeitpunkt des Erbfalls, BayObLG Rpfleger **84**, 19 mwN. Im Fall einer Aussetzung ist das Interesse am baldigen Fortgang des Verfahrens maßgeblich, BayObLG Rpfleger **77**, 461. Wenn das Beschwerdegericht eine einheitliche Entscheidung getroffen hatte, muß man im Verfahren über eine weitere Beschwerde von etwa mehreren Verfahrensgegenständen getrennt ausgehen, BayObLG Rpfleger **75**, 109.

Erst wenn eine Bestimmung des Geschäftswerts nach § 30 I nicht möglich ist, darf das Gericht den Geschäftswert nach § 30 II schätzen, KG Rpfleger **72**, 186 und NJW **68**, 778.

Trotz mehrerer Beschwerden mit entgegengesetzter Zielrichtung liegt unter Umständen nur ein einheitlicher Beschwerdegegenstand vor, Brschw OLGZ **76**, 437.

II gilt auch für die Notarkosten.

Die Festsetzung des Geschäftswerts erfolgt zwar im Verfahren über eine Beschwerde zur Hauptsache, stellt aber selbst keine Rechtsmittelentscheidung dar, sondern ist eine erstinstanzliche Entscheidung, KG DNotZ **72**, 370.

4) Vormundschafts- oder Familiensache, III. A. Systematik. I 2 enthält ebenso wie § 1 den Grundsatz der Gebührenfreiheit. I 2 enthält diejenigen Fälle, in denen eine Gebührenpflicht vorliegt. Danach wäre an sich die Verwerfung, Zurückweisung oder Zurücknahme einer jeden Beschwerde gebührenpflichtig. Von dieser Regel schafft III für die dort bestimmten Fälle wiederum eine Abweichung und damit eine Rückkehr zum Grundsatz der Gebührenfreiheit, vgl BayObLG RR **88**, 456. Daher ist III weit auszulegen.

B. Voraussetzungen. Eine Gebührenfreiheit nach III tritt ein, soweit die folgenden Voraussetzungen zusammentreffen:

a) Entscheidung des Vormundschafts- oder Familiengerichts. Es muß eine wirkliche Entscheidung eines dieser Gerichte angefochten worden sein. Auch eine Zwischenentscheidung kann eine Entscheidung im Sinn von III darstellen.

b) Bestimmte Beschwerdeführer. Die Beschwerde muß entweder von dem unter elterlicher Sorge stehenden Kind oder von dem Mündel oder von dem Pflegebefohlenen oder im Interesse einer dieser Personen eingelegt worden sein. Vgl §§ 1634, 1671, 1672 BGB, 57 FGG.

Die Beschwerde ist nur dann „im Interesse" einer der vorgenannten Personen eingelegt, wenn die Beschwerde dem wahren, objektiven Interesse unter Berücksichtigung der gesamten Einzelfallumstände entsprach, BayObLG Rpfleger **83**, 181. Dabei darf und muß man allerdings einen großzügigen Maßstab anlegen.

Eine ohne jede Vollmacht oder Anscheinsvollmacht eingelegte Beschwerde ist trotz III gebührenpflichtig, KG Rpfleger **71**, 194. Dasselbe gilt für eine Beschwerde, die der Beschwerdeführer ausschließlich im eigenen, höchstpersönlichen Interesse, nur grundsätzlich richtig BayObLG FamRZ **86**, 599, und nicht zumindest auch im Interesse des unter elterlicher Sorge stehenden Kindes, des Mündels oder des Pflegebefohlenen eingelegt hat. Ein solcher Fall kann etwa dann vorliegen, wenn der Vormund gegen seine Entlassung oder ein Elternteil gegen eine Anordnung des Gerichts nach § 1666 BGB Beschwerde einlegen. Sobald die Beschwerde bei einer objektiven, großzügigen Betrach tung auch im wohlverstandenen Interesse des Kindes, Mündels oder Pflegebefohlenen eingelegt wurde, ist III anwendbar, BayObLG Rpfleger **83**, 181, Brschw FamRZ **73**, 270.

c) Weitere Fälle. Eine Beschwerde in einer Fürsorgeerziehungssache ist stets ganz kostenfrei, § 76 JWG. BayObLG Rpfleger **81**, 327 wendet III im Verfahren der Beschwerde eines Erben gegen die Anordnung einer Nachlaßpflegschaft entsprechend an.

5) Anrufung des Gerichts, IV. A. Anwendbarkeit, IV 1. Soweit der Notar eine Ausfertigung, Abschrift oder Einsicht verweigert oder soweit nach dem Landesrecht eine Beschwerde erst nach einer Anrufung des Gerichts gegen die Entscheidung einer anderen Behörde (Notar, Bezirksnotar) statthaft ist, vgl § 195 FGG, ist die Anrufung des Gerichts gebührenrechtlich wie eine Beschwerde zu behandeln.

B. Gebührenfreiheit, IV 2. Die folgenden Vorgänge sind gebührenfrei, weil sie nicht als Beschwerde gelten: Es handelt sich um die Anrufung des (vollbesetzten) Gerichts gegen die Entscheidung eines beauftragten oder ersuchten Richters; es geht um die Erinnerung gegen die Entscheidung eines Rpfl, § 11 RPflG; es handelt sich um einen Antrag auf eine gerichtliche Entscheidung nach einem vorangegangenen Verfahren vor der Verwaltungsbehörde, etwa nach § 8 JBeitrO, Teil IX A dieses Buchs.

6) Auslagen, V. A. Auslagenfreiheit. Soweit das Beschwerdeverfahren gemäß I 2 gebührenfrei ist, entsteht gemäß V keine Pflicht zur Erstattung von Auslagen.

B. Auslagenpflicht. Soweit die Beschwerde teilweise begründet war, muß man prüfen, ob für diesen Teil Auslagen entstanden sind, Zweibr Rpfleger **75**, 411. Soweit die Beschwerde unzulässig oder unbegründet war, sind grundsätzlich auch die Auslagen zu erstatten. Allerdings enthalten zB §§ 48 III WEG, 21 III HausrVO Ausnahmen.

7) Fälligkeit, Kostenschuldner. Die Fälligkeit richtet sich nach § 7. Wer Kostenschuldner ist, ist nach §§ 2ff zu beurteilen. Soweit Auslagen zu erstatten sind, ist der Antragsteller Kostenschuldner, also der Beschwerdeführer, § 2 Z 1.

Beschwerden in Versorgungsausgleichssachen

131a **Im Verfahren über Beschwerden in Versorgungsausgleichssachen nach § 621e der Zivilprozeßordnung werden die gleichen Gebühren wie im ersten Rechtszug erhoben.**

1) Geltungsbereich. In einer Versorgungsausgleichssache, in der das Familiengericht nach § 621 I Z 6 ZPO entschieden hat, ist gemäß § 62e I ZPO die Beschwerde und evtl gemäß § 621e II ZPO die weitere Beschwerde statthaft. Wegen der Verzahnung der Verfahrensarten nach dem FGG und ZPO BLAH § 621a ZPO Anm 3. Soweit das Beschwerdeverfahren nach dem FGG zu bearbeiten ist, gilt § 131a in Verbindung mit § 99. Soweit das Beschwerdeverfahren nach der ZPO durchzuführen ist, gilt § 17a GKG. KV 1130–1139 sind nur im Beschwerdeverfahren über eine güterrechtliche Ausgleichsforderung nach §§ 621a II, 629a II ZPO anwendbar.

2) Gebühr. Sowohl im Verfahren über die Beschwerde als auch im

Verfahren über die weitere Beschwerde entstehen jeweils Gebühren in derselben Höhe wie im zugehörigen ersten Rechtszug.

3) Geschäftswert. Da § 131a nur wegen der Gebühr auf die Regelung der ersten Instanz verweist, bleibt für den Geschäftswert auch im Verfahren über eine Versorgungsausgleichssache § 131 II anwendbar. Man muß freilich § 99 III Z 1–4 mitbeachten.

4) Fälligkeit, Kostenschuldner usw. Die Fälligkeit richtet sich nach § 7. Der Kostenschuldner wird nach §§ 2ff ermittelt.

Beglaubigte Abschriften

132 **Soweit nichts anderes bestimmt ist, wird bei der Erteilung beglaubigter Abschriften der vom Gericht erlassenen Entscheidungen sowie der von ihm aufgenommenen oder in Urschrift in seiner dauernden Verwahrung befindlichen Urkunden eine Beglaubigungsgebühr nicht erhoben.**

1) Systematik. § 132 gilt nur für die Gerichtsgebühren. Für die Auslagen gilt § 136.

§ 132 stellt für die dort genannten Fälle beglaubigter Abschriften in Übereinstimmung mit § 1 den Grundsatz der Gebührenfreiheit auf, macht aber zugleich deutlich, daß etwa abweichende Sonderregeln Vorrang haben. Zu ihnen gehört § 55.

Wegen der Rückkehr zum Grundsatz der Gebührenfreiheit ist § 132 weit auszulegen.

2) Voraussetzungen. Eine Gebührenfreiheit (nicht Auslagenfreiheit) besteht für die Erteilung einer beliebigen Zahl beglaubigter Abschriften, soweit eine der folgenden Voraussetzungen vorliegt:

A. Entscheidung. Es muß sich um die Erteilung einer beglaubigten Abschrift einer gerichtlichen Entscheidung handeln. Die Entscheidung kann beliebiger Art gewesen sein. Auch eine Zwischenentscheidung reicht aus. Die Entscheidung braucht nicht von demjenigen Gericht getroffen worden zu sein, das die beglaubigte Abschrift erteilt.

Ob eine Entscheidung vorliegt, ist in weiter Auslegung zu ermitteln, Anm 1. Eine Entscheidung fehlt bei einer lediglich vorbereitenden, prozeßleitenden, verfahrensfördernden, keinerlei Erörterung der Zulässigkeit und/oder Begründetheit enthaltenden Äußerung des Gerichts.

B. Urkunde. In diesem Fall muß wiederum eine der folgenden Voraussetzungen vorliegen:

a) Vom Gericht aufgenommene Urkunde. Die Erteilung der beglaubigten Abschrift einer Urkunde ist gebührenfrei, soweit das Gericht die Urkunde „aufgenommen“ hatte, also nicht nur beglaubigt hatte. Hierher zählt zB die Niederschrift über eine gerichtliche Verhandlung.

Demgegenüber erhält der Notar nur Schreibauslagen nach § 136 für eine von ihm beglaubigte Abschrift einer von ihm entworfenen Urkunde, BayObLG **80**, 162 mwN.

b) Dauernd verwahrte Urkunde. Die Erteilung einer beglaubigten Abschrift einer Urkunde ist insoweit gebührenfrei, als das Gericht diese Urkunde in ihrer Urschrift in seiner dauernden Verwahrung hat.

Die Verwahrung muß auf Grund einer gesetzlichen Pflicht bestehen. Sie muß dauernd sein. Sie muß die Urschrift umfassen. Hierher gehört zB eine von einem deutschen Konsul aufgenommene Urkunde.

Hierher gehört nicht eine Urkunde, die sich zwar bei den Sachakten befindet, zu denen sie eingereicht wurde, die aber nicht auf Grund besonderer gesetzlicher Vorschrift vom Gericht dauernd zu verwahren ist. Auf diesen Fall ist § 55 anwendbar.

C. Erteilung. Unter einer Erteilung ist der Vorgang der Übernahme der Verantwortung für die Richtigkeit der beglaubigten Abschrift zu verstehen. Daher liegt eine Erteilung auch insoweit vor, als ein Beteiligter die Abschrift selbst angefertigt hat und sie nur vom Gericht beglaubigen ließ.

3) Schreibauslagen. Auch unter den Voraussetzungen des § 132 kann eine Schreibauslagenpflicht nach § 136 entstehen.

Vollstreckbare Ausfertigungen

133 **Für die Erteilung vollstreckbarer Ausfertigungen von gerichtlichen oder notariellen Urkunden wird die Hälfte der vollen Gebühr erhoben, wenn der Eintritt einer Tatsache oder einer Rechtsnachfolge zu prüfen ist (§§ 726 bis 729 der Zivilprozeßordnung) oder es sich um die Erteilung einer weiteren vollstreckbaren Ausfertigung handelt. Das gleiche gilt im Fall der Erteilung vollstreckbarer Ausfertigungen einer bestätigten Auseinandersetzung sowie in ähnlichen Fällen.**

1) Systematik. Die Erteilung einer vollstreckbaren Ausfertigung einer gerichtlichen oder notariellen Urkunde, § 794 I Z 5 ZPO, ist grundsätzlich gebührenfrei, § 1 Anm 3, BayObLG **87**, 447, KG DNotZ **79**, 437 mwN. Das gilt auch insoweit, als das AG eine notarielle Urkunde verwahrt. Daher entsteht eine Gebühr nach § 133, der gegenüber § 147 Vorrang hat, BayObLG **87**, 447, Bre Rpfleger **89**, 172, nur in den in § 133 genannten Ausnahmefällen, BayObLG DNotZ **79**, 55 und 447, also zB nicht dann, wenn das Gericht eine nur klarstellende Umschreibung vornimmt, etwa wegen einer Heirat oder sonstiger Namensänderungen, Bre Rpfleger **89**, 172; **aM** KLBR 16, Reimann DNotZ **72**, 635.

Die Gebühr steht insoweit, als der Notar die vollstreckbare Ausfertigung erteilt, ihm auch unter den Voraussetzungen des § 797 III ZPO zu, Brschw Rpfleger **74**, 237 mwN.

2) Voraussetzungen. Eine Gebührenpflicht entsteht, wenn eine der folgenden Situationen vorliegt:

A. §§ 726–729 ZPO. Die Erteilung einer vollstreckbaren Ausfertigung ist insoweit nach § 133 gebührenpflichtig, als das Gericht oder der Notar den Eintritt einer Tatsache oder einer Rechtsfolge prüfen muß, soweit diese Prüfung nach §§ 726–729 ZPO zu erfolgen hat, BayObLG **87**, 448. Im einzelnen handelt es sich um folgende Situationen:

a) Urteilsmäßige Voraussetzungen der Zwangsvollstreckung, § 726 ZPO. In diesem Fall geht es um die Prüfung, ob die Vollstreckung nach dem Inhalt der Urkunde von.dem durch den Gläubiger zu beweisenden Eintritt einer anderen Tatsache als einer dem Gläubiger obliegenden Sicherheitsleistung abhängt oder ob die Vollstreckung von einer Zug um Zug zu bewirkenden Leistung des Gläubigers an den Schuldner abhängt.

b) Rechtsnachfolge, § 727 ZPO. In diesem Fall geht es darum, ob die Rechtsnachfolge oder das Besitzverhältnis offenkundig sind oder durch öffentliche oder öffentlich beglaubigte Urkunden nachgewiesen werden

Nicht hierher gehört die bloße Umschreibung ohne einen Wechsel der erkennbaren Nämlichkeit, BayObLG **87**, 448 (Vor-GmbH).

c) Nacherbe, Testamentsvollstrecker, § 728 ZPO. In diesem Fall geht es um die Erteilung einer vollstreckbaren Ausfertigung für oder gegen den Nacherben, bei der § 727 ZPO entsprechend anwendbar ist, oder um die Erteilung einer vollstreckbaren Ausfertigung für oder gegen den Erben im Fall einer Urkunde, die gegenüber einem Testamentsvollstrecker wirksam ist.

d) Vermögens- und Firmenübernehmer, § 729 ZPO. In diesem Fall geht es um die Erteilung einer vollstreckbaren Ausfertigung gegen einen derartigen Übernehmer.

e) Weitere Einzelheiten. Auch die Feststellung, ob eine Umwandlung im Genossenschaftsregister eingetragen wurde, läßt sich als ein Fall der Notwendigkeit einer Prüfung des Eintritts einer Tatsache einordnen, LG Passau DNotZ **72**, 635, insofern abw KG DNotZ **79**, 437. Auch bei einer Umschreibung sowohl wegen eines Gläubigerwechsels als auch wegen eines Schuldnerwechsels entsteht nur die ½ Gebühr nach § 133, KG Rpfleger **80**, 123.

B. Weitere vollstreckbare Ausfertigung. Gebührenpflichtig ist auch eine solche Erteilung. Vgl § 733 ZPO. Keine weitere Ausfertigung liegt vor, wenn die erste der erteilenden Stelle endgültig zurückgegeben und so dauernd aus dem Rechtsverkehr gezogen worden ist, Hamm MDR **88**, 592.

C. Bestätigte Auseinandersetzung und ähnliche Fälle, S 2. Hierher gehört auch eine bestätigte Dispache, § 158 II FGG. Man rechnet auch einen Kostenfestsetzungsbeschluß hierher.

3) Gebühr. Für jede nach vorstehenden Regeln gebührenpflichtige Erteilung entsteht ½ Gebühr. Eine „Erteilung“ liegt auch insoweit vor, als der Beteiligte den Text der Ausfertigung selbst geschrieben hat und eben nur die formelle vollstreckbare Ausfertigung vom Gericht oder Notar herstellen läßt.

4) Geschäftswert. Für den Geschäftswert gelten dieselben Regeln wie bei einer Beurkundung, §§ 36ff.

5) Auslagen. Neben der ½ Gebühr nach § 133 entstehen keine Schreibauslagen. Denn die Erteilungsgebühr gilt die gesamte Erteilung und nicht etwa nur die Erteilung der Vollstreckungsklausel ab, BayObLG **87**, 427 mwN, aM zB Düss **KR** Nr 8.

6) Fälligkeit, Kostenschuldner usw. Die Fälligkeit richtet sich nach § 7. Der Kostenschuldner ist nach §§ 2ff zu ermitteln.

Vollstreckungshandlungen

134 **Für die Vornahme von gerichtlichen Vollstreckungshandlungen in Angelegenheiten der freiwilligen Gerichtsbarkeit werden, soweit nichts anderes bestimmt ist, die für solche Handlungen im Gerichtskostengesetz vorgesehenen Gebühren erhoben.**

1) Geltungsbereich. Gerichtliche Vollstreckungshandlungen sieht § 33 FGG vor. Für die Anwendung von Gewalt und für die Abnahme einer eidesstattlichen Versicherung gelten insofern KV 1152, 1153.

2) Geschäftswert. Der Geschäftswert berechnet sich nach §§ 12 GKG, 6 ZPO.

Rechtskraftzeugnisse, Kostenfestsetzung

135 **Für die Erteilung von Rechtskraftzeugnissen und für die gerichtliche Festsetzung der einem Beteiligten zu erstattenden Kosten werden Gebühren nicht erhoben.**

1) Geltungsbereich. Das Rechtskraftzeugnis nach § 31 FGG und die Kostenfestsetzung nach § 13a FGG sind gebührenfrei. Es entstehen insofern auch keine Schreibauslagen. Indessen kann nach § 133 eine Gebühr für die Erteilung einer vollstreckbaren Ausfertigung des Festsetzungsbeschlusses entstehen.

Dritter Abschnitt. Auslagen

Schreibauslagen

136 **I Schreibauslagen werden erhoben für**

1. Ausfertigungen oder Abschriften, die auf Antrag erteilt oder angefertigt werden;

2. Ausfertigungen und Abschriften, die angefertigt werden müssen, weil zu den Akten gegebene Urkunden, von denen eine Abschrift zurückbehalten werden muß, zurückgefordert werden; in diesem Fall wird die bei den Akten zurückbehaltene Abschrift gebührenfrei beglaubigt;

3. Ausfertigungen und Abschriften jeder Art, wenn sachliche oder persönliche Gebührenfreiheit gewährt ist; Absatz 2 bleibt unberührt.

II Frei von Schreibauslagen sind

1. bei Beurkundungen von Verträgen zwei Ausfertigungen oder Abschriften, bei sonstigen Beurkundungen eine Ausfertigung oder Abschrift;

2. für jeden Beteiligten eine vollständige Ausfertigung oder Abschrift jeder gerichtlichen Entscheidung und jedes vor Gericht abgeschlossenen Vergleichs;

eine Ausfertigung ohne Entscheidungsgründe;

eine weitere vollständige Ausfertigung oder Abschrift bei Vertretung durch einen Bevollmächtigten;

eine Abschrift jeder Niederschrift über eine Sitzung.

III Die Schreibauslagen betragen unabhängig von der Art der Herstellung in derselben Angelegenheit, in gerichtlichen Verfahren in demselben Rechtszug und bei Vormundschaften und Dauerpflegschaften in jedem Kalenderjahr für die ersten 50 Seiten 1 DM je Seite und für jede weitere Seite 0,30 DM. Die Höhe der Schreibauslagen ist für jeden Kostenschuldner nach § 2 gesondert zu berechnen; Gesamtschuldner gelten als ein Schuldner.

IV Aufwendungen für die besondere Ausstattung einer Urkunde (Verwendung besonderen Papiers und dgl.) sind in jedem Falle zu erheben.

V Werden für Ausfertigungen oder Abschriften Entwürfe verwendet, die der Antragsteller dem Gericht zur Verfügung gestellt hat und die nur durch Geschäftsnummer, Zeitangaben, Kostenrechnung, Ausfertigungs- oder Beglaubigungsvermerk und Unterschrift des ausfertigenden Beamten zu ergänzen sind, so werden Schreibauslagen nicht erhoben.

Vorbem. III idF Art 2 I Z 16 G v 9. 12. 86, BGBl 2326, in Kraft seit 1. 1. 87, Art 10.

1) Allgemeines. Die Gebühren nach der KostO gelten grundsätzlich das zugehörige Schreibwerk mit ab, LG Krefeld Rpfleger **82**, 488. Das gilt zB für eine Ausfertigung oder Abschrift. In einer Vormundschaftssache gilt § 96. Eine Urschrift ist stets auslagenfrei. Zur Ausfertigung gehört der Vermerk über die Unterschriftsbeglaubigung oder die Benachrichtigung von einer Grundbucheintragung. Eine gleichlautende Urschrift ist nicht unbedingt Voraussetzung einer Ausfertigung. Unter dem Begriff „Abschrift" ist jede beliebige Vervielfältigung eines Schriftstücks zu verstehen, auch durch Fotokopieren, LG Krefeld Rpfleger **82**, 488.

2) Auslagenpflicht, I. Die Fälle Z 1 bis 3 sind eng auszulegen. Neben I ist § 137 zu beachten. Im einzelnen entsteht eine Schreibauslagenpflicht nach I, sofern eine der folgenden Voraussetzungen vorliegt:

A. Antrag, Z 1. Die Schreibauslagenpflicht entsteht insoweit, als die Ausfertigung oder Abschrift gerade auf Grund eines Antrags erteilt oder angefertigt wird. Der Antrag muß sich speziell auf die Anfertigung oder Erteilung richten, nicht nur auf die Vornahme einer anderen gerichtlichen Maßnahme, LG Krefeld Rpfleger **82**, 488.

Man muß die Ausnahmen von Z 1 in II Z 1, 2 beachten.

B. Zurückforderung, Z 2. Auslagenpflichtig ist die Anfertigung einer Ausfertigung oder Abschrift, die deshalb notwendig ist, weil ein Beteiligter eine zu den Akten gegebene Urkunde zurückfordert und weil eine Abschrift in der Akte zurückbehalten werden muß. Diese Situation liegt etwa dann vor, wenn jemand zu den Grundakten, § 10 GBO, oder zu einem Register oder der Nachlaßakte usw eine Urkunde einreicht, die nicht kraft Gesetzes in Urschrift bei der Nachlaßakte bleiben muß.

Eine Zurückforderung liegt erst dann vor, wenn der Einreicher den unmißverständlichen und endgültigen Willen zu erkennen gibt, das eingereichte Exemplar in seinen endgültigen Besitz und Gewahrsam zurückzubekommen. Eine nur vorübergehende Rückanforderung zur Klärung irgendwelcher Zweifelsfragen ist keine Zurückforderung im Sinn von Z 2. Die bloße Anheimgabe des Einreichers, ihm die Unterlagen nach Gebrauch zurückzugeben, ist grundsätzlich keine eindeutige Zurückforderung.

Selbst im Fall einer Zurückforderung ist Z 2 insoweit unanwendbar, als es nicht erforderlich erscheint, eine Abschrift der Urkunde zu den Akten zu behalten. Ob eine solche Notwendigkeit besteht, muß man nach den Umständen des Einzelfalls unter Berücksichtigung des voraussichtlichen weiteren Ablaufs dieses Verfahrens beurteilen. Dabei ist eine enge Auslegung geboten, da I eine Ausnahme vom Grundsatz der Kostenfreiheit, § 1, darstellt.

C. Sachliche oder persönliche Gebührenfreiheit, Z 3. Eine solche Gebührenfreiheit schafft jedenfalls nicht grundsätzlich auch schon eine Schreibauslagenfreiheit. Vgl §§ 11–13. Die zu erhebende Schreibauslagen können den Betrag der ohne Gebührenfreiheit zu erhebenden Gebühren übersteigen. Soweit ein Geschäft nach einer ausdrücklichen Vorschrift, etwa gemäß §§ 69, 70, wegen des Fehlens einer Gebührenpflicht oder als bloßes Nebengeschäft gebührenfrei bleibt, ist Z 3 unanwendbar. Wegen der Erteilung eines Hypothekenbriefs vgl § 71 Anm 1.

3) Auslagenfreiheit, II. Die Vorschrift schafft für die dort genannten Fälle Auslagenfreiheit. Damit wird insofern der Grundsatz der Kostenfreiheit, § 1, aufrechterhalten. Deshalb ist II weit auslegbar. Die Vorschrift greift ein, soweit eine der folgenden Voraussetzungen vorliegt:

A. Beurkundung, Z 1. Frei von Schreibauslagen ist bei der Beurkundung eines Vertrags die Erteilung von zwei Ausfertigungen oder Abschriften, bei einer sonstigen Beurkundung die Erteilung von einer Ausfertigung oder Abschrift.

Die Schrift, auf die die Beurkundung Bezug nimmt, wird Teil des Protokolls und ist mit auszufertigen. Das gilt aber nicht für ein als Anlage überreichtes Schriftstück, etwa einen Erbschein oder eine Vollmacht, aM LG Bln Rpfleger **74**, 238 (das LG meint, alles dasjenige sei mit auszufertigen, was beigefügt werden müsse).

Soweit an einem Vertrag mehr als zwei Partner beteiligt sind, muß man diejenigen Schreibauslagen, die für die dritte und die weiteren Ausfertigungen oder Abschriften entstehen, auf alle Antragsteller verteilen. Sofern allerdings nur ein Vertragspartner die dritte oder weitere Ausfertigung oder Abschrift beantragt hat, muß er die diesbezüglichen Schreibauslagen allein tragen.

B. Entscheidung, Vergleich, Z 2. Frei von Schreibauslagen ist für jeden Beteiligten eine vollständige Ausfertigung oder Abschrift jeder gerichtlichen Entscheidung und jedes vor Gericht abgeschlossenen Vergleichs. Es ist in diesem Fall unerheblich, wieviel Personen an der Entscheidung oder an dem Vergleich beteiligt waren, BGH MDR **64**, 406. Man muß den Begriff „Entscheidung" weit fassen. Das gilt schon wegen der systematischen Stellung von II und darüber hinaus deshalb, weil es im FGG und in den zugehörigen Gesetzen, etwa der GBO, viele unterschiedliche Ausdrücke für denselben Vorgang gibt. Auch eine Grundbucheintragung ist eine Entscheidung, Schlesw SchlHA **68**, 146.

Sonderregeln enthalten zB §§ 51 V, 55 II, 73, 84 V, 89 I, 126 III, 152 I. Ferner erhält jeder Beteiligte eine Ausfertigung ohne Entscheidungsgründe auslagenfrei.

Darüber hinaus erhält jeder Beteiligte eine weitere vollständige Ausfertigung oder Abschrift, sofern gerade dieser Beteiligte im Zeitpunkt der Entscheidung oder des Vergleichsabschlusses durch einen Bevollmächtigten vertreten war. Dieser Bevollmächtigte muß nur insoweit ein Anwalt gewesen sein, als im Zeitpunkt der Entscheidung des Vergleichsabschlusses im Verfahren ein Anwaltszwang herrschte.

Schließlich ist für jeden Beteiligten eine Abschrift jeder Niederschrift über eine Sitzung schreibauslagenfrei.

4) Auslagenhöhe, III. Die Schreibauslagen betragen je Kostenschuldner, je Angelegenheit, je Rechtszug und bei einer Vormundschaft oder Dauerpflegschaft je Kalenderjahr für die ersten 50 Seiten je Seite 1 DM und für jede weitere Seite 0,30 DM, unabhängig von der Art, dem Format, der Zeilenzahl, der Herstellungsweise. „Angelegenheit" ist, wie bei der BRAGO, dort § 13 Anm 3, Teil X dieses Buchs, die gesamte auftragsgemäße Tätigkeit des Notars, aM BayObLG **88**, 82, Madert/Schmidt NJW **87**, 292, Reimann DNotZ **87**, 132. Anträge, die gleichzeitig gestellt und gleichartig sind, bilden nur eine Angelegenheit, Düss Rpfleger **88**, 183 (Abschriften mehrerer Grundbuchblätter), aM BayObLG **88**, 82. Gesamtschuldner, §§ 421 ff BGB, gelten als ein Schuldner. Vgl auch KV 1900.

5) Besondere Ausstattung, IV. Soweit für die besondere Ausstattung einer Urkunde, sei es wegen eines besonderen Papiers, sei es wegen einer besonderen Schrift oder eines Drucks, sei es wegen der Notwendigkeit mehrfarbiger Eintragungen, die besondere Kosten verursachen, sei es aus anderen Gründen, Aufwendungen entstehen, die über den üblichen Umfang hinausgehen, entsteht eine Erstattungspflicht „in jedem Falle", also auch für denjenigen, der im übrigen Auslagenfreiheit genießt, und auch in denjenigen Fällen, in denen der Erteilungsvorgang als solcher grundsätzlich schreibauslagenfrei wäre.

6) Entwurf, V. Soweit für eine Ausfertigung oder Abschrift ein Entwurf verwendet wird, den der Antragsteller zur Verfügung gestellt hat und den die Urkundsperson nur durch die in V genannten einzelnen Angaben ergänzen muß, entstehen auch dann keine Schreibauslagen, wenn diese im übrigen nach I entstehen würden.

Man muß allerdings auch in einem solchen Fall etwaige besondere Ausstattungen bezahlen, IV.

Man muß allerdings auch in einem solchen Fall etwaige besondere Ausstattungen bezahlen, IV.

Vgl im übrigen KV 1900 Z 3. V ist auf den Gebührennotar unanwendbar, § 143.

Sonstige Auslagen

137 **Als Auslagen werden ferner erhoben**

1. **Telegrafen- und Fernschreibgebühren;**
2. **Postgebühren für Zustellungen durch die Post mit Zustellungsurkunde; dieselben Beträge werden auch für Zustellungen durch Justizbedienstete nach §§ 211, 212 der Zivilprozeßordnung erhoben;**
3. **Kosten, die durch öffentliche Bekanntmachung entstehen, mit Ausnahme der hierbei erwachsenen Postgebühren;**
4. **die nach dem Gesetz über die Entschädigung von Zeugen und Sachverständigen zu zahlenden Beträge sowie die an Urkundszeugen zu zahlenden Vergütungen; erhält ein Sachverständiger auf Grund des § 1 Abs. 3 des Gesetzes über die Entschädigung von Zeugen und Sachverständigen keine Entschädigung, so ist der Betrag zu erheben, der ohne diese Vorschrift nach dem Gesetz über die Entschädigung von Zeugen und Sachverständigen zu zahlen wäre; sind die Aufwendungen durch mehrere Geschäfte veranlaßt, die sich auf verschiedene Rechtssachen beziehen, so werden die Aufwendungen auf die mehreren Geschäfte unter Berücksichtigung der auf die einzelnen Geschäfte verwendeten Zeit angemessen verteilt;**
5. **die bei Geschäften außerhalb der Gerichtsstelle den Gerichtspersonen auf Grund gesetzlicher Vorschriften gewährten Vergütungen (Reisekostenvergütung, Auslagenersatz) und die Kosten für die Bereitstellung von Räumen; sind die Aufwendungen durch mehrere Geschäfte veranlaßt, die sich auf verschiedene Rechtssachen beziehen, so werden die Aufwendungen auf die mehreren Geschäfte unter Berücksichtigung der Entfernungen und der auf die einzelnen Geschäfte verwendeten Zeit angemessen verteilt;**
6. **die an Rechtsanwälte zu zahlenden Beträge;**
7. **Rechnungsgebühren (§ 139);**
8. **die Kosten einer Beförderung von Personen sowie Beträge, die mittellosen Personen für die Reise zum Ort einer Verhandlung, Vernehmung oder Untersuchung und für die Rückreise gewährt werden;**
9. **die Kosten der Beförderung von Tieren und Sachen, mit Ausnahme der hierbei erwachsenen Postgebühren, der Verwahrung von Sachen sowie der Verwahrung und Fütterung von Tieren;**
10. **die Kosten der Zwangshaft in Höhe der für die Freiheitsstrafe geltenden Sätze, die Kosten einer sonstigen Haft nur dann, wenn sie nach den für die Freiheitsstrafe geltenden Vorschriften zu erheben wären;**
11. **die Beträge, die anderen inländischen Behörden, öffentlichen**

Einrichtungen oder Beamten als Ersatz für Auslagen der in den Nummern 1 bis 10 bezeichneten Art zustehen, und zwar auch dann, wenn aus Gründen der Gegenseitigkeit, der Verwaltungsvereinfachung und dergleichen keine Zahlungen zu leisten sind; diese Beträge sind durch die Höchstsätze für die bezeichneten Auslagen begrenzt;

12. Beträge, die ausländischen Behörden, Einrichtungen oder Personen im Ausland zustehen, sowie Kosten des Rechtshilfeverkehrs mit dem Ausland, und zwar auch dann, wenn aus Gründen der Gegenseitigkeit, der Verwaltungsvereinfachung und dergleichen keine Zahlungen zu leisten sind.

1) **Geltungsbereich.** I stimmt fast wörtlich mit KV 1901–1912 überein. Vgl die dortigen Anm. Es gelten folgende Besonderheiten:

Z 4. Gegenüber KV 1904 sind die an Urkundszeugen zu zahlenden Vergütungen zusätzlich erwähnt. Das Gericht muß sie nach seinem pflichtgemäßen Ermessen und nicht nach dem ZSEG festsetzen. Kosten des gerichtlich beigezogenen Dolmetschers im Abschiebungshaftverfahren sind vom Kostenschuldner zu erstatten, Düss VersR **85**, 973.

Z 5. Im Fall eines Wechsel- oder Scheckprotests muß man die dem Protestbeamten zustehenden Reisekosten auf die Wegegebühren anrechnen, § 51 II 2.

Auf einen Gerichtstag ist Z 5 nicht anwendbar. Denn die zur Abhaltung eines solchen Gerichtstags bestimmte Räumlichkeit gilt als Gerichtsstelle, § 160 S 1.

Z 7. Die Vorschrift ist auf den Gebührennotar unanwendbar, § 143.

138 (weggefallen)

Rechnungsgebühren

139 **I Für Rechnungsarbeiten, die durch einen dafür besonders bestellten Beamten oder Angestellten (Rechnungsbeamten) vorgenommen werden, sind als Auslagen Rechnungsgebühren zu erheben, die nach dem für die Arbeit erforderlichen Zeitaufwand bemessen werden. Sie betragen 15 Deutsche Mark für die Stunde; die letzte, bereits begonnene Stunde wird voll gerechnet.**

II In Vormundschafts- und Pflegschaftssachen werden unbeschadet der Vorschrift des § 96 für die Prüfung eingereichter Rechnungen Rechnungsgebühren nur erhoben, wenn die nachgewiesenen Bruttoeinnahmen mehr als 2000 Deutsche Mark für das Jahr betragen. Einnahmen aus dem Verkauf von Vermögensstücken rechnen nicht mit.

III Die Rechnungsgebühren setzt das Gericht, das den Rechnungsbeamten beauftragt hat, von Amts wegen fest. § 14 Abs. 2 Satz 2, 3 und 4, Abs. 3 und 4 **gilt entsprechend. Beschwerdeberech-**

tigt sind die Staatskasse und derjenige, der für die Rechnungsgebühren als Kostenschuldner in Anspruch genommen worden ist.

Vorbem. I 2 idF Art 2 I Z 17 G v 9. 12. 86, BGBl 2326, in Kraft seit 1. 1. 87, Art 10.

1) Allgemeines. I, III stimmen inhaltlich zum Teil mit § 72 I GKG überein. Vgl die dortigen Anm. Bei der Verweisung in III 2 handelt es sich um ein offensichtliches gesetzliches Redaktionsversehen. Denn § 14 II 2–4 ist infolge Art 4 § 4 Z 2 Nov 75 entfallen. Man muß jetzt III 2 wie folgt lesen: „§ 14 Abs. 3–5 gilt entsprechend", vgl Rohs/Wedewer IV (zustm Riedel MDR **77**, 348), Schopp MDR **76**, 727.

Der Notar, der die Gebühren selbst behält, kann keine Rechnungsgebühren berechnen, § 143.

2) Vormundschafts-, Pflegschaftssache, II. In einem solchen Fall entstehen nur insoweit Rechnungsgebühren, als eine der folgenden Voraussetzungen vorliegt:

A. Vermögen. Das Reinvermögen muß mehr als 50000 DM betragen. Soweit es sich um eine Vormundschaft oder Dauerpflegschaft handelt, §§ 92, 93 II, können Rechnungsgebühren nur wegen desjenigen Betrags des Reinvermögens entstehen, der 50000 DM übersteigt, § 96.

B. Einnahmen. Die nachgewiesene Bruttoeinnahme muß im fraglichen Kalenderjahr mehr als 2000 DM betragen. Dabei darf man eine Einnahme aus dem Verkauf von Vermögensstücken nicht mitrechnen.

Anhang nach § 139

Gesetz über das gerichtliche Verfahren bei Freiheitsentziehung

vom 29. 6. 1956, BGBl I 599, zuletzt geändert durch G vom 15. 8. 1975, BGBl 1942

(auszugsweise)

Grundzüge

1) Allgemeines. Die Freiheitsentziehung ist bundesrechtlich in Ausführung des Art 104 II GG durch das FEVG geregelt worden. Das Gesetz erfaßt praktisch nur noch die Freiheitsentziehung auf Grund des GeschlechtskrankhG, des BSeuchG, des AusländerG, SaGö § 1 Rz 6 ff. Das FEVG ist auch im Saarland eingeführt, G 574 vom 26. 3. 57, ABl 515. Soweit die Freiheitsentziehung zu Erziehungszwecken erfolgt, ist § 1800 II BGB als Sonderregel anwendbar. Vgl auch § 69 JWG. Das Verfahren über die Unterbringung eines Geisteskranken, Rauschgiftsüchtigen oder Alkoholsüchtigen ist landesrechtlich geregelt. Über diese Kosten Höver Rpfleger **57**, 228.

Die Anwaltsgebühren sind in § 112 BRAGO geregelt.

Freiheitsentziehung ist die Unterbringung einer Person gegen ihren Willen (im Fall eines der Personensorge Unterworfenen entscheidet der

Sorgeberechtigte) oder im Zustand der Willenlosigkeit in einer Justizvollzugsanstalt, einem Haftraum, einer abgeschlossenen Verwahranstalt, einer abgeschlossenen Anstalt der Fürsorge, einer abgeschlossenen Krankenanstalt oder in einem abgeschlossenen Teil einer Krankenanstalt, § 2. Die zuständige Verwaltungsbehörde muß beim AG einen Antrag stellen. Das AG entscheidet im Verfahren der freiwilligen Gerichtsbarkeit durch einen Beschluß, § 3. Es darf die Freiheitsentziehung zunächst auf höchstens ein Jahr bemessen, die Frist jedoch verlängern, §§ 9, 12. Für die Kosten des gerichtlichen Verfahrens gilt § 14.

Gerichtskosten

§ 14. I Für die Gerichtskosten gelten, soweit nichts anderes bestimmt ist, die Vorschriften der Kostenordnung. Gebühren werden nur für die in Absatz 2 genannten Entscheidungen und für das Beschwerdeverfahren (Absatz 3) erhoben.

II Für die Entscheidung, die eine Freiheitsentziehung (§ 6) oder ihre Fortdauer (§ 12) anordnet oder einen nicht vom Untergebrachten selbst gestellten Antrag, die Freiheitsentziehung aufzuheben (§ 10), zurückweist, wird eine Gebühr von dreißig Deutsche Mark erhoben. Das Gericht kann jedoch unter Berücksichtigung der wirtschaftlichen Verhältnisse des Zahlungspflichtigen und der Bedeutung und des Umfanges des Verfahrens die Gebühr bis auf fünf Deutsche Mark ermäßigen oder bis auf zweihundert Deutsche Mark erhöhen.

III Für das Beschwerdeverfahren wird bei Verwerfung oder Zurückweisung der Beschwerde eine Gebühr von dreißig Deutsche Mark, bei Zurücknahme der Beschwerde eine Gebühr von zehn Deutsche Mark erhoben.

IV Kostenvorschüsse werden nicht erhoben.

1) Geltung der KostO, I, IV. Maßgebend ist die KostO. Jedoch ist § 8 KostO unanwendbar, IV. Außer Gebühren können Auslagen entstehen, insbesondere für den Sachverständigen, den das Gericht anhören muß, soweit eine Unterbringung in einer abgeschlossenen Anstalt oder Abteilung anzuordnen ist, § 5 IV.

2) Gebühren, II, III. A. Erste Instanz, II. a) Grundsatz, II 1. Es entsteht grundsätzlich eine Gebühr von 30 DM, soweit das Gericht eine Freiheitsentziehung oder deren Fortdauer anordnet oder soweit es einen Antrag, die Freiheitsentziehung aufzuheben, zurückweist, den nicht der Untergebrachte selbst, sondern der gesetzliche Vertreter in einer persönlichen Angelegenheit oder bei einer Person unter elterlicher Sorge einer der Sorgeberechtigten oder bei einem Verheirateten, der nicht dauernd getrennt lebt, der andere Ehegatte, §§ 6 IIb, 5 III, oder eine Person des besonderen Vertrauens des Untergebrachten gestellt hatte, § 6 IIc.

Eine Entscheidung nur auf Grund eines Antrags des Untergebrachten selbst ist ebenso wie eine von Amts wegen erfolgende Aufhebung der Entziehung nach dem Wegfall des Entziehungsgrunds, § 10 I, gebührenfrei.

Die Verwaltungsbehörde kann einen Aufhebungsantrag stellen, §§ 10 II, 6 IId. Sie ist aber gemäß § 15 II zur Zahlung von Gerichtsgebühren oder zur Erstattung von Auslagen des gerichtlichen Verfahrens nicht verpflichtet.

b) Ermäßigung, Erhöhung, II 2. Das Gericht ist im Rahmen eines pflichtgemäßen Ermessens unter einer Berücksichtigung der wirtschaftlichen Verhältnisse des Zahlungspflichtigen und der Bedeutung und des Umfangs des Verfahrens zu einer Ermäßigung bis auf einen Betrag von 5 DM oder zu einer Erhöhung bis auf einen Betrag von 200 DM verpflichtet.

B. Beschwerdeverfahren, III. Im Beschwerdeverfahren entsteht eine Gerichtsgebühr nur, soweit der Beschwerdeführer die Beschwerde wirksam zurücknimmt oder soweit das Beschwerdegericht die Beschwerde als unzulässig verwirft oder als unbegründet zurückweist. Bei einer Zurücknahme beträgt die Gebühr 10 DM, bei der Verwerfung oder Zurückweisung der Beschwerde 30 DM.

Soweit das Gericht erster Instanz die Freiheitsentziehung abgelehnt hatte, ist nur die Verwaltungsbehörde beschwerdeberechtigt, § 7 II. In diesem Fall entsteht auch bei einer Zurücknahme der Beschwerde oder bei deren Verwerfung oder Zurückweisung keine Gebühr, § 15 II.

Kostenschuldner

§ 15. [I] **Schuldner der Gebühren sind in den Fällen des § 14 Abs. 2 der Untergebrachte und im Rahmen ihrer gesetzlichen Unterhaltspflicht die zu seinem Unterhalt Verpflichteten, in den Fällen des § 14 Abs. 3 der Beschwerdeführer; sie haben, soweit sie gebührenpflichtig sind, auch die baren Auslagen des gerichtlichen Verfahrens zu tragen.**

[II] **Die Verwaltungsbehörden sind zur Zahlung von Gerichtsgebühren und zur Erstattung der Auslagen des gerichtlichen Verfahrens nicht verpflichtet.**

1) Kostenschuldner, I. Sowohl für die Gebühren als auch für die Auslagen des gerichtlichen Verfahrens kommen folgende Kostenschuldner in Betracht:

A. Untergebrachter. Der Untergebrachte ist insoweit Kostenschuldner, als das Gericht eine Entscheidung im Sinn von § 14 II trifft. Soweit es nicht zu einer solchen Entscheidung kommt, soweit das Gericht also den Antrag der Verwaltungsbehörde ablehnt, wäre sie zwar als Antragsteller Kostenschuldner; indessen ist sie von der Zahlung nach II befreit. Dasselbe gilt dann, wenn das Gericht eine Beschwerde der Verwaltungsbehörde zurückweist.

B. Unterhaltspflichtiger. Nach dem Wortlaut von I ist der Unterhaltspflichtige im Rahmen seiner gesetzlichen Unterhaltspflicht ebenfalls Kostenschuldner. Soweit aber die Bezahlung bereits entstandener Verfahrenskosten nicht zur sachlichrechtlichen Unterhaltspflicht zählt, ist der Unterhaltspflichtige praktisch nicht Kostenschuldner, SaGö Rz 3, 4 mwN.

C. Beschwerdeführer. Im Fall des § 14 III ist der Beschwerdeführer Kostenschuldner. Das gilt auch dann, wenn er nicht beschwerdeberechtigt war, SaGö Rz 5.

2) Verwaltungsbehörde, II. Sie ist weder gebührenpflichtig noch auslagenpflichtig. Diese Kostenfreiheit beschränkt sich freilich auf die Gerichtskosten. Vgl § 16.

Auslagenersatz bei Ablehnung der Freiheitsentziehung

§ 16. Lehnt das Gericht den Antrag der Verwaltungsbehörde auf Freiheitsentziehung ab, so hat es zugleich die Auslagen des Betroffenen, soweit sie zur zweckentsprechenden Rechtsverfolgung notwendig waren, der Gebietskörperschaft, der die Verwaltungsbehörde angehört, aufzuerlegen, wenn das Verfahren ergeben hat, daß ein begründeter Anlaß zur Stellung des Antrages nicht vorlag. Die Höhe der Auslagen wird auf Antrag des Betroffenen durch den Urkundsbeamten der Geschäftsstelle festgesetzt. Für das Verfahren und die Vollstrekkung der Entscheidung gelten die Vorschriften der Zivilprozeßordnung entsprechend.

1) Allgemeines. Die Verwaltungsbehörde braucht weder Gebühren noch Auslagen des Gerichtsverfahrens zu bezahlen, § 15 II. § 16 setzt eine Zahlungspflicht der übergeordneten Gebietskörperschaft wegen der Auslagen des vom Antrag auf eine Freiheitsentziehung Betroffenen fest. Eine solche Zahlungspflicht entsteht aber nur insoweit, als kein begründeter Anlaß zur Antragstellung vorhanden war, S 1. Ein im Entscheidungszeitpunkt unbegründeter Antrag kann bei seiner Einreichung begründet gewesen sein. Man muß denjenigen Sachverhalt zugrunde legen, der im Zeitpunkt der Antragstellung unter Ausnutzung aller der Behörde zumutbaren Erkenntnisquellen vorlag, SaGö Rz 10. Wenn damals der Antrag unter diesen Voraussetzungen als begründet erschien, müssen der Antragsgegner bzw der Unterhaltspflichtige die Auslagen selbst tragen.

Dieselben Regeln gelten im Fall der Zurücknahme eines Antrags auf eine Freiheitsentziehung, SaGö Rz 13.

2) Auslagen, S 1. Man kann §§ 136ff KostO nur teilweise heranziehen, etwa: § 137 Z 4 (Kosten des Sachverständigen), Z 6 (an Rechtsanwälte zu zahlende Beträge), Z 8 (Reisekosten). Auch insofern muß man stets prüfen, ob die Auslagen zu einer zweckentsprechenden Rechtsverfolgung oder Rechtsverteidigung objektiv notwendig waren, vgl § 91 ZPO.

3) Festsetzung, S 2, 3. Der Betroffene muß seine Auslagen dem Rpfl nachweisen, § 21 I Z 1 RPflG. Dieser setzt die Auslagen auf Grund eines Antrags fest, §§ 103, 104 ZPO entsprechend. Vgl dort auch wegen der Rechtsmittel. Aus dem Kostenfestsetzungsbeschluß findet die Zwangsvollstreckung statt, nachdem die Vollstreckungsklausel erteilt worden ist. Sie ist aber erst nach einer Anzeige an den gesetzlichen Vertreter der Gebietskörperschaft und einer Wartefrist von 4 Wochen statthaft, § 882a ZPO.

Zweiter Teil. Kosten der Notare

Übersicht

Schrifttum: Höfer, Praxis des Kostenrechts der Notare, 1977; Kreuzer, Notariats- und Gerichtskosten bei der Hofübergabe, 1988; Lappe zuletzt NJW **88**, 3130 (Rspr-Üb); vgl auch Rossak, Die Unabhängigkeit und Unparteilichkeit des Notars usw, Diss Augsb 1986.

1) Stellung des Notars. Sie ist durch die BNotO geregelt. Sie gilt in Baden-Württemberg nur eingeschränkt, vgl §§ 114ff BNotO und das Baden-Württembergische FGG, Üb Henssler DRiZ **76**, 78. Der Notar kann bei demjenigen AG, in dessen Bezirk er seinen Amtssitz hat, als Rechtsanwalt zugelassen werden, § 3 III BNotO. Ein Anwalt kann auch auf die Dauer seiner Zulassung als sog Anwaltsnotar bestellt werden, § 3 II BNotO.

Der Notar erhält für seine Tätigkeit grundsätzlich Gebühren- und Auslagenersatz. Er muß einem Unbemittelten, der eine Prozeßkostenhilfe beanspruchen könnte, seine Urkundstätigkeit, Anm 2, vorläufig gebührenfrei oder doch nur gegen die Zahlung von Monatsraten gewähren, § 17 II BNotO; Einzelheiten Appell DNotZ **81**, 596. Gegen eine Verweigerung ist die Beschwerde an das LG zulässig, LG Kaisersl DNotZ **71**, 767.

Im Bezirk des OLG Karlsruhe fließen alle Notargebühren in die Staatskasse. Der Notar erhält einen Anteil an den Gebühren, §§ 8–9 des Baden-Württembergischen LJustKG idF vom 25. 3. 75, GBl 261. In Württemberg fließen die Gebühren der Bezirksnotare zum Teil in die Staatskasse, § 114 BNotO, §§ 110ff des Baden-Württembergischen LJustKG.

2) Notartätigkeit. Die KostO bezieht sich nur auf solche Geschäfte, die der Notar als solcher vornimmt, nicht auf ein Geschäft, bei dem er als Anwalt tätig wird oder das eine rein wirtschaftliche Natur hat oder das man ihm als Vertrauensperson übertragen hat.

Zur Notartätigkeit zählen zB: Eine Beurkundung oder Beglaubigung jeglicher Art; die Entgegennahme einer Auflassung; die Durchführung einer freiwilligen Versteigerung; auf Grund des Landesrechts im beschränkten Rahmen die Mitwirkung bei der Auseinandersetzung eines Nachlasses oder eines Gesamtguts; die Ausstellung einer Vertreterbescheinigung; die Aufnahme einer eidesstattlichen Versicherung; in einigen Fällen auch die Abnahme eines Eids; die Verwahrung von Wertgegenständen; die Betreuung der Beteiligten auf dem Gebiet der vorsorgenden Rechtspflege, §§ 20–24 BNotO.

Da der erste Teil der KostO für die Notargebühren für entsprechend anwendbar erklärt ist, § 141, kommen für die Urkundstätigkeit §§ 36–59, 71, 116, 133, 145, 148, für die sonstige Tätigkeit §§ 146, 147, 149, 150 in Betracht. Die Abgrenzung der Notartätigkeit gegenüber der Tätigkeit des Anwalts ergibt sich aus § 24 II BNotO, dazu zB wegen einer Beratung KG DNotZ **72**, 184, LG Duisb DNotZ **74**, 565 (zustm Petersen), Mümmler JB **76**, 425 mwN. Der Anspruch auf die Zahlung einer Gebühr entsteht mit der Inanspruchnahme der Tätigkeit des Notars. Bei einer

Notarsozietät richtet sich der Auftrag, anders als bei einer Anwaltssozietät, grundsätzlich nur an den einzelnen Notar. Daher ist auch nur er allein Kostengläubiger, BayObLG MDR **81**, 238.

Im Fall einer objektiv unnötigen oder unrichtigen Notartätigkeit entstehen keine Gebühren, § 16 in Verbindung mit § 141.

3) Notararten. Man muß für die Anwendbarkeit der KostO folgende Notararten unterscheiden:

A. Beamteter Notar. Soweit die Gebühren aus der Tätigkeit des Notars der Staatskasse zufließen, Anm 1, gilt auch verfahrensrechtlich der erste Teil der KostO. Über eine Erinnerung gegen den Kostenansatz und die Festsetzung des Geschäftswerts entscheidet dasjenige AG, in dessen Bezirk der Notar seinen Amtssitz hat, § 142.

B. Gebührennotar. Soweit die Gebühren dem Notar selbst zufließen, ergeben sich eine Reihe von Besonderheiten, §§ 143, 144, 152, 153, 154, insbesondere auch bei der Beitreibung der Kosten, den Einwendungen gegen die Kostenrechnung, der Rückzahlung und einem etwaigen Schadensersatzanspruch, §§ 155–157.

Verbot der Gebührenvereinbarung

140 **Die Kosten der Notare bestimmen sich, soweit bundesrechtlich nichts anderes vorgeschrieben ist, ausschließlich nach diesem Gesetz. Vereinbarungen über die Höhe der Kosten sind unwirksam.**

1) Geltungsbereich, S 1. Die Vorschrift versteht unter dem Begriff Notar alle Notare nach der BNotO, aber auch den badischen Notar und den württembergischen Bezirksnotar, §§ 114, 115 BNotO, für eine Tätigkeit als Notar. Für diese Tätigkeit entstehen auch dann, wenn die Gebühren dem Staat zufließen, Üb 1, 3 A vor § 140, dieselben Gebühren wie beim Gebührennotar. Über den sachlichen Geltungsbereich Üb 2 vor § 140.

Die Vorschrift gilt nicht, soweit ein Bundesgesetz eine andere Regelung enthält, S 1. Soweit ein deutscher oder ein ausländischer Notar außerhalb der BRep einen Auftrag angenommen und auch außerhalb der BRep ausgeführt hat, ist die KostO überhaupt nicht anwendbar. Sie gilt vielmehr nur für ein Amtsgeschäft eines deutschen Notars im Bereich der BRep, Üb 1 vor § 140. Im Fall einer Beurkundung durch einen deutschen Konsul außerhalb der BRep ist das GebührenG vom 8. 3. 36, RGBl 137, anwendbar, Geimer DNotZ **78**, 26. Landesrechtliche Kostenvorschriften bleiben unberührt, § 158.

2) Vereinbarungsverbot, S 2. Jede Vereinbarung über die Höhe der Kosten (Gebühren und Auslagen) nach oben oder unten und natürlich erst recht über das Ob von Kosten ist grundsätzlich wegen des öffentlichrechtlichen Charakters dieser Kosten schlechthin verboten und nichtig, BGH NJW **88**, 65 mwN, vgl BayObLG DNotZ **84**, 111 mwN, Düss MDR **87**, 684, Hamm NJW **79**, 1170. Das gilt grundsätzlich auch für einen Vergleich, BGH NJW **88**, 65 mwN, sogar über Fragen des Wertansatzes, BGH NJW **88**, 65 mwN; allerdings kann dann bei wirklichem

Zweifel ein Vergleich zulässig sein, Schlesw DNotZ **85**, 480, ebenso wie natürlich bei Rechenfehlern, Schlesw DNotZ **85**, 480, und überhaupt dann, wenn das Gericht im Gebührenprozeß auf Grund eigener rechtlicher Prüfung maßgeblich am nachvollziehbar geregelten Vergleich mitwirkt, BGH NJW **88**, 66. Man kann auch nicht die gesamtschuldnerische Haftung durch eine Vereinbarung mit dem Notar ausschließen, Ffm DNotZ **70**, 442.

Eine Kostenfreiheit besteht nur im Rahmen des § 144. Ein Verzicht auf die Gebühren ist grundsätzlich nichtig, BGH NJW **86**, 2577, Zweibr DNotZ **77**, 58. Er ist allenfalls insoweit zulässig, als der Notar die Zahlung der Gebühr rechtlich nicht erzwingen kann oder als eine Zustimmung des zuständigen Organs der Notarkammer vorliegt, vgl die heute noch gültigen Erlasse des Präsidenten der Reichsnotarkammer bei Seybold/Hornig § 17 BNotO Anm 10. Soweit ein Anwaltsnotar über Anwalts- und Notartätigkeiten ein Gesamthonorar vereinbart, ist diese Abrede zumindest insoweit unwirksam, als sie die Notarkosten nicht gemäß § 154 nachvollziehbar ausweist, BGH NJW **86**, 2577.

Soweit der Notar lediglich seine örtliche Zuständigkeit überschritten hat, ist das Geschäft nicht schon deshalb unwirksam, § 11 III BNotO, so daß er auch insofern keine Kostenvereinbarung treffen kann.

Eine Verwirkung der Kostenforderung des Notars ist nur in seltenen Ausnahmefällen möglich, offen Zweibr DNotZ **77**, 58.

3) Nichterhebung usw. Man muß von einer Vereinbarung über die Kostenhöhe die Fälle der Nichterhebung oder der sonstigen Unzulässigkeiten der Geltendmachung eines Kostenanspruchs unterscheiden.

Der Notar darf und muß von der Erhebung der durch seine objektiv unrichtige Sachbehandlung entstandenen Kosten absehen. In einem solchen Fall muß er zunächst selbst entscheiden und auch den Kostenansatz entsprechend berichtigen. Er muß ferner einem Bedürftigen eine vorläufige Gebührenfreiheit oder die Tätigkeit nur gegen die Zahlung von Monatsraten gewähren, Üb 1 vor § 140. Es ist eine Verwirkung der Kostenforderung denkbar, Anm 2. Ein Gebührenanspruch entfällt schließlich insoweit, als der Notar etwas verlangen würde, was er doch sogleich zurückgewähren müßte. In diesem Zusammenhang kann ein etwaiges Verschulden des Notars unerheblich sein.

Vgl im übrigen §§ 16, 156, Hamm NJW **78**, 2604 mwN.

Anwendung des Ersten Teils

141 **Für die Kosten der Notare gelten die Vorschriften des Ersten Teils dieses Gesetzes entsprechend, soweit in den nachstehenden Vorschriften nichts anderes bestimmt ist.**

1) Geltungsbereich. Die Vorschrift bezieht sich auf sämtliche durch ein Amtsgeschäft des Notars, Üb 2 vor § 140, entstehenden Kosten, unabhängig davon, wem die Gebühr zufließt, Üb 3 vor § 140. § 141 ist auch insoweit anwendbar, als dem Notar Aufgaben des Grundbuchamts, des Vormundschaftsgerichts oder des Nachlaßgerichts übertragen sind, wie zB teilweise in Baden-Württemberg. Über eine Erinnerung gegen den

Kostenansatz und die Feststellung des Geschäftswerts entscheidet dann dasjenige AG, in dessen Bezirk der Notar seinen Amtssitz hat, § 160 S 2. Für das Beschwerdeverfahren ist § 14 anwendbar.

Abweichende Vorschriften im Sinn von § 141 sind zB: §§ 143, 144 (wegen des Gebührennotars), § 148 (wegen der Vermittlung einer Auseinandersetzung).

Zur Anwendbarkeit der BRAGO dort § 1 Anm 2 B a.

Entscheidung durch das Amtsgericht in Baden-Württemberg

142 **Soweit im Lande Baden-Württemberg die Gebühren für die Tätigkeit des Notars der Staatskasse zufließen, entscheidet in den Fällen des § 14 Abs. 2 und des § 31 (Erinnerung gegen den Kostenansatz, Festsetzung des Geschäftswerts) das Amtsgericht, in dessen Bezirk der Notar (Bezirksnotar) seinen Amtssitz hat.**

1) Geltungsbereich. Wegen der Notare, deren Gebühren im Lande Baden-Württemberg der Staatskasse zufließen, Üb 1, 3 A vor § 140. Für sie gelten auch nicht die §§ 143, 144, 152, 153 II, 154–157, sondern § 14 II wegen der Erinnerung gegen den Kostenansatz, § 31 wegen der Festsetzung des Geschäftswerts. Zuständig ist dasjenige AG, in dessen Bezirk der Notar seinen Amtssitz hat.

Das Beschwerdeverfahren verläuft nach § 14 III.

Nichtanwendung des Ersten Teils

143 **I Fließen die Gebühren für die Tätigkeit des Notars diesem selbst zu, so finden die folgenden Vorschriften des Ersten Teils keine Anwendung:**

§§ 11 und 13 (Allgemeine Vorschriften über Kostenbefreiungen, Gebührenfreiheit für einzelne Gesamtschuldner),
§ 14 (Kostenansatz, Erinnerung, Beschwerde),
§ 15 (Nachforderung),
§ 16 Abs. 2 (Entscheidung über die Nichterhebung von Kosten),
§ 17 Abs. 1, 2, 3 Satz 1 (Verjährung),
§ 31 (Festsetzung des Geschäftswerts),
§ 136 Abs. 5 (Schreibauslagen bei zur Verfügung gestellten Entwürfen),
§ 137 Nr. 8 [**richtig:** 7], **§ 139 (Rechnungsgebühren).**

II Bundes- oder landesrechtliche Vorschriften, die Gebühren- oder Auslagenbefreiung gewähren, finden keine Anwendung auf den Notar, dem die Gebühren für seine Tätigkeit selbst zufließen. Außer in den Fällen der Kostenerstattung zwischen den Trägern der Sozialhilfe gilt die in § 64 Abs. 2 Satz 3 Nr. 2 des Zehnten Buches Sozialgesetzbuch bestimmte Gebührenfreiheit auch für den Notar.

Vorbem. Geändert bzw erweitert durch Art 1 Z 4 G v 15. 6. 89, BGBl 1082, in Kraft seit 1. 7. 89, Art 5. In der Verweisung in I auf § 137 ist infolge eines offensichtlichen Redaktionsversehens des Gesetzgebers irrig Z 8 genannt.

1) Systematik, I, II. Die Vorschrift ist eine Ausnahmeregelung für den Gebührennotar gegenüber dem Grundsatz des § 141. I schreibt die Nichtanwendung der dort genannten Vorschriften des ersten Teils der KostO vor. Daraus, aber auch sonst, unter anderem aus II, ergeben sich für den Gebührennotar eine Reihe von Besonderheiten, Üb 3 B vor § 140.

2) Fälle, I. Es sind folgende Besonderheiten zu beachten:

A. §§ 11, 13. An ihre Stelle treten II sowie § 144.

B. § 14. An seine Stelle treten §§ 154, 156.

C. § 15. Die Nachforderung ist bis zur Verjährung nach § 196 Z 15 BGB zulässig. Sie ist ausgeschlossen, wenn eine rechtskräftige Entscheidung nach § 156 ergangen ist. Die Sondervorschrift des § 46 V bleibt anwendbar.

D. § 16 II. Statt dieser Vorschrift ist § 156 anwendbar.

§ 16 I bleibt aber anwendbar. Im Fall einer unrichtigen Sachbehandlung erwachsen also insoweit keine Kosten, Hamm NJW **78**, 2604, LG Mü DNotZ **74**, 100.

E. § 17. Als Sonderregel ist § 196 Z 15 BGB und im Fall einer letztwilligen Verfügung § 46 V anwendbar.

Indessen bleibt § 17 III 2 anwendbar. Eine erneute Aufforderung unterbricht die Verjährung also nicht, Celle DNotZ **76**, 760, aM zB Bühling DNotZ **55**, 271. Ebenfalls anwendbar bleibt § 17 III 3. Die Verjährung beginnt also gemäß § 201 BGB. Vgl auch § 155 Anm 3.

F. § 31. Die Kostenrechnung gibt den Geschäftswert an. Eine Festsetzung findet nicht statt. Soweit § 31 auf den Notar unanwendbar ist, hat er auch kein Beschwerderecht. Eine Anfechtung der Kostenrechnung des Notars erfolgt nach § 156, LG Mü DNotZ **74**, 100.

G. § 136 V. Der Notar erhält also auch dann Schreibauslagen, wenn der Auftraggeber, etwa ein Bauträger, mit dem Entwurf für die Urkunde auch einen Entwurf der Ausfertigung oder Abschrift vorlegt.

H. § 137 Z 7, § 139. Der Gebührennotar erhält keine Rechnungsgebühren.

3) Kostenpflicht gegenüber Gebührennotar, II 1. Die Vorschrift enthält eine weitere Sonderregel gegenüber § 141 für denjenigen Notar, dem die Gebühren selbst zufließen, den sog Gebührennotar, Üb 1, 3 B vor § 140. Für den Gebührennotar gelten bundesrechtliche oder landesrechtliche Vorschriften über eine Gebührenbefreiung oder Auslagenbefreiung grundsätzlich nicht. Demgemäß gelten auch §§ 11 ff nicht. Denn man kann demjenigen Notar, der seine Auslagen selbst bezahlen muß, nicht zumuten, im öffentlichen Interesse auf ihren Ersatz zu verzichten.

Von diesem Grundsatz enthält II 2 eine Ausnahme.

Im übrigen fallen nur diejenigen Befreiungsvorschriften unter II 1, die § 11 nennt, vgl auch § 11 Anh 1, 2, zB: § 34 RHeimstG, Schlesw DNotZ **77**, 506 und SchlHA **80**, 62.

Nicht hierher zählen bloße Ermäßigungsvorschriften, die auf den Notar keine Anwendung finden, zB: § 35 RHeimstG, Celle DNotZ **74**, 630, und solche Ermäßigungsvorschriften, die die Notargebühren ausdrücklich erwähnen, zB: § 10 II AusfVO RHeimstG. Wegen § 29 RSiedlG BGH Rpfleger **78**, 97, Hamm Rpfleger **79**, 356 mwN.

Eine Auslagenfreiheit besteht auch gegenüber dem Gebührennotar nicht. Das ergibt sich aus II 1, der die Nichtbefreiung von den Auslagen anordnet, und aus II 2 sowie aus § 144, die nur von Gebührenbefreiung sprechen. Wegen der Schreibauslagen gilt nichts Besonderes mehr. §§ 136ff gelten also mit Ausnahme der in I genannten Vorschriften auch dem Notar gegenüber.

4) Volle Gebührenfreiheit, II 2

§ 64 II SGB (X) bestimmt:

II Geschäfte und Verhandlungen, die aus Anlaß der Beantragung, Erbringung oder der Erstattung einer Sozialleistung nötig werden, sind kostenfrei. Dies gilt auch für die in der Kostenordnung bestimmten Gerichtskosten. Von Beurkundungs- und Beglaubigungskosten sind befreit Urkunden, die

1. ...

2. im Sozialhilferecht aus Anlaß der Beantragung, Erbringung oder Erstattung einer nach dem Bundessozialhilfegesetz vorgesehenen Leistung benötigt werden,

3.–5. ...

II 2 ist mit dem GG vereinbar, vgl schon (zu § 144 II aF) BVerfG BGBl **85**, 1629 (und zwar „nach Maßgabe der Gründe" der Entscheidung, die in BVerfG **69**, 378 abgedruckt sind). II 2 bezieht die Gebührenfreiheit nach § 64 II SGB X nicht auch auf die Nebentätigkeit des Notars iSv §§ 146, 147, LG Aachen Rpfleger **88**, 338.

II 2 nimmt allerdings die Fälle einer Kostenerstattung zwischen Sozialhilfeträgern von der völligen Gebührenfreiheit aus.

Gebührenermäßigung

144 **I Erhebt ein Notar, dem die Gebühren für seine Tätigkeit selbst zufließen, die in den §§ 36 bis 59, 71, 133, 145 und 148 bestimmten Gebühren von**

1. dem Bund, einem Land sowie einer nach dem Haushaltsplan des Bundes oder eines Landes für Rechnung des Bundes oder eines Landes verwalteten öffentlichen Körperschaft oder Anstalt,

2. einer Gemeinde, einem Gemeindeverband, einer sonstigen Gebietskörperschaft oder einem Zusammenschluß von Gebietskörperschaften, einem Regionalverband, einem Zweckverband,

3. einer Kirche, sonstigen Religions- oder Weltanschauungsgemeinschaft, jeweils soweit sie die Rechtsstellung einer juristischen Person des öffentlichen Rechts hat,

und betrifft die Angelegenheit nicht deren wirtschaftliche Unter-

nehmen, so ermäßigen sich die Gebühren bei einem Geschäftswert von mehr als 50000 Deutsche Mark bis zu einem

Geschäftswert von (Deutsche Mark)	um (v.H.)
200000	30
500000	40
2000000	50
über 2000000	60.

Eine ermäßigte Gebühr darf jedoch die bei einem niedrigeren Geschäftswert nach Satz 1 zu erhebende Gebühr nicht unterschreiten. Wenn die Tätigkeit mit dem Erwerb eines Grundstücks oder grundstücksgleichen Rechts zusammenhängt, ermäßigen sich die Gebühren nur, wenn dargelegt wird, daß eine auch nur teilweise Weiterveräußerung an einen nichtbegünstigten Dritten nicht beabsichtigt ist. Ändert sich diese Absicht innerhalb von drei Jahren nach Beurkundung der Auflassung, entfällt eine bereits gewährte Ermäßigung. Die Begünstigte ist verpflichtet, den Notar zu unterrichten.

II Die Gebührenermäßigung ist auch einer Körperschaft, Vereinigung oder Stiftung zu gewähren, die ausschließlich und unmittelbar mildtätige oder kirchliche Zwecke im Sinne der Abgabenordnung verfolgt, wenn diese Voraussetzung durch einen Freistellungs- oder Körperschaftssteuerbescheid oder durch eine vorläufige Bescheinigung des Finanzamts nachgewiesen und dargelegt wird, daß die Angelegenheit nicht einen steuerpflichtigen wirtschaftlichen Geschäftsbetrieb betrifft.

III Die Ermäßigung erstreckt sich auf andere Beteiligte, die mit dem Begünstigten als Gesamtschuldner haften, nur insoweit, als sie von dem Begünstigten auf Grund gesetzlicher Vorschrift Erstattung verlangen können.

Vorbem. Fassung Art 1 Z 5 G v 15. 6. 89, BGBl 1082, in Kraft seit 1. 7. 89, Art 5.

1) Systematik, I–III. Die Vorschrift stellt beim Gebührennotar, Üb 1, 3 B vor § 140, eine Abschwächung des Grundsatzes der Kostenpflicht des eigentlich Kostenfreien, § 143 II 1, dar. Sie bildet aber auch eine Abweichung von der besonderen Gebührenfreiheit nach § 143 II 2 für die in § 144 I 1 genannten Tätigkeitsarten; diese Abweichung ist für bestimmte Grundstücksgeschäfte in I 3, 4 weiter eingeschränkt.

2) Regelungszweck, I–III. Der Gebührennotar soll zwar nicht umsonst, aber auch nicht zu vollen Gebühren arbeiten. Die neue Staffelung der Gebührenermäßigung wie auch die Differenzierung nach unterschiedlichen persönlichen und sachlichen Voraussetzungen bezwecken auch eine Beendigung des früheren Streits um die Gültigkeit der starren Ermäßigung nach III aF.

3) Sachlicher Geltungsbereich, I–III. Es müssen folgende Voraussetzungen zusammentreffen, damit eine Gebührenermäßigung eintritt:

A. Beurkundung usw, I 1. Es muß sich zunächst um eine Beurkundung handeln, §§ 36–59, 71, oder um die Erteilung einer vollstreckbaren Ausfertigung, § 133, oder um den Entwurf einer Urkunde, § 145, oder um die Vermittlung einer Auseinandersetzung, § 148. Diese Aufzählung ist abschließend und eng auszulegen.

B. Kein wirtschaftliches Unternehmen, I 1. Die in A genannte Angelegenheit darf auch nicht ein wirtschaftliches Unternehmen eines der Begünstigten betreffen. Das ist sowohl eine sachliche als auch eine persönliche Voraussetzung. Da die Gebührenermäßigung eine Ausnahme von der Gebührenpflicht gegenüber dem Gebührennotar darstellt, ist der Begriff „wirtschaftliches Unternehmen" weit auszulegen und im Zweifel mit der Folge des Bestehenbleibens der Gebührenpflicht zu bejahen.

C. Grundstückserwerb usw: keine Weiterveräußerung an nichtbegünstigten Dritten, I 3, 4. Selbst unter den Voraussetzungen A, B tritt eine Ermäßigung bei einer Notartätigkeit, die mit dem Erwerb eines Grundstücks oder grundstücksgleichen Rechts auch nur zusammenhängt, nur unter der weiteren Voraussetzung ein, daß der Gebührenschuldner wenigstens darlegt (wenn auch nicht gleich glaubhaft macht oder gar beweist), daß eine auch nur teilweise Weiterveräußerung an einen nichtbegünstigten Dritten nicht beabsichtigt ist. Wie I 4 zeigt, kommt es zunächst auf die Absicht im Zeitpunkt der Beurkundung (und nicht: der Fälligkeit der Gebühr) an, und zwar der Auflassung, nicht des schuldrechtlichen Vertrages.

Wegen des Ausnahmecharakters der Gebührenermäßigung sind ihre Voraussetzungen auch beim Grundstückserwerb usw eng auszulegen. Das gilt ungeachtet des scheinbar entgegenstehenden Wortlauts. Daher ist im Zweifel zwar ein Zusammenhang mit solchem Geschäft, nicht aber die Nichtbeabsichtigung der Weiterveräußerung anzunehmen; allerdings wird natürlich zB die Lebenserfahrung etwa beim Bau eines Behördengebäudes gegen die Absicht seines Weiterverkaufs an einen Privatmann sprechen.

4) Begünstigte Gebührenschuldner. I–III. Begünstigt sind:

A. Bund, Land usw, I 1 Z 1. Die Vorschrift stimmt sachlich mit § 11 I 1 überein; vgl dort Anm 2, auch wegen der Bundespost; vgl im übrigen den ebenfalls inhaltsgleichen § 2 I 1 GKG, Teil I dieses Buchs, und dort Anm 2.

B. Gemeinde, Gemeindeverband usw, I 1 Z 2. Die Vorschrift erweitert den Kreis der Begünstigten teilweise nur scheinbar, im übrigen stellt sie klar, daß auch Rechtssubjekte der dort genannten Art unabhängig davon begünstigt sind, ob sie als „öffentliche Körperschaft oder Anstalt" im Sinn von Z 1 einzustufen sind.

C. Kirche usw, I 1 Z 3. Es gelten dieselben Erwägungen wie bei B.

5) Rechtsfolgen: Ermäßigung (nur) der Gebühren, I–III. Eine Ermäßigung kommt nur bei den Gebühren in Betracht: Auslagen sind wie sonst zu erstatten. Die Gebührenermäßigung tritt, falls überhaupt, kraft Gesetzes ein. Ein Ermessen auch des Gerichts kommt allenfalls bei der Prüfung der Voraussetzungen in Betracht, Im einzelnen:

A. Keine Ermäßigung bis 50000 DM, I 1. Im Umkehrschluß zeigt die Vorschrift, daß beim Geschäftswert bis einschließlich 50000 DM überhaupt keine Gebührenermäßigung in Betracht kommt.

B. Gestaffelte Ermäßigung ab mehr als 50000 DM, I 1. Maßgeblich ist die amtliche Tabelle. Sie duldet keine „Interpolierung", ebensowenig wie zB diejenige des § 114 ZPO, BLAH dort Anm 9 mwN.

C. Untergrenzen der Ermäßigung, I 2. Die nach I 1 ermäßigte Gebühr darf nicht geringer werden als die bei einem niedrigeren Geschäftswert nach I 1 zu erhebende Gebühr.

Beispiel: Beurkundung nach § 36 I. An sich volle Gebühr, also bei einem Wert von 60000 DM an sich = 180 DM. Die nach I 1 um 30% ermäßigte Gebühr betrüge = 126 DM. Wäre der Wert nur = 50000 DM, so betrüge die (nach I 1 dann nicht ermäßigte) Gebühr = 160 DM. Ergebnis: Gebührenermäßigung nur auf 160 DM.

6) Wegfall der Ermäßigung, I 3. Sobald sich die in I 2 genannte Lage beim Grundstücksgeschäft dahin ändert, daß nun doch die Absicht der Weiterveräußerung an einen nichtbegünstigten Dritten eintritt, kann kraft Gesetzes die Gebührenermäßigung nachträglich entfallen und damit doch noch eine volle Gebührenpflicht eintreten. Maßgeblich ist ein Zeitablauf von höchstens drei Jahren seit der Beurkundung der Auflassung.

Die „Absicht" tritt ein, sobald und soweit der bisherige Erwerber unabhängig davon, ob er bereits rechtswirksam eingetragen ist, auch nur ernsthaft und demnächst, nicht irgendwann, aber auch nicht notwendigerweise schon morgen, an irgendeinen Nichtbegünstigten weiterveräußern will, ohne ihn schon kennen oder gar mit ihm verhandeln zu müssen. Der Nichtbegünstigte muß jedenfalls als *ein* etwaiger ernsthafter Erwerber in Betracht kommen. Maßgeblich ist eine objektive Beurteilung der Lage, evtl bei rückschauender Betrachtung, bei Berücksichtigung der erkennbar gewordenen Interessen der Beteiligten.

7) Unterrichtungspflicht, I 4. Sie tritt ein, sobald die Voraussetzungen Anm 6 objektiv vorliegen; Rechtsunkenntnis schützt den bisher Begünstigten hier so wenig wie sonst.

Beim Verstoß können auch strafrechtliche Folgen für den beim Begünstigten zur Unterrichtung jeweils Verantwortlichen eintreten.

Die Verjährung der Nachforderung des Notars beginnt wie sonst; § 17 ist allerdings unanwendbar, § 143 I; statt dessen gilt § 195 Z 15 BGB, § 143 Anm 2 E. Daher kommt es nach § 201 BGB auf den Schluß des Jahres der Entstehung der Gebühr in ihrer vollen Höhe an. Diese volle Höhe entsteht erst mit dem Wegfall der Ermäßigung.

8) Mildtätiger, kirchlicher Zweck, II. Die in dieser Vorschrift genannten Institutionen sind ohnehin nach I, III zu beurteilen, soweit sie deren Voraussetzungen erfüllen. Im übrigen stellt II zwei Bedingungen einer Gebührenermäßigung auf, die zusammentreffen müssen.

A. Nachweis des Finanzamts. Es muß dem Gebührennotar ein Nachweis des Finanzamts vorgelegt werden, der belegt, daß die Körperschaft, Vereinigung oder Stiftung ausschließlich und unmittelbar mildtätige oder kirchliche Zwecke im Sinne der AO verfolgt. Ausreichend sind ein sog Freistellungsbescheid, ein Körperschaftssteuerbescheid oder eine vorläufige Bescheinigung. Sie alle müssen vom zuständigen Finanzamt stammen und sich auf den Zeitpunkt der Beurkundung beziehen; das ergibt der Vergleich mit I 3, 4. Natürlich darf die Bescheinigung einige Tage, evtl auch wenige Wochen alt sein und beim Körperschaftssteuerbescheid den letzten darstellen; veraltete Bescheinigungen sind aber ebenso unzureichend wie neue Bescheinigungen irgendeiner anderen Behörde.

B. Darlegung, daß kein Geschäftsbetrieb betroffen ist. Zusätzlich zu A muß der eigentlich Gebührenpflichtige wenigstens darlegen (wenn auch nicht glaubhaft machen oder gar nachweisen, vgl Anm 3 C), daß die Angelegenheit nicht einen steuerpflichtigen wirtschaftlichen Geschäftsbetrieb auch nur mitbetrifft. Wegen des Ausnahmecharakters der Gebührenermäßigung, Anm 1, liegt im Zweifel keine ausreichende Darlegung vor. Schädlich ist erst ein auch gerade im Beurkundungszeitpunkt schon und noch irgendwie steuerpflichtiger derartiger Betrieb. Eine nachträgliche Änderung der Art des Betriebs ist unschädlich, denn II enthält keine dem I 4 vergleichbare Regelung.

9) Andere gesamtschuldnerische Beteiligte, III. Die Vorschrift entspricht weitgehend dem III 2 Hs 2 aF. Auch der bloße Treuhänder kann begünstigt sein, vgl schon BayObLG DNotZ **78,** 508. Es kommt darauf an, ob der weitere Gesamtschuldner vom eigentlich Begünstigten kraft Gesetzes und nicht nur auf Grund Vertrages eine Erstattung fordern kann, § 13 Anm 1. Das kommt zB unter Umständen beim Träger einer Privatschule vor, vgl schon BayObLG Rpfleger **75,** 182.

Soweit der Nichtbegünstigte die Kosten des Begünstigten übernimmt, dazu schon KG DNotZ **80,** 430, Dietrich DNotZ **80,** 402 je mwN, kann der Notar nicht etwa von jenem nun 100% verlangen, weil er keinen Erstattungsanspruch mehr hat; denn durch eine Parteivereinbarung kann man die Notargebühren nicht verändern, § 140, BayObLG DNotZ **62,** 41, Hbg DNotZ **56,** 622, aM Köln DNotZ **55,** 522.

Eine Kostenübernahme durch einen an sich Begünstigten schafft noch keine Gebührenfreiheit.

Diese Frage ist **streitig. Wie hier** zB KG DNotZ **72,** 568, Ackermann JB **76,** 286, Rohs DNotZ **73,** 764, vgl auch § 11 Anm 1; **aM** zB Köln Rpfleger **73,** 37, Stgt DNotZ **85,** 572 je mwN.

Jedoch ist in solchem Fall eine Ermäßigung vorzunehmen, auch wegen der Gebühr für die nachträgliche Erteilung zB einer Vollmacht, Düss Rpfleger **74,** 239.

Eine Ermäßigung tritt aber nicht ein, soweit das Angebot eines Vertrages und seine Annahme getrennt erklärt werden, um den Nichtbegünstigten zu begünstigen, Celle DNotZ **72,** 628; vgl aber auch BayObLG DNotZ **79,** 233, Hamm DNotZ **79,** 236 mwN; zum Problem Neubauer MDR **77,** 194 mwN.

Entwürfe

145 **[I] Fertigt der Notar auf Erfordern nur den Entwurf einer Urkunde, so wird die für die Beurkundung bestimmte Gebühr erhoben. Überprüft der Notar auf Erfordern einen ihm vorgelegten Entwurf einer Urkunde oder einen Teil des Entwurfs, so wird die Hälfte der für die Beurkundung der gesamten Erklärung bestimmten Gebühr, mindestens jedoch ein Viertel der vollen Gebühr erhoben; dies gilt auch dann, wenn der Notar den Entwurf auf Grund der Überprüfung ändert oder ergänzt. Nimmt der Notar demnächst aufgrund des von ihm gefertigten oder überprüften Entwurfs eine oder mehrere Beurkundungen vor, so wird die Entwurfsgebühr auf die Beurkundungsgebühren in der Reihenfolge ihrer Entstehung angerechnet. Beglaubigt der Notar demnächst unter einer von ihm entworfenen oder überprüften Urkunde Unterschriften oder Handzeichen, so wird für die erste Beglaubigung keine Gebühr erhoben, für weitere gesonderte Beglaubigungen werden die Gebühren gesondert erhoben.**

[II] Fertigt der Notar über ein Rechtsgeschäft, das der behördlichen Nachprüfung unterliegt, im Einverständnis mit den Beteiligten einen Entwurf zur Vorlegung bei einer Behörde, kommt das Rechtsgeschäft jedoch auf Grund der behördlichen Maßnahme nicht zustande, so wird die Hälfte der für die Beurkundung bestimmten Gebühr, mindestens aber eine volle Gebühr, erhoben; jedoch wird die für die Beurkundung bestimmte Gebühr erhoben, wenn sie geringer ist als eine volle Gebühr.

[III] Die im Absatz 2 bestimmte Gebühr wird auch erhoben, wenn der Notar auf Erfordern den Entwurf einer Urkunde für ein Rechtsgeschäft, das der notariellen Beurkundung bedarf, aushändigt, die Beurkundung aber infolge Zurücknahme des Auftrags oder aus ähnlichen Gründen unterbleibt. Daneben werden die im § 57 und im § 130 Abs. 2 bestimmten Gebühren nicht erhoben.

Vorbem. I 2–4 idF Art 2 I Z 18 G v 9. 12. 86, BGBl 2326, in Kraft seit 1. 1. 87, Art 10.

Gliederung

1) Systematik

2) Entwurfsgebühr, I
- A. Anfertigung, I 1
  - a) Rechtsgeschäftliche Erklärung
  - b) Entwurfsfertigung
  - c) Lediglich Entwurfsarbeit
  - d) Erfordern
- B. Überprüfung, Ergänzung, Änderung, I 2
- C. Anrechnung, I 3
  - a) Entwurf
  - b) Zeitlich nachfolgende Beurkundung
  - c) Ursachenzusammenhang
  - d) Demnächst folgende Beurkundung
  - e) Reihenfolge der Anrechnung
- D. Nachfolgende Beglaubigung, I 4

3) Behördenvorlegung, II
- A. Sinn der Regelung
- B. Voraussetzungen

1) Systematik. Man muß zur Ermittlung der richtigen Vergütung folgende Unterscheidungen treffen: Wenn der Notar in vollständig eigener Kopfarbeit einen vollständigen Entwurf fertigt, ist die volle Beurkundungsgebühr nach I 1 entstanden. Wenn er zu dieser Arbeit Formulare, Vorschläge, Vorlagen usw (mit)benutzt, die ihm aus früherer eigener Arbeit, aus dem Schrifttum, aus der Rechtsprechung, aus Akten bekannt sind, die er irgendwie früher zu Gesicht bekommen hat, dann bleibt es bei der vollen Beurkundungsgebühr. Wenn er dergleichen Vorlagen vom Auftraggeber oder aus der Hand eines von diesem veranlaßten Dritten erhält, etwa von der Bank des Auftraggebers, bleibt es bei der vollen Beurkundungsgebühr, soweit man diese Vorlagen nicht schon als einen Entwurf oder Entwurfsteil ansehen kann. Handelt es sich aber um die letzteren, so erhält der Notar die Vergütung nur nach I 2, falls er den Entwurf (-steil) lediglich überprüft. Dabei gilt gemäß I 2 Hs 2 auch eine Änderung oder Ergänzung als bloße Überprüfung. Rein sprachliche Korrekturen oder Ergänzungen ohne inhaltliche Überprüfung führen überhaupt nicht zu einer besonderen Gebühr, BT-Drs 10/5113. Die bloße Vorbereitungsarbeit wird nach § 147 II vergütet. Der Gesetzgeber überläßt die Klärung der Grenze zwischen sprachlicher und inhaltlicher Änderung der Praxis. Dasselbe gilt für die Abgrenzung zwischen (inhaltlicher) Überprüfung, Änderung, Ergänzung einerseits und Entwurfsfertigung andererseits.

Man kann nicht etwa von einem Grundsatz I 1 und einer Ausnahme I 2 ausgehen. Denn beide Tätigkeitsstufen stehen nach der Wortfassung, dem Sinn des Gesetzes und der Praxis durchaus nebeneinander. Es gibt auch nicht eine Regel „im Zweifel zugunsten (oder zu Lasten) des Notars". Daher bleibt nur übrig, auf den Anteil an wirklich eigener juristischer Gedankenarbeit am fertigen Entwurf abzustellen und zu versuchen, der Gefahr entgegenzuwirken, daß durch Zusatzformulierungen in vorgelegten Fremdentwürfen, die in Wahrheit nur Andersformulierungen des Fremdprodukts darstellen, aus der niedrigen Vergütung des I 2 die höhere des I 1 abzuleiten versucht wird. Allerdings kann auch eine urheberrechtlich bloße Bearbeitung des Fremdentwurfs kostenrechtlich zur vollen Vergütung nach I 1 führen.

2) Entwurfsgebühr, I 1. A. Anfertigung. Der Notar erhält die volle Beurkundungsgebühr, sofern die folgenden Voraussetzungen zusammentreffen:

a) Rechtsgeschäftliche Erklärung. Es muß sich um eine rechtsgeschäftliche Erklärung handeln, die einer Beurkundung bedarf, so (nur grundsätzlich richtig) zB BayObLG DNotZ **85**, 572 (abl Bengel), Düss DNotZ **76**, 678, Madert/Schmidt NJW **87**, 292, offen Stgt DNotZ **84**, 654.

Den Gegensatz bildet die Beurkundung eines tatsächlichen Vorgangs, etwa: Eines Versammlungsbeschlusses, § 47; eines Antrags, einer schriftlichen Erklärung, einer Verfahrenshandlung, Stgt DNotZ **84**, 654, insofern aM Düss DNotZ **76**, 678, ferner zB einer Beschwerde, §§ 146 III, 147 II; eines Vertragsmusters oder Allgemeiner Geschäftsbedingungen, § 147, Madert-Schmidt NJW **87**, 292.

b) Entwurfsfertigung. Der Notar muß einen Entwurf gefertigt haben. Der Entwurf setzt eine selbständige notarielle Tätigkeit voraus. Vgl im übrigen Anm 1.

Ein Entwurf in diesem Sinn liegt auch dann vor, wenn nach ihm nur eine bereits jetzt begrenzte Zahl von Einzelverträgen abgeschlossen werden soll, Düss DNotZ **84**, 119.

Der Entwurf ist gefertigt, sobald er alles Wesentliche in einer zur endgültigen Festlegung der rechtsgeschäftlichen Erklärung geeigneten Form enthält, KG DNotZ **74**, 306, sowohl auch Ffm JB **76**, 954. Unter dieser Voraussetzung sind weder eine restlose Fertigstellung des Gesamttextes, KG DNotZ **86**, 113, noch eine Mitteilung des Entwurfs erforderlich. Andernfalls würde manche erhebliche Arbeit des Notars unzulänglich bezahlt bleiben.

Eine bloße Vorarbeit, nämlich eine vorbereitende und fördernde Tätigkeit, etwa eine Beratung, eine Einsicht in ein Register usw, fällt nicht unter § 145, so (zum alten Recht) insofern noch richtig Schlesw DNotZ **85**, 119, sondern unter § 147 III.

Es ist unter diesen Voraussetzungen unerheblich, ob der Notar den Entwurf im Sinn von § 145 selbst anfertigt oder die Arbeit von einem Mitarbeiter durchführen läßt, etwa von seinem Bürovorsteher.

Die bloße Teilnahme an der von einem anderen Verhandlungspartner veranlaßten Besprechung beim Notar ist keine Entwurfsfertigung, Köln JB **78**, 419. Die Gebühr für das Hauptgeschäft gilt den Entwurf für das Hauptgeschäft ab, ebenso Nebenarbeiten, etwa die Einsicht des Grundbuchs. Eine vorherige Erörterung mit den Beteiligten läßt unter Umständen eine Wegegebühr entstehen. Eine Änderung, die auf dem bisherigen Auftrag beruht, also dasselbe Geschäft betrifft, ist jedenfalls nicht nach I 1 zu vergüten, denn dann war der Entwurf noch nicht fertiggestellt. Etwas anderes gilt dann, wenn der Auftraggeber einen neuen, zusätzlichen Auftrag für einen zu ändernden Entwurf erteilte, vgl schon (zum alten Recht) KG Rpfleger **74**, 454; dann kann I 2, evtl sogar I 1 anwendbar sein.

c) Lediglich Entwurfsarbeit. I 1 setzt voraus, daß der Auftrag an den Notar „nur" die Fertigung des dann allerdings vollständigen Entwurfs umfaßt. Soweit also der Auftrag von vornherein dahin geht, auf der Basis des zu fertigenden Entwurfs dann auch eine zugehörige Beurkundung vorzunehmen, entsteht keine besondere Entwurfsgebühr, sondern lediglich direkt das Entgelt für die Beurkundung, Hamm DNotZ **50**, 436. Man muß die Frage, welchen Umfang der Auftrag hatte, nach einem objektiven Maßstab beantworten und darf nicht nur die persönliche Ansicht der Beteiligten oder des Notars zugrunde legen, Ffm DNotZ **79**, 120. Es ist denkbar, daß der Notar gleichzeitig mehrere voneinander unabhängige, selbständige Aufträge einerseits zur Fertigung eines Entwurfs, andererseits zu einer Beurkundung auf Grund des Entwurfs erhalten hat, so jetzt auch Ffm NJW **77**, 1737 mwN, ferner zB Schlesw JB **77**, 847, Delp JB **76**, 731; vgl auch Anm 4.

d) Erfordern. I 1 setzt voraus, daß der Notar seine Arbeit „auf Erfordern" geleistet hat. Der Entwurf ist „erfordert", soweit der Auftraggeber eindeutig die Herstellung einer selbständigen notariellen Tätigkeit verlangt und nicht bloß um eine bloße Vorbereitungsmaßnahme, b, zur erbetenen Beurkundung bittet, Ffm DNotZ **79**, 120, Schlesw DNotZ **78**, 761 je mwN. Der Auftraggeber mag einen solchen Auftrag auch dann eindeutig erteilt haben, wenn das stillschweigend geschehen ist, Köln JB **78**, 418 mwN, Mümmler JB **76**, 576, aM zB Köln Rpfleger **67**, 123.

B. Überprüfung, Ergänzung, Änderung, I 2. Zur Abgrenzung von der Anfertigung eines eigenen Entwurfs Anm 1, 2 A. Im übrigen gelten die Voraussetzungen A a, d entsprechend.

C. Anrechnung, I 3. Eine Anrechnung der Entwurfsgebühr auf Beurkundungsgebühren ist in der Reihenfolge der Entstehung der Beurkundungsgebühren unter der Voraussetzung zulässig und notwendig, sofern die folgenden Voraussetzungen zusammentreffen:

a) Entwurf. Zunächst muß ein Entwurf im Sinn von I 1 oder dessen Überprüfung usw im Sinne von I 2 vorliegen.

b) Zeitlich nachfolgende Beurkundung. Es müssen zeitlich nach der Fertigung oder Überprüfung usw des Entwurfs eine oder mehrere Beurkundungen nachfolgen. In einem Bundesland, in dem das Notariat eine Behörde ist, zB Bayern, genügt eine Beurkundung durch den Amtsnachfolger. In jedem Fall genügt die Beurkundung des Notarvertreters. Etwaige Änderungen oder Ergänzungen in der Beurkundung sind insoweit unerheblich, als sie den Inhalt des Entwurfs bzw der in I 2 genannten Arbeit nicht im wesentlichen verändern.

c) Ursachenzusammenhang. Die Beurkundung muß gerade „auf Grund des Entwurfs" erfolgen. Der Entwurf muß also immerhin eine der Grundlagen der Beurkundung darstellen und darf für die Beurkundung nicht völlig unwesentlich sein. Andererseits sind Änderungen, Ergänzungen, Auslassungen zulässig, die das Wesen des Entwurfs nicht verändern.

d) Demnächst folgende Beurkundung. Die Beurkundung auf Grund des Entwurfs muß „demnächst" nachfolgen. Ausreichend ist ein gewisser zeitlicher Zusammenhang, Stgt NJW **74**, 508 (das OLG hält unter Umständen 11 Monate für ausreichend), Mümmler JB **76**, 579. Man muß bedenken, daß gerade in einem rechtlich oder tatsächlich komplizierten Fall oder bei einem wirtschaftlich erheblichen Objekt oder dann, wenn die Beteiligten weit voneinander entfernt ansässig sind usw, eine trotz der heutigen Verständigungsmöglichkeiten nicht unerhebliche Zeitspanne verstreichen kann, bis alle Beteiligten sich über die Brauchbarkeit des Entwurfs in tatsächlicher und/oder rechtlicher Hinsicht klar geworden sind. Die Umstände des konkreten Einzelfalls sind bei der

Prüfung, ob die Beurkundung noch „demnächst“ nachfolgte, heranzuziehen.

Man darf in diesem Zusammenhang auch nicht etwa die Lehre und Rechtsprechung zu §§ 270 III, 696 III ZPO entsprechend anwenden. Vielmehr ist eine großzügigere zeitliche Ausdehnung geboten.

Andererseits kann auch ein Zeitraum von nur einigen wenigen Wochen oder Monaten im Einzelfall so lang sein, daß man nicht mehr von einer demnächst folgenden Beurkundung sprechen kann. Das ist etwa dann der Fall, wenn es sich um einen tatsächlich und rechtlich einfachen Sachverhalt handelt, wenn die Beteiligten an demselben Ort wohnen, wenn keiner von ihnen noch eine Rückfrage bei seinem Vertrauensanwalt stellen mußte, wenn andererseits zunächst zu erwarten war, die Beurkundung werde rasch folgen, und wenn für die zeitliche Verzögerung der Beurkundung keine schon im Entwurfszeitpunkt erkennbaren triftigen Gründe vorhanden sind.

e) Reihenfolge der Anrechnung. Im Fall mehrerer Beurkundungen muß man die Entwurfsgebühr unter den Voraussetzungen a–d zunächst auf die zeitlich erste Beurkundung voll anrechnen. Soweit bei dieser Anrechnung von der Entwurfsgebühr noch ein Restbetrag verbleibt, muß man ihn auf die zeitlich nächstfolgende Beurkundungsgebühr anrechnen, und so fort.

Er erfolgt keine Anrechnung der etwaigen Zusatzgebühren, §§ 58, 59, oder der Auslagen, die aus Anlaß des Entwurfs entstanden sind.

D. Nachfolgende Beglaubigung, I 4. Sofern der Notar „demnächst“, vgl C d, unter einer von ihm selbst entworfenen oder überprüften, geänderten, ergänzten Urkunde eine oder mehrere Unterschriften oder Handzeichen beglaubigt, darf er für die erste derartige Beglaubigung keine Gebühr erheben, muß aber für weitere gesonderte Beglaubigungen die dafür vorgesehenen Gebühren auch gesondert erheben. Eine weitere gesonderte Beglaubigung liegt vor, wenn sie zeitlich mit der ersten Beglaubigung zusammenfällt.

3) Behördenvorlegung, II. A. Sinn der Regelung. Soweit ein Rechtsgeschäft wegen der Versagung einer erforderlichen behördlichen Genehmigung scheitert, würde die Belastung der Beteiligten mit den vollen sonst anfallenden Notargebühren wirtschaftlich für sie unbillig sein. Deshalb schafft II eine gewisse Gebührenermäßigung.

B. Voraussetzungen. Die Gebührenermäßigung tritt ein, wenn folgende Voraussetzungen zusammentreffen:

a) Entwurfsfertigung. Der Notar muß den Entwurf im Sinne von I 1 gefertigt haben, Anm 1. Eine bloße Überprüfung nach I 2 reicht bei II nicht. Denn sonst könnte im Fall II die Vergütung wegen ihrer Mindesthöhe von einer vollen Gebühr höher als bei I 2 sein. Das ist nicht der Sinn des Gesetzes.

b) Vorlegungszweck. Der Notar muß den Entwurf auch gerade zum Zweck der Vorlegung bei der Behörde gefertigt haben. Es reicht aus, daß der Entwurf zum Ausdruck bringt, daß das Rechtsgeschäft der behördlichen Genehmigung bedürfe.

c) Einverständnis der Beteiligten. Die Entwurfsarbeit muß im Einverständnis aller an diesem Rechtsgeschäft Beteiligten zur Einholung der Genehmigung erfolgt sein. Die Gebührenermäßigung entfällt, wenn auch nur einer der Beteiligten mit der Anfertigung eines solchen Entwurfs nicht einverstanden war.

d) Genehmigungsbedürftigkeit. Das Rechtsgeschäft muß auch objektiv in seiner Wirksamkeit von der Genehmigung einer Behörde abhängig sein.

e) Genehmigungsverweigerung. Die zuständige Behörde muß die erforderliche Genehmigung wirksam und endgültig verweigert haben. Diesem Fall ist derjenige gleichzustellen, daß die Behörde die Genehmigung nur unter einer solchen Bedingung erteilt, die nicht alle Beteiligten annehmen können oder wollen.

f) Unterbleiben der Beurkundung. Die beabsichtigte Beurkundung auf der Basis des vom Notar gefertigten Entwurfs muß gerade auf Grund der Entscheidung der Behörde oder der Nichtannahme ihrer Bedingungen unterbleiben.

Soweit die Beurkundung trotz einer erteilten Genehmigung unterbleibt, gilt nicht II, sondern III.

C. Gebühr. Unter den Voraussetzungen B entsteht jedenfalls eine volle Gebühr, jedoch mehr, falls die Hälfte der für die Beurkundung bestimmten Gebühr höher ist. Für einen Vertragsentwurf nach § 36 II entsteht also nur eine volle Gebühr. Soweit aber die Beurkundungsgebühr geringer ist als eine volle Gebühr, bleibt es bei der geringeren Beurkundungsgebühr, zB im Fall des § 46 II.

4) Aushändigung, III. A. Sinn der Regelung. Unter den Voraussetzungen III muß der oft erhebliche Arbeitsaufwand des Notars angemessen vergütet werden. Daher entsteht dann nicht eine Gebühr nach § 57 oder nach § 130 II, sondern nach § 145 II.

B. Voraussetzungen. III ist anwendbar, soweit folgende Voraussetzungen zusammentreffen:

a) Beurkundungsentwurf. Der Notar muß den Entwurf einer Urkunde für ein Rechtsgeschäft, das der notariellen Beurkundung bedarf, angefertigt haben. Wegen der Anfertigung Anm 2 Ab, c. Eine bloße Überprüfung usw reicht bei III ebensowenig wie bei II Anm 3 B a. Das Rechtsgeschäft muß kraft Gesetzes der Beurkundung bedürfen. Es reicht also nicht aus, daß es sich um den Entwurf einer solchen Erklärung handelt, die man auch in einer anderen Form oder sogar formlos wirksam abgeben kann, KG Rpfleger **74**, 240, LG Düss Rpfleger **85**, 512, Mümmler JB **76**, 580 je mwN.

b) Erfordern. Mindestens einer der Beteiligten muß den Notar aufgefordert haben, den Entwurf auszuhändigen. Es reicht aus, daß die Aushändigung an einen vom Beteiligten bezeichneten Dritten erfolgen soll. Es ist nicht erforderlich, daß sämtliche Beteiligten eine solche Aufforderung ausgesprochen haben oder daß ein Beteiligter die Aushändigung an sämtliche anderen Beteiligten angefordert hat.

Eine bloße Entgegennahme reicht aber nur dann aus, wenn man wenigstens einen stillschweigenden Auftrag annehmen kann, Stgt DNotZ **86**, 763 mwN.

c) Aushändigung. Die Aushändigung gerade auf Grund der Anforderung nach b muß auch tatsächlich bereits erfolgt sein. Die bloße Absicht, die Aushändigung demnächst vorzunehmen, reicht nicht aus. Unter einer Aushändigung ist ein wirksamer Zugang zu verstehen. Es ist unerheblich, welche Form des Zugangs der Notar gewählt hat. Eine als unzustellbar zurückgenommene Postsendung ist keine Aushändigung. Eine Zustellung durch Niederlegung in der gesetzlich vorgesehenen Weise reicht aus.

d) Unterbleiben der Beurkundung. Die an sich beabsichtigte Beurkundung muß aus einem Grund unterbleiben, der weder in der Person des Notars liegt, noch von seiner Entschließung abhängig ist. Das ergibt sich daraus, daß III 1 nicht nur den Fall der Zurücknahme des Auftrags, sondern auch „ähnliche Gründe" des Unterbleibens nennt.

Es ist nicht erforderlich, daß bis zum Zeitpunkt, in dem feststeht, daß die Beurkundung unterbleibt, überhaupt ein fester Beurkundungsauftrag vorgelegen hat.

Diese Frage ist **streitig. Wie hier** zB Schlesw DNotZ **65**, 310, Bühling 9, Eppig DNotZ **58**, 276; **aM** zB Ffm DNotZ **62**, 435, KG DNotZ **74**, 307 und Rpfleger **74**, 240, Mümmler JB **76**, 580, Rohs/Wedewer VIII 6.

III ist also auch dann anwendbar, wenn die Beurkundung durch einen anderen Notar erfolgen sollte oder wenn der Auftraggeber von der ursprünglichen Beurkundungsabsicht Abstand nimmt, Schlesw DNotZ **65**, 310, oder wenn nicht auch der Anfordernde den Beurkundungsauftrag erteilt hatte, Stgt DNotZ **86**, 761.

Es ist bei III (anders als bei II) unerheblich, ob der Entwurf bei einer Behörde zur Genehmigung vorgelegt werden mußte, BayObLG DNotZ **74**, 121.

C. Gebühr. Unter den Voraussetzungen B entsteht eine Gebühr in derselben Höhe wie nach II, Anm 3 C. Daneben entstehen weder nach § 57 (erfolglose Verhandlung) noch nach § 130 II (Antragsrücknahme) Gebühren, III 2.

D. Kostenschuldner. Kostenschuldner ist nur der Erfordernde, KG DNotZ **74**, 307 und **75**, 756.

Vollzug des Geschäfts

146 **I Wird der Notar bei der Veräußerung von Grundstücken und Erbbaurechten sowie bei der Bestellung von Erbbaurechten und bei der Begründung und Veräußerung von Wohnungs- oder Teileigentum auf Verlangen der Beteiligten zum Zwecke des Vollzugs des Geschäfts tätig, so erhält er neben der Entwurfs- oder Beurkundungsgebühr die Hälfte der vollen Gebühr; beschränkt sich seine Tätigkeit auf die Einholung des Zeugnisses nach** § 24 Abs. 5 des Bundesbaugesetzes [jetzt: **§ 28 Abs. 1 S. 3 des Baugesetzbuches**], **so erhält er nur ein Zehntel der vollen Gebühr. Die dem Notar nach besonderen Vorschriften obliegenden Mitteilungen an Behörden und der Verkehr mit dem Grundbuch-**

amt ist durch die Entwurfs- oder Beurkundungsgebühr abgegolten (§ 35).

II Betreibt der Notar, der den Entwurf nicht gefertigt oder überprüft, sondern nur die Unterschrift oder das Handzeichen beglaubigt hat, im Auftrag des Antragstellers den Vollzug eines Antrags auf Eintragung, Veränderung oder Löschung einer Hypothek, Grundschuld oder Rentenschuld oder einer Schiffshypothek, so erhält er ein Viertel der vollen Gebühr.

III Für den Vollzug des Geschäfts in anderen Fällen erhält der Notar neben der Beurkundungs- oder Entwurfsgebühr die Hälfte der vollen Gebühr, wenn es erforderlich ist, Anträge oder Beschwerden, die er aufgrund einer von ihm aufgenommenen, entworfenen oder geprüften Urkunde bei Gerichten, Behörden oder anderen Dienststellen einreicht, tatsächlich oder rechtlich näher zu begründen, und der Beteiligte dies verlangt. Die Gebühr ist für jeden Antrag oder jede Beschwerde gesondert zu erheben.

IV Der Geschäftswert ist in den Fällen der Absätze 1 und 2 wie bei der Beurkundung, im Fall des Absatzes 3 nach § 30 zu bestimmen.

Vorbem. Fassg Art 2 I Z 19 G vom 9. 12. 86, BGBl 2326, in Kraft seit 1. 1. 87, Art 10, Übergangsrecht § 161. In I 1 Hs 2 hat der Gesetzgeber beim Erlaß des BauGB v 4. 12. 86, BGBl 2190, in dessen Art 2 die erforderliche Anpassung vergessen.

Gliederung

1) Grundstück, Erbbaurecht, Wohnungseigentum, Teileigentum, I. A. Geltungsbereich. Neben einer Beurkundungs- oder Entwurfsgebühr kommt eine Vollzugsgebühr in Betracht, sofern die folgenden Voraussetzungen zusammentreffen:

a) Veräußerung, Bestellung. Es muß ein Rechtsgeschäft vorliegen, das die Veräußerung eines Grundstücks oder Erbbaurechts oder eine Erbbaurechtsbestellung oder die Begründung oder Veräußerung von Wohnungs- oder Teileigentum einschließlich einer einseitigen Teilungserklärung, BT-Drs 10/5113, zum Gegenstand hat. Es genügt, daß eine dieser Vorgänge Gegenstand des Geschäfts ist. Wenn sowohl eine Grundstücksveräußerung als auch eine Bestellung und/oder Veräußerung eines Erbbaurechts usw zusammentreffen, muß man von Fall zu Fall prüfen, ob ein Geschäft oder mehrere Geschäfte vorliegen. Im letzteren Fall können mehrere Vollzugsgebühren entstehen.

Er reicht sowohl eine schuldrechtliche als auch eine sachenrechtliche Vereinbarung aus. Denn die Begriffe „Veräußerung", „Begründung" und „Bestellung" erfassen beide Arten von Vereinbarungen, so jetzt auch Düss ZMR **88**, 265. Hierher gehören auch: Eine Auseinandersetzung; die Einbringung eines Grundstücks oder Erbbaurechts oder eines Wohnungseigentums in eine Gesellschaft; die Übernahme eines Grundstücks oder eines Erbbaurechts oder eines Wohnungs- oder Teileigentums durch die Gesellschaft; die vertragliche Einräumung eines Wohnungs- oder Teileigentums sowie seine Übertragung; die Verpflichtung zur lastenfreien Übertragung, so jetzt auch Düss ZMR **88**, 265.

Nicht hierher gehören zB: Eine Eintragung als Erbe, als Vermächtnisnehmer oder auf Grund eines Ehevertrags; die Veräußerung eines Rechts, etwa eines Gesellschaftsanteils, und zwar auch dann nicht, wenn die Gesellschaft Eigentümerin eines Grundstücks oder einer Wohnung oder Erbbauberechtigte ist; eine Pfandunterstellung, BayObLG DNotZ **85**, 102.

b) Derselbe Notar. Derselbe Notar, der die Beurkundung der Veräußerung, Begründung oder Bestellung vorgenommen oder wenigstens die zugehörige Urkunde entworfen bzw den Entwurf geprüft hat, muß beim Vollzug des Veräußerungs- und/oder Begründungs- bzw Bestellungsgeschäfts als Notar tätig werden. Im Fall der Beurkundung des schuldrechtlichen oder des sachenrechtlichen Geschäfts durch verschiedene Notare kann also jeder von ihnen eine Vollzugsgebühr zu beanspruchen haben.

c) Zusätzliche Vollzugstätigkeit. Die Vollzugstätigkeit des Notars muß zu der Entwurfs- und/oder Beurkundungstätigkeit mit ihren Gebühren, § 145, hinzutreten, so daß die Vollzugsgebühr „neben" der Beurkundungs- oder Entwurfsgebühr entsteht.

Soweit diese Voraussetzung nicht erfüllt ist, gilt § 147 eine Vollzugstätigkeit ab.

d) Verlangen der Beteiligten. Der Notar muß die Vollzugstätigkeit gerade „auf Verlangen der Beteiligten" vornehmen.

Es reicht also nicht eine solche Tätigkeit aus, die der Notar kraft gesetzlicher Vorschriften von Amts wegen schon auf Grund der Beurkundung vornehmen muß, selbst wenn diese Tätigkeit zum Vollzug des Geschäfts erforderlich ist. Nicht ausreichend sind also zB: Eine Mitteilung, die der Notar auch ohne Auftrag eines Beteiligten einer Behörde machen muß, S 2, etwa eine Veräußerungsanzeige an den Gutachterausschuß gemäß § 195 BauGB oder an das Finanzamt, Celle DNotZ **73**, 53; die Entgegennahme einer auf Grund einer solchen Anzeige vom Finanzamt nach der AO 1977 erteilten Unbedenklichkeitsbescheinigung; der Schriftwechsel mit dem Grundbuchamt, S 2. Insofern ist die Tätigkeit durch die Entwurfs- oder Beurkundungsgebühr abgegolten (§ 35), wie S 2 klarstellt, und ist im übrigen Gebührenfreiheit nach § 147 IV Z 1, 2 vorhanden.

e) Vollzugszweck. Die Tätigkeit des Notars muß gerade dem Vollzug des Geschäfts dienen. Es reicht aus, daß sie auch und nicht nur ganz untergeordnet diesem Zweck dient. Insofern sind weitere Zwecke der Tätigkeit unerheblich. Es kommt darauf an, ob der Notar die Tätigkeit ohne einen Pflichtverstoß ablehnen und dem Beteiligten überlassen könnte, Düss Rpfleger **74**, 236, KG DNotZ **73**, 41.

aa) Anwendbarkeit. Hierher zählen zB: Die erst auf Grund eines Auftrags erfolgende Erwirkung einer Genehmigung irgendeiner Art, Celle DNotZ **60**, 51 (wegen einer Wohnsiedlungsgenehmigung), Karlsr DNotZ **61**, 156 (wegen einer Genehmigung der Preisbehörde), Zweibr NJW **74**, 507 (krit Lehmann NJW **74**, 1290); die Einholung von Löschungsunterlagen für den zur lastenfreien Übergabe verpflichteten Verkäufer, Schlesw DNotZ **88**, 196 mwN (krit Groth); die Vertretung im Genehmigungsverfahren nach dem LwVG, Brschw DNotZ **65**, 314, Oldb NdsRpfl **60**, 246; die Übersendung eines Veräußerungsvertrags, in dem die Beteiligten um eine Genehmigung bitten, an die zuständige Behörde, Karlsr Rpfleger **68**, 300; die Beschaffung von Löschungsunterlagen für den Verkäufer zwecks lastenfreier Übertragung, so jetzt auch Düss ZMR **88**, 265, Köln DNotZ **87**, 183 (abl Klein).

Weitere Fälle eines Vollzugsgeschäfts: Der Notar klärt im Auftrag eines Beteiligten die Frage, ob die Gemeinde von ihrem gesetzlichen Vorkaufsrecht Gebrauch machen will. Denn eine Eintragung des Erwerbers im Grundbuch oder Erbbaugrundbuch hängt gemäß § 28 I 2 BauGB vom Nachweis der Nichtausübung des Vorkaufsrechts oder vom Nachweis seines Nichtbestehens ab, Düss VersR **79**, 872, Hamm Rpfleger **80**, 164 je mwN und DB **86**, 2176, Appell DNotZ **78**, 576, Mümmler JB **78**, 734 (insofern ist LG Krefeld JB **78**, 732 mwN überholt). Wegen der Beschränkung auf derartige Tätigkeit vgl d.

Weitere Fälle einer Vollzugstätigkeit: Es handelt sich um die Einhebung einer Betriebserklärung; es geht um die Einholung eines Erbscheins oder eines sonstigen Zeugnisses einschließlich der hierzu erforderlichen Anträge und einschließlich des etwa zugehörigen Beschwerdeverfahrens, auch wenn der Notar diese Anträge tatsächlich oder rechtlich näher begründet.

bb) Unanwendbarkeit. Keine Vollzugstätigkeit liegt zB in folgenden Fällen vor: Der Notar nimmt eine zur Abwicklung des Veräußerungs- oder Bestellungsgeschäfts notwendige Genehmigung lediglich entgegen und prüft sie rechtlich und tatsächlich, Düss Rpfleger **74**, 236 (selbst wenn der Notar einen Beteiligten oder eine Behörde erinnern muß), Ffm **KR** § 147 Nr 29, KG DNotZ **73**, 41, Delp JB **76**, 143 (wegen § 19 BauGB) und JB **77**, 451, 144 (wegen des StFG), aM Zweibr DNotZ

69, 691; der Notar hat vor dem Umschreibungsantrag nur die Zahlungseingangsbestätigung des Verkäufers oder das von einem Vertragspartner zu beschaffende Negativattest wegen des Vorkaufsrechts oder die ebenso von einem Vertragspartner zu beschaffende steuerliche Unbedenklichkeitsbescheinigung abzuwarten, KG DNotZ **83**, 249 (abw Retzer); es handelt sich um mehr als um den Vollzug des Geschäfts, also um eine steuerliche Ermittlung oder um die Einleitung einer Vermessung usw. Insofern kann § 147 anwendbar sein.

f) Vollzug gerade durch Notar. Die Vollzugstätigkeit muß gerade durch den Notar erfolgen. Soweit er auch Anwalt ist, betreibt er zB die Genehmigung der von ihm beurkundeten Hofübergabe wegen § 24 II BNotO grundsätzlich in seiner Eigenschaft als Notar, Oldb DNotZ **74**, 55 mwN und NJW **58**, 2024. Dasselbe gilt im Fall eines Widerspruchs gegen einen ablehnenden Bescheid der Baubehörde, § 19 BauGB, BGH Rpfleger **65**, 332. Der Notar hat freilich unter Umständen die Befugnis, in einem streitigen Verfahren seine weitere Tätigkeit als Notar abzulehnen und statt dessen einen Anwaltsvertrag abzuschließen, Petersen DNotZ **74**, 58; von dem Abschluß eines solchen Anwaltsvertrags an ist dann natürlich nicht mehr die KostO, sondern die BRAGO anwendbar.

g) Sonstige Voraussetzungen. Der beurkundete Vorgang darf nicht offensichtlich genehmigungsfrei sein. In einem solchen Fall wäre ein vom Notar etwa eingeholtes Negativattest objektiv überflüssig, zB Düss DNotZ **70**, 441, Schlesw JB **75**, 500 mwN.

B. Gebühr. Unter den Voraussetzungen A entsteht neben der Beurkundungs- oder Entwurfsgebühr ½ Gebühr. Nur im Fall der Beschränkung der Tätigkeit auf die Einholung des Zeugnisses nach § 28 I 3 BauGB entsteht gemäß S 1 Hs 2 eine ¹⁄₁₀-Gebühr. Klässel DRiZ **88**, 184, Rohs/Wedewer 14 wenden Hs 2 entsprechend bei einem Zeugnis nach den landesrechtlichen Denkmalschutzgesetzen an; aM wohl Schmidt Rpfleger **88**,291.

C. Geschäftswert. Vgl Anm 4.

2) Nur-Beglaubigung, II. A. Geltungsbereich. Als vorrangige Sonderregel gegenüber I schafft die Vorschrift eine Gebührenmäßigung, sofern die folgenden Voraussetzungen zusammentreffen:

a) Bloße Beglaubigung. Der Notar darf zunächst nicht einen Entwurf gefertigt oder überprüft haben, § 145 I, II, sondern muß nur Unterschriften oder Handzeichen beglaubigt haben.

b) Vollzugsauftrag. Der Antragsteller muß den Notar beauftragt haben, den Vollzug eines der in II genannten Anträge zu betreiben. Es ist nicht erforderlich, daß diejenige Person den Vollzugsauftrag erteilt, deren Unterschrift der Notar beglaubigt hat. Auftraggeber muß aber eine solche Person sein, die einen Antrag im Sinn von II stellen will. Es ist nicht erforderlich, daß diese Person auch objektiv zur Antragstellung berechtigt ist.

c) Antrag. In Vollzug des in b genannten Auftrags muß der Notar gerade einen Antrag auf die Eintragung, Veränderung oder Löschung einer Hypothek, einer Grundschuld oder einer Rentenschuld oder einer

Schiffshypothek stellen. Andere Arten von Anträgen führen nicht zur Anwendbarkeit von II.

Der Notar muß einen der vorgenannten Anträge gerade zum Zweck des Vollzugs stellen, nicht zu einem anderen Zweck. Eine Beschwerde gehört nicht hierher, denn II erfaßt nur einen Antrag, anders als III; für die Beschwerde gilt allenfalls § 147.

d) Mehr als bloße Übermittlung. Die Vollzugstätigkeit des Notars im Zusammenhang mit der Antragstellung muß mehr darstellen als die bloße Übermittlung, IV Z 1. Eine Rücksendung der beglaubigten Urkunden an die Partei ist ebenfalls gebührenfrei.

B. Gebühr. Soweit die Voraussetzungen A a–c vorliegen und nicht nur ein Fall nach A d gegeben ist, erhält der Notar ¼ Gebühr.

C. Geschäftswert. Vgl Anm 4.

3) Andere Fälle, III. A. Geltungsbereich. Soweit es sich nicht um eine Veräußerung oder Bestellung im Sinn von I oder eine Nur-Beglaubigung im Sinn von II handelt, kommt neben einer Beurkundungs- oder Entwurfsgebühr nicht schon für jede beliebige Art der Vollzugstätigkeit eine Gebühr nach III in Betracht, sondern nur insoweit, als die folgenden Voraussetzungen zusammentreffen:

a) Art des Geschäfts. Es muß sich um einen „anderen Fall" handeln. In Betracht kommen zB: Ein anderes Grundstücksgeschäft als die Veräußerung, Begründung oder Bestellung im Sinn von I; eine Registerangelegenheit; die Verwahrung eines vom Notar errichteten Testaments.

b) Antrag, Beschwerde. Der Notar muß einen Antrag oder eine Beschwerde einreichen. Diese Eingabe muß eine nähere tatsächliche oder rechtliche Begründung enthalten. Die Begründung muß also über dasjenige hinausgehen, was sich schon aus der Urkunde ergibt. Sie darf nicht lediglich auf den Text der Urkunde hinweisen. Es reicht also nicht aus, daß der Antrag oder die Beschwerde zur Begründung nur mit anderen Erläuterungsworten denselben Inhalt wie die Urkunde hat.

c) Erforderlichkeit der Begründung. Die Begründung, b, muß erforderlich sein. Es ist nicht vorausgesetzt, daß eine tatsächliche oder rechtliche nähere Begründung objektiv wirklich notwendig war. Es reicht vielmehr aus, daß der Notar bei einer verständigen Würdigung eine tatsächliche oder rechtliche nähere Begründung für erforderlich halten durfte, ähnlich Tschischgale JR **58**, 166.

d) Verlangen der Beteiligten. Ein Beteiligter muß vom Notar eine nähere tatsächliche oder rechtliche Begründung der Eingabe verlangt haben. Ein solches Verlangen muß eindeutig sein. Es kann aber stillschweigend erfolgen. Das gilt insbesondere dann, wenn der Beteiligte den Notar beauftragt, „alles Erforderliche zu veranlassen", Kiel DNotZ **50**, 439.

e) Ursächlichkeit der Urkunde. Der Antrag oder die Beschwerde muß ihre Ursache in der von demselben Notar aufgenommen, entworfenen oder geprüften Urkunde haben. Es reicht nicht aus, daß ein anderer Notar die Urkunde aufgenommen, entworfen oder geprüft hat. Das ergibt sich aus den Worten „von ihm" in III.

f) Einreichung. Der Notar muß den von ihm unter den Voraussetzungen a bis e gefertigten Schriftsatz bei einem Gericht oder einer Behörde oder einer anderen Dienststelle einreichen. Es ist unschädlich, wenn die Einreichung bei dem unzuständigen Gericht usw erfolgt, sofern der Notar hier nicht wegen unrichtiger Sachbehandlung von der Kostenerhebung absehen muß.

B. Gebühr. Unter den Voraussetzungen A entsteht neben der bereits angefallenen Entwurfs- oder Beurkundungsgebühr ½ Gebühr als Einreichungsgebühr, S 1. Diese ist für jeden Antrag oder jede Beschwerde gesondert zu erheben, S 2. Soweit es sich um andere Anträge oder Beschwerden als nach III handelt, kann § 147 anwendbar sein.

C. Geschäftswert. Vgl Anm 4.

D. Fälligkeit. Die Fälligkeit entsteht mit dem Hinausgeben des Antrags oder der Beschwerde, Tschischgale JR **58**, 167, aM KLBR 61 (die Fälligkeit entstehe mit der Unterzeichnung).

Soweit sich infolge einer nachzuholenden Beurkundung, I, unter Berücksichtigung der schon erhobenen Gebühren die Pflicht zur Zahlung einer weiteren Gebühr ergibt, entsteht diese trotz IV, vgl Oldb Rpfleger **53**, 590.

Bei der Erledigung einer Beanstandung erhält der Notar auch im Beschwerdeverfahren keine Gebühr.

4) Geschäftswert, IV. A. Fälle I, II. In diesen Fällen richtet sich der Geschäftswert nach demjenigen der Beurkundung, §§ 36ff. Man darf nur denjenigen Teil berücksichtigen, der eine Vollzugstätigkeit erforderlich macht, Hamm DB **86**, 2176, Schlesw DNotZ **83**, 65 mwN. Bei II kann der Wert des Baubetreuungsvertrags von demjenigen des Kaufvertrags zu unterscheiden sein, Düss DNotZ **81**, 328.

B. Fall III. In diesem Fall bestimmt sich der Geschäftswert nach § 30. Man muß die Vorschrift eng auslegen, Düss VersR **79**, 744.

Sonstige Geschäfte, Nebentätigkeit, gebührenfreie Geschäfte

147 **I Für die Einsicht des Grundbuchs, öffentlicher Register und von Akten und für eine im Auftrage eines Beteiligten erfolgte Mitteilung über den Inhalt des Grundbuchs oder öffentlicher Register erhält der Notar eine Gebühr von 25 Deutsche Mark. Schließt die Tätigkeit des Notars die Mitteilung über die dem Grundbuchamt bei Einreichung eines Antrags durch den Notar vorliegenden weiteren Anträge einschließlich des sich daraus ergebenden Ranges für das beantragte Recht ein, erhält er ein Viertel der vollen Gebühr nach dem Wert des beantragten Rechts.**

II Soweit für eine im Auftrag eines Beteiligten ausgeübte Tätigkeit eine Gebühr nicht bestimmt ist, erhält der Notar die Häfte der vollen Gebühr.

III Für die ein Geschäft vorbereitende oder fördernde Tätigkeit (z.B. Raterteilung, Einsicht des Grundbuchs, öffentlicher Register oder von Akten) erhält der Notar die Gebühr des Absatzes 1 oder 2 nur, wenn diese Tätigkeit nicht schon als Nebengeschäft (§ 35)

durch eine dem Notar für das Hauptgeschäft oder für erfolglose Verhandlungen (§ 57) zustehende Gebühr abgegolten wird.

IV Keine Gebühr erhält der Notar für

1. **die Übermittlung von Anträgen an das Grundbuchamt oder das Registergericht, wenn der Antrag mit einer anderen gebührenpflichtigen Tätigkeit im Zusammenhang steht,**
2. **die Stellung von Anträgen im Namen der Beteiligten beim Grundbuchamt oder beim Registergericht aufgrund gesetzlicher Ermächtigung,**
3. **das Aufsuchen von Urkunden, die von dem Notar aufgenommen sind oder von ihm verwahrt werden,**
4. **die Erwirkung der Legalisation der eigenen Unterschrift,**
5. **die Erledigung von Beanstandungen, einschließlich des Beschwerdeverfahrens, soweit er die zugrundeliegende Urkunde aufgenommen, entworfen oder geprüft hat.**

Vorbem. Fassg Art 2 I Z 20 G vom 9. 12. 86, BGBl 2326, in Kraft seit 1. 1. 87, Art 10, Übergangsrecht § 161.

Gliederung

1) Systematik. I enthält die Vergütung für die Einsicht und Inhaltsmitteilung über Grundbuch, öffentliche Register usw. II enthält eine nachrangige bloße Auffangklausel zur Verhinderung der Folge, daß der Notar eine auftragsgemäße Tätigkeit umsonst durchführen müßte, BayObLG **85**, 15 mwN (abl Bengel DNotZ **85**, 574). Allerdings schaffen III, IV wiederum jeweils gegenüber I, II Sonderregeln. Sie bedeuten aber nicht, daß der Notar insofern überhaupt keine Vergütung erhalten würde. Vielmehr setzt III ein gebührenpflichtiges Hauptgeschäft oder eine sonstige gebührenpflichtige Tätigkeit des Notars voraus; IV stellt in Z 3 nur die Selbstverständlichkeit klar, daß bürointerne Vorgänge keine besonderen Gebühren auslösen können, und macht in Z 1, 2, 4 und 5 die dort abschließend genannten Vorgänge ebenfalls gebührenfrei. § 133 hat Vorrang, BayObLG **87**, 447.

2) Einsicht, Mitteilung, I. A. Grundsatz. Die Einsicht des Notars in das Grundbuch, in ein öffentliches Register oder in eine Akte ist jetzt grundsätzlich gebührenpflichtig. Das ergibt sich aus dem neuen I. Dabei unterscheidet diese Vorschrift nur zwecks unterschiedlicher Gebührenhöhe im Fall der Einsicht des Grundbuchs zwischen derjenigen nebst gleichzeitiger Mitteilung über weitere Grundbuchanträge, I 2, und derjenigen ohne solche Mitteilung, I 1. § 150 bleibt vorrangig, Madert/Schmidt NJW **87**, 293.

In allen Fällen nach I hat jedoch III als Sonderregel vorrangige Bedeutung. Wenn daher die Einsicht nur als vorbereitende oder fördernde Tätigkeit eines Hauptgeschäfts gilt, Anm 4 B, entsteht neben den Gebühren nach § 35 oder § 57 keine besondere Einsichtsgebühr.

Die Gebührenfreiheit nach IV Z 1, 2 bezieht sich zwar auch auf den Verkehr mit dem Grundbuchamt oder Registergericht, dort aber nicht auf die nur in I, III geregelte Einsicht oder Mitteilung über den Inhalt des Grundbuchs oder Registers.

B. Einsicht. Erfaßt wird der Einblick in alle Teile des Grundbuchs einschließlich der Grundakten, in alle Teile eines öffentlichen Registers, sei es beim Gericht, zB des Vereinsregisters, sei es bei einer anderen Behörde, zB des Katasteramts, und aller Teile einer Akte, sei es eines Gerichts beliebiger Art, sei es einer Behörde, eines anderen Notars, eines Anwalts, einer Schiedsstelle. Zur Entstehung der Gebühr ist keine Einsicht in sämtliche vorhandenen Teile und keine vollständige Einsicht in alle Blätter des in Augenschein genommenen Teils erforderlich; ein bloßer Vergleich des Aktenzeichens und anderer Angaben auf dem Aktendeckel kann je nach den Umständen des Falls als Einsicht anzusehen sein oder als bloße technische Begleitmaßnahme des Charakters einer Einsicht entbehren. Die Einsicht erfordert eine gewisse Inhaltskontrolle.

Einsicht in Privatakten zB einer Handelsgesellschaft oder eines Privatmanns kann zwar durchaus notwendig oder doch sachdienlich sein; nach dem Wortlaut von I 1 wäre sie auch gebührenfähig. Indessen steht die Akteneinsicht hinter der Grundbucheinsicht und der Einsicht in öffentliche Register an dritter Stelle einer Aufzählung, deren Sinn offenbar dahin geht, nur die Einsicht in öffentliche Unterlagen gesondert zu vergüten, wie auch der übrige Text des I wohl erkennen lassen soll.

C. Mitteilung. a) Register, Akte. Die im Auftrag wenigstens eines Beteiligten erfolgende Mitteilung über den Inhalt eines öffentlichen Registers beliebiger Art (mit Ausnahme des Grundbuchs), vgl insofern B, ist stets gebührenpflichtig. Die Mitteilung über den Inhalt einer Akte beliebiger Art, B, ist jedenfalls nicht nach § 147 gebührenpflichtig; zwar ist dieser Vorgang nicht in IV miterwähnt, aber er wird auch nicht von I erfaßt; vgl auch § 1 Anm 3. Dasselbe gilt bei einer auftraglosen Mitteilung der eben genannten Arten.

Im übrigen sind Mitteilungen an Behörden nach § 146 I 2 zu beurteilen.

b) Grundbuch. Im Fall einer Mitteilung über den Inhalt des Grundbuchs muß man weiter unterscheiden: Hat der Notar einen Antrag eingereicht, liegen dem Grundbuchamt beim Antragseingang bereits ein oder mehrere weitere Anträge beliebiger Art, vor allem Eintragungsanträge, vor und gehört es zu den Aufgaben des Auftrags, über diese weiteren Anträge dem Auftraggeber eine Mitteilung zu machen, auch über die zu erwartenden Rangverhältnisse (oder ohne diese), dann gilt die Gebühr des I 2; im Fall einer sonstigen Mitteilung über den Grundbuchinhalt gilt die Festgebühr des I 1, soweit die Mitteilung gerade im Auftrag wenigstens eines der Beteiligten erfolgt; in den restlichen Fällen ist die Mitteilung über den Grundbuchinhalt gebührenfrei, § 1 Anm 3.

Im übrigen ist der Verkehr mit dem Grundbuchamt nach § 146 I 2 zu beurteilen.

D. Gebührenhöhe. a) Festgebühr, I 1. Sie entsteht für jede Einsicht gesondert, soweit nicht die weitere Einsicht nur der Korrektur einer unvollständigen oder sonst fehlerhaften ersten Einsicht dient oder nur eine vorsorgliche nochmalige Vergewisserung ohne äußeren Anlaß bezweckt.

Die in I 1 genannte Mitteilung scheint zwar nach dem Wortlaut des Gesetzes („und") eine weitere Festgebühr auszulösen. Indessen meint die Vorschrift ersichtlich den Gesamtvorgang der Einsicht nebst bzw einschließlich der zugehörigen auftragsgemäßen Mitteilung, soweit nicht I 2 anwendbar ist. Eine auftragslose Mitteilung ist nach I 1 nicht gebührenpflichtig; eine auftragsgemäße Mitteilung ohne vorherige eigene Einsicht kann nach I 1 gebührenpflichtig sein, wird aber in der Praxis schon wegen der Haftung des Notars kaum vorkommen.

b) Viertelgebühr, I 2. Sie entsteht wie bei I 1 für jede Einsicht nebst zugehöriger Mitteilung gesondert.

E. Geschäftswert, I 2. Die ¼ Gebühr nach I 2 ist nach dem Wert des beantragten Rechts zu berechnen.

3) Auffangklausel, II. A. Grundsatz. Vgl zunächst Anm 1. Lappe DNotZ **81**, 411 bezweifelt nicht ohne Grund die Vereinbarkeit der (durch die Kostennovelle 87 inhaltlich unverändert gebliebenen) Vorschrift mit dem aus dem Gesetzesvorbehalt, BVerfG **20**, 269, folgenden Erfordernis der Tatbestandsbestimmtheit.

B. Voraussetzungen. II gilt nur, soweit die folgenden Voraussetzungen zusammentreffen:

a) Auftrag eines Beteiligten. Die Vergütung kommt nur in Betracht, soweit der Notar gerade im Auftrag eines Beteiligten tätig geworden ist. Eine Tätigkeit von Amts wegen fällt nicht unter II.

b) Tätigkeitsart. II erfaßt an sich jede Art der Tätigkeit des Notars. Indessen enthalten I, III und IV und § 146 vorrangige Sonderregeln. Im übrigen muß es sich natürlich um eine speziell notarielle Tätigkeit handeln. Soweit der Notar als Anwalt oder in sonstiger Eigenschaft tätig wird, entfällt II.

c) Keine andere Vergütungsvorschrift. II ist nur insoweit anwendbar, als für die Tätigkeit nach a, b keine andere gesetzliche Gebührenvorschrift besteht. II hat also bloßen Hilfscharakter, KG Rpfleger **86**, 283 (zum alten Recht). Vgl Anm 1.

Insbesondere darf also nicht ein Fall nach I, III, IV vorliegen.

C. Beispiele der Anwendbarkeit. II kann in folgenden Situationen anwendbar sein: Es handelt sich um den Entwurf des Antrags, die Hauptversammlung möge einen Beschluß fassen; es geht um eine Beratung außerhalb einer Entwurfstätigkeit, so nur grundsätzlich richtig Düss DNotZ **84**, 119, oder um eine Beratung außerhalb der Beurkundung eines Rechtsgeschäfts, etwa anläßlich der Beurkundung des Beschlusses einer Hauptversammlung; der Notar erstattet im Anschluß an eine zur Vorbereitung des Hauptgeschäfts vorgenommene Einsicht in das Grundbuch eine gutachterliche Äußerung darüber, ob ein Darlehnsgeber auf Grund der aus dem Grundbuch ersichtlichen Belastung ein Darlehen geben kann (Rangbestätigungserklärung), LG Hbg DNotZ **57**, 46, insofern auch Delp JB **77**, 773 mwN. Dabei muß man wegen der hohen Verantwortlichkeit des Notars nach § 30 I von dem vollen Betrag des einzutragenden Kapitals ausgehen, Düss NJW **69**, 145, Schlesw JB **77**, 1129, LG Hbg DNotZ **57**, 46, LG Münst JB **62**, 290, insofern abw Delp JB **77**, 776 (er setzt in der Regel in einem solchen Fall 25–30% des einzutragenden Kapitals an), Hamm Rpfleger **86**, 411 mwN (das OLG setzt den Geschäftswert nach den Umständen des Einzelfalls fest), weitergehend Brschw DNotZ **65**, 700 (das OLG billigt eine volle Gebühr nach § 50 Z 1 zu).

Weitere Beispiele der Anwendbarkeit: Es handelt sich um die Tätigkeit des Notars als eines Zustellungsbevollmächtigten des Verkäufers, wenn der Verkäufer im Verkaufsangebot eine Annahmefrist bestimmt hatte und den Notar zur Entgegennahme der Annahmeerklärung bevollmächtigt hatte, Schlesw DNotZ **80**, 780; der Notar überwacht den Eingang des Kaufpreises, soweit von diesem Eingang nach dem Vertrag die Eigentumsumschrift abhängig ist, BayObLG **83**, 264 und DB **84**, 180, Düss Rpfleger **78**, 72 mwN, KG NJW **75**, 455, MDR **82**, 63 und Rpfleger **86**, 282, LG Krefeld JB **78**, 733 (nicht neben § 149), abw KG DNotZ **75**, 378, Köln Rpfleger **89**, 257 (zu I aF).

In diesem Fall muß man als Geschäftswert die gesamten Fallumstände nach § 30 I, vor allem das Interesse des Verkäufers ansetzen, BayObLG DNotZ **80**, 185 und 187 je mwN, evtl auch die Höhe des Kaufgeldes, Düss Rpfleger **78**, 72, LG Mainz Rpfleger **74**, 169 mwN, den Kaufpreis allerdings nur ausnahmsweise, Düss DNotZ **75**, 375, insoweit abw Klein Rpfleger **88**, 181. Man kann auch das Interesse des Verkäufers an pünktlicher Zahlung zugrunde legen, Brschw NdsRpfl **63**, 151.

Soweit der Notar zugleich auch eine Überwachung der Urkundenvorlage zu dem vom Verkäufer festgelegten Zeitpunkt im Interesse und Auftrag des Käufers vornimmt, liegt neben der Überwachung des Empfangs oder der Fälligkeit des Kaufpreises eine getrennte, weitere Tätigkeit nach § 147 vor, BayObLG **83**, 265.

Weitere Anwendungsbeispiele: Es geht darum, daß der Notar trotz seiner Pflicht zum Abwarten einer Auszahlungsanweisung des Käufers auch von sich aus irgendeine Überwachung vornimmt, Düss Rpfleger **78**, 72 mwN; er darf die noch ausstehende Auflassung nur unter bestimmten Voraussetzungen beurkunden, KG Rpfleger **86**, 282. Zum Geschäftswert in diesem Fall Delp JB **77**, 297; es geht um die selbständige Beschaffung oder Einreichung einer Urkunde ohne einen Zusammenhang mit einer anderen gebührenpflichtigen Tätigkeit; es handelt sich um die Annahme und Weiterleitung von Wertpapieren oder Zahlungsanweisungen zu treuen Händen zum Zweck der Herbeiführung der Unterschrift eines Dritten in der Kanzlei des Notars und der anschließenden Rücksendung, Hamm Rpfleger **58**, 97, oder zwecks Erfüllung der Pflichten des Käufers, KG DNotZ **72**, 566 (in einem solchen Fall ist allerdings nur § 149 anwendbar, wenn die Bank im Fall der Zahlung auf das Notaranderkonto Weisungen erteilt, die mit den im Kaufvertrag vereinbarten nicht übereinstimmen, KG NJW **75**, 455.

Weitere Fälle der Anwendbarkeit: Es geht um die Verwahrung einer Urkunde, die kein Wertpapier ist, etwa des Hypothekenbriefes oder einer Bürgschaftserklärung, Düss DNotZ **80**, 61; es handelt sich um eine Eingabe an eine Behörde; es handelt sich um eine Bestätigung des Notars darüber, daß einer Eintragung kein Hindernis entgegenstehe, Celle JB **78**, 1381 mwN; es handelt sich um eine Anfrage, ob ein Testament sich in einer amtlichen Verwahrung befinde, KG Rpfleger **72**, 334; es geht um die Tätigkeit des Notars zwecks Einziehung eines Erbscheins, Düss MDR, **78**, 325.

Weitere Fälle der Anwendbarkeit: Es handelt sich um die Entgegennahme der Genehmigung des Vormundschaftsgerichts durch den Notar als den Bevollmächtigten des Vormunds und im Wege des Selbstkontrahierens zugleich als dem Bevollmächtigten des Gegners zum Zweck der Inkraftsetzung des Vertrags, § 1829 I 2 BGB, Stgt Rpfleger **65**, 184; es geht um eine auftragsgemäße Zuleitung einer von diesem Notar nicht aufgenommenen Urkunde an einen bestimmten Empfänger zu einem bestimmten Zeitpunkt. In diesem Fall muß man den Geschäftswert nach dem Interesse des Auftraggebers an einer ordnungsgemäßen Erledigung schätzen.

Weitere Fälle der Anwendbarkeit: Es geht um die Mitteilung einer befreienden Schuldübernahme an den Grundpfandgläubiger und um die Einholung seiner Genehmigung, Düss DNotZ **80**, 61; der Notar, der die Anmeldung einer GmbH zum Handelsregister entwirft, fertigt auch den Entwurf der bezufügenden Gesellschafterliste, Stgt DNotZ **85**, 121; es geht um eine sog Verweisungsurkunde im Sinn von § 13a BeurkG mit bloßen Absichtserklärungen, also keinen Willenserklärungen, BayObLG **85**, 15 (abl Bengel DNotZ **85**, 574).

Wegen der Klärung des Vorkaufsrechts § 146 I 1 Hs 2. Für mehrere Geschäfte sind mehrere Gebühren möglich, wenn nicht ein so enger Zusammenhang der Tätigkeiten besteht, daß man die Gesamtarbeit des Notars als ein einheitliches Geschäft ansehen muß, Düss Rpfleger **78**, 72 mwN.

D. Beispiele der Unanwendbarkeit. II kann in folgenden Fällen unanwendbar sein: Der Notar hat lediglich eine Anweisung zur Einreichung beim Grundbuchamt abzuwarten, während der Verkäufer die Zahlung des Kaufpreises selbst überwacht, LG Bonn NJW **75**, 62; der Notar darf die Auszahlung des bei ihm verwahrten Kaufgeldes erst dann vornehmen, wenn einer Auflassungsvormerkung keine Hindernisse entgegenstehen, vgl Hamm DB **87**, 884, ferner KG Rpfleger **76**, 32, LG Kiel JB **77**, 401.

E. Geschäftswert. Vgl zunächst C, D bei den einzelnen Beispielen. Der Geschäftswert entspricht im Fall der Beratung dem ganzen Geschäft, das den Gegenstand der Beratung bildet, vgl Hamm Rpfleger **77**, 423 mwN, selbst wenn im wesentlichen besondere Punkte dieses Geschäfts im Vordergrund standen, Brschw NdsRpfl **62**, 258. §§ 19, 39 verdrängen den § 30 I, Stgt DNotZ **84**, 655 mwN, aM Rohs/Wedewer S 840.

4) Vorbereitende oder fördernde Tätigkeit, III. A. Grundsatz. III stellt neben I, IV Spezialregeln gegenüber II auf. Sinn der Regelung ist die Erwägung, daß eine vorbereitende oder fördernde Tätigkeit einerseits nicht übermäßig hoch vergütet werden soll, andererseits aber auch nicht schlechthin gebührenfrei sein kann.

B. Voraussetzungen. III ist anwendbar, soweit die folgenden Voraussetzungen zusammentreffen:

a) Tätigkeitsart. Es muß sich um eine ein anderes notarielles Geschäft vorbereitende oder fördernde Tätigkeit handeln. II nennt als bloße Beispiele in einer nicht abschließenden und schon insofern von I abweichend formulierten Aufzählung die Erteilung eines Rats, die Einsicht des Grundbuchs, die Einsicht eines öffentlichen Registers oder eine Akteneinsicht.

b) Kein bloßes Nebengeschäft. Die Tätigkeit nach a darf nicht schon als ein Nebengeschäft gemäß § 35 abgegolten sein. Vgl zunächst dort. Ein Nebengeschäft liegt vor, soweit es sich um ein minder wichtiges Geschäft im Rahmen der notariellen Pflichten wegen des Hauptgeschäfts handelt, BayObLG DNotZ **85**, 102 mwN, Ffm JB **76**, 957, vgl KG JB **76**, 961. Im Fall einer Beurkundung, vgl zunächst § 30 Anm 2 B a, muß sich die Nebentätigkeit also gerade auf die Abfassung der Urkunde oder deren Verwendung richten, KG DNotZ **58**, 656, nicht auf das zugrunde liegende Rechtsverhältnis im Hinblick auf die Auszahlung, vgl Anm 1. Soweit es sich dann um einen reinen Bericht über amtlich vom Notar wahrgenommenen Tatsachen handelt, § 20 I 2 BNotO, ist § 50 I Z 1 anwendbar, Bre **KR** § 50 Nr 2, Brschw NdsRpfl **65**, 110, Düss DNotZ **56**, 108.

c) Keine bloß erfolglose Verhandlung. Es darf sich auch nicht um eine solche Tätigkeit des Notars handeln, die als erfolglose Verhandlung durch § 57 vergütet wird. Vgl zunächst dort.

C. Gebühr. Soweit die Voraussetzungen B vorliegen, entsteht eine Gebühr nach I oder II, vgl dort.

D. Geschäftswert. Man muß den Geschäftswert nach dem Gegenstand desjenigen Geschäfts berechnen, auf das sich die vorbereitende oder fördernde Tätigkeit erstreckt.

5) Gebührenfreiheit, IV. A. Grundsatz. Die Vorschrift schafft nur für die dort genannten Fälle eine Gebührenfreiheit. Da das eine Abweichung vom Grundsatz der Gebührenfreiheit, II, ist, sind Z 1–5 eng auszulegen. Gebührenfreiheit bedeutet nicht stets Auslagenfreiheit.

B. Einzelfragen. Die Gebührenfreiheit gilt für die folgenden Tätigkeiten, die eine abschließende Aufzählung enthalten, A:

a) Antragsübermittlung, Z 1. Die Übersendung, Überbringung oder sonstige Übermittlung eines beliebigen Antrags an das Grundbuchamt oder Registergericht ist insoweit gebührenfrei, als der Antrag mit irgendeiner anderen irgendwie gebührenpflichtigen Tätigkeit auch nur in einem eindeutigen, wenn auch evtl meist engen, Zusammenhang steht. Hauptfall ist die Übermittlung im Rahmen einer auftragsgemäßen Vollzugstätigkeit, für die § 146 I 2 ja bereits den Verkehr mit dem Grundbuchamt als durch die Entwurfs- oder Beurkundungsgebühr abgegolten (§ 35) erklärt.

b) Antrag kraft gesetzlicher Ermächtigung, Z 2. Gebührenfrei ist ein Antrag, den der Notar im Namen der Beteiligten mit oder ohne deren (zusätzliche) Vollmacht oder Genehmigung beim Grundbuchamt oder Registergericht schon aufgrund gesetzlicher Ermächtigung stellen darf und stellt. Diese Ermächtigung ergibt sich zB und vor allem aus § 15 GBO. Sie setzt freilich voraus, daß der Notar die Beurkundung vorgenommen oder die Erklärung beglaubigt hat, so daß der anschließende Antrag eine Vollzugstätigkeit im Sinn von § 146 darstellt. Die Vollzugsgebühr entsteht jedoch nicht, weil sie den Auftrag eines Beteiligten voraussetzt und weil dieser wegen der gesetzlichen Ermächtigung nicht vorzuliegen braucht, BT-Drs 10/5113. Daher ändert auch ein zusätzlicher derartiger „Auftrag“ nichts an der Gebührenfreiheit nach Z 2, soweit eben schon und noch eine gesetzliche Ermächtigung wenigstens hinzutritt.

c) Aufsuchen von Urkunden, Z 3. Die in Z 3 genannte bürointerne Tätigkeit, die schon deshalb notwendig ist, weil der Notar zuvor die Urkunde gebührenpflichtig aufgenommen oder verwahrt hat, ist natürlich gebührenfrei. Soweit die Tätigkeit des Notars allerdings über das bloße Aufsuchen, Heraussuchen der Urkunde aus seinen Unterlagen hinausgeht, kann eine Gebührenpflicht entstehen. Der Umfang und die Dauer der Suchtätigkeit sind bei Z 3 unerheblich.

d) Legalisation, Z 4. Es muß sich um die Erwirkung der Amtsbekräftigung der eigenen Unterschrift des Notars handeln. Es ist unerheblich, ob er einen Entwurf gefertigt bzw geprüft, eine Beurkundung vorgenommen oder eine Unterschrift beglaubigt hat. Es ist auch unerheblich, wo solche Tätigkeiten geschehen sind.

Auch eine Legalisation der Unterschrift des Präsidenten des LG ist gebührenfrei.

e) Erledigung von Beanstandungen, Z 5. Soweit der Notar eine Beanstandung bearbeitet und erledigt, die sich aus Anlaß seines Entwurfs, dessen Prüfung, seiner Beurkundung oder seiner Beglaubigung (auch das ist eine Urkunden-„Aufnahme“, vgl BT-Drs 10/5113) ergeben hat, erhält er keine Gebühr. Bei einer Beglaubigung kommt nur ein Formmangel gerade der Beglaubigung in Betracht. Bei einer Beurkundung mag noch ein sachlicher Mangel vorliegen. Denn der Notar muß den Willen der Beteiligten auch sachlichrechtlich richtig aufnehmen, vgl auch § 16 I 1, § 140 Anm 2.

Auseinandersetzungen

148 **[I] Für die Vermittlung einer Auseinandersetzung durch den Notar gelten nach Maßgabe des Absatzes 2 die Vorschriften des § 116.**

[II] Ist die Vermittlung dem Notar von dem Gericht übertragen, so erhält er das Dreieinhalbfache und, wenn die Bestätigung der Auseinandersetzung dem Gericht zusteht, das Dreifache der vollen Gebühr. Die Gebühr ermäßigt sich

1. auf das Doppelte der vollen Gebühr, wenn das Verfahren ohne Bestätigung der Auseinandersetzung abgeschlossen wird;

2. auf die Hälfte der vollen Gebühr, wenn sich das Verfahren vor Eintritt in die Verhandlung durch Zurücknahme oder auf andere Weise erledigt.

1 **1) Geltungsbereich.** Die Vorschrift betrifft die in § 116 für den Fall einer gerichtlichen Vermittlung behandelte Auseinandersetzung eines Nachlasses oder eines Gesamtguts einer Gütergemeinschaft. § 148 gilt darüber hinaus auch für eine Vermittlungstätigkeit des Notars zur Auflösung einer anderen Gemeinschaft. Die Vorschrift ist auch insoweit anwendbar, als der Notar als Unparteiischer ohne eine förmliche Auseinandersetzung nach §§ 86ff, 193 FGG entgegengesetzte Interessen ausgleichen soll. Voraussetzung ist nur, daß die Beteiligten in eine erste Aufklärungs- oder Vorverhandlung, § 89 FGG, unter der Leitung des Notars eingetreten sind. Es ist in diesem Fall unerheblich, ob die Beurkundung stattfindet, LG Bln DNotZ **54**, 439.

2 **2) Gebühren.** Man muß folgende Situationen unterscheiden:

A. Auftrag der Beteiligten, I. Soweit sich die Beteiligten zulässigerweise an den Notar wenden, erhält er die Gebühren nach § 116, also bei der Vermittlung einer Einigung gemäß I in Verbindung mit § 116 I 2 Z 1 das Doppelte der vollen Gebühr, KG DNotZ **57**, 79, im Fall einer Erledigung des Verfahrens vor dem Eintritt in die Verhandlung, dazu § 116 Anm 2 Bb, gemäß I in Verbindung mit § 116 I 2 Z 2 ½ Gebühr. Eine Vermittlung liegt nur insoweit vor, als sich die Parteien nicht einig waren.

Soweit der Notar im Vermittlungsverfahren nur einen der Beteiligten vertritt, ist § 148 unanwendbar, Hamm DNotZ **52**, 89. Dasselbe gilt, soweit der Notar eine Auseinandersetzung lediglich beurkundet, ohne sie vermittelt zu haben.

B. Auftrag des Gerichts, II. Soweit das Gericht dem Notar die Vermittlung der Auseinandersetzung übertragen hat, erhält er Gebühren nach II. Daneben erhält er die Anordnungsgebühr und im Fall der Bestätigung der Auseinandersetzung eine Bestätigungsgebühr, § 116 IV. Im Ergebnis entstehen also insgesamt dieselben Gebühren wie nach A. Sie können sich gemäß II 2 Z 1, 2 ermäßigen.

Soweit der Notar nur ein bestimmtes Einzelgeschäft erledigt, etwa eine Versteigerung, ist § 148 unanwendbar. Soweit er nur eine ohne ihn zustande gekommene Einigung beurkundet oder eine Einigungsurkunde entwirft, ist § 36 anwendbar.

Erhebung, Verwahrung und Ablieferung von Geld, Wertpapieren und Kostbarkeiten

149 **I Werden an den Notar Zahlungen geleistet, so erhält er für die Auszahlung oder Rückzahlung bei Beträgen**

bis zu 5000 Deutsche Mark einschließlich
1 vom Hundert,

von dem Mehrbetrag bis zu 20000 Deutsche Mark
0,5 vom Hundert,

von dem Mehrbetrag über 20000 Deutsche Mark
0,25 vom Hundert.

Unbare Zahlungen stehen baren Zahlungen gleich. Der Notar kann die Gebühr bei der Ablieferung an den Auftraggeber entnehmen.

II Ist Geld in mehreren Beträgen gesondert ausgezahlt oder zurückgezahlt, so wird die Gebühr von jedem Betrag besonders erhoben.

III Die Mindestgebühr beträgt eine Deutsche Mark.

IV Für die Ablieferung oder Rücklieferung von Wertpapieren und Kostbarkeiten erhält der Notar die in den Absätzen 1 bis 3 bestimmte Gebühr nach dem Wert.

V Die Gebühr wird im Fall des § 51 Abs. 3 auf die Protestgebühr, nicht jedoch auf die Wegegebühr, angerechnet.

1) Geltungsbereich. I–IV stimmen mit § 22 I–IV BRAGO fast wörtlich überein. Vgl die dortigen Anm. Eine Tätigkeit nach § 149 ist kein Nebengeschäft, und zwar auch nicht neben einer Bescheinigung nach § 50 I Z 1 im Fall der Hinterlegung von Aktien nach § 123 III AktG. Die Hebegebühr entsteht also stets besonders. Es handelt sich nicht um eine Vermögensverwaltung oder um eine Treuhänderschaft, die überdies genehmigungspflichtig wäre, § 8 II Z 1 BNotO. Daher findet im Fall von Einwendungen gegen die Kostenberechnung des Notars ein Verfahren nach § 156 und kein Zivilprozeß statt, Stgt DNotZ **70**, 554.

2) Voraussetzungen, I, IV. Das Verwahrungsgeschäft umfaßt die Erhebung, also die Empfangnahme von einem Dritten zwecks Ablieferung an den Auftraggeber, die Verwahrung und die Ablieferung, also die Weitergabe von Schecks usw des Auftraggebers an einen Dritten, vgl KG MDR **85**, 154. Es erstreckt sich auf Geld (bar oder unbar), Wertpapiere im engeren Sinn, BayObLG DNotZ **85**, 102 mwN, und Kostbarkeiten. Es genügt, daß der Notar eine Mitverfügungsgewalt hat, KG DNotZ **72**, 566.

Unter I fallen auch zB: Eine Verrechnung eines eingezogenen Betrags vom Anderkonto auf das Privatkonto des Notars, KG MDR **61**, 69; die auftragsgemäße Weiterleitung des auf das Anderkonto 1 des Notars eingezahlten Betrags auf sein Anderkonto 2, Willemer DNotZ **82**, 227; eine Verwendung desjenigen Betrags, den der Auftraggeber auf ein Anderkonto des Notars ohne eine besondere Zweckbestimmung eingezahlt hat, zB zum grundbuchlichen Vollzug eines beurkundeten Kaufvertrags,

KG Rpfleger **80**, 445. Selbst wenn der Notar alle eben genannten Tätigkeiten ausübt, liegt doch nur ein einziges Verwahrungsgeschäft vor, KG DNotZ **80**, 60. Andererseits entsteht eine Gebühr schon dann, wenn nur eine der genannten Verwahrungstätigkeiten vorliegt.

Die Hebegebühr gilt alle mit dem Verwahrungsgeschäft zusammenhängenden Tätigkeiten ab, zB: Die Prüfung der Anweisungen des Einzahlers, KG Rpfleger **76**, 32 und DNotZ **80**, 60, LG Kiel JB **77**, 401, § 147 Anm 1, auch der vom Vertrag abweichenden Anweisungen, KG NJW **75**, 455; die Prüfung der Auszahlungsunterlagen und der Auszahlungsreife, Hamm DB **87**, 884, KG Rpfleger **86**, 282, Schlesw SchlHA **81**, 150 je mwN; den Schriftwechsel wegen des Anderkontos, Schlesw JB **75**, 501; die Einlösung von Kupons.

Soweit der Notar ein unechtes Wertpapier verwahrt, zB ein Sparbuch oder einen Grundschuldbrief, gilt nicht § 149, sondern § 147, vgl BayObLG DNotZ **85**, 102, ferner Celle DNotZ **61**, 607. Dasselbe gilt bei der Verwahrung einer Anweisung im Sinn von §§ 783 ff BGB, selbst einer unwiderruflichen, KG DNotZ **72**, 566, es sei denn, daß das auf dem Sparkonto befindliche Geld in die alleinige Verfügungsgewalt des Notars kommen soll.

3) Gebühren, I–V. Eine Hebegebühr entsteht nur, soweit ein Auftrag auf das Verwahrungsgeschäft als solches oder eines seiner Teile vorliegt, Bre Rpfleger **57**, 273. Die Höhe der Gebühren hängt vom auszuzahlenden oder zurückzuzahlenden Betrag bzw vom Wert der abzuliefernden oder zurückzuliefernden Wertpapiere oder Kostbarkeiten ab. Soweit der Notar die Gesamtsumme in Teilbeträgen auszahlt oder zurückzahlt, entstehen die in I genannten Gebühren gemäß II von jedem jeweils ausgezahlten oder zurückgezahlten Betrag besonders. In diesem Fall ist die Gesamtvergütung des Notars also im allgemeinen höher als im Fall einer einmaligen Zahlung.

Der Notar ist im Kosteninteresse des Auftraggebers verpflichtet, die Auszahlung, Zurückzahlung, Ablieferung oder Zurücklieferung grundsätzlich in einem Arbeitsgang vorzunehmen. Er darf nicht ohne Zustimmung des Auftraggebers oder des begünstigten Dritten zu eigenen Zwecken verrechnen usw, KG DNotZ **87**, 567 mwN, aM Köln DNotZ **87**, 571 (zustm Zimmermann). Andernfalls kann eine unrichtige Sachbehandlung vorliegen. Der Notar braucht aber grundsätzlich nicht von sich aus auf die Hebegebühr hinzuweisen, BayObLG DNotZ **84**, 111 mwN, vgl freilich auch § 16 Anm 2 A c aa.

In jedem Fall der Auszahlung, Zurückzahlung, Ablieferung oder Zurücklieferung beträgt die Mindestgebühr 1 DM, III.

4) Geschäftswert. Soweit es sich um Bargeld handelt, ist der Nominalwert maßgeblich. Bei einer Zahlung in einer ausländischen Währung ist der Kurswert im Zeitpunkt der Belastung des Kontos des Notars maßgeblich. Zwar erlischt die Zahlungspflicht erst mit der Gutschrift beim Empfänger, aber der Zeitraum zwischen der Belastung des Notarkontos und der Gutschrift beim Empfänger ist von der Tätigkeit des Notars bei pflichtgemäßer Zahlungsanweisung weitgehend unabhängig und darf nicht zu Lasten des Kostenschuldners gebührenerhöhend berücksichtigt werden. Andererseits wäre es unbillig, eine Kursminderung in einem Zeitraum, in dem der Notar über das Geld keinerlei Anweisungen mehr erteilen konnte, zu seinen Lasten gebührenmindernd zu berücksichtigen.

Bei einem Wertpapier ist der Kurswert im Zeitpunkt der Abbuchung vom Wertpapierkonto des Notars oder seiner Aushändigung des Wertpapiers usw maßgeblich.

Soweit ein Kurswert nicht vorhanden ist, ist der Verkehrswert in den vorgenannten Zeitpunkten maßgeblich. Das gilt auch im Fall einer Kostbarkeit.

Soweit der Notar aus Anlaß eines Wechsel- oder Scheckprotests das Geld in Empfang nimmt, entsteht eine Gebühr nach § 149. Sie wird jedoch auf die dann zuzahlende Protestgebühr nach § 51 III angerechnet, V. Allerdings findet keine Anrechnung auf die Wegegebühr nach § 51 II statt, V.

5) Fälligkeit. Die Fälligkeit tritt mit der Auszahlung oder Zurückzahlung bzw mit der Ablieferung oder Zurücklieferung ein. Im Fall der Auszahlung oder Zurückzahlung eines Teilbetrags ist dieser Zeitpunkt maßgeblich, KG Rpfleger **76**, 228.

6) Kostenschuldner. Er ist nach §§ 2 Z 1, 141 zu ermitteln, BayObLG **88**, 147. Kostenschuldner ist zB derjenige, der den Verwahrungsvertrag mit dem Notar geschlossen hat, nicht aber schon jeder, der auf ein Anderkonto etwas gezahlt hat, BayObLG **88**, 147. Die Bank, die im Namen des Kunden handelt und erklärt, sie übernehme keine Kosten, ist nicht Kostenschuldner, Düss MDR **87**, 684. Wird ein Geldbetrag zugunsten eines Dritten hinterlegt und erhält dieser das Recht, das Geld nach Erfüllung von Treuhandauflagen abzurufen, so wird er nicht schon durch solchen Abruf zum Kostenschuldner, KG MDR **85**, 154.

7) Entnahmerecht, I 3. Wird das Verwahrte an den Auftraggeber abgeliefert, so kann der Notar eine fällige Hebegebühr dem Betrag entnehmen.

Diese Frage ist **streitig. Wie hier** zB Köln DNotZ **89**, 258; **aM** zB Zimmermann DNotZ **89**, 264.

Diese Befugnis besteht also nicht, soweit der Notar eine Summe an einen Dritten auszahlen soll oder soweit es sich um eine Forderung aus anderer Sache handelt.

Bescheinigung

150 I **Für die Erteilung einer Bescheinigung nach § 21 der Bundesnotarordnung erhält der Notar die Mindestgebühr (§ 33).**

II **Für die Erteilung einer Bescheinigung nach § 22a der Bundesnotarordnung erhält der Notar eine Gebühr von 50 Deutsche Mark.**

Vorbem. I idF Art 2 I Z 21 G v 9. 12. 86, BGBl 2326, in Kraft seit 1. 1. 87, Art 10.

1) Bescheinigung nach § 21 BNotO, I. Die Vorschrift lautet:

I Die Notare sind zuständig, Bescheinigungen über eine Vertretungsberechtigung auszustellen, sofern sich diese aus einer Eintragung im Handelsregister oder in einem ähnlichen Register ergibt. Die Bescheinigung hat die gleiche Beweiskraft wie ein Zeugnis des Registergerichts.

II Der Notar darf die Bescheinigung nur ausstellen, wenn er zuvor das Register oder eine beglaubigte Abschrift desselben eingesehen hat. Er hat den Tag der Einsichtnahme des Registers oder den Tag der Ausstellung der Abschrift in der Bescheinigung anzugeben.

Die Gebühr entsteht für jede derartige Bescheinigung besonders. Es handelt sich nicht um ein gebührenfreies Nebengeschäft, und zwar auch nicht im Fall der Beurkundung oder Beglaubigung.

§ 50 I Z 1 ist unanwendbar.

2) Bescheinigung nach § 22a BNotO, II. Die Vorschrift lautet:

I Der Notar kann Bescheinigungen über das Bestehen oder den Sitz einer juristischen Person oder Handelsgesellschaft, die Firmenänderung, eine Verschmelzung oder sonstige rechtserhebliche Umstände ausstellen, wenn sich diese aus einem öffentlichen Register ergeben.

II Der Notar darf die Bescheinigung nur erteilen, wenn dargelegt wird, daß sie im Ausland verwendet werden soll.

Oft fordert ein ausländisches Gericht oder eine ausländische Behörde eine solche Bescheinigung als Voraussetzung für die Anerkennung eines dort geltend gemachten Rechts an.

Zuziehung eines zweiten Notars

151 I Der zweite Notar, der auf Verlangen eines Beteiligten anstatt der Zeugen zu einer Beurkundung zugezogen wird, erhält die Hälfte der dem beurkundenden Notar zustehenden Gebühr und im Fall des § 58 daneben die dort bestimmte Zusatzgebühr.

II Ist der zweite Notar ohne Verlangen eines Beteiligten anstatt der Zeugen zugezogen, so darf der mit der Beurkundung beauftragte Notar dafür an Gebühren nicht mehr als 2,50 Deutsche Mark für jede angefangene Stunde in Rechnung stellen.

1) Allgemeines. Das Gesetz verlangt oft die Hinzuziehung eines zweiten Notars oder die Hinzuziehung von Zeugen, zB in §§ 2233 BGB, 22 BeurkG. Der so hinzugezogene Notar erhält nach § 151 eine Vergütung.

2) Auf Verlangen, I. Soweit ein Beteiligter verlangt, daß der beurkundende (erste) Notar einen zweiten Notar statt der Zeugen zu einer Beurkundung hinzuzieht, erhält der zweite Notar die Hälfte der dem beurkundenden Notar zustehenden Gebühr und außerdem insoweit, als der zweite Notar außerhalb der Kanzlei tätig werden muß, daneben die Zusatzgebühr nach § 58, unabhängig davon, ob der beurkundende Notar ebenfalls diese Zusatzgebühr beanspruchen kann.

3) Ohne Verlangen, II. Soweit der beurkundende Notar einen zweiten Notar ohne das Verlangen eines Beteiligten anstatt der Zeugen hinzuzieht, hat der zweite Notar einen Vergütungsanspruch nur gegenüber dem beurkundenden Notar, nicht gegenüber dessen Auftraggeber oder gegenüber den am beurkundeten Geschäft sonst Beteiligten. Der Honoraranspruch gegen den Hauptnotar richtet sich nach einer Vereinbarung, die die beiden Notare untereinander treffen können. Insofern ist der Grundsatz, daß ein Notar nicht kostenlos tätig werden darf, soweit das Bundesgesetz nichts anderes vorschreibt, gegenüber § 140 S 2 vorrangig.

Unabhängig von der Vereinbarung der Notare untereinander darf der beurkundende (erste) Notar dem Auftraggeber für die Mitwirkung des zweiten Notars höchstens je angefangene Stunde 2,50 DM berechnen. Da § 58 nur in I, nicht in II erwähnt ist, entsteht im Fall II also auch keine Zusatzgebühr nach § 58.

Umsatzsteuer

151a **Der Notar erhält Ersatz der auf seine Kosten entfallenden Umsatzsteuer, sofern diese nicht nach § 19 Abs. 1 des Umsatzsteuergesetzes unerhoben bleibt.**

Schrifttum: Dornbusch/Jasper, Die Besteuerung der Rechtsanwälte und Notare, 1987.

1) Umsatzsteuerpflicht. Der Notar ist umsatzsteuerpflichtig, BFH BB **71**, 427, sofern eine Umsatzsteuer nicht nach dem Gesetz entfällt, etwa bei einer Tätigkeit für einen Auftraggeber mit dem Sitz außerhalb des Erhebungsgebiets, vgl Hbg MDR **82**, 857 (zu § 25 II BRAGO), oder sofern der Notar nicht zu den nicht optierenden und deshalb auch von der Möglichkeit eines Vorsteuerabzugs ausgeschlossenen Kleinunternehmen nach § 19 I UStG gehört. Eine Anwaltsgemeinschaft ist wegen der Notariatsgeschäfte eines Mitglieds im vorgenannten Umfang umsatzsteuerpflichtig, BFH **71**, 427. Soweit der Notar nicht umsatzsteuerpflichtig ist, darf er auch keinen Ausgleichsbetrag (wie nach altem Recht) mehr fordern.

2) Höhe der Umsatzsteuer. Die Steuer beträgt seit 1. 7. 83 14%, soweit der Notar „nur" freiberuflich tätig ist. Die frühere Ermäßigung nach § 12 II Z 5 UStG ist seit 1. 1. 1982 entfallen, Art 36 Z 3a G vom 22. 12. 81, BGBl 1523. Wegen des Übergangsrechts BFM AnwBl **82**, 237.

Die Steuer beträgt jedoch (insofern im Ergebnis unverändert) 7%, soweit der Notar eine Leistung erbringt, die zumindest auch, und nicht nur völlig der freiberuflichen Tätigkeit untergeordnet, ein nach dem UrhG geschütztes Werk darstellt, § 12 II Z 7d UStG. Ein solches Werk liegt allerdings bei einer Notartätigkeit kaum je vor. In Frage käme zB ein wissenschaftlich begründetes Gutachten, und zwar auch dann, wenn der Notar es im Auftrag des Mandanten für eine Auseinandersetzung erstattet, für die er im übrigen eine Vergütung nach der KostO oder als Anwalt ein Honorar nach der BRAGO erhält. § 45 I UrhG steht nicht entgegen. Für den Steuersatz ist stets die Fälligkeit maßgeblich, vgl Mü JB **78**, 1806. Ein Ersatzanspruch besteht auch wegen der auf die Zinsen entfallenden Umsatzsteuer, vgl Schmidt AnwBl **77**, 115, aM LG Ambg AnwBl **77**, 115 (je zur BRAGO).

Vgl auch § 25 BRAGO Anm 2 B.

Schreib- und Postgebühren

152 **I Der Notar, dem die Gebühren für seine Tätigkeit selbst zufließen, erhält Schreibauslagen auch für die ihm auf Grund besonderer Vorschriften obliegenden Mitteilungen an Behörden.**

II Er kann außer den im Dritten Abschnitt des Ersten Teils genannten Auslagen erheben

1. Postgebühren
a) für die Übersendung auf Antrag erteilter Ausfertigungen und Abschriften,
b) für die in Absatz 1 genannten Mitteilungen;

2. die im Orts- und Fernverkehr zu entrichtenden Fernsprechgebühren.

1) Systematik. § 152 enthält gegenüber §§ 140, 141 vorrangige Sonderregeln für den Gebührennotar, die die §§ 136, 137 ergänzen und verhindern sollen, daß der Gebührennotar unzumutbar benachteiligt wird. Wegen des Gebührennotars Üb 1, 3 B vor § 140.

Demgemäß entstehen dem Gebührennotar auch Rechnungsgebühren. Im Fall einer Gebührenfreiheit muß man allerdings § 144 beachten.

2) Schreibauslagen, I. Neben den in § 136 genannten Schreibauslagen, die der Notar gemäß § 141 erhält, stehen ihm Schreibauslagen auch für diejenigen Mitteilungen zu, die er auf Grund seiner Amtspflichten im Rahmen besonderer diesbezüglicher gesetzlicher Vorschriften für Mitteilungen an Behörden aufwenden muß.

Hierher gehören zB: Eine Anzeige vom Abschluß eines Grundstücksveräußerungsgeschäfts an das Finanzamt, § 146 Anm 1 A d; die Mitteilung vom Abschluß eines solchen Geschäfts an die Gemeinde gemäß BauGB.

Eine beantragte Ausfertigung oder Abschrift im Sinn des § 136 I Z 1 ist auch diejenige, die der Notar beim Grundbuchamt, beim Registergericht oder bei einer sonstigen Behörde einreicht, deren Genehmigung eingeholt werden muß.

3) Post- und Fernsprechgebühren, II. Außer den in § 136 genannten Auslagen kann der Gebührennotar stets diejenigen Postgebühren als Auslagen erheben, die ihm für die Übersendung einer auf Antrag erteilten Ausfertigung oder Abschrift oder für eine Mitteilung im Sinn von I entstehen. Ein besonderer Übersendungsauftrag ist nicht erforderlich. Man muß einen solchen Auftrag im Rahmen des beabsichtigten Vollzugs des Geschäfts unterstellen.

Außerdem kann der Gebührennotar die im Orts- und Fernverkehr zu entrichtenden Fernsprechgebühren ansetzen.

Reisekosten

153 **I Fließen die Gebühren für die Tätigkeit des Notars diesem selbst zu, so erhält er bei Geschäftsreisen, die er im Auftrag eines Beteiligten vornimmt, bei Benutzung eines eigenen Kraftwagens 0,45 Deutsche Mark für jeden angefangenen Kilometer des Hin- und Rückwegs, bei Benutzung anderer Verkehrsmittel die tatsächlichen Aufwendungen. Als Tage- und Abwesenheitsgeld erhält der Notar bei einer Geschäftsreise von nicht mehr als 4 Stunden 25 Deutsche Mark, von mehr als 4 bis 8 Stunden 50 Deutsche Mark, von mehr als 8 Stunden 95 Deutsche Mark; die Hälfte dieses Satzes ist auf die in § 58 Abs. 1 bestimmte Zusatzgebühr anzurechnen. Außerdem hat der Notar Anspruch auf Ersatz der Übernachtungskosten.** § 138 **[jetzt: 137 Nr. 5 Halbsatz 2] gilt für das Tage- und Abwesenheitsgeld entsprechend, und zwar auch, wenn auf derselben Reise Notargeschäfte und Rechtsanwaltsgeschäfte erledigt werden.**

II Fließen die Gebühren für die Tätigkeit des Notars der Staatskasse zu, so erhält der Notar bei Geschäftsreisen nach Absatz 1 Reisekostenvergütung nach den für Bundesbeamte der Reisekostenstufe B geltenden Vorschriften. Ist es nach den Umständen, insbesondere nach dem Zweck der Geschäftsreise, erforderlich, ein anderes als ein öffentliches, regelmäßig verkehrendes Beförderungsmittel zu benutzen, so erhält der Notar Ersatz der notwendigen Aufwendungen, bei Benutzung eines eigenen Kraftwagens 0,45 Deutsche Mark für jeden angefangenen Kilometer des Hin- und Rückwegs; diese Entschädigung ist stets zu gewähren, wenn der Hin- und Rückweg zusammen nicht mehr als zweihundert Kilometer beträgt oder der Notar Fahrtkosten für nicht mehr als zweihundert Kilometer verlangt.

Vorbem. I, II 2 idF Art 2 I Z 22 G v 9. 12. 86, BGBl 2326, in Kraft seit 1. 1. 87, Art 10.

1) Allgemeines. Man muß für die Reisekosten zwischen dem Gebührennotar, Üb 1, 3 B vor § 140, und den übrigen Notaren unterscheiden. Die Reisen zu auswärtigen Sprechtagen usw erfolgen in der Erfüllung einer Amtspflicht. Deshalb fallen solche Reisekosten nicht unter § 153. Die Kosten einer Reise, die ein Angestellter des Notars macht, sind nur insoweit in angemessenem Umfang zu erstatten, als sie auch wirklich entstanden sind.

2) Gebührennotar, I. A. Voraussetzungen. Eine Reisekostenerstattung erfolgt, sofern die folgenden Voraussetzungen zusammentreffen:

a) Zufließen der Gebühren. Es muß sich um einen solchen Notar handeln, dem die Gebühren für seine Tätigkeit selbst zufließen, also einen sog Gebührennotar, Üb 1, 3 B vor § 140.

b) Geschäftsreise. Der Gebührennotar muß eine Geschäftsreise ausgeführt haben. Zum Begriff Hamm DNotZ **78**, 759 mwN. Vgl auch § 28 I BRAGO. Eine Geschäftsreise liegt vor, wenn der Notar sowohl außerhalb des Ortes seines Büros als auch außerhalb seines davon etwa verschiedenen Wohnorts gereist ist. Verkehrskosten jeder Art innerhalb der Gemeinde sind allgemeine Geschäftsunkosten. Zusammengehörige Nachbargemeinden können als derselbe Ort gelten, vgl Köln Rpfleger **76**, 141 mwN, aber auch AnwBl **77**, 25. Insbesondere ist auch die Fahrt zwischen dem Büro (der Wohnung) und dem Gericht oder der Behörde keine Geschäftsreise. Innerhalb Berlins entstehen keine Reisekosten. Wohl aber kann eine Vergütung für eine Reise zu einer auswärtigen Zweigstelle des Gerichts oder zu einem Gerichtstag entstehen.

Soweit der Notar als Zeuge oder Sachverständiger reist, entsteht keine Entschädigung nach § 153, sondern allenfalls eine solche nach dem ZSEG. Das gilt auch insoweit, als er über seine Wahrnehmungen als Notar aussagen soll.

c) Auftrag. Der Gebührennotar muß die Geschäftsreise gerade im Auftrag eines Beteiligten unternommen haben. Ein ausdrücklicher Reiseauftrag braucht nur insoweit vorzuliegen, als sich die Notwendigkeit der Reise nicht schon aus der Art des Grundauftrags für den Beteiligten erkennbar ergeben hat. Im Zweifel entscheidet zwar das objektive, wohlverstandene Interesse des Beteiligten; der Notar ist aber verpflichtet, seine Tätigkeit für den Auftraggeber so kostengünstig wie möglich abzuwickeln, und kann daher verpflichtet sein, vor dem Reiseantritt mit dem Auftraggeber eine Rücksprache zu halten, ob er die Reise durchführen soll.

B. Reisekosten. Unter den Voraussetzungen A entstehen die in I genannten Ersatzansprüche. Die Vorschrift ist § 28 BRAGO angeglichen. Es besteht insofern eine Abweichung, als der Notar die Hälfte des jeweils zu zahlenden Tage- und Abwesenheitsgeldes auf die in § 58 I bestimmte Zusatzgebühr anrechnen muß.

Im Fall der Vornahme mehrerer Geschäfte auf derselben Reise gilt § 137 Z 5, auch wenn es sich teilweise um Notargeschäfte, teilweise um Anwaltsgeschäfte handelt.

Eine Vereinbarung über die Höhe der Reisekosten ist unwirksam, § 140.

3) Anderer Notar, II. A. Voraussetzungen. II ist anwendbar, soweit die Voraussetzungen Anm 2 A b und c bei einem solchen Notar zutreffen, der kein Gebührennotar ist, Üb 1, 3 A vor § 140. Vgl § 142. Diese Regelung gilt in Baden-Württemberg.

B. Reisekosten. Unter den Voraussetzungen A entstehen Ansprüche auf Reisekostenvergütung nach dem BRKG, jedoch mit einigen Abänderungen.

Wenn der Hin- und Rückweg zusammen nicht mehr als 200 km beträgt oder wenn der Notar die Erstattung für einen Weg nicht mehr als 200 km verlangt, erhält er ohne den Nachweis, welches Verkehrsmittel er benutzt hat, für jeden angefangenen Kilometer 0,45 DM. Wenn er eine Entschädigung für eine über 200 km hinausgehende Strecke verlangt, muß man ihm die Fahrtkosten für ein öffentliches, regelmäßig verkehrendes Beförderungsmittel erstatten, und zwar diejenigen der 1. Klasse. Denn diese steht den Angehörigen der Reisekostenstufe B zu, § 8 BRKG.

Die Kosten der Benutzung des eigenen Kraftwagens sind nur insoweit erstattungsfähig, als seine Benutzung nach den Umständen, insbesondere dem Zweck der Geschäftsreise, erforderlich war. Die Zuständigkeit genügt nicht. Da der Notar verpflichtet ist, die Kosten für den Auftraggeber niedrig zu halten, darf man die Notwendigkeit einer Reise im eigenen Pkw auch nicht allzu großzügig prüfen. Andererseits sind die heutigen Verhältnisse und daher der Umstand zu berücksichtigen, daß jedermann einen Pkw fährt. Man kann nicht vom Notar erwarten, daß er mühsamer reist als irgendein Arbeiter es heutzutage zu tun pflegt. Daher ist im Ergebnis die Notwendigkeit fast stets zu bejahen.

Umstände, die die Benutzung des Pkw insbesondere rechtfertigen können, sind zB: Eine Gehbehinderung des Notars; ein sonst unvermeidbarer Umweg; ungünstige Abfahrtzeiten von Bus oder Bahn; die Notwendigkeit, umfangreichere Akten mitzunehmen.

Für die Benutzung des eigenen Kraftwagens wird, soweit überhaupt, ein Betrag von 0,45 DM je km Hin- und Rückweg gewährt.

Wegen des Tage- und Übernachtungsgelds der Reisekostenstufe B vgl §§ 9, 10 BRKG. Bei einem Nachweis höhrer notwendiger Auslagen ist die Bewilligung eines Zuschusses möglich, § 4 EhrRiEG Anm 4, Teil VI dieses Buchs.

Die Nebenkosten, zB des Zeugen und Abgangs, sind ebenfalls erstattungsfähig, § 14 BRKG.

Einforderung der Kosten

154 **I Fließen die Kosten dem Notar selbst zu, so dürfen sie nur auf Grund einer dem Zahlungspflichtigen mitgeteilten, von dem Notar unterschriebenen Berechnung der Gebühren und Auslagen eingefordert werden.**

II In der Berechnung sind der Geschäftswert, die Gebührenvorschriften, die Beträge der angesetzten Gebühren und Auslagen sowie etwa verauslagte Gerichtskosten und empfangene Vorschüsse anzugeben.

III Der Notar hat die Berechnung in Abschrift zu seinen Akten zu bringen. Er hat sie ferner unter jeder von ihm erteilten Ausfertigung sowie unter jedem Beglaubigungsvermerk aufzustellen. Hat der Notar eine Urkunde entworfen und demnächst beglaubigt, so sind auch die Kosten des Entwurfs unter der Beglaubigung zu vermerken.

1) Geltungsbereich. Die Vorschrift gilt nur für den Gebührennotar, Üb 1, 3 B vor § 140, und nur insoweit, als er gerade als Notar gehandelt hat, nicht als Rechtsanwalt, § 24 II BNotO, vgl auch KG DNotZ **43**, 32.

Bei demjenigen Notar, dessen Gebühren in die Staatskasse fließen, gilt § 14; der Notar setzt die Kosten an.

2) Notwendigkeit der Berechnung, I. Der Gebührennotar muß eine Berechnung der Gebühren und Auslagen aufstellen. Für jedes Geschäft muß er eine einheitliche Berechnung anfertigen. Maßgeblich ist die Zahl der Urkunden, Hamm DNotZ **71**, 756. Bei mehreren Beteiligten muß man der Berechnung entnehmen können, wer in welcher Höhe haften soll, BayObLG **81**, 351. Der Notar oder sein Vertreter muß die

Rechnung eigenhändig und handschriftlich unterschreiben. Andernfalls ist sie gemäß § 156 wegen eines unheilbaren Mangels aufzuheben, BayObLG MDR **77**, 226, LG Darmst JB **77**, 708.

Wenn der Notar verstorben ist, darf sein Amtsnachfolger die Berechnung nur insoweit aufstellen, als das Notariat inzwischen eine Behörde ist. Andernfalls müssen dasjenige AG bzw derjenige Notar die Berechnung aufstellen, die die Akten des verstorbenen Notars gemäß § 51 I BNotO amtlich verwahren, KG DNotZ **82**, 776 mwN.

Der Notar muß seine Berechnung jedem Zahlungspflichtigen schriftlich mitteilen. Er ist berechtigt, schon vor der Mitteilung Zahlungen anzunehmen, Hamm MDR **88**, 420; der Kostenschuldner braucht aber noch nicht zu zahlen, Hamm MDR **88**, 420. Er darf und muß in demselben Umfang wie das Gericht einen Vorschuß erheben. Dazu braucht er noch keine förmliche Kostenberechnung mitzuteilen.

Er hat ein Zurückbehaltungsrecht nach § 10 wegen eines Nachforderungsanspruchs § 143. Zum Anspruch auf die Kostenberechnung krit LG Bln DNotZ **74**, 110, Weiss DNotZ **71**, 75. Nur nach einer ordnungsgemäßen Kostenberechnung kann ein Anerkenntnis des Kostenschuldners die Verjährung unterbrechen, Ffm DNotZ **87**, 180.

Gegen die Höhe des Vorschusses ist die Erinnerung nach § 8 III statthaft.

Die Einforderung braucht nicht in der Kostenberechnung selbst vorgenommen zu werden, Ffm Rpfleger **88**, 207.

3) Inhalt der Berechnung, II. A. Notwendige Angaben. Der Kostenschuldner muß in der Lage sein können, die Kostenberechnung zu überprüfen und zu erwägen, ob sie Veranlassung zur Herbeiführung einer gerichtlichen Entscheidung gibt. Deshalb sind an den Inhalt strenge Anforderungen zu stellen, BayObLG **81**, 351, jetzt auch Düss VersR **84**, 47. Die Kostenberechnung des Gebührennotars muß mindestens folgende Angaben enthalten:

a) Geschäftswert. Die Berechnung muß den Geschäftswert in DM bezeichnen. Der Notar muß den Geschäftswert so darstellen, daß der Empfänger der Kostenberechnung die Ermittlung nachvollziehen kann, Schlesw DNotZ **85**, 480. Zu diesem Zweck kann es erforderlich sein, den Geschäftswert aufzuschlüsseln, LG Bayreuth JB **75**, 1629, aM KLBR 8. Zwar braucht der Notar insofern keinen Roman zu schreiben; die Kostenberechnung muß aber jedenfalls die tragenden Überlegungen zum Geschäftswert stichworthaltig erkennen lassen.

Die Anführung derjenigen Gesetzesvorschriften, die der Notar dem Geschäftswert zugrunde legt, ist nicht unbedingt erforderlich, wohl aber dann, wenn der Empfänger die Ermittlung anders nur schwer nachvollziehen könnte. Ein gewissenhafter Notar sollte die maßgeblichen Vorschriften stets angeben, und zwar bei umfangreicheren Vorschriften ihren Absatz, Satz, ihre Ziffer usw.

b) Gebührenvorschriften. Die Kostenberechnung muß auch die maßgebenden Gebührenvorschriften enthalten. Der Notar muß also die Paragraphen nennen, und zwar sowohl wegen der Gebühren als auch wegen der Auslagen, BayObLG **87**, 416 mwN. Bei umfangreicheren Vorschriften kann es notwendig sein, auch den Absatz, den Satz, die

Ziffer usw der Vorschrift mitanzugeben. Denn man kann nur so den Zweck erreichen, dem Empfänger den Nachvollzug zu ermöglichen.

Diese Frage ist **streitig. Wie hier** zB BayObLG DB **85**, 487, jetzt auch Düss VersR **84**, 47, ferner Zweibr MDR **86**, 1038 mwN, LG Köln JB **66**, 975; **aM** zB Brschw MDR **76**, 412, Delp JB **76**, 734.

Bei einer nach Zeitsabschnitten bemessenen Gebühr muß der Notar auch den Zeitaufwand in Stunden angeben.

Er muß auch diejenigen Vorschriften nach Paragraphen und unter Umständen näher aufgeschlüsselt angeben, nach denen er einen Auslagenersatz fordert, BayObLG DNotZ **84**, 648 mwN.

c) Beträge der Gebühren und Auslagen. Der Gebührennotar muß in der Kostenberechnung die Beträge der angesetzten Gebühren und Auslagen in DM angeben. Selbstverständlich muß er die Beträge aufschlüsseln, soweit das erforderlich ist, um dem Empfänger die Nachprüfung zu ermöglichen, BayObLG DB **85**, 487.

Er muß auch die in Anrechnung gestellte Umsatzsteuer nachvollziehbar angeben. Dazu gehört der angesetzte Prozentsatz auch dann, wenn der Notar nicht ausnahmsweise nur eine ermäßigte Umsatzsteuer ansetzt.

d) Verauslagte Gerichtskosten. Der Gebührennotar muß in der Kostenberechnung auch den Betrag der insgesamt verauslagten Gerichtskosten nennen. Soweit er Gerichtskosten in mehreren Teilbeträgen, zu unterschiedlichen Zeitpunkten und unter Umständen in irgendeiner für den Empfänger nicht sofort verständlichen Weise gezahlt hat, kann die Aufschlüsselung auch dieses Postens erforderlich sein.

e) Vorschuß. Der Gebührennotar muß in der Kostenberechnung angeben, ob, wann, von wem (falls nicht vom Auftraggeber) und in welcher Höhe er Vorschüsse empfangen hat. Es ist unerheblich, ob er einen Vorschuß erbeten hatte oder ob der Auftraggeber unaufgefordert zahlte. Der Zeitpunkt der Empfangnahme ist jedenfalls insofern erforderlich, als Verzinsungsfragen davon abhängen können. Eine Verzinsung ist freilich von den Gesamtumständen des Einzelfalls abhängig.

f) Weitere Angaben. Es hängt von den Umständen des Einzelfalls ab, ob der Gebührennotar in der Kostenberechnung über die vorstehenden Angaben hinaus weitere Angaben machen muß. Das Fehlen der Erwähnung weiterer Angaben in II bedeutet nicht etwa die Entbehrlichkeit aller dort nicht ausdrücklich genannten Angaben. Andererseits enthält II eine grundsätzlich vollständige Darstellung der notwendigen Angaben. Weitere Angaben sind daher nur ausnahmsweise notwendig.

Hierher können Angaben über Höhe, Empfangszeitpunkt und evtl Empfangskonto solcher Summen zählen, bei denen es bereits streitig geworden ist, ob der Auftraggeber sie an den Notar als Vorschüsse oder zu anderen Zwecken gezahlt hat, etwa als Zahlung auf ein in der beurkundeten Vereinbarung genanntes Treuhandkonto.

B. Verstoß. Soweit eine der nach A notwendigen Angaben fehlt oder unvollständig ist, ist eine Nachholung zulässig, LG Bayreuth JB **75**, 1629, vgl § 156 Anm 1. Soweit der Notar die Nachholung nicht vornehmen will oder kann, ist auch eine richterliche Nachprüfung der Kostenberechnung nicht vollständig möglich. Infolgedessen ist die Kostenberechnung unwirksam, Schlesw JB **78**, 911 mwN, und von Amts wegen ohne eine weitere Sachprüfung aufzuheben, BayObLG DB **85**, 487, Hamm DNotZ **71**, 756.

Ein bloßer Irrtum des Notars bei der Angabe der (an sich richtig angewendeten) Vorschrift über den Geschäftswert oder die Gebührenhöhe usw ist zwar nach § 156 zu klären, berührt aber die Wirksamkeit der Kostenberechnung nicht, Düss Rpfleger **75**, 266.

4) Abschrift usw, III. Der Notar muß die Kostenberechnung in einer einfachen Abschrift zu seinen Akten nehmen, III 1. Es genügt eine unbeglaubigte und nicht unterschriebene Abschrift. Ihr Text muß natürlich vollständig sein.

Darüber hinaus muß der Notar unter jeder von ihm erteilten Ausfertigung und unter jedem Beglaubigungsvermerk eine Kostenberechnung aufstellen, III 2. Diese Pflicht ist unabhängig davon, ob der Auftraggeber die Kosten schon bezahlt hat. Bei dieser Auftstellung ist eine besondere Unterzeichnung entbehrlich. Eine derartige Aufstellung ist bei einer einfachen Abschrift nicht erforderlich.

Schließlich muß der Notar, der eine Urkunde entworfen und demnächst beglaubigt hat, die Kosten des Entwurfs unter der Beglaubigung mitvermerken, III 3. Unter einem bloßen Entwurf ist kein Kostenvermerk erforderlich.

Beitreibung der Kosten

155 Die Kosten werden auf Grund einer mit der Vollstreckungsklausel des Notars versehenen Ausfertigung der Kostenberechnung (§ 154) nach den Vorschriften der Zivilprozeßordnung beigetrieben; § 798 der Zivilprozeßordnung gilt entsprechend. Die Vollstreckungsklausel, die zum Zwecke der Zwangsvollstreckung gegen einen zur Duldung der Zwangsvollstreckung Verpflichteten erteilt wird, hat den Ausspruch der Duldungspflicht zu enthalten.

1) Geltungsbereich. Die Vorschrift gilt nur für den Gebührennotar, Üb 1, 3 B vor § 140, und auch insofern nur für seinen Anspruch auf Grund der KostO, also nicht für einen solchen aus einer Tätigkeit als Anwalt, § 154 Anm 1.

Für einen anderen Notar gilt das Verwaltungszwangsverfahren.

2) Vollstreckungsklausel. Die vom Notar mit der Vollstreckungsklausel versehene Ausfertigung der Kostenberechnung, § 154, ist ein Vollstreckungstitel, Hamm MDR **88**, 420, LG Dortm DNotZ **84**, 454. Daher ist für die Beitreibung der Kosten kein besonderer Rechtsstreit erforderlich. Soweit ein anderer als der Auftraggeber zur Duldung der Zwangsvollstreckung verpflichtet ist, muß der Notar eine Vollstreckungsklausel gegen ihn erteilen; vgl auch § 54 GKG Anm 4 B. Soweit der Notar die Forderung abgetreten hat oder soweit sie im Weg einer Zwangsvollstreckung einem Dritten zur Einziehung überwiesen wurde, erteilt der Notar die Vollstreckungsklausel dem nunmehr Berechtigten. § 727 ZPO ist anwendbar, LG Dortm DNotZ **84**, 454, aM KLBR 3.

Die Vollstreckungsklausel muß den Anforderungen der ZPO entsprechen. Denn sie bildet die Grundlage der Beitreibung. Der Notar muß sie also unterschreiben und mit seinem Amtssiegel oder Stempelabdruck versehen, § 725 ZPO. Der Name des Gläubigers ergibt sich aus der Unterschrift, sofern der unterschreibende Notar auch (noch) der Gläubiger ist. Der Schuldner ist in der Vollstreckungsklausel genau zu bezeichnen.

Ist der Notar weggefallen, so erteilt diejenige Behörde die Vollstreckungsklausel, die die Notariatsakten verwahrt, § 797 II ZPO, §§ 51, 55 BNotO. Im übrigen ist nur der Notar selbst oder sein Vertreter im Amt zur Erteilung zuständig. Wegen des Notarverwesers vgl §§ 56ff BNotO.

S 1 versteht unter einer „Ausfertigung der Kostenberechnung" keine Ausfertigung im strengen Sinn. Es genügt eine den Anforderungen des § 154 entsprechende Kostenberechnung nebst einer Vollstreckungsklausel und einer die Kostenberechnung und die Vollstreckungsklausel erfassenden Unterschrift des Notars, Hamm MDR **88**, 420.

Soweit der Auftraggeber dem Notar einen Scheck ausgestellt und übergeben hat, kann der Notar auf Grund des Schecks im Klageweg vorgehen, LG Köln MDR **78**, 679 (zustm Elzer).

3) Weiteres Verfahren. Das übrige Beitreibungsverfahren erfolgt nach den Vorschriften der ZPO über die Zwangsvollstreckung. Sie kann frühestens eine Woche nach dem Zeitpunkt der Zustellung des Vollstreckungstitels und der Vollstreckungsklausel beginnen, § 798 ZPO, S 1 Hs 2, Hamm MDR **88**, 420. Die nach § 154 erforderliche Mitteilung braucht nicht vor der Zustellung der Vollstreckungsklausel, sondern kann zugleich mit ihr erfolgen, Hamm MDR **88**, 420. Es kann zur Vermeidung einer Haftung nach § 157 I 2 ratsam sein, einen Monat zu warten, Hamm MDR **88**, 420. Unter Umständen muß man die Vollstreckungsklausel berichtigen oder einschränken, Hamm Rpfleger **73**, 440. Zustellungen erfolgen im Parteibetrieb durch den Gerichtsvollzieher.

§ 187 ZPO ist bei einer Auslandszustellung nur eingeschränkt anwendbar. Das ist **streitig. Wie hier** zB BGH **58**, 177, ThP § 187 ZPO Anm 1; **aM** zB KG OLGZ **74**, 330, Bökelmann JR **72**, 425, Geimer NJW **72**, 1624, ZöSte § 187 ZPO Rdz 1.

Die Kosten der Zwangsvollstreckung werden im Rahmen des § 788 ZPO beigetrieben. Der Notar kann für die Erteilung eines Vollstreckungsauftrags keine Gebühr nach § 57 BRAGO beanspruchen, AG Fritzlar DGVZ **86**, 47 mwN, AG Pfaffenhofen DGVZ **84**, 47. Er kann die Kosten eines zur Zwangsvollstreckung eingeschalteten Anwalts nicht erstattet fordern, AG Pfaffenhofen DGVZ **84**, 47. Er darf Beitreibungskosten nicht in die Kostenberechnung nach § 154 aufnehmen, LG Bln DNotZ **83**, 583. Etwaige Verzugszinsen können nicht nach § 155 beigetrieben werden. Denn die Kostenberechnung enthält über sie nichts; im Ergebnis ebenso BGH BB **89**, 1582 mwN, ferner Mü DNotZ **84**, 121, LG Bln Rpfleger **83**, 320 je mwN; zum Problem der Verzugszinsen im übrigen zB Mü DNotZ **84**, 121 (zustm Schmidt), aM BGH BB **89**, 1582 mwN. Im übrigen ist eine Zwangsvollstreckung auch in ein Grundstück oder grundstücksgleiches Recht unbeschränkt zulässig.

Gegen die Art und Weise der Zwangsvollstreckung ist die Erinnerung nach § 766 ZPO an das Vollstreckungsgericht, § 764 ZPO, statthaft, AG Pfaffenhofen DGVZ **84**, 47. Gegen den Anspruch selbst hat der Vollstreckungsschuldner die Beschwerde nach § 156. Gegen die Vollstrekkungsklausel ist ebenfalls die Beschwerde nach § 156 statthaft. Sie hat keine aufschiebende Wirkung.

Durch die Zustellung der Ausfertigung der Kostenberechnung nebst Vollstreckungsklausel wird aus der zweijährigen Verjährungsfrist des § 196 I Z 15 BGB die 30jährige nach § 218 I BGB, Schlesw DNotZ **83**, 578 mwN (zumindest nach einer Bestätigung der Kostenberechnung in einem Beschwerdeverfahren nach § 156).

Diese Frage ist **streitig. Wie hier** zB Schlesw DNotZ **83**, 580 (wenn sie unanfechtbar geworden ist); **aM** zB Hamm Rpfleger **57**, 421, Appell DNotZ **78**, 576 mwN.

Einwendungen gegen die Kostenberechnung

156 **I Einwendungen gegen die Kostenberechnung (§ 154), einschließlich solcher gegen die Zahlungspflicht und gegen die Erteilung der Vollstreckungsklausel, sind bei dem Landgericht, in dessen Bezirk der Notar den Amtssitz hat, im Wege der Beschwerde nach den Vorschriften der Zivilprozeßordnung geltend zu machen. Das Gericht soll vor der Entscheidung die Beteiligten und die vorgesetzte Dienstbehörde des Notars hören. Beanstandet der Zahlungspflichtige dem Notar gegenüber die Kostenberechnung, so kann der Notar die Entscheidung des Landgerichts beantragen. Die Vorschrift des § 567 Abs. 2 der Zivilprozeßordnung ist in Verfahren nach Satz 1 und 3 nicht anzuwenden.**

II Gegen die Entscheidung des Landgerichts findet binnen der Notfrist von einem Monat seit der Zustellung die weitere Beschwerde statt. Sie ist nur zulässig, wenn das Beschwerdegericht sie wegen der grundsätzlichen Bedeutung der zur Entscheidung stehenden Frage zuläßt. Die Vorschriften des § 568 Abs. 2 und 3 der Zivilprozeßordnung finden keine Anwendung. Die weitere Beschwerde kann nur darauf gestützt werden, daß die Entscheidung auf einer Verletzung des Gesetzes beruht; die Vorschriften der §§ 550 und 551 der Zivilprozeßordnung gelten entsprechend. Für die weitere Beschwerde gilt § 567 Abs. 2 der Zivilprozeßordnung nicht.

III Nach Ablauf des Kalenderjahrs, das auf das Jahr folgt, in dem die vollstreckbare Ausfertigung der Kostenberechnung zugestellt ist, können neue Beschwerden (Absatz 1) nicht mehr erhoben werden. Soweit die Einwendungen gegen den Kostenanspruch auf Gründen beruhen, die nach der Zustellung der vollstreckbaren Ausfertigung entstanden sind, können sie auch nach Ablauf dieser Frist geltend gemacht werden.

IV Die Beschwerden können in allen Fällen zu Protokoll der Geschäftsstelle oder schriftlich ohne Mitwirkung eines Anwalts eingelegt werden. Das Verfahren vor dem Landgericht ist gebüh-

renfrei. Die Kosten für die weitere Beschwerde bestimmen sich nach §§ 131, 136 bis 139. Die gerichtlichen Auslagen einer für begründet befundenen Beschwerde können ganz oder teilweise dem Gegner des Beschwerdeführers auferlegt werden.

V Die dem Notar vorgesetzte Dienstbehörde kann den Notar in jedem Fall anweisen, die Entscheidung des Landgerichts herbeizuführen (Absatz 1) und gegen die Entscheidung des Landgerichts die weitere Beschwerde zu erheben (Absatz 2). Die hierauf ergehende gerichtliche Entscheidung kann auch auf eine Erhöhung der Kostenberechnung lauten. Gebühren und Auslagen werden in diesem Verfahren von dem Notar nicht erhoben.

Gliederung

Schrifttum: Schneider, Die Notarkostenbeschwerde, 1966.

1) Geltungsbereich. § 156 hat denselben Geltungsbereich wie §§ 154, 155. Die Vorschrift gilt also nur für den Gebührennotar, Üb 1, 3 B vor § 140, und nur insoweit, als es sich um eine Berechnung der Kosten für seine gerade notarielle Tätigkeit handelt. Hierzu zählt freilich auch die anwaltlich-notariell kombinierte Tätigkeit des Anwaltsnotars, BGH AnwBl **88**, 115. Seine etwa nur anwaltliche Tätigkeit fällt aber nicht unter § 156, sondern ist nach der BRAGO zu beurteilen. Soweit § 156 anwendbar ist, ist eine verneinende Feststellungsklage unstatthaft, BGH AnwBl **88**, 115.

§ 156 setzt eine formell ordnungsgemäße Kostenberechnung nach § 154 voraus. Soweit bereits diese Voraussetzung fehlt, ist die Kostenberechnung ohne ein Verfahren nach § 156 aufzuheben, BayObLG **81**, 351, Brschw MDR **76**, 411 mwN, vgl aber auch § 157 Anm 3. Die Kostenberechnung muß endgültig sein. Der Kostenschuldner darf also auf Grund einer nur vorläufigen Berechnung oder auf Grund der Anforderung eines Vorschusses abwarten, bis er eine endgültige Kostenberechnung erhält.

Der Notar darf seine Kostenberechnung unabhängig von einem Verfahren nach § 156 und auch nach dem Ablauf der Fristen für die Einlegung der Beschwerde berichtigen. Diese Berichtigungsmöglichkeit entfällt allerdings mit dem Erlaß der Entscheidung des Beschwerdegerichts, und zwar auch dann, wenn der Kostenschuldner die Haftung nur dem Grunde nach bestreitet, Schlesw DNotZ **87**, 383 (im wesentlichen zustm Kuntze). Eine Berichtigung liegt noch nicht vor, wenn der Notar während des Verfahrens nach § 156 berichtigende Erklärungen abgibt; vielmehr muß er eine neue vollständige und ordnungsgemäße Kostenberechnung anfertigen und dem Schuldner übersenden, Düss JMBlNRW **55**, 34.

§ 156 verbietet dem Notar nicht, auf Grund einer rechtskräftigen gerichtlichen Entscheidung eine etwaige Nachforderung zu stellen. Ein Verfahren nach § 156 unterbricht die Verjährung der Ansprüche des Notars, Düss MDR **78**, 62, Zweibr MDR **89**, 651, aM Hamm MDR **89**, 651. Zu den Verjährungsfragen Sachs NJW **79**, 1139. § 240 ZPO ist nicht entsprechend anwendbar, obwohl keine Zustellungen an den Gemeinschuldner mehr wirksam sind, KG MDR **88**, 329.

2) Beschwerde, I, III, IV. A. Einwendung, I 1. Die Vorschrift erfaßt jede Art von Einwendungen gegen die Kostenberechnung nach § 154. Es ist also unerheblich, ob es sich um ein tatsächliches oder rechtliches Bedenken handelt, vgl BGH AnwBl **88**, 115. Es ist ebenso unerheblich, ob sich die Einwendung nur gegen die Art und Weise der Kostenberechnung oder dagegen richtet, daß der Notar überhaupt gerade diesen Beteiligten als zahlungspflichtig betracht. Man muß also im Verfahren nach § 156 auch solche Bedenken geltend machen, für die nach der ZPO nicht die Erinnerung, sondern die Vollstreckungsabwehrklage statthaft wäre.

Zu den statthaften Einwendungen zählen zB folgende Bedenken: Der Notar hat einen unrichtigen Geschäftswert zugrunde gelegt, Düss Rpfleger **87**, 219 (abl Baumann); er hat die Kosten im einzelnen falsch addiert; er hat den Beteiligten zu Unrecht als Kostenschuldner angesehen; er hat eine Überzahlung nicht berücksichtigt; er hat die Vollstreckungsklausel rechtsfehlerhaft erteilt; der Zahlungspflichtige macht einen Schadensersatzanspruch wegen einer unrichtigen Behandlung der Sache durch den Anwaltsnotar, BGH AnwBl **88**, 115, oder durch den Nur-Notar geltend, BayObLG DNotZ **84**, 111 mwN (Aufrechnung), Hamm DNotZ **87**, 169.

Diese Aufrechnung kann man noch nach der Zahlung erklären, Düss Rpfleger **75**, 411. Freilich muß man die Frist von III beachten, vgl auch

§ 157 Anm 3. Die Aufrechnung kann eine Aussetzung der Festsetzung zur Folge haben. Soweit allerdings ohnehin feststeht, daß der Notar keine Kosten erheben darf, ist eine Prüfung der etwaigen Aufrechenbarkeit wegen einer Amtshaftung unnötig, Hamm MDR **71**, 498.

Weitere Beispiele: Der Zahlungspflichtige rechnet mit einem unstreitigen oder bereits rechtskräftig gestellten Gegenanspruch beliebiger Art auf, Hamm Rpfleger **75**, 449, Schlesw SchlHA **77**, 160; er fordert bereits bezahlte Kosten wegen einer unrichtigen Beurkundung zurück, BGH MDR **61**, 395; er hat dem Notar Geld zu treuen Händen übergeben und dieser hat einen Teil dieser Summe zur Begleichung einer bestrittenen Kostenforderung einbehalten. In diesem Fall ist es unerheblich, ob die Einbehaltung im Weg einer Zurückbehaltung oder einer Aufrechnung erfolgt ist, BGH NJW **67**, 931.

Soweit der Zahlungspflichtige einen Gegenanspruch gegen den Notar hat, der mit dem in Rede stehenden notariellen Geschäft nichts zu tun hat, kann er eine Aufrechnung nicht im Verfahren nach § 156 geltend machen, Düss ZMR **89**, 92, Hamm Rpfleger **75**, 450 mwN, aM KLBR § 157 Rdz 24, solange dieser Gegenanspruch nicht unstreitig oder rechtskräftig festgestellt ist.

B. Beanstandung, I 3. Ein Zahlungspflichtiger kann Bedenken nach A zunächst dem Notar gegenüber formlos beanstanden. Es ist in diesem Zusammenhang unerheblich, ob der Notar gerade diesen Beteiligten schon zur Kostenzahlung herangezogen hat. Der Notar kann dem Mangel abhelfen oder die Sache dem LG seines Bezirks zur Entscheidung vorlegen. Als Beschwerdeführer gilt dann der Kostenschuldner, BayObLG DNotZ **72**, 244.

Soweit der Notar seine Kostenberechnung für unrichtig hält, darf er die Kostenforderung unabhängig von einem Verfahren nach § 156 bis zur Entscheidung des Beschwerdegerichts ermäßigen oder erhöhen, Stgt Rpfleger **74**, 332, Anm 1.

C. Beschwerde, I 1. Der Kostenschuldner kann statt einer Beanstandung, B, auch unmittelbar die Beschwerde einlegen. Es handelt sich um eine einfache Beschwerde im Sinn von §§ 567 ff ZPO. Die Beschwerde ist unter folgenden Voraussetzungen zulässig:

a) Beschwer. Der Beschwerdeführer muß beschwert sein. Die Beschwer muß im Zeitpunkt der Einlegung der Beschwerde vorliegen, und zwar bei mehreren Beschwerdeführern für jeden von ihnen, Schneider MDR **73**, 979. Sie fehlt zB, soweit die Aufhebung der Kostenberechnung für den Beschwerdeführer bedeutungslos ist. Für eine rein theoretische Entscheidung liegt kein Rechtsschutzbedürfnis vor, auch nicht zur bloßen Erlangung einer obergerichtlichen Entscheidung für ähnliche Fälle. Eine Teilabhilfe, § 571 ZPO, läßt eine Beschwer unter Umständen fortbestehen, KG NJW **58**, 2023.

Entgegen dem sonst in Kostensachen geltenden Grundsatz, daß ein Beschwerdewert erforderlich sei, § 567 II ZPO, ist ein Beschwerdewert weder im Beschwerdeverfahren nach I 1 noch bei einer formlosen Beanstandung nach I 3 Zulässigkeitsvoraussetzung. Das stellt I 4 ausdrücklich klar.

b) Beschwerdeberechtigung. Beschwerdeberechtigt ist jeder, den der Notar durch die angefochtene Kostenberechnung in Anspruch nimmt.

Der Notar hat kein eigenes Beschwerderecht; ein solches kommt erst im Rahmen einer etwaigen weiteren Beschwerde in Betracht.

c) Form, IV 1. Die Beschwerde ist schriftlich oder zum Protokoll des Urkundsbeamten der Geschäftsstelle zulässig. Zwar ist grundsätzlich nur die Geschäftsstelle desjenigen LG zuständig, bei dem der Notar seinen Amtssitz hat. Indessen kann man die Beschwerde auch vor dem Urkundsbeamten der Geschäftsstelle eines jeden AG zum Protokoll abgeben, § 129a I ZPO entsprechend. Jene Geschäftsstelle übersendet die Beschwerde unverzüglich an das zuständige LG, § 129a II ZPO entsprechend.

Das gesamte Beschwerdeverfahren und daher schon die Beschwerdeeinlegung bedarf keiner Mitwirkung eines Anwalts.

d) Frist, III. Die Beschwerde ist zunächst unbefristet. Nach dem Ablauf desjenigen Kalenderjahrs, das auf das Jahr folgt, in dem die vollstreckbare Ausfertigung der Kostenberechnung zugestellt ist, ist aber eine „neue" Beschwerde nur noch insoweit zulässig, als die Einwendung gegen den Kostenanspruch auf einem Grund beruht, der erst nach dem Zeitpunkt der Zustellung der vollstreckbaren Ausfertigung entstanden ist.

Die Frist nach III setzt voraus, daß der Notar die Vollstreckungsklausel unterschrieben hat, LG Darmst JB **77**, 708. Man kann der Zustellung der vollstreckbaren Ausfertigung eine freiwillige Zahlung nicht gleichsetzen. Denn III ist eine eng auszulegende Ausnahmevorschrift, BayObLG DNotZ **87**, 176 mwN, aM zB Brschw MDR **76**, 411, Celle MDR **61**, 332 und NdsRpfl **72**, 219, Ffm Rpfleger **66**, 342. Dem Fall der Zustellung der vollstreckbaren Ausfertigung steht auch nicht die Situation gleich, daß sich der Notar durch eine Verrechnung befriedigt hat, Ffm DNotZ **65**, 317. Es kann reichen, eine beglaubigte Abschrift der mit der Vollstreckungsklausel versehenen Ausfertigung zu übermitteln, Hamm MDR **89**, 467.

Die Frist ist keine Notfrist, KG OLGZ **74**, 330, sondern eine Ausschlußfrist, BayObLG DNotZ **87**, 175. Deshalb ist weder eine Fristverkürzung noch eine Fristverlängerung, noch eine Wiedereinsetzung in den vorigen Stand zulässig.

Ein Fristablauf schneidet diesem Beschwerdeführer sämtliche Einwendungen ab, die vor der Zustellung der vollstreckbaren Ausfertigung entstanden waren.

Abgesehen von der Frist nach III läuft eine Ausschlußfrist von einem Monat vom Zeitpunkt der Zustellung der vollstreckbaren Ausfertigung der Kostenberechnung ab. Ihre Einhaltung ist im Fall des Erfolgs der Beschwerde eine Voraussetzung für die Geltendmachung eines Schadensersatzanspruchs wegen der Durchführung einer Vollstreckung durch den Notar oder deswegen, weil der Kostenschuldner an den Notar zur Abwendung solcher Vollstreckung eine Leistung erbracht hatte, § 157 I 2.

III gilt im Verfahren über die weitere Beschwerde ebensowenig wie dann, wenn die Aufsichtsbehörde dem Notar eine Anweisung erteilt, V. Denn im letzteren Fall handelt es sich um eine Maßnahme der Dienstaufsicht, die vor ihrer Anweisung oder der in größeren zeitlichen Abständen durchgeführten Kontrollen vom Beginn des Fristablaufs keine Kenntnis haben kann, Schlesw SchlHA **54**, 384.

D. Beschwerdeverfahren. a) Zuständigkeit. Zur Entscheidung über die Beschwerde ist dasjenige LG zuständig, in dessen Bezirk derjenige Notar seinen Amtssitz hat, dessen Kostenberechnung der Beschwerdeführer angreift. Das LG entscheidet in der vollen Besetzung der nach der Geschäftsverteilung zuständigen Kammer. Weder der Präsident des LG noch ein Mitglied einer anderen Zivilkammer, noch der etwaige Dezernent für Fragen der freiwilligen Gerichtsbarkeit dürfen an diesem Verfahren mitwirken, vgl BVerfG **4**, 347, zumindest nicht, soweit sie im Verwaltungsverfahren tätig geworden waren, BayObLG Rpfleger **87**, 478 mwN.

b) Amtsermittlung. Das LG entscheidet zwar auf Grund einer Beschwerde, die der Beschwerdeführer „nach den Vorschriften der ZPO" einlegen muß, I 2; gleichwohl handelt es sich um ein Verfahren nach dem FGG. Daher darf und muß das LG die zur Feststellung der entscheidungserheblichen Tatsachen erforderlichen Ermittlungen von Amts wegen veranlassen und die ihm notwendig und geeignet erscheinenden Beweise von Amts wegen aufnehmen, § 12 FGG, Schlesw DNotZ **85**, 480.

Dennoch hat der Beschwerdeführer diejenigen Tatsachen und Beweismittel anzugeben, die das Verfahren fördern können und ihm bekannt sind, vgl LG Düss DNotZ **72**, 122. Soweit er eine solche Angabe trotz einer Aufforderung des Gerichts nebst ausreichender Fristsetzung vorwerfbar unterläßt, kommt die Verwerfung der Beschwerde als unzulässig in Betracht, Ffm DNotZ **70**, 123.

c) Anhörungspflicht, I 2. Das LG „soll" vor seiner Entscheidung alle Beteiligten und die vorgesetzte Dienstbehörde des Notars anhören. Wegen Art 103 I GG besteht in Wahrheit eine Anhörungspflicht, vgl Hamm DNotZ **71**, 562. Die Anhörung kann mündlich oder schriftlich erfolgen. Sie ist auch dann erforderlich, wenn die vorgesetzte Dienstbehörde des Notars ihn zur Herbeiführung der Entscheidung angewiesen hatte, V 1. Das LG muß außer den Beteiligten und der vorgesetzten Dienstbehörde auch alle diejenigen Personen anhören, die nach einer gesetzlichen Vorschrift Schuldner der angefochtenen notariellen Gebühren oder Auslagen sind, Hamm Rpfleger **66**, 378. Die Anhörung ist zumindest insoweit erforderlich, als die Entscheidung für den Anzuhörenden Nachteile bringen könnte, vgl BVerfG **34**, 346.

Der Notar ist von der sonst bestehenden Schweigepflicht befreit, soweit er nur durch eine Stellungnahme den umstrittenen Anspruch durchsetzen oder soweit er nur durch eine Äußerung seine Position verdeutlichen kann, Düss DNotZ **72**, 443.

Das LG muß die Stellungnahme der vorgesetzten Dienstbehörde des Notars den Beteiligten jedenfalls dem Inhalt nach in allen wesentlichen Punkten mitteilen. Denn diese Stellungnahme hat für das LG mindestens die Bedeutung einer gutachterlichen Äußerung und oft ein entscheidendes Gewicht, Bühling 5b cc, Schneider DNotZ **65**, 84; **aM** Hamm Rpfleger **52**, 498, Rohs/Wedewer V 2f.

Auch ein bereits aus dem Amt geschiedener Notar ist am Verfahren noch beteiligt, Hamm DNotZ **50**, 44. Das Gericht muß die Akten auch eines ausgeschiedenen Notars anfordern.

d) Prüfungsumfang. Das Gericht muß zunächst sämtliche in der Beschwerde erhobenen Einwendungen gegen die angefochtene Kostenberechnung prüfen. Es muß darüber hinaus prüfen, ob der Beschwerdeführer einen Ersatzanspruch hat, vgl § 16 I, Düss DNotZ **54**, 434. Das LG muß ferner etwaige Einwendungen gegen die Vollstreckungsklausel prüfen. Da es sich um ein Amtsverfahren handelt, b, muß das Gericht aber auch unabhängig von der Art und dem Umfang der Beschwerdebegründung alle Teile der überhaupt beanstandeten Kostenberechnung auf ihre Richtigkeit überprüfen.

e) Einstweilige Anordnung. Obwohl das Verfahren als ein sog echtes Streitverfahren der freiwilligen Gerichtsbarkeit, insofern richtig BayObLG **86**, 232, grundsätzlich vom Zeitpunkt der Einlegung der Beschwerde an nicht nach den Regeln der ZPO, sondern nach denjenigen des FGG verläuft, a, b, kann das LG vor der Entscheidung über die Beschwerde in entsprechender Anwendung des § 572 III ZPO eine einstweilige Anordnung erlassen, insbesondere anordnen, daß die Vollziehung der angefochtenen Kostenberechnung auszusetzen sei, Hamm Rpfleger **73**, 441. Eine solche einstweilige Anordnung ist unanfechtbar, BayObLG DNotZ **66**, 120.

E. Entscheidung. a) Sachentscheidung. aa) Verwerfung. Soweit das Beschwerdegericht die Beschwerde für unzulässig hält, verwirft es sie als unzulässig.

bb) Zurückweisung. Soweit das Beschwerdegericht die Beschwerde für unbegründet hält, weist es sie zurück.

cc) Zurückverweisung. Soweit das Beschwerdegericht die Beschwerde für begründet hält, sei es wegen eines Verfahrensfehlers des Notars, sei es aus einem anderen Grund, kann es die angefochtene Gebührenberechnung aufheben und das Verfahren an den Notar zurückverweisen. Diese Entscheidung ist zB dann möglich, wenn der Notar den Geschäftswert unrichtig angesetzt oder die angewendeten Kostenvorschriften nicht vollständig angegeben hatte, BayObLG DNotZ **84**, 649. Eine Zurückverweisung kommt allerdings nur ausnahmsweise in Betracht. Grundsätzlich muß das LG die Kosten selbst anders festsetzen, BayObLG NJW **61**, 676.

Soweit das LG in seiner Entscheidung lediglich den Geschäftswert anders festsetzt, ohne weitere Entscheidung zu treffen, gilt seine Maßnahme als eine Aufhebung und Zurückverweisung.

dd) Stattgeben. Soweit das LG die Beschwerde für begründet hält, gibt es ihr statt und legt nicht etwa die Akten dem OLG vor. Letzteres kommt erst im Fall einer weiteren Beschwerde in Betracht.

Das LG darf die angefochtene Kostenberechnung nicht zum Nachteil des Beschwerdeführers ändern, BayObLG JB **78**, 574. Das gilt auch dann, wenn der Notar auf Grund einer vorangegangenen Beanstandung des Kostenschuldners einen Antrag nach V 1 gestellt hatte. Es gilt das Verbot der reformatio in peius, BayObLG **55**, 197, Hamm Rpfleger **57**, 26. Es kommt also weder eine Erhöhung des Endbetrags der Kostenberechnung noch eine Anweisung an den Notar in Betracht, weitere ihm entstandene Kosten zu erheben, Ffm DNotZ **65**, 318. Die Entscheidungsformel muß wegen der Rechtskraftwirkung ergeben, über welche Einwendungen das LG entschieden hat.

ee) Zulassung der weiteren Beschwerde (Rechtsbeschwerde). Das LG muß bei jeder Endentscheidung über die Beschwerde prüfen, ob und inwieweit es eine weitere Beschwerde gemäß II 2 wegen der grundsätzlichen Bedeutung der zur Entscheidung stehenden Frage zuläßt. Eine grundsätzliche Bedeutung liegt unter Umständen auch dann vor, wenn keine besondere Schwierigkeit tatsächlicher oder rechtlicher Art vorhanden ist. Maßgeblich ist, ob die Entscheidung eine allgemeine Bedeutung hat, die über die Regelung der Rechtsbeziehungen der am Verfahren Beteiligten hinausgeht, vgl Holtgrave DB **75**, 40 (zu § 348 ZPO), sei es rechtlich oder wirtschaftlich, vgl BGH **2**, 397, BAG JZ **55**, 549 (je zu § 348 ZPO).

Zwar ist eine Erörterung der Zulassungsfrage in den Gründen der Beschwerdeentscheidung ausreichend, BayObLG **73**, 116. Das LG sollte indessen zur Klarstellung die Zulassungsfrage in der Entscheidungsformel bejahen oder verneinen.

Eine Nachholung der Zulassung ist unzulässig. Ebensowenig ist eine Beschwerde wegen der Nichtzulassung statthaft, Düss DNotZ **71**, 320, und zwar selbst dann nicht, wenn aus der übrigen Entscheidung erkennbar ist, daß das LG die grundsätzliche Bedeutung seiner Entscheidung angenommen hat, KG DNotZ **61**, 217, und auch nicht im Fall der Verletzung des rechtlichen Gehörs, Ffm Rpfleger **78**, 340 mwN, Schlesw SchlHA **79**, 230. Auch deshalb sollte das LG zur Zulassungsfrage bejahend oder verneinend in der Entscheidungsformel Stellung nehmen.

ff) Kosten. aaa) Gerichtsgebühren. Im Verfahren vor dem LG entstehen keine Gerichtsgebühren, IV 2.

bbb) Gerichtliche Auslagen. Soweit das LG die Beschwerde für begründet erachtet, kann es im Rahmen eines pflichtgemäßen Ermessens unter einer Abwägung aller Umstände des Einzelfalls die gerichtlichen Auslagen dem Gegner des Beschwerdeführers ganz oder teilweise auferlegen, IV 4.

ccc) Anwaltskosten. Sie können nach § 118 BRAGO entstehen und evtl erstattungsfähig sein, LG Bln VersR **89**, 409.

b) Form. Das Gericht entscheidet durch einen Beschluß. Der Beschluß ist grundsätzlich zu begründen, vgl BLAH § 329 ZPO Anm 1 A b. Eine Begründung kann fehlen, soweit der Beschluß in keine Rechte eines Betroffenen eingreift, vgl BVerfG NJW **57**, 298, zB dann, wenn er den übereinstimmenden Anträgen entspricht oder wenn die Gründe schon allen bekannt sind oder dann, wenn alle Beteiligten einen Rechtsmittelverzicht erklärt haben, Köln MDR **71**, 225, auch wenn die der Entscheidung zugrunde liegenden Fragen auf der Hand liegen (Vorsicht!) oder sich aus dem Streitstoff selbst ergeben, vgl KG FamRZ **76**, 99.

Alle an der Entscheidung beteiligten Richter müssen den Beschluß unterschreiben. Denn nur die Unterschrift verbürgt seine Herkunft, vgl Kblz Rpfleger **74**, 260. Die Unterschrift des Vorsitzenden oder diejenige des Vorsitzenden und des Berichterstatters genügen nicht, vgl Rasehorn

MDR **68**, 423, offen Kblz Rpfleger **74**, 260. Ein Handzeichen (Paraphe) ist kein hier ausreichende Unterschrift, vgl auch BGH **57**, 165, KG MDR **81**, 853.

c) Zustellung. Das LG muß die Beschwerdeentscheidung wegen II jedem durch sie Beschwerten förmlich zustellen, § 16 II 1 FGG in Verbindung mit § 329 ZPO, und zwar auch dann, wenn das LG die Entscheidung auf Grund einer mündlichen Verhandlung getroffen hat. Denn § 16 II 1 FGG bestimmt, daß die an sich nach § 16 I FGG ausreichende „Bekanntmachung" schlechthin „durch Zustellung" erfolgen muß. § 176 ZPO ist anwendbar, Düss VersR **82**, 706. Bei einer Mehrheit von Beschwerdeführern ist eine förmliche Zustellung an jeden Beschwerdeführer erforderlich. Die Zustellung ist auch an den Notar erforderlich. Auch ihm gegenüber ist durch Zustellungsurkunde zuzustellen.

Eine Zustellung durch ein Empfangsbekenntnis entfällt. Denn eine solche Zustellungsart kommt nur im Verhältnis zwischen Anwalt und Anwalt in Betracht, § 198 ZPO.

Eine Rechtsmittelbelehrung ist bisher nicht gesetzlich vorgeschrieben. Soweit sie erfolgt, trägt das LG die Verantwortung für ihre Richtigkeit. Soweit die Rechtsmittelbelehrung falsch ist, kann im Fall der darauf beruhenden Versäumung der Notfrist nach II eine Wiedereinsetzung in den vorigen Stand in Betracht kommen; außerdem kann eine diesbezügliche Kostenniederschlagung nach § 16 notwendig sein.

3) Weitere Beschwerde (Rechtsbeschwerde), II, IV. A. Einlegung. a) Einwendungen. Man kann mit der weiteren Beschwerde sämtliche Einwendungen, die im Beschwerdeverfahren statthaft waren, erneut oder erstmals geltend machen, unabhängig von der Frist nach III, die nur für eine erste Beschwerde gilt.

b) Zulassung, II 2. Freilich ist die weitere Beschwerde nur insoweit zulässig, als das LG sie wegen einer grundsätzlichen Bedeutung der zur Entscheidung stehenden Frage zugelassen hat, Anm 2 E a ee. Die Zulassung muß grundsätzlich im Beschluß ausgesprochen werden, ist also nicht nachholbar, Köln OLGZ **88**, 296. An eine erfolgte Zulassung ist das OLG gebunden, Schlesw JB **78**, 911. Die Bindung erstreckt sich aber nur auf denjenigen Bereich der Entscheidung des LG, für den das LG die weitere Beschwerde eindeutig zugelassen hat, BayObLG **83**, 93 und **85**, 3, Schlesw JB **78**, 911 je mwN.

Soweit eine Zulassung nicht erfolgt ist, kann man die daher unstatthafte weitere Beschwerde auch nicht mit der Begründung einlegen, Art 103 I GG sei verletzt, BVerfG **60**, 98, BGH RR **86**, 1263, BayObLG NJW **88**, 72 mwN; in einem solchen Fall kommt nur die Nachholung der Anhörung und die Änderung des bisherigen Beschlusses in Betracht, BayObLG MDR **86**, 419, Schlesw SchlHA **84**, 62. Vgl auch f.

Gegen die Anwendbarkeit von II 2 auf die Kostenentscheidung des Beschwerdegerichts nach übereinstimmenden Erledigterklärungen bestehen Bedenken, weil dadurch ein weiterer Rechtszug eröffnet würde, offen Köln OLGZ **88**, 296.

c) Beschwer. Es muß grundsätzlich eine Beschwer vorliegen, und zwar gerade wegen derjenigen Frage, für deren Klärung das LG die weitere Beschwerde zugelassen hat. Von diesem Grundsatz gilt im Rahmen von V eine Ausnahme.

Es ist aber kein neuer selbständiger Beschwerdegrund erforderlich. Denn II 3 schließt § 568 II ZPO aus.

d) Beschwerdeberechtigter. Zur Einlegung der weiteren Beschwerde ist jeder berechtigt, für den das LG die weitere Beschwerde gemäß II 2 zugelassen hat. Das LG braucht die hiernach Berechtigten in seiner Beschwerdeentscheidung nicht namentlich erwähnt zu haben. Es muß aber eindeutig erkennbar sein, daß das LG gerade diesem weiteren Beschwerdeführer die weitere Beschwerde eröffnen wollte.

Danach können der Kostenschuldner und der Notar beschwerdeberechtigt sein, BayObLG **85**, 3, und zwar auch ein inzwischen aus dem Amt ausgeschiedener Notar. Der Notar kann aber die weitere Beschwerde nicht schon deshalb einlegen, weil er eine Besserstellung des Kostenschuldners erreichen möchte, BayObLG DNotZ **65**, 318, Stgt NJW **74**, 508. Der Notar kann neben einer Berechtigung und Verpflichtung, nach V vorzugehen, ein Recht zur Einlegung einer weiteren Beschwerde haben, BayObLG DNotZ **70**, 505. Ein Beteiligter verliert das Recht zur weiteren Beschwerde nicht schon deshalb, weil er die Kostenberechnung nicht beanstandet und sich am weiteren Verfahren bisher nicht beteiligt hatte.

e) Form, IV 1. Es gelten dieselben Anforderungen wie bei der Erstbeschwerde, Anm 2 Cc.

f) Frist, II 1. Die weitere Beschwerde ist nur innerhalb einer Notfrist von einem Monat zulässig. Die Notfrist beginnt im Zeitpunkt der förmlichen und wirksamen Zustellung der Entscheidung des LG an diesen Beschwerdeführer. Sie läuft also im Fall mehrerer Beteiligter unter Umständen zu verschiedenen Zeitpunkten an und aus.

Für die Berechnung der Notfrist gelten gemäß § 17 I grundsätzlich §§ 186ff BGB, an Stelle von 193 BGB aber § 17 II FGG (mit praktisch demselben Inhalt). Durch die Gerichtsferien tritt keine Hemmung ein, vgl § 223 II ZPO.

Soweit die Frist verstrichen ist und keine Wiedereinsetzung erfolgt, kommt eine weitere Beschwerde ebenso wenig wie bei b schon wegen Art 103 I GG in Betracht, Zweibr Rpfleger **86**, 451 mwN, aM KLBR § 14 Rdz 194.

g) Anschlußbeschwerde. Eine selbständige Anschlußbeschwerde ist unter denselben Voraussetzungen wie die weitere Beschwerde statthaft. KG (jetzt uneingeschränkt) DNotZ **88**, 201 mwN, Hamm OLGZ **74**, 125 hält die unselbständige Anschlußbeschwerde innerhalb eines Monats seit der Einlegung der weiteren Hauptbeschwerde für zulässig.

h) Begründung. Man muß eine weitere Beschwerde begründen. Denn II 4 macht die weitere Beschwerde davon abhängig, daß die Entscheidung des LG auf einer Verletzung des Gesetzes beruht. Das Gesetz ist verletzt, soweit das LG eine Rechtsnorm nicht oder nicht richtig angewendet hat, § 550 ZPO in Verbindung mit II 4 Hs 2. Die Entscheidung des LG ist stets als auf einer Verletzung des Gesetzes beruhend anzusehen, soweit einer der in § 551 Z 1–7 ZPO genannten, dort als unbedingter Revisionsgrund anerkannten Fälle vorliegt.

Man darf die erforderliche Begründung der weiteren Beschwerde nicht durch eine nichtssagende Redensart ersetzen. Vgl im übrigen BLAH § 551 ZPO Anm 8 mwN.

B. Verfahren der weiteren Beschwerde. a) Zuständigkeit. Zur Entscheidung über die weitere Beschwerde und/oder die zugehörige selbständige oder unselbständige Anschlußbeschwerde ist dasjenige OLG zuständig, in dessen Bezirk dasjenige LG amtiert, das die Beschwerdeentscheidung nach I erlassen hat. Das Landesrecht kann eines von mehreren OLG als zuständig bestimmen, § 199 I FGG, zB Zweibr MDR **88**, 419. Das OLG entscheidet in voller richterlicher Besetzung, vgl Anm 2 Da.

b) Amtsverfahren. Vgl Anm 2 Db.

Das OLG darf eine versäumte Zulassung der weiteren Beschwerde nicht nachholen und ist an eine ausgesprochene Zulassung in ihrem Umfang gebunden, Anm 2 Ea ee.

c) Anhörung. Vgl Anm 2 Dc.

d) Prüfungsumfang. aa) Zulassung. Das OLG darf eine Prüfung nur insoweit vornehmen, als das LG die Frage wegen ihrer grundsätzlichen Bedeutung zur weiteren Beschwerde zugelassen hat, Anm 2 Ea ee, vgl BayObLG FamRZ **87**, 1294.

bb) Ursächlichkeit einer Gesetzesverletzung. Auch im Rahmen von aa darf das OLG eine Prüfung nur insoweit vornehmen, als es darum geht, ob die Entscheidung des LG auf einer Verletzung des Gesetzes beruht, Ah, vgl BayObLG **87**, 342, 416 und 447 je mwN (Bindung an den Antrag des Kostenschuldners).

cc) Weiterer Maßstab. Im Rahmen von aa, bb ist das OLG zu einer umfassenden Prüfung berechtigt und verpflichtet. Es muß unter anderem prüfen, ob das LG einen wesentlichen tatsächlichen oder rechtlichen Gesichtspunkt übergangen hat, ob die Entscheidung des OLG einer denkgesetzlichen Regel oder einem allgemeinen Erfahrungssatz widerspricht.

Das OLG darf aber eine neue Tatsache oder ein neues Beweismittel nicht berücksichtigen, BayObLG JB **75**, 643.

Eine sachlichrechtliche Erklärung, etwa eine Anfechtung, eine Aufrechnung, die Einrede der Verjährung, ist unbeachtlich, Stgt Rpfleger **74**, 333.

Das OLG hat keine Pflicht zur Vorlage der Sache beim BGH. Denn § 28 FGG gilt auch im Fall einer Festsetzung des Geschäftswerts nicht, BayObLG Rpfleger **61**, 300, vgl auch BGH **7**, 128.

e) Einstweilige Anordnung. Vgl Anm 2 De.

f) Entscheidung. Vgl zunächst Anm 2 Ea. Die Kosten im Verfahren über die weitere Beschwerde richten sich gemäß IV 3 nach §§ 131, 136–139. Das OLG kann die gerichtlichen Auslagen im Verfahren über die weitere Beschwerde nach denselben Grundsätzen verteilen wie das LG im Verfahren über die Erstbeschwerde, Anm 2 Eaff.

4) Anweisung zur Beschwerde, V. A. Sinn der Regelung. Der Notar ist als ein unabhängiges Organ der Rechtspflege tätig auch soweit ihm die Gebühren selbst zufließen. Er hat sein Amt streng unparteiisch zu verwalten. Er darf keine Vereinbarung über die Kosten treffen, § 140. Diese Grundsätze machen eine vorbeugende Aufsicht und eine Überprüfbarkeit der Kostenberechnungen des Notars auch durch die vorgesetzte Dienstbehörde notwendig, BGH DNotZ **88**, 255 mwN. Insofern liegt eine Einschränkung der Unabhängigkeit des Notars vor, BGH DNotZ **85**, 99 mwN. Sie ist insoweit unbedenklich, als das Verfahren nach V nicht nur zu einer Verwaltungsentscheidung, der Anweisung, sondern vor allem zu einer richterlichen Entscheidung führt, BGH **57**, 355 und **LM** Nr 4.

B. Anweisungsrecht, V 1. Der Präsident des LG ist als vorgesetzte Dienstbehörde „in jedem Fall" berechtigt, dem Notar die Anweisung zur Herbeiführung der Entscheidung des LG zu erteilen. Ein solches Weisungsrecht besteht also auch dann, wenn bereits der Kostenschuldner eine Beschwerde eingelegt hat. In einem solchen Fall läuft eine weisungsgemäße Herbeiführung der Entscheidung des LG durch den Notar auf eine Anschlußbeschwerde hinaus. Das Gericht darf den Kostenansatz in diesem Fall erhöhen.

Das Weisungsrecht des Präsidenten des LG besteht sowohl dann, wenn noch keine Entscheidung des LG nach I vorliegt, als auch dann, wenn nur noch eine weitere Beschwerde in Betracht kommt. Das Weisungsrecht besteht unabhängig davon, ob sich der Kostenschuldner oder der Notar beschwert führen, BGH DNotZ **88**, 256, Düss DNotZ **55**, 106, offen BayObLG **85**, 3 mwN. Denn die Anweisung ersetzt eine Beschwerde des Vertreters der Staatskasse. Er ist also nicht beschwerdeberechtigt. Vgl auch § 56 KostVfg, Teil VII A dieses Buchs.

Eine Beschwer ist in keinem Fall erforderlich. Das ergibt sich auch aus den Worten „in jedem Fall" in V 1, BayObLG **86**, 136 mwN. Eine Beschwer der Aufsichtsbehörde ist ohnehin begrifflich ausgeschlossen, offen BayObLG **83**, 264 mwN, aM zB Ffm Rpfleger **65**, 377, Hamm Rpfleger **68**, 368.

Der Präsident des LG braucht in seiner Anweisung nicht im einzelnen anzugeben, in welcher Richtung der Notar eine Anfechtung vornehmen soll, Düss DNotZ **59**, 328.

Ein Weisungsrecht des Präsidenten des LG besteht allerdings insofern nicht, als das LG im Verfahren einer weisungsgemäß eingelegten Beschwerde seine Rechtsansicht bestätigt hat, Hamm DNotZ **68**, 672. Ferner ist das Weisungsrecht dann eingeschränkt, wenn die Aufsichtsbehörde eine bestimmte Praxis der Kostenberechnung beanstandungsfrei hingenommen hat oder wenn diese sonst als rechtens betrachtet wurde, BGH DNotZ **85**, 101 und DNotZ **88**, 255 mwN. Das Verhältnismäßigkeitsgebot ist zu beachten, BGH DNotZ **88**, 255. Die Überwachungsmaßnahme muß zumutbar sein, BGH DNotZ **88**, 255.

Der Präsident des LG darf den Notar nicht anweisen, beim Antrag auf die Entscheidung des LG oder mit der weiteren Beschwerde eine bestimmte Rechtsansicht zu vertreten. Denn ein so weitgehender Eingriff in die Unabhängigkeit des Notars ist in V nicht vorgesehen, BGH DNotZ **88**, 255 mwN. Insofern muß man notfalls beim OLG einen Aufhebungsantrag nach §§ 23, 25 EGGVG stellen, BGH **57**, 351, Düss DNotZ **67**, 444.

C. Verfahren des Gerichts. Das Verfahren richtet sich in erster Instanz nach den Vorschriften für die Erstbeschwerde, in zweiter Instanz nach den Vorschriften über die weitere Beschwerde. Indessen kann das Gericht auch eine Erhöhung der Kostenberechnung vornehmen, die angefochtene Kostenberechnung also zum Nachteil des Kostenschuldners ändern. Das Verfahren ist sowohl vor dem LG als auch vor dem OLG gerichtskostenfrei, V 3.

Das LG hat eine Entscheidungsbefugnis nur insoweit, als der Notar die Entscheidung des LG weisungsgemäß beantragt hat, Oldb Rpfleger **65**, 188. Der Notar braucht keinen bestimmten Antrag zu stellen, kann aber auch beantragen, das Gericht möge die Anweisung des Präsidenten des LG verwerfen. Das LG muß den Anweisenden ohnehin anhören, Celle MDR **60**, 855. Der Notar braucht sich auch nicht diejenige Rechtsansicht zu eigen zu machen, die der Weisung des Präsidenten des LG zugrunde liegt. Er braucht eine weitere Beschwerde nicht zu begründen, Celle NJW **61**, 417. Die Frist nach III gilt im Verfahren nach V nicht.

Stgt DNotZ **72**, 118 verneint nach dem Ausscheiden oder dem Tod des Notars ein Antragsrecht oder Beschwerderecht der Aktenverwahrungsstelle.

Zurückzahlung, Schadensersatz

157 **I Wird die Kostenberechnung abgeändert oder ist der endgültige Kostenbetrag geringer als der erhobene Vorschuß, so hat der Notar die zuviel empfangenen Beträge zu erstatten. Hatte der Kostenschuldner seine Einwendungen gegen die Kostenberechnung innerhalb eines Monats seit der Zustellung der vollstreckbaren Ausfertigung im Wege der Beschwerde (§ 156 Abs. 1 Satz 1) erhoben, so hat der Notar darüber hinaus den Schaden zu ersetzen, der dem Kostenschuldner durch die Vollstreckung oder durch eine zur Abwendung der Vollstreckung erbrachte Leistung entstanden ist.**

II Über die Verpflichtungen gemäß Absatz 1 wird auf Antrag des Kostenschuldners in dem Verfahren nach § 156 entschieden. Die Entscheidung ist nach den Vorschriften der Zivilprozeßordnung vollstreckbar.

1) Zurückzahlung, I 1. Wenn der Notar mehr erhalten hat, als ihm an Gebühren und Auslagen nach der endgültigen Kostenberechnung oder einer im Beschwerdeweg oder freiwillig abgeänderten Kostenberechnung zusteht, dann muß er den überschießenden Betrag zurückzahlen. Es handelt sich um einen Rückzahlungsanspruch eigener Art, auf den die Grundsätze einer ungerechtfertigten Bereicherung unanwendbar sind, KG Rpfleger **60**, 347. Dieser Anspruch besteht auch dann, wenn der Notar seine Forderung schon im Weg der Zwangsvollstreckung durchgesetzt hatte.

Nach dem Tod des Notars haften seine Erben.

Es besteht keine Aufrechenbarkeit mit einer anderen als einer Notarforderung, KG Rpfleger **73**, 264.

2) Ersatzpflicht, I 2. A. Voraussetzungen. a) Beschwerdeeinle-

gung. Der Kostenschuldner muß gegen die Kostenberechnung des Notars eine Beschwerde im Sinn von § 156 I 1 erhoben haben. Vgl die dortigen Anm.

b) Frist. Die Beschwerde, a, muß innerhalb eines Monats seit der förmlichen Zustellung einer vollstreckbaren Ausfertigung der angefochtenen Kostenberechnung „erhoben" worden sein. Es genügt nicht, daß der Kostenschuldner innerhalb dieser Frist die Kostenberechnung beim Notar beanstandet. Die Beschwerde muß vielmehr innerhalb der Frist bei Gericht eingehen. Denn erst damit ist die Beschwerde „eingelegt", § 569 I ZPO in Verbindung mit §§ 156 I 1, 157 I 2.

Zur Einlegung genügt neben der Einreichung einer Beschwerdeschrift eine Erklärung zum Protokoll des Urkundsbeamten der Geschäftsstelle, § 569 II 2, da kein Anwaltszwang herrscht, § 156 IV 1. Soweit der Kostenschuldner die Beschwerde beim Urkundsbeamten der Geschäftsstelle eines anderen Gerichts als desjenigen LG einlegt, in dessen Bezirk der Notar seinen Amtssitz hat, § 129a I ZPO, muß jene Geschäftsstelle das Protokoll unverzüglich an das Beschwerdegericht übersenden. Die Wirkung der Beschwerde tritt aber erst ein, wenn das Protokoll beim Beschwerdegericht eingeht, § 129a II 2 ZPO.

c) Zustellung. Die Frist läuft nur, soweit die beanstandete Kostenberechnung äußerlich einwandfrei war, Schlesw JB **78**, 912, und in vollstreckbarer Ausfertigung gerade diesem Kostenschuldner zugestellt wurde.

B. Folgen. Soweit die Voraussetzungen A vorliegen, kann der Kostenschuldner neben dem Anspruch auf die Zurückzahlung zuviel gezahlter Beträge, I 1, einen Anspruch auf den Ersatz desjenigen Schadens haben, I 2, der diesem Kostenschuldner dadurch entstanden ist, daß der Notar gerade ihm gegenüber aus dieser Kostenberechnung eine Zwangsvollstreckung durchgeführt hat oder daß dieser Kostenschuldner gerade zur Abwendung dieser Zwangsvollstreckung eine Leistung an diesen Notar erbracht hat. Der Ersatzanspruch erstreckt sich also auf den Ersatz des unmittelbaren und mittelbaren Schadens, BLAH § 717 ZPO Anm 2 E. Der Kostenschuldner muß eine Leistung gerade unter dem Druck der drohenden Zwangsvollstreckung erbracht haben.

Der Schadensersatzanspruch steht dem Kostenschuldner und seinem Rechtsnachfolger zu. Er richtet sich auch gegen den Rechtsnachfolger des Notars.

Zur Vermeidung dieser Haftung kann es ratsam sein, mit der Zwangsvollsteckung nicht nur die in § 155 S 1 Hs 2 in Verbindung mit § 798 ZPO vorgeschriebene Woche, sondern einen Monat zu warten, Hamm MDR **88**, 420.

3) Verfahren, II. Sowohl für den Rückzahlungsanspruch nach I 1 als auch für den Ersatzanspruch nach I 2 ist der ordentliche Rechtsweg ausgeschlossen. Die Ansprüche sind vielmehr im Verfahren nach § 156 durchzusetzen, II 1. Dabei darf der Kostenschuldner seine Rechte in einem selbständigen Beschwerdeverfahren verfechten, aber auch durch einen Zwischen-(Inzident-)Antrag in einem von ihm oder von dem Notar anhängig gemachten Beschwerdeverfahren.

Soweit der Kostenschuldner die Richtigkeit der Kostenberechnung bemängelt und gleichzeitig die Rückzahlung eines zuviel geleisteten Betrags verlangt und soweit das Gericht dann die Kostenberechnung wegen eines unheilbaren Mangels aufheben muß, muß das Gericht über die Rückzahlung mitentscheiden, obwohl diese Entscheidung voraussetzt, eine Prüfung weiterer Einwendungen vorzunehmen, Hamm Rpfleger **75**, 499 mwN. Dasselbe gilt dann, wenn ein Anwaltsnotar die Kostenrechnung von sich aus aufhebt, Hamm Rpfleger **75**, 449.

Die Entscheidung des Gerichts lautet auf eine Verwerfung oder auf eine Zurückweisung der Beschwerde oder auf eine Verurteilung zur Rückzahlung bzw zum Schadensersatz.

Eine weitere Beschwerde ist unter den Voraussetzungen § 156 II statthaft.

Die Zwangsvollstreckung findet nach §§ 704ff ZPO statt. Der Urkundsbeamte der Geschäftsstelle des LG ist für die Erteilung der vollstreckbaren Ausfertigung der Entscheidung zuständig.

Dritter Teil. Schluß- und Übergangsvorschriften

Landesrechtliche Vorschriften

158 **I Unberührt bleiben die landesrechtlichen Kostenvorschriften für**

1. Verfahren zwecks anderweitiger Festsetzung von Altenteils- und ähnlichen Bezügen;

2. die in landesrechtlichen Vorschriften vorgesehenen Geschäfte der freiwilligen Gerichtsbarkeit.

II Ist für ein in landesrechtlichen Vorschriften vorgesehenes Geschäft der freiwilligen Gerichtsbarkeit wegen der Gebühren nichts bestimmt, so wird die Hälfte der vollen Gebühr erhoben.

1) Bestehenbleiben des Landesrechts, I. A. Allgemeines. § 158 aF hatte sämtliche damaligen landesgesetzlichen Kostenvorschriften für Geschäfte der auch in der jetzigen Fassung genannten Art aufgehoben. Daher gilt § 158 nF nur für die Vorschriften der Länder der BRD nach 1945. Die Bundesländer können solche Ländervorschriften auch ändern, zB diejenigen wegen der Unterbringung eines Geisteskranken.

B. Fälle. I nennt in einer abschließenden Aufzählung diejenigen Bereiche, in denen landesrechtliche Vorschriften, A, unberührt bleiben. Im einzelnen gilt:

a) Altenteilsbezug usw, Z 1. Vgl auch das G vom 18. 3. 23, RGBl 815.

b) Geschäft der freiwilligen Gerichtsbarkeit, Z 2. Das ist eine Generalklausel, die ihrerseits trotz der grundsätzlich abschließenden Aufzählung in I weit auslegbar ist. Zur freiwilligen Gerichtsbarkeit kann auch die sog streitige freiwillige Gerichtsbarkeit zählen.

2) Fehlen von Landesrecht, II. Die Vorschrift bezieht sich auf die in I Z 2 genannten Geschäfte der freiwilligen Gerichtsbarkeit. Soweit das

Landesrecht, Anm 1 A, insofern wegen der Gebühren nichts Abweichendes bestimmt, entsteht gemäß II ½ Gebühr. Es handelt sich um eine bundesrechtliche Hilfsvorschrift für ein landesrechtlich geregeltes Geschäft. Man muß allerdings zunächst prüfen, ob sich nicht entweder aus einer bundesrechtlichen oder aus einer landesrechtlichen Vorschrift ergibt, daß es sich um ein in Wahrheit gebührenfreies Geschäft handelt. Insofern kann insbesondere ein Nebengeschäft vorliegen, § 35. Eine Gebührenfreiheit kann insbesondere dann vorliegen, wenn das Gesetz im übrigen eine bis ins einzelne gehende kostenrechtliche Regelung getroffen hat.

Der Geschäftswert richtet sich nach der Art des Geschäfts.

Andere Behörden und Dienststellen

159 **Soweit andere Stellen als Gerichte, Notare oder Gerichtsvollzieher in bestimmten Angelegenheiten der freiwilligen Gerichtsbarkeit zuständig sind oder als gerichtliche Hilfsbeamte tätig werden, bleiben die landesrechtlichen Kostenvorschriften unberührt. Sind jedoch diesen Stellen die Aufgaben des Grundbuchamts, des Vormundschaftsgerichts oder des Nachlaßgerichts übertragen, so finden auf ihre Tätigkeit die Vorschriften des Ersten Teils dieses Gesetzes Anwendung; in den Fällen des § 14 Abs. 2 und des § 31 (Erinnerung gegen den Kostenansatz, Festsetzung des Geschäftswerts) entscheidet das Amtsgericht, in dessen Bezirk die Stelle ihren Sitz hat.**

1) Geltungsbereich. Die Vorschrift gilt für andere Behörden als das Gericht, den Notar oder den Gerichtsvollzieher, und sie setzt voraus, daß diese andere Behörde in einer bestimmten Angelegenheit der freiwilligen Gerichtsbarkeit zuständig ist oder daß ein Beamter als gerichtlicher Hilfsbeamter tätig wird. In Betracht kommen zB Grundbuch- oder Vormundschaftssachen. Vgl etwa in Rheinland-Pfalz das BeglG vom 21. 7. 78, GVBl 597, dazu BVerfG NJW **81**, 2401.

Gerichtstage, Sprechtage

160 **Die zur Abhaltung eines Gerichtstags (auswärtigen Amtstags) bestimmten Räumlichkeiten gelten als Gerichtsstelle im Sinne dieses Gesetzes. Hält ein Notar außerhalb seiner Geschäftsstelle regelmäßige Sprechtage ab, so gilt dieser Ort als Amtssitz im Sinne dieses Gesetzes.**

1) Gerichtstag, S 1. Vgl § 3 VO vom 20. 3. 35, RGBl 403. Gerichtsstelle sind die Räume während des Gerichtstags, soweit er planmäßig eingerichtet ist, Kblz NJW **57**, 796 (Anm Lauterbach), FG RhPf EFG **86**, 626 (zu KV 1905, Teil I dieses Buchs). Ein einzelner oder mehrere auswärtige Termine in einzelnen Sachen schaffen noch nicht stets einen Gerichtstag im Sinn von § 160, FG Neust/W EFG **86**, 626.

2) Sprechtag, S 2. Ob und unter welchen Voraussetzungen ein Notar außerhalb seiner Geschäftsstelle regelmäßige Sprechtage abhalten darf, richtet sich nach Verwaltungsvorschriften. Während der gewöhnlichen Zeit des Sprechtags gilt der Ort, an dem der Notar ihn abhält, als sein Amtssitz.

Übergangsvorschrift

161 Für Kosten, die vor dem Inkrafttreten einer Gesetzesänderung fällig geworden sind, gilt das bisherige Recht. Werden Gebühren für ein Verfahren erhoben, so werden die Kosten für die jeweilige Instanz nach bisherigem Recht erhoben, wenn die Instanz vor dem Inkrafttreten einer Gesetzesänderung eingeleitet worden ist. Die Sätze 1 und 2 gelten auch, wenn Vorschriften geändert werden, auf die dieses Gesetz verweist.

Vorbem. Eingefügt dch Art 2 I Z 24 G vom 9. 12. 86, BGBl 2326, in Kraft seit 1. 1. 87, Art 10.

1) Aktgebühr, S 1. Soweit es sich nicht um ein Verfahren handelt, Anm 2, sondern um ein gebührenpflichtiges Einzelgeschäft, entscheidet der Zeitpunkt der Fälligkeit dieser Gebühr, vgl (zum neuen Recht) LG Wuppert Rpfleger **89**, 278, ferner (je zum alten Recht) BayObLG Rpfleger **78**, 194, LG Bln Rpfleger **79**, 358 je mwN, LG Gießen Rpfleger **77**, 152, AG Darmst JB **77**, 1084 (wegen einer Eintragung im Grundbuch), aM zB KG Rpfleger **80**, 164. Auf eine Mehrheit von Aktgebühren kann je nach ihrer Fälligkeit teils altes, teils neues Recht anwendbar sein, Madert/Schmidt NJW **87**, 293.

Die Gebühr für die Erteilung eines Erbscheins ist aber nach S 2 zu berechnen, vgl (zum alten Recht) Mümmler JB **75**, 1299.

2) Verfahrensgebühr, S 2. A. Einleitung des Verfahrens. Bei einer Verfahrensgebühr ist in Abreichung von S 1 nicht die Fälligkeit, § 7, sondern schon der Zeitpunkt der Einleitung des Verfahrens maßgeblich, um bei längeren Verfahren eine Berechnung stets nur nach neuem Recht zu verhindern, LG Wuppert Rpfleger **89**, 278. Abweichend vom bisherigen Recht ist aber jede Instanz gesondert zu beurteilen. Es kann also die erste nach altem, die zweite nach neuem Recht zu berechnen sein. Die Rechtsmittelinstanz wird durch die Einlegung des Rechtsmittels eingeleitet.

B. Gebühren nach Zeitabschnitten. Soweit die Gebühren nach Zeitabschnitten erhoben werden, gilt das alte Recht auch für die ab 1. 1. 87 beginnenden Zeitabschnitte, sofern das Verfahren in derselben Instanz vor dem 1. 1. 87 eingeleitet worden war, aM (je zum alten Recht) Bischof NJW **76**, 1348, Mümmler JB **76**, 724 (diese Autoren billigen mehrere Verfahrensgebühren zu, die jeweils nur die Tätigkeit innerhalb eines Jahres abgelten, sie wenden also teils altes, teils neues Recht an).

Diese Fälle treten zB bei einer Vormundschaft, Pflegschaft, Dauerbeistandschaft oder Beaufsichtigung einer Stiftung ein, §§ 92, 93 II, 118 II. Auch bei Gebühren nach Zeitabschnitten ist jede Instanz gesondert zu beurteilen.

3) Verweisung, S 3. Das Übergangsrecht ist auch dann anwendbar, wenn eine Vorschrift geändert wird, auf die die KostO verweist. Das gilt zB bei § 153 II 1.

Anhang nach § 161

Kosten bei der Nachprüfung von Justizverwaltungsakten

§ 30 EGGVG. I Für die Kosten des Verfahrens vor dem Oberlandesgericht gelten die Vorschriften der Kostenordnung entsprechend. Abweichend von § 130 der Kostenordnung wird jedoch ohne Begrenzung durch einen Höchstbetrag bei Zurückweisung das Doppelte der vollen Gebühr, bei Zurücknahme des Antrags eine volle Gebühr erhoben.

II Das Oberlandesgericht kann nach billigem Ermessen bestimmen, daß die außergerichtlichen Kosten des Antragstellers, die zur zweckentsprechenden Rechtsverfolgung notwendig waren, ganz oder teilweise aus der Staatskasse zu erstatten sind. Die Vorschriften des § 91 Abs. 1 Satz 2 und der §§ 102 **bis 107 der Zivilprozeßordnung gelten entsprechend. Die Entscheidung des Oberlandesgerichts kann nicht angefochten werden.**

III Der Geschäftswert bestimmt sich nach § 30 der Kostenordnung. Er wird von dem Oberlandesgericht durch unanfechtbaren Beschluß festgesetzt.

Vorbem. § 102 ZPO weggefallen. Erläuterungen zum EGGVG s BLAH, ferner Altenhain DRiZ **66**, 361 und **70**, 105 (wegen der Rechtsprechung der Strafsenate), Maetzel DÖV **70**, 459 (krit zum Rechtsschutz im Strafvollzug).

1) Allgemeines. § 23 I EGGVG enthält eine Generalklausel für die Nachprüfbarkeit der Rechtmäßigkeit einer Anordnung, Verfügung oder sonstigen Maßnahme einer Justizbehörde zur Regelung einer einzelnen Angelegenheit auf dem Gebiet des bürgerlichen Rechts einschließlich des Handelsrechts, des Zivilprozesses, der freiwilligen Gerichtsbarkeit und der Strafrechtspflege sowie zur Nachprüfbarkeit einer Anordnung, Verfügung oder sonstigen Maßnahme der Vollzugsbehörde beim Vollzug einer Jugendstrafe, eines Jugendarrests oder der Untersuchungshaft sowie derjenigen Freiheitsstrafe oder Maßregel der Besserung und Sicherung, die außerhalb des Justizvollzugs vollzogen werden, zB bei der Verweigerung der Einsicht in eine sog Spurenakte der Ermittlungsbehörde, BVerfG NJW **83**, 1043.

§ 23 I EGGVG gilt auch im Streit um die Zulassung eines Prozeßagenten nach § 157 III ZPO, BVerwG NJW **69**, 2218.

§§ 23 ff EGGVG gelten zB in folgenden Fällen nicht: Es handelt sich um die Ablehnung eines Reisekostenvorschusses für einen auswärtigen Angeklagten, Bre NJW **65**, 1617; es geht um die Verweigerung der Herausgabe eines hinterlegten Betrags durch den Präsidenten des AG oder des LG, Ffm Rpfleger **74**, 227; man kann ein ordentliches Gericht auf Grund einer anderen Vorschrift anrufen, § 23 III EGGVG, etwa gegen einen Justizverwaltungsakt in einer Kostensache nach Art XI § 1 KostÄndG, Teil XII dieses Buchs, oder im Fall der Ablehnung der Nichterhebung von Kosten, §§ 8 GKG, 16 KostO.

Zur Zulässigkeit eines Antrags nach § 30 EGGVG gehört unter anderem der Umstand, daß die angefochtene Maßnahme usw eine unmittelbare Rechtswirkung nach außen hat, Mü NJW **75**, 510.

Über den Antrag auf eine gerichtliche Entscheidung entscheidet das OLG, § 25 EGGVG. Soweit der Zivilsenat zuständig ist, sind die Vorschriften des FGG über das Beschwerdeverfahren anwendbar, § 29 II EGGVG. Soweit der Strafsenat zuständig ist, sind die Vorschriften der StPO über das Beschwerdeverfahren anwendbar, § 29 II EGGVG. Soweit das OLG bei seiner Entscheidung von einer ihm bekannten Entscheidung eines anderen OLG oder eines anderen Senats desselben OLG oder des BGH abweichen will, muß es die Sache dem BGH vorlegen, § 29 I EGGVG. Seine Endentscheidung ist endgültig.

2) Kosten, I, II. A. Grundsatz. Es gilt die KostO entsprechend, I 1. Die Aufnahme des Antrags ist gebührenfrei, § 129 KostO. Es besteht eine Vorschußpflicht gemäß § 8 KostO, Hbg Rpfleger **66**, 27.

B. Zurückweisung, I 2 Hs 1. Soweit das OLG den Antrag als unzulässig oder unbegründet zurückweist, entsteht ohne eine Begrenzung durch einen Höchstbetrag eine doppelte Gebühr.

Im Fall einer teilweisen Zurückweisung ist § 130 IV KostO zu beachten.

C. Antragsrücknahme, I 2 Hs 2. Soweit der Antragsteller den Antrag vor einer wirksamen Entscheidung des OLG zurücknimmt, entsteht ohne eine Begrenzung durch einen Höchstbetrag eine volle Gebühr.

Im Fall einer teilweisen Zurücknahme ist § 130 IV KostO zu beachten. Im Fall des Wegfalls der Beschwer wegen einer Untätigkeit der Behörde und einer Erledigung der Hauptsache, § 27 II 2 EGGVG, entstehen keine Kosten, BLAH § 27 EGGVG Anm 3.

D. Stattgeben, II. Soweit das OLG dem Antrag stattgibt, muß es im Rahmen eines pflichtgemäßen Ermessens prüfen, ob es der Staatskasse die außergerichtlichen Kosten des Antragstellers, die zu einer zweckentsprechenden Rechtsverfolgung notwendig waren, teilweise oder ganz auferlegt. Dazu gehören auch die in § 91 I 2 ZPO genannten Aufwendungen. Zwischen den Beteiligten besteht keine Erstattungspflicht, § 29 II EGGVG in Verbindung mit § 13a I FGG. Denn II stellt eine abschließende Sonderregelung dar, Ffm OLGZ **78**, 287 mwN, zweifelnd GSchm § 66a BRAGO Rdz 1. Auch im Beschwerdeverfahren entsteht zwischen den Beteiligten kein Ersattungsanspruch, Drischler MDR **75**, 551.

E. Kostenfestsetzung, II 2. Die Kostenfestsetzung erfolgt durch den Rpfl im Verfahren der §§ 103ff ZPO. Gegen seine Entscheidung ist die Erinnerung statthaft. Wegen der Verfahrenseinzelheiten BLAH § 104 ZPO Anm 4ff.

3) Geschäftswert, III. Maßgeblich ist § 30 KostO. Soweit es sich um eine nichtvermögensrechtliche Angelegenheit handelt, beträgt der Geschäftswert regelmäßig 5000 DM, § 30 II 1, III 1 KostO.

IV. Kosten nach dem Gesetz über das gerichtliche Verfahren in Landwirtschaftssachen

v 21. 7. 53, BGBl 667, zuletzt geändert durch G v 9. 12. 86, BGBl 2326

(Gilt auch in Berlin, G v 18. 9. 1953, GVBl 1112)

Einleitung

1) Rechtssystematik. Mit Rücksicht auf die Bedeutung des land- und forstwirtschaftlichen Besitzes für das Allgemeinwohl besteht eine Reihe von Gesetzen, die eine behördliche Mitwirkung in den Fällen einer Veräußerung oder Verpachtung eines solchen Besitzes vorsehen. Der Betroffene kann gegen die Entscheidung einer solchen Behörde das Landwirtschaftsgericht anrufen. Das Gesetz über das gerichtliche Verfahren in Landwirtschaftssachen regelt die Verfahrenseinzelheiten. Sein sachlicher Geltungsbereich wird durch § 1 bestimmt. Wegen einer Höfesache vgl § 36 Anh.

Sachlicher Geltungsbereich

§ 1. Die Bestimmungen dieses Gesetzes gelten in den Verfahren auf Grund der Vorschriften über

1. die Anzeige und Beanstandung von Landpachtverträgen im Landpachtverkehrsgesetz vom 8. November 1985 (BGBl. I S. 2075) und über die Landpacht in den Fällen des § 585b Abs. 2, der §§ 588, 590 Abs. 2, des § 591 Abs. 2 und 3, der §§ 593, 594d Abs. 2 und der §§ 595 und 595a Abs. 2 und 3 des Bürgerlichen Gesetzbuchs,

1a. die Landpacht im übrigen,

2. die rechtsgeschäftliche Veräußerung, die Änderung oder Aufhebung einer Auflage, die gerichtliche Zuweisung eines Betriebes sowie die Festsetzung von Zwangsgeld im Grundstücksverkehrsgesetz vom 28. Juli 1961 (Bundesgesetzbl. I S. 1091).

3. Einwendungen gegen das siedlungsrechtliche Vorkaufsrecht in § 10 des Reichssiedlungsgesetzes,

4. die Aufhebung von Pacht- und sonstigen Nutzungsverhältnissen sowie die Inanspruchnahme von Gebäuden oder Land in §§ 59 und § 63 Abs. 3 und 4 des Bundesvertriebenengesetzes in der Fassung der Bekanntmachung vom 3. September 1971 (BGBl. I S. 1565, 1807), ferner die Festsetzung des Ersatzanspruchs und der Entschädigung nach § 7 Abs. 2 des Gesetzes zur Ergänzung des Reichssiedlungsgesetzes in der im Bundesgesetzblatt Teil III, Gliederungsnummer 2331-2, veröffentlichten bereinigten Fassung,

5. das Anerbenrecht einschließlich der Versorgungsansprüche bei Höfen, Hofgütern, Landgütern und Anerbengütern,

6. Angelegenheiten, die mit der Aufhebung der früheren Vorschriften über Erbhöfe zusammenhängen,

jedoch in den in den Nummern 5 und 6 bezeichneten Verfahren nur,

soweit die beim Inkrafttreten dieses Gesetzes für diese geltenden oder die künftig erlassenen Vorschriften die Zuständigkeit von Gerichten mit landwirtschaftlichen Beisitzern vorsehen.

2) Gerichtskosten. Die Kosten der gerichtlichen Verfahren, früher landesgesetzlich bestimmt, regeln die §§ 33–47 mit den sich aus § 60 III ergebenden Ausnahmen.

Aufhebung bisher geltender Kostenvorschriften

§ 60. III Aufgehoben werden die bisher geltenden kostenrechtlichen Vorschriften, soweit sie für das Verfahren der Gerichte mit landwirtschaftlichen Beisitzern gelten, einschließlich der Vorschriften über Rechtsanwaltsgebühren. Die bisher geltenden Vorschriften über die Höhe des Geschäftswertes und der gerichtlichen Kosten gelten jedoch fort

a) in den unter § 1 Nr. 5 fallenden Verfahren,

b) in den nicht unter § 1 fallenden Verfahren, die auf in Kraft bleibenden oder unberührt bleibenden Vorschriften beruhen (§ 50).

Vom LwVG nicht geregelt sind also vor allem die Kosten in Anerbensachen, ferner die unter b genannten Sachen, die an Bedeutung gegenüber den in § 1 dem Tätigkeitsbereich der Landwirtschaftsgerichte zugewiesenen Sachen vollkommen zurücktreten.

3) Anwaltskosten. Nach der Aufhebung der früheren Fassung von § 48 LwVG durch Art IX Abs IV Z 17 KostÄndG regeln sich die Rechtsanwaltsgebühren nach § 63 BRAGO.

Anwendung der Kostenordnung

33 Für die Gebühren und Auslagen in den in diesem Abschnitt geregelten gerichtlichen Verfahren gelten die Vorschriften der Kostenordnung, soweit sich aus den folgenden Vorschriften nichts anderes ergibt.

Vorbem. Fassg Art 3 Z 18 G v 8. 11. 85, BGBl 2065, in Kraft seit 1. 7. 86, Art 7.

1) Allgemeines. Nach § 9 LwVG sind für das Verfahren grundsätzlich die Vorschriften des FGG entsprechend anwendbar. Auf die Kosten ist daher die KostO anwendbar, soweit nicht §§ 33ff etwas anderes ergeben, vgl Oldb JB **77**, 1273. Nur in bürgerlichen Rechtsstreit im Sinn von § 1 Z 1a LwVG gilt nach seinem § 48 I die ZPO und damit das Kostenrecht ihrer §§ 91ff.

Das LwVG regelt den Geschäftswert und die Gerichtsgebühr. Wegen der außergerichtlichen Kosten gilt § 45. § 33 gilt auch dann, wenn fälschlich das Prozeßgericht eine Pachtrechtssache an das Landwirtschaftsgericht abgegeben hat (vgl § 35 III LwVG entsprechend), Köln **KR** Nr 1. Über die Abweichungen vom GKG Herminghausen NJW **55**, 1508, Riedel RdL **56**, 5.

Der Grundsatz der Ausschließlichkeit, § 1 KostO, gilt auch hier. Es ist also ein Geschäft, für das weder die KostO noch das LwVG eine Gebühr ergeben, gebührenfrei. Das gilt zB: Für die Erteilung eines Rechtskraftzeugnisses; für die Kostenfestsetzung, § 135 KostO, für die Entscheidung über eine Erinnerung, § 14 II KostO.

Zur Frage, wer als Kostenschuldner anzusehen ist, vgl §§ 2ff KostO, 47 LwVG.

2) Pauschsystem. Wie bei § 32 KostO gilt grundsätzlich das Pauschsystem. Die gesetzliche Gebühr gilt also das Hauptgeschäft einschließlich etwaiger Nebengeschäfte ab. Es entsteht also zB keine besondere Gebühr für einen Vergleich oder für einen Anspruch auf eine Duldung der Zwangsvollstreckung, BGH RdL **51**, 106.

Ausnahmsweise kommt zB dann eine besondere Gebühr zur Anwendung, wenn eine Beurkundung der eidesstattlichen Versicherung im Erbscheinsverfahren nach § 107 KostO vorgenommen wird oder wenn es um eine Beurkundung eines außerhalb des Rahmens eines anhängigen Verfahrens liegenden Geschäfts aus Anlaß eines Vergleichs geht, Brschw RdL **51**, 305.

3) Kosten. Zu den Kosten zählen auch hier die Gerichtsgebühren. Sie ergeben sich aus der Tabelle des § 32 KostO (am Schluß dieses Buches) in Verbindung mit dem Geschäftswert und dem jeweils geltenden Gebührensatz nach §§ 36ff. Ferner zählen wie immer zu den Kosten die Auslagen, §§ 136ff KostO. Andere Zahlungen dürfen nicht erhoben werden.

4) Prozeßkostenhilfe. Nach §§ 9 LwVG, 14 FGG gelten die Vorschriften der ZPO und § 48 I Z 1 BRAO. Wegen der Gebühren der beigeordneten Anwälte §§ 121ff BRAGO.

Kostenentscheidung, Festsetzung des Geschäftswertes

34 **I Über die Kosten ist zugleich mit der Entscheidung über die Hauptsache zu entscheiden.**

II Den Geschäftswert setzt das Gericht von Amts wegen fest. Gegen die Entscheidung findet die Beschwerde statt, wenn infolge der verlangten Änderung des Geschäftswertes sich die Gebühren zugunsten des Beschwerdeführers um mehr als einhundert Deutsche Mark ändern würden.

1) Kostenentscheidung, I. A. Voraussetzungen. Eine Kostenentscheidung erfolgt zugleich mit der Entscheidung in der Hauptsache. Wenn das Gericht die Kostenentscheidung im Tenor der Entscheidung zur Hauptsache vergessen hat, dann ist § 319 ZPO anwendbar. Es ist auch eine Ergänzung entsprechend § 321 ZPO zulässig. Beide Vorschriften sind auch im FGG-Verfahren entsprechend anwendbar. Ein Ergänzungsbeschluß ist ein Teil der Entscheidung der Hauptsache. Man kann ihn also nicht selbständig anfechten.

Wenn das Gericht keine Entscheidung in der Hauptsache erläßt, dann ist eine besondere Kostenentscheidung zulässig, zB: Nach der Rücknahme der Beschwerde, Nürnb JB **64**, 919. Eine solche isolierte Kostenentscheidung kann ohne eine Mitwirkung der ehrenamtlichen Richter ergehen, § 20 I Z 8 LwVG. Voraussetzung einer solchen Kostenentscheidung ist aber, daß die Hauptsache erledigt ist, vgl Karlsr RdL **71**, 28 (zu § 42 I), oder daß der Beteiligte seinen Antrag oder seine Beschwerde zurückgenommen hat, Celle Rpfleger **75**, 64 (das OLG wendet für das Kostenfestsetzungsverfahren nicht die §§ 44, 45, sondern den § 9 in Verbindung mit § 13a FGG an).

Eine Kostenentscheidung kann unterbleiben, wenn das Gericht nur eine Teilentscheidung trifft oder wenn es lediglich einen Zwischenbeschluß über den Grund des Anspruchs erläßt, BGH MDR **53**, 220, ferner dann, wenn das Gericht die Sache an die untere Instanz zurückverweist. Für diese entstehen also keine besonderen Gebühren, Sußbauer Rpfleger **53**, 425 Anm 5. Vgl zur Kostenentscheidung im FGG-Verfahren überhaupt Keidel Rpfleger **54**, 176ff. Wenn das Gericht eine Sache an ein anderes Gericht abgibt, erläßt es keine Kostenentscheidung, BGH **12**, 254. Die Kosten des abgebenden Gerichts gelten als Teil des Verfahrens vor dem übernehmenden Gericht, § 12 III LwVG.

B. Inhalt. Die Kostenentscheidung regelt die Kostenverteilung, § 44, die auch für die Einforderung der Kosten maßgebend ist, § 47 (ähnlich § 58 II GKG), vgl auch §§ 2ff KostO. Die Kostenentscheidung regelt eventuell auch die Kostenerstattungspflicht wegen der außergerichtlichen Kosten, § 45, sowie die Frage der Kostenfreiheit persönlicher oder sachlicher Art, §§ 42, 35 IV, 40 II 2. Das Gericht trifft nur eine Kostengrundentscheidung. Es entscheidet daher über die Höhe des Kostenbetrags nicht selbst, §§ 44ff, anders als zB in § 61 I ArbGG.

C. Rechtsmittel. Man kann die Kostenentscheidung nur zusammen mit der Entscheidung in der Hauptsache anfechten, §§ 9 LwVG, 20a I FGG. Wenn ein Beteiligter die Entscheidung in der Hauptsache anficht, dann ist es zulässig, daß sich sein Verfahrensgegner nur wegen der Kostenentscheidung anschließt, Keidel FGG § 20a Anm 4. Wenn das Gericht eine Entscheidung in der Hauptsache nicht erlassen hat, etwa weil der Antragsteller den Antrag zurückgenommen hat, dann ist eine isolierte Kostenentscheidung zulässig, 1 A. Gegen sie ist die sofortige Beschwerde zulässig, falls der Beschwerdewert 100 DM übersteigt, § 20a II FGG, vgl auch BGH MDR **55**, 605.

Eine weitere Beschwerde ist unzulässig, § 24 III LwVG.

Wenn sich die Hauptsache im Anschluß an einen Beschluß der 1. Instanz, aber vor der Einlegung eines Rechtsmittels erledigt hat, dann ist eine Anfechtung der Kostenentscheidung nicht zulässig, falls kein sachlicher Streit mehr vorliegt, vgl BLAH § 99 ZPO Anm 2 C, aber auch Lange-Wulff I.

2) Geschäftswert, II. A. Grundsatz. Vgl zunächst § 18 KostO, ferner zB Dressel AgrarR **73**, 104. Es gelten die Vorschriften der KostO, soweit sich nicht aus den §§ 35–38 LwVG etwas anderes ergibt, vgl auch § 33.

B. Verfahren. Die Festsetzung des Geschäftswerts erfolgt grundsätzlich durch das mit den ehrenamtlichen Richtern besetzte volle Gericht. Eine Ausnahme gilt nur dann, wenn es sich um eine Angelegenheit geringerer Bedeutung handelt, § 20 I Z 7. Aber die Wertfestsetzung ist als solche kaum je eine Angelegenheit von geringer Bedeutung.

Der Geschäftswert ist die Grundlage für die Berechnung der Gerichtsgebühren, §§ 31, 32 KostO, und der Anwaltsgebühren, §§ 8, 9 BRAGO. Infolgedessen muß das Gericht bei der Festsetzung berücksichtigen, daß die Staffelung der BRAGO gegenüber derjenigen der KostO enger ist. Die Festsetzung erfolgt anders als bei § 31 I 1 KostO grundsätzlich von Amts wegen. Das Gericht kann aber natürlich eine Wertfestsetzung auch auf Grund der Anregung eines Beteiligten, also auch eines Anwalts vornehmen, vgl dazu auch § 9 II BRAGO.

Eine Änderung der Wertfestsetzung ist von Amts wegen möglich, § 31 I 2–3 KostO. § 31 II KostO ist anwendbar.

Da eine dem § 5 ZPO entsprechende allgemeine Vorschrift fehlt, erfolgt eine Festsetzung im Fall der Häufung mehrerer Ansprüche für jeden Anspruch besonders, soweit sich nicht aus Sonderregelungen, zB aus § 44 KostO, etwas anderes ergibt oder sich die Anträge nicht auf denselben Gegenstand beziehen. Ein Nebenanspruch bleibt im allgemeinen unberücksichtigt. Dagegen muß das Gericht einen solchen Anspruch berücksichtigen, der bisher nicht im Streit befangen war und den die Parteien in einen Vergleich einbezogen haben, § 33 Anm 2.

B. Rechtsmittel. Der Betroffene kann die Wertfestsetzung durch eine einfache Beschwerde anfechten, soweit es sich um eine Entscheidung des Landwirtschaftsgerichts handelt. Der Gebührenunterschied muß mehr als 100 DM betragen. Zur Beschwerde ist auch der Anwalt im eigenen Namen berechtigt, § 9 II BRAGO.

Gegen eine erste Wertfestsetzung durch das OLG ist keine Beschwerde statthaft, §§ 24 III LwVG.

Gegen eine Entscheidung des OLG als Beschwerdegericht ist keine weitere Beschwerde statthaft, § 24 III LwVG.

Für das Beschwerdeverfahren erwachsen Gebühren nach § 131 I KostO. Denn § 40 I stellt eine Sonderregelung für die §§ 35–39 dar. Geschäftswert der Beschwerde ist der Beschwerdewert.

Verfahren nach dem Landpachtgesetz

35 **I In gerichtlichen Verfahren auf Grund der Vorschriften des Landpachtverkehrsgesetzes und der §§ 588, 590, 591, 593, 594d, 595 und 595a des Bürgerlichen Gesetzbuchs bestimmt sich der Geschäftswert**

1. **im Falle des § 8 Abs. 1 des Landpachtverkehrsgesetzes nach dem Wert, der für die Gebührenberechnung im Falle der Beurkundung des Rechtsverhältnisses maßgebend sein würde, auf das sich das Verfahren bezieht;**
2. **im Falle des § 593 des Bürgerlichen Gesetzbuchs,**
   a) **soweit es sich um die Neufestsetzung der Leistungen des Pächters handelt, nach dem Wertunterschied zwischen den bisherigen und den neu beantragten Leistungen des Pächters, berechnet auf die Zeit, für die die Neufestsetzung beantragt wird, höchstens jedoch auf drei Jahre, und**
   b) **soweit es sich nicht um eine Neufestsetzung der Leistungen des Pächters handelt, nach freiem Ermessen mit der Maßgabe, daß der Höchstwert 8000 Deutsche Mark beträgt;**
3. **in den Fällen des § 595 Abs. 6, des § 595a Abs. 2 des Bürgerlichen Gesetzbuchs und des § 8 Abs. 2 Satz 1 des Landpachtverkehrsge-**

setzes nach dem Wert der in dem Pachtvertrag vereinbarten Leistungen des Pächters während zweier Jahre; ist nach den Anträgen ein kürzerer Zeitraum Gegenstand des Verfahrens, so ist dieser maßgebend;
4. in den übrigen Fällen nach § 30 der Kostenordnung.

II Ergeht die Entscheidung nur für einen Teil des Pachtgegenstandes, so ist der Festsetzung des Geschäftswertes der entsprechende Teil der Leistungen des Pächters zugrunde zu legen. Die Neufestsetzung des Pachtzinses bleibt in diesem Fall außer Betracht, soweit über die Höhe kein Streit besteht.

III (aufgehoben)

IV In den in Absatz 1 bezeichneten Verfahren wird je für das Verfahren im allgemeinen und für eine den Rechtszug beendende Entscheidung erhoben
1. im Falle des § 8 Abs. 1 des Landpachtverkehrsgesetzes die Hälfte der vollen Gebühr;
2. in den übrigen Fällen das Doppelte der vollen Gebühr.
Stellt das Gericht in den Fällen des Absatzes 1 Nr. 1 fest, daß der Vertrag nicht zu beanstanden ist, so wird eine Gebühr nicht erhoben.

1) Allgemeines. § 35 enthält die Kostenregelung für die Zuständigkeit des Landwirtschaftsgerichts in den meisten Verfahren nach § 1 Z 1 LwVG, also im Verfahren nach dem LandpachtverkehrsG und der §§ 588, 590, 591, 593, 594d, 595, 595a BGB. Soweit § 35 keine Regelung enthält, zB für ein Verfahren nach § 585b II BGB, ist die KostO anwendbar. So gilt zB wegen eines Ordnungs- oder Zwangsgelds nach § 119 V KostO dessen I–IV.

Über diese Regelungen hinaus entstehen keine Gebühren, § 33 Anm 1, 2. Wegen einer Häufung mehrerer Anträge vgl § 34 Anm 2, soweit sich nicht aus dem Nachstehenden etwas anderes ergibt.

2) Beanstandungsverfahren, I Z 1. A. Geschäftswert. Der Geschäftswert ist ebenso hoch wie der Beurkundungswert, § 25 KostO. Man darf also nicht nur die Pachtsumme berücksichtigen, sondern muß darüber hinaus auch den Wert aller sonstigen Leistungen einbeziehen, also zB: Steuern; Versicherungen; ein Altenteil.

Nicht hierher gehören aber zB: Zinsen, eine Vertragsstrafe, Kosten, § 18 II KostO; eine Leistung, zu der der Pächter gesetzlich verpflichtet ist, etwa die Inventarergänzung oder eine regelmäßige Ausbesserung.

Nach § 25 KostO kommt es darauf an, ob man den Vertrag auf eine bestimmte oder auf eine unbestimmte Zeit abgeschlossen hat. Bei unbestimmter Vertragsdauer ist der 3jährige Betrag maßgebend. Bei bestimmter Vertragsdauer ist ihr Wert maßgebend. Wenn die Parteien außerdem vereinbart haben, daß sich der Vertrag nach dem Ablauf der zunächst bestimmten Zeit auf unbestimmte Zeit verlängern soll, dann muß man dem Wert für die bestimmte Dauer einen solchen für eine unbestimmte Dauer hinzurechnen, also denjenigen für weitere 3 Jahre, Wöhrmann Anm 3. In keinem Fall darf der Wert aber das 25fache des Jahresbetrages übersteigen.

B. Gerichtsgebühren, IV Z 1. 2. a) Grundsatz. Es entsteht nicht nur eine Verfahrensgebühr, sondern auch eine Entscheidungsgebühr. Das gilt für jeden Rechtszug. Eine Entscheidungsgebühr erwächst auch dann, wenn das Gericht einen Antrag oder eine Beschwerde als unzulässig zurückweist, OGH RdL **50**, 127. In diesem Fall entsteht aber eine Gebührenermäßigung, § 41.

b) Gebührenhöhe. aa) Antrag im Beanstandungsverfahren. Soweit im Vertragsteil gemäß § 8 I 1 LPachtVG den Antrag auf gerichtliche Entscheidung stellt, wird nur die Hälfte der vollen Gebühr erhoben. Wenn das Gericht in diesem Fall feststellt, daß der Vertrag nicht zu beanstanden ist, dann entfällt die Gebühr; das gilt auch dann, wenn das Gericht erst im Beschwerdeverfahren zu diesem Ergebnis kommt. Im letzteren Fall entfällt also auch die Gebühr für das erstinstanzliche Verfahren vor dem AG. Eine Gebühr entfällt auch dann, wenn eine Beanstandung nicht wirksam ist, BGH Rpfleger **59**, 37.

bb) Übrige Fälle. In allen sonstigen Fällen eines Verfahrens nach dem LPachtVG, das keinen bürgerlichen Rechtsstreit im Sinn von § 49 LwVG darstellt, entfällt nicht nur der niedrigere Gebührensatz der Z 1, sondern es wird als Verfahrens- wie als Entscheidungsgebühr je das Doppelte der vollen Gebühr in jeder Instanz erhoben, IV Z 2. Die Gebühr entfällt in diesem Fall auch dann nicht, wenn der Vertrag nicht zu beanstanden ist, aM Rohs-Wedewer II c 1.

3) Änderung des Vertragsinhalts, I Z 2a und b, IV. A. Geschäftswert. Hier sind folgende Fälle zu unterscheiden:

a) Neufestsetzung, Z 2a. Wenn die Leistungen des Pächters neu festgesetzt werden sollen, dann ist der Geschäftswert der Wertunterschied zwischen den bisherigen und den neubeantragten Leistungen für denjenigen Zeitraum, für den die Neufestsetzung verlangt wird, höchstens jedoch für 3 Jahre. Auch durch diese Regelung soll den Beteiligten der Anreiz zum Abschluß eines langjährigen Vertrags erleichtert werden. Wegen der Leistungen vgl Anm 2 A.

b) Keine Neufestsetzung, Z 2b. Soweit es sich nicht um eine Neufestsetzung der Leistung eines Pächters handelt, setzt das Gericht den Geschäftswert nach seinem pflichtgemäßen Ermessen fest. Die Höchstgrenze beträgt 8000 DM, um den Anreiz zum Abschluß eines langjährigen Vertrags, der etwa eine richterliche Abänderung notwendig macht, nicht zu nehmen.

c) Neufestsetzung und anderer Fall. Soweit die Fälle a und b zusammentreffen, muß man die Werte abweichend von § 34 Anm 2 B zusammenrechnen.

B. Gebühren, IV Z 2b. Es kann eine Verfahrensgebühr und eine Entscheidungsgebühr entstehen, Anm 2 B. Jede Gebühr in jeder Instanz beträgt das Doppelte der vollen Gebühr. Eine Ermäßigung ist nach § 41 möglich.

4) Pachtverlängerung usw, I Z 3. A. Geschäftswert. Für den Wert der in den §§ 595 VI, 595a II BGB, § 8 II 1 LPachtVG genannten Geschäfte ist der Wert der für 2 Jahre vertraglich vereinbarten Leistungen, vgl Anm 2 A, maßgebend. Wenn es sich um einen kürzeren Zeitraum handelt, dann ist dieser kürzere Zeitraum maßgebend.

B. Gebühren, IV Z 3. Vgl Anm 3 B.

5) Übrige Fälle, I Z 4. In allen übrigen Fällen ist § 30 KostO für den Wert maßgeblich. Das Gericht muß also zunächst prüfen, ob andere Anhaltspunkte gegeben sind, bevor es den Wert nach pflichtgemäßem Ermessen festsetzt.

6) Entscheidung über einen Teil des Pachtgegenstands, II. Eine solche Entscheidung kommt vor allem im Fall der Verlängerung eines Pachtvertrags in Betracht. Für den Geschäftswert darf man nur den entsprechenden Teil der Leistungen heranziehen. Wenn der Pachtzins neu festgesetzt werden muß, § 8 I 2 LPachtVG, dann darf man für diese Neufestsetzung keinen Wert ansetzen, falls die Parteien hierüber nicht streiten, falls sie sich entweder geeinigt haben oder die Neufestsetzung dem Gericht überlassen.

Andernfalls muß man den nach I Z 2a berechneten Wert dem Wert des nach I Z 3 streitigen Teils hinzurechnen.

Grundstücksveräußerung, Zeugniserteilung, Auflagenänderung oder Aufhebung

36 **I In gerichtlichen Verfahren auf Grund der Vorschriften über die rechtsgeschäftliche Veräußerung (§ 1 Nr. 2) bestimmt sich der Geschäftswert nach dem Werte, der für die Gebührenberechnung im Falle der Beurkundung des Rechtsverhältnisses maßgebend sein würde, auf das sich das Verfahren bezieht. Es wird die Hälfte der vollen Gebühr, bei Übergabeverträgen ein Viertel der vollen Gebühr erhoben.**

II In Verfahren auf Erteilung eines Zeugnisses oder einer Bescheinigung oder auf Änderung oder Aufhebung einer Auflage (§ 22 Abs. 1, 4 des Grundstücksverkehrsgesetzes) bestimmt sich der Geschäftswert nach § 30 der Kostenordnung. Es wird die volle Gebühr erhoben.

1) Grundstücksveräußerung, I. A. Allgemeines. Nach § 2 GrdstVG sind die rechtsgeschäftliche Veräußerung eines land- oder forstwirtschaftlichen Grundstücks sowie von Moor- oder Ödland, das in landwirtschaftliche oder forstwirtschaftliche Kultur gebracht werden kann, sowie der schuldrechtliche Vertrag hierfür genehmigungspflichtig. Der Veräußerung gleichgestellt sind die Einräumung und die Veräußerung eines Miteigentumsanteils an einem Grundstück, die Veräußerung eines Erbanteils an einen anderen als an einen Miterben, wenn der Nachlaß im wesentlichen aus einem land- oder forstwirtschaftlichen Betrieb besteht, sowie die Bestellung eines Nießbrauchs an einem Grundstück, § 2 II GrdstVG. Wenn die Landwirtschaftsbehörde die Genehmigung versagt, kann der Betroffene das Landwirtschaftsgericht anrufen, § 22 I GrdstVG.

B. Geschäftswert. Für das vorgenannte Verfahren ist der Geschäftswert gleich dem Beurkundungswert. So gelten zB für die Grundstücksübertragung die §§ 18–20 KostO. Danach entscheidet der Wert der Gegenleistungen, § 20 KostO, mindestens aber der Einheitswert, § 19 II

KostO. Die Schwierigkeiten, die sich aus einem Auseinanderklaffen des Einheitswertes und des tatsächlichen Marktwerts ergeben, sind durch die Neufassung von § 19 KostO wesentlich verringert worden.

Der zunächst vereinbarte Kaufpreis bleibt für das Genehmigungsverfahren auch dann maßgebend, wenn das Gericht den Kaufvertrag nur im Fall der Herabsetzung des Kaufpreises genehmigt, Celle RdL **58**, 24 (also nicht nur die Differenz). Eine Verbindlichkeit wird nicht abgezogen, § 18 III KostO. Soweit wiederkehrende Nutzungen und Leistungen den Gegenwert bilden, etwa bei einem Altenteil, erfolgt die Berechnung nach § 24 KostO. Dasselbe gilt bei der Bestellung eines Nießbrauchs, bei dem als Wert der jährlichen Nutzung entsprechend den Bestimmungen des BewG der 18. Teil des Einheitswerts zugrunde gelegt werden kann, OGH RdL **49**, 85. Man muß vom Ertragswert die dem Nießbraucher auferlegten öffentlichen Lasten und Unterhaltskosten abziehen, Celle NdsRpfl **64**, 248.

Wegen eines Übergabevertrags vgl § 36 Anh.

Die Bundesregierung hat von ihrer Ermächtigung, die Abgabe eines Gebots und die Erteilung des Zuschlags an einen anderen als den Meistbietenden von einer Bieterlaubnis der Genehmigungsbehörde abhängig zu machen, § 37 GrdstVG, bisher keinen Gebrauch gemacht. Aus diesem Grund besteht auch keine Genehmigungspflicht im Fall der Bestellung einer Hypothek, einer Grundschuld oder einer Rentenschuld mehr.

C. Gebühren. Es entsteht die Hälfte der vollen Gebühr, § 32 KostO. Im Fall eines Übergabevertrags, Anm 1 A, entsteht nur eine ¼ Gebühr vom vollen Wert, Barnstedt Anm 16. Wegen der Erbhöfe vgl oben A.

2) Erteilung von Zeugnissen und Bescheinigungen, II. A. Allgemeines. Die Genehmigungsbehörde muß auf Grund des Antrags eines Beteiligten auch ein Zeugnis darüber ausstellen, daß zur Grundstücksveräußerung eine Genehmigung nicht erforderlich ist, § 5 GrdstVG, oder daß die Entscheidung über die Genehmigung oder die Genehmigung infolge eines Fristablaufs unanfechtbar geworden ist, § 6 III GrdstVG, oder daß eine Bedingung eingetreten ist, unter der die Behörde die Genehmigung erteilt hatte, § 11 II GrdstVG. Soweit die Genehmigungsbehörde ein derartiges Zeugnis oder eine derartige Bescheinigung verweigert, kann ein Beteiligter einen Antrag auf eine gerichtliche Entscheidung über die Erteilung dieser Urkunden stellen.

Wenn die Behörde eine Genehmigung nur unter einer Auflage oder Bedingung erteilt hatte, kann der Betroffene ebenfalls einen Antrag auf eine gerichtliche Entscheidung mit dem Ziel einer unbedingten Genehmigung stellen, § 22 I GrdstVG. Dasselbe gilt dann, wenn sich die für eine an sich nicht anzufechtende Auflage maßgebenden Umstände wesentlich geändert haben, § 22 IV GrdstVG.

B. Geschäftswert. Der Geschäftswert richtet sich nach § 30 KostO. Da im Fall des § 5 GrdstVG das Negativzeugnis einer Genehmigung gleichsteht, ist der Beurkundungswert auch hier ein Anhaltspunkt. Im Fall eines Zeugnisses nach § 6 III GrdstVG ist der Wert eines solchen Zeugnisses maßgeblich. In beiden Fällen bildet der Kaufpreis die

Grundlage, sofern er höher als der Einheitswert ist, §§ 19, 20 KostO. Im Fall einer Entscheidung über das Bestehenbleiben einer Auflage oder Bedingung ist der beantragte Unterschied zur bisherigen Entscheidung maßgeblich.

Es erwachsen die vollen Gebühren.

3) Zwangsgeld. Im Verfahren über die Verhängung eines Zwangsgelds richtet sich der Wert nach § 119 KostO.

Anhang nach § 36

Kosten in Höfesachen

Schrifttum: Kreuzer, Notariats- und Gerichtskosten bei der Hofübergabe, 1988 (Bespr Bratfisch Rpfleger **88**, 552).

Einleitung

1) Geltungsbereich. Die HöfeO, zuletzt berichtigt am 18. 2. 77, BGBl 288, regelt in Hamburg, Niedersachsen, Nordrhein-Westfalen und Schleswig-Holstein die Erbfolge in einen Hof einschließlich der Ausschlagung und der Abfindung desjenigen, der nicht Hoferbe wird, sowie die Stellung des überlebenden Ehegatten des Erblassers und die Hofübergabeverträge. Art 2 G vom 29. 3. 76, BGBl 881, hebt in § 26 die LVO von 1947 auf und enthält eine Verfahrensordnung für Höfesachen, die HöfeVfO, in Kraft seit 1. 7. 76, Art 3 § 9 G, zuletzt geändert durch Art 3 G v 15. 6. 89, BGBl 1082:

Verhältnis zum allgemeinen Verfahrensrecht

§ 1 HöfeVfO. I Auf das Verfahren in Höfesachen sind die Vorschriften des Gesetzes über das gerichtliche Verfahren in Landwirtschaftssachen vom 21. Juli 1953 (Bundesgesetzbl. I S. 667), zuletzt geändert durch Artikel 2 Nr. 3 des Gesetzes zur Änderung des Rechts der Revision in Zivilsachen vom 8. Juli 1975 (Bundesgesetzbl. I S. 1863), anzuwenden, soweit dieses Gesetz nichts anderes bestimmt. Höfesachen sind Angelegenheiten, auf die die in den Ländern Hamburg, Niedersachsen, Nordrhein-Westfalen und Schleswig-Holstein geltenden höferechtlichen Vorschriften anzuwenden sind.

II ...

Kostenfreie Geschäfte

§ 18 HöfeVfO. Für die Vereinigung der zu einem Hof gehörenden Grundstücke zu einem Grundstück sowie für die Eintragung und Löschung eines Hofvermerks werden Gebühren und Auslagen nicht erhoben.

Geschäftswert nach freiem Ermessen

§ 19 HöfeVfO. Der Geschäftswert bestimmt sich nach § 30 der Kostenordnung bei

a) Feststellungsverfahren nach § 11 Abs. 1 Buchstaben a bis f und h,
b) Zustimmungsverfahren (§ 13),
c) Verfahren über die Stundung, Verzinsung und Sicherung eines Abfindungsanspruchs (§ 17),

d) Streitigkeiten über die Abfindungsansprüche der Miterben und des überlebenden Ehegatten mit Einschluß der Versorgungsstreitigkeiten (§ 14 der Höfeordnung),
e) Streitigkeiten über die Verteilung von Abfindungs- oder Nachlaßverbindlichkeiten (§ 15 Abs. 5 der Höfeordnung),
f) Aufhebung, Beschränkung oder Verlängerung der Verwaltung und Nutznießung des überlebenden Ehegatten (§ 14 Abs. 1 Buchstabe b der Höfeordnung),
g) Regelung und Entscheidung der mit dem Hofübergang zusammenhängenden Fragen im Fall des § 14 Abs. 3 der Höfeordnung,
h) sonstige Anträge und Streitigkeiten nach § 18 Abs. 1 der Höfeordnung und nach § 25.

Geschäftswert in anderen Verfahren
§ 20 HöfeVfO. Der Geschäftswert bestimmt sich bei
a) Verfahren über die Genehmigung eines Übergabevertrages nach dem Wert des zu übergebenden Hofes,
b) Feststellungsverfahren nach § 11 Abs. 1 Buchstabe g nach dem Wert des Hofes nach Abzug der Schulden,
c) Wahlverfahren (§ 9 Abs. 2 Satz 1 der Höfeordnung) nach dem Wert des gewählten Hofes nach Abzug der Schulden,
d) Fristsetzungsverfahren (§ 9 Abs. 2 Satz 2 der Höfeordnung) nach der Hälfte des Wertes des wertvollsten der noch zur Wahl stehenden Höfe nach Abzug der Schulden,
e) Ausschlagung des Anfalls des Hofes (§ 11 der Höfeordnung) nach dem Wert des Hofes nach Abzug der Schulden.
Der Wert des Hofes bestimmt sich nach § 19 Abs. 2 bis 5 der Kostenordnung.

1) Hofwert. Vgl Oldb JB **77**, 1761.

Volle Gebühr
§ 21 HöfeVfO. Die volle Gebühr wird erhoben für Verfahren, welche betreffen
a) Feststellungen in einem Verfahren nach § 11 Abs. 1 Buchstaben a bis f und h,
b) die Zustimmung in einem Verfahren nach § 13,
c) die Stundung, Verzinsung und Sicherung eines Abfindungsanspruchs in einem Verfahren nach § 17,
d) Streitigkeiten über die Abfindungsansprüche der Miterben und des überlebenden Ehegatten mit Einschluß der Versorgungsstreitigkeiten (§ 14 der Höfeordnung),
e) Streitigkeiten über die Verteilung von Abfindungs- oder Nachlaßverbindlichkeiten (§ 15 Abs. 5 der Höfeordnung),
f) die Aufhebung, Beschränkung oder Verlängerung der Verwaltung und Nutznießung des überlebenden Ehegatten (§ 14 Abs. 1 Buchstabe b der Höfeordnung),
g) die Ausstellung eines Erbscheins.

Doppelte Gebühr
§ 22 HöfeVfO. Das Doppelte der vollen Gebühr wird erhoben für
a) Feststellungsverfahren nach § 11 Abs. 1 Buchstabe g,
b) Verfahren zur Regelung und Entscheidung der mit dem Hofübergang zusammenhängenden Fragen im Fall des § 14 Abs. 3 der Höfeordnung,

c) Verfahren über sonstige Anträge und Streitigkeiten nach § 18 Abs. 1 der Höfeordnung und nach § 25.

Viertelgebühr

§ 23 HöfeVfO. Ein Viertel der vollen Gebühr wird erhoben für
a) das Verfahren über die Genehmigung der Übergabe eines Hofes,
b) die Aufnahme der Erklärung zur Niederschrift der Geschäftsstelle im Fall des § 9 Abs. 2 Satz 1 der Höfeordnung,
c) die Entgegennahme der Erklärung im Fall des § 9 Abs. 2 Satz 1 und des § 11 der Höfeordnung, und zwar gegebenenfalls neben der unter a) bestimmten Gebühr,
d) das Fristsetzungsverfahren nach § 9 Abs. 2 Satz 2 der Höfeordnung.

Beschwerdeverfahren

§ 24 HöfeVfO. Im Beschwerdeverfahren erhöhen sich die in den §§ 21 bis 23 bestimmten Gebührensätze auf das Eineinhalbfache, im Rechtsbeschwerdeverfahren auf das Doppelte.

Gerichtliche Zuweisung eines Betriebes

36a **I In gerichtlichen Verfahren auf Grund der Vorschriften über die gerichtliche Zuweisung eines Betriebes (§ 1 Nr. 2) bestimmt sich der Geschäftswert nach § 18 Abs. 3 und § 19 der Kostenordnung. Es wird das Vierfache der vollen Gebühr erhoben.**

II Endet das Verfahren ohne Zuweisung des Betriebes, so bestimmt sich der Geschäftswert nach § 30 der Kostenordnung. Es wird das Doppelte der vollen Gebühr erhoben.

III In Verfahren über Ansprüche nach § 17 sowie in Verfahren nach § 16 Abs. 3 Satz 4 des Grundstückverkehrsgesetzes bestimmt sich der Geschäftswert nach § 30 der Kostenordnung. Es wird die volle Gebühr erhoben.

1) Zuweisung eines landwirtschaftlichen Betriebs. Eine solche Zuweisung, § 1 Z 2 GrdstVG, kann dann, wenn der Betrieb auf Grund gesetzlicher Erbfolge einer Erbengemeinschaft gehört, nach dem Antrag an einen Miterben erfolgen, § 13 GrdstVG. In diesem Fall steht den anderen Miterben ein Geldanspruch in Höhe ihres Anteils zu. Es ist aber auch eine Abfindung im Wege der Zuweisung eines Grundstücks oder durch ein beschränktes dingliches Recht am zugewiesenen Betrieb zulässig, § 16 I, IV GrdstVG. Wenn der Miterbe oder seine Erben binnen 15 Jahren aus dem Betrieb oder aus den zugewiesenen Gegenständen erhebliche Gewinne durch eine zuweisungsfremde Nutzung ziehen, dann müssen sie die anderen Miterben auf deren Verlangen so stellen, als wenn der in Betracht kommende Gegenstand im Erwerbszeitpunkt verkauft worden wäre, § 17 GrdstVG. Die Zuweisung und Feststellung der Zahlungen erfolgt auf Grund eines Antrags durch das Gericht.

2) Geschäftswert. A. Zuweisungsverfahren. Im Zuweisungsverfahren entscheidet der letzte Einheitswert, § 19 II KostO, falls sich nicht Anhaltspunkte für einen höheren Wert ergeben, § 19 KostO Anm 3 B.

Ein Abzug der Verbindlichkeiten nach § 18 Anm 3 KostO erfolgt nicht, I. Maßgebend ist der Wert des ganzen Betriebs, um dessen Zuweisung es sich handelt, nicht etwa der Wert des Anteils eines Widersprechenden. Die Gebühr beträgt das 4fache der vollen Gebühr.

Wenn das Gericht den Betrieb nicht zuweist, sei es, daß es den Antrag ablehnt, sei es, daß der Antragsteller den Antrag zurücknimmt, sei es, daß sich das Verfahren durch einen Vergleich erledigt oder zurückgewiesen wird, dann bestimmt das Gericht den Geschäftswert nach seinem pflichtgemäßen Ermessen, II, Ffm Rpfleger **73**, 333 mwN, aM zB BGH RdL **52**, 49 (§ 30 I KostO verweise auch hier auf §§ 18, 19 KostO).

Der Einheitswert bildet den höchstzulässigen Wert. Für die Ermessensentscheidung im Fall des § 30 II KostO beträgt der Wert aber nicht ohne weiteres 5000 DM, man muß vielmehr nach den Umständen des Falls von dieser Zahl abweichen. Das ist unter den Voraussetzungen des II sogar die Regel, Celle Rpfleger **66**, 219. Die Gebühr beträgt das 2fache der vollen Gebühr. Sie darf die Gebühr nach I nicht übersteigen, Celle JB **68**, 911.

B. Nachträgliche Verteilung, Änderung der Stundung usw. Im Fall der nachträglichen Verteilung infolge einer zuweisungsfremden Nutzung, § 17 GrdstVG, oder im Fall der Änderung der Stundung der Abfindungszahlung infolge einer wesentlichen Veränderung der Verhältnisse, § 16 III 4 GrdstVG, bestimmt das Gericht den Geschäftswert nach § 30 KostO. Ein Anhaltspunkt ist die Höhe der zu verteilenden Zahlung und im Fall der Stundung der Wert der Änderung. Es erwächst eine volle Gebühr.

Einwendungen gegen das siedlungsrechtliche Vorkaufsrecht

37 In gerichtlichen Verfahren auf Grund der Vorschriften über Einwendungen gegen das siedlungsrechtliche Vorkaufsrecht (§ 1 Nr. 3) gilt § 36 Abs. 1 sinngemäß.

1) Vorkaufsrecht. Ein siedlungsrechtliches Vorkaufsrecht besteht im Fall des Verkaufs eines landwirtschaftlichen Grundstücks ab 2 ha aufwärts, wenn dieser Verkauf der Genehmigung nach dem GrdstVG bedarf und wenn diese Genehmigung nach § 9 GrdstVG nach der Auffassung der Genehmigungsbehörde versagt werden muß, § 4 I RSiedlG. Man kann eine Einwendung gegen ein solches Vorkaufsrecht nur durch einen Antrag beim zuständigen Landwirtschaftsgericht geltend machen, § 10 GrdstVG.

2) Geschäftswert. Der Geschäftswert gleicht dem Beurkundungswert des Rechtsverhältnisses. Es sind also die §§ 20 II KostO (aM Celle Rpfleger **78**, 342 Ffm AnwBl **78**, 312: § 20 I KostO), 19, 36 I KostO entsprechend anwendbar.

3) Gebühr. Die Höhe der Gebühr ist dem § 36 I KostO zu entnehmen.

Inanspruchnahme von Land und Gebäuden zugunsten von Vertriebenen und DDR-Flüchtlingen

38 **In gerichtlichen Verfahren über die Aufhebung von Pacht- und sonstigen Nutzungsverhältnissen sowie über die Inanspruchnahme von Gebäuden oder Land und die Festsetzung des Ersatzanspruchs oder der Entschädigung (§ 1 Nr. 4) bestimmt sich der Geschäftswert nach § 30 der Kostenordnung. Es wird die volle Gebühr erhoben.**

1) Geltungsbereich. § 38 enthält die Kostenvorschriften für das gerichtliche Verfahren in folgenden Fällen:

A. Aufhebung usw. Es geht um die Aufhebung eines Pacht- oder sonstigen Nutzungsverhältnisses sowie um die Inanspruchnahme von Gebäuden oder Land zur Nutzung zugunsten eines Vertriebenen oder eines DDR-Flüchtlings einschließlich seiner Besitzeinweisung, §§ 58–60, 62 BVFG.

B. Entschädigung. Es geht um die Entschädigung des bisherigen Nutzungsberechtigten, § 61 BVFG.

C. Nutzungsvertrag. Es geht um das Verlangen der Siedlungsbehörde, daß der Verfügungsberechtigte mit einem Flüchtling der genannten Art einen Nutzungsvertrag abschließt usw, § 63 II, IV BVFG.

D. Entschädigung des bisherigen Pächters. Es geht um das Verlangen auf eine angemessene Entschädigung des bisherigen Pächters eines Grundstücks, das ein Siedlungsunternehmen erworben hat, wenn es das Pachtverhältnis gekündigt hat, § 7 II G vom 4. 1. 35, RGBl 1 idF § 28 Z 3 GrdstVG. Vgl auch § 1 Z 4 LwVG.

2) Geschäftswert. Der Geschäftswert richtet sich nach § 30 KostO. Das Gericht bestimmt den Wert also nach seinem pflichtgemäßen Ermessen, falls sich nicht nach der KostO ein anderer Wert ergibt oder falls er nicht sonst feststeht.

In den Fällen A und C ist im einzelnen § 25 I KostO maßgeblich. Diese Vorschrift gilt auch im Fall der Aufhebung. In den Fällen B und D ist die Entschädigungssumme maßgeblich.

3) Gebühr. Es entsteht eine volle Gebühr, S 2.

Mit Aufhebung der früheren Vorschriften über Erbhöfe zusammenhängende Angelegenheiten.

38a **In gerichtlichen Verfahren auf Grund der Vorschriften über Angelegenheiten, die mit der Aufhebung der früheren Vorschriften über Erbhöfe zusammenhängen (§ 1 Nr. 6), bestimmt sich der Geschäftswert nach § 30 der Kostenordnung. Es wird die volle Gebühr erhoben.**

1) Frühere Erbhofgesetzgebung. Es muß sich um eine Angelegenheit der früheren Erbhofgesetzgebung nach § 1 Z 6 handeln. Hierher gehört vor allem ein Versorgungsanspruch der nach den §§ 30, 31 RErbhG Berechtigten, insbesondere aber auch die Änderung, Umwandlung oder Ablösung eines derartigen Anspruchs.

2) Geschäftswert. Maßgeblich ist § 30 KostO. Da es sich um wiederkehrende Nutzungen und Leistungen handelt, ist § 24 KostO heranzuziehen.

3) Gebühr, S 2. Es entsteht eine volle Gebühr.

Vorläufige Anordnungen

39 Für die Entscheidung über den Erlaß einer vorläufigen Anordnung während eines schwebenden Verfahrens wird die Hälfte der vollen Gebühr erhoben.

1) Allgemeines. Die Vorschrift gilt nur für den Fall einer vorläufigen Anordnung während eines schwebenden gerichtlichen Verfahrens, § 18 LwVG. Demgegenüber ist das Landesrecht anwendbar, wenn es sich um eine vorläufige gerichtliche Anordnung in einem Verfahren der in § 60 III 2 LwVG genannten Art handelt.

2) Geschäftswert. Der Bundesrat hat eine Beschränkung auf § 30, die vorgesehen war, abgelehnt, da nach seiner Auffassung die Bestimmungen der KostO überhaupt gelten. Der Geschäftswert richtet sich also nach dem Inhalt der vorläufigen Anordnung. Man muß dabei berücksichtigen, daß wegen ihrer bloßen Vorläufigkeit meist nur ein Bruchteil gerechtfertigt ist.

3) Gebühr. Es entsteht grundsätzlich eine ½ Gebühr. Eine solche Gebühr setzt jedoch eine gerichtliche Entscheidung voraus. Es kommt nicht darauf an, ob das Gericht die vorläufige Anordnung erläßt oder ablehnt.

Wenn dagegen der Antragsteller den Antrag zurücknimmt oder wenn aus einem sonstigen Grund eine vorläufige Anordnung unterbleibt, erwächst keine Gebühr.

Beschwerde- und Rechtsbeschwerdeverfahren

40 I Im Beschwerdeverfahren erhöhen sich die in den §§ 35 bis 39 bestimmten Gebührensätze auf das Eineinhalbfache, im Rechtsbeschwerdeverfahren auf das Doppelte.

II In Verfahren nach § 588 Abs. 4, § 590 Abs. 2, § 591 Abs. 2 und 3, §§ 593, 594d Abs. 2, § 595 Abs. 6 und § 595a Abs. 2 und 3 des Bürgerlichen Gesetzbuchs sowie nach § 8 Abs. 2 Satz 3 des Landpachtverkehrsgesetzes werden für das Verfahren über die Beschwerde Gebühren auch dann erhoben, wenn die Beschwerde Erfolg hat.

Vorbem. II idF Art 3 Z 20 G v 8. 11. 85, BGBl 2065, in Kraft seit 1. 7. 86, Art 7.

1) Allgemeines. Gemäß § 33 gelten auch für das Beschwerdeverfahren grundsätzlich die Vorschriften der KostO, also § 131 KostO, insbesondere auch dessen IV. § 40 enthält Sondervorschriften wegen der Gebührensätze im Beschwerdeverfahren, I, und für das Verfahren in den in II genannten Fällen. Eine weitere Sondervorschrift enthält § 41.

Eine Beschwerdegebühr kann aber nur dann entstehen, wenn überhaupt eine Gebühr entsteht, § 33 Anm 1, also zB nicht im Fall einer Beschwerde über eine Wert- oder Kostenfestsetzung.

2) Beschwerdeverfahren, Rechtsbeschwerdeverfahren. In diesen Verfahren ist die KostO entsprechend anwendbar. Gebühren entstehen, abgesehen von den Fällen Anm 4, im Fall der Erfolglosigkeit oder der Zurücknahme der Beschwerde vor der Entscheidung des Gerichts, § 131 KostO Anm 2 B, C. Im Fall eines Antrags auf eine gerichtliche Entscheidung gegen einen Bescheid der Landwirtschaftsbehörde (Siedlungsbehörde) ist § 131 IV 3 KostO (Gebührenfreiheit) nur dann anzuwenden, wenn sich nicht aus den sonstigen Kostenbestimmungen des LwVG etwas anderes ergibt.

§§ 35 IVa, 36–38a gelten aber für das gerichtliche Verfahren der freiwilligen Gerichtsbarkeit schlechthin, also auch ohne die Erhöhung nach § 40 I im Fall des Antrags auf eine gerichtliche Entscheidung. Die Vorschriften schalten also den § 131 IV 3 KostO (Gebührenfreiheit) ebenso wie den § 131 II KostO (Geschäftswert) aus.

Indessen muß man auch in diesen Fällen eine Gebührenfreiheit gewähren, wenn der Antragsteller durchdringt, wie sich aus § 131 I Z 1 KostO ergibt, Pritsch V.

In dem Verfahren entsprechend § 1 Z 5 LwVG entscheidet das Landesgebührenrecht, § 60 III.

3) Gebühren, I. Sie betragen im Beschwerdeverfahren das 1½fache, im Rechtsbeschwerdeverfahren das Doppelte der in den §§ 35–39 genannten Gebührensätze.

4) Landpachtsache, II. A. Gebühren. Die KostO sieht für den Fall, daß eine Beschwerde Erfolg hat, keine Gebühr vor, § 131 KostO Anm 2. II schreibt abweichend von § 131 I KostO nur in gerichtlichen Verfahren der freiwilligen Gerichtsbarkeit auf Grund von §§ 588 IV, 590 II, 591 II, III, 593, 594d, 595 VI, 595a II, III BGB sowie nach § 8 II 3 LPachtVG Gebühren auch im Fall des Erfolgs einer Beschwerde vor.

Daher verbleibt es in den sonst noch streitigen Verfahren mit Rücksicht auf die abschließende Aufzählung in II bei der Gebührenfreiheit für den Fall, daß die Beschwerde Erfolg hat. Dasselbe gilt bei einem Verfahren nach § 1 Z 5 und 6, also bei einer Versorgungsstreitigkeit nach dem Anerbenrecht sowie bei einer Angelegenheit, die mit der Aufhebung der früheren Vorschriften der Erbhöfe zusammenhängt, Barnstedt 4, Pritsch IIc, Wöhrmann 2.

B. Auslagen. II sagt nichts über Auslagen. Mit Rücksicht darauf, daß auch § 33 LwVG zwischen Gebühren und Auslagen unterscheidet, bleibt es also bei der Regelung des § 131 V KostO. Daher werden Auslagen, die durch eine für begründet befundene Beschwerde entstanden sind, im Fall des Erfolgs der Beschwerde nicht erhoben, soweit es sich nicht um die in II genannten Beschwerden handelt. Denn insoweit ist das Beschwerdeverfahren nicht gebührenfrei, § 131 V. Darüber hinaus entsteht aber Auslagenfreiheit, aM Höver Rpfleger **53**, 607.

Zurücknahme und Zurückweisung als unzulässig

41 Wird ein Antrag oder eine Beschwerde zurückgenommen, bevor der Gegner zur Äußerung aufgefordert oder Termin zur mündlichen Verhandlung bestimmt ist oder wird ein Antrag oder eine Beschwerde als unzulässig zurückgewiesen, so wird die Gebühr nur zur Hälfte erhoben. Die nach Landesrecht zuständige Behörde und die Genehmigungsbehörde sowie die übergeordnete Behörde (§ 32 Abs. 2) und die Siedlungsbehörde sind nicht Gegner im Sinne dieser Vorschrift.

1) Allgemeines. § 1 tritt für die Zurücknahme des Antrags an die Stelle von § 130 II KostO, Oldb JB **77**, 1273 mwN, ferner für die Zurücknahme der Beschwerde an Stelle von § 131 I Z 2 KostO, schließlich für den Fall der Zurückweisung der Beschwerde als unzulässig an die Stelle von § 131 I Z 1 KostO.

2) Zurücknahme. A. Grundsatz. Über den Begriff der Zurücknahme des Antrags vgl § 130 KostO Anm 2 B a, b entsprechend. Wegen der Zurücknahme der Beschwerde vgl auch § 130 KostO Anm 2 C. § 41 gilt auch dann, wenn der Antragsteller einen unzulässigen Antrag zurücknimmt, Celle RdL **69**, 108. Wenn der Beschwerdeführer zunächst eine Beschwerde ohne einen bestimmten Antrag einlegt, ihn aber dann innerhalb der Begründungsfrist beschränkt, dann liegt keine teilweise Rücknahme vor, vgl auch § 14 I GKG, aM Wöhrmann 1.

B. Voraussetzungen im einzelnen. Voraussetzung für eine Gebührenermäßigung ist, daß die Zurücknahme beim Gericht eingegangen ist, bevor einer der folgenden Fälle eingetreten ist:

a) Gegner noch nicht zur Äußerung aufgefordert. Das Gericht darf den Gegner noch nicht zu einer Äußerung aufgefordert haben. Eine Aufforderung liegt regelmäßig in der Übersendung der Antragsbegründung oder der Beschwerdebegründung durch das Gericht, selbst wenn das Gericht den Gegner nun nicht ausdrücklich zur Äußerung auffordert. Eine Aufforderung liegt noch nicht vor, wenn das Gericht lediglich eine noch nicht mit einer Begründung versehene Beschwerdeschrift an den Gegner schickt. Denn diese Maßnahme ist nur als eine bloße Mitteilung vom Eingang der Beschwerde anzusehen, OGH Rpfleger **50**, 177.

Die Aufforderung muß beim Gericht herausgegangen sein. Eine bloße Verfügung genügt also nicht, solange sie nicht den Bereich des Anordnenden verlassen hat, vgl Pritsch IV b.

Eine Aufforderung der nach dem Landesrecht zuständigen Behörde, der Genehmigungs-, Siedlungs- und der übergeordneten Behörde im Sinn von § 32 II gilt nicht als eine Aufforderung im Sinn von § 41 S 1, läßt also trotzdem eine Gebührenermäßigung zu. Denn diese Behörden sind nicht Gegner im Sinn von § 41, wie dessen S 2 ergibt.

b) Noch keine Terminsbestimmung. Das Gericht darf noch keinen Termin zu einer mündlichen Verhandlung bestimmt haben. Eine Bestimmung ist erst dann erfolgt, wenn sie auch den internen Geschäftsbereich des Anordnenden verlassen hat.

3) Zurückweisung als unzulässig. Es ist unerheblich, ob es sich um die Zurückweisung eines Antrags oder einer Beschwerde handelt. Der

Grund für die Ermäßigung der Gebühr ist das Unterbleiben einer Sachprüfung durch das Gericht. Es tritt die eigenartige Folge ein, daß im Fall der Zurücknahme eines Antrags oder einer Beschwerde nach dem Herausgehen der Aufforderung zur Äußerung keine Gebührenermäßigung in Betracht kommt, daß aber eine Gebührenermäßigung gleichwohl entstehen kann, wenn das Gericht später eine Zurückweisung des Antrags oder der Beschwerde als unzulässig ausspricht. Deswegen will Pritsch Vb auch im Fall der Zurücknahme eines solchen Antrags oder einer solchen Beschwerde nach einer Aufforderung auf Grund von § 42 I 1 eine entsprechende Ermäßigung zulassen, da das Gericht in solchen Fällen die Aufforderung hätte unterlassen sollen.

4) Gebührenermäßigung. Es tritt eine Ermäßigung auf die Hälfte ein. Sie bezieht sich auf jede Gebühr, also auch auf die Entscheidungsgebühr, soweit eine solche erhoben wird, § 35 IV. An Stelle der 1½fachen Beschwerdegebühr tritt also eine Gebühr von ¾. Denn die Gebühr wird nicht auf der Grundlage der §§ 35–39 errechnet, sondern aus § 40, Bbg RdL **56**, 260.

Nimmt der Antragsteller den Antrag teilweise zurück, dann gilt § 130 IV KostO. Diese Regelung trifft auch dann zu, wenn der Beschwerdeführer die Beschwerde teilweise zurücknimmt oder wenn das Gericht den Antrag oder die Beschwerde teilweise als unzulässig zurückweist. § 131 I Z 2 KostO, der vom einseitigen Verfahren ausgeht, paßt hier nicht, Barnstedt 4. Man muß also für den zurückgenommenen Teil die ermäßigte Gebühr besonders neben der vollen Gebühr für den übrigen Teil erheben. Indessen darf die volle Gebühr für den ganzen Antrag oder die ganze Beschwerde nicht überschritten werden.

Befreiung von Gerichtskosten, Kostenfreiheit

42 **I Aus besonderen Gründen kann das Gericht anordnen, daß von der Erhebung von Gerichtskosten ganz oder teilweise abgesehen wird. Die Entscheidung kann nur gleichzeitig mit der Entscheidung in der Hauptsache ergehen.**

II Die in § 41 Satz 2 bezeichneten Behörden sind von der Zahlung von Gerichtskosten befreit.

1) Befreiung von Gerichtskosten, I. Zu den Gerichtskosten zählen wie stets Gebühren und Auslagen, nicht aber Notarkosten, Celle JB **68**, 733. Die Befreiung kommt in der Form in Betracht, daß das Gericht anordnet, daß der Kostenbeamte von der Erhebung der Gerichtskosten ganz oder teilweise absieht, S 1. Das Gericht hat einen Ermessensspielraum und muß Billigkeitserwägungen anstellen, also zB prüfen, wie die finanzielle Lage der Beteiligten ist oder ob unverhältnismäßig hohe Kosten einer Ortsbesichtigung entstanden sind. In Betracht kommen auch die in § 16 KostO gebannten Gründe. Freilich kommt eine Kostenbefreiung nicht schon bei jeder Fehlerhaftigkeit der Sachbehandlung automatisch in Betracht, Mü RdL **71**, 27.

Das Gericht darf eine Befreiung von den Gerichtskosten nach I 2 nur gleichzeitig mit der Entscheidung in der Hauptsache vornehmen. Soweit keine Entscheidung in der Hauptsache ergeht, erfolgt die Befreiung durch einen besonderen Beschluß, § 34 Anm 1 A.

Wegen § 33 bleibt auch neben I allgemein § 16 KostO beachtlich. Das Gericht darf also aus einem dort genannten Grund eine Kostenbefreiung auch nach dem Erlaß der Entscheidung zur Hauptsache aussprechen; vgl auch § 16 II KostO. Die Landeskasse, die durch eine Entscheidung in der Hauptsache nicht beschwert ist, kann dennoch gesondert Beschwerde einlegen, wenn die Entscheidung zur Hauptsache zwischen den Beteiligten rechtskräftig ist, Schlesw SchlHA **69**, 123; vgl auch Barnstedt § 44 Anm 5.

2) Kostenfreiheit, II. Von der Zahlung der Gerichtskosten sind kraft Gesetzes, also ohne die Notwendigkeit einer gerichtlichen Entscheidung, die in § 41 S 2 genannten Behörden befreit, also die nach dem Landesrecht zuständige Behörde, auch die übergeordnete, § 32 II, sowie die Genehmigungs- und Siedlungsbehörde oder die Jagdbehörde im Fall der Beanstandung eines Jagdpachtvertrages, Celle NdsRpfl **65**, 198. In diesen Fällen ist es unerheblich, ob die vorgenannte Behörde Beschwerdeführer oder Beschwerdegegner ist und ob sie selbst Antragsteller ist.

Das Gericht kann einer solchen Behörde also keine Gerichtskosten auferlegen, Hamm RdL **61**, 129, wohl aber kann eine solche Behörde verpflichtet sein, außergerichtliche Kosten zu erstatten, BGH RdL **56**, 245, aM Hamm RdL **61**, 129, Wöhrmann § 45 Anm 3. Eine solche Erstattungspflicht setzt natürlich voraus, daß eine solche Behörde am Verfahren beteiligt war. Sie wird dann, wenn sie nur den fraglichen Bescheid erteilt hat, erst mit der Einlegung einer Beschwerde Beteiligte, Nürnb BayJMBl **61**, 158, § 45 Anm 3 A.

Fälligkeit, Vorschuß

43 **I Die Gerichtskosten werden erst fällig, wenn das Verfahren in dem Rechtszuge beendet ist.**

II Gebührenvorschüsse werden nicht erhoben.

1) Allgemeines. § 43 tritt an die Stelle von § 7 KostO, wegen eines Gebührenvorschusses auch an die Stelle von § 8 KostO.

2) Fälligkeit, I. Die Fälligkeit der Gerichtskosten, also der Gebühren und Auslagen, tritt erst mit der Beendigung des Rechtszuges ein. Der Rechtszug endet: Durch eine Entscheidung; durch einen gerichtlichen Vergleich; durch die Rücknahme des Antrags; durch die Rücknahme des Rechtsmittels; durch die Mitteilung eines außergerichtlichen Vergleichs; durch ein anderweitiges Verhalten, aus dem man auf ein Unterbleiben der Fortsetzung des Verfahrens schließen muß.

Die Beitreibung erfolgt nach der JBeitrO, Teil IX A dieses Buchs.

3) Kein Gebührenvorschuß, II. Das Gericht darf keinen Vorschuß auf die Gerichtsgebühren erheben, wohl aber einen Vorschuß auf gerichtliche Auslagen nach § 8 I KostO. Insofern gilt auch § 8 II KostO. Nach dieser Vorschrift soll ein Geschäft, das einen Antrag erfordert, nur nach einer vorherigen Vorschußzahlung durch den Antragsteller oder nach deren Sicherstellung vorgenommen werden, Pritsch IV C. Diese Regelung bezieht sich auch auf eine Beweisaufnahme, selbst wenn das Gericht sie auch von Amts wegen vornehmen muß, § 12 FGG. Denn eine Beweisaufnahme erfolgt nur innerhalb des beantragten Verfahrens. Das verkennt Höver Rpfleger **53**, 609.

Die nach dem Landesrecht zuständige Behörde ist ohnehin von der Zahlung jeglicher Auslagen und damit auch von einem Auslagenvorschuß befreit, § 42 II.

Die Rückzahlung eines Vorschusses erfolgt nach § 9 KostO.

Kostenverteilung

44 **I Sind an einem Verfahren mehrere Personen beteiligt, so hat das Gericht nach billigem Ermessen zu entscheiden, wer die Kosten zu tragen hat und wie sie zu verteilen sind.**

II Bei einem Verfahren, das von einer in § 41 Satz 2 genannten Behörde eingeleitet ist oder auf ihrem Antrag oder ihrer Beschwerde beruht, ist nach billigem Ermessen darüber zu entscheiden, ob und inwieweit anderen am Verfahren Beteiligten die Kosten aufzuerlegen sind.

1) Allgemeines. Da es sich bei den in der KostO geregelten Verfahren nicht um solche zwischen zwei Parteien handelt, fehlt eine Vorschrift über eine Kostenverteilung. Trotzdem gelten im gerichtlichen Verfahren der freiwilligen Gerichtsbarkeit nach dem LwVG grundsätzlich die §§ 2ff KostO über den Kostenschuldner, die für die Einziehung der Kosten maßgebend sind. Zu ihnen tritt jedoch § 47 LwVG. Diese Vorschrift ordnet an, daß das Gericht in erster Linie den Entscheidungs- oder Übernahmeschuldner heranzuziehen hat.

2) Kostentragung und Kostenverteilung, I. Sie erfolgt, abgesehen von den in § 49 LwVG genannten bürgerlichen Rechtsstreitigkeiten, weder nach den Regeln der §§ 91ff ZPO, noch nach denjenigen der KostO, sondern nach billigem Ermessen des Gerichts, also nicht ohne weiteres nach dem Erfolg. Daher darf ein ordentliches Rechtsmittelgericht nicht schon aus Anlaß der Verweisung an ein Landwirtschaftsgericht über Rechtsmittelkosten entscheiden, BGH **12**, 267, abw BGH **12**, 52; vgl auch § 12 III LwVG.

Beteiligte sind nicht nur der Antragsteller und der Antragsgegner, sondern alle diejenigen Personen, deren Rechte oder Pflichten durch die Regelung unmittelbar betroffen werden können. Das Gericht kann also einer jeden solchen Person die Kosten ganz oder teilweise auferlegen.

Das Landwirtschaftsamt ist nicht als Beteiligter anzusehen, sofern es nur eine Stellungnahme abgibt, vgl. Ffm Rpfleger **73**, 433. Wohl aber ist die der Genehmigungsstelle übergeordnete Behörde insofern als Beteiligte anzusehen, als sie eine Beschwerde einlegt, Karlsr RdL **71**, 28, vgl aber auch Anm 3.

Das Gericht entscheidet von Amts wegen. Es ist also kein Antrag erforderlich. Die Kostenentscheidung ergeht zugleich mit der Entscheidung in der Hauptsache, § 34 I. Soweit eine Entscheidung zur Hauptsache nicht ergeht, entscheidet das Gericht über die Kosten durch einen besonderen Beschluß, § 34 Anm 1.

Da ein Vorschuß grundsätzlich nicht zurückgezahlt wird, § 9 KostO, § 45 LwVG aber nur die Erstattungsmöglichkeit außergerichtlicher Kosten vorsieht, fehlt eine Vorschrift über die Erstattungsfähigkeit verauslagter Gerichtskosten. Wenn also nicht die Kostenverteilung wegen der Gerichtskosten ohne Bedeutung bleiben soll, bleibt nur die Möglichkeit, die sich aus § 45 ergebende Erstattungsmöglichkeit auch hier zu gewähren, Barnstedt 3.

3) Verfahren nach II. Wenn eine der in § 41 S 2 genannten Behörden ein Verfahren eingeleitet oder beantragt hat oder wenn ein Verfahren auf der Beschwerde einer solchen Behörde beruht, also auch auf einer der übergeordneten Behörde, § 32 II, muß das Gericht nach billigem Ermessen darüber entscheiden, ob und inwieweit es einem anderen am Verfahren Beteiligten die Kosten auferlegt. Die Behörde selbst ist von Kosten befreit, § 42 II. Daher muß das Gericht entscheiden, ob überhaupt, vgl § 42 Anm 1, und in welchem Umfang ein anderer Beteiligter, Anm 2, Kosten zu tragen hat.

Im Rahmen des billigen Ermessens muß das Gericht meist wesentlich darauf abstellen, ob ein Beteiligter das Verfahren verschuldet hat. Im Fall der Festsetzung eines Zwangsgelds muß das Gericht dem Beteiligten zugleich die Kosten des Verfahrens auferlegen, § 33 I 2 FGG.

Erstattung außergerichtlicher Kosten

45 **I Bei der Entscheidung in der Hauptsache kann das Gericht anordnen, daß die außergerichtlichen Kosten ganz oder teilweise von einem unterliegenden Beteiligten zu erstatten sind. Dies hat dann zu geschehen, wenn der Beteiligte die Kosten durch ein unbegründetes Rechtsmittel oder durch grobes Verschulden veranlaßt hat.**

II Die Vorschriften der §§ 103 bis 107 der Zivilprozeßordnung gelten entsprechend.

1) Allgemeines. Das LwVG geht davon aus, daß jeder Beteiligte seine außergerichtlichen Kosten zu tragen hat, Celle JB **76**, 826. Von dieser Regel kann das Gericht ganz oder teilweise abweichen, I 1. In den bei I 2 genannten Fällen muß das Gericht eine solche Abweichung vornehmen.

2) Verfahren. Die Entscheidung über die Erstattungspflicht, I, kann wie jede Kostenentscheidung, § 34 I, nur zugleich mit der Entscheidung in der Hauptsache ergehen. Eine Ergänzung nach § 319 ZPO ist aber statthaft. Soweit das Gericht in der Hauptsache nicht entscheidet, muß es einen besonderen Beschluß über die Kostenentstattung erlassen, § 34 Anm 1 A.

Mit einer Anordnung „Der Antragsteller hat die Kosten zu tragen" spricht das Gericht noch keine Erstattungspflicht aus. Es muß die Erstattungspflicht vielmehr ausdrücklich aussprechen.

3) Erstattung, I. A. Grundsatz, I 1. Das Gericht darf eine Pflicht zur

Kostenerstattung stets nur gegenüber einem unterliegenden Beteiligten aussprechen. Von dieser Regel enthält nur § 44 I eine Ausnahme, nach der ein Ausspruch zulässig ist, daß ein Obsiegender die Gerichtskosten tragen muß. Wegen des Begriffs der Beteiligten vgl § 44 Anm 2.

Das Unterliegen setzt ein Streitverfahren mit echten Sachanträgen voraus, zB eine Versorgungsstreitigkeit. Daher ist § 45 in einem Verfahren mit dem Amtsermittlungsgrundsatz nicht anwendbar, Kobler DNotZ **53**, 576, Wöhrmann 2, das entweder durch einen Antrag wie etwa bei § 1 Z 2 GrstVG oder überhaupt von Amts wegen in Gang kommt, etwa im Fall der Ausübung des Vorkaufsrechts nach § 1 Z 3 GrdstVG.

Das Gericht kann auch die nach dem Landesrecht zuständige Behörde als erstattungspflichtig bezeichnen, soweit sie Beteiligte ist, also im Beschwerdeverfahren in den eben genannten Sachen, § 32 II, § 42 Anm 2. Denn dann handelt es sich ebenfalls um eine Streitsache.

Diese Frage ist **streitig. Wie hier** zB BGH MDR **55**, 605 und RdL **56**, 245, vgl auch BGH **31**, 100, Schlesw SchlHA **62**, 121, Barnstedt/Steffen 14, Hense DNotZ **53**, 580; **aM** zB BayObLG **54**, 337, Celle Rpfleger **66**, 53, Hamm RdL **56**, 79, Pritsch III b.

Wenn auch die Parteien, deren Vertrag nicht genehmigt wurde, mit Erfolg Beschwerde eingelegt haben, legt Celle RdL **58**, 323 der nach dem Landesrecht zuständige Behörde die außergerichtlichen Kosten der Vertragsparteien nur in Höhe eines Betrages auf, den das Gericht nach billigem Ermessen festzusetzen hat. Eine nur vorsorglich von der Regierung eingelegte Beschwerde gibt dem Kläger aber keinen Anspruch auf eine Kostenerstattung, Nürnb RdL **64**, 273. Etwas anderes gilt, wenn die Beteiligten nicht erfahren haben, daß die Regierung die Beschwerde nur vorsorglich eingelegt hat, und wenn die nach dem Landesrecht zuständige Behörde ihre Entscheidung darüber, ob sie die Beschwerde aufrechterhält oder zurücknimmt, über Gebühr verzögert, Celle JB **69**, 973, Nürnb JB **61**, 28.

B. Zwang zur Erstattungsentscheidung, I 2. Das Gericht muß eine Entscheidung darüber treffen, wer die Kosten wem erstatten soll, wenn eine der folgenden Voraussetzungen eintritt:

a) Erfolgloses Rechtsmittel. Der Beteiligte muß ein Rechtsmittel erfolglos eingelegt haben. Hierher gehört nicht nur der Fall des unbegründeten Rechtsmittels, sondern auch derjenige des unzulässigen, vgl BGH **31**, 105.

Wenn der Beschwerdeführer das Rechtsmittel aber zurücknimmt, liegt nicht ohne weiteres ein Zwang zur Erstattungsentscheidung vor, da es an einem unterliegenden Beteiligten fehlt, so jetzt Celle JB **78**, 424, ferner Mü RdL **71**, 28 Schlesw RdL **56**, 229.

b) Grobes Verschulden. Der Beteiligte muß die Kosten durch ein grobes Verschulden veranlaßt haben. Hierher gehören zB: Ein Rechtsbruch; eine Schikane; eine unbegründete Unnachgiebigkeit; ein Mangel der Aktivlegitimation, Celle JB **68**, 913. Das grobe Verschulden eines Verfahrensbevollmächtigten reicht, etwa dann, wenn er die einschlägige Literatur ungenügend geprüft hat, Celle NJW **77**, 1350 (im Ergebnis zustm Deubner).

C. Entscheidungsspielraum, I 1. In den nicht zu I 2 zählenden Fällen hat das Gericht für die Frage, ob es eine Erstattungspflicht aussprechen will, einen Ermessensspielraum. Das Gericht muß aber auch in diesen Fällen die Grundregel Anm 1 beachten. Es muß also prüfen, ob besondere Gründe vorliegen, zB Oldb RdL **55**, 76 (das OLG erörtert den Fall der Verhinderung der Durchführung einer begründeten Anschlußbeschwerde).

Ob solche besonderen Gründe schon dann vorliegen, wenn ein Beteiligter ohne grobes Verschulden das Verfahren veranlaßt hat, so Barnstedt 7, ist zweifelhaft. Denn dieser Gedanke müßte dazu führen, daß das Gericht grundsätzlich eine Erstattung anordnen müßte.

D. Umfang der Erstattung. In den Fällen I 2 muß das Gericht nicht nur überhaupt eine Erstattungsentscheidung treffen, sondern die Erstattung der gesamten außergerichtlichen Kosten anordnen. Das gilt trotz des mißverständlichen Wortes „dies" in I 2. In den Fällen nach I 1 hat das Gericht demgegenüber nach pflichtgemäßem Ermessen zu prüfen, ob es die Erstattung sämtlicher oder nur eines Teils der außergerichtlichen Kosten anordnet.

Außergerichtliche Kosten sind diejenigen des zugezogenen Anwalts und die eigenen Kosten des Beteiligten.

Für die etwaige Ermessensentscheidung nach I 1 muß das Gericht vor allem prüfen, ob die Kosten zu einer zweckentsprechenden Rechtsverfolgung notwendig waren, § 91 ZPO. Das Gericht muß auch prüfen, ob der Beteiligte einen Anwalt hinzuziehen mußte. Diese Notwendigkeit läßt sich freilich nur in einer wirklich einfach liegenden Sache verneinen.

4) Verfahren, II. Es findet ein Kostenerstattungsverfahren statt, BLAH §§ 103ff ZPO. Dieses Verfahren kann sich auch auf die zu erstattenden Gerichtskosten beziehen, § 44 Anm. 2.

Rechtsmittel in Kostensachen

46 **I Über Erinnerungen gegen den Ansatz oder die Festsetzung von Kosten sowie über Beschwerden gegen Entscheidungen über den Ansatz oder die Festsetzung von Kosten entscheidet das Gericht ohne Zuziehung der ehrenamtlichen Richter.**

II Beschwerden gegen Entscheidungen über den Ansatz oder die Festsetzung von Kosten sind nur zulässig, wenn der Wert des Beschwerdegegenstandes einhundert Deutsche Mark übersteigt.

Vorbem. I idF Art 3 Z 2 G v 8. 11. 85, BGBl 2065, in Kraft seit 1. 7. 86, Art 7.

1) Rechtsmittel, I. Es sind folgende Rechtsmittel möglich, §§ 103ff ZPO, § 45 II sowie KostO:

A. Kostenansatz. Gegen den Kostenansatz, s auch §§ 4ff KostVfg, Teil VII A dieses Buchs, ist die unbefristete Erinnerung an dasjenige Gericht zulässig, daß die Kosten angesetzt hat, § 14 II KostO. Soweit das Landwirtschaftsgericht die Kosten angesetzt hat, ist die einfache Beschwerde zulässig, § 14 III KostO. Soweit das OLG die Kosten angesetzt hat, ist kein Rechtsmittel zulässig. Soweit das OLG als Beschwerdegericht tätig geworden ist, ist eine weitere Beschwerde unstatthaft, § 24 III LwVG.

B. Kostenfestsetzungsbeschluß. Gegen den Kostenfestsetzungsbeschluß, § 45 Anm 4, ist binnen einer Notfrist von zwei Wochen, § 104 III ZPO, die Erinnerung an dasjenige Gericht zulässig, dessen Urkundsbeamter den Beschluß erlassen hat, also stets an das Gericht der ersten Instanz, § 103 II ZPO. Gegen die Entscheidung dieses Gerichts ist die sofortige Beschwerde nach § 104 III 5 ZPO binnen einer Notfrist von zwei Wochen zulässig, § 577 II ZPO. Sie richtet sich an das OLG. Gegen die Entscheidung des OLG ist eine weitere Beschwerde nicht statthaft, § 24 III LwVG.

Das Beschwerdeverfahren ist gerichtsgebühren frei. Es findet keine Kostenerstattung statt, § 14 V KostO.

2) Gerichtsbesetzung, I. Das Gericht entscheidet in Kostensachen stets ohne die landwirtschaftlichen Beisitzer.

3) Beschwerde, II. Die Beschwerde gegen eine Entscheidung über den Ansatz oder die Festsetzung von Kosten ist nur zulässig, wenn der Beschwerdegegenstand mehr als 100 DM beträgt.

Mehrere Kostenschuldner

47 **I Soweit einem Beteiligten die Kosten durch gerichtliche Entscheidung auferlegt oder von ihm durch eine vor dem Gericht abgegebene oder dem Gericht mitgeteilte Erklärung übernommen sind, sollen die anderen Beteiligten wegen der Kosten erst in Anspruch genommen werden, wenn eine Zwangsvollstreckung in das bewegliche Vermögen des ersteren Beteiligten erfolglos geblieben ist oder aussichtslos erscheint.**

II Soweit Kosten einem Beteiligten, dem Gebührenfreiheit zusteht, auferlegt oder von einem solchen Beteiligten übernommen werden, sind Gerichtsgebühren nicht zu erheben und erhobene zurückzuzahlen.

1) Allgemeines. § 47 setzt voraus, daß mehrere Kostenschuldner vorhanden sind. Die Vorschrift ist eine Spezialregelung und geht daher der allgemeinen Regelung über die Kostenschuldner nach den §§ 2ff KostO vor.

Wenn das Gericht einen nach den Regeln der KostO nur als Zweitschuldner haftenden Schuldner vor dem Erstschuldner des § 47 in Anspruch nimmt, kann der Zweitschuldner die Erinnerung nach § 47 einlegen. Der Erst- und der Zweitschuldner haften als Gesamtschuldner.

2) Entscheidungsschuldner, I. Vgl § 44 und dazu § 3 KostO Anm 1. Zum Begriff des Übernahmeschuldners vgl § 54 GKG Anm 3, § 3 KostO Anm 2. I entspricht fast wörtlich dem § 58 II GKG; s dort.

3) Gebührenfreiheit, II. Die Vorschrift entspricht dem § 2 IV GKG; s dort.

II bezieht sich aber nicht auf Auslagen. Diese darf und muß das Gericht von jedem Kostenschuldner erheben.

48 **I In bürgerlichen Rechtsstreitigkeiten des § 1 Nr. 1a findet die Zivilprozeßordnung Anwendung. Jedoch treten die §§ 10 und 20 Abs. 1 und 2 dieses Gesetzes an die Stelle der entsprechenden Vorschriften der Zivilprozeßordnung.**

II ...

Vorbem. Eingefügt durch Art 3 Z 23 G v 8. 11. 85, BGBl 2065, in Kraft seit 1. 7. 86, Art 7 Übergangsrecht Art 5.

1) Allgemeines. Während §§ 9–47 das Verfahren grundsätzlich nach den Regeln der freiwilligen Gerichtsbarkeit gestalten und insofern in §§ 33ff Sonderregeln zu den Kosten enthalten, findet auf einen bürgerlichen Rechtsstreit im Sinne von § 1 Z 1a wegen der Verweisung in § 48 I 1 das Kostenrecht der §§ 91ff ZPO direkte Anwendung. I 2 betrifft Zuständigkeitsfragen.

49 *(aufgehoben)*

auswirkt, wenn man einen tüchtigen Sachverständigen sucht, weiß jeder Praktiker. Die ZuSGebO, die also fälschlich die Entschädigung als Gebühr bezeichnete, regelte sie nur für die ZPO, StPO und KO. Die anderen Verfahrensgesetze halfen sich meist mit einer Verweisung.

Das ZuSEG vom 26. 7. 57 (Art VII KostÄndG) behielt in seinen Grundzügen die frühere Regelung unter zeitgemäßer Anpassung der Sätze bei.

Das Änderungsgesetz vom 21. 9. 63, BGBl 745, trat am 1. 10. 63 in Kraft. Außer der Anpassung an die veränderte Wirtschaftslage wurde vor allem die Leistungsentschädigung der Sachverständigen großzügiger bemessen. Denn gute Sachverständige waren immer schwieriger zu bekommen. Demgemäß grenzte das Gesetz auch die pauschalierten Entschädigungen gegenüber sonstigen Leistungen eines Sachverständigen genauer ab.

Mit Wirkung vom 1. 10. 69, BGBl 1757, wurde eine Neufassung unter nochmaliger Anpassung an die Erhöhung der Lebenskosten sowie an Veränderungen in den Tätigkeitsmerkmalen des Sachverständigen infolge des Fortschritts der Wissenschaft bekannt gemacht.

Durch Art 6 Z 3 f G vom 20. 12. 74, BGBl 3651, in Kraft seit 1. 1. 75, wurde der Beschwerdewert in § 16 II 1 auf 100 DM angehoben. Durch Art 4 § 6 Nov 75, Übergangsrecht Einl IV, wurden unter anderem die Entschädigung für Zeugen ohne einen Verdienstausfall, also für Hausfrauen, aber auch für Gefangene geklärt und das Verfahren des § 16 demjenigen des GKG nF angepaßt.

Weitere erhebliche Anhebungen verschiedener Entschädigungssätze sowie sonstige Änderungen erfolgten durch G vom 22. 11. 76, BGBl 3221, in Kraft seit 1. 1. 77, vgl dort Art 4 § 3 I (zur Entstehungsgeschichte Mümmler JB **77**, 1; Üb Bleutge NJW **77**, 333), durch G vom 9. 12. 86, BGBl 2326, dazu zB Mümmler JB **87**, 481 (Üb); durch die Dritte Verordnung zur Änderung der Gebührenordnung für Ärzte vom 9. 6. 88, BGBl 797 (Änderung der GOÄ, s bei § 5 ZSEG); durch das PostStruktG vom 8. 6. 89, BGBl 1026.

4) Inhaltsübersicht. Dem Gesetz, dessen Abkürzung ZSEG und dessen §§-Überschriften amtlich sind, ist folgende Inhaltsübersicht vorangestellt:

Geltungsbereich

1 **I Nach diesem Gesetz werden Zeugen und Sachverständige entschädigt, die von dem Gericht oder dem Staatsanwalt zu Beweiszwecken herangezogen werden.**

II Dieses Gesetz gilt auch, wenn Behörden oder sonstige öffentliche Stellen von dem Gericht oder dem Staatsanwalt zu Sachverständigenleistungen herangezogen werden.

III Für Angehörige einer Behörde oder sonstigen öffentlichen Stelle, die nicht Ehrenbeamte oder ehrenamtlich tätig sind, gilt dieses Gesetz nicht, wenn sie ein Gutachten in Erfüllung ihrer Dienstaufgaben erstatten, vertreten oder erläutern.

Gliederung

1) Allgemeines

2) Geltungsbereich, I
- A. Verfahrensarten
  - a) Gericht
  - b) Staatsanwaltschaft
  - c) Polizei, andere Behörden
- B. Auslandsberührung

3) Entschädigungsberechtigung
- A. Heranziehung, I
  - a) Allgemeines
  - b) Beispiele der Heranziehung
  - c) Beispiele des Fehlens der Heranziehung
- B. Ladung oder Gestellung durch die Partei usw
  - a) Bußgeldverfahren, Strafprozeß
    - aa) Vernehmung sachdienlich
    - bb) Antrag
    - cc) Entschädigungsanordnung
  - b) Zivilprozeß
  - c) Höhe der Entschädigung
- C. Zufälliges Erscheinen
- D. Verspätung
- E. Verweigerung
- F. Abbestellung
- G. Ablehnung der Begutachtung
- H. Unverwertbarkeit des Gutachtens
  - a) Vorsatz
  - b) Grobe Fahrlässigkeit
  - c) Leichte Fahrlässigkeit
  - d) Schuldlosigkeit
  - e) Weitere Einzelfragen
- I. Behörde usw als Sachverständiger, II

4) Dienstgutachten, III
- A. Grundsatz
- B. Betroffener Personenkreis
- C. Weitere Einzelfragen
- D. Ehrenbeamter usw

1) Allgemeines. § 1 umschreibt den Personenkreis, den das Gesetz entschädigt, und die sachlichen Voraussetzungen eines Entschädigungsanspruchs. Für Zeugen ergeben §§ 2, 4, 6 (Verdienstausfall), 9 (Fahrtkosten, Wegegeld), 10 (Aufwand), 11 (sonstige Aufwendungen) die Regelungen, wofür und in welcher Höhe eine Entschädigung infrage kommt. Für den Sachverständigen gelten §§ 3–7, 13 (Leistungsentschädigung), 8 (Aufwendungen), 9 (Fahrtkosten, Wegegeld), 10 (Aufwand), 11 (sonstige Aufwendungen) die entsprechenden Regelungen.

2) Geltungsbereich, I. A. Verfahrensarten. Hier sind folgende Gruppen zu unterscheiden:

a) Gericht. Das ZSEG regelt die Entschädigung für einen Zeugen oder Sachverständigen einheitlich für alle gerichtlichen Verfahren. Es gilt demgemäß für Verfahren vor den ordentlichen Gerichten, den Landwirtschaftsgerichten (die frühere Sonderregelung des § 49 LwVG ist aufgehoben), den Finanzgerichten, den Arbeitsgerichten, den Disziplinargerichten, den Sozialgerichten, den Verwaltungsgerichten und den sonstigen Gerichten, vgl auch § 14 GVG. Es reicht aus, daß eines dieser Gerichte einen Sachverständigen oder Zeugen zu Beweiszwecken herangezogen hat. Dazu kann die Anfrage nach der Zuständigkeit des Sachverständigen und seinen Kosten gehören, soweit er zur Beantwortung nicht nur ganz wenig Zeit braucht, KG MDR **88**, 330 mwN. Es ist unerheblich, ob das Gericht auf einem Bundes- oder Landesgesetz beruht. Deshalb gilt das ZSEG zB auch für einen Zeugen, den das Vormundschaftsgericht nach § 65 II 2, 3 JWG zuzieht.

Soweit der Sachverständige auch als Sequester bestellt ist, kommt neben dem ZSEG auch zB § 85 KO in Betracht, LG Mainz Rpfleger **87**, 517.

b) Staatsanwaltschaft. Das ZSEG gilt außerdem, soweit die Staatsanwaltschaft einen Zeugen oder Sachverständigen zu Beweiszwecken heranzieht, vgl Schlesw SchlHA **88**, 115, Stgt Rpfleger **87**, 390. Das kann schonn dann der Fall sein, wenn die Staatsanwaltschaft zunächst feststellen will, ob sie ein Ermittlungsverfahren einleiten muß. Eine solche Prüfung steht ihr sowohl beim Verdacht einer Straftat als auch beim Verdacht einer Ordnungswidrigkeit als auch in bestimmten Zivilsachen zu, zB dann, wenn sie die Notwendigkeit der Erhebung einer Ehenichtigkeitsklage nach § 632 ZPO prüfen will.

c) Polizei, andere Behörden. Das ZSEG gilt auch im Verfahren vor der Kartellbehörde, § 54 GWB. Es ist ferner vielfach auch auf einen von der Polizei oder einer Verwaltungsbehörde vernommenen Zeugen oder Sachverständigen anwendbar, zB auf den Dolmetscher, vgl zB § 59 OWiG, § 26 III 2 VwVfG des Bundes und die entsprechenden Vorschriften der VwVfG der Länder, vgl auch Jessnitzer Anh D VIII. Diese Gesetze gelten zwar nicht ausnahmslos für alle Verwaltungsverfahren, vgl Jessnitzer Anh B; aber auch Gesetze für spezielle Verwaltungsverfahren erklären das ZSEG für entsprechend anwendbar, zB § 21 III 4 SGB – VerwVerf –, § 107 AO 1977, BFH BB **81**, 1142; vgl ferner als landesgesetzliche Regelung, zB in Bayern VO vom 10. 5. 78, GVBl 177, in Nordrhein-Westfalen § 24 III PolG.

Das ZSEG gilt allerdings nicht, wenn diese Heranziehung durch die Polizei außerhalb der genannten Spezialvorschriften, Stgt Rpfleger **87**, 390, oder zB durch die Jugendbehörde erfolgt, § 76 JWG.

§ 464a II Z 1 StPO gibt trotz seiner Verweisung auf das ZSEG dem Angeklagten keinen Entschädigungsanspruch wegen seines Zeitaufwands aus Anlaß einer Polizeivernehmung, Hamm NJW **73**, 260, aM LG Krefeld VRS **43**, 46. Das ZSEG ist auf Parteikosten unanwendbar, Bbg JB **78**, 1247.

B. Auslandsberührung. Das ZSEG regelt die Entschädigung für jeden vom Gericht und der Staatsanwaltschaft herangezogenen Zeugen oder Sachverständigen. Es ist unerheblich, ob er etwa nach dem Recht seines Aufenthaltsorts mehr oder weniger zugebilligt bekommen würde. Das ZSEG ist daher auch auf einen ausländischen Zeugen oder Sachverständigen anzuwenden. § 165 GVG aF, der insofern das Recht des Aufenthaltsorts entscheiden ließ, ist durch Art X § 2 Z 4 KostÄndG aufgehoben worden.

Es gilt also die lex fori, wie auch sonst im Prozeßrecht. Jedoch gibt § 6 die Möglichkeit, einem Zeugen oder Sachverständigen aus dem Ausland, der vor einem Gericht in der BRep erscheint, nach billigem Ermessen eine höhere Entschädigung als nach den übrigen Vorschriften des ZSEG zu gewähren.

3) Entschädigungsberechtigung. Man muß folgende Situationen unterscheiden:

A. Heranziehung, I. a) Allgemeines. Die volle Entschädigung wird einem Zeugen oder Sachverständigen gewährt, den das Gericht oder die Staatsanwaltschaft zu Beweiszwecken herangezogen hat. Es kommt darauf an, welche sachliche Verwendung die Beweisperson haben sollte, nicht darauf, in welcher Form das Gericht oder die Staatsanwaltschaft die Heranziehung verfügt haben, ob durch eine mündliche Ladung oder schriftlich oder aus Anlaß der Anwesenheit der Person aus einem anderen Grund. Es ist auch unerheblich, ob die heranziehende Stelle die Heranziehung prozessual begründet hat oder nicht.

b) Beispiele der Heranziehung. Deshalb steht der Partei, die das Gericht oder die Staatsanwaltschaft fälschlich als einen Zeugen geladen hatte, etwa dem Vorstandsmitglied einer prozessierenden Aktiengesellschaft, ein Anspruch auf eine Zeugenentschädigung zu, sofern die Partei den Irrtum der Behörde nicht nach den äußeren Umständen und auf Grund ihrer persönlichen Kenntnis des Falls erkennen mußte. Es erhält auch derjenige eine Entschädigung, dem man eine Ladung versehentlich übergeben hat. Allerdings muß der Geladene unter Umständen in zumutbarem Umfang bei der ladenden Stelle eine Rückfrage halten.

Als Zeuge ist auch derjenige herangezogen, den die Polizei auf Grund eines direkten Ersuchens der Staatsanwaltschaft oder des Gerichts vernimmt, aM insofern Düss Rpfleger **83**, 45, Meyer/Höver Rdz 10.

Als Zeuge ist auch derjenige herangezogen, der zur Duldung einer Blutentnahme oder einer erbbiologischen Untersuchung nach den §§ 372a ZPO, 81 c StPO (nach dieser Vorschrift auch zur Duldung einer sonstigen körperlichen Untersuchung) herangezogen worden ist, Höver Rpfleger **73**, 422. Herangezogen ist auch derjenige Sachverständige, der sein Gutachten auf Grund der Anordnung des Gerichts nur schriftlich erstattet, §§ 411 ZPO, 82 StPO, sowie der Zeuge, dem das Gericht gestattet hat, eine schriftliche Erklärung einzureichen, § 377 III, IV ZPO, vgl § 2 I 2.

Als herangezogen ist auch derjenige anzusehen, den das Gericht oder die Staatsanwaltschaft aufgefordert hat, eine Auskunft zu erteilen, zB wegen des Versorgungsausgleichs, aM Köln FamRZ **85**, 719, oder zB Kontobewegungen oder Geschäftsunterlagen zusammenzustellen, etwa für ein Ermittlungsverfahren in einer Wirtschaftsstrafsache.

Diese Frage ist **streitig. Wie hier** zB Düss MDR **78**, 781 mwN und DB **85**, 911, Ffm NJW **81**, 1682 mwN, Hbg MDR **81**, 341, Mü Rpfleger **79**, 358, vgl LG Bochum DB **80**, 875, Sannwald NJW **84**, 2496 (ausf); **aM** zB Düss DB **85**, 1130, LG Bln JR **84**, 174 je mwN. Zum Problem vgl auch § 11 Anm 1 E.

Wenn das Gericht einen Zeugen oder Sachverständigen nur prozeßleitend vorsorglich gemäß § 273 ZPO geladen hat und ihn dann nicht vernimmt, muß es ihn trotzdem entschädigen. Denn es hat auch ihn herangezogen. Es kommt nämlich einer solchen Person gegenüber für die Entstehung des Entschädigungsanspruchs nicht darauf an, ob ein förmlicher Beweisbeschluß ergangen ist. Wegen der bloßen Anheimgabe einer Gestellung der Beweisperson B b.

Der zwangsweise vorgeführte Zeuge ist ebenfalls herangezogen worden und erhält daher wie jeder andere Zeuge eine Entschädigung.

c) Beispiele des Fehlens der Heranziehung. Nicht herangezogen ist derjenige, den die Polizei ohne ein direktes Ersuchen der Staatsanwaltschaft oder des Gerichts vornimmt, insofern auch Düss Rpfleger **83**, 45, oder derjenige, der eine Zusammenstellung der eben erwähnten Art unaufgefordert und ohne eine vorsorgliche Rückfrage bei der Behörde erstellt hat, oder derjenige, dessen schriftliche eidesstattliche Versicherung dem Gericht zB in einem Verfahren auf den Erlaß eines Arrests oder einer einstweiligen Verfügung eingereicht wurde.

Nicht herangezogen ist auch derjenige, den die vom Gericht usw herangezogene Stelle ihrerseits als ihren Erfüllungsgehilfen beauftragt hat, LG Frankenth Rpfleger **82**, 242, sofern die Einschaltung dieses Erfüllungsgehilfen nicht entweder mit einer vorherigen Zustimmung bzw nachträglichen Genehmigung des Gerichts erfolgte oder nach der Art des Gutachterauftrags zu erwarten war. Vgl freilich selbst dann zunächst § 8 I Z 1, II. Nicht herangezogen ist die Behörde, die im Rahmen ihrer gesetzlichen Plichten Amtshilfe geleistet hat, aM Hbg MDR **87**, 346.

Wegen der Überschreitung des Auftrags durch den Sachverständigen vgl § 3 Anm 2 B b bb.

B. Ladung oder Gestellung durch die Partei usw. Insofern muß man folgende Fälle unterscheiden:

a) Bußgeldverfahren, Strafprozeß. Einen Entschädigungsanspruch hat grundsätzlich derjenige Zeuge oder Sachverständige, den der Betroffene im Bußgeldverfahren oder der Angeklagte im Strafprozeß unmittelbar geladen hat, vgl zB §§ 220, 386 II, 397 StPO, oder zur Hauptverhandlung bzw mündlichen Verhandlung gestellt hat.

Es müssen aber folgende weitere Voraussetzungen zusammentreffen:

aa) Vernehmung sachdienlich. Die Vernehmung des Zeugen oder Sachverständigen muß zur Aufklärung sachdienlich gewesen sein. Hierüber entscheidet das Gericht nach pflichtgemäßem Ermessen.

bb) Antrag. Der Zeuge oder Sachverständige oder der Betroffene oder Angeklagte müssen eine Entschädigung der Beweisperson beantragt haben. Der Antrag muß vor dem Erlaß des Urteils vorliegen.

cc) Entschädigungsanordnung. Das Gericht muß die Zahlung einer Entschädigung angeordnet haben. Das kann vor dem Erlaß des Urteils durch eine vorläufige Anordnung durch einen Beschluß geschehen. Das Gericht muß aber auch in diesem Fall endgültig im Urteil über die Kosten befinden.

Demgegenüber ist es nicht erforderlich, daß der Betroffene oder der Angeklagte einen Vorschuß bei der Ladung nicht gezahlt oder hinterlegt hat. Allerdings darf das Gericht nur denjenigen Betrag aus der Staatskasse vergüten lassen, den der Betroffene oder Angeklagte nicht gezahlt oder hinterlegt hat.

Wenn ein Privatkläger oder Nebenkläger einen Zeugen geladen hat, § 386 II StPO, darf das Gericht eine Entschädigung nur dann anordnen, wenn dadurch nicht die Vorschußpflicht nach § 68 II GKG umgangen wird.

b) Zivilprozeß. Einen Entschädigungsanspruch gegenüber dem Staat hat ein Zeuge oder Sachverständige, den eine Partei im Zivilprozeß gestellt hat, der sich also auf ihre Bitten eingefunden hat oder dessen Erscheinen das Gericht nur anheimgegeben hat, ohne ihn von Amts wegen zu laden, KG NJW **75**, 1423, aM Hbg MDR **72**, 247, Kblz MDR **73**, 859. Allerdings setzt der Entschädigungsanspruch weiter voraus, daß das Gericht den Zeugen oder Sachverständigen auch wirklich vernommen hat, denn nur dann ist er „herangezogen" worden, aM Stgt MDR **64**, 857. Eine staatliche Entschädigung kommt auch nur für den Zeitraum seit der Bekanntgabe oder Erkennbarkeit der Vernehmungsabsicht des Gerichts in Betracht, meist also nicht wegen der Kosten des Hinwegs. Vgl freilich § 2 Anm 1.

c) Höhe der Entschädigung. In den Fällen a und b richtet sich die vom Staat zu zahlende Entschädigung nach dem ZSEG. Das Gericht darf also keine höhere Entschädigung zubilligen, Hbg MDR **75**, 500, KG NJW **75**, 1423, Schlesw SchlHA **88**, 115, § 2 Anm 1. Freilich darf und muß es auch insoweit die Verfassungsmäßigkeit prüfen, Schlesw SchlHA **88**, 115,

C. Zufälliges Erscheinen. Ein Zeuge oder Sachverständiger, der sich aus einem anderen Anlaß oder zufällig eingefunden hat, der etwa in einer anderen Sache als Partei anwesend war, erhält für die Dauer der in der jetzt vorliegenden Sache angeordneten Heranziehung eine volle Entschädigung. Das Gericht darf ihm eine Entschädigung auch insoweit gewähren, als ihm durch die Verlängerung seiner Anwesenheit Mehrkosten entstehen, zB infolge von Zeitverlust, einer teureren Rückreise, etwa erst am nächsten Tag. Reisekosten sind in demjenigen Umfang, in dem sie ihm in der zunächst angefallenen anderen Sache entstanden, nur dort zu entschädigen. Zu großzügig gibt Stgt MDR **64**, 857 dem mangels Vorschuß nicht Geladenen, aber Erschienenen auch beim Unterbleiben einer Vernehmung usw stets eine Entschädigung.

D. Verspätung. Ein Zeuge oder Sachverständiger, der verspätet erscheint, verliert seinen Anspruch auf eine Entschädigung grundsätzlich nur, soweit das Gericht oder die Staatsanwaltschaft ihn infolge seiner Verspätung nicht mehr vernimmt oder soweit infolge einer vorsätzlich oder grob fahrlässig verschuldeten Verspätung, Mü MDR **84**, 948 (nicht stets beim Ortsfremden, der sich im Sitzungssaal irrt), der noch ausstehende Teil der Leistung, zB die mündliche Erläuterung eines Gutachtens, wertlos geworden ist, Köln NJW **70**, 1980. Soweit eine Partei wirksam auf die Vernehmung verzichtet hat, muß das Gericht klären, ob sie den Verzicht auch dann erklärt hätte, wenn der Zeuge oder Sachverständige pünktlich erschienen wäre.

Der verspätet Erschienene ist jedenfalls erst vom Augenblick des zu diesem Erscheinenszeitpunkt notwendigen Aufbruchs an zu entschädigen.

E. Verweigerung. Ein Zeuge oder Sachverständiger, der die Aussage oder ein Gutachten verweigert, erhält eine Entschädigung, soweit die Weigerung begründet ist. Das Gericht braucht ihn darauf nicht zu verweisen, daß er zB nach § 386 ZPO hätte verfahren und fernbleiben können. Wenn der Zeuge aber seine Weigerung schriftlich erklärt, statt zu erscheinen, dann erhält er keine Entschädigung.

Wenn wegen eines angeblichen Zeugnisverweigerungsrechts ein Zwischenstreit entsteht, dann erhält der verweigernde Zeuge oder Sachverständige in diesem Streit keine Entschädigung. Denn er ist im Zwischenstreit Partei.

F. Abbestellung. Ein Zeuge, der erschienen ist, weil ihn die Abbestellung nicht mehr erreicht hat, kann eine Entschädigung verlangen, sofern ihn kein Verschulden trifft. Ein Verschulden liegt nicht schon darin, daß er einen Wechsel des Aufenthaltsorts nicht mitgeteilt hat, soweit er nicht mit einer Abbestellung rechnen mußte. Das Gericht muß die Umstände des Einzelfalls abwägen.

G. Ablehnung der Begutachtung. Ein Sachverständiger, der der Ernennung keine Folge leisten will, §§ 407 ZPO, 75 StPO, hat keinen Anspruch auf eine Entschädigung, wenn er trotzdem im Termin erscheint, denn er hätte seine Weigerung vorher schriftlich mitteilen können und müssen.

H. Unverwertbarkeit des Gutachtens. Insofern muß man folgende Fälle unterscheiden, BGH **LM** Nr 4 mwN (krit Fischer GRUR **76**, 607):

a) Vorsatz. Soweit der Sachverständige die objektive Unbrauchbarkeit des Gutachtens vorsätzlich verschuldet hat, erhält er keine Entschädigung, BGH **LM** Nr 4, Düss Rpfleger **55**, 141, vgl Mü MDR **84**, 948. Bedingter Vorsatz ist bereits schädlich.

b) Grobe Fahrlässigkeit. Soweit der Sachverständige die Unverwertbarkeit des Gutachtens grob fahrlässig verschuldet hat, erhält er ebenfalls keine Entschädigung.

Diese Frage ist **streitig. Wie hier** zB Ffm (2. ZS) NJW **77**, 1503, Hbg MDR **87**, 333, Hamm MDR **79**, 942, Kblz Rpfleger **81**, 37 mwN und BB **88**, 1490, Mü NJW **71**, 258, vgl auch Mü MDR **84**, 948, ferner LG Bre NJW **77**, 2126 mwN; **offen** BGH **LM** Nr 4 mwN; **abw** Müller JR **81**, 55; **aM** zB Düss Rpfleger **55**, 141.

c) Leichte Fahrlässigkeit. Soweit der Sachverständige die Unverwertbarkeit des Gutachtens nur leicht fahrlässig verschuldet hat, behält er einen Entschädigungsanspruch, BGH **LM** Nr 4 mwN.

Auch das ist **streitig. Wie hier** zB insofern wohl auch BGH NJW **84**, 871 mwN, ferner Düss VersR **81**, 538, Ffm (2. ZS) NJW **77**, 1503 und Rpfleger **77**, 382, Kblz BB **88**, 1490, Mü Rpfleger **81**, 208, vgl auch Mü MDR **84**, 948, ferner Schlesw SchlHA **79**, 58, Stgt Rpfleger **76**, 189 (dieses OLG wendet auch nicht etwa § 8 GKG an); **aM** zB offenbar Ffm (20. ZS) MDR **77**, 761, Hbg MDR **65**, 755, ferner Mü JVBl **63**, 96, LG Bielefeld MDR **75**, 238 mwN.

d) Schuldlosigkeit. Ein unverschuldetes Unvermögen zur Leistung läßt den Entschädigungsanspruch des Sachverständigen unberührt, Hamm MDR **84**, 964, Köln NJW **70**, 1980, vgl auch BGH **LM** Nr 4. Dasselbe gilt dann, wenn der Sachverständige die Tätigkeit unverschuldet abbrechen mußte. Er hat dann einen Anspruch auf denjenigen Stundensatz, der ihm zugestanden hätte, wenn er die Tätigkeit beendet hätte, KG Rpfleger **71**, 78.

e) Weitere Einzelfragen. Eine erfolgreiche Ablehnung des Sachverständigen ändert nichts an den Regeln a–d, Kblz BB **88**, 1490. Wenn der Sachverständige nur zu einem Ablehnungsantrag Stellung genommen hat, erhält er für diese Stellungnahme keine Entschädigung. Wenn der Sachverständige Auflagen oder Bedingungen des Gerichts in seinem Gutachtenauftrag überhaupt nicht erfüllt hatte, hat er keinen Entschädigungsanspruch, LSG Saar JBl Saar **65**, 115.

Der Entschädigungsanspruch kann auch wegen pflichtwidriger Unterlassung einer Mitteilung entfallen, daß der Vorschuß nicht ausreiche, § 3 Anm 2 B b ee mwN.

Zur Haftung des Sachverständigen BLAH Üb 3 B vor § 402. BGH **62**, 56, Mü MDR **83**, 404 mwN, **krit** zB Hoffmann Diss Marbg 1978, Schneider JB **75**, 433, Speckmann MDR **75**, 461 mwN (er erwägt die Zubilligung eines Aufopferungsanspruchs), **strenger** zB Düss NJW **86**, 2892 (Haftung nur nach § 826 BGB).

Für den Sachverständigen läßt BGH **59**, 310 keine Amtshaftung entstehen. Zur Problematik der Haftung des Sachverständigen und der Amtshaftung vgl auch Friederichs DRiZ **73**, 113 mwN.

I. Behörde usw als Sachverständiger, II. II gibt derjenigen Behörde oder sonstigen öffentlichen Stelle einen Entschädigungsanspruch, die ein Gericht oder eine Staatsanwaltschaft zu einer Sachverständigenleistung herangezogen hat. Eine solche Tätigkeit ist eine Amtshilfe. Trotz der nach Art 35 I GG grundsätzlichen Pflicht zur gegenseitigen Amtshilfe erwächst also jedenfalls ein gesetzlicher Entschädigungsanspruch.

Er hat seinen Grund unter anderem in dem Bestreben des Gesetzes, eine allzu häufige Anforderung derartiger Amtshilfetätigkeit einzudämmen und eine solche Sachverständigentätigkeit derjenigen eines privaten Sachverständigen gleichzustellen. Die für die angegangene Behörde etwa sonst geltende Gebührenordnung bleibt außer Betracht. Dieser Umstand erleichtert auch die gerichtliche Festsetzung der Entschädigung nach § 16. Die Entschädigung steht grundsätzlich nur der Behörde selbst zu, nicht etwa demjenigen Beamten, der für die Behörde tätig geworden ist. Wegen des letzteren vgl im einzelnen Anm 4.

Zu den in II genannten Behörden und Stellen zählen zB: Die Bayerische Landesgewerbeanstalt, Mü Rpfleger **76**, 265; ein Gutachterausschuß nach [jetzt] §§ 192ff BauGB, BGH **62**, 95, Mü Rpfleger **76**, 264 je mwN, aM KG Rpfleger **64**, 156; vgl aber auch zB in Baden-Württemberg § 20 LJustKG idF vom 25. 3. 75, GBl 261. Ferner zählen zu den Stellen nach II: Der Technische Überwachungsverein, KG VRS **43**, 228, Nürnb MDR **68**, 171; ein Kreditinstitut, LG Coburg MDR **79**, 1047, AG Diepholz MDR **79**, 1047.

4) Dienstgutachten, III. A. Grundsatz. Für einen Angehörigen einer Behörde oder sonstigen öffentlichen Stelle, der weder ein Ehrenbeamter ist noch ehrenamtlich tätig wird, gilt das ZSEG nicht, soweit er ein Gutachten in Erfüllung seiner Dienstaufgaben erstattet, vertritt oder erläutert, Kblz Rpfleger **80**, 357, LG Bayreuth Rpfleger **82**, 82. Das gilt auch dann, wenn die Erstattung usw nur einen Teil seiner Dienstaufgaben ausmacht, Karlsr Rpfleger **58**, 323, wenn es sich zB um eine bezahlte Nebentätigkeit handelt, KG JVBl **61**, 216, oder wenn sie umfangreicher ist, Hamm Rpfleger **62**, 420, oder wenn er im Urlaub ohne Rechtspflicht, LG Mü Rpfleger **73**, 335, tätig geworden ist, Hamm Rpfleger **63**, 421. Eine vorherige Zusage einer Entschädigung durch das Gericht bindet nicht, LG Mü Rpfleger **73**, 335.

Ein Entschädigungsanspruch für einen solchen Behördenangehörigen entsteht auch nicht schon dadurch, daß das Gericht ihn als einen Sachverständigen behandelt hat, LG Flensb JB **76**, 941.

B. Betroffener Personenkreis. III gilt zB: Für den Vertreter der Jugendbehörde, § 76 JWG; für den Angehörigen eines Kriminalamts, KG Rpfleger **62**, 355, vgl auch Bre JVBl **60**, 142 (etwas anderes gilt für einen nur hinzugezogenen wissenschaftlichen Mitarbeiter, Kblz JVBl **61**, 217, vgl aber auch Hamm Rpfleger **61**, 314, Neustadt Rpfleger **62**, 420); für einen Gerichtsarzt und einen anderen beamteten Arzt, soweit das Gericht oder die Staatsanwaltschaft ihn in dieser Eigenschaft herangezogen hat, vgl Düss Rpfleger **83**, 129 mwN, ferner KG Rpfleger **62**, 123, etwa für den Arzt eines Landesuntersuchungsamts wegen seines Blutalkoholgutachtens (indessen erhält der Arzt für seine Gutachtertätigkeit in der Hauptverhandlung eine Entschädigung, Stgt **KR** Nr 7, vgl allerdings auch Bbg Rpfleger **64**, 93); für einen Anstaltsarzt, wenn er sich dazu äußert, ob der Zweck der Unterbringung erfüllt ist, Düss Rpfleger **65**, 55, LG Bayreuth Rpfleger **82**, 82; für ein Mitglied des Gesundheitsamts, etwa bei einer Leichenöffnung, LG Mainz Rpfleger **76**, 264; für den Angehörigen eines Gewerbeaufsichtsamts in Bayern, Bbg Rpfleger **62**, 421; für den Angestellten eines chemischen Untersuchungsamts in Rheinland-Pfalz, Hamm Rpfleger **63**, 421, Neustadt Rpfleger **63**, 131.

C. Weitere Einzelfragen. Sofern die Verpflichtung zur Gutachtertätigkeit nicht unmittelbar aus dem Dienstrecht hervorgeht, kommt es darauf an, wie eng der Zusammenhang mit der dienstlichen Tätigkeit ist, ob es sich also um eine unselbständige Fortsetzung oder eine Ergänzung der allgemeinen Tätigkeit handelt, Kblz Rpfleger **80**, 357, Mü NJW **73**, 1419 (im dortigen Fall handelt es sich um das Gutachten eines Landgerichtsarztes, das dieser im Anschluß an ein vom Gericht angeordnetes strafrechtliches Gutachten im Zivilprozeß erstattet hatte), Mü Rpfleger **83**, 182 (dort ging es um die in der Hauptverhandlung erfolgte Erläuterung eines im Ermittlungsverfahren erstellten Gutachtens eines von der

Staatsanwaltschaft zugezogenen beamteten Wirtschaftsfachmanns), vgl auch Bbg Rpfleger **65**, 151 (im dortigen Fall handelt es sich um einen Justizinspektor, der als Prüfungsbeamter für Gerichtsvollzieher in einem Strafprozeß gegen einen Gerichtsvollzieher gutachterlich tätig wurde).

Der Chefarzt eines städtischen Krankenhauses und sein Gehilfe können trotz ihrer Pflicht zur Tätigkeit, § 407 ZPO, je nach der Lage des Falls nach I–II statt nach III zu behandeln sein, aM offenbar BGH **59**, 310 (der BGH wendet in einem solchen Fall stets I–II an).

Für die Frage, ob III anwendbar ist, kommt es auch beim Universitätsarzt auf den Grad des Zusammenhangs mit seiner Dienstpflicht an. Dasselbe gilt bei einem Arzt, der zwar Mitglied des Gesundheitsamts ist, den das Gericht oder die Staatsanwaltschaft aber als einen freien Arzt herangezogen hat, vgl LG Wuppertal **KR** Nr 8.

Sofern es überhaupt um einen Angehörigen einer Behörde oder sonstigen öffentlichen Stelle geht, der nicht Ehrenbeamter oder ehrenamtlich tätig ist, kommt es nicht darauf an, ob er Beamter oder Angestellter ist. Er erhält auch nicht seine Auslagen ersetzt, da auch § 9 ZSEG ebensowenig wie die übrigen Vorschriften des ZSEG anwendbar ist. Seine Behörde trägt seine Auslagen, LG Flensb JB **76**, 941.

Soweit III auf einen Sachverständigen zutrifft und er daher keine Vergütung nach dem ZSEG erhält, muß der Kostenschuldner in einem Verfahren nach der KostO diesem Sachverständigen denjenigen Betrag erstatten, den der Kostenschuldner sonst für die Tätigkeit eines Sachverständigen nach dem ZSEG zu zahlen hätte, § 137 Z 4 Hs 2 KostO. Der entsprechende § 92 Z 4 Hs 2 GKG aF ist durch die Nov 75 gestrichen worden; das an seine Stelle getretene KV 1904 I Hs 1 ist entgegen der RegBegr nicht anwendbar. Denn dort kann nur II gemeint sein, gerade nicht III, KV 1904 I Hs 2 meint nämlich ganz andere Fälle mit den Worten „und dergleichen".

D. Ehrenbeamter usw. Ein Ehrenbeamter und derjenige, der ehrenamtlich tätig ist, erhält eine Entschädigung nach dem ZSEG. Denn III gilt für ihn ausdrücklich nicht.

Entschädigung von Zeugen

2 **I Zeugen werden für ihren Verdienstausfall entschädigt. Dies gilt auch bei schriftlicher Beantwortung einer Beweisfrage (§ 377 Abs. 3, 4 der Zivilprozeßordnung).**

II Die Entschädigung beträgt für jede Stunde der versäumten Arbeitszeit 3 Deutsche Mark bis 20 Deutsche Mark. Die letzte, bereits begonnene Stunde wird voll gerechnet. Die Entschädigung richtet sich nach dem regelmäßigen Bruttoverdienst.

III Ist ein Verdienstausfall nicht eingetreten, erhält der Zeuge die nach dem geringsten Satz bemessene Entschädigung. Wer nicht erwerbstätig ist und einen eigenen Haushalt für mehrere Personen führt, erhält eine Entschädigung von 12 Deutsche Mark je Stunde. Der Zeuge erhält keine Entschädigung, wenn er durch die Heranziehung ersichtlich keinen Nachteil erlitten hat.

IV Gefangene, die keinen Verdienstausfall aus einem privatrechtlichen Arbeitsverhältnis haben, erhalten Ersatz einer entgangenen Zuwendung der Vollzugsbehörde.

V Die Entschädigung wird für höchstens zehn Stunden je Tag gewährt.

Vorbem. II 1, III idF Art 4 I Z 1 G v 9. 12. 86, BGBl 2326, in Kraft seit 1. 1. 87, Art 10; Übergangsrecht § 18.

Gliederung

1) Allgemeines. Für die Frage, ob jemand eine Zeugenentschädigung erhält, kommt es nicht darauf an, in welcher Eigenschaft die Person geladen worden ist, sondern darauf, ob sie als Zeuge vernommen worden ist. Der als Zeuge Geladene ist wie ein Sachverständiger zu entschädigen, soweit ihn das Gericht als einen Sachverständigen vernommen hat, Düss VersR **83**, 544 und Rpfleger **87**, 40, Hbg JB **75**, 83, Hamm NJW **72**, 2004 und VersR **80**, 855 je mwN, und umgekehrt. Ein sachverständiger Zeuge, §§ 414 ZPO, 85 StPO, der als Zeuge vernommen worden ist, ist nur Zeuge. Er erhält also nur eine Zeugenentschädigung. Auch bei ihm entscheiden im übrigen der Beweiszweck, aber auch die Art der tatsächlichen Heranziehung (Vernehmung), Hamm MDR **88**, 418. Sie kann sich gegenüber der Ladung ändern, Düss VersR **83**, 544, Hbg JB **75**, 83 je mwN, Hamm NJW **72**, 2004, vgl BGH **LM** § 414 ZPO Nr. 2 (betrifft einen Privatgutachter). Daher ist zB ein Privatgutachter, den das Gericht nur zu seinen Feststellungen vernimmt, ein sachverständiger Zeuge, BGH BB **74**, 204.

Wenn jemand nicht nur diejenigen Tatsachen bekundet hat, die er infolge seiner Sachkunde wahrgenommen hat, sondern darüber hinaus aus seinen Wahrnehmungen auch einen fachmännischen Schluß gezogen hat, dann ist er Zeuge und Sachverständiger und daher als beides zu entschädigen, vgl Düss Rpfleger **75**, 71, Stgt JB **78**, 1727. Daher ist der Arzt sachverständiger Zeuge, soweit er über bestimmte Krankheitssymptome aussagt, zu deren Wahrnehmung keine besondere Sachkunde erforderlich war; er ist aber Zeuge und Sachverständiger, soweit er über die Ursache und Wirkung der wahrgenommenen Krankheit Rückschlüsse mitteilt und Bekundungen macht.

Auch ein gestellter Zeuge, § 1 Anm 3 B, kann eine Entschädigung nach § 2 zu beanspruchen haben, KG Rpfleger **86**, 283 (sogar für die Hinweise). Soweit ihn die Partei bezahlt hat, kann sie die Erstattung bis zur Höhe der Entschädigung des § 2 fordern, Hbg MDR **75**, 500, KG NJW **75**, 1423, § 1 Anm 3 B, falls ihr überhaupt ein Kostenerstattungsanspruch zusteht. Der vom Angeklagten nach § 220 StPO geladene Zeuge, den das Gericht als Sachverständigen vernommen hat, erhält den für ihn noch nicht gesicherten Mehrbetrag als Sachverständiger, vgl § 1 Anm 3 B.

Eine Entschädigung erhält auch derjenige Zeuge, dem das Gericht gemäß § 377 III, IV ZPO eine schriftliche Beantwortung der Beweisfrage erlaubt hat, I 2, sofern er seine Angaben in der vorgeschriebenen Form gemacht hat, also ihre Richtigkeit an Eides Statt versichert hat.

Eine Entschädigung erhält schließlich der Dritte, den das Gericht zu einer Blutprobe oder zur Duldung einer erbbiologischen Untersuchung zugezogen hat.

Dagegen erhält eine Partei, die auf Grund der Anordnung des Gerichts zu einer Untersuchung beim Arzt erschienen ist, keine Zeugenentschädigung, denn das Gericht hat sie nicht „als einen Zeugen“ geladen und untersuchen lassen, aM LSG Stgt NJW **67**, 319.

2) Verdienstausfall, I, II, V. A. Voraussetzungen. Der Zeuge wird für den Verdienstausfall entschädigt, den man an der Versäumung der Arbeitszeit, II 1, messen muß, die der Zeuge durch die Ausübung der Zeugenpflicht auf sich nehmen mußte; vgl aber auch Anm 4. Man muß auch hier nach wirtschaftlichen Gesichtspunkten entscheiden. Ein Ausfall, der rein rechtlich dem Ehemann entsteht, kann mittelbar auch die Ehefrau treffen. Unter Umständen muß ein Zeuge Vorbereitungen für seine Aussage machen, die ihn mit besonderen Kosten belasten, etwa eine Reise unternehmen, Arbeitskräfte zur Nachforschung nach einem verwickelten Sachverhalt hinzuziehen usw. Von solchen Nachforschungen kann es abhängen, ob der Zeuge überhaupt Sachdienliches bekunden kann. Man muß ihm die für solche Nachforschungen notwendigen tatsächlichen Aufwendungen nach § 11 vergüten, Düss **KR** § 11 Nr 2.

Man muß auch einem Zeugen denjenigen Zeitaufwand vergüten, den er benötigt, um sich im übrigen sachkundig zu machen, soweit er das als Zeuge überhaupt tun muß, etwa um ein Buch oder einen Briefwechsel einzusehen und dergleichen, Celle NdsRpfl **55**, 131. Eine solche Tätigkeit kann insbesondere dann notwendig werden, wenn der Zeuge eine Frage nach § 377 III ZPO schriftlich beantworten und die Richtigkeit seiner Antwort an Eides Statt versichern soll.

Wenn der Zeuge am Tag vor dem Termin abgereist war, obwohl er die Reise ohne unzumutbare Erschwerungen erst am Terminstag hätte antreten können, dann erhält er für den von ihm insofern willkürlich zu früh gewählten Reisetag keine Vergütung.

B. Entschädigungshöhe. Die Entschädigung beträgt 3 bis 20 DM je Stunde. Die letzte angefangene Stunde ist voll zu rechnen, II. Höchstens werden 10 Stunden je Tag vergütet, also im Höchstfall 200 DM. Die Höchstgrenzen je Tag und Stunde sind jeweils für sich zu beachten. Es erhält also zB ein Klavierlehrer, der an sich je Stunde 50 DM verdient, für zwei Stunden Verdienstausfall nur 40 DM, nicht aber 100 DM.

Man muß für den Stundensatz von dem Bruttodurchschnittseinkommen für die betreffende Erwerbstätigkeit ausgehen und bei einem Gehalts- oder Lohnempfänger den Arbeitnehmeranteil der Sozialversicherung einrechnen, soweit der Arbeitgeber auch ihn übernommen hat.

Der benötigte Zeitraum wird von demjenigen Zeitpunkt an gerechnet, in dem der Zeuge seine Arbeit niederlegen mußte, bis zu demjenigen Zeitpunkt, in dem er seine gewöhnliche Beschäftigung wieder aufnehmen konnte, § 4.

3) Bemessung der Entschädigung, II. A. Lebensverhältnisse und Bruttoverdienst. Die Entschädigung richtet sich nach dem regelmäßigen Bruttoverdienst. Die Erwerbsverhältnisse sind nach pflichtgemäßem Ermessen unter einer Berücksichtigung der Lebensverhältnisse und der regelmäßigen Erwerbstätigkeit des Zeugen zu beurteilen, Hamm JVBl **64**, 18. Das Gericht muß einen objektiven Maßstab anlegen. Der Zeuge braucht im allgemeinen nicht konkret nachzuweisen, welche Aufträge er zB nicht durchführen konnte. Das Gericht braucht die Einkommensverhältnisse grundsätzlich nicht im einzelnen nachzuprüfen, Schlesw Rpfleger **62**, 366, sondern kann sich damit begnügen, daß ein behaupteter Verdienstausfall nach der Lage des Falls wahrscheinlich ist, Ffm MDR **61**, 331, SG Bln AnwBl **84**, 574. Wegen der Nachweise bei einem Lohnempfänger vgl C.

Das Gericht muß aber einen Nachweis verlangen, soweit die Angaben des Zeugen über seine Erwerbstätigkeit oder über die Höhe des Entgelts unwahrscheinlich sind.

Für einen Zeugen aus der DDR zahlt das Gericht einen Verdienstausfall nach den dortigen Verhältnissen und ein Tage- oder Übernachtungsgeld nach den Verhältnissen am Vernehmungsort, KG Rpfleger **62**, 123.

B. Einzelfälle. Reisespesen und Tagegelder sind Auslagenersatz, auch wenn der Zeuge tatsächlich etwas von ihnen erübrigen würde, zB als ein Geschäftsreisender. Er erhält daher für sie keine Entschädigung. Etwas anderes gilt nur insoweit, als der Bezieher regelmäßig nur einen Teil verausgabt, so daß er aus dem Tagegeld eine feste Einnahme hat. Wer ein festes Einkommen hat oder von einem anderen unterstützt wird, muß darlegen, daß und inwiefern er dennoch einen Einnahmeausfall habe. Andernfalls ist III anwendbar.

Ein Verdienstausfall kann darin liegen, daß der Zeuge eine Obliegenheit nicht in der Arbeitszeit erledigen kann und durch die nötige Nacharbeit Verluste erleidet, etwa infolge des Wegfalls bezahlter Überstunden. Es kann aber nicht genügen, daß er nur in seinen persönlichen Interessen beeinträchtigt wurde. Ein Kaufmann hat während einer Erholungsreise einen Entschädigungsanspruch, soweit er nach der Art seines Geschäftsbetriebs seine Erwerbstätigkeit nicht ganz unterläßt; er braucht in der Regel einen Verdienstausfall nicht zu beweisen. Ein Rechtsanwalt wird als Zeuge nur nach dem ZSEG entschädigt, nicht etwa nach der BRAGO. Er erhält grundsätzlich den Höchstsatz, SG Bln AnwBl **84**, 574.

Der Inhaber eines größeren Betriebs kann keine Entschädigung fordern, soweit der Geschäftsbetrieb auch ohne ihn ungestört weitergeht. Im übrigen sind die Kosten einer notwendigen Vertretung zu ersetzen. Das gilt allerdings nicht bei einem Beamten, denn bei ihm sorgt der Staat für eine Vertretung. Auch eine unentgeltliche Vertretung kann eine Entschädigungspflicht des Staates auslösen, falls der Vertretene nämlich selbst einen Ausfall hat, der mittelbar den Vertretenen trifft, wenn zB ein Arbeiter seine vorgeladene Ehefrau vertritt und wenn sich dieser Umstand bei dem zur Verfügung stehenden Geld bemerkbar macht. Dieser Fall liegt nicht anders, als habe die Ehefrau eine Vertretung gegen Geld angenommen. Der Einzelfall entscheidet.

C. Arbeitgeber, Arbeitnehmer. Ein Arbeitgeber hat keinen Entschädigungsanspruch nur wegen des Verlusts der Arbeitskraft des Mitarbeiters, den das Gericht als Zeugen geladen hat, Bre NJW **76**, 685, LG Köln NJW **67**, 1291, vgl OVG Kblz NJW **82**, 1115. Soweit der Arbeitgeber dem Zeugen berechtigterweise nach § 16 BGB einen Lohnabzug machen kann, muß man diesen Lohnausfall dem Zeugen nach § 2 ersetzen. Der Zeuge muß aber durch eine Bescheinigung des Arbeitgebers nachweisen, daß und in welcher Höhe dieser einen Lohnabzug vorgenommen hat.

Ein Behördenangehöriger oder der Angehörige einer sonstigen öffentlichen Stelle erhält, soweit nicht § 1 III anwendbar ist, nur insofern eine Entschädigung, als er in seinem Diensteinkommen eine Einbuße erleidet, etwa als Eisenbahnbeamter, oder als er eine Nebeneinnahme verliert, etwa dann, wenn der Gerichtsvollzieher die Durchführung eines Auftrags endgültig unterlassen muß. Das übersieht LG Ffm MDR **85**, 589. Ein öffentlicher Angestellter oder ein Arbeiter im öffentlichen Dienst ist wegen des Lohnabzugs ebenso wie (oben erörtert) ein privater Arbeitnehmer zu behandeln.

Soweit der Arbeitgeber den Verdienstausfall selbst trägt, erhält der Arbeitnehmer überhaupt keine Entschädigung, Schlesw Rpfleger **62**, 366, oder doch nur die Mindestentschädigung nach III, BGH **73**, 26 mwN. Der Arbeitgeber muß eine Anwesenheitsprämie unter Umständen selbst tragen, LG Essen Rpfleger **73**, 379. Es ist aber auch denkbar, daß ein Arbeitnehmer, der keinen Anspruch auf eine Lohnfortzahlung während seines Fehlens hat, seinen Anspruch auf eine Zeugenentschädigung an den Arbeitgeber abtritt, der dann an ihn weiter Lohn zahlt, LG Düss **KR** Nr 4.

4) Kein Verdienstausfall, III–V. Ein Verdienstausfall fehlt zB dann, wenn ein Festbesoldeter eine liegengebliebene Arbeit nachholen muß, Düss **KR** Nr 3, AG Bückebg Rpfleger **84**, 335, vgl OVG Kblz NJW **82**, 1115, sofern er überhaupt dazu verpflichtet ist, vgl Karlsr Rpfleger **71**, 332, oder dann, wenn jemand seine Freizeit oder einen Urlaub unterbricht, Mü Rpfleger **81**, 31 mwN, etwa um einen versäumten Lernstoff nachzuholen, Mü Rpfleger **73**, 336, oder wenn ein Polizist außerhalb der Dienstzeit aussagen muß, AG Brückebg Rpfleger **84**, 335, oder wenn ein Arbeitnehmer ein Zeitguthaben aus Überstunden verwendet oder bezahlten Urlaub nimmt, OVG Kblz NJW **88**, 1807 mwN; **aM** Celle JB **82** 107, Ffm JB **81**, 1700.

In allen diesen Fällen erhält der Zeuge also grundsätzlich je Stunde 3 DM, OVG Kblz NJW **88**, 1807 mwN. Die Zeit wird wie bei II berechnet. Diese Entschädigung ist natürlich keine vollwertige Abgeltung der immateriellen Nachteile, sondern stellt nur eine gewisse Anerkennung der Erfüllung einer staatsbürgerlichen Pflicht dar, Nürnb Rpfleger **79**, 235, AG Bückebg Rpfleger **84**, 335.

Wer überhaupt nicht erwerbstätig ist und einen eigenen Haushalt für mehrere Personen führt, also die „Nur Hausfrau" oder der „Nur-Hausmann", erhält je Stunde 12 DM. Dieser Sonderbetrag ist mit dem GG vereinbar, vgl (zum alten Recht) BVerfG BGBl **78**, 1752 = BVerfG **49**, 280. Wer auch nur nebenbei einen Verdienstausfall hat, wird nach II entschädigt. Der Haushalt muß zumindest für den Zeugen selbst und eine weitere Person unabhängig von deren Stand, Beruf, Geschlecht, Alter usw ständig geführt werden, also nicht nur für den Zeugen und nicht nur für eine oder mehrere andere Personen. Eine ähnliche Regelung enthält § 2 I 2 EhrRiEG, Teil VI dieses Buchs. Vgl auch (zum alten Recht) Nürnb Rpfleger **79**, 235 (ausf).

Wenn ein Zeuge ersichtlich keine irgendwie gearteten materiellen oder immateriellen Nachteile erlitten hat, erhält er überhaupt keine Entschädigung, OVG Kblz NJW **88**, 1807. Das ist zB bei einem Rentner ohne eine Beschäftigung oder bei einem Arbeitslosen denkbar, soweit es sich nicht um eine Hausfrau oder einen Hausmann handelt, LG Weiden Rpfleger **77**, 339. Der bloße Ausfall im Betrieb stellt nicht stets einen Nachteil dar, aM KG MDR **85**, 851 mwN.

Eine Entschädigung wird in allen vorgenannten Fällen höchstens für 10 Stunden gezahlt, V.

Wegen der Entschädigung eines Vertreters im Sinn von § 141 ZPO vgl Kblz JB **77**, 1004.

5) Gefangener, IV, V. Soweit er einen Verdienstausfall aus einem privatrechtlichen Arbeitsverhältnis hat, ist auch auf ihn II anwendbar. Andernfalls wird die entgangene Zuwendung der Vollzugsbehörde ersetzt. Ihr Rechtsgrund, Umfang sowie ihre Bezeichnung sind ebenso unerheblich wie die Frage, ob der Gefangene auf die Zuwendung einen Rechtsanspruch gehabt hätte (zum Problem schon BGH NJW **75**, 1017). Es kommt nur darauf an, ob eine solche Zuwendung tatsächlich gezahlt worden wäre. Vgl im übrigen das StVollzG vom 16. 3. 76, BGBl 581.

Entschädigung von Sachverständigen

3 **I Sachverständige werden für ihre Leistungen entschädigt.**

II Die Entschädigung beträgt für jede Stunde der erforderlichen Zeit 40 bis 70 Deutsche Mark. Für die Bemessung des Stundensatzes sind der Grad der erforderlichen Fachkenntnisse, die Schwierigkeit der Leistung, ein nicht anderweitig abzugeltender Aufwand für die notwendige Benutzung technischer Vorrichtungen und besondere Umstände maßgebend, unter denen das Gutachten zu erarbeiten war; der Stundensatz ist einheitlich für die gesamte erforderliche Zeit zu bemessen. Die letzte, bereits begonnene Stunde wird voll gerechnet; dies gilt jedoch nicht, soweit der Sachverständige für dieselbe Zeit in einer weiteren Sache zu entschädigen ist.

III Die nach Absatz 2 zu gewährende Entschädigung kann bis zu 50 vom Hundert überschritten werden

a) für ein Gutachten, in dem der Sachverständige sich für den Einzelfall eingehend mit der wissenschaftlichen Lehre auseinanderzusetzen hat, oder

b) nach billigem Ermessen, wenn der Sachverständige durch die Dauer oder die Häufigkeit seiner Heranziehung einen nicht zumutbaren Erwerbsverlust erleiden würde oder wenn er seine Berufseinkünfte im wesentlichen als gerichtlicher oder außergerichtlicher Sachverständiger erzielt.

Die Erhöhungen nach den Buchstaben a und b können nicht nebeneinander gewährt werden.

Vorbem. II 1 idF Art 4 I Z 2 G v 9. 12. 86, BGBl 2326, in Kraft seit 1. 1. 87, Art 10; Übergangsrecht § 18.

Schrifttum: Heck, die Entschädigung nach dem ... ZSEG für den Sachverständigen des Handwerks, 1987; Jessnitzer, Der gerichtliche Sachverständige, 9. Aufl 1988 (Bespr Glaser MDR **89**, 676, Schneider NJW **89**, 762); Müller, Der Sachverständige im gerichtlichen Verfahren, 3. Aufl 1988 (Bespr Schneider Rpfleger **89**, 259); Wellmann/Schneider/Hüttemann/Weidhaas, Der Sachverständige in der Praxis. 5. Aufl 1988 (Bespr Lehmann ZMR **88**, 159, Rudolph NJW **88**, 2229).

Gliederung

1) Allgemeines. § 3 regelt den Entschädigungsanspruch eines Sachverständigen, soweit überhaupt eine Entschädigung nach § 1 in Betracht kommt. Die Vorschrift gilt also auch für den ärztlichen Gutachter bei einem Sozialgericht, der bei aufeinander folgender Tätigkeit in mehreren Sachen für jede einzelne Sache entschädigt wird, SG Lübeck SchlHA **65**, 67, vgl auch Anm 2 D. Eine etwa bestehende Taxvorschrift ist unanwendbar, § 1 Anm 3 B c. Es ist auch unerheblich, ob der Sachverständige Beamter ist. § 3 kann auch auf die gutachterliche Tätigkeit eines zunächst als Sequester (und erst später als Konkursverwalter) Tätigen anwendbar sein, LG Itzhoe KTS **83**, 476. Eine Entschädigung kann auch schon für die Beantwortung der Frage nach Zuständigkeit und Kosten des Sachverständigen entstehen, § 1 Anm 2 A a.

§ 3 ist unanwendbar, soweit es sich lediglich um einen Angehörigen einer Behörde oder einer sonstigen öffentlichen Stelle im Sinne von § 1 III handelt, dort Anm 4. Denn für einen solchen Sachverständigen gilt das ZSEG nicht. Nicht unter § 3 fällt auch im Einzelfall derjenige Sachverständige, dem eine von den Parteien gutgeheißene Entschädigung gezahlt werden soll, falls die Parteien den entsprechenden Vorschuß gezahlt haben, § 7, vgl freilich Hbg MDR **83**, 415 (die bloße Zahlung ist kein Einverständnis im Sinn von § 7). Eine besondere Behandlung erfährt auch der in § 13 genannte Sachverständige. Feste Sätze gelten schließlich für die in der Anlage zu § 5 näher genannten Verrichtungen des Sachverständigen und eines sachverständigen Zeugen, der insofern dem Sachverständigen gleichgestellt ist, im übrigen aber nach § 2 entschädigt wird, dort Anm 1.

Eine Meinungsumfrage läßt sich nur nach den Vorschriften für den Sachverständigen vergüten, aM Hamm BB **72**, 679 (ohne Angabe seiner Vergütungsgrundlage).

Die Umsatzsteuer kann der Sachverständige neben seiner Entschädigung ersetzt fordern, § 8 I Z 4, sofern er der Regelbesteuerung nach § 12 UStG unterliegt. Für einen Kleinunternehmer gemäß § 19 UStG gilt § 8 III, er hat also einen Anspruch auf Zahlung eines Ausgleichsbetrags.

2) Entschädigungsgrundsätze, I, II. A. Leistungsvergütung. Der Sachverständige erhält eine Entschädigung für seine Leistung, nicht für einen Verdienstausfall wie beim Zeugen, insofern richtig Nürnb Rpfleger **79**, 37. Daher ist der sonstige Verdienst des Sachverständigen im Rahmen von § 1 II grundsätzlich unerheblich, während er bei III b erhebliche Bedeutung hat. Bei I, II ist zwar die Leistung maßgeblich, man muß aber auch die Persönlichkeit des Sachverständigen berücksichtigen, vgl LG Flensb JB **77**, 529, aber auch Anm 3 A, LSG Stgt NJW **68**, 1208 (zur Leistung, aber zu eng).

Die Höhe der Leistungsentschädigung bemißt sich für eine schriftliche wie für eine mündliche Gutachtertätigkeit insoweit, als nicht das ZSEG und die von ihm in Bezug genommenen anderen Rechtsvorschriften, zB die GOÄ, § 5 Anm 1 A, einem anderen Vergütungsmaßstab vorstehen, grundsätzlich nach der erforderlichen Zeit, II 1, 2, also nach einer bestimmten Stundenzahl, sowie nach dem besonderen Umfang und der Bedeutung der Erwerbsversäumnis, III b, ferner nach den erforderlichen besonderen Fachkenntnissen, II 2, bei einem schriftlichen Gutachten außerdem nach der Frage, ob sich der Gutachter mit einer wissenschaftlichen Lehre auseinandergesetzt hat, III a, also nach den besonderen Schwierigkeiten der Arbeit, schließlich nach etwaigen besonderen Umständen, II 2.

Man muß also nahezu jeden denkbaren Gesichtspunkt zur Bemessung des Stundensatzes heranziehen, auch zB den Grundsatz der Verhältnismäßigkeit der Mittel, Jessnitzer BB **73**, 1421.

B. Erforderlicher Zeitaufwand. a) Grundsatz. Erforderlich ist derjenige Zeitaufwand, den ein Sachverständiger mit einer durchschnittlichen Fähigkeit und mit durchschnittlichen Kenntnissen braucht, BGH Rpfleger **61**, 44 und RR **87**, 1470, LG Bochum Rpfleger **76**, 32 mwN, um gerade diese Beweisfrage vollständig und sachgemäß zu beantworten, BGH RR **87**, 1471, LG Bayreuth JB **78**, 729. Wenn ein Sachverständiger, an diesem Maßstab gemessen, besonders langsam gearbeitet hat, darf und muß man den von ihm angegebenen Zeitaufwand kürzen, LG Bochum Rpfleger **76**, 32. Das hohe Alter eines Sachverständigen rechtfertigt noch nicht für sich allein den Umstand, daß er die sonst im allgemeinen objektiv erforderliche Zeit überschritten hat, KG NJW **68**, 203. Wenn der Sachverständige andererseits besonders schnell gearbeitet hat, erhält er trotzdem nur die Vergütung für die wirklich aufgewendete Zeit, aM Mü NJW **77**, 1109 mwN.

Das Gericht darf und muß also nachprüfen, ob der vom Sachverständigen genannte Zeitaufwand auch wirklich erforderlich war, BGH VersR **84**, 79 und RR **87**, 1471, Hamm Rpfleger **58**, 194. Man muß einen objektiven Maßstab anlegen, Hbg Rpfleger **62**, 235, Kblz MDR **76**, 324, LG Bayreuth JB **78**, 729. Zu berücksichtigen sind auch der Umfang des dem Sachverständigen unterbreiteten Streitstoffs, der Schwierigkeitsgrad, seine Sachkunde, der Umfang des Gutachtens, die Bedeutung der Streitsache, BGH RR **87**, 1471. Das Gericht braucht den Angaben des Sachverständigen keineswegs schlechthin zu folgen; es muß dem Sachverständigen aber einen gewissen Ermessensspielraum zubilligen, sehr großzügig Hamm MDR **87**, 419, KG Rpfleger **84**, 77, und es muß eine Abweichung sorgfältig begründen, KG Rpfleger **62**, 124.

b) Einzelfragen. aa) Literaturstudium. Die Zeit für ein allgemeines Literaturstudium zwecks Fortbildung wird nicht vergütet. Wohl aber ist derjenige Zeitaufwand zu entschädigen, den der Sachverständige bei einer durchschnittlichen Befähigung und Erfahrung benötigt, um diejenige Fachliteratur zu studieren, die er zur Beantwortung der Beweisfrage benötigt, Zweibr MDR **74**, 68. S auch C.

bb) Auftragsüberschreitung. Soweit der Sachverständige seine Aufgabe überschritten hat, sich also über Fragen geäußert hat, die das Gericht ihm nicht gestellt hatte, oder soweit er von einer Beweisfrage ohne Notwendigkeit abgewichen ist und auch nicht das Gericht vorher gefragt hat, ob er abweichen dürfe, oder wenn er zeitraubende Vergleichsbemühungen vorgenommen hat, Hbg MDR **85**, 946, muß man ihm eine Vergütung versagen, vgl BGH VersR **84**, 79, ferner Düss NJW **70**, 1980, Hbg JB **75**, 1350, Kblz Rpfleger **81**, 248. Eine solche Kürzung kommt aber nur in Betracht, soweit der Beweisbeschluß den Umfang des Auftrags und dessen Grenzen eindeutig erkennen ließ, KG NJW **70**, 1241, LG Bochum Rpfleger **76**, 32.

cc) Feiertagsarbeit. Zum erforderlichen Zeitaufwand gehört auch derjenige an einem Sonn- oder Feiertag.

dd) Verwertbarkeit. Die objektive Verwertbarkeit des Gutachtens ist grundsätzlich keine Voraussetzung eines Entschädigungsanspruchs. Denn es liegt kein Dienstvertrag oder Werkvertrag vor, vgl BGH BB **76**, 438, Müller JR **81**, 53. Nur eine vorsätzlich oder grob fahrlässig verschuldete Unverwertbarkeit kann zum Verlust des Entschädigungsanspruchs führen, § 1 Anm 3 H a, b.

Soweit der Sachverständige eine gutachterliche Äußerung vorwerfbar und endgültig nicht erstattet, kann er auch für seine etwaigen Vorarbeiten keine Entschädigung verlangen, Hamm Rpfleger **61**, 131. Soweit seine endgültige Leistung objektiv den Anforderungen nicht genügt, hat er aber jedenfalls dann einen Anspruch auf die Vergütung der Vorarbeiten, wenn weder das Gericht noch die Parteten ihm die Unzulänglichkeit seiner Ergebnisse vorwerfen können, Ffm NJW **63**, 400. Eine Teilleistung läßt sich nur insoweit entschädigen, als man sie auch verwerten kann, Hamm Rpfleger **63**, 314.

ee) Vorschuß. Wenn das Gericht für den Sachverständigen keinen genügend hohen Vorschuß von den Parteien eingeholt hatte, muß es den Sachverständigen grundsätzlich trotzdem voll entschädigen. Denn es gehörte zu den Amtspflichten des Gerichts, den Vorschuß ausreichend zu bemessen, Düss BB **71**, 243. Das Gericht kann und darf den Sachverständigen anweisen, es rechtzeitig vorher anzuzeigen, wenn der Vorschuß micht (mehr) ausreicht, Ffm MDR **85**, 152, Kblz DB **86**, 33. Wenn der Sachverständige merkt, daß er unverhältnismäßig mehr Zeit brauchen wird, als das Gericht und er zunächst annehmen konnten, dann muß er das Gericht auch von sich aus auf diesen voraussichtlichen Mehraufwand hinweisen. Andernfalls kommt eine Teilversagung des Entschädigungsanspruchs in Betracht, Düss MDR **88**, 874, Ffm MDR **85**, 152, KG MDR **83**, 678 mwN, Kblz DB **85**, 110 und DB **86**, 33, Mü Rpfleger **79**, 158. Dasselbe gilt dann, wenn das Gericht den Sachverständigen zu einer Mitteilung des erforderlichen Zeitaufwands aufgefordert hatte und wenn er diese Frage nicht, nicht rechtzeitig oder nicht sorgfältig genug beantwortet hatte, Kblz DB **86**, 33.

In beiden Fällen ist aber nur eine vorwerfbar nicht unerhebliche Überschreitung der ursprünglich angenommenen Zeit schädlich, Hbg MDR **78**, 238, KG MDR **83**, 678 mwN, Kblz DB **85**, 110.

Selbst unter dieser Voraussetzung kommt eine Kürzung oder Streichung der Entschädigung ferner nur dann in Betracht, wenn das Gericht im Fall einer rechtzeitigen Kenntnis der zu erwartenden Verteuerung den Sachverständigen abbestellt hätte usw, Düss MDR **88**, 874, KG MDR **83**, 679 mwN, aM Kblz DB **85**, 110 (es komme darauf an, ob der Beweisführer am Beweisantritt festhalte. Aber nicht er, sondern das Gericht bestimmt, von §§ 485ff ZPO abgesehen, die Person des Sachverständigen). Hbg MDR **81**, 327 fordert außerdem, es müsse ein die Mehrkosten abdeckender weiterer Kostenvorschuß eingegangen sein. Dieses zusätzliche Erfordernis, auf dessen Erfüllung der Sachverständige kaum einen

Einfluß haben dürfte, stellt aber eine Überspannung dar, Düss MDR **88**, 874, KG MDR **83**, 679 mwN.

C. Vorbereitungszeit usw. a) Grundsatz. Zu der für das Gutachten erforderlichen Zeit gehört nicht nur diejenige für die Niederschrift oder Darlegung der gutachterlichen Äußerung, sondern auch diejenige für die gesamte Vorbereitung, Ffm Rpfleger **89**, 304, Stgt Rpfleger **85**, 213, also für das Studium der Akten und der sonstigen Unterlagen, abw LSG Mü Rpfleger **80**, 246 (abl Friederichs). Ferner gehört hierhin die Zeit für eine notwendige Besichtigung und für einen damit zusammenhängenden Weg oder eine Reise einschließlich der vernünftigerweise einkalkulierten Reservezeit, LG Stgt Rpfleger **86**, 198, und der üblichen Verzögerungen im Verkehr, Hamm MDR **78**, 868, und auch die Wartezeit, insbesondere bei einem Gerichtstermin. Das gilt auch dann, wenn es im Anschluß an die Wartezeit aus einem Grund, den der Sachverständige nicht zu vertreten hat, nicht mehr zur Erstattung seines mündlichen Gutachtens kommt, Mü NJW **73**, 2044 (Dolmetscher), Hamm NJW **66**, 1883. In diesem Fall erhält der Sachverständige allerdings eine Entschädigung nur für denjenigen Zeitaufwand, der bis zum Schluß des Termins und für den zugehörigen Heimweg erforderlich war.

Der Sachverständige erhält ferner für das Zuhören im Termin und für die geistige Verarbeitung der Eindrücke eine Zeit zugebilligt, Bbg JB **70**, 416, s auch § 4 Anm 1 B. Zur erforderlichen Zeit gehört auch diejenige für eine notwendige Rücksprache, für Schreiben an die Parteien und deren Vertreter, ferner für das Diktat, soweit der Sachverständige sein Gutachten schriftlich erstatten soll. Die weiteren Aufwendungen für diese Tätigkeiten werden nach § 8 vergütet.

b) Ausnahmen. Dagegen erhält der Sachverständige den Zeitaufwand nicht vergütet, den er lediglich zu einer kurzen Vorprüfung der Frage hat, ob er das Gutachten überhaupt erstatten will und kann. Er erhält auch zB nicht den Aufwand wegen einer Verzögerung auf Grund eines Motorschadens seines Pkw bei einer an sich erforderlichen Reise vergütet. Er hat keinen Anspruch auf die Vergütung der Zeit für die Ausstellung seiner Gebührenrechnung, BGH Rpfleger **79**, 259 mwN, insofern aM Hbg JB **75**, 1350. Man darf ihm den Zeitaufwand jedenfalls nicht nach § 3 vergüten, soweit der Aufwand schon von § 5 mitumfaßt ist, VGH Mü NJW **73**, 1430. Er hat schließlich keinen Anspruch auf Vergütung des Zeitaufwands für die Durchsicht zur Schätzung seiner vermutlichen Kosten oder zur weiteren Verfolgung seines Entschädigungsanspruchs, Mü NJW **73**, 2044.

D. Gutachten gewöhnlicher Art, II 1. a) Grundsatz. Ein Gutachten gewöhnlicher Art erfordert zwar Fachkenntnisse, aber keine besonderen nach II 2. Es darf auch keine sonstige besondere Schwierigkeit der Leistung und keine weitere Komplikation vorliegen. Hierher gehören zB ein einfaches handwerkliches Gutachten.

Für eine solche Leistung setzt II 1 einen Stundensatz von 40 bis 70 DM fest. Diese Stundensätze gelten, obwohl sie trotz der Anpassung durch den Gesetzgeber zum 1. 1. 87 alsbald erneut hinter der wirtschaftlichen Entwicklung herzuhinken begonnen haben. Denn die Erstattung eines Gutachtens vor Gericht ist ebenso wie eine Zeugenaussage ein Teil der staatsbürgerlichen Ehrenpflichten, ein Dienst innerhalb der Rechtspflege, Grdz 1 A vor § 1. Sie dient auch der Überschaubarkeit des Kostenrisikos, selbst dann, wenn die Parteien leistungsfähig sind, Mü Rpfleger **76**, 409 (zum alten Recht), und damit der Rechtssicherheit. Außerdem will das Gesetz einen Streit über die Frage vermeiden, welche Entschädigung bei einem außergerichtlichen Gutachten üblich wäre.

b) Verfassungsmäßigkeit. Deshalb ist der Stundensatz mit dem GG vereinbar, BVerfG **33**, 240 (zum alten Recht).

„Es ist nicht möglich, für die Leistung eine Entschädigung zu gewähren, die dem Entgelt entspricht, das gerade dieser Sachverständige bei der Ausübung seines Berufs außerhalb des Gerichts für eine ähnliche Leistung etwa erlangen könnte. Vielmehr kann die Entschädigung nur im allgemeinen dem Entgelt nahekommen, das für ähnliche Leistungen außerhalb des Gerichts gewährt zu werden pflegt", amtliche Begründung zu Art VII KostÄndG; ähnlich Bbg Rpfleger **87**, 340, Düss MDR **89**, 554. Das sieht Schlesw SchlHA **88**, 115 mit seinem Abstellen auf einen Grundsatz „angemessener" Entschädigung nicht scharf genug.

Freilich wird die Verfassungsmäßigkeit dieser Regelung fraglich, sobald die gesetzliche Entschädigung nicht einmal mehr die Kosten des Sachverständigen deckt, insofern richtig Schlesw SchlHA **88**, 115 (Vorlagebeschluß zu § 5), Kamphausen MDR **84**, 98 mwN (zum neuen Recht), vgl schon Trauzettel NJW **74**, 223 (zum alten Recht). Vgl zum Währungsverfall aber auch Anm 3 D (diesen Hinweis hat Düss MDR **85**, 508 offenbar übersehen). Kissel NJW **75**, 336 weist darauf hin, daß das Gericht durch eine im allgemeinen großzügige Honorierung der Sachverständigen zur dringend erforderlichen Prozeßbeschleunigung beitragen kann.

c) Einzelfragen. Der Sachverständige kann sich nach II nicht auf seinen sonstigen Verdienst berufen, Hamm Rpfleger **65**, 19. Das Gericht darf dem Sachverständigen auch nicht etwa vor seiner Leistung eine bestimmte Gebührenhöhe zusichern. Eine solche Zusage ist nur der Partei erlaubt § 7.

Das Gesetz vergütet die Leistung je Stunde. Nur die letzte angefangene Stunde wird voll gerechnet. Das gilt aber nicht, wenn an mehreren Tagen die letzte Stunde nicht ganz ausgefüllt war, Hamm Rpfleger **58**, 194. In diesem Fall muß man vielmehr die gesamte Arbeitszeit zusammenrechnen. Wenn der Sachverständige während der letzten Stunde zur Sache A noch in einer Sache B tätig wurde und auch dafür zu entschädigen ist, gilt II 3. Wenn sich eine Tätigkeit in einer Sache C anschließt, erhält der Sachverständige für die Sache B die Entschädigung wiederum nur nach dem tatsächlich verbrauchten Teil der dafür erforderlichen letzten Stunde, falls er für die Sache C ebenfalls eine Entschädigung erhält, und so fort. Erst in der letzten Sache wird also die begonnene Schlußstunde voll angerechnet.

Wenn der Sachverständige in mehreren Verfahren mit verschiedenen Personen ein gemeinschaftliches Gutachten erstattet, dann ist zwar grundsätzlich eine besondere Festsetzung für jedes Verfahren erforderlich. Denn man kann nur auf diese Weise die Kostenberechnung für die beteiligten Parteien korrekt vornehmen, Schlesw Rpfleger **62**, 367. Jedoch muß man auch in diesem Fall II 3 letzten Hs beachten.

Die Höhe des Streitwerts grundsätzlich unerheblich, KG Rpfleger **62**, 124.

E. Einheitlicher Stundensatz, II 2. Für die gesamte erforderliche Zeit ist ein einheitlicher Stundensatz anzusetzen, wie das Gesetz ausdrücklich betont. Das bedeutet gerade nicht mehr, daß (wie nach altem Recht) der höchste unter verschiedenen in Betracht kommenden Sätzen maßgeblich wäre. Vielmehr muß man jetzt zur Vermeidung einer überhöhten Forderung prüfen, welcher Stundensatz oder Rahmen dann maßgeblich ist, wenn man eine Gesamtschau der Tätigkeit des Sachverständigen vornimmt und alle anwendbaren Bemessungsmerkmale miteinander objektiv abwägt, Mü Rpfleger **77**, 340, insofern richtig Nürnb Rpfleger **79**, 37.

Der so gefundene Stundensatz gilt dann allerdings für die gesamte Tätigkeit des Sachverständigen einheitlich, insofern grds richtig Mü (s aber Anm 4 A) Rpfleger **78**, 273, ferner Stgt Rpfleger **85**, 213, insofern unrichtig Nürnb Rpfleger **79**, 37 (abl Höver), Daher muß man zB einen Stundensatz zwischen 40 und 70 DM dann, wenn der Sachverständige für kurze Zeit die Merkmale nach III a oder III b erfüllte, anwenden, falls das Schwergewicht seiner Gesamttätigkeit nur die Merkmale von II erfüllt. In diesem Fall ist der Stundensatz nach II auch auf die an sich unter III fallenden Teile der Gesamttätigkeit anwendbar, zumal III auf II schlechthin verweist, vgl Anm 4 A.

Man darf allerdings die Frage, wo das Schwergewicht der Tätigkeit des Sachverständigen lag, nicht bloß nach dem jeweiligen Zeitaufwand beantworten, sondern muß sämtliche in Betracht kommenden Gesichtspunkte berücksichtigen. Wenige Minuten höchster Leistung (III a) können schwerer wiegen als Wochen voraufgegangener „Normalbelastung" und daher ausnahmsweise insgesamt doch für die Gesamttätigkeit eine Vergütung nach III rechtfertigen.

Freilich liegt die Gesamtsituation meist umgekehrt. Keineswegs darf man also heimlich zu dem Grundsatz des früheren Rechts zurückkehren, wonach der Höchstsatz den Vorrang hatte.

3) Bemessung des Stundensatzes im einzelnen, II 2. Hier sind folgende Gesichtspunkte zu beachten:

A. Grad der erforderlichen Fachkenntnisse. Man muß den Grad der erforderlichen Fachkenntnis des Sachverständigen schon innerhalb des Normalrahmens von 40 bis 70 DM je Stunde berücksichtigen. Besondere Fachkenntnisse führen also nicht mehr stets zur Anwendung eines besonderen Rahmens, Mü Rpfleger **77**, 340. Sie rechtfertigen aber in der Regel eine Entschädigung aus dem oberen Bereich des Normalrahmens. Wegen der letzten angefangenen Stunde gilt dasselbe wie bei Anm 2 D c.

Ein hoher Grad von Fachkenntnis kann zB dann vorliegen, wenn eine der folgenden Voraussetzungen erfüllt ist: Der Sachverständige hat ein besonders langes oder besonders breit angelegtes Studium absolviert; er hat Abschlußprüfungen mehrerer einschlägiger Disziplinen bestanden; er besitzt eine langjährige Erfahrung; von ihm stammen erhebliche wissenschaftliche Veröffentlichungen; er betreut zahlreiche hochqualifizierte Mitarbeiter.

Soweit das Gutachten nur eine geringe oder durchschnittliche Fachkenntnis erfordert, darf das Gericht nur einen Betrag aus dem unteren oder mittleren Bereich des Normalrahmens gewähren, Düss Rpfleger **82**, 243, LG Bayreuth JB **77**, 1614, selbst wenn der Sachverständige eine höhere Fachkenntnis besaß, diese aber in konkreten Fall nicht einzusetzen brauchte, vgl BayObLG NJW **71**, 252, Kblz VersR **83**, 467, Köln MDR **70**, 1034, LG Flensb JB **77**, 529.

Das Gesetz stellt also nur auf die Erforderlichkeit ab, Stgt Rpfleger **77**, 269, Zweibr NJW **71**, 259, LG Würzb JB **77**, 1108, FG Mü EFG **84**, 191. Auch in der Fähigkeit etwa zum raschen Erkennen eines Problems kann eine überdurchschnittliche Fachkenntnis bei der Beantwortung einer einfach scheinenden Frage zum Ausdruck gekommen sein, ohne daß diese spezielle Fähigkeit zur sachgerechten Tätigkeit objektiv erforderlich gewesen wäre.

Im Zweifel ist jedoch eine Großzügigkeit ratsam, vgl auch VGH Stgt Rpfleger **79**, 235. Wen das Gericht zum Sachverständigen ernennt, der verdient trotz der staatsbürgerlichen Ehrenpflicht eines Dienstes innerhalb der Rechtspflege nicht schlechter gestellt zu werden als ein tüchtiger Handwerker, sondern man sollte ihn an sich durchweg deutlich besser entschädigen. Denn man erwartet von ihm weit mehr als eine rein handwerkliche Tätigkeit, auch wenn er sich nur zu Handwerksfragen äußert.

Gewisse Fachkenntnisse sind Voraussetzung jeglicher Bestellung, daher keineswegs ein Grund zu einer höheren Einstufung, Mü Rpfleger **72**, 338 mwN.

B. Schwierigkeit der Leistung. Der Grad der Schwierigkeit der Leistung ist neben dem Grad der erforderlichen Fachkenntnisse bei der Bemessung des Stundensatzes bereits innerhalb des Normalrahmens zu berücksichtigen, II 2. Auch für einen hervorragenden Fachmann kann die Leistung außerdem überdurchschnittlich schwierig sein, zB besondere Studienarbeiten erfordern. Dann ist ein Stundensatz von 70 DM gerechtfertigt, Stgt Rpfleger **77**, 269. In einem solchen Fall liegen allerdings meist ohnehin die Voraussetzungen einer Entschädigung nach III a vor.

Derjenige Sachverständige, den das Gericht berufen hat, obwohl er keine besonderen Fachkenntnisse besaß, mag es bei einer Leistung schwer haben, die für einen hochqualifizierten Fachmann leicht wäre. Im Ergebnis muß das Gericht dem so Ernannten aber doch wieder einen Betrag im oberen Bereich des Rahmens zubilligen.

Kblz VersR **85**, 1166 will bei langsamer Arbeit des Sachverständigen eine geringere Schwierigkeit annehmen, und umgekehrt. Das ist grundsätzlich problematisch; gerade wegen besonderer Schwierigkeit kann eine längere Arbeitsdauer erforderlich sein.

Zu Unrecht hält Strohhöfer das Gericht hier für überfordert: Der Kostenbeamte kann beim Richter rückfragen, soweit nicht der letztere den Stundensatz ohnehin festsetzt.

C. Aufwand für technische Vorrichtungen. a) Grundsatz. Man muß den Aufwand des Sachverständigen für die notwendige Benutzung technischer Vorrichtungen grundsätzlich im Rahmen des Stundensatzes nach II 2 berücksichtigen. Es ist nicht erforderlich, daß die technische Vorrichtung einen besonderen Wert hat. II 2 enthält keine solche Voraussetzung. Freilich werden nach § 8 II die sachlichen Generalunkosten des Sachverständigen grundsätzlich nicht zusätzlich vergütet, Schlesw SchlHA **82**, 175, OVG Lüneb Rpfleger **82**, 122 mwN. Trotzdem muß das Gericht unter Umständen zB berücksichtigen, daß der Sachverständige eine normale neue Schreibmaschine kaufen mußte, weil er heutzutage ein Gutachten nicht mehr handgeschrieben abliefern kann, aM Jessnitzer, Dolmetscher, 7. Abschn O V 2b.

b) Ausnahmen. Im übrigen gelten gegenüber den obigen Grundsätzen folgende Ausnahmen:

aa) Keine anderweitige Abgeltung. Der Aufwand für die technische Vorrichtung muß sich nicht anderweitig abgelten lassen können. Wenn der Sachverständige einen Dritten veranlaßt, ihm eine solche Vorrichtung zur Verfügung zu stellen, kann er die dadurch ihm selbst entstehenden Kosten nach § 8 I Z 1 in Rechnung stellen. Demgegenüber ist II 2 anwendbar, wenn der Sachverständige sich die Vorrichtung gekauft hat oder wenn er sie auf eigene Kosten betreibt.

bb) Notwendigkeit der Benutzung. Es muß objektiv notwendig gewesen sein, die technische Vorrichtung zu benutzen. Die bloße Existenz einer solchen Vorrichtung zur Verfügung des Sachverständigen reicht ebensowenig aus wie die Tatsache, daß der Sachverständige die Vorrichtung benutzt hat, solange diese Benutzung eben nicht objektiv notwendig war, sondern allenfalls nützlich oder zweckmäßig, Bbg JB **78**, 563, LG Schweinf JB **78**, 564.

Es reicht auch nicht aus, daß die Vorrichtung zwar vorhanden war und daß ihre Benutzung gerade durch diesen Sachverständigen auch objektiv notwendig gewesen wäre, daß er sie aber tatsächlich nicht benutzt hat, aus welchen Gründen auch immer, zB weil er ihre Benutzung nicht für notwendig hielt.

cc) Tatsächliche Benutzung. Der Sachverständige muß die technische Vorrichtung also nicht nur objektiv benötigt, sondern auch tatsächlich benutzt haben.

dd) Speziell technische Vorrichtung. Es muß sich schließlich um eine speziell technische Vorrichtung gehandelt haben. Es ist in diesem Rahmen unerheblich, ob die Vorrichtung mechanischer, chemischer, physikalischer oder ähnlicher Art war.

D. Besondere Umstände. Das Gericht muß innerhalb des Normalrahmens auch besondere Umstände berücksichtigen, unter denen der Sachverständige das Gutachten zu erarbeiten hatte. Diese Umstände muß man unabhängig von A bis C bedenken. Sie können zB dann vorliegen, wenn der Sachverständige seine Tätigkeit unter einem besonderen Zeitdruck ausüben mußte, wenn er unter besonders komplizierten Bedingungen am Untersuchungsort arbeiten mußte oder wenn sich seine Tätigkeit auf einen Feiertag oder auf eine Nachtzeit erstrecken mußte, Jessnitzer BB **73**, 1422.

Wenn andererseits zB ein ohnehin in anderer Sache gerade anwesender Sachverständiger spontan tätig werden kann und will, kann sich dieser Umstand dahin auswirken, daß man die Entschädigung im Rahmen von 40 bis 70 DM ermäßigen muß. Freilich wird ein Sachverständiger zu einer sofortigen Tätigkeit meist nur dann imstande sein, wenn er überdurchschnittliche Kenntnisse hat und wenn auch überdurchschnittliche Kenntnisse erforderlich sind. Diesen Umstand muß man wieder innerhalb des Normalrahmens zur Heraufsetzung der Entschädigung berücksichtigen.

Den Währungsverfall darf grundsätzlich nur der Gesetzgeber berücksichtigen. Denn der Währungsverfall ist gerade kein Umstand des Einzelfalls, sondern ein Umstand der allgemeinen Wirtschaft. Das gilt insbesondere auch nach einer Anhebung der Stundensätze.

Diese Frage ist **streitig. Wie hier** zB vgl schon Mü Rpfleger **78**, 154 mwN (das OLG will freilich im Fall IIIb eine Ausnahme zulassen), vgl ferner zB Bbg Rpfleger **87**, 340, 521, Düss MDR **85**, 508 und VersR **87**, 1019, Zweibr Rpfleger **85**, 74 je mwN, LG Mainz Rpfleger **87**, 436, Jessnitzer Dolmetscher 7. Abschn O 2b, s auch § 12 BRAGO Anm 2; **aM** Köln MDR **73**, 1032, Stgt JB **75**, 633, Zweibr Rpfleger **86**, 322, Meyer MDR **74**, 718.

Vgl freilich auch Anm 2 D, zum neuen Recht krit Bleutge NJW **77**, 335, Jessnitzer Verkehrsunfall und Fahrzeugtechnik **83**, 275, Kamphausen MDR **84**, 99 mwN.

E. Abwägung aller Gesichtspunkte. Das Gericht muß alle in A bis D genannten Gesichtspunkte sorgfältig miteinander abwägen und dabei ohne jede Schematisierung auf den Einzelfall abstellen, Mü NJW **70**, 1246, LG Konstanz NJW **71**, 259, LSG Mainz NJW **70**, 1255. Deshalb wäre ein zahlenmäßig festgelegter starrer Satz innerhalb des Rahmens gefährlich, Mü Rpfleger **70**, 258 (insofern bedenklich Zweibr NJW **71**, 259 und MDR **71**, 326, LG Lüneb JB **78**, 1230). Das Gericht muß also alle irgendwie gearteten Gesichtspunkte zur Sache und zur Person des Sachverständigen schon bei der Bemessung der Entschädigung aus dem Normalrahmen berücksichtigen. Richtlinien, zB Zweibr MDR **87**, 872, oder Punktsysteme, zB Schulz Rpfleger **87**, 193, können hilfreich sein, dürfen aber nicht schematisch angewandt werden. Vgl auch Anm 5.

Der Mindestsatz von 40 DM kommt nur dann in Betracht, wenn der Sachverständige eine sehr einfache Leistung erbracht hat. Das kann man freilich unter Umständen auch dann annehmen, wenn ein echter Fachmann tätig wurde. Denn sonst wäre der Mindestsatz nie anwendbar, weil jeder Sachverständige gewisse Fachkenntnisse mitbringen soll.

Der Höchstsatz von 70 DM ist keineswegs nur dann gerechtfertigt, wenn sämtliche erhöhenden Merkmale zusammen vorliegen. Bereits eines der Merkmale A bis D kann also einen Stundensatz von 70 DM rechtfertigen, vgl (je zum alten Recht) KG Rpfleger **71**, 78, Mü NJW **70**, 1246, LG Bayreuth JB **77**, 1615, Bleutge BB **71**, 504, Jessnitzer Dolmetscher 7. Abschn O 2b, so wohl auch Düss MDR **85**, 960, Ffm JB **77**, 1615, ferner Mü Rpfleger **77**, 340 je mwN (das OLG läßt das Zusammentreffen von 2 Merkmalen nach A bis D genügen), sofern nicht die anderen Merkmale der Zubilligung des Höchstsatzes entgegenwirken; **aM** Hamm NJW **71**, 1906 mwN (es müßten sämtliche erhöhenden Merkmale zusammentreffen).

Man darf den Höchstsatz von 70 DM aber natürlich keineswegs als den Regelsatz anwenden, vgl Düss Rpfleger **82** 243, Kblz JB **80**, 582, Mü Rpfleger **77**, 340, **79**, 157, Kamphausen MDR **84**, 99.

4) Erhöhung der Entschädigung, III. Eine Erhöhung nach III kommt in Betracht, wenn eine der folgenden Voraussetzungen vorliegt:

A. Auseinandersetzung mit der Lehre, IIIa. Die erhöhte Entschädigung ist für ein Gutachten zu gewähren, in dem der Sachverständige sich für den Einzelfall eingehend mit der wissenschaftlichen Lehre auseinanderzusetzen hat. Er kann dann bis zu 105 DM je Stunde erhalten. Dieser Betrag ist der Höchstsatz, Anm 4 D.

Voraussetzung einer solchen Erhöhung der Entschädigung ist eine eingehende Auseinandersetzung mit der wissenschaftlichen Lehre für den gerade vorliegenden Fall. Dieser Fall muß also als solcher eine derartige wissenschaftliche Auseinandersetzung erforderlich machen, Celle NJW **65**, 1097. Das kann man nicht schon dann annehmen, wenn der Sachverständige zur Begründung des Gutachtens wissenschaftliche Lehrmeinungen und einschlägiges Schrifttum anführt, Mü Rpfleger **62**, 229, oder wenn er die von ihm benutzte Prüfmethode lediglich unter Hinweisen auf das Schrifttum erläutert, KG NJW **70**, 1241.

Der Sachverständige muß vielmehr in einem wissenschaftlichen Meinungsstreit, der zur Entscheidung der Beweisfrage erheblich ist, mit einer eingehenden und selbständigen Begründung kritisch Stellung nehmen, BayObLG NJW **71**, 252, Hbg VersR **76**, 450, Hamm MDR **67**, 1519, LSG Stgt SGB **59**, 336, sei es, daß er sich einer der vorhandenen wissenschaftlichen Meinungen anschließt, sei es, daß er eine neue Meinung begründet. Er muß mithin eine Arbeit im Sinne und im Rang einer wissenschaftlichen Leistung erbringen, Celle NJW **62**, 1785.

Es ist nicht erforderlich, daß fremde wissenschaftliche Veröffentlichungen vorliegen, sofern der Sachverständige eine eingehende Auseinandersetzung mit der entscheidungserheblichen wissenschaftlichen Streitfrage auch ohne bereits vorhandene Meinungen vornehmen konnte und vorgenommen hat, Düss MDR **68**, 160, Kblz NJW **74**, 2056 mwN.

Es muß sich folglich in der Regel um eine schwierige Arbeit handeln, Hamm NJW **59**, 1602. Auch in diesen Fällen kommt es nicht darauf an, ob das Gutachten objektiv verwertbar ist, Anm 2 B am Ende.

Der nach IIIa erhöhte Stundensatz kommt sowohl für das schriftliche wie für das mündliche Gutachten in Betracht, das zB nach einer längeren Hauptverhandlung mit demjenigen Material notwendig werden kann, das erst in der Verhandlung zur Sprache kam. Da zu einem schriftlichen oder mündlichen Gutachten stets eine Vorbereitung gehört, erhält der Sachverständige für ein Gutachten, das die Voraussetzungen von IIIa erfüllt, den Stundensatz auch für die bei der Vorbereitung geleistete kritische Auseinandersetzung, Zweibr NJW **70**, 532, aM zB Mü Rpfleger **78**, 273.

BGH **LM** Nr 2 setzte (1967) eine eingehende Auseinandersetzung eines technischen Sachverständigen mit dem Stand der Technik in einer Patentnichtigkeitssache einer „Auseinandersetzung mit der wissenschaftlichen Lehre" gleich, ähnlich jetzt Kblz Rpfleger **80**, 36 mwN. Da aber der Gesetzgeber die letztere Formulierung bei der Neufassung des § 3 im Jahre 1969 und bei der Verabschiedung der Novellen 1975 und 1976 beibehalten hat, ist diese Meinung als ausdehnende Auslegung der Ausnahmeregel des IIIa kaum haltbar, aM BGH GRUR **84**, 340 ohne Begründung.

Wenn der Sachverständige ein schriftliches Gutachten erstattet hat, das die Voraussetzungen nach III a erfüllte, und dieses Gutachten dann in der mündlichen Verhandlung erläutert hat, kommt für diese mündliche Erläuterung unter Umständen nur der Satz nach II in Betracht. Dasselbe gilt dann, wenn der Sachverständige sein Gutachten nochmals vor der Verhandlung durcharbeiten muß. Denn es verweist zwar III 1 schlechthin auf II, auch spricht II von einer einheitlichen Bemessung, nimmt diese aber gerade nicht nach dem höchsten der in Betracht kommenden Sätze vor, Anm 2 E.

Wenn der Sachverständige auf Grund des in der Verhandlung neu zutage geförderten Materials ein abweichendes mündliches Gutachten erstattet, das seinerseits wieder die Voraussetzungen des III a erfüllt, dann erhält er auch für dieses abweichende mündliche Gutachten den erhöhten Satz III a.

Wegen einer etwaigen Kürzung vgl Anm 2 B am Ende.

B. Nicht zumutbarer Erwerbsverlust, III b. Eine Erhöhung bis zu 105 DM je Stunde kommt ferner dann in Betracht, wenn der Sachverständige durch die Dauer oder die Häufigkeit seiner Heranziehung einen nicht zumutbaren Erwerbsverlust erleiden würde.

Die Unzumutbarkeit muß sich gerade aus der Dauer oder Häufigkeit der Heranziehung des Sachverständigen ergeben. Man muß auf die persönlichen Verhältnisse des Sachverständigen abstellen, also zB darauf, ob er in seinem Beruf einen oder mehrere wichtige Kunden oder Partner oder Auftraggeber verlieren könnte, ob er ein wichtiges Projekt verzögern müßte, ob er andererseits durch die Gutachtertätigkeit im konkreten Fall für sich wesentliche Erkenntnisse und damit Verdienstmöglichkeiten gewinnen könnte. Jedoch reicht eine bloße Verdienstgefährdung nicht aus. Man muß zumindest eine Glaubhaftmachung der erheblichen Wahrscheinlichkeit eines tatsächlichen Erwerbsverlustes als Folge der Heranziehungsdauer und/oder der Heranziehungshäufigkeit fordern, vgl LG Schweinf JB **76**, 216.

Dabei ist aber großzügig zu verfahren. Sachverständige der in III b erwähnten Art sind ohnehin dünn gesät. Auch ein Angestellter kann nach III b begünstigt sein, Köln Rpfleger **80**, 36.

Ein unzumutbarer Erwerbsverlust fehlt, wenn der nicht hauptberufliche Sachverständige zB gerade während der nicht übermäßig langen oder nicht übermäßig häufigen Heranziehung beruflich nachweisbar besonders gut hätte verdienen können. Die durch diesen Umstand folgende Härte ist als Folge der staatsbürgerlichen Ehrenpflicht zum Dienst an der Rechtspflege, Grdz 1 A vor § 1, hinzunehmen. Diese Art von Verdienstausfall läßt sich nur im Rahmen des II 2 als das Vorliegen „besonderer Umstände" berücksichtigen, führt also zu einem Stundensatz von höchstens 70 DM je Stunde, insofern großzügiger Kamphausen MDR **84**, 99.

Auf Antrag darf das Gericht dem Sachverständigen einen Vorschuß gewähren, § 14 II.

Die Erhöhung nach III b ist jetzt (anders als ein Vorschuß, § 14 II) auch dann zulässig, wenn die Tätigkeit des Sachverständigen einen Zeitraum von weniger als 30 zusammenhängenden Tagen erfordert. Freilich ist dann ein gewisser Erwerbsverlust eher zumutbar.

C. Hauptberuflicher Sachverständiger, III b. Ein solcher Sachverständiger hat seine Berufseinkünfte im wesentlichen, also nicht nur überwiegend, aus einer gerichtlichen oder außergerichtlichen Sachverständigentätigkeit, Celle NJW **65**, 1097 und Rpfleger **89**, 42 mwN, Kblz MDR **68**, 519, Tschischgale Rpfleger **64**, 170; **aM** Hamm Rpfleger **64**, 191.

Dazu gehören auch zB: Der Technische Überwachungsverein, Celle Rpfleger **89**, 42 mwN, KG VRS **43**, 230, Mü Rpfleger **76**, 265, Nürnb MDR **68**, 171, OVG Münster Rpfleger **84**, 248 mwN, offen Köln Rpfleger **80**, 36; wohl auch der DEKRA, Kblz MDR **78**, 514, Zweibr MDR **89**, 93; die Bayerische Landesgewerbeanstalt, Mü Rpfleger **76**, 265.

Die Voraussetzungen einer Erhöhung nach III b entfallen, soweit der Berufssachverständige noch weitere erhebliche Einkünfte aus einer anderen Berufstätigkeit hat, Kblz MDR **68**, 519 (noch zur ganz alten Fassung von III c, die dem jetzigen III b im wesentlichen entsprach), insofern auch LG Krefeld Rpfleger **82**, 317 (s aber auch unten), LG Schweinf JB **76**, 216, oder soweit der Sachverständige im Rahmen einer Beamtenpflicht tätig wird, § 1 Anm 4 B, Düss Rpfleger **83**, 129.

Im übrigen ist es unerheblich, für wen der hauptberufliche Sachverständige noch tätig wird. Es kommt auch nicht darauf an, ob er offiziell nur eine vom Dienstherrn genehmigte Nebentätigkeit ausübt, insofern aM LG Krefeld Rpfleger **82**, 317 (aber maßgeblich ist nur das tatsächliche Verhältnis zwischen Gutachten- und „Haupt"-Einnahmen).

Seine Besserstellung erfolgt, weil er kein Ablehnungsrecht hat, §§ 407 ZPO, 75 StPO, Düss MDR **88**, 170, KG OLGZ **81**, 182, Saarbr Rpfleger **88**, 166, weil er daher auf manchen besser bezahlten Auftrag aus der freien Wirtschaft verzichten muß, vgl Bbg Rpfleger **87**, 521, ferner Hamm JB **70**, 675, Köln Rpfleger **80**, 36, Saarbr Rpfleger **88**, 166, Schlesw SchlHA **83**, 62, OVG Lüneb NdsRpfl **81**, 127, und weil seine allgemeinen Unkosten während seiner gerichtlichen Tätigkeit weiterlaufen, OVG Lüneb NdsRpfl **81**, 127. Eine Rente zählt nicht zu den Berufseinkünften, Schlesw SchlHA **83**, 62.

Demgegenüber kommt es nicht darauf an, daß ein solcher Sachverständige es hinnehmen muß, daß er vielleicht mit einem derartigen gerichtlichen Gutachten nicht voll dasjenige verdient, was er auf Grund eines privaten entsprechenden Auftrags erhalten würde. Daraus folgt: Wenn das Gericht einen hauptberuflichen Sachverständigen nur einmal oder nur ganz gelegentlich heranzieht, kann er deshalb noch nicht den Zuschlag nach III b ganz oder zum Teil verlangen, Bbg NJW **65**, 365. Das Gericht kann diesem Sachverständigen einen solchen Zuschlag aber wegen seines Spielraums zur Ausübung eines „billigen Ermessens" trotz der damaligen Neufassung von III nur unter einer Berücksichtigung des Erwerbsverlustes zubilligen, also eines sonst im allgemein höheren Verdienstes.

Man muß dabei von der Differenz zwischen dem höheren Verdienst und dem Satz nach II ausgehen und sie auf ein erträgliches, für den Sachverständigen annehmbares Maß zurückführen, Kblz Rpfleger **88**, 589 mwN, Mü Rpfleger **76**, 265. Der Verlust muß, wenn nicht allzu erheblich, so doch einigermaßen ins Gewicht fallen, Hamm NJW **72**, 1534 (er müsse beträchtlich sein), Hamm Rpfleger **66**, 61 (er müsse ein beträchtliches Maß erreichen; diese Entscheidung fordert wohl zu viel).

Der Sachverständige muß darlegen, daß der Verlust ihn einigermaßen trifft. Er soll kein unzumutbares Opfer bringen, zumal man immer wieder auf solche Sachverständige zurückgreifen muß und zumal sie infolge ihrer Tätigkeit auch im allgemeinen in der Lage sind, das Gutachten schneller als andere Sachverständige zu erstatten.

Es kommt nicht darauf an, ob der tatsächliche Gesamtverdienst einem vollen Arbeitspensum entspricht, aM Hamm JB **70**, 1006. Auch wer nur zwei Stunden pro Tag arbeiten will und kann, etwa als Pensionär, kann seine jetzigen „Berufseinkünfte", einen großzügig auszulegenden Begriff, „im wesentlichen" als Sachverständiger beziehen. Selbst eine Tätigkeit, die im wesentlichen als gerichtlicher und zugleich als außergerichtlicher Sachverständiger erfolgt, beseitigt den Ermessensspielraum des Gerichts nach III b nicht, Schlesw SchlHA **83**, 62, Zweibr MDR **74**, 68.

Das Gericht muß bei der Ausübung seines Ermessens alle Umstände des Einzelfalls berücksichtigen, Kblz Rpfleger **88**, 509. Es darf keinesfalls eine Schematisierung nach dem Prozentsatz der Beschäftigung des Sachverständigen für Gerichte und Staatsanwaltschaften vornehmen, zumal das Gesetz jetzt die außergerichtliche der gerichtlichen Berufssachverständigentätigkeit gleichstellt.

Diese Frage ist **streitig. Wie hier** zB grds Saarbr Rpfleger **88**, 166; **aM** zB Düss Rpfleger **83**, 461 (das OLG verlangt, daß der Sachverständige mindestens ¾ seiner Einkünfte aus dieser Tätigkeit beziehe), Hamm Rpfleger **65**, 21 (das OLG geht von $\frac{1}{12}$ der Gesamttätigkeit aus), im Ergebnis auch Saarbr Rpfleger **88**, 166 (75% des im freien Beruf erzielbaren Stundensatzes), ferner Zweibr MDR **71**, 326 (das OLG billigt einem Kraftfahrzeugsachverständigen einen Zuschlag von 25% zu), LG Traunstein NJW **64**, 462 (das LG billigt mehr als 20% Zuschlag zu).

Gegen eine solche Schematisierung spricht auch der Umstand, daß das Gesetz selbst bereits eine Abstufung vorsieht, indem es eine Erhöhung „bis zu 50%" vorsieht, also einen Höchstsatz von 105 DM, vgl Bbg Rpfleger **87**, 340 (abl Strohhöfer Rpfleger **87**, 521).

Soweit die Tätigkeit des Sachverständigen darin besteht, daß er nur oder fast ausschließlich Gutachten für Gerichte und Staatsanwaltschaften erstattet, etwa als ein Verkehrssachverständiger, hat er auch keine Erwerbsversäumnis, Bbg NJW **64**, 365; das übersieht Saarbr Rpfleger **88**, 165.

Ausgeschlossen ist natürlich auch eine Entschädigung über denjenigen Betrag hinaus, den der Sachverständige in den entsprechenden Fällen sonst als Verdienst erzielt. Man muß ferner berücksichtigen, daß der Sachverständige einen Erwerbsausfall unter Umständen durch die Einstellung eines Vertreters ausgleichen kann. Man muß dem Sachverständigen dann aber die Kosten des Vertreters erstatten, § 11 Anm 2 C.

D. Zusammentreffen der Erhöhungstatbestände nach III. Es ist denkbar, daß die Voraussetzungen nach A und B oder nach A und C oder nach B und C zusammentreffen. In keinem dieser Fälle darf man den Sachverständigen insgesamt mehr als höchstens 105 DM je Stunde gewähren, III 2. Zwar ist das Gesetz nach seinem Wortlaut für den Fall des Zusammentreffens der Fälle B und C, also der beiden Unterfälle von § 3 III b, unklar. Der Sinn des Gesetzes richtet sich jedoch eindeutig gegen jede Erhöhung über den absoluten Höchstsatz von 105 DM hinaus.

5) Entschädigungshöhe im Einzelfall, II, III. Der Sachverständige hat unter den Voraussetzungen des Gesetzes einen Anspruch auf eine entsprechende Entschädigung, sobald die zeitlichen Voraussetzungen ebenfalls vorliegen. Der Rechtsweg ist zulässig, § 16, aber natürlich kann der Sachverständige auch den Mißbrauch des Ermessens nach III b rügen.

Die in II und III genannten Sätze sind Höchstsätze, wie die Gesetzesworte „bis", „bis zu" zeigen, also nicht etwa Regelsätze. Man darf die Höchstsätze nicht überschreiten, Hamm NJW **67**, 693, vgl auch Anm 4 D.

Der Mindestsatz beträgt stets 40 DM. Denn III verweist auf II. Der Rahmen beträgt also in den Fällen nach III weder 70–105 DM noch 60–105 DM, sondern 40–105 DM. Infolgedessen liegt die Mitte der Rahmen in den Fällen II bei 55 DM, in den Fällen nach III bei 72,50 DM, nicht etwa bei 87,50 DM und auch nicht bei 82,50 DM.

Das Gericht muß nach den gesamten Umständen des Einzelfalls prüfen, wie hoch die Entschädigung innerhalb dieser Rahmen zu bemessen ist, zB Bbg Rpfleger **87**, 470 (40%), Bbg Rpfleger **87**, 521, Celle Rpfleger **87**, 478 (50%), Hbg Rpfleger **87**, 478 (30%), Mü Rpfleger **87**, 478 (50%), Zweibr Rpfleger **87**, 478 (50%), LG Mainz Rpfleger **87**, 478 (50%); vgl auch Anm 3 E.

Man darf auch nicht etwa einer Berufsgruppe von vornherein den Höchstsatz zubilligen, etwa den Wirtschaftsprüfern oder Architekten.

Hbg MDR **61**, 416 versagt dem Sachverständigen unter Berufung auf bürgerlichrechtliche Grundsätze dann, wenn er eine vom Gericht beanstandete Rechnung korrigiert, einen höheren als den zunächst geforderten Gesamtbetrag.

Zu berücksichtigende Zeit

4 Bei Zeugen gilt als versäumt und bei Sachverständigen gilt als erforderlich auch die Zeit, während der sie ihrer gewöhnlichen Beschäftigung infolge ihrer Heranziehung nicht nachgehen können.

1) Unterbrechung der gewöhnlichen Beschäftigung. A. Grundsatz. § 4 soll einer zu engen Auslegung der Begriffe „versäumte Arbeitszeit" in § 2 und „erforderliche Zeit" in § 3 entgegenwirken. Zu § 4 zählt derjenige Zeitraum, in dem der Zeuge oder Sachverständige der gewöhnlichen Beschäftigung nicht nachgehen konnte. Hierhin zählen zB: Die Zeit zur Vorbereitung auf den Termin, Sannwald NJW **84**, 2498, oder für den Weg zum Termin und für den Rückweg.

B. Zeuge. Der Zeuge hat nicht nur diejenige Zeit versäumt, die er wirklich für die Terminswahrnehmung aufgewendet hat, sondern auch diejenige Zeit, die er zur Vorbereitung und zur Abwicklung nach dem Termin benötigte. Beispiel: Ein Arbeiter versäumt 1 Stunde. Er kann aber, etwa als Bergmann, seine Beschäftigung an diesem Tag nun überhaupt nicht ausüben. Er verliert daher einen vollen Arbeitstag. Die vom Zeugen versäumte Zeit wird auf Grund der Entfernung vom Wohnort oder von der Arbeitsstelle zum Terminsort und zurück berechnet. Man muß aber auch den Beginn notwendiger Vorarbeiten berücksichtigen, LG Marbg Rpfleger **85**, 211, etwa dann, wenn ein Bücherrevisor als Zeuge Bücher durchsehen muß, um überhaupt etwas sachdienlich aussagen zu können.

Überhaupt muß man die gesamte Vorbereitungszeit für einen Termin, die man einem Zeugen zumuten kann, auch entschädigen. Hierunter kann auch eine notwendige Reisezeit fallen, vgl auch § 2 Anm 2 A. Natürlich gehört auch die Reise zum und vom Terminsort hierher, ebenso das Warten an der Gerichtsstelle und dergleichen.

Eine Pause für die Nachtruhe, zum Essen und zur Erholung bleibt im allgemeinen unberücksichtigt. Jedoch muß man einem Zeugen, der zB an einem lang ausgedehnten Termin teilgenommen hat und anschließend zu seinem auswärtigen Wohnort zurückkehren muß, vorher eine Essenspause zubilligen.

C. Sachverständiger. Die Grundsätze zu A gelten auch zu Gunsten des Sachverständigen. Für die Frage, welche Zeit er zur Anfertigung des Gutachtens benötigte, kommt es nicht darauf an, ob der Sachverständige während dieser Zeit sonst eine andere Beschäftigung gehabt hätte. Er darf also auch seine sonst freie Zeit für das Gutachten verwenden und wird dafür entschädigt, auch zB für eine durch das Gutachten entgangene Urlaubszeit. Natürlich zählt auch die Zeit der Vorbereitung, der Materialsammlung, des notwendigen Studiums von Schrifttum für diesen Fall, LG Marbg Rpfleger **85**, 211, der Ausarbeitung und des Diktats des Gutachtens hierher, § 3 Anm 2 B, C.

Die Zeit der Reise zum Terminsort, wo der Sachverständige das Gutachten erläutern soll, einschließlich einer notwendigen Übernachtung sowie die Terminszeit selbst und die Zeit für die Vorbereitung auf den Termin ist zu entschädigen. Die Entschädigung für die so festgestellten Zeiten ist einheitlich zu bemessen, § 3 II 2 Hs 2. Wenn der Sachverständige ein Gutachten nach § 3 III a erstattet hat, gilt der Stundensatz auch für die Anfertigung des Gutachtens, § 3 Anm 4 A, B.

2) Einzelfragen. Der Zeuge oder Sachverständige hat kein Recht, an einem Sonn- oder Feiertag von seinen Pflichten entbunden zu werden. Denn die Erfüllung seiner Aufgaben ist eine öffentlichrechtliche, staatsbürgerliche Ehrenpflicht, Grdz 1 vor § 1.

Von diesem Grundsatz kann zB dann eine Ausnahme gelten, wenn der Zeuge oder Sachverständige sich durch religiöse Bedenken verhindert fühlt, an einem Feiertag zu reisen. Er muß diesen Umstand dem Gericht aber rechtzeitig mitteilen, damit es prüfen kann, ob es den Termin deshalb verlegen soll.

Das Gericht darf und muß die Mehrkosten einer Reise von auswärts streichen, soweit der Vorgeladene in der Ladung auf die Notwendigkeit hingewiesen worden war, eine Reise von einem anderen als demjenigen Ort, an dem er geladen wurde, dem Gericht rechtzeitig mitzuteilen, oder soweit er vernünftigerweise auch nicht annehmen konnte, das Gericht werde seine Herreise von dem entfernteren Ort wünschen. Etwas anderes gilt dann, wenn das Gericht die Herreise trotzdem für zweckmäßig befindet. Das Gericht muß aber in solchen Fällen mindestens diejenigen Kosten erstatten, die eine Reise vom näheren Ort verursacht hätte.

Besondere Leistungen

5 **I Soweit ein Sachverständiger oder ein sachverständiger Zeuge Leistungen erbringt, die in der Anlage bezeichnet sind, bemißt sich die Entschädigung nach der Anlage.**

II Für Leistungen der in Abschnitt 0 des Gebührenverzeichnisses für ärztliche Leistungen (Anlage zur Gebührenordnung für Ärzte) bezeichneten Art erhält der Sachverständige in entsprechender Anwendung dieses Gebührenverzeichnisses eine Entschädigung nach dem 1,1fachen Gebührensatz. § 1 Abs. 2, § 4 Abs. 2, 3 und 4 Satz 1, § 10 der Gebührenordnung für Ärzte gelten entsprechend; im übrigen bleiben die §§ 8 und 11 unberührt.

III Für die zusätzlich erforderliche Zeit wird eine Entschädigung in Höhe der Mindestentschädigung nach § 3 Abs. 2 für jede Stunde gewährt. Wird eine Tätigkeit zu außergewöhnlicher Zeit oder unter außergewöhnlichen Umständen notwendig, kann die Gesamtentschädigung nach Absatz 1 oder 2 um bis zu 50 Deutsche Mark erhöht werden.

Anlage

Lfd. Nr.	Bezeichnung der Leistung	Entschädigung in DM
1	Der Arzt, der eine Leiche, Teile einer Leiche oder eine Leibesfrucht besichtigt oder bei einer richterlichen Leichenschau mitwirkt, erhält hierfür und für seinen zur Niederschrift gegebenen Bericht	60
	Für mehrere solcher Verrichtungen bei derselben Gelegenheit erhält der Arzt höchstens	145
	Sind Berichte schriftlich zu erstatten oder nachträglich zur Niederschrift zu geben, so erhält der Arzt für jeden Bericht	30
	höchstens	100
2	Jeder Obduzent erhält	
	a) für die Leichenöffnung	240
	Bei einer Obduktion unter besonders ungünstigen Bedingungen beträgt die Entschädigung	335
	War die Leiche schon beerdigt oder ist sie nach längerer Zeit aufgefunden, so beträgt die Entschädigung	485
	b) für die Sektion von Teilen einer Leiche oder die Öffnung einer nicht lebensfähigen Leibesfrucht	100
	Bei einer Sektion oder Obduktion unter besonders ungünstigen äußeren Bedingungen beträgt die Entschädigung	145
	Die Entschädigung umfaßt auch den zur Niederschrift gegebenen Bericht einschließlich des vorläufigen Gutachtens.	
3	Der Arzt erhält für die Ausstellung des Befundscheins oder die Erteilung einer schriftlichen Auskunft ohne nähere gutachtliche Äußerung	10–30
	Bei einer außergewöhnlich umfangreichen Tätigkeit erhält der Arzt bis zu	60

Lfd. Nr.	Bezeichnung der Leistung	Entschädigung in DM
4	Der Arzt erhält für das Zeugnis über einen ärztlichen Befund mit kurzer gutachterlicher Äußerung oder für ein Formbogengutachten, wenn sich die Fragen auf Vorgeschichte, Angaben und Befund beschränken und nur ein kurzes Gutachten erfordern	45
	Bei einer außergewöhnlich umfangreichen Tätigkeit erhält der Arzt bis zu	90
5	Für die Untersuchung eines Lebensmittels oder eines Bedarfsgegenstandes, Arzneimittels und dgl. oder von Wässern oder Abwässern und eine kurze schriftliche, gutachtliche Äußerung beträgt die Entschädigung für jede Probe	8–70
	Bei außergewöhnlich umfangreichen Untersuchungen beträgt die Entschädigung bis zu	250
6	Für die mikroskopische, physikalische, chemische, toxikologische, bakteriologische, serologische Untersuchung, wenn das Untersuchungsmaterial von Menschen oder Tieren stammt, und eine kurze gutachtliche Äußerung, einschließlich des verbrauchten Materials an Farbstoffen und anderen geringwertigen Stoffen, beträgt die Entschädigung je Organ oder Körperflüssigkeit.	8–70
	Bei außergewöhnlich umfangreichen Untersuchungen beträgt die Entschädigung bis zu	250
7	Die Entschädigung beträgt für	
	a) jede elektrophysiologische Untersuchung eines Menschen	15–145
	b) die raster-elektronische Untersuchung eines Menschen oder einer Leiche, auch mit Analysenzusatz	15–365
	Die Entschädigung umfaßt auch eine kurze gutachtliche Äußerung und den mit der Untersuchung verbundenen Aufwand.	
8	Bei Blutgruppenbestimmungen beträgt die Entschädigung für jede zu untersuchende Person	
	a) für die Bestimmung der ABO-Blutgruppe	20
	für die Bestimmung der Untergruppe.	15
	b) für die MN-Bestimmung	15
	c) für die Bestimmung der Merkmale des Rh-Komplexes (C, C^w, c, D, E, e und weitere) je Merkmal.	20
	insgesamt höchstens	110
	d) für die Bestimmung der Blutgruppenmerkmale P, K, S und weitere, falls direkt bestimmbar, je Merkmal	20
	insgesamt höchstens	110
	e) für die Bestimmung nur indirekt nachweisbarer Merkmale (D^u, s, Fy und weitere) je Merkmal	30
	insgesamt höchstens	115
	f) für die Bestimmung von Merkmalen des HLA-Systems:	
	20 bis 29 Merkmale	145
	30 und mehr Merkmale	215
	g) für den zusätzlich erforderlichen Titrationsversuch	30
	h) für den zusätzlich erforderlichen Spezialversuch (Absättigung, Bestimmung des Dosiseffekts usw.)	45

Lfd. Nr.	Bezeichnung der Leistung	Entschädigung in DM
	i) für die Bestimmung der Typen der sauren Erythrozyten-Phosphatase, die Bestimmung der Phosphoglucomutase, der Adenylatkinase, der Adenosindesaminase oder der Glutamatpyruvattransaminase	45
	k) für die Bestimmung der Merkmale des Gm-Systems oder des Inv-Systems je Merkmal	45
	insgesamt höchstens	145
	l) für die Bestimmung des Haptoglobintyps	45
	m) für die Bestimmung der Gruppe Gc	45
	n) Für eine in den Buchstaben a bis m nicht genannte Blutgruppenbestimmung wird wie für eine an Arbeitsaufwand vergleichbare Bestimmung entschädigt.	
	o) Für das schriftliche Gutachten beträgt die Entschädigung je untersuchte Person	20
	Die Entschädigung umfaßt das verbrauchte Material, soweit es sich um geringwertige Stoffe handelt.	
9	Für jede Blutentnahme beträgt die Entschädigung	10
	Die Entschädigung umfaßt auch eine Niederschrift über die Feststellung der Identität.	
10	Bei erbbiologischen Abstammungsgutachten nach den anerkannten erbbiologischen Methoden beträgt die Entschädigung	
	a) für die Leistung des Sachverständigen	
	aa) wenn bis zu drei Personen untersucht werden	870
	bb) für die Untersuchung jeder weiteren Person	215
	b) für die bei der Vorbereitung und Erstattung des Gutachtens aufgewendeten Kosten	
	aa) wenn bis zu drei Personen untersucht werden	260
	bb) für die Untersuchung jeder weiteren Person	65
	Hat der Sachverständige Einrichtungen einer Körperschaft, Anstalt oder Stiftung des öffentlichen Rechts benutzt, so erhält er die Entschädigung nach Buchstabe b nur bis zur Höhe der tatsächlich aufgewendeten Kosten, höchstens jedoch die Beträge nach Buchstabe b.	
	Die Entschädigung nach den Buchstaben a und b umfaßt die gesamte Tätigkeit des Sachverständigen und etwaiger Hilfspersonen, insbesondere die Untersuchung, die Herstellung der Lichtbilder einschließlich der erforderlichen Abzüge, die Herstellung von Abdrücken, etwa notwendige Abformungen und dgl. sowie die Auswertung und Beurteilung des gesamten Materials; sie umfaßt ferner die Post- und Fernsprechgebühren sowie die Kosten für die Anfertigung des schriftlichen Gutachtens in drei Stücken und für einen Durchschlag für die Handakten des Sachverständigen.	
	Die Entschädigung umfaßt nicht die Leistungen nach den Nummern 6, 7, 8 und 9 dieser Anlage, dem Abschnitt 0 des Gebührenverzeichnisses für ärztliche Leistungen (Anlage zur Gebührenverordnung für Ärzte) und die Begutachtung etwa vorhandener erbpathologischer Befunde durch Fachärzte.	

Vorbem. § 5 neu gefaßt, Anl zu § 5 geändert durch Art 4 I Z 3, II G v 9. 12. 86, BGBl 2326, in Kraft seit 1. 1. 87, Art 10; Übergangsrecht § 18.

1) Allgemeines. A. Festsatz. Abweichend von dem Prinzip des § 3, dort Anm 2 A, enthält der als Spezialvorschrift vorrangige § 5 für die in seiner Anlage und für die in II durch Verweisung auf die GOÄ genannten Leistungen meist Festgebühren sowohl für den Sachverständigen als auch wie für den sachverständigen Zeugen. Für eine Tätigkeit nach § 5 erfolgt eine Entschädigung also nicht nach dem normalen Zeitaufwand und auch nicht auf Grund der sonstigen Merkmale des § 3, Karlsr Rpfleger **89**, 173. Die Gebühren des § 5 sollen die Abrechnung dieser meist komplizierten Tätigkeiten vereinfachen und dazu beitragen, daß solche Tätigkeiten überall einigermaßen gleichmäßig vergütet werden. Der sachverständige Zeuge ist im Umfang des § 5 einem Sachverständigen gleichgestellt.

Auch diese Entschädigungsart unterliegt der Verfassung, insbesondere dem Art 12 GG, § 3 Anm D b, also zumindest der Notwendigkeit eines Überschusses über die Unkosten, Schlesw SchlHA **88**, 115.

B. Umfang der Leistung. Die Gebühren nach der Anlage zu I und nach der GOÄ in Verbindung mit II betreffen nur die dort genannten Leistungen. Das ergibt sich für I schon aus dem Wort „soweit" im Gesetzestext und im übrigen aus dem Charakter eng auszulegender Sonderregeln. Wenn das Gericht vom Sachverständigen eine Tätigkeit verlangt, die über die Leistungen nach der Anlage zu I und nach der GOA iVm II hinausgeht, kommt insoweit § 3 zur Anwendung, VGH Mü NJW **73**, 1430. Soweit ein sachverständiger Zeuge über die Leistungen der Anlage zu I und der GOÄ iVm II hinaus tätig wird, kommt für ihn § 2 in Betracht. Denn er ist nur wegen der in § 5 genannten Leistungen dem Sachverständigen gleichgestellt.

Eine Vergütung nach § 3 kommt zB insoweit in Betracht, als der Sachverständige ein Gutachten erstatten soll, das über eine in I, II erwähnte vorläufige oder kurze vorläufige gutachtliche Äußerung hinausgeht. Wenn für ein solches weitergehendes Gutachten eine nochmalige Untersuchung erforderlich ist, kann die dafür erforderliche Tätigkeit durch die Pauschalentschädigung nach § 5 schon abgegolten sein, jedoch dort, wo § 5 Rahmensätze nennt, berücksichtigt werden, vor allem bei Z 5 und 6.

Ein Krankenhausarzt darf im Rahmen der Sätze der Anlage zu I den Unterschiedsbetrag zwischen den Vollkosten und den Sachkosten im Sinne des Tarifs der Deutschen Krankenhausgesellschaft (DKG-MT) fordern, soweit nicht II anwendbar ist, vgl (zum alten Recht) VGH Mü NJW **73**, 1429.

Der Sachverständige bzw sachverständige Zeuge erhält außerdem (nur noch) im Fall II den Ersatz für Aufwendungen, §§ 8, 11, soweit sie nicht in Abschnitt O der GOÄ aufgeführt sind, vgl auch C. Denn I nennt bei seiner vorrangigen und deshalb eng auszulegenden Sonderregel, A, anders als § 5 S 1 Hs 2 aF die §§ 8, 11 nicht mehr. Die aF war zwar vielleicht nach damaliger Lage überflüssig; dann wäre aber nach heutiger auch II letzter Hs überflüssig, aM BTDrs 10/5113 (aber auch dort wird nur auf den Vorrang der GOÄ verwiesen).

Die Hinweise in der Anl zu § 5 Z 7 letzter Satz, Z 8 letzter Satz und Z 10 S 3 und 4 auf die Mitabgeltung der dort genannten Aufwände lassen nicht den Umkehrschluß zu, daß in allen anderen Fällen §§ 8, 11 trotz des abschließenden Vorrangs des § 5 anwendbar bleiben; gerade wegen dieses Vorrangs von § 5 war die ausdrückliche Verweisung in II letzter Hs, die schon nach ihrer dortigen Stellung eindeutig nur für II gilt, nötig. Mag der Gesetzgeber ein etwaiges redaktionelles Versehen in I als solches klarstellen.

Diese Fragen sind **streitig. Wie hier** zB Karlsr Rpfleger **89**, 173, jedenfalls im Ergebnis auch Stgt Just **87**, 154 und Just **88**, 67 (je zu Anl Z 8); **aM** zB Meyer-Höver 260 (aber auch Z 1, 8 usw hätten eben einen Schlußhinweis auf §§ 8, 11 erhalten können und müssen).

Der Sachverständige bzw sachverständige Zeuge hat außerdem einen Anspruch auf die Erstattung seiner Fahrtkosten, Wegegelder und Reiseaufwendungen, §§ 9, 10. Für denjenigen Zeitraum, der durch die Reise für die Leistung zusätzlich erforderlich wird, erhält er eine zusätzliche Entschädigung nach III.

C. Hilfsperson. Zur Vergütung nach § 5 ist eine höchstpersönliche Leistung nicht unbedingt erforderlich, LSG Stgt NJW **67**, 694. Eine höchstpersönliche Leistung kann allerdings dann erforderlich sein, wenn das Gericht sie ausdrücklich angeordnet hat oder wenn sich auch ohne eine solche Anordnung aus der Sache ergibt, daß sie unabdingbar ist. Der Sachverständige muß seine Hilfskraft beaufsichtigen, LSG Stgt NJW **67**, 694.

Die früher bei einer Leichenöffnung vorgesehene Gebühr für eine Hilfsperson, den Sektionsgehilfen, entfällt aus den in B genannten Gründen. Die Heranziehung einer Hilfsperson im Fall der Erstattung eines erbbiologischen Gutachtens ist durch die Gebühr nach Z 10 der Anlage zu I abgegolten. Insofern ist also § 11 unanwendbar, denn § 5 I Z 10 ist eine vorrangige Spezialregelung gegenüber § 11.

2) Leistungen nach der Anlage zu I im einzelnen. Die Festgebühren oder Rahmengebühren nach der Anlage kommen unter folgenden Voraussetzungen in Betracht:

A. Leichenbesichtigung, Leichenschau, Z 1. Anläßlich der Besichtigung der Leiche, von Teilen einer solchen oder einer Leibesfrucht mit der Sachverständige sofort einen schriftlichen Bericht abfassen. Dieser Bericht wird durch die Gebühr von 60–145 DM abgegolten. Er erhält die Zusatzgebühr von 30–100 DM nur insofern, als eine besondere Berichterstattung sofort oder nachträglich verlangt worden ist.

B. Leichenöffnung, Z 2. Durch die Gebühr für die Obduktion ist auch die Teilnahme an der Exhumierung abgegolten. Im letzteren Fall muß das Gericht allerdings wohl in der Regel den erhöhten Satz zubilligen, weil dann durchweg „besonders ungünstige Bedingungen" vorliegen dürften.

Für die Beschaffung von Chemikalien, Watte usw erfolgt eine Entschädigung nach § 8 I Z 1. Für etwaige weitergehende Untersuchungen erfolgt eine Entschädigung nach Z 6.

Düss (1. StS) Rpfleger **80**, 317 billigt sehr großzügig [jetzt:] 485 DM auch dann zu, wenn der Zustand der Leiche demjenigen einer schon beerdigt gewesenen entspricht; dagegen mit Recht Düss (3. StS) Rpfleger **81**, 37.

C. Befundschein, Zeugnis usw, Z 3, 4. Diese Vorschriften unterscheiden sich, soweit es sich um einen Befundschein handelt, dadurch, daß bei Z 4 ein kurzes Gutachten beizufügen ist. Soweit das Gericht mehr erfordert (es kommt also auf die Beweisfrage an), ist § 3 anwendbar, Anm 1 B. Die Untersuchung, die zu der Feststellung des Befunds oder der schriftlichen Auskunft führt, ist abgegolten. Für eine außergewöhnlich umfangreiche Tätigkeit ohne eine nähere gutachtliche Äußerung erhält der Sachverständige höchstens 90 DM. Die Vergütung für eine Tätigkeit zu einer außergewöhnlichen Zeit usw ist jetzt in § 5 III 2 geregelt.

D. Untersuchung eines Lebensmittels usw, Z 5. Vgl zunächst C sowie zur Frage der Verfassungsmäßigkeit Anm 1 A. Unter „Probe" ist die gezogene und dem Sachverständigen gesondert vorgelegte Menge zu verstehen, nicht jede einzelne mit ihr vorgenommene Messung, also nicht jeder Parameter usw, Schlesw SchlHA **88**, 115. Jede derartige Probe wird gesondert vergütet, aM 22. Aufl. Im Fall einer außergewöhnlich umfangreichen Untersuchung darf das Gericht bis zu 250 DM zubilligen, Schlesw SchlHA **88**, 132.

E. Mikroskopische Untersuchung usw, Z 6. In Betracht kommt zB eine Blutuntersuchung auf Alkohol. Wegen des Gutachtens vgl C. Die dann übliche kurze gutachterliche Äußerung ist abgegolten, Düss Rpfleger **80**, 406. Wenn der Sachverständige ein Leichenteil in verschiedenen Einzeluntersuchungen auf verschiedene Gifte prüft, stellt jede Untersuchung eine Probe dar, LG Kblz **KR** Nr 11. Vgl im übrigen auch D. LSG Celle NJW **78**, 607 nimmt einen außergewöhnlichen Umfang an, wenn die Gebühr bei einer Einzelberechnung nach den einfachen Sätzen der GebO den Höchstrahmen von 70 DM um mehr als 50% überschreitet; strenger Schlesw SchlHA **86**, 47. Nur das verbrauchte Material von geringem Wert ist abgegolten. Im übrigen kommt insofern § 8 I Z 1 zur Anwendung.

F. Untersuchung eines Menschen, Z 7. Die Bestimmung regelt die von § 5 II nicht erfaßten Fälle, zu ihnen Anm 3.

G. Blutgruppenbestimmung, Z 8. Vgl auch die Richtlinien für die Erstattung gerichtlicher Blutgruppengutachten, BGesundhBl **73**, 149, BGH **21**, 337. Die Gebühr entsteht für jede untersuchte Person besondern, auch wenn die Vergleichspersonen identisch sind, KG Rpfleger **63**, 59. a–o können nebeneinander anwendbar sein, zum Teil mehrmals (bei c je Rhesusmerkmal, hier jedoch mit der Beschränkung auf den 5fachen Grundbetrag je Person und bei derselben Blutprobe). Ähnliches gilt bei d für die Faktoren P, K usw (höchstens 5mal) und bei e (höchstens 4mal).

Die Aktendurchsicht wird nicht besonders vergütet. „Geringwertig" ist ein Stoff, dessen Kosten 25% der jeweils für die einzelne Untersuchung vorgesehenen Entschädigung nicht überschreiten, Mü MDR **88**, 592. Ein Ersatzanspruch entsteht aber im Fall der Beschaffung besonderer Seren, § 8 I Z 1. Denn sie stellen keinen geringwertigen Stoff dar, LG Bln Rpfleger **58**, 164. Die Einbeziehung des Lutheran-Systems ist nicht besonders vergütbar, Mü Rpfleger **76**, 409 (diese Entscheidung ist zum alten Recht ergangen, gilt aber auch nach dem neuen, denn das jetzige Gesetz erwähnt das Lutheran-System nicht).

Wenn eine asservierte Blutprobe sowie eine neue Blutprobe darauf untersucht werden, ob die asservierte von derselben Person abstammt, dann ist Z 8 auf jede dieser Untersuchungen anwendbar, Karlsr Rpfleger **80**, 165.

H. Blutentnahme, Z 9. Die Blutentnahme ist in den Fällen einer Untersuchung nach den Z 6, 8 und 10 also besonders zu vergüten. Für die dazu benötigte Venüle hat der Sachverständige einen Ersatzanspruch nach § 8 I Z 1. Die notwendige Identitätsprüfung ist abgegolten, Hamm Rpfleger **62**, 110. Eine höchstpersönliche Entnahme ist grundsätzlich nicht erforderlich, Anm 1 C, aM LSG Stgt NJW **67**, 694 (aber das dort verlangte Verfahren ist praktisch vielfach undurchführbar).

I. Erbbiologisches Gutachten, Z 10. Durch die weiter als sonst gehende Abgeltung der mit der Untersuchung und Begutachtung verbundenen Ausgaben wird § 8 ausgeschaltet, auch dessen I Z 2 sowie dessen I Z 3 wegen zweier Durchschläge und des Durchschlags für die Handakten.

Das Trennlogarithmusverfahren (die biomathematische Methode) fällt hierunter, Hbg Rpfleger **58**, 191, Köln NJW **58**, 2120, soweit der Sachverständige es zusätzlich zur Sicherung des Ergebnisses anwandte. Eine vorherige Anfrage des Sachverständigen beim Gericht darüber, ob er diese Methode anwenden soll, kann zweckmäßig sein.

Eine kritische Auseinandersetzung mit einem Vorgutachten wird nach § 3 entschädigt, soweit sie über ein Zweitgutachten erheblich hinausgeht, vgl Ffm Rpfleger **60**, 313. Das Zweitgutachten fällt unter Z 10. Im Fall eines Ergänzungsgutachtens ist oft b anwendbar.

3) Leistungen nach der Anlage der Gebührenordnung für Ärzte im einzelnen, II. A. Gebührenverzeichnis der GOÄ, II 1. Die Vorschrift erfaßt als vorrangige Sonderregel, Anm 1 B, die Leistungen der in Abschnitt O der GOÄ idF vom 10. 6. 88, BGBl 818, in Kraft seit 1. 7. 88, Art 4 VO v 9. 6. 88, BGBl 797, bezeichneten Art. Dieser Abschnitt der GOÄ ist entsprechend anwendbar. Der Sachverständige erhält das 1,1fache.

Die Vorschriften lauten:

O. Strahlendiagnostik, Anwendung radioaktiver Substanzen (Radionuklide) und Strahlentherapie

Allgemeine Bestimmungen

a) *Die Beurteilung von Röntgenaufnahmen oder von Szintigrammen, auch Fremdaufnahme oder Fremdszintigrammen, als selbständige Leistung, ist nicht gesondert berechnungsfähig.*
b) *Der Befundbericht ist Bestandteil der jeweiligen Leistung.*
c) *Wird eine Strahlenbehandlung unter Anwendung verschiedener Bestrahlungsverfahren nach den Abschnitten II B und III durchgeführt, so kann für diese*

kombinierte Behandlung nur die jeweils höherbewertete Leistung aus diesen Abschnitten berechnet werden.

d) *Die Gebühr für die Berechnung von Leistungen der Strahlendiagnostik, die unter Anwendung von Verfahren der elektronischen Bildverstärkung erbracht werden, bestimmt sich entsprechend dem Leistungsziel der Verrichtung nach der jeweiligen Nummer des Abschnitts O.*

I. Strahlendiagnostik

Allgemeine Bestimmungen

a) *Mit den Gebühren für die berechnungsfähigen Leistungen sind außer den Kosten auch die Beurteilung und die obligatorische schriftliche Befunddokumentation abgegolten.*

b) *Die Leistungen für die Strahlendiagnostik (ausgenommen die Leistungen nach Nummer 5143) sind nur berechnungsfähig bei Verwendung von Röntgenfilmen oder bei Anfertigung von Röntgenbildern mittels elektrostatischen Trokkenkopierverfahren (Xeroradiographie) oder wenn Mittelformataufnahmen des Bildverstärkungsausganges bei den Leistungen nach den Nummern 5080 bis 5082, 5150, 5155 bis 5166, 5170 bis 5174, 5180 bis 5183, 5235, 5236, 5250, 5251, 5260, 5261,* ***5290 bis 5293 mit einem Auflösungsvermögen von*** *mindestens einer Periode pro Millimeter angefertigt werden. Diese Bildqualität bei Mittelformataufnahmen muß mit einem Raster von 100 μ Bleidicke bei einem Millimeter Kupfervorfilterung erreicht werden.*

c) *Die Kosten für Kontrastmittel auf Bariumbasis und etwaige Zusatzmittel für die Doppelkontrastuntersuchung sind in den Gebühren für die berechnungsfähigen Leistungen enthalten.*

d) *Probatorische Injektionen zum Test auf Verträglichkeit eines Kontrastmittels sind neben Leistungen der Strahlendiagnostik nicht gesondert berechnungsfähig.*

Nummer	Leistung	Punktzahl	Gebühr in DM
	Zähne		
5000	bis zu zwei Aufnahmen	89	9,79
5001	bis zu fünf Aufnahmen	207	22,77
5002	bis zu acht Aufnahmen	325	35,75
5003	Status bei mehr als acht Aufnahmen	444	48,84
5005	Panoramaaufnahme eines Kiefers	300	33,—
5006	Panoramaaufnahme beider Kiefer, auch im Schichtbildverfahren	450	49,50
	Finger oder Zehen		
5010	eine Aufnahme	119	13,09
5011	zwei Aufnahmen	178	19,58
5012	mehr als zwei Aufnahmen	237	26,07

Nummer	Leistung	Punktzahl	Gebühr in DM
	Handgelenk, Mittelhand, alle Finger einer Hand, Sprunggelenk, Fußwurzel und/oder Mittelfuß – gegebenenfalls einschließlich Durchleuchtung –		
5015	eine Aufnahme	148	16,28
5016	zwei Aufnahmen	222	24,42
5017	mehr als zwei Aufnahmen	296	32,56
	Oberarm, Unterarm, Ellenbogengelenk, Oberschenkel, Unterschenkel, Kniegelenk, ganze Hand oder ganzer Fuß – gegebenenfalls einschließlich Durchleuchtung –		
5020	eine Aufnahme	222	24,42
5021	zwei Aufnahmen	325	35,75
5022	mehr als zwei Aufnahmen	414	45,54
	Kniescheibe in Spezialprojektion – gegebenenfalls einschließlich Durchleuchtung –		
5025	eine Aufnahme	148	16,28
5026	zwei Aufnahmen	222	24,42
5027	mehr als zwei Aufnahmen	296	32,56
5030	Durchleuchtung(en) zur Einrichtung und/oder Kontrolle von Stellungskorrekturen gebrochener Knochen	148	16,28
	Schultergelenk, Schlüsselbein, Beckenteilaufnahme, Kreuzbein oder Hüftgelenk – gegebenenfalls einschließlich Durchleuchtung –		
5035	eine Aufnahme	222	24,42
5036	jede weitere Aufnahme	119	13,09
5040	Beckenübersichtsaufnahme beim Erwachsenen – gegebenenfalls einschließlich Durchleuchtung – (Erforderliches Filmformat größer als 24 x 30 cm)	355	39,05
5041	Beckenübersichtsaufnahme beim Kind – gegebenenfalls einschließlich Durchleuchtung –	266	29,26
	Kontrastuntersuchung eines Finger- oder Zehengelenks einschließlich Punktion und Kontrastmitteleinbringung – gegebenenfalls einschließlich Durchleuchtung –		
5050	zwei Aufnahmen	296	32,56
5051	vier und mehr Aufnahmen	370	40,70

Nummer	Leistung	Punktzahl	Gebühr in DM
	Kontrastuntersuchung eines Ellenbogen-, Hand- oder Sprunggelenks einschließlich Punktion und Kontrastmitteleinbringung – gegebenenfalls einschließlich Durchleuchtung –		
5055	zwei Aufnahmen	370	40,70
5056	vier und mehr Aufnahmen	473	52,03
	Kontrastuntersuchung eines Schultergelenks einschließlich Punktion und Kontrastmitteleinbringung, auch als Doppelkontrastmethoden – gegebenenfalls einschließlich Durchleuchtung –		
5060	zwei Aufnahmen	577	63,47
5061	vier Aufnahmen	739	81,29
5062	mehr als vier Aufnahmen	858	94,38
	Kontrastuntersuchung eines Akromioklavikulargelenks einschließlich Punktion und Kontrastmitteleinbringung – gegebenenfalls einschließlich Durchleuchtung –		
5065	zwei Aufnahmen	458	50,38
	Kontrastuntersuchung eines Kiefergelenks einschließlich Punktion und Kontrastmitteleinbringung – gegebenenfalls einschließlich Durchleuchtung –		
5070	zwei Aufnahmen	488	53,68
5071	mehr als zwei Aufnahmen	592	65,12
	Kontrastuntersuchung eines Hüftgelenks einschließlich Punktion und Kontrastmitteleinbringung, auch als Doppelkontrastmethode – gegebenenfalls einschließlich Durchleuchtung –		
5075	zwei Aufnahmen	577	63,47
5076	vier und mehr Aufnahmen	813	89,43
	Kontrastuntersuchung eines Kniegelenks einschließlich Punktion und Kontrastmitteleinbringung, auch als Doppelkontrastmethode – gegebenenfalls einschließlich Durchleuchtung –		
5080	vier Aufnahmen	518	56,98
5081	acht Aufnahmen	798	87,78
5082	zwölf und mehr Aufnahmen	1080	118,80

Nummer	Leistung	Punktzahl	Gebühr in DM
	Schädel-Übersichtsaufnahme – gegebenenfalls einschließlich Durchleuchtung –		
5090	eine Aufnahme	266	29,26
5091	zwei Aufnahmen	444	48,84
5092	mehr als zwei Aufnahmen	592	65,12
	Schädel-Teilaufnahme (z. B. Nebenhöhlen, Unterkiefer) oder Spezialprojektion des Schläfenbeins (z. B. des Felsenbeins und/oder des Warzenfortsatzes einer Seite) – gegebenenfalls einschließlich Durchleuchtung –, je Region		
5095	eine Aufnahme	266	29,26
5096	zwei Aufnahmen	370	40,70
5097	mehr als zwei Aufnahmen	473	52,03
	Halswirbelsäule, auch in Spezialprojektion – gegebenenfalls einschließlich Durchleuchtung –		
5100	eine Aufnahme	266	29,26
5101	zwei Aufnahmen	370	40,70
5102	drei Aufnahmen	473	52,03
5103	mehr als drei Aufnahmen	577	63,47
	Brust- oder Lendenwirbelsäule oder Wirbelsäulenabschnitt – gegebenenfalls einschließlich Durchleuchtung –		
5105	eine Aufnahme	296	32,56
5106	zwei Aufnahmen	473	52,03
5107	drei Aufnahmen	621	68,31
5108	mehr als drei Aufnahmen *Sind auf einer Aufnahme der Lendenwirbelsäule die unteren Brustwirbel und/oder das Kreuzbein oder auf einer Aufnahme der Brustwirbelsäule die angrenzenden Lendenwirbel mit dargestellt, so ist diese Aufnahme nur einmal berechnungsfähig.*	769	84,59
	Wirbelsäule, Ganzaufnahme (Fernaufnahme in einer Einstellung)		
5110	eine Aufnahme	739	81,29
5111	zwei Aufnahmen	1110	122,10

Nummer	Leistung	Punktzahl	Gebühr in DM
	Rippen einer Thoraxhälfte		
5115	eine Aufnahme	266	29,26
5116	zwei Aufnahmen	370	40,70
5117	mehr als zwei Aufnahmen	473	52,03
5118	zusätzliche Durchleuchtung des Thorax zu den Nummern 5115, 5116 oder 5117 *Die Nummer 5118 ist auch bei doppelseitigen Aufnahmen nur einmal berechnungsfähig.*	148	16,28
	Brustbein oder Schulterblatt – gegebenenfalls einschließlich Durchleuchtung –		
5120	eine Aufnahme	266	29,26
5121	zwei Aufnahmen	370	40,70
5122	mehr als zwei Aufnahmen	473	52,03
	Vergrößerungsaufnahme vom Skelett		
5125	eine Aufnahme	266	29,26
5126	mehr als eine Aufnahme *Vergrößerungsaufnahmen vom Skelett sind zugleich Feinstrukturaufnahmen. Das Leistungserfordernis ist daher nur dann erfüllt, wenn in Abweichung von der üblichen Aufnahmetechnik durch Veränderung des Verhältnisses Objekt/Filmabstand zu Röhrenfokus/Filmabstand das Aufnahmeobjekt um mehr als 1,5fach vergrößert auf dem Röntgenbild wiedergegeben wird.* *Die erforderliche Zeichenschärfe ist gewährleistet, wenn der Brennfleck der Aufnahmeröhre eine Kantenlänge von 0,6 Millimeter oder darunter hat. Bei Verwendung von Röntgenröhren mit einem größeren Brennfleck können sogenannte Vergrößerungsaufnahmen nicht berechnet werden.*	385	42,35
	Halsorgane (z. B. Schilddrüse)		
5130	eine Aufnahme	237	26,07
5131	zwei Aufnahmen	355	39,05
5132	mehr als zwei Aufnahmen	473	52,03
5133	zusätzliche Durchleuchtung(en) zu den Nummern 5130, 5131 oder 5132 – auch mit Darstellung der Speiseröhre durch Kontrastmittelschluck –	119	13,09

Nummer	Leistung	Punktzahl	Gebühr in DM
	Brustorgane		
5135	Übersichtsaufnahme.	300	33,—
5136	Übersichtsaufnahme und Durchleuchtung – auch mit Darstellung der Speiseröhre durch Kontrastmittelschluck –.	450	49,50
5137	jede weitere Übersichtsaufnahme.	217	23,87
5138	Teilaufnahme	148	16,28
5139	Teilaufnahme und Durchleuchtung – auch mit Darstellung der Speiseröhre durch Kontrastmittelschluck –	296	32,56
5140	jede weitere Teilaufnahme . . . . *Neben der Leistung nach Nummer 5136 ist die Leistung nach Nummer 5139 nicht berechnungsfähig.*	95	10,45
5143	Mittelformataufnahme vom Schirmbild (Einzelaufnahme)	50	5,50
	Speiseröhren-Kontrastuntersuchung einschließlich Durchleuchtung(en) – auch als Doppelkontrastuntersuchung –, als selbständige Leistung		
5150	zwei Aufnahmen	592	62,12
5151	mehr als zwei Aufnahmen	739	81,29
5155	Kontrastuntersuchung des Magens mit Übersichtsaufnahme einschließlich Durchleuchtung(en), auch als Doppelkontrastuntersuchung	414	45,54
5156	Kontrastuntersuchung des Magens und Zwölffingerdarms mit Serienaufnahmen einschließlich Durchleuchtung(en), auch als Doppelkontrastuntersuchung	473	52,03
5157	Magen-Zwölffingerdarm-Kontrastuntersuchung mit Übersichts- und Serienaufnahmen einschließlich Durchleuchtung(en), auch als Doppelkontrastuntersuchung	666	73,26
5158	Kontrastuntersuchung des Magens, des Zwölffingerdarms und des Dünndarms mit Übersichts- und Serienaufnahmen einschließlich Durchleuchtung(en), auch als Doppelkontrastuntersuchung	739	81,29
5159	Kontrastuntersuchung des Magens, des Zwölffingerdarms und des Dünndarms einschließlich Ileozökalgebiet mit Übersichts- und Serienaufnahmen einschließlich Durchleuchtung(en), auch als Doppelkontrastuntersuchung.	813	89,43

Nummer	Leistung	Punktzahl	Gebühr in DM
5160	Kontrastuntersuchung des ganzen Verdauungstraktes mit Übersichts- und Serienaufnahmen, auch Spätaufnahmen, einschließlich Durchleuchtung(en), auch als Doppelkontrastuntersuchung	961	105,71
5161	Kontrastuntersuchung des Ileozökalgebiets – gegebenenfalls einschließlich des Wurmfortsatzes – mit Serienaufnahmen einschließlich Durchleuchtung(en), auch als Doppelkontrastuntersuchung, als selbständige Leistung	473	52,03
5162	Kontrastuntersuchung des Ileozökalgebiets – gegebenenfalls einschließlich des Wurmfortsatzes – mit Übersichts- und Serienaufnahmen einschließlich Durchleuchtung(en), auch als Doppelkontrastuntersuchung, als selbständige Leistung	666	73,26
5163	Hypotone Duodenographie als Kontrast- und Doppelkontrastuntersuchung und/oder Jejunographie als Doppelkontrastuntersuchung mit Übersichts- und Serienaufnahmen einschließlich duodenaler oder jejunaler Applikation mittels Sonde und einschließlich Durchleuchtung(en), als selbständige Leistung	1080	118,80
5164	Kontrolle der Darmpassage nach Kontrastmahlzeit mit Durchleuchtungen und Aufnahmen, als selbständige Leistung	296	32,56
5165	Dickdarmuntersuchung mit rektaler Kontrastmitteleinbringung, Durchleuchtungen und Aufnahmen	813	89,43
5166	Dickdarmuntersuchung mit rektaler Kontrastmitteleinbringung und zusätzlicher Luftfüllung (Doppelkontrastverfahren) sowie Durchleuchtungen und Aufnahmen	1220	134,20

Untersuchung der Gallenblase, Gallen- oder Pankreaswege ohne oder mit oraler oder parenteraler Kontrastmittelgabe, auch im Verlauf einer Operation – gegebenenfalls einschließlich Durchleuchtung(en) –

5170	eine Aufnahme	266	29,26
5171	zwei Aufnahmen	370	40,70
5172	drei Aufnahmen	488	53,68
5173	vier Aufnahmen	607	66,77
5174	fünf und mehr Aufnahmen	725	79,75

Nummer	Leistung	Punktzahl	Gebühr in DM
	Untersuchung der Gallenblase, Gallen- oder Pankreaswege nach aprenteraler Applikation des Kontrastmittels im Anschluß an ein negatives perorales Chologramm – gegebenenfalls einschließlich Durchleuchtung(en) –		
5180	eine Aufnahme	266	29,26
5181	zwei Aufnahmen	370	40,70
5182	drei Aufnahmen	488	53,68
5183	vier und mehr Aufnahmen	607	66,77
5185	Milz, Übersichtsaufnahme – gegebenenfalls einschließlich Durchleuchtung(en) –	266	29,26
	Bauchübersicht – gegebenenfalls einschließlich Durchleuchtung(en) –		
5190	eine Aufnahme	296	32,56
5191	zwei Aufnahmen	444	48,84
5192	drei und mehr Aufnahmen	570	62,70
5195	Harntrakt-Übersichtsaufnahme ohne Kontrastmittelfüllung – gegebenenfalls einschließlich Durchleuchtung(en) –, einseitig	222	24,42
5196	Harntrakt-Übersichtsaufnahme ohne Kontrastmittelfüllung – gegebenenfalls einschließlich Durchleuchtung(en) –, doppelseitig	296	32,56
	Ausscheidungsurographie – einschließlich Kontrastmitteleinbringung und gegebenenfalls einschließlich Durchleuchtung(en) –, einseitig		
5200	eine Aufnahme	281	30,91
5201	zwei Aufnahmen	370	40,70
5202	drei und mehr Aufnahmen	458	50,38
	Ausscheidungsurographie – einschließlich Kontrastmitteleinbringung und gegebenenfalls einschließlich Durchleuchtung(en) –, doppelseitig		
5205	eine Aufnahme	355	39,05
5206	zwei Aufnahmen	518	56,98
5207	drei und mehr Aufnahmen	680	74,80
	Infusionsurographie – einschließlich Kontrastmitteleinbringung und gegebenenfalls einschließlich Durchleuchtung(en) –, einseitig		
5210	eine Aufnahme	385	42,35

Nummer	Leistung	Punktzahl	Gebühr in DM
5211	zwei Aufnahmen	473	52,03
5212	drei und mehr Aufnahmen	562	61,82
	Infusionsurographie – einschließlich Kontrastmitteleinbringung und gegebenenfalls einschließlich Durchleuchtung(en) –, doppelseitig		
5215	eine Aufnahme	458	50,38
5216	zwei Aufnahmen	621	68,31
5217	drei und mehr Aufnahmen	784	86,24
	Retrograde Urographie – gegebenenfalls einschließlich Durchleuchtung(en) –, einseitig		
5220	eine Aufnahme	222	24,42
5221	zwei Aufnahmen	296	32,56
5222	drei und mehr Aufnahmen	370	40,70
	Retrograde Urographie – gegebenenfalls einschließlich Durchleuchtung(en) –, doppelseitig		
5225	eine Aufnahme	281	30,91
5226	zwei Aufnahmen	370	40,70
5227	drei und mehr Aufnahmen	458	50,38
5230	Gezielte Serienaufnahmen bei Urographie – einschließlich Durchleuchtung(en) –	296	32,56
5231	Harnblasen- und/oder Harnröhrenkontrastaufnahme(n) – einschließlich Kontrastmitteleinbringung sowie gegebenenfalls einschließlich Durchleuchtung(en) –	296	32,56
	Refluxzystogramm mit oder ohne Miktionsaufnahme(n) – einschließlich Durchleuchtung(en) und Kontrastmitteleinbringung –		
5235	zwei Aufnahmen	385	42,35
5236	mehr als zwei Aufnahmen	518	56,98
	Vesikulographie – gegebenenfalls einschließlich Durchleuchtung(en) –		
5240	eine Aufnahme	148	16,28
5241	zwei Aufnahmen	222	24,42
5242	mehr als zwei Aufnahmen	296	32,56

Nummer	Leistung	Punktzahl	Gebühr in DM
	Gebärmutter- und Eileiter-Kontrastuntersuchung – gegebenenfalls einschließlich Durchleuchtung(en) –		
5250	eine Aufnahme	370	40,70
5251	mehr als eine Aufnahme	518	56,98
5255	Durchleuchtung(en) zur Kontrolle der Lage einer flexiblen Sonde	119	13,09
5256	Durchleuchtung(en) von Körperhöhlen – auch mit oraler Verabreichung von Kontrastmitteln –, als selbständige Leistung	150	16,50
5257	Durchleuchtung(en) zur Suche und/oder Lokalisation von Fremdkörpern – gegebenenfalls auch bei Verwendung von Kontrastmitteln –, als selbständige Leistung	200	22,—
	Kontrastuntersuchung natürlicher oder fehlerhaft oder krankhaft entstandener Gänge, Gangsysteme, Höhlungen oder Fisteln – gegebenenfalls einschließlich Durchleuchtung(en) –		
5260	zwei Aufnahmen	370	40,70
5261	drei Aufnahmen	488	53,68
5262	vier und mehr Aufnahmen	607	66,77
	Die Leistungen nach den Nummern 5260 bis 5262 sind nicht neben den Leistungen nach den Nummern 5170 bis 5174, 5180 bis 5183, 5240 bis 5242, 5250 und 5251 berechnungsfähig.		
	Röntgenuntersuchung der Brustdrüse (Mammographie und/oder Galaktographie)		
5265	zwei Aufnahmen	414	45,54
5266	jede weitere Aufnahme	104	11,44
	Neben den Leistungen nach den Nummern 5265 und 5266 sind die Leistungen nach den Nummern 5260 bis 5262 nicht berechnungsfähig.		
	Enzephalographie – gegebenenfalls einschließlich Durchleuchtung(en) –		
5275	vier Aufnahmen	688	75,68
5276	mehr als vier Aufnahmen	887	97,57
	Myelographie – gegebenenfalls einschließlich Durchleuchtung(en) –		
5280	vier Aufnahmen	688	75,68
5281	bis zu sechs Aufnahmen	887	97,57

Nummer	Leistung	Punktzahl	Gebühr in DM
5282	mehr als sechs Aufnahmen	1090	119,90
5285	Bronchographie einschließlich Durchleuchtung(en)	798	87,78
	Schichtaufnahmen, je Strahlengang/Projektionsrichtung – gegebenenfalls einschließlich Durchleuchtung(en) –		
5290	bis zu vier Aufnahmen	444	48,84
5291	bis zu sechs Aufnahmen	592	65,12
5292	bis zu acht Aufnahmen	739	81,29
5293	mehr als acht Aufnahmen	887	97,57
	Arteriographie im Bereich von Schädel, Brust- oder Bauchraum (ohne Darstellung von Herzhöhlen oder Herzkranzgefäßen)		
5300	bis zu fünf Aufnahmen	1650	181,50
5301	bis zu zehn Aufnahmen	2000	220,—
5302	jede weitere Aufnahme	69	7,59
	Venographie im Bereich von Schädel, Brust- oder Bauchraum		
5305	bis zu fünf Aufnahmen	1650	181,50
5306	bis zu zehn Aufnahmen	2000	220,—
5307	jede weitere Aufnahme	69	7,59
	Jede weitere Filmserie bei fortlaufender Arteriographie oder Venographie auch anderer Körperregionen nach erneuter Kontrastmittelinjektion, auch zur selektiven Angiographie, zur Anfertigung eines Stereoangiogramms, einer Angiotomographie oder eines Pharmakoangiogramms, zusätzlich zur Bewertung nach den Nummern 5300 bis 5302 oder 5305 bis 5307		
5310	bis zu fünf Aufnahmen	825	90,75
5311	bis zu zehn Aufnahmen	1170	128,70
5312	jede weitere Aufnahme	69	7,59
	Arteriographie im Bereich des Beckens und beider Beine in einer Sitzung		
5315	bis zu fünf Aufnahmen	1650	181,50
5316	bis zu zehn Aufnahmen	2000	220,—
5317	jede weitere Aufnahme	69	7,59

Nummer	Leistung	Punktzahl	Gebühr in DM
	Arteriographie einer Extremität		
5320	bis zu fünf Aufnahmen	1650	181,50
5321	jede weitere Aufnahme	69	7,59
	Venographie einer Extremität		
5325	bis zu fünf Aufnahmen	825	90,75
5326	jede weitere Aufnahme	69	7,59
	Lymphographie, Aufnahmen während der Injektions-, Füllungs- und Speicherphase – gegebenenfalls einschließlich Vergrößerungs- und Zielaufnahmen, auch mit Durchleuchtung(en) –, innerhalb von sieben Tagen ab Untersuchungsbeginn		
5330	bis zu fünf Aufnahmen	1240	136,40
5331	bis zu zehn Aufnahmen	1580	173,80
5332	jede weitere Aufnahme	69	7,59
5335	Selektive Dextro- oder Laevokardiographie, monoplan	2500	275,—
5336	Selektive Dextro- oder Laevokardiographie, biplan, Aufnahmen und/oder Cineangiographie	4000	440,—
5340	Angiokardiographie einschließlich der großen abführenden Gefäße, Aufnahmen und/oder Cineangiographie	2750	302,50
5341	Selektive Koronarangiographie, einseitig, Aufnahmen und/oder Cineangiographie	3000	330,—
5342	Selektive Koronarangiographie, beidseitig, Aufnahmen und/oder Cineangiographie	5500	605,—
5343	Computergesteuerte Tomographie des Kopfes, auch in mehreren Untersuchungsgängen – gegebenenfalls mit Spezialeinstellung(en) sowie gegebenenfalls einschließlich intravenöser Applikation des Kontrastmittels –	2700	297,—
5344	Computergesteuerte Tomographie des Körpers mit Ausnahme des Kopfes, auch in mehreren Untersuchungsgängen – gegebenenfalls mit Spezialeinstellung(en) sowie gegebenenfalls einschließlich intravenöser Applikation des Kontrastmittels –	3200	352,—
5345	Computergesteuerte Tomographie des Körpers – einschließlich des Kopfes, auch in mehreren		

Nummer Leistung	Punktzahl	Gebühr in DM
Untersuchungsgängen – gegebenenfalls mit Spezialeinstellung(en) sowie gegebenenfalls einschließlich intravenöser Applikation des Kontrastmittels –	4200	462,—

II. Anwendung radioaktiver Stoffe (Radionuklide)

1. Allgemeine Bestimmungen

a) *Mit den Gebühren für die berechnungsfähigen Leistungen der Diagnostik mit Radionukliden sind auch die Beurteilung und die obligatorische schriftliche Befunddokumentation abgegolten.*

b) *Die Kosten für die Beschaffung und gegebenenfalls die Aufbereitung solcher radioaktiver Stoffe, die mit ihrer Anwendung verbraucht sind, sowie die Kosten dieser Stoffe selbst sind in den Gebühren für die berechnungsfähigen Leistungen nicht enthalten.*

c) *Die Applikation von zur Diagnostik erforderlichen Stoffe – mit Ausnahme durch Herzkatheter, Arterienkatheter, Subokzipitalpunktion, Lumbalpunktion – sowie die etwa danach erforderlichen Entnahmen von Blut oder Urin sind mit den Gebühren für die berechnungsfähigen Leistungen abgegolten, soweit nicht anderes bestimmt ist.*

d) *Bei der szintigraphischen Darstellung von Organen darf in der Berechnung kein Unterschied zwischen einem Schwarzweiß-, Farb-, Photoszintigramm (beweglicher Detektor) oder einem Szintiphoto (stehender Detektor) gemacht werden.*

e) *Die Applikation von zur Therapie erforderlichen Stoffen, mit Ausnahme der intraartikulären, intralymphatischen, endoskopischen oder operativen Applikation des Strahlungsträgers oder von Radionukliden, ist mit den Gebühren für die berechnungsfähigen Leistungen abgegolten, soweit nicht anderes bestimmt ist.*

2. Rechnungsbestimmungen

a) *Der Arzt darf nur die für den Patienten verbrauchte Menge an radioaktiven Stoffen berechnen.*

b) *Bei der Berechnung von Leistungen nach Abschnitt O II sind die Untersuchungs- und Behandlungsdaten der jeweils applizierten Stoffe sowie die Art der ausgeführten Maßnahmen anzugeben, sofern nicht durch die Leistungsnummer eine eindeutige Definition gegeben ist.*

c) *Sofern die Durchführung von diagnostischen oder therapeutischen Maßnahmen sich aus methodischen Gründen über einen längeren Zeitraum erstreckt, dürfen Leistungen nach den Nummern 5400 bis 5540, ausgenommen nach den Nummern 5520 und 5521, erst nach Abschluß der Untersuchung oder Behandlung berechnet werden.*

d) *Die rechnerische Ermittlung von Ergebnissen aus vorliegenden Einzelparametern ist nicht gesondert berechnungsfähig (z.B. FT_4-Index oder T_4/TBG-Quotient).*

e) *Maßnahmen zur Qualitätssicherung bei der in vitro-Diagnostik sind Bestandteil der einzelnen Untersuchungen.*

Nummer	Leistung	Punktzahl	Gebühr in DM
	A. Diagnostische Leistungen		
	1. In-vivo-Untersuchungen		
5400	Messung der Durchblutung einzelner Organe oder von Organsystemen mittels radioaktiver Edelgase	592	65,12
	Das untersuchte Organ oder Organsystem ist anzugeben		
5401	Darstellung eines Profils der Aktivitätsverteilung über den gesamten Körper	518	56,98
	Szintigraphische Suche nach aktivitätsspeichernden Geschwülsten und/oder Metastasen, soweit nicht in anderen Leistungsnummern erfaßt.		
	Das untersuchte Organ oder Organsystem ist anzugeben.		
5402	bis zu drei Abbildungen	592	65,12
5403	mehr als drei Abbildungen	887	97,57
	Neben den Leistungen nach den Nummern 5402 und 5403 ist die Leistung nach Nummer 5460 nicht berechnungsfähig.		
	Neben der Leistung nach Nummer 5461 sind die Leistungen nach den Nummern 5402 und 5403 nicht berechnungsfähig.		
5404	Ganzkörperszintigraphie von zwei Seiten mit mehr als sieben Abbildungen oder mittels Ganzkörperscanners	1330	146,30
	Neben der Leistung nach Nummer 5404 sind die Leistungen nach den Nummern 5401 bis 5403, 5460 und 5461 nicht berechnungsfähig.		
5405	Szintigraphische Untersuchung des Gehirns in mindestens vier verschiedenen Projektionen zum Nachweis oder Ausschluß intrakranialer Prozesse einschließlich Gefäßveränderungen . .	887	97,57
5406	Sequenzszintigraphie des Gehirns in einer Projektion, mindestens acht Bilder.	887	97,57
5407	Funktionsszintigraphie des Gehirns (Sequenzszintigraphie und zusätzlich Zeitaktivitätskurven).	1330	146,30
	Neben der Leistung nach Nummer 5407 ist die Leistung nach Nummer 5406 nicht berechnungsfähig.		
5408	Szintigraphische Untersuchung der spinalen Liquorräume – gegebenenfalls einschließlich szintigraphischer Nachkontrollen –	592	65,12

Nummer	Leistung	Punktzahl	Gebühr in DM
5409	Szintigraphische Untersuchung der intrakranialen Liquorräume – gegebenenfalls einschließlich szintigraphischer Nachkontrollen –, in mindestens zwei Projektionen	651	71,61
5410	Szintigraphische Untersuchung der intrakranialen Liquorräume in mindestens zwei Projektionen mit Nachweis oder Ausschluß einer Liquorfistel – gegebenenfalls einschließlich szintigraphischer Nachkontrollen –	739	81,29
5412	Nachweis von unbekannten inkorporierten Radionukliden	651	71,61
5413	Ganzkörperretentions- und/oder -eliminationsstudien	739	81,29
5415	Untersuchung der Schilddrüse mit einem radioaktiven Stoff durch mehrfache Messung der Aktivitätsspeicherung in der Schilddrüse während eines Zeitraumes von mindestens 32 Stunden sowie Bestimmung der Serumaktivität und gegebenenfalls des eiweißgebundenen Radiojods – auch Bestimmung der Jodid-Clearance durch Ermittlung des Aktivitätsanstiegs über der Schilddrüse und Messung des Radiojods im Serum –	560	61,60
5416	Schilddrüsenfunktionsprüfung mit einem radioaktiven Stoff durch mehrfache Messung der Aktivitätsspeicherung in der Schilddrüse ohne Bestimmung der Serumaktivität (z. B. als Kurztest oder Kontrollmessung nach Suppression oder Stimulation) – auch Clearance-Äquivalent –	370	40,70
5417	Untersuchung der Schilddrüse mit einem radioaktiven Stoff mit Feststellung unzureichender Speicherung	222	24,42
	Die Leistungen nach den Nummern 5415 bis 5417 sind nebeneinander nicht berechnungsfähig.		
5418	Szintigraphische Untersuchung der Schilddrüse – gegebenenfalls einschließlich dystoper Anteile –	560	61,60
5419	Szintigraphische Untersuchung der Speicheldrüsen – einschließlich Wiederholung nach Reiz – oder der Nebenschilddrüsen oder Tränengänge	592	65,12
	Das untersuchte Organ oder Organsystem ist anzugeben.		
5420	Sequenzszintigraphie der Speicheldrüsen in einer Projektion, mindestens acht Bilder	887	97,57

Nummer	Leistung	Punktzahl	Gebühr in DM
5421	Funktionsszintigraphie der Speicheldrüsen (Sequenzszintigraphie und zusätzlich Zeitaktivitätskurven) . . . . *Neben der Leistung nach Nummer 5421 ist die Leistung nach Nummer 5420 nicht berechnungsfähig.*	1330	146,30
5422	Szintigraphische Untersuchung der Lungen in verschiedenen Projektionen (Perfusionsszintigraphie)	813	89,43
5423	Sequenzszintigraphie der Lungen mittels radioaktiven Gases in einer Projektion (Exhalations- und/oder Inhalationsszintigraphie), mindestens acht Bilder	887	97,57
5424	Funktionsszintigraphie der Lungen (Sequenzszintigraphie und zusätzlich Zeitaktivitätskurven) mittels radioaktiven Gases. . . . . *Neben der Leistung nach Nummer 5424 ist die Leistung nach Nummer 5423 nicht berechnungsfähig.*	1330	146,30
5425	Bestimmung der Durchflußzeit(en) durch Herz und gegebenenfalls Lunge mittels radioaktiver Substanzen (Transitzeit[en])	592	65,12
5426	Bestimmung der Auswurffraktion des Herzens mittels radioaktiver Substanzen in Ruhe und/oder nach körperlicher Belastung und/oder Gabe von Pharmaka.	887	97,57
5427	Funktionsszintigraphie des Herzens (Radionuklid-Angio-Kardiographie, First-pass-Methode) und/oder Radionuklid-Ventrikulo-Kardiographie nach Gleichverteilung (steady state) – einschließlich EKG-Kontrolle –	1200	132,—
5428	Funktionsszintigraphie des Herzens (Radionuklid-Angio-Kardiographie, First-pass-Methode) und/oder Radionuklid – Ventrikulo-Kardiographie nach Gleichverteilung (steady state) nach körperlicher Belastung und/oder Gabe von Pharmaka und/oder in Ruhe – einschließlich EKG-Kontrolle – . . . . *Neben den Leistungen nach den Nummern 5427 und 5428 ist die Leistung nach Nummer 5426 nicht berechnungsfähig.*	1500	165,—
5429	Statische szintigraphische Untersuchung der Herzbinnenräume	592	65,12

Nummer	Leistung	Punktzahl	Gebühr in DM
5430	Sequenzszintigraphie der Herzbinnenräume in einer Projektion – gegebenenfalls einschließlich fortlaufender EKG-Kontrolle –, mindestens acht Bilder	887	97,57
5431	Szintigraphische Untersuchung des Herzmuskels mittels radioaktiver Substanzen – gegebenenfalls einschließlich EKG-Kontrolle –	1200	132,—
5432	Szintigraphische Untersuchung des Herzmuskels mittels radioaktiver Substanzen in Ruhe und/oder nach körperlicher Belastung und/oder Gabe von Pharmaka – gegebenenfalls einschließlich EKG-Kontrolle –	1500	165,—
5435	Szintigraphische Untersuchung der Leber in mehreren Projektionen – gegebenenfalls einschließlich extrahepatischer Indikatorspeicherung –	739	81,29
	Die Nebeneinanderberechnung der Nummern 5435 und 5441 bedarf einer besonderen Begründung.		
	Bestimmung der Elimination eines radioaktiven Stoffes durch die Leber		
5436	Bestimmung(en) im Blut	275	30,25
5437	Bestimmung(en) im Blut und Oberflächenmessung	444	48,84
	Neben der Leistung nach Nummer 5437 ist die Leistung nach Nummer 5436 nicht berechnungsfähig.		
5438	Sequenzszintigraphie der Leber und gegebenenfalls der Gallenwege in einer Projektion, mindestens acht Bilder	887	97,57
5439	Funktionsszintigraphie der Leber und gegebenenfalls der Gallenwege (Sequenzszintigraphie und zusätzlich Zeitaktivitätskurven)	1330	146,30
	Neben der Leistung nach Nummer 5439 ist die Leistung nach Nummer 5438 nicht berechnungsfähig.		
5440	Szintigraphische Untersuchung des Pankreas mit mindestens zwei verschiedenen Radionukliden (Doppel-Radionuklidszintigraphie zur Darstellung von Leber und Pankreas)	1330	146,30
	Neben der Leistung nach Nummer 5440 ist die Leistung nach Nummer 5435 nicht berechnungsfähig.		
5441	Szintigraphische Untersuchung der Milz – gegebenenfalls einschließlich dystoper Anteile –, in mehreren Projektionen	592	65,12

Nummer	Leistung	Punktzahl	Gebühr in DM
5442	Szintigraphische Untersuchung eines regionären Lymphstromgebietes	444	48,84
5444	Nachweis eines zystoureteralen Refluxes mittels radioaktiver Stoffe einschließlich Katheterisierung, auch beidseitig	725	79,75
5445	Szintigraphische Untersuchung der Nebennieren	592	65,12
5446	Szintigraphische Untersuchung der Nieren . . .	592	65,12
5447	Sequenzszintigraphie der Nieren in einer Projektion, mindestens acht Bilder	887	97,57
5448	Funktionsszintigraphie der Nieren (Sequenzszintigraphie und zusätzlich Zeitaktivitätskurven).	1330	146,30
	Neben der Leistung nach Nummer 5448 ist die Leistung nach Nummer 5447 nicht berechnungsfähig.		
5449	Nierenfunktionsprüfung mittels radioaktiv markierter harnpflichtiger Stoffe durch fortlaufende Messung des Aktivitätsverlaufs über beiden Nieren (Radionephrographie) – gegebenenfalls auch mit Aktivitätsbestimmung über der Blase sowie gegebenenfalls einschließlich Restharnbestimmung –	444	48,84
5450	Restharnbestimmung mittels radioaktiver Stoffe	148	16,28
5451	Clearance-Untersuchung der Nieren durch Aktivitätsmessungen an Blut- und Harnproben aus mindestens zwei Sammelperioden bei konstantem Blutspiegel	605	66,55
5452	Quantitative Nierenfunktionsprüfung (Ganzkörper-Clearance) mittels radioaktiver Stoffe durch fortlaufende Radioaktivitätsbestimmungen über dem Körper und im Blut und/oder im Harn . .	739	81,29
	Die Nebeneinanderberechnung der Nummern 5451 und 5452 bedarf einer besonderen Begründung.		
5453	Szintigraphische Untersuchung der Plazenta in mindestens zwei Projektionen	592	65,12
5454	Ösophagus-, Magen- oder Intestinalszintigraphie	740	81,40
5455	Sequenzszintigraphie des Ösophagus oder des Magens	890	97,90

Nummer	Leistung	Punktzahl	Gebühr in DM
5456	Funktionsszintigraphie des Ösophagus oder des Magens (Sequenzszintigraphie und zusätzlich Zeitaktivitätskurven) . . . . *Neben der Leistung nach Nummer 5456 ist die Leistung nach Nummer 5455 nicht berechnungsfähig*	1330	146,30
	Szintigraphische Untersuchung der Knochen		
5460	an Schädel und/oder Extremitäten.	592	65,12
5461	am Körperstamm . . . . *Neben der Leistung nach Nummer 5461 sind die Leistungen nach den Nummern 5402 und 5403 nicht berechnungsfähig.* *Neben den Leistungen nach den Nummern 5402 und 5403 ist die Leistung nach Nummer 5460 nicht berechnungsfähig.*	887	97,57
5462	Szintigraphische Untersuchung der Gelenke, der Füße und Hände – gegebenenfalls auch der Knie- und Ellenbogengelenke – zum Nachweis oder Ausschluß entzündlicher Veränderungen	739	81,29
5463	Resorptionstest mittels radioaktiv markiertem Vitamin B_{12} oder Fett oder Eisen	296	32,56
5464	Bestimmung des intestinalen Eiweiß-, Fett- oder Blutverlustes mittels radioaktiver Substanzen . .	296	32,56
5465	Bestimmung des Blutvolumens mittels radioaktiver Substanzen nach der Verdünnungsmethode	296	32,56
5466	Bestimmung des Blutvolumens mittels radioaktiver Markierung von patienteneigenen Erythrozyten . . . . *Neben der Leistung nach Nummer 5466 ist die Leistung nach Nummer 5465 nicht berechnungsfähig.*	444	48,84
5467	Bestimmung der Erythrozytenlebensdauer mittels radioaktiver Markierung	700	77,—
5468	Bestimmung der Erythrozytenlebensdauer mittels radioaktiver Markierung und Nachweis des Abbauortes mittels Oberflächenmessung zu verschiedenen Zeiten	1030	113,30
5469	Bestimmung der Thrombozytenüberlebenszeit mittels radioaktiver Markierung und Oberflächenmessung zu verschiedenen Zeiten.	1030	113,30
5470	Bestimmung der Eisenkinetik mittels radioaktiver Stoffe.	1030	113,30

Nummer	Leistung	Punktzahl	Gebühr in DM
5471	Szintigraphische Untersuchung des Knochenmarks	739	81,29
5472	Bestimmung der Verteilung eines radioaktiven Indikators innerhalb eines oder mehrerer Körperkompartimente	444	48,84
5476	Nachweis von Thromben mittels radioaktiver Substanzen	592	65,12
5477	Szintigraphische Darstellung von Gefäßabschnitten	592	65,12
5478	Sequenzszintigraphie von Gefäßabschnitten in einer Projektion	887	97,57
5479	Funktionsszintigraphie von Gefäßabschnitten (Sequenzszintigraphie und zusätzlich Zeitaktivitätskurven) *Neben der Leistung nach Nummer 5479 ist die Leistung nach Nummer 5478 nicht berechnungsfähig.*	1330	146,30
5480	Szintigraphische Abszeßdiagnostik mit markierten Zellen	590	64,90
5490	Single-Photonen-Emissions-Computertomographie (SPECT)	1330	146,30
	2. In-vitro-Untersuchungen		
5500	Indirekte Schilddrüsenhormonbindungsteste mit Radionukliden unter Angabe der Art der Untersuchung (z. B. T_3-uptake, ETR/NTR) *Die Nummer 5500 ist nur einmal berechnungsfähig.*	119	13,09
5501	Direkte Schilddrüsenhormonbindungsteste mit Radionukliden unter Angabe der Art der Untersuchung (z. B. TBG-RIA) *Neben der Leistung nach Nummer 5501 ist die Leistung nach Nummer 5500 nicht berechnungsfähig.*	180	19,80
5502	Bestimmung von Antikörpern gegen körpereigene Antigene mit Radionukliden, je Bestimmung unter Angabe der Art der Untersuchung, z. B. Anti-Insulin Anti-Thyreoglobulin Anti-Schilddrüsenmikrosomen Anti-nDNS IgE, allergen-spezifisch (z. B. RAST oder PRIST-Test)	119	13,09
5503	Höchstwert für Bestimmungen nach Nummer 5502	1190	130,90

Nummer	Leistung	Punktzahl	Gebühr in DM
5504	Andere Bindungsteste mit Radionukliden, je Bestimmung unter Angabe der Art der Untersuchung, z. B. Thyroxin-Bestimmung als kompetitive Proteinbindungsanalyse Cortisol-Bestimmung als kompetitive Proteinbindungsanalyse Vitamin B_{12} als Bindungsanalyse Folsäure als Bindungsanalyse Gesamte und/oder latente Eisenbindungskapazität.	180	19,80
5505	Radioimmunologischer Nachweis einer Substanz eines Körpermaterials einschließlich dessen Aufbereitung, je Bestimmung unter Angabe der Art der Untersuchung, z. B. Australia-Antigen (HBS-Ag)	119	13,09
5506	Einfache quantitative radioimmunologische Bestimmung ohne Extraktion oder andere Aufbereitung, je Bestimmung unter Angabe der Art der Untersuchung, z. B. Digoxin Digitoxin Gentamycin Tobramycin Amikacin Phenytoin/Diphenylhydantoin Methotrexat Gesamt-Oestriol im Harn Plazentares Lactogen (HPL/HCS)	236	25,96
5507	Quantitative radioimmunologische Bestimmung von Schilddrüsenhormonen mit Aufbereitung, je Bestimmung unter Angabe der Art der Untersuchung, z. B. Trijodthyronin (T_3 – RIA) Thyroxin (T_4 – RIA) Freies Thyroxin (FT_4 – RIA) . . . . *Neben der Gesamtthyroxinbestimmung (T_4-RIA) ist eine gleichzeitige Bestimmung des freien Thyroxins (FT_4-RIA) nicht berechnungsfähig.*	288	31,68
5508	Quantitative radioimmunologische Bestimmung des thyreoideastimulierenden Hormons (TSH)	288	31,68

Nummer	Leistung	Punktzahl	Gebühr in DM
5509	Aufwendige quantitative radioimmunologische Bestimmung mit Aufbereitung (Hormone, Vitamine, Proteine, Pharmaka, Gifte und sonstige Stoffe), je Bestimmung unter Angabe der Art der Untersuchung, z. B. Prolactin (PRL) Wachstumshormon (GH) Follikelstimulierendes Hormon (FSH) Luteinisierendes Hormon (LH) Choriongonadotropin (HCG) Cortisol Testosteron Oestriol (^{125}J-Tracer) Oestradiol 17 ß (^{125}J-Tracer) Progesteron (^{125}J-Tracer) Aldosteron (^{125}J-Tracer) Insulin Gastrin ß-Choriongonadotropin (ß-HCG) Vitamin B_{12} Folsäure Gesamt-IgE (z. B. PRIST-Test) $ß_2$-Mikroglobulin α1-Feto-Protein (AFP) Carcino-Embryonales Antigen (CEA) Myoglobulin Ferritin Transferrin Morphin Amphetamin Barbiturat Gallensäure Trypsin Cyclisches Adenosin-Monophosphat (cAMP). .	355	39,05
5510	Besonders aufwendige quantitative radioimmunologische Bestimmung (z. B. mit schwieriger Aufbereitung, Extraktion, chromatographischer Trennung, Abtrennung des Analyts), je Bestimmung unter Angabe der Art der Untersuchung, z. B. Parathormon Vasopression (ADH) Corticotropin (ACTH) Glukagon C-Peptid		

Nummer	Leistung	Punktzahl	Gebühr in DM
	Calcitonin Dihydroepiandostendion (DHEA) Desoxycorticosteron (DOC) Oestradiol-17ß(^{3}H-Tracer) Oestron Androstendion 11-Desoxycortisol Progesteron (^{3}H-Tracer) Testosteron (^{3}H-Tracer) Freies Testosteron Freies Oestriol (^{3}H-Tracer) Gesamt-Oestriol (^{3}H-Tracer) 17- -OH-Progesteron (^{3}H-Tracer) Dihydrotestosteron Aldosteron (^{3}H-Tracer) Renin, Angiotensin Cortikosteron	592	65,12
	Sofern aus methodischen Gründen (auch nach Stimulation oder Suppression) die Bestimmung eines Stoffes innerhalb von 24 Stunden aus wiederholt entnommenem Körpermaterial mehrmals durchgeführt werden muß, so können die Leistungen nach den Nummern 5504 bis 5510 höchstens zweimal berechnet werden.		
5511	Mindestens dreimalige radioimmunologische Bestimmung von z. B. Cortisol oder Wachstumshormon (GH), Insulin oder C-Peptid, Gastrin im Rahmen der Funktionsprüfung mit Lysin-Vasopressin oder Arginin, Tolbutamid, Glukagon, Sekretin/Pankreozymin, Glukose . .	864	95,04
5512	Mindestens viermalige radioimmunologische Bestimmung von z. B. Wachstumshormon (GH) oder Cortisol, Insulin im Rahmen des Insulin-Hypoglykämietestes oder des Hungerversuches	1112	122,32

B. Therapeutische Leistungen

1. Anwendung offener Radionuklide

Behandlung gutartiger Veränderungen der Haut oder Schleimhaut mit

5520	224-Radium (Thorium X), je Sitzung	119	13,09
5521	32-P (Radiophosphor), je Sitzung	178	19,58

Nummer	Leistung	Punktzahl	Gebühr in DM
5522	Behandlung der blutbildenden Organe – einschließlich der erforderlichen Kontrollmessungen –	739	81,29
	Für die Behandlung nach Nummer 5522 kann die Gebühr innerhalb eines Behandlungszeitraumes von vier Monaten nur einmal berechnet werden.		
5523	Behandlung von Knochenmetastasen – einschließlich der erforderlichen Kontrollmessungen –	739	81,29
5524	Behandlung von gutartigen Schilddrüsenerkrankungen – einschließlich der erforderlichen Kontrollmessungen –	1480	162,80
	Für die Behandlung nach Nummer 5524 kann die Gebühr innerhalb eines Behandlungszeitraumes von drei Monaten nur einmal und innerhalb eines Behandlungszeitraumes von zwölf Monaten insgesamt nicht mehr als zweimal berechnet werden.		
5525	Ausschaltung einer Schilddrüse oder Behandlung bösartiger Schilddrüsenerkrankungen – einschließlich der erforderlichen Kontrollmessungen –	1480	162,80
5526	Behandlung von Geschwülsten und/oder Geschwulstmetastasen in einer Körperhöhle oder einem Hohlorgan – einschließlich der erforderlichen Kontrollmessungen –	1850	203,50
5527	Endolymphatische Radionuklidtherapie – einschließlich der erforderlichen Kontrollmessungen –	1850	203,50
5528	Radiosynoviorthese – einschließlich der erforderlichen Kontrollmessungen –	1850	203,50

2. Kontaktbestrahlung mit umschlossenen Radionukliden

Nummer	Leistung	Punktzahl	Gebühr in DM
5530	Bestrahlung einer gutartigen Veränderung (z. B. Hämangiom) der Körperoberfläche oder der Mundhöhle	739	81,29
	Bei der Behandlung eines Hämangioms nach Nummer 5530 kann die Gebühr innerhalb eines Behandlungszeitraumes von sechs Monaten nur einmal und innerhalb eines Behandlungszeitraumes von zwölf Monaten insgesamt nur zweimal berechnet werden.		

Nummer	Leistung	Punktzahl	Gebühr in DM
5531	Bestrahlung einer bösartigen Geschwulst der Körperoberfläche oder der Mundhöhle	1030	113,30
5532	Bestrahlung der Hyperplasie der Uterrusschleimhaut und/oder Radio-Kastration	887	97,57
5533	Intrakavitäre Bestrahlung einer bösartigen Geschwulst der Gebärmutter und/oder des Eierstockes oder eines postoperativen Resttumors oder Rezidivs	1850	203,50
5534	Einzeitige intrakavitäre Bestrahlung nach operativer Entfernung einer bösartigen Geschwulst der Gebärmutter und/oder des Eierstockes	1030	113,30
5535	Bestrahlung in einer sonstigen natürlichen oder operativ geschaffenen Körperhöhle *Bei der Behandlung nach den Nummern 5531 bis 5535 kann die Gebühr innerhalb eines Behandlungszeitraumes von vier Monaten nur einmal und innerhalb eines Behandlungszeitraumes von zwölf Monaten insgesamt nur zweimal berechnet werden.*	1180	129,80

3. Sonstige Anwendungen von Radionukliden

5540	Interstitielle Bestrahlung mit offenen oder umschlossenen Radionukliden *Bei der Behandlung nach Nummer 5540 kann die Gebühr innerhalb eines Behandlungszeitraumes von zwölf Monaten insgesamt nur zweimal berechnet werden.* *In den berechnungsfähigen Leistungen sind notwendige ärztliche Verrichtungen oder operative Maßnahmen zur Applikation des Strahlungsträgers nicht enthalten.*	1180	129,80

III. Strahlentherapie

1. Allgemeine Bestimmungen

a) *Das Leistungserfordernis der Gebührensätze für die Strahlenbehandlung ist als erfüllt anzusehen, wenn*

aa) *bei der Behandlung nach den Nummern 5640 bis 5645, 5660 bis 5665, 5680 bis 5685, 5700 bis 5705, 5720 bis 5725 und 5740 bis 5745 unbeschadet der Zahl der Strahleneintrittsfelder Geschwulst und gegebenenfalls regionäres Lymphstromgebiet in fraktionierter Bestrahlungsserie eine Gesamtdosis erhalten haben, mit der die Belastbarkeit des durchstrahlten Gewebes soweit ausgenutzt ist, daß eine weitere kontinuierliche Erhöhung dieser Gesamtdosis erfahrungsgemäß die Gefahr einer bleibenden Gewebsschädigung außerhalb der Geschwulst bedeuten würde, die auch angesichts des Behandlungszieles nicht hingenommen werden kann.*

bb) *bei anderen Anzeigen zur Strahlenbehandlung unbeschadet der Zahl der Strahleneintrittsfelder am Sitz der Krankheit eine Dosis erreicht wurde, die geeignet ist, den angestrebten Heilerfolg zu erzielen.*

b) *Wird der zu einer Strahlenbehandlung üblicherweise notwendige Behandlungsumfang nicht erreicht – wird z.B. die Strahlenbehandlung vorzeitig abgebrochen oder aus strahlenbiologischen Gründen der Behandlungsumfang reduziert (palliative Behandlung) –, so kann nur der dem kurativen Bestrahlungsmodus entsprechende Anteil des jeweiligen vollen Leistungswertes berechnet werden.*

c) aa) *Wird erneut eine Strahlenbehandlung nach den Nummern 5550 bis 5595 (unter Berücksichtigung der Bestimmung nach Buchstabe e) oder nach den Nummern 5760 bis 5845 erforderlich, so können innerhalb eines Zeitraumes von zwölf Monaten nicht mehr als drei Leistungswerte der entsprechenden Leistungsnummer berechnet werden.*

bb) *Bei den Leistungen nach den Nummern 5600 bis 5756 kann aus strahlenbiologischen Gründen innerhalb von zwölf Monaten vom Behandlungsbeginn für die Behandlung desselben Krankheitsprozesses die entsprechende Leistungsnummer nicht mehr als zweimal in Ansatz gebracht werden.*

cc) *Bei Anwendung des Teilchenbeschleunigers zur Elektronentiefentherapie (sogenannte Elektronenschleuder) (E) oder ultraharter Röntgenstrahlen ab 4 MeV (U) oder bei Telekobalttherapie (C) gelten die unter den Nummern 5650 bis 5656, 5670 bis 5676, 5690 bis 5696, 5710 bis 5716, 5730 bis 5736 und 5750 bis 5756 aufgeführten Leistungsansätze. In der Rechnung des Arztes ist das angewandte Verfahren durch die Angabe der entsprechenden Bezeichnung (E) oder (U) oder (C) zu kennzeichnen.*

Wird bei Anwendung der Verfahren nach Buchstabe cc) Abs. 1 eine Methode gewählt, durch die in fortlaufender Strahlenbehandlung die strahlentherapeutische Einwirkung so weitgehend ausgeschöpft wird, daß eine erneute Bestrahlung desselben Krankheitsherdes innerhalb eines Zeitraumes von zwölf Monaten seit Beginn der Strahlenbehandlung aus strahlenbiologischen Gründen nicht mehr möglich ist, so kann für die durchgeführte Strahlenbehandlung der eineinhalbfache Leistungsansatz der betreffenden Leistungsnummer dann in Anrechnung gebracht werden, wenn eine Herddosis von 4500 τ überschritten wurde.

Eine weitere Berechnung der Strahlenbehandlung desselben Herdes ist dann aber im Zeitraum von zwölf Monaten seit Beginn der Strahlenbehandlung nicht zulässig.

dd) *Wird eine Strahlenbehandlung nach den Nummern 5550 bis 5845 unter Anwendung verschiedener Bestrahlungsverfahren durchgeführt, so kann für diese kombinierte Behandlung nur die jeweils höhere der in Frage kommenden Leistungen, nicht aber ein eineinhalbfacher Leistungsansatz nach Buchstabe cc) Abs. 2 berechnet werden.*

ee) *Bei Strahlenbehandlung eines Hämangioms können die Leistungsansätze nach den Nummmern 5590 bis 5595 innerhalb eines Behandlungszeitraumes von sechs Monaten nur einmal und innerhalb eines Behandlungszeitraumes von zwölf Monaten insgesamt nur zweimal berechnet werden.*

d) aa) *Bei Bestrahlung von Dermatosen sind alle zu bestrahlenden Hautflächen, die sich in einem Feld bis zu 17 mal 17 Zentimeter Größe vereinigen lassen, als ein Bestrahlungsfeld zu berechnen. Bei Sitz der Krankheit an mehreren Stellen zwischen den Fingern oder den Zehen können für jede Hand oder für jeden Fuß bis zu zwei Felder berechnet werden, wenn nicht die Bestrahlung der Innenfläche oder der Rückenfläche der Hand oder des Fußes berechnet wird.*
In der Regel können im Rahmen einer Strahlenbehandlung von Dermatosen nicht mehr als sechs verschiedene Bestrahlungsfelder als einmalige oder mehrmalige Bestrahlung (Serie) – auch bei verschiedenen Krankheitsherden – berechnet werden. Ausnahmen bedürfen der besonderen Begründung.

bb) *Bei Sitz der Krankheit in folgenden Körpergegenden darf nur ein Feld berechnet werden:*
eine Gesichtshälfte,
Gesicht von vorne,
eine Halsseite oder Hals von vorne oder Nacken,
eine Achselhöhle,
eine Oberarmstreckseite einschließlich einer Kante, wenn der Krankheitsherd nicht länger als 17 Zentimeter ist,
eine Oberarmbeugeseite einschließlich einer Kante, wenn der Krankheitsherd nicht länger als 17 Zentimeter ist,
eine Ellenbogenstreckseite einschließlich einer Kante,
eine Ellenbogenbeugeseite einschließlich einer Kante,
eine Unterarmstreckseite einschließlich einer Kante, wenn der Krankheitsherd nicht länger als 17 Zentimeter ist,
eine Unterarmbeugeseite einschließlich einer Kante, wenn der Krankheitsherd nicht länger als 17 Zentimeter ist,
eine Rücken- oder Beugefläche einer Hand,
eine Leistenbeuge,
Aftergegend,
Geschlechtsteile,
beide Kniescheiben,
beide Kniekehlen,
Innenseite des einen Knies zusammen mit der Außenseite des anderen Knies,
ein Oberschenkel, Streck- oder Beugeseite oder Außen- oder Innenseite, wenn der Krankheitsherd nicht länger als 17 Zentimeter ist,
die Schienbeinflächen beider Unterschenkel, wenn der Krankheitsherd nicht länger als 17 Zentimeter ist,
die Wadenflächen beider Unterschenkel, wenn der Krankheitsherd nicht länger als 17 Zentimeter ist,
die Außenfläche des einen Unterschenkels zusammen mit der Innenfläche des anderen Unterschenkels, wenn der Krankheitsherd nicht länger als 17 Zentimeter ist,
die Innenseite des einen Fußes zusammen mit der Außenseite des anderen Fußes.

e) *Auch wenn die Durchführung der Behandlung sich aus methodischen Gründen über einen längeren Zeitraum mit größeren Intervallen zwischen den Einzel-*

bestrahlungen erstreckt, ist das Leistungserfordernis nach den Nummern 5650 bis 5656, 5670 bis 5676, 5690 bis 5696, 5710 bis 5716, 5730 bis 5736, 5750 bis 5756 in der Modifikation nach Buchstabe c) cc) Abs. 2 erst nach Abschluß der Strahlenbehandlung, in den übrigen Fällen nach Beendigung einer Bestrahlungsserie als erfüllt anzusehen.

f) *Lokalisationsaufnahmen zur Feststellung oder Kontrolle von Bestrahlungseinstellungen sind Bestandteil der jeweiligen Leistung.*

2. Rechnungsbestimmungen

In der Rechnung des Arztes sind anzugeben für die Leistungen nach den Nummern

5550 bis 5585	*Beginn und Ende der Strahlenbehandlung, die Bestrahlungsfelder und die Gesamteinfalldosis;*
5590 bis 5635	*Beginn und Ende der Strahlenbehandlung, die Gesamtzahl der Bestrahlungen und die Gesamteinfalldosis;*
5640 bis 5645	*Beginn und Ende der Strahlenbehandlung, die Zahl der Strahleneintrittsfelder und die Gesamteinfalldosis;*
5560 bis 5565	
80 bis 5685	
5700 bis 5705	
5720 bis 5725	
5740 bis 5745	
5760 bis 5845	
50 bis 5656	*Beginn und Ende der Strahlenbehandlung, die Gesamteinfalldosis sowie die Herddosis.*
5670 bis 5676	
90 bis 5696	
5710 bis 5716	
5730 bis 5736	
5750 bis 5756	

Nummer	Leistung	Punktzahl	Gebühr in DM
	Strahlenbehandlung von Dermatosen		
5550	ein Feld, einmalige Bestrahlung	240	26,40
5551	ein Feld, mehrmalige Bestrahlung (Serie)	303	33,33
5552	jedes weitere Feld, einmalige Bestrahlung	194	21,34
5553	Jedes weitere Feld, mehrmalige Bestrahlung (Serie)	240	26,40
5555	Strahlenbehandlung eines akut entzündlichen Weichteilprozesses mittels Weichstrahlentherapie oder Nahbestrahlungstherapie	303	33,33

Nummer	Leistung	Punktzahl	Gebühr in DM
	Strahlenbehandlung der Haut mittels Fernbestrahlung, auch in mehreren Sitzungen		
5560	Vorder- oder Rückseite des Körpers	605	65,55
5561	Vorder- und Rückseite des Körpers	908	99,88
	Epilation		
5565	der ganzen Kopffläche	758	83,38
5566	des Bartes	605	65,55
5567	eines Hautbezirkes	303	33,33
5570	Strahlenbehandlung von Hyperkeratosen oder plantaren, ungualen und/oder periungualen Warzen, bis zu drei Einstellungen	605	66,55
5571	bei Abbruch nach fünf Sechstel des üblicherweise notwendigen Behandlungsumfangs	504	55,44
5572	bei Abbruch nach vier Sechstel	403	44,33
5573	bei Abbruch nach drei Sechstel	303	33,33
5574	bei Abbruch nach zwei Sechstel	202	22,22
5575	bei Abbruch nach einem Sechstel	101	11,11
5580	Strahlenbehandlung von Hyperkeratosen oder plantaren, ungualen und/oder periungualen Warzen, mehr als drei Einstellungen	908	99,88
5581	bei Abbruch nach fünf Sechstel des üblicherweise notwendigen Behandlungsumfangs nach Nr. 1 Buchstabe b).	756	83,16
5582	bei Abbruch nach vier Sechstel	605	66,55
5583	bei Abbruch nach drei Sechstel	454	49,94
5584	bei Abbruch nach zwei Sechstel	303	33,33
5585	bei Abbruch nach einem Sechstel	151	16,61
5590	Strahlenbehandlung eines Hämangioms, der Induratio penis plastica, eines Keloids oder der Dupuytren'schen Kontraktur	908	99,88
5591	bei Abbruch nach fünf Sechstel des üblicherweise notwendigen Behandlungsumfangs nach Nr. 1 Buchstabe b)	756	83,16
5592	bei Abbruch nach vier Sechstel	605	66,55
5593	bei Abbruch nach drei Sechstel	454	49,94
5594	bei Abbruch nach zwei Sechstel	303	33,33
5595	bei Abbruch nach einem Sechstel	151	16,61

Nummer	Leistung	Punktzahl	Gebühr in DM
5600	Strahlenbehandlung einer bösartigen Geschwulst oder einer Präkanzerose der Haut . . .	1210	133,10
5601	bei Abbruch nach fünf Sechstel des üblicherweise notwendigen Behandlungsumfangs nach Nr. 1 Buchstabe b)	1010	111,10
5602	bei Abbruch nach vier Sechstel	807	87,77
5603	bei Abbruch nach drei Sechstel	605	66,55
5604	bei Abbruch nach zwei Sechstel	404	44,44
5605	bei Abbruch nach einem Sechstel	202	22,22
5610	Strahlenbehandlung von unten oder in der Haut gelegenen Geschwulstmetastasen, bis zu drei Einsteller	1510	166,10
5611	bei Abbruch nach fünf Sechstel des üblicherweise notwendigen Behandlungsumfangs nach Nr. 1 Buchstabe b)	1260	138,60
5612	bei Abbruch nach vier Sechstel	1010	111,10
5613	bei Abbruch nach drei Sechstel	756	83,16
5614	bei Abbruch nach zwei Sechstel	504	55,44
5615	bei Abbruch nach einem Sechstel . . . . *Als eine Einstellung im Sinne der Nummern 5610 bis 5615 gilt die Strahlenbehandlung von Metastasen, die in einem Bestrahlungsfeld erfaßt werden können.*	252	27,72
5620	Strahlenbehandlung von unter oder in der Haut gelegenen Geschwulstmetastasen, mehr als drei Einstellungen	1970	216,70
5621	bei Abbruch nach fünf Sechstel des üblicherweise notwendigen Behandlungsumfangs nach Nr. 1 Buchstabe b).	1640	180,40
5622	bei Abbruch nach vier Sechstel	1310	144,10
5623	bei Abbruch nach drei Sechstel	985	108,35
5624	bei Abbruch nach zwei Sechstel	657	72,27
5625	bei Abbruch nach einem Sechstel . . . . *Als eine Einstellung im Sinne der Nummern 5620 bis 5625 gilt die Strahlenbehandlung von Metastasen, die in einem Bestrahlungsfeld erfaßt werden können.*	328	36,08
5630	Strahlenbehandlung eines Melanoblastoms der Haut	2270	249,70
5631	bei Abbruch nach fünf Sechstel des üblicherweise notwendigen Behandlungsumfangs nach Nr. 1 Buchstabe b).	1890	207,90

Nummer	Leistung	Punktzahl	Gebühr in DM
5632	bei Abbruch nach vier Sechstel	1510	166,10
5633	bei Abbruch nach drei Sechstel	1130	124,30
5634	bei Abbruch nach zwei Sechstel	757	83,27
5635	bei Abbruch nach einem Sechstel	378	41,58
5640	Strahlenbehandlung einer bösartigen Geschwulst der Brusthöhle, der Speiseröhre, der Brustwand, des Magen-Darm-Kanals, der Gebärmutter, des Eierstockes, der Prostata – einschließlich des jeweiligen regionären Lymphstromgebietes oder einer Erstgeschwulst der Knochen –	5670	623,70
5641	bei Abbruch nach fünf Sechstel des üblicherweise notwendigen Behandlungsumfangs nach Nr. 1 Buchstabe b)	4730	520,30
5642	bei Abbruch nach vier Sechstel	3780	415,80
5643	bei Abbruch nach drei Sechstel	2840	312,40
5644	bei Abbruch nach zwei Sechstel	1890	207,90
5645	bei Abbruch nach einem Sechstel	946	104,06
5650	Strahlenbehandlung einer bösartigen Geschwulst der Brusthöhle, der Speiseröhre, der Brustwand, des Magen-Darm-Kanals, der Gebärmutter, des Eierstockes, der Prostata – einschließlich des jeweiligen regionären Lymphstromgebietes oder einer Erstgeschwulst der Knochen –, bei Anwendung von Verfahren nach Nr. 1 Buchstabe c) cc)	6810	749,20
5651	bei Abbruch nach fünf Sechstel des üblicherweise notwendigen Behandlungsumfangs nach Nr. 1 Buchstabe b)	5670	623,70
5652	bei Abbruch nach vier Sechstel	4540	499,40
5653	bei Abbruch nach drei Sechstel	3400	374,—
5654	bei Abbruch nach zwei Sechstel	2270	249,70
5655	bei Abbruch nach einem Sechstel	1130	124,30
5656	bei Zutreffen von Nr. 1 Buchstabe c) cc) Absatz 2	10210	1123,10

Nummer	Leistung	Punktzahl	Gebühr in DM
5660	Strahlenbehandlung einer bösartigen Geschwulst des Gehirns, im Bereich des Gesichtsschädels, des Hypopharynx, des Kehlkopfes, der Niere, des Hodens, der Vulva, der Scheide, der Harnblase oder einer Erstgeschwulst der Weichteile an Körperstamm und Extremitäten – einschließlich des jeweiligen regionären Lymphstromgebietes –	5290	581,90
5661	bei Abbruch nach fünf Sechstel des üblicherweise notwendigen Behandlungsumfangs nach Nr. 1 Buchstabe b)	4410	485,10
5662	bei Abbruch nach vier Sechstel	3530	388,30
5663	bei Abbruch nach drei Sechstel	2650	291,50
5664	bei Abbruch nach zwei Sechstel	1760	193,60
5665	bei Abbruch nach einem Sechstel	883	97,13
5670	Strahlenbehandlung einer bösartigen Geschwulst des Gehirns, im Bereich des Gesichtsschädels, des Hypopharynx, des Kehlkopfes, der Niere, des Hodens, der Vulva, der Scheide, der Harnblase oder einer Erstgeschwulst der Weichteile an Körperstamm und Extremitäten – einschließlich des jeweiligen regionären Lymphstromgebietes –, bei Anwendung von Verfahren nach Nr. 1 Buchstabe c) cc)	6350	698,50
5671	bei Abbruch nach fünf Sechstel des üblicherweise notwendigen Behandlungsumfangs nach Nr. 1 Buchstabe b)	5290	581,90
5672	bei Abbruch nach vier Sechstel	4240	466,40
5673	bei Abbruch nach drei Sechstel	3180	349,80
5674	bei Abbruch nach zwei Sechstel	2120	233,20
5675	bei Abbruch nach einem Sechstel	1060	116,60
5676	bei Zutreffen von Nr. 1 Buchstabe c) cc) Absatz 2	9530	1048,30
5680	Strahlenbehandlung einer bösartigen Geschwulst der Hypophyse, der Schleimhaut von Wange oder Lippe, der Zunge, einer Tonsille, der Schilddrüse oder des Penis – einschließlich des jeweiligen regionären Lymphstromgebietes – . .	4270	469,70
5681	bei Abbruch nach fünf Sechstel des üblicherweise notwendigen Behandlungsumfangs nach Nr. 1 Buchstabe b)	3550	390,50
5682	bei Abbruch nach vier Sechstel	2840	312,40

Nummer	Leistung	Punktzahl	Gebühr in DM
5683	bei Abbruch nach drei Sechstel	2130	234,30
5684	bei Abbruch nach zwei Sechstel	1420	156,20
5685	bei Abbruch nach einem Sechstel	711	78,21
5690	Strahlenbehandlung einer bösartigen Geschwulst der Hypophyse, der Schleimhaut von Wange oder Lippe, der Zunge, einer Tonsille, der Schilddrüse oder des Penis – einschließlich des jeweiligen regionären Lymphstromgebietes –, bei Anwendung von Verfahren nach Nr. 1 Buchstabe c) cc).	5120	563,20
5691	bei Abbruch nach fünf Sechstel des üblicherweise notwendigen Behandlungsumfangs nach Nr. 1 Buchstabe b)	4270	469,70
5692	bei Abbruch nach vier Sechstel	3410	375,10
5593	bei Abbruch nach drei Sechstel	2560	281,60
5694	bei Abbruch nach zwei Sechstel	1710	188,10
5695	bei Abbruch nach einem Sechstel	853	93,83
5696	bei Zutreffen von Nr. 1 Buchstabe c) cc) Absatz 2	7680	844,80
5700	Strahlenbehandlung des Mediastinums bei Lymphogranulomatose.	2370	260,70
5701	bei Abbruch nach fünf Sechstel des üblicherweise notwendigen Behandlungsumfangs nach Nr. 1 Buchstabe b)	1970	216,70
5702	bei Abbruch nach vier Sechstel	1580	173,80
5703	bei Abbruch nach drei Sechstel	1180	129,80
5704	bei Abbruch nach zwei Sechstel	789	86,79
5705	bei Abbruch nach einem Sechstel	395	43,45
5710	Strahlenbehandlung des Mediastinums bei Lymphogranulomatose bei Anwendung von Verfahren nach Nr. 1 Buchstabe c) cc)	2830	311,30
5711	bei Abbruch nach fünf Sechstel des üblicherweise notwendigen Behandlungsumfangs nach Nr. 1 Buchstabe b)	2360	259,60
5712	bei Abbruch nach vier Sechstel	1890	207,90
5713	bei Abbruch nach drei Sechstel	1420	156,20
5714	bei Abbruch nach zwei Sechstel	944	103,84
6715	bei Abbruch nach einem Sechstel	472	51,92
5716	bei Zutreffen von Nr. 1 Buchstabe c) cc) Absatz 2	4250	467,50

Nummer	Leistung	Punktzahl	Gebühr in DM
5720	Strahlenbehandlung von Absiedelungen bösartiger Geschwülste in Skelett, Lymphknoten oder Weichteilen, bis zu drei Krankheitsherden, ferner von disseminierten oder flächenhaft konfluierenden Absiedelungen einer bösartigen Geschwulst in oder unter der Haut, einer bösartigen Geschwulst des Auges	3300	363,—
5721	bei Abbruch nach fünf Sechstel des üblicherweise notwendigen Behandlungsumfangs nach Nr. 1 Buchstabe b)	2750	302,50
5722	bei Abbruch nach vier Sechstel	2200	242,—
5723	bei Abbruch nach drei Sechstel	1650	181,50
5724	bei Abbruch nach zwei Sechstel	1100	121,—
5725	bei Abbruch nach einem Sechstel	551	60,61
5730	Strahlenbehandlung von Absiedelungen bösartiger Geschwülste in Skelett, Lymphknoten oder Weichteilen, bis zu drei Krankheitsherden, ferner von disseminierten oder flächenhaft konfluierenden Absiedelungen einer bösartigen Geschwulst in oder unter der Haut, einer bösartigen Geschwulst des Auges, bei Anwendung von Verfahren nach Nr. 1 Buchstabe c) cc)	3940	433,40
5731	bei Abbruch nach fünf Sechstel des üblicherweise notwendigen Behandlungsumfangs nach Nr. 1 Buchstabe b)	3290	361,90
5732	bei Abbruch nach vier Sechstel	2630	289,30
5733	bei Abbruch nach drei Sechstel	1970	216,70
5734	bei Abbruch nach zwei Sechstel	1320	145,20
5735	bei Abbruch nach einem Sechstel	658	72,38
5736	bei Zutreffen von Nr. 1 Buchstabe c) cc) Absatz 2	5920	651,20
5740	Strahlenbehandlung von Absiedelungen bösartiger Geschwülste im Bereich der Schädel-, Brust- oder Bauchhöhle bis zu drei Krankheitsherden	3300	363,—
5741	bei Abbruch nach fünf Sechstel des üblicherweise notwendigen Behandlungsumfangs nach Nr. 1 Buchstabe b)	2750	302,50
5742	bei Abbruch nach vier Sechstel	2200	242,—
5743	bei Abbruch nach drei Sechstel	1650	181,50
5744	bei Abbruch nach zwei Sechstel	1100	121,—
5745	bei Abbruch nach einem Sechstel	551	60,61

Nummer	Leistung	Punktzahl	Gebühr in DM
5750	Strahlenbehandlung von Absiedelungen bösartiger Geschwülste im Bereich der Schädel-, Brust- oder Bauchhöhle, bis zu drei Krankheitsherden, bei Anwendung von Verfahren nach Nr. 1 Buchstabe c) cc)	3940	433,40
5751	bei Abbruch nach fünf Sechstel des üblicherweise notwendigen Behandlungsumfangs nach Nr. 1 Buchstabe b)	3290	361,90
5752	bei Abbruch nach vier Sechstel	2630	289,30
5753	bei Abbruch nach drei Sechstel	1970	216,70
5754	bei Abbruch nach zwei Sechstel	1320	145,20
5755	bei Abbruch nach einem Sechstel	658	73,38
5756	bei Zutreffen von Nr. 1 Buchstabe c) cc) Absatz 2	5920	651,20
5760	Strahlenbehandlung der Tuberkulose des Schädels, des Körperstammes, des Hüftgelenks oder des Genitales.	908	99,88
5761	bei Abbruch nach fünf Sechstel des üblicherweise notwendigen Behandlungsumfangs nach Nr. 1 Buchstabe b)	757	83,27
5762	bei Abbruch nach vier Sechstel	605	66,55
5763	bei Abbruch nach drei Sechstel	454	49,94
5764	bei Abbruch nach zwei Sechstel	303	33,33
5765	bei Abbruch nach einem Sechstel	151	16,61
5770	Strahlenbehandlung der Milz, eines Röhrenknochens oder eines Lymphknotengebietes wegen Blutkrankheiten oder Lymphogranulomatose . .	1510	166,10
5771	bei Abbruch nach fünf Sechstel des üblicherweise notwendigen Behandlungsumfangs nach Nr. 1 Buchstabe b)	1260	138,60
5772	bei Abbruch nach vier Sechstel	1010	111,10
5773	bei Abbruch nach drei Sechstel	757	83,27
5774	bei Abbruch nach zwei Sechstel	504	55,44
5775	bei Abbruch nach einem Sechstel	252	27,72
5780	Strahlenbehandlung der Tuberkulose des Bauchfells, der Mesenterialdrüsen, des Darmes, eines Extremitätenknochens, eines Gelenkes (mit Ausnahme des Hüftgelenks), des Augapfels, des Kehlkopfes und eines subkutanen tuberkulösen Lymphknotengebietes	605	66,55

Nummer	Leistung	Punktzahl	Gebühr in DM
5781	bei Abbruch nach fünf Sechstel des üblicherweise notwendigen Behandlungsumfangs nach Nr. 1 Buchstabe b)	504	55,44
5782	bei Abbruch nach vier Sechstel	403	44,33
5783	bei Abbruch nach drei Sechstel	303	33,33
5784	bei Abbruch nach zwei Sechstel	202	22,22
5785	bei Abbruch nach einem Sechstel	101	11,11
5790	Strahlenbehandlung der Prostatahypertrophie, eines Herdes bei Strahlenpilzkrankheit oder der Eierstöcke zwecks Röntgenkastration	1210	133,10
5791	bei Abbruch nach fünf Sechstel des üblicherweise notwendigen Behandlungsumfangs nach Nr. 1 Buchstabe b)	1010	111,10
5792	bei Abbruch nach vier Sechstel	807	88,77
5793	bei Abbruch nach drei Sechstel	605	66,55
5794	bei Abbruch nach zwei Sechstel	404	44,44
5795	bei Abbruch nach einem Sechstel	202	22,22
5800	Strahlenbehandlung einer gutartigen Schilddrüsenerkrankung oder des Rückenmarks bei Tabes oder Syringomyelie	757	83,27
5801	bei Abbruch nach fünf Sechstel des üblicherweise notwendigen Behandlungsumfangs nach Nr. 1 Buchstabe b)	631	69,44
5802	bei Abbruch nach vier Sechstel	505	55,55
5803	bei Abbruch nach drei Sechstel	379	41,69
5804	bei Abbruch nach zwei Sechstel	252	27,72
5805	bei Abbruch nach einem Sechstel	126	13,86
5810	Strahlenbehandlung bei einer Neuralgie als selbständige Leistung oder einer chronischen Gelenkentzündung oder der Achselhöhle bei Schweißdrüsenerkrankungen	757	83,27
5811	bei Abbruch nach fünf Sechstel des üblicherweise notwendigen Behandlungsumfangs nach Nr. 1 Buchstabe b)	631	69,41
5812	bei Abbruch nach vier Sechstel	505	55,55
5813	bei Abbruch nach drei Sechstel	379	41,69
5814	bei Abbruch nach zwei Sechstel	252	27,72
5815	bei Abbruch nach einem Sechstel	126	13,86

Nummer	Leistung	Punktzahl	Gebühr in DM
5820	Strahlenbehandlung des lymphatischen Rachenringes, der Hypophyse (Reizbestrahlung), des Grenzstranges, der Orbita bei endokriner Ophthalmopathie oder der Brustdrüse des Mannes bei Hormontherapie eines metastasierenden Prostatakarzinoms	605	66,55
5821	bei Abbruch nach fünf Sechstel des üblicherweise notwendigen Behandlungsumfangs nach Nr. 1 Buchstabe b)	504	55,44
5822	bei Abbruch nach vier Sechstel	403	44,33
5823	bei Abbruch nach drei Sechstel	303	33,33
5824	bei Abbruch nach zwei Sechstel	202	22,22
5825	bei Abbruch nach einem Sechstel	101	11,11
5830	Strahlenbehandlung der Milz (Reizbestrahlung)	379	41,69
5831	bei Abbruch nach fünf Sechstel des üblicherweise notwendigen Behandlungsumfangs nach Nr. 1 Buchstabe b)	316	34,76
5832	bei Abbruch nach vier Sechstel	253	27,83
5833	bei Abbruch nach drei Sechstel	190	20,90
5834	bei Abbruch nach zwei Sechstel	126	13,86
5835	bei Abbruch nach einem Sechstel	63	6,93
5840	Strahlenbehandlung eines akut entzündlichen Weichteilprozesses mittels Tiefentherapie	454	49,94
5841	bei Abbruch nach fünf Sechstel des üblicherweise notwendigen Behandlungsumfangs nach Nr. 1 Buchstabe b)	379	41,69
5842	bei Abbruch nach vier Sechstel	303	33,33
5843	bei Abbruch nach drei Sechstel	227	24,97
5844	bei Abbruch nach zwei Sechstel	152	16,72
5845	bei Abbruch nach einem Sechstel	76	8,36

B. Sonstige Vorschriften der GOÄ, II 2.

Die Verweisung erfaßt die folgenden Vorschriften der GOÄ:

§ 1 GOÄ. Anwendungsbereich.[I] **...**

II Vergütungen darf der Arzt nur für Leistungen berechnen, die nach den Regeln der ärztlichen Kunst für eine medizinisch notwendige ärztliche Versorgung erforderlich sind. Leistungen, die über das Maß einer medizinisch notwendigen ärztlichen Versorgung hinausgehen, darf er nur berechnen, wenn sie auf Verlangen des Zahlungspflichtigen erbracht worden sind.

§ 4 GOÄ. Gebühren.[I] **..,...**

[II] Der Arzt kann Gebühren nur für selbständige ärztliche Leistungen berechnen, die er selbst erbracht hat oder die unter seiner Aufsicht nach fachlicher Weisung erbracht wurden (eigene Leistungen). Als eigene Leistungen gelten auch von ihm berechnete Laborleistungen, die nach fachlicher Weisung unter der Aufsicht eines anderen Arztes in Laborgemeinschaften oder in von Ärzten ohne eigene Liquidationsberechtigung geleiteten Krankenhauslabors erbracht werden. Für eine Leistung, die Bestandteil oder eine besondere Ausführung einer anderen Leistung nach dem Gebührenverzeichnis ist, kann der Arzt eine Gebühr nicht berechnen, wenn er für die andere Leistung eine Gebühr berechnet.

[III] Mit den Gebühren sind die Praxiskosten einschließlich der Kosten für den Sprechstundenbedarf sowie die Kosten für die Anwendung von Instrumenten und Apparaten abgegolten, soweit nicht in dieser Verordnung etwas anderes bestimmt ist. Hat der Arzt ärztliche Leistungen unter Inanspruchnahme Dritter erbracht, die nach dieser Verordnung selbst nicht liquidationsberechtigt sind, so sind die hierdurch entstandenen Kosten ebenfalls mit der Gebühr abgegolten.

[IV] Kosten, die nach Absatz 3 mit den Gebühren abgegolten sind, dürfen nicht gesondert berechnet werden. ...

§ 10 GOÄ. Ersatz von Auslagen.

[I] Neben den für die einzelnen ärztlichen Leistungen vorgesehenen Gebühren können als Auslagen nur berechnet werden

1. die Kosten für diejenigen Arzneimittel, Verbandmittel und sonstigen Materialien, die der Patient zur weiteren Verwendung behält oder die mit einer einmaligen Anwendung verbraucht sind, mit Ausnahme der Kosten für
   a) Kleinmaterialien wie Zellstoff, Mulltupfer, Schnellverbandmaterial, Verbandspray, Gewebeklebstoff auf Histoacrylbasis, Mullkompressen, Holzspatel, Holzstäbchen, Wattestäbchen, Gummifingerlinge,
   b) Reagenzien und Narkosemittel zur Oberflächenanaesthesie,
   c) Desinfektions- und Reinigungsmittel,
   d) Augen-, Ohren-, Nasentropfen, Puder, Salben und geringwertige Arzneimittel zur sofortigen Anwendung sowie für
   e) folgende Einmalartikel; Einmalspritzen, Einmalkanülen, Einmalhandschuhe, Einmalharnblasenkatheder, Einmalskalpelle, Einmalproktoskope, Einmaldarmrohre, Einmalspekula,

2. die durch Leistungen nach den Abschnitten M, N und O des Gebührenverzeichnisses entstandenen Versand- und Portokosten,

3. die bei der Anwendung radioaktiver Stoffe durch deren Verbrauch entstandenen Kosten sowie

4. die nach den Vorschriften des Gebührenverzeichnisses als gesondert berechnungsfähig ausgewiesenen Kosten.

Die Vorschriften gehen als Sonderregeln vor und sind als solche eng auszulegen. Nur „im übrigen" bleiben §§ 8, 11 ZSEG unberührt.

4) Zusätzlich erforderliche Zeit usw, III. Der normale Zeitaufwand ist nach I, II abgegolten. Nur für eine im Einzelfall zusätzliche aufgewendete und auch als solche objektiv erforderlich gewesene Zeit gilt III 1 eine besondere, neben I, II anfallende Entschädigung. Die Regelung ist dem bisherigen § 2 vergleichbar. Sie gilt bei Tätigkeiten nach I wie II. Sie erfaßt zB die Zeit der Reise vor oder nach der Leistung.

Die Zeitaufwandsentschädigung entspricht der jeweiligen Mindestentschädigung des § 3 II. Sie beträgt also derzeit 40 DM je Stunde; die letzte, bereits begonnene Stunde wird grundsätzlich voll gerechnet, § 3 II 3 Hs 1 (Ausnahmen dort Hs 2).

Während I, II mit ihren Anlagen den etwa besonderen Umfang der Leistung vergüten, regelt III 2 die Vergütung einer Leistung zu einem außergewöhnlichen Zeitpunkt, zB nachts, an einem Sonn- oder Feiertag, oder unter außergewöhnlichen Umständen, zB während einer Katastrophe am „Alltag" oder bei besonderen Ortsverhältnissen bzw Wetterbedingungen. Unter jeder dieser Voraussetzungen kann eine Erhöhung der Entschädigung nach I, II stattfinden. Sie darf aber insgesamt höchstens 50 DM betragen, wie das Wort „Gesamtentschädigung" in III 2 zeigt. Ein Zusammentreffen aller Erhöhungsmerkmale ist für diesen Höchstsatz nicht unbedingt erforderlich, vgl § 3 Anm 3 E.

Zeugen und Sachverständige aus dem Ausland

6 Zeugen und Sachverständigen, die ihren gewöhnlichen Aufenthalt im Ausland haben, können unter Berücksichtigung ihrer persönlichen Verhältnisse, insbesondere ihrer regelmäßigen Erwerbstätigkeit, nach billigem Ermessen höhere als die in den §§ 2 bis 5 bestimmten Entschädigungen gewährt werden.

1) Anwendungsbereich. Soweit das Gericht einen Zeugen oder Sachverständigen aus dem Ausland dort im Wege der internationalen Rechtshilfe vernehmen läßt, gilt für die Entschädigung die jeweilige Gebührenordnung seines Landes. Soweit das Gericht aber einen Zeugen oder Sachverständigen aus dem Ausland im Bereich der BRep selbst vernimmt, kann § 6 anwendbar sein. Es ist in diesem Zusammenhang unerheblich, ob es sich bei dem Zeugen oder Sachverständigen um einen Deutschen oder um einen Ausländer handelt. § 6 setzt aber voraus, daß sich der Zeuge oder Sachverständige gewöhnlich, also nicht nur vorübergehend, im Ausland aufhält, Jessnitzer Rpfleger **75**, 346.

Ein solcher Zeuge oder Sachverständiger hat zunächst denselben Entschädigungsanspruch wie ein solcher, der sich in der BRep aufhält. Soweit dieser Anspruch nicht ausreicht, kann ihm das Gericht nach „billigem", in Wahrheit pflichtgemäßem Ermessen eine höhere Entschädigung als diejenige nach §§ 2–5 gewähren.

In diesem Zusammenhang muß das Gericht die persönlichen Verhältnisse prüfen, insbesondere die regelmäßigen Erwerbsverhältnisse. Im übrigen bleiben §§ 8–12 anwendbar.

§ 6 gilt auch, soweit sich ein Zeuge oder Sachverständiger zufällig, also vorübergehend in der BRep aufhält. Ein höherer Satz kann dann in Betracht kommen, wenn ein solcher Zeuge oder Sachverständiger durch die Verlängerung seines bisherigen Aufenthalts in der BRep eine wesentliche Einbuße erleiden würde. § 6 ist auch anwendbar, soweit das Gericht einen Zeugen vor einem deutschen Berufskonsul im Ausland vernehmen läßt, § 20 KonsG. Die Vorschrift ist entsprechend anwendbar, soweit es um die Erstattung des Verdienstausfalls einer im Ausland ansässigen Partei geht, Stgt Rpfleger **72**, 306.

Die DDR ist kein Ausland, BVerfG **36**, 31 und NJW **74**, 894.

Besondere Entschädigung

7 **I Haben sich die Parteien dem Gericht gegenüber mit einer bestimmten Entschädigung für die Leistung des Sachverständigen einverstanden erklärt, so ist diese Entschädigung zu gewähren, wenn ein ausreichender Betrag an die Staatskasse gezahlt ist.**

II Die Erklärung nur einer Partei genügt, wenn das Gericht zustimmt. Vor der Zustimmung hat das Gericht die andere Partei zu hören. Die Zustimmung und die Ablehnung der Zustimmung sind unanfechtbar.

1) Allgemeines. Auch bei § 7 handelt es sich um eine vorrangige Sonderbestimmung gegenüber der allgemeinen Regelung nach § 3. Sie ist als eine Ausnahmevorschrift eng auszulegen, Düss MDR **89**, 554, ferner grundsätzlich richtig Mü MDR **84**, 679. § 7 kommt nur zur Anwendung, wenn sich zwei Parteien gegenüberstehen, insoweit allerdings auch im FGG-Verfahren. In anderen Fällen ist das Gericht an die gesetzlichen Sätze gebunden, Hbg MDR **83**, 415. Eine Gebührenvereinbarung ist allerdings auch in den Fällen des § 5 denkbar. Das Gericht muß in einem solchen Fall aber einer einseitigen Erklärung durchweg die Zustimmung versagen.

§ 7 gilt nur die Leistung des Sachverständigen ab, nicht seine Fahrtkosten, seine Auslagen usw.

Eine Vereinbarung des Sachverständigen mit dem Gericht ohne Zustimmung der Parteien ist wirkungslos und unzulässig, Hbg MDR **83**, 415, LG Mü JB **75**, 95 mwN.

Im arbeitsgerichtlichen Verfahren ist § 7 anwendbar. Denn der zu zahlende Betrag ist kein Vorschuß nach § 12 IV ArbGG, aM LAG Ffm **KR** Nr 2. Im Sozialgerichtsverfahren ist § 7 unanwendbar. Denn in diesem Verfahren trägt die Staatskasse die Auslagen.

2) Parteierklärungen. A. Beiderseitige Erklärungen, I. Die Vorschrift ist anwendbar, soweit sich beide Parteien eindeutig mit einer bestimmten Vergütung einverstanden erklärt haben. Ein Streitgehilfe ist im Sinn des § 7 Partei, soweit er die Partei binden kann, § 67 ZPO.

Die Erklärung ist formlos möglich, Hbg MDR **83**, 415. Eine schlüssige Handlung kann als Erklärung ausreichen, Hbg MDR **83**, 415. Das bloße Stillschweigen reicht nur, wenn bestimmte Anhaltspunkte das Einverständnis ergeben, Hamm JVBl **72**, 45, wohl auch Hamm Rpfleger **88**, 550. Das Gericht sollte sie wenn möglich zu Protokoll nehmen. Die Erklärung ist eine Prozeßhandlung. Eine Prozeßvollmacht ermächtigt zur Abgabe der Erklärung.

„Bestimmte Entschädigung" ist eine bestimmte, bezifferte Summe, vgl Düss MDR **88**, 507. Allerdings genügt auch eine Bezugnahme auf eine Gebührenordnung, falls sich aus ihr eine bestimmte Summe ergibt. Die Zusage eines bestimmten Stundensatzes oder zB einer Pauschale je Seite oder km reicht nicht aus. Denn im Fall der Überschreitung der in Aussicht genommenen Stundenzahl würde die Deckung fehlen.

Diese Frage ist **streitig. Wie hier** zB Celle MDR **61**, 609, Düss MDR **89**, 554 mwN, Hamm JVBl **72**, 46, insofern richtig auch Kblz VersR **85**, 1165, ferner LG Mü JB **75**, 95; **offen** Hamm Rpfleger **88**, 550; **aM** zB Ffm MDR **76**, 324, Stgt Rpfleger **86**, 112 (diese OLG wenden in diesem Fall I entsprechend an), Jessnitzer Rpfleger **78**, 9 (er fordert eine Gesetzesergänzung).

Ebensowenig reicht die bloße Zahlung eines (weiteren) Kostenvorschusses aus, Hbg MDR **83**, 415.

Die Erklärung ist insoweit unwiderruflich, als beide Parteien sie übereinstimmend wirksam abgegeben haben. Die Erklärung enthält einerseits einen Vertrag zwischen den Parteien über die Prozeßkosten, andererseits einen Vertrag zugunsten eines Dritten. Die Parteien müssen ihre Erklärungen gegenüber dem Gericht und nicht nur einander abgeben. Es ist nicht erforderlich, daß der Sachverständige die Erklärungen annimmt. Eine Erklärung gegenüber dem Sachverständigen begründet für ihn allenfalls einen zivilrechtlichen Anspruch.

Soweit sich die Parteien wirksam einverstanden erklärt haben, im Fall einer Streitgenossenschaft also alle vom Beweis Betroffenen, muß das Gericht die Vergütung ohne jede Nachprüfung ihrer sachlichen Berechtigung gewähren. Die Vergütung gilt, soweit nichts anderes ersichtlich gemacht worden ist, den gesamten Anspruch des Sachverständigen nach § 3 ab, nicht aber die in den §§ 8ff behandelten Vergütungen. Zur Berechnung der Entschädigung ist wie sonst der Urkundsbeamte der Geschäftsstelle zuständig. Es empfiehlt sich im Fall des § 7 aber durchweg eine gerichtliche Festsetzung nach § 16.

B. Einseitige Erklärung einer Partei, II. Eine einseitige Erklärung genügt, soweit das Gericht ihr zustimmt. Das Gericht muß in diesem Fall das wohlverstandene objektive Interesse der anderen Partei beachten und diese deshalb auch grundsätzlich vor der Zustimmung anhören, Art 103 I GG. Das Gericht darf nur in einem besonderen Ausnahmefall schon auf Grund der einseitigen Erklärung einer Partei seine Zustimmung nach II geben, LG Brschw NJW **69**, 2290. Ein solcher Fall kann nach dem Vorliegen des Gutachtens oder gar nach der Beendigung des Verfahrens allerdings an sich nur sehr selten eintreten; Düss MDR **85**, 420, Stgt Rpfleger **76**, 190 je mwN halten II für unanwendbar, wenn die Partei ihre Erklärung erst nach dem Eingang des Gutachtens abgibt; Hamm Rpfleger **73**, 230 hält II für unanwendbar, wenn die einseitige Erklärung der Partei erst nach der Beendigung des Verfahrens eintrifft. Das Ersetzungsverfahren ist nicht statthaft, soweit die Kostenverteilung auf Grund eines gerichtlichen Kostenausspruchs oder einer im Prozeßvergleich von den Parteien getroffenen Kostenvereinbarung feststeht, Mü MDR **85**, 333, abw Düss MDR **89**, 172 (für den Vergleichsfall).

Das Gericht muß insbesondere prüfen, ob die andere Partei die erhöhten Kosten, die sie im Endergebnis tragen soll, Anm 3, die aber beim Verlangen eines bestimmten Stundensatzes nicht feststehen, Celle MDR **61**, 609, überhaupt tragen kann und ob diese erhöhten Kosten im Verhältnis zum Streitgegenstand angemessen sind, BGH RR **87**, 1470. Das Gericht muß gerade gegenüber einer staatlichen Behörde auch dann eine Zurückhaltung üben, wenn die Behörde nicht zur Gutachtertätigkeit verpflichtet ist, vgl Schmidt NJW **69**, 2290, aM Brschw NJW **69**, 2290. Eine solche Behörde kann wegen des Gleichheitsgebots zum Tätigwerden unabhängig von der eigenen Gebührensatzung verpflichtet sein.

Das Gericht muß über die Zustimmung in voller Besetzung entscheiden, Düss MDR **88**, 507. Die Entscheidung des Gerichts ist grundsätzlich unanfechtbar. Das gilt für die Zustimmung, selbst wenn die Erklärung einer durch Prozeßkostenhilfe begünstigten Partei ersetzt wurde, Düss MDR **89**, 366; die Unanfechtbarkeit gilt aber auch für den Fall einer Ablehnung, vgl auch § 16 Anm 4 A. Die Entscheidung ist nur im Fall einer greifbaren Gesetzeswidrigkeit anfechtbar, BLAH § 567 ZPO Anm 1 C. Eine greifbare Gesetzwidrigkeit liegt nicht schon deshalb vor, weil das Gericht die Zustimmung erst nach dem Eingang des Gutachtens erteilt hat, aM Stgt Rpfleger **76**, 190. Im übrigen kann auch eine gesetzwidrige Zustimmung einen Vertrauenschutz gestatten, Hamm Rpfleger **88**. 550. Im Fall der Ablehnung erfolgt die Entschädigung nach § 3, BGH RR **87**, 1470.

C. Deckung der Staatskasse, I, II. In allen Fällen des § 7 ist eine weitere Voraussetzung der Gewährung, daß die Staatskasse wegen des Betrags gedeckt ist, so nur grundsätzlich richtig Mü MDR **84**, 679. Das gilt auch bei einer mittellosen Partei, und zwar hinsichtlich des gesamten Betrags. Denn man kann den Unterschied zwischen den gesetzlichen und den vereinbarten Gebühren nicht errechnen. Zwar fällt die gesetzliche Vergütung des Sachverständigen unter § 112 I Z 1a ZPO, nicht aber die vereinbarte, insofern ebenso Düss MDR **89**, 366.

Soweit das Gericht die Vergütung ohne eine genügende Deckung der Staatskasse gewährt, hat der Sachverständige zwar einen Anspruch gegen die Staatskasse, insofern aM Düss MDR **89**, 366 mwN (aber zum einen ist eine „vertragliche" Regelung, eben das Einverständnis aller Parteien, Grundlage, zum anderen genießt der Sachverständige in einem solchen Fall einen Vertrauensschutz); der gewährende Richter kann aber ersatzpflichtig sein, aM Brocke/Reese Anm 3d (sie geben dem Sachverständigen einen Anspruch nur bis zur Höhe der Einzahlung, so daß der Fehler des Gerichts zu seinen Lasten gehen würde).

3) Kostenerstattung. Wenn beide Parteien den Aufwand gebilligt haben, haben sie ihn für notwendig im Sinn von § 91 ZPO erklärt. In diesem Fall sind die Kosten erstattungsfähig. Mit Rücksicht auf die Notwendigkeit einer Zustimmung des Gerichts liegt eine Erstattungsfähigkeit aber auch in den Fällen nach II vor.

Ersatz von Aufwendungen

8 **I Dem Sachverständigen werden ersetzt**

1. die für die Vorbereitung und Erstattung des Gutachtens aufgewendeten Kosten, einschließlich der notwendigen Aufwendungen für Hilfskräfte, sowie die für eine Untersuchung verbrauchten Stoffe und Werkzeuge;

2. die Schreibauslagen

a) für das schriftliche Gutachten je angefangene Seite in Höhe von 4 Deutsche Mark,

b) für Abschriften und Ablichtungen, die auf Erfordern gefertigt worden sind, sowie für eine Abschrift oder Ablichtung für die Handakten des Sachverständigen je angefangene Seite in Höhe von 0,30 Deutsche Mark;

3. die auf seine Entschädigung entfallende Umsatzsteuer, sofern diese nicht nach § 19 Abs. 1 des Umsatzsteuergesetzes unerhoben bleibt.

II Ein auf die Hilfskräfte (Absatz 1 Nr. 1) entfallender Teil der Gemeinkosten des Sachverständigen kann durch einen Zuschlag bis zu 15 vom Hundert auf den Betrag abgegolten werden, der als notwendige Aufwendung für die Hilfskräfte zu ersetzen ist.

Vorbem. I Z 2 idF Art 4 I Z 4 G v 9. 12. 86, BGBl 2326, in Kraft seit 1. 1. 87, Art 10, Übergangsrecht § 18.

1) Allgemeines. § 8 behandelt die Nebenkosten des Sachverständigen. Die teilweise Abwälzung seiner sachlichen und personellen Generalunkosten regeln jetzt II sowie § 3 II, dort Anm 3 C, sowie die Anlagen zu § 5 abschließend. Daher ist KV 1900 unanwendbar, aM Zweibr MDR **87**, 872. Daher sind die Literatur und Rechtsprechung zum alten Recht überholt.

Der beamtete Sachverständige kann den wegen seiner Inanspruchnahme von Einrichtungen, Material oder Personal des Dienstherrn an diesen abzuführenden Gebührenanteil nicht nach I Z 1 erstattet fordern.

Diese Frage ist **streitig. Wie hier** zB Düss Rpfleger **74**, 127, jetzt Karlsr Rpfleger **89**, 173, ferner Schlesw (1. StS) 1 Ws 551/82 und 1 Ws 291/84, OVG Lüneb Rpfleger **82**, 122; **abw** (teilweiser Erstattungsanspruch) noch Karlsr Just **80**, 452, Schlesw (9. ZS) SchlHA **82**, 175; **aM** (voller Erstattungsanspruch) KG Rpfleger **76**, 70, Schlesw (2. StS) SchlHA **88**, 99 mwN.

Wenn der Sachverständige zur Anfertigung seines Gutachtens unbedingt eine Spezial-„Hilfs-"Kraft benötigt, dann kann es notwendig werden, daß das Gericht diese Hilfskraft als weiteren Sachverständigen bestellt, vgl schon Mü NJW **74**, 612.

2) Vorbereitung und Erstattung des Gutachtens, I Z 1. Zu den Vorbereitungskosten zählen zB: Die Kosten der Beantwortung der Fragen des Gerichts nach der Zuständigkeit und den Kosten des Sachverständigen, § 1 Anm 2 A a; die Kosten des Ortstermins einschließlich der Benachrichtigung der Beteiligten, LAG Hamm JB **76**, 492; Reisekosten im Rahmen von § 9; die Kosten eines Krankenbesuchs, Zweibr Rpfleger **82**, 358; Fotokosten, Düss VersR **86**, 556 (es sind 1,50 DM für den ersten Abzug, 1 DM für jeden weiteren ohne jeweils nähere Prüfung zuzubilligen), Schlesw SchlHA **86**, 156 (5 DM pro Restabzug, 3 DM für jeden weiteren), LG Freibg MDR **88**, 606 (je verwendetes Foto 3,50 DM); die Kosten eines Versuchs im Laboratorium. Die Entschädigung des Zeitaufwands des Sachverständigen für die Vorbereitung erfolgt nach § 3. Die Erstattungskosten fallen meist unter Z 2, vgl Anm 5.

Nicht unter Z 1 fallen die Vorbereitungskosten der Partei für den Sachverständigen, Schlesw SchlHA **80**, 221.

3) Hilfskraft, I Z 1. Es muß sich um eine solche Hilfskraft handeln, die der Sachverständige heranzieht. Das ist eine Person, die an seine Weisungen gebunden ist, mag sie eine rein mechanische oder technische Leistung oder zB im teamwork eine ebenfalls geistige, der Leistung des Sachverständigen gleichwertige Arbeit erbringen, Hamm Rpfleger **68**, 371, Mü NJW **74**, 612, Höver Rpfleger **73**, 420.

Die Aufwendungen müssen notwendig gewesen sein. Der Sachverständige hat insofern ein vom Gericht nachprüfbares pflichtgemäßes Ermessen, Karlsr Rpfleger **83**, 507, LSG Bln **KR** Nr 28. Er kann evtl auch einen darzulegenden Anteil einer auf Hilfskräfte entfallenden, an den Dienstherrn abzuführenden Pauschale ersetzt fordern, Karlsr Rpfleger **83**, 507, Zweibr Rpfleger **83**, 508.

Der normale Personalaufwand ist zB bei § 5 I Anl Z 8 schon mitberücksichtigt, Schlesw SchlHA **85**, 163.

Zu ersetzen ist diejenige Vergütung, die der Sachverständige der Hilfskraft wirklich bezahlt hat, BGH RR **87**, 1471, LG Essen VersR **84**, 546. Das Gericht muß dabei aber einen angemessenen Rahmen einhalten, BayObLG Rpfleger **55**, 140, zB den Tariflohn vergüten (einschließlich des Arbeitgeberanteils an der Sozialversicherung, Celle NJW **55**, 1523, Stgt Rpfleger **82**, 399, LG Mü JB **74**, 103, aM Karlsr Rpfleger **62**, 186). Durch die Pauschalentschädigung für ein erbbiologisches Abstammungsgutachten, § 5 I Anlage Z 10, ist aber die Tätigkeit der dortigen etwaigen Hilfspersonen bereits abgegolten.

Soweit der Sachverständige für eine Spezialfrage einen anderen Sachverständigen hinzugezogen hat, kann er für diese Hilfskraft einen Aufwendungsersatz nur fordern, soweit er nachweist, daß er selbst nicht sachkundig genug war, Schlesw Rpfleger **84**, 373. Er kann dann einen Aufwendungsersatz bis zu den Sätzen nach § 3 verlangen, Celle NJW **55**, 1523, jedoch nicht höher, Hamm Rpfleger **74**, 243, aM LG Bielef MDR **74**, 956 (falls der Sachverständige die Leistung der „Hilfskraft“ nicht selbst erbringen könnte), Jessnitzer 223, Meyer-Höver Anm 261.

Ein auswärtiger Arzt, der mit der Blutentnahme beauftragt worden ist, kann die Erstattung der Sätze seiner Gebührenordnung verlangen, LG Kblz NJW **68**, 204. Wegen einer ständigen Hilfskraft vgl Anm 6.

Die Hilfskraft hat selbst keinen unmittelbaren Anspruch gegenüber dem Staat. Gerade der Sachverständige muß die Hilfskraft hinzugezogen haben. Daher gibt Z 1 keinen Ersatzanspruch für solche Aufwendungen, die eine Partei von sich aus gemacht hat, um dem Sachverständigen die Arbeit zu erleichtern, Düss JB **70**, 1008.

Wegen eines Dienstgutachtens § 1 Anm 4 und Stgt Rpfleger **82**, 399.

4) Verbrauchte Stoffe und Werkzeuge, I Z 1. Ein Verbrauch ist nicht gleichbedeutend mit einem Unbrauchbarwerden. Es reicht aus, daß der Stoff oder das Werkzeug eine stärkere Abnutzung oder eine erhebliche Wertminderung erfahren; in solchen Fällen erhält der Sachverständige aber natürlich auch nur eine entsprechend geringere Entschädigung, Hamm Rpfleger **75**, 377 mwN (das OLG vertritt diese Ansicht selbst dann, wenn ein wertvolles Gerät pro Termin noch nicht einmal um 1% abgenutzt wurde). Andernfalls müßte man ein bereits stark abgenutztes, nun unbrauchbar gewordenes Gerät ersetzen, nicht aber ein neues, das infolge seiner Neuheit beschränkt brauchbar geblieben ist. Wegen der sachlichen Generalunkosten vgl Anm 1.

Der Verbrauch muß seine Ursache gerade in der Untersuchung haben. Soweit die Gebühr den Materialverbrauch abgilt, § 5 Anlage Z 6–8, entfällt eine besondere Entschädigung.

5) Schreibauslagen, I Z 2. A. Allgemeines. Es handelt sich bei Z 2 um Pauschalen, Mü Rpfleger **88**, 428 mwN. Etwaige höhere Unkosten bleiben grundsätzlich außer Betracht, Mü Rpfleger **88**, 428 mwN. KV 1900 ist unanwendbar, Anm 1.

Ein Begleitschreiben oder eine Rechnung des Sachverständigen fallen nicht unter Z 2, LG Bayreuth JB **76**, 1361.

B. Erstexemplar, a. Für das Original des schriftlichen Gutachtens entstehen je angefangene Seite unabhängig von Herstellungsart, Format, Zeilenzahl, Schriftbild und -type usw 4 DM.

C. Abschriften, Ableistungen, b. Es kommt darauf an, ob die Kopie auf Erfordern des Gerichts gefertigt worden sind; andernfalls wird nur eine einzige Abschrift usw für die Handakten des Sachverständigen vergütet. Die Schreibauslagen betragen je angefangene Seite unabhängig von der Herstellungsart usw, vgl dazu B, 0,30 DM.

Für eine Stenogrammaufnahme, Korrekturen, für das Aktenordnen usw kann der Sachverständige nicht etwa außerdem noch einen Aufwendungsersatz für die Hilfskraft verlangen, Mü Rpfleger **88**, 428 mwN. Die Auslagen sind neben den Gebühren des § 5 zu ersetzen, vgl auch BSG NJW **85**, 2784. Für ein erbbiologisches Abstammungsgutachten sind die Gebühren gemäß § 5 I Anlage Z 10 abgegolten, einschließlich zweier Abschriften und einschließlich des Durchschlags für die Handakten des Sachverständigen. Daher kommt eine Erstattung nach Z 2 nur insoweit in Betracht, als das Gericht weitere Durchschläge erfordert hat, LAG Hamm JB **76**, 492.

6) Umsatzsteuer, I Z 3. In Abweichung von dem Grundsatz des § 13 II UStG, aber in Übereinstimmung mit § 25 II BRAGO, § 151 a KostO, gibt Z 3 einen gesetzlichen Erstattungsanspruch. Seine Höhe beträgt derzeit im Fall einer Regelbesteuerung 14%, soweit der Sachverständige „nur“ freiberuflich tätig ist (die frühere Ermäßigung nach § 12 II Z 5 UStG ist seit 1. 1. 82 entfallen, Art 36 Z 3a, Art 41 I G v 22. 12. 81,

BGBl 1523), jedoch 7%, soweit der Sachverständige eine Leistung erbringt, die zumindest auch (und nicht nur völlig der freiberuflichen Tätigkeit untergeordnet) ein nach dem UrhG geschütztes Werk darstellt, § 12 II Z 7 d UStG. Ein solches Wert liegt zB bei einem Gutachten im Sinn von § 3 III a vor; § 45 I UrhG steht nicht entgegen. Vgl im übrigen § 19 I UStG.

Man muß die Steuer auf die gesamte Entschädigung ersetzen, soweit diese steuerpflichtig ist. Wegen der Erstattungsfähigkeit gilt das in § 25 BRAGO Anm 2 E Ausgeführte. Die Fälligkeit tritt zusammen mit derjenigen der Entschädigung selbst ein. Ein Vorschußrecht nach § 14 II besteht, soweit eine Steuervorauszahlung fällig ist, § 18 UStG.

Im Fall der Tätigkeit eines Gutachterausschusses nach [jetzt] §§ 192ff BauGB fällt keine Umsatzsteuer an, Mü Rpfleger **76**, 265.

7) Gemeinkosten der Hilfskraft, II. Hierunter fallen zB: Der Lohn, das Gehalt, der Arbeitgeberanteil zur Sozialversicherung usw, die ein Sachverständiger für einen fest Angestellten oder einen sonstigen ständigen Mitarbeiter aufwendet, mithin für eine Hilfskraft im Sinne von I Z 1, nicht für einen solchen Mitarbeiter, den man nicht als Hilfskraft ansehen kann (in diesem Fall erfolgt gar keine Abwälzung). Der Sachverständige kann solche Gemeinkosten anteilig ersetzt fordern.

Der Höchstbetrag liegt bei 15% desjenigen Betrags, der als notwendige Aufwendung für die Hilfskraft zu ersetzen wäre. Beispiel: Nach I Z 1 sind ein Gehaltsanteil usw von 100 DM zu ersetzen; dann muß das Gericht nach II dem Sachverständigen außerdem bis zu 15 DM seiner Bürounkosten ersetzen.

Fahrtkosten

9 **I Zeugen und Sachverständigen werden die Fahrtkosten bis zur Höhe der Kosten für die Benutzung des preisgünstigsten öffentlichen Beförderungsmittels oder bei einer Gesamtstrecke bis zu 200 Kilometern bis zur Höhe der Kosten für die Benutzung eines eigenen oder unentgeltlich von einem Dritten zur Verfügung gestellten Kraftfahrzeuges ersetzt. Höhere Fahrtkosten werden ersetzt, soweit durch die Benutzung eines anderen als durch die Benutzung des preisgünstigsten öffentlichen Beförderungsmittels die Entschädigung insgesamt nicht höher wird oder höhere Fahrtkosten wegen besonderer Umstände notwendig sind.**

II Bei Benutzung von öffentlichen, regelmäßig verkehrenden Beförderungsmitteln werden die wirklichen Auslagen einschließlich der Kosten für die Beförderung des notwendigen Gepäcks bis zur Höhe der Tarife, bei Benutzung der Eisenbahn oder von Schiffen bis zum Fahrpreis der ersten Wagen- oder Schiffsklasse, ersetzt. Der Ersatz der Beförderungsauslagen ist nach den persönlichen Verhältnissen des Zeugen oder Sachverständigen zu bemessen. Die Mehrkosten für zuschlagpflichtige Züge werden erstattet.

III Bei Benutzung eines eigenen oder unentgeltlich von einem Dritten zur Verfügung gestellten Kraftfahrzeuges werden Sachverständigen 0,45 Deutsche Mark und Zeugen 0,40 Deutsche Mark für jeden angefangenen Kilometer des Hin- und Rückwegs ersetzt.

IV Für Reisen während der Terminsdauer werden die Fahrtkosten nur insoweit ersetzt, als dadurch Mehrbeträge an Entschädigung erspart werden, die beim Verbleiben an der Terminsstelle gewährt werden müßten.

V Tritt der Zeuge oder Sachverständige die Reise zum Terminsort von einem anderen als dem in der Ladung bezeichneten oder der ladenden Stelle unverzüglich angezeigten Ort an oder fährt er zu einem anderen als zu diesem Ort zurück, so werden, wenn die dadurch entstandenen Gesamtkosten höher sind, höchstens die Kosten ersetzt, die für die Reise von dem in der Ladung bezeichneten oder der ladenden Stelle angezeigten Ort oder für die Rückreise zu diesem Ort zu ersetzen wären. Mehrkosten werden nach billigem Ermessen ersetzt, wenn der Zeuge oder Sachverständige zu diesen Fahrten durch besondere Umstände genötigt war.

Vorbem. I, III idF Art 4 I Z 5 G vom 9. 12. 86, BGBl 2326, in Kraft seit 1. 1. 87, Art 10, Übergangsrecht § 18.

1) Grundsatz. I entspricht fast wörtlich dem § 3 I EhrRiEG, Teil VI dieses Buches; III entspricht wörtlich dem § 3 III EhrRiEG. Es werden nur die notwendigen Fahrtkosten ersetzt. Was als notwendig anzusehen ist, ergibt sich aus II–V, die in derselben Weise für den Zeugen wie für den Sachverständigen gelten. Man muß die Entfernung zum Gerichtsgebäude und von ihm zurück rechnen. Fahrtkosten bleiben auch dann notwendig, wenn der Zeuge außerdem in einer eigenen Sache vor dem Gericht erscheinen muß, Schlesw Rpfleger **62**, 367.

II–V sind unter Umständen auf Auslagen einer Partei, BLAH § 91 ZPO Anm 5 „Fahrtkosten der Partei".

Diese Frage ist **streitig. Wie hier** zB BVerwG Rpfleger **84**, 158 (zustm Hellstab) je mwN; **aM** zB Karlsr **KR** (B) Nr 42 (krit Schmidt Just **69**, 224) und (**KR** CB-Auslagen) Nr 8 (das ZSEG sei nur wegen des Zeitverlusts anwendbar).

II–IV sind ferner unter Umständen auf Auslagen eines Angeklagten oder eines Betroffenen entsprechend anwendbar, vgl Karlsr Rpfleger **86**, 317 mwN.

2) Öffentliches Verkehrsmittel, I, II. Soweit der Zeuge bzw Sachverständige ein öffentliches, regelmäßig verkehrendes Beförderungsmittel benutzt, erhält er die wirklichen Auslagen ersetzt. Zu diesen Beförderungsmitteln zählen zB: Die Straßenbahn; die Eisenbahn; ein Postbus; ein Schiff; ein Flugzeug; ein Bus eines privaten Verkehrsunternehmens, soweit es den Verkehr planmäßig und auf Grund einer behördlichen Genehmigung durchführt.

Sofern mehrere Verkehrsmöglichkeiten dieser Art bestehen, entscheidet die billigste unter Berücksichtigung der entstehenden Gesamtkosten. Wenn man also zB durch die Benutzung eines Flugzeugs den Zeitaufwand gegenüber dem sonst notwendigen Zeitaufwand erheblich verringern kann und dadurch auch ein sonst notwendiges Übernachtungsgeld spart, kann die Erstattung der Flugkosten gerechtfertigt sein, Mü MDR **81**, 943. Es kommt auch auf den Beruf des Zeugen oder Sachverständigen und seine dortige Inanspruchnahme an. Die Zeit kann für den einen kostbarer sein als für einen anderen. Auch die Frage, ob und welche Umwege zumutbar waren, läßt sich nur anhand der Gesamtumstände beantworten.

Die Benutzung eines bestimmten Verkehrsmittels kann auch durch besondere Umstände erzwungen sein, zB durch Gebrechlichkeit, eine Verkehrsbehinderung usw.

Der Zeuge bzw Sachverständige erhält nur die wirklichen Kosten ersetzt. Soweit er zu Fuß ging oder ohnehin eine Freifahrkarte besaß, erhält er keine Entschädigung, vgl LG Kiel **KR** Nr 1. Soweit er die 2. Wagenklasse benutzt hat, erhält er die Kosten nur dieser Klasse ersetzt, selbst wenn er die 1. Wagenklasse hätte benutzen dürfen. Die Kosten der Beförderung von Gepäck werden nur ersetzt, soweit dieses Gepäck notwendig war.

Die Fahrtkosten werden nur bis zu denjenigen der 1. Klasse ersetzt. Man muß nach den gesamten persönlichen Verhältnissen des Zeugen bzw Sachverständigen entscheiden, ob er die 1. Klasse benutzen durfte. Auch hier kommt es also auf den Beruf, das Alter, den Gesundheitszustand usw an. Man muß berücksichtigen, daß die 1. Klasse heute von fast jedermann benutzt wird. Der Zeuge bzw Sachverständige muß einen ihm zumutbaren etwa vorhandenen Sondertarif, zB für eine Rückfahrt, ausnutzen.

Die Kosten der Benutzung eines Schlafwagens sind zu ersetzen, soweit sie zu einer Verbilligung führen oder soweit die Umstände sie erforderlich machen, etwa die Terminsstunde.

3) Anderes Beförderungsmittel I, III. A. Mehr als 200 Kilometer, I. Wenn das andere Verkehrsmittel, also insbesondere der Pkw, statt eines öffentlichen, regelmäßig verkehrenden Beförderungsmittels, Anm 2, gewählt wurde und wenn der Hin- und Rückweg zusammen mehr als 200 km ausmachen, dann findet eine Erstattung in Höhe der Beträge nach A nur insoweit statt, als die Kosten nicht über denjenigen der öffentlichen Verkehrsmittel liegen. Dieser Fall kann zB dann eintreten, wenn mehrere Personen einen Pkw benutzen.

Selbst dann, wenn die Kosten des anderen Verkehrsmittels höher sind als diejenigen eines öffentlichen Beförderungsmittels, I, kann der höhere Betrag allerdings erstattungsfähig sein, soweit die Gesamtkosten dadurch nicht höher werden, Anm 2.

B. Nicht mehr als 200 Kilometer, I. Bei einem Weg von insgesamt nicht mehr als 200 km kommt es nicht darauf an, ob die Benutzung eines öffentlichen, regelmäßig verkehrenden Beförderungsmittels billiger gewesen wäre. Die so etwa entstehenden Mehrkosten erkennt das Gesetz an. Daher braucht man keine Vergleichsberechnung anzustellen.

C. Besondere Umstände, I. Die Benutzung eines anderen als des billigsten öffentlichen Verkehrsmittels oder des Pkw kann auch infolge besonderer Umstände notwendig werden, zB: In einem Eilfall; beim Vorliegen einer Gebrechlichkeit; bei extrem schlechter Wetterlage; beim

Vorliegen ganz besonderer geschäftlicher Interessen des Zeugen bzw Sachverständigen. Gerade im letzteren Fall sollte man aber das Gericht wenn irgend möglich von der Absicht der Benutzung anderer Verkehrsmittel vorher verständigen.

Beim Vorliegen besonderer Umstände besteht ein Anspruch auf eine Erstattung von Kosten, die beim Zeugen über 0,40 DM, beim Sachverständigen über 0,45 DM je km hinausgehen, soweit die Kosten objektiv angemessen sind. In diesem Fall kommt es nicht auf die Entfernung an. Hier können zB höhere Taxikosten oder Parkhausgebühren erstattungsfähig sein. Natürlich muß der Zeuge bzw Sachverständige solche Mehrauslagen nachweisen.

D. Kraftwagen, III. Für jeden angefangenen km des Hin- und Rückwegs erhält der Zeuge 0,40 DM, der Sachverständige 0,45 DM. Das gilt auch dann, wenn er einen höheren Verbrauch nachweisen kann, LG Hagen Rpfleger **58**, 195. Die Entschädigungspflicht ist nicht von einem Mindestweg abhängig. Eine Entschädigung ist unabhängig davon zu zahlen, wie hoch die tatsächlichen Aufwendungen sind, insofern ebenso OVG Münster Rpfleger **82**, 399. Eine mitgenommene Person kann eine Entschädigung jetzt ebenfalls fordern, obwohl I, III mit den Worten „Benutzung eines ... unentgeltlich ... zur Verfügung gestellten Kraftfahrzeuges" scheinbar nur den echten Leih-, nicht den gemieteten Wagen meinen. In Wahrheit soll durch die Neufassung dem Streit um den ohne Entgelt Mitgenommenen ein Ende gesetzt werden. Jeder unentgeltlich Mitgenommene hat den Anspruch nach III, unabhängig davon, ob der Fahrzeugführer ebenfalls so zu entschädigen ist.

E. Mehrheit von Terminen, I–III. Wenn der Zeuge bzw Sachverständige mehrere Termine wahrnimmt, dann erhält er für die Benutzung dieser Verkehrsmittel anläßlich eines jeden Termins nur eine anteilsmäßige Entschädigung. Wenn die Termine an verschiedenen Orten stattfinden, so muß man die verschiedenen Entfernungen bei dieser anteilsmäßigen Entschädigung berücksichtigen.

4) Reisen während der Terminsdauer, IV. Die Kosten einer solchen Reise sind nur insoweit erstattungfähig, als der Zeuge bzw Sachverständige dadurch im Gesamtergebnis, Anm 2, Kosten erspart, etwa dadurch, daß der Heimweg verhältnismäßig kurz wird und daß daher trotz der Reise geringere Gesamtkosten entstehen, § 10, insbesondere wenn Übernachtungskosten erspart werden. In einem solchen Fall kann sogar eine Verpflichtung bestehen, nur die geringeren Kosten entstehen zu lassen.

5) Reiseantritt von anderem Ort, als in der Ladung bezeichnet, V. Soweit der Zeuge oder Sachverständige die Reise zum Terminsort von einem anderen als dem in der Ladung bezeichneten oder der ladenden Stelle unverzüglich angezeigten Ort antritt und soweit er zu einem anderen als zu diesem Ort zurückfährt, muß er das ladende Gericht unverzüglich darauf hinweisen. Das Gericht soll dadurch die Möglichkeit der Prüfung erhalten, ob es den Zeuge bzw Sachverständigen zunächst abbestellen soll.

Soweit der Zeuge bzw Sachverständige eine solche Anzeige unverzüglich erstattet hat, braucht er die Antwort des ladenden Gerichts nicht abzuwarten. Er erhält dann die Reisekosten von demjenigen Ort, den er angegeben hat, bzw zu ihm zurück erstattet.

Soweit der Zeuge bzw Sachverständige eine solche Anzeige nicht oder nicht unverzüglich gemacht hat, erhält er grundsätzlich nach V 1 nur diejenigen Kosten erstattet, die eine Reise von dem dem Gericht bekannten Ort und zu diesem zurück erforderte, KG Rpfleger **60**, 312, vgl auch LG BadBad Rpfleger **89**, 255.

Eine Anzeige der längeren Reisestrecke lediglich an diejenige Partei oder denjenigen Beteiligten, der die Ladung angeregt oder beantragt hatte, oder an dessen Prozeßbevollmächtigten reichen in keinem Fall aus. Der Zeuge bzw Sachverständige darf sich auch nicht darauf verlassen, daß die Partei oder deren Prozeßbevollmächtigter ihm zugesichert haben, sie würden das Gericht verständigen. Der Gelandene hat eine unmittelbare Rechtspflicht gegenüber dem Gericht und muß daher auch unmittelbar das ladende Gericht verständigen.

Soweit der Zeuge oder Sachverständige durch besondere Umstände zu einer längeren Fahrt genötigt wurde, kann das Gericht die Mehrkosten im Rahmen einer nach pflichtgemäßem Ermessen vorzunehmenden Prüfung erstatten. Die besonderen Umstände müssen unverschuldet sein, vgl auch LG BadBad Rpfleger **89**, 255. Sie können sowohl in der Person des Zeugen oder Sachverständigen als auch in anderen Gründen liegen.

Eine Unklarheit bei der Abfassung des Textes einer Ladung ist stets zugunsten des Geladenen auszulegen, LG Aschaffenb JB **77**, 1751 (betreffend den „Aufenthaltsort").

Entschädigung für Aufwand

10 **I Zeugen und Sachverständige erhalten für den durch Abwesenheit vom Aufenthaltsort oder durch die Wahrnehmung eines Termins am Aufenthaltsort verursachten Aufwand eine Entschädigung. Die Entschädigung ist nach den persönlichen Verhältnissen des Zeugen oder Sachverständigen zu bemessen.**

II Die Entschädigung für den durch Abwesenheit vom Aufenthaltsort verursachten Aufwand soll nicht den Satz überschreiten, der Richtern in der Reisekostenstufe B nach den Vorschriften über die Reisekostenvergütung der Richter im Bundesdienst als Tagegeld zusteht. Die Vorschriften, nach denen bei Reisen, die an demselben Kalendertag angetreten oder beendet werden, sich das Tagegeld vermindert oder ein Tagegeld nicht gewährt wird, gelten entsprechend. Bei Abwesenheit bis zu sechs Stunden werden die notwendigen Auslagen bis zu 6 Deutsche Mark erstattet. Mußte der Zeuge oder Sachverständige außerhalb seines Aufenthaltsortes übernachten, so erhält er hierfür Ersatz seiner Aufwendungen, soweit sie angemessen sind.

III Bei Terminen am Aufenthaltsort des Zeugen oder Sachverständigen sind Zehrkosten bis zu 6 Deutsche Mark für jeden Tag, an dem der Zeuge oder Sachverständige länger als vier Stunden von seiner Wohnung abwesend sein mußte, zu ersetzen.

1) Allgemeines, I. Diese Entschädigung gilt den Mehraufwand anläßlich der Terminswahrnehmung ab. Sie wird nicht nur im Fall der Abwesenheit vom Aufenthaltsort gewährt, II, sondern auch bei einer Terminswahrnehmung am Aufenthaltsort, III. Zu ersetzen ist nur der wirklich verursachte Aufwand. Demgemäß sind die Sätze nach II, III Höchstsätze.

Der Zeuge oder Sachverständige braucht den Aufwand aber im allgemeinen nicht nachzuweisen. Denn die Höhe des zu entschädigenden Betrags wird nach seinen persönlichen Verhältnissen geschätzt, I 2, Mü MDR **59**, 666.

Soweit kein Aufwand entstanden ist, ist § 10 unanwendbar.

Aufenthaltsort ist die politische Gemeinde. Als Aufenthalt gilt die Anwesenheit. Ein Zeuge, der zufällig am Gerichtsort im Urlaub ist, kann also eine Entschädigung nicht nach II, sondern nur nach III fordern.

2) Abwesenheit vom Aufenthaltsort, II. Der Aufwand, insbesondere also Verzehrkosten, II 4, wird entsprechend den persönlichen Verhältnissen entschädigt, § 9 Anm 2.

A. Tagegeld. Das Tagegeld für die Richter der Reisekostenstufe B beträgt derzeit 28 DM für einen vollen Tag, dh bei einer Abwesenheit von mehr als 12 Stunden. Im Fall einer mehrtägigen Reise beträgt es je Tag 39 DM, §§ 8, 9 BRKG idF vom 13. 11. 73, BGBl 1622, zuletzt geändert durch Art 1 VO vom 7. 11. 85, BGBl 2084, dazu AuslRKVO vom 28. 2. 74, BGBl 457, zuletzt geändert durch Art 2 VO vom 7. 11. 85, BGBl 2084, vgl im übrigen § 4 EhrRiEG Anm 2. Bei einer Abwesenheit bis zu 6 Stunden beträgt das Tagegeld 6 DM.

Diese Sätze dürfen nicht überschritten werden. Dabei muß man von dem üblichen Aufwand ausgehen, also davon, welche Mahlzeiten der Zeuge oder Sachverständige während der Zeit der Abwesenheit vom Aufenthaltsort üblicherweise einnimmt. Ein weiterer Nachweis ist dann nicht mehr erforderlich.

B. Übernachtungsgeld. Das Übernachtungsgeld ist nicht durch einen Höchstsatz begrenzt, sondern ist insoweit zu ersetzen, als es objektiv angemessen ist. Es kommt in diesem Zusammenhang auf die Ortsüblichkeit der Preise, die Persönlichkeit des Zeugen oder Sachverständigen, sein Alter, sein Gesundheitszustand usw an. Der Nachweis der Entstehung der Kosten erfolgt am besten durch Vorlage einer Quittung.

Voraussetzung der Zubilligung eines Übernachtungsgelds ist die Notwendigkeit der Übernachtung. Man muß sie dem Zeugen oder Sachverständigen zubilligen, soweit er vom Gericht noch am folgenden Tag benötigt wurde und soweit man ihm eine lange Nachtfahrt von oder nach seinem Aufenthaltsort nicht zumuten konnte oder soweit der Termin am nächsten Tag so zeitig begann, daß er bereits zu sehr ungewöhnlicher Zeit hätte aufbrechen müssen, LG Stgt Rpfleger **86**, 198. Wenn die Benutzung eines Schlafwagens die Gesamtentschädigung nicht erhöht, dann sind die Schlafwagenkosten zu ersetzen.

Man muß andererseits die Notwendigkeit eines Übernachtungsgelds verneinen, wenn der Zeuge oder der Sachverständige auch bei einer mehrtätigen Verhandlung an jedem Abend in seinen nahen Aufenthaltsort zurückkehren konnte und dadurch Kosten erspart wurden, § 9 Anm 4.

Wenn das Gesetz auch wegen des Übernachtungsgelds im Gegensatz zum Tagegeld nicht auf das BRKG verweist, kann man doch die dortigen Übernachtungssätze, vgl § 4 EhrRiEG Anm 4, als Anhalt verwenden, muß bei der Entschädigung freilich über diese Sätze hinausgehen, soweit das objektiv angemessen ist, etwa bei Überfüllung der Hotels am Ort, LG Stgt Rpfleger **86**, 198.

3) Termin am Aufenthaltsort, III. Auch hier handelt es sich um einen Höchstsatz. Ersetzt wird der übliche Aufwand. Der Zeuge oder Sachverständige muß länger als 4 Stunden von seiner Wohnung abwesend gewesen sein, den Hin- und Rückweg mitgerechnet. III meint seine Wohnung am Aufenthaltsort, vgl I und Anm 2.

Ersatz sonstiger Aufwendungen

11 Auch die in den §§ 8 bis 10 nicht besonders genannten baren Auslagen werden, soweit sie notwendig sind, dem Zeugen oder Sachverständigen ersetzt. Dies gilt besonders von den Kosten einer notwendigen Vertretung und für die Kosten notwendiger Begleitpersonen.

1) Notwendigkeit. Der Zeuge oder Sachverständige hat einen Anspruch auf die Erstattung aller notwendigen Barauslagen, auch soweit diese gesetzlich nirgends speziell aufgeführt sind. Nur die notwendigen Auslagen werden erstattet. Das Gericht muß die Notwendigkeit nachprüfen. Der Anspruch erstreckt sich nur auf diejenigen Kosten, die der Geladene auch wirklich aufgewendet hat. Er muß den Nachweis durch eine Vorlage von Quittungen erbringen.

In den Fällen der Postüberwachung usw, § 17a, ist § 11 nur im Rahmen von § 2 II, V anwendbar, § 17a III.

2) Beispiele zur Erstattungsfähigkeit. Zu erstatten sind unter anderem folgende Aufwendungen:

A. Vorbereitungskosten. Man erhält die Kosten der Vorbereitung der Zeugenaussage erstattet, § 2 Anm 2 A, Düss Rpfleger **79**, 467.

B. Arztattest. Die Kosten eines ärztlichen Zeugnisses, das zur Entschuldigung des Zeugen oder des Sachverständigen dient, sind zu ersetzen, sofern ein solches Attest bei objektiver Betrachtung zweckmäßig war, unabhängig davon, ob das Gericht ein solches Zeugnis auch schon verlangt hatte. Das Gericht kann ein solches Zeugnis fordern, soweit es Sache des Zeugen oder Sachverständigen ist, sich genügend zu entschuldigen. In diesem Zusammenhang gehören auch Fernsprechkosten des Geladenen, unter Umständen auch Portoauslagen, Hamm Rpfleger **76**, 202.

C. Vertretungskosten, S 2. Solche Kosten, die auch beim Zeugen entstehen können, § 2 Anm 3 B, sind erstattungsfähig, soweit sie bei einer objektiven Beurteilung notwendig wurden. Das gilt bei einem

Lohnempfänger also nur insoweit, als er seinem Arbeitgeber für den Arbeitsausfall einen Ersatz leisten muß. Man muß solche Vertretungskosten selbst bei einem kleinen Unternehmen im allgemeinen anerkennen, unter Umständen für einen halben oder einen ganzen Tag, soweit für den Geladenen die Zeitdauer seiner Abwesenheit nicht vorhersehbar ist. Er kann sie oft nicht im voraus präzise einschätzen. Auch ein Sachverständiger kann solche Vertretungskosten aufwenden müssen, und zwar selbst dann, wenn er zur Erstattung des Gutachtens verpflichtet ist.

Die Behauptung, ein solcher Sachverständiger erstatte das Gutachten stets in Ausübung seines Berufs, ist nicht in dieser Allgemeinheit haltbar. Der Beruf bringt das Gutachten nur mit sich, LG Bielef Rpfleger **58**, 195, aM Lappe Rpfleger **58**, 195 (aber § 11 spricht in gleicher Weise vom Zeugen wie vom Sachverständigen; man muß den Umstand außer acht lassen, daß der Sachverständige auch für seine Gutachtertätigkeit entschädigt wird).

Es ist aber denkbar, daß sich die Vertretungskosten eines Sachverständigen um den Betrag verringern, den der Vertreter ihm an Gewinn einbringt, Hamm NJW **60**, 1406.

Der Vertreter hat seinerseits keinen unmittelbaren Anspruch gegen den Staat.

D. Anwaltskosten zwecks Entschuldigung. Unter § 11 können auch diejenigen Kosten fallen, die der Zeuge oder Sachverständige bei objektiver Betrachtung aufwenden mußte, um unter Einschaltung eines Anwalts dafür zu sorgen, daß er sein Ausbleiben in einer für das Gericht ausreichenden Weise entschuldigen konnte, Düss MDR **85**, 60 mwN, Hbg MDR **71**, 685, aM LG Gießen MDR **81**, 959 (abl Herfurth).

E. Personalkosten. Nach § 11 können auch diejenigen Kosten erstattungsfähig sein, die man aufwenden muß, um eine vom Gericht oder zB der Staatsanwaltschaft erbetene oder angeforderte schriftliche Auskunft oder Aussage anzufertigen. Hierunter zählen zB: Personalkosten, die in einer Bank durch die Aufstellung einer Kontenübersicht entstehen; vgl § 1 Anm 3 A.

Diese Frage ist **streitig. Wie hier** zB vgl BFH **BB** 81, 1142, ferner zB Düss DB **85**, 911, Ffm NJW **81**, 1682 mwN, Hbg MDR **81**, 341, Hamm MDR **80**, 605, LG Kiel SchlHA **84**, 192, LG Saarbr DB **82**, 2131, LG Zweibr Rpfleger **81**, 374 (das LG billigt je Stunde nur 2 DM, je Ablichtung nur 0,20 DM zu), Sannwald NJW **84**, 2496 (ausf); **offen** LG Bochum DB **80**, 876; **abw** Schlesw SchlHA **80**, 191; **aM** zB Düss DB **85**, 1130, LG Kblz Rpfleger **81**, 30 je mwN und MDR **85**, 608.

Wegen der Mitwirkung oder Tätigkeit auf Grund einer Beschlagnahme Grdz 2 A vor § 1.

F. Kosten einer Begleitperson, S 2. Solche Kosten werden nur erstattet, soweit sie auch objektiv notwendig waren, etwa bei einem gebrechlichen oder jugendlichen Zeugen oder bei einem Fürsorgezögling, AG Ffm MDR **69**, 689. Sowohl der Begleitete als auch der Begleiter erhalten die einem Zeugen zustehenden Gelder.

Das Gericht muß im Rahmen der Notwendigkeit prüfen, ob gerade ein solcher Begleiter erforderlich war. Wer sich eine unnütz teure Begleitperson auswählt, hat die Mehrkosten selbst zu bezahlen.

Die Hilfspersonen eines erbbiologischen Sachverständigen werden, auch wenn sie erforderlich sind, nicht nach § 11 entschädigt, sondern nach § 5 I Anlage Z 10. Wegen der Hilfspersonen anderer Sachverständiger vgl § 8 Z 1.

Die Kosten der Aufsichtspersonen eines Gefangenen fallen nicht unter S 2. Denn bei den Gefangenen geschieht die Begleitung nur als Bewachung im notwendigen Vollzug der Strafvollstreckung. Zwar entstehen die Kosten hierfür dem Staat, aber nicht aus § 11.

Aufrundung

12 **Die dem Zeugen oder Sachverständigen zu zahlende Gesamtentschädigung wird auf zehn Deutsche Pfennig aufgerundet.**

1) Gesamtbetrag. Aufzurunden auf 10 DPf sind nicht die Einzelposten, sondern einmalig der Gesamtbetrag.

Vereinbarung der Entschädigung

13 **Mit Sachverständigen, die häufiger herangezogen werden, kann die oberste Landesbehörde oder die von ihr bestimmte Stelle eine Entschädigung im Rahmen der nach diesem Gesetz zulässigen Entschädigung vereinbaren.**

1) Allgemeines. Eine Vereinbarung nach § 13 dient der Verwaltungsvereinfachung. Denn der Sachverständige erhält durch eine solche Vereinbarung einen einfach nachzuprüfenden und zu berechnenden Anspruch.

2) Vereinbarung. Die Vereinbarung muß zwischen der obersten Landesbehörde oder derjenigen Stelle, der sie die Zuständigkeit übertragen hat, und einem häufiger herangezogenen Sachverständigen erfolgt sein. Der Sachverständige braucht nicht allgemein beeidigt worden zu sein. Die oberste Landesbehörde oder die von ihr ermächtigte Stelle können eine solche Vereinbarung nur im Rahmen ihres Zuständigkeitsbereichs abschließen, zB der Innenminister nur für die Tätigkeit eines Sachverständigen vor den Verwaltungsgerichten, der Justizminister nur für eine solche Tätigkeit vor den Zivil- oder Strafgerichten usw.

Die Vereinbarung gilt auch nur für die Gerichte des jeweiligen Bundeslandes, nicht für eine Tätigkeit des Sachverständigen in einem anderen Bundesland, auch nicht für einen Sachverständigen, den ein Gerichtshof des Bundes hinzuzieht, der in dem jeweiligen Bundesland seinen Sitz hat.

3) Entschädigungshöhe. Die Vereinbarung kann eine Entschädigung nur im Rahmen der nach dem ZSEG zulässigen Sätze vorsehen. Die Entschädigung kann also nicht höher sein als diejenige nach den §§ 3, 5, 8, 10, 11 zulässige Summe (eine Ausnahme gilt nur im Fall des § 7). Sie kann aber niedriger sein. Denn der Sachverständige kann durch eine Vereinbarung von vornherein erklären, nicht mehr verlangen zu wollen, § 15 I.

Die Vereinbarung enthält in der Regel eine Entschädigungsstaffel für bestimmte Verrichtungen oder eine Pauschalentschädigung, die letztere also auch für andere Verrichtungen als in § 5, aM Brocke/Reese Anm 4. Insbesondere kann man einen Pauschalsatz auch für den Aufwendungsersatz nach § 8 treffen.

Soweit das Gericht nach § 16 eine Festsetzung vornimmt, darf es im allgemeinen auf Grund einer solchen Vereinbarung nur noch nachprüfen, ob die Vereinbarung ordnungsgemäß zustandegekommen ist und ob die Voraussetzungen für die vereinbarte Entschädigung zB der Tarifstelle vorliegen.

Vorschuß

14 **I Geladenen Zeugen und Sachverständigen ist auf Antrag ein Vorschuß zu bewilligen, wenn sie nicht über die Mittel für die Reise verfügen oder wenn ihnen, insbesondere wegen der Höhe der entstehenden Reisekosten, nicht zugemutet werden kann, diese aus eigenen Mitteln vorzuschießen.**

II Dem Sachverständigen ist ferner auf Antrag ein Vorschuß zu bewilligen, wenn er durch eine geforderte Leistung für eine zusammenhängende Zeit von wenigstens dreißig Tagen seiner regelmäßigen Erwerbstätigkeit ganz oder überwiegend entzogen wird oder wenn die Erstattung des Gutachtens bare Aufwendungen erfordert und dem Sachverständigen, insbesondere wegen der Höhe der Aufwendungen, nicht zugemutet werden kann, eigene Mittel vorzuschießen.

III § 16 gilt sinngemäß.

1) Allgemeines. § 14 behandelt den Rechtsanspruch des Zeugen oder Sachverständigen auf die Zahlung eines Vorschusses, während die §§ 68 GKG, 8 KostO, 379, 402 ZPO den Anspruch der Staatskasse auf den Erhalt eines Vorschusses zur Deckung der Auslagen behandeln. Vgl auch die bundeseinheitlichen Verwaltungsbestimmungen im Anh zum ZSEG, die unter anderem die Frage der Vorschußzahlung an Zeugen und Sachverständige betreffen. Wegen Soldaten vgl Abschnitt B 23–24 des Erlasses v 16. 3. 82, BLAH SchlAnh II.

2) Voraussetzungen. A. Keine ausreichenden Eigenmittel, I. Ein Zeuge oder Sachverständiger, den das Gericht von einem anderen augenblicklichen Aufenthaltsort her vorlädt, vgl § 9 Anm 5, hat unabhängig von seiner Staatsangehörigkeit, § 1 Anm 2 B, einen Anspruch auf einen Vorschuß unter folgenden Voraussetzungen:

a) Antrag. Der Geladene muß einen Antrag stellen. Das Gericht zahlt den Vorschuß also nicht von Amts wegen.

b) Keine ausreichenden Mittel. Der Geladene darf nicht über ausreichende Mittel zur Reise verfügen. Er muß diesen Umstand glaubhaft machen oder auf Anforderung des Gerichts auch voll nachweisen. Zur Glaubhaftmachung genügt eine eidesstattliche Versicherung.

c) Unzumutbarkeit der Kosten. Selbst wenn der Geladene über genügend Mittel zur Reise verfügt, hat er doch einen Anspruch auf Vorschuß, soweit man ihm nicht zumuten kann, die Reisekosten aus den eigenen Mitteln vorzuschießen. Es kommt auf die derzeitigen finanziellen Verhältnisse des Geladenen an. Freilich muß das Gericht auf Grund der Angaben des Geladenen auch hier nach einem objektiven Maßstab entscheiden, ob man ihm die Auslage zumuten kann.

Für einen weniger Bemittelten kommt ein Vorschuß nach c eher als für einen solchen Zeugen oder Sachverständigen in Betracht, der über mehr flüssige Mittel verfügt. Man muß die Entfernung der Reise und die Dauer der Abwesenheit berücksichtigen.

Der Geladene braucht in keinem Fall Fremdgelder in Anspruch zu nehmen. Er braucht sich auch nicht wegen der Ladung bei seinen Ausgaben für sich persönlich und für seine Familie allzusehr einzuengen.

In Betracht kommt ein Vorschuß auf die Reisekosten und auf die Aufwandsentschädigung, §§ 9, 10, nicht etwa ein Vorschuß auf den Verdienstausfall, § 2, oder auf die Leistungsentschädigung, § 3. Insofern gilt im Fall II eine Ausnahme.

B. Entzug der Erwerbstätigkeit; Unzumutbarkeit der Aufwendung, II. Ein Sachverständiger kann unabhängig von I ferner einen Vorschuß nach II fordern, sofern folgende Voraussetzungen vorliegen:

a) Antrag. Der Sachverständige muß einen Antrag stellen. Das Gericht zahlt den Vorschuß also nicht von Amts wegen.

b) Entzug der Erwerbstätigkeit. Das Gericht muß vom Sachverständigen eine Leistung gefordert haben, durch die er für eine zusammenhängende Zeit von wenigstens 30 Tagen seiner regelmäßigen Erwerbstätigkeit ganz oder überwiegend entzogen worden ist. Den Zeitraum muß man nach § 3 Anm 4 B berechnen.

c) Unzumutbarkeit der Aufwendungen. Unabhängig vom Fall b kommt ein Vorschuß in der folgenden Sitiuation in Betracht: Die Erstattung des Gutachtens muß bare Aufwendungen erfordert haben, und es muß dem Sachverständigen insbesondere wegen ihrer Höhe nicht zumutbar sein, eigene Mittel vorzuschießen. An Baraufwendungen kommen solche nach § 8 in Betracht, also auch Kosten zur Entlohnung einer Hilfskraft, abw Mü MDR **76**, 588. Es kann sich also nicht darum handeln, daß ein Sachverständiger zB zur Erstattung des Gutachtens sein Laboratorium vervollständigen will, vgl § 8 Anm 4.

Es kommt für die Frage der Zumutbarkeit nicht nur auf die Höhe der Aufwendungen an, sondern zB auch darauf, ob der Sachverständige mit einer Erstattung erst nach einem verhältnismäßig langen Zeitraum rechnen kann und ob die Vielfalt seiner Untersuchungen usw eine vorherige Zahlung als notwendig erscheinen läßt. Hier handelt es sich aber nicht um einen Vorschuß auf die Leistungsentschädigung, § 3, KG Rpfleger **62**, 12.

3) Art des Vorschusses. Das Gericht muß nach pflichtgemäßem Ermessen prüfen, in welcher Form es den Vorschuß gewähren soll. Der Sachverständige hat keinen Anspruch auf Zahlung von Bargeld. Es kann ratsam sein, das Reisegeld nicht in bar zu zahlen, sondern durch die

Übersendung einer Fahrkarte. Dabei muß das Gericht eine etwa bestehende Möglichkeit der Rückfahrtverbilligung ausnutzen. Eine Aufwandsentschädigung nach § 10 wird zunächst nur für die Hinreise bevorschußt. Das Gericht muß im Fall einer mehrtägigen Terminsdauer unter Umständen einen weiteren Vorschuß bewilligen.

4) Verfahren, III. Über den Antrag auf die Gewährung eines Vorschusses muß zunächst der Urkundsbeamte der Geschäftsstelle des ladenden Gerichts entscheiden, Hamm Rpfleger **76**, 362. Er muß auch alles andere veranlassen, zB die Übersendung einer Fahrkarte oder die Anweisung einer Geldsumme. Der Urkundsbeamte des ladenden Gerichts darf eine Amtshilfe des Urkundsbeamten am Amtsgericht des Aufenthaltsorts des Geladenen nur dann beanspruchen, wenn es sich um einen anders nicht mehr lösbaren Eilfall handelt, wenn also zB durch die Bearbeitung beim ladenden Gericht die Erledigung der Sache oder des Termins gefährdet wäre.

Gegen die Entscheidung des Urkundsbeamten ist die Erinnerung an sein Gericht zulässig. Gegen die Entscheidung seines Gerichts ist die Beschwerde nach § 16 zulässig, sofern der Beschwerdewert 100 DM übersteigt.

Der gewährte Vorschuß wird bei der endgültigen Festsetzung der Entschädigung angerechnet. Der Zeuge oder Sachverständige muß einen etwa zuviel gezahlten Betrag zurückzahlen. Seine Beitreibung erfolgt nach § 1 Z 8 JBeitrO, Teil IX A dieses Buchs.

Vgl im übrigen § 16 Anm 1–4.

Erlöschen des Anspruchs, Verjährung

15 **I Zeugen und Sachverständige werden nur auf Verlangen entschädigt.**

II Verlangt der Zeuge nicht binnen drei Monaten nach Beendigung der Zuziehung Entschädigung bei dem zuständigen Gericht oder bei der zuständigen Staatsanwaltschaft, so erlischt der Anspruch.

III Das Gericht (§ 16 Abs. 1) kann den Sachverständigen auffordern, seinen Anspruch innerhalb einer bestimmten Frist zu beziffern. Die Frist muß mindestens zwei Monate betragen. In der Aufforderung ist der Sachverständige über die Folgen einer Versäumung der Frist zu belehren. Die Frist kann auf Antrag vom Gericht verlängert werden. Der Anspruch erlischt, soweit ihn der Sachverständige nicht innerhalb der Frist beziffert. War der Sachverständige ohne sein Verschulden verhindert, die Frist einzuhalten, so ist ihm auf Antrag Wiedereinsetzung in den vorigen Stand zu erteilen, wenn er innerhalb von zwei Wochen nach Beseitigung des Hindernisses den Anspruch beziffert und die Tatsachen, die die Wiedereinsetzung begründen, glaubhaft macht.

IV § 196 Abs. 1 Nr. 17 des Bürgerlichen Gesetzbuchs bleibt unberührt.

V Ansprüche auf Erstattung zuviel gezahlter Entschädigungen verjähren in zwei Jahren; § 10 Abs. 3 des Gerichtskostengesetzes gilt entsprechend.

Vorbem. V angefügt durch Art 4 I Z 6 G vom 9. 12. 86, BGBl 2326, in Kraft seit 1. 1. 87, Art 10, Übergangsrecht § 18.

1) Antrag, I. Der Zeuge oder Sachverständige erhält seine Entschädigung nicht von Amts wegen, sondern nur auf Grund eines Antrags, Schlesw SchlHA **86**, 35. Das gilt auch für seinen Erben. Auch dieser muß die Fristen des § 15 beachten.

Soweit der Zeuge oder Sachverständige auf eine Entschädigung verzichtet hat, ist er durch eine etwa trotzdem erhaltene Leistung ungerechtfertigt bereichert. Das Gericht muß diese Bereicherung von Amts wegen zurückfordern. Die geleisteten Beträge sind keine Auslagen, Nürnb Rpfleger **63**, 180.

Die Verzichtserklärung ist nicht frei widerruflich, sondern läßt sich nur nach den Regeln des öffentlichen Rechts, etwa wegen Täuschung, Drohung oder Erklärungsirrtums, sowie wegen eines Fortfalls der Geschäftsgrundlage widerrufen, Mü NJW **75**, 2108 mwN. Man muß die Widerrufserklärung unverzüglich erklären, § 9 V 1 entsprechend.

Soweit eine Partei den vom Gericht geladenen Zeugen, der auf eine Entschädigung aus der Staatskasse verzichtet hat, ihrerseits entschädigt, kann sie von ihm keine Erstattung fordern, aM Ffm BB **78**, 1340.

2) Zeugenentschädigung, II. Der Antrag des Zeugen ist schon vor der Beendigung seiner Hinzuziehung zulässig, Bre JB **76**, 1536. Der Zeuge braucht ihn dann nicht nach der Beendigung seiner Tätigkeit zu wiederholen, Bre JB **76**, 1537.

Der Zeuge muß den Antrag im übrigen innerhalb einer Ausschlußfrist von 3 Monaten stellen. Das Gericht darf die Frist weder verlängern, noch ist gegen ihre Versäumung die Wiedereinsetzung zulässig. Man muß den Antrag bei demjenigen Gericht oder derjenigen Staatsanwaltschaft einreichen, die den Zeugen hinzugezogen hat. Die Anbringung bei einer unzuständigen Stelle wahrt die Frist nicht. Die Frist beginnt mit der Beendigung der Zuziehung, also mit der Entlassung, im Fall eines mehrtägigen Termins mit der endgültigen Entlassung, auch wenn der Zeuge etwa am letzten Tag zur Aussage nicht mehr herangezogen wurde, sondern nur noch vorsorglich erscheinen mußte. Wurde er entlassen, später aber erneut vorgeladen, so läuft für jeden der beiden Ansprüche eine besondere Frist.

Soweit der Zeuge sich schriftlich zu äußern hatte, §§ 377 III, IV ZPO beginnt die Frist mit dem Eingang seiner Äußerung beim Gericht, LG Cleve JMBl NRW **59**, 45. Wenn das Gericht eine Ergänzung der schriftlichen Äußerung angefordert hat, beginnt die Frist für die gesamte Tätigkeit des Zeugen erst mit dem Eingang der Ergänzung beim Gericht.

Der Antrag ist formlos zulässig, man kann ihn auch mündlich stellen. Er ist gegenüber dem Urkundsbeamten der Geschäftsstelle wie gegenüber dem Richter zulässig, Bre JB **76**, 1537. Ausreichend ist jede Erklärung, aus der sich ein Anspruch auf die Zahlung einer Entschädigung objektiv ableiten läßt, LG Würzb JB **77**, 829.

Der Zeuge braucht seinen Anspruch nicht zu beziffern. Er kann eine Bezifferung auch noch innerhalb der Verjährungsfrist, § 196 I Z 17 BGB nachholen, Anm 4.

Nach dem Ablauf der 3-Monats-Frist erlischt der Anspruch ohne weiteres und unabhängig von einer Anforderung durch das Gericht zu einer Bezifferung, LG Düss Rpfleger **82**, 105.

II ist auf den Anspruch des Pflegers oder Vormunds auf einen Aufwendungsersatz aus der Staatskasse entsprechend anwendbar, § 1835 II, III 2 BGB, BVerfG NJW **80**, 2179 (wegen eines sog Berufsvormunds), LG Düss Rpfleger **82**, 105 mwN. II ist auf den Anspruch des Freigesprochenen auf eine Entschädigung wegen des Zeitverlusts unanwendbar, LG Lübeck Rpfleger **78**, 418.

3) Sachverständigenentschädigung, III. Hier gelten im einzelnen folgende Voraussetzungen:

A. Grundsatz. Der Antrag des Sachverständigen auf die Zahlung einer Entschädigung ist an sich nicht an eine Frist gebunden. III geht stillschweigend davon aus, daß ein Sachverständiger ein Gutachten grundsätzlich nicht unentgeltlich erstattet. Man muß daher im übrigen im allgemeinen bereits in der Übersendung des Gutachtens das Verlangen nach der Zahlung einer Entschädigung sehen.

B. Aufforderung zur Bezifferung, III 1. Um der Staatskasse eine zügige Abrechnung mit dem Kostenschuldner zu ermöglichen, der ja eine an den Sachverständigen zu zahlende Entschädigung erstatten muß, KV 1904, kann das Gericht den Sachverständigen zur Bezifferung seines Anspruchs auffordern. Es muß diese Aufforderung mit einer Fristsetzung verbinden.

C. Einzelheiten zur Frist, III 2–4. Die Frist muß mindestens 2 Monate betragen. Sofern das Gericht nicht einen Endtermin gesetzt hat, beginnt die Frist mit dem Zugang der Aufforderung. Sie kann auch dadurch beginnen, daß der Richter den Sachverständigen im Anschluß an die Erstattung des Gutachtens mündlich auffordert, den Anspruch zu beziffern.

In jedem Fall muß das Gericht den Sachverständigen darüber belehren, daß sein Anspruch im Fall der Versäumung der Frist erlöschen kann. Soweit die Belehrung fehlerhaft ist oder fehlt, ist die Frist nicht wirksam abgelaufen.

Die Aufforderung, den Anspruch zu beziffern, erfolgt auch dann durch das Gericht, wenn eine Staatsanwaltschaft den Sachverständigen hinzugezogen hatte. In diesem Fall ist dasjenige Gericht zuständig, bei dem die Staatsanwaltschaft errichtet ist.

Der Sachverständige kann eine Fristverlängerung beantragen. Der Verlängerungsantrag muß beim Gericht eingehen, bevor die ursprüngliche Frist abgelaufen ist.

D. Erlöschen, Wiedereinsetzung, III 5, 6. Wenn der Sachverständige den Anspruch nicht innerhalb der ursprünglichen Frist oder nach rechtzeitigem Verlängerungsantrag innerhalb der etwa verlängerten Frist beziffert hat, erlischt der Anspruch.

Soweit der Sachverständige die Frist ohne sein Verschulden nicht einhalten konnte, vgl § 233 ZPO, kann er eine Wiedereinsetzung in den vorigen Stand beantragen. Er muß dann aber innerhalb von 2 Wochen nach der Beseitigung des Hindernisses den Anspruch beziffern und diejenigen Tatsachen glaubhaft machen, die die Wiedereinsetzung begründen.

Über den Wiedereinsetzungsantrag entscheidet der für die Festsetzung zuständige Urkundsbeamte der Geschäftsstelle, aM Meyer-Höver Anm 390 FN 13 (zuständig sei der Richter; grundsätzlich ist die Festsetzung aber eine Aufgabe des Urkundsbeamten der Geschäftsstelle, § 16 Anm 2 A).

Gegen eine ablehnende Entscheidung des Urkundsbeamten ist die Erinnerung zulässig. Über diese muß der Richter entscheiden.

Gegen die Entscheidung des Richters ist eine Beschwerde unter den Voraussetzungen des § 16 II zulässig.

E. Weitere Einzelheiten. Der Sachverständige muß seine Angaben über den Entschädigungsanspruch innerhalb der gesetzten Frist vollständig nach Grund und Höhe machen, also auch alle verschiedenen Ansprüche im einzelnen beziffern, § 1 Anm 1. Einen etwa übersehenen Anspruch kann er später allenfalls unter den Voraussetzungen einer Wiedereinsetzung in den vorigen Stand geltend machen.

III gilt nicht nur für den Sachverständigen, sondern auch für einen sachverständigen Zeugen, soweit es sich bei ihm um eine Leistung nach § 5 handelt, aM Meyer-Höver Anm 384.

4) Verjährung des Entschädigungsanspruchs, IV. Soweit der Entschädigungsanspruch nach II oder III nicht erloschen ist, verjährt er 2 Jahre nach dem Schluß desjenigen Jahres, in dem er entstanden ist, §§ 196 I Z 17, 198, 201 BGB. Schlesw SchlHA **86**, 35 läßt den Anspruch erst mit dem Antrag entstehen. Wegen der Bezifferung der Zeugenentschädigung vgl Anm 2 am Ende. Man muß in Wahrheit beachten, daß bereits der Antrag auf die Zahlung einer Entschädigung die Frist unterbricht. Denn dieser Antrag ist die in § 15 vorgesehene Art der gerichtlichen Geltendmachung. Eine Unterbrechung der Verjährung liegt aber auch in der Aufforderung des Gerichts an den Sachverständigen nach III 1. Denn aus dieser Aufforderung ergibt sich, daß das Gericht von dem Bestehen eines Entschädigungsanspruchs ausgeht.

Die Verjährung ist von Amts wegen zu berücksichtigen. Eine Verwirkung vor dem Eintritt der Verjährung ist denkbar. Eine Verjährung kann ausnahmsweise nach Treu und Glauben, § 242 BGB unbeachtlich sein, Bre JB **76**, 1537.

5) Verjährung des Rückerstattungsanspruchs, V. Die Vorschrift erfaßt nicht den Entschädigungsanspruch des Zeugen usw, für den IV gilt, sondern die Verjährung des etwaigen Anspruchs der Staatskasse auf die Erstattung zuviel gezahlter Entschädigung. Es gilt eine zweijährige Verjährungsfrist, die sich entsprechend § 10 III GKG, Teil I dieses Buchs, errechnet; vgl dort Anm 2.

Gerichtliche Festsetzung

16 **I Die einem Zeugen oder Sachverständigen zu gewährende Entschädigung wird durch gerichtlichen Beschluß festgesetzt, wenn der Zeuge oder Sachverständige oder die Staatskasse die richterliche Festsetzung beantragt oder das Gericht sie für angemessen hält. Zuständig ist das Gericht oder der Richter, von dem der Zeuge oder Sachverständige herangezogen worden ist. Ist der Zeuge oder Sachverständige von dem Staatsanwalt herangezogen worden, so ist das Gericht zuständig, bei dem die Staatsanwaltschaft errichtet ist.**

II Gegen die richterliche Festsetzung ist die Beschwerde zulässig, wenn der Wert des Beschwerdegegenstandes einhundert Deutsche Mark übersteigt. Beschwerdeberechtigt sind nur der Zeuge oder Sachverständige und die Staatskasse. Die Beschwerde ist nicht an eine Frist gebunden. Eine Beschwerde an einen obersten Gerichtshof des Bundes ist nicht zulässig. Die Beschwerde wird bei dem Gericht eingelegt, das die angefochtene Entscheidung erlassen hat. Das Gericht kann der Beschwerde abhelfen.

III Anträge, Erklärungen und Beschwerden können zu Protokoll der Geschäftsstelle gegeben oder schriftlich ohne Mitwirkung eines Rechtsanwalts eingereicht werden.

IV Entscheidungen nach Absatz 1, 2 wirken nicht zu Lasten des Kostenschuldners.

V Das Verfahren über die Beschwerde ist gebührenfrei. Kosten werden nicht erstattet.

Gliederung

1) Allgemeines. § 16 eröffnet allen Beteiligten einen Weg, Streitigkeiten über den Ansatz oder über die Höhe der Gebühren eines Zeugen oder Sachverständigen auszutragen. Allerdings ist auch im Kostenfestsetzungsverfahren, §§ 103ff ZPO, ein solcher Streit möglich; bei einander widersprechenden rechtskräftigen Entscheidungen in beiden Verfahren vgl Anm 4 B. Im finanzgerichtlichen Verfahren ist unter Umständen auch § 133 FGO enwendbar, BFH EFG **75**, 39. Das Gericht muß die gesamte Rechnung nachprüfen, also auch den angegebenen Zeitaufwand, KG Rpfleger **55**, 85 und § 3 Anm 2 B. § 16 gilt auch für den Dolmetscher und für den Übersetzer, § 17 Anm 1, sowie bei einem Streit über eine Vorschußzahlung, § 14 III.

§ 16 ist auf die Festsetzung der Reisekosten einer mittellosen Partei, Anhang zum ZSEG, nicht anwendbar. § 34 III 2 WPflG geht vor, vgl BVerwG NJW **62**, 1459.

2) Festsetzung, I. A. Verfahren des Urkundsbeamten. Die Festsetzung der Entschädigung eines Zeugen oder Sachverständigen erfolgt grundsätzlich von Amts wegen durch den Urkundsbeamten der Geschäftsstelle in einem reinen Verwaltungsverfahren ohne eine Beteiligung der Prozeßparteien, Kblz DB **86**, 33 Oldb NJW **86**, 265. Das gilt auch dann, wenn schon ein Entschädigungsantrag vorliegt. Von diesem Grundsatz gilt nur dann eine Ausnahme, wenn entweder das Gericht die Festsetzung für angemessen hält oder wenn der Zeuge oder Sachverständige oder die Staatskasse einen Festsetzungsantrag, also nicht bloß einen Entschädigungsantrag schlechthin, stellen.

Im Verwaltungsverfahren ist das Gericht berechtigt und auf Verlangen des Urkundsbeamten verpflichtet, sich dienstlich dazu zu äußern, ob und inwiefern gegen eine Entschädigung dem Grunde nach Bedenken bestehen. Notfalls kann die Dienstaufsichtsbehörde das Gericht zur Abgabe dieser Äußerung verpflichten, BGH NJW **69**, 556.

B. Gerichtliche Festsetzung. Eine Festsetzung der Entschädigung erfolgt durch das Gericht in richterlicher Besetzung nur dann, wenn eine der folgenden Voraussetzungen vorliegt:

a) Antrag. Es muß ein Festsetzungsantrag, nicht bloß ein Entschädigungsantrag schlechthin, vorliegen. Zur Antragstellung sind berechtigt: Der Zeuge; der Sachverständige; der Bezirksrevisor als Vertreter der Staatskasse. Gegen diesen weisungsgebunden Beamten gibt es kein Ablehnungsrecht, Kblz MDR **85**, 257; ein Abtretungsnehmer. Der letztere kann die Festsetzung auf sich persönlich beantragen, Kblz Rpfleger **74**, 403. Der Antrag ist formlos zulässig. Er liegt auch in einer Bemängelung der gewährten Gebühr.

Ein bloßer Entschädigungsantrag enthält keineswegs auch nur grundsätzlich auch einen Festsetzungsantrag.

b) Angemessenheit. Die Festsetzung durch den Richter findet ferner statt, soweit er eine eigene Festsetzung von Amts wegen oder auf Grund einer bloßen Anregung, die nicht zu einem Antrag geworden war, für angemessen hält. Im allgemeinen ist die Festsetzung von Amts wegen immer dann angemessen, wenn einer der Fälle nach § 7 vorliegt, auch dann, wenn es sich um ein schwieriges wissenschaftliches Gutachten handelt, § 3 III a, oder wenn es um die Erhöhung der Entschädigung wegen einer Erwerbsversäumnis geht, § 3 III b, oder wenn es um eine Ausländerentschädigung geht, § 6.

Ein Interesse der Staatskasse an einer Festsetzung kann trotz eines Vorschusses, KG Rpfleger **71**, 448, nur insoweit bestehen, als die gezahlte Vergütung noch nicht von einer Partei erstattet ist, Bbg JB **78**, 1728. Denn mit der Erstattung entfallen die Auslagen der Staatskasse, und dann hat nur noch die zahlungspflichtige Partei ein Interesse an der Richtigstellung. Das übersehen zB Hamm JVBl **71**, 95, Meyer-Höver Rdz 376.

Soweit die Staatskasse zuviel gezahlt hat, muß sie den überzahlten

Betrag wieder einziehen, § 1 I Z 8 JBeitrO, Teil IX A dieses Buchs, Kblz Rpfleger **81**, 328. Der Bereicherte darf sich nicht auf den Fortfall der Bereicherung berufen. Er kann sich aber unter Umständen auf den Grundsatz des öffentlichen Vertrauensschutzes berufen.

Diese Frage ist **streitig. Wie hier** zB Ffm NJW **75**, 706, Hamm (5. StS) NJW **73**, 574, KG Rpfleger **81**, 457 mwN, LG Würzb JB **77**, 830 je mwN, Jessnitzer BB **73**, 1423; **aM** zB Hamm (1. StS) JMBl NRW **71**, 215, Kblz MDR **74**, 1040 mwN, Meyer-Höver 396.

Zum Problem auch unten § 121 BRAGO Anm 2 C. Das GKG ist freilich auch nicht entsprechend anwendbar, Köln Rpfleger **75**, 71.

c) Weitere Einzelfragen. Es ist unerheblich, aus welchem Grund eine erfolgte Zahlung bemängelt wurde, ob wegen einer falschen rechtlichen Beurteilung oder wegen einer unrichtigen Tatsachenwürdigung, Düss Rpfleger **83**, 129. Weder bei a noch bei b ist eine vorherige Festsetzung durch den Urkundsbeamten der Geschäftsstelle notwendig, BGH NJW **69**, 556. Daher ist ein Antrag beim Gericht nach I auch kein Rechtsbehelf. Das Gericht darf infolgedessen den vom Urkundsbeamten der Geschäftsstelle etwa festgesetzten Betrag unterschreiten, Kblz DB **86**, 33, LAG Hamm JB **76**, 492, LSG Stgt NJW **74**, 2200.

C. Verfahren der richterlichen Festsetzung. a) Antrag. Der etwaige Antrag ist zum Protokoll des Urkundsbeamten der Geschäftsstelle, schriftlich oder mündlich zulässig, ein Anwaltszwang besteht nicht, III.

b) Zuständigkeit. Zur Festsetzung ist dasjenige Gericht zuständig, das den Zeugen oder Sachverständigen herangezogen hat. Das kann auch das ersuchte Gericht sein, ferner auch der Einzelrichter, der den Zeugen herangezogen hat, nicht etwa das Kollegialgericht, das den Beweis angeordnet hatte.

Sobald und soweit das Gericht mit einem Festsetzungsverfahren auf Grund eines Antrags oder von Amts wegen befaßt ist, wird die etwa vorangegangene oder noch laufende Festsetzung durch den Urkundsbeamten der Geschäftsstelle wirkungslos, BGH NJW **69**, 556, BFH EFG **75**, 39.

Soweit der Rechtspfleger einen Sachverständigen oder Zeugen hinzugezogen hat, ist er zur Festsetzung als Richter zuständig, § 4 I RPflG.

Soweit die Staatsanwaltschaft einen Zeugen oder Sachverständigen herangezogen hat, ist zur etwa beantragten oder von Amts wegen für notwendig gehaltenen Festsetzung der Entschädigung dasjenige Gericht zuständig, bei dem die Staatsanwaltschaft errichtet ist, Mü Rpfleger **74**, 449. Das gilt unabhängig davon, ob die Staatsanwaltschaft in der Sache eine Anklage erhoben oder einen Strafbefehl beantragt oder einen solchen Antrag zurückgenommen hat. Denn I 3 erfaßt eindeutig alle diese Fälle, und das LG der Staatsanwaltschaft ist in keinem dieser Fälle überfordert. Es kommt unter Umständen auch dasjenige LG in Betracht, bei dem eine ersuchte Staatsanwaltschaft eingerichtet worden ist.

Wenn allerdings zB ein AG mit dem Gutachten eines von der Staatsanwaltschaft herangezogenen Sachverständigen befaßt war, kann darin eine Heranziehung auch durch dieses AG liegen. In diesem Fall ist dann das AG zur Festsetzung zuständig, vgl Jessnitzer 233, und zwar selbst dann, wenn das AG ein Hauptverfahren nicht eröffnet hat, Mü MDR **76**, 340.

Man muß nach der jeweiligen Verfahrensordnung prüfen, ob die Laienrichter bei einem Gericht, bei dem auch Laienrichter mitwirken, über die Festsetzung mit zu entscheiden haben. Beim Schöffengericht ist das zB nicht der Fall, § 30 II GVG, auch nicht beim Arbeitsgericht, § 53 ArbGG, ebensowenig beim Verwaltungsgericht, § 19 VwGO, wohl aber bei der Kammer für Handelssachen, § 105 I GVG.

c) Umfang der Festsetzung. Soweit das Gericht überhaupt eine Festsetzung von Amts wegen oder auf Grund eines Antrags vornimmt, muß es den Gesamtbetrag in DM errechnen. Es darf sich also nicht mit der Festsetzung des bloßen Stundensatzes begnügen, Hamm VRS **43**, 316, KG Rpfleger **81**, 126, Kblz NJW **74**, 2055 je mwN, Mü Rpfleger **81**, 457.

d) Weitere Verfahrensfragen. Das Gericht muß alle am Festsetzungsverfahren Beteiligten anhören, auch zB den im Prozeß abgelehnten Sachverständigen, Müller JR **81**, 56, und die Staatskasse, Düss Rpfleger **88**, 116 mwN. Es muß die Voraussetzungen der Entschädigung selbst feststellen, ohne an entsprechende Vorgänge im Prozeß gebunden zu sein. Es muß also zB die Frage prüfen, ob der Sachverständige die etwaige Unverwertbarkeit des Gutachtens verschuldet hat, BGH VersR **84**, 79. Diese Prüfung muß unabhängig vom Ausgang eines etwaigen Ablehnungsverfahrens stattfinden, Müller JR **81**, 56.

Eine mündliche Verhandlung ist nicht erforderlich, aber zulässig.

Die Festsetzung erfolgt durch einen Beschluß. Das Gericht muß ihn begründen, § 25 GKG Anm 2 C b. Es muß den Beschluß dem Antragsteller förmlich zustellen. Der Beschluß kann als „Urteil in einer Rechtssache" im Sinn von § 839 II 1 BGB anzusehen sein, BGH VersR **84**, 78.

Eine Kostenerstattung findet nicht statt, LG Würzb JB **77**, 997.

3) Berichtigung. Eine Berichtigung der gerichtlichen Festsetzung ist unzulässig, unabhängig davon, ob das Hauptverfahren noch vor dem Gericht der Festsetzung oder bereits in der Rechtsmittelinstanz schwebt. Die frühere abweichende gesetzliche Regelung ist entfallen.

4) Beschwerde, II–V. A. Zulässigkeit. Man kann mit der Beschwerde nur die richterliche Festsetzung der Entschädigung des Zeugen oder Sachverständigen anfechten. Die Beschwerde ist also nicht zulässig, soweit nur eine vorläufige Festsetzung im Verwaltungsverfahren durch den Urkundsbeamten der Geschäftsstelle vorliegt, Anm 1, LSG Stgt Rpfleger **74**, 374. II gilt für sämtliche Verfahrensarten, vgl aber auch B.

Beschwerdeberechtigt sind: Der Zeuge oder Sachverständige, also auch eine Behörde, § 1 II, wegen einer zu niedrigen Festsetzung; der Vertreter der Staatskasse wegen einer zu hohen Festsetzung. Bre NJW **76**, 685 gibt einem Nebenbeteiligten eines Strafverfahrens wegen Art 103 I GG ebenfalls ein Beschwerderecht. Mü Rpfleger **82**, 317 lehnt zutreffend das Beschwerderecht des Finanzamts in einer Steuerstrafsache ab. Vgl aber auch § 23 EGGVG.

Die Partei oder der in einem Hauptverfahren Beteiligte kann sich gegen den Ansatz der Entschädigung nur durch die Einlegung der Erinnerung gegen die Gerichtskostenrechnung wenden, §§ 5 GKG, 14 KostO, BGH NJW **84**, 871 mwN, Ffm MDR **85**, 152, vgl KG Rpfleger **73**, 38, Kblz DB **86**, 33, LG Würzb JB **77**, 830. Diese Erinnerung ist allerdings unabhängig davon zulässig, ob das Gericht eine Entschädigung nach I festgesetzt hat oder ob das Beschwerdegericht nach II entschieden hat. Eine solche Entscheidung bindet nicht, IV, BGH NJW **84**, 841 mwN. Aber auf diesem Weg ist keine Anfechtung der gerichtlichen Zustimmung nach § 7 II statthaft, die unanfechtbar bleibt, § 7 Anm 2 B.

B. Verfahren. Man legt die Beschwerde bei demjenigen Gericht ein, das die angefochtene Entscheidung erlassen hat. Es besteht kein Anwaltszwang; die Einlegung ist schriftlich oder zum Protokoll des Urkundsbeamten der Geschäftsstelle zulässig, III. Der Beschwerdewert von 100 DM muß überschritten worden sein. Der Beschwerdewert errechnet sich im Fall eines gemeinsamen Gutachtens für mehrere Verfahren nach dem gesamten an- oder abgesetzten Betrag, Schlesw Rpfleger **62**, 367. Soweit der Rechtspfleger entschieden hat, Anm 2 C, ist gegen seine Entscheidung die Erinnerung nach § 11 I 1 RPflG zulässig. In diesem Fall verläuft das Verfahren nach § 11 II RPflG. Die Beschwerde ist nicht an eine Frist gebunden, II 3.

Das angerufene Gericht kann der Beschwerde abhelfen. Andernfalls gibt es die Akten an das vorgeordnete Gericht ab. In einer Kindschafts- oder Familiensache ist dies das OLG, § 119 Z 2 GVG, Kblz NJW **74**, 2055 mwN. Die Abgabe erfolgt auch dann, wenn der ersuchte Richter die Festsetzung vorgenommen hatte und das Gericht der Beschwerde nicht abhilft.

Eine Beschwerde berechtigt und verpflichtet das Gericht zur Prüfung des Gesamtansatzes, Schlesw MDR **85**, 80.

Soweit eine Festsetzung durch ein OLG, ein OVG, ein LAG, ein LSG oder ein FG erfolgte, BFH DB **71**, 1997, ist eine Beschwerde unzulässig. Eine Beschwerde an einen Obersten Gerichtshof des Bundes ist unzulässig.

Eine mündliche Verhandlung ist nicht erforderlich, aber zulässig. Eine Anhörung des Sachverständigen, des Zeugen und des Vertreters der Staatskasse ist zweckmäßig. Sie ist notwendig, soweit das Gericht die Entscheidung zu Ungunsten des Betroffenen abändern will, Art 103 I GG, vgl BVerfG **34**, 346.

Die Entscheidung erfolgt durch einen Beschluß. Er ist zu begründen, BLAH § 329 ZPO Anm 1 A b mwN. Er wird verkündet oder den Beteiligten formlos mitgeteilt.

Das Beschwerdeverfahren ist gebührenfrei, V 1. Es findet keine Kostenerstattung statt, V 2, LAG Hamm JB **76**, 493.

Eine weitere Beschwerde ist grundsätzlich unzulässig, vgl BayOblG Rpfleger **84**, 270 mwN, ferner zB Hamm Rpfleger **76**, 362, Karlsr Just **76**, 35 mwN. Wegen einer Gegenvorstellung vgl § 25 GKG Anm 5 (die dortige Regelung ist hier entsprechend anwendbar). Eine weitere (außerordentliche) Beschwerde kommt allenfalls in Betracht, wenn das Gericht das rechtliche Gehör, Art 103 I GG, nicht gewährt hatte, so jetzt wieder Düss (10. ZS) RR **87**, 1200 mwN, aM Düss (1. StS) Rpfleger **88**, 117, ferner aM (für § 568 ZPO) Zweibr NJW **87**, 2590.

Falls im Kostenfestsetzungsverfahren nach §§ 103ff ZPO und im Verfahren nach § 16 widersprechende rechtskräftige Entscheidungen vorliegen, bleibt allenfalls eine Erneuerung nach § 5 GKG (evtl auf Kosten der Landeskasse) möglich, Kblz VersR **88**, 297.

Dolmetscher und Übersetzer

17 **I Für Dolmetscher und Übersetzer gelten die Vorschriften dieses Gesetzes sinngemäß.**

II Für ihre Leistungen werden Dolmetscher wie Sachverständige, Übersetzer ausschließlich nach den folgenden Vorschriften entschädigt.

III Die Entschädigung für die Übersetzung eines Textes aus einer Sprache in eine andere Sprache beträgt 1,50 Deutsche Mark je Zeile. Ist die Übersetzung erschwert, insbesondere wegen der Verwendung von Fachausdrücken oder wegen schwerer Lesbarkeit des Textes, so kann die Entschädigung bis auf 4,50 Deutsche Mark, bei außergewöhnlich schwierigen Texten bis auf 6,50 Deutsche Mark je Zeile erhöht werden. Für eine oder mehrere Übersetzungen auf Grund desselben Auftrags beträgt die Entschädigung mindestens 20 Deutsche Mark.

IV Als Zeile gilt die Zeile der angefertigten schriftlichen Übersetzung, die durchschnittlich 50 Schriftzeichen enthält. Werden in der angefertigten Übersetzung keine lateinischen Schriftzeichen verwendet, war aber ein Text mit lateinischen Schriftzeichen zu übersetzen, so sind die Zeilen dieses Textes maßgebend. Angefangene Zeilen von mehr als 30 Schriftzeichen gelten als volle Zeilen, angefangene Zeilen von 30 oder weniger Schriftzeichen werden zu vollen Zeilen zusammengezogen.

Vorbem. II, III idF Art 4 I Z 7 G v 9. 12. 86, BGBl 2326, in Kraft seit 1. 1. 87, Art 10, Übergangsrecht § 18.

Schrifttum: Jessnitzer, Dolmetscher, 1982; derselbe Rpfleger **82**, 365.

1) Allgemeines, I. Sowohl der Dolmetscher als an sich auch der Übersetzer ist einem Sachverständigen vergleichbar. Er kann auch prozessual als Sachverständiger zu behandeln sein, Stgt Rpfleger **83**, 416. § 17 behandelt den Dolmetscher für seine Entschädigung schlechthin wie einen Sachverständigen. Auf den Dolmetscher sind also alle Regeln anwendbar, die für den Sachverständigen gelten, II. Der Übersetzer wird aber nur nach III, IV und nicht wie ein Sachverständiger entschädigt; das stellt II Hs 2 klar. § 3 ist also auch auf den hauptberuflichen Übersetzer unanwendbar, BT-Drs 10/5113, (zum alten Recht) Hbg MDR **87**, 153, (zum neuen Recht) Madert/Schmidt NJW **87**, 293, aM (zum alten Recht) Mü MDR **87**, 153. Auf den Dolmetscher wie auf den Übersetzer sind die §§ 15 III, 16 anwendbar.

2) Dolmetscher, II. A. Begriff. Dolmetscher ist ein Fremdsprachenkundiger, den man zur mündlichen Übertragung einer Rede heranzieht, aber auch eine Person, die die Verständigung mit einem Tauben oder einem Stummen vermittelt, § 186 GVG.

§ 17 gilt nicht, soweit das Dolmetscheramt zu einer Dienstaufgabe gehört. In diesem Fall ist § 1 III anwendbar.

B. Entschädigung. Die oberste Landesbehörde kann mit einem Dolmetscher wie mit einem Sachverständigen eine Vereinbarung nach § 13 treffen. Auch ist eine Abweichung von den Sachverständigensätzen nach § 7 möglich. Soweit ein protokollierender Urkundsbeamter Dolmetscher nach § 190 GVG ist, kann er einen Anspruch auf eine Vergütung haben, wenn er kein beamteter Dolmetscher ist.

Wenn das Gericht anordnet, daß ein beeidigter Dolmetscher eine Übersetzung einer Urkunde anfertigen soll, § 142 ZPO, dann ist das keine Heranziehung durch das Gericht, sondern eine Anordnung, die der Partei etwas auferlegt, Jessnitzer 7. Abschn O III. Die Partei muß den Dolmetscher dann entschädigen. Ihre Auslagen können allenfalls als notwendige Kosten der Rechtsverfolgung bei der Kostenerstattung geltend gemacht werden, § 91 I 1 ZPO.

Der Entschädigungsanspruch des Dolmetschers ist ebenso wie derjenige eines Sachverständigen zu berechnen, vgl § 1 Anm 1. § 5 ist unanwendbar. § 3 II 2 ist nur dann anzuwenden, wenn es sich um die Übersetzung aus einer besonders schwierigen Sprache oder aus einem besonders schwierigen fremdsprachigen Dialekt oder um eine Übersetzung mit schwierigen Begriffen oder Fachausdrücken handelt, die auch einem vollausgebildeten Dolmetscher fremd sind, Celle NdsRpfl **64**, 243, vgl Mü NJW **73**, 2044. In einer Ausländersache billigten die OVG/VGH im Sommer 1983 im allgemeinen bei Anwendbarkeit des § 3 III Zuschläge zwischen 25 und 50% zu. Kblz MDR **86**, 260 gilt beim neuhebräischen Dolmetscher 40 DM pro Stunde. § 3 III 1 b ist auf den Berufsdolmetscher aber anwendbar, Düss MDR **88**, 170 (auch zu den Grenzen), Ffm MDR **88**, 801 (zumindest dann, wenn die Dolmetschertätigkeit die Übersetzertätigkeit weit überwiegt).

3) Übersetzer, III, IV. A. Begriff. Übersetzer ist ein Fremdsprachenkundiger, den das Gericht oder die Staatsanwaltschaft zur schriftlichen Übertragung eines Textes in eine andere Sprache heranzieht. Wegen der Übersetzung eines Schriftstücks durch einen beeidigten Dolmetscher Anm 2 B.

B. Entschädigung. a) Grundsatz. Die Entschädigung richtet sich nur nach III, IV. I erfaßt aber auch den Dolmetscher. Daher sind auch die Vorschriften über den Sachverständigen zum Teil entsprechend anwendbar, zB § 8 I Z 2, LSG Stgt Rpfleger **74**, 375 mwN, aM Celle NdsRpfl **67**, 148, Schlesw Rpfleger **62**, 367. § 3 III ist unanwendbar, Anm 1.

b) Entschädigungsgruppen. III nennt drei verschiedene Entschädigungsgruppen:

aa) Leichte Übersetzung, III 1. Für eine leichte bis normal „mühevolle" Übersetzung, die also keineswegs irgendwie erschwert ist, beträgt die Entschädigung je Zeile 1,50 DM.

bb) Erschwerte Übersetzung, III 2 Hs 1. Für eine erschwerte, aber nicht gerade besonders schwierige Übersetzung beträgt die Entschädigung je Zeile 1,50 bis 4,50 DM. Die Erschwerung kann beliebiger Art sein. Sie muß sich aber gerade auf die Übersetzung auswirken, Ffm MDR **78**, 238. Das Gesetz nennt als bloße Beispiele („insbesondere"): Die Verwendung von deutschen oder fremdsprachigen Fachausdrücken; eine schwere Lesbarkeit des deutschen oder fremdsprachigen Textes. Ferner kommen zB in Betracht: Ein besonderer Zeitdruck; ungewöhnlich schlechte Arbeitsbedingungen, etwa in einem Auto, weil kein Arbeitsraum zur Verfügung stand.

Die Voraussetzungen einer erschwerten Übersetzung fehlen, soweit ein deutscher Rechtsanwalt mit einem Sitz in London einen juristischen Text übersetzt, Ffm MDR **78**, 238.

Die bloße Länge des Textes ist für die Einstufung grundsätzlich unerheblich, KG Rpfleger **62**, 124.

cc) Außergewöhnlich schwieriger Text, III 2 Hs 2. Die Übersetzung eines außergewöhnlich schwierigen deutschen oder fremdsprachigen Textes führt zu einer Entschädigung von 4,50 bis 6,50 DM je Zeile. Zu dieser Gruppe zählen nur Texte mit solchen besonderen Schwierigkeiten, die direkt im zu übersetzenden Text liegen, nicht solche Texte, bei denen die Schwierigkeiten in den sonstigen Arbeitsbedingungen liegen. Kblz MDR **84**, 780 rechnet hierhin sogar den Fall eines erheblichen Zeitdrucks; aber durch ihn wird nicht aus einem weniger schwierigen Text ein „außergewöhnlich" schwieriger.

c) Ermessen bei Rahmenentschädigungen. In den Fällen III 2 handelt es sich um Rahmenentschädigungen. Auf Grund der Angaben des Übersetzers muß das Gericht im Rahmen eines pflichtgemäßen Ermessens und notfalls unter Einschaltung eines (weiteren) Sachverständigen prüfen, welcher Betrag innerhalb des jeweiligen Rahmens angemessen ist. Das Gericht muß sein Ermessen begründen.

d) Mindestentschädigung, III 3. Für jeden Auftrag beträgt die Entschädigung mindestens 20 DM. Es ist unerheblich, ob es sich um eine oder mehrere Angelegenheiten handelt. Der Übersetzer erhält den Betrag von 20 DM als Mindestentschädigung auch dann nur einmal, wenn er auf Grund desselben Auftrags mehrere Übersetzungen anfertigt. Beispiel: Der Auftrag geht dahin, daß Schreiben A zu übersetzen. Diese Arbeit ist leicht. Sie umfaßt 4 Zeilen. Die Entschädigung beträgt 4 x 1,50 = 6 DM. Derselbe Auftrag lautet ferner dahin, das Schreiben B zu übersetzen. Diese Arbeit ist erschwert. Sie umfaßt 4 Zeilen. Die Entschädigung beträgt 4 x 3 = 12 DM. Bei einer solchen bloßen Addition würden sich also 6 + 12 = 18 DM ergeben. Der Übersetzer erhält aber für seine Arbeit insgesamt 20 DM, nicht allerdings 40 DM.

C. Zeilenfragen, IV. Soweit es um die Frage geht, wieviele Zeilen zu vergüten sind, gelten folgende Regeln:

a) Grundsatz, IV 1. Man muß grundsätzlich die Zeilen der angefertigten schriftlichen Übersetzung zusammenzählen. Maßgeblich ist also das Arbeitsergebnis. Das gilt unabhängig davon, ob eine Übersetzung in die deutsche Sprache oder in eine fremde Sprache vorliegt. Bei einer Übersetzung vom Deutschen zB ins Englische ist also der englische Text maßgeblich. Durch diese neue gesetzliche Regelung sind die früheren diesbezüglichen Streitfragen überholt.

b) Ausgangstext, IV 2. Ausnahmsweise ist nicht der Text der angefertigten schriftlichen Übersetzung maßgeblich, sondern der Ausgangstext, wenn der Ausgangstext mit lateinischen Schriftzeichen versehen war und wenn in der angefertigten Übersetzung keine lateinischen Schriftzeichen verwendet worden sind. Das gilt etwa bei einer Übersetzung vom Deutschen ins Chinesische. Denkbar ist aber auch, daß die

Sprache, in die zu übersetzen ist, zwar auch lateinische Schriftzeichen enthält, daß aber in der angefertigten Übersetzung, auf die IV 2 allein abstellt, keine solchen verwendet worden sind.

c) Zeilenbegriff, IV 3. Bei a und b gilt: Zeilen mit über 30 Schriftzeichen gelten als volle Zeilen. Zeilen mit höchstens 30 Schriftzeichen werden addiert. Dabei ergeben je 50 Schriftzeichen eine volle Zeile. Leertasten werden nicht mitgezählt, wohl aber Anführungszeichen, Gedankenstriche, Trennstriche, Satzzeichen anderer Art.

Schreibfehler, zB durchstrichene Buchstaben oder Wörter werden natürlich nicht mitgezählt.

D. Weitere Einzelfragen. III, IV ersetzen § 3 II. § 14 II ist anwendbar; seine 2. Alternative ist dann anwendbar, wenn Vertreterkosten entstehen.

Herausgabe von Gegenständen, Überwachung des Fernmeldeverkehrs, Auskunftsersuchen

17a **I Für Dritte, die auf Grund eines Beweiszwecken dienenden Ersuchens der Strafverfolgungsbehörde Gegenstände herausgeben (§ 95 Abs. 1 der Strafprozeßordnung) oder die Pflicht zur Herausgabe entsprechend einer Anheimgabe der Strafverfolgungsbehörde abwenden, Auskunft erteilen oder die Überwachung und Aufzeichnung des Fernmeldeverkehrs ermöglichen (§ 100b Abs. 3 der Strafprozeßordnung), gelten die Vorschriften dieses Gesetzes sinngemäß. Artikel 3 § 13 des Gesetzes zur Beschränkung des Brief-, Post- und Fernmeldegeheimnisses findet keine Anwendung.**

II Die Dritten werden wie Zeugen entschädigt.

III Bedient sich der Dritte eines Arbeitnehmers oder einer anderen Person, so werden ihm die Aufwendungen dafür (§ 11) im Rahmen des § 2 Abs. 2 und 5 ersetzt.

IV Für die Benutzung von Festverbindungen bei der Überwachung des Fernmeldeverkehrs sind auch die in den allgemeinen Tarifen dafür vorgesehenen Entgelte zu ersetzen.

Vorbem. Eingefügt durch Art 4 XVIII PostStruktG vom 8. 6. 89, BGBl 1026, in Kraft seit 1. 7. 89, Art 7.

1) Systematik, I–IV. Die Vorschrift bezieht denjenigen in den Kreis der nach dem ZSEG Entschädigungsberechtigten ein, der zwar weder Zeuge noch Sachverständiger ist, jedoch freiwillig oder zwangsweise Leistungen für ein Ermittlungs- oder gerichtliches Verfahren erbringt, die denjenigen eines Zeugen usw auf Grund einer Heranziehung im Sinn von § 1 Anm 3 A vergleichbar sind. Daher gilt das ZSEG für diesen Dritten auch nur „sinngemäß", I 1. Obwohl im Einzelfall eine entsprechende Anwendung der Regelung für Zeugen (auch beim sachverständigen Zeugen) oder für Sachverständige in Betracht kommen könnte, je nach der Art der Leistung, wird doch nur Zeugengeld gezahlt, II. Die Gesamtregelung hat einen vorrangigen Ausnahmecharakter.

2) Regelungszweck, I–IV. Die Vorschrift schließt zum Teil bisherige Regelungslücken und bezweckt im übrigen eine Vereinheitlichung und Vereinfachung der Entschädigung für Leistungen, die zwar vom Staatsbürger an sich als Teil seiner allgemeinen Ehrenpflicht zu erbringen wären, seitens einer Behörde schon nach Art 35 I GG (Amtshilfepflicht) grundsätzlich unentgeltlich in Betracht kämen, aber nach Art und Umfang doch zu unzumutbaren finanziellen Belastungen führen könnten.

3) Entschädigungspflicht, I. Jede der in I genannten Leistungen kann die Entschädigung erforderlich machen. Dabei ist wegen des Ausnahmecharakters, Anm 1, eine enge Auslegung erforderlich.

Es muß also grundsätzlich ein ordnungsgemäßes Ersuchen nach § 95 I StPO auf Vorlage und Auslieferung eines Gegenstands, eine ordnungsgemäße Abhöranordnung nach § 100b III StPO, ein ordnungsgemäßes Auskunftsersuchen usw vorliegen.

Freilich mag der ihm folgende Dritte gutgläubig gewesen sein. Zumindest dann ist er auch bei Formfehlern der Anordnung, des Ersuchens usw zu entschädigen. Eine auch nur leichte Fahrlässigkeit vor Befolgung einer erkennbar fehler- oder zweifelhaften Anordnung würde aber schädlich sein. Denn dann war die Leistung (noch) nicht erforderlich.

Art 3 § 13 des Gesetzes zur Beschränkung des Brief-, Post- und Fernmeldegeheimnisses idF von Art 4 XVII Z 7 PostStruktG ist nach I 2 unanwendbar. In dieser abbedungenen Vorschrift ist an sich vorgesehen, daß die Leistungen der Deutschen Bundespost oder anderer Betreiber von Fernmeldeanlagen, die für den öffentlichen Verkehr bestimmt sind, abzugelten seien. I schränkt dies ein, wie im einzelnen aus I–IV ersichtlich.

4) Nur Zeugenentschädigung, II. Die Vorschrift schränkt die in I 1 scheinbar umfassend angeordnete Geltung des ZSEG auf den Dritten ein: Ungeachtet des wahren Charakters seiner Leistung erhält er eine Entschädigung nur wie ein Zeuge, nicht wie ein Sachverständiger. Das gilt auch dann, wenn eine Behörde Dritter ist und/oder wenn sie, ein Mitarbeiter oder Arbeitnehmer hochqualifizierte Leistungen bzw Verrichtungen ausführen. Das ergibt sich zusätzlich aus III.

5) Entschädigungshöhe, III. Soweit der Dritte (Behörde, Post oder Einzelperson) einen Mitarbeiter (Arbeitnehmer oder sonstiger Mitarbeiter) zur Erfüllung der Pflichten im Sinn von I einsetzt, kommt im Rahmen der Zeugenentschädigung, Anm 4, wiederum nur eine weiter eingeschränkte Entschädigung in Betracht: Auszahlbar sind für Aufwendungen im Sinn von § 11 nur die Beträge nach § 2 II, V, während alle übrigen Vorschriften des § 2 und darüber hinaus des übrigen ZSEG bei derartigen Aufwendungen unanwendbar sind.

6) Festverbindung, IV. Soweit es zur Benutzung von Festverbindungen bei der Überwachung kommt, sind die dafür allgemein vorgesehenen Tarife zusätzlich zu vergüten, also auch bei der Erfüllung einer Pflicht zur Amtshilfe. Daher ist Art 3 § 13 des Gesetzes zur Beschränkung des Brief-, Post- und Fernmeldegeheimnisses nicht nur allgemein unanwendbar, I 2, sondern auch bei Festverbindungen.

Übergangsvorschrift

18 **Bei einer Änderung dieses Gesetzes richtet sich die Entschädigung für Sachverständige und Übersetzer für die gesamte Zeit nach dem bisherigen Recht, wenn der Auftrag vor dem Inkrafttreten einer Gesetzesänderung erteilt wurde. Dies gilt auch, wenn Vorschriften geändert werden, auf die dieses Gesetz verweist.**

Vorbem. Angefügt durch Art 4 I Z 8 G vom 9. 12. 86, BGBl 2326, in Kraft seit 1. 1. 87, Art 10.

1) Geltungsbereich. Die Vorschrift gilt nur für Sachverständige und Übersetzer, nicht für Zeugen und Dolmetscher, weil sie nur selten einheitlich über den Zeitpunkt des Inkrafttretens einer Gesetzesänderung hinaus zu entschädigen sind, BT-Drs 10/5113. Für die letzteren kommt es darauf an, inwieweit der Zeitaufwand bzw ihre Fahrtkosten vor oder nach dem Inkrafttreten einer Gesetzesänderung objektiv entstanden sind, zB auf den Zeitpunkt der Fälligkeit einer Hotelrechnung für die jeweilige Nacht des Inkrafttretens.

2) Maßgebender Zeitpunkt, S. 1. Es kommt auf die Auftragserteilung an, BGH RR **87**, 1470, Bbg Rpfleger **87**, 340. Dabei entscheidet der Zeitpunkt der Wirksamkeit des (auch etwa telefonischen) Eingangs des Auftrags, vgl § 130 BGB, also nicht derjenige der Beschlußfassung oder der Absendung des Auftrags. Die „Unterbrechung" eines erteilten Auftrags kann je nach den Gesamtumständen als Beendigung (mit etwa später nachfolgendem Neuauftrag) oder als bloße Verzögerung des fortlaufenden bisherigen Auftrags anzusehen sein; ähnliches gilt zB bei der Anordnung der mündlichen Erläuterung eines schriftlichen Gutachtens, Bbg Rpfleger **87**, 340, im Ergebnis auch Schlesw SchlHA **88**, 145 mwN.

3) Verweisung, S 2. Die Regelung erfaßt zB eine Änderung der GOÄ, auf die § 5 II verweist.

Anhang nach § 18

I. Bewilligung von Reiseentschädigungen an mittellose Personen und Vorschußzahlungen an Zeugen und Sachverständige

Vorbem. Die nachfolgenden Bestimmungen sind bundeseinheitlich beschlossen worden. Sie ersetzen die früheren, von den Ländern erlassenen Bestimmungen. Durch die bundeseinheitliche Neuregelung ist zugleich die Grundsatzentscheidung des BGH NJW **75**, 1125 mwN überholt. Wegen der eventuellen Zuständigkeit des EuGH vgl BSG NJW **84**, 676.

Die neuen Bestimmungen gelten seit dem 1. 10. 1977. Sie sind in den Bundesländern wie folgt eingeführt worden:

Baden-Württemberg: AV vom 1. 8. 77, Justiz 342, vom 19. 4. 78, Justiz 190 und vom 10. 8. 88, Justiz 409;

Bayern: Bek. vom 1. 8. 77, JMBl 199;
Berlin: AV vom 1. 8. 77, Abl 1367;
Bremen: AV vom 1. 8. 77 (ordentliche Gerichte, Staatsanwaltschaften) und vom 14. 6. 79 (Finanz-, Sozial-, Verwaltungsgerichte) – je 5670 des Senators für Rechtspflege und Strafvollzug –;
Hamburg: AV vom 1. 8. 77, JVBl 92;
Hessen: RdErl vom 1. 8. 77, JMBl 549;
Niedersachsen: AV vom 1. 8. 77, NdsRpfl 205;
Nordrhein-Westfalen: AV vom 1. 8. 77, JMBl 182;
Rheinland-Pfalz: AV vom 1. 8. 77, JBl 205;
Saarland: AV vom 1. 8. 77, GMBl 596;
Schleswig-Holstein: AV vom 1. 8. 77, SchlHA 168.

Nachstehend ist die für Schleswig-Holstein geltende Fassung abgedruckt:

A.

I.

Mittellosen Parteien, Beschuldigten oder anderen Beteiligten können auf Antrag Mittel für die Reise zum Ort einer Verhandlung, Vernehmung oder Untersuchung und für die Rückreise gewährt werden. Hierauf soll in der Ladung oder in anderer geeigneter Weise hingewiesen werden. Die gewährten Mittel gehören zu den Kosten des Verfahrens (vgl Nrn 1907, 1913 der Anlage 1 zu § 11 GKG, § 137 Nr 8 KostO).

1. Über die Bewilligung entscheidet das Gericht, bei staatsanwaltschaftlichen Verhandlungen, Vernehmungen oder Untersuchungen der Staatsanwalt. Nach Bewilligung verfährt die Geschäftsstelle, soweit in der Bewilligung nichts anderes bestimmt ist, wie folgt:

a) Die Reiseentschädigung wird durch den für den Erlaß der Auszahlungsanordnung zuständigen Beamten der Geschäftsstelle zur Zahlung angewiesen.

b) Die Reiseentschädigung ist so zu bemessen, daß sie die notwendigen Kosten der Hin- und Rückreise deckt. Zu den Reisekosten gehören neben den Fahrtkosten auch unvermeidbare Zehr- und Übernachtungskosten, ferner Reisekosten für eine notwendige Begleitperson; eine Erstattung von Verdienstausfall kommt nicht in Betracht.

c) Regelmäßig sind Fahrtausweise oder Gutscheine der Deutschen Bundesbahn für den kostenlosen Erwerb von Fahrtausweisen zur Verfügung zu stellen. Eine Barauszahlung kommt – abgesehen von den Zehr- und Übernachtungskosten – nur im Ausnahmefall in Betracht.

d) Eine Durchschrift der Kassenanordnung ist zu den Sachakten zu geben. Auf der Kassenanordnung ist dies zu bescheinigen.

e) Wird eine Entschädigung bewilligt, bevor die Ladung abgesandt worden ist, so ist dies nach der Art und, soweit möglich, auch nach der Höhe in auffallender Form in der Ladung zu vermerken. Wird eine endgültige Berechnung der Entschädigung erforderlich, so ist der Antragsteller zu befragen, ob und in welcher Höhe er bereits eine Entschädigung erhalten hat. Das Ergebnis der Befragung ist in der Auszahlungsanordnung zu vermerken. Wird schon vor dem Termin eine Kassenanordnung vorbereitet, so ist der Betrag, sofern er aktenkundig ist, auffällig zu vermerken.

f) Fällt der Grund für die Reise weg, so ist die Rückzahlung der Entschädigung zu veranlassen. Gegebenenfalls ist dafür zu sorgen, daß der Fahrpreis für nicht benutzte Fahrkarten erstattet wird.

g) Ist in Eilfällen die Auszahlung des Betrages oder die Übermittlung einer Fahrkarte bzw. eines Gutscheins an den Antragsteller durch die zuständige

Geschäftsstelle nicht mehr möglich, so kann die Geschäftsstelle des Amtsgerichts, in dessen Bezirk sich der Antragsteller aufhält, ersucht werden, die Auszahlung des Betrages oder die Beschaffung der Fahrkarte bzw. des Gutscheins zu veranlassen. Die gewährte Entschädigung ist auf der Ladung auffällig zu vermerken. Die ladende Stelle ist unverzüglich zu benachrichtigen.

2. Ist es in Eilfällen nicht möglich, die Entscheidung des zuständigen Gerichts oder Staatsanwalts einzuholen, so kann der aufsichtführende Richter des Amtsgerichts, in dessen Bezirk sich der Antragsteller aufhält, im Verwaltungsweg eine Reiseentschädigung bewilligen. Abschnitt I Nr. 1 Buchst. a) bis c) und f) gilt entsprechend. Die gewährte Entschädigung ist auf der Ladung auffällig zu vermerken; die ladende Stelle ist unverzüglich zu benachrichtigen.

II.

Geladene Zeugen und Sachverständigen ist nach § 14 ZSEG auf Antrag ein Vorschuß zu bewilligen, wenn sie nicht über die Mittel für die Reise verfügen oder wenn ihnen, insbesondere wegen der Höhe der entstehenden Reisekosten, nicht zugemutet werden kann, diese aus eigenen Mitteln vorzuschießen. Hierauf soll in der Ladung oder in anderer geeigneter Weise hingewiesen werden.

1. Für die Bewilligung im Verwaltungswege gelten folgende Bestimmungen:

a) Die Vorschüsse werden von dem zum Erlaß der Auszahlungsanordnung zuständigen Beamten der Geschäftsstelle bewilligt und zur Zahlung angewiesen.

b) Für die Vorschüsse nach § 14 Abs. 1 ZSEG gilt Abschnitt I Nr. 1 Buchst. b) bis f) entsprechend.

c) Bei der Vorbereitung der Anweisung für die Entschädigung von Zeugen und Sachverständigen vor dem Termin ist die Vorschußzahlung, sofern sie aktenkundig ist, in auffälliger Weise zu vermerken. Zeugen und Sachverständige sind bei der Berechnung ihrer Entschädigung in jedem Fall zu befragen, ob und gegebenenfalls in welcher Höhe sie Vorschüsse erhalten haben, um deren Anrechnung sicherzustellen. Die Befragung ist in der Auszahlungsanordnung zu vermerken.

2. Ist in Eilfällen die Auszahlung des Betrages oder die Übermittlung einer Fahrkarte bzw. eines Gutscheins an den Antragsteller durch die zuständige Geschäftsstelle nicht mehr möglich, so kann auch die Geschäftsstelle des Amtsgerichts, in dessen Bezirk sich der Zeuge oder Sachverständige aufhält, einen Vorschuß nach § 14 Abs. 1 ZSEG bewilligen. Ist ein Antrag nach § 14 Abs. 3, § 16 ZSEG auf gerichtliche Festsetzung gestellt, so kann in dringenden Fällen auf Ersuchen des nach § 16 ZSEG zuständigen Gerichts ein festgesetzter Vorschuß gezahlt oder die Fahrkarte bzw. der Gutschein für ein bestimmtes Beförderungsmittel zur Verfügung gestellt werden. Der gewährte Vorschuß ist in der Ladung auffällig zu vermerken. Die ladende Stelle ist unverzüglich zu benachrichtigen.

B.

Die Justizhaushalte der Länder haben gegenseitig sowie zugunsten des Bundesgerichtshofes und des Deutschen Patentamtes auf die Erstattung von Reiseentschädigungen, die an mittellose Personen und vorschußweise an Zeugen und Sachverständige gezahlt werden, verzichtet.

Ein weitergehender Erstattungsverzicht besteht nicht.

Soweit in Verfahren vor den Gerichten der Verwaltungs-, Finanz- und Sozialgerichtsbarkeit des Landes Schleswig-Holstein in Eilfällen von den Amtsgerichten in Schleswig-Holstein Reiseentschädigungen gewährt werden, ist von einer Kostenerstattung abzusehen.

II. Bewilligung von Reiseentschädigungen an mittellose Personen und Vorschußzahlungen an Zeugen und Sachverständige in Verfahren vor den Gerichten für Arbeitssachen

Vorbem. Der Bundesminister für Arbeit und Sozialordnung und die obersten Arbeitsbehörden der Länder sowie die Landesjustizverwaltungen haben die nachstehende Vereinbarung für Verfahren vor den Gerichten in Arbeitssachen getroffen. Die Länder haben gegenseitig und zugunsten des BAG auf die Erstattung solcher Reiseentschädigungen und Vorschußzahlungen verzichtet. Im Verhältnis zwischen den Arbeits- und den Amtsgerichten desselben Landes ist ebenfalls auf die Erstattung verzichtet worden. Wegen der eventuellen Zuständigkeit des EuGH vgl BSG NJW **84**, 576.

Die Neufassung ist seit dem 1. 4. 78 in Kraft. Sie ist in den Bundesländern wie folgt bekanntgemacht worden:

Baden-Württemberg: AV vom 1. 3. 61, Justiz 71, und vom 31. 3. 78, Justiz 185;
Bayern: Bek vom 1. 3. 61, JMBl 29, und vom 20. 4. 78 JMBl 69;
Berlin: AV vom 2. 3. 61, ABl 329, und vom 13. 4. 78, ABl 752;
Bremen: Rechtspflege und Strafvollzug – 5670 –;
Hamburg: AV vom 1. 3. 61, JVBl 23, und vom 3. 4. 78, JVBl 33;
Hessen: RdErl vom 7. 4. 61, JMBl 51, vom 13. 12. 71, JMBl **72** 17, und vom 13. 4. 78, JMBl 324;
Niedersachsen: AV vom 24. 5. 61, NdsRpfl 119, und vom 10. 7. 78, NdsRpfl 190;
Nordrhein-Westfalen: AV vom 1. 3. 61, JMBl 70, und vom 1. 4. 78, JMBl 97;
Rheinland-Pfalz: AV vom 1. 3. 61, JBl 66, und vom 28. 4. 78, JBl 91;
Saarland: AV vom 7. 3. 61, JBl 66, und vom 15. 3. 78, GMBl 258;
Schleswig-Holstein: AV vom 8. 3. 61, SchlHA 102, und vom 2. 6. 78, SchlHA 112.

Nachstehend ist die für Schleswig-Holstein geltende Fassung abgedruckt:

I.

Mittellosen Parteien oder anderen Beteiligten können auf Antrag Mittel für die Reise zum Ort einer Verhandlung oder Vernehmung und für die Rückreise gewährt werden. Hierauf soll in der Ladung oder in anderer geeigneter Weise hingewiesen werden. Die gewährten Mittel gehören zu den Kosten des Verfahrens (vgl Nr. 1907 der Anlage 1 zu § 11 Abs. 1 GKG, § 1 Abs. 3 GKG, § 12 ArbGG).

1. Über die Bewilligung entscheidet das Gericht durch seinen Vorsitzenden. Nach Bewilligung verfährt die Geschäftsstelle, soweit in der Bewilligung nichts anderes bestimmt ist, wie folgt:

a) Die Reiseentschädigung wird durch den für den Erlaß der Auszahlungsanordnung zuständigen Beamten der Geschäftsstelle zur Zahlung angewiesen.

b) Die Reiseentschädigung ist so zu bemessen, daß sie die notwendigen Kosten der Hin- und Rückreise deckt. Zu den Reisekosten gehören neben den Fahrtkosten auch unvermeidbare Zehr- und Übernachtungskosten, ferner Reisekosten für eine notwendige Begleitperson; eine Erstattung von Verdienstausfall kommt nicht in Betracht.

c) Regelmäßig sind Fahrtausweise oder Gutscheine der Deutschen Bundesbahn für den kostenlosen Erwerb von Fahrtausweisen zur Verfügung zu stellen. Eine Barauszahlung kommt – abgesehen von den Zehr- und Übernachtungskosten – nur im Ausnahmefall in Betracht.

d) Eine Durchschrift der Kassenanordnung ist zu den Sachakten zu geben. Auf der Kassenanordnung ist dies zu bescheinigen.

e) Wird eine Entschädigung bewilligt, bevor die Ladung abgesandt worden ist, so ist dies nach der Art und, soweit möglich, auch nach der Höhe in auffälliger Form in der Ladung zu vermerken. Wird eine endgültige Berechnung der Entschädigung erforderlich, so ist der Antragsteller zu befragen, ob und in welcher Höhe er bereits eine Entschädigung erhalten hat. Das Ergebnis der Befragung ist in der Auszahlungsanordnung zu vermerken. Wird schon vor dem Termin eine Kassenanordnung vorbereitet, so ist der Betrag, sofern er aktenkundig ist, auffällig zu vermerken.

f) Fällt der Grund für die Reise weg, so ist die Rückzahlung der Entschädigung zu veranlassen. Gegebenenfalls ist dafür zu sorgen, daß der Fahrpreis für nicht benutzte Fahrkarten erstattet wird.

g) Ist in Eilfällen die Auszahlung des Betrages oder die Übermittlung einer Fahrkarte bzw. eines Gutscheins an den Antragsteller durch die zuständige Geschäftsstelle nicht mehr möglich, so kann die Geschäftsstelle des Arbeitsgerichts, in dessen Bezirk sich der Antragsteller aufhält, oder, wenn ein Amtsgericht dem Aufenthaltsort des Antragstellers näher liegt, die Geschäftsstelle dieses Amtsgerichts ersucht werden, die Auszahlung des Betrages oder die Beschaffung der Fahrkarte bzw. des Gutscheins zu veranlassen. Die gewährte Entschädigung ist auf der Ladung auffällig zu vermerken. Die ladende Stelle ist unverzüglich zu benachrichtigen.

2. Ist es in Eilfällen nicht möglich, die Entscheidung des zuständigen Gerichts einzuholen, so kann der aufsichtführende Richter des Arbeitsgerichts, in dessen Bezirk sich der Antragsteller aufhält, oder, wenn ein Amtsgericht dem Aufenthaltsort des Antragstellers näher liegt, der aufsichtführende Richter dieses Amtsgerichts im Verwaltungsweg eine Reiseentschädigung bewilligen. Abschnitt I Nr. 1 Buchst. a) bis c) und f) gilt entsprechend. Die gewährte Entschädigung ist auf der Ladung auffällig zu vermerken; die ladende Stelle ist unverzüglich zu benachrichtigen.

II.

Geladenen Zeugen und Sachverständigen ist nach § 14 ZSEG auf Antrag ein Vorschuß zu bewilligen, wenn sie nicht über die Mittel für die Reise verfügen oder wenn ihnen, insbesondere wegen der Höhe der entstehenden Reisekosten, nicht zugemutet werden kann, diese aus eigenen Mitteln vorzuschießen. Hierauf soll in der Ladung oder in anderer geeigneter Weise hingewiesen werden.

1. Für die Bewilligung im Verwaltungswege gelten folgende Bestimmungen:

a) Die Vorschüsse werden von dem zum Erlaß der Auszahlungsanordnung zuständigen Beamten der Geschäftsstelle bewilligt und zur Zahlung angewiesen.

b) Für Vorschüsse nach § 14 Abs. 1 ZSEG gilt Abschnitt I Nr. 1 Buchst. b) bis f) entsprechend.

c) Bei der Vorbereitung der Anweisung für die Entschädigung von Zeugen und Sachverständigen vor dem Termin ist die Vorschußzahlung, sofern sie aktenkundig ist, in auffälliger Weise zu vermerken. Zeugen und Sachverständige sind bei der Berechnung ihrer Entschädigung in jedem Falle zu befragen, ob und gegebenenfalls in welcher Höhe sie Vorschüsse erhalten haben, um deren Anrechnung sicherzustellen. Die Befragung ist in der Auszahlungsanordnung zu vermerken.

2. Ist in Eilfällen die Auszahlung des Betrages oder die Übermittlung einer Fahrkarte bzw. eines Gutscheins an den Antragsteller durch die zuständige Geschäftsstelle nicht mehr möglich, so kann auch die Geschäftsstelle des Arbeitsgerichts, in dessen Bezirk sich der Zeuge oder Sachverständige aufhält, oder, wenn ein Amtsgericht dem Aufenthaltsort des Antragstellers näher liegt, die Geschäftsstelle dieses Amtsgerichts einen Vorschuß nach § 14 Abs. 1 ZSEG bewilligen. Ist ein Antrag nach § 14 Abs. 3, § 16 ZSEG auf gerichtliche Festsetzung gestellt, so kann in dringenden Fällen auf Ersuchen des nach § 16 ZSEG zuständigen Gerichts ein festgesetzter Vorschuß ausgezahlt oder die Fahrkarte bzw. der Gutschein für ein bestimmtes Beförderungsmittel zur Verfügung gestellt werden. Der gewährte Vorschuß ist in der Ladung auffällig zu vermerken. Die ladende Stelle ist unverzüglich zu benachrichtigen.

VI. Entschädigung der ehrenamtlichen Richter

A. Gesetz über die Entschädigung der ehrenamtlichen Richter

idF v 1. 10. 69, BGBl 1973, zuletzt geändert durch G v 9. 12. 86, BGBl 2326

Gilt auch in West-Berlin, Bek v 8. 10. 69, GVBl 2080

Grundzüge

1) Entschädigung für Ehrenamt. Die Heranziehung eines Laien zur Rechtsprechung erfolgt ehrenamtlich. Der Laienrichter muß wegen dieses ihm übertragenen staatlichen Ehrenamts gewisse Nachteile in Kauf nehmen. Da der Gesetzgeber aber auch die wirtschaftlich schwächeren Volksschichten bewußt zur Rechtsprechung heranzieht, muß er eine Entschädigung gewähren. Der Laienrichter hat auf sie einen Rechtsanspruch.

Die zur Verfügung stehenden Staatsgelder sollen aus sozialen Gründen so eingesetzt werden, daß in erster Linie die Lohnbeträge ersetzt werden, die ein Arbeitnehmer wegen seiner ehrenamtlichen Tätigkeit tatsächlich einbüßt, de With DRiZ **81**, 391.

Der ordentliche Rechtsweg ist ausgeschlossen. Die Festsetzung und die Durchsetzung etwaiger Beanstandungen erfolgen allein nach § 12.

2) Geschichte. Der frühere Rechtszustand war uneinheitlich. Die Entschädigung war für jeden Zweig der Gerichtsbarkeit gesondert geregelt. So richtete sich zB die Entschädigung der Schöffen und der Vertrauenspersonen in den Wahlausschüssen, der Geschworenen, der Jugendschöffen, der landwirtschaftlichen Beisitzer (§ 5 IV LwVG), nach den §§ 55, 77, 84 GVG, die Entschädigung der Schöffen und der Geschworenen auch nach der VO vom 1. 8. 51, BGBl 18, die Entschädigung der ehrenamtlichen Richter der Kammer für Handelssachen nach § 107 GVG, die Entschädigung der ehrenamtlichen Beisitzer bei den Arbeitsgerichten nach der VO vom 30. 6. 54, BGBl 194, die Entschädigung der Beisitzer bei den Kammern für Wertpapierbereinigung nach § 30 WertpapierBerG vom 19. 8. 49, WiGBl 295, und § 6 Gesetz vom 29. 3. 51, die Entschädigung der Beisitzer bei den Sozialgerichten nach der VO vom 4. 11. 54, BGBl 328. Die Entschädigung der Beisitzer bei den Finanz- und Verwaltungsgerichten war landesrechtlich geordnet.

Art VI KostÄndG hat durch das Gesetz über die Entschädigung der ehrenamtlichen Beisitzer bei den Gerichten vom 26. 7. 57 eine einheitliche Regelung bei den ordentlichen Gerichten, Arbeitsgerichten, Verwaltungsgerichten, Finanzgerichten und Sozialgerichten getroffen. Die entgegenstehenden Verordnungen einschließlich derjenigen über die Entschädigung der Schöffen und Geschworenen vom 1. 8. 51 wurden aufgehoben, Art XI § 4 IV KostÄndG. §§ 55 GVG, 5 IV LwVG, 19 II SGG, 25 II ArbGG, § 30 III WertpapierG wurden dahingehend geändert, daß für die dort genannten Schöffen und Beisitzer eine Entschädigung nach dem EhrRiEG zu zahlen ist, Art X §§ 2 Z 1, 7 Z 1, 11 Z 1, 12 Z 3, für die Beisitzer der Kammern für eine Wertpapierbereinigung mit der sich aus Art X § 16 ergebenden Besonderheit. Desgleichen bestimmt das § 29 FGO für die ehrenamtlich tätigen Finanzrichter und die ehrenamtlichen Vertrauensleute der Wahlausschüsse, ferner für die ehrenamtlichen Richter im berufsgerichtlichen Verfahren nach § 80 WirtschPrüferO idF vom 5. 11. 75, BGBl 2803, desgleichen nach § 104 StBG idF vom 4. 11. 75, BGBl 2735.

Nicht in das Gesetz einbezogen wurde die Entschädigung für die ehrenamtlichen Richter in Handelssachen, § 107 GVG idF vom 9. 5. 75, BGBl 1079, Teil VI B dieses Buchs. Sie heißen seit Art 1 Z 2 Gesetz vom 22. 12. 75, BGBl 3176, wieder Handelsrichter, § 45a DRiG.

Die Beisitzer bei den Dienststrafgerichten sind Angehörige des öffentlichen Dienstes. Sie nehmen somit eine Dienstpflicht wahr, vgl § 14. Dasselbe gilt bei den Dienstgerichten für Richter. Die anwaltlichen Mitglieder des Ehrengerichtshofs für Rechtsanwälte werden entsprechend § 28 BRAGO entschädigt, §§ 103 IV, 112 BRAO. Die Beisitzer aus den Reihen der Notare in Disziplinarsachen erhalten eine Aufwandsentschädigung für jeden Sitzungstag in Höhe des 1½fachen des Betrags nach § 153 II 1 und 2 KostO, sowie eine Reisekostenvergütung entsprechend § 153 I KostO, § 104 BNotO.

Die Bestimmungen für die Entschädigung der Mitglieder des Steuerausschusses, § 30 des Gesetzes über die Finanzverwaltung vom 6. 9. 50, BGBl 448, der Beisitzer bei den Seeämtern und bei dem Bundesoberseeamt, §§ 8 V, 11 V des Gesetzes über die Untersuchung von Seeunfällen vom 28. 9. 35, RGBl 1183, und der Beisitzer der Kammern für Wertpapierbereinigung, § 6 I des Gesetzes vom 29. 3. 51, BGBl 211 (Berliner Gesetz vom 12. 7. 51, GVBl 530), vgl Anm 3 A, sind unter starker Anlehnung an das EhrRiEG geändert worden durch Art X §§ 13, 14 Z 1, 2, 16 I, II, 17 KostÄndG. Infolgedessen ist die Entschädigung für solche Beisitzer auch über den Rahmen dieses Gesetzes hinaus vereinheitlicht worden. Für die Vertrauenspersonen des Ausschusses gemäß §§ 40 ff GVG gilt nach § 55 GVG das EhrRiEG direkt, für die ehrenamtlichen Beisitzer beim Beschlußausschuß bzw Widerspruchsausschuß des Bundessortenamts gelten §§ 2–5, 8 lit a, 9–11 EhrRiEG direkt, § 12 EhrRiEG entsprechend, § 29 SortenSchG vom 20. 5. 68, BGBl 429, § 52 SaatgutVerkG vom 23. 6. 75, BGBl 1453. §§ 2–5, 9–11 gelten für die ehrenamtlichen Mitglieder der Schiedsstelle für Urheberrechtsstreitfälle, § 11 I VO v 20. 12. 85, BGBl 2543. Für die Mitglieder einer Einigungsstelle nach § 76 BetrVG gilt nur § 76a BetrVG, abgedruckt bei § 65 BRAGO Anm 2 D, Teil X dieses Buchs.

Durch das Änderungsgesetz vom 21. 9. 63, BGBl I 745, wurden die bisherigen Entschädigungssätze der Wirtschaftslage angepaßt. Das Gesetz ist in der ab 1. 10. 69 geltenden Fassung neu bekanntgemacht worden, BGBl 1753. Durch Art 6 Z 3e Gesetz vom 20. 12. 74, BGBl 3651, wurde der Beschwerdewert in § 12 II 1 auf 100 DM angehoben. Durch Art 4 § 5 Gesetz vom 20. 8. 75, BGBl 2189 (Nov 75), Übergangsrecht Einl IV, wurden kleinere Änderungen bei den Reisekostenstufen und beim Verfahren gemäß § 12 vorgenommen. Durch Gesetz vom 22. 11. 76, BGBl 3221, wurde die Entschädigung für Zeitversäumnis und Aufwand mit Wirkung vom 1. 1. 77 erhöht. Weitere Änderungen ergaben sich durch Art 5 des Gesetzes vom 9. 12. 86, BGBl 2326, in Kraft seit 1. 1. 87, Art 10. Wegen des Übergangsrechts vgl den entsprechend anwendbaren § 18 ZSEG, Teil V dieses Buchs.

3) Umfang der Entschädigung. Nach der jetzigen Regelung erhalten die Beisitzer eine Entschädigung für die Zeitversäumnis, für ihre Fahrtkosten und für ihre Fußwegstrecken, ferner für ihren Aufwand, § 1. Die gerichtliche Festsetzung erfolgt unter Ausschluß des ordentlichen Rechtswegs gemäß § 12.

Die ehrenamtliche Tätigkeit ist umsatzsteuerfrei, soweit sie für eine juristische Person des öffentlichen Rechts ausgeübt wird oder soweit das Entgelt nur im Ersatz von Auslagen und in einer angemessenen Entschädigung für die Zeitversäumnis besteht, § 4 Z 26 UStG. Das letztere trifft für alle ehrenamtlichen Richter zu. Denn der in § 1 Z 3 EhrRiEG genannte Aufwand und die in § 107 GVG genannten Tage-und Übernachtungsgelder sind zum Auslagenersatz usw im Sinne von § 4 Z 26 UStG zu rechnen.

4) Übersicht. Dem Gesetz ist folgende amtliche Inhaltsübersicht vorausgeschickt:

Geltungsbereich und Grundsatz der Entschädigung

1 Die ehrenamtlichen Richter bei den ordentlichen Gerichten und den Gerichten für Arbeitssachen sowie bei den Gerichten der Verwaltungs-, der Finanz- und der Sozialgerichtsbarkeit erhalten eine Entschädigung für

1. Zeitversäumnis (§ 2),

2. Fahrtkosten und Fußwegstrecken (§ 3),

3. Aufwand (§§ 4 und 5).

1) Geltungsbereich. Das EhrRiEG bezieht sich nur auf die ehrenamtlichen Richter bei den ordentlichen Gerichten (Schöffen, in Landwirtschaftssachen, ärztliche Beisitzer bei den Erbgesundheitsgerichten, die noch in Hamburg, Niedersachsen, Nordrhein-Westfalen und Schleswig-

Holstein bestehen), ferner für die ehrenamtlichen Richter bei den Gerichten für Arbeitssachen, bei den Gerichten der Verwaltungsgerichtsbarkeit, der Finanzgerichtsbarkeit und der Sozialgerichtsbarkeit, ferner auf die Vertrauensleute in den entsprechenden Wahlausschüssen, § 13 vgl auch § 8. Die Entschädigungsregelung anderer Beisitzer ist unter Beibehaltung einiger Besonderheiten derjenigen des EhrRiEG angeglichen, Grdz 3B vor § 1.

Soweit ein ehrenamtlicher Richter, dessen Tätigkeit unter das EhrRiEG fällt, herangezogen wurde, kommt dieses Gesetz auch dann zur Anwendung, wenn die Berufung dieses ehrenamtlichen Richters fehlerhaft war.

Nicht unter das EhrRiEG fallen Entschädigungen für: Ehrenamtliche Richter in ehren- und berufsgerichtlichen Verfahren bei den staatlichen Gerichten, § 14, Grdz 2 vor § 1; Handelsrichter, Grdz 2 vor § 1; die sonstige ehrenamtliche Tätigkeit im öffentlichen Dienst, soweit nicht die insoweit getroffene Regelung auf das EhrRiEG verweist, zB § 350 II LAG.

2) Entschädigungsumfang. Die Entschädigung besteht aus einer Entschädigung für Zeitversäumnis, § 2, für Fahrtkosten und Fußwegstrecken, § 3, und für den sonstigen Aufwand, §§ 4–5. Für die ehrenamtlichen Richter bei den obersten Gerichtshöfen des Bundes ist eine Erhöhung des Tage- und Übernachtungsgeldes vorgenommen worden, § 7.

Entschädigung für Zeitversäumnis

2 **I Die ehrenamtlichen Richter erhalten eine Entschädigung von 6 Deutsche Mark für jede Stunde. Die Entschädigung erhöht sich um 6 Deutsche Mark je Stunde, wenn der ehrenamtliche Richter nicht erwerbstätig ist und einen eigenen Haushalt für mehrere Personen führt. Die Erhöhung entfällt, soweit dem ehrenamtlichen Richter Kosten einer notwendigen Vertretung erstattet werden.**

II Entsteht dem ehrenamtlichen Richter ein Verdienstausfall, so erhält er ferner für jede Stunde der versäumten Arbeitszeit höchstens 24 Deutsche Mark. Als versäumt gilt auch die Zeit, während welcher der ehrenamtliche Richter seiner gewöhnlichen Beschäftigung infolge seiner Heranziehung nicht nachgehen kann. Die Entschädigung richtet sich nach dem regelmäßigen Bruttoverdienst einschließlich der vom Arbeitgeber zu tragenden Sozialversicherungsbeiträge.

III Als Entschädigung nach Absatz 2 kann nach billigem Ermessen unter Berücksichtigung des Verdienstausfalls ein Betrag bis zu 50 Deutsche Mark für jede Stunde gewährt werden, wenn der ehrenamtliche Richter innerhalb eines Zeitraums von mindestens dreißig Tagen an sechs Tagen oder häufiger seiner regelmäßigen Erwerbstätigkeit entzogen oder wenn er in einem Verfahren an mehr als zwanzig Tagen herangezogen wird. Wird er in einem Verfahren an mehr als fünfzig Tagen herangezogen, so tritt an die

Stelle des Betrages von 50 Deutsche Mark ein Betrag von 70 Deutsche Mark.

IV Die Entschädigungen werden für höchstens 10 Stunden je Tag gewährt. Die letzte, bereits begonnene Stunde wird voll gerechnet.

Vorbem. I 2 angefügt, II 1, III idF Art 5 Z 1 G vom 9. 12. 86, BGBl 2326, in Kraft seit 1. 1. 87, Art 10, Übergangsrecht, § 18 ZSEG, Teil V dieses Buchs.

Schrifttum: Baller, Zweifelsfragen zum EhrRiEG, SGB **73**, 8.

1) Allgemeines. Die ehrenamtlichen Richter werden für ihre Zeitversäumnis infolge ihrer „Heranziehung", II 2, stets entschädigt. Dazu gehört nicht nur die Teilnahme am Termin, sondern zB auch ein Aktenstudium, aM LAG Bre MDR **88**, 995 (aber der Vorsitzende zieht den ehrenamtlichen Richter natürlich auch insoweit heran, als er ihm die Akten vor dem Termin zu lesen gibt, wozu er sogar verpflichtet werden kann).

Als höchste Zeitversäumnis setzt IV 1 zehn Stunden fest. Die letzte, bereits begonnene Stunde wird voll berechnet, IV 2. Die Höhe der Entschädigung beträgt mindestens unabhängig vom etwaigen Verdienstausfall pro Stunde 6 DM und unter den Voraussetzungen I 2, 3 pro Stunde weitere 6 DM, insgesamt also 12 DM. Eine weitere Erhöhung gemäß III ist möglich.

§ 2 ist auch in den Fällen der §§ 8, 13 anwendbar. Die Vorschrift ist weiterhin anzuwenden für die Entschädigung der Steuerausschußmitglieder, § 30 des Gesetzes über die Finanzverwaltung vom 6. 9. 50, BGBl 448, der Beisitzer bei den Seeämtern und dem Bundesoberseeamt, § 8 V des Gesetzes vom 28. 9. 35, RGBl 1183, der Beisitzer der Kammern für Wertpapierbereinigung, § 30 III WertpapG, der ehrenamtlichen Beisitzer bei den Ausschüssen des Bundessortenamts, Grdz 3 B vor § 1.

2) Entschädigung ohne Verdienstausfall, I, IV. Wenn ein ehrenamtlicher Richter nicht erwerbstätig ist und nur den Haushalt für sich selbst führt, bleibt es bei der Entschädigung nach I 1, III, IV. Wenn der nicht Erwerbstätige einen eigenen, also nicht nur einen fremden, Haushalt für mindestens insgesamt zwei Personen führt, also für sich und mindestens eine weitere Person, dann erhöht sich die Entschädigung für Zeitversäumnis um 6 DM je Stunde, es sei denn, dem ehrenamtlichen Richter werden Kosten einer notwendigen Vertretung erstattet, I 2, 3. Diese Regelung entspricht teilweise dem § 3 III ZSEG. Für einen Tag erhält der ehrenamtliche Richter höchstens insgesamt 120 DM, gemessen an der Zeit, während der er seiner gewöhnlichen Beschäftigung nicht nachgehen konnte, II 2. Auch hier wird die Stunde voll gerechnet.

Denkbar ist auch eine Entschädigung teilweise nach I 1 und teilweise nach II, falls nämlich die Arbeitszeit zum Teil nicht in die Terminsstunden oder in die benötigte Wegezeit fällt.

Wenn der Richter um 5.30 Uhr aufbrechen mußte und wenn seine Arbeitszeit erst um 7.00 Uhr begann, wenn er dann 6,5 Stunden bei einem Ausfall von stündlich 20 DM versäumt, dann erhält er als Entschädigung 7 Stunden zu je 20 DM (Aufrundung von 6,5 Stunden, IV 2) =

140 DM + 8 Stunden (1,5 + 6,5) zu je 6 DM, Anm 3C = 48 DM, insgesamt also 140 + 48 = 188 DM.

3) Entschädigung wegen Verdienstausfalls, II–IV. A. Grundsatz. Maßgebend sind die versäumten Stunden. Man muß die gesamte versäumte Zeit zusammenrechnen. Dabei rechnet die letzte, bereits begonnene Stunde voll, IV. Gerechnet wird nicht nur die Zeit der Abwesenheit von der Arbeitsstelle, sondern auch diejenige, in der der Beisitzer gehindert war, seiner gewöhnlichen Beschäftigung nachzugehen, § 4 ZSEG Anm 1. Die Zeitversäumnis muß zwangsläufig aus der Heranziehung folgen.

Die Zeit für einen unnötigen Umweg wird nicht vergütet. Wegen einer notwendigen Essens- oder Erholungspause nach einem langen Termin, vgl § 4 ZSEG Anm 1B.

B. Entschädigungshöhe. Maßstab für die Entschädigung ist der regelmäßige Bruttoverdienst einschließlich der vom Arbeitgeber zu tragenden Sozialversicherungsbeiträge. Hbg Rpfleger **74**, 455 rechnet jedenfalls im Fall eines monatelangen Einsatzes ein tarifliches 13. oder 14. Gehalt zum regelmäßigen Bruttoverdienst hinzu. Vgl im übrigen § 2 ZSEG Anm 2B.

Der Richter muß den Bruttoverdienst nachweisen, II 1. Allerdings genügt auch eine Glaubhaftmachung. Beim Gehalts- oder Lohnempfänger ist ein Nachweis durch die Vorlage einer Gehaltsbescheinigung ausreichend. Bei einem selbständigen ehrenamtlichen Richter muß man die Art seines Unternehmens berücksichtigen. Sie läßt oft einen Rückschluß auf einen Verdienstausfall zu. Man kann in einem solchen Fall kaum einen schriftlichen Nachweis des Verdienstausfalls verlangen. Das Gericht muß in einer solchen Situation eine pflichtgemäße Schätzung vornehmen und darf dabei nicht zu kleinlich vorgehen, Stgt Rpfleger **72**, 35. Notfalls muß der ehrenamtliche Richter einen geeigneten Nachweis erbringen. Die Geltendmachung von Vertreterkosten, § 5 S 2, spricht im allgemeinen gegen einen persönlichen Verdienstausfall.

Die Höhe der Entschädigung beträgt grundsätzlich höchstens 24 DM je Stunde, für den Tag also höchstens insgesamt 240 DM, IV. Bei einem Verdienstausfall von 400 DM und einer Beisitzertätigkeit von 8 Stunden werden nur 192 DM vergütet, auch bei einem Verdienstausfall von mehr als stündlich 24 DM; vgl auch § 2 ZSEG Anm 2B.

Eine Überschreitung des Höchstsatzes von 24 DM je Stunde durch eine Entschädigung von insgesamt bis zu 50 DM je Stunde ist zulässig, soweit der Richter innerhalb eines Zeitraums von mindestens 30 Tagen an mindestens 6 Tagen seiner regelmäßigen Erwerbstätigkeit entzogen wurde oder soweit er in einem Verfahren an mehr als 20 Tagen herangezogen wurde, III 1. Im Fall einer Heranziehung an mehr als 50 Tagen erfolgt eine Verdienstausfallentschädigung, die bis zu 70 DM je Stunde betragen kann, III 2. Die vorgenannten Erhöhungen des Stundensatzes werden auf Grund eines pflichtgemäßen Ermessens des Gerichts zugebilligt. Das Gericht muß dabei den Verdienstausfall berücksichtigen. Die Festsetzung erfolgt im Verfahren nach § 12.

C. Verhältnis zwischen Verdienstausfall und Zeitversäumnis. Eine Entschädigung wegen des Verdienstausfalls nach II, III läßt einen

Anspruch auf eine Entschädigung wegen einer Zeitversäumnis nach I unberührt. Das ergibt sich aus den Worten „... erhält er ferner ..." in II 1 und den Worten „Die Entschädigungen ..." in IV.

Vgl auch das Beispiel in Anm 2.

Fahrtkosten

3 **I Ehrenamtlichen Richtern werden die Fahrtkosten bis zur Höhe der Kosten für die Benutzung des preisgünstigsten öffentlichen Beförderungsmittels oder bei einer Gesamtstrecke bis zu 200 Kilometern bis zur Höhe der Kosten für die Benutzung eines eigenen oder unentgeltlich von einem Dritten zur Verfügung gestellten Kraftfahrzeuges ersetzt. Höhere Fahrtkosten werden ersetzt, soweit durch die Benutzung eines anderen als durch die Benutzung des preisgünstigsten öffentlichen Beförderungsmittels die Entschädigung insgesamt nicht höher wird oder höhere Fahrtkosten wegen besonderer Umstände notwendig sind.**

II Bei Benutzung von öffentlichen, regelmäßig verkehrenden Beförderungsmitteln werden die wirklichen Auslagen einschließlich der Kosten für die Beförderung des notwendigen Gepäcks bis zur Höhe der Tarife, bei Benutzung der Eisenbahn oder von Schiffen bis zum Fahrpreis der ersten Wagen- oder Schiffsklasse, ersetzt. Die Mehrkosten für zuschlagpflichtige Züge werden erstattet.

III Bei Benutzung eines eigenen oder unentgeltlich von einem Dritten zur Verfügung gestellten Kraftfahrzeuges werden 0,45 Deutsche Mark für jeden angefangenen Kilometer des Hin- und Rückwegs ersetzt.

IV Für Reisen während der Tagung werden Fahrtkosten nur insoweit ersetzt, als Mehrbeträge an Entschädigung erspart werden, die beim Verbleiben am Sitzungsort gewährt werden müßten.

V Tritt der ehrenamtliche Richter die Reise zum Sitzungsort von einem anderen als seinem Wohnort an oder fährt er nach der Sitzung zu einem anderen Ort als seinem Wohnort, so werden die Fahrtkosten bis zur Höhe der bei der Fahrt von und zum Wohnort zu erstattenden Kosten ersetzt. Mehrkosten werden nach billigem Ermessen ersetzt, wenn der ehrenamtliche Richter zu diesen Fahrten durch besondere Umstände genötigt war.

Vorbem. I, III idF Art 5 Z 2 G vom 9. 12. 86, BGBl 2326, in Kraft seit 1. 1. 87, Art 10, Übergangsrecht § 18 ZSEG, Teil V dieses Buchs.

1) Grundsatz. § 3 stimmt fast wörtlich mit § 9 ZSEG überein, vgl die dortigen Anmerkungen.

2) Ausnahmen. Es bestehen in § 3 nur folgende Abweichungen gegenüber § 9 ZSEG:

A. Öffentliche Beförderungsmittel, II. Für den Ersatz im Fall der Benutzung eines öffentlichen Beförderungsmittels sind wegen der benutzten Wagen- oder Schiffsklasse nicht die persönlichen Verhältnisse maßgebend. Dem Beisitzer werden stets die Beförderungskosten derjenigen Klasse ersetzt, die er wirklich benutzt hat.

B. Reise von einem anderen Ort, V. Der Beisitzer, der seine Reise zum Sitzungsort nicht von seinem Wohnort antritt, erhält die Kosten der Reise von seinem Wohnort zum Sitzungsort ersetzt. Wenn die Reise allerdings geringere Fahrtkosten erforderte, erhält er nur diese ersetzt. Die Mehrkosten werden auf Grund eines pflichtgemäßen Ermessens des Gerichts gewährt, soweit besondere Umstände die Mehrkosten rechtfertigen, etwa eine notwendige Kur des Beisitzers, BAG DB **72**, 1783, vgl auch § 9 ZSEG Anm 5. Eine rechtzeitige Anzeige der Reise an das Gericht ist zweckmäßig.

Die vorgenannten Grundsätze gelten auch für die Erstattung der Kosten einer Rückreise zu einem anderen Ort als dem Wohnort.

Die Mehrkosten einer verfrühten Anreise oder einer verspäteten Rückreise sind nicht ersetzbar, BAG DB **72**, 1783. Wegen § 5 S 1 besteht jetzt auch eine Ersatzmöglichkeit für Parkgelder für den eigenen Pkw, Jessnitzer 19. Abschn F; LSG Hbg NJW **64**, 2081 ist überholt.

3) Andere Fälle. Wegen der weiteren Anwendung des § 3 in anderen Fällen vgl § 2 Anm 1 sowie § 107 GVG Amn 3, Teil VI B dieses Buches. Die Beisitzer bei den Ausschüssen des Bundesordnungsamts, die im öffentlichen Dienst stehen, erhalten jedoch nur die Reisekostenvergütung nach den Vorschriften für Bundesbeamte, also nach dem BRKG idF vom 13. 11. 73, BGBl 1622, zuletzt geändert durch Art 1 VO vom 7. 11. 85, BGBl 2084, dazu AuslRKVO vom 28. 2. 74, BGBl 457, zuletzt geändert durch Art 2 VO vom 7. 11. 85, BGBl 2084, vgl § 10 ZSEG Anm 2 und Kopicki/Irlenbusch, Reisekostenrecht des Bundes (Loseblattausgabe). Danach richtet sich die Art des Verkehrsmittels, das entschädigt werden kann, und die Wagen- oder Schiffsklasse (Reisekostenstufe).

Entschädigung für Aufwand

4 **I Die ehrenamtlichen Richter erhalten eine Entschädigung für den mit ihrer Dienstleistung verbundenen Aufwand.**

II Ehrenamtliche Richter, die innerhalb der Gemeinde, in der die Sitzung stattfindet, weder wohnen noch berufstätig sind, erhalten für die Zeit, während der sie aus Anlaß der Dienstleistung von ihrem Wohnort abwesend sein müssen, ein Tagegeld in Höhe des Satzes, der Richtern in der Reisekostenstufe B nach den Vorschriften über die Reisekostenvergütung der Richter im Bundesdienst zusteht. Bei Abwesenheit bis zu sechs Stunden werden die notwendigen Auslagen bis zu 6 Deutsche Mark erstattet.

III Ehrenamtliche Richter, die innerhalb der Gemeinde, in der die Sitzung stattfindet, wohnen oder berufstätig sind, erhalten ein Tagegeld von 6 Deutsche Mark, wenn sie an einer Sitzung von mehr als sechs Stunden teilnehmen. Übersteigen ihre Auslagen diesen Betrag, so werden die notwendigen Auslagen bis zur Höhe des in Absatz 2 vorgesehenen Tagegeldes erstattet. Bei einer Sit-

zungsdauer bis zu sechs Stunden werden die notwendigen Auslagen bis zu 6 Deutsche Mark ersetzt.

IV Ist eine auswärtige Übernachtung notwendig, so wird ein Übernachtungsgeld in Höhe des Satzes für Richter im Bundesdienst in der Reisekostenstufe B gewährt.

1) Allgemeines, I. Die Entschädigung für den Aufwand erfolgt nach festen Sätzen. Der Beisitzer erhält Tage- und Übernachtungsgeld. Das Tagegeld soll den Aufwand außer dem durch die Übernachtung entstehenden und außerdem den sonstigen Aufwand abgelten, insbesondere Vertreterkosten, ferner den Begleiter und die Fahrtkosten. Wegen der Entschädigung des ehrenamtlichen Richters in Handelssachen vgl Teil VI B dieses Buchs.

§ 4 gilt auch für die Entschädigung der Steuerausschußmitglieder, § 30 des Gesetzes über die Finanzverwaltung, ferner für die Entschädigung der Beisitzer bei den Seeämtern und dem Bundesoberseeamt, jedoch mit der Maßgabe, daß die Entschädigung in jedem Fall 5 DM beträgt, § 8 V des Gesetzes über die Untersuchung von Seeunfällen; bis zu diesem Satz ist also kein Nachweis erforderlich. Ferner ist eine Erhöhung des Satzes für den Einheimischen zulässig.

Eine Erhöhung kann man auch dem Beisitzer bei der Kammer für Wertpapierbereinigung gewähren, für den die Entschädigung bei einer Sitzungsdauer von mehr als 5 Stunden um 10 DM erhöht werden kann, Änderungs- und Ergänzungsgesetz des WertpapierberG, § 6 I. Ein im öffentlichen Dienst stehender Beisitzer des Bundessortenamts erhält keine Aufwandsentschädigung. Wohl aber erhält ein anderer Beisitzer eine solche, Grdz 2 vor § 1.

2) Tagegeld für einen Auswärtigen, II. Als Auswärtiger gilt eine solche Person, die am Sitzungsort weder wohnt noch berufstätig ist. Sie erhält als Entschädigung für ihre Abwesenheit von ihrem Wohnort ein Tagegeld in Höhe desjenigen Satzes, der einem Richter in der Reisekostenstufe B zusteht, also bei einer Abwesenheit von mehr als 12 Stunden 26 DM, bei einer mehrtägigen Reise je Kalendertag 33 DM, bei einer Abwesenheit von mehr als 8 Stunden 50%, bei einer Abwesenheit von mehr als 6 Stunden 30% des jeweils vollen Satzes (die Prozentsätze gelten auch für den Tag des Antritts und der Beendigung einer mehrtägigen Reise), § 9 BRKG idF Art 1 VO vom 23. 12. 77, BGBl 3155.

Eine Glaubhaftmachung der notwendigen Auslagen ist bei einer Abwesenheit bis zu 6 Stunden erforderlich. Dann beträgt die Entschädigung höchstens 6 DM. Entscheidend ist in all diesen Fällen die Zeit von der Abfahrt bis zur Rückkehr an den Wohnort, die erforderlich war, um der Dienstleistung nachkommen zu können.

3) Tagegeld für einen Einheimischen, III. Als Einheimischer ist eine solche Person anzusehen, die am Sitzungsort wohnt oder berufstätig ist. In diesem Fall ist Maßstab die Dauer der Sitzungsteilnahme, nicht die Dauer der Abwesenheit von der Wohnung. Bei einer Sitzungsteilnahme bis zu 6 Stunden sind die notwendigen Auslagen glaubhaft zu machen, andernfalls wird kein Tagegeld erstattet. Erstattungsfähig sind in diesem Fall bis zu 6 DM. Bei einer Sitzungsteilnahme von mehr als 6 Stunden beträgt das feste Tagegeld 6 DM. Insofern braucht kein Nachweis zu erfolgen. Soweit die notwendigen Auslagen diesen Satz übersteigen, sind sie insgesamt glaubhaft zu machen und werden bei einer Sitzungsteilnahme bis zur Höhe wie bei II ersetzt.

4) Übernachtungsgeld, IV. Es wird nur dann erstattet, wenn es notwendig war. Das ist nur dann der Fall, wenn der Beisitzer nicht mehr in seinen Wohnort zurückkehren konnte oder übernachten mußte, weil der frühere Sitzungsanfang eine Anreise zu einem entsprechend früheren Zeitpunkt unzumutbar machte.

Das Übernachtungsgeld wird nach den Sätzen für Bundesrichter in der Reisekostenstufe B gewährt. Der Beisitzer erhält also pro Nacht 33 DM und, falls die Übernachtungskosten nachweisbar höher waren, einen Mehrbetrag bis zu 50% des Gesamtbetrags des Übernachtungsgelds. Darüber hinausgehende Mehrkosten werden erstattet, soweit sie unvermeidbar waren. Übernachtungskosten, die das Frühstück einschließen, müssen jedoch jeweils vorab um 20% des maßgeblichen Tagegelds, Anm 2, gekürzt werden, § 10 BRKG idF Art 2 VO vom 23. 12. 77, BGBl 3155.

Anhang nach § 4

Tage- und Übernachtungsgeld der ehrenamtlichen Richter der Disziplinar- und Dienstgerichte

Bundesreisekostengesetz idF vom 13. 11. 1973, BGBl 1622

§ 16. V Wer eine Dienstreise als ehrenamtlicher Richter eines Disziplinar- oder Dienstgerichts ausführt, erhält Tage- und Übernachtungsgeld mindestens nach der Reisekostenstufe B. Für die Fahrkostenerstattung wird er mindestens einem Dienstreisenden der Besoldungsgruppe A 8 bis A 16 gleichgestellt (§ 5 Abs. 1).

Bem. Er erhält also zur Zeit mindestens 33 DM Übernachtungsgeld, § 10 II BRKG, und bei mehr als 12 Stunden Reisedauer mindestens 26 DM Tagegeld, § 9 I BRKG, vgl auch § 10 ZSEG Anm 2.

Ersatz sonstiger Aufwendungen

5 Auch die in den §§ 3 und 4 nicht besonders genannten baren Auslagen werden, soweit sie notwendig sind, dem ehrenamtlichen Richter ersetzt. Dies gilt besonders für die Kosten einer notwendigen Vertretung und für die Kosten notwendiger Begleitpersonen.

1) Geltungsbereich. Die Vorschrift entspricht fast wörtlich dem § 11 ZSEG, s dort.

6 *(weggefallen)*

Ehrenamtliche Richter bei den obersten Gerichtshöfen des Bundes

7 Die ehrenamtlichen Richter bei den obersten Gerichtshöfen des Bundes erhalten im Falle des § 4 Abs. 2 Satz 1 ein Tagegeld und im Falle des § 4 Abs. 4 ein Übernachtungsgeld in Höhe des Satzes für Richter im Bundesdienst in der Reisekostenstufe C.

1) Geltungsbereich. § 7 bestimmt das Tagegeld für einen auswärtigen ehrenamtlichen Beisitzer, § 4 Anm 2, bei einem der obersten Gerichtshöfe des Bundes (Art 95, 96 GG: BGH, BVerwG, BFH, BAG, BSG), abgestuft für 5–8, 8–12 und mehr als 12 Stunden. Insofern erfolgt also eine Angleichung an das Tagegeld für Bundesrichter der Reisekostenstufe C (die frühere Stufe D entspricht der jetzigen Stufe C, vgl § 25 iVm § 8 BRKG idF vom 13. 11. 73, BGBl 1622). Der oben genannte ehrenamtliche Richter erhält das Übernachtungsgeld der Reisekostenstufe C, vgl auch § 10 ZSEG Anm 2. In Stufe C beträgt das Tagegeld bei höchstens einem vollen Kalendertag 31 DM, bei einer mehrtägigen Reise pro Tag 39 DM, das Übernachtungsgeld 39 DM, Art 1, 2 VO vom 23. 12. 77, BGBl 3155. Ist ein Richter nur bis zu 6 Stunden abwesend, so ist § 4 II 2 anwendbar.

Für einen ehrenamtlichen Richter, der innerhalb der Gerichtsgemeinde wohnt oder berufstätig ist, gilt § 4 III.

§ 7 gilt auch für einen Beisitzer des Bundesoberseeamts, § 11 V des Gesetzes über die Untersuchung von Seeunfällen, Art X 14 Z 2 KostÄndG.

Entschädigung in besonderen Fällen

8 Die Entschädigung nach den §§ 1 bis 7 wird auch gewährt,

a) wenn die ehrenamtlichen Richter von der zuständigen staatlichen Stelle zu Einführungs- und Fortbildungstagungen herangezogen werden,

b) wenn die ehrenamtlichen Richter bei den Gerichten für Arbeitssachen und den Gerichten der Sozialgerichtsbarkeit in dieser Eigenschaft an der Wahl von gesetzlich für sie vorgesehenen Ausschüssen oder an den Sitzungen solcher Ausschüsse teilnehmen (§§ 29, 38 des Arbeitsgerichtsgesetzes, §§ 23, 35 Abs. 1, § 47 des Sozialgerichtsgesetzes).

1) Einführungs- und Fortbildungstagungen, a). Sämtliche Entschädigungen nach §§ 1–7 sind zuzubilligen, sobald und soweit die zuständige Behörde an den ehrenamtlichen Richter eine Aufforderung zur Teilnahme abgesandt hat. Der Richter braucht die Zuständigkeit des Auffordernden nicht zu prüfen. Im Fall einer unrichtigen Aufforderung würde eine Amtshaftung entstehen. Es ist für die Entschädigungspflicht unerheblich, ob eine Teilnahmepflicht an der Tagung bestand. Man muß den Begriff „Einführung und Fortbildung“ weit auslegen. Die Bezeichnung in der Einladung ist nur ein Anhaltspunkt für den wahren Charakter der Tagung. Bei einer Einladung nur zu einem bestimmten Tagungsabschnitt erhält der Eingeladene eine Entschädigung nur für diesen Abschnitt.

2) Ausschüsse, b). Die ehrenamtlichen Richter der Arbeits- und Sozialgerichtsbarkeit bilden Ausschüsse, die vor der Bildung von Kammern oder Senaten, vor der Geschäftsverteilung, vor der Verteilung der ehrenamtlichen Richter auf die Kollegien und vor der Aufstellung der Listen über die Heranziehung zu den Sitzungen mündlich oder schriftlich anzuhören sind, §§ 29, 38 ArbGG, 23, 35 I, 47 SGG. Auch für diese Verwaltungstätigkeit, zu der außer in den Ausschüssen auch die Wahl der Ausschußmitglieder gehört, wird die Entschädigung nach §§ 1–7 gewährt.

Aufrundung

9 Die dem ehrenamtlichen Richter zu zahlende Gesamtentschädigung wird auf zehn Deutsche Pfennig aufgerundet.

1) Aufrundung. Nur die Gesamtentschädigung wird aufgerundet, nicht der Einzelposten.

Vorschuß

10 Den ehrenamtlichen Richtern ist auf Antrag ein angemessener Vorschuß zu bewilligen.

1) Vorschuß. A. Grundsatz. § 10 entspricht dem § 14 ZSEG. Vgl die dortigen Anm.

B. Ausnahme. Es besteht jedoch eine wesentliche Abweichung: Der ehrenamtliche Richter braucht den Nachweis der Bedürftigkeit nicht zu erbringen. § 10 sagt auch, anders als § 14 ZSEG, nichts darüber, worauf der Vorschuß zu gewähren sei. Daher ist auch ein Vorschuß auf die Entschädigung für die Zeitversäumnis, § 2 I, denkbar. Im allgemeinen beschränkt sich aber ein angemessener Vorschuß auf einen solchen nach §§ 2 II–8. Ein Barvorschuß ist mit Rücksicht auf die Stellung des ehrenamtlichen Richters die Regel.

Die Festsetzung erfolgt meist zunächst durch den Urkundsbeamten der Geschäftsstelle, § 11 Anm 1. Die Anfechtung der Festsetzung erfolgt gemäß § 12 II. Diese Lösung entspricht dem allgemeinen Bestreben des KostÄndG, den Dienstaufsichtsweg durch den ordentlichen Rechtsmittelweg zu ersetzen, vgl auch Art 19 IV GG.

Erlöschen des Anspruchs

11 Der Anspruch auf Entschädigung erlischt, wenn er nicht binnen eines Jahres nach Beendigung der Dienstleistung bei der Stelle geltend gemacht wird, welche die Entschädigung anzuweisen hat.

1) Erlöschen. § 11 ist ähnlich wie § 15 II ZSEG gestaltet, vgl auch dort. Eine Entschädigung erfolgt nur auf Grund eines Antrags. Denn erfahrungsgemäß verzichten viele ehrenamtliche Beisitzer auf jede Entschädigung. Der Antrag ist formlos, auch mündlich zulässig. Der ehrenamtliche Richter braucht den Anspruch weder zu beziffern noch anzugeben, welche Entschädigung er verlangt. Er muß jedoch auf Verlangen des Gerichts die Nachweise liefern, zumindest glaubhaft machen, von denen sein Anspruch abhängig ist.

Er muß den Antrag innerhalb eines Jahres nach der Beendigung der Dienstleistung stellen. Die Frist beginnt also mit dem auf den letzten Sitzungstag folgenden Tag. Nur derjenige Antrag wahrt die Frist, der bei der Stelle geltend gemacht wird, die die Entschädigung anzuweisen hat. Die zuständigen Verwaltungen bestimmen, welche Stelle für die Anweisung der Entschädigung zuständig ist. In der Regel handelt es sich um den Urkundsbeamten der Geschäftsstelle.

Nach zwei Jahren tritt Verjährung ein, § 196 I Z 15 BGB (eine Kassenanweisung begründet keine längere Verjährungsfrist), AG Darmst Rpfleger **77**, 116.

Gerichtliche Festsetzung

12 **I Die dem ehrenamtlichen Richter zu gewährende Entschädigung wird durch gerichtlichen Beschluß festgesetzt, wenn der ehrenamtliche Richter oder die Staatskasse die richterliche Festsetzung beantragt. Zuständig ist das Gericht, bei dem der ehrenamtliche Richter mitgewirkt hat.**

II Gegen die richterliche Festsetzung ist die Beschwerde zulässig, wenn der Wert des Beschwerdegegenstandes einhundert Deutsche Mark übersteigt. Beschwerdeberechtigt sind nur der ehrenamtliche Richter und die Staatskasse. Die Beschwerde ist nicht an eine Frist gebunden. Eine Beschwerde an einen obersten Gerichtshof des Bundes ist nicht zulässig. Die Beschwerde wird bei dem Gericht eingelegt, das die angefochtene Entscheidung erlassen hat. Das Gericht kann der Beschwerde abhelfen.

III Die Entscheidung trifft das Gericht ohne die Hinzuziehung der ehrenamtlichen Richter.

IV Anträge, Erklärungen und Beschwerden können zu Protokoll der Geschäftsstelle gegeben oder schriftlich ohne Mitwirkung eines Rechtsanwalts eingereicht werden.

V Das Verfahren über die Beschwerde ist gebührenfrei. Kosten werden nicht erstattet.

1) Allgemeines. Die Bestimmung ähnelt dem § 16 I 1–4, II, III ZSEG; vgl die dortigen Anm. Die Festsetzung ist selbständig und für die ehrenamtlichen Richter bei allen Gerichten entsprechend dem Zweck des Gesetzes einheitlich geregelt, Grdz 3 vor § 1. Soweit sich also aus der Verfahrensart des Gerichts, bei dem der Richter mitgewirkt hat, etwas anderes zB wegen der Beschwerde ergeben würde, ist diese nicht zulässig, sondern nur das Rechtsmittel nach II statthaft.

Ausnahmen bestehen bei der entsprechenden Anwendung in anderen Verfahren, zB §§ 29 SortSchG, 52 SaatgutVerkG. Danach entscheidet über die Entschädigung der Präsident des Bundessortenamts; für die gerichtliche Festsetzung ist dasjenige VG zuständig, in dessen Bezirk das Bundessortenamt seinen Sitz hat. Für die Festsetzung der Entschädigung der Steuerausschußmitglieder ist das FG zuständig, zu dessen Bezirk das Finanzamt gehört, bei dem der Steuerausschuß gebildet ist. Vgl dazu auch Grdz 2 vor § 1. Wegen der Zuständigkeit bei der Festsetzung der Entschädigung für die Vertrauensleute vgl § 13 S 2.

2) Festsetzung, I. Die Festsetzung erfolgt nur auf Grund eines Antrags. Antragsberechtigt sind: Der ehrenamtliche Richter, § 11 Anm 1; sein Arbeitgeber, der sein Gehalt weiterzahlt und sich den Entschädigungsanspruch hat abtreten lassen, Hamm Rpfleger **62**, 229; der Vertreter der Staatskasse, also der Bezirksrevisor; nicht aber der Vertreter oder der Begleiter des ehrenamtlichen Richters, § 5.

Die Festsetzung erfolgt grundsätzlich durch den Urkundsbeamten der Geschäftsstelle, sofern der Antragsteller nicht von vornherein eine richterliche Festsetzung beantragt hat. Man kann einen Antrag auf die richterliche Festsetzung auch noch dann stellen, wenn der Urkundsbeamte der Geschäftsstelle schon eine Festsetzung vorgenommen hat. Der Antrag ist zum Protokoll des Urkundsbeamten oder schriftlich zulässig; die Mitwirkung eines Anwalts ist nicht notwendig, IV. Der Antrag ist nicht an eine Frist gebunden, II 3.

Für die Festsetzung ist dasjenige Gericht zuständig, bei dem der Richter mitgewirkt hat. Wegen der Besonderheiten vgl Anm 1. Das Gericht entscheidet im Fall der richterlichen Festsetzung nur durch seine Berufsrichter. Soweit nur der Vorsitzende Berufsrichter ist, entscheidet nur er. Das Gericht kann seine Entscheidung seit der Nov 75 nicht mehr ändern.

Einen etwa zuviel gezahlten Betrag muß das Gericht nach § 1 I Z 8 JBeitrO, Teil IX A dieses Buchs, wieder beitreiben.

3) Beschwerde, II. Vgl auch § 16 ZSEG Anm 4. Die Beschwerde ist gegen die richterliche Festsetzung statthaft, sofern der Wert des Beschwerdegegenstands 100 DM übersteigt. Entsprechend I sind nur der ehrenamtliche Richter, sein Zessionar, Anm 2, oder die Staatskasse beschwerdeberechtigt.

Die Beschwerde ist bei demjenigen Gericht einzulegen, das über die Festsetzung entschieden hat. Dieses Gericht kann der Beschwerde abhelfen. Man kann die Beschwerde auch zum Protokoll des Urkundsbeamten der Geschäftsstelle oder schriftlich erklären; die Mitwirkung eines Anwalts ist nicht erforderlich, IV.

Über die Beschwerde entscheidet dasjenige Gericht, das auch sonst über eine Beschwerde gegen eine Entscheidung desjenigen Gerichts befindet, bei dem der ehrenamtliche Richter mitgewirkt hat. In einer Landwirtschaftssache entscheidet gegenüber einer richterlichen Festsetzung durch das AG also das OLG, § 22 I LwVG, und zwar stets nur durch die Berufsrichter, III. Das Beschwerdegericht muß sämtliche Entschädigungsposten und nicht nur denjenigen nachprüfen, der zur Beschwerde geführt hat. Das Beschwerdegericht muß den ehrenamtlichen Richter, dessen Entschädigung auf Grund einer Beschwerde der Staatskasse gekürzt werden soll, vorher hören, und muß dann, wenn der ehrenamtliche Richter eine Heraufsetzung seiner Entschädigung begehrt, die Staatskasse anhören.

Eine Beschwerde an einen obersten Gerichtshof des Bundes ist unzulässig. Demgemäß ist auch eine Beschwerde gegen die Festsetzung zB durch ein FG oder ein LSG unzulässig.

Wegen der Gegenvorstellung vgl § 25 GKG Anm 5 (die dortige Regelung ist hier entsprechend anwendbar).

Kosten: Des Gerichts keine, V; des RA: § 61 I Z 1 BRAGO. Es findet keine Kostenerstattung statt, V 2.

Entschädigung der Vertrauensleute

13 **I Nach den §§ 2 bis 5 sowie 9 bis 11 werden entschädigt**

1. die Vertrauenspersonen in den Ausschüssen zur Wahl von Schöffen;

2. die Vertrauensleute in den Ausschüssen zur Wahl der ehrenamtlichen Richter bei den Gerichten der Verwaltungsgerichtsbarkeit;

3. die Vertrauensleute in den Ausschüssen zur Wahl der ehrenamtlichen Richter bei den Gerichten der Finanzgerichtsbarkeit.

II § 12 gilt entsprechend. Für die gerichtliche Festsetzung ist das Gericht zuständig, bei dem der Ausschuß gebildet ist.

1) Allgemeines. Die Vertrauenspersonen und Vertrauensleute sind keine ehrenamtlichen Richter, da sie an Gerichtssitzungen nicht teilnehmen, sondern Verwaltungsfunktionen ausüben. § 13 behandelt sie aber wegen der Entschädigung wie die ehrenamtlichen Richter. Für die Festsetzung ist dasjenige Gericht zuständig, bei dem der Ausschuß gebildet ist.

Besondere Regelungen

14 **Die Bestimmungen über die Entschädigung von Personen, die als ehrenamtliche Richter bei den in § 1 genannten Gerichten in ehren- oder berufsgerichtlichen Verfahren mitwirken, bleiben unberührt. Das gleiche gilt für die Bestimmungen über die Entschädigung der ehrenamtlichen Richter bei Dienst- und Dienststrafgerichten.**

1) Allgemeines. Die Regelung der Entschädigung der in § 14 genannten ehrenamtlichen Richter ist Sache desjenigen Gesetzes, das dieses Gericht eingesetzt hat. Vgl auch Grdz 2 vor § 1.

B. Entschädigung der Handelsrichter

107 GVG **I Die ehrenamtlichen Richter, die weder ihren Wohnsitz noch ihre gewerbliche Niederlassung am Sitz der Kammer für Handelssachen haben, erhalten Tage- und Übernachtungsgelder nach den für Richter am Landgericht geltenden Vorschriften.**

II Den ehrenamtlichen Richtern werden die Fahrtkosten in entsprechender Anwendung des § 3 des Gesetzes über die Entschädigung der ehrenamtlichen Richter ersetzt.

Vorbem. Fassung Art 8 § 4 G vom 9. 12. 86, BGBl 2326, in Kraft seit 1. 1. 87, Art 10, Übergangsrecht § 18 ZSEG, Teil V dieses Buchs. Gemäß § 45a DRiG idF Art 1 Z 2 G v 22. 12. 75, BGBl 3176, führen die ehrenamtlichen Richter bei der Kammer für Handelssachen nunmehr (wieder) die Bezeichnung „Handelsrichter"; das ist bei der obigen Neufassung übersehen worden.

Schrifttum: Weil, Der Handelsrichter und sein Amt, 3. Aufl 1981.

1) Allgemeines. Obwohl die Handelsrichter die Voraussetzungen des § 1 EhrRiEG erfüllen, gilt für sie die Sonderregelung des § 107 GVG. Diese stellt keinen Verstoß gegen Art 3 GG dar, Celle Rpfleger **75**, 39. Soweit in anderen Gesetzen auf § 107 GVG Bezug genommen ist, gilt auch für die Entschädigung dieser anderen Richter die Sonderregelung des § 107.

Die Entschädigung wird von Amts wegen gewährt. Der Handelsrichter hat auf sie einen Rechtsanspruch. Es gibt keine Ausschlußfrist und keine kurze Verjährungsfrist.

Der Rechtsweg ist in § 107 GVG nicht vorgesehen. Die Festsetzung erfolgt also durch die Justizverwaltung. Gegen diese Festsetzung ist der Antrag auf eine gerichtliche Entscheidung mit der Begründung zulässig, daß die Festsetzung den Handelsrichter in seinen Rechten beeinträchtige, weil sie rechtswidrig sei, § 23 EGGVG.

Es entscheidet dasjenige AG, bei dem die zuständige Kasse eingerichtet ist. Das AG muß im Verfahren den Vertreter der Staatskasse anhören. § 14 III, IV KostO gelten entsprechend. Die Gerichtskosten für das Verfahren auf die Festsetzung der Entschädigung und für das Beschwerdeverfahren richten sich nach den §§ 130 I, II, IV, 131 I KostO. Der Geschäftswert wird nach § 30 KostO berechnet, vgl Art XI § 1 KostÄndG, Teil XII dieses Buchs.

2) Tage- und Übernachtungsgeld des Auswärtigen, I. Ein Handelsrichter, der am Sitz der Kammer für Handelssachen keinen Wohnsitz und keine gewerbliche Niederlassung hat, wird nach I, II entschädigt. Maßgeblich ist der Wohnsitz im Sinne von § 7 BGB. Bei einer gewerblichen Niederlassung kann es sich um irgendeine Niederlassung des Unternehmens handeln, also auch um eine Zweigniederlassung. Der Handelsrichter erhält ein Tagegeld und ein Übernachtungsgeld nach I sowie Fahrtkostenersatz gemäß Anm 3, jedoch keine Entschädigung für seine Zeitversäumnis. Das Tagegeld richtet sich nach der Abwesenheitsdauer. Die Sätze nach § 4 II EhrRiEG sind nicht anwendbar. Die Höhe des Tagegelds ist vielmehr landesgesetzlich geregelt.

3) Fahrtkostenersatz, II. Er richtet sich jetzt gemäß II nach den Fahrtkostenregeln des § 3 EhrRiEG. Teil VI A dieses Buches.

VII. Durchführungsvorschriften zu den Kostengesetzen

Grundzüge

1) Systematik. Die Regelung der Verfahrenskosten gehört zu der konkurrierenden Gesetzgebung, Art 74 Z 1 GG. Sie ist durch die Bundesgesetzgebung erfolgt. Ihre Durchführung ist Sache der Länder, soweit es sich nicht um ihre Anwendung bei den Bundesgerichten handelt, Art 83 GG, s auch Art 92 GG. Demgemäß haben die Länder Ausführungsvorschriften (Verwaltungsvorschriften) erlassen, die aber zum Teil bundeseinheitlich unter Mitwirkung des Bundesministers der Justiz beschlossen wurden, so insbesondere die Kostenverfügung, die also kein Gesetz ist, wohl aber die Behörde zB gem Art 3 I GG binden kann, Kblz Rpfleger **88**, 384. Andere Vorschriften dieser Art, zB die Justizverwaltungskostenordnung und die Justizbeitreibungsordnung, werden sowohl als Bundes- wie als Landesrecht angewendet.

A. Kostenverfügung

vom 1. 3. 76

Vorbem. Der Bundesminister der Justiz und die Landesjustizverwaltungen haben aufgrund der Kostennovelle 1975 eine Neufassung der Kostenverfügung beschlossen, die am 1. 4. 76 bundeseinheitlich in Kraft getreten ist. Sie ist bundeseinheitlich mehrfach geändert worden, zB in Schleswig-Holstein mit Wirkung vom 1. 4. 80, 1. 1. 81, 1. 9. 85 und 1. 1. 87. Nachstehend ist die in Schleswig–Holstein geltende Fassung abgedruckt. Die bisherige Fassung ist eingeführt sowie geändert und ergänzt in:

Baden-Württemberg: AV vom 15. 3. 76, Justiz 163, vom 29. 2. 80, Justiz 113, vom 10. 12. 80, Justiz **81**, 39, vom 1. 8. 85, Justiz 307, vom 1. 7. 87, Justiz 244, und vom 5. 10. 87, Justiz 451;

Bayern: Bek vom 1. 3. 76, JMBl 41, vom 3. 7. 79, JMBl 104, vom 29. 2. 80, JMBl 49, vom 15. 7. 80, JMBl 195, vom 10. 12. 80, JMBl **81**, 11, vom 1. 8. 85, JMBl 246, und vom 1. 6. 87, JMBl 45;

Berlin: AV vom 4. 3. 76, ABl 351, vom 27. 2. 80, ABl 486, vom 10. 12. 80, ABl **81**, 50, vom 1. 8. 85, ABl 1618, vom 1. 6. 87, ABl 807, und vom 21. 9. 87, ABl 1488;

Bremen:

Hamburg: AV vom 1. 3. 76, JVBl 36, vom 29. 2. 80, JVBl 76, vom 10. 12. 80, JVBl **81**, 12, vom 1. 8. 85, JVBl 173, und vom 1. 6. 87, JVBl 62;

Hessen: RdErl vom 20. 2. 76, JMBl 120, vom 1. 2. 78, JMBl 209, vom 29. 2. 80, JMBl 98, vom 10. 12. 80, JMBl **81**, 57, vom 1. 8. 85, JMBl 395, vom 9. 10. 85, JMBl 521, und vom 15. 7. 87, JMBl 499;

Niedersachsen: AV vom 1. 3. 76, NdsRpfl 49, vom 29. 2. 80, NdsRpfl 44, vom 10. 12. 80, NdsRpfl **81**, 12, vom 1. 8. 85, NdsRpfl 201, und vom 1. 6. 87, NdsRpfl 151;

Nordrhein-Westfalen: AV vom 1. 3. 76, JMBl 61, vom 29. 2. 80, JMBl 61, vom 10. 12. 80, JMBl **81**, 21, vom 1. 8. 85, JMBl 190, und vom 1. 6. 87, JMBl 148;

Rheinland-Pfalz: AV vom 1. 3. 76, JBl 73, vom 17. 5. 78, JBl 97, vom 29. 2. 80, JBl 61, vom 10. 12. 80, JBl **81**, 8, vom 9. 8. 82, JBl 176, vom 1. 8. 85, JBl 145, und vom 1. 6. 87, JBl 151;

Saarland: AV vom 1. 3. 76, GMBl 327, vom 11. 3. 80, GMBl 219, vom 10. 12. 80, GMBl **81**, 41, vom 1. 8. 85, GMBl 269, vom 1. 6. 87, GMBl 170, und vom 31. 1. 89, GMBl 45;

Schleswig-Holstein: AV vom 1. 3. 76, SchlHA 56, vom 14. 7. 77, SchlHA **78,** 5, vom 29. 2. 80, SchlHA **80,** 68, vom 10. 12. 80, SchlHA **81,** 21, vom 1. 8. 85, SchlHA 145, vom 1. 6. 87, SchlHA 112, und vom 28. 2. 89, SchlHA 89.

Vom Abdruck der zusätzlichen Änderungen und Ergänzungen der Länder ist abgesehen worden, da sie nur Bedeutung für das jeweilige Land haben, dort aber jedem Kostenbeamten zugänglich sind.

Abschnitt I. Allgemeine Bestimmungen

§ 1 Kostenbeamter

Die Aufgaben des Kostenbeamten werden nach den darüber ergangenen allgemeinen Anordnungen von den Beamten des gehobenen oder mittleren Justizdienstes wahrgenommen.

Anmerkung. Die Kostenfestsetzung nach §§ 103ff ZPO, 19 BRAGO, den Gesetzen und Verordnungen zur Ausführung von Verträgen mit ausländischen Staaten über die Rechtshilfe sowie die Anerkennung und Vollstrekkung gerichtlicher Entscheidungen und anderer Schuldtitel in Zivil- und Handelssachen ist dem Rpfl übertragen, § 21 I RPflG.

§ 2 Pflichten des Kostenbeamten im allgemeinen

Der Kostenbeamte ist für die Erfüllung der ihm übertragenen Aufgaben, insbesondere für den rechtzeitigen, richtigen und vollständigen Ansatz der Kosten verantwortlich.

§ 3 Mitwirkung des Registraturbeamten

(1) Der mit der Führung der Geschäftsregister beauftragte Beamte (Registraturbeamte) ist dafür verantwortlich, daß die Akten dem Kostenbeamten rechtzeitig zum Kostenansatz vorgelegt werden. Er legt die Akten insbesondere vor,

a) wenn eine den Rechtszug abschließende gerichtliche Entscheidung ergangen ist,

b) wenn die Akten aus einem Rechtsmittelzug zurückkommen,
c) wenn eine Zahlungsanzeige der Gerichtskasse (Gerichtszahlstelle) oder ein mit Kostenmarken oder dem Abdruck eines Gerichtskostenstemplers versehenes Schriftstück eingeht, es sei denn, daß die eingehende Zahlung einen nach § 31 eingeforderten Vorschuß betrifft,
d) wenn eine Nachricht der Gerichtskasse über die Löschung des Kostensolls eingeht,
e) wenn die Klage erweitert oder Widerklage erhoben wird,
f) wenn er Zweifel hat, ob Kosten oder Vorschüsse zu berechnen sind.

Die Vorlage ist in den Akten unter Angabe des Tages kurz zu vermerken.

(2) Der Registraturbeamte hat alle in der Sache entstehenden, von dem Kostenschuldner zu erhebenden Auslagen in den Akten in einer ins Auge fallenden Weise zu vermerken, soweit nicht eine Berechnung zu den Akten gelangt.

(3) In Zivilprozeß-, Strafprozeß-, Bußgeld-, Konkurs-, Vergleichs-, Zwangsversteigerungs- und Zwangsverwaltungsverfahren, in Familiensachen, in Vormundschafts- und Dauerpflegschaftssachen, in Nachlaßsachen sowie in verwaltungsgerichtlichen Verfahren sind sämtliche Kostenrechnungen, Beanstandungen der Kostenprüfungsbeamten und Zahlungsanzeigen der Gerichtskasse (Gerichtszahlstelle) sowie Nachrichten der Gerichtskasse über die Löschung des Kostensolls vor dem ersten Aktenblatt einzuheften oder in eine dort einzuheftende Aktentasche lose einzulegen oder, soweit die Akten nicht zu heften sind, unter dem Aktenumschlag lose zu verwahren. Das gleiche kann auch in anderen Verfahren geschehen, wenn dies zweckmäßig erscheint, insbesondere wenn die Akten umfangreich sind. Ist ein Vollstreckungsheft angelegt, so sind die Kostenrechnungen, Beanstandungen, Zahlungsanzeigen und Nachrichten in diesem entsprechend zu verwahren (vgl. § 16 Abs. 2 StVollstrO). Wird es notwendig, die vor dem ersten Aktenblatt eingehefteten oder verwahrten Schriftstücke mit Blattzahlen zu versehen, so sind dazu römische Ziffern zu verwenden.

(4) Der Registraturbeamte hat laufend auf dem Aktenumschlag mit Tinte oder Kugelschreiber die Blätter zu bezeichnen,
a) auf denen sich Kostenmarken, Abdrucke von Gerichtskostenstemplern, Aktenausdrucke nach § 696 Abs. 2 Satz 1 ZPO mit Gerichtskostenrechnungen oder Vermerke hierüber befinden,
b) aus denen sich ergibt, daß Vorschüsse zum Soll gestellt oder ohne vorherige Sollstellung eingezahlt (auch in Kostenmarken oder unter Verwendung von Gerichtskostenstemplern entrichtet) worden sind,
c) auf denen sich Kostenrechnungen, Zahlungsanzeigen der Gerichtskasse (Gerichtszahlstelle) oder Nachrichten der Gerichtskasse über Löschung des Kostensolls befinden, die nicht nach Absatz 3 eingeheftet oder verwahrt werden,
d) auf denen Kleinbeträge vermerkt sind, deren Einziehung oder Auszahlung nach den über die Behandlung solcher Beträge erlassenen Bestimmungen einstweilen vorbehalten bleibt; diesem Hinweis ist der rot zu unterstreichende Buchstabe „v“ hinzuzufügen.

(5) Der Registraturbeamte hat die Akten und Blattsammlungen vor dem Weglegen nochmals dem Kostenbeamten der Behörde, bei der die Akten weggelegt werden, vorzulegen; das gilt auch, wenn bereits weggelegte Akten erneut in den Geschäftsgang kommen. Ermittlungsakten der Staatsanwaltschaft, in denen das Verfahren vor Klageerhebung eingestellt worden ist, sind nur dann dem Kostenbeamten vorzulegen, wenn eine Kostenentscheidung ergangen ist, die Erteilung von Abschriften beantragt worden ist oder die Akten durch die Post versandt worden sind. Der Kostenbeamte prüft, ob die Kosten berechnet und ob sie entweder bei der Gerichtskasse zum Soll gestellt sind oder die Einzahlung durch eine Anzeige der Gerichtskasse (Gerichtszahlstelle), durch Kostenmarken, Abdrucke von Gerichtskostenstemplern oder Aktenausdrucke nach § 696 Abs. 2 Satz 1 ZPO mit Gerichtskostenrechnungen nachgewiesen ist. Er bescheinigt diese Prüfung auf den Akten (Blattsammlungen) unter Bezeichnung des letzten Aktenblattes und unter Angabe von Tag und Amtsbezeichnung. Bei Grundakten, Registerakten, Vormundschaftsakten und ähnlichen Akten, die regelmäßig für mehrere gebührenpflichtige Angelegenheiten geführt werden, ist die Prüfung nach der endgültigen Erledigung jeder einzelnen Angelegenheit vorzunehmen. Der Kostenbeamte bescheinigt in diesen Fällen, welche Blätter er geprüft hat. Die Bescheinigung kann auch erteilt werden, wenn die Einziehung von Kleinbeträgen vorbehalten bleibt.

(6) Bei der Aufbewahrung von Auskünften des Finanzamts über den Einheitswert ist § 24 Abs. 6 AktO zu beachten (vgl. § 15 Abs. 2).

Abschnitt II. Kostenansatz

§ 4 Begriff und Gegenstand

(1) Der Kostenansatz besteht in der Aufstellung der Kostenrechnung (§§ 27ff). Er hat die Berechnung der Gerichtskosten und Justizverwaltungskosten sowie die Feststellung der Kostenschuldner zum Gegenstand. Zu den Kosten gehören alle für die Tätigkeit des Gerichts und der Justizverwaltung zu erhebenden Gebühren, Auslagen und Vorschüsse.

(2) Ist die berechnete Kostenforderung noch nicht beglichen, so verfügt der Kostenbeamte in der Kostenrechnung, daß die Kosten der Gerichtskasse zur Einziehung zu überweisen (§ 29) oder mit Kostennachricht (§ 31) anzufordern sind. Hierzu genügt die Verfügung: „Zur Kasse mit Reinschrift nach Muster ...“ oder „Kostennachricht nach Muster ...“.

(3) Handelt es sich um Kosten, die durch den Antrag einer Gerichtskasse auf Abnahme der eidesstattlichen Versicherung oder auf Vollstreckung in das unbewegliche Vermögen entstanden sind, so wird zwar eine Kostenrechnung aufgestellt, aber nicht nach Absatz 2 verfahren. Die entstandenen Kosten sind der Gerichtskasse vielmehr lediglich zur etwaigen späteren Einziehung als Nebenkosten mitzuteilen.

(4) Können die Gebühren für die Anordnung des Zwangsversteigerungsverfahrens oder für die Zulassung des Beitritts (Nr. 1500 des Kostenverzeichnisses der Anlage 1 zum Gerichtskostengesetz) oder die Aus-

lagen des Anordnungs-(Beitritts-)verfahrens nicht vom Antragsteller eingezogen werden, weil ihm Prozeßkostenhilfe ohne Zahlungsbestimmung bewilligt ist oder ihm Gebühren- oder Auslagenfreiheit zusteht (z. B. bei der Zwangsversteigerung wegen rückständiger öffentlicher Abgaben), so veranlaßt der Kostenbeamte die Sollstellung der Kosten durch die Gerichtskasse (§ 29), die sie – unbeschadet sonstiger Einziehungsmöglichkeiten – in dem Zwangsversteigerungsverfahren mit dem Range des Anspruchs des betreibenden Gläubigers auf Befriedigung aus dem Grundstück rechtzeitig anmeldet (§ 10 Abs. 2, §§ 12, 37 Nr. 4 ZVG). Dies gilt im Zwangsverwaltungsverfahren entsprechend. Absatz 3 bleibt unberührt.

(5) Für die Behandlung von kleinen Kostenbeträgen gelten die hierfür erlassenen besonderen Bestimmungen.

(6) Sind Kosten zugleich mit einem Geldbetrag im Sinne des § 1 Abs. 1 der Einforderungs- und Beitreibungsanordnung einzuziehen, so richtet sich das Verfahren nach der Einforderungs- und Beitreibungsanordnung.

§ 5 Zuständigkeit zum Kostenansatz

(1) Der Kostenansatz richtet sich, soweit Kosten nach dem Gerichtskostengesetz erhoben werden, nach §§ 4, 64 Abs. 1 GKG, in Angelegenheiten der freiwilligen Gerichtsbarkeit nach § 14 KostO. Kosten der Vollstreckung von Freiheitsstrafen und freiheitsentziehenden Maßregeln der Besserung und Sicherung werden bei der nach § 4 Abs. 2 GKG zuständigen Behörde angesetzt.

(2) Sind in einer Straf-, Bußgeld- oder Jugendgerichtssache verschiedene Behörden für den Kostenansatz zuständig, so haben sich die Kostenbeamten dieser Behörden durch Mitteilung einer Abschrift der Kostenrechnung oder des sonst von ihnen Veranlaßten miteinander zu verständigen.

(3) Hat in Strafsachen der Bundesgerichtshof die Sache ganz oder teilweise zur anderweitigen Verhandlung und Entscheidung zurückverwiesen, so übersendet die für den Kostenansatz zuständige Behörde eine beglaubigte Abschrift der rechtskräftigen Entscheidung zum Kostenansatz an den Bundesgerichtshof.

(4) Zu den durch die Vorbereitung der öffentlichen Klage entstandenen Kosten (Nr. 1913, 1914 des Kostenverzeichnisses der Anlage 1 zum Gerichtskostengesetz) gehören auch

a) die Auslagen, die der Polizei bei der Ausführung von Ersuchen des Gerichts oder der Staatsanwaltschaft, bei der Tätigkeit der Polizeibeamten als Hilfsbeamte der Staatsanwaltschaft und in den Fällen entstehen, in denen die Polizei nach § 163 StPO aus eigenem Entschluß Straftaten erforscht,
b) Auslagen, die den zuständigen Verwaltungsbehörden als Verfolgungsorganen in Straf- und Bußgeldsachen erwachsen sind.

(5) Wenn das Gericht in einem Strafverfahren wegen einer Steuerstraftat auf eine Strafe oder Maßnahme oder in einem Bußgeldverfahren wegen einer Steuerordnungswidrigkeit auf eine Geldbuße oder Nebenfolge erkennt, so gehören zu den Kosten des gerichtlichen Verfahrens die Auslagen, die einer Finanzbehörde bei der Untersuchung und bei der Teil-

nahme am gerichtlichen Verfahren entstanden sind. Diese Auslagen sind nicht nach § 464b StPO festzusetzen, sondern als Gerichtskosten zu berechnen und einzuziehen. Soweit die Auslagen bei einer Bundesfinanzbehörde entstanden sind, werden sie als durchlaufende Gelder behandelt und an sie abgeführt (vgl. § 27 Abs. 8, § 38), wenn sie den Betrag von 50 Deutsche Mark übersteigen. An die Landesfinanzbehörden werden eingezogene Beträge nicht abgeführt.

(6) Geht ein Mahnverfahren gegen mehrere Antragsgegner nach Widerspruch oder Einspruch in getrennte Streitverfahren bei verschiedenen Gerichten über, so hat der Kostenbeamte des abgebenden Gerichts den Kostenbeamten der übernehmenden Gerichte eine beglaubigte Abschrift der Kostenrechnung zu übersenden und sie über das sonst von ihm Veranlaßte zu unterrichten. Von Zahlungsanzeigen und sonstigen Zahlungsnachweisen sind beglaubigte Ablichtungen zu übersenden.

(7) Die Gebühr für die Eröffnung einer Verfügung von Todes wegen und die Gebühr für die Beurkundung einer eidesstattlichen Versicherung zwecks Erwirkung eines Erbscheins werden stets beim Nachlaßgericht angesetzt (§ 103 Abs. 3, § 107 Abs. 1 Satz 2 KostO). Erfolgt die Eröffnung oder die Beurkundung bei einem anderen Gericht, so ist das Nachlaßgericht zu verständigen. Diese Bestimmungen gelten auch dann, wenn die beiden Gerichte in verschiedenen Ländern der Bundesrepublik liegen. Soweit das Landwirtschaftsgericht an die Stelle des Nachlaßgerichts tritt, wird auch die Gebühr nach § 107 Abs. 1 Satz 2 KostO beim Landwirtschaftsgericht angesetzt.

(8) Die im amtsgerichtlichen Entmündigungsverfahren durch die Mitwirkung der Staatsanwaltschaft entstandenen Auslagen werden bei dem Gericht (Absatz 1) angesetzt. Die Geschäftsstelle der Staatsanwaltschaft teilt nach Zustellung des Entmündigungsbeschlusses der Geschäftsstelle des Amtsgerichts mit, ob und in welcher Höhe bei der Staatsanwaltschaft Auslagen entstanden sind.

(9) Die Gebühren bei Eintragungen in das Register einer Zweigniederlassung (§ 79 KostO), die nicht die Errichtung oder Aufhebung einer Zweigniederlassung betreffen, sind ausschließlich beim Gericht der Hauptniederlasseng (des Sitzes) anzusetzen. Wird gleichzeitig mit der Eintragung der Errichtung einer Zweigniederlassung eine Prokura in das Register des Gerichts der Zweigniederlassung eingetragen, so wird die anfallende Gebühr beim Gericht der Zweigniederlassung angesetzt. Im übrigen setzen die Gerichte der Zweigniederlassungen nur die bei ihnen entstehenden Auslagen (Bekanntmachungskosten) an. Die Geschäftsstelle des Gerichts der Hauptniederlassung vermerkt auf der für die Zweigniederlassung bestimmten Anmeldung, daß die Eintragungsgebühren berechnet sind. Diese Bestimmungen gelten auch dann, wenn die Niederlassungen in verschiedenen Ländern der Bundesrepublik liegen.

§ 6 Kostenansatz bei Verweisung eines Rechtsstreits an ein Gericht eines anderen Landes

(1) Wird ein Rechtsstreit an ein Gericht eines anderen Landes der Bundesrepublik verwiesen, so ist für den Kostenansatz der Kostenbeamte des

Gerichts zuständig, das nach der Ländervereinbarung (vgl. Anlage 1) die Kosten einzuziehen hat.

(2) Einzuziehende Beträge, die nach § 130 BRAGO auf die Landeskasse übergegangen sind, werden im Falle der Verweisung eines Rechtsstreits an ein Gericht eines anderen Landes bei dem Gericht angesetzt, an das der Rechtsstreit verwiesen worden ist (vgl. Anlage 2).

Anlage 1 (zu § 6 Abs. 1)

Kosten bei Verweisung oder Abgabe eines Verfahrens an ein Gericht eines anderen Landes

1. Wird ein Verfahren an ein Gericht eines anderen Landes verwiesen, so werden die Kosten (Gebühren und Auslagen), die vor der Verweisung fällig geworden sind, bei dem verweisenden Gericht angesetzt und eingezogen. Kostenvorschüsse werden bei dem verweisenden Gericht eingezogen, wenn sie bereits vor der Verweisung angesetzt waren oder das Gericht eine Amtshandlung von ihrer Zahlung abhängig gemacht hatte.

2. Die nach der Verweisung fällig werdenden Kosten werden ohne Rücksicht darauf, bei welchem Gericht sie entstanden sind, bei dem Gericht angesetzt und eingezogen, an das das Verfahren verwiesen worden ist. Dies gilt auch für Auslagenvorschüsse, die zwar vor der Verweisung fällig geworden sind, im Zeitpunkt der Verweisung bei dem verweisenden Gericht aber noch nicht angesetzt waren.

3. Sind nach der Verweisung eines Verfahrens Kosten zurückzuzahlen, so wird die Rückzahlung bei dem Gericht angeordnet, an das das Verfahren verwiesen worden ist, auch wenn die Kosten bei dem verweisenden Gericht eingezogen worden sind.

4. Die Nummern 1 bis 3 gelten auch bei der Abgabe eines Verfahrens.

5. Die Länder verzichten gegenseitig auf die Erstattung von Beträgen, die nach den Nummern 1 bis 4 eingezogen oder ausgezahlt werden.

Bemerkung. Wegen des Kostenausgleichs in seerechtlichen Verteilungsverfahren s Teil VII B 6 dieses Buchs.

Anlage 2 (zu § 6 Abs. 2)

Vergütung des beigeordneten Anwalts bei Verweisung oder Abgabe eines Verfahrens an ein Gericht eines anderen Landes

1. Wird ein Verfahren an ein Gericht eines anderen Landes verwiesen, so setzt der Urkundsbeamte der Geschäftsstelle dieses Gerichts die Vergütung des von dem verweisenden Gericht *im Weg einer Prozeßkostenhilfe* beigeordneten Anwalts fest; er erteilt auch die Auszahlungsanordnung. Die Vergütung des beigeordneten Anwalts wird aus den Haushaltsmitteln des Landes gezahlt, an dessen Gericht das Verfahren verwiesen worden ist.

2. Nummer 1 gilt nicht, wenn bereits vor der Versendung der Akten der Anspruch fällig geworden und der Festsetzungsantrag bei dem verweisenden Gericht eingegangen ist. Die Geschäftsstelle des verweisenden Gerichts hat Festsetzungsanträge, die nachher bei ihr eingehen, an die nach Nummer 1 zuständige Geschäftsstelle weiterzugeben.

3. Die Nummern 1 und 2 gelten auch bei der Abgabe eines Verfahrens.

4. Die Länder verzichten gegenseitig auf die Erstattung der Ausgaben, die nach den Nummern 1 und 3 für ein anderes Land geleistet werden, sowie auf die Abführung der Einnahmen, die sich auf Grund des § 130 der Bundesgebührenordnung für Rechtsanwälte ergeben.

§ 7 Voraussetzungen des Kostenansatzes und Feststellung der Kostenschuldner im allgemeinen

(1) Wer Kostenschuldner ist und in welchem Umfang er haftet, stellt der Kostenbeamte fest. Dabei ist zu beachten, daß nach § 54 Nr. 3 GKG auch Dritte, die kraft Gesetzes, und nach § 3 Nr. 3 KostO sowie nach § 6 Abs. 1 Nr. 3 JVKostO auch Dritte, die nach den Vorschriften des bürgerlichen Rechts kraft Gesetzes für die Kostenschuld eines anderen haften (z. B. Erben, Ehegatten, Vermögensübernehmer usw.), als Kostenschuldner auf Leistung oder Duldung der Zwangsvollstreckung in Anspruch genommen werden können. Sind Ehefrauen Kostenschuldner, so ist insbesondere auch festzustellen, ob der Ehemann als Gesamtschuldner für die Kosten haftet (vgl. dazu § 27 Abs. 2 Satz 1).

(2) Haften mehrere Kostenschuldner als Gesamtschuldner, so bestimmt der Kostenbeamte unter Beachtung der Grundsätze in § 8, wer zunächst in Anspruch genommen werden soll.

(3) Die Ermittlung und Feststellung von Personen, die nicht der Staatskasse für die Kostenschuld haften, sondern nur dem Kostenschuldner gegenüber zur Erstattung der Kosten verpflichtet sind, ist nicht Sache des Kostenbeamten.

§ 8 Kostengesamtschuldner

(1) Soweit in Angelegenheiten, für die das Gerichtskostengesetz gilt, einer gesamtschuldnerisch haftenden Partei die Kosten durch gerichtliche Entscheidung auferlegt oder von ihr durch eine vor Gericht abgegebene oder ihm mitgeteilte Erklärung übernommen sind, soll die Haftung der anderen gesamtschuldnerisch haftenden Partei (des Zweitschuldners) nur geltend gemacht werden, wenn eine Zwangsvollstreckung in das bewegliche Vermögen der erstgenannten Partei (des Erstschuldners) erfolglos geblieben ist oder aussichtslos erscheint (§ 58 Abs. 2, § 69 GKG). Das gleiche gilt in Verfahren in Landwirtschaftssachen (§ 47 Abs. 1 des Gesetzes über das gerichtliche Verfahren in Landwirtschaftssachen vom 21. 7. 1953 – Bundesgesetzbl. I S. 667). Daß die Zwangsvollstreckung aussichtslos sei, kann regelmäßig dann angenommen werden, wenn gegen den Erstschuldner im Ausland vollstreckt werden müßte.

(2) Soweit einem Kostenschuldner, der aufgrund von § 54 Nr. 1 GKG haftet, Prozeßkostenhilfe bewilligt ist, soll die Haftung eines anderen Kostenschuldners nicht geltend gemacht werden (§ 58 Abs. 2 Satz 2 GKG).

(3) In allen sonstigen Fällen der gesamtschuldnerischen Haftung für die Kosten bestimmt der Kostenbeamte nach pflichtmäßigem Ermessen, ob der geschuldete Betrag von einem Kostenschuldner ganz oder von meh-

reren nach Kopfteilen angefordert werden soll. Soweit die Sicherheit der Staatskasse keine andere Art der Inanspruchnahme geboten erscheinen läßt, sollen die Kosten regelmäßig zunächst angefordert werden

1. von dem Schuldner, dem sie durch gerichtliche Entscheidung auferlegt sind oder der sie durch Erklärung gegenüber dem Gericht übernommen hat;
2. in Ermangelung einer solchen Entscheidung oder Übernahmeerklärung von dem Schuldner, der sie im Verhältnis zu den übrigen endgültig zu tragen hat;
3. wenn dieses Innenverhältnis dem Kostenbeamten nicht bekannt ist oder wenn mehrere Schuldner auch im Verhältnis zueinander gleichmäßig haften, von sämtlichen Kostenschuldnern nach Kopfteilen.

Ist anzunehmen, daß einer dieser Gesamtschuldner zur Zahlung überhaupt nicht oder nur in Teilbeträgen in der Lage wäre, so sind die gesamten Kosten zunächst nur von den übrigen anzufordern.

Bemerkung. Wegen Art 3 I GG kann die Behörde an die Einhaltung auch im Verfahren nach § 5 GKG gebunden sein, Kblz Rpfleger **88**, 384.

§ 9 Kosten bei Bewilligung von Prozeßkostenhilfe

Bei Bewilligung von Prozeßkostenhilfe sind die Durchführungsbestimmungen zum Gesetz über die Prozeßkostenhilfe (DB-PKHG) zu beachten.

Bemerkung. Die Durchführungsbestimmungen sind im Teil VII B Z 5 dieses Buchs abgedruckt.

§ 10 Unvermögen des Kostenschuldners in anderen Fällen

(1) In anderen als den in § 8 Abs. 2 und in der Nr. 3.1 der Durchführungsbestimmungen zum Gesetz über die Prozeßkostenhilfe (DB-PKHG) bezeichneten Fällen darf der Kostenbeamte vom Ansatz der Kosten nur dann absehen, wenn das dauernde Unvermögen des Kostenschuldners zur Zahlung offenkundig oder ihm aus anderen Vorgängen bekannt ist, oder wenn sich der Kostenschuldner dauernd an einem Ort aufhält, an dem eine Beitreibung keinen Erfolg verspricht. Das dauernde Unvermögen des Kostenschuldners ist nicht schon deshalb zu verneinen, weil er möglicherweise später einmal in die Lage kommen könnte, die Schuld ganz oder teilweise zu bezahlen. Wenn dagegen bestimmte Gründe vorliegen, die dies mit einiger Sicherheit erwarten lassen, liegt dauerndes Unvermögen nicht vor.

(2) Ohne Rücksicht auf das dauernde Unvermögen des Kostenschuldners sind die Kosten anzusetzen,

1. wenn ein zahlungsfähiger Kostenschuldner für die Kosten mithaftet;
2. wenn anzunehmen ist, daß durch Ausübung des Zurückbehaltungsrechts (§ 25) die Zahlung der Kosten erreicht werden kann, insbesondere dann, wenn ein anderer Empfangsberechtigter an der Aushändigung der zurückbehaltenen Schriftstücke ein Interesse hat;

3. wenn die Kosten zugleich mit einem Geldbetrag im Sinne des § 1 Abs. 1 der Einforderungs- und Beitreibungsanordnung einzuziehen sind (§ 4 Abs. 6);
4. wenn es sich um Gebühren oder Vorschüsse handelt, von deren Entrichtung die Vornahme einer Amtshandlung abhängt (§ 31).

(3) Angaben im Verfahren über die Prozeßkostenhilfe, Feststellungen im Strafverfahren über die Einkommens- und Vermögensverhältnisse des Beschuldigten (Nr. 14 der Richtlinien für das Strafverfahren und das Bußgeldverfahren) oder Mitteilungen der Gerichtskasse können dem Kostenbeamten einen Anhalt für seine Entschließung bieten. Er wird dadurch aber nicht von der Verpflichtung entbunden, selbständig zu prüfen und zu entscheiden, ob tatsächlich Unvermögen zur Zahlung anzunehmen ist. Nötigenfalls stellt er geeignete Ermittlungen an. In Strafsachen sind an Stellen außerhalb der Justizverwaltung Anfragen nach den wirtschaftlichen Verhältnissen des Kostenschuldners nur ausnahmsweise und nur dann zu richten, wenn nicht zu befürchten ist, daß dem Kostenschuldner aus diesen Anfragen Schwierigkeiten erwachsen könnten. Bei der Fassung etwaiger Anfragen ist jeder Hinweis darauf zu vermeiden, daß es sich um Kosten aus einer Strafsache handelt.

(4) Der Kostenbeamte vermerkt in den Akten, daß er die Kosten nicht angesetzt hat; er gibt dabei die Gründe kurz an und verweist auf die Aktenstelle, aus der sie ersichtlich sind.

(5) Nach Absatz 1 außer Ansatz gelassene Kosten sind anzusetzen, wenn Anhaltspunkte dafür bekannt werden, daß eine Einziehung Erfolg haben wird.

§ 10a Absehen von Wertermittlungen

In den Fällen des § 96 KostO kann von Wertermittlungen abgesehen werden, wenn nicht Anhaltspunkte dafür bestehen, daß das reine Mündelvermögen mehr als 50000 Deutsche Mark beträgt.

§ 11 Kostenansatz bei gegenständlich beschränkter Gebührenfreiheit

(1) Bei Erbscheinen und ähnlichen Zeugnissen (§§ 107, 109, 111 KostO), die zur Verwendung in einem bestimmten Verfahren gebührenfrei oder zu ermäßigten Gebühren zu erteilen sind, hat der Kostenbeamte die Urschrift und Ausfertigung der Urkunde mit dem Vermerk „Zum ausschließlichen Gebrauch für das . . .-verfahren gebührenfrei – zu ermäßigten Gebühren – erteilt“ zu versehen. Die Ausfertigung ist der Behörde oder Dienststelle, bei der das Verfahren anhängig ist, mit dem Ersuchen zu übersenden, den Beteiligten weder die Ausfertigung auszuhändigen noch eine Abschrift zu erteilen.

(2) Auf § 107a Abs. 2 Satz 2 KostO wird hingewiesen.

§ 12 Haftkosten

Die Erhebung von Kosten der Vollstreckung von Freiheitsstrafen oder freiheitsentziehenden Maßregeln der Besserung und Sicherung richtet sich nach § 10 JVKostO in Verbindung mit den hierzu ergangenen besonderen Bestimmungen. Die Kosten der Untersuchungshaft sowie einer sonstigen Haft außer Zwangshaft, die Kosten einer einstweiligen Unterbringung (§ 126a StPO), einer Unterbringung zur Beobachtung (§ 81 StPO, § 73 JGG) und einer einstweiligen Unterbringung in einem Erziehungsheim (§ 71 Abs. 2, § 72 Abs. 3 JGG) werden nur angesetzt, wenn sie nach den für die Freiheitsstrafe geltenden Vorschriften (vgl. § 10 JVKostO) zu erheben wären (Nr. 1910 des Kostenverzeichnisses der Anlage 1 zum Gerichtskostengesetz).

§ 13 Zeit des Kostenansatzes im allgemeinen

(1) Soweit nichts anderes bestimmt oder zugelassen ist, werden Kosten alsbald nach Fälligkeit angesetzt (z. B. §§ 61 bis 64 GKG, § 7 KostO) und Kostenvorschüsse berechnet, sobald sie zu leisten sind (z. B. §§ 66 bis 69 GKG, § 8 KostO). In finanzgerichtlichen Verfahren werden Gebühren und Auslagen jedoch erst nach rechtskräftigem Abschluß oder nach anderweitiger Beendigung des Verfahrens angesetzt.

(2) Auslagen sind in der Regel erst bei Beendigung des Rechtszuges anzusetzen, wenn kein Verlust für die Staatskasse zu befürchten ist. Das gleiche gilt für die Abrechnung der zu ihrer Deckung erhobenen Vorschüsse. Werden jedoch im Laufe des Verfahrens Gebühren fällig, so sind mit ihnen auch die durch Vorschüsse nicht gedeckten Auslagen anzusetzen.

(3) Absatz 2 gilt nicht

1. für Auslagen, die in Verfahren vor einer ausländischen Behörde entstehen;
2. für Auslagen, die einer an der Sache nicht beteiligten Person zur Last fallen.

(4) Steht zu dem in Absatz 1 bezeichneten Zeitpunkt der den Gebühren zugrunde zu legende Wert noch nicht endgültig fest, so werden die Gebühren unter dem Vorbehalt späterer Berichtigung nach einer vorläufigen Wertannahme angesetzt. Auf rechtzeitige Berichtigung ist zu achten (vgl. § 7 GKG, § 15 KostO); in Angelegenheiten, auf die die Kostenordnung Anwendung findet, ist erforderlichenfalls dem Kostenschuldner mitzuteilen, daß ein Wertermittlungsverfahren eingeleitet ist (§ 15 Satz 2 KostO).

§ 14 Zeit des Kostenansatzes in besonderen Fällen

I. Gebühr für die Durchführung des Konkursverfahrens

– zu Nr. 1420 des Kostenverzeichnisses der Anlage 1 zum Gerichtskostengesetz –

(1) Es sind anzusetzen

1. eine volle Gebühr, sobald eine ausreichende Barmasse vorhanden ist; dabei sind die Nrn. 1424 und 1425 des Kostenverzeichnisses der Anlage 1 zum Gerichtskostengesetz zu beachten;
2. eine weitere volle Gebühr nach Ablauf der Anmeldefrist;

3. die restliche volle Gebühr bei Beendigung des Konkurses, wenn das Verfahren nicht gemäß §§ 202, 204 KO eingestellt wird.

(2) Bei Einstellung des Konkursverfahrens oder bei gerichtlicher Bestätigung eines Zwangsvergleichs hat der Kostenbeamte den Konkursverwalter schriftlich aufzufordern, einen Betrag zurückzubehalten, der zur Deckung der näher zu bezeichnenden Gerichtskosten ausreicht.

II. Auslagen in Genossenschaftssachen

In Genossenschaftssachen sind die Auslagen in der Regel am Schluß eines jeden Kalenderjahres anzusetzen.

III. Kosten in Vormundschafts- und Dauerpflegschaftssachen

Die nach §§ 92, 93 Abs. 2 KostO bei Vormundschaften und Dauerpflegschaften zu Beginn eines jeden Kalenderjahres fällig werdenden Gebühren können, wenn kein Verlust für die Staatskasse zu besorgen ist, gelegentlich der Prüfung der jährlichen Rechnungslegung angesetzt werden. Zur Sicherstellung des rechtzeitigen Ansatzes dieser Gebühren sind die in Betracht kommenden Akten von dem Kostenbeamten in ein Verzeichnis einzutragen, das mindestens folgende Spalten enthält:

1. Lfd. Nr. 2. Aktenzeichen 3. Bezeichnung der Sache 4. Jahresgebühr berechnet am:

IV. Kosten der Strafhaft

Kosten der Strafhaft sind – vorbehaltlich des § 10 – anzusetzen, sobald eine Mitteilung der Vollzugsanstalt eingeht, aus der sich ergibt, inwieweit die Voraussetzungen für den Ansatz gegeben sind.

V. Kosten in Wohnungsbausachen

Nach § 1 Abs. 2 Satz 2 und § 3 Abs. 2 Satz 2 des Gesetzes über Gebührenbefreiungen beim Wohnungsbau vom 30. 5. 1953 – Bundesgesetzbl. I S. 273 – in der Fassung des § 27 des Wohnungsmodernisierungsgesetzes vom 23. 8. 1976 – Bundesgesetzbl. I S. 2429 – sind die zunächst nicht angesetzten Gebühren nachträglich zu erheben, sobald die dort genannten Voraussetzungen vorliegen. Zur Überwachung der nachträglichen Gebührenerhebung sind die in Betracht kommenden Sachen in eine in Anlehnung an das Muster 2 zur Aktenordnung zu führende Überwachungsliste einzutragen. Der Kostenbeamte hat die Liste zu Beginn eines jeden Kalenderjahres durchzusehen, zu prüfen, in welchen Sachen die Voraussetzungen für die nachträgliche Gebührenerhebung eingetreten sind, und das Erforderliche zu veranlassen. Fällt der Überwachungsgrund weg, so ist die betreffende Eintragung in der Überwachungsliste rot durchzustreichen.

Bemerkung. Das Gesetz über Gebührenbefreiungen beim Wohnungsbau ist im Anhang I nach § 11 KostO, Teil III diese Buchs, abgedruckt. Es ist mit Wirkung vom 1. 1. 1990 aufgehoben worden, Art 22 III, 29 III Steuerreformgesetz v 25. 7. 88, BGBl 1093. Das zugehörige Überleitungsrecht ist ebenfalls im Anhang I nach § 11 KostO abgedruckt. Wegen der niedersächsischen VerwAnO zu V und der Folgen ihrer Nichtbeachtung (§ 16 KostO) LG Brschw Rpfleger **85**, 258.

VI. Gebühren in Familiensachen

Gebühren in Familiensachen nach § 621 Abs. 1 Nr. 4, 5 und 8 ZPO, die Folgesachen einer Scheidungssache sind, sollen erst angesetzt werden, wenn eine unbedingte Entscheidung über die Kosten ergangen ist oder das Verfahren oder die Instanz durch Vergleich, Zurücknahme oder anderweitige Erledigung beendigt ist. Dies gilt nicht, wenn ein Verlust für die Staatskasse zu befürchten ist.

§ 15 Feststellung des letzten Einheitswertes

– zu § 19 Abs. 2, § 26 Abs. 2 KostO –

(1) Ist der Einheitswert von Grundbesitz oder Betriebsvermögen festzustellen (§ 19 Abs. 2, § 26 Abs. 2 KostO), so genügt als Nachweis die Vorlage des Steuerbescheides (Feststellungsbescheides, Einheitswertbescheides), sofern sich der Einheitswert des Grundbesitzes nicht schon aus der steuerlichen Unbedenklichkeitsbescheinigung ergibt.

(2) Das Finanzamt ist um Auskunft über die Höhe des Einheitswertes oder um Erteilung einer Abschrift des Einheitswertbescheides nur zu ersuchen, wenn der Kostenschuldner den Steuerbescheid nicht vorlegt, ausnahmsweise auch dann, wenn die Wertermittlung besonders schwierig ist. § 24 Abs. 6 AktO ist zu beachten.

§ 16 Gebührenansatz bei gleichzeitiger Belastung mehrerer Grundstücke

– zu § 63 Abs. 3, § 64 Abs. 6, § 65 Abs. 2, § 67 KostO –

Wird die Belastung mehrerer Grundstücke mit einem und demselben Recht gleichzeitig beantragt und wird das Grundbuch über die mehreren Grundstücke bei verschiedenen Grundbuchämtern geführt (§ 63 Abs. 3 KostO), so haben sich die Kostenbeamten der beteiligten Grundbuchämter wegen des Gebührenansatzes durch Mitteilung einer Abschrift der Kostenrechnung miteinander zu verständigen. Das gleiche gilt in den Fällen der §§ 64 Abs. 6, 65 Abs. 2 und 67 KostO.

§ 17 Gebührenansatz bei beglaubigten Abschriften und Bescheinigungen

– zu §§ 73, 89, 126 Abs. 3 KostO –

(1) Werden demselben Antragsteller gleichzeitig mehrere gleichlautende Abschriften oder Bescheinigungen

a) aus dem Grundbuch (§ 73 KostO),
b) aus dem Handelsregister, dem Vereinsregister, dem Güterrechtsregister, dem Musterregister, dem Genossenschaftsregister, dem Schiffsregister, dem Schiffsbauregister oder dem Kabelbuch (§ 89 KostO)

erteilt, so ist als Gebühr für die zweite und die weiteren Abschriften (Bescheinigungen) lediglich der geringste in den §§ 73, 89 Abs. 1 KostO vorgesehene Betrag von je 15 Deutsche Mark anzusetzen. Die gleiche

Gebühr ist anzusetzen, wenn im Anschluß an eine bereits erteilte Abschrift oder Bescheinigung bestätigt wird, daß weitere Eintragungen nicht vorhanden sind oder daß eine bestimmte Eintragung nicht erfolgt ist.

(2) Absatz 1 gilt in den Fällen des § 126 Abs. 3 KostO entsprechend.

§ 18 Schreibauslagen bei persönlicher oder sachlicher Gebührenfreiheit

– zu Nr. 1900 Nr. 1 Buchstabe c des Kostenverzeichnisses der Anlage 1 zum Gerichtskostengesetz, § 136 Abs. 1 Nr. 3 KostO –

Ein Fall der sachlichen oder persönlichen Gebührenfreiheit im Sinne der Nr. 1900 Nr. 1 Buchstabe c des Kostenverzeichnisses der Anlage 1 zum Gerichtskostengesetz und des § 136 Abs. 1 Nr. 3 KostO ist nur gegeben, wenn für ein an sich gebührenpflichtiges Geschäft auf Grund des § 2 GKG, des § 11 KostO oder auf Grund einer besonderen, außerhalb der genannten Kostengesetze getroffenen Regelung zur Förderung bestimmter Zwecke oder zur Begünstigung bestimmter Personen oder Personengruppen Gebührenbefreiung gewährt wird.

§ 19 *(weggefallen)*

§ 20 Vordrucksauslagen für Hypotheken-, Grundschuld- und Rentenschuldbriefe

– zu § 136 Abs. 4 KostO –

Für jeden verwendeten Vordruck für Hypotheken-, Grundschuld- und Rentenschuldbriefe sind 50 Deutsche Pfennig als Auslagen zu erheben. Die Auslagen werden nur angesetzt, soweit sie gleichzeitig mit anderen Kosten einzufordern sind. § 3 Abs. 4 Buchstabe d findet insoweit keine Anwendung.

§ 21 Gerichtsvollzieherkosten

– zu § 3 Abs. 3 GVKostG –

Hat der Gerichtsvollzieher bei Aufträgen, die ihm vom Gericht erteilt werden, die Gerichtsvollzieherkosten (Gebühren und Auslagen) zu den Akten mitgeteilt und nicht angezeigt, daß er sie eingezogen hat, so sind sie als Auslagen des gerichtlichen Verfahrens anzusetzen (vgl. § 3 Abs. 3 GVKostG, § 27 Abs. 8 Satz 3).

§ 22 Kostensicherung

(1) Zur Sicherung des Kosteneingangs sehen die Kostengesetze vor

1. die Erhebung von Kostenvorschüssen, von denen die Vornahme einer Amtshandlung nicht abhängt (z. B. §§ 66, 68 Abs. 3 GKG, § 8 Abs. 1 KostO);

2. die Zurückstellung von Amtshandlungen bis zur Entrichtung bestimmter Gebühren oder Kostenvorschüsse (z. B. § 64 Abs. 2, § 65 GKG, § 8 Abs. 2 KostO, § 7 Abs. 2 Satz 2 JVKostO);
3. die Zurückbehaltung von Urkunden bis zur Bezahlung der Kosten (§ 25).

(2) Die Erhebung eines Kostenvorschusses, von dessen Zahlung die Amtshandlung nicht abhängt (Abs. 1 Nr. 1), ordnet der Kostenbeamte selbständig an. Das gleiche gilt in den Fällen des § 65 GKG, jedoch ist der Eingang zunächst dem Richter (Rechtspfleger) vorzulegen, wenn sich daraus ergibt, daß die Erledigung der Sache ohne Vorauszahlung angestrebt wird.

(3) Wenn nach gesetzlicher Vorschrift die Vornahme des Geschäfts von der Vorauszahlung der Kosten abhängig gemacht werden soll (z. B. §§ 379a, 390 Abs. 4 StPO, § 68 Abs. 1 Satz 2 GKG, § 8 Abs. 2 KostO), hat der Kostenbeamte vor der Einforderung des Vorschusses die Entscheidung des Richters (Rechtspflegers) einzuholen; dies gilt nicht in den Fällen des § 65 GKG (vgl. oben Abs. 2 Satz 2).

(4) In Justizverwaltungsangelegenheiten bestimmt der nach § 53 zuständige Beamte die Höhe des Vorschusses.

(5) Ist die Vornahme einer Amtshandlung nicht von der Zahlung eines Auslagenvorschusses abhängig, so soll dieser regelmäßig nur erfordert werden, wenn die Auslagen mehr als 50 Deutsche Mark betragen oder ein Verlust für die Staatskasse zu befürchten ist.

(6) In den Fällen des Abs. 1 Nr. 1 und 3 sowie des § 64 Abs. 2 GKG und in gleichartigen Fällen ist ein Vorschuß nicht zu erheben, wenn eine Gemeinde, ein Gemeindeverband oder eine sonstige Körperschaft des öffentlichen Rechts Kostenschuldner ist.

§ 23 Sicherstellung nach § 8 Abs. 2 KostO

Wird Sicherstellung zugelassen, so wird der Vorschuß zwar berechnet, aber nicht nach § 4 Abs. 2 angefordert. Die Sicherheit kann vorbehaltlich anderer Anordnungen des Richters (Rechtspflegers) in der in den §§ 232 bis 240 BGB vorgesehenen Weise geleistet werden. Die Verwertung der Sicherheit ist Sache der Gerichtskasse, nachdem ihr die aus Anlaß des Geschäfts erwachsenen Kosten zur Einziehung überwiesen sind.

§ 24 Jährliche Vorschüsse im Zwangsverwaltungsverfahren

– zu § 66 Abs. 2 GKG –

Der jährlich zu erhebende Gebührenvorschuß soll regelmäßig auf sechs Zehntel der vollen Gebühr, mindestens auf den nach Nr. 1560 des Kostenverzeichnisses der Anlage 1 zum Gerichtskostengesetz zu erhebende Mindestbetrag, bemessen werden. Daneben ist ein Auslagenvorschuß in Höhe der im laufenden Jahr voraussichtlich erwachsenden Auslagen zu erheben.

§ 25 Zurückbehaltungsrecht

– zu § 10 KostO, § 64 Abs. 2 GKG, § 7 Abs. 3 JVKostO –

(1) In Angelegenheiten, auf die die Kostenordnung anzuwenden ist, und in Justizverwaltungsangelegenheiten sind Bescheinigungen, Ausfertigungen, Abschriften sowie zurückzugebende Urkunden, die aus Anlaß des Geschäfts von einem Kostenschuldner oder von einer sonstigen Person eingereicht sind, regelmäßig bis zur Zahlung der in der Angelegenheit erwachsenden Kosten zurückzubehalten. § 10 Abs. 2 KostO ist im Falle des § 64 Abs. 2 GKG und in Justizverwaltungsangelegenheiten entsprechend anzuwenden. Die Entscheidung trifft der Kostenbeamte.

(2) Kosten, von deren Entrichtung die Herausgabe abhängig gemacht wird, sind so bald wie möglich anzusetzen. Können sie noch nicht endgültig berechnet werden, so sind sie vorbehaltlich späterer Berichtigung vorläufig anzusetzen.

(3) Ist ein anderer als der Kostenschuldner zum Empfang des Schriftstücks berechtigt, so hat ihn der Kostenbeamte von der Ausübung des Zurückbehaltungsrechts zu verständigen. Erhält der Empfangsberechtigte in derselben Angelegenheit eine sonstige Mitteilung, so ist die Nachricht, daß das Schriftstück zurückbehalten wird, nach Möglichkeit damit zu verbinden.

(4) Wegen des Vermerks der Ausübung des Zurückbehaltungsrechts und der Aufführung des dritten Empfangsberechtigten in der Kostenrechnung wird auf § 27 Abs. 7 verwiesen.

(5) Für die sichere Verwahrung von Wertpapieren, Sparkassenbüchern, Hypothekenbriefen und sonstigen Urkunden von besonderem Wert ist Sorge zu tragen.

(6) Die zurückbehaltenen Schriftstücke sind an den Empfangsberechtigten herauszugeben,

1. wenn die Gerichtskasse anzeigt, daß die Kosten gezahlt sind (vgl. § 27 Abs. 7),
2. wenn die Anordnung, daß Schriftstücke zurückzubehalten sind, vom Kostenbeamten oder durch gerichtliche Entscheidung aufgehoben wird.

Der Kostenbeamte hat in den Fällen der Nr. 2 die Gerichtskasse von der Herausgabe zu verständigen.

§ 26 *(weggefallen)*

§ 27 Inhalt der Kostenrechnung

(1) Die Kostenrechnung enthält

1. die Bezeichnung der Sache und die Geschäftsnummer,
2. die einzelnen Kostenansätze und die Kostenvorschüsse unter Hinweis auf die angewendete Vorschrift, bei Wertgebühren auch den der Berechnung zugrunde gelegten Wert,

3. den Gesamtbetrag der Kosten, der auf volle 10 Deutsche Pfennig nach unten abzurunden ist,
4. Namen, Anschrift und – soweit bekannt – Beruf und ggf. Geschäftszeichen der Kostenschuldner.

(2) Haften mehrere als Gesamtschuldner oder hat ein Kostenschuldner die Zwangsvollstreckung in ein bestimmtes Vermögen zu dulden, so ist dies zu vermerken. Bei der anteilmäßigen Inanspruchnahme des Kostenschuldners (zB § 8 Abs. 3) ist ein eindeutiger Vorbehalt über die Möglichkeit einer weiteren Inanspruchnahme in die Kostenrechnung aufzunehmen. Unter Beachtung der Grundsätze in § 8 Abs. 3 ist weiter anzugeben, wie die einzelnen Gesamtschuldner zunächst in Anspruch genommen werden sollen. Erst- und Zweitschuldner (§ 8 Abs. 1) sind ausdrücklich als solche zu bezeichnen. Wird der Zweitschuldner vor dem Erstschuldner in Anspruch genommen (§ 8 Abs. 1), so sind die Gründe hierfür kurz anzugeben.

(3) Ist bei mehreren Kostengesamtschuldnern damit zu rechnen, daß der zunächst in Anspruch Genommene die Kosten bezahlen wird, so kann im Verfahren des ersten Rechtszuges die Aufführung der weiteren Gesamtschuldner durch ausdrücklichen Vermerk vorbehalten werden.

(4) Ein Abweichen vom Regelwert (z. B. § 20 Abs. 2, § 30 Abs. 2 und 3 KostO) ist kurz zu begründen.

(5) Sind Kosten in Kostenmarken oder durch Verwendung von Gerichtskostenstemplern entrichtet oder durch Aktenausdrucke nach § 696 Abs. 2 Satz 1 ZPO mit Gerichtskostenrechnungen nachgewiesen, so ist zu vermerken, wo sich diese Zahlungsnachweise befinden. Sind Kosten bei der Gerichtskasse gebucht, so ist die Buchungsnummer anzugeben.

(6) Ergeben sich aus den Akten Anhaltspunkte dafür, daß noch weitere Kosten geltend gemacht werden können, die vom Kostenschuldner als Auslagen zu erheben sind (z. B. Pflichtverteidigervergütung, Sachverständigenentschädigung), so ist ein eindeutiger Vorbehalt über die Möglichkeit einer Inanspruchnahme für die weiteren, nach Art oder voraussichtlicher Höhe zu bezeichnenden Kosten in die Kostenrechnung aufzunehmen.

(7) Die Ausübung des Zurückbehaltungsrechts (§ 25) ist mit kurzer Begründung zu vermerken. Durch einen rot zu unterstreichenden Vermerk „ZA" ist die Kasse um Zahlungsanzeige zu ersuchen. Ist ein anderer als der Kostenschuldner zum Empfang des Schriftstücks berechtigt (§ 25 Abs. 3), so wird er gleichfalls in der Kostenrechnung aufgeführt.

(8) Enthält die Kostenrechnung Beträge, die anderen Berechtigten als der Staatskasse zustehen und nach der Einziehung an sie auszuzahlen sind (durchlaufende Gelder), so ist in Fällen, in denen sie der Kasse zur Einziehung überwiesen werden, die Gerichtskasse gleichfalls durch rot zu unterstreichenden Vermerk „ZA" um Zahlungsanzeige zu ersuchen. Der Empfangsberechtigte ist in der Kostenrechnung aufzuführen. Im Falle des § 21 ist der Gerichtsvollzieher als empfangsberechtigt zu bezeichnen.

(9) Wenn für einen Vorschuß Sicherheit geleistet ist (§ 23), so ist dies durch rot zu unterstreichenden Vermerk anzugeben.

(10) Der Kostenbeamte vermerkt weiter, was ihm über die Zahlungsfähigkeit, die Einkommens- und Vermögensverhältnisse eines Kostenschuldners sowie über sonstige Umstände (z. B. drohende Verjährung) bekannt ist, die für die Einziehungsmaßnahmen der Gerichtskasse von Bedeutung sein können. Falls der Gerichtskasse in derselben Angelegenheit bereits Kosten zur Einziehung bei demselben Kostenschuldner überwiesen worden sind, vermerkt der Kostenbeamte die Nummern des Kostensollbuchs (Kostenüberwachungsbuchs) dieser früheren Sollstellungen. Die Vermerke sind rot zu unterstreichen.

(11) Ist der Kostenschuldner im Hinblick auf die Höhe der Kostenschuld zur Zahlung innerhalb der regelmäßigen Zahlungsfrist offensichtlich nicht in der Lage, so hat der Kostenbeamte durch den Vermerk „Stundungshinweis" die Aufnahme eines entsprechenden Hinweises in die Reinschrift der Kostenrechnung sicherzustellen.

(12) Der Kostenbeamte hat die Kostenrechnung unter Angabe von Ort, Tag und Amtsbezeichnung zu unterschreiben.

Bemerkung. Ein Verstoß gegen einzelne Regelungen des § 27 ist unschädlich, sofern überhaupt eine überprüfbare Begründung vorliegt, BGH Rpfleger **75**, 432.

§ 28 *(weggefallen)*

§ 29 Reinschriften der Kostenrechnung

(1) Hat der Kostenbeamte die Überweisung der Kosten an die Gerichtskasse verfügt (§ 4 Abs. 2), so läßt die Geschäftsstelle für jeden Kostenschuldner, der in Anspruch genommen werden soll, eine Reinschrift der Kostenrechnung sowie als Durchschrift der Vorderseite eine Sollkarte anfertigen.

(2) Aus der Kostenrechnung werden in die Reinschrift übertragen

1. die den Kostenschuldner betreffenden Kostenansätze und die Hinweise auf die angewendeten Vorschriften,
2. bei Wertgebühren der der Berechnung zugrunde gelegte Wert,
3. die Einzelbeträge und der Gesamtbetrag der Kosten, die von dem Kostenschuldner erhoben werden sollen,
4. der Vermerk über die Ausübung des Zurückbehaltungsrechts,
5. der Vermerk über einen Vorbehalt nach § 27 Abs. 2 Satz 2 oder Abs. 6,
6. der Vermerk nach § 27 Abs. 2 Satz 5 über die Gründe der Inanspruchnahme des Zweitschuldners.

(3) Der Vermerk, daß der Kostenschuldner die Zwangsvollstreckung in ein bestimmtes Vermögen zu dulden habe (§ 27 Abs. 2 Satz 1), ist gleichfalls in die Reinschrift zu übertragen. Die in der Reinschrift enthaltene Zahlungsaufforderung ist in diesen Fällen durch die Aufforderung zu ersetzen, die Zwangsvollstreckung in das betreffende Vermögen zu dulden; ist der Kostenschuldner zugleich zahlungspflichtig, so ist er sowohl zur Zahlung als auch zur Duldung aufzufordern.

(4) Die Gründe für ein Abweichen vom Regelwert (§ 27 Abs. 4) werden nur auf ausdrückliche Anordnung des Kostenbeamten in die Reinschrift übertragen.

(5) Die in der Reinschrift enthaltene Aufforderung zur Zahlung wird von der Gerichtskasse unterschriftlich vollzogen oder mit dem Abdruck des Dienststempels versehen. Die in Absatz 3 vorgesehene Aufforderung zur Duldung der Zwangsvollstreckung ist in jedem Fall unterschriftlich zu vollziehen. Der Beamte der Geschäftsstelle ist für die Richtigkeit und Vollständigkeit der Reinschrift verantwortlich.

§ 30 Übersendung der Kostenrechnungen an die Gerichtskasse

(1) Die Geschäftsstelle leitet die Urschriften und die Reinschriften der Kostenrechnungen mit den Sollkarten ohne die Akten der zuständigen Gerichtskasse zu. Behörden am Sitz der Gerichtskasse geben die Unterlagen täglich, andere Behörden spätestens 3 Arbeitstage nach der letzten Absendung weiter. Die Zuleitung an die Gerichtskasse ist in den Akten zu vermerken.

(2) Die Urschrift der Kostenrechnung, die nach Abschluß des Verfahrens in der Rechtsmittelinstanz aufzustellen ist (Schlußkostenrechnung), wird der Gerichtskasse durch Vermittlung der Geschäftsstelle des Gerichts des ersten Rechtszuges übersandt, die auch für die Fertigung der erforderlichen Reinschriften und der Sollkarten zu sorgen hat. Sind Kosten des höheren Rechtszuges im Soll zu löschen oder zurückzuzahlen, so ist nach § 36 Abs. 3 zu verfahren. Der Kostenbeamte des ersten Rechtszuges hat vor Anordnung der Löschung im Soll oder der Rückzahlung zunächst festzustellen, ob die zum Soll gestellten Kosten des höheren Rechtszuges bereits entrichtet sind. Wenn diese Kostenforderung noch offensteht, ist die Löschung im Soll oder die Rückzahlung so anzuordnen, wie es für die beteiligten Gerichtskassen und den Kostenschuldner zweckdienlich ist.

(3) Absatz 2 gilt nicht für die bei einem obersten Gerichtshof des Bundes entstandenen Kosten.

§ 31 Einforderung der Kosten durch die Geschäftsstelle mit Kostennachricht

– zu §§ 379a, 390 Abs. 4 StPO, § 64 Abs. 2, §§ 65, 68 Abs. 1 Satz 2 GKG, § 8 Abs. 2 KostO –

(1) Vorweg zu erhebende Gebühren und Kostenvorschüsse, von deren Entrichtung die Vornahme einer Amtshandlung oder die Einleitung oder der Fortgang eines Verfahrens abhängig ist, fordert die Geschäftsstelle ohne vorherige Überweisung an die Gerichtskasse unmittelbar von dem Zahlungspflichtigen mit Kostennachricht an; das gleiche gilt im Falle der Ausübung des Zurückbehaltungsrechts. § 27 Abs. 1 ist zu beachten.

(2) Steht der Wert des Streitgegenstandes oder der Geschäftswert noch nicht endgültig fest, so sind der Berechnung vorläufig die Angaben des Klägers oder Antragstellers zugrunde zu legen, sofern sie nicht offenbar unrichtig sind.

(3) Hat das Gericht den Betrag des Vorschusses und die Zahlungsfrist selbst bestimmt (z. B. in den Fällen der §§ 379, 402 ZPO), so unterbleibt eine Kostennachricht; mit der Entscheidung ist ein nach § 32 Abs. 1 vorbereiteter Überweisungsträger zu übersenden.

(4) Hat der Zahlungspflichtige auf die Gebühren oder Vorschüsse (Absatz 1) Beträge bezahlt, die zur Deckung nicht völlig ausreichen, so ist er auf den Minderbetrag hinzuweisen; hat er noch keine Kostennachricht erhalten, so ist der Minderbetrag mit Kostennachricht anzufordern. Ist der Minderbetrag nur gering, so führt der Kostenbeamte zunächst eine Entscheidung des Richters (Rechtspflegers) darüber herbei, ob der Sache gleichwohl Fortgang zu geben sei. Wird der Sache Fortgang gegeben, so wird der fehlende Betrag der Gerichtskasse zur Einziehung überwiesen, falls er nicht nach den bestehenden Bestimmungen wegen Geringfügigkeit außer Ansatz bleibt; besteht der Richter (Rechtspfleger) dagegen auf der Zahlung des Restbetrages, so ist nach Satz 1 zu verfahren.

(5) Wird in den Fällen der §§ 379a, 390 Abs. 4 StPO der angeforderte Betrag nicht voll gezahlt, so sind die Akten alsbald dem Gericht (Vorsitzenden) zur Entscheidung vorzulegen.

§ 32 Behandlung der Kostennachrichten

(1) Allen Kostennachrichten ist ein auf ein Konto der Gerichtskasse oder, falls sich bei dem Gericht eine Gerichtszahlstelle befindet, auf deren Konto lautender Überweisungsträger beizufügen. Im Feld für die Angabe des Verwendungszwecks sind die Angelegenheit und das Aktenzeichen so zu bezeichnen, daß danach die Zahlungsanzeige zu den Sachakten erstattet werden kann.

(2) Die Kostennachricht soll dem Bevollmächtigten, insbesondere dem Prozeßbevollmächtigten oder Notar, nur dann zugesandt werden, wenn er sich zur Vermittlung der Zahlung erboten hat oder die genaue Anschrift des Zahlungspflichtigen unbekannt ist. In sonstigen Fällen wird die Kostennachricht dem Zahlungspflichtigen selbst zugesandt.

(3) Ist die Zahlung des Vorschusses an eine Frist geknüpft (z. B. in den Fällen der §§ 379a, 390 Abs. 4 StPO, § 18 GBO), so ist die Kostennachricht von Amts wegen zuzustellen. In sonstigen Fällen wird sie regelmäßig als Brief abgesandt.

(4) Wird der in der Kostennachricht enthaltenen Zahlungsaufforderung keine Folge geleistet, so hat der Kostenbeamte die in der Sache etwa entstandenen oder noch entstehenden Kosten zu berechnen und an die Gerichtskasse zur Einziehung zu überweisen. Das gleiche gilt, wenn die Anordnung, durch welche die Vornahme eines Geschäfts von der Vorauszahlung abhängig gemacht war, wieder aufgehoben oder wenn von der gesetzlich vorgesehenen Vorwegleistungspflicht eine Ausnahme bewilligt wird (z. B. nach § 65 Abs. 7 GKG). Kommt der zur Vorwegleistung Verpflichtete in den Fällen des § 65 Abs. 1, 3 bis 6 GKG der Zahlungsaufforderung nicht nach, so werden die in § 65 Abs. 1, 3 bis 6 GKG genannten Gebühren nicht angesetzt, falls sich der Zahlungspflichtige durch Rücknahme der Klage oder des Antrags von der Verpflichtung zur Zahlung befreien kann.

(3) War der Vorschuß mit Kostennachricht eingefordert, so ist dem Kostenschuldner eine Schlußkostenrechnung nur dann zu übersenden, wenn sich die endgültig festgestellte Kostenschuld mit dem Betrag des Vorschusses nicht deckt. Die Schlußkostenrechnung ist dann unverzüglich, jedenfalls vor Ablauf eines Monats nach Abschluß der Angelegenheit, zu übersenden.

Abschnitt III. Aufgaben nach Absendung der Kostenrechnung oder Kostennachricht

§ 33 Behandlung von Ersuchen und Mitteilungen der Gerichtskasse

(1) Ersucht die Gerichtskasse um Auskunft darüber, ob die Sachakten Näheres über die Einkommens- und Vermögensverhältnisse eines Kostenschuldners, insbesondere über das Vorhandensein pfändbarer Ansprüche, ergeben, so hat der Kostenbeamte die notwendigen Feststellungen zu treffen. Befinden sich die Akten beim Rechtsmittelgericht, so trifft diese Verpflichtung den Kostenbeamten dieses Gerichts.

(2) Gibt die Gerichtskasse die Kostenrechnung zurück, weil der darin genannte Kostenschuldner nach ihrer Kenntnis zahlungsunfähig ist, so hat der Kostenbeamte diese Beurteilung seiner weiteren Prüfung zugrunde zu legen, wenn ihm nicht Tatsachen bekannt sind, die der Auffassung der Gerichtskasse entgegenstehen, insbesondere Tatsachen, aus denen sich ergibt, daß der Kostenschuldner nur vorübergehend zahlungsunfähig ist. Schließt sich der Kostenbeamte der Auffassung der Gerichtskasse an, so prüft er, ob weitere Kostenschuldner vorhanden sind, und stellt gegebenenfalls eine neue Kostenrechnung auf. Bleibt der Kostenbeamte dagegen bei der Auffassung, daß der ursprüngliche Kostenschuldner zahlungsfähig ist, so gibt er die Kostenrechnung der Gerichtskasse mit einer kurzen Begründung seiner Auffassung zurück.

(3) Ersucht die Gerichtskasse um eine Änderung oder Ergänzung der Kostenrechnung, weil sie eine andere Heranziehung von Gesamtschuldnern oder eine Erstreckung der Kostenrechnung auf bisher nicht in Anspruch genommene Kostenschuldner für geboten hält, so hat der Kostenbeamte auf Grund der Ermittlungen der Gerichtskasse die Voraussetzungen für die Heranziehung dieser Kostenschuldner festzustellen (vgl. § 7 Abs. 1) und gegebenenfalls die Umschreibung des Kostensolls durch Aufstellung einer neuen oder Ergänzung der bisherigen Kostenrechnung zu veranlassen. Die Gründe für die Inanspruchnahme der weiteren Kostenschuldner sind in der Reinschrift der Kostenrechnung anzugeben. Soweit hierbei Kosten eines bereits erledigten Rechtsmittelverfahrens zu berücksichtigen sind, sind die dem Kostenbeamten obliegenden Dienstverrichtungen von dem Kostenbeamten des Gerichts des ersten Rechtszuges zu erledigen; dies gilt auch für die Beantwortung einer Zweitschuldnerfrage der Gerichtskasse.

(4) Die Bestimmungen des Absatzes 3 gelten entsprechend, wenn ein Kostenschuldner vorhanden ist, der wegen der Kostenschuld lediglich

die Zwangsvollstreckung in ein bestimmtes Vermögen (z. B. der Grundstückseigentümer bei dinglich gesicherten Forderungen, für die er nicht persönlich haftet) zu dulden hat.

(5) Wird dem Kostenbeamten eine Nachricht der Gerichtskasse über die Löschung des Kostensolls vorgelegt, so hat er die Löschung auf der Kostenrechnung zu vermerken, den Vermerk rot zu unterstreichen und zu prüfen, ob nach den Akten noch Einziehungsmöglichkeiten bestehen (z. B. durch Pfändung einer im Rechtsstreit zuerkannten Forderung, Heranziehung eines der Gerichtskasse bisher noch nicht benannten Mithaftenden); gegebenenfalls ist die Gerichtskasse zu verständigen. Das Ergebnis der Prüfung ist auf der Löschungsnachricht kurz zu vermerken.

(6) Eine Zahlungsanzeige, die sich auf einen der Gerichtskasse zur Einziehung überwiesenen Betrag bezieht und nicht bei den Sachakten zu verbleiben hat, ist von dem Kostenbeamten an die Gerichtskasse (Gerichtszahlstelle) zurückzusenden. Der Grund der Rückgabe ist auf der Zahlungsanzeige zu vermerken oder in einem Begleitschreiben mitzuteilen. Ferner hat der Kostenbeamte die für die Abwicklung des Betrages bei der Gerichtskasse (Gerichtszahlstelle) erforderlichen Hinweise zu geben. Die Rücksendung einer Zahlungsanzeige hat er auf der vorderen Innenseite des Aktenumschlags zu vermerken. Der Vermerk muß den Einzahler, den Betrag der Einzahlung, die Buchungsnummer und den Grund der Rückgabe enthalten.

(7) Die Rücksendung einer Zweitschuldneranfrage und das mitgeteilte Ergebnis hat der Kostenbeamte auf der Urschrift der Kostenrechnung zu vermerken.

§ 34 Prüfung der Kostenrechnungen nach Rückgabe

Nach Rückgabe der Kostenrechnungen durch die Gerichtskasse prüft die Geschäftsstelle, ob die Kostenrechnungen mit dem vorgeschriebenen Buchungsvermerk versehen sind. Kostenrechnungen, auf denen die Sollstellung in anderer Weise als vorgeschrieben (z. B. handschriftlich) bescheinigt ist, sind unverzüglich dem Behördenvorstand vorzulegen, der das Erforderliche zu veranlassen hat.

§ 35 Berichtigung des Kostenansatzes

(1) Der Kostenbeamte hat bei jeder Änderung der Kostenforderung den Kostenansatz zu berichtigen und, wenn hierdurch auch die Kosten eines anderen Rechtszuges berührt werden, den Kostenbeamten dieses Rechtszuges zu benachrichtigen, soweit er nicht selbst für den Kostenansatz des anderen Rechtszuges zuständig ist (z. B. § 5 Abs. 3).

(2) Solange eine gerichtliche Entscheidung oder eine Anordnung im Dienstaufsichtsweg nicht ergangen ist, hat er auf Erinnerung oder auch von Amts wegen unrichtige Kostenansätze richtigzustellen. Will er einer Erinnerung des Kostenschuldners nicht oder nicht in vollem Umfange abhelfen oder richtet sich die Erinnerung gegen Kosten, die auf Grund einer Beanstandung des Prüfungsbeamten angesetzt sind, so hat er sie mit den Akten dem Prüfungsbeamten vorzulegen.

§ 36 Nachträgliche Änderung der Kostenforderung

(1) Ändert sich nachträglich die Kostenforderung, so stellt der Kostenbeamte eine neue Kostenrechnung auf, es sei denn, daß die Kostenforderung völlig erlischt.

(2) Erhöht sich die Kostenforderung, so veranlaßt er die Nachforderung des Mehrbetrages nach §§ 29ff.

(3) Vermindert sie sich oder erlischt sie ganz, so ordnet er durch eine Kassenanordnung die Löschung im Soll oder die Rückzahlung an. Sind Kosten aus einem höheren Rechtszug zu löschen oder zurückzuzahlen, so erläßt, wenn die Sache noch bei dem mit dem Rechtsmittel befaßten Gericht anhängig ist, der Kostenbeamte dieses Gerichts, im übrigen der Kostenbeamte des ersten Rechtszuges die Kassenanordnung. Handelt es sich jedoch um die Kosten eines obersten Gerichtshofs des Bundes, so ist der Kostenbeamte dieses Gerichts zuständig. In der Kassenanordnung sind sämtliche in derselben Rechtssache zum Soll gestellten oder eingezahlten Beträge, für die der Kostenschuldner haftet, anzugeben; dabei hat der Kostenbeamte, wenn mehrere Beträge zum Soll stehen, diejenigen Beträge zu bezeichnen, für die weitere Kostenschuldner vorhanden sind. Die Anordnung der Löschung oder Rückzahlung ist unter Angabe des Betrages auf der Urschrift der Kostenrechnung in auffälliger Weise zu vermerken; der Vermerk ist rot zu unterstreichen. Die Kassenanordnung ist der Gerichtskasse zusammen mit den erforderlichen Reinschriften der neuen Kostenrechnung zuzuleiten. Eine Reinschrift der neuen Kostenrechnung ist nicht erforderlich, wenn der Grund der Rückzahlung bei der Auszahlung im unbaren Zahlungsverkehr auf dem für den Empfänger bestimmten Postabschnitt ausreichend bezeichnet werden kann. Die Sachakten sind regelmäßig nicht beizufügen.

(4) Wird eine Partei durch einen Bevollmächtigten vertreten, so ist die Rückzahlung an ihn anzuordnen,

a) wenn er eine Vollmacht seines Auftraggebers zu den Akten einreicht, die ihn allgemein zum Geldempfang oder zum Empfang der im Verfahren etwa zurückzuzahlenden Kosten ermächtigt, und wenn keine Zweifel bezüglich der Gültigkeit der Vollmacht bestehen, oder
b) wenn es sich bei dem Bevollmächtigten um einen Rechtsanwalt, Notar oder Rechtsbeistand handelt und dieser rechtzeitig vor Anordnung der Rückzahlung schriftlich erklärt, daß er die Kosten aus eigenen Mitteln bezahlt hat.

In der Kassenanordnung ist zu vermerken, daß die Voraussetzung zu a) oder b) vorliegt.

(5) Im Falle der Berichtigung wegen irrtümlichen Ansatzes muß aus der Kostenrechnung und aus der Kassenanordnung hervorgehen, inwiefern der ursprüngliche Ansatz unrichtig war.

(6) Hat die Dienstaufsichtsbehörde oder der Kostenprüfungsbeamte (§ 42) die Berichtigung angeordnet, so ist dies zu vermerken.

(7) Im Falle des Erlasses aus Billigkeitsgründen ist die den Erlaß anordnende Verfügung zu bezeichnen.

(8) Beruht die Berichtigung oder Änderung auf einer mit Beschwerde anfechtbaren gerichtlichen Entscheidung, so ist anzugeben, daß die Entscheidung dem zur Vertretung der Staatskasse zuständigen Beamten vorgelegen hat.

(9) Die Vermerke nach Absatz 5, 6 und 7 sind auch in die Reinschrift der Kostenrechnung zu übertragen.

(10) Wird die Rückzahlung von Kosten veranlaßt, die durch Verwendung von Kostenmarken oder Gerichtskostenstemplern entrichtet oder ohne Sollstellung eingezahlt sind oder deren Zahlung durch Aktenausdrucke nach § 696 Abs. 2 Satz 1 ZPO mit Gerichtskostenrechnungen nachgewiesen ist, so hat ein zweiter Beamter oder Angestellter der Geschäftsstelle in der Kassenanordnung zu bescheinigen, daß die Beträge nach den angegebenen Zahlungsnachweisen entrichtet und die Buchungsangaben aus den Zahlungsanzeigen über die ohne Sollstellung eingezahlten Beträge richtig übernommen sind. Die Anordnung der Rückzahlung ist bei oder auf dem betroffenen Zahlungsnachweis in auffälliger Weise zu vermerken; der Vermerk ist rot zu unterstreichen. Die Gerichtskasse ist befugt, sich durch Stichproben von der ordnungsmäßigen Verwendung der Kostenmarken und Gerichtskostenstempler zu überzeugen und hierzu die Sachakten anzufordern.

(11) Sind infolge der nachträglichen Änderung der Kostenrechnung nur Kleinbeträge nachzufordern, im Soll zu löschen oder zurückzuzahlen, so sind die für die Behandlung solcher Beträge getroffenen besonderen Bestimmungen zu beachten.

(12) Wird eine neue Kostenrechnung aufgestellt (Absatz 1), so ist in ihr die frühere Kostenrechnung zu bezeichnen; die frühere Kostenrechnung ist mit einem rot zu unterstreichenden Hinweis auf die neue Kostenrechnung zu versehen.

§ 37 Nachträgliche Änderung der Kostenhaftung

(1) Tritt zu dem bisher in Anspruch genommenen Kostenschuldner ein neuer hinzu, der vor jenem in Anspruch zu nehmen ist (vgl. § 8), so stellt der Kostenbeamte zunächst fest, ob die eingeforderten Kosten bereits entrichtet sind. Erforderlichenfalls richtet er eine kurze Anfrage an die Gerichtskasse und ersucht gleichzeitig um Auskunft, ob ihr über die Zahlungsfähigkeit des nunmehr in Anspruch zu nehmenden Schuldners Näheres bekannt ist. Soweit bezahlt ist, behält es dabei sein Bewenden. Sind die Kosten dagegen noch nicht oder nicht ganz bezahlt und ist auch nicht anzunehmen, daß der nunmehr in Anspruch zu nehmende Kostenschuldner zahlungsunfähig sein werde, so berichtigt der Kostenbeamte die Kostenrechnung oder stellt, wenn es zur Vermeidung von Unklarheiten angezeigt erscheint, eine neue Kostenrechnung auf. Er veranlaßt sodann die Ausstellung der erforderlichen neuen Reinschriften und ersucht die Gerichtskasse um entsprechende Umschreibung des Kostensolls, soweit die Kosten nicht bis zur Umschreibung noch bezahlt werden sollten. Wird die Umschreibung des Kostensolls auf mehrere neue Schuldner erforderlich, so hat der Kostenbeamte die Löschung der gegen den bishe-

rigen Schuldner geltend gemachten Forderung durch Kassenanordnung anzuordnen und die Sollstellung der neuen Kostenbeträge zu veranlassen.

(2) Erlischt nachträglich die Haftung eines Gesamtschuldners ganz oder teilweise, so berichtigt der Kostenbeamte die Kostenrechnung, veranlaßt die Ausstellung der erforderlichen neuen Reinschriften und ersucht die Gerichtskasse, das Kostensoll entsprechend umzuschreiben und bereits bezahlte Beträge insoweit zurückzuzahlen, als nunmehr keinerlei Haftungsgrund vorliegt.

§ 37a Einrede der Verjährung

– zu § 10 Abs. 2 GKG, § 17 Abs. 2 KostO, § 14 JVKostO –

Ist der Anspruch auf Erstattung von Kosten verjährt, so hat der Kostenbeamte die Akten dem zur Vertretung der Staatskasse zuständigen Beamten vorzulegen. Soll nach dessen Auffassung die Verjährungseinrede erhoben werden, so ist hierzu die Einwilligung des unmittelbar vorgesetzten Präsidenten einzuholen. Von der Erhebung der Verjährungseinrede kann mit Rücksicht auf die Umstände des Falles abgesehen werden. Hat der zur Vertretung der Staatskasse zuständige Beamte dem Kostenbeamten mitgeteilt, daß die Verjährungseinrede nicht erhoben werden soll, so ist dies in der Kassenanordnung zu vermerken.

§ 38 Durchlaufende Gelder

(1) Sind durchlaufende Gelder in der Kostenrechnung enthalten (§ 27 Abs. 8), so hat der Kostenbeamte nach Eingang der Zahlungsanzeige eine Auszahlungsanordnung zu erteilen.

(2) Das gleiche gilt, wenn durchlaufende Gelder durch Verwendung von Kostenmarken oder Gerichtskostenstemplern entrichtet oder sonst ohne Sollstellung eingezahlt sind. § 36 Abs. 10 Sätze 1 und 3 gelten entsprechend.

(3) Die Anordnung der Auszahlung ist bei oder auf dem betroffenen Zahlungsnachweis oder auf der Urschrift der Kostenrechnung in auffälliger Weise zu vermerken. Der Vermerk ist rot zu unterstreichen.

§ 39 Berichtigung des Gebührenansatzes nach Eröffnung einer Verfügung von Todes wegen

– zu §§ 15, 46 Abs. 5, §§ 101, 103 Abs. 4 KostO –

Nach Eröffnung einer in amtlicher Verwahrung genommenen Verfügung von Todes wegen prüft der Kostenbeamte, ob Anlaß besteht, die bei der Annahme zur amtlichen Verwahrung berechnete Gebühr (§ 101 KostO) neu zu berechnen. Die dazu erforderlichen Erhebungen über den Wert des reinen Vermögens zur Zeit der Fälligkeit der Gebühr sind mit den Erhebungen über den Wert des reinen Nachlasses nach Möglichkeit zu verbinden. Hat ein Notar die Verfügung von Todes wegen beurkundet, so soll er von der Feststellung einer beträchtlichen Erhöhung oder Verminderung des der Berechnung der Gerichtsgebühr (§ 101 KostO) zugrunde gelegten Wertes verständigt werden.

Abschnitt IV. Kostenerlaß

§ 40

Für die Stundung, den Erlaß, die Erstattung und die Anrechnung von Kosten aus Billigkeitsgründen gelten die darüber ergangenen besonderen Bestimmungen.

Abschnitt V. Kostenprüfung

§ 41 Aufsicht über den Kostenansatz

(1) Die Vorstände der Justizbehörden überwachen im Rahmen ihrer Aufsichtspflichten die ordnungsmäßige Erledigung des Kostenansatzes durch den Kostenbeamten.

(2) Die besondere Prüfung des Kostenansatzes ist Aufgabe der Kostenprüfungsbeamten (§ 42).

(3) Die dem Rechnungshof zustehenden Befugnisse bleiben unberührt.

§ 42 Kostenprüfungsbeamte

Kostenprüfungsbeamte sind

1. der Bezirksrevisor,
2. die weiter bestellten Prüfungsbeamten.

§ 43 Berichtigung des Kostenansatzes im Verwaltungsweg

– zu § 4 Abs. 3 GKG, § 14 Abs. 6 KostO –

Solange eine gerichtliche Entscheidung nicht ergangen ist, sind die Vorstände der Justizbehörden und die Kostenprüfungsbeamten befugt, den Kostenansatz zu beanstanden und den Kostenbeamten zur Berichtigung des Kostenansatzes anzuweisen. Der Kostenbeamte hat der Weisung Folge zu leisten; er ist nicht berechtigt, deshalb die Entscheidung des Gerichts herbeizuführen.

§ 44 Nichterhebung von Kosten wegen unrichtiger Sachbehandlung

– zu § 8 GKG, § 16 KostO –

Die Präsidenten der Gerichte und die Leiter der Staatsanwaltschaften sind für die ihrer Dienstaufsicht unterstellten Behörden zuständig, im Verwaltungsweg anzuordnen, daß Kosten wegen unrichtiger Sachbehandlung nicht zu erheben sind. Über Beschwerden gegen den ablehnenden Bescheid einer dieser Stellen wird im Aufsichtsweg entschieden.

§ 45 Erinnerungen und Beschwerden der Staatskasse
– zu § 5 GKG, § 14 Abs. 2 bis 5 KostO, § 13 JVKostO –

(1) Der Vertreter der Staatskasse soll Erinnerungen gegen den Kostenansatz nur dann einlegen, wenn es wegen der grundsätzlichen Bedeutung der Sache angezeigt erscheint, von einer Berichtigung im Verwaltungsweg (§ 43) abzusehen und eine gerichtliche Entscheidung herbeizuführen.

(2) Alle beschwerdefähigen gerichtlichen Entscheidungen einschließlich der Wertfestsetzungen, durch die der Kostenansatz zuungunsten der Staatskasse geändert wird, hat der Kostenbeamte des entscheidenden Gerichts dem zur Vertretung der Staatskasse zuständigen Beamten mitzuteilen. Legt der Kostenbeamte eine Erinnerung des Kostenschuldners dem zur Vertretung der Staatskasse zuständigen Beamten vor (§ 35 Abs. 2), so prüft dieser, ob der Kostenansatz im Verwaltungsweg zu ändern ist oder ob Anlaß besteht, für die Staatskasse ebenfalls Erinnerung einzulegen. Soweit der Erinnerung nicht abgeholfen wird, veranlaßt er, daß die Akten unverzüglich dem Gericht vorgelegt werden.

§ 46 Besondere Prüfung des Kostenansatzes

(1) Bei jeder Justizbehörde findet in der Regel einmal im Haushaltsjahr eine unvermutete Prüfung des Kostenansatzes durch einen Kostenprüfungsbeamten (§ 42) statt.

(2) Zeit und Reihenfolge der Prüfungen bestimmt der Dienstvorgesetzte des Prüfungsbeamten, und zwar im Einvernehmen mit dem Dienstvorgesetzten der Staatsanwaltschaft, wenn die Prüfung bei einer Staatsanwaltschaft stattfinden soll.

§ 47 Aufgaben und Befugnisse des Prüfungsbeamten

(1) Der Prüfungsbeamte soll sich nicht auf die schriftliche Beanstandung vorgefundener Mängel und Verstöße beschränken, sondern durch mündliche Erörterung wichtiger Fälle mit dem Kostenbeamten, durch Anregungen und Belehrungen das Prüfungsgeschäft möglichst nutzbringend gestalten und auf die Beachtung einheitlicher Grundsätze beim Kostenansatz hinwirken. Nebensächlichen Dingen soll er nur nachgehen, wenn sich der Verdacht von Unregelmäßigkeiten oder fortgesetzten Nachlässigkeiten ergibt.

(2) Die Einsicht sämtlicher Akten, Bücher, Register, Verzeichnisse und Rechnungsbelege ist ihm gestattet.

(3) Von den beteiligten Beamten kann er mündlich näheren Aufschluß über die Behandlung von Geschäften verlangen.

(4) Aktenstücke über schwebende Rechtsstreitigkeiten sowie in Testaments-, Grundbuch- und Registersachen hat er in der Regel an Ort und Stelle durchzusehen; sonstige Akten kann er sich an seinen Dienstsitz übersenden lassen.

§ 48 Umfang der Kostenprüfung

(1) Der Prüfungsbeamte hat besonders darauf zu achten,

1. ob die Kosten rechtzeitig, richtig und vollständig angesetzt sind und ob sie, soweit erforderlich, der Gerichtskasse überwiesen oder mit Kostennachricht angefordert sind;
2. ob Kostenmarken verwendet und ordnungsgemäß entwertet und ob Gerichtskostenstempler bestimmungsgemäß verwendet sind sowie ob der Verbleib der Kostenmarken oder der Abdrucke von Gerichtskostenstemplern, falls sie sich nicht mehr in den Akten befinden, nachgewiesen ist;
3. ob die Auslagen ordnungsmäßig vermerkt sind;
4. ob bei Bewilligung von Prozeßkostenhilfe
   a) die an beigeordnete Anwälte gezahlten Beträge in zulässigem Umfang von der zahlungspflichtigen Partei angefordert,
   b) etwaige Ausgleichsansprüche gegen Streitgenossen geltend gemacht

   und

   c) die Akten dem Rechtspfleger in den Fällen des § 120 Absätze 3 und 4 sowie des § 124 Nummern 2 bis 4 ZPO zur Entscheidung vorgelegt worden sind und ob Anlaß besteht, von dem Beschwerderecht gemäß § 127 Absatz 3 ZPO Gebrauch zu machen;
5. ob Anlaß besteht, eine Änderung der Entscheidung über festgesetzte Rechnungsgebühren herbeizuführen (§ 72 Abs. 2 Satz 2, 3 GKG, § 139 Abs. 3 Satz 2, 3 KostO).

(2) Soweit nicht in Absatz 1 etwas anderes bestimmt ist, erstreckt sich die Prüfung nicht auf den Ansatz und die Höhe solcher Auslagen, für deren Prüfung andere Dienststellen zuständig sind.

§ 49 Verfahren bei der Kostenprüfung

(1) Der Prüfungsbeamte soll aus jeder Gattung von Angelegenheiten, in denen Kosten entstehen können, selbst eine Anzahl Akten auswählen und durchsehen, darunter auch solche, die nach ihrem Aktenzeichen unmittelbar aufeinander folgen. Bei der Auswahl sind auch die Geschäftsregister, das Verzeichnis der Kosten in Vormundschafts- und Dauerpflegschaftssachen (§ 14 Abschnitt III), die Überwachungsliste für Kosten in Wohnungsbausachen (§ 14 Abschnitt V), die Nachweisung über Rechnungsgebühren sowie die Kassenbücher zu berücksichtigen und namentlich solche Akten zur Prüfung vorzumerken, in denen höhere Kostenbeträge in Frage kommen.

(2) Bei der Aktenprüfung ist auch darauf zu achten, daß die Sollstellungen in der vorgeschriebenen Weise nachgewiesen sind; stichprobenweise ist festzustellen, ob die in den Akten befindlichen Zahlungsanzeigen der Gerichtskasse (Gerichtszahlstelle) über Beträge, die ohne vorherige Sollstellung vereinnahmt sind, vorschriftsmäßig gebucht sind.

(3) Bei der Nachprüfung der Verwendung von Kostenmarken oder Gerichtskostenstemplern ist auch eine Anzahl älterer, insbesondere weggelegter Akten durchzusehen. Dabei ist § 16 Abs. 3 JKMO zu beachten.

(4) Bei der Prüfung der Aktenvermerke über die Auslagen (§ 48 Abs. 1 Nr. 3) ist stichprobenweise festzustellen, ob die Auslagen vorschriftsmäßig in den Sachakten vermerkt und beim Kostenansatz berücksichtigt sind. Dies gilt entsprechend für Auslagen in Rechtssachen, die von der für das Oberlandesgericht[1] zuständigen Gerichtskasse ausgezahlt worden sind.

§ 50 Beanstandungen

(1) Stellt der Prüfungsbeamte Unrichtigkeiten zum Nachteil der Staatskasse oder eines Kostenschuldners fest, so ordnet er die Berichtigung des Kostenansatzes an. Die Anordnung unterbleibt, wenn es sich um Kleinbeträge handelt, von deren Einziehung oder Erstattung nach den darüber getroffenen Bestimmungen abgesehen werden darf.

(2) An die Stelle der Berichtigung tritt ein Vermerk in der Niederschrift (§ 51), wenn eine gerichtliche Entscheidung ergangen ist oder der Kostenansatz auf einer Anordnung der Dienstaufsichtsbehörde beruht.

(3) Die Beanstandungen (Absatz 1 Satz 1) sind für jede Sache auf einem besonderen Blatt zu verzeichnen, das zu den Akten zu nehmen ist. In dem Fall des Absatzes 1 Satz 2 sind sie in kürzester Form unter der Kostenrechnung zu vermerken.

(4) Der Prüfungsbeamte vermerkt die Beanstandungen nach Absatz 1 außerdem in einer Nachweisung. Der Kostenbeamte ergänzt die Nachweisung durch Angabe der Sollbuchnummern oder der sonst erforderlichen Vermerke über die Erledigung; sodann gibt er sie dem Prüfungsbeamten zurück. Der Prüfungsbeamte stellt bei der nächsten Gelegenheit stichprobenweise fest, ob die entsprechenden Buchungen in den Kassenbüchern tatsächlich vorgenommen sind. Die Nachweisungen verwahrt er jahrgangsweise.

(5) Stellt der Prüfungsbeamte das Fehlen von Akten fest, so hat er alsbald dem Behördenvorstand Anzeige zu erstatten.

§ 51 Niederschrift über die Kostenprüfung

(1) Der Prüfungsbeamte fertigt über die Kostenprüfung eine Niederschrift, die einen Überblick über Gang und Ergebnis des Prüfungsgeschäfts ermöglichen soll.

(2) Er erörtert darin diejenigen Einzelfälle, die grundsätzliche Bedeutung haben, die anderwärts abweichend beurteilt werden oder die sonst von Erheblichkeit sind (vgl. dazu § 50 Abs. 2). Weiter führt er die Fälle auf, in denen ihm die Einlegung der Erinnerung (§ 45 Abs. 1) angezeigt erscheint oder die zu Maßnahmen im Dienstaufsichtsweg Anlaß geben können. Die Niederschriften können in geeigneten Fällen für die einzelnen geprüften Geschäftsstellen getrennt gefertigt werden.

---

[1] **Berlin:** Kammergericht.

(3) Je einen Durchschlag der Niederschrift legt der Prüfungsbeamte den Dienstvorgesetzten vor, die die Prüfung angeordnet oder mitangeordnet haben (§ 46 Abs. 2). Er schlägt dabei die Maßnahmen vor, die er nach seinen Feststellungen bei der Prüfung für angezeigt hält.

§ 52 Jahresberichte

(1) Bis zum 1. Juni eines jeden Jahres erstattet der Prüfungsbeamte seinem Dienstvorgesetzten Bericht über das Gesamtergebnis der Kostenprüfungen im abgelaufenen Haushaltsjahr. Er legt darin insbesondere die Grundsätze dar, von denen er sich bei seinen Anordnungen oder bei der Behandlung einzelner Fälle von allgemeiner Bedeutung hat leiten lassen.

(2) Soweit nicht bei allen Dienststellen Prüfungen haben vorgenommen werden können, sind die Gründe kurz anzugeben.

(3) Die Präsidenten der Landgerichte (Präsidenten der Amtsgerichte) legen die Jahresberichte mit ihrer Stellungnahme dem Präsidenten des Oberlandesgerichts[1] vor.

(4) Der Präsident des Oberlandesgerichts, der Präsident des Oberverwaltungsgerichts und der Präsident des Finanzgerichts treffen nach Prüfung der Jahresberichte die für ihren Bezirk notwendigen Anordnungen und berichten über Einzelfragen von allgemeiner Bedeutung der Landesjustizverwaltung. Der Präsident des Oberlandesgerichts teilt die Berichte dem Generalstaatsanwalt mit, soweit sie für diesen von Interesse sind.

Abschnitt VI. Justizverwaltungskosten

§ 53 Entscheidungen nach der Justizverwaltungskostenordnung
– zu § 2 Abs. 2, §§ 3, 7 Abs. 2, § 12 JVKostO –

Die nach § 2 Abs. 2, §§ 3, 7 Abs. 2 und § 12 JVKostO der Behörde übertragenen Entscheidungen obliegen dem Beamten, der die Sachentscheidung zu treffen hat.

§ 54 Laufende Erteilung von Auszügen aus dem Schuldnerverzeichnis

Bei laufender Erteilung von Auszügen aus dem Schuldnerverzeichnis ist die Absendung der noch nicht abgerechneten Auszüge in einer Liste unter Angabe des Absendetages, des Empfängers und der Zahl der mitgeteilten Eintragungen zu vermerken.

§ 55 Hinterlegungssachen

(1) Bei der Festsetzung der Beschwerdegebühr (§ 25 der Hinterlegungsordnung) ist von dem Umfang und der Bedeutung der Sache auszugehen.

---

[1] **Berlin:** Präsident des Kammergerichts.

(2) Als Kostenschuldner sind in erster Linie die in § 26 Nr. 1 der Hinterlegungsordnung bezeichneten Personen in Anspruch zu nehmen.

(3) Von der Befugnis, Kosten aus der Masse zu entnehmen (§ 26 Nr. 2 der Hinterlegungsordnung), ist regelmäßig Gebrauch zu machen. Die Anordnung über die Entnahme der Kosten ist in der Kostenrechnung zu vermerken.

(4) Können die Kosten nicht aus der Masse entnommen werden, so soll die Herausgabe der hinterlegten Sache regelmäßig von der Zahlung der Kosten abhängig gemacht werden (§ 26 Nr. 3 der Hinterlegungsordnung). Dies gilt nicht, wenn die Voraussetzungen vorliegen, unter denen nach § 25 Abs. 1 Satz 2 von der Ausübung des Zurückbehaltungsrechts abzusehen ist.

(5) Die Entscheidung in den Fällen der Absätze 3 und 4 trifft zunächst der Kostenbeamte.

Abschnitt VII. Notarkosten

§ 56

– zu § 156 KostO –

(1) Gibt der Kostenansatz eines Notars, dem die Kosten selbst zufließen, der Dienstaufsichtsbehörde zu Beanstandungen Anlaß, so fordert sie den Notar auf, den Ansatz zu berichtigen, gegebenenfalls zuviel erhobene Beträge zu erstatten oder zu wenig erhobene Beträge nachzufordern und, falls er die Beanstandungen nicht als berechtigt anerkennt, die Entscheidung des Landgerichts herbeizuführen. Die Aufforderung soll unterbleiben, wenn es sich um Kleinbeträge handelt, von deren Erstattung oder Nachforderungen nach den für Gerichtskosten im Verkehr mit Privatpersonen getroffenen Bestimmungen abgesehen werden darf. Die Dienstaufsichtsbehörde kann es darüber hinaus dem Notar im Einzelfall gestatten, von der Nachforderung eines Betrages bis zu 20 Deutsche Mark abzusehen.

(2) Hat der Kostenschuldner Beschwerde gegen den Kostenansatz eingelegt, so kann die Aufsichtsbehörde, wenn sie den Kostenansatz für zu niedrig hält, den Notar anweisen, sich der Beschwerde mit dem Ziel der Erhöhung des Kostenansatzes anzuschließen.

(3) Beschwerdeentscheidungen des Landgerichts, gegen die das Rechtsmittel der weiteren Beschwerde zulässig ist, hat der Kostenbeamte des Landgerichts mit den Akten alsbald der Dienstaufsichtsbehörde des Notars zur Prüfung vorzulegen, ob der Notar angewiesen werden soll, weitere Beschwerde zu erheben.

Anlage 3 zur KostVfg s unten B 2).

B. Weitere Ländervereinbarungen zur Durchführung der Kostengesetze

Vorbemerkung. Zur Durchführung der Kostengesetze und in deren Ausführung haben der Bundesminister der Justiz und die Länder **bundeseinheitlich** außer der Kostenverfügung noch **weitere Verwaltungsbestimmungen** getroffen. Nachstehend sind die wichtigsten abgedruckt.

1) Vereinbarung zur Beschleunigung des Kostenansatzes und der Festsetzung von Kosten, Vergütungen und Entschädigungen vom 22. 3. 58. Von den Ländern eingeführt:
Baden-Württemberg: AV zuletzt vom 20. 1. 88, Just 82;
Bayern: Bek zuletzt vom 7. 7. 88, JMBl 76;
Berlin: AV zuletzt vom 13. 5. 87, ABl 731;
Bremen:
Hamburg: AV vom 24. 6. 58, JVBl 17;
Hessen: RdErl vom 24. 6. 58, JMBl 63;
Niedersachsen: AV vom 26. 3. 58, NdsRpfl 65;
Nordrhein-Westfalen: AV vom 23. 5. 58, JMBl 148;
Rheinland-Pfalz: LV vom 23. 4. 58, JBl 54;
Saarland: LV vom 1. 12. 58, JBL 59, 34;
Schleswig-Holstein: AV vom 12. 5. 58, SchlHA 169.

I. Müssen Akten wegen der Einlegung von Rechtsmitteln oder aus sonstigen Gründen für längere Zeit versandt werden, so sind folgende Geschäfte möglichst noch vor Versendung der Akten vorzunehmen:

a) Der Kostenansatz nach §§ 4ff. KostVfg.,
b) die Festsetzung von Vergütungen nach den Bestimmungen über die Festsetzung der aus der Staatskasse zu gewährenden Vergütung der Rechtsanwälte,
c) die Festsetzung der Entschädigungen nach dem Gesetz über die Entschädigung der ehrenamtlichen Beisitzer bei den Gerichten,
d) die Festsetzung der Entschädigungen nach dem Gesetz über die Entschädigung von Zeugen und Sachverständigen,
e) die Anweisung sonstiger Auslagen in Rechtssachen.

II. Kann dies nicht geschehen, insbesondere weil der Festsetzungsantrag erst nachher eingeht, so sind die Akten kurzfristig zurückzufordern.

III. Dies gilt nicht bei Verweisung oder Abgabe eines Verfahrens an ein anderes Gericht. Insoweit ist § 6 KostVfg. oder Nr. 13 der Bestimmungen über die Festsetzung der aus der Staatskasse zu gewährenden Vergütung der Rechtsanwälte anzuwenden.

2) Vereinbarung über den Kostenausgleich in Verfahren vor den Gerichten für Arbeitssachen und den ordentlichen Gerichten (Anlage 3 zur KostVfg) vom 1. 1. 67. Von den Ländern eingeführt:

Baden-Württemberg: Bek vom 15. 12. 66, Justiz **70**, 5;
Bayern: Bek vom 15. 12. 66, JMBl 209;
Berlin: AV vom 15. 12. 66, ABl 1343;
Bremen: Bek vom 15. 12. 66, GVBl;
Hamburg: Vfg vom 15. 12. 66, JVBl 107;
Hessen: RdErl vom 19. 12. 66, JMBl **67**, 19;
Niedersachsen: Vfg vom 15. 12. 66, NdsRpfl **67**, 5;
Nordrhein-Westfalen: RdErl vom 15. 12. 66, JMBl **67**, 6;
Rheinland-Pfalz: RdErl vom 15. 12. 66, JBl **67**, 33;
Saarland: Erl vom 15. 12. 66, ABl **67**, 93;
Schleswig-Holstein: Bek vom 15. 12. 66, SchlHA **67**, 19.

1. Der Bund und die Länder sind übereingekommen, die dieser Vereinbarung als Anlage beigefügten Bestimmungen über den Ausgleich von Kosten in Verfahren vor den Gerichten für Arbeitssachen und den ordentlichen Gerichten zu erlassen.
2. Sie verzichten gegenseitig auf
   a) Erstattung von Beträgen, die im Falle der Verweisung eines Verfahrens von einem Gericht für Arbeitssachen an ein ordentliches Gericht oder umgekehrt eingezogen oder ausgezahlt werden;
   b) Erstattung von Ausgaben, die als *Armen*anwaltsvergütung bei Verweisung eines Verfahrens von einem Gericht für Arbeitssachen an ein ordentliches Gericht oder umgekehrt geleistet werden;
   c) Abführung von Einnahmen, die sich auf Grund des § 130 der Bundesgebührenordnung für Rechtsanwälte ergeben;
   d) Erstattung von Beträgen, die bei Inanspruchnahme der Amtshilfe von Gerichten für Arbeitssachen und von ordentlichen Gerichten verauslagt werden.
3. Auch im Verhältnis zwischen den Gerichten für Arbeitssachen und den ordentlichen Gerichten desselben Landes wird auf die Erstattung und Abführung verzichtet.

I. Kosten bei Verweisung eines Verfahrens zwischen den Gerichten für Arbeitssachen und den ordentlichen Gerichten

1. Wird ein Verfahren von einem Gericht für Arbeitssachen an ein ordentliches Gericht oder umgekehrt verwiesen, so werden die Kosten (Gebühren und Auslagen), die vor der Verweisung fällig geworden sind, bei dem verweisenden Gericht angesetzt und eingezogen.

2. Die nach der Verweisung fällig werdenden Kosten werden ohne Rücksicht darauf, bei welchem Gericht sie entstanden sind, bei dem Gericht angesetzt und eingezogen, an das das Verfahren verwiesen worden ist.

3. Sind nach der Verweisung eines Verfahrens Kosten (einschließlich Vorschüsse) zurückzuzahlen, so wird die Rückzahlung bei dem Gericht angeordnet, an das das Verfahren verwiesen worden ist, auch wenn die Kosten bei dem verweisenden Gericht eingezogen worden sind.

4. Die Nummern 1 bis 3 gelten auch, wenn ein mit entwerteten Gerichtskostenmarken versehener Antrag auf Erlaß eines *Zahlungsbefehls* [jetzt: Mahnbescheids] von einem Amtsgericht an ein Arbeitsgericht weitergeleitet worden ist.

II. *Armen*anwaltsvergütung bei Verweisung eines Verfahrens zwischen den Gerichten für Arbeitssachen und den ordentlichen Gerichten

1. Wird ein Verfahren von einem Gericht für Arbeitssachen an ein ordentliches Gericht oder umgekehrt verwiesen, so wird bei dem Gericht, an das das Verfahren verwiesen worden ist, die Vergütung des von dem verweisenden Gericht beigeordneten *Armen*anwalts festgesetzt und die Auszahlungsordnung erteilt. Die *Armen*anwaltsvergütung wird aus den Haushaltsmitteln des Gerichts gezahlt, an das das Verfahren verwiesen worden ist. Bei diesem Gericht ist auch die *Armen*anwaltsvergütung zu überwachen *und ihre etwaige Nachzahlung anzuordnen.*

2. Die Bestimmungen in Nr. 1 Satz 1 und 2 gelten nicht, wenn bereits vor der Versendung der Akten der Anspruch fällig geworden und der Festsetzungsantrag bei dem verweisenden Gericht eingegangen ist. Das verweisende Gericht hat Festsetzungsanträge, die nachher bei ihm eingehen, an das nach Nr. 1 zuständige Gericht weiterzugeben.

III. Auslagen, die bei Inanspruchnahme der Amtshilfe von Gerichten für Arbeitssachen und ordentlichen Gerichten entstehen

Nimmt ein Richter der Arbeitsgerichtsbarkeit die Amtshilfe eines ordentlichen Gerichts bei der Vernehmung von Zeugen und Sachverständigen in Anspruch, so zahlt auf sein Ersuchen das in Anspruch genommene ordentliche Gericht die den Zeugen oder Sachverständigen zu gewährenden Entschädigungen aus und teilt die Zahlung unverzüglich zu den Sachakten mit. Es genügt die Übersendung einer Durchschrift der Auszahlungsanordnung. Auf der Urschrift der Auszahlungsanordnung ist zu bescheinigen, daß die Anzeige zu den Sachakten erstattet ist. Das gleiche gilt, wenn die Amtshilfe eines Gerichts für Arbeitssachen durch einen Richter oder einen Staatsanwalt eines ordentlichen Gerichts in Anspruch genommen wird.

3) Vereinbarung über die Kosten in Einlieferungssachen vom 4. 10. 58. Von den Ländern eingeführt:

Bund: Bek vom 29. 12. 58, BAnz Nr. 3/59;

Baden-Württemberg:

Bayern: Bek vom 4. 10. 58, JMBl 178;

Berlin: Bek vom 17. 2. 59, ABl 307;

Bremen:

Hamburg: AV vom 8. 1. 59, JVBl 12;

Hessen: RdErl vom 22. 1. 59, JMBl 11;

Niedersachsen: AV vom 16. 1. 59, NdsRpfl 26;

Nordrhein-Westfalen:

Rheinland-Pfalz: LV vom 9. 1. 59, JBl 1;

Saarland: LV vom 27. 10. 58, JBl 222;

Schleswig-Holstein: AV vom 10. 10. 58, SchlHA 310.

Nachstehend ist die in Schleswig-Holstein geltende Fassung abgedruckt.

1. Kosten, die den deutschen Behörden bei der Einlieferung eines Verfolgten aus dem Ausland in die Bundesrepublik durch die Einlieferung bis zur deutschen Grenze oder dem ersten deutschen See- oder Flughafen erwachsen, werden, wenn bei der Einlieferung mehrere Justizverwaltungen beteiligt sind, von diesen zu gleichen Teilen übernommen. Die Justizverwaltung, die zuerst ein Einlieferungsersuchen angeregt oder im Ausland unmittelbar gestellt hat, zahlt zunächst den gesamten Betrag dieser Kosten und fordert dann die auf die anderen Justizverwaltungen entfallenden Anteile zur Erstattung an.

2. Diese Regelung gilt auch, wenn vor der Einlieferung des Verfolgten

a) von einer bisher nicht beteiligten Justizverwaltung ein weiteres Einlieferungsersuchen bei der Bundesregierung angeregt oder im Ausland unmittelbar gestellt wird oder

b) im Hinblick auf die Einlieferung mehrere Strafverfahren aus dem Bereich verschiedener Landesjustizverwaltungen bei einer Strafverfolgungsgehörde verbunden worden sind.

3. Bei der Einziehung der Verfahrenskosten wird dem Verfolgten im Bereich jeder Justizverwaltung der auf diese entfallende Anteil der Einlieferungskosten in Rechnung gestellt, der auf eine andere Justizverwaltung entfallende Kostenanteil zusätzlich dann, wenn deren Verfahren übernommen worden ist.

4. Ist der Gesamtbetrag der nach Nr. 1 zu zahlenden Kosten nicht höher als 200 DM, so werden die Einlieferungskosten allein von der Landesjustizverwaltung getragen, die zuerst das Einlieferungsersuchen angeregt oder gestellt hat.

5. Diese Vereinbarung tritt am 1. April 1959 in Kraft.

4) Vereinbarung über den Ersatz von Auslagen der zu Verteidigern bestellten Referendare. Von den Ländern eingeführt:

Baden-Württemberg: AV vom 1. 12. 80, Justiz **81**, 35;

Bayern: Bek vom 1. 12. 80, JMBl **81**, 12;

Berlin: AV vom 1. 12. 80, ABl **81**, 40;

Bremen:

Hamburg: AV vom 1. 12. 80, JVBl **81**, 1;

Hessen: RdErl vom 1. 12. 80, JMBl **81**, 1;

Niedersachsen: AV vom 1. 12. 80, NdsRpfl 273;

Nordrhein-Westfalen: AV vom 1. 12. 80, JMBl **81**, 13;
Rheinland-Pfalz: VV vom 1. 12. 80, JBl **81**, 1;
Saarland: AV vom 1. 12. 80, GMBl **81**, 14;
Schleswig-Holstein: AV vom 1. 12. 80, SchlHA **81**, 21.

1. Referendaren, die gemäß § 142 Abs. 2 StPO als Verteidiger bestellt werden, sind die für die Erledigung des Auftrags aufgewendeten notwendigen Auslagen aus der Staatskasse zu ersetzen (vgl. Nr. 107 Abs. 2 RiStBV). § 126 Abs. 1 Satz 1 und § 127 BRAGO gelten sinngemäß. Zur Verminderung der Auslagen sind die Einrichtungen der Justizverwaltung zu benutzen; dies gilt insbesondere bei der Anfertigung von Schriftsätzen und Abschriften.

2. Zuständig für die Erteilung der Auszahlungsanordnung ist der Urkundsbeamte der Geschäftsstelle des Gerichts des Rechtszugs.

3. Die Erteilung der Auszahlungsanordnung ist den Beamten des gehobenen Justizdienstes vorbehalten.

4. Die Beträge sind als Auslagen in Rechtssachen zu buchen.

Bem. Die Beiordnung eines Justizbeamten oder Referendars nach § 116 ZPO aF ist seit 1. 1. 81 nicht mehr zulässig, G v 13. 6. 80, BGBl 677. Die oben genannten AV der Länder enthalten teilweise Übergangsregelungen.

5. Die Beträge sind als Auslagen in Rechtssachen zu buchen.

5) Durchführungsbestimmungen zum Gesetz über die Prozeßkostenhilfe (DB – PKHG).

Vorbemerkung. Die nachstehenden Bestimmungen, die als Verwaltungsvorschriften den Richter nicht binden, Düss Rpfleger **86**, 108, sind zwischen den Justizverwaltungen des Bundes und der Länder abgestimmt. Sie sind zum 1. 1. 1981, zum 1. 7. 82, zum 1. 11. 85, zum 1. 1. 87 und zum 1. 4. 89 geändert worden:

Baden-Württemberg: AV vom 1. 10. 85, Justiz 382, vom 1. 6. 87, Justiz 241, und vom 10. 3. 89, Just 115;

Bayern: Bek vom 24. 10. 85, JMBl 263, vom 1. 6. 87, JMBl 45, und vom 29. 3. 89, JMBl 71;

Berlin: VV vom 1. 10. 85, ABl 1983, vom 1. 6. 87, ABl 807, und vom 10. 3. 89, ABl 854;

Bremen:

Hamburg: AV vom 1. 10. 85, JVBl 197, vom 1. 6. 87, JVBl 61, und vom 10. 3. 89, JVBl 35;

Hessen: RdErl vom 1. 10. 85, JMBl 481, vom 15. 7. 87, JMBl 493, und vom 24. 2. 89, JMBl 158;

Niedersachsen: AV vom 1. 10. 85, NdsRpfl 248, vom 1. 6. 87, NdsRpfl 150, und vom 10. 3. 89, NdsRpfl 48;

Nordrhein-Westfalen: AV vom 1. 10. 85, JMBl 229, vom 1. 6. 87, JMBl 146, und vom 10. 3. 89, JMBl 73;

Rheinland-Pfalz: VV vom 1. 10. 85, JBl 176, vom 1. 6. 87, JBl 148, und vom 10. 3. 89, JBl 54;

Saarland: AV vom 1. 10. 85, 3715–3, vom 1. 6. 87, GMBl 178, und vom 1. 4. 89, GMBl 208;

Schleswig-Holstein: AV vom 10. 12. 80, SchlHA **81**, 22, berichtigt 43, vom 1. 10. 85, SchlHA 169, 184, vom 1. 6. 87, SchlHA 110, und vom 10. 3. 89, SchlHA 63.

Nachstehend ist die in SchlHA **85**, 169 veröffentlichte Fassung mit den Änderungen abgedruckt.

1. Antrag auf Prozeßkostenhilfe

1.1 Wird ein Antrag auf Bewilligung der Prozeßkostenhilfe vor der Geschäftsstelle zu Protokoll in einem Verfahren gestellt, in dem der Vordruck für die Erklärung über die persönlichen und wirtschaftlichen Verhältnisse bei Prozeßkostenhilfe zu verwenden ist, so soll der Antragsteller auf die Bedeutung der Prozeßkostenhilfe durch Aushändigung des Vorblatts zum Vordruck hingewiesen werden.

1.2 Hat eine Partei die Bewilligung von Prozeßkostenhilfe beantragt, so sind die Akten dem Gericht vorzulegen.

1.3 Die in Klageverfahren der ordentlichen Gerichtsbarkeit sowie in Scheidungs- und Folgesachen bei einem normalen Verfahrensablauf voraussichtlich entstehenden Verfahrenskosten, bestehend aus den Gerichtsgebühren (Verfahrens- und Urteilsgebühr) zuzüglich 6,–DM Zustellungsauslagen sowie drei Anwaltsgebühren (§ 11 BRAGO) zuzüglich Auslagenpauschale und Umsatzsteuer, können aus der dieser Verwaltungsvorschrift als Anlage beigefügten Tabelle (Stand: 1. 10. 1985) entnommen werden. Voraussichtlich entstehende weitere Auslagen werden dem jeweiligen Kostenbetrag der Tabelle hinzuzurechnen sein.

2. Mitwirkung der Geschäftsstelle

2.1 Der Vordruck mit den Erklärungen über die persönlichen und wirtschaftlichen Verhältnisse sowie die bei der Durchführung der Prozeßkostenhilfe entstehenden Vorgänge sind in allen Fällen unabhängig von der Zahl der Rechtszüge für jeden Beteiligten in einem besonderen Beiheft zu vereinigen. Dies gilt insbesondere für Kostenrechnungen und Zahlungsanzeigen über Monatsraten und sonstige Beträge (§ 120 Abs. 1 ZPO) sowie für Entscheidungen über die vorläufige Einstellung oder die Wiederaufnahme der Zahlungen (§ 120 Abs. 3 ZPO). Zu dem Beiheft sind ferner Durchschriften der die Prozeßkostenhilfe betreffenden gerichtlichen Entscheidungen zu nehmen; ist Prozeßkostenhilfe ohne Zahlungsbestimmungen bewilligt oder ist der Antrag zurückgewiesen worden, so reicht ein auf dem Umschlag des Beihefts anzubringender Hinweis auf den Akteninhalt aus. Das Beiheft sowie die darin zu verwahrenden Schriftstücke erhalten hinter dem Aktenzeichen den Klammerzusatz (PKH). Werden die Prozeßakten zur Entscheidung über ein Rechtsmittel dem Rechtsmittelgericht vorgelegt, so ist den Akten das Beiheft beizufügen.

2.2 Hat das Gericht Prozeßkostenhilfe bewilligt, so vermerkt die Geschäftsstelle auf dem Aktendeckel neben dem Namen der Partei „Prozeßkostenhilfe mit/ohne Zahlungsbestimmung bewilligt Bl. . . .“.

2.3 Der Geschäftsstelle des Gerichts, bei dem sich das Beiheft befindet, obliegen die Anforderung der Zahlungen mit Kostennachricht (Nr. 4.1) und die Überwachung des Eingangs dieser Beträge.

Ist der Zahlungspflichtige mit einem angeforderten Betrag länger als einen Monat im Rückstand, so hat ihn die Geschäftsstelle einmal unter Hinweis auf die Folgen des § 124 Nr. ZPO an die Zahlung zu erinnern.

2.4 Dem Kostenbeamten sind die Akten – unbeschadet der Bestimmungen der Kostenverfügung – vorzulegen, sobald

2.4.1 das Gericht Prozeßkostenhilfe bewilligt hat,

2.4.2 die Entscheidung über die Prozeßkostenhilfe geändert worden ist,

2.4.3 das Rechtsmittelgericht andere Zahlungen als das Gericht der Vorinstanz bestimmt hat,

2.4.4 das Gericht die Entscheidung über die zu leistenden Zahlungen geändert oder die Bewilligung der Prozeßkostenhilfe aufgehoben hat,

2.4.5 47 Monatsraten eingegangen sind.

2.5 Dem Rechtspfleger sind die Akten in folgenden Fällen vorzulegen:

2.5.1 nach Eingang der auf die Absendung der Kostennachricht (Nr. 4.5) folgenden ersten Zahlung der Partei zur Bestimmung einer Wiedervorlagefrist zwecks Prüfung der vorläufigen Einstellung der Zahlungen (§ 120 Abs. 3 Nr. 1 ZPO),

2.5.2 wenn die Partei, der Prozeßkostenhilfe mit Zahlungsbestimmung bewilligt ist, mit der Zahlung einer Monatsrate oder eines sonstigen Betrages länger als drei Monate im Rückstand ist (§ 124 Nr. 4 ZPO),

2.5.3 wenn sich nach einer vorläufigen Einstellung der Zahlungen (§ 120 Abs. 3 Nr. 1 ZPO) Anhaltspunkte dafür ergeben, daß die bisherigen Zahlungen die voraussichtlich entstehenden Kosten nicht dekken,

2.5.4 bei jeder Veränderung des Streitwertes,

2.5.5 wenn der Gegner Zahlungen auf Kosten leistet,

2.5.6 wenn eine Entscheidung über die Kosten ergeht oder diese vergleichsweise geregelt werden (§ 120 Abs. 3 Nr. 2 ZPO).

2.5.7 wenn die Akten nach Beendigung eines Rechtsmittelverfahrens an die erste Instanz zur Überprüfung zurückgegeben werden, ob die Zahlungen nach § 120 Abs. 3 ZPO vorläufig einzustellen sind,

2.5.8 wenn nach Ansatz der Kosten zu Lasten des Gegners eine Zweitschuldneranfrage der Gerichtskasse eingeht und die Partei, der Prozeßkostenhilfe mit Zahlungsbestimmung bewilligt ist, als Zweitschuldner nach § 58 Abs. 2 Satz 1 GKG in Anspruch genommen werden kann (Nr. 4, 8).

3. Bewilligung von Prozeßkostenhilfe ohne Zahlungsbestimmung

3.1 Soweit und solange ein Kostenschuldner nach den Vorschriften der Zivilprozeßordnung von der Entrichtung der Kosten deshalb befreit ist, weil ihm oder seinem Gegner Prozeßkostenhilfe ohne Zahlungsbestimmung bewilligt ist, wird wegen dieser Kosten eine Kostenrechnung (§ 27 KostVfg) auf ihn nicht ausgestellt.

3.2 Waren Kosten bereits vor der Bewilligung angesetzt und der Gerichtskasse zur Einziehung überwiesen, so ersucht der Kostenbeamte die Gerichtskasse, die Kostenforderung zu löschen, soweit die Kosten noch nicht gezahlt sind.

Die Rückzahlung bereits entrichteter Kosten ist nur dann anzuordnen, wenn sie nach dem Zeitpunkt gezahlt sind, in dem die Bewilligung wirksam geworden ist.

3.3 Der Kostenbeamte hat den Eintritt der gesetzlichen Voraussetzungen, unter denen die Kosten von der Partei, der Prozeßkostenhilfe ohne Zahlungsbestimmung bewilligt ist, und dem Gegner eingezogen werden können, genau zu überwachen. Zu beachten ist dabei folgendes:

3.3.1 Zu Lasten der Partei dürfen die außer Ansatz gelassenen Beträge nur aufgrund einer gerichtlichen Entscheidung angesetzt werden, durch die die Bewilligung aufgehoben worden ist (§ 124 ZPO).

3.3.2 Zu Lasten des Gegners sind die Kosten, von deren Entrichtung die Partei befreit ist, erst anzusetzen, wenn der Gegner rechtskräftig in die Prozeßkosten verurteilt ist oder sie durch eine vor Gericht abgegebene oder dem Gericht mitgeteilte Erklärung übernommen hat oder sonst für die Kosten haftet (§ 125 Abs. 1 ZPO, § 54 GKG); dies gilt auch für die Geltendmachung von Ansprüchen, die nach § 130 BRAGO auf die Bundes- oder Landeskasse übergegangen sind. Die Gerichtskosten, von deren Zahlung der Gegner einstweilen befreit ist (§ 122 Abs. 2 ZPO), sind zu seinen Lasten anzusetzen, wenn er rechtskräftig in die Prozeßkosten verurteilt ist oder der Rechtsstreit ohne Urteil über die Kosten durch Vergleich oder in sonstiger Weise beendet ist (§ 125 Abs. 2 ZPO). Wird ein Rechtsstreit, in dem dem Kläger, Berufungskläger oder Revisionskläger Prozeßkostenhilfe ohne Zahlungsbestimmung bewilligt ist, mehr als sechs Monate nicht betrieben, ohne daß das Ruhen des Verfahrens (§ 251 ZPO) angeordnet ist, so stellt der Kostenbeamte durch Anfrage bei den Parteien fest, ob der Rechtsstreit beendet ist. Gibt keine der Parteien binnen angemessener Zeit eine Erklärung ab, so setzt er auf den Gegner die diesem zur Last fallenden Kosten an. Das gleiche gilt, wenn die Parteien den Rechtsstreit trotz der Erklärung, daß er nicht beendet sei, auch jetzt nicht weiter betreiben oder wenn der Gegner erklärt, der Rechtsstreit ruhe oder sei beendet.

4. Bewilligung von Prozeßkostenhilfe mit Zahlungsbestimmung

4.1 Der Kostenbeamte behandelt die festgesetzten Monatsraten und die aus dem Vermögen zu zahlenden Beträge (§ 120 Abs. 1 ZPO) wie Kostenforderungen. Sie werden von der Geschäftsstelle ohne vorherige Überweisung an die Gerichtskasse unmittelbar von dem Zahlungspflichtigen mit Kostennachricht (§ 31 KostVfg) angefordert. Monatsraten, Teilbeträge und einmalige Zahlungen sowie deren Fälligkeitstermine sind sowohl in der Urschrift der Kostenrechnung als auch in der Kostennachricht besonders anzugeben.

4.2 Sind vor Bewilligung der Prozeßkostenhilfe Gerichtskosten angesetzt und der Gerichtskasse zur Einziehung überwiesen, so ist zu prüfen, ob und ggf. wann diese bezahlt worden sind. Ist eine Zahlung noch nicht erfolgt, so veranlaßt der Kostenbeamte die Löschung des Kostensolls.

4.3 Zahlungen vor Wirksamwerden der Prozeßkostenhilfe sollen erst bei der Prüfung nach § 120 Abs. 3 Nr. 1 ZPO berücksichtigt werden, spätere Zahlungen sind auf die nach § 120 Abs. 1 ZPO zu leistenden anzurechnen.

4.4 Bestimmt das Rechtsmittelgericht andere Zahlungen als das Gericht der Vorinstanz, so ist von dem Kostenbeamten des Rechtsmittelgerichts eine entsprechende Änderung der Zahlungen zu veranlassen (Nr. 4.1). Dabei ist darauf hinzuweisen, daß die Kostennachricht der Vorinstanz gegenstandslos ist. Die Geschäftsstelle des Gerichts der Vorinstanz hat noch eingehende Zahlungsanzeigen zu dem an das Rechtsmittelgericht abgegebenen Beiheft weiterzuleiten.

Nach Abschluß in der Rechtsmittelinstanz sendet die Geschäftsstelle des Rechtsmittelgerichts das Beiheft mit den Akten an das Gericht der Vorinstanz zur weiteren Bearbeitung zurück.

4.4.1 Jedoch gilt für Zahlungen, die während der Anhängigkeit des Verfahrens vor einem Gerichtshof des Bundes an die Landeskasse zu leisten sind (§ 120 Abs. 2 ZPO), folgendes:

Die Zahlungen werden (abweichend von Nr. 2.3 Satz 1) nach den Hinweisen des Kostenbeamten des Gerichtshofs von der Geschäftsstelle des Gerichts des ersten Rechtszuges angefordert und überwacht. Dabei werden der Geschäftsstelle die Entscheidungen des Gerichtshofes, soweit sie die Prozeßkostenhilfe betreffen, in beglaubigter Abschrift mitgeteilt. Der Zahlungsverzug (Nr. 2.5.2) ist dem Gerichtshof anzuzeigen. Nach Rückkehr der Akten vom Rechtsmittelgericht (Nr. 4.4 Satz 4) werden die angefallenen Vorgänge mit dem Beiheft vereinigt.

4.4.2 Zahlungen, die nach § 120 Abs. 2 ZPO an die Bundeskasse zu leisten sind, werden von der Geschäftsstelle des Gerichtshofs des Bundes angefordert und überwacht.

4.5 Für die Behandlung der Kostennachricht gilt § 32 Abs. 1 und 2 KostVfg entsprechend.

4.6 Sieht der Rechtspfleger im Falle einer Vorlage nach Nr. 2.5.2 davon ab, die Bewilligung der Prozeßkostenhilfe aufzuheben, so hat der Kostenbeamte die zu diesem Zeitpunkt rückständigen Beträge der Gerichtskasse zur Einziehung zu überweisen. Die Gerichtskasse ist um Zahlungsanzeige zu ersuchen.

4.7 Zu Lasten des Gegners der Partei, der Prozeßkostenhilfe bewilligt ist, sind die unter die Bewilligung fallenden Kosten erst anzusetzen, wenn er rechtskräftig in die Prozeßkosten verurteilt ist oder sie durch eine vor Gericht abgegebene oder dem Gericht mitgeteilte Erklärung übernommen hat oder sonst für die Kosten haftet (§ 125 Abs. 1 ZPO, § 54 GKG). Nr. 3.3.2 Satz 1 letzter Halbsatz gilt entsprechend.

4.8 Wird dem Kostenbeamten eine Zweitschuldneranfrage der Gerichtskasse vorgelegt, so prüft er, ob die Partei, der Prozeßkostenhilfe mit Zahlungsbestimmung bewilligt ist, für die gegen den Gegner geltend gemachten Gerichtskosten als Zweitschuldner ganz oder teilweise haftet. Liegen diese Voraussetzungen vor, so unterrichtet er die Gerichtskasse hiervon und legt die Akten mit einer Berechnung der Kosten, für die die Partei nach § 58 Abs. 2 Satz 1 GKG in Anspruch genommen werden kann, unverzüglich dem Rechtspfleger vor.

5. Gemeinsame Bestimmungen bei Bewilligung von Prozeßkostenhilfe

5.1 Werden dem Kostenbeamten Tatsachen über die persönlichen oder wirtschaftlichen Verhältnisse bekannt, die eine Änderung oder Aufhebung der Bewilligung der Prozeßkostenhilfe rechtfertigen könnten (§ 120 Abs. 4, § 124 Nrn. 2, 3 ZPO), hat er die Akten dem Rechtspfleger vorzulegen.

5.2 Hat der Gerichtsvollzieher Berechnungen über Kosten für Amtshandlungen, die er aufgrund der Prozeßkostenhilfe unentgeltlich erledigt hat, zu den Akten mitgeteilt, so sind diese Kosten beim Ansatz wie sonstige Gerichtskosten zu behandeln.

5.3 Wenn bei einem obersten Gerichtshof des Bundes Kosten der Revisionsinstanz außer Ansatz geblieben sind, weil dem Kostenschuldner oder seinem Gegner Prozeßkostenhilfe bewilligt ist, hat der Kostenbeamte diesem Gericht Nachricht zu geben, sobald sich ergibt, daß Beträge durch die Bundeskasse einzuziehen sind.

Dieser Fall kann eintreten,

5.3.1 wenn das Revisionsgericht die Sache zur anderweitigen Verhandlung und Entscheidung, auch über die Kosten des Revisionsverfahrens, zurückverwiesen hat und nach endgültigem Abschluß des Verfahrens zu Lasten des Gegners der Partei, der Prozeßkostenhilfe bewilligt ist, Kosten des Revisionsverfahrens gemäß Nr. 3.3.2 oder 4.5 anzusetzen sind;

5.3.2 wenn der für die Revisionsinstanz beigeordnete Rechtsanwalt seinen Anspruch auf Vergütung gegen die Bundeskasse geltend macht, nachdem die Prozeßakten zurückgesandt sind; in diesem Fall teilt der Urkundsbeamte der Geschäftsstelle des obersten Gerichtshofes des Bundes eine beglaubigte Abschrift des Beschlusses, durch den die Vergütung festgesetzt worden ist, zu den Prozeßakten mit;

5.3.3 wenn nach Beendigung des Revisionsverfahrens ein Beschluß ergeht, durch den die Bewilligung der Prozeßkostenhilfe aufgehoben wird.

5.4 In der Nachricht teilt der Kostenbeamte mit, ob und ggf. in welcher Höhe etwaige Zahlungen, die nach § 120 Abs. 2 ZPO an die Landeskasse entrichtet worden sind, auf die Kosten des Revisionsverfahrens zu verrechnen sind. Sind die Zahlungen nach § 120 Nr. 2 ZPO an die Bundeskasse zu leisten, so sind dem obersten Gerichtshof des Bundes alle die bewilligte Prozeßkostenhilfe betreffenden Entscheidungen, die Kostenentscheidungen und eine Kostenrechnung unter Angabe der Beträge mitzuteilen, die in dem Verfahren von der Landeskasse vereinnahmt worden sind.

6. Verfahren bei Verweisung und Abgabe

6.1 Wird ein Verfahren an ein anderes Gericht verwiesen oder abgegeben, so hat der Kostenbeamte des übernehmenden Gerichts erneut eine Kostennachricht zu übersenden (Nrn. 4.1, 4.5). Dabei ist darauf hinzuweisen, daß die Kostennachricht des verweisenden oder abgebenden Gerichts gegenstandslos ist.

6.2 Die Geschäftsstelle des verweisenden oder abgebenden Gerichts hat noch eingehende Zahlungsanzeigen an das übernehmende Gericht weiterzuleiten.

7. Kostenansatz nach Entscheidung oder bei Beendigung des Verfahrens

7.1 Ergeht im Verfahren eine Kostenentscheidung, wird ein Vergleich geschlossen oder wird das Verfahren in dieser Instanz auf sonstige Weise beendet, setzt der Kostenbeamte die Kosten an und stellt die Kostenschuldner fest. In die Kostenrechnung sind die Gerichtskosten und die nach § 130 BRAGO auf die Staatskasse übergegangenen Ansprüche aufzunehmen.

Sämtliche Zahlungen der Partei sind – erforderlichenfalls nach Anfrage bei der Kasse – zu berücksichtigen.

Ist Prozeßkostenhilfe mit Zahlungsbestimmung bewilligt worden, so sind die Akten nach Aufstellung der Kostenrechnung unverzüglich dem Rechtspfleger vorzulegen.

7.2 Die Kosten der Rechtsmittelinstanz werden von dem Kostenbeamten des Rechtsmittelgerichts angesetzt (§ 4 Abs. 1 Nr. 2 GKG).

Kann dieser die Zahlungen, die von der Partei geleistet worden sind, der Prozeßkostenhilfe bewilligt wurde, noch nicht abrechnen, weil zu diesem Zeitpunkt die Vergütungen der Rechtsanwälte noch nicht bezahlt sind (§§ 124, 128 BRAGO) oder noch Zahlungen der Partei ausstehen, so hat die endgültige Abrechnung der Kostenbeamte der ersten Instanz vorzunehmen.

7.3 Der Partei, die Zahlungen geleistet hat, ist eine Abschrift der Kostenrechnung zu erteilen verbunden mit einem Nachforderungsvorbehalt, wenn eine Inanspruchnahme über den in der Kostenrechnung enthaltenen Betrag hinaus in Betracht kommt.

8. Weiteres Verfahren nach Aufstellung der Kostenrechnung

8.1 Nach Vorlage der Akten (Nr. 4.8, 7.1 Abs. 3) prüft der Rechtspfleger, welche Entscheidungen zur Wiederaufnahme oder Einstellung der Zahlungen zu treffen sind.

8.2 Ergibt sich eine Restschuld der Partei, der Prozeßkostenhilfe bewilligt ist, so soll der Zeitpunkt der Einstellung der Zahlungen bestimmt werden. War vorher eine vorläufige Einstellung verfügt, so ist ihre Wiederaufnahme anzuordnen. Bei diesen Entscheidungen wird auch die zu den Akten mitgeteilte Vergütung des beigeordneten Rechtsanwalts (§ 124 Abs. 2 BRAGO) zu berücksichtigen sein, soweit die Vergütung noch nicht aus der Staatskasse beglichen ist und der Partei ein Erstattungsanspruch gegen den Gegner nicht zusteht. Teilt der Rechtsanwalt seine gesetzliche Vergütung (mit den Gebühren nach § 11 Abs. 1 BRAGO) nicht mit oder wird eine notwendige Kostenausgleichung nach § 106 ZPO nicht beantragt, so wird der Rechtspfleger seine Bestimmung ohne Rücksicht auf die Vergütungsansprüche des Rechtsanwalts treffen.

8.3 Ebenfalls zu berücksichtigen sind bereits bekannte Gerichtsvollzieherkosten (§ 122 Abs. 1 Nr. 1a ZPO).

8.4 Ergibt sich keine Restschuld der Partei, so ist – unter Berücksichtigung der Vergütung des Rechtsanwalts oder der Kosten des Gerichtsvollziehers – die Einstellung der Zahlungen anzuordnen. Zu beachten ist, daß eine endgültige Einstellung der Zahlung unter Umständen erst nach Rechtskraft der Entscheidung verfügt werden kann, weil bei Einlegung eines Rechtsmittels durch die Partei die Raten bis zur 48. Monatsrate weiter zu zahlen sind. Gleiches gilt, wenn die Partei bei Rechtsmitteleinlegung des Prozeßgegners Prozeßkostenhilfe beantragt.

9. Aufhebung und Änderung der Bewilligung der Prozeßkostenhilfe

9.1 Hat das Gericht die Bewilligung der Prozeßkostenhilfe aufgehoben (§ 124 ZPO), so berechnet der Kostenbeamte die bis zu diesem Zeitpunkt angefallenen Kosten (ggf. unter Einbeziehung der nach § 130 Abs. 2 BRAGO auf die Staatskasse übergegangenen Ansprüche der Rechtsanwälte) und überweist sie der Gerichtskasse zur Einziehung; § 10 Kostenverfügung bleibt unberührt. Soweit erforderlich, ist der beigeordnete Rechtsanwalt zur Einreichung seiner Kostenrechnung aufzufordern (§§ 124 Abs. 2, 128 Abs. 2 BRAGO). Die aufgrund der Bewilligung der Prozeßkostenhilfe bezahlten Beträge sind abzusetzen. Die Löschung der Sollstellung über die vom Gericht gemäß § 120 Abs. 1 ZPO festgesetzten Zahlungen ist zu veranlassen.

9.2 Setzt das Gericht andere Zahlungen fest, so berichtigt der Kostenbeamte den Ansatz nach Nr. 4.1.

10. Verfahren bei der Verwaltungs-, Finanz- und Sozialgerichtsbarkeit

Bei den Gerichten der Verwaltungs-, Finanz- und Sozialgerichtsbarkeit tritt in den vorstehenden Bestimmungen an die Stelle des Rechtspflegers der Richter.

Anlage zu Nr. 1.3 DB-PKHG (Stand: 1. 4. 1989

Kostenvoranschlag zur Bewilligung von Prozeßkostenhilfe (§ 115 III ZPO)

	Bürgerliche Rechtsstreitigkeiten ohne Scheidungs- und Folgesachen					Verfahren in Scheidungs- und Folgesachen	
	I. Instanz				II. Instanz	I. Instanz	II. Instanz
	nach Mahnverfahren		ohne Mahnverfahren				
Streitwert	nur GKG	GKG + BRAGO	nur GKG	GKG + BRAGO	GKG + BRAGO	GKG + BRAGO	GKG + BRAGO
1	2	3	4	5	6	7	8
DM	DM	DM	DM	DM	DM	DM	DM
300	36	194	51	209	264	194	256
600	63	278	78	295	372	271	360
900	89	364	105	381	479	348	462
1200	111	446	132	467	577	425	556
1500	134	522	159	547	675	496	650
1800	156	595	186	625	773	565	743
2100	179	669	213	704	872	635	837
2400	201	743	240	782	970	704	931
2700	224	817	267	860	1068	773	1024
3000	246	891	294	939	1166	843	1118
3500	269	1002	321	1055	1313	950	1261
4000	291	1113	348	1170	1460	1056	1403
4500	314	1225	375	1286	1607	1163	1546
5000	336	1336	402	1402	1755	1270	1689
5500	359	1448	429	1518	1902	1377	1831
6000	381	1559	456	1634	2049	1484	1974
6500	404	1671	483	1750	2196	1591	2116
7000	426	1782	510	1866	2343	1698	2259
7500	449	1893	537	1982	2490	1805	2402
8000	471	2005	564	2098	2637	1912	2544
8500	494	2116	591	2214	2784	2019	2687
9000	516	2228	618	2330	2931	2126	2829
9500	539	2339	645	2446	3078	2233	2972
10000	561	2450	672	2561	3225	2339	3114
11000	591	2586	708	2703	3405	2469	3288
12000	621	2723	744	2846	3585	2600	3462
13000	651	2859	780	2988	3765	2730	3636
14000	681	2995	816	3130	3945	2860	3810

Kostenvoranschlag zur Bewilligung von Prozeßkostenhilfe (§ 115 III ZPO)

	Bürgerliche Rechtsstreitigkeiten ohne Scheidungs- und Folgesachen					Verfahren in Scheidungs- und Folgesachen	
	I. Instanz				II. Instanz	I. Instanz	II. Instanz
	nach Mahnverfahren		ohne Mahnverfahren				
Streitwert	nur GKG	GKG + BRAGO	nur GKG	GKG + BRAGO	GKG + BRAGO	GKG + BRAGO	GKG + BRAGO
1	2	3	4	5	6	7	8
DM	DM	DM	DM	DM	DM	DM	DM
15000	711	3131	852	3272	4125	2990	3984
16000	741	3267	888	3414	4304	3120	4157
17000	771	3403	924	3556	4484	3250	4331
18000	801	3539	960	3698	4664	3380	4505
19000	831	3675	996	3840	4844	3510	4679
20000	861	3811	1032	3982	5024	3640	4853
25000	951	4123	1140	4312	5439	3934	5250
30000	1041	4435	1248	4642	5854	4228	5647
35000	1131	4748	1356	4973	6269	4523	6044
40000	1221	5060	1464	5303	6684	4817	6441
45000	1311	5372	1572	5633	7099	5111	6838
50000	1401	5684	1680	5963	7514	5405	7235
55000	1491	5997	1788	6294	7929	5700	7632
60000	1581	6309	1896	6624	8344	5994	8029
65000	1671	6621	2004	6954	8759	6288	8426
70000	1761	6934	2112	7285	9174	6583	8823
75000	1851	7246	2220	7615	9589	6877	9220
80000	1941	7558	2328	7945	10004	7171	9617
85000	2031	7871	2436	8276	10419	7466	10014
90000	2121	8183	2544	8606	10834	7760	10411
95000	2211	8495	2652	8936	11249	8054	10808
100000	2301	8807	2760	9266	11664	8348	11205
115000	2526	9289	3030	9793	12312	8785	11808
130000	2751	9770	3300	10319	12960	9221	12411
145000	2976	10252	3570	10846	13609	9658	13015
160000	3201	10733	3840	11372	14257	10094	13618
175000	3426	11215	4110	11899	14906	10531	14222
190000	3651	11696	4380	12425	15554	10967	14825
205000	3876	12178	4650	12952	16203	11404	15429
220000	4101	12659	4920	13478	16851	11840	16032

Kostenvoranschlag zur Bewilligung von Prozeßkostenhilfe (§ 115 III ZPO)

	Bürgerliche Rechtsstreitigkeiten ohne Scheidungs- und Folgesachen					Verfahren in Scheidungs- und Folgesachen	
	I. Instanz				II. Instanz	I. Instanz	II. Instanz
	nach Mahnverfahren		ohne Mahnverfahren				
Streitwert	nur GKG	GKG + BRAGO	nur GKG	GKG + BRAGO	GKG + BRAGO	GKG + BRAGO	GKG + BRAGO
1	2	3	4	5	6	7	8
DM	DM	DM	DM	DM	DM	DM	DM
235000	4326	13141	5190	14005	17500	12277	16636
250000	4551	13622	5460	14531	18148	12713	17239
265000	4776	14104	5730	15058	18797	13150	17843
280000	5001	14585	6000	15584	19445	13586	18446
295000	5226	15067	6270	16111	20093	14023	19049
310000	5451	15548	6540	16637	20742	14459	19653
325000	5676	16030	6810	17164	21390	14896	20256
340000	5901	16511	7080	17690	22039	15332	20860
355000	6126	16993	7350	18217	22687	15769	21463
370000	6351	17474	7620	18743	23336	16205	22067
385000	6576	17956	7890	19270	23984	16642	22670
400000	6801	18437	8160	19796	24633	17078	23274
430000	7251	19298	8700	20747	25796	17849	24347
460000	7701	20158	9240	21697	26960	18619	25421
490000	8151	21019	9780	22648	28123	19390	26494
520000	8601	21879	10320	23598	29287	20160	27568
550000	9051	22739	10860	24548	30450	20930	28641
580000	9501	23600	11400	25499	31614	21701	29715
610000	9951	24460	11940	26449	32777	22471	30788
640000	10401	25321	12480	27400	33941	23242	31862
670000	10851	26181	13020	28350	35104	24012	32935
700000	11301	27041	13560	29300	36268	24782	34009
730000	11751	27902	14100	30251	37431	25553	35082
760000	12201	28762	14640	31201	38595	26323	36156
790000	12651	29623	15180	32152	39758	27094	37229
820000	13101	30483	15720	33102	40922	27864	38303
850000	13551	31343	16260	34052	42085	28634	39376
880000	14001	32204	16800	35003	43249	29405	40450
910000	14451	33064	17340	35953	44412	30175	41523
940000	14901	33925	17880	36904	45576	30946	42597
970000	15351	34785	18420	37854	46739	31716	43670
1000000	15801	35645	18960	38804	47903	32486	44744

6) Vereinbarung über die Festsetzung der aus der Staatskasse zu gewährenden Vergütung der Rechtsanwälte und Steuerberater

Vorbemerkung. Die nachstehenden Bestimmungen sind zwischen den Justizverwaltungen des Bundes und der Länder abgestimmt. Sie sind wie folgt eingefügt worden:

Baden-Württemberg: AV vom 10. 12. 80, Justiz **81**, 97, vom 25. 3. 82, Justiz 177, vom 15. 4. 87, Justiz 177, und vom 1. 6. 87, Justiz 244;

Bayern: Bek vom 10. 12. 80, JMBl **81**, 5, und vom 1. 6. 87, JMBl 62;

Berlin: AV vom 10. 12. 80, ABl **81**, 48, vom 18. 2. 81, ABl 448, vom 15. 3. 82, ABl 437, und vom 1. 6. 87, ABl 786;

Hamburg: AV vom 1. 2. 80, JVBl 57, vom 10. 12. 80, JVBl **81**, 12, und vom 1. 6. 87, JVBl 62;

Hessen: RdErl vom 10. 12. 80, JMBl **81**, 59, vom 15. 3. 82, JMBl **82**, 336, und vom 15. 7. 87, JMBl 500;

Niedersachsen: AV vom 10. 12. 80, NdsRpfl **81**, 13, und vom 1. 6. 87, NdsRpfl 151;

Nordhrein-Westfalen: AV vom 10. 12. 80, JMBl **81**, 31, vom 19. 11. 81, JMBl 281, vom 15. 3. 82, JMBl 90, und vom 1. 7. 87, JMBl 149;

Rheinland-Pfalz: LV vom 10. 12. 80, JBl **81**, 9, vom 15. 3. 82, JBl **82**, 89, vom 6. 3. 85, JBl 83, und vom 1. 6. 87, JBl 151;

Saarland: LV vom 10. 12. 80, GMBl **81**, 254, vom 15. 3. 82, GMBl **82**, 170, und vom 1. 6. 87, GMBl 181;

Schleswig-Holstein: AV vom 10. 12. 80 SchlHA **81**, 28, berichtigt 43, vom 15. 3. 82, SchlHA 67, vom 15. 10. 85, SchlHA 184, und vom 1. 6. 87, SchlHA 112.

Nachstehend ist die für Schleswig-Holstein veröffentlichte Fassung der bundeseinheitlich vereinbarten AV, in Kraft seit 1. 1. 81, mit den bundeseinheitlich geplanten Änderungen, die am 1. 6. 87 veröffentlicht werden sollen, abgedruckt.

A. Vergütung des beigeordneten oder zum Verteidiger bestellten Rechtsanwalts

Für die Festsetzung der Vergütung

a) des im Wege der Prozeßkostenhilfe beigeordneten Rechtsanwalts nach § 128 der Bundesgebührenordnung für Rechtsanwälte (BRAGO),
b) des nach § 625 ZPO beigeordneten Rechtsanwalts nach § 36a Abs. 2 BRAGO,
c) des beigeordneten Patentanwalts nach § 2 des Gesetzes über die Beiordnung von Patentanwälten bei Prozeßkostenhilfe vom 7. 9. 1966 (BGBl. I S. 557) in der Fassung von Artikel 3 Nummer 5 des Gesetzes über die Prozeßkostenhilfe vom 13. 6. 1980 (BGBl. I S. 677),
d) des gerichtlich zum Verteidiger bestellten oder im Strafverfahren oder gerichtlichen Bußgeldverfahren beigeordneten Rechtsanwalt nach §§ 98, 102, 105 Abs. 3 BRAGO,
e) des nach dem Gesetz über die internationale Rechtshilfe in Strafsachen bestellten Rechtsanwalts nach §§ 98, 107 Abs. 2 BRAGO,

f) des im gerichtlichen Verfahren bei Freiheitsentziehungen beigeordneten Rechtsanwalts nach §§ 98, 112 Abs. 4 BRAGO,
g) des als Kontaktperson beigeordneten Rechtsanwalts nach § 97a BRAGO

sowie
für die Festsetzung von Vorschüssen in den Fällen der Buchstaben a) und c) bis g) gilt folgendes:

1. Allgemeine Bestimmungen

1.1 Festsetzungsantrag

Die Geschäftsstellen der Gerichte geben die amtlichen Vordrucke für den Festsetzungsantrag unentgeltlich aus. Der Festsetzungsantrag mit der Berechnung der Gebühren und Auslagen (§ 18 BRAGO) ist zweifach bei der Geschäftsstelle einzureichen.

1.2 Festsetzung

1.2.1 Die Festsetzung ist den Beamten des gehobenen Dienstes vorbehalten.

1.2.2 Kann Verjährung in Betracht kommen (vgl. § 196 Abs. 1 Nr. 15, § 201 BGB; § 16 BRAGO), so hat der Urkundsbeamte der Geschäftsstelle (UdG) vor der Entscheidung über den Festsetzungsantrag die Akten mit einem entsprechenden Hinweis dem zur Vertretung der Staatskasse zuständigen Beamten vorzulegen (s. Nr. 1.4.4). Sieht der Vertreter der Staatskasse von der Erhebung der Verjährungseinrede ab, so hat der UdG dies auf der Urschrift und der Durchschrift der Festsetzung zu vermerken.

1.2.3 Müssen die Sachakten wegen der Einlegung von Rechtsmitteln oder aus sonstigen Gründen versandt werden, so ist die Vergütung möglichst vorher festzusetzen. Sonst sind Akten, die für längere Zeit versandt sind, kurzfristig zurückzufordern.

1.2.4 Der UdG hat für die Entscheidung über den Festsetzungsantrag die amtlichen Vordrucke zu verwenden; diese sind, soweit erforderlich, anzupassen. Hat ein Rechtsanwalt ausnahmsweise den Vordruck nicht benutzt, so ist je ein Antrag mit Berechnung auf den Vordruck aufzukleben oder in anderer Weise mit ihm zu verbinden. Auch in diesem Fall sind Antrag und Berechnung mit den im Vordruck geforderten Angaben zu versehen; der Inhalt gesonderter Erklärungen des Rechtsanwalts über Auslagen, Vorschüsse usw. ist in der Festsetzung wiederzugeben.

1.2.5 Wird dem Festsetzungsantrag entsprochen, so ist keine Mitteilung erforderlich. Soweit die Entscheidung von dem Antrag abweicht, ist ihr Inhalt dem Rechtsanwalt schriftlich mitzuteilen.

1.2.6 Die Urschrift der Festsetzung ist zu den Sachakten zu nehmen. Auf dem Beiordnungsbeschluß ist neben dem Namen des beigeordneten Rechtsanwalts die Blattzahl der Festsetzung in auffälliger Weise zu vermerken.

1.3 Auszahlungsanordnung

1.3.1 Die Auszahlungsanordnung wird von dem UdG erteilt, der die Vergütung festgesetzt hat oder dessen Entscheidung angefochten worden ist. Hat der Bundesgerichtshof den Verteidiger bestellt und gemäß § 103

BRAGO die Bundeskasse die Vergütung zu zahlen, so hat der UdG des Gerichts des ersten Rechtszugs die Durchschrift der Festsetzung dem Bundesgerichtshof zur Erteilung der Auszahlungsanordnung zu übersenden.

1.3.2 Die Auszahlungsanordnung ist auf der Durchschrift der Festsetzung zu erteilen. War Erinnerung eingelegt oder Beschwerde erhoben, so ist eine Ausfertigung der gerichtlichen Entscheidung beizufügen und dies in der Auszahlungsanordnung zu vermerken. Eine Durchschrift der Auszahlungsanordnung ist zu den Sachakten zu nehmen.

1.3.3 Werden in derselben Sache weitere Auszahlungsanordnungen notwendig, so sind auch dazu die amtlichen Vordrucke zu verwenden; in der Kostenberechnung sind sämtliche Gebühren und Auslagen aufzuführen; bereits gezahlte Beträge sind abzusetzen. Der Tag der früheren Auszahlungsanordnung ist anzugeben. Dies gilt auch, wenn Vorschüsse gezahlt sind (s. Nr. 1.5.3).

1.3.4 Nr. 2.4.4 ist zu beachten.

1.4 Vertretung der Staatskasse, Prüfung der Festsetzung

1.4.1 Die Vertretung der Staatskasse bei der Festsetzung einschließlich des Erinnerungs- und Beschwerdeverfahrens und die Prüfung der Festsetzung richten sich nach den dafür ergangenen besonderen Bestimmungen.

1.4.2 Alle beschwerdefähigen gerichtlichen Entscheidungen, durch die eine Festsetzung zu Ungunsten der Staatskasse geändert wird, hat der UdG vor Anweisung des Mehrbetrages dem zur Vertretung der Staatskasse zuständigen Beamten mitzuteilen.

1.4.3 Erinnerungen oder Beschwerden namens der Staatskasse sind nur zu erheben, wenn es sich um Fragen von grundsätzlicher Bedeutung oder um Beträge handelt, die nicht in offensichtlichem Mißverhältnis zu dem durch das Erinnerungs- oder Beschwerdeverfahren entstehenden Zeit- und Arbeitsaufwand stehen.

1.4.4 Soll nach Auffassung des zur Vertretung der Staatskasse zuständigen Beamten die Verjährungseinrede erhoben werden (s. Nr. 1.2.2), so hat er die Einwilligung des unmittelbar vorgesetzten Präsidenten einzuholen.

1.5 Vorschuß

1.5.1 Für die Festsetzung und Auszahlung des Vorschusses (§ 97 Abs. 4, § 102, § 105 Abs. 3, § 107 Abs. 2, § 112 Abs. 4 und § 127 BRAGO) gelten die Bestimmungen für die Festsetzung und Auszahlung des endgültigen Betrages sinngemäß.

1.5.2 Die Auszahlungen sind als Abschlagszahlung zu leisten und als Haushaltsausgabe zu buchen.

1.5.3 Der UdG überwacht die Fälligkeit der Vergütung und sorgt dafür, daß der Vorschuß alsbald abgerechnet wird (s. Nr. 1.3.3).

1.6 Wiedereinforderung überzahlter Beträge

Überzahlungen an Gebühren, Auslagen oder Vorschüssen sind nach der Justizbeitreibungsordnung einzuziehen.

2. Besondere Bestimmungen für die Vergütung des im Wege der Prozeßkostenhilfe beigeordneten Anwalts

2.1 Zuständigkeit zur Festsetzung im allgemeinen

2.1.1 Die aus der Landeskasse zu gewährende Vergütung (§§ 121, 124 Abs. 1 Satz 2 BRAGO) wird von dem UdG des Gerichts des Rechtszuges nach Beendigung des Verfahrens durch rechtskräftige Entscheidung oder in sonstiger Weise jedoch von dem UdG des Gerichts des ersten Rechtszuges festgesetzt.

2.1.2 Die aus der Bundeskasse zu gewährende Vergütung (§§ 121, 124 Abs. 1 Satz 2 BRAGO) wird von dem UdG des Gerichts des Bundes festgesetzt.

2.2 Zuständigkeit zur Festsetzung im Falle der Verweisung oder Abgabe eines Verfahrens

2.2.1 Bei Verweisung oder Abgabe eines Verfahrens an ein Gericht eines anderen Landes gilt die in der Anlage 2 zur Kostenverfügung abgedruckte Ländervereinbarung.

2.2.2 Bei Verweisung eines Verfahrens zwischen den Gerichten für Arbeitssachen und den ordentlichen Gerichten gilt Abschn. II der in der Anlage 3 zur Kostenverfügung abgedruckten Ländervereinbarung.

2.2.3 Bei Verweisung oder Abgabe eines Verfahrens an ein Gericht desselben Landes gilt folgendes: Der UdG des verweisenden oder abgebenden Gerichts setzt die aus der Staatskasse zu gewährende Vergütung fest, wenn bereits vor der Versendung der Akten an das Gericht, an das das Verfahren verwiesen oder abgegeben worden ist, der Anspruch fällig geworden und der Festsetzungsantrag eingegangen ist. Andernfalls sind Festsetzungsanträge an die Geschäftsstelle des Gerichts weiterzugeben, an das das Verfahren verwiesen oder abgegeben worden ist.

2.3 Vergütung des beigeordneten Anwalts und Kostenfestsetzung

2.3.1 Bei der Festsetzung der vom Gegner an die Partei, der Prozeßkostenhilfe bewilligt ist, oder an deren Rechtsanwalt zu erstattenden Kosten (§§ 103 bis 107, 126 ZPO), prüft der Rechtspfleger, ob der Rechtsanwalt bereits eine Vergütung aus der Staatskasse erhalten hat und ob der aus der Staatskasse gewährte Betrag ganz oder zum Teil auf die im Kostenfestsetzungsbeschluß festzusetzenden Kosten anzurechnen ist. Er stellt zugleich fest, ob und inwieweit der Erstattungsanspruch gegen den Zahlungspflichtigen auf die Staatskasse übergegangen ist (§ 130 BRAGO). Dabei berücksichtigt er, daß ein übergegangener Anspruch der Staatskasse nicht zusteht, soweit die an den Rechtsanwalt gezahlte Vergütung durch Zahlungen der Partei an die Staatskasse gedeckt ist. Den auf die Staatskasse übergegangenen Betrag vermerkt er im Kostenfestsetzungsbeschluß. Nötigenfalls nimmt er eine erläuternde Berechnung auf. Soweit ein Erstattungsanspruch auf die Staatskasse übergegangen ist, nimmt der Rechtspfleger in den Kostenfestsetzungsbeschluß nur den Betrag auf, der an die Partei oder an deren Rechtsanwalt noch zu erstatten bleibt.

2.3.2 Macht der Rechtsanwalt seinen Vergütungsanspruch gegen die Staatskasse erst geltend, nachdem die von dem Gegner der Partei zu erstattenden Kosten bereits nach §§ 103 bis 107 oder 126 ZPO festgesetzt worden sind, so fordert der Rechtspfleger die Ausfertigung des Kostenfestsetzungsbeschlusses von demjenigen, zu dessen Gunsten er ergangen ist, zurück. Nach Festsetzung der aus der Staatskasse zu gewährenden Vergütung vermerkt er auf der Ausfertigung des Kostenfestsetzungsbeschlusses, um welchen Betrag sich die festgesetzten Kosten mindern und welcher Restbetrag noch zu erstatten ist; falls erforderlich, fügt er eine erläuternde Berechnung bei. Die gleichen Vermerke setzt er auf die Urschrift des Kostenfestsetzungsbeschlusses; dort bescheinigt er außerdem, daß die Ausfertigung mit denselben Vermerken versehen und zurückgesandt worden ist.

2.3.3 Wird die Vergütung festgesetzt, ohne daß die Ausfertigung des Kostenfestsetzungsbeschlusses vorgelegt worden ist, so hat der UdG den erstattungspflichtigen Gegner zu benachrichtigen.

2.3.4 Bei der Einziehung der auf die Staatskasse übergegangenen Beträge sind § 122 Abs. 1 Nr. 1 Buchstabe b ZPO, § 6 Abs. 2 KostVfg und Nr. 3.32 Satz 1, Nr. 4.6 der Durchführungsbestimmungen zum Gesetz über die Prozeßkostenhilfe (DB-PKHG) zu beachten.

2.3.5 Zahlt der erstattungspflichtige Gegner bei der Vollstreckung aus dem Kostenfestsetzungsbeschluß freiwillig auch die nach Nr. 2.3.2 oder 2.3.3 abgesetzte Vergütung, so hat sie der Gerichtsvollzieher anzunehmen und an die Gerichtskasse abzuführen. Zieht der Gerichtsvollzieher nur den Restbetrag der festgesetzten Kosten ein, so hat er dies zu den Gerichtsakten mitzuteilen, damit der auf die Staatskasse übergegangene Betrag eingezogen werden kann (s. Nr. 2.4.1). Waren die einzuziehenden Beträge bereits zum Soll gestellt, so gibt der UdG die Mitteilung an die Gerichtskasse weiter.

2.3.6 Beantragt der beigeordnete Rechtsanwalt nach Aufhebung der Bewilligung der Prozeßkostenhilfe die Festsetzung der ihm gegenüber seinem Auftraggeber zustehenden gesetzlichen Vergütung (§ 19 BRAGO), so sind die Nrn. 2.3.1 bis 2.3.5 entsprechend anzuwenden.

2.4 Wiedereinforderung von der Partei, der Prozeßkostenhilfe bewilligt worden ist, vom Gegner oder vom Streitgenossen

2.4.1 Der UdG hat in jedem Fall zu prüfen und nötigenfalls zu überwachen, ob die aus der Staatskasse gezahlte Vergütung vom erstattungspflichtigen Gegner oder von der Partei (§ 130 BRAGO) eingefordert werden kann. Zu diesem Zweck hat er erforderlichenfalls die Parteien aufzufordern, ihre Kostenberechnung dem Gericht zur Ausgleichung mitzuteilen. Kann er die Mitwirkung der Parteien nicht erreichen, so hat er den Anspruch der Landeskasse nach Aktenlage zu berechnen. Der Anspruch gegen die Partei kann, solange die Bewilligung der Prozeßkostenhilfe nicht aufgehoben ist (vgl. Nr. 3.1, Nr. 5.1 DB-PKHG), nur nach den Bestimmungen geltend gemacht werden, die das Gericht getroffen hat (vgl. § 122 Abs. 1 Nr. 1 Buchst. b) ZPO). Gegebenenfalls ist eine Änderung dieser Bestimmungen anzuregen (vgl. § 120 Absatz 4 ZPO, Nummer 5.1. DB-PKHG).

2.4.2 Der mit der Festsetzung der Vergütung befaßte Beamte hat Streitgenossen der Partei, die von dem dieser Partei beigeordneten Rechtsanwalt als Wahlanwalt vertreten werden, zur Zahlung des auf sie entfallenden Anteils an der aus der Staatskasse gezahlten Vergütung aufzufordern, soweit dies nicht aus besonderen Gründen, z. B. wegen feststehender Zahlungsunfähigkeit, untunlich erscheint.

2.4.3 Die Zahlungsaufforderung an die ausgleichspflichtigen Streitgenossen kann nicht auf § 130 BRAGO gestützt werden und darf daher nicht in Form einer Gerichtskostenrechnung ergehen. Wird nicht freiwillig gezahlt, so sind die Vorgänge dem unmittelbar vorgesetzten Präsidenten vorzulegen, der gegebenenfalls die Klageerhebung veranlaßt.

2.4.4 Wenn Streitgenossen der Partei, der Prozeßkostenhilfe bewilligt ist, vorhanden sind, ist auf der Auszahlungsanordnung über die Vergütung zu vermerken, ob und für welche Streitgenossen der Partei der beigeordnete Rechtsanwalt zugleich Wahlanwalt gewesen ist und ob ein Ausgleichsanspruch der Staatskasse gegen die Streitgenossen geltend gemacht oder aus welchen Gründen davon abgesehen worden ist.

2.4.5 Die von Streitgenossen der Partei gezahlten Beträge sind bei den vermischten Einnahmen zu buchen. Die für die Buchung notwendigen Kassenanordnungen sind der zuständigen Kasse unverzüglich nach Zahlungseingang zuzuleiten.

2.5 Festsetzung der weiteren Vergütung (§ 124 BRAGO)

2.5.1 Vor der Festsetzung der weiteren Vergütung hat sich der UdG davon zu überzeugen, daß

2.5.1.1 das Verfahren durch rechtskräftige Entscheidung oder in sonstiger Weise beendet ist,

2.5.1.2 sämtliche der Partei und, soweit dem Gegner ebenfalls Prozeßkostenhilfe bewilligt und die Partei dem Gegner erstattungspflichtig ist, auch die dem Gegner beigeordneten Rechtsanwälte ihre Vergütung (§§ 121, 123 BRAGO) beantragt haben und daß über diese Anträge abschließend entschieden worden ist,

2.5.1.3 die Schlußkostenrechnung unter Berücksichtigung der gemäß § 130 BRAGO auf die Staatskasse übergegangenen Ansprüche (vgl. Nr. 2.5.1.2) aufgestellt worden ist und ein gegen den Gegner zum Soll gestellter Betrag, für den die Partei als Zweitschuldner haften würde, gezahlt ist, so daß feststeht, welcher Betrag zur Deckung der in § 122 Abs. 1 Nr. 1 ZPO bezeichneten Kosten und Ansprüche erforderlich ist,

2.5.1.4 sämtliche der Partei beigeordneten Rechtsanwälte die weitere Vergütung beantragt haben,

2.5.1.5 die von der Partei nach § 120 ZPO zu zahlenden Beträge beglichen sind oder eine Zwangsvollstreckung in das bewegliche Vermögen der Partei erfolglos geblieben ist oder aussichtslos erscheint,

2.5.1.6 und ggf. in welcher Höhe nach Verrechnung der von der Partei gezahlten Beträge auf den nach Nr. 2.5.1.3 berechneten Betrag ein Überschuß verbleibt,

2.5.1.7 in den Anträgen angegeben ist, welche Zahlungen die beigeordneten Rechtsanwälte von der Partei oder einem Dritten erhalten haben.

2.5.2 Haben noch nicht sämtliche der Partei und ggf. die dem Gegner beigeordneten Rechtsanwälte ihre Vergütung beantragt (vgl. Nrn. 2.5.1.2, 2.5.1.4) oder die erhaltenen Zahlungen angegeben (vgl.

Nr. 2.5.1.7), so fordert der UdG die betreffenden Rechtsanwälte unter Hinweis auf die Rechtsfolgen (§ 128 Abs. 2 Satz 2 BRAGO) gegen Empfangsbekenntnis auf, innerhalb einer Frist von einem Monat bei der Geschäftsstelle des Gerichts, dem der UdG angehört, die Anträge einzureichen oder sich zu den Zahlungen zu erklären.

2.5.3 Waren die Zahlungen der Partei an die Staatskasse nach § 120 Abs. 3 ZPO durch das Gericht vorläufig eingestellt und reicht der Überschuß (vgl. Nr. 2.5.1.6) zur Deckung der weiteren Vergütung nicht aus, ist die Akte zunächst dem Rechtspfleger zur Entscheidung über die Wiederaufnahme der Zahlungen vorzulegen.

2.5.4 Verzögert sich die Entscheidung über den Antrag, weil z. B. das Ergebnis der Kosteneinziehung vom Gegner, weitere Zahlungen der Partei oder der Eingang weiterer Anträge abzuwarten ist, hat der UdG den Rechtsanwalt über den Grund der Verzögerung zu unterrichten.

2.5.5 Die weitere Vergütung ist bei dem Haushaltstitel für die Entschädigung beigeordneter Anwälte zu buchen.

2.5.6 Ändert sich nach der Festsetzung der weiteren Vergütung die Kostenforderung gegen die Partei (vgl. Nr. 2.5.1.3), sind die Akten dem UdG zur Prüfung vorzulegen, ob die Festsetzung zu berichtigen ist.

2.6 Die vorstehenden besonderen Bestimmungen für die Vergütung des beigeordneten Anwalts gelten für die unter Buchstabe b) und c) der Vorbemerkungen aufgeführten Anwälte nach Maßgabe der dort genannten Bestimmungen sinngemäß.

B. Vergütung des Rechtsanwalts für die Beratungshilfe (§§ 131ff. BRAGO)

1. Für die Festsetzung der Vergütung des Rechtsanwalts für die Beratungshilfe gilt Teil A Nrn. 1. bis 1.2.2, 1.2.4, 1.2.5, 1.3 bis 1.3.3 und 1.4 bis 1.4.4 sinngemäß. Die Urschrift der Festsetzung ist zur Durchschrift des Berechtigungsscheins zu nehmen.

2. Der UdG hat in jedem Fall zu prüfen und nötigenfalls zu überwachen, ob die aus der Landeskasse gezahlte Vergütung vom erstattungspflichtigen Gegner eingefordert werden kann (§ 9 des Beratungshilfegesetzes, § 133 Satz 1 i. V. m. § 130 Abs. 1 BRAGO). Unter gesetzlicher Vergütung im Sinne des § 9 Satz 1 Beratungshilfegesetz ist die nach den Abschnitten 1 bis 12 der BRAGO zu berechnende Vergütung des Rechtsanwalts zu verstehen. Der auf die Landeskasse übergegangene schuldrechtliche Anspruch auf Erstattung der Vergütung ist wie der Anspruch gegen einen ausgleichspflichtigen Streitgenossen geltend zu machen (vgl. Teil A Nrn. 2.4.2 bis 2.4.5).

C. Vergütung des im Wege der Prozeßkostenhilfe beigeordneten Steuerberaters (§ 46 StBGebV)

Für die Festsetzung der Vergütung des im Wege der Prozeßkostenhilfe beigeordneten Steuerberaters gilt Teil A sinngemäß.

7) Aus dem Abkommen über die Zuständigkeit des AG Hamburg für Verteilungsverfahren nach der Seerechtlichen Verteilungsordnung vom 3. 11. 72, SaBl **73, 697:** Von den Ländern eingeführt:

Baden-Württemberg: G vom 22. 5. 73, GBl 136;

Bayern: Bek vom 17. 7. 73, GVBl 448;

Berlin: G vom 30. 3. 73, GVBl 566;

Bremen: G vom 15. 5. 73, GBl 105;

Hamburg: Bek vom 10. 7. 73, GVBl 280;

Hessen: G vom 4. 4. 73, GVBl 123;

Niedersachsen: G vom 29. 5. 73, GVBl 177;

Nordrhein-Westfalen: G vom 12. 6. 73, GV 350;

Rheinland-Pfalz: G vom 30. 5. 73, GVBl 115, Bek vom 24. 8. 73, GVBl 260;

Saarland: G vom 21. 3. 73, ABl 265;

Schleswig-Holstein: G vom 16. 4. 73, GVBl 140.

Die Freie und Hansestadt Hamburg verzichtet auf Kostenausgleichsansprüche gegen die an diesem Abkommen beteiligten Länder; sie erhält die Einnahmen des Amtsgerichts Hamburg aus den ihm übertragenen Aufgaben.

C. Rechnungsgebühren und Rechnungsbeamte

Vorbem. Art XI § 4 II Z 1 KostÄndG hat die AV des früheren RJM über Rechnungsgebühren und Rechnungsbeamte vom 25. 4. 38, DJ 654, soweit sie bisher als Rechtsvorschrift angewendet wurde, außer Kraft gesetzt. Bestimmungen haben **Bayern,** Bek vom 14. 4. 80, JMBl 177, **Berlin,** VV vom 18. 10 83, ABl 1508, **Schleswig-Holstein,** AVJM vom 2. 11. 60, SchlHA 334, **Rheinland-Pfalz,** AV vom 29. 5. 81, JBl 148, vom 11. 12. 81, JBl **82**, 23, und vom 19. 10. 82, JBl 238, **Hamburg,** AV vom 30. 4. 82, JVBl 90, **Hessen,** RdErl vom 5. 1. 82, JMBl 91, erlassen, die den neuen Vorschriften Rechnung tragen, sich inhaltlich und im Aufbau aber eng an die frühere AV anschließen. **Niedersachsen** hat durch AV vom 3. 3. 59, NdsRpfl 55, die Geschäfte, für die bisher besondere Rechnungsbeamte bestellt waren, ab 1. 4. 59 als Dienstaufgaben Beamten zugeteilt, die durch die Geschäftsverteilung hierfür bestimmt werden; ebenso **Baden-Württemberg** AV vom 28. 8. 58, Justiz 326, **Nordrhein-Westfalen,** AV v 17. 5. 60, JMBl 122, (wegen der übrigen Länder s Piller-Hermann KostVfg Anl III): In diesen Ländern werden Rechnungsgebühren, §§ 72 GKG, 139 KostO, nicht mehr erhoben.

Die **bayerische Bekanntmachung über Rechnungsgebühren und Rechnungsbeamte** vom 9. 10. 57, JMBl 499, lautet:

I.

1. Rechnungsgebühren

1.1 Grundsatz

1.1.1 Rechnungsgebühren gemäß § 72 GKG, § 139 KostO dürfen nur angesetzt werden, wenn die Rechnungsarbeiten durch besonders dafür bestellte Beamte oder Angestellte (Rechnungsbeamte) ausgeführt wurden, die in den Fällen der Nrn. 1.2 und 1.3 mit der Ausführung im Einzelfall durch den Richter oder den Rechtspfleger ausdrücklich beauftragt worden sind. Der Auftrag soll nur erteilt werden, wenn die Erledigung der Rechnungsarbeiten einen erheblichen Zeitaufwand oder besondere Sachkenntnis erfordert. Der Auftrag ist aktenkundig zu machen.

1.1.2 Rechnungsarbeiten, für die ein besonderer Auftrag nach Nr. 1.1.1 nicht erteilt ist, sind Dienstaufgaben der nach der Geschäftsverteilung dafür zuständigen Beamten oder Angestellten. Dies gilt auch, wenn diese Beamten oder Angestellten zugleich zu Rechnungsbeamten bestellt sind.

1.2 Zulässigkeit der Zuziehung von Rechnungsbeamten

1.2.1 Der Auftrag nach Nr. 1 Abs. 1 soll nur erteilt werden

1.2.1.1 in familienrechtlichen Angelegenheiten, Nachlaß- und Teilungssachen (Erster Teil, Zweiter Abschnitt, Unterabschnitte 4 und 5 KostO),

1.2.1.2 in Stiftungssachen (§ 118 KostO),

1.2.1.3 in Verteilungsverfahren bei Enteignungen und dgl. (§ 125 KostO),

1.2.1.4 in Verfahren der Zwangsversteigerung und Zwangsverwaltung von Gegenständen des unbeweglichen Vermögens und in ähnlichen Verfahren (§§ 28ff. GKG),

1.2.1.5 in den in landesrechtlichen Vorschriften vorgesehenen Geschäften der freiwilligen Gerichtsbarkeit, soweit in solchen Angelegenheiten der Ansatz von Rechnungsgebühren rechtlich zulässig ist.

1.2.2 Ein Auftrag nach Nr. 1.1.1 soll nur erteilt werden, wenn nicht die Erhebung von Rechnungsgebühren nach § 96 oder § 139 Abs. 2 KostO ausgeschlossen ist.

1.3 Sondervorschriften über die Zuziehung in Zwangsversteigerungs- und Zwangsverwaltungssachen

1.3.1 Hält in Zwangsversteigerungs- und Zwangsverwaltungssachen (Nr.1.2.1.4) der Richter oder der Rechtspfleger die Zuziehung eines Rechnungsverständigen zur Berechnung des geringsten Gebots oder zur Aufstellung des Teilungsplans für geboten (§§ 66, 113, 156 ZVG), so erteilt er einen Auftrag nach Nr. 1.1.1.

1.3.2 Dem als Rechnungsverständigen zu dem Versteigerungs- oder Verteilungstermin zugezogenen Rechnungsbeamten können gleichzeitig die dem Urkundsbeamten obliegenden Verrichtungen übertragen werden. In diesem Falle gilt der Beamte oder Angestellte als Rechnungsbeamter nur für die Arbeitszeit als zugezogen, die er verwenden mußte,

1.3.2.1 auf die Vorbereitung der Berechnung des geringsten Gebots und der Aufstellung des Teilungsplans vor dem Termin einschließlich der Aufstellung der für das geringste Gebot erforderlichen Kostenberechnung und der Feststellung der als Teil des geringsten Gebots bestehenbleibenden Rechte,

1.3.2.2 auf die Reinschrift der Rechnungsarbeit oder, sofern an Stelle einer solchen Reinschrift das Ergebnis der Rechnungsarbeit in die vorbereitete Verhandlungsniederschrift aufgenommen wird, auf diese Aufnahme,

1.3.2.3 auf die Teilnahme am Termin.

1.3.2.4 Die Zuziehung als Rechnungsbeamter erstreckt sich dagegen nicht auf die sonstige für die Vorbereitung der Verhandlungsniederschrift verwendete Zeit oder auf die Zeit, die nach dem Termin zur Erledigung der dem Unkundsbeamten obliegenden Geschäfte und zur Aufstellung der endgültigen Kostenrechnung verwendet werden mußte.

1.3.3 Zur Prüfung der von dem Zwangsverwalter eingereichten Rechnungen (Auszüge aus dem Kontobuch, Jahresrechnungen, Schlußrechnung) darf ein Rechnungsbeamter nicht zugezogen werden. Diese Arbeit gehört zu den Dienstaufgaben des mit der Prüfung der Rechnungen beauftragten Beamten der Geschäftsstelle.

1.4 Höhe der Rechnungsgebühren

Die Rechnungsgebühren betragen ohne Rücksicht auf die Höhe des Gegenstandswertes 15 Deutsche Mark für die Stunde; die letzte, bereits begonnene Stunde wird voll gerechnet (§ 72 Abs. 1 GKG, § 139 Abs. 1 KostO).

1.5 Nachweis der geleisteten Rechnungsarbeit

Zur Begründung der angesetzten Rechnungsgebühren gibt der Rechnungsbeamte die aufgewendete und erforderliche Arbeitszeit sowie für den Fall, daß sich die geleistete Arbeit nicht bereits aus dem Akteninhalt ergibt, auch seine Verrichtungen kurz, aber so ausreichend an, daß das Gericht und die Beschwerdeberechtigten (§ 72 Abs. 2 GKG, § 139 Abs. 3 KostO) die Richtigkeit des Ansatzes nachprüfen können.

Bem. Nr. 2 betreffen die Bestellung von Rechnungsbeamten und ihre Gebührenanteile sowie deren Zahlung, Abschn. II hebt die Bek vom 9. 10. 57 und vom 15. 9. 77, JMBl 214, auf.

D. Erlaß von Gerichtskosten und anderen Justizverwaltungsabgaben

Vorbemerkung. 1) Geschichtliches. Durch die VO vom 20. 3. 1935, RGBl 406, wurde die Reichshaushaltsordnung in der Justizverwaltung vom 1. 4. 35 ab eingeführt und gleichzeitig über Stundung und Niederschlagung von Gerichtskosten und anderen Justizverwaltungsabgaben, vgl Einf 2 vor § 8 GKG, Bestimmung getroffen. Hierzu hatte der frühere RJM die AV vom 28. 3. 35, DJ 480, 7. 2. 42, DJ 117, vom 4. 6. 42, DJ 388, vom 7. 4. 43, DJ 231, und 6. 8. 43, DJ 405, erlassen, die Ausführungsbestimmungen enthielten und durch die er die nachgeordneten Stellen in bestimmtem Rahmen zu Erlaß und Stundung ermächtigte.

Diese allgemeinen Verfügungen sind nach 1945 von den Ländern zum Teil ganz aufgehoben und durch entsprechende ersetzt, teilweise abgeändert worden.

2) Jetziger Rechtszustand. Eine bundeseinheitliche Regelung fehlt. Für Forderungen des Bundes gilt: Bek vom 8. 6. 72, BAnz 111, vom 13. 12. 73, BAnz 242, vom 25. 2. 75, BAnz 138, vom 21. 6. 76, BAnz 121. Es gelten die folgenden Ländervorschriften:

Baden-Württemberg: AV vom 20. 11. 79, Justiz 430, vom 10. 2. 81, Justiz 106, vom 25. 3. 83, Justiz 109, und vom 31. 10. 85, Justiz 464;

Bayern: Bek vom 13. 11. 87, JMBl 204;

Berlin: AV vom 25. 3. 59, ABl 451, G vom 24. 11. 70, GVBl 1934, AV vom 22. 1. 74, ABl 181, vom 8. 9. 75, ABl 1678, und vom 27. 2. 76, ABl 350;

Bremen: G vom 3. 8. 61, GBl 183;

Hamburg: AV vom 6. 4. 72, JVBl 36, vom 28. 4. 72, JVBl 52, vom 31. 7. 73, JVBl 265, vom 15. 3. 79, JVBl 55, und vom 2. 7. 84, JVBl 113, 137;

Hessen: RdErl vom 7. 12. 71, JMBl **72**, 1, 18. 12. 72, JMBl **73**, 3, vom 4. 4. 75, JMBl 219, vom 2. 2. 81, JMBl 44, vom 13. 11. 81, JMBl 632, vom 5. 4. 83, JBMl 178, und vom 12. 1. 88, JMBl 231;

Niedersachsen: AV vom 28. 8. 75, NdsRpfl 209, vom 24. 8. 77, NdsRpfl 206, vom 10. 4. 79, NdsRpfl 117, vom 26. 10. 83, NdsRpfl 117, und vom 30. 12. 86, NdsRpfl **87**, 5;

Nordrhein-Westfalen: AV vom 4. 1. 67, JMBl 27, vom 17. 3. 70, JMBl 78, vom 6. 12. 82, GVBl **83**, 2, in der Fassung vom 24. 1. 85, GVBl 110, und vom 19. 9. 85, GVBl 588;

Rheinland-Pfalz: AV vom 22. 3. 64, JBl 72, vom 17. 10. 67, JBl 190, und vom 18. 3. 83, GVBl 80;

Saarland: Erl vom 23. 3. 72, GMBl 332, Bek vom 24. 5. 72, GMBl 400, Erl vom 30. 5. 72, GMBl 412, und 2. 7. 75, GMBl 527;

Schleswig-Holstein: Gem AV vom 9. 6. 83, SchlHA 123.

C. Nachstehend sind abgedruckt

a) Früheres Reichsrecht. Die VO vom 20. 3. 35, RGBl 406, lautet:

§ 1. Für die gesamte Reichsjustizverwaltung gilt vom 1. April 1935 an die Reichshaushaltsordnung.

§ 2. Mit Wirkung vom gleichen Zeitpunkt an wird über die Stundung und Niederschlagung von Gerichtskosten und anderen Justizverwaltungsabgaben aller Art folgendes bestimmt:

1. Soweit nicht abweichende Verwaltungsvorschriften bestehen, können Justizverwaltungsabgaben von der mit der Einziehung betrauten Be-

hörde gestundet werden, wenn ihre Einziehung mit erheblichen Härten für den Zahlungspflichtigen verbunden wäre und der Anspruch durch die Stundung nicht gefährdet wird. Über Beschwerden wird im Aufsichtsweg entschieden.

2. Der Reichsminister der Justiz kann für einzelne Fälle Justizverwaltungsabgaben, deren Einziehung mit besonderen Härten für den Zahlungspflichtigen verbunden wäre, ganz oder zum Teil erlassen oder die Erstattung oder Anrechnung bereits entrichteter Abgaben verfügen. Er kann die Befugnis für bestimmte Arten von Fällen auf die nachgeordneten Behörden übertragen.

3. Die Vorschriften der Absätze 1 und 2 finden entsprechende Anwendung, wenn an baren Auslagen im Sinne der Kostengesetze oder an Entschädigungen der Laienrichter oder an notwendigen Auslagen der Beschuldigten (§§ 467, 478 Strafprozeßordnung) mehr als der endgültig festgestellte Betrag aus der Reichskasse gezahlt worden ist.

b) Länderrecht. Die für Schleswig-Holstein geltende AV vom 9. 6. 83, SchlHA 123, lautet:

Nach § 2 des Gesetzes über Gebührenfreiheit, Stundung und Erlaß von Kosten im Bereich der Gerichtsbarkeit (LGebBefrG) vom 23. Dezember 1969 (GVOBl. Schl.-H. 1970 S. 4), zuletzt geändert durch Gesetz vom 26. März 1979 (GVOBl. Schl.-H. S. 251), können Gerichtskosten, Ansprüche nach § 1 Abs. 1 Nr. 5 bis 9 der Justizbeitreibungsordnung vom 11. März 1937 (RGBl. I S. 298), zuletzt geändert durch Gesetz vom 13. Juni 1980 (BGBl. I S. 677), und Beträge, die einem Beteiligten in einem gerichtlichen Verfahren zuviel gezahlt worden sind,

a) gestundet werden, wenn ihre sofortige Einziehung mit besonderen Härten für den Zahlungspflichtigen verbunden wäre und der Anspruch durch die Stundung nicht gefährdet wird,
b) ganz oder zum Teil erlassen werden, wenn
   1. es zur Förderung öffentlicher Zwecke geboten erscheint;
   2. die Einziehung mit besonderen Härten für den Zahlungspflichtigen verbunden wäre;
   3. es sonst aus besonderen Gründen der Billigkeit entspricht.

Entsprechendes gilt für die Erstattung oder Anrechnung bereits entrichteter Beträge.

1. Stundung

1.1 Zuständig für Stundung

a) von Gerichtskosten,
b) der in § 1 Abs. 1 Nr. 5 bis 9 der Justizbeitreibungsordnung genannten Ansprüche und
c) von Rückzahlungsansprüchen wegen zuviel gezahlter Beträge, die der Landesbezirkskasse noch nicht zur Einziehung überwiesen sind,

ist bei Gerichtskosten sowie damit in Zusammenhang stehenden Rückzahlungansprüchen der Gerichtspräsident, in dessen Geschäftsbereich das Verfahren im ersten Rechtszug anhängig war, und bei Ansprüchen nach § 1 Abs. 1 Nr. 5 bis 9 der Justizbeitreibungsordnung sowie damit in Zusammenhang stehenden Rückzahlungsansprüchen der Gerichtspräsident, in dessen Geschäftsbereich die Ansprüche entstanden sind. Ist ein Amtsgericht mit einem Präsidenten besetzt, so tritt an die Stelle des Präsidenten des Landgerichts der Präsident des Amtsgerichts.

1.2 Zuständig für die Stundung von Ansprüchen der in Nummer 1.1 genannten Art, die der Landesbezirkskasse zur Einziehung überwiesen sind, ist die Landesbezirkskasse. Bei Anträgen auf Erlaß dieser Ansprüche ist auch der jeweilige Gerichtspräsident im Rahmen seiner Zuständigkeit nach Nummer 2 zur Stundung befugt.

1.3 Zuständig zur Stundung von Kosten in Strafsachen, die mit einem Gnadengesuch verbunden sind oder in Zusammenhang stehen, ist die Gnadenbehörde.

1.4 Zuständigkeit für die Entscheidung über Beschwerden gegen eine Entscheidung

a) nach Nummer 1.1 ist der die Dienstaufsicht führende Minister;
b) nach Nummer 1.2 Satz 1 ist bei Gerichtskosten sowie damit in Zusammenhang stehenden Rückzahlungsansprüchen der Gerichtspräsident, in dessen Geschäftsbereich das Verfahren im ersten Rechtszug anhängig war, und bei Ansprüchen nach § 1 Abs. 1 Nr. 5 bis 9 der Justizbeitreibungsordnung sowie damit in Zusammenhang stehenden Rückzahlungsansprüchen der Gerichtspräsident, in dessen Geschäftsbereich die Ansprüche entstanden sind.

1.5 Für die Stundung sind die Bestimmungen der Nummern 1 bis 1.5.3 der Verwaltungsvorschriften zu § 59 der Landeshaushaltsordnung mit der Maßgabe anzuwenden, daß

a) Stundungen ohne Antrag von Amts wegen gewährt werden kann;
b) Stundungszinsen nicht erhoben werden;
c) Stundung auch ohne Sicherheitsleistung gewährt werden kann.

Abschnitt II der Schleswig-Holsteinischen Zusatzbestimmungen zur Kostenverfügung in der Fassung der Allgemeinen Verfügung vom 15. September 1975 – V/340a/5600 – 90 SH – (SchlHA S. 173), zuletzt geändert durch Allgemeine Verfügung vom 14. November 1977 – V 340a/5600 – 90 SH – (SchlHA 1978 S. 5), ist zu beachten. Nummer 1.5 Buchst. a) gilt nicht für die Landesbezirkskassen.

2. Erlaß

2.1 Zuständig für die Bearbeitung von Anträgen auf

a) Erlaß von Gerichtskosten,
b) Erlaß von Ansprüchen nach § 1 Abs. 1 Nr. 5 bis 9 der Justizbeitreibungsordnung und
c) Erstattung oder Anrechnung bereits entrichteter Beträge

ist bei Gerichtskosten sowie damit in Zusammenhang stehenden Erstattungen oder Anrechnungen der Gerichtspräsident, in dessen Geschäftsbereich das Verfahren im ersten Rechtszug anhängig war, und bei Ansprüchen nach § 1 Abs. 1 Nr. 5 bis 9 der Justizbeitreibungsordnung sowie damit in Zusammenhang stehenden Erstattungen oder Anrechnungen der Gerichtspräsidetn, in dessen Geschäftsbereich die Ansprüche entstanden sind. Der Gerichtspräsident ist auch zur Entscheidung über den Antrag zuständig, wenn der zu erlassende, zu erstattende oder anzurechnende Betrag 10000 DM nicht übersteigt.

2.2 Ist die Zuständigkeit des Ministers zur Entscheidung gegeben, hat der Präsident den Antrag mit einem Bericht dem Minister vorzulegen.

2.3 Ausschließlich zuständig für die Entscheidung über einen Erlaß von Kosten in Strafsachen, die mit einem Gnadengesuch verbunden sind oder in Zusammenhang stehen, ist die Gnadenbehörde.

2.4 Zuständig für die Entscheidung über Beschwerden gegen die Entscheidung der Gerichtspräsidenten nach Nummer 2.1 Satz 2 ist der dienstaufsichtführende Minister.

2.5 Für die Bearbeitung von Anträgen der in Nummer 2.1 Satz 1 genannten Art gilt folgendes:

2.5.1 Zunächst ist zu prüfen, ob die Zwangsvollstreckung eingestellt werden soll, um Härten für den Zahlungspflichtigen zu vermeiden.

2.5.2 Der Kostenansatz ist in jedem Fall nachzuprüfen und gegebenenfalls zu berichtigen.

2.5.3 Ist die Forderung nicht einziehbar und bereits der Landesbezirkskasse zur Einziehung überwiesen, so ist nach Nummer 2 der Verwaltungsvorschriften zu § 59 der Landeshaushaltsordnung zu verfahren; bei Forderungen, die noch nicht zum Soll stehen, ist vom Kostenansatz abzusehen (§ 10 Kostenverfügung – Allgemeine Verfügung vom 1. März 1976 – V/340a/5600 – 90 SH – (SchlHA S. 56)). Der Antragsteller ist zu benachrichtigen.

2.5.4 In allen Fällen ist zu prüfen, ob dem Antrag auf andere Weise abzuhelfen ist (z. B. durch Stundung, Bewilligung von Ratenzahlung, in Justizverwaltungsangelegenheiten durch Gebührenermäßigung oder Abstandnahme von der Kostenerhebung nach § 12 der Verordnung über Kosten im Bereich der Justizverwaltung vom 14. Februar 1940 (RGBl. I S. 357), zuletzt geändert durch Gesetz vom 16. März 1976 (BGBl. I S. 581)). Dabei ist auch die Möglichkeit zu erwägen, ob über die einzuziehenden Ansprüche ein Vergleich abgeschlossen werden kann. Dies kommt z. B. in Betracht, wenn sich ein Dritter zur Zahlung eines größeren Geldbetrages auf die unsichere Forderung gegen Befreiung des Schuldners vom Restbetrag verpflichten will. Es muß sich jedoch um einen echten Vergleich und nicht nur um einen verschleierten Kostenerlaß handeln.

2.5.5 Bei Anträgen nach § 2 Abs. 2 Nr. 2 LGebBefrG ist die wirtschaftliche Lage des Kostenschuldners zu berücksichtigen und zu prüfen, ob er nicht wenigsten einen Teil der Schuld zahlen kann. Der Kostenschuldner hat die Angaben über seine wirtschaftlichen Verhältnisse durch Vorlage entsprechender Belege (z. B. Lohnbescheinigung, Teilzahlungsverträge, Quittungen) nachzuweisen.

2.5.6 Bei der Entscheidung über die Rückzahlung oder Anrechnung bereits entrichteter Betäge müssen die in § 2 Abs. 2 LGebBefrG genannten Voraussetzungen zum Zeitpunkt der Zahlung vorgelegen haben.

2.5.7 Haften weitere Personen für die Kosten, so ist lediglich der Antragsteller von der Haftung für die Kosten zu befreien, wenn nicht die Kostenschuld mit Wirkung für alle Schuldner erlassen werden soll.

2.5.8 Fehlbeträge, die vom Landesrechnungshof festgestellt worden sind, dürfen nur nach dessen Anhörung erlassen werden.

2.6 Der dem Minister zu erstattende Bericht soll insbesondere folgende Angaben enthalten:

2.6.1 Die Bezeichnung der Sache, das Aktenzeichen und das Kassenzeichen, den Gang und das Ergebnis des Verfahrens in den einzelnen Instanzen; in Strafsachen außerdem Angaben über den Sachverhalt, über Vorstrafen und etwaige Gnadenerweise;

2.6.2 die Höhe der ursprünglichen Kostenschuld, getrennt nach Gebühren, durchlaufenden Geldern (mit Angabe des Empfangsberechtigten), Auslagen einschließlich Haftkosten und Nebenkosten;

2.6.3 die persönlichen Verhältnisse des Kostenschuldners; in Fällen nach § 2 Abs. 2 Nr. 2 LGebBefrG auch seine Einkommens- und Vermögensverhältnisse, etwaige sonstige Zahlungsverpflichtungen und Umstände, die die wirtschaftliche Leistungsfähigkeit des Zahlungspflichtigen beeinflussen;

2.6.4 den Verlauf und derzeitigen Stand des Einziehungsverfahrens, z. B. ob Teilzahlungen freiwillig geleistet oder beigetrieben werden, und, soweit weitere Kostenschuldner haften, auch den Stand des Verfahrens gegen die Mithaftenden;

2.6.5 in Strafsachen den Stand der Strafvollstreckung, etwaige Beschlüsse nach §§ 56 bis 57 des Strafgesetzbuches sowie Name und Anschrift eines etwaigen Bewährungshelfers;

2.6.6 eine Stellungnahme, ob ein Erlaß befürwortet wird. Dabei ist anzugeben, ob die Zwangsvollstreckung eingestellt und der Kostenansatz geprüft worden ist.

3. Zuständigkeit zum Erlaß von Gerichtskosten in bestimmten Fällen

3.1 Die Amtsgerichte werden ermächtigt, nach § 2 Abs. 2 Nr. 1 LGebBefrG zu erlassen

3.1.1 gerichtliche Auslagen, die von den mit der Verwaltung der Hypothekengewinnabgabe beauftragten Stellen geschuldet werden, soweit die Aufgaben der beauftragten Stellen solche Auslagen verursachen;

3.1.2 gerichtliche Auslagen in Grundbuchsachen, soweit sie in landwirtschaftlichen Siedlungsverfahren nach dem Reichssiedlungsgesetz vom 11. August 1919 (RGBl. I S. 1429), zuletzt geändert durch Gesetz vom 15. März 1976 (BGBl. I S. 533), und nach dem Bundesvertriebenengesetz in der Fassung der Bekanntmachung vom 3. September 1971 (BGBl. I S. 1565), zuletzt geändert durch Gesetz vom 18. September 1980 (BGBl. I S. 1735), entstehen und die betreffenden gerichtlichen Geschäfte nach § 29 des Reichssiedlungsgesetzes von der Zahlung der Gerichtsgebühren befreit sind;

3.1.3 die der Programm-Nord GmbH in Kiel im Rahmen ihrer Aufgaben durch Eintragungen in das Handelsregister entstehenden Gerichtskosten;

3.1.4 in Angelegenheiten der freiwilligen Gerichtsbarkeit aus Anlaß der nachstehenden aufgeführten förderungswürdigen Maßnahmen zur Verbesserung der Agrarstruktur, die außerhalb eines siedlungs- oder flurbereinigungsbehördlich geleiteten Verfahrens durchgeführt werden, Gerichtsgebühren in dem Umfange, in dem Kosten im Falle der gesetzlichen Gebührenbefreiung nicht erhoben würden. Förderungswürdig sind einzelbetriebliche Maßnahmen in der Landwirtschaft aus Mitteln der Gemeinschaftsaufgabe „Verbesserung der Agrarstruktur und des Küstenschutzes" oder aus besonderen Landesmitteln nach den Richtlinien des Landes. Der Nachweis über die Anwendung dieser Richtlinien ist durch eine Bescheinigung des zuständigen Amtes für Land- und Wasserwirtschaft zu erbringen.

3.2 Zuständig für die Entscheidung über Beschwerden gegen die Entscheidungen der Amtsgerichte nach Nummer 3.1 ist der dienstaufsichtführende Präsident des Landgerichts bzw. Amtsgerichts.

4. Kosten bei Bundesgerichten

Die vorstehenden Bestimmungen gelten nicht für Kosten, die bei Bundesgerichten entstanden sind.

5. Schlußbestimmungen

(nicht abgedruckt)

E. Behandlung von Kleinbeträgen

(AV RJM vom 23. 11. 37 idF RJM 9. 12. 40, DJ 37, 1834/40, 1383, geändert durch AV vom 21. 5. 74, BAnz 100, vgl AnwBl **74,** 211)

Vorbemerkung. Die AV ergingen in Ausführung zu § 4 V KostVfg. Sie sind von Bund (einmal) und von den Ländern (vielfach) geändert worden; zum Teil ist auch eine Neuregelung erfolgt.

Für die **Bundesverwaltung** gilt RdSchr BMdF vom 6. 2. 62, MinBl FM 460, sowie AV vom 21. 5. 74, s oben.

Baden-Württemberg: AV vom 14. 8. 79, Die Justiz 327;

Bayern: Bek vom 19. 3. 70, JMBl 31, idF vom 13. 7. 72, JMBl 148, und vom 8. 10. 79, JMBl 204;

Berlin: AV vom 16. 12. 58, ABl **59,** 51:.

Bremen: Erl vom 20. 9. 59, AmtlMitt 62, und vom 30. 10. 67, ABl 353;

Hamburg: AV vom 28. 2. 69, JVBl 28, vom 12. 8. 74, JVBl 99, und vom 1. 3. 76, JVBl 36;

Hessen: RdErl vom 6. 2. 68, JMBl 100, idF vom 27. 5. 70, JMBl 447, ferner RdSchr vom 20. 7. 79, StAnz 1652, RdErl vom 18. 3. 81, StAnz 894, und vom 20. 6. 83, JMBl 388;

Niedersachsen: AV vom 2. 11. 49, NdsRpfl 188, RdErl vom 30. 5. 62, MBl 552, 14. 5. 69, MBl 489, AV vom 4. 6. 69, NdsRpfl 127, vom 9. 12. 76, NdsRpfl 250, und vom 5. 1. 82, NdsRpfl 21;

Nordrhein-Westfalen: AV vom 20. 2. 62, JMBl 447, vom 31. 8. 62, JMBl 229, vom 2. 8. 72, JMBl 198, vom 21. 8. 75, JMBl 214, und vom 10. 12. 81, JMBl **82**, 13;

Rheinland-Pfalz: AV vom 24. 11. 69, JMBl 200, idF vom 24. 2. 71, JMBl 57;

Saarland: VO vom 18. 4. 72, ABl 279, vom 20. 11. 75, ABl **76**, 48, und vom 1. 9. 83, ABl 625;

Schleswig-Holstein: AV vom 17. 1. 83, SchlHA 35, geändert durch AV vom 26. 6. 84 SchlHA 124.

Nachstehend ist die in Schleswig-Holstein geltende Fassung abgedruckt (es gibt bisher keine bundeseinheitliche Regelung).

I.

1. Für die Behandlung von Kleinbeträgen gelten die Vorschriften der Anlage zu Nummer 2.6 der Verwaltungsvorschriften zu § 59 der Landeshaushaltsordnung.

2. Die Festsetzung, Erhebung oder Einziehung von Kleinbeträgen ist außer in den in Nummern 6.1 der Anlage zu Nummern 2.6 der Verwaltungsvorschriften zu § 59 der Landeshaushaltsordnung bezeichneten Fällen geboten bei Gerichtskosten und sonstigen Justizverwaltungsausgaben, wenn

a) die Vorauszahlungen vorgeschrieben ist oder die Vornahme eines Geschäfts davon abhängig gemacht wird, daß der Betrag gezahlt wird,
b) der Kostenschuldner persönlich (oder sein Bevollmächtigter) bei der Gerichtsstelle anwesend ist und der Betrag durch Übergabe von Zahlungsmitteln in Kostenmarken oder durch Verwendung eines Gerichtskostenstemplers entrichtet werden kann,
c) der Kostenschuldner mehrere kleine Kostenbeträge oder erfahrungsgemäß wiederkehrend Kostenbeträge zu zahlen hat. In diesen Fällen werden die Kleinbeträge aus mehreren Angelegenheiten, soweit sie zusammen die Kleinbetragsgrenze überschreiten, in einer Kostenrechnung zusammengefaßt; der Kostenbeamte weist durch einen entsprechenden Vermerk in den Akten darauf hin.

3. Der Kostenbeamte stellt grundsätzlich bei Fälligkeit der Kosten und im besonderen unter Beachtung von §§ 13, 14 der Kostenverfügung (Allgemeine Verfügung vom 1. März 1976 (SchlHA S. 56)), zuletzt geändert durch Allgemeine Verfügung vom 10. Dezember 1980 (SchlHA 1981 S. 21), die Kostenrechnung auf. Ist von der Einziehung kleiner Kostenbeträge abzusehen, so vermerkt er unter der Kostenrechnung, daß die Einziehung vorbehalten bleibt. Er veranlaßt die Einziehung, sobald in der-

selben oder einer anderen Angelegenheit weitere Kostenforderungen gegen denselben Kostenschuldner entstanden sind.

Der Registraturbeamte bezeichnet die Blätter, auf denen sich Vermerke über Kleinbeträge befinden, auf dem Aktenumschlag (§ 3 Abs. 4 Buchst. d Kostenverfügung).

4. Für die Zurückzahlung von Kleinbeträgen gelten die Bestimmungen der Nummer 2 Buchst. d und der Nummer 3 entsprechend.

5. Auf den Zahlungsverkehr der Arbeitsverwaltungen der Justizvollzugsanstalten sowie auf eigene Gelder und Bezüge der Gefangenen nach dem Strafvollzugsgesetz findet die Regelung in Nummer 1 keine Anwendung.

6. Die Behandlung von Kleinbeträgen durch den Gerichtsvollzieher richtet sich nach § 82 der Gerichtsvollzieherordnung (Allgemeine Verfügung vom 5. Februar 1980 (SchlHA S. 50)), zuletzt geändert durch Allgemeine Verfügung vom 11. Dezember 1980 (SchlHA 1981 S. 12), und Nummer 7 der Gerichtsvollzieherkostengrundsätze (Allgemeine Verfügung vom 1. März 1976 (SchlHA S. 56)), zuletzt geändert durch Allgemeine Verfügung vom 14. November 1980 (SchlHA S. 210).

7. Bei der Kostenprüfung ist § 50 Abs. 1 der Kostenverfügung, bei der Prüfung der Notarkosten § 56 Abs. 1 der Kostenverfügung zu beachten. In besonderen Fällen, insbesondere wenn es sich um eine Frage von grundsätzlicher Bedeutung handelt, oder wenn ein bloßer Hinweis zur künftigen Beachtung nicht genügt, kann durch den Bezirksrevisor jedoch angeordnet werden, daß der Kostenansatz berichtigt wird und kleine Kostenbeträge nachgefordert oder erstattet werden.

Bei Geschäftsprüfungen der Gerichtsvollzieher richtet sich die Höhe des Kleinbetrages nach Nummer 6. Kleinbeträge, die danach nicht nachgefordert oder nicht zurückgezahlt werden, sind nach Nummer 7 der Gerichtsvollzieherkostengrundsätze oder § 82 der Gerichtsvollzieherordnung zu buchen.

II.

Diese Allgemeine Verfügung tritt am 1. Februar 1983 in Kraft.

Zum selben Zeitpunkt tritt die Allgemeine Verfügung vom 10. November 1975 (SchlHA S. 199) außer Kraft.

VIII. Justizverwaltungskosten

Grundzüge

1) Allgemeines. Die Justizverwaltungskosten fallen weder unter das GKG noch unter die KostO. Sie sind vielmehr durch die VO vom 14. 2. 1940, RGBl 357, einheitlich geregelt worden. Die VO ist heute teilweise als Bundesrecht, teilweise als Landesrecht anzuwenden, vgl unten Vorbemerkung A. Auf dem Gebiet des Familienrechts bestehen vielfach Sonderregelungen, B. Das Hinterlegungsrecht, das früher Landesrecht war, ist mit der Hinterlegungsordnung Reichsrecht geworden, jetzt also Bundesrecht und Landesrecht, die kostenrechtlichen Bestimmungen sind unter C behandelt.

A. Justizverwaltungskostenordnung

vom 14. 2. 1940, RGBl 357, zuletzt geändert durch G v 9. 12. 86, BGBl 2326

Vorbemerkung

A. Bundesgesetzliche Regelung. Die Gebührensätze der JVKostO wurden, mit Ausnahme der patentamtlichen Gebühren, durch das Gesetz vom 7. 8. 52, BGBl 401, um 20% erhöht, ferner die damaligen Schreibgebühren des § 4 II auf 40 Dpfg. Durch Art IV KostÄndG vom 26. 7. 57, BGBl 861, wurde die JVKostO geändert (§§ 1, 4, 5, 8 I und II, 10, 13, GebV; § 15 ist außer Kraft gesetzt) und die nach jenem Gesetz erhöhten Gebühren in dem Gebührenverzeichnis berücksichtigt. Demgemäß wurde durch Art XI § 4 I Z 8 KostÄndG das Gesetz vom 7. 8. 52 aufgehoben mit Ausnahme seines § 4 I, soweit danach zu den Gebühren in Hinterlegungssachen und zu den Gebühren in Justizverwaltungssachen, die nicht in dem Gebührenverzeichnis der JVKostO (Anlage zu § 2 I) geregelt sind, ein Zuschlag erhoben wird. Insofern besteht also der Zuschlag von 20% weiter. Durch Art 3 des Gesetzes vom 28. 12. 68, BGBl 1458, wurde § 5 III geändert. Weitere Änderungen brachten Art 4 § 11 Nov 75 für §§ 4, 5, 8, 9, 13, 14 und Z 1, 5 des Gebührenverzeichnisses, § 189 StVollzG für § 10 (Neufassung), und Art 6 G vom 9. 12. 86, BGBl 2326, in Kraft seit 1. 1. 87, Art 10, Übergangsrecht § 16.

Durch Art XI § 4 II Z 2 KostÄndG ist ferner die AV des früheren RJM über Justizverwaltungskosten vom 21. 5. 40, DJ 621, die als eine Durchführungsbestimmung zur JVKostO erlassen worden war, aufgehoben worden, soweit sie bisher als Rechtsvorschrift angewandt wurde. Den Ländern bleibt damit anheimgegeben, ob sie diese Bestimmungen als Verwaltungsvorschriften weiter anwenden wollen. Diese Vorschriften sind hier nicht mehr abgedruckt.

B. Landesgesetzliche Regelung. Auch die Länder hatten im Anschluß an die bundesgesetzliche Gebührenerhöhung die Gebühren der JVKostO, soweit sie als Landesrecht anzuwenden ist, durch ihrerseits erlassene Kostenmaßnahmengesetze erhöht. Diese sind durch Art XI § 4 VII KostÄndG aufgehoben worden, soweit sie nicht für Gebühren und Auslagen gelten, die nach dem Inkrafttreten des KostÄndG nunmehr auf Grund von Landesrecht erhoben werden. Die einzelnen Länder haben daraufhin unter völliger Aufhebung ihrer bisherigen Kostenmaßnahmengesetze mit Wirkung vom 1. 10. 57 inhaltlich übereinstimmend (Wortlaut nicht gleich) angeordnet (im nachfolgenden zitiert nach dem bayerischen JVKostG vom 25. 3. 58, GVBl 40):

Art. 1 In Justizverwaltungsangelegenheiten erheben die Justizbehörden des Landes Kosten (Gebühren und Auslagen) nach der Verordnung über Kosten im Bereich der Justizverwaltung (Justizverwaltungskostenordnung) vom 14. Februar 1940 (RGBl. I S. 357) in der jeweils für die Justizbehörden des Bundes geltenden Fassung. Ergänzend gilt das anliegende Gebührenverzeichnis.

Art. 2 Die Justizbeitreibungsordnung vom 11. März 1937 (RGBl. I S. 298) in der jeweils für die Justizbehörden des Bundes geltenden Fassung gilt für die Einziehung der dort in § 1 Abs. 1 genannten Ansprüche auch insoweit, als diese Ansprüche nicht auf bundesrechtlicher Regelung beruhen.

Art. 4 I Zu den Gebühren in Hinterlegungssachen und in sonstigen Justizverwaltungssachen, deren Höhe weder in der Justizverwaltungskostenordnung noch in diesem Gesetz geregelt ist, wird ein Zuschlag von 20 vom Hundert erhoben. Ausgenommen sind Prüfungsgebühren.

II Der Zuschlag wird zu der im einzelnen Fall erwachsenden Gebühr erhoben. Dies gilt auch bei Rahmengebühren.

III Der Zuschlag wird auf volle zehn Deutsche Pfennig aufgerundet.

Art. 5 Soweit landesrechtliche Kostenvorschriften auf bundesrechtliche Kostenvorschriften verweisen, sind diese in der jeweils geltenden Fassung anzuwenden.

Die landesrechtlichen Gebühren folgen also der jeweiligen bundesrechtlichen Regelung. Wegen der meist zahlreichen Verordnungen vgl Piller-Hermann Abschn 8.

Baden-Württemberg: G idF vom 25. 3. 75, GBl 261, berichtigt 580, vom 25. 4. 78, GBl 224, vom 7. 4. 81, GBl 217, und vom 24. 3. 83, GBl 109;

Bayern: G vom 25. 3. 58, GVBl 40;

Berlin: G vom 27. 2. 58, GVBl 233, 31. 5. 65, GVBl 705, 22. 3. 68, GVBl 396 (§ 1 aufgehoben, § 4 Z 8 G vom 24. 11. 70, GVBl 1934);

Bremen: G vom 18. 12. 58, GBl 103, 29. 3. 60, GBl 33, 3. 8. 61, GBl 183, **62**, 207, und 20. 11. 73, GBl 235;

Hamburg: G vom 18. 10. 57, GVBl 468, 9. 6. 69, GVBl 103, vom 11. 2. 72, GVBl 35, und vom 8. 6. 83, GVBl 106;

Hessen: G vom 15. 5. 58, GVBl 60, 21. 3. 62, GVBl 165, 4. 4. 66, GVBl 77, 12. 5. 70, GVBl 324, und 11. 7. 72, GVBl 235;

Niedersachsen: G vom 18. 11. 57, GVBl 129, 1. 7. 65, GVBl 149, 20. 7. 66, GVBl 163, 28. 11. 67, GVBl 435, 24. 7. 68, GVBl 119, 6. 4. 72, GVBl 177, 30. 5. 78, GVBl 443, und 17. 11. 81, GVBl 347; vgl G vom 10. 4. 73, GVBl 111;

Nordrhein-Westfalen: G vom 7. 1. 58, GVBl 11, 26. 5. 64, GVBl 175, und 23. 11. 71, GVBl 354;

Rheinland-Pfalz: G vom 10. 12. 57, GVBl 209, und 4. 2. 65, GVBl 13;

Saarland: G vom 18. 6. 58, ABl 1039 und **59**, 556, 1. 10. 58, ABl 1437, 15. 11. 60, ABl 955, und 30. 6. 71, ABl 473;

Schleswig-Holstein: G vom 27. 12. 57, GVBl **58**, 1, 22. 6. 64, GVBl 77, und 13. 7. 72, GVBl 123.

Hinsichtlich der Einwendungen gegen die Festsetzung und den Kostenansatz, gegen die Vorschußanordnung oder ein Zurückbehaltungsrecht sowie hinsichtlich des Absehens von Vollstreckungskosten bei Gefangenen oder Verwahrten, die die zugewiesene Arbeit verrichten, trifft schon die bundesgesetzliche Regelung Vorsorge für eine bundeseinheitliche Handhabung, § 1 II.

Landesgesetzlich geregelt (vgl die oben angeführten Landesgesetze) sind die Gebühren für Familienstiftungen, für Feststellungserklärungen nach § 1059a Z 2 BGB, für Abschriften und Auszüge aus dem Schuldnerverzeichnis, bisher Z 4, 5, 8 des Gebührenverzeichnisses aF, für Hamburg auch Schreibauslagen in besonderen Fällen, VO vom 13. 10. 59, GVBl 143.

Artikel I. Allgemeine Vorschriften

§ 1. I In Justizverwaltungsangelegenheiten und im Rechtshilfeverkehr mit dem Ausland nach dem Gesetz über die internationale Rechtshilfe in Strafsachen werden, soweit nichts anderes bestimmt ist, von den Justizbehörden des Bundes Kosten (Gebühren und Auslagen) nach den Vorschriften dieser Justizverwaltungskostenordnung erhoben.

II § 4 Abs. 5, § 5 Abs. 4, § 6 Abs. 3, §§ 10 und 13 dieser Justizverwaltungskostenordnung sind auch dann anzuwenden, wenn von Justizbehörden der Länder Kosten in Justizverwaltungsangelegenheiten oder im Rechtshilfeverkehr mit dem Ausland nach dem Gesetz über die internationale Rechtshilfe in Strafsachen erhoben werden.

§ 2. I Die Gebühren bestimmen sich nach dem anliegenden Gebührenverzeichnis.

II Bei Rahmengebühren setzt die Behörde, die die gebührenpflichtige Amtshandlung vornimmt, die Höhe der Gebühr fest. Sie hat dabei insbesondere die Bedeutung der Angelegenheit für die Beteiligten, die mit der Vornahme der Amtshandlung verbundene Mühewaltung und die wirtschaftlichen Verhältnisse des Kostenschuldners zu berücksichtigen.

§ 3. Bei der Ablehnung oder Zurücknahme eines Antrags auf Vornahme einer gebührenpflichtigen Amtshandlung kann die Behörde dem Antragsteller eine Gebühr bis zur Hälfte der für die Vornahme der Amtshandlung bestimmten Gebühr – bei Rahmengebühren jedoch nicht weniger als den Mindestbetrag – auferlegen. Das gleiche gilt, wenn die Ablehnung von der übergeordneten Behörde bestätigt wird.

§ 4. I Schreibauslagen werden für Ausfertigungen und Abschriften erhoben, die auf besonderen Antrag erteilt oder angefertigt werden.

II Die Höhe der Schreibauslagen bestimmt sich nach § 136 Abs. 3 bis 5 der Kostenordnung.

III Für einfache Abschriften gerichtlicher Entscheidungen, die zur Veröffentlichung in Entscheidungssammlungen oder Fachzeitschriften beantragt werden, beträgt die Schreibauslage höchstens 5 Deutsche Mark je Entscheidung.

IV Die Behörde kann vom Ansatz von Schreibauslagen ganz oder teilweise absehen, wenn Ausfertigungen oder Abschriften für Zwecke verlangt werden, deren Verfolgung überwiegend im öffentlichen Interesse liegt, oder wenn Abschriften amtlicher Bekanntmachungen anderen Tageszeitungen als den amtlichen Bekanntmachungsblättern auf Antrag zum unentgeltlichen Abdruck überlassen werden.

V Im Rechtshilfeverkehr mit dem Ausland nach dem Gesetz über die internationale Rechtshilfe in Strafsachen werden Schreibauslagen nicht erhoben.

Bemerkung. III idF Art 6 I Z 1 G vom 9. 12. 86, BGBl 3236, in Kraft seit 1. 1. 87, Art 10, Übergangsrecht § 16. Infolge der Verweisung in II auf § 136 III KostO betragen die Schreibauslagen für die ersten 50 Seiten je Seite 1 DM und für jede weitere Seite 0,30 DM, infolge III unter den dortigen Voraussetzungen jedoch je Entscheidung höchstens 5 DM. Der Justizminister des Landes Nordrhein-Westfalen hat durch AV vom 6. 2. 57, JMBl **50**, die Behörden angewiesen, erb- oder kriminalbiologischen Gutachtern auf Grund eines Antrags Abschriften oder Auszüge nach IV auslagenfrei zu übersenden, vgl auch § 12. Jessnitzer Rpfleger **74**, 425 fordert zutreffend unter Hinweis auf eine unveröffentlichte Rundverfügung des Justizministers des Landes Bayern vom 15. 2. 74 – 3723 – I – 185/74 – die Ausdehnung auf alle Sachverständigen.

§ 5. I Für die Erhebung sonstiger Auslagen gilt § 137 Nr. 1 bis 5, 8, 9, 11 und 12 der Kostenordnung entsprechend.

II Die im Absatz 1 genannten Auslagen sind auch dann zu erheben, wenn eine Gebühr für die Amtshandlung nicht zum Ansatz kommt.

III Für die Versendung von Akten durch die Post wird ein Auslagenpauschbetrag von 10 Deutsche Mark je Sendung erhoben; dies gilt nicht bei der Versendung von Akten im Wege der Amtshilfe.

IV Im Rechtshilfeverkehr mit dem Ausland nach dem Gesetz über die internationale Rechtshilfe in Strafsachen werden abweichend von Absatz 1 die Auslagen erhoben, die in den Nummern 1902 bis 1909, 1911 bis 1914, 1920 des Kostenverzeichnisses zum Gerichtskostengesetz und in § 10 Abs. 3 dieser Verordnung bezeichnet sind. Dies gilt nicht, soweit nach § 75 des Gesetzes über die internationale Rechtshilfe in Strafsachen darauf verzichtet worden ist.

Bemerkung. III idF Art 6 I Z 2 G vom 9. 12. 86, BGBl 2326, in Kraft seit 1. 1. 87, Art 10, Übergangsrecht § 16. Die Aktenversendung gehört zur Akteneinsicht, ist also kein Akt der Justizverwaltung, sondern ein Akt der Rechtspflegetätigkeit, §§ 34, 78 FGG, AG Bad Oldesloe AnwBl **75**, 102, Mümmler JB **70**, 615, Schmidt Rpfleger **69**, 117, also nicht stets auslagenpflichtig, aM zB AG Bbg JB **70**, 613. Je Sendung bedeutet: Je Aktenvorgang, nicht je Postpaket, AG Bensheim Rpfleger **71**, 158.

§ 6. I Zur Zahlung der Gebühren und Auslagen ist verpflichtet:

1. derjenige, der die Amtshandlung veranlaßt oder zu dessen Gunsten sie vorgenommen wird;
2. derjenige, der die Kosten durch eine vor der Behörde abgegebene oder ihr mitgeteilte Erklärung übernommen hat;
3. derjenige, der nach den Vorschriften des bürgerlichen Rechts für die Kostenschuld eines anderen kraft Gesetzes haftet.

II Mehrere Kostenschuldner haften als Gesamtschuldner.

III In Verfahren nach dem Gesetz über die internationale Rechtshilfe in Strafsachen haftet der Verfolgte oder Verurteilte nicht nach Absatz 1 Nr. 1.

§ 7. I Die Gebühren werden mit der Beendigung der gebührenpflichtigen Amtshandlung, Auslagen sofort nach ihrer Entstehung fällig.

II Die Behörde kann die Zahlung eines Kostenvorschusses verlangen. Sie kann die Vornahme der Amtshandlung von der Zahlung oder Sicherstellung des Vorschusses abhängig machen.

III Bescheinigungen, Ausfertigungen und Abschriften sowie zurückzugebende Urkunden, die aus Anlaß der Amtshandlung eingereicht sind, können zurückbehalten werden, bis die in der Angelegenheit erwachsenen Kosten bezahlt sind.

§ 8. I Von der Zahlung der Gebühren sind befreit der Bund und die Länder sowie die nach den Haushaltsplänen des Bundes und der Länder für Rechnung des Bundes oder eines Landes verwalteten öffentlichen Anstalten und Kassen.

II Die sonstigen Vorschriften, durch die eine sachliche oder persönliche Kostenfreiheit gewährt wird, bleiben unberührt.

III Die Gebührenfreiheit entbindet, soweit nichts anderes bestimmt ist, nicht von der Verpflichtung zur Zahlung der Auslagen.

§ 9. Weder Gebühren noch Auslagen – ausgenommen Schreibauslagen nach § 4 – werden erhoben

1. für Amtshandlungen, die durch Anzeigen, Anträge und Beschwerden in Angelegenheiten der Strafverfolgung oder Strafvollstreckung, der Anordnung oder der Vollstreckung von Maßregeln der Besserung und

Sicherung oder der Verfolgung einer Ordnungswidrigkeit oder der Vollstreckung einer gerichtlichen Bußgeldentscheidung veranlaßt werden;

2. in Gnadensachen;
3. in Zentralregisterangelegenheiten, ausgenommen für die Erteilung von Führungszeugnissen nach § 28 des Bundeszentralregistergesetzes;
4. in Gewerbezentralregisterangelegenheiten, ausgenommen für die Erteilung von Auskünften nach § 150 der Gewerbeordnung;
5. in Verfahren über Anträge nach dem Gesetz über die Entschädigung für Strafverfolgungsmaßnahmen sowie über Anträge auf Entschädigung für sonstige Nachteile, die jemandem ohne sein Verschulden aus einem Straf- oder Bußgeldverfahren erwachsen sind;
6. für die Tätigkeit der Staatsanwaltschaft in Ehe-, Kindschafts- und Entmündigungssachen sowie im Aufgebotsverfahren.

§ 10. I Kosten der Vollstreckung von Freiheitsstrafen und von freiheitsentziehenden Maßregeln der Besserung und Sicherung werden unbeschadet des Anspruchs nicht erhoben, wenn der Gefangene die ihm zugewiesene oder ermöglichte Arbeit verrichtet oder wenn er ohne sein Verschulden nicht arbeiten kann. Hat jedoch der Gefangene, der ohne sein Verschulden während eines zusammenhängenden Zeitraumes von mehr als einem Monat nicht arbeiten kann, auf diese Zeit entfallende Einkünfte, so hat er die Kosten der Vollstreckung für diese Zeit bis zur Höhe der auf sie entfallenden Einkünfte zu entrichten, soweit nicht aus ihnen Ansprüche unterhaltsberechtigter Angehöriger zu befriedigen sind. Dem Gefangenen muß ein Betrag verbleiben, der dem mittleren Arbeitsentgelt in den Vollzugsanstalten des Landes entspricht, in psychiatrischen Krankenhäusern in der Höhe des Taschengeldes, das für in der Anstalt untergebrachte Sozialhilfeempfänger festzusetzen wäre. Von der Geltendmachung des Anspruchs ist abzusehen, soweit dies notwendig ist, um die Wiedereingliederung des Gefangenen in die Gemeinschaft nicht zu gefährden.

II Die Kosten nach Absatz 1 bestimmen sich nach der Höhe des Haftkostenbeitrags (§ 50 des Strafvollzugsgesetzes). Bei Selbstverpflegung ermäßigt sich der Betrag um 54 vom Hundert.

III Für den Vollzug der Haft nach dem Gesetz über die internationale Rechtshilfe in Strafsachen werden Kosten erhoben, soweit nicht nach § 75 des Gesetzes darauf verzichtet worden ist. Ihre Höhe richtet sich nach Absatz 2.

Bemerkung. I 3, II idF Art 6 I Z 3 G vom 9. 12. 86, BGBl 2326, in Kraft seit 1. 1. 87, Art 10, Übergangsrecht § 16. III idF § 82 Z 5 IRG vom 23. 12. 82, BGBl 2071, in Kraft seit 1. 7. 83, § 86 I. Die Neufassung des § 10 JVKostO durch § 189 StVollzG ist gemäß § 198 III StVollzG noch nicht in Kraft. Vgl im übrigen §§ 1 Ia, 48a GKG, KV 1790–1793.

§ 11. Gebühren und Auslagen, die bei richtiger Behandlung der Sache nicht entstanden wären, werden nicht erhoben.

§ 12. Die Behörde kann ausnahmsweise, wenn dies mit Rücksicht auf die wirtschaftlichen Verhältnisse des Zahlungspflichtigen oder sonst aus Billigkeitsgründen geboten erscheint, die Gebühren unter die Sätze des Gebührenverzeichnisses ermäßigen oder von der Erhebung der Kosten absehen.

§ 13. Über Einwendungen gegen die Festsetzung und den Ansatz der Kosten oder gegen Maßnahmen gemäß § 7 Abs. 2, 3 entscheidet das Amtsgericht, in dessen Bezirk die Behörde ihren Sitz hat. § 14 Abs. 3 Satz 1, Abs. 4, 5 und 6 der Kostenordnung gilt entsprechend.

§ 14. Für die Verjährung der Kostenforderungen und der Ansprüche auf Rückzahlung zuviel gezahlter Kosten gilt § 17 der Kostenordnung entsprechend.

§ 15. (außer Kraft)

Artikel II. Schlußbestimmungen. Außerkrafttreten landesrechtlicher Vorschriften

§ 16. Für Kosten, die vor dem Inkrafttreten einer Gesetzesänderung fällig geworden sind, gilt das bisherige Recht. Dies gilt auch, wenn Vorschriften geändert werden, auf die die Justizverwaltungskostenordnung verweist.

Bemerkung. Fassg Art 6 I Z 4 G vom 9. 12. 86, BGBl 2326, in Kraft seit 1. 1. 87, Art 10. Vgl zB § 38 GVKostG.

§ 17. I Die bereits bestehenden reichsrechtlichen Vorschriften über Verwaltungsgebühren bleiben unberührt.* Dazu gehören insbesondere:

1. die Vorschriften über Gebühren für Justizverwaltungsentscheidungen in familienrechtlichen Angelegenheiten, *siehe § 12 der Verordnung zur Durchführung und Ergänzung des Ehegesetzes vom 27. Juli 1938 (Reichsgesetzbl. I S. 923), Nr. 9 Abs. 5c und Abs. 6 der Verordnung vom 27. Juli 1934 (Reichsgesetzbl. I S. 738) und § 12 der Verordnung vom 23. April 1938 (Reichsgesetzbl. I S. 417)* [jetzt: § 97a KostO];
2. die Vorschriften über patentamtliche Gebühren, siehe *Gesetz über die patentamtlichen Gebühren vom 5. Mai 1936 (Reichsgesetzbl. II S. 142)* [jetzt: G über die Gebühren des Patentamts und des Patentgerichts in der Fassung vom 2. 1. 68, BGBl 39]; *§ 34 der Verordnung über das Reichspatentamt vom 6. Juli 1936 (Reichsgesetzbl. II S. 219)* [jetzt: Verordnung über Verwaltungskosten beim Deutschen Patentamt v 20. 6. 70, BGBl 835] und *§ 4 Abs. 2 der Prüfungsordnung für Patentanwälte vom 7. Oktober 1933 (Reichsministerialbl. S. 502)* [jetzt: § 30 Ausbildgs- u PrüfgsOrdng gemäß § 12 der PatAnwO v 3. 1. 67, BGBl 118];

---

* Jetzt vielfach außer Kraft und durch andere Vorschriften ersetzt.

3. *die Vorschriften über Gebühren für ministerielle Genehmigungen nach dem Aktiengesetz, siehe § 37 der Ersten Durchführungsverordnung zum Aktiengesetz vom 29. September 1937 (Reichsgesetzbl. I S. 1026)* [durch AktG gegenstandslos; vgl auch § 29 I EGAktG];
4. *(betr. Erbhofrecht: entfallen)*
5. *die Vorschrift über Gebühren für die Zulassung zur Rechtsanwaltschaft* [aufgehoben durch § 232 I Z 3 BRAO; ersetzt durch § 192 BRAO]
6. die Vorschriften über Gebühren für die Erlaubnis zur Besorgung fremder Rechtsangelegenheiten und für die Zulassung als Prozeßagent, siehe Verordnung vom 31. Januar 1936 (Reichsgesetzbl. I S. 57);
7. die Vorschriften über Gebühren in Hinterlegungssachen, siehe §§ 24 bis 26 der Hinterlegungsordnung vom 10. März 1937 (Reichsgesetzbl. I S. 285) (abgedr unten VIII B);
8. die Vorschriften über Gebühren für die Zulassung zu den juristischen Staatsprüfungen, *siehe §§ 15 und 56 Abs. 3 der Justizausbildungsordnung vom 4. Januar 1939 (Reichsgesetzbl. I S. 6);* [jetzt landesgesetzlich geregelt];
9. die Vorschriften über Gebühren für die Beitreibung von Justizverwaltungsangaben, siehe §§ 11 *bis 18* [12–18 aufgehoben] der Justizbeitreibungsordnung vom 11. März 1937 (Reichsgesetzbl. I S. 298) [Teil IX A dieses Buchs];
10. die Vorschriften über Gebühren für ministerielle Geschäfte in fideikommißrechtlichen Angelegenheiten, siehe § 62 der Verordnung zur Durchführung und Ergänzung des Gesetzes über das Erlöschen der Familienfideikommisse und sonstiger gebundener Vermögen vom 20. März 1939 (Reichsgesetzbl. I S. 509);
11. *(gegenstandslos)*

II § 2 Abs. 2, §§ 4, 6, 8, 11, 13, 14 der Verordnung gelten auch für die im Abs. 1 Nrn. 1, 3 bis 9 und 11 genannten Angelegenheiten.

§ 18. I Die nicht reichsrechtlichen Vorschriften über Gebühren für Amtshandlungen der Justizverwaltung und für sonstige in den Bereich dieser Verordnung fallende Angelegenheiten treten außer Kraft.

II *(gegenstandslos)*

III *(gegenstandslos)*

§ 19. In Kraft bleiben die landesrechtlichen Vorschriften über die Gebühren für Schiedsmänner, Friedensrichter, Ortsgerichte, Schätzungsämter und ähnliche Stellen im Bereich der Justizverwaltung.

§ 20. *(gegenstandslos)*

§ 21. I *(gegenstandslos)*

II Soweit die Justizbehörden in Auslandsnachlaßsachen noch zur Aushändigung von Wertgegenständen zuständig sind, bleiben die landesrechtlichen Gebührenvorschriften in Kraft.

Anlage
(Zu § 2 Abs. 1 der vorst. VO)

Gebührenverzeichnis)

Nr.	Gegenstand	Gebühren
1	**Beglaubigungen**	
	a) von amtlichen Unterschriften für den Auslandsverkehr	
	aa) auf Urkunden, die keine rechtsgeschäftliche Erklärung enthalten, zB Patentschriften, Handelsregisterauszügen, Ernennungsurkunden und dergleichen	20 DM
	bb) auf sonstigen Urkunden	die gleiche Gebühr, die nach den am Sitz der Behörde geltenden Vorschriften für die gerichtliche Beglaubigung einer Unterschrift zu erheben ist
	Die Gebühr wird nur einmal erhoben, auch wenn eine weitere Beglaubigung durch die übergeordnete Justizbehörde erforderlich ist;	
	b) von Abschriften und Auszügen, jedoch nur, wenn die Beglaubigung beantragt ist	1 DM für jede angefangene Seite, mindestens 10 DM
	Wird die Abschrift von der Behörde selbst hergestellt, so kommen die Schreibauslagen (§ 4) hinzu. Die Behörde kann vom Ansatz der Gebühr zu Buchstabe b absehen, wenn die Beglaubigung für Zwecke verlangt wird, deren Verfolgung überwiegend im öffentlichen Interesse liegt.	
2	**Bescheinigungen, Zeugnisse und dergleichen (außer Beglaubigungen)**	
	a) Bescheinigungen und schriftliche Auskünfte aus Akten und Büchern	15 DM
	b) Bescheinigungen über die Beurkundungsbefugnis eines Justizbeamten, die zum Gebrauch einer Urkunde im Ausland verlangt werden . .	15 DM
	Die Gebühr wird nicht erhoben, wenn eine Beglaubigungsgebühr nach Nummer 1 Buchstabe a zum Ansatz kommt	
	c) Zeugnisse über das im Bund oder in den Ländern geltende Recht	10–500 DM

Nr.	Gegenstand	Gebühren
	d) Führungszeugnis nach § 30 des Bundeszentralregistergesetzes	10 DM*
	e) Auskunft nach § 150 der Gewerbeordnung . . .	10 DM
3	**Rechtshilfe**	
	in Zivilsachen und in Angelegenheiten der freiwilligen Gerichtsbarkeit	
	a) Prüfung von Ersuchen nach dem Ausland. .	10–100 DM
	b) Erledigung von Zustellungsanträgen in ausländischen Rechtsangelegenheiten	10–50 DM
	c) Erledigung von Rechtshilfeersuchen in ausländischen Rechtsangelegenheiten	10–500 DM
	Die Gebühren zu Buchstaben b und c werden auch dann erhoben, wenn die Zustellung oder Rechtshilfehandlung wegen unbekannten Aufenthalts des Empfängers oder sonst Beteiligten oder aus ähnlichen Gründen nicht ausgeführt werden kann. In den Fällen zu Buchstaben b und c werden Gebühren und Auslagen nicht erhoben, wenn die Gegenseitigkeit verbürgt ist. Die Bestimmungen der Staatsverträge bleiben unberührt.	
4	**Vereidigung**	
	Allgemeine Vereidigung von Sachverständigen, Dolmetschern oder Übersetzern	10 DM
	Die Vereidigung von Richtern oder Justizbeamten als Dolmetscher oder Übersetzer ist gebührenfrei.	

* Dazu **§ 30 Abs. 2 Satz 4 BZRG:**
Die Meldebehörde nimmt die Gebühr für das Führungszeugnis entgegen, behält davon zwei Fünftel ein und führt den Restbetrag an die Bundeskasse ab.

B. Gebühren in Hinterlegungssachen

(Vgl JVKostO § 17 Z 7)

Vorbemerkung. Die Gebühren in Hinterlegungssachen sind im sechsten Abschnitt der HinterlO vom 10. 3. 1937, RGBl 285, letzte Änderung durch Art 4 § 23 Nov 75, geregelt. Ausführungsvorschriften hierzu stehen in der AVRJM vom 15. 3. 37, DJ 426 (hier nicht abgedruckt); von den Ländern zT geändert. Es gelten Zuschläge gem Art 4 I G vom 7. 8. 52, BGBl I 401, von 20% ab 1. 4. 53, der nicht aufgehoben worden ist, Vorb A vor § 1 JVKostO; soweit die HinterlO länderrechtlich gilt, haben die Länder ebenfalls einen Zuschlag von 20% in den Vorb B vor der JVKostO genannten Gesetzen angeordnet.

Im Text sind gem Art XI § 6 KostÄndG, Art 8 Abschn II Z 3 GleichberG die sich aus diesen Gesetzen ergebenden Paragraphenverweisungen eingesetzt.

Die Zuschläge sind berücksichtigt.

Hinterlegungsgebühr

§ 24.[I] Bei der Hinterlegung von Wertpapieren, sonstigen Urkunden, Kostbarkeiten und von unverändert aufzubewahrenden Zahlungsmitteln (§ 7 Abs. 2 Satz 1) wird eine Gebühr erhoben.

[II] Die Gebühr beträgt für jede angefangenen sechs Monate:

1. bei einer Hinterlegung von Anleihen oder Schatzanweisungen des *Reichs* oder der Länder für jede angefangenen eintausend Deutsche Mark des Werts 30 Deutsche Pfennig.
2. bei einer Hinterlegung von anderen Wertpapieren, Kostbarkeiten und von unverändert aufzubewahrenden Zahlungsmitteln für jede angefangenen eintausend Deutsche Mark des Wertes,
   a) wenn auf Grund der §§ 1814, 1818 (§§ 1667, 1915) des Bürgerlichen Gesetzbuchs hinterlegt ist, 30 Deutsche Pfennig;
   b) wenn aus einem anderen Grunde hinterlegt ist, 60 Deutsche Pfennig, handelt es sich jedoch um ausländische Wertpapiere, 90 Deutsche Pfennig;
3. bei einer Hinterlegung von sonstigen Urkunden für jede Urkunde 24 Deutsche Pfennig.

[III] Sind Wertpapiere verschiedener Art hinterlegt, so wird die Gebühr für jede Art besonders berechnet.

Beschwerdegebühr

§ 25.[I] Für das Verfahren über Beschwerden wird erhoben:

1. in den Fällen der Zurückweisung
   eine Gebühr von 2,40 bis 240 Deutsche Mark,
2. in den Fällen der Zurücknahme
   eine Gebühr von 60 Deutsche Pfennig bis 60 Deutsche Mark.

[II] Von der Erhebung der Gebühr kann aus Billigkeitsgründen abgesehen werden.

[III] Die Gebühr wird von der Stelle, die über die Beschwerde zu entscheiden hat, festgesetzt; von ihr werden auch etwa entstandene Auslagen angesetzt.

Anwendung der Kostenordnung

§ 26. Für die Kosten in Hinterlegungssachen gelten die Vorschriften der §§ 2, 3, 5 bis 7, §§ 10 bis 13, § 14 Abs. 1, §§ 15 bis 18, § 19 Abs. 1,

---

Bemerkung. Die früher noch genannten §§ 28 u 140 KostO aF sind ersatzlos außer Kraft gesetzt, Art II Z 22 u 71 KostÄndG, der weiterhin genannte § 139 II KostO ist bereits durch § 19 JBeitrG aufgehoben worden.

§ 30, § 31 Abs. 1 und 2, § 130 Abs. 5, § 131 Abs. 5, §§ 136, 137 Nr. 1, 4, 6, 7 der Kostenordnung[1] sinngemäß mit folgenden Abweichungen:

1. Zur Zahlung der Kosten ist auch der Empfangsberechtigte, an den oder für dessen Rechnung die Herausgabe verfügt ist, sowie derjenige verpflichtet, in dessen Interesse eine Behörde um die Hinterlegung ersucht hat.
2. Die Kosten können der Masse entnommen werden, soweit es sich um Geld handelt, das in das Eigentum des *Reichs* übergegangen ist.
3. Die Herausgabe hinterlegter Sachen kann von der Zahlung der Kosten abhängig gemacht werden.
4. Die Vorschriften in Nr. 1 bis Nr. 3 sind auf Kosten, die für das Verfahren über Beschwerden erhoben werden, nur anzuwenden, soweit derjenige, dem die Kosten dieses Verfahrens auferlegt sind, empfangsberechtigt ist.
5. Kosten sind nicht zu erheben oder, falls sie erhoben sind, zu erstatten, wenn auf Grund des *§ 117 der Strafprozeßordnung* [jetzt § 116a StPO] hinterlegt ist, um einen Beschuldigten mit der Untersuchungshaft zu verschonen, und der Beschuldigte rechtskräftig außer Verfolgung gesetzt oder freigesprochen oder das Verfahren gegen ihn eingestellt wird; ist der Verfall der Sicherheit rechtskräftig ausgesprochen, so werden bereits erhobene Kosten nicht erstattet.
6. Die Gebühr des § 24 und Schreibauslagen bleiben außer Ansatz, wenn auf Grund der §§ 1814, 1818 (§§ 1667, 1915) des Bürgerlichen Gesetzbuchs hinterlegt ist und es sich um eine minderjährige, geisteskranke, geistesschwache oder gebrechliche Person handelt, deren reines Vermögen fünftausend Deutsche Mark nicht übersteigt.
7. Die Gebühr des § 24 wird bei Urkunden spätestens am Schluß des vierten Rechnungsjahres nach der Hinterlegung und weiter am Ende jedes vierten Rechnungsjahrs fällig; das gleiche gilt bei der Hinterlegung in den besonderen Fällen der §§ 28, 29.
8. Die Verjährung des Anspruchs auf Zahlung der Kosten hindert das *Reich* nicht, nach Nr. 2 und Nr. 3 zu verfahren.
9. Als Wert des Gegenstands gilt für Wertpapiere mit Nennbetrag dieser; steht der Nennbetrag zu dem Kurs- oder sonstigen Verkaufswert in einem auffälligen Mißverhältnis, so kann die Hinterlegungsstelle den Wert nach freiem Ermessen festsetzen; bei Ablösungsanleihen mit Auslosungsscheinen und bei Auslosungsscheinen allein gilt als Wert der Rückzahlungsbetrag (ohne Zinsen); bei Kostbarkeiten, die auf Grund des § 9 Abs 2 abgeschätzt sind, gilt der dabei ermittelte Betrag als Wert des Gegenstands.
10. Über Erinnerungen gegen den Ansatz von Kosten bei der Hinterlegungsstelle entscheidet die Hinterlegungsstelle gebührenfrei. Gegen die Entscheidung der Hinterlegungsstelle ist nur die Beschwerde an den Landgerichtspräsidenten (Amtsgerichtspräsidenten) zulässig; *die Kosten bestimmen sich in diesem Fall nach § 25* [jetzt § 13 JVerwKO].

---

[1] Der weiterhin genannte § 140 aF ist ersatzlos fortgefallen, Art II Z 71 KostÄndG.

11. An baren Auslagen werden außer den im § 136, § 137 Nrn 1, 4, 6, 7 der Kostenordnung[1] bezeichneten Beträgen erhoben:
   a) die Beträge die bei der Umwechslung von Zahlungsmitteln nach § 7 Abs 2 oder bei der Besorgung von Geschäften nach § 10 an Banken oder andere Stellen zu zahlen sind;
   b) die mit einer Auszahlung hinterlegter Gelder oder mit einer Herausgabe anderer Sachen verbundenen Postgebühren;
   c) Schreibauslagen für Abschriften, die anzufertigen sind, weil ein Antrag auf Annahme nicht in der erforderlichen Zahl von Stücken vorgelegt ist;
   d) die Schreibauslagen und Postgebühren für die Anzeige nach § 11 Satz 2.

---

[1] Der weiterhin genannte § 140 aF ist ersatzlos fortgefallen, Art II Z 71 KostÄndG.

IX. Beitreibung

Grundzüge

1) Systematik. Die Gerichtskosten einschließlich der Justizverwaltungskosten sind öffentliche Abgaben. Sie unterliegen wie alle öffentlichen Abgaben nicht der Beitreibung im zivilprozeßrechtlichen Vollstreckungsverfahren, sondern dem Verwaltungszwangsverfahren, BVerwG NJW **83**, 900. Dieses Verfahren richtet sich nach der JBeitrO, BVerwG NJW **83**, 900. Die Einforderung und Beitreibung von Geldstrafen, Geldbußen, Ordnungsgeldern und Zwangsgeldern usw richtet sich nach der EBAO, B. Die Verfahrenskosten folgen regelmäßig der Strafe; in gewissen Fällen sind sie von dieser zu trennen und der Gerichtskasse zur Einziehung zu überweisen.

2) Geltungsbereich. Die JBeitrO ergreift nicht nur Gerichtskosten und Justizverwaltungskosten – zumindest in der Praxis aller Gerichtsbarkeiten –, sondern ist zB auch für den Ersatzanspruch eines im Prozeßkostenhilfeverfahren beigeordneten Anwalts von Bedeutung, § 1 Z 8 JBeitrO. Da auch der nach dem bürgerlichen Recht für die Gerichtskosten Haftende ein Kostenschuldner ist, § 54 Z 3 GKG, 3 Z 3 KostO, stehen ihm im Beitreibungsverfahren nur die Rechtsbehelfe der Kostengesetze offen. Wegen der Vertretung des Justizfiskus vgl § 2. Dort ist Vollstreckungsbehörde, wenn die StVollstrO Anwendung findet, die dort in I–IV bezeichnete Behörde, andernfalls diejenige, die auf die Strafe erkannt hat, und falls es sich um eine Kollegialbehörde handelt, deren Vorsitzender.

3) Kleinbetrag. Über die Beitreibung eines Kleinbetrags unter 5 DM siehe Teil VII E dieses Buchs. Über die Mitwirkung des Gerichtsvollziehers bei der Beitreibung vgl die GVGA.

A. Justizbeitreibungsordnung

idF v Art V KostÄndG v 26. 7. 1957, BGBl 861, zuletzt geändert durch G v 7. 7. 86, BGBl 977

Einleitung

1) Geltungsbereich. Die JBeitrO ist sowohl als Bundesrecht wie auch als Landesrecht anzuwenden. Soweit sie als Bundesrecht anwendbar ist, ist sie zunächst durch Art 9 des Gesetzes vom 7. 8. 52, BGBl 401, geändert worden, §§ 12–14. Dem sind die Länder mit entsprechenden eigenen Änderungsgesetzen gefolgt. Durch Art XI § 4 I Z 8 ist das Kostenmaßnahmegesetz vom 7. 8. 52 insofern aufgehoben worden, ebenso sind die KostMaßG der Länder aufgehoben worden, Art XI § 4 VII, soweit sie nicht für die Gebühren oder Auslagen gelten, die nach dem 1. 10. 1957 auf Grund von Landesrecht erhoben werden.

Gleichzeitig ist bundesrechtlich die JBeitrO geändert worden, Art V (§§ 1–6, 8, 10, 11 unter Fortfall der bisherigen §§ 11–18). Dieser Änderung haben sich die Länder durch die in der Vorbemerkung B zur JVerwKostO, Teil VIII A dieses Buchs, genannten Gesetze dahingehend angeschlossen, daß die bundesrechtliche Fassung für die Einziehung der in § 1 I genannten Ansprüche auch insoweit gilt, als diese Ansprüche nicht auf bundesrechtlicher Regelung beruhen. Durch § 1 II, III nF ist bundesrechtlich sichergestellt worden, daß die JBeitrO auch bei einer Einziehung eines Anspruchs, der auf dem Bundesrecht beruht, durch die Justizbehörden der Länder gilt, ferner, daß sie auch dann anzuwenden ist, wenn es um einen sonstigen Anspruch durch diese Behörden im Verwaltungszwangsverfahren geht.

Die JBeitrO gilt also in allen Fällen für den Bund und für die Bundesländer in derselben Fassung. Durch das VerwVollstrG vom 27. 4. 53, BGBl 157, das die Vollstreckung einer öffentlichrechtlichen Geldforderung des Bundes und des bundesmittelbaren Personen des öffentlichen Rechts selbständig regelt, wird die JBeitrO und damit ihr Geltungsbereich, § 1, kraft einer ausdrücklichen Vorschrift, § 1 III VerwVollstrG, nicht berührt. Das trifft auch für die landesrechtliche Anwendung der JBeitrO zu.

Geltungsbereich

§ 1. [I] Nach dieser Justizbeitreibungsordnung werden folgende Ansprüche beigetrieben, soweit sie von Justizbehörden des Bundes einzuziehen sind:

1. Geldstrafen und andere Ansprüche, deren Beitreibung sich nach den Vorschriften über die Vollstreckung von Geldstrafen richtet;
2. gerichtlich erkannte Geldbußen und Nebenfolgen einer Ordnungswidrigkeit, die zu einer Geldzahlung verpflichten;

2a. Ansprüche aus gerichtlichen Anordnungen über den Verfall, die Einziehung oder die Unbrauchbarmachung einer Sache;

3. Ordnungs- und Zwangsgelder;
4. Gerichtskosten;

4a. Ansprüche auf Zahlung der vom Gericht im Verfahren der Prozeßkostenhilfe bestimmten Beträge;

5. Zulassungs- und Prüfungsgebühren;
6. alle sonstigen Justizverwaltungsabgaben;
7. Kosten der Gerichtsvollzieher und Vollziehungsbeamten, soweit sie selbständig oder gleichzeitig mit einem Anspruch, der nach den Vorschriften dieser Justizbeitreibungsordnung vollstreckt wird, bei dem Auftraggeber oder Ersatzpflichtigen beigetrieben werden;
8. Ansprüche gegen Beamte, nichtbeamtete Beisitzer und Vertrauenspersonen, gegen Rechtsanwälte, gegen Zeugen und Sachverständige sowie gegen mittellose Personen auf Erstattung von Beträgen, die ihnen in einem gerichtlichen Verfahren zuviel gezahlt sind;
9. Ansprüche gegen Beschuldigte und Nebenbeteiligte auf Erstattung von Beträgen, die ihnen in den Fällen der §§ 465, 467, 467a, 470, 472b, 473 der Strafprozeßordnung zuviel gezahlt sind;

10. alle sonstigen Ansprüche, die nach Bundes- oder Landesrecht im Verwaltungszwangsverfahren beigetrieben werden können, soweit nicht ein Bundesgesetz vorschreibt, daß sich die Vollstreckung nach dem Verwaltungsvollstreckungsgesetz oder der Abgabenordnung richtet.

II Die Justizbeitreibungsordnung findet auch auf die Einziehung von Ansprüchen im Sinne des Absatzes 1 durch Justizbehörden der Länder Anwendung, soweit die Ansprüche auf bundesrechtlicher Regelung beruhen.

III Die Vorschriften der Justizbeitreibungsordnung über das gerichtliche Verfahren finden auch dann Anwendung, wenn sonstige Ansprüche durch die Justizbehörden der Länder im Verwaltungszwangsverfahren eingezogen werden.

IV Werden zusammen mit einem Anspruch nach Absatz 1 Nr. 1 bis 3 die Kosten des Verfahrens beigetrieben, so gelten auch für die Kosten die Vorschriften über die Vollstreckung dieses Anspruchs.

V Nach dieser Justizbeitreibungsordnung werden auch die Gebühren und Auslagen des Deutschen Patentamts und die sonstigen dem Absatz 1 entsprechenden Ansprüche, die beim Deutschen Patentamt entstehen, beigetrieben. Dies gilt auch für Ansprüche gegen Patentanwälte und Erlaubnisscheininhaber.

VI Die Landesregierungen werden ermächtigt, durch Rechtsverordnung abweichend von der Justizbeitreibungsordnung zu bestimmen, daß Gerichtskosten in den Fällen des § 109 Abs. 2 des Gesetzes über Ordnungswidrigkeiten und des § 55 des Gerichtskostengesetzes nach Vorschriften des Landesrechts beigetrieben werden. Die Landesregierungen können die Ermächtigung durch Rechtsverordnung auf die Landesjustizverwaltung übertragen.

Bemerkung. Die Stundung und der Erlaß von Kosten und Ansprüchen nach I Z 5–9 sind teilweise landesrechtlich geregelt, zB Baden- Württemberg § 7 LJustKostG idF vom 25. 3. 75, GBl 261, Berlin § 2 G vom 24. 11. 70, GVBl 1934, Saarland § 6 LJustKostG vom 30. 6. 71, ABl 473.

Vollstreckungsbehörden

§ 2. I Die Beitreibung obliegt in den Fällen des § 1 Abs. 1 Nr. 1 bis 3 den nach den Verfahrensgesetzen für die Vollstreckung dieser Ansprüche zuständigen Stellen, soweit nicht die in Absatz 2 bezeichneten Vollstreckungsbehörden zuständig sind, im übrigen den Gerichtskassen als Vollstreckungsbehörden. Die Landesregierungen werden ermächtigt, an Stelle der Gerichtskassen andere Behörden als Vollstreckungsbehörden zu bestimmen. Die Landesregierungen können die Ermächtigung auf die Landesjustizverwaltung übertragen.

II Vollstreckungsbehörden sind:

a) für Ansprüche, die beim Bundesverfassungsgericht, beim Bundesgerichtshof oder beim Generalbundesanwalt beim Bundesgerichtshof entstehen, die Justizbeitreibungsstelle des Bundesgerichtshofs,

b) für Ansprüche, die beim Bundesverwaltungsgericht entstehen, die Justizbeitreibungsstelle des Bundesverwaltungsgerichts,
c) für Ansprüche, die beim Bundesfinanzhof, beim Bundespatentgericht oder beim Deutschen Patentamt entstehen, die Justizbeitreibungsstelle des Bundespatentgerichts,
d) für Ansprüche, die beim Bundesdisziplinargericht entstehen, die Justizbeitreibungsstelle des Bundesdisziplinargerichts.

III Von den in Absatz 1 bezeichneten Vollstreckungsbehörden ist diejenige zuständig, die den beizutreibenden Anspruch einzuziehen hat. Dem Vollziehungsbeamten obliegende Vollstreckungshandlungen kann die Vollstreckungsbehörde außerhalb ihres Amtsbezirks durch einen Vollziehungsbeamten vornehmen lassen, der für den Ort der Vollstreckung zuständig ist. Die Unzuständigkeit einer Vollstreckungsbehörde berührt die Wirksamkeit ihrer Vollstreckungsmaßnahmen nicht.

IV Die Vollstreckungsbehörden haben einander Aushilfe zu leisten.

Bemerkung. Gemäß I 2, 3 sind Verordnungen erlassen: In Bayern vom 16. 10. 72, GVBl 451, Bremen vom 31. 10. 72, GBl 237, Rheinland-Pfalz vom 9. 5. 72, GVBl 195. Für den Arrestvollzug in Strafsachen ist gemäß § 111f StPO die in § 2 JBeitrO bezeichnete Behörde zuständig.

Zustellungen

§ 3. Zustellungen sind nur erforderlich, soweit dies besonders bestimmt ist. Sie werden sinngemäß nach den Vorschriften der Zivilprozeßordnung über Zustellungen von Amts wegen (§§ 208 bis 213 daselbst) bewirkt. Die dem Gericht vorbehaltenen Anordnungen (§§ 188, 202, 204 daselbst) trifft die Vollstreckungsbehörde.

Vollstreckungsschuldner

§ 4. Die Vollstreckung kann gegen jeden durchgeführt werden, der nach den für den beizutreibenden Anspruch geltenden besonderen Vorschriften oder kraft Gesetzes nach den Vorschriften des bürgerlichen Rechts zur Leistung oder zur Duldung der Vollstreckung verpflichtet ist. Aus einer Zwangshypothek, die für einen der im § 1 bezeichneten Ansprüche eingetragen ist, kann auch gegen den Rechtsnachfolger des Schuldners in das belastete Grundstück vollstreckt werden.

Vollstreckungsbeginn

§ 5. I Die Vollstreckung darf erst beginnen, wenn der beizutreibende Anspruch fällig ist. In den Fällen des § 1 Abs. 1 Nr. 8 und 9 darf die Vollstreckung erst beginnen, wenn der Zahlungspflichtige von den ihm zustehenden Rechtsbehelfen binnen zwei Wochen nach der Zahlungsaufforderung oder nach der Mitteilung einer Entscheidung über seine Einwendungen gegen die Zahlungsaufforderung keinen Gebrauch gemacht hat. Vorschriften, wonach aus vollstreckbaren Entscheidungen oder Verpflichtungserklärungen erst nach deren Zustellung vollstreckt werden darf, bleiben unberührt.

II In der Regel soll der Vollstreckungsschuldner (§ 4) vor Beginn der Vollstreckung zur Leistung innerhalb von zwei Wochen schriftlich aufgefordert und nach vergeblichem Ablauf der Frist besonders gemahnt werden.

Anzurechnende Vorschriften

§ 6. I Für die Vollstreckung gelten nach Maßgabe der Absätze 2 bis 4 folgende Vorschriften sinngemäß:

1. §§ 735 bis 737, 739 bis 741, 743, 745 bis 748, 758, 759, 761, 762, 764, 765a, 766, 771 bis 776, 778, 779, 781 bis 784, 786, 788, 789, 792, 793, 803 bis 827, 828 Abs. 2, §§ 829 bis 837a, 840 Abs. 1, Abs. 2 Satz 2, §§ 841 bis 844, 846 bis 886, 899 bis 910, 913 bis 915 der Zivilprozeßordnung,
2. sonstige Vorschriften des Bundesrechts, die die Zwangsvollstreckung aus Urteilen in bürgerlichen Rechtsstreitigkeiten beschränken sowie
3. die landesrechtlichen Vorschriften über die Zwangsvollstreckung gegen Gemeindeverbände oder Gemeinden.

II An die Stelle des Gläubigers tritt die Vollstreckungsbehörde. Bei der Zwangsvollstreckung in Forderungen und andere Vermögensrechte wird der Pfändungs- und der Überweisungsbeschluß von der Vollstreckungsbehörde erlassen. Die Aufforderung zur Abgabe der in § 840 Abs. 1 der Zivilprozeßordnung genannten Erklärungen ist in den Pfändungsbeschluß aufzunehmen.

III An die Stelle des Gerichtsvollziehers tritt der Vollziehungsbeamte. Der Vollziehungsbeamte wird zur Annahme der Leistung, zur Ausstellung von Empfangsbekenntnissen und zu Vollstreckungshandlungen durch einen schriftlichen Auftrag der Vollstreckungsbehörde ermächtigt. Er hat im Auftrag der Vollstreckungsbehörde auch die in § 840 Abs. 1 der Zivilprozeßordnung bezeichneten Erklärungen entgegenzunehmen.

IV Gepfändete Forderungen sind nicht an Zahlungs Statt zu überweisen.

Bemerkung. Zur Auslegung von III BVerwG NJW **83**, 900.

Eidesstattliche Versicherung und Vollstreckung in das unbewegliche Vermögen

§ 7. Die Abnahme der eidesstattlichen Versicherung und die Vollstreckung in unbewegliches Vermögen beantragt die Vollstreckungsbehörde bei dem zuständigen Amtsgericht. Der Antrag ersetzt den vollstreckbaren Schuldtitel. Eine Zustellung des Antrags an den Schuldner ist nicht erforderlich.

Bemerkung. Es ist ein Nachweis der Unpfändbarkeit erforderlich, Ffm Rpfleger **77**, 145.

Einwendungen

§ 8. I Einwendungen, die den beizutreibenden Anspruch selbst, die Haftung für den Anspruch oder die Verpflichtung zur Duldung der Vollstreckung betreffen, sind vom Schuldner gerichtlich geltend zu machen bei Ansprüchen nach § 1 Abs. 1 Nr. 4, 6, 7 nach den Vorschriften über Erinnerungen gegen den Kostenansatz,

bei Ansprüchen gegen nichtbeamtete Beisitzer, Vertrauenspersonen, Rechtsanwälte, Zeugen, Sachverständige und mittellose Personen (§ 1 Abs. 1 Nr. 8) nach den Vorschriften über die Feststellung eines Anspruchs dieser Personen,

bei Ansprüchen nach § 1 Abs. 1 Nr. 9 nach den Vorschriften über Erinnerungen gegen den Festsetzungsbeschluß. Die Einwendung, daß mit einer Gegenforderung aufgerechnet worden sei, ist in diesen Verfahren nur zulässig, wenn die Gegenforderung anerkannt oder gerichtlich festgestellt ist. Das Gericht kann anordnen, daß die Beitreibung bis zum Erlaß der Entscheidung gegen oder ohne Sicherheitsleistung eingestellt werde und daß die Vollstreckungsmaßregeln gegen Sicherheitsleistung aufzuheben seien.

II Für Einwendungen, die auf Grund der §§ 781 bis 784, 786 der Zivilprozeßordnung erhoben werden, gelten die Vorschriften der §§ 767, 769, 770 der Zivilprozeßordnung sinngemäß. Für die Klage ist das Gericht zuständig, in dessen Bezirk die Vollstreckung stattgefunden hat.

Einstellung, Zahlungsnachweis, Stundung

§ 9. I Werden Einwendungen gegen die Vollstreckung erhoben, so kann die Vollstreckungsbehörde die Vollstreckungsmaßnahmen einstweilen einstellen, aufheben oder von weiteren Vollstreckungsmaßnahmen Abstand nehmen, bis über die Einwendung endgültig entschieden ist.

II Der Vollziehungsbeamte hat von der Pfändung abzusehen, wenn ihm die Zahlung oder Stundung der Schuld nachgewiesen wird.

§ 10. *(weggefallen)*

Anwendung des GKG und des GVKostG

§ 11. I Bei der Pfändung von Forderungen oder anderen Vermögensrechten gelten die Vorschriften des Gerichtskostengesetzes sinngemäß.

II Für die Tätigkeit des Vollziehungsbeamten gelten die Vorschriften des Gesetzes über Kosten der Gerichtsvollzieher sinngemäß.

§§ 12–18 außer Kraft.

Inkrafttreten

§ 19. I Diese Verordnung tritt am 1. April 1937 in Kraft. Eine in diesem Zeitpunkt begonnene Vollstreckung wird jedoch nach den bisherigen Vorschriften zu Ende geführt.

II Gleichzeitig treten außer Kraft (gegenstandslos)

B. Einforderungs- und Beitreibungsanordnung

Grundzüge

1) Allgemeines. An die Stelle der Anordnung über die Einforderung und Beitreibung von Vermögensstrafen und Verfahrenskosten vom 15. 2. 56 ist die nachfolgende Einforderungs- und Beitreibungsanordnung (EBAO) durch eine Vereinbarung zwischen dem Bundesjustizminister und den Landesjustizverwaltungen getreten, die der Bundesjustizminister für seinen Bereich zum 1. 1. 75 in Kraft gesetzt hat, AV vom 25. 11. 74, BAnz 230, in der Fassung vom 10. 7. 79, BAnz 137. Die Länderfassungen sind wie folgt veröffentlicht:

Baden-Württemberg: AV vom 20. 11. 74, Just **75**, 4, und vom 12. 7. 79, Just 317;

Bayern: Bek vom 20. 11. 74, JMBl 396, vom 10. 7. 79, JMBl 117, und vom 20. 8. 87, JMBl 112 (Ergänzungsbestimmungen);

Berlin: AV vom 11. 12. 74, ABl 1602, und vom 10. 7. 79, ABl 1261;

Bremen:

Hamburg: AV vom 20. 11. 74, JVBl 159, und vom 10. 7. 79, JVBl 79;

Hessen: RdErl vom 19. 11. 74, JMBl 542, und vom 10. 7. 79, JMBl 528;

Niedersachsen: AV vom 20. 11. 74, NdsRpfl 301, und vom 10. 7. 79, NdsRpfl 191;

Nordrhein-Westfalen: AV vom 20. 11. 74, JMBl 279, und vom 10. 7. 79, JMBl 172;

Rheinland-Pfalz: AV vom 20. 11. 74, JBl 173, vom 10. 7. 79, JBl 122, und vom 9. 10. 84, JBl 181 (Einführungsvorschriften);

Saarland: AV vom 20. 11. 74, GMBl **75**, 64, und vom 10. 7. 79, GMBl 418;

Schleswig-Holstein: Bek vom 20. 11. 74, SchlHA **75**, 30, und vom 10. 7. 79, SchlHA 156, berichtigt 173.

I. Abschnitt. Allgemeine Bestimmungen

§ 1 Grundsatz

(1) Die Einforderung und Beitreibung von

1. Geldstrafen und anderen Ansprüchen, deren Beitreibung sich nach den Vorschriften über die Vollstreckung von Geldstrafen richtet,
2. gerichtlich erkannten Geldbußen und Nebenfolgen einer Ordnungswidrigkeit, die zu einer Geldzahlung verpflichten,
3. Ordnungs- und Zwangsgeldern mit Ausnahme der im Auftrag des Gläubigers zu vollstreckenden Zwangsgelder

(Geldbeträge) richten sich, soweit gesetzlich nicht anders bestimmt ist, nach der Justizbeitreibungsordnung und nach dieser Anordnung.

(2) Gleichzeitig mit einem Geldbetrag (Abs. 1) sind auch die Kosten des Verfahrens einzufordern und beizutreiben, sofern nicht die Verbindung von Geldbetrag und Kosten gelöst wird (§ 15).

(3) Bei gleichzeitiger Einforderung und Beitreibung von Geldbetrag und Kosten gelten die Vorschriften dieser Anordnung auch für die Kosten.

(4) Die Einforderung und Beitreibung von Geldbeträgen ist Aufgabe der Vollstreckungsbehörde (§ 2). Ihr obliegt auch die Einforderung und Beitreibung der Kosten des Verfahrens, soweit und solange die Verbindung von Geldbetrag und Kosten besteht. Die Vollstreckungsbehörde beachtet hierbei die Bestimmungen der §§ 3 bis 14.

(5) Wird die Verbindung von Geldbetrag und Kosten gelöst, so werden die Kosten nach den Vorschriften der Kostenverfügung der Gerichtskasse zur Sollstellung überwiesen und von dieser nach den für sie geltenden Vorschriften eingefordert und eingezogen.

(6) Für die Einziehung von Geldbußen, die von Disziplinargerichten, Richterdienstgerichten oder Dienstvorgesetzten verhängt worden sind, und für die Kosten des Disziplinarverfahrens gelten besondere Bestimmungen.

§ 2 Vollstreckungsbehörde

Vollstreckungsbehörde ist, soweit gesetzlich nichts anderes bestimmt ist,

a) in den Fällen, auf die die Strafvollstreckungsordnung Anwendung findet, die darin bezeichnete Behörde,

b) im übrigen diejenige Behörde oder Dienststelle der Behörde, die auf die Verpflichtung zur Zahlung des Geldbetrages erkannt hat, oder, soweit es sich um eine kollegiale Behörde oder Dienststelle handelt, deren Vorsitzender.

II. Abschnitt. Einforderung und Beitreibung durch die Vollstreckungsbehörde

§ 3 Anordnung der Einforderung

(1) Sofern nicht Zahlungserleichterungen (§ 8 Abs. 3, § 12) gewährt werden, ordnet die Vollstreckungsbehörde die Einforderung von Geldbetrag und Kosten an, sobald die darüber ergangene Entscheidung vollstreckbar ist.

(2) Die Zahlungsfrist beträgt vorbehaltlich anderer Anordnung der Vollstreckungsbehörde zwei Wochen.

§ 4 Kostenrechnung

(1) Ist die Einforderung angeordnet, so stellt der Kostenbeamte der Vollstreckungsbehörde eine Kostenrechnung auf. Er nimmt darin sämtliche einzufordernden Beträge auf. Durch die Zeichnung übernimmt der Kostenbeamte die Verantwortung für die Vollständigkeit und Richtigkeit der Kostenrechnung.

(2) Die Zahlungsfrist (§ 3 Abs. 2) ist in der Kostenrechnung zu vermerken.

(3) Im übrigen gilt für die Kostenrechnung § 27 der Kostenverfügung entsprechend.

§ 5 Einforderung

(1) Die in die Kostenrechnung aufgenommenen Beträge werden von dem Zahlungspflichtigen durch Übersendung einer Zahlungsaufforderung eingefordert. In der Zahlungsaufforderung ist zur Zahlung an die am Sitz der Vollstreckungsbehörde befindliche Gerichtskasse oder Gerichtszahlstelle aufzufordern.

(2) Die Reinschrift der Zahlungsaufforderung ist von dem Kostenbeamten unter Angabe des Datums und der Amts-(Dienst-) bezeichnung unterschriftlich zu vollziehen. Soweit die oberste Justizbehörde dies zugelassen hat, kann sie ausgefertigt, beglaubigt, von der Geschäftsstelle unterschriftlich vollzogen oder mit dem Abdruck des Dienstsiegels versehen werden.

(3) Die Mitteilung einer besonderen Zahlungsaufforderung unterbleibt bei Strafbefehlen, die bereits die Kostenrechnung und die Aufforderung zur Zahlung enthalten.

(4) Der Zahlungsaufforderung (Abs. 1) oder dem Strafbefehl (Abs. 3) ist eine auf das Postscheckkonto der Gerichtskasse oder Gerichtszahlstelle lautende Zahlkarte beizufügen. Auf dem Empfängerabschnitt ist die Vollstreckungsbehörde in abgekürzter Form anzugeben (z. B. StA bei dem LG X, Abt. 17); außerdem sind die Angelegenheit und das Aktenzeichen so vollständig zu bezeichnen, daß die Gerichtskasse (Gerichtszahlstelle) in der Lage ist, hiernach die Zahlungsanzeige zu erstatten. Die Kennzeichnung der Sache als Strafsache ist zu vermeiden.

(5) Die Erhebung durch Postnachnahme ist nicht zulässig.

§ 6 Nicht ausreichende Zahlung

Reicht die auf die Zahlungsaufforderung entrichtete Einzahlung zur Tilgung des ganzen eingeforderten Betrages nicht aus, so richtet sich die Verteilung nach den Vorschriften der Kassenordnung, soweit § 459b StPO, § 94 OWiG nichts anderes bestimmt.

§ 7 Mahnung

(1) Nach vergeblichem Ablauf der Zahlungsfrist soll der Zahlungspflichtige vor Anordnung der Beitreibung in der Regel zunächst besonders gemahnt werden (§ 5 Abs. 2 JBeitrO).

(2) Die Mahnung unterbleibt, wenn damit zu rechnen ist, daß der Zahlungspflichtige sie unbeachtet lassen wird.

§ 8 Anordnung der Beitreibung

(1) Geht binnen einer angemessenen Frist nach Abgang der Mahnung oder, sofern von einer Mahnung abgesehen worden ist, binnen einer

Woche nach Ablauf der Zahlungsfrist (§ 3 Abs. 2) keine Zahlungsanzeige der Gerichtskasse oder Gerichtszahlstelle ein, so bestimmt die Vollstreckungsbehörde, welche Vollstreckungsmaßregeln ergriffen werden sollen.

(2) In geeigneten Fällen kann sie die Gerichtskasse um Auskunft ersuchen, ob ihr über die Vermögens- und Einkommensverhältnisse des Zahlungspflichtigen und über Einziehungsmöglichkeiten etwas bekannt ist.

(3) Welche Vollstreckungsmaßregeln anzuwenden sind oder ob dem Zahlungspflichtigen Vergünstigungen eingeräumt werden können, richtet sich nach den für das Einziehungsverfahren maßgebenden gesetzlichen und Verwaltungsvorschriften (vgl. §§ 459ff. StPO, §§ 91ff. OWiG, §§ 6ff. JBeitrO, § 49 StVollstrO).

(4) Im übrigen sind die Vollstreckungsmaßnahmen anzuwenden, die nach Lage des Einzelfalles am schnellsten und sichersten zum Ziele führen. Auf die persönlichen und wirtschaftlichen Verhältnisse des Zahlungspflichtigen und seiner Familie ist dabei Rücksicht zu nehmen, soweit das Vollstreckungsziel hierdurch nicht beeinträchtigt wird.

(5) Kommt die Zwangsvollstreckung in Forderungen oder andere Vermögensrechte in Betracht, so hat die Vollstreckungsbehörde den Pfändungs- und Überweisungsbeschluß zu erlassen (§ 6 Abs. 2 JBeitrO).

(6) Ein Antrag auf Einleitung eines Zwangsversteigerungs- oder Zwangsverwaltungsverfahrens soll nur gestellt, der Beitritt zu einem solchen Verfahren nur erklärt werden, wenn ein Erfolg zu erwarten ist und das Vollstreckungsziel anders nicht erreicht werden kann. Ist Vollstreckungsbehörde (§ 2) der Richter beim Amtsgericht, so ist, soweit die Strafvollstreckungsordnung Anwendung findet, die Einwilligung des Generalstaatsanwalts, im übrigen die des Präsidenten des Landgerichts (Präsidenten des Amtsgerichts) erforderlich.

§ 9 Vollstreckung in bewegliche Sachen

(1) Soll in bewegliche Sachen vollstreckt werden, so erteilt die Vollstreckungsbehörde dem Vollziehungsbeamten unmittelbar oder über die Geschäftsstelle des Amtsgerichts einen Vollstreckungsauftrag. In den Auftrag sind die Kosten früherer Einziehungsmaßnahmen als Nebenkosten aufzunehmen.

(2) Die Ausführung des Auftrages, die Ablieferung der von dem Vollziehungsbeamten eingezogenen oder beigetriebenen Geldbeträge und die Behandlung der erledigten Vollstreckungsaufträge bei der Gerichtskasse richten sich nach den Dienstvorschriften für die Vollziehungsbeamten und den Bestimmungen der Kassenordnung.

(3) Die Vollstreckungsbehörde überwacht die Ausführung des Vollstreckungsauftrags durch Anordnung einer Wiedervorlage der Akten.

(4) Die von dem Vollziehungsbeamten oder der Gerichtskasse an die Vollstreckungsbehörde zurückgegebenen Vollsteckungsaufträge mit den dazugehörigen Anlagen sind von der Geschäftsstelle zu den Akten zu nehmen und mit diesen dem für die Vollstreckung zuständigen Sachbearbeiter vorzulegen.

§ 10 Vollstreckung in beweglichen Sachen im Bezirk einer anderen Vollstreckungsbehörde

(1) Soll in bewegliche Sachen vollstreckt werden, die sich im Bezirk einer anderen Vollstreckungsbehörde befinden, so wird diese um Amtshilfe ersucht.

(2) Der Vollziehungsbeamte rechnet über die eingezogenen Beträge mit der für ihn zuständigen Gerichtskasse ab, die die Vollstreckungsbehörde durch Rücksendung des Vollstreckungsauftrags oder des Ersuchens verständigt. Gehört die ersuchende Vollstreckungsbehörde einem anderen Lande an als der Vollziehungsbeamte, so führt diese die eingezogenen Geldbeträge und Kosten des Verfahrens an die für die ersuchende Vollstreckungsbehörde zuständige Gerichtskasse ab. Die eingezogenen Kosten der Vollstreckung sind an die für den Vollziehungsbeamten zuständige Kasse abzuführen; soweit sie von dem Schuldner nicht eingezogen werden können, werden sie der Vollstreckungsbehörde eines anderen Landes nicht in Rechnung gestellt.

(3) Im übrigen gilt § 9.

§ 11 Spätere Beitreibung

(1) Ist bei Uneinbringlichkeit eines Geldbetrages, an dessen Stelle eine Freiheitsstrafe nicht treten soll, mit der Möglichkeit zu rechnen, daß spätere Vollstreckungsmaßnahmen erfolgreich sein werden, so ordnet die Vollstreckungsbehörde eine Wiedervorlage der Akten an.

(2) Uneinbringlich gebliebene Kosten des Verfahrens werden, wenn sie nicht mehr zusammen mit dem Geldbetrag beigetrieben werden können, nach § 1 Abs. 5, § 15 Abs. 1 Buchstabe a der Gerichtskasse zur Einziehung überwiesen, sofern die Überweisung nicht nach § 16 Abs. 2 unterbleibt.

§ 12 Zahlungserleichterungen

(1) Werden für die Entrichtung eines Geldbetrages Zahlungserleichterungen bewilligt, so gelten diese Zahlungserleichterungen auch für die Kosten.

(2) Ist die Höhe der Kosten dem Zahlungspflichtigen noch nicht mitgeteilt worden, so ist dies bei der Mitteilung der Zahlungserleichterungen nachzuholen. Die Androhung künftiger Zwangsmaßnahmen für den Fall der Nichtzahlung der Kosten unterbleibt hierbei. Einer Mitteilung der Höhe der Kosten bedarf es nicht, wenn das dauernde Unvermögen des Kostenschuldners zur Zahlung offenkundig ist.

§ 13 Zurückzahlung von Geldbeträgen und Kosten

(1) Sind Geldbeträge zu Unrecht vereinnahmt worden oder auf Grund besonderer Ermächtigung zurückzuzahlen, so ordnet die Vollstreckungsbehörde die Zurückzahlung an.

(2) Dasselbe gilt, wenn zusammen mit dem Geldbetrag Kosten des Verfahrens oder Vollstreckungskosten zurückzuzahlen sind.

(3) Bei unrichtiger Berechnung ist eine neue Kostenrechnung aufzustellen.

(4) In der Anordnung ist der Grund der Zurückzahlung (z. B. gnadenweiser Erlaß durch Verfügung ... oder Zurückzahlung wegen irrtümlicher Berechnung) kurz anzugeben.

(5) Zu der Auszahlungsanordnung an die Gerichtskasse ist der für die Zurückzahlung von Gerichtskosten bestimmte Vordruck zu verwenden; er ist, soweit erforderlich, zu ändern. Der Anordnung ist eine Benachrichtigung für den Empfangsberechtigten beizufügen. Die Gerichtskasse teilt diese Benachrichtigung dem Empfangsberechtigten mit.

§ 14 Durchlaufende Gelder

(1) Beträge, die nach den Vorschriften dieser Anordnung eingezogen werden, aber nicht der Landeskasse, sondern einem anderen Berechtigten zustehen, werden bei der Aufstellung der Kostenrechnung als durchlaufende Gelder behandelt.

(2) Auf Grund der Zahlungsanzeige der Gerichtskasse oder der Gerichtszahlstelle ordnet die Vollstreckungsbehörde die Auszahlung an den Empfangsberechtigten an. § 38 der Kostenverfügung gilt entsprechend.

III. Abschnitt. Lösung von Geldbetrag und Kosten

§ 15 Grundsatz

(1) Die Verbindung von Geldbetrag und Kosten (§ 1 Abs. 2) wird gelöst, wenn
a) sich die Beitreibung des Geldbetrages erledigt und für die Kostenforderung Beitreibungsmaßnahmen erforderlich werden,
b) nachträglich eine Gesamtgeldstrafe gebildet wird, oder
c) die Vollstreckungsbehörde die getrennte Verfolgung beider Ansprüche aus Zweckmäßigkeitsgründen anordnet.

(2) Hat das Land aus einer wegen Geldbetrag und Kosten vorgenommenen Zwangsvollstreckung bereits Rechte erworben, so darf eine Anordnung nach Abs. 1 Buchstabe c nur ergehen, wenn die Wahrnehmung dieser Rechte wegen der Kosten allein keine Schwierigkeiten bereitet oder wenn der Landeskasse durch die Aufgabe der wegen der Kosten begründeten Rechte kein Schaden erwächst.

§ 16 Überweisung der Kosten an die Gerichtskasse

(1) Bei der Überweisung der Kosten an die Kasse zur Einziehung (§ 4 Abs. 2 der Kostenverfügung) hat der Kostenbeamte, wenn bereits eine Zahlungsaufforderung an den Kostenschuldner ergangen war, die Aufnahme des nachstehenden Vermerks in die Reinschrift der Kostenrechnung zu veranlassen:

„Diese Zahlungsaufforderung tritt an die Stelle der Zahlungsaufforderung d .... vom ....
Bei Zahlungen ist statt der bisherigen Geschäftsnummer nunmehr das Kassenzeichen anzugeben."
Hat sich der Kostensatz nicht geändert, so genügt die Übersendung einer Rechnung, in der lediglich der Gesamtbetrag der früheren Rechnung, die geleisteten Zahlungen und der noch geschuldete Restbetrag anzugeben sind. Bewilligte Zahlungserleichterungen (§ 12) sind der Gerichtskasse mitzuteilen.

(2) Die Überweisung der Kosten unterbleibt, wenn die Voraussetzungen vorliegen, unter denen der Kostenbeamte von der Aufstellung einer Kostenrechnung absehen darf (§ 10 der Kostenverfügung).

(3) Der Kasse mitzuüberweisen sind auch die nicht beigetriebenen Kosten eines der Lösung (§ 15) vorausgegangen Einziehungsverfahrens.

§ 17 Wahrnehmung der Rechte aus früheren Vollstreckungen

(1) Hatte das Land vor der Trennung von Geldbetrag und Kosten aus einer Zwangsvollstreckung wegen der Kosten bereits Rechte erlangt, so teilt die Vollstreckungsbehörde dies der Gerichtskasse unter Übersendung der vorhandenen Beitreibungsverhandlungen mit. Dies gilt nicht, wenn die wegen der Kosten begründeten Rechte nach § 15 Abs. 2 aufgegeben werden.

(2) Die Rechte der Landeskasse aus den wegen der Kosten erworbenen Rechten werden nunmehr von der Gerichtskasse wahrgenommen.

(3) Ist dem Vollziehungsbeamten ein Vollstreckungsauftrag erteilt (§ 9 Abs. 1 Satz 1, § 10 Abs. 1), so hat die Gerichtskasse dem Vollziehungsbeamten gegenüber jetzt die Stellung des Auftraggebers; sie hat ihn hiervon zu verständigen. Der Auftrag bleibt bestehen, bis die Gerichtskasse ihn zurücknimmt.

IV. Abschnitt

§ 18 Geldauflagen im Strafverfahren

(1) Geldzahlungen, die dem Zahlungspflichtigen nach § 56b Abs. 2 Nr. 2, § 57 Abs. 3 Satz 1 StGB, § 153a StPO, § 15 Abs. 1 Satz 1 Nr. 3, §§ 23, 29, 45, 88 Abs. 5 und § 89 Abs. 3 JGG oder anläßlich eines Gnadenerweises auferlegt sind, werden nicht mit Zahlungsaufforderung (§ 5 Abs. 1) eingefordert. Ihre Beitreibung ist unzulässig.

(2) Wird die Geldauflage gestundet, so prüft die Vollsteckungsbehörde, ob die Gerichtskasse ersucht werden soll, die Einziehung der Kosten auszusetzen. Ein Ersuchen empfiehlt sich, wenn die sofortige Einziehung der Kosten den mit der Stundung der Geldauflage verfolgten Zweck gefährden würde.

X. Bundesgebührenordnung für Rechtsanwälte

IdF v 26. 7. 57, BGBl 907, zuletzt geändert durch G v 22. 10. 87, BGBl 2294

Grundzüge

Gliederung

1) Geschichtliches. Die Gebühren der Anwälte waren früher durch die Gebührenordnung vom 7. 7. 1879, RGBl 176, geregelt. Sie hatte in § 2 EGZPO ihre Rechtsgrundlage. Sie gehörte zu den sog Reichsjustizgesetzen und trat gleichzeitig mit ihnen am 1. 10. 1879 in Kraft. Sie wurde vielfach geändert und letztmalig durch die Bekanntmachung vom 5. 7. 27, RGBl 152, 162, neu gefaßt.

Durch das KostMaßnG vom 7. 8. 52, BGBl 401, erhielten die Gebühren Zuschläge. Neben der RAGebO galten Sondervorschriften in anderen Gesetzen, zB in der HausrVO, dem WEG, ferner nach dem Landesrecht, soweit nicht eine reichsrechtliche und später bundesrechtliche Regelung Vorrang hatte, etwa auf dem Gebiet der freiwilligen Gerichtsbarkeit.

Dieser Zustand machte die Gebührenregelung unübersichtlich und führte zu ungleich hoher Anwaltsvergütung, soweit das Landesrecht in Betracht kam. Nur eine bundesrechtliche umfassende Neuregelung konnte insoweit Abhilfe schaffen. Im übrigen galt die RAGebO von 1879 auch nur für die Tätigkeit des Anwalts im Bereich der Reichsjustizgesetze, also auf dem Gebiet der ZPO, der StPO, der KO und später der VglO. Für die übrige Anwaltstätigkeit war die RAGebO nur insoweit anwendbar, als ein Reichsgesetz, ein Bundesgesetz oder ein Landesgesetz sie für jeweils anwendbar erklärte. Sie war daher für weite Gebiete der anwaltlichen Tätigkeit nicht anwendbar.

Art VIII KostÄndG vom 26. 7. 57, BGBl 861, schuf die bundeseinheitliche Bundesgebührenordnung für Rechtsanwälte (BRAGebO). Sie hat eine bundeseinheitliche Kodifikation des gesamten Gebührenrechts des Rechtsanwalts gebracht und umfaßt grundsätzlich sein gesamtes Tätigkeitsgebiet. Sie brachte zugleich vielfach Vereinfachungen. Sie führte überall das System der Verfahrenspauschgebühr durch. Die Art der Gebührenberechnung in einer bürgerlichen Rechtsstreitigkeit, § 31, wurde auch für die entsprechende Tätigkeit des Anwalts in einem Verfahren vor einem Gericht der Verfassungsgerichtsbarkeit, vor dem Europäischen Gerichtshof, vor einem Gericht der Verwaltungs- oder Finanzgerichtsbarkeit eingeführt, §§ 113ff; im Verfahren vor den Sozialgerichten hat § 116 Sonderregeln geschaffen.

Wie im GVG und in der KostO wurde auch in der BRAGebO das System der Wertklassen und nicht mehr das System der Wertprozente eingeführt. Das Gesetz beseitigte die Bagatellgebühren (²⁄₁₀, ³⁄₁₀ und deren Bruchteile) größtenteils, indem es die entsprechenden Tätigkeiten durch die Verfahrenspauschgebühren abgalt.

Die BRAGebO brachte zunächst keine Gebührenerhöhung. Sie bezog aber die geltenden Zuschläge in die Gebührenstaffeln ein. Nur für Strafsachen wurden die Gebühren den Verhältnissen angepaßt.

Abgesehen von einigen kleineren Änderungen in der Zwischenzeit brachte sodann das Gesetz vom 30. 6. 65, BGBl 577, eine allgemeine Gebührenerhöhung für den Anwalt und den Rechtsbeistand entsprechend den Veränderungen der wirtschaftlichen Lage. Das Gesetz wurde für Berlin durch Gesetz vom 9. 7. 65, GVBl 860, übernommen und trat am 1. 10. 65 in Kraft. Sodann erfolgte eine Anpassung an das neue UStG durch das Gesetz vom 20. 12. 67, BGBl 1246. Eine Anpassung an das neue Bußgeldverfahren erfolgte durch Art 44 Gesetz vom 24. 5. 68, BGBl 503, eine Anpassung an das neue Nichtehelichenrecht durch Art 10 Gesetz vom 19. 8. 69, BGBl 1243.

Durch das Gesetz zur Änderung kostenrechtlicher Vorschriften vom 29. 10. 69, BGBl 2049, ergaben sich weitere Gebührenerhöhungen. Dieses Gesetz wurde auch für Berlin übernommen, Art 3 § 2, und trat am 11. 1. 70 in Kraft. Weitere Änderungen ergaben sich unter anderem durch Gesetz vom 27. 6. 70, BGBl 911, und durch Gesetz vom 24. 10. 72, BGBl 2013 (wegen des Verfahrens nach dem BGHEntlG).

Weitere Änderungen brachten das EGStGB vom 2. 3. 74, BGBl 469, und das 1. StVRG vom 9. 12. 74, BGBl 3393. Der Beschwerdewert der §§ 10, 128 wurde durch Gesetz vom 20. 12. 74, BGBl 3651, auf 100 DM angehoben. Die Revisionsnovelle vom Juli 75 brachte Änderungen des § 11 und den Wegfall des § 35a (Verfahren nach dem BGHEntlG) mit sich.

Umfangreiche Änderungen ergaben sich schließlich aus der Nov 75, in Kraft seit 15. 9. 75, Übergangsrecht Einl IV. Unter anderem erfolgte die Einführung einer Erörterungsgebühr, § 31 I Z 4, eine beträchtliche Erhöhung von Rahmengebühren vor allem im Verfahren in Strafsachen, §§ 83ff, die Einführung eines Ermessensspielraums des Anwalts in § 12 sowie die Anhebung der Tabellenwerte der Anlage zu § 11. Übersicht Mümmler JB **75**, 993.

Seit der Nov 75 erfolgten Änderungen durch das StVollzG vom 16. 3. 76, BGBl 581, durch das 1. EheRG vom 14. 6. 76, BGBl 1421, durch das Gesetz zur vereinfachten Abänderung von Unterhaltsrenten vom 29. 7. 76, BGBl 2029, durch die VereinfNov vom 3. 12. 76, BGBl 3281, und durch die Gesetze vom 16. 8. 77, BGBl 1586, 30. 11. 78, BGBl 1849, 18. 7. 79, BGBl 1061, 26. 11. 79, BGBl 1953.

Weitere Änderungen brachten das Gesetz über die Prozeßkostenhilfe vom 13. 6. 80, BGBl 677, das BerHG vom 18. 6. 80, BGBl 689, sowie die Nov vom 18. 8. 80, BGBl 1503. Dieses Gesetz brachte zwar die Anhebung zahlreicher Gebühren, jedoch nicht die zunächst geplante umfangreiche dogmatische Verbesserung. Deshalb blieb unter anderem auch die umstrittene Erörterungsgebühr bestehen. Übersicht Schmidt zuletzt NJW **89**, 1137.

Weitere Änderungen ergeben sich durch das IRG vom 23. 12. 82, BGBl 2071, durch das G zur Neuordnung des landwirtschaftlichen Pachtrechts vom 8. 11. 85, BGBl 2065, durch das G zur Änderung des EGGVG vom 4. 12. 85, BGBl 2141 (betr Kontaktsperre), durch das G zur Änderung des OWiG usw vom 7. 7. 86, BGBl 977, durch die Seerechtliche Verteilungsordnung idF vom 25. 7. 86, BGBl 1130, durch das G zur Änderung des Gebrauchsmustergesetzes vom 15. 8. 86, BGBl 1446, sowie durch das Gesetz zur Änderung von Kostengesetzen vom 9. 12. 86, BGBl 2326. Eine indirekte Änderung (des § 64) ergab sich durch die Aufhebung des G über die innerdeutsche Regelung von Vorkriegsrambourverbindlichkeiten durch Art 21 des 2. Rechtsbereinigungsgesetzes vom 16. 12. 86, BGBl 2413; das Erste Gesetz zur Verbesserung der Stellung des Verletzten im Strafverfahren (Opferschutzgesetz) vom 18. 12. 86, BGBl 2496; das Halbleiterschutzgesetz vom 22. 10. 87, BGBl 2294. Zu den Erwägungen, die Angleichung der Gebühren an Kostensteigerungen auf dem Verordnungsweg zu erleichtern, sowie zur Einführung sog Gebühreneinheiten vgl Deutscher Anwaltsverein AnwBl **83**, 1; zur geplanten weiteren Strukturreform Winters NJW **88**, 524.

Das Gesetz wird seit der Nov 75 amtlich als BRAGO abgekürzt.

2) Amtliche Übersicht. Die BRAGO enthält folgende amtliche Übersicht, einschließlich der nachträglichen Änderungen:

Erster Abschnitt. Allgemeine Vorschriften §§

Zweiter Abschnitt. Gemeinsame Vorschriften über Gebühren und Auslagen

Dritter Abschnitt. Gebühren in bürgerlichen Rechtsstreitigkeiten und in ähnlichen Verfahren

Vierter Abschnitt. Gebühren im Verfahren der Zwangsversteigerung und der Zwangsverwaltung

Fünfter Abschnitt. Gebühren in Konkursverfahren und in Vergleichsverfahren zur Abwendung des Konkurses sowie in seerechtlichen Verteilungsverfahren

Sechster Abschnitt. Gebühren in Strafsachen

1. Gebühren des gewählten Verteidigers und anderer gewählter Vertreter

2. Gebühren des gerichtlich bestellten Verteidigers und des beigeordneten Rechtsanwalts

Siebenter Abschnitt. Gebühren in Bußgeldverfahren

Achter Abschnitt. Gebühren in Verfahren nach dem Gesetz über die innerdeutsche Rechts- und Amtshilfe in Strafsachen

Neunter Abschnitt. Gebühren in Verfahren nach dem Gesetz über die internationale Rechtshilfe in Strafsachen

Zehnter Abschnitt. Gebühren im Disziplinarverfahren, im Verfahren nach der Wehrbeschwerdeordnung vor den Wehrdienstgerichten, im ehren- und berufsgerichtlichen Verfahren, bei der Untersuchung von Seeunfällen und bei Freiheitsentziehungen

Elfter Abschnitt. Gebühren in Verfahren vor Gerichten der Verfassungsgerichtsbarkeit, vor dem Gerichtshof der Europäischen Gemeinschaften, vor Gerichten der Verwaltungs-, Sozial- und Finanzgerichtsbarkeit

Zwölfter Abschnitt. Gebühren in sonstigen Angelegenheiten

Dreizehnter Abschnitt. Vergütung bei Prozeßkostenhilfe

Vierzehnter Abschnitt. Vergütung für die Beratungshilfe

Fünfzehnter Abschnitt. Übergangs- und Schlußvorschriften

3) Vergütungsgrundlage. A. Anwaltsvertrag. Der Anwalt wird grundsätzlich auf Grund eines Vertrags mit dem Auftraggeber tätig. Es handelt sich dabei meist um einen Dienstvertrag über Dienste höherer

Art, BGH NJW **87**, 316 mwN, der eine Geschäftsbesorgung zum Gegenstand hat, §§ 611, 675 BGB, Saarbr KTS **78**, 185 mwN. Um einen Werkvertrag §§ 631 ff BGB, handelt es sich nur ausnahmsweise, nämlich dann, wenn der Anwalt eine Gewährleistung für den Erfolg übernimmt. Ein Maklervertrag, §§ 652 ff BGB, liegt grundsätzlich selbst dann nicht vor, wenn der Auftraggeber den Anwalt mit der Vermittlung eines Darlehens beauftragt. Der Anwalt hat also auch in einem solchen Fall selbst dann einen Vergütungsanspruch, wenn seine Bemühung erfolglos bleibt. Etwas anderes gilt nur, wenn die Gewährung rechtlichen Beistandes für die gesamten Vertragspflichten des Anwalts völlig nebensächlich ist, BGH **18**, 314 und BB **56**, 709, Ffm AnwBl **81**, 153. Dann aber fehlt es ohnehin an der besonders gearteten anwaltlichen Berufstätigkeit, vgl freilich Hbg MDR **53**, 500.

Der Umfang des Auftrags des Anwalts, seine Rechte und Pflichten richten sich zunächst sachlichrechtlich nach dem jeweiligen Vertragsverhältnis. Der Vertrag ist gemäß §§ 627, 628 BGB jederzeit beiderseits fristlos kündbar, BGH NJW **78**, 2304 und NJW **87**, 316 je mwN. In einem solchen Fall behält der Anwalt gem § 628 I 1 BGB, BGH NJW **87**, 316, Düss VersR **88**, 1155, eine Vergütung für diejenige Tätigkeit, die er bereits vorgenommen hat, aber auch für die anschließend noch im wahren Interesse der Partei vorgenommenen, unaufschiebbaren Handlungen, zu deren Wahrnehmung er sogar verpflichtet ist. Wegen der Herabsetzung der Vergütung im Fall der vorzeitigen Kündigung des Auftraggebers BGH NJW **87**, 316 mwN.

B. Geschäftsführung ohne Auftrag. Der Anwalt mag auch im Rahmen einer Geschäftsführung ohne Auftrag, §§ 677 ff BGB, tätig werden.

C. Ungerechtfertigte Bereicherung. Ein Vergütungsanspruch des Anwalts kann sich auch auf Grund einer ungerechtfertigten Bereicherung ergeben, §§ 812 ff BGB.

D. Beiordnung. Schließlich kommt als Rechtsgrundlage der Tätigkeit des Anwalts eine Beiordnung durch das Gericht, zB nach §§ 97 ff (Pflichtverteidigung) oder §§ 121 ff (Prozeßkostenhilfe) in Betracht. Unter den jeweils dort erörterten Voraussetzungen muß in bestimmtem Umfang aber auch in einem solchen Fall ein Vertrag zwischen dem Anwalt und seinem Mandanten hinzukommen.

E. Funktion der BRAGO. In allen Fällen A–D ergeben sich die Rechte und Pflichten des Anwalts grundsätzlich nicht aus der BRAGO, sondern aus den jeweils genannten sachlichrechtlichen Vorschriften. Die BRAGO tritt nur ergänzend zu diesen Vorschriften hinzu, BGH NJW **87**, 316 mwN, enthält allerdings insofern eine Sonderregelung und ist nur in bestimmten Grenzen abdingbar, im übrigen zwingendes, vorrangiges Recht.

Immerhin hat die bloße Ergänzungsfunktion der BRAGO, die zB BGH NJW **82**, 2329 nicht genug berücksichtigt, erhebliche Auswirkungen zB auf die Zulässigkeit einer Honorarvereinbarung unterhalb der gesetzlichen Gebühren, § 3 Anm 3 A a.

Im übrigen regelt die BRAGO grundsätzlich nur die Frage, welche Zahlungsansprüche der Anwalt gegenüber dem Auftraggeber im Innenverhältnis hat, nicht die weitere Frage, ob und unter welchen Voraussetzungen sein Auftraggeber von einem Prozeßgegner eine Erstattung der Anwaltskosten fordern kann. Freilich kann der Anwalt auch vom Prozeßgegner seines Auftraggebers unter Umständen unmittelbar eine Erstattung fordern.

4) Vergütungsschuldner. Als Schuldner der Gebühren und Auslagen, die der Anwalt zu beanspruchen hat, kommen folgende Personen in Betracht:

A. Vertragspartner. Vergütungsschuldner ist derjenige, der dem Anwalt einen Auftrag erteilt, Köln AnwBl **78**, 65 (krit Schmidt). Soweit der Anwalt für eine Tätigkeit, die er nach dem Vertrag an sich persönlich erledigen soll und muß, einen Vertreter bestellt, haftet für dessen Vergütung nicht der Auftraggeber des Anwalts, sondern der Anwalt selbst als Auftraggeber, Ffm NJW **53**, 1834.

B. Staatskasse. Sie kommt als Vergütungsschuldnerin in folgenden Fällen in Betracht:

a) Amtsverteidigung. Soweit das Gericht einen Anwalt zum Amtsverteidiger nach §§ 140, 141 StPO bestellt hat, haftet der Staat auf Grund des durch die Beiordnung begründeten öffentlichrechtlichen Verhältnisses, §§ 97, 107.

b) Sonstiger Verteidiger. Soweit das Gericht einen Anwalt in einer Privatklagesache oder einer Nebenklagesache oder in einem Anklageerzwingungsverfahren beiordnet, §§ 379 III, 397, 172 III 2 StPO, haftet der Staat auf Grund des auch durch eine solche Beiordnung begründeten öffentlichrechtlichen Verhältnisses, § 102.

c) Prozeßkostenhilfe. Soweit das Gericht einen Anwalt im Weg der Prozeßkostenhilfe beiordnet, §§ 114ff ZPO, 11a ArbGG, haftet der Staat auf Grund des auch durch eine solche Beiordnung begründeten öffentlichrechtlichen Verhältnisses nach §§ 121ff, allerdings unter Umständen nur hilfsweise.

C. Beschuldigter. Auch im Rahmen der gerichtlichen Bestellung eines Verteidigers oder der Beiordnung eines Anwalts kommt eine Haftung des Beschuldigten in Höhe der Vergütung eines gewählten Verteidigers in Betracht, soweit nicht die Staatskasse gezahlt hat, §§ 100, 102.

D. Vertretener. Soweit der Vorsitzende einen Anwalt zum besonderen Vertreter bestellt hat, §§ 57, 58, 679, 686, 779, 787 ZPO, 72 SGG, haftet der Vertretene, nicht der Antragsteller. Im Fall der §§ 58, 787 ZPO vertritt er den künftigen Eigentümer.

E. Rechtsnachfolger. Im Fall der Veräußerung einer streitbefangenen Sache bleibt das Vertragsverhältnis mit dem bisherigen Schuldner bestehen. Soweit der Rechtsnachfolger den Anwalt den Prozeß weiterführen läßt, liegt ein zumindest stillschweigendes Vertragsverhältnis zwischen dem Rechtsnachfolger und dem Anwalt vor. Insoweit haftet der Rechtsnachfolger.

F. Begünstigte Partei. Hier muß man folgende Fälle unterscheiden:

a) Notanwalt. Soweit das Gericht der Partei gemäß §§ 78b, c ZPO einen Anwalt beigeordnet hat, weil sie keinen zu ihrer Vertretung bereiten Anwalt gefunden hat (Notanwalt), ist nur die Partei Vergütungsschuldner.

b) Prozeßkostenhilfe. Soweit das Gericht einen Anwalt im Weg der Prozeßkostenhilfe beigeordnet hat, §§ 114ff ZPO, § 11a ArbGG, haftet die begünstigte Partei jedenfalls insoweit, als sie mit dem beigeordneten Anwalt den zu seiner Tätigkeit außerdem erforderlichen Vertrag schließt. Allerdings hat der beigeordnete Anwalt zur Vermeidung einer Schadensersatzpflicht schon vor dem Zeitpunkt der Vollmachtserteilung an ihn diejenigen Maßnahmen zu treffen, die dringend notwendig sind. Insofern steht ihm ein Vergütungsanspruch gegenüber der begünstigten Partei schon auf Grund einer Geschäftsführung ohne Auftrag zu. Die Haftung der begünstigten Partei tritt neben die Haftung der Staatskasse. Die Haftung der begünstigten Partei ist freilich für die Dauer der Prozeßkostenhilfe wegen § 122 I Z 3 ZPO praktisch aufgehoben.

G. Prozeßgegner des Auftraggebers. Er kann gemäß § 126 ZPO haften, soweit das Gericht ihn in die Prozeßkosten verurteilt hat. Die Vorschrift lautet:

ZPO § 126. I Die für die Partei bestellten Rechtsanwälte sind berechtigt, ihre Gebühren und Auslagen von dem in die Prozeßkosten verurteilten Gegner im eigenen Namen beizutreiben.

II Eine Einrede aus der Person der Partei ist nicht zulässig. Der Gegner kann mit Kosten aufrechnen, die nach der in demselben Rechtsstreit über die Kosten erlassenen Entscheidung von der Partei zu erstatten sind.

§ 126 ZPO gibt dem beigeordneten Anwalt einen gesetzlichen Vergütungsanspruch aus eigenem Recht. Die Vorschrift beseitigt nicht den Kostenerstattungsanspruch der begünstigten Partei gegenüber ihrem Prozeßgegner. Der beigeordnete Anwalt muß mit seinem Auftraggeber abrechnen. Er hat eine ähnliche Stellung wie der Überweisungsgläubiger. Soweit er vor der Beiordnung Wahlanwalt war, kommt im Fall einer Aufhebung der Prozeßkostenhilfe nach § 124 ZPO wegen des Fehlens ihrer Rückwirkung für einen Anspruch nach § 126 ZPO nur diejenige Vergütung in Betracht, die seit der Beiordnung entstanden ist.

Bis zur Aufhebung der Prozeßkostenhilfe hat der beigeordnete Anwalt keinen Anspruch auf eine volle Vergütung gegenüber der mittellosen Partei, § 122 I Z 3 ZPO. Wegen des von der Staatskasse an den beigeordneten Anwalt gezahlten Betrags tritt ein Forderungsübergang kraft Gesetzes auf sie ein, § 130.

Der beigeordnete Anwalt kann seine Kosten auf seinen Namen festsetzen lassen. Diese Möglichkeit besteht allerdings nicht mehr, soweit er von seinem Auftraggeber eine Zahlung erhalten hat. Soweit die Vergütung auf den Namen des beigeordneten Anwalts oder auf den Namen seines Auftraggebers festgesetzt wurde und an den beigeordneten Anwalt gezahlt wurde, muß er im Fall des Wegfalls des Vollstreckungstitels zurückzahlen. Für die Kosten des Festsetzungsverfahren haftet derjenige, auf dessen Namen die Festsetzung erfolgte.

Der Anspruch des beigeordneten Anwalts gegenüber dem Prozeßgegner seines Auftraggebers entsteht als bedingter Vergütungsanspruch bereits mit dem Erlaß eines vorläufig vollstreckbaren Urteils. Eine Betreibung auf Grund dieses Vollstreckungstitels verpflichtet aber den beigeordneten Anwalt unter den Voraussetzungen des § 717 II ZPO zu einem Schadensersatz. Erst mit dem Eintritt der Rechtskraft entsteht der Anspruch endgültig. Ein Prozeßvergleich steht einem rechtskräftigen Urteil gleich.

H. Antragsgegner. Im Fall einer Beiordnung nach § 625 ZPO in einer Scheidungssache ist zunächst nur der Scheidungsantragsgegner Vergütungsschulder. Erst soweit er in Verzug kommt, kommt eine Haftung der Landeskasse in Betracht, § 36a.

I. Mitschuldner. Wegen der Mitschuldner als Vergütungsschuldner vgl § 54 GKG.

5) Vergütungsfestsetzung. Man muß folgende Fälle unterscheiden:

A. Gegenüber dem Auftraggeber. Die Festsetzung der Anwaltsvergütung gegenüber dem Auftraggeber erfolgt in der Regel durch den Rpfl, § 21 I Z 2 RPflG, § 19 I, II. Soweit der Auftraggeber eine Einwendung oder Einrede erhebt, die nicht im Gebührenrecht ihren Grund hat, muß der Anwalt seine Vergütung vor dem ordentlichen Prozeßgericht einklagen. Zuständig ist das Gericht des Hauptprozesses, § 34 ZPO. Einzelheiten bei § 19.

B. Gegenüber der Staatskasse. Soweit der Anwalt im Weg der Prozeßkostenhilfe beigeordnet wurde, erfolgt die Festsetzung seiner Vergütung gegenüber der Staatskasse im Verfahren nach § 128. Vgl die dortigen Einzelheiten. Wegen der Anrechnung von Vorschüssen und Zahlungen sowie des Forderungsübergangs auf die Staatskasse §§ 129, 130.

6) Kostenerstattung. A. Grundsatz. Die BRAGO regelt grundsätzlich lediglich die Frage, ob und welche Vergütung der Anwalt gegenüber seinem Auftraggeber oder den in Anm 4 B–I weiter genannten Personen hat. Die weitere Frage, ob sein Auftraggeber gegenüber dessen Prozeßgegner einen Kostenerstattungsanspruch hat, wird in den einschlägigen Verfahrensordnungen geregelt.

B. Zivilprozeß. Die Kostenerstattung erfolgt im Verfahren nach §§ 103ff ZPO. Soweit der Anwalt in einer eigenen Sache aufgetreten ist, hat er im Rahmen eines Kostenerstattungsanspruchs einen Anspruch auf diejenigen Gebühren und Auslagen, die er als ProzBev erhalten hätte. Wegen der Gebühren eines ausländischen Anwalts Anm 7.

C. Freiwillige Gerichtsbarkeit. Die Kostenerstattung ist, soweit sie dort in Betracht kommt, in § 13a FGG geregelt, vgl auch BayObLG Rpfleger **60**, 166, Tschischgale Rpfleger **61**, 97.

D. Strafverfahren. Im Strafprozeß regelt § 464b StPO die Kostenfestsetzung. Im übrigen sind §§ 103ff ZPO entsprechend anwendbar. Wegen einer Privatklagesache vgl auch § 471 ZPO. Zur Erstattung nach dem StrEG Schmidt NJW **73**, 1167.

E. Verwaltungs-, Sozial-, Finanzgerichtsverfahren. Vgl Einf 2 vor § 113. Zum Verfahren vor der Verwaltungsbehörde § 119 Anm 5.

7) Internationales Recht. Maßgeblich ist das Recht des Niederlassungsorts des Anwalts. Für die gesamte Berufstätigkeit eines deutschen Anwalts, auch soweit er sie im Ausland ausübt, gilt also die BRAGO, und zwar einschließlich der Bestimmungen über den Gegenstandswert. Für ihn kommen auch dann die Bestimmungen der BRep in Betracht, wenn das ausländische Gericht oder die ausländische Behörde den Wert nach ihren Bestimmungen anders festgesetzt haben. Denn die Wertfestsetzung und die Gebührenberechnung stellen ein einheitliches System dar.

Nach dem Niederlassungsrecht des Anwalts ist auch die Frage zu prüfen, ob und welche Honorarvereinbarungen er treffen kann.

Eine Wertfestsetzung, §§ 9, 10, oder eine Festsetzung der Vergütung nach § 19 I kann ein ausländischer Anwalt bei einem Gericht der BRep für seine Gebühren nicht erwirken. Denn diese gesetzliche Möglichkeit steht nur einem solchen Anwalt offen, der seine Vergütung nach der BRAGO berechnen darf, also einem deutschen Anwalt. Es kommt aber eine Erstattung von Kosten eines ausländischen Anwalts in Höhe seines Heimatrechts in Betracht, Düss MDR **59**, 671. Vgl zur Rechtsstellung des ausländischen EG-Anwalts auch EuGH NJW **88**, 897.

Erster Abschnitt. Allgemeine Vorschriften

Einführung

1) Inhaltsübersicht. Der erste Abschnitt enthält allgemeine Vorschriften. Sie haben für jede anwaltliche Berufstätigkeit Bedeutung. Einige von ihnen beziehen sich nur auf das gerichtliche Verfahren, andere auch auf das außergerichtliche, zB §§ 8, 9, 10, 14, 15, 19. Der Abschnitt enthält keine eigentlichen Vergütungsvorschriften. Diese folgen in den weiteren Abschnitten.

Zu den allgemeinen Vorschriften zählen insbesondere diejenigen über den sachlichen und persönlichen Geltungsbereich, §§ 1, 4, die Regelung der Zulässigkeit einer Honorarvereinbarung, § 3, die Regelung der Vergütung für einen Auftrag an mehrere Anwälte, § 5, und für die Tätigkeit eines Anwalts für mehrere Auftraggeber, § 6, ferner die Vorschriften über den Gegenstandswert und seine Festsetzung, §§ 7–10, die Gebührenarten, §§ 11, 12, den Abgeltungsbereich der Gebühren, der sich aus ihrem Pauschcharakter ergibt, §§ 13–15, die Fälligkeit, die Berechnung und die Festsetzung der Vergütung, §§ 16, 18, 19, und schließlich die Regelung des Vorschusses, § 17.

Geltungsbereich

1 **I Die Vergütung (Gebühren und Auslagen) des Rechtsanwalts für seine Berufstätigkeit bemißt sich nach diesem Gesetz.**

II Dieses Gesetz gilt nicht, wenn der Rechtsanwalt als Vormund, Pfleger, Testamentsvollstrecker, Konkursverwalter, Vergleichs-

verwalter, Mitglied des Gläubigerausschusses oder Gläubigerbeirats, Nachlaßverwalter, Zwangsverwalter, Treuhänder, Schiedsrichter oder in ähnlicher Stellung tätig wird. § 1835 des Bürgerlichen Gesetzbuchs bleibt unberührt.

Gliederung

1) Vergütung, I. A. Begriff. Die Vorschrift versteht unter dem Oberbegriff der Vergütung nach dem ausdrücklichen Gesetzestext sowohl die Gebühren als auch die Auslagen. Damit entspricht der Begriff Vergütung dem Begriff Kosten in § 1 I GKG, § 1 KostO und § 1 GVKostG.

Allerdings kennt auch die BRAGO den Begriff Kosten in der Form von Geschäftsunkosten, § 25 I.

Im übrigen nennt I nur die Vergütung „nach diesem Gesetz"; daher gehört der sachlichrechtliche Anspruch auf den Ersatz anderer Auslagen, zB verauslagter Gerichtsgebühren, nicht hierher, § 19 Anm 1 A.

B. Vergütungsgrund. Die BRAGO regelt den Grund einer Vergütung des Anwalts nur ausnahmsweise, nämlich für den im Weg der Prozeßkostenhilfe beigeordneten Anwalt und für den Pflichtverteidiger. Im übrigen überläßt sie die Regelung des Vergütungsanspruchs dem Grunde nach dem bürgerlichen Recht, auch zB beim Notanwalt nach § 78b ZPO, LG Arnsb AnwBl **83**, 180, und beschränkt sich grundsätzlich auf die Regelung der Höhe der jeweiligen Vergütung, BGH NJW **87**, 316 mwN. Vgl Grdz 3 A vor § 1.

Soweit schon dem Grunde nach kein Vergütungsanspruch besteht, kommt es auch nicht darauf an, ob die Tätigkeit durch einen Anwalt durchgeführt wird und an sich einen Gebührentatbestand der BRAGO erfüllt. Eine Vergütung kann zB dann entfallen, wenn der Anwalt ohne jeden Auftrag handelt, vgl LG Tüb MDR **59**, 312, oder wenn der Anwalt eine Tätigkeit unentgeltlich übernommen hat, oder wenn er die Vertragspflichten erheblich verletzt und deshalb einen Anspruch verwirkt hat.

Die BRAGO regelt allerdings nicht nur die Höhe der Vergütung, sondern auch deren Fälligkeit, § 16, sowie die Frage, unter welchen Voraussetzungen der Anwalt einen Vorschuß fordern kann, §§ 17ff.

Der Anwalt muß dem Auftraggeber zwar grundsätzlich nur auf dessen Verlangen die voraussichtliche Höhe der gesetzlichen Vergütung mitteilen. Besondere Umstände können aber eine Mitteilung auch ohne Verlangen notwendig machen, Kblz MDR **86**, 1037. Art und Umfang dieser Aufklärungspflicht richten sich nach der erkennbaren Interessenlage des Auftraggebers, BGH **77**, 29, Kblz MDR **86**, 1037.

C. Funktion der Gebühren. Die Gebühren sind grundsätzlich Pauschgebühren. Sie sind nur ausnahmsweise Einzelgebühren. Als Pauschgebühren gelten sie jeweils eine ganze Reihe von anwaltlichen Tätigkeiten ab, § 13. Sie gelten auch die allgemeinen Geschäftsunkosten mit ab, § 25 I. Der durchschnittliche Arbeitsaufwand des Anwalts bildet zwar eine Grundlage der Bemessung der Pauschgebühren durch das Gesetz. Er spielt aber im Einzelfall grundsätzlich keine Rolle, kann freilich für die Auslegung des Gesetzes beachtlich sein, Schneider NJW **74**, 1691.

2) Persönlicher Geltungsbereich, I. A. Rechtsanwalt. Die BRAGO ist kraft Gesetzes, also ohne die Vereinbarung ihrer Wirksamkeit, nur insoweit gültig, als es um die Tätigkeit eines Rechtsanwalts geht. Es muß sich also um jemanden handeln, der die Voraussetzungen der BRAGO erfüllt und bei einem Gericht der BRep als Anwalt zugelassen ist. Auch wenn diese Voraussetzungen erfüllt sind, ist die BRAGO nicht stets anwendbar. Der Anwalt muß nämlich außerdem auch noch innerhalb ihres sachlichen Geltungsbereichs tätig werden. II ergibt, wann das nicht der Fall ist. II setzt aber voraus, daß es sich überhaupt um einen Anwalt handelt. Das ergibt sich schon aus dem Wortlaut von II 1 (... „der Rechtsanwalt" ...).

Dagegen ist die BRAGO grundsätzlich durchaus unabhängig von irgendeiner anwaltlichen Übung, nach gar bloß lokaler Art, aM Stgt Rpfleger **84**, 117. Die in der BRAGO genannten Ausnahmen bestätigen diese Regel nur.

B. Andere Personen. Soweit eine andere Person als ein Anwalt im sachlichen Geltungsbereich der BRAGO tätig wird, muß man von Fall zu Fall prüfen, ob die BRAGO anwendbar ist. Es ergibt sich im wesentlichen:

a) Notar. Man muß wiederum folgende Unterscheidung treffen:

aa) Nur-Notar. Die BRAGO ist auf den Nur-Notar unanwendbar. Denn §§ 140ff KostO regeln seine Vergütung abschließend, AG Pfaffenhofen DGVZ **84**, 47.

bb) Anwaltsnotar. Hier muß man wiederum folgende Unterscheidung treffen:

aaa) Notarielle Tätigkeit. Soweit der Anwaltsnotar eine notarielle Tätigkeit ausübt, ist die BRAGO unanwendbar. Auch insofern regeln §§ 140ff KostO seine Vergütung abschließend. Wenn ein Anwaltsnotar eine Handlung der in § 24 I BNotO genannten Art vornimmt, ist gemäß

§ 24 II 1 BNotO anzunehmen, daß er als Notar tätig geworden ist, soweit die Handlung bestimmt ist, ein Amtsgeschäft der in den §§ 20–23 bezeichneten Art vorzubereiten oder auszuführen.

Ein typischer Fall notarieller Tätigkeit liegt zB dann vor, wenn der Notar eine Urkunde anfertigt und die Beteiligten berät. Zu Abgrenzungsproblemen Hamm DNotZ **85**, 183.

bbb) Anwaltstätigkeit. Soweit der Anwaltsnotar eine Handlung vornimmt, die entweder eindeutig nicht in den Bereich der in aaa genannten notariellen Tätigkeit fällt oder bei der die Abgrenzung zu einer notariellen Tätigkeit nicht eindeutig möglich ist, ist gemäß § 24 II 2 BNotO anzunehmen, daß er als Anwalt tätig geworden ist. Das kommt zB in Betracht, wenn es sich um die Vertretung einseitiger Interessen handelt, Hamm DNotZ **85**, 183 mwN. In diesem Umfang ist die BRAGO anwendbar.

b) Patentanwalt. Die Gebühren des Patentanwalts richten sich grundsätzlich nach der Gebührenordnung für Patentanwälte vom 1. 10. 68, herausgegeben von der Patentanwaltskammer. Sie verweist allerdings mehrfach auf die BRAGO, vgl BPatG GRUR **83**, 648. Im übrigen ist eine Reihe von Vorschriften der BRAGO im Fall einer Beiordnung eines Patentanwalts im Weg der Prozeßkostenhilfe entsprechend anwendbar, § 1 III idF Art 3 Z 5 G vom 13. 6. 80, BGBl 677, abgedruckt Einf 3 B vor § 121.

Soweit ein Patentanwalt zugleich Rechtsanwalt ist, können Gebührenvorschriften der BRAGO und anderer Regelungen zusammentreffen. In einem solchen Fall kann die Gesamtvergütung erstattungsfähig sein, Mü Rpfleger **72**, 416.

Wegen der Fälligkeit und der Verjährung BGH BB **82**, 1204.

c) Patentingenieur. Die BRAGO ist auf ihn unanwendbar. Denn er ist kein Patentanwalt. Bei ihm ist die Erstattungsfähigkeit immer besonders zu prüfen. Dasselbe gilt bei beinem anderen erlaubten technischen Berater.

d) Rechtsbeistand. Die BRAGO gilt für den Rechtsbeistand grundsätzlich sinngemäß, Art IX KostÄndG, Teil XII dieses Buchs. Wegen einer dem Rechtsbeistand verbotenen Beratungshilfe § 131 Anm 1 A a.

Für Frachtprüfer und Inkassobüros gilt gemäß Art IX Abs II KostÄndG diese Regelung nur eingeschränkt.

e) Steuerberater. Für ihn gilt die StBGebV vom 17. 12. 81, BGBl 1442, geändert durch VO vom 20. 6. 88, BGBl 841, in Kraft seit 1. 7. 88. Es handelt sich um eine RechtsVO auf Grund von § 64 StBG; dazu Lappe NJW **82**, 1436, Mittelsteiner BB **83**, 1529.

Diese Vergütungsverordnung ist allerdings grundsätzlich ähnlich wie die BRAGO aufgebaut. Daher kann man die BRAGO zur Auslegung jener Verordnung vielfach ergänzend heranziehen. Wegen der zahlreichen Probleme beim Steuerberater, der zugleich Anwalt ist, Dornbach DB **83**, 421 (ausf). Zur Vergütung des Anwalts bei der nichtstreitigen Steuerberatung Schall BB **88**, 1363 (ausf).

f) Vertreter des Rechtsanwalts. Vgl § 4.

g) Vertreter einer beruflichen, genossenschaftlichen oder ge-

werkschaftlichen Vereinigung. Die BRAGO ist auf ihn unanwendbar, vgl §§ 11 ArbGG, 73 VI, 166 SGG.

h) Wirtschaftsjurist. Soweit er nicht Anwalt ist, ist die BRAGO auf ihn grundsätzlich unanwendbar.

i) Wirtschaftsprüfer. Vgl zunächst „Steuerberater". Auf ihn ist die BRAGO im übrigen unanwendbar.

j) Hochschullehrer. Ein Rechtslehrer an einer deutschen Hochschule, der nach § 67 I 1 VwGO auftritt, kann Gebühren und Auslagen gemäß § 162 II 1 VwGO in derselben Höhe wie ein Anwalt fordern, BVerwG NJW **78**, 1173. Eyermann/Fröhler § 162 VwGO Rdz 10, GSEM 4, Kopp § 162 VwGO Rdz 14, Mußgnug NJW **89**, 2037, Redeker/v Oertzen § 162 VwGO Rdz 14, aM VG Mü NJW **89**, 314. Entsprechendes gilt bei §§ 22 I 1 BVerfGG, 138 I StPO, 40 BDiszO, Mußgnug NJW **89**, 2037. Vgl im übrigen § 4 Anm 2 „Hochschullehrer".

C. Erstattungsfähigkeit. Man muß die Frage, ob und in welcher Höhe ein Auftraggeber diejenigen Beträge, die er an Gebühren und Auslagen an den Anwalt oder eine diesem gleichstehende Person zu zahlen hat (Innenverhältnis), von der Frage unterscheiden, ob und in welchem Umfang er vom Prozeßgegner oder Vertragspartner usw eine Erstattung solcher Zahlungen fordern kann (Außenverhältnis).

Die Erstattungsfähigkeit ist in der BRAGO grundsätzlich nicht geregelt. Man muß insofern auf die betreffende Prozeßordnung oder auf die Vertragsvereinbarungen zwischen den Parteien zurückgreifen.

Im folgenden wird jedoch zur Erstattungsunfähigkeit bei der Erörterung der einzelnen Tätigkeiten des Anwalts ebenfalls kurz Stellung genommen.

3) Sachlicher Geltungsbereich, II. A. Grundsatz. Während I den persönlichen Geltungsbereich umschreibt, enthält II nicht etwa eine positive Umschreibung des sachlichen Geltungsbereichs der BRAGO, sondern in einer unvollständigen Aufzählung Merkmale solcher Tätigkeiten, die aus dem sachlichen Geltungsbereich herausfallen.

Das Gesetz überläßt also die Abgrenzung des sachlichen Geltungsbereichs der Rechtsprechung und dem Standesrecht, soweit nicht einer der in II 1 direkt genannten Fälle vorliegt. Diese Abgrenzung ist oft schwierig. Denn es treffen rechtliche und andere Interessen zusammen.

Im wesentlichen ergibt sich folgendes Bild:

a) Berufstätigkeit. Es muß sich um eine Berufstätigkeit des Anwalts handeln. Sie muß zum typischen Aufgabengebiet des Anwalts gehören, BGH NJW **80**, 1856 mwN, vgl BFH BB **81**, 225.

Soweit diese Voraussetzungen vorliegen, ist die BRAGO auf jede Art der Berufstätigkeit anwendbar, auch wenn er zB im Rahmen einer Konkursverwaltung nun eben als Anwalt tätig wird, BFH DB **86**, 627 mwN. Das gilt unabhängig davon, ob der Anwalt die Tätigkeit nur im Innenverhältnis gegenüber dem Auftraggeber oder auch im Außenverhältnis gegenüber dem Prozeßgegner oder Vertragspartner des Auftraggebers entwickelt hat. Es gehören zur Berufstätigkeit auch die Vorbereitung eines Vertrags, die bloße Beratung des Auftraggebers, die Erstattung eines Gutachtens nur ihm gegenüber. Es ist unerheblich, ob der Anwalt in einem Verfahren vor einem Gericht oder einer Verwaltungsbehörde oder außerhalb eines gerichtlichen oder behördlichen Verfahrens tätig wird. Es ist auch unerheblich, ob er auf Grund des Bundesrechts oder des Landesrechts tätig wird.

Allerdings enthalten §§ 132, 133 in Verbindung mit § 8 BerHG Sonderregeln für den Fall, daß sich die Tätigkeit des Anwalts auf eine außergerichtliche Beratung beschränkt.

b) Unabhängigkeit. Der Anwalt muß seine Tätigkeit als ein unab hängiges Organ der Rechtspflege, § 1 BRAO, ausgeübt haben. Insofern ist selbstverständlich ein Auftragsverhältnis ebenso unschädlich wie eine etwaige Geschäftsführung ohne Auftrag. Die Tätigkeit des Anwalts in einer Eigenschaft als Angestellter, also zB als Syndikus, fällt aber nicht unter die BRAGO, vgl auch § 46 BRAO, aM Hbg MDR **80**, 586, ebensowenig die Tätigkeit des Anwalts in seiner Eigenschaft als Geschäftsführer einer Gesellschaft.

c) Vertretung in eigener Sache. aa) Grundsatz. Soweit der Anwalt für sich selbst tätig wird, fehlt es an einem Auftragsverhältnis, insofern richtig Mü MDR **78**, 150.

Soweit der Anwalt aber überhaupt eine Erstattung eigener Kosten verlangen kann, sind die Gebühren und Auslagen in derjenigen Höhe zu erstatten, die er als bevollmächtigter Anwalt erstattet verlangen könnte, § 91 II 4 ZPO.

Die Vorschrift zieht die Folgerung aus § 78 II ZPO. BVerfG **53**, 207. Der Anwalt muß allerdings selbst tätig geworden sein, und zwar als: Partei; Streithelfer; gesetzlicher Vertreter eines Beteiligten; Vorstandsmitglied; Partei kraft Amts, BLAH Grdz 2 C vor § 50, Kblz VersR **82**, 197. Es reicht also nicht aus, daß der Anwalt in einer dieser Eigenschaften nur einen anderen Anwalt unterrichtet, II, Schlesw SchlHA **79**, 60, Stgt JB **76**, 192. Ebensowenig reicht es aus, daß ein Anwalt nur in seiner weiteren Eigenschaft als Notar tätig wird, AG Friedberg DGVZ **81**, 47, oder daß er sich selbst „verteidigt", Einf 1 A vor § 83.

Der Anwalt hat unter dieser Voraussetzung (hinsichtlich des Verfahrens der freiwilligen Gerichtsbarkeit EGH Hamm AnwBl **77**, 323 mwN) einen Anspruch auf die Vergütung eines bevollmächtigten Anwalts. Diese Regelung ist in allen Verfahrensordnungen im Prinzip anwendbar und mit dem GG vereinbar, BVerfG **53**, 213 und NJW **80**, 1677 je mwN. Sie gilt, soweit nicht eine bloße Bagatelle mit einem klaren Sachverhalt vorliegt. Die Erstattungsfähigkeit besteht mit dieser Einschränkung auch für den Fall einer außergerichtlichen Geltendmachung.

Diese Frage ist **streitig. Wie hier** zB OVG Münster AnwBl **89**, 399, LG Bln VersR **74**, 868, LG Darmstadt MDR **72**, 779, LG Mannh AnwBl **75**, 68 mwN, LG Mü NJW **72**, 162, AG Bielefeld AnwBl **76**, 50, AG Neunkirchen AnwBl **78**, 185 mwN; **aM** zB LG Hbg AnwBl **80**, 82 mwN, AG Heidenheim VersR **76**, 501.

Erstattungsfähig sind auch die Reisekosten, wenn der Anwalt nicht am Prozeßort wohnt, dort aber zugelassen ist, Ffm Rpfleger **72**, 180, Hamm MDR **75**, 762, aM Mü Rpfleger **70**, 291. Erstattungsfähig ist auch eine Verkehrsgebühr, soweit der Anwalt als ProzBev seiner Ehefrau eine Unterrichtung eines auswärtigen Kollegen vornimmt, § 1364 BGB, BFH NJW **70**, 912.

Wenn mehrere Anwälte Partei sind, kann sich jeder Anwalt selbst vertreten. Jeder kann also seine eigenen Kosten erstattet verlangen, es sei denn, er habe einen der anderen Anwälte bevollmächtigt, Düss AnwBl **78**, 261, Ffm AnwBl **81**, 155, KG Rpfleger **79**, 70 mwN und AnwBl **78**, 64, Mü Rpfleger **81**, 81, Nürnb AnwBl **81**, 194, LG Köln JB **78**, 1397, vgl Decker NJW **78**, 409; **aM** Lappe NJW **76**, 166. Dem steht weder entgegen, daß die getrennt eingereichten Schriftsätze inhaltlich übereinstimmten, noch, daß nicht alle Anwälte im Termin anwesend waren, Ffm AnwBl **81**, 155. Wegen eines Simultananwalts in eigener Sache vgl § 52.

Wegen des Einspruchsverfahrens vor dem Finanzamt BFH **73**, 1720. Wegen einer Verfassungsbeschwerde BVerfG AnwBl **76**, 164.

Die Grenzen der Erstattungsfähigkeit liegen dort, wo Treu und Glauben verletzt würden, Düss Rpfleger **76**, 256, Hbg MDR **80**, 501, großzügiger Mü Rpfleger **81**, 71, strenger Rpfleger **80**, 194 (das OLG stellt darauf ab, ob für die Aufspaltung der Mandate sachliche Gründe vorlagen).

bb) Verkehrsgebühr. Die Verkehrsgebühr ist im übrigen grundsätzlich nicht erstattungsfähig, § 52, Kblz VersR **81**, 165, Kblz VersR **81**, 865. Denn der Anwalt hat im allgemeinen die Fähigkeit, selbst einen anderen Anwalt zu unterrichten, Ffm Rpfleger **78**, 69, Schlesw SchlHA **77**, 70 je mwN. Das gilt auch dann, wenn der Anwalt als Testamentsvollstrecker einen anderen Anwalt unterrichtet oder wenn er eine solche Tätigkeit als Konkursverwalter vornimmt, Ffm Rpfleger **77**, 459, so wohl auch Kblz VersR **82**, 197, ferner Schlesw SchlHA **77**, 70, LG Mönchengladbach JB **77**, 1736 je mwN, aM zB Karlsr KTS **78**, 260. Mit der oben genannten Ausnahme sind auch die Kosten des Verkehrsanwalts der Ehefrau nicht erstattungsfähig, Kblz VersR **86**, 451, Schlesw SchlHA **86**, 144 mwN.

cc) Umsatzsteuer. Die rechnerisch auf die Gebühren und Auslagen entfallende Umsatzsteuer ist grundsätzlich nicht erstattungsfähig, BFH **120**, 133, KG Rpfleger **81**, 411, Schlesw SchlHA **80**, 222, ArbG Würzb AnwBl **78**, 239, aM LG Bln Rpfleger **77**, 220. Allerdings ist die durch eine Besteuerung des Eigenverbrauchs ausgelöste Umsatzsteuer erstattungsfähig, sofern der Anwalt überhaupt umsatzsteuerpflichtig ist, Lehwald BB 82, 520.

dd) Selbstverteidigung. Im Fall einer Selbstverteidigung ist wegen der Verweisung des § 464a II 2 StPO auf den gesamten § 91 II ZPO auch dessen S 4 anwendbar (zur Verfassungsmäßigkeit auch insofern BVerfG **53**, 218), LG Mainz NJW **79**, 1897 mwN. Es ist in diesem Fall unerheblich, ob der Anwalt im Verfahren auch „Verteidiger" sein konnte, LG Hbg AnwBl **76**, 25, LG Itzehoe AnwBl **80**, 471 je mwN, AG Würzb AnwBl **77**, 82, Schmidt NJW **74**, 2246 und MDR **75**, 115, aM zB LG Bonn MDR **78**, 511, LG Würzb JB **77**, 517 mwN, Kurzka MDR **74**, 817 und MDR **75**, 548. Man muß die etwa aus der Staatskasse gezahlten Pflichtverteidigerkosten anrechnen, Ffm NJW **73**, 1991.

B. Fälle. Die Aufzählung ist nicht abschließend. Das ergeben die Worte „. . . oder in ähnlicher Stellung . . ." in II 1. Es handelt sich zum Teil um ehrenamtliche Tätigkeiten, etwa des Vormunds, zum Teil um solche Tätigkeiten, die man in einem erheblichen Umfang auch einem Nichtanwalt zu übertragen pflegt und für die daher andere gesetzliche

Vergütungsvorschriften bestehen, etwa beim Konkursverwalter, § 85 KO, oder um solche Tätigkeiten, die der Anwalt nicht im Auftrag einer Partei und nicht in deren Interesse vornimmt, etwa beim Treuhänder.

Im einzelnen ergibt sich folgendes:

Aufsichtsratsmitglied. Eine solche Tätigkeit gehört zu der „ähnlichen Stellung" im Sinn von II 1, Düss Rpfleger **55**, 78. Die Vergütung erfolgt nach § 113 AktG usw.

Betriebsrat. Soweit er einen Anwalt als solchen hinzuzieht, ist die BRAGO anwendbar, LAG Ffm DB **87**, 1440. Vgl aber auch „Einigungsstelle".

Einigungsstelle. Vgl § 65 Anm 1 D.

Gemeinsamer Vertreter. Der Gemeinsame Vertreter der außenstehenden Aktionäre wird in „ähnlicher Stellung" im Sinn von II 1 tätig, vgl. BayObLG DM **79**, 2172, abw Düss DB **84**, 2188. Die Vergütung erfolgt gemäß § 306 AktG usw, abw Düss DB **84**, 2188 (in Anlehnung an die BRAGO).

Gläubigerausschuß, Gläubigerbeirat. Eine Tätigkeit in dieser Eigenschaft zählt zu den in II 1 genannten Tätigkeiten. Die Vergütung richtet sich nach der VO vom 25. 5. 60, BGBl. 329, geändert durch VO vom 22. 12. 67, BGBl 1366, 19. 7. 72, BGBl 1260, 8. 12. 77, BGBl 2482, und 11. 6. 79, BGBl 637.

Liquidator. Der gerichtlich bestellte Liquidator einer Handelsgesellschaft wird in „ähnlicher Stellung" im Sinn von II 1 tätig, vgl Hbg MDR **73**, 54. Seine Vergütung errechnet sich in einer entsprechenden Anwendung der in c genannten VO, Hbg MDR **73**, 54.

Konkursverwalter. Seine Tätigkeit ist in II 1 ausdrücklich genannt; vgl Köln AnwBl **76**, 246 mwN, LG Aachen Rpfleger **78**, 380 (auch für seine außergerichtliche Tätigkeit), LG Amberg NJW **59**, 203, LG Augsb KTS **78**, 119 mwN (im Masseprozeß sind nach Ansicht des Gerichts Gebühren und Auslagen Massekosten, § 58 Z 2 KO, vgl BGH **55**, 101), vgl auch Lüke KTS **88**, 421, Schmidt KTS **84**, 202.

Eine Vereinbarung der Anwendung der BRAGO ist unwirksam, soweit die BRAGO kraft Gesetzes unanwendbar wäre, LG Kaisersl MDR **72**, 154.

Die VergütungsVO zu § 85 KO ist verfassungsgemäß, BVerfG Rpfleger **89**, 252.

Nachlaßverwalter. Seine Tätigkeit ist in II 1 ausdrücklich genannt. Seine Vergütung richtet sich nach § 1987 BGB. Er kann keine Erstattung der von ihm zu zahlenden Umsatzsteuer fordern, vgl KG NJW **74**, 753.

Pfleger. Seine Tätigkeit ist in II 1 ausdrücklich genannt. Seine Vergütung richtet sich nach §§ 1835, 1915 BGB, Ffm Rpfleger **74**, 312 mwN, KG AnwBl **77**, 315, Nürnb AnwBl **74**, 327, Schlesw JB **78**, 1657, LG Bln Rpfleger **73**, 92 und 169, aM LG Aachen Rpfleger **87**, 372. Das gilt insbesondere für seine Postgebührenpauschale, LG Bln NJW **70**, 246. Eine etwa nach der BRAGO gezahlte Vergütung läßt sich anrechnen, Bay ObLG RR **89**, 136.

Er kann die Erstattung der von ihm zu zahlenden Umsatzsteuer jedenfalls nicht nach § 25 II fordern, Schaumburg NJW **74**, 1737 mwN, aM zB Hbg NJW **72**, 1427. Man muß diesen Umstand bei der Bemessung seiner Vergütung berücksichtigen, Hamm OLGZ **73**, 127.

Sachwalter. Die Tätigkeit des Sachwalters gemäß § 9 SeeVertO ist eine „ähnliche Stellung" im Sinn von II 1. Seine Vergütung richtet sich nach der SeeVertO usw.

Schiedsgutachter. Seine Tätigkeit ist eine „ähnliche Stellung" im Sinn von II 1. Seine Vergütung richtet sich nach dem Schiedsgutachtervertrag, BLAH Grdz 3 vor § 1025 ZPO.

Schiedsrichter. Seine Tätigkeit ist in II 1 ausdrücklich genannt. Seine Vergütung richtet sich nach dem Schiedsrichtervertrag, BLAH Anh nach § 1028 ZPO.

Sequester. Seine Tätigkeit ist eine „ähnliche Stellung" im Sinn von II 1, Düss Rpfleger **55**, 78. Seine Vergütung erfolgt in entsprechender Anwendung der in c genannten VO, Bbg JB **78**, 1572 mwN, Saarbr DGVZ **77**, 190. Die Vergütung des Sequesters wird den Einkünften entnommen, Celle Rpfleger **69**, 216, Düss JMBl **54**, 137. Auch der Sequester kann sich gegen die Festsetzung der Vergütung beschweren, Saarbr DGVZ **77**, 189. Dafür besteht kein Anwaltszwang.

Wenn aber der Antragsteller und der Sequester die Höhe der Vergütung vereinbart haben, dann darf das Gericht die Vergütung des Sequesters nicht festsetzen, Hbg Rpfleger **57**, 87 und KTS **77**, 176. Wegen der Erstattungsfähigkeit der Kosten der Sequestration BLAH § 788 ZPO Anm 5 „Sequestration".

Testamentsvollstrecker. Seine Tätigkeit ist in II 1 ausdrücklich genannt. Seine Vergütung erfolgt gemäß § 2221 BGB. Er kann keine Erstattung der von ihm zu zahlenden Umsatzsteuer verlangen, vgl KG NJW **74**, 753.

Treuhänder. Seine Tätigkeit ist in II 1 ausdrücklich erwähnt. Seine Vergütung erfolgt, sofern es sich nicht ohnehin um einen Sequester handelt, k, nach den dort genannten Regeln.

Vergleichsverwalter. Seine Tätigkeit ist in II 1 ausdrücklich genannt. Seine Vergütung erfolgt nach der in c genannten VO.

Verkehrsanwalt. Man muß für die Frage, ob ein Anwalt in einer der in dieser Aufzählung genannten Eigenschaften die Erstattung einer Verkehrsgebühr fordern kann, von der Frage ausgehen, ob ein Nichtanwalt einen Verkehrsanwalt hätte hinzuziehen dürfen, Hamm MDR **74**, 765, aM zB Brschw Rpfleger **56**, 114 (das OLG hält solche Kosten für nicht erstattungsfähig). Vgl im übrigen § 52.

Vermögensverwalter. Seine Tätigkeit ist eine „ähnliche Stellung" im Sinn von II 1. Seine Vergütung richtet sich nach der Parteivereinbarung. Sie ist nicht nur nach dem Wert des verwalteten Vermögens zu bemessen, sondern unter anderem auch nach dem Umfang und seiner Mühe, BGH **46**, 268.

Vormund. Seine Tätigkeit ist in II 1 ausdrücklich genannt. Seine Vergütung richtet sich nach § 1835 BGB. Das stellt II 2 ausdrücklich klar. Der Anwalt, der eine Vormundschaft führt, kann also den Ersatz seiner Aufwendungen verlangen. Als solche gelten auch diejenigen Dienste, die er gerade als Anwalt leistet, sofern ein Nichtanwalt berechtigterweise einen Anwalt beauftragt hätte, LG Bln NJW **70**, 246, LG Mü Rpfleger **72**, 309, vgl auch OVG Hbg HbgJVBl **85**, 169 mwN (zu der

Frage, ob im Fall einer Mittellosigkeit ein Anspruch gegen die Staatskasse wegen der Auslagen besteht, aM LG Lübeck Rpfleger **72**, 369). Eine etwa nach der BRAGO gezahlte Vergütung läßt sich anrechnen, vgl Bay ObLG RR **89**, 136 (zur Pflegschaft).

Vorstand. Seine Tätigkeit ist eine solche in „ähnlicher Stellung" im Sinn von II 1. Seine Vergütung richtet sich nach § 67 AktG usw.

Zwangsverwalter. Seine Tätigkeit ist in II 1 ausdrücklich genannt. Seine Vergütung richtet sich nach der VO vom 16. 2. 70, BGBl 185, jedoch erhält ein Schuldner als Zwangsverwalter gemäß § 150e ZVG keine Vergütung.

Sinngemäße Anwendung des Gesetzes

2 Ist in diesem Gesetz über die Gebühren für eine Berufstätigkeit des Rechtsanwalts nichts bestimmt, so sind die Gebühren in sinngemäßer Anwendung der Vorschriften dieses Gesetzes zu bemessen.

1) Systematik. Die BRAGO regelt als Kodifikation grundsätzlich jede Berufstätigkeit des Anwalts, § 1 Anm 3 A a. Es kann aber zB zu einer Tätigkeit kommen, die ihrer Art nach bei der Abfassung der einschlägigen Vorschriften noch nicht bekannt war, etwa in einer Baulandsache, Mü JB **75**, 186 mwN, oder in einer Rechtsbeschwerdesache nach dem EuGÜbk, BGH NJW **83**, 1270, Ffm MDR **81**, 681, aM BLAH SchlAnh V C 2 § 20 Bem.

Nun soll der Anwalt in keinem Fall einer dem Grunde nach überhaupt vergütungspflichtigen Tätigkeit (Vertrag oder Geschäftsführung ohne Auftrag) ohne Gebühr arbeiten. Das ergibt sich schon aus § 612 I BGB, Ffm AnwBl **81**, 443, unter Umständen auch aus § 631 I BGB. § 2 soll verhindern, daß eine Gebührenlosigkeit eintreten kann. § 2 ist infolge dessen eine Sondervorschrift gegenüber § 612 II, 631 II BGB.

Das gilt allerdings nur für Gebühren. Die Vorschrift ist nach ihrem Wortlaut für Auslagen unanwendbar. Insofern können die Grundsätze der §§ 612 II, 631 II BGB entsprechend anwendbar sein.

2) Gesetzeslücke. Eine solche besteht dann, wenn der Anwalt eine auf einen bestimmten Gebührentatbestand nicht passende, wohl aber der darin genannten Tätigkeit gleichartige Tätigkeit entwickelt, die jedoch aus Rechtsgründen die Begriffsmerkmale des gesetzlichen Gebührentatbestands oder eines von ihnen nicht erfüllt, Ffm MDR **81**, 681.

Ein solcher Fall kann nur bei einer Einzeltätigkeit vorliegen, die auch nicht durch eine Pauschgebühr abgegolten ist oder mit einer anderen Tätigkeit zusammenhängt, für die die BRAGO eine Gebühr vorsieht, § 13.

3) Sinngemäße Anwendung der BRAGO. Soweit die Voraussetzungen Anm 1, 2 vorliegen, muß man die Vorschriften der BRAGO sinngemäß anwenden. Man muß diejenige Vorschrift suchen, die nach der Art der Tätigkeit und der Höhe der Vergütung am ehesten zu der jetzt zu vergütenden Tätigkeit paßt. Natürlich muß außerdem überhaupt eine Vergütungsgrundlage bestehen, § 1 Anm 1 B. Soweit sich der Auftrag bereits erledigt hat, muß man eine entsprechend niedrigere Gebühr festsetzen.

Man kann nicht auf dem Umweg über § 2 bei einer Tätigkeit, deren Vergütung vom Erfolg abhängig ist, zB in den Fällen der §§ 23, 24, 36, eine Gebühr festsetzen. In einem solchen Fall erfolgt die Vergütung vielmehr durch die Prozeß- oder Geschäftsgebühr, §§ 31, 118.

Vereinbarung der Vergütung

3 **I Aus einer Vereinbarung kann der Rechtsanwalt eine höhere als die gesetzliche Vergütung nur fordern, wenn die Erklärung des Auftraggebers schriftlich abgegeben und nicht in der Vollmacht oder in einem Vordruck, der auch andere Erklärungen umfaßt, enthalten ist. Hat der Auftraggeber freiwillig und ohne Vorbehalt geleistet, so kann er das Geleistete nicht deshalb zurückfordern, weil seine Erklärung der Vorschrift des Satzes 1 nicht entspricht.**

II Die Festsetzung der Vergütung kann dem billigen Ermessen des Vorstandes der Rechtsanwaltskammer überlassen werden. Ist die Festsetzung der Vergütung dem Ermessen eines Vertragsteils überlassen, so gilt die gesetzliche Vergütung als vereinbart.

III Ist eine vereinbarte oder von dem Vorstand der Rechtsanwaltskammer festgesetzte Vergütung unter Berücksichtigung aller Umstände unangemessen hoch, so kann sie im Rechtsstreit auf den angemessenen Betrag bis zur Höhe der gesetzlichen Vergütung herabgesetzt werden. Vor der Herabsetzung hat das Gericht ein Gutachten des Vorstandes der Rechtsanwaltskammer einzuholen; dies gilt nicht, wenn der Vorstand der Rechtsanwaltskammer die Vergütung nach Absatz 2 Satz 1 festgesetzt hat. Das Gutachten ist kostenlos zu erstatten.

IV Durch eine Vereinbarung, nach der ein im Wege der Prozeßkostenhilfe beigeordneter Rechtsanwalt eine Vergütung erhalten soll, wird eine Verbindlichkeit nicht begründet. Hat der Auftraggeber freiwillig und ohne Vorbehalt geleistet, so kann er das Geleistete nicht deshalb zurückfordern, weil eine Verbindlichkeit nicht bestanden hat.

Gliederung

1) Systematik. Das Vertragsverhältnis zwischen dem Auftraggeber und dem Anwalt unterliegt grundsätzlich den Regeln des Schuldrechts, unabhängig davon, ob man es im Einzelfall als einen Dienstvertrag über höhere Dienste, BGH NJW **87**, 316, als einen Auftrag, der eine Geschäftsbesorgung zum Gegenstand hat, als einen Werkvertrag oder als ein Vertragsverhältnis eigener Art mit mehreren Elementen der eben genannten Vertragstypen ansieht.

Im Schuldrecht herrscht der Grundsatz der Vertragsfreiheit. Er gilt auch für die Art und Höhe der Vergütung sowie für ihre Fälligkeit. Ohne die BRAGO könnten die Vertragspartner die gesamten Vergütungsfragen völlig frei aushandeln.

So betrachtet sind alle diejenigen Vorschriften der BRAGO, die Festgebühren enthalten, eine Ausnahme vom Grundsatz der Vertragsfreiheit, alle diejenigen Vorschriften, die Rahmengebühren enthalten, ebenfalls eine (ihrerseits eingeschränkte) Ausnahme von jenem Grundsatz, und so betrachtet stellt § 3 in einem (begrenzten) Umfang nur den sachlichrechtlichen Grundsatz der Vertragsfreiheit wieder her. Das beachtet zB BGH NJW **82**, 2329 nicht genug bei der Erörterung der Zulässigkeit einer geringeren als der in der BRAGO genannten Vergütung.

Allerdings enthält das Vertragsverhältnis zwischen dem Auftraggeber und dem Anwalt stets auch ein Element, das über rein schuldrechtliche, privatrechtliche Beziehungen hinausgeht. Denn der Anwalt wird als ein unabhängiges Organ der Rechtspflege tätig, § 1 BRAO, BGH BB **87**, 1066. Diese Stellung gibt ihm besondere Rechte und besondere Pflichten, sie wirkt sich auf den Charakter des gesamten Vertragsverhältnisses zum Auftraggeber aus, BGH BB **87**, 1066, so wie sie sich gegenüber dessen Prozeßgegner und auch gegenüber dem Gericht auswirkt. Infolgedessen sind auch die gemäß § 177 II Z 2 BRAO erlassenen Richtlinien über die

Grundsätze des anwaltlichen Standesrechts als eine weitere gesetzliche Grundlage des Vertragsverhältnisses zwischen dem Auftraggeber und dem Anwalt auch insofern gleichrangig, als sie vom bürgerlichrechtlichen Prinzip der Vertragsfreiheit abweichen. Freilich ist die Geltung dieser Richtlinien stark eingeschränkt, Anm 2 B c cc.

Trotz dieses im Interesse der Rechtspflege erheblichen öffentlichrechtlichen Elements bildet aber doch das privatrechtliche, schuldrechtliche Element des Anwaltsvertrags sein Hauptmerkmal. Das gilt zumindest für den frei gewählten Anwalt, weitgehend aber auch für den vom Gericht beigeordneten Anwalt. Das zeigt sich gerade auch im Bereich der Prozeßkostenhilfe. Denn selbst der dort beigeordnete Anwalt benötigt zum Tätigwerden grundsätzlich zusätzlich die entsprechende Vollmacht des Begünstigten. Das Gesetz läßt also den Beiordnungsvorgang keineswegs ausreichen, sondern erst das auf Grund des Vertrauens des Begünstigten zustande kommende Vertragsverhältnis für die Tätigkeit des beigeordneten Anwalts und damit natürlich auch weitgehend für seine Vergütung maßgeblich werden.

Diese Zusammenhänge muß man berücksichtigen, soweit § 3 auszulegen ist. Sie haben zB eine erhebliche Bedeutung für die Frage der Zulässigkeit einer Vergütung unterhalb der gesetzlichen Beträge, Anm 3.

2) Höhere Vergütung, I–III. A. Sinn der Regelung. Eine über den gesetzlichen Beträgen liegende Vergütung kann im Interesse einer hochstehenden Rechtspflege durchaus begrüßenswert sein. Ein hohes Honorar kann die Arbeitslust und damit die Qualität der Leistung des Anwalts ganz erheblich steigern. Das kommt nicht nur seinem Auftraggeber, sondern allen anderen Beteiligten und darüber hinaus dem Ansehen der Justiz insgesamt durchaus zugute.

Es entstehen dadurch aber auch Risiken und Gefahren für die Rechtspflege. Das gilt jedenfalls insoweit, als der Anwalt seine Tätigkeit von der Zusage einer höheren als der gesetzlichen Vergütung in irgendeiner rechtlichen, wirtschaftlichen oder auch nur psychologischen Weise abhängig machen könnte. Trotz scharfer Konkurrenz und trotz freier Wahlmöglichkeit kann es für einen Auftraggeber triftige Gründe geben, gerade diesen Anwalt zu beauftragen, selbst wenn dieser Anwalt höhere als die gesetzlichen Gebühren fordert. Der Auftraggeber mag zB verhindern wollen, daß ein weiterer Außenstehender in seine geschäftlichen Verhältnisse Einblick nimmt. Deshalb mag er gerade denjenigen Anwalt beauftragen „müssen", der diese Verhältnisse schon aus einem vorangegangenen Verfahren kennt. Es gibt auch vielfältige gesellschaftliche Verflechtungen, die den Auftraggeber nicht rechtlich, wohl aber faktisch nahezu zwingen, einen bestimmten Anwalt zu beauftragen. Dieser könnte durch die Forderung nach höheren als den gesetzlichen Gebühren seine Position unangemessen ausbauen.

Überdies ist es dem Ansehen der Rechtspflege nicht dienlich, wenn ein Auftraggeber unter Umständen lange nach demjenigen Anwalt suchen müßte, der noch für gesetzliche Gebühren arbeiten wollte. Selbst wenn die Konkurrenzsituation solche Entwicklung derzeit kaum befürchten läßt und selbst wenn das Gericht jedenfalls im Bereich des Zivilprozesses durch die Bestellung eines Notanwalts, §§ 78b, c ZPO, dem Bürger eine allzu demütigende Suche nach einem zu seiner Vertretung bereiten Anwalt ersparen kann, muß man die Grauzone eingrenzen, die dort liegt, wo der Auftraggeber zwar zur höheren als der gesetzlichen Vergütung zahlungsfähig, aber im Grunde nicht zahlungsbereit ist, andererseits aber den Notanwalt nicht beanspruchen kann oder will.

Ob auch ein Berufsfrieden des Anwaltsstandes in Wahrheit ein Argument gegen eine allzu leichte Vereinbarkeit höherer als gesetzlicher Vergütungen wäre, kann zweifelhaft sein. In einer Wirtschaftsform, die zwar nur noch sehr eingeschränkt als „freie Marktwirtschaft" gelten kann, aber doch aufbauend auf dem Schutz der freien Entfaltung der Persönlichkeit, Art 2 GG, dem Tüchtigeren seine Chance gibt und auf die Selbstregulierungskräfte eines Markts vertraut, braucht auch der Anwaltsberuf ebensowenig wie zB der Beruf des Arztes oder des Architekten schon deshalb in seiner Funktionsfähigkeit eingeschränkt zu sein, weil auch dort Marktprinzipien herrschen. Man kann sich bei der Diskussion manchmal des Eindrucks nicht erwehren, daß geradezu gespenstisch anmutende Standesprivilegien längst vergangener Zeiten zumindest unterschwellig sehr wohl eine Rolle spielen, wenn die Warnung vor einer allzu freien Aushandelbarkeit der Vergütung des Anwalts erklingt. Weder das Sozialstaatsprinzip noch die Qualität der Rechtspflege müssen unbedingt leiden, wenn es Anwälte gibt, die es sich auf die Dauer mit Erfolg leisten können, ihre Dienste von Honoraren abhängig zu machen, die nur der Begüterte zahlen kann. Sie können solche Erfolge nur durch erstklassige Leistungen erzielen, und ein paar mehr solcher Leistungen könnten sich rechtspolitisch segensreich auswirken und sind im Grunde bitter notwendig.

Indessen läßt sich natürlich nicht verkennen, daß gerade der tüchtige, sorgfältige Anwalt durch eine erhebliche Beschränkung der freien Aushandelbarkeit seiner Vergütung doch auch wesentlich vor der Kommerzialisierung geschützt wird. Je weniger er und die Kollegen überhaupt über das Honorar handeln können, desto angenehmer kann er sich auf die Sacharbeit konzentrieren. Schon aus diesem Grund ist eine Begrenzung der Vereinbarkeit einer höheren als der gesetzlichen Vergütung in der Masse der Fälle wünschenswert. Eine rechtzeitig und ausreichend erfolgende Anpassung der gesetzlichen Gebühren und Auslagen an die wirtschaftliche Allgemeinentwicklung, sei es nach oben, sei es nach unten, ist der für alle Beteiligten grundsätzlich bessere Weg.

B. Vereinbarung, I. a) Grundsatz. Eine höhere als die gesetzliche Vergütung kommt nur insofern in Betracht als der Anwalt sie mit dem Auftraggeber vereinbart hat. Das Gesetz gibt dem Anwalt zwar in denjenigen Fällen, in denen eine Festgebühr ein zu grobes Regelungsmittel wäre, bereits bei der Bestimmung der gesetzlichen Vergütung einen gewissen Spielraum, indem es lediglich eine Rahmengebühr schafft. Soweit der Anwalt aber auch diesen Spielraum für zu gering hält, muß er eine darüber hinausgehende Rahmengebühr oder Festvergütung wiederum gemäß § 3 vereinbaren.

Diese Regelung soll den Auftraggeber vor einer unüberlegten, leichtfertigen oder unbewußten Eingehung von Zahlungspflichten schützen, die ihm und darüber hinaus dem Ansehen der Rechtspflege schaden könnten, Ffm AnwBl **83**, 513. Das Gesetz will den Auftraggeber vor einem allzu „schlechten Geschäft" mit dem Anwalt schützen. Es soll auch Streitigkeiten vermeiden, die im Fall einer Anhäufung dem Ansehen der Anwaltschaft schaden würden, BGH **57**, 57, Ffm AnwBl **83**, 513, vgl Kblz Rpfleger **77**, 107.

Obwohl die standesrechtlichen Richtlinien gemäß § 177 BRAO im Grunde ein Teil der gesetzlichen Gebührenregelung sind, Anm 1, kann doch im Einzelfall die standesrechtliche Beurteilung der Zulässigkeit einer Vereinbarung von der sonstigen gebührenrechtlichen Beurteilung abweichen, BGH NJW **78**, 2304 mwN und NJW **80**, 1852, LG Mü NJW **75**, 937.

Die Möglichkeit, statt einer Vereinbarung einer höheren als der gesetzlichen Vergütung unter bestimmten Voraussetzungen eine gesetzliche Zusatzgebühr zu fordern, etwa als sog Erschwernisgebühr, ist bisher nicht in das geltende Recht eingeführt worden; de lege ferenda krit Baumgärtel VersR **75**, 485.

b) Form, I. Die Vereinbarung ist schon formell nur insofern wirksam, als die Erklärung des Auftraggebers die folgenden Voraussetzungen erfüllt, Ffm AnwBl **88**, 120. Diese Voraussetzungen gelten auch dann, wenn der Auftraggeber seinerseits ein Anwalt ist.

Es kommt nicht darauf an, ob das Angebot zur Vereinbarung einer höheren Vergütung vom Auftraggeber oder vom Anwalt ausgegangen ist. Die Erklärung des Auftraggebers muß auch dann die nachfolgenden Voraussetzungen erfüllen, wenn der Auftrag erst auf Grund einer als neuer Antrag geltenden verspäteten Annahme eines ursprünglichen Antrags, § 150 I BGB, oder erst auf Grund einer Annahme unter Erweiterungen, Einschränkungen oder sonstigen Änderungen zustande gekommen ist, § 150 II BGB.

Die Erklärung des Anwalts, um dessen höhere Vergütung es geht, braucht die nachfolgenden Voraussetzungen nicht zu erfüllen. Insofern ist also § 126 II BGB unanwendbar.

aa) Schriftliche Erklärung des Auftraggebers, I 1. Der Auftraggeber muß die Erklärung, aus der sich sein Einverständnis mit einer höheren als der gesetzlichen Vergütung des von ihm beauftragten Anwalts ergibt, eigenhändig durch Namensunterschrift oder mittels eines notariell beglaubigten Handzeichens unterzeichnen, § 126 I BGB. Die Unterschrift muß die gesamte Erklärung decken.

Es ist nicht erforderlich, daß der Auftraggeber den gesamten Text seiner Erklärung eigenhändig geschrieben hat, LG Bln AnwBl **82**, 262, LG Mü NJW **75**, 937. Es reicht aus, daß er seine Erklärung noch nach der Beendigung des Auftrags abgibt, etwa in der Form eines Schuldanerkenntnisses, § 781 BGB. § 782 BGB ist wegen des vorrangigen § 3 I 3 BRAGO unanwendbar, es muß also auch ein Schuldanerkenntnis in jedem Fall schriftlich erfolgen, Hbg MDR **68**, 936.

Der Auftraggeber muß sich spätestens im Zeitpunkt der Unterschrift darüber im klaren gewesen sein, daß er eine höhere Vergütung zahlen soll, als das Gesetz sie vorsieht, Ffm AnwBl **83**, 513. Sofern der Anwalt den Auftraggeber nicht zumindest in einem Zweifelsfall auf diesen Umstand hingewiesen hat, kann man eine Erklärung des Auftraggebers nur ausnahmsweise als wirksam ansehen, Ffm AnwBl **83**, 513. Das übersehen Hbg MDR **73**, 770 mwN, LG Mü NJW **75**, 937. Ein abstraktes Schuldanerkenntnis ohne jeden Hinweis auf den Schuldgrund trotz einer etwaigen Kenntnis des Erklärenden darüber, für welche Tätigkeit das Anerkenntnis gelten soll, ist wegen der grundsätzlichen Notwendigkeit der Angabe des Schuldgrunds in der Erklärung selbst unzureichend, BGH **57**, 57.

Eine Änderung der Vereinbarung ist nur insofern wirksam, als der Auftraggeber auch sein Einverständnis zur Änderung, also seine diesbezügliche „Erklärung" im Sinn von I 1, schriftlich abgegeben hat.

Die Erklärung eines Dritten für den Auftraggeber bedarf ebenfalls der Schriftform.

Eine telegrafische Erklärung genügt nicht, LG Kempten NJW **54**, 725.

bb) Nicht in der Vollmacht usw, I 1. Die Erklärung des Auftraggebers, aa, darf sich weder in der Prozeßvollmacht noch in einem (sonstigen) Vordruck enthalten, der auch andere Erklärungen umfaßt. Schädlich ist also eine Erklärung in einem Schriftstück, das sich nach seiner äußeren Aufmachung als ein Formular darstellt, das also dazu bestimmt ist, öfter verwendet zu werden, selbst wenn es zB mit einer Schreibmaschine oder mit einem anderen Vervielfältigungsgerät hergestellt wurde.

Schädlich sind nur andersartige, selbständige Erklärungen, nicht aber zB eine Nebenabrede über eine Auslage, etwa im üblichen Honorarschein, LG Aachen NJW **70**, 571, GSEM 5, aM RS 15.

Soweit der Auftraggeber zumindest die Prozeßvollmacht auf einem besonderen Schriftstück erteilt hat, ist seine Erklärung im Sinn von I 1 auch dann zulässig, wenn er sie zusammen mit weiteren, andersartigen Erklärungen in einem weiteren Schriftstück abgibt, etwa zusammen mit der Information oder mit dem Auftrag, LG Mü NJW **75**, 937.

Die vorstehenden Regeln gelten auch für eine nachträgliche Änderung der ursprünglichen Gebührenvereinbarung.

cc) Freiwillige, vorbehaltlose Zahlung, I 2. Soweit eine Erklärung des Auftraggebers nicht den Formvorschriften nach aa, bb genügt, kann der Anwalt grundsätzlich nur die gesetzliche Vergütung fordern, I 1. Er kann den höheren Betrag also weder einklagen noch wegen der Nichtzahlung des höheren Betrags ein Zurückbehaltungsrecht geltend machen oder etwa mit der Differenzsumme aufrechnen. Er kann selbst die gesetzliche Vergütung insoweit nicht fordern, als der Auftraggeber nicht einmal mit ihr zu rechnen brauchte, BGH **LM** Nr 6c (im dortigen Fall forderte der Anwalt nur eine nach dem Maklerrecht errechnete Erfolgsprovision).

Eine vom Auftraggeber freiwillig und ohne Vorbehalt geleistete Zahlung gibt ihm aber nicht schon deshalb ein Zurückforderungsrecht, weil seine Erklärung nur, Ffm AnwBl **88**, 120, nicht den Formvorschriften entsprach, I 2. Es handelt sich also bei der Vereinbarung insofern um eine sog Naturalobligation, Ffm AnwBl **83**, 513, RS 3, insofern offen Kblz Rpfleger **77**, 107, aM SchGei 19. Der Auftraggeber kann auch eine etwa freiwillig und vorbehaltslos geleistete Teilzahlung auf die vereinbarte Vergütung jedenfalls nicht schon wegen des Formfehlers zurückfordern, soweit er die Teilzahlung eindeutig gerade auf denjenigen Betrag leistete, der über eine gesetzliche Vergütung hinausging, LG Kempten NJW **54**, 725.

Eine Zahlung ist nur dann freiwillig und ohne Vorbehalt geleistet, wenn der Auftraggeber sie in dem Bewußtsein getätigt hat, daß er nicht soviel schulde, Ffm AnwBl **88**, 120, 250, LG Freibg MDR **83**, 1033 mwN, und wenn er auch nicht unter irgendeinem Druck gezahlt hat. Soweit diese Voraussetzungen nicht vorliegen, hat er einen Rückforderungsanspruch nach § 812ff BGB, Ffm AnwBl **88**, 120 mwN. Die Arglisteinrede des Anwalts ist nicht schon mit der Begründung zulässig, ihm habe widerstrebt, eine Schriftform zu fordern, Ffm AnwBl **83**, 513. Der Anwalt muß den Auftraggeber auf das Übersteigen des gesetzlichen Anspruchs hingewiesen haben, Ffm AnwBl **88**, 251. Er trägt für die Freiwilligkeit der Zahlung die Beweislast, LG Freibg MDR **83**, 1033.

Ein Schuldanerkenntnis ist keine „Leistung" im Sinn von I 2, BGH **57**, 60.

Die vorstehenden Regeln gelten auch für den Fall, daß ein Dritter für den Auftraggeber zahlt. Es kommt in diesem Fall darauf an, ob zumindest auch der Auftraggeber selbst freiwillig und vorbehaltslos handelte, also eine Zahlungsanweisung gab. Unter dieser Voraussetzung kommt es auf die subjektiven Vorstellungen des Dritten zur Freiwilligkeit und Vorbehaltslosigkeit grundsätzlich nicht an. Wenn andererseits der Dritte persönlich freiwillig und vorbehaltslos für den Auftraggeber zahlte, der letztere aber mit einer solchen Leistung nicht oder nur unter Druck einverstanden war, liegt insgesamt keine nach I 2 ausreichende Leistung vor.

c) Inhalt. Die Gebührenvereinbarung muß einen klaren, unmißverständlichen Inhalt bzw Berechnungsmaßstab haben, Ffm AnwBl **88**, 120, Hbg MDR **68**, 253, Hamm AnwBl **86**, 452. Es muß eindeutig festzustellen sein, für welche anwaltliche Tätigkeit der Auftraggeber die höhere als die gesetzliche Vergütung zahlen soll, BGH **57**, 58. Im übrigen gelten folgende Regeln:

aa) Bestimmte Höhe, I. Die Vereinbarung kann die Vergütung in einer in DM bestimmten oder ohne weiteres bestimmbaren Höhe festlegen. Denkbar sind zB: Die Vereinbarung eines Festbetrags, BGH NJW **80**, 1852; die Vereinbarung eines Stundensatzes, Schmidt MDR **74**, 198: die Vereinbarung, daß der Gebührenberechnung ein Gegenstandswert zugrunde liegen solle, der über den an sich geltenden Wert hinausgeht, BFH NJW **76**, 208, Hamm AnwBl **86**, 452; die Vereinbarung eines prozentualen Zuschlags; im Fall einer Rahmengebühr die Vereinbarung ihrer Obergrenze unabhängig von dem Umfang und der Schwierigkeit des Falls usw; die Vereinbarung einer Rentenzahlung. Zur Problematik einer Pauschale für die Beratung aller Betriebsangehöriger BGH NJW **82**, 2329.

Soweit die Partner eine höhere Vergütung vereinbaren, sind entsprechend höhere Auslagen inbegriffen, § 1 I. Sie können aber auch vereinbaren, daß nur die Gebühren höher als die gesetzlichen liegen sollen. Ebenso ist eine Vereinbarung zulässig, daß nur die Auslagen in weiterem Umfang als nach dem Gesetz zu erstattten sind. Das kann sich zB auf die Höhe von Reisekosten oder von Tagegeldern beziehen. Freilich müssen die vereinbarten Beträge sich wenigstens im Rahmen des Möglichen halten. Andernfalls würden in Wahrheit gar keine „Auslagen" vereinbart werden.

bb) Ermessen, II, III. Die Vertragspartner können die Festsetzung derjenigen Vergütung, die über die gesetzliche Vergütung hinausgehen soll, unter den Voraussetzungen II, III einem Ermessen überlassen. Insofern gelten im einzelnen folgende Regeln:

aaa) Ermessen der Anwaltskammer, II 1. Die Festsetzung kann dem „billigen" Ermessen des Vorstandes der Rechtsanwaltskammer überlassen bleiben. Der Vorstand muß in Wahrheit im Rahmen eines pflichtgemäßen Ermessens unter einer Abwägung aller Gesichtspunkte entscheiden. Zuständig ist diejenige Anwaltskammer, der derjenige Anwalt angehört, der eine höhere als die gesetzliche Vergütung erhalten soll. Es kommt also nicht auf die Anwaltskammer am Wohnsitz oder Sitz des Auftraggebers an. Ebensowenig ist diejenige Anwaltskammer zuständig, in deren Bezirk das Prozeßgericht liegt. Es kommt insbesondere nicht darauf an, ob der Anwalt gerade bei diesem Gericht zugelassen ist. Er kann ja zB als Verkehrsanwalt beauftragt sein.

Zur Entscheidung ist nur der Vorstand der Anwaltskammer berufen, §§ 63ff BRAO. Seine Tätigkeit nach II, III ist zugleich eine Tätigkeit nach § 73 BRAO. Das Präsidium ist ebensowenig wie die Kammerversammlung zuständig.

Die Vertragspartner können auch nachträglich vereinbaren, daß die zunächst nach aa vereinbarte Vergütung zB wegen eines anschließenden Streits nunmehr dem Ermessen des Vorstands der Anwaltskammer überlassen bleiben soll.

bbb) Ermessen eines Vertragspartners, II 2. Die Partner können auch die Festsetzung der Vergütung dem Ermessen, „eines Vertragsteils" überlassen. Diese Regelung hat für denjenigen Partner, der das Ermessen nicht ausüben soll, größere Risiken als diejenige der Übertragung des Ermessens auf den Vorstand der Anwaltskammer. Deshalb liegt im Zweifel das Ermessen nicht bei einem Vertragspartner, weder beim Anwalt, noch beim Auftraggeber, sondern beim Vorstand der Anwaltskammer. Soweit eindeutig feststeht, daß wenigstens einer der Vertragspartner die Vergütung in eigenem Ermessen bestimmen soll, kommt es in Wahrheit nicht darauf an, welcher der Partner gemeint ist, ob der Anwalt oder der Auftraggeber. Denn in jedem dieser Fälle gilt gemäß II 2 ja doch nur die gesetzliche Vergütung als vereinbart, anders als im Fall aaa.

ccc) Ermessen eines Dritten. II, III enthalten nach ihrem Wortlaut keine Regeln zu der Frage, ob auch ein Dritter die höhere Vergütung in eigenem Ermessen soll festsetzen dürfen. Das scheinbare Schweigen des Gesetzes ist aber nicht als Verbot auszulegen. Denn II, III enthalten insofern keine abschließende Regelung und sind auch nicht eng auszulegen. Das wäre nur dann der Fall, wenn diese Regeln ihrerseits Ausnahmen von gesetzlichen Grundsätzen wären. Das sind sie aber bei näherer Betrachtung nicht, Anm 1. Vielmehr stellt § 3 insgesamt im Prinzip eine Rückkehr zum Grundsatz der Vertragsfreiheit dar. Der Anwaltsvertrag ist als zumindest wesentlich auch schuldrechtlicher Vertrag daher unter anderem einer Regelung nach § 317 BGB (Bestimmung der Leistung durch einen Dritten) zugänglich. Diese Vorschrift ist in einem solchen Fall direkt anwendbar.

Sofern die Bestimmung also nur einem einzigen Dritten überlassen bleiben soll, ist gemäß § 317 I BGB im Zweifel anzunehmen, daß er sie nach „billigem", in Wahrheit pflichtgemäßem Ermessen, also unter einer Abwägung aller in Betracht kommenden Gesichtspunkte, vorzunehmen hat. Sofern die Bestimmung durch mehrere Dritte erfolgen soll, ist gemäß § 317 II BGB im Zweifel die Übereinstimmung aller erforderlich; sofern eine Summe bestimmt werden soll, ist dann, wenn verschiedene Summen bestimmt werden, im Zweifel die Durchschnittssumme maßgebend, § 317 II Hs 2 BGB. Die einem Dritten überlassene Bestimmung der Leistung erfolgt gemäß dem ebenfalls direkt anwendbaren § 318 BGB durch eine Erklärung gegenüber einem der Vertragspartner.

Jeder Vertragspartner kann die getroffene Bestimmung wegen Irrtums, Drohung oder arglistiger Täuschung anfechten, und zwar gegenüber dem anderen Vertragspartner, § 318 II 1 BGB. Die Anfechtung muß unverzüglich erfolgen, nachdem der Anfechtungsberechtigte von dem Anfechtungsgrunde Kenntnis erlangt hat, § 318 II 2 BGB. Sie ist ausgeschlossen, wenn 30 Jahre verstrichen sind, nachdem die Bestimmung getroffen worden ist, § 318 II 3 BGB. Soweit der Dritte die Leistung bestimmen soll, ist seine Bestimmung für die Vertragspartner unverbindlich, wenn sie offenbar unbillig ist, § 319 I 1 BGB. Die Bestimmung erfolgt in diesem Fall durch Urteil, § 319 I 2 Hs 1 BGB. Dasselbe gilt, wenn der Dritte die Bestimmung nicht treffen kann oder will oder wenn er sie verzögert, § 319 I 2 Hs 2 BGB.

Auch diese Vorschriften sind unmittelbar anwendbar.

Dagegen ist ein Vertrag, der die Bestimmung in das „freie Belieben" eines Dritten stellt, vgl § 319 II BGB, wegen des öffentlichrechtlichen Einschlags des Anwaltsvertrages unwirksam. Er würde die im Interesse der Rechtspflege erforderliche Bestimmbarkeit der Vergütung des Anwalts der Höhe nach so ungewiß machen, daß man ihn nicht mehr hinnehmen kann. Deshalb ist § 319 II BGB unanwendbar.

Die Vertragspartner können die Bestimmung der Vergütung unter den Voraussetzungen ccc auch einem Schiedsgutachter überlassen.

ddd) Weitere Einzelfragen. Eine Vereinbarung, nach der lediglich eine „angemessene Vergütung" oder eine „Vergütung nach einem angemessenen Streitwert" geschuldet sein soll, ist zu unbestimmt, vgl ccc. In einem solchen Fall kommt aber eine Umdeutung dahin in Betracht, daß die Parteien in Wahrheit einen solchen Maßstab vereinbart haben, der eine ziffernmäßige Berechnung ohne Schwierigkeiten zuläßt, BGH NJW **65**, 1023.

cc) Erfolgshonorar. II, III enthalten keine ausdrückliche Regelung der Frage, ob die Vereinbarung eines Erfolgshonorars, also einer Vergütung zulässig ist, die von einer erfolgreichen Beendigung der außergerichtlichen Tätigkeit des Anwalts oder von einem erfolgreichen Ausgang eines gerichtlichen Verfahrens abhängt. Das scheinbare Schweigen des Gesetzes zu dieser Frage besagt, für sich allein betracht, aus den in Anm 1 dargelegten Erwägungen noch nichts.

Freilich bestimmt § 52 I der grundsätzlich nicht mehr beachtlichen

Grundsätze des anwaltlichen Standesrechts idF vom 21. 6. 73, abgedruckt nach dem Stand vom 1. 8. 85 zB bei Jessnitzer, BRAO, 3. Aufl 1985, die auch in diesem Teil wohl kaum auch nur für eine Übergangszeit bis zur Neuordnung des anwaltlichen Standesrechts gelten, vgl BVerfG **76**, 171:

§ 52 I Vereinbarungen, durch die die Höhe der Vergütung vom Ausgang der Sache oder vom sonstigen Erfolg der anwaltlichen Tätigkeit abhängig gemacht wird, sind unzulässig.

II Nur in Ausnahmefällen kann eine solche Vereinbarung standesrechtlich zulässig sein. Bei Vereinbarungen dieser Art ist aber mit besonderer Sorgfalt und Gewissenhaftigkeit zu prüfen, ob der Rechtsanwalt nicht Gefahr läuft, hierdurch seine abhängige Stellung zu verlieren.

Diese Vorschrift ist gemäß § 177 II Z 2 BRAO mit der BRAGO und den sonstigen gesetzlichen Grundlagen des anwaltlichen Gebührenrechts formell gleichrangig, Anm 1.

Danach ist also ein Erfolgshonorar grundsätzlich unzulässig, jedoch ausnahmsweise zulässig, BGH MDR **87**, 781. Dieses Verhältnis ist insoweit überzeugend, als die vereinbarte anwaltliche Tätigkeit zumindest in ihrem Schwerpunkt lediglich eine Dienstleistung, §§ 612ff BGB, oder eine Geschäftsbesorgung, §§ 675ff BGB, zum Gegenstand hat, nicht darüber hinaus einen bestimmten Erfolg, §§ 631ff BGB. Insoweit entspricht die Zurückhaltung gegenüber der Zulassung eines Erfolgshonorars der Stellung des Anwalts als eines unabhängigen Organs der Rechtspflege, § 1 BRAO, am ehesten.

Man kann freilich nicht übersehen, daß andere, nicht minder hochstehende Rechtskreise das Erfolgshonorar in durchaus weiterem Umfang zulassen, ohne daß das Ansehen der dortigen Anwaltschaft dadurch entscheidend verschlechtert worden wäre. Es bleibt abzuwarten, ob im Zuge der zunehmenden Internationalisierung aller Rechtsbeziehungen auch an dieser Stelle weitere als die ohnehin vom BVerfG festgestellten erheblichen Bedenken gegen die Haltbarkeit der Standesrichtlinien auftreten werden. Das könnte zB insofern erfolgen, als es sich um einen solchen Anwalt handelt, der nach dem G vom 16. 8. 80, BGBl 1453, geändert durch Art 2 G vom 7. 8. 81, BGBl 803, abgedruckt bei BLAH SchlAnh VII, im Bereich der BRep tätig werden darf, ohne bei einer innerstaatlichen Anwaltskammer zugelassen zu sein.

Bisher hat auch die Rechtsprechung gegen die Zulassung des Erfolgshonorars grundsätzliche Bedenken, BGH NJW **81**, 998, NJW **82**, 2330 und BB **87**, 1066 je mwN sowie MDR **87**, 781, vgl auch BGH MDR **81**, 514. Im Schrifttum liest man neuerdings eher Befürwortung, Graf von Westphalen DRiZ **88**, 21. Die Ansicht, ein im Ausland ansässiger Anwalt dürfe ein Erfolgshonorar nur im Rahmen von Art 30 EGBGB vereinbaren, BGH **22**, 162, **51**, 290, ist zumindest für den Bereich des eben genannten Gesetzes wohl überholt.

Man muß in jedem Fall prüfen, wofür das Erfolgshonorar geschuldet wird. Für das Erstreiten einer Unterhaltsentschädigung ist ein Erfolgshonorar von immerhin 35% bedenklich, BGH **44**, 183. In einer Beitreibungssache mag ein Erfolgshonorar eher zulässig sein.

Soweit einer der (seltenen) Fälle vorliegt, in denen der Anwalt nach dem Auftrag einen bestimmten Erfolg herbeiführen soll, ist die Regelung in § 52 der standesrechtlichen Grundsätze insofern bedenklich, als sie den zumindest gleichrangigen Grundsatz der Vertragsfreiheit auf dem Umweg über eine Gebührenbeschränkung einengt. Das Gesetz verbietet ebensowenig wie die BRAO grundsätzlich einen Vertrag, durch den der Anwalt mehr tun als seine Arbeitskraft und seine Kenntnisse zur Verfügung stellen soll, und das muß auch das Standesrecht berücksichtigen. Zumindest dürfte in einem solchen Fall eine Ausnahmesituation nach § 52 II der Standesrichtlinien vorliegen.

dd) Quota litis. II, III enthalten keine ausdrückliche Regelung der Frage, ob die Parteien eine quota litis vereinbaren dürfen. In diesem Zusammenhang muß man wiederum die Standesrichtlinien beachten. Sie bestimmen in

§ 52 III Vereinbarungen, durch die sich der Rechtsanwalt im voraus einen Teil des erstrittenen Betrages als Honorar ausbedingt (quota litis), sind unzulässig.

Hierher zählt auch der Fall, daß das Honorar aus dem Mehr eines Verkaufserlöses gegenüber Richtsätzen bestehen soll, so wohl auch BGH MDR **87**, 780. Diese Regelung ist grundsätzlich unbedenklich, BGH NJW **82**, 2330 und BB **87**, 1066 je mwN. Denn der Anwalt darf sein Interesse an einer angemessenen Vergütung nicht so betonen, daß er sich gewissermaßen zum Streitgenossen der Partei macht, BGH NJW **81**, 998.

Indessen sind auch insofern zumindest Ausnahmen denkbar, etwa in einer Entschädigungssache, aM BGH **34**, 64 und **51**, 290 (dort gegenüber einem im Ausland lebenden, gemäß § 183 I BEG befugten Anwalt) und 20. Aufl. Das gilt zumindest im Bereich des G vom 16. 8. 80, vgl oben bb ddd.

Nach der Stellung von § 52 III Standesrichtlinien ist im Fall einer quota litis anders als im Fall eines Erfolgshonorars auch keine Ausnahmesituation denkbar. Denn die Regelung eines Ausnahmefalls steht in § 52 II vor der Erörterung der quota litis. Indessen ist auch insofern in Wahrheit eine Ausnahmesituation denkbar, die eine solche Regelung zulässig macht. Gegen die Gültigkeit der entgegenstehenden standesrechtlichen Regelung bestehen aus den in Anm 1 genannten Erwägungen insofern Bedenken.

d) Nichtigkeit. Eine durch sittenwidrigen Druck des Anwalts zustande gekommene Honorarvereinbarung kann gemäß § 138 I BGB nichtig sein, BGH **86**, 101.

C. Herabsetzung, III. Soweit die Parteien eine über die gesetzliche Vergütung hinausgehende Vergütung wirksam vereinbart haben, kann der Auftraggeber unter den Voraussetzungen III eine Herabsetzung bis zur Höhe der gesetzlichen Vergütung, also nicht darunter, erreichen. Insofern ist diese Regelung nicht mit der Frage zu verwechseln, ob die Parteien von vornherein oder nachträglich eine Vereinbarung unterhalb der gesetzlichen Vergütung vereinbaren dürfen, Anm 3. Dabei ist § 628 I 1 BGB grundsätzlich vorrangig, c. Im einzelnen ist die Herabsetzung auf die gesetzliche Vergütung vom Zusammentreffen folgender Voraussetzungen abhängig:

a) Unangemessene Höhe, III 1. Die vereinbarte oder von dem Vorstand der Anwaltskammer festgesetzte Vergütung muß unter einer Berücksichtigung aller Umstände unangemessen hoch sein.

Maßgeblich ist weder die Sicht des Auftraggebers noch diejenige des Anwalts, sondern ein objektiver Maßstab. Man muß dabei beachten, daß die Vergütung auch eine Hingabe an Erfüllungs Statt einschließt. Beachtlich sind zB: Die Schwierigkeit und der Umfang des Falls, vgl Mü NJW **67**, 1571; der Grad der Mühe des Anwalts; der Grad seiner Verantwortlichkeit; der Umfang seines Erfolgs; eine etwaige Sondervergütung für einzelne seiner Tätigkeiten; die Bedeutung der Sache für den Auftraggeber; sein Ziel und seine wirtschaftliche Lage.

Die gesetzliche Vergütung ist zwar ebenfalls im Prinzip mit zu berücksichtigen. Sie trägt den vorgenannten Umständen aber als Pauschgebühr oft nicht genug Rechnung. Deshalb gibt sie meist keinen ausreichenden Anhalt für die Beurteilung der Frage, ob die Vergütung angemessen ist, vgl BGH **77**, 253. Das gilt besonders in einer Strafsache, soweit nicht etwa § 464 II StPO entgegensteht, LG Aachen AnwBl **54**, 109.

Maßgeblich ist der Zeitpunkt der Fälligkeit, § 16, also meist der Zeitpunkt der Erledigung des Auftrags. Denn III durchbricht das an sich auch beim Anwaltsvertrag zu beachtende Prinzip pacta sunt servanda, Mü NJW **67**, 1571. LG Mü NJW **75**, 938 (zustm Chemnitz mwN) hält einen Stundensatz von 80 DM nicht für offenbar unangemessen. LG Bln AnwBl **82**, 262 hält bei einem Rauschgiftfall den 6fachen Satz der gesetzlichen Vergütung nicht für unangemessen. LG Karlsr AnwBl **83**, 179 hält 3000 DM zusätzliche Verhandlungsgebühr für jeden Verhandlungstag für zulässig.

b) Gutachten, III 2, 3. Ein Gutachten derjenigen Anwaltskammer, der der Anwalt angehört, um dessen Vergütung es geht, ist unter folgenden Voraussetzungen notwendig:

aa) Herabsetzung geplant. Das Gericht muß erwägen, die vereinbarte Vergütung irgendwie herabzusetzen. Es genügt, daß die Herabsetzung nur in einem von mehreren Punkten erfolgen soll oder daß die Herabsetzung auf einen Betrag geplant ist, der immer noch mehr ausmacht als die gesetzliche entsprechende Vergütung.

bb) Ermessen des Anwalts oder eines Dritten vereinbart. Die Vertragspartner müssen entweder vereinbart haben, der Anwalt solle die Vergütung in seinem Ermessen festsetzen, B c bb bbb, oder ein Dritter solle dies tun, ccc. Wenn sie die Festsetzung der Vergütung in das Ermessen der Anwaltskammer gestellt hatten, II 1, kommt ihr Gutachten gemäß III 2 Hs 2 nicht in Betracht.

cc) Verfahren. Vgl § 12 Anm 4 B.

c) Weitere Einzelfragen. Eine Herabsetzung ist auch noch nach einer Zahlung zulässig. Sie ist auch nach dem Abschluß eines außergerichtlichen Vergleichs zulässig. Denn der Anspruch auf eine Herabsetzung bis auf die gesetzliche Vergütung ist unverzichtbar. Es handelt sich nämlich um eine öffentlichrechtliche Möglichkeit. Eine Verwirkung ist nur unter besonderen Umständen denkbar.

Man kann die Herabsetzung mit einer Gestaltungsklage fordern oder im Rechtsstreit des Anwalts gegen den Auftraggeber einwenden. Das Gericht muß eine unangemessen hohe Vereinbarung von Amts wegen berücksichtigen.

Soweit die Voraussetzungen des § 138 BGB vorliegen, muß man die Vereinbarung als gänzlich nichtig ansehen, BGH **LM** Nr 6c, vgl LG Mü NJW **75**, 937. Freilich kann § 139 BGB anwendbar sein, BGH **LM** Nr 6c. Die Androhung des Anwalts, er werde mangels einer ihm genehmen Honorarvereinbarung das Mandat niederlegen, ist insofern nicht widerrechtlich, als der Anwalt ein berechtigtes Interesse an einer über die gesetzliche Vergütung hinausgehenden Vergütung hatte, BGH AnwBl **78**, 228.

Formularmäßige Mandatsbedingungen unterliegen dem AGBG und können die Anwaltsvergütung keineswegs beliebig regeln, vgl Bunte NJW **81**, 2657. Zum Verhältnis zum vorrangigen § 628 I 1 BGB BGH NJW **87**, 316 mwN; diese Vorschrift verdrängt aber den § 3 III BRAGO keineswegs stets ganz, Düss AnwBl **85**, 201, abw RS 37, SchGei 44 (Gleichrang).

3) Geringere Vergütung. A. Zulässigkeit. § 3 enthält keine ausdrückliche Regelung der Frage, ob und unter welchen Voraussetzungen der Auftraggeber und der Anwalt eine unter der gesetzlichen Vergütung liegende Vergütung vereinbaren können. Die Frage hat eine erhebliche Bedeutung. Das gilt insbesondere bei einem sehr hohen Gegenstandswert oder dann, wenn der Auftraggeber dem Anwalt eine sehr hohe Zahl von Aufträgen erteilt.

Entgegen zB BGH NJW **82**, 2329 mwN läßt sich keineswegs stets sagen, daß eine solche Vereinbarung unzulässig sei; BGH BB **87**, 1066 deutet an, daß jedenfalls ein Erlaßvertrag zulässig ist. Es ist eine recht differenzierende Prüfung erforderlich. Es ergibt sich im einzelnen:

a) BRAGO. Aus dem Fehlen einer ausdrücklichen Regelung in der BRAGO läßt sich keineswegs auf eine grundsätzliche Unzulässigkeit einer solchen Vergütung schließen. § 3 nennt nur die Voraussetzungen, unter denen eine Vergütung oberhalb der gesetzlichen Höhe zulässig bzw unzulässig ist. Dem Gesetzgeber war selbstverständlich die Frage bekannt, ob auch eine Vereinbarung unter der gesetzlichen Vergütung in Betracht kommt. Er hätte also auch dieses Problem ausdrücklich regeln können. Da er die Abweichung von der gesetzlichen Vergütung in der einen Richtung (nach oben) ausdrücklich geregelt, in der anderen Richtung jedoch nicht ausdrücklich erörtert hat, kann man aus seinem Schweigen zum letzteren Punkt schließen, daß er eine Vergütung unterhalb der gesetzlichen für jedenfalls grundsätzlich zulässig hält.

Das gilt insbesondere angesichts der Stellung, die § 3 BRAGO einerseits, die übrige BRAGO andererseits rechtssystematisch hat, Anm 1. § 3 ist trotz aller formellen und inhaltlichen Einschränkungen im Prinzip eine Rückkehr zu dem Grundsatz der Vertragsfreiheit und daher weit auszulegen. Das gilt sowohl dann, wenn es um das Interesse des Auftraggebers geht, als auch bei der Berücksichtigung der Interessen des Anwalts. Wie sich zeigen wird, kann man zumindest darüber streiten, ob die Zulassung einer Vergütung unterhalb der gesetzlichen Beträge dem Interesse des einzelnen Anwalts und des Berufsstandes eher schadet oder eher nützt.

Unter diesen Umständen ist das, was nach dem BGB unabhängig von der Ausgestaltung des Anwaltsvertrags im einzelnen als Dienst- oder Geschäftsbesorgungs- oder Werkvertrag honorarmäßig zulässig wäre, nämlich eine Vergütung in beliebiger Höhe, also auch unterhalb der in der BRAGO festgesetzten Vergütung, nach § 3 BRAGO jedenfalls nicht grundsätzlich verboten.

Daran ändert entgegen BGH NJW **82**, 2329 auch § 1 I nichts. Diese Vorschrift läßt zwar für die Regelung der Vergütung „dieses Gesetz", also die BRAGO, maßgeblich sein. Da die BRAGO aber insofern schweigt, so auch BGH NJW **82**, 2330, besteht eben bei genauerer Prüfung in der BRAGO kein Verbot, eher eine Regelungslücke.

Unter diesen Umständen wäre zwar § 2 grundsätzlich anwendbar. Diese Vorschrift hilft aber nicht weiter. Denn sie bestimmt, daß beim Fehlen einer gesetzlichen Regelung die Gebühren in sinngemäßer Anwendung der BRAGO zu bemessen seien. Zu den Vorschriften der BRAGO zählt auch § 3 und damit im dort genannten Umfang die Zulässigkeit einer vom Gesetz (nach oben) abweichenden Vergütung. Eine entsprechende Anwendung dieser Vorschrift führt zur Zulässigkeit einer Abweichung auch nach unten.

b) § 177 BRAO; Standesrichtlinien. In diesem Zusammenhang muß man wohl kaum noch auch nur für eine Übergangszeit bis zur Neuordnung des anwaltlichen Berufsrechts aus den grundsätzlichen nicht mehr beachtlichen Standesrichtlinien gemäß § 177 II Z 2 BRAO, BVerfG **76**, 171, etwa folgende Vorschriften beachten:

§ 51 I Es ist unzulässig, geringere Gebühren und Auslagen zu vereinbaren oder zu fordern, als sie die Bundesgebührenordnung für Rechtsanwälte vorsieht. Dieses Verbot betrifft grundsätzlich auch den Verzicht auf Tage-, Reise- und Übernachtungs- sowie Abwesenheitsgelder, soweit sie im Falle des Obsiegens erstattungsfähig wären.

... III Ausnahmsweise darf der Rechtsanwalt im Einzelfall besonderen Umständen, etwa der Bedürftigkeit eines Auftraggebers durch Ermäßigung oder Streichung von Gebühren oder Auslagen nach Erledigung des Auftrags Rechnung tragen. Es ist jedoch darauf zu achten, daß der Anschein unzulässigen Werbens vermieden wird.

Denn diese Regeln sind nicht unerläßlich, um die Funktionsfähigkeit der Rechtspflege aufrechtzuerhalten, BVerfG **76**, 171, vgl auch Karlsr AnwBl **88**, 643 zur höchst problematischen Standesempfehlung eines Gebührenverzichts. Es ist kein ruinöser Preisunterbietungskampf zu befürchten.

Selbst wenn die Richtlinien aber wenigstens übergangsweise mitbeachtlich sein können, ergibt sich doch zumindest:

Auch nach diesen Vorschriften ist eine Vereinbarung einer geringeren als der gesetzlichen Vergütung keineswegs ausnahmslos verboten. Insofern bestätigen auch die Standesrichtlinien die Erwägungen a. Das übersieht Schall BB **89**, 959.

Die vorgenannten Standesrichtlinien verbieten aber in Wahrheit eine geringere als die gesetzliche Vergütung nicht einmal grundsätzlich. Das gilt trotz des Wortlauts des § 51 I Standesrichtlinien.

aa) Wortlaut. Diese Vorschrift verbietet nach ihrem Wortlaut die Honorarvereinbarung unterhalb der in der BRAGO ausdrücklich genannten Beträge nicht. Das „Vorsehen" in § 51 I Standesrichtlinien bezieht sich auf die Gesamtregelung der BRAGO, also nicht nur auf die dortigen ausdrücklichen Regelungen. Die BRAGO ist so, wie in a dargelegt, auszulegen.

bb) Systematik. Aber auch dann, wenn man nach dem bloßen Wortlaut von einem Verbot ausgehen müßte, kommt man nicht endgültig zu einem Verbot.

Zwar wäre § 51 I Standesrichtlinien wegen ihrer Gesetzesgrundlage in § 177 BRAO und deren Gleichrang mit dem BGB scheinbar ebenso beachtlich wie die §§ 612, 632, 675ff BGB. Indessen würden sich bei solcher völligen Gleichrangigkeit doch grundlegende Prinzipien des Anwaltsvertrags widersprechen. Der Gesetzgeber hat einen solchen Widerspruch nicht beabsichtigt. Es ist vielmehr erkennbar sein Ausgangspunkt, den Anwaltsvertrag dem Prinzip der schuldrechtlichen Vertragsfreiheit zu unterstellen, Anm 1, und von diesem Ausgangspunkt nur nach den standesrechtlichen und sonstigen öffentlichrechtlichen Notwendigkeiten Einschränkungen hinzunehmen. So betrachtet ist trotz des formellen Gleichrangs des BGB und der BRAO den Grundsätzen der freien Vereinbarkeit der Vergütung der Vorzug zu geben.

Die BRAO geht auch weder als ein Spezialgesetz noch als ein später erlassenes Gesetz dem BGB vor. Sie enthält in § 177 eine recht vage Generalklausel für die Befugnisse der Bundesrechtsanwaltskammer. In § 177 II Z 2 BRAO wird der Bundesrechtsanwaltskammer lediglich die Befugnis erteilt, „die allgemeine Auffassung" über Fragen der Ausübung des Anwaltsberufs in Richtlinien festzustellen. Eine Kompetenz, die sich (nur) auf die Feststellung „allgemeiner" Auffassungen beschränkt, läßt sich schwerlich als Spezialgesetz gegenüber viel präziseren Regelungen verstehen, wie sie das BGB sowohl beim Dienstvertrag als auch beim Werkvertrag als auch beim Geschäftsbesorgungsvertrag enthält.

Überdies sind die Standesrichtlinien immerhin zwar auf Grund der vorgenannten gesetzlichen Ermächtigung erlassen, selbst aber kein Gesetz. Ein Vertragsverhältnis, das nach einhelliger Auffassung im Schuldrecht des BGB wurzelt, sollte nicht durch noch so achtbare Richtlinien des Standes nur eines der Vertragspartner in einem wesentlichen Punkt zum Nachteil des anderen einschränkbar sein.

cc) Sinn der Regelung. Hinzu kommt: Die Regelung der Standesrichtlinien ist zumindest nicht ganz widerspruchsfrei. Das gilt sowohl bei isolierter Betrachtung des § 51 der Richtlinien als auch bei Berücksichtigung ihres übrigen Inhalts. § 51 I 1 erklärt die Vereinbarung geringerer Gebühren und Auslagen als (schlechthin) unzulässig. In Wahrheit liegt nur eine grundsätzliche Unzulässigerklärung vor. Das ergibt sich aus § 51 III. Darüberhinaus enthalten die Richtlinien sowohl in der Regelung eines Erfolgshonorars, § 51 I, II, als auch bei der in der Praxis so bedeutenden Regelung einer Pauschalvergütung, § 53, dazu BGH NJW **82**, 2329, unterschiedliche Anweisungen, die teilweise (Erfolgshonorar) eine grundsätzliche Unzulässigkeit, teilweise aber auch (Pauschalvergütung) eine grundsätzliche Zulässigkeit ergeben. Eine Pauschalvergütung ist oft, wenn nicht meist, geringer als derjenige Betrag, der sich auf Grund der gesetzlichen Vergütungstatbestände ergeben würde. Es ist zumindest widersprüchlich, daß dieselbe Standesvertretung eine Vergütung, die also im Ergebnis unter der gesetzlichen liegen kann, unter der Bezeichnung „Pauschalvergütung" grundsätzlich zuläßt, unter einer anderen Bezeichnung aber grundsätzlich ablehnt. Auch das führt zu der Erwägung, die Standesrichtlinien trotz formellen Gleichrangs in Wahrheit als nachrangig zu betrachten.

Dabei ist auch zu berücksichtigen, daß eine Pauschalvergütung nach § 53 I der Richtlinien gerade dann grundsätzlich zulässig ist, wenn es sich um eine „laufende Beratungstätigkeit" des Anwalts handelt. In einem solchen laufenden Beratungsverhältnis können die gegen die Zulassung einer geringeren als der gesetzlichen Vergütung denkbaren Bedenken mindestens ebenso wie bei einer einmaligen Anwaltstätigkeit entstehen. Sie sind im laufenden Beratungsverhältnis im Grunde sogar noch viel gewichtiger. Trotzdem läßt § 53 I der Richtlinien die Pauschalvergütung weitgehend zu. Die Rechtsprechung hat den Grundsatz entwickelt, daß Formularklauseln zu Lasten des Einführers und Verwenders auszulegen sind. Das entspricht auch den Grundsätzen des AGBG. Zwar sind die Standesrichtlinien weder Formularklauseln noch Allgemeine Geschäftsbedingungen. Sie haben aber Elemente solcher Klauseln und Bedingungen an sich. Denn sie stellen einen fertigen Rahmen für die Tätigkeit des Anwalts dar. Sie haben gegenüber Formularklauseln und Geschäftsbedingungen sogar wegen ihrer unmittelbaren Geltung über § 177 BRAO ein stärkeres Gewicht. Um so mehr sollte der für Formularklauseln und Geschäftsbedingungen geltende Auslegungsgrundsatz auch bei ihnen gelten. Die genannten Widersprüchlichkeiten führen ebenfalls dazu, der dortigen Regelung nicht den Gleichrang mit der Regelung nach dem BGB und schon gar nicht den Vorrang einzuräumen.

Zumindest im Bereich des Gesetzes vom 16. 8. 1980, Anm 2 B, ist die auch nur eingeschränkte übergangsweise Fortgeltung der innerdeutschen Standesrichtlinien fraglich.

dd) Wirtschaftliche Erwägungen. Es sprechen auch bei genauer Betrachtung weder wirtschaftliche Erwägungen noch Belange der Rechtspflege gegen die weitgehende Zulassung von Vereinbarungen unterhalb der gesetzlichen Vergütung.

Es ist aus den in Anm 1 dargelegten Gründen zumindest zweifelhaft, ob das Verbot einer solchen Vereinbarung der Rechtspflege mehr mützen oder mehr schaden würde und ob es auch den wirtschaftlichen Interesse des Anwalts eher nachteilig oder vorteilhaft wäre. Ein Anwalt, der zB bei einem sehr hohen Gegenstandswert für ein Honorar unter der gesetzlichen Vergütung tätig werden möchte, kann den Auftrag unter Umständen gerade wegen dieser Bereitschaft erhalten. Würde er auf der gesetzlichen Vergütung als Mindesvergütung bestehen müssen, so wäre gerade in einem solchen Fall zumindest dann, wenn es um eine außergerichtliche Regelung oder darum geht, ob der Auftraggeber Klage erheben will (statt sich gegen eine Klage zu verteidigen), noch sehr fraglich, ob der Auftraggeber überhaupt einen anderen Anwalt beauftragen würde und nicht vielmehr um so intensiver versuchen würde, die Sache ohne irgendeine anwaltliche Hilfe oder mit einem enger begrenzten Anwaltsauftrag zu erledigen. Ob solche Regelungen im Interesse der Rechtspflege wären, ist durchaus fraglich.

Das gilt insbesondere zB dann, wenn die öffentliche Hand als Auftraggeber aufzutreten erwägt. Wenn eine Gemeinde umfangreiche Grundstücksauseinandersetzungen bei Anwendung der gesetzlichen Vergütung nur mit Belastungen der Gemeindekasse bewältigen könnte, die ihr derzeit nicht erträglich scheinen, mag sie mangels Zulässigkeit einer geringeren Vergütung versuchen, mit anderen als den bisher vorgesehenen rechtlichen Mitteln auf die betroffenen Bürger Druck auszuüben. Sie mag zB versuchen, mit politisch zulässigen Mitteln einen Rechtszustand herbeizuführen, der die Position des bisherigen Verhandlungspartners ihr gegenüber von vornherein erheblich schwächen würde. Eine solche Lösung läge weder im Interesse der Rechtspflege noch im Interesse des Auftraggebers und auch nicht im Interesse des Vertragsgegners oder Prozeßgegners des Auftraggebers. Solche Beispiele lassen sich in erheblicher Zahl bilden. Die Erfahrung zeigt, daß sich aus allgemein bekannten Gründen zB auch „reiche" Gemeinden scheuen, einen Anwaltsrat zu den gesetzlichen Vergütungen anzunehmen. Die eigenen Juristen sind erfahrungsgemäß keineswegs immer imstande, die zB in einem bürgerlichen Rechtsstreit zu erwartenden Verfahrensfragen so sachkundig zu beurteilen wie ein Anwalt.

Andererseits gibt es gerade dann, wenn eine außergerichtliche oder gerichtliche Steitigkeit Spezialprobleme etwa des Wettbewerbs-, Kartell- oder des öffentlichrechtlichen Entschädigungsrecht betrifft, beim Auftraggeber oft Spezialsachbearbeiter mit Kenntnissen und Arbeitsmöglichkeiten, die über diejenigen auch eines Spezialanwalts noch hinausgehen, zumindest gleichrangig sind. Wenn der Anwalt in einem solchen Fall weitgehend nur Entwürfe des Auftraggebers entgegenimmt, kaum noch zu ändern braucht und auch die Verhandlungen in erheblichem Umfang den Mitarbeitern des Auftraggebers überlassen kann, ist etwa bei einem gleichwohl sehr hohen Gegenstandswert nicht unbedingt eine gesetzliche Vergütung angemessen.

Dabei soll nicht das die ganze BRAGO beherrschende Prinzip verkannt werden, daß es im Einzelfall für geringe Arbeit extrem hohe gesetzliche Vergütungen gibt, die den notwendigen Ausgleich für eine vielfach mühsame, bei kleinem Gegenstandswert zu minimalen „Stundenlöhnen" führende Tätigkeit des Anwalts in anderer Sache darstellen soll.

Diese Erwägungen sind ebenfalls noch erheblich ausbaufähig.

ee) Besondere Umstände. Selbst wenn aber der Grundsatz des Verbots der geringeren als der gesetzliche Vergütung bestehen sollte, enthält doch § 51 der Richtlinien bei genauerer Prüfung keineswegs nur wenige Ausnahmen. Das gilt trotz des Wortlauts des § 51 III, wonach im Einzelfall „besondere Umstände" vorliegen müssen.

Zunächst ist diese Vorschrift nicht eng, sondern weit auszulegen. Denn in Wahrheit stellt § 51 III Richtlinien eine Ausnahme von einer Ausnahme und damit eine Rückkehr zu einem Grundsatz dar. Denn § 51 I Richtlinien ist systematisch zumindest eine Ausnahme von dem Grundsatz der Vergütungsfreiheit nach dem BGB. Zu ihr kehrt § 51 III

Richtlinien schon nach seinem Wortlaut im Prinzip (eingeschränkt) zurück.

Im übrigen enthält die Vorschrift lediglich eine unvollständige, ergänzungsfähige Aufzählung von Fällen, in denen die Vergütung unterhalb der gesetzlichen Höhe zulässig ist. Das ergibt schon das Wort „etwa" am Beginn der Fallaufzählung in § 51 III 1 Richtlinien. Eine unvollständige und grundsätzlich weit auszulegende Aufzählung darf erheblich ergänzt werden.

Überdies beschränkt sich die Vorschrift auf die Anführung des Falls der „Bedürftigkeit eines Auftraggebers". Natürlich war auch der Bundesrechtsanwaltskammer bei der Schaffung der Richtlinien bekannt, daß es zahlreiche andere Situationen gibt, in denen eine Vereinbarung unter der gesetzlichen Vergütung nahe liegt, etwa ein Verwandtschaftsverhältnis zwischen dem künftigen Auftraggeber und dem Anwalt oder eine vorausgegangene oder gleichzeitige anderartige rechtliche, moralische oder geschäftliche Beziehung zwischen beiden. Die Auslassung der Erörterung solcher Situationen zeigt eine auffallende Zurückhaltung beim Abfassen der Vorschrift, die sich am ehesten mit der Erkenntnis erklären läßt, daß die Feststellung von Ausnahmesituationen, die eine Vereinbarung zulässig machen, in weitem Umfang der Rechtsprechung überlassen bleiben sollte.

Zwar enthält § 51 V Richtlinien für den Fall der Vertretung eines Kollegen, einer Kollegenwitwe oder eines Mitarbeiters in deren eigenen Sachen sogar die ausdrückliche Zulassung eines Gebührenverzichts. Daraus darf man aber keineswegs schließen, nur in solchen weiteren Fällen sei jedenfalls ein völliger Gebührenverzicht zulässig. Im übrigen ist eine solche Bevorzugung innerhalb des Berufsstandes zu Gunsten des Auftraggebers bei zeitgemäßer Einordnung auch des § 177 BRAO doch ziemlich bedenklich. Es ist gar nicht einzusehen, weshalb ein möglicherweise viel besser verdienender Kollege umsonst arbeiten lassen darf, während ein schwach bemittelter anderer Auftraggeber mindestens gesetzliche Vergütung soll zahlen müssen. Ob solche Bevorzugung der Kollegenschaft in Zeiten, in denen die Altersversorgung der Anwaltschaft minimal war, gerechtfertigt war, muß offen bleiben. Die Zeiten haben sich auch insofern gründlich geändert.

c) Art 12 I GG. Das Grundrecht der freien Berufsausübung spricht erheblich für die Zulässigkeit der geringeren als der gesetzlichen Vergütung. § 4 II HOAI mit seiner den § 3 BRAGO bzw den § 51 Richtlinien entsprechenden Regelung ist mit Art 12 I GG unvereinbar und nichtig, soweit jene Vorschrift „eine Unterschreitung der in der Honorarordnung festgesetzten Mindestsätze nur in Ausnahmefällen zuläßt", BVerfG BGBl **81**, 1244. Diese Entscheidung läßt erkennen, daß das BVerfG auch über die dort zu prüfende Vorschrift hinaus gegen derartige Einschränkungen der Gebührenfreiheit erhebliche Bedenken hat.

d) Art 20 I GG. Das Sozialstaatsprinzip, Art 20 I GG, gebietet nicht nur im Bereich der Beratungshilfe und der Prozeßkostenhilfe eine Berücksichtigung der wirtschaftlichen Stellung des Auftraggebers. Es schützt allerdings auch den schlecht verdienenden Anwalt oder denjenigen, dem ein Verdrängungswettbewerb drohen könnte. Daraus ergibt sich, daß weder ein grundsätzliches Verbot noch eine grundsätzliche Zulassung der Vereinbarung unterhalb der gesetzlichen Vergütung schon aus dem Sozialstaatsprinzip ableitbar wäre. Diese Vorschrift gibt also zur Klärung des Problems kaum etwas her.

e) UWG. Allerdings kann sich das Verbot der geringeren Vergütung aus dem Gesichtspunkt eines unlauteren Wettbewerbs ergeben, § 1 UWG. Das gilt insbesondere dann, wenn der Anwalt allgemein und von vornherein gegenüber einem Auftraggeber auf Gebühren verzichtet, um Aufträge Dritter zu erhalten, BGH NJW **80**, 2407. Immerhin setzt diese Vorschrift aber voraus, daß die etwa im Verhalten des Anwalts liegende Werbung gegen die guten Sitten verstößt. Schon durch diesen Begriff kommt ein Ausnahmeelement in die Erörterung. Zwar können bestimmte Verhaltensweisen im gesamten Wettbewerbsrecht als generell sittenwidrig zu bewerten sein. Auch mag der Anwaltsstand generell im Wettbewerb stehen, Anm 1. Es ist aber im allgemeinen zur Bejahung der Sittenwidrigkeit eine differenzierte Erörterung aller in Betracht kommenden Umstände des Einzelfalls erforderlich.

Schon diese methodische Notwendigkeit zeigt, daß man die Vereinbarung einer geringeren als der gesetzlichen Vergütung schwerlich schlechthin oder auch nur grundsätzlich als sittenwidrig und wettbewerbswidrig betrachten darf. Vielmehr ist hier gerade wegen der Notwendigkeit sorgfältiger Fallabwägung eher auf den Grundsatz der Zulässigkeit der Vereinbarung zu schließen.

Darauf deutet auch § 51 III 2 Richtlinien. Natürlich muß der Anwalt den Anschein unzulässiger Werbung vermeiden. Schon die Stellung dieser Vorschrift zeigt aber, daß die Vereinbarung einer geringeren als der gesetzlichen Vergütung keineswegs als solche bereits nach dem Standesrecht eine unzulässige Werbung darstellt.

f) Ergebnis. Zusammenfassend läßt sich feststellen: Eine Vereinbarung einer geringeren als der gesetzlichen Vergütung ist keineswegs schlechthin und auch nicht grundsätzlich unzulässig. Sie ist vielmehr grundsätzlich statthaft. Man muß von Fall zu Fall prüfen, ob sie ausnahmsweise unzulässig ist. Dabei sind die Grundsätze eines redlichen Wettbewerbs ebenso wie Treu und Glauben, § 242 BGB, zu beachten.

g) Beweislast. Für eine Gebührenvereinbarung ist derjenige beweispflichtig, der aus ihr Rechte herleitet, Mü NJW **84**, 2537. Der Auftraggeber zB ist dafür beweispflichtig, daß er mit dem Anwalt eine geringere als die gesetzliche Vergütung vereinbart hat, Stgt AnwBl **76**, 440 mwN. Aus dem Ergebnis f folgt: Derjenige, der sich auf die Unwirksamkeit der Vereinbarung einer geringeren als der gesetzlichen Vergütung beruft, muß die dafür sprechenden Umstände beweisen. Es gibt auch keinen Anscheinsbeweis zu seinen Gunsten. Das Gericht darf auch nicht auf dem verborgenen Umweg über eine Rechtsansicht, nach der die geringere Vergütung grundsätzlich unzulässig wäre, an den Beweis von Tatsachen, die im Einzelfall die Unzulässigkeit begründen könnten, nur geringe Anforderungen, an den Gegenbeweis um so höhere Anforderungen stellen.

B. Anfängliche Vereinbarung. Man muß im übrigen zwischen der Situation unterscheiden, daß die Vereinbarung einer geringeren Vergütung schon vor der Auftragserteilung oder gleichzeitig mit ihr erfolgt, und der doch je nach der Fallentwicklung abweichenden Situation, daß der Auftraggeber oder der Anwalt oder beide erst während der Durchführung des Auftrags oder gar nach seiner Beendigung eine Vergütung unter der gesetzlichen vereinbaren möchten. Der letztere Fall ist nicht etwa mit einer Herabsetzung auf das gesetzliche Maß nach III zu verwechseln.

Für den Fall der anfänglichen Vereinbarung sind nach § 51 III 1 Standesrichtlinien scheinbar überhaupt keine Möglichkeiten vorhanden. Denn die Vorschrift nennt die „ausnahmsweise" Zulässigkeit nur für den Fall, daß „nach Erledigung des Auftrages" eine Ermäßigung oder Streichung in Betracht kommt. Indessen ist nach den obigen Grundsätzen, A, auch in einem solchen Fall zumindest unter „besonderen Umständen", in Wahrheit aber grundsätzlich, eine Zulässigkeit zu bejahen.

Der Sinn der unterschiedlichen Behandlung der anfänglichen und späteren Vereinbarung in § 51 III 1 Richtlinien scheint in der Erwägung zu liegen, daß der Anwalt nicht durch das Angebot eines zu geringen Honorars versuchen soll, einem Kollegen den Auftrag „wegzuschnappen". Indessen kann eine solche Situation ebensogut nach der Erledigung des Auftrags zumindest dann eintreten, wenn derselbe Auftraggeber weitere, vielleicht noch bessere, Aufträge erteilen könnte. Jeder Anwalt hofft, einen zufriedengestellten, nicht allzu schwierigen Auftraggeber auch in Zukunft als solchen wiederzugewinnen.

Im übrigen könnte für die Abfassung der Richtlinien auch die Erwägung maßgeblich gewesen sein, der Auftraggeber solle den Anwalt nicht durch die Bedingung der Vereinbarung eines zu geringen Honorars zu einer Tätigkeit „zwingen", die mit der Würde des Anwalts oder seiner Arbeitsbelastung usw unvereinbar wäre. Auch ein solches Argument kann aber ähnlich ebenso nach der Erledigung dieses Auftrags eintreten. Dann kann nämlich derselbe Auftraggeber die Erteilung weiterer Aufträge schon davon abhängig zu machen versuchen, daß im abgewickelten Auftrag geringere Gebühren vereinbart werden.

Natürlich ist die rechtliche Stellung des Anwalts gut, der seine Arbeit geleistet hat und jede geringere als die gesetzliche Vergütung rundweg ablehnen kann. Er wird dann voraussichtlich diesen Gebührenrechtstreit gewinnen. Ebenso sicher wird er aber diesen Auftraggeber für die Zukunft verlieren. Diese Gefahr ist oft für die Entscheidungsfreiheit des Anwalts viel einschneidender als das Risiko, schon einen ersten Auftrag nicht zu erhalten, zumal dann, wenn man als Anwalt zunächst noch gar nicht weiß, ob die Zusammenarbeit mit diesem Auftraggeber zufriedenstellend sein kann und ob weitere Aufträge denkbar sind.

Es gibt also zumindest gewichtige Argumente für die Zulassung auch einer anfänglichen Vereinbarung unter der gesetzlichen Linie.

C. Nachträgliche Vereinbarung. Eine Vereinbarung nach dem Beginn des Vertragsverhältnisses kann wiederum entweder während der Anwaltstätigkeit oder nach ihrer Beendigung, nach der „Erledigung des Auftrages" im Sinn von § 51 III 1 Richtlinien, in Betracht kommen. Für den letzteren Fall sieht diese Vorschrift ausdrücklich die Möglichkeit vor, jedenfalls unter „besonderen Umständen" sogar durch Streichung der

Gebühren und Auslagen, zumindest durch ihre Ermäßigung, unter die gesetzliche Vergütung zu gehen. Aber auch für den Fall der Vereinbarung vor der Erledigung des Auftrags ist eine solche Möglichkeit durchaus zulässig, zB als (teilweiser) Schulderlaßvertrag, § 397 BGB, BGH BB **87**, 1065.

Die Interessenlage sowohl des Auftraggebers als auch des Anwalts kann während der Anwaltstätigkeit ebenso wie nach ihrer Beendigung bei genauer Betrachtung je nach den Umständen des Einzelfalls durchaus so gelagert sein, daß eine derartige Vergütung als zweckmäßig erscheint. Es mag sich beispielsweise nach dem Beginn der Anwaltstätigkeit herausstellen, daß der Gegenstandswert viel höher wird, ohne daß sich der Arbeitsumfang des Anwalts (abgesehen von seiner natürlich dann erhöhten Verantwortlichkeit) ändern muß. Es kann sich ergeben, daß der zunächst als schwierig angesehene Sachverhalt durch das Verhalten des Verhandlungsgegners oder Prozeßgegners sehr einfach wird. Es kann sich herausstellen, daß die Arbeit in einer umfangreichen Postensache nur von Mitarbeitern des Auftraggebers brauchbar erledigt werden kann, während ursprünglich eine Durchsicht oder Aufstellung durch Mitarbeiter des Anwalts vorgesehen war (und nach dem Gesetz nötig gewesen wäre). Es gibt unzählige Situationen, die bei vernünftiger Betrachtung nach dem Beginn, aber vor dem Ende des Auftrags zu einer Art Änderung der Geschäftsgrundlage führen, die ein Festhalten an der gesetzlichen Vergütung als unangemessen erscheinen.

In diesem Fall ist III unanwendbar. Er setzt ja eine Ursprungsvereinbarung oberhalb der gesetzlichen Vergütung voraus und gestattet eine Herabsetzung nur auf die gesetzliche. Hier aber liegt entweder eine Vereinbarung unterhalb der gesetzlichen Vergütung oder gar keine Ausgangsvereinbarung, indessen der Wunsch nach einer Herabsetzung unter die gesetzliche Vergütung, vor.

In krassen Fällen ist eine richterliche Anpassung gemäß § 242 BGB nach den Grundsätzen des Fortfalls der Geschäftsgrundlage auf einen Betrag unterhalb der gesetzlichen Vergütung durchaus denkbar. Selbst wenn aber die Voraussetzungen einer solchen Anpassung fehlen, kann doch auch ganz einfach aus einem im Laufe der Zusammenarbeit entstandenen Bestreben nach einem zukünftigen Ausbau dieser Zusammenarbeit oder aus ähnlichen Motiven sogar beiderseits der Wunsch nach einer nachträglichen Vereinbarung der geringeren Vergütung entstehen. Es ist nicht einzusehen, warum solche Bestrebungen grundsätzlich unbeachtlich sein sollten. Auch hier gelten natürlich die Grenzen einer unzulässigen Werbung, A e.

Soweit eine Vereinbarung erst nach der Beendigung der Tätigkeit in dieser Sache in Betracht kommt, ist die Situation weder standesrechtlich noch unter anderem Gesichtspunkt grundsätzlich anders als im Fall der anfänglichen oder zwischenzeitlichen Herabsetzung der Vergütung unter die gesetzliche zu beurteilen. Gerade am Ende der anwaltlichen Tätigkeit kann sich ergeben, daß die Arbeitsleistung des Anwalts doch viel geringer war als von ihm oder beiden Vertragspartnern zunächst vorgesehen. Die Mitarbeit des Auftraggebers mag im Einverständnis des Anwalts oder doch jedenfalls zu seinem objektiven Nutzen viel erheblicher als geplant gewesen sein. Das Gericht mag den Streitwert wesentlich höher als von der Vertragspartnern zunächst geschätzt festgesetzt haben. Die Finanzlage des Auftraggebers mag sich verschlechtert haben. Es mag eine zunächst unvorhergesehene gegnerische Klagerweiterung zwar zu einer Erhöhung der gesetzlichen Vergütung des Anwalts des Beklagten, aber zu einer ungleich höheren Arbeitsbelastung geführt haben. Der Prozeßgegner oder Verhandlungspartner des Auftraggebers mag sich so verhalten haben, daß das Verhältnis zwischen Leistung und Vergütung nach gesetzlichen Regeln von den Vertragspartnern jetzt als unangemessen empfunden wird. Vor allem aber mag auf Grund eines erfolgreich erledigten Auftrags eine Reihe weiterer Aufträge zu erwarten sein, sofern der Anwalt für den abgewickelten Auftrag finanzielles Entgegenkommen zeigt.

Gerade wegen der Tatsache, daß nach der Erledigung des Auftrags zumindest gesetzliche Vergütungsansprüche fällig geworden sind, hat der Anwalt in solcher Situation am ehesten eine Entscheidungsfreiheit. Deshalb läßt das Standesrecht in solcher Lage die Vereinbarung einer geringeren als der gesetzlichen Vergütung auch am ehesten zu. Aber nicht nur die Bedürftigkeit des Auftraggebers, sondern alle möglichen Umstände können selbst dann zur Zulassung führen, wenn man auch in solcher Lage von einem grundsätzlichen Verbot ausginge. In Betracht kommen zB: Verwandtschaft; das Rechtsgefühl; eine Empfehlung der Anwaltskammer, vgl BGH **64**, 309 und NJW **80**, 2407; eine Tätigkeit als Praxisabwickler, Hamm AnwBl **80**, 357.

4) Pauschalvergütung. Nach den in Anm 1–3 entwickelten Regeln richtet sich die Zulässigkeit eines Pauschalhonorars. Es ist grundsätzlich statthaft, Düss AnwBl **86**, 408 mwN. Jedoch kann eine Pauschale in Wahrheit eine höhere oder geringere als die gesetzliche (Einzel-)Vergütung zur Folge haben. Auch wenn es gerade das Wesen einer Pauschale ist, eben nicht die an sich mögliche gesetzliche Vergütung für jeden Einzelfall zugrundelegen zu müssen, darf das Pauschalsystem doch nicht der Umgehung des Gesetzes dienen. Freilich müßte eine solche Umgehung klar erweislich sein.

5) Prozeßkostenhilfe, IV. A. Grundsatz. Zwar ist der vom Gericht im Weg der Prozeßkostenhilfe beigeordnete Anwalt grundsätzlich auf den zusätzlichen Abschluß eines Vertrags mit dem Begünstigten (und auf dessen antsprechende Prozeßvollmacht) angewiesen und dem entsprechend auch zur Übernahme des Mandats grundsätzlich nicht verpflichtet. Gleichwohl bewirkt die Bewilligung der Prozeßkostenhilfe unter anderem, daß der beigeordnete Anwalt einen Vergütungsanspruch gegen die Partei jedenfalls zunächst nicht geltend machen kann, § 122 I Z 3 ZPO. Er hat ja einen Anspruch auf die Zahlung seiner Gebühren und Auslagen gegenüber der Staatskasse, §§ 121 ff BRAGO.

Deshalb bestimmt IV I, daß eine Vergütungsvereinbarung zwischen dem beigeordneten Anwalt und der begünstigten Partei keine Verbindlichkeit der letzteren begründet. Es kommt in diesem Zusammenhang nicht darauf an, ob es sich um eine nach II abgeschlossene Vereinbarung oberhalb der gesetzlichen Vergütung oder um eine Vereinbarung unterder gesetzlichen Vergütung handelt. Unwirksam ist sogar eine Vereinbarung, die die gesetzlichen Gebühren als vertragliche übernimmt oder einen Teil der gesetzlichen Vergütung vertraglich übernimmt, etwa für einen auswärtigen Beweistermin.

B. Aufhebung der Prozeßkostenhilfe. Soweit das Gericht die Prozeßkostenhilfe gemäß § 124 ZPO aufhebt, wirkt diese Aufhebung eindeutig zurück, BLAH § 124 ZPO Anm 6 A. Der Aufhebungsbeschluß stellt den Bewilligungsbeschluß also richtig, so schon (zum alten Recht) Düss NJW **50**, 229. Der Begünstigte wird rückwirkend als zumindest ausreichend bemittelt betrachtet. Der beigeordnete Anwalt ist infolge der Aufhebung der Bewilligung nicht mehr durch § 122 I Z 3 ZPO gehindert, seinen Vergütungsanspruch gegenüber dem Auftraggeber geltend zu machen.

Gleichwohl umfaßt dieses Recht nur den gesetzlichen Anspruch. Denn man müßte andernfalls die zuvor geschlossene Gebührenvereinbarung so konstruieren, daß sie in Wahrheit unter der zumindest stillschweigenden aufschiebenden Bedingung einer Aufhebung der Prozeßkostenhilfe stand, § 158 I BGB. Eine solche Konstruktion widerspricht so hochgradig jedenfalls der Situation des Begünstigten im Zeitpunkt des ja meist auf die Bewilligung der Prozeßkostenhilfe alsbald folgenden Vertragsschlusses mit dem beigeordneten Anwalt, daß eine solche Auslegung kaum noch verantwortbar wäre, §§ 157, 242 BGB.

Eine Konstruktion dahin, daß die Gebührenvereinbarung unter einer auflösenden Bedingung (der Aufhebung der Prozeßkostenhilfe oder des Nichteintritts einer solchen Situation) geschlossen wäre, § 158 II BGB, ist schon deshalb nicht sinnvoll, weil im Fall einer auflösenden Bedingung nach dieser Vorschrift mit dem Eintritt der Bedingung die Wirkung des Rechtsgeschäfts endet und der frühere Rechtszustand wieder eintritt. Damit würde also gerade die Gebührenvereinbarung entfallen, statt (mit der Aufhebung der Prozeßkostenhilfe) entstehen.

C. Freiwillige und vorbehaltlose Zahlung, IV 2. Soweit allerdings der Auftraggeber freiwillig und ohne Vorbehalt geleistet hat, kann er das Geleistete nicht schon deshalb zurückfordern, weil eine Verbindlichkeit nicht bestanden hat. IV 2 übernimmt insofern die Regelung in I 2, Anm 2 B b cc.

D. Weitere Einzelfragen. IV bezieht sich nicht auf andere Fälle der Beiordnung, also nicht auf eine solche nach §§ 57, 58, 668, 679, 686, 779, 787 ZPO, auch nicht auf eine Beiordnung als Notanwalt nach §§ 78b, c ZPO. Wegen des gerichtlich bestellten Verteidigers vgl § 100. Für den in einer Privatklagesache oder in einer Nebenklagesache sowie im Anklageerzwingungsverfahren beigeordneten Anwalt gilt IV ebenfalls nicht.

Solange das Gericht die Prozeßkostenhilfe bewilligt hat, kommt es auf die Beurteilung des Anwalts über die Zahlungsfähigkeit der begünstigten Partei nicht an, BGH NJW **63**, 1318.

Die nachträgliche Bewilligung der Prozeßkostenhilfe ist erst vom Zeitpunkt ihrer Wirksamkeit an, BLAH § 119 ZPO Anm 2, 3, zu beachten. Eine Gebührenvereinbarung vor diesem Zeitpunkt und für den vor der Wirksamkeit der Bewilligung liegenden Tätigkeitsabschnitt des Anwalts ist unabhängig von IV zu beurteilen.

Wegen der Anrechnung von Zahlungen nach der Bewilligung der Prozeßkostenhilfe vgl § 129.

6) Kostenerstattung. § 3 regelt lediglich das Innenverhältnis zwischen dem Auftraggeber und seinem Anwalt, nicht das Außenverhältnis zwischen dem Auftraggeber und dem außergerichtlichen oder gerichtlichen Gegner. Eine Erstattung der Vergütung im Außenverhältnis richtet sich stets nur nach den einschlägigen gesetzlichen Vorschriften, §§ 91 II 1 ZPO, auch in Verbindung mit § 464a II Z 2 StPO, Ffm JB **67**, 260 mwN, Hgb MDR **76**, 952, oder in Verbindung mit § 162 II VwGO oder in Verbindung mit § 193 III SGG oder in Verbindung mit § 139 FGO, Kblz Rpfleger **76**, 218 mwN.

Etwas anderes gilt allenfalls insofern, als der Verhandlungsgegner oder Prozeßgegner sich zur Übernahme einer höheren als der gesetzlichen Vergütung des Auftraggebers vertraglich bereit erklärt hat, auch in einem Prozeßvergleich, Hamm AnwBl **75**, 96 mwN. Man muß im Kostenfestsetzungsverfahren glaubhaft machen, daß der Auftraggeber die Formvorschriften des § 3 eingehalten hatte, Kblz Rpfleger **77**, 107.

Mit einer „Übernahme der Kosten" sind im Zweifel nur die gesetzlichen gemeint.

Deshalb ist auch eine Beschwerde der Partei auf eine Erhöhung des Streitwerts unzulässig, VGH Kassel NJW **65**, 1829.

7) Beratungshilfe. Soweit der Anwalt lediglich eine Beratungshilfe vorgenommen hat, § 8 II BerHG, Einf 2 B vor § 131, ist eine Vergütungsvereinbarung unzulässig. Freilich darf der Anwalt jene Festgebühr ganz oder teilweise erlassen, § 8 I Hs 2 BerHG.

Vergütung für Tätigkeiten von Vertretern des Rechtsanwalts

4 Die Vergütung für eine Tätigkeit, die der Rechtsanwalt nicht persönlich vornimmt, wird nach diesem Gesetz bemessen, wenn der Rechtsanwalt durch einen Rechtsanwalt, den allgemeinen Vertreter oder einen zur Ausbildung zugewiesenen Referendar vertreten wird.

1) Allgemeines. Der Anwalt muß seine Tätigkeit grundsätzlich persönlich leisten, §§ 613 S 1, 675 BGB. Man muß nach diesen Vorschriften von Fall zu Fall klären, ob und in welchem Umfang sich der Anwalt anderer Personen bedienen darf, §§ 276, 278 BGB. Der Anwaltsvertrag ist mangels abweichender Abreden so auszulegen, daß der Anwalt außergerichtlich wie gerichtlich durch einen von ihm beauftragten Vertreter tätig werden darf, soweit nicht eine besondere Weisung des Auftraggebers oder dessen erkennbares Interesse die höchstpersönliche Wahrnehmung dieses Tätigkeitsabschnitts durch den Anwalt erfordern. Im übrigen ist der Text der Prozeßvollmacht zu beachten.

Soweit der Anwalt gegen diese Vertragspflichten verstößt, mag der Auftraggeber sachlichrechtliche Ansprüche gegen ihn haben, etwa unter dem Gesichtspunkt der Schlechterfüllung oder des Verzugs. § 4 läßt zwar solche Ansprüche unberührt, bestimmt aber, daß es für den gesetzlichen Vergütungsanspruch des Anwalts nicht darauf ankommt, ob er sich vertreten lassen durfte, sondern nur darauf, ob er sich durch eine der in § 4 abschließend genannten Personen, LG Landau MDR **79**, 160, vertreten ließ. Das Gesetz sieht (nur) diese Person als so weit ausgebildet an, daß ihre Tätigkeit derjenigen des Anwalts gleichsteht.

Soweit der Anwalt mit dem Auftraggeber vereinbart, daß ihn jemand vertreten darf, ist diese Vereinbarung auch dann formlos gültig, wenn die BRAGO nach ihr auf eine andere als die in § 4 genannten Personen Anwendung finden soll. Diese Frage hätte LG Gießen VersR **81**, 963 mit prüfen sollen.

2) Fälle. Aus der abschließenden Aufzählung der dem Anwalt gebührenrechtlich gleichstehenden Vertreter, Anm 1, ergibt sich folgendes Bild:

Allgemeiner Vertreter: Das ist der gemäß § 53 BRAO in den dort genannten Fällen erforderliche, amtlich bestellte Vertreter. Er steht im Umfang seiner Bestellung dem vertretenen Anwalt in jeder Hinsicht gleich. Er kann daher seinerseits grundsätzlich eine der in § 4 genannten Personen zu seinem (Unter-)Vertreter bestellen und auch mit dem Auftraggeber des von ihm vertretenen Anwalts vereinbaren, nicht als dessen amtlich bestellter Vertreter, sondern als dessen Bevollmächtigter tätig zu sein, soweit das nicht rechtsmißbräuchlich ist, BGH **57**, 204.

Amtlich bestellter Vertreter: Der nach § 53 BRAO amtlich bestellte Vertreter ist der „allgemeine Vertreter", A.

Andere Personen: Infolge der abschließenden Aufzählung der gebührenrechtlich dem Anwalt gleichstehenden Personen sind andere als die § 4 genannten Personen nicht geeignet, durch ihre Tätigkeit eine gesetzliche Vergütung des Anwalts auszulösen, LG Oldb Rpfleger **84**, 36. Der Auftraggeber kann den Anwalt zwar ermächtigen, sich durch andere Personen vertreten zu lassen, etwa durch den Bürovorsteher oder die Ehefrau, der Anwalt hat aber insofern eben keinen gesetzlichen Vergütungsanspruch. Er kann insofern auch keinen vertraglichen Vergütungsanspruch erwerben. Denn die BRAGO regelt die Frage, ob und welche Vergütung er erhalten kann, grundsätzlich abschließend, und § 3 läßt die Vereinbarung einer Vergütung nur derart zu, daß diese nach oben oder unten vom Gesetz abweichen soll, nicht auch derart, daß sie selbst dann in gesetzlicher oder davon abweichender Höhe entstehen soll, wenn der Anwalt sich durch andere als die in § 4 genannten Personen vertreten läßt.

Eine andere Frage ist natürlich diejenige, ob eine solche andere Person einen eigenen Vergütungsanspruch gegenüber dem Anwalt, der sie unmittelbar beauftragt hat, und/oder gegenüber dessen Auftraggeber nach dem sachlichen Recht haben kann. Ein solcher Anspruch darf aber nicht zu einer Umgehung des § 4 führen. Insoweit kann ein sog Gebührenteilungsvertrag nichtig sein, § 134 BGB.

S auch „Bürovorsteher".

Assessor: Auf ihn ist § 4 unanwendbar. Das gilt zunächst dann, wenn er bei diesem Anwalt ständig beschäftigt ist.

Diese Frage ist **streitig. Wie hier** zB Zweibr AnwBl **85**, 161, vgl Hamm AnwBl **79**, 236, Oldb JB **79**, 68, ferner LG Düss AnwBl **79**, 194 mwN, LG Landau MDR **79**, 160, LG Mosbach AnwBl **76**, 180,

LG Trier AnwBl **78**, 359 je mwN; **offen** AG Gött AnwBl **84**, 518; **aM** zB LG Freibg MDR **77**, 515.

§ 4 ist aber auch dann unanwendbar, wenn der Assessor bei diesem Anwalt nicht beschäftigt ist oder überhaupt nicht bei einem Anwalt beschäftigt ist. Es sind allenfalls §§ 611 ff BGB in Verbindung mit §§ 398 ff BGB anwendbar, im Ergebnis ähnlich Zweibr AnwBl **85**, 161, LG Bochum Rpfleger **88**, 426, LG Frankenth AnwBl **85**, 162 (diese Gerichte wenden § 126 an).

Der Assessor kann aber als allgemeiner Vertreter, A, nach § 4 zu beurteilen sein, vgl ferner E.

Die Nichterwähnung des Assessors in § 4 scheint auf den ersten Blick insofern überraschend, als schon ein zur Ausbildung zugewiesener Referendar dem Anwalt gebührenrechtlich gleichgestellt ist. Indessen kommt es nicht nur auf den Grad der Rechtskenntnisse, sondern auf die öffentlichrechtliche Verantwortlichkeit der Vertretungsperson an. Der zugelassene Anwalt ist nach der gesamten BRAO verantwortlich, der allgemeine Vertreter nach § 53 BRAO, der Stationsreferendar nach den für ihn geltenden Ausbildungsvorschriften in Verbindung mit § 59 BRAO. Der Assessor ist als solcher Privatperson, solange er weder zur Anwaltschaft zugelassen wurde noch in einer öffentlichrechtlichen Funktion als allgemeiner Vertreter des Anwalts oder zB als dessen Praxisabwickler tätig wird. Aus diesen Gründen ist die Nichterwähnung des Assessors in § 4 auch mit dem GG vereinbar und kommt es auch nicht darauf an, ob der Assessor kurz vor der Anwaltszulassung steht, Zweibr AnwBl **85**, 161 mwN.

Daher stellt VG Freiburg AnwBl **84**, 325 den Assessor des im Weg einer Prozeßkostenhilfe beigeordneten Anwalts zu Unrecht einer der in § 4 genannten Personen gleich.

Beigeordneter Anwalt: Er kann als Anwalt, um dessen Vertretung es geht, im Fall einer Vertretung durch eine der in § 4 genannten Personen seine gesetzliche Vergütung auch insofern beanspruchen. Eine Beiordnung eines Anwalts als des Vertreters eines anderen Anwalts (und nicht etwa als dessen allgemeiner Vertreter oder Praxisabwickler) kommt nur theoretisch in Betracht. In einem solchen Fall kann § 4 anwendbar sein, LG Krefeld AnwBl **76**, 181, abw Düss MDR **78**, 1031 (für den Fall, daß ein Assessor seine Zulassung schon beantragt hatte und wenig später zugelassen wird).

Bürovorsteher: Auf ihn ist § 4 unanwendbar, LG Oldb Rpfleger **84**, 36 mwN. Das gilt selbst dann, wenn der Auftraggeber mit seiner Tätigkeit einverstanden ist, wenn der Bürovorsteher dieselbe Sachkunde wie der Anwalt hat und wenn der Bürovorsteher zulässigerweise, Anm 1, die Schriftsätze vorbereitet, das Material herbeigeschafft, Vorverhandlungen geführt und den Anwalt auch noch in anderer Weise weitgehend unterstützt und entlastet hat. Seine Vergütung gegenüber dem Anwalt und unter Umständen gegenüber dem Auftraggeber des Anwalts bestimmt sich nach dem sachlichen Recht, Köln AnwBl **85**, 327 mwN, aM LG Bln Rpfleger **73**, 68 (er erhalte nur den Ersatz seiner Auslagen) und insofern auch LG Oldb Rpfleger **84**, 36 (er erhalte gar nichts).

S auch „Andere Personen".

Hochschullehrer: Auf ihn ist § 4 wie überhaupt die BRAGO grundsätzlich selbst dann unanwendbar, wenn er zulässigerweise zB als Verteidiger tätig wird, LG Gießen AnwBl **87**, 500 (krit Hermann). Er kann einen Vergütungsanspruch nach dem bürgerlichen Recht haben. Insofern mögen die Vertragspartner eine entsprechende Anwendung der BRAGO und damit auch ihres § 4 zulässigerweise vereinbaren, vgl Herrmann AnwBl **87**, 501, insofern unklar LG Gießen AnwBl **87**, 500. Vgl auch § 1 Anm 2 Bj.

Pflichtverteidiger: Soweit es sich um einen Anwalt handelt, ist er auch als Pflichtverteidiger nach § 4 zu behandeln, kann also eine der dort genannten Personen zu seinem Vertreter bestellen. Das gilt allerdings nur insofern, als die gerichtliche Bestellung seine Vertretung deckt. Das ist grundsätzlich im Fall der Übertragung der gesamten Verteidigung oder der Verteidigung in der Hauptverhandlung nicht der Fall, vgl Hamm JZ **51**, 569, Köln NJW **54**, 124.

Praxisabwickler: Er ist nicht schon in dieser Funktion eine der in § 4 genannten Personen. Er ist insbesondere nicht der „allgemeine Vertreter" des verstorbenen Anwalts. Das ergibt sich aus §§ 53, 55 BRAO, die zwischen den Funktionen des allgemeinen Vertreters (eines lebenden Anwalts) und des Abwicklers der Kanzlei (eines verstorbenen Anwalts) unterscheiden. Außerdem hat der Abwickler gemäß § 55 III 2 BRAO einen Vergütungsanspruch vom Zeitpunkt seiner Bestellung an in eigener Person. Die Vorschrift regelt auch das gebührenrechtliche Innenverhältnis zwischen ihm und den Erben des verstorbenen Anwalts. Der Abwickler ist, anders als der allgemeine Vertreter, sogar gemäß § 55 IV BRAO berechtigt, Kostenforderungen des verstorbenen Anwalts im eigenen Namen für Rechnung der Erben geltend zu machen.

Soweit es sich beim Praxisabwickler um einen Anwalt handelt, ist er in dieser letzteren Eigenschaft allerdings eine der in § 4 genannten Personen. Freilich ist die Anwaltseigenschaft keine zwingende Bedingung der Bestellung zum Praxisabwickler, § 55 I 1.

Rechtsanwalt: Jeder zugelassene Rechtsanwalt ist, soweit er für einen anderen Anwalt als Vertreter tätig wird, nach § 4 zu beurteilen, vgl Hbg MDR **64**, 170, KG MDR **88**, 787. Das gilt unabhängig davon, ob er mit dem vertretenen Anwalt in einer Bürogemeinschaft oder in einer Sozietät arbeitet. Erforderlich und ausreichend ist die Zulassung zur Anwaltschaft, § 12 BRAO. Es kommt nicht darauf an, ob der Anwalt bei demjenigen Gericht zugelassen ist, vor dem er auftritt. Diese Frage ist nur insofern von Bedeutung, als es um Art und Höhe der gesetzlichen Gebühren und Auslagen geht, nicht aber dafür, ob der vertretene Anwalt seine gesetzliche Vergütung grundsätzlich trotz der Vertretung durch den anderen Anwalt erhält.

Referendar: Man muß folgende Situationen unterscheiden:

A. Zur Ausbildung zugewiesener Referendar. Seine Tätigkeit steht der des Anwalts gleich. Es ist unerheblich, ob dieser Referendar gerade demjenigen Anwalt zur Ausbildung zugewiesen wurde, den er nun vertritt, oder einem anderen Anwalt. Denn § 4 verlangt nur noch einen „zur Ausbildung zugewiesenen", nicht einen „dem Rechtsanwalt" (so der frühere Gesetzestext) oder gar einen „diesem Rechtsanwalt" zugewiesenen Referendar, LG Ffm AnwBl **78**, 31; das übersehen Hbg Rpfleger **88**, 548, AG Buchloe MDR **72**, 710 mwN. Die nach der BRAGO bemessenen Gebühren für diejenige Tätigkeit, die ein irgendeinem Anwalt zur Ausbildung zugewiesener Referendar vornimmt, sind also insofern, als er als Vertreter dieses oder eines anderen Anwalts tätig wird, die gesetzlichen Gebühren des vertretenen Anwalts im Sinn von § 91 II 1 ZPO.

B. Nicht zur Ausbildung zugewiesener Referendar. Soweit der Referendar weder demjenigen Anwalt, den er vertritt, noch einem anderen Anwalt zur Ausbildung zugewiesen ist, gehört er nicht zu den in § 4 genannten Personen, LG Gött NJW **69**, 946, LG Krefeld AnwBl **76**, 181, LG Mosbach AnwBl **76**, 180, LG Zweibr Rpfleger **77**, 114 jw mwN. Es kommt nicht darauf an, ob der Referendar schon eine Stationszeit bei einem Anwalt absolviert hat. Es kommt erst recht nicht darauf an, ob seine Stationszeit bei diesem oder einem anderen Anwalt schon unmittelbar bevorsteht. Es reicht auch nicht, daß der Referendar diesem oder einem anderen Anwaltsnotar nur in dessen Notareigenschaft zur Ausbildung in der freiwilligen Gerichtsbarkeit überwiesen wurde, LG Brschw Rpfleger **85**, 507.

Freilich kann der Nicht-Stationsreferendar gleichwohl gemäß § 53 IV 2 BRAO unter den dort genannten Voraussetzungen zum allgemeinen Vertreter des Anwalts bestellt worden sein. In dieser Eigenschaft fällt er unter § 4.

Sachverständiger: Er gehört in dieser Eigenschaft nicht zu den in § 4 genannten Personen. Seine Vergütung bemißt sich nach dem ZSEG oder nach dem bürgerlichen Recht. Seine Tätigkeit fällt auch dann nicht unter § 4, wenn das Gericht ihn bestellt hat und wenn er öffentlich beeidigt wurde. Es kommt auch nicht darauf an, ob er einen Ortstermin durchgeführt hat, Mü Rpfleger **65**, 247.

Sozius: Der Sozius ist in seiner Eigenschaft als zugelassener Rechtsanwalt nach § 4 zu beurteilen. Er kann außerdem zum allgemeinen Vertreter bestellt worden sein und ist dann auch insofern nach § 4 zu beurteilen.

Der Anwalt, der mit einem anderen Anwalt eine Bürogemeinschaft betreibt, ist nicht schon wegen dieses Gemeinschaftsverhältnisses, wohl aber als Anwalt und eventuell als allgemeiner Vertreter des anderen Anwalts nach § 4 zu beurteilen.

Derjenige Assessor, der zwar schon praktisch ein Sozius des zugelassenen, vertretenen Anwalts, trotzdem aber persönlich gerade noch nicht als Anwalt zugelassen ist, ist nicht nach § 4 zu beurteilen, aM Düss MDR **78**, 1031, Ffm NJW **75**, 2211.

3) Erstattungsfähigkeit. Man muß von Fall zu Fall nach den in Betracht kommenden Verfahrensvorschriften prüfen, ob und inwieweit die Kosten eines Vertreters als für die Rechtsverfolgung notwendig und damit als erstattungsfähig anzusehen sind.

Diese Frage ist **streitig. Wie hier** zB LG Aachen JB **78**, 262, LG Düss AnwBl **79**, 194 mwN, insofern richtig auch LG Freibg MDR **77**, 515, ferner LG Brschw Rpfleger **85**, 507, LG Kassel AnwBl **80**, 203 (das erstere Gericht billigt bei einem Assessor ⅔ der Anwaltsgebühren, beide Gerichte billigen bei einem Nicht- Stationsreferendar die Hälfte der Anwaltsgebühren zu), LG Osnabr JB **78**, 216 mwN (das LG billigt ⅔ der Anwaltsgebühren zu), LG Mosbach AnwBl **76**, 180 (das LG billigt ¾ der Anwaltsgebühren zu) je mwN; **aM** zB LG Ravensb NJW **76**, 2225 (das LG billigt im Fall der grundsätzlichen Erstattungsfähigkeit volle Anwaltsgebühren zu), AG Mettmann/LG Wuppertal AnwBl **77**, 321 (diese Gerichte billigen überhaupt keine Erstattungsfähigkeit zu; abl Matzen).

Mehrere Rechtsanwälte

5 Ist der Auftrag mehreren Rechtsanwälten zur gemeinschaftlichen Erledigung übertragen, so erhält jeder Rechtsanwalt für seine Tätigkeit die volle Vergütung.

1) Allgemeines. § 5 hat einen grob mißverständlichen Wortlaut. Nach diesem Wortlaut wäre gerade der Einzelauftrag an eine Anwaltsgemeinschaft gemeint. Indessen erfaßt § 5 gerade diesen Fall nicht. Das beruht auf der Rechtsform der Anwaltsgemeinschaft, aus der eine Gesamtgläubigerschaft und eine Gesamtschuldnerschaft der Sozien abzuleiten ist, Anm 2.

2) Voraussetzungen. § 5 ist nur anwendbar, soweit folgende Voraussetzungen zusammentreffen:

A. Mehrere selbständige Anwaltsverträge. Der Auftraggeber muß mehrere rechtlich selbständige Anwaltsverträge geschlossen haben. Er muß also nicht nur einen, sondern mehrere Aufträge erteilt haben.

B. Mehrere selbständige Anwälte nebeneinander. Die mehreren Aufträge, A, müssen sich an mehrere, nebeneinander und nicht für einander tätige, voneinander unabhängige und rechtlich selbständig arbeitende Anwälte richten.

Deshalb ist die Vorschrift auf eine zumindest nach außen als Sozietät auftretende Anwaltsgemeinschaft unanwendbar. Denn in einem solchen Fall liegt unabhängig von der Rechtsform des Innenverhältnisses, vgl Karlsr RR **87**, 868, AG Köln DGVZ **88**, 123 (BGB-Gesellschaft), nicht nur grundsätzlich lediglich ein einziger Auftrag vor, sondern die Sozien arbeiten nicht nebeneinander, sondern füreinander, als Gesamtschuldner, Karlsr RR **87**, 868, und Gesamtgläubiger.

Diese Frage ist **streitig. Wie hier** zB BGH **70**, 249 und VersR **86**, 686 je mwN, vgl auch BGH RR **88**, 1299 (Treuhandauftrag), ferner Düss AnwBl **85**, 388, Hbg JB **75**, 773, Mü MDR **78**, 150 je mwN, Seltmann VersR **74**, 97, vgl Hamm Rpfleger **77**, 375, Lappe NJW **76**, 166; **abw** zB BGH **LM** § 611 BGB Nr 22, ähnlich BGH NJW **80**, 999 mwN (in diesen Entscheidungen meint der BGH, der Auftraggeber beauftrage grundsätzlich nur einen der Sozien, sei aber damit einverstanden, daß die anderen Sozien den Beauftragten vertreten); **aM** zB LG Hbg AnwBl **74**, 166 (das LG meint, man müsse den Auftrag an eine Anwaltsgemeinschaft von Fall zu Fall auslegen), AG Bln-Wedding DGVZ **78**, 31.

Infolge dieser Tätigkeit der Sozien füreinander kann jeder Angehörige der Gemeinschaft den gesetzlichen Vergütungsanspruch als Gesamtgläubiger geltend machen, BGH NJW **80**, 2407 mwN, Düss AnwBl **85**, 388, Saarbr Rpfleger **78**, 228, LG Bochum Rpfleger, **77**, 333, Schmidt AnwBl **78**, 49. Insofern besteht übrigens eine andere Regelung als bei der Notargemeinschaft, BayObLG MDR **81**, 238. Daraus folgt: Die gesetzliche Vergütung ist nur so hoch, als ob der Auftraggeber einen einzelnen Anwalt beauftragt hätte, § 428 S 1 BGB. Der Auftraggeber braucht nur einmal zu leisten, § 421 S 1 BGB. Es erhält also gerade nicht jeder Sozius eine eigene Vergütung.

Freilich steht eine Vergütung, die einer der Sozien vor der Bildung einer Anwaltsgemeinschaft bereits erarbeitet hatte, die der Auftraggeber ihm aber noch nicht gezahlt hatte, diesem Gemeinschafter so lange zu, bis er den Vergütungsanspruch etwa auf Grund des Sozietätsvertrags in die Anwaltsgemeinschaft einbringt, BGH NJW **72**, 101. Das ist nicht stets der Fall, vgl BGH DB **88**, 1113 (auch zum Einzelmandat des verstorbenen Sozius).

Andererseits wird dann, wenn der bisher beauftragte Anwalt und ein eintretender Teilhaber eine Sozietät bilden, auch dadurch nicht eine Erhöhung der Gesamtverbindlichkeit des Auftraggebers nach § 5 begründet, Hamm MDR **69**, 63. Etwas anderes gilt lediglich dann, wenn der Auftraggeber die beiden Anwälte vor der Bildung ihrer Anwaltsgemeinschaft zur gemeinschaftlichen Erledigung beauftragt hatte.

Im übrigen muß man den Auftrag an eine Anwaltsgemeinschaft dann, wenn ihre einzelnen Mitglieder bei unterschiedlichen Gerichten zugelassen sind, nach Treu und Glauben unter Umständen dahin auslegen, daß nur derjenige Sozius als beauftragt gilt, der bei dem zuständigen Gericht zugelassen ist. Die Sozien können im Gesellschaftsvertrag vereinbaren, daß Ansprüche aus Honorarvereinbarungen allein einem Sozius zustehen sollen, LG Karlsr AnwBl **83**, 179.

C. Gemeinschaftliche Erledigung. Die mehreren Aufträge an die nebeneinander tätigen Anwälte, A, B, müssen sich auf eine gemeinschaftliche Erledigung erstrecken. § 5 ist also insoweit unanwendbar, als der Auftraggeber für verschiedene Tätigkeiten mehrere Aufträge an mehrere Anwälte erteilt. Es muß also dieselbe Angelegenheit im Sinn von § 13 II 1 vorliegen, auch wenn § 5 das Wort „Angelegenheit" anders als zB §§ 6 I, 7 II, 12, 13 nicht ausdrücklich nennt.

Soweit die mehreren, lediglich nebeneinander tätigen Anwälte verschiedene Angelegenheiten bearbeiten sollen, erhält jeder von ihnen ohnehin eine volle Vergütung im Umfang seiner Tätigkeit. Insoweit ist eine ausdrückliche gesetzliche Regelung überhaupt nicht notwendig. Es liegen dann eben mehrere voneinander völlig unabhängige Vertragsverhältnisse vor.

3) Jeweils volle Vergütung. Jeder der gemäß Anm 2 beauftragten Anwälte hat im Umfang seiner Tätigkeit einen Anspruch auf die volle gesetzliche Vergütung. Die Beauftragung mehrerer lediglich nebeneinander tätig werdender selbständiger Anwälte kann also erheblich teuerer werden als die Beauftragung einer Anwaltsgemeinschaft.

4) Erstattungsunfähigkeit. Auch im Fall des § 5 kann der Auftraggeber lediglich die Vergütung eines einzelnen Anwalts erstattet fordern,

§ 91 II 3 ZPO, Hamm Rpfleger **77**, 375. Man muß nach dieser Vorschrift auch prüfen, ob der Auftraggeber vom Prozeßgegner diejenige Summe erstattet fordern kann, die der höchsten gesetzlichen Vergütung entspricht, oder nur einen geringeren Betrag.

Mehrere Auftraggeber

6 **I Wird der Rechtsanwalt in derselben Angelegenheit für mehrere Auftraggeber tätig, so erhält er die Gebühren nur einmal. Ist der Gegenstand der anwaltlichen Tätigkeit derselbe, so erhöhen sich die Geschäftsgebühr (§ 118 Abs. 1 Nr. 1) und die Prozeßgebühr (§ 31 Abs. 1 Nr. 1) durch jeden weiteren Auftraggeber um drei Zehntel; die Erhöhung wird nach dem Betrag berechnet, an dem die Auftraggeber gemeinschaftlich beteiligt sind; mehrere Erhöhungen dürfen den Betrag von zwei vollen Gebühren nicht übersteigen. Bei Gebühren, die nur dem Mindest- und Höchstbetrag nach bestimmt sind, erhöhen sich der Mindest- und Höchstbetrag durch jeden weiteren Auftraggeber um drei Zehntel; mehrere Erhöhungen dürfen das Doppelte des Mindest- und Höchstbetrages nicht übersteigen.**

II Jeder der Auftraggeber schuldet dem Rechtsanwalt die Gebühren und Auslagen, die er schulden würde, wenn der Rechtsanwalt nur in seinem Auftrag tätig geworden wäre. Der Rechtsanwalt kann aber insgesamt nicht mehr als die nach Absatz 1 berechneten Gebühren fordern; die Auslagen kann er nur einmal fordern.

Gliederung

e) Aufträge an gemeinsamen Anwalt
f) Gemeinsame Festssetzungsanträge
g) Verbot des Rechtsmißbrauchs
h) Notwendigkeit einer Glaubhaftmachung
i) Weitere Verfahrensfragen

E. Teilunterliegen, Teilobsiegen mehrerer Streitgenossen, § 100 I–IV ZPO
F. Rechtsmittel, § 100 I–IV ZPO

1) Allgemeines. Der Anwalt, der mehrere Auftraggeber in derselben Angelegenheit vertritt, erhält Gebühren und Auslagen grundsätzlich nur in derselben Höhe, wie dann, wenn ihn nur einer der Auftraggeber beauftragt hätte, Ffm ZMR **88**, 231. § 6 gilt entsprechend seiner Stellung unter den allgemeinen Vorschriften des ersten Abschnitts für sämtliche Verfahrensarten, deren Vergütung die BRAGO regelt, also zB für die Zwangsvollstreckung, AG Gelsenkirchen DGVZ **86**, 122, und auch für den im Weg einer Prozeßkostenhilfe beigeordneten Anwalt; vgl aber § 146 StPO.

I regelt die Gesamtvergütung, also diejenige Vergütung, die ein für mehrere Auftraggeber tätiger Anwalt insgesamt von allen Auftraggebern fordern kann. II regelt deren Haftung.

Im Konkurs- und Vergleichsverfahren gilt § 82 als vorrangige Sondervorschrift.

§ 6 ist auch auf den Patentanwalt anwendbar, Düss GRUR **79**, 192.

2) Mehrere Auftraggeber, I 1. A. Grundsatz. Die mehreren Auftraggeber können natürliche oder juristische Personen oder sonstige Personenmehrheiten sein, so grundsätzlich richtig Ffm GRUR **84**, 162 mwN. Es kommt grundsätzlich nicht darauf an, ob sie Kläger oder Beklagte sind; vgl aber B „Widerkläger". Es kommt nicht auf den Arbeitsumfang an, sondern nur auf die Zahl der Auftraggeber.

Das ist **im wesentlichen unstreitig,** zB BGH Rpfleger **84**, 202 und NJW **87** 2240, Bbg AnwBl **86**, 108 je mwN; Karlsr AnwBl **81**, 193, jetzt auch Kblz BB **85**, 1883, ferner Mü MDR **85**, 857, Saarbr AnwBl **85**, 391, LG Köln (1. ZK) AnwBl **81**, 156 und AnwBl **87**, 243, (29. ZK) AnwBl **82**, 376, jetzt auch OVG Bre Rpfleger **88**, 427, ferner OVG Kassel AnwBl **87**, , 498, OVG Lüneb AnwBl **84**, 560; **aM** Köln JB **79**, 1815.

Es ist grundsätzlich unerheblich, ob die mehreren Auftraggeber von vornherein oder nacheinander beteiligt sind.

Das ist **streitig. Wie hier** zB BGH Rpfleger **78**, 370 mwN, Bbg JB **77**, 1711, Ffm AnwBl **80**, 295 mwN, Mü AnwBl **76**, 164, Decker NJW **78**, 409; **aM** zB Düss Rpfleger **82**, 441, AG Münster JB **76**, 1342.

Wenn aber ein Auftraggeber aus dem Prozeß ausscheidet und der Anwalt erst anschließend die Vertretung des im Prozeß Verbleibenden übernimmt, muß er seine Vergütung sowohl gegenüber dem früheren als auch gegenüber dem jetzigen Auftraggeber besonders berechnen, Ffm VersR **78**, 573, aM Karlsr Rpfleger **57**, 42. Dasselbe gilt dann, wenn der bisherige Auftraggeber ausscheidet und dafür ein anderer Auftraggeber eintritt, also im Fall der subjektiven Klagänderung, BGH Rpfleger **78**, 370, Bbg JB **78**, 696, Celle NJW **71**, 1757, Köln KTS **83**, 453 je mwN, vgl auch Saarbr MDR **66**, 855, es sei denn, daß neben dem Ausscheidenden noch ein weiterer Auftraggeber vorhanden ist und bleibt, den der Anwalt von vornherein vertreten hat, Kblz VersR **83**, 64.

B. Einzelfälle

Anwaltsgemeinschaft: Sie stellt als BGB-Gesellschaft, Ffm Rpfleger **87**, 477, vgl auch das folgende Stichwort, eine Mehrheit von Auftraggebern dar, soweit sie als Gesamtgläubiger oder Gesamtschuldner auftritt, § 5 Anm 2.

Diese Frage ist **streitig. Wie hier** zB Ffm AnwBl **85**, 264, Rpfleger **87**, 477 und AnwBl **88**, 70 je mwN, KG MDR **85**, 851, LG Nürnb-Fürth BB **81**, 1975; **abw** zB Düss VersR **81**, 1161, Hamm AnwBl **87**, 196 (nur als Bekl), Köln MDR **87**, 595, Mü Rpfleger **81**, 123 (jedenfalls als Bekl), Schlesw SchlHA **81**, 207, so wohl auch LG Frankenth Rpfleger **84**, 202 linke Spalte (das LG verneint nur die Erstattungsfähigkeit), LG Kleve AnwBl **78**, 65, AG Rotenbg/W DGVZ **83**, 191, Kornblum NJW **79**, 527, Mümmler JB **77**, 1517; **aM** zB Hamm AnwBl **81**, 31, Mü AnwBl **78**, 64, RS 11.

BGB-Gesellschaft: Sie stellt eine Mehrheit von Auftraggebern dar.

Diese Frage ist **streitig. Wie hier** zB Düss Rpfleger **81**, 123, Ffm Rpfleger **79**, 227, Hbg JB **79**, 1310 und 1312, Karlsr AnwBl **81**, 444 (und zwar auch, soweit die Gesellschafter juristische Personen sind), Kblz Rpfleger **87**, 477 (Mehrheit von beitretenden Streitverkündeten), Schlesw AnwBl **87**, 290 (wegen einer „ARGE"), oder soweit sie als Einheit auftreten und dauernden Erwerb bezwecken, KG MDR **87**, 857, FG Hann EFG **86**, 202, vgl auch VGH Mü BayVBl **84**, 92, jetzt auch Kblz VersR **87**, 695 und AnwBl **88**, 71, LG Bielef AnwBl **89**, 109; **abw** LG Hann Rpfleger **86**, 495 mwN, **aM** zB FG Düss EFG **86**, 202.

S auch „Anwaltsgemeinschaft".

Beigeladener: Beteiligte im Sinn der §§ 57 FGO, 69 SGG, 63 VwGO (Beigeladene) stellen zusammen mit der Hauptpartei oder untereinander eine Mehrheit von Auftraggebern dar.

Beratungshilfe: § 132 Anm 3 A.

Ehegatten: Sie sind unabhängig von der Art des Streitgegenstands regelmäßig mehrere Auftraggeber, Celle JB **79**, 1005, Düss AnwBl **88**, 70 mwN, LG Aachen AnwBl **82**, 116, LG Bonn AnwBl **82**, 529, LG Duisb MDR **82**, 155, LG Kiel SchlHA **88**, 145 je mwN, AG Bochum AnwBl **85**, 597, AG Köln DGVZ **85**, 95, FG Bre EFG **77**, 563, FG Hann EFG **84**, 140, FG Nürnb EFG **80**, 298, OVG Lüneb MDR **83**, 785, GSEM 13; **abw** Köln AnwBl **80**, 158 (es handele sich um eine Fallfrage; abl Schmidt). Das gilt auch bei einer Beratungshilfe, § 132 Anm 3 A.

Eigentum: Vertritt ein Anwalt mehrere durch dieselbe Enteignung Betroffene, dann liegt dieselbe Angelegenheit vor, soweit er für alle Auftraggeber gleichgerichtet vorgehen kann und muß, BGH AnwBl **84**, 501.

S auch „Streitgenossen", „Wohnungseigentümergemeinschaft".

Eltern und Kind: Sie sind mehrere Auftraggeber, LG Stade Rpfleger **86**, 495 mwN, Groetschel NJW **76**, 664, vgl aber OVG Bre Rpfleger **80**, 310, Lappe MDR **77**, 279.

Erbengemeinschaft: Ihre Mitglieder sind mehrere Auftraggeber.

Diese Frage ist **streitig. Wie hier** zB Bbg AnwBl **86**, 108, Hamm Rpfleger **89**, 80 je mwN, Karlsr AnwBl **81**, 193, jetzt auch Köln MDR **88**, 155, ferner GSEM 9, RS 10, 14; **abw** zB Düss Rpfleger **82**, 199, Ffm AnwBl **81**, 403 je mwN, LAG Hamm MDR **84**, 174 (für den Fall, daß mehrere Erben den Anwalt bitten, den vom Erblasser begonnenen Rechtsstreit fortzuführen).

Sie sind aber nur *ein* Auftraggeber, wenn der Anwalt den Auftrag schon vom Erblasser erhalten hatte, Düss MDR **89**, 468.

S auch „Testamentsvollstrecker".

Gesellschaft: S „BGB-Gesellschaft" usw.

Gesetzlicher Vertreter: Es handelt sich um mehrere Auftraggeber, wenn mehrere Beteiligte denselben gesetzlichen Vertreter haben, Karlsr AnwBl **81**, 193, aM Hbg MDR **82**, 1030, oder wenn von mehreren Beteiligten einer auch der gesetzlichen Vertreter des anderen ist.

Soweit aber ein gesetzlicher Vertreter persönlich am Verfahren unbeteiligt ist und nur als gesetzlicher Vertreter handelt, liegt keine Mehrheit von Auftraggebern vor, vgl auch § 149 StPO, aM Ffm AnwBl **80**, 260.

Kommanditgesellschaft: Bei ihr und der Komplementär-Gesellschaft handelt es sich nicht um eine Mehrheit von Auftraggebern.

Diese Frage ist **streitig. Wie hier** zB Hamm MDR **80**, 152, Köln JB **78**, 1173, Meier AnwBl **87**, 90; **aM** zB Ffm Rpfleger **82**, 441 mwN, Kblz AnwBl **88**, 71 mwN, Stgt AnwBl **79**, 274.

Konkursverwalter: Bei einer Klage gegen eine Person als Konkursverwalter und gegen dieselbe Person persönlich liegt für deren Anwalt eine Mehrheit von Auftraggebern vor, Ffm Rpfleger **83**, 499.

Kraftfahrzeugführer, -halter,-versicherer: Sie stellen eine Mehrheit von Auftraggebern dar, Mü MDR **77**, 413, LG Bln JB **78**, 223, Schmidt AnwBl **77**, 15 vgl aber Köln AnwBl **78**, 65 (krit Schmidt).

Nebenintervenient: S „Streithelfer", Hbg MDR **84**, 413.

Nebenkläger: Mehrere Nebenkläger stellen eine Mehrheit von Auftraggebern dar, LG Ravensb AnwBl **84**, 268.

Offene Handelsgesellschaft: Sie bildet keine Mehrheit von Auftraggebern.

Orchestervorstand: S „Verein".

Parteiwechsel: S oben A.

Privatkläger: Mehrere Privatkläger bilden eine Mehrheit von Auftraggebern, LG Krefeld AnwBl **81**, 27, LG Nürnb-Fürth BB **81**, 1175.

Prozeßverbindung, -trennung: § 13 Anm 3 B.

Selbstvertretung: Sobald der Anwalt den Auftraggeber und sich selbst vertritt, liegt eine Mehrheit von Auftraggebern vor, Hbg JB **78**, 1180. Vgl aber ferner oben A.

Sozietät: S „Anwaltsgemeinschaft".

Streitgenossen: Mehrere Streitgenossen stellen eine Mehrheit von Auftraggebern dar, Düss Rpfleger **81**, 123, Hbg MDR **78**, 1031 (für den Fall mehrerer Parteien kraft Amts), Mü Rpfleger **87**, 388 (Bruchteilseigentümer als Gesamtgläubiger oder -schuldner), Tilmann GRUR **86**, 696 (beim Wettbewerbsverstoß usw). Tritt derselbe Anwalt als ProzBev des Auftraggebers und als Unterbevollmächtigter des ProzBev eines Streitgenossen des Auftraggebers auf, dann liegen mehrere Aufträge vor, LG Frankenth Rpfleger **84**, 202 rechte Spalte.

Streithelfer: Mehrere Streithelfer stellen eine Mehrheit von Auftraggebern dar. Ein Streithelfer und seine Partei stellen ebenfalls eine Mehrheit von Auftraggebern dar.

Testamentsvollstrecker: Mehrere Testamentsvollstrecker können mehrere Auftraggeber sein, Düss AnwBl **83**, 518.

Verein: Es handelt sich weder beim eingetragenen noch beim nicht eingetragenen Verein um eine Mehrheit von Auftraggebern, Lappe NJW **76**, 166, wegen des nicht eingetragenen Vereins aM Ffm GRUR **84**, 162.

Vermächtnisnehmer: Sie sind auch dann mehrere Auftraggeber, wenn das Gericht ihre Forderungen zu einem Gesamtstreitwert addiert, aM Kblz Rpfleger **82**, 441.

Verteidiger: Eine Verteidigung mehrerer Beschuldigter durch einen gemeinschaftlichen Verteidiger ist gemäß § 146 StPO unzulässig. Wenn das Mandat zur Verteidigung mehrerer Beschuldigter deshalb in Einzelmandate aufgeteilt wird, ist § 6 unanwendbar, LG Saarbr AnwBl **75**, 367.

Wenn ein Pflichtverteidiger durch den Verteidiger eines anderen Mitangeklagten vertreten wird, ist keine Mehrheit von Auftraggebern vorhanden, Düss Rpfleger **73**, 444.

Widerklage: Da es sich zwischen dem Bekl und dem Widerkläger um dieselbe Person handelt, liegt insofern keine Mehrheit von Auftraggebern vor.

Wohnungseigentümergemeinschaft: Es handelt sich grundsätzlich um eine Mehrheit von Auftraggebern.

Diese Frage ist **streitig. Wie hier** zB BGH NJW **87**, 2240 mwN, Hamm Rpfleger **80**, 76, Schlesw SchlHA **80**, 203, LG Bln VersR **89**, 492 mwN, LG Bonn AnwBl **83**, 519, LG Mü AnwBl **81**, 404 je mwN, LG Wuppertal JB **78**, 1646, AG Bergheim AnwBl **84**, 506, VGH Kassel AnwBl **87**, 498, OVG Lüneb AnwBl **84**, 560, Meier AnwBl **86**, 501, GSEM 13; **aM** zB Kblz MDR **85**, 857, Köln JB **83**, 73, Mü MDR **85**, 857, LG Aurich Rpfleger **87**, 128 (abl Smid Rpfleger **87**, 334), LG Köln Rpfleger **77**, 456.

Wenn aber der Verwalter nur im eigenen Namen handelt, ist nur er Auftraggeber, Celle VersR **88**, 160 (abl Schäfers), Hamm MDR **83**, 501, Stgt JB **83**, 381, LG Bln VersR **89**, 492 mwN, Meier AnwBl **86**, 500, LG Frankenth Rpfleger **84**, 201, AG Bergheim AnwBl **84**, 506.

3) Derselbe Anwalt. Die mehreren Auftraggeber müssen denselben Anwalt beauftragt haben. Er muß in derselben Stellung zu seinen mehreren Auftraggebern tätig geworden sein. Soweit sie eine Anwaltsgemeinschaft beauftragt haben, gilt dieser Vorgang grundsätzlich als Beauftragung nur eines Anwalts, nicht mehrerer im Sinn von § 5, dort Anm 2, vgl auch LG Bochum Rpfleger **77**, 333.

Es reicht aus, daß der Anwalt als Verkehrsanwalt oder als Unterbevollmächtigter mehrere Personen vertritt. Das ist aber nicht der Fall, wenn derselbe Anwalt für den einen Auftraggeber als ProzBev, für den Streitgenossen dieses Auftraggebers aber lediglich als Unterbevollmächtigter des von diesem beauftragten ProzBev auftritt. In diesem Fall liegen zwei Aufträge vor. Daher ist § 5 anwendbar.

Soweit sich allerdings Streitgenossen getrennt vergleichen oder soweit das Gericht die Klage eines Streitgenossen rechtskräftig abweist, erst dann aber gegen den anderen, also getrennt verhandelt und entscheidet, kann § 6 anwendbar sein.

Durch eine vor der Trennung entstandene Pauschgebühr ist auch eine gleiche Tätigkeit nach der Trennung abgegolten. Ebensowenig entstehen die bereits entstandenen Pauschgebühren beim Hinzutreten oder beim Ausscheiden von Auftraggebern nochmals, § 13 II, Düss MDR **59**, 851. Soweit der Anwalt aber vor einer Verbindung bereits eine besondere Gebühr verdient hatte, verbleibt ihm diese.

§ 6 ist unanwendbar, soweit sich zwei Anwälte selbst vertreten, Hbg JB **78**, 1015.

4) Dieselbe Angelegenheit, I 1. Der Anwalt muß für die mehreren Auftraggeber in derselben Angelegenheit tätig geworden sein, BVerfG **65**, 75. Vgl dazu § 13 Anm 3.

Man muß, wie dort, die Begriffe Angelegenheit und Gegenstand unterscheiden. Für die Frage, ob dieselbe Angelegenheit vorliegt, kommt es auch bei § 6 auf den Umfang des Auftrags an. Gegenstand ist das Recht oder Rechtsverhältnis, auf das sich die jeweilige anwaltliche Tätigkeit bezieht, zB OVG Bre Rpfleger **80**, 310, VGH Stgt BaWüBl **82**, 397, abw Jahns AnwBl **88**, 477. Eine Angelegenheit kann mehrere Gegenstände umfassen, § 7 II, Düss Rpfleger **78**, 427, Hbg NJW **65**, 405, Kblz VersR **87**, 1149, VGH Stgt BaWüBl **82**, 397, zB den Sachschaden beim einen Unfallopfer, das Schmerzensgeld beim anderen, AG Mü VersR **73**, 954.

5) Derselbe Rechtszug. Es muß sich um denselben Rechtszug handeln. Das ergibt sich aus § 13 II 2. Vgl § 13 Anm 4.

6) Gebührenhöhe, I 2, 3. A. Derselbe Gegenstand. a) Grundsatz. Soweit der Gegenstand der anwaltlichen Tätigkeit innerhalb derselben Angelegenheit, § 13, für die mehreren Auftraggeber übereinstimmt, erhöht sich für jeden weiteren Auftraggeber die Geschäftsgebühr die Prozeßgebühr um $^3/_{10}$. Wegen der Unterschiede zwischen den Begriffen Gegenstand und Angelegenheit vgl Anm 4.

Man muß trotz der präzisen Verweisungen auf lediglich §§ 31 I Z 1, 118 I Z 1 eine weite Auslegung dieser Vorschriften vornehmen, Ffm VersR **80**, 144, Mü Rpfleger **78**, 110 je mwN, aber auch Lappe MDR **77**, 279. Auch bei §§ 32, 57 usw erhöht I 2 die volle Gebühr.

Diese Frage ist **streitig. Wie hier** zB Düss AnwBl **80**, 75 mwN und VersR **80**, 359, LG Nürnb-Fürth AnwBl **82**, 202 mwN, LG Tüb AnwBl **84**, 506; **aM** zB BGH NJW **81**, 1103 mwN, Hbg MDR **85**, 773, Hamm JB **78**, 699, KG Rpfleger **79**, 274, Kblz MDR **89**, 1031 je mwN, VG Hbg AnwBl **80**, 160, GSEM 27, Krauthausen DGVZ **84**, 181, Lappe Rpfleger **81**, 94 mwN (Ausgangsgebühr sei diejenige, die für die gesamte Sache anfalle).

Durch eine Erhöhung nach § 6 tritt nicht etwa auch beim Anwalt der Gegenpartei eine entsprechende Erhöhung ein, soweit er unverändert nur einen Auftraggeber vertritt.

b) Berechnung der Erhöhung. Die Berechnung der Erhöhung erfolgt nach demjenigen Betrag, an dem die mehreren Auftraggeber gemeinschaftlich beteiligt sind, Köln Rpfleger **87**, 176. Ist das der bisherige Gegenstand der anwaltlichen Tätigkeit, muß man die Erhöhung von diesem Gegenstand berechnen. Erhöht sich der Gegenstand, muß man die Prozeßgebühr entsprechend erhöhen, während sich die Beitrittsgebühr nur nach der gemeinschaftlichen Beteiligung richtet.

Beispiel: Der Gegenstand der anwaltlichen Tätigkeit hat zunächst einen Wert von 2000 DM. Es erfolgt ein Beitritt wegen eines Werts von 1000 DM, von denen aber nur 500 DM in den eben erwähnten 2000 DM stecken. In diesem Fall muß man die Prozeßgebühr nach einem Gegenstandswert von 2500 DM, die Beitrittsgebühr nach einem Wert von 500 DM berechnen.

Mehrere Erhöhungen dürfen zusammen nicht mehr als zwei volle Gebühren ausmachen. Diese beiden vollen Gebühren muß man aus der Ausgangsgebühr des gemeinsamen Gegenstands errechnen, Ffm VersR **80**, 486, Hbg JB **78**, 860, Mü Rpfleger **78**, 336 mwN, Stgt JB **76**, 907, LG Düss AnwBl **80**, 364 (abl Chemnitz), AG Bayreuth JB **78**, 1494, AG Köln DGVZ **85**, 95, Groetschel NJW **76**, 665, Lappe Rpfleger **81**, 94 mwN; insofern jetzt **aM** Köln Rpfleger **87**, 176.

I 2 Hs 3 zeigt, daß nur die „Erhöhungen" insgesamt nicht mehr als zwei volle Gebühren ausmachen dürfen. Die Ausgangsgebühr für den ersten Auftraggeber kann hinzutreten. Beispiel: Der Anwalt vertritt fünf Kläger. Seine Tätigkeit löst lediglich Prozeßgebühren aus. Er erhält: $^{10}/_{10}$ (für den ersten Auftraggeber) + 4 × $^{3}/_{10}$ (für die weiteren 4 Auftraggeber) = $^{22}/_{10}$, aM zB Düss AnwBl **80**, 75.

Dasselbe gilt zB bei § 43 I Z 1, LG Münster Rpfleger **76**, 439 mwN.

Man muß die Berechnung so vornehmen, als ob alle Auftraggeber von Anfang an beteiligt gewesen wären. Beispiel: Für den Auftraggeber A hat der Gegenstand einen Wert von 5000 DM, für den Auftraggeber B einen solchen von 3000 DM, von denen 1000 DM in den 5000 DM stecken; es erfolgen Beitritte der Auftraggeber C–F mit einem Gegenstandswert von je 5000 DM, die sämtlich in den 5000 DM des A stekken. Die höchste Beitrittsgebühr macht zwei Gebühren nach einem Wert von 5000 DM aus, obwohl der Streitgegenstand insgesamt 7000 DM beträgt.

Die Prozeßgebühr wird vor allem in einem Zivilprozeß (3. Abschnitt der BRAGO) erhoben. Die vorstehenden Regeln gelten aber auch in einem Verfahren vor dem Verfassungsgericht, § 113 II, oder in einem Verfahren vor dem Finanzgericht oder Verwaltungsgericht, § 114 I, oder in einem Verfahren vor einem Ehrengericht oder einem sonstigen Berufsgericht, soweit es sich nicht um die Verletzung einer Berufspflicht handelt, § 110 II.

B. Verschiedene Gegenstände. Wegen der Begriffe Angelegenheit und Gegenstand vgl Anm 4. Soweit die Gegenstände, mit denen die Auftraggeber beteiligt sind, nicht übereinstimmen, muß man ihre Werte innerhalb derselben Angelegenheit zusammenrechnen und danach die Gebühr bemessen, § 7 II, Brschw MDR **82**, 241, Ffm MDR **81**, 239 und MDR **83**, 764, Karlsr AnwBl **81**, 72 mwN, abw Köln Rpfleger **87**, 264.

Dabei kommt den Auftraggebern die Degression der Gebührenstaffel zugute. Wenn der Anwalt zB in demselben Rechtsstreit zwei Pflichtteilsberechtigte vertritt und wenn der eine von ihnen 3000 DM, der andere 7000 DM einklagt, dann berechnet sich eine volle Gebühr aus einem Wert von 10000 DM, nicht aus Einzelwerten von 3000 DM + 7000 DM.

BH **81**, 43 wendet I 2 auch auf den im Weg der Prozeßkostenhilfe beigeordneten Anwalt mehrerer Auftraggeber bei verschiedenen Gegenständen insoweit an, als sich die Zusammenrechnung der Streitwerte wegen § 123 nicht auswirke.

C. Rahmengebühr. Bei einer Gebühr, die im Gesetz nur nach dem Mindest- und Höchstbetrag bestimmt ist (Rahmengebühr), erhöht sich der Mindest- und Höchstbetrag durch jeden weiteren Auftraggeber um $^3/_{10}$; mehrere Erhöhungen dürfen das Doppelte des Mindest- und Höchstbetrags nicht übersteigen. Es muß sich auch hier um dieselbe Angelegenheit handeln, nicht aber auch um denselben Gegenstand, aM SG Münster AnwBl **85**, 387 (abl Schmidt). Aus dem so erhöhten Rahmen muß man die Gebühr im Einzelfall nach § 12 bestimmen. Dabei muß man die Verhältnisse aller Auftraggeber berücksichtigen. Im Fall einer Strafsache kommt wegen des Verbots der Verteidigung mehrerer Beschuldigter, § 146 StPO, eine solche Berechnung nur noch insoweit in Betracht, als der Anwalt mehrere Privatkläger oder mehrere Nebenkläger vertritt. Ferner kommt diese Berechnung im Verfahren vor dem Verfassungsgericht, § 113 I, im Verfahren vor dem Sozialgericht, § 116, und für eine Raterteilung in einer strafrechtlichen, bußrechtlichen oder sonstigen Angelegenheit in Betracht, § 20 I 2.

I 3 meint aber nicht den sog Gebührensatzrahmen, also eine solche Gebühr, die das Gesetz nach Bruchteilen bestimmt. I 3 ist also zB im Fall einer Raterteilung in einer zivlrechtlichen Angelegenheit, § 20 I 1, unanwendbar, Stgt AnwBl **84**, 209 mwN.

Für den dem Privatkläger, dem Nebenkläger oder dem Antragsteller im Anklageerzwingungsverfahren beigeordneten Anwalt erhöht sich die Mindestgebühr um $^3/_{10}$. In einer Auslieferungssache muß dasselbe Auslieferungsverfahren vorliegen, nicht nur dasselbe Strafverfahren im Ausland. Es reicht auch aus, daß der Anwalt mehrere Beteiligte in dem Verfahren auf die Herausgabe eines Gegenstands vertritt. Demgemäß ist I 2 unanwendbar, wenn auf Grund desselben Auslandsverfahrens der eine Auftraggeber im Auslieferungsverfahren, der andere, den derselbe Anwalt vertritt, im Durchlieferungsverfahren verfolgt wird.

Eine Gebührenerhöhung nach I 3 infolge einer Verfahrensverbindung tritt nur für diejenigen igkeiten ein, die der Anwalt nach der Verbindung vornimmt, nicht für die schon vorher verdienten Gebühren.

Mehrere Erhöhungen dürfen auch bei einer Betragsrahmengebühr höchstens das Doppelte, hier des Mindest- und Höchstbetrages ausmachen, I 3 Hs 2. Auch hier muß man aber beachten, daß sich dieses Verbot nur auf den Gesamtbetrag der „Erhöhungen" bezieht. Vgl A b.

7) Haftung des einzelnen Auftraggebers, II. A. Grundsatz, II 1. Jeder Auftraggeber haftet gegenüber dem Anwalt für dessen Gebühren und Auslagen so, als ob er allein den Auftrag erteilt hätte, Ffm ZMR **88**, 231. Man muß also dann, wenn die Gesamtvergütung mehrere Gegenstände umfaßt, zunächst die Gesamtvergütung nach dem zusammengerechneten Wert, § 7 II, als auch die für den Auftrag jedes einzelnen Auftraggebers entstandene Vergütung berechnen und miteinander vergleichen. Jeder Auftraggeber haftet als Gesamtschuldner, §§ 421 ff BGB, nur in Höhe des von ihm persönlich erteilten Auftrags, soweit dieser sich mit dem Auftrag der übrigen Auftraggeber deckt. Die für die Berechnung der Gesamtvergütung erfolgten Erhöhungen, I 2, 3, bleiben für die Berechnung der von dem einzelnen Auftraggeber geschuldeten Vergütung außer Betracht, Düss ZMR **88**, 23, Ffm AnwBl **77**, 313 mwN, Mü JB **78**, 1806.

Für diejenige Tätigkeit des Anwalts, die nur auf dem Einzelauftrag eines der Auftraggeber beruht, haftet nur dieser Auftraggeber, falls es sich um eine gebührenrechtlich besonders erfaßbare Tätigkeit handelt, insbesondere also bei verschiedenen Gegenständen, § 60 ZPO. Ein Streitgenosse haftet zB nicht für eine Beweisgebühr, die nur bei den anderen Streitgenossen entstanden ist.

Die Leistung eines Auftraggebers befreit die anderen gesamtschuldnerischen Auftraggeber in Höhe dieser Leistung. Der Ausgleich dieser Auftraggeber untereinander erfolgt nach § 426 BGB, vgl Mü JB **78**, 1493, aber nicht im Verfahren nach § 19, vgl Mü Rpfleger **78**, 337 mwN, sondern im Klageweg.

II gilt auch für den Patentanwalt, Ffm GRUR 79, 76.

B. Höchstforderung, II 2. Der Anwalt kann insgesamt nicht mehr als die nach I berechnete Gesamtvergütung fordern, Schlesw SchlHA **78**, 178. Zur Verteilung Mü AnwBl **85**, 42. Die Auslagen kann er nur einmal ersetzt fordern.

8) Erstattungsfähigkeit. Vgl § 100 ZPO. Diese Vorschrift regelt nicht alle denkbaren Fälle ausdrücklich. Vgl zunächst ferner Schroers VersR **75**, 110 (ausführlich). Im einzelnen ergibt sich folgendes:

A. Alle Streitgenossen siegen, § 100 I–IV ZPO. Das Gegenstück zu dem in § 100 ZPO ausdrücklich geregelten Fall des Unterliegens mehrerer oder aller Streitgenossen ist das Obsiegen mehrerer oder aller Streitgenossen. Diesen Fall erfaßt § 100 ZPO nicht ausdrücklich, ThP § 100 ZPO Anm 3. Es haben sich im wesentlichen die folgenden Regeln herausgebildet.

a) Keine Gesamtgläubigerschaft. Siegende einfache wie notwendige Streitgenossen sind selbst dann, wenn das Gericht ihnen die Hauptsache ausdrücklich als Gesamtgläubigern zugesprochen hat, nicht auch wegen der Kosten Gesamtgläubiger, sondern Gläubiger nach Kopfteilen, genauer hier: nach ihrem Anteil an der Hauptsache, also nicht stets zu gleichen Anteilen.

Das gilt auch dann, wenn die Verlierer „als Gesamtschuldner" verurteilt wurden und daher wegen der Kosten gem § 100 IV ZPO ebenfalls als Gesamtschuldner haften. Das alles gilt jedenfalls, soweit das Gericht nicht im Urteil ausdrücklich die Sieger auch wegen der Kosten fehlerhaft, aber nun einmal wirksam „als Gesamtschuldner" bezeichnet hat.

Diese Beurteilung wirkt sich nicht nur auf die Fassung der Kostenentscheidung aus, sondern vor allem auf die Kostenerstattung.

Alle diese Fragen sind heftig umstritten. Vgl die Nachweise bei D.

b) Bei erheblicher Verschiedenheit der Beteiligung: Entsprechende Kostenverteilung. Soweit eine erheblich verschiedene Beteiligung am Rechtsstreit dazu führt, daß jeder dieser unterschiedlich beteiligten Streitgenossen jeweils voll siegt, sind die in § 100 II ZPO enthaltenen Grundsätze entsprechend anwendbar. Vgl die Kostenentscheidung B und für die Kostenerstattung D.

B. Ein Streitgenosse siegt, einer verliert, § 100 I–IV ZPO. Auch der Fall, daß von zwei Streitgenossen der eine voll siegt, der andere voll verliert, ist in § 100 ZPO nicht direkt geregelt. Dasselbe gilt für die Varianten, daß von mehr als zwei Streitgenossen einer oder mehrere ganz siegen, einer oder mehrere ganz verlieren oder daß zB der Streitgenosse A ganz siegt, B halb siegt, halb verliert und C ganz verliert usw. Diese Situationen können allerdings nur bei einfachen Streitgenossen entstehen, nicht bei notwendigen.

Für die Kosten**entscheidung** gelten die nachfolgenden Regeln. Für die Kosten**erstattung** ergeben sich daraus die in D dargestellten Folgen.

a) Grundsatz der Kostenteilung. Das Gericht muß in allen diesen Fällen zunächst § 92 ZPO anwenden und darf § 100 ZPO nur ergänzend mit heranziehen. Es muß immer bedenken, daß es sich in Wahrheit nur um eine willkürliche Zusammenfassung mehrerer Klagen in demselben Prozeß handelt, BGH **8**, 325, ähnlich ThP § 100 ZPO Anm 4a (sie wenden §§ 91, 92 ZPO kombiniert an).

Der siegende Streitgenosse soll natürlich grundsätzlich keine Kosten tragen, von § 96 ZPO abgesehen, sondern nur einen Erstattungsanspruch erhalten, ThP § 100 ZPO Anm 4a. Der Gegner ist nur seinem Teil entsprechend zu belasten.

b) Grundsatz der Kostentrennung. Während §§ 91 ff ZPO an sich von der Regel ausgehen, daß das Gericht im Interesse der Einheit der Kostenentscheidung nicht zwischen Gerichtskosten und außergewöhnlichen Kosten unterschiedliche Quoten bilden soll und darf, ist bei Streitgenossen gerade der entgegengesetzte Grundsatz erforderlich, weil ja eine andere Ausgangsgrundlage vorliegt: Es wäre nicht zu verantworten, denjenigen Streitgenossen mitzubelasten, der in diesem Umfang gar nicht unterlegen ist, und umgekehrt.

Daher muß das Gericht in der Kostengrundentscheidung über die Gerichtskosten (Gebühren und Auslagen) einerseits und über die außergerichtlichen Kosten (Gebühren und Auslagen) andererseits gesonderte Ansprüche formulieren. Darüber besteht Einigkeit.

c) Baumbach'sche Formel. Streit besteht allerdings darüber, welche Fassung die Kostengrundentscheidung in solchen Mischfällen am zweckmäßigsten erhalten soll. Hierüber gingen die Meinungen früher noch erheblich stärker auseinander. Der von Baumbach in BLAH angeregte Vorschlag (früher § 100 ZPO Anm 6 C, jetzt dort Anm 10 C) hat sich zB lt ZöSchn § 100 ZPO Rdz 8 „trotz seiner Tücken ... seit vielen Jahrzehnten bewährt" und „beherrscht die Praxis völlig"; vgl zB Mü Rpfleger **89**, 128, Herr DRiZ **89**, 87 (er erstebt mit seiner von ihm selbst als „Säcketheorie" referierten Fortentwicklung eine Präzisierung und Vereinfachung mit eindrucksvoll komplizierten Rechenbeispielen). Die sog Baumbach'sche Formel erfaßt einen Fall, in dem bei einer etwa gleichhohen Beteiligung der Bekl X siegt, der Bekl Y unterliegt. Sie lautet:

„Die Gerichtskosten tragen der Kläger und der Beklagte Y je zur Hälfte. Von den außergerichtlichen Kosten trägt der Kläger die des Beklagten X voll und ½ der eigenen, der Beklagte Y die eigenen und ½ der dem Kläger erwachsenen Kosten".

Entsprechendes gilt dann, wenn von zwei Klägern der eine siegt, der andere unterliegt. Bei mehr als zwei Streitgenossen sind die Quoten entsprechend zu ändern.

Diese Fassung ist anderen Lösungsversuchen erfahrungsgemäß vorzuziehen. Man sollte also nicht etwa schreiben, der Kläger und der Bekl X trügen je ½ der Kosten; eine solche Fassung würde dem siegenden Bekl Y endgültig jeden Kostentitel nehmen. Unzweckmäßig wäre auch die Fassung, die dem siegenden Bekl Y entstandenen besonderen Kosten trage der Kläger. Denn sie würde dem Kostenaufbau der ZPO widersprechen. Wenn das Gericht trotzdem in solcher Weise entschieden hat, bleibt nur übrig, die Kostenentscheidung bei der Kostenfestsetzung so auszulegen, daß der Gegner und der unterliegende Streitgenosse die Kosten im Verhältnis ihrer Beteiligung und nach I–III tragen. Zu dem Fall, daß ein Streitgenosse im Weg eines Versäumnisurteils verliert, der andere im Weg einer streitigen Entscheidung gewinnt, vgl KG NJW **73**, 1131.

C. Ausscheiden eines Streitgenossen, § 100 I–IV ZPO. An sich darf zB das Teilurteil überhaupt keine Kostenentscheidung enthalten, Düss NJW **70**, 568, KG JB **73**, 351. Jedoch bleibt § 100 ZPO auf den Zeitraum bis zum Ausscheiden eines Streitgenossen anwendbar; man darf also für diesen Zeitraum auch schon im Teilurteil eine Kostenentscheidung treffen. Man muß sie dann im etwaigen Schlußurteil mit berücksichtigen, Bull Rpfleger **59**, 307, Furtner JZ **61**, 626, Lappe Rpfleger **59**, 308, Schneider JR **62**, 132, ZöSchn 2.

IV ist auch anwendbar, wenn das Gericht den einen Streitgenossen durch ein Teilurteil, den anderen durch ein Schlußurteil verurteilt hat; es reicht aus, daß sich die gesamtschuldnerische Haftung zur Hauptsache aus dem Urteil ergibt.

Wenn sich ein ausgeschiedener Streitgenosse nicht am Rechtsmittel beteiligt, dann ist § 100 ZPO unanwendbar, selbst wenn es sich um einen einfachen, nicht notwendigen Streitgenossen handelt; auf die restlichen Steitgenossen ist § 97 ZPO anwendbar. Im Fall der Klagerücknahme gegenüber nur einzelnen Streitgenossen unterbleibt eine Kostenentscheidung, zB Schneider JR **62**, 128, ZöSchn 2, aM LG Mainz NJW **64**, 114.

Wegen der Kostenerstattung D.

D. Kostenerstattungsfragen, § 100 I–IV ZPO. Man muß die Frage, ob, wann und wie eine Kostengrundentscheidung zu erlassen ist und wie sie berichtigt, ergänzt oder angefochten werden kann, von der Frage unterscheiden, welche Regeln im einzelnen bei der aus der Kostengrundentscheidung natürlich folgenden Kostenerstattung entstehen. Zwar darf der Rpfl die Kostenentscheidung im Erstattungsverfahren nur auslegen, nicht ändern, BLAH Einf 2 B vor §§ 103–107 ZPO; gerade bei der Auslegung können aber zusätzliche Probleme entstehen.

Fast alle Fragen zur Kostenerstattung sind vor allem in der Praxis heftig umstritten. Das hängt zum Teil damit zusammen, daß man vom erwünschten Ergebnis her argumentiert und Widersprüche zu den eigentlich als Ausgangspunkt zu nehmenden Grundsätzen, nach denen die Kostenentscheidung zu formulieren ist, hinnimmt.

Im wesentlichen ergeben sich etwa die folgenden Meinungen.

a) Grundsatz: Nur anteilige Erstattung. Aus den Grundsätzen der Kostenteilung und Kostentrennung, B a, b, und aus der daraus am besten zu wählenden Baumbach'schen Formel, B c, folgt für die Kostenerstattung aus der Sicht des Gläubigers der Grundsatz: Jeder siegende Streitgenosse kann die Erstattung nur, aber auch aller derjenigen notwendigen Kosten, B, fordern, die auf ihn persönlich entfallen (also auf seinen Kopfteil, es sei denn, er hätte entweder mit seinen Streitgenossen eine für ihn abweichende Vereinbarung getroffen oder er könnte glaubhaft machen, daß der unterlegene Streitgenosse zahlungsunfähig sei).

Er kann also auch nicht von vornherein ohne Notwendigkeit weiterer Glaubhaftmachung die Erstattung derjenigen gesamten Summe fordern, für die er einem gemeinsamen Anwalt als Gesamtschuldner haftet. Denn solche Lösung könnte zu einer Bereicherung des Siegers führen; vgl c, e.

Diese Frage ist heftig **streitig. Wie hier** zB Brschw MDR **79**, 62, Bre JB **78**, 366, Hbg MDR **81**, 149, Hamm MDR **84**, 1035, KG AnwBl **84**, 207 mwN, Karlsr NJW **68**, 1479, Kblz MDR **77**, 585 mwN und DB **85**, 1991, im Ergebnis auch AnwBl **86**, 253, ferner Mü zB MDR **88**, 679 und VersR **88**, 1139, Nürnb JB **84**, 113, jetzt auch Schlesw AnwBl **83**, 177, vgl auch SchlHA **86**, 155, Stgt NJW **77**, 2171, Zweibr Rpfleger **88**, 38 mwN, LG Mü NJW **74**, 1669 (zur StPO), ThP § 100 ZPO Anm 3 a, 4 b, ZöSchn § 100 ZPO Rdz 8; **abw** Ffm VersR **85**, 1052, Hbg MDR **78**, 674.

Die **Gegenmeinung** vertreten zB BGH **LM** § 91 ZPO Nr 2, Bbg JB **78**, 1077, Brschw NJW **53**, 948, Düss JB **76**, 1388, und MDR **82**, 327 mwN sowie MDR **88**, 325, Ffm VersR **79**, 1128 und JB **86**, 96, Hbg JB **77**, 199, Hamm JB **70**, 393 (anders noch MDR **69**, 403) und Rpfleger **88**, 159 mwN, KG NJW **72**, 2045, Karlsr NJW **68**, 1479, Kblz VersR **75**, 866, Mü AnwBl **83**, 568, Nürnb NJW **75**, 2346, Schlesw SchlHA **85**, 45, LG Bochum AnwBl **82**, 531, LG Osnabr ZfS **88**, 77 mwN, vgl auch Lang NJW **70**, 408, Lappe Rpfleger **80**, 264, Schmidt NJW **74**, 1699, früher auch Schneider Rpfleger **71**, 165 mwN.

Die weiteren Varianten im Meinungsbild sind in der Praxis ohne Bedeutung.

b) Nur wegen notwendiger Kosten. Auch soweit ein Streitgenosse nach A grundsätzlich eine Kostenerstattung fordern kann, gilt das doch nur, aber auch sehr wohl wegen aller derjenigen Kosten, die für ihn im Sinn von § 91 ZPO auch objektiv notwendig waren. Kosten, die er zwar für notwendig hielt, die aber ihrer Art oder Höhe nach schon außerhalb der Sonderfälle einer Streitgenossenschaft nach den Regeln des § 91 ZPO nicht erstattungsfähig wären, werden nicht dadurch erstattungsfähig, daß sie von einem Streitgenossen geltend gemacht werden.

Diese Einschränkung der Erstattungsfähigkeit ist im Grunde unabhängig von dem Meinungsstreit zu a unstreitig. Streitig ist nur weiterhin die Frage der Glaubhaftmachung, d.

c) Notwendigkeit von Anwaltskosten. Die Frage, ob insbesondere Rechtsanwaltskosten notwendig waren, ist nach § 91 ZPO zu beantworten, BLAH § 91 ZPO Anm 21 „Mahnverfahren", „Mehrheit von Prozeßbevollmächtigten", „Rechtsanwalt", „Verkehrsanwalt" usw. Hier nur einige Ergänzungen speziell für die Fälle der Streitgenossenschaft:

d) Aufträge an gesonderte Anwälte. Grundsätzlich darf jeder Streitgenosse einen eigenen Anwalt beauftragen; der Erstattungspflichtige muß also die Kosten der Anwälte aller Streitgenossen erstatten, soweit nicht mehr Anwälte als Streitgenossen eingeschaltet waren. Wegen des Anwaltswechsels g.

Diese Frage ist **streitig. Wie hier** zB Düss AnwBl **81**, 70 und AnwBl **83**, 190 mwN, Ffm MDR **81**, 148 (betreffend Miterben, § 2039 BGB), AnwBl **85**, 647 und AnwBl **88**, 74, Hamm MDR **71**, 312, KG Rpfleger **73**, 437 und JB **78**, 1394 (höhere Instanz), Nürnb AnwBl **82**, 74, Schlesw JB **81**, 435, LG Köln AnwBl **77**, 30, ThP § 100 ZPO Anm 1f; **abw** KG Rpfleger **77**, 215; **aM** zB Karlsr VersR **79**, Stgt VersR **74**, 259.

Das gilt unabhängig von etwaigen AKB. Denn sie berühren nur das Innenverhältnis, Mü MDR **72**, 1042. Der vorstehende Grundsatz gilt auch dann, wenn eine Versicherung ihren Anwalt auch für den Versicherungsnehmer beauftragt hatte und wenn der Versicherungsnehmer außerdem einen eigenen Anwalt hat, Mü MDR **74**, 1022, ThP § 100 ZPO Anm 1f.

e) Aufträge an gemeinsamen Anwalt. Wenn allerdings alle Streitgenossen oder einige von mehreren Streitgenossen gemeinsam einen Einzelanwalt oder eine Anwaltssozietät beauftragt haben, muß man § 6 II BRAGO beachten. Die Streitgenossen können zusammen höchstens einmal die vollen Gebühren und Auslagen des gemeinsamen ProzBev fordern, zB Düss JB **77**, 659, Hbg JB **77**, 199, Mü VersR **87**, 317 und Rpfleger **88**, 38.

Wenn ein Streitgenosse eine Kostenerstattung verlangt, kann er außer der Festsetzung derjenigen Kosten, die ihn allein betreffen, auch die Festsetzung derjenigen Kosten fordern, für die er dem Anwalt gesamtschuldnerisch haftet, LG Kref AnwBl **80**, 365, aM Ffm AnwBl **85**, 263. Er muß aber dazu **glaubhaft** machen, daß er die Kosten **bezahlt hat oder** daß seine Streitgenossen wegen einer Vermögenslosigkeit nicht zahlen können; es kommt also darauf an, ob er die Kosten dem Anwalt gegenüber **bezahlen muß.** Soweit er nicht die Zahlung der gesamten gesamtschuldnerisch geschuldeten Vergütung glaubhaft machen kann, kann er nur eine Erstattung des bei einem Kostenausgleich auf ihn fallenden Kostenteils fordern.

Auch diese Fragen sind **streitig.** Zusätzlich zu den obigen Fundstellen **wie hier** zB KG NJW **72**, 2045 und Rpfleger **73**, 437, Kblz Rpfleger **81**, 122 mwN; **aM** zB BGH JB **69**, 942, Düss NJW **76**, Ffm VersR **81**, 194, Hamm Rpfleger **74**, 271.

f) Gemeinsame Festsetzungsanträge. Wenn Streitgenossen die Kostenfestsetzung gemeinsam betreiben, dann ist für jeden Streitgenossen auf seinen Bruchteil gem dem Innenverhältnis zwischen ihnen festzusetzen, falls der Gegner dadurch besonders berührt wird, Kblz MDR **77**, 585. Diese Notwendigkeit wird in der Praxis nicht immer beachtet. Im Zweifel liegt Gesamtgläubigerschaft vor, BGH AnwBl **85**, 524 (zustm Japes/Joswig).

g) Verbot des Rechtsmißbrauchs. Rechtsmißbrauch ist, wie stets auch im Prozeß, BLAH Einl III 6 A, auch bei der Kostenerstattung verboten. Das gilt zB dann, wenn ein Komplementär einen eigenen ProzBev bestellt, Hamm Rpfleger **78**, 329, Stgt Just **80**, 20, ThP § 100 ZPO Anm 1f, aM Düss JB **81**, 762, oder bei einem grundlosen Anwaltswechsel.

Die letztere Frage ist **streitig. Wie hier** zB Bbg JB **86**, 923, Hbg JB **82**,

767, Hamm MDR **79**, 676 und Rpfleger **81**, 29, Karlsr VersR **79**, 944, Kblz MDR **79**, 407, Mü Rpfleger **83**, 495, Stgt Just **80**, 20, ThP § 100 ZPO Anm 1f, ZöSchn § 91 ZPO Rdz 13 („Streitgenossen: 2"); **abw** zB Hbg JB **80**, 761, Mü JB **81**, 138.

h) Notwendigkeit einer Glaubhaftmachung. Vgl zunächst b, e. Die Glaubhaftmachung erfolgt wie sonst, § 294 ZPO. Zusätzlich enthalten § 104 II 1 ZPO denselben Grundsatz, § 104 II 2 ZPO einige Ausnahmen wegen der einem Anwalt erwachsenen Auslagen an Post-, Telegrafen- und Fernsprechgebühren (bloße anwaltliche Versicherung genügt), s dort.

i) Weitere Verfahrensfragen. Da die Kostenerstattung praktisch im Kostenfestsetzungsverfahren zu prüfen ist, gelten §§ 103–107 ZPO, insbesondere § 104 ZPO.

E. Teilunterliegen, Teilobsiegen mehrerer Streitgenossen, § 100 I–IV ZPO. Soweit von mehreren Streitgenossen der eine oder mehrere von ihnen oder alle jeweils für die eigene Person teilweise obsiegen und teilweise unterliegen, liegt eine andere Situation als in den Fällen B vor. Man muß indes die Grundsätze A–D auch auf diese Fälle des Teilunterliegens und Teilobsiegens entsprechend anwenden und zusätzlich § 92 ZPO hinzuziehen. Stets ist auf eine möglichst gerechte, aber auch einfache und klare Fassung der Kostengrundentscheidung zu achten und zu versuchen, die obigen Grundsätze für und gegen einen jeden der Streitgenossen einzuhalten.

F. Rechtsmittel, § 100 I–IV ZPO. Gegen die Kostengrundentscheidung sind diejenigen Rechtsmittel gegeben, die ihrer Form entsprechen, jeweils eingeschränkt durch § 99 ZPO.

Gegen die Entscheidung im Kostenfestsetzungsverfahren sind die in § 104 ZPO genannten Rechtsbehelfe (Erinnerung) bzw Rechtsmittel (Beschwerde) möglich.

Stets ist bei der Anfechtung einer Kostenentscheidung zu beachten, daß ein Beschwerdewert, §§ 567 II, 577 ZPO, einzuhalten ist.

Gegenstandswert

7 **I Die Gebühren werden, soweit dieses Gesetz nichts anderes bestimmt, nach dem Wert berechnet, den der Gegenstand der anwaltlichen Tätigkeit hat (Gegenstandswert).**

II In derselben Angelegenheit werden die Werte mehrerer Gegenstände zusammengerechnet.

III Eine Scheidungssache und die Folgesachen (§ 623 Abs. 1, 4, § 621 Abs. 1 der Zivilprozeßordnung) gelten als dieselbe Angelegenheit im Sinne dieses Gesetzes.

1) Gebührenarten. Die BRAGO kennt folgende Gebührenarten:

A. Wertgebühr. Vgl zunächst Einl II A Anm 4 Ab. Die Wertgebühr gilt immer dann, wenn das Gesetz nichts anderes bestimmt. Die Gebührenhöhe für jeden Wert ergibt sich dann im allgemeinen aus der Tabelle des § 11. Wertgebühren außerhalb dieser Tabelle sind auch die anteilig bemessenen Gebühren des § 22 und diejenigen Gebühren, die innerhalb eines Gebührensatzrahmens, aber nach dem Gegenstandswert festzusetzen sind, § 118 I, § 20 I 1.

B. Rahmengebühr. Vgl zunächst Einl II A Anm 4 A c. Bei den Rahmengebühren muß man den schließlich richtigen Betrag für den einzelnen Fall innerhalb des vom Gesetz angegebenen Betragsrahmens ermitteln, zB bei §§ 83 ff (Strafsachen, Ausnahme § 96), bei § 20 II 2 (Prüfung der Erfolgsaussicht eines Rechtsmittels in einer Strafsache), bei § 116 (Sozialgerichtsbarkeit) und bei § 120 II (einfaches Schreiben).

Soweit es sich um eine strafrechtliche Einziehung oder um eine verwandte Maßnahme handelt, muß man den Gegenstandswert innerhalb des anwendbaren Rahmens mit berücksichtigen, § 88.

2) Gegenstandswert, I. Maßgebend ist der Wert des Gegenstands. Gegenstand ist das Recht oder das Rechtsverhältnis, auf das sich bei einer objektiven Prüfung auftragsgemäß die anwaltliche Tätigkeit erstreckt, BGH **LM** Nr 2, Brschw MDR **82**, 241. Die Festsetzung erfolgt nach §§ 7–10. Soweit sich die Tätigkeit des Anwalts auf eine besondere Angelegenheit im gebührenrechtlichen Sinne erstreckt, ist unter Umständen eine entsprechende besondere Wertfestsetzung erforderlich. Es entscheidet der objektive Verkehrswert, nicht die Vorstellung des Antragstellers und schon gar nicht ein sog Liebhaberwert.

Maßgebend ist derjenige Zeitpunkt, in dem die Gebühr entsteht, in dem also der Anwalt diejenige Tätigkeit vornimmt, die die Gebühr auslöst. Es kommt auf die Fälligkeit dieser Gebühr nicht an.

Soweit sich der Gegenstandswert während der Tätigkeit des Anwalts erhöht, muß man die Gebühr nach dem erhöhten Wert berechnen. Soweit sich der Wert während der Tätigkeit vermindert, darf man diese Wertminderung nur für diejenige Gebühr berücksichtigen, die durch eine Tätigkeit erst nach der Wertminderung entsteht. Soweit also der Anwalt bereits in einem Zeitraum tätig wurde, in dem noch der höhere Wert galt, bleibt die anschließende Wertminderung unerheblich. Entscheidend ist dann also immer der höchste Wert, etwa bei einer Klagänderung, LAG Düss NJW **69**, 1983. Wegen der Situation im Fall der Verbindung mehrerer Verfahren, die zwischen denselben Parteien anhängig sind, vgl Düss Rpfleger **78**, 427.

3) Zusammenrechnung, II. Wenn eine Angelegenheit, § 6 Anm 4, mehrere Gegenstände umfaßt, muß man die Werte zusammenrechnen, Brschw MDR **82**, 241, Ffm MDR **81**, 239, Karlsr AnwBl **81**, 72, Mü MDR **84**, 321 je mwN, vgl auch §§ 5 ZPO, 12 I GKG. Das gilt also zB auch dann, wenn ein außergerichtlicher Vergleich die Ansprüche mehrerer Personen regelt. Die Folge dieser Zusammenrechnung ist der Umstand, daß die Gebühr wegen der Degression der Gebührentabelle meist niedriger ausfällt, als zwei Einzelgebühren auf Grund der Einzelwerte ausmachen würden.

Die Zusammenrechnung nach II ist aber rechtssystematisch die Ausnahme. Man muß die Vorschrift also eng auslegen, Hbg MDR **84**, 166, vgl Schneider Rpfleger **82**, 370. Eine Zusammenrechnung findet zB nicht bei §§ 22 II, 82 und auch nicht bei § 18 GKG statt, Schlesw JB **75**, 473.

Wegen des Begriffs derselben Angelegenheit § 13 Anm 3.

4) Scheidungssache und Folgesachen, III. Die in III genannten Fälle sind als dieselbe Angelegenheit im Sinn der BRAGO, also vor allem im Sinn von § 13, zu betrachten. III nennt durch die Verweisung auf §§ 621 I, 623 I, IV ZPO nur den Fall des Verhandlungs- und Entscheidungsverbunds einschließlich der an das Gericht der Ehesache übergeleiteten Verfahren. Trotzdem kommt III auch dann in Betracht, wenn das Familiengericht über die Scheidung eher als über die Folgesache entscheidet, Düss AnwBl **83**, 556, Mü MDR **84**, 321 je mwN (man muß das weitere Verfahren wie im Restverfahren nach einem Teilurteil behandeln, § 13 II, III), aM zB Göppinger AnwBl **77**, 441.

Vgl auch § 19a S 1 GKG. Dessen S 2 ist in III nicht entsprechend geregelt, ohne daß der Gesetzgeber (BT-Drs 7/4361) diese Abweichung begründet hat. Vielmehr meint er, III entspreche dem (jetzigen) § 19a GKG voll. Die Begründung zu jener Neuregelung nimmt auf § 94 II 2 KostO Bezug. Nach jener Vorschrift entsteht bei mehreren Bedürftigen nur eine Gebühr. Die amtliche Begründung zur Neuregelung verweist aber auch auf § 30 II 2 KostO. Nach dieser Vorschrift ist die Fallsituation gegebenenfalls erhöhend zu berücksichtigen. Da § 8 nur für den Gegenstandswert auf das GKG verweist, nicht auch für die Abgrenzung des Begriffs Angelegenheit, sind bei mehreren Kindern die in § 13 Anm 3 genannten Regeln anwendbar, abw Stgt AnwBl **84**, 203 (auch bei mehreren Kindern liege stets nur eine Angelegenheit vor).

Zu einer Honorarvereinbarung wegen III vgl Mümmler JB **77**, 1335.

Wertvorschriften

8 **I In gerichtlichen Verfahren bestimmt sich der Gegenstandswert nach den für die Gerichtsgebühren geltenden Wertvorschriften. Diese Wertvorschriften gelten sinngemäß auch für anwaltliche Tätigkeiten, die einem gerichtlichen Verfahren vorausgehen, insbesondere für Zahlungsaufforderungen, Mahnungen, Kündigungen, Versuche der gütlichen Einigung, ferner für die Vorbereitung der Klage oder der Rechtsverteidigung und für die Tätigkeit in einem Einspruchs-, Beschwerde- oder Abhilfeverfahren; dies gilt auch dann, wenn sich die Angelegenheit ohne gerichtliches Verfahren erledigt oder der Rechtsanwalt in dem gerichtlichen Verfahren nicht tätig wird. Sind für die Gerichtsgebühren keine Wertvorschriften vorgesehen, so bestimmt sich der Gegenstandswert nach Absatz 2.**

II In anderen Angelegenheiten gelten für den Gegenstandswert § 18 Abs. 2, §§ 19 bis 23, 24 Abs. 1, 2, 4, 5, 6, §§ 25, 39 Abs. 2 der Kostenordnung sinngemäß. Soweit sich der Gegenstandswert aus diesen Vorschriften nicht ergibt und auch sonst nicht feststeht, ist er nach billigem Ermessen zu bestimmen; in Ermangelung genügender tatsächlicher Anhaltspunkte für eine Schätzung und bei nicht vermögensrechtlichen Gegenständen ist der Gegenstandswert auf 6000 Deutsche Mark, nach Lage des Falles niedriger oder höher, jedoch nicht unter 300 Deutsche Mark und

nicht über eine Million Deutsche Mark anzunehmen. Betrifft die Tätigkeit eine einstweilige Anordnung der in § 620 Satz 1 Nr. 1, 2 oder 3 der Zivilprozeßordnung bezeichneten Art, so ist von einem Wert von 1000 Deutsche Mark auszugehen.

Vorbem. II 2 idF Art 3 I Z 1 G vom 9. 12. 86, BGBl 2326, in Kraft seit 1. 1. 87, Art 10, Übergangsrecht § 134.

Gliederung

1) Allgemeines. Die Vorschrift bestimmt den Wert des Gegenstands, nach dem sich gemäß § 7 die Gebühren des Anwalts richten. Man muß grundsätzlich zwischen einem gerichtlichen Verfahren, I, und einer anderen Angelegenheit, II, unterscheiden. Die für das gerichtliche Verfahren maßgeblichen Bewertungsregeln gelten aber auch, soweit der Anwalt zwar in bezug auf dieses Verfahren, jedoch nur vor seinem Beginn oder später außerhalb des gerichtlichen Verfahrens tätig wird, I 2.

2) Gerichtliches Verfahren, I. A. Begriff. Unter einem gerichtlichen Verfahren ist jedes Verfahren vor einem Gericht irgendwelcher Art zu verstehen, auch dasjenige der freiwilligen Gerichtsbarkeit. Es kommt nicht darauf an, ob das Verfahren vor dem Urkundsbeamten der Geschäftsstelle, dem Rpfl, dem Richter oder dem Gerichtsvollzieher stattfindet.

Hierher zählen zB: Bürgerliche Streitigkeiten; das Verfahren in Arbeitssachen, § 12 VII ArbGG, vgl LAG Saarbr AnwBl **77**, 252. Wegen eines Anschlusses eines Betriebsratsmitglieds vgl LAG Hamm BB **85**, 994 (das Gericht wendet II in Verbindung mit § 12 VII 1 ArbGG an); ein Verfahren vor dem Verwaltungs- oder Finanzgericht; eine Landwirtschaftssache (in diesem Fall sind die Wertvorschriften der KostO maßgebend, so zB für die Mitwirkung bei einer Registereintragung, in einer Vormundschafts- oder Nachlaßsache); ein Unterbringungsverfahren vor dem AG, LG Mü AnwBl **83**, 31.

Soweit die BRAGO für die Tätigkeit des Anwalts Betragsrahmengebühren vorsieht, etwa in Strafsachen oder Sozialgerichtssachen, sind §§ 7, 8 unanwendbar, vgl freilich BSG BB **78**, 663. Eigene Wertvorschriften, die gegenüber § 8 vorrangig sind, gelten zB: Für das Vertragshilfeverfahren, § 64 II; im Zwangsversteigerungs- und Zwangsverwaltungsverfahren, §§ 68 III, 69 II; im Konkurs- und Vergleichsverfahren, §§ 77 II, 81; vgl auch C. § 8 regelt auch nicht den Gegenstandswert für die Tätigkeit des Anwalts vor einer Verwaltungsbehörde oder vor einer Spruchstelle, auch nicht seine Mitwirkung bei einer Beurkundung oder Beglaubigung. Denn die letzteren Vorgänge stellen kein gerichtliches Verfahren dar.

Die Vorschrift gilt aber insoweit, als das Gesetz für eine anwaltige Tätigkeit ausdrücklich auf Gebührenvorschriften für gerichtliche Verfahren verweist. Denn in einem solchen Fall muß man auch die zugehörige Bewertung ebenso wie bei einem gerichtlichen Verfahren vornehmen, vgl zB für gewisse Patentsachen § 66, für das schiedsrichterliche Verfahren § 67 und für das Verfahren vor einem Berufsgericht § 110 II.

B. Vorangehende Tätigkeit usw, I 2. Soweit der Anwalt im Hinblick auf ein bevorstehendes oder bereits stattfindendes gerichtliches Verfahren, A, tätig wird, jedoch nicht in ihm, richtet sich der Gegenstandswert ebenfalls nach den für das gerichtliche Verfahren geltenden Vorschriften. Hauptanwendungsgebiet ist die Tätigkeit in dem ein gerichtliches Verfahren vorbereitenden Abschnitt sowie diejenige, die ein gerichtliches Verfahren vermeiden soll. I 2 enthält eine nicht abschließende Aufzählung solcher begleitenden, vorbereitenden, fördernden oder der Verhinderung des gerichtlichen Verfahrens dienenden Tätigkeiten. Das Wort „insbesondere" verdeutlicht, daß die Aufzählung nicht abschließend gemeint ist. Daher ist eine weite Auslegung geboten, BGH **LM** § 7 Nr 1, Schumann MDR **67**, 1177.

Hierher gehören auch zB: Ein Vergleich; ein Einspruchs-, Widerspruchs- oder Beschwerdeverfahren als Vorstufe für ein verwaltungsgerichtliches oder finanzgerichtliches Verfahren, OVG Bln NJW **82**, 2517; eine Verhandlung zwecks Aufhebung des Arbeitsverhältnisses, AG Hbg AnwBl **89**, 241; die Vorankündigung einer Zwangsvollstreckung gegenüber dem Fiskus, § 882a ZPO.

Nicht hierher gehört zB das Entwerfen eines Vertrags, § 118 I Z 1.

Eine Gebühr entsteht für eine solche Tätigkeit allerdings nur dann, wenn der Anwalt keinen Prozeßauftrag erhält, sei es, daß sich die Angelegenheit ohne ein gerichtliches Verfahren erledigt, sei es, daß der Anwalt in dem anschließenden gerichtlichen Verfahren nicht tätig werden soll und auch nicht tätig wird. Soweit er im gerichtlichen Verfahren tätig wird, ist die vorangehende oder gleichzeitige außergerichtliche Tätigkeit unter Umständen durch die Gebühren für das gerichtliche Verfahren abgegolten, § 118 II; jedoch erhält der Anwalt für ein Verwaltungsverfahren besondere Gebühren, wenn sich ein Verfahren vor einem Verwaltungsgericht anschließt. Soweit es an einer Klageeinreichung im Sinn von § 17 IV GKG fehlt, stellen LG Stgt AnwBl **78**, 234 (gegen die Entscheidung ist Verfassungsbeschwerde eingelegt worden) auf die erste Geltendmachung des Anspruchs, GSchm Rdz 15 auf die Erledigung ab.

C. Maßgebliche Wertvorschriften. Soweit es sich um einen bürgerlichen Rechtsstreit oder ein Verfahren vor den Verwaltungs- oder Finanzgerichten handelt, sind die Wertvorschriften des GKG maßgeblich, § 1 I GKG. Vgl im einzelnen §§ 12ff GKG. Dabei ist I 1 in Verbindung mit § 12 II 1 GKG in einer Ehescheidungssache (insbesondere) insoweit verfassungsgemäß, als er auch auf die Einkommens- und Vermögensverhältnisse der Parteien abstellt, BVerfG BGBl **89**, 1301 = NJW **89**, 1985. – Wegen der Ausnahmen vgl A.

Soweit der Anwalt in einem Verfahren der freiwilligen Gerichtsbarkeit oder in einer Landwirtschaftssache tätig wird, gelten alle Wertvorschriften der KostO, nicht nur die in II genannten, LG Mü AnwBl **83**, 31. Für eine

Tätigkeit in eine Hausratssache ist § 21 II HausrVO maßgeblich, für die Tätigkeit in einer Wohnungseigentumssache gilt § 48 II WEG.

D. Fehlen von Wertvorschriften, I 3. Soweit für die Gerichtsgebühren des gerichtlichen Verfahrens keine Wertvorschriften vorhanden sind, muß man den Gegenstandswert nach II bestimmen. Das gilt vor allem dann, wenn das Verfahren gerichtsgebührenfrei ist, LAG Mü AnwBl **87**, 287, SchGei 9, Swolana 3, aM zB (jetzt) VGH Mü BayVBl **82**, 60 mwN, oder wenn sich die Gerichtsgebühr nicht nach einem Streitwert, Geschäftswert usw richtet, sondern zB eine Rahmengebühr darstellt. Insofern gelten jedoch vielfach Sonderregeln, zB in § 113 II 3 für das Verfahren vor den Verfassungsgerichten.

3) Andere Angelegenheiten, II. A. Begriff. II ist eine Auffangvorschrift, LAG Bre AnwBl **84**, 165. Das wird schon durch das Wort „andere" deutlich. Man muß also zunächst prüfen, ob ein gerichtliches Verfahren vorliegt, Anm 2 A. Erst wenn das nicht der Fall ist, liegt eine andere Angelegenheit im Sinn von II 1 vor. Allerdings ist II in Verbindung mit I 3 unter Umständen auch in einem gerichtlichen Verfahren anwendbar, für das Wertvorschriften fehlen. Man muß aber darauf achten, daß die Tätigkeit des Anwalts, die einem gerichtlichen Verfahren vorausgeht oder die sich lediglich in einer außergerichtlichen Förderung eines gerichtlichen Verfahrens erstreckt, gemäß I 2 nach den für das gerichtliche Verfahren geltenden Wertvorschriften und nicht etwa nach II zu bewerten ist. Es kommt also nicht nur darauf an, ob der Anwalt auch unmittelbar vor einem Gericht tätig geworden ist.

Nach II gehören zB: Eine Verhandlung über einen Vertrag, BGH **LM** Nr 6; die Vertretung eines Beteiligten an einer außergerichtlichen Auseinandersetzung; der Entwurf eines Testaments oder der Anfechtung eines Erbvertrags, Mü MDR **74**, 149; eine außergerichtliche Beratung; eine Mitwirkung an einem Kooperationsvertrag, BGH VersR **89**, 103. Wenn der Vertrag, an dessen Abschluß der Anwalt mitwirkt, in Wahrheit einen Streit beendet, handelt es sich um einen außergerichtlichen Vergleich; deshalb ist dann I 2 anwendbar. Wegen des Werts im Verfahren vor einer Verwaltungsbehörde § 118 Anm 5 B c.

B. Maßgebliche Wertvorschriften, II 1. Man vergleiche die dort genannten Vorschriften der KostO. § 18 I, III KostO fehlt in der Aufzählung. Denn maßgebender Zeitpunkt für die Bewertung ist derjenige, in dem der Anwalt die Gebühren verdient, nicht derjenige der Fälligkeit, § 16. Das Gericht prüft im Rahmen eines pflichtgemäßen Ermessens, ob man Verbindlichkeiten abziehen muß. Ein Abzug ist insoweit berechtigt, als die Verbindlichkeit bei der Beratungstätigkeit usw als feststehend angesehen wurde. Das ist regelmäßig im Fall einer öffentlichen Last so. Wenn die Verbindlichkeit aber Gegenstand der beratenden Tätigkeit des Anwalts war, darf man sie nicht abziehen.

Während bei der Bewertung in einem gerichtlichen Verfahren oder der wertmäßig gleichstehenden Tätigkeit, I 2, sämtliche Wertvorschriften der KostO anwendbar sind, darf man in einer anderen Angelegenheit im Sinn von II nur die in II 1 genannten, abschließend aufgezählten Wertvorschriften der KostO heranziehen, andernfalls muß man eine Schätzung nach II 2 vornehmen.

BGH **LM** Nr 6, ähnlich BGH **LM** § 7 Nr 2, gehen zB im Fall der Veräußerung eines Geschäftsanteils von seinem objektiven Wert aus und errechnen diesen im allgemeinen aus dem Endpreis, dazu krit Schmidt NJW **75**, 1418. Im Fall der Neufassung eines Gesellschaftsvertrags muß man alle Einlagen und den Firmenwert zusammenziehen, auch wenn der Anwalt nur einen einzelnen Gesellschafter vertritt, Stgt AnwBl **76**, 440; bei der Mitwirkung an einer Kooperationsvereinbarung ist ein Bruchteil des Umsatzes angemessen, BGH VersR **89**, 103.

C. Fehlen von Wertvorschriften, II 2. Soweit sich der Gegenstandswert nicht aus den in II 1 genannten Vorschriften ergibt und auch nicht sonst feststeht, muß man ihn nach „billigem", in Wahrheit pflichtgemäßem Ermessen bestimmen. Diese Situation kann zB im Fall einer umsatzabhängigen Lizenzgebühr vorliegen, BGH **LM** § 24 KostO Nr 3. Soweit es sich eindeutig um eine bestimmte Summe handelt, BGH **LM** § 7 Nr 2, etwa im Fall einer Steuererklärung, steht der Gegenstandswert fest, LAG Bre AnwBl **84**, 165. Eine Ausnahme mag bei einem weit übersetzten Scheinantrag vorliegen, BGH **54**, 194.

Soweit keine genügenden tatsächlichen Anhaltspunkte für eine pflichtgemäße Schätzung vorliegen oder soweit es sich um eine nichtvermögensrechtliche Angelegenheit handelt, § 30 KostO Anm 4, zB beim Verfahren nach §§ 98 ArbGG, 76 II BetrVG, LAG Mü DB **83**, 2044, beträgt der Gegenstandswert grundsätzlich 6000 DM, II 2 Hs 2. Er ist aber kein Regelwert, sondern ein bloßer Hilfswert, LAG Hbg DB **88**, 1404, LAG Stgt DB **82**, 1016. Er kann nach der Lage des Einzelfalls niedriger oder höher liegen, darf allerdings nicht weniger als 300 DM und nicht mehr als 1 000 000 DM ausmachen, II 2 Hs 3.

Der Gesetzgeber hat den Ausgangswert von 6000 DM bei der Gebührennovelle 1980 nicht erhöht. Das muß man mit beachten. Der Wert kann zwar erheblich über dem Ausgangswert liegen, zB BPatG GRUR **78**, 535 wegen eines Verfahrens nach § 10 II 2 WZG und LAG Hamm DB **76**, 1244 wegen einer Einigungsstelle und eines Sozialplans, ähnlich LAG Bln DB **76**, 1388 (dieses Gericht wendet II 2 Hs 1 an). Eine Abweichung vom Ausgangswert ist aber nicht stets schon wegen einer grundsätzlichen Bedeutung der Sache geboten, LAG Bre BB **79**, 1096. Wegen des arbeitsgerichtlichen Beschlußverfahrens LAG Bre AnwBl **84**, 166, LAG Hamm DB **80**, 1176, aber jetzt auch DB **87**, 1847, LAG Hann AnwBl **84**, 166, LAG Mü AnwBl **84**, 160, Wenzel DB **77**, 723 mwN. Vgl im übrigen § 30 KostO Anm 4. Die Tätigkeit eines Anwalts in einem Verfahren über einen Bebauungsplan hat in der Regel keine nichtvermögensrechtliche Angelegenheit zum Gegenstand, BGH **LM** Nr 1.

4) Einstweilige Anordnung, II 3. Das Verfahren des Familiengerichts zur einstweiligen Regelung der elterlichen Sorge für ein gemeinschaftliches Kind, des Umgangs des nicht sorgeberechtigten Elternteils mit dem Kind und der Herausgabe des Kindes an den anderen Elternteil, § 620 S 1 Z 1–3 ZPO, ist gerichtsgebührenfrei; KV 1161–1162 regeln andere Fälle. Folglich enthält das GKG auch keine zugehörigen Wertvorschriften, an die § 8 anknüpfen könnte; §§ 12, 17a, 19a, 20 II GKG regeln andere Fälle. Deshalb schafft II 3 eine besondere Wertvorschrift. Als Ausgangswert sind nicht 6000 DM, wie in II 2, sondern nur 1000 DM anzusetzen, vgl § 12 GKG Anm 2 H, Düss AnwBl **83**, 88. Auch diesen Ausgangspunkt hat der Gesetzgeber bei den Gebührennovellen 1980 und 1987 nicht erhöht. Das muß man mit beachten.

Im übrigen ist aber II 2 anwendbar. Der Wert kann also nach Lage des Einzelfalls niedriger oder höher als 1000 DM betragen, muß jedoch mindestens 300 DM und darf höchstens 1000000 DM betragen. Vgl wegen des Begriffs Ausgangswert im übrigen § 12 GKG Anm 2 Db.

Bbg JB **78**, 860 nimmt auch im Fall einer einstweiligen Anordnung nach § 620 S 1 Z 5 ZPO (Regelung des Getrenntlebens der Ehegatten) einen Ausgangswert von nur 1000 DM an.

Wertfestsetzung für die Gerichtsgebühren

9 **I Wird der für die Gerichtsgebühren maßgebende Wert gerichtlich festgesetzt, so ist die Festsetzung auch für die Gebühren des Rechtsanwalts maßgebend.**

II Der Rechtsanwalt kann aus eigenem Recht die Festsetzung des Werts beantragen und Rechtsmittel gegen die Festsetzung einlegen. Rechtsbehelfe, die gegeben sind, wenn die Wertfestsetzung unterblieben ist, kann er aus eigenem Recht ergreifen.

Gliederung

1) Allgemeines. §§ 9, 10 beziehen sich nur auf die Wertfestsetzung für ein gerichtliches Verfahren. Eine solche Wertfestsetzung gilt dann auch für diejenige Tätigkeit des Anwalts, die das gerichtliche Verfahren vorbereitet oder außergerichtlich begleitet, § 8 I 2. Zum gerichtlichen Verfahren gehört natürlich auch das Mahnverfahren. Es reicht also aus, daß die Sache anhängig ist; eine Rechtshängigkeit ist nicht erforderlich.

Soweit es überhaupt nicht zu einer gerichtlichen Anhängigkeit kommt, findet natürlich keine Festsetzung des Streitwerts für Gerichtsgebühren statt. §§ 9, 10 sind ferner dann unanwendbar, wenn es sich um eine Anwaltstätigkeit handelt, die ein etwa vorhandenes gerichtliches Verfahren nicht betrifft, etwa eine Beratung im Zusammenhang mit dem Abschluß eines Vertrags, um den die Partner anschließend vor Gericht streiten. In einem solchen Fall muß der Anwalt den Gegenstandswert selbst ansetzen. Soweit der Wert umstritten ist, muß ihn das Gericht im Zusammenhang mit einer etwaigen Gebührenklage festsetzen.

2) Maßgeblichkeit des Streitwerts, I. A. Grundsatz. Soweit das Gericht einen Streitwert für seine Gebühren festsetzt, gilt die Festsetzung auch für die Gebühren des Anwalts. Das gilt natürlich nur für ein solches gerichtliches Verfahren, in dem eine Festsetzung des Streitwerts in Betracht kommt. Vgl dazu §§ 24–26 GKG, 31 KostO, 61 I ArbGG, 114 PatG, 31a WZG, 26 GebrMG, 23a, b UWG, 247 AktG, 148 KO, 20 II HausrVO, 48 II 1 WEG, 34 II LwVG.

B. Einzelfragen. Soweit ein gerichtliches Verfahren anhängig ist, kann die Streitwertfestsetzung auch einen außergerichtlichen Vergleich umfassen. Wenn sein Gegenstand allerdings über denjenigen des gerichtlichen Verfahrens hinausgeht, ist § 9 unter Umständen unanwendbar. Solange der Rpfl ein gerichtliches Verfahren bearbeitet, ist er für die Wertfestsetzung zuständig, § 4 RPflG. Soweit der Urkundsbeamte der Geschäftsstelle einen Streitwert angenommen hat, bindet dieser Vorgang den Anwalt nicht, LG Lübeck Rpfleger **73**, 180.

Eine Streitwertfestsetzung durch das Gericht bindet den Anwalt im übrigen nur insoweit, als sich seine Tätigkeit mit dem für die Streitwertfestsetzung maßgebenden Gegenstand deckt, BGH **LM** Nr 2 mwN, BayObLG JB **78**, 1374 und Rpfleger **79**, 434.

§ 9 ist unanwendbar, soweit der Anwalt im Erbscheinserteilungsverfahren nur einen Miterben vertritt, BGH **LM** Nr 2 mwN, BayObLG JB **78**, 1374, oder soweit der Anwalt nur einen Streitgenossen vertritt, während die übrigen andere Ansprüche oder solche in anderer Höhe geltend machen oder auf die Zahlung abweichender Beträge verklagt worden sind, Mü MDR **73**, 771, wenn das Gericht also eine Zusammenrechnung nach § 5 ZPO vorgenommen hat, BGH Rpfleger **77**, 60 mwN.

§ 9 ist ferner unanwendbar, wenn sich der Auftrag vor der Klagerhebung oder vor der Einlegung eines Rechtsmittels teilweise oder vor einer Festsetzung des Streitwerts ganz erledigt, etwa infolge des Tods oder einer Kündigung, und wenn der Streitwert danach höher geworden ist.

Der gerichtlich festgesetzte Streitwert ist auch für die Festsetzung der gesetzlichen Vergütung der in § 19 I genannten Personen maßgebend, ebenso für den Auftraggeber, den Mithaftenden, den Rechtsnachfolger und die Staatskasse. Die Festsetzung bindet das Gericht im Gebührenrechtsstreit. Wenn der Anwalt in diesem Verfahren oder im Festsetzungsverfahren gegen den Streitwert eine Einwendung erheben will, muß er im Festsetzungsverfahren das zulässige Rechtsmittel einlegen, II 1, Bbg JB **76**, 186. In einem solchen Fall sind die anderen Verfahren bis zur Klärung der Streitfrage über den Wert auszusetzen, § 19 III, § 148 ZPO.

Soweit das Gericht den Streitwert ändert, ist der neue Wert maßgebend. Falls bereits eine Festsetzung der Anwaltsgebühren erfolgt war, muß auch sie entsprechend geändert werden, § 19 II 4, § 107 ZPO.

Wegen des Widerspruchsverfahrens vor der Verwaltungsbehörde VG Augsb AnwBl **84**, 319.

3) Eigenes Antragsrecht des Anwalts, II. A. Grundsatz, II 1. Der Anwalt hat ein eigenes Recht, die Wertfestsetzung zu beantragen. Dieses Recht besteht für sämtliche gerichtlichen Verfahren, also zB auch im arbeitsgerichtlichen Verfahren, LAG Bre MDR **86**, 261, LAG Hamm DB **82**, 1470, und zwar auch dann, wenn das Gericht den Streitwert von Amts wegen festsetzen soll oder soweit das Gericht den Wert schon ohne Widerspruch des Auftraggebers festgesetzt hat, der Anwalt aber beschwert ist, B b, aM Köln GRUR **88**, 724. Da nach § 9 aber nur die Festsetzung des Werts für die Gebühren des Gerichts in Betracht kommt, besteht kein Antragsrecht des Anwalts, soweit er kein eigenes rechtliches Interesse an der Festsetzung hat, vgl auch BVerfG **71**, 24 (zu einem Hochschullehrer), falls also die Wertfestsetzung für seine Gebühr nicht maßgebend ist. Freilich kann das Rechtsschutzinteresse auch dann bestehen, wenn der Anwalt dem Auftraggeber die Gebühren nicht voll in Rechnung stellen will, Karlsr AnwBl **85**, 41.

Wenn sich der Anwalt durch einen Antrag oder auch ohne förmlichen Antrag der Sache nach in ein anhängiges Wertsetzungsverfahren einschaltet, muß das Gericht ihm im weiteren Verfahrensgang vor einer ihm nachteiligen Wertänderung das rechtliche Gehör geben, Art 103 I GG. Soweit allerdings das Gericht gar nicht weiß, daß der Anwalt ein gerichtliches Verfahren mit seiner Tätigkeit begleitet, wenn sich etwa seine Mitwirkung auf eine außergerichtliche Mitwirkung beschränkt, kann das Gericht den Anwalt solange nicht anhören, wie er sich nicht wenigstens wegen der Wertfestsetzung beim Gericht meldet.

Zum Antrag ist der Anwalt desjenigen Rechtszugs berechtigt, für den das Gericht den Wert festsetzen soll. Innerhalb dieses Rechtszugs ist jeder Anwalt antragsberechtigt, für den die Wertfestsetzung auch nach seinem Ausscheiden maßgebend ist, vgl § 19 I, also jeder Sozius, auch der erst nachträglich eingetretene, VGH Kassel AnwBl **82**, 309, ferner auch der außergerichtlich mitwirkende Anwalt, soweit zB ein Vertretungsverbot vorliegt, weil seine Zulassung erloschen ist. Ein Antragsrecht besteht auch dann, wenn die Festsetzung des Werts wegen einer sachlichen oder persönlichen Gebührenfreiheit unterblieben ist, wenn aber ein für die Gerichtsgebühren nach § 8 maßgebender Wert an sich vorhanden ist und wenn sich auch die Anwaltsgebühr nach diesem Wert richten soll, BayObLG **60**, 10 und MDR **64**, 515. Eine Festsetzung nach § 10 kommt auch dann nicht in Betracht.

B. Beschwerderecht, II 1, 2. Der Anwalt hat ein eigenes Beschwerderecht, VGH Mü NJW **73**, 2046, und zwar in demselben Rahmen, in dem sein Auftraggeber nach den einzelnen Verfahrensordnungen dasselbe Recht hat. Es müssen folgende Voraussetzungen zusammentreffen:

a) Beschwerdefähige Entscheidung. Zunächst muß eine beschwerdefähige Entscheidung vorliegen, Anm 2. Die bloße Annahme eines Werts durch den Urkundsbeamten der Geschäftsstelle ist keine solche Entscheidung.

b) Beschwer. Der Anwalt muß selbst beschwert sein. Dieser Fall liegt nur dann vor, wenn der Wert zu niedrig festgesetzt wurde, dann aber auch, wenn das Gericht ohne Widerspruch des Auftraggebers festgesetzt hat, aM Köln GRUR **88**, 724 (aber hier geht es ja gerade um das eigene Recht eines unabhängigen Organs der Rechtspflege, vgl § 1 BRAO). Soweit der Anwalt die Beschwerde mit einer zu hohen Wertfestsetzung begründet, muß man im Zweifel davon ausgehen, daß er die Beschwerde in Wahrheit nur für den Auftraggeber, nicht persönlich eingelegt hat, Bbg JB **76**, 223. Soweit er die Beschwerde damit begründet, der Wert sei zu niedrig festgesetzt worden, ist im Zweifel davon auszugehen, daß er die Beschwerde nur im eigenen Namen, nicht auch in demjenigen der

Partei, eingelegt hat, Bbg JB **76**, 223. Im Zweifel empfiehlt sich zunächst eine Rückfrage beim Anwalt dazu, was gemeint ist.

Soweit der Anwalt selbst Partei ist, kommt es zwar theoretisch darauf an, ob er sich selbst zum ProzBev bestellt hat. Im Ergebnis ist aber die Frage, in welcher Eigenschaft er das Rechtsmittel einlegt, dann unerheblich.

Zur Beschwerde ist der Anwalt der ersten Instanz auch gegen eine Festsetzung durch die Berufungsinstanz berechtigt, wenn diese Festsetzung den Wert der ersten Instanz mit einbezieht. Wenn der Anwalt während einer Instanz wechselt, ist der neue Anwalt selbständig beschwerdeberechtigt, soweit es sich um seine Gebühren handelt, nicht aber beschwerdeberechtigt, soweit nur die Gebühren des bisherigen Anwalts in Frage stehen.

Die Vorschrift gilt jetzt auch für den Rechtsbeistand, für den im Verhältnis zum Auftraggeber die BRAGO insgesamt entsprechend gilt, soweit ihm die Erlaubnis nach dem RBerG erteilt ist, Art IX KostÄndG, Teil XI dieses Buchs.

Eine nach dem RBerG nicht befugte Person hat kein Beschwerderecht, selbst soweit sie als ProzBev zugelassen ist, etwa der Steuerberater, BFH NJW **71**, 536 (abw BStBl **63** III 145), aM FG Rheinland-Pfalz EFG **71**, 238.

c) Beschwerdewert. Falls der Wert des Beschwerdegegenstands seine bestimmte Summe übersteigen muß, zB in §§ 567 II ZPO, 34 LwVG, 146 III VwGO, 128 III FGO (jeweils 100 DM), ist der Unterschiedsbetrag zwischen derjenigen Gesamtvergütung (Gebühren und Auslagen), die sich auf Grund der Festsetzung ergibt, und derjenigen Gesamtvergütung, die sich nach dem behaupteten Wert ergibt, maßgeblich, Chemnitz AnwBl **82**, 438, aM LG Stade AnwBl **82**, 438. Auch in einer Prozeßkostenhilfesache muß man den Beschwerdewert gegen § 126 ZPO nach dem vollen Gebührenbetrag berechnen, Mü NJW **55**, 675, Schlesw SchlHA **63**, 248.

Die Umsatzsteuer ist einzurechnen, § 25 II. Denn sie stellt einen Teil der Gesamtvergütung dar, OVG Hbg AnwBl **81**, 501 mwN (zustm Schmidt).

Es erfolgt keine Zusammenrechnung der Werte der etwaigen Beschwerden der Anwälte beider Parteien, aM VGH Stgt MDR **76**, 609, auch nicht der Wert der Beschwerden des ProzBev des Verkehrsanwalts, BayJMBl **52**, 96.

d) Weitere Voraussetzungen. Der Anwalt hat ein Antragsrecht nur im Umfang eines sonst am Wertfestsetzungsverfahren Beteiligten. Soweit also die Wertfestsetzung unanfechtbar oder nur zusammen mit der Entscheidung in der Hauptsache anfechtbar ist, etwa nach §§ 24 S 1 GKG, 61 I ArbGG, ist der Anwalt nicht persönlich zur Beschwerde berechtigt, soweit die Festsetzung nicht auch für seine Gebühren maßgebend ist, § 24 S 1 GKG, Bre AnwBl **88**, 71. In einem bürgerlichen Rechtsstreit und in einem Verfahren, das auf die Wertfestsetzungsvorschriften des bürgerlichen Rechtsstreits für die Gerichtsgebühren verweist, ist der persönlich beschwerdeführende Anwalt auch an die in § 25 II 3 GKG genannte Beschwerdefrist gebunden. Soweit für einen der Beteiligten die Frist noch läuft, läuft sie allerdings auch zugunsten des Anwalts. Ist sie zwar abgelaufen, hat das Gericht aber über die Beschwerde noch nicht entschieden, dann kann der Anwalt sich noch (unselbständig) anschließen.

C. Unterbliebene Wertfestsetzung, II 2. Soweit eine nach dem Gesetz notwendige Wertfestsetzung unterblieben ist, kann der Anwalt den zulässigen Rechtsbehelf aus eigenem Recht ergreifen. Dieser Fall kommt zB dann in Betracht, wenn das Arbeitsgericht die Wertfestsetzung im arbeitsgerichtlichen Urteil unterlassen hat, § 61 I ArbGG. Zwar hat die Wertfestsetzung seit dem 1. 7. 79 keine Bedeutung mehr für die Rechtsmittelfähigkeit, § 12 ArbGG Anm 2 A, Teil II A dieses Buchs; trotzdem ist § 61 I ArbGG nicht wegen eines bloßen Redaktionsversehens stehengeblieben, wie LAG Hamm AnwBl **79**, 431 irrig meint, sondern hat seinen Sinn behalten: Es handelt sich um eine Zusatzvorschrift zu § 25 GKG, § 12 ArbGG Anm 2 A mwN.

Der Anwalt kann also eine Ergänzung nach § 321 ZPO oder auch eine Berichtigung nach § 319 ZPO beantragen. Eine Berichtigung kann aber nicht zu einer anderen Festsetzung führen. Eine Anfechtung der Wertfestsetzung durch den Anwalt kommt nicht in Betracht.

Das arbeitsgerichtliche Beschlußverfahren, § 2a I ArbGG, ist gemäß § 12 V ArbGG gebührenfrei. Infolgedessen erfolgt in einem solchen Verfahren eine Wertfestsetzung nach § 10 BRAGO.

D. Rechtsmittel. Vgl §§ 25 II GKG, 14, 31 III KostO, 567 II ZPO, 34 II LwVG, 146, 165 VwGO. Es besteht kein Anwaltszwang. Der auf die Beschwerde ergehende Beschluß bindet alle Beteiligten, nicht nur den Anwalt. Soweit der Rpfl den Wert festgesetzt hat, ist die Erinnerung gegeben, § 11 RPflG.

Soweit der Anwalt unterliegt, braucht er nur seine Auslagen zu tragen, denn § 25 III GKG ist gegenüber KV 1181 vorrangig. Soweit der Anwalt im Beschwerdeverfahren siegt, entstehen keine Kosten. Denn es handelt sich um einen Streit ohne einen Gegner, Hbg MDR **55**, 178. Zwischen dem Anwalt und der Gegenpartei besteht nämlich kein Prozeßverhältnis. Die Gegenpartei unterliegt daher nicht, vgl § 91 ZPO. Daran ändert sich auch dann nichts, wenn sie im Beschwerdeverfahren Stellung genommen und dem Beschwerdeantrag widersprochen hat. Die Unhaltbarkeit der Gegenmeinung, die eine Parallele zum Zwischenstreit zieht, ergibt sich zB dann, wenn beide Anwälte eine Erhöhung des Streitwerts erstreben, beide Parteien aber wegen einer Kostenteilung daran interessiert sind, den Streitwert niedrig zu halten.

Wertfestsetzung für die Rechtsanwaltsgebühren

10 **I Berechnen sich die Gebühren für die anwaltliche Tätigkeit in einem gerichtlichen Verfahren nicht nach dem für die Gerichtsgebühren maßgebenden Wert oder fehlt es an einem solchen Wert, so setzt das Gericht des Rechtszugs den Wert des Gegenstands der anwaltlichen Tätigkeit auf Antrag durch Beschluß selbständig fest.**

II Der Antrag ist erst zulässig, wenn die Vergütung fällig ist. Antragsberechtigt sind der Rechtsanwalt, der Auftraggeber und ein erstattungspflichtiger Gegner; wenn Prozeßkostenhilfe bewilligt ist, auch die Bundes- oder Landeskasse. Vor der Entscheidung sind die Beteiligten zu hören. Das Verfahren ist gebührenfrei. Der Rechtsanwalt erhält in dem Verfahren keine Gebühren.

III Gegen die Entscheidung kann Beschwerde eingelegt werden,

wenn der Beschwerdegegenstand einhundert Deutsche Mark übersteigt. Eine Beschwerde an einen obersten Gerichtshof des Bundes ist nicht zulässig. Die Beschwerde ist binnen zwei Wochen nach Zustellung der Entscheidung einzulegen. Im übrigen sind die für die Beschwerde in der Hauptsache geltenden Verfahrensvorschriften anzuwenden. Die weitere Beschwerde ist statthaft, wenn sie das Beschwerdegericht wegen der grundsätzlichen Bedeutung der zur Entscheidung stehenden Frage zuläßt. Die weitere Beschwerde kann nur darauf gestützt werden, daß die Entscheidung auf einer Verletzung des Gesetzes beruht; die §§ 550 und 551 der Zivilprozeßordnung gelten sinngemäß.

IV Anträge, Erklärungen und Beschwerden können zu Protokoll der Geschäftsstelle gegeben oder schriftlich ohne Mitwirkung eines Rechtsanwalts eingericht werden.

Gliederung

1) Anwendungsbereich, I
A. Gerichtliches Verfahren
B. Streitwert unmaßgeblich
C. Fehlen eines Streitwerts

2) Festsetzungsverfahren, I, II, IV
A. Antrag
  a) Antragsberechtigung, II 2
  b) Frist, II 1
  c) Form, IV
B. Zuständigkeit, I
C. Weiteres Verfahren, II 3
D. Entscheidung
  a) Beschluß, I
  b) Zustellung
E. Kosten, II 3, IV

3) Beschwerde, III 1–4, IV
A. Zulässigkeit
  a) Beschwerdewert, III 1
  b) Keine Beschwerde an Obersten Gerichtshof des Bundes, III 2
  c) Frist, III 3
  d) Form, IV
B. Weiteres Verfahren, III 4
C. Entscheidung

4) Weitere Beschwerde, III 5, 6
A. Zulässigkeit
B. Frist, Form
C. Zuständigkeit
D. Weiteres Verfahren
E. Entscheidung

5) Gegenvorstellung

1) Anwendungsbereich, I. Die Vorschrift gibt die Möglichkeit einer Wertfestsetzung, wenn die Voraussetzung A und außerdem mindestens eine der beiden Voraussetzungen B oder C erfüllt sind.

A. Gerichtliches Verfahren. Der Anwalt muß in einem gerichtlichen Verfahren tätig geworden sein. Er braucht aber nicht vor dem Gericht aufgetreten zu sein. Er mag zB lediglich eine beratende Tätigkeit ausgeübt haben; sein Auftrag mag vor dem Beginn des gerichtlichen Verfahrens geendet haben; ein anderer Anwalt mag den Auftraggeber vor Gericht vertreten haben.

Wenn es nicht zu einem gerichtlichen Verfahren kommt, ist § 10 unanwendbar. Das gilt auch dann, wenn zB die Verwaltungsbehörde den angefochtenen Verwaltungsakt auf Grund des Widerspruchs aufhebt und wenn es daher nicht zu einer Klage vor dem Verwaltungsgericht kommt.

Ein Antrag nach § 10 ist aber auch dann unzulässig, wenn sich die

Wertfestsetzung nach § 9 erreichen läßt und wenn diese Festsetzung für die anwaltliche Tätigkeit auch maßgebend ist. In einem solchen Fall ist § 10 allenfalls hilfsweise anwendbar, LAG Kiel AnwBl **89**, 240 mwN.

Die Vorschrift gilt andererseits für eine anwaltliche Tätigkeit in einem gerichtlichen Verfahren jeder Art, sofern überhaupt § 7 anwendbar ist.

Wenn eine Festsetzung nach § 10 möglich ist, aber bisher nicht erfolgt ist, und wenn der Gegenstandswert bei der Festsetzung der Vergütung des Anwalts bestritten wird, muß eine Aussetzung erfolgen, bis der Wert rechtskräftig feststeht, § 19 III.

B. Streitwert unmaßgeblich. Der für die Gerichtsgebühren maßgebende Wert darf für die anwaltliche Tätigkeit in dem gerichtlichen Verfahren nicht maßgebend sein. Dieser Fall liegt zB dann vor, wenn der Anwalt nur einen Streitgenossen vertritt und wenn die übrigen Streitgenossen entweder Ansprüche anderer Art oder anderer Höhe geltend machen oder wenn der Anwalt des Bekl den Vertretungsauftrag erst nach der Wirksamkeit einer teilweisen Klagerücknahme erhält, Kblz Rpfleger **88**, 161.

C. Fehlen eines Streitwerts. Es mag auch an einem für die Gerichtsgebühren maßgebenden Wert fehlen, etwa weil sich die Gerichtsgebühren nach einem Gebührenrahmen richten oder weil das Verfahren gerichtsgebührenfrei ist, LAG Mü AnwBl **87**, 287, LAG Saarbr AnwBl **77**, 252, vgl auch wegen § 188 S 2 VwGO § 2 GKG Anm 5 A, Teil I dieses Buchs.

2) Festsetzungsverfahren, II, IV. A. Antrag. Die Festsetzung erfolgt nur auf Grund eines Antrags, also nicht von Amts wegen. Im einzelnen müssen insofern folgende Anforderungen erfüllt sein:

a) Antragsberechtigung, II 2. Zum Antrag sind folgende Beteiligten berechtigt:

aa) Rechtsanwalt. Natürlich ist derjenige Anwalt antragsberechtigt, der für die Berechnung seiner Gebühren die Festsetzung des Werts benötigt, LAG Bre AnwBl **84**, 165.

Der sich selbst vertretende Anwalt kann die Festsetzung nicht gegen sich selbst betreiben, soweit ein erstattungspflichtiger Gegner fehlt, LAG Mü AnwBl **88**, 72.

bb) Verkehrsanwalt. Auch der Verkehrsanwalt ist im Hinblick auf seine Gebühr beschwerdeberechtigt. Für einen weitergehenden Antrag würde grundsätzlich bei ihm das Rechtsschutzbedürfnis fehlen.

cc) Auftraggeber. Auch der Auftraggeber ist berechtigt, von sich aus eine Wertfestsetzung zu beantragen. Denn auch er mag an einem amtlich ermittelten korrekten Ausgangspunkt für die Berechnung der Anwaltsgebühren selbst dann interessiert sein, wenn es wegen der letzteren noch nicht zu Meinungsverschiedenheiten gekommen ist.

Auch der nach § 40 I BetrVG unter Umständen zahlungspflichtige Auftraggeber hat ein eigenes Antragsrecht, LAG Stgt BB **80**, 1695.

dd) Erstattungspflichtiger Gegner. Der Prozeßgegner ist insofern zum Antrag berechtigt, als er Anwaltsgebühren erstatten soll. Auch der nach § 40 I BetrVG unter Umständen zahlungspflichtige Auftraggeber ist antragsberechtigt, LAG Stgt BB **80**, 1695.

ee) Staatskasse. Soweit der Anwalt im Weg der Prozeßkostenhilfe beigeordnet wurde, ist auch die Bundes- oder Landeskasse zur Antragstellung berechtigt.

b) Frist, II 1. Der Antrag ist erst dann zulässig, wenn die Vergütung fällig ist, § 16. Er ist also nicht schon zum Zweck der Zahlung eines Vorschusses zulässig. Ein unzulässig früh eingereichter Antrag gibt dem Gericht in der Regel die Pflicht zur Rückfrage, ob es den Antrag bis zur Fälligkeit der Gebühr unbearbeitet liegen lassen soll. Man kann den Antrag unter Umständen auch ohne eine Rückfrage in diesem Sinn auslegen.

c) Form, IV. Der Antrag ist zum Protokoll des Urkundsbeamten der Geschäftsstelle oder schriftlich zulässig. Es besteht kein Anwaltszwang, Wenzel DB **77**, 722.

B. Zuständigkeit, I. Zur Festsetzung ist das Gericht desjenigen Rechtszuges zuständig, für den der Anwalt tätig geworden ist. Der Rechtspfleger entscheidet, soweit das zugrunde liegende Geschäft ihm übertragen ist, § 4 RPflG. Die Festsetzung erfolgt auch nur für diesen Rechtszug, also auch nicht durch das obere Gericht für die untere Instanz.

C. Weiteres Verfahren, II 3. Das Gericht muß vor einer Entscheidung alle Beteiligten anhören. Beteiligte sind alle Antragsberechtigten. Der Arbeitgeber ist auch dann zu beteiligen, wenn der Verfahrensbevollmächtigte des Betriebsrats die Festsetzung gegen diesen betreibt, LAG Mü DB **83**, 2044. Ein Anwalt, der nicht vor dem Gericht aufgetreten ist, ist aber nur insoweit beteiligt, als er sich eingeschaltet hat oder als seine Beteiligung aus den Akten zu ersehen ist. Lückenhafte Antragsangaben rechtfertigen keineswegs stets eine Zurückweisung, LAG Hamm MDR **82**, 876.

Eine mündliche Verhandlung ist zulässig, aber nicht notwendig.

D. Entscheidung. a) Beschluß, I. Das Gericht entscheidet durch einen Beschluß. Es entscheidet in derjenigen Besetzung, die die einschlägige Verfahrensordnung für eine Beschlußfassung vorsieht. Der Beschluß ist grundsätzlich zu begründen, BLAH § 329 ZPO Anm 1 A b mwN.

b) Zustellung. Das Gericht muß seinen Beschluß allen Beteiligten nach der in Betracht kommenden Verfahrensordnung bekannt machen, im bürgerlichen Rechtsstreit also von Amts wegen zustellen, § 329 II 2 ZPO. Denn der Beschluß setzt die Beschwerdefrist nach III 3 in Lauf.

E. Kosten, II 3, IV. Das Verfahren ist gerichtsgebührenfrei. Auch der Anwalt, für den die Festsetzung erfolgt, erhält in dem Verfahren keine Gebühren, OVG Hbg AnwBl **81**, 501 (zustm Schmidt), Wenzel DB **77**, 722. Dagegen kann derjenige Anwalt Gebühren beanspruchen, den der frühere Auftraggeber des das Verfahren betreibende Anwalts jetzt damit beauftragt hat, dem Anwalt entgegenzutreten, §§ 56, 118.

3) Beschwerde, III 1–4, IV. A. Zulässigkeit. Gegen den Festsetzungsbeschluß ist die Beschwerde zulässig, soweit folgende Voraussetzungen zusammentreffen:

a) Beschwerdewert, III 1. Der Beschwerdegegenstand muß 100 DM übersteigen. Wegen der Berechnung § 9 Anm 3 B c. Aus diesem Grund ist ein in DM bezifferter Antrag des Beschwerdeführers erforderlich.

Soweit das Gericht allerdings in erster Instanz eine Wertfestsetzung aus verfahrensrechtlichen Gründen abgelehnt hatte, ist eine Beschwerdesumme nicht erforderlich, KG NJW **66**, 1369.

b) Keine Beschwerde an Obersten Gerichtshof des Bundes, III 2. Eine Beschwerde an einen Obersten Gerichtshof des Bundes, Art 95 I GG, ist unzulässig. Schon deshalb ist auch eine Beschwerde an den BFH unzulässig. Der inhaltlich übereinstimmende Art 1 Z 4 BFH-EntlG vom 8. 7.75, BGBl 1861, tritt zurück, soweit das G überhaupt noch anwendbar ist, zumal er zeitlich befristet ist, III 2 jedoch nicht. Das Übergangsrecht richtet sich daher nicht nach Art 2 BFH- EntlG, sondern nach § 134. Eine Entscheidung des BPatG nach § 144 PatG ist nicht mit der Beschwerde an den BGH anfechtbar, BGH GRUR **82**, 672.

c) Frist, III 3. Die Beschwerde ist binnen 2 Wochen nach der Zustellung der Entscheidung einzulegen. Eine formlose Mitteilung setzt die Frist nicht in Lauf. Eine Verkündung reicht für den Fristbeginn nur dann aus, wenn sie auch für eine Entscheidung in der Hauptsache ausreicht. Es handelt sich nicht um eine Notfrist. Denn sie ist im Gesetz nicht als solche gekennzeichnet, vgl § 223 II ZPO.

Soweit das Gericht eine Festsetzung in der ersten Instanz aus einem verfahrensrechtlichen Grund abgelehnt hatte, ist die Beschwerde unbefristet zulässig, KG NJW **66**, 1369.

Eine unselbständige Anschlußbeschwerde ist unzulässig, BayObLG **82**, 24 mwN; ihre Begründung ist aber von Amts wegen mitzubeachten, BayObLG **82**, 26.

d) Form, IV. Die Beschwerde ist zum Protokoll des Urkundsbeamten der Geschäftsstelle des Gerichts, dessen Wertfestsetzungsbeschluß angefochten wird, oder des Beschwerdegerichts zulässig. Ein Anwaltszwang besteht nicht.

B. Weiteres Verfahren, III 4. Im übrigen sind die für die Beschwer de in der Hauptsache geltenden Verfahrensvorschriften anzuwenden. Vgl also bei den einzelnen einschlägigen Verfahrensordnungen, zB §§ 567 ff ZPO, 304 ff StPO, 199 II 1 FGG, BayObLG **82**, 23. Durch die Worte „im übrigen" in III 4 ist klargestellt, daß jene weiteren Verfahrensvorschriften nur insoweit anwendbar sind, als nicht § 10 vorrangige Sonderregeln geben, zB wegen der Beschwerdefrist und des Beschwerdewerts.

C. Entscheidung. Auch das Beschwerdegericht entscheidet durch einen Beschluß. Er ist grundsätzlich zu begründen, BLAH § 329 ZPO Anm 1 Ab mwN. Er ist insoweit förmlich zuzustellen, als eine weitere Beschwerde in Betracht kommt und nach der einschlägigen Verfahrensordnung nur binnen einer gesetzlichen Frist zulässig ist.

Für die Gerichtskosten gilt KV 1181, SchGei 22, aM KG MDR **87**, 858 mwN, ferner gelten KV 1271, 1371; eine Kostenentscheidung erfolgt nicht, außergerichtliche Kosten werden entsprechend § 25 III GKG nicht erstattet.

Diese Frage ist **streitig. Wie hier** zB OVG Hbg AnwBl **81**, 501 (zustm Noll **KR** Nr 9, abl Lappe **KR** Nr 9), GSEM 9; **aM** zB RS 39, OVG Bre **KR** Nr 10.

4) Weitere Beschwerde, III 5, 6. A. Zulässigkeit. Die weitere Beschwerde ist statthaft, soweit das Beschwerdegericht sie wegen der grundsätzlichen Bedeutung der zur Entscheidung stehenden Frage zuläßt. Es kommt in diesem Fall nicht auf einen Beschwerdewert an. Es gibt also keine Zulassungsbeschwerde.

Eine weitere Beschwerde an einen Obersten Gerichtshof des Bundes ist ebenso wie eine Erstbeschwerde, III 2, unzulässig.

B. Frist, Form. Maßgeblich sind die einschlägigen Verfahrensvorschriften, III 3 in Verbindung mit 4.

C. Zuständigkeit. Zur Entscheidung über die weitere Beschwerde ist das OLG zuständig. Soweit ein Bundesland mehrere OLG hat, ist gemäß Art XI § 2 S 2 KostÄndG, Teil XII dieses Buchs, die Übertragung der Zuständigkeit auf eines der OLG durch den Landesgesetzgeber zulässig.

D. Weiteres Verfahren. Man kann die weitere Beschwerde nur darauf stützen, daß die Entscheidung auf einer Verletzung des Gesetzes beruhe. §§ 550, 551 ZPO gelten entsprechend. Im übrigen ist eine Begründung nicht vorgeschrieben.

E. Entscheidung. Auch das Gericht der weiteren Beschwerde entscheidet durch einen Beschluß. Er ist unabhängig von seiner grundsätzlichen Unanfechtbarkeit im allgemeinen wenigstens stichwortartig zu begründen. Das Gericht teilt seine Entscheidung wegen ihrer grundsätzlichen Unanfechtbarkeit den Beteiligten formlos mit.

5) Gegenvorstellung. Sie ist nur innerhalb der Frist des III 3 statthaft, BPatG GRUR **80**, 331. Im übrigen gelten die für die Beschwerde nach III 1–4, IV genannten Regeln entsprechend.

Volle Gebühr, Mindestbetrag einer Gebühr

11 **I Die volle Gebühr bei einem Gegenstandswert bis 300 Deutsche Mark beträgt 40 Deutsche Mark. Die Gebühr erhöht sich bei einem**

Gegenstandswert bis (Deutsche Mark)	für jeden angefangenen Betrag von weiteren (Deutsche Mark)	um (Deutsche Mark)
3000	300	15
10000	500	26
20000	1000	31
100000	5000	65
400000	15000	75
1000000	30000	120
über 1000000	50000	150

Eine Gebührentabelle für Gegenstandswerte bis eine Million Deutsche Mark ist diesem Gesetz als Anlage beigefügt. Im Berufungs- und Revisionsverfahren erhöhen sich die Beträge der sich aus Satz 1 und 2 ergebenden Gebühren um drei Zehntel. Im Revisionsverfahren erhöht sich die Prozeßgebühr jedoch um zehn Zehntel, soweit sich die Parteien nur durch einen beim Bundesgerichtshof zugelassenen Rechtsanwalt vertreten lassen können.

II Der Mindestbetrag einer Gebühr ist 15 Deutsche Mark. Pfennigbeträge sind auf zehn Deutsche Pfennig aufzurunden.

Vorbem. I, II 1 idF Art 3 I Z 2 G vom 9. 12. 86, BGBl 2326, in Kraft seit 1. 1. 87, Art 10, Übergangsrecht § 134.

1) Allgemeines. Die Gebühren der Tabelle beruhen auf einer Abstufung nach den Gegenstandswerten, § 7. Es handelt sich um ein System der Wertklassen, nicht mehr von Wertprozenten. Die Tabelle gilt für alle Verfahrensarten. Alle Gebühren sind Pauschgebühren. Sie gelten eine Mehrheit von Tätigkeiten in derselben Angelegenheit ab. Der Anwalt erhält also nicht für jede einzelne Maßnahme stets eine Einzelgebühr, etwa für den einzelnen Schriftsatz oder die Wahrnehmung des einzelnen Termins, vgl auch § 56 und Üb 2 vor § 12 GKG.

Indessen ist die Tabelle bei einer Rahmengebühr nach § 12 unanwendbar. Denn in einem solchen Fall gibt es keinen Gegenstandswert.

2) Volle Gebühr, I. A. Erste Instanz, I 1–3. In dieser Instanz gilt die Tabelle, die in I 1, 2 die Berechnungsmethode gibt und aus der die weitere amtliche Tabelle des I 3, abgedruckt Schlußanhang D, mit ihren unmittelbar genannten Endbeträgen bei Werten zwischen 300 und 1000000 DM die Einzelausrechnungen zeigt. Die Tabelle I 2 gibt die Schlußanweisung, vom Mehrbetrag für je 50000 DM einen Betrag von 150 DM zu dem bei 1000000 DM geltenden Wert hinzuzurechnen.

B. Berufungsinstanz, I 4. In dieser Instanz muß man die Tabellengebühren um 3/10 erhöhen. Diese Erhöhung kommt nicht etwa nur einer bestimmten Klasse von Anwälten zugute, also nicht etwa nur dem beim OLG zugelassenen Anwalt, sondern ist nur davon abhängig, ob der Anwalt im Berufungsverfahren (zulässigerweise) tätig geworden ist, Ffm AnwBl **83**, 523. Das ist freilich grundsätzlich nur der bei dem Berufungsgericht zugelassene Anwalt, Ffm AnwBl **83**, 523 (auch wegen einer Ausnahme).

Die Erhöhung gilt für alle Arten von Berufung. Sie gilt auch für eine Vergleichsgebühr wegen einer in der Berufungsinstanz mitverglichenen, bis dahin noch in der ersten Instanz anhängig gewesenen Sache, Brschw MDR **60**, 149, Karlsr JB **75**, 37, ferner im Fall der Einbeziehung einer solchen anderweitig anhängigen Sache in einen Gesamtvergleich vor dem Rechtsmittelgericht, KG NJW **67**, 1573. Eine Klage vor dem FG ist ein erstinstanzliches Verfahren. Deshalb entstehen Gebühren nur nach I 1, 2 in Verbindung mit § 114 II. Etwas anderes gilt kraft ausdrücklicher Bestimmung im erstinstanzlichen Verfahren vor dem BVerwG, vor dem BFH, vor dem OVG (VGH), § 114 II, oder in einem „sonstigen Verfahren" vor dem BVerfG oder einem VerfG eines Landes, § 113 II 2, sowie im Berufungsverfahren vor dem BGH in einer Sache nach §§ 110ff PatG, vgl Ffm JB **78**, 371.

Die Erhöhung gilt auch in einem Wiederaufnahmeverfahren vor dem Berufungsgericht, Kblz JB **75**, 1080. Diese Sache braucht noch nicht in der Berufungsinstanz anhängig zu sein. Eine erhöhte Gebühr entsteht also bereits für den Antrag auf eine Bewilligung der Prozeßkostenhilfe, § 51, oder für eine Beratung über die Erfolgsaussichten des Rechtsmittels, soweit diese Tätigkeit nicht durch die Gebühr für die weitere Tätigkeit abgegolten ist, § 20 II.

Es ist unerheblich, ob der Anwalt der ProzBev, der Verkehrsanwalt, Ffm AnwBl **80**, 463 mwN, ein Vertreter gemäß § 4 oder nur ein Berater ist, Hamm MDR **74**, 942. Auch der im Weg einer Prozeßkostenhilfe beigeordnete Anwalt erhält die erhöhte Gebühr. Sie steht auch demjenigen Verkehrsanwalt zu, der mit dem beim höheren Gericht zugelassenen Anwalt wegen des Rechtsmittels oder zur Durchführung des Rechtsmittels korrespondiert.

Unter die Erhöhung fallen sämtliche Gebühren, also auch eine Bruchteilsgebühr, zB $\frac{1}{2}$ Gebühr auf $\frac{13}{20}$.

Die Erhöhung gilt nicht im Verfahren auf den Erlaß eines Arrests oder einer einstweiligen Verfügung, soweit das Berufungsgericht als das Gericht der Hauptsache anzusehen ist, § 40 III.

In einem Verfahren nach der VwGO kann es zu einer Entscheidung über die Zurückweisung durch einen Beschluß kommen, Art 2 § 5 I VG/FGEntlG vom 31. 3. 78, BGBl 446, zuletzt geändert durch Art 1 G vom 4. 7. 85, BGBl 1274. Dazu bestimmt

Art 2 § 5 IV 2, 3 VG/FGEntlG: Der Rechtsanwalt erhält im Verfahren nach Absatz 1 Satz 3 eine halbe Gebühr nach dem Satz des § 11 Abs. 1 Satz 2 [jetzt: **4**] **der Bundesgebührenordnung für Rechtsanwälte. Diese Gebühr gilt als Verhandlungsgebühr.**

C. Revisionsinstanz, I 4, 5. a) Grundsatz. Auch in dieser Instanz erhöhen sich die Beträge der Tabelle grundsätzlich (nur) um $\frac{3}{10}$. Es gelten insofern dieselben Regeln wie beim Berufungsverfahren, B. Eine erhöhte Gebühr entsteht bereits für die Einholung der Zustimmung zur Sprungrevision, soweit diese Tätigkeit nicht als zum Rechtszug gehörig anzusehen ist, § 37 Z 7.

b) BGH-Anwalt. Soweit die Partei sich jedoch im Revisionsverfahren nur durch einen beim BGH zugelassenen Anwalt vertreten lassen kann, erhöht sich (nur) seine Prozeßgebühr um $\frac{10}{10}$, beträgt also statt $\frac{13}{10}$ der Tabelle insgesamt = $\frac{20}{10}$. Diese Erhöhung tritt nicht ein, soweit für die Partei ein Anwalt tätig wird, der beim BGH nicht allgemein zugelassen ist, Hbg MDR **88**, 684, Mü GRUR **79**, 339, aM zB jetzt Ffm GRUR **88**, 530 je mwN.

c) Patentanwalt. Wegen § 32 V WZG billigt Hamm GRUR **78**, 199 dem in einer Warenzeichenstreitsache in der Revisionsinstanz mitwirkenden Patentanwalt eine Prozeßgebühr von $\frac{20}{10}$ zu. Ebenso verfährt zB jetzt Ffm GRUR **88**, 530 mwN wegen § 143 V PatG in einer Patentverletzungssache. S aber b. Vgl ferner § 27 V GebrMG.

D. Beschwerdeinstanz. § 11 erwähnt das Beschwerdeverfahren nicht. Vgl auch § 63 II. Es gibt aber einzelne Vorschriften, die im Beschwerdeverfahren ausdrücklich eine erhöhte Gebühr zubilligen, zB

§ 62 III (soweit es sich um den 2. und 3. Rechtszug des Beschlußverfahrens in einer Arbeitssache handelt), § 65a S 2 (wegen des Beschwerde- oder Rechtsbeschwerdeverfahens in einer Sache nach dem GWB).

3) Mindestbetrag, II 1. A. Grundsatz. Der Mindestbetrag einer Gebühr beträgt 15 DM. Das gilt allerdings nur für die Gebühr, wie schon der Wortlaut der Vorschrift sagt, nicht auch für Schreibauslagen, § 27. II 1 ist eine allgemeine Vorschrift. Sie ist also auch dann anwendbar, wenn die BRAGO insgesamt sinngemäß anwendbar ist, § 2. Die Vorschrift bestimmt den Mindestbetrag jeder einzelnen im Gesetz selbständig genannten Gebühr, vgl auch FG Bln EFG **86**, 624 (zu § 3 StBGebV), also nicht etwa nur der Gesamtgebühr. II 1 nennt also den Mindestbetrag einer jeden Gebühr. Allerdings darf man nicht schon jede bloße Erhöhung mit dem Betrag von mindestens 15 DM ansetzen, also zB nicht eine solche nach § 6 I 2, AG Mü DGVZ **78**, 141, oder eine solche nach I 2, GSEM 9. Allerdings macht auch jede einzelne Bruchteilsgebühr mindestens 15 DM aus.

B. Hebegebühr. Gemäß § 22 III beträgt die Mindestgebühr einer Hebegebühr nur 1 DM. Das ist eine vorrangige Ausnahme gegenüber § 11 II 1.

4) Aufrundung, II 2. Die Vorschrift schreibt eine Aufrundung auf 10 Pf vor. Sie bezieht sich wie II 1 nur auf Gebühren, nicht auf Auslagen, § 25, und daher auch nicht auf die Umsatzsteuer, § 25 II.

Man muß jede im Gesetz selbständig genannte Gebühr aufrunden.

Rahmengebühren

12 **I Bei Rahmengebühren bestimmt der Rechtsanwalt die Gebühr im Einzelfall unter Berücksichtigung aller Umstände, insbesondere der Bedeutung der Angelegenheit, des Umfangs und der Schwierigkeit der anwaltlichen Tätigkeit sowie der Vermögens- und Einkommensverhältnisse des Auftraggebers, nach billigem Ermessen. Ist die Gebühr von einem Dritten zu ersetzen, so ist die von dem Rechtsanwalt getroffene Bestimmung nicht verbindlich, wenn sie unbillig ist.**

II Im Rechtsstreit hat das Gericht ein Gutachten des Vorstandes der Rechtsanwaltskammer einzuholen. Das Gutachten ist kostenlos zu erstatten.

Schrifttum: Rückert, Der Gebührenrechtsstreit aus der Sicht des Vorstands der Rechtsanwaltskammer, Festschrift für Schmidt (1981) 205.

Gliederung

1) Allgemeines

2) Gebührenhöhe im Einzelfall, I 1

A. Berücksichtigung aller Umstände
  a) Bedeutung der Angelegenheit
  b) Umfang und Schwierigkeit der anwaltlichen Tätigkeit
  c) Vermögens- und Einkommensverhältnisse des Auftraggebers
    aa) Vermögen

1) Allgemeines. § 12 erfaßt diejenigen Fälle, in denen die BRAGO für die Tätigkeit des Anwalts eine Rahmengebühr vorsieht, sei es einen Betragsrahmen, also eine in DM bezifferte Mindest- und Höchstgebühr, sei es einen Gebührensatzrahmen, bei dem sich die Gebühr zwar nach dem Gegenstandswert richtet, die ihm entsprechende Gebühr aber je nach der Lage des Einzelfalls nur zu einem Bruchteil bis zur vollen Gebühr erhoben wird, etwa in den Fällen der §§ 20 I, 118 I, II, Celle Rpfleger **70**, 103.

2) Gebührenhöhe im Einzelfall, I 1. A. Berücksichtigung aller Umstände. Der Anwalt muß die im Einzelfall richtige Gebühr unter einer Berücksichtigung sämtlicher Umstände dieses konkreten Einzelfalls ermitteln. Die Vorschrift nennt nur die wichtigsten dieser Umstände. Das Wort „insbesondere" verdeutlicht, daß es sich um eine nicht abschließende, daher weit auszulegende Aufzählung handelt. Es bestehen weitgehende Übereinstimmungen mit § 12 II 1 GKG. Die dortigen Regeln sind daher auch bei § 12 BRAGO zur Auslegung mit heranziehbar.

Im einzelnen ergibt sich im wesentlichen das folgende Bild:

a) Bedeutung der Angelegenheit. Es kommt sowohl auf eine tatsächliche, als auch auf eine wirtschaftliche oder eine rechtliche Bedeutung an. Eine besondere wirtschaftliche Bedeutung findet allerdings in den Fällen eines Gebührensatzrahmens meist schon bei der Bestimmung des Gegenstandswerts eine genügende Berücksichtigung, BPatG GRUR **79**, 704. In einer Strafsache muß man die Bedeutung der Angelegenheit daran messen, was es für den Beschuldigten aus der Sicht eines unbeteiligten Dritten bedeutet, nicht oder nicht so hoch bestraft zu werden, LG Flensb JB **76**, 1217 und 1504, LG Münster AnwBl **74**, 192. Die subjektive Sicht des Beschuldigten ist aber mit zu berücksichtigen, AG Hamm AnwBl **80**, 311. Für die Bedeutung der Sache kann es auch wesentlich sein, ob es sich um einen Musterprozeß handelt.

Nicht zu berücksichtigen ist der vom Auftraggeber angestrebte Erfolg. Denn dieser Faktor ist vor allem in einer Strafsache als Anknüpfungspunkt wenig geeignet. Es kommt auch nicht auf die Höhe eines zugehörigen etwaigen zivilrechtlichen Anspruchs an, LG Schweinf NJW **71**, 2321 (abl Schmidt). Diese Faktoren sind allerdings für den Nebenkläger meist beachtlich, AG Hanau AnwBl **80**, 311.

Beachtlich sind zB: Die Stellung einer Partei im öffentlichen Leben; das Ansehen, der Name, die Auswirkung wirtschaftlicher Art auf ein Unternehmen oder auf Angehörige.

b) Umfang und Schwierigkeit der anwaltlichen Tätigkeit. Zu berücksichtigen ist, anders als bei § 12 II 1 GKG, der Umfang der Sache für den Anwalt, also der Umfang seiner Arbeit zur Betreuung der Sache. Das ergibt sich schon daraus, daß I 1 ausdrücklich nicht Umfang und

Schwierigkeit „der Sache" oder „der Angelegenheit", sondern „der anwaltlichen Tätigkeit" nennt. Man muß sowohl den tatsächlichen Umfang der anwaltlichen Tätigkeit wie auch den Umfang der rechtlichen Probleme berücksichtigen und dabei vom Leitbild der zugehörigen Verfahrensordnung vom Ablauf eines Verfahrens und nicht nur Leerformeln ausgehen.

Beachtlich sind zB: Die Dauer der Vorarbeit des Anwalts, LG Ravensb AnwBl **85**, 160, LG Wuppert AnwBl **85**, 160; Kürze oder Länge der Ausführungen einer Partei; die Schwierigkeit der Klärung des Sachverhalts; der Umfang zu prüfender Beiakten; die Dauer des Verfahrens, soweit sie auf das Verhalten der Parteien oder ihrer Anwälte zurückzuführen ist; eine Wartezeit vor dem Aufruf, LG Ravensb AnwBl **85**, 160; eine rechtliche Schwierigkeit; der Grad der Streitigkeit; der Umstand, daß der Anwalt als Verteidiger auch im zugehörigen Beschwerdeverfahren tätig war, § 87 Anm 2 B b cc; der Umfang des Kostenfestsetzungsverfahrens, SG Düss AnwBl **83**, 40; der Umstand, daß ein psychiatrischer Sachverständiger geladen wird, LG Bochum AnwBl **85**, 151; die Auswirkung auf die Durchsetzbarkeit eines zivilrechtlichen Anspruchs, Düss AnwBl **89**, 293, LG Wuppert AnwBl **85**, 160.

c) Vermögens- und Einkommensverhältnisse des Auftraggebers. Dieser Faktor ist zwar wichtig, aber eben doch nur ein Einzelfaktor. Im übrigen gelten hier im wesentlichen folgende Regeln:

aa) Vermögen. Wenig brauchbar ist eine Bewertung durch den Betriebsinhaber, ebensowenig ein Steuerbescheid usw. Besser brauchbar ist der Lebenszuschnitt im Zeitpunkt des Urteils. Manche Gerichte berücksichtigen das Vermögen erst dann, wenn es den Freibetrag der Vermögenssteuer überschreitet, vgl Köln MDR **75**, 767 (zu § 12 GKG); aM Oswald NJW **76**, 2254.

Man darf die Erträgnisse heranziehen, jedoch kein Schema etwa derart bilden, daß das Vermögen 10% des Streitwerts darstelle. Ein Vermögen ist nicht schon belanglos, weil es keine Erträge abwirft oder weil es belastet ist.

Unbeachtlich ist der übliche Hausrat, ein kleines Sparguthaben usw.

Maßgeblicher Zeitpunkt ist derjenige der Fälligkeit der Gebühr, § 16. Denn erst dann kann man alle Umstände abschließend überblicken.

bb) Einkommen. Auch hier ist kein Schematismus zulässig. Tabellen sind abzulehnen. Brutto- und das maßgebliche Nettoeinkommen können erheblich auseinanderklaffen, AG Hagen NJW **86**, 1186.

Beachtlich sind zB: Die Höhe der laufenden Ausgaben; Schulden und sonstige Belastungen; die Kinderzahl; eine Unterhaltspflicht; eine Entnahme aus einem Gewerbebetrieb, selbst wenn er mit einem Verlust arbeitet.

Man darf nur auf die Verhältnisse des Auftraggebers abstellen, nicht auf diejenigen eines Erstattungspflichtigen, AG Northeim AnwBl **83**, 230. Man muß aber berücksichtigen, ob der Auftraggeber von einem Unterhaltspflichtigen eine Zahlung erhalten kann, §§ 1360a, 1610 BGB, LG Kleve NJW **54**, 1260.

Die Ertragslage des Anwalts kann mit beachtlich sein, ist jedoch in keinem Fall ausschlaggebend. Eine allgemeine Verteuerung ist unerheblich. Denn sie stellt gerade keinen Umstand „des Einzelfalls" dar, LG Krefeld MDR **74**, 252 (abl Schmidt) und AnwBl **74**, 359, LG Mainz Rpfleger **74**, 78 vgl auch § 3 ZSEG Anm 3 D; **aM** Meyer MDR **74**, 717.

d) Billiges Ermessen. Der Anwalt darf und muß gegenüber dem Auftraggeber ein Ermessen ausüben, LG Aachen AnwBl **83**, 235, LG Augsb AnwBl **83**, 468. Wie so oft, enthält auch I 1 durch das Wort „billiges" (Ermessen) einen mißverständlichen Akzent. Er ist zur Berücksichtigung sämtlicher Umstände des Einzelfalls nicht nur berechtigt, sondern auch verpflichtet, LG Heilbr AnwBl **78**, 29, und muß daher in Wahrheit ein pflichtgemäßes Ermessen ausüben, sich also aller sachfremden Erwägungen enthalten.

e) Mittelwert. Man muß in der Praxis grundsätzlich von dem Mittelwert der einschlägigen Rahmengebühr ausgehen, um eine wenigstens einigermaßen gleichmäßige eigene Berechnungspraxis zu erzielen, zB Düss NJW **74**, 654, Köln NJW **62**, 830, LG Bln Rpfleger **73**, 170, LG Duisb AnwBl **83**, 222, LG Flensb JB **78**, 288, LG Heilb AnwBl **78**, 29, VG Düss AnwBl **84**, 322, Schumann NJW **66**, 98. Der Mittelwert ist nicht die Hälfte des Höchstwerts, sondern die Mitte des Rahmens, Düss AnwBl **89**, 293, OVG Münster NJW **67**, 901, LG Siegen AnwBl **61**, 320, VG Düss AnwBl **84**, 322.

f) Höchstwert. Man darf den Höchstwert des Rahmens nur bei überdurchschnittlichen Einkommens- und Vermögensverhältnissen und einer besonderen Schwierigkeit der anwaltlichen Tätigkeit ansetzen, nicht schon dann, wenn die Sache zwar eine erhebliche wirtschaftliche Bedeutung hat, rechtlich aber einfach gelagert ist, Mü VersR **77**, 1036, aM AG Betzdorf AnwBl **84**, 454. Der Höchstwert ist andererseits nicht von einem lückenlosen Zusammentreffen sämtlicher Erhöhungsmerkmale abhängig, Mü AnwBl **80**, 469 mwN, Nürnb AnwBl **75**, 96, Zweibr Rpfleger **72**, 71, LG Augsb AnwBl **77**, 320, LG Bln Rpfleger **79**, 275, vgl auch LG Ravensb AnwBl **78**, 72, LG Saarbr AnwBl **78**, 30, AG Pforzheim AnwBl **87**, 49, VG Münster AnwBl **86**, 455.

Ein Strafverfahren wegen des Verdachts der Trunkenheit am Steuer, in dem das Gericht oder der Anwalt einen Sachverständigen zu Rate ziehen, kann noch eine Durchschnittssache sein, Saarbr VRS **47**, 71. Dasselbe gilt für die Geltendmachung einer Schadensersatzforderung nach einem „normalen" Verkehrsunfall, KG VersR **76**, 641. Man muß die Notwendigkeit eines Dolmetschers oder einiger Sprachkenntnisse des Anwalts berücksichtigen, AG Bruchsal VersR **86**, 689, AG Ffm VersR **86**, 776, AG Köln AnwBl **88**, 76, AG Krefeld AnwBl **80**, 303, AG Wiesb AnwBl **76**, 249.

g) Mindestwert. Der Mindestwert kommt nur bei einem Mindestbemittelten und dann in Betracht, wenn die Sache gleichzeitig einfach liegt, LG Lübeck MDR **48**, 487, VG Düss AnwBl **84**, 322. Wegen eines Bußgeldverfahrens, insbesondere wegen einer Verkehrsordnungswidrigkeit, § 105 Anm 5. Zur Berechnungsmethode Schmidt NJW **69**, 1377.

B. Gesamtabwägung. Sämtliche in A genannten Faktoren sind miteinander im Einzelfall abzuwägen. Das Gesetz nennt keinen generell bezifferten Ausgangswert. Infolgedessen hat keiner der Einzelfaktoren von vornherein einen Vorrang.

Man muß bei der Ausübung des Ermessens das Rechtsverhältnis zwischen dem Anwalt und seinem Auftraggeber einerseits, dasjenige zum erstattungspflichtigen Gegner des Auftraggebers oder zu einem ersatzpflichtigen Dritten andererseits auseinanderhalten. Im ersteren Rechtsverhältnis ist der Ermessensspielraum des Anwalts weiter als im letzteren. Dem Auftraggeber gegenüber ist jede Bestimmung des Anwalts, die keinen Ermessensmißbrauch darstellt, verbindlich.

Daher kann das Gericht bei einem Streit zwischen dem Anwalt und seinem Auftraggeber nur noch prüfen, ob der Anwalt die Regeln des § 315 I, III BGB verkannt hat, Schmidt AnwBl **75**, 334, ob er also in einer sachfremden, objektiv willkürlichen, nicht mehr einigermaßen vernünftigen Weise gerechnet hat, ob er zB einen auf der Hand liegenden Faktor überhaupt nicht beachtet oder einen offensichtlich völlig abwegigen Faktor zum fast alleinigen Maßstab gemacht hat, LG Ffm AnwBl **76**, 353, LG Osnabr AnwBl **78**, 30, oder ob er überhaupt keinen erkennbaren Gebrauch seines Ermessens gemacht hat (Vorsicht!), LG Mü JB **76**, 792.

Alles, worüber man streiten kann, was aber noch nicht nachweisbar auf Rechen-, Denk-, Auslassungsfehlern und dergleichen beruht, bleibt im Verhältnis zwischen dem Anwalt und seinem Auftraggeber im Rahmen des anwaltlichen Ermessungsspielraums. Alles, was wenigstens eine gewisse Bemühung um eine Gesamtabwägung erkennen läßt und keinen Hauptaspekt glatt übergeht, bleibt also einer gerichtlichen Abänderung im Streit zwischen dem Anwalt und seinem Auftraggeber grundsätzlich entzogen.

Diese Frage ist **streitig. Wie hier** zB LG Aachen AnwBl **83**, 235, AG Betzdorf AnwBl **77**, 77, vgl auch LG Flensb JB **78**, 863 mwN; **strenger** Mü Rpfleger **77**, 377, LG Würzb JB **76**, 770, LG Lübeck Rpfleger **78**, 327, Baumgärtel VersR **78**, 593 (gegen sein Punktesystem AG Nürnb AnwBl **85**, 322), LG Hildesh AnwBl **78**, 331.

Maßgeblich ist nicht derjenige Betrag, der aus der Sicht eines unbeteiligten Dritten, also objektiv, angemessen ist, sondern derjenige Betrag, den der Anwalt bei einer pflichtgemäßen Gesamtabwägung nach seinem Standpunkt als angemessen ansehen durfte, AG Duisb AnwBl **76**, 407.

3) Unbilligkeit, I 2. Soweit die Gebühr von einem Dritten zu ersetzen ist, ist die von dem Anwalt getroffene Bestimmung nicht verbindlich, soweit sie unbillig ist, Düss AnwBl **89**, 293. Im Verhältnis zum erstattungspflichtigen Gegner des Auftraggebers oder zu einem ersatzpflichtigen Dritten ist also grundsätzlich das pflichtgemäße Ermessen des Anwalts ein wenig eingeschränkt. Indessen ist diese gesetzliche Nuance zwischen I 1 und I 2 derart überspitzt (krit auch zB Lappe NJW **76**, 1954, Mümmler JB **75**, 1002, Schmidt NJW **75**, 1731), daß praktisch auch gegenüber dem Dritten nur ein Ermessensmißbrauch schädlich ist.

Diese Frage ist **streitig. Wie hier** zB LG Bochum AnwBl **85**, 151, LG Duisb AnwBl **77**, 43, LG Hanau JB **78**, 69, VG Düss AnwBl **84**, 322.

Manche Gerichte prüfen **demgegenüber,** ob der Anwalt das in anderen Fällen Angemessene deutlich überschritten hat, und halten nur eine so erhebliche Abweichung für unbillig, zB LG Hagen AnwBl **83**, 46, LG Memmingen JB **77**, 513, ferner LG Schweinf AnwBl **76**, 179 und JB **76**, 787, AG Bre AnwBl **77**, 265, ähnlich LG Essen JB **76**, 793, LG Regensb

JN **76**, 767 und JB **78**, 67, LG Würzb JB **76**, 770 (zustm Mümmler). **Andere** Gerichte betonen, man dürfe auch bei I 2 keine kleinlichen Streichungen oder belanglosen Meinungsverschiedenheiten austragen, LG Kaisersl AnwBl **77**, 41, vgl auch Mümmler JB **75**, 1002, Schmidt AnwBl **75**, 334. Düss AnwBl **82**, 262, AG Itzehoe AnwBl **88**, 256 halten zB jeweils eine Abweichung von 20% gegenüber dem Angemessenen für vertretbar; BVerwG **62**, 201, LSG Schlesw AnwBl **89**, 114, GSEM 3 sehen eine Abweichung ab 20% als unbillig an.

Wer einem Ermessensmißbrauch behauptet, trägt die entsprechende Beweislast, GSchm 4a, aM Bln EFG **81**, 366 (der Anwalt müsse im Fall einer Beanstandung die für seine Bemessung maßgeblichen Erwägungen selbst darlegen und beweisen).

Eine Honorarvereinbarung ist, soweit sie überhaupt zulässig ist, so lange bindend, wie kein Ermessensmißbrauch feststeht. Ein Austausch von Einzelposten ist zulässig, LG Detmold NJW **74**, 511 (abl Schmidt), vgl BLAH § 104 ZPO Anm 4 A, C. Im Kostenfestsetzungsverfahren ist die Feststellung der Unbilligkeit jedenfalls bei deren Offenkundigkeit entbehrlich, LG Mü NJW **76**, 1702, aM GSEM 4. Das Revisionsgericht kann eine vom Tatrichter vorgenommene Bemessung ohnehin nur auf das Vorliegen eines Rechtsirrtums, die Verkennung wesentlicher Umstände oder einer Ermessensüberschreitung prüfen, BGH NJW **69**, 932. Im übrigen ist § 315 III BGB auch im Verhältnis zum erstattungspflichtigen Dritten nicht unanwendbar, Schmidt NJW **75**, 1727.

4) Gutachten, II. Die Vorschrift ist ähnlich wie § 3 III 2, 3 formuliert. Gleichwohl sind die Voraussetzungen der Einholung des Gutachtens teilweise anders als dort. Im einzelnen gilt:

A. Notwendigkeit. Die Notwendigkeit der Einholung eines Gutachtens entsteht, sobald sich im Rechtsstreit, nach einem Mahnverfahren also von dem Übergang in das streitige Verfahren ab, zwischen dem Anwalt und dem früheren Auftraggeber herausstellt, daß die Frage der Angemessenheit der vom Anwalt bestimmten Gebühr oder die Frage ihrer Unbilligkeit entscheidungserheblich ist. Sie besteht erst recht, sobald das Gericht dazu neigt, irgendeine Herabsetzung vorzunehmen. Indessen kann es ratsam sein, den Sachverhalt durch Auflagen gemäß § 273 ZPO, durch Anheimgabe der Stellungnahme zu bisher eingegangenen gegnerischen Schriftsätzen usw so weit aufzuklären, §§ 138, 139 ZPO, daß sich die Anwaltskammer ein vollständiges Bild machen kann.

Die Notwendigkeit des Gutachtens entsteht also bereits vor der sachlichen Entscheidung über die Angemessenheit der Gebühr, Bbg OLGZ **76**, 354, nicht etwa erst im Kostenfestsetzungsverfahren, Oldb NJW **61**, 616, und auch nicht bei einem Streit zwischen dem Auftraggeber und seinem Prozeßgegner wegen der Kostenerstattung, BVerwG JB **82**, 857, Mü VersR **77**, 1037, LG Hanau VersR **73**, 554, LG Köln GRUR **87**, 657 mwN, LG Mü GRUR **84**, 812, AG Nürnb VersR **76**, 768, RS 16; **aM** anscheinend Vaagt DNotZ **86**, 512.

Die Notwendigkeit besteht auch dann, wenn sich der frühere Auftraggeber des Anwalts nicht auf eine Verhandlung einläßt, also zB säumig ist. Denn das Gericht soll stets schon bei der Schlüssigkeitsprüfung die Ansicht der Standesvertretung mitbeachten.

Allerdings ist ein Grundurteil schon vor der Begutachtung zulässig, Düss AnwBl **84**, 444.

B. Verfahren. Das Gericht kann der Anwaltskammer eine Frist zur Hergabe des Gutachtens setzen und muß so verfahren, falls die Anwaltskammer die Erstellung des Gutachtens ohne ausreichende, von ihr mitzuteilende Gründe unangemessen verzögert. Denn das Gericht hat im Rechtsstreit eine vorrangige Fürsorgepflicht gegenüber beiden Prozeßparteien, BLAH Einl II 3 B, BVerfG **52**, 144, vgl auch Karlsr MDR **81**, 503. Überdies ist die Erstellung des Gutachtens zwar nicht ein Sachverständigenbeweis, sondern als amtliche Auskunft ein selbständiges Beweismittel, BLAH Üb 5 vor § 373 ZPO, aber immerhin als prozessuales Beweismittel ein Vorrang innerhalb des Prozesses, in dem alle Prozeßbeteiligten die unverzügliche Förderung des Rechtsstreits unterstützen müssen. Zwar sind auf das Gutachten alle diejenigen Vorschriften unanwendbar, die auf die Einzelperson eines Sachverständigen zugeschnitten sind, BGH **62**, 95, insofern auch Ffm MDR **83**, 327, ferner Pieper ZZP **84**, 22, und keine Partei kann der Verwertung eines solchen Gutachtens widersprechen. Liegt aber ein Ablehnungsgrund wegen der Besorgnis der Befangenheit vor, dann muß das Gericht ihn bei der Würdigung eines solchen Gutachtens berücksichtigen, BGH **62**, 94 und **LM** § 402 ZPO Nr 16.

Soweit der Vorstand der Anwaltskammer die Akten mit der Ansicht zurückgibt, er könne sich wegen Unklarheiten des Sachverhalts noch nicht gutachtlich äußern, muß das Gericht im Rahmen seines pflichtgemäßen Ermessens nach einer Anhörung der Parteien prüfen, ob es sich der Auffassung der Anwaltskammer anschließt, und in diesem Fall das Erforderliche zur weiteren Sachaufklärung veranlassen. Andernfalls mag das Gericht die Akten dem Vorstand der Anwaltskammer unter einer Mitteilung der eigenen Beurteilung der Gutachtenreife erneut übersenden oder selbst entscheiden, ohne die Akten erneut nach dort übersenden zu müssen.

Soweit der Vorstand der Anwaltskammer die Erstellung des Gutachtens endgültig verweigert oder die Hergabe des Gutachtens allzu lange hinauszögert, sei es auch unter der Angabe, der von ihm beauftragte Anwalt habe den Entwurf aus irgendwelchen Gründen nicht fertiggestellt, darf das Gericht die Akten zurückfordern. Diese Maßnahme kann zu einer nun sehr raschen Beifügung des Gutachtens führen. Notfalls darf und muß das Gericht ohne ein Gutachten entscheiden. Die Ordnungsmittel gegenüber einem einzelnen Sachverständigen, §§ 408, 409 ZPO, sind aus den oben genannten Gründen unanwendbar.

Das Gericht darf dann, wenn ihm das Gutachten unvollständig oder unklar scheint, um eine Ergänzung ersuchen. Es ist ein nobile officium des Vorstands der Anwaltskammer, eine entsprechende ergänzende Stellungnahme abzugeben. Es steigert die Überzeugungskraft eines Gutachtens, wenn es Zitate aus Rechtsprechung und Lehre nicht allzu „wählerisch" auf einen Teil des Einschlägigen beschränkt.

Der Vorstand der Anwaltskammer bestimmt in eigener Zuständigkeit im Rahmen seines pflichtgemäßen Ermessens in der Regel eines seiner Mitglieder zum Gutachter. Dieser Anwalt trägt natürlich eine Mitverantwortung für den Inhalt des Gutachtens. Er ist persönlich kein gerichtlich beauftragter Sachverständiger, erhält natürlich ebensowenig eine Vergütung wie der Vorstand der Anwaltskammer, kann aber für einen der Prozeßbeteiligten den Anlaß darstellen, der Verwertung des Gutachtens wegen Besorgnis der Befangenheit zu widersprechen. In einem solchen Fall bittet das Gericht die Anwaltskammer notfalls um die Beauftragung eines anderen Mitglieds mit dem Gutachtenentwurf. Der Vorstand kann auch satzungsgemäß eine seiner Abteilungen mit der Begutachtung beauftragen, LG Karlsr AnwBl **83**, 179. In jedem Fall ist die endgültige Fassung des Gutachtens vom Vorstand der Anwaltskammer zu unterschreiben. Damit übernimmt der Vorstand die Verantwortung.

Der Vorstand kann die Erstellung des Gutachtens von einer Überlassung aller derjenigen Akten und Beiakten abhängig machen, die nach seinem pflichtgemäßen Ermessen zur Erstellung eines brauchbaren Gutachtens erforderlich sind. Das Gericht darf und muß ihm grundsätzlich die Akten im Original und vollständig übersenden. Der Vorstand darf alle ihm zugeleiteten Unterlagen demjenigen Mitglied zuleiten, das er mit dem Entwurf beauftragt. Von diesem Grundsatz können insofern Ausnahmen bestehen, als es dem berechtigten Interesse eines der am Gebührenstreit Beteiligten widerspricht, gerade diesem Anwalt derartige Unterlagen zugänglich zu machen.

Wegen der allgemein bekannten Belastung aller Anwälte ist es ratsam, dem Vorstand eine mehrmonatige Zeitspanne zur Erstellung des Gutachtens zu überlassen oder erst nach Ablauf einer solchen Zeit eine Sachstandsanfrage zu halten. Das gelegentlich zu hörende Argument, die – wenn auch zahlreichen – Vorstandsmitglieder seien allzu überlastet und müßten obendrein unentgeltlich tätig werden, ist aber nicht vorrangig. Jeder größere Betrieb hat die notwendigen Organisationsaufnahmen zu treffen; das gilt auch für die Vertretung eines mitgliederstarken Standes, der seine gesetzlichen Pflichten als Gegenstück besonderer Rechte und Verantwortung auch dann unverzüglich erfüllen muß, wenn sie keine Vergütung mit sich bringen.

Das Gutachten sollte für den Auftraggeber des am Gebührenrechtsstreit beteiligten Anwalts, also in der Regel für den Kläger jenes Prozesses, verständlich sein. Man würde ihm Steine statt Brot geben, durch rechtswissenschaftlich zutreffende, aber für den Laien kaum noch verständliche Ausführungen erst recht Unsicherheit über die entscheidungserheblichen Fragen herbeizuführen. Überdies sollte der Vorstand der Anwaltskammer auch nur den Anschein einer Parteilichkeit vermeiden. Er hat andererseits das Recht und die Pflicht, die Stellung des Anwalts als eines unabhängigen Organs der Rechtspflege, § 1 BRAO, angemessen zu berücksichtigen.

Der Vorstand der Anwaltskammer sollte von sich aus keine Sachverhaltsaufklärung betreiben, ohne zumindest mit dem Gericht vorher insofern Kontakt aufzunehmen. Zwar sind die Grundsätze des Sachverständigenbeweises im Zivilprozeß teilweise entsprechend anwendbar; indessen ist es nicht die Aufgabe des Vorstands, dem Gericht die Aufklärung des Sachverhalts über solche Fragen abzunehmen, die ja, anders als zB in einem Abstammungsverfahren oder bei einem Bauprozeß, vom Gericht grundsätzlich ebenfalls sachverständig beurteilt werden können.

Läßt sich der für eine Begutachtung benötigte Sachverhalt nicht weiter aufklären, so sollte der Vorstand vom bisher bekannten Sachverhalt ausgehen, Schmidt AnwBl **79**, 133.

Soweit der Streit im Gebührenprozeß in Wahrheit nur noch andere als gebührenrechtliche Fragen betrifft, etwa konkursrechtliche, ist kein Gutachten erforderlich, selbst wenn das Gericht im Ergebnis eine Herabsetzung der vereinbarten Vergütung plant, BGH **77**, 254.

Das Gutachten ist kostenlos zu erstatten, II 2. Es entsteht also auch keine Auslagenpflicht.

C. Verstoß. Eine pflichtwidrige Nichteinholung des Gutachtens kann zur Zurückverweisung führen, Bbg OLGZ **76**, 351. Das Gericht darf vor der Einholung eines Gutachtens von der Gebührenvereinbarung (§ 3) nicht abweichen, LG Karlsr AnwBl **83**, 179.

Abgeltungsbereich der Gebühren

13 **I Die Gebühren entgelten, soweit dieses Gesetz nichts anderes bestimmt, die gesamte Tätigkeit des Rechtsanwalts vom Auftrag bis zur Erledigung der Angelegenheit.**

II Der Rechtsanwalt kann die Gebühren in derselben Angelegenheit nur einmal fordern. In gerichtlichen Verfahren kann er die Gebühren in jedem Rechtszug fordern.

III Sind für Teile des Gegenstands verschiedene Gebührensätze anzuwenden, so erhält der Rechtsanwalt für die Teile gesondert berechnete Gebühren, jedoch nicht mehr als die aus dem Gesamtbetrag der Wertteile nach dem höchsten Gebührensatz berechnete Gebühr.

IV Auf bereits entstandene Gebühren ist es, soweit dieses Gesetz nichts anderes bestimmt, ohne Einfluß, wenn sich die Angelegenheit vorzeitig erledigt oder der Auftrag endigt, bevor die Angelegenheit erledigt ist.

V Wird der Rechtsanwalt, nachdem er in einer Angelegenheit tätig geworden ist, beauftragt, in derselben Angelegenheit weiter tätig zu werden, so erhält er nicht mehr an Gebühren, als er erhalten würde, wenn er von vornherein hiermit beauftragt worden wäre.

VI Ist der Rechtsanwalt nur mit einzelnen Handlungen beauftragt, so erhält er nicht mehr an Gebühren als der mit der gesamten Angelegenheit beauftragte Rechtsanwalt für die gleiche Tätigkeit erhalten würde.

Gliederung

1) Allgemeines. I enthält den die BRAGO beherrschenden Grundsatz der Verfahrenspauschgebühr. Der Anwalt erhält also nicht für jede einzelne Tätigkeit eine Vergütung (Einzelaktgebühr); es bestehen vielmehr Pauschgebühren, die jeweils eine ganze Gruppe von Einzeltätigkeiten vergüten. Daneben gibt es auch Erfolgsgebühren, §§ 23, 24, 36, Chemnitz Festschrift für Schmidt (1981) 6, auch zur Gesamtproblematik.

Solche Pauschgebühren gelten nicht nur wiederholte gleichartige Tätigkeiten derselben Tätigkeitsgruppe ab, zB die Wahrnehmung mehrerer Beweistermine in demselben Verfahren, sondern auch solche, die sich in die besonderen Gebührentatbestände der Abschnitte 2ff nicht einreihen lassen. Daher ist § 2 nur in besonderen Ausnahmefällen anwendbar.

Die Fälligkeit einer Pauschgebühr tritt bereits dann ein, wenn der Anwalt die zu dieser Tätigkeitsgruppe erforderlichen Arbeiten verrichtet hat, wenn sich also sein diesbezüglicher Auftrag erledigt hat, selbst wenn es sich für ihn um eine vorzeitige Erledigung der Angelegenheit oder Beendigung des Auftrags handelt und wenn es im Verfahren später zu einer anderen Tätigkeitsgruppe kommt, IV, die ein anderer Anwalt wahrnimmt. Die Pauschgebühr entsteht für den zunächst beauftragten Anwalt unabhängig davon, ob der Auftraggeber gleichzeitig oder später einen weiteren Anwalt beauftragt, zusätzlich innerhalb derselben Tätigkeitsgruppe tätig zu werden.

Dem Wesen der Pauschgebühr entsprechend kommt es grundsätzlich nicht darauf an, ob der Anwalt in derselben Angelegenheit und innerhalb derselben Tätigkeitsgruppe viel oder wenig zu tun hatte.

§ 13 gilt auch für ein Verfahren, für das die Gebühr nach § 113 zu bestimmen ist, KG Rpfleger **79**, 435 mwN.

2) Vorrangige Sonderregeln, I. Die Vorschrift enthält nach ihrem Wortlaut nur eine Hilfsregelung für den Fall, daß keine vorrangigen anderen Regeln bestehen. Indessen ist das Prinzip der Pauschgebühr in Wahrheit für die ganze BRAGO beherrschend, Anm 1. Daher handelt es sich bei abweichenden Vorschriften in Wahrheit um Ausnahmeregeln vom Grundsatz der Pauschgebühr. Dessen ungeachtet sind solche Ausnahmeregeln vorrangig.

In Betracht kommen zB: § 38 II (besondere Gebühr für die Verhandlung auf Grund des Einspruchs gegen ein Versäumnisurteil); § 39 (ordentliches Verfahren nach Abstandnahme vom Urkunden- oder Wechselprozeß, jedoch mit Anrechnung von dessen Prozeßgebühr auf die gleiche Gebühr des ordentlichen Verfahrens); § 40 (Verfahren über einen Antrag auf die Anordnung, Abänderung oder Aufhebung eines Arrests oder einer einstweiligen Verfügung als dieselbe Angelegenheit wie das Anordnungsverfahren); § 41 (einstweilige Anordnung nach einer der dort genannten Vorschriften, jedoch entstehende unter Umständen für mehrere derartige Verfahren Gebühren je Rechtszug nur einmal); § 44 II (Verfahren in bestimmten Angelegenheiten der Zwangsvollstreckung); vgl ferner auch §§ 14, 15, 50, 61. In allen diesen Fällen entstehen besondere Gebühren.

Wegen der Besonderheiten in den Fällen §§ 621 I, 623 I, IV ZPO vgl § 7 III BRAGO.

3) Dieselbe Angelegenheit, II 1. Der Anwalt kann die Gebühren in derselben Angelegenheit nur einmal fordern, II 1. Im einzelnen gelten hierzu folgende Regeln:

A. Begriff der Angelegenheit. Die BRAGO bestimmt den Begriff der Angelegenheit nicht ausdrücklich, BGH Rpfleger **78**, 370, Ffm Rpfleger **78**, 109, LG Hagen AnwBl **78**, 67, AG Itzehoe ZfS **88**, 44. Die BRAGO erwähnt den Begriff zB in §§ 6, 7 II, 12, 13 II. Es handelt sich um einen gebührenrechtlichen Begriff. Das muß man bei der Ermittlung seines Umfangs und Inhalts mit berücksichtigen. Der Begriff Angelegenheit dient gebührenrechtlich zur Abgrenzung desjenigen anwaltlichen Tätigkeitsbereichs, den eine Pauschgebühr abgelten soll.

Grundsätzlich soll die Pauschgebühr die gesamte Tätigkeit des Anwalts von der Erteilung des jeweiligen Auftrags bis zur Erledigung dieses Auftrags oder bis zu seinem Ausscheiden abgelten, I, vgl BGH **LM** § 7 Nr 2, Hamm Rpfleger **85**, 415. Daraus wird bereits deutlich, daß es wesentlich auf Art und Umfang des Auftrags des Anwalts ankommt, BGH **LM** § 7 Nr 1 und Rpfleger **78**, 370 sowie AnwBl **84**, 501 mwN, vgl Hbg MDR **84**, 166, ferner Schlesw SchlHA **88**, 66, LG Hagen AnwBl **78**, 67, VGH Mü AnwBl **78**, 262, AG Itzehoe ZfS **88**, 44.

Man muß vom Begriff der Angelegenheit den Begriff des Gegenstands unterscheiden. Auch diesen Begriff bestimmt die BRAGO nicht unmittelbar. Man findet ihn zB in § 6 I 2. Es handelt sich dabei um dasjenige Recht oder Rechtsverhältnis, auf das sich die jeweilige anwaltliche Tätigkeit bezieht, BGH AnwBl **84**, 501 mwN. Eine Angelegenheit kann mehrere Gegenstände umfassen, § 7 II, Düss Rpfleger **78**, 427, Hbg NJW **65**, 405, VGH Stgt BaWüBl **82**, 397, zB bei dem einen Unfallopfer den Sachschaden, bei dem anderen ein Schmerzensgeld, AG Mü VersR **73**, 954.

Schließlich muß man von den Begriffen Angelegenheit und Gegenstand den Begriff Rechtszug unterscheiden. Auch diesen Begriff bestimmt die BRAGO nicht ausdrücklich. Man findet ihn zB in II 2. Auch in derselben Angelegenheit kann der Anwalt in einem gerichtlichen Verfahren Gebühren für jeden Rechtszug besonders fordern, II 2.

B. Identitätsprüfung. Man muß die Frage, ob dieselbe Angelegenheit oder verschiedene Angelegenheiten vorliegen, im konkreten Einzelfall nach seinen gesamten Umständen prüfen, Hamm AnwBl **74**, 274, KG Rpfleger **79**, 435, Mü MDR **74**, 149. Es muß regelmäßig ein einheitlicher Lebensvorgang vorliegen, Düss AnwBl **86**, 409 mwN. Maßgeblich ist der Umfang des Auftrags, BGH **LM** § 7 Nr 2 und AnwBl **84**, 501 mwN, Hbg MDR **81**, 944, Kblz JB **77**, 62, LG Aachen JB **78**, 230, nur grundsätzlich auch LG Dortm Rpfleger **85**, 79. Der erforderliche innere Zusammenhang kann auch bei zeitlich aufeinander folgenden Aufträgen vorliegen, Schlesw SchlHA **85**, 164.

Allerdings darf man den Zusammenhang der einzelnen Tätigkeiten des Anwalts nicht außer acht lassen, LG Tüb Rpfleger **86**, 239 mwN, Tilmann GRUR **86**, 696. Ein Auftrag leitet grundsätzlich eine neue Angelegenheit ein, vgl aber auch V. Vieles ist Auslegungsfrage. Ein Auftrag kann sich auf mehrere Angelegenheiten beziehen, Schlesw SchlHA **85**, 164, LG Kleve AnwBl **81**, 509, aM Klimke AnwBl **82**, 219; es kann aber auch für dieselbe Angelegenheit eine Mehrzahl von Aufträgen an denselben Anwalt vorliegen, BGH AnwBl **84**, 501 mwN, vgl Hbg MDR **89**, 78. Lindemann NJW **86**, 2299 mwN fordert die Gleichzeitigkeit des Auftrags, die Gleichartigkeit des Verfahrens und einen inneren Zusammenhang.

Für den in der Praxis häufigsten Fall, daß der Anwalt in einem gerichtlichen oder behördlichen Verfahren tätig werden soll, ist die Angelegenheit im allgemeinen mit dem Verfahren identisch, BGH **LM** § 7 Nr 1, Brschw MDR **82**, 241, Hbg MDR **84**, 413, Hamm AnwBl **78**, 425 und Rpfleger **89**, 170, AG Köln JB **77**, 62. Das gilt auch bei einer Klagenverbindung, Hamm Rpfleger **89**, 170, VGH Stgt BaWüBl **82**, 397 mwN, abw Mü MDR **86**, 329 mwN. Mehrere Verfahren bedeuten grundsätzlich mehrere Angelegenheiten, auch bei gleichartigen Sachverhalten, AG Köln AnwBl **88**, 357, OVG Hbg MDR **72**, 809, Schmidt NJW **73**, 1312.

Schwieriger wird die Abgrenzung zB dann, wenn verschiedene Stellen zur Erledigung der Angelegenheit mitwirken müssen.

Nicht leicht ist die Abgrenzung, wenn verschiedene Stellen zur Erledigung der Angelegenheit mitwirken müssen. Der Umfang des Auftrags ist auch bei der Beantwortung der Frage maßgeblich, ob man mehrere Gegenstände dann nach § 7 II zusammenrechnen muß, so daß der Anwalt nur eine Gebühr erhält, oder ob er jede Sache als eine besondere Angelegenheit vergütet erhält, BGH **LM** § 7 Nr 2 mwN, Kblz JB **77**, 61, LG Aachen JB **78**, 230.

C. Einmaligkeit der Gebühr. In derselben Angelegenheit kann der Anwalt in demselben Rechtszug die Prozeß-, Verhandlungs- oder Erörterungs-, Beweis- und Vergleichsgebühr sowie die Auslagenpauschale nach § 26 nur einmal fordern, nur generell insofern richtig LG Ulm NJW **77**, 1351 (die Entscheidung ist im übrigen überholt), vgl ferner Baumgärtel VersR **78**, 593, abw Hamm JB **78**, 854 wegen § 927 ZPO. Der Grundsatz der Einmaligkeit gilt auch für eine etwa anwendbare Bruchteilsgebühr. Der Anwalt verdient also auch dann nur die ½ Gebühr einmal, wenn er an mehreren nichtstreitigen Verhandlungsterminen teilgenommen hat, § 33 I.

Soweit eine höhere und eine geringere Gebühr zusammentreffen, geht die geringe in der höheren auf. Es entsteht also nur eine volle Verhandlungsgebühr, wenn der Anwalt in der Sache einmal streitig und einmal nichtstreitig verhandelt hat, LAG Mü AnwBl **66**, 268. Soweit der Anwalt für eine nichtstreitige Verhandlung die $\frac{5}{10}$ Gebühr verdient hat, kann er nicht daneben noch eine $\frac{5}{10}$ Gebühr für einen Vertagungsantrag nach § 33 II verdienen; die letztere Gebühr kann nur entstehen, solange er lediglich einen Vertagungsantrag stellt, ohne sonst an der Verhandlung teilzunehmen.

D. Beispiele derselben Angelegenheit. Das Verfahren bis zum Abschluß des Prozeßvergleichs und das Nachverfahren über dessen Wirksamkeit sind grundsätzlich dieselbe Angelegenheit, Ffm Rpfleger **81**, 367 und AnwBl **85**, 263 (insofern abl Chemnitz), KG Rpfleger **80**, 162 mwN, abw Schmidt AnwBl **77**, 111; etwas anderes gilt, soweit der Vergleich auch einen neuen Streitgegenstand umfaßte, Ffm FamRZ **84**, 408 mwN, vgl auch BGH **87**, 231 mwN. Wenn sich der Anwalt von vornherein der Zustimmung seines Auftraggebers für den Fall des Auftretens eines von vornherein möglichen Hindernisses, dessen Beseitigung mit einem gewissen Risiko verbunden ist, vergewissern will, liegt dieselbe Angelegenheit vor. Die Angelegenheit bleibt auch bei einem Parteiwechsel des Prozeßgegners dieselbe, Schlesw AnwBl **87**, 338 mwN. Dasselbe gilt bei einem Parteiwechsel auf der Klägerseite, dem der Bekl. widersprochen hat, auch wenn er einen neuen Auftrag gegeben hat, Düss MDR **74**, 147; wegen des Parteiwechsels der Auftraggeber vgl aber § 6 Anm 2 A. Die Angelegenheit bleibt auch dann identisch, wenn der Anwalt den Auftraggeber entscheiden läßt, welchen von mehreren möglichen Wegen er einschlagen soll.

Weitere Beispiele: Es handelt sich um einen Auftrag, eine außergerichtliche Regelung aller Schulden durchzuführen; es handelt sich um den Auftrag, ein Grundstück von einer Erbengemeinschaft zu kaufen; es geht um einen Auftrag zur Herbeiführung der Scheidung (nebst Prozeßkostenhilfe), selbst wenn der Anwalt wegen Umzugs des Gegners Anträge bei zwei Familiengerichten (nacheinander auf Grund derselben Vollmacht) einreicht, Hamm MDR **85**, 774; es geht überhaupt um die Scheidung und ihre Folgesachen, Mü MDR **88**, 330 mwN; es geht darum, die Bebauungsmöglichkeit eines Grundstücks vorzubereiten und hierzu die behördlichen Genehmigungen zu beschaffen sowie mit dem Nachbarn wegen des Verzichts auf seine Grunddienstbarkeit zu verhandeln; der Anwalt verhandelt über die Zulässigkeit der Enteignung und zugleich über die Höhe einer etwaigen Enteignungsentschädigung, BGH **LM** § 7 Nr 1; der Anwalt verhandelt nacheinander mit mehreren Kaufinteressenten, dabei scheitert die Verhandlung mit einem Teil dieser Interessenten; der Anwalt ist in einem Verwaltungsverfahren und in dem anschließenden außergerichtlichen Verfahren, das der Nachprüfung eines Verwaltungsakts dient, tätig geworden, § 119 I; es handelt sich in einer Wettbewerbssache um ein Abmahn- und ein Abschlußschreiben beim Fehlen eines Klagauftrags, Hbg AnwBl **82**, 397.

Weitere Beispiele: Es handelt sich um die Anfechtung verschiedener Eingangsabgaben für dieselbe Einfuhr, FG Stgt EFG **71**, 9; der Anwalt vertritt einen Auftraggeber, der als Streithelfer zunächst die eine Hauptpartei, sodann aber deren Prozeßgegner unterstützt, Hamm Rpfleger **89**,

127 mwN, Mü Rpfleger **89**, 128; der Anwalt vertritt einen Ehegatten wegen mehrerer Gegenstände im Zusammenhang mit der Regelung des Getrenntlebens, LG Bln Rpfleger **84**, 162, aM AG Köln AnwBl **86**, 414; es geht um Mahnverfahren gegen mehrere Schuldner, Schlesw SchlHA **88**, 66; es handelt sich um das Mahnverfahren und das nachfolgende streitige Verfahren, aM Schmidt AnwBl **84**, 438; der Anwalt vertritt denselben Auftraggeber in einem Rechtfertigungsverfahren vor dem Hauptsachegericht nach § 942 I ZPO und in einem Verfahren zwecks Aufhebung der einstweiligen Verfügung gegen eine Sicherheitsleistung nach § 939 ZPO, Kblz VersR **84**, 1194; es geht um getrennte Versäumnisurteile gegen Steitgenossen, Hamm Rpfleger **89**, 170.

E. Beispiele verschiedener Angelegenheiten. Es handelt sich um mehrere Verfahren, selbst bei gleichartigen Sachverhalten, OVG Hbg MDR **72**, 809, Schmidt NJW **73**, 1312, zB um die Asylverfahren mehrerer Bewerber, LG Bln Rpfleger **84**, 162, auch mehrerer Familienmitglieder, AG Aachen AnwBl **86**, 345, AG Köln AnwBl **85**, 335; es geht um Forderungen aus Kauf- und Werklieferungsverträgen, LG Stade AnwBl **87**, 198; es handelt sich um einen neuen Auftrag (auch in einem solchen Fall kann allerdings die Angelegenheit identisch bleiben), Hbg MDR **89**, 78, AG Itzehoe ZfS **88**, 44; es ergibt sich völlig unerwartet eine neue Lage, daher erhält der Anwalt den Auftrag, nunmehr dieser zu entsprechen, Hbg MDR **72**, 1044; der Verkehrsanwalt wird nach Verweisung zum ProzBev bestellt, Hbg MDR **89**, 78; die Baubehörde verweigert eine Baugenehmigung, daher muß der Auftraggeber die Behörde vor dem VG verklagen; der Anwalt hatte zunächst nur für eine Verhandlung mit einem Interessenten einen Auftrag und erhält nach dem Scheitern dieser Verhandlung einen Auftrag zur Verhandlung mit einem neuen Interessenten.

Weitere Beispiele: Man muß zunächst den Erbvertrag anfechten und dann wider Erwarten klagen, Mu MDR **74**, 149; der Anwalt soll zunächst die Vornahme eines Verwaltungsakts erreichen und dann den Widerruf dieses Verwaltungsakts verhindern; es geht um die Klage mehrerer Unterhaltsgläubiger, Kblz NJW **78**, 2400 mwN, Klinge AnwBl **87**, 25, aM insofern LG Dortm Rpfleger **85**, 79, ferner Groetschel NJW **76**, 664; der Anwalt des Schuldners soll bei einer Sanierung die Gläubiger einzeln ansprechen und verschieden behandeln, AG Stgt AnwBl **86**, 415; es handelt sich um eine Widerspruchsklage nach § 771 ZPO gegen mehrere Gläubiger wegen unterschiedlicher Forderungen und mehreren Pfändungen, Bbg JB **77**, 489. Wegen wechselseitiger Scheidungsklagen Bbg JB **76**, 775, KG MDR **75**, 1029.

Weitere Beispiele: Der Anwalt vertritt zunächst einen Nichterben als Bekl des einen Rechtsstreits, dann den oder die Erben als Bekl eines weiteren Rechtsstreits, Köln AnwBl **62**, 222; nach einer Klagerweiterung erfolgt eine Trennung in mehrere Verfahren, aM Nürnb JB **78**, 708.

Soweit das Gesetz eine Anrechnung vorschreibt, zB in §§ 43 III, 118 II, sieht es die Angelegenheit als eine besondere an; man muß also für jede Angelegenheit nach ihrem Gegenstandswert besondere Gebühren berechnen; der Anwalt erhält jedoch nur denjenigen Betrag, der höher ist.

Es handelt sich um verschiedene Angelegenheiten, wenn das Gesetz die Angelegenheiten als besondere bezeichnet, zB in §§ 38–40, und soweit nur eine Person dem Anwalt einen Auftrag erteilt.

Weitere Beispiele: Der Anwalt soll eine Sache vor verschiedenen Behörden durchführen und es handelt sich auch nicht um ein der Klage vorausgehendes Nachprüfungsverfahren, § 119 I; es handelt sich um verbundene Verfassungsbeschwerden, BVerfG AnwBl **76**, 164. In derselben Urkunde können verschiedene Angelegenheiten zusammentreffen, LG Stgt AnwBl **87**, 341.

F. Umfang der Abgeltung. Entsprechend dem Wesen der Pauschgebühr, Anm 1, wird nicht nur die im Gebührentatbestand bezeichnete Tätigkeit des Anwalts abgegolten, sondern auch die zur Vorbereitung oder zur Abwicklung erforderliche, Hbg MDR **72**, 1044. Mit abgegolten sind also zB: Die Einsicht in ein Register; die Gestellung eines Fotokopier- oder Fotoapparats, vgl Crämer AnwBl **77**, 51. Wegen der Sachkosten der Filme usw gilt § 27.

Freilich muß man prüfen, ob etwa ein besonderes Verfahren erforderlich ist, vgl auch § 37 Z 1, 7.

4) Derselbe Rechtszug, II 2. A. Grundsatz. Die BRAGO gibt keine ausdrückliche Bestimmung des Begriffs Rechtszug. Man kann zur Klärung des gebührenrechtlichen Begriffs des Rechtszugs die ZPO nicht heranziehen. Aber auch § 27 I GKG (Begriff der Instanz) ist nur bedingt anwendbar. Denn es ergeben sich Abweichungen zum Teil ausdrücklich aus der BRAGO, zum Teil auch aus der Art der Tätigkeit des Anwalts. Nach der ZPO umfaßt der Rechtszug den Zeitraum von der Klageerhebung oder der Einreichung eines Gesuchs oder Rechtsmittels bis zur Rechtskraft des Urteils oder bis zur Einlegung eines Rechtsmittels; doch gehören nach der ZPO das Kostenfestsetzungsverfahren und das Verfahren vor einem Vollstreckungsgericht noch zum Rechtszug. Das ist nur eine der bemerkenswerten Abweichungen vom Gebührenrecht, wo zB die Tätigkeit des Anwalts in der Zwangsvollstreckung besonders vergütet wird, §§ 57, 58.

Das Gesetz bezeichnet manche Tätigkeitsarten des Anwalts als gebührenrechtlich zum Rechtszug gehörig, zB beim Erkenntnisverfahren in § 37, in der Zwangsvollstreckung in § 58 II, im schiedsrichterlichen Verfahren in § 67 IV. Wegen der Verfahren vor den Verfassungs-, Verwaltungs- und Finanzgerichten §§ 113 II, 114 I. Ergänzende Bestimmungen zum Umfang des Rechtszugs enthalten §§ 14, 15.

Eine Beschwerde in einer bürgerlichen Rechtsstreitigkeit gilt gebührenrechtlich als ein besonderer Rechtszug, der allerdings nur eine $^{5}/_{10}$ Gebühr auslöst, §§ 61 Z 1, 70, 80 II. Das gilt auch in einem Verfahren vor den Verwaltungs- oder Finanzgerichten, § 114 I, vor dem EuGH, BFH BB **74**, 683, § 113a, ebenso im strafrechtlichen Kostenfestsetzungs- und Vollstreckungsverfahren, § 96 II. In anderen Fällen wird die Vergütung für das Beschwerdeverfahren in einer Strafsache und in den im 7.–9. Abschnitt genannten Fällen durch die Verteidigergebühr, zB durch §§ 83, 84, abgegolten, Düss MDR **86**, 607. Es gibt aber auch gesetzliche Sonderregeln, wonach die Gebühr in der Beschwerdeinstanz ebenso hoch ist wie im ersten Rechtszug, zB in § 47 II (Vollstreckbarerklärung einer ausländischen Entscheidung), in § 63 II (Hausratssache usw), in § 64 (Vertragshilfeverfahren).

B. Abgrenzung. Die gebührenrechtliche Abgrenzung mehrerer Rechtszüge voneinander folgt aus dem gebührenrechtlichen Begriff Rechtszug, A. Die Tätigkeit des Anwalts braucht aber mit dem Beginn eines gebührenrechtlichen Rechtszugs nicht zusammenzufallen. Sie kann später beginnen und früher als der gebührenrechtliche Rechtszug enden. Auch eine Kündigung beendet zB den Auftrag. §§ 627, 628 BGB sind grundsätzlich anwendbar, BGH NJW **82**, 438 mwN, § 3 Anm 2 C c. Der Rechtszug kann auch wieder aufleben, wenn sich zB herausstellt, daß der Antrag nicht völlig erledigt war, etwa wenn die Parteien in demselben gerichtlichen Verfahren über die Wirksamkeit eines zuvor abgeschlossenen Prozeßvergleichs streiten, Kblz NJW **78**, 2399, Mü AnwBl **77**, 111 (abl Schmidt), Stgt JB **78**, 1654 je mwN, oder wenn jemand den Prozeßvergleich widerruft, KG MDR **72**, 431, Mü Rpfleger **71**, 428.

Die Rechtskraft beendet den gebührenrechtlichen Rechtszug nicht unbedingt. Es gehören beispielsweise die Streitwertfestsetzung sowie einige der in § 37 Z 7 genannten Tätigkeiten noch zum Rechtszug. Zum unteren Rechtszug gehört auch die Prüfung der Erfolgsaussicht eines Rechtsmittels durch den Anwalt der Vorinstanz, solange er dazu kein Gutachten, §§ 21, 21a, erstellt, Düss JB **70**, 779, sowie ein vor dem Zeitpunkt der Einlegung des Rechtsmittels abgeschlossener Vergleich.

C. Beispiele desselben Rechtszugs. Es handelt sich um ein Verfahren, das vor verschiedenen Kammern oder Kollegien desselben Gerichts abläuft, etwa vor der Zivilkammer und vor der Kammer für Handelssachen; es handelt sich um das Verfahren über eine Zulässigkeitsrüge und um das Verfahren zur Hauptsache, auch im Fall eines Zwischenurteils über die Zulässigkeitsrüge; es erfolgt eine Abtrennung nach § 145 ZPO, LG Ulm NJW **50**, 230; es handelt sich um eine Stufenklage, Schlesw JB **75**, 473, vgl aber auch § 15 Anm 2 B; es geht um die Fortsetzung nach der Anordnung des Ruhens, Hamm MDR **70**, 61; es handelt sich um ein Aufnahmeverfahren, in dem die Parteien über den Eintritt einer Rechtsnachfolge streiten, nachdem der Rechtsstreit nach dem Zeitpunkt der Urteilsverkündung, aber vor dem Eintritt der Rechtskraft durch den Tod des Rechtsvorgängers unterbrochen worden war; es handelt sich um die Fortsetzung des Rechtsstreits für die Erben durch den ProzBev des Erblassers.

Weitere Beispiele: Vor demselben Gericht nimmt das Verfahren wegen der Unwirksamkeit eines Vergleichs seinen Fortgang; es handelt sich um eine Wiedereinsetzung in den vorigen Stand und um das anschließende Verfahren zur Hauptsache, Mü Rpfleger **56**, 27; es handelt sich um mehrere nacheinander eingelegte Rechtsmittel von Streitgenossen gegen dasselbe Urteil, selbst wenn der Anwalt des Rechtsmittelbekl vor der Verbindung gesonderte Abweisungsanträge gestellt hat, LG Bln MDR **88**, 329; vom Zeitpunkt der Verbindung zweier Verfahren an wird der Anwalt im nunmehr verbundenen einzigen Verfahren tätig; dieselbe Partei legt nach der Rücknahme oder der Verwerfung eines Rechtsmittels innerhalb der Rechtsmittelfrist das Rechtsmittel erneut ein, Ffm MDR **57**, 305, Hbg JB **76**, 616, im Ergebnis auch Pantle NJW **88**, 2775, ferner RS § 37 Rdz 39, SchGei 40, aM GSEM 28; es handelt sich um eine Anschlußberufung nach der Rücknahme der selbständigen Berufung, Mü

AnwBl **78**, 108 mwN; es geht um die Rechtsmittel beider Parteien gegenüber demselben Urteil, also um wechselseitige Rechtsmittel.

Weitere Beispiele: Der Anwalt wird wegen einer Ordnungswidrigkeit zunächst vor der Verwaltungsbehörde und dann vor dem AG tätig, AB Bre AnwBl **77**, 265, aM LG Düss AnwBl **77**, 265; er wird im Verfahren vor dem verweisenden bzw abgebenden Gericht und im Verfahren vor dem übernehmenden Gericht tätig, § 14; es handelt sich um die Vertretung mehrerer Streitgenossen, Hamm AnwBl **74**, 275. Es ist in diesem Fall unerheblich, ob das Gericht die Klage schon sämtlichen Streitgenossen zugestellt hat.

D. Beispiele verschiedener Rechtszüge. Es geht um die Einlegung eines Rechtsmittels gegen eine Entscheidung, die auf Grund einer Zurückverweisung erging; es handelt sich um eine Klage nach § 767 ZPO; es geht um ein Wiederaufnahmeverfahren, Seetzen NJW **84**, 348; es handelt sich um mehrere Rechtsmittel gegen verschiedene Urteile, auch Teilurteile wegen derselben Partei, auch wegen eines Vorbehaltsurteils und des Urteils im Nachverfahren, auch dann, wenn es um getrennte Grund- und Betragsurteile geht, insofern aM Ffm Rpfleger **78**, 110 mwN; es geht zunächst um die Berufung gegen ein Zwischenurteil, sodann um die nach Rücknahme dieses Rechtsmittels eingelegte Berufung gegen das Endurteil, Düss MDR **88**, 508.

5) Verschiedene Gebührensätze für Teile eines Gegenstands, III. Die Vorschrift wiederholt für den gesamten Geltungsbereich der BRAGO den in §§ 21 GKG, 44 IIb KostO ausgesprochenen Grundsatz, daß man für einen ausscheidbaren Teil eines Gegenstands im Fall einer gesonderten Tätigkeit des Anwalts auch eine gesonderte Gebührenberechnung vornehmen muß, daß der Anwalt aber nicht mehr als die aus dem Gesamtbetrag der Teile errechnete Gebühr nach dem höchsten Gebührensatz verdienen kann. Der in III ausgesprochenen Grundsatz gilt nicht nur dann, wenn man verschiedene Gebührensätze anwenden muß, sondern auch bei der Anwendbarkeit gleicher Gebührensätze.

Wenn das Gericht also über einen Teil des Gegenstands gesondert Beweis erhebt, muß man die Beweisgebühr für jeden Teil besonders berechnen, sie kann aber auch im Fall der Verbindung erst nach der Beweisaufnahme. KG Rpfleger **73**. 441 mwN, nicht mehr betragen als für den ganzen Gegenstand. Dasselbe gilt im Fall eines Teilvergleichs.

Verschiedene Gebührensätze kommen zB in Betracht, wenn die Partei nur für einen Teil des Streitgegenstandes Prozeßkostenhilfe erhalten hat, zB Mü JB **69**, 514, GSEM 46, Mümmler JB **84**, 643; **aM** zB KG Rpfleger **88**, 205, RS 30 (der beigeordnete Anwalt erhalte die Differenz zwischen den Wahlanwaltsgebühren für den vollen Streitwert und denjenigen für den von der Bewilligung gedeckten Teil).

Verschiedene Gebührensätze kommen ferner zB in Betracht, wenn die Parteien zunächst über die Hauptsache streitig verhandeln, wenn sich die Hauptsache dann erledigt und wenn die Parteien daher nur noch über die Kostenfolge streiten. Eine Verhandlungsgebühr kann zur Kostenfrage nicht entstehen, weil sie bereits voll in der Hauptsache entstanden ist, KG Rpfleger **77**, 72, vgl auch wegen der Erörterungsgebühr Schlesw JB **77**, 1561. Wenn die Parteien in der Hauptsache nichtstreitig, über die Kosten aber streitig verhandeln, erhält der Anwalt eine ½ Verhandlungsgebühr nach dem vollen Wert und eine volle Gebühr nach dem Kostenwert, jedoch nicht mehr als eine volle Gebühr nach dem Wert der Hauptsache, Düss NJW **70**, 870, Hbg MDR **75**, 674. Wenn die Parteien zum Teil streitig, zum Teil nichtstreitig verhandeln, ist als Höchstgrenze die Verhandlungsgebühr nach dem ganzen Gegenstand anzusehen. Dasselbe gilt dann, wenn ein gerichtlicher Vergleich über den Klageanspruch und gleichzeitig über einen weiteren, bisher nicht anhängigen, Anspruch zustande kommt. Die Höchstgrenze ist dann eine Vergleichsgebühr nach dem zusammengerechneten Wert, § 23 Anm 4 B.

Verschiedene Gebührensätze sind diejenigen der Tabelle zu § 11 und der Tabelle zu § 123, Mü NJW **69**, 938.

6) Vorzeitige Erledigung usw, IV. A. Grundsatz. Die Vorschrift ist eine Folge des Pauschcharakters der Gebühren, LG Hbg AnwBl **85**, 261. Eine Pauschgebühr ermäßigt sich nicht schon deshalb, weil sich herausstellt, daß der Anwalt einen geringeren Arbeitsaufwand hatte, als man im Zeitpunkt der Auftragserteilung annehmen konnte oder mußte. Diese Erwägung gilt auch für den Einzelauftrag, auch für eine vereinbarte Vergütung, § 3, Nürnb MDR **73**, 135, vgl freilich BGH NJW **78**, 2305 und NJW **82**, 438 je mwN.

Freilich muß die Gebühr bereits entstanden sein, zB nach § 91. IV ist also nicht auf eine Gebühr anwendbar, die erst infolge einer nicht stattgefundenen weiteren Durchführung des Auftrags entstanden wäre.

B. Ausnahmen. Der Grundsatz, daß die bereits entstandene Gebühr bestehen bleibt, LG Bln VersR **88**, 702, gilt nur mit Ausnahmen. Insofern gelten folgende Regeln:

a) Kündigung. Die sachlichrechtlichen Vorschriften, die auf das Vertragsverhältnis zwischen dem Anwalt und dem Auftraggeber anwendbar sind, Grdz 3 vor § 1, bleiben unberührt. Daher gelten auch die sachlichrechtlichen Kündigungsfolgen. Man muß folgende Situationen unterscheiden:

aa) Kündigung des Anwalts. Hier sind wiederum folgende Fälle zu unterscheiden:

aaa) Verschulden des Auftraggebers. Soweit der Auftraggeber eine Kündigung, die der Anwalt ausspricht, verschuldet hat, behält der Anwalt gemäß § 628 II BGB einen Anspruch auf den Ersatz des durch die Aufhebung des Anwaltsvertrags entstehenden Schadens. Dieser besteht im Fortfall solcher Gebühren, die erst durch eine weitere Tätigkeit des Anwalts entstanden wären. Eine Kündigung dieser Art kann zB dann vorliegen, wenn sich der Auftraggeber dem Anwalt gegenüber vertragswidrig verhalten hat, wenn er insbesondere einen zulässigerweise vom Anwalt angeforderten Vorschuß nicht gezahlt hat, oder wenn der Auftraggeber das notwendige Vertrauensverhältnis zwischen ihm und dem Anwalt zerstört hat, Schmidt MDR **73**, 136, aM Nürnb MDR **73**, 135. Der Anwalt kann zur Kündigung auch durch einen unbegründeten Vorwurf des Auftraggebers oder durch dessen unzumutbare Anforderungen oder deshalb veranlaßt sein, weil der Auftraggeber es hartnäckig unterlassen hat, dem Anwalt die notwendigen Informationen zu geben. Eine solche Kündigung kommt schließlich dann in Betracht, wenn der Anwalt nur unter einem Verstoß gegen die Standesehre tätig werden könnte.

bbb) Kein Verschulden des Auftraggebers. Soweit der Anwalt kündigt, ohne daß sich der Auftraggeber ihm gegenüber vertragswidrig verhalten hätte, hat der Anwalt gemäß § 628 I 2 BGB auch wegen der bereits entstandenen Gebühren keinen Anspruch, soweit seine bisherigen Leistungen infolge seiner eigenen Kündigung für den Auftraggeber kein Interesse mehr haben, Hbg MDR **81**, 768. Soweit der Auftraggeber nunmehr die Angelegenheit einem anderen Anwalt überträgt, hat der frühere Anwalt in demjenigen Umfang keinen Gebührenanspruch, in dem der Auftraggeber dem folgenden Anwalt für eine gleiche Tätigkeit gleiche Gebühren zahlen muß.

bb) Kündigung des Auftraggebers. Hier muß man wiederum folgende Situationen unterscheiden:

aaa) Verschulden des Anwalts. Soweit der Auftraggeber infolge eines vertragswidrigen Verhaltens des Anwalts kündigt, bleibt zwar der Anspruch des Anwalts auf die bisher entstandenen Gebühren gemäß § 628 I 1 in Verbindung mit § 627 I BGB theoretisch bestehen, vgl § 3 Anm 2 Cc; indessen ist auch hier § 628 II 1 BGB zu beachten, LG Hbg AnwBl **85**, 261, und hat der Auftraggeber gemäß § 628 II BGB einen Anspruch auf den Ersatz des durch die Kündigung entstehenden Schadens und kann mit diesem Schadensersatzanspruch gegenüber dem Vergütungsanspruch des Anwalts aufrechnen.

Ein vertragswidriges Verhalten des Anwalts kann zB in folgenden Fällen vorliegen: Der Anwalt versäumt eine Frist durch Unachtsamkeit; er unterläßt es, eine gerichtliche Anfrage zu beantworten oder eine gerichtliche Auflage zu erfüllen, BGH NJW **82**, 438 (der Auftraggeber ist beweispflichtig); er gibt trotz einer entgegenstehenden Weisung des Auftraggebers vor Gericht oder vor dem Jugendamt die zur Eingehung einer Unterhaltsverpflichtung des Auftraggebers erforderlichen Erklärungen ab, BGH AnwBl **77**, 164; er begeht Selbstmord; er verschweigt bei der Annahme des Auftrags, daß er demnächst aus freier Entschließung auf die Rechte aus der Zulassung verzichten will, und gibt anschließend die Verzichtserklärung ab; er läßt sich statt einer Aufgabe der Zulassung nunmehr in der Liste der beim OLG zugelassenen Anwälte löschen, um die LG-Praxis seines Sozius zu übernehmen; er hat eine vertragliche oder gesetzliche Treuepflicht verletzt.

bbb) Kein Verschulden des Anwalts. Soweit der Auftraggeber kündigt, ohne durch ein vertragswidriges Verhalten des Anwalts dazu veranlaßt worden zu sein, steht dem Anwalt die bisher entstandene Vergütung zu, § 628 I 1 BGB, Düss AnwBl **85**, 259, vgl § 3 Anm 2 Cc.

Ein vertragswidriges Verhalten des Anwalts kann zB in folgenden Fällen fehlen: Der Anwalt nimmt einen Auftrag an, obwohl er sich bereits für ein Amt im Staatsdienst beworben hat, Düss Rpfleger **56**, 22, KG NJW **53**, 427, jedenfalls solange er nicht übersehen kann, ob und wann die Behörde der Bewerbung stattgibt, BGH NJW **57**, 1152; er legt das Mandat wegen der Aussichtslosigkeit der Sache nieder.

cc) Erstattungsfähigkeit. Wegen der Erstattungsfähigkeit der Kosten im Fall der Tätigkeit mehrerer Anwälte in derselben Angelegenheit vgl BLAH § 91 ZPO Anm 21 „Mehrheit von Prozeßbevollmächtigten“.

b) Weitere Ausnahmefälle. Abweichend von dem Grundsatz A gelten folgende weitere Sonderregeln neben denen zur Kündigung, B: § 32 (vorzeitige Beendigung des Auftrags in den dort genannten Fällen); § 54 (vorzeitige Erledigung gegenüber dem Anwalt, der den Beweistermin wahrnimmt); § 56 (geringere Gebühr im Fall der vorzeitigen Erledigung einer Einzeltätigkeit); §§ 84, 85 III, 86 III (geringere Gebühren im Fall einer geringeren Tätigkeit in einer Strafsache).

7) Auftrag zum weiteren Tätigwerden, V. Soweit der Anwalt, der in einer Angelegenheit tätig geworden war, nunmehr von demselben Auftraggeber den Auftrag erhält, in derselben Angelegenheit weiter tätig zu werden, erhält er nicht mehr an Gebühren, als er erhalten würde, wenn er von vornherein auch mit dieser weiteren Tätigkeit beauftragt worden wäre.

Eine solche Situation liegt zB dann vor, wenn der Anwalt zunächst einen Einzelauftrag erhalten hat, später aber zum ProzBev bestellt wurde, LG Köln VersR **75**, 73 (abl Klimke VersR **75**, 291).

Die ursprüngliche Angelegenheit darf aber im Fall des Auftrags zum weiteren Tätigwerden noch nicht endgültig beendet gewesen sein, Schmidt NJW **73**, 1312.

Der neue Auftrag begründet im Rahmen von V keine neue Angelegenheit; die Sache ist vielmehr so anzusehen, als wenn die Erledigung der Angelegenheit immer in denselben Händen gelegen hätte. Der Verkehrsanwalt, der bereits bei einer Beweisaufnahme vertreten hat, erhält also nicht mehr, wenn er für die Vertretung bei einer weiteren Beweisaufnahme einenen selbständigen Auftrag erhält, Mü NJW **61**, 2024. Wenn der Anwalt bisher Verkehrsanwalt war, § 52, und infolge einer Verweisung nun zum ProzBev bestellt wird, erhält er keine Prozeßgebühr, und umgekehrt, Düss NJW **56**, 474, Ffm GRUR **88**, 646. V ist auch dann anwendbar, wenn ein früherer Praxisabwickler in derselben Angelegenheit einen (neuen) Auftrag erhält, KG MDR **77**, 238 mwN.

Man muß aber natürlich eine etwaige spätere Erhöhung des Streitwerts berücksichtigen, etwa dann, wenn sich die Vertretung des Anwalts in einem Beweistermin nur auf einen Teil des späteren Streitgegenstands bezog.

Soweit sich der Gegenstandswert demgegenüber verringert, behält der Anwalt die bereits entstandene höhere Gebühr.

Wegen der Anrechnung von Einzelgebühren in einer Strafsache vgl § 92 II 2.

8) Mehrere Einzelaufträge, VI. Wenn der Anwalt in derselben Angelegenheit Aufträge zur Vornahme mehrerer einzelner Handlungen erhält, kann die Gesamtgebühr nicht mehr als dann betragen, wenn er von vornherein einen Auftrag zur umfassenden Erledigung dieser Angelegenheit erhalten hätte. Die Pauschgebühr für eine bestimmte Tätigkeit begrenzt auch die Gesamtgebührenhöhe für Einzeltätigkeiten unter der Voraussetzung, daß es sich um denselben Rechtszug handelt,

II 2. Eine noch so häufige Anfertigung von Schriftsätzen oder die noch so häufige Erteilung von Ratschlägen in derselben Angelegenheit kann nicht mehr als eine Prozeßgebühr ergeben; vgl auch §§ 20 I 3, 92 II 2, 118 II.

Der Anwalt, der den Auftraggeber im Beweistermin vertritt, kann auch für die Wahrnehmung mehrerer solcher Termine nicht mehr als eine Beweisgebühr verlangen.

Man muß also für jede Gebührenart eine besondere Prüfung hinsichtlich der Höhe der Einzelgebühr und derjenigen Gebühr vornehmen, die sonst höchstens für die Tätigkeit entstehen kann. Dementsprechend kann zB eine Mehrzahl von Einzeltätigkeiten im Zwangsvollstreckungsverfahren immer nur insgesamt 3/10 Gebühr bringen, § 57.

Verweisung, Abgabe

14 Wird eine Sache an ein anderes Gericht verwiesen oder abgegeben, so sind die Verfahren vor dem verweisenden oder abgebenden und vor dem übernehmenden Gericht ein Rechtszug. Wird eine Sache an ein Gericht eines niedrigeren Rechtszugs verwiesen oder abgegeben, so ist das weitere Verfahren vor diesem Gericht ein neuer Rechtszug.

1) Allgemeines. Die Vorschrift ist ebenso wie § 15 eine Ergänzung zu § 13 II 2 und gibt den Umfang und die Abgrenzung des Rechtszugs im Fall einer Verweisung oder einer Abgabe an, während § 15 die Regelung im Fall der Zurückverweisung enthält. Soweit derselbe Rechtszug vorliegt, S 1, entstehen neue Gebühren aber nur dann nicht, wenn derselbe Anwalt tätig werden kann. Ist das nicht der Fall, so richtet sich die Erstattungsfähigkeit der Mehrkosten nach § 91 II 3, BLAH § 91 ZPO Anm 21 „Mehrheit von Prozeßbevollmächtigten". Eine besondere Regelung enthält § 281 II 2 ZPO.

Wenn das Gericht eine Klage wegen des Fehlens eines notwendigen Verweisungsantrags als unzulässig abweist, wenn der Kläger dann aber in Wahrheit zuständigen Gericht neu klagt, dann handelt es sich um eine neue Angelegenheit, nicht etwa um eine Fortsetzung des Rechtszugs.

§ 14 gilt für ein gerichtliches Verfahren jeder Art. Es ist für die gebührenrechtliche Beurteilung unerheblich, ob das Gericht prozessual zulässigerweise verwiesen hat, Karlsr VersR **73**, 1073 mwN.

§ 14 gilt nicht für den Fall einer Verweisung oder Abgabe an eine andere Verwaltungsbehörde. Man kann auch nicht über § 2 eine neue Instanz annehmen, aM Luetgebrune IV; dagegen sprechen auch §§ 118 I Z 2, 119 I. Es kommt in einem solchen Fall darauf an, ob es sich um dieselben Angelegenheit handelt, ob also § 13 I, II 1 anwendbar sind, vgl auch RS § 118 Rdz 14ff.

2) Verweisung, Abgabe auf derselben Ebene, S 1. A. Grundsatz. Die Verfahren vor dem verweisenden bzw. abgebenden und vor dem übernehmenden Gericht bilden nur dann denselben Rechtszug, wenn die Sache auf derselben Ebene bleibt, wenn also nicht eine Abgabe oder Verweisung an ein Gericht eines niedrigeren Rechtszugs vorliegt; so wohl auch Ffm GRUR **88**, 646.

a) Beispiele der Anwendbarkeit. Hierher gehören zB: Der Übergang von dem AG zur erstinstanzlichen Kammer des LG; eine Verweisung von der Berufungskammer des LG an die erstinstanzliche Kammer desselben LG, zB Karlsr VersR **73**, 1073, aM zB Oldb Rpfleger **84**, 432 (§ 15 sei anwendbar), Schlesw SchlHA **80**, 152 mwN (das OLG meint, in diesem Fall sei S 2 anwendbar); eine Verweisung vom SG oder VG an ein anderes gleichartiges Gericht wegen einer örtlichen Unzuständigkeit; eine Verweisung wegen einer sachlichen Unzuständigkeit, auch vom LG an das AG, §§ 281, 506, 696, 700 ZPO, 32 II WZG, 112 II GenG, 48 I, 48a IV ArbGG, 83 VwGO, 98 SSG, 18 HausrVO, 46 WEG (wenn das Prozeßgericht an das Gericht der freiwilligen Gerichtsbarkeit verweist), § 12 LwVG (Abgabe), §§ 209, 270 StPO, Hamm JMBl NRW **65**, 275, § 102 S 2 JGG.

S 1 ist auch dann anwendbar, wenn ein erstinstanzliches LG an das AG verweist, zB an ein Schiffahrtsgericht, Hgb JB **77**, 1722. Auf derselben Ebene bleibt die Angelegenheit auch im Fall einer Verweisung vom BVerwG als 1. Instanz an ein VG, § 50 II VwGO, oder von einem OVG (VGH) als Berufungsgericht an einen Wehrdienstsenat des BVerwG, BVerwG Rpfleger **82**, 310, oder im Fall einer Abgabe vom BSG als 1. Instanz ans SG, §§ 98, 39 II, 51 SGG. Auf derselben Ebene bleibt die Angelegenheit ferner, wenn eine Sache kraft Gesetzes an ein anderes Gericht übergeht, zB in den Fällen §§ 36 Z 1–4 ZPO, 13a, 14, 15 StPO, 215 SGG.

Ferner gehört hierher eine Verweisung mit der Begründung, es sei ein anderer Rechtsweg gegeben, sofern die Sache auf derselben Ebene bleibt, etwa eine Verweisung zwischen einem erstinstanzlichen Zivilgericht, ArbG, VG, SG und FG, §§ 17 GVG, 48 und 48a ArbGG, 41 III VwGO, 52 III SGG, 34 III FGO.

b) Beispiele der Unanwendbarkeit. Nicht hierher gehören zB: Die Bestimmung des zuständigen Gerichts zur Behebung eines positiven oder negativen Kompetenzkonflikts, § 36 Z 5, 6 ZPO. Denn dann liegt eine neue Angelegenheit vor, weil bereits eine rechtskräftige Vorentscheidung vorhanden ist. Die auf die Bestimmung des zuständigen Gerichts gerichtete Tätigkeit gehört zur Instanz im Sinn von § 37 Z 3.

B. Gebührenfolgen. Im Fall einer Verweisung oder Abgabe nach A entstehen die Gebühren, die vor dem zunächst angerufenen Gericht entstanden waren, nicht nochmals, soweit derselbe Anwalt tätig bleibt, Ffm BB **77**, 1739 und GRUR **88**, 646, LG Krefeld Rpfleger **81**, 320. Wenn er streitig verhandelt hatte und wenn das Gericht anschließend verwiesen hat, dann ist seine volle Verhandlungsgebühr bereits entstanden. Dasselbe gilt dann, wenn der Kläger einen Sachantrag stellt und wenn der Bekl demgegenüber eine Unzuständigkeit einwendet, Mü Rpfleger **52**, 295, selbst wenn der Kläger daraufhin hilfsweise einen Verweisungsantrag stellt, Mü Rpfleger **56**, 26. Demgegenüber entsteht gemäß § 33 I nur ½ Gebühr, wenn der Kläger sofort den Verweisungsantrag stellt, Hamm AnwBl **67**, 234.

Wegen der Anrechnung der Gebühr des Verkehrsanwalts, § 52 I, auf die Prozeßgebühr und umgekehrt vgl § 13 Anm 7. Wenn das SG an das VG oder an das Zivilgericht verweist, § 52 III SGG, dann muß man jede

Gebühr gesondert berechnen, die Rahmengebühr für die Tätigkeit vor dem SG nach § 116 unter Berücksichtigung der weiteren Tätigkeit vor dem anderen Gericht, § 12. Entsprechendes gilt im Fall der Verweisung vom VG an ein anderes Gericht des ersten Rechtszugs, BVerwG AnwBl **81**, 191 mwN (mit der Einschränkung, daß die Tätigkeit des Anwalts vor dem VG höher zu bewerten ist als die Tätigkeit, die erforderlich gewesen wäre, wenn der Antrag unmittelbar beim anderen Gericht gestellt worden wäre). Der Anwalt erhält die höhere Gebühr.

3) Verweisung, Abgabe an den niedrigeren Rechtszug, S 2. Diese Vorschrift meint im Gegensatz zu § 15 die Verweisung durch ein Rechtsmittelgericht an ein niedrigeres, einem anderen Rechtsweg angehörendes Gericht nach den in Anm 2 A genannten Vorschriften. In einen anderen Rechtsweg kommt die Angelegenheit auch dann, wenn das OLG als zweitinstanzliches LwG die streitige Gerichtsbarkeit für zuständig hält und an das AG verweist, § 12 I LwVG, oder in einer Hausratssache, KG FamRZ **74**, 197, oder wenn das zweitinstanzliche Gericht der freiwilligen Gerichtsbarkeit eine WEG-Sache an das erstinstanzliche Gericht der ordentlichen Gerichtsbarkeit verweist, §§ 18 HausrVO, 46 WEG.

In allen diesen Fällen kann auch der nach der Verweisung weiter tätige Anwalt sämtliche Gebühren fordern, zusätzlich zu der bereits beim verweisenden Gericht verdienten Gebühr.

Zurückverweisung

15 **I Wird eine Sache an ein untergeordnetes Gericht zurückverwiesen, so ist das weitere Verfahren vor diesem Gericht ein neuer Rechtszug. Die Prozeßgebühr erhält der Rechtsanwalt jedoch nur, wenn die Sache an ein Gericht zurückverwiesen ist, das mit der Sache noch nicht befaßt war.**

II In den Fällen des § 629b der Zivilprozeßordnung bildet das weitere Verfahren vor dem Familiengericht mit dem früheren einen Rechtszug.

1) Allgemeines. Über das Verhältnis von § 15 zu §§ 13, 14 vgl § 14 Anm 1 sowie unten Anm 2. § 15 gilt für jedes gerichtliche Verfahren, auch nach dem FGG, AG Bln-Tiergarten AnwBl **84**, 111, oder in der Finanzgerichtsbarkeit, BFH BStBl **71** II 742, Offerhaus NJW **72**, 513.

2) Zurückverweisung. A. Begriff. Die Vorschrift versteht unter einer Zurückverweisung nur eine solche an ein untergeordnetes Gericht, nicht auch an ein Gericht eines niedrigeren Rechtszugs, das einem anderen Rechtsweg angehört, § 14 Anm 3. Die Sache muß also an das zurückverweisende Gericht durch ein Rechtsmittel gelangt sein. Im Fall einer Beschwerde muß aber auch die Hauptsache durch das Rechtsmittel zu dem zurückverweisenden Gericht gelangt sein. Das vorgeordnete Gericht darf nicht erstinstanzlich tätig geworden sein, § 14 Anm 2 A.

Untergeordnetes Gericht im Sinn von § 15 ist auch ein oberes Bundesgericht, an das die Sache auf Grund einer Verfassungsbeschwerde vom BVerfG zurückverwiesen wird, OVG Lüneb NJW **66**, 468. Auch in diesem Fall ergibt sich die Notwendigkeit einer weiteren Verhandlung unter einer Berücksichtigung der in der übergeordneten Instanz ergangenen Entscheidung.

Es ist nicht erforderlich, daß die Zurückverweisung gerade an dasjenige Gericht erfolgt, gegen dessen Entscheidung sich das Rechtsmittel richtet, §§ 566a III ZPO, 354 II 2, III StPO, 144 V VwGO, 170 III SGG.

B. Beispiele der Anwendbarkeit. Es liegt zwar keine ausdrückliche Zurückverweisung vor, wohl aber ergibt sie sich verfahrensrechtlich, Kblz NJW **66**, 2068 (der Verzicht des OLG auf die Notwendigkeit einer Sachentscheidung im Fall einer Zurückverweisung ist aber unrichtig), Mü Rpfleger **81**, 456. Es mag etwa ein Grundurteil in der Rechtsmittelinstanz ergangen sein, Bbg JB **78**, 1184, Ffm AnwBl **78**, 145, Hbg JB **77**, 348, Hamm AnwBl **79**, 23 mwN. Es mag das Rechtsmittel gegen das Grundurteil sachlich zurückgewiesen worden sein, Düss JB **78**, 1809, Ffm AnwBl **84**, 98 je mwN, aM Schlesw MDR **87**, 417; der BGH nimmt eine Revision gegen ein Grundurteil des OLG nicht an, Ffm AnwBl **84**, 98.

Weitere Beispiele: Das Berufungsgericht bestätigt die Verwerfung einer Zulässigkeitsrüge, Hbg MDR **62**, 998; das Rechtsmittelgericht entscheidet über ein Rechtsmittel gegen ein Teilurteil, während das erstinstanzliche Gericht über den Rest der Klagforderung weiter verhandelt. Diese Situation kann auch dann zu einer Zurückverweisung im Sinn von § 15 zählen, wenn das Teilurteil des Rechtsmittelgerichts nur die erste Stufe einer Stufenklage, also die Rechnungslegung, betraf und wenn der Kläger nun die Leistungsklage weiter betreibt, Düss Rpfleger **71**, 33 mwN, Schlesw JB **75**, 473, oder wenn der nach einem erstinstanzlichen Teilurteil über § 540 mit in die Berufungsinstanz gelangte Anspruch dort dem Grunde nach mitentschieden worden ist, Mü AnwBl **85**, 589.

C. Beispiele der Unanwendbarkeit. Eine Zurückverweisung im Sinn von § 15 fehlt zB in folgenden Fällen: Das untere Gericht schließt sich wegen eines bei ihm anhängig gebliebenen Teils der Klageforderung der Auffassung des oberen Gerichts zum dort entschiedenen weiteren Teil an, Mü Rpfleger **81**, 456; der Rechtsmittelführer nimmt ein Rechtsmittel zurück; das Rechtsmittelgericht verwirft das Rechtsmittel als unzulässig; ein Grundurteil ist ohne Einlegung eines Rechtsmittels rechtskräftig geworden; die Parteien haben einen Zwischenvergleich geschlossen, Karlsr NJW **67**, 938, aM Kblz NJW **66**, 2068. Denn das getrennte Verfahren über den Grund und den Betrag in derselben Instanz ohne eine Entscheidung des Rechtsmittelgerichts begründet keinen neuen Rechtszug. Das gilt auch dann, wenn die Parteien über den Betrag weiter verhandeln, ohne die Entscheidung des Rechtsmittelgerichts im Verfahren über das Grundurteil abzuwarten.

Eine andere Situation kann gelten, wenn die Parteien zwar in der eben genannten Situation zunächst weiterverhandeln, wenn das Gericht aber das Betragsverfahren wegen der Einlegung eines Rechtsmittels gegen das Grundurteil aussetzt.

Weitere Beispiele: Die Sache fällt ohne ein Sachurteil des übergeordneten Gerichts an das untere Gericht zurück, Karlsr NJW **67**, 938, aM Kblz NJW **66**. 2068.

3) Neuer Rechtszug. A. Grundsatz, I 1. Der Anwalt erhält eine

Gebühr für seine weitere Tätigkeit grundsätzlich, also von den Fällen II abgesehen, unabhängig von derjenigen Gebühr, die er in derselben Instanz vor dem Rechtsmittelverfahren verdient hat. Das gilt auch für die Geschäftsgebühr, denn sie steht der in I 2 geregelten Prozeßgebühr nicht gleich, LG Aachen MDR **88**, 593 mwN, aM zB Düss JB **83**, 697. Das gilt aber natürlich nur insoweit, als durch seine Tätigkeit im Verfahren nach der Zurückverweisung neue Gebühren entstehen, zB (nur) nach § 84, Hamm JB **65**, 637. Er erhält für diese weitere Tätigkeit eine Gebühr natürlich nur nach dem nun gegebenen Gegenstandswert, Bbg MDR **69**, 231. Wenn also das Urteil des untergeordneten Gerichts zum Teil bestätigt wird, bleibt dieser Wert außer Betracht, Celle NdsRpfl **63**, 34.

B. Prozeßgebühr, I 2. Abweichend von der Reglung A erhält der Anwalt eine Prozeßgebühr für das weitere Verfahren vor dem Gericht, an das die Sache zurückverwiesen wurde, nur dann, wenn die Sache an ein solches Gericht zurückverwiesen wurde, das mit der Sache noch nicht befaßt war. Insofern stellen also die Verfahren dieselbe Gebühreninstanz dar, Hbg MDR **75**, 852. Eine Änderung des Geschäftsverteilungsplan desselben Gerichts macht es nicht zu einem bisher nicht befaßten, FG Bln EFG **83**, 42.

Zum Begriff der Prozeßgebühr § 31, LG Bln JB **76**, 1086 mwN. Der weiter tätige Anwalt erhält also keine neue Prozeßgebühr, BFH BStBl **72** II 742. Sie entsteht aber neu und nach der nun gültigen Tabelle, KG MDR **73**, 594, wenn das Gericht mit der Sache bisher nicht befaßt war, § 566a V ZPO, § 144 V VwGO, § 170 III SGG.

Natürlich erhält derjenige Anwalt, der mit der Sache erst nach der Zurückverweisung befaßt wird, seine Vergütung unabhängig davon, ob und welche Gebühren der vor der Zurückverweisung tätige Anwalt verdient hat, Hbg MDR **75**, 852, FG Bre EFG **78**, 453. Die Erstattungsfähigkeit der Kosten dieses weiteren Anwalts hängt von der Notwendigkeit des Anwaltswechsels ab, BLAH § 91 ZPO Anm 21 „Mehrheit von Prozeßbevollmächtigten“.

Wenn das Urteil desjenigen Gerichts, an das die Sache zurückverwiesen wurde, wiederum angefochten wird, liegt ein neuer Rechtszug vor, § 13 II.

4) § 629b ZPO, II. Soweit das Urteil aufgehoben wird, durch das ein Scheidungsantrag abgewiesen ist, ist die Sache gemäß § 629b I 1 ZPO an das Gericht zurückzuverweisen, das die Abweisung ausgesprochen hat, wenn bei diesem Gericht eine Folgesache zur Entscheidung ansteht. In einem solchen Fall bildet das weitere Verfahren vor dem FamG mit dem früheren Verfahren abweichend von I 1 denselben Rechtszug.

Fälligkeit

16 **Die Vergütung des Rechtsanwalts wird fällig, wenn der Auftrag erledigt oder die Angelegenheit beendigt ist. Ist der Rechtsanwalt in einem gerichtlichen Verfahren tätig, so wird die Vergütung auch fällig, wenn eine Kostenentscheidung ergangen oder der Rechtszug beendigt ist oder wenn das Verfahren länger als drei Monate ruht.**

Gliederung

1) Allgemeines. Man muß zwischen der Entstehung eines Gebührenanspruchs und seiner Fälligkeit unterscheiden. Der Gebührenanspruch entsteht (erwächst), sobald der Anwalt die gebührenpflichtige Tätigkeit vorgenommen hat. Im Fall einer Pauschgebühr entsteht der Anspruch schon durch die erste Tätigkeit, die zu der mit ihr abgegoltenen Tätigkeitsgruppe gehört, § 13 Anm 1. Die Fälligkeit tritt demgegenüber erst dann ein, wenn eine der in § 16 genannten Voraussetzungen erfüllt ist.

Die Fälligkeit ist ihrerseits eine Voraussetzung für den Antrag des Anwalts auf eine Wertfestsetzung, soweit eine solche für die Gerichtsgebühren nicht erfolgt, § 10 II 1, sowie für seinen Antrag auf die Festsetzung seiner Vergütung gegenüber dem Auftraggeber, § 19 II 1. Für den Anspruch des Auftraggebers gegenüber seinem Prozeßgegner auf eine Kostenerstattung ist § 16 ohne Bedeutung.

Die Vorschrift gilt für jede anwaltliche Tätigkeit. Sie gilt jedem gegenüber, also nicht nur im Verhältnis zwischen dem Anwalt und seinem Auftraggeber, sondern auch im Verhältnis zu einer mithaftenden Person, allerdings nicht im Verhältnis zum Prozeßgegner des Auftraggebers. Die Fälligkeit kann gegenüber Streitgenossen zu verschiedenen Zeitpunkten eintreten.

§ 16 gilt auch für den im Weg einer Prozeßkostenhilfe beigeordneten Anwalt und für den Pflichtverteidiger. Daher gilt die Vorschrift auch für deren Ansprüche gegenüber dem Staat. Die Vorschrift umfaßt die gesamte Vergütung, also Gebühren und Auslagen, § 1. Wegen der Auslagen kann sich der Anwalt durch die Forderung nach der Zahlung eines Vorschusses, § 17, schon vor der Fälligkeit eine Deckung verschaffen.

Wegen der Fälligkeit des Gebührenanspruchs eines Patentanwalts BGH BB **82**, 1204.

2) Voraussetzungen. A. Grundsatz. Die Fälligkeit richtet sich zunächst danach, ob der Anwalt in einem gerichtlichen Verfahren, § 8 Anm 2 A, oder außerhalb eines solchen Verfahrens tätig wird. Soweit der Anwalt nur außerhalb eines gerichtlichen Verfahrens tätig wird, reicht es aus und ist es notwendig, daß eine der Voraussetzungen B, C vorliegt.

Bei dem im Weg der Prozeßkostenhilfe beigeordneten Anwalt schafft auch ein Beschluß, durch den der Rpfl die Prozeßkostenhilfe gemäß § 124 ZPO aufhebt oder die Beiordnung aufhebt, eine Fälligkeit. Eine Verweisung an ein Gericht derselben Ebene schafft aber keine Fälligkeit, § 14 Anm 2 A.

B. Erledigung des Auftrags. Vgl zunächst A. Während zB § 13 I, IV von der Erledigung der Angelegenheit sprechen, enthält S 1 den Begriff der Erledigung des Auftrags und gleichzeitig den Begriff der Beendigung der Angelegenheit. Man darf aus den im selben Satz auftretenden Worten „Auftrag" einerseits, „Angelegenheit" andererseits grundsätzlich keine Rückschlüsse auf einen unterschiedlichen Inhalt der beiden Begriffe ziehen. Denn für die Abgrenzung des Begriffs Angelegenheit, den § 13 zentral regelt, ist ja in erster Linie der Umfang des Auftrags maßgeblich, § 13 Anm 3 A. Es ist aber im Einzelfall denkbar, daß der Auftrag erledigt ist, bevor die Angelegenheit erledigt bzw beendet ist.

Die Erledigung des Auftrags, seine Beendigung, also die Erfüllung der eigentlichen anwaltlichen Leistung ohne bürotechnische Abwicklung, BGH AnwBl **85**, 257, führt sowohl dann zur Fälligkeit, wenn der Auftraggeber oder der Anwalt kündigen, als auch dann, wenn der Anwalt zur weiteren Durchführung des Auftrags unvermögend geworden ist oder wenn die Durchführung objektiv unmöglich geworden ist. Ob freilich im Fall der Kündigung überhaupt ein Gebührenanspruch entsteht oder bestehen bleibt, ist nicht nach § 16, sondern vor allem nach § 13 zu prüfen.

Eine Erledigung des Auftrags tritt auch im Fall des Konkurses des Auftraggebers ein, soweit sich der Auftrag auf das zur Konkursmasse gehörige Vermögen bezieht, § 23 I KO. Die Erledigung des Auftrags liegt auch dann vor, wenn das Gericht die Sache an ein anderes Gericht verweist oder abgibt, § 14, soweit der Anwalt beim übernehmenden Gericht nicht zugelassen ist. Der Tod des Anwalts führt zur Erledigung des Auftrags, § 673 BGB.

Keine Erledigung des Auftrags bedeuten zB: Die Beendigung der Instanz, soweit der Anwalt auch beim Rechtsmittelgericht zugelassen ist und soweit sich sein Auftrag nicht eindeutig auf die Vertretung im bisherigen Rechtszug beschränkt, vgl Hbg NJW **72**, 775; nach dem Fortfall oder Ausscheiden des Anwalts die Fortsetzung seiner Kanzlei durch einen Abwickler gemäß § 55 BRAO, soweit der Auftraggeber nicht etwa einen anderen Auftrag erteilt.

C. Beendigung der Angelegenheit. Vgl zunächst A. Während zB § 13 I, IV von der „Erledigung" der Angelegenheit sprechen, nennt S 1 den Fall der „Beendigung" der Angelegenheit. Praktisch ist dasselbe wie bei § 13 gemeint, vgl die dortigen Anm.

Soweit das Gesetz einen Tätigkeitsteil als eine besondere Angelegenheit bezeichnet, kommt es auf die Beendigung dieses Tätigkeitsteils an. Die Anrechenbarkeit einer Gebühr auf eine weitere Tätigkeit, §§ 20 I 3, 118 II, zeigt, daß das Gesetz die bisherige Angelegenheit für abgeschlossen hält, hindert also den Eintritt der Fälligkeit nicht, RS 8.

Aus § 13 V, VI ergibt sich, daß mit einem weiteren Auftrag eine neue Angelegenheit beginnt. Die bisherige Angelegenheit kann also bereits vor der Beendigung des neuen Auftrags beendet sein.

Im wesentlichen kommt C für eine anwaltliche Tätigkeit außerhalb eines gerichtlichen Verfahrens in Betracht. Denn bei einer Tätigkeit in einem gerichtlichen Verfahren liegt in der Regel schon eine der Voraussetzungen D–G vor.

D. Ergehen einer Kostenentscheidung. Vgl zunächst A. Jede Kostengrundentscheidung ist ausreichend. Eine solche ist aber auch notwendig. Es genügt, daß das Gericht nur über die Gerichtskosten entscheidet, etwa gemäß § 12a I 1 ArbGG oder gemäß §§ 3 Z 1, 98 III KostO, 114 GBO. Soweit sich eine Kostenfolge unmittelbar aus dem Gesetz ergibt, liegt keine Kostenentscheidung vor. Das gilt auch dann, wenn das Gericht in einem solchen Fall eine Kostenfolge kraft gesetzlicher Vorschrift, etwa gemäß § 269 ZPO nach einer Klagerücknahme (oder ohne eine solche Spezialvorschrift und dann möglicherweise unnötig) feststellt. Vgl auch BGH Rpfleger **51**, 562, aM RS 9. Die Kostenentscheidung ist erst dann ergangen, wenn sie nach der maßgeblichen Verfahrensordnung wirksam ist. Man muß also die jeweils einschlägigen Vorschriften über die Bekanntmachung oder Zustellung beachten. Der Form nach mag ein Urteil, ein Beschluß oder eine Verfügung vorliegen.

Der Mahnbescheid enthält keine Kostenentscheidung, sondern nur eine Kostenforderung (auch keine Beendigung des Rechtszuges), Lappe Rpfleger **81**, 341, Schmidt MDR **81**, 725, aM Weinbörner Rpfleger **81**, 222. Demgegenüber enthält der Vollsteckungsbescheid nach § 699 ZPO eine Kostenentscheidung, GSEM 14. Im Fall einer Entscheidung über einen Teil der Kosten des Verfahrens tritt nur in diesem Umfang eine Fälligkeit ein.

E. Beendigung des Rechtszuges. Vgl zunächst A. Es handelt sich hier nicht um den gebührenrechtlichen Begriff des Rechtszugs, § 13 II 2, sondern um den verfahrensrechtlichen Begriff. Es ist also unerheblich, ob der Anwalt auch noch nach der Beendigung des verfahrensrechtlichen Rechtszugs noch eine Tätigkeit vornehmen muß, vgl § 37 Z 7.

Als Beendigungsgründe kommen zB in Betracht: Die Klagerücknahme; die Rechtsmittelrücknahme; ein außergerichtlicher oder gerichtlicher Vergleich, OVG Münster NJW **54**, 1502; eine abschließende Entscheidung, auch des Rpfl, soweit dieser zuständig ist. Freilich kommt eine solche abschließende Entscheidung gemäß E nur insoweit in Betracht, als sie keine Kostenentscheidung enthält, etwa auf dem Gebiet der freiwilligen Gerichtsbarkeit; anderenfalls liegt D vor.

Eine Beendigung des Rechtszugs kann ferner durch eine einstweilige Anordnung nach §§ 620ff ZPO eintreten, bei der keine Kostenentscheidung ergeht, § 620g ZPO, vgl KG AnwBl **84**, 625. Ferner kommen Entscheidungen nach §§ 305, 599, 780 ZPO in Betracht, offen GSEM 15.

Das Grundurteil des ersten Rechtszuges beendet diesen nicht. Denn das Betragsverfahren bildet mit dem Grundverfahren eine Einheit. Dasselbe gilt dann, wenn der Rechtsmittelführer das Rechtsmittel gegen das Grundurteil zurücknimmt oder wenn dieses unzulässig ist. Der erste Rechtszug endet aber grundsätzlich durch ein den Anspruch dem Grunde nach abweisendes Urteil, Ffm Rpfleger **55**, 208. Hiervon gilt eine Ausnahme für die Prozeßgebühr, auch im Fall eines zurückverweisenden Urteils, § 538 I Z 3 ZPO. Denn dann liegt eine weitergreifende Beendigung der Angelegenheit im Hinblick auf § 15 vor, vgl Düss Rpfleger **52**, 204, Ffm Rpfleger **55**, 208, RS 13, jetzt offenbar auch GSEM 9; **aM** Hamm NJW **53**, 1477.

Ein Zwischenurteil nach § 303 ZPO oder ein Vorbehaltsurteil nach § 302 ZPO beenden den Rechtszug nicht.

Man muß die Frage der Beendigung natürlich für jeden Rechtszug besonders prüfen.

F. Ruhen des Verfahrens länger als 3 Monate. Diese Voraussetzung ist erfüllt, wenn das Gericht in der Angelegenheit länger als 3 Monate nichts veranlaßt hat, Schlesw SchlHA **80**, 223. Es kommt also nicht auf den Begriff des Ruhens nach § 251 ZPO allein, sondern auf die tatsächliche Untätigkeit des Gerichts an. Eine Unterbrechung des Rechtsstreits oder seine Aussetzung führen für sich allein noch keine Fälligkeit herbei. Es müssen in solchen Fällen vielmehr nach der Unterbrechung oder Aussetzung mehr als 3 Monate vergangen sein.

Die Fortführung des Rechtsstreits beseitigt eine einmal eingetretene Fälligkeit. Die Frist beginnt mit der Anordnung des Ruhens, der Unterbrechung, der Aussetzung oder der letzten Handlung der Partei. Jedoch muß man die Gerichtsferien beachten.

G. Wiederaufnahme der Vertretung. Den in § 16 ausdrücklich genannten Voraussetzungen der Fälligkeit steht der Fall der Wiederaufnahme der Vertretung nach der vorangegangenen Niederlegung des Mandats gleich, Schlesw SchlHA **80**, 223.

3) Verjährung des Vergütungsanspruchs. A. Grundsatz. Die Verjährung der Vergütung ist in der BRAGO nicht geregelt. Es kommt auch keine sinngemäße Anwendung ihrer Vorschriften in Betracht, denn es gibt keine hierzu brauchbaren Vorschriften im Sinn von § 2. Vielmehr richtet sich die Verjährung grundsätzlich nach dem BGB, unabhängig von der Ausgestaltung des Vertrags zwischen dem Auftraggeber und dem frei gewählten Anwalt im einzelnen. Für das Rechtsverhältnis zwischen dem amtlich bestellten oder beigeordneten Anwalt und der Staatskasse gelten abweichende Vorschriften.

Wegen der Verjährung des Gebührenanspruchs eines Patentanwalts BGH BB **82**, 1204.

B. Einzelfragen. Die Verjährungsfrist beträgt, und zwar auch bei dem im Wege der Prozeßkostenhilfe beigeordneten Anwalt, Mü AnwBl **85**, 596 (im Ergebnis zustm Chemnitz), grundsätzlich 2 Jahre, § 196 I Z 15 BGB, BGH **86**, 101, Hamm AnwBl **85**, 155 mwN, soweit die Vergütung (Gebühren und Auslagen) dem Anwalt und nicht der Staatskasse zufließen. Die Frist beginnt gemäß § 201 BGB mit dem Ablauf desjenigen Jahres, in dem der erste der in Anm 2 genannten Fälligkeitstatbestände eintritt, BGH **LM** § 198 BGB Nr 10 (im Ergebnis zustm Schneider MDR **78**, 441) und AnwBl **85**, 257, vgl BGH **86**, 101, ferner Mü AnwBl **85**, 596 mwN. Von dieser Regel enthält § 100 III eine nur für den Pflichtverteidiger geltende Ausnahme, BGH **86**, 102, die man eng auslegen muß.

Es ist unerheblich, ob der Anwalt die Berechnung seiner Vergütung dem Auftraggeber während der Verjährungsfrist mitgeteilt hatte, § 18 I 2, KG AnwBl **82**, 72. Die Verjährung tritt auch dann ein, wenn eine Wertfestsetzung zunächst nicht oder überhaupt nicht erfolgt ist. Denn der Anwalt hätte persönlich eine Wertfestsetzung beantragen können.

Diese Frage ist **streitig. Wie hier** zB GSEM 25; **aM** für den Fall einer nachträglichen Streitwerterhöung zB BGH **LM** § 198 BGB Nr 10, Kblz AnwBl **83**, 172, Oldb AnwBl **76**, 134, Schneider MDR **78**, 443 je mwN.

Der Kostenerstattungsanspruch des Auftraggebers gegenüber dem Prozeßgegner verjährt erst nach 30 Jahren, Ffm AnwBl **89**, 106, Mü AnwBl **88**, 249 je mwN, aM OVG Münster NJW **71**, 1767.

Eine Hemmung der Verjährung kann gemäß § 202 I BGB während der Dauer der Beiordnung als Pflichtverteidiger eintreten, BGH **86**, 102. Eine Stundung kann dabei nach Treu und Glauben, § 242 BGB, als stillschweigend vereinbart gelten, BGH **86**, 103.

Eine Unterbrechung der Verjährung tritt gemäß § 209 BGB durch die dort genannten Fälle ein, also durch die Zustellung eines Mahnbescheids, durch die Geltendmachung eines Anspruch durch Anbringung eines Güteantrags bei einer Gütestelle, durch die Anmeldung des Anspruchs zum Konkurs, durch die Geltendmachung der Aufrechnung des Anspruchs im Prozeß, durch eine Streitverkündung in demjenigen Prozeß, von dessen Ausgang der Anspruch abhängt und durch die Vornahme einer Vollstreckungshandlung usw. Ferner tritt die Unterbrechung durch ein Anerkenntnis in Form einer Abschlagzahlung, Zinszahlung, Sicherheitsleistung oder in anderer Weise ein, § 208 BGB. Schließlich kann die Unterbrechung durch einen Antrag gemäß § 210 BGB sowie durch einen Antrag auf eine Festsetzung der Vergütung nach § 19 VI BRAGO eintreten.

Ist eine Honorarforderung verjährt, bevor der Anwalt eine dem § 18 entsprechende Kostenrechnung erteilt hat, dann konnte in unverjährter Zeit nicht gegen sie aufgerechnet werden, BGH AnwBl **85**, 257.

Vorschuß

17 Der Rechtsanwalt kann von seinem Auftraggeber für die entstandenen und die voraussichtlich entstehenden Gebühren und Auslagen einen angemessenen Vorschuß fordern.

1) Vorschußrecht. A. Rechtsgrundlage. Der Vertrag zwischen dem Anwalt und dem Auftraggeber ist grundsätzlich als Geschäftsbesorgungsvertrag im Sinn von § 675 BGB zu beurteilen, Grdz 3 A vor § 1.

Infolgedessen hat der Anwalt schon gemäß § 669 BGB einen Anspruch gegen den Auftraggeber auf einen Vorschuß für die zur Ausführung des Auftrags erforderlichen Aufwendungen, also auf seine Auslagen im Sinn von §§ 25ff. § 17 enthält insofern nur eine Bestätigung der Regelung des § 669 BGB. Darüber hinaus gibt § 17 dem Anwalt aber einen Anspruch auf einen angemessenen Vorschuß auch wegen der entstandenen, aber noch nicht fälligen, BGH NJW **85**, 2264, wie auch wegen der voraussichtlich entstehenden Gebühren. Insofern kann der Anwalt seine an sich aus § 16 folgende Vorleistungspflicht weitgehend in eine solche des Auftraggebers abändern. Es besteht keine Pflicht des Anwalts, von dem Vorschußrecht Gebrauch zu machen, auch nicht als Verteidiger gegenüber der Staatskasse, GSEM 14.

Ein Vorschußrecht hat nicht nur der ProzBev, sondern jeder beauftragte Wahlanwalt, auch zB der nur außergerichtliche, der Wahlverteidiger, der Verkehrs- oder Beweisanwalt. Der Vormund oder Pfleger, vgl § 1 Anm 3 B, kann angemessenen Vorschuß dem Vermögen des Mündels entnehmen, KG AnwBl **84**, 71.

Das Vorschußrecht gilt allerdings nur für den Wahlanwalt. Der gemäß

§§ 78b, c ZPO beigeordnete Anwalt, der sog Notanwalt, kann einen Vorschuß nur nach § 78c II ZPO geltend machen. Die Vorschrift lautet:

ZPO 78c II Der beigeordnete Rechtsanwalt kann die Übernahme der Vertretung davon abhängig machen, daß die Partei ihm einen Vorschuß zahlt, der nach der Bundesgebührenordnung für Rechtsanwälte zu bemessen ist.

Entsprechendes gilt bei dem im Entmündigungsverfahren nach §§ 668, 684 ZPO beigeordneten Anwalt. Der nach §§ 679, 686 ZPO beigeordnete Anwalt kann trotz Vorschußrechts die Tätigkeit nicht von der Vorschußzahlung abhängig machen. Der gemäß § 625 ZPO in einer Scheidungssache beigeordnete Anwalt erhält keinen Vorschuß, § 36a I letzter Hs. Soweit der Anwalt im Weg der Prozeßkostenhilfe beigeordnet ist, kann er einen Vorschuß gemäß § 127 fordern. Diese Vorschrift entspricht weitgehend dem § 17. Soweit der Anwalt außerhalb der Beiordnung (wegen nur teilweiser Bewilligung von Prozeßkostenhilfe) beauftragt ist, kann er Vorschuß nach § 17 fordern, GSEM 3, abw SchGei 7. Der gerichtlich bestellte Verteidiger kann gemäß § 100 I Hs 2 keinen Vorschuß fordern. Dasselbe gilt für den Anwalt, den das Gericht dem Privatkläger, dem Nebenkläger oder dem Antragsteller im Anklageerzwingungsverfahren oder sonst im Strafverfahren oder in einem Auslieferungsverfahren beigeordnet hat, § 102 in Verbindung mit § 100 I 1 Hs 2, ferner § 107 II.

B. Forderungszeitraum. Das Vorschußrecht entsteht mit dem Anwaltsvertrag, BGH AnwBl **89**, 228. Hinzutreten muß freilich schon nach dem klaren Gesetzeswortlaut eine Vorschuß-„Forderung" des Anwalts. Sie liegt keineswegs stets schon in der Annahme des Auftrags. Sie muß zwar nicht in der Form des § 18 erfolgen; jedoch ist eine nachprüfbare Aufgliederung ratsam, um eine Klärung der Angemessenheit, D, zu ermöglichen, GSEM 12. Sie kann darin liegen, daß der Anwalt eine Berechnung im Sinne von § 18 vor der Fälligkeit, § 16, übersendet. Freilich kann die Auftragsannahme in den Grenzen des Vorschußrechts von der Vorschußzahlung abhängig gemacht werden. Allerdings kann der Anwalt verpflichtet sein, unaufschiebbare Tätigkeiten schon vorher vorzunehmen, etwa ein Rechtsmittel einzulegen. Der Auftraggeber kann mit der Zahlung bis zur genauen Bezifferung der Forderung auf Vorschuß warten. Das Vorschußrecht besteht, solange der Anwalt die gesetzliche oder vertragliche Vergütung (Gebühren und Auslagen) nocht nicht gemäß § 18 fordern kann, BGH NJW **85**, 2264, Schmidt AnwBl **82**, 72, aM wohl KG AnwBl **82**, 72.

C. Schuldner. Schuldner des Vorschusses ist der Auftraggeber sowie die Staatskasse, soweit die letztere in den in A genannten Fällen als Schuldnerin im Gesetz genannt wird.

Ein Dritter ist in keinem Fall vorschußpflichtig, selbst wenn er seinerseits dem Auftraggeber des Anwalts gegenüber auf Grund eines Vertrags oder einer gesetzlichen Vorschrift vorschußpflichtig ist, wie der Ehegatte gegenüber dem anderen nach § 1360a IV BGB oder wie die Rechtsschutzversicherung des Auftraggebers diesem gegenüber, Bergmann VersR **81**, 520 (sie zahlt nach § 267 I 1 BGB und kann vom Anwalt nichts aus eigenem Recht zurückfordern). Auch der gesetzliche Vertreter ist nicht persönlich vorschußpflichtig, zB nicht der Vormund des entmündigten Verschwenders. Das gilt natürlich nur, soweit er den Anwaltsvertrag nur im Namen des Mündels und nicht zumindest auch im eigenen Namen abgeschlossen hat. Eine Partei kraft Amts ist kein gesetzlicher Vertreter. Sie ist selbst Partei und haftet daher auch persönlich für einen Vorschuß, soweit sie den Anwaltsvertrag abgeschlossen hat oder soweit der Anwalt ihr beigeordnet wurde. Das gilt zB: Für den Testamentsvollstrecker; den Konkursverwalter; den Sequester; den Zwangsverwalter; den Pfleger des Sammelvermögens; den Nachlaßpfleger.

Der Anwalt darf aber einen Vorschuß im Namen des Auftraggebers gegenüber demjenigen Dritten fordern, der dem Auftraggeber gegenüber zur Leistung verpflichtet ist, und insoweit die Forderung auch gerichtlich geltend machen.

D. Angemessene Höhe. Der Vorschuß soll den Anwalt wegen der entstandenen, BGH NJW **85**, 2264, und der voraussichtlich entstehenden Gebühren und Auslagen sichern, BGH AnwBl **89**, 228, also wegen seiner Gesamtvergütung. Aus dem Wesen eines Vorschusses folgt, daß er jedenfalls den voraussichtlich entstehenden Gesamtbetrag der endgültigen Vergütung des Anwalts nicht übersteigen soll. Andererseits braucht der Vorschuß grundsätzlich keineswegs hinter der voraussichtlich endgültig entstehenden Gesamtvergütung zurückzubleiben. Der Anwalt ist kein kostenloser Kreditgeber.

Indessen können Treu und Glauben, § 242 BGB, in Verbindung mit den Standesrichtlinien zu § 177 BRAO unter einer Beachtung der Gesamtumstände des Einzelfalls dazu führen, bereits einen unter der voraussichtlichen endgültigen Vergütung liegenden Betrag als angemessenen Vorschuß ausreichen zu lassen. Es kommt auf Art und Umfang der anwaltlichen Tätigkeit ebenso wie auf die Einkommens- und Vermögensverhältnisse des Auftraggebers, die voraussichtliche Dauer des Verfahrens und alle auch bei § 12 zu beachtenden Gesichtspunkte an. Der Anwalt braucht in keinem Fall ohne jeden Vorschuß tätig zu werden.

Er braucht sich auch nicht mit Raten zufrieden zu geben. Denn der Auftraggeber kann und muß im Fall mangelnder Zahlungsfähigkeit eine Prozeßkostenhilfe beantragen, Düss FamRZ **73**, 32.

Im allgemeinen kann ein Betrag in Höhe der voraussichtlichen Prozeß- und Verhandlungs- bzw. Erörterungsgebühr als Vorschuß ausreichen. Soweit man mit einiger Sicherheit nur eine unstreitige Verhandlung zu erwarten hat, mag ½ Verhandlungsgebühr genügen. Eine Beweisgebühr kommt bei der Berechnung des Vorschusses nur dann in Frage, wenn man mit einiger Wahrscheinlichkeit mit einer Beweisanordnung des Gerichts rechnen muß.

Eine Gebührenvereinbarung löst in angemessener Höhe eine Vorschußpflicht aus, und zwar grundsätzlich in voller Höhe.

Soweit der Anwalt den ihm gezahlten Vorschuß ordnungsgemäß verbraucht hat, kann er vom Auftraggeber in Höhe der für die weitere Tätigkeit voraussichtlich noch anfallenden weiteren Vergütung wiederum einen angemessenen Vorschuß fordern, freilich nicht zur Unzeit, GSEM 7.

Bei der Berechnung des Vorschusses muß man die in § 18 genannten Regeln mit berücksichtigen. Der Vorschuß kann in Bargeld oder in anderer Besicherung bestehen, BGH AnwBl **89**, 228. Wegen der Umsatzsteuer § 25 Anm 3 A.

E. Verstoß. Soweit der Auftraggeber einen ordnungsgemäß angeforderten Vorschuß nicht pünktlich und vollständig zahlt, kann der Anwalt die weitere Tätigkeit ablehnen, den Vertrag also fristlos kündigen, und für seine bisherige Tätigkeit die Vergütung fordern, §§ 628 in Verbindung mit 671 I BGB, 13 IV, 16 BRAGO. Es liegt dann auch ein wichtiger Grund für eine fristlose Kündigung im Sinn von § 671 II 1 BGB vor. Deshalb kann der Anwalt sogar für den Fall fristlos kündigen, daß er auf das Kündigungsrecht verzichtet hat, § 671 III BGB. Er haftet dann auch dem Auftraggeber nicht auf einen Schadensersatz, § 671 II 2 BGB. Er braucht deshalb auch keine unaufschiebbaren Geschäfte mehr vorzunehmen, § 671 II 1 BGB.

Man muß allerdings nach Treu und Glauben, § 242 BGB, und unter Berücksichtigung der Standesrichtlinien zu § 177 BRAO einen scharfen Maßstab an ein so weit gehendes Kündigungsrecht des Anwalts anlegen. Das gilt insbesondere dann, wenn ein Fristablauf bevorsteht.

Im bloßen Unterlassen der Vorschußanforderung liegt grundsätzlich kein Verzicht. Selbst im Fall eines zumindest stillschweigenden Vorschußverzichts begründet eine nachträglich eintretende erhebliche Verschlechterung der Vermögensverhältnisse des Auftraggebers ein (erneutes) Vorschußrecht.

Der Anwalt kann auch an Stelle eines Vorschusses eine Sicherheitsleistung fordern, muß aber etwa entgegenstehende Standesregeln beachten, Brschw NdsRpfl **62**, 83. Besser ist es in einem solchen Fall, dem Auftraggeber den Rat zu geben, eine Prozeßkostenhilfe zu beantragen.

Der Anwalt darf auf bereits entstandene Gebühren im Fall des Vorschußverzugs Verzugszinsen fordern. Er darf den Vorschuß grundsätzlich nach dem bürgerlichen Recht und auch nach der BRAGO einklagen, sei es im eigenen Namen, sei es für den in C gennanten Fall, daß er einen Anspruch des Auftraggebers gegenüber einem Dritten im Namen des ersteren einklagt, damit der Auftraggeber dem Anwalt einen Vorschuß zahlen kann. Man muß in allen diesen Fällen das Standesrecht berücksichtigen. Es kann standeswidrig sein, den Vorschuß geltend zu machen. Freilich sind auch insoweit die bisherigen Standesregeln weitgehend überholt, denn sie berühren kaum die Funktionsfähigkeit der Anwaltschaft.

2) Zahlungsfolgen. A. Tilgung. Manche sehen beim Vorschuß nur den Sicherungszweck, Celle NJW **58**, 157. Das hätte zur Folge, daß eine Verrechnung jedenfalls insofern zunächst unterbleiben könnte, als noch Gebühren und Auslagen entstehen können. §§ 17, 127 lassen aber erkennen, daß der Vorschuß nicht nur ein Sicherungsmittel sein soll, sondern eine Vorauszahlung auf bereits entstandene und noch voraussichtlich entstehende Gebühren und Auslagen. Der Vorschuß geht daher bei richtiger Betrachtung in das Vermögen des Anwalts über, auch steuerrechtlich. Er bewirkt im Zeitpunkt der Zahlung eine Tilgung der bereits geschuldeten

Vergütung, BGH **LM** § 767 ZPO Nr 44, LG Krefeld JB **76**, 65. Soweit er über diese geschuldete Vergütung hinausgeht, bewirkt er die Tilgung derjenigen weiteren Gebühren und Auslagen, die erst nach dem Zahlungszeitpunkt entstehen, Brschw JB **76**, 1109 mwN.

Soweit das Gericht den Anwalt im Weg der Prozeßkostenhilfe beigeordnet hat, muß der Anwalt einen vom Auftraggeber oder von einem Dritten bezahlten Vorschuß gemäß § 129 allerdings zunächst auf diejenigen Vergütungen anrechnen, für die ein Anspruch gegen die Bundes- oder Landeskasse nicht besteht. Wegen des Pflichtverteidigers und des beigeordneten Anwalts §§ 101, 102, 107 II.

B. Rückzahlungspflicht. Der Anwalt ist zur Rückzahlung eines Vorschusses, der über die im Zahlungszeitpunkt entstandenen und voraussichtlich entstehenden Gebühren und Auslagen erheblich hinausgeht, gemäß § 242 BGB grundsätzlich verpflichtet. Auch der Auftraggeber ist ja ihm gegenüber kein kostenloser Kreditgeber. Man muß aber auch in diesem Zusammenhang die gesamten Umstände des Einzelfalls berücksichtigen und die sich oft rasch ändernde und damit für den Auftraggeber verteuernde Verfahrenslage in einer für den Anwalt nicht zu engherzigen Weise vorausbedenken. Auch wäre es nicht sinnvoll, den Anwalt zur Zurückzahlung eines Vorschuß-Teilbetrags zu zwingen, den er wenige Tage später auf Grund weitergehender auftragsgemäßer Tätigkeit nun doch fordern könnte.

Eine Verzinsungspflicht eines zuviel erhaltenen Vorschußbetrags kann sich nach Treu und Glauben nur ausnahmsweise ergeben. Sie ist aber immerhin bei größeren Überzahlungen und dann, wenn der Anwalt die voraussichtliche Vergütung schuldlos oder gar schuldhaft zu hoch veranschlagt hatte, durchaus denkbar. Im letzteren Fall kann sich die Verzinsungspflicht sogar in Höhe eines über den gesetzlichen Zinsfuß hinausgehenden Betrags aus dem Gesichtspunkt einer vertraglichen Schadensersatzpflicht infolge Schlechterfüllung ergeben. Denn der Anwalt ist verpflichtet, bei Erhalt des Vorschusses nochmals wenigstens in Umrissen zu prüfen, ob die gezahlte Summe nach der jetzigen Entwicklung seiner Tätigkeit zu hoch war. In diesem Fall müßte er den Vorschuß unverzüglich teilweise zurückzahlen oder mit dem Auftraggeber vereinbaren, daß er ihn zinslos behalten darf, um der Verzinsungspflicht zu entgehen. Er sollte den Überschußbetrag im Zweifel auf ein verzinsliches Anderkonto einzahlen.

Soweit allerdings der Rpfl die Bewilligung einer Prozeßkostenhilfe gemäß § 124 aufhebt, ist der beigeordnete Anwalt nicht zu einer Rückzahlung des Vorschusses verpflichtet.

Der Rückforderungsanspruch zuviel gezahlten Vorschusses verjährt in 2 Jahren, § 196 Z 16 BGB, seit dem Schluß desjenigen Jahres, in dem sich der Auftrag erledigt hat, GSEM 10, SchGei 17.

Berechnung

18 **I Der Rechtsanwalt kann die Vergütung nur auf Grund einer von ihm unterzeichneten und dem Auftraggeber mitgeteilten Berechnung einfordern. Der Lauf der Verjährungsfrist ist von der Mitteilung der Berechnung nicht abhängig.**

II In der Berechnung sind die Beträge der einzelnen Gebühren und Auslagen, Vorschüsse sowie die angewandten Gebührenvor-

schriften und bei Gebühren, die nach dem Gegenstandswert berechnet sind, auch dieser anzugeben. Bei Post-, Telegrafen-, Fernsprech- und Fernschreibkosten genügt die Angabe des Gesamtbetrags.

III Hat der Auftraggeber die Vergütung gezahlt, ohne die Berechnung erhalten zu haben, so kann er die Mitteilung der Berechnung noch fordern, solange der Rechtsanwalt zur Aufbewahrung der Handakten verpflichtet ist.

1) Allgemeines, I-III. Man muß zwischen dem Entstehen (dem Erwachsen) der Vergütung mit dem Beginn der jeweiligen Tätigkeit auf Grund des Anwaltsvertrags, zwischen ihrer Fälligkeit, § 16, und ihrer Einforderbarkeit unterscheiden, Düss AnwBl **88**, 252. § 18 regelt die Möglichkeit dieser Geltendmachung. Die Vorschrift stellt eine Voraussetzung der Klagbarkeit auf, Ffm AnwBl **75**, 163, KG AnwBl **82**, 72, also keine Voraussetzung des sachlichrechtlichen Anspruchs. Sie ist auf ein vereinbartes Honorar nur insoweit anwendbar, als die Partner kein Festhonorar vereinbart haben oder als ein Vorschuß abzurechnen ist. Im übrigen ist § 18 auf den Vorschuß, § 17, nicht anwendbar; freilich ist eine nachprüfbare Aufgliederung auch beim Vorschuß ratsam, § 17 Anm 1 B.

Die Verjährung ist von der Berechnung nach § 18 unabhängig, wie I 2 klar stellt. Zur Verjährung § 16 Anm 3 B.

2) Einforderung, I, II. A. Begriff. Die Einforderung liegt in jeder Geltendmachung des Anspruchs. Diese liegt zB in einer Zahlungsaufforderung durch die Übersendung einer Rechnung oder ohne eine solche oder in einem Festsetzungsgesuch nach § 19, soweit es auch eine dem § 18 entsprechende Berechnung enthält, Düss AnwBl **88**, 253. Sie liegt in einer Mahnung, ferner aber auch in einer Aufrechnung oder in der Geltendmachung eines Zurückbehaltungsrechts gegenüber einem Zahlungsanspruch des Auftraggebers und natürlich auch in der Klage oder im Antrag auf Mahnbescheid, BGH AnwBl **85**, 257. Der bloße Antrag auf eine Wertfestsetzung stellt allerdings noch keine Einforderung im Sinn von I 1 dar.

Wenn ein bestellter Verteidiger seine Vergütung von der Staatskasse fordert, liegt keine Einforderung vor. Denn er ist überhaupt kein beauftragter Anwalt, Grdz 4 B a, b vor § 1.

B. Berechnung. a) Notwendigkeit. Der Anwalt muß eine Berechnung der Gebühren und Auslagen aufstellen. Das gilt unabhängig davon, ob er einen Vorschuß verlangt oder erhalten hat. Für jeden Auftrag muß er eine einheitliche Berechnung anfertigen. Bei mehreren Auftraggebern muß man der Berechnung entnehmen können, wer in welcher Höhe haften soll. Wenn der Anwalt verstorben ist, muß der Praxisabwickler die Berechnung aufstellen.

b) Inhalt der Berechnung. Die Berechnung muß schon wegen der Notwendigkeit der Unterschrift, I 1, vgl b ff, schriftlich erfolgen. Sie muß mindestens folgende Angaben enthalten:

aa) Gebührenvorschriften. Die Berechnung muß die angewandten Gebührenvorschriften enthalten. Der Anwalt muß also die Paragraphen nennen. Bei umfangreicheren Vorschriften kann es notwendig sein, auch den Absatz, den Satz, die Ziffer usw der Vorschrift mit anzugeben. Denn man kann nur so den Zweck erreichen, dem Empfänger den Nachvollzug zu ermöglichen, vgl § 154 KostO Anm 3 A b, Teil III dieses Buchs.

Der Anwalt muß auch diejenigen Vorschriften nach Paragraphen und unter Umständen näher aufgeschlüsselt angeben, nach denen er einen Auslagenersatz fordert.

Soweit der Anwalt eine nach seiner Meinung anwendbare, in Wahrheit aber unanwendbare Gebührenvorschrift aufführt, beeinträchtigt dieser Mangel nicht die formelle Gültigkeit der Berechnung, Mü AnwBl **74**, 355, löst aber natürlich keine diesbezügliche Zahlungspflicht des Auftraggebers aus. Wenn der Anwalt aber nur irgendwelche Vorschriften ins Blaue aufgeführt hat, fehlt eine „Angabe" im Sinn von II 1 und damit schon die formelle Gültigkeit der Einforderung.

Der Auftraggeber kann allerdings auf die Einhaltung dieser Erfordernisse verzichten.

Der Anwalt muß den Verzicht beweisen.

bb) Gegenstandswert. Soweit es sich um eine Gebühr handelt, die nach einem Gegenstandswert berechnet wird, muß der Anwalt auch den Gegenstandswert in der Berechnung angeben. Er muß ihn so darstellen, daß der Empfänger die Berechnung nachvollziehen kann. Zu diesem Zweck kann es erforderlich sein, den Gegenstandwert aufzuschlüsseln, vgl § 154 KostO Anm 3 A a, Teil III dieses Buchs. Zwar braucht der Anwalt insofern keinen Roman zu schreiben; die Berechnung muß aber jedenfalls die tragenden Überlegungen zum Gegenstandswert stichwortartig erkennen lassen.

Die Anführung derjenigen Gesetzesvorschriften, die der Anwalt dem Gegenstandswert zu Grunde legt, ist nicht unbedingt erforderlich, wohl aber dann, wenn der Auftraggeber die Ermittlung anders nur schwer nachvollziehen könnte. Ein gewissenhafter Anwalt sollte die maßgeblichen Vorschriften stets angeben, und zwar bei umfangreicheren Vorschriften ihren Absatz, Satz, ihre Ziffer usw.

cc) Beträge der Gebühren und Auslagen. Der Anwalt muß in der Berechnung die Beträge der einzelnen Gebühren und Auslagen in DM angeben. Selbstverständlich muß er die Beträge aufschlüsseln, soweit das erforderlich ist, um dem Empfänger die Nachprüfung zu ermöglichen.

Er muß auch die in Anrechnung gestellte Umsatzsteuer nachvollziehbar angeben. Dazu gehört der angesetzte Prozentsatz auch dann, wenn der Anwalt nicht ausnahmsweise nur eine ermäßigte Umsatzsteuer absetzt.

Bei Post-, Telegraphen-, Fernsprech- und Fernschreibkosten genügt allerdings gemäß II 2 die Angabe des Gesamtbetrags. Der Anwalt hat gemäß § 26 S 2 die Wahl, ob er die tatsächlich entstandenen derartigen Auslagen oder einen Pauschsatz in Höhe von 15% der gesetzlichen Gebühren, in derselben Angelegenheit und im gerichtlichen Verfahren in demselben Rechtszug jedoch höchstens 40 DM, in einer Strafsache oder im Bußgeldverfahren höchstens 30 DM fordern will.

dd) Verauslagte Gerichtskosten. Der Anwalt muß in der Berechnung auch den Betrag der insgesamt verauslagten Gerichtskosten nennen. Soweit er Gerichtskosten in mehreren Teilbeträgen, zu unterschiedlichen Zeitpunkten und unter Umständen in irgendeiner für den Empfänger nicht sofort verständlichen Weise gezahlt hat, kann die Aufschlüsselung auch dieses Postens erforderlich sein.

ee) Vorschuß. Der Anwalt muß in der Berechnung angeben, ob, wann, von wem (falls nicht vom Auftraggeber) und in welcher Höhe er Vorschüsse erbeten hatte oder ob der Auftraggeber unaufgefordert zahlte. Der Zeitpunkt der Empfangnahme ist jedenfalls insofern erforderlich, als Verzinsungsfragen davon abhängen können. Eine Verzinsung ist freilich von den Gesamtumständen des Einzelfalls abhängig.

ff) Unterschrift. Der Anwalt muß die Berechnung unterzeichnen I 1. Erforderlich ist eine eigenhändige handschriftliche Unterschrift. Ein Faksimilestempel reicht also nicht, Hbg AnwBl **70**, 233. Die Unterschrift des allgemeinen Vertreters reicht. Die handschriftliche oder gar faksimilierte Unterschrift des Bürovorstehers oder anderer Mitarbeiter, etwa eines „Kostenfachmanns", genügt nicht, GSEM 6, aM Mü MDR **62**, 63, wohl aber die handschriftliche Unterschrift eines Sozius. Die Unterschrift eines Anwalts, der mit dem beauftragten Anwalt nur in einer Bürogemeinschaft lebt, reicht nicht aus, so wohl auch AG Waiblingen AnwBl **89**, 400. Durch die Unterschrift übernimmt der Anwalt auch die strafrechtliche Verantwortung, § 352 StGB, AG Waiblingen AnwBl **89**, 400. Deshalb ist ein Verzicht des Auftraggebers auf eine wirksame Unterschrift unbeachtlich.

gg) Weitere Angaben. Es hängt von den Umständen des Einzelfalls ab, ob der Anwalt in der Berechnung über die vorstehenden Angaben hinaus weitere Angaben machen muß. Das Fehlen der Erwähnung weiterer Angaben in § 18 bedeutet nicht die Entbehrlichkeit aller dort nicht ausdrücklich genannten Angaben. Andererseits enthält § 18 eine grundsätzlich vollständige Darstellung der notwendigen Angaben. Weitere Angaben sind daher nur ausnahmsweise notwendig.

Hierher können Angaben über Höhe, Empfangszeitpunkt und evtl Empfangskonto solcher Summen zählen, bei denen es bereits streitig geworden ist, ob der Auftraggeber sie an den Anwalt als Vorschüsse oder zu anderen Zwecken gezahlt hat, etwa als Zahlung auf ein Treuhandkonto.

c) Mitteilung. Der Anwalt muß die Berechnung dem Auftraggeber mitteilen, I 1. Die Mitteilung muß schriftlich erfolgen. Eine förmliche Zustellung ist nicht erforderlich. Der Auftraggeber kann den Anwalt anweisen, die Berechnung (nur) an einen Dritten zu senden, etwa an den Rechtsschutzversicherer, AG Mü AnwBl **73**, 119. Zu einer zusätzlichen Überweisung auch an einen anderen als den Auftraggeber ist der Anwalt erst nach freiwilliger Übernahme auch dieser Aufgabe verpflichtet.

Soweit der Auftraggeber die Vergütung gezahlt hat, ohne die Berechnung erhalten zu haben, kann er die Mitteilung der Berechnung noch fordern, solange der Anwalt zur Aufbewahrung der Handakten verpflichtet ist, III. Die Aufbewahrungsfrist endet 5 Jahre nach der Beendigung des Auftrags oder 6 Monate nach dem Zeitpunkt, in dem der Anwalt den Auftraggeber aufgefordert hat, die Handakten in Empfang zu nehmen, sofern der Auftraggeber dieser Aufforderung nicht nachgekommen ist, § 50 II BRAO.

d) Nachforderung. Sie ist grundsätzlich im Rahmen der gesetzlichen oder vereinbarten Vergütung statthaft und nicht von einem Irrtum bei der bisherigen Berechnung abhängig, aM LG Nürnb-Fürth AnwBl **84**, 94 (abl Schmidt). Freilich kann eine Verwirkung zu beachten sein, und zwar von Amts wegen.

3) Verstoß. Sofern die Berechnung nicht allen Anforderungen gemäß Anm 2 entspricht, braucht der Auftraggeber nicht zu zahlen, LG Bln DNotZ **74**, 111. Das Gericht muß die Honorarklage des Anwalts insofern wegen des Fehlens einer von Amts wegen zu beachtenden Prozeßvoraussetzung, nämlich der Klagbarkeit, abweisen, Ffm AnwBl **75**, 163 mwN. Allerdings kann der Anwalt eine unvollständige Berechnung durch ergänzende Angaben und deren Mitteilung heilen. Er kann auch eine irrtümlich nicht geltend gemachte Gebühr sowie irrig nicht angesetzte Auslagen nachfordern, solange keine Verjährung eingetreten ist, Hbg MDR **79**, 235. Soweit der Auftraggeber dann ein sofortiges Anerkenntnis erklärt, bleibt er kostenfrei, § 93 ZPO.

Ein Verstoß gegen die gesetzlichen Anforderungen der Berechnung ist ferner grundsätzlich ein ehrengerichtlich zu rügender Verstoß gegen § 43 BRAO.

Der Auftraggeber kann freilich auf eine Berechnung gänzlich verzichten. Er kann auch mit Ausnahme des Erfordernisses der eigenhändigen Unterschrift des Anwalts auf die gesetzlichen Einzelangaben der Berechnung verzichten. Einen solchen Verzicht muß der Anwalt beweisen.

Soweit der Auftraggeber trotz einer mangelhaften oder fehlenden Berechnung gezahlt hat, mag er trotzdem eine in Wahrheit bestehende Schuld erfüllt haben. Denn der Vergütungsanspruch kann entstanden und fällig geworden sein. Deshalb hat der Auftraggeber unter solchen Voraussetzungen keinen Rückzahlungsanspruch, es sei denn, er hätte sich bei der Zahlung seine Rechte vorbehalten, Ffm AnwBl **75**, 164. Sein Recht nach III bleibt unberührt.

Der Auftraggeber kann vor dem Erhalt einer ausreichenden Berechnung keine wirksame Aufrechnung mit einer eigenen Gegenforderung erklären. Denn der Anwalt kann die endgültige Vergütung überhaupt noch nicht fordern, der Auftraggeber schuldet insofern unabhängig von der Frage der Fälligkeit der Vergütungsforderung noch nichts im Sinn von § 387 BGB, Ffm AnwBl **75**, 163.

Der Auftraggeber kann sein Recht nach III auch im Klageweg durchsetzen und zugleich insofern eine Beschwerde beim Vorstand der Anwaltskammer einlegen.

Festsetzung der Vergütung

19 **I Die gesetzliche Vergütung, die dem Rechtsanwalt als Prozeßbevollmächtigten, Beistand, Unterbevollmächtigten oder Verkehrsanwalt (§ 52) zusteht, wird auf Antrag des Rechtsanwalts oder des Auftraggebers durch den *Urkundsbeamten der Geschäftsstelle* festgesetzt. Getilgte Beträge sind abzusetzen.**

II Der Antrag ist erst zulässig, wenn die Vergütung fällig ist. Zuständig ist der *Urkundsbeamte* des Gerichts des ersten Rechtszugs. Vor der Festsetzung sind die Beteiligten zu hören. Die Vor-

schriften der Zivilprozeßordnung über das Kostenfestzsetzungsverfahren und die Zwangsvollstreckung aus Kostenfestsetzungsbeschlüssen gelten sinngemäß. Das Verfahren ist gebührenfrei. Der Rechtsanwalt erhält in dem Verfahren vor dem *Urkundsbeamten* keine Gebühr.

III Wird der vom Rechtsanwalt angegebene Gegenstandswert von einem Beteiligten bestritten, so ist das Verfahren auszusetzen, bis das Gericht (§§ 9, 10, 113a Abs. 1) hierüber entschieden hat.

IV Die Festsetzung ist abzulehnen, soweit der Antragsgegner Einwendungen oder Einreden erhebt, die nicht im Gebührenrecht ihren Grund haben. Hat der Auftraggeber bereits dem Rechtsanwalt gegenüber derartige Einwendungen oder Einreden erhoben, so ist die Erhebung der Klage nicht von der vorherigen Einleitung des Festsetzungverfahrens abhängig.

V Anträge, Erklärungen und Beschwerden können zu Protokoll der Geschäftsstelle gegeben oder schriftlich ohne Mitwirkung eines Rechtsanwalts eingereicht werden.

VI Durch den Antrag auf Festsetzung der Vergütung wird die Verjährung wie durch Klageerhebung unterbrochen.

VII Die Absätze 1 bis 6 gelten nicht bei Rahmengebühren.

Vorbem. Lies in I, II für den Bereich der ordentlichen Gerichtsbarkeit statt Urkundsbeamter der Geschäftsstelle: Rechtspfleger, § 21 I Z 2 RPflG; wegen der Finanz- und Verwaltungsgerichtsbarkeit vgl Anm 3 A b.

Gliederung

1) Allgemeines. A. Sinn der Regelung. Die Vorschrift schafft für den Fall, daß der Anwalt in einem gerichtlichen Verfahren tätig war, also nicht nur bei einer Beratungshilfe, AG Mainz Rpfleger **85**, 324, ein vereinfachtes und gebührenfreies Kostenfestsetzungsverfahren, vgl BVerfG NJW **77**, 145, BPatG MDR **76**, 963, Kblz VersR **80**, 197. Sie gilt gem § 45 StBGebV entsprechend für den Steuerberater, zB FG Bln EFG **85**, 197, FG Hbg EFG **84**, 630, FG Kassel EFG **87**, 523, GSEM 20, Schall BB **88**, 384; **aM** Lappe NJW **82**, 1439.

Diese Regelung dient dem Anwalt zum Zweck der leichteren und rascheren Erlangung seiner Gebühren und Auslagen gegenüber seinem Auftraggeber, allerdings auch nur ihm gegenüber, Schlesw JB **75**, 475. Dieses Verfahren erübrigt im Regelfall eine Gebührenklage gegen den Kostenschuldner, Hamm Rpfleger **83**, 366 und NJW **89**, 1131 (ausf), vgl VG Bln NJW **76**, 1420. Es setzt einen rechtgeschäftlichen Auftrag, einen Anwaltsvertrag, voraus, Hamm MDR **66**, 517.

Der Anwalt kann im Verfahren nach § 19 zwar sämtliche Auslagen im Sinn von §§ 25–30 erstattet fordern, nicht aber den Ersatz sonstiger Aufwendungen, etwa von ihm verauslagter Gerichtskosten.

Diese Frage ist **streitig. Wie hier** zB Hamm MDR **74**, 941 und MDR **87**, 243, KG NJW **76**, 1272 mwN, Kblz Rpfleger **88**, 80 mwN, LG Ffm JB **77**, 1390 (abl Mümmler); **aM** zB KG NJW **73**, 1757, Mü Rpfleger **87**, 176, LG Bln JB **77**, 806, LG Kblz AnwBl **85**, 269 je mwN.

Das Verfahren dient aber auch dem Auftraggeber des Anwalts. Er kann so eine rasche und für ihn kostenfreie Nachprüfung der Richtigkeit der Kostenberechnung des Anwalts erreichen.

Die Festsetzung der Vergütung eines im Weg einer Prozeßkostenhilfe beigeordneten Anwalts erfolgt nicht nach § 19. Denn der Staat ist nicht der Auftraggeber des Anwalts.

B. Unterschied zum Kostenfestsetzungsverfahren. § 19 hat zwar in seiner Zielsetzung Ähnlichkeiten mit §§ 103ff ZPO. Trotzdem darf man die beiden Verfahren nicht miteinander verwechseln. §§ 103ff ZPO dienen der Abwicklung der Kostenerstattung im Verhältnis zwischen den Parteien eines Zivilprozesses. Das Kostenfestsetzungsverfahren betrifft also das Außenverhältnis des Auftraggebers des Anwalts zum Prozeßgegner. Es ist ein, wenn auch selbständiges, Nachverfahren zum Hauptprozeß, Hamm Rpfleger **83**, 366, Hüttenhofer AnwBl **89**, 153, insofern mißverständlich Mü Rpfleger **84**, 74. Demgegenüber betrifft § 19 das Innenverhältnis zwischen dem Auftraggeber und seinem Vertragspartner, dem Anwalt. Es ist ein gegenüber dem ursprünglichen Hauptprozeß ganz selbständiges Verfahren, Hamm Rpfleger **83**, 366, Karlsr MDR **86**, 157. In diesem Innenverhältnis dient es allerdings ebenso wie das Verfahren der §§ 103ff einer vereinfachten Kostenabwicklung. Insofern lassen sich Vorschriften des einen und des anderen Verfahrens bedingt zur Auslegung gegenseitig heranziehen. Indessen bindet eine Entscheidung in dem einen Verfahren nicht in dem anderen, Karlsr MDR **86**, 157.

C. Gegenstand der Festsetzung. a) Gesetzliche Vergütung, I 1. Gegenstand der Festsetzung im Verfahren nach § 19 ist nur die gesetzliche Vergütung des Anwalts. Der Begriff ist gemäß § 1 I zu verstehen und umfaßt daher Gebühren und gesetzliche Auslagen, LG Ffm Rpfleger **84**, 433 (das LG legt den Begriff „gesetzlich" widersprüchlich weit/eng aus). Wegen sonstiger Aufwendungen vgl A.

Allerdings kann man nach § 19 nicht alle Formen der gesetzlichen Vergütung festsetzen lassen, nämlich nicht diejenige auf Grund einer Rahmengebühr, c.

b) Vertragliche Vergütung. I 1 stellt klar, daß einer Festsetzung nach § 19 nicht eine vertraglich vereinbarte, sondern nur die gesetzliche Vergütung unterliegt, Kblz AnwBl **85**, 43, LG Ffm Rpfleger **84**, 433. Soweit also der Anwalt auf Grund einer Vereinbarung gemäß § 3 eine höhere oder eine geringere als die gesetzliche Vergütung fordern kann, darf und muß er im Streitfall eine Gebührenklage vor dem ordentlichen Gericht erheben. Er darf in diesem Fall auch nicht etwa dazu übergehen, eine Vergütung in gesetzlicher Höhe gemäß § 19 festsetzen zu lassen, um anschließend einen Mehrbetrag auf Grund einer angeblichen Vereinbarung nach § 3 einzuklagen. Andererseits mag in einem Festsetzungsantrag nach § 19 ein zumindest stillschweigender Verzicht auf die Geltendmachung weitergehender Vergütungsansprüche aus einer Honorarvereinbarung liegen; in diesem Fall muß man aber im Verfahren nach § 19 zunächst klären, ob ein solcher Verzicht wirksam ist. Das gilt auch dann, wenn der Auftraggeber sich zu dieser Frage nicht von sich aus äußert.

Natürlich kann der Anwalt auch nicht eine Festsetzung nach § 19 in Höhe der gesetzlichen Vergütung beantragen, wenn seine Vergütungsvereinbarung in wirksamer Weise auf eine niedrigere als die gesetzliche Vergütung lautete. Wenn er freilich die Gebührenvereinbarung für unwirksam hält, darf er einen Antrag nach § 19 stellen. Es bleibt dann dem Auftraggeber überlassen, die Einwendung der niedrigeren Vereinbarung geltend zu machen.

Ein Gebührenteilungsabkommen kann jedenfalls dann einer Vereinbarung gleichzusetzen sein, wenn es auch mit dem Auftraggeber abgesprochen worden ist, Kblz AnwBl **85**, 43.

c) Rahmengebühr, VII. Die Vorschrift stellt klar, daß das vereinfachte Festsetzungsverfahren nicht gilt, soweit es sich um eine gesetzliche Rahmengebühr handelt. Bei einer etwa vertraglich vereinbarten Rahmengebühr liegt schon aus den Gründen b grundsätzlich keine Möglichkeit der Festsetzung nach § 19 vor.

VII erfaßt Rahmengebühren jeder Art. Der Grund der Vorschrift liegt darin, daß man den Besonderheiten der Rahmengebühr im vereinfachten Festsetzungsverfahren kaum Rechnung tragen kann, Ffm MDR **82**, 412. Wegen der einzelnen Fälle vgl §§ 6 Anm 6 C, 12 Anm 1, Karlsr MDR **69**, 63 und 81, 677, Mü MDR **70**, 774, Mümmler JB **78**, 648 mwN. In diesen Fällen kommt eine Festsetzung jedenfalls nicht gegenüber dem Auftraggeber in Betracht, LG Nürnb-Fürth AnwBl **75**, 67 (das Gericht macht für den Fall eines Verfahrens der freiwilligen Gerichtsbarkeit eine Ausnahme), und zwar auch nicht im Fall der Verrechnung eines vom Auftraggeber bereits gezahlten Vorschusses, Hamm Rpfleger **79**, 436 mwN.

Im Fall einer Rahmengebühr muß der Anwalt also vor dem ordentlichen Gericht sein Honorar einklagen. Das gilt auch dann, wenn er innerhalb der Rahmengebühr nur die Mindestgebühr fordert, Hamm NJW **72**, 2318, aber auch dann, wenn er nur etwas mehr als die Mindestgebühr fordert, BGH Rpfleger **77**, 60, oder wenn die Parteien die Frage der Erstattungsfähigkeit in einem gerichtlichen Vergleich geregelt haben, Düss MDR **72**, 154, aM Düss NJW **71**, 1046, Nürnb AnwBl **75**, 96, Stgt NJW **71**, 59.

Soweit es sich um ein Vorverfahren nach § 119 handelt, ist die Festsetzung nach § 19 unabhängig davon zulässig, ob zunächst eine Rahmengebühr anfiel, sofern ein Verfahren vor dem Verwaltungsgericht nachfolgt. Denn die Gebühr im Vorverfahren entstand in einem kraft Gesetzes vorgeschalteten Verfahrensabschnitt und gehört daher zu den notwendigen Kosten des gerichtlichen Verfahrens, LAG Hamm MDR **89**, 187 mwN, Haupt MDR **69**, 191, vgl auch GSEM 44, aM FG Kiel EFG **70**, 291. Entsprechendes gilt für die Vergütung für ein Güteverfahren nach § 65 I Z 2 (wegen § 111 II ArbGG), LAG Hamm MDR **89**, 187.

2) Antrag, I 1. Das Verfahren erfolgt nur auf Grund eines Antrags, also nicht von Amts wegen.

A. Antragsberechtigter. a) Anwalt. Zum Antrag ist jeder Rechtsanwalt berechtigt. Wegen dieses Begriffs § 1 Anm 2 A. Selbst wenn die Anwaltseigenschaft vorliegt, muß aber eine der folgenden weiteren Voraussetzungen vorliegen:

aa) Prozeßbevollmächtigter. Der Anwalt muß als ProzBev in einem gerichtlichen Verfahren tätig gewesen sein. Der Begriff ist weit zu fassen. Als ProzBev gilt zunächst natürlich derjenige, den die Partei mit der Führung des Rechtsstreits im ganzen beauftragt hat, Hamm AnwBl **85**, 222, aber auch derjenige Anwalt, der an Stelle des sonst fehlenden ProzBev handelte, Zweibr Rpfleger **77**, 112ff mwN. Der Anwalt kann dann als ProzBev im Sinn von I 1 anzusehen sein, wenn er lediglich im Zwangsvollstreckungsverfahren tätig war oder wenn er überhaupt nicht im Zusammenhang mit einem bürgerlichen Rechtsstreit, sondern zB in folgenden Verfahren tätig war: In einer „Streitigkeit" der freiwilligen Gerichtsbarkeit, § 63; in einem Vertragshilfeverfahren, § 64; im Zwangsversteigerungs- oder Zwangsverwaltungsverfahren, §§ 68ff; im Konkurs- oder Vergleichsverfahren, §§ 72ff, dort freilich nicht, soweit der Anwalt als Konkurs- oder Vergleichsverwalter tätig war, denn dann ist kein Auftraggeber im Sinn von I vorhanden, Schlesw JB **75**, 457. Hierhin zählt evtl der Steuerberater FG Bln EFG **85**, 197, FG Hbg EFG **84**, 630.

Nicht als ProzBev ist der Anwalt anzusehen, den der Auftraggeber nur mit der Vornahme einer einzelnen Handlung beauftragt hat, etwa nach §§ 53, 54, auf den freilich OVG Münst Rpfleger **86**, 70 mit Recht I entspr anwendet; nicht hierher gehört der Anwalt, den der Auftraggeber nur mit einer solchen Handlung beauftragt hat, die einem gerichtlichen Verfahren vorausgeht, § 8 I 2. Hierher zählen auch: Eine außergerichtliche vorprozessuale Vergleichsverhandlung, Hbg MDR **67**, 225; ein Prozeßkostenhilfeverfahren, soweit noch keine Klage vorliegt, Hamm JB **67**, 896, RS 15, aM Mü Rpfleger **79**, 392; ein außergerichtliches Verfahren während eines gerichtlichen Verfahrens, etwa außergerichtliche Vergleichsverhandlungen, Hamm JB **70**, 770, aM Mü AnwBl **87**, 99 mwN.

Der Rpfl ist auch dann, wenn er als ProzBev tätig wird, nicht zur Antragstellung berechtigt, KG MDR **77**, 678, Mü MDR **74**, 413 mwN, auch nicht als Nachlaßpfleger, auch nicht, soweit er gesetzlicher Vertreter ist und soweit das Nachlaßgericht seine Vergütung, falls er die Prozeßführung übernommen hat, festsetzt, Mü NJW **65**, 1026. Ebensowenig gehört hierher der gemäß § 57 ZPO bestellte gerichtliche Vertreter, Düss VersR **80**, 389, Mü MDR **74**, 413, LG Düss Rpfleger **86**, 280 je mwN (zumindest nicht, wenn er der ihn vertretenden Anwaltssozietät angehört), aM Schneider MDR **72**, 155. Der Bevollmächtigte im schiedsrichterlichen Verfahren gehört ebenfalls nicht hierher.

bb) Beistand. Es reicht auch aus, daß der Anwalt als ein Beistand neben der Partei aufgetreten ist, ohne ProzBev oder Unterbevollmächtigter oder Verkehrsanwalt zu sein.

Auch in einem solchen Fall darf sich der Anwalt aber nicht auf die Vornahme einer einzelnen Handlung beschränkt haben.

cc) Unterbevollmächtigter. Es reicht auch aus, daß der Anwalt als bloßer Unterbevollmächtigter aufgetreten ist, also nicht als ProzBev, nicht als Beistand und auch nicht als Verkehrsanwalt. Es ist aber in einem solchen Fall erforderlich, daß der Auftraggeber den Anwalt direkt als Unterbevollmächtigten beauftragt hat und daß es sich nicht nur um ein Vertragsverhältnis zwischen dem Hauptbevollmächtigten oder ProzBev einerseits und dem Unterbevollmächtigten andererseits handelt. Im Zweifel liegt kein ausreichender direkter Vertrag zwischen dem Auftraggeber und dem Anwalt als Unterbevollmächtigten vor.

Auch der Unterbevollmächtigte darf sich aber nicht auf die Vornahme einer einzelnen Handlung beschränkt haben. Vielmehr muß der Auftraggeber ihn mit der Vertretung für die ganze Instanz beauftragt haben, § 81 ZPO.

dd) Verkehrsanwalt. Es reicht auch aus, daß der Anwalt als Verkehrsanwalt im Sinn von § 52 tätig geworden ist, ohne ProzBev, Beistand oder Unterbevollmächtigter zu sein. Wegen der Einzelheiten zum

Begriff des Verkehrsanwalts vgl bei § 52. Als Verkehrsanwalt kann auch derjenige Anwalt anzusehen sein, der nur einen einzelnen Beweistermin wahrnimmt, sofern er eine weitergehende Vollmacht hat.

ee) Nicht mehr zugelassener Anwalt; Erbe. Zum Antrag ist auch ein nicht mehr zugelassener Anwalt berechtigt, sofern er in einer der in aa–dd genannten Stellungen tätig war, § 9 Anm 3 A. Aus diesem Grund ist auch der Erbe eines solchen Anwalts zum Antrag berechtigt, Ffm NJW **54**, 767, und auch am Verfahren als Antragsgegner zu beteiligen, Neustadt Rpfleger **53**, 205.

b) Patentanwalt. Der Patentanwalt kann keinen Festsetzungsantrag nach § 19 stellen, BPatG MDR **76**, 963, Mü Rpfleger **78**, 68 mwN.

c) Steuerberater. Ein Steuerberater kann keinen Antrag nach § 19 stellen, FG Bln EFG **79**, 311.

d) Auftraggeber. Zum Antrag ist auch der Auftraggeber des Anwalts berechtigt, vgl BVerfG NJW **77**, 145. Gemeint ist der Vertragspartner, also nicht stets der Auftraggeber im Sinn des § 6, LG Bln JB **78**, 221, und auch nicht ein zahlungspflichtiger Dritter.

e) Sonstige Personen. Ein erstattungspflichtiger Dritter ist nicht antragsberechtigt.

B. Antragsgegner. Soweit der Anwalt den Festsetzungsantrag stellt, ist nach dem jetzigen Recht (zum alten Mü JB **64**, 344) nur noch sein Auftraggeber der Antragsgegner, Hbg MDR **84**, 593, Schlesw SchlHA **85**, 31, und umgekehrt.

Der Gesellschafter einer Offenen Handelsgesellschaft ist nicht stets schon wegen seiner Beteiligung neben der OHG Auftraggeber, Schlesw SchlHA **85**, 31, aM KG AnwBl **70**, 287. Der persönlich haftende Gesellschafter einer Kommanditgesellschaft ist nicht schon deshalb Auftraggeber, weil er sachlichrechtlich für die Kostenschuld der auftraggebenden KG haftet, Hbg MDR **84**, 593, abw Ffm AnwBl **71**, 318, GSEM 18.

C. Form, V. Der Antrag ist mündlich oder schriftlich zum Protokoll des Urkundsbeamten der Geschäftsstelle zulässig. Es besteht kein Anwaltszwang.

D. Frist. a) Beginn, II 1. Der Antrag ist erst zulässig, wenn die Vergütung des Anwalts fällig ist, § 16, Düss AnwBl **88**, 252, und wenn spätestens jetzt eine dem § 18 genügende Berechnung vorliegt, Düss AnwBl **88**, 253. Das Vorliegen eines zur Zwangsvollstreckung geeigneten Titels ist, anders als bei § 103 ZPO, nicht erforderlich. Denn anderenfalls wäre § 19 überflüssig.

b) Ende. Der Antrag ist vom Eintritt der Fälligkeit der Vergütung an, a, unbefristet zulässig. Durch ihn wird die Verjährung ebenso wie durch eine Klagerhebung unterbrochen. VI.

E. Rechtsschutzbedürfnis. Der Antrag erfordert ein Rechtsschutzbedürfnis. Dieses kann zB für den Auftraggeber dann fehlen, wenn er bereits vorbehaltlos gezahlt hat, vgl Schlesw SchlHA **80**, 204.

Soweit Einwendungen oder Einreden, die nicht im Gebührenrecht ihren Grund haben, in Betracht kommen, IV, geht es allerdings nicht um die Zulässigkeit, sondern um die Begründetheit des Antrags.

F. Weitere Zulässigkeitsfragen. Im Konkurs des Auftraggebers ist eine Festsetzung nach § 19 grundsätzlich unzulässig, § 240 ZPO, Hamm Rpfleger **75**, 446, jedoch ausnahmsweise dann zulässig, wenn ein wirksamer Verzicht auf eine Befriedigung aus der Masse und auf eine Vollstreckung während des Konkursverfahrens vorliegt, Hamm MDR **72**, 524.

G. Inhalt. Der Anwalt muß als Antragsteller eine Vergütungsberechnung beifügen. Er muß die vom Auftraggeber bereits getilgten Beträge anders als bei § 104 ZPO von der Forderung absetzen, I 2. Er braucht grundsätzlich insofern keine Einzelaufstellung vorzunehmen, KG Rpfleger **78**, 33.

Wegen § 18 I 1 muß der Anwalt auch darlegen, daß er die Berechnung dem Auftraggeber bereits übersandt habe, oder er muß gleichzeitig mit dem Antrag nach § 19 eine dem § 18 entsprechende Berechnung an den Auftraggeber übersenden.

Der Anwalt kann nicht geltend machen, er habe einen Vorschuß mit einem Erstattungsanspruch wegen verauslagter Gerichtskosten oder wegen irgendwelcher Kosten der Zwangsvollstreckung verrechnet, Hamm Rpfleger **79**, 436 mwN.

Er muß für den Antragsgegner eine Abschrift der Berechnung und des Antrags sowie der etwa beigefügten Belege einreichen, vgl § 103 II 2 ZPO.

Eine Glaubhaftmachung ist nur in entsprechender Anwendung von § 104 II ZPO erforderlich. Es genügt daher zur Berücksichtigung eines Ansatzes, daß der Anwalt ihn glaubhaft macht, § 294 ZPO. Soweit es um die Auslagen wegen der Postgebühren, Telegraphengebühren oder Fernsprechgebühren geht, genügt die Versicherung des Anwalts, daß diese Auslagen entstanden sind. Die Glaubhaftmachung muß schriftlich oder zu Protokoll des Urkundsbeamten der Geschäftsstelle erfolgen. Denn sonst fehlt der Beleg, den der entsprechend anwendbare § 103 II ZPO erforderlich macht. Bei ungewöhnlich hohen Auslagen entstehen entsprechend hohe Anforderungen an die Darlegung und auch an die Glaubhaftmachung, vgl KG NJW **76**, 1272 (zu § 104 ZPO).

Ein voller Beweis ist nur insoweit erforderlich, als der Antragsgegner eine Tatsache bestreitet, Hamm Rpfleger **75**, 264, KG Rpfleger **78**, 33.

Soweit der Auftraggeber den Festsetzungsantrag stellt, muß er jedenfalls den Umfang der Tätigkeit des Anwalts im wesentlichen darlegen.

3) Weiteres Festsetzungsverfahren. A. Zuständigkeit, I 1, II 2. a) Grundsatz. Zur Bearbeitung des Festsetzungsantrags ist entgegen dem überholten Wortlaut von I 1, II 2 im Bereich der ordentlichen Gerichtsbarkeit (wegen der Finanz- und Verwaltungsgerichtsbarkeit Anm 3 A b) nicht der Urkundsbeamte der Geschäftsstelle, insofern falsch LG Fulda AnwBl **84**, 215, sondern gemäß § 21 I Z 2 RPflG der Rpfl des Prozeßgerichts, Hamm AnwBl **85**, 222, ersten Rechtszugs zuständig, insofern richtig LG Fulda AnwBl **84**, 215, also unter Umständen der Rpfl des FamG, insoweit ebenso BGH **97**, 81 (zustm Sojka ZZP **99**, 471), ferner KG Rpfleger **78**, 231 (etwas anderes kann allerdings bei einem Altfall gelten). Daraus ergibt sich, daß die Festsetzung erst möglich ist, wenn eine Prozeßpartei mindestens einen das Hauptverfahren einleitenden Antrag beim Gericht eingereicht hat. Soweit dieser Antrag zurückgenommen wurde, ist eine Festsetzung unter Umständen nicht möglich.

Der Rpfl ist zur Festsetzung der Vergütung für alle Rechtszüge zuständig, auch für die Kosten des Festsetzungsverfahren, BVerfG NJW **77**, 145 mwN – abw Bank NJW **77**, 1626 – (wegen einer Ausnahme vgl Anm 4), FG Kassel NJW **77**, 168, einschließlich der Vollstreckungskosten, Hamm Rpfleger **83**, 499, KG AnwBl **77**, 258, abw Mü MDR **85**, 683 (dann sei der Rpfl des Vollstreckungsgerichts zuständig).

b) Ausnahmen. Von diesen Regeln gilt im verwaltungsgerichtlichen und finanzgerichtlichen Verfahren eine Ausnahme. Dort bleibt der Urkundsbeamte zuständig, zumal das RPflG für diese Festsetzungsverfahren nicht gilt, vgl OVG Bre AnwBl **84**, 52, OVG Münster NJW **84**, 2485 und NJW **86**, 1190, BLAH Anm § 153 GVG Anm 1 je mwN, sondern vielmehr §§ 146, 151, 165 VwGO, 128, 133, 149 FGO anwendbar sind.

B. Allgemeine Verfahrensregeln. Der Rpfl muß wegen Art 103 I GG und gemäß II 2 vor einer Entscheidung den Antragsgegner anhören, vgl BVerfG **19**, 149, ferner Ffm NJW **84**, 744, Karlsr Rpfleger **73**, 219, LG Gött Rpfleger **83**, 498, BLAH § 104 ZPO Anm 1 B mwN; **abw** Hbg MDR **76**, 324, LG Aurich JB **76**, 1387 (je zu §§ 103 ff ZPO). Ein Verstoß gegen das Gebot des rechtlichen Gehörs ist allerdings unter Umständen heilbar. Die Anhörung kann mündlich oder schriftlich erfolgen. Der Rpfl muß eine angemessene Anhörungsfrist gewähren.

Der Rpfl darf alle Beweismittel berücksichtigen und auch nach § 287 ZPO verfahren, vgl Kblz VersR **81**, 361. Er kann solche Beweise erheben, die eine Partei angetreten hat, vgl Ffm Rpfleger **80**, 70. Er darf insbesondere einen Sachverständigen zur Ermittlung des Werts oder als eine Rechnungsperson hinzuziehen. Er darf und muß unter Umständen Akten beiziehen oder dienstliche Erklärungen anfordern, soweit das Protokoll für die Festsetzung nicht ausreicht, vgl Ffm Rpfleger **80**, 70, Kblz Rpfleger **80**, 393 mwN. Der Rpfl nimmt eine Amtsprüfung vor, BLAH Grdz 3 H vor § 128, vgl Ffm AnwBl **83**, 186 mwN, aber keine Amtsermittlung, vgl Hägele AnwBl **77**, 139 und 403, aM Lappe AnwBl **77**, 302.

C. Prüfungsumfang. a) Grundsatz. Der Rpfl muß grundsätzlich umfassend prüfen, ob und welche Vergütung dem Anwalt zusteht. Er darf über den Antrag nicht hinausgehen, aber Einzelposten auswechseln, KG AnwBl **55**, 231.

b) Verzinsung. Der Rpfl muß gemäß II 3 in Verbindung mit § 104 I 2 ZPO auf Grund eines Antrags aussprechen, daß die festgesetzten Beträge von der Anbringung des Gesuchs an mit 4% jährlich zu verzinsen sind. Maßgeblich ist der Eingang des Antrags gemäß § 19 beim Gericht. Für die Zeit vorher besteht keine Verzinsungspflicht, vgl Stgt JB **76**, 1695, SG Bln AnwBl **79**, 160 mwN, SG Bre AnwBl **79**, 30, jetzt auch SG Hbg AnwBl **80**, 429, ferner SG Hann AnwBl **80**, 428, SG Köln AnwBl **80**, 426, SG Mü AnwBl **80**, 426 je mwN.

Die Verzinsungspflicht besteht auch dann schon vom Zeitpunkt des Eingangs des Antrags nach § 19 an, wenn der weiter erforderliche Verzinsungsantrag erst später eingegangen ist. Denn § 104 I 2 ZPO stellt auf das Gesuch des § 104 I 1 ab.

Diese Frage ist **streitig. Wie hier** zB Hamm Rpfleger **79**, 81, KG Rpfleger **78**, 385, FG Stgt BB **82**, 792 je mwN, Hüttenhofer AnwBl **89**, 154; **aM** zB BVerfG **41**, 230, LG Wiesb NJW **58**, 1735 (diese Gerichte lassen die Verzinsungspflicht mit dem Zeitpunkt des Eingangs des Verzinsungsantrags beginnen).

c) Aussetzung, III. Soweit ein am Verfahren nach § 19 Beteiligter einen vom Anwalt angegebenen Gegenstandswert bestreitet, muß der Rpfl das Festsetzungsverfahren solange aussetzen, III, bis das Gericht gemäß §§ 9, 10, 113a I über diese Streitfrage entschieden hat, BGH **LM** § 198 BGB Nr 10. Das gilt auch dann, wenn der Streit über den Wert erst in der Beschwerdeinstanz entsteht. Wenn allerdings gegenüber einem Streitwertbeschluß eine Verfassungsbeschwerde vorliegt, findet keine Aussetzung nach III statt, Schlesw SchlHA **79**, 58.

d) Anhörung. Vgl zunächst B. Der Rpfl muß auch einen im Ausland befindlichen Auftraggeber des Anwalts anhören, vgl Ffm MDR **57**, 687, LG Kiel JB **75**, 345 (das Gericht meint, ein einfacher Brief an eine nicht überprüfte Auslandsanschrift reiche nicht aus. Das ist aber wohl zu streng). Der Rpfl muß die Anhörung notfalls im Weg der öffentlichen Zustellung sicherstellen, Hbg JB **76**, 60, LG Bln NJW **59**, 1374, aM LG Bielef NJW **60**, 148 (eine solche Maßnahme sei unnötig, wenn der Auftraggeber nicht dafür sorge, daß der Rpfl ihn anhören könne).

D. Einwendung, Einrede. a) Gebührenrechtlicher Einwand. Entsprechend dem Grundsatz der Amtsprüfung, B, darf und muß der Rpfl eine Einwendung oder Einrede, die im Gebührenrecht ihren Grund hat, voll berücksichtigen, sofern sie sich überhaupt auf das kostenrechtliche Verhältnis zwischen dem Auftraggeber und dem Anwalt auswirkt, LAG Stgt Rpfleger **82**, 485. Sofern nach dem Vortrag des Antragsgegners immerhin ein nicht gebührenrechtlicher Einwand vorliegen kann, darf der Rpfl nicht tätig werden. Er muß dann gemäß IV 1 verfahren. Denn anderenfalls würde er der dem Prozeßgericht vorbehaltenen Prüfung eines nicht gebührenrechtlichen Einwands vorgreifen, Mü JB **78**, 1810 mwN. Er darf und muß allerdings gemäß § 19 festsetzen, wenn die geltend gemachte Einwendung oder Einrede „nicht gebührenrechtlicher Art" offensichtlich aus der Luft gegriffen ist, b dd.

Soweit eine Festsetung nach § 19 zulässig und notwendig ist, fehlt für eine Klage vor dem ordentlichen Gericht, sei es des Anwalts, sei es des Auftraggebers, zur Klärung der gebührenrechtlichen Fragen das Rechtsschutzbedürfnis, BGH NJW **81**, 876 mwN.

b) Nicht gebührenrechtlicher Einwand, IV 1. Soweit der Antragsgegner des Festsetzungsverfahrens eine Einwendung oder Einrede erhebt, die nicht im Gebührenrecht ihren Grund hat, darf und muß der Rpfl die Festsetzung der Vergütung des Anwalts im Verfahren nach § 19 ablehnen. Es darf die Bedeutung einer solchen Einwendung oder Einrede grundsätzlich nicht prüfen, OVG Bre AnwBl **84**, 324, OVG Münst Rpfleger **86**, 320; wegen der Ausnahmen dd. Insofern entsteht für eine Klärung durch das ordentliche Gericht auch das Rechtsschutzbedürfnis, BGH NJW **81**, 876 mwN.

Nicht gebührenrechtlich ist ein Einwand, der sich nicht nur gegen die Richtigkeit einzelner Ansätze, sondern gegen den Gebührenanspruch als solchen nach Grund und/oder Höhe richtet, OVG Münst Rpfleger **86**, 320 mwN.

Im einzelnen gilt folgendes:

aa) Antragsgegner. Als Antragsgegner im Sinn von IV 1 kann der Anwalt, KG MDR **59**, 403, oder sein Auftraggeber anzusehen sein.

bb) Form. Zur Erhebung einer nicht gebührenrechtlichen Einwendung oder Einrede ist in IV keine Form vorgeschrieben, vgl auch § 5. Indessen mag sich die Notwendigkeit der Einhaltung einer Form aus anderen gesetzlichen Vorschriften ergeben.

cc) Frist. Man kann eine nicht gebührenrechtliche Einwendung oder Einrede in jedem Abschnitt des Festsetzungsverfahrens nach § 19 bis zur Rechtskraft des Festsetzungbeschlusses geltend machen, Hamm MDR **74**, 941, § 570 ZPO.

dd) Arglist. Arglist ist, wie stets im Verfahren, auch hier schädlich. Eine offensichtlich aus der Luft gegriffene Einwendung „nicht gebührenrechtlicher Art" läßt das Recht und die Pflicht des Rpfl zur Festsetzung im Verfahren nach § 19 ausnahmsweise bestehen, Ffm AnwBl **83**, 568, Hamm JB **76**, 907 mwN, Kblz AnwBl **77**, 70 (im dortigen Fall war die Behauptung formularmäßig aufgestellt worden) und JB **78**, 1340 mwN, Köln AnwBl **74**, 280 (zustm Schmidt), Stgt AnwBl **76**, 132 mwN, OVG Bre AnwBl **84**, 324, OVG Münst Rpfleger **86**, 320, VG Düss Rpfleger **83**, 125. Allerdings darf der Rpfl der Prüfung durch das Prozeßgericht nicht vorgreifen, Mü JB **78**, 1810 mwN. Daher liegt ein Fall des Mißbrauchs nur dann vor, wenn die Einwendung wirklich unter keinem vernünftigen Gesichtspunkt Bestand haben kann. Es muß zu erkennen sein, ob überhaupt und welcher Art eine Einwendung vorliegt, Celle AnwBl **64**, 21, vgl KG NJW **71**, 1322. Ein schlüssiger Vortrag der Einwendung ist nicht erforderlich, Kblz MDR **86**, 1038, Köln AnwBl **80**, 156, OVG Münst Rpfleger **86**, 320.

c) Beispiele. Es bedeuten: Ja: Es handelt sich um eine Einwendung oder Einrede nicht gebührenrechtlicher Art. Nein: Der Rpfl bleibt zur Festsetzung berechtigt und verpflichtet.

Absetzung: Ja, KG Rpfleger **78**, 33.

Aufrechnung: Ja, soweit zB der Antragsgegner mit einem Schadensersatzanspruch wegen Schlechterfüllung oder aus einem anderen sachlichen Grund aufrechnet, Celle JB **69**, 143, Düss VersR **73**, 424, Köln AnwBl **80**, 156.

Auftrag: Ja, soweit der Auftraggeber behauptet, überhaupt keinen wirksamen Auftrag erteilt zu haben, Kblz zB AnwBl **86**, 411 mwN, Köln JB **70**, 151, Stgt JB **76**, 1649, VG Düss Rpfleger **83**, 125 (die Vorlage einer Prozeßvollmacht ändert an der Beachtlichkeit des Einwands nichts), oder soweit er behauptet, er habe den Auftrag auf Grund eines Verschulden des Anwalts gekündigt, § 13 Anm 6 B b bb aaa, oder der Anwalt habe zur Unzeit grundlos gekündigt, OVG Münst Rpfleger **86**, 320.

Belehrung: Ja, soweit der Anwalt den Auftraggeber über dessen Kostenpflichten vorwerfbar gar nicht, unvollständig oder sonst unrichtig belehrt hat, Kblz MDR **86**, 1037, LAG Hbg MDR **87**, 962, LAG Stgt BB **80**, 320.

Erbe: § 780 ZPO ist anwendbar, Düss Rpfleger **81**, 409, Schlesw SchlHA **84**, 152.

Erfüllung: Ja, sofern der Antragsgegner behauptet, er habe den Vertrag bereits erfüllt, zB durch Tilgung der Schuld, BGH **LM** § 767 ZPO Nr 44, Ffm JB **78**, 1809 und 1810. Er muß wenigstens den Zeitpunkt und die Art der Zahlung schlüssig darlegen, Ffm AnwBl **83**, 568. Dabei sind die Anforderungen aber nicht zu überspannen, Ffm AnwBl **83**, 568.

Gebührenvereinbarung: Ja, BGH **21**, 201. Das muß grundsätzlich sowohl für den Fall gelten, daß die Vereinbarung eine höhere als die gesetzliche Vergütung ausmacht, als auch für den Fall, daß die Partner des Anwaltsvertrags eine geringere als die gesetzliche Vergütung vereinbart haben, OVG Bre AnwBl **84**, 325, vgl allerdings auch Anm 1 C b.

Gesellschaft: Ja, wenn der Geschäftsführer einwendet, er sei nicht wirksam bestellt worden, aM Hbg MDR **85**, 774.

Honorarabrede: S „Gebührenvereinbarung“.

Konkurs: Der Anwalt muß wegen der Vergütung für seine Tätigkeit für den Gemeinschuldner vor der Konkurseröffnung Klage erheben, § 146 II 1 KO, LG Köln KTS **84**, 501 mwN, aM Düss AnwBl **80**, 261.

Kündigung: S „Auftrag“.

Prozeßkostenhilfe: Ja, soweit der Auftraggeber behauptet, der Anwalt habe gewußt, daß das Verfahren nur bei Bewilligung von Prozeßkostenhilfe durchgeführt werden solle, Kblz VersR **88**, 1164.

Rechtsschutzversicherung: Ihr etwaiges Bestehen berührt nur das Innenverhältnis zwischen ihr und dem Auftraggeber, nicht das für die Festsetzung allein maßgebliche Außenverhältnis zwischen dem Auftraggeber und dem Anwalt. Sie hindert die Festsetzung daher nicht, LAG Stgt Rpfleger **82**, 485 mwN.

Schadensersatzanspruch: S „Aufrechnung“.

Stundung: Ja.

Teil der Forderung: Ja, soweit der Antragsgegner einen abtrennbaren Teil der Forderung beanstandet, Ffm JB **78**, 1809, Köln MDR **71**, 1019, LG Bonn JB **75**, 1210.

Vereinbarung: S „Gebührenvereinbarung“.

Verjährung: Ja, Ffm VersR **82**, 48, Kblz VersR **86**, 47, Stgt Rpfleger **83**, 175 mwN.

Vorschuß: Es erfolgt keine Verrechnung eines Vorschusses mit einem nach § 19 nicht festsetzbaren Anspruch, Ffm JB **78**, 1810, Schlesw JB **77**, 1391 je mwN.

E. Entscheidung des Rechtspflegers, II 3. a) Inhalt. Der Rpfl entscheidet durch einen Beschluß, II 3 in Verbindung mit § 104 I, III 1 ZPO. Er muß den Beschluß begründen, BLAH § 329 ZPO Anm 1 A b, Schlesw SchlHA **80**, 79. Die Entscheidung muß aus sich heraus nachprüfbar sein. Deshalb darf der Rpfl auch nicht einfach einen Schriftsatz eines Beteiligten von sich aus korrigieren.

Er muß den vom Auftraggeber zu zahlenden Gesamtbetrag ziffermäßig feststellen. Er darf keinen Betrag zusprechen, den der Antragsteller nicht beantragt hat, § 308 I ZPO. Er darf und muß aber innerhalb des begehrten Gesamtbetrags eine anderweitige Abgrenzung der Einzelposten vornehmen, soweit ihm das erforderlich scheint. Freilich ist eine solche anderweitige Abgrenzung von Einzelposten nur innerhalb derselben Kostenart zulässig. Der Rpfl darf nicht zB statt eines unberechtigt geltend gemachten Teils der Honorarforderung Aufwendungen des Anwalts für verauslagte Gerichtskosten berücksichtigen, die der Anwalt überhaupt nicht geltend gemacht hatte.

Der Rpfl sollte im Beschluß aussprechen, ob eine gesamtschuldnerische Haftung oder eine Kopfhaftung besteht. Denn der Festsetzungsbeschluß ist ein Vollstreckungstitel.

Die Entscheidung lautet entweder auf eine Festsetzung der Vergütung oder auf die Zurückweisung des Antrags. Natürlich kommt auch eine teilweise Festsetzung sowie teilweise Zurückweisung in Betracht.

Der Beschluß enthält keine Kostenentscheidung. Denn das Festsetzungsverfahren ist gerichtskostenfrei, und der Anwalt erhält im Verfahren vor dem Rpfl keine Gebühr, II 6.

Wegen der Verzinsung C b. Wegen einer Aussetzung C c.

b) Mitteilung des Festsetzungsbeschlusses. Der Festsetzungsbeschluß wird folgendermaßen bekannt gegeben, und zwar nicht an den vom Auftraggeber etwa inzwischen für den ursprünglichen Hauptprozeß bestellten neuen ProzBev, sondern an den Auftraggeber selbst, solange er nicht auch für das Verfahren nach § 19 eine Prozeßvollmacht erteilt hat, Hamm Rpfleger **83**, 366 mwN:

aa) Antragsteller. Der Rpfl gibt dem Antragsteller den Beschluß formlos bekannt, soweit er seinem Antrag voll stattgegeben hat, II 3 in Verbindung mit § 104 I 4 Hs 2 ZPO. Soweit der Rpfl den Antrag ganz oder teilweise zurückweist bzw die Festsetzung ablehnt, muß er die Entscheidung dem Antragsteller von Amts wegen zustellen, II 3 in Verbindung mit § 104 I 4 Hs 1 ZPO.

bb) Antragsgegner. Der Rpfl stellt den Festsetzungsbeschluß dem Antragsgegner insoweit förmlich zu, als er dem Festsetzungsantrag stattgegeben hat, II 3 in Verbindung mit § 104 I 4 Hs 1 ZPO. Soweit der Rpfl den Festsetzungsantrag zurückgewiesen hat, braucht er den Antragsgegner überhaupt nicht zu benachrichtigen, kann ihn aber auch formlos benachrichtigen, II 3 in Verbindung mit § 104 I 4 Hs 2 ZPO.

c) Rechtskraft, Berichtigung. Der Rpfl darf den Festsetzungsbeschluß nicht ohne einen gesetzlichen Grund aufheben oder ändern, BLAH § 104 ZPO Anm 2 D. Der Festsetzungsbeschluß erwächst ebenso wie der Ablehnungsbeschluß, Schlesw SchlHA **85**, 47, in innere und äußere Rechtskraft, vgl Bbg JB **78**, 1524 mwN, Brschw Rpfleger **77**, 177, sobald gegen ihn kein Rechtsbehelf mehr zulässig ist. Das gilt aber nur für den Gesamtbetrag und die Absetzung bestimmter Rechnungsposten.

Der Rpfl kann und muß unter Umständen den Beschluß in einer entspprechenden Anwendung des § 319 ZPO berichtigen, Hamm MDR **77**, 760, KG AnwBl **56**, 261. Wegen eines echten Rechtsfehlers ist aber nur die Erinnerung zulässig, aM FG Bln EFG **72**, 31 (zu § 104 ZPO). Das Prozeßgericht kann keine Berichtigung des Festsetzungsbeschlusses vornehmen. Eine Ergänzung des Festsetzungsbeschlusses ist in entsprechender Anwendung des § 321 ZPO zulässig, BLAH § 329 ZPO Anm 3 „§ 321", vgl auch KG Rpfleger **80**, 158 mwN.

Für eine Wiederaufnahmeklage besteht kein Rechtsschutzbedürfnis. Denn innerhalb der für die Wiederaufnahmeklage gegebenen Klagefrist ist die Erinnerung zulässg, II 3 in Verbindung mit §§ 104 III 2, 577 II ZPO. Die Rechtskraft des Festsetzungsbeschlusses steht nicht der Möglichkeit entgegen, solche Vergütung geltend zu machen, die im bisherigen Festsetzungsverfahren nicht genannt worden ist, vgl Hamm Rpfleger **82**, 80, KG Rpfleger **76**, 366.

d) Zwangsvollstreckung. Der Festsetzungsbeschluß ermöglicht eine Zwangsvollstreckung, II 3 Hs 2 in Verbindung mit § 794 I Z 2 ZPO, sofern er mit einer Vollstreckungsklausel versehen ist, II 3 Hs 2 in Verbindung mit §§ 724, 725, 750 ZPO. Der Gläubiger muß die einwöchige Wartefrist abwarten, II 3 Hs 2 in Verbindung mit § 798 ZPO, außer im Fall des § 105. Mit der Zwangsvollstreckung auf Grund eines Urteils im Rechtsstreit des Auftraggebers des Anwalts mit seinem Prozeßgegner hat die Zwangsvollstreckung auf Grund des Festsetzungsbeschlusses nach § 19 nichts zu tun. Der Festsetzungsbeschluß ist ja ein selbständiger Vollstreckungstitel. Deshalb setzt eine Zwangsvollstreckung auf Grund des Festsetzungsbeschlusses nicht voraus, daß das Urteil bereits zugestellt worden ist.

Wegen der Zwangsvollstreckung aus einem verwaltungsgerichtlichen Festsetzungsbeschluß BLAH § 794 ZPO Anm 14, aM LG Bln MDR **82**, 679, OVG Münster Rpfleger **86**, 153 mwN (im Ergebnis zustm Lappe).

Eine Einstellung der Zwangsvollstreckung aus dem Festsetzungsbeschluß ist durchaus denkbar, zB im Fall eines Widerspruchs gegen einen Arrestbefehl. Über die Einwirkung der Aufhebung des Urteils BLAH Einf 2 A vor § 103 ZPO.

4) Erinnerung, II 3. A. Voraussetzungen. Der Festsetzungsbeschluß ist im Bereich der ordentlichen Gerichtsbarkeit (wegen der Finanz- und Verwaltungsgerichtsbarkeit Anm 3 A b) grundsätzlich mit der Erinnerung anfechtbar, II 3 in Verbindung mit § 104 III ZPO. Ausnahmen gelten evtl nach einer Zurückverweisung sowie im verwaltungsgerichtlichen, finanzgerichtlichen und sozialgerichtlichen Verfahren, vgl Anm 3 A b. Die Erinnerung ist unter folgenden Voraussetzungen statthaft:

a) Frist. Wenn der Rpfl den Festsetzungsantrag aus förmlichen Gründen zurückgewiesen hatte, unterliegt die Erinnerung keiner Frist, § 576 ZPO.

Diese Frage ist **streitig. Wie hier** zB KG JB **70**, 178 und MDR **85**, 505 mwN, Nürnb **KR** Nr 52 (neu: Nr 4), LG Bonn JB **74**, 1274, RS 43, Schaich AnwBl **75**, 140, SchGei 30; **aM** zB Hbg MDR **88**, 416, Hamm MDR **88**, 870, Mü Rpfleger **81**, 244 mwN.

Soweit der Rpfl über den Festsetzungsantrag aus sachlichen Gründen entschieden hat, ist eine Erinnerung nur innerhalb einer zweiwöchigen Notfrist statthaft, § 21 II 1 RPflG, insofern ebenso zB Hbg MDR **88**, 416 mwN. Die Notfrist beginnt mit der Zustellung des Festsetzungsbeschlusses, II 3 in Verbindung mit § 104 III 2 ZPO. Da der Rpfl aber im Verfahren bis zum Erlaß seines Beschlusses das sachliche Gehör gewähren mußte, beginnt die Notfrist ferner nur dann zu laufen, wenn er spätestens bei der Zustellung des Kostenfestsetzungsbeschlusses eine Abschrift der Kostenberechnung des Anwalts beigefügt hat, Hbg MDR **69**, 936.

Die Erinnerung muß innerhalb der Notfrist bei demjenigen Gericht eingehen, dessen Rpfl den angefochtenen Beschluß erlassen hat. Der Eingang auf der Posteinlaufstelle ist ausreichend. Ein Eingang auf der Geschäftsstelle derjenigen Abteilung, deren Rpfl entschieden hat, ist nicht erforderlich. Soweit die Erinnerung zum Protokoll des Urkundsbeamten eines anderen Gerichts eingelegt wird, vgl § 129a I ZPO, wird sie erst dann wirksam, wenn sie beim Gericht desjenigen Rpfl eingeht, der den angefochtenen Beschluß erlassen hat, vgl § 129a II 2 ZPO. Eine Einlegung der Erinnerung bei dem Beschwerdegericht wahrt die Frist nicht, vgl auch Köln MDR **75**, 671 mwN, aM Bbg JB **75**, 1498 nmN. Soweit der Erinnerungsführer auf einen Schriftsatz Bezug nimmt, muß er doch eine eindeutige Rechtsmittelerklärung innerhalb der Frist abgeben, vgl Ffm Rpfleger **83**, 117.

Die nachträgliche Erweiterung der Erinnerung ist zulässig, vgl KG Rpfleger **73**, 220, ebenso eine unselbständige Anschließung, Bbg JB **78**, 593 mwN.

b) Form. Man kann die Erinnerung schriftlich oder zum Protokoll des Urkundsbeamten der Geschäftsstelle einlegen, V. Zur Entgegennahme ist die Geschäftsstelle sowohl desjenigen Gerichts zuständig, dessen Rpfl den angefochtenen Beschluß erlassen hatte, als auch die Geschäftsstelle eines jeden anderen AG, § 129a I ZPO. Im letzteren Fall wird die Erinnerung aber erst mit dem Eingang bei der Posteingangsstelle desjenigen Gerichts wirksam, dessen Rpfl den angefochtenen Beschluß erlassen hatte, § 129a II 2 ZPO.

Es besteht kein Anwaltszwang, V, vgl auch § 13 RPflG, Düss MDR **75**, 234, und zwar auch dann nicht, wenn der Rpfl die Erinnerung dem Richter vorlegt und wenn dieser die Erinnerung dem Beschwerdegericht zuleitet, vgl zB Bbg JB **78**, 1366, Düss JB **78**, 1570 je mwN, Kblz VersR **80**, 539, aM zB Stgt NJW **71**, 1707 (dieses OLG meint zu § 104 ZPO, es bestehe schon zur Einlegung der Erinnerung ein Anwaltszwang), Bre NJW **72**, 1241 (dieses OLG meint, der Anwaltszwang bestehe zwar nicht schon für die Einlegung, wohl aber für weitere Prozeßhandlungen).

c) Beschwer. Zur Erinnerung sind der Anwalt, Anm 2 A a, und der Auftraggeber berechtigt, Anm 2 A d. Die Erinnerung eines Anwalts kann in einem Antrag auf eine Festsetzung des Gegenstandswerts umdeutbar sein, vgl Bbg JB **76**, 185.

Der Erinnerungsführer muß beschwert sein, vgl Celle MDR **75**, 498, KG Rpfleger **78**, 225. Es muß ein Beschwerdewert von 100 DM überschritten sein, II 3 in Verbindung mit § 567 II ZPO. Soweit dieser Wert nicht erreicht wird, entscheidet der Amtsrichter und nicht das Rechtsmittelgericht, zB Kblz Rpfleger **76**, 11 mwN, aM zB Ffm Rpfleger **71**, 396, KG Rpfleger **71**, 15.

Eine bloße Nachliquidation gehört nicht in das Erinnerungsverfahren; man muß vielmehr eine Ergänzung des bisherigen Feststetzungsbeschlusses beantragen, vgl Ffm Rpfleger **78**, 29, Hamm Rpfleger **76**, 326, LG Tüb MDR **76**, 847, aM zB Kblz JB **77**, 1778, Mü Rpfleger **69**, 394. Demgegenüber darf man einen berechtigten Einzelposten an Stelle eines unberechtigten nachschieben, ähnlich einer Klagänderung, vgl LG Detm NJW **74**, 511 (abl Schmidt), LG Tüb MDR **76**, 847, soweit der bisherige Festsetzungsbeschluß nicht schon rechtskräftig geworden ist.

Man braucht die Erinnerung nicht zu begründen. Im Zweifel gilt der gesamte Festsetzungsbeschluß als angegriffen.

B. Einstellung der Zwangsvollstreckung. Sie erfolgt nicht von Amts wegen, sondern nur auf Grund eines Antrags. Der Rpfl darf keine Einstellung vornehmen. Er muß einen Einstellungsantrag dem Richter vorlegen. Der Rpfl darf aber der Erinnerung abhelfen, § 21 II 2 RPflG (zur geplanten Reform Kuntze JR **75**, 272) und ist insoweit zur Abhilfe verpflichtet, als er die Erinnerung als berechtigt erkennt, vgl insofern Köln MDR **75**, 140 mwN. In diesem Fall muß der Rpfl den angefochtenen Beschluß aufheben oder abändern und seine Entscheidung erneut bekannt geben. Mit der Aufhebung oder Abänderung mag der Antrag auf eine Einstellung der Zwangsvollstreckung aus dem angefochtenen Beschluß gegenstandslos geworden sein. Gegen die neue Entscheidung ist natürlich wiederum die Erinnerung zulässig, vgl Hamm MDR **77**, 143 mwN.

Soweit der Richter die Zwangsvollstreckung einstellt oder eine Einstellung der Zwangsvollstreckung ablehnt, ist keine sofortige Beschwerde zulässig, vgl KG NJW **71**, 473 mwN, Mü NJW **73**, 334.

C. Verfahren. Vgl zur Durchgriffserinnerung Haegele Diss Bln 1975, Mümmler JB **77**, 166 nwN. Im Erinnerungsverfahren sind folgende Abschnitte zu unterscheiden:

a) Verfahren des Rechtspflegers. aa) Allgemeines. Da der Rpfl der Erinnerung abhelfen kann, § 21 II 2 RPflG, ist er zunächst stets zur Prüfung der Zulässigkeit und Begründetheit der Erinnerung berechtigt und verpflichtet. Der Urkundsbeamte der Geschäftsstelle legt daher die Erinnerung zunächst dem Rpfl vor. Wegen der etwaigen Einstellung der Zwangsvollstreckung vgl B. Der Rpfl muß bereits von sich aus dem Gegner des Erinnerungsführers wegen Art 103 I GG das rechtliche Gehör gewähren, vgl Karls Rpfleger **73**, 219. Diese Anhörung ist nur dann nicht erforderlich, wenn der Rpfl der Erinnerung nicht abhelfen will. Der Rpfl muß grundsätzlich den gesamten Festsetzungsbeschluß überprüfen, selbst wenn die Erinnerung nicht den gesamten Beschluß angreift. Denn selbst die etwaige Unrichtigkeit einzelner Posten mag am Ergebnis des angefochtenen Beschlusses nichts ändern, vgl LG Detm NJW **74**, 511 (abl Schmidt).

bb) Abhilfe. Soweit der Rpfl der Erinnerung abhilft, entscheidet er durch einen Beschluß, vgl D, durch den er den angefochtenen Beschluß aufhebt und einen neuen Festsetzungsbeschluß oder einen Ergänzungsbeschluß erläßt, vgl Mü Rpfleger **81**, 71. Diese Entscheidung des Rpfl ist, soweit sie eine neue Beschwer enthält, wiederum erinnerungsfähig, vgl Mü Rpfleger **81**, 71.

cc) Keine Abhilfe. Soweit der Rpfleger der Erinnerung nicht abhilft, vermerkt er dies in der Akte. Spätestens in diesem Zeitpunkt muß er eine etwa bisher fehlende Begründung des angefochtenen Beschlusses nachholen, BLAH § 329 ZPO Anm 1 A b. LG Kiel JB **75**, 345 sieht in dem bloßen Vermerk des Rpfl „ich helfe nicht ab" einen Verstoß gegen Art 103 I GG und hält eine Zurückverweisung an ihn deshalb für notwendig.

b) Verfahren des Gerichts des Rechtspflegers. aa) Allgemeines. Sobald der Rpfl den erforderlichen Vermerk niedergelegt hat, daß er der Erinnerung nicht abhelfe, vgl auch zB Hamm Rpfleger **86**, 277, hat der Urkundsbeamte der Geschäftsstelle des Rpfl die Akten seinem Gericht vorzulegen. Nunmehr muß dieses Gericht den Beschluß in seinem ganzen Umfang überprüfen, soweit der Rpfl ihn nicht bereits aufgehoben oder abgeändert hatte. Soweit nicht bereits der Rpfl den Gegner des Erinnerungsführers angehört hatte, muß sein Gericht diese Anhörung nachholen. Die Anhörung heilt einen früheren Verstoß, BVerfG **5**, 22, Karlsr Rpfleger **73**, 219.

Der Richter prüft zunächst, ob die Erinnerung im vorgelegten Umfang zulässig ist. Wenn er sie für unzulässig hält, weil sie nicht rechtzeitig eingelegt worden ist, dann prüft er, ob eine etwa beantragte Wiedereinsetzung in den vorigen Stand zu gewähren ist, vgl Düss MDR **75**, 233, Mü Rpfleger **76**, 301 mwN (abl Stöber), Schlesw SchlHA **80**, 56, aM Bbg JB **71**, 341. Im Anschluß an die Zulässigkeitsprüfung klärt der Richter, ob die Erinnerung auch begründet ist.

bb) Entscheidung dieses Gerichts. Das Gericht des Rpfl entscheidet über die Erinnerung, wenn im Zeitpunkt dieser seiner Entscheidung, vgl Schlesw SchlHA **81**, 56, entweder die eine oder die andere der nachfolgenden Voraussetzungen gegeben sind, § 21 II 3 RPflG:

aaa) Die Erinnerung ist zulässig und begründet. Dieser Fall kann auch dann vorliegen, wenn der Rpfl weder den Festsetzungsbeschluß noch die Nichtabhilfe begründet hat, so daß eine Zurückverweisung nicht in Betracht kommt, vgl Hamm Rpfleger **78**, 386.

bbb) Gegen einen vom Richter erlassenen Festsetzungsbeschluß wäre kein Rechtsmittel zulässig. Dieser Fall kommt namentlich dann in Betracht, wenn der Wert des Beschwerdegegenstands 100 DM nicht übersteigt, § 567 II ZPO, vgl jetzt auch Ffm Rpfleger **78**, 149 nwN und Rpfleger **79**, 389, ferner zB Hamm MDR **77**, 143, ferner jetzt auch KG Rpfleger **78**, 30, ferner zB Kblz Rpfleger **76**, 302, Schlesw SchlHA **81**, 56, vgl auch Pentz DRiZ **74**, 155 je mwN.

In den Fällen aaa und bbb erfolgt die Entscheidung wie bei D in voller Besetzung. Der Einzelrichter muß über die Erinnerung entscheiden, soweit das Gericht den Rechtsstreit dem Einzelrichter nach § 348 ZPO übertragen hat und soweit der Einzelrichter den Rechtsstreit weder an das Gericht in voller Besetzung zurückverwiesen noch zurückübertragen hat, vgl Kblz Rpfleger **78**, 329. Der Einzelrichter muß ferner im Rahmen von § 524 III Z 6 ZPO entscheiden. Der Vorsitzende der Kammer für Handelssachen muß im Rahmen von § 349 II Z 12 ZPO selbst entscheiden.

cc) Abgabe an das Rechtsmittelgericht. Soweit das Gericht des Rpfl über die Erinnerung nicht nach bb selbst abschließend entscheidet oder die Erinnerung an den Rpfl zurückverweist, muß das Gericht des Rpfl die Erinnerung wegen Nichtabhilfe an das zuständige Rechtsmittelgericht abgeben. Die Akten gehen also unter Umständen vom AG an das OLG, vgl KG Rpfleger **77**, 450. Die Erinnerung gilt jetzt als eine Beschwerde, §§ 11 II 4 und 5, 21 II 4 RPflG. Ein Anwaltszwang herrscht auch jetzt nicht, A b.

Das abgebende Gericht entscheidet in voller Besetzung, vgl Ffm Rpfleger **78**, 104, Kblz Rpfleger **74**, 260, Schlesw SchlHA **80**, 57. Es trifft seine Entscheidung durch einen Beschluß. Es muß den Beschluß grundsätzlich begründen, BLAH § 329 ZPO Anm 1 A b. Andernfalls besteht die Gefahr, daß das Rechtsmittelgericht das Verfahren an das Gericht des Rpfl zurückverweisen muß, vgl Ffm Rpfleger **80**, 156 mwN, Mü MDR **80**, 254 und Rpfleger **81**, 157 mwN, LG Bln Rpfleger **81**, 311, Rennen DRiZ **73**, 424. Im übrigen ist der Nichtabhilfebeschluß unanfechtbar, vgl LG Bln Rpfleger **83**, 161 (zu § 104 ZPO).

Das Gericht des Rpfl muß die Beteiligten von der Nichtabhilfe benachrichtigen, §§ 11 II 4, 21 II 4 RPflG. Nur für diese Benachrichtigung reicht eine bloße Mitteilung der Nichtabhilfe aus, vgl Hamm Rpfleger **76**, 299 (zustm Meyer-Stolte).

c) Verfahren des Rechtsmittelsgerichts. aa) Allgemeines. Das Rechtsmittelgericht prüft zunächst, ob der Vorlagebeschluß des Gerichts des Rpfl berechtigt ist. Einen unberechtigten Vorlagebeschluß gibt das Rechtsmittelgericht auf und kann das Verfahren an das Gericht des Rechtsmittels zurückverweisen, vgl Düss Rpfleger **77**, 109, Ffm Rpfleger **80**, 26 und 156 je mwN, Hamm Rpfleger **86**, 277, Mü Rpfleger **79**, 466 linke Spalte und MDR **80**, 254. Eine Zurückverweisung ist nicht in eine Vorlage umdeutbar, vgl Hamm Rpfleger **78**, 421, insofern richtig auch Ffm VersR **78**, 261 mwN, vgl auch KG Rpfleger **78**, 337.

Sofern die Vorlage statthaft war, entscheidet das Rechtsmittelgericht über die Zulässigkeit und Begründetheit der Erinnerung. Auch das Rechtsmittelgericht muß grundsätzlich den gesamten angefochtenen Beschluß überprüfen.

bb) Entscheidung dieses Gerichts. Das Rechtsmittelgericht entscheidet durch einen Beschluß. Es muß den Beschluß unabhängig von seiner etwaigen Anfechtbarkeit grundsätzlich begründen, BLAH § 329 ZPO Anm 1 A b.

Das Rechtsmittelgericht darf dem Antragsteller nicht mehr zusprechen als er begehrt hat, vgl § 308 ZPO, Ffm JB **75**, 662. Das Rechtsmittelgericht darf das Gesamtergebnis nicht zu Lasten des Erinnerungsführers ändern, vgl KG NJW **73**, 2116, Köln NJW **75**, 2348, vgl auch Schmidt NJW **80**, 682 je mwN.

Soweit die Erinnerung erfolglos bleibt, weist das Rechtsmittelgericht sie zurück. Soweit sie Erfolg hat, hebt das Rechtsmittelgericht den Festsetzungsbeschluß auf. Das Rechtsmittelgericht verweist im übrigen das Verfahren entweder zurück oder entscheidet selbst darüber, wie der Festsetzungsbeschluß nun lauten soll. Im Umfang einer Zurückverweisung kann das Rechtsmittelgericht Weisungen für die neue Festsetzung erteilen, vgl § 575 ZPO.

Das Rechtsmittelgericht darf seine Entscheidung nicht abändern, § 577 III ZPO. Wegen der Einstellung der Zwangsvollstreckung vgl B.

Die Rechtskraft des Beschlusses des Rechtsmittelgerichts tritt unabhängig von derjenigen der Hauptsache ein, vgl LG Essen MDR **61**, 156.

Das Rechtsmittelgericht muß über die Kosten des Erinnerungsverfahrens entscheiden, II 3 in Verbindung mit §§ 91, 97 ZPO. Gebühren: Des Gerichts: Keine (KV 1181 erfaßt erst das etwa anschließende Beschwerdeverfahren); des Anwalts: § 61 I Z 2 (§ 19 II 6 gilt nur für das Verfahren vor dem Rpfl). Der Rpfl muß die Anwaltsgebühren im Fall einer Rücknahme der Erinnerung entsprechend § 515 III ZPO auf Grund eines etwaigen Antrags festsetzen, vgl LG Essen Rpfleger **64**, 183.

5) Beschwerde, II 3. Gegen die Entscheidung des Rechtsmittelgerichts ist nur insofern die sofortige Beschwerde statthaft, als die Erinnerung der Notfrist von 2 Wochen unterlag, Anm 4 A a, II 3 in Verbindung mit § 104 III 5 ZPO. Zur Beschwerde sind dieselben Personen wie diejenigen berechtigt, die eine Erinnerung einlegen konnten. Die Beschwerde ist nur zulässig, wenn der Beschwerdewert von 100 DM überschritten ist, § 567 II ZPO. Eine Anschlußbeschwerde ist auch ohne eine Überschreitung des Beschwerdewerts von 100 DM zulässig, vgl Kblz VersR **80**, 338. Man kann die Entscheidung auch wegen derjenigen Kosten angreifen, die man im Erinnerungsverfahren nicht angegriffen hatte, sofern im früheren Teilangriff der Beschwerdewert erreicht worden war, vgl Düss Rpfleger **76**, 188 mwN, abw Hamm Rpfleger **71**, 443.

Ein Anwaltszwang besteht auch im Beschwerdeverfahren nicht, V.

Das Beschwerdegericht muß gemäß II 3 in Verbindung mit §§ 104 ff auch § 99 I ZPO beachten, vgl Düss NJW **74**, 1714. Wenn der Rpfl auf Grund einer Zurückverweisung an ihn weisungsgemäß festgesetzt hatte, kann man nur den anweisenden Beschluß des Gerichts mit der sofortigen Beschwerde anfechten, vgl Ffm Rpfleger **77**, 218 mwN.

In einer Familiensache ist der Familiensenat des OLG für die Entscheidung über die sofortige Beschwerde zuständig, vgl BGH FamRZ **78**, Bischoff MDR **78**, 716.

Eine weitere sofortige Beschwerde ist unzulässig, § 568 III ZPO.

Das Beschwerdegericht entscheidet durch einen Beschluß. Er ist zu begründen, BLAH § 329 ZPO Anm 1 A b. Er muß eine Kostenentscheidung enthalten, §§ 91, 97 ZPO. Gebühren: Des Gerichts: Keine, II 5. Des Anwalts: § 61 I Z 1 (§ 19 II 6 gilt nur im Verfahren vor dem Rpfl).

6) Verjährung, VI. Durch den Antrag auf die Festsetzung der Vergütung wird die Verjährung wie durch eine Klagerhebung unterbrochen. Das gilt ohne Rücksicht auf den Zeitpunkt einer Mitteilung an den Antragsgegner, zB BGH NJW **81**, 826, Schmidt AnwBl **74**, 280 je mwN, aM zB LG Stgt AnwBl **79**, 24 (abl Chemnitz); vgl auch § 16 Anm 3 B, § 18 Anm 1, 2 B c. Es kommt auch nicht darauf an, ob der Antragsgegner eine nicht zum Gebührenrecht gehörende Einwendung oder Einrede erhebt, BGH **21**, 129.

7) Rahmengebühr, VII. A. Grundsatz. Das gesamte Festsetzungsverfahren nach § 19 ist unanwendbar, soweit es um eine Rahmengebühr des Anwalts geht. Vgl dazu Anm 1 C c.

B. Gebührenklage. Soweit der Anwalt oder der Auftraggeber wegen der umstrittenen Vergütung des Anwalts vor dem ordentlichen Gericht Klage erheben müssen, ist das Gericht des Hauptprozesses zuständig, § 34 ZPO, etwa ein Familiengericht.

Diese Frage ist **streitig. Wie hier** zB Hbg FamRZ **79**, 1036, KG FamRZ **81**, 1090; **offen** BayObLG NJW **82**, 587; **aM** zB Kblz FamRZ **83**, 1253 je mwN.

Hauptprozeß ist jedes zivilprozessuale Verfahren, auch die Zwangsvollstreckung oder das Aufgebots-, Konkurs- oder Zwangsversteigerungsverfahren. § 34 ZPO regelt auch die sachliche Zuständigkeit. Soweit eine Klage vor dem Gericht des Hauptprozesses nicht möglich ist, etwa weil ihm die Zuständigkeit für die Gebührenklage fehlt, kommt als Gericht dasjenige des Erfüllungsorts nach § 29 ZPO in Betracht, vgl auch § 797 I ZPO, also grundsätzlich das für den Sitz des Anwalts zuständige Zivilgericht, aM Rabeneick DVBl **69**, 614 (man müsse stets im Verwaltungsrechtsweg klagen; aber an der bürgerlichrechtlichen Natur des Gebührenanspruchs, Grdz 3 vor § 1, ändert sich nichts dadurch, daß die BRAGO die Höhe der gesetzlichen Gebühr bestimmt).

Diese Situation kann zB dann vorliegen, wenn es sich um ein Verfahren der Arbeitsgerichtsbarkeit handelt, insofern auch Zweibr FamRZ **82**, 86, aM LAG Hamm DB **84**, 2256, StJSch § 34 ZPO Rdz 18 (sie halten das ArbG auf Grund der Verweisung in § 46 II ArbGG für zuständig). Die Situation kann ferner zB dann vorliegen, wenn es sich um ein Verfahren der Verfassungs-, Verwaltungs-, Finanz- oder Sozialgerichtsbarkeit handelt.

§ 34 ZPO ist auch auf den Rechtsnachfolger des Anwalts anwendbar, nicht aber dann, wenn es um eine Gebührenklage gegenüber einem Dritten geht, etwa gegenüber einem Bürgen.

Anders als beim Kostenfestsetzungsverfahren nach § 104 ZPO, vgl BGH NJW **52**, 144, kann man im Weg einer Vollstreckungsabwehrklage wegen § 767 II ZPO nur eine solche Einwendung geltend machen, die man noch nicht im Festsetzungsverfahren erheben konnte. Denn der Rpfl hatte den Auftraggeber hören müssen, ihm also Gelegenheit zur Äußerung gegeben, BGH **LM** § 767 ZPO Nr 44 mwN, aM zB Nürnb MDR **57**, 367.

Eine Zwangsvollstreckung kann eine unzulässige Rechtsausübung sein, soweit der Festsetzungsbeschluß unrichtig ist und besondere Umstände hinzutreten, BGH **LM** § 767 ZPO Nr 44.

Zweiter Abschnitt. Gemeinsame Vorschriften über Gebühren und Auslagen

Einführung

1) Systematik. Die im zweiten Abschnitt geregelten Gebühren und Auslagen gelten in jedem anwaltlichen Tätigkeitsbereich, sowohl bei einem gerichtlichen oder behördlichen Verfahren als auch außerhalb eines solchen. Soweit die Abschnitte 3ff nicht Sonderregeln enthalten, sind die Vorschriften des zweiten Abschnitts anwendbar. Jede Gebühr dieses Abschnitts kann also grundsätzlich zu jeder anderen Gebühr hinzutreten, soweit nichts anderes im Gesetz bestimmt ist. Eine Ausnahme von diesem Grundsatz gilt insbesondere für die Ratgebühr nach § 20.

2) Inhaltsübersicht. §§ 20, 21 regelt die Gebühr für einen Rat, eine Auskunft oder ein Gutachten. § 22 regelt die Hebegebühr. § 23 regelt die Vergleichsgebühr. § 24 regelt die Erledigungsgebühr im Verwaltungsverfahren. §§ 25ff enthalten die allgemeinen Vorschriften über den Auslagenersatz.

Rat, Auskunft

20 **I Für einen mündlichen oder schriftlichen Rat oder eine Auskunft, die nicht mit einer anderen gebührenpflichtigen Tätigkeit zusammenhängen, erhält der Rechtsanwalt eine Gebühr in Höhe von einem Zehntel bis zehn Zehnteln der vollen Gebühr. Bezieht sich der Rat oder die Auskunft nur auf strafrechtliche, bußgeldrechtliche oder sonstige Angelegenheiten, in denen die Gebühren nicht nach dem Gegenstandswert berechnet werden, so beträgt die Gebühr 25 bis 335 Deutsche Mark. Die Gebühr ist auf eine Gebühr anzurechnen, die der Rechtsanwalt für eine sonstige Tätigkeit erhält, die mit der Raterteilung oder Auskunft zusammenhängt.**

II Wird ein Rechtsanwalt, der mit der Angelegenheit noch nicht befaßt gewesen ist, beauftragt, zu prüfen, ob eine Berufung oder Revision Aussicht auf Erfolg hat, so erhält er eine halbe Gebühr nach § 11 Abs. 1 Satz 4, wenn er von der Einlegung eines Rechtsmittels abrät und ein Rechtsmittel durch ihn nicht eingelegt wird. Dies gilt nicht in den im Absatz 1 Satz 2 genannten Angelegenheiten.

Vorbem. I 2, II 1 idF Art 3 I Z 3 G vom 9. 12. 86, BGBl 2326, in Kraft seit 1. 1. 87, Art 10, Übergangsrecht § 134.

Schrifttum: Meyer, Der Beratungs-Rechtsschutz der Allgemeinen Bedingungen für die Rechtsschutzversicherung und der Gebührentatbestand des § 20 I BRAGO, Festschrift für Schmidt (1981) 101.

1) Allgemeines. Soweit sich die Tätigkeit des Anwalts auf einen Rat oder eine Auskunft im Sinn von I beschränken, entsteht nur die dortige Gebühr. Soweit der Anwalt im Zusammenhang mit einer Tätigkeit nach I auch nach außen tätig wird, also gegenüber dem Gegner des Auftraggebers, mag dieser eine natürliche Person oder eine juristische Person oder Behörde sein, kommt schon für eine einfache diesbezügliche Tätigkeit des Anwalts § 120 und für weitergehende Tätigkeiten außergerichtlicher Art § 118 in Betracht, AG Brschw AnwBl **84**, 517. Soweit die Tätigkeit des Anwalts im Innenverhältnis seinem Auftraggeber gegenüber den Rang eines schriftlichen Gutachtens erhält, sind §§ 21, 21a, 52 II gegenüber § 20 vorrangig. I gilt also nur hilfsweise, Meyer Festschrift für Schmidt (1981) 104, RS 14.

§ 20 gilt für Angelegenheiten jeder Art, also auf jedem sachlichrechtlichen Gebiet. Es muß sich aber stets um eine Angelegenheit handeln, die überhaupt nach der BRAGO zu vergüten ist. Daher ist § 20 nicht anwendbar, soweit es sich um eine Tätigkeit im Sinn von § 1 II handelt.

Soweit der Anwalt den Rat oder die Auskunft im Rahmen einer Beratungshilfe nach dem BerHG erteilt, gilt § 132 I als vorrangige Sondervorschrift.

Soweit der Anwalt in derselben Angelegenheit, § 6 Anm 4, dem Auftraggeber mehrmals Rat erteilt, entsteht nur eine Gebühr, § 13 II 1. Das gilt auch dann, wenn sich die mehreren Ratschläge auf verschiedene Rechtsfragen beziehen. Soweit der Anwalt Ratschläge für verschiedene Gegenstände erteilt, muß man eine Zusammenrechnung nach § 7 II vornehmen. Soweit der Anwalt in verschiedenen Angelegenheiten Ratschläge erteilt, entsteht für jede Angelegenheit eine Ratgebühr.

2) Rat, Auskunft, I. A. Begriffe. Rat ist die Empfehlung eines Verhaltens im Hinblick auf eine bestimmte Lage, so auch Schall BB **89**, 956. Auskunft ist die Beantwortung einer bestimmten Frage ohne eine solche Beziehung, so auch Schall BB **89**, 956, zB die Mitteilung eines Aktenzeichens, AG Saarbr AnwBl **78**, 192. Rat und Auskunft können mündlich oder schriftlich geschehen. Wegen des Unterschieds zum Gutachten § 21 Anm 1.

Eine Besprechung kann zu einem Rat führen, sich aber auch auf eine bloße Erörterung beschränken, ist also der weitere, aber auch unklarere Begriff. Die Besprechungsgebühr nach § 118 I Z 1 schließt eine Ratgebühr nach § 20 aus. Zur Abgrenzung Schumann MDR **68**, 891.

B. Kein Zusammenhang mit anderer gebührenpflichtiger Tätigkeit. I kommt nur in Betracht, wenn der Rat oder die Auskunft des Anwalts nicht mit einer anderen gebührenpflichtigen Tätigkeit zusammenhängen. Die Ratgebühr entsteht nur, wenn der Anwalt in derselben Angelegenheit, AG Hbg AnwBl **80**, 80, nicht eine Gebühr für eine sonstige Tätigkeit verdient, andernfalls erfolgt eine Anrechnung der Ratgebühr auf die sonstige Gebühr, I 3. Zum Anrechnungsbegriff LG Stade AnwBl **82**, 540.

Grundsätzlich ist jede anwaltliche Tätigkeit mit einer Raterteilung verknüpft. Man muß daher I dahin verstehen, daß jede beliebige andere Gebühr der BRAGO die Ratgebühr hinfällig macht, sofern eine solche weitere Tätigkeit mit der Raterteilung im Zusammenhang steht, vgl Kblz VersR **82**, 1011. Das kann zB gelten: Für die Verkehrsgebühr, § 52; für die Gebühr des Beweisanwalts, § 54; für eine Gebühr nach § 118, Schlesw SchlHA **81**, 207; für eine Gebühr nach § 132 I 2, Düss MDR **86**, 158.

C. Persönliche Erteilung. Die Gebühr nach I entsteht nur, soweit gerade der Anwalt und kein anderer den mündlichen oder schriftlichen Rat oder die Auskunft erteilen. Auch bei § 20 gilt § 4. Man muß nach den dortigen Regeln prüfen, ob die Auskunft oder der Rat eines Mitarbeiters des Anwalts seiner persönlichen Tätigkeit gleichzusetzen sind. Danach genügt ein Rat oder eine Auskunft des Büropersonals selbst dann grundsätzlich nicht, wenn der Anwalt von dieser Tätigkeit wußte und sie billigte. Wenn freilich ein Mitarbeiter den vom Anwalt erarbeiteten Rat nur als sein Erklärungsbote weitergibt, liegt rechtlich betrachtet doch eine persönliche Erteilung durch den Anwalt vor.

D. Höhe der Gebühr. a) Grundsatz, I 1. Der Anwalt erhält für den mündlichen oder schriftlichen Rat oder die entsprechende Auskunft grundsätzlich eine Gebühr von $\frac{1}{10}$–$\frac{10}{10}$. Es handelt sich insofern nicht um einen Betragsrahmen, sondern um einen Gebührensatzrahmen, Einl 2 A c, wie zB auch bei § 118 II BRAGO. Die Mittelgebühr beträgt $\frac{5,5}{10}$, LG Bln MDR **82**, 499.

Die Gebühr entspricht in der Funktion, nicht in der Höhe, einer Prozeßgebühr. Sie gilt die gesamte mit der Raterteilung verbundene Tätigkeit ab, insbesondere: Die Information; die Einsicht in ein Register; einen Schriftwechsel. Man muß die Schwierigkeit und den Umfang der Tätigkeit bei der Ermittlung der im Einzelfall anwendbaren Gebühr berücksichtigen, § 12.

b) Fehlen eines Gegenstandswerts, I 2. Soweit man die Gebühr nicht nach einem Gegenstandswert berechnen kann, ist natürlich eine Anknüpfung an den Wert und damit ein Gebührensatzrahmen nicht möglich. Deshalb kommt in einem solchen Fall ein Betragsrahmen zur Anwendung, Einl II A c. Diese Situation liegt zB vor: In einer Strafsache; in einem Bußgeldverfahren. I 2 erfaßt aber auch alle anderen „sonstigen Angelegenheiten", in denen für die Gebühren kein Gegenstandswert zur Grundlage wird, etwa bei § 116, Meyer-Ladewig NJW **65**, 286, aM Schumann NJW **65**, 1798.

Soweit für den Gegenstand einer Angelegenheit sowohl die Berechnung nach I 1 als auch diejenige nach I 2 in Betracht kommt, etwa bei zivil- und strafrechtlichen Folgen, muß man zur Vermeidung von Überschneidungen die Gebühr nach I 1 errechnen. Das ergibt sich aus dem Wort „nur" in I 2.

Man muß beachten, daß nicht nur ein vermögensrechtlicher Gegenstandswert, sondern auch ein strafrechtlicher in Betracht kommen kann, §§ 7 II, 8.

3) Prüfung der Rechtsmittelaussichten, II. Die Vorschrift ist anwendbar, sofern folgende Voraussetzungen zusammentreffen:

A. Prüfungsauftrag. Der Anwalt muß den Auftrag erhalten haben, die Erfolgsaussicht einer Berufung oder einer Revision zu prüfen. Nach dem eindeutigen Wortlaut von II 1 reicht der Auftrag zur Prüfung der Aussichten einer Beschwerde nicht zu einer Gebühr nach II aus. Es kann aber natürlich für diesen Fall eine Gebühr nach I entstehen.

Soweit der Anwalt den Auftrag erhält, zur Frage der Erfolgsaussichten der Berufung oder Revision ein schriftliches Gutachten auszuarbeiten, ist § 21a als eine gegenüber II vorrangige Sondervorschrift anwendbar.

B. Bisher keine Befassung mit der Sache. Der Anwalt darf bis zum Auftrag der Prüfung der Erfolgsaussichten, A, mit derselben Angelegenheit, § 13, bisher nicht befaßt gewesen sein, auch nicht als erstinstanzlicher Anwalt oder als Verkehrsanwalt, Terminsvertreter usw. Es ist unerheblich, ob der Anwalt beim Rechtsmittelgericht zugelassen ist.

Soweit er mit der Angelegenheit schon früher befaßt war, kommt eine Gebühr nach I in Betracht.

C. Kein Auftrag zur Rechtsmitteleinlegung. Der Anwalt darf im Zeitpunkt der Prüfung der Erfolgsaussichten noch keinen Auftrag zur

Einlegung einer Berufung oder Revision haben. Anderenfalls wird seine Prüfungstätigkeit durch die halbe Prozeßgebühr, §§ 32, 11 I 2, abgegolten.

D. Abraten. Der Anwalt muß dem Auftraggeber von der Einlegung irgendeines Rechtsmittels abraten. Es reicht also nicht aus, daß er zwar den Auftrag hatte, nur die Erfolgsaussichten einer Berufung oder Revision zu prüfen, daß er aber unter anderem zu dem Ergebnis kommt, eine Beschwerde oder ein Wiedereinsetzungsantrag oder eine Wiederaufnahmeklage seien erfolgversprechend, und daß er das dem Auftraggeber mitteilt. II 1 verlangt das Abraten von der Einlegung „eines" Rechtsmittels.

E. Keine Rechtsmitteleinlegung. Der Anwalt darf auch nicht für diesen Auftraggeber in dieser Angelegenheit irgendein Rechtsmittel einlegen. Er darf auch kein Teilrechtsmittel einlegen, RS 22, offen Hamm Rpfleger **85**, 166, aM Düss MDR **64**, 66, GSEM 20.

Soweit der Auftraggeber allerdings einen anderen Anwalt mit der Einlegung des Rechtsmittels beauftragt oder das Rechtsmittel selbst einlegt, bleibt die Gebühr nach II bestehen.

F. Vorhandensein eines Gegenstandswert, II 2. Die Prüfung muß sich auf eine Angelegenheit beziehen, für die man die Gebühren nach einem Gegenstandswert berechnen kann, Anm 2 D a. Soweit ein Gegenstandswert fehlt, Anm 2 D b, kommt eine Gebühr gemäß II 2 in Verbindung mit I 2 nicht nach II in Betracht. Man muß in einem solchen Fall die Prüfungstätigkeit des Anwalts bei der Rahmengebühr berücksichtigen.

G. Höhe der Gebühr. Soweit die Voraussetzungen A–F vorliegen, entsteht eine halbe Gebühr nach § 11 I 4, dh eine $^{13}/_{20}$ Gebühr, vgl Kblz Rpfleger **87**, 264.

H. Weitere Einzelfragen. Der Berufungsanwalt kann die Ratgebühr nach I auch dann verdienen, wenn er nach dem Abschluß des Rechtszugs mit der sachlichen Prüfung der Aussichten der gegnerischen Revision beauftragt worden ist und den Auftraggeber entsprechend berät, Mü MDR **80**, 1027.

4) Kostenerstattung, dazu Dittmar NJW **86**, 2091 (ausf). Die Kosten der Beratung durch einen Anwalt dazu, welches auswärtige Gericht zuständig und welcher dort zugelassene Anwalt auszuwählen ist, sind zumindest in der Höhe einer Beratungsgebühr erstattungsfähig, Düss MDR **83**, 760 mwN. Die Kosten der Beratung dazu, ob sich der Bekl auf den bevorstehenden Prozeß einlassen soll, sind erstattungsfähig, Bbg JB **81**, 548, Ffm JB **85**, 1410, KG MDR **85**, 1038 (wegen einer Ehesache), Mü AnwBl **58**, 97, LG Bln MDR **82**, 499, LG Mannh MDR **73**, 676 (betr eine Rechtsschutzversicherung), AG Marbg VersR **74**, 71 (betr eine Kaskoversicherung), allerdings nur insoweit, als der zugrundeliegende Anspruch auch begründet ist, BGH NJW **70**, 1122, LG Duisb VersR **73**, 866. Es kommt nicht stets darauf an, daß die Voraussetzungen für die Bestellung eines Verkehrsanwalts vorlagen, aM Oldb JB **78**, 1811. Erstattungsfähig können auch die Kosten der Beratung im verwaltungsgerichtlichen Vorverfahren sein, OVG Bln AnwBl **85**, 53.

Soweit jemand die Aufforderung erhalten hat, zu einem bereits anhängigen Verfahren eine Stellungnahme abzugeben, sich dann den Rat eines Anwalts geholt und unter Umständen auch die erbetene Stellungnahme abgegeben hat, dem Verfahren aber nicht förmlich beigetreten ist, kommt für oder gegen ihn im Verfahren grundsätzlich auch keine Kostenentscheidung in Betracht, vgl § 13a FGG. In einem solchen Fall ist die Gebühr, die der Auftraggeber seinem Anwalt zahlen muß, nicht nach den prozessualen Grundsätzen erstattungsfähig, BGH **31**, 97. Aus dem sachlichen Recht mag sich aber eine Ersatzpflicht desjenigen ergeben, der die Aufforderung zur Stellungnahme ausgesprochen hat. Eine solche Pflicht besteht freilich nicht, soweit die „Aufforderung" in Wahrheit nur eine „Anheimgabe" war.

Anwaltskosten für vorprozessuale Verhandlungen sind aber nicht automatisch erstattungsfähig, nur insofern richtig BGH RR **88**, 1199, ferner Kblz MDR **74**, 1028 und AnwBl **85**, 214, Schneider MDR **75**, 325, aM Karlsr **KR** Nr 17.

Gutachten

21 **Für die Ausarbeitung eines schriftlichen Gutachtens mit juristischer Begründung erhält der Rechtsanwalt eine angemessene Gebühr. § 12 gilt sinngemäß.**

Gliederung

1) Schriftliches Gutachten
A. Begriff
B. Schriftlichkeit
C. Bezeichnung
D. Rang
E. Unabhängigkeit
F. Verständlichkeit

2) Auftrag

3) Höhe der Gebühr

4) Fälligkeit

5) Kostenerstattung
A. Vor dem Prozeß
B. Im Prozeß

1) Schriftliches Gutachten. A. Begriff. Man muß die Begriffe Gutachten, Schriftsatz, Rat, Auskunft unterscheiden. Das Gutachten wendet sich an den Auftraggeber und gibt diesem eine Entscheidungshilfe, Köln JB **78**, 870. Das tun allerdings auch ein Rat oder eine Auskunft. Zwischen dem Gutachten einerseits, dem Rat oder einer Auskunft andererseits bestehen aber graduelle Unterschiede: In einem Gutachten spricht der Anwalt als Wissenschafter, bei einem Rat oder einer Auskunft spricht er zwar als Volljurist, vorwiegend aber als Praktiker. Anders ausgedrückt: In einem Gutachten übernimmt der Anwalt die Verantwortung dafür, daß seine Überlegungen und deren Ergebnisse auch einer wissenschaftlichen Prüfung standhalten. Bei einem Rat oder einer Auskunft mögen taktische, psychologische und andere Elemente der Berufserfahrung zu Erwägungen und Ergebnissen führen, die zwar den Stand von Rechtsprechung und Lehre nicht unbeachtet lassen dürfen, die wissenschaftliche Haltbarkeit aber nicht in den Vordergrund zu stellen brauchen.

Demgegenüber wendet sich ein Schriftsatz an den Gegner des Auftraggebers und/oder an ein Gericht oder an eine Behörde und kündigt überdies in der Regel einen mündlichen Vortrag an.

B. Schriftlichkeit. § 21 erfaßt nur ein schriftliches Gutachten. Eine nur mündliche oder fernmündliche Äußerung ist auch dann kein schriftliches Gutachten, wenn sie höchsten wissenschaftlichen Ansprüchen genügt und das Ergebnis wochenlanger Überlegungen oder Prüfungen ist. Natürlich kann eine stichwortartige oder jedenfalls knappe schriftliche Bestätigung einer umfassenden, bereits zuvor mündlich erteilten gutachterlichen Äußerung nun ihrerseits als schriftliches Gutachten anzusehen sein. Aus der schriftlichen Fassung muß aber wenigstens im Kern zusammenhängend der Gedankengang und das Ergebnis des Anwalts erkennbar werden.

C. Bezeichnung. Die bloße Bezeichnung eines Schriftstücks als „Gutachten" reicht ebensowenig zur Annahme eines Gutachtens im Sinn von § 21 aus wie eine äußerliche Aufmachung in der bei Gutachten üblichen Form, wie sie sich gerade bei solchen Srellungnahmen, die inhaltlich dürftig sind, nicht ganz selten findet.

D. Rang. Andererseits erfordert § 21 keine eingehende Auseinandersetzung mit der wissenschaftlichen Lehre im Sinn von § 3 III a ZSEG, Teil III dieses Buchs. Vielmehr genügt ein Gutachten gewöhnlicher Art, § 3 ZSEG Anm 2 D a. Allerdings muß der Anwalt auch bei einem solchen Gutachten eine gewisse Auseinandersetzung mit vorhandenen Gegenmeinungen und natürlich eine Begründung der eigenen Stellungnahme abgeben, insofern richtig Karlsr BB **76**, 334. Für das Vorliegen eines Gutachtens ist es unerheblich, ob der Gedankengang des Anwalts oder gar sein Ergebnis überzeugt. Andererseits genügt nicht irgendeine krause Aneinanderreihung verworrener Gedanken. Es muß ein immerhin im Prinzip einer wissenschaftlichen Arbeitsweise entsprechender Aufbau vorhanden sein, der die Gesetze der Logik einhält. Der Stil ist unerheblich. Ein Gutachten mag im reinen Urteilsstil („Denn"-Stil) abgefaßt sein. Die Kürze oder Länge eines gutachtlichen Gedankengangs kann, muß aber keineswegs ein Anhaltspunkt für das Vorliegen eines Gutachtens im Sinn von § 21 sein.

Die Anführung von Fundstellen usw kann zwar ein Anhaltspunkt dafür sein, daß der Anwalt überhaupt eine Auseinadersetzung mit dem Stand der Meinungen vorgenommen hat, ist aber, für sich allein betrachtet, kein Anscheinsbeweis für das Vorliegen eines Gutachtens. Das Fehlen solcher Belege besagt nur sehr bedingt etwas gegen die Qualität als Gutachten. Gerade bei der Ausfüllung von Gesetzeslücken oder auf einem bisher wissenschaftlich noch kaum erarbeiteten Gebiet, also beim Fehlen von anderen Meinungen, kann eine Äußerung hochrangig als Gutachten einzustufen sein.

E. Unabhängigkeit. Problematisch ist das sog „Gefälligkeitsgutachten". Bei ihm wird für den außenstehenden Dritten während der Lektüre nur zu rasch deutlich, daß der Verfasser in Wahrheit nur irgendeine Untermauerung des vom Auftraggeber gewünschten oder von ihm selbst für ratsam gehaltenen Ergebnisses versucht hat, ohne den Stand der Meinungen einigermaßen zuverlässig zu ermitteln oder gar zu verarbeiten. Man muß folgendes bedenken: Zwar hat der Anwalt grundsätzlich lediglich die rechtlich haltbaren Interesse seines Auftraggebers zu vertreten. Wenn er aber ein schriftliches Gutachten erstatten soll, trägt er als ein unabhängiges Organ der Rechtspflege, § 1 BRAO, wissenschaftliche Verantwortung.

Das gilt sowohl dann, wenn er damit rechnen kann, daß der Auftraggeber das Gutachten nur zur eigenen Information verwenden will, als auch dann, wenn der Auftraggeber, wie so oft, das Gutachten in erster Linie zur Stärkung seiner Verhandlungsführung einem Gegner oder dem Gericht zusenden will. Zwar ist ein vom Gericht direkt beauftragter Sachverständiger natürlich beiden Parteien gegenüber unabhängig, der Anwalt aber auftragsgemäß gebunden. Der Anwalt muß andererseits schon aus Standesgründen die Anfertigung eines solchen Gutachtens ablehnen, dessen Gedankengang und/oder Ergebnisse seiner Überzeugung und wissenschaftlichen Mindestanforderungen nicht entsprechen, mögen sie dem Auftraggeber auch scheinbar noch so nützen. Er darf und muß sich in einem solchen Konflikt auf die Erteilung eines Rats oder einer Auskunft oder auf die Anfertigung eines Schriftsatzes beschränken. Auch hier werden die Unterschiede zwischen diesen Begriffen deutlich.

F. Verständlichkeit. Der Auftraggeber oder die von ihm betreute Person muß auf Grund des schriftlichen Gutachtens in jedem Fall in der Lage sein, die rechtlichen Probleme des Sachverhalts einigermaßen zu übersehen und deren Beurteilung mit ihrem Für und Wider nachzuprüfen. Freilich braucht der Anwalt ein Gutachten nicht unbedingt so zu formulieren, daß sein Auftraggeber es in allen Einzelheiten ohne zusätzliche Erläuterungen verstehen kann. Das Gutachten muß in erster Linie wissenschaftlichen Mindestanforderungen genügen. Erst in diesem Rahmen muß es für den Auftraggeber verständlich sein.

2) Auftrag. § 21 setzt voraus, daß der Anwalt einen Auftrag gerade zur Ausarbeitung eines schriftlichen Gutachtens mit juristischer Begründung erhalten hat. Im Zweifel erstreckt sich der Auftrag nur auf die Erteilung eines Rats oder einer Auskunft, insbesondere im Fall des § 20 II. Es kommt darauf an, ob der Auftraggeber ersichtlich eine ausgearbeitete juristische Begründung wünschte.

Soweit der Auftraggeber ein schriftliches Gutachten über die Aussichten einer Berufung oder einer Revision wünschte, gelten §§ 21 a, 52 II als vorrangige Sondervorschriften.

3) Höhe der Gebühr. Dem Anwalt steht eine „angemessene Gebühr" zu. Man muß diesen Begriff wie eine Betragsrahmengebühr behandeln, Einl II A 4 c. Allerdings fehlt eine in DM genannte Höchst- und Mindestgebühr. Umso mehr ist § 12 anwendbar. Es kommt also auf die Gesamtumstände des Einzelfalls an, insbesondere auf die Bedeutung der Sache, den Umfang und die Schwierigkeit der anwaltlichen Tätigkeit, aber auch auf die finanziellen Verhältnisse des Auftraggebers. Natürlich ist auch der Gegenstandswert beachtlich, soweit man ihn überhaupt bestimmen kann, dazu Thier NJW **66**, 2300. In einer Sozialsache darf man den Rahmen des § 116 II nicht überschreiten, aM Schumann NJW **65**, 1798. Im übrigen liegt ein Fall der Vereinbarung vor, daß der Anwalt die Bestimmung nach billigem Ermessen treffen soll, § 315 I BGB. Daher entscheidet im Streit das Gericht gemäß § 315 III BGB sowohl dann, wenn die vom Anwalt getroffene Bestimmung nicht der Billigkeit entspricht, als auch dann, wenn er sie verzögert. Das Gericht muß ein Gutachten des Vorstands der für den Anwalt zuständigen Anwaltskammer einholen, § 12 II. Diese Äußerung der Anwaltskammer bindet das Gericht aber nicht. Soweit das Gericht die Einholung der Äußerung unterlassen hat, bleibt nur die Möglichkeit der Einlegung eines Rechtsmittels. Der Mangel ist aber heilbar, § 295 ZPO.

Die Untergrenze einer Gebühr nach § 21 liegt bei der Gebühr für einen Rat nach § 20.

Neben der Gebühr nach § 21 steht keine Ratgebühr, § 20 I 3. Die Erstattung des Gutachtens ist eine besondere Angelegenheit. Die Gutachtengebühr kann also neben die Prozeßgebühr treten, Karlsr BB **76**, 334.

Die Auslagen sind einschließlich der zugehörigen Umsatzsteuer bzw des zugehörigen Ausgleichsbetrags zu erstatten, § 25 II.

4) Fälligkeit. Die Gebühr wird mit der Ablieferung des Gutachtens fällig, § 16.

5) Kostenerstattung. Auch die Beibringung eines Gutachtens im Sinn von § 21 kann zur zweckentsprechenden Rechtsverfolgung oder Rechtsverteidigung notwendig sein. Im übrigen muß man folgende Unterscheidung treffen:

A. Vor dem Prozeß. Die Kosten eines vor dem Prozeß erstatteten Gutachtens können durchaus erstattungsfähig sein. In diesem Zusammenhang muß man den Grundsatz der Waffengleichheit für beide Parteien beachten. Er kann es erforderlich machen, die Erstattungsfähigkeit dann zu bejahen, wenn der Gegener auf dem betreffenden Sachgebiet kundig ist, Mü NJW **72**, 2273.

Erstattungsfähig können also die Kosten eines Gutachtens sein, das man zur Beurteilung der Prozeßaussichten einholt, BGH **28**, 308, Bre VersR **82**, 362, Düss VersR **77**, 746, Hamm MDR **79**, 234 (das Gericht bejaht die Erstattungsfähigkeit im Verfahren auf den Erlaß eines Arrests oder einer einstweiligen Verfügung großzügig), Schiffahrtsobergericht Karlsr MDR **76**, 670, Kblz VersR **76**, 1051, Schlesw MDR **73**, 1030, Stgt JB **76**, 1695 und VersR **79**, 849, vgl Mü NJW **72**, 2273 und Rpfleger **76**, 218 mwN, krit Hamm JB **76**, 94.

Soweit man nach den vorstehenden Regeln eine Erstattungsfähigkeit bejahen muß, besteht sie auch dann, wenn das Gutachten den Ausgang des nachfolgenden Prozesses nicht beeinflußt, aM Hamm NJW **73**, 289, LG Baden-Baden ZMR **80**, 153, LG Brschw MDR **79**, 320, LG Bre ZMR **79**, 120, LG Heidelb WM **80**, 32.

Die Kosten eines Gutachtens können erstattungsfähig sein, wenn eine Versicherungsgesellschaft es vor dem Prozeß einholt, vgl Bre VersR **82**, 362. Düss VersR **73**, 863, Ffm VersR **81**, 69 mwN, LG Baden-Baden VersR **77**, 66, abw Karlsr VersR **80**, 337, aM KG VersR **80**, 387. Eine Erstattungsfähigkeit kann auch dann bestehen, wenn die Versicherungsgesellschaft das Gutachten während eines Strafverfahrens mit Rücksicht auf einen bestimmten gegen den Versicherten zu erwartenden Schadensersatzprozeß eingeholt hat, vgl Brschw VersR **63**, 393. Allerdings muß man in allen diesen Fällen bedenken, daß eine Versicherungsgesellschaft ja grundsätzlich rechtskundig ist. Insofern gelten für das Gutachten eines Anwalts strengere Maßstäbe als für dasjenige etwa eines Kraftfahrzeugsachverständigen.

Wenn man im Zeitpunkt der Einholung eines Gutachtens noch keineswegs an einen Prozeß denken konnte, kann man die Kosten dieses Gutachtens unter Umständen zusammen mit der Klageforderung geltend machen, Celle NJW **62**, 1778; vgl auch Schneider MDR **65**, 963 (er hält grundsätzlich nur diesen Weg für gangbar, wenn es um die Kosten eines Gutachtens geht, das man vor der Erhebung der Klage eingeholt hat, und er hält diesen Weg auch für zweckmäßig).

B. Im Prozeß. Die Kosten eines im Prozeß von der Partei eingeholten Gutachtens können insofern erstattungsfähig sein, als die Partei ihre Behauptungen nur mit Hilfe eines solchen Gutachtens ausreichend darlegen bzw unter Beweis stellen kann, vgl BPatG GRUR **81**, 815, Ffm Rpfleger **78**, 385, Hamm JB **78**, 1080, KG AnwBl **81**, 452 mwN, Kblz Rpfleger **78**, 328 und **80**, 194 sowie VersR **81**, 1162, Nürnb MDR **74**, 936 (Schriftgutachten), LG Köln ZMR **77**, 109, LG Mannh MDR **73**, 236 (Baumängel). Soweit diese Voraussetzungen vorliegen, hängt die Erstattungsfähigkeit nicht davon ab, ob und welchen Einfluß das Gutachten auf die Entscheidung des Gerichts hat, BPatG GRUR **76**, 609 und GRUR **81**, 815, KG AnwBl **81**, 453 mwN, insofern offenbar aM Bbg JB **77**, 1004, Düss JB **77**, 813, LG Hann WM **80**, 14 mwN, LG Wiesb WM **80**, 13. Freilich ist die Einführung des Gutachtens in den Prozeß notwendig, Schlesw SchlHA **78**, 108.

Bei schwierigen rechtlichen Fragen können die Kosten des Gutachtens sehr wohl erstattungsfähig sein. Das gilt zB dann, wenn der Anwalt einen anderen Gutachter widerlegen soll, vgl (zu schwierigen technischen Fragen) Bbg JB **76**, 1688, Ffm MDR **55**, 305, Kblz JB **76**, 1686. Die Erstattungsfähigkeit ist auch bei einer ungewöhnlichen Klage im allgemeinen eher zu bejahen, vgl Hbg JB **75**, 783 und **76**, 97, aber auch JB **75**, 377 sowie Hamm Rpfleger **76**, 141. Die Erstattungsfähigkeit ist zB dann zu bejahen, wenn es um schwierige Rechtsfragen geht, Nürnb AnwBl **80**, 252, oder wenn es sich um einen Musterprozeß mit schwierigen wirtschaftlichen Überlegungen und einer großen rechtlichen oder wirtschaftlichen Tragweite handelte, Celle NdsRpfl **82**, 112. Die Rechtsprechung ist oft zu engherzig, vgl zB Mü GRUR **57**, 147 (zu einem technischen Gutachten). Eine Verweisung auf § 293 ist oft nur ein Ausdruck einer Selbsttäuschung des Gerichts.

Die Erstattungsfähigkeit kann insbesondere für ein Gutachten zu bejahen sein, das der Auftraggeber in einem vorläufigen Verfahren eingeholt hat, vgl Ffm MDR **55**, 684, Mü GRUR **77**, 562.

Gutachten über die Aussichten einer Berufung oder einer Revision

21 a **Für die Ausarbeitung eines schriftlichen Gutachtens über die Aussichten einer Berufung oder einer Revision erhält der Rechtsanwalt eine volle Gebühr nach § 11 Abs. 1 Satz 4; dies gilt nicht in den in § 20 Abs. 1 Satz 2 genannten Angelegenheiten. Die Gebühr ist auf eine Prozeßgebühr, die im Berufungs- oder Revisionsverfahren entsteht, anzurechnen.**

Vorbem. S 1 idF Art 3 I Z 4 G vom 9. 12. 86, BGBl 2326, in Kraft seit 1. 1. 87, Art 10, Übergangsrecht § 134.

1) Aussichtengutachten, S 1. Die Vorschrift stellt gegenüber § 21 eine vorrangige Sonderregelung dar. Im übrigen gelten zur Abgrenzung der Begriffe Gutachten usw die Regeln § 20 Anm 1 entsprechend.

Zur Abgrenzung der Prüfung der Aussichten einer Berufung oder einer Revision von anderen Tätigkeiten vgl § 20 Anm 3. § 52 II ist vorrangig.

Im Gegensatz zu § 20 II ist es nicht erforderlich, daß der Anwalt mit der Angelegenheit vorher noch nicht befaßt war. Es ist auch nicht erforderlich, daß ein Auftrag zur Einlegung der Berufung oder Revision unterblieben ist. Es kommt auch nicht darauf an, ob der Anwalt abgeraten oder zugeraten hat. Es ist schließlich unerheblich, ob der Anwalt nun schließlich ein Rechtsmittel ganz oder teilweise eingelegt hat.

Dagegen kommt es wie bei § 20 II darauf an, ob es sich um eine Angelegenheit handelt, deren Gebühren nach einem Gegenstandswert berechnet werden können. Anderenfalls ist gemäß S 1 Hs 2 in Verbindung mit § 20 I 2 § 21a unanwendbar.

2) Gebührenhöhe, S 1. Im Gegensatz zu § 21 entsteht stets eine volle Gebühr gemäß § 11 I 4, also eine $^{13}/_{10}$ Gebühr. Es kommt also nicht zu einer Angemessenheitsprüfung.

3) Anrechnung, S 2. Man muß die Gebühr für das Aussichtengutachten auf eine Prozeßgebühr, die im Berufungs- oder Revisionsverfahren entsteht, anrechnen. Es kommt aber auch eine Anrechnung auf eine Verkehrsgebühr in Betracht.

Hebegebühr

22 **I Werden an den Rechtsanwalt Zahlungen geleistet, so erhält er für die Auszahlung oder Rückzahlung bei Beträgen**

bis zu 5000 Deutsche Mark einschließlich 1 vom Hundert,

von dem Mehrbetrag bis zu 20000 Deutsche Mark einschließlich 0,5 vom Hundert,

von dem Mehrbetrag über 20000 Deutsche Mark 0,25 vom Hundert.

Unbare Zahlungen stehen baren Zahlungen gleich. Der Rechtsanwalt kann die Gebühr bei der Ablieferung an den Auftraggeber entnehmen.

II Ist das Geld in mehreren Beträgen gesondert ausgezahlt oder zurückgezahlt, so wird die Gebühr von jedem Betrag besonders erhoben.

III Die Mindestgebühr beträgt eine Deutsche Mark.

IV Für die Ablieferung oder Rücklieferung von Wertpapieren und Kostbarkeiten erhält der Rechtsanwalt die in den Absätzen 1 bis 3 bestimmte Gebühr nach dem Wert.

V Der Rechtsanwalt erhält die in den Absätzen 1 bis 3 bestimmten Gebühren nicht, soweit er Kosten an ein Gericht oder eine

Behörde weiterleitet oder eingezogene Kosten an den Auftraggeber abführt oder eingezogene Beträge auf seine Vergütung verrechnet.

1) Geltungsbereich. I–IV stimmen mit § 149 I–IV KostO fast wörtlich überein. Vgl die dortigen Anm. Die Hebegebühr entsteht stets besonders. Es handelt sich nicht um eine Vermögensverwaltung oder um eine Treuhänderschaft. Daher findet im Fall von Einwendungen gegen die Kostenberechnung des Anwalts ein Verfahren nach § 19 und kein Zivilprozeß statt.

§ 22 gilt aber nur, soweit der Anwalt Geld, Wertpapiere oder Kostbarkeiten im Rahmen der anwaltlichen Berufstätigkeit empfängt, auszahlt, zurückzahlt, ausliefert oder zurückliefert.

2) Voraussetzungen, I–IV. Das Verwahrungsgeschäft umfaßt die Erhebung, also die Empfangnahme von einem Dritten zwecks Ablieferung an den Auftraggeber, die Verwahrung und die Ablieferung, also die Weitergabe von Schecks usw des Auftraggebers an einen Dritten. Es erstreckt sich auf Geld (bar oder unbar), Wertpapiere und Kostbarkeiten. Es genügt, daß der Anwalt eine Mitverfügungsgewalt hat, vgl KG DNotZ **72**, 566 (zu § 149 KostO).

Es muß ein Auftrag vorliegen, BGH **70**, 251 und VersR **78**, 444. Er kann in der Prozeßvollmacht oder besonders erteilt worden sein. Er liegt im Zweifel nicht vor, Köln JB **77**, 1399. Darin, daß der Auftraggeber sich den von seinem Anwalt in Empfang genommenen Betrag usw auszahlen läßt, liegt nicht schon das vorangegangene Einverständnis mit der Zahlung des Schuldners an den Auftraggeber durch die Hand des Anwalts. Man muß bedenken, daß der Auftraggeber meist Wert darauf legt, nicht mit der Hebegebühr belastet zu werden, zumal ihre Erstattungsfähigkeit problematisch ist. Wenn freilich der Auftraggeber dem Anwalt Geld zur Weiterleitung an einen Dritten gibt usw, dann liegt darin im allgemeinen die Erteilung eines Auftrags im Sinn von § 22. Dasselbe gilt dann, wenn der Auftraggeber den Anwalt ausdrücklich mit der Einziehung der Streitsumme und der Ablieferung an den Auftraggeber beauftragt, AG Speyer VersR **78**, 930.

Es ist im Rahmen eines Auftrags unerheblich, ob ein Dritter für den Auftraggeber leistet oder ob der Auftraggeber für einen Dritten leistet, etwa zur Hinterlegung. Das folgt aus der Fassung „Werden an den Rechtsanwalt Zahlungen geleistet" in I.

Unter I fallen auch zB: Eine Verrechnung eines eingezogenen Betrags vom Anderkonto auf das Privatkonto des Anwalts; die auftragsgemäße Weiterleitung des auf das Anderkonto 1 des Anwalts eingezahlten Betrags auf sein Anderkonto 2; eine Verwendung desjenigen Betrags, den der Auftraggeber auf ein Anderkonto des Anwalts ohne eine besondere Zweckbestimmung eingezahlt hat. Selbst wenn der Anwalt alle eben genannten Tätigkeiten ausübt, liegt doch nur ein einziges Verwahrungsgeschäft vor. Andererseits entsteht eine Gebühr schon dann, wenn nur eine der genannten Verwahrungstätigkeiten vorliegt.

Die Hebegebühr gilt alle mit dem Verwahrungsgeschäft zusammenhängenden Tätigkeiten ab, zB: Die Prüfungen der Anweisungen des Einzahlers, auch der vom Vertrag abweichenden Anweisungen; die Prüfung der Auszahlungsunterlagen und der Auszahlungsreife; den Schriftwechsel wegen des Anderkontos; die Einlösung von Coupons; eine sonstige Verwaltungshandlung, LG Traunst AnwBl **77**, 261.

Es ist unerheblich, ob die Zahlung oder Leistung auf einem besonderen Konto verbucht wurde und wie lange der Anwalt sie verwahrt, LG Traunst AnwBl **77**, 261.

Nicht abgegolten sind zB: Die Geltendmachung des Stimmrechts bei einem Wertpapier; sein Umtausch.

Der bloße Antrag eines Anwalts auf eine Auszahlung eines hinterlegten Betrags löst die Hebegebühr nicht aus.

Soweit der Anwalt ein unechtes Wertpapier verwahrt, zB ein Sparbuch, gilt § 22 nicht. Dasselbe gilt bei der Verwahrung einer Anweisung im Sinn von §§ 783ff BGB, selbst einer unwiderruflichen, es sei denn, daß das auf dem Sparkonto befindliche Geld in die alleinige Verfügungsgewalt des Anwalts kommen soll.

3) Gebühren, I–V. Eine Hebegebühr entsteht nur, soweit ein Auftrag auf das Verwahrungsgeschäft als solches oder eines seiner Teile vorliegt. Die Höhe der Gebühren hängt vom auszuzahlenden oder zurückzuzahlenden Betrag bzw vom Wert der abzuliefernden oder zurückzuliefernden Wertpapiere oder Kostbarkeiten ab. Soweit der Anwalt die Gesamtsumme in Teilbeträgen auszahlt oder zurückzahlt, entstehen die in I genannten Gebühren gemäß II von jedem jeweils ausgezahlten oder zurückgezahlten Betrag besonders. In diesem Fall ist die Gesamtvergütung des Anwalts also im allgemeinen höher als im Fall einer einmaligen Zahlung.

Der Anwalt ist im Kosteninteresse des Antraggebers verpflichtet, die Auszahlung, Zurückzahlung, Ablieferung oder Zurücklieferung grundsätzlich in einem Arbeitsgang vorzunehmen. Andernfalls kann eine unrichtige Sachbehandlung vorliegen, die eine Schadensersatzpflicht des Anwalts auslösen kann.

In jedem Fall der Auszahlung, Zurückzahlung, Ablieferung oder Zurücklieferung beträgt die Mindestgebühr 1 DM, III.

Der Anwalt erhält die Hebegebühr nach I–III nicht, soweit er Kosten an ein Gericht oder an eine Behörde weiterleitet oder eingezogene Kosten an den Auftraggeber abführt oder eingezogene Beträge auf seine Vergütung verrechnet, V. Soweit er einen ausdrücklichen Einziehungsauftrag hatte, darf man die Hebegebühr nur von dem eingezogenen Betrag abzüglich der eigenen Vergütung berechnen.

4) Gegenstandswert. Soweit es sich um Bargeld handelt, ist der Nominalwert maßgeblich. Bei einer Zahlung in einer ausländischen Währung ist der Kurswert im Zeitpunkt der Belastung des Kontos des Anwalts maßgeblich. Zwar erlischt die Zahlungspflicht erst mit der Gutschrift beim Empfänger, aber der Zeitraum zwischen der Belastung des Anwaltskontos und der Gutschrift beim Empfänger ist von der Tätigkeit des Anwalts bei pflichtgemäßer Zahlungsanweisung weitgehend unabhängig und darf nicht zu Lasten des Kostenschuldners gebührenerhöhend berücksichtigt werden. Andererseits wäre es unbillig, eine Kursminderung in einem Zeitraum, in dem der Anwalt über das Geld keinerlei Anweisungen mehr erteilen konnte, zu seinen Lasten gebührenmindernd zu berücksichtigen.

Bei einem Wertpapier ist der Kurswert im Zeitpunkt der Abbuchung vom Wertpapierkonto des Anwalts oder seiner Aushändigung des Wertpapiers usw maßgeblich.

Soweit ein Kurswert nicht vorhanden ist, ist der Verkehrswert in den vorgenannten Zeitpunkt maßgeblich. Das gilt auch bei einer Kostbarkeit.

5) Fälligkeit. Die Fälligkeit tritt mit der Auszahlung oder Zurückzahlung bzw mit der Ablieferung oder Zurücklieferung ein, § 16. Im Fall der Auszahlung oder Zurückzahlung eines Teilbetrags usw ist dieser Zeitpunkt maßgeblich.

6) Entnahmerecht, I 3. Wird das Verwahrte an den Auftraggeber abgeliefert, so kann der Anwalt eine fällige Hebegebühr dem Betrag entnehmen. Er kann auch mit seinem Vergütungsanspruch nach dem allgemeinen Recht aufrechnen oder Geld bzw Wertpapiere nach § 273 BGB zurückbehalten, soweit er einen fälligen Anspruch hat. Er braucht bei einem Wertpapier nur Zug um Zug gegen die Zahlung der Hebegebühr abzuliefern, § 320 BGB.

Diese Befugnisse bestehen aber nicht, soweit der Anwalt eine Summe an einen Dritten auszahlen soll.

7) Kostenerstattung. A. Grundsatz. Die Hebegebühr gehört jedenfalls im Ergebnis zu den Kosten des Prozesses. Sie fällt daher auch unter das Kostenfestsetzungsverfahren, §§ 103 ff ZPO, Schlesw AnwBl **89**, 170 mwN, LG Ffm AnwBl **89**, 109. Ihre Erstattungsfähigkeit richtet sich nach §§ 91, 788 ZPO und den entsprechenden Vorschriften in anderen Verfahren. Die Erstattungsfähigkeit setzt voraus, daß die Auszahlung oder Rückzahlung, Ablieferung oder Rücklieferung durch den Anwalt zur zweckentsprechenden Rechtsverfolgung oder Rechtsverteidigung nötig war, Hamm JB **75**, 1609, KG Rpfleger **81**, 410. Es ist eine strenge Prüfung dieser Voraussetzungen erforderlich, LG Münster Rpfleger **80**, 402.

B. Beispiele. a) Erstattungsfähigkeit. Die Erstattungsfähigkeit kann in folgenden Fällen zu bejahen sein: Es liegt ein besonderes Eilbedürfnis vor, Ffm Rpfleger **52**, 445; die Rechtslage ist besonders schwierig, etwa dann, wenn der Anwalt eine Hinterlegung vornimmt, aM Celle NJW **68**, 2246; der Gläubiger wohnt im Ausland, Mü AnwBl **63**, 339, AG Bruchsal VersR **86**, 689; der Gläubiger hat ein schutzwürdiges Interesse an der Einschaltung eines Anwalts zB zwecks Überwachung unregelmäßiger Raten, AG Friedrichsstadt JB **61**, 242; der Hinterleger wohnt im Ausland.

Die Erstattungsfähigkeit besteht auch in folgendem Fall: Der Schuldner zahlt freiwillig an den ProzBev statt an den Gläubiger und der Anwalt hat einen Auftrag zur Entgegennahme.

Diese Frage ist **streitig. Wie hier** zB Düss AnwBl **80**, 264 mwN, jetzt auch Ffm Rpfleger **81**, 367 mwN, ferner KG Rpfleger **81**, 410 (wegen eines entsprechenden Vergleichs), Schlesw AnwBl **89**, 170 mwN, LG Ffm AnwBl **89**, 109 (auch zu einer Ausnahme), LG Hagen AnwBl **82**, 541, LG Traunst AnwBl **77**, 261 mwN, AG Ahaus AnwBl **82**, 438, AG Ffm VersR **86**, 776, AG Memmingen AnwBl **75**, 443 mwN, AG Speyer VersR **78**, 930; **ähnlich** LG Kblz DGVZ **84**, 43 mwN; **aM** zB Düss Rpfleger **73**, 188, LG Freibg NJW **72**, 1332.

Die Erstattungsfähigkeit ist unabhängig davon, ob der Anwalt gegenüber seinem Auftraggeber unterhaltspflichtig ist, LG Bln JB **77**, 1447.

b) Keine Erstattungsfähigkeit. Die Erstattungsfähigkeit kann zB dann fehlen, wenn der Anwalt den Gegner des Auftraggebers zu einer Zahlung an den Anwalt auffordert, ohne den Gegner zugleich auf die Entstehung einer Hebegebühr im Fall dieses Zahlungswegs hinzuweisen, Hamm JB **75**, 1609, AG Ahaus AnwBl **82**, 438, AG Bonn VersR **84**, 196, AG Mü VersR **80**, 983. Denn in einem solchen Fall muß der Gegner des Auftraggebers zur Vermeidung der Gefahr einer Zwangsvollstreckung vorsichtshalber an den Anwalt (und nicht an den Gläubiger direkt) zahlen.

Vergleichsgebühr

23 **I Für die Mitwirkung beim Abschluß eines Vergleichs (§ 779 des Bürgerlichen Gesetzbuchs) erhält der Rechtsanwalt eine volle Gebühr (Vergleichsgebühr). Der Rechtsanwalt erhält die Vergleichsgebühr auch dann, wenn er nur bei den Vergleichsverhandlungen mitgewirkt hat, es sei denn, daß seine Mitwirkung für den Abschluß des Vergleichs nicht ursächlich war.**

II Für die Mitwirkung bei einem unter einer aufschiebenden Bedingung oder unter dem Vorbehalt des Widerrufs geschlossenen Vergleich erhält der Rechtsanwalt die Vergleichsgebühr, wenn die Bedingung eingetreten ist oder der Vergleich nicht mehr widerrufen werden kann.

III Soweit über die Ansprüche vertraglich verfügt werden kann, gelten die Absätze 1 und 2 auch bei Rechtsverhältnissen des öffentlichen Rechts.

Schrifttum: Strohe, Die gebührenrechtliche Problematik des außergerichtlichen Vergleichs usw, Diss Köln 1975.

Gliederung

1) Geltungsbereich. Die Vorschrift gilt grundsätzlich für jeden Bereich der anwaltlichen Berufstätigkeit. Sie erfaßt also nicht nur die Mitwirkung an der Beilegung eines Rechtsstreits, sondern auch diejenige an der Beilegung einer außergerichtlichen Auseinandersetzung.

Für den Fall der Erledigung einer Rechtssache nach der Zurücknahme oder Änderung des mit einem Rechtsbehelf angefochtenen Verwaltungsakts enthält § 24 als vorrangige Sondervorschrift eine Regelung. Soweit eine Anwaltstätigkeit im Rahmen einer Beratungshilfe nach dem BerHG zu einem Vergleich führt, gilt der vorrangige § 132 III.

§ 23 ist unanwendbar, soweit es sich um eine Angelegenheit handelt, die keinen wirksamen Vergleich zuläßt, zB: In einer Ehesache, § 36; im Verfahren vor den Finanzgerichten, § 117; in einer Angelegenheit, für die das Gesetz im Fall eines Vergleichsabschlusses eine besondere Gebühr vorsieht, etwa im Verfahren vor der Gütestelle, § 65 II (eine Vergleichsgebühr neben der halben Verhandlungsgebühr für die Güteverhandlung nach § 54 ArbGG ist aber denkbar, § 62 II); im Privatklageverfahren, § 94 III, V.

2) Vergleich. A. Begriff, I 1. Durch die Verweisung in I 1 auf § 779 BGB wird deutlich, daß nur ein solcher Vergleich die Gebühr nach § 23 auslösen kann, der sich zumindest auch als ein Vertrag darstellt, durch den die Parteien den Streit oder die Ungewißheit über ein Rechtsverhältnis im Weg gegenseitigen Nachgebens beseitigen. Sofern dieses Merkmal des gegenseitigen Nachgebens vorliegt und der Vergleich also überhaupt derart zustande kommt, ist es unerheblich, ob dieser Erfolg, von dem diese Gebühr abhängt, Schlesw SchlHA **87**, 191, im Prozeß oder außergerichtlich entsteht, Bre JB **78**, 704, Ffm MDR **77**, 590, Hamm JB **70**, 770, VGH Kassel AnwBl **84**, 52. Es ist ebenso unerheblich, ob ein Vergleich dem Ziel der Verhütung eines Prozesses oder seiner Beendigung dient, LG Karlsr AnwBl **75**, 442. Ausreichend ist also auch ein Vergleich vor der Klagerhebung.

Wegen der rechtlichen Voraussetzungen des § 779 BGB vgl die einschlägigen Erläuterungsbücher sowie BGH **59**, 69 und NJW **71**, 157, BGB **LM** § 779 BGB Nr 38. Es kommt nicht darauf an, ob die Parteien die Einigung als Vergleich bezeichnen, vgl Hbg MDR **83**, 589, ferner Hamm MDR **81**, 63, LG Bln AnwBl **84**, 450, und ob sie überhaupt erkennen, daß objektiv ein Vergleich zustande kommt, Hamm MDR **81**, 63. Die Vergleichsgebühr kann auch dann entstehen, wenn der Vergleich nicht zwischen dem Auftraggeber und seinem bisherigen Verhandlungs- oder Prozeßgegner, sondern mit einem Dritten zustande kommt, BGH **LM** Nr 1, zB mit dem Haftpflichtversicherer, oder wenn der Auftraggeber einem zwischen anderen Personen geschlossenen Vergleich beitritt oder wenn der Vergleich auch Beziehungen zwischen einem Streitverkündeten und einer Prozeßpartei regelt, Hbg AnwBl **79**, 437, Hamm MDR **75**, 943 mwN.

Der Prozeßvergleich ist nach der in § 794 I Z 1 ZPO steckenden vollen Begriffsbestimmung eine vor dem Gericht oder vor einer durch die Landesjustizverwaltung eingerichteten oder anerkannten Gütestelle abgegebene beiderseitige Parteierklärung, die den Streit ganz oder zu einem eines teilurteilsfähigen Teil beilegt. § 127a BGB besagt nichts anderes; die dortige Formulierung „gerichtlicher Vergleich“ nötigt keineswegs zur Unterstellung des Prozeßvergleichs (auch) unter § 779 BGB, zumal dieser in § 127a BGB nicht erwähnt wird, obwohl das nur zu nahe gelegen hätte; das übersieht zB Breetzke NJW **71**, 180. Ein gegenseitiges Nachgeben ist hier unnötig, Keßler DRiZ **78**, 79, aM zB BGH **39**, 63 mwN; zur rein prozessualen Natur des Prozeßvergleichs Baumgärtel Prozeßhandlungen 192.

Nach der **hM,** vgl zB BGH **79**, 74 und NJW **80**, 1754, BAG NJW **78**, 1877 je mwN, hat der Prozeßvergleich eine Doppelnatur: Er sei einerseits ein sachlichrechtliches Geschäft nach § 779 BGB, andererseits eine Prozeßhandlung. Holzhammer Festschrift für Schima (1969) 217 sieht den privatrechtlichen Vergleich und einen Prozeßbeendigungsvertrag isoliert nebeneinander (Doppeltatbestand); ähnlich Tempel Festschrift für Schiedermair (1976) 543. RG **153**, 67 nannte ihn einen „bloßen Privatvertrag". Aber ein sachlichrechtliches Geschäft kann keinen Prozeß beenden. Für den Prozeßvergleich ist gerade die Mitwirkung des Gerichts eigentümlich. Das Gericht trägt die volle Verantwortung für die Form, §§ 160 III Z 1, 162 ZPO, für den Inhalt zumindest insofern, daß der Vergleich nicht gegen ein gesetzliches Gebot verstößt, Keßler DRiZ **78**, 80 (weitergehend).

Der Prozeßvergleich bleibt eine Prozeßhandlung der Parteien, AG Mosbach FamRZ **77**, 813. Auch nach Ansicht derer, die ein gegenseitiges, wenn auch ganz geringes, Nachgeben verlangen, braucht sich dieses nicht auf die Hauptsache zu beziehen. Es genügt, daß eine Partei einen Bruchteil der Kosten und der Zinsen übernimmt oder daß der Beklagte in eine Klagerücknahme einwilligt, wenn diese Einwilligung notwendig ist, aM Mü MDR **85**, 328; manche lassen sogar eine volle Anerkennung genügen, wenn der Kläger sein auf eine der inneren Rechtskraft fähige Entscheidung gerichtetes Ziel aufgibt. Dann bleibt freilich von § 779 BGB nichts Rechtes mehr übrig.

Aus diesen Erwägungen folgt: Der bloße Prozeßvergleich läßt keine Gebühr nach § 23 entstehen, soweit er ohne ein gegenseitiges Nachgeben zustande kommt, Schlesw SchlHA **80**, 79, aM Kblz AnwBl **84**, 205 mwN. Es kann aber eine Einigung vorliegen, die im Fall ihrer Protokollierung eine Gebühr nach § 32 II bzw nach § 41 II 2 auslösen kann.

B. Wirksamkeit, II. Aus II ergibt sich, daß die Vergleichsgebühr unter anderem die volle Wirksamkeit des Vergleichs voraussetzt, LG Hanau **87**, 243. Man muß insofern folgende Situationen unterscheiden:

a) Aufschiebende Bedingung. Sofern die Parteien den Vergleich unter einer aufschiebenden Bedingung geschlossen haben, § 158 I BGB, muß die Bedingung eingetreten sein. Eine solche Bedingung kann zB dann vorliegen, wenn der Vergleich der Genehmigung des Vormundschaftsgerichts bedarf. Wenn das Gericht die Genehmigung nicht erteilt oder die Genehmigung wirksam widerruft, entsteht keine Gebühr nach § 23. Dieser Grundsatz gilt auch im Fall des § 32 II, KG Rpfleger **78**, 390.

b) Auflösende Bedingung. Sofern die Parteien den Vergleich unter einer auflösenden Bedingung geschlossen haben, § 158 II BGB, muß endgültig feststehen, daß die auflösende Bedingung nicht eintritt. Ein solcher Fall kann zB dann vorliegen, wenn der Vergleich zumindest unter anderem dahin geht, daß er im Fall der Nichtzahlung zu einem bestimmten Zeitpunkt hinfällig werden soll.

Der Hauptfall der auflösenden Bedingung ist ein Widerruf, aM Mü Rpfleger **76**, 104 (das OLG meint, in dieser Situation liege in Wahrheit eine aufschiebende Bedingung des Nichtwiderrufs vor). In diesem Fall kommt es erst dann endgültig zur Prozeßgebühr, wenn kein rechtzeitiger und auch im übrigen wirksamer Widerruf vorliegt.

c) Weitere Voraussetzungen. Der Vergleich kann auch unabhängig von einer etwaigen aufschiebenden oder auflösenden Bedingung unwirksam sein, etwa wegen der Sittenwidrigkeit oder Gesetzwidrigkeit seines Inhalts, §§ 134, 138 BGB, oder wegen eines Formmangels, LG Hanau AnwBl **87**, 243. Die Unwirksamkeit kann sich auch nachträglich ergeben, vgl §§ 109, 142 BGB. Wegen § 13 IV bleibt eine zuvor bereits verdiente Vergleichsgebühr trotzdem bestehen, KG Rpfleger **74**, 231 mwN, aM Düss MDR **68**, 505, Donau NJW **55**, 1424. Wenn die Parteien einen Rechtsstreit wegen eines Streits um die Wirksamkeit eines Vergleichs fortsetzen, entsteht für einen in der Folgezeit zustande kommenden „weiteren" Vergleich keine Vergleichsgebühr, § 13 II 1, dort Anm 3 C.

C. Fälle eines Vergleichs

Abfindung: Wenn der Versicherer die Unterschrift einer Abfindungserklärung anfordert, liegt darin ein Anhaltspunkt für ein Vergleichsangebot. Denn das ist der erkennbare Sinn der Aufforderung. Sofern also der Adressat trotz einer Rechtspflicht zum Reden schweigt oder die Erklärung abgibt, kann ein Vergleich zustande gekommen sein, und zwar auch nach einer Teilzahlung ein Gesamtvergleich, LG Karlsr AnwBl **83**, 5. Vgl aber auch „Teilzahlungsvergleich".

Übersicht über die Rechtsprechung, speziell bei einer Beteiligung einer Versicherung, bei Klingmüller-André VersR **68**, 857, Klingmüller-Müller VersR **71**, 25. Im Fall eines Stationierungsschadens geht BGH **39**, 64, vgl auch BGH NJW **62**, 637, sogar so weit, einen Vergleichsabschluß anzunehmen, wenn sich die Parteien ohne eine längere Auseinandersetzung alsbald im Interesse der schnellen und gütlichen Einigung auf eine bestimmte Geldsumme einigen.

Abgabenstreit: Da eine Vergleichsgebühr nur entstehen kann, soweit die Parteien bei einem Rechtsverhältnis des öffentlichen Rechts über den Anspruch vertraglich verfügen können, III, kommt es darauf an, ob das Gesetz ausnahmsweise einen Vergleichsabschluß zuläßt, OVG Münster NJW **65**, 1547.

Anerkenntnis: Das bloße Anerkenntnis stellt keine vergleichsweise Einigung dar, Kblz JB **77**, 1393. Ein Vergleich kann allerdings dann vorliegen, wenn zB der Gläubiger nur einen Teil der bisherigen Forderung endgültig bezahlt haben will und sich gleichzeitig verpflichtet, im Fall der pünktlichen Ratenzahlung stillzuhalten, vgl Ffm MDR **71**, 936, allerdings auch Hbg NJW **52**, 1263, AG Nürnb VersR **83**, 474, oder wenn der Gläubiger für einen bestimmten Zeitraum auf die Vollstreckung aus dem Anerkenntnisurteil verzichtet und wenn der Schuldner Einwendungen fallen läßt, die evtl zur Notwendigkeit einer Beweisaufnahme geführt hätten, Hbg MDR **83**, 589.

Arrest, einstweilige Verfügung: Sofern die Parteien im einstweiligen Verfahren eine Einigung im Weg gegenseitigen Nachgebens erzielen, kann § 23 anwendbar sein, etwa auch dann, wenn die Vereinbarung dahin geht, daß eine schon erlassene einstweilige Verfügung bis zur Entscheidung über die Hauptsache bestehen bleiben soll.

Aufbrauchsfrist: Ihre Einräumung durch den Gläubiger kann die Vergleichsgebühr auslösen, Ffm GRUR **85**, 239.

Außergerichtliche Einigung: Da I 1 auf § 779 BGB verweist, ist die außergerichtliche Einigung ausreichend, vgl LG Mü AnwBl **84**, 508, sofern ein gegenseitiges Nachgeben vorliegt, A.

Bedingung: Vgl B a, b.

Beigeladener: Soweit überhaupt eine Vergleichsgebühr in Betracht kommt, III, kann die Zustimmung eines notwendig Beigeladenen eine der Voraussetzungen der Wirksamkeit des Vergleichs sein, Redeker/von Oertzen § 66 VwGO Rdz 10 mwN.

Berufsrecht: Soweit die Voraussetzungen III vorliegen, kann auch ein das Berufsrecht betreffender Vergleich ausreichen, vgl zB § 33 I Z 3 FGO.

Beschränkung des Streitstoffs: Durch die bloße Beschränkung des Streitstoffs braucht noch keine Einigung im Weg des gegenseitigen Nachgebens entstanden zu sein, vgl BGH **LM** § 252 BGB Nr 18, Köln MDR **74**, 1026.

Daseinsvorsorge: Bei einem Streit im Bereich der Daseinsvorsorge ist der Abschluß eines Vergleichs gemäß III meist zulässig, vgl BVerwG **14**, 103.

Dritter: Eine Erklärung des Schuldners, er werde die sofortige Bezahlung seiner Schuld durch einen Dritten veranlassen, falls der Gläubiger die Forderung ermäßige, kann zum Vergleich ausreichen, LG Augsb AnwBl **84**, 516. Freilich ist Vorsicht geboten.

Eingriffsverwaltung: Im Bereich der Eingriffsverwaltung ist ein Vergleichsabschluß gemäß III meist unzulässig, soweit es sich um zwingendes Recht handelt, vgl BVerwG **4**, 111 und **5**, 128 (Wohnraumbewirtschaftung), OVG Münster VerwRspr **4**, 886 (Baugestaltung). Köln JB **76**, 190 mwN hält einen Vergleichsabschluß auch in einem Enteignungsverfahren für zulässig, aM Reinhardt NJW **70**, 697. Soweit er zulässig ist, kann man ihn auch zur Erledigung eines Verfahrens nach § 80 VwGO schließen, VG Bln NJW **67**, 366.

Einstweilige Verfügung: S „Arrest, einstweilige Verfügung".

Enteignung: S „Eingriffsverwaltung".

Erledigung der Hauptsache: Übereinstimmende wirksame Erledigterklärungen beider Parteien sind als solche bloße Prozeßhandlungen und beenden lediglich die Rechtshängigkeit der bisher streitigen Ansprüche unmittelbar, Ffm MDR **81**, 676. Sie besagen nur, daß die Parteien an einer Sachentscheidung durch das Gericht kein Interesse mehr haben, KG NJW **65**, 698, insofern auch Koenigk NJW **75**, 529. Sofern die Parteien also nicht gleichzeitig in einem Streitpunkt nachgeben, liegt in den bloßen übereinstimmenden Erledigterklärungen kein Vergleich, Düss AnwBl **83**, 320, KG MDR **72**, 431.

Etwas anderes kann natürlich dann gelten, wenn zunächst umstritten war, ob ein erledigendes Ereignis eingetreten ist, und wenn erst anschließend übereinstimmende Erledigterklärungen wirksam zustande kommen, KG MDR **72**, 431, vgl auch Ffm VersR **78**, 1173. Auch dann kann aber zB angesichts streitiger Kosten-„Anträge" ein Vergleich fehlen, Schlesw SchlHA **83**, 199.

Fälligkeit: Es reicht aus, daß die Parteien eine frühere als die bisher vereinbarte oder die gesetzliche Fälligkeit vereinbaren, BGH **LM** § 252 BGB Nr 18 mwN, AG Hildesh AnwBl **76**, 301.

Finanzgerichtliche Verfahren: Man muß III beachten. S auch „Abgabenstreit", „Berufsrecht".

Form: Soweit die Wirksamkeit eines Vergleichs von der Einhaltung einer Form abhängt, etwa nach § 313 BGB, entsteht die Vergleichsgebühr erst bei Einhaltung der Form, LG Hanau AnwBl **87**, 244.

Genehmigung: Sofern die Wirksamkeit eines Vergleichs von einer Genehmigung abhängt, etwa des gesetzlichen Vertreters oder des Beigeladenen oder des Vormundschaftsgerichts, entsteht die Vergleichsgebühr erst mit der wirksamen Erteilung der Genehmigung, II, Kblz VersR **83**, 567. Vgl auch B a, b.

Gesetzliche Folge: Soweit die Parteien nur eine ohnehin bereits eingetretene gesetzliche Folge formell bestätigen, liegt kein Vergleich vor. Diese Situation tritt zB dann ein, wenn der Kläger bereits vor dem „Vergleichsabschluß" die Klage wirksam zurückgenommen hatte, § 269 III ZPO, oder wenn der Kläger eine Erklärung des Beklagten mit der Verpflichtung zu einer Unterlassung annimmt, um einer Klagabweisung wegen des jetzt weggefallenen Rechtsschutzbedürfnisses zu entgehen, Hbg MDR **77**, 502 mwN.

Klagerücknahme: Soweit die Einigung dahin geht, daß der Beklagte eine Leistung erbringt und der Kläger deshalb die Klage zurücknimmt, kann ein Vergleich vorliegen, Hamm MDR **73**, 148, vgl LG Bln AnwBl **84**, 450.

S aber auch „Gesetzliche Folge". Nicht ausreichend ist eine Klagerücknahme unter einem Verzicht auf den Anspruch unter Übernahme der Kosten nebst Zustimmung des Gegners zur Rücknahme, Hbg MDR **80**, 589, aM Mü NJW **65**, 1026.

Kosten: Es genügt das gegenseitige Nachgeben im kleinsten Punkt, etwa bei den Kosten, BGH **LM** § 252 BGB Nr 18 mwN, AG Hildesh AnwBl **76**, 301. Ausreichend ist auch der Verzicht einer Partei auf einen Kostenerstattungsanspruch, Hamm MDR **81**, 63.

Nach einem Urteil: S „Rechtskraft".

Öffentliches Recht: Man muß III beachten. In diesem Rahmen ist ein Vergleich in jedem beliebigen Verfahren wegen einer öffentlichrechtlichen Streitigkeit möglich, vgl auch § 106 VwGO, § 101 I SGG. Ein Vergleich ist zB im Umlegungsverfahren möglich, AG Ffm AnwBl **85**, 266. Er ist auch im Verfahren vor einem Entschädigungsgericht grundsätzlich zulässig, § 177 BEG. Ob die Parteien über den Anspruch vertraglich verfügen können, läßt sich nur unter Berücksichtigung der Umstände des Einzelfalls entscheiden, Lang VerwArch **61**, 83.

S auch „Abgabestreit", „Berufsrecht", „Beigeladener", „Daseinsvorsorge", „Eingriffsverwaltung".

Prozeßvergleich: Vgl Anm 2 A.

Ratenzahlung: S „Teilzahlungsvergleich".

Rechtskraft: Grundsätzlich ist nach dem Eintritt der Rechtskraft kein Streit und keine Ungewißheit der Parteien über das betreffende Rechtsverhältnis mehr vorhanden, § 779 I 1 BGB. Indessen können neue Streitfragen auftauchen und zumindest zu einer Unsicherheit über die Verwirklichung eines Anspruches führen, die der Ungewißheit eines Rechtsverhältnisses gemäß § 779 II BGB gleichsteht, etwa im Hinblick auf die Zulässigkeit eines Wiedereinsetzungsgesuch, einer Vollsteckungsabwehrklage, einer Wiederaufnahmeklage. Auch ist ein Ratenzahlungsvergleich auch nach dem Eintritt der Rechtskraft zulässig, s „Teilzahlungsvergleich".

S auch „Rechtsmittelrücknahme".

Rechtsmittelrücknahme: Ausreichend ist eine Rechtsmittelrücknahme der einen Partei, der Verzicht der anderen auf einen weitergehenden Anspruch, Ffm MDR **77**, 599, oder auf die Erstattung ihrer Kosten, Hamm MDR **81**, 63. Ausreichend ist auch eine Rechtsmittelrücknahme im Hinblick auf eine inzwichen erfolgte oder versprochene Leistung des Gegners, Hamm MDR **73**, 148, VGH Kassel AnwBl **84**, 52, LG Bln AnwBl **84**, 450, oder wegen Verzichts des Rechtsmittelbekl auf die Vollstreckung für längere Zeit, LG Bln VersR **89**, 409.

Nicht ausreichend ist die bloße Einwilligung in die Rechtsmittelrücknahme des Gegners.

Rechtsschutzbedürfnis: Es liegt kein Vergleich vor, wenn der Kläger eine Erklärung des Beklagten, durch die dieser sich zu einer Unterlassung verpflichtet, nur deshalb annimmt, um einer Klagabweisung wegen des jetzt weggefallenen Rechtsschutzbedürfnisses zu entgegen, Hbg MDR **77**, 502 mwN.

Rücktritt: Vgl B b.

Sanierung: Maßgeblich ist zunächst III. Es liegt kein Vergleich vor, wenn ein im Sanierungsgebiet liegendes Grundstück vor der Aufstellung oder wenigstens vor der Auslegung des Entwurfs des Bebauungsplans, an den Sanierungsträger verkauft wird, BGH NJW **80**, 889.

Schiedsabrede: Die bloße Einigung auf ein Schiedsgericht beseitigt den Streit oder die Ungewißheit noch nicht, § 779 I 1 BGB, oben B.

Sittenwidrigkeit: Vgl B c.

Sorgerecht: Die Vereinbarung der Eltern genügt auch dann, wenn Dritte sie vorbereitet hatten, Bgb FamRZ **88**, 1193.

Sozialgericht: Man muß III beachten. Eine Vergleichsgebühr kann nur im Verfahren nach § 116 II entstehen, nicht im Verfahren nach § 116 I, III, auch nicht im behördlichen Verfahren, denn dort entsteht nicht mehr als die Rahmengebühr nach § 116 I, die die Vergütung für einen Vergleich umfaßt, § 118 Anm 1 C d.

Stundung: Für § 779 BGB genügt das Nachgeben im kleinsten Punkt, also auch bei der Stundung, vgl BGH **LM** § 252 BGB Nr 18 mwN.

Teilvergleich: Man kann durch einen Teilvergleich einen bestimmten Teil des Streitstoffs erledigen. Ein Teilgesamtvergleich beseitigt verschiedene Streitpunkte, aber nicht alle, zB Teile mehrerer streitiger Gegenstände oder den einen ganz, den anderen zum Teil. Demgegenüber beseitigt ein Gesamtvergleich die gesamte Streitigkeit.

Teilzahlungsvergleich: Eine Vergleichsgebühr kann zB in folgenden Situationen entstehen: Der Schuldner bietet auf Grund eines eingeholten Gutachtens unter Aufgabe einer eigenen Gegenforderung einen Teilbetrag an, LG Bln NJW **65**, 50; der Schuldner tritt zur Sicherung einer Teilzahlungsvereinbarung sein Gehalt an den Gläubiger ab.

Diese Frage ist **streitig. Wie hier** zB LG Baden-Baden AnwBl **82**, 123 mwN., AG Mainz JB **76**, 1061; **aM** zB Ffm MDR **73**, 860 (abl Schmidt), insofern auch LG Bln Rpfleger **76**, 438 mwN, ferner LG Essen DGVZ **77**, 43, LG Mainz Rpfleger **80**, 305, AG Birkenfeld DGVZ **85**, 175, AG Mü DGVZ **82**, 13 mwN; vgl für ähnliche Regulierungsarten von Kraftfahrzeugunfallschäden Leuchte MDR **70**, 192, Stüven MDR **68**, 816, Tschischgale NJW **66**, 2103.

Ein Ratenzahlungsvergleich ist auch im Zwangsvollstreckungsverfahren zulässig und geeignet, die Vergleichsgebühr auszulösen.

Diese Frage ist **streitig. Wie hier** zB KG Rpfleger **81**, 410, LG Arnsberg AnwBl **83**, 573, LG Darmst Rpfleger **85**, 325, LG Essen Rpfleger **71**, 444, LG Fulda Rpfleger **84**, 36 mwN, LG Heidelb Rpfleger **84**, 36, LG Köln AnwBl **84**, 221, LG Mü MDR **89**, 169, Schmidt NJW **72**, 1332; **offen** LG Coburg DGVZ **88**, 75; **abw** zB Köln NJW **76**, 976, Nürnb MDR **84**, 1036, LG Ffm NJW **76**, 1411 mwN, LG Kblz DGVZ **84**, 42 mwN, AG Mönchengladb DGVZ **84**, 127, Noack MDR **76**, 984; **aM** zB Ffm MDR **73**, 860 (abl Schmidt), Kblz DGVZ **85**, 169, LG Wuppertal DGVZ **87**, 189.

Ein Vergleich kann ferner vorliegen, wenn sich der Gläubiger unter Beschränkung auf einen Teil der bisherigen Forderung verpflichtet, im Fall einer pünktlichen Ratenzahlung stillzuhalten, vgl Ffm MDR **71**, 936, aber auch Hbg NJW **52**, 1263, AG Nürnb VersR **83**, 474.

Ein Vergleich kann fehlen, wenn der Versicherer einen Teilbetrag zahlt und eine Mehrzahlung ablehnt, BGH NJW **70**, 1122, aM AG Ansbach AnwBl **78**, 70 (abl Schmalzl VersR **78**, 477 mwN), oder wenn sich der Schuldner nur zu Teilzahlungen bereit erklärt, LG Darmst DGVZ **84**, 89, oder wenn er mit der „Übernahme der Kosten des Teilzahlungsvergleichs" in Wahrheit nichts Neues übernimmt, LG Lüneb DGVZ **88**, 44.

Vgl aber auch „Abfindung".

Umgangsrecht: Zumindest bei einer Regelung für das nichteheliche Kind über das Umgangsrecht nach § 1711 BGB kann die Vergleichsgebühr entstehen, LG Bln Rpfleger **88**, 81.

Unwirksamkeit: Vgl 2 B c.

Vergleich mit einem Dritten: Ein solcher Vergleich kann ausreichen, A.

Verwaltungsgericht: Man muß III beachten. Der Vergleich kann einen bürgerlichrechtlichen Anspruch mitumfassen, OVG Münster NJW **69**, 524, und sich auch auf die Kostenregelung beschränken, OVG Münster DÖV **56**, 445.

S auch „Abgabenstreit", „Beigeladener", „Berufsrecht", „Daseinsvorsorge", „Eingriffsverwaltung".

Vorbehalt: Vgl 2 B b.

Vorgreiflichkeit: Ausreichend kann eine Vereinbarung sein, daß der Ausgang eines erst durchzuführenden Prozesses auch für weitere Streitfragen gleicher Art maßgebend sein soll. Denn damit beseitigen die Parteien ebenfalls eine Ungewißheit im Sinn von § 779 I 1 BGB, wenn auch erst für die Zukunft.

S auch „Arrest, einstweilige Verfügung".

Widerruf: Vgl B b.

Zinsen: Ausreichend ist ein Nachgeben im kleinsten Punkt, also auch bei den Zinsen, vgl BGH **LM** § 252 BGB Nr 18 mwN, AG Hildesh AnwBl **76**, 301.

Zuständigkeit: Man muß von Fall zu Fall prüfen, ob über die Zuständigkeit ein Streit herrschte und ob die Vereinbarung eines bestimmten Gerichts wenigstens auf seiten eines der Beteiligten ein Nachgeben darstellt.

Zwingendes Recht: Man muß III beachten.

Zwischenvergleich: Soweit er nur eine Zwischenlösung bringt, die für sich noch keine Beilegung des Rechtsstreits oder eines Teils darstellt, entsteht keine Vergleichsgebühr, Celle NdsRpfl **66**, 266. Etwas anderes gilt, sofern der Zwischenvergleich bereits eine endgültige Regelung eines Teils des gesamten Streits herbeiführt, KG MDR **79**, 592 mwN, Kblz MDR **86**, 860, aM Stgt JB **84**, 550, sei es auch nur für eine bestimmte Zeit, etwa in einer Ehesache für die Dauer des Verfahrens wegen des Unterhalts.

3) Mitwirkung. Eine Vergleichsgebühr setzt voraus, daß eine Mitwirkung des Anwalts vorliegt. Im einzelnen müssen folgende Voraussetzungen erfüllt sein:

A. Anwaltseigenschaft. Der Anwalt muß gerade als solcher mitgewirkt haben. Ihm stehen nur die im § 4 genannten Personen gleich; vgl die dortigen Anm. Der Anwalt braucht nicht persönlich anwesend gewesen zu sein. Im Fall eines Prozeßvergleichs, der gleichzeitig ein gegenseitiges Nachgeben enthält, braucht er auch nicht der ProzBev gewesen zu sein. Der Vergleich muß aber in derjenigen Instanz geschlossen worden sein, für die der Anwalt etwa bestellt worden ist, Mü Rpfleger **82**, 202, oder er muß die Verhandlungen mit dem Gegner eingeleitet oder als Verkehrsanwalt mitgewirkt haben.

Es reicht nicht aus, daß der Anwalt lediglich als Konkursverwalter oder in einer anderen der in § 1 II genannten Eigenschaft mitgewirkt hat.

B. Ursächlichkeit. Die anwaltliche Tätigkeit muß irgendwie ursächlich für den Abschluß des Vergleichs geworden sein. Im einzelnen ergeben sich folgende Voraussetzungen:

a) Mitwirkung an der Verhandlung. Es kann ausreichen, daß der Anwalt lediglich bei den Vergleichsverhandlungen und nicht beim anschließenden Vergleichsabschluß mitgewirkt hat, I 2. In diesem Fall muß aber seine Mitwirkung an der Verhandlung irgendwie ursächlich für den Vergleichsabschluß geworden sein, insofern grundsätzlich richtig LG Ffm Rpfleger **85**, 166. Auch das ergibt sich aus I 2. Hs 2 stellt lediglich die Fragen der Beweislast klar, d.

b) Mitwirkung beim Vergleichabschluß, I 1. Sofern der Anwalt nicht nur an den Verhandlungen, sondern auch beim Abschluß des Vergleichs mitgewirkt hat, kommt erst recht die Vergleichsgebühr in Betracht.

Die Unterscheidung zwischen der bloßen Vergleichsverhandlung, I 2. und dem Vergleichsabschluß, I 1, ist nur dann sinnvoll, wenn die zum Abschluß führende Verhandlung zeitlich nicht mit anderen Teilen der Gesamtverhandlungen zusammenfällt. Sachlich liegen dieselben Voraussetzungen für das Entstehen einer Prozeßgebühr vor.

c) Bedingung, Widerruf, II. Es reicht aus, daß der schließlich abgeschlossene Vergleich unter einer aufschiebenden Bedingung oder unter dem Vorbehalt des Widerrufs stand, sofern der Anwalt irgendwie an diesem Vergleich mitgewirkt hat und sofern die aufschiebenden Bedingung eingetreten ist oder der Widerruf nicht mehr zulässig ist, Anm 2 B.

d) Beweislast. Sofern der Anwalt sich auf eine Mitwirkung beim Abschluß des Vergleichs beruht, muß er schon nach dem Wortlaut von I 1 diese Mitwirkung beweisen. Sofern er sich lediglich auf die Mitwirkung an vorangegangenen Vergleichsverhandlungen (und auf das natürlich auch dann notwendige anschließende Zustandekommen eines Vergleichs) beruft, muß der Auftraggeber oder sonstige Gebührenschuldner beweisen, daß die (vom Anwalt zu beweisende) Mitwirkung für den Abschluß des Vergleichs nicht ursächlich war, I 2. Anderenfalls bleibt die durch die Mitwirkung ausgelöste Vergleichsgebühr bestehen. Sie ist nur dann nicht zu zahlen, wenn erwiesenermaßen keinerlei Ursächlichkeit der Mitwirkung des Anwalts für den Inhalt oder auch nur den Zeitpunkt und die Form des abschließenden Vergleichs vorliegt.

Jede Mitursächlichkeit reicht zur Entstehung der Vergleichsgebühr aus. Man muß nach den Umständen des Einzelfalls beurteilen, ob eine Mitursächlichkeit vorliegt, und dabei das Interesse nicht nur des Auftraggebers, sondern auch des Vergleichspartners berücksichtigen.

C. Fälle der Mitwirkung

Abraten vom Vergleich: Eine Mitwirkung liegt nicht vor, wenn der Anwalt nur vom Vergleichsabschluß abgeraten hat, wenn er also den Vergleichsabschluß nicht gefördert, sondern eher erschwert hat, so daß der Vergleich nicht wegen, sondern trotz der Tätigkeit des Anwalts zustande gekommen ist, Celle NdsRpfl **67**, 88.

Abraten vom Widerruf: Diese Tätigkeit kann die Vergleichsgebühr auslösen, Ffm AnwBl **82**, 248 und **83**, 187, KG JB **78**, 1659, Schlesw Rpfleger **56**, 321 und SchlHA **82**, 143, Stgt AnwBl **80**, 263, LG Hanau AnwBl **80**, 298.

Anderer Prozeß: Soweit die Parteien im Vergleich einen anderweitig anhängigen Rechtsstreit mitvergleichen, muß der Anwalt nicht an jenem anderen Rechtsstreit beteiligt gewesen sein, wohl aber am Abschluß des Vergleichs mitgewirkt haben. Ein Anwalt, der in einem jener anderen Rechtsstreite tätig war, kann die für die Mitwirkung beim jetzigen Vergleich etwa verdiente Vergleichsgebühr nur im vorliegenden Verfahren geltend machen, Mü NJW **72**, 1311; zur Gebührenhöhe des im vorliegenden Verfahren mitwirkenden Anwalts Oldb NJW **72**, 1331.

Auftragsüberschreitung: Soweit der Anwalt über seinen Auftrag hinausgegangen ist, etwa den Vergleich gegen den Willen seines Auftraggebers abgeschlossen oder ein Rechtsmittel zurückgenommen hat, liegt grundsätzlich keine Mitwirkung im Sinn von § 23 vor. Man muß allerdings das unter Umständen vorhandene Recht des Anwalts beachten, von den Weisungen des Auftraggebers abzuweichen, wenn er den Umständen nach annehmen darf, daß der Auftraggeber bei Kenntnis der Sachlage die Abweichung billigen werde, § 665 BGB, vgl auch §§ 678ff BGB. Insofern sind allerdings strenge Anforderungen zu stellen.

Bemühung: Der Anwalt muß irgendwelche Bemühungen mit dem Ziel des Zustandekommens eines Vergleichs vorgenommen haben, Ffm VersR **81**, 138, Mü NJW **58**, 1977, AG Hbg AnwBl **89**, 399. Es genügt dann, daß der Vergleich im großen und ganzen mit dem Vorschlag des Anwalts oder seinen Bemühungen übereinstimmt, Stgt AnwBl **74**, 355. Die Bemühung kann zB durch eine Beratung, einen Briefwechsel, Telefonate, Erkundigungen bei einer Behörde usw vorgenommen worden sein. Die Ursächlichkeit der Bemühungen wird nicht stets durch den Entschluß der Partei beseitigt, den Vergleich ohne den Anwalt oder mit Unterstützung eines anderen Anwalts abzuschließen, Celle NdsRpfl **62**, 112.

Eine Verhandlung mit dem Gegner des Auftraggebers ist nicht unbedingt erforderlich.

S auch „Abraten vom Vergleich", „Scheitern der Verhandlungen".

Beweislast: Vgl B d.

Genehmigung: Die Besorgung einer notwendigen Genehmigung reicht als Mitwirkung grundsätzlich aus.

Instanz: Die Parteien müssen den Vergleich in derjenigen Instanz abschließen, für die der Auftraggeber den Anwalt bestellt hat, Mü Rpfleger **80**, 202. Es reicht allerdings aus, daß der Anwalt die Verhandlungen mit dem Gegner eingeleitet oder als Verkehrsanwalt beratend und vermittelnd mitgewirkt hat.

Konkursverwalter: Vgl A.

Mitteilung: S zunächst „Bemühung". Die bloße Mitteilung eines Vorschlags des Gegners an den Auftraggeber ohne eine allgemeine Stellungnahme oder begrenzt auf den allgemeinen Rat, sich zu einigen, ist keine Mitwirkung im Sinn von § 23, Schmidt NJW **71**, 415. Die bloße Mitteilung an das Gericht, daß sich die Parteien geeinigt hätten, reicht nicht aus, soweit der Anwalt an dem Zustandekommen der Einigung nicht mitgewirkt hat, selbst wenn er in einer Ausführung der Einigung die Zurücknahme des Rechtsmittels erklärt.

S aber auch „Protokoll".

Protokoll: Die Mitwirkung des Anwalts bei der gerichtlichen Protokollierung eines Vergleichs reicht aus, auch wenn die Parteien den Vergleichsinhalt zuvor selbst untereinander vereinbart hatten.

Prozeßkostenhilfe: Der im Weg der Prozeßkostenhilfe beigeordnete Anwalt kann eine Vergleichsgebühr von der Staatskasse verlangen, soweit er für denjenigen Rechtszug beigeordnet ist, in dem der Vergleich zustande kommt, und zwar im Umfang seiner Beiordnung, dann auch für einen außergerichtlichen Vergleich, so wohl auch BGH VersR **88**, 941, ferner Hbg AnwBl **83**, 572, LG Mü AnwBl **84**, 508, abw Schneider MDR **85**, 815 mwN.

S auch § 122 Anm 4 F.

Scheitern der Verhandlungen: Das Scheitern der Verhandlungen ist für die Entstehung der Vergleichsgebühr insoweit unerheblich, als frühere Verhandlungen später doch zum Erfolg führen, wenn vielleicht auch nur mit einigen Abweichungen, vielleicht sogar erst nach dem Tod des Anwalts. Soweit ein Rechtsnachfolger des Auftraggebers in die vom

Anwalt ausgehandelten Bedingungen eintritt, ohne den Anwalt von sich aus (erneut) hinzuzuziehen, entsteht durch den Vergleichsabschluß dennoch für den Anwalt die Gebühr nach § 23, KG JB **70**, 775.

Etwas anderes gilt dann, wenn ein ganz anderer Vergleich als der vom Anwalt vorgeschlagene zustande kommt oder wenn der Anwalt vom Vergleich nur abgeraten hat, s „Abraten".

Sorgerecht: Die Vergleichsgebühr entsteht auch dann, wenn Dritte die Einigung vorbereitet hatten, der Anwalt aber nach Beratung seines Auftraggebers am Abschluß mitwirkt, Bbg FamRZ **88**, 1193.

Streithelfer: Der Anwalt des Streithelfers kann die Vergleichsgebühr verdienen, soweit er am Vergleich mitgewirkt hat und soweit auch die Rechtsverhältnisse des Streithelfers mitgeregelt wurden, Hbg AnwBl **79**, 437.

S aber auch „Instanz".

Untervertreter: Der vom Anwalt bestellte Untervertreter kann die Vergleichgebühr für den Anwalt verdienen, abw Hamm NJW 55, 1762, vgl allerdings auch § 4, ferner §§ 53–54.

Verkehrsanwalt: Eine über die bloße Übermittlung eines Vergleichsvorschlags hinausgehende beratende oder vermittelnde oder sonst um den Abschluß eines Vergleichs bemühte Tätigkeit des Verkehrsanwalts kann ausreichen.

Diese Frage ist **streitig. Wie hier** zB Bbg AnwBl **80**, 298, Ffm MDR **60**, 410, AnwBl **80**, 512 und AnwBl **84**, 101, Hbg JB **81**, 706 und MDR **84**, 949, Mü NJW **67**, 891, Schlesw JB **80**, 1666, Stgt AnwBl **80**, 263, LG Hanau AnwBl **80**, 298, GSEM § 52 Rdz 17, Mümmler JB **79**, 630, RS 19, SchGei 16; **aM** zB Düss MDR **83**, 327 (abl Schmidt 589).

Widerruf: S „Abraten vom Widerruf".

Zwangsvollstreckung: Auch für eine auf echtem gegenseitigen Nachgeben beruhende Vereinbarung im Vollstreckungsverfahren kann der mitwirkende Anwalt eine Vergleichsgebühr fordern, LG Bln AnwBl **87**, 197, AG Aachen DGVZ **87**, 62.

4) Gebührenhöhe. A. Vergleichsgebühr, I 1. Die Vergleichsgebühr beträgt immer mindestens eine volle Gebühr. Das gilt auch bei einem Vergleich in einem Verfahren nach § 80 VwGO oder nach § 69 FGO oder im Prozeßkostenhilfeverfahren, § 118 ZPO. § 51 I ist also auf den Vergleich unanwendbar.

In der Berufungs- oder Revisionsinstanz tritt eine Erhöhung auch der Vergleichsgebühr nach § 11 I 4, 5 ein. Es enthält auch derjenige Anwalt der unteren Instanz die 13/10 Gebühr, der im Berufungs- oder Revisionsverfahren am Vergleichsabschluß mitgewirkt hat, Düss MDR **59**, 500 (auch wegen der ½ Prozeßgebühr für die höhere Instanz, für die der Anwalt noch nicht bestellt worden ist). Wenn die Parteien in der höheren Instanz anhängige Ansprüche in der ersten Instanz mitvergleichen, kommt ein einheitlicher Gebührensatz des höheren Rechtszugs zur Anwendung, Karlsr NJW **58**, 1556.

Die Vergleichsgebühr gilt grundsätzlich die gesamte Mitwirkung des Anwalts beim Abschluß des Vergleichs ab. Wegen desselben Gegenstands kann keine weitere Vergleichsgebühr entstehen, und zwar auch dann nicht, wenn der zunächst abgeschlossene Vergleich unter einer auflösenden Bedingung stand. Wenn allerdings die Parteien einen weiteren Vergleich erst in einem höheren Rechtszug abschließen oder einen neuen Rechtsstreit beginnen, kann die Vergleichsgebühr erneut entstehen.

B. Verhältnis zu anderen Gebühren. Die Vergleichsgebühr entsteht nicht allein, Hamm FamRZ **87**, 1062. Sie ist eine zusätzliche Gebühr, AG Hbg AnwBl **89**, 399. Sie tritt also zur Prozeßgebühr hinzu, § 31 I Z 1, oder zur Verkehrsgebühr, § 52, oder zur Geschäfts- oder Besprechungsgebühr, § 118 I Z 1, 2.

Wenn die Parteien in einem Prozeßvergleich andere Ansprüche mitregeln, kann zB neben der Vergleichsgebühr die ½ Prozeßgebühr nach § 32 entstehen, Düss NJW **60**, 107; wegen § 13 III entsteht aber in der ersten Instanz höchstens eine volle Gebühr nach dem zusammengerechneten Betrag der bisher streitigen Forderung und der miteinbezogenen, Düss AnwBl **64**, 20, KG NJW **61**, 1881, Zweibr JVBl **67**, 87, vgl auch § 52 Anm 2 B d „Vergleich". Man kann nicht etwa statt der halben Prozeßgebühr nach § 32 die volle Prozeßgebühr zubilligen, weil der Anwalt nach außen durch die Vergleichsverhandlungen in Erscheinung getreten ist, denn einer solchen Berechnung steht § 32 II entgegen, Tschischgale NJW **59**, 321, aM Schumann MDR **58**, 893.

Soweit der Anwalt für eine Angelegenheit keinen Prozeßauftrag hatte und soweit die Parteien diese Angelegenheit außergerichtlich vergleichen, entsteht insgesamt mindestens $^{20}/_{10}$; irgendeine Anrechnung findet nicht statt, denn § 118 II ist unanwendbar, BGH NJW **61**, 1469, Tschischgale NJW **59**, 329 vgl auch Köln NJW **63**, 2330. Dasselbe gilt, wenn der Anwalt von vornherein für den Fall des Scheiterns außergerichtlicher Vergleichsverhandlungen eine (insoweit bedingte) Prozeßvollmacht erhalten hatte, BGH **LM** § 118 Nr 4, Schlesw SchlHA **75**, 202.

Wenn dagegen zB ein Prozeß über 10000 DM anhängig ist und wenn die Parteien nach einer Verhandlung einen Vergleich in Höhe von 6000 DM erzielen und der Auftraggeber den Anwalt außerdem beauftragt, wegen weiterer, im Rechtsstreit bisher nicht geltend gemachter 5000 DM zunächst nur außergerichtlich zu verhandeln, kann der Anwalt wegen des außergerichtlichen Teils neben der Vergleichsgebühr eine Gebühr nach § 118 I verdienen, BGH **LM** § 118 Nr 5, abw Schmidt NJW **71**, 2294. Wenn das Gericht einen außergerichtlich erzielten Vergleich mitprotokolliert, muß man für die außergerichtliche Tätigkeit die beiden Gebühren nach § 118 I Z 1 und 2 und außerdem wegen der Protokollierung der Einigung ½ Gebühr gemäß § 32 II ansetzen. die letztere aber auf die Geschäftsgebühr nach § 118 I Z 1 anrechnen, § 118 II, vgl auch § 32 Anm 3 und Tschischgale NJW **59**, 321. Der Wert des gesamten Vergleichs ergibt sich dann aus dem Wert des Streitgegenstands, der durch ihn erledigt worden ist. BayObLG**56**, 151, also 10000 + 5000 DM.

Wegen des Vergleichs im Hinblick auf eine Ehesache vgl § 36 I 2.

Bei einem Vergleich im Verwaltungsverfahren in einer Sozialsache ist die Gebühr im Rahmen des § 116 I zu bestimmen.

5) Gegenstandswert. Der Wert des Vergleichs umgreift alles, worüber sich die Parteien verglichen haben, also alle irgendwie streitigen, in den Vergleich einbezogenen Ansprüche, BGH NJW **64**, 1523, AG Hbg AnwBl

89, 399. Bei der Einbeziehung eines bisher unstreitigen Rechtsverhältnisses muß man zwar von § 779 BGB ausgehen, aber den dortigen Begriff „Unsicherheit" weit auslegen, ebenso im Ergebnis Schmidt MDR **75**, 27, ähnlich Zweibr MDR **78**, 496 (dieses Gericht hält das Interesse an der Titulierung für maßgeblich), Markl, Festschrift für Schmidt (1981) 87 mwN, aM zB KG NJW **69**, 434, Speckmann MDR **74**, 362 mwN. Man muß also unterscheiden, ob die Einbeziehung nur einen feststellenden (deklaratorischen) Charakter hat; dann muß man sie unberücksichtigt lassen, vgl auch LG Verden JB **70**, 256, LAG Stgt DB **84**, 784, oder ob die Parteien auch für den einbezogenen Anspruch einen besonderen Vollstrekkungstitel schaffen wollten, Ffm MDR **62**, 662, aM zB Köln MDR **63**, 690 (das OLG wendet in einem solchen Fall § 3 an); vgl auch bei KV 1170.

Die Vergleichssumme ist nicht immer maßgeblich, Hbg MDR **81**, 945, Oswald AbwBl **77**, 207 mwN, aM BGH NJW **63**, 640. Sie kann sich zB dadurch erhöhen, daß später ein höherer Betrag als der zunächst zugrundegelegte herauskommt, AG Ffm AnwBl **85**, 267. Im Fall einer Teilerledigung, zB bei einer Klage oder Widerklage, ist der Wert des erledigten Teils maßgebend. Wenn die Parteien mehrere Teile desselben Anspruchs vergleichen, entsteht keine höhere Gebühr, als wenn die ganze Sache verglichen worden wäre, § 13 III.

Der im Weg der Prozeßkostenhilfe beigeordnete Anwalt bekommt immer nur die Höchstgebühr aus der Staffel des § 123.

Bei einem Vergleich über mehrere Gegenstände muß man eine Zusammenrechnung nach § 7 II vornehmen. Wenn ein Vergleich gleichzeitig einen Hauptprozeß und ein einstweiliges Verfahren erledigt, handelt es sich um mehrere Gegenstände; keineswegs steckt der Wert des einstweiligen Verfahrens im Hauptprozeß; die beiden Verfahren dienen ja verschiedenen Zwecken, Hbg MDR **51**, 306, vgl auch § 20 GKG (nur ein Gegenstand liegt aber dann vor, wenn ein Vergleich zustande kommt, der einen Hauptprozeß und ein Verfahren nach § 80 VwGO oder nach § 69 FGO erledigt, aM VG Bln NJW **67**, 366.

Im Fall der Übernahme der Kosten eines einstweiligen Verfahrens im Vergleich des Hauptprozesses erhöht sich dessen Gegenstand um die Kosten.

Im übrigen ist § 8 anwendbar. Es ist also denkbar, daß in den Fällen der §§ 16, 17 GKG die Vergleichssumme höher als der Gegenstandswert ist.

Soweit man den Wert nicht gerichtlich festsetzen lassen kann, §§ 9, 10, ist eine Klärung des Gegenstandswerts nur in einem Gebührenrechtsstreit möglich.

Zu einem Kapitalabfindungsvergleich Crispin NJW **69**, 404.

Meister Rpfleger **88**, 136 hält § 7 I insofern für verfassungswidrig und fordert die Anrufung des BVerfG nach Art 100 I GG. Er übersieht, daß das gesamte Vergütungssystem der BRAGO auf vielfachen Vereinfachungen und Vergröberungen beruht, um dennoch im Ergebnis eine gerechte und einigermaßen „einfach" zu errechnende Vergütung zu erzielen.

6) Kostenerstattung. Die Vergleichsgebühr ist grundsätzlich erstattungsfähig. Eine Ausnahme gilt für das Verfahren vor dem ArbG, § 61

I 3 ArbGG. Man muß prüfen, ob und in welchem Umfang die Parteien im Vergleich zur Erstattungsfähigkeit ebenfalls eine Regelung getroffen haben. Im übrigen ist § 98 ZPO anwendbar, auch auf einen außergerichtlichen Vergleich, BGH **LM** § 91 a ZPO Nr 30. Es kommt daher darauf an, wie der Vergleich auszulegen ist, vgl Bbg AnwBl **89**, 111. Wegen des Verkehrsanwalts § 52 Anm 4 B „Vergleich". Zur Erstattungsfähigkeit der Gebühr beim Teilzahlungsvergleich BLAH § 788 ZPO Anm 5 „Vergleich".

Erledigungsgebühr

24 **Erledigt sich eine Rechtssache ganz oder teilweise nach Zurücknahme oder Änderung des mit einem Rechtsbehelf angefochtenen Verwaltungsaktes, so erhält der Rechtsanwalt, der bei der Erledigung mitgewirkt hat, eine volle Gebühr.**

1) Allgemeines. In Verwaltungssachen (im weitesten Sinne) wird der RA für erfolgreiche Bemühungen um eine gütliche Erledigung häufig keine Vergleichsgebühr verdienen, weil die Beteiligten über den Gegenstand des Verfahrens nicht vertraglich verfügen können, § 23 III, oder eine Vergleichsgebühr überhaupt ausgeschlossen ist, § 116 I u III. In diesen Fällen, vor allem im Verfahren der Finanzgerichte und -behörden, Boeker 98 ff (eingehend), greift § 24 ein, vgl OVG Kblz NVwZ-RR **89**, 335. Da es sich um einen **Ersatz für die Vergleichsgebühr** handelt, erhält der RA immer nur entweder nach § 23 oder nach § 24 eine Gebühr. § 24 gilt im Verfahren der Sozialgerichte nur in den in § 116 II genannten Sachen, § 116 III.

Soweit die Anwaltstätigkeit im Rahmen einer **Beratungshilfe** nach dem BerHG zur Erledigung der Rechtssache führt, gilt der vorrangige § 132 III. Für **Steuerberater** gilt § 24 (nur) im Gerichtsverfahren, § 45 StBGebV.

2) Voraussetzungen. A. Rechtssache. Die Streitfrage, ob die Erledigungsgebühr auch im Verfahren vor einer Verwaltungsbehörde entstehen könne, ist durch die Nov 75 klargestellt worden. Danach gilt § 24 in jeder Rechtssache, deren Gegenstand ein mit einem Rechtsbehelf angefochtener Verwaltungsakt ist.

Der Wortlaut ist auf Akte der Eingriffsverwaltung zugeschnitten, darf aber nicht zu einer allzu engen Auslegung führen: § 24 beschränkt sich nicht auf Anfechtungsverfahren, in denen (nur) die Aufhebung oder Änderung eines Verwaltungsaktes erstrebt wird, RS 11. Auch in Verfahren, die auf den Erlaß eines Verwaltungsaktes gerichtet sind (Verpflichtungsanträge), kann die Gebühr des § 24 entstehen; OVG Kblz NVwZ-RR **89**, 336, VGH Mannh VBlBW **82**, 293 = AnwBl **82**, 208, OVG Lüneb NJW **60**, 1782; das folgt schon daraus, daß in der Regel zugleich die Aufhebung des ablehnenden Verwaltungsaktes begehrt wird, mag dieser Antrag auch oft keine selbständige Bedeutung haben, BVerwG **1**, 296. Fehlt es an einem ablehnenden Bescheid, zB bei einer Untätigkeitsklage, so ist § 24 entsprechend anzuwenden, RS 11, VG Ansbach AnwBl **62**, 228, aM FG Bln EFG **81**, 526. Dagegen entsteht keine Erledigungsgebühr, wenn es sich um eine Feststellungs- oder eine reine Leistungsklage bzw ein entsprechendes Verwaltungsverfahren handelt, VGH Kassel DVBl **62**,

569, zB um eine Klage nach § 210 BEG, Celle RzW **63**, 284 (anders liegt es dagegen bei einer Klage auf Feststellung der Nichtigkeit eines Verwaltungsakts, VG Ffm NJW **62**, 2123, oder seiner Unwirksamkeit, OVG Kblz NVwZ-RR **89**, 336). Das Gleiche gilt im Normenkontrollverfahren nach § 47 VwGO, OVG Münst **KR** Nr 18, OVG Kblz JB **84**, 227. In solchen Verfahren kann der RA aber eine Vergleichsgebühr erhalten, sofern deren Voraussetzungen erfüllt sind, § 23 III, § 116 III.

Rechtssache ist ein gerichtliches Verfahren ohne Rücksicht darauf, welchem Zweig der Gerichtsbarkeit das Gericht angehört (wegen der Sozialgerichte s Anm 1). Eine Erledigungsgebühr kann deshalb auch in Verfahren vor einem Zivilgericht entstehen, zB nach §§ 217 ff BauGB, 23 ff EGGVG, 212 BEG (KG AnwBl **61**, 71), 62 GWB, 2 LwVG, ebenso nach §§ 5 GKG, 14 KostO, 6 u 8 JBeitrO. Hierin gehören auch die sog Aussetzungsverfahren, §§ 80 V VwGO, 69 III FGO, unten B.

Rechtssache ist ferner jedes Verfahren vor einer Verwaltungsbehörde über einen mit einem Rechtsbehelf angefochtenen Verwaltungsakt einschließlich etwaiger Nebenverfahren, zB nach §§ 80 IV VwGO, 69 II FGO. Die Rechtssache muß anhängig sein, weil sie sich sonst nicht erledigen kann. Keine Erledigungsgebühr entsteht im Verwaltungsverfahren erster Stufe, das dem Erlaß eines Verwaltungsaktes vorangeht, RS 10, LG Dortmund Rpfleger **84**, 117 (krit Müller AnwBl **84**, 291), aM AG Michelstadt AnwBl **86**, 111, und auch nicht im Verwaltungsverfahren zwischen Gleichgeordneten (gleich welcher Stufe), weil hier kein Verwaltungsakt ergehen kann. In diesen Fällen kann der RA eine Vergleichsgebühr, § 23 III, verdienen, soweit diese Gebühr entstehen kann (im Verfahren vor den Sozialgerichten nur in den Fällen des § 116 II). In Sachen nach dem BerHG gilt § 132 III.

B. Erledigung. Die Rechtssache erledigt sich, wenn keine Entscheidung in der Sache zu ergehen braucht: ob das Verhalten der Behörde zu einer Rücknahme der Klage oder des Rechtsbehelfs, zu einer Erledigungserklärung oder zu einer Einigung der Beteiligten führt, ist ohne Bedeutung, VGH Mü AnwBl **81**, 162; die Gebühr kann daher auch entstehen, wenn der Beklagte die Erledigung bestreitet und sie durch Urteil festgestellt wird, FG RhldPf EFG **89**, 33, RS 13. Es muß sich aber um eine ohne streitige Entscheidung erzielte Erledigung handeln, so daß eine auf die maßgebliche Rechtslage abstellende Entscheidung in der Sache niemals eine Erledigung iSv § 24 ist, BVerwG NVwZ **82**, 36 m krit Anm H. Schmidt AnwBl **82**, 27, RS 16.

Die Erledigung muß nach (bis Nov 75 „durch") Zurücknahme oder Änderung des angefochtenen Verwaltungsaktes durch die Verwaltungsbehörde eintreten, dh dadurch verursacht worden sein; die Änderung von Nebenbestimmungen genügt, wenn dadurch der Streit beigelegt wird, VGH Mü BayVBl **84**, 92. Nimmt die Verwaltung ihr Rechtsmittel gegen ein Urteil zurück, durch das ein Verwaltungsakt aufgehoben worden ist, so erwächst keine Erledigungsgebühr für den RA des Klägers, BFH NJW **61**, 2376, BVerwG **17**, 117, VGH Kassel AnwBl **86**, 411, aM GSEM 8; das gleiche gilt bei bloßer Aufgabe des Rechtsstandpunkts, FG BaWü EFG **86**, 519. Ebensowenig genügt es, daß durch eine Übereinkunft der Beteiligten lediglich die Auswirkungen eines Verwaltungsaktes zugunsten des Betroffenen geändert werden, FG BaWü EFG **86**, 519, zB die Klage gegen einen Abgabenbescheid zurückgenommen wird, weil die Behörde Stundung oder Erlaß – auch einer anderen, nicht im Streit befindlichen Forderung – bewilligt. Die Gebühr fällt auch nicht an, wenn die Ausgangsbehörde dem Widerspruch durch Aufhebung des Bescheides abhilft, VG Bln **KR** Nr 28 (zustm Noll), oder die Widerspruchsbehörde ihr dies empfiehlt, BVerwG MDR **82**, 433. Dagegen kann die Erledigungsgebühr erwachsen, wenn ein Anfechtungsbegehren dadurch gegenstandslos wird, daß die Behörde einen dem Begehren genügenden Änderungsbescheid, VGH Mannh AnwBl **82**, 208, oder einen ihm entsprechenden neuen Bescheid erläßt, OVG Lüneb AnwBl **83**, 292, oder die Geltung des Urteils in einem anderen Verf auch hier anerkennt, aM OVG Lüneb AnwBl **82**, 537 (abl Schmidt, zustm Noll **KR** Nr 10), oder wenn sich ein Verpflichtungsbegehren dadurch erledigt, daß die Behörde entweder den beantragten oder einen ähnlichen Verwaltungsakt erläßt, der den Antragsteller ebenfalls zufriedenstellt, VGH Mannh VBlBW **82**, 293 = AnwBl **82**, 208, oder sich zu seinem Erlaß aufschiebend bedingt verpflichtet, AG u LG Brschw NdsRpfl **84**, 261. Die Gebühr entsteht auch, wenn sich ein Verfahren nach § 80 V VwGO dadurch ohne streitige Entscheidung erledigt, daß der RA die Rücknahme des Verwaltungsakts oder die Aufhebung der Vollziehbarkeit oder auch nur die Aussetzung des Vollzugs durch die Verwaltung erreicht, Finkelnburg/Jank 839, GSEM 8, VG Darmstadt NJW **75**, 1716, aM VG Düss AnwBl **62**, 131 m abl Anm von Chemnitz; das gleiche muß auch im Verfahren nach § 69 III FGO gelten, Gräber § 139 Rdz 19, FG Bln EFG **81**, 526 (aM BFH NJW **69**, 344, ebenso RS 12) weil es Förmelei wäre, die Gebühr nur bei Änderung einer Anordnung der sofortigen Vollziehung zuzubilligen. Der Ansatz der Gebühr entfällt nicht dadurch, daß der Änderungsbescheid später angefochten wird, FG Bln EFG **85**, 41.

C. Mitwirkung des RA. Bei der Erledigung der Rechtssache nach (bis Nov 75 „durch“) Zurücknahme oder Änderung des Verwaltungsaktes muß der RA mitgewirkt haben. Seine Mitwirkung bei der formellen Beendigung des Verfahrens (zB die Erklärung der Klagerücknahme) genügt nicht. Da die Gebühr an die Stelle der Vergleichsgebühr tritt, ist vielmehr eine Mitwirkung des RA an der die Erledigung verursachenden Maßnahme nötig: Ohne besondere, auf die Beilegung der Sache ohne Entscheidung gerichtete Tätigkeit, die zur Erledigung in dem zu B dargelegten Sinn nicht nur unwesentlich beigetragen hat, wird die Gebühr nicht verdient, hM, Schall BB **88**, 383 mwN, Lappe DStR **82**, 584, RS 19, GSEM 7 (abw § 114 Rdz 13), Beermann 10554; Gräber § 139 Rdz 19, Tipke/Kruse vor § 135 Rdz 64, BVerwG in stRspr, AnwBl **86**, 41 (krit Hamacher, zustm Noll **KR** Nr 23), NVwZ **82**, 36 (abl Schmidt AnwBl **82**, 27, Johlen AnwBl **83**, 486), BFH BStBl **70** II 251 (stRspr), OVG Lüneb AnwBl **83**, 282, VGH Mannh VBlBW **82**, 293, NJW **75**, 949 (stRspr, Scholz VBlBW **81**, 41), OVG Münst AnwBl **85**, 391, NJW **76**, 261 mwN m Anm E. Schneider **KR** Nr 3, FG Bre EFG **88**, 535, FG Kassel LS EFG **87**, 263 m red Anm, FG RhldPf EFG **87**, 322, FG BaWü EFG **86**, 309 mwN, FG Hbg EFG **83**, 146, FG Karlsr JB **83**, 704 (zustm Mümmler); **aM** Schmidt MDR **72**, 665, NJW **75**, 1377 u AnwBl **75**, 334, FG Bln in stRspr, EFG **81**, 523 m Anm Noll **KR** Nr 5 u EFG **80**, 307 (das aber die Gebühr versagt, wenn die Tätigkeit des RA keine feststellbare Ursache für die Erledigung gebildet hat, EFG **85**, 517, **81**, 523 u 525), FG Karlsr EFG **82**, 534 (abl Noll **KR** Nr 9), offen gelassen von FG Saarld EFG **89**, 254. Einverständnis besteht also darüber, daß bei Erledigung der Rechtssache ohne Zutun des RA weder nach § 23 noch nach § 24 eine zusätzliche Erfolgsgebühr entstehen kann. Dieses Zutun darf aber nicht nur in der Führung des Geschäfts (im Rechtsstreit durch Erhebung und Begründung der Klage oder anderer Anträge) bestehen, weil ein Erfolg auf Grund dieser Tätigkeit im Verwaltungsverfahren gebührenrechtlich nicht anders als im Zivilverfahren bewertet werden darf; vielmehr wird die Geltendmachung oder Abwehr von Ansprüchen überall durch die Prozeß- u Verhandlungsgebühr (§ 31) bzw die Geschäfts- u Besprechungsgebühr (§ 118) abgegolten, BVerwG AnwBl **86**, 41 (abl Hamacher, zustm Noll **KR** Nr 23), BVerwG NVwZ **82**, 36 m abl Anm H. Schmidt AnwBl **82**, 27, was dadurch klargestellt worden ist, daß eine das Gegenteil bestimmende Vorschrift (BTDrs 7/3243) nicht Gesetz geworden ist, FG BaWü EFG **86**, 309 (str, aM VG Stgt AnwBl **83**, 283, Mümmler JB **83**, 1518).

Deshalb wird **keine Erledigungsgebühr** verdient durch Einlenken der Behörde unter dem Eindruck schriftlicher oder mündlicher Ausführungen im Verfahren, BVerwG AnwBl **86**, 41 (krit Hamacher, im Ergebnis zustm Noll **KR** Nr 23), NVwZ **82**, 36 m abl Anm H. Schmidt AnwBl **82**, 27, BFH BStBl **70** II 251, FG Kassel LS EFG **89**, 202, FG Bln EFG **89**, 203, FG Nds EFG **88**, 388, FG RhldPf EFG **87**, 322, VGH Mannh VBlBW **81**, 115 u NJW **75**, 949, OVG Münst NJW **76**, 261 mwN, **aM** Gräber § 139 Rdz 19, VGH Mü BayVBl **79**, 506, FG Saarl EFG **83**, 253, FG BaWü EFG **82**, 534 u **80**, 358, oder nach Bitte um baldige Entscheidung, OVG Münst NJW **73**, 112, ebensowenig durch Erstreiten der für die Erledigung maßgeblichen Entscheidung oder sonstiges Tätigwerden in einem anderen Verfahren, FG Kassel LS EFG **89**, 140, FG Düss EFG **80**, 307, oder durch einen Ruhensantrag im Hinblick auf ein Musterverfahren, aM GSEM 8, OVG Münst MDR **83**, 872 (zustm Noll **KR** Nr 13), FG BaWü EFG **82**, 534, erst recht nicht bei voller Erledigung durch eine bloße Erledigungsanzeige, OVG Lüneb AnwBl **83**, 282, OVG Münst NJW **73**, 112 mwN, mag auch der RA geraten haben, von einem Antrag nach § 113 I 2 VwGO abzusehen, VGH Mü BayVBl **71**, 393, GSEM 7.

Dagegen wird die **Erledigungsgebühr** verdient durch die Mitwirkung des RA, § 23 Anm 3, an einer Erledigung (in dem zu B dargelegten Sinn) in jedem Gerichtstermin (auch einem Erörterungstermin, FG Bre EFG **88**, 535, FG Kassel EFG **82**, 155, Nds FG EFG **69**, 194), zB durch Mitwirkung an einer „tatsächlichen Verständigung", BFH BStBl **85** II 354, im Abgabenprozeß oder durch Unterstützung der auf eine Erledigung zielenden Ausführungen des Gerichts, sofern sie über eine Erörterung der Sache hinausgehen, BFH BStBl **70** II 251, oder durch Abgabe der zu einer Einigung erforderlichen Erklärung, FG Kassel EFG **74**, 72, oder durch das Führen einer Besprechung im Termin, die zur außergerichtlichen Erledigung führt, mögen auch vorher Anträge gestellt worden sein, FG Kassel EFG **75**, 26. Ebenso entsteht die Erledigungsgebühr, wenn der RA auf seinen Auftraggeber einwirkt, das Verfahren durch eine

Einigung oder durch Hinnahme eines geänderten Verwaltungsaktes zu beenden, OVG Lüneb AnwBl **83**, 282 mwN, OVG Münst AnwBl **85**, 391 u **KR** Nr 20, FG Hbg EFG **88**, 594, FG Kassel LS EFG **88**, 388, FG Düss EFG **84**, 63 mwN, RS 19, Gräber § 139 Rdz 19. Ferner wird die Erledigungsgebühr verdient durch erfolgreiches außergerichtliches Einwirken auf die Behörde oder die Aufsichtsbehörde, BFH NJW **69**, 344 = BStBl **68** II 772, FG Saarld EFG **89**, 254, FG Hbg EFG **76**, 98 (nicht jedoch durch Bemühungen in einem anderen Verwaltungsverfahren, FG Kassel LS EFG **89**, 140, FG Hbg EFG **71**, 222), zB durch Beauftragung eines Gutachters im Einvernehmen mit der Behörde, VG Ansbach AnwBl **84**, 54, oder durch besondere Bemühungen des RA um Beilegung des Streits in einer Besprechung mit der Behörde, Noll **KR** Nr 23 zu BVerwG AnwBl **86**, 41 (auch wenn ein entsprechender gerichtlicher Hinweis vorangegangen ist, OVG Kblz NVwZ-RR **89**, 336), ferner auch durch Beteiligung an dem Erlaß eines Änderungsbescheides, BadWürtt FG EFG **69**, 503 (die bloße Zustimmung zur Änderung nach § 172 AO genügt nicht, FG Kassel EFG **71**, 254, FG Nürnb KTS **80**, 176 m abl Anm H. Schmidt, ebensowenig die Antwort auf die Frage der Behörde, ob der vorgesehene Änderungsbescheid zur Erledigung des Rechtsstreits führen werde, aM FG Kassel EFG **77**, 38). Die Gebühr wird auch dann verdient, wenn die maßgeblichen Erklärungen nicht durch den RA, sondern durch einen von ihm genau instruierten Dritten (auch den Auftraggeber) abgegeben worden sind, FG Kassel EFG **74**, 213, FG Düss LS EFG **85**, 577.

3) Gebühr. Die Erledigungsgebühr kann nur zusätzlich verdient werden und ist stets eine volle Gebühr, vgl § 23 Anm 4 A, ohne Rücksicht darauf, ob in dem Verfahren sonst geringere Gebühren entstehen. Führt die Mitwirkung des RA zur Erledigung des Klageverfahrens und zur Erledigung eines selbständigen Nebenverfahrens, zB nach §§ 80 V VwGO, 69 III FGO, so erwächst die Gebühr in beiden Verfahren, aM VG Darmstadt NJW **75**, 1716.

Der Gegenstandswert ist wie bei der Vergleichsgebühr zu bemessen, § 23 Anm 5, bei teilweiser Erledigung ist also der Wert dieses Teiles maßgeblich, § 21 GKG iVm § 9 BRAGO. Wegen der Einzelheiten für die Bemessung vgl Anh I u II § 13 GKG.

4) Kostenerstattung. Vgl § 23 Anm 6, Einf 2 § 113.

Ersatz von Auslagen

25 **I Mit den Gebühren werden auch die allgemeinen Geschäftsunkosten entgolten.**

II Der Rechtsanwalt hat Anspruch auf Ersatz der auf seine Vergütung entfallenden Umsatzsteuer, sofern diese nicht nach § 19 Abs. 1 des Umsatzsteuergesetzes unerhoben bleibt.

III Der Anspruch auf Ersatz der Postgebühren, der Schreibauslagen und der Reisekosten bestimmt sich nach den folgenden Vorschriften.

Schrifttum: Dornbusch/Jasper, Die Besteuerung der Rechtsanwälte und Notare, 1987 (Bespr Schneider MDR **88**, 261).

1) Systematik, I, III. Der Vertrag zwischen dem Anwalt und dem Auftraggeber stellt grundsätzlich einen Dienstvertrag, der eine Geschäftsbesorgung zum Gegenstand hat, dar, § 675 BGB, Grdz 3 A vor § 1. Auf einen solchen Vertrag ist unter anderem nach der ausdrücklichen Verweisung in § 675 BGB auch § 670 BGB anwendbar, vgl BVerfG **65**, 74, Chemnitz AnwBl **88**, 406. Die Vorschrift lautet:

BGB § 670. Macht der Beauftragte zum Zwecke der Ausführung des Auftrags Aufwendungen, die er den Umständen nach für erforderlich halten darf, so ist der Auftraggeber zum Ersatze verpflichtet.

Die BRAGO regelt also den Umfang des Auslagenanspruchs nicht abschließend, Zweibr AnwBl **85**, 162 mwN. Zwar nennt § 25 lediglich in seiner amtlichen Überschrift den Begriff Auslagen, den § 1 I als Teil des Oberbegriffs Vergütung anführt. Auch § 670 BGB nennt den Begriff Auslagen nicht ausdrücklich. Der Sache nach meint aber § 25 I BRAGO die Auslagen im Sinn von § 1 I.

I stellt klar, daß der Anwalt die „allgemeinen Geschäftsunkosten" nicht neben den Gebühren gesondert in Rechnung setzen darf. III verweist wegen der übrigen Auslagen auf die Spezialregelungen in §§ 26–30. II enthält die Regelung der Frage, in welchem Umfang der Anwalt diejenige Umsatzsteuer, die er dem Staat schuldet, vom Auftraggeber erstattet fordern kann. Insofern umfaßt II auch eine die Gebühren und nicht nur eine die Auslagen betreffende Regelung.

2) Allgemeine Geschäftsunkosten, I. Vgl zunächst Anm 1. Zu den allgemeinen Geschäftsunkosten zählen zB: Formulare, GSEM 2 mwN, etwa für einen Antrag auf die Bewilligung einer Beratungshilfe, Schlesw SchlHA **81**, 159, oder für einen Antrag auf die Bewilligung der Prozeßkostenhilfe; die Büromiete; die Miete einer Telefonanlage; die Gehälter der Angestellten; Verpackungskosten, selbst wenn es sich um ungewöhnlich aufwendige Verpackungen handelt; die Kosten der Anschaffung oder des Studiums von Fachliteratur, und zwar selbst dann, wenn der Anwalt die Fachliteratur zwar aus Anlaß eines Einzelauftrags anschafft oder studiert, sie aber auch zu weiteren Zwecken wenigstens objektiv benutzen könnte, vgl BVerfG **41**, 230, LG Aurich ZfS **88**, 10. Deshalb sind auch Auskunftsgebühren zB der Juris-Datei Teil der allgemeinen Geschäftskosten, LG Aurich ZfS **88**, 10, ebensowenig verauslagte Aktenversendungskosten, Chemnitz AnwBl **88**, 406.

Allerdings gehören nicht zu den „allgemeinen" Geschäftsunkosten diejenigen Aufwendungen, die der Anwalt ausschließlich zur Erledigung eines bestimmten Einzelauftrags macht, etwa die Kosten von Fotos zwecks Beweissicherung, AG Hamm AnwBl **75**, 251.

3) Umsatzsteuer, II. A. Grundsatz. Die Vorschrift gibt dem Anwalt einen gesetzlichen Anspruch auf den Ersatz der auf seine Vergütung entfallenden Umsatzsteuer, sofern diese nicht nach dem Gesetz entfällt, etwa bei einer Tätigkeit für einen Auftraggeber außerhalb des Erhebungsgebiets, Hbg MDR **82**, 857, LG Bln VersR **89**, 409, BMF DB **83**, 1851, oder nach § 19 I UStG unerhoben bleibt.

Der Anwalt ist Steuerschuldner, § 13 II UStG, und zwar auch dann, wenn er gemäß § 14 UStG berechtigt und auf Grund des Verlangens des Auftraggebers verpflichtet ist, in seiner Gebührenberechnung die Umsatzsteuer gesondert auszuweisen, Hamm OLGZ **73**, 126, und auch dann, wenn er persönlich nach § 15 UStG zum Vorsteuerabzug berechtigt ist. Ohne die Regelung in II würde der Anwalt schlechter als nach dem alten Umsatzsteuerrecht dastehen. Das wollte der Gesetzgeber verhindern, KG NJW **74**, 753, Schaumburg NJW **74**, 1736.

Der Erbe des Anwalts ist wegen der aus der Tätigkeit des Erblassers noch vereinnahmten Gebühren und Auslagen umsatzsteuerpflichtig, ein Praxisabwickler nicht, BFH DB **71**, 1287. Die Tätigkeit des inländischen Anwalts für einen im Ausland wohnenden Unternehmer löst evtl keine Umsatzsteuer aus, LG Ffm AnwBl **86**, 406 mwN. Zum gesonderten Ausweis der Umsatzsteuer gegenüber dem ausländischen Auftraggeber Hansch AnwBl **87**, 527 (Üb). In einer eigenen Angelegenheit ist der Anwalt zwar ebenfalls umsatzsteuerpflichtig, AG Bielefeld AnwBl **84**, 223, hat aber keinen Ersatzanspruch gegen sich selbst, kann also in seiner Steuererklärung keinen solchen Erstattungsanspruch konstruieren, vgl schon BFH **120**, 333, ferner jetzt Ffm AnwBl **85**, 265, KG Rpfleger **81**, 411, Schlesw SchlHA **80**, 222, AG Bln-Wedding DGVZ **76**, 72, ArbG Würzb AnwBl **78**, 239, im Ergebnis ebenso App AnwBl **83**, 67; **aM** LG Bln Rpfleger **77**, 220. Zum Begriff des Eigenverbrauchs Schlesw SchlHA **85**, 78, OFD Düss BB **82**, 850.

Soweit der Anwalt eine Honorarvereinbarung nach § 3 getroffen hat, kann er die Umsatzsteuer vom Auftraggeber nur unter der Voraussetzung ersetzt fordern, daß er auch diese Ersatzpflicht vereinbart hat.

Diese Frage ist **streitig. Wie hier** zB Karlsr OLGZ **79**, 230, LG Kblz AnwBl **84**, 206 (zustm Madert); **abw** RS 6 (er wendet im Zweifel II Hs 1 an); **aM** GSEM 5, Swolana 2 (sie meinen, es gelte stets II Hs 1).

Ein nach § 17 geforderter und gezahlter Vorschuß ist keine Vergütung im Sinne von II, sondern schon aus steuerrechtlichen Gründen ein (zinsloses) Darlehen, Lindner AnwBl **89**, 26. Natürlich ist bei der Erstellung der Berechnung nach § 18 die Umsatzsteuer von der vollen Vergütung zu errechnen.

Beispiel: Gebühren und Auslagen: 10000 DM. Erhaltener Vorschuß: 5000 DM. Anspruch nach II: 14% von 10000 DM (und nicht etwa nur von restlichen 5000 DM) = 1400 DM.

II gilt nicht im Verhältnis des angestellten Anwalts zum arbeitgebenden, Düss AnwBl **87**, 200, und nicht für den Anwalt als Beisitzer einer Einigungsstelle, BAG DB **89**, 232 (man kann natürlich die Erstattungsfähigkeit vereinbaren).

B. Ersatzfähigkeit der Umsatzsteuer. Vgl Otto AnwBl **83**, 150. Der Anwalt kann die gesamte auf seine Vergütung entfallende Umsatzsteuer ersetzt fordern. Da § 1 I unter Vergütung Gebühren und Auslagen versteht, sind also die auf sämtliche Gebühren und Auslagen anfallenden und vom Anwalt als Steuerschuldner zu bezahlenden Umsatzsteuern vom Auftraggeber zu ersetzen. Zu den ersatzfähigen Umsatzsteuern zählen insbesondere zB folgende Vergütungsarten: Alle Gebühren; die Vergütung nach § 21; alle Schreibauslagen, Post-, Telegraphen-, Fernsprechkosten; Reisekosten; vereinbarte Vergütung; Einnahmen aus einer im Auftrag durchgeführten schriftstellerischen Tätigkeit; ein Vorschuß, soweit der Anwalt ihn nicht als fremdes Geld behandelt, sondern mit den anderen Einnahmen vermischt hat.

Nicht hierher zählen zB: Die Vergütung, die der Anwalt nicht als solcher, sondern in einer der in § 1 II genannten Eigenschaften erzielt hat, etwa: Als Vormund, es sei denn, daß das Gericht den Anwalt gerade wegen seiner Berufsstellung und wegen seiner Rechtskenntnis zum Vormund bestellt hat, BFH **132**, 136); als Hausverwalter, FG Mü EFG **81**, 53; als Pfleger, Hamm OLGZ **73**, 126 mwN (wegen § 1909 BGB), Hamm NJW **70**, 1462 (wegen § 1960 BGB), aM FG Münster EFG **81**, 53; als Testamentsvollstrecker; als Konkursverwalter; als Vergleichsverwalter; als Mitglied des Gläubigerausschusses oder Gläubigerbeirats, Schaumburg NJW **74**, 1736; als Nachlaßverwalter; als Zwangsverwalter; als Treuhänder; als Schiedsrichter; in ähnlicher Stellung. Nicht hierher zählen ferner Zinsen, AG Mainz Rpfleger **83**, 457 mwN.

Ein nicht optierender Kleinunternehmer mit einem nach § 19 I UStG zu errechnenden Jahresumsatz von grundsätzlich höchstens 25 000 DM ist umsatzsteuerfrei. Er kann daher vom Auftraggeber weder den Ersatz einer Umsatzsteuer noch einen Ausgleichsbetrag (wie nach altem Recht) fordern und ist auch von der Möglichkeit eines Vorsteuerabzugs ausgeschlossen.

Eine Anwaltsgemeinschaft ist im vorgenannten Umfang umsatzsteuerpflichtig, BFH **71**, 421.

C. Höhe der Umsatzsteuer. Die Steuer beträgt grundsätzlich seit dem 1. 7. 83 14%, soweit der Anwalt „nur" freiberuflich tätig ist. Die frühere Ermäßigung nach § 12 II Z 5 UStG ist seit 1. 1. 1982 entfallen, Art 36 Z 3a G vom 22. 12. 81, BGBl 1523. Wegen des Übergangsrechts Bundesfinanzminister AnwBl **82**, 237. Die Abschaffung der früheren Ermäßigung ist mit dem GG vereinbar, BVerfG AnwBl **83**, 1681, aM Oswald AnwBl **82**, 184.

Die Steuer beträgt jedoch (insofern im Ergebnis unverändert) seit dem 1. 7. 83 7%, soweit der Anwalt eine Leistung erbringt, die zumindest auch, und nicht nur völlig der freiberuflichen Tätigkeit untergeordnet, ein nach dem UrhG geschütztes Werk darstellt, und soweit der Anwalt dem Auftraggeber auch gerade ein Nutzungsrecht einräumt, § 12 II Z 7d UStG. Diese Situation kann zwar zB bei einem wissenschaftlich begründeten Gutachten vorliegen, und zwar auch dann, wenn der Anwalt es im Auftrag des Mandanten für einen Rechtsstreit erstattet; § 45 I UrhG steht nicht entgegen. Freilich ist diese Nutzungsrechtseinräumung nicht die Regel, Bundesfinanzminister DB **82**, 572.

Für den Steuersatz ist stets die Fälligkeit maßgeblich. Das ist **im wesentlichen unstreitig. Wie hier** zB Düss MDR **83**, 142, Ffm Rpfleger **83**, 41, Hamm Rpfleger **82**, 237 mwN, vgl Karlsr VersR **83**, 1042, ferner Kblz Rpfleger **82**, 311 und Rpfleger **83**, 175, Köln AnwBl **82**, 256 und Rpfleger **83**, 41, Schlesw SchlHA **82**, 160 und SchlHA **83**, 63, Stgt Rpfleger **82**, 311, Zweibr Rpfleger **83**, 175, LG Bln Rpfleger **82**, 394; **abw** nur Düss Rpfleger **83**, 40.

Ein Ersatzanspruch besteht auch wegen der auf die Zinsen entfallenden Umsatzsteuer, Schmidt AnwBl **77**, 115, aM LG Amb AnwBl **77**, 115.

D. Kostenerstattung. Man muß den in II geregelten Ersatzanspruch im Innenverhältnis zwischen dem Anwalt und seinem Vertragspartner, dem Auftraggeber, von dem etwaigen Erstattungsanspruch des Auftraggebers gegenüber seinem Prozeßgegner, § 91 ZPO, unterscheiden.

In diesem Außenverhältnis kann ein Erstattungsanspruch wegen der Umsatzsteuer bestehen, soweit der Auftraggeber die gerade in diesem Fall entstandene Umsatzsteuer nicht als Vorsteuer abziehen kann.

Diese Frage ist **streitig. Wie hier** zB Bre NJW **70**, 253, Mü NJW **69**, 56, LG Krefeld VersR **82**, 1047, AG Minden VersR **74**, 1011, FG Hbg EFG **84**, 411, FG Köln EFG **84**, 411, FG Münster EFG **81**, 314, Giesberts MDR **71**, 885, Schaumburg NJW **74**, 1738 mwN, Stöber Rpfleger **68**, 310; **abw** zB Beise DB **82**, 1797 (die Erstattungsfähigkeit fehle, soweit die Entstehung der Umsatzsteuer rechtlich oder im wirtschaftlichen Ergebnis ohne Nachteil vermeidbar sei oder gewesen sei); **aM** zB BDiszplG Rpfleger **87**, 218, BFH NJW **70**, 1343, Düss AnwBl **89**, 184 mwN, Ffm BB **83**, 21, Hamm NJW **70**, 1087, Kblz MDR **83**, 852 und MDR **86**, 324, Mü NJW **70**, 1751, LG Köln GRUR **87**, 654 je mwN, FG Bre EFG **85**, 86, FG Düss EFG **85**, 630, FG Saarbr EFG **84**, 412 je mwN (diese Gerichte bejahen die Erstattungsfähigkeit stets. Aber ein bloß durchlaufender Posten, vgl BGH NJW **72**, 678, Düss MDR **74**, 590, ist keine Aufwendung; anders ist natürlich ein etwaiger Zinsverlust wegen einer zunächst zu zahlenden Mehrwertsteuer zu beurteilen. Gegen den BFH kritisch auch zB Späth VersR **74**, 309 mwN).

Die Erstattungspflicht kann auch dann bestehen, wenn der Erstattungspflichtige als Ausländer nicht umsatzsteuerpflichtig ist, so grundsätzlich richtig Ffm Rpfleger **84**, 116. Maßgebend ist der Zeitpunkt der Leistung, nicht der Fälligkeit der Gebühren, FG Saarbr EFG **84**, 253.

Eine ausländische Partei, die ein Unternehmen ist und ihren Sitz im Ausland hat, kann zu dem Kostenanspruch ihres inländischen Anwalts, der durch seine Tätigkeit als ProzBev oder Verkehrsanwalt vor einem inländischen Gericht entstanden ist, nicht die Erstattung von Umsatzsteuer fordern, Ffm DB **83**, 43.

Die rechnerisch auf die Gebühren und Auslagen entfallende Umsatzsteuer ist grundsätzlich nicht erstattungsfähig, soweit der Anwalt in einer eigenen beruflichen, nicht privaten Angelegenheit tätig war, vgl schon BFH **120**, 133, ferner jetzt Ffm AnwBl **85**, 265, Hamm AnwBl **86**, 453, KG Rpfleger **81**, 411, Schlesw SchlHA **80**, 222, LG Bonn Rpfleger **87**, 80, ArbG WürzB AnwBl **78**, 239; **aM** LG Bln Rpfleger **77**, 220. Allerdings ist die durch eine Besteuerung des Eigenverbrauchs bei Vertretung in einer eigenen Privatangelegenheit ausgelöste Umsatzsteuer erstattungsfähig, Hamm AnwBl **86**, 452, OVG Münster AnwBl **89**, 399, AG Saarlouis AnwBl **84**, 314, Lehwald BB **82**, 520, abw Hamm MDR **85**, 683.

4) Postgebühren, Schreibauslagen, Reisekosten, III. Vgl zunächst Anm 1. Es handelt sich in III nicht um eine abschließende Aufzählung. Hinzu kommen können zB: Übersetzungskosten, Köln Rpfleger **55**, 52; Kosten der Ermittlung eines Zeugen. Auslagen ohne eine Gebühr können außerhalb einer gebührenpflichtigen Tätigkeit insbesondere insoweit entstehen, als der Anwalt nach dem Eintritt in eine Tätigkeit die weitere Durchführung ablehnt.

Postgebühren

26 **Der Rechtsanwalt hat Anspruch auf Ersatz der bei der Ausführung des Auftrags entstandenen Post-, Telegrafen-, Fernsprech- und Fernschreibgebühren. Er kann nach seiner Wahl an Stelle der tatsächlich entstandenen Kosten einen Pauschsatz fordern, der fünfzehn vom Hundert der gesetzlichen Gebühren beträgt, in derselben Angelegenheit und in gerichtlichen Verfahren in demselben Rechtszug jedoch höchstens 40 Deutsche Mark, in Strafsachen und Bußgeldverfahren höchstens 30 Deutsche Mark. § 11 Abs. 2 Satz 2 gilt sinngemäß.**

1) Geltungsbereich, S 1. Die Vorschrift gilt grundsätzlich für alle im Zusammenhang mit der Ausführung eines Anwaltsauftrags entstandenen dort genannten Unkosten. Dazu zählen auch sog Funkbotenkosten, aM LG Ffm Rpfleger **84**, 433. Natürlich gehört auch das Porto für die erst nach Beendigung des Auftrags, aber für ihn übersandte Berechnung schon wegen ihrer Notwendigkeit, § 18, zu den „bei" der Ausführung entstandenen Auslagen, aM GSEM § 18 Rdz 5.

Im Rahmen einer Beratungshilfe nach dem BerHG gilt aber der vorrangige § 133 S 2. Man muß im übrigen von den in § 26 genannten Unkosten die in § 25 I genannten, nicht gesondert ersatzfähigen „allgemeinen Geschäftsunkosten" unterscheiden. Zu den letzteren gehören die Stammgebühren für die Telefonanlage des Anwalts, LG Münster JB **76**, 1202.

Besondere Aufwendungen, etwa die Bestellung durch einen besonderen Boten, sind dem Anwalt nach § 670 BGB zu ersetzen, sofern es sich nicht ausnahmsweise auch insoweit um allgemeine Geschäftsunkosten handelt.

§ 26 gilt auch für einen Rechtsbeistand, Art IX Abs I 1 KostÄndG Anm 1, Teil XII dieses Buchs, VGH Stgt BaWüBl **82**, 260.

2) Pauschsatz, S 2. Der Anwalt hat ein Wahlrecht, ob er die tatsächlich entstandenen Unkosten im Sinn von S 1 fordern will (und sie demgemäß in seiner Kostenberechnung einzeln aufführen muß) oder ob er statt dessen einen Pauschsatz von 15% der gesetzlichen Gebühren, in derselben Angelegenheit und im gerichtlichen Verfahren in demselben Rechtszug jedoch höchstens 40 DM, in einer Strafsache oder in einem Bußgeldverfahren höchstens 30 DM fordern will. Die Vorschrift erleichtert dem Anwalt die Abrechnung insbesondere dann, wenn die Postunkosten nur gering sind.

Soweit der Anwalt nur den Pauschsatz fordert, braucht er seine Entstehung, anders als bei sonstigen Auslagen, nicht gemäß § 104 II ZPO zu versichern.

Das Wahlrecht des Anwalts besteht für jede Instanz neu. Eine Pauschalforderung schließt auch dann eine Nachforderung für dieselbe Instanz aus, wenn sich herausstellt, daß die tatsächlichen Unkosten in jener Instanz wesentlich höher waren, aM Stgt NJW **70**, 287, insofern auch LG Bln Rpfleger **88**, 42 (aber mit dem Pauschsatz soll ja gerade eine etwaige Abweichung der tatsächlichen Kosten von der Pauschale nach oben wie unten abgegolten sein). S 2 erfaßt ja auch ausdrücklich statt der „entstandenen" die entstehenden Kosten.

Der Pauschsatz ist für jede besondere Angelegenheit extra zulässig, vgl

KG Rpfleger **78**, 391, LG Aachen AnwBl **69**, 141, LG Bre MDR **77**, 149 mwN, LG Kiel MDR **69**, 1021, LG Münster JB **76**, 1203, LG Regensb JB **78**, 68, nur grundsätzlich richtig auch Schmidt AnwBl **84**, 438. Zum Begriff derselben Angelegenheit § 13 Anm 3 A, um Begriff des Rechtszugs § 13 Anm 4 A. Soweit nach dem Gesetz Gebühren aufeinander anzurechnen sind, zB nach §§ 20 I 3, 43 II, 118 II, errechnen sich die „gesetzlichen Gebühren" nur nach dem Ergebnis der Anrechnung, LG Bln Rpfleger **88**, 42. Der Pauschsatz kann auch mehrfach anfallen, soweit ein Anwaltswechsel, BLAH § 91 ZPO Anm 21 „Mehrheit von Prozeßbevollmächtigten. A. Anwaltswechsel", notwendig wird, Oldb JB **82**, 718.

Die Möglichkeit des Pauschsatzes kommt auch dem Pflichtverteidiger und dem im Weg einer Prozeßkostenhilfe beigeordneten Anwalt zugute. Der Anwalt soll in einer solchen Funktion nicht von der Abrechnungserleichterung ausgeschlossen sein. Deshalb ist § 126 nicht anwendbar, KG Rpfleger **71**, 327 mwN. Daraus ergibt sich zugleich, daß man die 15% nicht von den gekürzten Gebühren der §§ 97, 123, sondern von den nach § 11 zu berechnenden gesetzlichen Gebühren ermitteln muß.

Diese Frage ist **streitig. Wie hier** zB BGH **LM** Nr 2 mwN und BGH NJW **66**, 1411, GSEM 6; **aM** zB Bbg JB **68**, 468, LG Limbg JB **69**, 239.

Ffm JB **78**, 532 gibt auch dem Patentanwalt einen Anspruch nach § 26.

3) Aufrundung, S 3. Ein Pfennigbetrag ist auf 10 DPfg aufzurunden, S 3 in Verbindung mit § 11 II 2. Das gilt sowohl dann, wenn der Anwalt die in S 1 genannten Unkosten in ihrer tatsächlichen Höhe ersetzt fordert, als auch dann, wenn er einen Pauschsatz nach S 2 geltend macht.

4) Kostenerstattung. Wegen des Unterschieds zwischen dem Ersatzanspruch im Innenverhältnis zum Auftraggeber und dem Kostenerstattungsanspruch des Auftraggebers gegenüber seinem Prozeßgegner vgl § 25 Anm 3 D.

Fernsprechkosten sind grundsätzlich erstattungsfähig, Düss Rpfleger **74**, 230, Mü Rpfleger **82**, 311 mwN. Das gilt insbesondere für ein Telefonat, das erforderlich wird, um Zeit zu gewinnen, oder das eine schnellere und genauere Information ermöglicht, LAG Kiel AnwBl **61**, 315. Portokosten sind ebenfalls grundsätzlich erstattungsfähig, Düss Rpfleger **74**, 230, Mü Rpfleger **82**, 311 mwN, jedenfalls soweit sie zur Vorbereitung nötig waren, Schlesw VersR **74**, 890. Für eine Mitteilung an den Rechtsschutzversicherer ist eine Auslagenpauschale nicht erstattungsfähig, so wohl AG Düss VersR **86**, 1202.

Schreibauslagen

27 **I Schreibauslagen stehen dem Rechtsanwalt nur für die im Einverständnis mit dem Auftraggeber zusätzlich gefertigten Abschriften und Ablichtungen zu. Für Abschriften und Ablichtungen aus Behörden- und Gerichtsakten stehen dem Rechtsanwalt Schreibauslagen zu, soweit die Abschrift oder Ablichtung zur sachgemäßen Bearbeitung der Rechtssache geboten war.**

II Die Höhe der Schreibauslagen in derselben Angelegenheit und

in gerichtlichen Verfahren in demselben Rechtszug bemißt sich nach den für die gerichtlichen Schreibauslagen im Gerichtskostengesetz bestimmten Beträgen.

Vorbem. II idF Art 3 I Z 5 G v 9. 12. 86, BGBl 2326, in Kraft seit 1. 1. 87, Art 10, Übergangsrecht § 134.

Gliederung

1) Geltungsbereich. Zum Verhältnis zwischen den allgemeinen Geschäftsunkosten und den Schreibauslagen vgl § 25 Anm 1. I gibt dem Anwalt nicht wegen jeder Abschrift oder Ablichtung einen Ersatzanspruch gegen den Auftraggeber, sondern nur, wenn entweder die Voraussetzungen S 1 oder diejenigen S 2 (oder natürlich diejenigen von S 1 und 2) vorliegen. Andere Abschriften oder Ablichtungen gelten als allgemeine Geschäftsunkosten. Das ergibt sich schon aus dem Wort „nur" in S 1 bzw dem Wort „soweit" in S 2; vgl auch Schumann NJW **63**, 335.

Der Anwalt muß in seiner Kostenberechnung die Höhe der Schreibauslagen im einzelnen nachweisen, § 18 II. Er kann insofern auch, anders als bei Postgebühren usw, § 26 S 2, keinen Pauschsatz geltend machen.

Die Vorschrift gilt auch vor den Sozialgerichten, SG Kassel NJW **72**, 1392.

§ 27 ist auf Schreibauslagen der Partei auch dann unanwendbar, wenn sie eine Behörde ist, Hamm Rpfleger **82**, 439.

2) Zusätzliche Abschrift oder Ablichtung im Einverständnis mit dem Auftraggeber, I 1. Es müssen folgende Voraussetzungen zusammentreffen:

A. Zusätzliche Fertigung. Der Anwalt muß die Abschrift oder Ablichtung zusätzlich gefertigt haben. Im einzelnen gelten hierzu folgende Voraussetzungen:

a) Grundsatz. Eine zusätzliche Anfertigung liegt nur dann vor, wenn der Anwalt mehr getan als nur seine Vertragspflicht erfüllt hat, vgl Bbg JB **78**, 1118, ferner zB Düss Rpfleger **74**, 230, Kblz JB **75**, 1080, Köln MDR **87**, 678, Schlesw JB **79**, 43. Allerdings kann sich die Zusätzlichkeit auch dann ergeben, wenn der Anwalt durch denselben Fertigungsvorgang auch seine vertragliche Mindestpflicht erfüllt.

b) Fälle der Zusätzlichkeit. Eine zusätzliche Fertigung kann zB in folgenden Situationen vorliegen: Der Anwalt fertigt für den Auftraggeber eine weitere Abschrift an, Düss VersR **86**, 770; er fertigt Kopien für die selbständig vertretenen Streitgenossen des Auftraggebers an, LAG Hamm MDR **88**, 524; er fertigt eine Abschrift an, die nicht zur Sache selbst gehört; er erteilt einem anderen als dem Auftraggeber und dessen Verkehrsanwalt eine Abschrift, etwa im Rechtsstreit wegen einer Angelegenheit nach dem Nato-Truppenstatut zur Unterrichtung des Entsendestaats, Düss Rpfleger **74**, 230; er legt einem Schriftsatz eine notwendige Anlage bei, zB Köln MDR **87**, 678, Mü NJW **68**, 2115, Stgt AnwBl **74**, 355 und MDR **88**, 500, AG Kiel AnwBl **74**, 356, AG Mainz AnwBl **77**, 260, Altstötter VersR **73**, 854 mwN, Klimke VersR **73**, 1153, aM insoweit BVerfG **65**, 74, ferner zB Hbg MDR **81**, 58 (abl Burger AnwBl **81**, 148) und MDR **81**, 593, Schlesw SchlHA **71**, 233, LG Hbg AnwBl **74**, 355; ein einmaliger Schreibgang reicht nicht mehr aus, da die Schreibmaschine nicht so viele Durchschläge bewältigen kann, Karlsr AnwBl **76**, 344, vgl Mü Rpfleger **78**, 152, Schlesw SchlHA **83**, 143 je mwN, unklar Düss VersR **82**, 1148; der Anwalt fertigt – auch unaufgefordert – Überdrucke eines Schriftsatzes an, die das Gericht dann auch mit verwertet, insofern richtig BVerfG **65**, 75.

Der Umfang als solcher ist nicht entscheidend.

c) Fälle des Fehlens der Zusätzlichkeit. Eine zusätzliche Fertigung kann zB in folgenden Situationen fehlen: Der Anwalt fertigt eine Abschrift oder Ablichtung, die er im Rahmen der Erledigung des Vertrags ohnehin vornehmen muß oder die er nach der allgemeinen anwaltlichen Übung ohnehin vornimmt; er gibt seinem Auftraggeber und dessen Verkehrsanwalt, Hamm VersR **81**, 69, eine Abschrift des eigenen Schriftsatzes, BVerwG JVBl **65**, 234, aM LG Aachen AnwBl **81**, 451. Denn nur dann kann der Auftraggeber eine Nachprüfung vornehmen; der Anwalt fertigt eine Abschrift für die Handakten, vgl Ffm VersR **79**, 943 und Rpfleger **80**, 399, Hbg AnwBl **78**, 431; es handelt sich um einen gemäß § 82 I 2 VwGO der Klage beizufügenden Bescheid, VGH Kassel AnwBl **84**, 52 mwN, OVG Münster NJW **68**, 817, vgl aber auch I 2.

B. Einverständnis des Auftraggebers. Zusätzlich zu der Voraussetzung A muß ein Einverständnis des Auftraggebers gerade mit der zusätzlichen Fertigung der Abschrift oder Ablichtung vorgelegen haben.

Das Einverständnis kann ausdrücklich oder stillschweigend ergangen sein, es mag vor der Anfertigung oder später ergangen sein, Mü NJW **82**, 817. Man muß nach den Gesamtumständen des Einzelfalls unter einer Berücksichtigung der Zweckmäßigkeit des Vorgehens des Anwalts prüfen, ob das Einverständnis des Auftraggebers als erteilt anzusehen ist, Hamm AnwBl **78**, 320. Das Einverständnis ist zu unterstellen, wenn die Anfertigung zur sachgemäßen Bearbeitung geboten war, vgl I 2, denn diese Vorschrift soll I 1 nicht einengen.

Eine Unterstellung des Einverständnisses ist zB in folgenden Situationen möglich: Es handelt sich um ein umfangreiches oder schwieriges Verfahren, Karlsr NJW **72**, 1480; der Auftraggeber befindet sich im Ausland, LG Kiel SchlHA **74**, 48; es handelt sich um eine notwendige Abschrift oder Ablichtung für den Streitgenossen und für dessen ProzBev,

Düss AnwBl **65**, 315; der Anwalt erteilt dem Auftraggeber eine weitere Abschrift seines Schriftsatzes.

3) Notwendige Abschrift oder Ablichtung aus Akten, I 2. Unabhängig davon, ob die Voraussetzungen Anm 2 vorliegen, kann ein Ersatzanspruch entstehen, soweit der Anwalt die Abschrift oder Ablichtung aus einer Behörden- oder Gerichtsakte zur sachgemäßen Bearbeitung der Rechtssache vornehmen mußte. Im einzelnen gelten folgende Voraussetzungen:

A. Aus Behörden- oder Gerichtsakte. Es muß sich um eine solche Abschrift oder Ablichtung handeln, die der Anwalt gerade aus einer Behörden- oder Gerichtsakte vorgenommen hat. Es kann sich auch um eine zum Aktenbestandteil gewordene Dokumentationssammlung des Gerichts, OVG Bre AnwBl **88**, 253 (über relevante Parallelvorgänge), oder um ein Strafregister oder um einen Auszug aus der Verkehrssünderkartei handeln, vgl Schmidt MDR **73**, 784.

Nicht ausreichend ist eine Abschrift oder Ablichtung aus einer Handakte eines anderen Anwalts oder aus einer Handakte des Auftraggebers oder eines privaten Dritten. Das gilt selbst dann, wenn es sich dabei um die Abschrift oder Ablichtung einer Urkunde handelt, die sich im Original oder in einer weiteren Abschrift oder Ablichtung in einer Behörden- oder Gerichtsakte befindet. Es reicht also zB nicht aus, daß der Anwalt die in einer polizeilichen Ermittlungsakte im Original vorhandene Unfallskizze nicht aus jener Akte, sondern aus der Handakte der Versicherungsgesellschaft des Auftraggebers oder eines Dritten ablichtet.

Das gilt selbst dann, wenn diese Ablichtung zur sachgemäßen Bearbeitung der Rechtssache sehr wohl geboten ist. Andernfalls würden auch Abschriften oder Ablichtungen dritten oder vierten Grades noch als „aus Behörden- oder Gerichtsakten" stammend anzusehen sein. Damit würde die Ersatzfähigkeit nur noch von der Leserlichkeit der Abschrift oder Ablichtung abhängen. Das ist aber nicht der nach dem Sinn von I 2 erkennbare Maßstab.

B. Erforderlichkeit. Die Abschrift oder Ablichtung aus der Behörden- oder Gerichtsakte muß zur sachgemäßen Bearbeitung der Rechtssache geboten gewesen sein, Düss VersR **86**, 770, Hbg JB **78**, 1511. Im einzelnen gelten dazu folgende Regeln:

a) Objektiver Maßstab. Es kommt weder auf die Ansicht des Anwalts noch auf diejenige des Auftraggebers an, sondern auf einen objektiven Maßstab, also auf den Standpunkt eines vernünftigen, sachkundigen Dritten, vgl VG Aachen AnwBl **82**, 311. Dabei hat der Anwalt allerdings einen gewissen Ermessensspielraum, insofern auch LG Düss AnwBl **83**, 42 (zustm Chemnitz), LG Hann AnwBl **83**, 462, SG Freibg AnwBl **81**, 124, in Wahrheit auch VG Freibg AnwBl **78**, 184, ferner VG Stade AnwBl **85**, 54. Er ist insbesondere nicht vom Einverständnis des Auftraggebers abhängig. Zwar soll nicht schon eine bloße Bequemlichkeit oder eine auch nur eventuell künftige Arbeitserleichterung zum Ersatzanspruch führen; andererseits kann aber gerade eine vorbeugende Maßnahme zu einer sachgemäßen Bearbeitung durchaus gehören.

b) Fälle der Notwendigkeit. Eine Abschrift oder Ablichtung kann zB in folgenden Situationen zur sachgemäßen Bearbeitung der Rechtssache geboten sein: Der Anwalt hofft, durch die jetzige Maßnahme spätere höhere Kosten einsparen zu können, vgl LG Essen AnwBl **77**, 73 (wegen einer notariellen Urkunde); er fertigt im Fall eines Eintritts des Auftraggebers in einen bereits anhängigen Rechtsstreit einen Auszug aus der Prozeßakte an, Düss VersR **79**, 871; es handelt sich um eine für den Anwalt oder den Auftraggeber besonders wichtige Unterlage, Schlesw AnwBl **86**, 547, oder sonstige Angelegenheit, etwa im Verfahren über einen Versorgungsausgleich, Köln AnwBl **82**, 114; die Angelegenheit hat einen besonderen Umfang, vgl BVerwG NJW **71**, 209, LG Fulda AnwBl **78**, 109; der Anwalt will durch die Abschrift oder Ablichtung eine sonst notwendige Streitverkündung vermeiden, AG Wuppert Rpfleger **81**, 368; der Anwalt benötigt ein vorhandenes Gutachten ständig, LG Bln MDR **82**, 327; der Anwalt kann die Akten nur vorübergehend behalten, vgl Hbg MDR **75**, 935; er kann ein Buch, das sich in einer Behörden- oder Gerichtsakte befindet, nur vorübergehend einsehen, Celle NJW **71**, 1050, Köln MDR **61**, 956, aM Hbg MDR **68**, 506 (zum alten Recht); es geht um dem Gericht schwer zugängliche Literatur, etwa um den Bericht eines Pressedienstes, VG Köln AnwBl **89**, 109.

Weitere Beispiele: Es besteht die Gefahr des Verlusts einer Urkunde, vgl KG Rpfleger **75**, 107 (eine solche Gefahr ist freilich bei einer Behörden- oder Gerichtsakte nicht oft zu befürchten, wohl aber zB dann, wenn die routinemäßige Vernichtung dieses Aktenteils bevorstehen könnte); der Anwalt erhofft sich durch die jetzige Abschrift oder Ablichtung aus der Akte eine besondere Beschleunigung, vgl KG Rpfleger **75**, 107; es handelt sich um eine umfangreiche oder schwierige Verteidigung, vgl Hbg Rpfleger **75**, 331, Oldb NJW **63**, 218, LG Bonn AnwBl **75**, 102, AG Reutlingen AnwBl **74**, 359; es handelt sich um eine Pflichtverteidigung, vgl Karlsr JB **75**, 618, LG Karlsr AnwBl **79**, 281 Schmidt NJW **72**, 967, aM (damals) Bre NJW **72**, 967.

Man muß von Fall zu Fall prüfen, ob die Anfertigung eines Auszugs aus einem Strafregister oder einer Verkehrssünderkartei notwendig war, Schmidt MDR **73**, 784.

Man darf auch nicht etwa schematisch vorgehen und die Notwendigkeit danach beurteilen, ob die Kosten für Abschriften oder Ablichtungen einen bestimmten Prozentsatz der Gebühren des Anwalts überschritten, aM LG Heidelb AnwBl **74**, 167.

c) Fälle des Fehlens der Notwendigkeit. Die Anfertigung einer Abschrift oder Ablichtung mag zur sachgemäßen Bearbeitung der Rechtssache nicht geboten gewesen sein, wenn zB folgende Situation vorlag: Die Ablichtung ist offensichtlich ohne Informationswert oder entscheidungsunerheblich, VG Stade AnwBl **85**, 54; der Anwalt hat Teile solcher Akten kopiert, deren Beiziehung er beantragt hat und erwarten konnte, VG Köln AnwBl **89**, 109; der Anwalt hat die gesamte Akte oder gar Beiakte kopiert, ohne zu prüfen, welche ihrer Teile er überhaupt noch zur weiteren vertragsgemäßen Tätigkeit benötigte, OVG Hbg AnwBl **87**, 291. Die bloße Erwägung, es sei zweckmäßig, Ablichtungen durch das Personal und wegen des Fehlens von dessen

Sachkunde umfassend vornehmen zu lassen, reicht ebenfalls nicht aus, insofern aM LG Düss AnwBl **83**, 42 (zustm Chemnitz).

4) Höhe der Schreibauslagen, II. Die Höhe der Schreibauslagen bemißt sich je Angelegenheit, § 13 Anm 3, und je etwaigem Rechtszug, § 13 Anm 4, nach KV 1900, Teil I dieses Buchs. Sie beträgt also je Kostenschuldner und je angefangene Seite unabhängig von der Art der Herstellung 1 DM für die ersten 50 Seiten und 0,30 DM für jede weitere Seite.

Im übrigen sind die Voraussetzungen des KV 1900 Z 1–3 für die Ersatzfähigkeit von Schreibauslagen des Anwalts auch nicht entsprechend anwendbar, da für diese Ersatzfähigkeit § 27 eine Spezialregelung enthält.

5) Kostenerstattung. A. Grundsatz. Man muß auch bei Schreibauslagen ebenso wie bei sonstigen Auslagen des Anwalts zwischen der Ersatzfähigkeit und der Erstattungsfähigkeit unterscheiden, vgl BVerfG **65**, 74. Insgesamt ist eine nicht allzu weitgehende Großzügigkeit geboten, Karlsr NJW **72**, 1481, Mü Rpfleger **83**, 86, LG Hann AnwBl **83**, 462, AG Emmendingen AnwBl **80**, 302, AG Mönchengladb AnwBl **82**, 268, AG Münster JB **78**, 1025, LAG Hamm AnwBl **84**, 316, ArbG Kblz BB **84**, 1556, insbesondere bei einer Abschrift oder Ablichtung aus einer Straf- oder Bußgeldakte für den zugehörigen Schadensersatzprozeß, LG Darmst AnwBl **82**, 217, LG Essen AnwBl **75**, 441, oder bei Fotokopien des Parteischriftwechsels im Verwaltungsverfahren, SG Düss AnwBl **83**, 40. Zu großzügig bejaht Ffm AnwBl **85**, 205 allgemein die Erstattungsfähigkeit auch wegen solcher Fotokopien, deren Originale sich beim Prozeßgegner befinden (sollen). Die Ersatzfähigkeit betrifft das Verhältnis zwischen dem Anwalt und seinem Vertragspartner, dem Auftraggeber. Die Erstattungsfähigkeit betrifft die Frage, ob der Auftraggeber vom Prozeßgegner eine Erstattung fordern kann, zB nach § 91 ZPO, vgl § 25 Anm 3 D.

In diesem Zusammenhang muß man stets prüfen, ob die Aufwendungen notwendig waren, vgl auch BVerfG **61**, 209 (allgemein), Mü MDR **87**, 418. Der Antragsteller muß die Notwendigkeit darlegen und evtl glaubhaft machen, Mü Rpfleger **83**, 86. Soweit die Notwendigkeit bestand, besteht ein Erstattungsanspruch in Höhe von KV 1900, Mü MDR **89**, 367, aM KG MDR **87**, 678 (aber trotz des Gebots, Kosten niedrig zu halten, gibt § 91 II 1 ZPO einen Erstattungsanspruch in Höhe „gesetzlicher" Auslagen).

B. Fälle der Erstattungsfähigkeit. Schreibauslagen können zB in folgenden Situationen erstattungsfähig sein: Die Anlage ist gemäß § 133 ZPO erforderlich, so im Ergebnis Karlsr AnwBl **86**, 547, ferner Mü Rpfleger **82**, 439, Schlesw SchlHA **86**, 184; die Abschrift oder Kopie kann zur Beschleunigung des Prozesses eher beitragen als das Original, LG Mannh ZMR **74**, 177; das Gericht nimmt in einer Entscheidung auf eine Antragsanlage Bezug, Ffm Rpfleger **75**, 31; die Akten eines Vorprozesses sind schwer erreichbar, vgl Hbg MDR **75**, 935; für das Verhalten der Partei im Prozeß sind Kopien wichtig, Ffm MDR **78**, 498; der ProzBev benötigt das Gutachten ständig, LG Bln MDR **82**, 327; er muß sich mit ihm näher befassen, OVG Lüneb AnwBl **84**, 322; es handelt sich um ein Arrestverfahren, LG Ffm JB **76**, 471; das Gesamtbild einer Urkunde ist wichtig, Schlesw SchlHA **79**, 43; der Anwalt unterrichtet den Rechtsschutzversicherer, LG Düss AnwBl **83**, 557, es kommt auf den Wortlaut an, VG Arnsbg AnwBl **84**, 323.

Vgl ferner Ffm MDR **78**, 498, Hbg MDR **75**, 935, Mü MDR **68**, 1021, Schlesw SchlHA **73**, 229, LG Flensb AnwBl **79**, 391, LG Kiel SchlHA **74**, 48, AG Freibg JB **77**, 1395 (wegen einer Fotokopie).

C. Fälle des Fehlens der Erstattungsfähigkeit. Die Erstattungsfähigkeit kann zB in folgenden Situationen fehlen: Der Anwalt muß dem Auftraggeber nach dem Vertrag ohnehin eine Abschrift oder Ablichtung kostenfrei erteilen; es handelt sich um einen ersten Durchschlag eines eigenen Schriftsatzes an den Auftraggeber; es handelt sich um die Kopie einer Entscheidung, die der Anwalt auch zitieren konnte, statt ihren Wortlaut beizufügen, ArbG Kblz BB **84**, 1556; es geht um Kopien für Zustellungen, die nach § 189 I ZPO vermeidbar sind, Mü MDR **87**, 418.

Reichlich engherzig versagt LAG Hamm MDR **81**, 789 die Erstattungsfähigkeit der Kosten einer Fotokopie einer unveröffentlichten Entscheidung schlechthin.

Geschäftsreisen

28 **I Bei Geschäftsreisen erhält der Rechtsanwalt, wenn er einen eigenen Kraftwagen benutzt, 0,45 Deutsche Mark für jeden angefangenen Kilometer des Hin- und Rückwegs, bei Benutzung anderer Verkehrsmittel die tatsächlichen Aufwendungen.**

II Als Tage- und Abwesenheitsgeld erhält der Rechtsanwalt bei einer Geschäftsreise von nicht mehr als 4 Stunden 25 Deutsche Mark, von mehr als 4 bis 8 Stunden 50 Deutsche Mark und von mehr als 8 Stunden 95 Deutsche Mark; bei Auslandsreisen kann zu diesen Beträgen ein Zuschlag von 50 vom Hundert berechnet werden. Außerdem hat er Anspruch auf Ersatz der Übernachtungskosten.

Vorbem. Fassg Art 3 I Z 6 G vom 9. 12. 86, BGBl 2326, in Kraft seit 1. 1. 87, Art 10, Übergangsrecht § 134.

Gliederung

7) Kostenerstattung

A. Grundsatz
  a) Innen- und Außenverhältnis
  b) Notwendigkeit
B. Simultananwalt
C. Prozeßkostenhilfe
D. Arbeitsgerichtsverfahren
E. Finanzgerichtsverfahren
F. Sozialgerichtsverfahren
G. Verwaltungsgerichtsverfahren

1) Systematik. Die Kosten einer Geschäftsreise des Anwalts sind Reisekosten im Sinn von § 25 III. Der Anwalt hat daher einen Anspruch gegenüber dem Auftraggeber auf ihren Ersatz. Man muß von diesem das Innenverhältnis berührenden Ersatzanspruch den etwaigen Erstattungsanspruch des Auftraggebers gegenüber seinem Prozeßgegner unterscheiden, § 25 Anm 3 D.

§ 28 regelt den Fall, daß der Anwalt eine Reise nur zur Erledigung eines einzelnen Geschäfts vornimmt. § 29 regelt demgegenüber den Ersatzanspruch wegen der Kosten einer Reise, die mehreren Geschäften dient. § 30 enthält für die Fälle der §§ 28, 29 eine Einschränkung für den Fall, daß der Anwalt seine Kanzlei nach der Annahme eines Auftrags an einen anderen Ort verlegt.

Für den im Weg der Prozeßkostenhilfe beigeordneten Anwalt enthält § 126 eine vorrangige Sonderregelung des Ersatzes von Reisekosten.

§ 28 ist in manchen Einzelheiten mit § 153 KostO vergleichbar.

2) Geschäftsreise. A. Begriff. Der Anwalt muß eine Geschäftsreise ausgeführt haben. Zum Begriff vgl Hamm DNotZ **78**, 759 mwN. Eine Geschäftsreise liegt vor, wenn der Anwalt sowohl außerhalb des Orts seines Büros als auch außerhalb seines davon etwa verschiedenen Wohnorts gereist ist, VG Stgt AnwBl **84**, 323. Verkehrskosten jeder Art innerhalb der Gemeinde sind allerdings allgemeine Geschäftsunkosten, § 25 I. Zusammengehörige Nachbargemeinden können als derselbe Ort gelten, Köln Rpfleger **76**, 141 mwN, aber auch AnwBl **77**, 25. Insbesondere ist auch die Fahrt zwischen dem Büro (der Wohnung) und dem Gericht oder der Behörde keine Geschäftsreise. Die Nachbarortsregelungen des Reisekostenrechts für Beamte sind aber unanwendbar, LG Itzehoe Rpfleger **82**, 442. Es kommt auf eine natürliche Betrachtungsweise an, AG Nürnb AnwBl **84**, 509. Zwischen Orten in verschiedenen Bundesländern, die nicht aneinandergrenzend bebaut sind, findet eine Geschäftsreise statt, zB zwischen Ahrensburg und Hamburg, Hbg MDR **83**, 589. Innerhalb Berlins entstehen keine Reisekosten. Wohl aber kann eine Vergütung für eine Reise zu einer auswärtigen Zweigstelle des Gerichts oder zu einem Gerichtstag entstehen, Schneider MDR **83**, 811, aM LG Passau Rpfleger **84**, 202.

Im Fall der Zulassung des Anwalts bei mehreren Gerichten an verschiedenen Orten kommt es auf denjenigen Ort an, an dem der Anwalt sein Büro oder seine Wohnung hat. Wenn der Ort des weiteren Gerichts nicht ein Nachbarort dieses Orts ist, hat der Anwalt wegen der Reisekosten einen Ersatzanspruch gegenüber dem Auftraggeber, Karlsr MDR **82**, 64. Der Auftraggeber hat allerdings insofern keinen Erstattungsanspruch gegenüber dem Prozeßgegner, § 91 II 2 ZPO.

Soweit der Anwalt als Zeuge oder Sachverständiger reist, entsteht keine Entschädigung nach §§ 28ff, sondern allenfalls eine solche nach dem ZSEG. Das gilt auch insoweit, als er über seine Wahrnehmungen als Anwalt aussagen soll.

B. Auftrag. Der Anwalt muß die Geschäftsreise gerade im Auftrag des Vertragspartners unternommen haben. Zwar enthält § 28, anders als § 153 I 1 KostO, diese Voraussetzung nicht ausdrücklich im Gesetzestext; sie ergibt sich aber aus § 670 BGB, § 25 Anm 1 A.

Der Anwalt muß also die Reise den Umständen nach für erforderlich halten dürfen. Ein ausdrücklicher Reiseauftrag braucht nur insoweit vorzuliegen, als sich die Notwendigkeit der Reise nicht schon aus der Art des Grundauftrags erkennbar ergeben hat. Im Zweifel entscheidet zwar das objektive, wohl verstandene Interesse des Auftraggebers. Der Anwalt ist aber verpflichtet, seine Tätigkeit für den Auftraggeber so kostengünstig wie möglich abzuwickeln, und kann daher verpflichtet sein, vor dem Reiseantritt mit dem Auftraggeber eine Rücksprache zu halten, ob er diese Reise durchführen soll. Es kann zB darauf ankommen, ob die persönliche Wahrnehmung eines auswärtigen Termins sachlich geboten ist und billiger wird als die Beauftragung eines Untervertreters. In der Erteilung einer Prozeßvollmacht liegt noch nicht stets die Ermächtigung zur persönlichen Wahrnehmung aller Termine. Es kommt nicht darauf an, ob die Geschäftsreise Erfolg hatte.

C. Anwaltseigenschaft. Die Reise muß auch gerade durch den Anwalt ausgeführt werden. Zum Anwaltsbegriff § 1 I.

Dem Anwalt stehen die in § 4 genannten Personen für den Ersatzanspruch nach I grundsätzlich, für denjenigen nach II nur nach den Umständen des Einzelfalls eingeschränkt gleich.

Soweit der Anwalt in einer der in § 1 II genannten Eigenschaften reist, ist § 28 unanwendbar. Das ergibt sich aus dem eindeutigen Wortlaut des § 1 II 1 („Dieses Gesetz gilt nicht ...“). Der Anwalt mag in einem solchen Fall einen Anspruch nach § 1835 BGB haben, den § 1 II 2 unberührt läßt, und kann im übrigen nach den für sein dortiges Vertragsverhältnis geltenden Vereinbarungen und den für seine dortige Eigenschaft geltenden gesetzlichen Vorschriften einen Ersatzanspruch haben.

3) Kraftwagen, I Hs 1. A. Zulässigkeit. Der Anwalt kann grundsätzlich nach pflichtgemäßem Ermessen entscheiden, ob er eine Geschäftsreise im eigenen Kraftwagen durchführen will. Er braucht nicht stets zu prüfen, ob die Benutzung eines anderen Verkehrsmittels billiger würde, Kblz AnwBl **74**, 354. Er darf allerdings durch die Benutzung des eigenen Kraftwagens keinen Mißbrauch treiben, also keine unverhältnismäßig hohen Kosten ohne einen sachlich vertretbaren Grund entstehen lassen. Wenn er gegen diesen Grundsatz verstößt, hat er für die durch die Benutzung des eigenen Kraftwagens entstandenen Mehrkosten keinen Ersatzanspruch, BFH BStBl **73** II 23, Nürnb MDR **68**, 852. Es reicht aber aus, daß man die bloße Zweckmäßigkeit der Reise im eigenen Kraftwagen nicht leugnen kann, selbst wenn ihre Notwendigkeit zweifelhaft sein mag.

B. Eigener Kraftwagen. Einen Ersatzanspruch nach I Hs 1 setzt ferner voraus, daß der Anwalt gerade den eigenen Kraftwagen benutzt hat. Es kommt auf die Haltereigenschaft und nicht auf das sachlichrechtliche Eigentum an. Denn die Kilometerpauschale in I Hs 1 ist gerade deshalb notwendig, weil eben der Halter andernfalls die wahren anteiligen Kosten gerade dieser Reise nur mit unverhältnismäßigen Schwierigkeiten darlegen könnte.

Halter ist nämlich derjenige, der den Kraftwagen für eigene Rechnung im Gebrauch hat und die Verfügungsgewalt darüber besitzt, die ein solcher Gebrauch voraussetzt, BGH **13**, 351. Halter und Eigentümer brauchen nicht identisch zu sein. Ein Gebrauch für eigene Rechnung liegt vor, wenn man nicht nur Vorteile, sondern auch wirtschaftliche Nachteile einzukalkulieren hat. Wenn sich mehrere Personen die Unterhaltungskosten und die Gebrauchsmöglichkeit des Kraftwagens teilen, sind sie zusammen, ein jeder für sich, Halter. Zu den Betriebskosten zählen insbesondere Steuern und Versicherungen. Wer lediglich Benzin, Öl, darüber hinaus vielleicht Garagengeld zahlen muß, während der Wagen im übrigen von einem Angehörigen, einem Freund oder einem Dritten unterhalten wird, ist wahrscheinlich nicht oder nur neben dem anderen Halter. Im einzelnen läßt sich diese Frage nur von Fall zu Fall danach beurteilen, wie man die übrigen Merkmale des § 7 StVG beurteilen muß.

In keinem Fall begründet schon der bloße Gebrauch für eigene Rechnung die Haltereigenschaft. Hinzu kommen muß die Verfügungsgewalt über den Kraftwagen. Hier ist nicht eine rechtliche, sondern eine tatsächliche Verfügungsgewalt gemeint. Sie braucht nicht unbegrenzt lange anzudauern, sondern kann auf wenige Tage oder Stunden begrenzt sein. Derjenige Anwalt hat die Verfügungsgewalt, der sich einen Wagen auch nur für einen Nachmittag gemietet hat. Eine andere Frage ist die, ob der Vermieter gleichzeitig ebenfalls noch eine tatsächliche Verfügungsgewalt behalten hat und daher Mithalter ist.

Unter dem Begriff „Kraftwagen" ist jedes Kraftfahrzeug von § 1 II StVG zu verstehen, also auch ein Motorrad, ein Moped oder ein Mofa. Denn auch in allen diesen Fällen würde die Ermittlung der wahren anteiligen Fahrtkosten dieselben Schwierigkeiten bereiten wie bei einem vierrädrigen Kraftwagen.

C. Pauschale. Unter den Voraussetzungen a, b erhält der Anwalt für jeden km des im eigenen Kraftwagen tatsächlich zurückgelegten Wegs 0,45 DM. Wie das Gesetz klarstellt, muß man die Strecken des Hinwegs und des Rückwegs zusammenrechnen.

Es handelt sich um einen Pauschalbetrag, der eine abschließende Regelung enthält und im Gegensatz zu den „tatsächlichen Aufwendungen" im Sinn von I Hs 2 steht. Daher kommen daneben keine weiteren Kraftfahrzeugkosten als ersatzfähig in Betracht, zB keine Parkgebühren, Stgt Rpfleger **81**, 245, aM LG Freibg MDR **82**, 762.

Maßgeblich ist nicht etwa die Entfernung von Ortsmitte zu Ortsmitte, sondern eben die tatsächliche Wegstrecke, Schmidt NJW **66**, 1762, aM LG Ansbach NJW **66**, 1762.

4) Anderes Verkehrsmittel, I Hs 2. A. Zulässigkeit. Auch bei der Benutzung eines anderen Verkehrsmittels als des eigenen Kraftwagens kommt es grundsätzlich nicht darauf an, ob der Anwalt anstelle des tatsächlich benutzten Verkehrsmittels ein anderes hätte benutzen können, Kblz AnwBl **74**, 354. Er hat also im Rahmen eines pflichtgemäßen

Ermessens die Wahl, ob er zB das Flugzeug, den Zug oder den eigenen Kraftwagen benutzt.

Indessen muß er ebenso wie vor der Benutzung des eigenen Kraftwagens auch vor der Benutzung eines anderen Verkehrsmittels prüfen, ob die Benutzung unverhältnismäßig teurer würde, § 670 BGB. Freilich braucht er die Notwendigkeit des tatsächlich gewählten Verkehrsmittels grundsätzlich nicht im Einzelfall darzulegen. Vielmehr müßte der Auftraggeber beweisen, daß der Anwalt insofern mißbräuchlich handelte. Mißbrauch liegt auch hier nicht vor, wenn die Benutzung des tatsächlich gewählten Verkehrsmittels wenigstens zweckmäßig sein konnte. Die Benutzung eines Flugzeugs ist zB jedenfalls dann gerechtfertigt, wenn der Anwalt dadurch erhebliche Zeit einsparen konnte, vgl Mü MDR **66**, 937, ferner VG Stgt NJW **71**, 2190, auch wenn dieser Zeitgewinn nicht dem Auftraggeber zugute kommt, für den er die Reise durchführt, sondern anderen Auftraggebern oder der Freizeit des Anwalts. Freilich muß der Anwalt gerade dann, wenn es um einen bloßen Zeitgewinn geht, den Grundsatz der Verhältnismäßigkeit besonders beachten.

B. Direkte Fahrtkosten. Der Anwalt kann unter den Voraussetzungen A anstelle einer Pauschale die tatsächlichen Aufwendungen ersetzt fordern. Das gilt auch dann, wenn er zB die 1. statt der 2. Klasse benutzt. Sein Berufsstand erlaubt ihm grundsätzlich ebenso wie zB dem Gebührennotar, § 153 I KostO, die Benutzung der 1. Klasse. Das gilt jedenfalls bei Langstrecken auch im Flugzeug. Bei Kurzstrecken kann allerdings die Benutzung der 2. Klasse ausreichen. In einem solchen Fall erhält der Anwalt die Mehrkosten der Benutzung der 1. Klasse nicht ersetzt.

Zu den tatsächlichen Aufwendungen zählen Zuschläge für die Benutzung von besonders schnellen Zügen usw jedenfalls dann, wenn zB durch ihre Benutzung ein Zeitgewinn eintrat oder wenn etwa das Reisen in einem klimatisierten und unter anderem deshalb teureren Zug für den Anwalt angenehmer war, oder die Prämien einer Flugversicherung, Düss AnwBl **78**, 471, Hamm NJW **73**, 2120.

C. Zugang, Abgang. Zu den tatsächlichen Aufwendungen zählen die Kosten für den Weg zwischen der Wohnung bzw dem Büro und dem Bahnhof, Flughafen sowie zwischen diesen Punkten der Reise und dem eigentlichen Reiseziel und zurück. Zu diesen Kosten zählen auch diejenigen für die Aufbewahrung, Beförderung und Versicherung des Gepäcks, Düss AnwBl **78**, 471, LG Ffm AnwBl **78**, 472.

Demgegenüber zählen die Kosten der Verpackung des Gepäcks zu den nicht ersatzfähigen allgemeinen Geschäftsunkosten, § 25 I. Das gilt grundsätzlich auch für einen Koffer, eine Aktentasche usw. Wenn es sich um die Beförderung besonders wichtiger Dokumente handelt, mag die Anschaffung eines Koffers mit aufwendigem Schloß oder mit einer anderen Diebstahlssicherung im Einzelfall ausnahmsweise zu den Reiseaufwendungen zählen.

Für eine Strecke, die der Anwalt mit dem Fahrrad zurücklegt, erhält er weder im Rahmen des Zugangs oder Abgangs zur sonstigen Fahrt noch dann, wenn er die gesamte Fahrt mit dem Fahrrad durchführt, eine Entschädigung nach I.

5) Tage- und Abwesenheitsgeld, II 1. A. Zulässigkeit. Der Anwalt hat nicht nur bei der Entscheidung, ob er überhaupt eine Geschäftsreise durchführen will, einen pflichtgemäßen Ermessensspielraum, sondern auch bei der Entscheidung, wie lang diese Geschäftsreise dauern soll. Er muß allerdings auch insofern den in Anm 3 A, 4 A genannten Verhältnismäßigkeitsgrundsatz berücksichtigen, § 670 BGB. Auch in diesem Punkt liegt die Beweislast für eine mißbräuchliche zeitliche Ausdehnung der Reise beim Auftraggeber. Die bloße Zweckmäßigkeit der Dauer der Reise reicht aus, den Anspruch auf ein Tage- und Abwesenheitsgeld zu begründen.

Das Tage- und Abwesenheitsgeld ist eine Pauschale. Sie dient der leichteren Abrechnung. Sie gibt eine Entschädigung dafür, daß der Anwalt seinem Wirkungskreis vorübergehend im Interesse dieses Auftraggebers entzogen ist.

Soweit eine Geschäftsreise außergewöhnlich hohe Kosten verursacht, die der Anwalt aus dem Tage- und Übernachtungsgeld nicht bezahlen kann, muß er eine entsprechende Vereinbarung mit dem Auftraggeber herbeiführen, BGH **39**, 150. Nur in einem seltenen Ausnahmefall kann er sich auch ohne eine solche Vereinbarung auf die Grundsätze der Geschäftsführung ohne Auftrag berufen, §§ 677 ff BGB.

Die Pauschale entsteht jeweils nur für den tatsächlich benötigten Zeitraum. Dabei enthält II 1 allerdings Stufen der Abwesenheitsdauer. Sowie die tatsächlich benötigte Dauer der Abwesenheit die nächst höhere Stufe erreicht hat, entsteht die volle für diese Stufe vorgesehene Pauschale. Das ist eine Folge des Grundsatzes, solche Entschädigung überhaupt auf Grund einer Pauschale zu gewähren. Wenn der Anwalt für eine Geschäftsreise, für die er mehrere Tage verwenden könnte, nur einen geringeren Zeitraum benötigt, dann hat er auch nur für den geringeren Zeitraum einen Anspruch auf Tage- und Abwesenheitsgeld.

Andererseits erhält er eine solche Entschädigung auch zB für die Dauer einer um das Mittagessen am Terminort verlängerten Zeitspanne, wenn der Termin bis zum Mittag dauert, VG Stgt AnwBl **84**, 562, oder für eine Ortsabwesenheit an einem Sonntag, wenn diese Abwesenheit etwa deshalb notwendig war, weil der wahrzunehmende Termin am Montagmorgen lag. Das gilt sowohl dann, wenn es sich um den ersten Termin handelt, als auch dann, wenn der Anwalt seine auswärtige Tätigkeit etwa an einem Freitag und am folgenden Montag vornehmen muß und in der Zwischenzeit nach pflichtgemäßem Ermessen nicht an den eigenen Wohnort zurückkehrt.

Man muß das Tage- und Abwesenheitsgeld von bzw bis zu demjenigen Zeitpunkt an berechnen, in dem der Anwalt infolge der Reise seinen Wirkungskreis verlassen muß bzw wieder erreichen kann. Das ist grundsätzlich der Zeitraum von dem Zeitpunkt an, in dem er das Büro verläßt, um die Reise anzutreten, bis zur Rückkehr dorthin, VG Stgt AnwBl **84**, 323 und 562. Die früher übliche Berechnung nach der Zugabfahrt usw hat sich durch die Zusammenfassung von Tage- und Abwesenheitsgeld erledigt.

B. Inlandsreise. Im Fall einer Inlandsreise von bis zu 4 Stunden entsteht ein Tage- und Abwesenheitsgeld von 25 DM. Bei mehr als 4 Stunden, aber höchstens 8 Stunden Abwesenheit entsteht ein solches von

50 DM, bei einer Abwesenheit von mehr als 8 Stunden ein solches von 95 DM. Jeder dieser Beträge ist für jeden angefangenen Kalendertag (0–24 Uhr) erneut anzusetzen. Für einen Sonntag oder gesetzlichen Feiertag entsteht kein höheres Tage- und Abwesenheitsgeld.

C. Auslandsreise. Eine Auslandsreise liegt vor, sobald der Anwalt die Grenzen der BRep zu einer anderen Reise als einer solchen in die DDR überschreitet. Denn die DDR ist im Verhältnis zur BRep kein Ausland, BVerfG **36**, 31 und NJW **74**, 894, BLAH Einl III 8 B.

Im Fall einer Auslandsreise tritt keine automatische Erhöhung des Tage- und Abwesenheitsgelds ein. II 1 Hs 2 begründet nur die Zulässigkeit eines Zuschlags bis zu 50% auf das für eine Inlandsreise zu zahlende Tage- und Abwesenheitsgeld. Man muß im Einzelfall unter Berücksichtigung aller Umstände prüfen, ob und in welcher Höhe innerhalb dieses Rahmens ein Zuschlag berechtigt ist. Er gilt auch zB Paßgebühren oder Visagebühren ab. Es ist weder ein zu großzügiger noch ein zu kleinlicher Maßstab erlaubt. Zwar soll der Anwalt keine unnötigen Kosten verursachen; er darf aber auch im Ausland standesgemäß reisen.

6) Übernachtungskosten, II 2. A. Zulässigkeit. Der Anwalt hat im Rahmen seines pflichtgemäßen Ermessens, Anm 3 A, 4 A, 5 A, einen gewissen Spielraum für die Entscheidung, ob und wie oft er auf der Geschäftsreise übernachtet. Er muß auch insofern einen Mißbrauch vermeiden, § 670 BGB. Auch insofern hat der Auftraggeber die Beweislast. Die bloße Zweckmäßigkeit einer auswärtigen Übernachtung reicht für den Ersatzanspruch aus, erst recht ein sonst unzumutbar früher Aufstehzeitpunkt, Karlsr Just **85**, 473, oder wenn vor dem Termin dort noch eine Besprechung nötig ist, Ffm JB **85**, 1090.

B. Höhe des Ersatzanspruchs. Sofern die Übernachtung überhaupt zulässig war, A, hat der Anwalt den Anspruch auf den Ersatz der notwendigen Übernachtungskosten. Zwar spricht II 2 nur von den Übernachtungskosten schlechthin. Indessen ist der allgemeine Grundsatz zu bedenken, daß der Anwalt die Kosten niedrig halten muß. Allerdings hat er auch bei der Wahl des Hotels usw einen gewissen Ermessensspielraum. Freilich ist die Benutzung eines Luxushotels nur ausnahmsweise berechtigt, Karlsr AnwBl **86**, 110 mwN. Dieser Fall kann zB dann vorliegen, wenn es sich um einen Auftrag mit sehr hohem Gegenstandswert oder um eine Verhandlung mit einem in einem solchen Hotel abgestiegenen und nur dort verhandlungsbereiten Partner handelt oder wenn eben der Auftraggeber mit der Benutzung eines solchen Hotels einverstanden war. Die grundsätzliche Befugnis des Anwalts zur Benutzung der 1. Klasse eines Beförderungsmittels ist wegen des Massenbetriebs auf jedem öffentlichen Verkehrsmittels eher gerechtfertigt als die Benutzung der obersten Kategorie von Hotels.

Andererseits darf auch ein junger, noch nicht weit bekannter Anwalt eine gewisse Bequemlichkeit und zB ein Zimmer mit eigenem Telefon (Direktwahlmöglichkeit) wählen, auch ein solches mit eigenem Fernsehgerät. Denn die ständige Information und eine ungestörte Kontaktmöglichkeit zum eigenen Büro zählen zu den allgemeinen Berufsaufgaben jedes Anwalts.

Der Anwalt muß die Nebenkosten der Übernachtung, etwa das Frühstück, vom Tagegeld bestreiten, Karlsr AnwBl **86**, 110 mwN, aM Stöber Rpfleger **65**, 264. Er kann aber die Kosten der Zimmerbestellung oder von Bettkarten bei den Übernachtungskosten berücksichtigen.

7) Kostenerstattung. A. Grundsatz. a) Innen- und Außenverhältnis. Man muß zwischen dem Ersatzanspruch des Anwalts im Innenverhältnis gegenüber seinem Auftraggeber unterscheiden, den §§ 28ff regeln, und dem Kostenerstattungsanspruch des Auftraggebers gegenüber dem Prozeßgegner, den zB § 91 ZPO regelt, § 25 Anm 3 D.

b) Notwendigkeit. Entsprechend dem in allen Verfahrensordnungen geltenden Grundsatz, daß eine Partei die Prozeßkosten möglichst gering halten muß, sind auch nur solche Reisekosten ihres Anwalts vom Prozeßgegner zu erstatten, die zur zweckentsprechenden Rechtsverfolgung oder Rechtsverteidigung notwendig waren. § 91 I 2 ZPO stellt für seinen Geltungsbereich klar, daß unter dieser Voraussetzung auch die notwendigen Reisekosten erstattungsfähig sind. § 91 II 1 ZPO stellt überdies klar, daß auch die Reisekosten desjenigen Anwalts erstattungsfähig sind, der nicht bei dem Prozeßgericht zugelassen ist und am Ort des Prozeßgerichts auch nicht wohnt, soweit die Zuziehung zur zweckentsprechenden Rechtsverfolgung oder Rechtsverteidigung notwendig war.

Demgegenüber ergibt sich aus § 91 II 2 ZPO, daß die Mehrkosten eines beim Prozeßgericht zugelassenen Anwalts, der seinen Wohnsitz oder seine Kanzlei nicht am Ort des Prozeßgerichts oder dessen auswärtige Abteilung hat, grundsätzlich nicht erstattungsfähig sind.

Eine Vereinbarung zwischen dem Auftraggeber und seinem Anwalt über die Ersatzfähigkeit von Reisekosten im Innenverhältnis ist für die Erstattungsfähigkeit im Außenverhältnis grundsätzlich unbeachtlich. Zumindest nach § 51 I 2 der Grundsätze des anwaltlichen Standesrechts 1982 (Standesrichtlinie, abgedruckt § 3 Anm 3 A b) kann der Anwalt im Innenverhältnis auf die Geltendmachung der nicht erstattungsfähigen Reisekosten für Fahrten zwischen dem Wohn- bzw Praxis- und dem Gerichtsort verzichten, Chemnitz AnwBl **84**, 198; vgl ferner § 3 Anm 3 A.

Man muß prüfen, ob die Zuziehung gerade dieses Anwalts überhaupt notwendig war. Man muß ferner prüfen, ob dieser Anwalt gerade zur Erledigung dieses Auftrags diese Reise vornehmen mußte.

Insgesamt ist ein großzügiger Maßstab geboten, vgl auch LG Hagen AnwBl **74**, 165, aM LG Flensb JB **76**, 1651.

B. Simultananwalt. Maßgeblich ist

ZPO § 91 II 2: Der obsiegenden Partei sind die Mehrkosten nicht zu erstatten, die dadurch entstehen, daß der bei dem Prozeßgericht zugelassene Rechtsanwalt seinen Wohnsitz oder seine Kanzlei nicht an dem Ort hat, an dem sich das Prozeßgericht oder eine auswärtige Abteilung dieses Gerichts befindet.

Zu diesen Mehrkosten gehören vor allem die Reisekosten. Man muß die Kosten des tatsächlich hinzugezogenen Anwalts denjenigen Kosten gegenüberstellen, die dann entstanden wären, wenn der Auftraggeber einen am Ort des Prozeßgerichts wohnenden Anwalt beauftragt hätte. Dabei muß man zB die Kosten einer notwendigen Informationsreise der

Partei zu diesem Anwalt und umgekehrt berücksichtigen, Celle NJW **68**, 1097. Ferner sind zu beachten: Kosten für einen etwaigen Beweistermin, den der auswärtige Anwalt ohne Reisekosten wahrnehmen konnte, während anderenfalls die Partei einen anderen Anwalt hätte beauftragen müssen oder für den der am LG zugelassene Anwalt Reisekosten hätte aufwenden müssen, vgl LG Mü AnwBl **61**, 321, LG Regensb JB **76**, 1226.

Es entsteht kein Erstattungsanspruch für die Mehrkosten einer Reise zu einer auswärtigen Kammer oder zu einem auswärtigen Senat oder von diesem zum Prozeßgericht.

Entsprechendes gilt für die Vertretung in einer Patent-, Warenzeichen- oder Gebrauchsmustersache, soweit der Anwalt bei demjenigen Prozeßgericht nicht zugelassen ist, dem das Gesetz die Erledigung überträgt, §§ 51 IV PatG, 32 IV WZG, 27 IV GebrMG. Für Kartellsachen enthält § 89 GWB keine entsprechende Regelung.

C. Prozeßkostenhilfe. Das Verfahren zu ihrer Bewilligung ist kein Prozeß. Es läßt für eine Kostenentscheidung in der ersten Instanz keinen Raum, auch nicht im Fall des vollen Erfolgs der Beschwerdeinstanz, Bre OLGZ **66**, 167, Köln NJW **75**, 1286, BLAH § 91 Anm 21 „Prozeßkostenhilfe" und § 127 Anm 9, sondern nur im Fall der teilweisen oder völligen Verwerfung oder Zurückweisung der Beschwerde, KV 1181.

Wenn sich aber ein Prozeß anschließt, sind die Kosten des Verfahrens zur Bewilligung der Prozeßkostenhilfe ein Teil der Prozeßkosten, Ffm Rpfleger **79**, 111, Karlsr AnwBl **78**, 462 mwN, aM zB Kblz Rpfleger **75**, 99. In diesem Umfang besteht auch eine grundsätzliche Erstattungspflicht.

D. Arbeitsgerichtsverfahren. Vgl Grdz 1 Bb vor § 11a ArbGG, Teil II A dieses Buchs.

E. Finanzgerichtsverfahren. Die zum Zivilprozeß dargelegten Grundsätze gelten entsprechend auch im Verfahren vor den Finanzgerichten, § 139 III FGO, BFH NJW **69**, 2224, Klempt/Meyer 113.

F. Sozialgerichtsverfahren. Die zum Zivilprozeß dargelegten Grundsätze gelten entsprechend auch im Verfahren vor den Sozialgerichten, § 193 III SGG, Tschischgale SozS 100, aM Peters-Sautter-Wolff, § 193 SGG Anm 2b, vgl auch § 193 SGG Anm 2, Teil II B dieses Buchs. Kosten, die ein Beteiligter nach § 109 SGG endgültig tragen muß, sind gemäß § 193 II SGG nicht erstattungsfähig, Wilde/Homann NJW **81**, 1070.

G. Verwaltungsgerichtsverfahren. In diesem Verfahren sind die Auslagen eines Anwalts grundsätzlich erstattungsfähig, § 162 II VwGO, VG Karlsr AnwBl **82**, 208. Wegen der Reisekosten ist § 91 II 1 ZPO ergänzend anwendbar, § 173 VwGO. Eine Erstattung findet also nur insofern statt, als die Zuziehung eines auswärtigen Anwalts notwendig war, OVG Lüneb AnwBl **83**, 279 mwN, VGH Stgt MDR **74**, 432, VG Bayreuth MDR **74**, 431 (je wegen eines Waffenrechtspezialisten), OVG Hbg NJW **66**, 1770 mwN, OVG Kblz NJW **63**, 1796 (wegen einer Vertretung vor dem BVerwG); **aM** VG Bre MDR **69**, 607 mwN. Auch in diesen Verfahren ist eine gewisse Großzügigkeit geboten, VGH Mü AnwBl **74**, 50 (wegen einer Flurbereinigung).

Reisen zur Ausführung mehrerer Geschäfte

29 Dient eine Reise mehreren Geschäften, so sind die entstandenen Reisekosten und Abwesenheitsgelder nach dem Verhältnis der Kosten zu verteilen, die bei gesonderter Ausführung der einzelnen Geschäfte entstanden wären.

1) Geltungsbereich. Die Vorschrift bezieht sich auf sämtliche in § 28 genannnten Kosten. Sie setzt aber voraus, daß der Anwalt in dieser Eigenschaft, also im Auftrag eines Vertragspartner, reist. Soweit ein Anwaltsnotar zur Erledigung einer anwaltlichen Aufgabe und einer notariellen Tätigkeit reist, findet die Verteilung der Reisekosten unter einer Berücksichtigung der Entfernung und des Zeitaufwands gemäß §§ 137 Z 4, 5 KostO statt, vgl auch § 24 II BRAO. Die Verteilung der Tage- und Abwesenheitsgelder findet dann nach §§ 153 II 4, 137 KostO statt.

§ 29 gilt nicht, soweit der Anwalt zB als Zeuge oder Sachverständiger oder in einer der in § 1 II genannten Eigenschaften reist.

2) Mehrere Geschäfte. Der Begriff „Geschäft" ist ebenso wie der Begriff der „Angelegenheit" zu verstehen, vgl § 13. Es muß sich also um dieselbe Reise zur Erledigung mehrerer Angelegenheiten für denselben Auftraggeber handeln.

3) Kostenverteilung. Man muß die nach § 28 ersatzfähigen Kosten zunächst insgesamt für sämtliche Geschäfte berechnen. Anschließend muß man diejenigen Kosten im Sinn von § 28 errechnen, die für jedes einzelne dieser Geschäfte entstanden sind bzw wären. Der Auftraggeber muß denjenigen Anteil der Gesamtkosten der Reise des Anwalts tragen, der dem Verhältnis der Kosten für die einzelnen Geschäfte entspricht.

Beispiel: Die Reise des Anwalts hat insgesamt 200 DM gekostet. Zur Erledigung des Geschäfts A waren Kosten von 100 DM notwendig. Zur Erledigung des Geschäfts B waren solche von 150 DM notwendig. Diese Einzelkosten stehen im Verhältnis 2:3. Daher muß man die tatsächlich entstandenen Gesamtkosten von 200 DM im Verhältnis 2:3 teilen. Auf das Geschäft A entfallen also 80 DM, auf das Geschäft B 120 DM.

4) Mehrere Auftraggeber. Soweit der Anwalt für mehrere Auftraggeber in derselben Angelegenheit tätig wird, für sie also dasselbe Geschäft durchführt, ist nicht § 29 anwendbar, sondern § 6 II.

Verlegung der Kanzlei

30 Ein Rechtsanwalt, der seine Kanzlei nach einem anderen Ort verlegt, kann bei Fortführung eines ihm vorher erteilten Auftrags Reisekosten und Abwesenheitsgelder nur insoweit verlangen, als sie auch von seiner bisherigen Kanzlei aus entstanden wären.

1) Geltungsbereich. Es muß sich um eine solche Verlegung der Kanzlei handeln, die aus der politischen Gemeinde A in die politische Gemeinde B erfolgt. Der Anwalt muß schon vor Beginn dieser Verlegung den Auftrag angenommen haben und ihn nach dem Beginn der Verlegung fortgeführt haben.

Unter diesen Voraussetzungen kann er Reisekosten und Abwesenheitsgelder nur in derjenigen Höhe vom Auftraggeber ersetzt fordern, in der sie auch von seiner bisherigen Kanzlei aus entstanden wären. Soweit die Reisekosten und Abwesenheitsgelder infolge der Kanzleiverlegung geringer werden, kann der Anwalt nur die geringeren Endkosten ersetzt fordern.

Dritter Abschnitt. Gebühren in bürgerlichen Rechtsstreitigkeiten und in ähnlichen Verfahren

Einführung

1) Bürgerlicher Rechtsstreit. Der 3. Abschnitt regelt die Gebühren im bürgerlichen Rechtsstreit. Dazu gehört jede Streitigkeit, über die das Gericht im Verfahren der ZPO zu entscheiden hat, auch wenn es sich nicht um einen Rechtsstreit im engeren Sinn handelt, sondern zB um das Entmündigungs- oder Aufgebotsverfahren.

Hierher zählen ferner zB: Das Prozeßkostenhilfeverfahren, § 51; das Verfahren über die Erinnerung gegen die Kostenfestsetzung und gegen den Kostenansatz, § 61 I Z 2; das Verfahren vor den Gerichten für Arbeitssachen, § 62; ein Verfahren vor einem Schiffahrtsgericht, § 14 GVG; das Verfahren der Rechtswegeverweisung, § 17 GVG. Soweit allerdings die Entscheidung eines Kompetenzkonflikts dem Verfassungsgericht gebührt, gilt gemäß § 113 III der 3. Abschnitt entsprechend.

2) Ähnliches Verfahren. Zu diesem ebenfalls im 3. Abschnitt geregelten Bereich gehören zB: das Verfahren vor einem Schiedsgericht, § 104 ArbGG; das Hausratsverfahren; das Verfahren in einer Wohnungseigentumssache; ein Landwirtschaftsverfahren; die Regelung einer Auslandsschuld, § 63; das Vertragshilfeverfahren, § 64; das Verfahren nach dem GWB, § 65 a; das Verfahren nach dem Gesetz über die Wahrnehmung von Urheberrechten und verwandten Schutzrechten, § 65 b; das Verfahren vor dem Patentgericht und dem BGH in einer Patentsache usw, § 66; das Verfahren auf die Nachprüfung einer Anordnung der Justizbehörde, § 66 a; das schiedsrichterliche Verfahren, § 67; das Güteverfahren, § 65.

In anderen Fällen ist der 3. Abschnitt nur dann anwendbar, wenn eine Vorschrift das ausdrücklich bestimmt. Er ist zB in folgenden Fällen unanwendbar: Im Verfahren der freiwilligen Gerichtsbarkeit. Dann sind §§ 118 ff anwendbar; im Beschwerdeverfahren außerhalb der ZPO und des FGG, etwa gemäß §§ 159, 174, 181 GVG.

3) Entsprechende Anwendbarkeit. Manche Vorschriften erklären den 3. Abschnitt ausdrücklich für entsprechend anwendbar. Hierher gehören zB: Das ehren- oder berufsgerichtliche Verfahren, soweit es sich nicht um die Verletzung einer Berufspflicht handelt, §§ 110 II in Verbindung mit 114 I; das Verfahren vor dem BVerfG oder einem Verfassungsgericht eines Landes, soweit es sich nicht um einen der in § 113 I genannten Fälle handelt, § 113 II 1; das Verfahren vor den Verwaltungs- und Finanzgerichten, § 114 I.

Prozeßgebühr, Verhandlungsgebühr, Beweisgebühr, Erörterungsgebühr

31 **I Der zum Prozeßbevollmächtigten bestellte Rechtsanwalt erhält eine volle Gebühr**

1. für das Betreiben des Geschäfts einschließlich der Information (Prozeßgebühr),
2. für die mündliche Verhandlung (Verhandlungsgebühr),
3. für die Vertretung im Beweisaufnahmeverfahren oder bei der Anhörung oder Vernehmung einer Partei nach § 613 der Zivilprozeßordnung (Beweisgebühr),
4. für die Erörterung der Sache, auch im Rahmen eines Versuchs zur gütlichen Beilegung (Erörterungsgebühr).

II Erörterungsgebühren und Verhandlungsgebühren, die denselben Gegenstand betreffen und in demselben Rechtszug entstehen, werden aufeinander angerechnet.

III Absätze 1 und 2 gelten auch für Scheidungsfolgesachen nach § 623 Abs. 1, 4, § 621 Abs. 1 Nr. 1 bis 3, 6, 7 und 9 der Zivilprozeßordnung.

Gliederung

1) Systematik. § 31 ist eine der wichtigsten Vorschriften der BRAGO. Sie regelt den Kernbereich der anwaltlichen Tätigkeit vor Gericht im Regelfall. §§ 32ff stellen demgegenüber vorrangige Sonderregeln dar, die die Regelung des § 31 teils erweitern, teils beschränken, teilweise die dem Prozeß vorgeordneten und zugeordneten Begleitverfahren umfassen.

§ 31 gilt grundsätzlich für alle Verfahrensarten, auch zB: Für den Urkundenprozeß; für das Arrestverfahren; für das Verfahren auf den Erlaß einer einstweiligen Verfügung oder einstweiligen Anordnung; für die Vollstreckbarerklärung eines Schiedsspruchs; für andere richterliche Handlungen im schiedsgerichtlichen Verfahren, § 46; für die Vollstreckbarerklärung eines ausländischen Schuldtitels, § 47; für den Adhäsionsprozeß, § 89; für einen Rechtsstreit nach § 13 StrEG.

Die Gebühren sind Pauschgebühren. Bereits der Beginn einer Tätigkeit im Sinn des jeweiligen Gebührentatbestands löst die volle Einzelgebühr aus, § 13 Anm 1.

Die Gebühren sind teilweise voneinander unabhängig. Es entsteht stets die Prozeßgebühr. Die weiteren Gebühren können bei einer entsprechenden Tätigkeit des Anwalts hinzu kommen. Allerdings erfolgt gemäß II eine Anrechnung der Verhandlungsgebühr und der Erörterungsgebühr aufeinander.

2) Prozeßbevollmächtigter, I. Der Anwalt verdient eine Gebühr nach § 31 nur, sofern der Auftraggeber ihn zum ProzBev bestellt hat, OVG Kblz NJW **83**, 1509. I übernimmt insofern den Begiff der Prozeßvollmacht im Sinn von § 81 ZPO. Der Anwalt muß also zu allen den Rechtsstreit betreffenden Prozeßhandlungen ermächtigt sein, einschließlich derjenigen, die durch eine Widerklage, eine Wiederaufnahme des Verfahrens und die Zwangsvollstreckung veranlaßt werden; er muß zur Bestellung eines Vertreters sowie eines Bevollmächtigten für die höheren Instanzen befugt sein; er muß ermächtigt sein, den Rechtsstreit durch einen Vergleich, eine Verzichtleistung auf den Streigegenstand oder durch eine Anerkennung des von dem Gegner gemachten Anspruchs zu beseitigen; er muß schließlich zur Empfangnahme der vom Gegner zu erstattenden Kosten befugt sein.

Es ist unerheblich, ob der Anwalt erst im Laufe des Prozesses eine Prozeßvollmacht erhalten hat. Allerdings muß sein Auftrag auf die gesamte Führung des Rechtsstreits mindestens in dieser Instanz erteilt worden sein. Soweit der Auftrag erst nach der Erledigung des Rechtsstreits wegen einzelner noch nach dem Urteil zu erwirkender Bescheinigungen usw ergeht, vgl § 37 Z 7, handelt es sich nur um Einzeltätigkeiten nach § 56, soweit nicht eine Beauftragung für die gesamte Zwangsvollstrekkung vorliegt, § 58 II Z 1. Bei sinnvoller Tätigkeit kann das Fehlen der Zulassung beim Gericht unschädlich sein, Hamm AnwBl **86**, 208 (Vorsicht!).

ProzBev ist auch der auf Grund seiner Vollmacht vom erstinstanzlichen ProzBev für das Berufungs- oder Revisionsverfahren beauftragte sowie der nach § 625 ZPO beigeordnete Anwalt, § 36a.

Der im Weg einer Prozeßkostenhilfe beigeordnete Anwalt sowie ein nach §§ 78b, c ZPO beigeordneter Notanwalt erhalten auch für eine unaufschiebbare Tätigkeit vor der Erteilung der Vollmacht eine Vergütung in einer entsprechenden Anwendung des § 31. Darüber hinaus haben sie ohne eine Vollmacht keinen Anspruch nach § 31.

3) Rechtszug. Jede Gebühr nach § 31 entsteht in demselben Rechtszug nur einmal. Damit ist also die gesamte einschlägige Tätigkeit des Anwalts in diesem Rechtzug abgegolten, §§ 13, 37. Besondere Gebühren entstehen neben denjenigen nach § 31 nur insoweit, als Sondervorschriften das ausdrücklich anordnen, vgl §§ 36 II, 43–46, 48–51, 57, 59–61 a. Im Höchstfall können dem Anwalt in derselben Instanz wegen desselben Gegenstands vier volle Regelgebühren entstehen, nämlich drei volle Gebühren nach § 31, dort wiederum gemäß I Z 1, 2 oder 4 und 3, ferner die Gebühr nach § 23. Denkbar ist allerdings auch eine Erhöhung nach § 6 oder nach den §§ 38 II, 39, 41.

Der Umfang der Mühe sowie die Prozeßdauer bleiben bei all diesen Gebühren grundsätzlich unberücksichtigt.

4) Derselbe Gegenstand. Wie sich aus II ergibt, erfolgt eine Anrechnung nur insoweit, als es unter anderem um denselben Gegenstand geht. Auch unabhängig von dem Anrechnungsfall erhält der Anwalt für jeden selbständigen Gegenstand in einem Rechtszug die Gebühren nach § 31 unabhängig davon, ob für eine anwaltliche Tätigkeit wegen eines anderen Gegenstands in demselben Rechtszug weitere Gebühren nach § 31 oder nach einer anderen Vorschrift entstehen. Zum Begriff des Gegenstands § 6 Anm 4.

Der Gegenstandswert für die Gebühren nach § 31 braucht nicht jeweils derselbe zu sein, insbesondere wenn es nur um eine Teilklage oder zB um eine Beweisaufnahme nur über einen Teil des Klaganspruchs geht.

5) Prozeßgebühr, I Z 1. A. Grundsatz. Die Prozeßgebühr ist eine Pauschgebühr. Sie gilt den gesamten Umfang der anwaltlichen Tätigkeit ab. Sie vergütet insbesondere auch die Entgegennahme der Information, wie der Gesetzestext ausdrücklich klarstellt. Die Erwähnung dieses Teils der anwaltlichen Tätigkeit bedeutet nur eine beispielhafte Erwähnung.

Die Prozeßgebühr gilt auch die allgemeinen Geschäftsunkosten ab, § 25 I.

B. Auftrag. Man muß prüfen, ob der Anwalt einen Auftrag zum Tätigwerden als ProzBev in diesem Rechtsstreit hatte, also zur grundsätzlich umfassenden Erledigung aller den Auftraggeber betreffenden Pflichten und zur Wahrnehmung aller ihn betreffenden Rechte in diesem Verfahren.

Maßgeblich ist also das Innenverhältnis zwischen dem Anwalt und dem Auftraggeber, Hbg JB **76**, 193, Kblz AnwBl **85**, 44 mwN, Mü AnwBl **84**, 450, VG Schlesw NJW **84**, 940. Der Umfang oder der Zeitpunkt der Prozeßvollmacht haben nur insofern Bedeutung, als sie überhaupt vorliegen muß, nicht für die Frage, ob der Anwalt einen Auftrag zur Prozeßführung hatte. Deshalb reicht zB eine nachgereichte Vollmacht nach § 89 ZPO aus, Kblz JB **75**, 1211. Der Umfang des Auftrags ist natürlich insofern von Bedeutung, als zB statt der vollen Prozeßgebühr nach I Z 1 unter Umständen nur 1/2 Prozeßgebühr gemäß § 32 I enstehen kann.

C. Entstehung. Der Prozeßgebühr entsteht, sobald der ProzBev irgendeine Tätigkeit zur Ausführung des prozeßbezogenen Auftrags vorgenommen hat, Bbg JB **77**, 204, Ffm AnwBl **83**, 567, Mü AnwBl **85**, 44, unabhängig vom Umfang dieser Tätigkeit, und unabhängig davon, ob nach Anhängigkeit auch schon Rechtshängigkeit eingetreten ist, KG MDR **88**, 1067.

S aber auch E „Mahnschreiben".

D. Anrechnung, II. Es erfolgt keine Anrechnung der in verschiedenen Angelegenheiten entstandenen Prozeßgebühren aufeinander, selbst wenn sie denselben Gegenstand betreffen, KG MDR **77**, 941. Denn II nennt die Prozeßgebühr nicht mit.

E. Fälle zur Prozeßgebühr

Akteneinsicht: Sie kann die Prozeßgebühr auslösen, Mü AnwBl **76**, 168.

Aufruf der Sache: S „Terminswahrnehmung".

Beitreibung der Urteilssumme: S „Zwangsvollstreckung".

Belehrung: Die „Belehrung" des Auftraggebers über die Zulässigkeit und die Voraussetzungen einer Prozeßhandlung, insbesondere eines Rechtsbehelfs, kann die Prozeßgebühr auslösen.

Berufung: Soweit der Prozeßgegner des Auftraggebers die Berufung eingelegt hat, entsteht für den Anwalt des Berufungsbeklagten im allgemeinen schon dann die volle Prozeßgebühr, wenn er sofort einen Antrag auf die Zurückweisung der Berufung einreicht, auch wenn die Berufungsbegründung noch nicht beim Gericht eingegangen ist, Stgt NJW **72**, 961, aM Ffm Rpfleger **71**, 187. Diese Gebühr ist auch dann erstattungsfähig, wenn der Gegner die Berufung nur zur Fristwahrung eingelegt hatte.

Diese Frage ist **streitig. Wie hier** zB Bbg (3. ZS) AnwBl **83**, 181, Düss VersR **82**, 980 mwN, Ffm Rpfleger **80**, 195 und MDR **80**, 940, Hbg AnwBl **80**, 462, Hamm AnwBl **82**, 530, Kblz JB **78**, 229, Köln AnwBl **80**, 360 mwN, Mü AnwBl **84**, 99, 450 und AnwBl **86**, 547, Nürnb zB VersR **83**, 499, LG Hanau AnwBl **87**, 51, VGH Mü BayVBl **86**, 317; **aM** zB Bbg (1. ZS) JB **78**, 365, KG JB **76**, 671, Nürnb zB (2. ZS) MDR **79**, 498 und (3. ZS) NJW **82**, 1056, Zweibr AnwBl **84**, 374 mwN, LG Krefeld AnwBl **79**, 395, LG Zweibr MDR **79**, 851 je mwN.

Der Anwalt des Berufungsbeklagten kann jedoch nur denjenigen Gegenstandswert zugrunde legen, der sich mit Rücksicht auf den in der gegnerischen Berufungsbegründung gestellten Antrag ergibt, § 519 III Z 1 ZPO. Denn der Berufungskläger braucht im Zeitpunkt der Einlegung des Rechtsmittels noch keinen bestimmten Antrag zu stellen, sondern kann sich überlegen, in welchem Umfang er die Berufung anschließend durchführen will.

Soweit der Anwalt lediglich vom Prozeßgegner des Auftraggebers das erstinstanzliche Urteil zugestellt erhält, weil der Auftraggeber noch keinen zweitinstanzlichen ProzBev bestellt hat, entsteht keine besondere Prozeßgebühr, § 37 Z 7.

Besprechung: Jede Besprechung mit dem Auftraggeber auf Grund seines Auftrags zur Tätigkeit als ProzBev kann die Prozeßgebühr auslösen.

Beweistermin: S „Terminswahrnehmung".

Eidesstattliche Versicherung: Die Prozeßgebühr gibt die Aufnahme einer eidestattlichen Versicherung ab, unabhängig davon, welcher der Prozeßbeteiligten sie abgegegen hat. Das ergibt sich daraus, daß man diese Art der Beschaffung eines Mittels der Glaubhaftmachung nach § 294 ZPO nicht anders behandeln kann als die Herbeischaffung eines anderen Beweismittels. Die Vertretung im Verfahren der eidestattlichen Versicherung nach §§ 260, 261 BGB vor dem Prozeßgericht kann die Prozeßgebühr auslösen.

Neben der Prozeßgebühr kann eine Beweisgebühr nach I Z 3 entstehen, wenn das Gericht die eidesstattliche Versicherung aufnimmt, LG Münster JB **77**, 959.

Einwilligung: S „Prozeßerklärung".

Empfang der Streitsumme: Dieser Vorgang löst die Prozeßgebühr ebensowenig wie eine Ablieferung der Streitsumme aus. Für eine solche Tätigkeit gilt vielmehr die Hebegebühr, § 22.

Erledigungserklärung: S „Prozeßerklärung".

Ermittlung: Eine Ermittlungstätigkeit des Anwalts kann die Prozeßgebühr auslösen. Neben einer bereits entstandenen Prozeßgebühr entsteht für die Ermittlung zB der Anschrift eines Zeugen oder Sachverständigen keine zusätzliche Gebühr für denselben Anwalt.

Fremdsprachenkenntnis: Sie ist durch eine Prozeßgebühr mitabgegol ten, auch wenn der Anwalt in der fremden Sprache eine Korrespondenz führt, LG Walshut VersR **74**, 70. Eine Ausnahme von diesem Grundsatz kann gelten, wenn es sich um eine besonders genau zu übersetzende, schwierige Urkunde usw handelt.

Diese Frage ist **streitig. Wie hier** zB Stgt Rpfleger **81**, 834 mwN (abl Ott AnwBl **81**, 175); **abw** zB LG Mannh AnwBl **78**, 62 mwN; **aM** zB KG NJW **61**, 737.

Genehmigung: Die Tätigkeit des Anwalts vor einer anderen Behörde als dem Prozeßgericht, etwa vor dem Vormundschaftsgericht, zur Erwirkung einer Genehmigung, etwa des Prozeßvergleichs, ist durch die Prozeßgebühr nicht mitabgegolten.

Handakten: Die Anlage der Handakten kann bereits die Prozeßgebühr entstehen lassen, Mü Rpfleger **73**, 444, aM Schlesw JB **78**, 384.

Herbeischaffung eines Beweismittels: Der Anwalt, der ein Beweismittel herbeischafft, erhält dafür keine Sondergebühr. Das gilt unabhängig vom Umfang seiner Mühe. Freilich kann er entsprechende Auslagen haben und dann ersetzt fordern.

S auch „Eidesstattliche Versicherung".

Hinterlegung: Die Verhandlung mit der Hinterlegungsstelle sowie die Hinterlegung sind durch die Prozeßgebühr nicht mit abgegolten. Insofern kann eine Gebühr nach § 118 entstehen.

Informationsaufnahme: Sie kann bereits die Prozeßgebühr auslösen.

Klagerücknahme: S „Prozeßerklärung".

Kostenfestsetzungsverfahren: Der Antrag des Anwalts auf eine Kostenfestsetzung kann die Prozeßgebühr auslösen, LG Köln AnwBl **63**, 58.

Kündigung: Ein Kündigungsschreiben, das die Klage verbreiten soll, fällt unter § 37 Z 1, vgl auch § 118, Anm 6 A, Mü ZMR **85**, 299.

Mahnschreiben: Ein Mahnschreiben, das die Klage vorbereiten soll, fällt unter § 37 Z 1. Vgl auch § 118.

S auch „Zwangsvollstreckung".

Niederlegung des Mandats: Soweit der Anwalt lediglich dem Gericht die Niederlegung des Mandats mitteilt, entsteht keine Prozeßgebühr, Hamm Rpfleger **77**, 458.

Parteiwechsel: Der Anwalt des Prozeßgegners erhält wegen der Maßgeblichkeit des Innenverhältnisses, B, die Prozeßgebühr nur einmal, Kblz AnwBl **85**, 44.

Privates Wissen: Die Prozeßgebühr gilt das private Wissen des Anwalts und seine normalen Kenntnisse ab.

S auch: „Fremdsprachenkenntnis".

Prozeßerklärung: Die Abgabe einer Prozeßerklärung kann die Prozeßgebühr auslösen und sich auf diese Wirkung beschränken, soweit der Anwalt nicht zugleich in eine Verhandlung eintritt. Die Prozeßgebühr kann zB durch folgende Vorgänge entstehen: Der Anwalt erklärt eine Klagerücknahme, Ffm VersR **80**, 123, selbst wenn sie nach der Verkündung des Urteils, aber vor der Einlegung eines Rechtsmittels erfolgt; er erklärt eine erforderliche Einwilligung zur gegnerischen Klagerücknahme oder zur Rücknahme des gegnerischen Rechtsmittels, BFH BStBl **73** II 21; er reicht als Anwalt des Bekl einen Schriftsatz ein, ohne die Klagerücknahme zu kennen oder kennen zu müssen, § 32 Anm 2 C „Klagabweisung"; er kündigt einen Abweisungsantrag an, nachdem der Auftraggeber die Klagesumme teilweise bezahlt hat, bevor der Kläger eine Teil-Klagrücknahme erklärt oder bevor beide Parteien Teil-Erledigungserklärungen abgegeben haben, Ffm Rpfleger **84**, 37 (es gilt der volle ursprüngliche Wert); er beantragt nach teilweiser Klagerücknahme die Verurteilung zur Zahlung des Restbetrags (Wert ist dann dieser), Ffm AnwBl **83**, 567; er erklärt einen Rechtsmittelverzicht, Schlesw SchlHA **83**, 143; der Anwalt gibt im Anschluß an den Prozeßgegner ebenfalls die Erklärung ab, die Hauptsache sei erledigt, Anm 6 B a, Ffm MDR **84**, 63; der Anwalt gibt eine einseitige Erledigterklärung ab, aM Ffm MDR **56**, 689 (sie sei ein bloßer Prozeßantrag. Aber nach ihr kann eine Sachentscheidung notwendig sein, Anm 6 B a, BLAH § 91 a ZPO Anm 15 A).

Prozeßkostenhilfe: Soweit der Anwalt einen Auftrag zur Durchführung des Rechtsstreits hat und nun einen Antrag auf die Bewilligung einer Prozeßkostenhilfe stellt, entsteht die Prozeßgebühr schon durch diese Antragstellung, LG Aachen MDR **61**, 333. Die Prozeßgebühr entsteht auch dann, wenn der im Weg der Prozeßkostenhilfe beigeordnete Anwalt vor einer Beauftragung durch die begünstigte Partei schon für sie aus einer prozessualen Fürsorge tätig wird, BAG BB **80**, 1428. Mit der Bewilligung der Prozeßkostenhilfe entsteht für die in demselben Umfang bedingt eingereichte Klage die volle Prozeßgebühr, Mü MDR **88**, 972.

Dagegen begründet der bloße Auftrag zum Antrag auf die Bewilligung einer Prozeßkostenhilfe für sich noch keine Prozeßbebühr. Vielmehr entsteht in diesem Fall nur eine Gebühr aus § 51. Dasselbe gilt, wenn der Anwalt nur einen Auftrag zur Einlegung einer Revision beim BayObLG hat, §§ 7, 8 EGZPO.

Rechtsmittelbelehrung: S „Belehrung".

Rechtsmittelrücknahme: S „Prozeßerklärung".

Reise: S „Informationsreise".

Schriftsatz: Die Anfertigung eines Schriftsatzes kann die Prozeßgebühr auslösen.

Schutzschrift: Es können je nach der Art des Auftrags § 118 oder §§ 31 ff anwendbar sein, Düss NJW **86**, 1695.

Sicherheitsleistung: Die Bestellung oder Rückgabe einer prozessualen Sicherheit ist durch die Prozeßgebühr abgegolten und kann ihrerseits eine Prozeßgebühr auslösen. Die Bestellung fällt allerdings schon immer unter die Prozeßgebühr. Denn es handelt sich um eine zum Prozeßbetrieb gehörige Tätigkeit. Daneben kann unter Umständen eine Hebegebühr nach § 22 entstehen. Mit abgegolten ist auch das Verfahren nach §§ 109 oder 715 ZPO, § 37 Z 3.

Streitverkündung: Sie gehört zum Prozeß, in dem der Streit verkündet worden ist. Deshalb ist sie durch die Prozeßgebühr abgegolten.

Streitwertantrag: Der Antrag, das Gericht möge den Kostenstreitwert gemäß § 25 GKG oder den Gegenstandswert gemäß §§ 8, 9 BRAGO festsetzen, kann die Prozeßgebühr auslösen, und zwar auch dann, wenn das Urteil bereits im Zeitpunkt der Antragstellung rechtskräftig geworden ist, vgl auch § 37.

Überschreitung des Auftrags: Soweit der Anwalt zwar im Rahmen der Prozeßvollmacht, § 81 ZPO, aber unter einer Überschreitung des im Innenverhältnis erhaltenen Auftrags handelt, entsteht keine Prozeßgebühr.

Unzuständigkeit: Auch die Klageeinrichtung beim unzuständigen Gericht löst die Prozeßgebühr aus, nur insofern richtig Hbg MDR **86**, 679.

Urkundeneinsicht: Eine solche Maßnahme kann die Prozeßgebühr auslösen.

Terminswahrnehmung: Sie kann die Prozeßgebühr auslösen und ist durch sie abgegolten, soweit es sich nicht um eine Verhandlung oder eine Beweisaufnahme handelt. Es reicht aus, daß der Anwalt beim Aufruf der Sache im Sitzungssaal erscheint, selbst wenn die Klage noch nicht zugestellt wurde, vgl auch Hbg JB **76**, 193, und wenn keine Partei in eine Verhandlung eintritt.

Etwas anderes gilt, wenn der Anwalt im Termin nur die Niederlegung des Mandats mitteilt, Hamm Rpfleger **77**, 458.

Vergleich: Wegen der Mitwirkung des Anwalts beim Abschluß eines Vergleichs über einen außerhalb des Rechtsstreits anhängigen Anspruch vgl § 23 Anm 3 B. Im übrigen kann die Mitwirkung des Anwalts beim Vergleichsabschluß die Prozeßgebühr auslösen.

Verkehr mit dem Gericht: Er kann die Prozeßgebühr auslösen.

Verkehr mit dem Gerichtsvollzieher: Er kann die Prozeßgebühr auslösen.

Verkehr mit der Partei: Er kann die Prozeßgebühr auslösen.

Vormundschaftsgericht: Die Erwirkung einer vormundschaftsgerichtlichen Genehmigung eines Prozeßvergleichs läßt die Prozeßgebühr nicht entstehen.

Widerklage: Die Prozeßgebühr für eine Widerklage entsteht für den Anwalt des Widerbeklagten erst mit dem Auftrag zur Einlegung der Widerklage, nicht schon damit, daß der Widerkläger im Parteiprozeß die Widerklage selbst einlegt, sofern in diesem Zeitpunkt noch ein Auftrag an den Anwalt fehlt. Die Geltendmachung einer Widerklage in einem anwaltlichen Schriftsatz gilt im allgemeinen nicht als bloße Ankündigung, sondern als Erhebung der Widerklage.

Zulassung: Das Fehlen einer Zulassung bei dem fraglichen Gericht hindert das Entstehen der Prozeßgebühr nicht unbedingt, Hamm MDR **81**, 682.

Zustellung: Die Prozeßgebühr kann entstehen, sobald der Anwalt im Prozeß tätig wird, zB beim Aufruf der Sache im Termin erscheint, selbst wenn in diesem Zeitpunkt die Klage noch nicht zugestellt war, vgl auch Hbg JB **76**, 193. Etwas anderes gilt nur, wenn er zB nur die Niederlegung des Mandats mitteilt, Hamm Rpfleger **77**, 458.

Zwangsvollstreckung: Diejenige anwaltliche Tätigkeit, die der Beitreibung der im Urteil dem Auftraggeber zugesprochenen Leistung dient, gehört grundsätzlich nicht zum Erkenntnisverfahren, sondern zur Vollstreckungsinstanz, einschließlich der zugehörigen Mahnschreiben und dergleichen, § 57.

Zwischenantrag: Die Geltendmachung eines Zwischenantrags in einem Schriftsatz gilt im allgemeinen nicht als seine bloße Ankündigung, sondern schon als seine Erhebung und kann daher die Prozeßgebühr auslösen.

F. Gegenstandswert. Die Prozeßgebühr richtet sich nach dem Gegenstandswert. Der spätere Verlauf des Rechtsstreits ist grundsätzlich unerheblich, §§ 8–10. Deshalb entsteht eine volle Prozeßgebühr nach dem vollen Gegenstandswert für den Anwalt des Klägers auch im Fall einer teilweisen Erledigterklärung oder Klagerücknahme und sogar dann, wenn er den Auftrag erst nach einer Verweisung erhalten hatte, Ffm AnwBl **83**, 567 mwN, sowie für den Anwalt des Beklagten, wenn er vor der Klagerücknahme oder vor der Beschränkung des Anspruchs tätig wird, selbst wenn er nur im Anschluß an eine außergerichtliche Erledigung der Hauptsache mit einem Antrag nach § 91a ZPO erstmals dem Gericht gegenüber tätig wird, Hamm JB **77**, 663, Mü NJW **70**, 1930. Bis zu einer eindeutigen Prozeßverbindung muß man die Prozeßgebühren mehrerer bisher selbständiger Rechtsstreite getrennt berechnen. Auch nach der Trennung bleiben die bisher verdienten Prozeßgebühren erhalten, vgl auch § 13 IV.

Es entscheidet der höchste Gegenstandswert während der Tätigkeit. Soweit nicht das Verfahren ruht, ist zu vermuten, daß der Anwalt eine auf den Rechtsstreit gerichtete Tätigkeit ausübt. Wenn der Kläger ihn also mit einer Klage in Höhe von 10000 DM beauftragt hatte und der Anwalt sie nur in Höhe von 5000 DM einlegt, entsteht eine Prozeßgebühr von 10000 DM, in Höhe von 5000 DM aber nur zur Hälfte, § 32. Wenn der Anwalt die Klageforderung später auf 15000 DM erhöht, ist der letztere Wert maßgeblich, vgl auch Hamm JB **77**, 552.

Die Prozeßgebühr kann nicht unter dem Betrag einer Verhandlungsgebühr liegen. Für den ProzBev des Beklagten ist mindestens der Wert des Klagantrags maßgebend, im Fall einer späteren Erhöhung oder im Fall eines Widerklagantrags der höhere Wert.

Wenn der Anwalt nur im Kostenpunkt tätig wird, entsteht die Prozeßgebühr nur nach dem Kostenwert, BPatG GRUR **84**, 444, Oldb MDR **77**, 149 mwN. Im Fall der Einbeziehung eines in der Berufungsinstanz streitigen Teilbetrags in einen in der ersten Instanz nunmehr geschlossenen Prozeßvergleich ist der Gesamtbetrag maßgeblich, Düss NJW **67**, 55.

In der Rechtsmittelinstanz ist der Antrag des Rechtsmittelklägers maßgeblich. Die Beschwer ist maßgeblich, sofern kein Antrag eingereicht wurde, § 14 I GKG. Eine Einschränkung des Rechtsmittelantrags in der mündlichen Verhandlung bleibt für die Prozeßgebühr bedeutungslos, KG AnwBl **77**, 470.

6) Verhandlungsgebühr, I Z 2. A. Grundsatz. Sobald es zur mündlichen Verhandlung im Rechtsstreit kommt, entsteht eine zusätzliche Verantwortung für den Anwalt. Denn die Sachanträge bestimmen den Umfang der Verhandlung und damit denjenigen der Entscheidung des Gerichts. Die Verhandlung ist das Kernstück des Zivilprozesses. Sie kann ein erhebliches Tempo erreichen und rasche Reaktionen erfordern. Sie setzt die volle Beherrschung des Tatsachenstoffs und der Rechtslage voraus. Sie kann durch prozessuale, unerwartete Maßnahmen erschwert werden. Sie hat die Unwägbarkeiten des Streitgesprächs zum Gegenstand.

Alle diese Umstände rechtfertigen es, dem Anwalt neben der Prozeßgebühr eine besondere Verhandlungsgebühr zuzubilligen. Sie ist wie die Prozeßgebühr eine Pauschale. Sie gilt die gesamte Tätigkeit des Anwalts in der mündlichen Verhandlung ab, soweit diese nicht bereits durch die Prozeßgebühr abgegolten ist. Von diesem Grundsatz gilt nur für den Fall eine Ausnahme, daß es zu einem Beweisaufnahmeverfahren kommt. Dieses Stadium des Prozesses läßt neben der Prozeßgebühr und der Verhandlungsgebühr eine weitere Gebühr, die Beweisgebühr, entstehen.

Man muß im übrigen die Verhandlungsgebühr von der Erörterungsgebühr unterscheiden. Die letztere entsteht schon für eine bloße Erörterung der Sache, auch im Rahmen eines Versuchs zur gütlichen Einigung, AG Mü AnwBl **84**, 617. Eine solche Erörterung setzt nicht eine förmliche Antragstellung voraus, Hamm AnwBl **84**, 617. Bei der Erörterung hat der Anwalt noch nicht die volle Verantwortung für den Umfang desjenigen Tatsachenstoffs, den er zur abschließenden Entscheidung des Gerichts für den Auftraggeber vortragen will. Zwar können eine Erörterung und die mündliche Verhandlung ineinander übergehen und praktisch kaum voneinander zu trennen sein. Daher erfolgt auch eine Anrechnung der Erörterungsgebühr und der Verhandlungsgebühr in derselben Sache und in demselben Rechtsstreit aufeinander, II. Das ändert aber nichts daran, daß die Verhandlungsgebühr eben noch nicht durch die bloße Erörterung entsteht, auch nicht durch solche in einem Verhandlungstermin, sondern erst durch die Antragstellung.

Man kann daher besser von einer Antragsgebühr sprechen, Herpers DRiZ **74**, 225. Grundsätzlich erhält kein Anwalt eine Verhandlungsgebühr, bevor er für den Auftraggeber, sei es die Partei oder ein Streithelfer, seinen Antrag gestellt hat, so zum Grundsatz richtig KG AnwBl **84**, 506 (auch zur Ausnahme III), ferner Stgt JB **76**, 631. Mehr ist aber auch nicht nötig, Hamm JB **76**, 336, Herpers DRiZ **74**, 225; **aM** KG MDR **68**,

680 (der Anwalt müsse die Absicht haben, die Hauptsache zu fördern. Aber schon in der auftragsgemäßen Tätigkeit liegt ohnehin unter anderen eine solche Zielrichtung).

Es kommt daher auch nicht darauf an, ob im Termin die bloße Erörterung oder die Verhandlung den Schwerpunkt bilden. Ebensowenig interessiert der Verlauf des Termins nach der Antragstellung. Es ist auch nicht erforderlich, daß der Anwalt den Antrag im Termin besonders mit Gründen versieht.

B. Sachantrag. a) Begriff. Die volle Verhandlungsgebühr nach I Z 2 setzt voraus, daß der Anwalt als ProzBev in einer streitigen Verhandlung einen Antrag nicht nur zur Prozeß- oder Sachleitung, sondern zur Sache selbst gestellt hat, Mü RR **89**, 575, und daß er die Vertretung der Partei in der mündlichen Verhandlung auch nicht einem anderen Anwalt übertragen hat. Alles das ergibt sich zwar nicht unmittelbar aus § 31, wohl aber aus § 33.

Ein Sachantrag ist also der Gegensatz zu einem Prozeßantrag. Dabei können diese Begriffe prozessual und gebührenrechtlich unterschiedliche Inhalte haben. Man sollte allerdings bestrebt sein, solche Abweichungen auf ein unvermeidbares Mindestmaß zu beschränken. Die Systematik des Gebührenrechts ist schon kompliziert genug.

Unter einem Sachantrag versteht man denjenigen Antrag, der den Inhalt der gewünschten Sachentscheidung bestimmt und gemäß § 308 ZPO begrenzt, BGH **52**, 387, vgl Ffm MDR **84**, 63, BLAH § 297 ZPO Anm 1 A.

Dazu gehören zB: Der Antrag aus der Klageschrift, auch wenn der Kläger etwa nur eine Verurteilung Zug um Zug begehrt; der Antrag aus der Widerklage; derjenige aus einer Klagänderung; derjenige aus einer Klagerweiterung, Beuermann DRiZ **78**, 311; derjenige aus einer Klagebeschränkung; derjenige aus einer Zwischenklage; derjenige aus der Erledigterklärung, Beuermann DRiZ **78**, 311, denn der die Erledigung zunächst Erklärende muß zumindest mit der Möglichkeit rechnen, daß der Prozeßgegner sich dieser Erklärung (doch) nicht anschließt, und dann wird ein streitiges Urteil darüber notwendig, ob die Klage zunächst begründet war, BLAH § 91 ZPO Anm 15 A. Dagegen ist die Erklärung, man schließe sich der gegnerischen Erledigterklärung an bzw erkläre die Hauptsache ebenfalls für erledigt, mit Rücksicht auf den dann nur noch allenfalls notwendigen Kostenausspruch ein bloßer Prozeßantrag. Der bloße Kostenantrag statt der Verlesung einer Erledigterklärung ist ein Prozeßantrag, Ffm VersR **78**, 573. Wegen § 269 III ZPO vgl § 37 Anm 9 C. Dasselbe gilt für den bloßen Kostenantrag nach § 93 ZPO, aM Kblz AnwBl **89**, 294 (zu § 35).

Der bloße Kostenantrag des irrig in den Prozeß einbezogenen, zB fälschlich beklagten Dritten, der aus dem Prozeß entlassen werden will, BLAH Grdz 2 E vor § 50, ist aber ein Sachantrag, Mü Rpfleger **85**, 326. Das gilt auch dann, wenn der „Gegner" die Befugnis des Dritten, die zur Entlassung aus dem Prozeß nötigen Handlungen vorzunehmen, bestreitet, Mü Rpfleger **85**, 326.

Weitere Beispiele: Ein Rechtsmittelantrag einschließlich des Anschließungsantrags; der Antrag auf eine nicht schon von Amts wegen zu gewährende vorläufige Vollstreckbarkeit; der Antrag auf eine Ergänzung oder auf eine Berichtigung des Tatbestands.

Weitere Beispiele: Es handelt sich um den Antrag auf den Erlaß eines

Arrests oder einer einstweiligen Verfügung im Fall einer mündlichen Verhandlung oder auf Grund eines Widerspruchs; es handelt sich um einen Scheidungsantrag; es handelt sich um einen Antrag auf Abweisung der Klage. Denn von ihm hängt mit ab, ob und welche Sachentscheidung möglich wird.

Diese Frage ist **streitig. Wie hier** im Ergebnis ebenso zB Kblz VersR **78**, 353, Mü NJW **73**, 1173 und MDR **82**, 418 (freilich muß der Anwalt unterschrieben haben); **abw** zB Mü NJW **74**, 2097; **aM** zB BGH NJW **65**, 397 und NJW **70**, 100, Hamm NJW **72**, 773, KG NJW **73**, 909, OstendorfDRiZ **73**, 388, Schlicht NJW **70**, 1631.

Sachantrag ist auch der Antrag auf die Zurückweisung oder Verwerfung des Rechtsmittels, BGH **52**, 390, Hamm AnwBl **78**, 138, KG NJW **70**, 616, und zwar unabhängig davon, ob er zu verlesen oder zuzustellen ist, BGH **52**, 388. Sachantrag ist auch derjenige nach § 320 ZPO oder nach § 321 ZPO.

Der Antrag auf die Rücknahme der Klage oder eines Rechtsmittels oder auf die Zurücknahme eines anderen Sachantrags ist kein Sachantrag. Denn er richtet sich gerade darauf, die zunächst begehrte Sachentscheidung des Gerichts nunmehr zu verhindern, Mü MDR **83**, 944 mwN.

b) Verlesung. Die Verlesung des Sachantrags ist grundsätzlich sowohl im Anwalts- als auch im Parteiprozeß eine Voraussetzung der Wirksamkeit des Antrags, § 297 I 1 ZPO, Karlsr OLGZ **77**, 486. Wegen der zentralen Bedeutung des Sachantrags zB für den Streitgegenstand, die Rechtskraft und die Kosten muß eindeutig sein, was die Partei beantragt und was (zur Zeit) nicht. Deshalb ist die Verlesung keine Förmelei, sofern irgendeine auch nur etwaige Unklarheit besteht, die oft zur Zeit der mündlichen Verhandlung noch nicht erkennbar ist, später aber um so schwer beseitigt werden kann.

Das Gericht muß die Verlesung im Protokoll feststellen, § 160 III Z 2 ZPO. Diese Feststellung besitzt eine erhöhte Beweiskraft, § 165 ZPO. Eine Berichtigung ist zulässig, § 164 ZPO. Wenn der Antrag in einem vorbereitenden Schriftsatz zur Zeit der mündlichen Verhandlung nicht wesentlich verändert wird, ist er aus dem Schriftsatz zu verlesen, auch im Parteiprozeß. Soweit kein solcher Schriftsatz vorhanden ist oder soweit schriftliche Anträge überholt sind, ist grundsätzlich eine besondere (neue) Schrift erforderlich, die dem Protokoll als Anlage beizufügen und zu verlesen ist, vgl § 160 V ZPO.

c) Bezugnahme auf Schriftsatz. Eine solche Bezugnahme steht gemäß § 297 II ZPO beiden Parteien im Anwalts- wie Parteiprozeß frei und bedarf keiner Genehmigung durch das Gericht, sondern ersetzt die Verlesung voll. Es genügt, auf eine Schrift im Sinn von § 297 I 2 ZPO Bezug zu nehmen. Der sprachliche Unterschied zwischen „Schriftsatz" in § 297 I 1, II ZPO und „Schrift" in § 297 I 2 ZPO nimmt Rücksicht darauf, daß die letztere nicht voll dem § 130 zu entsprechen braucht. Eine solche Bezugnahme ist aber nur dann ausreichend, wenn der Antrag in der Schrift eindeutig ist. Bedenklich ist die bloße Bezugnahme auf den Antrag auf Erlaß des Mahnbescheids oder auf den Mahnbescheid, Schuster MDR **79**, 724, aM Mickel MDR **80**, 278.

Notfalls muß das Gericht nachfragen, § 139 ZPO. Es ist aber in erster

Linie Aufgabe der Partei, bei ihrer Bezugnahme Mißverständnissen vorzubeugen; es ist nicht die Sache des Gerichts, ihr auch noch das Heraussuchen dessen abzunehmen, was sie beantragen will. Das wenigstens sollten sie und ihr ProzBev bei Beginn des Verhandlungstermins bereits wissen.

Im schriftlichen Verfahren erfolgt weder eine Verlesung noch eine Bezugnahme, sondern eben ein schriftlicher Antrag. Im Aktenlageverfahren erfolgt eine Verlesung oder Bezugnahme nur bei einer einseitigen Verhandlung.

d) Antrag zum Protokoll. Ein Antrag, der weder verlesen noch durch Bezugnahme auf eine Schrift gestellt wird, sondern nur mündlich erklärt wird, ist im Anwalts- wie im Parteiprozeß zulässig, soweit der Vorsitzende ihn gestattet, § 297 I 3 ZPO.

„Kann" stellt in dieser Vorschrift nicht nur in die Zuständigkeit, son dern ins Ermessen, da sonst besonders bei einer Verhandlung ohne Hinzuziehung eines Urkundsbeamten, § 159 I 2 ZPO, unter Umständen ein erheblicher Zeitverlust durch die Entgegennahme und das etwaige Diktat eintreten würde, was §§ 159ff ZPO gerade verhindern sollen. Immerhin ist das gerichtliche Ermessen durch den Zwang zur Aufnahme wesentlicher Vorgänge ins Protokoll begrenzt, § 160 II ZPO.

Freilich kann die Partei nicht schon wegen der Notwendigkeit, einen Antrag in das Protokoll aufzunehmen, § 160 III Z 2 ZPO, ihre mündliche Erklärung des Antrags zum Protokoll erzwingen. Es liegt ja erst nach der Erlaubnis des Gerichts zur mündlichen Antragstellung überhaupt ein wirksamer Antrag im Sinn von § 160 III Z 2 ZPO vor. § 160 IV ZPO ist auch nicht entsprechend anwendbar. Denn § 297 I 3 ZPO behält die Entscheidung dem Vorsitzenden und nicht dem Gericht vor. Im Zweifel ist eine Verlesung oder eine Bezugnahme auf eine Schrift notwendig, zumal § 162 I ZPO die Vorlesung und Genehmigung des Sachantrags nicht vorsieht. Die Ablehnung der Gestattung eines mündlichen Antrags ist ins Protokoll aufzunehmen, § 160 III Z 6 ZPO; eine kurze Begründung ist zumindest eine Anstandspflicht des Gerichts.

e) Verstoß. Ein Verstoß gegen § 297 ZPO hat die Unwirksamkeit des Antrags zur Folge. Das bedeutet auch, daß keine Verhandlungsgebühr entstanden ist. Stets ist § 139 ZPO zu beachten. Der Verstoß ist ebenso heilbar wie ein Verstoß gegen den Grundsatz der Mündlichkeit; nur das Stellen der Anträge ist unverzichtbar, nicht ihr Verlesen usw, KG FamRZ **79**, 140 mwN. Nach einer erfolglosen Anwendung des § 139 ZPO ist die Wiedereröffnung der Verhandlung unnötig.

C. Streitige Verhandlung. Zum Sachantrag, B, muß der Umstand hinzutreten, daß der Anwalt diesen Antrag in einer streitigen Verhandlung gestellt hat. Auch das ergibt sich aus § 33 I als Voraussetzung für eine volle Verhandlungsgebühr. Von diesem Grundsatz enthält § 33 I 2 Z 1–3 drei eng umgrenzte, abschließende Fälle, in denen trotz des Fehlens einer streitigen Verhandlung eine volle Verhandlungsgebühr in Betracht kommen kann.

Wegen der Abgrenzung der streitigen von der nicht streitigen Verhandlung § 33 Anm 2.

D. Einzelfragen. Die Verhandlungsgebühr gilt die gesamte Erörterung des Streits in tatsächlicher und rechtlicher Hinsicht ab. Hierzu zählen zB: Ein Beweisantritt; eine Beweiseinrede; eine Einwendung gegen eine Prozeßhandlung des Gegners, soweit sie in der Verhandlung erfolgt.

Ein Sachantrag nach dem Abschluß eines widerruflichen Vergleichs löst keine Verhandlungsgebühr aus, solange kein Widerruf erfolgt, Mü MDR **69**, 854, aM Düss NJW **71**, 2180 und MDR **87**, 1036 mwN. Eine doppelte Verhandlungsgebühr ist nach §§ 38, 39 möglich, eine halbe Verhandlungsgebühr nach § 33.

Soweit das Gericht davon ausgeht, die Partei habe einen schriftsätzlich angekündigten Antrag stillschweigend gestellt, entsteht die Verhandlungsgebühr, so wohl auch Ffm VersR **80**, 876. Das gilt trotz der prozessualen Unzulässigkeit einer solchen Unterstellung, Hbg MDR **67**, 774, Hamm MDR **72**, 1044. Das gilt auch dann, wenn die (stillschweigende) Antragstellung nur zur Vorbereitung eines dann auch zustande gekommenen Vergleichs dienen sollte, Bbg NJW **72**, 912. Anders ist die Lage im Fall der Fortsetzung der mündlichen Verhandlung und einer anschließenden Beweiserhebung zu beurteilen, Hbg MDR **72**, 1043. Ob man davon ausgehen kann, ein Antrag sei stillschweigend gestellt, wenn die Parteien im Anschluß an eine vom Gericht prozeßleitend vorbereitete Beweisaufnahme im Verhandlungstermin nur einen Vergleich schließen, ist eine Auslegungsfrage, aM Hamm MDR **66**, 685 (es entstehe keine Verhandlungsgebühr). KG NJW **71**, 104 billigt auch im Fall einer „schlüssigen Anschließung" des Streithelfers an einen Abweisungsantrag dem ProzBev des Streithelfers die Verhandlungsgebühr zu; vgl aber auch Stgt JB **76**, 631.

Eine Verhandlung vor dem Einzelrichter genügt. Eine solche vor dem verordneten Richter ist keine Verhandlung im Sinn des § 31. Eine Verhandlung nach §§ 620ff ZPO beginnt erst mit der Anordnung der mündlichen Verhandlung, nicht schon mit der Einreichung des Antrags, auch nicht mit derjenigen des Gegenantrags, den eine Partei aus Anlaß einer mündlichen Verhandlung in der Hauptsache stellt.

Im Verfahren nach dem FGG, wo die mündliche Verhandlung nicht notwendig mit der Antragstellung beginnt, § 13 HausrVO, reicht für die Entstehung der Verhandlungsgebühr die Tatsache einer mündlichen Verhandlung zusammen mit dem Auftreten des Anwalts aus, KG JR **54**, 226, auch in einer Familiensache, Hbg JB **78**, 930, und in einem Verfahren vor einem Verwaltungsgericht, § 114 Anm 2 Ab, oder vor dem Landwirtschaftsgericht, Celle Rpfleger **75**, 64.

Für das Verfahren nach der VwGO ist unter anderem folgende Vorschrift des VG/FG EntlG vom 31. 3. 78, BGBl 446, zuletzt geändert durch Art 1 G vom 4. 7. 85, BGBl 1274, zu beachten:

Art 2 § 1 IV 2, 3 VG/FGEntlG: Der Rechtsanwalt erhält im Verfahren nach Absatz 1 Satz 3 eine halbe Gebühr nach der Gebührenordnung für Rechtsanwälte. Diese Gebühr gilt als Verhandlungsgebühr.

Wegen einer Berufung nach diesem Gesetz vgl § 11 Anm 2 B.

Soweit der Anwalt vor dem Gericht nicht zugelassen war, kann er mangels Wirksamkeit seiner Anträge auch keine Verhandlungsgebühr verdienen, selbst wenn das Gericht den Mangel sogar im Urteil übersehen hat, Ffm AnwBl **87**, 244.

Die Verhandlungsgebühr entsteht wegen des Fehlens einer mündlichen Verhandlung nicht, wenn zB eine der folgenden Situationen vorliegt: Es handelt sich um eine Klagerücknahme vor der Antragstellung oder um eine Parteiänderung vor der Antragstellung, KG JB **75**, 333; der Anwalt erörtert lediglich den Abschluß eines Vergleichs; beide Parteien erklären vor der Antragstellung die Hauptsache für erledigt, vgl auch § 33 Anm 2 A b (dann können sie höchstens über die Kosten als neue Hauptsache verhandeln, Düss VersR **81**, 786, vgl Ffm MDR **84**, 63, Groetschel NJW **76**, 1971 mwN). Etwas anderes gilt dann, wenn nur eine Partei die Hauptsache für erledigt erklärt, die andere aber dieser Erklärung widerspricht, denn dann liegt eine richtige streitige Verhandlung vor; wenn der Kläger die Klage im Berufungstermin vor der Verhandlung mit Zustimmung des Gegners zurücknimmt.

Die bloße Anwesenheit des Anwalts im Termin begründet keine Verhandlungsgebühr, sondern wird durch die Prozeßgebühr und unter Umständen durch die Erörterungsgebühr abgegolten. Über eine Verhandlungsgebühr ohne eine Verhandlung § 35.

E. Gegenstandswert. Der Wert richtet sich danach, welcher Teil des Streitgegenstands von der streitigen Verhandlung betroffen ist. Grundsätzlich maßgebend ist der Wortlaut des gestellten Antrags. Man muß jedoch zu seiner Auslegung den Tatbestand und die Entscheidungsgründe des Urteils heranziehen.

Bei einer Stufenklage ist gegenüber dem Antrag (nur) der ersten Stufe der Klagabweisungsantrag auch dann nur nach dem Wert der ersten Stufe zu beurteilen, wenn das Gericht die Klage anschließend zulässig oder unzulässig für alle Stufen zugleich abweist, KG Rpfleger **83**, 500.

Die Verhandlungsgebühr kann nicht höher sein als die Prozeßgebühr. Denn die Prozeßgebühr steigt mit jedem neu hinzutretenden Teil des Streitgegenstands. Andererseits kann eine einmal entstandene Verhandlungsgebühr sich nicht mehr ermäßigen, selbst wenn sich der Rechtsstreit sofort nach der Antragstellung ganz oder größtenteils erledigt. Das gilt auch dann, wenn im Fall einer Stufenklage der Gegenstandswert für die Rechnungslegung höher ist als der später geltend gemachte Betrag, Mü Rpfleger **56**, 29. Im Fall einer Erweiterung des Anspruchs wächst die Verhandlungsgebühr auf die nach dem erhöhten Streitwert zu berechnende Gebühr.

Wenn das Gericht über mehrere Teilansprüche nacheinander verhandeln ließ, ist § 13 III anwendbar. Man muß also die Summe der Einzelgebühren nach oben durch die nach dem ganzen Streitwert entstehende Gebühr begrenzen. Wegen einer teils streitigen, teils nichtstreitigen Verhandlung § 33 Anm 2 A d.

Wenn die Parteien nur über die Kosten verhandelt haben, muß man die Gebühr nach dem Betrag der bis zur Verhandlung entstandenen Kosten berechnen. Dasselbe gilt im Fall einer Verhandlung nur über die Kosten eines zurückgenommenen Rechtsmittels. Eine Verhandlung nur über die Kosten kann auch bei einem Antrag auf eine Zurückweisung der Berufung vorliegen, wenn der Prozeßgegner die Hauptsache für erledigt erklärt und eine Kostenentscheidung beantragt und wenn die Parteien tatsächlich auch nur über die Kosten verhandeln (in diesem Fall muß man die Anträge auslegen).

Wenn die Parteien dagegen zunächst über die Hauptsache verhandelten und nach übereinstimmenden Erledigungserklärungen nunmehr über die Kosten verhandeln, bleibt der Wert der Hauptsache maßgebend, § 13 IV.

Im Fall der Erledigung eines selbständigen Anspruchs muß man den Wert nach den Kosten des erledigten Teils und dem Wert des restlichen Hauptanspruchs berechnen, Groetschel NJW **76**, 1972.

Der Gegenstandswert ist im übrigen von der Zahl der Verhandlungen unabhängig.

7) Beweisgebühr, I Z 3. A. Systematik. Neben der Prozeßgebühr und der Verhandlungsgebühr kann eine Beweisgebühr entstehen. Sie setzt voraus, daß der Anwalt den Auftraggeber in einem gerichtlichen Beweisaufnahmeverfahren oder bei der Anhörung oder Vernehmung einer Partei nach § 613 ZPO vertritt.

Von diesem Grundsatz macht § 34 mehrere Ausnahmen einerseits für den Fall, daß sich die Beweisaufnahme auf die Vorlegung der in den Händen des Beweisführers oder des Prozeßgegners befindlichen Urkunden beschränkt, andererseits für den Fall, daß das Gericht Akten oder Urkunden zum Zweck des Beweises beizieht.

Die Beweisgebühr kann auch in einem Verfahren ohne eine mündliche Verhandlung entstehen. Das stellt § 35 klar.

Die Beweisgebühr ist an die Stelle der früheren sog Nachverhandlungsgebühr getreten. Ihre Entstehung setzt voraus, daß die folgenden objektiven und subjektiven Merkmale zusammentreffen.

B. Beweisaufnahmeverfahren. I Z 3 erläutert den Begriff Beweisaufnahmeverfahren nicht. Auch §§ 355 ff ZPO enthalten keine gesetzliche Begriffsbestimmung. Ein Beweisaufnahmeverfahren liegt nur dann vor, wenn die folgenden Voraussetzungen zusammentreffen:

a) Tatsache. aa) Grundsatz. Es muß um einen Umstand tatsächlicher Natur gehen, Ffm AnwBl **81**, 74, KG Rpfleger **82**, 118.

Auch einen Rechtssatz rechnet man im Fall des § 293 ZPO zu dem Bereich der Tatsachen. Indessen findet dann nicht ein wirklicher Beweis statt, BLAH § 293 ZPO Anm 2. Regelmäßig stellt man Tatsachen in Gegensatz zu Werturteilen oder Urteilen schlechthin, BVerfG **77**, 362, BGH **LM** § 282 ZPO (BewL) Nr 25; dabei bezeichnet BGH DRiZ **74**, 27 als Tatsachen „konkrete, nach Zeit und Raum bestimmte, der Vergangenheit oder der Gegenwart angehörige Geschehnisse oder Zustände der Außenwelt und des menschlichen Seelenlebens". Tatsachen als gegenständliche Vorgänge kommen in ihrer Reinheit aber für den Richter nicht in Betracht. Der Mensch nimmt alle gegenständlichen Vorgänge mit den Sinnen auf und verarbeitet sie mit dem Verstand. An ihn selbst, und erst recht durch ihn an Dritte, treten sie ausnahmslos in der Form eines Urteils heran.

Ob dieses mehr oder weniger gefärbt ausfällt, mehr oder weniger „Werturteil" ist, hängt gar von manchem ab, Pärn NJW **79**, 2545. BGH NJW **78**, 751 mwN stellt darauf ab, ob eine objektive Klärung möglich ist oder ob eine subjektive Wertung ganz im Vordergrund steht; Tillmann NJW **75**, 761 läßt maßgeblich sein, ob eine Beurteilung als richtig oder falsch erlaubt ist (Tatsache) oder ob noch ein Streit möglich ist.

Nach richtiger Auffassung ist Tatsache jeder äußere oder innere Vorgang, der der Nachprüfung durch Dritte offensteht, vgl auch KG NJW **70**, 2031. Das trifft bei einem „Werturteil" zu, wenn sich feststellen läßt, daß die Mehrzahl der anständig und verständig Denkenden denselben Vorgang gleichermaßen würdigt. In der Rechtsprechung herrscht Verwirrung. Die Auslegung eines Rechtsgeschäfts oder einer Urkunde ist keine Tatfrage, sondern immer eine Rechtsfrage.

Häufig werden dem Richter Beweistatsachen durch Mittelspersonen, insbesondere Zeugen, zugänglich. Er empfängt dann als Tatsache, was diese Personen als Tatsache beurteilen. Bekundet ein Zeuge die Ermordung eines Menschen, so bekundet er eine Tatsache, besser eine Tatsachenfülle. „Behauptet" der Zeuge, jemand sei Erbe des Ermordeten, so zieht er einen Schluß aus Tatsachen und gibt damit ein wirkliches, reines Urteil ab. Ein solches Urteil ist von Tatsachen scharf zu sondern; es bezieht sich nicht auf Tatsachen, Vorgänge, sondern auf die Folge eines Vorgangs.

bb) Innere Tatsache. Innere Tatsachen nennt man Vorgänge des Seelenlebens im Gegensatz zu äußeren Tatsachen. Zu den inneren Tatsachen gehören Beweggründe, Überlegungen und Willensrichtungen, vgl BGH NJW **81**, 1562. Sie sind mustermäßige „Urteile". Im juristischen Sinne gelten aber Vermutungstatsachen (hypothetische Tatsachen), also Dinge, die unter bestimmten Voraussetzungen geschehen wären, regelwidrig als Gegenstand des Beweises, zB daß man jemanden unter gewissen Umständen zum Direktor eines Unternehmens gewählt hätte. Zu den inneren Tatsachen gehören auch unmögliche oder unterbliebene (negative).

cc) Juristische Tatsache. Solche Tatsachen, besser juristische Urteile, enthalten die rechtliche Beurteilung eines Vorgangs als Kauf, Kündigung usw, also eine Einordnung unter einen Rechtssatz. Sie sind begrifflich keine Beweistatsachen, sondern reine Urteile, Teil der richterlichen Tätigkeit. Eine scharfe Scheidung verbietet aber das praktische Bedürfnis. Man kann mit Rücksicht auf den Bildungsgrad und die Begabung der Mittelsperson und die Einfachheit und Geläufigkeit des Begriffs die Grenze nur von Fall zu Fall ziehen. Ein ganz einfacher, allen geläufiger Rechtsbegriff kann im Einzelfall Beweistatsache sein, vgl BGH **LM** § 675 BGB Nr 50, so ein einfacher Kauf, die Erteilung eines Auftrags, vereinzelt sogar Eigentum.

Keine Beweistatsache ist zB der Begriff „höhere Gewalt", wohl aber zB ist eine Beweistatsache der die höhere Gewalt angeblich auslösende Sturm. Reine Urteile sind auch die sog technischen Tatsachen, also Schlüsse, die man wegen seiner besonderen Sachkunde aus Vorgängen zieht, wie der Tod infolge einer Körperverletzung oder die Zahlungseinstellung. Für sie gilt dasselbe wie für juristische Urteile. Andere reine Urteile sind prozessual belanglos.

dd) Erfahrungssatz. Erfahrungssätze, allgemeine Tatsachen, sind Schlüsse, die man auf Grund seiner Erfahrung, auch fachlicher, aus einer Reihe gleichartiger Tatsachen zieht. Sie gehören also entweder der allgemeinen Lebenserfahrung oder der besonderen Fachkunde an. Der Richter darf sie in jedem Fall der eigenen Sachkunde entnehmen. Macht er solches Wissen zur Grundlage seiner Entscheidung, so muß er es den Parteien mitteilen, sofern es außerhalb der allgemeinen Lebenserfahrung liegt, außer wenn er sich auf Grund dieses Wissens einem Sachverständigengutachten anschließt, BGH **LM** § 286 ZPO (B) Nr 23. Er kann sein Wissen auch solchen Gutachten entnehmen, die in anderen Akten enthalten sind. Darin liegt ein erlaubter Urkundenbeweis von Amts wegen.

Erfahrungssätze bieten dem Richter immer ein Mittel zur rechtlichen Einordnung der Tatsachen. Eine Beweislast für Erfahrungssätze gibt es nicht. Der Richter darf sie ohne weiteres anwenden, auch wenn sie eine besondere Fachkunde verlangen, falls er sich dies zutraut. Als Rechtssätze zur Beurteilung von Tatsachen sind Erfahrungssätze auch in der Revisionsinsatanz nachprüfbar.

b) Streitigkeit. Die Tatsache, a, muß zwischen den Parteien dieses Rechtsstreits streitig sein.

aa) Maßgeblicher Zeitpunkt. Da die Beweisgebühr eine Tätigkeitsgebühr ist, kommt es darauf an, ob die Tatsache in demjenigen Zeitpunkt, in dem der Anwalt ihretwegen für den Auftraggeber tätig wurde, schon und noch zwischen den Parteien dieses Rechtsstreits umstritten war. Eine in diesem Zeitpunkt nicht mehr umstrittene Tatsache kann eine Beweisgebühr ebensowenig auslösen wie eine solche, die erst nach der Beendigung der Tätigkeit des Anwalts zwischen den Parteien streitig wurde.

bb) Maßgeblicher Standpunkt. Für die Frage, ob die Tatsache im maßgeblichen Zeitpunkt, aa, schon und noch umstritten war, kommt es auf diejenige Ansicht des Prozeßgerichts im Zeitpunkt aa an, die man bei einer verständigen Würdigung seines Verhaltens erkennen kann.

Es kommt also nicht darauf an, ob die Tatsache auch bei einer rückschauenden objektiven Betrachtung wirklich zwischen den Parteien dieses Rechtsstreits umstritten war. Man muß eine Tatsache unter Umständen sogar dann für die Beweisgebühr als streitig beurteilen, wenn alle am Rechtsstreit als Partei, Streitgenosse, Streithelfer, Streitverkündeter usw Beteiligten und ihre Anwälte diese Tatsache für noch nicht oder nicht mehr umstritten hielten, sofern nur das Gericht eben anderer Ansicht war. Denn I Z 3 soll diejenige Verantwortung entgelten, die der Anwalt dadurch übernehmen muß, daß jedenfalls das Prozeßgericht eine Tatsache für beweisbedürftig hält.

Daher kann eine Beweisgebühr zB auch dann entstehen, wenn das Gericht infolge eines vermeidbaren Rechtsirrtums und sogar im Weg einer unrichtigen Behandlung der Sache im Sinn von § 8 I GKG einen Beweisbeschluß oder eine andere, nicht so förmliche Maßnahme zur Beweiserhebung getroffen hatte. Das gilt um so mehr, als der Beweisbeschluß prozessual unanfechtbar ist, BLAH § 359 ZPO Anm 1. Der Anwalt muß sich mit dem erkennbaren Willen des Gerichts zur Klärung im Weg einer Beweisaufnahme abfinden und darauf einstellen, § 282 ZPO. Diese Mühe soll I Z 3 auch dann vergüten, wenn sich später herausstellt, daß die Beweisanordnung überflüssig war.

Erst recht kommt es nicht darauf an, ob die Ansicht des Gerichts von der Umstrittenheit der Tatsache vor dem nach aa maßgeblichen Zeitpunkt fehlte oder später wegfiel, Ffm BB **83**, 1375. Ebensowenig kommt es darauf an, ob eine der Parteien die Tatsache rechtsirrig für umstritten oder unstreitig hielt.

c) Entscheidungserheblichkeit. Die umstrittene Tatsache muß entscheidungserheblich gewesen sein.

aa) Maßgeblicher Zeitpunkt. Es gelten dieselben Erwägungen wie bei b aa.

bb) Maßgeblicher Standpunkt. Es gelten dieselben Erwägungen wie b bb.

cc) Wenigstens Mitursächlichkeit. Das Prozeßgericht muß im maßgeblichen Zeitpunkt, aa, die umstrittene Tatsache als zumindest mitursächlich für den Ausgang des Rechtsstreits gehalten haben. Es darf also nicht schon und noch im maßgeblichen Zeitpunkt der Meinung gewesen sein, die Klärung dieser Tatsache könne aus irgendwelchen Gründen offen bleiben.

Andererseits reicht es aus, daß das Gericht die Tatsache nur für eine damals schon und noch erwogene Hilfsbegründung seiner Entscheidung und/oder wegen eines Hilfsvortrags des Beweisführers oder seines Prozeßgegners für entscheidungserheblich hielt. Es kommt oft genug vor, daß das Gericht in einen Beweisbeschluß einen Punkt aufnimmt, auf den es ihm erst dann ankommen wird, wenn andere, vorrangige Punkte geklärt sind. Wenn der Anwalt auch nur wegen des nachrangigen Beweispunkts für den Auftraggeber tätig wird, kann er schon deshalb die Prozeßgebühr verdienen. Das gilt auch dann, wenn das Gericht den Beweis immerhin für den Fall des Scheiterns von (dann doch erfolgreichen) Vergleichsverhandlungen beschlossen hatte, aM Kblz VersR **88**, 701.

d) Zulässigkeit. Die Klärung der umstrittenen, entscheidungserheblichen Tatsache muß im Wege einer Beweisaufnahme zulässig sein. Das beabsichtigte Beweismittel muß zulässig sein, Düss MDR **88**, 593, Ffm AnwBl **79**, 32, Hamm MDR **81**, 1028, Mü Rpfleger **89**, 401 je mwN, LG Flensb AnwBl **79**, 391.

aa) Maßgeblicher Zeitpunkt. Es gelten dieselben Grundsätze wie bei b aa.

bb) Maßgeblicher Standpunkt. Es gelten dieselben Grundsätze wie bei b bb.

Man muß die Zulässigkeit also auch dann bejahen, wenn das Beweismittel in Wahrheit objektiv unzulässig war oder wenn das gewählte Beweiserhebungsverfahren objektiv verboten war. Es genügt, daß das Prozeßgericht, aus welchen Gründen auch immer, die Zulässigkeit im maßgeblichen Zeitpunkt bejahte, Schlesw AnwBl **85**, 544. Das kann zB dann wichtig sein, wenn es um die Frage geht, ob die Vernehmung eines Zeugen über ein Telefonat, das der Zeuge mit einem Abhörgerät mitabhörte, die Beweisgebühr auslösen kann. Man muß in einem solchen Fall die objektive Zulässigkeit sehr sorgfältig und differenziert prüfen, BLAH Üb 4 A vor § 371 ZPO mwN. Auch wenn das Prozeßgericht dabei die Zulässigkeit, rückschauend betrachtet, zu großzügig bejaht hat, kann es sehr wohl eine Beweisaufnahme beabsichtigt haben.

e) Klärungsabsicht. Es muß die Absicht bestanden haben, die umstrittene, entscheidungserhebliche Tatsache in einem zulässigen Beweisaufnahmeverfahren auch wirklich zu klären.

aa) Maßgeblicher Zeitpunkt. Es gelten dieselben Grundsätze wie bei b aa.

bb) Maßgeblicher Standpunkt. Es gelten dieselben Grundsätze wie bei b bb.

Es kommt zB durchaus vor, daß das Gericht an jemanden, dessen Anschrift es von einer Partei etwa im Rahmen eines Beweisangebots erfuhr, eine Frage richtet, die einen nach Ansicht des Gerichts damals schon und noch eigentlich unstreitigen Punkt betraf. Es kommt auch vor, daß das Gericht zunächst lediglich einen allgemeinen Eindruck darüber gewinnen möchte, ob jemand zu einem Beweisthema überhaupt fachkundig Auskunft geben kann oder ob jemand überhaupt unter der genannten Anschrift erreichbar ist. Man muß in allen solchen Fällen nach einem für den Anwalt großzügigen Maßstab prüfen, ob das Gericht seine Maßnahmen jedenfalls auch schon und noch zu einer Klärung einer streitigen Tatsache einleitete.

Im Zweifel liegt keine solche Klärungsabsicht vor. Wer sie behauptet, muß sie beweisen.

f) Fälle zum Vorliegen eines Beweisaufnahmeverfahrens

Absicht des Gerichts: Dafür, ob eine Beweisaufnahme bezweckt ist, entscheidet der objektiv erkennbare Wille des Gerichts, BVerfG **77**, 361, Ffm NJW **63**, 644 und Rpfleger **83**, 367 mwN, LG Aachen JB **75**, 1080, VGH Kassel AnwBl **86**, 412, freilich nicht seine spätere Bewertung, Hbg AnwBl **85**, 543. Im Fall einer Augenscheinseinnahme oder der Hinzuziehung eines Sachverständigen reicht es zB nicht aus, daß sich das Gericht nur eine bessere Anschauung über eine unstreitige Tatsache verschaffen will, Bbg JB **77**, 354 mwN, Ffm VersR **80**, 777 mwN, Hamm MDR **74**, 764, Karlsr MDR **76**, 236, Köln AnwBl **87**, 245, Schlesw JB **78**, 539 und SchlHA **78**, 164, AG Hanau AnwBl **81**, 160, unklar Kblz AnwBl **77**, 72, insofern falsch Ffm AnwBl **78**, 69.

Es reicht auch nicht aus, daß das Gericht eine Zeichnung usw entgegennimmt, die eine Partei zur Erläuterung des Vortrags überreicht. Wohl aber kann zB die Beweisabsicht dann feststehen, wenn das Gericht aus einer solchen Zeichnung die Ähnlichkeit eines Gebrauchsmusters feststellt oder wenn es sich etwa eine Narbe genau darüber ansieht, ob sie entstellt, KG MDR **77**, 765, oder wenn es sich durch die Betrachtung der Partei eine Meinung zur Streitfrage bildet, ob diese Partei eine Beeinträchtigung wirklich als schmerzhaft empfindet, Ffm AnwBl **82**, 200.

Grundsätzlich ist ein Beweisbeschluß erforderlich. Eine Beweisaufnahme kann aber auch ohne einen förmlichen Beschluß erfolgen, BVerfG **77** 362, BGH AnwBl **55**, 247, Düss MDR **89**, 363, Ffm AnwBl **82**, 200, Mü AnwBl **82**, 439, LG Lübeck SchlHA **83**, 64, AG Fürstenfeldbruck AnwBl **78**, 184. Es reicht dann aus, daß man objektiv die Absicht einer Beweisaufnahme erkennen kann. Es muß zumindest feststehen, daß das Gericht die Erkundung einer objektiv beweisbedürftigen Tatsache vornehmen will, Celle NJW **70**, 477, Düss MDR **76**, 55, Ffm AnwBl **85**, 207, Mü zB AnwBl **84**, 210 mwN (abl

Schmidt). Infolgedessen reicht eine mündliche Verkündung des wesentlichen Inhalts eines Beweisbeschlusses auch als Voraussetzung für die Entstehung der Beweisgebühr aus, Düss MDR **72**, 524, sofern erkennbar ist, daß das Gericht die Beweisanordnung unbedingt getroffen hat, Düss NJW **72**, 1766; vgl aber auch „Bedingung".

Ein förmlicher Beweisbeschluß kann zB im Verfahren vor den Finanzgerichten, vor den Verwaltungsgerichten und in ähnlichen Verfahren fehlen, FG Düss EFG **84**, 631 (Einsatz des Prüfungsbeamten), VGH Kassel AnwBl **86**, 412, VGH Mü NJW **71**, 2039, OVG Münster NJW **79**, 2420. Schon die Belehrung des Zeugen löst die Beweisgebühr grundsätzlich aus, falls das nicht schon vorher geschah; **aM** FG Hann EFG **82**, 206 (es sei eine Vernehmung, zumindest zur Person, erforderlich).

Aktenbeiziehung: Diesen Fall regelt § 34 II als Sondervorschrift, s dort. Eine Beweisgebühr kann unter Umständen auch dann entstehen, wenn das Gericht eine informatorisch beigezogene Akte zur Grundlage eines Vergleichsvorschlags gemacht hat, OVG Lüneb SchlHA **59**, 305, oder wenn ein Foto aus einer solchen Akte zum Verhandlungsgegenstand wurde, selbst wenn insofern keine direkte Beweisaufnahmeabsicht des Gerichts bestand; es reicht dann aus, daß objektiv die Klärung eines beweisbedürftigen Punkts erfolgt, Celle NJW **77**, 477, VG Minden AnwBl **75**, 399 mwN.

Amtliche Auskunft: Sie ist in §§ 273 II Z 2, 358a Z 2, 437 II ZPO erwähnt, aber nicht näher geregelt. Sie ist ein selbständiges Beweismittel, also nicht (nur) eine Urkunde, vgl Ffm FamRZ **80**, 706, abw KG MDR **87**, 858, und immer zulässig, BGH NJW **79**, 268 mwN, LG Limbg AnwBl **84**, 616, abw Koch/Steinmetz MDR **80**, 902 mwN. Sie ersetzt besonders bei einer Behörde die Zeugen- oder Sachverständigenvernehmung, BGH **LM** § 402 ZPO Nr 16. Das Gericht erfordert sie auf Antrag oder von Amts wegen, VG Karlsr AnwBl **84**, 324. Das braucht aber nicht gemäß § 377 III ZPO zu geschehen, BGH **LM** § 272b ZPO aF Nr 4 (Freibeweis).

Die Auskunft darf sich nur auf Tatsachen beziehen, zu deren Wahrnehmung freilich eine besondere Sachkunde gehören kann. Eine amtliche Auskunft, die ein Gutachten einschließt, ist ein echtes Sachverständigengutachten, BGH **62**, 95 und BB **76**, 480 mwN, vgl LG Bln MDR **74**, 763 (abl Schneider), LG Köln AnwBl **85**, 329.

Das gilt zB: Für eine Äußerung einer Fachbehörde; für eine Äußerung des Gutachterausschusses gem §§ 192ff BauGB, LG Köln AnwBl **85**, 329; für die Äußerung der Anwaltskammer gemäß §§ 3, 12 (letztere trotz §§ 73 II Z 8, 75 BRAO). Gerade das letztere Gutachten beschränkt sich freilich durchweg auf die Erörterung von Rechtsfragen, dient also nicht der Klärung streitiger Tatsachen, insofern auch Ffm MDR **83**, 327 mwN, ferner LG Kempten MDR **80**, 412. Das gilt erst recht bei der Ermittlung inländischen Rechts, LG Hbg MDR **84**, 413. Für die Eigenschaft solcher Auskunft als Gutachten ist unerheblich, ob §§ 402ff ZPO vollständig oder nur teilweise anwendbar sind, aM Celle NJW **73**, 203 (aber das Gericht ist an ein Gutachten ohnehin nicht gebunden), Köln Rpfleger **74**, 444, Mü NJW **75**, 884 je mwN.

Aus diesen Gründen folgt: Soweit die amtliche Auskunft die Klärung einer streitigen Tatsache bezweckt, kann die Beweisgebühr entstehen, aber auch nur insoweit.

Diese Frage ist **streitig. Wie hier** zB BGH NJW **64**, 107, Celle Rpfleger **88**, 120 mwN, Düss AnwBl **80**, 162, wohl auch Düss MDR **89**, 363, ferner Ffm AnwBl **79**, 32 und AnwBl **81**, 74, 109, 240 mwN, im Ergebnis auch Ffm MDR **83**, 327, ferner Hamm MDR **81**, 1027 mwN, Kblz VersR **83**, 567, MDR **84**, 410, FamRZ **86**, 193 und Rpfleger **86**, 320 je mwN, Nürnb JB **76**, 1205, Saarbr MDR **80**, 505 (wegen des Versorgungsausgleichs), wohl auch Celle AnwBl **84**, 615, ferner Saarbr AnwBl **80**, 296 (wegen der Verteilung der elterlichen Sorge), Schlesw SchlHA **82**, 32 und SchlHA **87**, 141, im Grunde auch Stgt FamRZ **87**, 406, ferner LG Flensb AnwBl **79**, 391, AG Mönchengladb AnwBl **85**, 265 (wegen des Versorgungsausgleichs), VGH Mü AnwBl **61**, 117, VG Karlsr AnwBl **84**, 324; **abw** zB Celle AnwBl **79**, 275 (wegen des Versorgungsausgleichs); **aM** zB KG MDR **80**, 767 linke und rechte Spalte und MDR **87**, 858, Mü MDR **80**, 506, 768 (abl Schmidt) und 1031, Nürnb MDR **80**, 65, Schlesw SchlHA **80**, 103 je mwN.

Soweit die amtliche Auskunft schon für ein anderes Gerichtsverfahren eingeholt wurde und daher bereits auch für das jetzige Verfahren gerichtsbekannt ist, entsteht keine Beweisgebühr, VG Stgt AnwBl **84**, 323.

Amtsverfahren: Ein Beweisaufnahmeverfahren kann natürlich auch in einem Verfahren entstehen, das von Amts wegen durchgeführt wird, Ffm AnwBl **79**, 32, LG Hbg AnwBl **61**, 118. Auch dann muß es sich aber um die Klärung einer „streitigen" Tatsache handeln, aM VGH Kassel AnwBl **83**, 285.

Anhörung zur Information: Es kommt auch insofern auf die Voraussetzungen B an. Die Anhörung zur Information kann eine Beweisaufnahme sein, Ffm VersR **80**, 933 und AnwBl **81**, 195, 446 je mwN, Hbg JB **77**, 666 mwN, Kblz AnwBl **81**, 74 mwN.

Eine Beweisaufnahme liegt allerdings nicht vor, soweit das Gericht zu einer Anhörung gesetzlich unabhängig von der Frage, ob etwas streitig ist, verpflichtet ist, zB nach § 50b FGG, KG Rpfleger **84**, 116, oder soweit es nur um das rechtliche Gehör geht, Celle AnwBl **86**, 254, oder soweit das Gericht lediglich fragt, ob zB ein Zeuge überhaupt irgend etwas weiß, ohne ihn vorher in einen Beweisbeschluß aufgenommen oder sonst seine Vernehmung zur Klärung einer streitigen Tatsache erkennbar beabsichtigt zu haben, Kblz MDR **81**, 239, Mü AnwBl **56**, 119, Schlesw SchlHA **85**, 148 mwN, FG Düss EFG **84**, 630, aM Mü MDR **81**, 239, oder wenn das Gericht nur einen persönlichen Eindruck über eine unstreitige Tatsache haben möchte, Mü AnwBl **82**, 376 mwN, Schlesw SchlHA **78**, 164, aM zB Hamm MDR **79**, 946, oder zB im Verfahren nach § 620a ZPO das Kind zur Aufklärung des Sachverhalts anhört, Mü FamRZ **85**, 87. Freilich sind in solchen Fällen die Grenzen fließend. Im Zweifel liegt eine Beweisaufnahme nicht vor.

Allerdings sollte man eine gewisse Großzügigkeit anwenden. Meist erfolgt die informatorische Anhörung in Wahrheit zur Vermeidung eines förmlichen Beweisaufnahmeverfahrens, aber der Sache nach sehr wohl auch zur Vorklärung streitiger Tatsachen. Dann liegt eine Beweisaufnahme jedenfalls gebührenrechtlich bereits vor, LAG Hamm MDR **85**, 1052.

S auch „Behördenanhörung", „Parteianhörung".

Anordnung des persönlichen Erscheinens: Man muß folgende Unterscheidungen treffen:

aa) §§ 141, 273 ZPO: Man muß nach den Umständen des Einzelfalls prüfen, ob die Voraussetzungen B vorliegen, ob das Gericht also unter anderem bereits im Zeitpunkt der Anordnung die Absicht hatte, den Geladenen zur Klärung streitiger, entscheidungserheblicher Tatsachen zu hören, oder ob die Anordnung des persönlichen Erscheinens jedenfalls zunächst nur zu dem Zweck erfolgt, im Fall der bis zum Termin eintretenden Notwendigkeit einer Beweisaufnahme zB einen weiteren Termin zu erübrigen oder die Partei nur zu etwaigen Rückfragen nach der Vernehmung von Zeugen sogleich zur Hand zu haben.

Diese Frage ist **streitig. Wie hier** im wesentlichen zB BGH MDR **67**, 834, Bbg JB **75**, 621 mwN, Düss NJW **73**, 376, Ffm AnwBl **81**, 194 und AnwBl **85**, 207 je mwN, Hbg JB **76**, 471, Hamm NJW **74**, 1290 und Rpfleger **86**, 70, KG NJW **72**, 2095, Rpfleger **73**, 150 und Rpfleger **85**, 507, Kblz NJW **75**, 935 mwN, Mü NJW **72**, 2139, AnwBl **84**, 376 (abl Schmidt) und AnwBl **89**, 110 je mwN, Nürnb MDR **74**, 241, Schlesw JB **77**, 1377, wohl auch Schlesw SchlHA **89**, 112, ferner LG Lübeck SchlHA **83**, 64. Das gilt auch dann, wenn das Gericht den Geladenen als den Vertreter einer Partei nach § 141 III 2 ZPO anhört, Hbg MDR **74**, 678, Kblz AnwBl **83**, 184. Die Beweisgebühr entsteht jedenfalls, soweit das Gericht die Aussage der nach § 141 ZPO angehörten Partei im Urteil als Beweis bewertet, Ffm AnwBl **83**, 183.

Demgegenüber aM zB Kblz NJW **72**, 913, Mü Rpfleger **61**, 417 und NJW **65**, 212, Saarbr NJW **70**, 1931, Stgt MDR **86**, 861, Schmidt NJW **72**, 771 (aber das Gericht kann oft noch gar nicht wissen, ob die fragliche Tatsache überhaupt streitig bleiben wird).

Die vorstehenden Regeln gelten auch vor den Arbeitsgerichten, LAG Hamm NJW **72**, 1685, LAG Saarbr NJW **72**, 1072.

bb) § 613 ZPO: Wegen dieses Sonderfalls vgl unten C.

Anwesenheit des Anwalts: Das Vorliegen eines Beweisaufnahmeverfahrens ist von der Anwesenheit eines Anwalts nicht abhängig. Es kommt aber für die Frage, ob er den Auftraggeber in diesem Verfahren auch vertreten hat, sehr wohl unter Umständen auf seine Anwesenheit an, D c „Anwesenheit des Anwalts".

Arbeitsgericht: S „Anordnung des persönlichen Erscheinens".

Arrest: S „Eidesstattliche Versicherung".

Augenschein: Auch in diesem Fall muß das Gericht die Absicht haben, eine streitige Tatsache zu klären, Ffm AnwBl **83**, 183 und GRUR **86**, 198 mwN, Kblz VersR **84**, 340, Mü AnwBl **76**, 21 und **82**, 439, OVG Münst Rpfleger **86**, 281, VG Schlesw AnwBl **85**, 392, aM Ffm AnwBl **78**, 69. Es reicht also nicht aus, daß sich das Gericht nur über eine unstreitige Tatsache eine bessere Anschauung verschaffen will, Bbg JB **77**, 354 mwN, Ffm GRUR **86**, 198 mwN, Hamm MDR **74**, 764, Karlsr MDR **76**, 236, Schlesw JB **78**, 539 und SchlHA **78**, 164, AG

Hanau AnwBl **81**, 160, VGH Kassel AnwBl **86**, 248, **unklar** Kblz AnwBl **77**, 72, VG Schlesw AnwBl **84**, 324, insofern **falsch** Ffm AnwBl **78**, 69, oder daß eine Partei lediglich zur Erläuterung ihres Vortrages eine Zeichnung überreicht.

Andererseits ist es aber ausreichend, daß sich das Gericht zB aus der Zeichnung eine Vorstellung von der Ähnlichkeit eines Gebrauchsmusters oder aus Fotos eine Vorstellung von der Verwechslungsgefahr einer Ausstattung machen will, Hbg MDR **88**, 685, oder sich etwa Narben genau ansieht, um zu prüfen, ob sie entstellend wirken, KG MDR **77**, 765, Kblz VersR **84**, 340.

Auch beim Augenschein fließen die Grenzen zwischen der Situation, daß das Gericht lediglich eine bessere Anschauung gewinnen möchte, und der wirklichen Klärungsabsicht streitiger, beweisbedürftiger Tatsachen. Auch insofern liegt im Zweifel keine Beweisaufnahme vor, LG Mü AnwBl **83**, 184 (krit Chemnitz). Auch hier ist aber eine gewisse Großzügigkeit bei der Bejahung der Beweisaufnahme ratsam.

S auch „Sachverständiger".

Auskunft: S „Amtliche Auskunft".

Ausländisches Recht: S „Fremdes Recht".

Aussageverweigerung: Soweit der Zeuge lediglich erklärt, er verweigere die Aussage, liegt nach Stgt Rpfleger **57**, 66 kein Beweisaufnahmeverfahren vor. Man muß aber natürlich bedenken, daß die Beweisaufnahme längst vorher begonnen haben kann. Denn das Gericht hat grundsätzlich keine Veranlassung zur Erörterung des Aussageverweigerungsrechts, solange es noch keinen Beweisbeschluß oder eine andere Beweisaufnahmeabsicht verkündet hat.

Bedingung: Eine bedingte Beweisanordnung, etwa zusammen mit der Protokollierung eines Vergleichs unter einem Widerrufsvorbehalt für den Fall, daß eine Partei widerruft, ist nur dann als Beweisaufnahme anzusehen, wenn die aufschiebende Bedingung eintritt oder die auflösende Bedingung fortfällt, Kblz MDR **83**, 65 mwN, aM zB Hbg MDR **71**, 854, Köln NJW **70**, 572 (diese Gerichte meinen, der Anwalt habe auch im Fall einer bedingten Anordnung dieselbe Verantwortung und Mühe wie bei einer unbedingten Anordnung). Man muß bedenken, daß die Prozeßförderungspflicht der Partei und daher auch die Tätigkeitspflicht des Anwalts nicht weiter geht, als das Gericht es erkennbar wünscht. Solange das Gericht seine Absicht selbst unter eine Bedingung stellt, braucht auch die Partei zunächst nur den Eintritt oder Fortfall der Bedingung abzuwarten.

Indessen ist auch hier im Grenzfall (nicht freilich beim Fortbestehen von Zweifeln) das Vorliegen einer Beweisaufnahme großzügig zu bejahen. Es kann sinnvoll sein, zwar zum Zweck der Beschleunigung des Verfahrens schon eine bedingte Beweisanordnung zu treffen, ihre Wirksamkeit aber von ihrer noch ungewissen Notwendigkeit abhängig zu machen. Oft nimmt das Gericht in einen Beweisbeschluß einen Punkt auf, über dessen Entscheidungserheblichkeit man erst nach der Erledigung vorangehender oder rein räumlich im Beweisbeschluß nachfolgender anderer Punkte Klarheit gewinnen kann. Selbst wenn insofern die nur bedingte Beweisanordnung erkennbar wird, muß der

Anwalt ebenso wie sein Auftraggeber doch jedenfalls in solcher Situation hochgradig damit rechnen, daß es nach der Erledigung der vorrangigen Punkte sofort zur Klärung des bedingten weiteren Punkts kommen wird. Darauf müssen sich alle Beteiligten einstellen, vgl auch Baur NJW **72**, 2053. Das übersieht Düss NJW **72**, 1767.

Soweit das Gericht im angenommenen Einverständnis der Parteien beschließt oder eine Beweisanordnung für den Fall trifft, daß eine Partei nicht innerhalb einer bestimmten Frist widerspreche, muß man nach den Gesamtumständen des Einzelfalls klären, ob bereits eine gebührenrechtliche Beweisaufnahme vorliegt.

Behördenanhörung: Soweit sie nicht zur Klärung streitiger Tatsachen erfolgt, ist sie keine Beweisaufnahme, zB Bbg FamRZ **88**, 1081 mwN, aM Hamm AnwBl **85**, 542 links und rechts.

Vgl auch C.

Belehrung der Beweisperson: Naturlich wird in ihr grds die Absicht der Beweisaufnahme deutlich; das verkennt Schlesw SchlHA **89**, 112.

Beweisanordnung: Eine Anordnung des Gerichts, Beweis zu erheben, ist für ein Beweisaufnahmeverfahren erforderlich und ausreichend. Ein weiterer gerichtlicher Schritt ist nicht erforderlich, AG Mainz AnwBl **81**, 447. Ein förmlicher Beweisbeschluß ist gemäß § 358 ZPO nur dann erforderlich, wenn die Beweisaufnahme „ein besonderes Verfahren" erfordert. Auch dann, wenn ein solcher förmlicher Beschluß erforderlich ist, jedoch fehlt, kann eine Beweisanordnung vorliegen, BGH AnwBl **55**, 247, OVG Münst Rpfleger **86**, 280, so wohl auch Kblz VersR **82**, 585, ferner AG Fürstenfeldbruck AnwBl **78**, 184, sofern man aus dem Verhalten des Gerichts erkennen kann, daß es zumindest die Klärung einer objektiv beweisbedürftigen, entscheidungserheblichen Tatsache vornehmen will, Celle NJW **70**, 477, Düss MDR **76**, 55, Mü AnwBl **76**, 21, VGH Kassel AnwBl **86**, 248. Infolgedessen ist zB auch die mündliche Verkündung nur des wesentlichen Inhalts eines Beweisbeschlusses bereits eine Beweisordnung, Düss MDR **72**, 524, sofern erkennbar wird, daß das Gericht die Beweisanordnung unbedingt treffen will, Düss NJW **72**, 1766. Es ist insofern unerheblich, ob statt des Vorsitzenden das Kollegium hätte handeln müssen, LG Lübeck SchlHA **83**, 64.

Im Verfahren vor den Finanzgerichten und vor den Verwaltungsgerichten usw liegt keineswegs immer ein förmlicher Beweisbeschluß vor, VGH Mü NJW **71**, 2039, OVG Münster NJW **79**, 2420. In solchen Verfahren liegt die Beweisanordnung zB in der Zeugenladung, der Einholung einer Auskunft, dem Beginn einer Befragung, selbst dann, wenn das Gericht später beschließt, „von der Vernehmung abzusehen", OVG Münster NJW **79**, 2420.

S auch „Amtliche Auskunft", „Aktenbeiziehung", „Anordnung des persönlichen Erscheinens", „Bedingung".

Beweissicherung: Das Verfahren gemäß §§ 485 ff ZPO ist natürlich ein Beweisaufnahmeverfahren, und zwar unabhängig davon, ob es vor oder in einem Hauptverfahren stattfindet, Düss BB **81**, 268, vgl Köln Rpfleger **84**, 332, und ob im Hauptverfahren eine (volle) Beweisaufnahme erfolgt, Düss BB **81**, 268.

Solange eine Partei die Ergebnisse eines schon anderweitig stattgefundenen Beweissicherungsverfahrens im jetzigen Rechtsstreit lediglich von sich aus nennt oder benutzt, liegt keine (weitere) Beweisaufnahme vor, sofern nicht das Gericht des jetzigen Rechtsstreits beschließt, jene Beweissicherungsergebnisse zu verwerten, Bre JB **78**, 1814, Ffm Rpfleger **83**, 500 mwN, KG Rpfleger **72**, 326, Schlesw JB **77**, 1402 je mwN, Stgt JB **78**, 1519, Blunck NJW **72**, 1207, oder sofern nicht das jetzige Prozeßgericht wenigstens zur Klärung eines beweisbedürftigen entscheidungserheblichen Umstands die Ergebnisse des Beweissicherungsverfahrens tatsächlich auswertet, Ffm VersR **78**, 968, Saarbr AnwBl **84**, 212 mwN, so in Wahrheit auch Nürnb MDR **79**, 241; **aM** zB Nürnb NJW **72**, 773.

Es kommt aber nicht darauf an, ob sich die Parteien des jetzigen Rechtsstreits auch im vorangegangenen Beweissicherungsverfahren als Gegner gegenüberstanden, Köln JB **78**, 1820.

Eidesstattliche Versicherung: Sie ist das häufigste Mittel der Glaubhaftmachung, § 294 I ZPO. Auch die Glaubhaftmachung ist eine Form der Beweisführung, wenn auch ein geringerer Grad als der Vollbeweis, vgl BGH VersR **73**, 187, BFH BB **78**, 245. Das ergibt sich auch aus § 294 II ZPO, wonach eine „Beweisaufnahme", die nicht sofort erfolgen kann, zum Zweck der Glaubhaftmachung unstatthaft ist.

Daraus folgt: Die Entgegennahme oder Aufnahme einer eidesstattlichen Versicherung durch das Gericht ist in der Regel, wenn auch nicht automatisch, bereits eine Beweisaufnahme, Ffm Rpfleger **80**, 243 mwN, Schlesw SchlHA **78**, 201, aM LG Mönchengladb MDR **69**, 1021 (abl Schmidt). Das gilt insbesondere im Verfahren auf den Erlaß eines Arrests oder einer einstweiligen Verfügung, im Ergebnis auch Hbg MDR **86**, 330 (nur nach mindestens stillschweigender Beweisanordnung), aM LG Verden Rpfleger **85**, 327 (abl Schmidt). Auch eine „anwaltliche Versuchung" kann ausreichen, D c „Arrest, einstweilige Verfügung". Denn in einem solchen Verfahren ist gemäß §§ 920 II, 936 ZPO die bloße Glaubhaftmachung sowohl des Arrestanspruchs als auch des Arrestgrunds ausreichend. Natürlich kommt es auch hier auf den Willen des ganzen Gerichts an, gerade „Beweis" zu erheben, s „Beweisanordnung", so auch in Wahrheit Düss GRUR **85**, 475.

Einstweilige Verfügung: S „Eidesstattliche Versicherung".

Einverständnis der Parteien: S „Bedingung".

Ermittlungen des Sachverständigen: S „Sachverständiger".

Fortgang des Verfahrens: Sobald eine den Anforderungen B entsprechende Situation eingetreten ist, ist der weitere Fortgang des Verfahrens unerheblich. Insbesondere kommt es nicht darauf an, ob es tatsächlich zu der beschlossenen Beweisaufnahme kommt, Düss MDR **72**, 524, ob das Gericht den Beweisbeschluß aufhebt, ob die Partei den vom Gericht angeforderten Vorschuß zahlt (er bedingt die Beweisanordnung nicht), ob die Streitfrage nach der Einholung einer Auskunft und einer Erörterung streitig bleibt, Schlesw MDR **73**, 860 usw.

Foto: S „Aktenbeiziehung", „Augenschein", „Vorlegung von Urkunden".

Fremdes Recht: Vgl zunächst B a. Es ist immerhin möglich, daß das Gericht über fremdes Recht eine Ermittlung in Form einer Beweisanordnung durch die Einholung eines Gutachtens, einer Auskunft usw erhebt. Vgl auch BGH NJW **66**, 1364.

Informatorische Anhörung: S „Anhörung zur Information", „Anordnung des persönlichen Erscheinens".

Jugendamt: S „Behördenanhörung".

Ladung: Die Ladung kann den Beginn eines Beweisaufnahmeverfahrens darstellen. Das gilt aber nur dann, wenn das Gericht seine Absicht zur Klärung einer streitigen, entscheidungserheblichen Tatsache erstmals durch die Ladung kundgetan hat. Dieser Fall kann zB dann vorliegen, wenn das Gericht einen Zeugen gemäß § 273 II Z 4 ZPO lädt. In diesem Fall wird die Beweisaufnahmeabsicht in der Regel durch die nach § 377 II Z 2 ZPO vorgeschriebene Mitteilung des Gegenstands der Vernehmung in der Ladung in Verbindung mit der gemäß § 273 IV 1 ZPO vorgeschriebene Benachrichtigung der Parteien von der Zeugenladung deutlich, vgl Kblz VersR **88**, 297.

Im übrigen ist die Ladung als solche grundsätzlich unerheblich, zB Mü AnwBl **89**, 110 mwN.

S auch „Amtsverfahren", „Anordnung des persönlichen Erscheinens", „Beweisanordnung", Fortgang des Verfahrens".

Parteianhörung: S „Anhörung zur Information", „Anordnung des persönlichen Erscheinens".

Parteivernehmung: Man muß die förmliche Parteivernehmung, §§ 445 ff ZPO, von der bloßen Anhörung zur Information und auch von der Anhörung der Partei, deren persönliches Erscheinen das Gericht angeordnet hatte, §§ 141, 273, 613 ZPO, unterscheiden.

Soweit das Gericht eine förmliche Parteivernehmung beschließt, liegt natürlich eine Beweisaufnahme vor. Sie erfordert an sich einen Beschluß, vgl auch § 98 VwGO; es reicht aber auch bei diesem Beweismittel aus, daß die Absicht des Gerichts erkennbar wird, die Partei förmlich zu vernehmen und weder nur anzuhören noch lediglich eine Ergänzung ihres Vortrages zu erhalten, Ffm NJW **63**, 664, vgl auch BFH BB **76**, 1445. Die Absicht einer förmlichen Vernehmung wird insbesondere daraus nachträglich deutlich, daß das Gericht die Aussage der Partei protokolliert hat und in den Entscheidungsgründen als Beweis gemäß § 445 ff ZPO verwertet und würdigt, Mü NJW **65**, 2112.

Die sog Schätzungsvernehmung nach § 287 I 3 ZPO ist eine Unterart der Parteivernehmung nach § 448 ZPO, BLAH § 287 ZPO Anm 3 B, und ist schon deshalb eine Beweisaufnahme, Kblz VersR **80**, 1173.

Persönliches Erscheinen: S „Anhörung zur Information", „Anordnung des persönlichen Erscheinens".

Protokollvermerk: Der Vermerk „Die Anwälte verhandelten über das Ergebnis der Beweisaufnahme" reicht zur Annahme einer Beweisaufnahme nicht immer aus, Hamm JB **70**, 694.

Prozeßkostenhilfe: Auch im Prozeßkostenhilfeverfahren kann eine Beweisaufnahme erfolgen, und zwar auch dann, wenn das Gericht sich gemäß § 118 II 1 ZPO darauf beschränkt, eine Glaubhaftmachung zu verlangen.

Soweit im Rechtsstreit beide Parteien auf ihre eigenen Erklärungen im Prozeßkostenhilfeverfahren Bezug nehmen, mögen das bloße Wiederholungen der Erklärungen sein. Soweit sich aber eine Partei des Rechtsstreits auf die Erklärung der anderen bezieht, kann ein Beweisantritt vorliegen.

Prozeßleitende Anordnung: S „Absicht des Gerichts", „Aktenbeiziehung", „Amtliche Auskunft", „Anhörung zur Information", „Anordnung des persönlichen Erscheinens", „Augenschein", „Bedingung", „Beweisanordnung", „Ladung", „Schriftliche Frage", „Vorlegung einer Urkunde".

Prozeßverstoß: Vgl zunächst B d. Ein Beweisaufnahmeverfahren kann auch bei einem Verstoß gegen eine prozessuale Vorschrift vorliegen, Celle AnwBl **80**, 79, insofern richtig auch Ffm AnwBl **78**, 69, Kblz AnwBl **81**, 74 mwN, ferner Schlesw SchlHA **78**, 201, Stgt Rpfleger **74**, 168, LG Aachen JB **75**, 1080; **aM** LAG Düss AnwBl **81**, 458 (abl Chemnitz).

Sachverständiger: Natürlich kann bereits die Einholung eines Gutachtens vor der ersten mündlichen Verhandlung dann eine Beweisaufnahme sein, wenn sie gemäß § 358a Z 4 ZPO oder auch gemäß § 144 ZPO usw erfolgt, vgl KG NJW **67**, 2067. Es genügt, daß der Sachverständige prüft, ob er auf Grund seiner Sachkunde eine Feststellung treffen kann, KG MDR **85**, 1037.

Die Vernehmung eines Sachverständigen gemäß § 411 III ZPO zur Erläuterung seines schriftlichen Gutachtens ist ebenfalls eine Beweisaufnahme, Mü AnwBl **59**, 302. Auch ohne vorherige schriftliche Begutachtung ist die Vernehmung des Sachverständigen zur Klärung eines streitigen Punkts natürlich eine Beweisaufnahme, LG Aachen JB **75**, 1080.

Soweit der Sachverständige allerdings lediglich ein technisches Problem erläutert oder dem Gericht dessen fehlende Sachkenntnis zur Beurteilung einer unstreitigen Tatsache erleichtert, kann eine Beweisaufnahme fehlen, Hamm MDR **73**, 684, Köln AnwBl **87**, 245.

Die Ermittlungen des Sachverständigen, insbesondere sein Augenschein, BLAH Üb 4 vor § 402 ZPO, außerhalb eines gerichtlichen Beweistermins lösen keine Beweisgebühr aus, Schlesw SchlHA **84**, 79 mwN.

Schriftliche Frage: Vgl zunächst „Amtliche Auskunft", „Anhörung zur Information", „Beweisanordnung", Ladung". Soweit das Gericht die schriftliche Frage zB dem Zeugen nur deshalb stellt, damit er sich auf die Vernehmung besser vorbereiten kann, mag die bloß schriftliche Frage unter Umständen noch keine Beweisaufnahme darstellen, vgl LG Mü AnwBl **79**, 36.

Wenn demgegenüber das Gericht nach § 377 III, IV ZPO verfährt, liegt durchweg eine Beweisaufnahme vor, Hamm AnwBl **79**, 440, KG MDR **69**, 232, Mü JB **78**, 1520, vgl auch KG MDR **75**, 500.

Unterbleiben der Vernehmung: Vgl zunächst „Beweisanordnung", „Fortgang des Verfahrens". Es ist unerheblich, ob das Gericht einen geladenen Zeugen oder Sachverständigen tatsächlich vernimmt, sofern es nur zuvor die Vernehmung beabsichtigt hatte, Bbg NJW **59**, 2074, Kblz NJW **76**, 1461.

Vernehmung des Sachverständigen: S „Sachverständiger".

Vorbereitungsmaßnahme: S „Prozeßleitende Anordnung".

Vorlegung einer Urkunde: Diesen Fall behandelt die vorrangige Sondervorschrift des § 34 II, s dort. Ein Foto ist nur wegen seines Gedankeninhalts Urkunde, sonst Augenscheinsobjekt, BLAH Üb 1 vor § 371 ZPO mwN, Hbg MDR **88**, 685.
Vorschuß: S „Fortgang des Verfahrens".

C. Anhörung, Vernehmung nach § 613 ZPO. Das Gericht kann im Eheverfahren das persönliche Erscheinen der Ehegatten anordnen, sie anhören und sie als Parteien vernehmen, § 613 I 1 ZPO. Die bloße Anordnung des persönlichen Erscheinens ist auch dann, wenn sie nach dieser Vorschrift erfolgt, nicht stets als ein Beweisaufnahmeverfahren anzusehen, KG NJW **72**, 2095, Kblz NJW **75**, 935, Mü AnwBl **82**, 376 und AnwBl **84**, 376 (abl Schmidt) je mwN. Insofern gelten dieselben Grundsätze wie bei der Anordnung des persönlichen Erscheinens außerhalb des Eheverfahrens, B f „Anordnung des persönlichen Erscheinens".

Soweit das Gericht aber gemäß § 613 I 1 ZPO entweder die Anhörung oder die förmliche Vernehmung eines der Ehegatten anordnet, entsteht die Beweisgebühr gemäß I Z 3 Hs 2 unabhängig davon, ob das Gericht mit dieser Anordnung die Klärung einer streitigen, entscheidungserheblichen Tatsache bezweckte, Hbg Rpfleger **58**, 60 und AnwBl **85**, 543, KG FamRZ 74, 448, Schlesw SchlHA 66, 230. Es genügt die Anordnung der Anhörung oder Parteivernehmung, auch ohne eine ausdrückliche Erwähnung des § 613 ZPO, Stgt AnwBl **81**, 159, und auch ohne einen förmlichen Beschluß, Bbg Rpfleger **82**, 116 mwN.

Die Beweisgebühr entsteht unter dieser Voraussetzung auch dann, wenn zB das Gericht nach der Anordnung der Anhörung oder Vernehmung die Vernehmung unterläßt, Bbg NJW **59**, 2074, Kblz **76**, 1461, oder wenn der Anwalt bei der Vernehmung nicht anwesend ist, KG NJW **65**, 1815, oder wenn der Sachantrag erst unmittelbar nachfolgt, Bbg Rpfleger **82**, 441, oder wenn das Gericht später seine Maßnahme anders bewertet, etwa als eine solche nach § 141 ZPO, Hbg AnwBl **85**, 543.

D. Vertretung durch den Anwalt. Die Beweisgebühr entsteht stets auch dann, wenn die Voraussetzungen B oder C vorliegen, nur unter der weiteren Voraussetzung, daß der Anwalt den Auftraggeber in dem Verfahren auch vertritt. Insofern müssen im einzelnen folgende Bedingungen zusammentreffen:

a) Vertretungstätigkeit. Der Anwalt muß eine Tätigkeit mit einem Bezug auf das Beweisaufnahmeverfahren oder das Verfahren nach § 613 ZPO vornehmen, Kblz NJW **76**, 1461, AG Fürstenfeldbruck AnwBl **78**, 184. Es kommt darauf an, ob aus der Sicht eines unbeteiligten Dritten dasjenige, was der Anwalt getan oder unterlassen hat, als Tätigkeit dieser Art anzusehen ist. Praktisch entscheidet weder die Ansicht des Anwalts noch diejenige des Auftraggebers noch diejenige des Prozeßgegners, diejenige des Prozeßgerichts. Dabei muß man allerdings zu Gunsten des Anwalts berücksichtigen, daß die Tätigkeit nicht unbedingt nach außen in Erscheinung zu treten braucht. Schon die Prüfung eines Beweisbeschlusses kann natürlich die Beweisgebühr auslösen.

Es kommt weder auf den Umfang noch auf die Dauer der Tätigkeit und auch nicht darauf an, ob der Anwalt die Tätigkeit während des gesamten Beweisaufnahmeverfahrens durchgeführt und festgesetzt hat.

Die bloße Fortdauer der Prozeßvollmacht ist allerdings kein ausreichender Anhaltspunkt. Zur Vertretung gehört immerhin ein gewisses Maß von Tätigwerden in Richtung auf die Beweisaufnahme, LG Tüb AnwBl **86**, 42, also mehr als ein rein passives Verhalten. Anderenfalls würde doch schon die bloße Beweisanordnung ausreichen, die ja keine Tätigkeit des Anwalts darstellt, sondern eine solche des Gerichts. Jede gedankliche Überprüfung der Beweisanordnung reicht andererseits aus, vgl BVerfG **63**, 151, ferner Hamm JMBl NRW **68**, 70.

b) Vertretungsabsicht. Die Tätigkeit des Anwalts muß zumindest auch in der Absicht erfolgen, den Auftraggeber im Beweisaufnahmeverfahren zu vertreten. Der Anwalt muß also die Interessen des Auftraggebers im Bezug auf das Verfahren beachten und wahrzunehmen versuchen.

Unter dieser Voraussetzung kann auch eine solche Tätigkeit des Anwalts die Beweisgebühr auslösen, die nicht auf die Durchführung eines zB bereits erlassenen Beweisbeschlusses abzielt, sondern deren Vermeidung bezweckt, Celle NJW **66**, 2069 (für ein Beweissicherungsverfahren). Der Anwalt des Gegners des Beweisführers mag pflichtgemäß eine erhebliche Aktivität entwickeln wollen, um eine für den Auftraggeber möglicherweise ungünstige Beweisaufnahme zu verhindern. Auch eine solche Tätigkeit ist zur Interessenwahrnehmung des Auftraggebers sinnvoll und oft dringend notwendig.

Wenn der Anwalt freilich zB als Beauftragter des Beweisführers nichts weiter tut als zu versuchen, eine Beweisaufnahme zu verhindern, mag eine Vertretungsabsicht fehlen. Freilich kann auch in einem solchen Fall die Vertretungsabsicht zu bejahen sein, etwa dann, wenn der Auftraggeber erkannt hat, daß ein von ihm selbst benannter Zeuge voraussichtlich seine Behauptungen nicht bestätigen, sondern das Gegenteil aussagen werde.

Man kann also nur unter einer Berücksichtigung aller Umstände des Einzelfalls klären, ob die Tätigkeit in Vertretungsabsicht erfolgt oder nicht. Auch hier ist ein großzügiger Maßstab zu Gunsten des Anwalts geboten. Im Zweifel entsteht die Beweisgebühr allerdings auch insofern nicht.

c) Fälle zur Vertretung

Aktenbeiziehung: Diesen Fall regelt § 34 II als vorrangige Sondervorschrift. S dort. Der Anwalt vertritt den Auftraggeber, sobald er den Beiziehungsbeschluß nicht nur in Empfang nimmt, sondern auch prüft und erst dann weitergibt. Es kommt in diesem Fall nicht darauf an, ob die Akten beim Gericht eingehen und ob das Gericht auf der Beiziehung besteht.

Amtliche Auskunft: Der Anwalt vertritt den Auftraggeber zB dann, wenn er die Anfrage des Gerichts beantwortet, ob er mit Rücksicht auf das Ergebnis einer amtlichen Auskunft eine Rüge noch aufrechterhalte, BGH NJW **64**, 107. Selbst wenn das Gericht dem Anwalt die Einholung der Auskunft nicht mitgeteilt hatte, vertritt er den Auftraggeber aber insofern, als das Gericht die Auskunft in der mündlichen Verhandlung verwertet, Düss MDR **71**, 406, Hbg AnwBl **61**, 118. Das gilt zB auch dann, wenn das Gericht vorher ein Sachverständigengutachten beigezogen hatte, KG NJW **67**, 2067. Dasselbe gilt dann, wenn das Gericht etwa eine Beweisaufnahme nach § 118 ZPO bei der Entscheidung zur Hauptsache verwertet, Bbg JB **77**, 495.

Anschrift: Die nachträgliche Mitteilung einer zunächst fehlenden Zeugenanschrift ist in der Regel eine Vertretung. Unter den Voraussetzungen des § 356 ZPO vervollständigt der Anwalt für den Auftraggeber mit dieser Maßnahme erst einen Beweisantritt.

Soweit der Auftraggeber die Anschrift schon früher hätte mitteilen können, schafft der Anwalt durch die nachträgliche Anschriftenmitteilung überhaupt erst die Voraussetzungen dafür, daß das Gericht diesen Zeugen als Beweisantritt betrachten muß, BLAH § 356 ZPO Anm 1 A.

Anwesenheit des Anwalts: Man muß nach den Umständen des Einzelfalls prüfen, ob zur Vertretung im Beweisaufnahmeverfahren die Anwesenheit in einem Beweistermin erforderlich ist. Selbst wenn diese Frage zu bejahen ist, kann der Anwalt die Beweisgebühr aber schon vor dem Beginn des Termins zB dadurch verdient haben, daß er den Beweisbeschluß erhielt und prüfte, vgl auch BVerfG **63**, 151, so wohl auch Hbg MDR **84**, 413, und mit dem Auftraggeber erörterte. In einem solchen Fall bleibt seine Anwesenheit trotz ihrer objektiven Notwendigkeit für die Beweisgebühr unbeachtlich. Im übrigen ist gemäß § 357 ZPO die Anwesenheit der Partei und daher des Anwalts zwar zulässig, aber keine Voraussetzung für die Durchführung der Beweisaufnahme. Insofern darf der Anwalt ohnehin ausbleiben, sofern er nur vorher oder hinterher im Beweisaufnahmeverfahren für den Auftraggeber tätig wird.

Der Anwalt kann zB bei einer Vernehmung nach § 613 ZPO unter Umständen abwesend sein, KG NJW **65**, 1815. Die bloße Anwesenheit bei der Verkündung des Beweisbeschlusses kann der Zubilligung der Beweisgebühr entgegenstehen, Celle MDR **58**, 501, Düss MDR **72**, 524, strenger Köln AnwBl **82**, 531 (sie stehe stets entgegen; abl Schmidt). Andererseits kann das Erscheinen in einem Beweistermin ausreichen, auch wenn das Gericht dann keine Beweisaufnahme vornimmt, AG Fürstenfeldbruck AnwBl **78**, 184, aM Schlesw SchlHA **86**, 15.

Es kann auch die Anwesenheit bei einer ohne eine besondere Anordnung erfolgten Beweisaufnahme ausreichen, etwa bei der Verlesung einer vom Vorsitzenden nach §§ 273, 377 ZPO eingeholten Auskunft über eine streitige Frage, Düss MDR **71**, 406, KG AnwBl **59**, 300, auch in der Revisionsinstanz, BGH MDR **58**, 501 (wegen der Einholung einer Auskunft über die richtige Besetzung des OLG).

Arrest, einstweilige Verfügung: Eine Erklärung, die der Anwalt als ProzBev eidesstattlich oder anwaltlich versichert, um eine Glaubhaftmachung der Behauptung des Auftraggebers herbeizuführen, ist meist als Vertretung anzusehen.

Diese Frage ist **streitig. Wie hier** zB Karlsr AnwBl **75**, 64, Kblz Rpfleger **86**, 71, Mü Rpfleger **85**, 457 je mwN; **aM** zB Düss MDR **81**, 152, KG MDR **80**, 1031, Schaich AnwBl **77**, 470.

Entsprechend dem Eilcharakter dieser vorläufigen Verfahrensart sind nur geringe Anforderungen an die Vertretung zu stellen. Immerhin muß auch in einem solchen Fall objektiv eine Tätigkeit in bezug auf das Verfahren und subjektiv eine Vertretungsabsicht vorliegen.

Auskunft: S „Anwesenheit des Anwalts".

Auswärtiger Anwalt: Der Auftrag an einen auswärtigen Anwalt, den Beweistermin wahrzunehmen, kann die Beweisgebühr auch für denjenigen Anwalt auslösen, der dem Kollegen den Auftrag erteilt.

Bedingter Beweisbeschluß: Man muß zunächst prüfen, ob überhaupt ein Beweisaufnahmeverfahren vorliegt, B f „Bedingung". Sofern diese Voraussetzung erfüllt ist, kann zB die Prüfung und Weiterleitung eines bedingten Beweisbeschlusses als Vertretung ausreichen, selbst wenn die Bedingung nicht eintritt, vgl (zum alten Recht) Celle NJW **65**, 1815, aM (zum alten Recht) Hbg MDR **65**, 57.

Beeidigung: Auch die Erklärung eines Verzichts auf eine Beeidigung, etwa eines Zeugen, kann eine Vertretung im Beweisaufnahmeverfahren darstellen, auch schon die bloße Verhandlung über das Ergebnis der Beweisaufnahme, Mü Rpfleger **50**, 286, auch wenn dabei die Frage der Notwendigkeit einer Beeidigung nicht zur Sprache kommt.

Befreiung von der Schweigepflicht: S „Schweigepflicht".

Beigeordneter Anwalt: Auch der für ein Beweisaufnahmeverfahren zu Recht oder zu Unrecht beigeordnete Anwalt kann eine Tätigkeit vorgenommen haben, die als Vertretung im Beweisaufnahmeverfahren zu werten ist.

Benachrichtigung der Partei: Vgl zunächst a. Die bloße Benachrichtigung der Partei vom Erlaß eines Beweisbeschlusses mag lediglich zur Information dienen und ist dann keine Vertretung im Beweisaufnahmeverfahren, Celle MDR **58**, 501, Düss MDR **72**, 524, aM GSEM 113.

Beratung: Bereits die kritische Prüfung einer Beweisanordnung kann als Vertretung im Beweisaufnahmeverfahren gelten, Köln VersR **84**, 1176, Mü NJW **67**, 2068, LG Bln VersR **88**, 391. Dasselbe gilt für eine kritische Prüfung und Weitergabe des Vernehmungsprotokolls eines ersuchten Richters, KG NJW **70**, 766. Auch die Beratung des Auftraggebers dazu, ob er im Rahmen einer bereits angeordneten Beweisaufnahme zB einen Gegenbeweisantrag stellen soll oder nicht, ist eine Vertretung im Beweisaufnahmeverfahren.

Beweisanordnung: S „Anwesenheit", „Bedingter Beweisbeschluß", „Benachrichtigung" der Partei", „Beratung".

Beweiserheblichkeit: Vgl zunächst „Beratung". Es reicht aus, daß der Anwalt ein zur Akte gelangtes Gutachten auf seine Beweiserheblichkeit kritisch prüft, selbst wenn er sich dem Sachverständigen dann anschließt, Hamm JMBl NRW **68**, 70, oder wenn das Gericht über das Ergebnis des Sachverständigen noch verhandeln läßt. Es reicht auch aus, daß der Anwalt sich dazu äußert, ob das Gutachten ergänzungsbedürftig ist, oder wenn er den Sachverständigen gemäß § 141 III ZPO zur Erläuterung eines schriftlichen Gutachtens zu laden beantragt.

Beweissicherungsverfahren: Die Vertretung im Beweissicherungsverfahren während des Hauptverfahrens reicht auch dann aus, wenn das Prozeßgericht im Hauptverfahren keine Beweisaufnahme vornimmt, Düss BB **81**, 268. Eine Bemühung des Anwalts, ein für den Auftraggeber möglicherweise ungünstiges Beweissicherungsverfahren zu verhindern, kann als Vertretung ausreichen, Celle NJW **66**, 2069, vgl b.

Beweiswürdigung: Vgl zunächst „Beratung". Es können zB zur Vertretung ausreichen: Die kritische Prüfung der Beweiserheblichkeit eines Gutachtens, auch durch den Anwalt des beigetretenen Streithelfers, selbst wenn sich der Anwalt dem Sachverständigen anschließt, Hamm JMBl NRW **68**, 70.

Grundsätzlich ist die reine Beweiswürdigung, § 285 ZPO, durch die Prozeß- und Verhandlungsgebühr bzw Erörterungsgebühr abgegolten, Bbg AnwBl **82**, 377, Celle NJW **61**, 2024 (reichlich zurückhaltend), Schlesw SchlHA **80**, 167.

Einstweilige Verfügung: S „Arrest, einstweilige Verfügung".

Empfangnahme: S „Ladung".

Ersuchter Richter: Die Tätigkeit des Anwalts im Verfahren vor dem ersuchten Richter kann ausreichen, ebenso die kritische Prüfung der Beweisanordnung, Mü NJW **67**, 2068, und die Weitergabe des Vernehmungsprotokolls des ersuchten Richters, KG NJW **70**, 766.

Fühlungnahme: Die Fühlungnahme des Anwalts mit einem Zeugen oder Sachverständigen nach dem Erlaß eines Beweisbeschlusses kann als Vertretung im Beweisaufnahmeverfahren ausreichen.

S auch „Beratung", „Gestellung".

Gestellung: Die Gestellung eines Zeugen oder Sachverständigen, seine Sistierung, ist insoweit eine Vertretung im Beweisaufnahmeverfahren, als das Gericht den Zeugen dann auch vernimmt bzw den Sachverständigen anhört.

Soweit diese gerichtlichen Maßnahmen nicht erfolgen, weil das Gericht die Gestellung entweder für verspätet hält (das kann auch dann vorliegen, wenn die Gestellung zum Beweis- oder Verhandlungstermin erfolgt) oder weil das Gericht die Frage nicht für entscheidungserheblich hält, liegt trotz einer bereits grundsätzlich angeordneten Beweisaufnahme (wegen anderer Beweismittel) in der bloßen Bemühung um die Gestellung noch keine Vertretung in dem Beweisaufnahmeverfahren.

Ladung: Die Erörterung, ob das Gericht einen bereits schriftlich tätig gewordenen Sachverständigen zur mündlichen Erläuterung des Gutachtens laden soll, § 411 II ZPO, reicht aus, KG AnwBl **62**, 18.

Die bloße Empfangnahme einer Ladung zum Beweistermin und deren Weitergabe an die Partei ist eine ausreichende Tätigkeit, soweit das Gericht die förmliche Parteivernehmung angeordnet hat oder das persönliche Erscheinen der Partei zur Aufklärung einer streitigen, entscheidungserheblichen Frage angeordnet hat.

Dagegen ist die bloße Empfangnahme und Weiterleitung einer Mitteilung des Beweistermins, § 357 I ZPO, grundsätzlich keine Vertretung im Beweisaufnahmeverfahren.

S freilich „Beratung".

Materialbeschaffung: Die Beschaffung des Materials zur Vorhaltung an einen Zeugen löst als solche die Beweisgebühr nicht aus. Denn sie war bereits zur Vorbereitung des ordnungsgemäßen Beweisantritts notwendig.

Freilich kann der Anwalt des Gegners des Beweisführers durch die Herbeischaffung von Unterlagen, die die Glaubwürdigkeit des Zeugen beeinträchtigen können, sehr wohl eine Vertretung im Beweisaufnahmeverfahren entwickeln.

Mitwirkung: Jede Mitwirkung gemäß §§ 273, 358a ZPO reicht bereits aus.

Parteivernehmung: Die Mitwirkung bei der Anordnung der Parteivernehmung reicht aus, Hamm AnwBl **61**, 20.

Die Vorlegung einer Parteierklärung vor der gerichtlichen Anordnung einer Anhörung oder Vernehmung nach § 613 I 1 reicht selbst dann nicht aus, wenn das Gericht die Anhörung oder Vernehmung unterläßt und stattdessen die schriftliche Erklärung der Partei im Urteil verwertet, KG NJW **72**, 2095. Die Ablehnung einer Partei, sich vernehmen zu lassen, § 446 ZPO, kann die Beweisgebühr nicht auslösen. Denn dieser Vorgang ist lediglich ein Parteivortrag.

Plaidoyer: S „Beweiswürdigung".

Prozeßleitende Anordnung: Jede Tätigkeit des Anwalts auf Grund einer solchen Maßnahme des Gerichts kann als Vertretung ausreichen, sofern sie mehr als ein rein passives Verhalten darstellt.

Prozeßverstoß: Der Anwalt kann auch dann eine Vertretung im Beweisaufnahmeverfahren vorgenommen haben, wenn das Gericht den Beweisbeschluß oder eine sonstige Maßnahme zu Unrecht erlassen hatte.

Prozeßvollmacht: Die bloße Dauer der Prozeßvollmacht ist kein ausreichender Anhaltspunkt dafür, daß eine Vertretung auch im Beweisaufnahmeverfahren vorliegt.

Revision: Die Tätigkeit des Anwalts im Hinblick auf die Einholung einer Auskunft durch das Gericht über die Besetzung des OLG kann ausreichen, BGH MDR **58**, 501, auch wenn diese Revisionsrüge dann nicht mehr aufrechterhalten wird, BGH NJW **64**, 107. Vgl wegen einer Auskunft über eine unbestreitbare Frage Hamm MDR **67**, 932.

Schweigepflicht: Es reicht aus, daß der Anwalt sich bemüht, einen Zeugen von der Schweigepflicht zu befreien.

Sistierung: S „Gestellung".

Streithelfer: S „Beweiswürdigung".

Umfang der Tätigkeit: Sofern überhaupt objektiv eine Tätigkeit in bezug auf das Beweisaufnahmeverfahren, a, und subjektiv eine Vertretungsabsicht vorliegen, b, kommt es auf den Umfang der Tätigkeit des Anwalts nicht an; irgendeine Tätigkeit reicht aus.

Vergleich: Es reicht aus, daß der Anwalt einen Beweisbeschluß kritisch prüft und an die Partei weiterleitet, den das Gericht für den Fall erlassen hat, daß ein vom Gericht formulierter Vergleichsvorschlag nicht zum Erfolg führt, Schlesw SchlHA **63**, 249. Das gilt unabhängig vom Eintritt der Bedingung, vgl (zum alten Recht) Celle NJW **65**, 1815, Hbg MDR **65**, 57.

Die Vertretung des Auftraggebers bei einer gerichtlichen Anhörung eines Zeugen oder Sachverständigen in einem reinen Vergleichstermin reicht nicht aus. Denn eine solche gerichtliche Maßnahme ist keine Beweisaufnahme, weil sie nicht der Vorbereitung einer Entscheidung dient, vgl (je zum alten Recht) Celle Rpfleger **70**, 104, Hbg Rpfleger **58**, 34, aM zB Mü NJW **74**, 2056 mwN.

Etwas anderes gilt dann, wenn das Gericht in diesem Termin eine streitige Frage behandelt, LG Aachen JB **75**, 1080 (zustm Schmidt).

Verkündung: Die bloße Anwesenheit des Anwalts bei einer Verkündung des bloßen Beweisbeschlusses reicht nicht aus, vgl Celle MDR **58**, 501, Düss MDR **72**, 524, aM GSchm 113.

Freilich kann während der scheinbar bloßen Anwesenheit eine kritische (stumme) Prüfung dieses Beweisbeschlusses erfolgen; das ist sogar die Regel. Dieser Vorgang löst die Beweisgebühr aus.

Vermeidung der Beweisaufnahme: Vgl b.

Verzicht auf Beeidigung: S „Beeidigung".

Vorschuß. Die Zahlung eines vom Gericht für einen Zeugen oder Sachverständigen angeforderten Vorschusses für den Auftraggeber reicht aus. Das gilt unabhängig davon, ob der Anwalt die Summe zunächst aus eigenen Mitteln nimmt und ob er einen entsprechenden Vorschuß vom Auftraggeber angefordert hat oder anfordern will.

Weitergabe des Beweisbeschlusses: Die bloße Weitergabe ohne eine kritische Prüfung und ohne irgendeinen erklärenden oder sonstigen auf das Beweisaufnahmeverfahren abzielenden Zusatz löst die Beweisgebühr nicht aus.

Weitergabe der Ladung: Vgl „Ladung".

Zuständigkeit: Die Prüfung der örtlichen, sachlichen oder funktionellen Zuständigkeit des Gerichts für das Beweisaufnahmeverfahren reicht aus, GSEM 85b, aM Celle NJW **67**, 889.

E. Gegenstandswert. Für die Wertberechnung enscheidet der Gegenstand des Beweisaufnahmeverfahrens, Ffm AnwBl **81**, 155. Er kann geringer, nicht aber höher als der Streitgegenstand sein, Ffm MDR **84**, 154, Schlesw SchlHA **83**, 63, GSEM 137. Maßgeblich ist der Gegenstandswert im Zeitpunkt der Beweisanordnung, Ffm MDR **84**, 154, Hamm Rpfleger **73**, 375, ohne Rücksicht auf deren Form, LAG Hamm BB **85**, 667, und ohne Rücksicht auf die spätere Entwicklung des Verfahrens während der Beweisaufnahme, Bbg JB **77**, 560, KG MDR **70**, 518. Allerdings ist eine etwaige Erweiterung der Beweisaufnahme auf eine Tatsache, die zum ursprünglichen Gegenstandswert nicht gehörte, beachtlich, Düss MDR **80**, 680 mwN, Mü AnwBl **64**, 79.

Es erfolgt keine Werterhöhung, wenn das Gericht eine zunächst auf einen Teil beschränkte Beweisaufnahme später bei der Beurteilung eines erweiterten Streitgegenstands ebenfalls verwertet, Düss MDR **80**, 680 mwN, Stgt Rpfleger **73**, 225, GSEM 138 mwN, aM zB Belzer JB **60**, 372.

Ein schriftliches Teilanerkenntnis mindert den Wert nicht, solange sich mangels eines entsprechenden Teilanerkenntnisurteils oder einer entsprechenden Teilzahlung das Interesse des Klägers nicht verringert, Ffm AnwBl **81**, 155.

8) Erörterungsgebühr, I Z 4. A. Grundsatz. Die Verhandlungsgebühr nach I Z 2 kann erst mit der Antragstellung entstehen, zB Düss MDR **87**, 852, KG NJW **74**, 2138, Köln FamRZ **85**, 1061, Mü MDR **89**, 552 mwN und RR **89**, 575, Zweibr OLGZ **83**, 329, nicht schon zB im Verfahren auf die Bewilligung einer Prozeßkostenhilfe, Schlesw SchlHA **79**, 110. Wenn das Gericht die Sache nach dem Aufruf, aber noch vor der Antragstellung tatsächlich oder rechtlich erörtert, kann der Anwalt für seine oft gerade in diesem Stadium erhebliche Leistung eine Erörterungsgebühr verdienen, vgl auch Bbg AnwBl **83**, 521, Düss AnwBl **80**, 368, Ffm Rpfleger **78**, 110.

Das Entstehen einer Erörterungsgebühr ist also unabhängig davon möglich, ob auch eine Verhandlungsgebühr entstehen kann, Mü RR **89**, 575, LG Kleve AnwBl **86**, 209, LAG Hamm BB **87**, 2028, Chemnitz AnwBl **88**, 167; das verkennen zB Düss VersR **81**, 786 und MDR **89**, 172, Kblz MDR **86**, 861, VGH Kassel NVwZ-RR **89**, 392 je mwN. Eine Erörterung im Sinn von I Z 4 ist aber auch in einem späteren Termin denkbar, sofern dieser nicht als die bloße Fortsetzung eines früheren Verhandlungstermins gilt.

Es ist grundsätzlich unerheblich, ob der Anstoß zu der Erörterung vom Gericht, vom Anwalt, vom Prozeßgegner oder von einem sonstigen Beteiligten ausgeht. Es ist grundsätzlich ebenso unerheblich, ob die Erörterung schwierig oder durchschnittlich schwer oder „leicht" ist, ob sie lange andauert oder kurz ist, Ffm AnwBl **78**, 475, Hamm AnwBl **78**, 473, Kblz MDR **83**, 240, Mü Rpfleger **77**, 420, Schlesw JB **77**, 1560 und SchlHA **78**, 108.

Es ist unerheblich, ob die Erörterung einen Sachantrag vorbereiten und herbeiführen oder verhüten soll, vgl Bbg AnwBl **83**, 521, Hamm Rpfleger **76**, 439, KG NJW **76**, 1645, LG Bln AnwBl **84**, 451 rechte Spalte, VGH Kassel AnwBl **83**, 284, insofern zumindest unklar Hbg MDR **88**, 788, ob sie der Beilegung oder der Beschleunigung des Verfahrens dient, Celle MDR **83**, 853, Kblz MDR **83**, 240, aM Düss VersR **81**, 786, ob zB nur eine kurze Frage zu klären ist, Hbg MDR **76**, 589, ob sie zu einer streitigen oder nichtstreitigen Verhandlung führt, Hamm MDR **84**, 593, Kblz VersR **88**, 643, Schlesw SchlHA **88**, 100 (freilich muß sie von gegensätzlichen Standpunkten ausgehen), Stgt AnwBl **83**, 522. Natürlich reicht eine Erörterung in einem etwa besonders bestimmten Erörterungstermin, zB Schall BB **88**, 384, aM FG Stgt EFG **87**, 523.

B. Fälle zur Erörterungsgebühr

Abwesenheit: Sofern die Erörterung zwischen dem Gericht und einer Partei im Termin stattfindet, schadet die Abwesenheit des Prozeßgegners nicht.

Diese Frage ist **streitig. Wie hier** zB Stgt Just **77**, 103, AnwBl **79**, 186, Just **80**, 149 und AnwBl **83**, 522, Chemnitz AnwBl **77**, 319 und AnwBl **88**, 167, Swolana 5; **aM** zB insofern zB Ffm (4. ZS) Rpfleger **81**, 321, jetzt auch wiederum Ffm (20. ZS) Rpfleger **83**, 126 je mwN, Hbg JB **78**, 1193, ferner LG Kassel AnwBl **77**, 318, GSEM 147.

Eine Festsetzung der vor dem Gericht begonnenen Erörterung vor dem Sitzungssaal oder umgekehrt schaden nicht, Kblz MDR **83**, 240.

S aber auch „Vor und nach dem Termin".

Anerkenntnis: Die Erörterungsgebühr kann auch entstehen, wenn die Erörterung zu einem Anerkenntnisurteil führt, Düss AnwBl **80**, 368 (zustm Chemnitz), Kblz VersR **88**, 643.

Anhängigkeit: Eine Erörterungsgebühr entsteht nicht, soweit das Gericht oder ein sonstiger an diesem Rechtsstreit Beteiligter einen Gegenstand erörtert, der im Augenblick überhaupt nicht gerichtlich irgendwo anhängig ist.

Das ist **im wesentlichen unstreitig. Wie hier** vgl zB Bbg JB **77**, 1562, Bre JB **76**, 1066, Celle JB **76**, 1070, Ffm AnwBl **77**, 317, KG MDR **77**, 941 und Rpfleger **78**, 390 je mwN, Karlsr MDR **80**, 858, Schlesw SchlHA **80**, 80, LAG Hamm MDR **77**, 877, Mümmler JB

76, 1144; **aM** nur Born MDR **76**, 897. Zur Abgrenzung Lappe MDR **77**, 280, Schmidt NJW **76**, 1076.

Es reicht aber aus, daß der Gegenstand lediglich in einem anderen Verfahren vor Gericht anhängig oder rechtshängig ist, LAG Bln AnwBl **84**, 317, aM Kblz MDR **86**, 861, VGH Kassel NVwZ-RR **89**, 392 mwN.

S auch „Scheidungsfolgesache".

Anrechnung: Die Erörterungsgebühr und die Verhandlungsgebühr werden unter den Voraussetzungen II aufeinander angerechnet, Anm 9.

Antrag: Wegen des Verhältnisses zwischen der Erörterung und der Antragstellung und daher zwischen der Verhandlungsgebühr und der Erörterungsgebühr s Anm 6 A.

Beauftragter Richter: Auch vor ihm kann eine Erörterungsgebühr entstehen, LG Kleve AnwBl **87**, 291, aM Düss VRS **81**, 786.

Einseitige Verhandlung: Vgl zunächst wegen einer einseitigen Verhandlung, in der der Anwalt einen Antrag stellt und eine halbe Verhandlungsgebühr verdienen kann, § 33.

Sofern die Voraussetzungen einer Erörterungsgebühr im übrigen vorliegen, genügt auch eine einseitige Verhandlung des Anwalts, Hamm MDR **84**, 593, Stgt AnwBl **83**, 522, Chemnitz AnwBl **88**, 167, aM Madert AnwBl **86**, 239 mwN.

S auch „Abwesenheit".

Erfüllung: Soweit das Gericht und die Prozeßbeteiligten nur die Art der Erfüllung eines unstreitigen Anspruchs besprechen, läßt Bre Rpfleger **77**, 419 keine Erörterungsgebühr entstehen. Man muß die Frage aber von Fall zu Fall nach den Gesamtumständen beurteilen. Grundsätzlich reicht ja auch eine nur kurze Besprechung einer leichten Frage aus, sofern es sich nur um einen gewissen sachbezogenen Meinungsaustausch handelt.

Erledigung der Hauptsache: Soweit die Parteien im Termin die Frage erörtern, ob die Hauptsache erledigt sei, oder soweit im Fall übereinstimmender Erledigterklärungen der Anwalt die Frage erörtert, wen die Kosten gemäß § 91a ZPO treffen, kann die Erörterunsgebühr entstehen.

Soweit der Anwalt aber im Termin lediglich mitteilt, die Hauptsache sei erledigt, entsteht die Erörterungsgebühr nicht, Schmidt MDR **76**, 589.

S auch „Hinweis".

Güteversuch: Die Erörterungsgebühr kann auch bei einem Versuch zur gütlichen Einigung stattfinden, etwa nach § 279 ZPO, insofern richtig Düss MDR **85**, 1037, ferner Hbg JB **78**, 872, Schmidt MDR **76**, 589; **aM** LG Kassel MDR **76**, 589. Wegen des arbeitsgerichtlichen Gütetermins Anm 9C.

Hinweis: Die Erörterungsgebühr kann entstehen, wenn das Gericht einen Hinweis auf Grund eines Schriftsatzes einer Partei zu einer Streitfrage gibt, Ffm Rpfleger **83**, 367, KG AnwBl **80**, 265, Schlesw MDR **89**, 555.

Die Erörterungsgebühr entsteht nicht, soweit der Anwalt einen bloßen Hinweis des Gerichts ohne zu erwidern befolgt.

Diese Frage ist **streitig. Wie hier** zB Düss VersR **84**, 1047 mwN, KG MDR **85**, 683, Karlsr AnwBl **87**, 100, Köln NJW **78**, 2400, Mü

MDR **76**, 765 und NJW **76**, 1643, Schlesw SchlHA **85**, 112, insofern auch Zweibr Rpfleger **77**, 113, ferner LG Bln JB **77**, 496; **aM** zB Bbg Rpfleger **81**, 368 mwN, Düss MDR **78**, 62, AG Siegburg MDR **77**, 502.

S aber auch „Mitwirkung".

Klagerücknahme: Die entstandene Erörterungsgebühr tritt nicht hinter die Antragsgebühr wegen der Kosten, § 269 III ZPO, zurück, Kblz VersR **88**, 1035.

Meinungsaustausch: Zur Entstehung der Erörterungsgebühr ist erforderlich und ausreichend, daß ein gewisser Meinungsaustausch über eine prozessuale oder sachlichrechtliche Frage stattfindet, Ffm AnwBl **88**, 359 mwN.

Es reicht also nicht aus, daß das Gericht ohne einen solchen Meinungsaustausch sofort eine Entscheidung trifft.

Mitwirkung: Das kritische Mitdenken und Kontrollieren der Äußerungen des Gerichts und anderer Prozeßbeteiligten ist unter Umständen eine Beteiligung an einer Erörterung.

Der Anwalt muß sich aber an der Erörterung irgendwie beteiligen, Mü Rpfleger **76**, 260. Es kann ausreichen, daß er sich nach einem Hinweis des Gerichts im Termin nur mit dem Gegner bespricht, Schlesw MDR **89**, 555. Es kann sogar ausreichen, daß er nur stillschweigend prüft, ob er sich zum Wort melden soll.

Das ist **unstreitig,** zB Bbg AnwBl **83**, 521, Ffm Rpfleger **83**, 367 mwN, AnwBl **85**, 266 und AnwBl **87**, 498 mwN, Hamm Rpfleger **88**, 381, Hbg AnwBl **77**, 512, Hamm MDR **77**, 414 je mwN, LG Bln AnwBl **84**, 452, LAG Düss AnwBl **84**, 161.

Der Anwalt braucht natürlich nicht zu jedem einzelnen von dem Gericht oder dem Prozeßgegner angeschnittenen Punkt ausdrücklich Stellung zu nehmen. Eine Konzentration auf das Wesentliche und in diesem Zusammenhang auch das Schweigen auf einzelne gegnerische Punkte können sogar die intensivste Form der Mitwirkung darstellen.

Wenn der Anwalt aber sogleich erklärt, er lasse sich in diesem Termin auf das Vorbringen und die Anträge des Gegners nicht ein, entsteht die Erörterungsgebühr nicht, Karlsr MDR **88**, 1067.

Nebenintervention: S „Streithilfe".

Nichtstreitige Verhandlung: Soweit ihr eine Erörterung (von gegensätzlichen Standpunkten aus) vorangegangen ist, ist auch eine Erörterungsgebühr entstanden, Ffm AnwBl **88**, 360, Kblz VersR **88**, 643.

Ortstermin: S „Sachverständiger"

Protokoll: Eine Erörterungsgebühr kann auch dann entstehen, wenn das Gericht im Protokoll nicht vermerkt, ob und inwieweit eine Erörterung stattgefunden hat, Düss Rpfleger **77**, 457, Hamm Rpfleger **88**, 381, KG NJW **76**, 1644, LG Brschw AnwBl **76**, 400, BLAH § 160 ZPO Anm 3. Die Protokollierung der Erörterung ist aber zur Vermeidung späterer gebührenrechtlicher Unklarheiten ratsam. Notfalls ist eine dienstliche Äußerung des Gerichts darüber erforderlich, ob eine Erörterung stattgefunden hat, KG NJW **76**, 1644 und JB **76**, 1069.

Prozeß- und Sachleitung: Die Erörterung rein prozeßtechnischer Erwägungen kann ausreichen, etwa dann, wenn das Gericht darauf Wert legt, ihre Zweckmäßigkeit kurz zur Debatte zu stellen.

Die bloße Erörterung einer Frage der Prozeß- oder Sachleitung läßt aber grundsätzlich keine Erörterungsgebühr entstehen, Düss Rpfleger **78**, 232, nur insofern richtig auch Hbg MDR **88**, 788, ferner Schlesw JB **78**, 1521, etwa die bloße Erörterung des Streitwerts, Mü Rpfleger **79**, 436. Denn das ist keine Erörterung der „Sache“, KG MDR **82**, 505, Mü AnwBl **78**, 474 mwN. Freilich reicht eine Erörterung einer Zulässigkeitsfrage aus, s „Zulässigkeit“.

Die Abrenzung zwischen dem Bereich, der die Erörterungsgebühr auslöst, und dem übrigen Bereich der Besprechung prozessualer Fragen ist nur unter einer Berücksichtigung der Umstände des Einzelfalls möglich. Auch eine prozessuale Frage kann ja zu einem echten Meinungsaustausch führen und durchaus auf die Klärung des Streitstoffs oder der zugehörigen Rechtsfragen gerichtet sein, etwa die Verspätungsfrage, Düss AnwBl **88**, 73. Deshalb ist eine großzügige Auslegung zu Gunsten des Anwalts geboten.

Prozeßkostenhilfe: Es kann ausreichen, daß das Gericht im Termin nach § 118 I 3 ZPO die mit eingereichte Klage schon miterörtert, Hbg MDR **85**, 594, vgl auch „Anhängigkeit“. Bloße Hinweise auf Prozeßkostenhilfefragen bedeuten nicht stets eine Erörterung der Hauptsache, Kblz VersR **87**, 825.

Prozeßvergleich: Die Erörterung der endgültigen Formulierung eines Prozeßvergleichs, den die Parteien vorformuliert haben, kann die Erörterungsgebühr auslösen, Ffm AnwBl **79**, 276, KG NJW **76**, 1644, Kblz MDR **83**, 240. Es besteht eine tatsächliche Vermutung dafür, daß vor dem Abschluß eines Prozeßvergleichs eine Erörterung im Termin stattfand, Hamm MDR **77**, 238.

Soweit allerdings die Parteien lediglich die Protokollierung eines von ihnen fertig formulierten Vergleichs beantragen, ohne daß das Gericht bei der endgültigen Formulierung noch mitwirkt, entsteht keine Erörterungsgebühr, Ffm AnwBl **79**, 276, Kblz JB **76**, 1071 (vgl aber auch Kblz MDR **83**, 240), Nürnb JB **78**, 1678.

Rechtshängigkeit: S „Anhängigkeit“.

Rechtsmittel: S „Zulässigkeit“.

Sachverständiger: Die Erörterungsgebühr entsteht nicht, wenn anläßlich einer Ortsbesichtigung des gerichtlich bestellten Sachverständigen in Abwesenheit des Gerichts eine Erörterung stattfindet, Zweibr Rpfleger **82**, 39.

Säumnis: S „Einseitige Verhandlung“.

Scheidungsfolgesache: Bei der Erörterung der Scheidungsfolgen darf man wegen der eigenartigen Verknüpfung, die durch das Verbundverfahren entsteht, nicht zwischen einer anhängigen und einer anderen Sache unterscheiden.

Diese Frage ist **streitig. Wie hier** zB Celle Rpfleger **79**, 275 und MDR **83**, 853, AG Friedberg AnwBl **86**, 109, Göppinger FamRZ **78**, 376; **aM** zB Düss FamRZ **81**, 806, Ffm AnwBl **77**, 317, Hamm Rpfleger **79**, 75, KG AnwBl **77**, 510 und MDR **88**, 1067 je mwN, Karlsr AnwBl **80**, 371 mwN, Kblz JB **77**, 1235, Saarbr AnwBl **77**, 250, Schlesw JB **77**, 965, Stgt NJW **77**, 769, LG Memmingen JB **77**, 813, LG Schweinf JB **77**, 963.

Stillschweigen: S „Mitwirkung“.

Streithilfe: Soweit der ProzBev des Streithelfers keinen Antrag stellt, kommt es darauf an, ob er ihn überhaupt stellen wollte, Hbg MDR **85**, 594 mwN.

Streitwert: S „Prozeß- und Sachleitung".

Unstreitige Verhandlung: S „Einseitige Verhandlung".

Verhandlungsfähigkeit: Zum Entstehen der Erörterungsgebühr ist es nicht erforderlich, daß der anwesende Prozeßgegner bei der Erörterung verhandlungsfähig ist, nur grundsätzlich aM KG Rpfleger **82**, 39. Freilich muß tatsächlich ein sachbezogenes Gespräch mit einem gewissen Meinungsaustausch stattfinden, Köln NJW **78**, 2400, Mü AnwBl **78**, 474.

Verordneter Richter. Auch für eine Erörterung vor ihm kann eine Erörterungsgebühr entstehen, LG Kleve AnwBl **86**, 289.

Verspätung: Ihre Erörterung kann ausreichen, Düss AnwBl **88**, 73.

Verwaltungsprozeß: Eine Erörterung vor dem Vorsitzenden oder dem Berichterstatter nach § 87 S 2 VwGO kann ausreichen, VGH Kassel AnwBl **83**, 284. Findet im Termin eine Erörterung sowohl eines Antrags nach § 80 V VwGO, als auch des Hauptsacheantrags statt, kann eine Erörterungsgebühr für jedes dieser beiden Verfahren entstehen, OVG Hbg Rpfleger **88**, 81.

Vor und nach dem Termin: Die Erörterung lediglich vor dem Aufruf der Sache und nach dem Schluß der Verhandlung reicht nicht aus.

Diese Frage ist **streitig. Wie hier** zB insofern Düss (2. ZS) MDR **89** 172, ferner zB KG AnwBl **77**, 412 mwN (abl Bank), Mü Rpfleger **78**, 464, Mümmler JB **84**, 807; **aM** zB insofern auch jetzt Düss (10. ZS) MDR **85**, 1037, ferner Nürnb MDR **78**, 501, LG Aachen AnwBl **77**, 415, Allwang AnwBl **77**, 8.

Das gilt selbst dann, wenn das Gespräch im Sitzungssaal stattfindet, zB im Rahmen einer verhandelten Parallelsache, Düss (2. ZS) MDR **89**, 172, und wenn das Gericht und/oder der Prozeßgegner anwesend sind; dergleichen ist durch die Prozeßgebühr abgegolten, Düss (2. ZS) MDR **89**, 172.

Man muß zur Abgrenzung des Begriffs „Erörterung" klare Kriterien finden. Vor dem Beginn des Verhandlungstermins in der jeweils anhängigen Sache und nach seinem Ende ist das Gericht zwar möglicherweise bereit und verpflichtet, die Sache zu besprechen; es handelt sich dann aber nicht um diejenige Form der Besprechung, die nach dem Sinn und Zweck von I Z 4 durch eine besondere Erörterungsgebühr vergütet werden soll und nicht schon durch die Prozeßgebühr abgegolten ist.

S auch „Abwesenheit".

Wiedereinsetzung: Sobald der Vorsitzende diese Frage mit mehr als einem bloßen Hinweis anschneidet, kann die Erörterungsgebühr entstehen, LAG Düss AnwBl **84**, 161.

Zulässigkeit: Die Erörterung einer Zulässigkeitsfrage kann ausreichen, Düss Rpfleger **78**, 232, LG Bonn AnwBl **79**, 440, aM Kblz Rpfleger **79**, 474.

S freilich auch „Prozeß- und Sachleitung".

9) Anrechnung, II. A. Grundsatz. Die Erörterungsgebühr und die Verhandlungsgebühr werden unter den Voraussetzungen B aufeinander angerechnet. Das gilt für alle Arten von Verhandlungsgebühren, also auch für diejenige nach § 33.

Diese Frage ist **streitig. Wie hier** zB Düss AnwBl **80**, 368 (zustm Chemnitz), Hamm MDR **84**, 593 mwN, Kblz VersR **81**, 467 und VersR **88**, 643, Mü Rpfleger **81**, 158, Schlesw MDR **79**, 855 je mwN, AG Offenbach MDR **82**, 680; **aM** zB Ffm AnwBl **78**, 475, Kblz JB **77**, 1392, Zweibr Rpfleger **77**, 113, LG Kassel AnwBl **77**, 318 (diese Gerichte meinen, neben § 33 I Z 1 entstehe keine Erörterungsgebühr), LG Kblz AnwBl **82**, 24 (das LG meint, eine Anrechnung finde überhaupt nicht statt).

Die Anrechnung erfolgt unabhängig davon, welche Gebühr zuerst entstanden ist.

B. Voraussetzungen. Es müssen folgende Voraussetzungen zusammentreffen:

a) Derselbe Gegenstand. Die Erörterungs- und die Verhandlungsgebühr müssen denselben Gegenstand betreffen, LG Bln VersR **88**, 702. Wegen dieses Begriffs vgl zunächst § 6 Anm 4. Es muß sich also um dasselbe Recht oder Rechtsverhältnis handeln, auf das sich die jeweilige anwaltliche Tätigkeit bezieht. Der Begriff desselben Gegenstands ist von demjenigen derselben Angelegenheit zu unterscheiden, vgl auch § 13 Anm 3.

Derselbe Gegenstand liegt zB dann vor, wenn die Hauptsache erörtert und für erledigt erklärt wird und wenn die Parteien dann über die Kostenfolge nach § 91a ZPO streitig verhandeln, Hbg MDR **76**, 1031, KG MDR **77**, 325.

b) Derselbe Rechtszug. Die Erörterungs- und die Verhandlungsgebühr müssen in demselben Rechtszug entstehen, LG Bln VersR **88**, 702. Zu diesem Begriff § 13 Anm 4, § 15 Anm 3.

C. Weitere Einzelheiten. Wenn die Voraussetzungen B nur teilweise zusammentreffen, kann die Anrechnung auch nur entsprechend teilweise erfolgen. Die Verhandlungsgebühr wird nur in derjenigen Höhe angerechnet, in der sie entstand, Hbg MDR **77**, 852. Einzelheiten LG Bln VersR **88**, 702 mwN, Kersting/ Reuter NJW **76**, 2247, dazu krit Chemnitz NJW **77**, 747.

Zwischen der Prozeßgebühr oder der Beweisgebühr einerseits und der Erörterungsgebühr andererseits findet keine Anrechnung statt.

Die Vergleichsgebühr verdrängt die Erörterungsgebühr nicht.

Diese Frage ist **streitig. Wie hier** zB Bbg JB **76**, 1497, Düss Rpfleger **77**, 457, jetzt auch Hbg zB NJW **77**, 769, ferner KG NJW **76**, 2268 mwN, Schlesw SchlHA **78**, 108, Stgt AnwBl **76**, 401, LG Bln AnwBl **76**, 401, LG Brschw AnwBl **76**, 400, LG Essen AnwBl **77**, 73, LG Hbg AnwBl **76**, 402, LG Bad Kreuznach Rpfleger **76**, 443, LG Landshut NJW **76**, 2296, LG Schweinfurt JB **76**, 1656, AG Velbert AnwBl **77**, 258, OVG Münster AnwBl **78**, 263, Born MDR **76**, 897, Chemnitz AnwBl **76**, 331, Kersting/Reuter NJW **76**, 2247, Mümmler JB **76**, 781, Schmidt MDR **76**, 677, vgl auch KG NJW **76**, 1644; **aM** zB insofern Köln MDR **77**, 60, LAG Düss AnwBl **77**, 317, LAG Stgt AnwBl **77**, 222, ArbG Siegburg AnwBl **77**, 317 je mwN.

Etwas anderes gilt im arbeitsgerichtlichen Gütetermin.

Auch das ist **streitig. Wie hier** zB LAG Hamm zuletzt MDR **86**, 435 mwN (diese Auffassung ist mit dem GG vereinbar, BVerfG JB **78**, 1321);

aM zB LAG Mü AnwBl **78**, 146, LAG Stgt AnwBl **78**, 110, AG Lüdenscheid AnwBl **87**, 619, ArbG Dortm AnwBl **88**, 254, ArbG Mannh BB **77**, 1706, Brüne AnwBl **79**, 132, Schmidt MDR **83**, 724.

Eine Erörterungsgebühr kommt aber im Fall der Verbindung von Güte- und Streitverhandlung nach § 54 IV ArbGG, AG Mü AnwBl **84**, 617, und im Verfahren nach § 55 III ArbGG in Betracht, LAG Hamm DB **82**, 1468.

10) Scheidungsfolgesache, III. Die in I, II genannten Regeln gelten auch für die in III abschließend aufgezählten Scheidungsfolgesachen. Vgl im übrigen Anm 8 B „Scheidungsfolgesache".

§ 118 ist in den in III genannten Scheidungsfolgesachen unanwendbar, KG AnwBl **84**, 506 mwN. Soweit in einer in III genannten Sache wegen der Anwendbarkeit des FGG keine förmlichen Sachanträge erforderlich sind, ist die Entstehung der Verhandlungsgebühr ausnahmsweise auch nicht von einem Sachantrag abhängig, KG AnwBl **84**, 507 mwN.

Vorzeitige Beendigung des Auftrags

32 I **Endigt der Auftrag, bevor der Rechtsanwalt die Klage, den ein Verfahren einleitenden Antrag oder einen Schriftsatz, der Sachanträge, die Zurücknahme der Klage oder die Zurücknahme des Antrags enthält, eingereicht oder bevor er für seine Partei einen Termin wahrgenommen hat, so erhält er nur eine halbe Prozeßgebühr.**

II **Das gleiche gilt, soweit lediglich beantragt ist, eine Einigung der Parteien zu Protokoll zu nehmen.**

Gliederung

1) Systematik. Die Vorschrift ergänzt § 31 I Z 1, III. Sie bezieht sich also nur auf die Prozeßgebühr, nicht auf die Verhandlungsgebühr, die Beweisgebühr oder die Erörterungsgebühr. Neben § 32 schafft § 35 auch für die Verhandlungsgebühr eine ergänzende Regelung. § 32 ist gegenüber § 31 wie gegenüber § 35 vorrangig.

§ 32 enthält zugleich eine Einschränkung des § 13 IV. Auch gegenüber jener Vorschrift ist § 32 vorrangig.

Der vorzeitigen Beendigung des Auftrags steht auch eine vorzeitige

Erledigung der Angelegenheit gleich, da auch sie die weitere Durchführung des Auftrags erübrigt, aM Mü NJW **80**, 106.

§ 32 setzt wie § 31 voraus, daß der Anwalt ProzBev ist, sei es des Klägers, des Beklagten, eines Streitgenossen oder eines Streithelfers, BGH **52**, 387. Die Vorschrift ist auf den Verkehrsanwalt nach § 52 entsprechend anwendbar, Mü AnwBl **78**, 111, nicht aber, wenn das Gericht die Prozeßgebühr infolge eines geringeren gebührenmäßigen Gewichts des Verfahrens auf 3/10 oder 5/10 der vollen Gebühr festgesetzt hat, ferner nicht, wenn es sich um eine feste Bruchteilsgebühr handelt, §§ 52 S 2, 54, und auch nicht in der Zwangsvollstreckung, wie § 57 I 2 bestimmt.

Ähnliche Bestimmungen wie § 32 enthalten §§ 41 II, 56 II.

Sinn der Regelung ist, die Vergütung einzuschränken, soweit die Tätigkeit des Anwalts nicht nach außen sichtbar geworden ist, Mü MDR **82**, 418. I gibt demgemäß die Mindesttätigkeit des Anwalts an, die zur Auftragsannahme hinzugekommen sein muß, damit er ½ Prozeßgebühr verdient. Im übrigen gilt § 32 unabhängig vom tatsächlichen Umfang der Tätigkeit des Anwalts, Nürnb Rpfleger **71**, 328.

Soweit der Anwalt nach seiner Beiordnung im Weg der Prozeßkostenhilfe keine der in § 32 genannten Tätigkeiten ausübt, entscheidet der Umfang der Beiordnung, ob eine vor ihr stattgefundene Tätigkeit noch unter die Beiordnung fällt, § 122 Anm 2A, etwa im Fall einer ausdrücklichen oder stillschweigenden Beiordnung für die Instanz, LG Brschw MDR **59**, 586. Die Beiordnung wirkt für die Berechnung grundsätzlich nicht zurück, BGH NJW **70**, 757, Schlesw SchlHA **87**, 142.

Es kommt also zB im Fall der Einreichung einer Berufung vor der Beiordnung unter Umständen nur ½ Prozeßgebühr in Betracht, Hamm Rpfleger **74**, 448.

2) Vorzeitige Beendigung des Auftrags, I. A. Grundsatz. Da man beim Vorliegen einer der in § 32 genannten Gründe im allgemeinen davon ausgehen muß, daß die Tätigkeit des Anwalts wesentlich geringer als bei einer nicht vorzeitigen Beendigung des Auftrags usw ist, muß der Anwalt unter den Voraussetzungen der Vorschrift eine Halbierung der Prozeßgebühr hinnehmen. Als vorrangige Sonderregel gegenüber § 31 I Z 1 ist I eng auszulegen. I enthält also eine abschließende Aufzählung der Voraussetzungen, Hamm NJW **74**, 465.

B. Voraussetzungen. Es müssen sämtliche folgenden Voraussetzungen erfüllt sein:

a) Auftragsbeendigung. Der Auftrag muß beendet sein, bevor der Anwalt eine der in b–g genannten Tätigkeiten begonnen hat.

Die Art der Beendigung des Auftrags ist unerheblich. Das beendigende Ereignis muß sich zumindest auch auf diesen Prozeßauftrag beziehen. Man muß je nach der Art des beendigenden Ereignisses prüfen, ob die Beendigung vor dem Beginn der Tätigkeit nach b–g wirksam geworden ist.

Im Fall einer Kündigung kommt es also auf deren Zugang an, § 130 BGB. Es ist unerheblich, ob der Anwalt oder der Auftraggeber gekündigt haben und ob der Vertragspartner des Kündigenden einen Anlaß zur Kündigung gegeben hat, LG Hbg AnwBl **74**, 165 mwN. Ferner kommen zB in Betracht: Der Tod des Anwalts; eine Zahlung; der Abschluß eines Vergleichs; die Klagerücknahme; die Rücknahme des Rechtsmittels.

Das weitere Schicksal des sachlichrechtlichen Anspruchs ist unerheblich.

Es kann je nach der Art des beendigenden Ereignisses auch darauf ankommen, ob der Anwalt Kenntnis hatte oder Kenntnis haben mußte, §§ 674, 675 BGB.

b) Vor Klage. Der Auftrag muß endigen, bevor der Anwalt die Klage eingereicht hat. Es kommt also auf den Zeitpunkt des Eingangs der Klage beim Gericht, also auf denjenigen der Anhängigkeit an, nicht auf den Zeitpunkt der Klagezustellung, also nicht auf den Zeitpunkt der Rechtshängigkeit. Der Auftrag muß geendet haben, bevor die Klage bei demjenigen Gericht eingegangen ist, an das sie nach dem Willen des Anwalts gehen sollte, unabhängig davon, ob dieses Gericht sachlich und/oder örtlich wirklich zuständig war.

c) Vor Einleitungsantrag. Der Auftrag muß geendet haben, bevor der Anwalt den ein Verfahren einleitenden Antrag eingereicht hat. Es reicht aus, daß der Antrag das Verfahren in dieser Instanz einleiten sollte, also etwa ein Rechtsmittelverfahren, Mü Rpfleger **87**, 389 mwN. Auch hier ist wie bei b der Eingang bei demjenigen Gericht maßgeblich, an das der Antrag adressiert war, unabhängig davon, ob dieses Gericht in Wahrheit sachlich und/oder örtlich zuständig war.

d) Vor Sachantrag. Der Auftrag muß geendet haben, bevor der Anwalt einen Schriftsatz, der zumindest auch einen Sachantrag enthielt, eingereicht hat. Zum Begriff des Sachantrags § 31 Anm 6 B a. Auch hier kommt es nur auf den Eingang beim Gericht an, nicht auf eine etwaige Zustellung oder formlose Übersendung durch das Gericht an den Antragsgegner. Auch hier kommt es auf den Eingang bei demjenigen Gericht an, an das der Schriftsatz adressiert war, unabhängig davon, ob dieses Gericht sachlich und/oder örtlich zuständig war.

e) Vor Klagerücknahme. Der Auftrag muß geendet haben, bevor der Anwalt einen Schriftsatz, der die Zurücknahme der Klage enthält, eingereicht hat. Die Klagerücknahme braucht nicht ausdrücklich als solche bezeichnet worden zu sein, BLAH § 269 ZPO Anm 3 A. Sie muß aber unbedingt sein, BLAH aaO. Im übrigen ist auch hier der Eingang beim Gericht maßgeblich. Es kommt also nicht darauf an, ob und wann das Gericht die Klagerücknahme dem Beklagten zugestellt oder übersandt hat.

Hier kommt es darauf an, ob der Schriftsatz bei demjenigen Gericht einging, bei dem die Klage derzeit wirklich rechtshängig war. Unter dieser Voraussetzung ist es unerheblich, ob dieses Gericht in jenem Zeitpunkt sachlich und/oder örtlich zuständig war. Der Eingang bei einem Gericht, bei dem die Klage nicht schwebte, löst demgegenüber keine wirksame Klagerücknahme aus.

f) Vor Antragsrücknahme. Der Auftrag muß geendet haben, bevor der Anwalt einen Schriftsatz, der die Zurücknahme eines Antrags enthielt, eingereicht hat. Auch hier kommt es lediglich auf den Eingang bei demjenigen Gericht an, an das der Schriftsatz adressiert war, nicht auf die Zustellung oder Übersendung durch dieses Gericht an den Antragsgegner. Sofern der Schriftsatz bei demjenigen Gericht eingegangen ist, bei dem das Verfahren bisher schwebte, kommt es nicht darauf an, ob dieses Gericht in diesem Zeitpunkt sachlich und/oder örtlich zuständig war.

g) Vor Terminswahrnehmung. Der Auftrag muß geendet haben, bevor der Anwalt für seine Partei einen Termin wahrgenommen hat. Die Art des Termins ist unerheblich. Es kommt nicht darauf an, ob das Gericht den Termin in der Ladung usw richtig bezeichnet hat. Es kommt auch nicht darauf an, ob das Gericht eine Einlassungs- oder Ladungsfrist beachtet hat.

Der Termin beginnt mit dem Aufruf der Sache im Sitzungssaal. Ein vorheriger Aufruf dieser Sache vor dem Sitzungssaal ist auch dann unbeachtlich, wenn das Gericht zu dieser Terminsstunde nur diese Sache anberaumt hatte. Denn erst durch den Aufruf im Sitzungssaal gibt das Gericht durch den Vorsitzenden seine Bereitschaft und seinen Willen zu erkennen, sich jetzt dieser Sache zuzuwenden, BLAH § 220 ZPO Anm 1 B. Wenn der Vorsitzende im Sitzungssaal gleichzeitig mehrere Sachen „aufrufen" läßt, liegt noch kein Aufruf dieser Sache vor. Vielmehr muß der Vorsitzende die einzelne Sache unmittelbar vor der Beschäftigung mit ihr erneut im Sitzungssaal aufrufen.

Dementsprechend ist es erforderlich und ausreichend, daß der Anwalt in diesem letzteren Zeitpunkt für die Partei verhandlungsbereit im Sitzungssaal anwesend ist oder während des weiteren Verlaufs dieses Termins in solcher Absicht und Bereitschaft den Sitzungssaal betritt und sich als ProzBev für die Partei dem Gericht gegenüber zu erkennen gibt. Es ist unter dieser Voraussetzung nicht erforderlich, daß der Anwalt einen Antrag stellt usw, KG MDR **88**, 787 (Vergleich). Der Anwalt des Streitverkündeten nimmt einen Termin aber erst dann für den Auftraggeber wahr, wenn dieser dem Rechtsstreit gemäß § 74 I ZPO beigetreten ist, Hamm MDR **75**, 943.

Eine Anwesenheit nur zum Zweck der Mitteilung der Niederlegung des Mandats ist keine Termins-„Wahrnehmung", Hamm Rpfleger **77**, 458.

Es ist unerheblich, ob sich der Termin auch auf einen bisher nicht rechtshängigen Anspruch erstrecken sollte und erstreckt hat. Es reicht aus, daß der Anwalt den Auftrag hatte, zumindest wegen desjenigen Anspruchs am Termin teilzunehmen, den er für den Auftraggeber durchsetzen oder abwehren sollte.

C. Fälle

Anwaltsbestellung: S „Verteidigungsanzeige".

Antragsrücknahme: Vgl zunächst B f. Zwar spricht I in seinem Wortlaut einerseits von der Stellung eines „Sachantrags", andererseits von der Zurücknahme „des Antrags", nicht des „Sachantrags"; indessen bringt das Wort „des" (Antrags) zum Ausdruck, daß es sich um die Zurücknahme eben eines Antrags der vorgenannten Art, also eines Sachantrags, handeln muß. Es reicht also nicht aus, daß der Schriftsatz nur die Zurücknahme eines Prozeßantrags enthält.

Die Art desjenigen Sachantrags, den der Anwalt im Schriftsatz zurücknimmt, ist unerheblich.

Ein Sachantrag ist insbesondere derjenige auf eine Klagabweisung,

Kblz VersR **78**, 353 (freilich erst, wenn der Anwalt des Beklagten diesen Antrag nach der Rechtshängigkeit stellt.

Diese Frage ist **streitig. Wie hier** zB Mü NJW **73**, 1137 und MDR **82**, 418 – das Gericht fordert die Unterschrift des Anwalts –; **abw** Mü NJW **74**, 2097; **aM** zB KG NJW **73**, 909 betr § 697 ZPO aF).

Auch der Antrag auf die Zurückweisung oder Verwerfung des Rechtsmittels oder Rechtsbehelfs reicht aus.

Auch das ist **streitig. Wie hier** zB BGH **52**, 390, zB Ffm (6. ZS) RR **86**, 1320 mwN, Hamm AnwBl **78**, 138, Mü AnwBl **83**, 523; **aM** zB Ffm (12. ZS) JB **84**, 1030, Kblz MDR **83**, 414, Schlicht NJW **70**, 1630. Vgl auch BGH NJW **70**, 1462.

Hierher gehört auch der Antrag, der die Rücknahme eines Rechtsmittels enthält.

Das ist ebenfalls **streitig. Wie hier** zB Karlsr AnwBl **84**, 620, Kblz VersR **82**, 1151, Mü AnwBl **85**, 206, Schlesw AnwBl **84**, 620; **aM** zB KG AnwBl **84**, 621.

Es kommt nicht darauf an, ob das Gericht den Antrag dem Gegner förmlich zustellen muß, BGH **52**, 388.

Die Zurücknahme eines Sachantrags außerhalb eines Schriftsatzes fällt nicht unter § 32 I. Das ergibt sich aus dem klaren Wortlaut, der „einen Schriftsatz" erfordert.

Es ist unerheblich, ob der Schriftsatz eine förmliche Zustellung erfordert, BGH **52**, 388. Vgl allerdings „Arrest, einstweilige Verfügung".

Arrest, einstweilige Verfügung: Da das Verfahren über einen Antrag auf die Anordnung, Abänderung oder Aufhebung eines Arrests oder einer einstweiligen Verfügung gemäß § 40 I als besondere Angelegenheit gilt, ist ein Anordnungsantrag ein Einleitungsantrag im Sinn von B c. Das gilt aber auch für den Abänderungs- bzw Aufhebungsantrag des Antragsgegners, §§ 926 II, 927, 936 ZPO. Zwar bildet das Verfahren über diesen Antrag gemäß § 40 II mit dem Verfahren über den Antrag auf die Anordnung des Arrests oder der einstweiligen Verfügung eine Angelegenheit. Indessen ist aus der Sicht des Antragsgegners ein Abänderungs- oder Aufhebungsantrag dann, wenn er sich zuvor noch nicht gewehrt hatte, der Beginn des Verfahrens für ihn. Das gilt unabhängig davon, ob er sich zuvor hätte wehren können.

I kann auch dann anwendbar sein, wenn der Anwalt eine Schutzschrift im Auftrag des Antragsgegners vor dem Eingang des gegnerischen, erwarteten und vielleicht auch hochgradig zu erwartenden Antrags auf den Erlaß eines Arrests oder einer einstweiligen Verfügung eingereicht hat, zB Ffm BB **87**, 26, Hbg AnwBl **80**, 363, Mü Rpfleger **86**, 196 mwN; **abw** Düss GRUR **88**, 405 (abl Teplitzky mwN).

Legt der Anwalt einen auf die Kosten beschränkten Widerspruch gegen eine Beschlußverfügung ein, so erhält er nicht etwa zusätzlich zu den nach dem Kostenwert entstehenden Gebühren eine erstattungsfähige halbe Gebühr nach dem Streitwert des Verfügungsanspruchs, Kblz Rpfleger **86**, 407 mwN, aM KG MDR **85**, 770.

Auslandsschuld: Ein Antrag im Verfahren nach § 64 leitet ein Verfahren im Sinn von B c ein.

Aussetzung: Der bloße Aussetzungsantrag ist kein Sachantrag, sondern ein Prozeßantrag.

Ehesache: Die Zustimmung zur Scheidung ist als ein Sachantrag anzusehen, KG AnwBl **84**, 375. Der Antrag auf den Erlaß einer einstweiligen Anordnung leitet ein Verfahren ein, B c.

Ein Vergleich im Hinblick auf eine Ehesache ist rechtlich zulässig, § 72 EheG (wegen einer Altehe), § 1585 c BGB. In ihn können die Parteien Streitpunkte einbeziehen, für die weder die sachliche noch die örtliche Zuständigkeit des angerufenen Gerichts gegeben ist, BGH **48**, 336. Er ist gebührenrechtlich nach § 23 zu beurteilen, vgl KG MDR **86**, 861. Wegen des Werts muß man § 36 I, II mit beachten. Vgl im übrigen Anm 3 A b.

Einstweilige Anordnung: S „Ehesache".

Einstweilige Verfügung: S „Arrest, einstweilige Verfügung".

Entmündigung: Sowohl der Entmündigungsantrag als auch der Antrag auf die Wiederaufhebung der Entmündigung, § 675 ZPO, leiten ein Verfahren ein, B c, vgl § 44.

Erledigung der Hauptsache: Die Ankündigung einer Erledigterklärung in einem Schriftsatz bedeutet nicht stets ein Ende des Auftrags, Hamm NJW **68**, 2149.

Erörterungstermin: Die Wahrnehmung eines Erörterungstermins im Sinn von § 31 I Z 4 ist eine Terminswahrnehmung, B g.

Erscheinen der Partei: Ein Schriftsatz, in dem der Anwalt lediglich mitteilt, sein Auftraggeber sei am Erscheinen in einem Termin verhindert, enthält keinen Sachantrag im Sinn B d.

Fristverlängerung: Ein Schriftsatz, in dem der Anwalt lediglich eine Fristverlängerung beantragt oder vorsorglich gegen die etwaige Verlängerung einer Frist Bedenken anmeldet, enthält keinen Sachantrag im Sinn von B d, Kblz AnwBl **87**, 338.

Hausratssache: Ein Antrag nach § 63 leitet ein Verfahren ein, B c.

Klagabweisung: Vgl zunächst B d. Der Klagabweisungsantrag ist also ein Sachantrag, Kblz VersR **78**, 353 (freilich erst dann, wenn der Anwalt des Beklagten ihn nach der Rechtshängigkeit eingereicht hat.

Diese Frage ist **streitig. Wie hier** zB Mü NJW **73**, 1173 und MDR **82**, 418 – das Gericht fordert die Unterschrift des Anwalts –; **abw** zB Mü NJW **74**, 2097; **aM** zB KG NJW **73**, 909 betr § 697 ZPO aF).

Soweit der Anwalt des Beklagten die Klage oder das gegnerische Rechtsmittel beantwortet, ohne zu wissen oder wissen zu müssen, daß der Kläger die Klage bzw sein Rechtsmittel bereits zurückgenommen hat, entsteht die volle Prozeßgebühr. Denn der Auftrag an den Anwalt des Beklagten erlischt noch nicht durch den Eingang der gegnerischen Maßnahme beim Gericht.

Diese Frage ist **streitig. Wie hier** zB Bbg (5. ZS) JB **75**, 1339, Ffm AnwBl **78**, 182 und AnwBl **83**, 181, Hbg JB **76**, 472 und JB **79**, 702, KG NJW **75**, 125, Mü AnwBl **85**, 44, VGH Mü BayVBl **86**, 317, LG Bln MDR **88**, 149, Hauss NJW **84**, 963; **aM** zB Bbg (1. ZS) JB **75**, 1340, Bre NJW **69**, 142, Kblz VersR **81**, 541 mwN (diese Gerichte geben in einem solchen Fall eine halbe Prozeßgebühr nach dem Wert der Hauptsache zuzüglich einer vollen Prozeßgebühr nach dem Wert der Kosten).

Soweit allerdings der klägerische Anwalt dem Anwalt des Beklagten von der Klagerücknahme oder der Rücknahme des Rechtsmittels unmittelbar Kenntnis gegeben hat, steht diese Mitteilung einer solchen durch das Gericht gleich, Hamm JB **75**, 1609. Damit endet dann grundsätzlich auch der Auftrag des Anwalts des Beklagten bzw Rechtsmittelbeklagten.

S auch „Verteidigungsanzeige".

Klagebeschränkung: Der Schriftsatz, in dem der Anwalt des Klägers eine „Beschränkung" der Klage vornimmt, enthält grundsätzlich eine teilweise Klagerücknahme. Vgl daher B e.

Klageinreichung: Vgl zunächst B b. Man muß folgende Situationen unterscheiden:

a) Nur Klage. Mit der bloßen Einreichung der Klageschrift zur Terminsbestimmung hat der Anwalt bereits die volle Prozeßgebühr verdient, selbst wenn das Gericht noch nichts weiter veranlaßt hat. Die Einreichung ist mit der Empfangnahme durch einen zuständigen, zur Vornahme des Eingangsvermerks befugten Beamten bewirkt, also der Briefannahmestelle oder des Urkundsbeamten der Geschäftsstelle, BGH **2**, 31.

b) Klage und Prozeßkostenhilfeantrag. Es steht dem Antragsteller frei, eine Klage zusammen mit dem Antrag auf die Bewilligung einer Prozeßkostenhilfe oder später einzureichen, sei es während des Verfahrens über seinen Antrag, sei es erst nach der Entscheidung über ihn. Durch die Klageinreichung wird grundsätzlich neben dem Verfahren auf die Bewilligung der Prozeßkostenhilfe auch der Rechtsstreit als solcher in Gang gesetzt, BGH **4**, 333, Bbg JB **76**, 1195. Das ist im Interesse der Klarheit und wegen der weittragenden Rechtsfolgen der Klagerhebung notwendig. Die Klage gilt als eingereicht, vgl § 270 III ZPO.

c) Bedingte Klage. Soweit der Kläger die Klage usw nur für den Fall der Bewilligung einer Prozeßkostenhilfe einreichen will, muß er diese zulässige Bedingung deutlich zum Ausdruck bringen, BGH **4**, 333, Bbg JB **76**, 1195. Schlesw zB SchlHA **78**, 211, LG Kblz JB **78**, 449. Er muß die Klageschrift zB als einen bloßen Entwurf kennzeichnen oder es unterlassen, die Klageschrift zu unterzeichnen. Wenn er den Antrag auf die Bewilligung der Prozeßkostenhilfe und die Klageschrift in demselben Schriftsatz einreicht, genügt es im allgemeinen, daß er zum Ausdruck bringt, er beantrage die Prozeßkostenhilfe „für die beabsichtigte Klage", Celle MDR **63**, 687. Unter diesen Voraussetzungen liegt dann noch keine Klageinreichung vor.

Deren Wirkung tritt erst ein, wenn das Gericht die Prozeßkostenhilfe in dem beantragten Umfang bewilligt hat und wenn es seine Bewilligungsentscheidung dem Antragsteller auch zumindest formlos mitgeteilt hat, § 329 II 1 ZPO. Es ist allerdings eine Entscheidung möglich, die eine Terminsbestimmung enthält oder eine Frist in Lauf setzt. Eine solche Entscheidung muß dem Betroffenen förmlich zugestellt werden, § 329 II 2 ZPO, es sei denn, daß es sich um die Ladung zum ersten Termin vor dem AG handelt, § 497 I 1 ZPO.

Klagerücknahme: Vgl zunächst B e. S ferner „Klagabweisung".

Klagerweiterung: Ein Schriftsatz, der die Klage erweitert, gilt als ein das Verfahren einleitender Antrag, B c.

Landwirtschaftssache: Ein Antrag nach § 63 IV kann ein Verfahren im Sinn von B c einleiten.

Mahnverfahren: Der Antrag des Antragsgegners auf die Durchführung des streitigen Verfahrens löst die volle Prozeßgebühr aus, KG AnwBl **84**, 375; vgl freilich § 43 III und Ffm AnwBl **88**, 73 mwN.
S auch „Antragsrücknahme".

Niederlegung: Die bloße Mitteilung des Anwalts über die Niederlegung des Mandats ist keine Terminswahrnehmung, Hamm Rpfleger **77**, 458.

Prozeßkostenhilfe: Der Antrag auf die Bewilligung, § 91, leitet ein Verfahren ein, B c. Soweit sich der Auftrag erledigt„ bevor der Anwalt eine der in § 58 II genannten Tätigkeiten ausübt, verdient er dennoch die dort genannte $^3/_{10}$ Gebühr. Ein gemäß § 118 I 3 Hs 2 ZPO im Prozeßkostenhilfeverfahren geschlossener Vergleich fällt unter II, Anm 3.
S auch „Klageeinreichung, b, c."

Rechtsbehelfsrücknahme: S „Antragsrücknahme".

Rechtsmittelbeantwortung: S „Klagabweisung".

Rechtsmitteleinlegung: Der Schriftsatz, mit dem der Anwalt ein Rechtsmittel einlegt, leitet ein Verfahren ein, B c, Mü Rpfleger **87**, 389 mwN.
S auch „Klageinreichung".

Rechtsmittelverzicht: Soweit der Anwalt erst nach der Einreichung des Rechtsmittels als ProzBev tätig geworden ist, erhält er für die Erklärung eines Rechtsmittelverzichts in der mündlichen Verhandlung die volle Prozeßgebühr, Hbg NJW **73**, 202 (zustm Schmidt), Schlesw SchlHA **83**, 143, vgl freilich Zweibr Rpfleger **77**, 112 mwN.

Rechtsmittelrücknahme: S „Antragsrücknahme".

Sachantrag: Vgl zunächst B d. S ferner „Klagabweisung", „Klagerweiterung".

Schutzschrift: S „Arrest, einstweilige Verfügung".

Simultananwalt: Der erstinstanzliche Anwalt des erfolgreichen Beklagten, der die gegnerische Berufungsschrift und gleichzeitig deren Zurücknahme entgegennimmt, ehe er tätig geworden ist, erhält auch im Fall einer Simultanzulassung für die Entgegennahme keine Gebühr, vgl auch § 37 Anm 9 A.

Streitverkündung: Der Anwalt vertritt den Streitverkündeten im Sinn von § 32 vor Gericht erst vom Zeitpunkt der Wirksamkeit des Beitritts des Streitverkündeten nach § 74 I ZPO an, Hamm MDR **75**, 943. Soweit er im Termin nur die Niederlegung des Mandats mitteilt, nimmt er den Termin nicht im Sinn von B g wahr, Hamm Rpfleger **77**, 458.

Tatbestandsberichtigung: Der Antrag nach § 320 ZPO leitet ein Verfahren im Sinn von B c ein.

Terminsbestimmung: S „Klageinreichung".

Terminswahrnehmung: Vgl zunächst B g. Soweit der Anwalt im Termin nicht erscheint, nimmt er natürlich den Termin nicht wahr, und zwar auch dann nicht, wenn der Anwalt des Prozeßgegners lediglich eine Vertagung beantragt und erreicht. Ein Beweistermin vor dem Prozeßgericht ist im allgemeinen auch zur weiteren Verhandlung bestimmt, § 370 I ZPO. Etwas anderes gilt für einen Beweistermin vor dem beauftragten oder ersuchten Richter, vgl § 370 II ZPO.

Ein Termin bezieht sich zunächst nur auf die bisher rechtshängigen Ansprüche dieses Rechtsstreits. Die Einbeziehung eines anderen Anspruchs in einen in diesem Termin zustande kommenden Prozeßvergleich löst dann, wenn der Anwalt einen Prozeßauftrag hatte, nur die halbe Prozeßgebühr aus.

S auch „Erörterungstermin“, „Streitverkündung“, „Vergleich“.

Urteilsergänzung: Ein Antrag gemäß § 321 ZPO leitet ein Verfahren im Sinn von B c ein.

Verfahrenseinleitung: Vgl zunächst B c. S ferner „Arrest, einstweilige Verfügung“, „Einstweilige Anordnung“, „Hausratssache“, „Klageinreichung“, „Klagerweiterung“, „Landwirtschaftssache“, „Prozeßkostenhilfe“, „Rechtsmitteleinlegung“, „Tatbestandsberichtigung“, „Urteilsergänzung“, „Widerklage“, „Wohnungseigentumssache“, „Zwangsvollstreckung“.

Vergleich: Zur Terminswahrnehmung genügt der Abschluß eines Prozeßvergleichs ohne die Stellung eines weiteren Antrags. Vgl im übrigen Anm 3. S auch „Terminswahrnehmung“.

Vertagung: S „Terminswahrnehmung“.

Verteidigungsanzeige: Die bloße Anzeige der Verteidigungsabsicht, § 276 I 1 ZPO, stellt keinen Sachantrag dar, Düss MDR **83**, 764, Kblz AnwBl **87**, 338 mwN.

Vertretungsanzeige: Die bloße Anzeige des Anwalts, daß er einen am Prozeß Beteiligten vertrete, enthält keinen Sachantrag.

Verwerfung des Rechtsmittels: Der Antrag auf die Verwerfung des Rechtsmittels enthält einen Sachantrag, BGH **52**, 390, Hamm AnwBl **78**, 138, aM Schlicht NJW **70**, 1630.

Vollstreckbarkeit: Der Antrag auf eine nicht schon von Amts wegen zu gewährende vorläufige Vollstreckbarkeit enthält einen Sachantrag.

Widerklage: Der Widerklageantrag ist ein Sachantrag und darüber hinaus ein Klagantrag, B b, d. Denn die Widerklage ist eine richtige Klage, ein Angriff, nicht ein bloßes Angriffs- oder Verteidigungsmittel nach § 282 ZPO, Schneider MDR **77**, 796, oder nach § 296 ZPO, BGH NJW **81**, 1217, und auch keine bloße Klagänderung, BVerwG NJW **74**, 1209.

Der Antrag auf die Abweisung einer Widerklage ist ein Antrag auf Klagabweisung, s dort.

Wohnungseigentumssache: Ein Antrag nach § 63 leitet ein Verfahren im Sinn von B c ein.

Zurücknahme: S „Antragsrücknahme“, „Klagerücknahme“, „Rechtsmittelrücknahme“.

Zustellung: Einer Zustellung von Amts wegen steht eine Zustellung von Anwalt zu Anwalt nach § 198 ZPO und im gesetzlich zulässigen Umfang eine Zustellung im Parteibetrieb gleich.

Zwangsvollstreckung: § 32 ist unanwendbar, § 57 I 2.

D. Gebührenhöhe. Unter den Voraussetzungen B, C erhält der Anwalt nur ½ Prozeßgebühr. Soweit der Auftrag nur zu einem Teil endet, tritt die Ermäßigung auch nur für diesen Teil ein. Man muß also zB von den nicht erledigten 200 DM eine volle Gebühr errechnen, von den erledigten 100 DM ½ Gebühr. Soweit man den nicht erledigten Teil aus dem

Gegenstandswert betragsmäßig nicht aussondern kann, weil etwa in einem Unterhaltsstreit mehr als ein Jahresbetrag streitig ist und weil der Beklagte den Unterhalt für ein Jahr bezahlt hat, während der Rest streitig bleibt, vgl § 17 I GKG, muß man ½ Gebühr vom Jahresbetrag + ½ Gebühr vom Gegenstandswert für die restlichen Monate berechnen, also die volle Gebühr für den streitigen Betrag, für den überschießenden vorzeitig erledigten Betrag nur die Hälfte, jedoch unter einer Berücksichtigung der Degression der Tabelle.

Die Summe der einzelnen Gebühren darf nicht die Prozeßgebühr nach dem Gesamtbetrag übersteigen, § 13 III, Düss MDR **83**, 764. Soweit nur die Hauptsache erledigt ist, entsteht demgemäß ½ Prozeßgebühr nach dem Wert der Hauptsache sowie eine volle Prozeßgebühr nach dem Wert der Kosten, §§ 13 Anm 5, 33 Anm 2 A d.

3) Einigung der Parteien, II. A. Begriff. Der Begriff Einigung ist weiter gefaßt als derjenige des Vergleichs. Beim Vergleich ist ein gegenseitiges Nachgeben erforderlich, § 779 I BGB; eine Einigung erfordert kein gegenseitiges Nachgeben. Natürlich fällt jeder Vergleich zugleich unter den Begriff Einigung, aber eben nicht umgekehrt. Das gilt in einer Ehesache und in einer anderen Sache. Jede Art von Vergleich enthält eine Einigung, auch der gemäß § 118 I 3 Hs 2 ZPO zustandegekommene.

B. Geltungsbereich. II gilt, sofern es sich um die Protokollierung einer Einigung in irgendeinem „normalen" Rechtsstreit handelt, auch im zugehörigen Prozeßkostenhilfeverfahren nach § 118 I 3 Hs 2 ZPO, A. Auch die Protokollierung einer Einigung der Parteien in einer Ehesache fällt grundsätzlich unter II. Allerdings enthält § 41 II eine vorrangige Sondervorschrift für den Fall, daß es um die Protokollierung einer Einigung der Parteien in einem der in § 41 I abschließend genannten Verfahren geht.

Im übrigen muß man beachten, daß II nur die Protokollierung einer bereits außergerichtlich erzielten Einigung erfaßt, KG MDR **88**, 787. Soweit der Anwalt am Zustandekommen einer Einigung vor Gericht mitwirkt, ist grundsätzlich § 23 anwendbar; vgl auch § 51 Anm 3 B–F. Diese Vorschrift gilt allerdings dann nicht, wenn der Anwalt beim Zustandekommen eines Vergleichs in einer Ehesache mitwirkt, § 36 I 1.

Soweit der Anwalt bei der Durchsetzung oder Abwehr eines Anspruchs tätig geworden ist, den der Gläubiger bereits rechtshängig gemacht hatte, bevor dann eine Einigung der Parteien erfolgte, entfällt für diesen Anwalt II. Denn er hat durch seine vorangegangene Tätigkeit bereits die volle Prozeßgebühr verdient, vgl LAG Hamm MDR **86**, 788 mwN.

Andererseits reicht es aus, daß die Parteien einen bisher nicht rechtshängigen Anspruch in einen Prozeßvergleich einbeziehen, Ffm Rpfleger **79**, 472, Hbg MDR **79**, 506 je mwN, Hamm MDR **74**, 324; **aM** zB KG JB **73**, 127.

In jedem Fall kommt es auf den Umfang des Auftrags an den Anwalt an.

Soweit die Parteien einen Vergleich im Hinblick auf eine Ehesache schließen, § 36 I 2, kann § 118 anwendbar sein. Es kommt darauf an, ob der Anwalt zunächst lediglich außergerichtlich verhandeln sollte. Man muß im allgemeinen in einem solchen Fall davon ausgehen, daß der Auftraggeber Wert darauf legte, das erzielte Ergebnis gerichtlich protokollieren zu lassen, schon um einen Vollstreckungstitel nach § 794 I Z 1 ZPO zu erhalten und diesen gemäß § 323 IV ZPO bei Bedarf abändern lassen zu können. Der Auftrag zielte also zumindest stillschweigend grundsätzlich auf die Bearbeitung einer Angelegenheit des dritten Abschnitts der BRAGO ab.

Daher kommt in einem solchen Fall für die außergerichtliche Tätigkeit keine Gebühr nach § 118 in Betracht, wohl aber diejenige nach § 23 und für die Protokollierung der Einigung diejenige nach § 32 II.

Diese Frage ist **streitig. Wie hier** zB BGH **48**, 334, Düss NJW **69**, 1677, Hamm AnwBl **80**, 363, Mü AnwBl **82**, 115, Schlesw SchlHA **75**, 202 (krit Ladda SchlHA **77**, 90), Tschischgale MDR **64**, 545; **aM** zB Hbg NJW **63**, 961, Köln NJW **63**, 1018, Mü MDR **62**, 144, Stgt NJW **69**, 103, Schmidt NJW **68**, 702, Schumann NJW **68**, 1271.

Wenn der Auftrag demgegenüber auf eine außergerichtliche Verhandlung beschränkt war, etwa um lediglich eine privatschriftliche Festlegung zu erhalten oder eine Einigung „nur" notariell zu protokollieren, ist nicht II, sondern § 118 und unter Umständen § 23 anwendbar, Kblz VersR **87**, 207 mwN, Tschischgale NJW **62**, 1137. Wenn es dann doch aus irgendeinem Grund zu einer gerichtlichen Protokollierung kommt, entstehen Gebühren nach § 118 I Z 1, 2, Celle NJW **69**, 1357, Tschischgale MDR **64**, 546. Die Geschäftsgebühr ist dann auf die durch die Protokollierung ausgelöste halbe Prozeßgebühr nach § 32 II anzurechnen, aM Mü NJW **68**, 949. Die Gebühren nach § 118 sind auch in einem derartigen Fall schon wegen § 19 VII nicht nach § 19 I ff festsetzbar, Celle NJW **69**, 1357, Mü MDR **70**, 774, Göppinger FamRZ **72**, 168.

4) Kostenerstattung. Wenn der Auftrag unter den Voraussetzungen des § 32 endet, ist keine Kostenerstattung möglich, vgl Hamm Rpfleger **78**, 427 (wegen einer Berufung). Man muß im einzelnen folgende Situationen unterscheiden:

A. Vor Klagezustellung. Sofern die Klage im Zeitpunkt der Beendigung des Auftrags noch nicht gemäß § 253 I ZPO zugestellt worden war, ist noch keine Rechtshängigkeit eingetreten, § 261 I ZPO. Infolgedessen kommt auch keine Klagänderung in Betracht. Zur Erzielung eines Erstattungsanspruchs muß der Gläubiger dann die bisherigen Anwaltskosten als Hauptforderung im Weg einer neuen Klage beziffert geltend machen. Er darf nicht die bisherige Klage noch zustellen lassen. Andernfalls treffen ihn die Kosten jenes Rechtsstreits.

Wenn allerdings die Beendigung des Auftrags im Zeitraum zwischen der Einreichung der Klage und deren Zustellung durch das Gericht eingetreten war und wenn der Kläger die Zustellung und damit den Eintritt der Rechtshängigkeit nicht mehr verhindern konnte, ist die Kostenerstattung wie bei B zu beurteilen. Der Kläger kann aber auch in diesem Fall die Anwaltskosten im Weg einer besonderen weiteren Klage geltend machen.

B. Nach Klagezustellung. Wenn das Gericht die Klage im Zeitpunkt der Beendigung des Auftrags bereits gemäß § 253 I ZPO zugestellt hatte, kann der Kläger seinen sachlichrechtlichen, zu beziffernden Kostenanspruch unter den Voraussetzungen einer Klagänderung, §§ 263, 264 ZPO, an die Stelle des bisherigen Hauptanspruchs setzen. Wegen der Situation für den Fall, daß der Auftrag im Zeitraum zwischen der Einreichung und der Zustellung der Klage endete und die Zustellung nicht mehr zu verhindern war, vgl zunächst A.

Nichtstreitige Verhandlung, Übertragung des mündlichen Verhandelns

33 **I Für eine nichtstreitige Verhandlung erhält der Rechtsanwalt nur eine halbe Verhandlungsgebühr. Dies gilt nicht, wenn**

1. eine Entscheidung nach Lage der Akten (§ 331a der Zivilprozeßordnung) beantragt wird,
2. der Berufungskläger oder Revisionskläger ein Versäumnisurteil beantragt oder
3. der Kläger in Ehesachen, in Rechtsstreitigkeiten über die Feststellung der Rechtsverhältnisse zwischen Eltern und Kindern oder in den vor die Landgerichte gehörenden Entmündigungssachen nichtstreitig verhandelt.

II Stellt der Rechtsanwalt in der mündlichen Verhandlung Anträge nur zur Prozeß- oder Sachleitung, so erhält er fünf Zehntel der Verhandlungsgebühr.

III Der Prozeßbevollmächtigte, der im Einverständnis mit der Partei die Vertretung in der mündlichen Verhandlung einem anderen Rechtsanwalt übertragen hat, erhält eine Gebühr in Höhe von fünf Zehnteln der diesem zustehenden Verhandlungsgebühr, mindestens jedoch drei Zehntel der vollen Gebühr. Diese Gebühr wird auf die Verhandlungsgebühr des Prozeßbevollmächtigten angerechnet.

Gliederung

1) Systematik. Die Vorschrift enthält unterschiedliche Fallgruppen, die nur sehr bedingt Gemeinsamkeiten aufweisen.

I 1 enthält eine Ausnahmevorschrift von § 31 I Z 2. Denn nach der Erfahrung stellt die streitige Verhandlung die Regel im Zivilprozeß dar, obwohl es oft nur zur nichtstreitigen Verhandlung kommt. Aus diesem Grund schafft I 2 eine Rückkehr zum Grundsatz des § 31 I Z 2. Daher sind I 1 eng, insofern ebenso Ffm MDR **84**, 63, I 2 Z 1–3 aber weit auszulegen, vgl KG AnwBl **84**, 507, Karlsr Rpfleger **85**, 254 mwN, insofern abw Ffm MDR **84**, 63.

II stellt ebenfalls eine Ausnahmeregelung gegenüber § 31 I Z 2 dar. Denn im allgemeinen kommt es in der mündlichen Verhandlung zu einem Sachantrag, nur ausnahmsweise beschränkt sich der Anwalt auf einen Antrag zur Prozeß- oder Sachleitung. II ist daher eng auszulegen, Ffm MDR **84**, 63.

I, II gelten nicht in der Zwangsvollstreckung, wie § 57 I 2 bestimmt.

III stellt als eine auch gegenüber § 2 vorrangige Sondervorschrift klar, daß kein Anwalt eine auftragsgemäße Berufstätigkeit umsonst leisten muß. Man muß die Vorschrift von dem Fall der Einschaltung eines Verkehrsanwalts, § 52, unterscheiden. Der Verkehrsanwalt vermittelt lediglich den Verkehr mit dem ProzBev. Er ist also nicht selbst ProzBev. Der Anwalt, der gemäß III einen anderen Anwalt beauftragt, bleibt aber selbst ProzBev.

Beispiele: Vor dem LG München tritt ein dort zugelassener Anwalt auf Veranlassung des Hamburger „Hausanwalts" der Partei auf. Die Gebühr des Hamburger Verkehrsanwalts bemißt sich nach § 52. Wenn dagegen der Münchener Anwalt etwa wegen einer Verhinderung zur Terminsstunde einen dort zugelassenen anderen Kollegen beauftragt, erhalten der Münchener ProzBev die Vergütung nach III, der Terminsvertreter eine Vergütung nach §§ 53, 54 je nach dem Ablauf des Münchener Termins.

Vgl im übrigen für das schriftliche Verfahren die insoweit vorrangige Sondervorschrift des § 35.

2) Nichtstreitige Verhandlung, I. A. Begriffe. Man muß folgende Begriffe unterscheiden:

a) Verhandlung. I setzt voraus, daß wenigstens eine Partei überhaupt verhandelt, § 31 Anm 6 Ba, Ffm MDR **84**, 63, Kblz VersR **88**, 643. Die Verhandlung muß zur Sache ergehen, wie der Vergleich zu II zeigt. Es reicht aus, daß die Partei bis zum Schluß des Verhandlungstermins den Sachantrag stellt, § 220 II ZPO.

Es kommt nicht darauf an, ob die Verhandlung zulässig ist, sondern nur darauf, ob sie tatsächlich stattfindet, Ffm AnwBl **82**, 376.

Soweit entweder keine der Parteien im Termin körperlich erscheint, sei es persönlich, sei es vertreten durch einen ProzBev, oder keine der Parteien trotz eines vorgenannten Erscheinens einen Sachantrag stellt, soweit also keine Partei als erschienen anzusehen ist, § 333 ZPO, ist I unanwendbar. Das gilt selbst dann, wenn das Gericht unter den Voraussetzungen des § 251a ZPO nach Lage der Akten entscheidet. Deshalb enthält auch I 2 Z 1 bei der Erwähnung der Entscheidung nach Lage der Akten nur den Hinweis auf § 331a ZPO, nicht auch denjenigen auf § 251a ZPO.

b) Beiderseits unstreitige Verhandlung. Im Verhandlungstermin mögen beide Parteien erscheinen und Sachanträge stellen, die entweder übereinstimmend lauten, KG AnwBl **84**, 507, oder doch dasselbe meinen. Beispiel für den letzteren Fall: Der Kläger stellt den Klagantrag, der Beklagte erkennt die Klageforderung an.

c) Einseitige unstreitige Verhandlung. Im Verhandlungstermin mag nur eine der Parteien einen Sachantrag stellen. In diesem Fall muß man wiederum folgende Situationen unterscheiden:

aa) Prozeßgegner anwesend. Es kann geschehen, daß der Prozeßgegner derjenigen Partei, die den Sachantrag stellt, im Termin zwar (persönlich oder durch einen ProzBev vertreten) anwesend ist, aber eben keinen Antrag stellt, also nicht verhandelt und damit gemäß § 333 ZPO als nicht erschienen anzusehen ist und als säumig gilt.

bb) Prozeßgegner abwesend. Es kann sich auch ergeben, daß der Prozeßgegner derjenigen Partei, die den Sachantrag stellt, im Termin abwesend ist und auch nicht durch einen ProzBev vertreten wird und deshalb als säumig gilt, vgl KG AnwBl **84**, 507.

cc) Keine Säumnis. In den Fällen aa, bb kann sich ergeben, daß keine Säumnis vorliegt, etwa weil die Voraussetzungen des § 337 ZPO vorliegen, weil die abwesende Partei sich entschuldigt hat oder weil das Gericht die Einlassungs- oder Ladungsfrist nicht eingehalten hat. In einer dieser Situationen kommt es zur Vertagung von Amts wegen. Dann darf das Gericht bei korrekter Handhabung überhaupt keinen Sachantrag der erschienenen Partei entgegennehmen. Es kann daher bei korrekter Handhabung keine Gebühr nach I 1 entstehen, sondern allenfalls eine solche nach II.

Soweit der Anwalt allerdings auf Grund fehlerhafter Prozeßleitung zum Sachantrag zugelassen wurde, kann er auch unter den Voraussetzungen des § 337 ZPO eine halbe Verhandlungsgebühr verdienen.

d) Teilstreitigkeit. Soweit die Verhandlung nach den Regeln a–c teilweise streitig, teilweise nichtstreitig verläuft, muß man die Gebühren für den jeweiligen Verhandlungsteil getrennt berechnen, soweit eine Trennung überhaupt möglich ist. Die Gebühren können dann für jeden Verhandlungsteil nebeneinander entstehen. Wenn eine Trennung in dieser Form nicht durchführbar ist, muß man nach den Grundsätzen § 32 Anm 2 D vorgehen. Wenn die Hauptsache unstreitig (geworden) ist und nur die Kostenfolge umstritten ist, entsteht ½ Verhandlungsgebühr nach dem Wert der Hauptsache und eine volle Verhandlungsgebühr nach dem Wert der Kosten, ohne Rücksicht auf den zeitlichen Ablauf, KG MDR **75**, 237 mwN, aM Karlsr Rpfleger **57**, 41 (das OLG meint, auf die Kosten entstehe in dieser Situation keine Verhandlungsgebühr).

Die Summe der Einzelgebühren darf diejenige des Gesamtbetrags der Wertteile nach dem höchsten Gebührensatz aber nicht übersteigen, § 13 III, KG MDR **75**, 237.

B. Grundsatz, I 1. Vgl zunächst Anm 1. Für die nichtstreitige Verhandlung erhält der Anwalt also grundsätzlich nur ½ Verhandlungsgebühr. Vgl im einzelnen die Fälle in Anm 4.

C. Ausnahmen, I 2. Vgl zunächst Anm 1. Die Ausnahmen Z 1–3 stellen also eine abschließende Aufzählung dar. Unter ihren Voraussetzungen erhält der Anwalt eine volle Verhandlungsgebühr. Das ergibt sich zwar nicht aus dem Wortlaut von I 2, der für die dortigen Fälle die Gebühr überhaupt nicht nennt, wohl aber aus dem Wort „nur" in I 1 in Verbindung mit § 31 I Z 2.

Vgl im übrigen die Fälle in Anm 4.

3) Prozeß- und Sachleitung, II. A. Begriff. Man muß zwischen dem Antrag nur zur Prozeß- oder Sachleitung einerseits und dem Sachantrag andererseits unterscheiden. Zum Begriff des Sachantrags § 31 Anm 6 B a.

Zur Prozeß- und Sachleitung gehören alle Anträge, die nur den Gang des Verfahrens betreffen, an dem Streitverhältnis selbst aber nichts ändern.

Vgl im übrigen die Fälle Anm 4.

B. Antrag. Damit der Anwalt im Fall einer mündlichen Verhandlung nur zur Prozeß- oder Sachleitung überhaupt die ½ Verhandlungsgebühr nach II erhält, muß er zur Prozeß- oder Sachleitung immerhin einen Antrag stellen.

Darunter versteht man eine Tätigkeit, die für die verfahrensrechtliche Beurteilung des Verhaltens wesentlich ist, Schlesw SchlHA **81**, 72. Eine „Bitte" kann einen Antrag darstellen, Hbg MDR **77**, 766. Demgegenüber bringt eine bloße Erörterung mit dem Gericht über eine Maßnahme der Prozeßleitung usw ohne eine als Bitte oder Anregung oder Antrag formulierte Zusammenfassung des Begehrs die Verhandlungsgebühr nach II nicht zur Entstehung, Kblz MDR **75**, 63 mwN.

Der Anwalt muß sich irgendwie aktiv verhalten. Soweit der Anwalt des Prozeßgegners sich rein passiv verhält, stellt dieser letztere Anwalt nicht einmal einen Antrag zur Prozeß- oder Sachleitung, vgl Stgt AnwBl **77**, 218, GSEM 32, aM Düss AnwBl **60**, 223, Hbg MDR **66**, 599. Allerdings kann in einem Verhalten eine stillschweigende Antragstellung liegen.

Der Antrag muß in der mündlichen Verhandlung gestellt werden, die bloße schriftliche Ankündigung oder Antragstellung reicht nicht zur Entstehung einer Gebühr nach II nicht aus.

Die Protokollierung des Antrags ist aber zur Entstehung der Gebühr nach II nicht erforderlich, Schlesw SchlHA **74**, 196, LG Aachen AnwBl **70**, 20, GSEM 30, aM Ffm **KR** Nr 10.

C. Vorangegangener oder nachfolgender Sachantrag. Soweit die Partei vor dem Antrag zur Prozeß- oder Sachleitung bereits zur Hauptsache verhandelt hatte, sei es streitig, sei es nichtstreitig, kann neben der Gebühr aus § 31 I Z 2 oder derjenigen aus § 33 I die Gebühr nach § 33 II nicht entstehen, § 37 Z 3, Düss JMBl NRW **70**, 35. Eine spätere Verhandlung zur Sache kann weitere Gebühren auslösen, Chemnitz AnwBl **81**, 160, aM Ffm AnwBl **81**, 159.

Eine bereits entstandene Prozeßgebühr oder Beweisgebühr hindert die Entstehung einer Gebühr nach II nicht.

D. Gebührenhöhe. Es entsteht $^5/_{10}$ Verhandlungsgebühr. Es ist unerheblich, ob der Antrag zur Prozeß- oder Sachleitung in einer hierzu streitigen oder nichtstreitigen Verhandlung gestellt wurde. Anders als bei

III 1 kann nicht ein Bruchteil der 5/10-Gebühr entstehen. In einem Fall mit teils streitiger, teils unstreitiger Verhandlung muß man dieselbe Trennung wie bei Anm 2 A d versuchen. Im übrigen ist § 13 III zu beachten.

E. Gegenstandswert. Maßgebend ist das nach § 3 ZPO zu schätzende Interesse, BGH **22**, 283, aM Hamm NJW 71, 2317, RS 15 (maßgebend sei der Wert der Hauptsache).

4) Fälle zu I–II

Akteneinsicht: Ein Antrag, Einsicht in eine Akte zu erhalten, auch in eine beigezogene, ist ein solcher zur Prozeß- und Sachleitung, Hamm AnwBl **82**, 71.

Aktenlageentscheidung: Der Antrag auf eine Entscheidung nach § 331 a ZPO läßt gemäß I 2 Z 1 eine volle Verhandlungsgebühr entstehen, obwohl der Anwalt ihn ja in einer einseitigen unstreitigen Verhandlung stellt. Es kommt in diesem Fall nicht darauf an, ob das Gericht ein Urteil oder eine andere Entscheidung, etwa einen Beweisbeschluß, erläßt und ob die Voraussetzungen zum Erlaß eines Urteils gemäß § 331 a S 2 ZPO in Verbindung mit § 251 a II ZPO erfüllt sind.

Demgegenüber ist eine Entscheidung nach Aktenlage wegen des Nichterscheinens oder des Nichtverhandelns beider Parteien gemäß § 251 a I, II ZPO natürlich nicht geeignet, eine volle oder auch nur eine halbe Verhandlungsgebühr auszulösen. Denn in einem solchen Fall verhandelt ja überhaupt kein Anwalt.

Amtsverfahren: Eine Anregung oder eine Bitte, auch ein „Antrag" auf den Erlaß einer Entscheidung, die das Gericht von Amts wegen treffen muß, ist kein Antrag im Sinn von II, vgl freilich Hbg MDR **77**, 766.

S auch „Prozeßverbindung und -trennung".

Anerkenntnis: Im Fall eines Anerkenntnisses liegt eine beiderseits unstreitige Verhandlung vor, LG Osnabr AnwBl **79**, 231 mwN. Das gilt auch dann, wenn das Gericht trotz eines Antrags eines Klägers kein Anerkenntnisurteil erläßt.

Anschlußrechtsmittel: S „Versäumnisurteil".

Antrag: Eine streitige Verhandlung liegt nur vor, wenn beide Parteien widersprechende Sachanträge stellen. Ein Hilfsantrag genügt allerdings, überhaupt jeder Widerspruch gegen eine Verurteilung, also auch das bloße Bestreiten der Prozeßvoraussetzungen, etwa die Rüge einer Unzuständigkeit, Ffm JB **75**, 480 mwN, aM Ffm Rpfleger **80**, 489, auch ein Widerspruch gegen eine Klagänderung.

Eine beiderseits nichtstreitige Verhandlung setzt voraus, daß zwar beide Parteien Sachanträge stellen, daß diese Anträge aber sich nicht widersprechen.

Eine einseitige nichtstreitige Verhandlung setzt voraus, daß wenigstens und nur eine der Parteien einen Sachantrag stellt.

Es liegt auch dann eine Verhandlung vor, wenn zunächst nur eine Partei die Hauptsache für erledigt erklärt. Denn dann kann eine Sachentscheidung notwendig werden, § 31 Anm 6 B a, BLAH § 91 a ZPO Anm 15 A.

Dagegen liegt kein Sachantrag, sondern ein bloßer Prozeßantrag vor, wenn sich die Partei der gegnerischen Erledigterklärung anschließt oder gar lediglich einen Kostenantrag nach § 91 a ZPO verliest, § 31 Anm 6 B a, insofern richtig Ffm VersR **78**, 573, ferner Schlesw SchlHA **82**, 143. Denn dann kommt es nur noch zum Kostenbeschluß.

Es liegt ferner keine Verhandlung vor, wenn der Beklagte im Termin ausbleibt oder keinen Antrag stellt und der Kläger weder ein Versäumnisurteil noch eine Entscheidung nach Lage der Akten beantragt, Hamm AnwBl **81**, 445 mwN, KG JB **78**, 1513. Wohl aber liegt eine nichtstreitige Verhandlung vor, wenn der Kläger ein Versäumnisurteil mit dem Tenor „Die Hauptsache ist erledigt" beantragt, Ffm AnwBl **80**, 161, KG NJW **68**, 846. S auch „Erledigung der Hauptsache".

Auch II erfordert einen Antrag, Anm 3 B.

Arrest, einstweilige Verfügung: Wenn das Berufungsgericht als das Gericht der Hauptsache einen Arrest oder eine einstweilige Verfügung erlassen hat, § 943 ZPO, dann hat der Aufhebungskläger nicht die Stellung eines Berufungsklägers. Er erhält also nur eine halbe Gebühr für den Antrag auf Erlaß eines Versäumnisurteils, § 40 III.

Aussetzung: Der bloße Aussetzungsantrag betrifft nur den Gang des Verfahrens, also nur die Prozeß- und Sachleitung, II. Das gilt auch im Eheverfahren nach § 614 ZPO. Es entsteht aber eine Verhandlungsgebühr nach § 31, wenn der Anwalt zunächst den Sachantrag und sodann erst den Aussetzungsantrag stellt, KG MDR **69**, 1022, aM KG MDR **68**, 680.

Baulandsache: I 2 Z 3 ist entsprechend anwendbar, Hbg MDR **81**, 768 mwN.

Beschränkte Erbenhaftung: Soweit sich der Beklagte darauf beschränkt, den Haftungsvorbehalt gemäß §§ 305, 780 ZPO geltend zu machen, handelt es sich um eine nichtstreitige Verhandlung, BLAH Üb 2 D vor § 300 ZPO.

Ehesache: Für die nichtstreitige Verhandlung in einer Ehesache entsteht gemäß I 2 Z 3 eine volle Verhandlungsgebühr. Zur Verhandlung des Klägers bzw des Antragstellers, Hbg NJW **78**, 1443, Ziemer NJW **78**, 1419, genügt die Erklärung, zur Klage keinen Antrag zu stellen oder die Anschlußberufung oder die Widerklage zurückzunehmen, Düss MDR **63**, 1022. Der Beklagte oder Scheidungsantragsgegner, Hbg NJW **78**, 1443, Ziemer NJW **78**, 1419, kann die volle Verhandlungsgebühr nur erhalten, wenn er streitig verhandelt oder wenn ein Fall nach I 2 Z 1, 2 vorliegt. Im übrigen ist der Begriff der Verhandlung in einer Ehesache kein anderer als sonst. Es reicht also zB grundsätzlich die Erklärung aus, keinen Antrag zu stellen, soweit darin eine Stellungnahme zum Vorbringen des Gegners zu sehen ist, KG NJW **74**, 2138 mwN.

Z 3 ist auf eine Scheidungsfolgesache entsprechend anwendbar, KG AnwBl **84**, 507 mwN. Denn Scheidungsfolgesachen gehören ihrer Natur nach so eng zu den Ehesachen, insbesondere beim Verbundverfahren, daß ihre Nichteinbeziehung eine zu enge Auslegung des Begriffs „Ehesache" wäre, zumal I 2 ohnehin weit auszulegen ist, Anm 1.

Die Verhandlung in einer Ehesache kann beiderseits nichtstreitig sein, etwa diejenige über eine Aussöhnung. In einem solchen Fall entsteht auch dem Anwalt des Beklagten eine Gebühr nach Z 3 neben derjenigen nach § 36 II. Wenn der Anwalt im ersten Termin nur einen neuen Termin beantragt, erhält er allerdings nur die Gebühr nach II.

S auch „Aussetzung".

Einspruch: S „Versäumnisurteil".

Einstweilige Verfügung: S „Arrest, einstweilige Verfügung".

Einzelrichter: Der „Antrag" oder die Anregung bzw Bitte einer Zurückübertragung des Rechtsstreits vom Einzelrichter an das voll besetzte Gericht ist ein Antrag zur Prozeß- und Sachleitung, II.

Entmündigung: Gemäß I 2 Z 3 entsteht für eine nichtstreitige Verhandlung eine volle Verhandlungsgebühr nur insoweit, als die Entmündigungssache „vor die Landgerichte" gehört. Ein solcher Fall liegt in folgenden Situationen vor: Es handelt sich um eine Anfechtungsklage gegen den Entmündigungsbeschluß wegen Geisteskrankheit oder Geistesschwäche, § 665 ZPO; es handelt sich um die Aufhebungsklage nach der Ablehnung eines Antrags auf Wiederaufhebung durch das AG, § 679 I ZPO; es handelt sich um die Anfechtungsklage gegen einen die Entmündigung wegen Verschwendung, Trunksucht oder Rauschgiftsucht aussprechenden Beschluß, § 684 I ZPO; es geht um die Klage gegen die Ablehnung eines Antrags auf eine Wiederaufhebung eines solchen Entmündigungsbeschlusses, § 686 ZPO.

In anderen Fällen einer Verhandlung in einer Entmündigungssache ist I 1 anwendbar; es entsteht also dann nur ½ Verhandlungsgebühr.

Erledigung der Hauptsache: Soweit beide Parteien die Hauptsache für erledigt erklären, wenn auch vielleicht erst nach einer vorher streitigen Verhandlung, ist die folgende „Verhandlung" ebenso wie das Erscheinen im Termin durch die Prozeßgebühr abgegolten, insofern richtig Ffm VersR **78**, 573 und MDR **84**, 63, ferner Schlesw SchlHA **82**, 143, aM Kblz VersR **87**, 107.

Wenn aber der Kläger ein Versäumnisurteil mit dem Tenor „Die Hauptsache ist erledigt" beantragt, liegt eine einseitige nichtstreitige Verhandlung vor, Ffm AnwBl **80**, 161, KG NJW **68**, 846.

S auch „Antrag".

Erörterung: Sie kann neben einer nichtstreitigen Verhandlung, zB vorher, erfolgen und eine Erörterungsgebühr auslösen, Kblz VersR **88**, 643.

Feriensache: Der bloße Antrag, das Gericht möge den Rechtsstreit zur Feriensache erklären, ist ein Antrag nur zur Prozeß- und Sachleitung, II. Im Fall einer Verhandlung darüber, ob das Gericht den Ferienbeschluß gemäß § 200 III 2 GVG aufheben soll, weil die Sache keiner besonderen Beschleunigung bedürfe, kann natürlich eine nichtstreitige (oder auch streitige) Verhandlung vorliegen, I 1.

Hilfsantrag: Soweit ein Antrag erforderlich ist, genügt auch ein Hilfsantrag, überhaupt jeder Widerspruch gegen eine Verurteilung.

S auch „Antrag", „Zulässigkeit".

Kindschaftssache: In einem Rechtsstreit über die Feststellung der Rechtsverhältnisse zwischen Eltern und Kindern entsteht auch bei einer nur nichtstreitigen Verhandlung gemäß I 2 Z 3 eine volle Verhandlungsgebühr. Das gilt wegen der Gleichartigkeit anderer Kindschaftssachen mit ihrem weitgehenden Fortfall der Parteiherrschaft auch für solche Sachen, Anm 1, Karlsr Rpfleger **85**, 254 mwN.

Klagänderung: Der Widerspruch des Beklagten gegen eine Klagänderung führt bereits zu einer streitigen Verhandlung.

Klagerücknahme: Die Erklärung der Klagerücknahme oder eine Erklärung des Beklagten dazu, ob er ihr zustimmt, sind keine Sachanträge, Kblz JB **75**, 1083, Mü MDR **83**, 944 mwN. Der Antrag nach § 269 III 3 ZPO auf Feststellung der Verpflichtung des Klägers, die Kosten des Rechtsstreits nach einer Klagerücknahme zu tragen, ergeht in einer beiderseits (nunmehr) nichtstreitigen Verhandlung, Hamm Rpfleger **65**, 245.

Nachverfahren: S „Urkundenprozeß".

Nichtverhandeln: Der Anwalt, der im Termin zwar erscheint, aber nicht verhandelt, ist als nicht erschienen anzusehen, § 333 ZPO, und erhält überhaupt keine Verhandlungsgebühr.

Soweit lediglich der Anwalt des Prozeßgegners nicht verhandelt, kann für den verhandelnden Anwalt natürlich eine Gebühr nach § 33 entstehen.

S auch „Antrag".

Prozeß- und Sachleitung: Vgl Anm 3.

Prozeßverbindung und -trennung: Eine Anregung, Bitte oder ein „Antrag" auf den Erlaß einer Entscheidung, die das Gericht von Amts wegen zu treffen hat, ist kein Antrag zur Prozeß- und Sachleitung, vgl freilich Hbg MDR **77**, 766. Hierzu gehört auch die Frage der Prozeßverbindung oder Prozeßtrennung, Schlesw SchlHA **81**, 72.

Prozeßvoraussetzungen: Bereits das Bestreiten der Prozeßvoraussetzungen, etwa durch eine Rüge der Unzuständigkeit, läßt eine streitige Verhandlung entstehen, Ffm JB **75**, 480 mwN, aM Ffm Rpfleger **80**, 489. Das gilt auch bei einer abgesonderten Verhandlung über diese Frage.

Rechtsmittel: Soweit der Berufungskläger oder der Revisionskläger ein Versäumnisurteil beantragt, entsteht gemäß I 2 Z 2 eine volle Verhandlungsgebühr. Wegen § 345 ZPO vgl § 38 Anm 2 C. Soweit der Rechtsmittelkläger als Angegriffener handelt, etwa als Anschlußbeklagter, entsteht aber grundsätzlich nur ½ Gebühr. Andererseits kann man auch für den Antrag des Anschlußrechtsmittelklägers auf den Erlaß eines Versäumnisurteils Z 2 entsprechend anwenden. Es ist in diesen Fällen nicht erforderlich, daß das Gericht das Versäumnisurteil antragsgemäß erläßt; die volle Verhandlungsgebühr entsteht also auf Grund eines solchen Antrags auch im Fall seiner Abweisung.

Soweit der Anwalt über einen Einspruch gegen das Versäumnisurteil verhandelt, kann eine volle neue Verhandlungsgebühr gemäß § 38 entstehen. Daher kann die Verhandlungsgebühr für die Rechtsmittelinstanz im ganzen $^{26}/_{10}$ betragen, § 11 I 2. Dagegen entsteht durch den Antrag auf den Erlaß eines Versäumnisurteils keine neue Gebühr, soweit bereits die Verhandlungsgebühr voll entstanden war, § 13 II 1.

S auch „Arrest, einstweilige Verfügung".

Ruhen des Verfahrens: Soweit der Anwalt nur dazu verhandelt, entsteht nur die Gebühr nach § 33, Düss Rpfleger **87**, 336 mwN.

Schriftliche Entscheidung: Soweit das Gericht eine Entscheidung ohne eine mündliche Verhandlung trifft, entsteht überhaupt keine Verhandlungsgebühr. Das gilt sowohl im schriftlichen Vorverfahren, §§ 276ff

ZPO, auch in Verbindung mit § 697 III ZPO, als auch im schriftlichen Verfahren nach § 128 II oder III ZPO. Infolgedessen entsteht auch für einen schriftlichen Antrag etwa auf den Erlaß eines Anerkenntnisurteils nach § 307 II ZPO oder eines Versäumnisurteils nach § 331 III ZPO keine Gebühr nach § 33.

Vgl aber auch § 35.

Streitgenossen: Für getrennte Versäumnisverhandlungen entsteht die Gebühr nach I doch nur einmal, Hamm Rpfleger **89**, 170.

Teilstreit: Vgl Anm 2 A d.

Teilurteil: Der Antrag auf oder gegen den Erlaß eines Teilurteils ist ein Sachantrag und nicht lediglich ein Antrag zur Prozeß- und Sachleitung.

Terminsverlegung: Der bloße Antrag auf eine Verlegung oder Vertagung eines Termins ist ein Antrag zur Prozeß- und Sachleitung, Hbg MDR **77**, 766, Schlesw SchlHA **74**, 196. Er kann auch dann eine Gebühr nach II auslösen, wenn das Gericht wegen einer vorherigen wirksamen Klagerücknahme nicht mehr hätte verhandeln lassen dürfen, es aber in Unkenntnis der Klagerücknahme doch getan hat, Ffm AnwBl **82**, 376.

Soweit das Gericht freilich eine Terminsvertagung von Amts wegen vornehmen muß, etwa gemäß § 337 ZPO, ist weder eine Bitte noch ein Hinweis noch eine Anregung noch ein „Antrag" nach II zu beurteilen, s „Amtsverfahren."

Urkundenprozeß: Wenn der Anwalt des Beklagten im Urkundenprozeß ohne Antragstellung und ohne Widerspruch des Klägers lediglich darum bittet, dem Auftraggeber die Rechte im Nachverfahren vorzubehalten, liegt eine nichtstreitige Verhandlung vor, zB Schlesw SchlHA **81**, 152 mwN, Stgt JB **78**, 1199 mwN, aM zB Brschw JB **74**, 199.

Verlustigkeitsbeschluß: Der bloße Antrag gemäß § 515 III ZPO, das Gericht möge durch Beschluß aussprechen, daß der Berufungsgegner infolge der Zurücknahme des Rechtsmittels dieses verliert, ist nach I 1 zu beurteilen, Mümmler JB **76**, 1664, aM LG Hann JB **76**, 1663. Das gilt auch dann, wenn es um eine entsprechende Entscheidung nach einem Versäumnisurteil geht, § 346 in Verbindung mit § 515 III ZPO.

Versäumnisurteil: Ein Antrag, gegen den Prozeßgegner ein Versäumnisurteil zu erlassen, erfolgt in einer einseitig unstreitigen Verhandlung, sei es, daß der Prozeßgegner anwesend ist, aber nicht verhandelt, § 333 ZPO, sei es in Abwesenheit des Prozeßgegners. Soweit allerdings der Berufungskläger oder der Revisionskläger ein Versäumnisurteil beantragt, entsteht gemäß I 2 Z 2 eine volle Verhandlungsgebühr. Das gilt auch dann, wenn der Anschlußrechtsmittelkläger ein Versäumnisurteil beantragt. Eine streitige Verhandlung liegt auch dann vor, wenn ein fälschlich beklagter Dritter Einspruch einlegt, um aus dem Prozeß entlassen zu werden, und der Kläger dem Dritten das Recht zur Vernahme jeder Prozeßhandlung bestreitet, Mü Rpfleger **85**, 326.

Eine nichtstreitige Verhandlung liegt auch dann vor, wenn der Kläger ein Versäumnisurteil mit dem Tenor „Die Hauptsache ist erledigt" beantragt, s „Erledigungserklärung".

S ferner „Rechtsmittel", „Verlustigkeitsbeschluß".

Vertagung: S „Terminsverlegung“.

Verweisung: Soweit beide Parteien übereinstimmend beantragen, den Rechtsstreit an ein anderes, örtlich und/oder sachlich zuständiges Gericht zu verweisen, liegt eine beiderseits nichtstreitige Verhandlung und nicht etwa ein Antrag nur zur Prozeß- oder Sachleitung nach II vor. Denn die Parteien verlangen von dem zunächst angerufenen Gericht eine sachliche Entscheidung über die Zuständigkeit, KG AnwBl **84**, 507.

Demgegenüber kann eine abgesonderte Verhandlung über eine Zulässigkeitsrüge oder eine Verweisung von der Zivilkammer an die Kammer für Handelssachen oder von der Prozeßabteilung an das Familiengericht und jeweils umgekehrt je nach den Umständen des Einzelfalls nach II zu beurteilen sein, Hbg MDR **89**, 172.

Verzicht: Der Verzicht auf den Klaganspruch und der anschließende Antrag des Beklagten auf den Erlaß eines Verzichtsurteils, § 306 ZPO, sowie der Verzicht auf die Berufung, § 514 ZPO, oder der Verzicht auf den Einspruch, § 346 ZPO, und die Folgeanträge des Prozeßgegners lösen als solche noch keine streitige Verhandlung aus. Sie kann aber natürlich vorausgegangen sein und zur Folge haben, daß die Gebühren nach § 33 daneben nicht besonders entstehen.

Wiedereinsetzung: Die Verhandlung über einen Antrag auf eine Wiedereinsetzung in den vorigen Stand kann nach I 1 zu beurteilen sein.

Zulässigkeit: Bereits das Bestreiten einer Prozeßvoraussetzung kann zu einer streitigen Verhandlung führen, etwa die Rüge der Unzuständigkeit, Ffm JB **75**, 480 mwN, aM Ffm Rpfleger **80**, 489.

Eine abgesonderte Verhandlung über eine Zulässigkeitsrüge kann aber auch nach II zu beurteilen sein. Man muß die Umstände des Einzelfalls abwägen.

Eine Erörterungsgebühr kann ebenfalls entstehen, § 31 Anm 8 „Prozeß- und Sachleistung“, Hbg JB **80**, 77, aM Kblz MDR **83**, 853.

Zurückbehaltungsrecht: Soweit sich der Beklagte auf die Einrede eines Zurückbehaltungsrechts beschränkt und der Kläger dieses Recht anerkennt, liegt eine beiderseits nichtstreitige Verhandlung vor.

Zuständigkeit: S „Zulässigkeit“.

5) Übertragung des Verhandelns, III. A. Begriff. Vgl zunächst Anm 1. Man muß also zwischen dem Fall, daß der ProzBev lediglich die Vertretung in der mündlichen Verhandlung einem anderen Anwalt überträgt und selbst ProzBev bleibt, und dem Fall unterscheiden, daß der andere Anwalt zum (alleinigen) ProzBev wird, § 52, während der „übertragende“ Anwalt lediglich den Verkehr mit dem ProzBev führt.

Man muß nach den Umständen des Einzelfalls prüfen, welche der vorgenannten Situationen vorliegt. III regelt lediglich den Fall, daß der unveränderte ProzBev die Vertretung in der mündlichen Verhandlung überträgt. Der Terminsvertreter erhält seine Vergütung nach §§ 53, 54.

Soweit es sich allerdings nur um die Ausführung der Parteirechte im Sinn von § 53 II BRAO handelt, behält der übertragende Anwalt im Sinne des Gesetzes die Vertretung und stellt auch den Sachantrag. In einem solchen Fall ist III unanwendbar.

B. Übertragung auf einen Anwalt. Der ProzBev muß die Vertretung gerade einem anderen Anwalt übertragen. Soweit er den Termin lediglich aus irgendwelchen Gründen vor einem der nach § 4 ihm selbst gebührenrechtlich gleichstehenden Mitarbeiter wahrnehmen läßt, ist III unanwendbar, Hamm AnwBl **78**, 183, und zwar selbst dann, wenn der Mitarbeiter selbst zur Anwaltschaft zugelassen ist. In einem solchen Fall tritt nämlich der Auftraggeber des Anwalts zu dem Mitarbeiter des Anwalts nicht in ein besonderes, selbständiges Vertragsverhältnis, schuldet also dem Mitarbeiter nicht unmittelbar Gebühren. Der Mitarbeiter verdient für den allein beauftragten Arbeitgeber die Prozeßgebühr, vgl BLAH § 81 ZPO Anm 3 A, Tschischgale NJW **55**, 176, aM Hamm NJW **55**, 176, LG Ffm NJW **53**, 1834.

C. Einverständnis der Partei. Der Anwalt, der die Übertragung vornimmt, erhält eine Gebühr nach III 1 nur, soweit er die Übertragung auch im Einverständnis des Auftraggebers vorgenommen hat. Ein stillschweigendes Einverständnis genügt. Man muß nach den Gesamtumständen des Einzelfalls und unter Berücksichtigung der Zweckmäßigkeit der Maßnahme des Anwalts prüfen, ob das Einverständnis vorliegt, und dabei auch § 670 BGB beachten. Eine Geschäftsführung ohne Auftrag reicht aber selbst dann nicht aus, wenn die Übertragung im mutmaßlichen Willen des Auftraggebers lag.

Soweit der Anwalt zB zur Vermeidung höherer Kosten von der eigenen Terminswahrnehmung absieht, liegen Anhaltspunkte für das stillschweigende Einverständnis der Partei vor. Soweit er aber lediglich aus persönlichen Gründen, etwa wegen einer anderweitigen beruflichen Verhinderung, den Termin durch einen anderen selbständig tätigen Anwalt wahrnehmen läßt, läßt sich keineswegs stets ein stillschweigendes Einverständnis des Auftraggebers unterstellen. Oft legt der Auftraggeber besonderen Wert darauf, daß zB in einer Sozietät gerade nur einer der Sozien den Termin wahrnimmt. Das kann durchaus verständliche Gründe haben. Selbst wenn das Gericht trotz eines entsprechenden Hinweises auf die Verhinderung dieses Anwalts einen Termin nicht verlegt oder vertagt, kann man nicht davon ausgehen, daß die Partei die Beauftragung eines anderen selbständigen Anwalts gerade mit der Vertretung in der mündlichen Verhandlung gutgeheißen habe. Eine Ausnahme mag lediglich in einer Eilsituation oder dann gelten, wenn andernfalls etwa der Erlaß eines sog Zweiten Versäumnisurteils nach § 345 ZPO oder ein Endurteil nach Lage der Akten zu Lasten des Auftraggebers droht.

Eine allzu großzügige Unterstellung des Einverständnisses verfälscht oft den erkennbaren eigentlichen Willen des Auftraggebers zu Gunsten einer „eleganten" Begründung der Entstehung von Gebühren auch nach III. Das ist keineswegs der Sinn der Vorschrift. Der Wille des Auftraggebers ist grundsätzlich für den Anwalt auch dann bindend, wenn er aus noch so unverschuldeten Gründen die mündliche Verhandlung nicht selbst wahrnehmen kann.

D. Gebührenhöhe, III 1. Man muß einerseits zwischen dem unveränderten ProzBev und dem Anwalt, dem er die mündliche Verhandlung übertragen hat, und andererseits zwischen dem Grundsatz III 1 Hs 1 und der Mindestgebühr von $^3/_{10}$, III 1 Hs 2, unterscheiden.

a) Gebühr des Prozeßbevollmächtigten. Der ProzBev erhält die Prozeßgebühr und die Beweisgebühr wie sonst. Soweit er selbst bereits mündlich verhandelt hat oder trotz der Übertragung der Vertretung in der mündlichen Verhandlung selbst auftritt, erhält er auch eine Verhandlungsgebühr; diesen Fall läßt II unberührt.

Soweit nur der Vertreter verhandelt, entsteht dem ProzBev trotzdem ½ der dem Vertreter zustehenden Verhandlungsgebühr. Diese ½ Gebühr entsteht gleichzeitig mit der Gebühr des Vertreters nach § 53.

Jedoch erhält der ProzBev mindestens 3/10 der vollen Gebühr. Wenn zB der Vertreter in der Berufungsinstanz 13/20 Verhandlungsgebühr für eine nichtstreitige Verhandlung erhält, dann erhält der ProzBev 13/40. Wenn der Vertreter nur 3/10 erhält, etwa gemäß § 57, erhält der ProzBev ebenfalls 3/10.

Statt der Verhandlungsgebühr kann auch die Erörterungsgebühr in jeweils derselben Höhe entstehen, Chemnitz AnwBl **75**, 433, Schmidt NJW **76**, 1076.

Mehrere Vertretungsaufträge begründen keine Erhöhung für den ProzBev.

b) Vertreter. Die Gebühren desjenigen Anwalts, den der ProzBev mit der Vertretung in der mündlichen Verhandlung beauftragt hat, berechnen sich nach § 53, nicht nach § 52. S jeweils dort.

E. Anrechnung, III 2. Soweit dem ProzBev nach III 1 eine Verhandlungsgebühr zusteht, sei es auf Grund einer mündlichen Verhandlung oder gemäß § 35 in einem Verfahren ohne mündliche Verhandlung, muß man die Gebühr nach III 1 auf jene Verhandlungsgebühr anrechnen. Die Anrechnung erfolgt auf jede Art der Verhandlungsgebühr, also auch auf diejenige nach I oder II. Auch eine Erörterungsgebühr ist auf eine Gebühr nach I oder II anzurechnen, § 31 Anm 9 A, C.

F. Kostenerstattung. Vgl bei § 53.

Vorlegung von Urkunden, Beiziehung von Akten oder Urkunden

34 **I Der Rechtsanwalt erhält die Beweisgebühr nicht, wenn die Beweisaufnahme lediglich in der Vorlegung der in den Händen des Beweisführers oder des Gegners befindlichen Urkunden besteht.**

II Werden Akten oder Urkunden beigezogen, so erhält der Rechtsanwalt die Beweisgebühr nur, wenn die Akten oder Urkunden durch Beweisbeschluß oder sonst erkennbar zum Beweis beigezogen oder als Beweis verwertet werden.

Gliederung

1) Systematik. Die Vorschrift enthält vorrangige Sonderregelungen gegenüber § 31 I Z 3, III. Ihr liegt die Erwägung zugrunde, für eine Tätigkeit, die keine oder nur geringe Mühe verursacht, keine Beweisgebühr entstehen zu lassen, Ffm MDR **84**, 64. Freilich kann auch eine geringe Mühe an sich eine Beweisgebühr sehr wohl nach §§ 31 ff auslösen.

Die Vorschrift ist als Ausnahmeregelung gegenüber dem Grundsatz des § 31 eng auszulegen, vgl Hbg MDR **87**, 68. Im schriftlichen Verfahren gilt zunächst § 35.

2) Urkundenvorlegung, I. Die Beweisgebühr entsteht nicht, soweit folgende Voraussetzungen zusammentreffen:

A. Urkunde. Es muß sich um eine Urkunde handeln. Urkunde im Sinn des § 34 wie im Sinn der ZPO ist die schriftliche Verkörperung eines Gedankens, FG Bln NJW **77**, 2232, vgl auch BGH **65**, 301. Eine Fotokopie kann – auch unbeglaubigt – eine Urkunde sein, Kblz JB **75**, 622, insofern auch Hbg MDR **74**, 765, vgl ferner FG Bln NJW **77**, 2232. Es reicht auch eine beglaubigte oder einfache Abschrift einer Originalurkunde, Nürnb NJW **55**, 1845. Ein Computerbescheid und eine ähnliche technische Aufzeichnung ist eine Urkunde, soweit sie – wenn auch programmierte – Gedanken verkörpert, abw Lampe NJW **70**, 1100 (er wendet §§ 415 ff ZPO entsprechend an).

Es ist unerheblich, ob es sich um eine öffentliche Urkunde oder eine Privaturkunde handelt. Daher kann zB eine private Lohnauskunft hierher gehören, aM Düss Rpfleger **87**, 219. Ebenso unerheblich ist, in welchen üblichen oder vereinbarten Schrift- oder Druckzeichen die Urkunde abgefaßt ist, worauf sie geschrieben oder gedruckt wurde, ob sie unterschrieben ist, welche Bedeutung sie hat und welchem Zweck sie dienen soll. Es kann sich auch um eine Akte handeln, VGH Kassel AnwBl **85**, 538.

Ein Foto ist nicht eine Urkunde, sofern nicht das Foto nachträglich mit Schriftzeichen usw versehen wurde oder sonst einen Gedanken verkörpert, BLAH Üb 1 vor § 371 ZPO mwN; das reine Foto ist ein Objekt des Augenscheinsbeweises, Ffm AnwBl **78**, 110 und AnwBl **83**, 183, Hbg MDR **88**, 685, Kblz VersR **82**, 585 mwN, AG Hanau AnwBl **81**, 160, VGH Kassel AnwBl **85**, 538. Ein Grenzzeichen usw gehört ebenfalls abw als im StGB zum Augenscheinsbeweis. Dasselbe gilt für eine Tonbandaufnahme, BLAH Üb 4 vor § 371 ZPO.

B. In Händen. Die Urkunde muß sich in den Händen des Beweisführers oder des Prozeßgegners des Beweisführers befinden. Es kommt also nicht darauf an, ob derjenige, der die Urkunde in Händen hat, die Beweislast trägt. Es kommt auch nicht darauf an, ob er zur Vorlage nach dem sachlichen Recht oder dem Prozeßrecht verpflichtet ist. Es reicht vielmehr aus, daß er sie tatsächlich vorlegt.

Maßgeblich ist der Zeitpunkt der Beweisanordnung des Gerichts. Soweit die Partei als Beweisführer oder als Prozeßgegner in diesem Zeitpunkt eine Urkunde erst beschaffen muß, entsteht die Beweisgebühr, ist also I unanwendbar, Karlsr AnwBl **68**, 157, aM Ffm GRUR **85**, 401 mwN (zustm Schmidt Rpfleger **85**, 327), Hbg MDR **74**, 765 (maßgeblich sei der Zeitpunkt der Vorlage), Mü MDR **70**, 688. I ist auch dann anwendbar, wenn man die Urkunde erst von einem Dritten beschaffen müßte, BFH BStBl **70** II 82, Zweibr Rpfleger **82**, 486, oder wenn sie erst angefertigt werden müßte, so im Ergebnis auch Hbg MDR **87**, 68, ferner Karlsr AnwBl **68**, 157, FG Münster EFG **85**, 412, aM Stgt Rpfleger **57**, 66, und wenn dazu der Beweisführer um eine Frist bittet. Demgegenüber ist es unerheblich, ob das Gericht die Vorlage durch einen Beschluß aufgibt.

Die Urkunde befindet sich auch dann in Händen, wenn sie sich im Gewahrsam des gesetzlichen Vertreters der Partei befindet, Celle JW **36**, 291, OVG Münster NJW **61**, 2370. Sofern die BRep, ein Bundesland oder eine sonstige Gebietskörperschaft Partei ist, reicht es auch aus, daß sich die Urkunde im Gewahrsam einer unterstellten Behörde oder eines Gerichts befindet, Ffm NJW **67**, 210, Mü Rpfleger **56**, 26.

Partei ist auch der Streithelfer, Schlesw SchlHA **62**, 216.

Wenn die Partei in der Lage wäre, sich die Urkunde selbst zu beschaffen, etwa sie aus einer anderen Akte zurückzufordern oder eine Rechtskraftbescheinigung beizubringen oder sich sonstwie die Urkunde zu beschaffen, und wenn das Gericht stattdessen die Akten anfordert, darf man diesen Vorgang so bewerten, als ob sich die Urkunde in Händen der Partei befunden hätte.

Diese Frage ist **streitig. Wie hier** zB Düss JMBl NRW **63**, 72, vgl Ffm MDR **84**, 64 (zu II), AG Bln-Charlottenb Rpfleger **85**, 168 je mwN, RS 8; **offen** zB Zweibr Rpfleger **82**, 486; **aM** zB insofern Hamm Rpfleger **77**, 458, Chemnitz AnwBl **84**, 451, GSEM 10a.

Das Eigentum an der Urkunde ist unerheblich.

Soweit sich die Urkunde in einer Akte einer der Partei nicht unterstellten Behörde befindet, ist sie nicht in Händen der Partei. Das gilt etwa bei einer Strafakte im Verfahren einer Verwaltungsbehörde, LVG Brschw NJW **53**, 1039, OVG Bre AnwBl **82**, 29, oder bei einer Entmündigungsakte im Verfahren der Staatsanwaltschaft, Düss NJW **69**, 2022.

C. Vorlegung. Die Beweisaufnahme darf lediglich in der Vorlegung derjenigen Urkunde bestehen, die die Voraussetzungen A, B erfüllt. Es ist also eine Vorlegung gemäß § 420 ZPO notwendig und ausreichend, Schlesw SchlHA **79**, 183. Wer eine Urkunde in Händen hat, tritt nach dieser Vorschrift den Beweis dadurch an, daß er das Original vorlegt, nicht bloß eine beglaubigte oder gar eine unbeglaubigte Abschrift oder Fotokopie usw, LG Mainz WM **79**, 117. Freilich mag deren Übereinstimmung mit dem Original unstreitig werden und dann ausreichen.

Die Vorlegung einer Sammlung von Urkunden, etwa eines Briefwechsels, ist nur dann ein Beweisantritt, wenn der Vorlegende die einzelnen beweisenden Urkunden bezeichnet, etwa nach Blättern oder Stellen. Das Gericht braucht sie nicht herauszusuchen. Dasselbe gilt bei umfangreichen Urkunden, etwa bei Büchern. Das Erbieten zur Vorlegung ist nur im Fall des § 434 ZPO ein Beweisantritt und in keinem Fall eine Situation nach I.

Die Vorlegung der Urkunde vor dem verordneten Richter ohne eine Aufforderung des Prozeßgerichts ist kein Beweisantritt und daher auch nicht nach I zu beurteilen. Wenn nur ein Teil der Urkunde vorgelegt wird, kann gleichwohl I vorliegen. Die Vorlage ist bis zum Schluß der mündlichen Verhandlung zulässig.

Sofern der Gegner des Beweisführers die Urkunde vorlegt, §§ 421 ff ZPO, entsteht auch für den Anwalt des Beweisführers durch seine Tätigkeit im Zusammenhang mit der Urkundenvorlegung durch den Gegner und der Prüfung jener Urkunde gemäß I keine Beweisgebühr.

Soweit der Gegner über den Verbleib einer Urkunde Auskunft geben muß oder soweit ein Dritter die Urkunde vorlegen soll und auch vorlegt, ist I unanwendbar.

Wenn das Gericht eine Behörde oder einen Beamten, in dessen Händen sich eine Urkunde befinden soll, gemäß § 432 I ZPO um eine Mitteilung der Urkunde ersucht, ist I unanwendbar.

3) Beiziehung von Akten und Urkunden, II. Sofern das Gericht eine Akte oder eine Urkunde beizieht, kann gemäß II in einer insoweit eintretenden Wiederherstellung des Grundsatzes des § 31 I Z 3 eine Beweisgebühr entstehen, sofern die Voraussetzung A und außerdem mindestens eine der weiteren Voraussetzungen B–D vorliegen.

A. Beiziehung. Das Gericht muß die Akte oder Urkunde beigezogen haben. Man muß den Beiziehungsvorgang, der eine Beweisgebühr auslösen kann, von der Urkundenvorlage durch den Beweisführer oder den Prozeßgegner nach I, die eine Beweisgebühr verbietet, unterscheiden. Man muß den Beiziehungsvorgang auch von der Einholung einer schriftlichen Auskunft unterscheiden, insofern richtig Düss Rpfleger **87**, 219, vgl auch VG Brschw AnwBl **87**, 292, aM KG MDR **87**, 858. Die letztere kann vorliegen, wenn das Gericht einen Zeugen nach § 377 III oder IV ZPO befragt oder wenn es die Auskunft einer Behörde anfordert.

Eine Beiziehung kann in einem Amtsverfahren oder auch im normalen Zivilprozeß, also im Verfahren mit Parteibetrieb, erfolgen. Sie erfordert eine Anordnung des Gerichts, die über eine bloße Vorlegungsanordnung nach §§ 420 ff ZPO hinausgeht und daher auch vom Gericht mit anderen als den dort genannten Mitteln durchzusetzen ist. Während die Rechtsfolgen des Ungehorsams einer Partei oder eines Dritten im Verfahren nach §§ 420 ff ZPO dort besonders geregelt sind, ergibt sich die Rechtspflicht zur Befolgung der Beiziehungsanordnung zB aus Art 35 I GG (gegenseitige Rechts- und Amtshilfe aller Behörden des Bundes und der Länder). Sofern eine Beiziehungsanordnung vorliegt, ist es unerheblich, ob die angesprochene Stelle im Einzelfall zur Herausgabe verpflichtet ist.

Die Beiziehung setzt grundsätzlich voraus, daß sich die Partei die Akte oder Urkunde nicht selbst beschaffen konnte, insofern ebenso Düss Rpfleger **84**, 369 mwN, Ffm MDR **84**, 64. Freilich kann das Gericht im Einzelfall auch von der Vorlegungsanordnung bewußt abgesehen haben, etwa um mit seiner Autorität eine raschere Auswertung zu ermöglichen, insofern zumindest unklar Ffm MDR **84**, 64.

B. Beweisbeschluß. Die Akte oder Urkunde muß zum Beweis und nicht nur zur bloßen Information des Gerichts herangezogen worden sein, VGH Kassel AnwBl **86**, 413. II nennt als typisches Erkennungsmerkmal der Beweisabsicht einen Beweisbeschluß. Sofern er vorliegt, liegt zumindest ein handgreiflicher Anhaltspunkt dafür vor, daß das Gericht die Akte oder Urkunde zum Beweiszweck und nicht nur zur Information beiziehen wollte.

Wegen des Beweisbeschlusses vgl §§ 358aff ZPO. Auch der im schriftlichen Vorverfahren ergehende Beweisbeschluß nach § 358a ZPO reicht aus. Es muß aber ein förmlicher Beweisbeschluß vorliegen, der den Anforderungen des § 359 ZPO genügt. Er muß also die Bezeichnung der streitigen Tatsachen enthalten, über die der Beweis zu erheben ist, und die Akten oder Urkunden bezeichnen sowie diejenige Partei angeben, die sich auf diese Beweismittel berufen hat.

Sofern das Gericht ohne einen förmlichen Beweisbeschluß in die Auswertung einer Akte oder Urkunde eintritt, sei es auch zum Beweiszweck, liegt keine Situation nach B, Mü AnwBl **84**, 615 mwN (insofern zustm Chemnitz), wohl aber natürlich unter Umständen eine solche nach C, D vor. Eine Urkundenverwertung oder Aktenverwertung ohne förmlichen Beweisbeschluß kann zB dann eintreten, wenn sich die Notwendigkeit einer Beweisaufnahme erst im Verhandlungstermin ergibt und wenn die Unterlagen dann bereits bei der Gerichtsakte liegen oder sogleich aus der Geschäftsstelle, wenn auch einer anderen Abteilung oder Kammer, beschafft werden können. Wenn demgegenüber eine Partei eine Akte oder Urkunde im Termin sogleich überreichen kann, liegt keine Beiziehung nach II, sondern allenfalls eine Vorlegung nach I vor.

C. Sonstige erkennbare Beiziehung zum Beweis. Statt eines Beweisbeschlusses, B, reicht es auch aus, daß das Gericht die Akte oder Urkunde in einer sonstigen erkennbaren Weise zum Beweis beizieht. Im einzelnen müssen hier folgende Voraussetzungen zusammentreffen:

a) Zum Beweis. Das Gericht muß die Beiziehung gerade „zum Be weis“ vornehmen. Die Beweisabsicht ist in dem hier zu erörternden Fall, in dem ja ein förmlicher Beweisbeschluß fehlt, sorgfältig zu prüfen. Es kommt auf den Willen des Gerichts im Zeitpunkt der Beiziehungsanordnung an. Dieser mag sich aus vielen Umständen ergeben. Entscheidend ist das Merkmal der Erkennbarkeit, b.

b) Erkennbarkeit der Beweisabsicht. Die Absicht des Gerichts im Zeitpunkt der Beiziehungsanordnung, die Akte oder Urkunde gerade zum Beweis beizuziehen, muß „sonst erkennbar“ sein, LG Ffm Rpfleger **88**, 504 mwN. Es genügt also nicht, daß das Gericht die Beweisführungsabsicht hatte. Sie muß vielmehr nach außen in Erscheinung getreten sein.

Der Wille des Gerichts kann sich zunächst aus dem Protokoll ergeben, Hamm MDR **68**, 507. Er kann sich auch aus dem Tenor, dem Tatbestand oder den Entscheidungsgründen eines späteren Urteils ergeben, Ffm AnwBl **81**, 160. Er kann sich aus allen möglichen sonstigen Umständen ergeben, BFH BStBl **73** II 229, insofern richtig Ffm AnwBl **78**, 236, ferner zB Mü AnwBl **75**, 440, etwa dann, wenn sich das Gericht das Einverständnis der Parteien zu der Auswertung einer Zeugenaussage im Prozeßkostenhilfeverfahren geben läßt, Celle AnwBl **63**, 340.

Es genügt, daß die Beweisabsicht im Verfahrensverlauf vorlag. Man muß strenge Anforderungen stellen, Kblz MDR **75**, 852. Maßgeblich ist der Wille des erkennenden Gerichts, und zwar in voller Besetzung, Mü AnwBl **84**, 615, nicht die Vorstellung desjenigen Gerichts, das über die Anwaltsvergütung entscheidet, KG VersR **68**, 1068. Im Fall einer Unklarheit muß sich der Rpfl beim erkennenden Gericht erkundigen. Anderenfalls ist seine Entscheidung aufzuheben, Ffm Rpfleger **80**, 70.

Allerdings ist das im Festsetzungsverfahren entscheidende Gericht trotz der Verpflichtung, die Absicht des erkennenden Gerichts zu erkunden, nicht an die Absicht des erkennenden Gerichts gebunden, Ffm VersR **80**, 777 mwN, Kblz AnwBl **75**, 65, Rpfleger **80**, 394 und VersR **84**, 589, Mü AnwBl **79**, 84, insofern aM Ffm AnwBl **78**, 236. Freilich ist eine dienstliche Äußerung des erkennenden Gerichts im allgemeinen ein maßgebliches Indiz, Ffm NJW **72**, 961, aM Mü NJW **69**, 702 (abl Schmidt).

Soweit die Beiziehung nur zur Information des Gerichts erfolgte, etwa nach § 273 ZPO, vielleicht deshalb, weil sich das Gericht in Ergänzung des Parteivorbringens weitere Einzelheiten verschaffen wollte, liegt keine erkennbare Beiziehung zum Beweis vor, Hbg Rpfleger **51**, 638, OVG Hbg MDR **54**, 572. Vielmehr muß die Absicht bestanden haben, die Akte oder Urkunde zur Nachprüfung einer streitigen Tatsache, Schlesw VersR **74**, 890, oder einer trotz der früheren Verfahrensentwicklung streitig gebliebenen Tatsache beizuziehen, LAG Stgt Rpfleger **81**, 368, OVG Bre AnwBl **84**, 53, OVG Münster NJW **73**, 1519, vgl auch Hamm Rpfleger **77**, 458.

Unter dieser Voraussetzung kommt es nicht darauf an, ob die Urkunde ergiebig ist, OVG Münster AnwBl **79**, 232. Alles das gilt auch im Verfahren auf den Erlaß eines Arrests oder einer einstweiligen Verfügung, insbesondere bei der Herbeiziehung einer Akte, auf deren Inhalt sich ein Antragsteller oder Antragsgegner zum Zweck der Glaubhaftmachung bezieht, Mü NJW **61**, 928. Es reicht auch aus, daß das erkennende Gericht die Akte eines vor ihm selbst durchgeführten früheren Verfahrens „beizieht", also beifügt, OVG Münster NJW **73**, 1519.

In einem Verfahren mit der Pflicht des Gerichts zur Ermittlung von Amts wegen kann auch zur Nachprüfung einer zwischen den Parteien nichtstreitigen Tatsache eine erkennbare Beweisabsicht vorliegen, Hbg AnwBl **59**, 72, KG MDR **73**, 860.

Soweit das Gericht allerdings nur eine zwischen den Parteien unstreitige Tatsache anders als diese würdigen will, liegt meist keine erkennbare Beweisabsicht vor, Mü MDR **80**, 152.

D. Verwertung als Beweis. a) Grundsatz. Sofern die Voraussetzung A vorliegt, genügt es, daß statt der Voraussetzungen B oder C jedenfalls eine Verwertung als Beweis stattgefunden hat. Sie muß sich aus einem beliebigen Teil einer nachfolgenden Sachentscheidung ergeben, zB aus den Entscheidungsgründen des Urteils, Ffm AnwBl **78**, 237, Hbg VersR **84**, 725, Kblz AnwBl **75**, 65, Mü AnwBl **84**, 312 und 615 (insofern abl Chemnitz), Saarbr AnwBl **82**, 377. Eine nur geplante Verwertung reicht also nicht aus, BVerfG **63**, 151.

b) Information und Beweis. Die Beweisgebühr nach II entsteht nicht schon für jede informatorische Ersterörterung, KG Rpfleger **82**, 237.

Soweit aber feststeht, daß das Gericht die Akte oder Urkunde zum Beweis tatsächlich verwertet hat, entsteht die Beweisgebühr nach II selbst dann, wenn das Gericht die Akte oder Urkunde zunächst nicht zum Beweis, sondern nur zur Information beigezogen hatte, Düss AnwBl **83**, 183 mwN, ferner Saarbr AnwBl **82**, 377, Schlesw SchlHA **59**, 104, LG Darmst AnwBl **82**, 217. Es ist dann auch unerheblich, daß eine andere Stelle die Akte dem erkennenden Gericht ohne dessen besondere Aufforderung übersandt hatte, Ffm NJW **72**, 961, oder daß ein Vergleich folgte, Karlsr AnwBl **82**, 438, aM Schlesw SchlHA **87**, 143 mwN.

Eine Beweisgebühr kommt auch dann in Betracht, wenn das Gericht eine Akte, die es zunächst nur zur Information beigezogen hatte, nach dem Schluß der Verhandlung deshalb zum Beweis verwertet, weil es auf Grund eines Beweisantrags in einem der Partei nicht nachgelassenen Schriftsatz prüft, ob es die Verhandlung von Amts wegen wieder eröffnen soll, Ffm VersR **81**, 988. Sie kommt ferner dann in Betracht, wenn das Gericht die Klage schließlich als unschlüssig abgewiesen und nur hilfsweise den Akteninhalt verwertet hat, abw Kblz MDR **87**, 1037. Nach beweismäßiger Verwertung ist unerheblich, ob die zunächst streitig gewesene Tatsache nun unstreitig wird, Kblz AnwBl **89**, 293.

c) Amtsverfahren. Auch in einem Verfahren von Amts wegen liegt eine Verwertung im Sinn von II vor, wenn das Gericht eine streitige Tatsache zumindest auch auf Grund einer beigezogenen Akte beurteilt, OVG Bre AnwBl **87**, 50. Auch in einem solchen Fall kommt es nicht auf einen Beiziehungsantrag an, sondern reicht die tatsächliche Verwertung aus, ist aber auch notwendig, BVerfG **63**, 151, OVG Bre AnwBl **84**, 53, OVG Münster DÖD **73**, 40, vgl Zweibr JB **77**, 1731. Es reicht auch eine Verwertung einer Beweisverhandlung im Prozeßkostenhilfeverfahren aus.

d) Arrest, einstweilige Verfügung. In einem Verfahren auf den Erlaß eines Arrests oder einer einstweiligen Verfügung reicht es aus, daß das Gericht eine im Hauptprozeß gemachte Zeugenaussage mitauswertet, GSEM 24, aM KG AnwBl **81**, 160 mwN, und umgekehrt.

e) Beweissicherung. Soweit das Gericht im Hauptprozeß die Ergebnisse eines Beweissicherungsverfahrens benutzt, handelt es sich nicht um die Heranziehung im Weg eines Urkundenbeweises; es liegt ein abgeschlossenes Verfahren vor, das unter den Voraussetzungen des § 493 ZPO benutzt werden kann.

Zwar kann man die Ergebnisse des Beweissicherungsverfahrens so benutzen, als ob die Beweisaufnahme im Hauptprozeß stattgefunden hätte. Man braucht auch in Abweichung von § 285 II ZPO wegen des vorrangigen § 493 II ZPO die Ergebnisse der Beweissicherung nicht besonders vorzutragen. Indessen müssen die Parteien über das Ergebnis der Beweissicherung unter einer Darlegung des Streitverhältnisses gemäß § 285 I ZPO ebenso verhandeln wie über das Ergebnis einer im Hauptprozeß direkt stattgefundenen Beweisaufnahme. Daher kann, muß aber nicht, bei einer Verwertung des Beweissicherungsverfahrens die Gebühr gemäß II entstehen.

Diese Frage ist **streitig. Wie hier** zB Karlsr MDR **86**, 157 (abl Schmidt), Kblz VersR **88**, 42, Mü Rpfleger **74**, 275 mwN, **offen** LG Ffm Rpfleger **88**, 504 (sie entsteht jedenfalls nicht, wenn es nicht zu einer

Würdigung in einem Urteil kommt); **abw** zB Nürnb NJW **72**, 773 (sie entstehe erst bei einem schriftsätzlichen Vortrag und einer Verhandlung über das Ergebnis des Beweissicherungsverfahrens); **aM** zB Düss MDR **88**, 65, KG Rpfleger **72**, 326, Köln JB **78**, 1676, LG Köln AnwBl **83**, 91, Schneider MDR **78**, 881 je mwN.

Der Anwalt des Streithelfers des Hauptprozesses erhält auch dann keine Beweisgebühr, wenn er am Beweissicherungsverfahren unbeteiligt war, Düss VersR **82**, 705.

f) Berufung. Die Auswertung braucht nicht stets in derselben Instanz zu erfolgen, KG Rpfleger **82**, 237. In der Berufungsinstanz, dazu ausführlich Schneider JB **75**, 569, entsteht aber keine Gebühr nach II, soweit die Beiakten schon in der ersten Instanz vorlagen und soweit das Gericht sie zum Beweis für dieselben streitigen Tatsachen heranzieht. Denn in der Verwertung der erstinstanzlichen Beweisaufnahme liegt keine neue Beweisaufnahme, selbst wenn das Berufungsgericht die Beweisaufnahme anders als das Vordergericht würdigt, Kblz MDR **75**, 153, Schneider JB **75**, 572.

Etwas anderes gilt, wenn die Akte erstmalig vom Berufungsgericht ausgewertet wird, Hbg MDR **66**, 425, oder wenn das Berufungsgericht die Akte für eine neue oder andere Tatsache auswertet, Kblz MDR **75**, 153, Mü NJW **64**, 600, oder wenn es andere Aktenteile als das Vordergericht auswertet, OVG Bre AnwBl **84**, 53, oder wenn inzwischen neue Aktenteile entstanden sind und das Berufungsgericht nunmehr diese auswertet, Bbg Rpfleger **54**, 646.

Entscheidung ohne mündliche Verhandlung

35 Wird in einem Verfahren, für das mündliche Verhandlung vorgeschrieben ist, im Einverständnis mit den Parteien oder gemäß § 128 Abs. 3, § 307 Abs. 2 oder § 331 Abs. 3 der Zivilprozeßordnung ohne mündliche Verhandlung entschieden, so erhält der Rechtsanwalt die gleichen Gebühren wie in einem Verfahren mit mündlicher Verhandlung.

Gliederung

1) Systematik. Die Vorschrift stellt eine Ausnahmeregelung gegenüber dem in §§ 31 ff als Grundsatz angesehenen Prinzip der mündlichen Verhandlung dar. Daran ändert auch die praktische Häufigkeit des schriftlichen Vorverfahrens, § 276 ZPO, nichts. § 35 ist daher an sich eng auszulegen, LG Flensb MDR **76**, 412, und daher zB bei einer Verfassungsbeschwerde unanwendbar, § 94 V BVerfGG, BVerfG **35**, 35 und **41**, 230. Vgl freilich Anm 2B.

Allerdings verweisen andere Vorschriften, zB §§ 114ff, auf den dritten Abschnitt und damit auch auf § 35. Daher enthält die Vorschrift in Hs 1 eine Formulierung, die auch ein Verfahren außerhalb des Zivilprozesses betreffen kann.

Der Sinn der Regelung besteht darin, dem Anwalt eine angemessene Vergütung für eine schriftsätzliche Vorarbeit, die eine Entscheidung ohne eine mündliche Verhandlung erfahrungsgemäß überhaupt erst ermöglicht, zu geben, Düss MDR **84**, 950 mwN, ähnlich Ffm MDR **88**, 1068. Es kann also zu jeder der in § 31 genannten Gebühren kommen. Natürlich muß man unter den Voraussetzungen des § 31 II auch im Verfahren ohne mündliche Verhandlung die Erörterungsgebühr und die Verhandlungsgebühr aufeinander anrechnen.

2) Voraussetzungen. Es müssen folgende Voraussetzungen zusammentreffen:

A. An sich mündliche Verhandlung vorgeschrieben. Es muß sich um ein Verfahren handeln, für das das Gesetz grundsätzlich eine mündliche Verhandlung vorschreibt. Im bürgerlichen Rechtsstreit ist die mündliche Verhandlung im Verfahren, das auf den Erlaß eines Urteils abzielt, gemäß § 128 I ZPO grundsätzlich notwendig, auch wenn es im Rahmen des Urteilsverfahrens zunächst um eine Verweisung geht, KG AnwBl **84**, 507. Von diesem Grundsatz gibt es einige gesetzliche Ausnahmen, etwa beim schriftlichen Vorverfahren, § 276 ZPO, und ferner zB dann, wenn der Beklagte nach einer Klagerücknahme beantragt, durch einen Beschluß festzustellen, daß der Rechtsstreit als nicht anhängig geworden anzusehen ist, daß ein noch nicht rechtskräftiges Urteil wirkungslos sei und daß der Kläger verpflichtet sei, die Kosten zu tragen, § 269 III 4 ZPO, Kblz JB **75**, 1083. Im Urteilsverfahren bestehen weitere Ausnahmen zB bei der Prüfung der Zulässigkeit eines Rechtsmittels, §§ 519b II, 554a II ZPO.

Soweit es sich ohnehin um ein Verfahren handelt, das nur auf einen Beschluß abzielt, ist eine mündliche Verhandlung grundsätzlich nicht vorgeschrieben. Vgl zB im Beschwerdeverfahren § 573 I ZPO, im Verfahren über den Erlaß einer einstweiligen Anordnung in einer Ehesache § 620a I ZPO.

Soweit die Form der Entscheidung im pflichtgemäßen Ermessen des Gerichts steht, ist eine mündliche Verhandlung davon abhängig, welche Form das Gericht der Entscheidung geben will. Daher kann das Gericht zB über den Antrag auf den Erlaß eines Arrests oder einer einstweiligen Verfügung gemäß §§ 921 I, 936 ZPO (nur) dann ohne mündliche Verhandlung entscheiden, wenn es einen Beschluß fassen will; sobald es eine Entscheidung durch ein Urteil treffen will, muß es grundsätzlich eine mündliche Verhandlung anberaumen, §§ 922 I, 936 ZPO.

Wegen der weiteren Fälle einer freigestellten mündlichen Verhandlung BLAH § 128 ZPO Anm 2B.

Man kann also nur von Fall zu Fall feststellen, ob eine mündliche Verhandlung an sich vorgeschrieben ist. Nur in diesem Fall ist § 35 anwendbar.

B. Entsprechende Anwendbarkeit. Trotz der durch den Ausnahmecharakter bedingten engen Auslegbarkeit, Anm 1, ist § 35 kraft ausdrücklicher Verweisung auf diese Vorschrift in einer Reihe von anderen Verfahrensarten anwendbar. In Betracht kommen zB: Das Urteilsverfahren nach §§ 46 II 1, 64 VI ArbGG, vgl § 62 I (nicht also das arbeitsgerichtliche Beschwerdeverfahren, § 83 IV 1 ArbGG); das Verfahren gemäß § 76 AusfG zum Abkommen über deutsche Auslandsschulden vom 24. 8. 53, BGBl 1003; das Verfahren nach § 15 I LwVG, in dem das Gericht (nur) auf Grund des Verlangens eines Beteiligten mündlich verhandeln lassen muß, das Nichtstellen eines solchen Antrags also einen Verzicht bedeutet, § 63 IV 2.

Für das schiedsrichterliche Verfahren sieht § 67 II stets die Verhandlungsgebühr vor, auch wenn das Schiedsgericht den Schiedsspruch ohne eine mündliche Verhandlung erläßt.

Soweit eine mündliche Verhandlung im Ermessen des Gerichts steht (freigestellte mündliche Verhandlung), ist sie nicht im Sinn von § 35 „vorgeschrieben". Daher ist die Vorschrift grundsätzlich nicht in den „streitigen" Verfahren der freiwilligen Gerichtsbarkeit anwendbar, etwa in dem Verfahren nach §§ 13 II HausrVO oder nach § 44 V WEG, LG Flensb MDR **76**, 412, oder bei einer Rechtsbeschwerde wegen einer Landwirtschaftssache, BGH Rpfleger **56**, 335.

Wegen einer Streitigkeit vor einem Gericht der Verwaltungs- oder Finanzgerichtsbarkeit vgl § 114 Anm 2.

Vor den Entschädigungsgerichten gilt die BRAGO, § 227 III BEG (die Vorschrift ist durch Art XI § 5 Z 5 KostÄndG, Teil XII dieses Buchs, aufrechterhalten worden); verfahrensrechtlich gilt allgemein die ZPO, § 209 I BEG. Im Fall der Säumnis kann das Gericht aber von Amts wegen oder auf Grund des Antrags einer Partei eine Entscheidung ohne eine mündliche Verhandlung treffen, § 209 III BEG. In einem solchen Fall ist § 35 dann also nicht anwendbar, Köln RzW **63**, 190.

Der anwesende Anwalt, der einen Antrag nach § 331a ZPO stellt, erhält aber die volle Verhandlungsgebühr, § 33, RS 13; der ferngebliebene Anwalt kann sich nicht auf § 35 berufen, Bre RzW **60**, 183.

C. Tatsächlich keine mündliche Verhandlung. In einem Verfahren nach A muß das Gericht tatsächlich ohne eine mündliche Verhandlung entschieden haben. Insofern muß eine der folgenden Voraussetzungen vorliegen:

a) Einverständnis der Parteien, § 128 II ZPO. Das Gericht mag mit Zustimmung der Parteien ohne mündliche Verhandlung entschieden haben. § 35 meint mit den Worten „im Einverständnis" die nach § 128 II ZPO erforderliche „Zustimmung" der Parteien. Die Zustimmung ist eine einseitige, dem Gericht gegenüber vorzunehmende Prozeßhandlung. Sie muß unzweideutig sein, BVerwG NJW **81**, 1853 mwN. Wenn das Gericht der Partei geschrieben hat, es werde beim Schweigen auf seine Anfrage eine Zustimmung annehmen, dann ist das Schweigen der Partei nicht stets als wirksame Zustimmungserklärung umzudeuten, Mü NJW **55**, 996, LG Nürnb-Fürth NJW **81**, 2586. Denn das Schweigen genügt grundsätzlich nicht, vgl Beuermann DRiZ **78**, 312. Freilich kann das Schweigen zB bei einer klaren Unzuständigkeit und bei einer Anfrage, ob gegen eine Verweisung Bedenken bestehen, als eine Zustimmung gelten, BLAH § 281 ZPO Anm 2D, ebenso zB bei übereinstimmenden Erledigterklärungen, BLAH § 91a Anm 7, nur aus solcher Erwägung im Ergebnis richtig Kblz MDR **87**, 679.

Ein Antrag auf eine Entscheidung nach Lage der Akten darf nicht als eine Zustimmung zum schriftlichen Verfahren umgedeutet werden. Denn eine Entscheidung nach Lage der Akten ist etwas ganz anderes als eine schriftliche Entscheidung.

Die Zustimmung duldet keine Bedingung, vgl BAG BB **75**, 1486. Sie ist zB unstatthaft „für den Fall, daß ein Beweisbeschluß ergeht", BGH **LM** § 128 ZPO Nr 8.

Die Zustimmung ist entweder in der mündlichen Verhandlung oder schriftlich zu erklären. Sie kann sich auf einen Teil des Prozeßstoffs beschränken, die das Gericht durch eine selbständige Entscheidung erledigen kann. Sie bezieht sich immer nur auf die nächste Entscheidung des Gerichts, vgl auch BSG MDR **78**, 348 mwN. Wegen der übrigen Voraussetzungen einer wirksamen Zustimmungserklärung BLAH § 128 ZPO Anm 5B, C.

Soweit das Gericht in einem Verfahren, für das an sich eine mündliche Verhandlung vorgeschrieben ist, und bei einer klaren Sachlage zur Vermeidung eines Umwegs ohne eine mündliche Verhandlung nach Anhörung beider Parteien ohne deren erkennbaren Widerspruch entschieden hat, etwa über einen Verweisungsantrag, BLAH § 281 ZPO Anm 2D, ist § 35 anwendbar, Ffm MDR **88**, 1068 mwN, im Ergebnis ebenso Schlesw SchlHA **86**, 76, Zweibr AnwBl **81**, 240 mwN. Das gilt unabhängig davon, ob der Anwalt dort zugelassen ist, KG AnwBl **84**, 508.

b) Vermögensrechtlicher, geringer Streit, § 128 III ZPO. Das Gericht mag auch bei einer Streitigkeit über einen vermögensrechtlichen Anspruch mit einem Streitwert im Zeitpunkt der Einreichung der Klage von höchstens 500 DM wegen des Umstands, daß einer Partei das Erscheinen vor Gericht wegen großer Entfernung oder aus einem sonstigen wichtigen Grund nicht zuzumuten war, von Amts wegen angeordnet haben, daß schriftlich zu verhandeln sei, § 128 III 1 ZPO. Wegen der Voraussetzungen dieser Vorschrift im einzelnen BLAH § 128 ZPO Anm 7.

§ 35 gilt nur für denjenigen Verfahrensabschnitt, der mit der Anordnung der schriftlichen Verhandlung nach § 128 III 1 ZPO beginnt und entweder mit der schriftlichen Endentscheidung oder mit der Wirksamkeit einer Aufhebung der eben genannten Anordnung nach § 128 III 5 ZPO endet. Im nachfolgenden mündlichen Verfahren kann der Anwalt theoretisch zusätzlich zu den nach § 35 im vorangegangenen Abschnitt verdienten Gebühren weitere Gebühren nach § 31 verdienen; vgl aber § 13 II.

c) Schriftliches Anerkenntnisurteil, § 307 II ZPO. Das Gericht mag auf Grund eines Antrags des Klägers im schriftlichen Vorverfahren ein Anerkenntnisurteil gefällt haben. Wegen seiner Voraussetzungen BLAH § 307 ZPO Anm 3B.

d) Schriftliches Urteil, § 331 III ZPO. Das Gericht mag schließlich im schriftlichen Vorverfahren auf Antrag des Klägers, also nicht (irrig) ohne ihn, Düss MDR **84**, 950, die Entscheidung ohne mündliche Verhandlung getroffen haben.

In diesem Fall kann nicht nur ein Versäumnisurteil gegen den Beklagten ergehen, sondern auch unter den Voraussetzungen des § 331 II Hs 2 ZPO (fehlende Schlüssigkeit der Klage) ein „unechtes Versämnisurteil", also ein streitiges Endurteil, Düss MDR **84**, 950, BLAH § 331 ZPO Anm 4 Ca mwN. Es kann also auch ein Urteil ergehen, das teilweise ein Versämnisurteil, teilweise aber ein unechtes Versämnisurteil ist. Alle diese Fälle werden von § 35 mitumfaßt. Denn die Vorschrift setzt nur voraus, daß das Gericht gemäß § 331 III ZPO ohne mündliche Verhandlung „entschieden" hat. Auch ein unechtes Versäumnisurteil ist eine Entscheidung in diesem Sinn.

Der Anwalt ist nach dem Eingang einer gegnerischen Verteidigungsanzeige nicht zur Zurücknahme des Antrags nach § 331 III ZPO verpflichtet, Stgt AnwBl **85**, 265.

D. Erlaß einer Entscheidung. Das Gericht muß in einem der Fälle C eine Entscheidung getroffen haben. Soweit keine Entscheidung ergeht, unterstellt § 35 keine mündliche Verhandlung.

Eine Entscheidung liegt nicht vor, sofern das Gericht eine Anordnung getroffen hat, die auch unabhängig von den in § 35 genannten Voraussetzungen grundsätzlich ohne eine mündliche Verhandlung ergehen kann.

Zu den Entscheidungen im Sinn von § 35 zählt zB ein Verweisungsbeschluß nach § 281 ZPO, Ffm JB **75**, 480, Hamm Rpfleger **72**, 235, KG AnwBl **84**, 508, aM Stgt Rpfleger **81**, 33, auch wenn das Gericht in einem klaren Fall zur Vermeidung eines unnötigen Umwegs ohne mündliche Verhandlung über einen Verweisungsantrag entscheiden darf (eine solche Situation ist immerhin rechtssystematisch die Ausnahme), BLAH § 281 ZPO Anm 2D.

Es ist unerheblich, ob das Gericht seine Entscheidung (noch so) treffen *durfte,* soweit es sie eben getroffen *hat,* Stgt AnwBl **85**, 265.

Eine Entscheidung im Sinn von § 35 liegt zB nicht vor, wenn es um die Erklärung zur Feriensache geht, BGH **17**, 118.

Im Verfahren nach dem Flurbereinigungsgesetz steht ein Ortstermin des beauftragten Berichterstatters einer mündlichen Verhandlung gleich, OVG Münster NJW **71**, 1377.

3) Gebührenhöhe. Soweit die Voraussetzungen Anm 2 erfüllt sind, entsteht die Verhandlungsgebühr. § 35 klärt nicht, ob der Anwalt eine volle oder eine Bruchteilsgebühr erhält. Diese Frage richtet sich danach, ob in dem tatsächlich ohne mündliche Verhandlung stattgefundenen Verfahren streitige Sachanträge gestellt wurden oder nicht, KG AnwBl **84**, 508, und ob zB nur ein Antrag zur Prozeß- und Sachleitung gestellt wurde, § 33 II.

Die Gebühr wird im Zeitpunkt der Entscheidung, § 310 ZPO fällig. Die Ordnungsmäßigkeit der Mitteilung der Entscheidung ist keine Voraussetzung ihrer Entstehung. Die Gebühr entfällt, soweit bereits eine Verhandlungsgebühr nach § 31 I Z2 entstanden war, § 13 II.

4) Gegenstandswert. Für die Wertberechnung ist im Fall des § 128 II ZPO der Zeitpunkt des Eingangs der letzten erforderlichen Zustimmungserklärung maßgeblich. Im übrigen kommt es auf den Zeitpunkt des Eingangs desjenigen Schriftsatzes an, den das Gericht bei der Entscheidung noch verwertet hat, sofern dadurch eine Werterhöhung eingetreten ist, BGH **11**, 31.

Bei einer teilweisen schriftlichen Entscheidung gilt Entsprechendes.

Aussöhnung von Eheleuten

36 **I In Ehesachen (§ 606 Abs. 1 Satz 1 der Zivilprozeßordnung) gilt § 23 nicht. Wird ein Vergleich, insbesondere über den Unterhalt, im Hinblick auf eine Ehesache geschlossen, so bleibt der Wert der Ehesache bei der Berechnung der Vergleichsgebühr außer Betracht.**

II Ist eine Scheidungssache oder eine Klage auf Aufhebung einer Ehe anhängig oder ist der ernstliche Wille eines Ehegatten, ein solches Verfahren anhängig zu machen, hervorgetreten und setzen die Ehegatten die eheliche Lebensgemeinschaft fort oder nehmen sie die eheliche Lebensgemeinschaft wieder auf, so erhält der Rechtsanwalt, der bei der Aussöhnung mitgewirkt hat, eine volle Gebühr.

Gliederung

1) Ehesache, I 1. In einer Ehesache im Sinn von § 606 I 1 ZPO gilt § 23 nicht. Diese Feststellung ist an sich überflüssig. Denn man kann in einer solchen Ehesache überhaupt keinen wirksamen Vergleich, weder im Sinn von § 779 BGB noch einen Prozeßvergleich, abschließen. Die Parteiherrschaft, BLAH Grdz 3 vor § 128 ZPO, gilt weitgehend nicht im Bereich der Ehesachen, BGH **5**, 258, Düss NJW **73**, 1006. Ohne die Wirksamkeit eines Vergleichs kann ohnehin keine Vergleichsgebühr entstehen.

§ 606 I 1 ZPO nennt unter dem gesetzlichen Begriff „Ehesache" die Verfahren auf Scheidung, Aufhebung oder Nichtigerklärung einer Ehe, auf Feststellung des Bestehens oder Nichtbestehens einer Ehe zwischen den Parteien oder auf Herstellung des ehelichen Lebens. Diese Aufzählung ist abschließend und eng auszulegen. Bei anderen Angelegenheiten familienrechtlicher Art ist also § 36 I 1 unanwendbar, und eine Vergleichsgebühr denkbar.

Soweit eine Ehesache vorliegt, entfällt eine Gebühr nach § 23 unabhängig von der Art und dem Umfang der Einigung und unabhängig von ihrer Bezeichnung als Vergleich oder anders. Es kommt nur darauf an, daß sich die Einigung auf eben eine Ehesache nach § 606 I 1 ZPO erstreckt. Soweit sie auch noch einen anderen Streit umfaßt oder andere Punkte mitregelt, die bisher nicht streitig waren, kann ein Vergleich im Hinblick auf eine Ehesache vorliegen und gemäß I 2 eine Vergleichsgebühr auslösen, Anm 2.

Es entsteht also zB für folgende Einigungen keine Vergleichsgebühr: Es geht um die Absprache, daß die Parteien gegen ein noch nicht rechtskräftiges Urteil kein Rechtsmittel einlegen wollen; sie vereinbaren, daß der Rechtsmittelführer ein bereits eingelegtes Rechtsmittel zurücknehmen solle; eine Partei verzichtet auf eine Widerklage oder auf die Geltendmachung eines bestimmten Scheidungsgrunds; es handelt sich um einen sog Gesamtvergleich, in dem die Parteien unter anderem über das Scheidungsrecht zu verfügen versuchen (freilich kann die sonstige Einigung in einem solchen Fall unter I 2 fallen).

Im übrigen kann trotz der Unwirksamkeit eines Vergleichs in einer Ehesache doch neben einer Gebühr nach I 2 eine solche nach II entstehen, Anm 3.

2) Vergleich im Hinblick auf eine Ehesache, I 2. A. Zulässigkeit. Während ein Vergleich, der sich direkt auf die Regelung einer Ehesache bezieht, unzulässig und unwirksam ist, Anm 1, ist ein Vergleich, der zwar im Hinblick auf eine Ehesache, also im Zusammenhang mit ihr und zur Erleichterung ihrer Regelung, aber doch über einen anderen Gegenstand ergeht, zulässig, zB ein Unterhaltsvertrag für die Zeit nach der Scheidung zwischen den Ehegatten, § 1585 c BGB. I 2 läßt erkennen, daß ein solcher Vergleich als eine besondere Angelegenheit gegenüber der Ehesache gilt, Mü NJW **68**, 947, LG Münster JB **76**, 1203, Mümmler JB **75**, 6.

Die Parteien können in einen solchen Vergleich Streitpunkte einbeziehen, für die das zunächst angerufene Gericht weder örtlich noch sachlich zuständig wäre, BGH **48**, 336. Ein solcher Vergleich kann sich sowohl auf vermögensrechtliche Punkte als auch auf nichtvermögensrechtliche beziehen. In Betracht kommen zB: Die Regelung des Verbleibs der Kinder und des Umgangsrechts, §§ 1671, 1672 BGB, Stgt MDR **88**, 508; ein Unterhaltsvergleich; ein Unterhaltsverzicht; eine Auseinandersetzung über den Hausrat; eine güterrechtliche Regelung; eine Einigung über die Kosten des Eheverfahrens, auch nach einer Aussöhnung oder einer Klagerücknahme oder einer Erledigung der Hauptsache, § 619 ZPO, Düss MDR **59**, 402, Köln AnwBl **65**, 179, Nürnb BayJMBl **58**, 168, Tschischgale NJW **59**, 323.

Die Parteien können einen derartigen Vergleich auch in das Protokoll der Ehesache aufnehmen lassen; § 610 ZPO verbietet diesen Vorgang nicht.

B. Vergleichsabschluß. I 2 stellt nur klar, daß bei einem Vergleich dieser Art eine Vergleichsgebühr möglich ist. Die Frage, ob sie entsteht, richtet sich wie sonst nach § 23, Stgt MDR **88**, 508. Diese Vorschrift gilt auch dann, wenn die Parteien in einem solchen Vergleich eine Regelung des Hausrats treffen; § 63 III ist nicht anwendbar.

Soweit nur eine Einigung, kein Vergleich im Sinn von §§ 779 BGB, 23 vorliegt, ist lediglich § 32 II anwendbar.

C. Gegenstandswert. Bei einem Vergleich im Sinn von I 2 darf man als Gegenstandswert nur denjenigen ansetzen, den die Streitpunkte haben, über die die Parteien wirksam verfügen können, A. Der Wert der Ehesache, I 1, bleibt also außer Betracht, zB Düss NJW **73**, 1006, aM zB Kblz JB **77**, 668, § 12 III GKG bleibt anwendbar, Ffm NJW **69**, 102.

Nur der isolierte Kostenvergleich hat einen eigenen Wert, Düss Rpfleger **73**, 1006 mwN, Ffm NJW **69**, 102, aM zB Mü NJW **60**, 1958, Stgt AnwBl **68**, 92 (aber §§ 4 ZPO, 8 BRAGO stehen entgegen). Wenn also die Parteien zB den Kostenanspruch mit der Hauptsache miterledigen, ist er nur ein unselbständiger Teil der Ehesache, Hamm Rpfleger **71**, 192 mwN.

Man muß aber auf eine nach II verdiente Aussöhnungsgebühr die Kostenvergleichsgebühr anrechnen, da insofern dieselbe Angelegenheit vorliegt, § 13 II, V, Hamm JMBl NRW **63**, 243, Tschischgale NJW **59**, 324.

3) Mitwirkung an der Aussöhnung, II. A. Voraussetzungen. Eine Gebühr nach II kann entstehen, soweit die folgenden Voraussetzungen zusammentreffen:

a) Ehegefährdung. aa) Grundsatz. Der Bestand oder Weiterbestand der Ehe muß gefährdet sein. II nennt als typische Erkennungsmerkmale die Anhängigkeit einer Scheidungssache oder einer Eheaufhebungsklage oder das Hervortreten des ernstlichen Willens eines Ehegatten, ein solches Verfahren anhängig zu machen.

bb) Beispiele der Anwendbarkeit. Die bloße Anhängigkeit reicht aus, ist aber nicht unbedingt erforderlich. Denn der ernstliche Wille zur Anhängigmachung kann auch schon vor der Einreichung des Scheidungsantrags usw beim Gericht im Sinn von II „hervorgetreten" sein. Insofern stellt II eine Durchbrechung des Grundgedankens dar, daß die Tätigkeit des Anwalts vor einer gerichtlichen Anhängigkeit dann, wenn es nicht mehr zu einem Gerichtsverfahren kommt, nicht nach §§ 31 ff, sondern nach §§ 118 ff vergütet wird. Insofern ist II gegenüber § 118 eine vorrangige Sondervorschrift.

Immerhin muß nicht nur der Wille zur Anhängigmachung vorliegen, sondern er muß ernstlich sein und er muß vor allem hervorgetreten, also nach außen deutlich geworden sein. Dazu ist zwar eine Androhung des Scheidungsantrags oder der Aufhebungsklage nicht unbedingt erforderlich, aber meist doch das einzig wirklich sichere Merkmal. Die bloße Beauftragung eines Anwalts, Material für ein Eheverfahren zu sammeln, reicht zwar auch schon aus. Denn es kommt nicht darauf an, daß die Scheidungsabsicht usw auch dem anderen Ehepartner oder gar dessen Anwalt oder einem Dritten bekannt wurde, sondern es reicht aus, daß der scheidungswillige Ehegatte seine Absicht seinem eigenen Anwalt ernstlich kundgetan hat. Indessen ist bei der Annahme einer solchen Kundgabe eine gewisse Vorsicht geboten. Jedenfalls muß der Anwalt beweisen, daß auch schon im Innenverhältnis zum Auftraggeber der ernstliche Wille des Ehegatten eindeutig hervorgetreten ist.

Ein Antrag auf eine Prozeßkostenhilfe reicht grundsätzlich aus. Es kommt angesichts des Hervortretens eines ernstlichen Willens zur Anhängigmachung auch nicht darauf an, ob der Ehepartner nun tatsächlich ein Verfahren anhängig macht und ob dieses auch Erfolg hat oder haben kann.

cc) Beispiele der Unanwendbarkeit. Nicht ausreichend sind zB: Der ernstliche, hervorgetretene Wille eines Ehegatten, eine Nichtigkeitsklage, eine positive oder negative Ehefeststellungsklage oder eine Herstellungsklage einzureichen. Denn II nennt im Gegensatz zu I nicht alle Ehesachen im Sinn von § 606 I 1 ZPO, sondern aus jenem Kreis nur die Scheidungssache und die Eheaufhebungsklage.

Ferner reicht zB die bloße Aufhebung der Lebensgemeinschaft für sich allein nicht aus. Das gilt selbst dann, wenn ein Ehepartner bereits in diesem Zusammenhang den Anwalt um eine Beratung bat.

b) Fortsetzung oder Wiederaufnahme der Lebensgemeinschaft. aa) Grundsatz. In einer Situation nach a müssen die Ehegatten die ehelichen Lebensgemeinschaft fortgesetzt oder wieder aufgenommen haben. Unter der ehelichen Lebensgemeinschaft ist diejenige im Sinn von § 1353 I BGB gemeint, also die Geschlechtsgemeinschaft, die häusliche Gemeinschaft, die Pflicht zur Familienplanung usw. Vgl im einzelnen Palandt-Diedrichsen § 1353 BGB Anm 2b.

Man muß nach den gesamten Umständen des Einzelfalls prüfen, ob eine Forsetzung oder Wiederaufnahme vorliegt. Der Anwalt muß beweisen, daß diese Voraussetzung eingetreten war.

bb) Beispiele der Anwendbarkeit. Ausreichen können zB: Der Scheidungsantragssteller hat von der Weiterverfolgung seines Antrags ausdrücklich Abstand genommen und dem anderen Ehepartner dadurch verziehen, daß er wieder zu ihm gezogen ist; die Eheleute haben sich zunächst ausgesöhnt, erst später hat sich ein Ehepartner erneut zur Scheidung entschlossen.

cc) Beispiele der Unanwendbarkeit. Nicht ausreichend sind zB: Eine gemeinsame Reise der Eheleute ohne Klärung der zukünftigen Ehegemeinschaft, aM Hbg MDR **62**, 417; die Klagerücknahme eines Ehegatten und das Einverständnis des anderen Ehegatten ohne weitere Klärung der zukünftigen Lebensgemeinschaft, Celle NJW **61**, 2216, und zwar selbst dann, wenn die häusliche Gemeinschaft vorläufig fortdauert, während die Geschlechtsgemeinschaft unterbrochen ist, Düss Rpfleger **65**, 380; das Absehen von einem Scheidungsantrag trotz des Fortbestands der Trennung der Eheleute; eine bloße Aussetzung des Verfahrens nach § 614 ZPO; der bloße Versuch der Eheleute, nochmals zusammenzuziehen, unter der gleichzeitigen Abrede, beim Scheitern dieses Versuchs das Scheidungsverfahren fortzusetzen, KG NJW **60**, 1306; der bloße vorläufige Entschluß, vom Scheidungsantrag Abstand zu nehmen, soweit der Ehegatte sich anschließend dann doch bald entschlossen hat, das Scheidungsverfahren zu betreiben.

c) Mitwirkung an der Aussöhnung. aa) Grundsatz. Soweit die Voraussetzungen a und b vorliegen, muß der Anwalt an der Aussöhnung auch wirklich mitgewirkt haben.

Er muß einen Auftrag zur Mitwirkung haben. Freilich kann dieser Auftrag stillschweigend erteilt sein. Es genügt ein bloßer Mitwirkungsauftrag. Es ist also kein Auftrag zum direkten Hinarbeiten auf die Aussöhnung erforderlich.

bb) Beispiele der Anwendbarkeit. Ausreichend sind zB: Das Wekken und Fördern der Aussöhnungsbereitschaft, Mü NJW **63**, 962, das man im Fall der Anwesenheit der Partei im Versöhnungstermin annehmen kann, Nürnb MDR **59**, 586, also irgendeine Ursächlichkeit für die Aussöhnung, selbst wenn nicht jedes Verhalten zum Erfolg beigetragen hat, KG MDR **69**, 1022; der Umstand, daß die Tätigkeit des Anwalts die maßgebliche Ursache war, selbst wenn er den Erfolg nicht persönlich herbeigeführt hat, KG MDR **59**, 50; der Rat des Anwalts an den Auftraggeber, gegen das klagabweisende Urteil kein Rechtsmittel einzulegen, sondern sich auszusöhnen.

Soweit der Anwalt glaubhaft macht, daß er sich um eine Aussöhnung bemüht habe, die dann allerdings unstreitig ohne seine unmittelbare Mitwirkung alsbald zustande gekommen ist, kann die Vermutung für eine Ursächlichkeit seiner Bemühungen sprechen. Der Kostenschuldner kann sie aber entkräften, KG MDR **72**, 156.

cc) Beispiele der Unanwendbarkeit. Nicht ausreichend sind zB: Das bloße Abraten von einer Scheidungsklage; der allgemeine Rat, sich auszusöhnen, ohne jede weitere Tätigkeit in dieser Richtung; eine Anzeige der bereits stattgefundenen Versöhnung an das Gericht, Hamm Rpfleger **65**, 245; die bloße Rücknahme des Scheidungsantrags oder der Aufhebungsklage; die bloße Herbeiführung einer Einigkeit der Eheleute über eine Aussetzung des Eheverfahrens, Stgt NJW **56**, 997.

B. Gebühr. Soweit die Voraussetzungen A vorliegen, entsteht eine volle Gebühr. Sie tritt zusätzlich zu den anderen Gebühren. Soweit die Aussöhnung in der Berufungs- oder Revisionsinstanz erfolgt, tritt eine Gebührenerhöhung nach § 11 I 4, 5 ein.

Wegen der Gebühr eines im Wege der Prozeßkostenhilfe beigeordneten Anwalts § 122 Anm 4.

C. Gegenstandswert. Maßgeblich ist § 8 in Verbundung mit § 12 GKG.

Beigeordneter Rechtsanwalt

36a **I Der Rechtsanwalt, der nach § 625 der Zivilprozeßordnung dem Antragsgegner beigeordnet ist, kann von diesem die Vergütung eines zum Prozeßbevollmächtigten bestellten Rechtsanwalts verlangen; er kann jedoch keinen Vorschuß fordern.**

II Ist der Antragsgegner mit der Zahlung der Vergütung im Verzug, so kann der Rechtsanwalt eine Vergütung aus der Landeskasse verlangen. Die Vorschriften des Dreizehnten Abschnitts gelten sinngemäß.

1) Beiordnung, I. A. Grundsatz. Wenn in einer Scheidungssache der Antragsgegner keinen Anwalt als Bevollmächtigten bestellt hat, muß das Familiengericht ihm von Amts wegen zur Wahrnehmung seiner Rechte im ersten Rechtszug wegen des Scheidungsantrags und wegen der Regelung der elterlichen Sorge für ein gemeinschaftliches Kind einen Anwalt beiordnen, soweit diese Maßnahme nach der freien Überzeugung des

Gerichts zum Schutz des Antragsgegners unabweisbar erscheint, § 621 I 1 Hs 1 ZPO. Der beigeordnete Anwalt hat die Stellung eines Beistandes, § 625 II ZPO, solange ihm der Auftraggeber keine Prozeßvollmacht erteilt hat.

Durch die Beiordnung entsteht ein Rechtsverhältnis zwischen dem Staat und dem beigeordneten Anwalt. Durch die Erteilung der Prozeßvollmacht entsteht ein Vertragsverhältnis zwischen dem Auftraggeber und dem beigeordneten Anwalt. Beide Situationen sind mit derjenigen eines im Weg der Prozeßkostenhilfe beigeordneten Anwalts weitgehend vergleichbar. Sie weisen auch viele Ähnlichkeiten mit der Beiordnung eines Notanwalts nach § 78b ZPO auf. Allerdings gilt § 36a nicht im Fall der Beiordnung nach §§ 78b, c ZPO.

Der beigeordnete Anwalt kann vom Antragsgegner, dem er beigeordnet ist, dieselbe gesetzliche Vergütung wie ein Anwalt verlangen, den der Antragsgegner zum ProzBev bestellt hätte, solange der Antragsgegner den beigeordneten Anwalt nicht gerade wegen der Beiordnung auch mit einer Prozeßvollmacht versehen hat usw. Vom letzteren Zeitpunkt an kann der beigeordnete Anwalt ohnehin wie jeder privat beauftragte Anwalt vom Auftraggeber die gesetzliche oder etwa vereinbarte vertragliche Vergütung fordern.

B. Kein Vorschuß. Der beigeordnete Anwalt kann allerdings gemäß I Hs 2 keinen Vorschuß fordern. Diese Sonderregelung hat Vorrang gegenüber § 17. Als Sondervorschrift ist sie eng auszulegen. Das bedeutet: Das Vorschußrecht entfällt nur, soweit der Anwalt gemäß § 625 ZPO beigeordnet ist und gerade deshalb, also als Beistand, tätig wird.

Soweit aber der Antragsgegner, sei es auch auf Grund der Beiordnung des Anwalts, diesem einen Antrag zur Vertretung in einer der in § 625 I ZPO genannten Sachen erteilt, wird der Anwalt nicht mehr wegen der Beiordnung, sondern auf Grund des nun bestehenden normalen Auftragsverhältnisses tätig und kann daher einen Vorschuß nach § 17 fordern.

Der Anwalt muß beweisen, daß die letztere Voraussetzung eingetreten ist.

2) Anspruch gegen die Staatskasse, II. A. Verzug, II 1. Soweit der Antragsgegner in demjenigen Zeitraum, in dem das Gericht den Anwalt bereits gemäß § 625 I ZPO beigeordnet hat und in dem diese Beiordnung auch nicht durch einen nachfolgenden Vertrag zwischen dem Antragsgegner und dem Anwalt überholt wurde, mit der Zahlung der Vergütung nach I im Verzug ist, hat der Anwalt einen Vergütungsanspruch gegenüber der Staatskasse, II 1. Das folgt aus dem mit der Beiordnung entstehenden Rechtsverhältnis zwischen dem Anwalt und dem beiordnenden Staat, Anm 1 A.

Der Antragsgegner muß sich gerade mit der Zahlung der gesetzlichen Vergütung nach I im Verzug befinden, also nicht etwa mit einer Zahlung auf Grund des inzwischen zustandegekommenen Vertragsverhältnisses mit dem Anwalt.

Man muß den Verzug nach §§ 284ff BGB beurteilen. Es muß also zunächst die Vergütungsforderung fällig geworden sein, § 16. Sodann muß der Anwalt den Antragsgegner zur Zahlung gemahnt haben.

Schließlich muß der Antragsgegner innerhalb der ihm gesetzten Fristen nicht geleistet haben. Der Mahnung steht die Erhebung der Klage auf die Leistung sowie die Zustellung eines Mahnbescheids im Mahnverfahren gleich, § 284 I 2 BGB. Im Fall einer Fälligkeit der Vergütung nach dem Kalender gilt § 284 II BGB.

B. Verfahren, II 2. Für das Verfahren zur Durchsetzung der Vergütung gegenüber der Landeskasse gelten die Vorschriften des 13. Abschnitts entsprechend, also die Regeln zur Vergütung des im Weg der Prozeßkostenhilfe beigeordneten Anwalts, §§ 121 ff. Vgl die dortigen Anm.

Man muß also zunächst den Umfang der Beiordnung entsprechend § 122 ermitteln, Kblz FamRZ **85**, 619. Der Vergütungsanspruch kann im Fall eines Verschuldens des beigeordneten Anwalts gemäß § 125 entfallen. Der beigeordnete Anwalt erhält seine Auslagen entsprechend § 126 erstattet. Die aus der Staatskasse zu gewährende Vergütung wird im Verfahren nach § 128 festgesetzt, Kblz FamRZ **85**, 619. Eine Anrechnung von Vorschüssen oder Zahlungen, die der beigeordnete Anwalt von dem Antragsgegner oder von einem Dritten vor oder nach der Beiordnung erhalten hat, richtet sich nach § 129. Soweit dem beigeordneten Anwalt wegen seiner Vergütung ein Anspruch gegen den Antragsgegner oder den ersatzpflichtigen Prozeßgegner des Antragsgegners zusteht, geht der Anspruch entsprechend § 130 mit der Befriedigung des Anwalts durch die Staatskasse auf diese über.

Rechtszug

37 **Zum Rechtszug gehören insbesondere**

1. die Vorbereitung der Klage, des Antrags oder der Rechtsverteidigung, soweit kein besonderes gerichtliches oder behördliches Verfahren stattfindet;

2. außergerichtliche Vergleichsverhandlungen;

3. Zwischenstreite, die Bestimmung des zuständigen Gerichts, die Sicherung des Beweises, wenn die Hauptsache anhängig ist, das Verfahren über die Prozeßkostenhilfe, die vorläufige Einstellung, Beschränkung oder Aufhebung der Zwangsvollstreckung, wenn nicht eine abgesonderte mündliche Verhandlung hierüber stattfindet, Verfahren wegen der Rückgabe einer Sicherheit (§ 109 Abs. 1 und 2, § 715 der Zivilprozeßordnung), die Bestellung von Vertretern durch das Prozeßgericht oder das Vollstreckungsgericht, die Ablehnung von Richtern, Rechtspflegern, Urkundsbeamten der Geschäftsstelle oder Sachverständigen, die Zulassung einer Zustellung zur Nachtzeit, an einem Sonntag oder an einem allgemeinen Feiertag (§ 188 der Zivilprozeßordnung), die Festsetzung des Streitwerts;

4. das Verfahren vor dem beauftragten oder ersuchten Richter und die Änderung seiner Entscheidungen;

5. die Änderung von Entscheidungen des Urkundsbeamten der Geschäftsstelle oder des Rechtspflegers;

6. die Berichtigung oder Ergänzung der Entscheidung oder ihres Tatbestandes; die Festsetzung des Regelunterhalts nach § 642a Abs. 1 oder 642d der Zivilprozeßordnung, soweit nicht § 43b Abs. 1 Nr. 1 Anwendung findet; die Festsetzung des für die Begründung von Rentenanwartschaften in einer gesetzlichen Rentenversicherung zu leistenden Betrages nach § 53e Abs. 2 des Gesetzes über die Angelegenheiten der freiwilligen Gerichtsbarkeit;

6a. die für die Geltendmachung im Ausland vorgesehene Vervollständigung der Entscheidung;

7. die Zustellung oder Empfangnahme von Entscheidungen oder Rechtsmittelschriften und ihre Mitteilung an den Auftraggeber, die Einwilligung zur Sprungrevision (§ 566a Abs. 2 der Zivilprozeßordnung), der Ausspruch über die Verpflichtung, die Kosten zu tragen oder eines Rechtsmittels verlustig zu sein (§§ 91a, 269 Abs. 3 Satz 2, § 515 Abs. 3 Satz 1, § 566 der Zivilprozeßordnung), die Vollstreckbarerklärung eines Urteils (§§ 534, 560 der Zivilprozeßordnung), die Erteilung des Notfristzeugnisses, Rechtskraftzeugnisses, die erstmalige Erteilung der Vollstreckungsklausel, wenn deswegen keine Klage nach § 731 der Zivilprozeßordnung erhoben wird, die Kostenfestsetzung (§§ 104, 107 der Zivilprozeßordnung) ausschließlich der Erinnerung gegen den Kostenfestsetzungsbeschluß, die Einforderung der Vergütung (§§ 18, 19), die Herausgabe der Handakten oder ihre Übersendung an einen anderen Rechtsanwalt.

Gliederung

einer Entscheidung oder Rechtsmittelschrift, Mitteilung an den Auftraggeber
B. Einwilligung zur Sprungrevision
C. Ausspruch über die Verpflichtung, die Kosten zu tragen oder eines Rechtsmittels verlustig zu sein
D. Vollstreckbarerklärung eines Urteils
E. Notfrist- oder Rechtskraftzeugnis
F. Erstmalige Erteilung der Vollstreckungsklausel
G. Kostenfestsetzung
H. Einforderung der Vergütung
I. Herausgabe der Handakten usw

1) Allgemeines. Der Begriff des Rechtszugs ist im Kostenrecht teilweise anders als im Prozeßrecht zu verstehen. Während dort der Rechtszug im allgemeinen mit der Einreichung eines Antrags, einer Klage, eines Rechtsmittels usw beginnt (Anhängigkeit) und mit der Rechtskraft des Urteils oder mit der Einlegung eines Rechtsmittels endet, BLAH § 176 ZPO Anm 2 D, gehören zum Rechtszug im gebührenrechtlichen Sinn gewisse Tätigkeiten des Anwalts vor dem prozeßrechtlichen Beginn und nach dem prozeßrechtlichen Ende der Instanz, KG AnwBl **86**, 545 mwN. Diese Zuordnung erfolgt aus Zweckmäßigkeitsgründen und deshalb, weil zB eine Einordnung der Tätigkeit zur Vorbereitung einer Klage unter § 118 dann ungerechtfertigt ist, wenn es wenigstens zur anschließenden Klageeinreichung kommt, weil die für das Verfahren vor dem Gericht vorgesehenen Pauschgebühren der §§ 31 ff auf solche vorbereitenden, begleitenden und nachfolgenden (abschließenden) Tätigkeiten mit zugeschnitten sind.

§ 37 umschreibt zusammen mit §§ 14, 15, 38–41 den für die Vergütung des Anwalts im bürgerlichen Rechtsstreit maßgebenden Begriff des Rechtszugs im Sinn von § 13 II 2. Die Aufzählung ist nur beispielhaft, wie das Wort „insbesondere" verdeutlicht, also nicht abschließend, KG AnwBl **86**, 545 mwN, Zehendner BB **81**, 846. Man muß also nach den Umständen des Einzelfalls unter einer Abwägung des jeweiligen Schwerpunkts der anwaltlichen Tätigkeit prüfen, ob sie schon bzw noch zum gebührenrechtlichen Rechtszug zählt.

Grundsätzlich ist einerseits der Beginn des Auftrags und andererseits die Erledigung dieser Angelegenheit ein wesentlicher Anhaltspunkt für den Beginn und das Ende des gebührenrechtlichen Rechtszugs. Das gilt auch in den Fällen §§ 32–35, die ja nur Ergänzungen oder besondere Ausgestaltungen der Grundgedanken in § 31 darstellen.

Aus dem Pauschcharakter der Gebühren folgt weiter, daß § 37 sinngemäß auch für die anderen Verfahren gilt, für die der dritte Abschnitt besondere Vorschriften enthält, also zB für das Mahn-, Entmündigungs- und Aufgebotsverfahren. §§ 43–45, für das Beschwerdeverfahren, §§ 61 I Z 1, 61 a, für das Güteverfahren, § 65, usw. Wegen der Zugehörigkeit des Vergleichs zum Rechtszug § 23 Anm 3 A und 4 A. Wegen der Fortsetzung des Rechtsstreits wegen eines Streits über die Wirksamkeit eines Vergleichs § 23 Anm 2 B c.

Eine der in § 37 genannten Tätigkeiten des ProzBev ist auch dann mit der für diesen Rechtszug vorgesehenen Vergütung abgegolten, wenn der Auftraggeber ihn zu einzelnen oder mehreren der in § 37 genannten Tätigkeiten besonders beauftragt hat, § 13 V. Das gilt aber nicht, sofern eine solche Tätigkeit als besondere Angelegenheit gilt, etwa eine Gutachtenerstattung, § 21, Düss JB **70**, 779, oder die Zahlung an einen Anwalt oder Auszahlung durch den Anwalt oder die Ablieferung von Wertpapieren und Kostbarkeiten, § 22, oder eine Vertretung nur im Zwischenstreit, etwa nach § 387 ZPO, Hbg MDR **87**, 947 (dann also evtl § 31, Anm 4 A), oder ein Tätigkeit in der Zwangsvollstreckung, § 57, oder eine solche im Beschwerdeverfahren.

2) Vorbereitung der Klage usw, Z 1. Hierher zählen: Die Vorbereitung der Klage, eines Antrags oder Gesuchs; die Vorbereitung der zugehörigen Rechtsverteidigung, vor allem die Einholung der Information, BGH **48**, 337, wie schon § 31 I Z 1 ergibt; auch die Beratung über die Art des einzuschlagenden Wegs. Eine dadurch entstehende Ratgebühr wird auf die Prozeßgebühr angerechnet, § 20 I 3. Hierher zählt auch die Vorbereitung eines Antrags auf den Erlaß eines Arrests oder einer einstweiligen Verfügung sowie die Vorbereitung eines Rechtsmittels sowie die Vorbereitung der jeweils zugehörigen Rechtsverteidigung.

Es ist unerheblich, wer dem Anwalt die Information gibt und ob sich der Anwalt das Material selbst besorgt. Es ist auch unerheblich, ob er ein am Ort der Kanzlei befindliches oder ein auswärtiges Grundbuch einsehen muß, Schlesw SchlHA **80**, 218, und ob er ähnliche Einsichtnahmen in andere Register vornehmen muß. Zur Klagevorbereitung gehören auch ein Kündigungs- oder Mahnschreiben sowie eine Aufforderung zur Anerkennung der Wirksamkeit einer einstweiligen Verfügung, § 40 Anm 3 A.

Dagegen kann eine derartige Vorbereitungsmaßnahme auf der Seite des Antragstellers oder Klägers wie auf derjenigen des Antragsgegners oder Beklagten besonders zu vergüten sein, sofern ein „besonderes gerichtliches oder behördliches Verfahren stattfindet“, zB im Fall des § 119, ferner bei der Beschaffung einer vormundschaftsgerichtlichen Genehmigung zur Klagerhebung, § 607 II ZPO. Es muß sich aber um ein besonderes Verfahren handeln, also nicht um dasjenige, das ohnehin mit der Klage usw beabsichtigt ist.

3) Außergerichtliche Vergleichsverhandlung, Z 2. Sie wird dann, wenn es zur Klage kommt oder bereits gekommen ist, durch die Prozeßgebühr abgegolten, AG Dortm JB **77**, 958, VGH Kassel AnwBl **84**, 52, auch wenn der Auftraggeber mit dem Klagauftrag zugleich den Auftrag zu einer außergerichtlichen Vergleichsverhandlung verbunden hat, AG Wiesb VersR **74**, 1038. Durch den Vergleichsabschluß kann zusätzlich die Vergleichsgebühr nach § 23 entstehen, VGH Kassel AnwBl **84**, 52. Wegen eines anderen mitverglichenen Anspruchs vgl § 23 Anm 4 B.

4) Zwischenstreit usw, Z 3. Die Vorschrift faßt eine Reihe von untereinander mehr oder minder verschiedenen Nebenverfahren zusammen. Auch die Aufzählung in Z 3 ist in sich nur beispielhaft und keineswegs abschließend. Das Gesetz nennt im einzelnen folgende Situationen ausdrücklich:

A. Geltungsbereich. Hierher gehört nur ein Zwischenstreit vor demselben Prozeßgericht, BFH NJW **74**, 1639, etwa über die Zulassung eines Streithelfers nach § 71 ZPO, BFH NJW **74**, 1639 oder über die Rechtmäßigkeit der Aussageverweigerung eines Zeugen oder der Gutachtenverweigerung eines Sachverständigen, §§ 387, 402, 408 ZPO, BFH NJW **74**,

1639, vgl Hbg MDR **87**, 947, oder über die Verpflichtung zur Rückgabe einer dem gegnerischen Anwalt übergebenen Urkunde, § 135 ZPO. Durch die Prozeßgebühr ist auch eine Streitverkündung mit abgegolten.

Das Normenkontrollverfahren vor dem BVerfG gehört nicht hierher, BFH NJW **74**, 1639, § 113 Anm 3. Dasselbe gilt für ein Verfahren gemäß Art 177 EWGV vor dem EuGH, BFH NJW **74**, 1639, § 113a, aM FG Hbg EFG **71**, 36.

Im übrigen kann eine besondere Gebühr entstehen, soweit zB nur im Zwischenstreit eine Beweisaufnahme stattfindet. Dann ist aber für die etwaige Beweisgebühr auch nur der Wert des Zwischenstreits maßgeblich. Ferner kommt natürlich eine besondere Vergütung für denjenigen Anwalt zur Anwendung, der nur etwa den Streithelfer, den Zeugen oder den Sachverständigen im Zwischenstreit vertritt. Seine Gebühren richten sich nach §§ 31 ff, Hbg MDR **87**, 948. Der Gegenstandswert ist nach dem Wert des Zwischenstreits zu bemessen, BGH NJW **53**, 745. Die Einmischungsklage nach §§ 64, 65 ZPO ist eine besondere Angelegenheit. Wegen einer Berufung erst gegen das Zwischenurteil, dann (nach Rücknahme der ersteren) gegen das Endurteil § 13 Anm 4 D.

B. Bestimmung des zuständigen Gerichts. Das Verfahren nach §§ 36, 37 ZPO zählt zum Rechtszug. Hierher zählt auch die Bestimmung des Revisionsgerichts durch das BayObLG, bei dem man nach § 7 II EGZPO die Revision einlegen muß, wozu auch der ProzBev des Berufungsverfahren berechtigt ist, § 8 I 2 EGZPO.

C. Beweissicherung. Das Verfahren nach §§ 485 ff ZPO gehört nur insoweit zum Rechtszug, als die Hauptsache anhängig ist, zB LG Aachen AnwBl **83**, 527, also zB nicht, wenn es nur ein Verfahren auf den Erlaß eines Arrests oder einer einstweiligen Verfügung gibt, KG AnwBl **84**, 102 mwN; andernfalls liegt eine besondere Angelegenheit vor, für die der Anwalt eine Vergütung nach § 48 erhält, dort Anm 1.

D. Prozeßkostenhilfe. Das Verfahren nach §§ 114 ff ZPO einschließlich der Aufhebung der Bewilligung nach § 124 ZPO zählt insoweit zum Rechtszug, als der im Prozeßkostenhilfeverfahren tätige Anwalt im Hauptprozeß als ProzBev tätig wird. Andernfalls entsteht ein Vergütungsanspruch nach § 51.

Die Gebühren des Anwalts werden aber auf die gleichartigen Gebühren angerechnet, soweit er zunächst nur im Prozeßkostenhilfeverfahren tätig war.

Nicht hierher gehört natürlich die Gebühr für einen gemäß § 118 I 3 Hs 2 ZPO im Prozeßkostenhilfeverfahren abgeschlossenen Vergleich.

§ 37 gilt in derselben Weise für den Anwalt des Antragsstellers wie für den Anwalt seines Prozeßgegners. Soweit das Gericht keine Prozeßkostenhilfe bewilligt, kommt ebenfalls § 51 in Betracht.

E. Vorläufige Einstellung, Beschränkung oder Aufhebung der Zwangsvollstreckung. In Betracht kommt ein Verfahren nach §§ 707, 719, 769, 771 III ZPO, Köln Rpfleger **84**, 74 mwN, §§ 785, 786, 805 IV, 810 II, 924 III, 1042c II ZPO. Es muß allerdings ein Verfahren ohne eine abgesonderte mündliche Verhandlung vorliegen. Andernfalls gilt grundsätzlich § 49, im Fall des § 718 ZPO allerdings wiederum § 37 Z 3, Hamm MDR **75**, 501.

F. Rückgabe einer Sicherheit. In dieses Verfahren gehört sowohl der Antrag auf eine Fristbestimmung für die Einwilligung in die Rückgabe nach dem Wegfall des Grundes, § 109 I ZPO, als auch der Antrag auf die Anordnung der Rückgabe, §§ 109 II, 715 ZPO. Ebenso ist das Verfahren auf die Anordnung einer Sicherheitsleistung zu behandeln, Kblz Rpfleger **83**, 501 mwN, aM Düss GRUR **83**, 688. Es entsteht also keine Gebühr nach § 118, auch nicht für die Ausführung der Hinterlegung, LG Mü ZMR **86**, 365, obwohl es sich um ein Verfahren vor einer Justizverwaltungsstelle handelt.

Man muß das Verfahren wie diejenigen Tätigkeiten behandeln, die erforderlich sind, um ein Urteil rechtskräftig werden zu lassen oder die Einstellung der Zwangsvollstreckung zu erreichen.

Diese Frage ist **streitig. Wie hier** zB Ffm MDR **77**, 760 (abl Mümmler JB **77**, 1094), KG MDR **76**, 767, Köln JB **77**, 1397 je mwN; **aM** zB Nürnb NJW **67**, 940, LG Hanau JB **83**, 383 (es sei § 57 anwendbar), KG JB **77**, 501, Karlsr AnwBl **84**, 326 mwN (es sei § 118 anwendbar).

Hierhin zählt auch das Verfahren wegen der Rückgabe einer Bürgschaftsurkunde, Mü MDR **69**, 155.

Der Anwalt kann aber für eine Einzahlung oder Auszahlung eine Hebegebühr beanspruchen, Mü NJW **64**, 409.

G. Bestellung eines Vertreters durch das Prozeßgericht oder Vollstreckungsgericht. In Betracht kommt eine Bestellung nach den §§ 57, 58, 494, 668, 679, 686, 779, 787 ZPO. Im Fall der Anordnung durch das Vollstreckungsgericht bildet dieses Verfahren zusammen mit der Zwangsvollstreckung eine Angelegenheit, § 57.

H. Ablehnungsverfahren. Hierher zählt die Ablehnung eines Richters, eines Rechtspflegers, eines Urkundsbeamten der Geschäftsstelle oder eines Sachverständigen, §§ 42 ff, 406 ZPO. Auch das Verfahren über die Ablehnung eines Schiedsgutachters zählt hierher.

Dagegen ist im Verfahren über die Ablehnung eines Schiedsrichters § 46 II anwendbar.

I. Zustellung zur Nachtzeit usw. Hierher zählt ein Verfahren nach §§ 188 in Verbindung mit 166 ff, nicht aber eine Zustellung zu einem der genannten Zeitpunkte im Zwangsvollstreckungsverfahren nach § 761 ZPO; jene ist vielmehr nach § 58 II Z 3 zu beurteilen.

J. Streitwertfestsetzung. Hierher zählt das Verfahren zur Festsetzung sowohl des Zuständigkeitsstreitwerts, §§ 3 ff ZPO, als auch des Kostenstreitwerts, §§ 25 GKG, 9, 10 BRAGO, und zwar auch nach der Rechtskraft des Urteils.

Soweit allerdings die höhere Instanz den Streitwertbeschluß der unteren Instanz für diese mitabändert, § 25 I 3 GKG, zählt dieses Verfahren zur höheren Instanz. Ein Beschwerdeverfahren ist ein besonderer Rechtszug, §§ 61 I Z 1, 61a. Soweit sich der Anwalt im eigenen Namen beschwert, muß er im Fall der Zurückweisung der Beschwerde die Kosten dieses Verfahrens selbst tragen. Soweit er siegt, hat er gegen die Parteien keinen Kostenerstattungsanspruch. Denn sie sind nicht seine Verfahrensgegner.

Eine Gegenvorstellung, § 25 GKG Anm 5, gehört schon wegen des Fehlens einer Anfallswirkung zum jeweiligen vorangegangenen Rechtszug. Soweit der Anwalt nur einen Auftrag für die Einlegung einer Gegenvorstellung erhalten hat, vgl § 61 Anm 1.

K. Antrag zur Prozeß- oder Sachleitung. Dieser Fall ist in Z 3 nicht ausdrücklich erwähnt. Soweit der Anwalt einen Antrag gestellt hat, der über die Prozeß- oder Sachleitung hinausgeht, vgl § 33 Anm 3.

5) Verfahren vor dem verordneten Richter, Z 4. Wegen des Verfahrens vgl §§ 361, 362, 613 ZPO, und wegen einer Änderung der Entscheidung des beauftragten oder ersuchten Richters durch das Prozeßgericht § 576 ZPO.

Soweit sich die Tätigkeit des Anwalts auf eines dieser Verfahren beschränkt, ist § 55 anwendbar.

6) Änderung einer Entscheidung des Urkundsbeamten, Z 5. Soweit es sich um eine Entscheidung des Urkundsbeamten der Geschäftsstelle handelt, vgl §§ 576, 577 IV ZPO. Soweit es sich um die Änderung einer Entscheidung des Rpfl handelt, vgl § 11 RPflG.

Soweit sich die Tätigkeit des Anwalts auf eines dieser Verfahren beschränkt, gilt § 55.

7) Berichtigung oder Ergänzung der Entscheidung usw, Z 6. Die Vorschrift faßt, ähnlich wie Z 3, eine Reihe von untereinander recht unterschiedlichen Vorgängen zusammen. Auch Z 6 ist in sich ebensowenig wie Z 3 und ebensowenig wie überhaupt § 37 eng auszulegen.

Im einzelnen gilt:

A. Berichtigung oder Ergänzung der Entscheidung oder des Tatbestands. Wegen des Verfahrens vgl §§ 319–321 ZPO.

Soweit sich die Tätigkeit des Anwalts nur auf ein solches Verfahren beschränkt, erhält er Gebühren nach §§ 31 ff auf Grund eines Gegenstandswerts nach der Höhe des Berichtigungs- oder Ergänzungsanspruchs.

B. Festsetzung des Regelunterhalts. Wegen des Verfahrens vgl §§ 642a I, 642d ZPO.

Falls jedoch die Festsetzung auf Grund eines Vergleichs vor einer Gütestelle im Sinn von § 794 I 1 ZPO oder auf Grund einer gerichtlichen, notariellen oder vom Jugendamt protokollierten Unterwerfungsurkunde erfolgt, §§ 642c Z 2 ZPO, 49 I Z 2, 50 JWG, gilt § 43b I Z 1.

Soweit sich die Tätigkeit des Anwalts auf ein Verfahren gemäß § 642a, b oder d ZPO beschränkt, wenn also der ohne eine Mitwirkung dieses Anwalts ergangene Vollstreckungstitel ein gerichtlicher Vergleich oder ein Urteil ist, gelten § 23, 31 ff.

C. Festsetzung im Rentenanwartschaftsverfahren. Die Vorschrift erfaßt ein Verfahren nach §§ 1587o II BGB, 53e II FGG. Es geht also um die Genehmigung einer Vereinbarung über die Begründung einer Rentenanwartschaft durch den Rpfl des Familiengerichts, § 14 Z 2a Buchstabe b RPflG.

8) Vervollständigung einer Entscheidung mit Auslandswirkung, Z 6a. Eine deutsche Gerichtsentscheidung, die in Großbritannien und Nordirland geltend gemacht werden soll, muß eine Begründung enthalten, um den dortigen Stellen die Nachprüfung im Rahmen des Abkommens zu ermöglichen. Das gilt auch allgemein für ein Versäumnis- oder Anerkenntnisurteil, das im Ausland geltend gemacht werden soll, § 313b ZPO. Soweit eine Entscheidung nur in abgekürzter Form ergangen ist, muß das Gericht auf Grund eines Antrags den Tatbestand und die Entscheidungsgründe nachträglich anfertigen, § 9 AusfG. Dieser Antrag und die Tätigkeit des ProzBev gehören zum Rechtszug, sind also durch die nach § 31 erhaltene Gebühr abgegolten.

Dieselbe Regelung enthalten entsprechend folgende Vorschriften: § 9 des AusfG vom 26. 6. 59, BGBl 425, geändert durch Art 7 Z 11 G vom 3. 12. 76, BGBl 3281, zum deutsch-belgischen Anerkenntnis- und Vollstreckungsabkommen vom 30. 6. 58, BGBl **59** II 765, das am 27. 1. 61 in Kraft getreten ist, Bek vom 23. 11. 60, BGBl II 2408. Für die Gebühren des Anwalts wurde dort die sinngemäße Anwendung von § 37 Z 6 angeordnet. Da die jetzige Z 6a für derartige Fälle eine besondere, aber allgemein geltende Regelung trifft, wurde gleichzeitig durch § 10 II AusfG vom 28. 3. 61 § 9 IV 2 AusfG vom 26. 6. 59 aufgehoben. Dadurch hat sich aber in der Sache nichts geändert.

Weiterhin gilt eine entsprechende Regelung nach § 18 AusfG vom 15. 1. 65, BGBl 17, geändert durch Art 7 Z 16 G vom 3. 12. 76, BGBl 3281, zum deutsch-niederländischen Anerkennungs- und Vollstreckungsvertrag vom 30. 8. 62, BGBl **65** II 27.

9) Zustellung und Empfangnahme von Entscheidungen usw, Z 7. Z 7 enthält, ähnlich wie Z 3, 6, eine Reihe von untereinander recht unterschiedlichen Situationen. Die Vorschrift ist ebensowenig wie Z 3, 6 und wie überhaupt § 37 eng auszulegen, vgl Kblz AnwBl **88**, 415. Im einzelnen gilt folgendes:

A. Zustellung oder Empfangnahme einer Entscheidung oder Rechtsmittelschrift, Mitteilung an den Auftraggeber. Hierher gehören die Zustellung und Empfangnahme vor allem eines Urteils, eines Kostenfestsetzungsbeschlusses, einer Rechtsmittelschrift, Ffm AnwBl **83**, 523, KG AnwBl **82**, 112, Kblz AnwBl **88**, 415, Nürnb AnwBl **85**, 206, oder einer Entscheidung über die Verlängerung einer Berufungsbegründungsfrist, Kblz AnwBl **88**, 415, oder eines Verwerfungsbeschlusses nach § 519b II ZPO, Kblz AnwBl **88**, 415, die ja noch jeweils an den ProzBev der bisherigen Instanz zu erfolgen haben, solange der Auftraggeber für den höheren Rechtszug noch keinen dortigen ProzBev bestellt hat. Hierher gehört auch die Zustellung eines Versäumnisurteils des Gerichts der höheren Instanz, solange die Partei für die höhere Instanz noch keinen ProzBev bestellt hat. Auch der beim Berufungsgericht zugelassene Anwalt handelt bis zur Empfangnahme regelmäßig noch als ProzBev des bisherigen Rechtszugs. Das gilt auch dann, wenn der Revisionsanwalt mit ihm korrespondiert und wenn der Berufungsanwalt den Auftraggeber noch in diesem Zusammenhang berät, KG MDR **79**, 319, insofern aM KG AnwBl **82**, 112, oder wenn der Berufungsanwalt zum Antrag auf eine Verlängerung der Revisionsbegründungsfrist Stellung nimmt, KG AnwBl **86**, 545 mwN.

B. Einwilligung zur Sprungrevision. Wegen des Verfahrens vgl § 566a II ZPO. Das Verfahren gehört zu demjenigen Rechtszug, dessen ProzBev die Einwilligung erwirkt.

C. Ausspruch über die Verpflichtung, die Kosten zu tragen oder

eines Rechtsmittels verlustig zu sein. Vgl §§ 91a, 269 III 2, 515 III 1, 566 ZPO. Die Abgeltung der Tätigkeit des Anwalts in diesem Verfahren erfolgt durch die Prozeßgebühr, sofern er den Antrag schriftlich stellt, Ffm Rpfleger **82**, 81 mwN, aM zB Hamm JB **65**, 317, Mü NJW **73**, 1137, Nürnb AnwBl **85**, 206 (diese Gerichte meinen, es entstehe zusätzlich eine volle Prozeßgebühr nach dem Kostenstreitwert). Sofern der Anwalt den Antrag in einer mündlichen Verhandlung stellt, gilt die Verhandlungsgebühr diese Tätigkeit ab. Soweit noch keine streitige Sachverhandlung stattgefunden hat und der Anwalt den Antrag nun in der mündlichen Verhandlung stellt, kann 1/2 Verhandlungsgebühr nach § 33 I 1 nach dem Wert des Kosteninteresses entstehen, Hbg MDR **85**, 154 mwN. Diese Gebühr ist nicht erstattungsfähig, soweit der Anwalt den Antrag auch schriftlich stellen konnte, Ffm Rpfleger **55**, 206, aM Hamm JB **76**, 918.

D. Vollstreckbarerklärung eines Urteils. Es handelt sich um das Verfahren nach §§ 534, 560 ZPO, also in den Rechtsmittelinstanzen. Soweit nur ein Teil des Urteils angefochten wurde, erhält der ProzBev des Prozeßgegners des Rechtsmittelführers für einen derartigen Antrag 3/10 Gebühr, § 49 II, nach dessen Wert, denn dieser Teil bleibt für den Wert des Berufungsgegenstands unberücksichtigt. Z 1 ist also nur anwendbar, wenn es um ein Rechtsmittel gegen das gesamte Urteil geht und wenn dieses Rechtsmittel anschließend beschränkt wurde oder wenn im Weg einer Ausdehnung der Berufung oder durch eine Anschlußberufung das Rechtsmittel auf einen weiteren Teil oder das ganze angefochtene Urteil erstreckt wird. Denn nur dann ist der gesamte Anspruch in der Rechtsmittelinstanz.

E. Notfrist- oder Rechtskraftzeugnis. Wegen des Erteilungsverfahrens vgl § 706 ZPO. Es ist unerheblich, ob den Antrag der ProzBev desjenigen Rechtszuges stellt, in dem das Gericht das Zeugnis erteilen muß, oder ob ein Anwalt eines anderen Rechtszugs diesen Antrag stellt. Auch für den Fall eines Antrags im Rahmen der Zwangsvollstreckung entstehen keine besonderen Gebühren, § 58 II Z 1.

F. Erstmalige Erteilung der Vollstreckungsklausel. Wegen des Verfahrens vgl § 725 ZPO. Hier gilt dasselbe wie bei E. Soweit man auf die Erteilung der Klausel gemäß § 731 ZPO klagen muß, handelt es sich schon nach dem Gesetzestext um eine besondere Angelegenheit.

G. Kostenfestsetzung. Das Verfahren nach §§ 104, 107 ZPO zählt zum Rechtszug. Hierher gehört also auch die nach dieser letzteren Bestimmung anderweitige Festsetzung wegen einer Streitwertänderung.

Das Erinnerungsverfahren gegen die Kostenfestsetzung und gegen den Kostenansatz nach §§ 104 III ZPO, 5 I GKG läßt eine Gebühr nach § 61 I Z 2 entstehen.

H. Einforderung der Vergütung. Vgl §§ 18, 19, insbesondere dort II 6.

Im Erinnerungs- und Beschwerdeverfahren entsteht eine Gebühr nach § 61.

I. Herausgabe der Handakten usw. Sowohl die Herausgabe der Handakten als auch ihre Übersendung an einen anderen Anwalt gehört zum Rechtszug. Hierher zählt auch die Übersendung, die nicht an den-Anwalt einer anderen Instanz für denselben Rechtsstreit erfolgt.

Allerdings können Postgebühren nach § 26 entstehen. Für die Abgabe einer gutachtlichen Äußerung im Zusammenhang mit der Übersendung der Handakten an den Anwalt des höheren Rechtszugs kann eine Gebühr nach § 52 II entstehen.

Einspruch gegen Versäumnisurteil

38 **I Wird der Einspruch gegen ein Versäumnisurteil zurückgenommen oder verworfen, so gilt das Verfahren über den Einspruch als besondere Angelegenheit. Die Prozeßgebühr des bisherigen Verfahrens wird jedoch auf die gleiche Gebühr des Verfahrens über den Einspruch angerechnet.**

II Wird nach Einspruch zur Hauptsache verhandelt, so erhält der Rechtsanwalt, der das Versäumnisurteil erwirkt hat, die Gebühr für die Verhandlung, soweit auf diese das Versäumnisurteil ergangen ist, besonders.

Gliederung

1) Systematik. § 13 II enthält den Grundsatz, daß der Anwalt dieselbe Gebühr in derselben Angelegenheit und in demselben Rechtszug nur einmal fordern kann. Von dieser Regelung enthält § 38 vorrangige Abweichungen. Sie haben ihre Ursache in der Überlegung, daß der Einspruch zwar kein Rechtsmittel darstellt (und daß die Sache daher unter anderem nicht schon wegen des Einspruchs beim höheren Gericht anfällt), daß er aber doch in mancher Beziehung einem Rechtsmittel ähnlich ausgestaltet ist und daß die Klärung der Statthaftigkeit und Zulässigkeit des Einspruchs nicht nur von Amts wegen durch das Gericht vor einer Verhandlung zur Sache erforderlich ist, §§ 341 ff ZPO, sondern daß auch der Anwalt im Zusammenhang mit der Einspruchsprüfung eine zusätzliche Verantwortung für die Partei zu tragen hat.

Die Vorschrift gilt auch im Verfahren über den Einspruch gegen einen Vollstreckungsbescheid. Denn der Vollstreckungsbescheid steht einem für vorläufig vollstreckbar erklärten Versäumnisurteil gleich, § 700 I ZPO. Mit der Einlegung des Einspruchs endet auch das Mahnverfahren im Sinn von §§ 688 ff ZPO. Daher ist auch nicht die für das Mahnverfahren vorrangige Sondervorschrift des § 43 anwendbar.

Das gilt um so mehr, als § 43 I Z 1 zwar unter anderem den Tätigkeitszeitraum des Anwalts zwischen dem Erhalt eines Widerspruchs des Prozeßgegners und der Abgabe der Akten an das Gericht des streitigen Verfahrens regelt, nicht aber eine entsprechende Regelung für den Fall des Einspruchs gegen einen Vollstreckungsbescheid nennt und schon in den Eingangsworten von I deutlich macht, daß dort nur die Tätigkeit während der Dauer des Mahnverfahrens geregelt sein soll. Durch den Eingang eines Einspruchs gegen einen Vollstreckungsbescheid endet das Mahnverfahren.

Daran ändert auch der Umstand nichts, daß das Einspruchsverfahren gegen einen Vollstreckungsbescheid in § 700 III ZPO teilweise abweichend von demjenigen gegen ein Versäumnisurteil geregelt ist. Die für die gebührenrechtliche Regelung des § 38 maßgebliche Notwendigkeit einer Prüfung der Statthaftigkeit und Zulässigkeit des Einspruchs vor einer Weiterverhandlung zur Sache besteht auch dann, wenn es sich um den Einspruch gegen einen Vollstreckungsbescheid handelt. Auch diese Erwägung führt zur Anwendbarkeit des § 38 auch auf den Einspruch gegen den Vollstreckungsbescheid.

Diese Frage ist **streitig. Wie hier** zB Göttlich/Mümmler „Einspruch" 1.1; **aM** zB Hamm Rpfleger **66**, 99, LG Bln VersR **89**, 527 mwN.

Die Vorschrift gilt auch, soweit das Berufungs- oder Revisionsgericht ein Versämnisurteil erlassen hat, §§ 542, 566 ZPO.

Sie gilt nicht, soweit es sich um ein sog unechtes Versäumnisurteil handelt, § 331 II Hs 2, und soweit es sich um eine Berufung gegen ein sog Zweites Versäumnisurteil handelt, §§ 345, 513 II ZPO.

2) Zurücknahme, Verwerfung des Einspruchs, I. A. Geltungsbereich. Sobald ein Einspruch gegen ein Versäumnisurteil oder gegen einen Vollstreckungsbescheid beim Gericht eingegangen ist, muß das zuständige Prozeßgericht von Amts wegen gemäß § 341 I ZPO prüfen, ob der Einspruch an sich statthaft und ob er in der gesetzlichen Form und Frist eingelegt ist. Soweit es an einem dieser Erfordernisse fehlt, ist der Einspruch als unzulässig zu verwerfen.

Wenn die einsprechende Partei in der zur mündlichen Verhandlung über den Einspruch und zur Sache anberaumten Sitzung oder in derjenigen Sitzung, auf welche die Verhandlung vertagt ist, nicht erscheint oder nicht zur Hauptsache verhandelt, muß das Gericht auf Grund eines Antrags des Prozeßgegners des Einsprechenden den Einspruch durch ein sog Zweites Versäumnisurteil verwerfen, § 345 ZPO.

In beiden Fällen findet eine Verwerfung des Einspruchs statt. Daher ist I 1 anwendbar. Das gilt trotz unterschiedlicher Verantwortung des Anwalts. Im Amtsprüfungsverfahren über die Statthaftigkeit und Zulässigkeit des Einspruchs hat er eine nur durch den Amtsprüfungsgrundsatz gemilderte besondere Verantwortung, die zur sonstigen aus dem sachlichen Recht resultierenden prozessualen Verantwortung hinzutritt. Im Fall des sog Zweiten Versäumnisurteils entfällt eine solche gesteigerte Verantwortung. Denn § 345 ZPO ist auch dann anwendbar, wenn das erste Versäumnisurteil gesetzwidrig ergangen ist, zB LAG Nürnb NJW **76**, 2231, BLAH § 345 ZPO Anm 1 A mwN, aM zB insofern BGH **73**, 91 mwN. Trotzdem ist nach dem eindeutigen Wortlaut von I 1 auch in diesem Fall § 38 anwendbar.

Man muß allerdings bedenken, daß § 345 ZPO unanwendbar ist, wenn zwischen den beiden Versäumnisurteilen eine streitige Verhandlung stattgefunden hat, BGH **63**, 96. In einem solchen Fall ist daher auch § 38 I 1 unanwendbar.

B. Zurücknahme. Soweit die Voraussetzung A vorliegt, reicht für die Anwendbarkeit von I 1 eine wirksame Zurücknahme des Einspruchs aus.

Man kann den Einspruch nur dann wirksam zurücknehmen, wenn man ihn zuvor wirksam eingelegt hat, dazu C. Die Zurücknahme ist also zB nicht nach einem wirksamen Verzicht auf den Einspruch und nicht nach einer aus irgendeinem Grund zwischenzeitlich eingetretenen Rechtskraft des Versäumnisurteils wirksam.

Die Zurücknahme des Einspruchs ist gemäß §§ 346, 515 I, II ZPO ohne eine Einwilligung des Prozeßgegners des Einsprechenden nur bis zum Beginn der mündlichen Verhandlung des Prozeßgegners zulässig und muß gegenüber dem Prozeßgericht erklärt werden, und zwar durch eine Einreichung eines Schriftsatzes oder in der mündlichen Verhandlung.

Soweit die Parteien nach einer wirksamen Einspruchsrücknahme über die gemäß §§ 346, 515 III 1 ZPO entstehende Verpflichtung des Einsprechenden streiten, die durch den Einspruch entstandenen Kosten zu tragen, entsteht eine volle Verhandlungsgebühr nach dem Wert dieser noch streitigen Kosten, also ohne eine Berücksichtigung des Werts derjenigen Kosten, über die das Gericht bereits im Versäumnisurteil bzw im Vollstreckungsbescheid entschieden hat.

C. Verwerfung. Vgl zunächst A. Es kommt also für die grundsätzliche Anwendbarkeit von I 1 nicht darauf an, ob das Gericht den Einspruch auf Grund einer mündlichen Verhandlung verwirft und ob die Entscheidung auf Grund einer streitigen Verhandlung durch ein streitiges Urteil, im Fall der Säumnis des Einsprechenden auf Grund eines Antrags des Prozeßgegners durch ein Zweites Versäumnisurteil gemäß § 345 ZPO ergeht oder ob das Gericht ohne eine mündliche Verhandlung gemäß § 341 II ZPO entscheidet. Diese Unterschiede wirken sich nur auf die Höhe der für das Einspruchsverfahren entstehenden Gebühren aus, und zwar wie folgt:

Soweit die Parteien über den Einspruch streitig verhandeln, entsteht eine volle Verhandlungsgebühr, unter Umständen auch eine volle Beweisgebühr. Da der Anwalt dann, wenn er bereits das Versäumnisurteil erwirkt hatte, für die damalige nichtstreitige Verhandlung, der das schriftliche Vorverfahren gemäß § 35 gleichsteht, bereits eine halbe Verhandlungsgebühr verdiente, erhält er für jenen Tätigkeitsabschnitt und die anschließende Vertretung im Einspruchsverfahren insgesamt 1½ Verhandlungsgebühren. Der ProzBev derjenigen Partei, gegen die das Versäumnisurteil ergangen ist, und der nun an der Verhandlung über den Einspruch teilnimmt, erhält eine volle Verhandlungsgebühr.

Soweit die Parteien über den Einspruch beiderseits nichtstreitig verhandeln oder soweit der Einsprechende gemäß § 345 ZPO säumig ist, entsteht für den Anwalt des Anwesenden ½ Verhandlungsgebühr gemäß § 33 I 1.

Diese Frage ist **streitig. Wie hier** zB GSEM 4; **aM** zB Hamm NJW **69**, 2245 (das OLG hält II für anwendbar; aber auch in einem solchen Fall verwirft das Gericht den Einspruch als unzulässig, BLAH § 341 ZPO Anm 2 Bb), LAG Hamm MDR **85**, 962 (volle Verhandlungsgebühr).

Das alles gilt auch dann, wenn die Parteien vor dem Erlaß des (ersten) Versäumnisurteils bereits streitig verhandelt hatten.

D. Anrechnung, I 2. Gemäß I 1 gilt das Verfahren über den Einspruch als eine besondere Angelegenheit. Das bedeutet grundsätzlich, daß auch die Prozeßgebühr für das Verfahren über den Einspruch neu entstehen kann, aM Hbg MDR **86**, 329 mwN. Indessen bestimmt I 2, daß eine etwa im bisherigen Verfahren (also bis zum Erlaß des Versäumnisurteils) entstandene Prozeßgebühr auf die Prozeßgebühr für das Verfahren über den Einspruch anzurechnen ist.

Eine weitere Anrechnung von Gebühren aufeinander findet nicht statt, Kblz VersR **85**, 297.

3) Verhandlung zur Hauptsache, II. A. Geltungsbereich. Soweit das Gericht den Einspruch nicht ohne eine mündliche Verhandlung durch einen Beschluß gemäß § 341 II ZPO als unzulässig verworfen hat, muß es gemäß § 341 a ZPO einen Termin zur mündlichen Verhandlung über den Einspruch und die Hauptsache bestimmen. In diesem Termin kann das Gericht zu der Überzeugung kommen, daß der Einspruch doch unstatthaft und/oder unzulässig ist. In diesem Fall muß es den Einspruch ohne eine weitere Prüfung durch ein Urteil gemäß § 341 I ZPO als unzulässig verwerfen. Es mag auch gegen den Einsprechenden ein Zweites Versäumnisurteil gemäß § 345 ZPO ergehen, durch das der Einspruch ebenfalls verworfen wird.

Das Gericht kann allerdings die abschließende Prüfung der Statthaftigkeit und/oder Zulässigkeit des Einspruchs zurückstellen und zunächst zur Hauptsache verhandeln lassen.

Erst durch die Verhandlung zur Hauptsache kann für den Anwalt derjenigen Partei, die das Versäumnisurteil erwirkt hat, die Regelung II eintreten. Ihr Sinn ist nicht leicht erkennbar. Man kann nicht übersehen, daß gerade dann, wenn es nach einem Einspruch auch noch zur Verhandlung zur Hauptsache gekommen ist, die besondere Verantwortung des Anwalts im Einspruchsverfahren eingetreten war. Gleichwohl behandelt das Gesetz das Einspruchsverfahren dann, wenn es nicht mit der Zurücknahme oder Verwerfung des Einspruchs endete, nicht (mehr) als eine besondere Angelegenheit, Schlesw SchlHA **86**, 169 und 185. Das kann man am besten damit erklären, daß der Anwalt in der folgenden Verhandlung zwar wegen § 13 II nicht nochmals dieselben Gebühren wie in der Verhandlung vor dem Erlaß des Versäumnisurteils erhalten kann, wohl aber zB nunmehr (erstmals) eine weitere volle Gebühr, nämlich für eine Beweisaufnahme.

Im übrigen bleibt im Fall der Verhandlung zur Hauptsache das Verfahren anders als im Fall der Zurücknahme oder Verwerfung des Einspruchs gebührenrechtlich derselbe Rechtszug. Das ergibt sich zwar nicht aus dem Wortlaut von II, wohl aber aus seinem erkennbaren Sinn im Vergleich zum abweichenden Wortlaut von I 1. II stellt nur sicher, daß der Anwalt, der das Versäumnisurteil erwirkt hatte, die Gebühr für diejenige Verhandlung, auf der das Versäumnisurteil beruhte, neben denjenigen Gebühren erhält, die erst nach dem Einspruch entstehen.

B. Verhandlung zur Hauptsache. Vgl zunächst A. Hierher gehört eine Verhandlung sowohl zur Zulässigkeit der Klage, etwa zur örtlichen und/oder sachlichen Zuständigkeit als auch zur Begründetheit des Klaganspruchs. Eine Verhandlung zur Hauptsache liegt auch dann vor, wenn sie einseitig erfolgt und wenn nicht der nach I 1 zu beurteilende Fall des § 345 ZPO vorliegt. II kann also zB dann anwendbar sein, wenn zwischen den beiden Versäumnisurteilen zunächst eine streitige Verhandlung stattgefunden hatte und in einem anschließenden weiteren Verhandlungstermin eine Partei säumig ist.

II ist auch dann anwendbar, wenn die Parteien ohne eine frühere Verhandlung zur Hauptsache in derjenigen Verhandlung, die nach der Erörterung des Einspruches zur Hauptsache ergeht, sogleich einen Vergleich schließen.

Es ist unerheblich, ob das Gericht den Einspruch durch ein Zwischenurteil nach § 303 ZPO ausdrücklich zugelassen hatte oder ob es die Statthaftigkeit und Zulässigkeit stillschweigend bejaht hat und sie erst im Endurteil feststellen will.

Es reicht allerdings nicht aus, daß der Anwalt nur einen Antrag zur Prozeß- oder Sachleitung gestellt hat, § 33 Anm 3 A, oder daß eine bloße Erörterung vor dem Eintritt in die eigentliche streitige Verhandlung, also vor der Stellung der Sachanträge, stattgefunden hat.

Diese Frage ist **streitig. Wie hier** zB LG Düss AnwBl **78**, 69; **aM** zB insofern Schlesw SchlHA **86**, 169, LG Düss AnwBl **78**, 69, LAG Hamm MDR **83**, 874 mwN (diese Gerichte lesen II ausdehnend).

C. Gebühren. a) Voller Einspruch. Unter den Voraussetzungen A, B erhält der Anwalt derjenigen Partei, die das Versäumnisurteil erwirkte, die Gebühr für jene Verhandlung besonders. Man muß gemäß § 33 I prüfen, in welcher Höhe jene Verhandlungsgebühr entstanden war.

Sie wird nicht auf andere Gebühren angerechnet, KG MDR **55**, 178, kann also mehrfach entstehen. Sie erwächst mit dem Verhandeln zur Hauptsache.

Soweit der ProzBev durch den Antrag auf den Erlaß eines Versäumnisurteils in der ersten Instanz ½ Verhandlungsgebühr verdient hatte, erhält er also für die anschließende Verhandlung nach einem Einspruch zur Hauptsache eine volle Verhandlungsgebühr zusätzlich, Ffm NJW **60**, 636, Hbg JB **78**, 1031. Der ProzBev des Gegners erhält nur für die letztere Verhandlung eine volle Verhandlungsgebühr.

b) Teileinspruch. Soweit der Einspruch gemäß § 340 II 2 ZPO nur einen Teil der im Versäumnisurteil behandelten Ansprüche erfaßt, muß man folgende Fälle unterscheiden:

aa) Bis zum Versäumnisurteil keine streitige Verhandlung. Soweit die Parteien bis zum Erlaß des Versäumnisurteils überhaupt nicht streitig verhandelt hatten, entsteht für den Anwalt der Partei, die das Versäumnisurteil erwirkt hat, neben der gemäß II zu vergütenden ½ Gebühr vom Wert des gesamten Anspruchs für die Verhandlung zur Hauptsache nach dem Einspruch eine volle Verhandlungsgebühr nach dem Wert desjenigen Anspruchsteils, für den Einspruch eingelegt wurde.

bb) Bis zum Versäumnisurteil streitige Verhandlung. Soweit es vor dem Erlaß des Versäumnisurteils, wenn auch natürlich nicht im letzten Termin, zu einer streitigen Verhandlung gekommen war und soweit der Anwalt dafür bereits die volle Verhandlungsgebühr nach dem ganzen Anspruch verdient hatte, erhält er gemäß II außerdem ½ Verhandlungsgebühr für denjenigen Termin, auf Grund dessen das Versäumnisurteil erging, aber keine weitere Verhandlungsgebühr für die Verhandlung zur Hauptsache nach dem Einspruch, § 13 II.

Diese Frage ist **streitig. Wie hier** zB RS 15, 16, Swolana 3; **aM** zB Mü AnwBl **88**, 75, GSEM 13, SchGei 20 (neben der vor dem Einspruch verdienten Gebühr entstehe ½ Verhandlungsgebühr aus dem Wert des mit dem Einspruch angegriffenen Teilbetrags).

Verfahren nach Abstandnahme vom Urkunden- oder Wechselprozeß oder nach Vorbehaltsurteil

39 **Das ordentliche Verfahren, das nach Abstandnahme vom Urkunden- oder Wechselprozeß oder nach einem Vorbehaltsurteil anhängig bleibt (§§ 596, 600 der Zivilprozeßordnung), gilt als besondere Angelegenheit. Die Prozeßgebühr des Urkunden- oder Wechselprozesses wird jedoch auf die gleiche Gebühr des ordentlichen Verfahrens angerechnet.**

1) Geltungsbereich, S 1. Die Vorschrift erfaßt wegen der Wesensverschiedenheit von Urkunden- und Nachverfahren und der im letzteren sowie nach einer Abstandnahme vom Urkundenprozeß oft notwendigen gesteigerten Tätigkeit des Anwalts, Schlesw SchlHA **87**, 190, nur die beiden in A und B folgenden Situationen, nicht aber die einfachere Lage im Fall C.

A. Nach Abstandnahme, § 596 ZPO. Der Kläger des Urkunden-, Wechsel- oder Scheckprozesses kann auch ohne eine Einwilligung des Beklagten bis zum Schluß der mündlichen Verhandlung von dem besonderen Prozeß in der Weise Abstand nehmen, daß der Rechtsstreit im ordentlichen Verfahren anhängig bleibt. Er kann also den Antrag auf eine Verhandlung in dem besonderen Prozeß zurücknehmen, ohne die Klage zurückzunehmen. Er kann dadurch unter anderem eine Prozeßabweisung vermeiden, BGH BB **81**, 638. Ein Abstand für einen zum Teilurteil geeigneten Teil des Anspruchs ist zulässig.

Die Abstandserklärung erfolgt entweder in der mündlichen Verhandlung bis zu deren Schluß oder noch nach einer Erledigung der Hauptsache oder schriftlich im schriftlichen Verfahren oder im Aktenlageverfahren. Der Kläger kann seine Erklärung auch bei einer Säumnis des Beklagten abgeben. Die Erklärung muß unbedingt und vorbehaltlos sein. Sie kann auch durch eine schlüssige Handlung erfolgen. Die Erklärung ist eine unwiderrufliche und unanfechtbare Prozeßhandlung. Sie bewirkt einen tatsächlichen Stillstand des Verfahrens bis zu einer neuen Ladung, sofern das Gericht nicht im Einverständnis mit den Parteien sofort im ordentlichen Verfahren weiterverhandeln läßt.

Sie läßt die Rechtshängigkeit mit ihren prozessualen und sachlichrechtlichen Wirkungen fortdauern. Alle bisherigen Prozeßhandlungen bleiben voll wirksam. Das gilt auch für alle bisherigen Entscheidungen.

S 1 erfaßt das Verfahrensstadium nach der wirksamen Abstandserklärung bis zur Beendigung des nun bestehenbleibenden Rechtsstreits im ordentlichen Verfahren dieser Instanz.

Die Vorschrift gilt auch für den Scheckprozeß. Er ist infolge eines offensichtlichen Redaktionsversehens des Gesetzgebers nicht besonders erwähnt, enthält aber gemäß § 605a durch die Verweisung auf die Regeln des Wechselprozesses keine andere gebührenrechtliche Situation.

B. Nachverfahren, § 600 ZPO. Soweit der Beklagte des Urkunden-, Wechsel- oder Scheckprozesses dem geltend gemachten Anspruch widersprochen hat, muß das Gericht ihm im Fall seiner Verurteilung die Ausführung seiner Rechte von Amts wegen vorbehalten, § 599 I ZPO. Soweit das Urteil keinen Vorbehalt enthält, kann der Beklagte die Ergänzung des Urteils beantragen, § 599 II ZPO. Infolge des Vorbehalts bleibt der Rechtsstreit im ordentlichen Verfahren kraft Gesetzes anhängig, § 600 I ZPO. § 39 S 1 erfaßt auch dieses Verfahrensstadium. Wegen des Scheckprozesses A.

C. Nachverfahren nach Aufrechnung, § 302 ZPO. In diesem Verfahren ist § 39 unanwendbar, Schlesw SchlHA **87**, 190 mwN.

2) Folgen. Sofern eine der Voraussetzungen Anm 1 A oder B vorliegt, ergibt sich gebührenrechtlich:

A. Besondere Angelegenheit, S 1. Das Nachverfahren gilt als eine besondere Angelegenheit. Es können also in diesem Verfahren Gebühren unabhängig von denjenigen entstehen, die der Anwalt im Urkunden-, Wechsel- oder Scheckprozeß verdient hatte.

B. Anrechnung, S 2. Die Prozeßgebühr des Urkunden-, Wechsel- oder Scheckprozesses ist aber auf dieselbe Gebührenart des nachfolgenden ordentlichen Verfahrens anzurechnen. Das gilt auch für die Verkehrsgebühr nach § 52 als einer Unterart der Prozeßgebühr.

C. Einzelfragen. Soweit der Gegenstandswert im Urkundenprozeß usw und im Nachverfahren übereinstimmt, entsteht im Nachverfahren keine neue Prozeß- oder Verkehrsgebühr. Soweit der Wert im Nachverfahren geringer ist, gilt dasselbe. Soweit der Wert im Nachverfahren höher ist, muß man die Prozeßgebühr nach dem höheren Wert berechnen und um die im Urkundenprozeß usw verdiente Prozeßgebühr kürzen. Beim Gegenstandswert des späteren Verfahrens bleiben die Kosten des Urkundenprozesses und die Rückzahlung auf Grund des dort ergangenen Urteils außer Betracht.

Im übrigen bleiben die im Urkundenprozeß usw entstandenen Gebühren von den im Nachverfahren entstehenden unberührt. Soweit der ProzBev des Klägers nach der Stellung der eigenen Anträge erklärt hat, daß er vom Urkundenprozeß usw Abstand nehme, hat in jenem Prozeß keine Verhandlung stattgefunden. Soweit sich der Beklagte lediglich die Ausführung seiner Rechte vorbehalten, im übrigen aber nichtstreitig verhandelt hat, liegt eine nichtstreitige Verhandlung vor, § 33 Anm 4 „Urkundenprozeß".

Wenn die Berufung sich sowohl gegen das Vorbehaltsurteil als auch gegen das Urteil des Nachverfahrens richtet, handelt es sich um zwei verschiedene Angelegenheiten. Das gilt aber nicht, wenn das Gericht eine Verbindung vornimmt.

Die Beiordnung eines Anwalts im Weg einer Prozeßkostenhilfe für den Urkundenprozeß gilt auch für das anschließende Nachverfahren.

Arrest, einstweilige Verfügung

40 **I Das Verfahren über einen Antrag auf Anordnung, Abänderung oder Aufhebung eines Arrestes oder einer einstweiligen Verfügung gilt als besondere Angelegenheit.**

II Das Verfahren über einen Antrag auf Abänderung oder Aufhebung eines Arrestes oder einer einstweiligen Verfügung bildet mit dem Verfahren über den Antrag auf Anordnung des Arrestes oder der einstweiligen Verfügung eine Angelegenheit.

III Ist das Berufungsgericht als Gericht der Hauptsache anzusehen (§ 943 der Zivilprozeßordnung), so erhält der Rechtsanwalt die Gebühren nach § 11 Abs. 1 Satz 1 und 2.

Vorbem. III idF Art 3 I Z 7 G vom 9. 12. 86, BGBl 2326, in Kraft seit 1. 1. 87, Art 10, Übergangsrecht § 134.

1) Systematik. I enthält eine vorrangige Ausnahmeregelung gegenüber § 13 II. Die Vorschrift ist daher eng auszulegen. II enthält eine Klarstellung dahin, daß nicht jeder der in I genannten Abschnitte des Eilverfahrens nun auch noch für sich als besondere Angelegenheit gilt, sondern daß das Eilverfahren in sich wiederum nur als eine Angelegenheit gilt. III enthält eine aus der Besonderheit der Zuständigkeitsvorschrift in § 943 ZPO abzuleitende gebührenrechtliche Folge.

Das Verfahren auf den Erlaß einer einstweiligen Anordnung fällt nicht unter § 40, sondern in einer Ehesache unter § 41 und im übrigen unter § 49, etwa im Fall des § 707 ZPO.

2) Eilverfahren und Hauptprozeß, I. Das Verfahren auf die Anordnung, die Abänderung oder die Aufhebung eines Arrests oder einer einstweiligen Verfügung gilt gegenüber dem Hauptprozeß als eine besondere Angelegenheit, Köln JB **75**, 186. Das gilt auch dann, wenn das Eilverfahren und der Hauptprozeß zeitlich zusammenfallen oder miteinander verbunden sind. Die Einstufung als besondere Angelegenheit gilt auch dann, wenn der Anwalt Anträge zum Hauptprozeß und zum Eilverfahren gleichzeitig oder im Verhältnis von Haupt- und Hilfsantrag stellt, aM Mü Bay JMBl **52**, 164.

Infolge der Einstufung des Eilverfahrens als besondere Angelegenheit findet keine Zusammenrechnung nach § 7 II und keine Anrechnung einer Gebühr auf eine andere statt. Lediglich beim Abschluß eines Vergleichs erhält der Anwalt nur eine einheitliche Vergleichsgebühr, sofern Gegenstände des Eilverfahrens und des Hauptprozesses in den Vergleich einbezogen sind, freilich nach den zusammengerechneten Gegenstandswerten.

Maßgeblich dafür, ob mehrere Prozeßgebühren entstehen, sind die Anträge. Sofern der Anwalt nur einen einheitlichen Antrag stellt, ist es unerheblich, ob das Gericht diesem Antrag erst nach und nach in mehreren Entscheidungen stattgibt. Sofern der Anwalt aber einen Antrag nach seiner Abweisung wiederholt, kann eine neue Angelegenheit vorliegen. Demgegenüber bleibt es bei derselben Angelegenheit, wenn der Anwalt eine Aufhebung des Arrests oder der einstweiligen Verfügung mehrfach beantragt, selbst wenn zwischen diesen Anträgen ein erheblicher zeitlicher Abstand liegt und wenn das frühere Aufhebungs- oder Widerspruchsverfahren im Zeitpunkt des erneuten Aufhebungsantrags bereits rechtskräftig beendet wurde.

3) Abschnitte des Eilverfahrens untereinander, II. A. Grundsatz. Vgl zunächst Anm 1. Es stellt also sowohl das Abänderungsverfahren, §§ 924, 925 ZPO, als auch das Aufhebungsverfahren, §§ 925, 926 II, 927, 936, 939 ZPO, gegenüber dem Antragsverfahren dieselbe Angelegenheit dar, so daß der Anwalt für eine Tätigkeit in diesen einzelnen Abschnitten desselben Eilverfahrens nur einmal Gebühren erhält, Hbg MDR **74**, 150.

Freilich kann natürlich sowohl ein Arrestverfahren als auch ein Verfahren auf den Erlaß einer einstweiligen Verfügung vorliegen. In jedem dieser Eilverfahren kann der Anwalt unabhängig von dem anderen Eilverfahren Gebühren verdienen, außerdem Gebühren im Hauptprozeß.

Das Widerspruchsverfahren gilt selbst dann als dieselbe Angelegenheit wie das Anordnungsverfahren, wenn der Anwalt mehrere Widersprüche einlegt. Dasselbe gilt beim Abänderungsverfahren unabhängig davon, ob er zB eine Erhöhung oder eine Herabsetzung der Unterhaltsrente fordert.

B. Einzelfragen. a) Rechtfertigungsverfahren, § 942 ZPO. Wenn das AG, in dessen Bezirk sich der Streitgegenstand befindet, in einem dringenden Fall gemäß § 942 I 1 ZPO eine einstweilige Verfügung unter der Bestimmung einer Frist erlassen hat, innerhalb der die Ladung des Gegners zur mündlichen Verhandlung über die Rechtmäßigkeit der einstweiligen Verfügung beim Gericht der Hauptsache zu beantragen ist, bilden das Verfahren vor dem AG und das Verfahren vor dem Gericht der Hauptsache über die Rechtmäßigkeit dieselbe Angelegenheit. Daher entsteht die Prozeßgebühr nur einmal, soweit derselbe Anwalt bei beiden Gerichten zugelassen ist, Hamm JB **70**, 1073.

Soweit ein Anwaltswechsel erforderlich war, liegt allerdings keine einheitliche Angelegenheit im Sinn von II vor, Stgt JB **76**, 192. Wenn der Antragsgegner unzulässigerweise beim unzuständigen AG Widerspruch erhebt, ist das weitere Verfahren vor dem AG eine besondere Angelegenheit. Dasselbe gilt, wenn der Antragsgegner ein Widerspruchsverfahren vor einem sonst unzuständigen Gericht einleitet.

In der Regel ist ein Verfahren vor dem Gericht der Hauptsache im Anschluß an dasjenige vor dem AG der Belegenheit erforderlich. Daher sind die Mehrkosten grundsätzlich erstattungsfähig, soweit feststeht, daß der Gläubiger wegen der Dringlichkeit des Falls nicht sogleich einen beim Gericht der Hauptsache zugelassenen Anwalt hätte beauftragen können.

b) Berufungsinstanz. II gilt auch im Berufungsrechtszug, soweit das Anordnungs-, Aufhebungs- oder Abänderungsverfahren dort stattfindet, aber auch dann, wenn derselbe Anwalt in mehreren Berufungsverfahren gegen mehrere Urteile im Hinblick auf dieselbe Anordnung tätig wird.

c) Beschwerdeinstanz. Der Beschwerderechtszug bleibt von der ersten Instanz getrennt. Soweit das Beschwerdegericht eine einstweilige Verfügung erläßt und soweit der Antragsgegner Widerspruch einlegt, gehört dieser zur betreffenden Instanz. Denn beide Verfahren beziehen sich auf die Anordnung, RS 9, aM GSEM 17.

Wenn dagegen das Beschwerdegericht einen Arrest erlassen hat und wenn der Antragsgegner beim Gericht der ersten Instanz die Aufhebung des Arrests wegen veränderter Umstände betreibt, bilden das Beschwerde- und das Aufhebungsverfahren zusammen dieselbe Instanz.

Die Beschwerdeinstanz ist ein besonderer Rechtszug. In ihr entstehen Gebühren nach § 61 I Z 1, nicht die vollen Gebühren. Wegen der Anordnung einer mündlichen Verhandlung durch das Beschwerdegericht § 61 Anm 2 A.

d) Vollziehung. Die Vollziehung des Arrests oder der einstweiligen Verfügung ist ein Teil der Zwangsvollstreckung und nicht ein Teil des vorläufigen Erkenntnisverfahrens. Der Anwalt erhält daher für seine Tätigkeit im Vollziehungsverfahren eine besondere Vergütung nach § 59. Die Aufhebung der Vollziehung ist eine Aufhebung der Zwangsvollstreckung und nicht eine Aufhebung der Anordnung des Arrests. Sie fällt daher unter § 57, vgl auch § 58 II Z 7. Eine Fristsetzung nach § 926 I ZPO ist durch die Prozeßgebühr abgegolten.

4) Gebührenhöhe. Es entstehen die vollen Gebühren des § 31, in der Berufungsinstanz die um 3/10 erhöhten, § 11 I 4. Soweit das Berufungsgericht dasjenige der Hauptsache ist, § 943 ZPO, entstehen bei ihm nur erstinstanzliche Gebühren, III.

Die Prozeßgebühr entsteht zu ½ mit der Erteilung des Auftrags, zu weiteren ½ mit der Einreichung des Antrags. Der Gegner erhält diese ½ Gebühr, sobald er irgendeine Tätigkeit ausübt, etwa den Arrestbeschluß seiner Partei übermittelt und ihr dazu schreibt. Das gilt allerdings nicht, soweit er zur Emfangnahme nicht beauftragt war. Die Prozeßgebühr entsteht ihm voll, sobald er eine Schutzschrift oder einen Widerspruchsschriftsatz einreicht, den Antrag auf eine Aufhebung wegen veränderter Umstände stellt, § 927, oder den Antrag auf eine Fristsetzung zur Klagerhebung oder auf eine Ladung zur Verhandlung über die Rechtmäßigkeit einreicht, §§ 926 I, 942 II ZPO. Bei einer Schutzschrift ist meist § 32 I anwendbar, § 32 Anm 2 C „Arrest, einstweilige Verfügung".

Wegen der Beweisgebühr § 34 Anm 3 D d.

5) Gegenstandswert. Gemäß § 8 gilt § 20 GKG, s dort.

6) Kostenerstattung. Soweit das Gericht die einstweilige Verfügung durch ein Urteil erlassen hat und nach § 927 ZPO durch ein Urteil aufgehoben hat, kann jede Partei auf Grund der ihr günstigen Entscheidung eine diesbezügliche Kostenerstattung verlangen. Denn die Verfahren widersprechen einander nicht, Mü Rpfleger **87**, 337 mwN. Hat der Antragsgegner den Aufhebungsantrag gemäß § 926 II ZPO zurückgenommen, weil der Antragsteller nachträglich Klage zur Hauptsache erhoben hat, und hat das Gericht dem Antragsteller die Kosten des Aufhebungsverfahrens auferlegt, so findet keine Erstattung der Anwaltskosten des Anordnungsverfahrens zu Gunsten des Antragsgegners schon auf Grund der Kostenentscheidung des Aufhebungsverfahrens statt, Düss MDR **75**, 588, KG MDR **75**, 153.

Soweit es erforderlich war, für das Widerspruchsverfahren einen anderen Anwalt zu bestellen, sind seine Kosten im allgemeinen nicht erstattungsfähig. Denn man muß meist mit einem solchen Verfahren rechnen, Kblz Rpfleger **81**, 494. Eine Ausnahme von dieser Regel gilt nur sehr selten, Nürnb AnwBl **77**, 255. Wenn das Gericht für das Widerspruchsverfahren im Weg einer Prozeßkostenhilfe einen anderen Anwalt als denjenigen für das Anordnungsverfahren bestellt, können beide Anwälte ihre Kosten aus der Staatskasse erstattet fordern.

Einstweilige Anordnungen

41 **I Die Verfahren nach**
a) § 127a,
b) §§ 620, 620b Abs. 1, 2,
c) § 621f,
d) §§ 641d, 641e Abs. 2, 3
der Zivilprozeßordnung gelten jeweils als besondere Angelegenheit. Für mehrere Verfahren, die unter einem Buchstaben genannt sind, erhält der Rechtsanwalt die Gebühren in jedem Rechtszug nur einmal.

II Bei einer Einigung der Parteien erhält der Rechtsanwalt die Prozeßgebühr nur zur Hälfte, wenn ein Antrag nach den in Absatz 1 genannten Vorschriften nicht gestellt worden ist. Dies gilt auch, soweit lediglich beantragt ist, eine Einigung der Parteien zu Protokoll zu nehmen.

Gliederung

1) Einstweilige Anordnung, I. A. Systematik. Als eine gegenüber § 13 II vorrangige Sonderregelung enthält I, ähnlich §§ 38–40, für die in I genannten, dort abschließend aufgezählten Verfahren auf den Erlaß einstweiliger Anordnungen grundsätzlich mit Hilfe der Einordnung als besondere Angelegenheiten gegenüber dem zugehörigen Hauptverfahren beträchtliche zusätzliche Gebührenmöglichkeiten. I a–d enthält vier Gruppen von Verfahrensarten, deren Zuordnung weniger dadurch bedingt ist, daß die Verfahren derselben Gruppe besondere Ähnlichkeit untereinander aufweisen, als vielmehr dadurch, daß die Verfahren einer Gruppe in der Praxis häufig nebeneinander stattfinden. Innerhalb derselben Gruppe soll der Anwalt die für ein Verfahren entstehenden Gebühren innerhalb desselben Rechtszugs nur einmal erhalten, I 2. Insofern kehrt die Vorschrift wieder zum Grundsatz des § 13 II zurück.

II 1 enthält eine dem § 32 I angenäherte Regelung, II 2 stimmt im Wortlaut mit § 32 II überein.

Wegen eines Arrests und einer einstweiligen Verfügung vgl § 40. Wegen einer einstweiligen Anordnung in anderen als den in I genannten Sachen vgl § 49.

B. Geltungsbereich. I erfaßt die dort abschließend genannten Verfahren auf den Erlaß einstweiliger Anordnungen. Die Buchstaben a–d nennen jeweils eine Verfahrensgruppe, innerhalb der mehrere Verfahren nur dieselbe Angelegenheit bilden, I 2. Im einzelnen gilt:

a) Prozeßkostenvorschuß in einer Unterhaltssache, § 127a ZPO. Nach dieser Vorschrift kann das Prozeßgericht auf Grund des Antrags einer Partei die Verpflichtung zur Leistung eines Prozeßkostenvorschusses für diesen Rechtsstreit unter den Parteien durch eine einstweilige Anordnung unanfechtbar regeln. § 127a ZPO schafft keine sachlichrechtliche Anspruchsnorm, sondern nur die raschere prozessuale Durchsetzbarkeit anderer Normen, Karlsr FamRZ **81**, 1195 mwN, Oldb FamRZ **82**, 385, aM zB Wacke MünchKomm § 1360a BGB Rdz 21. § 127a I ZPO erfaßt trotz seines scheinbar umfassenden Wortlauts nur diejenigen Unterhaltssachen, die weder von § 620 Z 9 ZPO noch von § 621f ZPO in Verbindung mit § 621 I Z 1–3, 6–9 ZPO geregelt werden. Denn jene Sondervorschriften gehen dem § 127a ZPO vor.

Es bleiben also in der Regel nur der Unterhaltsanspruch des ehelichen oder des nichtehelichen Kindes sowie anderer Verwandter, dann allerdings auch im Fall einer zugehörigen Vollstreckungsabwehrklage nach § 767 ZPO, Düss FamRZ **78**, 427, nicht aber ein Anspruch eines Ehegatten auf einen Prozeßkostenvorschuß gegen den geschiedenen anderen Ehegatten.

Diese Frage ist **streitig. Wie hier** zB auch BGH **89**, 33, BayObLG **80**, 79 (Unanwendbarkeit des § 127a ZPO jedenfalls nach der Beendigung der Instanz), Düss FamRZ **78**, 124, Hbg FamRZ **78**, 902 mwN, BLAH § 127a ZPO Anm 3 C „Geschiedenenunterhalt" mwN; **offen** Ffm FamRZ **79**, 732; **aM** zB BGH NJW **80**, 1392, Celle FamRZ **78**, 783, Düss FamRZ **79**, 806, Mü FamRZ **79**, 42, Stgt NJW **79**, 1168 je mwN, AG Hanau FamRZ **79**, 419.

Im Fall einer Verbindung eines Unterhaltsanspruchs mit einem anderen Anspruch gilt § 127a I ZPO nur für den Unterhalt. Das ergibt sich aus seinen Worten „für diesen Rechtsstreit". Daher muß man den übrigen Vorschuß notfalls durch eine Klage einholen.

Wegen der Unterhaltspflicht vgl BLAH § 127a ZPO Anm 3.

Der Antrag auf den Erlaß einer einstweiligen Anordnung ist zulässig, sobald die Unterhaltssache anhängig ist. Eine Rechtshängigkeit ist nicht erforderlich. Wegen der weiteren Einzelheiten des Verfahrens BLAH § 127a ZPO Anm 6ff.

b) Einstweilige Anordnung in einer Ehesache. Die in dieser Gruppe genannten Vorschriften der ZPO nennen eine ganze Reihe von Punkten, über die das Familiengericht eine einstweilige Anordnung treffen kann. Alle Anordnungen dieser Gruppe lassen innerhalb desselben Rechtszugs die infolge der Einstufung als besondere Angelegenheit entstehenden Gebühren nur einmal erwachsen, I 2.

Es handelt sich im einzelnen um folgende Regelungen:

aa) § 620 ZPO. Hierhin zählen die einstweiligen Anordnungen über die elterliche Sorge für ein gemeinschaftliches Kind, Z 1, Schlesw AnwBl **86**, 110; den Umgang des nichtsorgeberechtigten Elternteils mit dem Kind, Z 2; die Herausgabe des Kindes an den anderen Elternteil, Z 3; die Unterhaltspflicht gegenüber einem Kind im Verhältnis der Ehegatten zueinander, Z 4; das Getrenntleben der Ehegatten, Z 5; den Unterhalt eines Ehegatten, Z 6; die Benutzung der Ehewohnung und des Hausrats, Z 7; die Herausgabe oder Benutzung der zum persönlichen Gebrauch eines Ehegatten oder eines Kindes bestimmten Sachen, Z 8; die Verpflichtung zur Leistung eines Prozeßkostenvorschusses eines Ehegatten an den anderen, Z 9. Auch die letzte Vorschrift ist also in die Gruppe b eingeordnet und geht insofern als Sondervorschrift dem § 127a ZPO und damit der Gruppe a vor.

bb) § 620b I ZPO. Nach dieser Vorschrift kann das Familiengericht auf Grund eines Antrags den Beschluß über eine einstweilige Anordnung aufheben oder ändern und von Amts wegen entscheiden, wenn die Anordnung die elterliche Sorge für ein gemeinschaftliches Kind betrifft oder wenn eine Anordnung nach § 620 Z 2 oder 3 ZPO ohne eine vorherige Anhörung des Jugendamts erlassen worden ist, vgl Düss AnwBl **88**, 418, KG MDR **85**, 946. In Betracht kommt nur eine einstweilige Anordnung im Rahmen des Scheidungsverbundes.

Diese Frage ist **streitig. Wie hier** zB Bbg JB **81**, 1242, Hamm JB **79**, 1819, Karlsr Rpfleger **80**, 77, Köln JB **83**, 867; **aM** zB AG Groß-Gerau Rpfleger **87**, 337.

cc) § 620b II ZPO. Nach dieser Vorschrift ist dann, wenn ein Beschluß über eine Aufhebung oder Änderung einer einstweiligen Anordnung ohne eine mündliche Verhandlung ergangen ist, auf Grund einer mündlichen Verhandlung erneut zu beschließen.

c) Prozeßkostenvorschuß in einer Familiensache, § 621f ZPO. Nach dieser Vorschrift kann das Familiengericht in einer Familiensache des § 621 I Z 1–3, 6–9 ZPO auf Grund eines Antrags durch eine einstweilige Anordnung die Verpflichtung zur Leistung eines Kostenvorschusses für dieses Verfahren unanfechtbar regeln. Diese Vorschriften der ZPO gehen als Sondervorschriften dem § 127a ZPO vor. Daher sind diese Verfahren in die Gruppe c und nicht in die Gruppe a einzuordnen.

§ 621f ZPO gilt allerdings nicht in einem isolierten Verfahren nach § 621 I Z 1–3, 6, 9 ZPO, Karlsr (2. ZS) Rpfleger **80**, 77, aM zB Lappe, Kosten in Familiensachen, 3. Aufl Rdz 813.

d) Unterhaltsregelung bei Vaterschaftsfeststellung. In dieser Gruppe sind, ebenso wie in der Gruppe b, mehrere Arten einstweiliger Anordnungen im Verfahren auf die Feststellung der Vaterschaft zusammengefaßt. Für die Tätigkeit in mehreren dieser Unterarten erhält der

Anwalt in derselben Instanz die Gebühren (neben denjenigen für das Hauptverfahren) nur einmal, I 2. Im einzelnen:

aa) Unterhalt des Mannes an das Kind, § 641 d ZPO. Nach dieser Vorschrift kann das Gericht auf Grund eines Antrags im Vaterschaftsfeststellungsprozeß durch eine einstweilige Anordnung bestimmen, daß der Mann dem Kind Unterhalt zu zahlen oder für den Unterhalt Sicherheit zu leisten hat, und die Höhe des Unterhalts regeln.

bb) Aufhebung der Unterhaltsanordnung beim Fehlen einer Verurteilung zum Regelunterhalt, § 641 e II ZPO. Nach dieser Vorschrift hat das Gericht nach einer rechtskräftigen Feststellung der Vaterschaft und beim Fehlen einer gleichzeitigen Verurteilung zur Zahlung des Regelunterhalts auf Grund eines Antrags des Mannes eine Frist zu bestimmen, innerhalb derer das Kind wegen seiner Unterhaltsansprüche die Klage auf den Regelunterhalt zu erheben hat. Sofern das Kind die Frist nicht einhält, muß das Gericht auf Antrag die einstweilige Anordnung über die Zahlung des Unterhalts aufheben.

cc) Aufhebung der Unterhaltsanordnung nach Verurteilung zum Regelunterhalt usw, § 641 e III ZPO. Nach dieser Vorschrift muß das Gericht nach einer rechtskräftigen Verurteilung zur Zahlung des Regelunterhalts oder dieses Unterhalts nebst eines Zuschlags oder abzüglich eines Abschlags usw auf Grund eines Antrags des Mannes dem Kind eine Frist bestimmen, innerhalb derer das Kind die Festsetzung des Betrags des Regelunterhalts gemäß § 642 a I ZPO oder eines Zu- oder Abschlags zum Regelunterhalt nach § 642 d ZPO und nach § 643 II ZPO in Verbindung mit § 642 a I ZPO zu beantragen hat. Nach dem ergebnislosen Ablauf der Frist muß das Gericht auf Grund eines Antrags die einstweilige Anordnung aufheben, § 641 e III 2 in Verbindung mit II 2–4 ZPO.

C. Mehrheit von Verfahren. Wie schon in B dargestellt, können für mehrere Verfahren auf den Erlaß einstweiliger Anordnungen, die unter I fallen, jeweils besondere Gebühren entstehen. Das gilt aber nur, sofern die Verfahren mehreren der unter B a–d genannten Gruppen angehören. Für mehrere Verfahren in derselben Gruppe erhält der Anwalt in jedem Rechtszug die Gebühren (neben denen für das Hauptverfahren) gemäß I 2 nur einmal.

I 2 ist also zB in folgenden Fällen anwendbar: Innerhalb desselben Rechtszugs finden mehrere Verfahren nach § 127 a ZPO statt, etwa deshalb, weil der Antragsteller den Antrag im ersten Verfahren wirksam zurückgenommen hatte, dann aber vor der Beendigung des Hauptverfahrens erneut eine einstweilige Anordnung auf die Zahlung eines Prozeßkostenvorschusses eingereicht hat, etwa wegen der zwischenzeitlich eingetretenen Ausweitung des Hauptverfahrens; an ein Verfahren nach § 620 ZPO schließt sich ein solches nach § 620 b ZPO an, vgl Hamm MDR **83**, 847.

Soweit das Berufungsgericht für die einstweilige Anordnung zuständig ist, tritt eine Erhöhung der Vergütung um $\frac{3}{10}$ ein, § 11 I 2. Denn es handelt sich um Teile des Ehe-, Familien- oder Kindschaftsverfahrens.

Diese Frage ist **streitig. Wie hier** zB Düss MDR **72**, 156, Hamm MDR **62**, 831, RS 3, GSEM 8; **aM** zB Karlsr NJW **67**, 887, Tschischgale NJW **59**, 113.

Das Anordnungsverfahren usw beim AG und ein Anordnungsverfahren beim OLG sind besonders zu vergüten.

D. Gegenstandswert. Der Wert richtet sich nach der Art und Höhe des jeweiligen Anspruchs. Es kann sich also um eine vermögensrechtliche oder um eine nichtvermögensrechtliche Sache handeln. Eine Zusammenrechnung erfolgt nach § 7 II, KG MDR **82**, 328.

2) Einigungsvergütung, II. A. Begriff der Einigung. Vgl § 32 Anm 3 Ab. Entgegen einer früher vielfach vertretenen Meinung, vgl (zum alten Recht) KG NJW **68**, 165, setzt eine Einigung einen Antrag nach den in I genannten Vorschriften nicht voraus, vgl auch Düss JMBl NRW **63**, 74. Die Einigung erfordert, anders als ein Vergleich, also auch kein gegenseitiges Nachgeben.

B. Prozeßgebühr, II 1. Sofern eine Einigung im Sinn von A vorliegt, erhält der Anwalt eine halbe Prozeßgebühr, soweit die Partei keinen Antrag nach den in I genannten Vorschriften gestellt hat.

C. Vergleich. Sofern mehr als eine Einigung, nämlich ein gegenseitiges Nachgeben und damit ein Vergleich vorliegt, ist die Tätigkeit des Anwalts nach § 23 zu vergüten, dort Anm 4 B. Das gilt auch für einen über eine einstweilige Anordnung hinausgehenden Vergleich, Hbg MDR **58**, 855, Hamm NJW **66**, 1226, Schumann IV, aM Mü NJW **58**, 1594 (das OLG will II anwenden. Aber es handelt sich bei II um eine eng auszulegende Sondervorschrift, Anm 1 A, die nur bei einer lediglich vorläufigen Anordnung anwendbar ist).

Soweit die Vergleichsverhandlungen scheitern, erhält der Anwalt ½ Prozeßgebühr gemäß § 32 I. Sie erhöht sich in der Berufungsinstanz um ³⁄₁₀, § 11 I 4, BGH **48**, 334, KG NJW **72**, 216, Nürnb JB **75**, 772 mwN (abl Schmidt), Göppinger FamRZ **72**, 168 (er hält § 118 für anwendbar).

Wegen des Falls, daß der Auftrag nur auf eine außergerichtliche Einigung ging, daß dann aber doch eine Einigung protokolliert wurde, D.

D. Bloße Protokollierung, II 2. Soweit die Parteien lediglich beantragt haben, eine Einigung zu Protokoll zu nehmen, erhält der Anwalt gemäß II 2 die Prozeßgebühr nur zur Hälfte.

Soweit die Parteien nur wegen eines nicht unter I fallenden Teils eine Protokollierung einer Einigung beantragen, gilt allerdings § 32 II.

Diese Frage ist **streitig. Wie hier** zB Hbg MDR **64**, 685 und **65**, 586, Hamm NJW **66**, 1226; **aM** zB Karlsr MDR **64**, 602, Zweibr JB **65**, 630 (diese Gerichte nehmen an, daß man den Parteien jedenfalls einen Antrag unterstellen muß und daß deshalb Gebühren nach I entstünden. Sie übersehen aber, daß I als eine eng auszulegende Sonderregelung, Anm 1 A, nur eine vorläufige Regelung zum Gegenstand hat, sie übersehen ferner auch die Besonderheit in 2, daß kein Antrag gestellt sein darf. Außerdem ist der Gegenstandswert, § 8, geringer als bei § 32 II).

Soweit der Auftrag nur auf eine außergerichtliche Einigung abzielte, ist § 118 I anwendbar. Soweit es dann doch zu einer Protokollierung kommt, kann ausnahmsweise § 118 II anwendbar sein, Hbg MDR **65**, 587, Schmidt JB **65**, 23. Im Fall einer Scheidungsvereinbarung zu gerichtlichem Protokoll kann eine ½ Gebühr nach § 32 oder nach § 41 entstehen.

Diese Frage ist **streitig. Wie hier** zB BGH **48**, 334, Bbg JB **76**, 1207, Brschw NJW **71**, 1466 mwN, Hbg MDR **76**, 235 (betr § 41 aM 1030), KG NJW **74**, 323, AnwBl **75**, 65 und NJW **76**, 1272, Mümmler JB **75**, 9 mwN; **aM** zB Schmidt NJW **71**, 1466 mwN.

42 *(aufgehoben)*

Mahnverfahren

43 **I Im Mahnverfahren erhält der Rechtsanwalt**
1. eine volle Gebühr für die Tätigkeit im Verfahren über den Antrag auf Erlaß des Mahnbescheids einschließlich der Mitteilung des Widerspruchs an den Auftraggeber;
2. drei Zehntel der vollen Gebühr für die Erhebung des Widerspruchs;
3. fünf Zehntel der vollen Gebühr für die Tätigkeit im Verfahren über den Antrag auf Erlaß des Vollstreckungsbescheids, wenn innerhalb der Widerspruchsfrist kein Widerspruch erhoben oder der Widerspruch gemäß § 703a Abs. 2 Nr. 4 der Zivilprozeßordnung beschränkt worden ist.

II Die in Absatz 1 Nr. 1 und 2 bestimmten Gebühren werden auf die Prozeßgebühr angerechnet, die der Rechtsanwalt in dem nachfolgenden Rechtsstreit erhält.

III In den Fällen des Absatzes 1 Nr. 1 gilt § 32 sinngemäß.

Gliederung

1) Allgemeines. Das Mahnverfahren, das mit einer Mahnung nur bedingt zu tun hat, soll dem Gläubiger, hier Antragsteller genannt, auf verhältnismäßig raschem Weg entweder sein Geld oder einen Vollstrekkungstitel beschaffen, den Vollstreckungsbescheid. Es zielt darauf ab, ein streitiges Verfahren zu erübrigen. Freilich erweist sich die Hoffnung des Antragstellers, der Antragsgegener werde keinen Widerspruch und gegen den Vollstreckungsbescheid auch keinen Einspruch einlegen, in der Praxis oft genug als verfehlt.

Immerhin erfordern die Vorbereitung und Durchführung des Mahnverfahrens für den Anwalt des Antragstellers und die Prüfung der Widerspruchschancen sowie die Erhebung des Widerspruchs für den Anwalt des Antragsgegeners trotz des Wegfalls der früheren vollständigen Schlüssigkeitsprüfung des Mahnantrags durch das Gericht doch im Grundsatz dieselbe Mühe und auch dieselbe Verantwortung wie die Vorbereitung und Einlegung einer Klage sowie einer Klagerwiderung. Das rechtfertigt die Zubilligung einer vollen Gebühr für die Tätigkeit im Verfahren über den Antrag und die Zubilligung von Bruchteilsgebühren für die Erhebung des Widerspruchs und für die Tätigkeit im Verfahren auf den Erlaß des Vollstreckungsbescheids. Darauf beruht die Regelung in I.

In den zahlreichen Fällen, in denen es zum anschließenden streitigen Verfahren kommt, entsteht für den Anwalt des Klägers wie für denjenigen des Beklagten zumindest eine Prozeßgebühr. Da die Tätigkeit im streitigen Verfahren infolge der voraufgegangenen Tätigkeit im Mahnverfahren durchweg nur noch (etwas) geringere Mühe und Verantwortung erfordert, rechtfertigt sich die in II geregelte Anrechnung.

Die Gebühr I Z 1 ist der Prozeßgebühr des § 31 I Z 1 angenähert, der grundsätzlich zurücktritt, Ffm AnwBl **88**, 74. Das ist der Ausgangspunkt der Regelung in III; diese Vorschrift verhindert auch, daß unter den Voraussetzungen des § 32 im Mahnverfahren höhere Gebühren als dann entstehen, wenn der Gläubiger von vornherein Klage erhoben hätte.

2) Gebühren im Mahnverfahren, I. A. Begriff des Mahnverfahrens. I erfaßt das Verfahren nach §§ 688–703d ZPO und dasjenige nach § 46a ArbGG. Es beginnt mit der Einreichung des Antrags auf den Erlaß eines Mahnbescheids. Es endet: Mit der Zurücknahme des Mahnantrags; mit seiner Zurückweisung, § 691 ZPO I, II ZPO, sofern nicht eine Anfechtung der Zurückweisung nach § 691 III ZPO in Betracht kommt und erfolgt; mit der Erhebung des Widerspruchs, und zwar unabhängig davon, daß im Fall eines alsbaldigen Widerspruchs die Rechtshängigkeit gemäß § 696 III ZPO bereits als mit der Zustellung des Mahnbescheids eingetreten gilt; mit der Wirksamkeit des Vollstreckungsbescheids, § 699 ZPO, sofern nicht der Antragsgegner zuvor wirksam Widerspruch eingelegt und diesen nur später wirksam zurückgenommen hatte, § 697 IV ZPO (in diesem Fall lebt das Mahnverfahren infolge der Rücknahme des Widerspruchs wieder auf); mit der Einlegung des Einspruchs gegen den Vollstreckungsbescheid, §§ 700 III, 338ff ZPO.

Der Antrag auf die Durchführung des streitigen Verfahrens, § 691 I 1 ZPO, zielt nicht mehr auf das Mahnverfahren ab. Er gehört daher bereits zum folgenden streitigen Verfahren, und zwar selbst dann, wenn er gemäß § 696 I 2 ZPO bereits in den Antrag auf den Erlaß des Mahnbescheids aufgenommen wurde. In diesem Fall ist die Gebühr mit dem Eintritt der Bedingung entstanden. Dasselbe gilt von einem bedingten

Antrag auf eine Verweisung und erst recht von dem mit dem Widerspruch verknüpften.

Dementsprechend beendet die Rücknahme des Antrags auch die Durchführung des streitigen Verfahrens, § 696 IV ZPO, das Mahnverfahren ebensowenig wie die Widerspruchsrücknahme, § 697 IV ZPO, denn in beiden Fällen war das Mahnverfahren schon durch den Widerspruch beendet.

Für das Urkunden-, Wechsel- und Scheckmahnverfahren gelten dieselben Abgrenzungsmerkmale. Eine Sonderregelung enthält I Z 3 lediglich für die unten zu erörternde Gebührenhöhe im Fall des § 703a II Z 4 ZPO.

B. Antragsverfahren, Z 1. Der Anwalt des Antragstellers erhält eine volle Gebühr für die Tätigkeit im Verfahren über den Antrag auf den Erlaß des Mahnbescheids. Es handelt sich also nicht um eine Aktgebühr, sondern um eine Verfahrenspauschgebühr. Sie ist allerdings keine Prozeßgebühr im Sinn von § 31 I Z 1, ähnelt ihr aber stark. Sie gilt wie die Prozeßgebühr die gesamte Tätigkeit im Verfahren zur Erzielung des Mahnbescheids ab, vgl Kblz JB **78**, 1201.

Hierher gehören zB: Die Entgegennahme der Information; die Vorbereitung und Abfassung des Mahnantrags einschließlich der Beschaffung des erforderlichen Formulars; das Verfahren auf Grund etwaiger Bedenken des Gerichts vor dem Erlaß des Mahnbescheids; die Nachreichung etwa fehlender Unterlagen; ein Antrag auf eine Abgabe an ein anderes Gericht, soweit dieses als Mahngericht gemäß §§ 689, 690, 692, 693 ZPO tätig werden soll; der gemäß § 696 I 2 ZPO bereits in den Mahnantrag aufgenommenen vorsorglichen Antrag auf die Durchführung des streitigen Verfahrens für den Fall eines Widerspruchs des Antragsgegners; die Empfangnahme der Mitteilung von der Zustellung des Mahnbescheids, § 693 III ZPO, und deren Weiterleitung an den Auftraggeber; die Empfangnahme der Mitteilung von einem Widerspruch und dem Zeitpunkt seiner Erhebung, § 695 S 1 ZPO, und seine Mitteilung an den Auftraggeber, I Z 1 Hs 2; der nach einer wirksamen Widerspruchsrücknahme gestellte Antrag auf den Erlaß eines Vollstreckungsbescheids, § 699 I ZPO (das Mahnverfahren lebt dann wieder auf).

Hierher gehören nicht: Der erstmals nach dem gegnerischen Widerspruch eingereichte Antrag auf die Durchführung des streitigen Verfahrens, § 696 I 1 ZPO; ein (an sich nicht erforderlicher) zusätzlicher Antrag auf die Abgabe der Akten an das Gericht des streitigen Verfahrens; ein entgegen dem Wortlaut des § 696 V ZPO erforderlicher Verweisungsantrag.

Der Anwalt des Antragsgegners im Mahnverfahren wird im allgemeinen nicht vor der Einlegung des Widerspruchs dem Gericht gegenüber tätig und erhält daher grundsätzlich für das Mahnverfahren keine Vergütung. Soweit allerdings das Gericht den Antragsgegner vor einer Entscheidung über den Mahnantrag zulässig oder unzulässig, jedoch tatsächlich anhört, wird auch er gemäß I Z 1 vergütet.

C. Widerspruch, Z 2. Der Widerspruch des Antragsgegners löst gemäß Z 2 3/10 Gebühr aus. Es handelt sich im Gegensatz zu der Verfahrenspauschgebühr der Z 1 um eine Aktgebühr. Sie entsteht bereits mit der wirksamen Widerspruchserhebung. Der weitere Fortgang des Verfahrens ändert an ihr nichts mehr, insofern ebenso Mü OLGZ **88**, 494 mwN. Andererseits entsteht die Gebühr nach Z 2 auch nicht vor einer wirksamen Widerspruchseinreichung, Ffm MDR **81**, 676.

Es ist unerheblich, ob der Anwalt dem Widerspruch eine Begründung beifügt, die gemäß § 694 ZPO scheinbar entbehrlich, in Wahrheit aber ratsam ist, BLAH § 694 ZPO Anm 1 C. Die Beifügung einer Begründung läßt nicht etwa eine Prozeßgebühr nach § 31 I Z 1 entstehen, Kblz JB **78**, 1201 mwN. Ebensowenig entsteht durch eine vorangegangene vorsorgliche Ankündigung eines Klagabweisungsantrags, Kblz VersR **86**, 665, oder durch einen zusätzlichen Abweisungsantrag im Widerspruchsschriftsatz eine Prozeßgebühr. Denn die Einreichung des Widerspruchs löst noch keine Rechtshängigkeit aus, selbst wenn die Sache als mit der Zustellung des Mahnbescheids rechtshängig geworden anzusehen ist, falls sie alsbald nach der Erhebung des Widerspruchs abgegeben wird, § 696 III ZPO.

Diese Frage ist **streitig. Wie hier** zB Ffm Rpfleger **80**, 118 (abw AnwBl **84**, 99), LG Krefeld Rpfleger **80**, 489 je mwN; **aM** zB Hamm MDR **81**, 539, Mü AnwBl **83**, 520 (falls der Kläger keinen Antrag auf die Durchführung des streitigen Verfahrens stellt), Mü AnwBl **86**, 208 (falls der Kläger den Mahnantrag nach Akteneingang beim Prozeßgericht zurücknimmt), LG Hann JB **80**, 218, LG Nürnb-Fürth AnwBl **82**, 76, LG Trier AnwBl **79**, 230.

Erst recht löst die Einreichung des Widerspruchs noch keine Rechtshängigkeit aus, wenn die Sache nicht alsbald abgegeben wird, insofern aM Mü OLGZ **88**, 494.

Der Anwalt des Antragsgegners erhält für eine Zulässigkeitsrüge keine Prozeßgebühr nach § 31 I Z 1, wenn der Antragsteller des Mahnverfahrens bereits eine Verweisung beantragt hatte, Düss MDR **55**, 495, abw Hamm Rpfleger **73**, 317 (das OLG stellt darauf ab, ob dem Anwalt der gegnerische Verweisungsantrag schon bekannt war). Er erhält aber eine Prozeßgebühr infolge eines zugleich mit dem Widerspruch eingelegten Verweisungsantrags, Düss MDR **75**, 326, Mü NJW **66**, 1762, vgl Saarbr JB **77**, 255 mwN, ferner LG Hbg AnwBl **83**, 521. Denn Z 2 gilt nur die Erhebung des Widerspruchs ab, Ffm MDR **81**, 676, also nicht weitere Tätigkeiten.

Widerspruch ist auch der gemäß § 703a II Z 4 ZPO beschränkte. Erst wegen der weiteren Tätigkeit kommt eine Gebühr nach I Z 3 in Betracht.

Der Anwalt des Antragstellers des Mahnverfahrens erhält für den Empfang oder die Weiterleitung der Mitteilung von der Einlegung des Widerspruchs an den Auftraggeber keine Gebühr nach Z 2 und auch keine besondere Vergütung neben derjenigen nach Z 1, B.

Gegenstandswert ist derjenige Betrag, in dessen Höhe Widerspruch ergeht, § 694 I ZPO.

Es ist unerheblich, ob vor oder nach der Einlegung des Widerspruchs ein Abgabeantrag nach § 696 I 1, 2 ZPO erfolgt. Er allein läßt keine besondere Gebühr entstehen.

D. Verfahren auf den Erlaß des Vollstreckungsbescheids, Z 3.

a) Antrag. Für die Tätigkeit im Verfahren über den Antrag auf den

Erlaß des Vollstreckungsbescheids erhält der Anwalt unter den Voraussetzungen Z 3 eine 5/10-Gebühr. Es handelt sich wie bei Z 1 um eine Verfahrenspauschgebühr. Sie ist ebensowenig wie diejenige nach Z 1 eine Prozeßgebühr, ähnelt ihr allerdings. Freilich genügt zu ihrer Entstehung bereits der Antrag auf den Erlaß des Vollstreckungsbescheids, offen LG Bochum AnwBl **75**, 30, aM wohl LG Ffm NJW **73**, 1984 (das Mahngericht müsse auch den Vollstreckungsbescheid erlassen).

Der Antrag ist gemäß § 699 I 2 ZPO erst nach dem Ablauf der Widerspruchsfrist des § 692 I Z 3 ZPO zulässig, also frühestens zwei Wochen nach der Zustellung des Mahnbescheids, über die der Antragsteller gemäß § 693 III ZPO eine Mitteilung erhalten hat. Wenn die Mitteilung falsch war, zählt die aus der Zustellungsurkunde errechenbare wahre Widerspruchsfrist. Der Sinn dieser Regelung besteht darin, daß der Antragsteller abwarten soll, ob der Antragsgegner zahlt, Hbg MDR **83**, 143. Außerdem sollen alle Beteiligten einschließlich des Gerichts vor einem unnötigen, durch den Vollstreckungsbescheid bedingten Einspruch geschützt werden.

Deshalb darf der Gläubiger den Antrag auch erst nach dem Ablauf der 2-Wochen-Frist absenden.

Diese Frage ist **streitig. Wie hier** zB Hbg MDR **83**, 143, LG Stade NJW **81**, 2366 und Rpfleger **81**, 444, BLAH § 699 ZPO Anm 2 D b je mwN; **aM** zB Brschw Rpfleger **78**, 263, LG Ffm NJW **78**, 767.

Deshalb ist auch ein Antrag unbeachtlich, den der Gläubiger schon zusammen mit den Antrag auf den Erlaß des Mahnbescheids gestellt hatte.

Man kann einen derart verfrühten Antrag auch keineswegs in einen aufschiebend bedingten Antrag auf den Erlaß des Vollstreckungsbescheids umdeuten. Denn dadurch könnte § 699 I 2 ZPO glatt umgangen werden. Vielmehr ist eben nach dem Ablauf der 2-Wochen-Frist ein neuer bzw erster vollständiger Antrag auf den Erlaß eines Vollstreckungsbescheids notwendig. Der Gläubiger muß ihn zumindest nach dem Fristablauf wiederholen und dabei eine zusätzliche Erklärung über eine etwaige Zahlung des Antragsgegners abgeben, AG Duisb Rpfleger **82**, 230. Das Gericht soll diesen Antrag keineswegs von Amts wegen anfordern oder anregen; mangels eines Antrags ist vielmehr § 701 ZPO anwendbar.

Die Entstehung einer Gebühr nach Z 3 ist davon unabhängig, ob ein im zulässigen Zeitraum eingereichter Antrag inhaltlich ausreichend ist. Zum notwendigen Inhalt BLAH § 699 Anm 2 D d. Wenn freilich überhaupt kein eindeutiger Antrag auf den Erlaß eines Vollstreckungsbescheids vorliegt, ist Z 3 schon aus diesem Grund unanwendbar.

b) Weitere Voraussetzungen. Sofern ein ausreichender Antrag vorliegt, a, muß entweder die eine oder die andere der beiden folgenden weiteren Voraussetzungen hinzutreten:

aa) Kein rechtzeitiger Widerspruch. Entweder darf der Schuldner gegen den Mahnbescheid innerhalb der gesetzlichen Widerspruchsfrist keinen Widerspruch erhoben haben. Zur Widerspruchsfrist vgl a. Nun unterbleibt allerdings der Erlaß eines Vollstreckungsbescheids gemäß § 694 I ZPO, wenn der Schuldner den Widerspruch zwar nach dem Ablauf der Widerspruchsfrist, aber vor der „Verfügung" des Vollstrekkungsbescheids, also ihrer Hinausgabe, BLAH § 694 ZPO Anm 1 B, eingelegt hat. Man spricht in diesem Fall noch nicht von einem „verspäteten“ Widerspruch; der letztere Ausdruck ist erst für denjenigen Widerspruch korrekt, der nach der Hinausgabe des Vollstreckungsbescheids beim Gericht eingeht und gemäß § 694 II 1 ZPO als Einspruch zu behandeln ist.

Sofern der Anwalt des Gläubigers den Antrag auf den Erlaß des Vollstreckungsbescheids also in einer Kenntnis eines, wenn auch nach Ablauf der 2-Wochen-Frist, beim Gericht eingegangenen Widerspruchs stellt, ist Z 3 unanwendbar. Denn ein solcher Antrag ist wegen § 694 I ZPO zwecklos. Freilich hat der Anwalt keine Erkundigungspflicht; er braucht nur die Widerspruchsfrist abzuwarten.

Erst recht entsteht keine Gebühr nach Z 3, wenn der Anwalt des Gläubigers den Antrag auf den Erlaß des Vollstreckungsbescheids schon vor dem Ablauf der Widerspruchsfrist einreicht, vgl a, Hbg MDR **83**, 143.

Andererseits kann die Gebühr nach Z 3 entstehen, wenn der Anwalt den Antrag nach dem Fristablauf eingereicht hat und von einem inzwischen doch noch eingegangenen Widerspruch keine Kenntnis hatte, vgl schon (zum alten Recht) Hamm JB **75**, 1085 mwN.

Die wirksame rechtzeitige Widerspruchsrücknahme, § 697 IV ZPO, steht der Nichteinlegung gleich, BLAH § 697 ZPO Anm 5 C, Kblz AnwBl **89**, 296, Mü AnwBl **85**, 206 je mwN.

bb) Beschränkter Widerspruch, § 703a II Z 4 ZPO. Statt der Voraussetzung aa reicht es auch aus, daß der Schuldner den Widerspruch im Urkunden-, Wechsel- oder Scheckmahnverfahren auf den Antrag beschränkt hat, ihm die Ausführung seiner Rechte im Nachverfahren vorzubehalten.

c) Weitere Einzelfragen. Die Gebühr nach Z 3 gilt auch die etwa nach § 699 IV 2 ZPO durchgeführte Zustellung des Vollstreckungsbescheids im Parteibetrieb sowie einen etwaigen Antrag auf die Erteilung einer Vollstreckungsklausel und die Tätigkeit bei der Anrufung des Richters gegen eine Entscheidung des Rpfl ab.

Der Gegenstandswert richtet sich nach der Höhe des Antrags auf den Erlaß des Vollstreckungsbescheids. Im Fall einer vorherigen Zurücknahme des Auftrags erfolgt keine Wertherabsetzung.

3) Anrechnung, II. A. Voraussetzungen. Eine Anrechnung findet statt, soweit die folgenden Voraussetzungen zusammentreffen:

a) Gebührenart. Anrechenbar ist nur die Gebühr nach I Z 1 und nach I Z 2.

Eine Anrechnung findet auch auf die der Prozeßgebühr entsprechende Verkehrsgebühr, § 52, statt, etwa dann, wenn der Anwalt im Fall der Abgabe oder Verweisung an ein auswärtiges LG zum Verkehrsanwalt wird. Anderenfalls würde der Verkehrsanwalt grundlos besser verdienen als der ProzBev, Bbg JB **76**, 241 (zustm Mümmler) und JB **76**, 1548, Düss JB **78**, 1828, Hamm NJW **72**, 693. Man kann insofern auch nicht sagen, der Anwalt des Mahnverfahrens brauche sich nicht über den weiteren Prozeßstoff zu unterrichten. Ein Anwalt, der eine solche Informationspflicht vernachlässigen würde, handelte geradezu ersatzpflichtig.

Die Anrechnung findet im Fall der Vertretung bei einer Beweisaufnahme auf die Gebühr nach § 54 statt.

b) Rechtsstreit folgt nach. Dem Mahnverfahren muß der Rechtsstreit „nachfolgen". Es muß sich also zum einen um dasjenige streitige Verfahren handeln, das auf Grund eines Widerspruchs gegen den Mahnbescheid oder auf Grund eines Einspruchs gegen den Vollstreckungsbescheid entsteht und daher zumindest zunächst den im Mahnverfahren geltend gemachten Anspruch ganz oder bei einer zulässigen Beschränkung des Widerspruchs oder Einspruchs teilweise erfaßt.

Es muß aber auch noch ein gewisser zeitlicher Zusammenhang zwischen dem Mahnverfahren und dem zugehörigen streitigen Verfahren bestehen. Zwar braucht keine „alsbaldige" Abgabe im Sinn von § 696 III ZPO erfolgt zu sein; auch schadet ein Ruhen des Verfahrens nicht, sofern die Anordnung des Ruhens erst nach dem Beginn des streitigen Verfahrens erfolgt ist. Andererseits folgt das streitige Verfahren nicht mehr im Sinn von II nach, wenn zwischen der Einlegung des Widerspruchs oder Einspruchs und der nächsten Tätigkeit des Gerichts im streitigen Verfahren aus irgendeinem Grund eine Reihe von Monaten hindurch überhaupt nichts geschehen ist.

c) Derselbe Anwalt. Sowohl im Mahnverfahren als auch im nachfolgenden Rechtsstreit muß derselbe Anwalt tätig sein. Soweit ein anderer Anwalt im streitigen Verfahren tätig wird, entstehen für ihn unter den dortigen Voraussetzungen neue, selbständige Gebühren.

Wegen der Kostenerstattung Anm 5.

B. Gegenstandswert. Soweit der Gegenstandswert des streitigen Verfahrens gegenüber demjenigen des Mahnverfahrens höher ist, erhöht sich die Gebühr.

Soweit er niedriger ist, was die Gebühr des Anwalts des Schuldners berühren kann, darf man nur eine nach dem streitig gewordenen Teil des Anspruchs berechnete $^{3}/_{10}$ Gebühr anrechnen, aM Ffm AnwBl **81**, 161 (es sei nur diejenige $^{3}/_{10}$ Gebühr anzurechnen, die im Mahnverfahren entstanden wäre, wenn sich dieses auf den geringeren Gegenstandswert beschränkt hätte).

4) Vorzeitige Beendigung des Auftrags, III. Soweit der Auftrag endet, bevor der Anwalt den Antrag auf den Erlaß des Mahnbescheids beim Gericht eingereicht hat, sei es, daß der Antrag ganz unterbleibt oder daß die Partei den Antrag nunmehr selbst einreicht, entsteht gemäß III in Verbindung mit § 32 nur $^{1}/_{2}$ Gebühr.

Soweit der Anwalt dagegen den Antrag auf den Erlaß des Mahnbescheids erst nach seinem Eingang beim Gericht zurücknimmt oder soweit das Gericht den Antrag zurückweist, entsteht die Gebühr I Z 1 voll. Allerdings erfolgt gemäß II eine Anrechnung, wenn der Anwalt anschließend den Anspruch durch Klage auftragsgemäß geltend macht.

5) Kostenerstattung. A. Allgemeines. Zum Problem Schneider MDR **79**, 441. Die Erstattungsfähigkeit ist seit dem Inkrafttreten der VereinfNov nur scheinbar anders als früher zu beurteilen. Denn der Gläubiger hat ein Wahlrecht, ob er den Anspruch zunächst im Mahnverfahren geltend machen will und dann riskiert, daß das streitige Verfahren von einem anderen Gericht entschieden werden muß, §§ 696ff ZPO, oder ob er sogleich im Klageweg vorgehen und damit ein solches Gericht anrufen will, das für den gesamten Rechtsstreit zuständig bleibt. Dieser

Umstand wird bei der Auseinandersetzung über die Erstattungsfähigkeit von Mahnkosten vielfach zu Unrecht übersehen, zB von Düss AnwBl **82**, 24 und AnwBl **88**, 652 mwN, Hbg AnwBl **88**, 297. Konsequent angewandt, führt er dazu, daß eine Verweisung nach § 696 ZPO in manchem Fall überhaupt nicht zulässig ist, BLAH § 696 ZPO Anm 5Cb mwN.

Selbst wenn eine Verweisung notwendig ist, sei es auch wegen §§ 690 I Z 5, 692 I Z 1 ZPO, ändert das nichts daran, daß zuvor im Hinblick auf die Verfahrensart sehr wohl ein Wahlrecht bestand und nicht kostenmäßig auf dem Rücken des Antragsgegners bzw Bekl ausgeübt werden durfte, vgl zB Düss VersR **85**, 554. Das übersehen zB Celle Rpfleger **83**, 123, Düss AnwBl **89**, 184 und OLGZ **89**, 203, Ffm MDR **88**, 869 mwN, Hamm AnwBl **85**, 206 (nur im Ergebnis richtig), KG Rpfleger **82**, 38, MDR **82**, 854 und AnwBl **84**, 208 mwN, Stgt AnwBl **83**, 567, Zweibr Rpfleger **83**, 497, LG Bln RR **87**, 255, Demharter MDR **81**, 540, ThP § 91 ZPO Anm 3 c ee, ZöSchn § 91 ZPO Rdz 13 „Mahnverfahren". Der allgemein anerkannte Grundsatz, daß man die Prozeßkosten so gering wie möglich halten muß, ist auch in diesem Zusammenhang zu beachten und schränkt das Wahlrecht des Gläubigers ein.

Denn unabhängig von einem solchen prozessualen Wahlrecht besteht die sachlichrechtliche Schadensminderungspflicht des Gläubigers. Sie nötigt ihn dazu, bei der Ausübung seiner prozessualen Rechte auf die Interessen des Gegners im zumutbaren Maße Rücksicht zu nehmen. Sein Anwalt braucht aber zB Ansprüche aus verschiedenen Sachverhalten nicht mit demselben Mahnantrag geltend zu machen, AG Nürtingen AnwBl **87**, 193.

B. Einzelfälle. Die Kosten mehrerer Anwälte, s auch BLAH § 91 ZPO Anm 21 „Mehrheit von Prozeßbevollmächtigten", sind nur insoweit erstattungsfähig, als sie die Kosten eines einzelnen Anwalts nicht übersteigen oder als in der Person des Anwalts ein Wechsel eintreten mußte, § 91 II 3 ZPO, insofern richtig Hamm Rpfleger **78**, 385, ferner zB Kblz JB **78**, 1032, Schlesw JB **75**, 1373, Stgt NJW **78**, 767, Zweibr JB **78**, 717, grds Lappe NJW **78**, 2380, abw Bre Rpfleger **79**, 221. Im einzelnen gilt folgende Regelung:

a) Erstattungsfähigkeit. Erstattungsfähig sind die Mahnkosten, soweit der Antragsteller **nicht** oder nur teilweise, Kblz VersR **85**, 789 und AnwBl **86**, 254 mwN, mit einem **Widerspruch** des Antragsgegners zu rechnen braucht, etwa deshalb, weil der Anspruch ersichtlich unbestreitbar ist, insofern aM Düss BB **77**, 268 (abl Schmidt), oder soweit trotz der Vorhersehbarkeit eines Widerspruchs doch ein Anwaltswechsel notwendig würde, etwa wegen Umzugs des Bekl, Schlesw SchlHA **87**, 100. Unter solchen Voraussetzungen können auch die Kosten eines Rechtsbeistands, Kblz KTS **85**, 121, oder eines solchen Anwalts erstattungsfähig sein, der im Mahnverfahren tätig wird und beim dortigen Gericht zugelassen ist, nicht jedoch beim Gericht des streitigen Verfahrens zugelassen ist.

Diese Frage ist **streitig. Wie hier** zB Bbg JB **78**, 121, Bre AnwBl **82**, 200, Ffm AnwBl **85**, 216, AnwBl **86**, 205 und Rpfleger **89**, 213, Hamm zB Rpfleger **89**, 212, KG Rpfleger **86**, 491, Karlsr AnwBl **83**, 192 mwN und AnwBl **88**, 654, Kblz AnwBl **80**, 165, VersR **82**, 1206 und AnwBl **86**, 454,

Mü Rpfleger **79**, 387 und AnwBl **80**, 78, Nürnb AnwBl **77**, 417, Stgt AnwBl **82**, 25, LG Düss MDR **84**, 1031, Schmidt Rpfleger **75**, 80 je mwN; **abw** zB Bre Rpfleger **78**, 262, Celle MDR **78**, 1026; **aM** zB Bre Rpfleger **87**, 79, Düss AnwBl **83**, 566 mwN und AnwBl **88**, 652 mwN, Zweibr JB **74**, 504.

Die **Beweislast** für die Unvorhersehbarkeit eines Widerspruchs liegt beim Gläubiger. Diese Frage ist **streitig. Wie hier** zB Kblz MDR **79**, 320, Mü AnwBl **82**, 119, Schlesw JB **85**, 235 und SchlHA **86**, 64, Zweibr JB **79**, 1323, Schneider MDR **79**, 444, ZöSchn § 91 ZPO Rdz 13 „Mahnverfahren"; **aM** zB Köln JB **79**, 213 und 715, Mü Rpfleger **79**, 387 und AnwBl **82**, 119, Oldb AnwBl **80**, 515, Schlesw SchlHA **83**, 60.

Zwei an verschiedenen Orten wohnende Antragsgegner können je einen an ihrem Wohnsitz residierenden Anwalt beauftragen und dessen Kosten auch dann erstattet fordern, wenn zB der BGH das Prozeßgericht am anderen Ort als das zuständige bestimmt, Düss AnwBl **81**, 506.

Erstattungsfähig können auch die Kosten eines auswärtigen, ständigen Vertrauensanwalts sein, KG Rpfleger **86**, 491, Mümmler JB **76**, 201, Schmidt NJW **70**, 52, aM Bbg JB **76**, 201. Freilich müssen auch solche Kosten unvermeidbar sein, vgl zB Bbg JB **76**, 1548, Düss AnwBl **89**, 166, KG Rpfleger **79**, 68, Kblz Rpfleger **79**, 69, 70. Erstattungsfähig können zB die Kosten einer notwendigen Reise zum Anwalt des Prozeßgerichts werden, Ffm JB **79**, 1666, KG JB **77**, 1732. Erstattungsfähig können die Kosten sein, die dadurch entstehen, daß der ProzBev einen Vollstrekkungsbescheid beantragt, weil die Widerspruchsfrist abgelaufen ist und das Gericht ihn von einem inzwischen dort eingegangenen Widerspruch noch nicht benachrichtigt hatte. Erstattungsfähig sind auch die Anwaltskosten des Antragsgegners, selbst wenn der Antragsteller nur ihm gegenüber eine Antragsrücknahme angekündigt hatte, aM LG Augsb Rpfleger **88**, 160.

b) Keine Erstattungsfähigkeit. Nicht erstattungsfähig sind die Kosten des Mahnverfahrens insoweit, als der Antragsteller mit einem **Widerspruch** des Antragsgegners gegen den Mahnbescheid rechnen muß, Düss AnwBl **82**, 251 mwN, BB **84**, 1323 und AnwBl **85**, 269 (es sei durchweg mit einem Widerspruch zu rechnen), vgl Hbg zB MDR **82**, 1024 und AnwBl **88**, 297 mwN (der Senat entscheidet nur dann so, wenn der „Mahnanwalt" seinen Sitz weder beim Mahngericht, noch beim Prozeßgericht hat), Hamm Rpfleger **79**, 268, ZIP **81**, 1078 und AnwBl **82**, 80 (abl Schmidt), Kblz AnwBl **80**, 165 und AnwBl **86**, 454, ferner VersR **88**, 588 (hohe Zinsen einer Kreditbank), Mü Rpfleger **78**, 224 und AnwBl **82**, 119 und 440, Stgt AnwBl **80**, 359.

Das gilt selbst dann, wenn mit einem Widerspruch nur zu dem Zweck der **Hinauszögerung** einer Zahlung zu rechnen ist.

Diese Frage ist **streitig. Wie hier** zB Düss BB **84**, 1323, AnwBl **84**, 626 (abl Saß- Viehweger AnwBl **85**, 191) und grundsätzlich auch MDR **85**, 504, Hamm JB **78**, 385, Kblz AnwBl **80**, 165, Schlesw SchlHA **84**, 134; **aM** zB Bbg JB **78**, 237, Düss AnwBl **82**, 24, Hbg JB **82**, 1359, KG NJW **75**, 933, Schneider MDR **79**, 442, ThP § 91 ZPO Anm 3 c ee, ZöSchn § 91 ZPO Rdz 13 „Mahnverfahren".

Es reicht für den Wegfall der Erstattungsfähigkeit aus, daß mit einem **Teil**widerspruch zu rechnen ist, Mü MDR **88**, 416.

Eine Verweisung nach § 696 V ZPO ist dann unerheblich, A.

Wegen der Beweislast vgl a).

Der Antragsteller braucht aber nicht schon deshalb mit einem Widerspruch des Gegners zu rechnen, wenn der letztere **schweigt,** Kblz JB **78**, 238, Nürnb MDR **76**, 147, Schlesw SchlHA **83**, 59, Stgt JB **78**, 438, LG Bochum AnwBl **77**, 255, insofern aM Düss MDR **85**, 504 und VersR **87**, 1019, oder wenn der Schuldner eine Teilzahlung geleistet hat, Zweibr JB **79**, 222, oder wenn er eine Sicherheit geleistet hat, Düss AnwBl **85**, 590, Mü MDR **77**, 320. Das gilt selbst dann, wenn es sich um einen **Urkunden-**, zB einen Wechselmahnbescheid handelt.

Auch diese Frage ist **streitig. Wie hier** zB Düss AnwBl **85**, 269, 591 je mwN sowie VersR **86**, 921, ferner Hamm Rpfleger **79**, 268, Kblz JB **82**, 407, Mü MDR **77**, 320 und JB **81**, 74; **aM** zB Düss AnwBl **85**, 269 und 591 je mwN sowie VersR **86**, 921. Etwas anderes gilt, wenn der Bekl zwar nicht den Urkundenanspruch, wohl aber die zugrundeliegende Forderung bestreitet, Mü MDR **87**, 61.

Es ist in diesem Zusammenhang unerheblich, ob ein bereits geltend gemachter **außergerichtlicher** Einwand des Antragsgegners als begründet erscheint. Der Antragsteller muß gleichwohl mit einem Widerspruch des Antragsgegners rechnen, sofern der außergerichtliche Einwand ebenso erhoben wurde, Stgt AnwBl **85**, 269, und nicht einen Rechtsmißbrauch darstellt, Bbg JB **76**, 61.

Nicht erstattungsfähig sind die Kosten des Mahnverfahrens ferner dann, wenn der Antragsgegner einen unbedingten Prozeßauftrag erteilt, bevor er bzw der Antragsteller des Mahnverfahrens einen Antrag auf die Durchführung des streitigen Verfahrens nach § 696 I 1 ZPO gestellt haben.

Diese Frage ist **streitig. Wie hier** zB (zum alten Recht) KG NJW **73**, 909, (zum neuen Recht) Schlesw SchlHA **81**, 72; **abw** KG AnwBl **84**, 376; **aM** zB (zum alten Recht) Mü NJW **74**, 2098, (zum neuen Recht) Hbg MDR **83**, 233.

Eine Erstattungsfähigkeit fehlt ferner, wenn die Parteien denselben Wohnsitz haben, Schlesw SchlHA **85**, 180. Etwas anderes gilt nur dann, wenn das Gericht trotz des Fehlens eines Antrags auf die Durchführung des streitigen Verfahrens fälschlich einen Verhandlungstermin anberaumt, Schlesw SchlHA **55**, 223. Nicht erstattungsfähig sind Rechtsbeistandskosten neben Rechtsanwaltskosten, Karlsr Rpfleger **87**, 422.

Vereinfachtes Verfahren zur Abänderung von Unterhaltstiteln

43a **I In Vereinfachten Verfahren zur Abänderung von Unterhaltstiteln nach den §§ 641 l bis 641 p, 641 r bis 641 t der Zivilprozeßordnung erhält der Rechtsanwalt fünf Zehntel der vollen Gebühr für die Tätigkeit im Verfahren über den Abänderungsantrag.**

II Die in Absatz 1 bestimmte Gebühr wird auf die Prozeßgebühr angerechnet, wenn eine Klage nach § 641 q der Zivilprozeßordnung erhoben wird.

III § 32 gilt sinngemäß.

1) Abänderungsverfahren, I. Im Verfahren der §§ 641 l–t ZPO kann ein zugunsten des ehelichen Kinds ergangenes Urteil auf künftigen Unterhalt unabhängig von § 323 ZPO in einem „Vereinfachten Verfahren" abgeändert werden. Demgegenüber behandeln §§ 642b ff ZPO das Änderungsverfahren wegen des Regelunterhalts des nichtehelichen Kindes, vgl insofern § 43b.

Soweit der Antragsgegner des Vereinfachten Verfahrens eine Abänderungsklage nach § 641q ZPO erheben läßt, entstehen für den Anwalt im Klageverfahren Gebühren nach §§ 31 ff. Soweit er aber im Beschlußverfahren vor dem Rpfl tätig wird, § 20 Z 10 RPflG, ist § 43a anwendbar.

I enthält eine Verfahrenspauschgebühr, die der Prozeßgebühr ähnelt. Sie gilt die gesamte Tätigkeit des Anwalts im Beschlußverfahren der in I genannten Vorschriften ab. Denn I billigt ihm, anders als § 43a aF (die Vorschrift betraf den Unterhalt des nichtehelichen Kindes) nicht etwa 5/10 der in § 31 bestimmten Gebühren, sondern nur 5/10 „der vollen Gebühr", ebenso wie jetzt § 43b I. Der Anwalt erhält also zusätzlich zu der in I genannten 5/10 Gebühr weder ½ Verhandlungsgebühr, noch ½ Beweisgebühr, noch ½ Erörterungsgebühr.

Die 5/10 Gebühr in I entsteht aber unabhängig davon, in welchem Stadium des Abänderungsverfahrens der Anwalt tätig zu werden beginnt. Es reicht aus, daß im Zeitpunkt seines Tätigkeitsbeginns das Abänderungsverfahren noch nicht beendet ist.

2) Gegenstandswert. Maßgebend sind §§ 8 BRAGO, 17 GKG.

3) Anrechnung, II. Die Gebühr nach I ist auf diejenige Prozeßgebühr anzurechnen, die im Fall einer Klage nach § 641q ZPO entsteht. Eine Anrechnung auf eine andere Prozeßgebühr kommt nicht in Betracht, also weder auf eine Prozeßgebühr in einem Rechtsstreit nach § 323 ZPO noch auf eine sonstige Prozeßgebühr.

Soweit die Anrechnung erfolgt, ist es unerheblich, ob zeitlich zunächst die Abänderungsklage nach § 641q ZPO oder zunächst der Antrag gemäß § 641l ZPO bei Gericht eingegangen ist.

4) Vorzeitige Beendigung des Auftrags, III. Soweit der Auftrag endet, bevor der Anwalt den Abänderungsantrag nach § 641l ZPO eingereicht bzw eine der in § 32 genannten weiteren Handlungen vorgenommen hat, muß man die in I an sich vorgesehene ½ Gebühr gemäß III in Verbindung mit § 32 halbieren. Im Ergebnis entsteht dann also ¼ der vollen Gebühr.

Wegen der Einzelheiten vgl bei § 32.

Verfahren über den Regelunterhalt nichtehelicher Kinder

43b **I Der Rechtsanwalt erhält fünf Zehntel der vollen Gebühr**

1. im Verfahren über einen Antrag auf Festsetzung des Regelunterhalts nach §§ 642a, 642d der Zivilprozeßordnung, wenn die Festsetzung auf Grund eines Vergleichs, der vor einer Gütestelle abgeschlossen worden ist, oder auf Grund einer Urkunde nach § 642c Nr. 2 der Zivilprozeßordnung erfolgen soll;

2. im Verfahren über einen Antrag auf Neufestsetzung des Regelunterhalts nach § 642b Abs. 1 Satz 1, 2 der Zivilprozeßordnung;
3. im Verfahren über einen Antrag auf Stundung rückständiger Unterhaltsbeträge nach § 643a Abs. 4 der Zivilprozeßordnung;
4. im Verfahren über einen Antrag auf Aufhebung oder Änderung einer Entscheidung, durch die rückständige Unterhaltsbeträge gestundet worden sind, nach § 642f der Zivilprozeßordnung.

II § 32 gilt sinngemäß.

1) Geltungsbereich, I. A. Anwendbarkeit. Während § 43a die Vergütung des Anwalts im Vereinfachten Verfahren auf die Abänderung des Unterhalts des ehelichen Kindes, §§ 641 l–t ZPO, regelt und §§ 31 ff die Tätigkeit des Anwalts bei einer Abänderungsklage nach § 641q ZPO entgelten, regelt § 43b die Vergütung des Anwalts im Verfahren über den Regelunterhalt des nichtehelichen Kindes nach §§ 1615f ff BGB vor dem Rpfl, § 20 Z 11 RPflG. Insofern gilt im einzelnen folgende Regelung:

a) Erstmalige Festsetzung, Z 1. Die Vorschrift erfaßt das Verfahren zur erstmaligen Festsetzung des Betrags des Regelunterhalts, eines Zuschlags oder eines Abschlags, §§ 642a, 642d ZPO, und zwar auf Grund eines jeden der folgenden Vollstreckungstitel:

aa) Vergleich. Die Unterhaltsverpflichtung mag sich aus einem Vergleich ergeben, den die Parteien vor einer Gütestelle geschlossen haben, § 794 I Z 1 ZPO. Sofern der Anwalt dort mitgewirkt hat, tritt die Gebühr Z 1 neben diejenige des § 65 I Z 1.

Dagegen gilt Z 1 nicht im Verfahren auf Grund eines Prozeßvergleichs oder eines Urteils, LG Mü NJW **72**, 2140. Soweit der Anwalt in einem solchen Verfahren tätig war, gehört das Festsetzungsverfahren zum Rechtszug, § 37 Z 6 Hs 2. Anderenfalls vgl § 37 Anm 7b.

bb) Unterwerfungsurkunde. Die Verpflichtung zur Zahlung des Unterhalts kann sich auch aus einer Unterwerfungsurkunde vor dem Gericht oder Notar, § 642c Z 2 ZPO, oder vor dem Jugendamt, §§ 49 I Z 2, 50 II JWG, ergeben. Das setzt allerdings voraus, daß der Schuldner sich nicht nur der generellen Unterhaltspflicht, sondern auch dem Betragsfestsetzungsverfahren unterworfen hat. Soweit der Anwalt in jenem Verfahren mitgewirkt hat, tritt die Gebühr Z 1 neben die dort verdiente.

b) Neufestsetzung, Z 2. Unabhängig von einer Gebühr nach Z 1 kann eine Gebühr gemäß Z 2 im Verfahren über den Antrag auf eine Neufestsetzung des Regelunterhalts nach § 642b I 1, 2 ZPO entstehen, also dann, wenn der Regelbedarf durch eine Änderung der Verordnung zur Berechnung des Regelunterhalts auf Grund §§ 1615f, 1615g BGB erneut zu ermitteln ist. Es muß sich allerdings um eine Veränderung handeln, die man noch nicht im erstmaligen Festsetzungsverfahren berücksichtigen konnte, §§ 642b, 323 ZPO.

Die Vorschrift ist allerdings im übrigen auch nur dann anwendbar, wenn die Neufestsetzung vor dem Rpfl erfolgt oder wenn es sich um eine Erinnerung gegen seine Entscheidung oder eine diesbezügliche Beschwerde handelt. Soweit es um eine Neufestsetzung bzw Änderung vor dem Prozeßgericht geht, sind §§ 642b II, 643a ZPO und damit §§ 31 ff anwendbar.

c) Stundung, Z 3. Unabhängig von einer Gebühr nach Z 1 und/oder 2 kann gemäß Z 3 eine Gebühr im Verfahren über einen Antrag auf eine Stundung rückständiger Unterhaltsbeträge nach § 643a IV ZPO entstehen. Das Verfahren muß sich auf den Stundungsantrag beschränken und vor dem Rpfl stattfinden, § 20 Z 11 PRflG.

d) Aufhebung oder Änderung der Studung, Z 4. Unabhängig von einer Gebühr nach Z 1 und/oder 2 und/oder 3 kann gemäß Z 4 eine Gebühr im Verfahren über einen Antrag auf die Aufhebung oder Änderung einer Entscheidung entstehen, durch die der Rpfl rückständige Unterhaltsbeträge gestundet hat, § 642f ZPO.

B. Unanwendbarkeit. I ist in folgenden Fällen unanwendbar:

a) Urteil. Die Vorschrift erfaßt nicht die erstmalige oder spätere Festsetzung des Betrages des Regelunterhalts auf Grund eines Urteils, LG Mü NJW **72**, 2140. Falls der Anwalt im Urteilsverfahren tätig war, gehört das Festsetzungsverfahren zum Rechtszug, § 37 Z 6 Hs 2; andernfalls gilt § 37 Anm 7 B.

b) Erinnerung gegen Rechtspfleger. Die Vorschrift gilt nicht im Erinnerungsverfahren gegen eine Entscheidung des Rpfl, § 37 Z 5, einschließlich der Entscheidung des Amtsrichters.

c) Beschwerde. Die Abgabe des Erinnerungsverfahrens durch den Amtsrichter an das LG nach § 11 II 4 RPflG setzt ein Beschwerdeverfahren in Gang. In diesem Verfahren entstehen zusätzlich zu den Gebühren nach § 43b Gebühren nach § 61, wie stets im Fall einer echten Beschwerdeinstanz. Denn sie gehört nicht mehr zum ersten Rechtszug.

2) Gebührenhöhe, I. Der Anwalt erhält für eine Tätigkeit in jeder der in Z 1–4 genannten Tätigkeitsgruppen je 5/10 der vollen Gebühr. Er erhält also nicht mehr, wie nach § 43a aF, jeweils ½ der Gebühren des § 31. Daraus folgt, wie bei § 43a: Neben der jeweils nach I entstehenden 5/10 Gebühr entstehen weder ½ Verhandlungsgebühr, noch ½ Beweisgebühr, noch ½ Erörterungsgebühr zusätzlich. Freilich ist auch § 33 unanwendbar. Wegen einer vorzeitigen Auftragsbeendigung Anm 3.

3) Vorzeitige Beendigung des Auftrags, II. Die Gebühr nach I ist auf diejenige Prozeßgebühr anzurechnen, die im Fall einer Klage nach § 641q ZPO entsteht. Eine Anrechnung auf eine andere Prozeßgebühr kommt nicht in Betracht, also weder auf eine Prozeßgebühr in einem Rechtsstreit nach § 323 ZPO noch auf eine sonstige Prozeßgebühr.

Soweit die Anrechnung erfolgt, ist es unerheblich, ob zeitlich zunächst die Abänderungsklage nach § 641q ZPO oder zunächst der Antrag gemäß § 641 I ZPO bei Gericht eingegangen ist.

Entmündigungsverfahren

44 **I Im Entmündigungsverfahren vor dem Amtsgericht erhält der Rechtsanwalt eine volle Gebühr**
1. als Prozeßgebühr,

2. für die Wahrnehmung der gerichtlichen Termine,
3. für die Mitwirkung bei der mündlichen Vernehmung von Zeugen oder Sachverständigen.

II Das Verfahren über den Antrag auf Wiederaufhebung der Entmündigung (§ 675 der Zivilprozeßordnung) gilt als besondere Angelegenheit.

1) Systematik. § 44 ist eine gegenüber § 31 vorrangige Sondervorschrift. Sie gilt nur, soweit das Gericht über eine Entmündigung wegen einer Geisteskrankheit, Geistesschwäche, Verschwendung, Trunksucht oder Rauschgiftsucht im Verfahren durch einen Beschluß zu entscheiden hat, §§ 645, 680 ZPO, und soweit es um das Aufhebungsverfahren geht, §§ 675, 685 ZPO, und auch in diesen Fällen nur im ersten Rechtszug. Die Vorschrift bezieht sich auch nicht auf eine Tätigkeit des Anwalts, die mit einem Entmündigungs- oder Aufhebungsverfahren nur zusammenhängt, etwa auf eine Mitwirkung im Verfahren wegen einer vorläufigen Vormundschaft über den zu Entmündigenden nach § 1906 BGB.

I weist einen ähnlichen Aufbau wie § 31 I auf. Es handelt sich auch hier um Pauschgebühren. Eine jede von ihnen gilt den gesamten zugehörigen Tätigkeitsbereich ab. Daher sind §§ 53, 54, 56 unanwendbar, RS 3. Demgegenüber ist § 52 anwendbar.

2) Entmündigung, I. Der Anwalt kann jede der in Z 1–3 genannten Gebühren nebeneinander verdienen. Eine jede von ihnen ist eine Pauschgebühr für den dort genannten Tätigkeitsbereich. Wegen des Verhältnisses zu anderen Vorschriften Anm 1. Im einzelnen gilt folgende Regelung:

A. Prozeßgebühr, Z 1. Der Anwalt erhält eine Prozeßgebühr, sobald er im Entmündigungsverfahren auftragsgemäß vor dem AG tätig wird. Es kommt nicht darauf an, ob er für das ganze Verfahren oder nur für eine der in § 44 vorgesehenen Tätigkeiten eine Vollmacht hat. Die Prozeßgebühr gilt seine gesamte Tätigkeit mit Ausnahme derjenigen, die in Z 2, 3 genannt ist, und mit Ausnahme des Wiederaufhebungsverfahrens, § 675 ZPO, ab.

Vgl im übrigen § 31 I Z 1.

Soweit der Auftrag endet, bevor der Anwalt den Entmündigungsantrag oder eine Entgegnung eingereicht hat usw, ist § 32 I anwendbar. Diese Vorschrift ist in § 44 nicht erwähnt worden, weil sie sich aus der grundsätzlichen Zubilligung einer Prozeßgebühr ergibt, während zB §§ 43a, 43b den Begriff Prozeßgebühr nicht enthalten, und deshalb besonders auf die sinngemäße Anwendbarkeit des § 32 im dortigen Bereich hinweisen müssen.

B. Terminswahrnehmung, Z 2. Die Gebühr ist der Verhandlungsgebühr des § 31 I Z 2 ähnlich, aber insofern unterschiedlich, als das Gericht im Entmündigungsverfahren ähnlich wie bei der Ehenichtigkeitsklage den Sachverhalt weitgehend von Amts wegen ermittelt, so daß der das Verfahren lediglich einleitende Entmündigungsantrag ebensowenig wie die weiteren Anträge eines Beteiligten dieselbe Bedeutung wie ein Sachantrag im Zivilprozeß haben.

Die Terminsgebühr gilt die Wahrnehmung sämtlicher Termine ab. Neben ihr kann außer der Prozeßgebühr, Z 1, unter den Voraussetzungen Z 3 eine weitere Gebühr entstehen. Zur Wahrnehmung eines Termins ist nur das Erscheinen des Anwalts mit dem Ziel der Vertretung des Auftraggebers in diesem Termin erforderlich. Er braucht nicht in eine sachliche Verhandlung eingetreten zu sein. Daher entsteht die Gebühr auch dann, wenn das Gericht sofort nach dem Beginn des Termins eine Vertagung beschließt. Ein bloß nachträgliches Einverständnis des Anwalts mit einer bereits vor seinem Erscheinen verkündeten Vertagung reicht allerdings nicht aus, LG Darmst MDR **59**, 50.

§ 33 ist unanwendbar, da ein Amtsbetrieb herrscht und die Antragstellung zwar zur Einleitung des Verfahrens erforderlich, nicht aber für seinen weiteren Fortgang maßgeblich ist.

C. Mitwirkung bei Beweisaufnahme, Z 3. Die Vorschrift ist der Beweisgebühr des § 31 I Z 3 ähnlich. Im einzelnen gelten folgende Voraussetzungen:

a) Vernehmung eines Zeugen oder Sachverständigen. Das Gericht muß gerade einen Zeugen oder Sachverständigen vernehmen, und zwar mündlich. Die mündliche Anhörung zum Zweck einer näheren Aufklärung irgendeiner entscheidungserheblichen Tatsache reicht aus. Es ist entsprechend dem Amtsermittlungsgrundsatz nicht erforderlich, daß ein am Verfahren Beteiligter die Tatsache bestritten hat. Es reicht also aus, daß das Gericht von Amts wegen die mündliche Vernehmung für erforderlich hält. Diese Ansicht muß auch noch im Zeitpunkt des Beginns der mündlichen Vernehmung und auch noch in demjenigen Teil der mündlichen Vernehmung fortbestehen, in dem der Anwalt seine Mitwirkung an ihr beginnt. Der weitere Ablauf des Termins ist dann unerheblich.

Es reicht nicht aus, daß das Gericht den zu Entmündigenden mündlich vernimmt oder daß das Gericht ein schriftliches Gutachten eines Sachverständigen oder eine schriftliche Erklärung des Sachverständigen oder eines Zeugen anfordert. Soweit das Gericht allerdings im Anschluß an solche schriftlichen Auskünfte usw doch noch eine mündliche Vernehmung des Sachverständigen oder Zeugen vornimmt, kann die Gebühr entstehen. Das gilt auch dann, wenn der Sachverständige ein schriftliches Gutachten lediglich mündlich erläutern soll.

Soweit es trotz eines Vernehmungsbeschlusses tatsächlich nicht zur mündlichen Vernehmung kommt, entsteht die Gebühr nicht, vgl auch LG Aachen AnwBl **75**, 103 mwN.

b) Mitwirkung des Anwalts. Der Anwalt muß an einer mündlichen Vernehmung, a, mitwirken. Es genügt, daß er im Vernehmungstermin erscheint, um im Interesse seines Auftraggebers erforderlichenfalls tätig zu werden. Es ist also nicht erforderlich, daß er sich an der Vernehmung mit einer Frage usw beteiligt.

Die bloße Entgegennahme der gerichtlichen Vernehmungsanordnung und deren Weitergabe an den Auftraggeber reichen nicht aus. Es reicht auch nicht aus, daß der Anwalt zwar im Vernehmungstermin erscheint, jedoch von vornherein die endgültige weisungsgemäße oder nicht auf einer Weisung des Auftraggebers beruhende Absicht hat, sich an der Vernehmung in keiner Weise fördernd zu beteiligen. Freilich wäre die Absicht, so weit wie möglich kritisch zuzuhören, zur Annahme einer Mitwirkung ausreichend.

3) Wiederaufhebung, II. Das Verfahren über den Antrag auf eine Wiederaufhebung der Entmündigung nach § 675 ZPO gilt als eine besondere Angelegenheit und kann daher die in I genannten Gebühren neben denjenigen im Entmündigungsverfahren auslösen. Das gilt wiederum nur für den ersten Rechtszug.

II bezieht sich nur auf das Wiederaufhebungsverfahren, das auf Grund eines Antrags nach § 675 ZPO stattfindet und durch einen Beschluß des AG in der ersten Instanz endet, nicht auf eine Aufhebungsklage nach den §§ 679, 686 ZPO, und auch nicht auf eine Anfechtungsklage nach §§ 664, 684 ZPO. In diesen letzteren Fällen gelten §§ 31ff.

4) Beschwerdeverfahren. Im Beschwerdeverfahren gilt § 61 I Z 1.

5) Gegenstandswert. Maßgeblich sind KV 1141, 1142, § 8.

6) Kostenerstattung. § 91 ZPO ist sinngemäß anzuwenden. Das Entmündigungsverfahren ist ein „Rechtsstreit". Die Kosten umfassen alle notwendigen Kosten des zu Entmündigenden und des Antragstellers, auch die Anwaltskosten, LG Bonn NJW **65**, 402 mwN, nicht aber diejenigen einer vorläufigen Vormundschaft, da es sich insoweit um ein selbständiges Verfahren handelt, Mü MDR **67**, 850. Die Kostenerstattung und Kostenfestsetzung erfolgt nach den allgemeinen Vorschriften. §§ 114ff ZPO sind anwendbar, auch für den Antragsteller, denn § 658 II ZPO besagt nichts Abweichendes, LG Ffm Rpfleger **52**, 195.

Aufgebotsverfahren

45 **I Im Aufgebotsverfahren (§§ 946 bis 956, 959, 977 bis 1024 der Zivilprozeßordnung) erhält der Rechtsanwalt als Vertreter des Antragstellers (§ 947 der Zivilprozeßordnung) fünf Zehntel der vollen Gebühr**

1. als Prozeßgebühr,
2. für den Antrag auf Erlaß des Aufgebots,
3. für den Antrag auf Anordnung der Zahlungssperre, wenn der Antrag vor dem Antrag auf Erlaß des Aufgebots gestellt wird,
4. für die Wahrnehmung der Aufgebotstermine.

II Als Vertreter einer anderen Person erhält der Rechtsanwalt fünf Zehntel der vollen Gebühr für das ganze Verfahren.

1) Geltungsbereich. A. Anwendbarkeit. Die Vorschrift regelt die Vergütung des Anwalts in einem Aufgebotsverfahren nach der ZPO. Es ist unerheblich, ob die ZPO für dieses Verfahren nach dem Bundesrecht oder nach dem Landesrecht gilt.

B. Unanwendbarkeit. Die Vorschrift ist in folgenden Fällen unanwendbar: Es handelt sich um ein Beschwerdeverfahren nach § 952 IV ZPO. In diesem Fall ist § 61 I Z 1 anwendbar; es handelt sich um einen Aufgebotsprozeß nach § 957 ZPO. In diesem Fall ist § 31 anwendbar; es geht um eine private Aufforderung an den Nachlaßgläubiger, § 2061 BGB, im Gegensatz zum amtlichen Aufgebot nach §§ 989ff ZPO. In diesem Fall ist § 118 anwendbar; es geht um ein nach § 18 Postsparkassenordnung durchgeführtes Angebot eines Postsparbuchs, um die Kraftloserklärung einer Aktie, § 72 AktG, um die Kraftloserklärung einer Vollmacht, § 676 BGB, um die Kraftloserklärung eines Erbscheins, § 2361 BGB, um das Verfahren wegen einer Todeserklärung. Im letzteren Fall ist § 118 anwendbar.

2) Vertretung des Antragstellers, I. A. Begriff. Antragsteller ist derjenige, der einen Aufgebotsantrag nach § 947 ZPO stellt. Es ist unerheblich, ob er zu einem solchen Antrag sachlichrechtlich oder prozessual berechtigt ist.

B. Prozeßgebühr, Z 1. Die Vorschrift ist mit § 31 I Z 1 vergleichbar. Sie gilt den Betrieb des Verfahrens ab, sofern nicht Tätigkeiten nach Z 2–4 hinzutreten. Es handelt sich also um eine Pauschgebühr. Sie entsteht, sobald der Anwalt eine Tätigkeit im Hinblick auf ein in I genanntes Aufgebotsverfahren beginnt, zB bereits mit der Entgegennahme der Information. Der weitere Ablauf des Verfahrens ist für die Entstehung der Prozeßgebühr unerheblich.

§ 32 ist auch dann unanwendbar, wenn der Auftrag des Anwalts endet, bevor er den Aufgebotsantrag beim Gericht eingereicht hat. Das ergibt sich daraus, daß gemäß Z 2 für die Einreichung des Antrags zur Gebühr nach Z 1 eine weitere Gebühr hinzutritt.

C. Aufgebotsantrag, Z 2. Neben der Prozeßgebühr, Z 1, entsteht für die Einreichung eines Antrags auf den Erlaß des Aufgebots eine weitere Gebühr. Sie entsteht mit dem Eingang des Antrags und gilt die gesamte durch die Antragstellung, auch durch eine etwaige Ergänzung des Antrags oder durch weitere Anträge, entstehende Tätigkeit ab, zB auch einen Antrag auf die Anordnung einer Zahlungssperre, soweit der Anwalt ihn erst nach dem Aufgebotsantrag stellt, wie sich aus dem Vergleich mit Z 3 ergibt.

Der bloße Entwurf eines Antrags, also eine Beendigung der Tätigkeit des Anwalts vor der Einreichung, ist demgegenüber durch die Prozeßgebühr Z 1 abgegolten, die freilich in diesem Fall nicht etwa gemäß § 32 gekürzt wird, B.

Man darf einen Antrag im Sinn von Z 2 nicht mit einer Klage im Aufgebotsprozeß nach § 957 ZPO verwechseln. In diesem Fall gilt § 31, Anm 1.

D. Antrag auf selbständige Zahlungssperre, Z 3. Gemäß § 1020 ZPO hat das Gericht dann, wenn die sofortige Einleitung des Aufgebotsverfahrens, § 1015 S 2 ZPO, unzulässig ist, eine Zahlungssperre auf Antrag schon vor der Einleitung des Verfahrens zu verfügen, sofern die übrigen Erfordernisse für die Einleitung vorhanden sind. Auf den Antrag sind die Vorschriften des § 947 I ZPO anzuwenden.

Z 3 erfaßt diesen Antrag auf eine selbständige Zahlungssperre.

Demgegenüber erhält der Anwalt für einen Antrag auf eine unselbständige Zahlungssperre, den er erst nach dem Antrag auf den Erlaß des Aufgebots einreicht, neben den Gebühren nach Z 1, 2 (und unter Umständen Z 4) keine weitere Gebühr.

E. Terminsgebühr, Z 4. Neben den Gebühren Z 1–3 entsteht für die

Wahrnehmung des Aufgebotstermins eine weitere Gebühr. Der Begriff der Wahrnehmung ist ebenso wie bei § 44 I Z 2 zu verstehen, s dort. Der weitere Ablauf des Verfahrens ist unerheblich.

Z 4 gilt die Wahrnehmung sämtlicher Aufgebotstermine ab.

Ein vorheriger schriftlicher Antrag auf ein Ausschlußurteil nach § 952 II ZPO begründet die Gebühr nicht; er ist durch die Prozeßgebühr abgegolten.

Z 4 gilt nicht für einen Termin in einem Aufgebotsprozeß nach § 957 ZPO. In diesem Fall gilt § 31.

F. Gebührenhöhe. Jede der in Z 1–4 genannten Gebühren beträgt 5/10. Daneben entstehen keine Gebühren nach § 31. Der Höchstbetrag der gesamten Vergütung beträgt ohne einen Antrag auf eine selbständige Zahlungssperre nach § 1020 ZPO 15/10, mit einem solchen Antrag 20/10. Das Verfahren endet mit dem Wirksamwerden des Ausschlußurteils. Eine anschließende Tätigkeit ist nicht besonders zu vergüten.

Soweit der Anwalt im sog Sammelaufgebot nach § 959 ZPO mehrere Antragsteller vertritt, ist § 6 anwendbar. Im übrigen tritt insofern eine Gebührenerhöhung nicht ein.

G. Gegenstandswert. Maßgebend ist das Interesse des Auftraggebers am Aufgebot. Im Fall der Ausschließung eines Grundeigentümers ist der Wert des Grundstücks maßgeblich. Bei einem Inhaberpapier kommt es auf den Betrag der Forderung an. Bei einer Hypothek, Grundschuld oder Rentenschuld sind grundsätzlich 10–20% des Werts anzusetzen, soweit nicht der Grundstückswert usw geringer ist, LG Bln Rpfleger **88**, 549 mwN, Wagner JR **52**, 234, aM Gerold Streitwert „Aufgebotsverfahren" 6 (er setzt den vollen Wert an, da man ohne ein Ausschlußurteil keine Löschung erzwingen kann).

3) Vertretung einer anderen Person, II. Soweit der Anwalt in einem Aufgebotsverfahren im Sinn von I einen anderen als den oder die Antragsteller vertritt, etwa einen Anmelder, entsteht eine einzige 5/10 Gebühr als Abfindung für seine gesamte Tätigkeit, gleichgültig welchen Umfangs. Soweit er mehrere andere Personen vertritt, ist § 6 I 3 unanwendbar. Denn die Gebühr nach II ist keine Prozeßgebühr.

Gegenstandswert ist das jeweils in Anspruch genommene Recht.

Vollstreckbarerklärung von Schiedssprüchen, richterliche Handlungen im schiedsgerichtlichen Verfahren

46 **I Im Verfahren über Anträge auf Vollstreckbarerklärung eines Schiedsspruchs oder eines schiedsrichterlichen Vergleichs (§§ 1042, 1044a der Zivilprozeßordnung) und im Verfahren nach den §§ 13 bis 30 des Gesetzes zur Ausführung des Abkommens vom 27. Februar 1953 über deutsche Auslandsschulden vom 24. August 1953 (Bundesgesetzbl. I S. 1003) erhält der Rechtsanwalt die im § 31 bestimmten Gebühren.**

II Die Hälfte der in § 31 bestimmten Gebühren erhält der Rechtsanwalt, wenn seine Tätigkeit ausschließlich eine gerichtliche Entscheidung über die Ernennung oder Ablehnung eines Schiedsrich-

ters, das Erlöschen eines Schiedsvertrages oder die Anordnung der von Schiedsrichtern für erforderlich erachteten richterlichen Handlungen (§ 1045 der Zivilprozeßordnung) betrifft.

1) Vollstreckbarerklärung, I. A. Geltungsbereich. I stellt das Beschlußverfahren der ersten Instanz dem Urteilsverfahren gebührenrechtlich gleich, für das ohnehin § 31 ebenso wie für die Aufhebungsklage, § 1041 ZPO, anwendbar ist. I gilt in folgenden Situationen:

a) Schiedsspruch, Schiedsrichterlicher Vergleich. Es geht um das Verfahren über den Antrag auf die Vollstreckbarerklärung eines Schiedsspruchs oder eines schiedsrichterlichen Vergleichs nach §§ 1042ff, 1044a ZPO, also auch eines ausländischen Vollstreckungstitels, § 1044 ZPO.

Es findet keine Anrechnung von Gebühren statt, die der Anwalt in dem voraufgegangenen Erkenntnisverfahren vor dem Schiedsgericht verdient hat.

b) Londoner Schuldenabkommen. Es geht um die Vollstreckbarerklärung einer Entscheidung eines Gerichts eines Gläubigerstaats oder des Regelungsvermerks bei einer inländischen Entscheidung nach §§ 13–30 AusfG zum Londoner Schuldenabkommen.

B. Gebührenhöhe. a) Erste Instanz. Es können nebeneinander die folgenden Gebühren entstehen:

aa) Prozeßgebühr. Die Prozeßgebühr entsteht mit jeder auftragsgemäßen Tätigkeit des Anwalts. Sie gilt den gesamten Geschäftsbetrieb einschließlich der Einholung der Information für das Beschluß- wie für das Urteilsverfahren mit oder ohne einen Widerspruch ab, KG AnwBl **74**, 186.

Soweit sich der Auftrag des Anwalts vor der Einreichung des schriftlichen Antrags oder vor seiner Formulierung in einer mündlichen Verhandlung erledigt, entsteht gemäß § 32 I nur ½ Gebühr.

Der Anwalt des Antragsgegners erhält die volle Prozeßgebühr, wenn er einen Schriftsatz eingereicht hat, der den in § 32 I genannten Merkmalen entspricht.

Soweit das Gericht durch einen Beschluß entscheidet, entsteht keine weitere Gebühr.

bb) Verhandlungsgebühr. Sie entsteht im Fall einer mündlichen Verhandlung, also insbesondere bei einem Widerspruch oder im Fall der Geltendmachung eines Aufhebungsgrunds, §§ 1042a II, 1042c II ZPO. Vgl im übrigen bei § 31 I Z 2.

cc) Beweisgebühr. Möglich ist auch eine Beweisgebühr. Vgl im übrigen bei § 31 I Z 3.

dd) Erörterungsgebühr. Es kann auch eine Erörterungsgebühr entstehen. Vgl im übrigen bei § 31 I Z 4, II.

ee) Vergleichsgebühr. Schließlich kann eine Vergleichsgebühr nach § 23 entstehen, vgl dort. Die Parteien müssen sich allerdings in der Sache selbst vergleichen. Ein Vergleich nur über die Vollstreckbarkeit ist unzulässig und unwirksam. Er kann keine Vergleichsgebühr auslösen.

b) Beschwerdeinstanz. In der Beschwerdeinstanz entsteht die Gebühr nach § 61 I Z 1, also auch im Fall einer etwaigen mündlichen Verhandlung nur 5/10. Wenn der Schiedsspruch erst auf Grund einer Beschwerde für vollstreckbar erklärt wird und wenn der Antragsgegner nunmehr Widerspruch einlegt, können im Widerspruchsverfahren die vollen Gebühren entstehen. Die Prozeßgebühr entsteht aber nicht nochmals. Denn das Antragsverfahren und das Widerspruchsverfahren gelten als dasselbe Verfahren, KG AnwBl **74**, 186.

c) Gegenstandswert. Vgl Anh I nach § 12 GKG: § 3 ZPO Anm 3 „Schiedsgerichtsverfahren: b) Vollstreckbarerklärung", Teil I dieses Buchs.

2) Richterliche Handlung, II. A. Geltungsbereich. II bezieht sich auf das Beschlußverfahren nach § 1045 ZPO, also auf einen Antrag auf eine gerichtliche Entscheidung. II ist unanwendbar, wenn der Gerichtsvorstand einen Schiedsrichter ernennen soll. Es darf ausschließlich um eine der folgenden Tätigkeiten gehen:

a) Ernennung, Ablehnung eines Schiedsrichters. Der Antrag muß sich mit der Ernennung oder der Befangenheit eines Schiedsrichters befassen.

Die Ernennung oder Befangenheit eines Schiedsgutachters gehört nicht hierher. Denn II ist eng auszulegen, wie schon das Wort „ausschließlich" ergibt.

b) Erlöschen des Schiedsvertrags. Es muß um den Schiedsvertrag gehen.

Das Erlöschen eines Schiedsgutachtervertrags zählt aus denselben Gründen wie bei a nicht hierher.

c) Anordnung einer vom Schiedsrichter für erforderlich erachteten richterlichen Handlung. Hierher zählt nur eine gerade vom Schiedsrichter für nötig gehaltene Handlung.

B. Gebührenhöhe. a) Grundsatz. Die in II genannten Gebühren sind solche für Einzeltätigkeiten, Aktgebühren für die Herbeiführung der gerichtlichen Entscheidung oder Anordnung. Soweit der Anwalt einen Auftrag zur Vertretung im Verfahren vor dem Schiedsgericht hat, erhält er nicht etwa noch zusätzlich eine Gebühr nach II, Karlsr JB **75**, 481. Ebensowenig erhält er eine solche für die Durchführung der gerichtlichen Entscheidung oder Anordnung, § 67 IV, falls eine entsprechende Gebühr schon im schiedsrichterlichen Verfahren entstanden war. Wenn dort aber zB keine Beweisgebühr entstanden war, kann der Anwalt für seine Vertretung in einer Beweisaufnahme, die jetzt auf Grund einer richterlichen Anordnung durchgeführt wird, die Beweisgebühr verdienen.

Wenn der Anwalt im schiedsrichterlichen Verfahren nicht tätig war, kann er zusätzlich zu der Gebühr nach II auch eine Gebühr für die Durchführung der Entscheidung, die dann ergangen ist, erhalten.

Eine Aufhebungsklage löst keine Gebühr nach II, sondern Gebühren nach §§ 31 ff aus. Das Vollstreckbarkeitsverfahren ist in I geregelt.

b) Prozeßgebühr. 1/2 Prozeßgebühr entsteht mit dem Eingang des Antrags oder einer Gegenerklärung. Sie gilt das ganze Verfahren einschließlich einer vorausgegangenen Aufforderung zur Schiedsrichterbenennung und dergleichen ab.

Im Fall der vorzeitigen Erledigung des Auftrags muß man die ½ Prozeßgebühr gemäß § 32 I nochmals halbieren.

c) Verhandlungsgebühr. ½ Verhandlungsgebühr kann nur dann entstehen, wenn eine mündliche Verhandlung angeordnet worden war. Vgl im übrigen bei § 31 I Z 2.

d) Beweisgebühr. ½ Beweisgebühr kann nach den zu § 31 I Z 4 genannten Grundsätzen entstehen, wenn der Anwalt in einem Beweisaufnahmeverfahren für den Auftraggeber tätig wird.

e) Erörterungsgebühr. Möglich ist auch eine Erörterungsgebühr. Vgl im übrigen bei § 31 I Z 4, II.

f) Vergleichsgebühr. Schließlich ist eine Vergleichsgebühr unter den Voraussetzungen des § 23 möglich. Sie setzt voraus, daß sich die Parteien in der Sache selbst vergleichen.

C. Mehrheit von Anträgen. Mehrere Anträge nach § 1045 ZPO in demselben schiedsrichterlichen Verfahren sind mehrere Angelegenheiten.

D. Gegenstandswert. Vgl Anh I nach § 12 GKG: § 3 ZPO Anm 3 „Schiedsgerichtsverfahren: a) Beschlußverfahren", Teil I dieses Buchs.

Vollstreckbarerklärung ausländischer Schuldtitel

47 **I Im Verfahren über Anträge auf Vollstreckbarerklärung ausländischer Schuldtitel oder auf Erteilung der Vollstreckungsklausel zu ausländischen Schuldtiteln sowie im Verfahren der Aufhebung oder Abänderung der Vollstreckbarerklärung oder der Vollstreckungsklausel erhält der Rechtsanwalt die in § 31 bestimmten Gebühren auch dann, wenn durch Beschluß entschieden wird.**

II Im Verfahren über die Beschwerde gegen eine den Rechtszug beendende Entscheidung erhält der Rechtsanwalt die gleichen Gebühren wie im ersten Rechtszug.

III Das Verfahren nach § 3 Abs. 2 des Gesetzes zur Ausführung des Vertrages zwischen der Bundesrepublik Deutschland und der Republik Österreich vom 6. Juni 1959 über die gegenseitige Anerkennung und Vollstreckung von gerichtlichen Entscheidungen, Vergleichen und öffentlichen Urkunden in Zivil- und Handelssachen vom 8. März 1960 (Bundesgesetzbl. I S. 169) gilt als besondere Angelegenheit. Die Prozeßgebühr, die der Rechtsanwalt für das Verfahren nach § 3 Abs. 1 des genannten Gesetzes im ersten Rechtszug erhalten hat, wird jedoch auf die gleiche Gebühr des Verfahrens nach § 3 Abs. 2 zu zwei Dritteln angerechnet.

1) Geltungsbereich, A. Anwendbarkeit. § 47 gilt nur für ein auf einem Staatsvertrag beruhendes vereinfachtes Verfahren auf die Vollstreckbarerklärung eines ausländischen Schuldtitels oder auf die Erteilung der Vollstreckungsklausel zu einem ausländischen Schuldtitel sowie im Verfahren der Aufhebung oder Abänderung der Vollstreckbarerklärung oder der Vollstreckungsklausel.

In Betracht kommen zB: Derartige Titel aus dem deutsch-schweizerischen Vollstreckungsabkommen vom 28. 7. 30, RGBl II 1066, dazu AusfVO vom 23. 8. 30, RGBl II 1209, dem deutsch-italienischen Vollstreckungsabkommen vom 9. 3. 36, RGBl **37** II 145, dazu AusfVO vom 18. 3. 37, RGBl II 143, dem deutsch-belgischen Vollstreckungsabkommen vom 30. 6. 58, BGBl **59** II 765, dazu AusfG vom 26. 6. 59, BGBl 425, geändert durch Art 7 Z 11 G v 3. 12. 76, BGBl 3281, dem deutsch-österreichischen Vertrag vom 6. 6. 59, BGBl **60** II 1246, dazu AusfG vom 8. 3. 60, BGBl 169, geändert durch Art 7 Z 12 G v 3. 12. 76, BGBl 3281, dem deutsch-britischen Abkommen vom 14. 7. 60, BGBl **61** II 302, dazu AusfG vom 28. 3. 61, BGBl 301, geändert durch Art 7 Z 13 G v 3. 12. 76, BGBl 3281, dem deutsch-griechischen Abkommen vom 4. 11. 61, BGBl **63** II 109, dazu AusfG vom 5. 2. 63, BGBl 129, geändert durch Art 7 Z 15 G v 3. 12. 76, BGBl 3281, dem deutsch-niederländischen Vertrag vom 30. 8. 62, BGBl **65** II 27, dazu AusfG vom 15. 1. 65, BGBl 17, geändert durch Art 7 Z 16 G v 3. 12. 76, BGBl 3281, dem deutsch-tunesischen Vertrag vom 19. 7. 66, BGBl **69** II 889, dazu AusfG vom 29. 4. 69, BGBl 333, geändert durch Art 7 Z 17 G v 3. 12. 76, BGBl 3281, ferner aus Art 19 ZPrÜbk vom 1. 3. 54, BGBl **58** II 577, dazu AusfG vom 18. 12. 58, BGBl 939, aus Art 3 des deutsch-türkischen Abkommens vom 28. 5. 29, RGBl **30** II 7, **31** II 539, dazu AusfVO vom 26. 8. 31, RGBl II 537, aus Art 16 des deutsch-griechischen Abkommens vom 11. 5. 38, RGBl **39** II 849 (durch das Abkommen vom 4. 11. 61 nicht berührt, Art 19), dazu AusfVO vom 31. 5. 39, RGBl II 847. Die letztgenannten drei Abkommen sehen eine Vollstreckbarerklärung allerdings nur wegen der Kosten vor. Wegen des deutsch-österreichischen Vertrages Anm 4, wegen der Anerkennung und Vollstreckung ausländischer Schiedssprüche BLAH Schlußanh VI.

B. Unanwendbarkeit. Nicht hierher gehörten zB: Das EuGÜbk, vgl § 2 Anm 1; die Vollstreckbarerklärung einer ausländischen Entscheidung nach dem Londoner Schuldenabkommen, für die § 46 gilt. Für die Vollstreckungsklage aus § 722 gelten §§ 31 ff unmittelbar.

2) Gebühren erster Instanz, I. A. Schuldtitel. Wegen der Schuldtitel im Sinn von I vgl bei KV 1080–1098, Teil I dieses Buchs, ebenso wegen der Verfahrensarten.

B. Beschlußverfahren. Auch im Fall einer Entscheidung durch einen Beschluß können sämtliche Gebühren nach § 31 entstehen, der im Fall eines Urteilsverfahrens ohnehin gilt. §§ 32–35 sind anwendbar.

C. Gegenstandswert. Man muß den Wert nach dem deutschen Recht als der lex fori bestimmen. Zinsen sind daher nicht zu berücksichtigen, BGH Rpfleger **57**, 15. Maßgebend ist derjenige Teil der ausländischen Entscheidung, für den der Auftraggeber die Vollstreckbarerklärung beantragt.

3) Gebühren der Beschwerdeinstanz, II. Im Beschwerdeverfahren entstehen die Gebühren nach §§ 31 ff ohne eine Erhöhung nach § 11 I 4, 5, soweit sich die Beschwerde gegen eine den Rechtszug beendende Entscheidung der ersten Instanz richtet.

Anderenfalls entstehen Gebühren nach § 61 I Z 1.

Ffm MDR **81**, 681 gibt dem Anwalt für die Vertretung im Rechtsbeschwerdeverfahren nach Art 37 I, Art 41 EuGÜbk gemäß § 2 je 13/10 Gebühren.

4) Unbeschränkte Vollstreckbarerklärung, III. Die Vorschrift ist im Hinblick auf den deutsch-österreichischen Vertrag vom 6. 6. 59, BGBl **60** II 1245, und im Hinblick auf das AusfG vom 8. 3. 60, BGBl 169, geändert durch Art 7 Z 12 G vom 3. 12. 76, BGBl 3281, eingefügt worden. Zur Rechtslage KV 1090, Teil I dieses Buchs.

Nach § 3 II AusfG ist im Fall der Rechtskraft einer Entscheidung des österreichischen Gerichts, das die Exekution nur zur Sicherstellung der Zwangsvollstreckung für zulässig erklärt hatte, auf Antrag des Gläubigers auszusprechen, daß die österreichische Entscheidung ohne diese Beschränkung für vollstreckbar erklärt wird. Dasselbe gilt für den Fall, daß die Entscheidung des österreichischen Gerichts bereits die Rechtskraft erlangt hatte, bevor der Beschluß oder das Urteil über die Vollstreckbarerklärung erlassen wurde, sofern der Eintritt der Rechtskraft in dem Verfahren nicht geltend gemacht worden ist. Vgl BLAH SchlAnh V B 3.

III stellt klar, daß auch dieses Nachverfahren als eine besondere Angelegenheit gilt, vgl § 13 BRAGO. Daher erhält der Anwalt in diesem Nachverfahren dieselben Gebühren wie im vorangegangenen Verfahren auf die Vollstreckbarerklärung zur Sicherung der Zwangsvollstreckung nach § 3 I AusfG, auf die § 47 I, II BRAGO anwendbar war.

Wenn der Anwalt bereits als ProzBev im ersten Rechtszug tätig war und daher dort eine Prozeßgebühr erhalten hat, wird sie auf die Prozeßgebühr des Nachverfahrens zu 2/3 angerechnet. Denn die Information für das Nachverfahren ist im wesentlichen dieselbe wie diejenige für das vorangegangene Verfahren.

Eine Verhandlungs- und/oder Beweisgebühr steht dem Anwalt aber im Nachverfahren auch dann in voller Höhe zu, wenn er bereits als ProzBev entsprechende Gebühren im ersten Rechtszug verdient hatte. Denn er muß insofern auch im Nachverfahren besonders tätig werden.

Soweit von vornherein die unbeschränkte Vollstreckbarerklärung des bereits rechtskräftigen österreichischen Urteils beantragt worden war, ist III unanwendbar und folglich § 13 II 1 anwendbar, KG AnwBl **74**, 186.

Sicherung des Beweises

48 **Im Verfahren über Anträge auf Sicherung des Beweises erhält der Rechtsanwalt, wenn die Hauptsache nicht anhängig ist, die in § 31 bestimmten Gebühren je zur Hälfte.**

Gliederung

1) Geltungsbereich
- A. Verfahrensarten
- B. Anhängigkeit der Hauptsache
  - a) Begriff
  - b) Maßgebender Zeitpunkt
  - c) Prozeßbevollmächtigter
  - d) Kein Prozeßbevollmächtigter
  - e) Bloße Benutzung der Ergebnisse
  - f) Prozeßkostenhilfe
- C. Keine Anhängigkeit der Hauptsache

D. Mehrheit von Anträgen
2) Gebührenhöhe
A. Grundsatz
B. Prozeßgebühr
C. Verhandlungsgebühr
D. Beweisgebühr
E. Erörterungsgebühr
F. Vergleichsgebühr
3) Gegenstandswert
4) Kostenerstattung
A. Keine Kostengrundentscheidung
B. Kostenerstattungsfragen

1) Geltungsbereich. A. Verfahrensarten. § 48 gilt nur für die Tätigkeit des Anwalts in einem Verfahren nach §§ 485ff ZPO.

Die Vorschrift gilt nicht in einem Beweissicherungsverfahren nach den Regeln des FGG, etwa gemäß §§ 522ff HGB oder § 11 BinnenschG, RheinschObG Köln MDR **59**, 937. Insofern gelten §§ 118ff.

B. Anhängigkeit der Hauptsache. Es kommt zunächst darauf an, ob die Hauptsache schon anhängig ist. In diesem Zusammenhang muß man folgende Gesichtspunkte prüfen:

a) Begriff. Der Begriff der Anhängigkeit ist nicht anders als im Zivilprozeß zu verstehen. Die Anhängigkeit (Saarbr NJW **74**, 1660 spricht unnötig von Gerichtshängigkeit) ist gegenüber der Rechtshängigkeit der weitere Begriff, BPatG GRUR **78**, 43. Sie stellt allerdings mehr als nur die Beziehung zwischen dem Gericht und dem Antragsteller dar, vielmehr ist die Einbeziehung des Prozeßgegners in das Prozeßrechtsverhältnis erforderlich, LG Bln Rpfleger **81**, 159, aM zB Ffm VersR **78**, 160, Schilken JR **84**, 446 je mwN (die bloße Einreichung des Antrags genüge). Andererseits ist eine Rechtshängigkeit im Sinn von §§ 253 I, 261 I ZPO, also die Zustellung der Klageschrift an den Beklagten, nicht erforderlich, aM zB Celle JB **74**, 867 (anhängig bedeute ebensoviel wie rechtshängig).

b) Maßgebender Zeitpunkt. Es kommt darauf an, ob das Gesuch auf die Vornahme einer Beweissicherung gemäß § 486 I ZPO vor oder nach demjenigen Zeitpunkt bei dem Beweissicherungsgericht eingeht, in dem der Hauptprozeß gemäß a beim Prozeßgericht anhängig geworden ist. Der bloße Eingang des Gesuchs gemäß § 129a I ZPO bei einem anderen als demjenigen Gericht, an das sich das Gesuch nach der Erklärung des Antragstellers richtet, reicht zur Einreichung, zur „Anbringung" im Sinn von § 486 I ZPO, noch nicht aus. Andererseits ist es unerheblich, ob dasjenige Gericht, das nach dem Antrag jedenfalls zunächst entscheiden soll, auch wirklich örtlich und/oder sachlich zuständig ist und ob eine Verweisung oder Abgabe an das in Wahrheit zuständige Gericht nachfolgt.

c) Prozeßbevollmächtigter. Soweit der Anwalt in dem Hauptprozeß ProzBev ist, ist seine Tätigkeit in dem auf die Anhängigkeit des Hauptprozesses nachfolgenden Beweissicherungsverfahren gemäß § 37 Z 3 im Hauptprozeß mitabgegolten, vgl Düss VersR **81**, 437, ferner Hbg JB **78**, 239. Das gilt auch dann, wenn der Anwalt des Beklagten einen Beweissicherungsantrag einreicht, Schlesw JB **78**, 385, oder wenn er den Beweissicherungsantrag für eine später beabsichtigte Widerklage stellt, Hamm MDR **74**, 500, jetzt auch LG Bln Rpfleger **81**, 32, aM Ffm AnwBl **84**, 101 (aber die Widerklage schiebt sich in einen rechtshängigen Prozeß hinein, BLAH Anh § 253 ZPO Anm 1 C).

d) Kein Prozeßbevollmächtigter. Soweit der Anwalt in dem Hauptprozeß nicht ProzBev ist, erhält er seine Tätigkeit in dem der Anhängigkeit des Hauptprozesses nachfolgenden Beweissicherungsverfahren gemäß § 48 vergütet.

e) Bloße Benutzung der Ergebnisse. Soweit eine Partei im Hauptprozeß lediglich das Ergebnis eines vorangegangenen Beweissicherungsverfahrens benutzt, ist nur § 48 anwendbar, es entsteht keine weitere Beweisgebühr, § 34 Anm 3 D e. Dagegen kann der Anwalt in dieser Situation die übrigen Gebühren nach § 31 verdienen, unter Umständen also die gemäß § 11 I 4, 5 erhöhten Gebühren.

f) Prozeßkostenhilfe. Der im Weg einer Prozeßkostenhilfe beigeordnete Anwalt muß, um die Gebühren nach § 48 zu erhalten, gerade für das Beweissicherungsverfahren besonders beigeordnet worden sein. Die allgemeine Beiordnung für den Hauptprozeß deckt die Tätigkeit im Beweissicherungsverfahren nicht, § 122 II Z 3. Es kommt in diesem Zusammenhang auch nicht darauf an, ob der beigeordnete Anwalt die Vergütung für das Beweissicherungsverfahren als solches oder in Verbindung mit dem Hauptprozeß geltend machen will.

C. Keine Anhängigkeit der Hauptsache. Wegen des Begriffs der Anhängigkeit vgl B a. Soweit bei der Einreichung des Beweissicherungsantrags die Hauptsache noch nicht anhängig ist, ist § 48 unabhängig davon anwendbar, ob der Anwalt im nachfolgenden Hauptprozeß zum ProzBev wird oder nicht.

Es kommt dann auch nicht darauf an, ob der Hauptprozeß überhaupt tatsächlich anhängig wird und ob eine Partei die Ergebnisse des vorangegangenen Beweissicherungsverfahrens im Hauptprozeß gemäß § 493 ZPO benutzt. Die Gebühren nach § 48 entstehen auch, wenn zwischen der Einreichung des Beweissicherungsantrags und der Anhängigkeit des Hauptprozesses nur ein geringer Zeitraum liegt. Ein Verfahren auf den Erlaß eines Arrests oder einer einstweiligen Verfügung ist keine Hauptsache, KG AnwBl **84**, 102 mwN.

D. Mehrheit von Anträgen. Mehrere Gesuche um eine Beweissicherung, sei es derselben Partei, sei es auch oder nur des Gegners, begründen zunächst je ein neues Verfahren mit neuen Gebühren, aM Mü MDR **89**, 362 mwN. Nach einer Verbindung mehrerer Beweissicherungsverfahren entsteht allerdings nur eine einheitliche Gebühr.

2) Gebührenhöhe. A. Grundsatz. Soweit § 48 anwendbar ist, entsteht jede der in § 31 bestimmten Gebühren zur Hälfte. Im einzelnen gilt folgendes:

B. Prozeßgebühr. ½ Prozeßgebühr entsteht mit der Einreichung des Gesuchs, § 486 I ZPO, bzw für die Einreichung einer Gegenerklärung. Vgl im übrigen bei § 31 I Z 1.

Soweit sich der Auftrag vor der Einreichung erledigt, entsteht nur ¼ Gebühr, § 32 I, KG AnwBl **77**, 316 mwN.

C. Verhandlungsgebühr. ½ Verhandlungsgebühr kann entstehen, soweit das Gericht eine mündliche Verhandlung über den Beweissicherungsantrag anordnet. Vgl im übrigen bei § 31 I Z 2.

Sofern die Verhandlung nichtstreitig verläuft, entsteht nur ¼ Gebühr, § 33.

D. Beweisgebühr. Gemäß § 492 I ZPO erfolgt auf Grund der Anordnung einer Beweissicherung „die Beweisaufnahme". Der beantragte richterliche Augenschein, die beantragte Vernehmung eines Zeugen und das beantragte Gutachten eines Sachverständigen sind also bereits ihrerseits als Beweisaufnahme anzusehen. Für die Vertretung des Auftraggebers in diesem Stadium kann ½ Beweisgebühr entstehen. Vgl im übrigen bei § 31 I Z 3.

E. Erörterungsgebühr. ½ Erörterungsgebühr kann entstehen, sofern im Beweissicherungsverfahren diejenigen Voraussetzungen vorliegen, die den bei § 31 I Z 4 genannten entsprechen. Eine Anrechnung erfolgt ebenso wie bei § 31 II.

F. Vergleichsgebühr. Unter den Voraussetzungen des § 23 kann auch eine Vergleichsgebühr entstehen, und zwar, anders als bei B–E, in voller Höhe. Denn gemäß § 48 sind nur die „im § 31 bestimmten Gebühren" zu halbieren, also nicht eine Gebühr nach § 23 usw.

3) Gegenstandswert. Vgl Anh I nach § 12 GKG: § 3 ZPO Anm 3 „Beweissicherung", Teil I dieses Buches, ferner KV 1140 Anm 2, Teil I dieses Buchs.

4) Kostenerstattung. A. Keine Kostengrundentscheidung. Im Beweissicherungsverfahren ergeht keine Kostengrundentscheidung. Das gilt sowohl dann, wenn ein zugehöriger Hauptprozeß noch ungewiß ist, als auch dann, wenn er bereits anhängig ist. Es kommt auch nicht darauf an, ob das Gericht den Beweissicherungsantrag als unzulässig verwirft oder als unbegründet abweist oder ob es ihm stattgibt. Es kommt auch nicht darauf an, ob die Beweissicherung in einem Gutachten oder in einer Augenscheinseinnahme oder in einer Zeugenvernehmung oder in einer anderen Beweissicherungsart besteht und ob es im Beweissicherungsverfahren zu einer mündlichen Verhandlung, zur schriftlichen Ergänzung eines Gutachtens, zu einem Ablehnungsantrag mit oder ohne Erfolg kommt usw.

Die Frage der Notwendigkeit einer Kostengrundentscheidung ist allerdings **umstritten. Wie hier** zB BGH **20**, 15, Düss NJW **72**, 296 und MDR **83**, 846, Hbg JB **78**, 239, Hamm Rpfleger **82**, 80 und Rpfleger **87**, 385, LG Aachen AnwBl **83**, 185 mwN, LG Brschw ZMR **86**, 171, grds auch LG Ffm MDR **85**, 149 je mwN, LG Kassel AnwBl **81**, 448, Bank JB **82**, 978; Insofern **unklar** BGH DB **83**, 225.

Demgegenüber meinen manche, eine Kostengrundentscheidung sei jedenfalls dann notwendig, wenn das Gericht einen Beweissicherungsantrag ablehne, wenn der Antrag zurückgenommen werde, wenn im Beweissicherungsverfahren eine Erledigung dieser „Hauptsache" eintrete oder wenn das Gericht den Beweissicherungsbeschluß aufhebe; so im Ergebnis zB Hamm MDR **85**, 415, KG Rpfleger **79**, 143, Mü RR **86**, 1442, Schlesw SchlHA **75**, 88, LG Aachen AnwBl **83**, 527, LG Bln ZMR **86**, 16 mwN, LG Dortm MDR **88**, 590 (aber das LG begeht denselben Fehler, den es beim RG rügt), wohl auch LG Ffm MDR **85**, 149, LG Hbg MDR **86**, 945, LG Hanau AnwBl **84**, 378, LG Kiel SchlHA **87**, 11, LG Köln JB **86**, 599, LG Osnabr AnwBl **88**, 654, LG Wuppert AnwBl **86**, 156, AG Bln-Charlottenb NJW **84**, 620 je mwN, AG Marbach MDR **87**, 504, ZöSchn § 91 ZPO Rdz 13 „Beweissicherung".

Diese Ansicht **überzeugt nicht.** Natürlich wird das Gericht auch im Beweissicherungsverfahren nicht kostenlos tätig, soweit nicht Prozeßkostenhilfe bewilligt wurde. Indessen ist der Antragsteller Kostenschuldner gegenüber der Staatskasse nach §§ 49ff GKG. Er ist auch als Auftraggeber seinem Anwalt gegenüber zahlungspflichtig. Der Gegner des Antragstellers ist dem eigenen Anwalt gegenüber ebenso als Auftraggeber zahlungspflichtig. Für die Auslagen des Gerichts, zB wegen eines Sachverständigen, haftet der Antragsschuldner mit.

Aus allen diesen Gründen wäre eine Kostengrundentscheidung im Beweissicherungsverfahren allenfalls als Grundlage eines prozessualen Kostenerstattungsanspruchs sinnvoll. Indessen ist das Beweissicherungsverfahren in seiner gegenwärtigen Ausprägung weder ein Rechtsstreit noch ein ihm ähnliches Eilverfahren, etwa demjenigen nach §§ 916ff ZPO vergleichbar. Es handelt sich vielmehr um ein **eigenständiges** gerichtliches Verfahren, dessen Ergebnisse zwar unter Umständen in einem gleichzeitigen oder nachfolgenden Hauptprozeß erhebliche Bedeutung haben können, das aber nicht ein Prozeßrechtsverhältnis gegenüber dem etwaigen Prozeßgegner des Antragstellers begründet, zumindest nicht im engeren Sinn.

Daher ist derjenige, der die im Beweissicherungsverfahren entstandenen Kosten ersetzt haben möchte, für den Fall eines gleichzeitigen oder nachträglichen Hauptprozesses auf ihre Geltendmachung als **Prozeßkosten** im dortigen Verfahren angewiesen, soweit sie dort anerkannt werden können, oder muß einen etwaigen sachlichrechtlichen Ersatzanspruch notfalls gesondert einklagen, BLAH Üb 9 D vor § 91 ZPO, BGH **20**, 4, Hbg MDR **71**, 852, insofern unklar BGH NJW **83**, 284.

Natürlich ist eine etwa doch im Beweissicherungsverfahren **ergangene** Kostengrundentscheidung bis zu ihrer Aufhebung usw ein Festsetzungstitel nach §§ 103ff ZPO, LG Bln JB **86**, 440.

B. Kostenerstattungsfragen. Im **isolierten** Beweissicherungsverfahren erfolgt mangels Kostengrundentscheidung auch keine Kostenerstattung.

Soweit es gleichzeitig mit einem oder im Anschluß an ein Beweissicherungsverfahren zu einem oder mehreren **Hauptprozessen** kommt, die sich auch nur teilweise auf die Fragen erstrecken, die Gegenstand der Beweissicherung waren oder sein sollten, können die Kosten der Beweissicherung zu den Kosten des oder der **Hauptprozesse** zählen und insofern wie sonst erstattungsfähig sein. Das gilt grds unabhängig davon, ob die Ergebnisse der Beweissicherung im Hauptverfahren mitverwertet werden konnten, mitverwertet worden sind und auf das Ergebnis des Hauptprozesses Einfluß hatten.

Insofern besteht im wesentlichen **Einigkeit. Wie hier** zB insofern richtig BGH NJW **83**, 284, ferner zB Ffm AnwBl **81**, 195, Hbg JB **81**, 1396, KG JB **70**, 266 (zustm Schneider), Mü MDR **87**, 328, Nürnb NJW **72**, 771, Stgt Rpfleger **88**, 117 (zu § 269 III) mwN, LG Wuppert AnwBl **86**, 156; **aM** zB Kblz VersR **84**, 1175.

Freilich muß zwischen den **Parteien** des Beweissicherungsverfahrens (Antragsteller und „Antragsgegner") einerseits und den Parteien des oder der Hauptprozesse **Nämlichkeit** bestehen.

Diese Frage ist **streitig. Wie hier** zB Celle NJW **63**, 54, Düss MDR **85**, 1032, Ffm MDR **84**, 238 und 320, KG MDR **76**, 846, MDR **81**, 940 und Rpfleger **85**, 251 je mwN, Köln MDR **86**, 764, LG Freibg AnwBl **86**, 206; **abw** zB Schlesw SchlHA **87**, 158.

Ferner muß zwischen dem **Streitgegenstand,** BLAH § 2 ZPO Anm 2, des Beweissicherungsverfahrens und des Hauptprozesses ebenfalls **Nämlichkeit** vorliegen.

Auch diese Frage ist **streitig. Wie hier** zB Hbg MDR **83**, 409 mwN, Hamm Rpfleger **79**, 268, KG Rpfleger **86**, 106, Köln JB **78**, 1820, insofern auch Schlesw SchlHA **78**, 221 und SchlHA **87**, 158 (also keine Nämlichkeit beim Verfahren auf eine einstweilige Verfügung), LG Kiel SchlHA **88**, 31; **abw** LG Kiel SchlHA **85**, 191; **aM** zB Ffm AnwBl **81**, 195, Hamm JB **82**, 920.

Ferner muß über den Gegenstand des Beweissicherungsverfahrens überhaupt **mitentschieden** worden sein, Hbg MDR **89**, 362, Mü Rpfleger **82**, 196. Ob ein Versäumnisurteil die erforderliche Sachentscheidung enthält, ist notfalls anhand der Klagebegründung zu prüfen BLAH § 322 ZPO Anm 2 A b, KG Rpfleger **82**, 195.

Soweit überhaupt eine Erstattungsfähigkeit in Betracht kommt, sind die Kosten der Beweissicherung als **außergerichtliche** Kosten des Hauptprozesses zu betrachten, nicht also als Gerichtskosten.

Auch diese Frage ist **streitig. Wie hier** zB Celle JB **74**, 639, Düss VersR **85**, 645 mwN, Ffm MDR **83**, 941, Hamm Rpfleger **82**, 80, Kblz JB **84**, 925 und DB **87**, 1845, Nürnb JB **83**, 604; **abw** (die Zugehörigkeit sei unerheblich) ZöSchn § 91 ZPO Rdz 13 „Beweissicherung"; **aM** (es handele sich um Gerichtskosten) zB Hbg JB **83**, 1264, KG JB **82**, 1079 und 1521, Mü Rpfleger **81**, 203, Schlesw JB **83**, 603, Stgt JB **74**, 765 und Rpfleger **82**, 195.

Aus der Zugehörigkeit der Kosten zu den außergerichtlichen Kosten des Hauptprozesses folgt: Soweit die Kosten des nachfolgenden Hauptprozesses **gegeneinander aufgehoben** werden, hat keine Partei einen Erstattungsanspruch, § 92 I 2 ZPO. Denn sie sind außergerichtliche Kosten, s oben.

Soweit es um **mehrere** gleichzeitige oder nachfolgende Hauptprozesse geht, muß man die Beweissicherungskosten im Verhältnis der Streitwerte auf diese Prozesse verteilen, Düss NJW **76**, 115, Hbg JB **83**, 1257, KG MDR **75**, 412, Köln NJW **72**, 953, LG Bln ZMR **88**, 341.

Wenn der Wert des Beweissicherungsverfahrens, dazu BLAH Anh § 3 ZPO Anm 3 „Beweissicherung", den Wert des nachfolgenden Prozesses **übersteigt,** dann muß man eine Verteilung und Quotelung vornehmen, Ffm AnwBl **79**, 431, Hamm Rpfleger **80**, 69, Mü Rpfleger **89**, 302 je mwN. Entsprechendes kann gelten, wenn es nur gegen einzelne Gegner des zunächst isolierten Beweissicherungsverfahrens zum Prozeß kommt, Hbg MDR **86**, 592.

Die Kosten eines Beweissicherungsverfahrens für eine im Hauptprozeß zur **Aufrechnung** gestellte Forderung sind nur insoweit erstattungsfähig, als das Gericht über die Aufrechnung mit einer Rechtskraftwirkung entschieden hat, Mü Rpfleger **82**, 196.

Erstattungsfähig sind auch die Beweissicherungskosten des Erstgläubigers im Prozeß des **Abtretungsnehmers** mit dem Schuldner, jedenfalls auch unter dem Gesichtspunkt von Vorbereitungskosten, Celle

NJW **63**, 54, Düss MDR **85**, 1032. Daher sind auch die Kosten eines zurückgewiesenen Antrags auf die Durchführung eines Beweissicherungsverfahrens Kosten des Rechtsstreits, soweit man später zu dem Ergebnis kommen muß, daß ein Beweissicherungsverfahren zweckmäßig gewesen wäre, Düss NJW **72**, 295, Nürnb NJW **72**, 771, aM Schlesw SchlHA **75**, 88 (solche Kosten seien dann nicht erstattungsfähig).

In jedem Fall ist wie sonst bei § 91 ZPO zu prüfen, ob die Kosten **„notwendig"** waren, ob man sie also im Zeitpunkt ihrer Entstehung im Beweissicherungsverfahren, rückwirkend betrachtet, als nicht nur sinnvoll, sondern geradezu erforderlich betrachten müßte, zB Hamm Rpfleger **87**, 385, KG Rpfleger **80**, 393, nur im Ergebnis ebenso Nürnb MDR **82**, 941, ferner Schlesw SchlHA **80**, 393 und SchlHA **82**, 173, LG Itzehoe WM **83**, 119. Allerdings findet im Kostenfestsetzungsverfahren nur noch eine Prüfung darauf statt, ob die Kosten des Beweissicherungsverfahren auch im einzelnen (und nicht das ganze Verfahren überhaupt) notwendig waren, Hamm Rpfleger **73**, 370. Für die Notwendigkeit ist es wiederum unerheblich, ob die Ergebnisse des Beweissicherungsverfahrens auch im Hauptprozeß benutzt worden sind, Nürnb NJW **72**, 771.

C. Keine Passivlegitimation. Wenn die Klage mangels Passivlegitimation abgewiesen worden ist, entscheidet das Gericht über die übrigen Kosten erst im Prozeß gegen den richtigen Schuldner, BGH **20**, 4.

Vorläufige Einstellung, Beschränkung oder Aufhebung der Zwangsvollstreckung, Vollstreckbarerklärung von Teilen eines Urteils

49 **I Im Verfahren über die vorläufige Einstellung, Beschränkung oder Aufhebung der Zwangsvollstreckung erhält der Rechtsanwalt, wenn eine abgesonderte mündliche Verhandlung hierüber stattfindet, drei Zehntel der in § 31 bestimmten Gebühren. Wird der Antrag beim Vollstreckungsgericht und beim Prozeßgericht gestellt, so erhält der Rechtsanwalt die Prozeßgebühr nur einmal. Die Vorschriften des § 32 und des § 33 Abs. 1 und 2 gelten nicht.**

II Im Verfahren auf Vollstreckbarerklärung der durch Rechtsmittelanträge nicht angefochtenen Teile eines Urteils (§§ 534, 560 der Zivilprozeßordnung) erhält der Rechtsanwalt drei Zehntel der vollen Gebühr.

Gliederung

A. Voraussetzungen
B. Gebühr
C. Gegenstandswert
D. Prozeßkostenhilfe

1) Geltungsbereich. Gemäß § 37 Z 3 gehört die vorläufige Einstellung, Beschränkung oder Aufhebung der Zwangsvollstreckung zum Rechtszug, soweit nicht hierüber eine abgesonderte mündliche Verhandlung stattfindet. Der ProzBev erhält also mangels besonderer mündlicher Verhandlung keine besondere Gebühr, und zwar auch dann nicht, wenn sich sein Auftrag vorzeitig erledigt, § 32 I.

Soweit das Gericht aber über die vorläufige Einstellung, Beschränkung oder Aufhebung eine abgesonderte mündliche Verhandlung anordnet, ist § 49 anwendbar und bezieht sich dann auf alle Fälle der Einstellung usw, zB nach §§ 707, 719, 769, 770, 771 III, 785, 786, 805 IV, 810 II, 924 III, 1042c II ZPO.

Allerdings ist auf ein Verfahren nach § 718 ZPO nicht § 49, sondern stets § 37 Z 3 anwendbar, Hamm MDR **75**, 501.

2) Vorläufige Einstellung usw, I. A. Voraussetzungen. Es müssen folgende Voraussetzungen zusammentreffen.

a) Abgesonderte mündliche Verhandlung. Grundsätzlich muß das Gericht über die vorläufige Einstellung, Beschränkung oder Aufhebung der Zwangsvollstreckung eine abgesonderte mündliche Verhandlung angeordnet haben, Anm 1. Diese Anordnung muß auch jedenfalls soweit durchgeführt worden sein, daß die abgesonderte Verhandlung tatsächlich stattfindet.

Soweit keine abgesonderte mündliche Verhandlung stattfindet, kann eine Gebühr nach I allerdings für denjenigen Anwalt entstehen, der einen Auftrag nur wegen des Verfahrens auf die vorläufige Einstellung usw hat. Sofern er später einen Auftrag wegen der Hauptsache erhält, muß man dann allerdings § 13 V beachten.

b) Erscheinen in der Verhandlung. Der Anwalt muß in der vom Gericht angeordneten abgesonderten mündlichen Verhandlung auch tatsächlich erscheinen. Sofern er lediglich den Antrag auf eine vorläufige Einstellung usw gefertigt und eingereicht hat, ist I unanwendbar, Düss Rpfleger **72**, 235. Sofern sich der Auftrag vor dem Beginn der abgesonderten mündlichen Verhandlung erledigt hat, entsteht keine Gebühr. Denn § 32 ist unanwendbar, I 3.

Es reicht andererseits aus, daß der Anwalt bei Beginn der abgesonderten mündlichen Verhandlung anwesend und zur Mitwirkung an der Verhandlung bereit ist.

B. Gebühren. Es kann jede der in § 31 genannten Gebühren zu 3/10 entstehen, I 1. Im übrigen gilt die folgende Regelung:

a) Prozeßgebühr. 3/10 Prozeßgebühr entsteht mit dem Erscheinen des Anwalts in der abgesonderten mündlichen Verhandlung, A b. Soweit der Antrag beim Vollstreckungs- und beim Prozeßgericht gestellt wurde, zB nach §§ 769 II, 771 III ZPO, erhält der Anwalt die 3/10 Prozeßgebühr gemäß I 2 nur einmal. Das erklärt sich daraus, daß der Anwalt für seine Tätigkeit beim Vollstreckungsgericht bereits eine Prozeßgebühr nach § 57 verdient hat, diese Gebühr allerdings auch im Fall einer abgesonderten mündlichen Verhandlung vor dem Prozeßgericht nicht nochmals verdient, so daß in einem solchen Fall bei einer abgesonderten mündlichen Verhandlung nur die Verhandlungsgebühr zusätzlich entsteht.

Allerdings erhält der Anwalt eine besondere Gebühr für die Einstellung usw bei einer sonstigen Tätigkeit in der Vollstreckungsinstanz nicht, § 58 II Z 7.

Die Prozeßgebühr entfällt, wenn sich der Auftrag vor dem Erscheinen des Anwalts in der abgesonderten mündlichen Verhandlung erledigt. Denn § 32 ist nicht anwendbar, I 3.

b) Verhandlungsgebühr. 3/10 Verhandlungsgebühr entsteht mit jeder Art von Verhandlung über die Einstellung usw, unabhängig davon, ob der Anwalt einen Sachantrag stellt, Düss Rpfleger **72**, 235, ob er streitig oder nichtstreitig verhandelt. Denn § 33 ist unanwendbar, I 3.

c) Beweisgebühr. 3/10 Beweisgebühr entsteht nur ganz ausnahmsweise, da es im allgemeinen ausreicht, die entscheidungserheblichen Tatsachen gemäß § 294 ZPO glaubhaft zu machen. Die Glaubhaftmachung ist ein geringerer Grad der Beweisführung, vgl BGH VersR **73**, 187, BFH BB **78**, 245, BLAH § 294 ZPO Anm 1 A mwN. Zwar ist auch gemäß § 294 II ZPO eine Beweisaufnahme, die sofort erfolgen kann, statthaft. Indessen ist trotzdem die bloße Glaubhaftmachung keine Verdichtung bis zu einer an Sicherheit grenzenden Wahrscheinlichkeit. Auf die letztere kommt es zur Annahme einer Beweisaufnahme im Sinn von § 31 I Z 3 und damit auch zur Entstehung einer Beweisgebühr an.

d) Erörterungsgebühr. 3/10 Erörterungsgebühr ist möglich, vgl bei § 31 I Z 4. Eine Anrechnung erfolgt wie bei § 31 II.

C. Berufungsinstanz. Im Berufungsverfahren kann jede der in § 31 genannten Gebühren in Höhe von 3/10 aus 13/10 entstehen, § 11 I 4, Düss Rpfleger **72**, 235.

D. Gegenstandswert. Vgl Anh I nach § 12 GKG: § 3 ZPO „Zwangsvollstreckung: b) Einstellung, Beschränkung, Aufhebung", Teil I dieses Buchs.

E. Kostenerstattung. Im Rahmen von § 91 ZPO sind die Kosten als Teil der Prozeßkosten erstattungsfähig, Düss Rpfleger **72**, 235.

3) Vollstreckbarerklärung, II. A. Voraussetzungen. Ein nicht oder nicht unbedingt für vorläufig vollstreckbar erklärtes Urteil des ersten Rechtszuges ist, soweit es durch die Berufungsanträge nicht angefochten wird, auf Grund eines Antrags von dem Berufungsgericht durch einen Beschluß für vorläufig vollstreckbar zu erklären, § 534 I 1 ZPO. Entsprechendes gilt für den nicht angefochtenen Teil eines Urteils des Berufungsgerichts, § 560 S 1 ZPO. In diesen Fällen ist für die Tätigkeit des Anwalts in dem Verfahren auf die Vollstreckbarerklärung des nicht angefochtenen Urteilsabschnitts II anwendbar. Das gilt auch dann, wenn der Rechtsmittelkläger das zunächst nur auf einen Teil des Urteils erstreckte Rechtsmittel auf einen anderen Teil des Urteils ausdehnt.

Wenn er dagegen das Rechtsmittel nachträglich auf das ganze Urteil der Vorinstanz ausdehnt oder wenn die Parteien den ganzen nicht angefochtenen Urteilsteil in einen Vergleich einbeziehen, ist § 37 Z 7 anwendbar, Hbg MDR **82**, 946 mwN.

B. Gebühr. Im Verfahren auf die Vollstreckbarerklärung des nicht angefochtenen Teils des Urteils erhält der Anwalt 3/10 „der vollen Gebühr", also der gemäß § 11 I 4, 5 bereits ihrerseits um 3/10 erhöhten Gebühr, mithin also insgesamt 3/10 aus 13/10, RS 17. Diese Gebühr gilt die gesamte Tätigkeit im Verfahren auf die Vollstreckbarerklärung einschließlich der Antragstellung und einer Teilnahme an der Verhandlung, Celle NdsRpfl **59**, 152, also auch einer etwaigen Beweisaufnahme, ab.

C. Gegenstandswert. Maßgeblich ist der Wert desjenigen Teils des Urteils, auf den sich der Antrag auf Vollstreckbarerklärung schließlich, also im Zeitpunkt der Entscheidung des Gerichts, erstreckt. Sofern der Rechtsmittelkläger das Rechtsmittel nachträglich auf einen weiteren, zunächst nicht angefochtenen Teil des Urteils erstreckt, erfolgt eine Anrechnung der Gebühr nach II auf die Gebühr des Rechtsmittelzugs. Sonst entstehen stets besondere Gebühren.

D. Prozeßkostenhilfe. Eine Prozeßkostenhilfe für den Rechtsmittelzug umfaßt auch den Antrag auf die Vollstreckbarerklärung nach II.

Räumungsfrist

50 **Im Verfahren vor dem Prozeßgericht oder dem Amtsgericht auf Bewilligung, Verlängerung oder Verkürzung einer Räumungsfrist (§§ 721, 794a der Zivilprozeßordnung) erhält der Rechtsanwalt fünf Zehntel der in § 31 bestimmten Gebühren, wenn das Verfahren mit dem Verfahren über die Hauptsache nicht verbunden ist.**

1) Voraussetzungen. Eine Gebühr nach § 50 kommt in Betracht, wenn entweder die Voraussetzungen A oder diejenigen B vorliegen.

A. Prozeßgericht, § 721 ZPO. Es muß sich um ein Verfahren vor dem Prozeßgericht auf die Bewilligung, Verlängerung oder Verkürzung einer Räumungsfrist handeln. Das Verfahren darf aber mit demjenigen über die Hauptsache nicht verbunden sein. Daher kommt dann, wenn es um die erstmalige Bewilligung der Räumungsfrist geht, nur das selbständige Verfahren nach § 721 II ZPO in Betracht, nicht das unselbständige nach § 721 I 1, 2 ZPO, LG Ffm Rpfleger **84**, 287, und auch nicht dasjenige nach § 721 I 3 ZPO in Verbindung mit § 321 ZPO (Ergänzung der Entscheidung). In den letzteren Fällen sind §§ 31, 37 Z 6 anwendbar.

Es kommt nicht darauf an, ob der Antrag gemäß § 721 II 1, III 1 ZPO rechtzeitig eingegangen ist und ob im Fall einer Fristversäumung gemäß § 721 II 2, III 2 ZPO ein Wiedereinsetzungsverfahren stattfindet. Die Tätigkeit des Anwalts in einem solchen Wiedereinsetzungsverfahren verursacht keine besondere Vergütung, § 58 II.

Ein etwa gemäß § 765a ZPO stattfindendes Verfahren vor dem Vollstreckungsgericht fällt nicht unter § 50, sondern nach dem ausdrücklichen Wortlaut des § 58 III Z 3 unter jene insoweit vorrangige Sondervorschrift.

B. Amtsgericht, § 794a ZPO. Es kann sich auch um das im Anschluß an einen Räumungsvergleich vor dem AG der Belegenheit des Wohnraums stattfindende Verfahren handeln.

Es kommt nicht darauf an, ob der Antrag innerhalb der Frist nach § 794a I 2 Hs 2, II 1 ZPO eingegangen ist und ob im Fall einer Fristversäumung ein Wiedereinsetzungsverfahren gemäß § 794a I 2 Hs 2, II 2 ZPO stattfindet. Die Tätigkeit des Anwalts in einem solchen Wiedereinsetzungsverfahren verursacht keine besondere Vergütung, § 58 II.

Wegen eines Verfahrens gemäß § 765a ZPO vor dem AG vgl A.

2) Gebührenhöhe. Es können sämtliche in § 31 bestimmten Gebühren zu je $\frac{5}{10}$ entstehen. Im einzelnen gilt:

A. Prozeßgebühr. ½ Prozeßgebühr entsteht mit der Einreichung des Antrags auf die Bewilligung, Verlängerung oder Verkürzung der Räumungsfrist. Sofern der Anwalt erstmalig im zugehörigen Wiedereinsetzungsverfahren tätig wird, entsteht die Prozeßgebühr mit der Einreichung des Wiedereinsetzungsantrags.

Im Fall einer vorzeitigen Erledigung des Antrags entsteht nur ¼ Gebühr, § 32 I. Wenn der Anwalt nach der Erledigung des Antrags auftragsgemäß einen weiteren Antrag auf eine weitere Bewilligung, Verlängerung oder Verkürzung der Räumungsfrist stellt, liegt insoweit eine besondere Angelegenheit vor, die alle Gebühren des § 31 erneut auslösen kann, vgl auch § 58 III Z 3.

B. Verhandlungsgebühr. ½ Verhandlungsgebühr entsteht im Fall einer mündlichen Verhandlung gerade über den Räumungsfristantrag unter den weiteren Voraussetzungen des § 31 I Z 2. Im Fall einer nichtstreitigen Verhandlung ermäßigt sich die Gebühr auf ¼, § 33 I.

Wegen eines weiteren Räumungsfristantrags nach der Erledigung des ersten vgl A.

C. Beweisgebühr. ½ Beweisgebühr entsteht, soweit der Anwalt den Auftraggeber in einem vom Prozeßgericht oder im Verfahren nach § 794a ZPO vom AG gerade zum Räumungsfristantrag angeordneten Beweisaufnahmeverfahren vertritt, vgl § 31 I Z 3 ZPO.

Wegen eines erneuten Verfahrens nach der Erledigung des ersten Räumungsfristverfahrens vgl A.

D. Erörterungsgebühr. ½ Erörterungsgebühr kann unter den Voraussetzungen § 31 I Z 4 ebenfalls entstehen.

Wegen eines weiteren Räumungsfristverfahrens nach der Erledigung des ersten vgl A.

E. Vergleichsgebühr. Die Vergleichsgebühr kann gemäß § 23 voll entstehen, sofern sich die Parteien im Räumungsfristverfahren vergleichen. Sie entsteht nicht etwa nur zu ½, denn § 50 erwähnt § 23 nicht mit.

3) Gegenstandswert. Vgl Anh I nach § 12 GKG: § 3 ZPO Anm 3 „Räumungsfrist", Teil I dieses Buchs, sowie § 8.

Verfahren über die Prozeßkostenhilfe

51 **I Im Verfahren über die Prozeßkostenhilfe erhält der Rechtsanwalt fünf Zehntel der in § 31 bestimmten Gebühren. In mehreren Verfahren dieser Art erhält der Rechtsanwalt**

die Gebühren in jedem Rechtszug nur einmal. Die Vorschriften des § 32 und des § 33 Abs. 1 und 2 gelten nicht.

II Im Verfahren über die Bewilligung oder die Aufhebung der Bewilligung der Prozeßkostenhilfe bestimmt sich der Gegenstandswert nach dem für die Hauptsache maßgebenden Wert.

Gliederung

1) Systematik. Um den Geltungsbereich der Vorschrift richtig erfassen zu können, muß man einerseits §§ 31 ff, 37 Z 3 und andererseits das Verhältnis zwischen dem Prozeßkostenhilfeverfahren nach §§ 114 ff ZPO und dem Hauptprozeß, §§ 253 ff ZPO, berücksichtigen.

Soweit der Anwalt zum ProzBev für den Hauptprozeß bestellt worden ist, gehört seine Tätigkeit im zugeordneten Prozeßkostenhilfeverfahren grundsätzlich gemäß § 37 Z 3 zum Rechtszug und wird daher nicht besonders vergütet. Das gilt sowohl dann, wenn das Prozeßkostenhilfeverfahren dem Hauptprozeß zeitlich vorangeht, als auch dann, wenn es gleichzeitig mit der Klageinreichung oder erst später beginnt.

§ 51 ist also grundsätzlich nur insoweit anwendbar, als der Anwalt in einem Prozeßkostenhilfeverfahren tätig wird, ohne in diesem Zeitabschnitt schon oder noch ProzBev zu sein. Eine solche Situation liegt zB dann vor, wenn der Auftraggeber zunächst abwarten will, ob und in welchem Umfang ihm das Gericht eine Prozeßkostenhilfe bewilligt, bevor er überhaupt einen Auftrag zur Klageinreichung erteilt. Es ist aber auch möglich, daß der Auftraggeber dem Anwalt etwa zunächst nur für einen Teil seiner Ansprüche einen bedingten oder unbedingten Prozeßauftrag erteilt und ihn im übrigen nur mit der Einleitung eines Prozeßkostenhilfeverfahrens beauftragt. Wenn später ein Prozeßauftrag nachfolgt, findet eine Anrechnung gleichartiger Gebühren aufeinander gemäß § 31 II statt.

Es ist auch möglich, daß zB der erstinstanzliche, nur beim LG zugelassene Anwalt den Auftrag erhält, beim OLG für die Berufungsinstanz (nur) eine Prozeßkostenhilfe zu beantragen, während der Auftraggeber für die Durchführung der Berufung oder für die Abwehr der gegnerischen Berufung einen beim OLG zugelassenen Anwalt als ProzBev beauftragen muß. Auch in diesem Fall kann eine Vergütung des beim LG zugelassenen Anwalts nach § 51 in Betracht kommen.

Der Anwalt tritt auch dann nur im Prozeßkostenhilfeverfahren auf, wenn er zwar eine als „Klage“ bezeichnete Schrift eingereicht, aber zugleich lediglich für die „beabsichtigte Klage“ um eine Prozeßkostenhilfe gebeten hat, Düss Rpfleger **82**, 199.

Allerdings können Gebühren sowohl nach §§ 31 ff als auch nach § 51 nebeneinander entstehen. Diese Situation kann zB dann eintreten, wenn das Gericht lediglich im Prozeßkostenhilfeverfahren eine mündliche Verhandlung durchführt und Beweis erhebt, nicht aber im Hauptprozeß. Es kann auch der Fall eintreten, daß der Anwalt einen Prozeßauftrag und gleichzeitig einen Auftrag zur Beschaffung einer Prozeßkostenhilfe hatte, daß im letzteren Verfahren eine Verhandlung und eine Beweisaufnahme stattfand und daß das Gericht sodann die Prozeßkostenhilfe verweigert und die Partei daraufhin keine Klage erhebt. Zu den Auslegungsmöglichkeiten solcher Aufträge KG Rpfleger **73**, 224.

2) Prozeßkostenhilfe, I. Vgl zunächst Anm 1. § 51 ist grundsätzlich auf sämtliche im 3. Abschnitt geregelten Verfahren anwendbar, auch auf ein Prozeßkostenhilfeverfahren in den Fällen §§ 113 ff, nicht aber auf ein solches Verfahren im Bereich der freiwilligen Gerichtsbarkeit; insofern sind §§ 118 ff anwendbar.

Die Bewilligung der Prozeßkostenhilfe, § 120 ZPO, und die Aufhebung der Bewilligung, § 124 ZPO, stellen auch im Sinn von § 51 dieselbe Angelegenheit dar. Daher entsteht gemäß I 2 in mehreren Verfahren dieser Art, etwa im Verfahren der Bewilligung und der Aufhebung, jede der in § 31 genannten Gebühren in demselben Rechtszug nur einmal, § 13 II.

Demgegenüber ist das Beschwerdeverfahren, § 127 ZPO, eine besondere Angelegenheit. Dort können Gebühren nach § 61 I Z 1 entstehen, und zwar auch für den ProzBev.

Der Verkehrsanwalt, der Verhandlungs- und der Beweisvertreter sind ebenso wie der ProzBev zu beurteilen, RS 13.

3) Gebührenhöhe, I. A. Grundsatz. Soweit § 51 überhaupt anwendbar ist, Anm 1, 2, kann jede der in § 31 bestimmten vollen Gebühren entstehen. Es entsteht also nicht etwa nur 5/10 derjenigen Gebühr, die für eine Tätigkeit in der Hauptsache vorgesehen ist, KG AnwBl **81**, 73 mwN. In der Rechtsmittelinstanz entstehen 5/10 der gemäß § 11 I 4, 5 bereits erhöhten Gebühren. Eine Ermäßigung für den Fall der vorzeitigen Erledigung des Auftrags oder einer nichtstreitigen Verhandlung entsteht nicht, denn I 2 schließt die Anwendbarkeit der §§ 32, 33 I II ausdrücklich aus.

Im einzelnen gilt ferner die folgende Regelung:

B. Prozeßgebühr. Man muß folgende Situationen unterscheiden:

a) Antragsteller. ½ Prozeßgebühr entsteht mit der Einreichung des Antrags auf die Bewilligung einer Prozeßkostenhilfe. Im Verfahren auf die Aufhebung der Bewilligung entsteht für den Anwalt der bisher begünstigten Partei ½ Prozeßgebühr mit der Einreichung der Stellungnahme zur beabsichtigten Aufhebung. Allerdings bilden das Verfahren auf die Bewilligung und auf die Aufhebung der Bewilligung dieselbe Angelegenheit, so daß die Prozeßgebühr in demselben Rechtszug insgesamt nur einmal entstehen kann, Anm 1.

b) Prozeßgegner. Vor der Bewilligung der Prozeßkostenhilfe muß das Gericht dem Prozeßgegner des Antragstellers grundsätzlich eine Gelegenheit zur Stellungnahme geben. Dieser grundsätzliche Anhörungszwang scheint nicht selbstverständlich zu sein. Denn das Verfahren auf die Bewilligung einer Prozeßkostenhilfe verläuft zwischen dem Antragsteller und dem Staat, nicht zwischen dem ersteren und dem Prozeßgegner. Das wird insbesondere dann deutlich, wenn während des Verfahrens noch keine Klage eingereicht wird.

§ 118 I 1 ZPO stellt klar, daß grundsätzlich eine Anhörungspflicht besteht, wie die Worte „ist dem Gegner Gelegenheit zur Stellungnahme zu geben" zeigen, vgl auch Schultz MDR **81**, 525. Im übrigen ist der Prozeßgegner insofern beteiligt, als er auf Grund der Bewilligung der Prozeßkostenhilfe in ein gerichtliches Verfahren verwickelt werden kann, Köln MDR **80**, 407, ohne daß er sich sonst gegen die Bewilligung wehren könnte. Es handelt sich ja überhaupt um ein prozeßähnliches Verfahren.

Schon aus diesen Gründen, aber auch mit Rücksicht auf den Grundsatz, daß kein Anwalt umsonst tätig zu werden braucht, § 2 Anm 1, erhält auch der Anwalt des Prozeßgegners des Antragstellers eine Prozeßgebühr, soweit die Voraussetzungen Anm 1, 2 vorliegen und soweit er mit oder ohne eine Aufforderung des Gerichts nach § 118 I 1 ZPO eine schriftliche oder mündliche Stellungnahme zum Prozeßkostenhilfeantrag abgibt.

Soweit es um die Aufhebung der Bewilligung geht, muß das Gericht unter den Voraussetzungen des § 124 ZPO trotz dieser nach ihrem Wortlaut bloßen Kannvorschrift, die in Wahrheit eine bloße Zuständigkeitsregelung ist, ohne einen Ermessensspielraum von Amts wegen tätig werden. Ein „Antrag" des Prozeßgegners auf eine Aufhebung der Bewilligung ist also nur eine Anregung. Gleichwohl erhält der Anwalt für die Einreichung einer solchen Anregung unabhängig von ihrer Bezeichnung ½ Prozeßgebühr. Freilich ist auch insofern die Stellungnahme zum gegnerischen Prozeßkostenhilfeantrag und die Anregung zur Aufhebung der Bewilligung dieselbe Angelegenheit. Daher entsteht auch für den Anwalt des Prozeßgegners in demselben Rechtszug die Prozeßgebühr nur einmal, I 2, Anm 1.

C. Verhandlungsgebühr. ½ Verhandlungsgebühr kann für den Anwalt des Antragstellers wie für denjenigen seines Prozeßgegners entstehen, KG AnwBl **81**, 73 mwN, aM Düss JMBl NRW **57**, 43, sofern das Gericht eine besondere mündliche Verhandlung über den Prozeßkostenhilfeantrag oder über die Aufhebung der Bewilligung angeordnet hat und sofern der Anwalt in der Verhandlung einen Antrag stellt oder eine Anregung zur Aufhebung der Bewilligung äußert, die einem Sachantrag im Sinn von § 31 I Z 2 gleichzusetzen ist, obwohl das Gericht von Amts wegen zu entscheiden hat. Die ½ Verhandlungsgebühr kann auch im Fall eines nachfolgenden Vergleichs entstehen, Bbg (7. ZS) Rpfleger **88**, 334; **aM** Bbg (2. ZS) JB **87**, 1098, Mü Rpfleger **87**, 173.

Wegen einer bloßen Erörterung vgl E.

Eine Verhandlungsgebühr entsteht für den Anwalt des Prozeßgegners nicht, sofern er zwar im Verhandlungstermin über den Prozeßkostenhilfeantrag anwesend ist, sich aber in keiner Weise irgendwie dazu äußert.

D. Beweisgebühr. ½ Beweisgebühr kann ebenfalls für den Anwalt des Antragstellers wie für denjenigen seines Prozeßgegners entstehen, Hamm MDR **78**, 1033, sofern die bei § 31 I Z 3 genannten Voraussetzungen vorliegen. Die ½ Beweisgebühr kann auch im Fall eines nachfolgenden Vergleichs entstehen, Bbg (7. ZS) Rpfleger **88**, 334; **aM** Bbg (2. ZS) JB **87**, 1098, Mü Rpfleger **87**, 173.

E. Erörterungsgebühr. ½ Erörterungsgebühr kann sowohl für den Anwalt des Antragstellers als auch für denjenigen seines Prozeßgegners entstehen. Die letztere Situation kann zB dann vorliegen, wenn der Anwalt in einer mündlichen Verhandlung über den Prozeßkostenhilfeantrag lediglich die Aussichten des Rechtsstreits und/oder die wirtschaftliche Lage des Antragstellers erörtert, ohne einen förmlichen Antrag auf die auch nur teilweise Zurückweisung des gegnerischen Antrags zu stellen; **abw** Bbg JB **76**, 1654, Düss VersR **82**, 151 je mwN (diese Gerichte billigen dann auch dem Anwalt des Prozeßgegners ½ Verhandlungsgebühr zu). Die Erörterungsgebühr kann auch vor dem beauftragten Richter entstehen, LG Kleve AnwBl **87**, 291, **aM** Düss VRS **81**, 786. Sie kann auch im Fall eines nachfolgenden Vergleichs entstehen, ebenso wie die ½ Verhandlungs- und ½ Beweisgebühr, C, D.

Soweit sich der Anwalt des Prozeßgegners in der mündlichen Verhandlung zum Prozeßkostenhilfeantrag überhaupt nicht äußert, entsteht eine Erörterungsgebühr nur ausnahmsweise unter den bei § 31 I Z 4 genannten Voraussetzungen. Man muß freilich auch hier bedenken, daß § 118 I 1 ZPO in Wahrheit eine Anhörungspflicht des Gerichts begründet, B.

F. Vergleichsgebühr. Eine Vergleichsgebühr entsteht unter den Voraussetzungen des § 23 in voller Höhe, zumal § 51 I 1, 2 den § 23 nicht mit nennt. Düss Rpfleger **82**, 199 gibt dem Anwalt außerdem noch ½ Prozeßgebühr, § 32 II, womit die Prozeßgebühr im Prozeßkostenhilfeverfahren abgegolten sei. Wegen zusätzlicher ½ Verhandlungs-, Beweis- und Erörterungsgebühren C–E.

G. Weitere Einzelfragen. Eine etwaige Differenz zwischen einer späteren Gebühr nach § 123 und derjenigen nach § 51 ist gegen den Mittellosen festzusetzen, KG Rpfleger **73**, 224.

4) Gegenstandswert, II. Im Bewilligungs- wie im Aufhebungsverfahren ist als Gegenstandswert der Wert der Hauptsache für die Anwaltskosten maßgeblich. Im Beschwerdeverfahren nur wegen der Ratenhöhe ist das Kosteninteresse maßgeblich, Ffm MDR **88**, 785, aM insofern BFH DB **87**, 568 (Hauptsachewert).

Demgegenüber gilt für die Gerichtskosten § 3 ZPO und im Fall einer Beschwerde nach § 127 das Kosteninteresse des Beschwerdeführers, BFH BB **73**, 1153, Schlesw SchlHA **58**, 231.

5) Kostenerstattung, I, II. Vgl BLAH § 91 ZPO Anm 21 „Prozeßkostenhilfe".

Gebühren des Verkehrsanwalts

52 **I Der Rechtsanwalt, der lediglich den Verkehr der Partei mit dem Prozeßbevollmächtigten führt, erhält hierfür eine Gebühr in Höhe der dem Prozeßbevollmächtigten zustehenden Prozeßgebühr.**

II Der Rechtsanwalt, der im Einverständnis mit dem Auftraggeber mit der Übersendung der Akten an den Rechtsanwalt des höheren Rechtszuges gutachtliche Äußerungen verbindet, erhält hierfür die in Absatz 1 bestimmte Gebühr.

Gliederung

1) Systematik. Zum Verständnis der Vorschrift muß man die folgenden Begriffe unterscheiden: Der ProzBev, §§ 31 ff, hat grundsätzlich den Auftrag, die Interessen der Partei für den ganzen Rechtsstreit dieser Instanz vor dem Prozeßgericht wahrzunehmen. Der Verkehrsanwalt, Korrespondenzanwalt, § 52, ist weder ProzBev noch dessen Unterbevollmächtigter, sondern weiterer Bevollmächtigter, Köln GRUR **88**, 724; er vermittelt lediglich den Verkehr der Partei mit dem ProzBev, vgl auch BGH NJW **88**, 1079. Der Verhandlungsanwalt, § 53, nimmt die Interessen der Partei nur in einer einzelnen mündlichen Verhandlung wahr bzw übt ihre Parteirechte nur in ihr aus, ohne einen weitergehenden Auftrag zu haben und ohne daher ProzBev zu sein. Der Beweisanwalt, § 54, nimmt die Interessen der Partei nur in einer Beweisaufnahme wahr, hat keinen weitergehenden Prozeßauftrag und ist daher ebenfalls nicht ProzBev.

Zur Bestellung eines Verkehrsanwalts kann es sowohl dann kommen, wenn sich das Prozeßgericht an demselben Ort befindet, an dem auch der Verkehrsanwalt sein Büro hat, vgl Düss MDR **76**, 406, als auch vor allem dann, wenn das Prozeßgericht auswärts liegt. Es ist theoretisch unerheblich, ob auch der Verkehrsanwalt beim Prozeßgericht zugelassen ist; praktisch bestellt man ihn aber nur dann als solchen, wenn er eben nicht als ProzBev tätig werden darf. Es ist für die Eigenschaft als Verkehrsanwalt grundsätzlich unerheblich, ob derselbe Anwalt vorher für diesen Rechtsstreit ProzBev war; diese Frage wird nur bei der Gebührenhöhe erheblich. Es ist unerheblich, ob eine größere Entfernung zwischen dem Sitz des Prozeßgerichts und dem (Wohn-)Sitz der Partei oder ein anderer Umstand den Anlaß zur Beauftragung des Verkehrsanwalts bildet, etwa der Umstand, daß er nur im ersten Rechtszug ProzBev sein durfte und beim Berufungsgericht nicht zugelassen ist oder daß er der ständige Vertrauensanwalt der Partei oder zB ihr Syndikus ist oder den Streitstoff aus einem Vorprozeß kennt.

I betrifft die Vergütung des Verkehrsanwalts. Die Vergütung des bloßen Verhandlungsanwalts ist in § 53 geregelt, diejenige des bloßen Beweisanwalts in § 54.

II enthält eine gegenüber §§ 20–21a vorrangige Sonderregelung für den Fall einer gutachterlichen Äußerung in Verbindung mit der Übersendung der Handakten an den ProzBev des höheren Rechtszugs.

2) Verkehrsanwalt, I. A. Voraussetzungen. Es müssen folgende Voraussetzungen zusammentreffen:

a) Rechtsanwalt. Es muß ein Anwalt im Sinn von § 1 I tätig werden. Soweit eine der in § 4 genannten Personen tätig wird, steht sie auch im Geltungsbereich des § 52 dem Anwalt grundsätzlich gleich. Freilich muß man beachten, ob nicht in Wahrheit eine „Vertretung" im Sinn von §§ 53, 54 vorliegt.

Soweit der Anwalt in einer persönlichen Angelegenheit oder zB als Konkursverwalter oder in einer der übrigen in § 1 II genannten Eigenschaften tätig wird, ist I unanwendbar, Kblz VersR **82**, 197 mwN, aM Köln AnwBl **83**, 562 für den Vergleichsverwalter. Der Anwalt, der zB über einen Unfall seiner Ehefrau dem ProzBev eine Information erteilt, handelt nicht als Anwalt, sondern als Ehemann auf Grund seiner Beistandspflicht, Hamm Rpfleger **59**, 73.

b) Auftrag. Der Verkehrsanwalt muß seinen diesbezüglichen Auftrag unmittelbar von der Partei erhalten haben, vgl Bauer/Fröhlich FamRZ **83**, 123. Diese kann den Auftrag allerdings auch stillschweigend erteilen, etwa dadurch, daß sie ihn um seine Beratung oder Hilfe bei einem auswärtigen Prozeß mit Anwaltszwang bittet oder daß sie sich weiterhin an ihren erstinstanzlichen Anwalt wendet und ihn bittet, einen Berufungsanwalt zu bestellen. Man muß aber auch dann die Gesamtumstände prüfen, Düss MDR **85**, 774. Die Befugnis nach § 81 ZPO zur Bestellung eines ProzBev für den höheren Rechtszug bedeutet als solche noch keinen Auftrag, als Verkehrsanwalt tätig zu werden, RS 6.

Der im Weg der Prozeßkostenhilfe beigeordnete erstinstanzliche Anwalt muß den Auftraggeber aber jedenfalls im Zweifel darauf hinweisen, daß sich seine Beiordnung grundsätzlich nicht auf eine Tätigkeit als Verkehrsanwalt erstreckt, daß also die letztere Tätigkeit einen besonderen Auftrag und besondere Kosten erfordert. Von diesem Grundsatz gilt nur gemäß § 121 III Hs 2 ZPO eine Ausnahme. Sie erfordert einen besonderen zusätzlichen Beiordnungsbeschluß zugunsten des Verkehrsanwalts. Sie setzt voraus, daß „besondere Umstände" seine Beiordnung erfordern. Dazu ist ein objektiver Maßstab notwendig, vgl BLAH § 121 ZPO Anm 13 E mwN.

Der Unterbevollmächtigte des ProzBev ist nicht nach § 52, sondern allenfalls nach §§ 4 oder 53, 54 zu beurteilen.

c) Beschränkung auf bloßen Verkehr. Der Anwalt darf auftragsgemäß lediglich den Verkehr der Partei mit dem schon bestellten oder noch zu bestellenden ProzBev zu führen haben. Zur Abgrenzung vgl zunächst Anm 1. Zu der bloßen Vermittlung des Verkehrs gehören zB: Die Bestellung des ProzBev, Düss MDR **80**, 768, Stgt Just **75**, 148; die Aufnahme der Information; ihre Weiterleitung; die Aufrechterhaltung der Verbindung. Die Vermittlung des Verkehrs mag schriftlich oder mündlich oder telefonisch, Celle JB **73**, 135, Mümmler JB **79**, 626, und auch in der Weise geschehen, daß der Verkehrsanwalt dem ProzBev Schriftsätze übersendet, die bis auf die Unterschrift fertig sind.

Der Verkehr muß sich immer auf den Prozeß beziehen. Eine Beratung der Partei kann und wird meist, braucht aber nicht dazuzugehören.

Die bloße Berratung der Partei dazu, ob sie überhaupt einen Rechtsstreit (weiter)führen soll, ist keine Führung des Verkehrs mit dem ProzBev. Sie löst allenfalls eine Beratungsgebühr nach § 20 aus. Dasselbe gilt bei einer bloßen Besprechung der im Rechtsstreit ergangenen Entscheidung mit der Partei, Düss NJW **70**, 1802 (freilich kann dann § 20 anwendbar sein, GSEM 6), RS 8, SchGei 5, oder dann, wenn sich der Anwalt darauf beschränkt, die Partei über die Möglichkeit eines Rechtsmittels zu belehren, Ffm Rpfleger **71**, 187, oder ihr einen oder mehrere beim nächsthöheren Gericht zugelassene Anwälte als ProzBev vorzuschlagen oder sie über die Notwendigkeit der Beiziehung eines Verkehrsanwalts zu beraten, oder wenn er lediglich seine Handakten an den ProzBev übersendet, § 37 Z 7; vgl aber auch Anm 3 B a, e. Demgegenüber ist die Entgegennahme der Information zum Zweck der Beauftragung eines noch auszuwählenden ProzBev bereits eine Tätigkeit nach I, Ffm AnwBl **80**, 462 mwN.

Soweit der Anwalt eine Tätigkeit ausübt, die zwar mehr darstellt als die bloße Vermittlung des Verkehrs mit dem ProzBev, andererseits aber nicht die Tätigkeit eines ProzBev selbst, können nach den einschlägigen anderen Vorschriften der BRAGO zusätzlich zu I, II weitere Gebühren entstehen.

B. Verkehrsgebühr. a) Grundsatz. Unter den Voraussetzungen A kann die Verkehrsgebühr nach I entstehen. Sie ist eine Pauschgebühr. Sie entspricht weitgehend einer Prozeßgebühr im Sinn von § 31 I Z 1. Sie gilt den gesamten Verkehr mit dem ProzBev ab, insbesondere jede Tätigkeit, die sonst durch eine Prozeßgebühr abgegolten würde, Hamm Rpfleger **72**, 153, zB die Informationsaufnahme, die Beratung, Akteneinsicht. Sie kann in demselben Rechtszug nur einmal entstehen, § 13 II.

Man muß beachten, daß auch der Verkehrsanwalt dann, wenn sein Auftrag über die bloße Vermittlung des Verkehrs mit der Partei hinausgeht, weitere Gebühren erhalten kann. Er wird dann freilich nicht als Verkehrsanwalt, sondern zB als Verhandlungsanwalt, § 53, oder als Beweisanwalt, § 54, tätig, vgl grundsätzlich Düss VersR **85**, 743 mwN. Er kann auch für die Mitwirkung an einem Vergleich eine Vergleichsgebühr erhalten, zB Bbg AnwBl **80**, 298, aM Düss AnwBl **83**, 187 mwN (krit Schmidt MDR **83**, 589, abl Chemnitz AnwBl **83**, 187). Soweit die Parteien in einen Vergleich Ansprüche einbeziehen, die nicht Gegenstand des Rechtsstreits waren, kann der Verkehrsanwalt ½ Prozeßgebühr vom Unterschiedsbetrag zwischen der Verkehrsgebühr und der Vergleichsgebühr erhalten, § 23 Anm 4 B, Ffm AnwBl **81**, 159 mwN, Hamm MDR **81**, 507.

b) Gebührenhöhe. Es kommt darauf an, wie hoch im konkreten Einzelfall die Prozeßgebühr des ProzBev ist. Die Verkehrsgebühr ist ebenso hoch. Sie kann zB dann, wenn der Rechtsstreit in der Rechtsmittelinstanz schwebt, gemäß § 11 I 4 erhöht sein, Düss AnwBl **73**, 171. Die Erhöhung nach § 11 I 5 betrifft aber nur den beim BGH zugelassenen Anwalt, GSEM 9. In der Beschwerdeinstanz beträgt sie 5/10, § 61 I Z 1. Im Zwangsvollstreckungsverfahren beträgt sie 3/10, § 57 I, im Ergebnis ebenso GSEM 5 (§ 57 sei direkt anwendbar), aM SchGei 4 (§ 118 sei anwendbar). § 6 I 2 ist anwendbar, Düss AnwBl **81**, 240, Hbg JB **79**, 1310, Mü Rpfleger **78**, 110.

Soweit die Partei und der ProzBev gemäß § 3 eine vom Gesetz abweichende Vergütung vereinbart haben, erhält der Verkehrsanwalt die gesetzliche Tabellengebühr für jene Instanz, sofern nicht auch er mit der Partei eine Gebührenvereinbarung getroffen hat. Soweit sich der Auftrag des Verkehrsanwalts vorzeitig erledigt, entsteht die in I genannte Gebühr nur zu ½, § 32 I, vgl Mü AnwBl **78**, 111, Stgt JB **76**, 1667 mwN, und zwar auch dann, wenn die Arbeit des Verkehrsanwalts umfangreich war, Kblz Rpfleger **52**, 442. In einem solchen Fall muß man natürlich dann, wenn der Rechtsstreit in der Rechtsmittelinstanz schwebt, die Halbierung von der zuvor gemäß § 11 I 4, 5 erhöhten Prozeßgebühr vornehmen.

Zur Problematik von Gebührenteilungsabreden Holst AnwBl **84**, 351, Mayer AnwBl **84**, 239 (ausf) und 352, Wloszczynski AnwBl **84**, 352. Im Zweifel sind nur die Gebühren (zB hälftig) zu teilen, während die Auslagen getrennt zu behandeln sind, LG Stgt MDR **88**, 508.

c) Gegenstandswert. Der Gegenstandswert ist grundsätzlich ebenso zu berechnen wie derjenige der Prozeßgebühr des ProzBev. Soweit der Verkehrsanwalt im Gegensatz zum ProzBev nur einen oder einige der Beteiligten vertritt, ist der Anteil des Auftraggebers maßgeblich, GSEM 9.

Erhöht sich der Gegenstandswert, so errechnet man die Verkehrs- oder Prozeßgebühr von diesem höheren Wert unter einer Anrechnung der bisher verdienten Gebühr, Düss NJW **56**, 474.

d) Einzelfälle zur Verkehrsgebühr. Die nachfolgende Darstellung betrifft nur das Innenverhältnis zwischen dem Auftraggeber und dem Verkehrsanwalt, nicht die in Anm 4 erörterte Frage der Erstattungsfähigkeit im Außenverhältnis zwischen dem Auftraggeber und seinem Prozeßgegner.

Abgabe: S „Anrechnung".

Abraten vom Widerruf: S „Vergleich".

Anrechnung: Die Verkehrsgebühr kann nicht höher sein als die Prozeßgebühr, Stgt JB **75**, 1472. Der Verkehrsanwalt kann auch nicht neben der Gebühr nach § 52 noch eine Prozeßgebühr erhalten, und zwar weder eine volle noch einen Bruchteil, Düss MDR **54**, 303, Mü NJW **69**, 1217. Infolgedessen ist eine Anrechnung erforderlich, falls der Verkehrsanwalt zum ProzBev wird und umgekehrt, etwa infolge einer Abgabe oder Verweisung, Bbg JB **77**, 553 mwN, Ffm Rpfleger **55**, 207 und MDR **88**, 869, Karlsr Rpfleger **69**, 419, Mü Rpfleger **69**, 140; **abw** Chemnitz AnwBl **67**, 27. Wegen des Mahnverfahrens § 43 II und unten „Mahnverfahren".

Nicht abgegolten wird neben der Tätigkeit im Zivilprozeß eine vorbereitende oder begleitende Strafanzeige, vgl § 91 Anm 2 B, KG AnwBl **83**, 564.

Soweit sich nach der Abgabe oder Verweisung der Gegenstandswert erhöht, durch den sich auch die Prozeßgebühr erhöhen würde, kann sich die Verkehrsgebühr erhöhen, Düss NJW **56**, 424, Karlsr JB **57**, 42.

S auch „Einspruch".

Arrest, einstweilige Verfügung: Die Aufnahme einer eigenen eidesstattlichen Versicherung ist durch die Verkehrsgebühr abgegolten, KG NJW **62**, 254.

Beschwerde: Soweit der Verkehrsanwalt im Beschwerdeverfahren als bloßer Verkehrsanwalt tätig ist, erhält er die Beschwerdegebühr in Höhe von ½, b. Soweit er direkt tätig ist, erhält er die Vergütung nach § 61 voll, GSEM 19.

Beweisaufnahme: Auch derjenige Verkehr, der sich auf die Beweisaufnahme bezieht, ist durch die Verkehrsgebühr abgegolten, Mü AnwBl **82**, 440. Das gilt zB: Für die Empfangnahme des Beweisbeschlusses; für seine Prüfung, Mü Rpfleger **61**, 420; für die Besprechung mit der Partei über die Durchführung und Auswirkung des Beschlusses; für die Tätigkeit im Zusammenhang mit der Ladung eines Zeugen.

Demgegenüber entsteht im Fall einer Vertretung im Beweisaufnahmeverfahren eine Gebühr nach § 54 unter den dortigen Voraussetzungen, vgl GSEM 13, aM Mü Rpfleger **64**, 670 und MDR **69**, 855, Schlesw JB **83**, 1527. Der beigeordnete Verkehrsanwalt muß auch für die Beweisaufnahme beigeordnet worden sein, Düss JB **81**, 563. Freilich kann der Verkehrsanwalt in einem solchen Fall nicht die in § 54 außerdem vorgesehene ½ Prozeßgebühr erhalten, Mü JB **69**, 861. Für die Wahrnehmung mehrerer Beweistermine in demselben Rechtszug entsteht die halbe Beweisgebühr nur einmal.

Eidesstattliche Versicherung: S „Arrest, einstweilige Verfügung".

Einspruch: Im Fall der Zurücknahme oder Verwerfung des Einspruchs wird die Prozeßgebühr des bisherigen Verfahrens auf dieselbe Gebühr des Verfahrens über den Einspruch angerechnet, § 38 I 2.

Erörterung: Unter den Voraussetzungen des § 31 I Z 4 kommt die Erörterungsgebühr auch für den Verkehrsanwalt in Betracht, GSEM 16; vgl auch „Vergleich".

Gegenstandswert: S oben c.

Handakte: S Anm 2 A c, Anm 3 b a, e.

Konkursverwalter: Anm 2 A a.

Kostenerstattung: S Anm 4.

Kostenfestsetzung: Soweit der Verkehrsanwalt gegen den Festsetzungsbeschluß die Erinnerung einlegt, erhält er die Erinnerungsgebühr nach § 61 I Z 2. S auch „Beschwerde".

Mahnverfahren: Die in § 43 I Z 1, 2 bestimmten Gebühren werden auf die Prozeßgebühr und daher auch auf die Verkehrsgebühr gemäß § 43 II angerechnet. S auch oben „Anrechnung".

Prozeßkostenhilfe: Neben der Verkehrsgebühr kann eine Gebühr für die Verschaffung einer Prozeßkostenhilfe entstehen, § 51 Anm 1, aM GSEM 14.

Sühnetermin: Neben der Verkehrsgebühr kann für die bloße Wahrnehmung eines Sühnetermins keine weitere Gebühr entstehen.

Urkundenprozeß: Die Prozeßgebühr und daher auch die Verkehrsgebühr im Zusammenhang mit einem Urkunden- oder Wechselprozeß wird auf dieselbe Gebühr des ordentlichen Verfahrens nach einer Abstandnahme vom Urkunden- oder Wechselprozeß angerechnet, § 39 S 2.

Vergleich: Die Verkehrsgebühr gilt nicht diejenige Tätigkeit des Verkehrsanwalts ab, die sich auf einen Vergleich zwischen den Parteien und insbesondere auf den Vergleichsabschluß bezieht. Vielmehr kann für eine solche Tätigkeit unter den Voraussetzungen des § 23 neben der Verkehrsgebühr eine Vergleichsgebühr entstehen, § 23 Anm 3 C „Abraten vom Widerruf", „Verkehrsanwalt", Schlesw SchlHA **82**, 143, unabhängig davon, ob auch der ProzBev eine Vergleichsgebühr erhält, GSEM 17. Sofern die Parteien in den Vergleich Ansprüche einbeziehen, die nicht Gegenstand des Rechtsstreits sind, erhält der Verkehrsanwalt ½ Prozeßgebühr vom Unterschiedsbetrag zwischen der Verkehrsgebühr und der Vergleichsgebühr, § 23 Anm 4 B.

Diese Frage ist **streitig. Wie hier** zB Ffm AnwBl **81**, 159 mwN, Hamm MDR **81**, 507, GSEM 17, RS 19; **aM** zB BGH NJW **69**, 932, SchGei 16 (§ 118 sei dann für die Differenz anwendbar).

Vergleichsverwalter: Anm 2 A a.

Verhandlungsgebühr: Sofern der Verkehrsanwalt über die bloße Führung des Verkehrs mit dem ProzBev hinaus einen Antrag zur Teilnahme an einer Verhandlung erhält, kann zB gemäß § 53 eine weitere Gebühr entstehen. Daneben kommt freilich die ½-Prozeßgebühr des § 53 nicht in Betracht, da der Verkehrsanwalt ja schon statt einer Prozeßgebühr die Verkehrsgebühr erhält, Mümmler JB **79**, 629. Eine aktive Beteiligung an der Verhandlung ist nicht stets erforderlich, vgl Mü NJW **66**, 2069.

Verweisung: S „Anrechnung".

Verwerfung: S „Einspruch".

Zeugenladung: S „Beweisaufnahme".

Zurücknahme der Berufung: Der erstinstanzliche Anwalt des Berufungsbekl, der mit Erfolg den Antrag auf Kostenauferlegung gestellt hat, erhält die erhöhte Prozeßgebühr nach dem Kostenwert, Ffm AnwBl **80**, 462.

Zurücknahme des Einspruchs: S „Einspruch".

Zurückverweisung: Im Fall einer Zurückverweisung, § 15, entsteht die Verkehrsgebühr nur insoweit neu, als auch die Prozeßgebühr des ProzBev neu entstehen würde, Hamm Rpfleger **66**, 97 und JB **72**, 782, Nürnb Rpfleger **63**, 138.

3) Gutachtliche Äußerung, II. A. Geltungsbereich. Die Vorschrift enthält eine gegenüber §§ 20–21 a vorrangige Sonderregelung. Das ergibt sich aus dem Umstand, daß II sich auf eine Tätigkeit bezieht, die der Rechtsanwalt als Verkehrsanwalt ausübt, während sich §§ 20–21 a auf die Tätigkeit eines Anwalts schlechthin beziehen. Zwar spricht II ebensowenig wie I ausdrücklich vom „Verkehrsanwalt". Jedoch ist die Überschrift amtlich und deutet darauf hin, daß auch II lediglich eine Tätigkeit des Anwalts als Verkehrsanwalt meint.

Zwar kann ein Anwalt auch dann im Einverständnis mit dem Auftraggeber die Handakten an den Anwalt des höheren Rechtszugs übersenden und dabei eine gutachterliche Äußerung abgeben, wenn er nicht Verkehrsanwalt ist. Dieser Fall kann zB dann eintreten, wenn die Partei den Verkehr mit dem ProzBev des höheren Rechtszugs direkt oder über einen anderen als den bisherigen erstinstanzlichen Anwalt führen will. In einem solchen Fall ist II unanwendbar. Man muß dann die Frage, ob für die gutachtliche Äußerung eine Vergütung entsteht, nach §§ 20–21 a entscheiden.

B. Voraussetzungen. II ist anwendbar, wenn der Verkehrsanwalt, A, folgende Voraussetzungen erfüllt.

a) Aktenübersendung. Der Verkehrsanwalt muß seine Handakten an den ProzBev des höheren Rechtszugs in diesem Rechtsstreit senden, also an denjenigen der Beschwerde-, Berufungs- oder Revisionsinstanz. Zwar spricht II nur von den „Akten", meint aber natürlich nur die Handakten, nicht etwa Prozeßakten, die der erstinstanzliche Anwalt etwa noch in Händen hat. Er hat diese ja ohnehin an das Gericht zu übersenden.

Es kommt nicht darauf an, ob der Anwalt seine gesamten Handakten oder nur diejenigen Teile übersendet, die er und/oder der Auftraggeber und/oder der Anwalt des höheren Rechtszugs für derzeit erforderlich halten. Andererseits reicht die Übersendung einzelner weniger Blätter aus einer umfangreichen erstinstanzlichen Handakte nicht aus; es muß schon so viel zur Versendung kommen, daß der Anwalt des höheren Rechtszugs ein einigermaßen umfassendes Bild von den Vorgängen im Innenverhältnis zwischen dem Auftraggeber und dem erstinstanzlichen Anwalt erhalten kann.

Die Herausgabe der Handakten an den Auftraggeber fällt nicht unter II. Unabhängig davon, daß II nur die Übersendung an den Anwalt des höheren Rechtszugs nennt, zählt die Herausgabe der Handakten an den Auftraggeber zum bisherigen Rechtszug, § 37 Z 7.

Eine Aktenübersendung wegen eines Anwaltswechsels an einen Anwalt nicht einer höheren, sondern einer anderen Instanz, zB wegen der Abgabe oder Verweisung, gehört nicht hierher, sondern wird nach § 37 Z 7 behandelt.

b) Bisher kein Prozeßbevollmächtigter. Der die Handakten an den anderen Anwalt übersendende Anwalt darf bisher kein ProzBev gewesen sein. Denn die Übersendung durch den ProzBev zählt zum Rechtszug, § 37 Z 7.

c) Einverständnis des Auftraggebers. Der Auftraggeber muß nicht nur mit der Übersendung der Handakten an den Anwalt des höheren Rechtszugs, sondern außerdem mit der gutachtlichen Äußerung einverstanden sein, die II vergüten soll. Die Notwendigkeit des Einverständnisses auch mit der gutachtlichen Äußerung ergibt sich aus dem Sinn dieser Vorschrift.

Das Einverständnis kann vorliegen, wenn der Auftraggeber von der gutachtlichen Äußerung und der Tatsache ihrer Mitübersendung an den anderen Anwalt Kenntnis hat, ohne ihr rechtzeitig zu widersprechen. Der bei einer Prozeßkostenhilfe beigeordnete erstinstanzliche Anwalt muß die Partei über die etwaige Vergütungspflicht einer gutachtlichen Äußerung aufklären, GSEM 8.

Das Einverständnis liegt nicht schon dann vor, wenn der Auftraggeber mit der Einlegung des Rechtsmittels einverstanden ist oder gar den übersendenden Anwalt beauftragt, einen ProzBev für den höheren Rechtszug zu bestellen.

d) Gutachtliche Äußerung. Der übersendende Anwalt muß unter den Voraussetzungen a–c eine gutachtliche Äußerung mit der Übersendung der Handakten verbinden.

Eine solche Äußerung ist mehr als ein bloßer Rat oder eine Auskunft im Sinn von § 20, braucht andererseits nicht alle Merkmale eines schriftlichen Gutachtens im Sinn von § 21 zu erfüllen. Wenn der Anwalt allerdings nur den bisherigen Sachverhalt wiedergibt, ist das keine Äußerung im Sinn von II, Ffm Rpfleger **55**, 207. Am ehesten entspricht die Äußerung nach II der Ausarbeitung eines schriftlichen Gutachtens über die Aussichten eines Rechtsmittels im Sinn von § 21 a, vgl dort Anm 1.

e) Gleichzeitigkeit von Aktenübersendung und Äußerung. Der Anwalt muß die gutachtliche Äußerung mit der Übersendung der Akten „verbinden". Es reicht also weder aus, daß er die Äußerung nur gegenüber dem Auftraggeber anfertigt und nur diesem übersendet, noch, daß er die Äußerung zwar an den Anwalt des höheren Rechtszugs schickt, aber erst zeitlich nach der Übersendung der Handakten. Eine auf Grund eines bloßen Versehens zeitlich rasch nachfolgende Übersendung erfüllt noch das Merkmal der Gleichzeitigkeit.

II ist auch dann unanwendbar, wenn der Anwalt des höheren Rechtszugs später einen Schriftwechsel zwischen dem erstinstanzlichen Anwalt und dem Auftraggeber in die Hände bekommt, in dem eine gutachtliche Äußerung des Anwalts über die Rechtsmittelaussichten liegt, Hamm Rpfleger **66**, 99.

4) Kostenerstattung. A. Allgemeines. Die Erstattungsfähigkeit der Kosten desjenigen Anwalts, der am Wohnsitz des Auftraggebers residiert und nicht beim Prozeßgericht zugelassen ist, deshalb den Verkehr mit dem ProzBev führt, Anm 2, richtet sich nicht nach § 91 II 1 ZPO. Denn diese Vorschrift regelt die Kosten desjenigen Anwalts, der die Partei vor dem Prozeßgericht vertritt. Die Erstattungsfähigkeit richtet sich vielmehr nach § 91 I ZPO. Es kommt also darauf an, ob die Kosten des Verkehrsanwalts zu einer zweckentsprechenden Rechtsverfolgung oder Rechtsverteidigung **notwendig** sind. In diesem Zusammenhang ist die allgemeine Pflicht jeder Partei zu beachten, die Kosten im Rahmen des Verständigen möglichst niedrig zu halten, BLAH § 91 ZPO Anm 9. Man muß alle Umstände des Einzelfalls beachten, jetzt auch Ffm AnwBl **85**, 46 rechte Spalte, ferner Kblz VersR **82**, 1151 und Rpfleger **83**, 367, Mü MDR **87**, 333, abw ThP § 91 ZPO Anm 3 c cc (grds keine Erstattungsfähigkeit. Das ist zu streng).

Die Gerichte stellen darauf ab, ob man es der Partei zumuten kann, den auswärtigen ProzBev **persönlich** zu unterrichten, zB Bbg JB **78**, 1086, Hamm Rpfleger **76**, 105. Mü AnwBl **82**, 440. In diesem Zusammenhang prüfen die Gerichte sowohl das Alter, den Gesundheitszustand und die Persönlichkeit der Partei sowie Art und Größe ihres Unternehmens als auch die Art, Schwierigkeit und den Umfang des Prozeßstoffes. Eine gebildete Partei ist zu einer schriftlichen Unterrichtung des ProzBev eher in der Lage als eine ungebildete, zB Ffm AnwBl **85**, 211, Kblz JB **76**, 96 und **78**, 1068, aM LG Mü AnwBl **84**, 619. Das gilt erst recht für eine von einem Volljuristen vertretene Partei, Kblz VersR **83**, 644. Soweit eine schriftliche oder mündliche Unterrichtung ausreicht, sind die Kosten des Verkehrsanwalts nicht erstattungsfähig.

Unabhängig davon, ob eine schriftliche Information des ProzBev möglich wäre, hat eine Partei aber grundsätzlich ein schutzwürdiges Interesse daran, den ProzBev persönlich kennenzulernen, vgl Ffm AnwBl **85**, 211, ferner Schlesw SchlHA **82**, 158, LG Kblz AnwBl **82**, 24. Deshalb sind die Reisekosten des Verkehrsanwalts bis zur Höhe von **ersparten Reisekosten** der Partei grundsätzlich erstattungsfähig, Ffm AnwBl **85**, 211, Mü AnwBl **85**, 47, Oldb AnwBl **83**, 559. Der Rpfl muß die ersparten Reisekosten von Amts wegen ermitteln, Hamm AnwBl **83**, 559. Die Partei kann neben Verkehrsanwaltskosten grds keine eigenen Reisekosten zur Information des ProzBev erstattet fordern, Mü MDR **87**, 333.

Mehrkosten wegen eines auswärtigen Verkehrsanwalts sind grds nicht erstattungsfähig, Ffm Rpfleger **88**, 163 mwN. Die Kosten eines Verkehrsanwalts, den die Partei einschaltet, obwohl er an demselben Ort residiert wie der ProzBev, sind nicht erstattungsfähig, Düss MDR **76**, 406.

Die Erstattungsfähigkeit sollte weder zu streng noch zu großzügig beurteilt werden.

B. Einzelfragen. Im Rahmen der grundsätzlichen Regeln A läßt sich die Erstattungsfähigkeit im einzelnen etwa wie folgt beurteilen:

Alter: Das hohe Lebensalter der Partei kann die Hinzuziehung eines Verkehrsanwalts zwecks Vermeidung von Reisen zum ProzBev eher als notwendig erscheinen lassen, Bbg JB **77**, 672, KG NJW **62**, 254, Karlsr Rpfleger **64**, 35, Köln Rpfleger **63**, 394, Oldb Rpfleger **68**, 315.

Arbeitsgerichtsverfahren: Die Kosten des vor der Verweisung an das ordentliche Gericht als ProzBev tätig gewesenen jetzigen Verkehrsanwalts sind erstattungsfähig, soweit sie jetzt noch erforderlich sind, Hbg JB **83**, 771.

Arrest, einstweilige Verfügung: Die Kosten sind regelmäßig erstattungsfähig, Ffm Rpfleger **88**, 163 (linke und rechte Spalte), Hbg JB **76**, 513, Stgt Just **82**, 262, **abw** Hamm Rpfleger **73**, 369, Kblz FamRZ **88**, 471, Nürnb AnwBl **77**, 255, ThP § 91 ZPO Anm 3c ee (die Erstattungsfähigkeit hänge davon ab, daß mit einem Widerspruch nicht zu rechnen sei. Aber das Eilverfahren erlaubt keine solche, im Mahnverfahren eher angebrachte Unterscheidung). Es kommt auch hier auf die Zumutbarkeit einer direkten Information des ProzBev an, Mü AnwBl **85**, 47, Schlesw JB **79**, 1668 (Ffm AnwBl **85**, 46 linke Spalte stellt auch hier auf Entfernung vom Gerichtsort und Reisezeit der Partei ab).

Das gilt auch für die Kosten der **Verteidigung** gegenüber einem Antrag im vorläufigen Verfahren, Mü NJW **64**, 257 und Rpfleger **67**, 167 (vgl freilich Stgt JB **76**, 812). Erstattungsfähig sind insbesondere die Verteidigungskosten gegenüber einer solchen einstweiligen Verfügung, die während der Gerichtsferien erlassen wird, Karlsr JB **75**, 1470, enger Hbg JB **75**, 657.

Erstattungsfähig sind auch die Kosten in der **Rechtsmittelinstanz,** also in der Beschwerdeinstanz, Karlsr JB **75**, 1471, und in der Berufungsinstanz, Mü NJW **64**, 257 und Rpfleger **67**, 134. Das gilt auch für die Kosten einer Tätigkeit vor dem Eingang der gegnerischen Berufungsbegründung, aM Düss NJW **74**, 245, Ffm Rpfleger **71**, 187.

Zumindest kommt im vorläufigen Verfahren die Erstattungsfähigkeit einer **Ratsgebühr** nach § 20 in Betracht, Hamm NJW **66**, 111.

Keineswegs ist aber die Einschaltung von insgesamt mehr als zwei Anwaltskanzleien notwendig, auch nicht im Auslandsfall, Nürnb AnwBl **88**, 653.

S auch „Spezialrecht".

Auslandsberührung: Hier sind folgende Fallgruppen zu unterscheiden:

a) Ausländer im Ausland. Bei dieser Gruppe muß man wiederum folgende Unterscheidung machen:

aa) Ausländischer Verkehrsanwalt: Seine Kosten sind grundsätzlich erstattungsfähig, soweit seine Hinzuziehung erforderlich ist, Celle MDR **86**, 61, Düss MDR **59**, 671 und Just **82**, 262, Ffm Rpfleger **82**, 311, vgl Hbg MDR **86**, 61, ferner Mü Rpfleger **79**, 466 linke Spalte mwN, Stgt AnwBl **82**, 25, GSchm 33, insofern großzügiger Stgt AnwBl **85**, 211, ZöSchn § 91 ZPO Rdz 13 „Ausländischer Anwalt". Das gilt insbesondere dann, wenn er das deutsche Recht kennt und deutsch spricht, vgl auch Kblz NJW **78**, 1751, ferner Schlesw SchlHA **74**, 88. Die Notwendigkeit kann auch dann zu bejahen sein, wenn eine Informationsreise der Partei vom Ausland zum ProzBev billiger gewesen wäre, Ffm GRUR **86**, 336.

Das Ob der Erstattung ist nach dem deutschen Recht zu prüfen, die Höhe der erstattungsfähigen Anwaltskosten ist nach dem ausländischen Recht zu prüfen, Bbg JB **72**, 995 und JB **74**, 1027, Ffm GRUR **86**, 336, Hbg Rpfleger **62**, 297 und JB **75**, 783, Hamm AnwBl **73**, 171, KG Rpfleger **62**, 158 und JB **71**, 622, Köln Rpfleger **67**, 100, Mü JB **70**, 407. Eine Honorarvereinbarung zwischen dem ausländischen Verkehrsanwalt und dem Auftraggeber ist für die Kostenerstattungspflicht nicht stets maßgeblich, Hbg MDR **80**, 589, großzügiger Ffm Rpfleger **87**, 216. Man darf aber auch nicht schematisch die Erstattung auf den nach deutschem Recht erstattungsfähigen Betrag beschränken, aM LG Köln AnwBl **82**, 532. Auf das Bestehen einer Gegenseitigkeitsvereinbarung der beteiligten Staaten kommt es nicht an, Schlesw Rpfleger **62**, 429.

Die Kosten der Übersetzung in die Sprache der ausländischen Partei sind evtl nicht erstattungsfähig, soweit die Partei neben einem deutschen ProzBev einen ausländischen Verkehrsanwalt hat, BPatG GRUR **83**, 265.

Vgl auch „Arrest, einstweilige Verfügung".

bb) Inländischer Verkehrsanwalt. Auch seine Kosten sind grundsätzlich erstattungsfähig, Bbg AnwBl **76**, 400 mwN, Bre NJW **70**, 1009, Ffm AnwBl **84**, 619 mwN, Hbg JB **76**, 97, Hamm AnwBl **79**, 184 und Rpfleger **79**, 354, Mü JB **80**, 286, Stgt AnwBl **82**, 25, zu eng Düss Rpfleger **83**, 368. Freilich setzt die Erstattungsfähigkeit auch hier die Notwendigkeit seiner Hinzuziehung voraus, Celle JB **76**, 1666, Düss Rpfleger **83**, 367 und MDR **87**, 851, Ffm

MDR **78**, 233 und JB **85**, 1102, Hamm AnwBl **79**, 184 und AnwBl **85**, 591, KG Rpfleger **81**, 160, Kblz JB **80**, 1036, Mü Rpfleger **79**, 466 linke Spalte je mwN, so wohl auch Nürnb AnwBl **88**, 356.

Diese Notwendigkeit besteht zumindest dann, wenn mehr als ein bloßes Bestreiten erforderlich ist.

Diese Frage ist **streitig. Wie hier** zB Hbg JB **76**, 97, Hamm Rpfleger **73**, 257, im Ergebnis insofern auch Hamm AnwBl **85**, 591, Stgt AnwBl **85**, 211; **abw** Bbg JB **78**, 857 (in diesem Fall sei unter Umständen nur eine Ratsgebühr erstattbar); **aM** Celle JB **76**, 1667, insofern auch Düss Rpfleger **83**, 368, ferner KG MDR **67**, 411 (dieses Gericht billigt die Erstattungsfähigkeit nur unter besonderen Umständen zu, etwa bei Sprachproblemen).

Auch hier ist das Ob der Erstattung nach dem deutschen Recht zu beurteilen, die Höhe der erstattungsfähigen Kosten nach dem ausländischen Recht zu prüfen, Ffm AnwBl **77**, 28. Reisekosten der Partei sind hier ausnahmsweise zusätzlich erstattungsfähig, Ffm AnwBl **86**, 406 und Rpfleger **88**, 163.

Die Kosten des inländischen Verkehrsanwalts sind insoweit nicht erstattungsfähig, als er nur, wenn auch notwendigerweise, die Schriftsätze der ausländischen Partei übersetzt, Celle NJW **66**, 2278, insoweit im Ergebnis aM Düss MDR **87**, 851, oder als die ausländische Partei sprachkundig, geschäfts- oder sogar prozeßerfahren ist und außerdem eine inländische Niederlassung hat, die eine schriftliche Information des ProzBev hätte vornehmen können, vgl Hbg MDR **86**, 61, Köln JB **86**, 1028, LG Freibg AnwBl **81**, 162. Die Kosten einer Teilnahme des Verkehrsanwalts neben dem ProzBev an einem Termin im Inland sind nicht schon deshalb erstattungsfähig, weil die Partei ihm besonders vertraut, Bbg JB **86**, 438.

Vgl auch „Arrest, einstweilige Verfügung“ sowie zur Umsatzsteuer § 25 Anm 3 D.

b) Ausländer im Inland. Er darf grds die Kosten eines inländischen oder ausländischen Verkehrsanwalts erstattet fordern, Ffm AnwBl **84**, 619, Hbg JB **86**, 1085, Hamm JB **81**, 1860, Stgt AnwBl **82**, 25.

Ein Ausländer, der sich regelmäßig in der BRep geschäftlich aufhält oder regelmäßig mit Inländern geschäftliche Beziehungen unterhält und wie ein Inländer am deutschen Rechtsverkehr teilnimmt, ist wie ein Inländer zu behandeln, Düss AnwBl **83**, 560, Ffm MDR **78**, 233 mwN, Hbg JB **77**, 1566, Hamm AnwBl **79**, 185 und MDR **86**, 61, Kblz NJW **78**, 1751 und VersR **88**, 1164, Mü Rpfleger **79**, 466 linke Spalte je mwN, Stgt Just **82**, 262, vgl LG Freibg AnwBl **81**, 162. Das gilt auch bei der Wahrnehmung einer eigenen Angelegenheit, Mü AnwBl **87**, 245.

c) Inländerprobleme. Die Erstattungsfähigkeit der Kosten eines inländischen oder ausländischen Verkehrsanwalts kann dann bejaht werden, wenn es sich um Spezialfragen eines ausländischen Rechtsgebiets handelt. Freilich darf die Erstattungsfähigkeit auch in solchen Fällen keineswegs schematisch bejaht werden. Ein vorübergehender Auslandsaufenthalt des Inländers gibt nicht stets einen Erstattungsanspruch, Ffm Rpfleger **83**, 311, Köln Rpfleger **67**, 100.

S auch „DDR“, „Hausanwalt“, „Spezialrecht“, „Unternehmen“, „Urkundenprozeß“.

Beiderseitige Verkehrsanwälte: Ob ihre Einschaltung schon wegen der Beiderseitigkeit notwendig war, läßt sich nur von Fall zu Fall klären; freilich ist dann eher eine gewisse Großzügigkeit angebracht, vgl Celle AnwBl **62**, 100.

Berufung: Im Berufungsverfahren gelten **strengere** Maßstäbe als in der ersten Instanz, Düss MDR **76**, 406 und MDR **85**, 774, Ffm Rpfleger **78**, 28 (großzügiger Ffm AnwBl **81**, 449), Hbg JB **83**, 1715 (auch gegenüber einem Ausländer), Hamm JB **79**, 54 und JB **80**, 984, KG JB **83**, 1401, Kblz JB **77**, 66, VersR **87**, 1225 und VersR **88**, 839, Mü AnwBl **80**, 373 (krit Chemnitz), Schlesw SchlHA **80**, 218 und **81**, 55, abw Ffm AnwBl **81**, 506 (dieser Grundsatz gelte nur, falls derselbe Anwalt wie in der ersten Instanz tätig werde). Denn es liegt schon eine tatsächliche und rechtliche Würdigung durch ein Urteil vor, Bbg JB **80**, 1081 und JB **81**, 130, Düss MDR **76**, 406 und VersR **78**, 949, KG Rpfleger **62**, 158, Kblz JB **77**, 65, Köln Rpfleger **63**, 395, Mü JB **70**, 407 und AnwBl **80**, 373, Schlesw Rpfleger **62**, 429.

Deshalb kommt es auch nicht nur darauf an, daß die Kosten des Verkehrsanwalts nur gering über den sonst entstandenen Kosten einer Informationsreise der Partei und einer Parteireise zu einem Beweistermin lagen, aM LG Stgt AnwBl **85**, 214.

Man darf die Anforderungen aber auch **nicht überspannen,** Stgt AnwBl **84**, 380 (zustm Schmidt), ferner Dinslage AnwBl **83**, 563 (krit zu Düss AnwBl **83**, 563). Jedenfalls können die Kosten des Verkehrsanwalts ausnahmsweise erstattungsfähig sein.

Beispiele der Erstattungsfähigkeit: Es geht um einen lebenswichtigen Prozeß, Kblz VersR **88**, 839; es handelt sich um einen neuen Tatsachenvortrag, Ffm JB **78**, 1342; es handelt sich um eine unübersichtliche, Düss FamRZ **86**, 824, bzw umfangreiche und (daher oder ohnehin) schwierige Sache, Karlsr AnwBl **77**, 168, Kblz VersR **87**, 1225, Stgt AnwBl **83**, 191, und zwar auch dann, wenn es sich um eine geschäftsgewandte Partei handelt, LG Stgt AnwBl **84**, 101, und wenn kein neuer Tatsachenvortrag erfolgt; die Sache hat für die Partei eine besondere Bedeutung, Schlesw SchlHA **84**, 151; die Partei kann den Berufungsanwalt nicht oder nur schlechter selbst informieren, Düss MDR **85**, 774, und AnwBl **86**, 413 (Alter, Behinderung), Karlsr AnwBl **77**, 168, Kblz VersR **87**, 996 (Krankheit) und 1225 (Vorprozeß), Zweibr VersR **76**, 475, LG Duisb AnwBl **81**, 75; die Einschaltung des Verkehrsanwalts ermöglichte erst einen Vergleich, Bbg JB **71**, 431; die Streitverkündung erfolgt erst während der Berufungsfrist, Kblz MDR **88**, 193.

Unter diesen Voraussetzungen können sogar diejenigen Kosten des Verkehrsanwalts des Berufungsbekl erstattungsfähig sein, die durch seine Tätigkeit vor dem Eingang der Berufungsbegründung entstehen.

Diese Frage ist **streitig. Wie hier** zB Bbg JB **73**, 473, vgl auch Ffm AnwBl **80**, 462; **aM** Düss NJW **74**, 245 und Rpfleger **74**, 203, Ffm Rpfleger **71**, 187, Hamm JB **84**, 1835, ThP § 91 ZPO Anm 3c cc, ZöSchn § 91 ZPO Rdz 13 „Berufung“.

Im übrigen sind die Kosten des Verkehrsanwalts bis zur Höhe der dadurch ersparten, an sich zweckmäßigen Informationsreise(n) der Partei zum Berufungsanwalt erstattungsfähig, Bbg JB **73**, 849, Schlesw SchlHA **65**, 259, abw Schlesw JB **80**, 1854.

Freilich muß der Berufungsanwalt selbst bei einer starken beruflichen Belastung grundsätzlich zB ein auswärtiges Grundbuch selbst einsehen, Schlesw SchlHA **80**, 218.

Beschwerde: Wenn gegen einen Kostenfestsetzungsbeschluß eine nur teilweise Beschwerde eingelegt worden ist, tritt auch wegen des Rests unter Umständen keine Bindung im Hinblick auf die Frage der Erstattungsfähigkeit der Verkehrsanwaltskosten ein, KG MDR **77**, 937.

DDR: Die Erstattungsfähigkeit eines in der DDR ansässigen Verkehrsanwalts ist grundsätzlich ebenso wie diejenige eines in der BRep ansässigen zu beurteilen. Soweit seine Kosten erstattungsfähig sind, verläuft das Verfahren wie bei § 104 ZPO, BLAH dort Anm 3 A. Für die Höhe der Gebühren ist das Recht der DDR maßgeblich. Der Gegenstandswert wird in DM West festgesetzt, BGH NJW **54**, 1200. Man muß darauf achten, daß der in der DDR ansässige RA nach den dort geltenden Devisenvorschriften auch wirklich in den Besitz seiner Gebühren und Auslagen kommt.

Diese Frage ist **streitig. Wie hier** zB BGH NJW **54**, 1200, KG MDR **53**, 690; **aM** zB Hamm NJW **53**, 750, Brschw MDR **54**, 560.

Es kann eine Einzahlung auf ein Sperrkonto notwendig werden. Vgl BLAH SchlAnh IV B.

Eine Beiordnung eines DDR-Anwalts als Verkehrsanwalt kommt nicht in Betracht, Bbg NJW **77**. 113.

Dritter: S „Vergleich".

Ehesache: Soweit eine Beiordnung erfolgt ist, zB nach § 121 III ZPO, sind die Kosten des Verkehrsanwalts erstattungsfähig. Sie können darüber hinaus erstattungsfähig sein, zB KG FamRZ **82**, 1227 mwN, strenger Kblz JB **83**, 758, Köln JB **83**, 1047.

S auch „Prozeßkostenhilfe".

Eigene Sache: Hier sind folgende Fallgruppen zu unterscheiden:

a) Gesetzliche Vertretung: Der Anwalt, der als ein gesetzlicher Vertreter auftritt, kann die Kosten eines Verkehrsanwalts insoweit erstattet fordern, als ein nicht rechtskundiger Vertreter einen Anwalt hinzuziehen dürfte, zB Düss BB **77**, 1575, KG Rpfleger **76**, 248 je mwN, oder soweit die Information nicht zum Aufgabenkreis des gesetzlichen Vertreters zählt, KG MDR **87**, 679. Im übrigen besteht keine Erstattungsfähigkeit, zB Düss MDR **80**, 320.

Nach diesen Grundsätzen ist die Erstattungsfähigkeit zu beurteilen, wenn der Anwalt in einer der folgenden Eigenschaften auftritt:

aa) Als Pfleger, zB Düss BB **77**, 1575, KG Rpfleger **76**, 248 je mwN; **aM** zB Stgt JB **76**, 192;

bb) als Vereinsvorstand, vgl zB Düss MDR **80**, 320, Ffm zB MDR **78**, 62, KG MDR **87**, 679;

cc) als Vormund, zB Kblz VersR **81**, 865, Schlesw SchlHA **79**, 60, ZöSchn § 91 ZPO Rdz 13 „Verkehrsanwalt", **aM** zB Köln MDR **73**, 1031. Soweit die Tätigkeit des Anwalts über diejenige hinausgeht, die er als gesetzlicher Vertreter wahrzunehmen hat, kann die Erstattungsfähigkeit vorliegen, Düss BB **77**, 1575.

b) Partei kraft Amts. Der Anwalt, der als eine Partei kraft Amts handelt, kann grundsätzlich keine Kosten eines Verkehrsanwalts erstattet fordern. Denn die Rechtslage ist in diesem Fall nicht anders als dann zu beurteilen, wenn er in einer eigenen Sache handelt. Es gehört ja zu den Amtspflichten, die nun einmal vorhandenen Kenntnisse und daher eben auch Rechtskenntnisse im Interesse des Vertretenen und im Rahmen der für die Amtsführung als Partei kraft Amts erhaltenen generellen Vergütung wahrzunehmen.

Demgemäß fehlt eine Erstattungsfähigkeit zB dann, wenn der Anwalt in folgenden Eigenschaften auftritt:

aa) Als Konkursverwalter, Düss MDR **80**, 320, Ffm Rpfleger **84**, 332, AnwBl **88**, 298 sowie GRUR **88**, 487, KG Rpfleger **81**, 411 mwN, Schlesw SchlHA **79**, 60, Stgt (8. ZS) Rpfleger **83**, 501 mwN, LG Mönchengladbach JB **77**, 1736; **aM** zB Karlsr KTS **78**, 260;

bb) als Liquidator, Köln JB **78**, 71 mwN;

cc) als Nachlaßverwalter, Ffm Rpfleger **80**, 69, Schlesw SchlHA **62**, 271;

dd) als Testamentsvollstrecker, Stgt AnwBl **80**, 360;

ee) als sonstiger Vermögensverwalter, zB als Vergleichsverwalter, **aM** Köln AnwBl **83**, 562.

c) Persönliche Angelegenheit. Der Anwalt, der sich in einer persönlichen Angelegenheit selbst vertritt, § 91 II 4 ZPO, kann grundsätzlich nicht die Kosten eines Verkehrsanwalts erstattet fordern, Düss BB **77**, 1575 und Rpfleger **84**, 37 mwN, Kblz MDR **87**, 852, Mü AnwBl **87**, 245 je mwN, Schlesw SchlHA **86**, 144. Denn er könnte einen auswärtigen ProzBev mündlich oder schriftlich informieren. Das alles gilt auch bei einem ausländischen Anwalt, Mü AnwBl **87**, 245.

Einstellung: S „Vollstreckungsabwehrklage".

Einstweilige Verfügung: S „Arrest, einstweilige Verfügung".

Fischereirecht: S „Spezialrecht".

Gerichtsstandswahl: Sie darf auch im an sich erlaubten Bereich, KG Rpfleger **76**, 323, Köln MDR **76**, 496, nicht kostenmäßig ohne sachlich vertretbaren Grund auf dem Rücken des Gegners ausgeübt werden (Gebot, die Kosten niedrig zu halten).

Gewerblicher Rechtsschutz: S „Spezialrecht".

Hausanwalt: S „Unternehmen".

Immobilienfirma: Sie kann den ProzBev grundsätzlich schriftlich informieren, Kblz ZMR **85**, 384.

Informationsreise: Die Kosten eines Verkehrsanwalts sind grundsätzlich jedenfalls bis zur Höhe derjenigen Kosten erstattungsfähig, die für eine Informationsreise der Partei je Instanz zu dem beim Prozeßgericht zugelassenen ProzBev notwendig sind, zB Bbg JB **76**, 660, Bre Rpfleger **76**, 436, Düss VersR **82**, 102, Ffm AnwBl **85**, 211, Hamm AnwBl **83**, 559, Mü Rpfleger **79**, 387 und AnwBl **82**, 440, Oldb AnwBl **83**, 558, Schlesw SchlHA **82**, 158 und AnwBl **83**, 92, Stgt AnwBl **83**, 191 und 567, LG Traunstein AnwBl **77**, 115.

Es kann auch ein geringer Betrag darüber hinaus erstattungsfähig sein, Bbg JB **77**, 1734, Hamm Rpfleger **76**, 105 und VersR **81**, 69, Karlsr AnwBl **82**, 248, Köln AnwBl **80**, 76 und **83**, 189, Schlesw

SchlHA **74**, 171. Das gilt insbesondere dann, wenn die Information des ProzBev durch die Partei nur deshalb ausreicht, weil der Verkehrsanwalt vor dem Prozeßbeginn bereits eingeschaltet war, Düss MDR **74**, 1027, KG Rpfleger **73**, 180 und JB **76**, 204, vgl Bbg JB **77**, 1140.

Bei einem tatsächlich oder rechtlich schwierigen Fall kann die Erstattungsfähigkeit auch in Höhe derjenigen Beträge bejaht werden, die für mehrere Informationsreisen der Partei zum ProzBev notwendig würden, Ffm AnwBl **85**, 211.

Die Reisekosten sind, falls überhaupt, wie bei einem Zeugen erstattungsfähig, zB nach § 1 I 2 Hs 2 ZSEG.

Die Erstattungsfähigkeit darf allerdings **keineswegs schematisch** bejaht werden, sobald die Partei zur Unterrichtung des ProzBev mehr als einen **halben Arbeitstag** brauchen würde, Bbg JB **75**, 626 und JB **76**, 660, Düss VersR **86**, 556, jetzt auch Ffm (7. ZS) MDR **84**, 587 und (18. ZS) Rpfleger **88**, 81, Hamm MDR **88**, 61, Kblz MDR **77**, 319 und VersR **88**, 138, Mü AnwBl **80**, 78 und AnwBl **88**, 69 je mwN, **abw** Ffm (6. ZS) AnwBl **84**, 508 und Rpfleger **85**, 212. Ebensowenig darf man die Erstattungsfähigkeit schematisch verneinen, sofern die Informationsreise zB nur einen (vollen) Tag dauern würde, aM Celle Rpfleger **84**, 287.

In einer einfachen Sache mag nicht einmal ein Betrag in Höhe einer Informationsreise erstattungsfähig sein, Ffm AnwBl **83**, 185 und AnwBl **84**, 508 mwN, Schlesw SchlHA **78**, 23. Es kommt eben darauf an, ob eine telefonische oder schriftliche Information des ProzBev ausreichen würde, Kblz JB **76**, 96.

S auch A sowie „Niederlassung".

Klagerücknahme: Die Kosten des Verkehrsanwalts können auch dann erstattungsfähig sein, wenn es wegen einer Klagerücknahme nicht mehr zur Bestellung eines ProzBev kommt, Mü AnwBl **78**, 110.

Konkursverwalter: S „Eigene Sache. Partei kraft Amts".

Leasing: In der Regel muß der Leasinggeber den ProzBev schriftlich unterweisen können, Kblz VersR **88**, 583.

Lebensalter: S „Alter".

Mahnverfahren: § 43 Anm 5.

Milchwirtschaft: S „Spezialrecht".

Nachlaßverwalter: S „Eigene Sache. Partei kraft Amts".

Niederlassung: Soweit sie im Sinn von § 21 ZPO vorliegt, kommt die Erstattung weder von Verkehrsanwaltskosten noch von fiktiven Informationsreisekosten in Betracht, Mü Rpfleger **88**, 162.

Patent: S „Spezialrecht".

Pfleger: S „Eigene Sache: a) Gesetzliche Vertretung".

Prozeßkostenhilfe: Soweit eine Beiordnung nach § 121 III ZPO erfolgt ist, sind die Kosten des Verkehrsanwalts grundsätzlich erstattungsfähig, insofern auch Nürnb RR **87**, 1202 mwN, abw Hamm MDR **83**, 584 mwN. Sie können darüber hinaus erstattungsfähig sein, Mü NJW **61**, 929.

S auch „DDR", „Ehesache".

Prozeßstandschaft: Die nur in ihr beteiligte Partei kann die Kosten des Verkehrsanwalts, den der Träger des sachlichen Rechts beauftragt hat, nicht erstattet fordern, Kblz Rpfleger **86**, 449.

Prozeßvergleich: S „Vergleich“.

Ratsgebühr: Stgt AnwBl **82**, 439 hält sie neben den fiktiven Kosten einer Informationsreise für erstattungsfähig.

Vgl auch § 20 Anm 4.

Rechtskundige Partei: Ein Referendar ist kurz vor dem Assessorexamen zur Information grundsätzlich bereits selbst imstande, Kblz VersR **87**, 914. Besitzt eine juristische Person ein rechtskundiges Organ, so kann sie schriftlich informieren, Kblz GRUR **87**, 941.

S auch „Eigene Sache“, „Unternehmen“.

Revision: Die Kosten eines Anwalts, der für die Partei mit dem beim Revisionsgericht zugelassenen ProzBev korrespondiert, sind **grundsätzlich nicht** erstattungsfähig. Denn ein neues tatsächliches Vorbringen ist grundsätzlich unzulässig, und der beim Revisionsgericht zugelassene ProzBev ist zu einer rechtlichen Beurteilung durchweg ausreichend geeignet, BGH zB Rpfleger **59**, 110, Hbg JB **76**, 472.

Die Erstattungsfähigkeit kann nur **ausnahmsweise bejaht** werden, etwa in folgenden Fällen: Es ist eine tatsächliche Aufklärung erforderlich, Düss VersR **79**, 86, Hbg JB **76**, 99, LG Hanau AnwBl **80**, 166; es geht um einen schwierigen Briefwechsel des bisherigen Anwalts mit dem Revisionsanwalt über die Aussichten der Revision; es handelt sich um eine außergewöhnlich schwierige Rechtslage, vgl auch Hbg MDR **54**, 751 (Konkurseröffnung), ferner LG Hbg MDR **56**, 559; das Revisionsgericht knüpft an frühere Vergleichsverhandlungen an, KG NJW **72**, 114; bei einem schwierigen Sachverhalt rügt die Revision die Verletzung des § 139 ZPO, Ffm AnwBl **76**, 219, Mü AnwBl **63**, 339, Zweibr VersR **76**, 475.

Die Kosten einer Stellungnahme des Berufungsanwalts des **Revisionsbekl** gegenüber dem BGH, zB im Zusammenhang mit einem Verfahren nach § 554b, § 566a ZPO, sind grundsätzlich nicht erstattungsfähig, KG MDR **81**, 324, Mü AnwBl **77**, 256 (abl Behnke AnwBl **77**, 309), Stgt AnwBl **82**, 199, es sei denn, der Berufungsanwalt hätte die Stellungnahme auf eine Veranlassung des BGH hin abgegeben.

Diese Frage ist **streitig. Wie hier** zB (noch zu dem insofern vergleichbaren Verfahren nach dem BGHEntlG) Hamm MDR **72**, 790 und 960, Mü NJW **71**, 149; **aM** zB Mü MDR **74**, 441 sowie zum jetzigen Recht Hbg AnwBl **80**, 35, Mü AnwBl **78**, 471. Wegen Bayern Mü AnwBl **77**, 309.

Scheckprozeß: Es ist nicht schon wegen dieser Prozeßart ein Verkehrsanwalt nötig, Bbg JB **78**, 1022, auch nicht bei einem Scheck eines Kaufmanns, vgl Düss JB **81**, 75 (zu einem Wechsel).

S auch „Urkundenprozeß“.

Spezialrecht: Selbst ein Allgemeinjurist kann heute oft einen Spezialisten nicht mehr entbehren. Deshalb muß die Erstattungsfähigkeit in einem Fall mit ausgefallenen Rechtsfragen großzügig bejaht werden, vgl Hbg JB **76**, 513, Hamm JB **84**, 439, KG GRUR **57**, 398, Kblz VersR **82**, 1173, Mü NJW **66**, 2069 (das Gericht hält eine Beweisgebühr für erstattungsfähig). Freilich darf die Erstattungsfähigkeit auch bei rechtlichen Spezialfragen **keineswegs schematisch** bejaht werden.

Das ist **unstreitig,** zB Düss BB **76**, 1198, Ffm AnwBl **78**, 314 und Rpfleger **80**, 26, Kblz JB **78**, 1345, Mü AnwBl **82**, 250 und AnwBl **85**, 47, Schlesw SchlHA **82**, 60 je mwN, jetzt auch Stgt AnwBl **81**, 196.

Diese Grundsätze sind zB auf folgende Rechtsgebiete anzuwenden: Allgemeine Bedingungen für die Kraftverkehrsversicherung, Kblz VersR **74**, 742; Fischereirecht, Bbg JB **77**, 552, Stgt AnwBl **81**, 196; Betriebsrentenrecht, LAG Düss AnwBl **81**, 505, und zugehöriges Insolvenzrecht, LAG Düss AnwBl **80**, 267; internationales Privat- und Prozeßrecht, Kblz VersR **82**, 1173; Milchwirtschaftsrecht, Nürnb Rpfleger **59**, 29; Patentrecht, vgl zB (allgemein) Hbg JB **76**, 513, Kblz GRUR **87**, 941 rechts, Mü AnwBl **64**, 718. Der Verzicht auf einen Patentanwalt führt aber nicht schon zur Erstattungsfähigkeit der Kosten eines Verkehrsanwalts, Düss Rpfleger **86**, 278; Scheckrecht, Köln MDR **85**, 243; spanisches Recht, Kblz VersR **82**, 1173; Waldrecht, aM Stgt AnwBl **81**, 505 (abl Schmidt); Wettbewerbsrecht, vgl zB (allgemein) Hbg JB **76**, 513, Hamm AnwBl **83**, 559 (krit Schmidt), Kblz VersR **86**, 666 (kurze Ladungsfrist), Kblz GRUR **87**, 941 links, Mü AnwBl **64**, 178; **abw** Kblz BB **87**, 1494 mwN (je Wettbewerbsverein).

Streitgenosse: Die Kosten des Verkehrsanwalts eines Streitgenossen können durchaus erstattungsfähig sein, Düss AnwBl **83**, 190 mwN, grds auch Hbg MDR **84**, 588. Es kommt aber auch hier selbst bei einem gemeinsamen Verkehrsanwalt von Fall zu Fall auf die Notwendigkeit seiner Einschaltung an, Bbg AnwBl **85**, 215 (im Ergebnis zustm Chemnitz), so jetzt auch Düss (10. ZS) Rpfleger **84**, 32 mwN, Hbg MDR **84**, 588, Hamm Rpfleger **71**, 321, großzügiger zB Düss (21. ZS) JB **83**, 1094, Mü AnwBl **78**, 237 mwN und Rpfleger **79**, 387. Die Kosten des Verkehrsanwalts können unter dieser Voraussetzung insoweit erstattungsfähig sein, als sie nicht diejenigen Kosten übersteigen, die dann angefallen wären, wenn jeder Streitgenosse einen eigenen ProzBev bestellt hätte.

Diese Frage ist **streitig. Wie hier** zB Mü MDR **84**, 587; **aM** insofern Düss (10. ZS) Rpfleger **84**, 33, Hbg MDR **84**, 588 je mwN, ferner Kblz VersR **82**, 657 und VersR **85**, 672.

Die Erstattungsfähigkeit ist jedenfalls dann zu bejahen, wenn die Bestellung eines gemeinsamen ProzBev durch die Einschaltung des Verkehrsanwalts erleichtert wird, Celle JB **77**, 66, Düss AnwBl **83**, 190 mwN, KG MDR **73**, 324, Mü MDR **76**, 55, ähnlich Schlesw SchlHA **79**, 181; **aM** zB wohl jetzt Düss (10. ZS) Rpfleger **84**, 32 mwN, ferner Hbg JB **77**, 1005 mwN.

Streithelfer: Die Kosten eines Verkehrsanwalts können, falls notwendig, auch bei ihm erstattungsfähig sein, Ffm AnwBl **78**, 68.

Streitverkündung: Erfolgt sie erst während einer Rechtsmittelfrist, dann kann die Kürze der Zeit usw einen Verkehrsanwalt rechtfertigen, Kblz VersR **88**, 193.

Unternehmen: Auch hier kommt es von Fall zu Fall darauf an, ob eine fernmündliche oder schriftliche Unterrichtung des ProzBev zumutbar ist, Schlesw AnwBl **88**, 356. Dabei müssen unter anderem die Bedeutung des Rechtsstreits und seine tatsächliche oder rechtliche Problematik beachtet werden, ferner die Größe des Unternehmens und damit unter Umständen die Tatsache, daß es über juristisch geschulte Mitarbeiter verfügt, zB in einer eigenen Rechtsabteilung, Köln Rpfleger **86**, 235, Nürnb AnwBl **80**, 166, Schlesw AnwBl **83**, 92.

Ein **größeres** Unternehmen kann Kosten im allgemeinen nicht erstattet fordern, zB Bbg JB **78**, 1336, Düss Rpfleger **77**, 259 (die Entscheidung erging gegenüber einer Allgemeinen Ortskrankenkasse), Köln Rpfleger **86**, 235 (krit Sauren), LG Ravensb AnwBl **84**, 382. Ein **kleineres,** auf die Arbeitskraft des Inhabers zugeschnittenes Unternehmen kann die Kosten eines Verkehrsanwalts oft erstattet fordern, Nürnb AnwBl **89**, 113, allerdings nicht in jeder Alltagsfrage, Bbg JB **78**, 73 und 1030, vgl Düss AnwBl **84**, 380, Ffm AnwBl **84**, 378, Kblz VersR **85**, 273, ferner zB Schlesw SchlHA **74**, 195, Stgt JB **76**, 632.

Die Kosten eines **„Hausanwalts"** sind keineswegs stets erstattungsfähig, zB Bbg JB **78**, 1022, vgl Celle JB **75**, 775, Düss AnwBl **84**, 380, Hamm AnwBl **79**, 184, KG JB **72**, 996, Kblz MDR **76**, 761, JB **78**, 1068 sowie 1343 und JB **85**, 618, Mü MDR **78**, 409, Stgt JB **78**, 1025, LG Essen AnwBl **83**, 565. Andernfalls würde jeder, der ein Unternehmen zum Gegner hat, mit doppelten Kosten rechnen müssen, Schlesw SchlHA **74**, 195, LG Aachen MDR **74**, 240, LG Bayreuth JB **76**, 1379.

Auch ein Prozeß von existentieller Bedeutung rechtfertigt nicht automatisch die Hinzuziehung eines „Hausanwalts", Kblz VersR **83**, 44. Auch eine Bank muß im allgemeinen jedenfalls bei einem Rechtsstreit über eine Alltagsfrage ihres Arbeitgebiets ohne Verkehrsanwalt auskommen, Bbg JB **77**, 1006, Schlesw AnwBl **88**, 356. Ähnliches gilt zB für eine GmbH (sie muß entsprechend organisiert sein), Düss VersR **87**, 1019, KG JB **77**, 63 (Geschäftsführer ist Anwalt), für ein Versicherungsunternehmen, Hbg MDR **88**, 782, Kblz Rpfleger **75**, 99, Schlesw JB **82**, 411, abw Ffm VersR **77**, 921, für eine Versorgungskasse, Kblz VersR **75**, 958, oder für einen Wettbewerbsverband, Stgt JB **83**, 1836. Freilich kann ein tatsächlich oder rechtlich schwieriger Prozeß zur Erstattungsfähigkeit der Verkehrsanwaltskosten auch eines solchen Unternehmens führen, Düss BB **76**, 1198, Ffm AnwBl **80**, 263.

Wenn die **Zweigniederlassung** eines Unternehmens am Prozeßort klagt, sind die Kosten eines Verkehrsanwalts mit dem Sitz am Ort der Hauptverwaltung auch dann nicht erstattungsfähig, wenn der Prozeß in Wahrheit von der Hauptverwaltung geführt wird, Ffm Rpfleger **80**, 157, Köln Rpfleger **86**, 235, Mü Rpfleger **69**, 309, vgl auch Schlesw SchlHA **80**, 167. Wird sie am Ort der Zweigniederlassung verklagt, dann kann sie nicht die Kosten des Verkehrsanwalts am Ort der Hauptniederlassung oder gar an einem dritten Ort ersetzt fordern, Hbg MDR **88**, 782, Kblz VersR **86**, 171.

S auch „Auslandsberührung", „Informationsreise", Spezialrecht".

Urkundenprozeß: Es ist nicht schon wegen dieser Prozeßart ein Verkehrsanwalt nötig, vgl Bbg JB **78**, 1022 (wegen eines Schecks). Die Verkehrsgebühr des auswärtigen Vertrauensanwalts des ausländischen Klägers kann zB in Höhe einer $^{2}/_{10}$-Ratsgebühr selbst dann erstattungsfähig sein, wenn ein deutschsprachiges Schuldanerkenntnis vorliegt, Kblz VersR **84**, 545.

S auch „Scheckprozeß", „Wechselprozeß".

Vereinsvorstand: S „Eigene Sache: a) Gesetzliche Vertretung".

Vergleich: Die Vergleichsgebühr eines Verkehrsanwalts ist unabhängig davon, ob sie gegenüber dem Auftraggeber entstanden ist, Mü MDR **81**, 681, **aM** Ffm AnwBl **82**, 248, grundsätzlich nur in demjenigen Umfang erstattungsfähig, in dem er am Vergleich **mitwirken muß.**

Diese Frage ist **streitig. Wie hier** zB Bbg AnwBl **80**, 298 und AnwBl **84**, 312, Ffm AnwBl **82**, 248 und Rpfleger **86**, 151, Hbg MDR **84**, 949 mwN, Hamm Rpfleger **86**, 238 mwN, KG JB **78**, 1659, Schlesw SchlHA **88**, 146, vgl LG Hanau AnwBl **80**, 298; **abw** Kblz MDR **82**, 854; **aM** zB Düss JB **83**, 564, Ffm AnwBl **84**, 101, Mü MDR **81**, 681 (abl Schmidt AnwBl **84**, 84) und AnwBl **83**, 558 (abl Schmidt), LG Freibg AnwBl **84**, 98, ThP § 91 ZPO Anm 3c cc (sie sei neben derjenigen des ProzBev nie erstattbar. Aber das verkennt die gar nicht seltene Notwendigkeit der Mitwirkung auch gerade des Verhekrsanwalts, der „seine" Partei am besten kennt).

Die Mitwirkung des Verkehrsanwalts ist zB dann als notwendig anzusehen, wenn sich der Prozeßgegner direkt an den Verkehrsanwalt zu Vergleichsverhandlungen wendet und wenn der letztere am Zustandekommen des Vergleichs mitwirkt, Kblz MDR **84**, 587, Schlesw SchlHA **87**, 191 mwN, Stgt AnwBl **80**, 263, oder bei völliger Schreibungewandtheit der Partei, Hbg MDR **83**, 1034.

Eine Verhandlung des Verkehrsanwalts mit einem Dritten, der sich an den Auswirkungen des Prozeßvergleichs wirtschaftlich beteiligen soll, kann als solche keine Erstattungsfähigkeit der Vergleichsgebühr begründen.

Vergleichsverwalter: S „Eigene Sache: Partei kraft Amts".

Vermögensverwalter: S „Eigene Sache: Partei kraft Amts".

Versicherungsgesellschaft: Wenn eine auswärtige Versicherungsgesellschaft für die am Gerichtsort wohnende Partei einen auswärtigen Anwalt benannt hat, sind seine Kosten grundsätzlich nicht erstattungsfähig, Schlesw SchlHA **60**, 25, vgl auch Schlesw JB **82**, 411; von diesem Grundsatz kann in einem tatsächlich oder rechtlich schwierigen Fall eine Ausnahme gelten, vgl Ffm AnwBl **80**, 263. Rationalisierungserwägungen reichen nicht zur Erstattungsfähigkeit aus, Hbg MDR **88**, 782. Eine umfassende Tätigkeit bei der Abwicklung eines Betrugskomplexes kann aber auch im konkreten Einzelfall zur Erstattungsfälligkeit führen, Karls VersR **89**, 715.

S auch BLAH § 91 ZPO Anm 21 „Mehrheit von Prozeßbevollmächtigten, B".

Verweisung: Soweit es sich nicht um Mehrkosten im Sinn von § 281 III 2 ZPO handelt, kommt eine Erstattung der Prozeßgebühr des ersten Anwalts als Verkehrsgebühr in Betracht, Hbg AnwBl **72**, 396.

Verwertungsgesellschaft: Sie muß so ausgestattet sein, daß sie den ProzBev selbst informieren kann, Ffm MDR **85**, 327.

Vollstreckungsabwehrklage. Erhält ihr Bekl nur 5 Tage Zeit zur Stellungnahme zum Einstellungsantrag, so ist die Hinzuziehung eines Verkehrsanwalts gerechtfertigt, Kblz VersR **88**, 643.

Vormund: S „Eigene Sache: Gesetzliche Vertretung".

Vorprozeß: Keine Partei ist verpflichtet, zur Ersparung sonst anfallender Kosten eines Verkehrsanwalts den Anwalt des Vorprozesses stets erneut zum ProzBev zu bestellen, Hbg AnwBl **80**, 372. Die Kosten des Verkehrsanwalts sind erstattungsfähig, wenn er den ProzBev über einen schwierigen Vorprozeß informiert, etwa bei einer Erbauseinandersetzungsfrage, die eine nicht juristisch geschulte Partei nicht übersehen kann, Celle AnwBl **62**, 100. Die Erstattungsfähigkeit ist auch dann zu bejahen, wenn der Verkehrsanwalt wegen seiner Beschäftigung mit dem Streitstoff vor dem Prozeß oder in einem anderen Prozeß eine umfassendere **Auskunft** geben kann als die Partei selbst.

Das ist **unstreitig,** zB Bbg JB **78**, 743 und JB **80**, 285, 1369, Düss MDR **74**, 1027, Ffm AnwBl **78**, 68 und JB **83**, 276, Hamm JB **79**, 1201, vgl auch KG Rpfleger **73**, 180 und JB **76**, 204, ferner Kblz VersR **82**, 1173, Stgt AnwBl **76**, 399 und JB **78**, 1205, LG Regensb AnwBl **78**, 78.

Das gilt insbesondere, wenn der Verkehrsanwalt aus Anlaß eines Vorprozesses den nachfolgenden Prozeß maßgeblich vorbereitet hat, zB ein Scheidungsverfahren, Düss NJW **76**, 2065 (im letzteren Fall ist die Erstattungsfähigkeit der Verkehrsanwaltskosten ohnehin eher zu bejahen, weil eine oft schwer abschätzbare Zahl notwendiger Rücksprachen vorliegt, KG Rpfleger **75**, 143, insofern aM Hamm Rpfleger **76**, 106 je mwN).

Die Erstattungsfähigkeit ist auch dann zu bejahen, wenn die Bestellung eines **gemeinsamen** ProzBev durch den Verkehrsanwalt erleichtert wird.

Diese Frage ist **streitig. Wie hier** zB Celle JB **77**, 66, Düss Rpfleger **76**, 105 mwN, KG MDR **73**, 324, Mü MDR **76**, 55, ähnlich Schlesw SchlHA **79**, 181; **aM** zB Hbg JB **77**, 1105 mwN, Hamm NJW **71**, 2079.

Die Erstattungsfähigkeit ist ferner zu bejahen, wenn der Verkehrsanwalt seine Kenntnis durch die Einsicht in Strafakten erworben hat, die der Partei selbst nicht zugänglich waren. Die Erstattungsfähigkeit ist zu bejahen, soweit vorprozessuale Kosten der Partei nahezu ebenso hoch gewesen wären wie die Einschaltung eines Verkehrsanwalts, Bbg JB **77**, 1140.

Natürlich dürfen auch solche Kosten **nicht schematisch,** sondern nur von Fall zu Fall als erstattungsfähig anerkannt werden, vgl Düss JB **75**, 627. Das gilt insbesondere bei einem einfacheren Sachverhalt, Hamm AnwBl **82**, 378.

Wahrnehmungsgesellschaft: S „Verwertungsgesellschaft"

Wasserrecht: S „Spezialrecht".

Wechselprozeß: Es ist nicht schon wegen dieser Prozeßart ein Verkehrsanwalt nötig, vgl Bbg JB **78**, 1022 (zu einem Scheck), auch nicht bei einem Wechsel eines Kaufmannes, Düss JB **81**, 75.

S auch „Urkundenprozeß", „Scheckprozeß".

Widerklage: Man darf die Erstattungsfähigkeit von Kosten des Verkehrsanwalts nicht für die Klage und die Widerklage unterschiedlich beurteilen, sofern beide Klagen denselben Sachverhalt betreffen, Stgt JB **76**, 1075.

Zeitaufwand: S „Informationsreise".

Vertretung in der mündlichen Verhandlung, Ausführung der Parteirechte

53 **Der Rechtsanwalt, dem die Partei oder mit deren Einverständnis der Prozeßbevollmächtigte nur für die mündliche Verhandlung die Vertretung oder die Ausführung der Parteirech-**

te übertragen hat, erhält neben der Verhandlungsgebühr eine halbe Prozeßgebühr. Diese Prozeßgebühr erhält er auch dann, wenn der Auftrag vor der mündlichen Verhandlung erledigt ist. Erstreckt sich die Vertretung auf eine mit der mündlichen Verhandlung verbundene Beweisaufnahme, so erhält der Rechtsanwalt außerdem die Beweisgebühr.

Gliederung

1) Systematik. Die Vorschrift betrifft denjenigen Anwalt, der weder ProzBev im Sinn von §§ 31 ff noch lediglich Verkehrsanwalt im Sinn von § 52 ist. Die Partei kann dem Anwalt aber durchaus mehr als die Vertretung in der mündlichen Verhandlung oder die Ausführung der Parteirechte in ihr übertragen haben. Sie kann ihm zB außerdem die Vertretung in der Beweisaufnahme übertragen haben, I 3. Sie kann ihm aber auch noch weitere Geschäfte übertragen haben; das Wort „nur" in I 1 bedeutet, ebenso wie die Worte „sich ... beschränkt" in § 54 S 1, lediglich eine Abgrenzung gegenüber der Tätigkeit des ProzBev einerseits und des Verkehrsanwalts andererseits.

Maßgeblich ist also der Umfang des Auftrags, aM Hbg MDR **86**, 596.

2) Voraussetzungen. Vgl zunächst Anm 1. Es müssen folgende Voraussetzungen zusammentreffen:

A. Auftrag. Der Anwalt muß im Auftrag handeln. Der Auftrag darf sich weder auf die Tätigkeit als Verkehrsanwalt beschränken oder erstrecken noch den umfassenden Prozeßauftrag enthalten.

Den Auftrag mag die Partei persönlich oder ihr ProzBev erteilen. Im letzteren Fall ist aber das Einverständnis der Partei erforderlich. Zu diesem Begriff § 52 Anm 3 B c. Der ProzBev, der dem Kollegen die Vertretung in der mündlichen Verhandlung überträgt, erhält dann eine Gebühr in Höhe von ½ der dem Verhandlungsvertreter zustehenden Verhandlungsgebühr, § 33 III. Soweit der ProzBev dem Kollegen nur die Ausführung der Parteirechte übertragen hat, behält er selbst die Verhandlungsgebühr voll.

Soweit der Anwalt nur im Auftrag des ProzBev als dessen Vertreter nach § 4 tätig wird, erhält er eine Vergütung nur vom ProzBev, GSEM 1, SchGei 2.

B. Tätigkeitsumfang. Es ist erforderlich und ausreichend, daß sich der Auftrag auf eine der folgenden drei Tätigkeitsbereiche vor dem Prozeßgericht erstreckt und daß der Anwalt dementsprechend tätig wird:

a) Mündliche Verhandlung. Der Anwalt mag den Auftrag haben, die Partei in der mündlichen Verhandlung zu vertreten. Dieser Auftrag umfaßt diejenige Tätigkeit, für die der ProzBev eine Verhandlungsgebühr nach § 31 I Z 2 erhalten würde. Sie ermächtigt und erfordert also insbesondere eine wirksame Stellung von Sachanträgen und daher unter anderem die Zulassung bei dem Prozeßgericht.

b) Ausführung der Parteirechte. Der Auftrag mag sich auch darauf beschränken, die Parteirechte in einer mündlichen Verhandlung auszuführen. Man muß diesen Begriff von der Wahrnehmung des Verhandlungstermins, a, der Stellung der Sachanträge, unterscheiden. Zur Ausführung der Parteirechte ist insbesondere eine Zulassung bei dem Gericht nicht erforderlich. Vielmehr handelt der Anwalt bei der bloßen Ausführung der Parteirechte derart, daß die Partei oder der ProzBev im Parteiprozeß, der letztere im Anwaltsprozeß, die Sachanträge stellt und erwirkt, daß das Gericht dem nach § 53 beauftragten Anwalt gestattet, zusätzlich das Wort zu nehmen. Diese Situation empfiehlt sich insbesondere dann, wenn es um sachlichrechtliche oder prozessuale Spezialfragen geht oder wenn die Partei ihren Vertrauens- bzw Hausanwalt auch im Termin hinzuziehen möchte. Vgl auch § 53 II BRAO und BGH MDR **76**, 570, BLAH § 78 ZPO Anm 1 D c. Einem Mitglied der Anwaltskammer nach § 209 BRAO kann der zugelassene Anwalt den Vortrag nicht wirksam überlassen. Das alles gilt auch in der mündlichen Verhandlung vor dem BGH.

c) Mündliche Verhandlung und Beweisaufnahme. Der Auftrag kann sich schließlich auf die Vertretung in der mündlichen Verhandlung und in der mit ihr verbundenen Beweisaufnahme erstrecken. Das ist der Regelfall bei einer Beweisaufnahme vor dem Prozeßgericht, § 370 I ZPO, anders als bei einer Beweisaufnahme vor dem beauftragten oder ersuchten Richter, § 370 II ZPO.

Diese Art von Auftrag unterscheidet sich von der in § 54 geregelten dadurch, daß der Anwalt zwar weder ProzBev noch bloßer Verkehrsanwalt ist, andererseits aber mehr tun als nur in der Beweisaufnahme tätig werden soll.

Soweit der ProzBev oder die Partei dem Anwalt nur die Ausführung der Parteirechte übertragen und soweit der ProzBev im Verhandlungstermin selbst verhandelt hat, behält der letztere die Verhandlungsgebühr voll.

d) Unterbevollmächtigter. Soweit er als solcher zulässig ist, kann er vom Hauptbevollmächtigten im Einverständnis mit der Partei bestellt werden. Er erhält dann eine Prozeßgebühr bzw Verhandlungsgebühr wie ein nach § 53 bestellter Anwalt, Hamm AnwBl **73**, 210, dagegen eine Beweisgebühr wie ein ProzBev, GSEM 16.

3) Gebühren. A. Grundsatz. Unter den Voraussetzungen Anm 2 kann zumindest ½ Prozeßgebühr und, wenn auch die Vertretung in der Beweisaufnahme stattgefunden hat, außerdem eine volle Beweisgebühr entstehen. Eine Ermäßigung für den Fall, daß sich der Auftrag vor der mündlichen Verhandlung erledigt, findet nicht statt, S 2. In der Rechtsmittelinstanz erhöhen sich die eben genannten Gebühren gemäß § 11 I 4, 5. Gebührenschuldner ist auch dann die beauftragende Partei, wenn der ProzBev in ihrem Einverständnis den Anwalt gemäß § 53 beauftragt hat.

Ein ausländischer Anwalt erhält eine Vergütung nach seinem Recht.

Im einzelnen gilt für den inländischen Anwalt die folgende Regelung:

B. Prozeßgebühr. Der Terminsvertreter erhält ½ Prozeßgebühr, und zwar auch dann, wenn er in Ausführung des Auftrags irgendwie tätig geworden ist und wenn sich sein Auftrag dann noch vor dem Beginn der mündlichen Verhandlung erledigt, S 2. Diese Gebühr gilt seine gesamte Tätigkeit im Termin ab, soweit nicht infolge weiterer Tätigkeiten besondere Gebühren entstehen.

Im Fall mehrerer getrennter Aufträge nach § 53 und/oder § 54, etwa für mehrere Termine, entsteht die Prozeßgebühr in demselben Rechtszug nur einmal, § 13 V. Soweit der Anwalt bereits eine Prozeßgebühr oder die ihr gleichstehende Verkehrsgebühr nach § 53 verdient hat, entsteht für eine Tätigkeit nach § 53 in demselben Rechtszug keine weitere halbe oder gar volle Prozeßgebühr, § 13 II 1.

In der Rechtsmittelinstanz erhöht sich die ½ Prozeßgebühr gemäß § 11 I 4, 5.

Eine Erhöhung des Gegenstandswerts wirkt sich auf die ½ Prozeßgebühr aus, GSEM 11.

C. Verhandlungsgebühr. a) Allgemeines. Soweit der nach § 53 bestellte Anwalt die Partei in der mündlichen Verhandlung (unter anderem durch die Stellung eines Sachantrags, soweit erforderlich) vertritt, Anm 2 B a, entsteht für ihn die Verhandlungsgebühr voll. Dabei muß man aber § 33 beachten. Im Fall einer nichtstreitigen Verhandlung entsteht also nur ½ Verhandlungsgebühr, § 33 I. Soweit der Anwalt in der mündlichen Verhandlung einen Antrag nur zur Prozeß- oder Sachleitung stellt, erhält er ebenfalls nur ½ Verhandlungsgebühr, § 33 II. Im Berufungs- oder Revisionsrechtszug erhält der bestellte Anwalt ¹³⁄₁₀ Gebühr, § 11 I 4, 5.

Neben dem in der Verhandlung auftretenden Anwalt nach § 53 erhält der ProzBev gemäß § 33 III ⁵⁄₁₀ der dem Terminsvertreter zustehenden Verhandlungsgebühr, jedoch mindestens ³⁄₁₀ einer vollen Verhandlungsgebühr. Die dem ProzBev zufließende Gebühr wird auf die Verhandlungsgebühr des ProzBev, soweit sie im Rechtszug noch entstehen mag, angerechnet, § 33 III 2.

Mehrere getrennte Verhandlungsaufträge nach § 53 lassen in demselben Rechtszug die Verhandlungsgebühr nur einmal entstehen, § 13 II 1.

Im übrigen ergibt sich folgende Unterscheidung:

b) Vertretung in der mündlichen Verhandlung. Soweit der Anwalt gemäß § 53 die Vertretung in der mündlichen Verhandlung durchführt, Anm 2 B a, entsteht die Verhandlungsgebühr mit der Stellung des Sachantrags. Soweit er nicht erscheint oder nicht verhandelt, erhält er auch keine Verhandlungsgebühr, sondern nur ½ Prozeßgebühr, GSEM 7.

c) Ausführung der Parteirechte. Soweit der Anwalt gemäß § 53 nur die Ausführung der Parteirechte vornimmt, genügt es zur Entstehung der Verhandlungsgebühr, daß er im Verhandlungstermin anwesend ist und den Verhandlungsablauf mitdenkend verfolgt, um notfalls einzugreifen, und daß im übrigen der ProzBev oder, soweit zulässig, die Partei den Sachantrag stellt. Er braucht also kein Wort zu sagen, sondern nur verhandlungsbereit zuzuhören. Soweit er im Verhandlungstermin nicht erscheint oder nicht verhandelt, erhält er auch in dieser Situation keine Verhandlungsgebühr, sondern nur ½ Prozeßgebühr, GSEM 7. Dasselbe gilt, wenn nur ein schriftliches Verfahren stattfindet und sich seine Tätigkeit zB auf die Anzeige der Vollmacht und die Vermittlung von Schriftsätzen beschränkt, LG Tüb AnwBl **86**, 42.

D. Beweisgebühr. Die volle Beweisgebühr kann außerdem entstehen, sofern sich der Auftrag und demgemäß die Vertretung auf eine mit der mündlichen Verhandlung verbundene Beweisaufnahme erstreckt, S 3. Während aber beim ProzBev die Beweisgebühr nach § 31 I Z 3 schon dann entsteht, wenn er zB einen Beweisbeschluß prüft und an die Partei weiterleitet, entsteht die Beweisgebühr im Fall des § 53 S 3 erst durch die Teilnahme an der Beweisaufnahme selbst; andere Tätigkeiten im Zusammenhang mit der bevorstehenden oder stattgefundenen Beweisaufnahme sind durch die ½ Prozeßgebühr nach S 1 abgegolten, LG Tüb AnwBl **86**, 42.

Sofern die Beweisaufnahme nicht stattfindet, entsteht demgemäß keine Beweisgebühr. Sofern das Gericht die Beweisaufnahme nicht in demselben Termin mit einer mündlichen Verhandlung verbindet, ist nicht § 53 S 3, sondern § 54 anwendbar. Das gilt insbesondere bei einem bloßen Beweistermin vor einem beauftragten oder ersuchten Richter, und zwar selbst dann, wenn im Beweisbeschluß zugleich der Termin zur Fortsetzung der mündlichen Verhandlung vor dem Prozeßgericht bestimmt worden ist, § 370 II 1 ZPO.

E. Erörterungsgebühr. Unter den Voraussetzungen § 31 I Z 4 kann auch eine Erörterungsgebühr für den nach § 53 beauftragten Anwalt entstehen, zB Mü MDR **79**, 505 mwN, LG Stgt AnwBl **80**, 264, Chemnitz AnwBl **75**, 433, GSEM 8a, vgl Kersting/Reuter NJW **76**, 2248; **aM** zB RS § 31 Rdz 61. Wegen einer Anrechnung vgl § 31 II.

F. Vergleichsgebühr. Soweit der nach § 53 bestellte und tätige Anwalt am Zustandekommen eines Vergleichs mitwirkt, kann auch eine Vergleichsgebühr entstehen, § 23 Anm 3 C „Untervertreter". Daneben kann die Vergleichsgebühr auch für den ProzBev entstehen, KG MDR **88**, 787. Soweit die Parteien in den Vergleich Ansprüche einbeziehen, die sie bisher nicht in diesem Rechtsstreit geltend gemacht hatten, entsteht für den nach § 53 tätigen Anwalt auch ½ Prozeßgebühr nach dem Wert des überschießenden Betrags, § 23 Anm 4 B.

4) Kostenerstattung. Soweit es sich um einen Parteiprozeß handelt und der nach § 53 tätige Anwalt der einzige Anwalt der Partei ist, gilt § 91 II 1 ZPO. Anderenfalls ist § 91 II 3 ZPO anwendbar, LG Itzehoe Rpfleger **82**, 442. Grundsätzlich sind die Kosten des Vertreters nicht erstattungsfähig, soweit er nur in der Verhandlung vertreten hat bzw dort nur die Rechte der Partei ausgeführt hat, vgl Hamm JB **77**, 68 mwN, vgl LG Kleve AnwBl **80**, 513, abw Schlesw SchlHA **81**, 134. Die Obergrenze der Erstattungsfähigkeit liegt im allgemeinen bei den Kosten eines ProzBev und eines notwendigen Verkehrsanwalts, Bbg JB **82**, 121, Düss AnwBl **73**, 115, Mü AnwBl **82**, 532, LG Bonn JB **74**, 201, LG Düss JB **73**, 747 (zustm Schmidt). Allerdings können auch dann die Kosten erstattungsfähig sein, die die Partei für eine sonst notwendig gewordene Reise zur Information des Anwalts erspart hat.

Die Kosten der Wahrnehmung eines Beweistermins sind auch dann, wenn der Anwalt zugleich die Verhandlung geführt und/oder Parteirechte ausgeführt hat, grundsätzlich erstattungsfähig. Denn jede Partei hat das unbedingte Recht der Wahrnehmung eines Beweistermins. Ihre Mitwirkung in diesem Termin kann das ganze Ergebnis ändern. Die Partei darf den Beweistermin grundsätzlich durch einen Anwalt wahrnehmen lassen, Schlesw SchlHA **80**, 78, insbesondere wenn es sich um einen schwierigen Stoff handelt und wenn die Partei nicht absehen kann, wie sich zB ein Zeuge verhalten wird, Düss MDR **62**, 416.

Soweit im Termin nur Zuständigkeitsfragen anstehen, entfällt die Erstattungsfähigkeit, Hbg MDR **86**, 596.

Vertretung in der Beweisaufnahme

54 **Der Rechtsanwalt, dessen Tätigkeit sich auf die Vertretung in der Beweisaufnahme beschränkt, erhält für den Rechtszug je fünf Zehntel der Prozeß- und der Beweisgebühr. Der Rechtsanwalt erhält die Beweisgebühr nicht, wenn sich der Auftrag ohne Wahrnehmung eines Termins erledigt.**

Gliederung

1) Systematik. Die Vorschrift bezieht sich auf denjenigen Anwalt, der im Zeitpunkt der Beweisaufnahme weder ProzBev, sei es auch der erst direkt vor der Beweisaufnahme beauftragte und nach ihr als ProzBev sogleich wieder ausgeschiedene, GSEM 3, noch Verkehrsanwalt im Sinn von § 52, vgl Mü AnwBl **82**, 440, noch Terminsanwalt im Sinn von § 53 ist. Während § 53 S 3 anwendbar ist, wenn der Verhandlungsvertreter zugleich auch die in demselben Termin stattfindende Beweisaufnahme für die Partei wahrnimmt, gilt § 54 für den Anwalt, dessen Tätigkeit sich auf die Vertretung in einer Beweisaufnahme beschränkt. Allerdings kann auch im Fall des § 54 noch ein weitergehender Auftrag vorliegen. Die Worte „sich … beschränkt" bedeuten nur eine Abgrenzung gegenüber der Tätigkeit des ProzBev usw, vgl auch § 53 Anm 1.

Es kann also auch derjenige Anwalt nach § 54 vergütet werden, der außerdem Verkehrsanwalt ist, Düss VersR **85**, 743. Man darf eben nur die beiden Funktionen nicht verwechseln und muß für die eine Art § 52, für die andere § 54 anwenden. § 54 kommt auch für denjenigen Anwalt in Betracht, der noch nicht bzw nicht mehr ProzBev ist; letzterer mag zB nach einer Verweisung nun nur noch einen Auftrag als Beweisanwalt haben.

Praktisch kommt nur eine Beweisaufnahme vor dem beauftragten oder ersuchten Richter in Betracht, § 370 II 1 ZPO. Denn eine Beweisaufnahme vor dem Prozeßgericht ist gemäß § 370 I ZPO auch zur mündlichen Verhandlung bzw zu deren Fortsetzung zu bestimmen. Soweit der Anwalt allerdings in einem nach § 370 I ZPO anberaumten Termin nur an der Beweisaufnahme mitwirkt, kann § 54 anwendbar sein.

Soweit der Beweisanwalt später ProzBev oder Verkehrsanwalt wird, erfolgt eine Anrechnung der nach § 54 verdienten Gebühren.

2) Voraussetzungen. Es müssen folgende Voraussetzungen zusammentreffen:

A. Auftrag. Die Partei muß dem Anwalt einen Auftrag erteilt haben. Sie kann ihn auch durch eine Zwischenschaltung des ProzBev erteilt haben, ebenso wie bei § 53. Vgl dort Anm 2 A. Deshalb ist Kostenschuldner stets die beauftragende Partei.

B. Vertretung in der Beweisaufnahme. Es gelten dieselben Grundsätze wie bei § 31 I Z 3 für den ProzBev. Es reicht also aus, daß der nach § 54 tätige Anwalt den Beweistermin wahrnimmt, Anm 3 C.

Es muß sich um eine Beweisaufnahme im Rechtsstreit oder um eine Beweissicherung während der Anhängigkeit der Hauptsache handeln.

Für eine Beweisaufnahme im Verfahren auf die Bewilligung der Prozeßkostenhilfe oder für eine Beweissicherung ohne Anhängigkeit der Hauptsache oder für eine Beweisaufnahme vor dem Prozeßgericht im Beschwerdeverfahren oder im Zwangsvollstreckungsverfahren entstehen besondere Gebühren, die für jeden Anwalt unabhängig von einer Beauftragung als ProzBev gelten.

3) Gebühren. A. Grundsatz. Unter den Voraussetzungen Anm 2 erhält der Anwalt für jeden Rechtszug 5/10 Prozeßgebühr und 5/10 Beweisgebühr. In der Rechtsmittelinstanz sind diese Gebühren gemäß § 11 I 4 zu erhöhen. Sofern sich der Auftrag ohne eine Wahrnehmung des Termins erledigt, bleibt auch im Fall des § 54 die 5/10 Prozeßgebühr bestehen; die 5/10 Beweisgebühr entfällt, S 2.

Ein ausländischer Beweisanwalt verdient für die Wahrnehmung und Beweisaufnahme im Ausland seine Vergütung nach seiner Vergütungsordnung, AG Kleve AnwBl **69**, 415.

B. Prozeßgebühr. a) Gebührenhöhe. Unter den Voraussetzungen Anm 2 entsteht ½ Prozeßgebühr. Das gilt auch dann, wenn sich der Auftrag vor der Wahrnehmung eines Beweistermins erledigt. Das ergibt sich zunächst daraus, daß S 2 in einem solchen Fall nur die Beweisgebühr entfallen läßt. Es gilt auch nicht etwa § 32 II. Denn diese Vorschrift ist nur auf den ProzBev anwendbar. § 54 verweist nicht auf § 32 II.

Die Prozeßgebühr entspricht allerdings derjenigen des ProzBev. Sie gilt die gesamte Tätigkeit in diesem Rechtszug außerhalb des Beweistermins, zB: Die Aufnahme der Information; die Beratung; den Schriftwechsel.

Die Prozeßgebühr ist von einer etwa zusätzlich entstehenden Beweisgebühr unabhängig. Für die Wahrnehmung mehrerer Beweistermine erhält der Anwalt nach § 54 insgesamt in derselben Instanz nur ½ Prozeßgebühr, selbst wenn mehrere Aufträge oder Beiordnungen vorliegen, etwa weil sich erst nach der Erledigung des ersten Beweistermins ergibt, daß das Gericht einen weiteren Beweistermin durchführen will, § 13 V.

Soweit der Anwalt beim AG ProzBev war und nach einer Verweisung des Rechtsstreits an das LG dort als Vertreter nach § 54 auftritt, liegt dieselbe Instanz vor. Deshalb entsteht für ihn keine neue Prozeßgebühr. Dasselbe gilt dann, wenn er die Mahngebühren nach § 43 I Z 1 oder Z 2 (letztere erhöht sich auf $^{5}/_{10}$, GSEM 8) oder die Prozeßgebühr oder die Verkehrsgebühr nach § 52 oder die Verhandlungsgebühr nach § 53 sonst verdient, § 13 II, V, Mü AnwBl **82**, 440.

Soweit der Anwalt erst in der Berufungsinstanz Beweisanwalt wird, erhält er die nach § 11 I 4 erhöhte ½ Prozeßgebühr neben der etwa im ersten Rechtszug verdienten Prozeßgebühr.

b) Gegenstandswert. Für die Prozeßgebühr kommt stets der volle Wert des Streitgegenstandes zum Ansatz. Denn der Anwalt muß grundsätzlich und in aller Regel (das übersehen GSEM 10) den gesamten Streitstoff bewältigen, um pflichtgemäß tätig zu werden. Man kann in einem solchen Fall nicht einen Teil aus dem Zusammenhang lösen, vgl Swolana 2a, abw RS 15 (wenn die Tätigkeit sich auf einen unstreitigen Sachverhalt beschränke, müsse man denselben Wert wie bei einer Beweisgebühr ansetzen. Aber wer kann im Zeitpunkt der Terminvorbereitung wissen, was sich im Termin ereignen wird?); **aM** Köln JB **75**, 627, GSEM 10, SchGei 11.

C. Beweisgebühr. a) Gebührenhöhe. Der Anwalt erhält unter den in Anm 2 dargelegten Voraussetzungen ½ Beweisgebühr. Der ProzBev erhält die volle Beweisgebühr für die Vertretung in einem Beweisaufnahmeverfahren, § 31 I Z 3, auch wenn er den Beweistermin nicht wahrnimmt; es genügt, daß er eine Tätigkeit mit Bezug auf das Beweisaufnahmeverfahren ausübt. Demgegenüber entsteht für den Vertreter nach § 54 die Beweisgebühr auch zu ½ nur dann, wenn er die Partei in der Beweisaufnahme vertritt, also am Termin teilnimmt, und wenn der Termin auch vor einem Richter und nicht vor einem Sachverständigen stattfindet, Düss VersR **85**, 743 mwN. Es kommt allerdings nur darauf an, ob der Termin zur (bloßen) Beweisaufnahme bestimmt war; ob sie auch tatsächlich in ihm stattfindet, ist unerheblich. Soweit der Sachverständige eine Ortsbesichtigung vornimmt und der Anwalt an ihr teilnimmt, entsteht eine Gebühr nach § 56 I Z 2, Düss VersR **85**, 743 mwN, sofern nicht § 52 anwendbar ist.

Diese Frage ist **streitig. Wie hier** zB Hamm Rpfleger **72**, 153 und 328; **aM** zB Bbg JB **80**, 221, Celle JB **71**, 944, GSEM 4, Schmidt AnwBl **80**, 107 (er wendet § 54 an).

Der Begriff der Beweisaufnahme ist ebenso wie bei § 31 I Z 3 zu beurteilen, vgl § 31 Anm 7 B. Die Wahrnehmung des Beweistermins erfordert keine nach außen erkennbare Tätigkeit, wohl aber die Anwesenheit und die kritische Beobachtung des Terminsablaufs, so daß die bloß körperliche Anwesenheit nicht ausreicht.

Soweit diese Voraussetzung nicht erfüllt ist, entsteht keine Beweisgebühr. Im Fall einer Terminswahrnehmung durch einen Vertreter des nach § 54 beauftragten Anwalts gilt § 4.

Die Wahrnehmung mehrerer Beweistermine, auch an verschiedenen Orten und auf Grund verschiedener Aufträge, § 13 II, V, etwa deshalb, weil sich erst im Lauf des Verfahrens ergibt, daß ein weiterer Beweistermin stattfinden wird, begründet in derselben Instanz die ½ Beweisgebühr nur einmal, Mü AnwBl **62**, 149.

§ 11 I 4 ist anwendbar.

b) Gegenstandswert. Maßgebend ist der Wert desjenigen Teils des Klaganspruchs, über den eine Beweisaufnahme stattfindet. Bei mehreren Beweisterminen und verschiedenen Beweisgegenständen muß man eine Zusammenrechnung nach § 7 II vornehmen und dabei zB wegen der Zinsen § 4 ZPO beachten.

Eine Werterhöhung nach der Beweisaufnahme ist zu beachten, soweit sie noch während der Tätigkeit nach § 54 erfolgt, GSEM 10.

D. Vergleichsgebühr. Der Beweisvertreter kann unter den Voraussetzungen des § 23 auch eine volle Vergleichsgebühr verdienen. Soweit die Parteien in einen Vergleich einen Anspruch, auf den sich die Beweisaufnahme nicht erstreckt hat, einbeziehen, muß man unterscheiden: Wenn dieser Anspruch schon im Prozeß geltend gemacht worden war, entsteht keine besondere Prozeßgebühr. Denn diese ist bereits nach dem ganzen Wert zu berechnen. Soweit der Anspruch im Prozeß noch nicht geltend gemacht wurde, entsteht ½ Prozeßgebühr von dem Unterschiedsbetrag zwischen der bereits verdienten und der nach dem gesamten Vergleichswert bemessenen, § 23 Anm 4 C.

4) Kostenerstattung. Die Kosten der Wahrnehmung eines Beweistermins sind zumindest bis zur Höhe fiktiver gesetzlicher Reisekosten eines ProzBev, evtl auch höher, Hamm JB **71**, 696 (auch zu den Grenzen), grundsätzlich erstattungsfähig. Jede Partei hat das unbedingte Recht der Wahrnehmung eines solchen Termins. Denn ihre Mitwirkung in diesem Termin kann das ganze Ergebnis ändern. Die Partei darf den Beweistermin grundsätzlich durch einen Anwalt wahrnehmen lassen.

Diese Frage ist **streitig. Wie hier** zB Ffm AnwBl **84**, 618, vgl auch Kblz AnwBl **74**, 353 und MDR **80**, 412, Schlesw SchlHA **80**, 78 und SchlHA **81**, 151, GSEM 13, RS 17, Mümmler JB **78**, 1269, SchGei 14; **strenger** Hamm **KR** § 91 ZPO (B-Vertretung) Nr 361, Schlesw JB **77**, 1737.

Das gilt insbesondere dann, wenn es sich um einen schwierigen Stoff handelt, vgl Ffm JB **82**, 238, und wenn die Partei nicht absehen kann, wie sich ein Zeuge verhalten wird, Düss MDR **62**, 416. Die Partei darf aber auch persönlich neben ihrem Anwalt am Beweistermin teilnehmen und diese Kosten erstattet fordern, sofern eine solche Forderung nicht offenbar unbillig ist, Ffm Rpfleger **80**, 157, Kblz MDR **73**, 673, BLAH § 91 ZPO Anm 21 „Beweistermin“ je mwN; **abw** zB Bre JB **76**, 93 mwN (dieses OLG bejaht die Erstattungsfähigkeit nur dann, wenn es sich um einen sehr verwickelten Sachverhalt handelt, der eine Mitwirkung der Partei bei der Beweisaufnahme unentbehrlich macht).

Ob der ProzBev den Beweistermin persönlich wahrnehmen muß,

hängt unter anderem von seiner Person und von der Art und dem Umfang seiner Tätigkeit, der Entfernung des Beweisortes von dem Sitz seiner Kanzlei und der voraussichtlichen Länge des Beweistermins ab, Düss Rpfleger **66**, 28, Ffm Rpfleger **59**, 63, Hamm NJW **49**, 429, KG Rpfleger **62**, 157, Kblz Rpfleger **80**, 69, Mü AnwBl **61**, 119, vgl auch Celle NJW **57**, 189, GSEM 15; **strenger** Mü AnwBl **84**, 211. Die Kosten eines Vertreters des ProzBev sind grundsätzlich im Rahmen des § 4 bis zu derjenigen Höhe erstattungsfähg, die dann entstanden wäre, wenn der ProzBev den Beweistermin persönlich wahrgenommen hätte, Ffm AnwBl **84**, 618, Hbg MDR **86**, 592 mwN, Kblz AnwBl **74**, 354; ähnliches gilt beim Unterbevollmächtigten, Schlesw JB **69**, 859. Bei mehreren Beweisanwälten für mehrere Beweistermine an verschiedenen Orten kommt es auf die Notwendigkeit eines solchen Anwaltswechsels an, SchGei 17, vgl auch (für den ProzBev) BLAH § 91 Anm 21 „Mehrheit von Prozeßbevollmächtigten. A". Zur Erstattung der Kosten des ausländischen Beweisanwalts Düss MDR **59**, 671, LG Köln AnwBl **82**, 532. Beim beigeordneten Anwalt ist § 125 I 1, III zu beachten.

Ein darüber hinausgehender Betrag ist nach § 54 nur dann erstattungsfähig, wenn zB gleichzeitig ein anderer Termin stattgefunden hat und wenn das Gericht einem in beiden Fällen gestellten Vertagungsantrag in keinem dieser beiden Fälle stattgegeben hat, Ffm AnwBl **84**, 618 mwN, oder wenn es dem ProzBev aus einem anderen Grund nicht zuzumuten war, den Beweistermin persönlich wahrzunehmen, Hamm MDR **84**, 587, Kblz VersR **86**, 1031.

S auch § 52 Anm 4.

Änderung von Entscheidungen von beauftragten oder ersuchten Richtern, von Rechtspflegern und Urkundsbeamten

55 Der Rechtsanwalt, dessen Tätigkeit sich auf ein Verfahren auf Änderung einer Entscheidung des beauftragten oder ersuchten Richters, des Rechtspflegers oder des Urkundsbeamten der Geschäftsstelle (§ 576 der Zivilprozeßordnung) beschränkt, erhält drei Zehntel der im § 31 bestimmten Gebühren. Die Vorschriften des § 32 und des § 33 Abs. 1 und 2 gelten nicht.

1) Geltungsbereich. A. Anwendbarkeit. Gegen die Entscheidung eines beauftragten oder ersuchten Richters oder eines Urkundsbeamten der Geschäftsstelle ist gemäß § 576 I ZPO die Anrufung des Prozeßgerichts als zunächst einziger Rechtsbehelf statthaft. Der Rpfl ist nicht befugt, über einen Antrag auf eine Änderung der Entscheidung des Urkundsbeamten der Geschäftsstelle zu befinden, § 4 II Z 3 RPflG. Gegen eine Entscheidung des Rpfl ist grundsätzlich die Erinnerung zulässig, § 11 I RPflG, die grundsätzlich dem Richter vorzulegen ist, sofern der Rpfl nicht abhilft, § 11 II 1 RPflG.

Sofern der ProzBev einen dieser Rechtsbhelefe einlegt, gehört seine Tätigkeit zum Rechtszug, § 37 Z 4, 5. Sofern aber ein Anwalt lediglich den Auftrag erhält, einen dieser Rechtsbehelfe geltend zu machen oder abzuwehren, ist § 55 grundsätzlich anwendbar, Kblz VersR **81**, 467. Zum Verhältnis zu § 125 Schmidt AnwBl **84**, 496.

Unter § 55 fallen auch die Erinnerung gegen die Zurückweisung des Antrags auf den Erlaß eines Vollstreckungsbescheids, § 699 II ZPO, GSEM 6, RS 3, SchGei 6, sowie eine Erinnerung im Zwangsversteigerungs- oder Zwangsverwaltungsverfahren, im Konkurs- und Vergleichsverfahren.

B. Unanwendbarkeit. Auch beim Vorliegen der Voraussetzungen A ist § 55 in folgenden Fällen unanwendbar: Es handelt sich um die Entscheidung des Rpfl in einem Zwangsvollstreckungsverfahren. Dann sind §§ 57 ff anwendbar; es handelt sich um eine Erinnerung gegen eine Kostenfestsetzung, §§ 104 III, 107 III ZPO, oder einen Kostenansatz, § 5 GKG, § 14 KostO, oder eine Festsetzung nach §§ 19, 98, 128. Dann ist § 61 I Z 2 anwendbar; das Gericht hat ein Rechtshilfeersuchen abgelehnt oder zugelassen, § 159 GVG. Dann ist § 118 I 1 anwendbar, so jetzt auch GSEM 3; es handelt sich um den Widerspruch gegen einen Mahnbescheid. Dann ist § 43 I Z 2 anwendbar; es handelt sich um den Einspruch gegen einen Vollstreckungsbescheid. Dann ist § 38 anwendbar; aM GSEM 6 (auch dann sei § 43 anwendbar); es geht um eine Erinnerung im FGG-Verfahren. Dann ist § 118 anwendbar.

2) Gebühr. Es kann jede der in § 31 I bestimmten Gebühren zu $\frac{3}{10}$ entstehen. In der Beschwerdeinstanz bzw Erinnerungsinstanz entstehen $\frac{5}{10}$, § 61 I.

Durch die jeweilige Gebühr wird die gesamte zugehörige Tätigkeit in dem auf die Abhilfe gerichteten Verfahren abgegolten, also sowohl die Tätigkeit vor derjenigen Person, deren Entscheidung geändert werden soll, als auch die Tätigkeit vor dem Gericht, das über den Rechtsbehelf zu entscheiden hat. Eine Ermäßigung auf die Hälfte ist nach § 2 ausgeschlossen.

Ein Antrag auf eine Abänderung der nach § 576 ZPO ergangenen Entscheidung stellt ein neues Verfahren nach § 55 mit neuen Gebühren dar, GSEM 1, RS 4, SchGei 8.

3) Gegenstandswert. Man muß grundsätzlich denjenigen Wert der Hauptsache zugrunde legen, den die angefochtene Entscheidung betrifft.

Sonstige Einzeltätigkeiten

56 **I Der nicht zum Prozeßbevollmächtigten bestellte Rechtsanwalt erhält, soweit in diesem Abschnitt nichts anderes bestimmt ist, eine halbe Gebühr für**

1. die Einreichung, Anfertigung oder Unterzeichnung von Schriftsätzen,

2. die Wahrnehmung von anderen als zur mündlichen Verhandlung oder zur Beweisaufnahme bestimmten Terminen.

II Endigt der Auftrag, bevor der Rechtsanwalt den Schriftsatz ausgehändigt oder eingereicht oder der Termin begonnen hat, so erhält der Rechtsanwalt nur drei Zehntel der vollen Gebühr.

III § 120 gilt sinngemäß.

Gliederung

1) Systematik. A. Hilfsnatur. § 56 soll Lücken füllen. Die Vorschrift enthält Vergütungen für einige abschließend genannte Tätigkeiten. Sofern weder vorrangige andere Vorschriften noch § 56 anwendbar sind, muß man die Vergütung nach § 2 bestimmen, damit der Anwalt nicht umsonst tätig werden muß.

B. Kein Prozeßbevollmächtigter. Der Anwalt darf kein ProzBev sein. Denn der ProzBev erhält für die in § 56 genannten Tätigkeiten die Vergütung nach §§ 31 ff.

C. Unanwendbarkeit des übrigen 3. Abschnitts. Vgl zunächst A. Es sind also zunächst §§ 51–55 vorrangig. Vorrangig sind auch diejenigen Vorschriften, die dann anwendbar sind, wenn der Anwalt nicht mit dem ganzen Verfahren beauftragt ist, zB §§ 36 II, 42–46, 48–50, 57, 59–61. § 56 ist ferner unanwendbar, wenn der Anwalt einen Auftrag nur zur Einlegung der Revision beim BayObLG hat, §§ 7, 8 EGZPO, Mü AnwBl **77**, 309, oder wenn das Revisionsgericht dem Berufungsanwalt den Schriftwechsel über den Streitwert zuleitet, Hbg NJW **64**, 600, Mü AnwBl **78**, 471.

D. Bürgerliche Rechtsstreitigkeit usw. Die Tätigkeit muß sich auf eine bürgerliche Rechtsstreitigkeit oder ein ähnliches Verfahren des 3. Abschnitts beziehen. Es ist insofern unerheblich, ob ein solches Verfahren bereits anhängig ist oder erst anhängig gemacht werden soll, ob der Anwalt zB erst während eines vom Prozeßgegner des Auftraggebers in Gang gesetzten Verfahrens nach § 19 beauftragt wird, FG Kassel NJW **77**, 168.

Sofern diese Voraussetzung fehlt, können §§ 118 ff anwendbar sein.

2) Schriftsatz, I Z 1. Der Anwalt muß unter den Voraussetzungen Anm 1 einen Schriftsatz angefertigt oder unterzeichnet oder eingereicht haben. Im einzelnen gilt die folgende Regelung:

A. Begriff. Schriftsatz ist jedes Schreiben, auch ein ganz einfaches

Schreiben, auch ein solches, das nur dem äußeren Betrieb eines Verfahrens dient, also auch ein Schreiben im Sinn von § 120 I, II. Die letzteren Arten von Schriftsätzen wirken sich allerdings nicht nur gemäß III bei der Gebührenhöhe aus. § 120 erfaßt nämlich nur ein eigenes Schreiben des Anwalts, kein fremdes. § 120 I läßt für ein eigenes einfaches Schreiben nur $^2/_{10}$ Gebühr entstehen. Dann aber kann man nicht die Einreichung eines lediglich fremden Schriftsatzes nach § 56 I Z 1 mit grundsätzlich $^5/_{10}$ Gebühr vergüten. Denn das wäre eine unverhältnismäßig höhere Vergütung einer gegenüber § 120 I geringeren geistigen Tätigkeit.

Deshalb muß man über § 120 den § 56 I Z 1 dahin auslegen, daß der Schriftsatz ein eigener sein muß. Diese Qualität kann er allerdings auch dann haben, wenn der Anwalt ein formularmäßig verfaßtes oder entworfenes Schreiben benutzt, unterzeichnet bzw einreicht. Schon der Entwurf eines Formulars, das der Anwalt dann massenhaft benutzen kann, kann ja eine sehr erhebliche Mühe darstellen. Die Verwendung des Formulars erfordert jedenfalls von Fall zu Fall bei der an sich erforderlichen Sorgfalt nochmals eine Überlegung, ob das Formular überhaupt anwendbar ist, § 120 Anm 2. Vgl auch § 145 KostO Anm 2 A, Teil III dieses Buchs.

Es reicht auch aus, daß ein anderer als der Anwalt oder seine ständigen Mitarbeiter das Schreiben entworfen haben, sofern der Anwalt sich zumindest durch seine Unterschrift und nicht nur durch die anschließende Aushändigung oder Einreichung zum Inhalt bekennt und für ihn die Verantwortung übernimmt, aM GSEM 5.

B. Anfertigung. Es reicht aus, daß der Anwalt ein Schreiben im Sinn von A angefertigt hat. Die formularmäßige Anfertigung oder die Benutzung zuvor angefertigter Formulare reicht aus, A. Freilich liegt in der Benutzung eines weder vom Anwalt noch von seinen Mitarbeitern gefertigten Formulars keine Anfertigung, sondern allenfalls eine Unterzeichnung oder Einreichung.

C. Unterzeichnung. Es reicht auch aus, daß der Anwalt einen Schriftsatz im Sinn von A zwar nicht angefertigt, wohl aber wenigstens unterzeichnet hat. Er muß ihn entweder mit vollem Namenszug oder mit einem paraphenähnlichen Schriftzug unterzeichnet haben, der eindeutig den ganzen Namen des Unterzeichners darstellen soll, vgl BGH VersR **74**, 600, oder er muß einen aus Buchstaben einer üblichen Schrift, BGH NJW **85**, 1227 mwN, LG Düss MDR **88**, 149, oder wenigstens aus deren Andeutungen, BGH MDR **88**, 128 und VersR **89**, 167 (großzügig!), individuell gestalteten Namensteil gewählt haben, der eine Unterscheidung gegenüber anderen Unterschriften zuläßt und die Absicht einer vollen Unterschrift erkennen läßt, BGH VersR **83**, 873 und VersR **89**, 167 je mwN, und die Nachahmung durch einen beliebigen Dritten mindestens erschwert, BGH NJW **85**, 1227 mwN, Nürnb NJW **89**, 235, selbst wenn er nur flüchtig geschrieben worden ist, vgl BGH VersR **89**, 167 und 588 je mwN. Es genügt, daß gegen den Ursprung der Unterschrift kein begründeter Verdacht besteht, daß vielmehr jeder, der den Namen kennt, ihn aus der Unterschrift herauslesen kann, vgl BLAH § 129 ZPO Anm 1 B mwN, BAG NJW **82**, 1016, vgl BFH DB **85**, 1380 und NJW **87**, 343, BSG NJW **75**, 1800, Nürnb NJW **89**, 235, Krapp JB **77**, 16. Denn die Unterschrift soll nur sicherstellen, daß das Schriftstück auch vom Unterzeichner stammt.

Eine Unterzeichnung nur mit dem Anfangsbuchstaben (Paraphe), die die vorstehenden Anforderungen nicht erfüllt, reicht bei I Z 1 ebensowenig aus wie zB bei § 129 ZPO, vgl (zur letzteren Vorschrift) BGH VersR **74**, 864 und NJW **85**, 1227 mwN, BFH BB **84**, 1089. Eine Auflösung des Schriftbilds in willkürliche Striche und Linien ohne charakteristische Merkmale stellt ebenfalls keine ausreichende Unterzeichnung dar, vgl BGH **LM** § 130 ZPO Nr 7 und NJW **76**, 2263 (krit Vollkommer Rpfleger **76**, 297) je mwN, BAG BB **77**, 899. Eine ausreichende Unterschrift fehlt also, wenn man keine Buchstaben mehr erkennen kann, BGH NJW **85**, 1227 mwN, offen BGH NJW **89**, 588, oder wenn von zehn zum Namen gehörenden Buchstaben nur ein einziger entzifferbar ist, BFH NJW **87**, 343, oder wenn der Schriftzug keinen individuellen Charakter hat, vgl BGH Rpfleger **76**, 127 (zustm Vollkommer mwN), VersR **82**, 492 und VersR **84**, 142 je mwN, vgl auch BGH VersR **83**, 274 mwN, ferner BFH BB **84**, 1089, LG Heidelb VersR **78**, 357. Eine übereinstimmende Erklärung beider Parteien, die Unterschrift sei ein bloßes Handzeichen, bindet das Gericht nicht, BGH NJW **78**, 1255.

Ein Faksimilestempel reicht nicht aus, BGH NJW **89**, 838 mwN, vgl BFH DB **75**, 88 linke Spalte, ferner LG Bln MDR **76**, 407. Ein Abzug oder eine Fotokopie, deren Original (Matrize) eigenhändig unterschrieben worden ist, reicht ebenfalls nicht aus, aM (zu § 129 ZPO) BFH DB **75**, 88 und 1095, LAG Nürnb NJW **83**, 2286 mwN; freilich kann eine Heilung durch weitere Eingaben oder Umstände innerhalb der etwaigen Frist eintreten, vgl LSG Schlesw MDR **84**, 260, allerdings nicht mehr später, BAG NJW **88**, 210. Unzureichend ist auch eine Unterschrift nur „im Auftrag" oder „i. A." (statt: „in Vertretung"), BGH NJW **88**, 210, zB durch einen beauftragten Dritten (Bürovorsteher), vgl BGH NJW **55**, 546, aM grundsätzlich Späth VersR **77**, 339 und **78**, 605 je mwN. Das gilt jedenfalls für einen bestimmenden Schriftsatz. Dieser kommt allerdings im Geltungsbereich des § 56 I Z 1 kaum in Betracht. Für andere Schriftsätze mag die Unterschrift durch den beauftragten Dritten ausreichen.

Wegen weiterer Einzelheiten zur Unterschrift BLAH § 129 ZPO Anm 1 B mwN.

D. Einreichung. Es reicht aus, daß der Anwalt einen Schriftsatz im Sinn von A einreicht, auch wenn er ihn weder angefertigt noch unterschrieben hat. Die Einreichung muß beim Gericht erfolgen. Das ergibt sich daraus, daß § 56 im 3. Abschnitt steht. Von dieser Regel gilt nur insofern eine Ausnahme, als es sich um eine Tätigkeit handeln mag, die sich auf ein bevorstehendes gerichtliches Verfahren bezieht und (noch) außergerichtlich ist. Nur insofern mag die Aushändigung an den Auftraggeber oder an einen Dritten, etwa den Verhandlungsgegner, genügen. In einem solchen Fall muß man aber sorgfältig prüfen, ob sich der Auftrag auf die außergerichtliche Tätigkeit beschränkt. Im letzteren Fall ist nur § 118 anwendbar.

E. Mehrheit von Tätigkeiten. In demselben Rechtszug entsteht die Gebühr nach I Z 1 auch dann nur einmal zu ½, wenn der Anwalt mehrere Schriftsätze anfertigt oder unterzeichnet oder einreicht, sofern sie dieselbe Angelegenheit behandeln, § 13 V, BGH **93**, 16 mwN, Mü JB **70**, 960.

3) Terminswahrnehmung, I Z 2. Neben einer Gebühr gemäß I Z 1 kann auch gemäß I Z 2 eine Gebühr für die Wahrnehmung eines anderen als des zur mündlichen Verhandlung oder zur Beweisaufnahme bestimmten Termins entstehen. Im einzelnen gilt folgende Regelung:

A. Begriff. Der Begriff Terminswahrnehmung ist ebenso wie in § 32 I zu verstehen, vgl dort Anm 2 B g.

B. Keine mündliche Verhandlung. Das Gericht darf den Termin, A, nicht zur mündlichen Verhandlung bestimmt haben. Der Begriff mündliche Verhandlung ist wie bei § 31 I Z 2 zu verstehen, vgl dort Anm 6.

Allerdings muß man bei § 56 I Z 2 zunächst prüfen, ob das Gericht den Termin überhaupt zur mündlichen Verhandlung „bestimmt" hatte. Das ergibt sich zunächst aus der Original-Terminsverfügung in den Gerichtsakten. Wenn freilich die Geschäftsstelle bzw Kanzlei in der Ladung an die Partei oder deren Anwalt den Zweck des Termins falsch angegeben, also etwa einen Beweis- und Verhandlungstermin irrig als bloßen Erörterungstermin bezeichnet hatte, kann diese irrige Bezeichnung zur Entstehung der Gebühr nach Z 2 ausreichen, sofern es tatsächlich auch nur zur bloßen Erörterung kommt. Wenn andererseits die Ladung den Termin als Beweis- und/oder Verhandlungstermin angab, es aber im Termin zur bloßen Erörterung gekommen ist, hat das Gericht im Ergebnis den Termin nur zu einem anderen Zweck als zur mündlichen Verhandlung oder zur Beweisaufnahme bestimmt. Auch dann kann eine Gebühr nach Z 2 entstehen.

Soweit das Gericht während des Termins seine Zweckrichtung ändert und ihn zu einem Verhandlungs- und/oder Beweistermin ausweitet, kommt es darauf an, ob der Anwalt auch noch von dieser Zweckänderung an tätig war. Falls nicht, ist Z 2 anwendbar.

C. Nicht zur Beweisaufnahme bestimmt. Das Gericht darf den Termin, A, auch nicht zu einer Beweisaufnahme von dem Gericht (und nicht bloß vor einem Sachverständigen; vgl § 54 Anm 4 C a) bestimmt haben. Insofern gelten die Regeln B entsprechend.

D. Außergerichtlicher Termin. Es reicht aus, daß der Anwalt einen nicht vom Gericht anberaumten Termin wahrnimmt, der im Hinblick auf den Rechtsstreit stattfindet, etwa eine vom Sachverständigen anberaumte Ortsbesichtigung, § 54 Anm 3C, oder eine Besprechung, soweit sie im Hinblick auf ein Verfahren der im 3. Abschnitt genannten Art erfolgt. Im letzteren Fall findet dann, wenn die Besprechung nicht im Hinblick auf den Rechtsstreit erfolgt, § 118 Anwendung.

E. Weitere Einzelfragen. Durch die Gebühr Z 2 ist nicht nur die Terminswahrnehmung abgegolten, sondern auch eine vor oder nach dem Termin stattfindende Besprechung und Beratung, die Benachrichtigung des Termins und die Mitteilung seines Ergebnisses. Hbg MDR **75**, 944, Schlesw JB **75**, 475 wenden Z 2 auch dann an, wenn der Anwalt nach der Verkündung des Urteils einen Rechtsmittelverzicht zum Protokoll erklärt, vgl KG MDR **86**, 861.

Die Gebühr entsteht mit der Beauftragung und mit dem Beginn der Tätigkeit des Anwalts im Hinblick auf den Termin oder die Besprechung.

Neben der Gebühr kann auch die Vergleichsgebühr unter den Voraussetzungen des § 23 entstehen, vgl KG MDR **86**, 861.

4) Gebührenhöhe, I–III. Man muß folgende Situationen unterscheiden:

A. Volle Durchführung des Auftrags, I. Soweit der Anwalt den Auftrag gemäß I Z 1 oder 2 voll durchführt, entsteht für jede der in Z 1, 2 genannten Tätigkeitsgruppen je ½ Gebühr. Vgl freilich C.

Soweit der Anwalt im Hinblick auf ein Berufungs- oder Revisionsverfahren tätig wird, beträgt die Gebühr nach I ½ von $^{13}/_{10}$, vgl Hbg JB **76**, 473, Stgt NJW **72**, 774. Die Gebühren Z 1 und 2 können nebeneinander entstehen.

B. Vorzeitige Auftragsbeendigung, II. Soweit der Auftrag endet, bevor der Anwalt den Schriftsatz ausgehändigt oder eingereicht oder bevor der Termin begonnen hat, erhält er nur $^{3}/_{10}$ Gebühr. Wegen des Begriffs der vorzeitigen Auftragsbeendigung vgl § 32 Anm 2. Unter einer Aushändigung ist die körperliche Empfangnahme des Schriftsatzes durch den Empfänger zu verstehen. Im Fall der Übersendung per Post kommt es also auf den Eingang beim Empfänger an. Denn erst er steht der körperlichen Übergabe gleich. Das ergibt sich auch beim Vergleich mit dem Begriff Einreichung. Denn er setzt den Eingang beim Gericht voraus. Zum Begriff des Terminsbeginns vgl § 32 Anm 2 B g.

Soweit die Situation II im Hinblick auf ein Berufungs- oder Revisionsverfahren eintritt, muß man $^{3}/_{10}$ aus $^{13}/_{10}$ ansetzen, § 11 I 4, 5.

Vgl aber auch C.

C. Einfaches Schreiben, III. Soweit sich die Tätigkeit des Anwalts in den Fällen I, II auf eine Tätigkeit nach § 120 beschränkt, ist diese Vorschrift sinngemäß als vorrangige Spezialregelung anwendbar. Daraus ergibt sich folgende Unterscheidung:

a) Schreiben einfacher Art, § 120 I. Zu diesem Begriff vgl § 120 Anm 2.

Soweit diese Voraussetzung vorliegt, entsteht nur $^{2}/_{10}$ Gebühr.

Soweit diese Tätigkeit des Anwalts im Hinblick auf ein Berufungs- oder Revisionsverfahren erfolgt, muß man $^{2}/_{10}$ von $^{13}/_{10}$ ansetzen, Hbg JB **76**, 473, Stgt NJW **72**, 774.

b) Schreiben für den Verfahrensbetrieb, § 120 II. Wegen dieses Begriffs vgl § 120 Anm 3.

Soweit diese Voraussetzung vorliegt, entsteht die Mindestgebühr nach § 11 II 1. Das gilt auch dann, wenn der Anwalt insofern im Hinblick auf ein Berufungs- oder Revisionsverfahren tätig wird. Denn § 11 I erhöht nicht die Mindestgebühr des § 11 II 1.

5) Gegenstandswert. Man muß denjenigen Wert ansetzen, der sich aus dem Gegenstand des Schriftsatzes bzw des Termins ergibt.

6) Kostenerstattung. Soweit der Anwalt im übrigen in diesem Rechtszug nicht tätig wurde, ergibt sich die Erstattungsfähigkeit nach den Grundsätzen § 91 II 1 ZPO. Anderenfalls ist § 91 II 3 ZPO anwendbar.

Die Kosten des Berufungsanwalts, der im Revisionsverfahren gegenüber dem BGH tätig wird, etwa im Zusammenhang mit einem Verfahren nach §§ 554b, 566a ZPO, sind grundsätzlich nicht erstattungsfähig, KG MDR **81**, 324, Mü AnwBl **77**, 256 (abl Behnke AnwBl **77**, 309), so wohl auch Stgt MDR **82**, 412 mwN; **aM** Mü MDR **84**, 950.

Sie können ausnahmsweise erstattungsfähig sein, soweit der BGH den Berufungsanwalt zur Abgabe einer Stellungnahme aufgefordert hatte.

Diese Frage ist **streitig. Wie hier** zB (noch zum insofern vergleichbaren Verfahren nach dem BGH EntlG) Hamm MDR **72**, 790 und 960, Mü NJW **71**, 149; **aM** zB Mü MDR **74**, 441 sowie zum jetzigen Recht Hbg AnwBl **80**, 35, Mü AnwBl **78**, 471.

Wegen des BayObLG Mü AnwBl **77**, 309.

Zwangsvollstreckung

57 **I Drei Zehntel der im § 31 bestimmten Gebühren erhält der Rechtsanwalt für die Tätigkeit in der Zwangsvollstreckung mit Ausnahme der im Vierten und Fünften Abschnitt geregelten Angelegenheiten. Die Vorschriften des § 32 und des § 33 Abs. 1 und 2 gelten nicht.**

II Bei Pfändungen bestimmt sich der Gegenstandswert nach dem Betrag der zu vollstreckenden Geldforderung einschließlich der Nebenforderungen. Soll ein bestimmter Gegenstand gepfändet werden und hat dieser einen geringeren Wert, so ist der geringere Wert maßgebend. Wird künftig fällig werdendes Arbeitseinkommen gepfändet (§ 850d Abs. 3 der Zivilprozeßordnung), so sind die noch nicht fälligen Ansprüche nach § 17 Abs. 1, 2 des Gerichtskostengesetzes zu bewerten.

Gliederung

1) Systematik. §§ 57–60 regeln die Vergütung des Anwalts im Zwangsvollstreckungsverfahren sowie bei der Vollziehung eines Arrestbefehls oder einer einstweiligen Verfügung. § 57 I enthält den Grundsatz der Vergütungspflicht. § 58 regelt die Frage, von wievielen Angelegenheiten man jeweils ausgehen muß. § 57 II enthält besondere Bewertungsregeln. § 59 regelt die Vergütung im vorläufigen Verfahren. § 60 enthält eine entsprechende vorrangige Sonderregelung für das Verteilungsverfahren nach §§ 858 V, 872–877, 882 ZPO. Demgegenüber enthält § 71 eine Spezialregelung für ein Verteilungsverfahren außerhalb der Zwangsversteigerung und Zwangsverwaltung, soweit es nicht unter § 60 fällt. Das Zwangsversteigerungs- und Zwangsverwaltungsverfahren ist in §§ 68–70 besonders geregelt.

Im Erinnerungsverfahren nach § 766 sind §§ 57ff anwendbar, LG Bln AnwBl **87**, 499. Denn § 61 I Z 2 nennt diese Erinnerung nicht mit. Demgegenüber gilt im Verfahren der sofortigen Beschwerde, § 793 ZPO, § 61 I Z 1. Denn jene Vorschrift erfaßt jede Art von Beschwerdeverfahren.

2) Tätigkeit in der Zwangsvollstreckung, I 1. A. Begriff. Die Vorschrift regelt die Tätigkeit des Anwalts in jeder Art von Zwangsvollstreckungsverfahren mit Ausnahme der in §§ 68–82 genannten Sonderfälle (Zwangsversteigerung, Zwangsverwaltung, Konkurs, Vergleichsverfahren, seerechtliches Verteilungsverfahren). Es muß sich allerdings um eine Zwangsvollstreckung handeln, die auf Grund eines Erkenntnisverfahrens erfolgt, für das der 3. Abschnitt gilt oder die sich nach den Regeln der ZPO abwickelt.

Hierher gehören zB Verfahren nach §§ 98, 99, 158 II FGG, 164 II, 194, 206 II KO, 85 VglO, 93, 132, 162 ZVG, § 463 StPO, 155, 157 II KostO, vgl BLAH § 794 ZPO Anm 12, vgl aber auch LG Hagen DGVZ **80**, 175 (eine Gebühr kann der Notar nicht fordern, auch nicht als ein Verkehrsanwalt). Es kann sich auch um die Zwangsvollstreckung aus dem landesrechtlichen Titel handeln, § 801 ZPO, zB aus einer Urkunde nach § 49 JWG. Wegen der Vollstreckung aus einem verwaltungsgerichtlichen Urteil § 114 Anm 6 B, wegen derjenigen aus einem sozialgerichtlichen Urteil § 116 Anm 2 A.

Nicht unter § 57 fallen: Das Zwangsverfahren nach § 33 FGG (insofern gilt § 118); das Verwaltungszwangsverfahren (hierfür gilt § 119 II).

B. Abgrenzung zum Erkenntnisverfahren. § 57 gilt für jede Art von Tätigkeit des Anwalts im Zwangsvollstreckungsverfahren, mag er mit der Durchführung der Zwangsvollstreckung überhaupt oder nur mit einer einzelnen Tätigkeit darin betraut sein. Wenn der Anwalt jedoch schon ProzBev im Erkenntnisverfahren war, gehören gewisse Tätigkeiten, die an sich in der Zwangsvollstreckung im Sinn von I 1 erfolgen, noch zum Erkenntnisrechtszug, § 37 Z 7. Diese Vorschrift hat in einem solchen Fall den Vorrang.

Andererseits gehören gewisse Tätigkeiten, die der Vorbereitung einer Zwangsvollstreckung dienen, schon im Sinn von I 1 für denjenigen Anwalt zur Zwangsvollstreckung, der noch nicht im Erkenntnisverfahren als ProzBev tätig war, Hbg MDR **76**, 56, Mümmler JB **76**, 62.

Daraus ergibt sich: Der prozessuale Begriff der Zwangsvollstreckung deckt sich nicht völlig mit dem gebührenrechtlichen, Mü JB **78**, 1683. Man muß also jeweils prüfen, ob der Anwalt schon im Erkenntnisverfahren als ProzBev tätig war oder nicht. Die Tätigkeit für den Schuldner in einem Prozeß nach § 767 ZPO ist nach §§ 31 ff neben derjenigen in einem gesonderten Erinnerungsverfahren zu vergüten, für das § 57 gilt, LG Bln AnwBl **87**, 499.

Im einzelnen muß man außerdem jeweils darauf achten, ob die jeweilige Tätigkeit gegenüber einer sonstigen Tätigkeit des Anwalts, sei es als ProzBev, sei es lediglich in der Zwangsvollstreckung, als eine besondere Angelegenheit im Sinn von § 58 anzusehen ist.

C. Fälle zur Entstehung einer Gebühr

Androhung: Schon die bloße Androhung einer bereits und noch zulässigen Vollstreckungsmaßnahme in einem Mahnschreiben gibt dem ProzBev eine Gebühr nach § 57.

Diese Frage ist **streitig. Wie hier** zB Düss Rpfleger **77**, 459 und **83**, 331 sowie GRUR **87**, 577, Ffm NJW **70**, 59, Hbg JB **70**, 962, KG AnwBl **76**, 300, Karlsr AnwBl **88**, 643 (auch zur höchst problematischen standesrechtlichen Empfehlung eines Verzichts auf solche Gebühr unter bestimmten Voraussetzungen), sehr weitgehend Mü Rpfleger **77**, 420 mwN, ferner Schlesw JB **78**, 392, LG Bln VersR **88**, 252, LG Lübeck DGVZ **86**, 120, AG Köln AnwBl **82**, 123, AG Melsungen DGVZ **78**, 174, AG Saarbr AnwBl **82**, 544, AG Schwetzingen DGVZ **80**, 46, AG Siegen DGVZ **85**, 47 (aber nicht wegen der Kosten des Aufforderungsschreibens), ArbG Mannh AnwBl **81**, 39 mwN, ArbG Rosenheim Rpfleger **87**, 477 (keine Notwendigkeit gleichzeitiger Zustellung des Schuldtitels; insofern abl Gerauer 477 und Rpfleger **88**, 283, zustm Hintzen Rpfleger **88**, 282); **aM** zB Köln NJW **65**, 114, AG Schwäbisch-Hall DGVZ **81**, 92.

Mit der Gebühr für die Erteilung des Vollstreckungsauftrags ist eine vorangegangene Vollstreckungsandrohung abgegolten, AG Dortm DGVZ **84**, 124.

Wegen der einer Verurteilung vorausgehenden Androhung eines Ordnungsgelds nach § 890 II ZPO vgl § 58 II Z 6.

Arrest, einstweilige Verfügung: vgl § 59. Die Vollziehung des Arrests oder der einstweiligen Verfügung und die Zwangsvollstreckung aus der Hauptsache sind verschiedene Angelegenheiten.

Aufhebung einer Vollstreckungsmaßnahme: S § 58 II Z 7.

Austauschpfändung: S § 58 III Z 4.

Befriedigung des Gläubigers: Die Zwangsvollstreckung endet mit der völligen Befriedigung des Gläubigers. Sämtliche Tätigkeiten bis zu diesem Zeitpunkt zählen zu ihr.

Die Befriedigung tritt unter den folgenden Voraussetzungen ein:

a) Fahrnis. Bei einer Zwangsvollstreckung in bewegliche Sachen tritt die Befriedigung durch die Auszahlung des Erlöses oder im Fall der Ersteigerung durch den Gläubiger mit dem Zuschlag nach § 817 ZPO ein. Eine Einwendung des Schuldners nach § 766 ZPO begründet für den Anwalt des Gläubigers keine neue Instanz. Denn sie betrifft ja gerade die bisherige Maßnahme. Dasselbe gilt bei einer Erinnerung gegen eine Entscheidung des Rpfl, § 11 RPflG, oder bei einer Dienstaufsichtsbeschwerde gegen den Gerichtsvollzieher.

Der Anwalt des Schuldners tritt allerdings unter Umständen erst in einem solchen Fall ins Verfahren ein.

Das Verteilungsverfahren ist eine besondere Instanz, § 60. In einem solchen Fall endet die Instanz mit der Hinterlegung.

b) Forderung, sonstiges Recht. Im Fall der Zwangsvollstreckung in eine Forderung oder ein sonstiges Recht endet das Vollstreckungsverfahren mit der Überweisung an Zahlungs Statt oder im Fall der Überweisung zur Einziehung mit der Zahlung des Drittschuldners, ferner mit der Ablieferung des Erlöses an den Gläubiger, § 874 ZPO.

c) Handlung, Unterlassung. Das Vollstreckungsverfahren endet mit der Ahndung oder mit der Zurückweisung des Antrags. Jeder Antrag begründet eine neue Angelegenheit.

d) Herausgabe einer Sache. Bei einer Vollstreckung nach §§ 883ff ZPO endet das Verfahren mit der Ablieferung der Sache an den Gläubiger und im Fall der Räumung nach § 885 ZPO mit der Besitzeinweisung.

e) Sonstige Fälle. Die Zwangsvollstreckung endet ferner mit jeder sonstigen endgültigen Erledigung der Zwangsvollstreckungsmaßnahme, etwa: Mit einer Freigabe; mit der endgültigen Einstellung der Pfändung, § 775 Z 1 ZPO.

Eine einstweilige Anordnung auf eine Einstellung beendet die Vollstreckung nicht, selbst wenn die einstweilige Anordnung dahin lautet, daß die Zwangsvollstreckungsmaßnahme gegen eine Sicherheitsleistung aufgehoben werde. Soweit der ProzBev im Zusammenhang etwa mit einem Rechtsmittel, einem Antrag auf eine Wiedereinsetzung oder einem solchen auf eine Wiederaufnahme des Verfahrens die vorläufige Einstellung der Zwangsvollstreckung beantragt, ist diese Tätigkeit durch die Prozeßgebühr abgegolten, § 37 Z 1, es sei denn, daß darüber eine besondere mündliche Verhandlung stattfindet, § 49.

S auch „Weiterer Vollstreckungsversuch".

Beginn: Die Zwangsvollstreckung beginnt mit dem Vollstreckungsauftrag, auch vor dem Ablauf der Wartefrist nach § 798, AG Halle AnwBl **84**, 220 (zustm Chemnitz), oder mit dem Antrag nach § 754 ZPO. Sie beginnt auch mit einer Vorpfändung oder mit einem Pfändungsauftrag.

Besondere Verwertung: S § 58 III Z 4a.

Bürgschaft: Die Zustellung einer Bürgschaftsurkunde nach § 751 II ZPO zählt zur Zwangsvollstreckung, LG Landshut AnwBl **80**, 267.

Dienstaufsichtsbeschwerde: Eine Dienstaufsichtsbeschwerde gegen den Gerichtsvollzieher begründet für den Anwalt des Gläubigers keine neue Instanz. Denn sie betrifft gerade die bisherige Vollstreckungsmaßnahme.

Etwas anderes gilt für den Anwalt des Schuldners, der damit erst ins Verfahren tritt.

Drittschuldner: Die Erklärung des Drittschuldners nach § 840 ZPO zählt zur Zwangsvollstreckung.

Diese Frage ist **streitig. Wie hier** zB RS 12; **aM** zB GSEM 25, Olschewski MDR **74**, 715, jetzt auch StJM § 840 ZPO Rdz 35 (diese Tätigkeit sei nach § 118 zu vergüten. Aber auch der Drittschuldner persönlich würde im Rahmen einer Zwangsvollstreckung erklären).

Die Aufforderung des Gläubigers zur Zahlung an den Drittschuldner nach der Überweisung der Forderung an den Gläubiger zählt nicht zur Zwangsvollstreckung. Der Anwalt wird für eine solche Tätigkeit nach § 118 vergütet.

Duldung: S § 58 III Z 9.

Durchsuchungsanordnung: Der anschließende Fortsetzungsantrag des Gläubigers begründet keine besondere Angelegenheit. Das ist **unstreitig,** zB Stgt DGVZ **86**, 26, AG Elmshorn DGVZ **83**, 175, AG Hann DGVZ **83**, 31, AG Leverkusen DGVZ **83**, 175, AG Mü

DGVZ **83**, 47, AG Seligenstadt DGVZ **83**, 174, AG Vechta DGVZ **83**, 174, AG Würzb DGVZ **83**, 175.

Eidesstattliche Versicherung: S § 58 III Z 8 und 11. Die Pfändung und die eidesstattliche Versicherung können verschiedene Angelegenheiten sein, LG Paderborn DGVZ **84**, 13, AG Kblz DGVZ **84**, 62 aber nur, wenn zB neue Tatsachen einen Erfolg versprechen, AG Fritzlar DGVZ **85**, 191.

Einwendung: S „Erinnerung“, „Vollstreckungsklausel“.

Einstellung der Zwangsvollstreckung: Die endgültige Einstellung beendet schlechthin die Angelegenheit. Eine Einstellung der Pfändung bedeutet ebenfalls die Beendigung der Zwangsvollstreckung, § 775 Z 1 ZPO.

Eine einstweilige Anordnung auf eine Einstellung beendet die Vollstreckungsinstanz nicht, Mü NJW **59**, 1376, LG Hbg DGVZ **86**, 188, selbst wenn sie auf eine Aufhebung der Vollstreckungsmaßnahme gegen eine Sicherheitsleistung lautet.

S ferner „Mehrere Schuldner“, „Wohnungsdurchsuchung, -wechsel“.

Einstweilige Verfügung: S „Arrest, einstweilige Verfügung“.

Ende der Zwangsvollstreckung: S „Befriedigung des Gläubigers“.

Erinnerung: Eine Erinnerung nach § 766 ZPO begründet für den Anwalt des Gläubigers keine besondere Angelegenheit. Denn sie betrifft gerade die bisherige Maßnahme. Das gilt unabhängig davon, wer die Erinnerung eingelegt hat, LG Ffm Rpfleger **84**, 478 mwN. Dasselbe gilt für eine Erinnerung gegen die Entscheidung des Rpfl nach § 11 RPflG.

Etwas anderes mag für den Anwalt des Schuldners gelten, der erst mit der Erinnerung in das Verfahren tritt.

Erzwingung: Die Erzwingung einer Handlung ist gegenüber etwa der Sachpfändung oder der Forderungspfändung als eine verschiedenartige Maßnahme eine besondere Angelegenheit.

Feiertag: S § 58 II Z 3.

Freigabe: Die Zwangsvollstreckung endet mit einer Freigabe. Denn es handelt sich um eine endgültige Erledigung der Zwangsvollstrekkungsmaßnahme.

Gebrauchsmuster, Warenzeichen: Der Antrag auf die Löschung eines Gebrauchsmusters oder eines Warenzeichens auf Grund eines Urteils zählt nicht zur Zwangsvollstreckung.

Gegenstandswert: S Anm 4.

Gerichtsvollzieher: Es sind folgende Situationen zu unterscheiden:

a) Antrag. Der Vollstreckungsantrag, § 754 ZPO, zählt zur Zwangsvollstreckung, Düss VersR **81**, 737, auch zB im Fall einer Sicherungsvollstreckung nach § 720a ZPO, Saarbr AnwBl **79**, 277.

b) Bestimmung. S § 58 II Z 4.

c) Weigerung. Nur diejenigen Einzelmaßnahmen stehen in einem inneren Zusammenhang und bilden daher dieselbe Angelegenheit, die eine einmal eingeleitete Maßnahme mit demselben Ziel der Befriedigung fortsetzen. Dieser Fall kann zB dann vorliegen, wenn das Vollstreckungsgericht eine Weigerung des Gerichtsvollziehers zur Vornahme einer Vollstreckungshandlung für unberechtigt erklärt hat und wenn der Gläubiger nun die Zwangsvollstreckung weiterführt.

Gesamtschuldner: S „Mehrheit von Schuldnern".

Grundbuch: Es sind folgende Situationen zu unterscheiden:

a) Berichtigung. Die Berichtigung des Grundbuchs zählt nicht zur Zwangsvollstreckung. Denn die Zwangsvollstreckung war bereits mit der Erteilung der vollstreckbaren Urteilsausfertigung beendet. Die anschließenden Maßnahmen richten sich nach dem Grundbuchrecht und sind nach § 118 zu vergüten.

b) Eintragung. Wegen der Eintragung einer Zwangshypothek s § 58 III Z 6. Zur Zwangsvollstreckung gehören entsprechende Eintragungen, wie die Pfändung einer Hypothek, § 830 ZPO, einer Reallast, Grund- oder Rentenschuld, § 857 VI ZPO.

Nicht zur Zwangsvollstreckung gehört die Eintragung einer Vormerkung im Grundbuch auf Grund einer rechtskräftigen Entscheidung, § 894 ZPO, oder einer vorläufig vollstreckbaren Entscheidung, § 895 ZPO. Die Vollziehung beruht auf dem Ersuchen des AG nach § 941 ZPO, und zwar selbst dann, wenn der Antragsteller bereits im Gesuch auf den Erlaß der einstweiligen Verfügung um ein Eintragungsersuchen gebeten hatte, LG Bonn MDR **65**, 587.

Die Zwangsvollstreckung ist mit der Erteilung einer vollstreckbaren Urteilsausfertigung beendet. Was danach kommt, richtet sich nach dem Grundbuchrecht und ist nach § 118 zu vergüten, Düss JMBl NRW **60**, 259 (wegen eines Eintragungsantrags), Ffm Rpfleger **79**, 222 (wegen der Löschung einer Vormerkung).

Handelsregister: Eine Eintragung im Handelsregister nach § 16 I 1 HGB gehört nicht zur Zwangsvollstreckung, KG MDR **71**, 1020.

Herausgabe: Die Zangsvollstreckung auf die Herausgabe einer Sache nach §§ 883 ff ZPO endet mit der Ablieferung der Sache an den Gläubiger, im Fall der Räumung nach § 885 ZPO mit der Besitzeinweisung.

Inkassobüro: Seine Kosten sind nur bis zur Höhe entsprechender Anwaltskosten festsetzbar und erstattungsfähig, Art IX KostÄndG Anm 2, Teil XII dieses Buchs, LG Mosbach AnwBl **84**, 220.

Juristische Person des öffentlichen Rechts: S § 58 II Z 5.

Konkurstabelle: Die Erwirkung der Berichtigung der Konkurstabelle auf Grund eines Urteils, das die bestrittene Konkursforderung feststellt, § 146 VII KO, gehört zur Zwangsvollstreckung, aM GSEM (sie nehmen eine Neuanmeldung an. Aber eine solche liegt doch schon vor).

Kostenerstattung: S Anm 5.

Mahnschreiben: S „Androhung".

Mehrheit von Schuldnern: Die Vollstreckung gegen mehrere Schuldner, auch gegen mehrere Eheleute, stellt stets mehrere Angelegenheiten dar. Das gilt selbst dann, wenn sie auf Grund desselben Vollstreckungstitels erfolgt.

Diese Frage ist **streitig. Wie hier** zB Hamm AnwBl **88**, 357 mwN, Kblz VersR **86**, 1216 und DGVZ **87**, 158, LG Bln (82. ZK) MDR **70**, 855 und AnwBl **85**, 270, LG Frankenth Rpfleger **89**, 170 mwN, AG Langenfeld DGVZ **84**, 63, GSEM § 58 Rdz 3, Krauthausen DGVZ **84**, 181 je mwN; **abw** zB Hbg JB **77**, 1739; **aM** zB LG Bln (81. ZK) AnwBl **84**, 218 mwN (abl Schmidt).

Man muß jedoch im allgemeinen den Auftrag dahin auslegen, daß der Anwalt die Zwangsvollstreckung nur fortsetzen soll, wenn und soweit sie bei dem ersten oder den ihm folgenden Schuldnern keinen Erfolg gehabt hat, ähnlich RS § 58 Rdz 6; vgl auch § 17 GVKostG Anm 2 E. In einem solchen Fall entstehen nur so viele Gebühren, wie Schuldner vorhanden sind, gegen die der Gläubiger bis zur vollen Befriedigung vollstrecken müßte, LG Kiel MDR **59**, 936.

Die Vertretung mehrerer Schuldner kann unabhängig davon, ob äußerlich zusammengefaßte Vollstreckungsschutzanträge vorliegen, die mehrere Angelegenheiten darstellen, Düss Rpfleger **83**, 331 mwN, LG Mannh Rpfleger **82**, 238.

Nachtzeit: S § 58 II Z 3.

Notfristzeugnis: S § 58 II Z 1.

Offenbarungsversicherung: S „Eidensstattliche Versicherung".

Ordnungsgeld: S § 58 II Z 6.

Pfändung: Dieselbe Angelegenheit bilden zB bei der Pfändung einer beweglichen Sache der Antrag wegen einer Versteigerung an einem Sonntag oder an einem bestimmten Ort, wegen einer Terminsverlegung oder wegen einer anderweitigen Verwertung einer Pfandsache. Bei der Forderungspfändung, dieselbe Forderung des Gläubigers vorausgesetzt, gehören zB die Vorpfändung, der Antrag auf eine Überweisung, die Zwangsvollstreckung gegen den Schuldner auf die Herausgabe der auf die Forderung bezüglichen Urkunde nach § 836 III ZPO und die Aufforderung an den Drittschuldner nach § 840 ZPO zu derselben Angelegenheit, nicht jedoch das Verfahren gegenüber dem Drittschuldner, also die Mahnung, die Erhebung der Klage gegen ihn, GSchm 11.

Verschiedenartig und daher besondere Angelegenheiten sind zB die Sachpfändung, die Forderungspfändung und die Erzwingung einer Handlung.

Bei der Pfändung mehrerer Forderungen oder anderer Rechte entscheidet die Einheit des Akts, also die Verbindung des Antrags durch den Anwalt, KG Rpfleger **74**, 410. Es ist unerheblich, wieviele Schuldtitel vorliegen und wieviele Aufträge der Anwalt hat, § 13 V. Wenn er allerdings die Möglichkeit hatte, nur einen einzigen Antrag zu stellen, erhält er für die bloße Stellung mehrerer Anträge keine mehrfachen Gebühren, offen KG Rpfleger **74**, 410. Jedenfalls sind mehrere Gebühren nicht erstattungsfähig, KG Rpfleger **74**, 410, LG Nürnb-Fürth Rpfleger **72**, 109.

Mehrere Pfändungen in getrennten Akten sind mehrere Angelegenheiten, selbst wenn sie wegen derselben Forderung vorgenommen werden.

Ratenzahlung: Die Mitwirkung des Anwalts zum Zweck des Abschlusses eines Ratenzahlungsvergleichs gehört zur Zwangsvollstrekkung, Köln NJW **76**, 975.

Rechtsbeistand: Seine Kosten sind nur bis zur Höhe entsprechender Anwaltskosten festsetzbar und erstattungsfähig, Art IX KostÄndG Anm 2, Teil XII dieses Buchs, LG Mosbach AnwBl **84**, 220.

Rechtskraftzeugnis: S § 58 II Z 1.

Rücknahme des Pfändungsantrags: S § 58 II Z 7.

Schuldnerverzeichnis: S § 58 III Z 12. Mit der Gebühr für die Erteilung des Vollstreckungsauftrags ist eine Anfrage nach einer Eintragung abgegolten, AG Dortm DGVZ **84**, 124, vgl auch AG Ibbenbüren DGVZ **84**, 125.

Sequester: S § 58 II Z 4.

Sicherheitsbestellung: Ihre Kosten sind solche der Zwangsvollstrekkung, abw zB Köln NJW **65**, 50 (diese Tätigkeit sei durch die Prozeßgebühr abgegolten), Mü NJW **64**, 409, Nürnb NJW **67**, 940 je mwN, LG Hanau AnwBl **83**, 47 (wegen der Sicherheitsleistung des Schuldners), AG Bln-Charlottenb AnwBl **83**, 48 (wegen einer Sicherheitsleistung des Gläubigers). S § 58 III Z 10.

Sicherungsvollstreckung: Die Sicherungsvollstreckung nach § 720a ZPO gehört zur Zwangsvollstreckung, Saarbr AnwBl **79**, 277. Die Aufforderung zur Sicherstellung reicht aus, eine Aufforderung zur Zahlung ist nicht erforderlich, LG Freibg Rpfleger **80**, 312. Der Verwertungsauftrag löst keine weitere Auftragsgebühr aus, LG Wuppert DGVZ **86**, 121.

Sonntag: S § 58 II Z 3.

Übereignung: S § 58 III Z 4a.

Unterlassung: S § 58 III Z 9.

Urteil: S „Zustellung".

Verkauf: S § 58 III Z 4a.

Veröffentlichungsbefugnis: S § 58 III Z 13.

Verteilungsverfahren: Vgl zunächst Anm 1. Das Verteilungsverfahren ist eine besondere Instanz, § 60. Hier endet die Instanz also mit der Hinterlegung.

Vertretbare Handlung: Der Ermächtigungsantrag nach § 887 II ZPO zählt zur Zwangsvollstreckung. S im übrigen § 58 III Z 7.

Verwaltung des gepfändeten Vermögensrechts: S § 58 III Z 5.

Vollstreckungsantrag: Der Antrag nach § 754 ZPO zählt zur Zwangsvollstreckung, AG Meldorf Rpfleger **80**, 32.

Vollstreckungsanzeige: S § 58 II Z 5.

Vollstreckungsklausel: S § 58 II Z 1, III Z 1, 2.

Vollstreckungsschutz: S § 58 III Z 1, 2, 3.

Vormerkung: S „Grundbuch. b) Eintragung".

Vornahme einer Handlung: S § 58 III Z 7, 8.

Vorpfändung: Die Vorpfändung zählt zur Zwangsvollstreckung. Denn sie wirkt wie ein bedingter Arrest und ist darum ein Akt der Zwangsvollstreckung. Für die nachfolgende Pfändung entsteht dann aber keine besondere Gebühr, da es sich um dieselbe Angelegenheit handelt, Bbg JB **78**, 243.

Allerdings können zwei Angelegenheiten vorliegen, wenn es sich um die Vorpfändung bei zwei Drittschuldnern handelt, AG Darmst AnwBl **76**, 301.

Mehrere Vorpfändungen stellen allerdings im Fall eines einheitlichen Auftrags nur eine Angelegenheit dar, KG Rpfleger **74**, 410. Anderenfalls können selbst dann mehrere Angelegenheiten vorliegen, wenn nur jeweils eine Pfändung folgt, Mümmler JB **75**, 1418.

Soweit eine Verpfändung zulässig ist, kann schon eine Zahlungsaufforderung ohne vorherige oder gleichzeitige Zustellung des Vollstrekkungstitels die Vollstreckungsgebühr auslösen, Ffm VersR **83**, 564.

Warenzeichen: S „Gebrauchsmuster, Warenzeichen".

Weitere vollstreckbare Ausfertigung: S § 58 III Z 2.

Weiterer Vollstreckungsversuch: Soweit der zunächst durchgeführte Versuch zu keiner oder nur zu einer teilweisen Befriedigung des Gläubigers geführt hat, ist ein späterer gleicher Versuch keine Fortsetzung des alten Verfahrens, sondern eine neue Angelegenheit, wenn kein Zusammenhang mit der früheren Vollstreckungsmaßnahme mehr zu erkennen ist.

Das ist **unstreitig,** zB vgl Ffm Rpfleger **78**, 105 mwN, ferner LG Mü NJW **75**, 2109, LG Osnabr DGVZ **77**, 126, AG Hbg-Wandsbek AnwBl **84**, 219 (abl Schmidt), AG Hann AnwBl **81**, 459, AG Köln DGVZ **85**, 95 mwN.

Das wird auch daraus deutlich, daß ein weiterer Vollstreckungsversuch ja in der Regel erst dann stattfindet, wenn zB der Schuldner inzwischen Vermögen erlangt haben soll oder wenn der Gläubiger sich aus einem anderen, erst jetzt bekannt gewordenen Grund einen besseren Erfolg verspricht.

S aber auch „Wohnungswechsel".

Wohnungsdurchsuchung, -wechsel: Dieselbe Angelegenheit liegt nur bei einem inneren Zusammenhang von Einzelmaßnahmen gleicher Art vor. Nur solche Einzelmaßnahmen stehen im inneren Zusammenhang, die die einmal eingeleitete Maßnahme mit demselben Ziel der Befriedigung fortsetzen. Konnte ein Zwangsvollstreckungsversuch wegen eines Wohnungswechsels des Schuldners oder wegen anderer derartiger Umstände nicht erledigt werden, dann bringt also ein neuer Versuch desselben Inhalts keine neue Gebühr zum Entstehen.

Diese Frage ist **im wesentlichen unstreitig. Wie hier** zB LG Aachen DGVZ **85**, 114, LG Kassel DGVZ **83**, 141 mwN, AG Ibbenbüren DGVZ **84**, 125, AG Köln DGVZ **85**, 95 mwN, AG Königswinter DGVZ **84**, 125, selbst wenn er sich auch an einen anderen (zweiten oder dritten usw) Gerichtsvollzieher richtet, zB Köln DGVZ **83**, 10, AG Ffm DGVZ **86**, 94, AG Köln DGVZ **85**, 95 je mwN, AG Burgdorf DGVZ **80**, 47; **unklar** AG Einbek AnwBl **83**, 48; **aM** nur SchGei 9.

Dasselbe gilt, wenn die Zwangsvollstreckung vorläufig eingestellt war, Mü NJW **59**, 1376 (wegen der Hinausschiebung einer Räumung), LG Hbg DGVZ **86**, 188 (wegen Verweigerung der Durchsuchung).

Hat aber der erste durchgeführte Versuch zu keiner oder nur zu einer teilweisen Befriedigung des Gläubigers geführt, so ist ein späterer gleicher Versuch keine Fortsetzung des alten Verfahrens, s „Weiterer Vollstreckungsversuch".

Zahlung: Für den nur mit der Zwangsvollstreckung beauftragten Anwalt entsteht die Prozeßgebühr nach § 57 selbst dann, wenn es infolge der Zahlung des Schuldners nicht mehr zu einer weiteren Vollstrekkungshandlung kommt als zB der Aufforderung zur Sicherstellung, Brschw MDR **69**, 492, AG Altena DGVZ **77**, 47, Schmidt AnwBl **75**, 395. Das Abwarten ist nur für die Erstattungsfähigkeit erheblich, aM Hamm MDR **72**, 336 (aber der Auftraggeber braucht ja den Auftrag nicht sofort zu erteilen).

Zustellung: S § 58 II Z 2.

Zwangshypothek: S § 58 III Z 6.

3) Gebührenhöhe, I 1, 2. A. Grundsatz. Jede der in § 31 genannten Gebühren kann für eine Tätigkeit in der Zwangsvollstreckung entstehen. Es entstehen jeweils 3/10 Gebühr. Sie können für den Anwalt des Gläubigers, für denjenigen des Schuldners, Ffm Rpfleger **83**, 502, wie auch für denjenigen eines Dritten entstehen, etwa dann, wenn der Anwalt den Dritten im Erinnerungsverfahren nach § 766 ZPO vertritt, LG Bln Rpfleger **73**, 443. Allerdings entstehen die vollen Gebühren nach § 31 nur im Fall eines selbständigen Prozesses, etwa bei einer Drittwiderspruchsklage nach § 771 ZPO. Wegen einer Mehrheit von Auftraggebern vgl § 6 Anm 6 Aa.

Die Bezugnahme auf § 31 ergibt, daß der Anwalt eine gewisse Tätigkeit entwickeln muß, sich also nicht nur rein passiv verhalten darf. Mit dieser Einschränkung ist der Tätigkeitsumfang unerheblich, Ffm Rpfleger **83**, 502. Der Gläubiger kann Art und Umfang der Anwaltstätigkeit auch durch das Protokoll des Gerichtsvollziehers nachweisen, LG Essen Rpfleger **84**, 203, LG Hagen Rpfleger **84**, 203.

Da I 2 §§ 32, 33 I, II unabwendbar macht, bleiben die 3/10 Gebühren auch in den Fällen der §§ 32, 33 bestehen.

B. Prozeßgebühr. Die Prozeßgebühr entsteht mit der Aufnahme der Information und mit einer auf die Zwangsvollstreckung gerichteten Handlung, etwa der Aufforderung zur Zahlung, und zwar auch dann in Höhe von 3/10, wenn der Schuldner nunmehr zahlt und wenn es daher nicht mehr zu einer Zwangsvollstreckung kommt. Als Tätigkeit des Anwalts des Schuldners genügen die bloße Entgegennahme des Pfändungsbeschlusses und die Weitergabe nicht.

C. Verhandlungsgebühr. Soweit es in der Zwangsvollstreckung zu einer mündlichen Verhandlung vor dem Gericht kommt, kann auch die Verhandlungsgebühr zu 3/10 entstehen. Die bloße Anwesenheit des Anwalts im Räumungstermin vor dem Gerichtsvollzieher genügt nicht, Schlesw SchlHA **84**, 80.

D. Beweisgebühr. Soweit es im Zwangsvollstreckungsverfahren zu einer Beweisaufnahme kommt, kann auch die Beweisgebühr zu 3/10 entstehen.

E. Erörterungsgebühr. Unter den Voraussetzungen des § 31 I Z 4 kann auch für die bloße Erörterung in einer Zwangsvollstreckungsangelegenheit vor dem Gericht, Schlesw SchlHA **84**, 80 mwN, eine Erörterungsgebühr zu 3/10 entstehen. Die bloße Anwesenheit des Anwalts im Räumungstermin vor dem Gerichtsvollzieher genügt nicht, Schlesw SchlHA **84**, 80. Die Anrechnung erfolgt wie bei § 31 II.

F. Vergleichsgebühr. Unter den Voraussetzungen des § 23 kann auch bei einem in der Zwangsvollstreckung kommenden Vergleich eine besondere Vergleichsgebühr entstehen, und zwar in voller Höhe, Hbg MDR **74**, 942, LG Arnsbg NJW **72**, 1430 je mwN, Schmidt MDR **73**, 860; **offen** Ffm MDR **73**, 860; insofern **aM** LG Ffm NJW **76**, 1412 (das LG billigt auch bei der Vergleichsgebühr nur 3/10 zu), vgl § 23 Anm 2 C „Teilzahlungsvergleich".

Die bloße Bereitschaft des Schuldners zu Ratenzahlungen bedeutet freilich in der Zwangsvollstreckung, nach der Beendigung des Erkenntnisverfahrens, kaum noch ein Nachgeben im Sinn von § 779 BGB, Köln MDR **73**, 683, LG Ffm NJW **76**, 1412 mwN.

G. Mehrere Vollstreckungsmaßnahmen. Vgl § 58 Anm 2.

4) Gegenstandswert, II. Vgl zunächst Anh I nach § 12 GKG: § 3 ZPO Anm 3 „Vollstreckbarerklärung", „Vollstreckungsabwehrklage", „Vollstreckungsschutz", „Vormerkung", „Zwangsvollstreckung".

Soweit es um eine Pfändung geht, enthält II vorrangige Wertvorschriften. Danach bestimmt sich grundsätzlich der Gegenstandswert nach dem Betrag der zu vollstreckenden Geldforderung, und zwar, abweichend von §§ 22 I GKG (insofern abw Köln MDR **76**, 323) und von § 18 II KostO, einschließlich der Nebenforderungen, II 1. Zum Begriff der Nebenforderung vgl § 22 GKG. Soll jedoch ein bestimmter Gegenstand gepfändet werden und hat dieser einen Wert, der unter dem Betrag der zu vollstreckenden Forderung liegt, ist nur der Wert des Gegenstands maßgebend, II 2. Was gepfändet werden soll, bestimmt der Gläubiger. Man darf grundsätzlich keine Bestimmung annehmen, solange er sie nicht ausdrücklich getroffen hat. Bei einem Verfahren auf eine Durchsuchungsanordnung nach § 758 ZPO ist ein Bruchteil des sonst maßgeblichen Werts anzusetzen, Köln MDR **88**, 329. Im Fall einer Pfändung nach § 850 d III ZPO ist der Wert der noch nicht fälligen Ansprüche nach § 17 I, II GKG zu bestimmen, II 3. Es gelten also nicht etwa § 8 BRAGO in Verbindung mit § 24 KostO.

5) Kostenerstattung. A. Grundsatz. Maßgebend ist § 788 ZPO. Es kommt also darauf an, ob die Kosten im Sinn von § 91 ZPO geeignet und objektiv notwendig waren, Bbg JB **77**, 505 mwN, Düss VersR **81**, 755, KG AnwBl **74**, 186, Karlsr AnwBl **88**, 643, Mü ZMR **85**, 299, LAG Bre VersR **82**, 1063. Der Gläubiger muß darauf bedacht sein, die Vollstreckung möglichst zweckmäßig zu gestalten. Denn er erhält die Kosten einer vermeidbaren Vollstreckungsmaßnahme nicht ersetzt, Hamm JB **75**, 1609, AG Itzehoe DGVZ **80**, 29. Der im Weg der Prozeßkostenhilfe beigeordnete Anwalt hat gegen den Staat nur dann einen Erstattungsanspruch, wenn er ausdrücklich für die Zwangsvollstreckung beigeordnet war, § 122 II Z 1.

Die Erstattungsfähigkeit entfällt auf Grund einer sachlichrechtlichen eidesstattlichen Versicherung wegen § 261 III BGB.

B. Fälle zur Erstattungsfähigkeit. Vgl zunächst zur Frage, ob es sich überhaupt um Kosten der Zwangsvollstreckung handelt, BLAH § 788 ZPO Anm 5. Zur Erstattungsfähigkeit ergibt sich:

Androhung: Die Erstattungsfähigkeit tritt erst dann ein, wenn die Vollstreckungsvoraussetzungen vorliegen, Mü AnwBl **85**, 270 mwN und MDR **89**, 652, LG Tübingen AnwBl **82**, 82 mwN. Diese hängen davon mit ab, wer eine Sicherheit zu leisten hat, Kblz MDR **85**, 943. Der Gläubiger muß also unter anderem den Vollstreckungstitel entweder vor der Zahlungsaufforderung bzw der Androhung der Zwangsvollstreckung zustellen, oder er muß die Zustellung mit der Androhung verbinden.

Diese Frage ist **streitig; offen** LAG Hamm MDR **84**, 1053, so wohl auch LAG Bre VersR **82**, 1063; **aM** insofern zB Ffm AnwBl **84**, 218, KG AnwBl **84**, 217, LG Tübingen MDR **82**, 327 mwN.

Ferner muß die Vollstreckungsklausel spätestens bei der Absendung der Zahlungsaufforderung vorliegen, LAG Hamm MDR **84**, 1058.

Außerdem muß zwischen der Androhung und dem Beginn der Vollstreckung eine objektiv angemessene Frist verstreichen.

Das ist **unstreitig,** zB Brschw MDR **69**, 492, Düss Rpfleger **77**, 459, vgl Hamm MDR **72**, 336, insofern auch KG AnwBl **84**, 217, ferner Mü MDR **89**, 652, LG Tübingen AnwBl **82**, 82, LAG Stgt JB **74**, 60, AG Augsb MDR **84**, 951 (abl Schmidt), AG Halle AnwBl **84**, 221 (zustm Chemnitz), AG Saarbr AnwBl **82**, 544.

Es reicht aus, daß der Gläubiger erst mehrere Monate nach einem erfolglos vorangegangenen Vollstreckungsversuch einen weiteren Vollstreckungsauftrag erteilt, AG Peine DGVZ **82**, 95. Beim Kostenfestsetzungsbeschluß nach § 104 ZPO ist die Frist des § 798 ZPO ausreichend, LG Bln VersR **88**, 252.

Die Erstattungsfähigkeit entfällt, wenn der Gläubiger dem Schuldner durch den zweitinstanzlichen ProzBev eine Zwangsvollstreckung androht, sie dann aber durch den erstinstanzlichen durchführen läßt, Ffm VersR **81**, 287, oder wenn er die Zahlungsaufforderung nur einen Tag nach der Rechtskraft, Hbg MDR **85**, 593, oder vor der Zustellung des Vollstreckungstitels ausspricht, Düss VersR **81**, 755, oder wenn der Schuldner innerhalb einer objektiv angemessenen Frist seit der Zahlungsaufforderung des Gläubigers auf Grund seines Vollstreckungstitels zahlt, Mü AnwBl **81**, 181, aM LG Landshut AnwBl **80**, 267.

Auslandsberührung: Soweit die Zwangsvollstreckung im Ausland erfolgen soll, müssen auch deren Voraussetzungen vorliegen, zB eine Vollstreckbarerklärung, Mü AnwBl **85**, 270.

Bankbürgschaft: S „Sicherheitsleistung".

Darlehen: S „Sicherheitsleistung".

Hebegebühr: Soweit der Schuldner nicht freiwillig leistet, ist die Hebegebühr nach § 22 erstattungsfähig.

Hinterlegungsantrag: Die Gebühr eines Hinterlegungsantrags kann erstattungsfähig sein, Hbg MDR **58**, 112, Mü NJW **56**, 717, aM KG MDR **65**, 395.

Inkassobüro: Vgl BLAH § 788 ZPO Anm 5 „Inkassobüro".

Kosten: Diejenigen Kosten, die vor dem Beginn der Zwangsvollstreckung bereits entstanden waren, sind erstattungsfähig, soweit sie durch die Beschaffung der förmlichen Voraussetzungen für die Zwangsvollstreckung notwendig wurden. Erstattungsfähig sind auch diejenigen Kosten, die zur Vermeidung der Zwangsvollstreckung aufgewendet wurden.

S aber auch „Androhung".

Mehrheit von Schuldnern: Die Erstattungsfähigkeit hängt nicht davon ab, daß der Gläubiger zunächst nur gegen einen von ihnen vorgeht, Düss Rpfleger **83**, 331.

Sicherheitsleistung: a) Erstattungsfähigkeit. Die Kosten können erstattungsfähig sein, soweit sie mit der Pflicht des Gläubigers vereinbar sind, solche Kosten niedrig zu halten, A, Schneider MDR **74**, 888. Das bedeutet: Die Kosten einer Sicherheit, die der Gläubiger nach dem Urteil beschaffen muß, können erstattungsfähig sein, aM insofern zB

Düss Rpfleger **81**, 122 mwN, Schlesw SchlHA **84**, 134 (wegen der Anwaltskosten bei einer Hinterlegung von Geld). Das gilt auch für die Kosten einer Bankbürgschaft, BGH **LM** § 100 ZPO Nr 4.

Diese Frage ist **streitig. Wie hier** zB Celle Rpfleger **83**, 499, insofern auch Düss zB Rpfleger **81**, 122, ferner zB Ffm AnwBl **86**, 105 je mwN, Hbg MDR **80**, 320 und MDR **84**, 673 mwN (diese Gerichte betonen, die Kosten seien unabhängig davon erstattungsfähig, ob die Partei die Zwangsvollstreckung habe einleiten wollen), insofern auch Hamm MDR **78**, 234 mwN, ferner KG MDR **76**, 767, Karlsr BB **78**, 382 und RR **87**, 128, Kblz Rpfleger **80**, 71, Mü MDR **77**, 56 mwN (diese Entscheidung ist zum Teil allerdings überholt), jetzt auch Schlesw SchlHA **84**, 61 (auch auf Grund eines Versäumnisurteils); **abw** zB Köln AnwBl **87**, 288 (nein für Kosten von Sicherheiten, die der Schuldner im Innenverhältnis zum Bürgen beschaffen muß); **aM** zB LG Düss Rpfleger **87**, 172 für eine Bürgschaft zur Abwendung der Zwangsvollstreckung und dort für § 103 ZPO.

Die Erstattungsfähigkeit ist von einer Kostenquotelung der Kostengrundentscheidung unabhängig, Düss Rpfleger **84**, 199, Ffm Rpfleger **84**, 199, Kblz VersR **85**, 273. Auch die durch anwaltliche Zustellung der Bürgschaftsurkunde entstehenden Anwaltskosten sind erstattungsfähig, Düss MDR **88**, 784, **aM** Hbg JB **85**, 784, Kblz MDR **85**, 943.

Das alles gilt erst recht im Fall des § 769 ZPO. Diese Frage ist **streitig. Wie hier** zB Ffm Rpfleger **75**, 437, KG MDR **83**, 495 je mwN; **aM** zB Bbg JB **72**, 831, KG NJW **78**, 1441 mwN.

Vgl im übrigen Lange VersR **72**, 713, Noack MDR **72**, 290. Eine Erstattungsfähigkeit kann auch für den Zinsverlust bestehen, der dadurch entsteht, daß ein eigenes Kapital verwendet wird, aM insofern Düss Rpfleger **81**, 122, Hamm MDR **82**, 416 je mwN. Erstattungsfähig können auch die Kosten der Rückgabe der Sicherheitsleistung sein.

b) Keine Erstattungsfähigkeit. Nicht erstattungsfähig sind die Kosten des Anwalts im Zusammenhang mit der Hinterlegung einer Bankbürgschaft, BLAH § 108 ZPO Anm 3 Bb.

Diese Frage ist **streitig. Wie hier** zB Kblz Rpfleger **83**, 501 mwN; **aM** zB Düss GRUR **83**, 688 mwN, vgl auch Düss GRUR **87**, 576, KG JB **77**, 501, LG Hanau JR **83**, 383.

Nicht erstattungsfähig sind auch die Anwaltskosten vor der Zulassung einer Bürgschaft, ebensowenig diejenigen, die nach einer versehentlich nachträglichen Zulassung entstanden, Ffm NJW **78**, 1442. Nicht erstattungsfähig sind die Anwaltskosten im Zusammenhang mit der Beschaffung eines Darlehens. Denn es besteht kein unmittelbarer Zusammenhang mit der Zwangsvollstreckung, Bbg JB **77**, 1788 mwN. Nicht erstattungsfähig sind die Kosten eines Grundpfandrechts, das eingetragen werden muß, damit der Pfandgläubiger eine Bürgschaft leistet, Mü NJW **74**, 957, Schneider MDR **74**, 888.

Auch die Bürgschaftskosten des Beklagten sind nicht erstattungsfähig, wenn nicht er die Sicherheit zu leisten hat, sondern der Kläger diese erbringen muß, Schlesw JB **78**, 921, oder wenn der ProzBev nach dem Urteilserlaß beantragt, die Sicherheitsleistung durch eine Bürgschaft zuzulassen, Hamm Rpfleger **75**, 323.

Vergleich: Erstattungsfähig sind die Kosten der Zwangsvollstreckung aus ihm nur dann, wenn sich aus dem Vergleich ergibt, daß seine Kostenregelung diese Art von Kosten umfaßt, Hamm OLGZ **66**, 557 und JB **77**, 1457, KG Rpfleger **81**, 410. Das ist nicht der Fall, wenn im Vergleich nur die „Kosten der Durchführung" geregelt worden sind, LG Bln Rpfleger **73**, 184. Erstattungsfähig sind die Kosten eines Anwalts wegen eines Teilzahlungsvergleichs in der Zwangsvollstreckung, soweit ein solcher Vergleich überhaupt zulässig ist, BLAH Grdz 3 E vor § 704 ZPO. Denn auch diese Kosten sind bei einer gebotenen weiten Auslegung notwendig.

Diese Frage ist **streitig. Wie hier** zB KG Rpfleger **81**, 410 mwN, LG Arnsberg AnwBl **82**, 573, LG Fulda Rpfleger **84**, 36 mwN, LG Heidelb Rpfleger **84**, 36, LG Köln AnwBl **84**, 221, Schmidt NJW **72**, 1332; **abw** Noack MDR **76**, 984; **aM** zB Ffm MDR **73**, 860 (abl Schmidt), insofern auch aM LG Bln Rpfleger **76**, 438 mwN, ferner LG Essen DGVZ **77**, 43, LG Mainz Rpfleger **80**, 305, AG Mü DGVZ **82**, 13 mwN.

Nicht erstattungsfähig sind diejenigen Kosten, die bei der Vollstreckung wegen desjenigen Teils der Klageforderung entstanden wären, der im Vergleich zugebilligt wurde, aM Hbg MDR **81**, 764.

Veröffentlichung des Urteils: Wenn das Gericht dem Gläubiger die Befugnis zur Veröffentlichung zugesprochen hat, sind die zugehörigen Anwaltskosten erstattungsfähig. Denn die Veröffentlichung dient unmittelbar der Zwangsvollstreckung.

Vorbereitungsmaßnahmen: Erstattungsfähig sind die Anwaltskosten der Beschaffung der notwendigen öffentlichen oder öffentlich beglaubigten Urkunde. Das gilt auch für die Kosten der Ausfertigung und der Zustellung des Urteils, AG Pinnebg DGVZ **78**, 91, falls die Zwangsvollstreckung anschließend beginnt. Erstattungsfähig sind die Kosten der Beschaffung der Vollstreckungsklausel, des Rechtskraftzeugnisses und des Notfristzeugnisses, überhaupt alles, was die Zwangsvollstreckung vorbereiten konnte, vorbereitet hat und notwendig war, LG Bonn DGVZ **82**, 186.

Vorpfändung: Die Anwaltskosten im Zusammenhang mit der Vorpfändung sind erstattungsfähig, soweit der Gläubiger zu einer solchen Maßnahme einen berechtigten Anlaß hatte, etwa die Besorgnis, leer auszugehen, Mü NJW **73**, 2070 mwN, oder wenn sich herausstellt, daß ein Wert nicht mehr vorhanden ist, ohne daß der Gläubiger das vorher wissen konnte.

Grundsätzlich muß der Vorpfändung allerdings die Pfändung innerhalb von 3 Wochen nachfolgen, § 845 II ZPO.

Zwangsvollstreckung: Erstattungsfähig können die Anwaltskosten früherer Vollstreckungsversuche aus demselben Titel sein. Die Kosten eines neuen Vollstreckungsversuchs sind zB dann erstattungsfähig, wenn nach dem erfolglosen früheren Versuch mehrere Monate verstrichen waren, AG Peine DGVZ **82**, 95. Es kommt darauf an, ob der Gläubiger einen Anlaß zu einem Vollstreckungsauftrag hatte.

Diese Frage ist **streitig. Wie hier** zB KG JB **68**, 42, Kblz DGVZ **84**, 56 und AnwBl **88**, 299, LG Frankenth Rpfleger **89**, 171 mwN; **aM** zB AG Brschw AnwBl **70**, 238, AG Verden DGVZ **73**, 126.

Nicht erstattungsfähig sind die Kosten einer vorzeitigen Vollstrekkung, AG Bln-Tempelhof DGVZ **82**, 78, AG Mönchengladb DGVZ **77**, 77, oder diejenigen einer mehrfachen Zwangsvollstreckung, wenn eine einmalige Vollstreckung ausreichen würde. Nicht erstattungsfähig sind die Anwaltskosten, soweit der Gläubiger im Zeitpunkt der Erteilung des Vollstreckungsauftrag bereits eine Zahlung des Schuldners hätte kennen können.

Diese Frage ist **streitig. Wie hier** zB Hbg JB **76**, 1272, AG St Goar DGVZ **77**, 45, im Ergebnis ebenso AG Dortm DGVZ **81**, 45 mwN; **aM** zB LG Düss AnwBl **82**, 121, AG Ludwigsb DGVZ **82**, 15.

Nicht erstattungsfähig sind die Kosten der Abwehr einer Drittwiderspruchsklage, soweit diese in Wahrheit noch gar nicht erhoben worden ist, Kblz Rpfleger **77**, 67.

Nicht erstattungsfähig sind auch die Anwaltskosten im Zusammenhang mit einem Pfändungsauftrag, wenn das Gericht gerade erst auf Grund einer Unpfändbarkeitsbescheinigung einen Haftbefehl erlassen hatte und wenn keine besonderen Tatsachen vorlagen, aus denen sich der Erwerb neuer Vermögenswerte durch den Schuldner ergeben hätte.

Diese Frage ist **streitig. Wie hier** zB LG Aachen DGVZ **88**, 42, LG Aschaffenb DGVZ **82**, 190 mwN, LG Bln DGVZ **83**, 11, LG Köln DGVZ **84**, 159, AG Büdingen DGVZ **85**, 78 mwN, AG Fritzlar DGVZ **87**, 93, vgl auch AG Schlesw DGVZ **87**, 191, ferner ZöStö § 788 ZPO Rdz 9; **abw** Cirullies DGVZ **86**, 84; **aM** zB LG Kassel DGVZ **85**, 123.

Wegen einer Zahlungsaufforderung sollten keine strengeren Voraussetzungen als wegen der Kosten der Zwangsvollstreckung selbst gestellt werden, Düss Rpfleger **77**, 459.

Soweit ein Nur-Notar einen Anwalt mit der Beitreibung einer Notarforderung beauftragt, sind die Anwaltskosten grundsätzlich nicht erstattbar.

Diese Frage ist **streitig. Wie hier** zB AG Fritzlar DGVZ **86**, 47 mwN, AG Pfaffenhofen DGVZ **84**, 47; **aM** zB AG Düss DGVZ **88**, 31, AG Mülheim AnwBl **84**, 220 und 22. Aufl.

Angelegenheiten der Zwangsvollstreckung

58 **I In der Zwangsvollstreckung (§ 57) gilt jede Vollstreckungsmaßnahme zusammen mit den durch diese vorbereiteten weiteren Vollstreckungshandlungen bis zur Befriedigung des Gläubigers als eine Angelegenheit.**

II Keine besonderen Angelegenheiten sind insbesondere

1. **die erstmalige Erteilung des Notfristzeugnisses, des Rechtskraftzeugnisses und der Vollstreckungsklausel, wenn deswegen keine Klage nach § 731 der Zivilprozeßordnung erhoben wird;**
2. **die Zustellung des Urteils, der Vollstreckungsklausel und der sonstigen in § 750 der Zivilprozeßordnung genannten Urkunden;**
3. **die Zulassung einer Zwangsvollstreckung zur Nachtzeit, an einem Sonntag oder an einem allgemeinen Feiertag (§ 761 der Zivilprozeßordnung);**

4. die Bestimmung eines Gerichtsvollziehers (§ 827 Abs. 1, § 854 Abs. 1 der Zivilprozeßordnung) oder eines Sequesters (§§ 848, 855 der Zivilprozeßordnung);
5. die Anzeige der Absicht, die Zwangsvollstreckung gegen eine juristische Person des öffentlichen Rechts zu betreiben (§ 882a der Zivilprozeßordnung);
6. die einer Verurteilung vorausgehende Androhung von Ordnungsgeld (§ 890 Abs. 2 der Zivilprozeßordnung);
7. die Aufhebung einer Vollstreckungsmaßnahme.

III Als besondere Angelegenheiten gelten

1. Verfahren über Einwendungen gegen die Erteilung der Vollstreckungsklausel, auf die § 732 der Zivilprozeßordnung anzuwenden ist;
2. das Verfahren auf Erteilung einer weiteren vollstreckbaren Ausfertigung (§ 733 der Zivilprozeßordnung);
3. Verfahren über Anträge nach den §§ 765a, 813a, 851a, 851b der Zivilprozeßordnung, §§ 30, 31 des Wohnraumbewirtschaftungsgesetzes und § 26 des Heimkehrergesetzes vom 19. Juni 1950 (Bundesgesetzbl. S. 221) in der Fassung der Gesetze vom 30. Oktober 1951 (Bundesgesetzbl. I S. 875) und vom 17. August 1953 (Bundesgesetzbl. I S. 931); jedes neue Verfahren, insbesondere jedes Verfahren über Anträge auf Änderung der getroffenen Anordnungen, gilt als besondere Angelegenheit;
4. das Verfahren auf Zulassung der Austauschpfändung (§ 811a der Zivilprozeßordnung);

4a. das Verfahren über einen Antrag nach § 825 der Zivilprozeßordnung;

5. die Ausführung der Zwangsvollstreckung in ein gepfändetes Vermögensrecht durch Verwaltung (§ 857 Abs. 4 der Zivilprozeßordnung);
6. das Verfahren auf Eintragung einer Zwangshypothek (§§ 867, 870a der Zivilprozeßordnung);
7. die Vollstreckung der Entscheidung, durch die der Schuldner zur Vorauszahlung der Kosten, die durch die Vornahme einer Handlung entstehen, verurteilt wird (§§ 887 Abs. 2 der Zivilprozeßordnung);
8. das Verfahren zur Ausführung der Zwangsvollstreckung auf Vornahme einer Handlung durch Zwangsmittel (§ 888 der Zivilprozeßordnung);
9. jede Verurteilung zu einem Ordnungsgeld gemäß § 890 Abs. 1 der Zivilprozeßordnung;
10. die Verurteilung zur Bestellung einer Sicherheit im Falle des § 890 Abs. 3 der Zivilprozeßordnung;
11. das Verfahren zur Abnahme der eidesstattlichen Versicherung (§§ 900, 901 der Zivilprozeßordnung); im Verfahren nach § 807 der Zivilprozeßordnung bestimmt sich der Gegenstandswert nach dem Betrag, der aus dem Vollstreckungstitel noch geschuldet wird; der Wert beträgt jedoch höchstens 2400 Deutsche Mark;

12. das Verfahren auf Löschung der Eintragung im Schuldnerverzeichnis (§ 915 Abs. 2 der Zivilprozeßordnung);
13. das Ausüben der Veröffentlichungsbefugnis.

Gliederung

1) Allgemeines. Wegen der Systematik vgl § 57 Anm 1. § 58 ergänzt § 57 und ergibt, daß auch hier Pauschgebühren zur Anwendung kommen. I umschreibt den Begriff der Angelegenheit in der Zwangsvollstreckung. II nennt in einer nur beispielhaften, nicht abschließenden Aufzählung Tätigkeiten, bei denen man nicht von einer besonderen Angelegenheit sprechen kann, bei denen also eine Gebühr nicht besonders anfällt, sofern der Anwalt auch im übrigen in der Zwangsvollstreckung bereits tätig war. III hebt eine Reihe von Fällen als besondere Angelegenheiten heraus; für jede der dort genannten Tätigkeiten entsteht also eine Gebühr nach § 57. Im Gegensatz zu II ist die Aufzählung bei III abschließend, AG Meldorf Rpfleger **80**, 32.

Über das Verhältnis zwischen dem Erkenntnisverfahren und der Zwangsvollstreckung s § 57 Anm 1, 2 B.

2) Begriff der Angelegenheit, I. Abweichend von §§ 6 I 1, 13 II enthält § 58 I eine ausdrückliche, vorrangige Begriffsbestimmung dahin, daß jede Vollstreckungsmaßnahme zusammen mit den durch diese vorbereiteten weiteren Vollstreckungshandlungen bis zur Befriedigung des Gläubigers in der Zwangsvollstreckung grundsätzlich eine Angelegenheit darstellt. Der Sinn dieser Regelung besteht darin, dem Anwalt je nach dem Umfang seiner Tätigkeit in der Zwangsvollstreckung die in § 57 genannten 3/10 Gebühren unter Umständen mehrfach zukommen zu lassen, weil man in der Zwangsvollstreckung, anders als in dem grundsätzlich ja auf das Endurteil ausgerichteten Erkenntnisverfahren, kaum je von vornherein abschätzen kann, in welchem Umfang der Anwalt tätig sein muß und welche Verantwortung er infolgedessen zu übernehmen haben wird. Das übersieht LG Wuppert DGVZ **87**, 190.

Gleichwohl gilt auch in der Zwangsvollstreckung keineswegs jeder einzelne Akt als besondere Angelegenheit. Das verdeutlicht II in seiner nur beispielhaften Aufzählung.

Dieselbe Angelegenheit bilden grundsätzlich die gesamten zu einer bestimmten Vollstreckungsmaßnahme gehörenden, miteinander in einem inneren Zusammenhang stehenden Einzelmaßnahmen gleicher Art von der Vorbereitung der Vollstreckung bis zur Befriedigung des Gläubigers oder bis zum sonstigen Abschluß der Zwangsvollstreckung. Nur diejenigen Einzelmaßnahmen stehen in einem inneren Zusammenhang, die die einmal eingeleitete Maßnahme mit demselben Ziel der Befriedigung fortsetzen. Bei verschiedenen Maßnahmen liegen immer besondere Angelegenheiten vor, vgl Düss AnwBl **87**, 619.

3) Prüfungsreihenfolge. Um festzustellen, ob eine oder mehrere Angelegenheiten in der Zwangsvollstreckung vorliegen, empfiehlt sich folgende Prüfungsreihenfolge: Zunächst sollte man die (abschließende) Aufzählung in III durchprüfen. Fällt der konkrete Einzelfall nicht unter III, sollte man die (nur beispielhafte) Aufzählung in II durchprüfen. Fällt der konkrete Fall auch nicht unter diese Aufzählung, sollte man überlegen, ob der Einzelfall einer der in II genannten Situationen ähnelt. In diesem Fall ist vom Fehlen einer besonderen Angelegenheit auszugehen. Fällt auch diese Prüfung unbefriedigend aus, kann man entsprechend dem Grundsatz in I davon ausgehen, daß eine besondere Angelegenheit vorliegt, daß der Anwalt also neben einer weiteren Tätigkeit in der Zwangsvollstreckung für diese Angelegenheit gemäß § 57 vergütet wird.

4) Keine besondere Angelegenheit, II. A. Grundsatz. Durch eine Tätigkeit nach II verdient der Anwalt zwar eine Gebühr nach § 57, soweit er mit der Zwangsvollstreckung beauftragt wurde. Wenn sich seine Tätigkeit aber auch auf eine andere Vollstreckungsmaßnahme erstreckt, die ihrerseits eine Gebühr nach § 57 entstehen läßt, dann wird die Tätigkeit nach II nicht besonders vergütet, vgl auch AG Limburg DGVZ **84**, 94. Auch eine Zwangsversteigerung oder Zwangsverwaltung ist eine Maßnahme der Zwangsvollstreckung. Trotz der in § 57 ausgesprochenen Ausnahme entfallen besondere Gebühren gemäß II Z 1, 2 und 7 auch für den in derartigen Verfahren tätigen Anwalt.

Die Aufzählung in II ist, anders als in III, nur beispielsweise. Das ergibt sich schon aus dem Wort „insbesondere“ in Hs 1.

Vgl im übrigen zur Abgrenzung des Begriffs Angelegenheit und zur Prüfungsreihenfolge Anm 2, 3.

B. Gesetzliche Fallaufzählung. Vgl auch § 57 Anm 2 C. II nennt als bloße Beispiele des Fehlens einer besonderen Angelegenheit folgende Situationen:

a) Notfristzeugnis, Rechtskraftzeugnis, Vollstreckungsklausel, Z 1. Nur die erstmalige Erteilung dieser Urkunden stellt keine besondere Angelegenheit dar. Die Erteilung der Vollstreckungsklausel ist nur dann keine besondere Angelegenheit, wenn keine Klage nach § 731 ZPO auf ihre Erteilung erhoben wird.

Die Gebühr nach § 58 entsteht für eine der vorgenannten Tätigkeiten nur, wenn der Anwalt lediglich mit der Zwangsvollstreckung beauftragt ist und wenn es nicht zu mehr als der in Z 1 genannten Tätigkeit kommt. In einem solchen Fall entsteht aber für sämtliche Tätigkeiten auch nur einmal die Gebühr, da es sich um dieselbe Angelegenheit handelt, vgl § 13 II 1. Soweit der Anwalt die Zwangsvollstreckung auch im übrigen durchführt, sind die Vorbereitungshandlungen durch die Gebühr für die sonstige Tätigkeit abgegolten.

Man muß auch in diesem Zusammenhang III beachten. Wenn also der nur mit der Zwangsvollstreckung beauftragte Anwalt die Vollstreckungsklausel erwirkt und der Schuldner eine Einwendung gegen sie erhebt, III Z 1, und wenn das Gericht auf Grund der Einwendung gemäß § 732 ZPO die Vollstreckungsklausel aufhebt, dann erhält der Anwalt des Gläubigers je $^3/_{10}$ Gebühr nach II Z 1 (damit ist die Vollstreckungsmaßnahme beendet) und nach III Z 1, der Anwalt des Schuldners die Gebühren nur einmal.

Wenn der ProzBev im Sinn von Z 1 tätig wird, entsteht für diese letztere Tätigkeit gemäß § 37 Z 7 keine besondere Gebühr.

Wenn der Gläubiger auf die Erteilung der Vollstreckungsklausel klagt, handelt es sich um eine besondere Angelegenheit. Für sie gelten §§ 31 ff. Eine besondere Angelegenheit ist auch das Verfahren auf die Erteilung einer weiteren vollstreckbaren Ausfertigung nach § 733 ZPO, III Z 2. Dafür entstehen die Gebühren nach § 57 besonders.

b) Zustellung, Z 2. Es handelt sich um die Zustellung des Urteils, der Vollstreckungsklausel und der in § 750 ZPO genannten sonstigen Urkunden zur Vorbereitung der Zwangsvollstreckung. Vgl im übrigen a.

Die Zustellung einer Bürgschaftsurkunde nach § 751 II ZPO gehört zur Zwangsvollstreckung und stellt eine besondere Angelegenheit dar, LG Landshut AnwBl **80**, 267.

c) Nachtzeit, Sonntag, Feiertag, Z 3. Es handelt sich um die in § 761 ZPO vorgesehenen Zulassungen. Die Tätigkeit des hiermit beauftragten Anwalts wird nicht besonders vergütet. Durch die Prozeßgebühr des ProzBev sind diese Tätigkeiten aber nicht abgegolten. Soweit also der bisherige ProzBev in der Zwangsvollstreckung nicht über § 761 ZPO hinaus tätig wird, erhält er für den Antrag nach dieser Vorschrift eine Vergütung nach § 57.

d) Bestimmung des Gerichtsvollziehers oder Sequesters, Z 4. Es handelt sich um Bestimmungen nach §§ 827 I, 848, 854 I, 855 ZPO.

Soweit der Anwalt des Drittschuldners einen derartigen Antrag stellt, erhält er eine Vergütung nach § 57.

e) Anzeige der Vollstreckungsabsicht, Z 5. Es handelt sich um die nach § 882 a ZPO erforderliche Anzeige von der Vollstreckungsabsicht gegenüber einer juristischen Person des öffentlichen Rechts, KG MDR **70**, 340, Schlesw JB **78**, 391, sofern alle sonst notwendigen Voraussetzungen der Zwangsvollstreckung beim Zugang der Ankündigung erfüllt waren, Ffm Rpfleger **81**, 158. Die Anzeige der Vollstreckungsabsicht ist eine die Zwangsvollstreckung vorbereitende Handlung. Sie läßt bereits eine Gebühr nach § 57 entstehen, KG JB **70**, 857, LAG Hamm AnwBl **84**, 161, selbst wenn es nicht mehr zur Zwangsvollstreckung kommt, Köln NJW **65**, 50, Zweibr Rpfleger **73**, 68, Mümmler JB **72**, 935. Soweit der Anwalt allerdings in der Zwangsvollstreckung noch weiter tätig wird, ist die Tätigkeit im Zusammenhang mit der Anzeige der Vollstreckungsabsicht durch die weitere Gebühr abgegolten.

Eine entsprechende Regelung gilt für den Antrag an das Gericht, nach § 152 II FGO zu verfahren, FG Hbg EFG **72**, 131.

Düss Rpfleger **86**, 109 stellt einen Antrag nach § 114 GemO Nordrh-Westf gleich; Ffm Rpfleger **74**, 448 wendet bei einem Antrag auf die Zulassung der Zwangsvollstreckung nach § 146 Hessische GemO § 31 an.

f) Androhung von Ordnungsgeld, Z 6. Wenn das Prozeßgericht in dem Urteil, das die Verpflichtung zu einer Duldung oder Unterlassung ausspricht, noch keine Androhung für den Fall der Zuwiderhandlung vorgenommen hatte, muß es auf Grund eines Antrags des Gläubigers die Androhung gemäß § 890 II Hs 2 ZPO durch einen besonderen Beschluß nachholen. Nur den letzteren Fall erfaßt Z 6. Die bereits im Urteil ausgesprochene Androhung ist durch die Prozeßgebühr des ProzBev abgegolten. Die besondere Androhung rechnet zur Zwangsvollstreckung. Soweit sich die Tätigkeit des Anwalts darauf beschränkt, diese besondere Androhung zu beantragen, erhält er unabhängig davon eine Gebühr nach § 57, ob er ProzBev war oder nicht, Mü NJW **68**, 411.

Soweit der Anwalt aber auch im anschließenden Ahndungsverfahren nach § 890 I, III ZPO tätig wird, ist seine Vergütung in III Z 9 geregelt und daher die Tätigkeit für die Androhung mit abgegolten.

g) Aufhebung einer Vollstreckungsmaßnahme, Z 7. Eine solche Tätigkeit gibt keine besondere Gebühr, falls der Anwalt nicht etwa nur insofern tätig wird. Wenn er freilich nur wegen dieser Aufhebung tätig wird, etwa als Anwalt des Schuldners, entsteht eine Vergütung nach § 57, vgl auch BGH **69**, 148.

Hierhin gehört auch eine außergerichtliche Auseinandersetzung wegen einer Zwangsvollstreckung in einen schuldnerfremden Wert, Düss NJW **71**, 1617 mwN, aM Schmidt NJW **71**, 1617 (er hält in einer solchen Situation § 118 für anwendbar). Hierher gehört auch das Ersuchen an den Gerichtsvollzieher zu einer Freigabe sowie die Rücknahme des Pfändungsantrags oder das Ersuchen, den Pfändungsbeschluß aufzuheben, ferner auch eine Erinnerung, etwa des Drittschuldners, BGH **69**, 148.

5) Besondere Angelegenheit, III. A. Grundsatz. III enthält eine abschließende Aufzählung von Fällen, die als besondere Angelegenheiten gelten, nur insofern richtig LG Wuppert DGVZ **87**, 190, ferner AG Meldorf Rpfleger **80**, 32.

Innerhalb einer Fallgruppe kann wiederum eine Mehrheit von Angelegenheiten vorliegen. Es kommt darauf an, ob noch dieselbe Vollstreckungsmaßnahme oder eine neue anzunehmen ist, vgl auch Anm 1 sowie § 13 I. Es kommt auch darauf an, ob durch die Tätigkeit nach III auch eine solche nach II abgegolten ist oder ob die letztere zu einer Situation der Zwangsvollstreckung gehört, die in III nicht erwähnt ist, ob die Tätigkeit nach II also dann, wenn sie allein bleibt, eine besondere Gebühr nach § 57 auslöst.

B. Gesetzliche Fallaufzählung. Zur Prüfungsreihenfolge Anm 3. Im einzelnen ergibt sich:

a) Einwendung gegen Vollstreckungsklausel, Z 1. Es handelt sich lediglich um diejenige Einwendung gegen die Erteilung einer Vollstreckungsklausel, auf die § 732 ZPO anzuwenden ist. Das ist auch zB gemäß §§ 738, 742, 744, 749, 795 ZPO der Fall. Z 1 gilt ferner im Fall der Einwendung gegen eine Vollstreckungsklausel auf Grund einer gerichtlichen oder notariellen Urkunde nach § 797 III ZPO und auf Grund des Vergleichs einer Gütestelle, § 747a II ZPO. Denn diese Fälle stehen der in § 732 ZPO genannten Situation rechtlich so weitgehend gleich, daß Z 1 trotz der gebotenen engen Auslegung anwendbar ist.

Eine einstweilige Anordnung auf die Einstellung gemäß § 732 II ZPO beendet die Zwangsvollstreckung nicht, selbst wenn sie auf eine Aufhebung der Zwangsvollstreckungsmaßnahme gegen eine Sicherheitsleistung lautet. Wenn der ProzBev im Zusammenhang etwa mit einem Rechtsmittel, einem Antrag auf die Wiedereinsetzung oder einem solchen auf eine Wiederaufnahme des Verfahrens eine vorläufige Einstellung der Zwangsvollstreckung beantragt, ist diese Tätigkeit durch die Prozeßgebühr nach § 37 Z 1 abgegolten, es sei denn, daß eine abgesonderte mündliche Verhandlung darüber stattfindet; im letzteren Fall gilt § 49.

b) Weitere vollstreckbare Ausfertigung, Z 2. Die Vorschrift erfaßt das Verfahren nach § 733 ZPO. Es handelt sich stets um eine besondere Angelegenheit, auch für den früheren ProzBev. Soweit das Gericht den Schuldner anhört, erhält auch sein Anwalt eine Vergütung nach § 57.

Eine zugehörige Erinnerung ist mit abgegolten.

Keine besondere Angelegenheit ist demgegenüber eine Umschreibung nach § 727 ZPO, selbst wenn das Gericht auch nach § 733 ZPO verfahren könnte, Mü Rpfleger **72**, 264.

c) Vollstreckungsschutz, Z 3. Die Vorschrift nennt eine Reihe von Vollstreckungsschutzmöglichkeiten. Ein Antrag nach jeder der in Z 3 genannten Bestimmungen löst eine besondere Angelegenheit aus. Das gilt allerdings nur insofern, als er ein gerichtliches Verfahren verursacht, also nicht, wenn es zB nur um einen Aufschub durch den Gerichtsvollzieher nach § 765a II ZPO geht. Auch jedes Verfahren auf die Änderung einer getroffenen Vollstreckungsschutzmaßnahme oder ihre Ablehnung gilt gegenüber dem vorangegangenen zugehörigen Verfahren als besondere Angelegenheit, etwa in dem Fall des § 813a III ZPO. Es können alle Gebühren des § 31 zu je $^{3}/_{10}$ entstehen.

Wegen § 721 ZPO ist § 50 als vorrangige Sondervorschrift anwendbar.

d) Austauschpfändung, Z 4. Es handelt sich um das Verfahren nach § 811a ZPO. Mehrere Austauschanträge des Schuldners betreffen dieselbe Angelegenheit, RS 18.

Eine vorläufige Austauschpfändung nach § 811b ZPO gehört wegen der abschließenden Aufzählung in Z 1–13, A, nicht hierher.

e) Besondere Verwertung, Z 4a. Hierher zählt das Verfahren nach § 825 ZPO. Es erfaßt jede Art von besonderer Verwertung, die nach dieser Bestimmung zulässig ist. Mehrere Anordnungen nach § 825 ZPO können untereinander verschiedene Angelegenheiten darstellen. Es kommt darauf an, ob sie sich auf denselben Gegenstand beziehen, ob sie vielleicht einen Teil des Gegenstands der einen Verwertungsart, einen weiteren Teil der anderen unterwerfen, jedoch gleichzeitig ergehen und daher vernünftigerweise doch nur als eine Angelegenheit anzusehen sind usw.

Obwohl der Anwalt auch im Fall des § 844 ZPO dieselbe Verantwortung und Mühe hat wie bei § 825 ZPO, ist wegen der abschließenden Regelung in III, A, Z 4a auf die besondere Verwertung nach § 844 ZPO nicht anwendbar, Stöber Rpfleger **65**, 265.

Soweit keine gerichtliche Anordnung stattfindet, kann § 118 anwendbar sein.

f) Verwaltung eines gefährdeten Vermögensrechts, Z 5. Hierher gehört lediglich die in § 857 IV ZPO vorgesehene Verwaltung eines gepfändeten, unveräußerlichen Rechts, dessen Ausübung man einem anderen überlassen kann. Die Vorschrift umfaßt die gesamte Verwaltung bis zu ihrer Beendigung. Die besondere Angelegenheit beginnt mit der ersten Verwaltungshandlung.

Für das der Anordnung vorangegangene Verfahren erhält der Anwalt eine weitere Gebühr nach § 57. Sie gilt auch die Pfändung ab.

g) Zwangshypothek, Z 6. Die Vorschrift erfaßt nur das Verfahren der Eintragung, §§ 867, 870a ZPO. Sie gilt auch die Verteilung der Hypothek auf mehrere Grundstücke nach § 867 II ZPO ab.

Demgegenüber entstehen besondere Vergütungen für folgende Tätigkeiten: Die Erwirkung eines Erbscheins, § 792 ZPO. Denn er ist zu einem Verfahren nach §§ 867, 870a ZPO nicht stets notwendig. In einem solchen Fall kann eine Vergütung nach § 118 entstehen; der Antrag auf eine Berichtigung des Grundbuchs, § 14 GBO; die Beschaffung einer behördlichen Genehmigung; die Löschung der Zwangshypothek, Stgt NJW **70**, 1692, GSEM 29, Schumann MDR **70**, 819, aM RS 26.

Eine Grundbuchbeschwerde wird nach § 61 I Z 1 vergütet.

Z 6 ist unanwendbar, wenn es um eine Vormerkung, einen Widerspruch oder eine Verfügungsbeschränkung geht, Ffm Rpfleger **78**, 269, oder wenn es um die Pfändung einer Hypothek nach § 830 ZPO oder einer Reallast, Grund- oder Rentenschuld nach § 857 VI ZPO geht.

h) Vorauszahlung zur Vornahme einer Handlung, Z 7. Es geht nur um das Verfahren nach § 887 II ZPO. Das Verfahren zur Ausführung der Zwangsvollstreckung auf die Vornahme selbst richtet sich nach Z 8. Soweit wegen desselben Betrags mehrere Vollstreckungen erforderlich sind, können innerhalb von Z 7 mehrere Angelegenheiten vorliegen. Keine neue Angelegenheit entsteht im Fall der Vollstreckung wegen einer

Nachforderung. Denn es handelt sich um dieselbe Vollstreckungsmaßnahme.

Das Verfahren auf die Verurteilung zur Vorauszahlung gehört zum Ermächtigungsverfahren, § 887 I ZPO, und bildet mit ihm ebenfalls eine Angelegenheit. Erst mit dem Antrag oder Auftrag, die Vorauszahlung nach § 887 II ZPO betreffend, beginnt die besondere Angelegenheit der Z 7.

Gegenstandswert ist bei § 887 I ZPO der vorauszahlende Kostenbetrag, bei § 887 II ZPO der Wert des geschützten Rechts.

i) Durchführung der Vornahme einer Handlung, Z 8. Die Vorschrift erfaßt das Verfahren nach § 888 ZPO und nur dieses, nicht die Durchführung einer vertretbaren Handlung, § 887 I ZPO, und auch nicht das Verfahren zur Vorauszahlung der Kosten nach § 887 II ZPO; für das letztere gilt Z 7.

Es muß sich also um die Zwangsvollstreckung wegen einer unvertretbaren Handlung handeln. Zum Begriff der Vertretbarkeit bzw Unvertretbarkeit BLAH § 887 ZPO Anm 6. Die bloße Androhung genügt, § 57 Anm 2 C „Androhung", Hamm MDR **88**, 506 mwN.

Jeder neue Antrag begründet eine neue Angelegenheit, die mit der Ahndung oder Zurückweisung des Antrags endet. Bei mehreren Anträgen ist auch Z 9 zu beachten.

Ein Aufforderungsschreiben und das sodann durchgeführte Verfahren nach § 888 stellen aber nur eine einheitliche Zwangsvollstreckungsmaßnahme dar, Hamm Rpfleger **84**, 117.

Gegenstandswert ist das Interesse an der zu erzwingenden Handlung; im Beschwerdeverfahren ist die Höhe des Zwangs- oder Ordnungsmittels zu beachten, Anh I nach § 12 GKG „Zwangsvollstreckung: a) Erwirkung einer Handlung oder Unterlassung", Teil I dieses Buchs. Da bei der Zwangsvollstreckung auf die Leistung der sachlichrechtlichen eidesstattlichen Versicherung nach § 889 II ZPO gemäß § 888 ZPO zu verfahren ist, ist auch trotz der engen Auslegbarkeit Z 8 auf den Fall des § 889 II ZPO anwendbar.

j) Ordnungsgeld wegen Duldung oder Unterlassung, Z 9. Es handelt sich um das Verfahren nach § 890 I ZPO. Man muß es von der einer Verurteilung vorausgehenden Androhung eines Ordnungsgelds nach § 890 II ZPO unterscheiden; das letztere Verfahren bildet gemäß II Z 6 keine besondere Angelegenheit.

Jeder Antrag nach § 890 I ZPO stellt eine neue Angelegenheit dar. Sie endet mit der Ahndung oder mit der Zurückweisung des Antrags. Soweit der Anwalt wegen selbständiger Zuwiderhandlungen mehrere Anträge stellt, liegen also mehrere Angelegenheiten selbst dann vor, wenn das Gericht über die mehreren Zuwiderhandlungen in demselben Beschluß entscheidet, aM Mü NJW **70**, 60 (je Urteil liege nur eine Angelegenheit vor).

Soweit aber das Gericht mehrere in Tateinheit begangene Verstöße durch denselben Beschluß ahndet, liegt nur eine Angelegenheit vor, Hamm NJW **75**, 545 mwN (krit Schmidt). Die Prozeßgebühr entsteht mit dem Eingang des Antrags beim Gericht.

Gegenstandswert ist das Interesse an der zu erzwingenden Handlung,

Bbg GRUR **53**, 255, aM Mü MDR **55**, 306 (maßgeblich sei die Höhe der Verurteilung. Aber um sie geht nicht der eigentliche jetzige Streit).

k) Bestellung einer Sicherheit, Z 10. Es handelt sich nur um das Verfahren nach § 890 III ZPO. Das Verfahren nach § 890 I ZPO richtet sich nach Z 9.

Man muß zwischen der Zwangsvollstreckung zur Bewirkung der Sicherheit und dem Verfahren zur Bestellung der Sicherheit unterscheiden. Jedes dieser Verfahren stellt eine besondere Angelegenheit dar.

Gegenstandswert ist der Wert des geschützten Rechts.

l) Eidesstattliche Versicherung, Z 11. aa) Allgemeines. Das Verfahren erfaßt die eidesstattliche Versicherung nach §§ 900, 901 ZPO in Verbindung mit § 807 ZPO. Demgegenüber gehört das Verfahren zur Abnahme der sachlichrechtlichen eidesstattlichen Versicherung nach Z 8.

Das gesamte Verfahren ist eine Angelegenheit, vom Eingang des Antrags bis zur Abgabe der Versicherung. Es erfaßt auch die Verhaftung und Vorschußleistung. Die Gebühr entsteht mit der Antragstellung.

Es können sämtliche Gebühren entstehen. Im einzelnen gilt:

bb) Prozeßgebühr. Die Prozeßgebühr entsteht auch dann, wenn der Anwalt nur eine Abschrift des Vermögensverzeichnisses beantragt.

Diese Frage ist **streitig. Wie hier** zB LG Köln JB **77**, 217, AG Rheine AnwBl **84**, 219; **abw** AG Kaisersl DGVZ **89**, 44 (nur, wenn beim Antrag schon ein Verzeichnis vorlag); **aM** zB AG Freyung MDR **85**, 421.

cc) Verhandlungsgebühr. Die Verhandlungsgebühr entsteht, sobald der Anwalt in einem vom Gericht anberaumten Termin irgendwie verhandelt. Sie entsteht auch, wenn der Schuldner nicht erscheint und der Anwalt des Gläubigers den Erlaß des Haftbefehls beantragt.

Die Verhandlungsgebühr entsteht allerdings nicht, wenn der Schuldner erscheint und die eidesstattliche Versicherung nunmehr ohne eine Verhandlung „freiwillig" abgibt.

Diese Frage ist **streitig. Wie hier** zB Karlsr Rpfleger **68**, 231; **aM** zB LG Aachen Rpfleger **62**, 459 (das LG billigt eine Gebühr für eine nichtstreitige Verhandlung zu), Dalibor JR **57**, 98, GSEM 34 (sie lassen 3/20 Gebühr entstehen. Aber diese gibt es nicht, denn § 33 ist unanwendbar, § 57 I 2).

dd) Beweisgebühr. Die Beweisgebühr kann (zu 3/10) entstehen, soweit das Gericht über ein neu erworbenes Vermögen des Schuldners Beweis erhebt oder eine andere Beweisaufnahme durchführt.

ee) Erörterungsgebühr. Auch eine Erörterungsgebühr kann unter den Voraussetzungen des § 31 I Z 4 entstehen. Wegen der Anrechnung vgl § 31 II.

ff) Vergleichsgebühr. Unter den Voraussetzungen des § 23 kann eine Vergleichsgebühr in voller Höhe entstehen.

gg) Mehrheit von Schuldnern. Die Verfahren gegenüber mehreren Schuldners bilden mehrere Angelegenheiten. Das gilt auch bei Gesamtschuldnern, die das Gericht in demselben Urteil verurteilt hatte.

hh) Gegenstandswert. Maßgeblich ist der noch aus dem Vollstreckungstitel geschuldete Betrag, Hs 2. Zinsen werden nicht mehr mit berechnet (der frühere § 20 II GKG ist entfallen), AG Northeim AnwBl **84**,

505 (abl Schmidt mwN), ZöStö § 900 ZPO Rdz 32. Der Wert beträgt jedoch höchstens 2400 DM, Hs 3.

ii) Beschwerdeverfahren. Im Beschwerdeverfahren ist die Vorschrift nicht entsprechend anwendbar, KV 1181 Anm 3.

m) Löschung der Eintragung im Schuldnerverzeichnis, Z 12. Es handelt sich um das Verfahren nach § 915 II ZPO. Die Angelegenheit endet mit der Entscheidung. Ein neuer Antrag stellt eine neue Angelegenheit dar.

n) Veröffentlichungsbefugnis, Z 13. Die Vorschrift erfaßt das Verfahren zur Ausübung der Veröffentlichungsbefugnis. Auch wenn der Gläubiger die Entscheidung zB in mehreren Zeitungen veröffentlichen darf, handelt es sich nur um eine Angelegenheit.

Vollziehung eines Arrests oder einer einstweiligen Verfügung

59 **I Die Vorschriften der §§ 57 und 58 gelten bei Vollziehung eines Arrestbefehls oder einer einstweiligen Verfügung (§§ 928 bis 934, 936 der Zivilprozeßordnung) sinngemäß.**

II Die Angelegenheit endet mit der Aufhebung des Arrests oder der einstweiligen Verfügung oder mit dem Beginn der Zwangsvollstreckung aus dem in der Hauptsache erlassenen Urteil.

1) Systematik. Die Vorschrift enthält eine vorrangige Sonderregelung, die allerdings auf die grundsätzliche Regelung der §§ 57, 58 verweist, aber in II eine abweichende Begriffsbestimmung der Beendigung der Angelegenheit enthält.

Sie bezieht sich aber nur auf das Verfahren, das den Vollzug eines Arrests oder einer einstweiligen Verfügung betrifft. Das Verfahren auf den Erlaß eines Arrests oder einer einstweiligen Verfügung ist ein nach § 40 vergütetes besonderes Verfahren. Die Gebühren nach § 40 und nach § 59 können daher nebeneinander entstehen.

Wegen der Gebühren des im Weg der Prozeßkostenhilfe beigeordneten Anwalts enthält § 122 II eine sowohl für das Verfahren zur Erwirkung des Arrests usw als auch für die Vollziehung vorrangige Sonderregelung.

2) Vollziehung, I. A. Begriff. Die Vollziehung entspricht einer Vollstreckung. Sie ist in §§ 928 ff, 936 ZPO geregelt. Sie beginnt mit der Zustellung des Arrestbefehls oder der einstweiligen Verfügung an den Schuldner, vgl LG Bln AnwBl **82**, 122, aM LG Bielef AnwBl **89**, 109 (es seien §§ 31, 40 anwendbar). Bei einer einstweiligen Verfügung, durch die das Gericht dem Schuldner etwas gebietet oder verbietet, §§ 890, 935 ff ZPO, genügt die fristgemäße Zustellung zur Vollziehung.

B. Entsprechende Anwendung der §§ 57, 58. Da die Vollziehung einer Zwangsvollstreckung entspricht, gelten alle bei §§ 57, 58 für eine Vollstreckungsmaßnahme genannten Regeln hier entsprechend mit der Abweichung, daß II die Beendigung der Angelegenheit besonders regelt.

Jede neue Vollziehung ist also eine neue Angelegenheit. Das gilt zB dann, wenn die erste Vollziehung ergebnislos oder unzulässig war oder wenn das Gericht auf Grund einer Erinnerung des Schuldners eine Pfändung zunächst für unzulässig erklärt hatte, wenn der Gläubiger aber im Beschwerdeverfahren die Aufhebung der Entscheidung der ersten Instanz erreicht hatte und erneut pfänden muß, RS 2.

Auch § 58 II, III sind, soweit diese Vorschriften für die Vollziehung eines Arrests oder einer einstweiligen Verfügung in Betracht kommen, entsprechend anwendbar, etwa wegen einer Offenbarungsversicherung.

Soweit der Anwalt den Arrestbefehl oder die einstweilige Verfügung dem Schuldner nach einer Tätigkeit als ProzBev zustellen läßt, ist die Zustellung durch § 37 Z 7 abgegolten, Düss VersR **88**, 861 mwN, Kblz GRUR **84**, 612, Schlesw SchlHA **84**, 62 je mwN. Soweit ein nur mit der Vollziehung beauftragter Anwalt die Zustellung veranlaßt, ist diese Tätigkeit durch die Vergütung für seine sonstige Tätigkeit in dieser Sache mit abgegolten, § 58 II Z 2. Die Entgegennahme des Pfändungsbeschlusses läßt noch keine Gebühr nach I entstehen. Wenn der Gläubiger den Antrag auf eine Pfändung gleichzeitig mit dem Antrag auf eine Anordnung des Arrests oder einer einstweiligen Verfügung stellt, verdient der Anwalt die Vergütung nach I nur dann, wenn das Gericht den Arrest oder die einstweilige Verfügung auch anordnet. Denn es handelt sich dann um einen durch die Anordnung bedingten Pfändungsantrag, Düss Rpfleger **84**, 161.

C. Gebot, Verbot. Im Fall der einstweiligen Verfügung, durch die das Gericht dem Schuldner etwas gebietet oder verbietet, § 890 ZPO, verdient der Anwalt die Gebühr nach I in Verbindung mit § 57 durch den Antrag auf die Eintragung einer Arresthypothek nach § 932 III ZPO. Dasselbe gilt bei einer Vormerkung, Ffm DB **83**, 2354, Nürnb MDR **79**, 506, bei einem Widerspruch oder einer Verfügungsbeschränkung, Ffm Rpfleger **78**, 269 mwN, krit Mü MDR **74**, 939 mwN.

Wenn das Gericht das Grundbuchamt gemäß § 941 ZPO um eine Eintragung ersucht hat, erhält der Anwalt, der zu diesem Ersuchen eine Anregung gab, dafür keine gesonderte Vergütung, Düss VersR **88**, 861 mwN, Ffm Rpfleger **78**, 269 mwN. Der Anwalt des Schuldners erhält nach der Aufhebung einer einstweiligen Verfügung für den Antrag auf eine Berichtigung des Grundbuchs ebenfalls keine Vergütung nach I. Denn es handelt sich insofern nicht mehr um eine Maßnahme in der Zwangsvollstreckung.

Die vorstehenden Regeln gelten entsprechend im Fall des Antrags auf eine Eintragung in das Handelsregister oder auf eine Löschung eines Gebrauchsmusters oder Warenzeichens beim Patentamt.

3) Ende der Angelegenheit, II. Vgl zunächst Anm 1. Die Angelegenheit endet mit jedem der folgenden Ereignisse:

A. Aufhebung. Die Angelegenheit endet mit der Aufhebung des Arrests oder der einstweiligen Verfügung. Beide Maßnahmen gehören gebührenrechtlich noch zum Anordnungsverfahren nach § 40 II.

B. Aufhebung der Vollziehung. Die Angelegenheit endet ferner mit der Aufhebung der Vollziehung des Arrests oder der einstweiligen Verfügung, § 934 ZPO. In diesem Fall gilt I in Verbindung mit § 58 II Z 7.

C. Beginn der Zwangsvollstreckung aus Hauptsacheurteil. Die Angelegenheit endet schließlich auch mit dem Beginn der Zwangsvollstreckung aus dem in der Hauptsache erlassenen Urteil. Damit beginnt eine neue Vollstreckungsangelegenheit. Wenn also auf Grund des Arrests eine gepfändete Sache versteigert wird oder wenn die Überweisung der gepfändeten Forderung auf Grund des Urteils in der Hauptsache erfolgt, kann der Anwalt Gebühren nach §§ 57, 59 nebeneinander verdienen. Das gilt auch dann, wenn er im Auftrag des Gläubigers auf Grund eines anderen Vollstreckungstitels eine Vollstreckung durchführt.

Verteilungsverfahren

60 **I Für die Vertretung im Verteilungsverfahren (§ 858 Abs. 5, §§ 872 bis 877, 882 der Zivilprozeßordnung) erhält der Rechtsanwalt fünf Zehntel, falls jedoch der Auftrag vor dem Termin zur Ausführung der Verteilung erledigt wird, drei Zehntel der vollen Gebühr.**

II Der Gegenstandswert wird durch den Betrag der Forderung, wenn der zu verteilende Geldbetrag geringer ist, durch diesen bestimmt.

1) Systematik. Die Vorschrift ergänzt § 58 III durch eine Sonderregelung, die allerdings nur für die in I genannten Verteilungsverfahren gilt. Sie gibt dem Anwalt also neben einer etwa nach § 57 verdienten Gebühr eine weitere Vergütung. Ein Verteilungsverfahren im Fall einer Zwangsversteigerung oder Zwangsverwaltung ist in §§ 68, 69, 71 geregelt. Wegen des Verteilungsverfahrens im Konkurs vgl § 73 Anm 1.

2) Vertretung im Verteilungsverfahren, I. Die Vorschrift gilt die gesamte Tätigkeit im Verteilungsverfahren im Sinn von Anm 1 ab, also auch zB: Die Entgegennahme der Aufforderung zur Einreichung der Forderungsberechnung, § 873 ZPO; deren Einreichung; die Prüfung des Verteilungsplans; die Wahrnehmung eines Termins; die Einlegung eines Widerspruchs; die Verhandlung über einen Widerspruch.

Dagegen entsteht keine Gebühr für den Antrag auf die Einleitung eines Verteilungsverfahrens. Denn das Gericht muß das Verfahren von Amts wegen einleiten.

Wenn eine Klage notwendig wird, § 878 ZPO, können für sie neben der Vergütung nach § 60 besondere Gebühren nach §§ 31 ff entstehen. Es findet insofern keine gegenseitige Anrechnung statt. Es kann auch eine Vergleichsgebühr nach § 23 entstehen, GSEM 9, RS 6, SchGei 6.

Das anderweitige Verteilungsverfahren, §§ 880, 882 ZPO, ist nur die Fortsetzung des früheren, unbeendet gebliebenen. Es begründet keine neue Angelegenheit, GSEM 7, RS 2, SchGei 4. Im Fall der Pfändung von Gehalt usw nach § 832 ZPO liegt auch wegen der künftigen Hinterlegungen nur ein einheitliches Verteilungsverfahren vor, GSEM 7, RS 2.

Im Fall der Vertretung mehrerer Gläubiger ist § 6 anwendbar. Man muß die Forderungen zusammenrechnen, RS 7, aM GSEM 6, SchGei 5 (sie nehmen für jeden Gläubiger eine gesonderte Berechnung vor. Es handelt sich aber um dieselbe Angelegenheit.

3) Gebührenhöhe, I. Die Gebühr beträgt für die gesamte Vertretung einmalig 5/10. Falls sich der Auftrag aber vor dem Beginn des Termins zur Ausführung der Verteilung erledigt, beträgt sie nur 3/10. Wenn der Anwalt den stattfindenden Termin nicht wahrnimmt, ohne daß sich der Auftrag vorher erledigt hatte, bleibt es bei der 5/10 Gebühr. Wenn der Auftrag aber von vornherein auf den Zeitraum vor dem Terminsbeginn beschränkt war, zB auf die Einreichung der Forderungsberechnung oder auf die schriftliche Einlegung eines Widerspruchs oder wenn der Auftrag zB vor dem Terminsbeginn durch eine Kündigung, durch die Befriedigung der Gläubiger, durch eine Antragsrücknahme oder durch eine Einigung der Gläubiger, ist die 3/10 Gebühr anwendbar.

4) Gegenstandswert, II. Maßgebend ist zunächst der Betrag der Forderung ohne Zinsen, Kosten oder Nebenforderungen, § 22 I GKG, RS 7, aM GSEM 8, SchGei 5. Wenn der zu verteilende Geldbetrag aber geringer ist, ist dieser geringere Betrag maßgebend. Es kommt auf den Wert am Verteilungstag an. Man muß von dem hinterlegten Betrag die gemeinsamen Kosten aller Gläubiger wegen § 874 II ZPO abziehen, aM GSEM 8, RS 8, SchGei 5 (weil auch der Staat wegen der Kosten an der Verteilung teilnimmt).

Beschwerde, Erinnerung

61 **I Fünf Zehntel der im § 31 bestimmten Gebühren erhält der Rechtsanwalt**

1. im Beschwerdeverfahren;

2. im Verfahren über die Erinnerung gegen die Kostenfestsetzung und gegen den Kostenansatz.

II In derselben Angelegenheit erhält der Rechtsanwalt die in Abs. 1 Nr. 2 bezeichneten Gebühren nur einmal.

III Die Vorschriften des § 32 und des § 33 Abs. 1 und 2 gelten nicht.

Gliederung

1) Systematik

2) Beschwerde, I Z 1
- A. Geltungsbereich
- B. Gebührenhöhe
  - a) Grundsatz
  - b) Prozeßgebühr
  - c) Verhandlungsgebühr
  - d) Beweisgebühr
  - e) Erörterungsgebühr
  - f) Vergleichsgebühr
  - g) Sonstige Fälle
  - h) Mehrheit von Beschwerden
  - i) Gegenstandswert

3) Erinnerung, I 2
- A. Geltungsbereich
  - a) Erinnerung gegen die Kostenfestsetzung
  - b) Erinnerung gegen den Kostenansatz
- B. Gebührenhöhe
  - a) Grundsatz
  - b) Mehrheit von Erinnerungen
  - c) Gegenstandswert

4) Begrenzung in derselben Angelegenheit, II

5) Vorzeitige Auftragsbeendigung usw, III

1) Systematik. Die Vorschrift schafft für die in I genannten Fälle eine vorrangige Sonderregelung. Diese Verfahren gelten also als besondere Angelegenheiten, sowohl untereinander als auch gegenüber anderen Tätigkeiten.

Für die Tätigkeit bei einer Erinnerung gegen die Entscheidung des Rpfl oder des Urkundsbeamten der Geschäftsstelle, § 576 ZPO, ist § 55 anwendbar, sofern die Tätigkeit nicht gemäß § 37 Z 4, 5 zum Rechtszug gehört. Für die Tätigkeit im Erinnerungsverfahren der Zwangsvollstreckung, etwa nach § 766 ZPO, sind §§ 57ff anwendbar. Für die Tätigkeit bei einer Nichtzulassungsbeschwerde vgl § 65a Anm. Wegen einer Beschwerde in einer Entschädigungssache vgl Anh nach § 61a.

Eine Gegenvorstellung, § 25 GKG Anm 5, gehört schon wegen des Fehlens einer Anfallswirkung zum jeweiligen vorangegangenen Rechtszug, § 37 Z 3. Soweit der Anwalt nur einen Auftrag zur Einlegung einer Gegenvorstellung erhalten hat, ist I trotz des Fehlens der Anfallswirkung entsprechend anwendbar, § 2. Als Gegenstandswert muß man denjenigen Betrag ansetzen, für den der Anwalt die Gegenvorstellung erhebt.

2) Beschwerde, I Z 1. A. Geltungsbereich. Vgl zunächst Anm 1. Die Vorschrift erfaßt grundsätzlich jede Art von Beschwerde, also die einfache, die sofortige und auch die weitere Beschwerde, unabhängig von ihrer Bezeichnung, also auch zB dann, wenn sie irrtümlich als Berufung bezeichnet ist, Hamm Rpfleger **72**, 328. Die Vorschrift gilt für jede Beschwerde im Verfahren des 3. Abschnitts und auch dann, wenn dieser Abschnitt entsprechend anwendbar ist, etwa gemäß § 96 II.

Ausnahmeregeln enthalten §§ 47 S 2, 61a S 2, 62 II, 63 II, 64 I, 65a S 2.

I Z 1 ist auch im Verfahren nach § 620c ZPO anwendbar, vgl (zum alten Recht) Köln JB **75**, 196. In einer Scheidungsfolgesache gilt aber die vorrangige Sondervorschrift des § 61a.

Soweit das Gericht über die Beschwerde auf Grund einer mündlichen Verhandlung durch ein Endurteil entscheidet, wie es im Verfahren auf den Erlaß eines Arrests oder einer einstweiligen Verfügung geschehen kann, BLAH § 922 ZPO Anm 4 Bb, gelten vom Zeitpunkt der Anordnung der mündlichen Verhandlung an §§ 31ff unmittelbar.

Diese Frage ist **streitig. Wie hier** zB Ffm AnwBl **78**, 313, KG MDR **75**, 237 je mwN, Kblz DB **85**, 547, vgl auch OVG Bre AnwBl **84**, 562; **aM** zB Hbg MDR **87**, 595 mwN.

I Z 1 gilt im Verfahren der freiwilligen Gerichtsbarkeit nicht; insoweit ist § 118 anwendbar, BGH NJW **69**, 932, BayObLG Rpfleger **74**, 449, AG Bln-Tiergarten AnwBl **84**, 111.

Der im Weg einer Prozeßkostenhilfe beigeordnete Anwalt erhält eine Vergütung nur insoweit, als das Gericht ihn auch für das Beschwerdeverfahren beigeordnet hat. Zur Erstattungsfähigkeit Mü Rpfleger **83**, 292.

B. Gebührenhöhe. a) Grundsatz. Es kann jede der in § 31 genannten Gebühren zu je 5/10 entstehen. Die 5/10 Gebühr ist unabhängig davon, ob in der Sache selbst volle Gebühren oder, wie zB in der Zwangsvollstreckung, nur 3/10-Gebühren entstehen. Im Beschwerdeverfahren entstehen 5/10-Gebühren auch dann, wenn sich die Beschwerde nur gegen einen Ausschnitt aus dem Verfahren der Hauptsache richtet, etwa nur gegen die Entscheidung über ein Ablehnungsgesuch.

b) Prozeßgebühr. Sie gilt grundsätzlich die gesamte Tätigkeit des Anwalts im Beschwerdeverfahren ab. Sie entsteht für den Anwalt des Beschwerdeführers mit der Einreichung der Beschwerdeschrift bei dem Gericht, dessen Entscheidung angegriffen wird, oder beim Beschwerdegericht und unabhängig davon, ob das untere Gericht der Entscheidung abhilft oder ob sich das Verfahren zB anschließend erledigt, LG Kiel AnwBl **83**, 332. Für den Anwalt des Beschwerdegegners entsteht die Gebühr, sobald er sich am Beschwerdeverfahren irgendwie beteiligt, KG Rpfleger **81**, 161.

Dazu genügt es, daß er den angegriffenen Beschluß oder die Beschwerdeschrift oder den Nichtabhilfebeschluß daraufhin prüft, ob er erwidern soll, denn § 32 gilt gemäß III nicht, Ffm Rpfleger **77**, 185 mwN, ähnlich KG Rpfleger **81**, 161, LG Bln Rpfleger **83**, 502 mwN, LG Wuppertal Rpfleger **81**, 161 (zustm Meyer-Stolte), abw Schlesw SchlHA **89**, 131 rechts (nicht im Richter-Ablehnungsverfahren; aber seine Arbeit kann dieselbe sein), oder daß er sich zur Erfolgsaussicht, auch einer etwaigen weiteren Beschwerde, auf Bitten des Auftraggebers oder gar auf Grund einer Aufforderung des Gerichts äußert. Im letzteren Fall ist es unerheblich, ob er bei diesem Gericht zugelassen ist, Stgt AnwBl **79**, 22.

Die bloße Empfangnahme und Weitergabe des Beschwerdebeschlusses genügt nicht. Denn sie ist eine reine Botentätigkeit, Mü Rpfleger **73**, 444, LG Bln Rpfleger **83**, 502, LG Wuppertal Rpfleger **81**, 161 (zustm Meyer-Stolte).

c) Verhandlungsgebühr. Die Verhandlungsgebühr setzt voraus, daß das Beschwerdegericht eine mündliche Verhandlung angeordnet hat und daß diese auch begonnen hat. Ferner muß der Anwalt in der Verhandlung einen Sachantrag gestellt haben. Wegen der Einzelheiten vgl bei § 31 I Z 2.

Es ist unerheblich, ob die mündliche Verhandlung von demjenigen Gericht anberaumt wurde, dessen Entscheidung angegriffen wird, oder erst vom Beschwerdegericht.

d) Beweisgebühr. Sie setzt voraus, daß das Gericht, dessen Entscheidung angegriffen wird, oder das Beschwerdegericht eine Beweisaufnahme durchführt und daß der Anwalt den Auftraggeber in diesem Beweisaufnahmeverfahren vertritt. Die bloße Anhörung der Partei ist keine Beweisaufnahme. Vgl im übrigen bei § 31 I Z 3.

e) Erörterungsgebühr. Die Erörterungsgebühr kann unter den Voraussetzungen § 31 I Z 4 entstehen. Wegen der Anrechnung vgl § 31 II.

f) Vergleichsgebühr. Es kann auch eine Vergleichsgebühr entstehen, und zwar in voller Höhe, sofern die Voraussetzungen des § 23 vorliegen. Soweit der Vergleichsgegenstand den Beschwerdegegenstand übersteigt, entsteht außerdem ½ Prozeßgebühr für den überschießenden Betrag, soweit sie nicht schon in demjenigen Rechtszug entstanden war, dessen Entscheidung der Beschwerdeführer angreift.

g) Sonstige Fälle. Bei einer Aussetzung der Vollziehung nach § 572 II ZPO entsteht keine besondere Gebühr. BFH NJW **73**, 536 gibt für das Beschwerdeverfahren wegen einer Aussetzung oder Aufhebung der Vollziehung gemäß § 69 III FGO 3/10 (jetzt: 5/10) Gebühr des § 31.

h) Mehrheit von Beschwerden. Für mehrere Beschwerden entstehen grundsätzlich mehrere Gebühren, selbst wenn das Gericht in demselben Beschluß über die Beschwerde entscheidet. Das ergibt sich aus dem Vergleich mit der abweichenden Regelung für das Erinnerungsverfahren, I Z 2, II.

Wenn es sich allerdings bei den mehreren Beschwerden praktisch um denselben Vorgang handelt, etwa im Fall der Versagung der Wiedereinsetzung und der Verwerfung der Berufung oder wenn beide Parteien gegen dieselbe Entscheidung Beschwerde einlegen, liegt nur eine Angelegenheit vor, § 13.

i) Gegenstandswert. Er richtet sich nach dem Beschwerdegegenstand. Vgl bei KV 1180, 1181.

3) Erinnerung, I 2. A. Geltungsbereich. Man muß folgende Situationen unterscheiden:

a) Erinnerung gegen die Kostenfestsetzung. Die Vorschrift gilt im Verfahren nach § 104 III ZPO. Für den vorangegangenen Kostenfestsetzungsantrag erhält der ProzBev keine Vergütung, § 37 Z 7, Kblz VersR **81**, 467, Mü Rpfleger **73**, 444. Das Erinnerungsverfahren umfaßt auch die Tätigkeit, soweit der Rpfl der Erinnerung nicht abhilft und die Geschäftsstelle des Rpfl die Akten seinem Gericht vorlegt und soweit dieses Gericht den angefochtenen Beschluß prüft und seine Entscheidung trifft.

Soweit das Gericht des Rpfl über die Erinnerung nicht selbst abschließend entscheidet oder die Erinnerung an den Rpfl zurückverweist, sondern die Akten an das zuständige Rechtsmittelgericht abgibt, wird aus dem Erinnerungsverfahren ein Beschwerdeverfahren nach I Z 1.

Diese Frage ist **streitig. Wie hier** zB Hamm Rpfleger **71**, 14 und JB **79**, 1327, SchGei 9; **aM** zB jetzt Düss Rpfleger **85**, 508, Köln JB **78**, 877, Mü AnwBl **80**, 299 mwN.

Die Vergütung kann auch dann erstattungsfähig sein, wenn der Rpfl oder sein Gericht der Erinnerung abhelfen, Düss JB **70**, 780.

b) Erinnerung gegen den Kostenansatz. I Z 2 ist ferner für das Verfahren nach §§ 5 GKG, 14 KostO, 9 GVKostG anwendbar, nicht aber im bloßen Erinnerungsverfahren nach § 6 II BerHG.

B. Gebührenhöhe. a) Grundsatz. Es gelten grundsätzlich dieselben Regeln wie bei I Z 1, Anm 2 B.

b) Mehrheit von Erinnerungen. Abweichend von I Z 1 erhält der Anwalt bei mehreren Erinnerungen in derselben Angelegenheit die Vergütung nach I Z 2 gemäß II nur einmal. Das gilt auch dann, wenn die Erinnerungen in verschiedenen Rechtszügen eingelegt wurden. Man muß dann die verschiedenen Gegenstände gemäß § 7 II zusammenrechnen.

c) Gegenstandswert. Maßgebend ist derjenige Betrag, um den die Erinnerung eingelegt ist.

4) Begrenzung in derselben Angelegenheit, II. In derselben Angelegenheit erhält der Anwalt die Gebühren nach I Z 2 nur einmal. Als gebührenrechtliche Angelegenheit ist grundsätzlich dasselbe wie bei § 13 II 1 zu verstehen; jedoch ergibt der Sinn der Vorschrift, daß auch das Kostenfestsetzungsverfahren nach einer Kostengrundentscheidung zu derselben Angelegenheit zählt, Schlesw SchlHA **89**, 48 mwN.

5) Vorzeitige Auftragsbeendigung usw, III. In allen diesen Fällen bleiben die Gebühren des § 61 der Höhe nach unverändert. Denn gemäß III sind §§ 32, 33 I, II unanwendbar.

Beschwerde in Scheidungsfolgesachen

61a Bei Scheidungsfolgesachen erhält der Rechtsanwalt im Verfahren über die Beschwerde nach § 621e Abs. 1 und § 629a Abs. 2 der Zivilprozeßordnung sowie über die weitere Beschwerde nach § 621e Abs. 2 und § 629a Abs. 2 der Zivilprozeßordnung die in § 31 bestimmten Gebühren. Die Gebühren richten sich nach § 11 Abs. 1 Satz 4, 5.

Vorbem. S 2 idF Art 3 I Z 8 G vom 9. 12. 86, BGBl 2326, in Kraft seit 1. 1. 87, Art 10, Übergangsrecht § 134.

1) Systematik. Die Vorschrift enthält eine gegenüber § 61 vorrangige Sonderregelung. Das hat seinen Grund in der Erkenntnis, daß eine Scheidungsfolgesache wegen ihrer meist besonderen Schwierigkeit und ihrer erheblichen Dauerwirkung eine gegenüber dem „normalen" Beschwerdeverfahren erhöhte Verantwortung des Anwalts mit sich bringt. Daher erhält er nicht nur 5/10, sondern 10/10 der in § 31 bestimmten Gebühren. Diese Vergünstigung beschränkt sich auf die in S 1 abschließend genannten Verfahren. In einem anderen Beschwerdeverfahren, auch in einer Scheidungssache, bleibt es bei § 61.

Die Vorschrift ist im isolierten FGG-Verfahren, zB wegen der Regelung der elterlichen Sorge, § 621 I Z 1 ZPO, unanwendbar; dann gilt § 118, BGH NJW **81**, 2758.

2) Beschwerde gegen erstinstanzliche Entscheidung, § 621e I ZPO. Es geht um eine im ersten Rechtszug ergangene Endentscheidung über eine Familiensache, und zwar kann die Vergütung für jede Beschwerde über eine Entscheidung der folgenden Art entstehen:

A. § 621 I Z 1 ZPO. Es geht um die Regelung der elterlichen Sorge für ein eheliches Kind, soweit nach den Vorschriften des BGB hierfür das Familiengericht zuständig ist.

B. § 621 I Z 2 ZPO. Es geht um die Regelung des Umgangs des nichtsorgeberechtigten Elternteils mit dem Kind.

C. § 621 I Z 3 ZPO. Es geht um die Herausgabe des Kindes an den anderen Elternteil.

D. § 621 I Z 6 ZPO. Es geht um den Versorgungsausgleich.

E. § 621 I Z 7 ZPO. Es geht um die Regelung der Rechtsverhältnisse an der Ehewohnung und am Hausrat.

F. § 621 I Z 9 ZPO. Es geht um ein Verfahren wegen der Stundung der Ausgleichsforderung, § 1382 BGB, oder wegen der Übertragung von Vermögensgegenständen, § 1383 BGB.

3) Zweitinstanzliche Beschwerde, § 629a II ZPO. Die Vorschrift erfaßt auch eine Beschwerde, die sich gegen ein Urteil des Berufungsgerichts richtet, soweit darin über Folgesachen der in § 621 I Z 1–3, 6, 7, 9 ZPO bezeichneten Art erkannt wurde.

4) Gebührenhöhe. Der Anwalt erhält nicht nur 5/10, sondern 10/10 jeder der in § 31 bestimmten Gebühren, S 1. Das gilt sowohl im Verfahren der Beschwerde vor dem OLG, als auch im Verfahren der weiteren Beschwerde vor dem BGH. Wegen der Einzelheiten der Berechnung vgl zunächst bei § 61.

Jedoch findet im Beschwerdeverfahren bei allen Gebührenarten eine Erhöhung um 3/10 statt, S 2 in Verbindung mit § 11 I 4. Dasselbe gilt im Verfahren auf eine weitere Beschwerde. In diesem Verfahren tritt bei der Prozeßgebühr eine Erhöhung um insgesamt 10/10 statt nur um 3/10 ein. Denn die Parteien können sich vor dem BGH nur durch einen dort zugelassenen Anwalt vertreten lassen, S 2 in Verbindung mit § 11 I 5. BLAH § 621e ZPO Anm 4 und § 629a ZPO Anm 3.

Anhang nach § 61a

Gebühren im Verfahren vor den Entschädigungsgerichten

BEG § 227 I ... II ...

III Für die Gebühren und Auslagen der Rechtsanwälte sind die für bürgerliche Rechtsstreitigkeiten geltenden Vorschriften entsprechend anzuwenden. Im Verfahren über die Beschwerde gegen die Nichtzulassung der Revision erhält der Rechtsanwalt die Hälfte der in § 31 der Bundesgebührenordnung für Rechtsanwälte bestimmten Gebühren nach den Sätzen des § 11 Abs. 1 Satz 4 der Bundesgebührenordnung für Rechtsanwälte.

IV ...

Vorbem. III idF Art 8 § 2 G vom 9. 12. 86, BGBl 2326, in Kraft seit 1. 1. 87, Art 10.

1) Geltungsbereich. III 2 ist eine gegenüber § 61 vorrangige Sonderregelung. Die Vorschrift trägt dem Umstand Rechnung, daß man nach § 220 BEG die Nichtzulassung der Revision durch Beschwerde anfechten kann. Für diese Beschwerde entsteht eine gegenüber § 61 erhöhte Vergütung, um die damit verbundene besondere Verantwortung des Anwalts angemessen abzugelten.

2) Gebührenhöhe. III 2 entspricht weitgehend dem § 114 III BRAGO. Vgl § 114 Anm 4, ferner LAG Hamm MDR **81**, 347.

Arbeitssachen

62 **I Im Verfahren vor den Gerichten für Arbeitssachen und vor dem Schiedsgericht (§ 104 des Arbeitsgerichtsgesetzes) gelten die Vorschriften dieses Abschnitts sinngemäß.**

II Im zweiten und dritten Rechtszug des Beschlußverfahrens erhält der Rechtsanwalt die Gebühren nach § 11 Abs. 1 Satz 4.

III Die Hälfte der in § 31 bestimmten Gebühren erhält der Rechtsanwalt, wenn seine Tätigkeit ausschließlich eine gerichtli-

che Entscheidung über die Bestimmung einer Frist (§ 102 Abs. 3 des Arbeitsgerichtsgesetzes), die Ablehnung eines Schiedsrichters (§ 103 Abs. 3 des Arbeitsgerichtsgesetzes) oder die Vornahme einer Beweisaufnahme oder einer Vereidigung (§ 106 Abs. 2 des Arbeitsgerichtsgesetzes) betrifft. § 67 Abs. 4 gilt sinngemäß.

Vorbem. II idF Art 3 I Z 9 G vom 9. 12. 86, BGBl 2326, in Kraft seit 1. 1. 87, Art 10, Übergangsrecht § 134.

1) Systematik. Die Vorschrift enthält eine vorrangige Sonderregelung für die dort genannten Fälle. I, III sind gegenüber § 67 vorrangig. Allerdings ist § 67 IV gemäß § 62 III 2 sinngemäß anwendbar. Für die Vollstreckbarerklärung entstehen Gebühren nach § 46.

§ 65 I Z 2, 3 enthalten vorrangige Sonderregelungen gegenüber § 62.

Im Fall einer Verweisung an das ordentliche Gericht nach § 48 ArbGG gilt § 14.

2) Erster Rechtszug, Schiedsgericht, I. A. Geltungsbereich. Vgl zunächst Anm 1. Die Vorschrift gilt im Verfahren vor dem ArbG, und zwar sowohl im Urteilsverfahren, §§ 2, 3 ArbGG, als auch im Beschlußverfahren, §§ 2a, 3 ArbGG, und schließlich auch vor dem Schiedsgericht, § 104 ArbGG. Die Vorschrift gilt auch im Verfahren nach § 54 ArbGG.

B. Gebührenhöhe. Die Vorschriften des 3. Abschnitts gelten sinngemäß. Es können sämtliche Gebühren der §§ 31 ff entstehen. Im Beschwerdeverfahren nach § 78 ArbGG ist § 61 I Z 1 sinngemäß anwendbar. In der Zwangsvollstreckung sind §§ 57 ff sinngemäß anwendbar.

Ein Anwalt kann gemäß §§ 114 ff ZPO im Weg einer Prozeßkostenhilfe beigeordnet werden. LAG Hamm NJW **53**, 1808. Er erhält dann eine Vergütung gemäß §§ 121 ff. I gilt auch im Verfahren nach § 54 ArbGG. Für die vom Vorsitzenden in der Güteverhandlung, dazu Hecker/Baldus AnwBl **85**, 230, vorgenommenen Aufklärungshandlungen nach § 54 I 3 ArbGG entsteht keine Beweisgebühr. Denn es handelt sich insofern nur um informatorische Maßnahmen.

Im Beschlußverfahren erster Instanz entstehen ebenfalls Gebühren nach §§ 31 ff. Eine Verhandlungsgebühr erwächst nur, soweit eine mündliche Verhandlung stattfindet. Im Fall der mündlichen Anhörung oder einer schriftlichen Äußerung, § 83 IV 1 ArbGG, kann auch eine Erörterungsgebühr entstehen, § 31 I Z 4. Wegen ihrer Anrechnung § 31 II. Soweit zur Aufklärung des Sachverhalts eine Urkunde eingesehen wird, ist § 34 anwendbar.

3) Zweiter, dritter Rechtszug, II. A. Urteilsverfahren. Es entstehen die gemäß § 11 I 4, 5 erhöhten Gebühren der §§ 31 ff. LAG Hann AnwBl **85**, 274 wendet bei § 72a ArbGG den § 2 BRAGO an und gibt $^{13}/_{20}$-Gebühren.

B. Beschlußverfahren. Gegen einen Beschluß des ArbGG ist die Beschwerde an das LAG statthaft, § 87 I ArbGG. Gegen einen das Verfahren beendenden Beschluß ist unter Umständen die Rechtsbeschwerde an das BAG zulässig, § 92 ArbGG. Für diese weiteren Rechtszüge des Beschlußverfahrens entstehen gemäß II die Gebühren der §§ 31 ff ebenfalls gemäß § 11 I 4, 5 erhöht.

Der Gegenstandswert ist nach § 8 II zu berechnen. Denn das Verfahren ist gerichtsgebührenfrei.

4) Schiedsrichterliches Verfahren, III. Vgl zunächst Anm 1. Für die Tätigkeit im schiedsrichterlichen Verfahren nach §§ 104ff ArbGG entstehen Gebühren nach §§ 31ff gemäß I, vor dem Oberschiedsgericht entstehen die um 3/10 erhöhten Gebühren, § 11 I 4.

Soweit das Schiedsgericht allerdings eine Hilfe des Staatsgerichts benötigt, § 1036 ZPO, erhält der im schiedsgerichtlichen Verfahren zum ProzBev bestellte Anwalt für das Verfahren vor dem Staatsgericht keine besondere Vergütung. Denn das schiedsgerichtliche und das staatsgerichtliche Verfahren stellen gebührenrechtlich denselben Rechtszug dar, III 2 in Verbindung mit § 67 IV.

Soweit der Anwalt demgegenüber ausschließlich eine Tätigkeit im Sinn von III ausübt, entstehen für ihn die in § 31 bestimmten Gebühren zu je ½. Die Vorschrift enthält eine dem § 46 II vergleichbare, jedoch auf das Arbeitsgerichtsverfahren beschränkte und insofern vorrangige Regelung.

Für die Vollstreckbarerklärung enthält § 62 keine Sonderregelung. Insofern ist § 46 I anwendbar.

5) Kostenerstattung. A. Erkenntnisverfahren erster Instanz. Gemäß § 12a I 1 ArbGG besteht im Urteilsverfahren des ersten Rechtszugs kein Anspruch der siegenden Partei auf eine Entschädigung wegen der Zuziehung eines ProzBev usw. Diese Regelung gilt auch insofern, als der Anwalt in einer eigenen Sache als ProzBev tätig ist, LAG Ffm NJW **53**, 1080. Entsprechend diesem Grundsatz setzt das ArbG auch nicht solche außergerichtlichen Kosten fest, die eine Partei vergleichsweise übernommen hat, LAG Düss NJW **55**, 360, aM LAG Mü NJW **54**, 656.

Allerdings sind Kosten des Anwalts erstattungsfähig, soweit die Partei mit seiner Einschaltung eine eigene Aufwendung, insbesondere Reisekosten, ersparen konnte, LAG Hbg MDR **56**, 510, aM LAG Ffm NJW **55**, 727. Demgemäß sind Anwaltskosten vor einem ordentlichen Gericht erstattungsfähig, soweit dieses den Rechtsstreit an das ArbG verweist.

Im umgekehrten Fall sind die Kosten des Anwalts im Verfahrensabschnitt vor dem ArbG vor der Verweisung an das ordentliche Gericht nicht erstattungsfähig, Celle NdsRpfl **57**, 71.

B. Berufung, Revision. In diesen Rechtszügen richtet sich die Erstattungsfähigkeit gemäß §§ 64 VI, 72 V ArbGG nach § 91 ZPO.

C. Zwangsvollstreckung. Die Kosten dieses Verfahrens sind grundsätzlich erstattungsfähig, da § 12a I 1 ArbGG nur für das Erkenntnisverfahren gilt, LAG Hamm NJW **55**, 1048.

Hausratssachen, Wohnungseigentumssachen, Landwirtschaftssachen, Regelung der Auslandsschulden

63 **I Die Vorschriften dieses Abschnitts gelten für folgende Verfahren sinngemäß:**

1. Verfahren nach der Verordnung über die Behandlung der Ehewohnung und des Hausrats vom 21. Oktober 1944 (Reichsgesetzbl. I S. 256);

2. Verfahren nach § 43 des Wohnungseigentumsgesetzes;
3. Verfahren nach dem Gesetz über das gerichtliche Verfahren in Landwirtschaftssachen vom 21. Juli 1953 (Bundesgesetzbl. I S. 667);
4. Verfahren nach § 76 des Gesetzes zur Ausführung des Abkommens vom 27. Februar 1953 über deutsche Auslandsschulden vom 24. August 1953 (Bundesgesetzbl. I S. 1003).

II Im Verfahren über die Beschwerde gegen eine den Rechtszug beendende Entscheidung erhält der Rechtsanwalt die gleichen Gebühren wie im ersten Rechtszug.

III Im Verfahren nach der Verordnung über die Behandlung der Ehewohnung und des Hausrats vom 21. Oktober 1944 (Reichsgesetzbl. I S. 256) erhält der Rechtsanwalt die im § 31 bestimmten Gebühren nur zur Hälfte.

IV Im Verfahren nach § 35 Abs. 1 Nr. 1 und § 36 des Gesetzes über das gerichtliche Verfahren in Landwirtschaftssachen vom 21. Juli 1953 (Bundesgesetzbl. I S. 667) erhält der Rechtsanwalt die im § 31 bestimmten Gebühren nur zu drei Zehnteln; die Vorschriften des § 32 und des § 33 Abs. 1 und 2 gelten nicht. Wird in einem Verfahren, in dem eine mündliche Verhandlung auf Antrag stattfinden muß, ohne mündliche Verhandlung entschieden, so erhält der Rechtsanwalt die gleichen Gebühren wie in einem Verfahren mit mündlicher Verhandlung.

Gliederung

5) Londoner Schuldenabkommen, I, II
A. Grundsatz
B. Einzelfragen
a) Verhandlungsgebühr
b) Gegenstandswert

1) Systematik. Die Vorschrift regelt die Vergütung des Anwalts in einer abschließend aufgezählten Reihe von Verfahrensarten der freiwilligen Gerichtsbarkeit mit Rücksicht auf deren Ähnlichkeit mit einem ordentlichen Rechtsstreit dahin, daß der 3. Abschnitt sinngemäß anwendbar ist. Man muß also im Einzelfall prüfen, ob eine Vorschrift der §§ 31 ff auf das in § 63 jeweils genannte Verfahren einigermaßen paßt. Anwendbar sein können zB: § 41, Schmidt AnwBl **82**, 239; §§ 51 ff, KG AnwBl **81**, 73 mwN.

Auf ein in I nicht genanntes Verfahren der freiwilligen Gerichtsbarkeit ist § 118 anwendbar.

Im Fall einer Verweisung vom Prozeßgericht an das Gericht der freiwilligen Gerichtsbarkeit oder umgekehrt gilt § 14.

2) Hausratssache, I–III. A. Grundsatz. Der Anwalt erhält die in § 31 bestimmten Gebühren nur zu ½, III. Das gilt auch für den im Weg einer Prozeßkostenhilfe beigeordneten Anwalt, § 123 I. Auch im Beschwerdeverfahren gegen eine den Rechtszug beendende Entscheidung entstehen nur jeweils ½ Gebühren, II. Davon gilt für eine andere mit der Beschwerde angegriffene Entscheidung aber eine Ausnahme.

III ist auch dann anwendbar, wenn sich das Verfahren der getrenntlebenden Eheleute auf eine Zuweisung der Ehewohnung richtet, ohne daß ein Scheidungsverfahren anhängig ist, KG MDR **84**, 154 mwN.

B. Einzelfragen. Im einzelnen ergibt sich folgende Regelung:

a) Prozeßgebühr. Der Anwalt erhält ½ Prozeßgebühr unter denselben Voraussetzungen wie § 31 I Z 1.

b) Verhandlungsgebühr. Der Anwalt erhält ½ Verhandlungsgebühr, wenn er bei einer mündlichen Verhandlung mitwirkt. Es kommt aber nicht auf einen Sachantrag oder sonstigen Antrag an. Denn im Verfahren herrscht der Amtsermittlungsgrundsatz. Es gibt also keine streitige Verhandlung im Sinn des Zivilprozesses. Infolgedessen entsteht die ½ Gebühr auch bei einer „nichtstreitigen" Verhandlung.

c) Beweisgebühr. Die ½ Beweisgebühr entsteht, soweit der Anwalt an einer vom Gericht angeordneten oder tatsächlich vorgenommenen Beweisaufnahme im Sinn von § 31 I Z 3 mitwirkt, vgl dort.

d) Erörterungsgebühr. Eine Erörterungsgebühr ist möglich. Freilich liegt in der „Erörterung" meist zugleich schon eine „Verhandlung" im Sinn von § 31 I Z 2, weil es, anders als im ordentlichen Rechtsstreit, zur Auslösung der Verhandlungsgebühr nicht auf einen Sachantrag ankommt, b.

Wegen der Anrechnung einer Erörterungsgebühr vgl § 31 II.

e) Vergleichsgebühr. Es kann auch zu einer Vergleichsgebühr kommen, und zwar in voller Höhe, soweit die Voraussetzungen des § 23 erfüllt sind.

f) Vorzeitige Auftragsbeendigung. In diesem Fall kann unter den Voraussetzungen des § 32 die gemäß § 63 III ohnehin nur in Höhe von ½ entstehende Prozeßgebühr nochmals zu halbieren sein, also auf ¼ Gebühr. Denn § 32 I ist anwendbar. Das ergibt sich schon daraus, daß III, anders als IV, nicht ausdrücklich bestimmt, daß § 32 unanwendbar sei.

g) „Nichtstreitige" Verhandlung, Antrag nur zur Prozeß- oder Sachleitung. In einem solchen Fall bleibt die nach § 31 entstandene ½ Verhandlungsgebühr unverändert. § 33, der eine weitere Halbierung (auf ¼) vorschreibt, ist zwar nach dem Wortlaut des III, anders als bei IV, nicht unanwendbar. Indessen ist III auf ein Verfahren mit Parteibetrieb zugeschnitten, während das Verfahren in einer Hausratssache vom Amtsermittlungsgrundsatz beherrscht wird, A.

h) Beschwerdeverfahren. Man muß folgende Situationen unterscheiden:

aa) Gegen eine den Rechtszug beendende Entscheidung, II. In diesem Verfahren erhält der Anwalt die gleichen Gebühren wie im ersten Rechtszug, also die in § 31 bestimmten Gebühren zu ½.

bb) Gegen eine andere Entscheidung. In diesem Fall ist § 61 I Z 1 anwendbar.

i) Hausratssache als Scheidungssache. In einem solchen Fall ist I Z 1 unanwendbar; es gelten §§ 31 ff direkt, Hamm Rpfleger **80**, 77 mwN.

j) Gegenstandswert. Gemäß § 8 BRAGO ist § 21 II HausrVO anwendbar. Der Gegenstandswert bestimmt sich also, soweit der Streit die Wohnung betrifft, nach dem einjährigen Mietwert und, soweit der Streit den Hausrat betrifft, nach dem Wert des Hausrats. Soweit er aber im wesentlichen nur die Benutzung des Hausrats betrifft, muß man das Interesse der Beteiligten an der Regelung ansetzen. Das Gericht setzt den Wert in jedem Fall von Amts wegen fest.

k) Kostenerstattung. Gemäß § 20 S 2 HausrVO kann der Richter im Rahmen seiner Ermessensentscheidung darüber, welcher Beteiligte die Kosten zu tragen hat, auch bestimmen, daß die außergerichtlichen Kosten ganz oder teilweise zu erstatten sind. Die Vorschrift spricht von einem „billigen" Ermessen, meint aber in Wahrheit ein pflichtgemäßes Ermessen des Gerichts. Dabei sind die in §§ 91 ff ZPO genannten Grundsätze entsprechend anwendbar, soweit sie auf das Verfahren passen.

3) Wohnungseigentumssache, I, II. A. Grundsatz. Anders als bei einer Hausratssache entstehen die in § 31 bestimmten Gebühren voll, soweit deren Voraussetzungen im übrigen vorliegen. Wegen einer ½ Verhandlungsgebühr LG Mü AnwBl **77**, 168.

B. Einzelfragen. Vgl zunächst Anm 2 B entsprechend. Im übrigen gilt:

a) Verhandlungsgebühr. Es entsteht grundsätzlich die volle Verhandlungsgebühr. Wegen der ½ Verhandlungsgebühr LG Mü AnwBl **77**, 168.

b) Beschwerdeverfahren. Es gilt dieselbe Regelung wie bei einer Hausratssache.

c) Einstweilige Anordnung. Im Fall eines Verfahrens nach § 43 III WEG entsteht keine besondere Vergütung für den Anwalt, der schon für das vorangegangene Verfahren zum ProzBev bestellt wurde, Karlsr Rpfleger **65**, 248.

d) Beschwerde. II ist anwendbar.

e) Gegenstandswert. Gemäß § 8 BRAGO ist zunächst § 48 II WEG maßgeblich. Danach setzt das Gericht den Wert nach dem Interesse der Beteiligten an der Entscheidung von Amts wegen fest.

Soweit eine solche Wertfestsetzung fehlt, ist grundsätzlich § 10 BRAGO anwendbar. Wenn der Anwalt jedoch einen gemäß § 43 WEG ergangenen Beschluß voll anficht, ist für das Beschwerdeverfahren § 10 unanwendbar, BayObLG Rpfleger **75**, 98.

f) Kostenerstattung. Maßgeblich ist § 47 S 2 WEG. Nach dieser Vorschrift kann das Gericht im Rahmen der Verteilung der Gerichtskosten auch bestimmen, daß die außergerichtlichen Kosten ganz oder teilweise zu erstatten sind. § 47 spricht vom „billigen" Ermessen, meint aber ein „pflichtgemäßes" Ermessen. Dabei muß das Gericht §§ 91 ff ZPO beachten, soweit diese Vorschriften zum Verfahren passen.

4) Landwirtschaftssache, I, II, IV. A. Grundsatz. Anders als bei einer Hausratssache können, ebenso wie in einer Wohnungseigentumssache, die im § 31 bestimmten Gebühren grundsätzlich voll entstehen. Davon gilt allerdings eine Abweichung gemäß IV 1 für den Fall eines Verfahrens, in dem das Gericht über die Genehmigung eines Vertrags nach §§ 35 I Z 1, 36 LwVG zu entscheiden hat: In diesem Fall ermäßigen sich alle Gebühren des § 31 auf je $^{3}/_{10}$. Dann kommt es allerdings für den Fall, daß der Auftrag vorzeitig endet oder daß es sich um eine nichtstreitige Verhandlung oder nur um einen Antrag zur Prozeß- oder Sachleitung handelt, nicht zu einer weiteren Ermäßigung dieser $^{3}/_{10}$ Gebühren, denn §§ 32, 33 I, II gelten gemäß § 63 IV, I Hs 2 nicht.

B. Einzelfragen. Vgl Madert AnwBl **83**, 5 (ausf). Es gelten folgende Besonderheiten:

a) Genehmigungsverfahren. Vgl zunächst A. Celle Rpfleger **78**, 342 zählt hierzu auch ein Verfahren nach § 10 RSiedlG.

b) Keine mündliche Verhandlung. Auf Grund des Antrags eines Beteiligten muß das Gericht grundsätzlich gemäß § 15 I LwVG eine mündliche Verhandlung anordnen. Wenn eine Entscheidung ohne eine mündliche Verhandlung ergeht, erhält der Anwalt die volle Vergütung, allerdings in einem Genehmigungsverfahren, a, nur je $^{3}/_{10}$ Gebühr, aM GSchm 22, 23 (er bezieht IV 2 nur auf das in §§ 35 I Z 1, 36 LwVG genannten Fälle. Eine solche Beschränkung ergibt das Gesetz aber nicht).

Es entsteht in diesen Fällen dann also auch die Verhandlungsgebühr und im Fall einer Ermittlung auch eine Beweisgebühr.

Allerdings entsteht keine Verhandlungsgesbühr, wenn der Anwalt den Antrag zurücknimmt, ehe der Gegner erwidern konnte. Celle RdL **58**, 215, oder wenn zunächst nur schriftliche Erörterungen stattfanden, sich dann aber doch noch eine mündliche Verhandlung anschließt (in ihr ist ausnahmsweise kein ausdrücklicher Antrag notwendig, Celle Rpfleger **75**, 64), und wenn der Anwalt an dieser mündlichen Verhandlung nicht mehr teilnimmt, Celle Rpfleger **75**, 64.

Vor dem BGH braucht eine mündliche Verhandlung trotz eines etwaigen Antrags eines Beteiligten gemäß § 27 III LwVG nicht stattzufinden. Infolgedessen entfällt in diesem Verfahrensabschnitt der Zweck des IV 2. Daher entsteht dort ohne eine mündliche Verhandlung auch keine Verhandlungsgebühr, BGH Rpfleger **56**, 335.

c) Beschwerdeverfahren. Man muß folgende Situationen unterscheiden:

aa) Gegen eine den Rechtszug beendende Entscheidung, II. In diesem Verfahren entstehen die gleichen Gebühren wie im ersten Rechtszug. § 61 I Z 1 ist auf eine solche Beschwerde unanwendbar, Celle Rpfleger **75**, 64 mwN.

bb) Gegen eine andere Entscheidung. In diesem Fall ist § 61 I Z 1 anwendbar.

cc) Weitere Einzelfragen. Eine Gebühr entsteht auch dann, wenn die Partei nach einer schriftlichen streitigen Antragstellung die Beschwerde zurücknimmt, Hamm RdL **60**, 244, oder wenn das Gericht eine mündliche Verhandlung hätte anberaumen müssen, IV 2, wenn die Beschwerde aber unzulässig ist, Celle RdL **60**, 270.

d) Gegenstandswert. Gemäß § 8 BRAGO ist § 34 II LwVG anwendbar, vgl dort Anm 2 B, Teil IV dieses Buchs.

5) Londoner Schuldenabkommen, I, II. A. Grundsatz. Es können die vollen Gebühren nach § 31 entstehen, auch im Beschwerdeverfahren gegen eine den Rechtszug beendende Entscheidung, II.

B. Einzelfragen. a) Verhandlungsgebühr. Da eine mündliche Verhandlung vorgeschrieben ist, entsteht die Gebühr auch dann, wenn das Gericht im Einverständnis der Parteien ausnahmsweise ohne eine mündliche Verhandlung entscheidet, § 35, GSEM 30.

b) Gegenstandswert. Maßgeblich ist gemäß § 89 II 2 AusfG zum Londoner Schuldenabkommen § 30 II KostO; vgl § 30 Anm 2ff KostO, Teil III dieses Buchs.

Vertragshilfeverfahren

64 I **Im Verfahren nach dem Vertragshilfegesetz,** im Verfahren nach § 14 des Gesetzes über die innerdeutsche Regelung von Vorkriegsremboursverbindlichkeiten vom 20. August 1953 (Bundesgesetzbl. I S. 999) **und im Verfahren nach § 22 des Umstellungsergänzungsgesetzes und § 9 Abs. 3 des Zweiten Umstellungsergänzungsgesetzes erhält der Rechtsanwalt fünf Zehntel der vollen Gebühr für jeden Rechtszug. § 23 gilt nicht.**

II **Die Gebühr wird nach dem Nennwert der Hauptforderung berechnet; wenn das Verfahren lediglich Nebenforderungen betrifft, nach der Höhe der Rückstände. Betrifft das Verfahren lediglich die Beseitigung von Rechtsfolgen, die durch Nichtzahlung von Miet- oder Pachtzinsen eingetreten sind, so wird die Gebühr nach dem einjährigen Miet- oder Pachtzins berechnet.**

Vorbem. Das G über die innerdeutsche Regelung von Vorkriegsremboursverbindlichkeiten ist aufgehoben, Art 21 des II. RechtsbereinigungsG vom 16. 2. 86, BGBl 2441. Man hat dabei vergessen, I anzupassen.

1. Geltungsbereich. Die Vorschrift regelt die Vergütung des Anwalts in einigen Fällen, für die verfahrensrechtlich mit gewissen Besonderheiten das FGG gilt, vgl Tschischgale JB **64**, 77, 163. Im einzelnen ergibt sich:

A. Vertragshilfegesetz. Im Verfahren nach dem VHG vom 26. 3. 52, BGBl 198, ist § 64 anwendbar, und zwar nicht nur in den in §§ 1ff VHG genannten Fällen, sondern auch dann, wenn andere Gesetze das VHG für anwendbar erklären, zB §§ 82ff BVertriebG oder § 26a HeimkehrerG, GSEM 2, RS 2, SchGei 2.

B. Ostberliner Altgeldguthaben. Im Verfahren nach § 9 III des 2. UmstErgG vom 23. 3. 57, BGBl 285, ist § 64 anwendbar.

C. Weitere Fälle. Soweit der Anwalt über die in A–D genannten Verfahren hinaus tätig wird, kann eine gesonderte Vergütung etwa nach § 57 oder nach § 118 entstehen, erstere zB im Verfahren nach §§ 12 V, 14 S 2, 16 II VHG, GSEM 12. Eine Tätigkeit im Verfahren nach § 11 III VHG gehört zum Rechtszug und wird durch die Gebühren nach § 31 I mit abgegolten, GSEM 13, RS 2.

2) Gebührenhöhe, I. A. Grundsatz. Die Gebühr beträgt $^5/_{10}$. Sie ist eine einmalige Pauschgebühr und gilt den gesamten Rechtszug ab, einschließlich einer etwaigen mündlichen Verhandlung, der Mitwirkung an einer Beweisaufnahme und der Mitwirkung am Abschluß eines gerichtlichen Vergleichs, denn § 23 gilt gemäß I 2 nicht (dagegen kann die Vergleichsgebühr bei einer außergerichtlichen Einigung entstehen, GSEM 14 mwN). Sie gilt auch die Mitwirkung an einer einstweiligen Anordnung zB nach § 12 VHG ab.

Der Anspruch entsteht mit jeder auftragsgemäßen Tätigkeit in einem der in I genannten Verfahren unabhängig davon, wieweit der Auftrag zur Durchführung kommt. Es entsteht also im Fall einer vorzeitigen Beendigung des Auftrags keine Ermäßigung der $^1/_2$ Gebühr, GSEM 6, RS 3, SchGei 7, 8.

B. Rechtszug. Die Vergütung entsteht für jeden Rechtszug, I 1. Zum Rechtszug gehört nicht die Zwangsvollstreckung; in ihr entstehen Gebühren nach § 57. Jeder Rechtszug ergibt eine neue $^5/_{10}$ Gebühr. Im Verfahren über die Beschwerde gegen eine den Rechtszug beendende Entscheidung entsteht ebenfalls $^5/_{10}$ Gebühr, GSEM 9, RS 3, aM Tschischgale MDR **58**, 644 (er setzt $^{13}/_{10}$ an. Diese Berechnung steht aber im Gegensatz zu I 1, wonach $^5/_{10}$ „für jeden Rechtszug" entstehen). Eine andere Beschwerde gehört zum vorangegangenen Rechtszug.

C. Mehrere Maßnahmen. Soweit der Anwalt in demselben Verfahren mehrere Maßnahmen beantragt, liegt nur eine Angelegenheit vor. Wenn das Gericht mehrere Stundungen oder eine Stundung und eine Herabsetzung der Verbindlichkeit nach § 15 II VHG nacheinander anordnet, gilt das Verfahren über jede dieser Maßnahmen als besonderes Verfahren, § 19 III VHG; insoweit kann die Gebühr in jedem dieser Verfahren neu entstehen.

3) Gegenstandswert, II. Es gilt die folgende Regelung:

A. Hauptforderung, II 1. In dem Verfahren über die Hauptforderung ist ihr Nennwert in DM ohne Zinsen maßgeblich. Der volle Nennwert gilt auch dann, wenn es nur um eine Stundung oder nur um eine verhältnismäßig geringe Herabsetzung der Forderung geht. Soweit es sich um die Umwandlung eines Guthabens handelt, muß man den nun geforderten Betrag in DM ansetzen.

B. Nebenforderung, II 1. Soweit das Verfahren lediglich eine Nebenforderung betrifft, ist die Höhe der Rückstände maßgeblich.

C. Nichtzahlung von Miet- oder Pachtzinsen, II 2. Soweit das Verfahren lediglich die Beseitigung von Rechtsfolgen betrifft, die durch die Nichtzahlung von Miet- oder Pachtzinsen eingetreten sind, § 5 VHG, ist der einjährige Zins anzusetzen.

D. Beschwerde. Die vorgenannten Grundsätze gelten auch für die Beschwerdeinstanz. Daher ist, abweichend von § 8 BRAGO, § 19 VII VHG für die Berechnung der Anwaltsgebühren nicht maßgebend.

4) Kostenerstattung. Gemäß § 20 S 1 VHG findet keine Kostenerstattung statt.

Güteverfahren

65 **I Eine volle Gebühr erhält der Rechtsanwalt**

1. im Güteverfahren vor einer Gütestelle der in § 794 Abs. 1 Nr. 1 der Zivilprozeßordnung bezeichneten Art;

2. im Verfahren vor einem Ausschuß der in § 111 Abs. 2 des Arbeitsgerichtsgesetzes bezeichneten Art;

3. im Verfahren vor dem Seemannsamt zur vorläufigen Entscheidung von Arbeitssachen;

4. im Verfahren vor sonstigen gesetzlich eingerichteten Einigungsstellen, Gütestellen oder Schiedsstellen.

Auf die Prozeßgebühr, die der Rechtsanwalt in dem nachfolgenden Rechtsstreit erhält, wird die Gebühr nicht angerechnet.

II Der Rechtsanwalt erhält eine volle Gebühr für die Mitwirkung bei einer Einigung der Parteien, die in einem der in Absatz 1 bezeichneten Verfahren erzielt wird. § 23 gilt nicht.

1) Geltungsbereich. Die Vorschrift bezieht sich, wie I Z 4 ergibt, grundsätzlich auf jedes bundes- oder landesrechtliche Einigungs-, Güte- oder Schiedsverfahren. I Z 1–3 zählen einige dieser Verfahrensarten beispielhaft und nicht abschließend auf. Im einzelnen ergibt sich:

A. Gütestelle, I Z 1. Es geht um das Verfahren vor einer vor einem Gericht der BRep oder vor einer durch die Landesjustizverwaltung eingerichteten oder anerkannten Gütestelle im Sinn von § 794 I Z 1 ZPO.

Gütestellen sind derzeit nur durch die Landesjustizverwaltungen eingerichtet, und zwar bei der Sozialverwaltung Hamburg (Öffentliche Rechtsauskunfts- und Vergleichsstelle), VO vom 4. 2. 46, Hbg VOBl 13, Hbg FamRZ **84**, 69, GebO vom 2. 1. 50, VOBl 82, ferner für Lübeck, AV LJM vom 4. 8. 49, SchlHA 276, und 17. 12. 52,

SchlHA **53**, 9, ferner für München, vgl BLAH Anh nach § 307 ZPO Anm 4 B, § 794 ZPO Anm 2 A, § 797a ZPO Anm 1.

B. Schlichtungsausschuß, I Z 2. Es handelt sich um das Verfahren vor dem zur Beilegung von Streitigkeiten zwischen Ausbildenden und Auszubildenden aus einem bestehenden Berufsausbildungsverhältnis von den Handwerksinnungen und im übrigen von den zuständigen Stellen im Sinne des Berufsbildungsgesetzes gebildeten Ausschüssen, § 111 II ArbGG, LAG Hamm MDR **89**, 186.

C. Seemannsamt, I Z 3. Es handelt sich um das Verfahren vor dem Seemannsamt, soweit es zur vorläufigen Entscheidung einer Arbeitssache zuständig ist, § 111 I 2 ArbGG in Verbindung mit § 69 SeemannsG vom 26. 7. 57, BGBl II 713.

D. Sonstige Einigungsstelle, Gütestelle oder Schiedsstelle, I Z 4. Hierher gehören alle weiteren bundes- oder landesrechtlich eingerichteten Stellen dieser Art.

In Betracht kommt zunächst das Verfahren vor einer Einigungsstelle nach § 76 BetrVG, Bauer AnwBl **25**, 229, Mümmler JB **81**, 1148. Für die Mitglieder einer Einigungsstelle gelten an sich §§ 612, 315, 316 BGB, soweit keine besondere Vereinbarung besteht, BAG DB **89**, 232. Für die Mitglieder einer Einigungsstelle nach dem BetrVG gilt seit 1. 1. 89

§ 76a BetrVG. Kosten der Einigungsstelle

I Die Kosten der Einigungsstelle trägt der Arbeitgeber.

II Die Beisitzer der Einigungsstelle, die dem Betrieb angehören, erhalten für ihre Tätigkeit keine Vergütung; § 37 Abs. 2 und 3 gilt entsprechend. Ist die Einigungsstelle zur Beilegung von Meinungsverschiedenheiten zwischen Arbeitgeber und Gesamtbetriebsrat oder Konzernbetriebsrat zu bilden, so gilt Satz 1 für die einem Betrieb des Unternehmens oder eines Konzernunternehmens angehörenden Beisitzer entsprechend.

III Der Vorsitzende und die Beisitzer der Einigungsstelle, die nicht zu den in Absatz 2 genannten Personen zählen, haben gegenüber dem Arbeitgeber Anspruch auf Vergütung ihrer Tätigkeit. Die Höhe der Vergütung richtet sich nach den Grundsätzen des Absatzes 4 Satz 3 bis 5.

IV Der Bundesminister für Arbeit und Sozialordnung kann durch Rechtsverordnung die Vergütung nach Absatz 3 regeln. In der Vergütungsordnung sind Höchstsätze festzusetzen. Dabei sind insbesondere der erforderliche Zeitaufwand, die Schwierigkeit der Streitigkeit sowie ein Verdienstausfall zu berücksichtigen. Die Vergütung der Beisitzer ist niedriger zu bemessen als die des Vorsitzenden. Bei der Festsetzung der Höchstsätze ist den berechtigten Interessen der Mitglieder der Einigungsstelle und des Arbeitgebers Rechnung zu tragen.

V Von Absatz 3 und einer Vergütungsordnung nach Absatz 4 kann durch Tarifvertrag oder in einer Betriebsvereinbarung, wenn ein Tarifvertrag dies zuläßt oder eine tarifliche Regelung nicht besteht, abgewichen werden.

Soweit der Anwalt nicht als Beisitzer tätig wird, sondern als Parteivertreter, bleibt § 65 I Z 4, II anwendbar, Bauer/Röder DB **89**, 224.

Weiter kommen in Betracht: Das Verfahren vor dem Schiedsmann nach der preußischen SchiedsmannO; das Verfahren vor der bei der Industrie- und Handelskammer eingerichteten Einigungsstelle, § 13 RabattG, § 27a UWG; das Verfahren vor der beim Patentamt eingerichteten Schiedsstelle, §§ 28ff ArbEG vom 25. 7. 57, BGBl 756, LG Mannh Mitt deutscher Patentanwälte **64**, 196; das Verfahren vor einer Schiedsstelle nach § 14 des G über die Wahrnehmung von Urheberrechten und verwandten Schutzrechten. Im Verfahren nach § 15 dieses Gesetzes gilt allerdings § 65b als vorrangige Sondervorschrift; das Verfahren vor der Schiedsstelle wegen eines Anspruchs gegenüber dem Entschädigungsfonds nach § 14 Z 3a des G vom 5. 4. 65, BGBl 213.

Auch weitere Verfahren vor sonstigen gesetzlich eingerichteten Einigungsstellen oder Schiedsstellen oder Gütestellen könne hierher zählen. Das setzt allerdings voraus, daß ein solches Verfahren einen bürgerlichen Rechtsstreit durch die Betätigung jener Stelle verhindern soll. Denn § 65 steht im 3. Abschnitt.

E. Fälle der Unanwendbarkeit. Nicht hierher gehören: Der Sühneversuch in einer Privatklagesache entsprechend § 380 StPO. Insofern gilt § 94 V; die Güteverhandlung gemäß § 54 ArbGG. Denn mit ihr beginnt bereits die mündliche Verhandlung. Insofern gelten §§ 31ff; ein Verfahren vor einer der zahlreichen privat eingerichteten Schieds- und Schlichtungsstellen. Üb bei Morach, Schieds- und Schlichtungsstellen in der BRep, 1984 (Bespr Pelz DRiZ **85**, 316). Insofern gelten §§ 20, 118, 120.

2) Gebührenhöhe. A. Grundsatz, I 1. Der Anwalt erhält eine Pauschgebühr in Höhe einer vollen Gebühr. Sie gilt grundsätzlich seine gesamte Tätigkeit im Verfahren ab. Es entsteht also weder für die Mitwirkung an einer mündlichen Verhandlung noch für diejenige an einer Beweisaufnahme eine zusätzliche Gebühr. Von diesem Grundsatz enthält II die einzige Ausnahme. § 6 I ist anwendbar, Mü AnwBl **82**, 441.

Die Gebühr entsteht mit irgendeiner auftragsgemäßen Tätigkeit, zB der Einreichung des Güteantrags oder für eine Tätigkeit als bloßer Verkehrsanwalt. Im Fall der Beendigung des Auftrags vor der Einreichung entsteht allerdings in entsprechender Anwendung von § 32 nur ½ Gebühr, GSEM 9, RS 7. Denn § 65 steht im 3. Abschnitt, und die Vorschrift bestimmt nicht ausdrücklich, daß § 32 unanwendbar sei, anders als zB §§ 57 I 2, 61 III usw.

Das Güteverfahren dauert bis zur Rücknahme des Antrags, seiner Zurückweisung, einer Einigung oder der sonstigen Beendigung, insbesondere bis zum Scheitern. Die Gebühr entsteht unabhängig davon, in welchem Stadium des Verfahrens die Tätigkeit des Anwalts beginnt. Er verdient sie auch dann voll, wenn er den Antrag nach einer wirksamen Einreichung zurücknimmt oder wenn der Untervertreter nur einen Termin wahrnimmt. Denn es handelt sich um eine der Prozeßgebühr gleichartige Gebühr, I 2.

Daher sind auch §§ 33 III, 53 unanwendbar, GSEM 12, RS 6, SchGei 2.

Das Ergebnis des Güteverfahrens ist für die Höhe der Gebühr nach I unerheblich.

Die Zwangsvollstreckungsgebühr, § 57, und die Beschwerdegebühr, § 61 I Z 1, können gesondert entstehen.

B. Keine Anrechnung. I 2. Eine Anrechnung der Pauschgebühr nach I 1 auf eine Prozeßgebühr, die der Anwalt in einem etwa nachfolgenden zugehörigen Rechtsstreit erhält, erfolgt nicht, also auch dann nicht, wenn er von vornherein einen Prozeßauftrag für den Fall des Scheiterns hatte.

C. Einigung. II. Zusätzlich zur Pauschgebühr nach I entsteht eine weitere volle Gebühr für eine Mitwirkung des Anwalts bei einer Einigung der Parteien, die sie in einem der in I bezeichneten Verfahren erzielen, II 1. Insofern gilt § 23 nicht, II 2.

Eine Einigung setzt, anders als ein Vergleich im Sinn von § 779 BGB, nicht notwendig ein Nachgeben beider Parteien voraus. Daher kann die Einigungsgesbühr auch dann entstehen, wenn der Anwalt zB für den Antragsgegner den Anspruch anerkennt, GSEM 11, RS 8, SchGei 5. Wegen des Begriffs der Mitwirkung § 23 Anm 3.

Die Einigung muß allerdings gerade in einem der unter I genannten Verfahren entstehen. Allerdings genügt es, wenn die Parteien sie außerhalb eines in diesem Verfahren anberaumten Termins erzielen.

Soweit eine aufschiebende Bedingung nicht eintritt oder ein vorbehaltener Widerruf erfolgt, liegt keine Einigung vor, GSEM 11, RS 8.

3) Gegenstandswert. Die Wertberechnung erfolgt nach § 8. Soweit die Einigung auch einen Anspruch erfaßt, der nicht Gegenstand des Verfahrens nach I war, muß man § 23 Anm 4 B entsprechend anwenden und dabei an die Stelle der dort genannten Prozeßgebühr die Gütegebühr setzen.

Die Wertvorschrift ist entsprechend für ein Mitglied oder einen entsandten Belegschaftsangehörigen im Fall des Verfahrens vor einer Einigungsstelle nach dem BetrVG anwendbar, aM Däubler DB **73**, 235 (er hält §§ 12 VII ArbGG, 3 ZPO, 12 II GKG für anwendbar. Aber § 8 liegt näher). Vgl auch LAG Hamm MDR **72**, 640.

4) Kostenerstattung. Eine Kostenerstattung findet nicht statt. Denn unter den Gebühren, die durch ein Güteverfahren vor einer durch die Landesjustizverwaltung eingerichteten oder anerkannten Gütestelle entstehen, versteht § 91 III ZPO nur die Gebühr dieser amtlichen Stelle, nicht diejenige des Anwalts, BLAH § 91 ZPO Anm 16 A. Vgl im übrigen § 12a I 1 ArbGG und zu I Z 1 Herschel DB **82**, 1985.

Die Parteien können freilich eine Kostenerstattung vereinbaren, GSEM 14.

Verfahren nach dem Gesetz gegen Wettbewerbsbeschränkungen

65a **Im Beschwerdeverfahren und im Rechtsbeschwerdeverfahren nach dem Gesetz gegen Wettbewerbsbeschränkungen gelten die Vorschriften dieses Abschnitts sinngemäß. Die Gebühren richten sich nach § 11 Abs. 1 Satz 4.**

Vorbem. S 2 idF Art 3 I Z 10 G vom 9. 12. 86, BGBl 2326, in Kraft seit 1. 1. 87, Art 10, Übergangsrecht § 134.

1) Geltungsbereich. A. Anwendbarkeit. Die Vorschrift ist im Beschwerdeverfahren gegen eine Einspruchsentscheidung oder gegen die Unterlassung einer beantragten Verfügung der Kartellbehörde, §§ 62ff GWB, anwendbar. Im Beschwerdeverfahren entscheidet gemäß § 62 IV GWB das OLG. Die Vorschrift ist ferner im Rechtsbeschwerdeverfahren gegen einen Beschluß des OLG, § 73 GWB, anwendbar. Im Rechtsbeschwerdeverfahren entscheidet der BGH.

§ 65a ist nur in diesen Verfahren anwendbar, Ffm NJW **71**, 519.

B. Unanwendbarkeit. Die Vorschrift ist in folgenden Verfahren unanwendbar.

a) Verwaltungsverfahren. Im Verfahren vor der Kartellbehörde, einem Verwaltungsverfahren, sind §§ 118, 119 anwendbar, GSEM 13. Die für die Tätigkeit im Verwaltungsverfahren entstandene Vergütung ist auf eine Gebühr in einem anschließenden gerichtlichen Verfahren nicht anzurechnen, § 118 II. Denn die Verfahren sind verschiedene Angelegenheiten, Schumann NJW **59**, 466.

b) Rechtsstreit. In einem bürgerlichen Rechtsstreit gemäß §§ 87ff GWB gelten §§ 31ff, und zwar im ersten Rechtszug nicht etwa erhöhte, sondern die Regelgebühren nach § 11 I 1, im Berufungs- und Revisionsverfahren die nach § 11 I 4, 5 erhöhten Gebühren.

c) Bußgeldsache. In einem Verfahren gemäß §§ 81ff GWB gilt § 105, sofern in erster Instanz gemäß § 82 GWB das OLG entscheidet. Im zugehörigen Rechtsbeschwerdeverfahren vor dem BGH nach § 83 GWB gilt nicht etwa § 65a S 1, sondern es sind §§ 86, 105 III in Verbindung mit § 79 V 2 OWiG anwendbar. Soweit es um einen Wiederaufnahmeantrag gegen einen Bußgeldbescheid gemäß § 84 GWB geht, sind §§ 84 I Z 3, 90, 105 III entsprechend anwendbar. Soweit es um eine gerichtliche Entscheidung bei der Vollstreckung gemäß § 85 GWB geht, sind §§ 88, 89, 96 I Z 2, 105 III entsprechend anwendbar.

Es kann auch § 91 Z 1 oder 2 entsprechend anwendbar sein. Die Tätigkeit des Anwalts bei der Vollstreckung kann allerdings durch die gemäß § 105 III in Verbindung mit §§ 83ff entstandene Vergütung abgegolten sein, § 87.

2) Gebührenhöhe. A. Grundsatz. Es können alle Gebühren der §§ 31ff entstehen, also für den Verkehrsanwalt die Gebühren nach § 52, für den bloßen Verhandlungsanwalt die Gebühren nach § 53, für den Beweisanwalt die Gebühr nach § 54. Alle diese Gebühren werden jedoch wegen S 2 in Verbindung mit § 11 I 4 um je 3/10 erhöht. Diese Erhöhung soll der besonderen Schwierigkeit und Verantwortung, die der Anwalt bei einem solchen Verfahren im allgemeinen übernimmt, Rechnung tragen.

Im einzelnen gelten folgende Regelungen:

B. Prozeßgebühr. Die Prozeßgebühr in Höhe von 13/10 entsteht mit jeder auftragsgemäßen Tätigkeit, also schon mit der Aufnahme der Information.

Vgl auch H.

C. Verhandlungsgebühr. Die Verhandlungsgebühr in Höhe von 13/10 entsteht schon dann, wenn der Anwalt in einem Verhandlungstermin Ausführungen zur Wahrung der Rechte des Auftraggebers macht. Es kommt, anders als bei § 31 I Z 2, nicht auf die Stellung eines Sachantrags an, denn das Beschwerdegericht erforscht den Sachverhalt von Amts wegen, § 69 GWB.

§ 33 I ist unanwendbar. Denn infolge der Amtsermittlung, § 69 I

GWB, kann es weder ein Versäumnisurteil noch eine „nichtstreitige" Verhandlung usw geben, Schumann NJW **59**, 467.

§ 33 II (Anträge nur zur Prozeß- oder Sachleitung) ist anwendbar, falls der Anwalt in der Verhandlung keinerlei Ausführungen zur sachlichrechtlichen Lage macht. Es entsteht dann wegen § 65a S 2, § 11 I 4 $^{13}/_{20}$ Gebühr, GSEM 4, RS 4, SchGei 8.

Soweit das Gericht im Einverständnis der Beteiligten gemäß § 68 I Hs 2 GWB ohne eine mündliche Verhandlung entscheidet, ist § 35 anwendbar.

Soweit der Anwalt in einem Verhandlungstermin nicht erscheint, erhält er keine Verhandlungsgebühr.

D. Beweisgebühr. Soweit das Gericht eine Beweisaufnahme durchführt und der Anwalt den Auftraggeber in ihr vertritt, ist eine Beweisgebühr möglich, und zwar ebenfalls in Höhe von $^{13}/_{10}$. Vgl im einzelnen bei § 31 I Z 3.

E. Erörterungsgebühr. Es kann auch eine Erörterungsgebühr unter den Voraussetzungen des § 31 I Z 4 entstehen. Allerdings ist zu beachten, daß wegen der Amtsermittlung, § 69 I, auch ohne einen Sachantrag des Anwalts bereits eine Verhandlungsgebühr entstehen kann. Daher ist eine bloße Erörterungsgebühr nur in dem seltenen Fall denkbar, daß das Gericht in einem Verhandlungstermin nach dem Aufruf, aber vor dem Eintritt in die Amtserforschung des Sachverhalts einzelne rechtliche oder tatsächliche Punkte mit dem Anwalt oder dem Verfahrensgegner erörtert.

F. Einstweilige Anordnung. § 40 ist entsprechend anwendbar. Das Beschwerdeverfahren gegen eine nach § 56 GWB erlassene einstweilige Anordnung ist also eine besondere Angelegenheit. Die sinngemäße Anwendung erfordert nicht, daß für eine einstweilige Anordnung des OLG nach § 63 III GWB nur die volle Gebühr entsteht, § 40 III. Denn S 2 gilt allgemein, ebenso wie § 78 I 2 GWB ganz allgemein die Gerichtsgebühren „im Beschwerdeverfahren" denjenigen der Berufungsinstanz angleicht, GSEM 10, RS 6, Schumann NJW **59**, 467, aM Lappe BB **59**, 396.

G. Vergleich. § 23 ist unanwendbar. Denn die Parteien können über den sachlichrechtlichen Anspruch nicht vertraglich verfügen, § 23 III.

H. Erledigung. Soweit sich der Auftrag vor der Einlegung des Rechtsmittels oder der Einreichung eines Schriftsatzes im Sinn von § 32 I oder vor der Vertretung in einem Verhandlungstermin erledigt, erhält der Anwalt nach § 32 in Verbindung mit § 65a S 2 und daher mit § 11 I 4 $^{13}/_{20}$ der vollen Gebühr, GSEM 3, RS 3, SchGei 7.

Im übrigen ist § 24 anwendbar. Auch die Erledigungsgesbühr beträgt $^{13}/_{10}$, Schumann NJW **59**, 467.

I. Nichtzulassungsbeschwerde. Soweit das OLG die Rechtsbeschwerde an den BGH gemäß § 73 I GWB nicht zuläßt, ist gemäß § 74 I GWB die Nichtzulassungsbeschwerde statthaft. Es handelt sich insofern nicht um eine Rechtsbeschwerde im Sinn von § 73 I Hs 1 GWB. Denn es geht nicht um einen in der Hauptsache erlassenen Beschluß. Infolgedessen ist nicht § 65a S 1 anwendbar, sondern § 61 I Z 1. Dabei muß man allerdings die dortige $^{5}/_{10}$ Gebühr auf der Basis der $^{13}/_{10}$ Gebühr des § 65a

S 2 berechnen, so daß eine 13/20 Gebühr entsteht, RS 8, ähnlich GSEM 9, Lappe BB **59**, 396 (er billigt allerdings im Ergebnis nur 5/10 Gebühr zu), aM Schumann NJW **59**, 467. Diese Gebühr kann neben sonstigen Gebühren entstehen.

J. Einstweilige Einstellung. § 49 ist anwendbar, GSEM 10, RS 6.

3) Gegenstandswert. Maßgeblich ist § 8 I in Verbindung mit §§ 78 GWB, 12 GKG.

4) Kostenerstattung. Gemäß § 77 GWB kann das Gericht im Beschwerdeverfahren und im Rechtsbeschwerdeverfahren anordnen, daß die Kosten, die zur zweckentsprechenden Erledigung der Angelegenheit notwendig waren, von einem Beteiligten ganz oder teilweise zu erstatten sind, wenn dies der Billigkeit entspricht. Hat ein Beteiligter Kosten durch ein unbegründetes Rechtsmittel oder durch grobes Verschulden veranlaßt, so sind ihm die Kosten aufzuerlegen.

Wegen des Anwaltszwangs im Beschwerde- und Rechtsbeschwerdeverfahren, § 65 V Hs 1 (Ausnahme Hs 2) GWB, § 67 I 1 (Ausnahme I 2) GWB, § 75 V GWB, liegt durchweg eine Erstattungsfähigkeit vor, Schumann NJW **59**, 468.

Im Fall des § 89 III GWB sind die Nebenkosten nicht erstattungsfähig, GSEM 15, SchGei 5.

Verfahren nach dem Gesetz über die Wahrnehmung von Urheberrechten und verwandten Schutzrechten

65b **Im Verfahren vor dem Oberlandesgericht nach § 15 des Gesetzes über die Wahrnehmung von Urheberrechten und verwandten Schutzrechten vom 9. September 1965 (Bundesgesetzbl. I S. 1294) gelten die Vorschriften dieses Abschnitts sinngemäß. Die Gebühren richten sich nach § 11 Abs. 1 Satz 4.**

Vorbem. S 2 idF Art 3 I Z 10 G vom 9. 12. 86, BGBl 2326, in Kraft seit 1. 1. 87, Art 10, Übergangsrecht § 134.

1) Geltungsbereich. Eine juristische Person oder Personengemeinschaft kann als sog Verwertungsgesellschaft Nutzungsrechte, Einwilligungsrechte oder Vergütungsansprüche aus dem Urheberrecht für Rechnung mehrerer Urheber oder Inhaber verwandter Schutzrechte zur gemeinsamen Auswertung wahrnehmen. Die Verwertungsgesellschaft ist dann gemäß § 12 des Gesetzes über die Wahrnehmung von Urheberrechten und verwandten Schutzrechten verpflichtet, mit einer Vereinigung, deren Mitglieder nach dem UrhG geschützte Werke oder Leistungen nutzen oder danach zur Zahlung von Vergütungen verpflichtet sind, einen Gesamtvertrag über die von ihr wahrgenommenen Rechte und Ansprüche zu angemessenen Bedingungen abzuschließen. Für Vertragsverhandlungen gilt § 118.

Soweit sich die Beteiligten über den Abschluß oder die Änderung eines solchen Vertrags nicht einigen, entscheidet die Schiedsstelle gemäß § 14 Gesetz. Für die Anwaltsvergütung ist in diesem Verfahrensabschnitt § 65 anwendbar, dort Anm 1 D.

Gegen die Entscheidung der Schiedsstelle kann der Betroffene die Entscheidung des OLG anrufen. Dieses entscheidet im Verfahren nach § 15 I Gesetz nach den Regeln der freiwilligen Gerichtsbarkeit. Es herrscht Anwaltszwang. Für dieses Verfahren gilt § 65b.

2) Gebührenhöhe. Es können alle in §§ 31ff genannten Gebühren entstehen, S 1. Jede dieser Gebühr ist gemäß S 2 in Verbindung mit § 11 I 4 um $\frac{3}{10}$ zu erhöhen.

Es findet keine Anrechnung der vor der Schiedsstelle entstandenen Gebühren auf die Vergütung nach § 65b statt; das ergibt sich aus § 65 I 2.

3) Gegenstandswert. Maßgeblich ist § 8 I, aM GSEM 6 (maßgeblich sei § 9; aber es handelt sich um ein „gerichtliches Verfahren"). Die gerichtlichen Gebühren bestimmen sich wegen § 15 VI des Gesetzes nach § 30 KostO, vgl GSEM 6, SchGei 4. § 9 ist ebenfalls anwendbar.

4) Kostenerstattung. Wegen des nach § 15 I des Gesetzes anwendbaren FGG gilt dessen § 13a; nach dieser Vorschrift kann das Gericht anordnen, daß die zur zweckentsprechenden Erledigung der Angelegenheit notwendigen Kosten von einem Beteiligten ganz oder teilweise zu erstatten sind, wenn dies der Billigkeit entspricht. Hat ein Beteiligter Kosten durch ein unbegründetes Rechtsmittel oder durch grobes Verschulden veranlaßt, so sind ihm die Kosten aufzuerlegen.

Verfahren vor dem Patentgericht und dem Bundesgerichtshof

66 **I Im Verfahren vor dem Patentgericht und im Verfahren vor dem Bundesgerichtshof über die Berufung, Rechtsbeschwerde oder Beschwerde gegen eine Entscheidung des Patentgerichts gelten die Vorschriften dieses Abschnitts sinngemäß.**

II Der Rechtsanwalt erhält im Beschwerdeverfahren vor dem Patentgericht über andere als die in § 23 Abs. 4, § 50 Abs. 1 und 2, § 73 Abs. 3 des Patentgesetzes, § 18 Abs. 2 des Gebrauchsmustergesetzes, § 4 Abs. 4 Satz 3 des Halbleiterschutzgesetzes in Verbindung mit § 18 Abs. 2 des Gebrauchsmustergesetzes, § 13 Abs. 2 des Warenzeichengesetzes und § 44 Abs. 1 des Sortenschutzgesetzes genannten Angelegenheiten drei Zehntel der in § 31 bestimmten Gebühren. Die Vorschriften der §§ 32 und 33 Abs. 1 und 2 gelten nicht.

III Die Gebühren im Verfahren vor dem Bundesgerichtshof richten sich auch bei Rechtsbeschwerdeverfahren und Beschwerdeverfahren nach § 11 Abs. 1 Satz 4.

Vorbem. II 1 idF § 23 Halbleiterschutzgesetz vom 22. 10. 87, BGBl 2294, in Kraft seit 1. 11. 87, § 28 G. III idF Art 3 I Z 11 G vom 9. 12. 86, BGBl 2326, in Kraft seit 1. 1. 87, Art 10, Übergangsrecht § 134.

Gliederung

1) Geltungsbereich, I–III
- A. Anwendbarkeit
- B. Unanwendbarkeit

2) Gebührenarten, I
- A. Prozeßgebühr
- B. Verhandlungsgebühr
- C. Beweisgebühr
- D. Erörterungsgebühr
- E. Vergleichsgebühr

1) Geltungsbereich, I–III. A. Anwendbarkeit. § 66 betrifft alle Verfahren vor dem Patentgericht, §§ 65, 73, 81, 85 PatG, §§ 18, 20 GebrMG, § 13 WZG, § 44 SortSchG, § 4 IV 3 Halbleiterschutzgesetz. Hierher gehören auch die Verfahren vor dem BGH über eine Rechtsbeschwerde, Berufung oder Beschwerde gegen eine Entscheidung des Patentgerichts, §§ 100, 110, 122 PatG, §§ 18 V, 20 GebrMG, § 13 V WZG, § 46 SortSchG, § 4 IV 3 Halbleiterschutzgesetz.

Alle diese Verfahren sind in Anlehnung an den Zivilprozeß geregelt.

B. Unanwendbarkeit. Folgende Verfahrensarten fallen nicht unter § 66: Der Patentverletzungsstreit in einer Patentstreitsache, §§ 143 ff PatG. Dem in einem solchen Streit mitwirkenden Patentanwalt sind die Gebühren bis zur Höhe einer vollen Gebühr nach § 11 BRAGO und seine notwendigen Auslagen zu erstatten, § 143 V PatG. Der Anwalt erhält eine Vergütung unmittelbar nach §§ 31 ff; das entsprechende Streitverfahren gemäß § 24 GebrMG, die zeichenrechtliche Löschungsklage, § 11 WZG; das Anmeldungsverfahren, sei es das Prüfungsverfahren, sei es das Widerspruchsverfahren, § 5 WZG. Für das Anmeldeverfahren ist § 118 anwendbar.

2) Gebührenarten, I. Grundsätzlich können sämtliche Gebühren in einer entsprechenden Anwendung des 3. Abschnitts entstehen. Im einzelnen gilt insoweit:

A. Prozeßgebühr. Die Prozeßgebühr entsteht bei jeder auftragsgemäßen Tätigkeit des Anwalts als ProzBev, also schon mit der Aufnahme der Information oder der Anfertigung eines Schriftsatzes. Unabhängig davon, daß die Klage gemäß § 81 VI PatG prozessual als nicht erhoben gilt, falls der Kläger die Gerichtsgebühr nicht zahlt, erhält der Anwalt die Prozeßgebühr bereits mit der Einreichung der Klage oder Klagerwiderung, GSEM 5.

B. Verhandlungsgebühr. Eine Verhandlungsgebühr entsteht wegen des gemäß § 87 I PatG geltenden Untersuchungsgrundsatzes schon dann, wenn der Anwalt in einem Verhandlungstermin Ausführungen zur Wahrung der Rechte des Auftraggebers macht. Es kommt also nicht darauf an, ob er einen Sachantrag stellt.

C. Beweisgebühr. Die Beweisgebühr kann entstehen, soweit der Anwalt den Auftraggeber in einer Beweisaufnahme vertritt, §§ 78 Z 2, 88 PatG.

D. Erörterungsgebühr. Es kann auch eine Erörterungsgebühr entstehen. Freilich entsteht meist im Termin bereits eine Verhandlungsgesbühr, da es eben für sie nicht auf einen Sachantrag ankommt. Vgl insofern § 65a Anm 2 E.

E. Vergleichsgebühr. Unter den Voraussetzungen des § 23 kann auch eine Vergleichsgebühr entstehen, Schumann NJW **61**, 902.

F. Erledigungsgebühr. Sie kommt in Betracht, § 24, soweit die Parteien keinen wirksamen Vergleich schließen können, GSEM 7b.

G. Sonstige Gebühren. Es können auch alle anderen Gebühren der §§ 31ff grundsätzlich entstehen. Anwendbar sind beispielsweise §§ 32, 33 II, 35, 53, 54, 56. Wegen Ausnahmen vgl B.

3) Gebührenhöhe, I–III. Insofern muß man folgende Situationen unterscheiden:

A. Volle Gebühr. Hier ist wiederum wie folgt zu unterscheiden:

a) Grundsatz, I. Die vollen Gebühren können in jedem der in I genannten Verfahren entstehen.

b) Beschwerdeverfahren, II. Die vollen Gebühren können im Beschwerdeverfahren vor dem Patentgericht entstehen, soweit es sich um eine der in II 1 abschließend genannten Situation handelt (die Vorschrift bestimmt sprachlich umständlich, daß der Anwalt in anderen als diesen Situationen nur verminderte Gebühren erhält):

aa) Vergütungsfestsetzung, § 23 IV PatG. Es handelt sich um die Festsetzung einer angemessenen Vergütung für die Erlaubnis des Patentsuchers oder des als Patentinhaber Eingetragenen dem Patentamt gegenüber, jedermann die Benutzung der Erfindung zu gestatten.

bb) Geheimpatent, § 50 I, II PatG. Es handelt sich um die Anordnung der Prüfungsstelle, daß die Veröffentlichung eines Patents für eine Erfindung unterbleibe, die ein Staatsgeheimnis ist, sowie um die Aufhebung dieser Anordnung, soweit deren Voraussetzungen entfallen sind.

cc) Zurückweisung, Aufrechterhaltung, Widerruf, Beschränkung des Patents, § 73 III PatG. Es handelt sich um die Beschwerde gegen einen Beschluß, durch den die Anmeldung zurückgewiesen oder über die Aufrechterhaltung, den Widerruf oder die Beschränkung des Patents entschieden wird.

dd) Zurückweisung, Löschung des Gebrauchsmusters, § 18 II

GebrMG. Es handelt sich um die Beschwerde gegen einen Beschluß der Gebrauchsmusterstelle, durch den sie die Anmeldung eines Gebrauchsmusters zurückweist oder über einen Löschungsantrag entscheidet.

ee) Zurückweisung, Löschung einer Topographie, § 4 IV 3 Halbleitergesetz, § 18 II GebrMG. Es handelt sich um eine Beschwerde gegen einen Beschluß der Topographiestelle des Patentamts, durch den sie die Anmeldung einer Topographie im Sinn von § 1 I Halbleiterschutzgesetz zurückweist oder über einen Löschungsantrag entscheidet.

ff) Zurückweisung, Löschung eines Warenzeichens, § 13 II WZG. Es handelt sich um eine Beschwerde gegen einen Beschluß, durch den die Prüfungsstelle über die Anmeldung eines Warenzeichens, einen Widerspruch oder einen Löschungsantrag oder über eine Erinnerung gegen einen solchen Antrag entschieden hat.

gg) Entscheidung nach § 44 I SortSchG. Es handelt sich um eine Beschwerde gegen die Entscheidung des Beschlußausschusses, § 25 III SortSchG, oder gegen eine Entscheidung des Präsidenten des Bundessortenamts, § 25 IV 1 SortSchG.

hh) Gemeinsame Einzelfragen. In den Fällen aa–ff können unter den Voraussetzungen der §§ 32, 33 I, II ermäßigte Gebühren entstehen. Denn II 2 bezieht sich nur auf die in II 1 genannten Fälle, also nur auf die „anderen" als die in aa–ff genannten Situationen.

B. 3/10 Gebühr, II. Hier ist wie folgt zu unterscheiden:

a) Grundsatz, II 1. In allen nicht in II genannten Beschwerdefällen entstehen die Gebühren nach § 31 nur zu je 3/10. Das gilt natürlich nur, soweit der Anwalt seine Tätigkeit auf das Beschwerdeverfahren vor dem Patentgericht beschränkt. Soweit er vor dem Patentgericht auch noch in einem anderen Verfahrensabschnitt tätig wird, können für diese letztere Tätigkeit die dort vorgesehenen Gebühren zusätzlich entstehen. Zur unterschiedlichen Anwendung von II einerseits, § 61 I Z 1 andererseits § 114 Anm 2, 3f und BPatG GRUR **84**, 444; aber auch BPatG GRUR **84**, 802.

Eine Ermäßigung dieser 3/10 Gebühren erfolgt nicht; §§ 32, 33 I, II sind in diesen Fällen unanwendbar, Schumann MDR **61**, 901.

b) Vorzeitige Auftragsbeendigung, nichtstreitige Verhandlung, Antrag zur Prozeß- oder Sachleitung, II 2. Soweit der Auftrag des Anwalts in einem Beschwerdeverfahren vor dem Patentgericht, das nicht zu den in II 1 genannten Verfahren zählt, vorzeitig endet oder soweit es dort nur zu einer nichtstreitigen Verhandlung oder nur zu einem Antrag zur Prozeß- oder Sachleitung kommt, bleiben die 3/10 Gebühren unverändert. Denn II 2 macht §§ 32, 33 I, II ausdrücklich unanwendbar.

Diese Unanwendbarkeit gilt aber nicht in einem der in II 1 genannten Sonderfälle, A a gg.

C. Erhöhte Gebühr, III. Im Verfahren vor dem BGH entstehen gemäß III die nach § 11 I 4 erhöhten Gebühren, und zwar auch im Rechtsbeschwerde- und Beschwerdeverfahren, §§ 100, 110, 122 PatG, §§ 18 V, 20 GebrMG, § 13 V WZG, § 46 SortSchG, § 4 IV 3 Halbleiterschutzgesetz, vgl Schumann NJW **61**, 902.

D. Weitere Einzelheiten. Das Berufungsverfahren gegen ein Urteil des Nichtigkeitssenats wie das Beschwerdeverfahren beginnen bereits mit der Einlegung des Rechtsmittels beim Patentgericht, §§ 110 I, 122 II PatG. Im Fall einer Zurückverweisung ist § 15 anwendbar.

4) Gegenstandswert. Gemäß § 8 ist das GKG maßgeblich, soweit es sich nicht um eine Festgebühr handelt. Vgl Anh I nach § 12 GKG: § 3 ZPO Anm 3 „Patent", ferner Anh III nach § 12 GKG: A „Patentstreitsachen", B „Bürgerliche Rechtsstreitigkeiten nach dem WZG, GebrMG und GeschmMG".

5) Kostenerstattung. Wegen der Kostenerstattung und des Kostenfestsetzungsverfahrens §§ 80 I 2, 84 II 2, 99 I, 109 I 1 PatG, vgl auch Anh III A nach § 12 GKG: § 144 PatG Anm 4 A c.

6) Verfahrenskostenhilfe. A. Grundsatz. Auch im Verfahren vor dem Patentgericht und dem BGH kommt eine Verfahrenskostenhilfe gemäß §§ 129 ff PatG in Betracht. Gemäß § 133 PatG kann das Gericht nach der Wahl des Beteiligten einen Patentanwalt oder einen Rechtsanwalt beiordnen. Im Rechtsbeschwerdeverfahren vor dem BGH kommt allerdings gemäß § 138 III nur die Beiordnung eines dort zugelassenen Anwalts in Betracht.

B. Rechtsanwalt. Für die Erstattung der Kosten eines beigeordneten Anwalts sind §§ 121 ff anwendbar. Das ergibt sich aus §§ 8, 9 G vom 18. 7. 53, BGBl 654, geändert durch Art 3 Z 4 G vom 13. 6. 80, BGBl 677. Die Staatskasse haftet im Fall der Herabsetzung des Streitwerts nach § 144 PatG dem Anwalt nicht nach dem herabgesetzten, sondern nach dem ursprünglichen vollen Streitwert, BGH **LM** § 53 PatG aF Nr 3, GSEM 12, RS 13, SchGei 20.

C. Patentanwalt. Für die Erstattung der Gebühr des beigeordneten Patentanwalts in einer Patentstreitsache gilt die Regelung der §§ 121 ff entsprechend, Einf 3 B vor § 121.

Nachprüfung von Anordnungen der Justizbehörden

66a **I Im Verfahren vor dem Oberlandesgericht und dem Bundesgerichtshof nach §§ 25, 29 des Einführungsgesetzes zum Gerichtsverfassungsgesetz und im Verfahren über den Antrag auf gerichtliche Entscheidung nach § 109 des Strafvollzugsgesetzes gelten die Vorschriften dieses Abschnitts sinngemäß; die Gebühren richten sich nach § 11 Abs. 1 Satz 1 und 2.**

II Im Verfahren über die Rechtsbeschwerde nach § 116 des Strafvollzugsgesetzes erhält der Rechtsanwalt die gleichen Gebühren wie im ersten Rechtszug; die Gebühren richten sich nach § 11 Abs. 1 Satz 4.

Vorbem. Fassg Art 3 I Z 12 G vom 9. 12. 86, BGBl 2326, in Kraft seit 1. 1. 87, Art 10, Übergangsrecht § 134.

1) Geltungsbereich. A. Anwendbarkeit. Die Vorschrift gilt in folgenden Verfahren:

a) Anfechtung eines Justizverwaltungsakts, §§ 25, 29 EGGVG, I. Über die Rechtmäßigkeit einer Anordnung, Verfügung oder sonstigen

Maßnahme einer Justizbehörde zur Regelung einer einzelnen Angelegenheit auf dem Gebiet des bürgerlichen Rechts einschließlich des Handelsrechts, des Zivilprozesses, der freiwilligen Gerichtsbarkeit und der Strafrechtspflege entscheidet auf Antrag das ordentliche Gericht, § 23 I 1 EGGVG. Dasselbe gilt für eine Anordnung, Verfügung oder sonstige Maßnahme der Vollzugsbehörde im Vollzug der Jugendstrafe, des Jugendarrestes und der Untersuchungshaft sowie derjenigen Freiheitsstrafe und Maßregel der Besserung und Sicherung, die außerhalb des Justizvollzuges vollzogen werden, § 23 I 2 EGGVG.

Über den Antrag entscheidet in erster Instanz das OLG, in dessen Bezirk die Justiz- oder Vollzugsbehörde ihren Sitz hat, § 25 I 1 EGGVG. Ist ein Beschwerdeverfahren nach § 24 II EGGVG vorausgegangen, dann ist dasjenige OLG zuständig, in dessen Bezirk die Beschwerdebehörde ihren Sitz hat, § 25 I 2 EGGVG. In einem Bundesland mit mehreren Oberlandesgerichten kann gemäß § 25 II EGGVG eine besondere Zuständigkeitsregelung erfolgen.

I gilt im Verfahren über einen solchen Antrag.

Die Entscheidung des OLG ist grundsätzlich gemäß § 29 I 1 EGGVG endgültig. Will ein OLG jedoch von einer auf Grund des § 23 EGGVG ergangenen Entscheidung eines anderen OLG oder des BGH abweichen, so hat es die Sache diesem vorzulegen, § 29 I 1 EGGVG. Der BGH entscheidet dann anstelle des OLG.

Wegen der Fälle, die im Verfahren nach § 23 I EGGVG zu regeln sind, vgl Anh nach § 160 KostO Anm 1, Teil III dieses Buchs.

b) Strafvollzug, § 109 StVollzG, I. Gegen eine Entscheidung der Strafvollzugsbehörde ist der Antrag auf eine gerichtliche Entscheidung im Verfahren nach §§ 109–115 StVollzG möglich. Zuständig ist die Strafvollstreckungskammer desjenigen LG, in dessen Bezirk die Vollzugsbehörde ihren Sitz hat. I gilt in diesem Verfahren. Die Vorschrift gilt auch bei einem Antrag auf eine Wiedereinsetzung nach § 112 StVollzG, bei einem Vornahmeantrag nach § 113 StVollzG oder beim Antrag auf die Aussetzung einer angefochtenen Maßnahme nach § 114 StVollzG. Denn alle diese Verfahren gehören zum Verfahren auf eine gerichtliche Entscheidung; § 109 StVollzG nennt nur die Antragsvoraussetzungen.

c) Rechtsbeschwerde, § 116 StVollzG, II. Im Rechtsbeschwerdeverfahren gemäß §§ 116–121 StVollzG vor dem OLG, in dessen Bezirk die Strafvollstreckungskammer des LG ihren Sitz hat, gilt II.

B. Unanwendbarkeit. a) Justizverwaltungsakt. Für das Verfahren vor dem AG zur Nachprüfung eines Justizverwaltungsakts auf dem Gebiet des Kostenrechts gilt gemäß § 23 III EGGVG auch weiterhin Art IX § 1 KostÄndG, Teil XII dieses Buchs. Im Verfahren zur Anfechtung eines Verwaltungsakts durch einen Antrag auf eine gerichtliche Entscheidung gemäß § 223 BRAO gelten §§ 110 II, 114.

b) Strafvollzug. Soweit das Landesrecht gemäß § 109 III StVollzG ein Verwaltungsvorverfahren vorsieht und der Anwalt in ihm tätig wird, ist § 119 I anwendbar, aM Celle Rpfleger **82**, 395 (§ 118 sei anwendbar). Im Verfahren nach einer Zurückverweisung gemäß § 119 IV 3 StVollzG ist § 15 anwendbar. Soweit der Anwalt im Rahmen des

Strafvollzugs eine andere als die in Ab, Ba genannte oder die in diesem Absatz genannte Tätigkeit vornimmt, kann zB § 91 Z 1 anwendbar sein.

2) Gebühren. A. Grundsatz, I. Neben den Vorschriften des 1. und 2. Abschnitts, die unmittelbar anwendbar sind, gelten §§ 31ff sinngemäß, I. Die Kostenregelung ähnelt derjenigen im Verwaltungsverfahren, vgl § 114 I. Die Gebühren entstehen gemäß I Hs 2 nach der Tabelle des § 11 I 1, 2, also nicht etwa erhöhte Gebühren. Es kann jede der in § 31 genannten Gebühren und jede der in den folgenden Vorschriften genannten Gebühren entstehen.

B. Rechtsbeschwerde, § 116 StVollzG, II. In diesem Verfahren können dieselben Gebühren wie im ersten Rechtszug entstehen, jedoch gemäß II Hs 2 um $^{3}/_{10}$ erhöht, § 11 I 4.

4) Gegenstandswert. Gemäß § 8 I 1 richtet sich der Gegenstandswert nach dem für die Gerichtsgebühren geltenden Wert. Das ist im Verfahren nach §§ 25, 29 EGGVG gemäß § 30 III 1 EGGVG derjenige Wert, der sich aus § 30 KostO, Teil III dieses Buchs, ergibt. Soweit es sich um eine nichtvermögensrechtliche Angelegenheit handelt, beträgt der Geschäftswert regelmäßig 5000 DM, § 30 II 1, III 1 KostO. Der Wert beträgt mindestens 200 DM, höchstens 1 Million DM, § 30 II 2 KostO, jedoch in einer nichtvermögensrechtlichen Angelegenheit, die die Annahme einer Minderjährigen betrifft, stets 5000 DM, § 30 III 2 KostO. Das OLG setzt den Geschäftswert gemäß § 30 III 2 EGGVG durch einen unanfechtbaren Beschluß fest.

5) Kostenerstattung. Maßgebend ist § 30 II EGGVG, Anh nach § 161 KostO Anm 2D, Teil III dieses Buchs.

6) Prozeßkostenhilfe. Gemäß § 29 III EGGVG sind auf die Bewilligung der Prozeßkostenhilfe §§ 114ff ZPO entsprechend anwendbar. Dasselbe gilt gemäß § 120 I StVollzG. Die Vergütung des beigeordneten Anwalts richtet sich nach §§ 121ff.

Schiedsrichterliches Verfahren

67 **I Im schiedsrichterlichen Verfahren gelten die Vorschriften dieses Abschnitts sinngemäß.**

II Die Verhandlungsgebühr erhält der Rechtsanwalt auch, wenn der Schiedsspruch ohne mündliche Verhandlung erlassen wird.

III Im schiedsrichterlichen Berufungs- und Revisionsverfahren erhält der Rechtsanwalt die Gebühren nach § 11 Abs. 1 Satz 4.

IV Für die Berechnung der Gebühren des im schiedsrichterlichen Verfahren zum Prozeßbevollmächtigten bestellten Rechtsanwalts gilt das gerichtliche Verfahren im Falle des § 1036 der Zivilprozeßordnung mit dem schiedsrichterlichen Verfahren als ein Rechtszug.

Vorbem. III idF Art 3 I Z 13 G vom 9. 12. 86, BGBl 2326, in Kraft seit 1. 1. 87, Art 10, Übergangsrecht § 134.

1) Geltungsbereich. A. Anwendbarkeit. Die Vorschrift bezieht sich auf das schiedsrichterliche Verfahren nach §§ 1025ff ZPO, also auch auf ein solches nach § 1048 ZPO. Sie gilt darüber hinaus auch für ein Verfahren vor einem gesetzlich eingesetzten Schiedsgericht, auf das §§ 1025ff ZPO für anwendbar erklärt sind, etwa nach § 8 G über die Verbände der gesetzlichen Krankenkassen vom 17. 8. 55, BGBl 524, RS 1.

B. Unanwendbarkeit. In einem Verfahren wegen eines Schiedsgutachters, BLAH Grdz 3 vor § 1025 ZPO, gelten bei einer außergerichtlichen Tätigkeit des Anwalts § 118 und, soweit es über den Schiedsgutachtervertrag usw zum Rechtsstreit vor dem staatlichen Gericht kommt, §§ 31ff unmittelbar. In einem Verfahren wegen des Schiedsrichtervertrags, BLAH Anh nach § 1028 ZPO, gelten für eine außergerichtliche Tätigkeit des Anwalts ebenfalls § 118 und, soweit es zum Rechtsstreit vor dem staatlichen Gericht über den Schiedsrichtervertrag kommt, §§ 31ff unmittelbar. Im Verfahren über die Vollstreckbarerklärung eines Schiedsspruchs und eines Schiedsvergleichs nach §§ 1042, 1044a ZPO gilt § 46 I als eine gegenüber § 67 vorrangige Sonderregelung.

Soweit der Anwalt lediglich im Verfahren auf eine gerichtliche Entscheidung über die Ernennung oder Ablehnung eines Schiedsrichters, über das Erlöschen eines Schiedsvertrags oder über die Anordnung einer vom Schiedsrichter für erforderlich erachteten richterlichen Handlung nach § 1045 ZPO tätig wird, enthält § 46 II eine gegenüber § 67 vorrangige Sonderregelung. Soweit der Anwalt allerdings ProzBev ist und in diesem Zusammenhang auch im Sinn von § 46 II tätig wird, ist teilweise § 37 anwendbar. Denn auch diese Vorschrift gilt für das schiedsrichterliche Verfahren entsprechend, Ffm AnwBl **79**, 116, Karlsr JB **75**, 481.

§ 67 gilt ferner grundsätzlich nicht im Verfahren vor dem Schiedsgericht nach §§ 104ff ArbGG, für das § 62 I, III eine vorrangige Sonderregelung enthält. § 67 IV ist freilich gemäß § 62 III 2 entsprechend auch in jenem Verfahren anwendbar.

2) Gebühren. A. Grundsatz, I. §§ 31ff gelten sinngemäß. Die Gebühren entstehen grundsätzlich in voller Höhe.

B. Prozeßgebühr. Die Prozeßgebühr entsteht mit jeder auftragsgemäßen Tätigkeit des Anwalts. Dazu gehört bereits die Entgegennahme der Information. Der Rechtszug endet mit der Zustellung des Schiedsspruchs, § 1039 ZPO, GSEM 5.

Im Fall einer vorzeitigen Auftragsbeendigung ist § 32 anwendbar.

C. Verhandlungsgebühr, II. Die Verhandlungsgebühr entsteht nicht nur dann, wenn das Schiedsgericht eine mündliche Verhandlung durchführt, sondern auch ohne solche, falls nur das Schiedsgericht überhaupt anschließend einen Schiedsspruch erläßt. Das beruht darauf, daß das Schiedsgericht sein Verfahren grundsätzlich gemäß § 1034 II ZPO nach freiem Ermessen bestimmen kann, also grundsätzlich keine mündliche Verhandlung vornehmen muß, sondern das erforderliche rechtliche Gehör, § 1034 I ZPO, auch schriftlich gewähren kann.

Daher ist auch § 35 unanwendbar.

Eine Verhandlung liegt schon vor, wenn eine Erörterung des Streitstoffs erfolgt. Ein Sachantrag ist nicht erforderlich, GSEM 10, RS 6,

SchGei 4, zB dann nicht, wenn das Schiedsgericht als Schiedsstelle tätig wird.

§ 33 ist praktisch kaum anwendbar, GSEM 10, SchGei 4.

D. Beweisgebühr. Die Beweisgebühr entsteht, sobald der Anwalt als ProzBev den Antraggeber in einem Beweisaufnahmeverfahren vertritt. Es muß sich also um eine Beweisaufnahme mit gesetzlichen Beweismitteln handeln. § 34 ist anwendbar. Wegen der weitgehenden Gestaltungsfreiheit des Schiedsgerichts bei seinem Verfahren sind an die Entstehung der Beweisgebühr nur geringe Anforderungen zu stellen, Tschischgale JB **58**, 89.

E. Erörterungsgebühr. Auch eine Erörterungsgebühr kann unter den Voraussetzungen des § 31 I Z 4 entstehen. Sie ist unter den Voraussetzungen § 31 II auf die Verhandlungsgebühr anzurechnen. Da aber die Verhandlungsgebühr unabhängig von einem Sachantrag mit der bloßen Erörterung des Streitstoffs entsteht, C, entsteht eine Erörterungsgebühr praktisch nur äußerst selten.

F. Vergleichsgebühr. Eine Vergleichsgebühr kann unter den Voraussetzungen des § 23 wegen eines gerichtlichen oder außergerichtlichen Vergleichs entstehen.

G. Berufung, Revision, III. Soweit der Schiedsvertrag oder das gesetzliche Schiedsverfahren mehrere Rechtszüge vorsieht, erhöhen sich gemäß III die Gebühren im Berufungs- und Revisionsverfahren gemäß § 11 I 4 um $\frac{3}{10}$.

H. Aushilfeverfahren, IV. Soweit das Schiedsgericht eine Handlung des Staatsgerichts, zu deren Vornahme das Schiedsgericht nicht befugt ist, für notwendig hält und es zu einem Aushilfeverfahren nach § 1036 ZPO kommt, erhält der im schiedsrichterlichen Verfahren zum ProzBev bestellte Anwalt für die Tätigkeit im Aushilfeverfahren einschließlich der Antragstellung gemäß IV keine besondere Vergütung, vgl Hbg JB **73**, 1168. Das setzt allerdings voraus, daß ihm bereits im schiedsrichterlichen Verfahren eine entsprechende Gebühr, etwa die Beweisgebühr, schon entstanden ist oder noch entsteht.

I. Weitere Einzelfragen. Auch im schiedsrichterlichen Verfahren können für den lediglich mit Einzeltätigkeiten beauftragten Anwalt zB §§ 53, 54, 56 anwendbar sein.

3) Gegenstandswert. Vgl zur Möglichkeit der Wertfestsetzung BLAH § 1040 Anm 2 B, zur Bemessung des Werts Anh I nach § 12 GKG Anm 3 „Schiedsgerichtsverfahren“, Teil I dieses Buchs.

4) Kostenerstattung. Mangels einer Regelung im Schiedsvertrag kann das Schiedsgericht ohne eine Bindung an §§ 91ff ZPO zB vermeidbare Kosten auferlegen, erstattungsfähige streichen, BLAH § 1040 ZPO Anm 2 B, abw GSEM 16 (§§ 91ff ZPO seien anwendbar). Wegen des Falls, daß das Schiedsgericht die Kosten nicht festgesetzt und ihre Erstattung nicht geregelt hat, vgl BLAH § 1040 ZPO Anm 2 Bb mwN.

Vierter Abschnitt. Gebühren im Verfahren der Zwangsversteigerung und der Zwangsverwaltung

Einführung

1) Systematik. Der 4. Abschnitt enthält die früher landesrechtlich bestimmten Gebühren für die Tätigkeit des Anwalts im Zwangsversteigerungsverfahren, § 68, im Zwangsverwaltungsverfahren, § 69, im jeweils zugehörigen Rechtsmittelverfahren, § 70, und im Verteilungsverfahren außerhalb einer Zwangsversteigerung oder Zwangsverwaltung, § 71.

Die Vorschriften des 1. und 2. Abschnitts, §§ 1–30, sind ergänzend anwendbar, zB §§ 3, 4, GSEM § 68 Rdz 19, § 6, vgl Mümmler JB **83**, 1623, § 22, RS § 68 Anm 13, § 23, vgl § 70 Anm 2 F. Die Vorschriften des 3. Abschnitts sind grundsätzlich unanwendbar. Das gilt auch für §§ 53, 56. Daher verdient der in einem Zwangsversteigerungs- oder Zwangsverwaltungsverfahren tätige Anwalt auf jeden Fall die Gebühren nach § 68ff voll, soweit seine Tätigkeit den vorgesehenen Gebührentatbestand erfüllt. Allerdings sind § 34 (dazu § 70 I Z 3 Hs 2), §§ 51, 55, 61 anwendbar, GSEM § 68 Rdz 19.

2) Geltungsbereich. A. Anwendbarkeit. §§ 68ff sind zunächst im Verfahren der Zwangsversteigerung und Zwangsverwaltung anwendbar, §§ 864, 866 I ZPO. Die Einzelheiten dieser Verfahren sind im ZVG geregelt. §§ 68ff sind ferner in denjenigen besonderen Fällen anwendbar, die in §§ 172ff ZVG geregelt sind und in denen andere gesetzliche Sondervorschriften das ZVG für anwendbar erklären.

B. Unanwendbarkeit. §§ 68ff sind in folgenden Fällen unanwendbar: Es handelt sich um die Vollsteckung aus dem Zuschlagsbeschluß gegen den Grundstücksbesitzer, § 93 ZVG, oder gegen den Ersteher, soweit es sich bei ihm nicht um eine Vollstreckung in das Grundstück handelt, § 132 ZVG. Denn dann liegt eine gewöhnliche Zwangsvollstreckung vor. Insofern ist § 57 anwendbar; es handelt sich um ein Aufgebotsverfahren nach §§ 138, 140 ZVG. Insofern ist § 45 anwendbar; es handelt sich um die Eintragung einer Zwangshypothek. Insofern sind §§ 57, 58 III Z 6 anwendbar; es handelt sich um eine freiwillige Versteigerung. Insofern ist § 118 anwendbar; es handelt sich um eine Zwangsversteigerung auf Grund landesrechtlicher Vorschriften. Insofern sind §§ 871 ZPO, 112 EGBGB (Bahneinheit) und gebührenrechtlich § 118 anwendbar; der Anwalt wird als Zwangsverwalter tätig, § 1 II. Dann setzt das Gericht seine Vergütung nach § 153 ZVG in Verbindung mit der VO vom 16. 2. 70, BGBl 185, fest. Soweit der Anwalt als Zwangsverwalter einen Prozeß führt, können in entsprechender Anwendung von § 1835 II BGB die §§ 31ff anwendbar sein, GSchm § 69 Rdz 14; er wird als Zustellungsvertreter tätig, § 7 II ZVG; er wird als Vertreter zur Ermittlung eines unbekannten Berechtigten tätig, § 135 ZVG.

Zwangsversteigerung

68 **I Im Verfahren der Zwangsversteigerung nach dem Gesetz über die Zwangsversteigerung und die Zwangsverwaltung einschließlich der Einstellungsverfahren nach §§ 30 bis 30d, 180 Abs. 2 erhält der Rechtsanwalt bei Vertretung eines Beteiligten**

1. für das Verfahren bis zur Einleitung des Verteilungsverfahrens drei Zehntel der vollen Gebühr;
2. für die Wahrnehmung der Versteigerungstermine vier Zehntel der vollen Gebühr;
3. für das Verteilungsverfahren drei Zehntel der vollen Gebühr; diese Gebühr erhält der Rechtsanwalt auch, wenn unter seiner Mitwirkung eine außergerichtliche Verteilung stattfindet.

II Vertritt der Rechtsanwalt einen Bieter, der nicht Beteiligter ist, so erhält er zwei Zehntel der vollen Gebühr für das ganze Verfahren.

III Der Gegenstandswert bestimmt sich

1. bei der Vertretung des Gläubigers oder eines anderen nach § 9 Nr. 1 und 2 des Gesetzes über die Zwangsversteigerung und die Zwangsverwaltung Beteiligten nach dem Wert des dem Gläubiger oder dem Beteiligten zustehenden Rechts; wird das Verfahren wegen einer Teilforderung betrieben, so ist der Teilbetrag nur maßgebend, wenn es sich um einen nach § 10 Abs. 1 Nr. 5 des Gesetzes über die Zwangsversteigerung und die Zwangsverwaltung zu befriedigenden Anspruch handelt; Nebenforderungen sind mitzurechnen; der Wert des Gegenstandes der Zwangsversteigerung (§ 66 Abs. 1, § 74a Abs. 5 des Gesetzes über die Zwangsversteigerung und die Zwangsverwaltung), im Verteilungsverfahren der zur Verteilung kommende Erlös sind maßgebend, wenn sie geringer sind;
2. bei der Vertretung eines anderen Beteiligten, insbesondere des Schuldners, nach dem Wert des Gegenstandes der Zwangsversteigerung, im Verteilungsverfahren nach dem zur Verteilung kommenden Erlös; bei Miteigentümern oder sonstigen Mitberechtigten ist der Anteil maßgebend;
3. bei der Vertretung eines Bieters, der nicht Beteiligter ist, nach dem Betrag des höchsten für den Auftraggeber abgegebenen Gebots, wenn ein solches Gebot nicht abgegeben ist, nach dem Wert des Gegenstandes der Zwangsversteigerung.

Gliederung

5) Gegenstandswert, III
A. Grundsatz
B. Vertretung des Gläubigers, eines dinglich Berechtigten oder eines Widerspruchsberechtigten, Z 1
C. Vertretung eines anderen Beteiligten, Z 2
D. Vertretung eines nicht beteiligten Bieters, Z 3

1) Allgemeines. Vgl Mümmler JB **72**, 745 (Übers). Die Vorschrift unterscheidet zwischen der Vertretung eines Beteiligten und der Vertretung eines Bieters, der nicht Beteiligter ist. Zum sachlichen Geltungsbereich vgl Einf 2 vor § 68. Soweit eine Zwangsvollstreckung gegen den Ersteher in das Grundstück erfolgt, § 133 ZVG, handelt es sich um eine neue Angelegenheit. Sie läßt die Gebühr nach § 68 neu entstehen. Wegen der Befriedigung hinsichtlich der Kosten vgl §§ 10 II, 12 Z 1 ZVG.

Für das Rechtsmittelverfahren gilt nicht § 68, sondern § 70. Im Verfahren nach § 765a ZPO oder nach § 26 HeimkehrerG entstehen gesonderte Gebühren nach § 57, GSEM 5, RS 19 vor § 68, SchGei 19. Die Hebegebühr richtet sich nach § 22. Eine Tätigkeit des Anwalts in einem mit dem Zwangsversteigerungsverfahren zusammenhängenden Rechtsstreit läßt Gebühren nach §§ 31 ff neben den Gebühren des § 68 entstehen.

2) Vertretung eines Beteiligten, der nicht Bieter ist, I. A. Begriff. Wer Beteiligter ist, das ergibt sich aus den jeweils gültigen Verfahrensvorschriften. Vgl also §§ 9, 162, 163 III, 172, 175, 180 ZVG, 24 ErbbauVO, 510, 755 II, 761 II HGB, 2, 97 III, 103 II BinnSchG. I gilt auch für die Tätigkeit des Anwalts im Einstellungsverfahren gemäß §§ 30–30d, 180 II ZVG, unabhängig davon, ob das Gericht schon einen Versteigerungstermin anberaumt hatte. Insofern besteht eine Abweichung von KV 1510, 1511.

Gebührenrechtlich kommt es nur darauf an, ob der Auftraggeber als Beteiligter auftreten will und auftritt, nicht darauf, ob auch das Gericht ihn im Versteigerungsverfahren als solchen anerkannt, GSEM 4.

Nicht beteiligt sind: Der Bürge des Erstehers; ein nach § 61 ZVG Zahlungspflichtiger; ein Mobiliarpfandschuldner; unter Umständen ein Bieter und der Ersteher. Für sie gilt II, im übrigen § 118.

Wegen des Beteiligten, der auch Bieter ist, vgl Anm 4.

B. Mehrere Versteigerungsobjekte. Die Gebühren nach I entstehen auch dann nur einmal, wenn dasselbe (verbundene) Verfahren die Versteigerung mehrerer Grundstücke oder Miteigentumsanteile erfaßt, LG Münster Rpfleger **80**, 401.

C. Gebühren. I sieht für denjenigen Anwalt, der einen Beteiligten vertritt, für die drei wesentlichen Verfahrensabschnitte jeweils eine Gebühr vor. Die Gebühren erreichen zusammen grundsätzlich eine volle Gebühr; vgl freilich c. Sie liegen damit fünfmal so hoch wie diejenigen für die Vertretung eines nicht beteiligten Bieters, II. Für die Vertretung eines Beteiligten kann der Anwalt folgende Einzelgebühren nebeneinander verdienen:

a) Verfahrensgebühr, Z 1. Sie beträgt 3/10 Gebühr. Sie gilt als eine einheitliche Gebühr für den Anwalt des Gläubigers, dazu Mümmler JB **83**, 1464, unabhängig von der Zahl der Schuldner, LG Münster Rpfleger

80 401, die gesamte Tätigkeit des Anwalts in demselben Verfahren ab, einschließlich eines Verfahrens nach §§ 30a ff, 180 II ZVG, unabhängig von ihrem Umfang, LG Mü Rpfleger **71**, 363, GSEM 5, Mümmler JB **72**, 748 und JB **78**, 1462, RS 7, Schneider JB **67**, 365; **aM** SchGei 16; das gilt bis zur Einleitung des Verteilungsverfahrens, also bis zur Bestimmung des Verteilungstermins durch das Gericht, § 105 ZVG. Sie erfaßt also auch ein erfolgloses Vollstreckungsschutzverfahren, LG Mü Rpfleger **71**, 363 mwN. Auch die Vorbereitung des Versteigerungstermins fällt unter Z 1, ebenso die Wahrnehmung eines besonderen Verkündungstermins, § 87 ZVG, oder eine sonstige nach dem Versteigerungstermin, aber vor der Bestimmung des Verteilungstermins liegende Tätigkeit. Sie gilt auch eine die Zwangsversteigerung vorbereitende Tätigkeit der Beschaffung des Notfrist- und Rechtskraftzeugnisse, der Vollstreckungsklausel und der erforderlichen Zustellungen, § 58 II Z 1, 2, ab.

Allerdings entsteht für die Wahrnehmung des Versteigerungstermins neben der Gebühr nach Z 1, aM GSEM 5 (an ihrer Stelle), diejenige nach Z 2.

Soweit das Zwangsversteigerungsverfahren nicht zur Durchführung kommt, tritt keine Gebührenermäßigung ein, GSEM 6.

Soweit der Anwalt lediglich ein Mahnschreiben usw abgefaßt hat, entsteht nur eine Gebühr nach § 120. Sie geht in einem anschließenden Zwangsversteigerungsverfahren in der Gebühr nach Z 1 auf. Wenn der Auftraggeber gleichzeitig mit dem Auftrag zur Absendung eines Mahnschreibens usw den Auftrag erteilt hatte, einen Antrag auf die Einleitung eines Zwangsversteigerungs- oder Zwangsverwaltungsverfahren zu stellen, dann muß man grundsätzlich davon ausgehen, daß der letztere Auftrag nur bedingt, also nur für denjenigen Fall galt, daß der Schuldner auf Grund des Mahnschreibens nicht zahlen werde.

b) Terminsgebühr, Z 2. Für die Wahrnehmung des Versteigerungstermins entsteht neben der Gebühr nach Z 1 eine 4/10 Gebühr. Sie erhöht sich auch dann nicht, wenn der Anwalt in demselben Verfahren mehrere Versteigerungstermine wahrnimmt. Das ergibt sich schon aus den Worten „der Versteigerungstermine" in Z 2, ferner aus § 13 II 1, GSEM 8, RS 19, SchGei 23. Für die Entstehung der Terminsgebühr genügt die bloße Anwesenheit des Anwalts im Versteigerungstermin. Er braucht also keine darüber hinausgehende Tätigkeit im Termin vorzunehmen, insbesondere kein Gebot abzugeben und sich auch nicht zu irgendwelchen Vorgängen im Termin zu äußern. Der Anwalt, der erstmalig im Termin für den Auftraggeber tätig wird, erhält sowohl die Verfahrensgebühr nach Z 2 als auch die Terminsgebühr nach Z 2, GSEM 7, RS 9, 10, SchGei 23.

c) Verteilungsgebühr, Z 3. Für die Tätigkeit des Anwalts im Verteilungsverfahren entsteht neben den Gebühren nach Z 1, 2 eine 3/10 Gebühr. Sie entsteht für jede Tätigkeit nach der Bestimmung des Verteilungstermins, zB durch die Einreichung einer Anspruchsberechnung, die Vorbereitung einer Terminsteilnahme oder des Verteilungsplans. Die Verteilungsgebühr gilt die Tätigkeit bis zur Ausführung des Verteilungsplans ab. Sie gilt auch eine anderweitige Verteilung nach einem Widerspruchsprozeß ab, § 60 Anm 2. Soweit unter der Mitwirkung des Anwalts eine außergerichtliche Verteilung stattfindet, §§ 143 ff ZVG, entsteht neben der bereits für die allgemeine Tätigkeit im Verteilungsverfahren entstandenen 3/10 Gebühr unter Umständen eine weitere 3/10 Gebühr, Z 3 Hs 2. Insofern können die Gebühren nach I auf insgesamt 13/10 anwachsen.

Eine Teilnahme am Verteilungstermin ist für die Verteilungsgebühr nicht Voraussetzung, sofern der Anwalt vorher oder nachher im Verteilungsverfahren tätig wird.

Da das Verteilungsverfahren ein besonderer und für sich vergüteter Verfahrensabschnitt ist, entsteht durch die Tätigkeit des Anwalts nur in diesem Verteilungsverfahren aber auch nur eine Vergütung nach Z 3, nicht daneben die Verfahrensgebühr nach Z 1. Die letztere entsteht also nur, soweit der Anwalt für einen Bieter auch außerhalb des Verteilungsverfahrens tätig wird.

d) Vergleichsgebühr. Die Vergleichsgebühr nach § 23 kann neben der Verfahrensgebühr nach Z 1 entstehen. Das gilt auch, wenn im Verfahren nach §§ 143ff ZVG über eine bloße Einigung hinaus ein echter Vergleich nach § 23 zustande kommt, GSEM 10, RS 12, SchGei 29.

3) Vertretung eines nicht beteiligten Bieters, II. Wenn ein Bieter nicht ein Beteiligter im Sinn von Anm 2 A ist, entsteht für die Vertretung dieses Bieters gemäß II lediglich eine 2/10 Gebühr für das ganze Verfahren. Insofern unterscheidet das Gesetz anders als bei der Vertretung eines Beteiligten nicht besondere Verfahrensabschnitte. Daher entsteht die Gebühr nach II für jede auftragsgemäße Tätigkeit des Anwalts in irgendeinem Abschnitt des Gesamtverfahrens, erhöht sich aber durch eine weitere Tätigkeit für nur diesen Bieter nicht.

4) Vertretung eines Beteiligten, der auch Bieter ist. Diesen Fall regelt das Gesetz nicht ausdrücklich. Die Anwendung nur von I Z 1, 2 in Verbindung mit III Z 1 könnte zu einer unbillig geringen Vergütung führen. GSEM 11, Mümmler JB **72**, 754, RS 14 schlagen daher vor, gemäß § 2 sowohl die Vergütung des Beteiligtenvertreters (nach dem Gegenstandswert der Beteiligung) als auch diejenige des Bietervertreters (nach dem Gegenstandswert seines Gebots) zu gewähren.

5) Gegenstandswert, III. A. Grundsatz. Die Vorschrift setzt abweichend vom GKG einen Gegenstandwert nach Sonderregeln fest, vgl Nürnb JB **76**, 916. Für die Wertfestsetzung ist daher auch nicht § 8, sondern § 10 anwendbar. III ist auch im Fall einer Teilungsversteigerung anwendbar, LG Köln AnwBl **81**, 76. Der Gegenstandswert richtet sich danach, ob es sich bei dem Auftraggeber um einen Gläubiger, einen anderen Beteiligten außer dem Schuldner, um den Schuldner oder um einen nicht beteiligten Bieter handelt.

B. Vertretung des Gläubigers, eines dinglich Berechtigten oder eines Widerspruchsberechtigten, Z 1. Soweit der Anwalt den Gläubiger oder einen nach § 9 Z 1, 2 ZVG Beteiligten vertritt, ist der Wert des dem Gläubiger oder dem dinglich Berechtigten oder dem Widerspruchsberechtigten zustehenden Rechts einschließlich der Nebenforderungen, Z 1 Hs 3, maßgeblich, Schneider MDR **76**, 181 (zum Begriff der Nebenforderung § 22 GKG Anm 1).

Soweit das Versteigerungsverfahren nur wegen einer Teilforderung erfolgt, bleibt grundsätzlich volle der Wert des dem Gläubiger usw zustehenden Rechts einschließlich der Nebenforderungen maßgeblich. Allerdings gilt von diesem Grundsatz eine Abweichung für den Fall, daß es sich bei der Teilforderung nur um einen Anspruch aus einem persönlichen Vollstreckungstitel handelt, § 10 I Z 5 ZVG. In diesem Fall ist nach Z 1 Hs 2 nur der Teilbetrag maßgeblich.

Soweit der Anwalt einen mit mehreren Forderungen Beteiligten vertritt, muß man die Werte zusammenrechnen, GSEM 14, RS 20.

In jedem Fall begrenzt der Wert des Grundstücks, den das Gericht gemäß §§ 66 I, 74a V, 162 ZVG festgesetzt hat, mangels einer Festsetzung der Verkehrswert und im Verteilungsverfahren der zur Verteilung kommende Erlös (nicht nur der auf den Gläubiger entfallende, GSEM 16, insofern aM Schneider MDR **76**, 182, SchGei 34), vgl § 107 ZVG, von dem die nach § 109 I ZVG aus der Teilungsmasse vorweg zu entnehmenden Verfahrenskosten nicht abzuziehen und zu dem bestehenbleibende Rechte nicht hinzuzuzählen sind, GSEM 16, RS 37, SchGei 34, den Gegenstandswert nach oben, Z 1 Hs 4. Deshalb ist eine Gebührenvereinbarung ratsam, insofern richtig Schneider MDR **76**, 182. Bei der Versteigerung mehrerer Grundstücke in demselben Verfahren sind die Werte zusammenzurechnen, soweit der Anwalt wegen mehrerer Grundstücke tätig wird, GSEM 16.

C. Vertretung eines anderen Beteiligten, Z 2. Soweit der Anwalt einen nicht in Z 1 genannten Beteiligten vertritt, insbesondere den Schuldner, den Eigentümer, ist der Wert des Gegenstands der Zwangsversteigerung, §§ 66 I, 74a V, 162 ZVG, und im Verteilungsverfahren der zur Verteilung kommende Erlös, vgl B, maßgeblich.

Von diesem Grundsatz gilt für den Fall einer Teilungsversteigerung §§ 180ff ZVG, folgende Ausnahme: Soweit der Anwalt einen Miteigentümer oder sonstigen Mitberechtigten vertritt, ist der Anteil dieses Auftraggebers an dem Versteigerungsobjekt maßgeblich, Z 2 Hs 2, LG Bonn JB **80**, 887, Mümmler JB **78**, 1462. Diese Ausnahme gilt aber nicht, soweit es sich um eine Pfändung und Überweisung des Rechts eines Miteigentümers oder sonstigen Mitberechtigten handelt. Dann ist vielmehr die Forderung seines Gläubigers maßgeblich, aM GSEM 17.

D. Vertretung eines nicht beteiligten Bieters, Z 3. Soweit der Anwalt einen solchen Bieter vertritt, der nicht am Verfahren beteiligt ist, Anm 2 A, ist der Betrag des höchsten Gebots maßgeblich, das dieser Auftraggeber abgegeben hat. Soweit dieser Auftraggeber kein Gebot abgegeben hat, ist der Wert des Gegenstands der Zwangsversteigerung maßgebend, §§ 66 I 1, 74a V, 162 ZVG. Ein bestehenbleibendes Recht ist dem Bargebot hinzuzurechnen, GSEM 18, RS 22, SchGei 36, 47.

Zwangsverwaltung

69 **I Im Verfahren der Zwangsverwaltung nach dem Gesetz über die Zwangsversteigerung und die Zwangsverwaltung erhält der Rechtsanwalt**

1. für die Vertretung des Antragstellers im Verfahren über den Antrag auf Anordnung der Zwangsverwaltung oder auf Zulassung des Beitritts drei Zehntel der vollen Gebühr;

2. für die Vertretung des Antragstellers im weiteren Verfahren einschließlich des Verteilungsverfahrens und für die Vertretung eines sonstigen Beteiligten im ganzen Verfahren einschließlich des Verteilungsverfahrens drei Zehntel der vollen Gebühr, mindestens jedoch 60 Deutsche Mark.

II Der Gegenstandswert bestimmt sich bei der Vertretung des Antragstellers nach dem Anspruch, wegen dessen das Verfahren beantragt ist; Nebenforderungen sind mitzurechnen; bei Ansprüchen auf wiederkehrende Leistungen ist der Wert der Leistungen eines Jahres maßgebend. Bei der Vertretung des Schuldners bestimmt sich der Gegenstandswert nach dem zusammengerechneten Wert aller Ansprüche, wegen deren das Verfahren beantragt ist, bei der Vertretung eines sonstigen Beteiligten nach § 8 Abs. 2 Satz 2.

1) Allgemeines. Eine Zwangsverwaltung, §§ 146ff ZVG, kommt nicht nur bei einem Grundstück in Betracht, sondern gemäß § 870 ZPO auch bei einem Recht, für das die Grundstücksvorschriften gelten, etwa bei einem Erbbaurecht, einem Wohnungseigentum, einem Bergwerkseigentum usw. Bei einem Schiff oder Schiffsbauwerk findet keine Zwangsverwaltung statt, § 870a ZPO, ebensowenig bei einem Luftfahrzeug, das in der Luftfahrzeugrolle eingetragen ist, § 99 I LuftfzRG.

Die gerichtliche Verwaltung eines Grundstücks für Rechnung des Erstehers nach § 94 ZVG ist keine Zwangsverwaltung. Auch die Sequestation nach §§ 848, 855, 857 IV, 938 II ZPO, 25 ZVG ist keine Zwangsverwaltung, vgl auch Noack MDR **67**, 168. Das Prozeßgericht kann allerdings im Weg einer einstweiligen Verfügung auch eine Zwangsverwaltung anordnen, obwohl die einstweilige Verfügung grundsätzlich nur der Sicherung des Gläubigers und nicht seiner endgültigen Befriedigung dient. In diesem Fall sind §§ 146ff ZVG anzuwenden. Daher ist § 69 in diesem Fall ebenfalls anwendbar.

Wegen der ergänzenden Vorschriften vgl Einf 2 vor § 68. Wegen der Tätigkeit des Anwalts als Zwangsverwalter vgl Einf 2 B vor § 68.

2) Vertretung des Antragstellers, I. A. Begriff. Antragsteller ist jeder Gläubiger, der die Zwangsverwaltung betreibt oder der einer angeordneten Zwangsverwaltung beitritt, ferner der Konkursverwalter, § 172 ZVG.

B. Anordnungsverfahren, Z 1. Für die Vertretung des Antragstellers im Verfahren über den Antrag auf die Anordnung der Zwangsverwaltung entsteht eine $^3/_{10}$ Gebühr. Im Verfahren mit dem Ziel der Zulassung des Beitritts zu einer bereits angeordneten Zwangsverwaltung entsteht ebenfalls eine $^3/_{10}$ Gebühr. In beiden Fällen ist der Umfang der Tätigkeit des Anwalts unerheblich. Die Gebühr entsteht, sobald der Anwalt in Ausführung des Auftrags etwas tut, zB die Information aufnimmt oder (zunächst) den Antrag beim Vollstreckungsgericht stellt. Das gilt auch dann, wenn er als ProzBev nach der Anordnung der Zwangsverwaltung durch das Prozeßgericht im Weg einer einstweiligen Verfügung, Anm 1, jetzt einen entsprechenden Antrag beim Vollstreckungsgericht stellt.

Die Gebühr entsteht ferner dann, wenn der Anwalt, den der Gläubiger damit beauftragt hat, einen Antrag auf die Anordnung eines Zwangsversteigerungsverfahrens zu stellen, nach wiederholten vergeblichen Versteigerungsversuchen nunmehr im Auftrag des Gläubigers den Antrag auf eine Fortsetzung des Versteigerungsverfahrens als Zwangsverwaltungsverfahren stellt, § 77 II ZVG. In diesem Fall ist die Tätigkeit des Anwalts, die mit dem Antrag auf das Zwangsverwaltungsverfahren beginnt, auch nicht etwa durch die zuvor nach § 68 entstandenen Gebühren abgegolten. Denn eine Zwangsverwaltung stellt gegenüber einer Zwangsversteigerung eine andere Angelegenheit dar. Daher ist Z 1 auch im Fall gleichzeitiger Anträge neben § 68 I Z 1 anwendbar, LG Bln JB **67**, 240.

Die Gebühr nach Z 1 gilt die gesamte Tätigkeit des Anwalts bis zur Anordnung der Zwangsverwaltung oder bis zur Zulassung des Beitritts oder bis zur Ablehnung einer dieser Maßnahmen ab, vgl auch Köln JB **81**, 54, ferner GSchm 2. Eine Ermäßigung tritt nicht ein, zB nicht dann, wenn der Auftrag vor der Antragseinreichung endet.

C. Weiteres Verfahren, Z 2. Für die Vertretung des Antragstellers nach der Anordnung der Zwangsverwaltung oder nach der Zulassung des Beitritts im weiteren Verfahren einschließlich des Verteilungsverfahrens entsteht eine $\frac{3}{10}$ Gebühr, mindestens jedoch eine Gebühr von 60 DM. Auch sie entsteht, sobald der Anwalt irgendeine Tätigkeit zur Ausführung gerade dieses Auftrags vornimmt. Sie gilt die gesamte weitere Tätigkeit des Anwalts in diesem Verfahren unabhängig von seiner Dauer bis zu seiner Aufhebung ab, also auch die Wahrnehmung etwaiger Termine. Soweit der Anwalt nur in diesem weiteren Verfahren tätig wird, erhält der auch nur die Gebühr nach Z 2. Eine nach Z 1 entstandene Gebühr bleibt neben derjenigen nach Z 2 bestehen.

3) Vertretung eines sonstigen Beteiligten, I. Soweit der Anwalt einen anderen Beteiligten als den Antragsteller vertritt, entsteht eine $\frac{3}{10}$ Gebühr, mindestens ein Betrag von 60 DM, für die Vertretung im gesamten Zwangsverwaltungsverfahren, unabhängig davon, ob der Anwalt nur im Anordnungsverfahren, im Beitrittsverfahren oder nur bzw auch im weiteren Verfahren tätig war, I Z 2. Diese Gebühr gilt auch die Vertretung des sonstigen Beteiligten im Verteilungsverfahren ab. Neben dieser Gebühr kann also für die Vertretung des sonstigen Beteiligten keine weitere Gebühr nach Z 1 entstehen.

Als sonstiger Beteiligter ist vor allem der Schuldner anzusehen.

4) Gegenstandswert, II. Die Vorschrift enthält Sonderregeln gegenüber § 30 GKG. Daher ist § 8 I unanwendbar. Der Gegenstandswert ist davon abhängig, wen der Anwalt vertritt.

A. Vertretung des Antragstellers, II 1. In diesem Fall bestimmt sich der Gegenstandswert gemäß II 1 Hs 1 nach demjenigen Anspruch oder Anspruchsteil, wegen dessen der Auftraggeber die Anordnung der Zwangsverwaltung oder die Zulassung seines Beitritts beantragt. Die Nebenforderungen, also auch die Zinsen und Kosten, sind mitzurechnen. Soweit es sich bei seinem Anspruch um einen solchen auf eine wiederkehrende Leistung beliebiger Art handelt, also nicht nur von Miet- oder Pachtzins, ist der Jahreswert maßgebend, II 1 Hs 2, einschließlich der laufenden Zinsen, GSEM 6. Der Jahreswert ist aber nicht nur ein Höchstwert, denn Hs 2 enthält als Sonderregel keinen dem § 16 II 1 Hs 2 GKG usw entsprechenden Zusatz; aM GSEM 6. Ein Rückstand aus der Zeit vor der Anordnung der Zwangsverwaltung ist nicht hinzuzurechnen, da Hs 2 eine dem § 17 IV GKG entsprechende Regelung nicht enthält; aM GSEM 6, RS 12.

B. Vertretung des Schuldners, II 2. In diesem Fall ist der Gegenstandswert nach dem zusammengerechneten Wert aller Ansprüche, wegen deren das Verfahren beantragt ist, zusammenzurechnen, Hs 1. Es ist unerheblich, ob das Gericht das Verfahren wegen aller dieser Ansprüche oder nur wegen einiger von ihnen angeordnet hat.

C. Vertretung eines sonstigen Beteiligten, II 2. In diesem Fall bestimmt sich der Gegenstandswert nach § 8 II 2, also nach dem pflichtgemäßen Ermessen des Gerichts, Hs 2. Vgl § 8 Anm 3 C.

Rechtsmittelverfahren

70 **I In den Angelegenheiten der §§ 68 und 69 erhält der Rechtsanwalt für die Vertretung eines Beteiligten im Rechtsmittelverfahren fünf Zehntel der vollen Gebühr**

1. als Prozeßgebühr;

2. für die Wahrnehmung der im Verfahren stattfindenden Termine;

3. für die Vertretung im Beweisaufnahmeverfahren; § 34 gilt sinngemäß.

II Der Gegenstandswert bestimmt sich nach § 8 Abs. 1 Satz 1.

1) Allgemeines. Die Tätigkeit des Vollstreckungsgerichts im Zwangsversteigerungs- und Zwangsverwaltungsverfahren ist grundsätzlich dem Rpfl übertragen, § 3 Z 1 i RPflG. Gegen seine Entscheidung ist die sofortige Erinnerung statthaft, §§ 11 I 2 RPflG, 793 ZPO. Soweit das Gericht durch den Richter entschieden hat, ist die sofortige Beschwerde statthaft, § 793 ZPO. Gegen den Bestätigungs- oder Wiedereinsetzungsbeschluß sind nach § 96 ZVG ebenfalls die vorgenannten Rechtsmittel statthaft.

§ 70 regelt die Vergütung des Anwalts im Rechtsmittelverfahren von der Einlegung der sofortigen Erinnerung, aM GSEM 2 (sie gehöre zur ersten Instanz), bis zur Entscheidung des Rechtsmittelgerichts. Die Vorschrift enthält gegenüber § 61 I Z 1 eine zwar inhaltlich ähnliche, gleichwohl aber vorrangige abschließende Sonderregelung.

Von der sofortigen Erinnerung gegen eine echte Entscheidung des Rpfl ist die einfache Erinnerung nach § 766 gegen eine solche Vollstreckungsmaßnahme, die keine echte Entscheidung des Vollstreckungsgerichts darstellt, zu unterscheiden, BLAH § 793 ZPO Anm 1 A. Im Fall der einfachen Erinnerung, die zur Instanz gehört, entsteht keine besondere Gebühr, § 55 Anm 1 A.

2) Gebühren, I. A. Grundsatz. In Anlehnung an § 61 und damit an § 31 setzt I Z 1–3 je eine 5/10 Gebühr für die unten näher beschriebenen Tätigkeiten fest. Für mehrere sofortige Erinnerungen bzw sofortige Beschwerden gegen verschiedene Entscheidungen entstehen mehrere Gebühren, selbst wenn das Gericht über die mehreren sofortigen Erinnerungen bzw sofortigen Beschwerden in demselben Beschluß entscheidet; mehrere Rechtsmittel gegen dieselbe Entscheidung sind nur eine Angelegenheit und lassen die Gebühren noch einmal entstehen, Mü Rpfleger **68**, 32.

B. Prozeßgebühr, Z 1. Die Prozeßgebühr entsteht mit der Einreichung der sofortigen Erinnerung, aM GSEM 2 (sie gehöre zur ersten Instanz). Es ist insofern unerheblich, ob der Amtsrichter über die sofortige Erinnerung gemäß § 11 II 3 RPflG abschließend entscheidet oder die sofortige Erinnerung dem Rechtsmittelgericht vorlegt und ob dieses über das nun als sofortige Beschwerde anzusehende Rechtsmittel gemäß § 11 II 5 RPflG entscheidet, aM GSEM 2.

Die Prozeßgebühr gilt die gesamte Tätigkeit des Anwalts im Rechtsmittelverfahren ab, soweit nicht daneben die Terminsgebühr nach Z 2 oder die Beweisgebühr nach Z 3 entstehen. Wenn allerdings der Amtsrichter über die sofortige Erinnerung abschließend entschieden hatte und nun die sofortige Beschwerde nach § 793 ZPO in Verbindung mit § 11 III RPflG eingelegt wird, kann die Prozeßgebühr in diesem neuen, ein weiteres Rechtsmittel darstellenden Verfahrensabschnitt zusätzlich zu der bereits im Verfahren bis zur Entscheidung des Amtsrichters entstandenen Prozeßgebühr entstehen.

Der Anwalt wird nur dann tätig, wenn er mehr tut als einen Beschwerdebeschluß in Empfang zu nehmen und weiterzuleiten, denn das letztere ist eine reine Botentätigkeit, Mü Rpfleger **73**, 444. Es reicht aus, daß er den Beschluß des Rpfl oder Amtsrichters oder die gegnerische Rechtsmittelschrift prüft und erwägt, ob und wie eine Erwiderung stattfinden soll, Ffm Rpfleger **77**, 185 mwN, oder daß er sich zur Erfolgsaussicht, etwa einer weiteren soforigen Beschwerde, äußert, erst recht dann, wenn er das auf Grund einer Aufforderung des Gerichts tut, vgl Stgt AnwBl **79**, 22.

Eine Ermäßigung nach § 32 tritt nicht ein. Denn der 3. Abschnitt ist grundsätzlich unanwendbar. Einf 1 vor § 68.

C. Terminsgebühr, Z 2. Neben der Prozeßgebühr, Z 1, und neben der Beweisgebühr, Z 3, kann eine Gebühr für die Wahrnehmung der im Verfahren stattfindenden Termine entstehen. Sie gilt die Vertretung in sämtlichen in diesem Verfahren stattfindenden Termine ab, wie schon der Wortlaut von Z 2 zeigt.

Wenn allerdings der Anwalt zunächst im Verfahren auf eine sofortige Erinnerung einen vor dem Amtsrichter stattfindenden Termin wahrnahm und sodann im Anschluß an eine gegen die Entscheidung des Amtsrichters eingelegte sofortige Erinnerung einen Termin vor dem LG wahrnimmt, kann die Terminsgebühr für diesen Termin erneut entstehen, vgl A.

Es ist unerheblich, wie lang der Termin ist und ob der Anwalt sich im Termin durch einen Antrag oder auf andere Weise äußert. Es reicht aus, daß er anwesend ist und das Geschehen im Termin im Interesse des Auftraggebers mitdenkend verfolgt. § 33 ist unanwendbar, Einf 1 vor § 68.

Die bloße körperliche Anwesenheit ohne eine Absicht, den Terminsablauf auftragsgemäß zu verfolgen, reicht aber nicht aus.

D. Beweisgebühr, Z 3. Neben der Prozeßgebühr, Z 1, und der Terminsgebühr, Z 2, kann eine Beweisgebühr entstehen. Sie setzt voraus, daß das Gericht ein Beweisaufnahmeverfahren angeordnet hat und daß der Anwalt auch im Rahmen dieses Verfahrens tätig wird. Vgl dazu im einzelnen § 31 Anm 7. Wenn zunächst im Verfahren vor dem Amtsrichter eine Beweisaufnahme stattfand und wenn gegen seine Entscheidung sofortige Beschwerde eingelegt wurde und nun das LG eine weitere Beweisaufnahme vornimmt, kann die Beweisgebühr erneut entstehen, vgl A, B.

Die Beweisgebühr entsteht unter den Voraussetzungen des § 34 nicht, wie Z 3 Hs 2 klarstellt. Vgl die dortigen Anm.

E. Erörterungsgebühr. Während § 61 I auf alle „im § 31 bestimmten Gebühren" und damit auch auf die Erörterungsgebühr, § 31 I Z 4, verweist, nennt § 70 I die in Betracht kommenden Gebühren in der Form einer besonderen und abschließenden Aufzählung, Anm 1. Daher entsteht für die Vertretung im Rechtsmittelverfahren keine Erörterungsgebühr. Das gilt für alle Abschnitte des Rechtsmittelverfahrens.

F. Vergleichsgebühr. Neben den Gebühren nach I Z 1–3 kann unter den Voraussetzungen des § 23 eine Vergleichsgebühr entstehen, vgl die dortigen Anm, und zwar in voller Höhe.

3) Gegenstandswert, II. Die Vorschrift verweist auf § 8 I 1. Vgl die dortigen Anm. Das Gericht muß den Wert also zunächst nach § 30 GKG evtl in Verbindung mit § 29 GKG, und, soweit diese Vorschriften nicht ausreichen, im Rahmen eines pflichtgemäßen Ermessens im Rahmen einer Interessenabwägung festsetzen, § 3 ZPO, vgl LG Bayreuth JB **76**, 1248.

Eine Beschwerde gegen die Zurückweisung eines Einstellungsantrags nach § 30a ZVG ist grundsätzlich nach dem Verkehrswert des Grundstücks zu bewerten, falls er unter der Forderung des Gläubigers liegt, KG Rpfleger **71**, 193. Der Wert der Beschwerde gegen die Festsetzung des Verkehrswerts liegt in einem Bruchteil des Unterschiedsbetrags zwischen festgesetztem und behauptetem Verkehrswert, zB in ⅓ der Differenz, KG Rpfleger **68**, 403. Der Wert der Zuschlagsbeschwerde richtet sich nach dem wirtschaftlichen Interesse des Beschwerdeführers, vgl Bbg JB **72**, 249, KG Rpfleger **82**, 233; abw GSEM 8 (auch nach dem Grundstückswert usw). Eine Beschwerde gegen den Teilungsplan ist mit einem Bruchteil der Teilungsmasse zu bewerten, Bbg JB **80**, 1885. Mehrere Beschwerden, § 99 II ZVG, gelten als dieselbe Angelegenheit nach dem zusammengerechneten Wert, GSEM 8.

Besondere Verteilungsverfahren

71 Für die Mitwirkung des Rechtsanwalts in einem Verteilungsverfahren außerhalb der Zwangsversteigerung und der Zwangsverwaltung gilt, soweit dieses Gesetz nichts anderes bestimmt, § 68 Abs. 1 Nr. 3, Abs. 3 Nr. 1 und 2 sinngemäß.

1) Geltungsbereich. Die Vorschrift erfaßt ein Verteilungsverfahren im Fall einer Enteignung, Art 52, 109 EGBGB, also die Festsetzung der Entschädigung des Grundstückseigentümers, falls ein am Grundstück Berechtigter einen Widerspruch gegen die Zahlung erhebt, Art 53 EGBGB, und einen entsprechenden Entschädigungsanspruch des Eigentümers eines eingetragenen Schiffs- oder Schiffsbauwerks, Art 53a EGBGB. Hierher gehören ferner: Ein Entschädigungsanspruch wegen der Beschädigung eines Grundstücks durch Bergbau, Art 67 II EGBGB; ein Entschädigungsanspruch zB nach § 119 III BauGB oder nach § 55 BLG.

§ 71 ist unanwendbar, soweit der vorrangige § 60 für das Verteilungsverfahren anwendbar ist.

2) Gebühr. Der Anwalt erhält für die Mitwirkung im gesamten Verteilungsverfahren 3/10 Gebühr, wie sich aus der Verweisung auf § 68 I Z 3 ergibt. Vgl § 68 Anm 2 D.

3) Gegenstandswert. Der Gegenstandswert richtet sich infolge der Verweisung auf § 68 III Z 1, 2 nach der Person des Vertretenen. Vgl § 68 Anm 4 B, C.

4) Beschwerde. Auf das Beschwerdeverfahren ist § 70 anwendbar, GSEM 6, RS 4.

Fünfter Abschnitt. Gebühren in Konkursverfahren und in Vergleichsverfahren zur Abwendung des Konkurses sowie in seerechtlichen Verteilungsverfahren

Einführung

1) Systematik. Der 5. Abschnitt enthält Sonderregeln. Sie werden durch die Bestimmungen des 1. und 2. Abschnitts ergänzt. Im Fall mehrerer Aufträge geht § 82 als Sonderbestimmung dem § 6 vor. § 23 ist anwendbar, vgl aber auch §§ 74 Anm 1, 80 Anm 1.

Der 5. Abschnitt regelt nur die Tätigkeit des Anwalts im Verfahren vor dem Gericht. Soweit der Anwalt auftragsgemäß eine außergerichtlicheTätigkeit ausübt, ist § 118 anwendbar, selbst wenn die Tätigkeit im Interesse des Konkursverfahrens erfolgt, Schmidt MDR **68**, 206. Eine Anrechnung nach § 118 II findet nicht statt, GSEM Rdz 1 vor § 72 (verschiedene Angelegenheit).

2) Geltungsbereich. Der 5. Abschnitt erfaßt die Vertretung des Gemeinschuldners oder eines Gläubigers im Konkursverfahren, auch bei § 64 KO, im Vergleichsverfahren zur Abwendung des Konkurses und im seerechtlichen Verteilungsverfahren vor einem Gericht der BRep. §§ 72ff gelten die gesamte Tätigkeit des Anwalts ab, der einen Auftrag für das ganze Konkursverfahren oder nur für eine einzelne Handlung hat. Die Vorschriften beziehen sich aber nicht auf jede anwaltliche derartige Tätigkeit.

Sie betreffen zB nicht: Die Tätigkeit des Anwalts als Konkursverwalter (zu dessen Vergütung § 1 Anm 3 B „Konkursverwalter"); seine Tätigkeit als Vergleichsverwalter (zu dessen Vergütung Schmidt KTS **82**, 601); seine Tätigkeit als ein Mitglied des Gläubigerausschusses oder des Gläubigerbeirats, § 1 Anm 3 B. § 1835 BGB ist in diesen Fällen unanwendbar, denn die Vorschrift erfaßt nur den Vormund, und nur auf ihn bezieht sich die Verweisung in § 1 II 2, RS § 73 Anm 7, aM GSEM Rdz 5 vor § 72; seine Tätigkeit im Verfahren auf die Festsetzung seiner Vergütung durch das Konkurs- oder Vergleichsgericht, §§ 85, 91 KO, 43, 45 II VglO; seine Tätigkeit als Sachwalter im seerechtlichen Verteilungsverfahren; seine Tätigkeit für den Konkursverwalter; seine Tätigkeit für einen Aussonderungs- oder Absonderungsberechtigten, § 73 Anm 1; seine Tätigkeit als Gläubiger, denn § 91 II 4 ZPO ist unanwendbar, RS Anm 9 vor § 72, aM GSEM Rdz 14 vor § 72. Wegen einer Tätigkeit zunächst im Auftrag des späteren Gemeinschuldners, dann im Auftrag des Konkursverwalters vgl Mümmler JB **76**, 277 mwN.

Soweit der Konkursverwalter den Anwalt mit der Führung eines Rechtsstreits beauftragt, gelten §§ 31 ff. Soweit der Anwalt nur im Zusammenhang mit einzelnen Zwangsvollstreckungshandlungen tätig wird, gelten §§ 57 ff. Ein solcher Fall liegt zB dann vor, wenn es um die Abnahme einer eidesstattlichen Versicherung nach § 125 KO geht. Soweit der Anwalt lediglich den Konkursverwalter berät, ist § 20 anwendbar.

Die vorgenannten Bestimmungen gelten auch, soweit der Anwalt den Gemeinschuldner, den Schuldner oder einen Gläubiger außerhalb des Konkursverfahrens, Vergleichsverfahrens und seerechtlichen Verteilungsverfahrens vertritt.

Soweit der Anwalt zunächst den Gemeinschuldner, nach der Aufnahme durch den Konkursverwalter aber diesen vertritt, liegen zwei Angelegenheiten vor, RS Anm 8, 13 vor § 72, aM GSEM Rdz 15 vor § 72 mwN.

3) Kostenerstattung. Ein Gläubiger kann diejenigen Anwaltskosten, die er im Zusammenhang mit seiner Teilnahme am Konkurs- oder Vergleichsverfahren bezahlen muß, nicht in diesen Verfahren erstattet fordern, §§ 63 Z 2 KO, 29 Z 2 VglO. Er kann aber die Erstattung derjenigen Anwaltskosten fordern, die infolge eines Rechtsstreits im Zusammenhang mit der Teilnahme am seerechtlichen Verteilungsverfahren der Haftungssumme zur Last fallen, §§ 31 II, 32 III SeeVertO. Soweit der Anwalt den Gemeinschuldner vertritt, handelt es sich lediglich um eine nicht bevorrechtigte Konkursforderung.

Eröffnung des Konkursverfahrens

72 **Im Verfahren über einen Antrag auf Eröffnung des Konkursverfahrens (§§ 104 bis 106 der Konkursordnung) erhält der Rechtsanwalt drei Zehntel der vollen Gebühr; vertritt er einen Gläubiger, so erhält er die Hälfte der vollen Gebühr.**

1) Geltungsbereich. Die Vorschrift erfaßt die Tätigkeit des Anwalts im Verfahren über einen Antrag auf die Eröffnung des Konkursverfahrens, §§ 104–106 KO. Die Gebühr nach § 72 steht dem Anwalt neben einer Gebühr nach § 73 oder nach § 74 zu. Es findet auch insofern keine Anrechnung statt. Die Gebühr gilt die gesamte Tätigkeit des Anwalts im Eröffnungsverfahren ab. Sie entsteht auch dann, wenn sich die Tätigkeit auftragsgemäß auf das Eröffnungsverfahren beschränkt.

Das Eröffnungsverfahren beginnt mit der Einreichung des Antrags auf die Eröffnung. Es endet mit der Eröffnung, mit der Zurückweisung des Eröffnungsantrags als unzulässig oder unbegründet sowie mit der Rücknahme des Eröffnungsantrags. Zum Eröffnungsverfahren gehören sämtliche Tätigkeiten, die sich aus §§ 104, 105 KO sowie infolge der gerichtlichen Anordnung einer Sicherungsmaßnahme nach § 106 KO ergeben.

Die Gebühr entsteht mit jeder Handlung des Anwalts, die sich auf die Erfüllung seines Antrags richtet, also zB bereits mit der Anfertigung des Antrags. Infolgedessen entsteht keine Gebührenermäßigung, wenn es nicht zur Antragseinreichung kommt, GSEM 5, SchGei 7, oder wenn der Anwalt im Eröffnungsverfahren auftragsgemäß nur einzelne Tätigkeiten vornimmt, RS 1. Soweit der Auftraggeber allerdings lediglich im Zusammenhang mit einem erwogenen Konkursantrag einen Rat des Anwalts erbittet, entsteht eine Gebühr nur nach § 20, GSEM 6, RS 1, SchGei 8. § 120 ist vorrangig, dort Anm 1, SchGei 2, aM GSEM 5. Man muß sie im Fall eines späteren Auftrags auf die Einreichung eines Konkursantrags anrechnen, § 20 I 3.

Soweit das Gericht seine Entscheidung über den Konkursantrag bis zur Entscheidung über einen Antrag auf die Eröffnung eines Vergleichsverfahrens aussetzt, § 46 VglO, behält der Anwalt die Gebühr nach § 72 ohne eine Anrechnung auf diejenige nach § 79, falls das Gericht nun das Vergleichsverfahren eröffnet, GSEM 5, RS 6, SchGei 10.

Ein Beschwerdeverfahren nach § 76 I Z 1 ist neben dem Eröffnungsverfahren ein besonderes Verfahren.

2) Gebühr. Man muß folgende Fälle unterscheiden:

A. Vertretung des zukünftigen Gemeinschuldners. In diesem Fall beträgt die Gebühr für das Eröffnungsverfahren $^{3}/_{10}$. Das gilt sowohl dann, wenn der Schuldner den Eröffnungsantrag stellt, § 104 KO, als auch dann, wenn ein Gläubiger den Eröffnungsantrag stellt, § 105 II KO.

Soweit es um den Konkurs einer Aktiengesellschaft usw geht, §§ 207 ff KO, tritt an die Stelle des Gemeinschuldners der Vorstand usw. Das gilt auch dann, wenn es um die Vertretung derjenigen Vorstandsmitglieder usw geht, die den Antrag nicht selbst gestellt haben und nun nach § 105 II KO anzuhören sind.

B. Vertretung eines Gläubigers. In diesem Fall beträgt die Gebühr im Eröffnungsverfahren $^{5}/_{10}$. Auch in diesem Fall kommt es nicht darauf an, ob der Gemeinschuldner oder ein Gläubiger oder gar derjenige Gläubiger den Konkursantrag gestellt haben, den der Anwalt vertritt.

C. Weitere Einzelfragen. Wegen der Abgrenzung der Gebühr nach § 72 gegenüber der Gebühr im Fall der Eröffnung des Vergleichsverfahrens § 79 Anm 2.

3) Gegenstandswert. Vgl § 77.

Vertretung im Konkursverfahren

73 **Für die Vertretung im Konkursverfahren erhält der Rechtsanwalt die Hälfte der vollen Gebühr.**

1) Geltungsbereich. Die Vorschrift erfaßt die gesamte Tätigkeit des Anwalts im Konkursverfahren von demjenigen Augenblick ab, in dem das Konkursgericht den Eröffnungsbeschluß nach außen wirksam erläßt. Denn erst in diesem Augenblick beginnt ein „Konkursverfahren". Die Tätigkeit bis zum Erlaß des Eröffnungsbeschlusses ist demgegenüber nach § 72 (oder nach §§ 79, 80) zu vergüten.

Soweit der Anwalt bereits im Eröffnungsverfahren tätig war, tritt die Verfahrensgebühr des § 73 neben diejenige nach § 72. Soweit der Anwalt nur ab Eröffnung des Konkursverfahrens tätig war, entsteht neben der Verfahrensgebühr nach § 73 keineswegs schon deshalb die Gebühr nach § 72, weil ja stets ein Eröffnungsverfahren vorausgegangen war.

Die Verfahrensgebühr entsteht, sobald der Anwalt irgendwie nach der Eröffnung des Konkursverfahrens auftragsgemäß tätig wird.

Sie gilt die gesamte Tätigkeit ab, soweit nicht nach dem Gesetz besondere Gebühren entstehen. Sie ähnelt also der Prozeßgebühr des § 31 I Z 1. Sie erfaßt zB folgende Maßnahmen: Die Entgegennahme der Information; Besprechungen; den Schriftwechsel; die Stellung eines Antrags; Verhandlungen mit dem Konkursverwalter oder mit einem anderen Verfahrensbeteiligten; die Wahrnehmung von Terminen; die Tätigkeit wegen einer eidesstattlichen Versicherung nach § 125 KO, GSEM 2, SchGei 6; die innerhalb einer weitergehenden Tätigkeit im Konkursverfahren erfolgende Anmeldung einer Forderung; die Prüfung einer Forderung; die Einreichung eines Urteils, das eine bestrittene Konkursforderung feststellt, sofern nicht eine bloße Forderungsanmeldung vorliegt, § 75 Anm 1; die Mitwirkung im Verteilungsverfahren. Der Umfang dieser Tätigkeiten ist unerheblich.

Die Vorschrift gilt auch, soweit der Anwalt einen Bevorrechtigten vertritt und soweit dieser auf sein Vorrecht verzichtet oder mit ihm ausfällt, §§ 60, 64 KO.

§ 73 ist in folgenden Fällen unanwendbar: Der Auftrag beschränkt sich auf die Anmeldung einer Forderung zum Konkursverfahren. In diesem Fall ist § 75 zu beachten; der Anwalt vertritt einen Massegläubiger, einen Absonderungsberechtigten oder einen Aussonderungsberechtigten. Denn diese Personen wollen am Konkursverfahren ja gerade nicht teilnehmen. Soweit der Anwalt für sie in einem Rechtsstreit tätig wird, gelten §§ 31 ff, sonst § 118, es sei denn, dieser Auftraggeber nimmt infolge Verzichts auf das Vorrecht oder wegen Ausfalls nur als Konkursgläubiger teil, GSEM 7.

§ 73 ist ferner dann unanwendbar, wenn der Anwalt den Gemeinschuldner außerhalb des Konkursverfahrens vertritt, Schmidt MDR **68**, 206.

2) Gebühr. Unabhängig vom Umfang der Tätigkeit im Konkursverfahren erhält der Anwalt als Vertreter des Gläubigers wie des Schuldners gleichermaßen und insofern abweichend vom Eröffnungsverfahren,

§ 72, ½ Gebühr. Sie ermäßigt sich auch nicht etwa im Fall einer vorzeitigen Erledigung des Auftrags, etwa vor dem allgemeinen Prüfungstermin, § 138 KO, oder dann, wenn die Tätigkeit des Anwalts erst einige Zeit nach der Eröffnung oder gar erst nach dem Prüfungstermin beginnt.

3) Gegenstandswert. Der Gegenstandswert richtet sich nach § 77.

Zwangsvergleich

74 Für die Tätigkeit im Zwangsvergleichsverfahren erhält der Rechtsanwalt eine besondere volle Gebühr.

1) Geltungsbereich. Die Vorschrift erfaßt die Tätigkeit des Anwalts im Zwangsvergleichsverfahren. Eine solche Tätigkeit läßt neben der Gebühr für das Eröffnungsverfahren nach § 72 und neben der Verfahrensgebühr nach § 73 zur Abgeltung seiner besonderen Verantwortung und Mühe die Sondergebühr des § 74 entstehen. § 74 hat Vorrang vor § 23, GSEM 1, RS 2, SchGei 2. Soweit der Anwalt lediglich den Auftrag zur Tätigkeit im Zwangsvergleichsverfahren hat, entsteht nur die Gebühr nach § 74, nicht etwa auch die Verfahrensgebühr nach § 73, GSEM 2, RS 1.

Die Vorschrift gilt die gesamte Tätigkeit im Zwangsvergleichsverfahren ab, §§ 173–201 KO. Es ist unerheblich, ob der Anwalt für oder gegen den Abschluß des Zwangsvergleichs tätig wird. Zur Entstehung der Gebühr genügt jede Tätigkeit in diesem Verfahren. Es ist nicht erforderlich, daß der Anwalt den Termin zum Abschluß des Zwangsvergleichs wahrgenommen hat und daß ein Zwangsvergleich zustandekommt. Für die Tätigkeit im wiederaufgenommenen Konkursverfahren kann, evtl erneut, § 73 anwendbar sein.

Allerdings ist die bloße Empfangnahme und Weitergabe einer Ladung, § 179 KO, eine reine Botentätigkeit, keine „Tätigkeit" im Sinn von § 74. Wenn der Anwalt jedoch den Zwangsvergleichsvorschlag entgegennimmt und prüft, entsteht schon dadurch die Gebühr nach § 74.

2) Gebühr. Es entsteht eine volle Gebühr. Es findet auch dann keine Ermäßigung statt, wenn das Gericht das Zwangsvergleichsverfahren nicht weiter durchführt oder wenn sich der Auftrag vor dem Abschluß des Zwangsvergleichs erledigt. Wegen mehrerer Aufträge vgl § 82.

3) Gegenstandswert. Der Gegenstandswert richtet sich nach § 77.

Anmeldung einer Konkursforderung

75 Beschränkt sich die Tätigkeit des Rechtsanwalts auf die Anmeldung einer Konkursforderung, so erhält er drei Zehntel der vollen Gebühr.

1) Geltungsbereich. Die Vorschrift stellt gegenüber § 73 eine vorrangige Sonderregelung dar. Diese gilt nur insoweit, als der Anwalt lediglich den Auftrag zur Anmeldung der Konkursforderung oder zu ihrem Entwurf oder ihrer Unterzeichnung hatte und demgemäß auch nur diese Tätigkeit vornimmt. Unter dieser Voraussetzung gilt § 75 aber auch die zugehörige Beratung des Gläubigers mit ab. Ein auf Beratung beschränkter Auftrag löst aber nicht die Gebühr nach § 75, sondern zB diejenige nach § 20 I aus, RS 2.

Eine Vertretung im Konkursverfahren, die über die bloße Anmeldung einer Konkursforderung hinausgeht, wird auch dann von § 73 abschließend abgegolten, wenn der Anwalt im Rahmen dieser weitergehenden Tätigkeit auch eine Konkursforderung anmeldet oder wenn der zunächst bloße Anmeldeauftrag später erweitert würde, GSEM 3, RS 1, SchGei 1.

Der Anmeldung der Konkursforderung steht die Einreichung eines Urteils gleich, das eine bestrittene Konkursforderung zur Tabelle feststellt, GSEM 2. Hatte der Anwalt zunächst nur die Forderung angemeldet und dann nur noch das Urteil eingereicht, so erhält er die Gebühr nach § 75 nur einmal, GSEM 1, aM RS 4 (zweimal).

Die Gebühr nach § 72 kann neben derjenigen nach § 75 entstanden sein.

2) Gebühr. Unter den Voraussetzungen Anm 1 entsteht $^{3}/_{10}$ Gebühr. Soweit der Anwalt mehrere Aufträge wegen verschiedener Forderungen erhält und durchführt, die sich jeweils auf die Anmeldung einer Konkursforderung beschränken, kann die $^{3}/_{10}$ Gebühr mehrfach entstehen, § 82 Anm 2.

3) Gegenstandswert. Der Gegenstandswert richtet sich nach § 77 II.

Beschwerdeverfahren, Sicherheitsmaßregeln

76 Der Rechtsanwalt erhält besonders fünf Zehntel der in § 31 bestimmten Gebühren
1. im Beschwerdeverfahren;
2. im Verfahren über Anträge auf Anordnung von Sicherheitsmaßregeln im Falle des § 197 Abs. 2 der Konkursordnung.
Die Vorschriften des § 32 und des § 33 Abs. 1 und 2 gelten nicht.

1) Allgemeines. Die Vorschrift schafft zwei Sondergebühren. Diese entstehen unabhängig vom Umfang der Vertretung im Konkursverfahren. Sie entstehen deshalb gerade auch dann, wenn der Anwalt den Auftrag zur allgemeinen Vertretung hat, also neben den Gebühren nach §§ 72–75, freilich ebenso dann, wenn der Auftrag auf eine Einzeltätigkeit beschränkt ist.

2) Beschwerdeverfahren, Z 1. Die Vorschrift erfaßt ein Beschwerdeverfahren. Soweit gegen die echte Entscheidung des Rpfl zunächst die sofortige Erinnerung nach § 11 I 2 RPflG eingelegt wurde, erfaßt Z 1 nur den Fall, daß das Verfahren bis vor das LG als Beschwerdegericht kommt, § 11 II 5, III RPflG, GSEM 2, RS 2, SchGei 3. Denn im Konkursverfahren wird nach der Eröffnung heute wohl grundsätzlich der Rpfl tätig, § 3 Z 2e RPflG; immerhin kann sich der Amtsrichter das Konkursverfahren aber ganz oder teilweise vorbehalten, soweit er es für geboten erachtet, § 18 II 1 RPflG, und deshalb kann man nicht generell sagen, daß der Ausdruck „Beschwerdeverfahren" in Z 1 in Wirklichkeit stets auch schon den Fall der sofortigen Erinnerung umfasse. Insofern besteht ein grundsätzlicher Unterschied zu dem Rechtsmittelverfahren nach § 70, das schon in seiner Bezeichnung als „Rechtsmittelverfahren" weiter als das „Beschwerdeverfahren" des § 76 Z 1 gefaßt ist. Denn das Zwangsversteigerungs- und Zwangsverwaltungsverfahren ist grundsätzlich dem Rpfl voll übertragen, § 3 Z 1 i RPflG.

Es ist unerheblich, welchen am Konkursverfahren Beteiligten der Anwalt im Beschwerdeverfahren vertritt, in welchem Stadium sich das Gesamtverfahren befindet und ob der Auftraggeber Beschwerdeführer oder Beschwerdegegner ist. Jede selbständige Beschwerde begründet eine neue Angelegenheit und läßt daher neue Gebühren entstehen, GSEM 2, SchGei 2. Auch eine weitere Beschwerde löst wegen des neuen Rechtszugs neue Gebühren aus. Die weitere Tätigkeit in derselben Beschwerdesache in demselben Rechtszug gehört aber zu derselben Angelegenheit.

Es kann jede der in § 31 genannten Gebühren entstehen, also: Die Prozeßgebühr; die Verhandlungsgebühr; die Beweisgebühr; die Erörterungsgebühr. Unter den Voraussetzungen des § 23 kann auch neben den Gebühren nach § 76 eine Vergleichsgebühr entstehen, Einf 1 vor § 72.

Eine den §§ 32, 33 I, II entsprechende Gebührenermäßigung tritt nicht ein, S 2. Man muß aber § 34 beachten.

3) Sicherheitsmaßregel, Z 2. Die Vorschrift erfaßt das Verfahren über einen Antrag eines Gläubigers auf die Vornahme einer Sicherheitsmaßregel gegen den Gemeinschuldner schon vor der rechtskräftigen Verurteilung des Gemeinschuldners, § 197 II KO. Eine Tätigkeit in einem Verfahren nach § 106 KO ist demgegenüber bereits durch die Gebühr nach § 72 abgegolten, dort Anm 2.

Es entsteht ½ Gebühr, und zwar mit dem Eingang des Antrags. Es ist unerheblich, wie das Verfahren weiter abläuft. Mehrere, auch selbständige, Anträge lassen die 5/10-Gebühr doch nur einmal entstehen, GSEM 6, RS 4, SchGei 7, wie die Worte „im Verfahren über Anträge" zeigen.

4) Gegenstandswert. Man muß folgende Situation unterscheiden:

A. Beschwerdeverfahren, Z 1. Hier sind wiederum folgende Unterscheidungen notwendig:

a) Konkurseröffnung, Bestätigung des Zwangsvergleichs. Im Fall einer Beschwerde gegen eine dieser Maßnahmen ist § 77 anwendbar. Das gilt auch bei einer Verwerfung, GSEM 3.

b) Übrige Beschwerden. Im übrigen muß das Gericht den Gegenstandswert im Rahmen eines pflichtgemäßen Ermessens nach § 3 ZPO festsetzen.

B. Sicherheitsmaßregel, Z 2. Man muß den Gegenstandswert nach § 8 berechnen, also nach dem Wert desjenigen Gegenstands, durch den die Sicherung erfolgen soll, nach oben begrenzt durch den Wert der Aktivmasse, beim Gläubiger durch den Wert der Forderung, § 77 I Hs 2, vgl LG Freibg KTS **82**, 493 (krit Schneider Rpfleger **82**, 370), GSEM 5, SchGei 11.

Gegenstandswert

77 **[I] Die Gebühren der §§ 72 bis 74 sowie des § 76 im Falle der Beschwerde gegen den Beschluß über die Eröffnung des Konkursverfahrens (§ 109 der Konkursordnung) oder den Beschluß über die Bestätigung eines Zwangsvergleichs (§§ 189, 230 Abs. 2, § 236 der Konkursordnung) werden, wenn der Auftrag vom Gemeinschuldner erteilt ist, nach dem Betrage der Aktivmasse (§ 37 des Gerichtskostengesetzes) berechnet.**

[II] Ist der Auftrag von einem Konkursgläubiger erteilt, so werden die Gebühren der §§ 72, 73, 75 und die Gebühren im Falle der Beschwerde gegen den Beschluß über die Eröffnung des Konkursverfahrens nach dem Nennwert der Forderung, die Gebühr des § 74 und die Gebühren im Falle der Beschwerde gegen den Beschluß über die Bestätigung eines Zwangsvergleichs nach dem Wert der Forderung des Gläubigers unter sinngemäßer Anwendung des § 148 der Konkursordnung berechnet. Nebenforderungen sind mitzurechnen.

Gliederung

1) Vertretung des Gemeinschuldners, I. A. Aktivmasse. Soweit der Anwalt den Gemeinschuldner vertritt, ist die Aktivmasse maßgeblich. Sie ist infolge der Verweisung in I nach § 37 GKG zu berechnen. Im einzelnen ergeben sich insofern folgende Regeln:

a) Begriff. Die Aktivmasse umfaßt die gesamte Konkursmasse, also das dem Gemeinschuldner gehörende, einer Zwangsvollstreckung unterliegende Vermögen, § 1 KO, einschließlich der Früchte, Nutzungen und Zinsen, GSEM 2, RS 4, SchGei 4.

Nicht zur Aktivmasse zählen: Diejenige Gegenstände, die einem Aussonderungsrecht unterliegen; diejenigen Mittel, die ein Dritter für einen Zwangsvergleich gegeben hat; dasjenige, was der Gemeinschuldner nach der Eröffnung des Konkursverfahrens erworben hat.

b) Absonderungsrecht. Man muß diejenigen Gegenstände abziehen, die einer abgesonderten Befriedigung unterliegen, §§ 47–52 KO, und zwar in Höhe des dazu nötigen Betrags, I in Verbindung mit § 37 I 2 GKG.

Massekosten und Masseschulden werden nicht mehr abgesetzt, GSEM 2, RS 4, SchGei 4.

c) Schätzung. Man muß die zur Aktivmasse gehörenden oder sie vermindernden Gegenstände und Rechte nach ihrem objektiven Wert pflichtgemäß schätzen. Die Einschränkungen der §§ 4–9 ZPO gelten nicht. Grundsätzlich bildet das Inventar des Konkursverwalters die Grundlage der Schätzung. Im Fall der Fortführung des Geschäfts durch den Konkursverwalter muß man der Aktivmasse nur den Reinerlös zuschlagen, nicht den Produktionserlös, LG Hof **KR** § 51 GKG aF Nr 1.

B. Schuldenmasse. Soweit die Aktivmasse höher ist als die Schuldenmasse, entscheidet die Schuldenmasse, I in Verbindung mit § 37 II GKG, GSEM 2, RS 5, SchGei 9. Sie umfaßt die Gesamtheit aller festgestellten oder, falls eine Feststellung fehlt, aller angemeldeten und nicht zurückgenommenen Konkursforderungen einschließlich der Nebenforderungen bis zum Zeitpunkt der Eröffnung des Konkursverfahrens, §§ 61, 62 KO.

C. Berechnungszeitpunkt. Für die Berechnung der Aktivmasse und der Schuldenmasse entscheidet der Zeitpunkt der Beendigung des Konkursverfahrens, I in Verbindung mit § 37 III GKG. Deshalb muß man bei der Schuldenmasse diejenigen Anmeldungen berücksichtigen, die bis zum Wirksamwerden des Aufhebungsbeschlusses oder des Einstellungsbeschlusses erfolgt sind. Man muß unter Umständen wegen der früheren Fälligkeit der Gebühr eine vorläufige Berechnung vornehmen und diese später unter Umständen richtigstellen.

Soweit der Auftrag vor der Beendigung des Konkursverfahrens endet, ist der Zeitpunkt der Beendigung der Tätigkeit des Anwalts maßgeblich, GSEM 2, RS 5.

2) Geltungsbereich, I. Die Vorschrift nennt folgende Anwendungsfälle:

A. Eröffnungsverfahren, § 72. In diesem Verfahrensabschnitt ist I auch dann anwendbar, wenn sich der Gläubiger gegen die Zurückweisung des Eröffnungsantrags beschwert und der Anwalt den zukünftigen Gemeinschuldner als den Beschwerdegegner vertritt, § 109 KO, Stgt NJW **54**, 1853.

B. Konkursverfahren, § 73. In diesem gesamten Abschnitt, ab Eröffnung des Konkurses, ist I anwendbar.

C. Zwangsvergleichsverfahren, § 74. I ist auch in diesem Verfahrensabschnitt anwendbar.

D. Beschwerdeverfahren, § 76 Z 1. Die Wertbemessung nach I erfolgt, soweit sich die Beschwerde gegen den Eröffnungsbeschluß, § 109

KO, oder gegen einen Beschluß über die Bestätigung eines Zwangsvergleichs richtet, §§ 189, 230 II, 236 KO.

Wegen des Werts im Fall des § 76 Z 2 vgl § 76 Anm 4 B.

E. Außergerichtliche Schuldenregelung. Auch in diesem Fall ist I anwendbar, BGH MDR **70**, 755, RS § 8 Anm 12.

F. Festsetzungsverfahren. Die Wertfestsetzung erfolgt nach § 10. § 8 I ist nur hilfsweise anwendbar. Denn § 77 ist eine ihm gegenüber vorrangige Sonderregel.

3) Vertretung des Konkursgläubigers, II. A. Grundsatz. Soweit der Anwalt einen Konkursgläubiger vertritt, muß man folgende Fälle unterscheiden:

a) Nennwert der Forderung. Der Nennwert der Forderung zuzüglich Nebenforderungen, insbesondere der Zinsen und der etwa erstattungsfähigen Kosten bis zur Eröffnung des Konkursverfahrens, aber nicht der Zinsen seit der Eröffnung und der Kosten im Konkursverfahren, § 63 Z 1, 2 KO, ist in folgenden Fällen maßgeblich:

aa) Eröffnungsverfahren, § 72. In diesem Verfahrensabschnitt muß man den Nennwert der gesamten Forderung auch dann zugrunde legen, wenn der Konkursantrag nur auf einem Teilbetrag beruht, RS 9, aM GSEM 4, SchGei 13.

bb) Konkursverfahren, § 73. Im gesamten Konkursverfahren ab Eröffnung des Konkurses ist der Nennwert der Forderung wie oben dargestellt maßgeblich.

cc) Bloße Forderungsanmeldung, § 75. Soweit der Anwalt lediglich zur Anmeldung einer Forderung beauftragt ist und nur diesen Auftrag durchführt, ist grundsätzlich der Nennwert der zugehörigen gesamten Forderung maßgeblich. Soweit er aber nur einen Teil jener Forderung anmeldet, ist auch nur diese Teilforderung maßgeblich; hatte er zunächst den Auftrag zur Anmeldung der gesamten Forderung und hatte auf Grund seines Rats der Gläubiger nur einen Teil anmelden lassen, kommt neben der Gebühr des § 75 nach dem Wert der angemeldeten Teilforderung eine Ratsgebühr, § 20, nach dem Wert der nicht angemeldeten Teilforderung in Betracht, GSEM 5, SchGei 13.

Soweit ein zur Absonderung Berechtigter den Ausfall anmeldet, richtet sich der Wert nach dem angeblichen Ausfall, für verschiedene Verfahrensabschnitte also evtl nach verschiedenen Ausfallgebühren, GSEM 6, RS 10, SchGei 14.

dd) Beschwerde gegen Eröffnungsbeschluß, § 76 Z 1. Auch in diesem Fall ist der Nennwert der Forderung wie oben dargestellt maßgeblich.

b) Konkursdividende. In sinngemäßer Anwendung von § 148 KO, abgedruckt und erläutert Anh nach § 12 GKG: VIII, also nach der vom Konkursverwalter glaubhaft zu machenden voraussichtlichen Konkursdividende, GSEM 7, RS 11, SchGei 15, richtet sich der Wert in folgenden Verfahren:

aa) Zwangsvergleichsverfahren, § 74.

bb) Beschwerdeverfahren gegen Bestätigung des Zwangsvergleichs, §§ 189, 230 II, 236 KO. In diesem Fall ist die voraussichtliche Konkursdividende auch dann maßgeblich, wenn der Gemeinschuldner die Beschwerde eingelegt hat und der Anwalt den Gläubiger als Beschwerdegegner vertritt, GSEM 7, RS 11. Zinsen und Kosten sind auch hier mitzurechnen.

B. Festsetzungsverfahren. Die Wertfestsetzung erfolgt, soweit erforderlich, nach § 10, Anm 2 F, GSEM 7, RS 12. Das Gericht kann seinen Beschluß nach dem Eintritt der Rechtskraft, § 10 III, nicht mehr ändern.

Wiederaufnahme des Konkursverfahrens

78 **Das wiederaufgenommene Konkursverfahren ist eine besondere Angelegenheit.**

1) Geltungsbereich. Die Vorschrift betrifft den Fall, daß im Anschluß an einen Zwangsvergleich und eine ihm nachfolgende Verurteilung des Gemeinschuldners wegen eines betrügerischen Bankrotts, § 197 KO, beim Vorhandensein genügender Masse oder eines zur Deckung der Massekosten nach § 58 Z 1, 2 KO ausreichenden Vorschusses eine Wiederaufnahme des Konkursverfahrens auf Antrag eines Konkursgläubigers nach § 198 KO erfolgt. Die Vertretung in dem Konkursverfahren, das mit dem Wiederaufnahmebeschluß des Gerichts nach § 198 II 1 KO beginnt, ist eine neue Angelegenheit. Daher können grundsätzlich alle Gebühren im Konkursverfahren neu entstehen. Eine Anrechnung dieser Gebühren auf diejenigen Gebühren, die der Anwalt für die Vertretung desselben Auftraggebers in dem früheren Konkursverfahren etwa verdient hatte, erfolgt nicht. Es entstehen auch im Fall der Anordnung neuer Sicherheitsmaßregeln neue Gebühren.

Allerdings entsteht für die Vertretung im Verfahren auf die Wiederaufnahme keine Eröffnungsgebühr, soweit der Anwalt schon im früheren Eröffnungs- und/oder Konkursverfahrens tätig geworden war, ähnlich RS 7, 8, aM GSEM 4, SchGei 7. Denn § 78 spricht vom „wiederaufgenommenen" Verfahren und vom „Konkursverfahren". Mit beiden Worten bringt das Gesetz zum Ausdruck, daß die Wiederaufnahme schon beschlossen sein muß. Außerdem gilt § 72 nur für eine Eröffnung nach §§ 104–106 KO.

Auch die Gebühr des § 74 kann nicht (nochmals) entstehen, da jetzt gemäß § 175 Z 3 KO ein Zwangsvergleich nicht nochmals statthaft ist.

2) Gegenstandswert. Vgl § 77. Maßgebend ist der Zeitpunkt der Wiederaufnahme. Bereits inzwischen geleistete Zahlungen bleiben abgesetzt. Ein nach § 199 KO zur Aktivmasse zurückkehrender Wert ist einzurechnen, GSEM 7, ebenso das inzwischen erworbene Vermögen, SchGei 4. Zinsen und Kosten des früheren Konkursverfahrens sind Neuforderungen und daher einzurechnen, GSEM 7.

Eröffnung des Vergleichsverfahrens

79 Im Verfahren über den Antrag auf Eröffnung des Vergleichsverfahrens zur Abwendung des Konkurses erhält der Rechtsanwalt drei Zehntel der vollen Gebühr; vertritt er einen Gläubiger, so erhält er die Hälfte der vollen Gebühr.

1) Allgemeines. § 79 entspricht der Regelung des § 72 und stellt in Übereinstimmung mit § 73 klar, daß die in § 80 bestimmte Gebühr nur die Tätigkeit nach der Eröffnung des Vergleichsverfahrens abgilt. Wie in § 72 ist auch bei § 79 die Gebührenhöhe davon abhängig, wen der Anwalt vertritt. Eine Gebührenermäßigung für den Fall einer vorzeitigen Beendigung des Auftrags tritt nicht ein, GSEM 3.

Der Gegenstandswert richtet sich nach § 81.

2) Geltungsbereich. A. Vertretung des Schuldners. Soweit der Anwalt den Schuldner vertritt, gilt die Gebühr des § 79 seine gesamte Tätigkeit von der Vorbereitung des Eröffnungsantrags, der Aufnahme der Verhandlungen mit den Gläubigern usw über die Einreichung des Eröffnungsantrags und die Vertretung des Auftraggebers im Eröffnungsverfahren bis zu dem Augenblick ab, in dem das Gericht das Vergleichsverfahren eröffnet oder die Eröffnung ablehnt.

Die Gebühr entsteht mit jeder Tätigkeit, die der Ausführung des Auftrags dient, §§ 2ff VglO. Der Erfolg des Eröffnungsantrags ist also unerheblich.

B. Vertretung eines Gläubigers. Soweit der Anwalt einen Gläubiger vertritt, gilt die Gebühr des § 79 jede Beteiligung am Eröffnungsverfahren ab, insbesondere also die Verhandlungen über eine Zustimmungserklärung und eine Stellungnahme zu einem Vergleichsvorschlag sowie die Teilnahme am Verfahren über die Eröffnung eines Konkursverfahrens im Anschluß an die Ablehnung der Eröffnung im Vergleichsverfahren, § 19 VglO.

Daher kann die Gebühr des § 72 nicht neben derjenigen des § 79 entstehen. Denn diese Entscheidung gehört zum Vergleichsverfahren.

Etwas anderes gilt aber, wenn der Schuldner bereits vor der Entscheidung des Gerichts über den Konkursantrag, § 103 KO, die Eröffnung des Vergleichsverfahrens beantragt hat und wenn das Gericht deshalb die Entscheidung über den Konkursantrag zunächst ausgesetzt hat, § 46 VglO. In diesem Fall ist die Gebühr des § 72 bereits entstanden. Daher tritt nun diejenige des § 79 ohne eine Anrechnung auf diejenige nach § 72 hinzu, GSEM 4.

C. Auftragslose Tätigkeit usw. Soweit der Anwalt im Verfahren auf die Eröffnung des Vergleichsverfahrens ohne einen diesbezüglichen Auftrag, also nur beratend tätig wurde, entsteht allenfalls eine Ratgebühr nach § 20. Soweit der Anwalt anschließend an eine Beratung nur im Eröffnungsverfahren auftragsgemäß tätig wird, geht die Gebühr des § 20 in derjenigen nach § 79 auf, GSEM 4, RS 2, SchGei 4. Soweit die Sache während eines Eröffnungsverfahrens außergerichtlich erledigt wird und soweit der Anwalt keinen Auftrag zur Vertretung im Eröffnungsverfahren hatte, kann allerdings eine Vergleichsgebühr entstanden sein, § 23. Andernfalls kommt insoweit § 118 und für den Wert § 8 II in Betracht,

GSEM 4, 6, RS 2, 4, SchGei 6, 10. Eine Anrechnung nach § 118 II erfolgt nicht, SchGei 12, aM GSEM 6, RS 4.

3) Gebührenhöhe. Man muß folgende Fälle unterscheiden:

A. Vertretung des Schuldners. In diesem Fall entsteht 3/10 Gebühr.

B. Vertretung eines Gläubigers. In diesem Fall entsteht ½ Gebühr. Bei der Vertretung mehrerer Gläubiger entsteht die ½ Gebühr entsprechend mehrfach.

4) Gegenstandswert. Ihn regelt für die Tätigkeit des Anwalts § 81. Bei einer auftragsgemäß nur außergerichtlichen Tätigkeit ist für den Anwalt des Gläubigers der Forderungsbetrag, für den Anwalt des Schuldners die Aktivmasse maßgeblich, BGH MDR **70**, 755, GSEM 6, aM SchGei 11, 12 (maßgeblich sei der Gesamtbetrag der Schulden). Allerdings ist bei einem oder mehreren Vergleichen meist der Gesamtwert der Forderungen anzusetzen, GSEM 6, SchGei 11, aM Mü NJW **56**, 1801.

Vertretung im Vergleichsverfahren, Beschwerdeverfahren, Sicherungsmaßregeln

80 **I Für die Vertretung im Vergleichsverfahren zur Abwendung des Konkurses erhält der Rechtsanwalt eine volle Gebühr. Er erhält nur eine halbe Gebühr, wenn seine Tätigkeit vor dem Vergleichstermin beendet ist.**

II Der Rechtsanwalt erhält besonders fünf Zehntel der vollen Gebühr
1. im Beschwerdeverfahren;
2. im Verfahren über Anträge auf Anordnung von Sicherungsmaßregeln (§ 88 Abs. 2 der Vergleichsordnung).

1) Vergleichsverfahren, I. A. Grundsatz, I 1. Für die Vertretung im Vergleichsverfahren erhält der Anwalt des am Vergleichsverfahren beteiligten wie eines nach § 66 II VglO im Termin anzuhörenden nichtbeteiligten Gläubigers (vgl aber wegen des Gläubigerbeirats § 1 Anm 3 B) ebenso wie derjenige des Schuldners grundsätzlich eine volle Gebühr. Sie gilt die gesamte Tätigkeit im Vergleichsverfahren unabhängig von ihrem Umfang und ihrer Mühe ab. Sie entsteht mit jeder auftragsgemäßen, nach der Eröffnung vorgenommenen Tätigkeit. Das Vergleichsverfahren beginnt mit dem im Eröffnungsbeschluß angegebenen Zeitpunkt, § 21 VglO. Es endet durch die Aufhebung, §§ 90, 91, 96 IV 1 VglO, oder mit der Rechtskraft einer Einstellung des Verfahrens, §§ 99, 100 VglO, oder mit der Rechtskraft der Versagung der Bestätigung, §§ 80, 81, 101 S 2 VglO.

Die Gebühr gilt nicht nur die gesamte Tätigkeit vor Gericht ab, also die Anmeldung einer Forderung, die Beistandstätigkeit bei einer eidesstattlichen Versicherung des Schuldners nach § 69 VglO, die Wahrnehmung des Termins, die Vertretung bei der Abstimmung, die Vertretung im Bestätigungs- und Überwachungsverfahren, §§ 78 ff VglO, die Vertretung bei der Fortsetzung des Verfahrens nach § 96 VglO, sondern auch eine außergerichtliche, auf den Abschluß des Vergleichs gerichtete Tätigkeit, etwa Verhandlungen mit den Gläubigern.

Soweit es zum Anschlußkonkursverfahren kommt, § 102 VglO, entsteht keine Gebühr nach § 72. Denn das Anschlußkonkursverfahren ist durch die Gebühr des § 80 abgegolten. Es findet auch keine Anrechnung auf die Gebühr für das Konkursverfahren nach § 73 statt, GSEM 10, SchGei 11.

Die Vertretung bei einer Zwangsvollstreckung auf Grund eines vom Gericht bestätigten Vergleichs, § 85 VglO, fällt nicht unter I, sondern unter § 57, GSEM 11, RS 3, SchGei 5. Die Vergleichsgebühr des § 23 kann neben der Sondergebühr für die vergleichsweise Erledigung der Sache in diesem Verfahrensabschnitt nicht entstehen, GSEM 3, RS 6, SchGei 9.

Eine Tätigkeit gemäß § 91 VglO läßt Gebühren nur nach § 118, nicht nach § 80 entstehen, Nürnb MDR **73**, 135.

B. Tätigkeitsbeendigung vor Vergleichstermin, I 2. Soweit die Tätigkeit des Anwalts vor dem Beginn des Vergleichstermins endet, also vor dem Aufruf, selbst wenn das Gericht den Termin anschließend vertagt, GSEM 4, so entsteht in Abweichung des Grundsatzes A nur ½ Gebühr. Soweit aber der Antrag über den Terminsbeginn hinausgeht, ist die volle Gebühr nach I 1 auch dann zu vergüten, wenn der Anwalt den Termin nicht wahrnimmt. Soweit der Anwalt zumindest nach dem Beginn des Vergleichstermins oder sowohl im Termin als auch im anschließenden Vergleichsverfahren oder auch nur nach dem Ende des Vergleichstermins, aber im anschließenden Vergleichsverfahren, tätig wurde, entsteht die volle Gebühr nach I 1.

C. Weitere Einzelfragen. Da bis auf die Tätigkeiten, die II erwähnt, keine Sondergebühren entstehen, verdient der Anwalt die volle oder halbe Gebühr nach I auch, soweit er für die dort genannten Verfahrensabschnitte nur Einzeltätigkeiten ausführt, GSEM 6, RS 2. Freilich ist § 13 VI anwendbar, SchGei 10. Die Gebühren nach § 79 und § 80 sind voneinander unabhängig, sie entstehen im Regelfall nebeneinander.

2) Beschwerdeverfahren, II Z 1. Die Vorschrift betrifft jede Beschwerde, die mit einem Vergleichsverfahren im Zusammenhang steht, also auch diejenige gegen die Ablehnung des Vergleichs und gegen die Eröffnung des Konkursverfahrens, § 19 II VglO, GSEM 7, RS 8, SchGei 12. Da sich der Amtsrichter das Vergleichsverfahren und ein mögliches Anschlußkonkursverfahren ganz oder teilweise nach § 19 III RPflG vorbehalten kann, gilt II Z 1 nicht schon im Verfahren über eine sofortige Erinnerung gegen die Entscheidung des Rpfl, sondern erst insoweit, als das Beschwerdeverfahren vor das LG als Beschwerdegericht kommt, § 11 II 5, III RPflG, vgl § 76 Anm 2.

Jede Beschwerde ist eine neue Angelegenheit und löst eine neue 5/10 Gebühr aus, GSEM 7, RS 9, SchGei 12.

Es entsteht insgesamt nur ½ Gebühr, und zwar auch dann, wenn das Beschwerdegericht eine mündliche Verhandlung durchführt und einen Beweis erhebt. Denn II Z 1 verweist nicht etwa (wie § 76) auf alle in § 31 bestimmten Gebühren, sondern gibt für das gesamte Beschwerdeverfahren nur „besonders fünf Zehntel der vollen Gebühr".

3) Sicherungsmaßregel, II Z 2. Die Sondergebühr entsteht neben der allgemeinen Vertretungsgebühr nach I. Sie bezieht sich nur auf eine

Sicherungsmaßregel nach § 88 II VglO, zB solche gemäß §§ 58, 59 VglO, nicht auf eine solche nach § 12 VglO oder auf andere Sicherungsmaßregeln, GSEM 8, RS 10. Sie entsteht unabhängig davon, ob der Anwalt einen Gläubiger oder den Schuldner vertritt. Sie entsteht nur einmal, selbst wenn eine mündliche Verhandlung und eine Beweisaufnahme stattfindet.

Freilich ist jeder neue Antrag eine neue Angelegenheit und löst eine neue 5/10 Gebühr aus. Das gilt auch dann, soweit der erste Antrag abgelehnt wurde und nun ein neuer gestellt wird, aM GSEM 8, RS 10, SchGei 15.

4) Gegenstandswert. Maßgeblich ist zunächst § 81, hilfsweise das GKG.

Gegenstandswert

81 Die Gebühren der §§ 79 und 80 werden bei der Vertretung des Schuldners nach dem Betrag der Aktiven (§ 36 des Gerichtskostengesetzes) berechnet. Bei der Vertretung eines Gläubigers werden die Gebühr des § 79 nach dem Nennwert der Forderung und die Gebühren des § 80 nach dem Wert der Forderung unter sinngemäßer Anwendung des § 148 der Konkursordnung berechnet. Nebenforderungen sind mitzurechnen.

1) Systematik. Die Vorschrift entspricht § 77. Der Gegenstandswert ist davon abhängig, wen der Anwalt vertritt.

2) Vertretung des Schuldners, S 1. Maßgeblich ist, auch im Beschwerdeverfahren, der Betrag der Aktiven. Er ist infolge der Verweisung nach § 36 GKG zu berechnen. „Aktiven" sind sämtliche Vermögensgegenstände des Schuldners, § 5 I VglO. Ihr Wert ist nach ihrer Verwertbarkeit frei zu schätzen; § 36 I 2 GKG entspricht dem § 37 I 2 GKG. Also ist ein Grundstück nach dem Verkehrswert, GSEM 2, RS 3, SchGei 2, unter Abzug der Belastungen anzusetzen.

Infolge der Verweisung ist auch § 36 II GKG anwendbar. Also wird der Betrag der Aktiven nach oben durch einen etwa geringeren Betrag der Forderungen begrenzt, Celle NJW **63**, 1017, GSEM 1, RS 2, zumal die Tätigkeit des Anwalts die zu befriedigenden Forderungen und nicht die Vermögensmasse betrifft, vgl auch GSEM 2. „Am Verfahren beteiligt" im Sinn von § 36 II sind die in §§ 25, 27 VglO Genannten. Die Forderungen sind grundsätzlich mit ihrem Nennbetrag einzustellen, ohne Rücksicht auf eine Beitreibbarkeit und einschließlich Nebenforderungen, S 3. Eine bestrittene Forderung wird allerdings mit dem etwa nach § 97 I VglO festgesetzten Betrag bewertet, GSEM 2, SchGei 4, aM RS 4 (voll). Ansprüche der am Vergleichsverfahren nicht beteiligten Gläubiger sind nicht anzusetzen. Maßgebender Zeitpunkt ist der Eingang des Antrags auf die Eröffnung des Vergleichsverfahrens, § 36 I 1 GKG. Für eine Tätigkeit nach § 80 ist jedoch einer Wertänderung Rechnung zu tragen, SchGei 4, aM GSEM 2, RS 3. Entscheidend ist also der höchste Wert während der ganzen Tätigkeit in diesem Verfahrensabschnitt.

3) Vertretung eines Gläubigers, S 2. In diesem Fall muß man wiederum folgende Unterscheidungen treffen:

A. Eröffnungsverfahren, § 79. Maßgeblich ist der Nennwert der Forderung.

B. Andere Fälle, § 80. In sämtlichen anderen Fällen, auch im Beschwerdeverfahren, entscheidet der Wert der Forderung unter einer entsprechenden Anwendung von § 148 KO, abgedruckt und erläutert Anh II nach § 12 GKG. Es kommt also auf die voraussichtliche Vergleichsquote an, § 77 Anm 3 Ab.

C. Nebenforderungen, S 3. Bei A wie bei B muß man Nebenforderungen, insbesondere also Zinsen und Kosten mitrechnen, aber ohne die in § 29 Z 1, 2 VglO genannten.

4) Vertretung eines anderen als des Schuldners oder des Gläubigers. In diesem Fall, zB bei der Vertretung des Vergleichsverwalters bei der sofortigen Beschwerde gegen die Festsetzung eines Zwangsgelds, § 41 IV 1 VglO, ist § 81 unanwendbar. Maßgebend ist dann die Beschwer, vgl GSEM 4, RS 7.

Seerechtliches Verteilungsverfahren

81a **I Im Verfahren nach der Seerechtlichen Verteilungsordnung gelten § 72 erster Halbsatz, §§ 73, 75 entsprechend. § 77 gilt entsprechend mit der Maßgabe, daß an die Stelle der Aktivmasse die festgesetzte Haftungssumme tritt.**

II Der Rechtsanwalt erhält besonders drei Zehntel der in § 31 bestimmten Gebühren:
1. im Verfahren über eine Beschwerde (§ 3 Abs. 2 der Seerechtlichen Verteilungsordnung) oder über eine Erinnerung (§ 12 Abs. 2, 4 der Seerechtlichen Verteilungsordnung);
2. im Verfahren über Anträge auf Aufhebung von Vollstreckungsmaßregeln (§ 8 Abs. 5 der Seerechtlichen Verteilungsordnung);
3. im Verfahren über Anträge auf Zulassung der Zwangsvollstreckung, soweit diese auf § 17 Abs. 4 der Seerechtlichen Verteilungsordnung gestützt werden.
Die Vorschriften der §§ 32, 33 Abs. 1 und 2 gelten nicht.

Vorbem. I 1, II 1 Z 2 idF § 37 SeeVertO vom 25. 7. 86, BGBl 1130, in Kraft seit 1. 9. 87, BGBl 2083.

1) Allgemeines. Über das seerechtliche Verteilungsverfahren vgl § 39 GKG Anm 1. § 81a erfaßt nur die Berufstätigkeit des Anwalts in irgendeinem Zusammenhang mit dem Verfahren nach der SeeVertO, sei es für den Antragsteller (Schuldner), einen Gläubiger oder einen am Verfahren beteiligten Dritten. Ein Auftrag für die Vornahme einer einzelnen Handlung genügt.

Die Vorschrift ist unanwendbar, soweit der Anwalt als Sachwalter, § 9 SeeVertO, tätig wird, § 1 Anm 3 B. Wegen der Tätigkeit eines Anwalts für diesen Sachwalter Einf 2 vor § 72. Wegen der Untersuchung eines Seeunfalls vgl § 111.

2) Eröffnung, Durchführung, Anmeldung, I. A. Eröffnungsverfahren, I 1. Im Verfahren bis zur Hinausgabe des Eröffnungsbeschlusses steht dem Anwalt 3/10 Gebühr zu, wie die Verweisung von I 1 auf § 72 Hs 1 ergibt. Diese Gebühr entsteht stets neben der etwa anschließenden vollen Gebühr für die Tätigkeit nach der Eröffnung, B, soweit der Anwalt schon im Eröffnungsverfahren tätig wird. Sie gilt die gesamte Tätigkeit im Eröffnungsverfahren ab. Sie umfaßt also schon die Fertigung des Eröffnungsantrags und seine Einreichung, mit dem das Eröffnungsverfahren vor Gericht beginnt. Das Eröffnungsverfahren endet mit der Eröffnung, mit der Nichtzulassung, mit der Zurückweisung des Eröffnungsantrags als unzulässig oder unbegründet oder mit der Rücknahme des Antrags.

Die Eröffnungsgebühr entsteht mit jeder auf die Durchführung des Auftrags gerichteten Handlung. Es tritt keine Ermäßigung ein, falls es nicht zur Einreichung eines auftragsgemäß gefertigten Eröffnungsantrags kommt. Soweit der Auftraggeber den Anwalt allerdings lediglich um einen Rat gebeten hat, ist nur § 20 I 3 anwendbar. Im übrigen ist es für die Eröffnungsgebühr unerheblich, ob das Gericht dem Antrag stattgibt.

Die Tätigkeit des Anwalts im Erinnerungs- oder Beschwerdeverfahren wird besonders vergütet.

B. Verteilungsverfahren, I 1. Im Verfahren nach der Hinausgabe des Eröffnungsbeschlusses steht dem Anwalt ½ Gebühr zu, wie die Verweisung von I 1 auf § 73 ergibt. Diese Gebühr kann zu einer Eröffnungsgebühr, A, hinzutreten. Sie gilt die gesamte Tätigkeit des Anwalts bis zur Beendigung des Verteilungsverfahrens durch eine Aufhebung oder Einstellung ab, zB die Prüfung der Information, die Anmeldung, die Feststellung des Anspruchs, die Einlegung eines Widerspruchs, die Verteilung einschließlich einer Nachtragsverteilung. Es können aber zusätzlich die in II Z 1, 3 genannten Gebühren entstehen. Vgl im übrigen § 73 Anm 1.

Eine vorzeitige Auftragsbeendigung führt eine Ermäßigung herbei, soweit ein Fall des § 32 vorliegt. Denn diese Vorschrift ist nur in den Fällen II 1 Z 1–3 ausgeschlossen. Das ergibt sich daraus, daß der Ausschluß in II 2 und nicht als III angeordnet ist, aM GSEM 3, RS 6, SchGei 3.

C. Anspruchsanmeldung, I 1. Soweit der Anwalt lediglich im Auftrag eines Gläubigers, § 13 SeeVertO, einen Anspruch anmeldet oder insofern den Schuldner vertritt, § 15 SeeVertO, entsteht nur 3/10 Gebühr, wie die Verweisung in I 1 auf § 75 ergibt. Diese Gebühr schließt eine entsprechende Beratung des Auftraggebers ein. Im Fall mehrerer Aufträge dieser Art können mehrere solche Gebühren entstehen, § 82.

Soweit der Auftrag des Anwalts über die Anmeldung eines Anspruchs und die Vertretung des Schuldners ihr gegenüber hinausgeht, umfaßt die dann entstehende Gebühr diese Anmeldung mit.

D. Gegenstandswert, I 2. In den Fällen A–C ist grundsätzlich § 77 entsprechend anwendbar. An die Stelle der dort genannten Aktivmasse tritt die gerichtlich festgesetzte Haftungssumme, § 5 SeeVertO, unter Umständen die nach § 30 II SeeVertO erhöhte Haftungssumme. Die festgesetzte Haftungssumme ist auch dann maßgeblich, wenn ihre Einzahlung durch eine Sicherheitsleistung ersetzt werden kann und wenn die letztere die Haftungssumme nicht voll deckt, § 5 III SeeVertO. Vgl im übrigen § 77 Anm 2, 3.

3) Zusatzgebühren, II. A. Grundsatz. Jede der in II genannten $^{3}/_{10}$-Gebühren, bei Z 1 sowohl für die Beschwerde als auch für die Erinnerung, kann unabhängig von der anderen und neben den Gebühren nach I entstehen. Wie sich aus der Verweisung in II 2 ergibt, mindern eine vorzeitige Beendigung des Auftrags, § 32, oder der Umstand, daß nur eine nichtstreitige Verhandlung stattfindet, § 33 I, oder der Umstand, daß der Anwalt nur einen Antrag zur Prozeß- und Sachleitung stellt, § 33 I, II, die Gebühren nach II nicht.

B. Beschwerde, Erinnerung, Z 1. Zwar verweist die Vorschrift zur Beschwerde nur auf § 3 II SeeVertO. Da diese Vorschrift aber auch auf § 12 (I) SeeVertO Bezug nimmt, entsteht die $^{3}/_{10}$ Gebühr auch dann, wenn der Anwalt nur zwecks jener Beschwerde tätig wird, GSchm 6, SchGei 5. Über mehrere Erinnerungen, § 12 II, IV SeeVertO, entscheidet das Gericht in demselben Verfahren, sodaß die Gebühren nur einmal entstehen. Im übrigen muß man § 61 I, III zur Auslegung heranziehen, nicht dagegen § 71 II, vgl A.

C. Aufhebung einer Vollstreckungsmaßregel, Z 2. Nach der Eröffnung des Verteilungsverfahrens ist, ähnlich wie im Konkursverfahren, eine Einzelzwangsvollstreckung bis zur Verfahrensbeendigung grundsätzlich unzulässig. Auf Grund eines Antrags können aber das Prozeßgericht und in einem dringenden Fall das Vollstreckungsgericht unter anderem die Einstellung der Zwangsvollstreckung gegen oder ohne eine Sicherheitsleistung anordnen, § 8 IV SeeVertO. Soweit das Gericht eine solche Einstellung angeordnet hat, kann das Vollstreckungsgericht auf Grund des Antrags des Schuldners anordnen, daß eine Vollstreckungsmaßregel gegen eine Sicherheitsleistung aufgehoben wird, § 8 V 1 SeeVertO. Solange die Unzulässigkeit der Zwangsvollstreckung durch eine Klage nach § 8 IV 2 SeeVertO geltend gemacht wird, ist zu einer solchen Anordnung das Prozeßgericht zuständig, § 8 IV 3 SeeVertO.

Z 2 erfaßt diese Aufhebungsanträge, also nicht andere Anträge wegen einer Vollstreckungsmaßnahme. Solche anderen Anträge sind jeweils mit den in Betracht kommenden übrigen Gebühren des § 81a abgegolten.

D. Zulassung der Zwangsvollstreckung, Z 3. Das Verteilungsgericht muß das Verfahren einstellen, wenn die Haftungssumme nach der Eröffnung höher festgesetzt, der Mehrbetrag jedoch nicht innerhalb der vom Gericht zu bestimmenden Frist, § 5 IV SeeVertO, eingezahlt wird oder wenn keine entsprechende Sicherheit geleistet oder der Eröffnungsantrag nachträglich zurückgenommen wird, § 17 I Z 3 SeeVertO. Bereits vor dieser Einstellung kann das Gericht die an sich nach § 8 IV SeeVertO noch unzulässige Zwangsvollstreckung auf Grund des Antrags eines am Verfahren teilnehmenden Gläubigers unter den in § 17 IV SeeVertrO bestimmten Voraussetzungen zulassen.

Nur diesen Fall erfaßt Z 3, also nicht andere Anträge wegen einer Vollstreckungsmaßnahme. Die Tätigkeit des Anwalts wegen solcher anderen Anträge wird mit den jeweils in Betracht kommenden übrigen Gebühren des § 81a abgegolten.

Mehrere Aufträge

82 Die Gebühren werden für jeden Auftrag gesondert ohne Rücksicht auf andere Aufträge berechnet.

1) Geltungsbereich. Die Vorschrift bezieht sich sowohl auf das Konkursverfahren als auch auf das Vergleichsverfahren und auf das Seerechtliche Verteilungsverfahren. Sie stellt eine Sonderregelung mit Vorrang gegenüber § 6 I und insoweit auch gegenüber § 7 dar.

2) Auftragsmehrheit. Die Vorschrift erfaßt nur den Fall, daß mehrere Auftraggeber verschiedene Forderungen geltend machen, die dasselbe Verfahren betreffen.

Wenn dagegen in demselben Verfahren an derselben Forderung mehrere Gläubiger mitberechtigt sind, zB als Gesamtgläubiger, Pfandgläubiger, Miterben, liegt nur ein einziger Auftrag vor. Das gilt selbst dann, wenn die Mitberechtigten den Anwalt zu verschiedenen Zeitpunkten beauftragen. In diesen beiden Fällen ist § 6 I 2 anwendbar, GSEM 4. Wenn derselbe Gläubiger denselben Anwalt wegen mehrerer Forderungen beauftragt, die dasselbe Verfahren betreffen, liegt ebenfalls nur ein Auftrag vor, und zwar selbst dann, wenn zwischen den Forderungen dieses Gläubigers kein inhaltlicher Zusammenhang vorliegt, GSEM 3, RS 2, SchGei 2. Man muß dann die Forderungen zusammenrechnen, § 7 II.

3) Gebührenberechnung. Soweit eine Auftragsmehrheit vorliegt, Anm 2, muß man die Gebühren für jeden Auftrag gesondert ohne Rücksicht auf andere Aufträge berechnen. Jeder Auftraggeber haftet dem Anwalt nur für die aus seinem Auftrag entstandenen Gebühren. Es tritt also eine Mithaftung nach § 6 II allenfalls wegen der etwa nicht trennbaren Auslagen ein. Wenn der Gläubiger dieselbe Forderung in mehreren Konkursverfahren geltend macht, zB im Konkurs über das Vermögen der Gesellschaft, § 209 KO, und im Konkurs über das Vermögen eines persönlich haftenden Gesellschafters, § 212 KO, oder im Nachlaßkonkursverfahren, § 214 KO, und im Konkursverfahren über das Vermögen eines Erben, § 234 KO, dann erhält der Anwalt für die Vertretung in jedem dieser Konkursverfahren gesonderte Gebühren. Dasselbe gilt dann, wenn ein Gläubiger dieselbe Forderung in mehreren Verfahren, zB im Vergleichs- und im Anschlußkonkursverfahren oder (theoretisch) in mehreren Seerechtlichen Verteilungsverfahren, geltend macht, GSEM 5, RS 4, SchGei 3.

Sechster Abschnitt. Gebühren in Strafsachen

Einführung

Schrifttum: Madert, Gebühren des Strafverteidigers, 1987 (Bespr Hamann Rpfleger **87**, 440); Schmidt/Baldus, Gebühren und Kostenerstattung in Straf- und Bußgeldsachen, 3. Aufl 1989 (Bespr Hamann Rpfleger **89**, 260, Herget MDR **89**, 679).

1) Allgemeines. A. Persönlicher Geltungsbereich. Der 6. Abschnitt enthält in seinen beiden Unterabschnitten die Gebühren des gewählten Verteidigers, eines anderen gewählten Vertreters, insbesondere eines solchen in einer Privatklagesache, § 94, und des Vertreters des Nebenklägers, § 95, sowie die Gebühren eines gerichtlich bestellten Verteidigers und beigeordneten Anwalts, §§ 97ff. Wegen des Pflegers oder Vormunds § 1 Anm 3 B. Wegen des Rechtsbeistands vgl Art IX KostÄndG Anm 2 A, Teil XII dieses Buches.

Es ist unerheblich, wer den Verteidiger beauftragt hat, soweit der Beschuldigte eine erforderliche Vollmacht erteilt.

Nicht hierher gehört der Anwalt, der sich im Verfahren gegen sich selbst „verteidigt", denn er kann nicht diese andersartige Funktion im gebührenrechtlichen Sinn ausüben, BVerfG MDR **88**, 552.

B. Sachlicher Geltungsbereich. a) Direkte Anwendbarkeit. §§ 84ff gelten unmittelbar für jede Art von Tätigkeit eines Verteidigers oder Vertreters im Sinn von A und insbesondere für jede Tätigkeit eines Anwalts in einer Strafsache vor einem inländischen oder ausländischen Gericht. Dazu gehört bereits das gesamte Ermittlungsverfahren, also vom Vorliegen eines Anfangsverdachts an. Deshalb regeln §§ 84ff auch die Tätigkeit gegenüber der Polizei, § 163 StPO, soweit die Akten nach dem Ermittlungsabschluß an die Staatsanwaltschaft abzugeben sind, GSEM Rdz 5 vor § 83, RS Anm 4 vor § 83, und die Tätigkeit gegenüber der Staatsanwaltschaft, ferner die Tätigkeit im Anklageerzwingungsverfahren, §§ 91 II, 102, im Privatklageverfahren, § 94, und im Jugendstrafverfahren, §§ 83ff.

b) Entsprechende Anwendbarkeit. Die Vorschriften des 6. Abschnitts sind in den Fällen der §§ 105ff weitgehend entsprechend anwendbar, also zB: Im Bußgeldverfahren, § 105 III; im Verfahren nach dem Gesetz über die innerdeutsche Rechts- und Amtshilfe in Strafsachen, § 105a II; in einer Auslieferungssache, § 107 II; in einer Disziplinarsache, § 109 I; im Verfahren vor einem Ehrengericht oder einem anderen Berufsgericht wegen der Verletzung einer Berufspflicht, § 110 I 1; bei der Untersuchung eines Seeunfalls, § 111 I; im gerichtlichen Verfahren wegen einer Freiheitsentziehung, § 112 IV; im Verfahren vor einem Verfassungsgericht im Zusammenhang mit einem Strafverfahren, § 113 I; in einer Feld- oder Forstrügesache, § 3 III EGStPO (diese Vorschrift enthält allerdings die Möglichkeit abweichender landesrechtlicher Verfahrensregeln).

Wegen des StrEG § 89 Anm 1.

C. Ergänzende Vorschriften. Die Bestimmungen des 6. Abschnitts werden durch diejenigen des 1. und 2. Abschnitts ergänzt. Insbesondere gelten: § 3 (Vereinbarkeit einer Vergütung); § 4 (Vertretung des Anwalts); § 5 (Vergütung mehrerer Anwälte); § 6 (Mehrheit von Auftraggebern); § 12 (Rahmengebühr); § 13 (Abgeltungsbereich der Gebühren); § 14 (Verweisung); § 15 (Zurückverweisung); § 16 (Fälligkeit); § 17 (Vorschuß); § 18 (Gebührenberechnung); § 20 (Rat); § 21 (Gutachten); §§ 25ff (Auslagen).

Man muß in diesem Zusammenhang berücksichtigen, daß auch die Vorschriften des 6. Abschnitts gemäß § 87 Pauschgebühren darstellen. Diese gelten im allgemeinen für den mit dem ganzen Verfahren beauftragten Verteidiger, Unterbevollmächtigten, GSchm 10 vor § 83, Beistand oder Vertreter. Allerdings sehen §§ 91 ff auch Gebühren für einzelne Tätigkeiten vor, sofern der Auftrag nicht auf die gesamte Verteidigung abzielt.

2) Betragsrahmengebühr. Die Gebühren der §§ 83 ff stellen durchweg sog Betragsrahmengebühren dar, § 12 Anm 1, auch wegen der Bemessung. Infolgedessen ist eine gerichtliche Festsetzung der Vergütung grundsätzlich nicht zulässig, § 19 VII. Der gewählte Verteidiger muß seine Gebühren und Auslagen daher grundsätzlich im Klageweg geltend machen. Das Gericht muß gemäß § 12 II ein Gutachten der Rechtsanwaltskammer einholen, sofern der Anwalt mehr als die Mindestgebühr verlangt und soweit über die Gebührenhöhe Streit besteht.

Demgegenüber setzt das Gericht die Gebühren des gerichtlich bestellten Verteidigers und eines beigeordneten Anwalts von Amts wegen fest, § 98.

1. Gebühren des gewählten Verteidigers und anderer gewählter Vertreter

Erster Rechtszug

83 **I Der Rechtsanwalt erhält im ersten Rechtszug als Verteidiger in der Hauptverhandlung folgende Gebühren:**

1. Im Verfahren vor dem Oberlandesgericht, dem Schwurgericht und vor der Jugendkammer, soweit diese in Sachen entscheidet, die nach den allgemeinen Vorschriften zur Zuständigkeit des Schwurgerichts gehören,
140 bis 2060 Deutsche Mark;

2. im Verfahren vor der großen Strafkammer und vor der Jugendkammer, soweit sich die Gebühr nicht nach Nummer 1 bestimmt,
100 bis 1240 Deutsche Mark;

3. im Verfahren vor dem Schöffengericht, dem Jugendschöffengericht, dem Strafrichter und dem Jugendrichter
80 bis 1060 Deutsche Mark.

II Erstreckt sich die Hauptverhandlung über einen Kalendertag hinaus, so erhält der Rechtsanwalt für jeden weiteren Verhandlungstag in den Fällen des Absatzes 1
Nr. 1 140 bis 1030 Deutsche Mark,
Nr. 2 100 bis 620 Deutsche Mark,
Nr. 3 80 bis 530 Deutsche Mark.
Wird jedoch mit dem Verfahren von neuem begonnen, so gelten für den ersten Tag der neuen Hauptverhandlung die Vorschriften des Absatzes 1.

Vorbem. Fassg Art 3 I Z 14 G vom 9. 12. 86, BGBl 2326, in Kraft seit 1. 1. 87, Art 10, Übergangsrecht § 134.

Gliederung

1) Systematik. Die Vorschrift regelt die Gebühren des gewählten Verteidigers, also desjenigen Anwalts, der die gesamte Verteidigung durchführen soll, im ersten Rechtszug. Daher entstehen für einzelne Tätigkeiten im Sinn von § 91 während des ersten Rechtszugs gemäß § 87 neben den Gebühren des § 83 allenfalls Gebühren nach § 84, soweit der Anwalt bereits im vorbereitenden Verfahren tätig war, und ferner allenfalls noch Gebühren nach §§ 88, 89, 93, 96.

Da es sich um Pauschgebühren handelt, verdient der Anwalt eine Gebühr nach § 83 mit dem Beginn jeder Art von Tätigkeit in der Hauptverhandlung, die auf eine Ausführung des Auftrags abzielt. Soweit es nicht zur Hauptverhandlung kommt oder soweit der Anwalt nicht in der Hauptverhandlung tätig war, entstehen allenfalls die ermäßigten Gebühren nach § 84.

Für den Beistand oder Vertreter des Privatklägers, Nebenklägers, Einziehungs- oder Nebenbeteiligten gilt § 83 entsprechend, § 94 I, 95. Wegen des gerichtlich bestellten Verteidigers und des beigeordneten Anwalts vgl §§ 97ff.

2) Eintägige Hauptverhandlung, I. A. Grundsatz. I enthält die Gebühr für den Fall, daß sich eine Hauptverhandlung nur auf einen Kalendertag erstreckt. Die Vorschrift gilt die gesamte Tätigkeit des Verteidigers in der Hauptverhandlung ab. Die übrige Tätigkeit fällt allenfalls unter §§ 84, 88ff. Der Verteidiger muß in der Hauptverhandlung anwesend gewesen sein. Mehr ist zur Entstehung einer Gebühr nach I nicht erforderlich. Es reicht aus, daß die Hauptverhandlung gegen einen abwesenden Angeklagten, § 234 StPO, oder ohne den Beschuldigten stattfindet, § 415 StPO.

Soweit der Verteidiger zwar während der Hauptverhandlung, aber nicht in ihr, also außerhalb des Sitzungssaales tätig war, entsteht jedenfalls keine Gebühr nach I. Ein Termin vor einem beauftragten Richter ist keine Hauptverhandlung, Düss AnwBl **80**, 463 mwN. Auch eine Tätigkeit während einer Unterbrechung oder Aussetzung der Hauptverhandlung reicht für I nicht aus, GSEM 2, RS 12.

Die Gebühr nach I gilt auch einen Besuch in der Untersuchungshaftanstalt oder eine Akteneinsicht oder die Fertigung einer Abschrift ab, Neustadt Rpfleger **53**, 142, vgl aber auch § 27 Anm 2.

Die Wiederaufnahme des Verfahrens ist eine neue Angelegenheit, § 90 I.

B. Hauptverhandlung. a) Beginn. Die Hauptverhandlung beginnt mit dem Aufruf der Sache, § 243 I StPO. Sobald dieser Aufruf in der Gegenwart des Verteidigers stattgefunden hat, hat er die volle Gebühr nach I verdient. Das gilt auch dann, wenn das Gericht die Verhandlung alsbald nach dem anschließenden Aufruf der Zeugen vertagt, weil der anwesende Verteidiger nicht ordnungsgemäß geladen war und diesen Umstand rügt, vgl Hamm NJW **53**, 1198, oder wenn der Angeklagte den Einspruch gegen den Strafbefehl nach dem Aufruf der Sache zurücknimmt, LG Düss JMBlNRW **67**, 139, oder wenn zwar der Verteidiger, nicht aber derAngeklagte erschienen ist, vgl LG Mü AnwBl **60**, 122, und wenn der Verteidiger jeweils in der späteren Verhandlung nicht mehr auftritt, Düss NJW **61**, 133, LG Saarbr AnwBl **85**, 152 mwN, AG Köln AnwBl **68**, 363.

Wenn das Gericht aber schon vor dem Aufruf der Sache feststellt, daß die Beteiligten nicht oder nicht vollständig erschienen sind, und deshalb eine Vertagung anordnet, hat die Hauptverhandlung nicht begonnen, KG Rpfleger **71**, 369, LG Schweinfurt JB **80**, 573, GSEM 7, aM RS 13. Dasselbe gilt dann, wenn vor dem Aufruf der Sache eine Besprechung darüber stattfindet, daß das Gericht überhaupt nicht in die Hauptverhandlung eintreten kann, Düss Rpfleger **56**, 338.

Soweit das Gericht nach dem Beginn der Hauptverhandlung mit dieser Sache weitere Sachen mindestens stillschweigend verbindet, hat in jeder dieser Sachen eine Hauptverhandlung begonnen, so daß die bis zur Verbindung in jedem Einzelverfahren entstandenen Gebühren erhalten bleiben.

Diese Frage ist **streitig. Wie hier** zB Bre MDR **75**, 514, Düss AnwBl **71**, 24, LG Krefeld AnwBl **74**, 399, AG Köln AnwBl **70**, 111, GSEM 20, Schmidt MDR **69**, 241, SchGei 41; **aM** zB LG Mönchengladbach MDR **69**, 240, LG Wuppert JB **75**, 1610.

Erst ab Verbindung kann nur eine einheitliche Gebühr entstehen.

Wenn das Gericht verbundene Sachen nach dem gemeinsamen Aufruf trennt, können die Gebühren ab Trennung mehrfach entstehen, Bre MDR **75**, 514. In diesem Fall kommt es nicht darauf an, in welchem Zeitpunkt nach dem Aufruf die Trennung stattfindet, Bre MDR **75**, 514.

Ein Antrag auf die Ablehnung eines Richters ist nur nach dem Beginn der Hauptverhandlung zulässig. Das gilt selbst dann, wenn der Ablehnungsgrund schon vor dem Beginn der Hauptverhandlung bestand und wenn infolgedessen zweifelsfrei feststeht, daß der Verteidiger wegen des Ablehnungsantrags nicht zur Sache verhandelt.

Zweibr Rpfleger **81**, 322, GSEM 16 stellen darauf ab, ob die Hauptverhandlung gerade für diesen Verteidiger erst an diesem Tag beginnt; eine Gebühr nach II könne erst nach dem Anfall einer Gebühr nach I entstehen. Auch wenn der Anwalt erst am (objektiv) späteren Tag der Hauptverhandlung anwesend sei, verdiene er an diesem Tag die Gebühr nach I, unabhängig vom Zeitpunkt seiner Bestellung.

Der Nachweis der erforderlichen Anwesenheit des Verteidigers hängt nur im Fall einer nach § 140 StPO notwendigen Verteidigung von einem entsprechenden Protokollvermerk ab, LG Köln Rpfleger **83**, 502.

b) Ende. Die Hauptverhandlung endet gebührenrechtlich, wenn eine der folgenden Situationen eintritt:

aa) Urteil. Die Hauptverhandlung endet durch ein Urteil, § 260 I StPO. Soweit kein Beteiligter gegen dieses Urteil ein Rechtsmittel einlegt, ist der Rechtszug bereits mit der Verkündung des Urteils gebührenrechtlich beendet. Soweit ein Rechtsmittel eingelegt wird, endet der Rechtszug gebührenrechtlich erst mit seiner Einlegung, § 87 S 2. Die Rechtsmittelbegründung gehört zum nächsten Rechtszug, insofern auch zB LG Krefeld NJW **76**, 2275.

bb) Einstellungsbeschluß. Die Hauptverhandlung endet ferner mit einem Beschluß, durch den das Gericht das Verfahren einstellt, zB nach § 153 II oder nach § 153a II StPO.

cc) Verweisung. Die Hauptverhandlung endet auch mit dem wirksamen Erlaß einer Entscheidung, durch die das Gericht sich für unzuständig erklärt und das Verfahren daher an ein anderes Gericht verweist, § 270, vgl Hbg MDR **81**, 519. Vgl auch C. Das Verfahren vor dem verweisenden und vor demjenigen Gericht, an das verwiesen wird, ist derselbe Rechtszug, § 14 S 1.

Eine Zurückverweisung führt zu einem neuen Rechtszug, § 15 I 1.

C. Gebührenhöhe. a) Grundsatz. I enthält Betragsrahmengebühren, Einf 2 vor § 83. Man muß zunächst ermitteln, welcher der drei in Z 1–3 genannten Betragsrahmen in Betracht kommt. Insofern ist nur die Frage zu prüfen, vor welchem Gericht die Hauptverhandlungen im ersten Rechtszug tatsächlich stattfindet. Soweit der Anwalt vor dem höheren Gericht tätig ist und dieses das Hauptverfahren dann vor einem niedrigeren Gericht eröffnet, kommen Gebühren zB nach § 84 I Z 2 und § 83 I 3 in Betracht, abw GSchm 5. Anschließend muß man innerhalb des einschlägigen Rahmens gemäß § 12 Art und Schwere der Straftat usw abwägen, um zur endgültig in DM bezifferbaren Gebühr nach I zu kommen.

b) OLG, Schwurgericht, Jugendkammer, Z 1. Hierher gehört die Hauptverhandlung vor dem OLG, dem BayObLG, § 120 II 2 GVG, § 9 EGGVG, § 4 BayG idF vom 23. 11. 53, GVBl 191, vor der Strafkammer des LG als Schwurgericht, § 74 II GVG, und vor der Jugendkammer des LG, soweit es sich um eine Strafsache handelt, die nach den allgemeinen Erwachsenenvorschriften zur Zuständigkeit des Schwurgerichts gehört, § 41 I Z 1 JGG. Es genügt, daß die Voraussetzungen der Z 1 für einen Mitangeklagten vorliegen, um die Vorschrift auch auf den Verteidiger eines anderen Mitangeklagten anzuwenden, Zweibr Rpfleger **82**, 312.

c) Große Strafkammer, Jugendkammer, Z 2. Hierher gehören die Verfahren der ersten Instanz vor der großen Strafkammer, § 74 I GVG, und vor der Jugendkammer des LG, soweit die letztere nicht nach Z 1 zuständig ist, § 41 I Z 2 JGG.

d) Schöffengericht, Jugendschöffengericht, Strafrichter, Jugendrichter, Z 3. Hierher gehören die Verfahren vor dem Schöffengericht, § 28 GVG, vor dem erweiterten Schöffengericht, § 29 II GVG, vor dem Jugendschöffengericht, § 40 JGG, vor dem Einzelrichter in Strafsachen, § 25 GVG, und vor dem Jugendrichter, § 39 JGG.

e) Gemeinsame Einzelfragen. Die Verbindung mehrerer Strafverfahren oder eine gleichzeitige Hauptverhandlung mehrerer solcher Verfahren erhöht die Gebühr nach I nicht, soweit nicht eine Gebührenerhöhung nach § 6 infolge des Hinzutretens von weiteren Auftraggebern eintritt. Soweit das Gericht mehrere Strafverfahren vor dem Beginn der Hauptverhandlung trennt, entstehen getrennte Gebühren unter einer Berücksichtigung der für den bisherigen Verfahrensabschnitt verdienten und damit etwa abgegoltenen Vergütung. Vgl auch a. Wegen der Art der Gebühr und der Durchsetzbarkeit des Gebührenanspruchs Einf 2 vor § 83.

3) Mehrtägige Hauptverhandlung, II. A. Grundsatz, II 1. Die Vorschrift sieht für den Fall, daß sich die Hauptverhandlung über einen Kalendertag hinaus erstreckt, neben der nach I entstandenen Gebühr weitere Vergütungen vor. Der erste Verhandlungstag schließt um 24 Uhr. Wenn das Gericht das Urteil an einem späteren Tag verkündet, endet die Hauptverhandlung erst an diesem späteren Tag, § 260 StPO, Oldb AnwBl **57**, 82, auch wenn sie keine 24 Stunden angedauert hat. Soweit der Verteidiger im Auftrag des Angeklagten also an diesem Verkündungstag ebenfalls anwesend ist, entsteht hierfür die Zusatzgebühr nach II.

Eine Gebührenvereinbarung ist auch für den Fall einer mehrtägigen Dauer der Hauptverhandlung nach § 3 zulässig. Sie kann nicht stillschweigend erfolgen, § 3 Anm 2 Bb. Man muß aber eine schriftliche Vereinbarung (für den ersten Tag) auslegen, nur insofern richtig GSchm 18.

Soweit der Anwalt erst an einem weiteren Hauptverhandlungstag tätig wird, kann I für diesen Tag anwendbar sein, Zweibr Rpfleger **84**, 321.

B. Gebührenhöhe. Für die Zusatzgebühr kommt es ebenso wie für die Gebühr nach I darauf an, vor welchem Gericht die Hauptverhandlung am zweiten, dritten und folgenden Kalendertag stattfindet, vgl auch Düss JB **82**, 1528. Vgl Anm 2 C.

Die Zusatzgebühr nach II entsteht „für jeden weiteren Verhandlungstag", II 1. Jeder weitere Verhandlungstag endet um 24 Uhr. Denn dann ist der „Kalendertag" vergangen. Bei einer viertägigen Hauptverhandlung entsteht also für den Verteidiger, soweit er an jedem Kalendertag zwischen dem Beginn und dem Ende der Hauptverhandlung wenigstens einmal kurz anwesend war, um im Auftrag des Angeklagten an ihr teilzunehmen, für den ersten Verhandlungstag eine Gebühr nach I und für jeden der drei weiteren Verhandlungstage je eine Zusatzgebühr nach II, sofern nicht ein Neubeginn des Verfahrens vorliegt, C.

Soweit eine Aussetzung der Verkündung, § 268 II 2 Hs 1 StPO, oder eine Unterbrechung oder Aussetzung des Verfahrens mit Fortsetzung innerhalb der 10-Tage-Frist, §§ 228, 229 I StPO stattfindet, erstreckt sich die Hauptverhandlung auf jeden Kalendertag, an dem sie von neuem begonnen wird, GSchm 14.

C. Neubeginn des Verfahrens, II 2. Soweit das Gericht abgesehen von den in B genannten Fall mit dem Verfahren an einem Kalendertag von neuem beginnt, also die Hauptverhandlung neu anlaufen läßt, entsteht für den ersten Kalendertag dieser neuen Hauptverhandlung eine Gebühr nach I und erst für den etwaigen zweiten Kalendertag der neubegonnenen Hauptverhandlung eine Zusatzgebühr nach II usw.

Der Hauptfall eines Neubeginns der Hauptverhandlung im Sinn von II 2 ist derjenige, daß die zunächst begonnene Hauptverhandlung nicht spätestens am Tage nach dem Ablauf der in § 229 I, II StPO genannten Frist fortgesetzt wird, § 229 III StPO, Düss AnwBl **77**, 472 mwN.

Auch für den Fall des Neubeginns der Hauptverhandlung ist eine etwaige Vereinbarung eines von der gesetzlichen Vergütung abweichenden Honorars zulässig, vgl A.

4) Erstattungsfähigkeit. Wegen der Erstattungsfähigkeit der dem Angeklagten entstandenen notwendigen Kosten im Fall eines Teil-Freispruchs, § 467 I StPO, vgl BGHSt **25**, 109 mwN (eine Quotelung erfolgt grundsätzlich nur im Fall des § 465 II StPO und bei einer einfachen Sachlage), Bbg Rpfleger **72**, 355, Celle MDR **71**, 682, LG Freibg NJW **72**, 2057, LG Weiden MDR **71**, 418 (Anm Schmidt), Mümmler Rpfleger **72**, 355 mwN. Wegen einer Selbstverteidigung des Anwalts § 1 Anm 3 A c dd.

Verfahren außerhalb der Hauptverhandlung

84 **I Der Rechtsanwalt erhält im vorbereitenden Verfahren, im gerichtlich anhängigen Verfahren, in dem er nur außerhalb der Hauptverhandlung tätig ist, und in einem Verfahren, in dem eine Hauptverhandlung nicht stattfindet, die Hälfte der Gebühren des § 83 Abs. 1.**

II Ist das Verfahren nicht gerichtlich anhängig geworden, so bestimmt sich die Gebühr nach der Ordnung des Gerichts, das für das Hauptverfahren zuständig gewesen wäre.

Vorbem. I idF Art I I Z 15 G vom 9. 12. 86, BGBl 2326, in Kraft seit 1. 1. 87, Art 10, Übergangsrecht § 134.

Gliederung

1) Allgemeines, I, II. Die Vorschrift ist für den gewählten Verteidiger, Einf 1 A vor § 83, anwendbar, sobald eine der dort genannten Tätigkeiten vorliegt. Neben § 84 kann also außerdem § 83 anwendbar sein, soweit der Anwalt sowohl im vorbereitenden Verfahren als auch in der Hauptverhandlung tätig war.

Diese Frage ist **streitig. Wie hier** zB LG Hbg MDR **79**, 866, LG Heilbr AnwBl **76**, 252, LG Karlsr AnwBl **78**, 34, LG Mannh MDR **77**, 250, LG Trier AnwBl **78**, 360, Lappe NJW **76**, 1251, Mümmler JB **76**, 156; **aM** zB LG Kaisersl MDR **76**, 867.

Dagegen kann neben einer Gebühr nach § 84 keine Gebühr nach § 91 für den mit der gesamten Verteidigung beauftragten Anwalt entstehen. Denn § 84 enthält wie § 83 eine Pauschgebühr, § 87. Der nur mit Einzeltätigkeiten, also nicht als Verteidiger, § 83 Anm 1, beauftragte Anwalt kann neben der Gebühr nach § 91 nicht eine Gebühr nach § 84 erhalten, GSEM 8.

Soweit der Anwalt in mehreren der in I genannten Verfahrensabschnitte tätig war, erhält er die Gebühr nach I zwar nur einmal, Schlesw SchlHA **86**, 156 mwN; man muß aber innerhalb des dortigen Gebührenrahmens den Umfang seiner Tätigkeit berücksichtigen.

Diese Frage ist **streitig. Wie hier** zB LG Mannh JB **77**, 220, LG Passau JB **80**, 85 (abl Mümmler), LG Regensb VersR **78**, 1127 (zustm Dehoff), AG Lebach VersR **80**, 464; **aM** zB Stgt Rpfleger **88**, 121 mwN, LG Rottweil MDR **87**, 786, AG Ffm AnwBl **78**, 35, Schmidt AnwBl **77**, 242 und 302 (in einem solchen Fall entstehe die Gebühr nach I für jeden der dort genannten Abschnitte).

2) Außerhalb der Hauptverhandlung, I, II. A. Grundsatz. Zur Entstehung einer Gebühr nach § 84 ist eine Tätigkeit des Verteidigers außerhalb der Hauptverhandlung notwendig und ausreichend. Wegen des Begriffs der Hauptverhandlung, ihres Beginns und ihres Endes § 83 Anm 2. Die Gebühr nach § 84 entsteht mit jeder Tätigkeit zur Ausführung des Auftrags. Sie umfaßt jede Antragstellung, jede Einreichung eines Schriftsatzes oder einer Erklärung, LG Münster Büro **59**, 126, ferner zB: Eine Besprechung mit dem Beschuldigten, LG Hanau AnwBl **84**, 263, oder mit einer Behörde; eine Akteneinsicht; eine etwa erfolglose Bemühung um sie, GSEM 9; einen Besuch in der Untersuchungshaftanstalt; die Tätigkeit im Haftprüfungsverfahren einschließlich der Vertretung im Haftprüfungstermin, Hamm Rpfleger **55**, 255. Wegen des Beschwerdeverfahrens Anm 4.

B. Vorbereitendes Verfahren, I 1 Hs 1. Das vorbereitende Verfahren beginnt mit dem Anfang eines polizeilichen Ermittlungsverfahrens, § 163 StPO, LG Essen AnwBl **76**, 308 (die Entscheidung betrifft eine Nebenklage). Es muß sich allerdings um eine Sache handeln, die die Polizei zur abschließenden Entscheidung an die Staatsanwaltschaft weiterleiten muß, § 163 II StPO. Andernfalls kann § 105 anwendbar sein, s unten.

Zum vorbereitenden Verfahren gehört ferner das Ermittlungsverfahren vor der Staatsanwaltschaft, §§ 160ff StPO. Es endet mit der endgültigen Wirksamkeit einer Einstellung des Verfahrens. Daher gehört das Klageerzwingungsverfahren, §§ 172ff StPO, noch zum vorbereitenden Verfahren. Zur Erstattungsfähigkeit im Fall des § 177 StPO, Oldb NdsRpfl **67**, 23. Wegen einer Beschwerde Anm 4. Das vorbereitende Verfahren endet ferner mit der Erhebung einer Anklage, § 151 StPO.

Diese Fragen sind **heftig streitig. Wie hier** zB Düss Rpfleger **81**, 368, Ffm AnwBl **77**, 262 (abl Chemnitz), Hamm JB **77**, 222, Kblz Rpfleger **77**, 264, Mü JB **78**, 878, Nürnb JB **79**, 1024, Oldb Rpfleger **77**, 147 je mwN, Schlesw JB **78**, 246, Stgt AnwBl **78**, 72, ferner zB LG Aachen AnwBl **87**, 100, LG Aschaffenbg JB **78**, 226, LG Bbg JB **78**, 1027, LG Bre NJW **76**, 1513, LG Coburg JB **77**, 979, LG Düss JB **82**, 1852, jetzt auch LG Flensb JB **78**, 720, ferner LG Hof JB **77**, 365, LG Karlsr NJW **77**, 1549 (abl Schmidt), LG Kempten AnwBl **83**, 222, LG Kleve MDR **77**, 689, LG Krefeld AnwBl **76**, 249, LG Lüb JB **77**, 1247 je mwN, LG Wuppert JB **78**, 1020, Lappe MDR **77**, 280, Meyer JB **76**, 899, Mümmler JB **76**, 1219.

Eine **aM** vertreten demgegenüber zB Düss JB **79**, 549, LG Bonn AnwBl **77**, 172, LB Düss AnwBl **77**, 262, LG Essen NJW **76**, 1519, LG Gießen AnwBl **77**, 225, LG Hann AnwBl **77**, 76, LB Wuppert JB **78**, 1020, AG Brühl AnwBl **76**, 306, GSEM 4, Matzen AnwBl **76**, 332 (das vorbereitende Verfahren ende erst mit der Eröffnung des Hauptverfahrens oder einer Terminierung im Fall des § 212b StPO).

Im Strafbefehlsverfahren endet das vorbereitende Verfahren dementsprechend mit dem Eingang des Antrags auf den Erlaß des Strafbefehls, LG Bayr JB **79**, 1525, LG Itzehoe **KR** Nr 20, LG Kassel **KR** Nr 27; **aM** zB GSEM 4 (mit der richterlichen Entscheidung über den Antrag).

Eine nach B verdiente Gebühr wird auf eine etwa nach C verdiente Gebühr nicht angerechnet, GSEM 4, Matzen AnwBl **76**, 158. Soweit zunächst ein Verdacht einer Straftat bestand und deshalb ein polizeiliches oder staatsanwaltschaftliches Ermittlungsverfahren begann, später aber nur ein Verfahren wegen einer Ordnungswidrigkeit stattfindet, wird die nach B verdiente Gebühr nicht auf die im Bußgeldverfahren entstandene Gebühr angerechnet.

Diese Frage ist **streitig. Wie hier** zB LG Krefeld Rpfleger **82**, 81 mwN, AG Meschede AnwBl **83**, 467, Chemnitz AnwBl **76**, 12, GSEM § 105 Rdz 18, Matzen AnwBl **76**, 158, SchGei 6; **aM** zB LG Flensb JB **77**, 232 und JB **83**, 1338, AG Brühl JB **80**, 91, AG Bln-Charlottenb JB **80**, 91, AG Marbg JB **80**, 91, Mümmler JB **74**, 506.

C. Gerichtlich anhängiges Verfahren außerhalb der Hauptverhandlung, I 1 Hs 2. § 84 ist auch auf denjenigen Verfahrensabschnitt anwendbar, der nicht mehr zum vorbereitenden Verfahren, B, aber auch noch nicht zur Hauptverhandlung gehört, § 83 Anm 2 B. Hierher gehört unter anderem die Tätigkeit des Verteidigers im Verfahren über die Eröffnung des Hauptverfahrens, §§ 199 ff StPO, also vom Zugang der Anklageschrift gemäß § 201 StPO an, selbst wenn das Gericht die Anklageschrift zugleich dem Angeschuldigten mitteilt, Zweibr AnwBl **76**, 137, offen LG Flensb JB **76**, 937, aM zB GSEM 5.

Ferner gehört die Tätigkeit während der Vorbereitung der Hauptverhandlung nach §§ 213 ff StPO hierher, also auch die Tätigkeit während der Vernehmung durch einen ersuchten Richter nach § 223 StPO, Brschw NJW **52**, 339, sowie eine Tätigkeit zwar während der Hauptverhandlung, aber nicht innerhalb der Hauptverhandlung, etwa eine Tätigkeit mit dem Ziel von Ermittlungen, Zeugenladungen usw, schließlich eine Tätigkeit nach dem Ende der Hauptverhandlung, etwa die Einlegung eines Rechtsmittels, § 87 S 2.

D. Verfahren ohne Hauptverhandlung, I 1 Hs 3. § 84 betrifft ferner eine Tätigkeit in einem Verfahren, in dem eine Hauptverhandlung kraft Gesetzes überhaupt nicht stattfindet. Hierher gehören zB: Das Strafbefehlsverfahren vor Gericht, §§ 407 ff StPO, soweit kein Einspruch stattfindet oder der Angeklagte seinen Einspruch vor dem Beginn der Hauptverhandlung zurücknimmt; ein Verfahren, das mit einer Einstellung endet, bevor die Hauptverhandlung begonnen hat; das Verfahren bei Einziehungen und Vermögensbeschlagnahmen, §§ 430 ff StPO.

E. Auftragsende vor Hauptverhandlung. § 84 ist auch dann anwendbar, wenn der Auftrag des Verteidigers vor dem Beginn der Hauptverhandlung, § 83 Anm 2 B, endet.

3) Gebührenhöhe, I, II. A. Gerichtliche Anhängigkeit, I. Soweit das Verfahren im Anschluß an ein vorbereitendes Verfahren auch gerichtlich anhängig geworden ist, ist I anwendbar. Diese Vorschrift stellt wie § 83 I darauf ab, vor welchem Gericht die erstinstanzliche Hauptverhandlung stattgefunden hat.

Soweit das Verfahren zwar gerichtlich anhängig wurde, aber nicht zu einer Hauptverhandlung geführt hat, kommt es darauf an, vor welchem Gericht das Verfahren immerhin anhängig wurde.

B. Keine gerichtliche Anhängigkeit, II. Soweit nur ein vorbereitendes Verfahren und nicht mehr ein gerichtlich anhängiges Verfahren stattgefunden hat, muß man gemäß II nach den Gesamtumständen abschätzen, vor welchem Gericht die erstinstanzliche Hauptverhandlung hätte stattfinden müssen. Maßgebend ist der Stand der Aufklärung in demjenigen Zeitpunkt, in dem die Tätigkeit des Verteidigers endet. Bei einer Wahlmöglichkeit zur Zuständigkeit ist der Abschätzung ein voraussichtlich sachgerechtes Ermessen zugrunde zu legen. Eine Übung der Staatsanwaltschaft ist nur dann beachtlich, wenn sie sich innerhalb solchen Ermessens hält, so wohl auch GSEM 3.

Eine richterliche Vernehmung innerhalb eines vorbereitenden, also innerhalb eines Ermittlungsverfahrens der Staatsanwaltschaft, vor ihrer Entschließung über die Einstellung der Ermittlungen oder die Erhebung einer Anklage macht das Verfahren nicht zu einem gerichtlich anhängigen im Sinn von II, obwohl ein Richter tätig wird. Dasselbe gilt für sonstige richterliche Untersuchungshandlungen oder Maßnahmen im Rahmen eines polizeilichen oder staatsanwaltschaftlichen Ermittlungsverfahren. In allen diesen Fällen ist nicht II, sondern I anwendbar.

4) Beschwerdeverfahren. § 84 gilt auch die Tätigkeit des Verteidigers im zugehörigen Beschwerdeverfahren ab, auch in dem Verfahren nach § 383 II 3 oder nach § 464 III StPO. Das Beschwerdeverfahren stellt, anders als bei einem bürgerlichen Rechtsstreit, gebührenrechtlich keinen neuen Rechtszug dar.

Diese Frage ist **streitig. Wie hier** zB LG Aschaffenb NJW **67**, 1243, LG Bayreuth JB **75**, 357 (zustm Mümmler), LG Bielef MDR **53**, 757, LG Itzehoe SchlHA **49**, 196, LG Krefeld MDR **74**, 252 (zustm Schmidt), LG Lüneb Büro **59**, 422, LG Oldb NJW **55**, 475, AG Mainz MDR **71**, 865, GSEM § 87 Rdz 4, RS 9; **aM** zB LG Kiel SchlHA **52**, 54, LG Lübeck AnwBl **55**, 39.

Das gilt zB im Fall einer Beschwerde gegen die Einstellung des Verfahrens nicht wegen erwiesener Unschuld, sondern „nur“ wegen der Geringfügigkeit der (als erwiesen angenommenen) Schuld, LG Karlsr NJW **67**, 2421, LG Saarbr NJW **66**, 1137; **aM** zB Swolana.

Man darf und muß allerdings im Rahmen des § 84 wegen § 12 die etwaige Mehrarbeit des Verteidigers im Zusammenhang mit einem solchen Beschwerdeverfahren mitberücksichtigen, LG Flensb JB **83**, 569, LG Gött AnwBl **80**, 310, LB Krefeld Rpfleger **66**, 280, vgl auch § 12 Anm 2 Ab, § 87 Anm 2 Ba cc aaa, allerdings auch § 85 Anm 1.

Soweit der Anwalt nur im Beschwerdeverfahren tätig werden soll und tätig ist, ist der dann vorrangige § 91 anwendbar, dort Anm 1.

Berufungsverfahren

85 **I Der Rechtsanwalt erhält im Berufungsverfahren als Verteidiger folgende Gebühren:**

1. im Verfahren vor der großen Strafkammer und der Jugendkammer
100 bis 1240 Deutsche Mark;

2. im Verfahren vor der kleinen Strafkammer
80 bis 1060 Deutsche Mark.

II Erstreckt sich die Hauptverhandlung über einen Kalendertag hinaus, so erhält der Rechtsanwalt für jeden weiteren Verhandlungstag in den Fällen des Absatzes 1
Nr. 1 100 bis 620 Deutsche Mark,
Nr. 2 80 bis 530 Deutsche Mark.
Wird jedoch mit dem Verfahren von neuem begonnen, so gelten für den ersten Tag der neuen Hauptverhandlung die Vorschriften des Absatzes 1.

III Ist der Rechtsanwalt im Berufungsverfahren nur außerhalb der Hauptverhandlung tätig oder findet eine Hauptverhandlung vor dem Berufungsgericht nicht statt, so erhält er die Hälfte der Gebühren des Absatzes 1.

Vorbem. I, II idF Art 3 I Z 16 G vom 9. 12. 86, BGBl 2326, in Kraft seit 1. 1. 87, Art 10, Übergangsrecht § 134.

Gliederung

1) Allgemeines, I–III. Die Vorschrift gilt für den gewählten Verteidiger, vgl § 83 Anm 1, der die Verteidigung für das gesamte Berufungsverfahren durchführen soll. Es handelt sich um Pauschgebühren, § 87. Sie gelten die gesamte Tätigkeit im Berufungsrechtszug ab. Der Umfang der Anfechtung des Urteils ist bei § 85 unbeachtlich und nur bei § 12 zu berücksichtigen. Neben den Pauschgebühren der §§ 85, 87 sind §§ 91, 92 nicht anwendbar. Freilich ist zB § 91 anzuwenden, wenn sich der Auftrag auf die Einlegung, Begründung oder Beantwortung der Berufung beschränkt und wenn der Anwalt insofern nicht nach § 87 S 2 zu beurteilen ist.

Das Beschwerdeverfahren gehört gebührenrechtlich nicht zur 2. Instanz, sondern zur 1. Instanz, § 84 Anm 4, § 87 Anm 1.

2) In der Hauptverhandlung, I, II. A. Eintägige Hauptverhandlung, I. a) Beginn, Ende. Die Hauptverhandlung beginnt wie diejenige der ersten Instanz mit dem Aufruf der Sache, §§ 324 I 1, 243 I 1 StPO, und endet ebenso wie diejenige der ersten Instanz mit dem Urteil. Vgl § 83 Anm 2 B.

b) Abgeltungsbereich. Eine nach I entstandene Gebühr gilt die gesamte Tätigkeit des Verteidigers ab. Hierher gehört auch die Wahrnehmung eines Termins vor einem beauftragten Richter, LG Düss MDR **81**, 1041. Eine Gebühr nach I gilt auch eine Tätigkeit ab, die zwar im Berufungsverfahren, aber außerhalb der zweitinstanzlichen Hauptverhandlung stattfindet.

Denn III läßt die dortige Gebühr nur davon abhängen, daß der Anwalt im Berufungsverfahren „nur“, also nicht „auch“ außerhalb der Hauptverhandlung tätig wird.

c) Gebührenhöhe. Wie §§ 83, 84 stellt auch § 85 darauf ab, vor welchem Gericht die Hauptverhandlung (nun im Berufungsverfahren) stattfindet. Im einzelnen gilt folgende Regelung:

aa) Große Strafkammer, Jugendkammer, I Z 1. Hierher zählt das Berufungsverfahren vor der Großen Strafkammer, §§ 74 III, 76 II GVG, oder vor der Jugendkammer, § 41 II JGG. Im letzteren Fall ist es unerheblich, ob es sich um eine Berufung gegen ein Urteil des Jugendrichters oder um eine solche gegen ein Urteil des Jugendschöffengerichts handelt.

bb) Kleine Strafkammer, I Z 2. Hierher gehört das Berufungsverfahren vor der Kleinen Strafkammer des LG, § 76 II GVG.

cc) Gemeinsame Einzelfragen. Wegen der Feststellung der Gebühr im konkreten Fall § 12 Anm 2. Eine gerichtliche Festsetzung ist nicht zulässig, § 19 VII, Einf 2 vor § 83.

B. Mehrtägige Hauptverhandlung, II. a) Grundsatz, II 1. Vgl zunächst § 83 Anm 3. Es kann also für jeden weiteren Kalendertag, an dem die Hauptverhandlung des Berufungsverfahrens stattfindet, eine Zusatzgebühr nach II entstehen. Auch hier ist erforderlich und ausreichend, daß der Verteidiger in der Hauptverhandlung des weiteren Kalendertags tätig wird. Dazu reicht auch hier aus, daß er im Auftrag des Angeklagten in der Hauptverhandlung an diesem weiteren Verhandlungstag auch nur vorübergehend anwesend ist.

b) Neubeginn des Verfahrens, II 2. Vgl zunächst § 83 Anm 3 C. In diesem Fall ist für den ersten Tag der neuen Hauptverhandlung im Berufungsverfahren I und erst für den zweiten Tag der neuen Hauptverhandlung usw II anwendbar, Düss AnwBl **77**, 472.

c) Zurückverweisung. In diesem Fall ist § 15 zu beachten.

d) Gebührenhöhe. Wie bei I und bei § 83 kommt es auch bei II für den Gebührenrahmen darauf an, vor welchem Gericht der weitere Verhandlungstag der Hauptverhandlung im Berufungsverfahren stattfindet.

3) Außerhalb der Hauptverhandlung, III. A. Grundsatz. Wie § 84 I für das erstinstanzliche Verfahren enthält III für das Berufungsverfahren eine Sonderregelung für den Fall, daß der Verteidiger seine auftragsgemäße Tätigkeit nur außerhalb einer Hauptverhandlung vornimmt, also vor ihr oder während der Hauptverhandlung, aber nicht in ihr, schließlich nach ihr. Hierbei zählt ferner der Fall, daß der Verteidiger lediglich das Rechtsmittel gegen das zweitinstanzliche Urteil einlegt, vgl aber auch B. Weiterhin zählt die Berufungsbegründung hierher, ebenso die Erwiderung auf die Berufung der Staatsanwaltschaft, vgl Nürnb **KR** § 473 StPO Nr 2, LG Oldb Büro **60**, 491, LG Osnabr Büro **60**, 213.

Außerdem erwähnt III den Fall, daß überhaupt keine Hauptverhandlung vor dem Berufungsgericht stattfindet. Diese Situation kann zB dann eintreten, wenn der Berufungsführer die Berufung vor dem Beginn der Hauptverhandlung zurücknimmt, Bbg AnwBl **68**, 165, Düss AnwBl **67**, 164, Ffm AnwBl **66**, 68, Karlsr AnwBl **67**, 165, Köln NJW **69**, 108, Oldb AnwBl **64**, 288, oder wenn das Berufungsgericht die Berufung als unzulässig durch einen Beschluß verwirft, § 322 I 1 StPO.

B. Abgeltungsbereich. Die Gebühr nach III entsteht mit jeder Tätigkeit, die auf die Ausführung des Auftrags der Verteidigung in der Berufungsinstanz gerichtet ist, sofern diese Tätigkeit ausschließlich außerhalb der Hauptverhandlung stattfindet oder sofern eben keine Hauptverhandlung vor dem Berufungsgericht stattfindet. Soweit der Verteidiger bereits im ersten Rechtszug tätig war, ist die Einlegung der Berufung einschließlich der diesbezüglichen Beratung, GSEM 6, noch durch die Gebühr nach § 83 oder § 84 abgegolten, § 87 S 2. Die neue Gebühreninstanz beginnt für diesen Verteidiger also erst nach der Einlegung der Berufung.

Soweit der Verteidiger aber erstmals für die Berufungsinstanz bestellt wurde, verdient er die Gebühr bereits mit der Aufnahme der Information zur Einlegung der Berufung, insofern auch zB LG Krefeld NJW **76**, 2275 mwN. Diese Tätigkeit fällt dann in die Berufungsinstanz.

Soweit die Staatsanwaltschaft eine Berufung eingelegt hat, entsteht die (erstattungsfähige) Gebühr stets mit der Aufnahme der Information zur Entgegnung, und zwar auch dann, wenn die Staatsanwaltschaft die Berufung zurücknimmt, bevor das Gericht sie dem Angeklagten mitgeteilt hat, LG Verden AnwBl **77**, 321, oder bevor die Staatsanwaltschaft die Berufung begründet hat.

Diese Frage ist **streitig. Wie hier** zB LG Bln AnwBl **87**, 53, LG Brschw JB **80**, 1041, LG Düss AnwBl **83**, 461, LG Ellwangen NJW **78**, 119, LG Flensb JB **79**, 1842 und JB **82**, 1363, LG Kassel AnwBl **80**, 202, LG Krefeld AnwBl **79**, 395 mwN (ausf), LG Mönchengladbach AnwBl **80**, 201, LG Zweibr AnwBl **80**, 35, AG Offenbach AnwBl **82**, 37; **aM** zB

Düss JB **79**, 231, LG Aachen JB **77**, 1248, LG Ansbach JB **80**, 402, LG Brschw NJW **71**, 1282, LG Hann NJW **76**, 1111, LG Heidelb AnwBl **74**, 167, LG Wuppert JB **80**, 1208, LG Würzb JB **79**, 1177.

Revisionsverfahren

86 **I Der Rechtsanwalt erhält im Revisionsverfahren als Verteidiger folgende Gebühren:**

1. Im Verfahren vor dem Bundesgerichtshof
140 bis 2060 Deutsche Mark;

2. im Verfahren vor dem Oberlandesgericht
100 bis 1240 Deutsche Mark
und, wenn im ersten Rechtszug der Strafrichter, ausgenommen als Jugendrichter, entschieden hat,
80 bis 1060 Deutsche Mark.

II Erstreckt sich die Hauptverhandlung über einen Kalendertag hinaus, so erhält der Rechtsanwalt für jeden weiteren Verhandlungstag in den Fällen des Absatzes 1
Nr. 1 140 bis 1030 Deutsche Mark,
Nr. 2 100 bis 620 Deutsche Mark
und, wenn im ersten Rechtszug der Strafrichter, ausgenommen als Jugendrichter, entschieden hat,
80 bis 530 Deutsche Mark.
Wird jedoch mit dem Verfahren von neuem begonnen, so gelten für den ersten Tag der neuen Hauptverhandlung die Vorschriften des Absatzes 1.

III Ist der Rechtsanwalt im Revisionsverfahren als Verteidiger nur außerhalb der Hauptverhandlung tätig oder findet eine Hauptverhandlung vor dem Revisionsgericht nicht statt, so erhält er die Hälfte der Gebühren des Absatzes 1.

Vorbem. I, II idF Art 3 I Z 17 G vom 9. 12. 1986, BGBl 2326, in Kraft seit 1. 1. 87, Art 10, Übergangsrecht § 134.

Gliederung

A. Anwendbarkeit
B. Unanwendbarkeit

4) Vorbereitende Verfahren

5) Kostenerstattung

A. Tätigkeit in der Hauptverhandlung
B. Tätigkeit außerhalb der Hauptverhandlung

1) Allgemeines, I–III. Die Vorschrift bestimmt die Vergütung desjenigen Anwalts, dem der Angeklagte die Verteidigung im Revisionsverfahren übertragen hat. Es handelt sich auch hier um eine Pauschgebühr, § 87 S 1. Neben ihr können keine Gebühren nach §§ 91, 92 entstehen. Soweit der Anwalt schon in einem früheren Rechtszug tätig war, treten die Gebühren des § 86 zu den früher entstandenen hinzu, vgl Anm 4, freilich § 87 S 2. Es kommt also bei der Einlegung der Revision darauf an, ob der Anwalt seine Verteidigertätigkeit mit ihr (und der mitabgegoltenen Beratung darüber) beginnt. In diesem Fall ist es unerheblich, ob er auch schon eine (vollständige) Revisionsbegründung fertigt oder einreicht.

Die Beratung des Auftraggebers über die Aussichten der gegnerischen Revision läßt die Gebühr des § 86 entstehen, zumindest nach III, § 87 Anm 2 B b bb bbb.

Vgl aber auch Anm 3 B.

2) Tätigkeit in der Hauptverhandlung, I, II. A. Grundsatz. Zum Begriff der Hauptverhandlung, ihrem Beginn und ihrem Ende vgl zunächst § 83 Anm 2 B. Die Hauptverhandlung im Revisionsverfahren beginnt allerdings erst mit dem Vortrag des Berichterstatters, § 351 I StPO. Es reicht wie bei §§ 83, 85 aus, daß der Verteidiger beim Beginn der Hauptverhandlung anwesend ist, vgl auch dazu § 83 Anm 2 B.

B. Eintägige Hauptverhandlung, I. a) Begriff. Vgl zunächst § 83 Anm 2.

b) Gebührenhöhe. Wie §§ 83, 85 macht auch § 86 die Frage, welcher Gebührenrahmen anwendbar ist, davon abhängig, vor welchem Gericht die Hauptverhandlung im Revisionsverfahren stattfindet. Im einzelnen gilt folgende Regelung:

aa) BGH, I Z 1. Hierher gehört das Revisionsverfahren vor dem BGH, § 135 GVG.

bb) OLG, I Z 2. Hierher gehört das Revisionsverfahren vor dem OLG oder dem BayObLG, § 9 EGGVG. Im übrigen muß man in diesem Fall wiederum folgende Unterscheidung treffen.

aaa) Gegen Große Strafkammer, Jugendkammer, Schwurgericht, Sprungrevision gegen Schöffengericht. Soweit es sich um eine Revision gegen das Berufungsurteil der Großen Strafkammer, der Jugendkammer, des Schwurgerichts, §§ 121 I 1 b, c GVG, 55 II JGG, oder um eine Sprungrevision gegen ein Urteil des Schöffengerichts handelt, § 335 I StPO, ist ein Gebührenrahmen von 100–1240 DM anzuwenden, Z 2 Hs 1.

bbb) Gegen Kleine Strafkammer, Sprungrevision gegen Strafrichter. Soweit es sich um eine Revision gegen das Berufungsurteil einer Kleinen Strafkammer handelt, § 121 I 1 b GVG, oder soweit es um die Sprungrevision gegen ein Urteil des Strafrichters geht, §§ 335 I StPO,

121 I Z 1a GVG, soweit also im ersten Rechtszug der Strafrichter (nicht der Jugendrichter) entschieden hat, ist ein Gebührenrahmen von 80–1060 DM anwendbar, Z 2 Hs 2. Das gilt aber nur, soweit nicht eine vom anderen Beteiligten eingelegte Berufung durchgeführt wird, denn solange hat die Berufung gemäß § 335 III StPO Vorrang; in diesem Stadium ensteht eine Vergütung nach § 85 I (zusätzlich, soweit es auch zur Durchführung der Revision kommt), GSEM 1a. Sie kann erstattungsfähig sein, Kümmelmann AnwBl **80**, 26, Mümmler JB **82**, 197.

C. Mehrtägige Hauptverhandlung, II. a) Grundsatz. Vgl zunächst § 83 Anm 3 A.

b) Gebührenhöhe. Es gelten dieselben Regeln wie bei der eintägigen Hauptverhandlung im Revisionsverfahren, allerdings enthält II abweichende Gebührenrahmen.

c) Neubeginn, II 2. Vgl § 83 Anm 3 C.

3) Tätigkeit außerhalb der Hauptverhandlung, III. A. Anwendbarkeit. Die Vorschrift ist anwendbar, soweit der Verteidiger „nur", also nicht „auch" außerhalb der Hauptverhandlung tätig wird oder soweit eine Hauptverhandlung vor dem Revisionsgericht überhaupt nicht stattfindet, wenn das Revisionsgericht die Revision zB durch einen Beschluß nach § 349 I StPO als unzulässig oder nach § 349 II StPO als offensichtlich unbegründet verwirft oder nach § 349 IV das angefochtene Urteil aufhebt oder wenn die Revision zurückgenommen wird, Karlsr AnwBl **67**, 165, Oldb NJW **64**, 2124, GSEM 5, SchGei 9; **abw** Zweibr Rpfleger **81**, 74.

Die Gebühr nach III entsteht bereits dann, wenn der Verteidiger die Revisionsschrift der Staatsanwaltschaft entgegennimmt, Kblz Rpfleger **76**, 218, oder wenn er die Erfolgsaussicht der gegnerischen Revision prüft, selbst wenn er anschließend keine Gegenerklärung einreicht, Köln NJW **69**, 108, Zweibr Rpfleger **81**, 411, oder wenn er vor der Zustellung der gegnerischen Revision beantragt, diese zu verwerfen, LG Hbg AnwBl **78**, 321, aM Hamm MDR **72**, 970 (aber der Umstand, daß ein solcher Verwerfungsantrag in jenem Verfahrensstadium nicht notwendig ist, berüht nur die etwaige Erstattungsfähigkeit. Man muß sie ohnehin von Fall zu Fall prüfen).

Die Gebühr nach III entsteht ferner dann, wenn der Verteidiger den Antrag auf eine Verwerfung der gegnerischen Revision zwar nach der Zustellung der Revisionsschrift, aber vor dem Zugang einer Revisionsbegründung gestellt hat, Hamm NJW **68**, 562, LG Krefeld AnwBl **72**, 166, LG Lüneb AnwBl **74**, 56, GSEM 5; **aM** Düss MDR **81**, 74. Sie entsteht auch, sofern der Verteidiger (nur) eine Abschrift des Hauptverhandlungsprotokolls anfordert, insofern aM Bbg AnwBl **83**, 44 (insofern abl Schmidt), oder soweit er dem Angeklagten noch vor dem Eingang der gegnerischen Revisionsbegründung eine auf der Kenntnis des Ablaufs der Hauptverhandlung beruhende Beratung erteilt, Celle Rpfleger **85**, 376.

B. Unanwendbarkeit. Die Gebühr entsteht nicht, soweit sich die Tätigkeit des Verteidigers auf eine nach § 87 S 2 abgegoltene Einlegung des Rechtsmittels beschränkt.

Diese Frage ist **streitig. Wie hier** zB Bbg AnwBl **83**, 44 mwN (insofern zustm Schmidt); **aM** zB Hamm Rpfleger **62**, 26, Karlsr Just **63**, 244, LG Hagen AnwBl **61**, 321, GSEM 7.

4) Vorbereitendes Verfahren. Soweit der Verteidiger außer im Revisionsverfahren, sei es innerhalb oder außerhalb der Hauptverhandlung, auch im vorbereitenden Verfahren vor der erstinstanzlichen Hauptverhandlung tätig war, können neben Gebühren nach § 86 auch solche nach § 84 entstehen.

5) Kostenerstattung. A. Tätigkeit in der Hauptverhandlung. In diesem Fall, Anm 2, ist die Vergütung grundsätzlich erstattungsfähig. Man muß dem Angeklagten und daher dem Verteidiger durchweg zubilligen, an einer immerhin in mündlicher Verhandlung und nicht im Beschlußverfahren stattfindenden Prüfung des Rechtsmittels teilzunehmen.

Diese Frage ist **streitig. Wie hier** zB Bbg JB **77**, 950, Oldb AnwBl **81**, 119, LG Düss AnwBl **70**, 109, LG Ffm AnwBl **68**, 60, LG Konst AnwBl **73**, 27, LG Verden AnwBl **69**, 29, GSEM 9, SchGei 15; **abw** zB LG Mü AnwBl **67**, 30 (es sei eine Einzelfallprüfung der Sachdienlichkeit nötig); **aM** zB LG Ffm NJW **67**, 66 (abl Dahs MDR **66**, 779).

B. Tätigkeit außerhalb der Hauptverhandlung. In diesen Fällen, Anm 3, 4, ist die Vergütung ebenfalls grundsätzlich erstattungsfähig. Denn durchweg ist jede zur Abwehr der gegnerischen Revision entwikkelte Tätigkeit als nicht verfrüht oder sachwidrig anzusehen.

Diese Frage ist **streitig. Wie hier** zB LG Hbg AnwBl **78**, 321, GSEM 10, SchGei 19; **aM** zB Düss JB **79**, 231 und Rpfleger **80**, 445 sowie JB **81**, 229, Hamm MDR **78**, 596, Karlsr JB **81**, 1225, Mü JB **77**, 490, Zweibr Rpfleger **78**, 27, LG Bonn AnwBl **82**, 163 mwN.

Pauschgebühren

87 **Durch die Gebühren der §§ 83 bis 86 wird die gesamte Tätigkeit des Rechtsanwalts als Verteidiger entgolten. Hierzu gehört auch die Einlegung von Rechtsmitteln bei dem Gericht desselben Rechtszuges.**

Gliederung

G. Zurückverweisung
H. Verweisung

3) Weitere Einzelfragen

1) Pauschgebühr. § 87 wiederholt den bereits in § 13 I allgemein ausgesprochenen Grundsatz, daß durch die (hier als Pauschgebühr entstehende) Gebühr die gesamte Tätigkeit des Anwalts als Verteidiger vom Beginn des Auftrags bis zur Erledigung der Angelegenheit in demjenigen Rechtszug, für den der Auftrag vorliegt, abgegolten ist. Es kommt also auf den Rechtszug im gebührenrechtlichen Sinn an.

2) Gebührenrechtszug. Man muß folgende Situationen unterscheiden:

A. Erste Instanz. Im ersten Rechtszug gilt die Gebühr nach § 83 die Tätigkeit von der Informationsaufnahme und Beratung bis zum Urteil ab, einschließlich der Teilnahme an der Hauptverhandlung, der Teilnahme an einer Zeugenvernehmung durch einen beauftragten Richter, Brschw NJW **52**, 399, Düss AnwBl **80**, 463, Nürnb JB **59**, 71, LG Flensb JB **78**, 542, der Tätigkeit im vorbereitenden Verfahren und der etwa erforderlichen Abwicklung, etwa der Entgegennahme des Urteils und der bloßen Benachrichtigung des Auftraggebers von der Einlegung eines gegnerischen Rechtsmittels, Düss AnwBl **76**, 178. Ferner ist die Tätigkeit im Kostenfestsetzungsverfahren mit Ausnahme des in § 96 I Z 1 genannten Verfahren abgegolten.

Weiterhin gilt § 83 die Tätigkeit in einem Beschlagnahmeverfahren und einem Einziehungsverfahren ab, LG Flensb JB **77**, 230, soweit nicht hierfür eine Erweiterung des Gebührenrahmens in Betracht kommt, § 88.

Soweit der Verteidiger nur außerhalb der Hauptverhandlung tätig geworden ist, kommt eine Gebühr nach § 84 in Betracht und gilt dann im selben Rahmen wie bei § 83 alle Tätigkeiten bis zur Erledigung der Angelegenheit in diesem Gebührenrechtszug ab.

B. Rechtsmittelinstanz. Man muß folgende Situationen unterscheiden:

a) Eigenes Rechtsmittel. Soweit der Verteidiger für den Auftraggeber ein Rechtsmittel einlegen soll, gelten folgende Unterscheidungen:

aa) Beratung. Soweit der Verteidiger den Auftraggeber dahin berät, ob dieser ein Rechtsmittel einlegen soll, gilt eine nach §§ 83ff entstandene Gebühr diese Tätigkeit mit ab, insofern richtig Zweibr Rpfleger **78**, 28 mwN.

bb) Einlegung. Man muß wiederum folgende Situationen unterscheiden:

aaa) Einlegung beim bisherigen Gericht. Soweit der Verteidiger das Rechtsmittel des Auftraggebers bei dem Gericht des bisherigen Rechtszugs einlegen darf und einlegt, gilt diese Tätigkeit gemäß S 2 durch eine nach §§ 83–86 entstandene Gebühr als abgegolten. Das gilt insbesondere auch, soweit er eine Beschwerde einlegt.

Soweit der Verteidiger freilich in der Vorinstanz nicht als solcher tätig war, entsteht die Gebühr für die Rechtsmittelinstanz aber bereits mit der Einlegung des Rechtsmittels.

bbb) Einlegung beim Rechtsmittelgericht. Soweit der Verteidiger im Auftrag ein Rechtsmittel bei dem Rechtsmittelgericht einlegen kann und einlegt, ist diese Tätigkeit nicht durch die nach §§ 83–86 entstandenen Gebühren mitabgegolten. Das ergibt sich im Umkehrschluß aus S 2. Das gilt allerdings nicht für den Fall einer Beschwerde, cc.

cc) Durchführung. Hier sind folgende Situationen zu unterscheiden:

aaa) Beschwerde. Ein Beschwerdeverfahren gegen eine Entscheidung des Gerichts des ersten Rechtszugs ist stets durch eine nach §§ 83, 84 entstandene Gebühr mitabgegolten. Das ergibt sich daraus, daß eine Beschwerdegebühr anders als in bürgerlichen Rechtsstreitigkeiten, § 61 I Z 1, in Strafsachen nicht im Gesetz vorgesehen ist.

Das ist **unstreitig,** zB Bre MDR **75**, 602, LG Bayreuth JB **75**, 357 (zustm Mümmler), LG Bln AnwBl **86**, 161, LG Flensb JB **77**, 1229, LG Gött AnwBl **80**, 310 mwN, LG Krefeld MDR **74**, 252 (zustm Schmidt), LG Lübeck NJW **52**, 399, LG Osnabr JB **78**, 1352, AG Mainz MDR **71**, 865, GSEM 3, RS 9.

Das gilt auch im Fall einer Beschwerde gegen die Einstellung des Verfahrens wegen Geringfügigkeit, LG Karlsr NJW **67**, 2421, LG Saarbr NJW **66**, 1137, aM zB Swolana NJW **55**, 475. Man darf und muß allerdings die Mehrarbeit des Verteidigers infolge des Beschwerdeverfahrens von der Einlegung über die Begründung bis zur weiteren Tätigkeit bei der Bemessung der nach §§ 83 ff entstandenen Gebühr gemäß § 12 mit berücksichtigen, dort Anm 2 A b, § 84 Anm 4, LG Flensb JB **83**, 569, LG Gött AnwBl **80**, 310, LG Krefeld Rpfleger **66**, 280.

Allerdings bestehen von den vorgenannten Grundsätzen Ausnahmen für die in § 96 genannten Beschwerdeverfahren, also etwa für eine Beschwerde nach § 59 I 2 JGG.

Diese Frage ist **streitig. Wie hier** zB Kblz Rpfleger **73**, 375; **aM** zB LG Lübeck NJW **63**, 2336, LG Trier AnwBl **75**, 452.

Im übrigen entsteht für die Tätigkeit im Beschwerdeverfahren natürlich eine Vergütung, soweit der Anwalt nur für dieses Verfahren einen Auftrag hat, § 91 Anm 2 A.

bbb) Berufung, Revision. Bei der Durchführung eines weiteren Rechtsmittels, also einer Berufung oder einer Revision, entsteht gebührenrechtlich ein neuer Rechtszug. Das gilt auch dann, wenn das Rechtsmittel vor seiner Begründung zurückgenommen wird, zB Oldb AnwBl **61**, 19, vgl im übrigen § 85 Anm 3 A. Hamm Rpfleger **72**, 71 gibt demjenigen Anwalt, der als Pflichtverteidiger die Revision begründet, aber als Wahlverteidiger an der Hauptverhandlung im Revisionsverfahren teilnimmt, eine volle Gebühr nach § 86 I, bemißt sie jedoch gemäß § 12 niedrig.

b) Gegnerisches Rechtsmittel. Man muß folgende Situationen unterscheiden:

aa) Bloße Benachrichtigung. Soweit der Verteidiger den Auftraggeber lediglich von der Einlegung eines gegnerischen Rechtsmittels benachrichtigt, ist diese Tätigkeit durch eine nach §§ 83 ff entstandene Gebühr abgegolten, Düss AnwBl **76**, 178.

bb) Beratung. Hier muß man wiederum folgende Fälle unterscheiden:

aaa) Berufung. Soweit der Verteidiger die Aussichten einer Berufung der Staatsanwaltschaft prüft, entsteht zumindest eine Gebühr nach § 85 III.

Diese Frage ist **streitig. Wie hier** zB LG Krefeld AnwBl **79**, 395 mwN (ausf), jetzt auch LG Zweibr AnwBl **80**, 35 mwN; **aM** zB LG Bayr NJW **75**, 1046 (abl Schmidt), LG Mainz NJW **72**, 1681 (abl Schmidt) und wegen der Erstattungsfähigkeit zB LG Hanau AnwBl **81**, 459 (krit Schmidt), LG Osnabr JB **76**, 67 und insofern auch LG Hann NJW **76**, 1111 (aM Beulke) je mwN.

bbb) Revision. Soweit der Verteidiger die Aussichten einer Revision der Staatsanwaltschaft prüft, entsteht mindestens eine Gebühr nach § 86 III.

Diese Frage ist **streitig. Wie hier** zB Karlsr AnwBl **78**, 37, Köln NJW **69**, 108, Zweibr Rpfleger **81**, 411 mwN, LG Duisb MDR **77**, 952, Schmidt NJW **75**, 1046; **aM** zB Düss Rpfleger **80**, 445 mwN, LG Bayreuth NJW **75**, 1046.

Das gilt auch für den Fall, daß sich der Verteidiger (nur) nach der Einlegung der gegnerischen Revision erkundigt und die Lage sodann mit dem Auftraggeber erörtert, Celle AnwBl **83**, 232.

cc) Entgegnung. Soweit der Verteidiger vom Auftraggeber Informationen zur Entgegnung auf eine Berufung oder Revision der Staatsanwaltschaft einholt, entstehen mindestens die Gebühren nach § 85 III, 86 III, selbst wenn die Staatsanwaltschaft ihr Rechtsmittel vor einer amtlichen Mitteilung an den Angeklagten oder vor der Einreichung der Begründung zurücknimmt, vgl § 85 Anm 3 B, § 86 Anm 3.

C. Wiederaufnahme. Das Wiederaufnahmeverfahren ist gebührenrechtlich ein besonderer Rechtszug, § 90.

D. Gnadengesuch. Ein Gnadengesuch ist gebührenrechtlich ein besonderer Rechtszug, § 93.

E. Erinnerung. Das Erinnerungsverfahren gegen den Kostenfestsetzungsbeschluß oder gegen den Kostenansatz und das zugehörige Beschwerdeverfahren sind gebührenrechtlich besondere Rechtszüge, § 96 I Z 1.

F. Zwangsvollstreckung. Die Zwangsvollstreckung aus einem infolge der Straftat entstandenen vermögensrechtlichen Anspruch und die Mitwirkung bei einer Veröffentlichung sowie das zugehörige Beschwerdeverfahren sind gebührenrechtlich ein besonderer Rechtszug, § 96 I Z 2.

G. Zurückverweisung. Das Verfahren nach einer Zurückverweisung ist ein besonderer Gebührenrechtszug, § 15.

H. Verweisung. Die Verweisung an ein Gericht des niedrigeren Rechtszuges eröffnet einen besonderen Gebührenrechtszug, § 14 S 2.

3) Weitere Einzelfragen. § 87 ist auch für den Beistand oder den Vertreter eines Privatklägers sowie für denjenigen eines Nebenklägers, einer Finanzbehörde, eines Einziehungsbeteiligten oder eines Nebenbeteiligten anwendbar. Eine nach § 91 entstandene Gebühr für eine Einzeltätigkeit wird auf eine später entstehende Verteidiger-Pauschgebühr angerechnet, § 92 II 2.

Einziehung und verwandte Maßnahmen

88 **Wenn der Rechtsanwalt eine Tätigkeit für den Beschuldigten ausübt, die sich auf die Einziehung oder den Verfall, die Vernichtung, die Unbrauchbarmachung, die Abführung des Mehrerlöses oder auf eine diesen Zwecken dienende Beschlagnahme bezieht, so ist bei den nach § 12 maßgebenden Umständen auch der Gegenstandswert (§ 7) angemessen zu berücksichtigen. Der Gebührenrahmen kann um einen Betrag bis zu einer nach diesem Gegenstandswert berechneten vollen Gebühr (§ 11) überschritten werden, soweit der Rahmen nicht ausreicht, um die gesamte Tätigkeit des Rechtsanwalts angemessen zu entgelten. Übt der Rechtsanwalt eine Tätigkeit für den Beschuldigten aus, die sich auf das Fahrverbot oder die Entziehung der Fahrerlaubnis erstreckt, und reicht der Gebührenrahmen nicht aus, um die gesamte Tätigkeit des Rechtsanwalts angemessen zu entgelten, so kann er bis zu 25 vom Hundert überschritten werden.**

Gliederung

1) Sinn der Regelung, S 1–3. Die in § 88 genannten Tätigkeiten werden zunächst durch die Gebühren nach §§ 83–86 abgegolten. Denn S 1 bestimmt, daß der Anwalt „für den Beschuldigten" tätig sein muß. Eine solche Tätigkeit kann allerdings auch in einem objektiven Verfahren vorliegen, zB nach §§ 430ff StPO, 7 WStrG. § 88 soll sicherstellen, daß der Anwalt für diejenigen Tätigkeiten, die sich auf die dort genannten gerichtlichen Maßnahmen beziehen, eine angemessene Vergütung erhält. Denn es handelt sich insofern oft um besonders teure Objekte.

Deshalb bestimmt die Vorschrift, daß bei der Festsetzung der konkreten Einzelgebühr innerhalb der in §§ 83–86 gegebenen Betragsrahmen entweder der Gegenstandswert zu berücksichtigen ist (Einziehung usw) oder daß man unter Umständen den Gebührenrahmen ausweiten muß (Fahrverbot, Fahrerlaubnisentzug).

2) Persönlicher Geltungsbereich, S 1–3. A. Anwendbarkeit. § 88 gilt: Für den Wahlverteidiger, auch im Bußgeldverfahren, § 105 III; für den Beistand; für den Vertreter eines Privat- oder Nebenklägers, einer Finanzbehörde, eines Einziehungs- oder Nebenbeteiligten, §§ 94, 95, Mümmler JB **76**, 138.

B. Unanwendbarkeit. § 88 gilt nicht: Für den Pflichtverteidiger, § 97 I; für einen dem Privatkläger, dem Nebenkläger oder dem Antragsteller im Klageerzwingungsverfahren beigeordneten Anwalt, § 102, Mümmler JB **76**, 138; bei einer Einzelgebühr, § 91, selbst wenn sich die dort vorrangig geregelte Einzeltätigkeit auf eines der in § 88 genannten Verfahren bezieht, GSEM 2, RS 9.

Wegen einer Tätigkeit nach dem StrEG vgl § 89 Anm 1.

3) Sachlicher Geltungsbereich, S 1–3. Es sind folgende Verfahrensarten zu unterscheiden:

A. Einziehung usw. In Betracht kommt zunächst eine Tätigkeit des Anwalts für den Beschuldigten, die sich auf eine Einziehung oder auf den Verfall oder auf die Vernichtung oder auf die Unbrauchbarmachung oder auf die Abführung eines Mehrerlöses bezieht.

Als Verfall kommt nur ein solcher im Sinn von §§ 73ff StGB in Betracht, nicht der Fall, daß eine Sicherheit deswegen verfällt, weil sich der Angeschuldigte der Untersuchung oder der Verurteilte dem Antritt der erkannten Freiheitsstrafe entzieht, § 124 I StPO. In einem Verfahren der letzteren Art ist die Tätigkeit des Verteidigers durch die Gebühren nach §§ 84–86 (außerhalb der Hauptverhandlung) abgegolten.

Ein Wertersatz, etwa nach dem Landesforstrecht, gehört nicht hierher, GSEM 3.

B. Beschlagnahme. Es mag sich auch um eine Tätigkeit des Anwalts für den Beschuldigten handeln, die sich auf eine den Zwecken A dienende Beschlagnahme bezieht.

Das ist nicht der Fall, soweit es sich um einen der in § 94 I StPO genannten Gegenstände handelt, die als Beweismittel für die Untersuchung von Bedeutung sein können, oder soweit es um eine Vermögensbeschlagnahme nach § 290 StPO geht. Eine darauf bezügliche Tätigkeit wird durch die Regelgebühr abgegolten.

C. Fahrverbot, Fahrerlaubnisentzug. Es mag sich schließlich um eine Tätigkeit des Anwalts für den Beschuldigten handeln, die sich auf ein Fahrverbot, § 44 StGB, oder auf die Entziehung der Fahrerlaubnis, §§ 69ff StGB, erstreckt, S 3. Hierin gehört eine Tätigkeit, die die Abwendung, die Verkürzung, eine sonstige Begrenzung oder eine frühere Beendigung solcher Maßnahmen anstrebt. Im Fall eines Fahrverbots im Sinn von § 25 StVG gilt S 3 gemäß § 105 III entsprechend. Wegen einer diesbezüglichen Tätigkeit nach dem StrEG vgl § 89 Anm 1.

Es reicht aus, daß der Anwalt insoweit im vorbereitenden Verfahren bei der Polizei oder bei der Ordnungsbehörde oder bei einer anderen Verwaltungsstelle oder bei der Staatsanwaltschaft tätig wird.

4) Gebührenhöhe, S 1–3. Man muß folgende Situationen unterscheiden.

A. Einziehung usw, Beschlagnahme, S 1, 2. Soweit es sich um eine der in Anm 3 A, B genannten Maßnahmen handelt, muß man die endgültig anzusetzende Gebühr auf folgende Weise ermitteln:

a) Ermittlung des Gebührenrahmens. Man muß zunächst den nach §§ 83 ff einschlägigen Gebührenrahmen ermitteln.

b) Berücksichtigung aller Umstände. Man muß innerhalb des Gebührenrahmens alle maßgebenden Umstände berücksichtigen. Dabei gilt im einzelnen:

aa) Umstände nach § 12. Wie stets, sind alle nach § 12 maßgeblichen Umstände zu beachten, insbesondere die dort gesetzlich besonders aufgeführten.

bb) Gegenstandswert, § 7. Innerhalb der Ermittlung aller maßgebenden Umstände ist der Gegenstandswert angemessen zu berücksichtigen, S 1. Man ermittelt den Gegenstandswert nach § 7. Entweder ist der Geldwert oder der objektive Sachwert maßgebend, Mümmler JB **76**, 139. Bei einer Beschlagnahme als einer nur vorläufigen Maßregel kommt allerdings ein nach § 8 II 2 nach pflichtgemäßem Ermessen zu schätzender geringerer Wert in Betracht.

c) Überschreitung des Gebührenrahmens. Eine Überschreitung des gemäß a maßgebenden Gebührenrahmens kommt in Betracht, soweit der Rahmen nicht ausreicht, um die gesamte Tätigkeit des Anwalts angemessen zu entgelten, S 2. Es darf also nicht einmal der Höchstbetrag des Gebührenrahmens zur angemessenen Vergütung ausreichen, insofern auch Mü MDR **85**, 77, abw GSEM 5 (in der Regel liege der Wert wegen der Vorläufigkeit des Verfahrens unter dem vollen Sachwert. Aber dieses Verfahren zielt auf endgültige Maßnahmen ab).

Diese Voraussetzung kann vorliegen, wenn zB die übrige Tätigkeit des Anwalts bereits die Höchstgebühr oder annähernd die Höchstgebühr erfordert oder wenn ein einzuziehender Wert sehr hoch und zudem für den Beschuldigten lebenswichtig ist, wenn aber bei einer Festsetzung der Gebühr für die übrige Tätigkeit, etwa in der Mitte des Rahmens, die Vergütung in Höhe des verbleibenden Rests nicht angemessen wäre.

Unter diesen Umständen muß man den Höchstwert des Gebührenrahmens überschreiten, indem man zu der Höchstgebühr des Normalrahmens den Betrag hinzurechnet, dessen Obergrenze sich nach d errechnet. Diese Überschreitung ist in jeder Instanz neu zulässig.

Es handelt sich dann aber nicht um eine erhöhte, einheitlich festzusetzende Pauschgebühr, sondern eben um eine Erhöhung des Gebührenrahmens, aM Mü MDR **85**, 77.

d) Höchstgrenze. Auch unter den Voraussetzungen c darf man den Gebührenrahmen höchstens um einen Betrag überschreiten, der eine volle Gebühr nach § 11 auf der Grundlage des Gegenstandswerts, § 7, vgl b bb, ausmacht. Diese Situation tritt also nur dann ein, wenn eine Erweiterung des Gebührenrahmens dahin, zB eine halbe Gebühr nach § 11 auf der Basis des Gegenstandwerts zum Normalrahmen hinzuzurechnen, nicht zu einer angemessenen Vergütung der gesamten Tätigkeit ausreichen würde. Andererseits ist eine schematische Hinzurechnung in der Rechtsmittelinstanz in Höhe einer 3/10 Gebühr nicht mit dem Wortlaut von S 2 vereinbar, aM GSEM 5, RS 17, SchGei 13.

B. Fahrverbot, Fahrerlaubnisentzug, S 3. Abweichend von den Regeln bei der Einziehung usw, S 1, 2, muß man im Fall eines Fahrverbots oder einer Entziehung der Fahrerlaubnis die endgültig anzusetzende Vergütung wie folgt ermitteln:

a) Ermittlung des Gebührenrahmens. Man muß zunächst, insofern ebenso wie bei einer Einziehung usw, A a, den in Betracht kommenden Gebührenrahmen feststellen.

b) Berücksichtigung aller Umstände. Auch insofern ebenso wie bei einer Einziehung usw, A b, muß man innerhalb des Gebührenrahmens alle Umstände ermitteln, die nach § 12 maßgeblich sein können, und dabei insbesondere die dort ausdrücklich genannten Umstände berücksichtigen.

Die besondere Berücksichtigung eines Gegenstandswerts entfällt anders als bei A, auch wenn natürlich insofern ein Gegenstand vorhanden ist, als es um ein Kraftfahrzeug und seine Benutzbarkeit geht. Freilich muß man natürlich die Bedeutung, die das Kraftfahrzeug für den Beschuldigten beruflich und/oder privat hat, innerhalb der Umstände nach § 12 berücksichtigen.

c) Überschreitung des Gebührenrahmens. Sie kommt in Betracht, soweit der Rahmen nicht ausreicht, um die gesamte Tätigkeit des Anwalts angemessen zu entgelten.

Nicht jede Unangemessenheit rechtfertigt einen Zuschlag zum Normalrahmen. Die Notwendigkeit, den Normalrahmen zu überschreiten, rechtfertigt noch nicht stets die Anwendung eines Zuschlags von 25%, letzterer ist vielmehr nur bei einer ganz besonders umfangreichen und/oder schwierigen Lage angemessen, Mü Rpfleger **81**, 322, LG Mü AnwBl **77**, 80, Mümmler JB **76**, 142.

Die Entziehung der Fahrerlaubnis oder auch nur ein kurzes Fahrverbot bedeuten heute im allgemeinen eine empfindliche materielle und immaterielle Benachteiligung. Eine Überschreitung des normalen Gebührenrahmens um auch nur 5% oder 10% ist nur zulässig, sofern das Fahrverbot oder der Fahrerlaubnisentzug für den Auftraggeber eine deutlich über die im allgemeinen mit einer solchen Maßnahme verbundene Benachteiligung hinausgehende Härte bedeutet. Diese Härte kann in persönlichen Umständen, sei es der Abhängigkeit des Arbeitsplatzes von der Fahrerlaubnis, Matzen AnwBl **76**, 206, sei es einer eigenen besonderen Bedürftigkeit, sei es der besonderen Abhängigkeit naher Angehöriger von dem Beförderungsmittel, liegen. Sie kann auch in einer nur privat bedingten besonderen Härte liegen, etwa der Gefährdung eines seit langem ersehnten und objektiv besonders wünschenswerten Urlaubs gerade mit Hilfe eines Kraftfahrzeugs.

Andererseits ist nicht jede immaterielle Härte so erheblich, daß sie einen Zuschlag zum Normalrahmen rechtfertigen würde. Das gilt selbst dann, wenn mit der Notwendigkeit einer Benutzung öffentlicher Verkehrsmittel statt des eigenen Kraftfahrzeugs finanziell nicht unerhebliche Mehrbelastungen verbunden sind.

Bei der Abwägung der maßgebenden Umstände ist weder eine zu strenge noch eine zu großzügige Auslegung angebracht. Insbesondere dient S 3 aber nicht dem Ausgleich einer nur infolge des Währungsverfalls als zu gering empfundenen Gesamtvergütung des Verteidigers.

Vermögensrechtliche Ansprüche

89 **I Macht der Verletzte oder sein Erbe im Strafverfahren einen aus der Straftat erwachsenen vermögensrechtlichen Anspruch geltend, so erhält der Rechtsanwalt neben den Gebühren eines Verteidigers an Stelle der in § 31 bestimmten Gebühren im ersten Rechtszug das Eineinhalbfache, im Berufungs- und im Revisionsverfahren das Doppelte der vollen Gebühr (§ 11). Wird der Anspruch im Berufungsverfahren erstmalig geltend gemacht, so erhöht sich für das Berufungsverfahren die Gebühr nicht.**

II Wird der Rechtsanwalt als Prozeßbevollmächtigter des Beschuldigten wegen desselben Anspruchs im bürgerlichen Rechtsstreit tätig, so werden zwei Drittel der Gebühr, die ihm für die Abwehr des Anspruchs im Strafverfahren zusteht, auf die im bürgerlichen Rechtsstreit anfallenden Gebühren angerechnet. Die Anrechnung unterbleibt, soweit der Rechtsanwalt durch diese weniger als zwei Drittel der ihm im bürgerlichen Rechtsstreit zustehenden Gebühren erhalten würde.

III Beschränkt sich die Tätigkeit des Rechtsanwalts auf die Geltendmachung oder Abwehr eines aus der Straftat erwachsenen vermögensrechtlichen Anspruchs im Strafverfahren, so erhält er nur die in Absatz 1 bestimmte Gebühr. Absatz 2 gilt sinngemäß.

IV Die Gebühr für die Mitwirkung beim Abschluß eines Vergleichs nach § 23 bleibt unberührt.

Gliederung

1) Systematik. Sofern der Verletzte oder sein Erbe einen aus der Straftat des Beschuldigten erwachsenden vermögensrechtlichen Anspruchs im Verfahren nach §§ 403 ff StPO geltend machen und sofern der Anwalt sowohl als Verteidiger zur Abwehr einer Bestrafung usw als auch als Bevollmächtigter zur Abwehr dieses vermögensrechtlichen Anspruchs im Strafverfahren tätig wird, ist I anwendbar. Soweit der Anwalt nur zur Abwehr des vermögensrechtlichen Anspruchs im Strafverfahren tätig wird, ist III anwendbar. In beiden Fällen ist daneben IV zu beachten. Sofern das Strafgericht den vermögensrechtlichen Anspruch nicht zuerkennt und infolgedessen ein bürgerlicher Rechtsstreit folgt, § 406 III 2

StPO, und soweit der als Verteidiger tätig gewesene Anwalt auch in diesem Folgeprozeß, nunmehr als ProzBev des dortigen Beklagten, tätig wird, ist II anwendbar.

Sofern der Verletzte oder sein Erbe den aus einer Straftat erwachsenen vermögensrechtlichen Anspruch gegen den Beschuldigten überhaupt nicht im Verfahren nach §§ 403ff StPO verfolgen, sondern insoweit von vornherein nur einen bürgerlichen Rechtsstreit beginnen, ist § 89 überhaupt nicht anwendbar. Vielmehr sind dann §§ 31ff direkt und allein anwendbar.

Im Verfahren nach dem StrEG sind I, III, IV für die Tätigkeit des Anwalts als Verteidiger entsprechend anwendbar, § 2 BRAGO, aM Schmidt MDR **72**, 755 (er hält § 88 für entsprechend anwendbar). Aber § 89 paßt wesentlich besser, und § 88 S 3 meint jedenfalls nicht die Tätigkeit wegen einer Anordnung oder einer Aufhebung eines Verbots oder einer Entziehung, wie sein Zusammenhang mit § 88 S 1 zeigt. Außerdem wird der Anwalt dann nicht als Verteidiger tätig, sondern als Bevollmächtigter eines Gläubigers, vgl auch § 118 Anm 1 A. Infolgedessen darf man eine solche Tätigkeit des Anwalts natürlich nicht bei der Entstehung etwaiger Gebühren nach §§ 83ff mitberücksichtigen, Bre MDR **75**, 602.

Für das Beschwerdeverfahren nach §§ 8 III, 9 II StrEG entsteht keine besondere Gebühr, §§ 2, 87, Bre MDR **75**, 602, Schmidt MDR **72**, 755. Im Rechtsstreit gemäß § 13 StrEG erhält der Anwalt als ProzBev Gebühren gemäß §§ 31ff unabhängig davon, ob das vorangegangene Verfahren schon beendet ist. Es findet dann allerdings eine Anrechnung gemäß §§ 2, 89 II statt. Im Verfahren gemäß §§ 10–12 StrEG entstehen Gebühren nach § 118 ohne eine Anrechnung. Denn es handelt sich um ein behördliches Verfahren, Schmidt MDR **72**, 756. Wegen der Kostenerstattung in diesem Verfahren vgl BGH **68**, 88, Meyer JB **76**, 561 mwN.

2) Tätigkeit im Entschädigungsverfahren nach §§ 403ff StPO. A. Voraussetzungen. Die Vorschrift erfaßt den Fall, daß der Verletzte oder sein Erbe im Strafverfahren gegen den Beschuldigten einen aus der Straftat erwachsenen vermögensrechtlichen Anspruch gerichtlich anhängig machen und daß der Anwalt sowohl im eigentlichen Strafverfahren als auch im sog Adhäsionsverfahren tätig wird, sei es als Verteidiger, sei es als Vertreter oder Beistand des Privatklägers oder Nebenklägers. Denn nur dann kann er die Gebühr des I „neben" den Gebühren eines Verteidigers beanspruchen.

Als vermögensrechtlich ist jeder Anspruch anzusehen, der entweder auf einer vermögensrechtlichen Beziehung beruht oder auf Geld oder Geldeswert geht, ohne Rücksicht auf seinen Ursprung und Zweck. Es entscheidet die Natur des Rechts, dessen Schutz der Kläger verlangt. Der Anspruch kann sich also zwar auf ein nichtvermögensrechtliches Verhältnis gründen, ist aber gleichwohl dann vermögensrechtlich, wenn er eine vermögenswerte Leistung zum Gegenstand hat, BGH **14**, 74, BLAH Üb 3 vor § 1 ZPO mwN und Beispielen.

B. Gebühr. a) Erste Instanz, I 1. Der Anwalt erhält neben der Verteidigergebühr, §§ 83ff, an Stelle der in § 31 bestimmten Gebühren das 1½fache einer vollen Gebühr, I 1. Sie ist eine einheitliche Pauschgebühr und gilt seine gesamte Tätigkeit im Verfahren nach §§ 403ff StPO, soweit dieses Verfahren vor dem Strafgericht abläuft, ab, unabhängig vom Umfang des gerichtlichen Verfahrens und der Anwaltstätigkeit. Soweit sich ein Verfahren vor dem Zivilgericht anschließt, § 406 III 2 StPO, ist II anwendbar.

Neben der eben erwähnten Gebühr nach I 1 kann eine Vergleichsgebühr nach § 23 entstehen, IV, vgl auch § 94 III 2. Der Anwalt verdient die Gebühr nicht schon mit jeder auf die Ausführung des Auftrags abzielenden Tätigkeit, sondern erst mit einer Tätigkeit gegenüber dem Gericht, sei es um den Anspruch abzuwehren, sei es um ihn geltend zu machen. Denn I 1 verweist lediglich auf § 31, nicht auch auf § 32. Soweit der Anwalt im Zusammenhang mit dem vermögensrechtlichen Anspruch nur außergerichtlich tätig wird, ist § 118 anwendbar, RS 7, aM GSEM 6.

b) Berufungsverfahren, I 1, 2. Man muß folgende Situationen unterscheiden:

aa) Erstmalige Erhebung. Soweit der Verletzte oder sein Erbe den vermögensrechtlichen Anspruch erstmals im strafrechtlichen Berufungsverfahren geltend machen, entsteht für die Tätigkeit des Anwalts in diesem Zusammenhang im Berufungsverfahren nur eine 1½fache Gebühr, I 2. Die 1½ Gebühr ist nach § 11 I 1, 2 zu berechnen, nicht nach § 11 I 4, GSEM 4, RS 9.

Außerdem kann eine Vergleichsgebühr nach § 23 entstehen, IV, vgl auch §§ 94 III 2.

bb) Wiederholte Erhebung. Soweit der Verletzte oder sein Erbe den vermögensrechtlichen Anspruch schon im ersten Rechtszug geltend gemacht hatten und nun im Berufungsverfahren wiederholen, entsteht für die Tätigkeit des Anwalts das Doppelte einer vollen Gebühr nach § 11 I 1, 2, nicht nach § 11 I 4, LG Detmold JB **75**, 1222, so jetzt auch GSEM 4, ferner RS 9, SchGei 8, 9. Das gilt selbst dann, wenn dieser Anwalt erstmalig im Berufungsverfahren tätig wird, GSEM 7.

Außerdem kann eine Vergleichsgebühr nach § 23 entstehen, IV, Anm 5, vgl auch § 94 III 2.

c) Revisionsverfahren, I 1. Im Revisionsverfahren kommt der Antrag kaum in Betracht, GSEM 7. Gegebenenfalls entsteht das Doppelte einer vollen Gebühr nach § 11 I 1, 2, nicht nach § 11 I 4, vgl LG Detmold JB **75**, 1222, so jetzt auch GSEM 4, ferner RS 9, SchGei 8, 9.

Außerdem kann eine Vergleichsgebühr nach § 23 entstehen, IV, vgl § 94 III 2.

C. Gegenstandswert. Er richtet sich wie bei § 31 nach § 8, also nach dem Antrag, § 404 I StPO und nach dem GKG, zB nach § 17 II GKG.

D. Fälligkeit. Die jeweils entstehende Gebühr wird fällig, sobald der Anwalt eine der in A a genannten Tätigkeiten beginnt.

E. Kostenerstattung. Vgl § 472a StPO. Die Kostenfestsetzung erfolgt nach § 464b StPO. Im Erinnerungsverfahren gegen einen Kostenansatz oder einen Kostenfestsetzungsbeschluß entsteht eine Gebühr nach § 96 I Z 1. Für die Vertretung bei der Zwangsvollstreckung auf Grund eines Kostenfestsetzungsbeschlusses nach § 464b StPO entsteht eine Gebühr nach § 96 I Z 2.

3) Anrechnung, II. A. Grundsatz. Vgl zunächst Anm 1. Eine Anrechnung kommt allerdings nur dann in Betracht, wenn der Anwalt als ProzBev des Beschuldigten in dem nach § 406 III 2 StPO dem Strafverfahren erst nachfolgenden bürgerlichen Rechtsstreit tätig wird. Soweit der Anwalt zwar im Strafverfahren Verteidiger usw war, im bürgerlichen Rechtsstreit aber nur mit einer Einzeltätigkeit betraut wird, ist er nicht ProzBev im Sinn von II.

Im übrigen muß es sich in dem gemäß § 406 III 2 StPO folgenden bürgerlichen Rechtsstreit um denselben Anspruch handeln, den der Verletzte oder sein Erbe bereits im Strafverfahren nach §§ 403ff StPO geltend gemacht hatten. Freilich mag die rechtliche Begründung des Anspruchs im nachfolgenden bürgerlichen Rechtsstreit wechseln.

B. Berechnung. a) Ausgangswert. Soweit überhaupt eine Anrechnung in Betracht kommt, A, wird die zur Abwehr des Anspruchs im Strafverfahren entstandene Gebühr an sich zu zwei Dritteln auf die im nachfolgenden bürgerlichen Rechtsstreit anfallenden Gebühren angerechnet, II 1, und zwar auf jede der nach §§ 31ff anfallenden Einzelgebühren, bis die zwei Drittel verbraucht sind.

b) Verbleibende Mindestsumme. Auch bei der Anrechnung nach a müssen dem Anwalt aber mindestens zwei Drittel derjenigen Gebühren verbleiben, die ihm auf Grund seiner Tätigkeit im nachfolgenden bürgerlichen Rechtsstreit zustehen, II 2.

c) Derselbe Rechtszug. Eine Anrechnung nach II findet außerdem nur insoweit statt, als der Anwalt wegen des vermögensrechtlichen Anspruchs sowohl im Strafverfahren als auch im nachfolgenden selbständigen bürgerlichen Rechtsstreit jeweils in derselben Instanz tätig wird. Soweit also der Anwalt im Adhäsionsverfahren auch in zweiter Instanz tätig war, erfolgt in der ersten Instanz des nachfolgenden Zivilprozesses eine Anrechnung nur der in erster Instanz des Adhäsionsverfahrens entstandenen Gebühr des § 89. Soweit der Anwalt in beiden Verfahrensarten jeweils in mehreren Rechtszügen tätig war, wird die Adhäsionsgebühr eines jeden Rechtszugs auf die Gebühren der §§ 31ff des entsprechenden Rechtszugs des Zivilprozesses angerechnet, GSchm 12.

Soweit aber der Verletzte oder sein Erbe im Strafverfahren den vermögensrechtlichen Anspruch erstmals in der Berufungsinstanz geltend gemacht hatten, entspricht dieser Rechtszug beim gemäß § 406 III 2 StPO nachfolgenden selbständigen bürgerlichen Rechtsstreit dort dem ersten Rechtszug, RS 13.

d) Gegenstandswert. Wenn der Gegenstandswert des im nachfolgenden bürgerlichen Rechtsstreit geltend gemachten Anspruchs geringer ist als der Wert desselben Anspruchs, den der Verletzte oder sein Erbe im Strafverfahren geltend gemacht hatten, dann kann auch nur ein entsprechend geringer Gebührenbetrag aus dem Strafverfahren zur Anrechnung kommen. Dasselbe gilt im umgekehrten Fall.

4) Beschränkte Tätigkeit, III. Soweit sich die Tätigkeit des Anwalts auf die Geltendmachung oder Abwehr des aus der Straftat erwachsenden vermögensrechtlichen Anspruchs im Strafverfahren beschränkt, erhält er zwar die in I genannten Gebühren, also im ersten Rechtszug das 1½fache, im Berufungsverfahren bei dort erstmaliger Geltendmachung das

1½fache, bei wiederholter Geltendmachung das Doppelte, im Revisionsverfahren das Doppelte der vollen Gebühr, nicht aber daneben Gebühren nach §§ 83ff. Das stellt III 1 klar, GSEM 14, RS 16.

Soweit der Anwalt im Strafverfahren nicht als Verteidiger, sondern nur zur Geltendmachung oder Abwehr des nach §§ 403ff erhobenen vermögensrechtlichen Anspruchs tätig war und soweit dann nach § 406 III 2 StPO ein bürgerlicher Rechtsstreit über diesen Anspruch folgt und er dort als ProzBev tätig wird, muß man die nach III entstandenen Gebühren nach den Grundsätzen II anrechnen. Das stellt III 2 klar.

Wegen der Zwangsvollstreckung vgl §§ 37 Z 7, 57, 58, 96.

5) Vergleichsgebühr, IV. Die Vorschrift stellt klar, daß in allen Fällen I–III eine etwa nach § 23 entstandene Vergleichsgebühr unberührt bleibt, also sowohl neben den Gebühren nach §§ 83ff als auch neben den Gebühren nach I–III bestehen kann und trotz einer etwa notwendigen Anrechnung nach II oder III 2 voll bestehen bleibt, also nicht in die Anrechnung einbezogen wird. Sie entsteht gemäß § 11 I 4 in Höhe von 13/10, soweit gerade der vermögensrechtliche Anspruch nur in zweiter Instanz geltend wird.

Wenn er dagegen zwar im Rechtsmittelzug des Strafverfahrens erstmals erhoben wird, entsteht keine erhöhte, sondern nur die 10/10 Vergleichsgebühr, GSEM 8, SchGei 10.

Die Gebühr nach § 94 III kann zu derjenigen nach § 89 IV hinzutreten.

Wiederaufnahmeverfahren

90 **I Für die Vorbereitung eines Antrags auf Wiederaufnahme des Verfahrens, die Stellung eines solchen Antrags und die Vertretung in dem Verfahren zur Entscheidung über den Antrag gelten die in § 84 bestimmten Gebühren. Diese gelten auch dann, wenn der Rechtsanwalt von der Stellung eines Antrags auf Wiederaufnahme des Verfahrens abrät.**

II Der Gebührenrahmen bestimmt sich nach der Ordnung des Gerichts, das im ersten Rechtszug entschieden hat.

1) Allgemeines. Das Wiederaufnahmeverfahren beginnt mit einem neuen Zwischenrechtszug, Anm 2 Aa. Er ist eine besondere Angelegenheit. Sie läßt eine neue Gebühr entstehen. Diese ist nicht auf andere Gebühren anzurechnen. Sie ist eine Pauschgebühr. Das ergibt die Verweisung auf § 84. Sie gilt für denjenigen Anwalt, der den Auftrag zur Durchführung des Wiederaufnahmeverfahrens jedenfalls im Rahmen des § 90 erhält. § 88 ist neben § 90 unanwendbar, GSEM 8, wohl aber evtl im Ersetzenden Verfahren, also neben §§ 83ff, anwendbar.

Soweit der Auftrag sich auf einzelne Tätigkeiten in diesem Verfahren beschränkt, ist nicht § 90, sondern § 91 anwendbar.

§ 90 gilt auch im Wiederaufnahmeverfahren eines Adhäsionsverfahrens. Die Gebühr des § 89 kann dann wieder entstehen, wenn das Gericht die Wiederaufnahme angeordnet hat, insofern ebenso GSEM 8, aber auch dann, wenn sich das Wiederaufnahmeverfahren darauf beschränkt, eine wesentlich andere Entscheidung über den vermögensrechtlichen Anspruch herbeizuführen, § 406c I StPO insofern aM GSEM 8.

Soweit sich der Wiederaufnahmeantrag nur gegen den strafrechtlichen Teil des Urteils richtet, § 406c II StPO, entsteht für die Vertretung im Wiederaufnahmeverfahren eine Gebühr nach § 89, soweit durch den erstrebten Erfolg auch eine Aufhebung der vermögensrechtlichen Entscheidung eintreten kann, § 406a III StPO.

Wegen des Pflichtverteidigers vgl § 97 Anm 1 Dd.

2) Voraussetzungen, I. A. Verfahrensumfang. a) Antrag; Aufhebendes Verfahren. I umfaßt das Stadium vor der Vorbereitung eines Antrags auf eine Wiederaufnahme einschließlich des etwaigen Rats, einen solchen Antrag nicht zu stellen, sowie die beiden anschließenden Verfahrensabschnitte, also zunächst die Zulässigkeitsprüfung, die mit der Entscheidung nach §§ 367, 368 StPO endet, und sodann das anschließende Aufhebende Verfahren (iudicium rescindens), die mit der Entscheidung über das Begründetsein des Antrags nach § 370 StPO endet.

b) Ersetzendes Verfahren. Eine Tätigkeit des Anwalts in dem schließlich folgenden Ersetzenden Verfahren (iudicium rescissorium), das mit einer Entscheidung nach einer erneuten Hauptverhandlung gemäß § 373 endet, stellt demgegenüber einen anderen Verfahrensabschnitt dar. Für diesen sind §§ 83ff anwendbar, evtl zusätzlich zu den im früheren Verfahren und im Aufhebenden Verfahren entstandenen, LG Marbg MDR **85**, 520 mwN.

B. Tätigkeitsarten. Eine Gebühr nach I entsteht mit jeder Tätigkeit, die auf die Ausführung des Auftrags abzielt, die Chancen eines Wiederaufnahmeantrags zu prüfen, ihn vorzubereiten, ihn zu stellen und ihn in den anschließenden unter A a genannten Verfahrensabschnitten zu vertreten.

Die Entgegennahme der Information kann ausreichen. Die Gebühr entsteht ferner zB bereits mit der Fertigung des Antrags, auch wenn es nicht zu dessen Einreichung kommt, ferner mit der Einreichung des Antrags, auch wenn es nicht zu einem weiteren Verfahren kommt (man muß das Wort „und" in I 1 als „oder" lesen), Mü Rpfleger **73**, 70 mwN. Die Vorbereitung und die Antragstellung sind aber nicht etwa verschiedene Gebührentatbestände. Daher entsteht die Gebühr nach I insgesamt nur einmal, Krägeloh NJW **75**, 140.

I 2 beruht auf der Erwägung, daß der Anwalt auch dann, wenn er pflichtgemäß von der Stellung eines Wiederaufnahmeantrags abrät, oft bereits umfangreiche und schwierige Prüfungen vornehmen mußte. Aus ähnlichen Überlegungen ist es für I unerheblich, ob das Gericht den Wiederaufnahmeantrag für zulässig und begründet hält.

§ 90 gilt auch für den Anwalt des Antraggegners.

Die Tätigkeit des Anwalts im zugehörigen Beschwerdeverfahren ist mit abgegolten, § 87 Anm 1, GSEM 6, SchGei 5.

3) Gebührenhöhe, II. Der Gebührenrahmen für die Tätigkeit nach § 90 bestimmt sich stets nach der Ordnung desjenigen Gerichts, das im ersten Rechtszug entschieden hat. Das gilt auch dann, wenn im Wiederaufnahmeverfahren ein Gericht höherer Ordnung darüber entscheidet, ob der Antrag zulässig und begründet ist.

Gebühren für einzelne Tätigkeiten

91 Beschränkt sich die Tätigkeit des Rechtsanwalts, ohne daß ihm sonst die Verteidigung übertragen ist, auf
1. die Einlegung eines Rechtsmittels, die Anfertigung oder Unterzeichnung anderer Anträge, Gesuche oder Erklärungen oder eine andere nicht in den Nummern 2 oder 3 erwähnte Beistandsleistung;
2. die Anfertigung oder Unterzeichnung einer Schrift zur Rechtfertigung der Berufung oder zur Beantwortung der von dem Staatsanwalt, Privatkläger oder Nebenkläger eingelegten Berufung, die Führung des Verkehrs mit dem Verteidiger, die Beistandsleistung für den Beschuldigten bei einer staatsanwaltschaftlichen oder richterlichen Vernehmung oder einer mündlichen Verhandlung oder einer Augenscheinseinnahme außerhalb der Hauptverhandlung oder die Beistandsleistung im Verfahren zur gerichtlichen Erzwingung der Anklage (§ 172 Abs. 2 bis 4, § 173 der Strafprozeßordnung);
3. die Anfertigung oder Unterzeichnung einer Schrift zur Begründung der Revision oder zur Erklärung auf die von dem Staatsanwalt, Privatkläger oder Nebenkläger eingelegte Revision;
so erhält er in den Fällen der
Nummer 1 eine Gebühr von 20 bis 280 Deutsche Mark,
Nummer 2 eine Gebühr von 40 bis 520 Deutsche Mark,
Nummer 3 eine Gebühr von 60 bis 820 Deutsche Mark.

Vorbem. Fassg Art 3 I Z 18 G vom 9. 12. 86, BGBl 2326, in Kraft seit 1. 1. 87, Art 10, Übergangsrecht § 134.

Gliederung

1) Systematik. Die Vorschrift ist nur dann anwendbar, wenn der beauftragte Anwalt nicht Verteidiger für das ganze Strafverfahren ist. Wenn der Anwalt als Verteidiger unter anderem Tätigkeiten der in § 91 genannten Art ausübt, sind sie gemäß § 87 durch die nach §§ 83–86 entstandenen Gebühren mit abgegolten, LG Flensb JB **78**, 865. Das gilt auch für eine mit der bisherigen Verteidigung zusammenhängende Tätigkeit, etwa für einen Antrag auf eine bedingte Entlassung, BayObLG NJW **62**, 358, aM Oldb NJW **63**, 170. Das ergibt sich schon aus dem Wort „sonst" und vor allem aus § 93 S 2. Die letztere Vorschrift wäre andernfalls unnötig. Das übersehen Hbg MDR **74**, 1039, LG Aschaffenb JB **78**, 247 mwN, Madert AnwBl **82**, 176, Schmidt AnwBl **77**, 500 bei der Anwendung von Z 1 auf eine Tätigkeit des früheren Verteidigers im Hinblick auf den Widerruf der Strafaussetzung zur Bewährung oder im Hinblick auf eine Stundung einer Geldstrafe.

Wenn der Beschuldigte überhaupt keinen Verteidiger für das gesamte Verfahren bestellt hatte, sondern sich nur in einzelnen Beziehungen durch den Anwalt vertreten läßt, ist aber § 91 anwendbar.

Die Gebühren des § 91 haben Pauschcharakter, § 13 I. Sie gelten also die gesamte auftragsgemäße Tätigkeit, mithin auch eine zugehörige Nebentätigkeit mit ab, insbesondere die Aufnahme der Information, die Beratung des Auftraggebers und den etwaigen Schriftwechsel mit ihm. Der Arbeitsumfang ist nach § 12 zu berücksichtigen, GSEM 4, RS 19, SchGei 1.

Ergänzende Regeln enthält § 92 für den Fall mehrerer einzelner Tätigkeiten sowie § 6 I 1, 3 für den Fall, daß mehrere Auftraggeber vorliegen.

§ 91 ist auch im Privatklageverfahren mit Ausnahme der in § 94 IV genannten Tätigkeiten anwendbar, ferner ohne diese Einschränkungen im Verfahren des Nebenklägers und der anderen in § 95 genannten Beteiligten.

Soweit sich die Tätigkeit des Anwalts auf die Geltendmachung oder Abwehr eines aus der Straftat erwachsenen vermögensrechtlichen Anspruchs beschränkt, ist nur § 89 anwendbar. Soweit sich die Tätigkeit des Anwalts auf ein Wiederaufnahmeverfahren oder auf ein Gnadengesuch oder auf seine Mitwirkung bei der Ausübung einer Veröffentlichungsbefugnis beschränkt, gelten §§ 90, 93, 96 I Z 2, vgl Einf 6 vor § 83. § 91 ist ferner dann unanwendbar, wenn das Gericht dem Verteidiger gemäß § 145 IV StPO Kosten auferlegt, Stgt MDR **82**, 166.

Die Gebühren nach § 91 entstehen mit jeder auf die Ausführung des Auftrags gerichteten Tätigkeit. Es ist unerheblich, ob der Anwalt diese Tätigkeit voll zu Ende bringt, Mü Rpfleger **77**, 377.

2) Einlegung eines Rechtsmittels usw, Z 1. A. Grundsatz. Derjenige Anwalt, der die Verteidigung insgesamt übernommen hat, erhält neben der Gebühr nach § 85 oder § 86 für die Einlegung des Rechtsmittels keine besondere Vergütung, § 87 S 2. Z 1 erfaßt demgegenüber den Fall, daß der Anwalt den Auftrag zur Einlegung eines Rechtsmittels erhält, ohne zuvor zum Verteidiger bestellt worden zu sein, LG Flensb JB **77**, 229, LG Gött NdsRpfl **50**, 11, LG Lübeck NJW **52**, 399.

Zu den Rechtsmitteln gehören außer der Berufung und der Revision auch der Einspruch gegen den Strafbefehl sowie die Beschwerde, LG Bln AnwBl **86**, 161 mwN, und zwar auch eine Beschwerde gegen einen Beschluß nach § 268 a StPO, die der Anwalt nach der Rechtskraft des Urteils einlegt, AG Münsingen MDR **81**, 1041, oder die Beschwerde eines Zeugen gegen ein Ordnungsmittel, Düss Rpfleger **82**, 442.

Eine Beschwerde im Verfahren der Zwangsvollstreckung auf Grund einer Entscheidung im Sinn von § 96 I Z 2 gehört nicht hierher. Das Wiederaufnahmeverfahren ist in § 90 und im Stadium des Ersetzenden Verfahrens, § 90 Anm 2 B, in §§ 83 ff geregelt. Freilich gilt Z 1 für den Fall, daß sich der Auftrag zB auf die Anfertigung des Wiederaufnahmeantrags beschränkt, B.

Soweit der Anwalt eine Berufung oder Revision nicht nur einlegt, sondern es auch gleichzeitig oder anschließend begründet, entsteht allerdings allenfalls eine Gebühr nach Z 2, § 92 I. Vgl freilich auch Anm 3 A. Soweit er eine Beschwerde nicht nur einlegt, sondern auch begründet, sei es sogleich, sei es gesondert, entsteht nur die Gebühr nach Z 1, da Z 2, 3 diesen Fall nicht erwähnen, GSEM 6, RS § 92 Anm 7, SchGei § 92 Anm 12.

B. Anderer Antrag usw. Soweit der Anwalt, der die gesamte Verteidigung führt, auch einen anderen Antrag als ein Rechtsmittel, ferner ein Gesuch oder eine Erklärung anfertigt oder unterzeichnet, ist diese Tätigkeit durch die Gebühren nach §§ 93ff abgegolten, § 87.

Soweit der Anwalt, der keine Vollverteidigung führt, derartige andere Anträge, Gesuche und Erklärungen usw anfertigt oder unterzeichnet oder eine andere nicht in Z 2 oder 3 erwähnte Beistandsleistung erbringt, kommt Z 1 zur Anwendung.

Hierher zählen zB: Ein Antrag auf eine Strafaussetzung zur Bewährung, § 56 StGB, Mü Rpfleger **77**, 377; ein Antrag auf die Aussetzung des Strafrests, § 57 StGB; ein Verfahren wegen des Widerrufs einer solchen Maßnahme, §§ 56f, 57 III StGB, Mü Rpfleger **77**, 377; ein Verfahren auf einen Straferlaß, § 56g StGB; ein Antrag auf eine Verwarnung mit Strafvorbehalt, § 59 StGB; ein Antrag auf die Gewährung einer Frist zur Zahlung einer Geldstrafe, § 42 StGB, Schmidt AnwBl **77**, 500 (insofern kommt Z 2 auch dann in Betracht, wenn der Anwalt vorher als Verteidiger tätig war); ein Gesuch auf die Gewährung eines Strafaufschubs, §§ 455, 456 StPO; eine Strafanzeige, KG AnwBl **83**, 563; ein Strafantrag; ein Antrag auf die Gewährung einer Prozeßkostenhilfe; ein Haftvergünstigungs- oder ein Haftentlassungsantrag; eine Beschwerdebegründung, A; die Rücknahme eines Rechtsmittels; ein Beweisantrag; die Anschlußerklärung eines Nebenklägers; ein isoliert in Auftrag gegebener Wiederaufnahmeantrag, vgl A.

Die Generalklausel in Z 1 letzter Hs, Düss Rpfleger **82**, 442, schließt auch § 2 aus. Hierher gehören zB: Eine mündliche Besprechung; eine Vorsprache im Interesse des Beschuldigten; der Antrag, ein Ordnungsmittel gegen einen Zeugen aufzuheben; ein Antrag nach § 123 III StPO; eine Beistandsleistung bei einer Zeugenvernehmung, Düss MDR **71**, 684 und JMBlNRW **80**, 35. Zu hierher zählenden Fällen vgl auch Hamm JMBlNRW **72**, 47, LG Wiesb Büro **62**, 98.

Im Fall der Beschränkung des Auftrags auf die Anfertigung oder Unterzeichnung einer Privatklage enthält § 94 IV eine gegenüber § 91 vorrangige Sonderregelung. Die Tätigkeit im Verwaltungsverfahren einschließlich einer Beschwerde, das einem gerichtlichen Verfahren nach §§ 109ff StVollzG vorangeht, fällt unter § 118 I Z 1, Karlsr JB **79**, 857.

C. Gemeinsame Einzelfragen. Eine Ratgebühr nach § 20 I 2 bleibt neben einer Gebühr nach Z 1 bestehen.

§ 20 II ist in einer Strafsache unanwendbar, § 20 II 2. Stattdessen gilt Z 1.

3) Berufungsbegründung usw, Z 2. A. Berufung. Soweit der Anwalt, der nicht zum Verteidiger bestellt worden ist, den Auftrag erhält und ausführt, eine schriftliche Berufungsbegründung oder eine schriftliche Berufungserwiderung für den Angeklagten anzufertigen oder zu unterzeichnen, kann eine Gebühr nach Z 2 entstehen. Es muß sich um eine Schrift handeln, die wenigstens äußerlich den Anforderungen einer Berufungsrechtfertigung oder Berufungsbeantwortung genügt. Ein sachlicher Mangel einer solchen formell vorliegenden Schrift ist aber unerheblich. Es kann sich auch um die Beantwortung einer nur vom Privatkläger oder nur vom Nebenkläger eingelegten Berufung handeln.

Soweit eine derartige Gebühr nach Z 2 entsteht, gilt sie die Gebühr für die Einlegung der Berufung mit ab, § 92 I.

Die Rechtfertigung eines Rechtsmittels, §§ 317, 344 StPO, gehört gebührenrechtlich nicht mehr zum bisherigen Rechtszug, § 87 S 2. Deshalb entsteht eine Gebühr nach Z 2 auch für denjenigen Anwalt, der im ersten Rechtszug Verteidiger war, der aber anschließend nur noch den Auftrag zur Rechtfertigung oder Berufungsbeantwortung erhalten hat, GSEM 11. Andererseits ist eine solche Tätigkeit für denjenigen Anwalt, der auch im Berufungsverfahren Verteidiger sein soll, durch die Gebühr nach § 85 abgegolten, GSEM 11.

B. Verkehr mit dem Verteidiger. Auch die Führung des Verkehrs mit dem Verteidiger durch einen anderen Anwalt kann zu einer Gebühr nach Z 2 führen. Diese ähnelt der Verkehrsgebühr nach § 52. Infolge ihres Pauschcharakters, Anm 1, gilt sie die gesamte Tätigkeit desjenigen Anwalts, der mit dem Verteidiger im Kontakt steht, für diesen Rechtszug ab, § 13 II 2. Sie kann im nächsten Rechtszug neu entstehen, jedoch anders als bei § 52 nicht erhöht, GSEM 12.

Zur Führung des Verkehrs gehört nicht die Wahrnehmung eines Termins. Für diese Tätigkeit kann eine besondere Gebühr nach C entstehen, GSEM § 92 Rdz 7, SchGei § 92 Anm 8.

C. Beistandsleistung. Sofern der Anwalt, der nicht Verteidiger ist, für den Beschuldigten bei einer Vernehmung oder Verhandlung oder bei einer Augenscheinseinnahme außerhalb der Hauptverhandlung eine Beistandsleistung erbringt, kann ebenfalls eine Gebühr nach Z 2 entstehen. Es ist unerheblich, ob ein Richter oder ein Beamter der Staatsanwaltschaft oder ein Polizeibeamter die Vernehmung oder den Termin oder die Augenscheinseinnahme durchführen und ob es um die Vernehmung des Beschuldigten, eines Zeugen oder eines Sachverständigen geht. Die Gebühr entsteht mit jeder auftragsgemäßen Tätigkeit, zB der Informationsaufnahme und der Terminsvorbereitung. Daher ist der anschließende etwaige Terminswegfall nur gemäß § 12 zu beachten, GSEM 13.

Hierher zählen zB: Eine mündliche Verhandlung über einen Haftbefehl; ein Haftprüfungstermin; eine Vernehmung vor der Staatsanwaltschaft nach § 163a III StPO; eine Vernehmung vor dem beauftragten oder ersuchten Richter, § 223 StPO; ein Augenschein, § 225 StPO.

Die Vorschrift ist auch auf eine Beistandsleistung in einem Verfahren anwendbar, das auf einer Privatklage oder einer Nebenklage beruht, Anm 1.

Hierher zählt auch eine Beistandsleistung des früheren Verteidigers in einem Anhörungstermin wegen eines Widerrufs der Bewährungsfrist, Hbg MDR **74**, 1093.

D. Anklageerzwingung. Schließlich kann für denjenigen Anwalt, der nicht Verteidiger ist, wegen seiner Beistandsleistung zugunsten des Antragstellers oder des Beschuldigten im Verfahren zur gerichtlichen Erzwingung der Anklage nach §§ 172 II–IV, 173 StPO, eine Pauschgebühr, Anm 1, nach Z 2 entstehen. Für die Beschwerde gegen die Einstellung des Verfahrens an den vorgesetzten Beamten der Staatsanwaltschaft nach § 172 I StPO ist demgegenüber Z 1 anwendbar. Durch eine Gebühr nach Z 2 ist auch die Teilnahme des Anwalts an einer gerichtlichen Ermittlung im Rahmen von § 173 III StPO abgegolten.

4) Revisionsbegründung usw, Z 3. Soweit der Anwalt, der kein Verteidiger ist, eine schriftliche Revisionsbegründung oder eine schriftliche Erklärung auf eine gegnerische Revision anfertigt oder unterzeichnet, kann eine Gebühr nach Z 3 entstehen. Das gilt auch dann, wenn die gegnerische Revision vom Privatkläger oder Nebenkläger stammt. Soweit der Anwalt diese Tätigkeit als Verteidiger, § 83 Anm 1, oder im Auftrag des Nebenklägers, Köln AnwBl **58**, 97, für das Revisionsverfahren durchführt, ist sie durch die Gebühr nach § 86 abgegolten, § 87 S 1, Hamm JMBlNRW **62**, 226, Nürnb Rpfleger **63**, 139. Soweit der Anwalt lediglich in der vorangegangenen Instanz Verteidiger war, für das Revisionsverfahren aber nur noch mit der Einzeltätigkeit nach Z 3 beauftragt ist, kommt Z 3 zur Anwendung.

Diese Frage ist **streitig. Wie hier** zB Schmidt AnwBl **74**, 234, GSEM 1; **aM** zB LG Nürnb-Fürth JB **73**, 749, Mümmler JB **74**, 554.

Sofern das Revisionsverfahren mit einem Freispruch des Angeklagten endet, ist die Gebühr nach Z 3 erstattungsfähig, Schmidt AnwBl **74**, 235, aM zB Mümmler JB **74**, 555 (er meint, in diesem Fall finde nur § 86 III Anwendung). Vgl im übrigen Anm 3 A.

Soweit der Anwalt die Revision begründet, gilt die Gebühr nach Z 3 eine etwa vorangegangene Tätigkeit der Einlegung der Revision außerhalb der Verteidigung mit ab, § 92 I. Soweit der Anwalt das Rechtsmittel noch als Verteidiger eingelegt hatte und erst anschließend einen auf die Revisionsbegründung oder auf die Erklärung zur gegnerischen Revision begrenzten Auftrag ausführt, ist die Einlegung der Revision ohnehin durch die nach § 86 entstandene Gebühr abgegolten, § 87, GSEM 1.

5) Gebührenhöhe. In den Fällen Anm 2–4 entstehen die in § 91 letzter Hs genannten unterschiedlichen Gebührenrahmen.

Wegen einer Mehrheit von einzelnen Tätigkeiten vgl § 92 II in Verbindung mit § 13 VI. Wegen der Anrechnung auf eine später entstehende Verteidigervergütung oder auf die späteren Gebühren der Vertretung oder Beistandsleistung zugunsten eines Privatklägers, Nebenklägers oder sonstigen Beteiligten vgl § 92 II 2.

Im Fall der vorzeitigen Erledigung des Auftrags oder der Angelegenheit nach dem Beginn der jeweiligen Einzeltätigkeit des Anwalts bleibt die jeweilige Gebühr des § 91 bestehen, § 13 IV. Denn eine den §§ 32, 56 II entsprechende Sonderregelung fehlt.

6) Erstattungsfähigkeit. Sie ist wie sonst zu beurteilen, vgl § 83 Anm 4. Die Kosten eines nur mit einer Einzeltätigkeit beauftragten weiteren Anwalts können erstattungsfähig sein, soweit dieselbe Tätigkeit beim Verteidiger zu höheren Gebühren geführt hätte.

Diese Frage ist **streitig. Wie hier** zB LG Hanau AnwBl **69**, 195, LG

Mainz Rpfleger **72**, 31, GSEM 19; **aM** zB LG Mü NJW **71**, 2083 (abl Schmidt).

Strafanzeigekosten können zu den Vorbereitungskosten eines Zivilprozesses zählen, KG AnwBl **83**, 363, LG Ffm MDR **82**, 759.

Mehrere einzelne Tätigkeiten

92 **I Mit der Gebühr für die Rechtfertigung der Berufung oder die Begründung der Revision ist die Gebühr für die Einlegung des Rechtsmittels entgolten.**

II Im übrigen erhält der Rechtsanwalt mit der Beschränkung des § 13 für jede der in § 91 bezeichneten Tätigkeiten eine gesonderte Gebühr. Wird ihm die Verteidigung übertragen, so werden die Gebühren des § 91 auf die dem Rechtsanwalt als Verteidiger zustehenden Gebühren angerechnet.

1) Abgeltung der Einlegungsgebühr, I. Soweit der Anwalt, der die Berufung schriftlich rechtfertigt oder die Revision schriftlich begründet, das jeweilige Rechtsmittel zuvor als Verteidiger eingelegt hatte, war diese Einlegungstätigkeit durch die nach §§ 83ff entstandenen Gebühren abgegolten, § 87 S 2.

Soweit der Anwalt aber die Berufung oder Revision nicht als Verteidiger eingelegt hat, wäre an sich neben der Gebühr für die Rechtfertigung bzw Begründung nach § 91 Z 2 oder Z 3 auch eine Einlegungsgebühr nach § 91 Z 1 zu vergüten. Jedoch ordnet I an, daß mit der Gebühr für die Rechtfertigung oder Begründung die Gebühr für die Einlegung abgegolten ist.

Andererseits gilt eine Einlegungsgebühr nach § 91 Z 1 keineswegs die etwa anschließende Rechtfertigung der Berufung oder Begründung der Revision mit ab; vielmehr kann insofern neben der Gebühr nach § 91 Z 1 (oder im Fall der Einlegung durch den Verteidiger neben der Gebühr nach §§ 83ff) eine Gebühr nach § 91 Z 2 oder Z 3 entstehen.

Soweit der Anwalt von vornherein für den Rechtsmittelzug zum Verteidiger, § 83 Anm 1, bestellt ist, kann er neben den Gebühren nach § 85 oder § 86 weder die Einlegungsgebühr des § 91 Z 1 noch die Rechtfertigungs- bzw Begründungsgebühr des § 91 Z 2 bzw Z 3 beanspruchen. Soweit der Anwalt im Anschluß an eine der in §§ 91 Z 1, 2 genannten Maßnahmen zum Verteidiger bestellt oder wiederbestellt wird, erfolgt eine Anrechnung gemäß II 2, Anm 3.

Mit der Gebühr für eine Berufungsbeantwortung oder Gegenerklärung auf eine Revision ist die Einlegungsgebühr nicht abgegolten, GSEM 2, RS 6. Freilich tritt dieser Fall bei demselben Anwalt ohnehin kaum ein.

I gilt nicht bei einer Beschwerdebegründung. In diesem Fall entsteht nur die Gebühr nach § 91 Z 1, GSEM 2, RS 7, SchGei 5.

2) Mehrheit von Gebühren, II 1. Jeder Einzelauftrag im Sinn von § 91 ist eine besondere Angelegenheit. Jede der in § 91 genannten Einzeltätigkeiten läßt also eine besondere Gebühr entstehen. Das gilt auch für mehrere Tätigkeiten, die in derselben Ziffer stehen, also zB für die Rechtfertigung der Berufung einerseits, die Führung des Verkehrs mit dem

Verteidiger andererseits oder für die zunächst erfolgende Beistandsleistung bei einer staatsanwaltschaftlichen Vernehmung und für die anschließende Beistandsleistung im Anklageerzwingungsverfahren. Soweit allerdings der Anwalt im Anschluß an eine der in § 91 genannten Einzeltätigkeiten die Verteidigung insgesamt übernimmt, erfolgt eine Anrechnung gemäß II 2, Anm 3.

II 1 unterscheidet sich also grundlegend von § 56 I Z 1, 2. Denn dort gebraucht das Gesetz bereits die Mehrzahl und läßt doch jeweils nur für die mehreren Tätigkeiten eine Gebühr entstehen.

Andererseits gilt eine Einzelgebühr nach § 91 die gesamte zugehörige Angelegenheit im Sinn von § 13 I ab. Sie erfaßt also zB nicht nur die Anfertigung des Antrags, sondern auch die vorangegangene Entgegennahme der Information und die mit der Antragseinlegung zusammenhängende Beratung. Soweit es um die Einlegung eines Rechtsmittels geht, umfaßt die Gebühr nach § 91 Z 1 auch die Prüfung der Erfolgsaussichten des Rechtsmittels und die entsprechende Beratung des Auftraggebers.

Soweit der Auftraggeber allerdings nach der Erledigung eines Auftrags einen neuen Auftrag für einen weiteren Antrag oder zur Wiederholung desselben Antrags gibt, kann eine neue Angelegenheit vorliegen und damit erneut dieselbe oder eine andere Gebühr entstehen. Für mehrere Strafanzeigen können mehrere Gebühren nach § 91 Z 1 entstehen, soweit mehrere Aufträge zugrunde liegen.

Die Führung des Verkehrs mit dem Verteidiger kann eine Vielzahl von Tätigkeiten einschließen. Dieser Auftrag umfaßt regelmäßig den ganzen Rechtszug, § 13 II 1, aber auch 2. Dasselbe gilt für eine Beistandsleistung im Anklageerzwingungsverfahren oder für die Geltendmachung oder Abwehr eines aus der Straftat erwachsenen vermögensrechtlichen Anspruchs.

Demgegenüber ist jeder Haftprüfungstermin, der auf Grund eines neuen Antrags erfolgt, eine neue Angelegenheit.

3) Anschließende Übertragung der Verteidigung, II 2. Wenn ein Anwalt zunächst (im Anschluß an einen Verteidigungsauftrag oder ohne einen derartigen voraufgegangenen Auftrag) den Auftrag für eine oder mehrere Einzeltätigkeiten im Sinn von § 91 erhielt, etwa den Auftrag zur Vertretung des Beschuldigten im Haftprüfungsverfahren, dann mag ihm der Auftraggeber anschließend die Gesamtverteidigung übertragen haben. In dem letzteren Fall schreibt II 2 eine Anrechnung der nach § 91 entstandenen Gebühren auf diejenigen Gebühren vor, die dem Anwalt für die anschließende Tätigkeit als Verteidiger zustehen. Wenn es bei dieser anschließenden Verteidigung nicht zu einer Hauptverhandlung kommt, dann hat er als Verteidiger in diesem Abschnitt nur eine Gebühr nach § 84 verdient. Man muß prüfen, ob die Tätigkeit, für die der Anwalt eine Einzelgebühr nach § 91 verdient hat, überhaupt in den Rahmen der anschließenden Vollverteidigung fällt.

Wenn der Anwalt einen Auftrag nur für die Wahrnehmung des nächsten Termins außerhalb der Hauptverhandlung erhält, dann aber den Auftrag bekommt, weitere solche Termine in derselben Angelegenheit wahrzunehmen, weil sie noch nicht mit dem ersten Termin erledigt war, dann entsteht keine neue Gebühr. Denn der Rahmen nach § 91 bleibt derselbe, § 13 V. Etwas anderes gilt aber natürlich dann, wenn der Anwalt als Verkehrsanwalt den Auftrag erhält, einen Termin wahrzunehmen. In diesem Fall entstehen zwei Gebühren nach § 91 Z 2. Denn es liegen dann zwei Angelegenheiten vor.

Soweit der Anwalt zunächst als Verteidiger bestellt war, anschließend nur Aufträge für eine oder mehrere Einzeltätigkeiten im Sinn von § 91 erhalten hatte und anschließend wiederum in derselben Sache die Vollverteidigung erhält, können zunächst Gebühren nach §§ 93ff entstehen (und zB die Einlegung des Rechtsmittels abgelten), dann eine oder mehrere Gebühren nach § 91 entstanden sein und schließlich wiederum Gebühren aus §§ 83ff entstehen. Die Gebühren nach § 91 werden in diesem Fall nur auf die letzteren Gebühren für die zweite Vollverteidigung angerechnet, nicht auf die bereits vorher entstandenen Gebühren für die erste Vollverteidigung.

4) Gebührenhöhe im Einzelfall. Auch bei den Gebühren nach § 91 handelt es sich um Betragsrahmengebühren. Infolgedessen ist § 12 anwendbar. Im Rahmen der Prüfung aller Umstände des Einzelfalls muß man besonders die Zahl und den Umfang der Einzeltätigkeiten berücksichtigen, etwa die Frage, wie rasch der Anwalt den Auftrag erledigt hat, ob es notwendig war, mehrere Termine wahrzunehmen, § 13 V, ob er zunächst den Auftrag zur Einlegung des Rechtsmittels und anschließend den Auftrag zur Rechtfertigung des Rechtsmittels hatte, ob er sich bereits zuvor in die Sache eingearbeitet hatte usw.

Die Gebühren desjenigen Anwalts, der zu mehreren Einzeltätigkeiten in derselben Sache beauftragt wurde, dürfen nicht diejenige Gebühr überschreiten, die er als Verteidiger für seine Tätigkeit erhalten würde, § 13 VI. Das gilt aber nur für die in demselben Rechtszug entstandenen Gebühren und nur für solche anfänglichen Einzeltätigkeiten, die in der späteren Verteidigertätigkeit aufgehen. Die früheren Einzeltätigkeiten sind für den anschließenden Verteidiger im Rahmen des § 12 zu berücksichtigen, Anm 4.

5) Fälligkeit. Jede der in § 91 entstehenden Gebühr wird mit der auf die Ausführung dieses Auftrags abzielender Tätigkeit in vollem Umfang fällig, unabhängig davon, ob der Auftrag des Anwalts noch weitere Einzeltätigkeiten umfaßt und insofern voll zur Ausführung kommt, § 13 IV (insofern besteht eine von § 56 II abweichende Regelung). Soweit eine Gebühr nach § 91 gemäß § 92 I mitabgegolten ist oder gemäß § 92 II 2 anzurechnen ist, ist die Fälligkeit der letzthin maßgeblichen Gebühr entscheidend.

Gnadengesuche

93 **Für die Vertretung in einer Gnadensache erhält der Rechtsanwalt eine Gebühr von 30 bis 410 Deutsche Mark. Sie steht ihm auch dann zu, wenn ihm die Verteidigung übertragen war.**

Vorbem. Fassg Art 3 I Z 19 G vom 9. 12. 86, BGBl 2326, in Kraft seit 1. 1. 87, Art 10, Übergangsrecht § 134.

1) Geltungsbereich. § 93 erfaßt nur eine solche Gnadensache, über die nach einer Gnadenordnung eine, wenn auch etwa bei einem Gericht bestehende, Gnadenstelle oder eine Regierungsstelle des Bundes oder des Landes entscheidet, § 452 StPO.

Soweit es sich um eine Gnadensache handelt, die an ein Gericht oder eine Vollstreckungsbehörde oder den Vollstreckungsleiter gerichtet ist oder über die eine solche Stelle entscheidet, handelt es sich um eine Tätigkeit im Sinn von § 91 Z 1, so daß die dortige Einzelgebühr entstehen kann, soweit die Tätigkeit nicht durch die Verteidigergebühren abgegolten ist. Zu den also nicht nach § 93 zu behandelnden Gnadensachen zählt eine solche nach § 57 StGB (Aussetzung des Strafrests, BayObLG NJW **62**, 358), oder eine Sache nach §§ 453 ff StPO, 88 JGG, sofern nicht gerade die Entscheidung der Gnadenstelle beantragt wird, ferner nicht eine Tätigkeit gegenüber einer Verwaltungsstelle (Justizbehörde) zB wegen einer Anordnung beschränkter Auskunft oder wegen der Löschung einer Eintragung, GSEM 4 (dann gelten §§ 66a, 118).

Für den Pflichtverteidiger gilt § 93 nicht. Denn § 97 nennt § 93 nicht mit. Dasselbe gilt für den sonst beigeordneten Anwalt, § 102.

2) Gebühr. Die Pauschgebühr gilt die gesamte Vertretung in der Gnadensache einschließlich eines Beschwerdeverfahrens ab, auch die Besuche im Gefängnis. Sie entsteht mit jeder auf die Ausführung des Auftrags gerichteten Tätigkeit, beginnend mit der Informationsaufnahme. Auch derjenige Anwalt, der vorher zum Verteidiger bestellt worden war, erhält die Gebühr nach § 93. Denn die Gnadensache ist eine besondere Angelegenheit. Auch der vorher nur mit einer oder mehreren Einzeltätigkeiten außerhalb der Gnadensache beauftragte Anwalt erhält neben der Vergütung aus § 91 für die nur auftragsgemäße Tätigkeit in einer Gnadensache die Gebühr aus § 93 zusätzlich.

Soweit er freilich nur für eine oder mehrere Einzeltätigkeiten in derselben Gnadensache einen Auftrag hat, erhält er seine Vergütung nach § 91, nicht nach § 93, GSEM 7.

Soweit die Regierungsstelle das Gnadengesuch endgültig ablehnt und soweit der Anwalt anschließend im Auftrag des Verurteilten ein neues Gnadengesuch mit demselben oder einem anderen Ziel an die Regierungsstelle einreicht, entsteht die Gebühr nach § 93 erneut. Denn es liegt dann eine neue weitere Angelegenheit vor.

Die Tätigkeit für mehrere Verurteilte kann die Gebühr mehrfach entstehen lassen.

Privatklage

94 **I Für die Tätigkeit als Beistand oder Vertreter eines Privatklägers gelten die Vorschriften der §§ 83 bis 93 sinngemäß.**

II Durch die Widerklage erhöhen sich die Gebühren des Rechtsanwalts als Beistand oder Vertreter des Privatklägers und des Widerbeklagten sowie des Verteidigers des Angeklagten auch dann nicht, wenn der Privatkläger nicht der Verletzte ist.

III Für die Mitwirkung beim Abschluß eines Vergleichs erhält

der Rechtsanwalt des Privatklägers und des Beschuldigten eine weitere Gebühr in Höhe von
20 bis 210 Deutsche Mark.
Die Vorschrift des § 23 bleibt unberührt.

IV **Beschränkt sich die Tätigkeit des Rechtsanwalts auf die Anfertigung oder Unterzeichnung der Privatklage, so erhält er eine Gebühr von**
40 bis 520 Deutsche Mark.
Wird dem Rechtsanwalt die Vertretung des Privatklägers übertragen, so wird die im Satz 1 bestimmte Gebühr auf die Gebühren angerechnet, die ihm als Vertreter des Privatklägers zustehen.

V **Für die Tätigkeit des Beistands oder Vertreters in einem Sühneversuch nach § 380 der Strafprozeßordnung erhält der Rechtsanwalt eine Gebühr von**
20 bis 210 Deutsche Mark
und für die Mitwirkung bei einer Einigung der Beteiligten eine weitere Gebühr von
20 bis 210 Deutsche Mark.

Vorbem. III–V idF Art 3 I Z 20 G vom 9. 12. 86, BGBl 2326, in Kraft seit 1. 1. 87, Art 10 Übergangsrecht § 134.

Gliederung

1) Geltungsbereich, I–V

2) Sinngemäße Anwendung, I

3) Widerklage, II

4) Vergleich, III
- A. Systematik
- B. Zusätzliche Vergleichsgebühr nach § 23, III 2

5) Anfertigung, Unterzeichnung der Privatklage usw, IV

6) Sühneversuch, Einigung, V
- A. Sühneversuch
- B. Einigung

7) Kostenerstattung

1) Geltungsbereich, I–V. Die Vorschrift gilt für den Anwalt als den Beistand oder den bevollmächtigten Vertreter des Privatklägers, § 378 StPO. Wenn der Anwalt der gesetzliche Vertreter des Privatkläger ist, entsteht eine Gebühr entsprechend § 1835 BGB, § 1 Anm 3 B. Soweit der Anwalt mehrere Privatkläger vertritt, erfolgt eine Gebührenerhöhung nach § 6. Dieser Fall liegt aber nicht vor, wenn der Anwalt einen Privatkläger im Verfahren gegen mehrere Beschuldigte vertritt; freilich muß man diesen Umstand bei § 12 mitbeachten, GSEM 4, RS 5, SchGei 40. Der gesetzliche Vertreter oder die mehreren gesetzlichen Vertreter und das Kind sind nicht mehrere Personen. Denn der gesetzliche Vertreter handelt nur für das Kind, § 374 III StPO, vgl auch § 6 Anm 2 B. Demgegenüber sind der Vorgesetzte und der Beleidigte bzw der Verletzte mehrere Auftraggeber. Denn der Vorgesetzte handelt auf Grund einer eigenen gesetzlichen Befugnis, §§ 194 III, 232 II StGB.

Für den Pflichtverteidiger gilt nicht § 94, sondern § 97. Für den vom Gericht beigeordneten Anwalt gilt nicht § 94, sondern § 102.

2) Sinngemäße Anwendung, I. Soweit der Anwalt als Beistand oder bevollmächtigter Vertreter des Privatklägers tätig wird, Anm 1, sind §§ 83–93 entsprechend anwendbar.

Es ist also auch § 84 entsprechend anwendbar. Das ist im **wesentlichen unstreitig,** zB LG Ansbach AnwBl **81**, 463, LG Augsb AnwBl **85**, 162, LG Bochum AnwBl **82**, 211 je mwN, LG Darmstadt AnwBl **82**, 169, LG Duisb AnwBl **82**, 169 mwN, LG Lüneb AnwBl **87**, 557, LG Mü AnwBl **87**, 338, LG Regensb AnwBl **82**, 390 (auch zur Abgrenzung des Vorverfahrens), GSEM 5, RS 6, Schmidt MDR **80**, 548; **aM** nur Meyer MDR **80**, 102.

Ferner ist auch § 85 entsprechend anwendbar, und zwar auch dann, wenn der Anwalt nach der Zurücknahme der gegnerischen Berufung nur eine Kostenentscheidung herbeiführt, GSEM § 85 Rdz 3.

Auch § 89 ist entsprechend anwendbar, GSEM 14. Vgl auch § 95 Anm 2.

Auch § 91 ist grundsätzlich entsprechend anwendbar. Indessen enthält IV eine gegenüber § 91 vorrangige Sondervorschrift.

Mit der Gebühr, die sich aus I in Verbindung mit §§ 83–93 ergibt, sind auch Ermittlungen und die Vertretung im Prozeßkostenhilfeverfahren abgegolten, sofern der Auftrag nicht nur auf diese Einzeltätigkeiten beschränkt war. Falls der Anwalt nur die vorgenannten Einzeltätigkeiten ausführen sollte und falls daher eine Gebühr entsprechend § 91 Z 1 entstanden ist, ist sie im Fall einer späteren Tätigkeit im Privatklageverfahren anzurechnen, I in Verbindung mit § 92 II 2. Wenn der Anwalt zunächst eine Strafanzeige erstattet und wenn die Staatsanwaltschaft den Auftraggeber dann auf den Weg der Privatklage verweist, muß man die nach § 91 Z 1 entstandene Gebühr auf den später erteilten Beistandsauftrag anrechnen, I in Verbindung mit § 92 II 2. Wenn die Staatsanwaltschaft eine Privatklagesache zur Verfolgung von Amts wegen vor dem 1. 4. 87 übernahm, hat der Privatkläger die Stellung eines Nebenklägers, § 377 III aF StPO, vgl BGBl **87**, 1130 FN. Durch diesen Umstand ändert sich aber gebührenrechtlich nichts, § 95, es entstehen auch nicht etwa neue Gebühren. Etwas anderes gilt freilich, soweit die Staatsanwaltschaft nach der Einstellung des Privatklageverfahrens ein Ermittlungsverfahren einleitet und der Anwalt in diesem neuen Verfahren auftragsgemäß (ebenfalls) tätig wird, GSEM 3, RS 7, 8, SchGei 50.

Wegen des Beschwerdeverfahrens § 87 Anm 1.

3) Widerklage, II. Wenn nicht der Verletzte, sondern gemäß § 374 II StPO ein Dritter die Klage erhoben hat und wenn der Beschuldigte gemäß § 388 II StPO eine Widerklage gegen den Verletzten erhebt, entsteht gemäß II für die Tätigkeit des Anwalts als Beistand oder Vertreter des Privatklägers und des Widerbeklagten sowie des Verteidigers des Angeklagten keine erhöhte Gebühr, GSEM 6, RS 5, aM SchGei 43 (sie wenden § 6 I 3 an). Freilich ist dann § 12 beachtlich. Vgl auch § 6 Anm 2 B.

4) Vergleich, III. A. Systematik. III erfaßt die Mitwirkung des Anwalts beim Abschluß eines Vergleichs in Privatklageverfahren. Man muß die Frage, ob der Anwalt insofern mitwirkt, wie bei § 23 Anm 3 beurteilen. Andererseits ist für das Zustandekommen eines Vergleichs im Sinn von III kein gegenseitiges Nachgeben wie bei § 23 erforderlich, aM GSEM 8. Insofern ist § 779 BGB unanwendbar.

Der Anwalt erhält eine Gebühr nach III nicht schon für eine erfolglose oder erst nach dem Ende seiner Tätigkeit erfolgreiche Bemühung um einen Vergleich. Dann kann § 91 Z 1 anwendbar sein, RS 16. Der Anwalt erhält die Vergleichsgebühr ferner auch nicht für eine Mitwirkung in einer zur gütlichen Erledigung außerhalb eines Sühneversuchs bestimmten Verhandlung, sondern nur dann, wenn es tatsächlich zum Vergleichsabschluß kam und wenn er gerade an diesem Vergleich auch mitgewirkt hat.

Ein Vergleich ist schon vor der Erhebung der Privatklage zulässig. Er kann auch außergerichtlich erfolgen. Er ist bis zur Rechtskraft einer Entscheidung im Privatklageverfahren statthaft, nicht aber nach einer wirksamen Zurücknahme der Klage, §§ 391 ff StPO.

Die Zurücknahme der Privatklage ist als solche kein Vorgang, den man als Vergleich werten kann, (insofern ebenso GSEM 8), es sei denn, daß sie auf Grund einer bereits vergleichsweise erfolgten Einigung erfolgt.

Die Vergleichsgebühr nach III tritt neben die Gebühr nach I. Das ergibt sich aus den Worten „eine weitere Gebühr". Soweit der Anwalt keinen Vertretungsauftrag nach I hatte, sondern nur auftragsgemäß versucht, eine außergerichtliche Einigung herbeizuführen, kann eine Gebühr nach § 91 Z 2 (Beistandsleistung) entstehen, aM GSEM 8 (sie meinen, in diesem Fall enstehe eine Gebühr nach § 91 Z 1).

B. Zusätzliche Vergleichsgebühr nach § 23, III 2. Die Vorschrift stellt klar, daß § 23 neben III 1 anwendbar bleibt. Es kann also infolge der Tätigkeit des Anwalts im Zusammenhang mit einem Vergleich außerhalb einer Einigung des Sühneverfahrens sowohl die Rahmengebühr nach III 1 als auch die Vergleichsgebühr nach § 23 entstehen. Die letztere Gebühr kommt allerdings nur insoweit in Betracht, als neben derjenigen vergleichsweisen Einigung, die sich auf das Privatklageverfahren bezieht, auch noch ein vermögensrechtlicher Anspruch zum Ausgleich kommt, etwa ein Schadensersatzanspruch, eine Buße usw. Es ist aber für § 23 in Verbindung mit III 2 unerheblich, ob es sich bei diesem vermögensrechtlichen Anspruch um einen solchen handelt, der aus der Straftat erwächst.

Der Anwalt, der bereits den Auftrag zur Führung eines bürgerlichen Rechtsstreits wegen dieses vermögensrechtlichen Anspruchs erhalten hat, kann neben der Gebühr nach III 1 und derjenigen nach § 23 in Verbindung mit III 2 ½ Prozeßgebühr oder, falls es noch nicht zum gerichtlichen Verfahren vor dem Zivilgericht gekommen ist, eine Gebühr nach § 118 verdient haben, GSEM 15, RS 19, SchGei 14.

5) Anfertigung, Unterzeichnung der Privatklage usw, IV. Soweit sich die auftragsgemäße Tätigkeit des Anwalts auf die Anfertigung oder auf die Unterzeichnung der Privatklage beschränkt, erhält er statt der Gebühr nach I in Verbindung mit §§ 83–93 die Rahmengebühr nach IV 1. Es handelt sich um eine den Einzelgebühren des § 91 Z 1 entsprechende, jener Vorschrift vorgehende Regelung.

Soweit der Anwalt den Auftrag zur Vertretung oder Beistandsleistung im gesamten Verfahren hat, gelten die Pauschgebühren nach I in Verbindung mit §§ 83ff die Anfertigung oder Unterzeichnung der Privatklage mit ab.

Soweit der Anwalt später die Vertretung des Privatklägers übernimmt, muß man die Gebühr nach IV 1 auf diejenigen Gebühren anrechnen, die dem Anwalt als Vertreter des Privatklägers zustehen, IV 2. Soweit es also nicht zu einer Hauptverhandlung kommt, ist die Gebühr des IV 1 auf die Gebühr nach § 84 in Verbindung mit I anzurechnen.

Für die Erklärung des Beschuldigten oder auf die Widerklage oder für die Anschlußerklärung des Nebenklägers oder für einen (bloßen) Strafantrag gilt nicht IV, sondern § 91 Z 1, GSEM 11.

6) Sühneversuch, Einigung, V. A. Sühneversuch. Die Vorschrift erfaßt die Tätigkeit des Anwalts als Beistand oder Vertreter in einem Sühneversuch nach § 380 StPO. Der Anwalt muß gerade „in" dem Sühneversuch tätig werden, nicht nur „zwecks" oder „beim" Sühneversuch. Er muß daher für den Fall, daß überhaupt ein Sühnetermin stattfindet, auch an diesem Termin teilnehmen.

Diese Frage ist **streitig. Wie hier** zB LG Mönchengladb AnwBl **78**, 360 mwN; **aM** zB AG Mainz AnwBl **81**, 512, GSEM 13, RS 21, SchGei 37 (aber mangels Terminsteilnahme ist ggf I, III bzw § 91 anwendbar).

Der Sühneversuch muß entsprechend § 380 StPO vor einer landesrechtlich eingerichteten Vergleichsbehörde stattfinden.

Soweit die vorstehenden Voraussetzungen vorliegen, entsteht eine Rahmengebühr, die durch einen vorherigen oder späteren Auftrag für das Privatklageverfahren unberührt bleibt. Sie geht freilich als Sonderregel vor, auch zB dem § 84, GSEM 3. Den Tätigkeitsumfang regelt § 12.

B. Einigung. Soweit es im Sühneverfahren zu einer Einigung kommt, entsteht gemäß V neben der Rahmengebühr für die Tätigkeit im Sühneversuch eine weitere Rahmengebühr für die Mitwirkung des Anwalts bei dieser Einigung.

Die Einigung ist vom Vergleich zu unterscheiden, Anm 4 A; hier ebenso GSEM 13.

Der Anwalt verdient die weitere Rahmengebühr nur, soweit er bei dieser Einigung auch mitwirkt, vgl insofern § 23 Anm 3 entsprechend.

Soweit die Parteien gleichzeitig mit der Einigung nach V auch einen Vergleich über einen vermögensrechtlichen Anspruch abschließen, kann die Vergleichsgebühr nach III 2 in Verbindung mit § 23 zu der Einigungsgebühr nach V (und zu der Tätigkeitsgebühr im Sühneversuch nach V) hinzutreten und außerdem für den Fall, daß der Vergleich außergerichtlich zustande kommt, eine Gebühr nach § 118 entstehen. In allen diesen Fällen entsteht die Auslagenpauschale aber nur einmal, AG Mainz Rpfleger **72**, 234.

7) Kostenerstattung. Vgl zunächst § 471 StPO, ferner § 86 Anm 5. Der im Privatklageverfahren abgeschlossene gerichtliche Vergleich ist ein zur Kostenfestsetzung geeigneter Titel, GSEM 18, Schmidt AnwBl **77**, 501; **aM** zB LG Marbg JB **81**, 239. Auch die Vorverfahrensgebühr nach § 84 in Verbindung mit I ist erstattungsfähig, LG Ansbach AnwBl **81**, 463 mwN, LG Augsb AnwBl **85**, 162.

Wer den Gegner zu einem Sühneversuch vor den Schiedsmann lädt, dann aber keine Privatklage erhebt, braucht die dem Gegner nach V entstandenen Anwaltskosten nicht stets zu erstatten.

Diese Frage ist **streitig. Wie hier** zB LG Bad Kreuznach AnwBl **85**, 323 mwN, AG Cham AnwBl **82**, 217, GSEM 13; **aM** zB AG Gött AnwBl **69**, 211, AG Hanau AnwBl **82**, 268, AG Weilbg AnwBl **80**, 215, AG Wesel AnwBl **79**, 403.

Der Urkundsbeamte der Geschäftsstelle muß prüfen, ob die eingesetzte Gebühr dem gegebenen Fall innerhalb des Gebührenrahmens entspricht. Dabei muß er § 12 I, insbesonders auch den Umfang der Arbeit, beachten.

Vertretung eines Nebenklägers und anderer Verfahrensbeteiligter

95 Für die Tätigkeit als Beistand oder Vertreter eines Nebenklägers, eines Einziehungs- oder Nebenbeteiligten sowie eines Verletzten gelten die Vorschriften der §§ 83 bis 93 sinngemäß; für die Tätigkeit als Beistand oder Vertreter des Verletzten erhält der Rechtsanwalt die Hälfte der Gebühren.

Vorbem. Fassg Art 4 Z 1 G v 18. 12. 86, BGBl 2496, in Kraft seit 1. 4. 87, Art 14, Übergangsrecht Art 11.

1) Geltungsbereich. Die Vorschrift gilt für die Tätigkeit des Anwalts als eines Beistands oder eines bevollmächtigten Vertreters, also nicht als eines gesetzlichen Vertreters, vgl § 94 Anm 1.

Die Tätigkeit kann für einen Nebenkläger oder einen Verletzten erfolgen, §§ 395, 406f–h StPO. Sie mag auch für einen Einziehungsberechtigten erfolgen, dh für eine Person, die einen rechtlichen Anspruch auf den Gegenstand der Einziehung, der Vernichtung oder der Unbrauchbarmachung im objektiven Verfahren hat, § 431 StPO. Sie mag schließlich für einen Nebenbeteiligten erfolgen, also für eine Person, der ein Recht an einem Gegenstand zusteht, der der Einziehung unterliegt, oder die einen Anspruch auf einen solchen Gegenstand hat, vgl zB § 375 AO 1977, ferner für eine Person, die für eine Geldstrafe oder für Kosten haftet, die dem Täter oder einem Teilnehmer auferlegt werden.

Demgegenüber gelten für den Anwalt des Beschuldigten §§ 83ff direkt, für den Anwalt des Privatklägers § 94.

Im Fall der Vertretung mehrerer Nebenkläger oder Verletzter gilt § 6 I 3, zB Mü AnwBl **79**, 74, LG Darmst AnwBl **80**, 210, LG Hanau AnwBl **82**, 494, LG Landshut AnwBl **67**, 64.

2) Entsprechende Anwendung der §§ 83–93. Es sind alle vorgenannten Vorschriften entsprechend anwendbar.

Unter anderem ist die Regelung des § 84 zur Vorverfahrensgebühr entsprechend anwendbar.

Diese Frage ist **heftig streitig. Wie hier** zB Bbg AnwBl **83**, 46, Düss AnwBl **81**, 30, Hamm AnwBl **85**, 320, Kblz AnwBl **81**, 29, Zweibr AnwBl **81**, 205 je mwN, jetzt auch LG Aschaffenb AnwBl **82**, 493, ferner zB LG Bochum AnwBl **78**, 149, LG Dortm AnwBl **80**, 470, LG Düss AnwBl **78**, 192, LG Frankenthal AnwBl **78**, 32, LG Hechingen AnwBl **85**, 160, jetzt auch LG Hof AnwBl **83**, 230, ferner zB LG Kblz AnwBl **80**,

211, LG Köln JB **78**, 249, LG Lahn-Gießen AnwBl **78**, 31, LG Landau AnwBl **78**, 150, LG Limbg AnwBl **78**, 363, LG Mü AnwBl **83**, 467, LG Osnabr AnwBl **78**, 75, LG Passau AnwBl **77**, 513, LG Rottweil MDR **85**, 607, LG Stade AnwBl **78**, 33, LG Trier AnwBl **78**, 151, LG Verden AnwBl **81**, 31, LG Zweibr Rpfleger **81**, 322, AG Bremerh MDR **77**, 866, Schmidt MDR **77**, 726.

Eine **abweichende** Meinung vertritt Baumgärtel VersR **78**, 593; **aM** sind zB Celle (2. StS) NdsRpfl **77**, 236, LG Amberg JB **78**, 82, LG Arnsberg JB **78**, 81, LG Bbg JB **78**, 1526, LG Brschw JB **78**, 1214, LG Dortm Rpfleger **78**, 192 mwN, LG Düss JB **78**, 81, LG Duisb **77**, 975, LG Kiel SchlHA **82**, 158, LG Bad Kreuznach MDR **78**, 693, LG Münster JB **78**, 1527, LG Wiesb JB **78**, 393.

Ferner sind die Vorschriften über eine Einziehung usw, § 88, ferner diejenigen für die Geltendmachung eines vermögensrechtlichen Anspruchs, § 89, GSEM § 89 Rdz 13, wie für den mit Einzeltätigkeiten betrauten Anwalt anwendbar, §§ 91 f, nicht aber die für den Privatkläger.

Der Anwalt, der nur mit der Anfertigung oder Unterschrift der Anschlußerklärung beauftragt ist, § 396 StPO, erhält also nicht die Gebühr aus § 94 IV, sondern diejenige aus § 91 Z 1. Auch § 94 III ist unanwendbar.

3) Gebührenhöhe. A. Grundsatz, Hs 1. Vgl § 12. Man darf die Tätigkeit des Anwalts nach § 95 grundsätzlich nicht niedriger bewerten als eine entsprechende Tätigkeit des Verteidigers.

Diese Frage ist **heftig streitig. Wie hier** zB Düss AnwBl **89**, 293, Hamm AnwBl **80**, 40, LG Baden-Baden AnwBl **82**, 266, LG Bochum AnwBl **79**, 201, LG Duisb AnwBl **82**, 212, LG Essen AnwBl **79**, 78, LG Flensb JB **79**, 1150, LG Freibg AnwBl **65**, 184, LG Hanau AnwBl **82**, 494, LG Heidelb AnwBl **65**, 185, LG Kempten AnwBl **79**, 400, LG Köln AnwBl **70**, 111, LG Mü AnwBl **83**, 467, LG Osnabr AnwBl **76**, 448, LG Regensb Rpfleger **63**, 252, LG Stgt AnwBl **61**, 17, LG Tüb AnwBl **80**, 41, GSEM 4, Mümmler JB **79**, 813, SchGei 11.

Eine **aM** vertreten zB LG Dortm Rpfleger **63**, 253, LG Karlsr VersR **82**, 379, LG Kblz AnwBl **78**, 362, AG Kaufbeuren Rpfleger **62**, 112.

B. Beistand usw des Verletzten, Hs 2. In den Fällen der §§ 406 f–h StPO erhält der Anwalt ½ der jeweils vorgeschriebenen Gebühr.

4) Kostenerstattung. Die Vergütung des Nebenklägervertreters wird mit dem Wirksamwerden des Anschlusses erstattbar, LG Hechingen AnwBl **85**, 160. Der in die Kosten verurteilte Angeklagte muß dem Nebenkläger diejenigen Kosten erstatten, die ihm insoweit als notwendige Kosten entstanden sind, §§ 464 I, 465 StPO, LG Kblz AnwBl **77**, 173 mwN, also zB auch die Vorverfahrensgebühr, zB Ffm AnwBl **83**, 136. Der Verurteilung stehen die Anordnung einer Maßregel der Besserung und Sicherung, BayObLG **54**, 43, vgl auch BGH NJW **54**, 1090, und eine Einstellung nach § 153 II StPO gleich, LG Limbg AnwBl **82**, 212. Der Nebenkläger hat nur die Kosten des von ihm allein erfolglos eingelegten Rechtsmittels zu erstatten, BGHSt **11**, 190. Auch die Anwaltsgebühren desjenigen Anwalts, der sich selbst als Nebenkläger vertritt, können erstattungsfähig sein, LG Hanau AnwBl **82**, 390. Wegen der notwendigen Auslagen des Nebenklägers §§ 472, 473 StPO.

Die Gebühr nach § 84 ist erstattungsfähig. Das ist **unstreitig,** zB Bbg AnwBl **83**, 46, Celle MDR **78**, 424, Düss AnwBl **81**, 30, Ffm AnwBl **83**, 136, Hamm AnwBl **80**, 40, Mü Rpfleger **79**, 33, Nürnb JB **79**, 1522, Stgt MDR **78**, 866, Zweibr Rpfleger **81**, 322, LG Mü AnwBl **83**, 467.

Eine Erstattungspflicht besteht nicht, soweit der Nebenkläger Kosten als etwaiger Mitangeklagter hat.

Diese Frage ist **streitig. Wie hier** zB LG Krefeld MDR **69**, 412, LG Regensb NJW **67**, 898, LG Tüb AnwBl **72**, 101, LG Verden JB **79**, 1504, zur Berechnung LG Bonn MDR **71**, 776 (Anm Schmidt), LG Krefeld Rpfleger **77**, 333 mwN; **abw** zB LG Coburg JB **68**, 800, LG Kassel **KR** Nr 9, LG Kempten AnwBl **79**, 241, LG Kiel AnwBl **68**, 32.

Soweit das Gericht den einen Angeklagten freigesprochen, den anderen verurteilt hat, ist derjenige Betrag erstattungsfähig, der dann entstanden wäre, wenn der Anwalt den Nebenkläger nur gegen den Verurteilten vertreten hätte, Karlsr Rpfleger **82**, 238.

Kostenfestsetzung, Zwangsvollstreckung

96 **I Dem Rechtsanwalt stehen besondere Gebühren zu**

1. im Verfahren über die Erinnerung gegen einen Kostenfestsetzungsbeschluß (§ 464b der Strafprozeßordnung) oder Kostenansatz und im Beschwerdeverfahren gegen die Entscheidung über diese Erinnerung;

2. in der Zwangsvollstreckung aus Entscheidungen, die über einen aus der Straftat erwachsenen vermögensrechtlichen Anspruch oder die Erstattung von Kosten ergangen sind (§§ 406b, 464b der Strafprozeßordnung), für die Mitwirkung bei der Ausübung der Veröffentlichungsbefugnis und im Beschwerdeverfahren gegen eine dieser Entscheidungen.

II Die Gebühren bestimmen sich nach den Vorschriften des Dritten Abschnitts.

1) Geltungsbereich, I. Die Vorschrift schafft neben den sonstigen Gebühren besondere Gebühren für jeden der nachfolgenden Tätigkeitsbereiche:

A. Kostenrechtsmittel, Z 1. Es müssen folgende Voraussetzungen zusammentreffen:

a) Kostengrundlage. Zunächst muß eine Grundlage für eine Kostenfestsetzung oder einen Kostenansatz vorliegen. In Betracht kommen:

aa) Kostenentscheidung. Es kann eine gerichtliche Kostenentscheidung ergangen sein, § 464 I StPO.

bb) Vergleich. Es kann auch ein Vergleich in einer Privatklagesache in einer entsprechenden Anwendung von § 794 I Z 1 ZPO als Kostengrundlage in Betracht kommen.

b) Ansatz, Festsetzung. Auf der Grundlage von a muß der Rpfl eine Kostenfestsetzung nach § 464b StPO oder einen Kostenansatz nach § 5 GKG vornehmen. Er prüft, ob die Grundsätze des § 12 I eingehalten sind.

Die Einholung eines Gutachtens des Vorstands der Anwaltskammer nach § 12 II kommt nicht in Betracht. Denn es handelt sich nicht um einen Rechtsstreit, aM Luetgebrune I.

Es erfolgt keine Festsetzung der Vergütung gegen den Auftraggeber. Insofern bleibt nur eine Klage nach § 19 VII zulässig.

Das Kostenfestsetzungsverfahren selbst ist gerichtsgebührenfrei. Da gemäß II die Vorschriften des 3. Abschnitts anwendbar sind, wird die Tätigkeit des Verteidigers, § 83 Anm 1, im Festsetzungs- oder Ansatzverfahren durch die Gebühren der §§ 83ff abgegolten, § 37 Z 7. Soweit der Anwalt erstmals im Kostenfestsetzungsverfahren tätig wird, kommt dort für den ersten Rechtszug § 56 I zur Anwendung.

Diese Frage ist **streitig. Wie hier** zB GSEM 2; **aM** zB LG Krefeld AnwBl **79**, 120 (das LG wendet Z 1 an).

c) Erinnerung. Es muß zu einem Erinnerungsverfahren gegen den Kostenfestsetzungsbeschluß oder gegen den Kostenansatz gekommen sein. Die Gebühr entsteht allerdings auch dann nur einmal, wenn der Anwalt gegen den Festsetzungsbeschluß und gegen den Kostenansatz mehrere Erinnerungen richtet, § 61 II. Freilich errechnet sich die Erinnerungsgebühr aus den zusammengerechneten Werten beider Erinnerungsverfahren, GSEM 7.

d) Beschwerde. Eine Gebühr nach Z 1 entsteht auch im Beschwerdeverfahren gegen diejenige Entscheidung, die im Erinnerungsverfahren, c, ergangen ist. Das ergibt sich aus II in Verbindung mit § 61 I Z 1. Ein solcher Fall liegt auch dann vor, wenn der Richter der Durchgriffserinnerung gegen die Entscheidung des Rpfl nicht abhilft und die Sache dem Rechtsmittelgericht vorlegt, § 61 Anm 3. Für mehrere Beschwerdeverfahren entstehen mehrere Gebühren, GSEM 7, RS 5.

e) Fälle. In Betracht kommen namentlich folgende Situationen:

aa) Erstattungspflicht des Privatklägers. Es kann sich um die Festsetzung derjenigen Kosten handeln, die der Privatkläger dem Beschuldigten ersetzen muß. Diese Pflicht umfaßt auch die Erstattung der notwendigen Auslagen, § 471 I, II StPO, soweit nicht das Gericht etwas anderes ausdrücklich im Urteil bestimmt, § 471 III StPO.

bb) Erstattungspflicht des Nebenklägers. Es kann sich um die Festsetzung derjenigen Kosten handeln, die der Nebenkläger dem Beschuldigten erstatten muß, soweit der Beschuldigte zu einer Strafe verurteilt wird, nicht, soweit er für straffrei erklärt wird.

cc) Erstattungspflicht des Beschuldigten. Es kann sich um die Festsetzung derjenigen Kosten handeln, die der Beschuldigte dem Privatkläger oder dem Nebenkläger erstatten muß.

dd) Erstattungspflicht der Staatskasse. Es kann sich um die Festsetzung derjenigen Kosten handeln, die die Staatskasse dem Beschuldigten erstatten muß, § 467 I StPO.

Zur Erstattung nach dem StrEG Schmidt NJW **73**, 1167.

B. Zwangsvollstreckung, Z 2. Eine Gebühr nach dieser Bestimmung kommt in jedem der folgenden Verfahrensabschnitte in Betracht:

a) Entschädigung des Verletzten, § 406b StPO. Es kann sich um die Zwangsvollstreckung aus einer Entscheidung des Strafgerichts gemäß §§ 406ff StPO über einen aus der Straftat erwachsenen vermögensrechtlichen Anspruch handeln. Diese Vollstreckung richtet sich gemäß § 406b StPO nach einer Reihe von dort genannten Vorschriften der ZPO.

b) Kostenerstattung, § 464b StPO. Es kann sich um eine Vollstrekkung aus einer Entscheidung des Strafgerichts über die Pflicht zur Kostenerstattung nach §§ 464ff StPO handeln. Die Vollstreckung richtet sich wegen der Verweisung in § 464b StPO nach der ZPO. Es entstehen also Gebühren nach §§ 57ff. Insbesondere ist § 58 II Z 1, 2 wegen der Beschaffung des Rechtskraftzeugnisses, der Vollstreckungsklausel und einer erforderlichen Zustellung anwendbar.

c) Veröffentlichungsbefugnis. Es kann sich um die Mitwirkung des Anwalts bei der Ausübung einer Veröffentlichungsbefugnis handeln, die eine besondere gebührenrechtliche Angelegenheit ist, § 58 III Z 13.

d) Beschwerdeverfahren. Es kann sich um ein Beschwerdeverfahren gegen eine der Entscheidungen nach a–c handeln.

2) Gebührenhöhe, II. Infolge der Verweisung gelten die Vorschriften des Dritten Abschnitts, §§ 31–67. In den Fällen Z 1 entsteht je eine 5/10 Gebühr, § 61 I Z 2. Für die Mitwirkung bei der Veröffentlichungsbefugnis, Bc, entsteht eine 3/10 Gebühr, § 57. Für die Mitwirkung im Zwangsvollstreckungsverfahren B, entsteht eine 3/10 Gebühr, § 57; § 58 ist anwendbar. Für die Mitwirkung in einem Beschwerdeverfahren in der Zwangsvollstreckung Bd, entsteht eine 5/10 Gebühr, § 61 I Z 1.

3) Gegenstandswert. A. Fälle Z 1. Gegenstandswert ist der mit dem Rechtsmittel verlangte (Mehr-)Betrag, also der Wert der Beschwer.

B. Fälle Z 2. Im Fall einer Zwangsvollstreckung vgl § 57 Anm 4. In einem zugehörigen Beschwerdeverfahren gilt § 61 Anm 2 Bi.

Abtretung des Kostenerstattungsanspruchs

96a Tritt der Angeschuldigte den Anspruch gegen die Staatskasse auf Erstattung von Anwaltskosten als notwendige Auslagen (§§ 464b, 464a Abs. 2 Nr. 2 der Strafprozeßordnung) an den Rechtsanwalt ab, so ist eine von der Staatskasse gegenüber dem Angeschuldigten erklärte Aufrechnung insoweit unwirksam, als sie den Anspruch des Rechtsanwalts vereiteln oder beeinträchtigen würde.

1) Sinn der Regelung. Der Angeschuldigte kann einen gesetzlichen Anspruch auf die Erstattung von Anwaltskosten als notwendigen Auslagen, §§ 464b, 464a II Z 2 StPO, in den Grenzen der §§ 134, 138 BGB und unter Beachtung der §§ 398ff BGB grundsätzlich an den Verteidiger abtreten, um seine Verpflichtungen gegenüber dem Verteidiger ganz oder teilweise zu erfüllen. Ohne § 96a könnte die Staatskasse infolgedessen gemäß § 406 BGB auch dem Verteidiger gegenüber unbegrenzt aufrechnen, soweit überhaupt eine Aufrechnung zulässig ist, dazu Art XI § 1 KostÄndG Anm 2, Teil XII dieses Buchs.

§ 96a soll verhindern, daß durch eine derartige Aufrechnung der Honoraranspruch des Verteidigers gefährdet oder vereitelt wird. Ohne die Vorschrift würde der Verteidiger infolge einer gesetzlich zulässigen Maßnahme des Auftraggebers im Ergebnis aus Gründen, die der Verteidiger nicht zu vertreten hat, ganz oder teilweise um sein bereits verdientes Honorar gebracht werden können. Das ist nicht im Interesse einer geordneten Rechtspflege.

Diese Regelung gilt nach dem Wortlaut der Vorschrift freilich nur zugunsten desjenigen Verteidigers, der Rechtsanwalt ist, also nicht für einen anderen Verteidiger.

2) Voraussetzungen. Es müssen folgende Voraussetzungen zusammentreffen, damit eine von der Staatskasse gegenüber dem Angeschuldigten erklärte Aufrechnung unwirksam ist:

A. Erstattungsanspruch. Der Angeschuldigte muß einen Anspruch gegen die Staatskasse auf die Erstattung von Anwaltskosten als notwendige Auslagen nach §§ 464b, 464a II Z 2 StPO haben. Der Anspruch muß fällig sein. Er muß bezifferbar sein.

B. Honoraranspruch. Der Anwalt muß gegen den Angeschuldigten einen Anspruch auf die Zahlung von Gebühren und/oder Auslagen haben, LG Bbg JB **76**, 1353, AG Bonn AnwBl **76**, 312. Es muß sich um einen gesetzlichen Anspruch handeln; ein vereinbartes höheres Honorar reicht nicht aus, Mü Rpfleger **79**, 76, GSEM 3, RS 10.

Ein Anspruch des Angeschuldigten auf die Erstattung eigener Auslagen gehört nicht hierher, LG Bbg JB **76**, 1353, AG Bbg AnwBl **76**, 257.

C. Abtretung. Der Angeschuldigte muß seinen Erstattungsanspruch, A, an den Anwalt ganz oder teilweise abgetreten haben, Anm 1. Im einzelnen müssen folgende Voraussetzungen erfüllt sein:

a) Wirksamkeit. Die Abtretung muß sachlichrechtlich wirksam sein, vgl Anm 1.

b) Abtretungszeitpunkt. Es ist unerheblich, ob die Abtretung vor oder nach der Aufrechnungserklärung der Staatskasse erfolgt ist.

Diese Frage ist **streitig. Wie hier** zB Karlsr (13. ZS) Rpfleger **85**, 125 mwN (abl Sutter), Mü Rpfleger **79**, 76, LG Krefeld AnwBl **79**, 196, AG Freibg AnwBl **84**, 267, AG Tüb AnwBl **83**, 134, GSEM 2, SchGei 2 je mwN; **aM** zB Hbg AnwBl **86**, 43, Karlsr (11. ZS) Rpfleger **86**, 71 je mwN, LG Bbg JB **79**, 1029, LG Darmst JB **78**, 248, LG Mannh AnwBl **82**, 166, AG Mainz Rpfleger **80**, 402 je mwN (diese Gerichte meinen, die Abtretung müsse der Aufrechnung vorausgehen).

c) Abtretungsgleicher Vorgang. LG Bln Rpfleger **80**, 119 setzt der Abtretung einen Auftrag zur Einziehung nebst einer Vollmacht zur freien Verfügung gleich. Ein solcher Vorgang ist aber nur nach einer Prüfung der gesamten Umstände des Einzelfalls einer Abtretung gleichzusetzen, vgl auch KG AnwBl **80**, 379.

d) Nachweis. Der Anwalt muß eine von der Landeskasse für erforderlich gehaltene Abtretungsurkunde auch dann einreichen, wenn in seiner Prozeßvollmacht eine Ermächtigung zum Geldempfang enthalten ist, KG Rpfleger **80**, 402.

D. Aufrechnungserklärung. Die Staatskasse muß gegenüber dem Angeschuldigten eine Aufrechnung erklärt haben. Der Zeitpunkt ist unerheblich, Cb. Die Aufrechnung muß den Anforderungen der §§ 387ff BGB entsprechen.

E. Vereitelung oder Beeinträchtigung. Die Aufrechnung, D, muß den Anspruch des Anwalts, B, ganz oder teilweise vereiteln oder beeinträchtigen. Es genügt jede Art einer solchen Störung, um die Aufrechnung unwirksam zu machen, also jede Verschlechterung der Vermögenslage des Anwalts, KG NJW **79**, 2255, zB eine bloße Verzögerung des Zahlungseingangs. Denn auch durch sie kann es zumindest unsicher werden, ob der Anwalt unter diesen Umständen den Auftraggeber trotz seiner Abtretung dennoch in Anspruch nehmen könnte.

Der Anwalt muß die Vereitelung oder Beeinträchtigung seines Anspruchs beweisen, abw Bbg JB **77**, 1251 und 1576 (er müsse sie zumindest glaubhaft machen, § 294 ZPO), aM GSEM 4 (die bloße Angabe genüge).

Eine Vereitelung oder Beeinträchtigung fehlt, soweit der Auftraggeber und der Anwalt in einer nach § 3 zulässigen Honorarvereinbarung festgelegt haben, daß sich der Anwalt für den Fall einer etwaigen Aufrechnung der Staatskasse stets an den Auftraggeber halten kann und soweit der Auftraggeber in diesem Fall auch zahlungsfähig und zahlungswillig ist oder soweit der Auftraggeber und der Anwalt einen Vorschuß vereinbart haben und soweit dieser beitreibbar ist.

Diese Frage ist **streitig. Wie hier** zB Mümmler JB **76**, 713; **aM** zB GSEM 4, Schmidt AnwBl **75**, 336.

2. Gebühren des gerichtlich bestellten Verteidigers und des beigeordneten Rechtsanwalts

Anspruch gegen die Staatskasse

97 **I Ist der Rechtsanwalt gerichtlich bestellt worden, so erhält er anstelle der gesetzlichen Gebühr das Vierfache der in den §§ 83 bis 86, 90 bis 92, 94 und 95 bestimmten Mindestbeträge aus der Staatskasse, jedoch nicht mehr als die Hälfte des Höchstbetrages. Im Falle des § 90 Abs. 1 Satz 2 gilt dies nur dann, wenn der Rechtsanwalt nach § 364b Abs. 1 Satz 1 der Strafprozeßordnung bestellt worden ist oder das Gericht die Feststellung nach § 364b Abs. 1 Satz 2 der Strafprozeßordnung getroffen hat. In den Fällen der §§ 23, 89 ist § 123 anzuwenden.**

II Der Rechtsanwalt erhält ferner Ersatz der Auslagen aus der Staatskasse. § 126 Abs. 1 Satz 1, Abs. 2 gilt sinngemäß; die Feststellung nach § 126 Abs. 2 kann auch für andere Auslagen als Reisekosten getroffen werden. Auslagen, die durch Nachforschungen zur Vorbereitung eines Wiederaufnahmeverfahrens entstehen, werden einem Rechtsanwalt nach Maßgabe der Sätze 1 und 2 vergütet, wenn er nach § 364b Abs. 1 Satz 1 der Strafprozeßordnung bestellt worden ist oder wenn das Gericht die Feststellung nach § 364b Abs. 1 Satz 2 der Strafprozeßordnung getroffen hat.

III Für die Tätigkeit als Verteidiger vor Eröffnung des Hauptverfahrens erhält der Rechtsanwalt die Vergütung unabhängig vom Zeitpunkt seiner Bestellung.

IV Wegen des Vorschusses gelten § 127 Satz 1, § 98 sinngemäß.

Vorbem. I 3 angefügt durch Art 4 Z 2 G v 18. 12. 86, BGBl 2496, in Kraft seit 1. 4. 87, Art 14, Übergangsrecht Art 11.

Gliederung

1) Gebühren, I. Es müssen folgende Voraussetzungen zusammentreffen:

A. Gerichtliche Bestellung. Das Gericht muß eine Bestellung zum Verteidiger vorgenommen haben, §§ 140ff StPO. Die Bestellung kann durch ein ausdrückliches oder durch ein schlüssiges Verhalten des Gerichts erfolgt sein, Hbg MDR **74**, 1039, Hamm JB **66**, 122, Oldb NdsRpfl **68**, 118. Der Rechtsgrund der Bestellung ist unerheblich. Maßgeblich ist allein die Tatsache der Bestellung. Es ist unerheblich, ob der Beschuldigte eine Vollmacht erteilt. Eine Bestellung liegt auch vor, wenn die Nachricht über die Bestellung auf einem Kanzleifehler beruht, solange der Bestellte insofern gutgläubig bleibt, Hamm AnwBl **68**, 119.

Man muß von der Bestellung des Verteidigers, die § 97 voraussetzt, eine Beiordnung nach § 102 oder nach §§ 121ff unterscheiden.

B. Verteidiger. Die Bestellung, A, muß sich gerade auf die Tätigkeit des Anwalts als Verteidiger richten. Es ist für § 97 unerheblich, ob die

Bestellung auch noch zu einem anderen Zweck erfolgt. Dieser andere Zweck darf aber nicht der alleinige Sinn der Bestellung sein. Das Gericht mag den Anwalt von Amts wegen oder auf Grund eines Antrags zum Verteidiger bestellen. § 97 ist aber auf den bloßen Wahlverteidiger unanwendbar, vgl Hbg MDR **76**, 952.

Die Bestellung ergibt grundsätzlich, in welchem Umfang das Gericht den Anwalt bestellt. Sofern es keine Einschränkungen gemacht hat, gilt die Bestellung für die gesamte Verteidigung in ihrem gesetzlichen Umfang bis zur Rechtskraft der Entscheidung, unter Umständen sogar für das Wiederaufnahmeverfahren bis zur Entscheidung über den Antrag, D d. Die Bestellung hat denselben Umfang, soweit das Gericht den Verteidiger nur für die Hauptverhandlung bestellt hat. Denn die StPO läßt eine Bestellung nur für einen einzelnen Prozeßabschnitt grundsätzlich nicht zu; vgl freilich unten. Die Bestellung gilt grundsätzlich ab ihrer Vornahme, jedoch ausnahmsweise ohne Rücksicht auf den Zeitpunkt ihres Erlasses auch für ein Vorverfahren, III, § 141 III StPO, Kblz Rpfleger **81**, 246; vgl A (stillschweigende Bestellung) und Anm 3 C. Sie gilt auch für einen Termin vor einem beauftragten oder ersuchten Richter, BGH NJW **52**, 1426.

Sie gilt über die Instanz hinaus, auch für die Berufung und die Revision, Hbg NJW **64**, 418, und zwar auch dann, wenn eine Revision unzulässig wäre, wenn das Gericht aber über diese Frage noch entscheiden muß, Hamm Rpfleger **64**, 26 (die Entscheidung behandelt die Wirksamkeit eines Rechtsmittelverzichts). Sie gilt ferner für die Anfertigung der Revisionsbegründung oder der Revisionsbeantwortung. Denn auch diese Maßnahmen gehören zur notwendigen Verteidigung, KG JR **53**, 385. Sie gilt weiter für eine Tätigkeit im Haftprüfungstermin des Revisionsverfahrens, Celle Rpfleger **64**, 26.

Das Gericht kann die Bestellung auch für die mündliche Verhandlung im Revisionsverfahren vornehmen, Brschw NJW **50**, 79. Es kann die Bestellung dann auf den ersten Rechtszug beschränken, falls es sich nicht um eine notwendige Verteidigung handelt.

Das Gericht kann den Anspruch nach § 97 nicht durch Bedingungen, die es der Bestellung beifügt, wirksam einschränken oder ausschließen, Düss AnwBl **85**, 152 mwN, Ffm NJW **80**, 1704, Hamm AnwBl **82**, 214 mwN. Es kann also zB nicht einen zweiten Pflichtverteidiger mit der Maßgabe beiordnen, daß insgesamt nur eine Gebühr erstattet werde. Wenn der Verteidiger allerdings überraschend mitteilt, der Angeklagte habe ihn damit beauftragt, einen Rechtsmittelverzicht zu erklären, werden etwa abweichende vorangegangene Ausführungen des Verteidigers unerheblich, Hamm JMBl NRW **62**, 226.

Die Bestellung gilt nicht für einen solchen Verfahrensabschnitt, für den es eine notwendige Verteidigung nicht gibt, also grundsätzlich nicht für die mündliche Verhandlung im Revisionsverfahren, vgl § 350 III StPO, Ffm AnwBl **58**, 174, Hamm SJZ **50**, 218, KG JR **51**, 220; **aM** Hbg MDR **51**, 183. Freilich kann das Gericht die Bestellung gerade auf diese mündliche Verhandlung erstrecken, Brschw NJW **50**, 79. Es kann die Bestellung auf einen Anhörtermin wegen eines Widerrufs der Bewährungsfrist oder eine ähnliche Einzeltätigkeit beschränken, Hbg MDR **74**, 1039.

Soweit der Verteidiger zwar formell innerhalb der Bestellung tätig wird, jedoch objektiv überflüssige oder wertlose Tätigkeiten vornimmt, entsteht kein Anspruch nach § 97, Celle Rpfleger **69**, 100, Hamm NJW **68**, 562.

Wegen der Niederlegung des Mandats erst während der Hauptverhandlung LG Ffm Rpfleger **82**, 238.

C. Tätigkeit eines Rechtsanwalts. Auf Grund der Bestellung, A, muß als Verteidiger, B, gerade ein Anwalt tätig geworden sein. Er darf nicht nur als Wahlverteidiger tätig geworden sein, vgl Hbg MDR **76**, 952.

Soweit der allgemeine Vertreter im Sinn von § 4 tätig wird, ist infolge jener Bestimmung § 97 anwendbar, falls die gerichtliche Bestellung die Vertretung deckt. Dasselbe gilt, soweit ein für einzelne Handlungen unterbevollmächtigter Anwalt tätig wird.

Der bestellte Verteidiger kann sich in der Hauptverhandlung grundsätzlich nur durch einen ihm zur Ausbildung zugewiesenen Referendar (Stationsreferendar) vertreten lassen, § 4, den er beaufsichtigen muß. Andernfalls entsteht kein Anspruch des Anwalts nach § 97.

Diese Frage ist **streitig. Wie hier** zB BGH NJW **58**, 1309, Hamm JZ **51**, 569, Köln NJW **54**, 124; **aM** zB Hamm JMBl NRW **59**, 43, GSEM § 4 Anm 15.

Der bestellte Verteidiger kann die Verteidigung nur mit einer Genehmigung des Gerichts einem anderen Anwalt wirksam übertragen. Das Gericht kann die Genehmigung stillschweigend erteilen, Düss Rpfleger **73**, 444.

Im Fall einer wirksamen Vertretung des bestellten Verteidigers fließt die Gebühr nach § 97 nicht dem Vertreter, sondern dem bestellten Verteidiger zu, Düss Rpfleger **73**, 444 mwN, aM RS 19.

Sofern das Gericht einen Assessor zum Pflichtverteidiger bestellt, hat dieser keinen Anspruch nach § 97. Denn er ist kein Rechtsanwalt, LG Zweibr Rpfleger **77**, 114 mwN. Man darf diesen Fall nicht mit demjenigen verwechseln, daß das Gericht einen Anwalt bestellt hat und daß für ihn als allgemeiner Vertreter ein Assessor tätig wird.

D. Tätigkeitsarten. Der nach A–C tätige Verteidiger muß eine der nachfolgenden Tätigkeitsarten ausüben.

a) Erster Rechtszug. Hier sind folgende Unterscheidungen erforderlich:

aa) Hauptverhandlung. Für die Tätigkeit in der Hauptverhandlung entstehen Gebühren nach § 83. Bei einer mehrtägigen Hauptverhandlung können also auch Gebühren nach § 83 II entstehen.

bb) Außerhalb der Hauptverhandlung. Für eine Tätigkeit im vorbereitenden Verfahren, im gerichtlich anhängigen Verfahren außerhalb der Hauptverhandlung und in einem Verfahren ohne Hauptverhandlung entstehen Gebühren nach § 84.

b) Berufungsverfahren. Man muß folgende Situationen unterscheiden:

aa) Hauptverhandlung. Soweit es im Berufungsverfahren zur Hauptverhandlung kommt und der Pflichtverteidiger in ihr tätig wird, erhält er Gebühren nach § 85 I und im Fall einer mehrtägigen Hauptverhandlung unter Umständen zusätzlich Gebühren nach § 85 II.

bb) Außerhalb der Hauptverhandlung. Soweit der Pflichtverteidiger im Berufungsverfahren nur außerhalb der Hauptverhandlung tätig wird oder soweit im Berufungsverfahren keine Hauptverhandlung stattfindet, erhält er Gebühren nach § 85 III.

c) Revisionsverfahren. Für die Tätigkeit im Revisionsverfahren erstreckt sich die Bestellung grundsätzlich nicht auf eine Vertretung in der Hauptverhandlung, C. Sie erstreckt sich aber natürlich auf die Einlegung der Revision und auf ihre Begründung sowie im Fall der Einlegung der Revision durch die Staatsanwaltschaft oder durch den Privat- oder Nebenkläger auf die Revisionsentgegnung, auch auf eine Beratung vor dem Eingang der gegnerischen Revisionsbegründung, Celle Rpfleger **85**, 376. Der Verteidiger erhält das Vierfache der Gebühr nach § 86 III in Verbindung mit § 86 I. Denn § 97 I 1 erwähnt auch diese Vorschriften. Das gilt auch dann, wenn die Revision vor der Zustellung des Berufungsurteils zurückgenommen worden ist.

Diese Frage ist **streitig. Wie hier** zB Oldb NJW **64**, 2124; **aM** zB GSEM 12, wohl auch RS 7 (diese Autoren wenden § 91 Z 3 an), Schmidt AnwBl **74**, 233 (er meint, § 91 Z 3 enthalte aus Vereinfachungsgründen eine mittlere Gebühr).

d) Wiederaufnahmeverfahren. Für die Vorbereitung des Antrags auf die Wiederaufnahme, die Stellung eines solchen Antrags und die Vertretung im Verfahren bis zur Entscheidung über den Antrag, also über sein Begründetsein, erhält der Verteidiger Gebühren nach § 90. Nach § 90 I 2 entsteht eine Gebühr grundsätzlich auch dann, wenn der Anwalt dem Auftraggeber davon abrät, einen Wiederaufnahmeantrag zu stellen. Falls der Anwalt aber als Pflichtverteidiger tätig wird, ist diese Vorschrift nur anwendbar, sofern das Gericht ihn bereits vor diesem Abraten gemäß § 364b I 1 Z 1 oder 2 oder 3 StPO bestellt hatte oder falls das Gericht im Zeitpunkt, in dem der Verteidiger dem Auftraggeber vom Wiederaufnahmeantrag abriet, gemäß § 364b I 2 StPO durch einen Beschluß festgestellt hatte, daß die Voraussetzungen einer Bestellung nach § 364b I 1 Z 1–3 StPO vorlagen.

Soweit der Anwalt als Pflichtverteidiger im Ersetzenden Verfahren, § 90 Anm 2 A b, tätig wird, ist die etwa für ihn vorher im Antrags- und/oder Aufhebenden Verfahren, § 90 Anm 2 A a, entstandene Vergütung nicht anzurechnen, LG Oldb AnwBl **57**, 267, GSEM § 90 Rdz 9, SchGei 9.

e) Einzelne Tätigkeiten. Soweit der Verteidiger nur einzelne Tätigkeiten im Sinn von § 91 ausführt, ist diese Vorschrift anwendbar. Für mehrere solche Tätigkeiten ist § 92 heranzuziehen.

f) Privatklage, Nebenklage. In diesen Fällen sind gemäß I 1 grundsätzlich §§ 94, 95 anwendbar. Indes enthält § 102 Sonderregeln. Sie gehen vor. Infolgedessen meint § 97 I 1 mit der Verweisung auf § 94, 95 praktisch nur § 94 II und III. Die Bestellung des Pflichtverteidigers deckt allerdings grundsätzlich nicht seine Mitwirkung bei einem sonstigen Vergleich außerhalb des Privatklageverfahrens.

g) Entsprechende Anwendbarkeit. § 97 ist entsprechend in folgenden Fällen anwendbar: Bei der Privatklage; bei der Nebenklage; im Klageerzwingungsverfahren, § 102; im Disziplinarverfahren, § 109; im Verfahren auf eine Freiheitsentziehung, § 112 IV; im Verfahren vor einem Verfassungsgericht, soweit es einen strafrechtlichen Charakter hat, § 113 I.

Wegen der Beiordnung im Bußgeldverfahren § 105 Anm 1 B.

h) Vergleich, vermögensrechtlicher Anspruch, I 3. Soweit der Anwalt eine Tätigkeit nach § 23 oder § 89 vornimmt, entsteht eine nach § 123 zu bemessende Vergütung.

E. Mehrheit von Beschuldigten. Soweit der Verteidiger mehrere Beschuldigte vertritt, ist § 6 anwendbar. Soweit das Gericht ihn für einen Beschuldigten als Pflichtverteidiger bestellt hat und soweit ihn ein anderer Auftraggeber als Wahlverteidiger beauftragt, haftet die Staatskasse nur gemäß § 6 II 1.

F. Unanwendbare Vorschriften. Der gerichtlich bestellte Verteidiger erhält aus der Staatskasse keine Gebühren, soweit er bei einer Einziehung usw sowie beim Fahrverbot oder der Entziehung der Fahrerlaubnis tätig wird, § 88, und soweit er in einer Gnadensache tätig wird, § 93, vgl BayObLG Rpfleger **67**, 68, auch nicht auf dem Umweg über § 91 Z 1, GSchm 4.

Er erhält ferner keine Gebühren, soweit er im Erinnerungs- oder Beschwerdeverfahren wegen einer Kostenfestsetzung tätig wird, § 96 I Z 1, und soweit er in einer Zwangsvollstreckung aus einer Entscheidung tätig wird, die über einen aus der Straftat erwachsenen vermögensrechtlichen Anspruch erfolgt oder die Erstattung von Kosten betrifft, § 96 I Z 2.

Der gerichtlich bestellte Verteidiger kann für eine der vorgenannten Tätigkeiten aber Gebühren gegenüber demjenigen Beschuldigten beanspruchen, der nicht im Sinn von § 100 II zahlungsunfähig ist.

Aus dem Umstand, daß I 1 die Vorschrift des § 87 nicht mit erwähnt, darf man nicht etwa schließen, daß es sich bei den Gebühren des bestellten Verteidigers nicht um Pauschalgebühren handele. Vielmehr gelten auch seine Gebühren die gesamte Tätigkeit ab.

G. Gebührenhöhe. Der bestellte Verteidiger erhält aus der Staatskasse zwar für jede der in D genannten Tätigkeiten eine Gebühr nach den dort genannten Vorschriften. Jedoch gelten für ihn nicht die jeweiligen Betragsrahmen, sondern er erhält jeweils nur das Vierfache des Mindestbetrags der einschlägigen Rahmengebühr. Außerdem ist auch dieser vierfache Betrag nach oben auf denjenigen Betrag begrenzt, der die Hälfte des Höchstbetrags der Rahmengebühr ausmacht. Diese obere Grenze wird allerdings praktisch nur bei einer mehrtägigen Verhandlung wirksam, vgl Düss Rpfleger **74**, 372. Denn bei allen anderen Rahmengebühren macht die Vervierfachung des Mindestbetrags noch nicht die Hälfte des Höchstbetrags aus.

Keineswegs meint I 1 letzter Hs etwa eine Rahmengebühr zwischen dem Vierfachen des Mindestbetrags und der Hälfte des Höchstbetrags, Düss Rpfleger **74**, 372.

Für jeden Verhandlungstag gilt die Obergrenze seines halben Höchstbetrags. Eine Überschreitung ist allerdings bei einer Strafsache besonderen Umfangs nach § 99 zulässig.

Nach der Verbindung mehrerer Verfahren erhält der alsdann zum Pflichtverteidiger bestellte Anwalt, der in den getrennten vorbereitenden Verfahren tätig war, für jedes der vorbereitenden Verfahren die Vergütung nach §§ 84, 97 I, Düss MDR **85**, 252.

Wegen einer Tätigkeit nach § 23 oder § 89 vgl D h und § 123.

H. Fälligkeit. Die Fälligkeit tritt nach § 16 ein. Das Festsetzungsverfahren richtet sich nach § 98.

2) Auslagen, II. A. Grundsatz, II 1, 2. Der bestellte Verteidiger kann den Ersatz seiner Auslagen gemäß §§ 25–30 fordern, II 2 in Verbindung mit § 126 I 1, II. Er hat also einen Anspruch auf einen Ersatz der Auslagen zB für einen für ihn notwendigen Dolmetscher, Düss Rpfleger **86**, 408, LG Mü AnwBl **82**, 495, oder der Auslagen für eine notwendige Reise im eigenen Kraftfahrzeug, Hamm NJW **67**, 1579, und zwar auch derjenigen nach der Eröffnung des Hauptverfahrens, aber vor seiner Beiordnung, Düss Rpfleger **86**, 196 mwN, LG Frankenthal AnwBl **83**, 135; **aM** zB Hbg Rpfleger **80**, 202.

Er hat ferner einen Anspruch auf den Ersatz der Kosten der zur sachgerechten Bearbeitung erforderlichen Auszüge oder Ablichtungen aus einer Strafakte, § 27 I 2, auch der für den Beschuldigten gefertigten Aktenauszüge, soweit sie erforderlich waren, LG Saarbr AnwBl **85**, 318, freilich nicht der dem Angeklagten gemäß KV 1900 Z 2d kostenfrei zustehenden Ablichtung oder Abschrift des Protokolls der Hauptverhandlung, Mü Rpfleger **82**, 486.

Er kann auch den Ersatz derjenigen Mehrkosten fordern, die dadurch entstehen, daß er seinen Wohnsitz oder seine Kanzlei nicht am Ort des Prozeßgerichts hat. Das ergibt sich daraus, daß in II 2 keine Verweisung auf § 126 I 2 erfolgt. Die Beschränkung der Reisekosten auf diejenigen eines ortsansässigen Anwalts wäre im Fall einer gerichtlichen Bestellung unzulässig.

Diese Frage ist **streitig. Wie hier** zB Düss AnwBl **85**, 152 mwN, Hamm AnwBl **82**, 214 mwN, LG Hann AnwBl **85**, 593, GSEM 3; **aM** zB Kblz MDR **79**, 427 (das OLG stellt darauf ab, ob der Pflichtverteidiger mit einer solchen Beschränkung einverstanden war; der Pflichtverteidiger kann aber zumindest einen derartigen Teilverzicht jederzeit widerrufen, Hamm AnwBl **82**, 214, und hat durch bloßes Schweigen nicht zugestimmt, LG Hann AnwBl **85**, 593).

Das Gericht muß die Erforderlichkeit von Reisekosten oder anderen Auslagen vor seiner Reise auf Grund eines Antrags feststellen, II 2. Vgl § 126 Anm 4 B; aM insofern LG Freibg AnwBl **85**, 321 mwN, das die Verweisung in II 2 auch auf § 126 II nicht beachtet. Der Pflichtverteidiger erhält zB grundsätzlich nicht die Kosten der Benutzung der ersten Klasse im Flugzeug erstattet, Ffm AnwBl **76**, 307 (abl Schmidt). Bei der Prüfung der Erforderlichkeit darf man aber im übrigen nicht kleinlich vorgehen, LG Hanau AnwBl **83**, 134.

B. Wiederaufnahmeverfahren, II 3. Die Vergütung derjenigen Auslagen, die im Zusammenhang mit der Vorbereitung eines Wiederaufnahmeantrags entstehen, ist nur insoweit möglich, als das Gericht entweder den Verteidiger schon vor der Entstehung dieser Auslagen gemäß § 364b I 1 StPO bestellt hatte oder als es eine Feststellung gemäß § 364b I 2 StPO getroffen hat. Unter diesen Voraussetzungen entsteht der Anspruch auf den Auslagenersatz allerdings unabhängig davon, ob der Anwalt dem Auftraggeber davon abgeraten hat, den Wiederaufnahmeantrag zu stellen. Das Gericht darf auch nicht prüfen, ob die Nachforschungen des Anwalts notwendig waren, sondern darf und muß nur prüfen, ob seine Auslagen notwendig waren, Krägeloh NJW **75**, 140. Das Gericht darf in diesem Zusammenhang nicht zu engherzig vorgehen, Krägeloh NJW **75**, 140.

3) Vor Eröffnung des Hauptverfahrens, III. A. Abgrenzung zum Hauptverfahren. Der in III genannte Abschnitt des Gesamtverfahrens endet nach seinem Wortlaut mit der Eröffnung des Hauptverfahrens, § 203 StPO. Insofern liegt eine andere Abgrenzung als bei § 84 I 1 Hs 1 vor. Maßgeblich ist der Zeitpunkt der Zustellung des Eröffnungsbeschlusses an den Verteidiger.

Diese Frage ist **streitig. Wie hier** zB Düss Rpfleger **78**, 233, Mü Rpfleger **78**, 190, so jetzt auch Schlesw SchlHA **88**, 128 mwN, ferner Stgt (2. StS) AnwBl **78**, 357 je mwN, LG Darmst AnwBl **78**, 243, LG Deggendorf AnwBl **78**, 189, LG Ffm AnwBl **87**, 51 mwN, LG Hbg AnwBl **82**, 388, LG Karlsr AnwBl **78**, 242 mwN, LG Rottweil AnwBl **78**, 243, Sommermeyer AnwBl **83**, 203 und MDR **83**, 6 je mwN; **aM** zB insofern Bbg JB **78**, 1528, grundsätzlich auch Düss Rpfleger **81**, 369, ferner Ffm JB **77**, 1578 mwN, Hbg Rpfleger **82**, 396 mwN, Hamm NJW **77**, 1211, Karlsr JB **77**, 982, Oldb Rpfleger **77**, 147, Stgt (4. StS) Rpfleger **79**, LG Freibg AnwBl **81**, 28 (abl Chemnitz).

Es reicht aus, daß die Zustellung des Eröffnungsbeschlusses an die Staatsanwaltschaft oder an eine andere Person erfolgt, Krekeler AnwBl **74**, 138 mwN.

III erfaßt die „Vergütung", also auch die Auslagen, § 1 I, KG Rpfleger **89**, 257.

B. Tätigkeitszeitraum. Man muß folgende Situationen unterscheiden:

a) Tätigkeitsende vor Eröffnung des Hauptverfahrens. Soweit die Tätigkeit des Verteidigers vor der Zustellung eines Eröffnungsbeschlusses ihr Ende fand, ist III unanwendbar, Hamm AnwBl **64**, 164. Das gilt vor allem dann, wenn das Gericht die Eröffnung des Hauptverfahrens rechtskräftig abgelehnt hat, §§ 204, 210 II, 211 StPO. In diesen Fällen kommt freilich eine Vergütung nach I 1 in Verbindung mit § 84 ff in Betracht.

b) Tätigkeit bis zum Eröffnungsbeschluß. Soweit der Anwalt als Verteidiger bis zur Zustellung des Eröffnungsbeschlusses, A, tätig wurde, erhält er eine Vergütung nach III, Schlesw SchlHA **86**, 77. Es reicht aus, daß er ein Schreiben an den Beschuldigten gerichtet hat, KG JR **63**, 150.

c) Nur nach Eröffnung des Hauptverfahrens. Soweit der Verteidiger nur nach der Zustellung des Eröffnungsbeschlusses tätig wird, erhält er keine Gebühr nach III.

Diese Frage ist **streitig. Wie hier** zB Chemnitz AnwBl **77**, 262, Mümmler JB **77**, 1242; **aM** zB Ffm AnwBl **77**, 262, LG Gött AnwBl **88**, 357 (jedenfalls dann, wenn die nachfolgende Beiordnung entgegen gerichtlicher Ankündigung unterbleibe, entstehe ein Vergütungsanspruch entsprechend III).

Das gilt auch zB dann, wenn das Gericht nach der Eröffnung des Hauptverfahrens einen Zeugen durch einen beauftragten Richter vernehmen läßt und wenn der Verteidiger daran mitwirkt, Nürnb BayJMBl **59**, 21. Er erhält auch dann keine Gebühr nach III, wenn das Gericht gemäß § 270 StPO eine Verweisung vornimmt. Zwar hat ein solcher Beschluß gemäß § 270 III die Wirkung eines das Hauptverfahren eröffnenden Beschlusses. Es war aber bereits stets ein Eröffnungsbeschluß nach § 203 StPO voraufgegangen, Hamm JMBlNRW **65**, 275.

d) Vor und nach Eröffnung des Hauptverfahrens. Soweit der Anwalt als Verteidiger vor und nach der Eröffnung des Hauptverfahrens tätig war, erhält er die Vergütung nach III für den Zeitraum bis zur Eröffnung.

Diese Frage ist **streitig. Wie hier** zB Hamm AnwBl **80**, 40, LG Nürnb-Fürth JB **76**, 785; **abw** Zweibr Rpfleger **77**, 335 (das OLG billigt in diesem Fall eine doppelte Gebühr zu); **aM** zB LG Münster JB **77**, 367.

Soweit sich seine Tätigkeit auch auf die Hauptverhandlung erstreckt, ist zusätzlich § 83 I anwendbar. Soweit es zu einer mehrtägigen Hauptverhandlung kommt, ist zusätzlich § 83 II anwendbar, vgl Hbg MDR **86**, 872. Auch in diesen Fällen muß man die Berechnung im einzelnen gemäß I 1 so vornehmen, daß man vom Mindestbetrag des Rahmens ausgeht, ihn vervierfacht und ihn auf die Hälfte des Höchstbetrags begrenzt.

Die nach § 84 entstandene Gebühr ist ebenso zu berechnen.

e) Berufungsverfahren, Revisionsverfahren. Soweit der Verteidiger in diesen Abschnitten tätig wird, kann eine Gebühr nach III nicht entstehen. denn es gibt kein zugehöriges Vorverfahren.

C. Bestellungszeitpunkt. Eine Bestellung des Verteidigers mit Rückwirkung ist grundsätzlich unzulässig.

Diese Frage ist **streitig. Wie hier** zB Hbg Rpfleger **66**, 29 und MDR **86**, 872, vgl Hamm JVBl **79**, 259, Karls MDR **74**, 601, LG Wuppert JB **78**, 1353 mwN (zustm Mümmler), Mümmler JB **81**, 1310, SchGei 12; **abw** Düss MDR **88**, 989 (wegen der Auslagen); **aM** zB GSEM 5.

III macht von diesem Grundsatz insofern eine Ausnahme, als es auf den Zeitpunkt der Bestellung nicht ankommt. Wenn der Anwalt also schon vor der Eröffnung des Hauptverfahrens tätig war, erhält er die Zusatzgebühr nach III auch dann, wenn das Gericht ihn erst während des Hauptverfahrens bestellt. Vgl Anm 1 A (stillschweigende Bestellung), 1 B.

Hamm NJW **58**, 641, GSEM 5 geben auch auf Grund einer unzulässig rückwirkend erklärten Bestellung eine Vergütung nach § 97.

4) Vorschuß, IV. Sowohl wegen der Gebühren als auch wegen der entstandenen und der voraussichtlich entstehenden Auslagen hat der Verteidiger einen Anspruch auf einen Vorschuß in angemessener Höhe, § 127 S 1, vgl dort. Diese Regelung bezieht sich sowohl auf eine Tätigkeit nach I als auch auf eine solche nach III. Die Höhe des Vorschusses richtet sich danach, bei welchem Gericht Anklage erfolgt oder erfolgen kann, im Zweifel beim niedrigeren, LG Hbg AnwBl **88**, 358.

Wegen der Festsetzung und der Rechtsmittel vgl § 98.

Tätigkeit als Kontaktperson

97a **I Der nach § 34a des Einführungsgesetzes zum Gerichtsverfassungsgesetz als Kontaktperson beigeordnete Rechtsanwalt erhält für seine gesamte Tätigkeit das Zweifache der Höchstgebühr des § 83 Abs. 1 Nr. 1 aus der Staatskasse, ferner Ersatz seiner Auslagen. Für eine besonders umfangreiche Tätigkeit bewilligt das Oberlandesgericht, in dessen Bezirk die Justizvollzugsanstalt liegt, auf Antrag eine höhere Gebühr als nach Satz 1.**

II Die Vergütung wird auf Antrag von dem Urkundsbeamten der Geschäftsstelle des Landgerichts festgesetzt, in dessen Bezirk die Justizvollzugsanstalt liegt.

III Im übrigen gelten die Bestimmungen dieses Gesetzes sinngemäß.

1) Kontaktperson, I. A. Beiordnung. Der Anwalt muß gemäß § 34a I, III EGGVG beigeordnet worden sein, also gerade als Kontaktperson und nicht als Verteidiger, zumal sich beide Funktionen ausschließen, § 34a III 2 EGGVG. Eine formell als Beiordnung oder dergleichen gemeinte und bezeichnete Maßnahme des nach § 34a III 1, 2 EGGVG zuständigen Präsidenten des LG bzw seines Vertreters ist freilich gebührenrechtlich als Beiordnung zu werten, auch wenn er das Verbot der Doppelfunktion mißachtet hat.

B. Gebührenhöhe. a) Grundsatz, I 1. Der Anwalt erhält als beigeordnete Kontaktperson das Doppelte der Höchstgebühr des § 83 I Z 1 als Pauschgebühr und Festgebühr, also 4120 DM. Dieser Betrag gilt vor allem unabhängig vom Umfang und der Schwierigkeit der Kontakttätigkeit und umfaßt zB auch eine solche während einer mehrtägigen Hauptverhandlung, soweit dann überhaupt eine Kontaktsperre besteht. § 83 II ist also unanwendbar.

b) Besonders umfangreiche Tätigkeit, I 2. In diesem Fall ist eine höhere Gebühr als nach a statthaft. Es müssen folgende Voraussetzungen zuammentreffen:

aa) Besonders umfangreich. Vgl § 99 Anm 2. Die Tätigkeit muß sich also als deutliche Überschreitung des bei solchen Fällen ja ohnehin Notwendigen erweisen. Auch hier ist eine gewisse Zurückhaltung geboten und andererseits jede Kleinlichkeit zu vermeiden; die Tätigkeit der Kontaktperson ist schwer genug.

bb) Antrag. Der Anwalt, nicht der Gefangene, muß einen Antrag auf eine höhere Gebühr stellen. Der Antrag muß unzweideutig sein. Er ist aber auslegbar. Er unterliegt keiner Form und Frist. Freilich kann das Antragsrecht verwirkt sein, wenn zB das Kostenfestsetzungsverfahren über die Normalgebühr längst abgeschlossen ist.

cc) Verfahren. Der Antrag ist an dasjenige OLG zu richten, in dessen Bezirk die Justizvollzugsanstalt liegt, in der sich der Gefangene aufhält. Dieses OLG gibt das Verfahren im Fall einer endgültigen Verlegung an das nunmehr örtlich zuständig gewordene OLG ab, bleibt aber zB bei einer nur vorübergehenden Verschubung zuständig. Es entscheidet durch den Strafsenat.

dd) Ermessen. Das OLG entscheidet nach pflichtgemäßem Ermessen darüber, ob und in welchem Umfang eine höhere Gebühr zuzubilligen ist. Es wägt dabei alle Umstände ab. Es ist theoretisch nach oben betragsmäßig frei, sollte aber den ja ohnehin nicht ganz geringen Normalbetrag des I 1 nur beim Zusammentreffen ganz besonderer Umstände mehr als verdoppeln. Wegen der Entscheidungsform § 99 Anm 3 E.

C. Auslagen. Neben der normalen oder der höheren Gebühr erhält der Anwalt als Kontaktperson den Ersatz seiner Auslagen. Sie werden auch bei einer besonders umfangreichen Tätigkeit nur im gesetzlichen Umfang ersetzt, wie auch die Verweisung in III ua auf §§ 26, 27 ergibt.

2) Festsetzung, II. Man muß zwischen der Bewilligung (im Fall des I 2) und der Festsetzung unterscheiden. Nur für die letztere ist der Urkundsbeamte der Geschäftsstelle zuständig, und zwar desjenigen LG, in dessen Bezirk die Justizvollzugsanstalt liegt; vgl auch Anm 1 B c aa. Die Festsetzung auch der Normalgebühr erfolgt nur auf Antrag; vgl auch Anm 1 B b bb.

3) Geltung der übrigen BRAGO, III. Wie III überflüssigerweise klarstellt, gelten im übrigen die Bestimmungen der BRAGO. Sie gelten in Wahrheit nicht nur sinngemäß, sondern direkt. Denn auch als Kontaktperson wird der Anwalt als Anwalt tätig, § 1 Anm 2 A; nur ein solcher darf ja überhaupt als Kontaktperson beigeordnet werden.

Anwendbar sind zB: § 16 (Fälligkeit); § 19 I–VI (Festsetzung); § 25 II (Umsatzsteuer).

Festsetzung der Gebühren

98 **I Die aus der Staatskasse zu gewährende Vergütung wird auf Antrag des Rechtsanwalts von dem Urkundsbeamten der Geschäftsstelle des Gerichts des ersten Rechtszuges festgesetzt. § 104 Abs. 2 der Zivilprozeßordnung gilt sinngemäß.**

II Über die Erinnerung des Rechtsanwalts oder der Staatskasse gegen die Festsetzung nach Absatz 1 entscheidet der Vorsitzende des Gerichts des ersten Rechtszuges durch Beschluß.

III Gegen den Beschluß ist Beschwerde nach den Vorschriften der §§ 304 bis 310, 311a der Strafprozeßordnung zulässig.

IV Das Verfahren über die Erinnerung und über die Beschwerde ist gebührenfrei. Kosten werden nicht erstattet.

Gliederung

1) Geltungsbereich. Die Vorschrift regelt das Verfahren der Geltendmachung der Vergütung gegenüber der Staatskasse. Sie gilt für den vom Gericht bestellten Verteidiger, ferner für den Anwalt, den das Gericht dem Privatkläger, dem Nebenkläger oder im Anklageerzwingungsverfahren beigeordnet hat, § 102. I, II und IV gelten auch für den im Auslieferungsverfahren beigeordneten Anwalt sinngemäß, § 107 II.

Die Vorschrift gilt nicht für den Wahlverteidiger. Eine Entscheidung über seine Gebühr ist nur im Klageweg möglich, Einf 2 vor § 83. Die Vorschrift gilt ferner nicht für den Anspruch des gerichtlich bestellten Verteidigers gegen den Beschuldigten, § 100, und nicht für die Kosten, die ein Beteiligter dem anderen erstatten muß.

Für die Festsetzung der Kosten, die ein Beteiligter dem anderen zu erstatten hat, gilt § 464 II StPO, vgl § 96 Anm 1.

2) Festsetzung, I. A. Antrag. Eine Festsetzung erfolgt nur auf Grund eines Antrags. Im einzelnen gelten folgende Voraussetzungen:

a) Antragsberechtigte. Zur Antragstellung ist der bestellte Verteidiger berechtigt. Nach seinem Tod sind die Erben oder sein Sozius berechtigt, auch der Abtretungs- oder Pfändungsgläubiger, nicht aber der Auftraggeber oder dessen etwaiger Gegner, vgl insofern BGH MDR **78**, 214 mwN (zu § 128). Denn es handelt sich um eine Feststellung im Hinblick auf den Anspruch des bestellten Verteidigers, und die Festsetzung nach I ist für den Auftraggeber auch nicht bindend.

Für den bestellten Verteidiger kann auch sein amtlich bestellter Vertreter oder ein von ihm beauftragter Anwalt oder Mitarbeiter den Antrag stellen. In diesem Fall muß der Antragsteller seine Vollmacht vorlegen.

b) Antragsinhalt. Es müssen die folgenden Voraussetzungen zusammentreffen:

aa) Gebühren. Der Antrag muß eine Berechnung nach § 18 enthalten.

Zur Berücksichtigung eines Ansatzes genügt es, daß der Verteidiger ihn glaubhaft macht, I 2 in Verbindung mit § 104 II 1 ZPO. Die Glaubhaftmachung erfolgt nach § 294 ZPO. Glaubhaftmachung ist ein geringerer Grad der Beweisführung, vgl BGH **93**, 306 und VersR **73**, 187, BFH BB **78**, 245, eine überwiegende Wahrscheinlichkeit, vgl auch BVerfG **38**, 39, BGH VersR **86**, 59 und 463, BLAH § 294 ZPO Anm 1 mwN. Die Glaubhaftmachung muß schriftlich oder zum Protokoll des Urkundsbeamten erfolgen. Denn sonst fehlt der Beleg, den der Urkundsbeamte zur Prüfung braucht.

bb) Auslagen. Die Berechnung nach § 18 muß auch die Auslagen enthalten. Bei Post-, Telegrafen-, Fernsprech- und Fernschreibkosten genügt die Angabe des Gesamtbetrags, § 18 II 2. Die Versicherung des Verteidigers, daß diese Auslagen entstanden sind, genügt zur Glaubhaftmachung, I 2 in Verbindung mit § 104 II 2 ZPO, LG Frankenth AnwBl **85**, 157, BLAH § 104 ZPO Anm 3 B mwN. Bei ungewöhnlich hohen Auslagen entstehen entsprechend hohe Anforderungen an die Darlegung und auch an die Glaubhaftmachung, vgl KG NJW **76**, 1272. Schreibauslagen muß der Verteidiger im einzelnen glaubhaft machen. Denn sie sind in § 104 II 2 ZPO nicht miterwähnt.

cc) Vorschüsse. Der Antrag muß auch die erhaltenen Vorschüsse nennen, § 18 II 1.

c) Form, Frist. Der Antrag ist zum Protokoll des Urkundsbeamten oder schriftlich statthaft. Es besteht kein Anwaltszwang. Der Anwalt ist nicht an einen Vordruck usw gebunden. Er ist auch nicht an eine Frist gebunden. Er kann den Antrag ab Fälligkeit, § 16, stellen.

Freilich kann Verjährung, § 16 Anm 3, oder Verwirkung eingetreten sein.

B. Zuständigkeit. Zur Festsetzung ist der Urkundsbeamte der Geschäftsstelle des Gerichts des ersten Rechtszugs zuständig, I 1, also nicht der Rpfl, Karlsr Just **77**, 471, Kblz MDR **75** und Rpfleger **80**, 356, Stgt Rpfleger **74**, 79. Der Urkundsbeamte des Gerichts des ersten Rechtszugs ist auch für die Festsetzung der in den Rechtsmittelinstanzen entstandenen Vergütung zuständig. Soweit die Sache noch nicht gerichtlich anhängig war, etwa im Fall einer Entscheidung nach § 81 II StPO, ist der Urkundsbeamte desjenigen Gerichts zuständig, das den Verteidiger bestellt hat, GSEM 3.

Im Fall einer Verweisung ist der Urkundsbeamte desjenigen Gerichts für den ganzen Rechtszug zuständig, an das das Verfahren verwiesen wurde, wenn der Verteidiger auch dort bestellt bleibt. Andernfalls ist der Urkundsbeamte des verweisenden Gerichts zuständig. Denn für den lediglich vom verweisenden Gericht bestellten Verteidiger endet der Rechtszug mit der Verweisung. Wegen der Zuständigkeit im Fall der Verweisung an das Gericht eines anderen Bundeslandes vgl die Ländervereinbarung Anlage 2 zur KostVfg, Teil VII A dieses Buchs. Wegen der Zuständigkeit der Bundeskasse vgl die Ländervereinbarung Teil VII B 6 dieses Buches, dort 1.3.1.

Ausnahmsweise ist für die Festsetzung nach einer Beendigung des Verfahrens durch eine rechtskräftige Entscheidung oder durch eine sonstige Entwicklung der Urkundsbeamte des Gerichts des ersten Rechtszugs zuständig, wo sich dann die Akten befinden (sollen), vgl auch § 124 II.

C. Prüfungsumfang. Der Urkundsbeamte prüft zunächst, ob der Antragsteller als Verteidiger bestellt worden war. Er prüft sodann, ob die Berechnung des Verteidigers richtig ist. Er prüft ferner, ob die Tätigkeit, für die der Verteidiger Gebühren und/oder Auslagen in Ansatz gebracht hat, durch die Bestellung gedeckt ist. Er kontrolliert die Erforderlichkeit der Auslagen und prüft, ob eine Gebühr etwa wegen eines Verschuldens des bestellten Verteidigers entfällt, ob ein Anspruch infolge Verwirkung erloschen ist und ob dann, wenn die Staatskasse eine Verjährung geltend gemacht hat, Verjährung eingetreten ist.

Der Urkundsbeamte darf über den Gesamtbetrag des Antrags nicht hinausgehen. Er darf und muß aber unter Umständen einzelne Positionen streichen und dafür im Rahmen des Gesamtantrags andere oder höhere einsetzen. Bei der Erfüllung dieser Amtspflicht hat er sich entgegen GSchm 4 keineswegs davor zu hüten, in einem Zweifelsfall die eigene Auffassung über diejenige des Anwalts zu stellen. Er hat sie natürlich sorgfältig zu begründen.

Soweit es auf einen Gegenstandwert ankommt, ist der durch einen Gerichtsbeschluß etwa festgesetzte Gegenstandswert oder Streitwert maßgebend, §§ 8, 9. Soweit ein Wert nicht festgesetzt ist und auch nicht ohne weiteres ersichtlich ist, kann der bestellte Verteidiger oder die Staatskasse die Festsetzung nach § 10 II beantragen.

Im Fall von behebbaren Mängeln setzt der Urkundsbeamte dem Antragsteller eine gemäß Art 103 I GG ausreichend zu bemessende Frist zur Stellungnahme und/oder Nachreichung der erforderlichen Unterlagen. Er kann auch die Handakten des Anwalts anfordern, GSchm 4, muß dabei aber ua etwaige Datenschutzbestimmungen beachten. Diese Maßnahme entfällt, soweit unzweideutig feststeht, daß der Antragsteller weitere Angaben nicht machen kann oder will oder soweit der Mangel ersichtlich nicht mehr behebbar ist.

D. Entscheidung. Der Urkundsbeamte setzt die Vergütung durch einen Beschluß fest. Er ist grundsätzlich zu begründen. BLAH § 329 ZPO Anm 1 Ab. Der Urkundsbeamte teilt den Beschluß dem bestellten Verteidiger und der Staatskasse formlos mit. Eine bloße Verfügung ohne eine mindestens inhaltlich abschließende Entscheidung ist unwirksam, vgl LG Karlsr NJW **66**, 1274 (zu § 128).

Eine Verzinsung erfolgt nicht. Denn I macht § 104 I 2 ZPO nicht entsprechend anwendbar, vgl Ffm NJW **74**, 960, ferner Stgt Rpfleger **74**, 34 mwN (zu § 128).

3) Erinnerung, II. Es sind folgende Gesichtspunkte zu beachten:

A. Zulässigkeit. Es müssen folgende Voraussetzungen zusammentreffen:

a) Erinnerungsberechtigung. Zur Erinnerung sind der bestellte Verteidiger und die ihm gemäß Anm 2 Aa gleichstehenden Personen sowie der Vertreter der Staatskasse, also der Bezirksrevisor, befugt.

Der Beschuldigte kann nur eine Erinnerung nach § 5 GKG gegen den Kostenansatz einlegen.

b) Inhalt. Mit der Erinnerung kann man die Unrichtigkeit des Gesamtbetrags der Festsetzung wegen einer Unrichtigkeit sämtlicher oder einzelner Einzelposten rügen und auch in diesem Zusammenhang einzelne Forderungen nachschieben, vgl Saarbr AnwBl **77**, 510.

c) Form, Frist. Die Erinnerung ist zu Protokoll des Urkundsbeamten der Geschäftsstelle oder schriftlich statthaft. Ein Anwaltszwang besteht nicht, § 10 IV. Eine Erinnerungsfrist besteht nicht. Freilich kann Verjährung oder Verwirkung eingetreten sein, vgl Anm 2 A c. Eine Verwirkung ist allerdings nur in Ausnahmefällen anzunehmen, Celle MDR **55**, 680 (zu § 128).

B. Zuständigkeit. Über die Erinnerung entscheidet der Vorsitzende des Gerichts des ersten Rechtszugs. Er entscheidet allein, also entscheidet nicht etwa das Gericht in voller Besetzung, Hamm JMBlNRW **73**, 180, Karlsr JB **75**, 1611, Kblz MDR **75**, 75 und Rpfleger **80**, 356, Stgt Rpfleger **74**, 79, Bischof MDR **75**, 632. Denn es liegt keine Durchgriffserinnerung vor. Welches Gericht dasjenige ist, dessen Vorsitzender über die Erinnerung entscheidet, richtet sich nach denselben Grundsätzen wie Anm 2 B.

C. Prüfungsumfang. Der Vorsitzende prüft auf Grund der Erinnerung stets die gesamte angefochtene Festsetzung. Denn es muß ja stets der Endbetrag angegriffen sein. Ebenso wie im Festsetzungsverfahren der Urkundsbeamte ist der Vorsitzende berechtigt und unter Umständen verpflichtet, im Rahmen der Gesamtforderung unabhängig davon, ob der Erinnerungsführer weitere Einzelposten (zulässig) nachgeschoben hat, A b, einzelne Gebühren oder Auslagen zu streichen und dafür andere oder höhere einzusetzen.

Es besteht keine Änderungsbefugnis von Amts wegen mehr.

Diese Frage ist **streitig. Wie hier** zB Bbg MDR **79**, 413, Krämer AnwBl **79**, 170 je mwN; **aM** zB KG Rpfleger **78**, Stgt AnwBl **78**, 463 (je zu § 128).

Der Gegner des Erinnerungsführers ist vor einer ihm nachteiligen Änderung des Festsetzungsbeschlusses zu hören.

D. Entscheidung. Der Vorsitzende entscheidet über die Erinnerung durch einen Beschluß. Er muß ihn grundsätzlich begründen, BLAH § 329 ZPO Anm 1 B. Im Fall der Unzulässigkeit oder Unbegründetheit weist er die Erinnerung zurück. Soweit sie begründet ist, hebt er den angefochtenen Beschluß des Urkundsbeamten auf und verweist das Verfahren bei erheblichen Verfahrensmängeln des Urkundsbeamten zur Vermeidung des Verlusts einer Instanz entsprechend § 538 ZPO zurück. Zwar sieht § 309 II StPO keine Zurückverweisungsbefugnis vor. Das Erinnerungsverfahren ist aber (noch) kein Beschwerdeverfahren, wie der Vergleich von II und III ergibt. Außerdem ist das Kostenfestsetzungsverfahren auch im Zusammenhang mit einem Strafverfahren und trotz der teilweisen Verweisung auf Verfahrensvorschriften der StPO seiner Art nach ein Verfahren, auf das zivilprozessuale Grundsätze mitanwendbar sind.

Der Vorsitzende teilt seinen Beschluß den Beteiligten formlos mit. Denn die Mitteilung setzt keine Frist in Lauf, weil gegen den Beschluß die einfache Beschwerde zulässig ist, III.

4) Beschwerde, III. A. Zulässigkeit. a) Beschwerdeberechtigte. Gegen den Beschluß des Vorsitzenden nach I ist für jeden Beschwerten die einfache Beschwerde zulässig, Kblz Rpfleger **80**, 356, Stgt Rpfleger **74**, 79.

b) Beschwerdewert. Infolge der Verweisung von III auf § 304 StPO und damit auf dessen III ist die Beschwerde nur zulässig, wenn der Wert des Beschwerdegegenstands 100 DM übersteigt. Wert ist der Unterschiedsbetrag zwischen dem in der angefochtenen Entscheidung zugebilligten und dem in der Beschwerdeinstanz beantragten Betrag, also die Differenz, um die sich der Beschwerdeführer verbessern will. Maßgeblich ist der Zeitpunkt der Einlegung der Beschwerde, vgl Hamm MDR **71**, 1019 mwN. Infolgedessen bleiben spätere Verminderungen des Beschwerdewerts außer Betracht, soweit sie nicht auf einer willkürlichen Beschränkung des Beschwerdeantrags beruhen, vgl Ffm **KR** § 567 ZPO Nr 12. Eine Teilabhilfe bleibt außer Betracht. Man muß die Umsatzsteuer bei der Berechnung des Beschwerdewerts mit berücksichtigen, vgl Schneider JB **74**, 966 mwN. Man muß den Beschwerdewert glaubhaft machen, § 294 ZPO.

Bei verbundenen Sachen muß man den Beschwerdewert oft addieren, Hamm JMBlNRW **68**, 90, GSEM 7, Schmidt MDR **69**, 241; **aM** Mönchengladb MDR **69**, 240.

c) Form, Frist. Die Beschwerde wird bei demjenigen Gericht, dessen Vorsitzender die angefochtene Entscheidung erlassen hat, eingelegt. Das kann zum Protokoll des Urkundsbeamten oder schriftlich geschehen, III in Verbindung mit § 306 I StPO.

Die Beschwerde ist nicht an eine Frist gebunden. Denn III verweist nicht mit auf § 311 II StPO. Freilich kann Verwirkung eingetreten sein. Das ist aber nur in Ausnahmefällen anzunehmen.

B. Zuständigkeit. a) Abhilfe. Die Akten sind zunächst dem Vorsitzenden vorzulegen, dessen Entscheidung angefochten wird, und zwar auch dann, wenn die Beschwerde (nach altem Recht zulässig) beim Beschwerdegericht eingelegt wurde. Soweit er die Beschwerde für begründet hält, muß er ihr abhelfen, III in Verbindung mit § 306 II Hs 1 StPO. Die Abhilfeentscheidung erfolgt wiederum in der Form eines Beschlusses.

Der Vorsitzende muß auch den Abhilfebeschluß grundsätzlich begründen, BLAH § 329 ZPO Anm 1 Ab. Er kann freilich auf die etwaige Begründung des angefochtenen Beschlusses grundsätzlich verweisen, muß sich aber mit der Beschwerdebegründung erkennbar auseinandersetzen, falls diese Gesichtspunkte enthält, die er im angefochtenen Beschluß noch nicht berücksichtigt hatte. Andernfalls riskiert er, daß das Beschwerdegericht die Sache zur erneuten Klärung darüber, ob der Beschwerde abzuhelfen ist, zurückverweisen muß.

b) Nichtabhilfe. Soweit der Vorsitzende der Erinnerung nicht abhilft, vermerkt er das in der Akte. Spätestens in diesem Zeitpunkt muß er eine etwa bisher fehlende Begründung des angefochtenen Beschlusses nachholen. Im bloßen Vermerk „ich helfe nicht ab" kann ein Verstoß gegen Art 103 I GG liegen. Schon dieser Verstoß kann zu einer Zurückverweisung an den Vorsitzenden führen.

Der Vorsitzende teilt die Nichtabhilfe den Beteiligten formlos mit.

Er muß im Fall der Nichtabhilfe die Akten spätestens drei Tage nach der Vorlage bei ihm dem Beschwerdegericht vorlegen, III in Verbindung mit § 306 II Hs 2 StPO.

c) Beschwerdegericht. Soweit der Vorsitzende der Beschwerde nicht abhilft, wird das Beschwerdegericht zur Entscheidung zuständig. Wenn in den Akten im Zeitpunkt der Vorlage beim Beschwerdegericht noch keine Entscheidung des Vorderrichters darüber, ob er der Beschwerde abhilft, vorhanden ist, sendet das Beschwerdegericht die Akten zunächst an ihn.

Das Beschwerdegericht entscheidet in voller Besetzung.

C. Prüfungsumfang. Sowohl der Vorsitzende (bei der Prüfung, ob er abhilft) als auch das Beschwerdegericht sind in den Grenzen der Anträge des Beschwerdeführers berechtigt und verpflichtet, die angefochtene Entscheidung in vollem Umfang zu überprüfen. Allerdings darf das Beschwerdegericht diese Entscheidung nicht zum Nachteil des Gegners des Beschwerdeführers ändern, ohne diesem die Beschwerde zur Gegenerklärung mitgeteilt zu haben, III in Verbindung mit § 308 I 1 StPO. Das Beschwerdegericht kann Ermittlungen anordnen oder selbst vornehmen, III in Verbindung mit § 308 II StPO.

D. Entscheidung. Das Beschwerdegericht entscheidet ohne mündliche Verhandlung, III in Verbindung mit § 309 I StPO. Die Entscheidung ergeht durch einen Beschluß. Soweit das Beschwerdegericht die Beschwerde für begründet erachtet, erläßt es zugleich die Sachentscheidung, III in Verbindung mit § 309 II StPO. Soweit es die Beschwerde für unzulässig oder unbegründet hält, weist es sie zurück. Soweit das Beschwerdegericht das Verfahren des Vorsitzenden bei der Entscheidung über die Erinnerung, II, oder im Abhilfeverfahren, III, für fehlerhaft hält, kann es die Sache an ihn zurückverweisen.

Die Beschwerde bedarf grundsätzlich einer Begründung. BLAH § 329 ZPO Anm 1 Ab.

Das Beschwerdegericht teilt die Entscheidung den Beteiligten formlos mit.

E. Nachträgliche Änderung. Soweit das Beschwerdegericht einer Beschwerde ohne eine Anhörung des Gegners des Beschwerdeführers stattgegeben hat, muß es diesen von Amts wegen oder auf Antrag nachträglich hören, sofern der ihm dadurch entstandene Nachteil noch besteht, und auf Grund eines Antrags entscheiden und kann dabei seine eigene Beschwerdeentscheidung auch ohne Antrag ändern, III in Verbindung mit § 311 a I StPO. Denn die Beschwerdeentscheidung unterliegt keiner weiteren Beschwerde, III in Verbindung mit § 310 StPO.

Auf das Verfahren der nachträglichen Änderung sind gemäß III in Verbindung mit § 311 a II StPO die Vorschriften der §§ 307, 308 II, 309 II StPO entsprechend anwendbar.

5) Weitere Beschwerde. Eine weitere Beschwerde ist unzulässig, III in Verbindung mit § 310 II StPO. Als gewissen Ausgleich sieht III in Verbindung mit § 311 a StPO die Möglichkeit des Änderungsverfahrens vor, E.

6) Kosten, IV. Sowohl das Erinnerungsverfahren, als auch das Beschwerdeverfahren sind gerichtsgebührenfrei. Auch der Anwalt erhält keine Vergütung, GSEM 8. Es findet keine Kostenerstattung statt. Vgl auch § 5 IV GKG.

Strafsachen besonderen Umfangs

99 **I In besonders umfangreichen oder schwierigen Strafsachen ist dem gerichtlich bestellten Rechtsanwalt für das ganze Verfahren oder für einzelne Teile des Verfahrens auf Antrag eine Pauschvergütung zu bewilligen, die über die Gebühren des § 97 hinausgeht.**

II Über den Antrag entscheidet das Oberlandesgericht, zu dessen Bezirk das Gericht gehört, bei dem die Strafsache im ersten Rechtszug anhängig ist oder war. Der Bundesgerichtshof ist zur Entscheidung berufen, soweit er den Rechtsanwalt bestellt hat. In dem Verfahren ist die Staatskasse zu hören.

Gliederung

1) Gerichtlich bestellter Rechtsanwalt, I. Die Vorschrift schafft einen festen Pauschbetrag für die gesamte Tätigkeit, Hamm AnwBl **85**, 155 mwN. Sie gilt nur für den gerichtlich bestellten Verteidiger, Bbg JB **77**, 1103. Ihm steht derjenige Anwalt gleich, den das Gericht dem Privatkläger, dem Nebenkläger oder im Anklageerzwingungsverfahren beigeordnet hat, § 102. Ferner gilt I für den in einer Auslieferungssache beigeordneten Anwalt, § 107 II, sowie in den Fällen des 9. Abschnitts, soweit dort die gerichtliche Bestellung eines Verteidigers in Betracht kommt, § 97 Anm 1 C, vgl auch § 112 IV, und in einer vor einem Verfassungsgericht anhängigen Sache, soweit sie einen strafrechtlichen Charakter hat, § 113 I. Wegen des Vertreters vgl § 4.

Der frei gewählte Anwalt eines Privatklägers, Nebenklägers oder im Anklageerzwingungsverfahren gehört nicht hierher, Ffm NJW **71**, 2086, Hamm AnwBl **87**, 339. Der Wahlverteidiger kann eine Gebührenvereinbarung nach § 3 treffen. Er hat aber einen Erstattungsanspruch nur in Höhe der gesetzlichen Gebühren. Zu ihnen zählen diejenigen nach § 99 nicht, Düss Rpfleger **60**, 224, Kblz Rpfleger **85**, 169 mwN, GSEM 1, 10; **aM** Bbg JB **82**, 90.

2) Besonders umfangreiche oder schwierige Strafsache, I.

A. Grundsatz. § 99 soll verhindern, daß der bestellte Verteidiger im Verhältnis zu seiner Vergütung unzumutbar belastet wird, vgl BVerfG **68**, 255, Schlesw SchlHA **87**, 14. Die sonst maßgebliche Gebühr muß augenfällig unzureichend und unbillig sein, vgl Kblz Rpfleger **76**, 331.

Diese Situation tritt keineswegs schon bei jeder Strafsache ein, deren Umfang oder Schwierigkeit das Normale übersteigt. Die Gebühr nach I soll dem Verteidiger auch keinen zusätzlichen Gewinn bringen, sondern eben nur eine Benachteiligung verhindern.

Wegen der erheblichen Anhebung der Gebühren des § 97 darf man I zwar seit seiner Neufassung im Jahre 1975 (vorher mußte eine „außergewöhnlich" umfangreiche oder schwierige Strafsache vorliegen) nicht mehr nur auf ganz seltene Ausnahmen anwenden, darf also nicht mehr so strenge Anforderungen wie nach früherem Recht stellen, Oswald AnwBl **76**, 207. Dennoch bleibt eine gewisse Zurückhaltung ratsam, vgl (noch zum früheren Gesetzestext) Bbg JB **75**, 203 (zustm Mümmler), Karlsr NJW **74**, 110, Mü AnwBl **77**, 118; **aM** Köln AnwBl **74**, 54 (das OLG billigt bereits bei einer Verhandlungsdauer ab 7 Stunden eine doppelte Tagesgebühr zu).

Für die Prüfung, ob eine Gebühr nach I erforderlich wird, ist nur der Zeitraum seit der Bestellung des Verteidigers maßgeblich, Bbg JB **77**, 1104, Hamm JB **66**, 956 und AnwBl **87**, 339, vgl Karlsr MDR **74**, 601. Von dieser Regel gilt nur im Fall des § 97 III eine Ausnahme.

Insgesamt muß das Durchschnittsmaß erheblich, Karlsr AnwBl **79**, 279, oder doch deutlich, Mü AnwBl **76**, 178, überschritten sein. Es kommt auf die Gesamtumstände des Einzelfalls an, jeder Schematismus ist unzulässig, Hbg MDR **87**, 607. Maßgeblich ist eine objektive Unzulänglichkeit der (sonstigen) gesetzlichen Vergütung, Hbg MDR **88**, 254, Hamm AnwBl **87**, 339. Ein auswärtiger Wohnsitz des Verteidigers ist nicht bei § 99, sondern nur bei der Auslagenberechnung zu berücksichtigen, BayObLG MDR **87**, 870.

Soweit die gesetzlichen Voraussetzungen vorliegen, besteht ein Rechtsanspruch auf die erhöhte Pauschgebühr unabhängig von den Haushaltsmitteln, GSEM 15, RS 16.

B. Einzelfälle. I kann zB in folgenden Fällen anwendbar sein: Die Strafsache ist zwar besonders umfangreich, nicht aber besonders schwierig, oder umgekehrt, Mü AnwBl **76**, 179 und AnwBl **81**, 462, Oswald AnwBl **75**, 434; es handelt sich um eine besonders lange Verfahrensdauer, Hamm AnwBl **81**, 511, vgl aber auch Bbg JB **79**, 71 (bei der Strafkammer ist eine Verhandlungsdauer von 8 Stunden noch normal); es finden mehrere Termine außerhalb der Hauptverhandlung statt, Nürnb JB **66**, 778, vgl aber auch Nürnb Büro **59**, 71 (die Wahrnehmung eines einzelnen Beweistermins außerhalb der Hauptverhandlung reicht noch nicht aus); es liegt eine verwickelte Sachlage mit besonderer Schwierigkeit vor, Karlsr AnwBl **78**, 358; die Persönlichkeit des Angeklagten ist besonders schwierig zu beurteilen, Mü AnwBl **61**, 462; er ist besonders uneinsichtig und behindert die Verteidigung sehr, KG **KR** Nr 25; es waren zahlreiche langwierige Besprechungen erforderlich; der Verteidiger mußte besondere Hilfskräfte oder einen zusätzlichen Hilfsarbeiter einstellen; es handelt sich um eine große Zahl von Einzeltaten; es waren sehr umfangreiche Schriftsätze erforderlich; der Angeklagte kann deutsch nicht sprechen oder verstehen, Bbg JB **79**, 1527, KG Rpfleger **62**, 40, GSEM 5; **abw** Karlsr Rpfleger **87**, 176 (Fallfrage); der Verteidiger ersetzt den Dolmetscher.

Weitere Anwendungsfälle: Die Vorbereitungszeit des Gerichts war ungewöhnlich lang, Bre NJW **67**, 899; es ergab sich eine sehr lange Wartezeit für den Verteidiger, etwa deswegen, weil das Gericht eine andere Strafsache zwischengeschaltet hatte oder weil durch einen vorangegangenen anderen Termin eine Verzögerung eingetreten war, Hamm MDR **72**, 263. Mü JB **75**, 1475 verdoppelt die gesetzliche Pflichtverteidigergebühr bei einer dreizehnstündigen Verhandlung mit nur 2 Stunden Pause sowie dann, wenn der Angeklagte in Untersuchungshaft einsitzt und eine Sicherungsverwahrung möglich ist. Mü AnwBl **76**, 179 gibt bei einer Verhandlung von 9¼ Stunden Dauer und bei einer Vernehmung von 14 Zeugen und einem Sachverständigen sowie bei einem Haftbesuch vor der erstinstanzlichen Strafkammer eine 1⅔ Gebühr. Vgl auch Köln AnwBl **78**, 267.

Zwar spielt die dem Angeklagten zur Last gelegte Art der Straftat keine besondere Rolle, Kblz Rpfleger **83**, 508 (Wirtschaftsstrafsache), Saarbr JBl Saar **61**, 50, wohl aber ist eine etwaige besondere rechtliche Schwierigkeit zu berücksichtigen, Bbg JB **77**, 951, auch zB die Notwendigkeit der Einarbeitung in deutsches Spezialrecht oder in ausländisches Recht, SchGei 22.

Wegen der Problematik in den sog NS-Prozessen Bbg JB **70**, 583, Ffm AnwBl **74**, 358 (vgl auch AnwBl **75**, 30), Köln NJW **66**, 1281, Nürnb AnwBl **74**, 356, Stgt AnwBl **72**, 89. Wegen der Baader-Meinhoff-Prozesse usw Ffm NJW **75**, 948.

Grundsätzlich bildet die Höchstgebühr eines Wahlverteidigers auch im Rahmen von I die Obergrenze, BayObLG JB **77**, 691, Bre JB **81**, 1193. Sie kann aber ausnahmsweise zu überschreiten sein, Düss AnwBl **82**, 265, zB bis zum Doppelten der Höchstgebühr des Wahlanwalts, Hamm JB **78**, 1821, Mü AnwBl **82**, 213, oder darüber hinaus, Karlsr AnwBl **89**, 113, oder sogar bis zum Vierfachen, Mü AnwBl **77**, 118, oder Fünffachen, Bbg JB **80**, 1043.

Eine gesetzlich zulässige, das Verfahren verzögernde Tätigkeit des Verteidigers ist keineswegs außer Betracht zu lassen, aM Hbg MDR **88**, 254. Soweit der bestellte Verteidiger eine vorzeitige Beendigung seiner Tätigkeit verschuldet hat, kann eine entsprechende Verringerung der nach I sonst zu bemessenden Gebühr notwendig sein, KG JR **79**, 43.

3) Verfahren, I, II. A. Antrag. Eine Pauschvergütung nach I erfolgt nur auf Grund eines Antrags. Antragsberechtigt ist der gerichtlich bestellte Rechtsanwalt, Anm 1. Ihm steht der amtlich bestellte Vertreter oder derjenige Anwalt gleich, den er bevollmächtigt.

Der Antrag ist bis zum Ende des gesamten Strafverfahrens zulässig. Eine zu lange Verzögerung des Antrags kann als vorheriger Verzicht zu werten sein, Brschw NJW **61**, 619. Die Verjährungsfrist beträgt 2 Jahre, und zwar grundsätzlich seit dem Schluß des Jahres, in dem der Anspruch entstand, §§ 196 I Z 15, 198, 201 S 1 BGB, ausnahmsweise später, § 201 S 2 BGB. Wegen eines Gebührenvorschusses § 17 Anm 1.

B. Zuständigkeit. a) OLG. Über den Antrag entscheidet grundsätzlich dasjenige OLG, zu dessen Bezirk dasjenige Gericht gehört, bei dem die Strafsache im ersten Rechtszug anhängig ist oder war, II 1.

b) BGH. Soweit der BGH den Rechtsanwalt bestellt hat, ist er zur Entscheidung über den Antrag zuständig, II 2. Die Vorschrift meint die seltenen Fälle, in denen der BGH auch für die Hauptverhandlung in der Revisionsinstanz einen Anwalt bestellt, § 350 III StPO, also nicht schon diejenigen Fälle, in denen der BGH im Vorverfahren oder vor einer Abgabe an das OLG einen Anwalt bestellt hatte, BGH NJW **77**, 1644 mwN (auch nicht für einen Vorschuß; in einem solchen Fall ist unter Umständen das für das Hauptverfahren zuständige OLG zuständig). Die Entscheidung des BGH erfaßt nur die Pauschale für die Vorbereitung und Wahrnehmung der Revisionsverhandlung, nicht schon die Tätigkeit des Verteidigers für die Einlegung der Revision und für deren Begründung, BGHSt **23**, 325.

c) Sonstige Gerichte. In einem Verfahren, das in erster Instanz vor dem BayObLG stattfindet, ist dieses zuständig, SchGei 32. In einem Dienststrafverfahren ist im ersten Rechtszug das Truppendienstgericht, nicht das BVerwG, zuständig, BDH NJW **60**, 1218. Im ehrengerichtlichen Verfahren ist der Ehrengerichtshof zuständig, Hamm NJW **64**, 1915, Stgt AnwBl **65**, 90.

d) Vorschuß. Das nach a oder b zuständige Gericht ist auch zur Entscheidung über einen aus der Staatskasse erbetenen Vorschuß, F, zuständig, GSEM 12, aM zB Celle NJW **68**, 1152 (zuständig sei das Justizministerium). Wegen eines Vorschusses des Beschuldigten vgl § 100.

C. Anhörung. Das Gericht entscheidet im Rahmen eines selbständigen Verfahrens. Es muß den Gegner anhören, Art 103 I GG, BVerfG Rpfleger **64**, 210. Es muß auch stets den Bezirksrevisor als den Vertreter der Staatskasse anhören, II 3, anschließend also evtl den Antragsteller zur Äußerung des Bezirksrevisors.

D. Prüfungsumfang. Das Gericht prüft, ob die Voraussetzungen nach I für alle Verfahrensabschnitte zutreffen oder nicht. Soweit sich diese Frage nicht übersehen läßt, etwa wenn man im Anschluß an eine erstinstanzliche Entscheidung, also nach der Fälligkeit einer Vergütung nach § 16 S 2, ein Rechtsmittel erwarten muß, ohne daß schon der weitere Umfang der Sache feststeht, muß das Gericht eine vorläufige Entscheidung treffen und diese unter Umständen später abändern. Deshalb ist es auch möglich, daß der Verteidiger nach Erhalt der Regelgebühr und auch/oder nach der Erwirkung eines Beschlusses nach § 100 ohne eine besondere Verzögerung einen Anspruch nach I geltend macht, Brschw NJW **61**, 619, Hamm Rpfleger **61**, 412. Er kann einen Antrag auch begründen, wenn das Gericht nach sehr umfangreichen Bemühungen des Verteidigers das Verfahren einstellt.

Das Gericht muß bedenken, daß im Gegensatz zur früheren Fassung von I, der die Zubilligung der Pauschvergütung in das Ermessen des Präsidenten stellte, jetzt ein Rechtsanspruch besteht.

Die Pauschvergütung soll die gesamte Tätigkeit des Anwalts abgelten, vgl Schlesw SchlHA **87**, 14. Daher muß das Gericht den unterschiedlichen Ablauf des Verfahrens berücksichtigen, Nürnb AnwBl **74**, 356, vgl auch Karlsr JB **75**, 487. Es kann zB wegen einer vorübergehenden Vertretung des Anwalts trotz § 4 eine entsprechend niedrigere Pauschale zubilligen, Hamm NJW **69**, 1362. Etwas anderes gilt, wenn der Vertreter für den vertretenen Anwalt tätig wurde und wenn die notwendige Fortdauer der Information des letzteren teuerer würde.

Nach unten ist die Summe durch den Betrag derjenigen Gebühr begrenzt, die dem Anwalt nach § 97 zustehen würde und die sie überschreiten muß. Im übrigen tritt die Gebühr des § 99 zwar evtl neben den Anspruch nach § 100, GSEM 20 (vgl freilich § 100 I 2), aber nicht neben, sondern an die Stelle der Gebühr des § 97. Deshalb muß das Gericht die letztere, etwa ausgezahlte Gebühr anrechnen, KG Rpfleger **62**, 41.

Man muß die Umsatzsteuer zusätzlich zur erhöhten Gebühr ansetzen, BGH Rpfleger **62**, 261.

Völlig außer Betracht muß dasjenige bleiben, was der Verteidiger etwa als vorher beauftragter Wahlanwalt schon erhalten hatte, Hamm Rpfleger **59**, 200. Insofern ist nur § 101 anwendbar, Hamm Rpfleger **59**, 200.

E. Auslagen. Die Auslagen fallen nicht unter die Pauschgebühr des § 99. Der Urkundsbeamte setzt sie gesondert fest, Düss Rpfleger **61**, 414, KG Rpfleger **62**, 40.

F. Vorschuß. Grundsätzlich ist ein Vorschuß aus der Staatskasse (wegen des Vorschusses vom Beschuldigten § 100 Anm 1 D) nicht zulässig. Man muß ihn aber in einem Monstreprozeß zur Vermeidung einer wirtschaftlichen Notlage des Anwalts und aus anderen Billigkeitsgründen wenigstens auf eine erbrachte Teilleistung zubilligen.

Das ist **unstreitig,** zB Bbg JB **82**, 94, Bre NJW **67**, 899, Düss JB **80**, 392, Hbg NJW **67**, 2220, Hamm NJW **68**, 1537, Kblz Rpfleger **82**, 160, Mü MDR **68**, 607, GSEM 12 (sie wenden § 14 II ZSEG entsprechend an), SchGei 42.

G. Entscheidung. Das Gericht entscheidet, sobald die zu vergütende Tätigkeit beendet ist, meist also nach dem Abschluß der Instanz, in der Revisionsinstanz nach dem Vorliegen der Revisionsbegründung, Hamm NJW **65**, 1826, GSEM 11, RS 13; **aM** Düss JB **80**, 392 (grundsätzlich sei die Rechtskraft abzuwarten).

Das Gericht entscheidet in voller Besetzung. Die Entscheidung ergeht durch einen Beschluß. Er ist trotz Unanfechtbarkeit, § 304 IV StPO, BDH NJW **60**, 1218 (zur Gegenvorstellung Nürnb AnwBl **74**, 356) grundsätzlich zu begründen, vgl BLAH § 329 ZPO Anm 1 A b mwN. Die Pauschvergütung wird nicht verzinst, Ffm NJW **72**, 1481, Kblz Rpfleger **74**, 269.

Das Gericht teilt die Entscheidung den Beteiligten formlos mit.

Anspruch gegen den Beschuldigten

100 **I Der gerichtlich bestellte Rechtsanwalt kann von dem Beschuldigten die Zahlung der Gebühren eines gewählten Verteidigers verlangen; er kann jedoch keinen Vorschuß fordern. Der Anspruch gegen den Beschuldigten entfällt insoweit, als die Staatskasse nach den §§ 97 und 99 Gebühren gezahlt hat.**

II Der Anspruch kann nur insoweit geltend gemacht werden, als dem Beschuldigten ein Erstattungsanspruch gegen die Staatskasse zusteht, oder das Gericht des ersten Rechtszugs auf Antrag des Rechtsanwalts nach Anhörung des Beschuldigten feststellt, daß dieser ohne Beeinträchtigung des für ihn und seine Familie notwendigen Unterhalts zur Zahlung in der Lage ist. Ist das Verfahren nicht gerichtlich anhängig geworden, so entscheidet das Gericht, das den Verteidiger bestellt hat. Gegen den Beschluß ist sofortige Beschwerde nach den Vorschriften der §§ 304 bis 311a der Strafprozeßordnung zulässig.

III Der für den Beginn der Verjährung maßgebende Zeitpunkt tritt mit der Rechtskraft der das Verfahren abschließenden gerichtlichen Entscheidung, in Ermangelung einer solchen mit der Beendigung des Verfahrens ein. Von der in Absatz 2 Satz 1 vorgesehenen Feststellung des Gerichts ist der Lauf der Verjährungsfrist nicht abhängig.

Vorbem. II 1 idF Art 3 I Z 21 G vom 9. 12. 86, BGBl 2326, in Kraft seit 1. 1. 87, Art 10, Übergangsrecht § 134.

Gliederung

1) Vergütungsanspruch, I. A. Anspruchsberechtigter. Nur der gerichtlich bestellte Anwalt kann (neben dem Vergütungsanspruch an die Staatskasse) einen Anspruch auf eine Vergütung wie ein Wahlanwalt gegenüber dem Beschuldigten haben, BGH **86**, 99.

Rechtsgrund der Vorschrift ist die Erwägung, daß der Pflichtverteidiger einerseits keinen Vertrag mit dem Beschuldigten erzwingen kann, B, andererseits aber auch nicht „nur" einen Anspruch gegen die Staatskasse haben soll, soweit der Beschuldigte zahlungsfähig ist.

I ist entsprechend anwendbar auf den Anwalt, den das Gericht dem Privatkläger oder Nebenkläger oder im Anklageerzwingungsverfahren beigeordnet hat, § 102, ferner auf den im Disziplinarverfahren beigeordneten Verteidiger, § 109 I, ferner auf den im Verfahren auf eine Freiheitsentziehung beigeordneten Verteidiger, § 112 IV, und schließlich in dem Verfahren vor einem Verfassungsgericht, soweit es sich um eine strafrechtliche Angelegenheit handelt, § 113 I.

Dagegen ist die Vorschrift auch nicht entsprechend anwendbar, soweit der Anwalt aus einer Honorarvereinbarung eine Forderung erhebt. Das gilt sowohl für eine vor der Bestellung zum Pflichtverteidiger zustande gekommenen Vereinbarung als auch für eine der Bestellung nachfolgende, BGH **86**, 100. Auch bei einer Kündigung des Anwaltsvertrags über eine Wahlverteidigung ist § 100 bis zum Zeitpunkt einer Bestellung zum Pflichtverteidiger unanwendbar, BGH **86**, 100. In einer Auslieferungssache ist die Vorschrift unanwendbar, § 107 II.

B. Entstehung. Der Anspruch nach § 100 entsteht kraft Gesetzes mit der Wirksamkeit der gerichtlichen Bestellung des Anwalts und in ihrem Umfang, vgl Zweibr MDR **74**, 66. Er ist von einem Auftrag des Beschuldigten ebenso unabhängig wie überhaupt vom Willen des Beschuldigten, BGH **86**, 100. Es ist unerheblich, ob es sich um einen Verfahren nach der StPO oder nach dem JGG handelt, Hamm NJW **61**, 1640. Die Bestellung kann und muß ja unter Umständen auch dann erfolgen, wenn der Beschuldigte sie ablehnt. Der Anspruch entsteht für den gerichtlich bestellten Verteidiger auch dann, wenn der Beschuldigte einen Wahlverteidiger hat, Düss AnwBl **78**, 358.

Der Anspruch entsteht unabhängig davon, ob der Angeklagte verurteilt oder freigesprochen wird oder ob das Gericht das Verfahren einstellt. Er entsteht sogar dann, wenn die Sache überhaupt nicht gerichtlich anhängig wurde, II 2. Da die Entstehung des Anspruchs von der Bestellung abhängt, geht der Anspruch nicht über die in § 97 I 1 genannten Fälle hinaus. Daher kann zB der Anwalt nicht schon für ein Gnadengesuch nach § 93 vom Beschuldigten eine Vergütung fordern, sofern dieser ihn nicht zum Wahlverteidiger bestellt hat.

Der Anspruch nach § 100 ist unabhängig von dem etwaigen Anspruch nach §§ 97, 99, solange die Staatskasse nicht zahlt und der Anspruch gegen den Beschuldigten nicht deshalb nach I 2 wegfällt, C. Die Ansprüche gegenüber der Staatskasse und gegenüber dem Beschuldigten können also nebeneinander bestehen, insofern grundsätzlich ebenso Düss AnwBl **84**, 264 (zustm Chemnitz), Hamm MDR **87**, 608, Nürnb Rpfleger **70**, 443. Freilich hängt ihre Durchsetzbarkeit von unterschiedlichen gesetzlichen Voraussetzungen ab.

Soweit der Beschuldigte dem Pflichtverteidiger einen Auftrag erteilt, gelten die Regeln zugunsten eines Wahlverteidigers. I 2 ist aber auch insoweit zu beachten.

C. Wegfall. Der Anspruch nach § 100 entfällt insoweit, als die Staatskasse den gerichtlich bestellten Anwalt nach §§ 97, 99 vergütet hat, I 2, Karlsr Rpfleger **77**, 335. Andernfalls könnte der vom Gericht bestellte Verteidiger mehr Vergütung als ein vom Beschuldigten gewählter Verteidiger erhalten. Das ist nicht der Sinn der Regelung, Celle MDR **73**, 1043, Düss Rpfleger **78**, 233. Denn § 100 stellt nur eine Folgeregelung des Umstands dar, daß das Gericht unter bestimmten Voraussetzungen einen Verteidiger schon wegen der Art des Vorwurfs bestellen muß, also unabhängig von den Vermögensverhältnissen des Beschuldigten, vielmehr vor allem im Interesse eines geordneten Verfahrensablaufs, im Interesse der Wahrheitsfindung und der Herbeiführung eines gerechten Urteils, vgl BGHSt **3**, 395.

Der bestellte Verteidiger muß sich auch eine Zusatzgebühr nach § 97 III auf eine Wahlverteidigergebühr nach § 100 anrechnen lassen, insofern aM Düss AnwBl **84**, 264 (zustm Chemnitz). Die Zusatzgebühr für ihn entfällt aber, wenn er die Wahlverteidigergebühr voll erhält.

Soweit das Gericht einen der von diesem Anwalt verteidigten Beschuldigten freigesprochen hat und soweit dieser Beschuldigte von der Staatskasse eine Erstattung fordern kann, ist eine Minderung des Anspruchs nach § 100 möglich, Hamm Rpfleger **72**, 266. Man muß gemäß I 2 nicht nur den Kopfteil absetzen, sondern denjenigen Betrag, der im Fall der Verteidigung nur eines Beschuldigten entstanden wäre, Celle MDR **73**, 1043.

D. Vorschuß. Der gerichtlich bestellte Verteidiger kann wegen eines Anspruchs nach § 100 keinen Vorschuß fordern, I 1 Hs 2. Er kann aber eine freiwillig vom Beschuldigten geleistete Zahlung annehmen, vgl BGH Rpfleger **79**, 412 mwN. Er muß allerdings aus standesrechtlichen Gründen den Beschuldigten darüber aufklären, daß dieser zu einer Zahlung nicht verpflichtet ist. Der bestellte Verteidiger darf seine Tätigkeit nicht von einer Zahlung abhängig machen.

Eine erfolgte Zahlung ist auf die von der Staatskasse zu zahlenden Gebühren anzurechnen. Das gilt auch für eine solche Zahlung, die der Anwalt vor seiner gerichtlichen Bestellung für seine Tätigkeit in dieser Strafsache erhalten hat, und zwar unabhängig davon, ob er diese Zahlung in Höhe gesetzlicher Gebühren eines Wahlverteidigers oder auf Grund einer Honorarvereinbarung nach § 3 erhalten hat. Soweit der Beschuldigte bereits gezahlt hat, muß der Anwalt die von der Staatskasse erhaltenen Beträge in einer entsprechenden Höhe an diese zurückzahlen, § 101 I.

Soweit der Beschuldigte den Anwalt auch von sich aus über den Rahmen des Pflichtverteidigers hinaus beauftragt hat, gilt § 17, etwa in einem Gnadenverfahren, GSchm 5.

E. Auslagen. § 100 gibt dem gerichtlich bestellten Anwalt keine Befugnis, vom Beschuldigten die Erstattung von Auslagen zu fordern, Düss Rpfleger **86**, 72 mwN, Stgt MDR **85**, 959, RS 11; **aM** GSEM 4. Ein solcher Anspruch ist auch nicht erforderlich. Denn der bestellte Verteidiger erhält seine Auslagen aus der Staatskasse ersetzt, § 97 Anm 2 A.

2) Geltendmachung, II. Man muß zwischen der Entstehung des sachlichrechtlichen Vergütungsanspruchs, I, und der Möglichkeit seiner Geltendmachung nach II unterscheiden. Während die Entstehung nur von der Bestellung zum Verteidiger abhängt, Anm 1 B, ist die Möglichkeit der Geltendmachung davon abhängig, abw BGH NJW **83**, 1047, daß entweder die Voraussetzungen A oder die Voraussetzungen B vorliegen. Im einzelnen:

A. Erstattungsanspruch, S 1 Hs 1. Es reicht aus, daß dem Beschuldigten ein Erstattungsanspruch gegen die Staatskasse zusteht. In diesem Fall findet auch, anders als im Fall B, kein gerichtliches Feststellungsverfahren statt, BT-Drs 10/6400. Durch diese Neuregelung ist der bisherige Streit dazu, ob ein Erstattungsanspruch im Rahmen der nach B notwendigen Prüfung zu berücksichtigen sei, gegenstandslos geworden.

Ein Erstattungsanspruch kann sich aus §§ 467, 467a StPO zugunsten des Freigesprochenen ergeben. Seine Existenz soll dem Freigesprochenen ja keinen Gewinn bringen; er soll nur so stehen, wie er vor dem Beginn des Verfahrens wirtschaftlich dastand. Da andererseits die Bestellung des Verteidigers nicht von der Vermögenslage abhängt, sondern von Art und Schwere des Vorwurfs, ist es grundsätzlich nicht zu verantworten, die Staatskasse zum Vorteil des Beschuldigten zu belasten. Auch ein Härtefall rechtfertigt es nicht (mehr), den Erstattungsanspruch unberücksichtigt zu lassen. Unter der Voraussetzung, daß ein etwaiger Erstattungsanspruch gegenüber einem Privatkläger mit einiger Sicherheit durchsetzbar wäre, gelten diese Erwägungen auch bei einem solchen Anspruch. Sie gelten auch bei einem Teilfreispruch, LG Mainz MDR **81**, 428 (zum alten Recht).

Die Geltendmachung des Anspruchs aus I ist von der Höhe des durchsetzbaren Erstattungsanspruchs abhängig. Das ergibt sich aus den Worten „nur insoweit" in II 1 Hs 1.

B. Zahlungsfähigkeit, S 1 Hs 2. Es reicht auch statt A aus, daß der Beschuldigte ohne Beeinträchtigung des für ihn und seine Familie notwendigen Unterhalts zur Zahlung an den bestellten Verteidiger in der Lage ist. In diesem Fall findet, anders als bei A, ein gerichtliches Feststellungsverfahren statt. Im einzelnen müssen folgende Voraussetzungen zusammentreffen:

a) Antrag. Der bestellte Verteidiger muß einen Antrag auf die Feststellung der Zahlungsfähigkeit des Beschuldigten stellen. Der Antrag kann zum Protokoll des Urkundsbeamten der Geschäftsstelle oder schriftlich erfolgen. Es besteht kein Anwaltszwang.

Der Antrag braucht nicht die Summe zu enthalten, die der Anwalt von dem Beschuldigten fordern will. Denn es geht zunächst nur um die Klärung, ob und inwieweit der Beschuldigte überhaupt zahlen kann. Der Anwalt muß aber trotz der Pflicht zur Amtsermittlung, c, wenigstens in Umrissen darlegen, auf Grund welcher Tatsachen er den Beschuldigten für zahlungsfähig hält, Düss MDR **84**, 963 und (noch strenger) MDR **84**, 1043.

RS 18 fordern, daß der Antragsteller den Anspruch im einzelnen begründet. Düss Rpfleger **73**, 445 verlangt die Angabe des Wohnorts oder Aufenthaltsorts und der Tatsachen, aus denen sich die nach II maßgeblichen Vermögensverhältnisse ergeben.

b) Fälligkeit. Die Gebühr muß fällig sein, § 16. Denn es besteht keine Möglichkeit, einen Vorschuß zu fordern, Anm 1 D.

Das Gericht prüft noch nicht im Verfahren nach c, freilich im etwa folgenden Gebührenprozeß, ob Verjährung eingetreten ist. Deshalb ist ein Antrag auch nach dem Verjährungseintritt zulässig; der Anwalt kann abwarten, ob sich der Beschuldigte auf die Verjährung beruft, vgl Hamm JMBlNRW **68**, 201. Vgl Anm 3.

c) Feststellung der Zahlungsfähigkeit. Das Gericht muß feststellen, daß der Beschuldigte ohne eine Beeinträchtigung des für ihn und seine Familie notwendigen Unterhalts zur Zahlung in der Lage ist. Für dieses Verfahren sind folgende Regeln zu beachten:

aa) Zuständigkeit. Insofern muß man folgende Situationen unterscheiden:

aaa) Gerichtliche Anhängigkeit. Soweit das Verfahren bereits vor einem Gericht anhängig wurde, ist das Gericht des ersten Rechtszuges zuständig, S 1. Das gilt auch dann, wenn der Verteidiger erst in einer höheren Instanz bestellt worden war. Im Fall der Abgabe oder Verweisung wird dasjenige Gericht zuständig, an das die Abgabe bzw Verweisung erfolgte, RS 17.

bbb) Keine gerichtliche Anhängigkeit. Soweit das Verfahren nicht gerichtlich anhängig geworden ist, ist dasjenige Gericht zuständig, das den Verteidiger bestellt hat, S 2.

bb) Anhörung. Das zuständige Gericht muß den Beschuldigten anhören, Art 103 I GG, II 1. Zu diesem Zweck muß es ihm eine nach den Umständen ausreichende Frist zur Stellungnahme auf den gleichzeitig übersandten oder nachgereichten Antrag nebst Begründung gewähren.

cc) Prüfungsmaßstab. Das Gericht muß trotz der gewissen Darlegungslast des Anwalts, a, von Amts wegen prüfen, ob die Voraussetzungen S 1 Hs 2 erfüllt sind, vgl schon (zum alten Recht) LG Lübeck JB **78**, 547. Maßgeblich ist der Zeitraum zwischen der gerichtlichen Bestellung des Anwalts und der Erledigung der Angelegenheit.

Diese Friage ist **streitig. Wie hier** zB (je zum alten Recht) Hbg MDR **78**, 164 (abl Schmidt MDR **78**, 425), ferner Oldb Rpfleger **72**, 328, Saarbr NJW **73**, 2313, AG Freibg AnwBl **82**, 266 je mwN; **aM** zB Düss NJW **74**, 961 mwN und Rpfleger **85**, 327, Hamm MDR **71**, 601, Zweibr MDR **74**, 66, LG Bielefeld AnwBl **75**, 250, GSEM 7, RS 20 (maßgeblich sei der Zeitpunkt der Entscheidung nach II. Die Folge wäre unter anderem, daß das Gericht nach dem Tod des Beschuldigten den Anspruch nicht mehr versagen könnte, Zweibr MDR **74**, 66).

Das Gericht muß die ihm zugänglichen Ermittlungsmöglichkeiten ausschöpfen, insofern richtig Düss Rpfleger **73**, 445, Mü AnwBl **74**, 283. Es kann auch ein Ersuchen an die Polizei oder an die Staatsanwaltschaft richten.

Hs 2 fordert anders als § 117 ZPO keine Erklärung des Beschuldigten. Eine solche Erklärung ist aber zulässig und kann ratsam sein.

Das Gericht prüft nicht, ob die Forderung des Anwalts dem § 12 entspricht, sondern nur, bis zu welcher Summe der Beschuldigte leistungsfähig ist, vgl a, dd, GSEM 7, vgl aber auch KG JR **77**, 172.

Matzen AnwBl **76**, 287 hält das Verfahren nach Hs 2 nur im Fall eines Teilfreispruchs für sinnvoll.

dd) Leistungsfähigkeit. Der Beschuldigte muß imstande sein, den Anspruch auf eine Vergütung nach I ohne Beeinträchtigung des für sich selbst oder seine Familie notwendigen Unterhalts zu zahlen. Diese Anforderungen erinnern an diejenigen zum Armenrecht nach §§ 114ff ZPO aF. Die damaligen Regeln sind insofern bedingt mitverwendbar.

Eine Zahlungsfähigkeit ist zu bejahen, soweit zwar eine gewisse Beeinträchtigung des Unterhalts stattfinden würde, nicht aber auch das notwendige Mindestmaß des Unterhalts gefährdet ist, wenn der Beschuldigte zB den Höchstsatz der gesetzlichen Ausbildungsförderung erhält, Düss MDR **84**, 1043. Andererseits darf der Beschuldigte im notwendigen Umfang einen Unterhalt auch für seine Familie vorgehen lassen. Zur Familie zählen diejenigen Personen, die mit ihm in ständiger häuslicher Gemeinschaft zusammenleben und mit ihm verwandt oder verschwägert sind, zumindest: Der Ehegatte, die Kinder, die Eltern, die Enkel, die Großeltern, ein Stiefangehöriger nahen Grades, auch Tante oder Onkel, soweit sie im Haushalt leben, nicht aber der Bruder oder die Schwester, denn diese sind überhaupt nicht unterhaltsberechtigt.

Man kann in gewissem Umfang auch die Regeln zur Prozeßkostenhilfe, §§ 114ff ZPO nF, heranziehen. Auch die Lohnpfändungsbestimmungen, §§ 850cff ZPO, geben einen gewissen, wenn auch nicht allein maßgeblichen Anhalt, Hamm NJW **63**, 1218, Saarbr Rpfleger **61**, 317, abw KG JR **77**, 173 (das OLG meint, der Anspruch müsse unter anderem die Mindestgebühr des § 97 I überschreiten). Soweit der Beschuldigte ein Darlehen aufgenommen hat, steht seine Zahlungsfähigkeit erst dann fest, wenn unter anderem auch die Fähigkeit feststeht, das Darlehen zurückzuzahlen, Hamm MDR **71**, 509.

Ein etwaiges Schuldanerkenntnis oder Schuldversprechen des Beschuldigten vor der Wirksamkeit der gerichtlichen Feststellung seiner Leistungsfähigkeit ist unbeachtlich, GSEM 7.

ee) Entscheidung. Das Gericht entscheidet durch einen Beschluß. Er ist grundsätzlich zu begründen, BLAH § 329 ZPO Anm 1 Ab. Er enthält nur die Feststellung der Zahlungsfähigkeit nach S 1 Hs 2. Das Gericht setzt also nicht etwa die Vergütungsforderung nach I fest, LG Lahn-Gießen MDR **78**, 249 (zustm Schmidt). Vielmehr stellt das Gericht fest, daß der Beschuldigte die Gebührenforderung in der beanspruchten Höhe oder bis zu einem darunter liegenden Betrage auf einmal oder wenigstens in vom Gericht zu bestimmenden Raten zu zahlen imstande ist, Köln NJW **63**, 2041, LG Essen AnwBl **60**, 227, Schueler AnwBl **60**, 87, oder daß überhaupt keine Zahlungsfähigkeit besteht.

Eine Anordnung von Ratenzahlungen einschließlich festzusetzender Zahlungstermine ist zulässig und oft die Voraussetzung dafür, die Zahlungsfähigkeit überhaupt zu bejahen, Köln NJW **63**, 2041.

Da der Beschluß keine Verurteilung zu einer in DM bestimmten Zahlung enthält, muß der Anwalt notfalls, mangels Festsetzbarkeit nach § 19 VII, auf Zahlung klagen, GSEM 7.

ff) Mitteilung. Das Gericht muß den Beschluß dem Antragsteller und dem Beschuldigten förmlich zustellen, da gegen die Entscheidung die sofortige Beschwerde und damit ein fristgebundenes Rechtsmittel zulässig ist, II 3 in Verbindung mit § 311 II StPO. Da § 311 II StPO nicht auf § 35a StPO verweist, ist eine Rechtsmittelbelehrung nicht erforderlich. Sie ist zur Vermeidung etwaiger Fehler daher auch nicht ratsam. Im Fall einer unrichtigen Rechtsmittelbelehrung kann eine Haftung nach Art 34 GG, § 839 BGB eintreten.

C. Sofortige Beschwerde, S 3. Gegen den Feststellungsbeschluß, ee, ist die sofortige Beschwerde statthaft, sofern nicht das OLG entschieden hat, § 304 IV 2 Hs 1 StPO. Im einzelnen gelten folgende Regeln:

a) Beschwerdeberechtigte. Zur sofortigen Beschwerde sind der Beschuldigte sowie der gerichtlich bestellte Anwalt berechtigt, Düss Rpfleger **79**, 393. Auch der Freigesprochene ist beschwerdeberechtigt, soweit fälschlich gegen ihn ein Beschluß ergangen ist.

Die Staatskasse ist selbst dann nicht beschwerdeberechtigt, wenn ihr die notwendigen Auslagen des Angeklagten auferlegt worden sind.

Diese Frage ist **streitig. Wie hier** zB Düss JMBlNRW **79**, 67, Oldb NJW **72**, 2323, LG Wuppert JB **74**, 65 je mwN, LG Würzb JB **81**, 1836, GSEM 11, RS 23, SchGei 27; **aM** zB Hbg MDR **84**, 251 mwN.

b) Beschwerdewert. Der Beschwerdewert muß 100 DM übersteigen, II 3 in Verbindung mit § 304 III StPO, Karlsr Rpfleger **77**, 335 mwN, aM insofern zB Mü AnwBl **78**, 265, GSEM 11. Wert ist auch hier der Unterschiedsbetrag zwischen dem in der angefochtenen Entscheidung zugebilligten und dem in der Beschwerdeinstanz beantragten Betrag, also die Differenz, um die sich der Beschwerdeführer verbessern will.

Maßgeblich ist der Wert im Zeitpunkt der Einlegung der Beschwerde, vgl Hamm MDR **71**, 1019 mwN. Daher bleibt eine spätere Verminderung außer Betracht, soweit sie nicht auf einer willkürlichen Beschränkung des Beschwerdeantrags beruht, vgl Ffm **KR** § 567 ZPO Nr 12. Man muß die Umsatzsteuer berücksichtigen, Schneider JB **74**, 966 mwN. Der Beschwerdeführer muß den Beschwerdewert glaubhaft machen, § 294 ZPO.

c) Form, Frist. Die sofortige Beschwerde kann zum Protokoll des Urkundsbeamten der Geschäftsstelle oder schriftlich eingelegt werden, ein Anwaltszwang besteht nicht, II 3 in Verbindung mit § 306 I StPO. Die Einlegung beim Beschwerdegericht genügt zur Fristwahrung nicht mehr.

Die Einlegungsfrist beträgt eine Woche seit der Bekanntmachung der Entscheidung, II 3 in Verbindung mit § 311 II StPO. Infolge der Verweisung von § 311 II StPO auf § 35 StPO liegt bei einer in Anwesenheit der Beteiligten auf Grund einer mündlichen Verhandlung ergangenen Entscheidung die Bekanntmachung mit der Verkündung, andernfalls mit der Zustellung. Maßgeblich ist diejenige Zustellung, die an den jeweiligen Beschwerdeführer erfolgt ist.

d) Zuständigkeit. Zur Entscheidung über die sofortige Beschwerde ist das Beschwerdegericht zuständig. Dasjenige Gericht, das gemäß II 1 Hs 2 oder S 2 entschieden hat, ist grundsätzlich zu einer Änderung seiner durch die sofortige Beschwerde angefochtenen Feststellungen nicht befugt, hilft jedoch der Beschwerde ab, wenn es zum Nachteil des Beschwerdeführers Tatsachen oder Beweisergebnisse verwertet hat, zu denen er noch nicht gehört worden ist, und soweit es auf Grund des nachträglichen Vorbringens die Beschwerde für begründet erachtet, II 3 in Verbindung mit § 311 III StPO.

Im Fall einer Abhilfeentscheidung erläßt das Gericht einen erneuten Beschluß nebst Begründung und stellt ihn den Beteiligten förmlich zu. Gegen diesen Beschluß ist wiederum sofortige Beschwerde zulässig, II 3 in Verbindung mit §§ 304 ff StPO.

e) Prüfungsumfang. Das Beschwerdegericht prüft in den Grenzen der Beschwerdeanträge die Angelegenheit von Amts wegen im vollen Umfang und nach allen Richtungen.

f) Entscheidung. Das Beschwerdegericht entscheidet durch einen Beschluß. Er ist grundsätzlich zu begründen, auch wenn eine weitere Beschwerde nicht zulässig ist, h, BLAH § 329 ZPO Anm 1 Ab. Die Entscheidung ergeht gebührenfrei, soweit das Gericht der sofortigen Beschwerde stattgibt. Soweit eine Verwerfung oder Zurückweisung erfolgt, entsteht eine Gebühr von 15 DM, KV 1673. Eine Erstattung außergerichtlicher Kosten findet nicht statt. Das Beschwerdegericht teilt seine Entscheidung den Beteiligten formlos mit.

g) Nachträgliche Änderung. Es gelten dieselben Regeln wie bei a–f.

h) Weitere Beschwerde. Eine weitere Beschwerde ist nicht statthaft, II 3 in Verbindung mit § 310 II StPO.

D. Änderung der Verhältnisse. Soweit nicht das Beschwerdegericht gemäß II 3 in Verbindung mit § 311a StPO nachträgliche Entscheidungen zu treffen hat, C g, ist auf Grund einer Verbesserung der Vermögenslage des Beschuldigten nach der Beendigung der Tätigkeit des bestellten Anwalts kein neuer Antrag nach II 1 Hs 2 und daher auch keine abweichende Entscheidung zulässig, KG JR **67**, 349, aM insofern GSEM 11, RS 24. Der Beschuldigte ist im Fall einer Verschlechterung seiner Vermögensverhältnisse gegenüber einem vom Anwalt auf Grund der Feststellung nach II 1 Hs 2 im Gebührenprozeß erwirkten rechtskräftigen Urteil auf den dortigen Vollstreckungsschutz angewiesen, insofern ebenso GSEM 11, ferner Schueler AnwBl **60**, 87, SchGei 19; **aM** RS 24 (er wendet in einem solchen Fall § 323 ZPO entsprechend an).

3) Verjährung, III. Vgl zunächst Anm 2 B b. Die zweijährige Verjährungsfrist nach §§ 196 I Z 15, 201 BGB, BGH **86**, 101, Hamm AnwBl **85**, 155 mwN, beginnt, abweichend von § 16, erst mit dem Schluß desjenigen Jahres, in dem die das Verfahren abschließende Entscheidung rechtskräftig wurde oder in dem beim Fehlen einer solchen Entscheidung das Verfahren aus irgendeinem Grund endet, wenn auch nur faktisch, III 1. Die Verjährungsfrist beginnt also nicht schon mit der Beendigung des Rechtszugs. III 1 ist auch dann anwendbar, wenn sich der Auftrag schon im Laufe des Verfahrens erledigt.

Eine Hemmung tritt nicht dadurch ein, daß der Anwalt keinen Antrag stellt oder daß das Gericht über den Antrag noch nicht entschieden hat. Der Anwalt muß also den Antrag rechtzeitig stellen, insbesondere dann, wenn noch Ermittlungen notwendig sind. Die Verjährungsfrist wird nicht durch die Antragstellung unterbrochen.

III ist bei einer Wahlverteidigung unanwendbar, BGH **86**, 102.

Anrechnung, Rückzahlung

101 **I Vorschüsse und Zahlungen, die der Rechtsanwalt vor oder nach der gerichtlichen Bestellung für seine Tätigkeit in der Strafsache von dem Beschuldigten oder einem Dritten nach dieser Gebührenordnung oder auf Grund einer Vereinbarung erhalten hat, sind auf die von der Staatskasse zu zahlenden Gebühren**

anzurechnen. Hat der Rechtsanwalt von dem Beschuldigten oder einem Dritten Zahlungen empfangen, nachdem er Gebühren aus der Staatskasse erhalten hat, so ist er zur Rückzahlung an die Staatskasse verpflichtet.

II Die Anrechnung oder Rückzahlung unterbleibt, soweit der Rechtsanwalt durch diese insgesamt weniger als den doppelten Betrag der ihm nach den §§ 97 und 99 zustehenden Gebühr oder Pauschvergütung erhalten würde.

III Vorschüsse und Zahlungen, die für die Anrechnung oder die Pflicht zur Rückzahlung nach den Absätzen 1 und 2 von Bedeutung sind, hat der Rechtsanwalt der Staatskasse anzuzeigen.

Schrifttum: Rauer, Ist die vom Pflichtverteidiger unterlassene Mitteilung an die Staatskasse (§ 101 III BRAGO) strafbar?, Festschrift für Schmidt (1981) 143.

1) Allgemeines. Die Vorschrift enthält zwingende Regeln. Der Anwalt kann sie nicht durch eine Sondervereinbarung ausschließen. Daher ist auch eine Vereinbarung unwirksam, nach der der Anwalt einen Betrag, den ihm der Beschuldigte oder ein Dritter gezahlt hat, an diesen zurückzahlen müsse, soweit die Staatskasse eine Zahlung an den Anwalt leistet.

2) Anrechnung, Rückzahlung, I. A. Vorschuß, Zahlung. Die Vorschrift umfaßt jede Art von Vorschuß oder Zahlung, die der Anwalt erhalten hat. Der Barzahlung steht die Überweisung, die Hergabe eines Schecks usw gleich.

B. Vom Beschuldigten oder Dritten. In Betracht kommt jede Leistung einer dieser Personen. Es reicht zB aus, daß der Ehegatte des Beschuldigten für diesen oder daß ein erstattungspflichtiger Dritter oder daß der Gegner des Beschuldigten in einer Privatklagesache gezahlt hat. Wegen einer Selbstverteidigung des Anwalts § 1 Anm 3 A c dd.

C. Vor oder nach der Bestellung. Es ist für die Anrechenbarkeit oder die Rückzahlungspflicht unerheblich, ob der Anwalt den Vorschuß oder die Zahlung vor oder nach seiner gerichtlichen Bestellung erhalten hat. Es ist auch unerheblich, ob die Leistung auf Grund einer Gebührenvereinbarung nach § 3 BRAGO oder auf Grund der gesetzlichen Zahlungspflicht erfolgt ist. Anrechenbar und rückzahlbar ist auch ein Betrag, den der Beschuldigte oder ein Dritter nach einer Festsetzung gemäß § 100 II gezahlt hat.

D. Tätigkeit in der Strafsache. Der Vorschuß oder die Zahlung müssen gerade wegen der Tätigkeit des Anwalts in der Strafsache erfolgt sein. Es findet also keine Anrechnung solcher Gebühren statt, die der Anwalt für eine Tätigkeit erhalten hat, die durch eine Gebühr nach § 97 nicht abgegolten wird, Mü Rpfleger **79**, 354 mwN.

Anrechenbar sind zB: Ein Vorschuß, den der Anwalt für seine Reiseunkosten als Verteidiger erhalten hat, GSEM 2, aM Stgt Rpfleger **79**, 78 (aber auch eine Reise ist eine Tätigkeit in der Strafsache); eine Zahlung des Auftraggebers für einen Antrag auf eine Wiederaufnahme. Denn das Verfahren zur Entscheidung über die Begründetheit des Wiederaufnahmegesuchs, § 370 StPO, ist durch die Bestellung zum Verteidiger mit umfaßt.

Nicht anrechenbar sind zB: Eine Zahlung, die der Auftraggeber dem Anwalt für dessen Tätigkeit in einer anderen Instanz, GSEM 3, oder für eine Tätigkeit leistet, die durch eine Gebühr nach § 97 nicht abgegolten wird, Mü Rpfleger **79**, 354 mwN, etwa für die Geltendmachung eines vermögensrechtlichen Anspruchs nach § 89 oder für ein Gnadengesuch nach § 93, Mü JB **79**, 860.

Der zunächst als Wahlverteidiger und anschließend in derselben Sache als Pflichtverteidiger tätige Anwalt kann für dieselbe Instanz höchstens den Betrag beanspruchen, den er als Wahlverteidiger verlangen könnte, GSEM 9, aM Hamm JB **79**, 71.

E. Anrechnung, Rückzahlung. a) Anrechnung, I 1. Soweit die Staatskasse noch nicht gezahlt hat, verringert sich ihre Zahlungspflicht um den Vorschuß oder die Zahlung, die der Anwalt erhalten hat.

b) Rückzahlung, I 2. Soweit die Staatskasse in demjenigen Zeitpunkt, in dem der Vorschuß oder die Zahlung des Beschuldigten oder des Dritten beim Anwalt eingingen, bereits gezahlt hatte, ist der Anwalt zur Rückzahlung an die Staatskasse verpflichtet. Maßgeblich ist im Fall der Überweisung usw die Gutschrift auf dem Konto des Anwalts.

3) Unterbleiben der Anrechnung oder Rückzahlung, II. A. Grundsatz. II enthält eine Abweichung von der Regelung des § 129. Nach der letzteren Vorschrift ist ein Vorschuß oder eine Zahlung, die der im Weg der Prozeßkostenhilfe beigeordnete Anwalt von seinem Auftraggeber oder einem Dritten vor oder nach der Beiordnung erhalten hat, zunächst auf diejenige Vergütung anzurechnen, für die der Anwalt einen Anspruch gegen die Staatskasse nicht oder nur unter den Voraussetzungen des § 124 hat. Demgegenüber erfolgt eine Anrechnung nach I auf jede von der Staatskasse zu leistende oder geleistete Zahlung. Die Anrechnung erfolgt auch nicht nur auf die Regelgebühr der in den §§ 83–86, 90–92, 94, 99 erhöhte Gebühr.

II beläßt dem Anwalt aber in einem bestimmten Umfang den Vorteil der besonderen Zahlung des Beschuldigten oder eines Dritten.

B. Berechnung. Die Anrechnung unterbleibt insoweit, als der Anwalt durch eine Anrechnung insgesamt weniger als den doppelten Betrag nach §§ 97, 99 erhalten würde.

Beispiel: Der gerichtlich bestellte Verteidiger hat gemäß § 97 I 1 in Verbindung mit § 83 I Z 1 einen Anspruch in Höhe von 560 DM (vierfacher Mindestbetrag). Der Auftraggeber hat ihm 1500 DM gezahlt. Von diesen 1500 DM braucht sich der Anwalt auf seinen Zahlungsanspruch gegen die Staatskasse nur 380 DM anrechnen zu lassen. Denn es bleiben ihm zweimal 560 = 1120 DM anrechnungsfrei.

4) Anzeigepflicht, III. A. Grundsatz. Der Anwalt hat die Rechtspflicht, jeden Vorschuß und jede Zahlung, die für die Anrechenbarkeit oder die Rückzahlungspflicht von Bedeutung sind, von sich aus unverzüglich der Staatskasse vollständig und wahrheitsgetreu anzuzeigen. Dabei hat er eine großzügig zu bemessende Frist, Rauer Festschrift für Schmidt (1981) 152. Soweit er eine Gebührenfestsetzung nach § 98 beantragt, muß er den erhaltenen Vorschuß usw in die von ihm herzustellende Kostenberechnung einsetzen. Er darf die Anzeige nur dann unterlassen, wenn offensichtlich eine Anrechnung nicht in Betracht kommt. Dabei muß man im Fall einer über die Pflichtverteidigung hinausgehenden Auftragstätigkeit des Anwalts zunächst eine etwaige Vertragsabrede über die Verrechnung beachten, soweit diese nicht nach I 1 unwirksam ist, Anm 1, und hilfsweise § 366 BGB anwenden, vgl Schmidt JVBl **69**, 203; in solchen Fällen ist keineswegs automatisch jeder Vorschuß usw auch aus der Zeit der Wahlverteidigung anzugeben, aM Hbg MDR **87**, 255 (aber der Anwalt hat auch sonst eigene Prüfungsaufgaben, zB bei § 12).

Wenn sich nachträglich herausstellt, daß seine Kostenberechnung nach § 97 zu hoch war, muß er die Anzeige nachholen. Dasselbe gilt dann, wenn er für seine Tätigkeit in der Strafsache nachträglich einen Vorschuß oder eine Zahlung vom Beschuldigten oder einem Dritten erhält, I 2.

Die Anzeigepflicht besteht gegenüber der Staatskasse im Sinn von § 103 I.

Zur Entgegennahme der Anzeige ist der Urkundsbeamte der Geschäftsstelle bzw Rechtspfleger zuständig, GSEM 4, aM Rauer Festschrift für Schmidt (1981) 151 (zuständig sei der Prüfungsbeamte bzw Bezirksrevisor). Der zuständige Beamte muß bei der Gebührenfestsetzung nach § 98 den anzurechnenden Betrag berücksichtigen. Soweit die Staatskasse schon gezahlt hatte, muß er die bisherige Gebührenberechnung ergänzen, so daß sich ergibt, welchen Betrag der Anwalt zurückzahlen soll.

B. Rechtsbehelf. Die Feststellung der Anrechenbarkeit unterliegt in jedem Fall dem Erinnerungsverfahren nach § 98 II.

Privatklage, Nebenklage, Klageerzwingungsverfahren

102 Für die Gebühren des Rechtsanwalts, der dem Privatkläger, dem Nebenkläger oder dem Antragsteller im Klageerzwingungsverfahren oder sonst beigeordnet worden ist, gelten die Vorschriften der §§ 97 bis 101 sinngemäß.

1) Beiordnung. Die Beiordnung erfolgt nur im Weg der Prozeßkostenhilfe, §§ 114ff ZPO entsprechend, auch § 117 II–IV ZPO, LG Duisb AnwBl **80**, 124, und zwar für den Privatkläger nach § 379 III StPO, für den Nebenkläger nach § 397a StPO, im Klageerzwingungsverfahren nach § 172 III 2 Hs 2 StPO. Der Privatkläger und der Nebenkläger können einen Revisionsantrag oder einen Antrag auf die Wiederaufnahme des Verfahrens wirksam nur durch einen Anwalt stellen, § 390 II StPO. Der Verletzte kann ein Klageerzwingungsverfahren wirksam nur durch einen Anwalt beantragen, § 172 III 2 Hs 1 StPO.

Die Beiordnung erfolgt für jede Instanz besonders. Über einen Antrag auf eine Beiordnung zum Zweck der Einlegung und Rechtfertigung einer Revision entscheidet das Berufungsgericht, BayObLGSt **54**, 3.

Soweit der Beschuldigte Widerkläger ist, kann das Gericht auch ihm einen Anwalt beiordnen, allerdings nur wegen der Widerklage; im übrigen kommt nur eine Bestellung nach § 140 StPO in Betracht. Eine sonstige Beiordnung ist zB für den Einziehungsbeteiligten statthaft, § 434 II StPO, vgl § 95 Anm 1.

Da der beigeordnete Anwalt ProzBev ist, genügt in diesem Fall nicht die bloße Beiordnung. Vielmehr muß ein wirksamer Auftrag des Privatklägers, Nebenklägers oder Verletzten hinzukommen, Grdz 3 D vor § 1. Soweit ein solcher Auftrag fehlt, kommen als Anspruchsgrundlage freilich auch eine Geschäftsführung ohne Auftrag, §§ 677 ff BGB, oder eine ungerechtfertigte Bereicherung, §§ 812 ff BGB, in Betracht, GSEM 2, SchGei 2.

2) Anwendbare Vorschriften. Obwohl es sich um eine Beiordnung im Weg der Prozeßkostenhilfe handelt, Anm 1, gelten nicht §§ 121 ff voll, sondern §§ 97–101 entsprechend und daher über § 97 II, IV auch §§ 126 I 1, II, 127 I. § 126 ZPO mit seinem Beitreibungsrecht des beigeordneten Anwalts gegenüber dem Prozeßgegner ist also anwendbar, vgl (zum alten Recht) Hbg Rpfleger **75**, 320. Auch der beigeordnete Anwalt erhält unter anderem die Vorverfahrensgebühr, § 97 III, allerdings wegen der Zeitschranken des § 395 I StPO aF, soweit sie noch gilt, BGBl **87**, 1132 FN, nicht als Vertreter des (ja erst zukünftigen) Nebenklägers.

Diese Frage ist **streitig. Wie hier** zB Oldb JB **79**, 1171; **aM** zB Hamm AnwBl **85**, 321, Schlesw SchlHA **86**, 16 je mwN.

Der beigeordnete Anwalt erhält ferner die Gebühr für eine mehrtägige Verhandlung, §§ 83 II, 85 II, 86 II. Ferner ist eine besondere Gebühr bei einer Strafsache besonderen Umfangs nach § 99 möglich. Soweit der beigeordnete Anwalt mehrere Auftraggeber vertritt, ist § 6 anwendbar. Soweit er von einem in die Kosten verurteilten Beschuldigten eine Zahlung erhält, muß er sie sich anrechnen lassen, § 101, nicht § 129. Im Klageerzwingungsverfahren erhält der beigeordnete Anwalt gemäß § 97 I 1 die Mindestgebühr des § 91 Z 2.

Der beigeordnete Anwalt erhält keine Gebühr für eine Einziehung, § 88, oder für die Geltendmachung eines vermögensrechtlichen Anspruchs, § 89.

Ein Anspruch für eine zurückliegende Tätigkeit setzt eine rückwirkende Beiordnung voraus, Zweibr Rpfleger **84**, 203.

Der dem Nebenkläger beigeordnete Anwalt kann Wahlanwaltskosten nur insoweit festgesetzt erhalten, als sie die Pflichtanwaltskosten übersteigen, Mü **KR** § 471 StPO (B) Nr 88.

Bundeskasse, Landeskasse

103 **I Staatskasse im Sinne dieser Vorschriften ist die Bundeskasse, wenn ein Gericht des Bundes, die Landeskasse, wenn ein Gericht des Landes den Rechtsanwalt bestellt oder beigeordnet hat.**

II Hat zuerst ein Gericht des Bundes und sodann ein Gericht des Landes den Rechtsanwalt bestellt oder beigeordnet, so zahlt die Bundeskasse die Vergütung, die der Rechtsanwalt während der Dauer der Bestellung oder Beiordnung durch das Gericht des Bun-

des verdient hat, die Landeskasse die dem Rechtsanwalt darüber hinaus zustehende Vergütung. Dies gilt sinngemäß, wenn zuerst ein Gericht des Landes und sodann ein Gericht des Bundes den Rechtsanwalt bestellt oder beigeordnet hat.

1) Allgemeines. Die Vorschrift regelt, welche Kasse dem gerichtlich bestellten oder beigeordneten Anwalt Gebühren und Auslagen zu zahlen hat. Die Kasse braucht keineswegs demselben Gericht zuzugehören, dessen Urkundsbeamter die Vergütung festgesetzt hat, § 98 I.

§ 103 nennt auch diejenige Kasse, an die der Anwalt nach § 101 eine Rückzahlung zu leisten oder eine Mitteilung zu richten hat.

2) Staatskasse, I. Es kommt für die Zuständigkeit darauf an, welches Gericht den Anwalt bestellt oder beigeordnet hat, also nicht darauf, vor welchen Gerichten der Bestellte oder Beigeordnete tätig geworden ist. Soweit ein Bundesgericht tätig wurde, ist die Bundeskasse zuständig, im übrigen die Landeskasse.

3) Bestellung oder Beiordnung durch mehrere Gerichte, II. Soweit zunächst ein Gericht des Bundes und anschließend ein Gericht des Landes den Anwalt bestellt oder beigeordnet hat, kommen unterschiedliche Zahlstellen in Betracht. Maßgeblich ist, welche Vergütung der Anwalt bereits durch die Tätigkeit bei demjenigen Gericht verdient hatte, das ihn bestellt oder beigeordnet hat. Es kommt also darauf an, welche Gebühren bereits durch jene Tätigkeit des Anwalts entstanden sind und welchen Umfang der Tätigkeit sie abgelten.

Diese Gebühren trägt diejenige Kasse, deren Gericht beigeordnet hat. Das nach einer Verweisung entstandene Mehr an Gebühren zahlt diejenige Kasse, an deren Gericht die Sache nunmehr gekommen ist.

Bei Auslagen entscheidet der Zeitpunkt der Entstehung.

II 2 schafft die entsprechende Regelung für den Fall, daß zunächst ein Gericht eines Landes und sodann ein Gericht des Bundes eine Bestellung oder Beiordnung vorgenommen hatten.

Soweit zunächst ein Gericht des einen Bundeslandes, sodann ein Gericht eines anderen Bundeslandes die Bestellung oder Beiordnung vorgenommen hatten, ist II entsprechend anwendbar, GSchm 3.

Siebenter Abschnitt. Gebühren in Bußgeldverfahren

Verwaltungsstrafverfahren

104 (weggefallen)

Bußgeldverfahren

105 **I Im Bußgeldverfahren vor der Verwaltungsbehörde und dem sich anschließenden Verfahren bis zum Eingang der Akten bei Gericht erhält der Rechtsanwalt als Verteidiger die Hälfte der Gebühr des § 83 Abs. 1 Nr. 3.**

II Im Bußgeldverfahren vor dem Amtsgericht erhält der Rechtsanwalt als Verteidiger die Gebühren des § 83 Abs. 1 Nr. 3.

III Im übrigen gelten die Vorschriften des Sechsten Abschnitts sinngemäß.

Vorbem. I idF Art 3 I Z 22 G vom 9. 12. 86, BGBl 2326, in Kraft seit 1. 1. 87, Art 10, Übergangsrecht § 134. Die „Zwischenlösung" des Art 5 III G vom 7. 7. 86, BGBl 977, die zum 1. 4. 87 in Kraft treten sollte, dort Art 9 I, ist vor ihrem Inkrafttreten aufgehoben worden; das ergibt sich aus Art 8 § 5 Buchstabe b des eben genannten G vom 9. 12. 86.

Gliederung

1) Allgemeines

2) Verfahren vor der Verwaltungsbehörde, I

A. Ermittlungsverfahren
B. Verwarnungsgeld
C. Abgabe an Staatsanwaltschaft
D. Einstellung
E. Bußgeldbescheid
F. Einspruch
G. Weitere Einzelfragen

3) Bußgeldverfahren vor dem Amtsgericht, II

4) Weitere Vorschriften, III

A. Grundsatz
B. Mehrtägige Hauptverhandlung
C. Beschlußverfahren
D. Vorbereitendes Verfahren usw
E. Rechtsbeschwerde
F. Wiederaufnahmeverfahren
G. Einzelne Tätigkeiten
H. Pflichtverteidiger
I. Vollstreckung
J. Weitere Einzelfragen

5) Gebührenhöhe

1) Allgemeines. Das Bußgeldverfahren ist in §§ 35 ff OWiG geregelt. Ob es sich um eine Ordnungswidrigkeit oder um eine Straftat handelt, richtet sich danach, ob das Gesetz die Handlung mit Geldbuße oder mit Strafe bedroht, § 1 OWiG. Soweit das Gesetz beide Rechtsfolgen androht, ist nur das Strafgesetz anwendbar, § 21 I OWiG. Das Strafgericht kann in diesem Fall eine im OWiG angedrohte Nebenfolge anordnen. Es verfolgt die Tat als bloße Ordnungswidrigkeit, falls es keine Strafe verhängt, § 21 II OWiG. Trotz eines Übergangs vom Bußgeld- zum Strafverfahren nach § 81 OWiG liegt in diesem Fall nur eine einzige Angelegenheit im Sinn von § 13 I 1 vor, GSEM 18, Lappe NJW **76**, 1251. Wegen des Übergangs von Straf- (Ermittlungs-) zum Bußgeldverfahren § 84 Anm 2 B.

Es ist gebührenrechtlich maßgebend, ob die Verwaltungsbehörde das Verfahren als Bußgeldverfahren betreibt, nicht, ob das Verhalten des Betroffenen auch in Wahrheit (nur) eine Ordnungswidrigkeit ist, GSEM 1, RS 1. Zu diesem Verfahrensabschnitt zählt trotz des irreführenden Gesetzeswortlauts offenbar nahezu das gesamte Vorverfahren der §§ 53–62, 65–66 OWiG, also auch das Verfahren der Polizei, § 105 I OWiG, Lappe NJW **76**, 1251.

§ 105 gilt in Verbindung mit §§ 60 OWiG, §§ 97 ff auch für den von der Verwaltungsbehörde bestellten Verteidiger.

2) Verfahren vor der Verwaltungsbehörde, I. Die Vorschrift umfaßt das gesamte Vorverfahren, Anm 1. Im einzelnen fallen folgende Verfahrensabschnitte unter I:

A. Ermittlungsverfahren. Das Verfahren beginnt mit dem Eingang einer Anzeige oder mit der Aufnahme von Ermittlungen von Amts wegen bei der Polizei, bei einer Verwaltungsbehörde oder bei einer Staatsanwaltschaft, sofern die letztere die Sache wegen des Fehlens eines Straftatverdachts demnächst nach § 43 OWiG an die Verwaltungsbehörde abgibt. Soweit die Staatsanwaltschaft aber die Verfolgung übernimmt, §§ 62, 63 OWiG, entstehen Gebühren wie in einem strafrechtlichen Ermittlungsverfahren.

B. Verwarnungsgeld. Zum Verfahren vor der Verwaltungsbehörde zählt auch die Tätigkeit bis zu dem Zeitpunkt, in dem der Betroffene ein Verwarnungsgeld nach § 56 IV OWiG zahlt.

C. Abgabe an Staatsanwaltschaft. Zum Verfahren vor der Verwaltungsbehörde zählt auch die Tätigkeit bis zu dem Zeitpunkt, in dem die Polizei oder Verwaltungsbehörde die Sache an die Staatsanwaltschaft abgibt, sofern diese das Verfahren übernimmt, § 41 OWiG.

D. Einstellung. Zur Tätigkeit vor der Verwaltungsbehörde zählt ferner der Abschnitt bis zum Zugang einer Einstellungsnachricht wegen Geringfügigkeit, § 47 II OWiG, oder wegen des Fehlens einer Ordnungswidrigkeit mangels Tat, Rechtswidrigkeit, Schuld oder Verfolgbarkeit. Die Beratung des Betroffenen darüber, ob, wann und wie er ein Rechtsmittel gegen einen solchen Bescheid einlegen solle, zählt mit zur Tätigkeit nach I.

E. Bußgeldbescheid. Zur Tätigkeit vor der Verwaltungsbehörde zählt der Abschnitt bis zur Zustellung eines Bußgeldbescheids, §§ 66, 67 OWiG. Die Beratung des Auftraggebers darüber, ob und in welchem Umfang er einen Einspruch einlegen soll, ist noch durch I mit abgegolten, vgl § 87 Anm 1.

Das ist **unstreitig,** zB LG Limburg AnwBl **77**, 277, LG Lüneb AnwBl **77**, 424, LG Regensb AnwBl **77**, 228, AG Gemünden AnwBl **77**, 425 mwN, ähnlich Schuster NJW **78**, 1845.

F. Einspruch. Auch die Einlegung des Einspruchs gegen den Bußgeldbescheid, § 67 OWiG, ist bis zum Eingang der Akten beim Gericht nach I zu vergüten, unabhängig davon, ob der Anwalt bereits im vorangegangenen Verfahrensabschnitt als Verteidiger tätig war. Das ergibt sich aus der Neufassung von I. Die bisherigen Streitfragen dazu sind durch diese Neufassung überholt, vgl zur sog „Zwischenlösung" (s Vorbemerkung) Madert AnwBl **86**, 449. Maßgeblich ist der (erste) Posteingangsstempel.

Nach I ist daher unter den genannten Voraussetzungen auch die Tätigkeit im Zwischenverfahren nach § 69 OWiG abgegolten.

Soweit der Anwalt sowohl im Verfahren vor der Verwaltungsbehörde als auch im anschließenden Verfahren bis zum Akteneingang beim Gericht tätig wird, erhält er für diesen Gesamtabschnitt die Vergütung nach I natürlich nur einmal. Die Vergütung nach II kann (nur) für seine etwaige Tätigkeit im späteren Verfahren hinzu treten, Anm 3.

I gilt für die Einlegung des Einspruchs also auch dann, wenn die Tätigkeit des Anwalts als Verteidiger mit dieser Maßnahme erst beginnt, (die aM ist durch die Neufassung von I überholt).

G. Weitere Einzelfragen. Die Gebühr nach I ist eine Pauschgebühr.

Sie gilt die gesamte Tätigkeit des Anwalts ab. Es erfolgt keine Kürzung nach § 84, LG Kleve NJW **71**, 445 (zustm Schmidt). Die Auslagen sind stets gesondert anzusetzen, LG Wuppert JB **78**, 1341. Wegen der Bemessung Anm 5. Es erfolgt keine gerichtliche Festsetzung, § 19 VII.

3) Bußgeldverfahren vor dem Amtsgericht, II. Es entsteht für das Verfahren ab Akteneingang beim Gericht (bis dahin gilt I) eine Gebühr nach § 83 I Z 3, und zwar sowohl im Fall einer mündlichen Hauptverhandlung, § 71 OWiG, als auch im Beschlußverfahren, § 72 OWiG. Denn beide Verfahrensarten sind ein Bußgeldverfahren vor dem AG im Sinn von II, vgl Anm 4, LG Augsb AnwBl **83**, 468, Matzen AnwBl **76**, 159; **aM** LG Wiesb MDR **78**, 424 (abl Schmidt). Die Gebühr nach II kann zu derjenigen nach I hinzutreten, vgl freilich Anm 2 E, F.

Auch für das Bußgeldverfahren vor dem AG gilt III und damit die Verweisung auf den 6. Abschnitt. Die Einlegung eines Rechtsmittels gegen eine Entscheidung des AG, insbesondere die Einlegung der Rechtsbeschwerde nach § 79 OWiG, ist gemäß § 87 einschließlich der ihr vorangehenden Tätigkeit durch die Pauschgebühr nach II abgegolten.

Soweit nicht das AG, sondern die Staatsanwaltschaft das Verfahren nach § 47 I OWiG einstellt, gilt II nicht, LG Augsb AnwBl **83**, 468.

4) Weitere Vorschriften, III. A. Grundsatz. Soweit nicht I, II Sonderregeln enthalten, gelten gemäß III §§ 83ff entsprechend. Daraus ergibt sich im wesentlichen:

B. Mehrtägige Hauptverhandlung. Soweit sich die mündliche Hauptverhandlung vor dem AG über einen Kalendertag hinaus erstreckt, ist § 83 II anwendbar, LG Detmold AnwBl **77**, 42, LG Düss JB **76**, 1081, jetzt auch LG Köln zB AnwBl **77**, 124, GSEM 8; **abw** LG Siegen AnwBl **77**, 40.

C. Beschlußverfahren. § 84 ist nicht auf die Tätigkeit eines Anwalts im Beschlußverfahren nach § 72 OWiG anwendbar. Denn auch ein solches Verfahren ist ein „Bußgeldverfahren vor dem AG" im Sinn von II, vgl Anm 3, insofern abw GSEM (sie wenden III an). Vgl aber D.

D. Vorbereitendes Verfahren usw. § 84 ist entsprechend anwendbar, soweit der Anwalt auch im vorbereitenden Verfahren oder soweit er nur außerhalb der Hauptverhandlung nach § 71 OWiG (aber nicht im Beschlußverfahren nach § 72 OWiG, C) tätig wurde.

Diese Frage ist **streitig. Wie hier** zB LG Coburg JB **77**, 507, LG Köln AnwBl **77**, 124, LG Münst AnwBl **76**, 253, LG Schweinfurt JB **76**, 788, AG Bre AnwBl **77**, 264, insofern jetzt auch Schmidt MDR **78**, 22, AG Freibg AnwBl **82**, 266, AG Krefeld AnwBl **85**, 164 mwN; **aM** zB LG Ffm JB **77**, 1085.

Dabei muß man § 13 II beachten, LG Flensb JB **77**, 234 mwN.

E. Rechtsbeschwerde. Das Rechtsbeschwerdeverfahren vor dem OLG §§ 79, 80 OWiG, beginnt mit der vorbereitenden Tätigkeit des Anwalts zur Einlegung des Rechtsmittels, falls er nicht schon im Verfahren vor dem AG tätig war (dann wäre die Tätigkeit zur Vorbereitung des Rechtsmittels durch die Tätigkeit vor dem AG mit abgegolten, Anm 3). In jedem Fall beginnt das Rechtsbeschwerdeverfahren mit der Einlegung des Rechtsmittels.

Soweit es zu einer mündlichen Hauptverhandlung vor dem OLG kommt, § 79 V 2 OWiG, ist § 86 I Z 2 für den ersten Tag anwendbar, und zwar kommt dort Hs 2 zur Anwendung, also der geringere der beiden Rahmen. Denn man muß das Bußgeldverfahren vor dem AG mit dem erstinstanzlichen Strafverfahren vor dem Strafrichter vergleichen. Für jeden weiteren Verhandlungstag kommt § 86 II Z 2 Hs 2 in Betracht, also wiederum der geringere Rahmen.

Soweit das OLG im Beschlußverfahren nach § 79 V 1 OWiG entscheidet, ist § 86 III in Verbindung mit § 86 I Z 2 Hs 2 anwendbar, Lappe NJW **76**, 1251.

F. Wiederaufnahmeverfahren. Für die Vorbereitung eines Wiederaufnahmeantrags, auch für das Abraten, ihn zu stellen, für die Einreichung eines Antrags und für die Vertretung im Verfahren bis zur Entscheidung über den Wiederaufnahmeantrag ist § 90 in Verbindung mit § 84 I Z 3 entsprechend anwendbar. Da der Antrag kein Rechtsmittel im Sinn von § 87 ist, entsteht die Gebühr auch dann, wenn der Anwalt im vorangegangenen Verfahrensabschnitt bereits als Verteidiger tätig war.

Für das Verfahren im Anschluß an eine Zulassung des Wiederaufnahmeantrags ist II direkt anwendbar, GSEM 13. Denn in diesem Abschnitt ist wiederum das AG zuständig, §§ 85 IV 1, 68 OWiG.

G. Einzelne Tätigkeiten. § 91 ist entsprechend anwendbar. Eine Rechtsbeschwerde entspricht der Revision, vgl E. Im Fall einer Mehrheit von Einzeltätigkeiten ist § 92 anwendbar. Im Fall eines Gnadengesuchs ist § 93 anwendbar. Für die Kostenfestsetzung ist § 96 anwendbar. Allerdings kommt eine Festsetzung der Gebühr des Verteidigers wegen § 19 VII nicht in Betracht. Wegen der Auslagen vgl §§ 106 I 5, 107 III OWiG.

H. Pflichtverteidiger. Eine Pflichtverteidigung kann gemäß §§ 60 OWiG, 140, 141 StPO notwendig sein. In diesem Fall sind §§ 97ff entsprechend anwendbar. Soweit der Anwalt schon vor seiner Beiordnung vor der Verwaltungsbehörde tätig wird, erhält er insoweit die Gebühr nach I, GSEM 16, SchGei 8.

I. Vollstreckung. Soweit die Vollstreckung durch die Verwaltungsbehörde erfolgt, § 92 OWiG, ist § 119 II anwendbar, GSEM 14. Soweit der Anwalt wegen eines Fahrverbots tätig wird, ist § 88 entsprechend anwendbar. Soweit er wegen einer Einziehung oder anderer Nebenfolgen tätig wird, sind §§ 88, 89, 96 I Z 2 entsprechend anwendbar. Soweit er wegen einer Erzwingungshaft nach §§ 96ff OWiG tätig wird, kommt allenfalls eine Einzelgebühr nach § 91 Z 1 (im Fall einer mündlichen Verhandlung nach § 91 Z 2) in Betracht. Im übrigen ist diese Tätigkeit durch § 87 mit abgegolten, so jetzt auch GSEM 15, ferner RS 13, SchGei 12.

J. Weitere Einzelfragen. Ergänzend zu §§ 83ff gelten die allgemeinen Vorschriften, die III keineswegs ausschließt, GSEM 12, also zB: Man kann eine andere Gebühr als die gesetzliche vereinbaren, § 3; im Fall eines bloßen Rats ist § 20 anwendbar. Das gilt auch im Verfahren nach I.

Auslagen sind wie sonst zu ersetzen.

5) Gebührenhöhe. Maßgeblich ist § 12. Vgl schon LG Weiden MDR **74**, 775, AG Siegen Rpfleger **74**, 445. II stellt klar, daß der Verteidiger im

Bußgeldverfahren dieselbe Bestimmungsmethode wie bei einer Strafsache beachten soll.

A. Grundsatz. Ausgangspunkt ist also grundsätzlich die Mittelgebühr des jeweils in Betracht kommenden Rahmens, keineswegs grundsätzlich ein geringerer Betrag. Denn die Sach- und Rechtslage ist durch die Umwandlung der Verkehrsdelikte zu Ordnungswidrigkeiten keineswegs einfach geworden. Eine andersartige Ordnungswidrigkeit weist ohnehin oft einen komplizierten Tatbestand auf, zB so manches „Umweltdelikt".

Im übrigen gibt I die Hälfte des Rahmens des § 83 I Z 3, während II diesen Rahmen voll gibt. Danach ist also bei I von 285 DM, bei II von 570 DM auszugehen.

Diese Frage ist **heftig streitig. Wie hier** zB LG Aschaffenb AnwBl **81**, 34, LG Bochum AnwBl **77**, 79 (abw JB **78**, 251), LG Bonn JB **81**, 1015, LG Detmold AnwBl **77**, 41, LG Duisb AnwBl **77**, 42, LG Ffm AnwBl **77**, 228 (nur im Ergebnis), LG Hagen AnwBl **83**, 46, LG Hanau JB **79**, 1007, LG Kaisersl AnwBl **78**, 75, LG Köln NJW **76**, 2225, LG Kref AnwBl **81**, 207, LG Mü (50.ZK) JB **76**, 791, LG Münster AnwBl **76**, 253, LG Oldb AnwBl **76**, 255, LG Regensb NJW **76**, 1548 und JB **76**, 767, LG Schweinf AnwBl **76**, 179 und JB **76**, 788, AG Augsb AnwBl **85**, 164, AG Bayr JB **80**, 1831, AG Düss MDR **77**, 602, AG Duisb AnwBl **78**, 366, AG Flensb AnwBl **82**, 214, AG Ffm AnwBl **77**, 125, AG Hagen AnwBl **89**, 113, AG Heidelb AnwBl **84**, 275, AG Helmstedt AnwBl **84**, 275, AG Hersbruck AnwBl **81**, 35, AG Köln AnwBl **82**, 267, AG Mainz AnwBl **80**, 43, AG Nienbg AnwBl **82**, 392, AG Saarlouis AnwBl **77**, 428 und AnwBl **81**, 34, AG Spaichingen AnwBl **85**, 165, AG Stgt AnwBl **85**, 165, AG Westerb AnwBl **77**, 428, GSEM 17, Matzen AnwBl **76**, 159, RS § 12 Anm 12, Schmidt, zB VersR **79**, 116, SchGei § 12 Anm 33.

Demgegenüber sind aM zB LG Aachen NJW **76**, 1515, LG Bbg JB **77**, 515, LG Bonn JB **77**, 234, LG Düss NJW **76**, 684, LG Duisb AnwBl **77**, 42 und JB **79**, 727, LG Essen JB **76**, 793, LG Flensb JB **78**, 1652, LG Hann JB **77**, 1385, LG Hof JB **78**, 1544, LG Kassel JB **76**, 1519, LG Karlsr MDR **77**, 251, LG Konst DAR **82**, 405, LG Mü (1.ZK) JB **77**, 231, LG Nürnb-Fürth AnwBl **78**, 365, LG Ravensb MDR **78**, 779 (abl Schmidt), LG Wiesb MDR **78**, 424 (abl Schmidt), LG Würzb JB **77**, 1381 (krit Mümmler), LG Wuppert DAR **81**, 25, AG Düss VersR **85**, 1034, AG Freibg (und andere) JB **76**, 1521, Meyer JB **77**, 913, Mümmler zB JB **77**, 447.

B. Ausnahmen. Freilich kann auch im Fall einer durchschnittlichen Ordnungswidrigkeit im Ergebnis einmal ein Betrag unter dem Mittelwert des einschlägigen Rahmens angemessen sein, LG Essen Rpfleger **73**, 187, LG Flensb JB **76**, 641. Bedeutung hat oft die Eintragung in der Verkehrssünderkartei, AG Rottweil AnwBl **84**, 275, Foraita AnwBl **76**, 641. Baumgärtel VersR **78**, 584 und **79**, 116 (zustm LG Memmingen VersR **79**, 635, abl LG Baden-Baden AnwBl **82**, 267 mwN) schlägt ein Punktesystem vor; dagegen zB LG Tüb AnwBl **80**, 215, AG Hersbruck AnwBl **81**, 35, GSEM 17.

In einer besonders umfangreichen oder schwierigen Bußgeldsache ist § 99 anwendbar. Wegen einer Binnenschiffahrtssache Nürnb JB **77**, 956.

Achter Abschnitt. Gebühren in Verfahren nach dem Gesetz über die innerdeutsche Rechts- und Amtshilfe in Strafsachen

Beistandsleistung

105a **I Der Rechtsanwalt erhält für die Beistandsleistung im Verfahren**
vor der Staatsanwaltschaft die Hälfte der Gebühr des § 83 Abs. 1 Nr. 3,
vor dem Oberlandesgericht oder dem Bundesgerichtshof die Hälfte der Gebühr des § 83 Abs. 1 Nr. 1.

II Im übrigen gelten die Vorschriften des Sechsten Abschnitts sinngemäß.

Vorbem. I idF Art 3 I Z 23 G vom 9. 12. 86, BGBl 2326, in Kraft seit 1. 1. 87, Art 10, Übergangsrecht § 134.

1) Geltungsbereich. Die Tätigkeit des Anwalts nach dem RHG idF vom 18. 10. 74, BGBl 2445, wurde früher nach dessen § 19 vergütet. Seit 1. 1. 81 regelt § 105a die Tätigkeit.

2) Anwendbare Vorschriften, II. Es gelten alle Vorschriften der §§ 83–103 entsprechend, insbesondere § 87 (Pauschgebühr), § 97 (gerichtlich beigeordneter Anwalt), § 99 (Pauschvergütung).

3) Gebührenhöhe, I, II. Die Bemessung der im Einzelfall maßgeblichen Gebühr richtet sich nach § 12. Soweit der Generalstaatsanwalt gemäß § 9 RHG erneut zu entscheiden hat, kann der zuvor im ersten Verfahren tätig gewordene Anwalt die Gebühr neu verdienen, GSEM 6.

Neunter Abschnitt. Gebühren in Verfahren nach dem Gesetz über die internationale Rechtshilfe in Strafsachen

Beistandsleistung

106 **I Für die Beistandsleistung nach den §§ 40, 45 Abs. 6, §§ 53, 61 Abs. 1 Satz 3, §§ 65, 71 Abs. 4 Satz 4 des Gesetzes über die internationale Rechtshilfe in Strafsachen erhält der Rechtsanwalt die Hälfte der Gebühr des § 83 Abs. 1 Nr. 1.**

II Für die Beistandsleistung bei einer mündlichen Verhandlung erhält er die Gebühr des § 83 Abs. 1 Nr. 1. Erstreckt sich die Verhandlung über einen Kalendertag hinaus, so erhält der Rechtsanwalt für jeden weiteren Verhandlungstag die Gebühr des § 83 Abs. 2 Nr. 1.

Vorbem. Fassg Art 3 I Z 24 G vom 9. 12. 86, BGBl 2326, in Kraft seit 1. 1. 87, Art 10, Übergangsrecht § 134.

1) Allgemeines. Bei einer Auslieferungssache handelt es sich um kein eigentliches Strafverfahren, sondern um ein Verfahren eigener Art, BGHSt **2**, 44. § 106 bezieht sich nur auf die Beistandsleistung bei einer Auslieferung, Weiterlieferung, Durchlieferung, bei der Herausgabe von Gegenständen als Beweismittel usw nach den in I genannten Vorschriften des IRG.

Im Verfahren nach dem Gesetz über die innerdeutsche Rechts- und Amtshilfe in Strafsachen gelten nicht §§ 106–108, sondern gilt § 105a.

Gebühren für andere Tätigkeiten für den Beschuldigten oder für einen Einziehungsinteressenten, insbesondere bei einer Rechtshilfehandlung nach §§ 48ff IRG, regeln §§ 91, 92, 95, für Zeugen und Sachverständige § 118. § 106 gilt nur für den zum Beistand gewählten Anwalt; für den bestellten gilt § 107. § 106 ist auf den zum Beistand gemäß § 40 IRG gewählten Hochschullehrer nur im Fall einer Vereinbarung anwendbar, GSEM 2. Ergänzend sind die allgemeinen Vorschriften heranzuziehen, insbesondere ist § 6 bei einer Mehrheit von Auftraggebern anwendbar, § 6 Anm 2 A, sofern es sich um ein einheitliches Verfahren handelt; bei verschiedenen Verfahrenszielen entstehen getrennte Gebühren, GSEM 11. Eine Überschreitung des Gebührenrahmens gemäß § 88 S 2 tritt bei Herausgabeinteressenten nicht ein, GSEM 14, RS 6.

Die Gebühren sind Rahmengebühren, § 12, und haben Pauschcharakter, § 108. Sie entstehen sowohl dann, wenn der Anwalt anstelle des Verfolgten oder Beteiligten, also als sein Vertreter, oder neben ihm auftritt, GSEM 5.

2) Verfahrensgebühr, I. Die Gebühr entsteht mit jeder Tätigkeit, die der Anwalt zur Ausführung des Auftrags vornimmt, also schon mit der Aufnahme der Information. Sie gilt die Tätigkeit im gesamten Verfahren bis zu seiner Beendigung ab, also auch folgende Tätigkeiten: Die Akteneinsicht; der schriftliche oder mündliche Verkehr mit dem Verfolgten oder mit anderen Beteiligten, im Fall der Herausgabe eines Gegenstands also mit jedem, der ein Recht am Gegenstand geltend macht, § 38 IV IRG; die schriftliche oder mündliche Verhandlung mit einer Behörde; die Einreichung eines Schriftsatzes; eine Beistandsleistung gegenüber dem BGH nach § 42 IRG.

Der Anwalt verdient die Gebühr nach I grundsätzlich (wegen § 20 vgl unten) auch dann, wenn der Verfolgte ihn nur mit einer Einzeltätigkeit, zB mit der Erhebung eines Einwands gegen einen Haftbefehl beauftragt hat oder wenn er lediglich die mündliche Verhandlung vor dem OLG vorbereitet hat, zu der es dann aus einem beliebigen Grund nicht kommt. In diesem Fall tritt also keine Ermäßigung nach § 84 ein, wohl aber muß man den geringeren Arbeitsumfang im Rahmen des § 12 berücksichtigen.

Im Fall der mündlichen Verhandlung vor dem OLG, §§ 30ff IRG, tritt die Gebühr nach II zu derjenigen nach I hinzu, Anm 3.

Bei einem bloßen Rat entsteht lediglich eine Gebühr nach § 20 I 2. Sie ist im Fall des späteren Beistandsauftrags anzurechnen, § 20 I 3.

3) Verhandlungsgebühr, II. Die Gebühr nach II tritt neben diejenige nach I, und zwar auch dann, wenn der Verfolger den Auftrag nur für die Vertretung in der mündlichen Verhandlung erteilt hat. Für die Beistandsleistung in der mündlichen Verhandlung entsteht also eine weitere Gebühr. Sie erhöht sich für jeden weiteren Verhandlungstag, § 83 Anm 3. Das gilt auch im Fall einer Vertagung während der Verhandlung. Bei einer Vertagung vor dem Beginn der Verhandlung entsteht allerdings zunächst keine Verhandlungsgebühr; sie entsteht dann erst mit der Beistandsleistung im neuen Verhandlungstermin, GSEM 10. II kommt auch im Fall einer Anordnung einer neuen Verhandlung, § 33 IRG, in Betracht, GSEM 10, vgl § 108 Anm 2.

Es reicht aus, daß der Anwalt in der Verhandlung anwesend ist, § 83 Anm 2 B. Die Verhandlung beginnt mit der Erörterung der Sache.

Für die bloße Mitwirkung bei einer Vernehmung außerhalb der mündlichen Verhandlung oder bei einer anderen Beweiserhebung außerhalb der mündlichen Verhandlung entsteht keine Verhandlungsgebühr nach II.

4) Kostenerstattung. Eine Erstattung der notwendigen Auslagen des Verfolgten im Verfahren nach dem IRG ist nicht statthaft, Hbg NJW **80**, 1239, GSEM 16, abw Kblz MDR **83**, 691.

Bestellter Rechtsanwalt

107 **I Ist der Rechtsanwalt gerichtlich bestellt worden (§ 31 Abs. 2 Satz 3, § 33 Abs. 3, § 36 Abs. 2 Satz 2, § 40 Abs. 2, § 45 Abs. 6, § 52 Abs. 2 Satz 2, § 53 Abs. 2, §§ 65, 71 Abs. 4 Satz 5 des Gesetzes über die internationale Rechtshilfe in Strafsachen), so erhält er anstelle der gesetzlichen Gebühr das Vierfache der in § 106 bestimmten Mindestbeträge aus der Staatskasse, jedoch nicht mehr als die Hälfte des Höchstbetrages.**

II § 97 Abs. 2 und 4, § 98 Abs. 1, 2 und 4 sowie die §§ 99, 101 und 103 gelten sinngemäß. In den Fällen der Bestellung für Verfahren nach den §§ 53, 71 Abs. 4 Satz 5 des Gesetzes über die internationale Rechtshilfe in Strafsachen gilt § 98 Abs. 3 sinngemäß.

1) Allgemeines. Das Gericht bestellt in einem Auslieferungsverfahren in den in I genannten Fällen von Amts wegen gemäß § 40 II IRG einen Anwalt, soweit der Verfolgte noch keinen Anwalt mit seiner Vertretung beauftragt hatte. Soweit das Gericht auch in einer Durchlieferungssache oder in einem sonstigen Fall einen Anwalt bestellt, § 45 VI IRG, ist § 107 anwendbar, ohne daß man wegen der Kostenfragen prüfen darf, ob das Gericht die Beiordnung rechtmäßig vorgenommen hat.

Soweit ein sog Notanwalt beigeordnet ist, ist § 107 ebenfalls anwendbar, aM GSEM 2 (aber auch das Nichtfinden eines Anwalts führt zur Nichtbeauftragung).

2) Gebühr, I. Die Vorschrift ist ebenso wie § 97 I 1 aufgebaut; vgl dort Anm 2 G. Freilich ist Ausgangswert der in § 106 I, II jeweils genannte Mindestbetrag.

Es handelt sich um eine Pauschgebühr, § 108. Der Gebührenanspruch entsteht mit der Bestellung. Er entsteht, sobald der bestellte Anwalt für den Verfolgten irgendeine Tätigkeit vorgenommen hat. Im Fall der Bestellung für mehrere Verfolgte tritt eine Erhöhung um die Hälfte ein, § 6 I 3. Vgl im übrigen Anm 3.

3) Anwendbare Vorschriften, II. Der Anwalt erhält einen Auslagenersatz, auch einen Vorschuß auf seine Auslagen, § 97 II, IV. Die Festsetzung seiner Gebühren erfolgt durch den Urkundsbeamten der Geschäftsstelle, GSEM 7, nach § 98 I, II, IV. Über eine Erinnerung entscheidet grundsätzlich der Vorsitzende des Senats des OLG endgültig, denn II nennt § 98 III nur für die Fälle der §§ 53, 71 IV 5 IRG (Beistandsleistung bei der Abwehr der Vollstreckung eines ausländischen Erkenntnisses); nur in den letzteren ist gegen die Entscheidung des Vorsitzenden im Erinnerungsverfahren die Beschwerde an den BGH zulässig, vgl zum Beschwerdeverfahren § 98 Anm 4. Bei einer Sache mit besonderem Umfang ist eine Erhöhung der Gebühr nach III zulässig, § 99.

§ 100 ist nicht anwendbar. Da das Gericht den Anwalt nicht im Weg einer Prozeßkostenhilfe, sondern nach dem IRG bestellt hat, ist § 3 IV unanwendbar. Infolgedessen ist eine Gebührenvereinbarung zulässig. In diesem Fall findet aber eine Anrechnung nach § 101 statt. Auch § 103 ist anwendbar.

4) Kostenerstattung. Der Verfolgte kann die aus der Staatskasse gezahlten Beträge nicht zurückfordern, GSEM 10.

Pauschgebühren

108 Durch die in den §§ 106 und 107 bestimmten Gebühren wird die gesamte Tätigkeit des Rechtsanwalts in dem jeweiligen Verfahren abgegolten. Hierzu gehören auch die Anfertigung und Unterzeichnung von Anträgen und Erklärungen an die beteiligten Behörden.

1) Allgemeines. Die Vorschrift stellt den Pauschcharakter nur für die Gebühren nach §§ 106, 107 fest. In diesen Fällen gilt die jeweilige Gebühr die gesamte Tätigkeit des Anwalts ab, auch Einzeltätigkeiten.

Demgegenüber bezieht sich § 108 nicht auf eine Vergütung des Anwalts für eine Tätigkeit, die außerhalb einer Beistandsleistung nach dem IRG liegt. Vgl insofern § 106 Anm 1.

2) Beendigung des Rechtszuges. Es kommt darauf an, ob das Ersuchen zurückgenommen oder abgelehnt, GSEM 2, oder ob die Auslieferung, Weiterlieferung, Durchlieferung, Herausgabe der Gegenstände usw durchgeführt ist. Soweit das der Fall war, stellt eine anschließende Tätigkeit des Anwalts eine neue Angelegenheit dar und löst demgemäß neue Gebühren aus. Dieser Fall kann bei § 35 IRG eintreten. Denn dann handelt es sich um die Zustimmung zur Strafverfolgung, Strafvollstrekkung oder Weiterlieferung wegen einer Tat, für die die Auslieferung nicht bewilligt wurde. Das frühere Auslieferungsverfahren ist bereits abgeschlossen, GSEM 2.

Im Fall eines Nachprüfungsverfahrens nach § 33 I oder II IRG wird dasselbe Gericht nochmals tätig, weil Umstände eingetreten sind, die es als zweifelhaft erscheinen lassen, ob die Voraussetzungen der Auslieferung vorliegen. Es handelt sich also um dasselbe Verfahren. Deshalb entstehen insofern keine neuen Gebühren, auch keine neue Verhandlungsgebühr, allenfalls eine Zusatzgebühr wegen eines weiteren Verhandlungstags nach § 106 II 2, § 106 Anm 3, GSEM 2, RS 2, aM Willenbücher 4 (er meint, es sei eine neue Verhandlungsgebühr entstanden, da das Gericht eine neue Verhandlung angeordnet habe; vgl aber § 13 II 1). Freilich muß man den (erweiterten) Umfang der Anwaltstätigkeit nach § 12 berücksichtigen.

Zehnter Abschnitt. Gebühren im Disziplinarverfahren, im Verfahren nach der Wehrbeschwerdeordnung vor den Wehrdienstgerichten, im ehren- und berufsgerichtlichen Verfahren, bei der Untersuchung von Seeunfällen und bei Freiheitsentziehungen

Disziplinarverfahren

109 I Im Disziplinarverfahren gelten nach Maßgabe der Absätze 2 bis 8 die Vorschriften des Sechsten Abschnitts sinngemäß.

II Der Rechtsanwalt erhält als Verteidiger im förmlichen Disziplinarverfahren einschließlich des vorangegangenen Verfahrens folgende Gebühren:
1. Im ersten Rechtszug 100 bis 1240 Deutsche Mark,
2. im zweiten Rechtszug 110 bis 1480 Deutsche Mark,
3. im dritten Rechtszug 140 bis 2060 Deutsche Mark.

III Erstreckt sich die Hauptverhandlung über einen Kalendertag hinaus, so erhält der Rechtsanwalt für jeden weiteren Verhandlungstag in den Fällen des Absatzes 2
Nr. 1 100 bis 620 Deutsche Mark,
Nr. 2 110 bis 730 Deutsche Mark,
Nr. 3 140 bis 1030 Deutsche Mark.

IV Im Verfahren vor den Dienstvorgesetzten einschließlich Verfahren der Beschwerde erhält der Rechtsanwalt, der nicht auch Verteidiger im förmlichen Disziplinarverfahren ist, eine Gebühr von 60 bis 730 Deutsche Mark.

V Im Verfahren auf gerichtliche Entscheidung über die Disziplinarverfügung erhält der Rechtsanwalt als Verteidiger eine Gebühr von 40 bis 530 Deutsche Mark. Erstreckt sich die mündliche Verhandlung oder Beweiserhebung über einen Kalendertag hinaus, so erhält der Rechtsanwalt für jeden weiteren Tag eine Gebühr von 40 bis 530 Deutsche Mark.

VI Im Verfahren über die Beschwerde gegen die Nichtzulassung der Revision erhält der Rechtsanwalt eine Gebühr von 70 bis 1030 Deutsche Mark.

VII Im Verfahren auf Abänderung oder Neubewilligung eines Unterhaltsbeitrages erhält der Rechtanwalt eine Gebühr von 40 bis 530 Deutsche Mark.

VIII Im Verfahren vor dem Dienstvorgesetzten und im gerichtlichen Verfahren über die nachträgliche Aufhebung einer Disziplinarmaßnahme erhält der Rechtsanwalt jeweils eine Gebühr von 30 bis 410 Deutsche Mark.

Vorbem. II–VIII idF Art 3 I Z 25 G vom 9. 12. 86, BGBl 2326, in Kraft seit 1. 1. 87, Art 10, Übergangsrecht § 134.

1) Allgemeines. Zu den Disziplinarverfahren zählen die Verfahren nach der Bundesdisziplinarordnung vom 20. 7. 67, BGBl 750, zuletzt geändert durch G vom 20. 12. 74, BGBl 3716, zum Teil in Verbindung mit dem DRiG, nach der Wehrdisziplinarordnung idF vom 4. 9. 72, BGBl 1965 (geändert durch Art 155 EGStGB), und die Verfahren nach den Landesdisziplinarordnungen.

Nicht hierher zählen: Eine Richteranklage, Art 98 II GG. Insofern gilt § 113 I; ein akademisches oder religiöses Disziplinarverfahren. Insofern gilt § 118.

2) Anwendbare Vorschriften, I. §§ 83 ff sind sinngemäß anwendbar, soweit nicht II–VIII mit ihren vorrangigen Sonderregeln anwendbar sind. §§ 83 ff gelten allerdings nur für denjenigen Anwalt, dem der Auftraggeber die gesamte Verteidigung übertragen hat. Soweit sich der Auftrag auf einzelne Tätigkeiten beschränkt, sind §§ 91, 92 anwendbar.

II, III, V ersetzen §§ 83, 85, 86. IV, VI, VIII ersetzen § 84. VII enthält eine besondere Vorschrift. I ist durch die allgemeinen Vorschriften der Abschnitte 1, 2 ergänzt. Falls der Anwalt also nur einen Rat erteilt, ist § 20 anwendbar. Eine Gebührenvereinbarung ist zulässig, § 3. Ferner sind zB die §§ 4, 6, 12, 25 ff anwendbar.

Falls das Gericht den Anwalt zum Verteidiger bestellt, sind §§ 97 ff anwendbar. Die Gebühren des bestellten Verteidigers richten sich nach den Mindestsätzen von II–VIII. Der Antrag nach § 99 ist beim Gericht des zweiten Rechtszugs zu stellen, allerdings nicht bei einem obersten Bundesgericht (dann vielmehr beim erstinstanzlichen Gericht), BDH NJW **60**, 1218.

3) Förmliches Disziplinarverfahren, II, III. A. Grundsatz. Das förmliche Disziplinarverfahren wird durch eine schriftliche Verfügung der Einleitungsbehörde eingeleitet, §§ 33 DiszplO, 86 WDiszplO. Es gliedert sich in die Untersuchung und das gerichtliche Verfahren. Der Beschuldigte kann einen Anwalt als Verteidiger hinzuziehen, §§ 40 BDiszplO, 84 WDiszplO. Die Gebühr entsteht mit jeder Tätigkeit zum Zweck der Ausführung des Auftrags. Es ist unerheblich, ob der Anwalt nach der Einleitung auch im gerichtlichen Verfahren tätig wird. Durch eine Gebühr nach II ist auch eine Tätigkeit bei den vorausgegangenen Vorermittlungen durch den Dienstvorgesetzten, IV, abgegolten. Neben einer Gebühr nach II entsteht also keine Gebühr nach IV, GSEM 4, SchGei 14.

Bisher gehört auch ein nach § 34 BDiszplO vom Beamten beantragtes förmliches Disziplinarverfahren, aM GSEM 10 (er wendet VIII an).

B. Erster Rechtszug, II Z 1. Zu diesem Abschnitt gehört auch die Einlegung eines Rechtsmittels, § 87 S 2, nicht aber mehr die Begründung des Rechtsmittels.

C. Zweiter Rechtszug, II Z 2. In diesem Abschnitt sind höhere Gebühren vorgesehen. Hierher gehört auch die Begründung des Rechtsmittels. Die mit einer Beschwerde zusammenhängende Tätigkeit ist durch die Gebühr für den 1. Rechtszug abgegolten. Maßgebend ist nur die vor dem BVerwG vorgenommene Tätigkeit und die rechtliche Schwierigkeit des Falls, VG Hann NJW **65**, 1452.

D. Dritter Rechtszug, II Z 3. Für diesen Abschnitt sieht das Gesetz nochmals höhere Gebühren vor. Er kommt gemäß § 79 III DRiG in Betracht.

E. Mehrtägige Hauptverhandlung, III. Falls es im 1. Rechtszug zu einer mehrtägigen Hauptverhandlung kommt, entsteht neben der Gebühr nach II Z 1 eine Zusatzgebühr nach § 83 II 1. Falls es im 2. Rechtszug zu einer mehrtägigen Hauptverhandlung kommt, entsteht neben der Gebühr nach II Z 2 eine Zusatzgebühr nach § 85 II 1. Falls es im 3. Rechtszug zu einer mehrtägigen Hauptverhandlung kommt, entsteht zusätzlich zur Gebühr nach II Z 3 eine Zusatzgebühr nach § 86 II 1. Abweichend von den in §§ 83 II 2, 85 II 2, 86 II 2 genannten Grundsätzen entsteht im Fall des Neubeginns des Verfahrens für den ersten Tag der neuen Hauptverhandlung nur die Zusatzgebühr, aM GSEM 4, SchGei 14.

4) Verfahren vor dem Dienstvorgesetzten, IV. Es ist unerheblich, ob diesem Verfahrensabschnitt ein förmliches Disziplinarverfahren nach § 26 BDiszplO, § 28 WDiszplO folgt. Die Gebühr entsteht allerdings nur dann, wenn sich die Tätigkeit des Verteidigers auf das Verfahren vor dem Dienstvorgesetzten beschränkt, Hs 2. Soweit es zum förmlichen Disziplinarverfahren kommt, ist nur II, III anwendbar. Soweit es zur Disziplinarverfügung kommt, ist zusätzlich V anwendbar.

Eine Gebühr nach IV gilt die Tätigkeit im zugehörigen Verfahren wegen einer Beschwerde oder einer weiteren Beschwerde mit ab.

5) Disziplinarverfügung, V. Im Verfahren auf eine gerichtliche Entscheidung über eine Disziplinarverfügung nach §§ 31 III BDiszplO, 41 WDiszplO entstehen Gebühren nach V. Die Einlegung des Rechtsmittels gehört zum vorhergehenden Rechtszug, § 87 S 2. Eine Gebühr nach IV und eine solche nach V können nebeneinander entstehen. Im Fall einer mehrtägigen Beweisaufnahme kann eine Zusatzgebühr nach V 2 entstehen.

6) Nichtzulassungsbeschwerde, VI. Die Vorschrift erfaßt das Verfahren nach § 81 II DRiG. Die Gebühr ist auf eine Gebühr für einen dritten Rechtszug, die später entsteht, nicht anzurechnen, GSEM 8.

7) Abänderung und Neubewilligung eines Unterhaltsbeitrages, VII. Soweit das Gericht aus Anlaß einer Verhandlung im förmlichen Disziplinarverfahren einen Unterhaltsbeitrag bewilligt, ist die zugehörige Tätigkeit des Verteidigers durch II abgegolten. VII erfaßt demgegenüber ein besonderes Verfahren, §§ 110 BDiszplO, 105 III WDiszplO. Die Beschwerdeinstanz läßt neue Gebühren nach VII entstehen, § 13 II 2, GSEM 9. Wenn nach dem Abschluß des Abänderungs- oder Neubewilligungsverfahrens ein weiteres derartiges Verfahren stattfindet, entstehen für diese weitere Angelegenheit neue Gebühren.

8) Aufhebung einer Disziplinarmaßnahme, VIII. Die Vorschrift erfaßt das Verfahren nach § 123 BDiszplO. GSEM 10 zählt auch ein Verfahren nach § 122 BDiszplO hierher. Es handelt sich um eine gegenüber IV, V vorrangige Sonderregel. Ein Verfahren vor dem Dienstvorgesetzten und das gerichtliche Verfahren lassen je eine Gebühr nach VIII entstehen.

Wehrbeschwerdeverfahren vor den Wehrdienstgerichten

109a **I Im Verfahren auf gerichtliche Entscheidung nach der Wehrbeschwerdeordnung erhält der Rechtsanwalt im Verfahren vor dem Truppendienstgericht die Gebühr des § 109 Abs. 2 Nr. 1 und im Verfahren vor dem Bundesverwaltungsgericht die Gebühr des § 109 Abs. 2 Nr. 2.**

II § 109 Abs. 3 gilt sinngemäß.

Vorbem. I idF Art 3 I Z 26 G vom 9. 12. 86, BGBl 2326, in Kraft seit 1. 1. 87, Art 10, Übergangsrecht § 134.

1) Geltungsbereich, I. Die Gebühren des § 109a entstehen nur in einem Verfahren vor Gericht, also nicht, soweit der Anwalt nach §§ 5, 6 WBO vom 11. 9. 72, BGBl 1738, beim Dienstvorgesetzten Beschwerde einlegt oder gegen dessen ablehnenden Beschwerdebescheid nach § 16 WBO weitere Beschwerde einlegt. In diesen letzteren Fällen ist § 119 anwendbar, aM GSEM 1 (sie wenden § 118 I an). Der Wert richtet sich nach § 8 II, BVerwG NJW **68**, 1298. § 109a erfaßt auch nicht eine Petition an den Wehrbeauftragten des Deutschen Bundestags.

Vielmehr erfaßt I das nach § 17 WBO beginnende Verfahren vor dem Truppendienstgericht und seine Fortsetzung vor dem BVerwG.

Die Bestimmung der Gebühr im Einzelfall erfolgt nach § 12.

Auch eine Einzeltätigkeit ist durch die Pauschgebühr zu entgelten. Jedoch gilt vorrangig § 20, GSEM 2, SchGei 16. § 6 I 3 ist anwendbar, GSEM 2, SchGei 13.

2) Gebührenhöhe, I. Die Gebühr nach I entsteht schon dann, wenn das Gericht entsprechend dem für dieses Verfahren geltenden gesetzlichen Grundsatz ohne eine mündliche Verhandlung entscheidet. Demgemäß erhöht sich die Gebühr nach I auch nicht dadurch, daß das Gericht von vornherein oder in Abänderung der ursprünglichen Verfahrensplanung eine mündliche Verhandlung anberaumt und durchführt. Auch eine Beweiserhebung mit oder ohne mündliche Verhandlung oder Erörterung der Beweisergebnisse läßt die Pauschgebühr nach I unberührt.

3) Mehrtägige Hauptverhandlung, II. In diesem Fall ist § 109 II entsprechend anwendbar, vgl § 109 Anm 3 E. Im Fall eines Neubeginns des Verfahrens entsteht also für den ersten Tag der neuen Verhandlung nur die Zusatzgebühr. Da die Gebühr vor dem Truppendienstgericht in I derjenigen des § 109 II Z 1 entspricht, ist im Fall einer mehrtägigen Verhandlung vor dem Truppendienstgericht § 109 III Z 1 entsprechend anwendbar. Soweit die mehrtägige Verhandlung vor dem BVerwG stattfindet, ist demgemäß § 109 III Z 2 entsprechend anwendbar, nicht etwa § 109 III Z 3.

4) Kostenerstattung. Nach § 20 WBO muß das Gericht die notwendigen Auslagen des Beschwerdeführers im Verfahren vor dem Gericht der BRep auferlegen, soweit es dem Antrag stattgibt.

Die Auslagen des Beschwerdeführers im Vorverfahren sind aber nicht erstattungsfähig, BVerwG NJW **75**, 1938.

Ehren- und berufsgerichtliche Verfahren

110 **I Im Verfahren vor Ehrengerichten oder anderen Berufsgerichten wegen Verletzung einer Berufspflicht gelten die Vorschriften des Sechsten Abschnitts sinngemäß. Die Gebühren richten sich in der ersten Instanz nach den für das Verfahren vor dem Amtsgericht und im weiteren Verfahren in jedem Rechtszug nach den für das Berufungsverfahren vor der großen Strafkammer geltenden Vorschriften.**

II Soweit es sich nicht um die Verletzung einer Berufspflicht handelt, gilt die Vorschrift des § 114 über das verwaltungsgerichtliche Verfahren sinngemäß.

1) Ehrengericht, Berufsgericht. Die Vorschrift erfaßt ein gerichtsmäßiges Verfahren auf einer gesetzlichen Grundlage. Das Gericht muß also gesetzlich bestimmt sein. Es braucht allerdings nicht den Charakter eines Gerichts im Sinn des GG zu haben.

Ein Ehren- oder Berufsgericht besteht zB: Für den Anwalt; für den Patentanwalt; für den Arzt; für den Zahnarzt; für den Tierarzt; für den Apotheker; für den Wirtschaftsprüfer; für den Steuerberater. Kblz MDR **80**, 78, GSEM 2 wenden § 110 auch auf ein Verfahren nach § 138a StPO entsprechend an.

Nicht hierher gehört ein solches Ehrengericht, das nicht kraft Gesetzes tätig wird, sondern nur auf Grund einer Satzung, etwa ein Ehrengericht einer studentischen Korporation, ein Sportgericht oder ein Vereinsgericht. Für die Tätigkeit des Anwalts vor einem solchen Gericht ist § 118 anwendbar, GSEM 2, RS 4, SchGei 4, aM Luetgebrune I (aber ein solches Gericht ist jedenfalls kein „anderes Berufsgericht" im Sinn von I 1). In einem Verfahren vor einem Schiedsgericht gilt § 67.

Ein Einspruchsverfahren gegen eine Rüge des Vorstandes der Anwaltskammer gehört nicht hierher; dann gilt § 118, GSEM 4.

2) Verletzung einer Berufspflicht, I. A. Erste Instanz. In diesem Verfahren, das zB gemäß §§ 121, 122 BRAO beginnt, richtet sich der Gebührenrahmen nach demjenigen für das Verfahren vor dem AG.

Soweit also eine mündliche Verhandlung stattfindet, entsteht eine Gebühr gemäß I in Verbindung mit § 83 I Z 3 und für jeden folgenden Kalendertag eine Zusatzgebühr nach § 83 II Z 3. Für den ersten Verhandlungstag nach dem Neubeginn einer Verhandlung entsteht wiederum eine Gebühr nach I in Verbindung mit § 83 I Z 3.

Eine Verhandlung vor dem Untersuchungsführer gilt nicht als mündliche Verhandlung vor dem Ehren- oder Berufsgericht, und zwar auch dann nicht, wenn er einen Beweis erhebt, GSEM 4, RS 5, SchGei 6.

Soweit eine mündliche Verhandlung nicht stattfindet, entsteht eine Gebühr gemäß I in Verbindung mit § 84 I Z 3.

Zur 1. Instanz gehören auch: Ein Beweissicherungsverfahren nach §§ 148, 149 BRAO, Schumann NJW **59**, 1761; die Einlegung des Rechtsmittels, § 87 S 2, sowie ein Beschwerdeverfahren, sofern sich die Beschwerde gegen eine die 1. Instanz nicht abschließende Entscheidung oder Maßnahme richtet. Die Begründung eines Rechtsmittels gehört nicht mehr zur 1. Instanz.

B. Weiteres Verfahren. In demjenigen Abschnitt, der sich gegen eine die 1. Instanz abschließende Entscheidung richtet, entstehen unabhängig von der Bezeichnung des weiteren Verfahrens Gebühren, und zwar für jeden Rechtszug besonders, nach den für das Berufungsverfahren vor der Großen Strafkammer geltenden Vorschriften.

Für den ersten Verhandlungstag entsteht also eine Gebühr nach I in Verbindung mit § 85 I Z 1. Für eine mehrtägige Hauptverhandlung kann eine Zusatzgebühr nach § 85 II Z 1 entstehen. Falls das Gericht mit der mündlichen Verhandlung neu beginnt, entsteht wiederum eine Gebühr nach § 85 I Z 1.

Soweit der Anwalt in der mündlichen Verhandlung nicht mitwirkt, entsteht gemäß 1 in Verbindung mit § 85 III die Hälfte der Gebühr nach § 85 I Z 1.

Ein weiteres Verfahren im Sinn von I 2 Hs 12 ist auch dasjenige über den Antrag auf eine gerichtliche Entscheidung sowie das Beschwerdeverfahren gegen die Nichtzulassung der Revision, GSEM 5, aM RS 6.

C. Weitere Einzelfragen. Die vorgenannten Gebühren sind Pauschgebühren, I 1 in Verbindung mit § 87. Für ein Wiederaufnahmeverfahren können Gebühren gemäß I in Verbindung mit § 90 entstehen. Für einzelne Tätigkeiten können Gebühren gemäß I in Verbindung mit §§ 91, 92 entstehen.

D. Kostenerstattung, Kostenfestsetzung. Die für das ehrengerichtliche Verfahren maßgebende Verfahrensordnung ergibt, ob die Auslagen des Beschuldigten zu erstatten sind, soweit das Gericht ihn ganz oder teilweise freispricht, und ob eine Kostenfestsetzung stattfindet. Vgl zB § 199 BRAO (Kostenfestsetzung gegen den Beschuldigten).

Im Verfahren gegen einen Anwalt fallen diejenigen Kosten des Pflichtverteidigers, die man vom Beschuldigten nicht beitreiben kann, der Rechtsanwaltskammer zur Last. Das muß man aus einer entsprechenden Anwendung des § 198 I BRAO schließen. Über eine Erinnerung gegen die Festsetzung durch den Urkundsbeamten der Geschäftsstelle des Ehrengerichts nach § 98 BRAO entscheidet der Vorsitzende des Ehrengerichts. Über die gegen seine Entscheidung gerichtete sofortige Beschwerde entscheidet der Ehrengerichtshof nach § 199 BRAO. Er muß daher auch über einen Antrag auf eine Pauschvergütung nach § 99 entscheiden. Insofern ist das OLG nicht zuständig, Hamm NJW **64**, 1915, Stgt AnwBl **65**, 90. Vgl auch Anm 3 D.

3) Verfahren aus anderen Gründen, II. A. Geltungsbereich. Soweit es sich nicht um die Verletzung einer Berufspflicht handelt, kann ein

Verfahren vor einem Berufsgericht wegen einer Zulassungsversagung, Zulassungsrücknahme und dergleichen in Betracht kommen, zB nach § 37, 223 BRAO.

Diese Frage ist **streitig. Wie hier** zB vgl Schumann NJW **59**, 1761, oder nach §§ 90, 91 BRAO, GSEM 9, RS 8, Schumann NJW **59**, 1761; **aM** zB Lappe JVBl **60**, 7, oder nach § 111 BNotO, Ffm DNotZ **71**, 761, Köln DNotZ **71**, 763, Arndt DNotZ **73**, 85, vgl auch BGH MDR **74**, 225.

B. Gebührenhöhe. In einem solchen Fall handelt es sich um ein verwaltungsähnliches Verfahren. Daher ist § 114 entsprechend anwendbar. Dabei verweist § 114 I auf die Vorschriften des 3. Abschnitts über bürgerlichrechtliche Streitigkeiten, soweit nicht § 114 II–IV vorrangige Sonderregeln enthalten. Daher können zB im Verfahren nach § 40, 42 BRAO vor dem BGH $^{13}/_{10}$ Gebühren aus § 31 I entstehen.

Diese Frage ist **streitg. Wie hier** zB GSEM 9, Lappe JVBl **60**, 6, SchGei 18; **aM** zB EGH Stgt **KR** Nr 2 (es sei § 61 I Z 1 anwendbar).

C. Gegenstandswert. Gemäß § 200 I, § 202 II 1 BRAO ist § 30 II KostO maßgeblich, Schumann NJW **50**, 1761. Vgl dort (Teil III dieses Buches). Soweit die BRAO unanwendbar ist, kommt eine entsprechende Anwendung von § 13 GKG, Teil I dieses Buches, infrage, vgl dort Anm 1 A.

D. Kostenerstattung. Vgl § 13a FGG. Soweit zB im Verfahren gegen eine Zulassungsrücknahme die Erstattung außergerichtlicher Kosten angeordnet wird, kann der sich selbst vertretende Anwalt die Gebühren eines beauftragten Anwalts erstattet fordern.

Diese Frage ist **streitig. Wier hier** zB GSEM 9; **aM** zB Schumann NJW **59**, 1761, vgl Zimmermann NJW **61**, 911.

Vgl auch Anm 2 D.

Untersuchung von Seeunfällen

111 **I Bei der Untersuchung von Seeunfällen gelten die Vorschriften der Sechsten Abschnitts sinngemäß.**

II Die Gebühren richten sich im Verfahren vor dem Seeamt nach den für das Verfahren vor dem Amtsgericht und im Verfahren vor dem Oberseeamt nach den für das Berufungsverfahren vor der großen Strafkammer geltenden Vorschriften.

1) Allgemeines, I. Die Untersuchung eines Seeunfalls erfolgt auf Grund des G vom 28. 9. 35, RGBl 1183, geändert durch VO vom 4. 12. 44, RGBl 334. Gemäß I sind §§ 83ff entsprechend anwendbar. Ergänzend ist auch der 1. Abschnitt anwendbar, zB § 6 I 3.

Für ein Verfahren nach der SeeVertO gilt § 81a. Für ein Verfahren vor dem Binnenschiffahrtsgericht gilt § 118, GSEM 5, RS 1, SchGei 2.

2) Verfahren vor dem Seeamt, II. Soweit der Anwalt den Auftrag hat, im gesamten Verfahren tätig zu werden, erhält er dann, wenn er in einer Hauptverhandlung mitwirkt, für den ersten Verhandlungstag eine Gebühr gemäß II Hs 1 in Verbindung mit § 83 I Z 3. Für jeden weiteren Verhandlungstag erhält er eine Gebühr gemäß § 83 II Z 3. Für den ersten

Verhandlungstag nach dem Neubeginn einer Hauptverhandlung erhält er wiederum eine Gebühr nach § 83 I Z 3.

Soweit der Anwalt nicht in einer Hauptverhandlung tätig wurde, erhält er gemäß II Hs 1 in Verbindung mit § 84 I Z 3 eine Gebühr. Damit ist auch eine Beweisaufnahme vor dem Vorsitzenden abgegolten, § 15 des Gesetzes.

Diese Gebühren gelten die gesamte Tätigkeit des Anwalts ab, unabhängig von ihrem Umfang, § 87.

Soweit der Anwalt nur für einzelne Tätigkeiten einen Auftrag hat, erhält er gemäß § 91, 92 Gebühren.

3) Verfahren vor dem Oberseeamt, II. Soweit der Anwalt in einer Hauptverhandlung mitwirkt, erhält er eine Gebühr gemäß II Hs 2 in Verbindung mit § 85 I Z 1. Für jeden zusätzlichen Verhandlungstag erhält er gemäß § 85 II Z 1 eine Zusatzgebühr. Für den ersten Tag nach dem Neubeginn einer Hauptverhandlung erhält er wiederum eine Gebühr nach § 85 I Z 1.

Soweit der Anwalt in einer Hauptverhandlung nicht mitwirkt, erhält er gemäß II Hs 2 in Verbindung mit § 85 III, I Z 1 eine Gebühr.

Soweit ein Beteiligter den Spruch des Oberseeamts vor dem Verwaltungsgericht anficht, gilt § 114, GSEM 4, SchGei 17.

Freiheitsentziehungen

112 **I Im gerichtlichen Verfahren bei Freiheitsentziehungen erhält der Rechtsanwalt in jedem Rechtszug eine Gebühr von 40 bis 530 Deutsche Mark**
1. für seine Tätigkeit in dem Verfahren im allgemeinen,
2. für die Mitwirkung bei der mündlichen Anhörung der Person, der die Freiheit entzogen werden soll, und bei der mündlichen Vernehmung von Zeugen oder Sachverständigen.

II Im Verfahren über die Fortdauer der Freiheitsentziehung und im Verfahren über Anträge auf Aufhebung der Freiheitsentziehung erhält der Rechtsanwalt in jedem Rechtszug eine Gebühr von 30 bis 320 Deutsche Mark
1. für seine Tätigkeit in dem Verfahren im allgemeinen,
2. für die Mitwirkung bei der mündlichen Anhörung der Person, der die Freiheit entzogen ist, und bei der mündlichen Vernehmung von Zeugen oder Sachverständigen.

III Beschränkt sich die Tätigkeit des Rechtsanwalts auf die Einlegung eines Rechtsmittels, die Anfertigung oder Unterzeichnung von Anträgen, Gesuchen oder Erklärungen oder auf eine sonstige Beistandsleistung, so erhält er eine Gebühr von 20 bis 280 Deutsche Mark.

IV Ist der Rechtsanwalt vom Gericht beigordnet worden, so erhält er das Vierfache der in den Absätzen 1, 2 und 3 bestimmten Mindestgebühren aus der Staatskasse; § 97 Abs. 2, 4, §§ 98 bis 101, 103 gelten sinngemäß.

V Die Absätze 1 bis 4 gelten sinngemäß im Verfahren über die Genehmigung der Unterbringung eines Mündels oder Kindes nach §§ 64a bis 64i des Gesetzes über die Angelegenheiten der freiwilligen Gerichtsbarkeit.

Vorbem. I–III idF Art 3 I Z 27 G vom 9. 12. 86 BGBl 2326 in Kraft seit 1. 1. 87, Art 10, Übergangsrecht § 134.

Gliederung

1) Allgemeines, I–V

2) Freiheitsentziehung, I
A. Verfahrensgebühr, Z 1
B. Mitwirkungsgebühr, Z 2

3) Fortdauer der Freiheitsentziehung, Aufhebung der Freiheitsentziehung, II

4) Einzelne Tätigkeiten, III

5) Beiordnung, IV

6) Unterbringung eines Mündels oder Kindes, V

7) Kostenerstattung, I–V

8) Gegenstandswert, I–V

1) Allgemeines, I–V. Die Freiheitsentziehung ist bundesrechtlich in Ausführung des Art 104 II GG durch das FEVG vom 29. 6. 56, BGBl 599, in der Fassung vom 26. 7. 57, BGBl 861, zuletzt durch § 1 Z 8 G vom 15. 8. 74, BGBl 1942 geändert, geregelt.

Auch die Länder haben eine Reihe von Gesetzen und Verordnungen erlassen. Sie sind bei SaGö zusammengestellt.

§ 112 gilt, soweit das ordentliche Gericht im Verfahren der freiwilligen Gerichtsbarkeit auf Grund der bundesrechtlichen und landesrechtlichen Regelung entscheidet, BayObLG Rpfleger **80**, 120 mwN. Hierher zählt auch ein Abschiebungsverfahren einschließlich der Abschiebungshaft, BayObLG **88**, 228, Düss JB **81**, 234.

Der 1. Abschnitt ist ergänzend anwendbar, zB § 6, aM GSEM 7a, SchGei 8.

Nicht hierher zählt ein Strafverfahren, §§ 83ff, daher auch nicht das Verfahren nach § 81 StPO, soweit es um die strafrechtliche Beurteilung geht, GSEM 1.

2) Freiheitsentziehung, I. Im gerichtlichen Verfahren über eine Freiheitsentziehung können mehrere Gebühren zusammentreffen:

A. Verfahrensgebühr, Z 1. Es entsteht zunächst für die Tätigkeit des Anwalts im Verfahren im allgemeinen eine Gebühr. Sie setzt voraus, daß der Anwalt den Auftrag für die Vertretung im Verfahren vom Betreffenden oder von der Verwaltungsbehörde erhalten hat. Sie entsteht unabhängig vom Umfang seiner Tätigkeit für jedes Handeln zur Ausführung seines Auftrags, selbst wenn er in einer Unkenntnis des Umstands tätig wird, daß der Auftraggeber inzwischen entlassen wurde oder verstorben ist, LG Aachen AnwBl **75**, 102.

Die Gebühr ist zwar keine Prozeßgebühr, ihr aber ähnlich, LG Bln JB **76**, 1084. Sie gilt die Tätigkeit des Anwalts für den ganzen Rechtszug mit Ausnahme der durch Z 2 erfaßten Tätigkeit ab. Hierher gehören: Das Anordnungsverfahren, §§ 3, 6 FEVG; das Verfahren auf eine gerichtliche

Entscheidung über eine Verwaltungsmaßnahme, die eine Freiheitsentziehung darstellt, § 13 FEVG; die Tätigkeit im Zusammenhang mit einer einstweiligen Anordnung der Freiheitsentziehung, § 11 FEVG usw, LG Bln Rpfleger **86**, 197; das Genehmigungsverfahren im Fall der Unterbringung eines Mündels durch den Vormund, § 1800 II BGB. Das ergibt sich aus der weiteren Fassung.

Diese Frage ist **streitig. Wie hier** zB KG MDR **71**, 937, SaGö § 16 FEVG Rz 23 je mwN; **aM** zB RS 1.

LG Bln JB **76**, 1085, GSEM 3 lassen eine Gebühr nach I auch im Verfahren auf die Feststellung der Rechtswidrigkeit einer bereits beendeten Freiheitsentziehung entstehen.

I erfaßt aber nicht die Tätigkeit des Anwalts gegenüber der Verwaltungsbehörde, die die Freiheitsentziehung vorbereitet, zum Zweck eines entgegenstehenden Antrages, § 3 FEVG, SaGö § 13 FEVG Rz 28, oder die Tätigkeit des Anwalts gegenüber der Verwaltungsbehörde, soweit diese eine freiheitsentziehende Maßnahme vornimmt, vgl § 13 I FEVG. Insofern kann eine Gebühr nach § 118 entstehen, BayObLG **88**, 229, und nur insofern kommt die Festsetzung eines Gegenstandswerts in Betracht, BayObLG **88**, 229. Sie ist auf die Gebühr nach I nicht anzurechnen. Denn es handelt sich bei der Gebühr nach I nicht um eine Gebühr, die für eine Tätigkeit außerhalb des behördlichen Verfahrens entstanden ist, vgl § 118 II.

Die Verfahrensgebühr nach I Z 1 entsteht in jedem Rechtszug in derselben Höhe neu. Eine sofortige Beschwerde gegen eine vorläufige Unberbringung begründet einen neuen Rechtszug, LG Oldb AnwBl **76**, 404 mwN, ebenso eine weitere Beschwerde, BayObLG Rpfleger **80**, 120, Hamm Rpfleger **61**, 412.

Die Beschwerdegebühr entsteht, sobald der Anwalt seine Tätigkeit im Beschwerdeverfahren beginnt, unabhängig von dessen weiterem Verlauf.

Das ist **unstreitig,** zB LG Aurich NdsRpfl **76**, 259, LG Kiel AnwBl **83**, 332, LG Oldb NdsRpfl **76**, 176, LG Osnabr AnwBl **75**, 405, LG Verden NdsRpfl **77**, 107. Vgl freilich Anm 4.

B. Mitwirkungsgebühr, Z 2. Neben der Verfahrensgebühr, Z 1, kann eine Gebühr für die Mitwirkung des Anwalts bei einer mündlichen Anhörung derjenigen Person entstehen, der die Freiheit entzogen werden soll, sowie bei der mündlichen Vernehmung eines Zeugen oder Sachverständigen. Z 2 gilt die gesamte Tätigkeit des Anwalts in diesem Zusammenhang mit einer Gebühr ab. Sie entsteht also auch dann nur einmal, wenn es sowohl zur mündlichen Vernehmung desjenigen kommt, dem die Freiheit entzogen werden soll, als auch zur mündlichen Vernehmung eines Zeugen oder Sachverständigen, LG Kblz Rpfleger **60**, 419, Sußbauer Rpfleger **59**, 211, oder wenn das Gericht in demselben Rechtszug mehrere Anhörungen bzw Vernehmungen derselben Person vornimmt, § 13 II 1.

Zur Entstehung der Mitwirkungsgebühr genügt die Anwesenheit im Termin.

Das ist **im wesentlichen unstreitig. Wie hier** zB LG Lünebg AnwBl **67**, 414, LG Mü AnwBl **60**, 117, AG Winsen AnwBl **67**, 66, GSEM 4,

Göppinger FamRZ **79**, 92; **aM** RS 4 (er meint, der Anwalt müsse an der Vernehmung aktiv teilnehmen).

Die Mitwirkungsgebühr ist derjenigen des § 44 I Z 3 vergleichbar, LG Aachen AnwBl **75**, 103.

Eine Mitwirkungsgebühr entsteht, sobald das Gericht in Anwesenheit des Anwalts mit der Anhörung oder Vernehmung beginnt, LG Aachen AnwBl **75**, 103. Sie entsteht auch, wenn das Gericht den Termin vertagt, SaGö § 16 FEVG Rz 28 mwN. Wenn das Gericht im 2. Rechtszug eine Vernehmung wiederholt, kann die Mitwirkungsgebühr erneut entstehen.

Es genügt nicht, daß der Anwalt zB den Auftraggeber von einer bevorstehenden Vernehmung informiert, GSEM 4, oder daß er nach einer Vernehmung den Unterzubringenden aufsucht, LG Osnabr Büro **59**, 464, oder daß er nach dem Termin einen Antrag stellt, etwa auf die Vornahme einer Beeidigung, GSEM 4.

Auch die Mitwirkungsgebühr entsteht in jedem Rechtszug neu, soweit es auch dort zu einer Anhörung oder Vernehmung kommt und der Anwalt gerade an ihr mitwirkt. Es ist dann unerheblich, ob das Gericht denselben oder einen anderen anhört oder vernimmt, GSEM 5.

3) Fortdauer der Freiheitsentziehung, Aufhebung der Freiheitsentziehung, II. Nach höchstens einem Jahr muß das Gericht über die Fortdauer der Freiheitsentziehung entscheiden, § 9 FEVG. In diesem Verfahrensabschnitt entstehen dieselben Gebühren wie bei I. Sie entstehen auch, wenn während der Dauer der Freiheitsentziehung ein Antrag auf die Aufhebung der Freiheitsentziehung gestellt wird, § 10 II FEVG, SaGö § 10 FEVG Rdz 34; **aM** GSEM 6, RS 6. Die Gebühren entstehen in jedem Rechtszug.

Soweit das Verfahren über die Fortdauer oder über einen Aufhebungsantrag bereits abgeschlossen ist, entsteht im Fall einer neuen Prüfung oder eines neuen Aufhebungsantrags eine neue Gebühr. Denn insofern liegt dann eine neue Angelegenheit vor.

4) Einzelne Tätigkeiten, III. Soweit der Anwalt einen Auftrag für die Vertretung im gesamten Verfahren erhalten hat, gelten die Gebühren nach I, II als Pauschgebühren grundsätzlich alle Einzeltätigkeiten mit ab. Daneben kann allerdings eine Einzelgebühr entstehen, soweit es sich um eine Tätigkeit handelt, die nicht zum Verfahren gehört, etwa dann, wenn sich der Anwalt dafür einsetzt, daß der Auftraggeber einen Urlaub erhält, § 10 III FEVG, oder soweit es sich um die Weitergabe eines Aufhebungsbeschlusses handelt, LG Lübeck SchlHA **60**, 96.

Im übrigen ist III nur dann anwendbar, wenn sich der Auftrag auf eine einzelne Tätigkeit beschränkt. In diesem Zusammenhang muß man aber § 13 VI beachten. § 92 ist entsprechend anwendbar, GSEM 7, SchGei 23.

5) Beiordnung, IV. Eine Beiordnung ist zum Teil nach dem Landesrecht vorgesehen, vgl zB LG Kiel AnwBl **83**, 332. In diesem Fall erhält der Anwalt das Vierfache der Mindestgebühr nach I–III. Die Gebühr entsteht mit der ersten Tätigkeit nach der Beiordnung, LG Aachen AnwBl **75**, 103. §§ 97 II, IV, 98–101 (jedoch ohne den Höchstsatz des

§ 97 I), 103 sind sinngemäß anwendbar. Danach kann der Anwalt eine erhöhte Gebühr auch noch nachträglich geltend machen, § 99 Anm 3, vgl auch Hamm Rpfleger **61**, 412.

Der beigeordnete Anwalt erhält die Gebühr für jeden Rechtszug neu, Hamm Rpfleger **61**, 412, LG Oldb AnwBl **76**, 404, zB die Beschwerdegebühr auch ohne besondere diesbezügliche Beiordnung, LG Detmold Rpfleger **86**, 154 (zustm Scharmer), aM GSEM 8. Das gilt auch dann, wenn er im Beschwerdeverfahren tätig wird, ohne sich einer vom Betroffenen selbst eingelegten (unzulässigen) Beschwerde anzuschließen, LG Bonn AnwBl **84**, 326.

IV ist unanwendbar, soweit der Anwalt zB als Pfleger tätig wird. In diesem Fall ist § 1835 BGB entsprechend anwendbar, § 1 II, vgl LG Regensb JB **82**, 1691, GSEM 8 (er wendet §§ 1805, 1905 BGB an), Mümmler JB **81**, 1807, RS 8; **aM** SaGö § 16 FEVG Rdz 40 (er meint, dann sei IV ebenfalls entsprechend anwendbar).

Im Festsetzungsverfahren erfolgt keine Nachprüfung der Zulässigkeit einer Beiordnung, LG Aachen Büro **60**, 531, LG Hildesh NdsRpfl **64**, 30, AG Ffm AnwBl **64**, 296.

6) Unterbringung eines Mündels oder Kindes, V. Im Verfahren über die Genehmigung einer solchen Unterbringung sind folgende Vorschriften entsprechend anwendbar: Die Verfahrensgebühr nach I Z 1 entsteht, sobald der Anwalt in irgendeinem Abschnitt des Verfahrens nach §§ 64a–i FGG tätig wird (von dieser Regel gelten Ausnahmen nach II Z 1, III, IV). Die Mitwirkungsgebühr nach I Z 1 ist in den Fällen §§ 64a, c, g, i FGG anwendbar. Die Verfahrensgebühr nach II Z 1 kommt im Fall der Verlängerung nach §§ 64c III 2, 64d III, 64i FGG oder dann in Betracht, wenn es um die Aufhebung einer erstmaligen oder verlängerten Unterbringung geht. Die Mitwirkungsgebühr nach II Z 2 kann ebenfalls entstehen. Daneben können die Gebühren nach III für einzelne Tätigkeiten und nach IV im Fall einer Beiordnung entstehen. Jedoch ist im Fall einer Bestellung des Anwalts zum Pfleger gemäß § 64b FGG nicht § 112 anwendbar, sondern § 1 II, vgl § 1 Anm 3 B.

Vgl im übrigen Anm 1–5, 7.

7) Kostenerstattung, I–V. Eine Kostenfestsetzung entsprechend §§ 103ff erfolgt durch den Urkundsbeamten der Geschäftsstelle, § 98 I entsprechend, soweit das Gericht einen Antrag der Verwaltungsbehörde auf eine Freiheitsentziehung abgelehnt hat. Das Gericht muß in einem solchen Fall die zur zweckentsprechenden Rechtsverfolgung notwendigen Auslagen derjenigen Gebietskörperschaft auferlegen, der die Verwaltungsbehörde angehört, soweit nach dem Ergebnis des Verfahrens kein begründeter Anlaß zur Antragstellung vorhanden gewesen war, § 16 FEVG.

Elfter Abschnitt. Gebühren in Verfahren vor Gerichten der Verfassungsgerichtsbarkeit, vor dem Gerichtshof der Europäischen Gemeinschaften, vor Gerichten der Verwaltungs-, Sozial- und Finanzgerichtsbarkeit

Einführung

1) Allgemeines. Auf die Kosten des RA im Verfahren der Verfassungsgerichte und des EuGH sowie der allgemeinen und besonderen Verwaltungsgerichte sind neben den Vorschriften des 11. Abschnitts die **Allgemeinen Vorschriften** des 1. Abschnitts und die **Gemeinsamen Vorschriften** des 2. Abschnitts anzuwenden, vgl BFH BStBl **71** II 743. Gebühren entstehen entsprechend den für bürgerliche Rechtsstreitigkeiten geltenden Bestimmungen des 3. Abschnitts mit einigen Besonderheiten, die vor allem die Gebühren im Verfahren der Sozialgerichte, § 116, betreffen; soweit es sich um strafprozeßähnliche Verfahren handelt, ist die sinngemäße Anwendung der Vorschriften des 6. Abschnitts vorgegeben.

2) Kostenerstattung. Während die BRAGO das Gebührenrecht vereinheitlicht hat, fehlen noch immer übereinstimmende Vorschriften über die Erstattung der Kosten, die durch die Hinzuziehung eines RA entstehen. Die Frage hat Bedeutung für das Verfahren der allgemeinen und besonderen Verwaltungsgerichte, vor denen sich idR Einzelner und Behörde als Gegner gegenüberstehen. Wegen der Erstattung außergerichtlicher Kosten im **Vorverfahren und in sonstigen Verfahren vor Verwaltungsbehörden** vgl § 119 Anm 5.

A. Verfassungsgerichte. Für das BVerfG gilt § **34a BVerfGG** (idF der Bek v 12. 12. 85, BGBl 2229):

I Erweist sich der Antrag auf Verwirkung der Grundrechte (§ 13 Nr. 1), die Anklage gegen den Bundespräsidenten (§ 13 Nr. 4) oder einen Richter (§ 13 Nr. 9) als unbegründet, so sind dem Antragsgegner oder dem Angeklagten die notwendigen Auslagen einschließlich der Kosten der Verteidigung zu ersetzen.

II Erweist sich eine Verfassungsbeschwerde als begründet, so sind dem Beschwerdeführer die notwendigen Auslagen ganz oder teilweise zu erstatten.

III In den übrigen Fällen kann das Bundesverfassungsgericht volle oder teilweise Erstattung der Auslagen anordnen.

Die Novelle v 12. 12. 85, BGBl 2226, hat die Vorschriften über die Erstattung (bisher § 34 II–IV) in einer selbständigen Vorschrift zusammengefaßt (Schrifttum: Fritz AnwBl **86**, 361; Ulsamer EuGRZ **86**, 110; Zuck NJW **86**, 968).

Im Verfahren über eine **Verfassungsbeschwerde** sind nach Einführung von II (früher § 34 IV) durch G v 21. 12. 70, BGBl 1765 (Dietlein

DVBl **71**, 125, Rupprecht NJW **71**, 168, Zuck DÖV **71**, 256) die notwendigen Auslagen einschließlich der Kosten eines RA, dessen Heranziehung sachdienlich ist, dem Beschwerdeführer immer zu erstatten, soweit sich die Verfassungsbeschwerde als begründet erweist, BVerfG **32**, 295, Rupprecht NJW **71**, 39; zur Erstattung von Schreibauslagen für Fotokopien BVerfG **65**, 72, **61**, 208, NVwZ **85**, 334. Im übrigen gilt auch hier III (Übers der Rspr: Zuck EuGRZ **84**, 270), zB bei Erledigung BVerfG **72**, 34, AnwBl **87**, 333; Einzelheiten s u. Nach III kann die volle oder teilweise Erstattung auch dann angeordnet werden, wenn die Verfassungsbeschwerde nicht zur Entscheidung angenommen wird, BVerfG **36**, 89, uU auch bei Erfolglosigkeit, BVerfG **66**, 368, **42**, 251; jedoch ist die Erstattung grundsätzlich nicht anzuordnen, wenn eine noch nicht angenommene VerfBeschwerde gegen ein Gesetz durch die Entscheidung in einem Parallelverfahren gegenstandslos geworden ist, BVerfG **66**, 152, krit Zuck EuGRZ **84**, 270, zustm Broß RiA **84**, 203. Zuständig ist die Kammer, § 15a BVerfGG, BVerfG **72**, 38, AnwBl **87**, 333. Erstattungspflichtig ist die Körperschaft, der die erfolgreich gerügte Grundrechtsverletzung zuzurechnen ist, stRspr, bei Verfassungswidrigkeit eines Bundesgesetzes also die BRep, BVerfG **32**, 173 u 365.

Sofern nicht die Auslagenerstattung zwingend vorgeschrieben ist, I u II, kann (Ermessen) eine **Erstattung nach III** angeordnet werden; es handelt sich um eine Ausnahmevorschrift, BVerfG **66**, 152, die nach stRspr nur dann angewendet wird, wenn besondere Billigkeitsgründe vorliegen, dazu BVerfG NJW **87**, 2571, AnwBl **87**, 333, NJW **76**, 1837 (zur Erstattung im Verfahren wegen Verwirkung von Grundrechten s BVerfG **38**, 347). Gegen diese Regelung bestehen keine Bedenken, BVerfG **18**, 134, SaarlVerfGH NJW **84**, 2083 mwN. Die Erstattung der Auslagen eines am Verfahren vor dem BVerfG nicht Beteiligten und nicht Antragsberechtigten darf nach III nicht angeordnet werden, BVerfG **55**, 132.

Ergänzend gelten allgemeine Grundsätze des Prozeßrechts, BVerfG **46**, 323, ua II 91 II 4 ZPO, BVerfG **53**, 212 (auch für Rechtsbeistände, BVerfG **50**, 254, nicht dagegen für Hochschullehrer, BVerfG **70**, 410). Notwendige Auslagen iSv II u III können (anders als nach § 91 II 3 ZPO) auch die Kosten für die Mitwirkung mehrerer RAe sein, BVerfG **46**, 321. Zu erstatten sind nur die gesetzlichen Gebühren des RA, nicht die vereinbarten, aM Zuck, Die VerfBeschwerde S 19. Zinsen, § 104 I 2 ZPO, sind erst ab Antrag auf Verzinsung zu zahlen, BVerfG **41**, 230.

Außerhalb der Regelung in § 34a gibt es **keine Kostenerstattung,** auch nicht im Verfahren vor dem Gericht, an das der Fall zurückgelangt, BFH BStBl **65** III 519, Hamm NJW **66**, 2073, LSG Celle LS NJW **68**, 1743, aM LG Mü AnwBl **66**, 329; insbesondere darf keine Erstattung der Kosten eines anderen Beteiligten angeordnet werden, BVerfG **1**, 438, BayVerfGH BayVBl **77** 157.

Im **Normenkontrollverfahren** sind die Parteien des Ausgangsverfahrens nur äußerungsberechtigt (§ 82 III BVerfGG), aber nicht Beteiligte, so daß eine Kostenerstattung zwischen ihnen nicht angeordnet werden kann, BVerfG **20**, 350, DÖV **74**, 105 (LS); eine solche Befugnis steht auch dem Gericht des Ausgangsverfahrens nicht zu, dessen Kostenentscheidung also diese Auslagen nicht erfaßt, RS § 113 Rdz 11, Eyermann-

Fröhler § 154 VwGO Rdz 6, Redeker-v Oertzen § 154 VwGO Anm 3, OVG Hbg LS HmbJVBl **83**, 171, Kblz NJW **54**, 1490, aM LG (u OLG) Mü AnwBl **66**, 329, zT abw BFH NJW **74**, 1639: Aber es handelt sich um ein objektives Verfahren, dessen außergerichtliche Kosten allenfalls dem Bund oder Land (wie bei der Verfassungsbeschwerde), nicht aber demjenigen aufgebürdet werden dürfen, der möglicherweise aus ganz anderen Gründen im Ausgangsverfahren unterliegt, zumal die RA-Gebühren vor dem BVerfG vom Streitwert jenes Verfahrens unabhängig sind, § 113 II 3, und auch im Verfahren vor dem GemSenat keine Kosten zu erstatten sind, § 17 II G v 19. 6. 68, BGBl 661.

B. Gerichtshof der Europäischen Gemeinschaften. Notwendige Auslagen im Verfahren vor dem EuGH sind grundsätzlich erstattungsfähig und von der unterliegenden Partei zu tragen, wenn der EuGH über die Kosten selbst entscheidet, Art 69, 71 u 73 VerfO; die Kosten werden in diesen Fällen durch den EuGH festgesetzt, Art 74 VerfO. Das gilt aber nicht für **Vorabentscheidungen,** Art 177 EWG-Vertrag, § 113a Anm 1. Hier überträgt der EuGH die Kostenentscheidung idR dem vorlegenden Gericht. Auf Vorlage des BFH (**106**, 481) hat er entschieden, daß das Kostenfestsetzungsverfahren und die Erstattungsfähigkeit notwendiger Aufwendungen der Beteiligten sich nach dem Recht des vorlegenden Gerichts bestimmen, AS **73**, 269 = AWD **73**, 282 = EuR **74**, 57 m Anm Brändel. Wegen der Gebühren des RA vgl § 113a. Ihre Erstattung kann im Ausgangsverfahren aber ebensowenig angeordnet werden wie im Verfahren nach Art 100 GG, oben 2 A, aM GSEM 3, RS § 113a Rdz 14, Schneider NJW **73**, 1596, Riegel NJW **75**, 1056, BGH WertpMitt **77**, 795 u BFH BStBl **74** II 222 = NJW **74**, 1639 (die stillschweigend von der Erstattungsfähigkeit ausgehen).

C. Verwaltungsgerichte. Bundeseinheitlich gilt **§ 162 VwGO:**

I Kosten sind die Gerichtskosten (Gebühren und Auslagen) und die zur zweckentsprechenden Rechtsverfolgung oder Rechtsverteidigung notwendigen Aufwendungen der Beteiligten einschließlich der Kosten des Vorverfahrens.

II Die Gebühren und Auslagen eines Rechtsanwalts oder eines Rechtsbeistandes, in Steuersachen auch eines Steuerberaters, sind stets erstattungsfähig. Soweit ein Vorverfahren geschwebt hat, sind Gebühren und Auslagen erstattungsfähig, wenn das Gericht die Zuziehung eines Bevollmächtigten für das Vorverfahren für notwendig erklärt.

III Die außergerichtlichen Kosten des Beigeladenen sind nur erstattungsfähig, wenn sie das Gericht aus Billigkeit der unterliegenden Partei oder der Staatskasse auferlegt.

Die dem Kläger oder Beklagten stets zu erstattenden Gebühren und Auslagen seines RA sind die gesetzlich vorgesehenen, §§ 114 und 25 II, III, OVG Münst NJW **69**, 709, weil kein Grund für eine Abweichung von §§ 91 II ZPO, 193 II SGG und 139 III FGO besteht. Eine Erstattung kommt auch für den RA in eigener Sache in Betracht, § 119 Anm 5; wegen der Reisekosten eines auswärtigen RA vgl § 28 Anm 7 G, ferner Scholz VBlBW **81**, 38. Die Kosten des RA des Beigeladenen und die im Vorverfahren entstandenen Kosten sind nur auf Grund einer besonderen Entscheidung des Gerichts zu erstatten; dazu und wegen der Erstattung in sonstigen Verfahren vor einer Verwaltungsbehörde s § 119 Anm 5. Besonderheiten gelten im Verfahren nach FlurberG, OVG Lüneb JB **70**, 584.

Im selben Umfang sind Gebühren und Auslagen eines Rechtsbeistandes zu erstatten, Art IX I 3 KostÄndG. Das gleiche gilt bei Steuerberatern: In Steuersachen sind ihre Kosten in sinngemäßer Anwendung der BRAGO zu erstatten, § 45 StBGebV; ebenso ist bei Wirtschaftsprüfern und vereidigten Buchprüfern zu verfahren, vgl 139 III 2 FGO, OVG Münst NJW **68**, 1978. Das gleiche gilt für die Vergütung für einen Rechtslehrer im Verfahren vor dem BVerwG, BVerwG NJW **78**, 1173, einschränkend RS § 114 Rdz 39.

Festzusetzen sind die Kosten durch den UrkB 1. Instanz, § 164 VwGO, entsprechend §§ 103ff ZPO, § 173 VwGO; dagegen sind nach Maßgabe der §§ 151, 146 VwGO der Antrag auf gerichtliche Entscheidung und ggf Beschwerde gegeben (der RA hat kein eigenes Erinnerungs- und Beschwerderecht, OVG Hbg AnwBl **87**, 290, OVG Münst **KR** § 165 VwGO Nr 7, aM OVG Lüneb NJW **72**, 2015, Kopp § 165 Rdz 4, Redeker-v. Oertzen § 165 Anm 2). In der Verwaltungsgerichtsbarkeit gibt es keine Zuständigkeit des RPfl, BLAH Anh § 153 GVG Anm 1 mwN. Die Verzinsung richtet sich nach § 104 I 2 ZPO, § 173 VwGO, OVG Hbg DVBl **61**, 527, VG Karlsr **KR** § 164 VwGO Nr 2.

D. Sozialgerichte. Für das Verfahren vor den Sozialgerichten aller Stufen gilt **§ 193 SGG** (s Teil II B):

I **Das Gericht hat im Urteil zu entscheiden, ob und in welchem Umfang die Beteiligten einander Kosten zu erstatten haben; es entscheidet auf Antrag durch Beschluß, wenn das Verfahren anders beendet wird.**

II **Kosten sind die zur zweckentsprechenden Rechtsverfolgung oder Rechtsverteidigung notwendigen Aufwendungen der Beteiligten.**

III **Die gesetzlichen Gebühren und die notwendigen Auslagen eines Rechtsanwalts (§§ 25 bis 30 der Bundesgebührenordnung für Rechtsanwälte) oder eines Rechtsbeistandes sind stets erstattungsfähig.**

IV **Nicht erstattungsfähig sind die Aufwendungen der Behörden, der Körperschaften und Anstalten des öffentlichen Rechts.**

Abweichend von § 162 VwGO bedarf die Erstattung stets einer besonderen Anordnung des Gerichts, das nach freiem Ermessen entscheidet. Im Rahmen dieser Entscheidung sind Gebühren des RA, § 116, voll zu erstatten, SG Hbg AnwBl **83**, 474 (auch in eigener Sache, hM, Meyer-Ladewig § 193 Rdz 9c), Auslagen, §§ 25ff, dagegen nur, soweit sie notwendig waren; wegen der Reisekosten vgl § 28 Anm 7 F, wegen der Kosten des Vorverfahrens § 119 Anm 5. Die Kosten des RA einer Behörde sind niemals zu erstatten. Wegen der Gebühren und Auslagen eines Rechtsbeistandes vgl Art IX I 3 KostÄndG.

Festgesetzt werden die zu erstattenden Kosten durch den UrkB 1. Instanz, dagegen gibt es die Anrufung des Gerichts, § 197 SGG (keine Beschwerde), Homann/Wilde NJW **81**, 1073. Der festgesetzte Betrag (einschließlich der zu erstattenden Kosten des Vorverfahrens, SG Konstanz AnwBl **87**, 293) ist entsprechend § 104 I 2 ZPO zu verzinsen, oben § 197 SGG Anm 2, hM, SG Mainz SGb **83**, 318 (zustm Steinmeyer mwN), SG Düss AnwBl **84**, 572, SG Konstanz AnwBl **84**, 573, SG Kiel

AnwBl **84**, 571, SG Münst AnwBl **85**, 387 (Anm Schmidt), **KR** §§ 103, 104 (A) ZPO Tz 5.4.3, Meyer-Ladewig § 197 Rdz 9 mwN, Wilde/Homann NJW **81**, 1073, Geschwinder SGb **81**, 63, str, aM ua SG Stade NdsRpfl **88**, 114, SG Trier Breith **86**, 275, Neubeiser SGb **80**, 20, Rudolf SGb **80**, 227.

E. Finanzgerichte. Für das Verfahren vor FG und BFH gilt **§ 139 FGO:**

I Kosten sind die Gerichtskosten (Gebühren und Auslagen) und die zur zweckentsprechenden Rechtsverfolgung oder Rechtsverteidigung notwendigen Aufwendungen der Beteiligten einschließlich der Kosten des Vorverfahrens.

II Die Aufwendungen der Finanzbehörden sind nicht zu erstatten.

III Gesetzlich vorgesehene Gebühren und Auslagen eines Bevollmächtigten oder Beistandes, der nach den Vorschriften des Steuerberatungsgesetzes zur geschäftsmäßigen Hilfeleistung in Steuersachen befugt ist, sind stets erstattungsfähig. Aufwendungen für einen Bevollmächtigten oder Beistand, für den Gebühren und Auslagen gesetzlich nicht vorgesehen sind, können bis zur Höhe der gesetzlichen Gebühren und Auslagen der Rechtsanwälte erstattet werden. Soweit ein Vorverfahren geschwebt hat, sind die Gebühren und Auslagen erstattungsfähig, wenn das Gericht die Zuziehung eines Bevollmächtigten oder Beistandes für das Vorverfahren für notwendig erklärt. Steht der Bevollmächtigte oder Beistand in einem Angestelltenverhältnis zu einem der Beteiligten, so werden die durch seine Zuziehung entstandenen Gebühren nicht erstattet.

IV Die außergerichtlichen Kosten des Beigeladenen sind nur erstattungsfähig, wenn das Gericht sie aus Billigkeit der unterliegenden Partei oder der Staatskasse auferlegt.

Da der RA unter § 139 III 1 fällt, § 3 Z 2 StBerG, sind seine „gesetzlich vorgesehenen" Gebühren, §§ 114 und 117, und Auslagen, § 25, stets erstattungsfähig, und zwar entsprechend § 91 II 4 ZPO (§ 155 FGO) auch in eigener Sache, BFH NJW **69** II 81, ebenso die Gebühren der Steuerberater, BFH BStBl **72** II 94; dann jedoch ist die rechnerisch auf die Kosten entfallende Umsatzsteuer nicht zu erstatten, BFH BStBl **77** II 82. Kosten mehrerer RAe sind entsprechend § 91 II 3 ZPO bis zur Höhe der Aufwendungen für einen RA zu erstatten, FG Hbg EFG **74**, 386. Die Kosten des RA des Beigeladenen und die im Vorverfahren entstandenen Vertretungskosten sind nur auf Grund besonderer Entscheidung des Gerichts zu erstatten (entspricht § 162 VwGO). Wegen der Erstattung der im Vorverfahren entstandenen Gebühren vgl § 119 Anm 5, wegen der Reisekosten s § 28 Anm 7 E. Im selben Umfang sind die Kosten eines Rechtsbeistandes zu erstatten, Art IX I 3 KostÄndG. Für die zu erstattende Vergütung eines Steuerberaters gelten im Gerichtsverfahren die Vorschriften der BRAGO sinngemäß, § 45 StBGebV, i ü Sondervorschriften, §§ 40–44 StBGebV; vgl FG Münst EFG **87**, 583.

Festgesetzt werden die Kosten durch den UrkB 1. Instanz, § 149 I 1 FGO, dagegen ist Erinnerung gegeben, § 149 II, III u IV 1 FGO; wegen der Beschwerde gegen die Entscheidungen des FG vgl § 5 GKG Anm 4. Die Verzinsung richtet sich nach § 104 I 2 ZPO, § 155 FGO.

Verfahren vor Verfassungsgerichten

113 **I Die Vorschriften des Sechsten Abschnitts für Strafsachen, die im ersten Rechtszug vor das Oberlandesgericht gehören, gelten sinngemäß in folgenden Verfahren vor dem Bundesverfassungsgericht oder dem Verfassungsgericht (Verfassungsgerichtshof, Staatsgerichtshof) eines Landes:**

1. Verfahren über die Verwirkung von Grundrechten, den Verlust des Stimmrechts, den Ausschluß von Wahlen und Abstimmungen,
2. Verfahren über die Verfassungswidrigkeit von Parteien,
3. Verfahren über Anklagen gegen den Bundespräsidenten, gegen ein Regierungsmitglied eines Landes oder gegen einen Abgeordneten oder Richter,
4. Verfahren über sonstige Gegenstände, die in einem dem Strafprozeß ähnlichen Verfahren behandelt werden.

II In sonstigen Verfahren vor dem Bundesverfassungsgericht oder dem Verfassungsgericht eines Landes gelten die Vorschriften des Dritten Abschnitts sinngemäß. Die Gebühren richten sich nach § 11 Abs. 1 Satz 4. Der Gegenstandswert ist unter Berücksichtigung aller Umstände, insbesondere der Bedeutung der Angelegenheit, des Umfangs und der Schwierigkeit der anwaltlichen Tätigkeit sowie der Vermögens- und Einkommensverhältnisse des Auftraggebers nach billigem Ermessen zu bestimmen, jedoch nicht unter 6000 Deutsche Mark.

Vorbem. II 2 mWv 1. 1. 87 redaktionell geändert durch Art 3 Z 28 G v 9. 12. 86, BGBl 2326.

Schrifttum: Zuck, Die Verfassungsbeschwerde, 2. Aufl 1988.

1) Allgemeines. § 113 regelt die Gebühren des RA in allen Verfahren vor dem BVerfG oder dem VerfG eines Landes. Jedes Verfahren ist eine selbständige Gebührenangelegenheit iS des § 13 II 1; das gilt auch für das Normenkontrollverfahren auf Grund einer Vorlage nach Art 100 I GG (§ 13 Nr 11 BVerfGG), BVerfG **53**, 332 (Aufgabe von BVerfG **7**, 87).

2) Strafprozeßähnliche Verfahren. I. Die Aufzählung ist nicht erschöpfend, I Z 4. Die Regelung in I gilt zB für Verfahren auf Erzwingung der Strafverfolgung (§ 38 Hess StGHG) und für Anklagen gegen ein Mitglied des Rechnungshofes (§ 14 Nr 6 Hbg VerfGG). Maßgebend sind die Gebührenvorschriften für Strafsachen, die im ersten Rechtszug vor das OLG gehören. Anwendbar sind also §§ 83 I Z 1 u II Z 1, 84 I Z 1 u II, 87, 90, 91, 92 II, 93 und 96. Wenn ein Verteidiger beigeordnet wird (nicht im Normenkontrollverfahren auf Antrag eines Strafgerichts, BVerfG **1**, 108), gelten auch §§ 97ff. Wegen der Einzelheiten vgl die Erläuterungen zu diesen Vorschriften. Die Gebühren sind Pauschgebühren, § 87, ihre Bemessung richtet sich nach § 12. Bei Vertretung mehrerer Auftraggeber ist § 6 anzuwenden.

3) Sonstige Verfahren, II. A. Gebührenregelung, II 1 u 2. Sie entspricht § 114, weil diese Verfahren den Verfahren vor den Verwaltungsgerichten ähneln. Dazu gehören Verfahren wegen Wahlprüfungen (§ 13 Nr 3 BVerfGG), Organstreitigkeiten (§ 13 Nr 5 BVerfGG), Normenkontrollverfahren (§ 13 Nr 6 und 11 BVerfGG), Streitigkeiten zwischen Bund und Ländern (§ 13 Nr 7 und 8 BVerfGG) und Verfassungsbeschwerden (§ 90 BVerfGG). In solchen Verfahren sind die **Vorschriften des Dritten Abschnitts sinngemäß** anzuwenden. Nach II 2 entstehen die Gebühren des § 11 I 4, also stets $^{13}/_{10}$-Beträge wie im Berufungs- und Revisionsverfahren, und zwar auch im Verfahren der Normenkontrolle (es handelt sich nicht um einen zum Rechtszug gehörenden Zwischenstreit iS v § 37 Z 3), BVerfG **53**, 332.

Wegen der Einzelheiten vgl die Erläuterungen zu § 31 ff und § 114, zB wegen der Gebühr bei einer Entscheidung ohne mündliche Verhandlung (§ 25 BVerfGG) Anm 2 A b zu § 114 und wegen der Gebühren im Verfahren über eine einstweilige Anordnung (§ 32 BVerfGG) Anm 5 zu § 114. Im Verfahren über eine Verfassungsbeschwerde kann ohne mündliche Verhandlung keine Verhandlungsgebühr entstehen, weil § 35 hier unanwendbar ist, BVerfG **35**, 34, zustm Schneider **KR** § 35 Nr 4, GSEM 7. Zur Entstehung der Beweisgebühr grundsätzlich BVerfG NJW **88**, 1902: nötig und ausreichend ist die Ermittlung von rechtserheblichen Tatsachen (auch genereller Art) durch ein Beweismittel; zur Gebühr nach § 34 II im Verf über eine Verfassungsbeschwerde vgl BVerfG **63**, 148, zustm Schemmerer Rpfleger **83**, 258.

Wenn der RA im Wege der Prozeßkostenhilfe beigeordnet ist (BVerfG **27**, 57, NJW **89**, 1723), entstehen Gebühren nach §§ 121 ff; eine Gebühr beträgt wegen der Verweisung auf § 11 I 4 nach § 123 höchstens 728 DM; bei Erstattung, Einf 2 A § 113, sind die Regelgebühren anzusetzen. Für Auslagen gilt § 126, vgl BVerfG **36**, 308 (Wahrnehmung eines Verkündungstermins).

B. Gegenstandswert, II 3. Die Gebühren des Dritten Abschnitts bestimmen sich nach dem Gegenstandswert, § 7. Da aber von einem Verfassungsgericht in der Regel, zB § 34 I BVerfGG, keine Gerichtsgebühren erhoben werden und die Verweisung des § 8 I 3 auf § 8 II hier zu praktisch nicht brauchbaren Ergebnissen führt, schafft II 3 eine **Sondervorschrift für die Bemessung des Gegenstandswertes.** Sie gilt im Verfahren der konkreten Normenkontrolle nach Art 100 I GG auch für den RA eines Äußerungsberechtigten, BVerfGG **53**, 332 (Aufgabe von **7**, 87), mag auch der Gegenstandswert (Streitwert) des ausgesetzten Prozesses wesentlich geringer sein. Zu den für die Bemessung im Einzelfall maßgeblichen Grundsätzen vgl die Erläuterungen zu § 12 II GKG u § 12 BRAGO; aber idR sind die wirtschaftlichen Verhältnisse der Beteiligten hier nicht zu berücksichtigen, Zuck AnwBl **78**, 333 (Verfassungsbeschwerde) mit zahlreichen Beispielen, ferner Abendroth AnwBl **82**, 394.

Festgesetzt wird der Gegenstandswert der Tätigkeit des RA (ggf unterschiedlich für die RAe verschiedener Beteiligter) nach § 10 I, II und IV durch das Verfassungsgericht (Beispiele: BVerfG **25**, 157, **53**, 332) und zwar auch bei Bestehen einer Honorarvereinbarung, BVerfG **21**, 190. Zu den Antragsberechtigten, § 10 II 2, gehören der RA in eigener Sache, BVerfG **53**, 212, und im Verfahren nach Art 100 I GG auch der im Ausgangsverfahren beauftragte RA, BVerfG **53**, 332. Der in eigener Sache auftretende Hochschullehrer hat kein Rechtsschutzbedürfnis an der Festsetzung, BVerfG **70**, 410.

Zuständig für die Festsetzung sind auch die Kammern, § 15a BVerfGG, BVerfG NJW **86**, 2305.

Verfahren vor dem Gerichtshof der Europäischen Gemeinschaften

113a **I In Vorabentscheidungsverfahren vor dem Gerichtshof der Europäischen Gemeinschaften gelten die Vorschriften des Dritten Abschnitts sinngemäß. Die Gebühren richten sich nach § 11 Abs. 1 Satz 4. Die Prozeßgebühr des Verfahrens, in dem vorgelegt worden ist, wird auf die Prozeßgebühr des Verfahrens vor dem Gerichtshof der Europäischen Gemeinschaften angerechnet, wenn nicht eine im Verfahrensrecht vorgesehene schriftliche Stellungnahme gegenüber dem Gerichtshof der Europäischen Gemeinschaften abgegeben wird. Der Gegenstandswert bestimmt sich nach den Wertvorschriften, die für die Gerichtsgebühren des Verfahrens gelten, in dem vorgelegt wird. Das vorlegende Gericht setzt den Gegenstandswert auf Antrag durch Beschluß fest. § 10 Abs. 2 bis 4 gilt entsprechend.**

II Ist für das Verfahren, in dem vorgelegt worden ist, die Gebühr nur dem Mindest- und Höchstbetrag nach bestimmt, so erhält der Rechtsanwalt in dem Vorabentscheidungsverfahren eine Gebühr von 140 Deutsche Mark bis 2060 Deutsche Mark. Ist der Rechtsanwalt in dem Verfahren vor dem Gericht, das vorgelegt hat, Verteidiger, Beistand oder Vertreter, so erhält er in dem Vorabentscheidungsverfahren eine Gebühr nur, wenn er vor dem Gerichtshof der Europäischen Gemeinschaften mündlich verhandelt; die Gebühr beträgt 140 Deutsche Mark bis 1030 Deutsche Mark. Hat ein Gericht der Sozialgerichtsbarkeit vorgelegt, so erhält der Rechtsanwalt in dem Vorabentscheidungsverfahren eine Gebühr von 110 Deutsche Mark bis 1240 Deutsche Mark. Ist der Rechtsanwalt in dem Verfahren vor dem Gericht der Sozialgerichtsbarkeit, das vorgelegt hat, Prozeßbevollmächtigter, so erhält er in dem Vorabentscheidungsverfahren eine Gebühr nur, wenn er vor dem Gerichtshof der Europäischen Gemeinschaften mündlich verhandelt; die Gebühr beträgt 100 Deutsche Mark bis 620 Deutsche Mark.

Vorbem. I 2 u II mWv 1. 1. 87 idF des Art 3 Z 29 G v 9. 12. 86, BGBl 2326. Übergangsrecht: § 134.

1) Allgemeines. Der EuGH gewährt ua Rechtsschutz aufgrund von Nichtigkeits-, Untätigkeits- und Amtshaftungsklagen und übt Funktionen der Verfassungsgerichtsbarkeit hinsichtlich des Verhältnisses zwischen den Gemeinschaften, ihren Mitgliedern und ihren Organen aus, vgl Ipsen, EuGemR, 1972, S 759ff, Eyermann-Fröhler Anh § 40 VwGO, RoS § 18, Riegel NJW **75**, 1049. Für die gerichtliche Praxis ist namentlich die in Art 177 EWG-Vertrag (und in weiteren Übereinkommen) geregelte Zuständigkeit für **Vorabentscheidungen** von Bedeutung; danach besteht für das einzelstaatliche Gericht (dazu EuGH NJW **82**, 502 u 1207), für dessen Entscheidung die Auslegung des EWG-Vertrags, die Gültigkeit oder Auslegung der Handlungen von Gemeinschaftsorganen oder die Auslegung von Satzungen der von der Gemeinschaft geschaffenen Einrichtungen von Bedeutung ist, die Möglichkeit und uU die Pflicht, die Frage dem EuGH zur Entscheidung vorzulegen, vgl BLAH § 1 GVG Anm 3 C c mwN. Über Höhe und Erstattungsfähigkeit der Kosten des Ausgangsverfahrens entscheidet der EuGH nicht, Einf 2 B § 113, weil dies Sache des innerstaatlichen Rechts sei. Die Höhe regelt § 113a für das Vorabentscheidungsverfahren, nicht für andere Verfahren (die Überschrift ist mißverständlich); in ihnen erwachsen Gebühren nach dem sinngemäß anzuwendenden § 113 II 1 u 2 aufgrund eines nach § 113 II 3 zu bemessenden Gegenstandswerts.

2) Gebühren für das Vorabentscheidungsverfahren. Die Regelung unterscheidet danach, ob im Ausgangsverfahren Gebühren nach dem Gegenstandswert entstehen, I, oder Rahmengebühren vorgesehen sind, II. In beiden Fällen ist das Verfahren vor dem EuGH eine besondere Angelegenheit, in der neue Gebühren entstehen.

A. Gebühren nach dem Gegenstandswert, I. a) Für die Gebühren gelten die **Vorschriften des Dritten Abschnitts** sinngemäß, I 1, vgl §§ 113 II 1 u 114 I sowie 116 II 2. Anwendbar sind namentlich §§ 31, 32 und 34, nicht dagegen § 33 I 1, weil sich das nach der VerfO des EuGH als nichtstreitiges ausgestaltete Verfahren von den in § 33 I 1 gemeinten erheblich unterscheidet, RegEntwBegr. Es entstehen die **13/10-Gebühren** des § 11 I 4, I 2, jedoch hinsichtlich der Prozeßgebühr unter Anrechnung der im Ausgangsverfahren entstandenen Prozeßgebühr, wenn vor dem EuGH keine schriftliche Stellungnahme nach Art 20 EuGH-Satzung, Art 103 EuGH-VerfO abgegeben wird, I 3, dazu FG Mü EFG **89**, 254 (nötig ist Einhaltung der Frist). **b)** Der **Gegenstandswert** bestimmt sich nach den Wertvorschriften für das Ausgangsverfahren, I 4, so daß idR §§ 12ff GKG maßgeblich sind (so auch für das frühere Recht BFH BStBl **76** II 714). Dabei kommt es nicht auf die Bedeutung der Entscheidung für die Allgemeinheit, sondern auf das Interesse des Klägers an, RegEntwBegr. Festgesetzt wird der Wert durch Beschluß des vorlegenden Gerichts, I 5, entsprechend § 10 I; sinngemäß gilt § 10 II– IV, I 6. Eine entspr Anwendung auf andere Vorlageverfahren ist ausgeschlossen, BVerwG BayVBl **89**, 285.

B. Rahmengebühren, II. Für Verfahren, in denen sich die Gebühren des RA nicht nach einem Wert bestimmen, gilt folgendes: **a)** In **Strafsachen** erhält der RA für das Vorabentscheidungsverfahren eine Gebühr von 140 bis 2060 DM, II 1, jedoch dann, wenn er Verteidiger, Beistand oder Vertreter im Ausgangsverfahren ist, nur eine Gebühr von 140 bis 1030 DM für die mündliche Verhandlung vor dem EuGH, II 2. **b)** In **Sozialgerichtssachen** entsteht für das Vorabentscheidungsverfahren eine Gebühr von 110 bis 1240 DM, II 3. Ist der RA im Ausgangsverfahren Prozeßbevollmächtigter, so erhält er nur dann, wenn er vor dem EuGH mündlich verhandelt, eine Gebühr von 100 bis 620 DM, II 4. Handelt es sich um einen Rechtsstreit iSv § 116 II, ist nicht II, sondern I anzuwenden, GSEM 7. **c)** Die **Bemessung im Einzelfall** richtet sich nach § 12, dort Anm 2 u § 116 Anm 2 B. Eine Festsetzung gegen den Auftraggeber ist nicht möglich, § 19 VII.

Verfahren vor Gerichten der Verwaltungs- und Finanzgerichtsbarkeit

114 **I In Verfahren vor den Gerichten der Verwaltungsgerichtsbarkeit und der Finanzgerichtsbarkeit gelten die Vorschriften des Dritten Abschnitts sinngemäß.**

II Der Rechtsanwalt erhält im erstinstanzlichen Verfahren vor dem Bundesverwaltungsgericht, dem Bundesfinanzhof und vor einem Oberverwaltungsgericht (Verwaltungsgerichtshof) Gebühren nach § 11 Abs. 1 Satz 4, im Verfahren vor dem Finanzgericht Gebühren nach § 11 Abs. 1 Satz 1 und 2.

III Im Verfahren über die Beschwerde gegen die Nichtzulassung der Berufung oder der Revision erhält der Rechtsanwalt die Hälfte der in § 31 bestimmten Gebühren nach den Sätzen des § 11 Abs. 1 Satz 4.

IV Im Verfahren auf Aussetzung oder Aufhebung der Vollziehung des Verwaltungsakts, auf Anordnung oder Wiederherstellung der aufschiebenden Wirkung und in Verfahren auf Erlaß einer einstweiligen Anordnung gilt § 40 sinngemäß. Bei Vollziehung einer einstweiligen Anordnung gilt § 59 sinngemäß.

V Im gerichtlichen Verfahren über einen Akt der Zwangsvollstreckung (des Verwaltungszwangs) erhält der Rechtsanwalt drei Zehntel der in § 31 bestimmten Gebühren. Die Vorschriften des § 32 und des § 33 Abs. 1 und 2 gelten nicht.

Vorbem. II u III mWv 1. 1. 87 redaktionell geändert durch Art 3 Z 30 G v 9. 12. 86, BGBl 2326.

Gliederung

1) Allgemeines. A. Grundsätze. § 114 schreibt einheitlich die sinngemäße Anwendung der Vorschriften des Dritten Abschnitts mit einigen sachlich bedingten Abweichungen, II bis V, für alle Verfahren vor Gerichten der Verwaltungs- und Finanzgerichtsbarkeit vor; gleiches gilt in den Fällen des § 116 II auch für das sozialgerichtliche Verfahren, § 116 II 2. Daneben sind die Allgemeinen Vorschriften des Ersten Abschnitts und die Gemeinsamen Vorschriften des Zweiten Abschnitts auch in diesen Verfahren unmittelbar anzuwenden, BFH BStBl **71** II 743, soweit nicht Sonderbestimmungen eingreifen (vgl §§ 114–117); anzuwenden sind demgemäß **§§ 23 u 24,** s dort, sowie aus dem Ersten Abschnitt ua:

§§ 6 u 7 (Gebühren des Bevollmächtigten mehrerer Kläger in einem Verfahren), Johlen AnwBl **83**, 485, VGH Kassel AnwBl **87**, 498 (betr Bauherrengemeinschaft), OVG Hbg **KR** § 6 Nr 144, Nr 155 u Nr 165 (krit Lappe), VGH Mannh **KR** § 6 Nr 154 (krit Lappe), OVG Bre **KR** § 6 Nr 156 u Rpfleger **88**, 427, OVG Lüneb **KR** § 7 Nr 22 u AnwBl **84**, 560, OVG Münst **KR** § 7 Nr 17 (abl Lappe), FG RhldPf EFG **86**, 309, FG Düss u NdsFG EFG **86**, 202, FG Hbg EFG **85**, 84 u NdsFG EFG **84**, 140 (betr Ehegatten), VGH Mannh VBlBW **81**, 397 (zustm Lappe **KR** § 6 Nr 97), vgl ferner Scholz VBlBW **81**, 40;

§§ 8–10 (Gegenstandswert), vgl § 13 GKG Anm 1;

§§ 11 (Gebührenhöhe), vgl II;

§ 13 (Abgeltungsbereich), VG Köln NVwZ **82**, 56 (Verbundklage nach § 30 AsylVfG ist nur eine Angelegenheit), OVG Lüneb JB **88**, 865 (Normenkontrollverfahren, § 47 I VwGO, und Vorlageverfahren, § 47 V VwGO, bilden nur eine Angelegenheit);

§ 14 (Verweisung), BVerwG NVwZ **82**, 676, VGH Mü BayVBl **83**, 700;

§ 15 (Zurückverweisung), BFH BStBl **71** II 742, FG Bln EFG **83**, 42;

§ 19 (Festsetzung der Vergütung), zuständig ist der UrkB, nicht der Rechtspfleger, OVG Hbg MDR **80**, 258.

B. Anwendungsbereich. In Verfahren vor Berufsgerichten in Zulassungssachen uä gilt § 114 über § 110 II, s dort Anm 3, ebenso im Verfahren vor den Disziplinargerichten wegen Verlustes der Dienstbezüge nach § 9 BBesG, VGH Mü NVwZ-RR **89**, 54. Anwendbar ist § 114 auch im Verfahren öffentlich-rechtlicher Schiedsgerichte (BLAH Grdz 4 § 1025), RS 1. Dagegen erhält der RA für seine Tätigkeit vor Verwaltungsbehörden Gebühren nach § 118. Hochschullehrer dürfen nach § 114 liquidieren, hM, § 1 Anm 2 B j, aM VG Mü AnwBl **89**, 292 mwN.

Auf die Vergütung der **Steuerberater** ist § 114 sinngemäß anzuwenden, § 45 StBGebV; vgl Schall BB **88**, 378, Lappe NJW **82**, 1436 u DStR **82**, 584.

2) Sinngemäße Anwendung des Dritten Abschnitts, I (Johlen AnwBl **83**, 484). „Sinngemäße" Anwendung erfordert eine Anpassung der für bürgerliche Rechtsstreitigkeiten geltenden Vorschriften an die Besonderheiten des Verfahrens vor allgemeinen und besonderen Verwaltungsgerichten, falls nicht überhaupt Sonderbestimmungen, II bis V, gelten. Danach können sinngemäß angewendet werden: §§ 31, 32, 33 II und III, 34, 35, 37, 48, 51 bis 58, 61; §§ 40 u 59 gelten sinngemäß nach IV. Wegen der Einzelheiten kann im allgemeinen auf die Erläuterungen zu den §§ 31 ff verwiesen werden. Im folgenden werden nur die wichtigsten Besonderheiten dargestellt. **Gebühren** entstehen im Verfahren der Verwaltungs- und Finanzgerichte nach der Tabelle, § 11 I 1–3, um $^3/_{10}$ erhöhte Gebühren nach § 11 I 4 im Berufungs- und Revisionsverfahren der Verwaltungsgerichte und beim BFH, nicht beim Finanzgericht, II. Gegenstandswert: § 13 GKG (Einzelfälle Anh I u II § 13 GKG).

A. Verfahren vor den allgemeinen Verwaltungsgerichten. a) Prozeßgebühr, § 31 I Z 1. Die volle Gebühr entsteht mit der Einreichung eines Schriftsatzes bei Gericht, OVG Lüneb AS **5**, 336 und OVG Münst DÖV **53**, 706. Endigt der Auftrag vorher, so erhält der RA eine halbe Prozeßgebühr, § 32; das gilt auch dann, wenn das Verfahren in der Instanz abgeschlossen war, OVG Münst NJW **61**, 477, oder wenn der RA weiß oder wissen muß, daß das gegnerische Rechtsmittel zurückgenommen worden ist, VGH Mü BayVBl **86**, 317. Zum Wahlrecht des RA bei Trennung und Verbindung vgl VGH Mannh **KR** § 31 Ziff 1 Nr 90, VGH Kassel AnwBl **87**, 291.

b) Verhandlungsgebühr, §§ 31, Z 2, 33, 35. Der RA erhält die Verhandlungsgebühr für seine Mitwirkung in der mündlichen Verhandlung, sonst nur entsprechend § 35, wenn eine Entscheidung – nicht notwendig Endentscheidung – mit Einverständnis der Beteiligten ohne die dafür vorgeschriebene mündliche Verhandlung ergeht, OVG Münst NJW **70**, 963. Für die Entstehung der Gebühr kommt es ebensowenig wie im Verfahren nach FGG darauf an, ob der RA in der mündlichen Verhandlung Anträge stellt, weil § 103 VwGO den Begriff der mündlichen Verhandlung anders definiert als § 137 ZPO, OVG Bre AnwBl **84**, 561, OVG Hamburg NJW **70**, 1094 mwN, hM, RS 9. Erforderlich und ausreichend für die Entstehung der vollen Verhandlungsgebühr ist danach, daß der RA (auch des Beigeladenen, OVG Lüneb 26. 4. 1957 III B 8/57) auftritt und dadurch mitwirkt, daß er Ausführungen zur Sache macht, die dazu dienen, eine Entscheidung des Gerichts herbeizuführen, VGH Mü BayVBl **80**, 699, RS 9 (zu diesem Erfordernis krit Johlen AnwBl **83**, 484); beschränkt er sich aber auf Ausführungen zur Prozeß- oder Sachleitung, so gilt § 33 II, wird die Sache anläßlich der Verhandlung einer anderen Sache nur besprochen, erwächst keine Verhandlungsgebühr, OVG Lüneb AnwBl **82**, 537. Der RA des Beklagten erhält die volle Verhandlungsgebühr auch dann, wenn der Kläger nicht auftritt, OVG Lüneb NJW **55**, 1535. Niemals erhält ein RA die Verhandlungsgebühr, wenn er der mündlichen Verhandlung fernbleibt, BVerwG NJW **57**, 315 und OVG Münst NJW **64**, 2369.

Keine Verhandlungsgebühr entsteht in einem Termin vor dem Vorsitzenden oder beauftragten Richter, §§ 87 u 96 II VwGO, OVG Münst NJW **70**, 963, str, vgl RS 13, Schall BB **75**, 601 mwN. Das gleiche gilt, wenn der RA nur an der Beweisaufnahme durch den beauftragten Richter mitwirkt, OVG Lüneb AnwBl **62**, 262 m abl Anm Luetgebrune, RS 9. Wegen der Erörterungsgebühr s unten d.

Im Verfahren der Anhörung nach Art 2 § 1 u § 5 EntlG erhält der RA ½ Gebühr, die als Verhandlungsgebühr gilt, vgl § 31 Anm 6 D und § 11 Anm 2 B, so daß §§ 13 u 31 II anzuwenden sind, Meyer-Ladewig NJW **78**, 858. Nicht nötig ist es, daß eine Entscheidung ergeht, aM OVG Lüneb AnwBl **82**, 537 (abl Schmidt).

Bei Verbindung oder Trennung von Verfahren entsteht die Gebühr nach dem bei Antragstellung gegebenen Streitwert, aM VGH Mannh **KR** § 31 Ziff 1 Nr 90.

c) Beweisgebühr, §§ 31 I Z 3, 34. Eine Beweisgebühr entsteht auch im Verwaltungsprozeß idR schon durch die Prüfung und Weiterleitung des Beweisbeschlusses oder einer ausdrücklich auf Beweisaufnahme gerichteten sonstigen Anordnung des Gerichts, § 31 Anm 7 D, VGH Kassel

NJW **66**, 1140 (eine Anordnung nach § 87 VwGO, § 79 FGO reicht nicht aus, BVerfG NJW **83**, 1657, VGH Mü BayVBl **87**, 93 mwN, VG Darmst Hess StuGemZtg **86**, 362); die bloße Empfangnahme ist noch keine Tätigkeit des RA, VGH Mü aaO, aM OVG Münst AS **6**, 249. Ohne Beweisanordnung genügt die Protokollierung der Aussage, OVG Münst NJW **79**, 2420, und ohne sie jede Verwertung der Maßnahme zu Beweiszwecken, VG Ffm NVwZ-RR **89**, 223 mwN, s u.

Besteht die Beweisaufnahme in der **Vorlegung von Akten** oder Urkunden durch einen Beteiligten, etwa der Akten der beklagten oder beigeladenen Behörde, so erwächst nach **§ 34 I** für den RA eines Beteiligten (auch des Beigeladenen) keine Beweisgebühr, allgM, VGH Mü BayVBl **83**, 478, OVG Münst und VGH Kassel NJW **61**, 2370, 2371 (auch dann, wenn die Urkunde erst von Dritten hergestellt oder beschafft werden muß, FG Münst EFG **85**, 412 mwN, str). Das gilt auch dann, wenn die am Verfahren beteiligte Körperschaft die Akten der Verwaltungsbehörde vorlegt oder dies der Vertreter des öff Interesses zum Beweis für sein eigenes Vorbringen tut, VGH Mü KStZ **82**, 57. § 34 I schließt aber eine Beweisgebühr nicht aus, wenn Aktenteile (zB Pläne oder Lichtbilder) zu Beweiszwecken in Augenschein genommen werden, Johlen AnwBl **83**, 485, VGH Kassel AnwBl **86**, 248 (krit zum Einzelfall Schmidt). Werden Akten oder Urkunden sonstiger Behörden herangezogen oder von einem Beteiligten vorgelegt, OVG Bre AnwBl **82**, 28, so erwächst eine Beweisgebühr, falls sie erkennbar zum Zwecke des Beweises beigezogen, OVG Bre NJW **87**, 1843, FG RhldPf EFG **87**, 632, oder als Beweis verwertet werden, **§ 34 II,** was sich in Zweifelsfällen nur an Hand des entscheidungserheblichen Parteivorbringens und der schriftlichen Entscheidungsgründe beantworten läßt, BVerfG NJW **83**, 1657 (zustm Schemmerer Rpfleger **83**, 258), OVG Bre AnwBl **84**, 52, VGH Mü KStZ **82**, 57, OVG Münst DÖD **73**, 40 (nicht erforderlich ist es, daß die richterliche Überzeugung nur aufgrund der Akte gebildet wird, OVG Münst AnwBl **79**, 232); daß auch einer der Beteiligten die maßgeblichen Aktenteile hätte vorlegen können, ändert nichts, VGH Mü AnwBl **62**, 311. Auch die Beiziehung von Akten des erkennenden Gerichts über frühere Verfahren zwischen denselben Hauptbeteiligten kann die Beweisgebühr auslösen, OVG Münst NJW **73**, 1519. Beweisaufnahme in diesem Sinne ist auch die Verwertung der außerhalb eines Asylverfahrens gewonnenen Erkenntnisse, VGH Mannh Just **85**, 150, OVG Münst InfAuslR **85**, 150, aM OVG Kblz LS DÖV **86**, 1032; dies gilt auch dann, wenn ein Beteiligter die entsprechenden Unterlagen vorgelegt hat, VG Brschw AnwBl **87**, 292. Ebenso löst die erneute Verwertung der vom Gericht gesammelten Unterlagen im Asylverfahren die Gebühr aus, OVG Hbg NVwZ-RR **89**, 218 mwN, VGH Mannh VBlBW **88**, 221, VGH Mü InfAuslR **87**, 201, str, aM VGH Kassel LS **KR** § 31 Ziff 3 Nr 145 u § 34 Nr 158, OVG Lüneb JB **87**, 1363, OVG Kblz DÖV **83**, 347, diff OVG Münst **KR** § 34 Nr 59.

Bei alledem kommt es im Verwaltungsprozeß ebensowenig wie im Eheprozeß darauf an, ob eine „streitige" Behauptung nachgeprüft werden soll, RS 22; denn das Gericht hat den Sachverhalt von Amts wegen zu erforschen, vgl BVerfG NJW **88**, 1902. Auch ohne Beweisbeschluß ist eine **Beweisaufnahme anzunehmen,** wenn das Gericht durch eigene Wahrnehmung sich ein Urteil über die Richtigkeit einer bisher nicht bekannten oder nicht feststehenden und seiner Ansicht nach klärungsbedürftigen Tatsache bilden will, BFH BStBl **76**, II 687, VGH Kassel AnwBl **83**, 285, VGH Mü BayVBl **81**, 572, in der Sache ähnlich OVG Bre AnwBl **82**, 28, VGH Mü BayVBl **86**, 637 mwN, die dem Wortlaut nach auf „streitige" Tatsachen abstellen. Die Beweisaufnahme in diesem Sinne kann auch vor dem verordneten Richter stattfinden, VGH Kassel aaO. Keine Beweisgebühr erwächst dagegen, wenn das Gericht nur eine deutliche Vorstellung vom Gegenstand des Verfahrens gewinnen oder Unklarheiten des Parteivortrages beseitigen will, VGH Kassel AnwBl **86**, 248 (krit zum Einzelfall Schmidt), VGH Mü NJW **73**, 387, zB einen Auflagenbeschluß erläßt, FG Bln EFG **89**, 203. Werden Urkunden ausdrücklich zum Gegenstand der Verhandlung gemacht, so ist daraus allein nicht auf Beweisaufnahme zu schließen, OVG Hbg NJW **69**, 445, FG Saarld EFG **81**, 45; vielmehr kommt es darauf an, ob sie als Beweis verwertet werden, OVG Bre AnwBl **84**, 52. Eine formlose Parteianhörung kann eine Beweisaufnahme sein, zB wenn das Ergebnis in der Entscheidung verwertet wird, VGH Kassel **KR** § 31 Ziff 3 Nr 145 u AnwBl **86**, 412 mwN, OVG Kblz LS DÖV **86**, 1032 (betr Asylverfahren), VG Ffm NVwZ-RR **89**, 223 mwN, RS 20, vgl auch BFH BStBl **76** II 687 mwN, aM OVG Lüneb **KR** § 31 Ziff 3 Nr 140 (keine Gebühr ohne Wahrung der Förmlichkeiten einer Parteivernehmung, krit Noll bei Nr 149); nur die wirklich bloß „informatorische" Anhörung, zB des Klägers im Asyl- oder Kriegsdienstverweigerungsverfahren, läßt die Gebühr nicht entstehen, BVerwG NVwZ **84**, 447, VG Ffm NVwZ-RR **89**, 223, VG Karlsr **KR** § 31 Ziff 3 Nr 147, Noll zu **KR** § 31 Ziff 3 Nr 149.

Auch wenn das Gericht durch Gerichtsbescheid entscheidet und dabei Akten verwertet, kann die Beweisgebühr entstehen, OVG Bre AnwBl **82**, 28.

d) Erörterungsgebühr, § 31 I Z 4 (Mümmler JB **84**, 805). Sie entsteht im Verhandlungs- oder Erörterungstermin, FG Bre EFG **88**, 535, auch im Termin vor dem Vorsitzenden oder beauftragten Richter, § 87 VwGO, VGH Kassel AnwBl **83**, 284, OVG Lüneb NJW **77**, 2229, Scholz VBlBW **81**, 42, RS 13, vgl unten C (wegen der Verhandlungsgebühr s oben a). Die Erörterungsgebühr erwächst auch dann, wenn nur die Beschränkung des Begehrens erörtert wird, aM VGH Mü BayVBl **80**, 699. Es muß sich stets um eine Erörterung vor dem Gericht handeln, bei dem die erörterte Sache anhängig ist, VGH Kassel NVwZ-RR **89**, 392 mwN; die Gebühr kann für das Klageverfahren anfallen, wenn es im Rahmen eines Verfahrens des einstweiligen Rechtsschutzes erörtert und erledigt wird, OVG Hbg LS **KR** § 31 Ziff 4 Nr 104. Eine Erörterung mit der Gegenseite ohne Mitwirkung des Gerichts genügt nicht, Scholz VBlBW **81**, 42, Gräber § 139 Rdz 17 mwN.

e) Vergleichsgebühr, § 23. Ein Vergleich ist auch im Verwaltungsprozeß zulässig, wenn die Beteiligten über den streitigen Anspruch verfügen können, § 23 III; er kann sich auf die Kostenregelung beschränken, OVG Münst DÖV **56**, 445. Statt einer Vergleichsgebühr kann eine Erledigungsgebühr entstehen, § 24, vgl Erl zu § 24.

f) Beschwerdegebühren, § 61. Sie betragen stets $^{5}/_{10}$ der in § 31 bestimmten Gebühr ohne Rücksicht darauf, ob in der Sache selbst die vollen Gebühren erwachsen, § 61 Anm 2 B. Die Beschwerde ist immer eine besondere Angelegenheit, § 13 Anm 4 A. Für Verfahren über eine Beschwerde gegen die Nichtzulassung der Revision, § 132 III VwGO, oder der Berufung, § 131 VwGO, gilt III als Sondervorschrift, unten Anm 4 (auch zu § 47 VII VwGO). Wegen der Verfahren des vorläufigen Rechtsschutzes, IV, vgl Anm 5 B, wegen der Zwangsvollstreckung, V, vgl Anm 6 B.

Kein Beschwerdeverfahren iSv § 61 ist das Rechtsmittelverfahren in Personalvertretungssachen. Hier entstehen 13/10-Gebühren, §§ 63 II, 62 II BPersVG (und die entspr Landesgesetze).

B. Verfahren vor den Gerichten der Sozialgerichtsbarkeit. Hier gilt abgesehen von § 116 II nicht § 114 mit seinen Verweisungen, sondern die Sonderregelung des § 116 I. Einzelheiten sind dort erläutert.

C. Verfahren vor den Gerichten der Finanzgerichtsbarkeit (vgl Gräber § 139 Rdz 15ff, Tipke-Kruse Tz 80 u 69ff). Der Dritte Abschnitt ist nur im Verfahren vor dem Finanzgericht und dem BFH sinngemäß anzuwenden. Im Rechtsmittelverfahren vor Behörden der Finanzverwaltung entstehen dagegen Gebühren nach § 118. Besonderheiten sind in § 117 geregelt. Im übrigen gilt das unter A Gesagte.

Einzelheiten: Eine volle **Prozeßgebühr** (Tipke-Kruse Tz 69) erhält der RA des Beklagten, wenn er die erforderliche Einwilligung in die Rücknahme der Revision erklärt, §§ 31 I Z 1, 32 I, BFH BStBl **73** II 21. Zur Höhe der Prozeßgebühr bei Trennung von Verfahren, § 31 Anm 5 F, s FG Bln EFG **83**, 198 einerseits, FG Hbg EFG **83**, 254 andererseits. Die **Verhandlungsgebühr** (Gräber § 139 Rdz 15, Tipke-Kruse Tz 70) erhält der RA bei mündlicher Verhandlung nach denselben Grundsätzen wie im Verwaltungsprozeß, vgl Anm 2 Ab, FG Kassel EFG **74**, 378, weil nicht einzusehen ist, warum die Gebühr hier an die Stellung der Anträge geknüpft sein soll, obwohl § 117 eine noch weiter gehende Lockerung vorsieht (vgl auch § 141 FGO). Aber der RA erhält keine Verhandlungsgebühr für einen Termin vor dem Vorsitzenden oder Berichterstatter, BFH BStBl **68** II 826 u BStBl **70** II 432, str, vgl BB **70**, 839, Ehlers DStR **70**, 743 u FG RhldPf EFG **71**, 293; dafür kann hier eine **Erörterungsgebühr** entstehen, FG Bre EFG **88**, 535, FG Kassel EFG **82**, 155, aM FG BaWü EFG **87**, 523 mwN, vgl Gräber § 139 Rdz 17, Tipke-Kruse Rdz 72. Keine Besonderheiten gelten auch für die **Beweisgebühr,** vgl Anm 2 Ac, Gräber § 139 Rdz 16, Tipke-Kruse Tz 71: Eine Beweisgebühr entsteht nicht bei bloßer Anhörung eines Beteiligten, die nicht Beweiszwecken dient, auch dann nicht, wenn persönliches Erscheinen angeordnet war, FG Hbg EFG **74**, 212, wohl aber kann der RA eine Beweisgebühr auch ohne formelle Voraussetzungen der Parteivernehmung erhalten, BFH BStBl **76** II 687 mwN; vgl zur Vorlegung von Urkunden BFH BStBl **70** II 82, FG RhlPf EFG **87**, 632, zur Beauftragung eines Prüfungsbeamten des Gerichts FG Kassel LS EFG **88**, 389, FG Düss EFG **84**, 631 mwN (nur bei Heranziehung zu Beweiszwecken). Keine Gebühr nach § 31 I Z 3 erhält der RA für eine im Lauf des Klageverfahrens vom Finanzamt durchgeführte Beweisaufnahme, FG Bln EFG **78**, 404. In Ausnahmefällen kann auch eine Vergleichsgebühr verdient werden, sofern die Beteiligten über den Gegenstand verfügen können, zB in Zulassungs- und Prüfungssachen von Steuerberatern, § 23 III; in der Regel (vor allem bei Streit um die Steuerfestsetzung, FG Düss EFG **87**, 582) kommt nur eine **Erledigungsgebühr,** § 24, in Betracht.

3) Erstinstanzliche Verfahren, II. Nach den geltenden Verfahrensordnungen gibt es erstinstanzliche Verfahren vor dem Bundesverwaltungsgericht (§ 50 VwGO), dem Bundesfinanzhof (§ 37 FGO) und den Oberverwaltungsgerichten (§§ 47, 48 VwGO, Art 2 § 9 EntlG); nicht hierhin gehören erstinstanzliche Verfahren des vorläufigen Rechtsschutzes, IV iVm § 40 III und auch nicht solche Verfahren bei erstinstanzlicher Zuständigkeit des Obergerichts in der Hauptsache, str, Anm 5 B. Wegen der Bedeutung der eingangs genannten Verfahren entstehen dort die erhöhten (13/10) Gebühren des § 11 I 4. Dagegen wird in § 114 II klargestellt, daß es im Verfahren vor einem Finanzgericht bei den Regelgebühren des § 11 I 1 u 2 (u 3, obwohl das Gesetz hierzu schweigt) bleibt. Diese Bestimmung ist auch nach Inkrafttreten der FGO geltendes Recht, BFH NJW **69**, 343 = BStBl **68** II 745.

4) Verfahren über eine Nichtzulassungsbeschwerde, III. Das Verfahren der Verwaltungsgerichte kennt die Beschwerde gegen die Nichtzulassung der Berufung nach EntlG oder nach Einzelgesetzen, zB WohngeldG, § 131 III VwGO, und die Beschwerde gegen die Nichtzulassung der Revision, § 132 III VwGO. Diese ist auch im Verfahren der Finanzgerichte vorgesehen, 115 III FGO. Nach III erhält der RA in allen diesen Fällen die Hälfte der in § 31 bestimmten Gebühren nach den um 3/10 erhöhten Sätzen des § 11 I, weil die Nichtzulassungsbeschwerde besondere Mühewaltung erfordert, vgl auch § 227 III BEG, Anh § 61 a; eine Anrechnung auf die Gebühren des folgenden Verfahrens über die Berufung oder Revision findet nicht statt, RS 27. Gegenstandswert: Wert der Hauptsache, Anh I u II § 13 GKG.

Die Regelung in III (und in § 227 III BEG) ist entsprechend auf andere Fälle der Nichtzulassungsbeschwerde anzuwenden, zB nach § 72 a ArbGG, LAG Hamm **KR** § 62 Nr 7, LAG Stgt AnwBl **82**, 317. Eine entsprechende Anwendung ist auch bei der Nichtvorlagebeschwerde im Normenkontrollverfahren nach § 47 VII VwGO (eingefügt durch Art 2 Z 9 b G v 8. 12. 86, BGBl 2191, mWv 1. 7. 87) geboten, vgl § 47 VII 2 VwGO.

5) Aussetzung der Vollziehung und einstweilige Anordnung, IV. A. Geltungsbereich. IV gilt einheitlich im Verfahren der Verwaltungs- und Finanzgerichte über Anträge auf Wiederherstellung oder Anordnung der aufschiebenden Wirkung, **§ 80 V VwGO,** bzw Aussetzung oder Aufhebung der Vollziehung, **§ 69 III FGO,** sowie in Verfahren auf Erlaß einer einstweiligen Anordnung, **§§ 123 VwGO, 114 FGO.** Auch in Verfahren über die Wiederherstellung der hemmenden Wirkung, § 69 IV FGO, gilt IV. Hierher gehört auch die Klage auf einstweilige Einstellung nach § 258 AO, FG Hann EFG **84**, 521. Gebühren des RA im Aussetzungsverfahren der Widerspruchsbehörde, § 80 IV VwGO, oder der Verwaltungsbehörde, § 69 II FGO, richten sich nach § 118 (§ 119 III).

B. Gebühren. Jedes der genannten Verfahren ist eine besondere Angelegenheit, für die der RA die vollen Gebühren wie im Verfahren über Arrest und einstweilige Verfügungen erhält, § 40, bei Vollziehung einer einstweiligen Anordnung, § 59, die 3/10-Gebühren des § 57. Wegen der Einzelheiten ist auf die **Erläuterungen zu § 40 und § 59** zu verweisen.

Dieselbe Angelegenheit, § 40 Anm 3 A, sind auch die Verfahren nach §§ 80 V VwGO, 69 III FGO und die Verfahren über Änderung oder Aufhebung solcher Beschlüsse, § 40 II, OVG Kblz NVwZ **85**, 354, VGH Mü BayVBl **84**, 414, Scholz VBlBW **81**, 5 (VG Darmstadt NJW **75**, 1716 ist insoweit überholt). Wird die Maßnahme iSv IV erstmals beim Rechtsmittelgericht beantragt, erhöhen sich die Gebühren nicht, § 40 III, Finkelnburg/Jank 405 u 838, VGH Mü **KR** Nr 1, VG Ansbach **KR** Nr 5 (abl Schmidt), aM Beermann 10555/5, Tipke/Kruse 51. Das gleiche gilt, wenn das Rechtsmittelgericht in der Hauptsache erstinstanzlich zuständig ist, zB nach § 47 VwGO oder Art 2 § 9 EntlG, VGH Mü NVwZ-RR **89**, 335 gg VGH Mü BayVBl **89**, 27.

In der Beschwerdeinstanz erwachsen die $^{5}/_{10}$-Gebühren des § 61, § 40 Anm 3 B c, sowohl in Verfahren über eine einstweilige Anordnung als auch in Verfahren über Aussetzung der Vollziehung usw, OVG Lüneb NJW **74**, 1296, OVG Münst VerwRspr **31**, 634. Demgemäß erhält der RA auch für eine in der Beschwerdeinstanz angeordnete mündliche Verhandlung nur eine $^{5}/_{10}$-Gebühr, BFH BStBl **73** II 19, OVG Bre AnwBl **84**, 561 mwN (zustm Noll **KR** § 61 Nr 35), VGH Kassel AnwBl **82**, 159 u JZ **85**, 206, OVG Münst **KR** Nr 7 u 12, aM VGH Mannh **KR** § 61 Nr 31, Finkelnburg/Jank 406.

Wegen der Verhandlungsgebühr und der Erörterungsgebühr vgl Anm 2 A u C (VGH Mü NJW **75**, 406 m abl Anm v Schmidt, dagegen auch Noll **KR** Nr 20, ist überholt, weil für die Erörterung der Sache vor besetztem Gericht bei einer Ortsbesichtigung jetzt § 31 I Z 4 gilt). Auch eine Erledigungsgebühr kann entstehen, § 24 Anm 2 B, ebenso unter den Voraussetzungen des § 23 III eine Vergleichsgebühr, VGH Mü BayVBl **81**, 565 mwN, Finkelnburg/Jank 839; diese Gebühren sind auch hier stets $^{10}/_{10}$-Gebühren, § 40 Anm 4 A.

Wegen des Gegenstandswerts s § 20 III GKG, Anh I u II § 13 GKG.

6) Gerichtliche Verfahren über einen Akt der Zwangsvollstreckung (des Verwaltungszwanges), V. A. Klagen gegen Akte der Verwaltungsvollstreckung. Trotz der mißverständlichen Fassung gilt V gerade für die Fälle, in denen ein Akt des Verwaltungszwanges oder der Beitreibung vor einem Gericht angefochten wird, RegEntwBegr Nr 7. Obwohl Umfang der Tätigkeit und Mühewaltung des RA in einem solchen Verfahren nicht geringer zu sein brauchen als in sonstigen Anfechtungssachen (und häufig auch nicht geringer sind), entstehen nur $^{3}/_{10}$-Gebühren (niemals weniger, weil Gebühren in Höhe eines Bruchteils von $^{3}/_{10}$ ausgeschlossen sind, V 2), in zweiter Instanz also erhöht auf $^{39}/_{100}$, § 11 I 4. Richtet sich die Klage gegen einen einheitlichen Bescheid, der sowohl die Grundverfügung als auch die Androhung oder Festsetzung von Zwangsmitteln enthält, entstehen neben den Gebühren des § 31 keine besonderen $^{3}/_{10}$-Gebühren nach V; es handelt sich dann um nur eine Angelegenheit, § 13 II 1, weil die Zwangsmaßnahme in ihrem Bestand von der Grundverfügung abhängig ist. Nicht V, sondern I gilt, wenn die Untersagung jeglicher Vollstreckung begehrt wird, aM FG Düss EFG **81**, 202. Anwendbar sind in allen diesen Fällen auch §§ 23, 24 und 32–34, RS 30.

B. Vollstreckung gerichtlicher Entscheidungen. Für seine Tätigkeit bei der Vollstreckung gerichtlicher Entscheidungen im Verfahren der Verwaltungsgerichte (§§ 167–172 VwGO) und der Finanzgerichte (§§ 150–154 FGO) erhält der RA nach § 114 I iVm §§ 49 und 57 ebenfalls $^{3}/_{10}$-Gebühren; auch wenn die Entscheidung auf Grund eines Ersuchens von einer Verwaltungsbehörde vollstreckt wird, gelten nicht etwa §§ 118, 119 II. Keine besonderen Gebühren entstehen, wenn es sich um ein Nebenverfahren handelt, das zum Rechtszug gehört, § 114 I iVm § 58 II; ist jedoch der RA nur mit der Vertretung in diesem Verfahren beauftragt, so erhält er Gebühren nach den §§ 49 und 57, FG Bln EFG **88**, 652.

115 (aufgehoben)

Verfahren vor Gerichten der Sozialgerichtsbarkeit

116

I Im Verfahren vor Gerichten der Sozialgerichtsbarkeit erhält der Rechtsanwalt

1. vor dem Sozialgericht 50 Deutsche Mark bis 590 Deutsche Mark,
2. vor dem Landessozialgericht 70 Deutsche Mark bis 850 Deutsche Mark,
3. vor dem Bundessozialgericht 130 Deutsche Mark bis 1410 Deutsche Mark.

II In Verfahren

1. auf Grund der Beziehungen zwischen Ärzten, Zahnärzten und Krankenkassen (Kassenarztrecht) sowie öffentlich-rechtlicher Versicherungsträger untereinander,
2. auf Grund öffentlich-rechtlicher Streitigkeiten zwischen Arbeitgebern und der Bundesanstalt für Arbeit oder einer Berufsgenossenschaft

werden die Gebühren nach dem Gegenstandswert berechnet. Die Vorschriften des Dritten Abschnittes gelten sinngemäß.

III In den Fällen des Absatzes 1 gelten die §§ 23, 24 nicht.

Vorbem. I ab 1. 1. 87 idF des Art 3 Z 31 des G v 9. 12. 86, BGBl 2326. Übergangsrecht: § 134.

Schrifttum: Kiss AnwBl **88**, 337; Fichte DAng Vers **88**, 360 (betr Kosten der Vollstreckung); Pickel AnwBl **87**, 391; Plagemann AnwBl **82**, 170; Wilde/Homann NJW **81**, 1070; Schuwerack SGb **80**, 30; ders SGb **72**, 348 (zur Kostenfestsetzung); Wilm SozVers **78**, 169 (zur Nichtzulassungsbeschwerde); H. Schmidt NJW **77**, 2248 (zur Nov 75).

1) Allgemeines. Für die Vergütung des RA vor den Gerichten der Sozialgerichtsbarkeit enthält § 116 I eine abschließende Sonderregelung, neben der nur der Erste und der Zweite Abschnitt (wegen §§ 23, 24 s III) gelten, BSG AnwBl **82**, 30 mwN, Wilde/Homann NJW **81**, 1072. Trotz wiederholter Erhöhung der Höchstbeträge bleibt die Pauschgebühr nach I idR hinter der Vergütung des RA im Verfahren der Verwaltungs- und Finanzgerichte, §§ 114, 117, zurück. Die größten Unterschiede zu vergleichbaren Verfahren sind dadurch beseitigt worden, daß in bestimmten Fällen die Gebühren des Dritten Abschnitts nach dem Gegenstandswert entstehen, II. Gleichwohl ist die im Regelfall entstehende Pauschvergütung, Anm 2, nach wie vor unzureichend, Senninger AnwBl **89**, 2, Pohlmeyer AnwBl **86**, 514, Plagemann AnwBl **85**, 424, Rolshoven AnwBl **85**, 571, s auch BT-Drs 10/6400 S 41. In allen Fällen ist eine Honorarvereinbarung, § 3, zulässig.

2) Rahmengebühren, I, II. A. Pauschgebühr für die Instanz. Abgesehen von den Fällen des II werden die Gebühren nicht nach dem Gegenstandswert berechnet. Vielmehr erhält der RA in jedem Rechtszug eine im Rahmen von I liegende Pauschgebühr; dagegen gelten außerhalb des gerichtlichen Verfahrens §§ 118 und 119, vgl Einf § 118. Der Ersatz der Auslagen bestimmt sich nach §§ 25 ff.

Durch die Gebühr wird die Tätigkeit des RA im jeweiligen Rechtszug im gleichen Umfang abgegolten wie in bürgerlichen Rechtsstreitigkeiten. Im Falle der Verweisung handelt es sich um einen Rechtszug; hat der RA vor dem verweisenden Gericht Wertgebühren verdient, ist für den ganzen Rechtszug die angemessen zu erhöhende Rahmengebühr maßgeblich, BVerwG AnwBl **81**, 191. Bei Verbindung entsteht kein neuer Rechtszug, SG Münst AnwBl **85**, 387 (zustm Schmidt). Nichtzulassungsbeschwerde und Revision sind getrennte Rechtszüge, BSG MDR **89**, 381 u SGb **79**, 387 m Anm Schmidt, abw Schuwerack SozVers **80**, 30; auch das Verfahren auf Erlaß einer einstweiligen Anordnung, R. Schmidt SGb **80**, 510, ist gebührenrechtlich ein eigener Rechtszug, weil nicht einzusehen ist, warum hier etwas anderes gelten soll als nach §§ 114 IV und 40, Schuwerack SozVers **80**, 30, aM Wilde/Homann NJW **81**, 1071. Dagegen werden alle Beschwerden im Rahmen eines anhängigen Verfahrens durch die Pauschgebühr für den Rechtszug abgegolten, GSEM 5, aM Behn AnwBl **88**, 422, LSG BaWü SGb **88**, 339 (eigener Rechtszug mit halber Rahmengebühr entspr § 61 I Z 1 für PKH-Beschwerde); das gleiche gilt für das gesamte Kostenfestsetzungsverfahren und etwaige Erinnerungen, SG Mü JB **70**, 583, RS 12.

Die Sätze für jede Instanz stellen den Normalrahmen dar, der die Tätigkeit des RA für einen Auftraggeber wie in einem vergleichbaren Verfahren vor dem Zivilgericht (Verwaltungsgericht) umfaßt, in dem je nach dem Umfang der Tätigkeit bis zu drei volle Gebühren entstehen können. Vertritt der RA mehrere Auftraggeber, erhöhen sich Mindest- und Höchstbetrag ggf um $^3/_{10}$, § 6 Anm 6 C, vgl SG Münst AnwBl **85**, 387 (krit Schmidt u Noll bei **KR** § 6 Nr 149).

Der Rahmen darf nicht nach unten oder oben ausgeweitet werden, wenn in bürgerlichen Rechtsstreitigkeiten weniger als eine volle Gebühr oder mehr als drei volle Gebühren entstehen würden, RS 9. Wirkt der RA bei einem Vergleich oder einer Erledigung mit, so erhält er dafür keine besondere Gebühr, da **§§ 23, 24 nicht gelten, III;** die Mühewaltung ist vielmehr bei der Bemessung der Pauschgebühr innerhalb des Rahmens zu berücksichtigen, SG Lübeck Breith **89**, 351. Entsprechendes gilt, wenn der RA sowohl im Prozeß als auch in einem Nebenverfahren tätig wird, sofern das Nebenverfahren nicht zum Rechtszug gehört, vgl §§ 37 u 58 II; dazu Fichte DAngVers **88**, 362 (betr Zwangsvollstreckung). Falls der RA im

Verfahren vor einem Zivil- oder Verwaltungsgericht nur eine halbe Gebühr (§§ 32, 114 III) oder nur eine 3/10-Gebühr (§ 114 V) verdienen würde; dann erhält er dafür (wenigstens) den Mindestbetrag der Pauschgebühr, nicht etwa 5/10 bzw 3/10 der nach § 12 ermittelten Gebühr oder eine Gebühr innerhalb eines entsprechend ermäßigten Rahmens, vgl BSG SGb **79**, 348 m insoweit zustm Anm Schmidt SGb **79**, 389, aM LSG BaWü Breith **89**, 165 (abw BSG SGb **79**, 387, GSEM 7 für die Nichtzulassungsbeschwerde: Gebühr aus dem halben Rahmen des I Z 3). Das gilt auch im Kostenfestsetzungsverfahren und in der Zwangsvollstreckung so daß der nur hiermit beauftragte RA ohne Rücksicht auf die Höhe der Kosten die Pauschgebühr (mindestens 50 DM!) erhält, ein ungereimtes, aber nach dem Gesetz unausweichliches Ergebnis, Göttlich JB **70**, 449.

Wegen der Ratgebühr vgl § 20 Anm 2 Db.

B. Bemessung. Die das Verfahren der Instanz abgeltende Pauschgebühr ist im Einzelfall vom RA nach § 12 I zu bemessen, Wilde/Homann NJW **81**, 1073, Schuwerack SGb **72**, 351. Danach ist von der sogenannten Mittelgebühr, die aus Höchstbetrag + Mindestbetrag : 2 gebildet wird und dementsprechend 320 bzw 460 bzw 770 DM beträgt, auszugehen, hM, LG Flensb JB **87**, 1515, SG Karlsr AnwBl **84**, 571, SG Düss AnwBl **82**, 210, vgl auch BVerwG AnwBl **81**, 191, krit Plagemann SGb **82**, 191, SG Duisburg AnwBl **83**, 39. Sie kommt als Pauschgebühr nur für ausgesprochene Normalfälle ohne Besonderheiten in Bedeutung, Umfang und Schwierigkeit und bei durchschnittlichen Vermögensverhältnissen des Klägers in Betracht, wenn in einem sonstigen Verfahren drei volle Gebühren entstehen würden, LG Flensb JB **87**, 1515, SG Düss AnwBl **84**, 570, **82**, 210 u **81**, 80, SG Karlsr AnwBl **84**, 571, SG Brschw MDR **80**, 876 m zustm Anm Schmidt. Bei Abweichungen vom Normalfall, zB hinsichtlich der Schwierigkeit der Sache oder der wirtschaftlichen Verhältnisse des Klägers oder des Umgangs mit ihm, ist eine jeweils geringere oder höhere Gebühr bis zur Grenze des Rahmens anzusetzen, oben Anm 2 A (Beispiele: SG Duisburg AnwBl **89**, 294, LSG Celle NdsRpfl **89**, 88, SG Konstanz AnwBl **87**, 293, SG Reutlingen AnwBl **86**, 110, SG Osnabr AnwBl **85**, 596, SG Kiel AnwBl **84**, 570, SG Aachen AnwBl **83**, 474, SG Bln AnwBl **82**, 32, SG Düss AnwBl **81**, 80, SG Hildesheim **KR** Nr 4); die Höchstgebühr wird in Streitigkeiten um den Bezug einer Dauerrente schon wegen deren Bedeutung häufig gerechtfertigt sein, SG Saarbr AnwBl **86**, 211, SG Düss u SG Freiburg AnwBl **84**, 570, SG Karlsr AnwBl **84**, 571, vgl AG Hann AnwBl **86**, 413, krit RS 11, ebenso sonst bei besonderen Schwierigkeiten, zB wenn eine Auseinandersetzung mit mehreren unterschiedlichen Gutachten erforderlich ist, SG Bln AnwBl **82**, 32, SG Nürnb NJW **76**, 311. Bei Zurückverweisung erwächst eine neue Gebühr, bei deren Bemessung der Wegfall der zweiten Prozeßgebühr, § 15 S 2, angemessen zu berücksichtigen ist, aM GSEM 9, SG Hbg MDR **69**, 426, SG Mü AnwBl **64**, 324.

Im Kostenerstattungsverfahren nach § 197 SGG, oben Abschnitt II B, dazu Schuwerack SGb **72**, 348, hat der UrkB die vom RA nach § 12 I 1 bestimmte Gebühr (nur) auf Unbilligkeit zu prüfen, hM, Meyer-Ladewig § 197 Rdz 7, SG Freiburg AnwBl **81**, 123, SG Stgt AnwBl **79**, 404; Unbilligkeit wird idR bei einer Überhöhung der Gebühr um 20% und mehr anzunehmen sein, LSG Schlesw AnwBl **89**, 114 mwN, SG Karlsr u

SG Kiel AnwBl **84**, 570, SG Aachen AnwBl **83**, 474, SG Düss AnwBl **82**, 210, kann aber auch sonst gegeben sein, vgl BSG SGb **84**, 578 (einschränkend Herget **KR** § 12 BRAGO Nr 24). Endgültig hat über die Gebühr das Gericht zu entscheiden; ein Gutachten der Rechtsanwaltskammer ist nicht erforderlich, weil es sich nicht um einen „Rechtsstreit" handelt, BSG AnwBl **84**, 565. Abstriche von weniger als 50 DM sind idR nicht vorzunehmen, SG Düss AnwBl **84**, 570, Meyer-Ladewig aaO.

Gegen den Auftraggeber ist die Vergütung nicht nach § 19 festzusetzen, § 19 VII, vielmehr hat darüber notfalls im Honorarstreit das Zivilgericht zu entscheiden, LSG Mü NJW **59**, 2184 (dazu Brangsch SGb **58**, 179 gegen Mellwitz und Tschischgale SGb **58**, 105, 107); hier gilt § 12 II (Gutachten), es sei denn, daß gegen die angesetzte Mittelgebühr Bedenken weder erhoben noch ersichtlich sind, LG Flensb JB **87**, 1515.

C. Vergütung des beigeordneten RA. Die Vergütung des im Wege der Prozeßkostenhilfe beigeordneten RA, § 73a SGG, ergibt sich nicht aus § 123, weil dem Rechtsanwalt nach § 121 grundsätzlich die gesetzliche Vergütung des Wahlanwalts zusteht und § 123 keine Einschränkung dieses Grundsatzes für den Fall vorsieht, daß der RA Rahmengebühren erhält (die geminderten Sätze treten nur an die Stelle der „vollen Gebühr" des § 11 I 1). Deshalb erhält der RA die sich aus § 116 I ergebende Gebühr ungekürzt, RS 19, Meyer-Ladewig § 73a Rdz 13a, Wilde/Homann NJW **81**, 1070, v. Maydell NJW **81**, 1182 u SGb **81**, 5; dabei ist von der Mittelgebühr des Normalrahmens auszugehen, LSG Schlesw AnwBl **89**, 114 (zu SG Itzehoe AnwBl **88**, 360). Ein Vorschuß nach § 127 Satz 1 steht dem RA nicht zu, LSG Celle Breith **88**, 259, aM Behn SozVers **88**, 197.

3) Gebühren nach dem Gegenstandswert, II (Wilm SozVers **76**, 199; Schuwerack SGb **80**, 30 u **78**, 100; Martens, Die Ortskrankenkasse **78**, 813). **A. Geltungsbereich.** Die Regelung des I, daß die Mühewaltung des RA durch eine Pauschgebühr abgegolten wird, gilt nicht in Verfahren **a)** aufgrund der Beziehungen zwischen Ärzten, Zahnärzten und Krankenkassen (Kassenarztrecht), § 51 II 1 SGG, sowie öffentlichrechtlicher Versicherungsträger untereinander, II 1 Z 1, **b)** aufgrund öffentlich-rechtlicher Streitigkeiten zwischen Arbeitgebern und der Bundesanstalt für Arbeit oder einer Berufsgenossenschaft, II 1 Z 2, BSG AnwBl **82**, 30 (nicht auch bei Streitigkeiten von Arbeitgebern mit anderen Stellen oder Versicherungsträgern, BSG MDR **81**, 1052, SG Düss JB **84**, 890, krit Mümmler, LSG Schlesw MDR **80**, 1052, Wilde/Homann NJW **81**, 1072 mwN). In diesen Fällen treffen die sozialpolitischen Erwägungen, die der in I angeordneten Gebührenbegrenzung für die Mehrzahl der Verfahren zugrunde liegen, nicht zu. Nötig ist, daß der RA einen Beteiligten vertritt (sonst gilt I), LSG Hbg SGb **86**, 518, LSG NRW JB **79**, 1330.

B. Einzelheiten. a) Abweichend von I werden in den Fällen des II die Gebühren nach dem **Gegenstandswert** berechnet, **II 1.** Er bestimmt sich nach § 8 I 3 u II, weil für das Verfahren der Sozialgerichte keine Wertvorschriften bestehen, §§ 183ff SGG. Anzuwenden ist § 8 II: steht der Wert summenmäßig fest, ist er maßgeblich, jedoch ist im Hinblick auf den Rahmen in I wenigstens der Mindestwert von 300 DM festzusetzen, BSG MDR **83**, 877 (Anm Plagemann SGb **83**, 311), aM LSG Essen Breith **84**,

825. Steht er nicht fest und ist den nach § 8 II 1 entsprechend anwendbaren Vorschriften kein vergleichbarer Fall zu entnehmen, muß der Wert nach § 8 II 2 nach billigem Ermessen (notfalls auf 6000 DM) bestimmt werden, LSG Celle Breith **88**, 256, LSG Bln Breith **88**, 979, LSG BaWü SGb **88**, 212, LSG Essen AnwBl **81**, 120, LSG Saarld MDR **80**, 1052. Dabei ist § 13 I 1 GKG ergänzend heranzuziehen, um Abweichungen von vergleichbaren Verfahren zu vermeiden, BSG AnwBl **82**, 308 u 30 m krit Anm Diemer, AnwBl **80**, 499, SGb **78**, 120 u NJW **78**, 1704, stRspr; demgemäß ist grundsätzlich das Interesse des Klägers maßgeblich, LSG Hbg Breith **87**, 170 (betr Beigeladenen). Wegen der Einzelheiten vgl Anh I § 13 unter „Arztrecht" und „Berufszulassung" (bei Streit um die Zulassung als Kassenarzt gehen das BSG, stRspr, vgl MedR **86**, 85 u **KR** § 13 GKG Nr 66, und das LSG Köln, **KR** Nr 50, vom Netto-Einkommen für mindestens 5 Jahre aus, aM SG Köln **KR** Nr 49 u Noll bei Nr 50; bei Streit um die Mitgliedschaft bei einer Berufsgenossenschaft legt das BSG das Achtfache des Jahresbeitrags zugrunde, AnwBl **82**, 30 m krit Anm Diemer; bei Streit um die Zugehörigkeit zu einer anderen Berufsgenossenschaft setzt das LSG Essen die Differenz der im streitigen Zeitraum zu zahlenden Beiträge an, AnwBl **84**, 563). Der Wert einer Untätigkeitsklage ist geringer als der einer Verpflichtungsklage, vgl (mit Unterschieden in der Bemessung) LSG Bln Breith **88**, 977, LSG Essen AnwBl **88**, 488 u Breith **86**, 550, SG Bln Breith **89**, 73 (notfalls ein Bruchteil von 6000 DM). Für die Nichtzulassungsbeschwerde gilt der Wert der Hauptsache. Im Verfahren des einstweiligen Rechtsschutzes ist idR ein Abschlag von 50 vH geboten, LSG Hessen NZA **87**, 285, LSG Celle SGb **85**, 510.

Für die Festsetzung und die Beschwerde gilt § 10, aM LSG Hbg Breith **87**, 170.

b) Für die **Gebühren des RA** gelten die Vorschriften des Dritten Abschnitts sinngemäß, **II 2.** Diese Regelung entspricht § 114 I, vgl die Erläuterungen dazu. Da sachliche Unterschiede nicht bestehen, sind auch § 114 II–V entsprechend anzuwenden. Das gilt auch für § 114 III, RS 16, Schmidt SGb **79**, 389, Wilm SozVers **78**, 170, aM BSG SGb **79**, 387 (§ 61 I Z 1); insoweit gilt das in § 114 Anm 4 Gesagte. Wegen der Geltung des Ersten und Zweiten Abschnitts s Anm 1; in den Verfahren des II kann auch eine Vergleichsgebühr bzw Erledigungsgebühr, §§ 23 u 24, entstehen, SG Mainz SGb **79**, 356.

c) Festgesetzt werden die Gebühren gegenüber dem Gegner nach § 197 SGG, oben Abschnitt II B, im Verhältnis zwischen dem RA und seinem Auftraggeber nach § 19.

C. Vergütung des beigeordneten RA. Die Vergütung des im Wege der Prozeßkostenhilfe beigeordneten RA richtet sich uneingeschränkt nach §§ 121 ff.

Besonderheiten für Verfahren vor Gerichten der Finanzgerichtsbarkeit

117 **Wird ohne mündliche Verhandlung entschieden, so erhält der Rechtsanwalt die gleichen Gebühren wie in einem Verfahren mit mündlicher Verhandlung.**

Schrifttum: Beermann 10551/12–18; Tipke/Kruse vor § 135 Rdz 80.

1) Allgemeines. § 117 ergänzt die in § 114 getroffene Regelung, nach der grundsätzlich auch im Verfahren vor Gerichten der Finanzgerichtsbarkeit die Vorschriften des Dritten Abschnitts gelten, vgl Erl zu § 114. Im Verfahren der Behörden der Finanzverwaltung erhält der RA dagegen Gebühren nach § 118 und § 119. Da auch die Vorschriften des Ersten und Zweiten Abschnitts gelten, BFH BStBl **71** II 743, kann der RA nicht nur eine Erledigungsgebühr, § 24, sondern auch eine Vergleichsgebühr, § 23, verdienen, wenn die Voraussetzungen des § 23 III erfüllt sind, was namentlich in Zulassungssachen, § 33 I Z 3 FGO, aber auch sonst ausnahmsweise der Fall sein kann (der frühere I, der die Geltung des § 23 ausschloß, ist durch Art 3 Z 62 Nov 75 gestrichen worden, weil die Regelung, ob vor den Finanzgerichten Vergleiche geschlossen werden können, nicht in ein Kostengesetz gehöre).

Für die Vergütung der **Steuerberater** gilt § 117 sinngemäß, § 45 StBGebV.

2) Verhandlungsgebühr. Die Vorschrift beruht darauf, daß in der Finanzgerichtsbarkeit Entscheidungen ohne mündliche Verhandlung ergehen können, namentlich Urteile, § 90 II, und Vorbescheide, § 90 III FGO. Sie gewährt dem RA eine Vergünstigung, die ihm in vergleichbaren Fällen der Verwaltungsgerichtsbarkeit nicht zusteht (lediglich Art 2 § 1 IV und § 5 IV EntlG enthalten eine ähnliche, jedoch nicht so weit gehende Regelung). Als „Besonderheit" erweitert § 117 den nach § 114 I anzuwendenden § 35, vgl § 90 II FGO, nämlich dahin, daß der RA die Verhandlungsgebühr auch ohne mündliche Verhandlung immer dann (aber auch nur dann) erhält, wenn das Gericht eine irgendwie geartete Sachentscheidung (nicht notwendig Endentscheidung) erläßt, die nach den Vorschriften der FGO in der Regel eine mündliche Verhandlung voraussetzt. BFH BStBl **74** II 23, NJW **70**, 2263 (abl Schmidt u zustm Noll bei **KR** Nr 2), Gräber § 139 Rdz 15, RS 5.

Die Gebühr entsteht erst durch die gerichtliche Entscheidung, BFH BStBl **69** II 709. Hierhin gehören der Erlaß eines Urteils nach § 90 II FGO, BFH BStBl. **70** II 433, oder eines Vorbescheids nach § 90 III FGO, FG Kassel EFG **74**, 484, eines Verweisungsbeschlusses nach § 34 FGO oder eines die Revision nach Art 1 Nr 7 BFHEntlG zurückweisenden Beschlusses, FG Münst EFG **86**, 625 (zustm Noll bei **KR** Nr 4). Die Verhandlungsgebühr erwächst auch dann, wenn die Klage durch Vorbescheid als unzulässig abgewiesen wird (eine wenig befriedigende Regelung, die aber hingenommen werden muß). Darauf, ob das schriftliche Vorbringen des RA auf ein (fiktives) streitiges Verhandeln hinausläuft, kommt es nicht an, aM FG Mü AnwBl **77**, 162: aber das Gesetz macht die Entstehung der Gebühr nicht davon abhängig.

Dagegen genügen nicht: ein Beschluß, der die Revision nach § 126 I FGO verwirft, GSEM 4, RS 6, aM FG Nds EFG **82**, 46 u 22. Aufl; ein

Beweisbeschluß, der nach §§ 81 II u 90 I 2 FGO ohne mündliche Verhandlung ergehen darf, FG Bln EFG **87**, 474, aM GSEM 3, RS 5, FG BaWü EFG **70**, 240 u 22. Aufl; ein bloßer Aufklärungsbeschluß des FG, BFH NJW **74**, 1216 (abl Schmidt u zustm Noll bei **KR** Nr 3) aM GSEM 3; vorbereitende Anordnungen des Vorsitzenden oder Berichterstatters nach § 79 FGO, FG Mü EFG **71**, 144, RS 4 (aM SchlH FG EFG **69**, 194); eine Kostenentscheidung, etwa nach Erledigung der Hauptsache, BFH BStBl **69** II 590 = NJW **69**, 712, FG Kassel EFG **87**, 375 u **89**, 140, FG Stgt EFG **78**, 242 (aM FG Nds EFG **69**, 194); die Aussetzung der Vollziehung nach § 69 III FGO, BFH NJW **70**, 2263 (zustm Noll bei **KR** Nr 2), RS 5 (aM GSEM 4, Späth DStR **71**, 98, FG Bre EFG **69**, 417); die Anregung des Gerichts, nach § 172 AO zu verfahren, BFH BStBl **61** III 556, NJW **72**, 80; der Erlaß einer einstweiligen Anordnung ohne mündliche Verhandlung, SchlH FG EFG **81**, 467.

Entscheidet das Gericht nach mündlicher Verhandlung, an der der RA nicht teilgenommen hat, entsteht die Gebühr nicht, FG Kassel LS EFG **88**, 257.

3) Gegenstandswert. Maßgeblich ist der für die Gerichtsgebühren geltende Wert, § 8. Anzuwenden ist daher § 13 GKG; Einzelfälle s Anh II § 13 GKG. Die Festsetzung richtet sich nach § 25 GKG.

Zwölfter Abschnitt. Gebühren in sonstigen Angelegenheiten

Einführung

1) Geltungsbereich. Der Abschnitt gilt nach dem Wortlaut des § 118 I nur, soweit der Anwalt nach seinem Auftrag in (allen) anderen als den im 3. bis 11. Abschnitt behandelten Angelegenheiten tätig wird, VGH Kassel AnwBl **84**, 52, AG Bln-Tiergarten AnwBl **84**, 111. Soweit zwar eine der im 3. bis 11. Abschnitt behandelten Angelegenheiten, nicht aber eine zugehörige Gebührenvorschrift gegeben ist, gilt § 2.

§ 118 erfaßt den weiten Bereich anwaltlicher Tätigkeit außerhalb eines gerichtlichen Verfahrens, vgl BGH **48**, 336, AG Brschw AnwBl **84**, 517. Andererseits gilt § 8 durchaus in gewissem Umfang auch dann, wenn der Anwalt auf Grund einer gerichtlichen Anordnung oder vor einem Gericht tätig wird. Soweit sein Auftrag zunächst nur auf eine außergerichtliche Regelung abzielt, später aber auf die Vertretung in einem gerichtlichen Verfahren erweitert wird, ist § 118 II zu beachten, vgl auch § 32 Anm 3 B, Kblz VersR **87**, 207.

Der Abschnitt gilt insbesondere für eine Tätigkeit des Anwalts in einer Angelegenheit der freiwilligen Gerichtsbarkeit, soweit er nicht als Notar arbeitet, mit Ausnahme der in §§ 63, 64 genannten Tätigkeiten, ferner im Verfahren vor einer Verwaltungsbehörde, etwa beim Vorverfahren gegenüber der Zollbehörde, BFH DB **77**, 62.

Soweit der Anwalt eine an sich nach § 118 zu vergütende Tätigkeit im Rahmen einer Beratungshilfe nach dem BerHG vornimmt, gilt § 132 II als vorrangige Sondervorschrift. § 118 gilt ferner nicht, soweit eine anwaltliche Tätigkeit abweichend von der BRAGO geregelt ist, vgl zB Art XI § 5 II Z 3 KostÄndG, Teil XII dieses Buches, oder wenn es sich nicht um eine anwaltstypische Tätigkeit handelt, § 1 Anm 2, 3.

Geschäftsgebühr, Besprechungsgebühr, Beweisaufnahmegebühr

118 **I In anderen als den im Dritten bis Elften Abschnitt geregelten Angelegenheiten erhält der Rechtsanwalt fünf Zehntel bis zehn Zehntel der vollen Gebühr**

1. für das Betreiben des Geschäfts einschließlich der Information, des Einreichens, Fertigens oder Unterzeichnens von Schriftsätzen oder Schreiben und des Entwerfens von Urkunden (Geschäftsgebühr); der Rechtsanwalt erhält diese Gebühr nicht für einen Rat oder eine Auskunft (§ 20);

2. für das Mitwirken bei mündlichen Verhandlungen oder Besprechungen über tatsächliche oder rechtliche Fragen, die von einem Gericht oder einer Behörde angeordnet oder im Einverständnis mit dem Auftraggeber vor einem Gericht oder einer Behörde, mit dem Gegner oder mit einem Dritten geführt werden; für das Mitwirken bei der Gesaltung eines Gesellschaftsvertrages und bei der Auseinandersetzung von Gesellschaften und Gemeinschaften (Besprechungsgebühr); der Rechtsanwalt erhält diese Gebühr nicht für eine mündliche oder fernmündliche Nachfrage;

3. für das Mitwirken bei Beweisaufnahmen, die von einem Gericht oder einer Behörde angeordnet worden sind (Beweisaufnahmegebühr); § 34 gilt sinngemäß.

II Soweit die in Absatz 1 Nr. 1 bestimmte Geschäftsgebühr für eine Tätigkeit außerhalb eines gerichtlichen oder behördlichen Verfahrens entsteht, ist sie auf die entsprechenden Gebühren für ein anschließendes gerichtliches oder behördliches Verfahren anzurechnen.

Gliederung

cc) Beginn
b) Gesellschaftsvertrag, Auseinandersetzung, Hs 2
c) Mitwirkung des Anwalts
d) Gesprächspartner
e) Gesprächsort

4) Beweisaufnahmegebühr, I Z 3

A. Rechtsnatur
B. Voraussetzungen
a) Anordnung durch Gericht oder Behörde
b) Beweisaufnahme
c) Mitwirkung

5) Gebührenhöhe, I

A. Rahmengebühr
B. Gegenstandswert
a) Grundsatz
b) Freiwillige Gerichtsbarkeit
c) Allgemeine Verwaltungsbehörde
d) Finanzverwaltungsbehörde
e) Sozialsache
f) Andere Angelegenheit
g) Wertfestsetzung
C. Vergütungsfestsetzung

6) Anrechnung, II

A. Grundsatz
B. Voraussetzungen
a) Geschäftsgebühr
b) Zunächst außergerichtliches oder außerbehördliches Verfahren
c) Anschließend gerichtliches oder behördliches Verfahren
aa) Derselbe Gegner
bb) Derselbe Streit
cc) Zeitlicher Zusammenhang
d) Tätigkeit
C. Gegenstandswert

7) Kostenerstattung

1) Allgemeines. A. Geltungsbereich. Vgl zunächst Einf 1 vor § 118. Die Vorschrift ist zB auch in folgenden Verfahrensarten anwendbar: In einer Verschollenheitssache; bei der Umstellung einer Hypothek, einer Grundschuld, einer Rentenschuld oder einer Reallast nach der 40. DVO zum UmstG, LG Hbg MDR **59**, 224; in einem Verklarungsverfahren, RheinschiffObG MDR **59**, 937; in einem Flurbereinigungsverfahren, VGH Mü AnwBl **81**, 162; bei der Anmeldung eines Schadensersatzanspruchs nach §§ 10–12 StrEG, vgl § 89 Anm 1; in einem Verfahren nach dem Finanzvertrag, BGH **39**, 73; bei der Anfechtung eines Justizverwaltungsakts, und zwar auch in einem gerichtlichen Verfahren, etwa nach der HO, Düss MDR **75**, 675, oder nach § 111 BNotO, sofern nicht eine vorrangige Sonderregel eingreift, etwa § 66a oder Art IX § 1 KostÄndG, Teil XII dieses Buchs.

Weitere Beispiele: Es geht um eine Notarkostenbeschwerde, § 156 KostO, LG Bln VersR **89**, 409; es handelt sich um eine Beistandsleistung in einem Ordnungsmittelverfahren gegenüber einem am Hauptverfahren nicht als Partei Beteiligten, etwa gegenüber einem Zeugen, Hbg MDR **71**, 685, LG Gött AnwBl **80**, 310 mwN, aM Düss MDR **71**, 685 (das OLG wendet beim Zeugen im Strafverfahren § 91 an. Jedoch passen §§ 83ff nicht). Bei einem Ordnungsmittelverfahren gegenüber einer Partei kommen demgegenüber §§ 31, 83ff zur Anwendung; es handelt sich um ein Zwangsgeldverfahren nach § 33 FGG; der Anwalt wird vor einer Verwaltungsbehörde tätig, soweit nicht dafür Sonderregeln gelten, LG Detm AnwBl **80**, 79; er wird im Verfahren vor dem Amt für Verteidigungslasten tätig, LG Hanau AnwBl **76**, 403.

Weitere Beispiele: Es handelt sich um eine Tätigkeit in einem Beschwerdeverfahren nach dem FGG, § 61 Anm 2 A; es geht um eine Tätigkeit außerhalb eines gerichtlichen oder behördlichen Verfahrens, etwa um ein Prozeßkostenhilfeverfahren, GSEM 20, vgl freilich § 123; es handelt sich um einen Vertragsentwurf, um eine Verhandlung mit einer anderen Person, soweit der Anwalt diese Tätigkeit im Rahmen seines Anwaltsberufs ausübt, § 1 Anm 3 A a.

§ 118 ist unanwendbar, soweit andere Vorschriften die Tätigkeit des Anwalts abgelten, VGH Kassel AnwBl **84**, 52, etwa §§ 37, 58 II, 87, 132 II.

B. Pauschgebühr. Auch die Gebühren nach § 118 sind Pauschgebühren. Sie gelten die gesamte Tätigkeit des Anwalts ab, die sich auf dieselbe Angelegenheit bezieht, § 6 Anm 2 B, einschließlich der zugehörigen Nebentätigkeit, zB der Akteneinsicht, auch in Vorakten, AG Nürnb MDR **69**, 585, oder der Entwurfstätigkeit, Anm 2 B, Schlesw SchlHA **87**, 16.

Soweit eine Entscheidung die bisherige Angelegenheit abschließt, kann durch eine Beschwerde abgesehen von den Fällen des § 119 I eine neue Angelegenheit eintreten, § 13 II 2, RS 13. Eine Gebührenerhöhung tritt aber nicht ein. Denn § 11 I 4, 5 ist unanwendbar. Vielmehr ist § 118 II zu beachten.

C. Ergänzende Vorschriften. a) Grundsatz. Die Vorschriften des 1. und 2. Abschnitts ergänzen den 12. Abschnitt. Dabei gelten unter anderem folgende Regeln:

b) Gebührenvereinbarung, § 3. Sie ist zulässig und oft ratsam. Denn man kann den Umfang der Angelegenheit meist bei der Auftragserteilung noch nicht oder nur schwer übersehen. Soweit die Parteien für ein gerichtliches Verfahren eine Vereinbarung über eine besonders hohe Anwaltsvergütung getroffen haben, kann daraus abzuleiten sein, daß sie auch die Tätigkeit des Anwalts außerhalb des gerichtlichen Verfahrens mit abgelten wollten, Mü Rpfleger **62**, 230.

c) Rat, Auskunft, § 20. Soweit sich eine Tätigkeit des Anwalts auf die Erteilung eines Rats oder einer Auskunft im Sinn von § 20 beschränkt, erhält er lediglich nach jener Vorschrift eine Vergütung. Das ergibt sich aus I Z 1 Hs 2.

Soweit es allerdings zu einer Tätigkeit des Anwalts nach außen kommt, zB Ffm Büro **60**, 32, aM GSEM 5, die über einen Rat oder eine Auskunft hinausgeht, entsteht eine Gebühr nach § 118, Ffm AnwBl **86**, 210, LG Münst AnwBl **78**, 148, auf die man freilich die Gebühr nach § 20 anrechnen muß, § 20 I 3.

d) Vergleichsgebühr, § 23. Neben einer Gebühr nach § 118 kann eine Vergleichsgebühr entstehen. Das gilt auch bei einem Verfahren nach § 116 II, nicht aber in einem Verfahren vor einem Gericht der Sozialgerichtsbarkeit nach § 116 I, denn auf ein solches Verfahren ist gemäß § 116 III unter anderem § 23 unanwendbar, Baller JR **66**, 369. Über das Zusammenwirken der Gebühren nach § 118 und § 23 vgl § 23 Anm 4 B. Soweit der Auftraggeber den Anwalt lediglich beauftragt hat, einen außergerichtlichen Vergleich herbeizuführen, erhält der Anwalt außer der Vergleichsgebühr nach § 23 und der Geschäftsgebühr nach I Z 1 auch die Besprechungsgebühr nach I Z 2, BGH NJW **61**, 1469, Mümmler JB **75**, 2, aM GSEM 113. Wenn der Anwalt von vornherein für den Fall des Scheiterns einer außergerichtlichen Vergleichsverhandlung eine insoweit bedingte Prozeßvollmacht erhalten hatte, kann ebenfalls neben der Geschäftsgebühr die Besprechungsgebühr entstehen, Anm 6 B, BGH **LM** Nr 4. Zum Problem Mümmler JB **75**, 1 mwN (ausf), vgl ferner Kblz NJW **76**, 153.

e) Erledigungsgebühr, § 24. Auch sie kann neben den Gebühren nach § 118 entstehen, Tschischgale JB **64**, 81, und zwar auch im Verfahren nach § 116 II, nicht dagegen im Verfahren nach § 116 I, da § 116 III unter anderem § 24 ausschließt.

f) Kostenerstattung. S zunächst Anm 7. Wegen der Kostenerstattung im Verfahren vor einer Verwaltungsbehörde § 119 Anm 5.

2) Geschäftsgebühr, I Z 1. A. Rechtsnatur. Die Geschäftsgebühr entspricht der Prozeßgebühr nach § 31 I Z 1. Es handelt sich um eine Pauschgebühr. Sie gilt die gesamte Tätigkeit des Anwalts ab, soweit nicht Gebühren nach Z 2, 3 oder nach dem 1. und 2. Abschnitt entstehen, Anm 1 C. Die Geschäftsgebühr entsteht stets neben der Besprechungsgebühr oder der Beweisaufnahmegebühr. Sie entsteht nicht, soweit sich die Tätigkeit des Anwalts auf die Erteilung eines Rats oder einer Auskunft beschränkt, Hs 2, Anm 1 C c.

B. Anwendungsbeispiele. Eine Geschäftsgebühr kann mit jeder auf die Ausführung des Auftrags gerichteten Tätigkeit entstehen. Die Tätigkeit beginnt mit der Entgegennahme der ersten Information, selbst wenn diese zunächst nur telefonisch und lückenhaft ist. Der Umfang der Tätigkeit des Anwalts ist nicht für die Frage maßgeblich, ob eine Geschäftsgebühr entsteht, sondern nur für die anschließende Frage, welche bestimmte Gebühr innerhalb des Gebührenrahmens angemessen ist.

Abgegolten sind zB: Die erste Unterhaltung mit dem Auftraggeber; die anschließende Anlegung einer Handakte; der Entwurf eines Schriftsatzes; seine Übersendung an den Auftraggeber zur Prüfung; die Durchsicht der Stellungnahme des Auftraggebers; die Reinschrift des Schriftsatzes; seine Unterzeichnung; seine Absendung und Einreichung; der Entwurf und die weitere Tätigkeit bis zur Fertigstellung einer Urkunde; eine Akteneinsicht, AG Brschw AnwBl **84**, 517.

Soweit der Anwalt auch Notar ist, entstehen Notargebühren, wenn sein Entwurf dazu bestimmt ist, eine Beurkundung vorzubereiten, zu fördern oder auszuführen, § 24 II BNotO. Soweit er dagegen nur den Auftrag hat, den Entwurf zu fertigen, ohne eine Beurkundung vorzubereiten, kann beim Anwaltsnotar § 145 KostO anwendbar sein; er kann aber auch nur als Anwalt beauftragt und tätig geworden sein.

Soweit der Anwalt für mehrere Auftraggeber in derselben Angelegenheit tätig wird, kommt bei gleichem Gegenstand der Tätigkeit eine Erhöhung der Geschäftsgebühr durch jeden weiteren Auftraggeber um $\frac{3}{10}$ in Betracht, § 6 I 2, und zwar auch bei gleichzeitiger Beauftragung. Zur Berechnung der Erhöhung § 6 Anm 6 A b.

Ein einfaches Schreiben wird, selbst wenn der Auftrag nicht umfassender ist, § 120 Anm 1, auch zB in einer Angelegenheit des gewerblichen Rechtsschutzes nur nach § 120 vergütet, Köln GRUR **79**, 76.

3) Besprechungsgebühr, I Z 2. A. Rechtsnatur. Die Besprechungsgebühr entspricht weitgehend der Verhandlungsgebühr, § 31 I Z 2, LG Mü VersR **68**, 483 und 755, AG Gött VersR **81**, 964, AG Hildesh VersR

83, 765, AG Köln VersR **88**, 944. Sie entsteht stets neben der Geschäftsgebühr, Anm 2. Zu diesen beiden Gebühren kann die Beweisaufnahmegebühr nach Z 3 hinzu treten. Daneben können die Gebühren des 1. und 2. Abschnitts entstehen, Anm 1 C.

B. Voraussetzungen. Die Besprechungsgebühr entsteht nur, wenn die folgenden Voraussetzungen zusammentreffen:

a) Verhandlung, Besprechung, Gestaltung des Gesellschaftsvertrags. Es muß entweder zu einer mündlichen Verhandlung oder zu einer Besprechung mit einem anderen als dem Auftraggeber (sonst gilt I Z 1) oder zu einer Gestaltung eines Gesellschaftsvertrags kommen. Der Mündlichkeit steht die Fernmündlichkeit gleich, zB LG Bre AnwBl **78**, 317, AG Karlsr AnwBl **77**, 141, AG Unna AnwBl **67**, 446. Im einzelnen sind insoweit folgende Voraussetzungen zu prüfen:

aa) Veranlassung. Hier sind wiederum folgende Fälle zu unterscheiden, von denen der eine oder der andere vorliegen muß:

aaa) Gerichtliche oder behördliche Anordnung. Die Verhandlung usw mag von einem Gericht oder von einer Behörde angeordnet worden sein. Behörde ist ein Organ der öffentlichen Gewalt mit gesetzlicher Organisation und staatlicher Zweckbestimmung, ähnlich GSEM 6. Die Art des Gerichts oder der Behörde ist in diesem Rahmen unerheblich.

Hierher gehören zB: Eine Amtsstelle des Bundes, eines Landes, eines Kreises, einer Gemeinde, eine Standesvertretung, eine Berufsgenossenschaft. Die Anordnung braucht nicht in der Form eines Beschlusses erfolgt zu sein. Sogar eine stillschweigende Anordnung kann genügen. Es muß aber eindeutig sein, daß das Gericht oder die Behörde die Durchführung der Verhandlung oder der Besprechung wünscht und nicht nur anheimgibt. Vgl aber auch d.

Im übrigen darf es sich natürlich nicht um eine Anordnung innerhalb eines derjenigen Verfahren handeln, für die eine Anwaltsvergütung nach §§ 31 ff vorgesehen ist.

bbb) Einverständnis des Auftraggebers. Die mündliche Verhandlung oder Besprechung mag auch im Einverständnis mit dem Auftraggeber erfolgen, also auf seine Veranlassung oder doch jedenfalls ohne einen erkennbaren Widerspruch des Auftraggebers. Insofern kann der Anwalt selbst Veranlasser sein. Auch der Gegner des Auftraggebers mag Veranlasser sein, sofern nur der Auftraggeber mit der Durchführung der Verhandlung oder Besprechung mindestens stillschweigend einverstanden ist; vgl auch BFH NJW **70**, 1704, ferner GSEM 6, aM Schalhorn JB **72**, 1050. Man muß unter Berücksichtigung aller Umstände des Einzelfalls nach Treu und Glauben prüfen, ob der Anwalt ein solches Einverständnis des Auftraggebers annehmen durfte.

bb) Rechtliche oder tatsächliche Fragen. Gegenstand der mündlichen Verhandlung oder Besprechung kann eine beliebige tatsächliche oder rechtliche Frage sein. Im Fall einer von dem Gericht oder der Behörde angeordneten Verhandlung usw muß freilich die tatsächlich beabsichtigte oder stattgefundene Erörterung zumindest auch zur Besprechung der in der Anordnung genannten Fragen dienen. Dasselbe gilt im Fall einer vom Auftraggeber veranlaßten oder mit seinem Einverständnis stattfindenden Verhandlung usw. Im übrigen können weitere tatsächliche oder rechtliche Fragen geplant sein oder erörtert werden, auch soweit diese letzteren weder angeordnet noch im Einverständnis des Auftraggebers erörtert wurden.

Es ist unerheblich, ob der Schwerpunkt bei den tatsächlichen oder bei den rechtlichen Problemen liegt oder ob nur tatsächliche, AG Karlsr VersR **88**, 1081, oder nur rechtliche Fragen erörtert werden.

Keine Besprechung sind zB: Eine bloße Nachfrage nach dem Verfahrensstand, OVG Bln AnwBl **88**, 77, oder eine bloße Vorschußanforderung, AG Hombg MDR **87**, 244, aM AG Ludwigsh AnwBl **88**, 76.

cc) Beginn. Die mündliche Verhandlung oder Besprechung muß wenigstens begonnen haben. Es ist ausreichend, daß einige der Beteiligten die zur Erörterung der Sachfragen notwendigen Formalfragen klären, etwa die rechtzeitige Benachrichtigung der übrigen Beteiligten, die Wirksamkeit einer Vollmacht oder die Beschlußfähigkeit.

Es ist also kein Eintritt in die eigentliche Sachauseinandersetzung erforderlich. Erst recht ist keine streitige Erörterung notwendig.

Diese Frage ist **streitig. Wie hier** zB LG Mü VersR **68**, 754, AG Bochum AnwBl **84**, 514, AG Karlsr VersR **88**, 1081, AG Köln AnwBl **76**, 172, GSEM 6, Mümmler JB **80**, 1793; **aM** zB KG DAR **78**, 91, LG Bln VersR **71**, 726, insofern auch AG Gött VersR **81**, 964, ferner AG Mü VersR **73**, 954.

Das Ziel braucht nicht in der Beilegung des Streits oder eines Prozesses zu liegen, AG Karlsr VersR **88**, 1081. Noch weniger ist eine erschöpfende Erörterung notwendig, aM AG Köln VersR **76**, 53. Eine kurze Verhandlung oder Besprechung kann ausreichen, GSEM 6, aM Stgt Rpfleger **72**, 72.

Soweit mehrere Verhandlungen oder Besprechungen stattfinden, die sich auf denselben Gegenstand beziehen, entsteht stets nur eine Gebühr, § 13 II.

b) Gesellschaftsvertrag, Auseinandersetzung, Hs 2. Statt einer mündlichen Verhandlung oder Besprechung mag auch eine Gestaltung eines Gesellschaftsvertrags, sei es zur Begründung, sei es zur Änderung der Gesellschaft, sei es für eine solche des BGB oder für eine solche nach dem HGB, oder eine Auseinandersetzung einer Gesellschaft oder Gemeinschaft, also eine Auflösung und wirtschaftliche wie rechtliche Abwicklung, geplant sein. Auch die Erbengemeinschaft zählt hierher. Auch insofern mag es sich um tatsächliche oder rechtliche Fragen handeln. Es ist unerheblich, ob ein Gericht oder eine Behörde solche Tätigkeit angeregt oder gar angeordnet hat. Der Anwalt muß aber natürlich im zumindest stillschweigenden Einverständnis mit dem Auftraggeber tätig werden, obwohl Hs 2 diese Voraussetzung anders als Hs 1 nicht ausdrücklich nennt.

c) Mitwirkung des Anwalts. In den Fällen a, b muß der Anwalt mitwirken, wie Hs 1, 2 ausdrücklich bestimmen.

Eine Mitwirkung liegt nicht schon vor, soweit der Anwalt lediglich eine mündliche oder fernmündliche Nachfrage hält, GSEM 6. Das ergibt sich aus Hs 3. Andererseits ist aber ein Erscheinen zur mündlichen oder ein befugtes Mithören bei der fernmündlichen Verhandlung oder Besprechung ausreichend, nur insofern richtig LG Gießen VersR **81**, 963 (vgl aber auch § 4 Anm 1), GSEM 6, SchGei 17; freilich reichen die bloße Anwesenheit oder das Einreden auf den anderen ohne eine Besprechungs- oder Verhandlungsabsicht nicht aus, AG Bonn VersR **84**, 196, GSEM 6. Soweit es um die Gestaltung eines Gesellschaftsvertrags usw geht, ist keine Mitwirkung an einer diesbezüglichen Verhandlung oder Besprechung notwendig, sondern reichen auch eine Beratung oder ein Urkundenentwurf oder eine bloße Vorprüfung im Büro usw aus, soweit sie eben über eine bloße Nachfrage hinausgehen.

Man muß die Abgrenzung zwischen einer bloßen Nachfrage und einer darüber hinausgehenden Tätigkeit, eben einer Mitwirkung, nach den Umständen des Einzelfalls unter Beachtung von Treu und Glauben, § 242 BGB, vornehmen.

Beispiele zur bloßen Nachfrage: KG VersR **76**, 642, OVG Münst NJW **77**, 267, LG Detmold AnwBl **80**, 79, LG Mü VersR **68**, 483, AG Bersenbrück VersR **83**, 647, AG Gött VersR **81**, 964, AG Kandel VersR **87**, 1024, AG Köln VersR **80**, 1180, AG Mü VersR **73**, 955, AG Neust VersR **77**, 461, AG Pirmasens VersR **81**, 792. Eine beratende oder beobachtende Teilnahme ohne eine Wortmeldung kann ausreichen, KG AnwBl **84**, 452, vgl § 31 Anm 8 B „Mitwirkung".

Wesentlich ist, daß sich der Gesprächspartner auf ein irgendwie sachbezogenes, verfahrensförderndes Gespräch einläßt.

Das ist **unstreitig,** zB LG Bre AnwBl **78**, 317, insofern auch AG Gött VersR **81**, 964, AG Heidelb VersR **83**, 70, ferner OVG Bln VersR **75**, 194, VGH Mü AnwBl **81**, 163, OVG Münst ZMR **72**, 187.

Dabei brauchen aber keine gegensätzlichen Standpunkte vorhanden zu sein, AG Ahaus AnwBl **83**, 472. Eine direkte Eignung der Besprechung zur Beilegung des Streits ist dann nicht erforderlich, LG Köln AnwBl **87**, 294.

d) Gesprächspartner. Die mündliche Verhandlung oder Besprechung kann vor einem Gericht oder vor einer Behörde, mit dem Gegner oder mit einem Dritten geführt werden. Das gilt sowohl dann, wenn ein Gericht oder eine Behörde die Verhandlung oder Besprechung angeordnet hat, als auch dann, wenn der Anwalt seine Tätigkeit ohne eine solche Anordnung, aber im Einverständnis mit dem Auftraggeber ausführt, OVG Lüneb AnwBl **85**, 533. Dritter ist jeder, der weder Auftraggeber noch dessen Bevollmächtigter oder gesetzlicher Vertreter ist.

Zu dem Kreis der Dritten zählen zB: Ein Unfallzeuge, LG Köln AnwBl **87**, 294; der **Versicherer** des Schädigers.

Diese letztere Frage ist **streitig. Wie hier** zB LG Bre AnwBl **78**, 317, AG Ahaus AnwBl **83**, 472, AG Bochum AnwBl **84**, 513, AG Düss AnwBl **83**, 472, AG Heidelb AnwBl **79**, 36, AG Ingolstadt AnwBl **82**, 220, AG Lüdenscheid VersR **83**, 572, AG Mü AnwBl **73**, 151 und AnwBl **85**, 279, AG Münsingen AnwBl **87**, 54, AG Wittmund AnwBl **89**, 114; **abw** zB AG Bersenbrück VersR **83**, 647, AG Hersbruck AnwBl **84**, 111, AG Hildesh VersR **83**, 765, AG Köln VersR **83**, 766 (bloße Nachfrage nach Kennzeichen und Versicherungsnummer usw); sein Versicherungsmakler, AG Lingen AnwBl **83**, 236.

Zu dem Kreis der Dritten zählt ferner der **Zentralruf** der Autoversicherer in Frankfurt bzw Mannheim.

Diese Frage ist **streitig. Wie hier** zB AG Offenbach AnwBl **82**, 38, AG Würzb AnwBl **83**, 142; **offen** AG Herford AnwBl **84**, 463, GSEM 6; **aM** zB Mü AnwBl **83**, 573 (abl Chemnitz) betr die Besprechungsgebühr, LG Hagen AnwBl **82**, 541 (abl Schmidt mwN), AG Achern VersR **84**, 196, AG Deggendorf VersR **83**, 1086, AG Düren VersR **82**, 1178, AG Duisb VersR **86**, 72, AG Hbg AnwBl **86**, 210, AG Heidelb VersR **83**, 70, jetzt auch AG Köln VersR **87**, 393 und VersR **88**, 944, ferner AG Michelstadt ZfS **88**, 10 mwN, AG Mü VersR **85**, 1198, AG Offenbach VersR **88**, 1057.

Zu dem Kreis der Dritten zählen ferner: ein Zeuge, BFH BB **76**, 1110, AG Philippsburg VersR **88**, 1166, einschränkend AG Saarbr VersR **86**, 50; der Steuerberater des Gegners, LG Kref AnwBl **74**, 52; eine Bank wegen eines Unfallkredits, LG Mü AnwBl **77**, 259, AG Biedenkopf AnwBl **77**, 418, AG Mü AnwBl **75**, 175 mwN und AnwBl **77**, 259, **aM** AG Köln VersR **76**, 279; die Polizei, AG Heidelb AnwBl **84**, 514, AG Karlsr AnwBl **84**, 276; der Anwalt des Unfallgegners, AG Meschede AnwBl **85**, 108; die Werkstatt, AG Karlsr AnwBl **84**, 276 und VersR **88**, 1166, AG Neuss VersR **85**, 174, **abw** AG Schlüchtern VersR **84**, 593; ein Mietwagenunternehmer, LG Ffm VersR **88**, 1166, LG Stade AnwBl **85**, 533; der Sachverständige, AG Bonn AnwBl **83**, 472, AG Donaueschingen AnwBl **86**, 45, AG Karlsr-Durlach VersR **88**, 1166, AG Lingen AnwBl **85**, 595, AG Münsingen AnwBl **87**, 54, oder ein Gebrauchtwagenhändler zB wegen des Restwerts eines Unfallwagens, LG Düss AnwBl **81**, 459, oder wegen der Herausgabe eines Kraftfahrzeugs des Auftraggebers, LG Mü AnwBl **77**, 259, oder wegen des Werts eines beschädigten Bildes, AG Augsb AnwBl **82**, 398; ein Angestellter des Auftraggebers; die Strafsachenstelle des Finanzamts, auch wenn sie zur Entscheidung über den Einspruch nicht zuständig ist, FG Neustadt/W EFG **87**, 475.

Nicht zum Kreis der Dritten zählt der Ehepartner des Auftraggebers, sofern die Ehe intakt ist, LG Bln Rpfleger **81**, 33, abw GSEM 6.

e) Gesprächsort. Er ist unerheblich und kann zB beim Ferngespräch an 2 oder (beim Rundgespräch) mehreren Stellen zugleich liegen oder auch wechseln.

4) Beweisaufnahmegebühr, I Z 3. A. Rechtsnatur. Die Beweisaufnahmegebühr entspricht der Beweisgebühr nach § 31 I Z 3, Mü AnwBl **84**, 210. Sie entsteht stets neben der Geschäftsgebühr. Vgl § 31 Anm 7.

B. Voraussetzungen. Es müssen folgende Voraussetzungen zusammentreffen:

a) Anordnung durch Gericht oder Behörde. Ein Gericht oder eine Behörde müssen eine Beweisaufnahme angeordnet haben, Anm 3 A a aa aaa. Eine Anordnung fehlt, soweit die Behörde lediglich als Kaufinteressentin ein Gutachten einholt und noch kein Enteignungsverfahren eingeleitet hat, Köln DRspr **IV**, 720, oder wenn ein Familiengericht von Amts wegen den Bericht des Jugendamts usw anfordert, Bbg FamRZ **88**, 1081 mwN.

b) Beweisaufnahme. Zum Begriff der Beweisaufnahme vgl § 31 Anm 7 und § 114 Anm 2 A. Wegen einer Familiensache vgl auch Bre AnwBl **79**, 34, Celle Rpfleger **79**, 35, Düss JB **79**, 204, Ffm JB **81**, 1413,

Hamm Rpfleger **85**, 169, Karlsr MDR **79**, 683. Es kann zB im isolierten Sorgerechtsverfahren die Anhörung zwar nicht der Eltern, Karlsr Rpfleger **85**, 509, oder des Kindes, wohl aber einer Pflegemutter ausreichen, Karlsr AnwBl **84**, 326.

Wegen der Vernehmung eines Beteiligten in einer verwaltungsgerichtlichen Sache OVG Hbg NJW **61**, 1739, VG Bre NJW **64**, 1820, VG Karlsr NJW **73**, 264 (wegen der Anhörung vor einer Prüfungskammer für Kriegsdienstverweigerer).

Die Vorlegung einer Akte oder Urkunde, die sich in Händen des Auftraggebers oder des Gegners befinden, ist keine Beweisaufnahme, § 34 I. Keine Beweisaufnahme liegt auch zB in folgenden Fällen vor: Der Anwalt ermittelt einen Schadensumfang; er besichtigt die Unfallstelle; er holt eine Auskunft vom möglichen Zeugen ein; er beauftragt einen Sachverständigen mit einem Gutachten. Soweit das Gericht oder die Behörde Akten oder Urkunden beizieht, erhält der Anwalt die Gebühr nach § 34 nur unter den Voraussetzungen von § 34 II, vgl auch Nürnb Büro **61**, 617.

Mehrere Beweisaufnahmen in derselben Angelegenheit lassen nur eine Beweisaufnahmegebühr entstehen, § 13 II 1.

c) Mitwirkung. Der Anwalt muß an der Beweisaufnahme mitwirken. Vgl Anm 2 B sowie § 31 Anm 4 E–G.

Eine bloße Stellungnahme zum Ergebnis der Beweisaufnahme genügt nicht, BFH BStBl **70**, 251.

5) Gebührenhöhe, I. A. Rahmengebühr. Für jeden der in I Z 1–3 genannten Tätigkeitsbereiche ensteht eine Pauschgebühr von $^{5}/_{10}$–$^{10}/_{10}$. Es handelt sich um Rahmengebühren, VG Ansbach AnwBl **84**, 54. Daher muß man zur Feststellung der jeweils im Einzelfall entstandenen Gebühr § 12 hinzuziehen, Mü VersR **77**, 1036. § 32 ist unanwendbar. Spezialkenntnisse wirken innerhalb des Rahmens evtl erhöhend, vgl aber § 17 ZSEG, Teil V dieses Buchs. Die Mittelgebühr ist $^{7,5}/_{10}$.

Diese Frage ist **streitig. Wie hier** zB Hbg MDR **68**, 936, KG JB **79**, 688, Mü VersR **77**, 1036, Saarbr JBl **67**, 109, LG Hann AnwBl **66**, 330, LG Köln AnwBl **67**, 94, LG Oldb AnwBl **68**, 186, LG Waldshut AnwBl **66**, 331, AG Celle VersR **74**, 1011, AG Donaueschingen AnwBl **67**, 445, AG Dortm AnwBl **67**, 68, AG Düren AnwBl **67**, 68, AG Düss AnwBl **67**, 173, AG Euskirchen AnwBl **67**, 172, AG Freib NJW **67**, 258, AG Gmünd AnwBl **68**, 189, AG Hbg AnwBl **67**, 172, AG Hann AnwBl **68**, 35, AG Köln AnwBl **67**, 244, AG Lippstadt AnwBl **67**, 67, AG Mü AnwBl **67**, 245, AG Säckingen AnwBl **66**, 332, AG Stadthagen AnwBl **66**, 332, AG Wiesb AnwBl **67**, 130, FG Düss NJW **68**, 1304, VG Ansbach AnwBl **84**, 54, VG Düss AnwBl **84**, 322, GSEM 14, Lenz MDR **66**, 466, Schumann NJW **66**, 97 und 1953, Steglmann AnwBl **65**, 261.

Eine **aM** vertreten zB RS 31, Stöber Rpfleger **65**, 261, Tschischgale MDR **65**, 793 und NJW **66**, 144 ($^{8}/_{10}$). Vgl aber auch § 12 Anm 2.

Zur Abstufung der Geschäftsgebühr Klimke VersR **86**, 218 (ausf).

Wegen eines einfachen Schreibens ist grundsätzlich nur § 120 anwendbar, Anm 2 B. Soweit dennoch § 118 anwendbar ist, entsteht meist nur eine $^{5}/_{10}$ Gebühr, vgl AG Stgt VersR **78**, 1053.

Soweit der Anwalt in einem Verfahren vor einer Behörde tätig wird, deren Handlungen das Sozialgericht überprüft, kann er eine Gebühr nach dem Gegenstandswert nur bei § 116 II fordern, sonst nicht mehr als die Rahmengebühr des § 116, BGH **48**, 134.

Bei mehreren Angelegenheiten, § 13, muß man die jeweils im Einzelfall richtige Gebührenhöhe unabhängig von der im Parallelverfahren maßgeblichen Gebührenhöhe feststellen, OVG Hbg MDR **72**, 809.

Eine Gebührenvereinbarung nach § 3 ist zulässig, Anm 1 C, und gerade in solchem Fall oft ratsam.

B. Gegenstandswert. a) Grundsatz. Vgl zunächst § 7. Der Gegenstandswert richtet sich nach den für die Gerichtsgebühren geltenden Wertvorschriften, soweit ein gerichtliches Verfahren vorliegt, und zwar dann auch für diejenige Tätigkeit des Anwalts, die dem gerichtlichen Verfahren vorausging. Der Streitwert ist in einem solchen Fall auch dann maßgeblich, wenn es nicht mehr zu einem gerichtlichen Verfahren kommt oder wenn der Anwalt in ihm nicht mehr tätig wird, § 8 I. Im übrigen gilt § 8 II.

Im Verhältnis zwischen dem Auftraggeber und dem Anwalt ist unter Umständen ein anderer Gegenstandswert maßgeblich als im Verhältnis zwischen dem Auftraggeber und dem Verfahrensgegner, BGH AnwBl **69**, 15, Mü VersR **77**, 1036, Schmidt AnwBl **69**, 72.

b) Freiwillige Gerichtsbarkeit. Im Verfahren der freiwilligen Gerichtsbarkeit gelten die Vorschriften über den Gegenstandswert nach der KostO, GSEM 17, SchGei 50.

c) Allgemeine Verwaltungsbehörde. Im Verfahren vor einer Verwaltungsbehörde bemißt sich der Gegenstandswert nach § 8. Man muß ihn nach den für die Gerichtsgebühren geltenden Vorschriften ermitteln, soweit es sich um eine Tätigkeit des Anwalts im Widerspruchsverfahren, Beschwerdeverfahren oder Abhilfeverfahren handelt, § 8 I 2. Damit ist sichergestellt, daß im Verwaltungsverfahren und im anschließenden gerichtlichen Verfahren derselbe Gegenstandswert maßgeblich ist. Demgemäß ist im Fall einer Identität des Gegenstands der vom Gericht festgesetzte Streitwert auch für die im Vorverfahren entstandenen Anwaltsgebühren maßgeblich, VG Saarlouis NJW **69**, 445.

Für die Tätigkeit des Anwalts im Verwaltungsverfahren der ersten Stufe gilt § 8 I 2 nicht. Daher muß man an sich nach § 8 II die dort genannten Vorschriften der KostO zugrunde legen. Diese Bestimmungen passen aber nicht auf das Verfahren vor einer Verwaltungsbehörde und weichen außerdem von den für das Verfahren der allgemeinen und besonderen Verwaltungsgerichte (und damit auch für das Verwaltungsverfahren zweiter Stufe) geltenden Wertvorschriften teilweise beträchtlich ab, etwa im Fall einer wiederkehrenden Leistung, § 24 I KostO, und im Fall einer Wohnungssache, § 25 KostO. Da das Nachprüfungsverfahren mit dem vorangehenden Verwaltungsverfahren eine einzige Angelegenheit bildet, § 119 I, darf man keine verschiedenen Bewertungsmaßstäbe zugrunde legen. Daher muß man im Verwaltungsverfahren erster Stufe § 8 I anwenden. Denn auch eine Tätigkeit des Anwalts in diesem Verfahrensabschnitt geht in der Regel einem gerichtlichen Verfahren voraus, Schumann MDR **67**, 178.

Infolgedessen sind im Verwaltungsverfahren im Ergebnis stets die

Streitwertvorschriften des gerichtlichen Verfahrens zugrundezulegen, Luetgebrune § 8 Anm I 1a. Auf diese Weise kann man erhebliche Schwierigkeiten vermeiden.

d) Finanzverwaltungsbehörde. In dem Veranlagungsverfahren tritt an die Stelle des streitigen Steuerbetrags der gesamte steuerliche Wert des Auftrags. Man muß also etwa im Fall der Abfassung einer Steuererklärung denjenigen Wert zugrunde legen, der sich aus der nach der Erklärung zu zahlenden Steuer ergibt, insofern richtig FG Düss EFG **68**, 77.

e) Sozialsache. In einem solchen Fall kommt es auf den Gegenstandswert nur bei § 116 II an.

f) Andere Angelegenheit. In anderen Angelegenheiten, insbesondere also einer außergerichtlichen rechtsgestaltenden Tätigkeit des Anwalts, ist in der Regel § 8 II zugrundezulegen.

g) Wertfestsetzung. Sie erfolgt nur insoweit, als der Anwalt in einem gerichtlichen Verfahren tätig wird, § 10 Anm 1 A, Düss NJW **67**, 2415. Wegen des Vorverfahrens vgl § 119 Anm 4 B.

C. Vergütungsfestsetzung. Eine solche Festsetzung ist nur insoweit zulässig, als die Vergütung des Anwalts erstattungsfähig ist, § 119 Anm 5 A, Kblz JB **75**, 464 (Anm Mümmler), LG Hanau AnwBl **76**, 403, Haupt MDR **69**, 188. Eine Festsetzung entfällt zB mit einer Klagerücknahme, Kblz BB **87**, 438. Im Verfahren muß das Gericht ein Gutachten des Vorstands der Rechtsanwaltskammer einholen, § 12 II.

Gegenüber dem Auftraggeber ist eine Festsetzung der Vergütung unzulässig, weil es sich um Rahmengebühren (Gebührensatzrahmen) handelt, § 19 VII, Brschw NJW **71**, 1466. Deshalb ist gegenüber dem Auftraggeber nicht einmal die Festsetzung der Mindestgebühr zulässig, Hamm NJW **72**, 2318. Der Anwalt muß also grundsätzlich gegen den Auftraggeber auf die Zahlung einer angemessenen Vergütung Klage erheben, GSEM 16; **aM** Stgt NJW **71**, 59, Tschischgale JB **64**, 94. Wegen einer Ausnahme vgl § 19 Anm 1 Cc.

6) Anrechnung, II. A. Grundsatz. II enthält eine Regelung zur Verhinderung einer übermäßigen Vergütung des Anwalts für den Fall, daß sich an seine Tätigkeit außerhalb eines gerichtlichen oder behördlichen Verfahrens eine Tätigkeit in derselben Angelegenheit in einem anschließenden gerichtlichen oder behördlichen Verfahren anschließt.

Die Vorschrift erfaßt zum einen den Fall, daß der Anwalt zunächst nur den Auftrag zur Durchführung außergerichtlicher Verhandlungen usw erhielt und daß er erst nach dem Scheitern seiner Bemühungen den weiteren Auftrag erhält, ein gerichtliches Verfahren einzuleiten. In solcher Situation liegen zwar zwei Aufträge und somit zwei Angelegenheiten vor, KG VersR **76**, 642; dennoch (das übersieht Stgt JB **76**, 339) schreibt II eine Anrechnung der Geschäftsgebühr (nur noch dieser) vor, solange sich das gerichtliche Verfahren anschließt.

II erfaßt weiterhin den Fall, daß der Anwalt zwar zunächst eine außergerichtliche Klage herbeiführen sollte, jedoch von vornherein für den Fall des Scheiterns seiner Bemühungen eine insoweit bedingte Prozeßvollmacht erhalten hatte, BGH **LM** Nr 4, insofern unklar BGH RR **88**, 1199.

II erfaßt schließlich den Fall, daß der Anwalt zwar den Auftrag zur außergerichtlichen Bemühung, unabhängig von ihrem Ergebnis aber von vornherein außerdem einen (insoweit) unbedingten Prozeßauftrag erhalten hatte. In diesem Fall würde seine bisherige außergerichtliche Tätigkeit durch die Prozeßgebühr abgegolten sein, § 37 Z 1, 2, Mü ZMR **85**, 299, AG Dortm JB **77**, 958. Daher ist insofern die Anrechnung der bisher verdienten Geschäftsgebühr angemessen.

Die Praxis rechnet entgegen dem Wortlaut von II nicht so, daß die Gebühren der §§ 31ff um die Geschäftsgebühr des I Z 1 gekürzt werden, sondern kürzt die letztere Gebühr, zB Ffm AnwBl **85**, 327, und auch sie nur zögernd, Ffm AnwBl **85**, 328.

B. Voraussetzungen. Eine Anrechnung nach II findet statt, soweit folgende Voraussetzungen zusammentreffen:

a) Geschäftsgebühr. Zur Anrechnung kommt bestenfalls die Geschäftsgebühr, I Z 1, also weder eine Besprechungsgebühr, vgl zB AG Leverkusen VersR **85**, 399, noch eine Beweisaufnahmegebühr.

b) Zunächst außergerichtliches oder außerbehördliches Verfahren. Der Anwalt muß zunächst in einem solchen Verfahren tätig geworden sein. Es kommt nur darauf an, ob ein solches Verfahren stattfand und ob er in ihm tätig wurde, nicht darauf, ob sein Auftrag darauf beschränkt war oder weiterging, A.

c) Anschließend gerichtliches oder behördliches Verfahren. An das außergerichtliche oder außerbehördliche Verfahren muß sich ein gerichtliches oder behördliches Verfahren anschließen. Hier gelten im einzelnen folgende Regeln:

aa) Derselbe Gegner. Beide Verfahrensabschnitte müssen denselben Gegner betreffen, Mü MDR **89**, 273, AG Hann VersR **79**, 43 mwN. Soweit der Anwalt nur einen von zwei Schuldnern des Auftraggebers zu verklagen hat, findet dort keine Anrechnung der gegenüber dem nur außergerichtlich abgemahnten weiteren Schuldner entstandenen Vergütung statt, Mü MDR **89**, 273, LG Ffm AnwBl **82**, 318.

bb) Derselbe Streit. Beide Verfahrensabschnitte müssen denselben Streit betreffen, LG Köln VersR **75**, 73 (abl Klimke VersR **75**, 291). Es reicht aus, daß nur ein Teil des Anspruchs, LG Bln VersR **83**, 763, oder nur einer von mehreren Ansprüchen gegen denselben Schuldner zum Rechtsstreit führt, LG Augsb AnwBl **82**, 318. Ffm GRUR **87**, 654, AG Plön ZfS **88**, 10, grenzen eine vorprozessuale Abmahntätigkeit von der prozessual folgenden zu stark ab.

cc) Zeitlicher Zusammenhang. Zwischen dem außergerichtlichen und dem gerichtlichen Verfahren muß ein gewisser zeitlicher Zusammenhang bestehen, KG VersR **76**, 642, Schmidt AnwBl **75**, 41. Soweit diese Voraussetzung vorliegt, ist es unerheblich, ob der Anwalt in demjenigen gerichtlichen oder behördlichen Verfahren tätig wird, das sich an das außergerichtliche oder außerbehördliche Verfahren unmittelbar anschließt, oder ob er erst in einem zeitlich nachfolgenden weiteren gerichtlichen oder behördlichen Folgeverfahren tätig wird, Hbg MDR **77**, 325.

d) Tätigkeit. Der Anwalt muß im anschließenden gerichtlichen oder behördlichen Verfahren tätig geworden sein, zB als Verkehrsanwalt des

Widerklägers, LG Mü AnwBl **86**, 45. Zur Tätigkeit reicht irgendeine verfahrensfördernde Verhaltensweise aus.

Soweit der Schuldner nach einer außergerichtlichen Verhandlung einen Teilbetrag gezahlt hat und der Auftraggeber den Rest eingeklagt hat, entstehen für den bezahlten Teil Gebühren nach § 118 I Z 1, 2. Die Geschäftsgebühr ist auf die Gebühren für den eingeklagten Teil anzurechnen, KG VersR **76**, 642, LG Düss AnwBl **64**, 150, LG Köln VersR **75**, 73.

Wenn dagegen der Anwalt zunächst in einem gerichtlichen oder behördlichen Verfahren tätig wurde, in dem er zB eine gerichtliche oder behördliche Genehmigung besorgt hat, dann erfolgt keine Anrechnung der dort verdienten Geschäftsgebühr auf die Gebühren für ein anschließendes gerichtliches Klageverfahren, für das der Auftraggeber diese Genehmigung benötigt. Denn die Gebühr nach § 118 I Z 1 ist nur für eine Tätigkeit des Anwalts in (also nicht außerhalb) einem gerichtlichen oder behördlichen (Vor-)Verfahren entstanden.

Dasselbe gilt dann, wenn der Anwalt beim Vormundschaftsgericht die Bestellung eines Pflegers beantragt und wenn sich ein streitiges gerichtliches Verfahren anschließt, in dem der Pfleger den Auftraggeber vertritt.

Denn es handelt sich in diesen Fällen jeweils um zwei getrennte Angelegenheiten. Man darf auf sie § 13 V auch dann nicht anwenden, wenn die Aufträge nacheinander erteilt wurden.

Diese Frage ist **streitig. Wie hier** zB LG Wies Rpfleger **64**, 61, GSEM 21; **aM** zB Ffm JB **70**, 965, Stöber Rpfleger **64**, 61.

Eine Anrechnung nach II erfolgt aber dann, wenn der Anwalt zB in einer Mietpreisangelegenheit eine Geschäftsgebühr nach § 118 verdient hat und nun den Auftrag erhält, ein Verfahren vor einer Verwaltungsbehörde einzuleiten, sofern der Auftrag anschließend gegeben wurde. Eine solche Anrechnung erfolgt nicht auf die Gebühr für ein anschließendes gerichtliches Verfahren. Denn dann handelt es sich wieder um zwei verschiedene Angelegenheiten, VG Bre NJW **65**, 1820. Nur das Verwaltungsverfahren und das Nachprüfungsverfahren ist dieselbe Angelegenheit, § 119 I. Vgl ferner § 119 Anm 5.

C. Gegenstandswert. Soweit eine Anrechnung in Betracht kommt, muß man den Gegenstandswert für die Geschäftsgebühr beachten.

7) Kostenerstattung. A. Allgemeines. Die Vorbereitungskosten sind in demjenigen Umfang erstattungsfähig, der gerade der Vorbereitung dieses bestimmten Prozesses mit seinen Anträgen dient, Düss JB **76**, 1552, Ffm MDR **58**, 932, LG Mainz WM **79**, 251 mwN, vgl auch BSG AnwBl **77**, 249 mwN, Bachmann NJW **78**, 867; **aM** Hamm JB **78**, 386. Eine solche Sachdienlichkeit ist aus Gründen der Prozeßwirtschaftlichkeit, BLAH Einl III 3, großzügig zu bejahen.

Das ist **im wesentlichen unstreitig. Wie hier** zB BPatG GRUR **80**, 987, KG MDR **74**, 938, grundsätzlich ebenso LG Bückebg ZMR **79**, 19, von Eicken Festschrift für Schmidt (1981) 32; **einschränkend** zB Ffm BB **80**, 602 (viel zu eng), Karlsr VersR **80**, 337, Kblz AnwBl **85**, 214, Schlesw SchlHA **80**, 219, LG Mainz WM **79**, 251, kritisch Schneider MDR **75**, 325.

Die Maßnahme muß natürlich im Einzelfall zur Rechtsverfolgung erforderlich sein, zB BPatG GRUR **80**, 987, KG MDR **76**, 670, Mü MDR

76, 670 und 846 (Testkauf), LG Mannh WM **73**, 211, und in einem vernünftigen Verhältnis zur Sache stehen, insofern in Wahrheit ebenso BPatG GRUR **80**, 987 (es stellt auf die Angemessenheit ab). Denn II bezieht sich nur auf das eigentliche Prozeßverfahren, Ulrich MDR **73**, 560.

B. Einzelfragen. Die Kosten der Beratung durch einen Anwalt dazu, ob sich der Bekl auf den bevorstehenden Prozeß einlassen soll, sind erstattungsfähig, KG MDR **85**, 1038, Mü AnwBl **58**, 97, LG Mannh MDR **73**, 676 (betr eine Rechtsschutzversicherung), AG Marbg VersR **74**, 71 (betr eine Kaskoversicherung), allerdings nur insoweit, als der zugrunde liegende Anspruch auch begründet ist, BGH NJW **70**, 1122, LG Duisb VersR **73**, 866. Anwaltskosten für vorprozessuale Verhandlungen sind aber nicht automatisch erstattungsfähig, Kblz AnwBl **85**, 214, Schneider MDR **75**, 325; **aM** Karlsr **KR** § 52 BRAGO Nr 17. Zur Erstattungsfähigkeit BLAH § 91 ZPO Anm 21 „Vorbereitungskosten. B. Einzelfragen", Dittmar NJW **86**, 2089 (je ausf).

S auch Anm 1 C f.

Vorverfahren, Verwaltungszwangsverfahren, Aussetzung der Vollziehung

119 **I Das Verwaltungsverfahren, das dem Rechtsstreit vorausgeht und der Nachprüfung des Verwaltungsakts dient (Vorverfahren, Einspruchsverfahren, Beschwerdeverfahren, Abhilfeverfahren), ist zusammen mit dem vorangegangenen Verwaltungsverfahren eine Angelegenheit.**

II Im Verwaltungszwangsverfahren (Verwaltungsvollstreckungsverfahren) erhält der Rechtsanwalt je drei Zehntel der vollen Gebühr als Geschäftsgebühr, Besprechungsgebühr und Beweisaufnahmegebühr.

III Das Verwaltungsverfahren auf Aussetzung der Vollziehung oder auf Beseitigung der aufschiebenden oder hemmenden Wirkung ist zusammen mit den in den Absätzen 1 und 2 genannten Verfahren eine Angelegenheit.

Vorbem. Für die Vergütung der **Steuerberater** gilt entsprechendes nach §§ 40–44, 45 StBGebV (vgl Eckert/Böttcher, StBGebV; Tipke/Kruse § 139 Rdz 47; Lappe NJW **82**, 1436 u DStR **82**, 581).

1) Nachprüfungsverfahren, I. Im Verfahren vor einer Verwaltungsbehörde erwachsen grundsätzlich die Gebühren des § 118, vgl dort Anm 1 A. Dieses Verfahren beginnt mit den einleitenden Maßnahmen der Verwaltungsbehörde oder einem Antrag des einzelnen und endet mit dem Erlaß eines Verwaltungsaktes. Schließt sich ein weiteres Verfahren vor einer Verwaltungsbehörde an, das der Nachprüfung des Verwaltungsaktes dient, bildet dieses Verfahren gebührenrechtlich keine besondere Angelegenheit, I, so daß der RA die Gebühren des § 118 nur einmal erhält, § 13 II 1; dabei können die Besprechungs- und die Beweisaufnahmegebühr erstmals im Nachprüfungsverfahren entstehen. Wird über mehrere Widersprüche in Parallelsachen gemeinsam verhandelt, aber getrennt entschieden, so erwachsen die Gebühren (einmal) in jeder Sache, OVG Hbg MDR **72**, 808, krit Kapp NJW **74**, 2219. I gilt auch für die Tätigkeit des RA, der einen formlosen Rechtsbehelf im Verwaltungsweg einlegt, weil es nicht gerechtfertigt ist, dem RA besondere Gebühren etwa für eine formlose Dienstaufsichtsbeschwerde, nicht aber für einen als Klagevoraussetzung vorgeschriebenen förmlichen Widerspruch zuzubilligen.

Die im Verwaltungsverfahren entstandene Gebühr kann sich durch Tätigkeitserweiterung im folgenden Vorverfahren im Rahmen des § 118 erhöhen, BFH NJW **70**, 1568. Wird umgekehrt der RA nur im Vorverfahren tätig, erhält er idR (aber nicht notwendigerweise, NdsFG EFG **83**, 254) weniger als 10/10, FG Kassel EFG **78**, 137, aM FG Münst EFG **78**, 617. Ob es zum Rechtsstreit kommt, bleibt sich gleich. Die Höhe der Gebühren hat der RA nach § 12 zu bestimmen; seine Bestimmung ist im Gebührenstreit und bei der Kostenfestsetzung (nur) auf Unbilligkeit zu prüfen, § 12 Anm 3, FG Bln EFG **81**, 366. In Sozialangelegenheiten (außer den in § 116 II genannten) ist für das Verwaltungsverfahren beider Stufen ein Rahmen von 5/10 der in § 116 I Z 1 bezeichneten Mindestgebühr bis zu 10/10 der dort bezeichneten Höchstgebühr zugrunde zu legen, Mümmler JB **87**, 1480 mwN, ua BSG AnwBl **85**, 652 (stRspr, krit Plagemann SGb **85**, 122), BGH **48**, 138, str, vgl GSEM 16, Meyer-Ladewig § 193 Rdz 92 mwN, LSG Essen AnwBl **86**, 44.

Das Nachprüfungsverfahren endet mit der Entscheidung der zuständigen Behörde oder bei Verzögerung mit der zB nach §§ 46 FGO, 75 VwGO zulässigen Erhebung der Klage. Das anschließende gerichtliche Verfahren ist gebührenrechtlich stets eine besondere Angelegenheit, so daß die Gebühren des § 118 nicht auf die Gebühren des § 114 bzw § 116 anzurechnen sind, § 118 Anm 6, SG Konstanz AnwBl **81**, 124, Geschwinder SGb **81**, 62 mwN (abzulehnen Rudloff SGb **70**, 227).

2) Verwaltungszwangsverfahren, II. Betrifft das Verwaltungsverfahren ausschließlich die zwangsweise Durchsetzung einer Verwaltungsmaßnahme, so treten an die Stelle der Rahmengebühren des § 118 I die festen Sätze nach II (3/10 der vollen Gebühr). Der RA erhält diese Gebühr nicht neben den in § 118 bestimmten Gebühren, wenn das Verfahren gleichzeitig die Grundverfügung und den Verwaltungszwang betrifft, zB eine Ordnungsverfügung mit Androhung eines Zwangsmittels, § 13 II 1, RS 3. Werden dagegen getrennte Verwaltungsverfahren durchgeführt, sind die Gebühren für das erste Verfahren nicht anzurechnen, weil es sich dann um besondere Angelegenheiten handelt. Für das Nachprüfungsverfahren gilt I. Wegen der Vollstreckung aus einem gerichtlichen Urteil s § 114 Anm 6 B.

3) Aussetzungsverfahren, III. III gilt nur für das Verwaltungsverfahren, das auf Aussetzung der Vollziehung eines Verwaltungsaktes (oder auf Beseitigung der aufschiebenden oder hemmenden Wirkung) gerichtet ist, zB nach § 69 II FGO, § 86 III SGG, § 80 IV VwGO. In solchen Verfahren erwächst dem RA keine besondere Gebühr, wenn er gleichzeitig mit der Vertretung im Verwaltungszwangsverfahren oder im Verfahren beauftragt ist, das der Nachprüfung des Verwaltungsaktes dient, und dafür Gebühren nach § 118 erhält, § 13 II 1; der RA kann aber zusätzlich eine Besprechungs- oder Beweisaufnahmegebühr verdienen, wenn diese Gebühr im Aussetzungsverfahren entsteht, vgl BGH BStBl **77** II 557. Handelt es sich dagegen um ein gerichtliches Aussetzungsverfahren, zB nach § 69 III FGO oder § 80 V VwGO, so erwachsen dort selbständige Gebühren nach § 114 I und IV; Näheres s § 114 Anm 5.

4) Gegenstandswert, I, II. Die Gebühren hängen (abgesehen von Sozialsachen, Anm 1) stets vom Gegenstandswert ab.

A. Bemessung. Wegen der Einzelheiten ist auf § 118 Anm 5 B zu verweisen. Nicht selten ist der Gegenstandswert im Nachprüfungsverfahren, I, geringer als im vorangegangenen Verwaltungsverfahren, zB bei Teilablehnung einer Vergünstigung oder bei Anfechtung einer steuerlichen Veranlagung: Dann ist für die Geschäftsgebühr der höhere Wert maßgeblich, weil beide Stufen des Verwaltungsverfahrens eine Angelegenheit sind, für Besprechungs- und Beweisaufnahmegebühr der geringere Wert des Nachprüfungsverfahrens, wenn sie in diesem Abschnitt entstehen (aber dann ist uU die Gebühr im Rahmen des § 118 I zu erhöhen). Wegen des maßgeblichen Werts für die Erstattung von Vertretungskosten s Anm 5 C.

B. Festsetzung. Eine Festsetzung des Wertes außerhalb eines gerichtlichen Verfahrens ist für den Gegenstandswert an sich nicht verbindlich, weil §§ 9 und 10 ein gerichtliches Verfahren voraussetzen, BSG SGb **86**, 418. Hat aber eine Verwaltungsbehörde über die Erstattung zu entscheiden, zB nach § 80 VwVfG, ist der von ihr zugrunde gelegte Wert entspr § 9 auch im Verhältnis RA/Mandant maßgeblich, soweit die Entscheidung unanfechtbar wird, VG Augsb AnwBl **84**, 319, aM OVG Bln NJW **82**, 2516. Sind außergerichtliche Kosten eines Vorverfahrens, vgl Anm 5, im gerichtlichen Verfahren zu erstatten, so ist der Wert nach § 8 I 2 vom UrkB zu ermitteln und vom Gericht gegebenenfalls im Festsetzungsverfahren nachzuprüfen, OVG Münst AS **5**, 134; bei Identität des Gegenstandes ist der gerichtlich festgesetzte Wert maßgeblich, VG Saarlouis NJW **69**, 445.

5) Kostenerstattung. A. Allgemeines (Meßerschmidt DÖV **83**, 447). Während die Erstattung der im gerichtlichen Verfahren entstehenden Kosten auch außerhalb der Zivilgerichtsbarkeit lückenlos gesetzlich geregelt ist, Einf 2 § 113, fehlt es an einer solchen allgemeinen Regelung für die Erstattung der Kosten eines Verwaltungsverfahrens. Hier gilt, soweit nicht die unter B–D erläuterten Vorschriften eingreifen, der Grundsatz, daß Kosten nicht erstattet werden.

Für Kosten im Verfahren vor einer Verwaltungsbehörde gibt es keinen allgemeinen Erstattungsanspruch, hM, BVerfG **35**, 283, BVerwG (GrSenat) **22**, 281, **40**, 313 und zuletzt NJW **82**, 300, BGH **56**, 221 (Enteignungsverfahren), BSG **24**, 211, VGH Mannh NJW **68**, 1299, FG Köln AnwBl **81**, 207. Hier gilt nichts anderes als auch sonst außerhalb eines gerichtlichen Verfahrens, wo zB zwischen Privatpersonen ein Erstattungsanspruch nur unter dem Gesichtspunkt des Schadensersatzes wegen Verzuges oder nach den Regeln der Geschäftsführung ohne Auftrag usw besteht, vgl Ulrich MDR **73**, 559. Dementsprechend kann ohne eine besondere gesetzliche Regelung ein Ersatz der Aufwendungen für die Rechtsverfolgung vor Verwaltungsbehörden nur aus materiellen Rechtsgründen begehrt werden, etwa aus Enteignung, BGH DVBl **69**, 204 u

208, oder aus Staatshaftung vor den Zivilgerichten, BGH NJW **57**, 97, MDR **62**, 641, LG Heidelberg NJW **67**, 2317 m zustm Anm Weidemann NJW **68**, 452, möglicherweise auch aus Verletzung der Fürsorgepflicht gegenüber einem Beamten oder Soldaten vor den Verwaltungsgerichten, BVerwG **44**, 52. Ein Anspruch auf Folgenbeseitigung oder -entschädigung scheidet insoweit aus, BVerwG **40**, 313, OVG Münst AS **27**, 125.

B. Einzelgesetze. Die Erstattung der Kosten eines RA im Verfahren vor einer Verwaltungsbehörde ist in einzelnen Vorschriften vorgesehen, zB in § 55 II AbgG, § 121 BauGB, § 48 II BLG, § 22 II SchutzberG, § 334 II 2 LAG, vgl Meßerschmidt DÖV **83**, 448. Diese Bestimmungen stehen in Zusammenhang mit Entschädigungsregelungen. Eine entsprechende Anwendung auf andere Fälle ist nicht möglich.

C. Erfolg im Vorverfahren. Wenn der Auftraggeber im förmlichen Rechtsbehelfsverfahren nach VwGO oder SGG durchdringt, kommt eine Erstattung der RA-Kosten nach Maßgabe der in neuerer Zeit dafür geschaffenen Vorschriften in Betracht. Ein Erstattungsanspruch ergibt sich dagegen (auch im Fall der Ausführung von Bundesgesetzen durch Bundesbehörden, BVerwG **40**, 313) nicht unmittelbar aus den Bestimmungen, die eine Kostenentscheidung im Rechtsbehelfsbescheid vorschreiben, zB §§ 72, 73 III 2 VwGO, BVerwG (GrSenat) **22**, 281 (dazu BVerfG **27**, 175), str, vgl Renck DÖV **73**, 264, und auch nicht aus dem Rechtsgedanken, der § 80 VwVfG und den Kostenvorschriften der Prozeßgesetze zugrunde liegt, str, Kopp § 73 Rdz 17 mwN. Damit scheidet (vorbehaltlich des zu A u B gesagten) eine Erstattung bei nicht durchgeführtem Rechtsbehelfsverfahren aus, BVerwG NVwZ **83**, 345, OVG Münst NVwZ **82**, 252, Müller AnwBl **84**, 292.

Für die Erstattung bei erfolgreichem Rechtsbehelf sind die folgenden Verfahrensvorschriften maßgeblich:

a) Bei erfolgreichem Widerspruch sieht **§ 80 VwVfG** für seinen Geltungsbereich (nicht auch darüber hinaus, OVG Münst DVBl **79**, 787), zu dem das Richterdienstrecht gehört, § 80 IV, eine Erstattung der im Rechtsbehelfsverfahren entstandenen Vertretungskosten vor, vgl dazu außer den Kommentaren zum VwVfG Bangert AnwBl **88**, 57, Böhm NJW **77**, 720, Altenmüller DVBl **78**, 285, Pietzner/Renck DÖV **79**, 779, Stühler DVBl **80**, 873. Das gleiche gilt nach den VwVfG der Länder, die auf diese Regelung verweisen oder sie übernehmen, und ebenso nach § 18 AGVwGO RhldPf und § 120 LVerwG SchlH, OVG Lüneb NJW **74**, 2033 m Anm Busch. Nach diesen Bestimmungen sind Gebühren und Auslagen eines RA erstattungsfähig, wenn seine Zuziehung notwendig war, dazu BVerwG NVwZ **88**, 721, **87**, 489 u **83**, 346, Mallmann NVwZ **83**, 338 (krit); das gilt auch für den sich selbst vertretenden RA, BVerwG **61**, 100. Ein Drittbeteiligter hat keinen Erstattungsanspruch, BVerwG NVwZ **87**, 490. Erledigt sich das Widerspruchsverfahren ohne Entscheidung in der Sache selbst, so besteht keine Rechtsgrundlage für eine Erstattung, BVerwG NJW **82**, 300 u 1827, abl Trzaskalik JZ **83**, 417, aM VGH Mannh NJW **81**, 1524, VG Wiesbaden AnwBl **81**, 450, VG Bre DVBl **79**, 825.

Entsprechendes gilt in Sozialsachen nach **§ 63 SGB X,** dazu Marburger ZfSH/SGB **86**, 432, Möhrle ZfF **82**, 52, Geschwinder SGb **81**, 60,

Thelen DAngVers **81**, 22. Zu erstatten sind danach die Vertretungskosten für den Widerspruch, mag er im Sozialgerichtsverfahren Prozeßvoraussetzung sein oder nicht, § 78 SGG, vgl Meyer-Ladewig § 193 Rdz 5. Eine Verzinsung entspr § 104 I 2 ZPO findet nicht statt, BSG RV **86**, 200 (Anm v. Einem).

Dagegen gibt es für das **Verfahren der Finanzverwaltung** keine entspr Vorschrift, nachdem § 80a AO idF des G v 18. 8. 80 (StHG) mit diesem Gesetz für nichtig erklärt worden ist (vgl Art 5 G v 19. 12. 85, BGBl 2436). Hier können also Kosten und sonstige Aufwendungen nur dann erstattet werden, wenn dies in Abgabengesetzen ausdrücklich bestimmt ist. Gegen diese Ausgestaltung bestehen keine verfassungsrechtlichen Bedenken, BVerfG **35**, 283, FG Köln AnwBl **81**, 207 (dazu Meßerschmidt DÖV **83**, 453). Ansprüche aus Amtshaftung, Anm 5 A, werden dadurch nicht ausgeschlossen, Hidien NJW **87**, 2211.

b) Entscheidung über die Erstattung. Über die Kosten ist in der Verwaltungsentscheidung zu befinden; sie unterliegt auch insoweit der Nachprüfung im Wege der Klage bei dem zuständigen Gericht, Maetzel MDR **80**, 93. Die Festsetzung der zu erstattenden Kosten erfolgt durch gesonderten Bescheid, vgl § 80 III VwVfG, der mit Widerspruch und Klage angefochten werden kann, BSG AnwBl **84**, 565 (aber nicht seitens des RA, BVerwG NJW **86**, 2128). Zu erstatten sind allein die durch das Vorverfahren entstandenen Kosten. Soweit die Gebühr vom Gegenstandswert abhängt, Anm 4, ist für die Erstattung der Wert des Vorverfahrens maßgebend. Für die Bestimmung der Gebühr des RA gilt in jedem Fall § 12 I, BVerwG NJW **86**, 2128, BSG AnwBl **84**, 565.

War der RA nur im Vorverfahren tätig, wird dadurch in durchschnittlichen Sachen idR die Mittelgebühr, § 118 Anm 5 A, verdient, BVerwG BayVBl **81**, 698, VG Ansbach AnwBl **84**, 54, VG Düss AnwBl **84**, 321; der RA kann dafür aber je nach den Umständen des Falles auch die Höchstgebühr erhalten, VGH Mannh AnwBl **85**, 595, VGH Mü BayVBl **84**, 476, VG Münst AnwBl **86**, 455, FG BaWü EFG **88**, 434, NdsFG EFG **83**, 254, abw BSG (s u). Hat der RA in beiden Stufen des Verwaltungsverfahrens vertreten, muß wegen § 119 I dafür eine nach § 12 zu bestimmende Gesamtgebühr gebildet werden, die für die Erstattung der Vorverfahrensgebühr entsprechend der jeweiligen Tätigkeit nach Schätzung aufzuteilen ist, Tipke-Kruse § 139 Rdz 45, FG Kassel EFG **88**, 325. Dabei gibt es für die Vorverfahrensgebühr nicht die Obergrenze von 5/10 (so aber BFH BStBl **70** II 219 und 326, FG Kassel EFG **82**, 156 zur Erstattung nach § 139 III FGO), weil eine andere Aufteilung angemessen sein kann, zB wenn der Schwerpunkt der anwaltlichen Tätigkeit im Vorverfahren liegt.

Für das Vorverfahren in Sozialsachen (außer den in § 116 II genannten) legt das BSG in stRspr einen besonderen Gebührenrahmen von etwa 2/3 der in § 116 I Z 1 bestimmten Mindest- und Höchstgebühr zugrunde (bis 1. 1. 87 25–305 DM, seitdem wohl 35–395 DM), BSG MDR **84**, 524 u AnwBl **85**, 652 (vgl Louven MDR **86**, 195), abl RS § 116 Rdz 6, GSEM 16, Plagemann SGb **85**, 122 u **84**, 580, Schmidt AnwBl **85**, 636 u **84**, 566, Diemer AnwBl **85**, 653, Becker AnwBl **83**, 80; wie BSG SG Augsburg JB **86**, 397 (zustm Mümmler), SG Kiel Breith **84**, 356, zT abw LSG

Essen AnwBl **86**, 44, LSG Schlesw AnwBl **84**, 567, SG Stgt AnwBl **84**, 569 (Gebührenrahmen des § 116 I Z 1). Eine Kürzung der Gebühr kommt dagegen nicht in Betracht, wenn die Gebühr im Gerichtsverfahren nach dem Gegenstandswert zu berechnen ist, § 116 II, BSG MDR **88**, 435; hier ist die Gebühr unmittelbar § 118 zu entnehmen. Den Gegenstandswert hat der RA nach billigem Ermessen selbst zu bestimmen, BSG SozR 1300 § 63 Nr 8.

D. Erfolg im Klageverfahren. Schließt sich an das erfolglose Vorverfahren ein erfolgreiches Verfahren vor dem zuständigen Gericht an, so sind die im Vorverfahren entstandenen RA-Kosten zu erstatten, wenn die Zuziehung des RA notwendig war, dazu OVG Münst NVwZ **83**, 355 u 356 mwN, Mallmann NVwZ **83**, 338 (krit), Einf 2 § 113. Mit dieser Maßgabe sind die RA-Kosten nicht nur im Verfahren der Verwaltungsgerichte, § 162 II 2 VwGO, und der Finanzgerichte, § 139 III 3 FGO, sondern auch im Verfahren der Sozialgerichte zu erstatten, BSG MDR **77**, 83 mwN, RS § 116 Rdz 18, und zwar unabhängig davon, ob es sich um ein nach § 78 SGG vorgeschriebenes Vorverfahren handelt oder nicht, Meyer-Ladewig § 193 Rdz 5, str, aM SG Münst AnwBl **82**, 394 mwN. Überall sind auch die Gebühren des RA in eigener Sache zu erstatten, wenn die Zuziehung eines RA an sich notwendig war, Kopp § 162 Rdz 19 mwN, VGH Mannh AS **26**, 178 (vgl Scholz VBlBW **81**, 39), FG Bln EFG **70**, 728 mwN, str, für Ausschluß der Erstattung BFH BStBl **73** II 535 u **77** II 767, Gräber § 139 Rdz 30, VGH Mü BayVBl **78**, 411 m abl Anm Czermak BayVBl **78**, 704, FG Hbg EFG **71**, 291: Aber hier kann schwerlich etwas anderes gelten als nach § 80 VwVfG, oben C a, im isolierten Widerspruchsverfahren, wo kein Ausschluß gilt, BVerwG **61**, 100.

Zu erstatten sind die Gebühren nach den §§ 118, 119, soweit sie im Vorverfahren entstanden sind, Gräber § 139 Rdz 33, FG Bln EFG **88**, 653. Also sind die Gebühren nicht zu erstatten, soweit der Kläger im Vorverfahren obgesiegt hat, BFH BStBl **75** II 39, stRspr, Gräber § 139 Rdz 29 mwN, abl Tipke-Kruse § 139 Rdz 46 mwN. Demgemäß errechnen sich die für das Vorverfahren zu erstattenden Gebühren nach dem Klagestreitwert, BFH aaO, FG Kassel LS EFG **88**, 80, NdsFG EFG **81**, 44, str, aM Tipke-Kruse aaO mwN. Bei gleichem Streitwert und Vertretung durch denselben RA sind die Gebühren aufzuteilen, wobei auf das Vorverfahren höchstens 5/10 der einheitlichen Gebühr entfallen können, BFH BStBl **76** II 570, FG BaWü EFG **88**, 434 mwN, Tipke-Kruse § 139 Rdz 45 mwN, Schall BB Beilage 40/84 S 9. Für das Verfahren der Sozialgerichte gilt das zu C b Gesagte.

Über die Erstattung und die Festsetzung entscheidet das Gericht, Einf 2 § 113.

Einfache Schreiben

120 **I Beschränkt sich die Tätigkeit des Rechtsanwalts auf Mahnungen, Kündigungen oder Schreiben einfacher Art, die weder schwierige rechtliche Ausführungen noch größere sachliche Auseinandersetzungen enthalten, so erhält er nur zwei Zehntel der vollen Gebühr.**

II Beschränkt sich die Tätigkeit des Rechtsanwalts auf ein Schreiben, das nur dem äußeren Betreiben eines Verfahrens dient, insbesondere eine Benachrichtigung, ein Beschleunigungsgesuch, ein Gesuch um Erteilung von Ausfertigungen oder Abschriften, so erhält der Rechtsanwalt nur die Mindestgebühr (§ 11 Abs. 2 Satz 1).

Vorbem. II idF Art 3 I Z 32 G v. 9. 12. 86, BGBl 2326, in Kraft seit 1. 1. 87, Art 10, Übergangsrecht § 134.

1) Allgemeines. Die Vorschrift ergänzt §§ 118, 119, wie die Worte „nur" in I, II andeuten, insofern auch BGH NJW **83**, 2452, LG Hildesheim AnwBl **85**, 54 (krit Schmidt). Für die hier genannten Einzeltätigkeiten kommt ein gegenüber jenen Vorschriften niedrigerer Gebührenrahmen in Betracht. Er kommt nach dem Wortlaut des § 120 auch dann zur Anwendung, wenn der Anwalt einen über § 120 hinausgehenden Auftrag hatte, aber eben nur im Rahmen des § 120 tätig geworden ist.

Diese Frage ist **streitig. Wie hier** zB Ffm JB **82**, 1531, Kblz JB **78**, 550, Schalhorn JB **76**, 480, Swolana 2; **aM** zB insofern BGH NJW **83**, 2452, Röschert AnwBl **83**, 539.

Im Geltungsbereich des § 56 ist § 10 sinngemäß anwendbar, § 56 III.

Auch die Gebühren nach § 120 sind auf eine spätere Tätigkeit unter den Voraussetzungen des § 118 II anzurechnen. Oft ergibt sich schon im Fall eines späteren Prozeßauftrags aus §§ 37 I Z 1, 58 I in Verbindung mit § 13 V, daß die Mahnung usw durch die Prozeßgebühr abgegolten ist, soweit der Gegenstandswert für beide Tätigkeiten derselbe ist, § 118 Anm 6.

2) Schreiben einfacher Art, usw. I. Die Tätigkeit des Anwalts muß sich auf eine eigene Mahnung oder Kündigung, insofern evtl auch eine mündliche oder fernmündliche, LG Hildesheim AnwBl **85**, 54 (krit Schmidt, der diese Alternativen übersieht), oder auf ein eigenes Schreiben beschränken, § 56 Anm 2 A. Sie muß sich insofern auf eine Mahnung, eine Kündigung oder ein Schreiben einfacher Art beschränken, das weder eine schwierige rechtliche Ausführung noch eine größere sachliche Auseinandersetzung enthält. Ob lediglich eine solche Tätigkeit vorliegt, läßt sich nur unter einer Berücksichtigung der gesamten Fallumstände und unter Beachtung von Treu und Glauben ermitteln, § 242 BGB.

Entscheidend ist, ob man bei Zugrundelegung durchschnittlicher rechtlicher Kenntnisse und durchschnittlicher taktischer Erfahrungen sowie durchschnittlicher äußerlicher Anforderungen sagen muß, daß das Schreiben nur einfacher Art ist.

Man kann keineswegs im Zweifel nur von einer umfangreicheren Tätigkeit ausgehen. Andererseits mag selbst ein formularmäßig verfaßtes oder entworfenes Schreiben über den Tätigkeitsbereich nach I deshalb hinausgehen, weil es nach seinem Inhalt unabhängig von der Herstellungsart eine weitergehende Mühe kund gibt. Schon der Entwurf eines Formulars, das der Anwalt dann massenhaft benutzen kann, kann eine sehr erhebliche Mühe darstellen.

Die Verwendung des Formulars im folgenden Einzelfall erfordert jeweils jedenfalls bei der an sich erforderlichen Sorgfalt nochmals eine Überlegung, ob das Formular überhaupt anwendbar ist usw. Die Länge eines Schreibens gibt einen Anhaltspunkt, aber kein entscheidendes Merkmal zur Abgrenzung. Die Anführung von Vorschriften, die Wiedergabe ihres Inhalts, und ähnliche Merkmale sind nur bedingt Anhaltspunkte für eine Tätigkeit, die über I hinausgeht.

Auch die Abfassung mehrerer derartiger Schreiben in derselben Angelegenheit wird nur einmal vergütet, Mü VersR **74**, 180, wie sich schon aus der Fassung von I ergibt, in der die Mehrzahl enthalten ist (im Gegensatz zu II).

3) Schreiben für den Verfahrensbetrieb, II. Es muß sich lediglich um ein Schreiben der in II näher dargestellten Art handeln, zB um eine Aufenthaltsermittlung, AG Dorsten AnwBl **87**, 340, AG Leverkusen AnwBl **87**, 294, AG Westerstede MDR **87**, 419. Aus der von I abweichenden Gesetzesfassung ist zu entnehmen, daß in einem solchen Fall jedes einzelne Schreiben besonders vergütet wird, aM GSEM 5.

II ist entsprechend anwendbar, wenn sich die Tätigkeit des Anwalts auf eine mündliche oder fernmündliche Nachfrage der genannten Art beschränkt.

Dreizehnter Abschnitt. Vergütung bei Prozeßkostenhilfe

Einführung

1) Geschichtliche Entwicklung. Bis zum Jahre 1923 war der Armenanwalt darauf angewiesen, seine Gebühren von dem zur Zahlung der Prozeßkosten verurteilten Gegner des Auftraggebers beizutreiben oder von dem zahlungsfähig gewordenen Auftraggeber nachzufordern. Beide Wege erbrachten oft keine Zahlung. Nachdem das Gesetz vom 18. 12. 19 dem Armenanwalt einen Anspruch auf den Ersatz seiner Auslagen aus der Staatskasse zugebilligt hatte, gewährte ihm das Gesetz vom 6. 2. 23, RGBl 103, auch einen beschränkten Anspruch auf Gebühren aus der Staatskasse.

Eine völlige Neuregelung erfolgte durch das Gesetz betreffend die Erstattung von Anwaltsgebühren in Armensachen vom 20. 12. 28, RGBl 411, das mehrfach geändert und dessen Gebührenstaffel durch das KostMaßnG vom 7. 8. 52, BGBl 401, um 20% erhöht wurde. Die Vorschriften dieses Gesetzes sind dann in die BRAGO eingegliedert worden. Gleichzeitig wurde der Geltungsbereich der Regeln über das Gebiet der bürgerlichen Rechtsstreitigkeiten hinaus ausgedehnt. Vgl im übrigen Grdz 1 vor § 1.

Durch das Gesetz über die Prozeßkostenhilfe vom 13. 6. 80, BGBl 677, wurden die Begriffe Armenrecht und Armenanwalt mit Wirkung vom 1. 1. 81 abgeschafft. Infolge erheblicher dogmatischer Änderungen ergab sich gleichzeitig die Notwendigkeit, §§ 121 ff an vielen Stellen anzupassen.

2) Geltungsbereich. Der 13. Abschnitt gilt in allen Fällen, in denen ein Gesetz die Beiordnung eines Anwalts im Weg der Prozeßkostenhilfe vorsieht. Die Vorschriften sind also entsprechend dem Anwendungsbereich der BRAGO, § 1 I, nicht auf den Bereich bürgerlicher Rechtsstreitigkeiten beschränkt. Sie gelten entsprechend für einen nach § 625 ZPO in einer Scheidungssache beigeordneten Anwalt, § 36a II 2.

Für den gerichtlich bestellten Verteidiger und den beigeordneten Anwalt gelten nur einzelne Vorschriften, vgl §§ 97 II, IV, 107 II, 112 IV. Für den Notar, der nach § 17 BNotO verpflichtet ist, bei einem Mittellosen vorläufig gebührenfrei oder gegen die Zahlung bloßer Monatsraten zu amtieren, gilt der 13. Abschnitt nicht. Über die Abgrenzung der Tätigkeit als Anwalt und derjenigen als Notar vgl § 24 II BNotO.

§§ 121 ff gelten ferner nicht für den Notanwalt nach §§ 78b, c ZPO, zumal er, anders als ein nach § 625 ZPO beigeordneter Anwalt, ein Recht auf Zahlung eines Vorschusses hat.

§§ 121 ff sind mit dem Grundgesetz vereinbar, BVerfG NJW **71**, 187 (zum alten Recht).

3) Patentanwalt. A. Patentsache. Im Verfahren vor dem Patentamt, dem PatG und dem BGH kann ein Beteiligter eine Verfahrenskostenhilfe gemäß §§ 129–142 PatG erhalten. Die Vorschriften sehen vielfach eine entsprechende Anwendung der §§ 114 ff ZPO vor.

B. Patentstreitsache. Für den Patentanwalt bestimmt in einer Patentstreitsache vor einem ordentlichen Gericht das Gesetz über die Beiordnung von Patentanwälten bei Prozeßkostenhilfe, zuletzt geändert durch § 15 Halbleiterschutzgesetz vom 22. 10. 87, BGBl 2294, in Kraft seit 1. 11. 87, § 28:

§ 1 I Wird in einem Rechtsstreit, in dem ein Anspruch aus einem der im Patentgesetz, im Gebrauchsmustergesetz, im Halbleiterschutzgesetz, im Warenzeichengesetz, im Gesetz über Arbeitnehmererfindungen, im Gesetz betreffend das Urheberrecht an Mustern und Modellen (Geschmacksmustergesetz) oder im *Gesetz über Sortenschutz und Saatgut von Kulturpflanzen (Saatgutgesetz)* geregelten Rechtsverhältnisse geltend gemacht wird, einer Partei Prozeßkostenhilfe bewilligt, so kann ihr auf Antrag zu ihrer Beratung und zur Unterstützung des Rechtsanwalts ein Patentanwalt beigeordnet werden, wenn und soweit es zur sachgemäßen Rechtsverfolgung oder Rechtsverteidigung erforderlich erscheint.

II Das gleiche gilt für sonstige Rechtsstreitigkeiten, soweit für die Entscheidung eine Frage von Bedeutung ist, die ein Patent, ein Gebrauchsmuster, den Schutz einer Topographie, eine nicht geschützte Erfindung oder eine sonstige die Technik bereichernde Leistung, ein Sortenschutzrecht oder eine nicht geschützte, den Pflanzenbau bereichernde Leistung auf dem Gebiet der Pflanzenzüchtung betrifft, oder soweit für die Entscheidung eine mit einer solchen Frage unmittelbar zusammenhängende Rechtsfrage von Bedeutung ist.

III Die Vorschriften des § 117 Abs. 1, des § 119 Satz 1, des § 121 Abs. 2 und 3, des § 122 Abs. 1 Nr. 1 Buchstabe b und Nr. 3 und der §§ 124, 126 und 127 der Zivilprozeßordnung gelten entsprechend.

§ 2 Auf die Erstattung der Gebühren und Auslagen des beigeordneten Patentanwalts sind die Vorschriften der Bundesgebührenordnung für Rechtsanwälte vom 26. Juli 1957 (Bundesgesetzbl. I S. 861,

907), die für die Vergütung bei Prozeßkostenhilfe gelten, sinngemäß mit folgenden Maßgaben anzuwenden:

1. **Der Patentanwalt erhält eine volle Gebühr und, wenn er eine mündliche Verhandlung oder einen Beweistermin wahrgenommen hat, insgesamt zwei volle Gebühren in Höhe der in § 123 der Bundesgebührenordnung für Rechtsanwälte bestimmten Beträge.**
2. **Der dem Patentanwalt insgesamt zu ersetzende Gebührenbetrag darf den Betrag einer vollen Gebühr nach § 11 Abs. 1 der Bundesgebührenordnung für Rechtsanwälte nicht übersteigen.**
3. **Reisekosten für die Wahrnehmung einer mündlichen Verhandlung oder eines Beweistermins werden nur ersetzt, wenn das Prozeßgericht vor dem Termin die Teilnahme des Patentanwalts für geboten erachtet.**

Bemerkung. Statt Saatgutgesetz jetzt Sortenschutzgesetz und Saatgutverkehrsgesetz.

Vergütung aus der Bundes- oder Landeskasse

121 **Der im Wege der Prozeßkostenhilfe oder nach § 11a des Arbeitsgerichtsgesetzes beigeordnete Rechtsanwalt erhält, soweit in diesem Abschnitt nichts anderes bestimmt ist, die gesetzliche Vergütung in Verfahren vor Gerichten des Bundes aus der Bundeskasse, in Verfahren vor Gerichten eines Landes aus der Landeskasse.**

Schrifttum: Herget MDR **85**, 617 (Rspr-Üb).

Gliederung

1) Rechtsnatur. Der Anspruch des im Weg der Prozeßkostenhilfe beigeordneten Anwalts gegen die Staatskasse ist öffentlichrechtlich, Ffm FamRZ **88**, 1184, KG Rpfleger **88**, 122 je mwN; zur Ungenauigkeit des Begriffs Vergütung Chemnitz AnwBl **85**, 597. Er richtet sich direkt gegen die Staatskasse und hat seine Grundlage nur in § 121. Der ordentliche Rechtsweg ist ausgeschlossen, § 128. Das gilt auch für den Rechtsnachfolger des beigeordneten Anwalts, Hamm Rpfleger **57**, 318.

2) Voraussetzungen. Es müssen folgende Voraussetzungen zusammentreffen:

A. Rechtsanwalt. Der Vergütungsanspruch steht nur einem Anwalt zu. Er muß also zur Anwaltschaft zugelassen sein.

Er kann sich durch seinen allgemeinen Vertreter, § 4, vertreten lassen. Soweit das geschieht, entsteht der Vergütungsanspruch grundsätzlich für den beigeordneten Anwalt und nicht für seinen Vertreter, aM Hamm NJW **55**, 1762. Von dieser Regel gilt für denjenigen Anwalt eine Ausnahme, den das Gericht gemäß § 121 III ZPO zur Wahrnehmung eines Termins zur Beweisaufnahme vor dem ersuchten Richter oder zur Vermittlung des Verkehrs mit dem ProzBev beigeordnet hat. Im übrigen muß der beigeordnete Anwalt den Vertreter aus eigenen Mitteln vergüten.

Das Gericht kann einen Prozeßagenten nicht als einen Vertreter des Mittellosen beiordnen. Denn § 121 II ZPO läßt nur die Beiordnung eines Rechtsanwalts zu. Daher entsteht für einen Parteivertreter vor dem ArbG, der kein Rechtsanwalt ist, jedenfalls kein Vergütungsanspruch nach §§ 121ff. Über einen Patentanwalt Einf 3 vor § 121.

Der durch die Prozeßkostenhilfe unterstützte Mittellose erlangt keinen Anspruch nach §§ 121ff.

B. Beiordnung. Der Anwalt muß gerichtlich beigeordnet worden sein, sei es nach §§ 121ff ZPO, nach § 11a ArbGG, nach § 48 I Z 1 BRAO oder nach entsprechenden Vorschriften anderer Verfahrensordnungen, etwa nach § 166 VwGO.

Die Beiordnung muß im Weg der Prozeßkostenhilfe erfolgt sein. Sie bewirkt grundsätzlich kein besonderes Gewaltverhältnis zwischen der Justizverwaltung und dem beigeordneten Anwalt und daher auch keine Weisungsgebundenheit des letzteren. Deshalb berührt sie auch nicht die Freiheit der Ausübung des Anwaltsberufs, Hamm AnwBl **75**, 95. Sie verpflichtet den Anwalt nur dann zur Tätigkeit, wenn die Partei keinen zur Vertretung bereiten Anwalt findet, BLAH § 121 ZPO Anm 15 E.

Alles das gilt auch für einen gemäß § 121 II ZPO beigeordneten Verkehrsanwalt, BGH Rpfleger **51**, 129, und für den Praxisabwickler des beigeordneten Anwalts, auch wegen seiner eigenen Kosten, Düss MDR **64**, 66.

Der Notanwalt nach §§ 78b, c ZPO wird nicht im Weg der Prozeßkostenhilfe beigeordnet. Dasselbe gilt für einen gesetzlichen Vertreter, etwa für den Pfleger eines Mittellosen, OVG Bre Rpfleger **86**, 12 (abl Damrau), abw GSEM 25, für einen nach § 57 ZPO bestellten gerichtlichen Vertreter oder für einen nach §§ 668, 679 III, 686 II ZPO beigeordneten Vertreter. Der bloße Antrag der Partei führt natürlich noch nicht zu einer Beiordnung, und zwar auch dann nicht, wenn das Gericht ihn übersehen hatte, BGH Rpfleger **51**, 129.

Über den Umfang der Beiordnung § 122 Anm 3.

C. Vollmacht. Zur Anwaltseigenschaft und zur Beiordnung muß eine Vollmacht hinzutreten. Denn die Partei hat die Freiheit der Wahl desjenigen Anwalts, den das Gericht ihr beiordnen soll, § 121 I–III ZPO. Nur dann, wenn die Partei keinen zur Vertretung bereiten Anwalt findet, erfolgt die Beiordnung eines vom Gericht ausgewählten Anwalts. Auch dieser Fall ändert aber nichts an der Notwendigkeit einer Vollmacht.

Die Vollmacht braucht nicht schriftlich zu erfolgen. Man kann sie auch stillschweigend erteilen. Sie kann sich auch aus einer aktenkundigen Tätigkeit des Anwalts ergeben, LG Bln Rpfleger **78**, 270. Allerdings ergibt sie sich noch nicht aus einer allgemeinen Prozeßförderung durch den

Anwalt oder stets aus einer auftraglosen Geschäftsführung, vgl freilich KG Rpfleger **85**, 39.

Ohne eine Vollmacht liegt kein Vertragsverhältnis zum Mittellosen vor, BGH **60**, 258, Bbg JB **78**, 887. Der beigeordnete Anwalt hat in einem solchen Fall einen Vergütungsanspruch gegen die Staatskasse nur insoweit, als er aufgrund seiner Fürsorgepflicht für die begünstigte Partei eine unaufschiebbare Handlung vornimmt, KG Rpfleger **85**, 39 mwN. Er muß gewissenhaft prüfen, ob die Handlung unaufschiebbar ist. Unter dieser Voraussetzung handelt er als Geschäftsführer ohne Auftrag. Er erhält daher gegenüber der begünstigten Partei einen Vergütungsanspruch gemäß §§ 677 ff BGB. Dieser Fall kann zB dann eintreten, wenn der Anwalt im Verhandlungstermin einen Sachantrag stellt, um den Erlaß eines Versäumnisurteils zu verhüten.

D. Tätigkeit. Zur Anwaltseigenschaft, zur Beiordnung und zur Vollmacht muß eine Tätigkeit im Rahmen der Beiordnung und Vollmacht hinzutreten, vgl LG Mü AnwBl **84**, 508. Die Tätigkeit muß grundsätzlich der Beiordnung zeitlich nachfolgen, LG Nürnb-Fürth AnwBl **87**, 55. Sofern das Gericht den Anwalt allerdings mit Rückwirkung beigeordnet hat, kann auch die vor der Beiordnung liegende Tätigkeit ausreichen. Eine Tätigkeit, die erst dem Zustandekommen des Auftrags dient, begründet grundsätzlich keinen Anspruch nach §§ 121 ff. Von dieser Regel gilt eine Ausnahme für den Fall, daß die Partei nach der Beiordnung zunächst die Vollmacht erteilt hatte und daß der Anwalt sie erst anschließend zur Erteilung der Information usw aufgefordert hat.

Im übrigen kann eine Tätigkeit nach der Beiordnung, aber vor der Vollmachtserteilung ausreichen, C.

Wenn der Anwalt jede Tätigkeit ablehnt oder die gesamte Bearbeitung seinem allgemeinen Vertreter oder einem ihm zur Ausbildung überlassenen Referendar überläßt, liegt keine Tätigkeit vor, die einen Anspruch nach §§ 121 ff begründen kann. Dasselbe gilt dann, wenn der Anwalt eine Erledigung der Hauptsache, die bereits vor dem Zeitpunkt der Bewilligung der Prozeßkostenhilfe eingetreten war, dem Gericht nicht unverzüglich angezeigt hat.

E. Weitere Einzelfragen. Im Fall einer Abtretung oder Pfändung des Vergütungsanspruchs muß man die Angabe der einzelnen Rechtsstreitigkeit, für die ein Vergütungsanspruch entstanden sein soll, fordern. Bei einem künftigen Vergütungsanspruch ist wenigstens eine schon wirksam erfolgte Beiordnung erforderlich. Daher ist eine Pfändung jedenfalls nicht für einen Anspruch „auf Auszahlung von Prozeßkostenhilfekosten" oder „aus einer künftigen Beiordnung" zulässig.

Der Anspruch des beigeordneten Anwalts auf eine Erstattung seiner Vergütung durch den in die Kosten verurteilten Prozeßgegner, den sich der Anwalt auch auf den eigenen Namen festsetzen lassen kann, § 126 I ZPO, bleibt durch den Anspruch gegenüber der Staatskasse nach §§ 121 ff unberührt. Dasselbe gilt für den Anspruch des beigeordneten Anwalts gegen einen später zahlungsfähig werdenden Auftraggeber. Diesen Anspruch kann der Anwalt allerdings erst nach einer Aufhebung der Bewilligung der Prozeßkostenhilfe geltend machen, § 124 ZPO, Hbg MDR **85**, 941. Diese Ansprüche bestehen unabhängig voneinander. Daher beeinträchtigt ein Verzicht des beigeordneten Anwalts auf eine Zahlung gegenüber dem Auftraggeber nicht seinen Anspruch gegen die Staatskasse, KG Rpfleger **82**, 396. Er kann aber auch ihr gegenüber wirksam verzichten, KG Rpfleger **82**, 396. Der Anspruch nach § 121 wird von einer Aufrechnung des Kostenschuldners gegenüber dem Kostengläubiger (Prozeßgegner) nicht berührt, AG Nürnb AnwBl **86**, 455.

Es besteht zwischen den Schuldnern solcher mehreren Ansprüche auch kein Gesamtschuldverhältnis. Der Anwalt kann jeden Schuldner in Anspruch nehmen. Wegen der Anrechnung der Zahlungen § 129.

3) Schuldner. A. Staatskasse. Zur Zahlung der Vergütung nach §§ 121 ff ist die Staatskasse verpflichtet. Soweit es sich um ein Verfahren vor einem Bundesgericht handelt, ist die Bundeskasse Schuldnerin, im übrigen ist die Landeskasse Schuldnerin. Im einzelnen ist diejenige Kasse zuständig, die für den Bezirk des beiordnenden Gerichts tätig wird.

Die zuständige Staatskasse kann eine Einwendung nur aus § 125 erheben, nicht aus dem Recht der durch die Prozeßkostenhilfe begünstigten Partei.

B. Gegner. Der beigeordnete Anwalt kann einen Vergütungsanspruch gegenüber dem Prozeßgegner des Auftraggebers haben, § 126 I ZPO. Eine Einrede aus der Person der Partei ist nicht zulässig, § 126 II 1 ZPO. Der Prozeßgegner kann mit Kosten aufrechnen, die nach der in demselben Rechtsstreit über die Kosten erlassenen Entscheidung von der Partei zu erstatten sind, § 126 II 2 ZPO.

C. Mittelloser. Der beigeordnete Anwalt kann auch gegen die durch die Prozeßkostenhilfe begünstigte mittellose Partei einen Anspruch haben, §§ 677 ff BGB, Anm 2 C.

4) Vergütungshöhe. Der Anspruch nach §§ 121 ff umfaßt die „gesetzliche Vergütung" für dasjenige Verfahren, für das das Gericht den Anwalt beigeordnet hat, § 122. Die gesetzliche Vergütung umfaßt Gebühren und Auslagen. Bei den Gebühren darf der Festsetzungsbeamte nicht prüfen, ob der Anwalt sachgemäß gehandelt hat. Andernfalls würde der Festsetzungsbeamte den Anwalt in seiner Entschlußfreiheit beeinträchtigen können, § 128 Anm 2 B b aa, Celle NJW **53**, 1759, aM Düss zuletzt AnwBl **88**, 418 mwN, Saarbr AnwBl **88**, 420. Allerdings hat der beigeordnete Anwalt keinen Anspruch auf die Bezahlung solcher Gebühren, die er wegen einer offensichtlich zwecklosen oder gar unzulässigen Handlung entstehen ließ, vgl Karlsr RR **87**, 63 mwN, Saarbr AnwBl **88**, 420, insbesondere etwa nur zur Erzielung von Einkünften, Düss NJW **71**, 2180, KG MDR **69**, 1022, LAG Stgt BB **89**, 296 (aber Vorsicht! Grundsätzlich ist der Beiordnungsumfang maßgebend). § 12 I ist anwendbar, Düss AnwBl **82**, 254.

Bei Auslagen ist dagegen eine Prüfung der Sachdienlichkeit erforderlich, § 126 I 1.

Eine Gebührenvereinbarung der später begünstigten Partei mit dem damaligen Wahlanwalt vor dem Zeitpunkt seiner Beiordnung ist unerheblich, vgl auch § 3 IV.

5) Fälligkeit. Sie richtet sich nach § 16, Mü AnwBl **85** 597 (im Ergebnis zustm Chemnitz). Zu den dort erörterten Gründen der Beendigung der Angelegenheit treten: Das Ergehen eines Vertretungsverbots; die Aufhebung der Beiordnung; die Aufhebung der Bewilligung der Prozeßkostenhilfe; eine Verweisung an ein anderes Gericht, bei dem der beigeordnete Anwalt nicht zugelassen ist. Allerdings kann der Anwalt für einen Vergleich, an dem er mitgewirkt hat und der erst nach dem Zeitpunkt der Verweisung abgeschlossen oder wirksam wurde, noch eine Vergütung nach §§ 121 ff fordern.

Weitere Beendigungsgründe: Der Tod der begünstigten Partei, freilich mit der Einschränkung, daß der beigeordnete Anwalt eine Vergütung für solche Tätigkeit erhält, bei deren Vornahme er vom Tod noch keine Kenntnis hatte und auch nicht zu haben brauchte, Düss Rpfleger **50**, 94 (zum alten Recht). Soweit er allerdings als Wahlanwalt des Rechtsnachfolgers der Partei von diesem eine Gebühr erhalten kann, kann er für die Tätigkeit nach dem Tod des Rechtsvorgängers keine Vergütung nach §§ 121 ff beanspruchen.

6) Verjährung. Der Anspruch des beigeordneten Anwalts verjährt in zwei Jahren. Die Frist beginnt mit dem Ablauf desjenigen Kalenderjahrs, in dem der Anspruch erstmals fällig geworden ist, §§ 196 Z 15, 201 BGB, Ffm FamRZ **88**, 1184, KG Rpfleger **88**, 122 je mwN. Die Staatskasse hat die Einrede der Verjährung aus eigenem Recht. Der Lauf der Frist ist also von einer Verjährungsfrist für einen Anspruch des beigeordneten Anwalts gegen die begünstigte Partei unabhängig. Die Berufung auf Verjährung kann ausnahmsweise wegen Rechtsmißbrauchs unbeachtlich sein, Ffm FamRZ **88**, 1185.

7) Zurückzahlung. Der beigeordnete Anwalt hat einen zuviel erhaltenen Betrag an die Staatskasse zurückzuzahlen. Das gilt auch bei einer grob fahrlässigen Vereitelung des Übergangs der Forderung auf die Landeskasse, LG Bln VersR **85**, 460. Denn er ist insofern ungerechtfertigt bereichert. Der Rückzahlungsanspruch der Staatskasse ist aber öffentlichrechtlich, LG Ulm AnwBl **78**, 264, Krämer AnwBl **79**, 168 je mwN. Die Staatskasse kann diesen Rückzahlungsanspruch gemäß § 1 Z 8 JustBeitrO, Teil IX A dieses Buchs, geltend machen. Der Anwalt kann nicht einwenden, er sei nicht mehr bereichert, Mü Rpfleger **72**, 114.

Er hat aber den Einwand, er habe darauf vertrauen können, den erhaltenen Betrag behalten zu dürfen.

Diese Frage ist **streitig. Wie hier** zB Ffm NJW **75**, 706, Hamm NJW **73**, 574, auch LG Bochum AnwBl **84**, 106 mwN; **abw** insofern LG Ulm AnwBl **78**, 246 mwN; **aM** zB Kblz MDR **74**, 1040, vgl ferner § 16 ZSEG Anm 2 Bb.

Das Recht der Nachforderung nach § 7 GKG gilt auch hier, insofern richtig LG Ulm AnwBl **78**, 264. Die dort genannte Frist beginnt nicht vor der Rechtskraft des Abschlusses des Hauptverfahrens oder vor der Kenntnis von der erstmaligen Festsetzung, KG Rpfleger **76**, 110.

Der beigeordnete Anwalt kann nicht auf die Feststellung klagen, daß der Staatskasse ein Rückzahlungsanspruch nicht zustehe. Denn darin würde eine Umgehung des Ausschlusses des ordentlichen Rechtswegs liegen.

Umfang der Beiordnung

122 **I Der Anspruch des Rechtsanwalts bestimmt sich nach den Beschlüssen, durch die die Prozeßkostenhilfe bewilligt und der Rechtsanwalt beigeordnet worden ist.**

II Der Rechtsanwalt erhält Vergütung aus der Bundes- oder Landeskasse, wenn er für eine Berufung oder Revision beigeordnet ist, auch für die Rechtsverteidigung gegen eine Anschlußberufung oder eine Anschlußrevision und, wenn er für die Erwirkung eines Arrests oder einer einstweiligen Verfügung beigeordnet ist, auch für die Vollziehung des Arrests oder der einstweiligen Verfügung. Dies gilt nicht, wenn der Beiordnungsbeschluß ausdrücklich bestimmt, daß der Rechtsanwalt für die Rechtsverteidigung gegen die Anschlußberufung oder Anschlußrevision oder für die Vollziehung des Arrests oder der einstweiligen Verfügung nicht beigeordnet ist.

III Die Beiordnung eines Rechtsanwalts in einer Ehesache erstreckt sich auf den Abschluß eines Vergleichs, der den gegenseitigen Unterhalt der Ehegatten und den Unterhalt gegenüber den Kindern im Verhältnis der Ehegatten zueinander, der Sorge für die Person der gemeinschaftlichen minderjährigen Kinder, die Rechtsverhältnisse an der Ehewohnung und dem Hausrat und die Ansprüche aus dem ehelichen Güterrecht betrifft. In anderen Angelegenheiten, die mit dem Hauptprozeß nur zusammenhängen, erhält der für den Hauptprozeß beigeordnete Rechtsanwalt Vergütung aus der Bundes- oder Landeskasse nur dann, wenn er ausdrücklich auch hierfür beigeordnet ist. Dies gilt insbesondere für

1. die Zwangsvollstreckung (den Verwaltungszwang);
2. das Verfahren über den Arrest, die einstweilige Verfügung und die einstweilige Anordnung;
3. das Beweissicherungsverfahren;
4. das Verfahren über die Widerklage, ausgenommen die Rechtsverteidigung gegen die Widerklage in Ehesachen.

Gliederung

1) Allgemeines

2) Umfang der Beiordnung, I
- A. Grundsatz
- B. Form
- C. Wirksamkeit
- D. Bewilligungszeitpunkt, § 119 S 1, 2 ZPO
  - a) Ausdrückliche Festsetzung im Bewilligungsbeschluß
  - b) Mangels ausdrücklicher Festsetzung: Bewilligungsreife
  - c) Entsprechende Auslegbarkeit der Bewilligung
- E. Rückwirkung der Bewilligung, § 119 S 1, 2 ZPO
  - a) Keine Rückwirkung vor Antragseingang
  - b) Ausnahmsweise Rückwirkung ab Antragseingang
  - c) Sonstige Rückwirkung vor Instanzende
  - d) Rückwirkung nach Instanzende
    - aa) Zulässigkeit bei Antrag vor Instanzende
    - bb) Unzulässigkeit bei Antrag nach Instanzende

1) Allgemeines. Man muß zwischen der Bewilligung der Prozeßkostenhilfe, der Beiordnung eines Anwalts und dem Vertrag zwischen dem beigeordneten Anwalt und der begünstigten Partei unterscheiden. Die Bewilligung erfolgt nach §§ 119, 120 ZPO. Die Beiordnung erfolgt zwar im Anwaltsprozeß stets, § 121 I ZPO, im Parteiprozeß jedoch nur auf Grund eines Antrags der Partei und nur insoweit, als eine Vertretung durch einen Anwalt erforderlich erscheint oder als der Gegner durch einen Anwalt vertreten ist, § 121 II ZPO. Die Beiordnung eines Anwalts nur zur Wahrnehmung eines Beweisaufnahmetermins vor dem ersuchten Richter oder eines Verkehrsanwalts erfolgt sowohl im Anwaltsprozeß als auch im Parteiprozeß nur beim Vorliegen besonderer Umstände, § 121 III ZPO. In allen diesen Fällen muß der Anwalt zur Übernahme der Tätigkeit bereit sein. Nur dann, wenn die Partei keinen derartigen Anwalt findet, kommt eine Beiordnung von Amts wegen in Betracht, § 121 IV ZPO.

§ 122 I Z 3 ZPO stellt klar, daß der beigeordnete Anwalt einen Vergütungsanspruch gegen die Partei nicht geltend machen kann. Der beigeordnete Anwalt braucht aber natürlich nicht ohne Vergütung tätig zu werden. Er hat einen Vergütungsanspruch gegenüber der Staatskasse. Den Umfang dieses Anspruchs regeln §§ 122 ff BRAGO, Mü AnwBl **82**, 443.

Daneben kann der Anwalt unter Umständen einen Vergütungsanspruch gegenüber der begünstigten Partei haben, etwa insoweit, als das Gericht die Bewilligung der Prozeßkostenhilfe aufhebt. Denn diese Aufhebung hat stets eine Rückwirkung, BLAH § 124 ZPO Anm 6 A. Ein solcher Vergütungsanspruch gegenüber der Partei ist nicht nach §§ 122ff zu berechnen, sondern nach den in Betracht kommenden sachlichrechtlichen Vorschriften, also meist nach § 675 BGB. Soweit er besteht, kann der Vergütungsanspruch nach §§ 122ff grundsätzlich bestehen bleiben; man muß jedoch §§ 129, 130 beachten.

Für den Anspruch auf einen Auslagenersatz gilt § 126.

2) Umfang der Beiordnung, I. A. Grundsatz. Der Vergütungsanspruch des beigeordneten Anwalts gegen die Staatskasse ist nach Grund und Höhe von dem Umfang der Beiordnung abhängig, Mü AnwBl **87**, 101. Zwar macht I nach seinem Wortlaut auch den Bewilligungsbeschluß zur Grundlage des Vergütungsanspruchs. Bewilligung und Beiordnung müssen nicht unbedingt inhaltlich übereinstimmen, Anm 1. Gerade deshalb kommt es aber in Wahrheit nur auf den Umfang der Beiordnung und nicht auf den Umfang der Bewilligung an, Christl MDR **83**, 539; **abw** Hbg AnwBl **83**, 572, LG Bln MDR **89**, 366.

Wenn der Anwalt zwar im Rahmen des Bewilligungsbeschlusses, aber über den Rahmen des Beiordnungsbeschlusses hinaus tätig wurde, mag ein Anspruch auf die zugehörige Vergütung infolge einer nachträglichen Erweiterung der Beiordnung entstehen; solange das nicht geschieht, hat der Anwalt wegen der von der Beiordnung nicht gedeckten Tätigkeit jedenfalls keinen Anspruch nach §§ 122ff, Mü AnwBl **87**, 101.

Soweit der Anwalt auf Grund einer Beiordnung tätig wurde, die über den Rahmen der Bewilligung hinausging, mag das Gericht fehlerhaft gehandelt haben. In der Regel wird es infolgedessen die Bewilligung nachträglich erweitern. Soweit das nicht geschieht, bleibt der Vergütungsanspruch im gesamten Umfang der Beiordnung bestehen.

Ein etwaiger Kostenniederschlagungsbeschluß nach § 8 GKG beeinträchtigt einen Anspruch nach der BRAGO ohnehin nicht. Denn § 8 GKG gilt nur für die Gerichtskosten.

B. Form. Die Beiordnung erfolgt gemäß § 121 ZPO (in den Fällen I–III durch das gesamte Prozeßgericht, im Fall IV durch den Vorsitzenden). Sie geschieht durch einen Beschluß. Er ist zumindest insoweit stichwortartig zu begründen, als das Gericht die Beiordnung etwa teilweise ablehnt, BLAH § 127 ZPO Anm 7 C, § 329 ZPO Anm 1 Ab.

Eine stillschweigende Beiordnung ist nicht wirksam. Denn es gibt keinen stillschweigenden Beschluß. Demgemäß ist auch eine stillschweigende Ausdehnung der Bewilligung der Prozeßkostenhilfe unzulässig, BGH Rpfleger **51**, 129. Soweit das Gericht zwar ausdrücklich eine Beiordnung ausspricht, jedoch nicht ausdrücklich eine Bewilligung erklärt, kann man freilich davon ausgehen, daß im Umfang der Beiordnung auch eine Bewilligung erfolgt ist. Diese Möglichkeit besteht nur dann nicht, wenn es sich um eine Beiordnung nach § 121 IV ZPO handelt. Denn der Vorsitzende kann eine Prozeßkostenhilfe nicht allein bewilligen.

C. Wirksamkeit. Die Beiordnung wird im Zivilprozeß mit der Mitteilung an den Antragsteller, seinen Prozeßgegner oder eines sonst am

Verfahren Beteiligten, natürlich auch an den beigeordneten Anwalt, wirksam. Eine formlose Mitteilung genügt sowohl, soweit das Gericht die Beiordnung ausspricht, als auch insoweit, als es eine Beiordnung ablehnt, § 329 II 1 in Verbindung mit § 127 II 1 ZPO. Die erste gesetzmäßige Mitteilung macht den Beschluß gegenüber allen Beteiligten wirksam. In anderen Verfahren gelten die eben genannten Regeln entsprechend. Für die Mitteilung ist ausreichend: Die Übersendung durch die Post; die Aushändigung durch einen Gerichtsboten; der Einwurf in einen Briefkasten; ein Telefonat, BGH **14**, 152; ein Telegramm; eine mündliche Mitteilung des Urkundsbeamten der Geschäftsstelle.

Ein unzustellbar zurückkommender Brief ist nicht mitgeteilt worden; § 175 I 3 ZPO ist unanwendbar, denn es handelt sich nicht um eine Zustellung durch Aufgabe zur Post.

Ein Aktenvermerk über die Mitteilung ist nicht notwendig, BGH **14**, 152, aber ratsam. Eine förmliche Zustellung statt einer formlosen Mitteilung genügt immer.

Für die Wirksamkeit der Beiordnung ist es unerheblich, ob das Gericht sie überhaupt oder in diesem Rahmen anordnen durfte. Die Zulässigkeit der Beiordnung ist jedenfalls in der Kosteninstanz nicht nachzuprüfen, Mü NJW **68**, 947. Für den Kostenbeamten und das Beschwerdegericht ist auch die gesetzwidrige Beiordnung eines auswärtigen Anwalts außerhalb des Falls von § 121 III, IV ZPO bindend. Auch eine Beiordnung durch einen Einzelrichter oder durch den ersuchten Richter ist für die Kosteninstanz bindend.

D) Bewilligungszeitpunkt, § 119 S 1, 2 ZPO. Man muß zwischen demjenigen Zeitpunkt, zu dem die Bewilligung erfolgen **soll** und **muß,** und demjenigen unterscheiden, zu dem sie tatsächlich erfolgt **ist.** Im einzelnen ergeben sich folgende Regeln:

a) Ausdrückliche Festsetzung im Bewilligungsbeschluß. Maßgeblich ist zunächst derjenige Zeitpunkt, von dem ab das Gericht im Bewilligungsbeschluß die Prozeßkostenhilfe ausdrücklich festsetzt.

Das gilt unabhängig davon, ob die Festsetzung zu einem anderen (früheren oder späteren) Zeitpunkt hätte erfolgen müssen. Im letzten Fall mag der Beschluß **anfechtbar** sein, ist aber zunächst einmal nicht schon wegen fehlerhafter Festsetzung des Bewilligungsbeginns etwa unwirksam, sondern bis zu seiner Abänderung oder Aufhebung ebenso **gültig** wie andere gerichtliche Entscheidungen, vgl (zum Urteil) BLAH Üb 3 D vor § 300 ZPO. Zur Bindungswirkung BLAH § 329 ZPO Anm 3 B „§ 318". Das Gericht bestimmt zweckmäßigerweise in seinem Bewilligungsbeschluß ausdrücklich den Anfangstag seiner Wirkung, insofern richtig Kblz AnwBl **78**, 316.

b) Mangels ausdrücklicher Festsetzung: Bewilligungsreife. Soweit das Gericht den Anfangstag der Prozeßkostenhilfe-Bewilligung nicht im Beschluß ausdrücklich festgesetzt hat, a, wird zwar vielfach angenommen, daß die Bewilligung grundsätzlich nur für die Zukunft gelte, also für die Zeit seit der formlosen Mitteilung der Bewilligung an den Antragsteller, BLAH § 329 ZPO Anm 4 B, BGH NJW **87**, 2379, Düss FamRZ **84**, 305 und (im Ausgangspunkt) FamRZ **89**, 81, Stgt MDR **87**, 329 je mwN, großzügiger (nach altem Recht) Celle JB **78**, 125.

In Wahrheit gilt aber die **Regel:** Maßgeblich ist der Zeitpunkt der **Bewilligungsreife.**

Das ist derjenige Zeitpunkt, zu dem das Gericht Prozeßkostenhilfe bei einem ordnungsgemäßen **unverzüglichen** Geschäftsgang bewilligen muß oder mußte.

Diese Regel ist praktisch unentbehrlich, um grobe Unbilligkeiten, evtl sogar einen Verstoß gegen Art 103 I GG zu verhüten, Düss FamRZ **89**, 81, und den Antragsteller vor den Nachteilen zu schützen, die eine für ihn unverschuldete Verzögerung des Verfahrens bringen würde. Der Zeitpunkt der Bewilligungsreife entspricht dem Regelungszweck der gesamten Prozeßkostenhilfe, BLAH Üb 1 A vor § 114 ZPO, und der gerichtlichen **Fürsorgepflicht** im gesamten Bewilligungsverfahren, BLAH Üb 1 B vor § 114 ZPO.

Er schließt einerseits die Notwendigkeit einer **sorgfältigen** Prüfung der Bewilligungsvoraussetzung ein, BLAH Üb 1 D vor § 114 ZPO, andererseits das Gebot der **Zügigkeit** des Verfahrens, BLAH § 118 Anm 2 ZPO.

Aus dem Grundsatz der Bewilligungsreife kann sich die Notwendigkeit einer **Rückwirkung** der Bewilligung ergeben, E.

Die Maßgeblichkeit der Bewilligungsreife ist **im wesentlichen unstreitig. Wie hier** zB BGH NJW **85**, 921 mwN, vgl auch zB BayObLG FamRZ **84**, 73, Düss FamRZ **84**, 305 je mwN, FamRZ **86**, 697, MDR **87**, 941 und FamRZ **89**, 81, Ffm AnwBl **82**, 533, AnwBl **86**, 255 und RR **89**, 192, Hbg FamRZ **87**, 843, Hamm AnwBl **79**, 439, Rpfleger **84**, 368 und FamRZ **85**, 825, Karlsr AnwBl **82**, 493, in Wahrheit auch OLGZ **85**, 460, ferner Köln FamRZ **88**, 1297, Mü Rpfleger **86**, 108 und AnwBl **87**, 101, Schlesw SchlHA **76**, 10, LG Kiel SchlHA **82**, 152, LG Landau Rpfleger **85**, 375, AG Trier DGVZ **88**, 142, LAG Bln AnwBl **84**, 163 (je auch wegen des maßgeblichen Prüfungszeitpunkts), LAG Stgt BB **84**, 1366, OVG Münster AnwBl **85**, 54, Blümler MDR **83**, 96 mwN, Christl MDR **83**, 538 und 624 (ausf), ThP § 119 ZPO Anm 1a, ZöSchn § 119 ZPO Rdz 17. Das gilt auch wegen eines Verfahrens der freiwilligen Gerichtsbarkeit, BayObLG Rpfleger **78**, 316.

Abweichender Ansicht sind im wesentlichen derzeit nur noch: OVG Kblz NJW **82**, 2836 (ein gesetzliches Erfordernis lasse sich nicht durch Aspekte der Billigkeit überspielen. Aber es geht gar nicht um bloße Billigkeitsfragen, sondern um die Durchsetzung von verfassungsrechtlichen Geboten, und das Gericht darf den Antragsteller nicht durch eigene Säumigkeit um Prozeßkostenhilfe bringen), AG Olpe Rpfleger **87**, 373, Schneider Rpfleger **85**, 433 (keine Rückwirkung).

c) Entsprechende Auslegbarkeit der Bewilligung. Nach dem Grundsatz der Bewilligungsreife, b, darf und muß man eine Entscheidung auslegen, die über den Zeitpunkt des Beginns der Prozeßkostenhilfe keine ausdrückliche, gemäß a bindende abweichende Festsetzung enthält. Denn man muß dem Gericht seinen **Willen zu** einer **sachgemäßen Entscheidung** unterstellen. Deshalb kann eine Bewilligung auch ohne ausdrückliche rückwirkende Festsetzung rückwirkend gemeint und erfolgt sein, Bbg FamRZ **88**, 1081, Celle JB **78**, 125.

Freilich muß die Absicht der Rückwirkung doch einigermaßen **ein-**

deutig erkennbar sein, BGH NJW **82**, 446, Hamm AnwBl **79**, 440 und Rpfleger **84**, 448. Man kann nicht aus der Erkenntnis , daß Prozeßkostenhilfe ab Bewilligungsreife erfolgen **soll,** stets auf den Umstand schließen, daß das Gericht auch den richtigen Zeitpunkt gewählt **hat.**

Diese Frage ist **streitig. Wie hier** zB Christl MDR **83**, 628 mwN; **aM** zB Düss Rpfleger **86**, 108, Mü Rpfleger **86**, 108 mwN, LAG Bre AnwBl **82**, 443, ZöSchn § 119 ZPO Rdz 17, 19 (im Zweifel wirke der Beschluß stets auf den Tag der Antragstellung zurück. Aber das ist ohnehin nur ausnahmsweise möglich).

Man darf also **keine gewaltsame** Auslegung im Sinne des Gesollten statt des Gewollten vornehmen.

E. Rückwirkung der Bewilligung, § 119 S 1, 2 ZPO. Es gelten wegen des Grundsatzes der Bewilligungsreife, Db, zur Rückwirkung weiter folgende Regeln:

a) Keine Rückwirkung vor Antragseingang. Sofern nicht das Gericht fälschlich, aber bindend, A, die Bewilligung auf einen Zeitpunkt vor dem Eingang des Prozeßkostenhilfe-Antrags ausgesprochen hat, ist eine Rückwirkung auf jenen Zeitpunkt weder zulässig noch infolgedessen bei vernünftiger Auslegung, c, als gewollt anzunehmen. Sie wäre vielmehr greifbar gesetzwidrig. Zweibr JB **80**, 1888, LG Landau Rpfleger **85**, 375, LAG Bre MDR **82**, 965.

b) Ausnahmsweise Rückwirkung ab Antragseingang. Sofern das Gericht nicht zu Recht oder zu Unrecht, aber bindend, a, die Bewilligung rückwirkend auf den Zeitraum seit Antragseingang festgesetzt hat, kommt eine Rückwirkung auf diesen frühestmöglichen Bewilligungszeitpunkt nur ausnahmsweise in Betracht.

Das kann zB in den Fällen erfolgen, in denen das Gericht den **Prozeßgegner nicht** gemäß § 118 I 1 ZPO **hört,** weil das „aus besonderen Gründen unzweckmäßig erscheint", BLAH § 118 ZPO Anm 3 C. Die Bewilligungsreife kann etwa dann bereits im Zeitpunkt des Antragseingangs eintreten, wenn der Antrag erst **während** einer mündlichen **Verhandlung** im Hauptprozeß gestellt wird und die Klagerwiderung usw schon vorliegt oder wenn schon eine Beweisaufnahme erfolgt ist oder wenn der Antragsteller zwar eine Frist voll ausnutzt, das Gericht aber eben deshalb nicht mehr vor dem Fristablauf entscheiden kann, KG JR **88**, 436.

Der Antrag muß natürlich **vollständig** vorliegen, KG JR **88**, 436. Es müssen insbesondere die persönlichen Voraussetzungen nach § 117 ZPO ausreichend dargetan und etwa belegt sein.

Der Zeitpunkt des Antragseingangs kann also streng genommen niemals mit dem der Bewilligungsreife zusammenfallen; dazwischen muß immer die ordnungsgemäße **Prüfung** des Gesuchs liegen. Sie mag aber ja nur wenige Sekunden dauern müssen.

Diese Frage ist **streitig. Wie hier** im Ergebnis zB BGH DAVorm **81**, 864 und NJW **82**, 446 mwN (zustm Christl Rpfleger **82**, 115), Bbg JB **86**, 1574, im Ergebnis auch Düss FamRZ **89**, 81, ferner Hbg MDR **86**, 65, Hamm JB **86**, 631 mwN und FamRZ **86**, 80, KG FamRZ **80**, 580 und JR **88**, 436, Karlsr AnwBl **78**, 491 und FamRZ **88**, 738, Kblz AnwBl **78**, 316 mwN, Köln JB **75**, 388, vgl auch Stgt MDR **87**, 329.

Abweichende Ansichten vertreten zB Düss Rpfleger **86**, 108, Ffm AnwBl **86**, 255, Hbg JB **85**, 655, Hamm AnwBl **79**, 439, Kblz MDR **78**, 850, LAG Bre AnwBl **82**, 443, Markl NJW **77**, 2085 (Rückbeziehung für den Bekl schon vom Zeitpunkt des Klageingangs beim Gericht).

Man darf die Bewilligung auch nicht etwa schon dann auf den Zeitpunkt des Antragseingangs zurückbeziehen, wenn der Antragsteller die erforderlichen **Unterlagen nicht** schon vollständig oder gar nicht **vorgelegt** hatte, wenn das Gericht aber eine (angemessene) Frist zur Nachreichung eingehalten hat. Denn die Bewilligungsreife, b, ist dann eben erst mit dem Eingang des noch Fehlenden (und seiner unverzüglichen Prüfung) eingetreten.

c) Sonstige Rückwirkung vor Instanzende. Soweit das Gericht nicht zu Recht oder zu Unrecht, aber bindend, a, den Beginn der Prozeßkostenhilfe im Bewilligungsbeschluß ausdrücklich festgesetzt hatte, kommt nach dem Grundsatz der Bewilligungsreife, b, eine sonstige Rückwirkung eines vor dem Ende dieser Instanz ergangenen oder zu erlassenden Bewilligungsbeschlusses auf einen Zeitpunkt nach dem Antragseingang in Betracht.

Maßgebend ist also auch hier wiederum, ob der Gericht bei einerseits gründlicher, andererseits zügiger Behandlung über den Bewilligungsantrag früher hätte entscheiden können und müssen.

Beispiele: Das Gericht hat den Antrag zunächst übersehen; es hat das Formular nach § 117 ZPO vermeidbar verspätet geprüft; es hätte eine Frist zur Nachreichung von Belegen oder zur Glaubhaftmachtung früher setzen müssen; es hat die Feriensachenregelung, BLAH § 200 GVG Anm 1 A, falsch beurteilt; es hat einen Beweisbeschluß erlassen (und damit die Erfolgsaussicht bejaht, BLAH § 114 ZPO Anm 7 C „Beweisaufnahme: a. „Bewilligung"), gleichwohl noch ergänzende Angaben zur Erfolgsaussicht gefordert, und entscheidet erst nach deren Eingang; es hat die Bezugnahme auf ein bei ihm schwebendes Parallelverfahren zunächst als ausreichend erachtet und dann jene Akten versandt, Köln FamRZ **88**, 1297.

Freilich darf **kein Verschulden** des Antragstellers mitwirken.

d) Rückwirkung nach Instanzende. Soweit die Bewilligung erst nach dem Abschluß der jeweiligen Instanz, § 119 S 1 ZPO, tatsächlich erfolgt, gelten wegen einer Rückwirkung folgende Regeln:

aa) Zulässigkeit bei Antrag vor Instanzende. Soweit der Antrag vor dem Abschluß der Instanz eingegangen war, kommt es mangels abweichender ausdrücklicher Festsetzung im Bewilligungsbeschluß, a, zunächst darauf an, ob schon vor dem Instanzende eine **Bewilligungsreife** nach b eingetreten war. Soweit das der Fall war, ist die Rückwirkung zulässig und notwendig.

Das ist **unstreitig,** zB BGH NJW **85**, 922, insofern richtig auch Düss FamRZ **84**, 305 mwN, Hbg FamRZ **83**, 1230, Karlsr JB **85**, 1263, LAG Bre AnwBl **82**, 443, LAG Stgt BB **84**, 1366, LSG Schlesw SchlHA **84**, 116.

Beispiele: Das Gericht hatte vor dem Ablauf einer von ihm gesetzten Frist zur Stellungnahme des Prozeßgegners bereits zur Hauptsache entschieden, vgl (zum gegenteiligen Fall) Düss MDR **87**, 941; es war dem

Antragsteller nicht zuzumuten, den Bewilligungsantrag vor dem Sachantrag der Hauptsache zu stellen, Karlsr FamRZ **87**, 1167 (Vorsicht!); der Antragsteller konnte die erforderlichen Unterlagen erst nach dem Abschluß der Instanz nachreichen.

Das letztere ist **unstreitig,** zB BGH Rpfleger **81**, 477, VersR **83**, 241 und VersR **84**, 600, Bbg JB **85**, 141, Köln Rpfleger **84**, 330, Zweibr JB **82**, 1259, LAG Hbg MDR **83**, 964.

Freilich muß der Wahlanwalt auch bereit gewesen sein, sich beiordnen zu lassen, Christl MDR **83**, 538 und 624.

bb) Unzulässigkeit bei Antrag nach Instanzende. Soweit das Gericht nicht fälschlich, aber bindend, a, eine rückwirkende Prozeßkostenhilfe im Bewilligungsbeschluß abweichend ausdrücklich festgesetzt hat, ist eine Rückwirkung unzulässig, soweit der Bewilligungsantrag erst nach dem Ende dieser Instanz, § 119 S 1 ZPO, bei Gericht eingegangen war. Das Gericht dieser Instanz kann den erst nach ihrem Ende eingegangenen Antrag unbearbeitet zu den Akten nehmen, aber die rückwirkende Bewilligung auch zur Klarstellung ausdrücklich ablehnen.

Das ist **unstreitig,** zB BGH (St) AnwBl **87**, 55, BPatG GRUR **82**, 363, Düss RR **86**, 550, Hbg MDR **83**, 234, Karlsr AnwBl **82**, 77, Zweibr JB **80**, 1888, Christl MDR **83**, 537 und 624 (ausf).

Ein **Anwaltsverschulden** gilt auch hier als solches der Partei, BLAH § 85 ZPO Anm 3 A a.

Es kommt in solchen Fällen allenfalls eine Entscheidung der **Justizverwaltung** in Betracht, und zwar nicht nach § 23 EGGVG, sondern iS des Art XI § 1 KostÄndG, die man auch nach dieser Vorschrift anfechten kann, Hbg MDR **83**, 234, Teil XII dieses Buches: Art XI § 1 Anm 1 mwN.

cc) Zulässigkeit bei Beschwerde gegen Ablehnung von Prozeßkostenhilfe. Soweit nicht das Gericht bindend, a, im Bewilligungsbeschluß einen abweichenden Zeitpunkt bestimmt hat, kommt eine Rückwirkung auch im Fall einer Entscheidung erst nach dem Abschluß dieser Instanz, § 119 S 1 ZPO, auch dann in Betracht, wenn der Antragsteller gegen einen die Prozeßkostenhilfe-Bewilligung ablehnenden Beschluß eine mit Gründen versehene Beschwerde eingelegt hat, LG Dortm AnwBl **84**, 222 (abl Chemnitz). Das gilt sowohl dann, wenn die Beschwerde gegen die Prozeßkostenhilfe-Ablehnung **vor** dem Ende der Instanz (der Hauptsache) einging, als auch dann, wenn sie schuldlos erst **später eingelegt** wurde, etwa deshalb, weil die ablehnende Entscheidung dem Antragsgegner nicht vor dem Instanzende der Hauptsache mitgeteilt worden war.

Diese Fragen sind **streitig. Wie hier** zB Düss FamRZ **78**, 915 mwN, vgl auch Karlsr AnwBl **82**, 493 mwN, ferner zB LG Mannheim ZMR **74**, 337; **abw** zB Kblz NJW **76**, 1460 mwN, Schlesw (2. ZS) SchlHA **76**, 10 und (4. ZS) SchlHA **76**, 112; **aM** zB Schlesw (8. ZS) SchlHA **76**, 9 und (10. ZS) SchlHA **84**, 175, Zweibr FamRZ **80**, 909.

dd) Zulässigkeit während Vergleichs-Widerrufsfrist. Soweit das Gericht nicht in seinem Beschluß bindend, a, einen abweichenden Zeitpunkt des Beginns der Prozeßkostenhilfe festgesetzt hat, ist eine rückwirkende Bewilligung auch dann statthaft, wenn der Antragsteller das Bewilligungsgesuch erst nach dem Abschluß eines widerruflichen Prozeßvergleichs, BLAH Anh § 307 ZPO Anm 6 C, vor dem Ablauf der Widerrufsfrist eingereicht hat, AG Groß Gerau MDR **81**, 853.

ee) Zulässigkeit nach Rechtskraft einer günstigen Entscheidung. Soweit das Gericht den Bewilligungsbeginn nicht bindend, a, ausdrücklich abweichend festgesetzt hat, steht die Rechtskraft eines dem Antragsteller **günstigen** Urteils einer Rückwirkung der Bewilligung grundsätzlich nicht entgegen, Ffm MDR **83**, 137, Hbg FamRZ **83**, 1230; **aM** Ffm AnwBl **82**, 533 (zu einer Feststellungsklage).

ff) Unzulässigkeit nach Rechtskraft einer ungünstigen Entscheidung usw. Soweit das Gericht nicht bindend, a, den Bewilligungsbeginn ausdrücklich abweichend festgesetzt hatte, kommt eine Rückwirkung jedenfalls insoweit nicht mehr in Betracht, als im Zeitpunkt der Entscheidung über das Bewilligungsgesuch bereits ein dem Antragsteller **ungünstiges** Urteil rechtskräftig geworden ist, Ffm MDR **86**, 857, Hamm FamRZ **85**, 825, OVG Kblz NJW **82**, 2834, VGH Mannh (13. Sen) v 10. 7. 87 – A 13 659/87 –, ZöSchn § 119 ZPO Rdz 20; **abw** VGH Mannh (6. Sen) FamRZ **88**, 857, BLAH (Albers) § 127 ZPO Anm 21 mwN. Der günstigen Entscheidung steht die Rücknahme des gegnerischen Rechtsmittels gleich, BGH AnwBl **88**, 420 (wegen § 515 III ZPO).

gg) Rückwirkung bei Erledigung der Hauptsache. Soweit das Gericht nicht bindend, a, den Bewilligungszeitpunkt ausdrücklich abweichend festgesetzt hat, kommt nach beiderseits wirksamen Erledigterklärungen zur Hauptsache eine rückwirkende Bewilligung jedenfalls **nicht** mehr für den früheren **Hauptantrag** in Betracht, BFH BB **86**, 187, Pentz NJW **85**, 1820, abw ThP § 119 ZPO Anm 1 a (auch dann könne unter den übrigen Voraussetzungen rückwirkend bewilligt werden). Freilich kommt eine rückwirkende Bewilligung wenigstens noch im Umfang der (inzwischen stattgefundenen) **Erledigterklärung** in Betracht, Köln FamRZ **81**, 486.

e) Verschulden des Antragstellers schädlich. Sofern nicht das Gericht bindend, a, den Beginn der Prozeßkostenhilfe im Bewilligungsbeschluß ausdrücklich abweichend festgesetzt hatte, schadet in den Fällen bb–gg ein Verschulden des Antragstellers wie sonst. Er muß sich das Verschulden eines gesetzlichen Vertreters, § 51 II ZPO, wie eines ProzBev, anrechnen lassen, BLAH § 85 ZPO Anm 3 A a mwN.

Ein solches Verschulden **fehlt,** soweit der Antragsteller die Entscheidung **abwartet,** statt das Gericht zu mahnen, Düss AnwBl **78**, 418. Dagegen kann man nicht nur deshalb ein Verschulden verneinen, weil ein stillschweigender Antrag vorliege, denn er ist nicht ausreichend, BLAH § 117 ZPO Anm 2 A, aM AG Stgt AnwBl **82**, 254.

f) Keine Rückwirkung bei Tod, Erlöschen, Ausscheiden usw. Durch den Tod des Antragstellers würde Prozeßkostenhilfe ohnehin enden, Ffm NJW **85**, 751. Mit ihm erledigt sich das bisherige Bewilligungsverfahren. Daher kommt jetzt auch keine (rückwirkende oder sonstige) Bewilligung mehr in Betracht, BSG MDR **88**, 611, Bre OLGZ **65**, 183, Hamm MDR **77**, 409.

Das scheint nicht selbstverständlich zu sein. Der Erbe rückt ja sachlichrechtlich in die Position des Erblassers ein. Er muß indessen für seine Person Prozeßkostenhilfe neu beantragen. Eine Anrechnung der vom Erblasser erbrachten Zahlungen ist übrigens nur in demselben Prozeß denkbar.

Diese Frage ist **streitig. Wie hier** zB Stgt JB **74**, 1606, ZöSchn § 119 ZPO Rdz 15; **abw** zB KG Rpfleger **86**, 281, LG Bielef Rpfleger **89**, 113 mwN (wegen der vor dem Erbfall entstandenen Kosten).

Entsprechendes gilt beim **Erlöschen** der antragstellenden **juristischen** Person oder beim **Ausscheiden** und ähnlichen endgültigen Vorgängen der Beendigung der Parteistellung im Sinn von § 114 S 1 ZPO.

Mit dem Ausscheiden usw desjenigen, dem Prozeßkostenhilfe bewilligt war, erlischt sie nämlich, KG MDR **69**, 849. Das gilt unabhängig davon, daß eine Prozeßvollmacht nicht automatisch erlischt, § 86 ZPO, so daß der Ausgeschiedene evtl entsprechend § 674 BGB gegen die Staatskasse vorgehen kann, Düss Rpfleger **50**, 94. Dem Erlöschen steht auch die Beendigung der **Liquidation** gleich, vgl BLAH § 50 ZPO Anm 2 Gc mwN, ThP § 119 ZPO Anm 1b.

3) Zu vergütende Tätigkeiten, I–III. A. Grundsatz. Den Umfang der Beiordnung ergibt der Beiordnungsbeschluß, Christl MDR **83**, 539. Soweit die Ausfertigung von der Urschrift abweicht, ist die Ausfertigung maßgebend, denn nur sie ist nach außen in Erscheinung getreten und der Anwalt konnte und mußte sich auf sie verlassen, aM RS 2 (da die Urschrift die erforderliche richterliche Willensbildung enthalte). Etwas anderes gilt dann, wenn der Irrtum aus der Ausfertigung ersichtlich war oder wenn sie ernste Zweifel an ihrer Richtigkeit aufkommen ließ. In einem solchen Fall hat der Anwalt eine Erkundigungspflicht. Der Umfang der Beiordnung ist auch dann maßgeblich, wenn er vom Umfang der Bewilligung der Prozeßkostenhilfe etwa abweicht, Anm 1.

Soweit der Umfang der Beiordnung unklar ist, ist grundsätzlich kein Vergütungsanspruch nach §§ 122ff entstanden. Eine Ausnahme gilt für den Fall, daß die in § 122 II 2 vorgesehene Einschränkung der Beiordnung nicht eindeutig ist. Im übrigen bildet der Umfang der Bewilligung den meist maßgeblichen Anhaltspunkt für den Umfang der Beiordnung. In diesem Zusammenhang ist § 119 S 1 ZPO zu beachten. Nach dieser Vorschrift erfolgt die Bewilligung der Prozeßkostenhilfe für jeden Rechtszug besonders. „Rechtszug" ist hier ebenso zu verstehen wie „Instanz" im Sinn von § 27. Denn es handelt sich auch bei § 119 S 1 ZPO um eine Kostenvorschrift. Zur Vergütungshöhe § 121 Anm 4.

B. Erste Instanz, I. a) Grundsatz. Die Zwangsvollstreckung stellt ein neues Verfahren dar, für das man unter den Voraussetzungen der §§ 114ff ZPO gesondert eine Prozeßkostenhilfe beantragen kann und muß. Das ergibt sich auch aus § 20 Z 5 RPflG, vgl BLAH § 119 ZPO 5 D „Zwangsvollstreckung" mwN. Entsprechendes gilt für die Beiordnung. Der beigeordnete Anwalt darf in der Instanz umfassend tätig werden, also auch in einem Beweistermin vor einem beauftragten oder ersuchten Richter; vgl freilich § 126 II. Für den Fall eines Beweisaufnahmetermins vor dem ersuchten Richter usw enthält § 121 III ZPO die Möglichkeit der zusätzlichen Beiordnung eines Verkehrsanwalts.

Für eine Ehesache enthält III vorrangige Sonderregeln.

b) Fälle der Anwendbarkeit. Die Beiordnung für die erste Instanz deckt zB mangels abweichender Bestimmung durch das Gericht folgende Tätigkeiten: Eine Güteverhandlung vor dem ArbG, § 62 II; eine Hilfsaufrechnung, LG Bln AnwBl **79**, 273; die Verhandlung über die Aufhebung der Bewilligung der Prozeßkostenhilfe zugunsten der eigenen Partei oder des Prozeßgegners (diese Tätigkeit ist allerdings wohl stets durch die Gebühren im Hauptverfahren abgegolten, § 51 Anm 1); eine Tätigkeit in einem Verfahrensabschnitt, der nicht dem Anwaltszwang unterliegt, den der beigeordnete Anwalt aber im Rahmen seiner Vertragspflichten wahrzunehmen hat, etwa die Teilnahme an einer Beweisaufnahme vor einem ersuchten oder beauftragten Richter; einen Prozeßvergleich, Düss VersR **82**, 882.

Der Vergütungsanspruch des beigeordneten Anwalts wird nicht dadurch verringert, daß er einen anderen Steitgenossen als Wahlanwalt vertritt. Eine Erhöhung nach § 6 steht ihm nur zu, soweit er mehrere Streitgenossen als beigeordneter Anwalt vertritt.

Der nur als Verkehrsanwalt beigeordnete Anwalt kann die Vergütung zur Wahrnehmung eines auswärtigen Beweistermins nur insoweit fordern, als das Gericht ihn auch gemäß § 121 III ZPO beigeordnet hatte, Mü AnwBl **89**, 58 mwN.

c) Fälle der Unanwendbarkeit. Die Beiordnung deckt im Zweifel folgende Tätigkeiten nicht: Eine Klagerweiterung; den Übergang von der Feststellungsklage zur höher zu bewertenden Leistungsklage, es sei denn, daß das Gericht von vornherein die Beiordnung wegen des gesamten etwa noch entstehenden Schadens ausgesprochen hatte; trotz § 37 Z 2 grundsätzlich auch eine außergerichtliche Vergleichsverhandlung, denn das Gericht darf den Anwalt nur für das gerichtliche Verfahren beiordnen.

Diese Frage ist **streitig. Wie hier** zB Düss JB **78**, 1618, Ffm Rpfleger **87**, 433 mwN, Hbg NJW **62**, 1922, Nürnb JB **70**, 674, LG Bln JB **77**, 824 und VersR **88**, 498; **aM** zB BGH NJW **88**, 494 (abl Schneider Rpfleger **88**, 83), Hbg AnwBl **83**, 572, Hamm NJW **67**, 60.

Die Beiordnung deckt ferner grundsätzlich überhaupt keine Tätigkeit nach § 118, vgl Mü MDR **77**, 853 mwN. Etwas anderes gilt nur dann, wenn die außergerichtliche Tätigkeit des Anwalts auf den Abschluß eines Prozeßvergleichs im Sinn von III 1 abzielt, so wohl auch Düss VersR **82**, 882.

Nicht gedeckt sind ferner grundsätzlich folgende Tätigkeiten: Eine eigene Übersetzung, Hbg MDR **66**, 426 (der Anwalt müßte sich insofern aus Anlaß der Protokollierung beiordnen lassen); die Tätigkeit nach einer Verweisung an ein anderes Gericht, bei dem der Anwalt nicht zugelassen ist. Allerdings ist seine Tätigkeit nach einer Zurückverweisung an das Gericht, bei dem er zugelassen ist, oder im Nachverfahren nach einem Urkundenprozeß, für den er beigeordnet war, gedeckt, Düss Rpfleger **87**, 263 mwN.

Soweit das Gericht den Anwalt für einen Rechtsstreit gegen mehrere Steitgenossen beigeordnet hat, hat er einen Vergütungsanspruch nur einmal, soweit er die Streitgenossen in getrennten Prozessen verklagt. Etwas anderes gilt, wenn das Gericht den Rechtsstreit gegen einen Streitgenossen abtrennt, Brschw NdsRpfl **52**, 12.

C. Beschwerdeverfahren. Es ist ein besonderer Rechtszug. Zu diesem gehört die Beschwerdeschrift oder ihre Begründung auch dann, wenn der Anwalt sie bei dem Gericht der ersten Instanz einlegt, das ihn beigeordnet hatte. Das gilt selbst dann, wenn dieses Gebiet der Beschwerde abhilft, Hamm Rpfleger **81**, 322 aM Karlsr AnwBl **80**, 198. Demgemäß kann der Anwalt auf Grund einer Bewilligung, die das Beschwerdegericht „für die erste Instanz" erteilt, für die Tätigkeit im Beschwerdeverfahren keine Vergütung nach § 122 fordern, Kblz VersR **85**, 273.

D. Berufung, Revision, II. a) Grundsatz. Im Berufungs- oder Revisionsverfahren gelten grundsätzlich dieselben Regeln wie in der 1. Instanz, B.

b) Anschlußberufung, Anschlußrevision. II 1 erweitert die Beiordnung grundsätzlich auch auf den Fall, daß der Prozeßgegner der begünstigten Partei eine Anschlußberufung oder eine Anschlußrevison einlegt. Das Gericht kann freilich die Beiordnung für den Fall der Anschlußberufung oder Anschlußrevision ausschließen. II 2 macht die Wirksamkeit eines solchen Ausschlusses davon abhängig, daß das Gericht den Ausschluß ausdrücklich bestimmt. Im Zweifel liegt also kein derartiger Ausschluß der Beiordnung vor.

II gilt für die selbständige wie für die unselbständige Anschlußberufung oder Anschlußrevision. Für ihre Einlegung bedarf es stets einer besonderen Beiordnung.

E. Arrest, einstweilige Verfügung, einstweilige Anordnung, II, III. a) Grundsatz. Für ein Verfahren über einen Arrest, eine einstweilige Verfügung oder eine einstweilige Anordnung, die mit dem Hauptprozeß nur zusammenhängt, ist eine besondere, ausdrückliche Beiordnung erforderlich, III Z 2, Bbg FamRZ **86**, 701 mwN. Das gilt auch im Fall einer Beiordnung nach § 625 ZPO, Kblz FamRZ, **85**, 619. Zum Verfahren über den Arrest und über die einstweilige Verfügung gehören das Anordnungsverfahren und das Widerspruchsverfahren, §§ 924ff ZPO. Für das Aufhebungsverfahren, §§ 926ff ZPO, ist nochmals eine besondere ausdrückliche Beiordnung erforderlich. Das in III Z 2 genannte Verfahren auf eine einstweilige Anordnung umfaßt diejenige in einer Ehesache, §§ 620ff ZPO (das Abänderungsverfahren zählt zum Anordnungsverfahren, vgl Hamm MDR **83**, 847) mit den sich aus III 1 ergebenden Abweichungen, ferner das Verfahren eines FG oder eines VG, schließlich ein Verfahren nach § 114 IV.

b) Vollziehung, II. Soweit das Gericht den Anwalt zur Erwirkung eines Arrestes oder einer einstweiligen Verfügung nach III Z 2 ausdrücklich beigeordnet hat, gilt diese Beiordnung gemäß II auch für die Vollziehung des Arrests oder der einstweiligen Verfügung, es sei denn, daß das Gericht ausdrücklich bestimmt hat, daß die Beiordnung nicht für die Vollziehung erfolgt. Im Zweifel liegt kein solcher Ausschluß vor.

F. Ehesache, III 1. a) Geltungsbereich. Gemäß § 624 II ZPO erstreckt sich eine Bewilligung der Prozeßkostenhilfe (und daher grundsätzlich die entsprechende Beiordnung) für eine Scheidungssache auch auf Folgesachen nach § 621 I Z 1, 6, soweit das Gericht diese nicht ausdrücklich ausnimmt. Daher hat III 1 eine Bedeutung insoweit nur für den Fall, daß das Gericht die Folgesache ausdrücklich ausgenommen hat, vgl KG AnwBl **81**, 302, Göppinger FamRZ **78**, 326.

Im übrigen hat III 1 Bedeutung für einen solchen Vergleich der dort genannten Art, der nicht im Rahmen einer Scheidungssache beabsichtigt ist oder zustande kommt. Freilich tritt dieser Fall nur theoretisch ein.

b) Einzelfragen. Die Beiordnung des Anwalts erstreckt sich auf den Abschluß eines Prozeßvergleichs der in III 1 genannten Art. Man muß die Frage, ob ein solcher Vergleich vorliegt, großzügig auslegen. Denn III 1 stellt nicht etwa eine Ausnahme von III 2 dar, außerdem soll III 1 aus rechtspolitischen Erwägungen den Abschluß eines Vergleichs in einer Ehesache auch gebührenrechtlich erleichtern. Freilich muß der Vergleich zumindest auch einen der in III 1 genannten Punkte mit regeln.

Das ist **im wesentlichen unstreitig,** zB Düss AnwBl **82**, 378 mwN, Hbg JB **76**, 1211, Hamm Rpfleger **79**, 229, Mü AnwBl **79**, 440, wohl auch Mü MDR **86**, 770, ferner Stgt Rpfleger **80**, 120, Zweibr Rpfleger **81**, 247 und FamRZ **84**, 74 je mwN, Göppinger FamRZ **78**, 376; **abw** nur KG Rpfleger **80**, 78.

Soweit ein solcher Vergleich vorliegt, erstreckt sich die Beiordnung auf seinen gesamten Inhalt, also auch auf eine vom Urteil abweichende Vereinbarung der Parteien über die Kosten, Schlesw SchlHA **76**, 100 und JB **76**, 1229.

Der in einer Ehesache beigeordnete Anwalt ist auch für die Aussöhnung beigeordnet, Celle Rpfleger **65**, 265, Hbg NJW **63**, 2331. Denn die Aussöhnung betrifft die Hauptsache.

Eine nur außergerichtliche Verhandlung ohne jede Absicht zum Abschluß eines Prozeßvergleichs ist auch nicht durch III 1 gedeckt, selbst wenn sie zum außergerichtlichen Vergleich führt.

Diese Frage ist **streitig. Wie hier** zB Düss AnwBl **83**, 321 mwN (abl Chemnitz), Hamm (6. ZS) Rpfleger **87**, 82; **aM** zB Hamm (14. ZS) NJW **67**, 60 (zum alten Recht), RS 12, SchGei 6.

G. Mit dem Hauptprozeß zusammenhängende Angelegenheit, III 2. a) Grundsatz. In einer Angelegenheit, die mit dem Hauptprozeß nur zusammenhängt und ihn nicht selbst darstellt, erhält der für den Hauptprozeß beigeordnete Anwalt eine Vergütung nur insoweit, als das Gericht ihn ausdrücklich auch für die andere Angelegenheit beigeordnet hat. Im Zweifel liegt keine solche Erstreckung der Beiordnung vor, großzügiger Karlsr FamRZ **84**, 920.

III 2 nennt in Z 1–4 einige Beispiele ohne abschließende Aufzählung:

b) Zwangsvollstreckung, Z 1. Vgl zunächst Anm 3 B. Es ist also eine ausdrückliche Beiordnung gerade für die Zwangsvollstreckung erforderlich. Eine solche Beiordnung umfaßt dann alle notwendigen Vollstreckungshandlungen bis zur Befriedigung des Gläubigers, also auch die Abwehr einer Beschwerde des Schuldners, abw GSEM 35 (sie unterscheiden unter Berufung auf § 58 I für jede Vollstreckungsmaßnahme zwischen der Beiordnung für die Zwangsvollstreckung „ganz allgemein" – dann kommt er zu demselben Ergebnis wie hier – und derjenigen für die Instanz. Damit macht er dem beigeordneten Anwalt unzumutbare Schwierigkeiten, erst recht der Partei). Der Schuldner braucht zur Abwehr einer Zwangsvollstreckungsmaßnahme wie zur Aufhebung aller Zwangsvollstreckungsmaßnahmen einen ausdrücklichen Beiordnungsbeschluß.

Eine Beiordnung für die Zwangsvollstreckung deckt aber nicht die Tätigkeit des Anwalts in einem Prozeß auf Grund einer Widerspruchsklage, §§ 771 ff ZPO. Wegen einer Teilungsversteigerung LG Saarbr Rpfleger **86**, 72.

c) Arrest, einstweilige Verfügung, einstweilige Anordnung, Z 2. Vgl Anm 3 E.

d) Beweissicherung, Z 3. Für das Beweissicherungsverfahren ist eine besondere Beiordnung sowohl dann erforderlich, wenn es vor der Anhängigkeit des zugehörigen Hauptprozesses stattfinden soll, § 486 III ZPO, als auch dann, wenn es im Rahmen des Hauptprozesses stattfinden soll, § 486 I, II ZPO. Denn auch dann hängt das Beweissicherungsverfahren mit dem Hauptprozeß nur im Sinn von III 2 zusammen und stellt eine andere Angelegenheit dar.

Soweit das Beweissicherungsverfahren nach der Anhängigkeit eines Hauptprozesses anläuft, wird die Tätigkeit des Anwalts grundsätzlich durch seine Vergütung für den Hauptprozeß mit abgegolten, § 37 Z 3.

e) Widerklage Z 4. aa) Grundsatz. Zur Tätigkeit im Verfahren über eine Widerklage für den Widerkläger oder für den Widerbekl ist grundsätzlich eine ausdrückliche besondere Beiordnung erforderlich. Sie liegt im Zweifel nicht vor. Mit einer Klagerücknahme erlischt eine Beiordnung für die Verteidigung gegen die bisherige Widerklage. Denn dann ist auch gebührenrechtlich die Instanz beendet.

Diese Frage ist **streitig. Wie hier** zB Mü NJW **66**, 113; **aM** zB Nürnb NJW **70**, 2301, GSEM 45.

Die Hilfsaufrechnung zählt nicht hierher.

bb) Ehesache. Soweit es sich um die Rechtsverteidigung gegenüber einer Widerklage in einer Ehesache handelt, ist ausnahmsweise keine besondere ausdrückliche Beiordnung erforderlich. Denn in einem solchen Fall wird die Ehe in ihrem ganzen Bestand angegriffen und läßt sich daher nur einheitlich beurteilen, Mü NJW **66**, 113.

Wegen einer Klagerücknahme vgl aa.

4) Vergütungshöhe. A. Grundsatz. Der beigeordnete Anwalt kann sämtliche Gebühren und Auslagen beanspruchen, die sich aus seiner Tätigkeit ab Wirksamkeit der Beiordnung und unter der Voraussetzung einer wirksamen Vollmacht der begünstigten Partei ergeben, vgl Mü Rpfleger **75**, 107 mwN, ferner Schlesw SchlHA **82**, 48. Man muß seine Tätigkeit so beurteilen, als sei er mit der Beiordnung in den Rechtsstreit eingetreten, BGH NJW **74**, 996, selbst wenn er vorher als Wahlanwalt tätig war. Der beigeordnete Anwalt erhält also alle diejenigen Gebühren, die seit seiner Beiordnung erstmals oder wiederholt entstehen, vgl aber auch Köln JB **78**, 869. Soweit sich im Beiordnungszeitpunkt bereits seine Tätigkeit erledigt hatte, etwa durch den Tod der begünstigen Partei, entsteht kein Anspruch gegen die Staatskasse, vgl aber auch § 121 Anm 3.

Soweit das Gericht den Anwalt dem Verstorbenen beigeordnet hatte und die Beiordnung auch zugunsten des Rechtsnachfolgers wiederholt, entstehen dem Anwalt die bereits zu Lebzeiten des Verstorbenen verdienten Gebühren nicht schon infolge des Wechsels der Person nochmals, Mü MDR **61**, 699.

B. Prozeßgebühr. Der beigeordnete Anwalt erhält die Prozeßgebühr in einem anhängigen Rechtsstreit nach dem Streitwert im Zeitpunkt des Wirksamwerdens seiner Beiordnung. Eine Herabsetzung des Streitwerts etwa gemäß § 144 PatG, § 12 GKG Anh III A, erfolgt lediglich im Interesse der wirtschaftlich schwächeren Partei und bewirkt nicht, daß der beigeordnete Anwalt seine Vergütung nur nach diesem herabgesetzten Wert erhält, BGH AnwBl **53**, 332.

Soweit der beigeordnete Anwalt die Klage beim Gericht der Beiordnung einreicht, obwohl ein anderes Gericht ausschließlich zuständig ist, erhält er nur eine halbe Prozeßgebühr. Dasselbe gilt, soweit das Gericht ihn nur zum Abschluß eines Vergleichs im Termin beiordnet, Mü NJW **70**, 765 (in einem solchen Fall kann für die vorherige Tätigkeit als Wahlanwalt daneben eine Vergütung entstehen), oder soweit die Tätigkeit nach der Beiordnung die Voraussetzungen einer vollen Gebühr nicht erfüllt, vgl BGH NJW **70**, 757.

C. Verhandlungsgebühr. Der beigeordnete Anwalt erhält die Verhandlungsgebühr, wenn das Gericht ihn vor dem Beginn der Verhandlung wirksam beigeordnet hatte oder wenn die spätere Beiordnung rückwirkend erfolgt ist.

D. Beweisgebühr. Der beigeordnete Anwalt erhält die Beweisgebühr, wenn das Gericht ihn vor der Beweisanordnung wirksam beigeordnet hatte oder wenn eine spätere Beiordnung rückwirkend erfolgt ist. Er muß aber natürlich im Rahmen der Beweisaufnahme irgendwie tätig geworden sein.

E. Erörterungsgebühr. Auch eine Erörterungsgebühr kann entstehen, Stgt JB **76**, 1062, aber nicht schon durch eine Beiordnung zur Beweisaufnahme und zum Vergleichsabschluß, Kblz VersR **80**, 1076.

F. Vergleichsgebühr. Der beigeordnete Anwalt kann eine Vergleichsgebühr auch dann erhalten, wenn die Parteien den Vergleich zwar nach dem Erlaß des Urteils, aber noch vor dem Eintritt der Rechtskraft schließen und wenn der Vergleich in demjenigen Rechtszug zustandekommt, für den das Gericht ihn beigeordnet hatte, und sofern er nach der Beiordnung am Vergleichsabschluß mitgewirkt hat, Schlesw SchlHA **82**, 48. Das gilt auch bei einem außergerichtlichen Vergleich.

Diese Frage ist **streitig. Wie hier** zB wohl auch BGH VersR **88**, 941, ferner Celle MDR **89**, 647 mwN, Hbg MDR **86**, 246 mwN, LG Mü AnwBl **84**, 508; **aM** zB Düss JB **83**, 701, KG JB **80**, 1046, AG Gött AnwBl **85**, 541.

Soweit der Vergleich erst nach der Rechtskraft zustandekommt, entsteht selbst dann keine Vergleichsgebühr nach § 122 in Verbindung mit § 23, wenn die Vergleichsverhandlungen schon vor dem Eintritt der Rechtskraft begonnen hatten, Schlesw SchlHA **87**, 48.

Der beigeordnete Anwalt kann aus der Staatskasse eine Vergleichsgebühr stets nur nach dem Wert desjenigen Anspruchs verlangen, für den das Gericht ihn beigeordnet hatte. Soweit die Parteien in den Vergleich weitere Streitpunkte einbeziehen, erhält der beigeordnete Anwalt eine Vergleichsgebühr nach dem Gesamtwert nur dann, wenn das Gericht ihn vor dem Vergleichsabschluß auch im weitergehenden Umfang beigeordnet hat, ähnlich Mü AnwBl **87**, 101. Eine solche Beiordnung kann nicht stillschweigend wirksam erfolgen, insofern richtig auch LG Bln MDR **89**, 366 mwN (man muß freilich zwischen Beiordnung und Prozeßkostenhilfebewilligung unterscheiden).

Gebühren des Rechtsanwalts

123 **Aus der Staatskasse (§ 121) werden bei einem Gegenstandswert von mehr als 5000 Deutsche Mark anstelle der vollen Gebühr (§ 11 Abs. 1 Satz 1 und 2) folgende Gebühren vergütet:**

Gegenstandswert bis (Deutsche Mark)	Gebühren (Deutsche Mark)	Gegenstandswert bis (Deutsche Mark)	Gebühren (Deutsche Mark)
5500	295	16000	450
6000	310	17000	460
6500	320	18000	470
7000	330	19000	480
7500	340	20000	490
8000	350	25000	500
8500	360	30000	510
9000	370	35000	520
9500	380	40000	530
10000	390	45000	540
11000	400	50000	550
12000	410	mehr als	
13000	420	50000	0
14000	430		
15000	440		

Vorbem. Fassg Art 3 I Z 33 G vom 9. 12. 86, BGBl 2326, in Kraft seit 1. 1. 87, Art 10, Übergangsrecht § 134.

1) Systematik. Auch für den im Weg der Prozeßkostenhilfe beigeordneten Anwalt gilt an sich die Tabelle nach § 11 I 1, 2. Der beigeordnete Anwalt erhält die dort vorgesehenen Gebühren bei einem Gegenstandswert bis zu 5000 DM. In diesem Bereich ist seine gesetzliche Gebühr also ebenso hoch wie diejenige des Wahlanwalts.

§ 123 schafft als vorrangige Sonderregel nur für den Bereich von mehr als 5000 DM Gebühren, die gegenüber denjenigen nach § 11 I 1, 2 geringer sind. Die Tabelle gilt zunächst dann, wenn der Anwalt eine Wertgebühr zu beanspruchen hat, Einl II A 4 B b dieses Buchs, wenn sich also der Betrag unmittelbar aus dem Streitwert, Geschäftswert, Gegenstandswert oder aus dem Ausmaß der rechtskräftig erkannten Strafe ergibt. Die

Tabelle gilt ferner dann, wenn ein Gebührensatzrahmen anzuwenden ist, Einl II A 4 B c dieses Buchs, wenn man also zunächst den Gegenstandswert usw ermitteln und dann innerhalb eines gesetzlichen Rahmens den passenden Bruchteil ermitteln muß, etwa bei §§ 20 I, 118 II. Sie gilt über § 97 I 3 auch bei §§ 23, 89.

Dagegen bleibt die Tabelle des § 123 unbeachtlich, soweit das Gesetz als Vergütung eine Betragsrahmengebühr vorsieht, Einl II A 4 B c dieses Buchs, soweit also das Gesetz für die fragliche Tätigkeit unmittelbar und unabhängig von einem Gegenstandswert usw einen Rahmen zwischen einer in DM bezifferten Mindest- und Höchstgebühr vorsieht, etwa bei §§ 83 ff, 116 I.

2) Einzelfragen. § 123 nennt volle Gebühren. Soweit der Anwalt eine Bruchteilsgebühr verdient, etwa ½ Gebühr, muß man den entsprechenden Bruchteil der in § 123 genannten Gebühr ansetzen, also zB bei ½ Gebühr und bei einem Gegenstandswert von 19000 bis 20000 DM statt der vollen Gebühr von 480 DM eine Gebühr von 240 DM einsetzen, aM LG Gött Rpfleger **54**, 56, LG Osnabr Rpfleger **51**, 576.

Eine etwaige Herabsetzung des Streitwerts nach § 144 PatG, § 31 a WZG, § 26 GebrMG, §§ 23 a, b UWG, § 12 GKG Anh III A–C, bleibt bei § 123 unbeachtlich. Man muß auch in einem solchen Fall den vollen Streitwert zugrunde legen, BGH **LM** § 53 PatG aF Nr 3.

Der Mindestbetrag ist auch bei § 123 15 DM, § 11 II 1. Ein Pfennigbetrag ist auf 10 Dpf aufzurunden, § 11 II 2. Beides ergibt sich daraus, daß § 121 mit den Worten „gesetzliche Vergütung" grundsätzlich auf § 11 verweist. § 123 enthält weder zum Mindestbetrag noch zur Aufrundung abweichende Sonderregeln.

Im Berufungsverfahren oder Revisionsverfahren muß man die Gebühren aus § 123 gemäß § 11 I 4, 5 erhöhen, da auch die letzteren Vorschriften durch die grundsätzliche Verweisung in § 121 und mangels abweichender Sonderregeln in § 123 unverändert bleiben, Bre Rpfleger **73**, 225, Mümmler JB **74**, 473, RS 3.

Auch § 6 I ist anwendbar, Hamm MDR **80**, 152.

Weitere Vergütung

124 **[I] Gebühren bis zur Höhe der Regelgebühren erhält der Rechtsanwalt, soweit die von der Bundes- und der Landeskasse eingezogenen Beträge den Betrag übersteigen, der zur Deckung der in § 122 Abs. 1 Nr. 1 der Zivilprozeßordnung bezeichneten Kosten und Ansprüche erforderlich ist. Die weitere Vergütung wird aus der Staatskasse gewährt, an die die Zahlungen nach § 120 Abs. 2 der Zivilprozeßordnung zu leisten waren.**

[II] Der beigeordnete Rechtsanwalt soll eine Berechnung seiner Vergütung unverzüglich zu den Prozeßakten mitteilen.

[III] Die weitere Vergütung wird erst festgesetzt, wenn das Verfahren durch rechtskräftige Entscheidung oder in sonstiger Weise beendet ist und die von der Partei zu zahlenden Beträge be-

glichen sind oder eine Zwangsvollstreckung in das bewegliche Vermögen der Partei erfolglos geblieben ist oder aussichtslos erscheint.

IV Waren mehrere Rechtsanwälte beigeordnet, so bemessen sich die auf die einzelnen Rechtsanwälte entfallenden Beträge nach dem Verhältnis der jeweiligen Unterschiedsbeträge zwischen den Gebühren nach § 123 und den Regelgebühren; dabei sind Zahlungen, die nach § 129 auf den Unterschiedsbetrag anzurechnen sind, von diesem abzuziehen.

1) Allgemeines. Der im Weg der Prozeßkostenhilfe beigeordnete Anwalt erhält gemäß § 122 I Z 3 ZPO keinen Vergütungsanspruch gegenüber dem Auftraggeber, seiner Partei, sondern gemäß § 121 einen Vergütungsanspruch gegenüber der Staatskasse. Die Höhe der Gebühr richtet sich zunächst nach § 11 I 1, 2, jedoch im Bereich des § 123 nur nach dieser Vorschrift. Die Gebühren nach § 123 sind trotz teilweiser erheblicher Anhebung seit 1. 1. 87 immer noch deutlich niedriger als die Regelgebühren. Falls nicht infolge einer Aufhebung der Bewilligung der Prozeßkostenhilfe eine Verbesserung der Gebührenansprüche des beigeordnet gewesenen Anwalts entsteht, verdient er also grundsätzlich im Rahmen der Prozeßkostenhilfe unter Umständen weniger, als ein nicht beigeordneter Wahlanwalt außerhalb einer Prozeßkostenhilfe zu beanspruchen hätte.

Diese Schlechterstellung soll § 124 unter bestimmten Voraussetzungen beseitigen oder doch mildern, Düss AnwBl **84**, 445 mwN, Hamm MDR **85**, 149. I 1 gibt dem beigeordneten Anwalt einen Anspruch auf eine zusätzliche Zahlung aus der Staatskasse, die das Gesetz „weitere Vergütung" nennt. Sie kann so viel ausmachen, daß der beigeordnete Anwalt auch im Geltungsbereich von § 123 die „Regelgebühren" des § 11 I 1, 2 verdient. Anders ausgedrückt: Der beigeordnete Anwalt steht unter Umständen finanziell ebenso gut da, wie wenn der Auftraggeber ihn außerhalb einer Prozeßkostenhilfe eingeschaltet hätte. Er steht unter Umständen sogar noch besser als ein nicht beigeordneter Wahlanwalt da. Denn Gebührenschuldner des beigeordneten Anwalts ist die Staatskasse; sie ist stets zahlungsfähig und meist auch sogleich zahlungswillig, und er braucht auch nicht auf etwaige Zahlungen eines erstattungspflichtigen Gegners des Auftraggebers zu warten.

Diese gewisse gebührenrechtliche, in Anm 2 näher dargestellte Besserstellung eines beigeordneten Anwalts gegenüber einem ohne Prozeßkostenhilfe tätigen Wahlanwalt ist um so überraschender, als sie zu Lasten der Staatskasse entstehen kann.

Die Frage der Verfassungsmäßigkeit ist **streitig. Wie hier** zB Düss (24. ZS) Rpfleger **89**, 31 mwN, LAG Ffm MDR **86**, 1054, LAG Hamm MDR **87**, 258 (abl Klüsener Rpfleger **87**, 475, Theisen AnwBl **88**, 280); **aM** zB Bbg FamRZ **88**, 193 mwN, Hamm AnwBl **85**, 50, Köln AnwBl **84**, 104, Mü AnwBl **87**, 102, Schlesw AnwBl **84**, 457, Stgt AnwBl **85**, 50, Zweibr FamRZ **87**, 403, Chemnitz AnwBl **84**, 86 (auch er räumt aber gesetzgeberische Zweideutigkeiten ein).

2) Weitere Vergütung, I 1. Der beigeordnete Anwalt kann die Differenz zwischen den nach § 123 errechneten Gebühren und denjenigen nach

§ 11 I 1, 2 beanspruchen, soweit die Staatskasse von einem oder mehreren Gebührenschuldnern insgesamt mehr als diejenige Summe eingezogen hat, die zur Bezahlung der nach § 122 I Z 1 ZPO entstandenen Kosten erforderlich geworden ist. Diese Regelung ist zulässig, zB Hamm MDR **85**, 149 mwN, aM Ffm MDR **86**, 1054. Gerichtskosten sind dabei nicht in Rechnung zu stellen, soweit § 58 II 2 GKG zu beachten ist, Düss Rpfleger **88**, 164.

Eine Einstellung von Ratenzahlungspflichten nach § 120 III Z 1 ZPO kommt also erst nach voller Deckung der Regelgebühren des beigeordneten Anwalts (sog **Differenzgebühren**) in Betracht.

Diese Frage ist **streitig. Wie hier** zB Celle Rpfleger **89**, 290 mwN, Düss (11. ZS) MDR **89**, 362, Düss (24. ZS) Rpfleger **89**, 31 mwN, Hamm FamRZ **89**, 413 mwN, Kblz AnwBl **89**, 243, Köln AnwBl **84**, 103, Mü AnwBl **87**, 102, Nürnb FamRZ **89**, 302, Saarbr FamRZ **89**, 303 je mwN, Schlesw SchlHA **88**, 67 und 90, Zweibr FamRZ **87**, 403 mwN, LAG Köln AnwBl **88**, 418 mwN, BLAH § 120 ZPO Anm 7 A, Chemnitz AnwBl **84**, 86, Grunsky NJW **80**, 2045, RS 7, ThP § 120 ZPO Anm 3; **aM** zB Düss (10. FamS) MDR **88**, 239 und Rpfleger **88**, 383, LG Duisb Rpfleger **88**, 383, LAG Ffm MDR **86**, 1054, LAG Hamm MDR **87**, 258 (abl Klüsener Rpfleger **87**, 475), LAG Mü MDR **89**, 380, Schneider MDR **81**, 5, ZöSchn § 120 ZPO Rdz 22.

Es müssen die rückständigen und die entstehenden Gerichtskosten (Gebühren und Auslagen) und Gerichtsvollzieherkosten (ebenfalls Gebühren und Auslagen) sowie die auf die Staatskasse übergegangenen Ansprüche beigeordneter Anwälte gegen die begünstigte Partei nicht nur in demjenigen Umfang durch Zahlungen der Gebührenschuldner gedeckt sein, in dem die Staatskasse von der begünstigten Partei Zahlungen fordern durfte, § 120 ZPO, sondern es muß ein Überschuß eingegangen sein. Es ist unerheblich, ob nur auf eine bestimmte Kostenart Überzahlungen eingingen; es genügt für den Ausgleichsanspruch des beigeordneten Anwalts, daß der Saldo einen Überschuß der vorgenannten Art ausweist.

Dieser Überschuß wird also zunächst zur Verbesserung der Vergütung des beigeordneten Anwalts verwendet. Soweit er zur vollen Vergütung im Sinn von § 11 I nicht ausreicht, erhält der beigeordnete Anwalt den Überschuß voll, geht aber wegen der verbleibenden Differenz leer aus. Soweit der Überschuß Vergütungen nach § 11 I ermöglicht, darf die Staatskasse unter den weiteren Voraussetzungen des § 124 den Überschuß nur an den beigeordneten Anwalt auskehren. Erst wenn der Überschuß so groß ist, daß trotz weiterer Vergütung bis zur Höhe der Beträge nach § 11 I 1, 2 noch ein Überschußrest in der Staatskasse verbleibt, kommt eine Rückzahlungspflicht an den Gebührenschuldner und ein entsprechender Rückzahlungsanspruch des letzteren in Betracht.

I 1 erwähnt zwar nur „Gebühren", also keine Auslagen; die amtliche Überschrift des § 124 und sein weiterer Text sprechen aber von (weiterer) „Vergütung" als dem ersichtlichen Oberbegriff für Gebühren und Auslagen. Wegen der Koppelungsmöglichkeit des § 26 S 2–3 (Pauschalen) kann § 124 auch einen Anspruch auf weitere Auslagenerstattung gegen die Staatskasse bedeuten, so daß sie den beigeordneten Anwalt unter Umständen auch wegen seiner Auslagen so befriedigen muß, als ob er außerhalb einer Prozeßkostenhilfe tätig geworden wäre.

3) Zuständigkeit, I 2. Zur Zahlung einer weiteren Vergütung ist diejenige Staatskasse verpflichtet, an die die Zahlungen nach § 120 II ZPO zu leisten waren. Es kommt nicht darauf an, ob auch diese Staatskasse alle ihr zustehenden Beträge erhalten hat. Es reicht vielmehr aus, daß bei irgendwelchen Staatskassen insgesamt Beträge eingegangen oder eingezogen sind, die die Gesamtschuld nach § 122 I Z 1 a–b ZPO übersteigen.

4) Berechnung der Vergütung, II. Damit die Staatskasse prüfen kann, ob und in welcher Höhe der beigeordnete Anwalt einen Anspruch auf die Zahlung einer weiteren Vergütung nach I 1 haben kann, benötigt sie eine entsprechende Berechnung, vgl Hamm MDR **85**, 149. Diese muß natürlich auf § 11 I 1, 2 abgestellt sein. Denn nur so läßt sich die fragliche Differenz zwischen den mindestens nach § 123 zu vergütenden Beträgen und der unter Umständen nach § 124 darüber hinaus zu zahlenden Summe klären.

Demgemäß unterscheidet der egänzend zu beachtende § 128 zwischen der „aus der Bundes- oder Landeskasse zu gewährenden Vergütung" (§ 128 I 1; das ist diejenige nach § 123) und der „Vergütungen, für die ihm (gemeint: dem beigeordneten Anwalt) *noch* Ansprüche gegen die Bundes- oder Landeskasse zustehen" (§ 128 II 1; das sind solche nach § 124, wie § 128 II 1 ausdrücklich im weiteren Text besagt).

Der beigeordnete Anwalt ist zu einer so verstandenen Berechnung einer „Idealvergütung" zwar nicht verpflichtet; es handelt sich aber um eine nicht nur standes-, sondern auch gebührenrechtliche Obliegenheit. Das ergibt sich aus § 128 II 2: Kommt der Anwalt einer Aufforderung des Gerichts zu einer fristgerechten Einreichung eines Kostenfestsetzungsantrags nach § 124 nicht nach, so erlöschen seine Ansprüche auf eine weitere Vergütung.

Ein Formularzwang kann wegen der weiteren Vergütung nicht eingeführt werden, anders als zB bei § 13 BerHG.

Unabhängig von § 128 II 2 soll der beigeordnete Anwalt seine Vergütungsberechnung unverzüglich mitteilen. Diese bloße Sollvorschrift hat wegen der Regelung des § 128 kaum Bedeutung. Unverzüglich bedeutet: ohne vorwerfbares Zögern, vgl § 121 I 1 BGB.

Die Berechnung ist zu den Prozeßakten einzureichen, II. Die Frist des § 128 II wird aber nur dann eingehalten, wenn der eigentliche Kostenfestsetzungsantrag rechtzeitg bei demjenigen Gericht eingeht, dessen Urkundsbeamter den beigeordneten Anwalt zur Antragstellung aufgefordert hat. Ein solcher Antrag darf eine Bezugnahme auf eine bereits zu den Prozeßakten eingereichte Berechung nach II enthalten.

5) Festsetzungszeitpunkt, III. Da durchweg erst am Ende eines gerichtlichen Verfahrens übersehbar ist, ob ein Überschuß im Sinn von Anm 2 entstanden ist, sieht III eine Festsetzungspflicht des Gerichts, aus der sich die Fähigkeit eines etwaigen Zahlungsanspruchs ergibt, erst nach der Rechtskraft oder sonstigen Beendigung des Verfahrens vor. Das gilt auch beim abgetrennten Verfahren über einen Versorgungsausgleich, Düss Rpfleger **83**, 176. Eine zusätzliche Voraussetzung der Festsetzungspflicht besteht natürlich darin, daß sämtliche nach § 122 I Z 1 a–b ZPO geschuldeten Beträge entweder freiwillig beglichen wurden (das ist auch nach einer irrtümlichen Rückzahlung der Fall, Kblz AnwBl **89**, 243), oder daß sie nicht mehr (weiter) beigetrieben werden können.

6) Beiordnung mehrerer Anwälte, IV. Die Vorschrift enthält Sonderregeln für den Fall, daß das Gericht mehrere Anwälte beigeordnet hatte, sei es gleichzeitig, zeitlich überlappend oder für mehrere zeitlich nicht überlappende Verfahrensabschnitte. Der etwaige Gesamtüberschuß in der Staatskasse nach Anm 2 wird nach dem Verhältnis der Ausgleichsansprüche eines jeden beigeordneten Anwalts errechnet. Dabei spielen natürlich Art und Umfang der Auftragserteilung der Partei an die verschiedenen beigeordneten Anwälte sowie Art und Umfang ihrer vertragsgemäßen Tätigkeit eine erhebliche Rolle. Vorschüsse und Zahlungen, die nach § 129 anzurechnen sind, sind abzuziehen, IV Hs 2.

Für den Zeitpunkt der Einreichung der Vergütungsberechnung und die etwaige gerichtliche Frist sind für jeden beigeordneten Anwalt die in Anm 4 erörterten Gesichtspunkte maßgeblich.

7) Beweislast. Jeder beigeordnete Anwalt ist dafür beweispflichtig, daß seine weitere Vergütung nach I 1 in dem von ihm behaupteten Umfang aus der Staatskasse zu erstatten und daß die Zahlung fällig ist. Die Staatskasse ist dafür beweispflichtig, daß ein solcher Anspruch im von ihr behaupteten Umfang nach § 128 II 2 erloschen ist.

Verschulden eines beigeordneten Rechtsanwalts

125 **Hat der beigeordnete Rechtsanwalt durch schuldhaftes Verhalten die Beiordnung eines anderen Rechtsanwalts veranlaßt, so kann er Gebühren, die auch für den anderen Rechtsanwalt entstehen, nicht fordern.**

1) Allgemeines. Es kann sich aus vielen Gründen im Laufe eines Verfahrens die Notwendigkeit ergeben, einen anderen als den bisher beigeordneten Anwalt beizuordnen. Dieser andere Anwalt hat natürlich einen Vergütungsanspruch gemäß §§ 121 ff. Würde der bisher beigeordnete Anwalt seinen Vergütungsanspruch daneben ungeschmälert behalten, könnte es zu einer mehrfachen Belastung der Staatskasse kommen. Diese Mehrbelastung ist insoweit unzumutbar, als die weitere Beiordnung auf einem Verschulden des bisher beigeordneten Anwalts beruht. Deshalb sieht § 125 vor, daß der bisher beigeordnete Anwalt in solchem Fall Gebühren, die für den nun beigeordneten anderen Anwalt entstehen, nicht fordern kann.

Die Vorschrift nennt nur einen der Gründe, aus denen ein beigeordneter Anwalt einen Vergütungsanspruch verlieren kann. Man muß in diesem Zusammenhang beachten, daß der Vergütungsanspruch nicht nur vom Umfang der Beiordnung abhängt, sondern auch von dem Umfang einer wirksamen Vollmacht der begünstigten Partei. Deshalb kann der Vergütungsanspruch zB für eine Tätigkeit des Anwalts nach der Beendigung des Auftragsverhältnisses entfallen. Man muß den Vergütungsanspruch des bisher beigeordneten Anwalts auch unabhängig davon, ob ein anderer Anwalt einen Vergütungsanspruch hat, jedenfalls insoweit kürzen, als der bisher beigeordnete Anwalt Maßnahmen getroffen hat, die objektiv unzulässig oder völlig zwecklos waren.

Allerdings darf man im Festsetzungsverfahren nach § 128 keineswegs umfassend prüfen, ob die Tätigkeit des beigeordneten Anwalts zweckentsprechend war und ob eine andere Handhabung kostengünstiger zu demselben Erfolg für den Auftraggeber geführt hätte. Die Staatskasse kann keineswegs jede etwaige Pflichtwidrigkeit des beigeordneten Anwalts einwenden. Das wäre ein Einwand aus fremdem Recht und würde die Entscheidungsfreiheit des Anwalts als eines selbständigen Organs der Rechtspflege beeinträchtigen. Im übrigen bestehen der Anspruch gegenüber der Staatskasse und der etwaige Anspruch gegenüber dem Auftraggeber grundsätzlich unabhängig voneinander. Außerdem kann der Festsetzungsbeamte die Zweckmäßigkeit der Handlungsweise des beigeordneten Anwalts schon nach seiner Ausbildung und seinen Kenntnissen unter Umständen nicht ausreichend beurteilen, aM Celle NJW **57**, 1157.

Vgl wegen der zum Teil weitergehenden Einwendungsmöglichkeiten des Auftraggebers § 13 Anm 6 B. Allerdings können sich die Einwendungen der Staatskasse mit den Einwendungen des Auftraggebers dekken.

Ein Anspruch gegenüber der Staatskasse entfällt ferner dann, wenn der gesamte Vergütungsanspruch in einer nach § 11 I zu beziffernden Höhe getilgt ist oder wenn der Anwalt die gesamte Tätigkeit seinem Referendar überläßt, § 121 Anm 1 A. Ferner kann ein Anspruch entfallen, soweit der Anwalt arglistig handelte, vgl auch § 130 Anm 2 D.

Die Staatskasse kann sich aber nicht auf eine etwaige Vereinbarung zwischen dem Anwalt und seinem Auftraggeber über eine Unentgeltlichkeit der Tätigkeit des Anwalts berufen.

§ 125 gilt nach § 133 sinngemäß im Rahmen einer Beratungshilfe. Zum Verhältnis zu § 55 Schmidt AnwBl **84**, 496.

2) Schuldhaftes Verhalten. Ein schuldhaftes Verhalten des zunächst beigeordneten Anwalts kann sowohl bei Vorsatz als auch im Fall einer bewußten oder unbewußten Fahrlässigkeit vorliegen. Ein grobes Verschulden ist nach dem Gesetzeswortlaut wie nach dem Sinn der Regelung nicht erforderlich. Es genügt also schon eine leichte Fahrlässigkeit.

Der zunächst beigeordnete Anwalt handelt nur insofern vorwerfbar, als er gegen dasjenige Sorgfaltsmaß verstößt, das man von ihm unter einer Berücksichtigung der gesamten Umstände des Einzelfalls und bei Zugrundelegung durchschnittlicher rechtlicher Kenntnisse und bei Beachtung der Berufserfahrung dieses Anwalts erwarten konnte. Es ist weder ein zu strenger noch ein zu großzügiger Maßstab geboten. Ein Absinken des allgemeinen Niveaus des Berufsstandes darf zwar nicht völlig unbeachtet bleiben, darf aber auch nicht zum Vorwand für eine allzu eilfertige Verneinung jeglicher Schuld des Anwalts dienen. Es ist nicht die Aufgabe der Justiz, derartige Verfallserscheinungen auch nur indirekt zu unterstützen, schon gar nicht zu Lasten des Steuerzahlers. Man muß die Standesrichtlinien nach § 177 II Z 2 BRAO mitbeachten; sie sind aber für die Beurteilung der Frage, ob der beigeordnete Anwalt schuldhaft handelt, nicht verbindlich.

Ein Verschulden kann schon alsbald nach der Beiordnung eingetreten sein, etwa dann, wenn der Anwalt nicht unverzüglich auf einen Umstand hingewiesen hat, der ihn voraussichtlich daran hinderte, die Angelegenheit zu Ende zu führen, wenn er zB verschwiegen hat, daß er seine

Zulassung aufgeben wollte. Er braucht aber eine etwaige Bewerbung um eine Einstellung in den Staatsdienst jedenfalls solange nicht anzugeben, wie er noch nicht übersehen kann, wann und ob seine Bewerbung Erfolg haben wird, BGH NJW **57**, 1152, zu eng Nürnb Rpfleger **56**, 266.

Ein Verschulden kann auch in einem späteren Zeitpunkt eingetreten sein, etwa in folgenden Fällen: Das Ehrengericht entzieht dem Anwalt die Zulassung; gegen den Anwalt ergeht ein gerichtliches Vertretungsverbot; er gibt seine Zulassung auf, weil ihm wegen Pflichtwidrigkeiten Unannehmlichkeiten drohen oder weil er sich einer Straftat schuldig gemacht hat; er hat seine Entlassung als beigeordneter Anwalt durch ein Verhalten gegenüber dem Auftraggeber oder durch eine sonst vorwerfbare Behandlung der Sache verschuldet, Hamm NJW **49**, 517; er gibt seine Zulassung vor der Erledigung seiner Aufgaben aus der Beiordnung freiwillig auf; er verhält sich so, daß seinem Auftraggeber erhebliche Rechtsnachteile drohen, Ffm JB **75**, 1614; nach einer Beiordnung gemäß § 121 IV ZPO kündigt er, vgl Düss AnwBl **51**, 133, Nürnb MDR **54**, 429.

Ein Verschulden kann zB in folgenden Fällen fehlen: Der Anwalt gibt seine Zulassung wegen einer dauernden erheblichen Erkrankung oder auch wegen einer im übrigen unverschuldeten wirtschaftlichen Notlage auf, vgl freilich Neustadt MDR **59**, 138; er kündigt nach einer Beiordnung gemäß § 121 I–III ZPO wirksam; sein Auftraggeber veranlaßt durch eigenes schuldhaftes Verhalten seine Entlassung. § 13 Anm 6 B a bb.

3) Umfang des Gebührenverlusts. Eine Verringerung des Gebührenanspruchs tritt nur ein, wenn das Gericht infolge eines schuldhaften Verhaltens des bisher beigeordneten Anwalts, Anm 2, einen anderen Anwalt wirksam beiordnet. Auch dann behält der bisher beigeordnete Anwalt seinen Gebührenanspruch grundsätzlich. Dieser verringert sich nur um diejenigen Gebühren, die der nunmehr beigeordnete Anwalt von der Staatskasse fordern kann.

Bis zur Klärung der Frage, welche Gebühren der nunmehr beigeordnete Anwalt beanspruchen kann, kann das Festsetzungsverfahren für den bisher beigeordneten Anwalt ausgesetzt werden, Ffm JB **75**, 1613.

Da § 125 für den Fall eines unverschuldeten Anwaltswechsels unanwendbar ist, darf das Gericht die neue Beiordnung nicht etwa unter der Bedingung vornehmen, daß dem nun beigeordneten Anwalt Gebühren nur in derjenigen Höhe zuzubilligen seien, in der sie dem bisher beigeordneten Anwalt entstanden oder nicht entstanden wären.

4) Umfang des Auslagenverlusts. Obwohl § 125 nur von Gebühren, nicht von Auslagen spricht, gelten seine Regeln auch für Auslagen, Hbg Rpfleger **77**, 420.

Auslagen

126 **[I] Auslagen, insbesondere Reisekosten, werden nicht vergütet, wenn sie zur sachgemäßen Wahrnehmung der Interessen der Partei nicht erforderlich waren. Nicht zu vergüten sind die Mehrkosten, die dadurch entstehen, daß der Rechtsanwalt seinen Wohnsitz oder seine Kanzlei nicht an dem Ort hat, an dem sich das Prozeßgericht oder eine auswärtige Abteilung dieses Gerichts befindet; dies gilt nicht, wenn ein Rechtsanwalt beigeordnet wird, der weder bei dem Prozeßgericht noch bei einem Gericht zugelassen ist, das sich an demselben Ort wie das Prozeßgericht befindet.**

[II] Ob eine Reise erforderlich ist, stellt das Gericht des Rechtszugs auf Antrag vor Antritt der Reise fest. Die Feststellung, daß die Reise erforderlich ist, ist für das Festsetzungsverfahren (§ 128) bindend.

Gliederung

1) Systematik. Zu der in § 121 genannten gesetzlichen Vergütung, auf die der beigeordnete Anwalt einen Anspruch hat, zählen gemäß § 1 I auch die Auslagen für seine Berufstätigkeit. Von diesem Grundsatz enthält § 126 Ausnahmen. Daher muß man die Vorschrift eng auslegen.

I 1 erfaßt alle Arten von Auslagen, nicht nur Reisekosten. Das ergibt sich aus dem Wort „insbesondere". Hierher zählen auch zB: Die Auslagen für einen Dolmetscher, den der beigeordnete Anwalt zuzieht, um überhaupt eine brauchbare Information zu erlangen, Hbg MDR **72**, 710, Köln NJW **54**, 1693, vgl auch AG Hanau AnwBl **89**, 63 (zustm Greißinger), AG Köln AnwBl **84**, 518 (zur Beratungshilfe); **aM** LAG Hamm AnwBl **85**, 276 (abl Bratfisch Rpfleger **88**, 335) und BB **85**, 530; Auslagen, für die der beigeordnete Anwalt nach den §§ 670, 675 BGB vom Auftraggeber eine Erstattung fordern könnte, LG Lübeck MDR **78**, 1033; Kosten aus Anlaß der Teilnahme an einem Ortstermin, den ein Sachverständiger zur Vorbereitung eines Gutachtens anberaumt hat, Düss JMBl NRW **66**, 59; die Umsatzsteuer, § 25 II.

Nicht hierher zählen allgemeine Geschäftsunkosten, etwa der Kaufpreis oder der Mietzins für eine Schreibmaschine oder die Kosten der in jedem Anwaltsbüro erforderlichen Fachliteratur.

I 2 erfaßt nur solche Kosten, die dadurch entstehen, daß der Sitz des

Prozeßgerichts oder seiner auswärtigen Abteilung nicht mit dem Wohnsitz oder dem Kanzleiort des Anwalts zusammentreffen. Das sind in erster Linie Reisekosten; es kann sich aber auch zB um Fernsprechkosten oder Portokosten handeln.

II erfaßt nur Reisekosten.

§ 126 gilt mit Ausnahme von I 2, § 97 Anm 2 A, auch für den in einer Strafsache bestellten Anwalt, §§ 97 III, 102, für den in einem Auslieferungsverfahren beigeordneten Anwalt, § 107 II, und für den im gerichtlichen Verfahren auf eine Freiheitsentziehung beigeordneten Anwalt, § 112 IV. Die Vorschrift gilt nach § 133 sinngemäß im Rahmen einer Beratungshilfe.

Soweit wegen § 126 kein Anspruch auf einen Auslagenersatz gegenüber der Staatskasse besteht, kann ein entsprechender Anspruch gegenüber dem Auftraggeber bestehen bleiben, vgl § 129 Anm 2 B.

Wegen des Vorschusses vgl § 127.

Wegen der eventuellen Zuständigkeit des EuGH vgl BSG NJW **84**, 576.

2) Nicht erforderliche Auslagen, I 1. A. Grundsatz. Vgl zunächst Anm 1. Ein Anspruch auf einen Auslagenersatz entfällt nur insofern, als die Auslagen nicht erforderlich waren. Aus der Fassung folgt, daß die Staatskasse beweisen muß, daß die Auslagen nicht erforderlich waren. Im Zweifel bleibt also der Ersatzanspruch bestehen. Daran ändert auch die Fassung von II nichts.

Das ist **unstreitig,** zB insofern grundsätzlich richtig Düss MDR **84**, 426, ferner Ffm AnwBl **78**, 193, Hbg MDR **72**, 710, Zweibr AnwBl **81**, 511, LG Frankenth AnwBl **83**, 572, insofern auch LG Freibg AnwBl **85**, 321, ferner LG Krefeld Rpfleger **73**, 261, AG Darmst AnwBl **82**, 170, VGH Mü AnwBl **81**, 244 je mwN, Schmidt NJW **70**, 771.

Zu Unrecht billigt Düss MDR **84**, 426 auch die Erstattung der Kosten von objektiv nicht notwendigen Fotokopien zu, wenn die Kosten 3% der Gesamtkosten nicht übersteigen. Kein Anwalt darf schludrig arbeiten.

B. Auslagenbegriff. Vgl zunächst Anm 1 und §§ 25–27. Es kommen nur solche Auslagen in Betracht, die der Anwalt für eine Tätigkeit nach der Beiordnung tatsächlich gemacht hatte. Solche Auslagen, die vor dem Zeitpunkt der Beiordnung entstanden sind, zählen jedenfalls insoweit nicht hierher, als die Beiordnung nicht rückwirkend erfolgte, Düss VersR **78**, 965, Kblz Rpfleger **81**, 246 mwN, GSEM 4; **aM** LG Bielef AnwBl **79**, 185.

C. Sachgemäße Interessenwahrnehmung. Für die Frage, ob die Auslagen nicht erforderlich waren, kommt es darauf an, ob der beigeordnete Anwalt die Interessen des Auftraggebers auch ohne diese Auslagen sachgemäß wahrnehmen konnte. Auch insofern trägt die Staatskasse die Beweislast.

Man muß allerdings in diesem Zusammenhang den allgemeinen Kostengrundsatz berücksichtigen, daß jede Partei und daher auch jeder für sie tätige Anwalt die Kosten und damit auch die Auslagen möglichst niedrig halten müssen, Hbg Rpfleger **77**, 421, Mü AnwBl **81**, 507 mwN, Schlesw SchlHA **85**, 78 mwN und 180. Im übrigen kann ein Anscheinsbeweis gegen die Erforderlichkeit sprechen und die Beweislast umkehren.

Die Prüfung, ob die Erforderlichkeit fehlte, ist unter einer Berücksichtigung aller Umstände des Einzelfalls vorzunehmen. Es kommt auf den Sachverhalt, die Prozeßlage, vgl LAG Hamm AnwBl **84**, 316, einen etwaigen Zeitdruck infolge einer kurzen gerichtlichen Frist ebenso an wie auf die Entfernungen zum Wohnsitz eines Zeugen oder Sachverständigen, zum Unfallort oder auf die Schriftgewandtheit des Auftraggebers. Es kann darauf ankommen, ob eine entlegene Rechtsmaterie zu prüfen ist, ob eine Berührung mit Auslandsrecht stattfindet, ob die Entscheidung für den Auftraggeber eine besondere wirtschaftliche oder immaterielle Bedeutung hat usw.

Der beigeordnete Anwalt darf trotz des Umstands, daß ihn in erster Linie die Staatskasse bezahlen soll, keineswegs fiskalische Interessen dem Interesse des Auftraggebers an einer sachgerechten Bearbeitung vorziehen. Er hat freilich oft einen etwas geringeren finanziellen Spielraum als ein Wahlanwalt. Er muß den Kostengesichtspunkt und die übrigen Aspekte sorgfältig abwägen. Was bei dieser Abwägung, nachträglich betrachtet, zumindest zweckmäßig oder ratsam war, das braucht zwar nicht unbedingt erforderlich zu sein; wegen der gebotenen engen Auslegung von I 1 reicht eine objektive Zweckmäßigkeit aber durchweg doch aus, um den Anspruch bestehen zu lassen.

D. Beispiele. a) Erforderlichkeit. Zu denjenigen Auslagen, die zur sachgemäßen Wahrnehmung der Interessen der Partei erforderlich waren, können zB folgende Kosten zählen: Die Unkosten einer Übersetzung eines Protokolls oder einer Entscheidung, und zwar auch dann, wenn der Anwalt sie selbst anfertigt, Mü NJW **82**, 2740 mwN, AG Celle MDR **83**, 143; die Kosten eines Arztgutachtens zwecks Vorklärung eines Kunstfehlers, AG Hanau AnwBl **89**, 63 (zustm Greißurger); die Kosten eines Dolmetschers, den der Anwalt zur Verständigung mit dem Auftraggeber benötigt, LG Bochum Rpfleger **86**, 155 mwN; die Kosten einer Informationsreise eines Anwalts, um dasjenige Material zu beschaffen, dessen Besorgung man wegen der Schwierigkeit der zu behandelnden Frage der Partei nicht zumuten kann, Hamm Rpfleger **55**, 255.

Hierher zählt ferner eine Ablichtung statt einer Abschrift.

Diese Frage ist **streitig. Wie hier** zB Ffm NJW **68**, 1736, Schlesw (9. ZS) SchlHA **78**, 122 (vgl allerdings auch denselben Senat SchlHA **85**, 78); **abw** Schlesw (8. ZS) SchlHA **78**, 123; **aM** zB Düss JB **70**, 1071.

Ferner zählen hierher: Das Porto eines Luftpostbriefs von West-Berlin nach der BRep, LG Bln Rpfleger **60**, 380 (wegen der Möglichkeit, den Postgebührenpauschsatz zu fordern, vgl § 26 Anm 1); die Schreibauslagen für solche Teile der erstinstanzlichen Akte, die der Berufungsanwalt benötigt, LG Kleve AnwBl **74**, 87, es sei denn, der erstinstanzliche Anwalt hätte diese Teile aus seiner Handakte entfernt, Schlesw SchlHA **70**, 180; Kosten von Fotokopien, die der Anwalt zur Verteidigung benötigt, etwa eines Auszugs aus einer Strafakte, Bbg MDR **68**, 605, Düss NJW **70**, 771, AG Kassel AnwBl **88**, 126, aM Bre Rpfleger **71**, 231, soweit man seinem Auftraggeber die Beschaffung der Unterlagen nicht zumuten kann, Hamm Rpfleger **73**, 226; zusätzliche Abschriften nach § 23 III BVerfGG, BVerfG AnwBl **61**, 21.

b) Fehlen der Erforderlichkeit. Zu denjenigen Auslagen, die zu einer sachgemäßen Interessenwahrnehmung nicht erforderlich waren, können zB folgende Auslagen zählen: Unkosten, die vor der Beiordnung des Anwalts entstanden sind, Düss VersR **78**, 965, Kblz Rpfleger **81**, 246 mwN, GSEM 4, **aM** LG Bielef AnwBl **79**, 185; Aufwendungen, die der Anwalt nur im eigenen Interesse zur Durchsetzung seines Vergütungsanspruchs gegenüber der Staatskasse macht; Kosten, die der Auftraggeber hat, um dem Anwalt die notwendige Information zu erteilen. Insofern mag der Auftraggeber allerdings gegenüber dem unterliegenden Prozeßgegner einen Erstattungsanspruch nach § 91 I ZPO haben; Reisekosten des Auftraggebers zur Beschaffung von Beweismaterial, soweit man ihm die Beschaffung auch selbst zumuten kann, Hamm NJW **65**, 2123, Karlsr JB **75**, 487, **aM** Celle NJW **62**, 1922 (die Entscheidung betrifft einen Fall, in dem der Partei der Ausschluß mit einem Beweismittel drohte), Düss VersR **81**, 1131, Stgt VersR **79**, 427 (die Entscheidung betrifft den Fall, daß der Auftraggeber zur Bezahlung nicht in der Lage war und die Aufwendung für den Erfolg des Prozesses wichtig war).

Weitere Beispiele: Der beigeordnete Anwalt hat dem Auftraggeber einen Betrag vorgeschossen, Karlsr JB **75**, 487, OVG Münst DVBl **55**, 469; es handelt sich um die Kosten von Abschriften aus der Gerichtsakte, die nur deswegen notwendig wurden, weil der Auftraggeber sich durch eigenes Verschulden die Möglichkeit genommen hatte, seinem Anwalt die Unterlagen zu beschaffen; der beigeordnete Anwalt hat die Gerichts- oder Verwaltungsakten ungesichtet Blatt für Blatt ablichten lassen, BFH BB **84**, 1351; es handelt sich um zusätzliche Abschriften. In diesem Fall kommt es auf das Einverständnis des durch die Prozeßkostenhilfe begünstigten Auftraggeber nicht an. Daher kann die Erstattungspflicht etwa wegen solcher Berechnungen des Bekl fehlen, die er zur Begründung seiner Einwendungen fotokopiert dem Schriftsatz beigelegt hat, Düss JMBl NRW **64**, 23.

3) Mehrkosten des auswärtigen Anwalts, I 2. A. Grundsatz. Soweit Mehrkosten dadurch entstehen, daß der beigeordnete Anwalt seinen Wohnsitz oder seine Kanzlei nicht an demjenigen Ort hat, an dem sich das Prozeßgericht oder eine auswärtige Abteilung dieses Gerichts befinden, schafft I 2 eine Sonderregelung. Sie ist mit dem GG vereinbar, Hamm JMBl NRW **66**, 262, vgl auch Stgt AnwBl **81**, 159 mwN. Die Regelung entspricht derjenigen in § 91 II 2 ZPO. Ihr Grundgedanke lautet: Die Staatskasse soll nicht mehr als denjenigen Betrag zahlen müssen, den sie zu zahlen gehabt hätte, wenn der Anwalt an demselben Ort wie das Prozeßgericht oder dessen auswärtige Abteilung residiert hätte.

Man muß diejenigen Kosten, die dem beigeordneten Anwalt tatsächlich entstanden sind, mit denjenigen vergleichen, die bei einem Wohnsitz oder einer Kanzlei am Gerichtsort entstanden wären, Stgt Rpfleger **87**, 265. Das gilt auch für die Reisekosten des beigeordneten Anwalts zu einem auswärtigen Beweistermin, Kblz NJW **56**, 474, vgl auch § 28 Anm 6 C.

Man darf aber in einem solchen Fall die Kosten einer Informationsreise des Auftraggebers usw nicht berücksichtigen. Denn der Auftraggeber muß diese Kosten grundsätzlich selbst tragen, Schlesw JB **75**, 1346, Stgt Rpfleger **87**, 265 mwN, aM Ffm NJW **66**, 2417.

Es ist aber zulässig, im Umfang des § 121 II 1 ZPO einen auswärtigen

Anwalt nur unter der Bedingung beizuordnen, daß er auf einen Anspruch auf den Ersatz der Mehrkosten verzichtet, LAG Bre MDR **88**, 698; **aM** Celle AnwBl **81**, 196 mwN, Stgt Rpfleger **57**, 66. Wenn das Gericht in einem solchen Fall einen Termin am Wohnort des Anwalts und nicht am Gerichtssitz abhält, darf man die Reisekosten zum Terminsort nicht berücksichtigen.

B. Zulassungsfragen. Soweit der beigeordnete Anwalt weder beim Prozeßgericht noch bei einem Gericht zugelassen ist, das sich an demselben Ort wie das Prozeßgericht befindet, sind die durch seinen auswärtigen Sitz entstehenden Mehrkosten zu vergüten, I 2 Hs 2. Diese Vorschrift ist als Ausnahme von einer Ausnahme und mithin als Rückkehr zum Grundsatz der Ersatzfähigkeit weit auszulegen, so wohl auch Düss MDR **89**, 568. Das gilt auch bei einem im Weg der Prozeßkostenhilfe für eine Familiensache beigeordneten Anwalt, Brschw AnwBl **83**, 570 mwN, aM Celle NdsRpfl **83**, 95, und im übrigen dann, wenn ein zweiter geeigneter Anwalt fehlt oder wenn dieser verhindert ist oder wenn die Reise erforderlich war. Die Vorschrift gilt auch für ein Verfahren außerhalb der ordentlichen Gerichtsbarkeit, weil es auch dann oft geboten ist, einen Anwalt am Wohnsitz des Auftraggebers beizuordnen, etwa für die Wahrnehmung eines Verkündungstermins vor dem BVerfG, BVerfG **36**, 308, oder vor einem Arbeitsgericht, aM ArbG Hbg MDR **88**, 434 (aber das Gericht legt zu Unrecht eng aus, s oben).

In einer Ehesache ist ein Anwalt allerdings grundsätzlich als bei allen Familiengerichten seines LG-Bezirks zugelassen anzusehen. Er hat also keinen Ersatzanspruch wegen der Kosten der Wahrnehmung eines Termins bei einem auswärtigen, aber zu seinem LG-Bezirk gehörenden Familiengericht, Hamm Rpfleger **81**, 369, jetzt auch Schesw SchlHA **85**, 128, ferner Stgt Rpfleger **81**, 205. Dasselbe gilt beim sog Außenbezirksanwalt nach § 105 V UrhG, Karlsr GRUR **83**, 606.

Freilich bekommt derjenige beigeordnete auswärtige Anwalt, der in einem nach §§ 23b I Z 2 GVG, 621 I Z 1 ZPO nicht dem Anwaltszwang unterliegenden Verfahren tätig wird, das obendrein außerhalb des LG-Bezirks seiner Allgemeinzulassung stattfindet, seine notwendigen Reisekosten erstattet, Mü AnwBl **84**, 210 (zustm Schmidt).

4) Sonstige Reisekosten. A. Grundsatz. I 1 stellt ausdrücklich klar, daß auch Reisekosten zu den grundsätzlich ersatzfähigen Auslagen zählen und daß daher auch der Ersatz von Reisekosten nur dann entfällt, wenn sie nicht erforderlich waren. Man darf die Regelung in II nur in diesem Zusammenhang sehen und aus der Fassung von II nicht etwa bei isolierter Betrachtung folgern, daß Reisekosten nur dann ersatzfähig wären, wenn der beigeordnete Anwalt nachweisen könnte, daß die Reise erforderlich gewesen sei.

Vielmehr stellt II nur eine zusätzliche Sicherungsmöglichkeit des beigeordneten Anwalts bei Reisekosten dar. Er kann beantragen, die Erforderlichkeit der Reise vor deren Antritt festzustellen. Soweit das Gericht diese Feststellung trifft, ist diese Entscheidung für die Feststellung der Ersatzfähigkeit der Reisekosten dem Grunde nach bindend, II 2. Im Festsetzungsverfahren nach § 128 ist dann nur noch eine Prüfung der Höhe dieser Kosten zulässig.

Der Anwalt ist aber zu einem Antrag nach II keineswegs stets verpflichtet. Soweit er ihn nicht stellt oder soweit keine Entscheidung nach II erfolgt oder das Gericht die Erforderlichkeit nach II verneint, bleibt es bei dem Grundsatz nach I 1. Freilich enthält eine die Erforderlichkeit verneinende Entscheidung nach II eine erhebliche Beweiserleichterung für die Staatskasse dahin, daß die Reisekosten auch wirklich nicht erforderlich waren.

Die Regelung ist nur auf Reisekosten anwendbar, nicht auf andere Auslagen.

Diese Frage ist **streitig. Wie hier** zB VGH Kassel NJW **85**, 218 mwN; **aM** zB Ffm NJW **74**, 2095, AG Celle MDR **83**, 143, GSEM 26.

B. Feststellungsverfahren, II. Es sind folgende Regeln zu beachten:

a) Antrag. Es ist ein Antrag erforderlich. Antragsberechtigt sind sowohl der beigeordnete Anwalt als auch der Bezirksrevisor als der Vertreter der Staatskasse. Der Auftraggeber des Anwalts oder dessen Prozeßgegner sind nicht antragsberechtigt.

Der Antrag ist nur „vor Antritt der Reise" zulässig, II 1. Denn später fehlt das Rechtsschutzinteresse für eine Entscheidung, die ja gerade den Sinn hat, die Erforderlichkeit vor dem Entstehen der Reisekosten zu prüfen.

b) Zuständigkeit. Zur Entscheidung ist dasjenige Gericht zuständig, das den Anwalt beigeordnet hat. Es entscheidet in voller Besetzung, und zwar auch dann, wenn sein Vorsitzender die Beiordnung nach § 121 IV ZPO angeordnet hatte. Keineswegs ist der Rpfl oder der Urkundsbeamte der Geschäftsstelle zur Feststellung zuständig. Denn es geht um Fragen, die nur das erkennende Gericht aus seiner Beurteilung der sachlichrechtlichen und prozessualen Gesamtsituation beantworten kann. Das gilt unabhängig davon, ob der Urkundsbeamte wegen seiner Zuständigkeit nach § 128 im allgemeinen eine größere Erfahrung mit Reisekosten hat. Denn das Verfahren nach II bezweckt nicht die Festsetzung der Höhe der Reisekosten, sondern die Feststellung ihrer Notwendigkeit dem Grunde nach.

c) Verfahren. Das Gericht muß bei einem Antrag des beigeordneten Anwalts den Bezirksrevisor anhören, Art 103 I GG, und umgekehrt. Eine mündliche Verhandlung ist freigestellt. Eine Anhörung des Auftraggebers des beigeordneten Anwalts oder des Prozeßgegners ist nicht erforderlich, aber zulässig.

d) Entscheidung. Das Gericht entscheidet durch einen Beschluß. Er ist grundsätzlich zu begründen, BLAH § 329 ZPO Anm 1 A b.

Das Gericht kann feststellen, daß die Reise erforderlich ist. Die Reise ist in ihrem voraussichtlichen Umfang auf der Grundlage des Antrags so genau wie möglich zu bestimmen. Freilich deckt ein Beschluß, der die Erforderlichkeit feststellt, oft auch spätere tatsächliche Abweichungen von der zunächst geplanten Reiseroute oder ihrer Dauer. Es empfiehlt sich, in dem Beschluß vorbeugend wenigstens stichwortartig klarzustellen, daß und in welchem ungefähren Umfang solche etwaigen Abweichungen zulässig sein sollen. Soweit eine solche Erläuterung fehlt, muß man den Beschluß auf der Grundlage des Feststellungsverfahrens nach II auslegen. Im Zweifel ist eine solche Abweichung zulässig, die den im Antrag genannten Reisezweck fördert oder zu seiner Erreichung notwendig ist. Auch hier ist kein allzu enger Maßstab anzulegen, vgl LG Karlsr AnwBl **86**, 46.

Das Gericht kann auch den Antrag als unzulässig oder unbegründet zurückweisen. Im letzteren Fall hat es zugleich festgestellt, daß die ihm zur Entscheidung unterbreitete Reise nicht erforderlich ist. Freilich entsteht dadurch keine Bindungswirkung, f.

Die Entscheidung ist auch dahin möglich, daß die Reise zu einem möglichst genau zu bezeichnenden Teil erforderlich sei und im übrigen nicht erforderlich sei.

Die Entscheidung des Gerichts ist als solche auch dann wirksam, wenn das Gericht erst nach dem Antritt der Reise entscheidet. Wegen der Bindungswirkung in diesem Fall vgl f.

Die Entscheidung enthält keinen Kostenausspruch.

e) Unanfechtbarkeit. Die zurückweisende oder auch die stattgebende Entscheidung sind grundsätzlich unanfechtbar. Denn es liegt kein Fall des § 128 vor, und es fehlen auch die Voraussetzungen des § 567 ZPO.

Diese Frage ist **streitig. Wie hier** zB im Ergebnis Düss MDR **88**, 1078, ferner Ffm (2. StS) NJW **71**, 2185, KG MDR **86**, 505, Kblz Rpfleger **76**, 331 je mwN, Mü MDR **89**, 481; **aM** zB Düss Rpfleger **65**, 52, Ffm (13. ZS) NJW **74**, 2096, vgl LG Hbg AnwBl **80**, 307, ferner GSEM 27 mwN (§ 128 IV sei entsprechend anwendbar; diese Vorschrift bezieht sich aber nur auf § 128 I).

Daher ist auch eine weitere Beschwerde unstatthaft, KG MDR **86**, 505.

Im Verwaltungsprozeß ist aber § 146 III VwGO zu beachten, VGH Kassel NJW **85**, 218.

f) Bindungswirkung. Soweit das Gericht die Notwendigkeit der Reise feststellt, bindet diese Feststellung für das Festsetzungsverfahren nach § 128 dem Grunde nach, II 2, und erlaubt nur noch eine Prüfung der Höhe der Reisekosten. Soweit das Gericht die Notwendigkeit verneint oder den Antrag als unzulässig verwirft oder erst nach dem Antritt der Reise eine Entscheidung getroffen hat, sind der Urkundsbeamte der Geschäftsstelle und im Erinnerungsverfahren das zuständige Gericht in der Beurteilung der Erforderlichkeitsfrage grundsätzlich frei. Denn die Feststellung der Erforderlichkeit durch das Gericht vor dem Antritt der Reise ist keine Voraussetzung der Ersatzfähigkeit, Hbg AnwBl **64**, 54.

Freilich bietet eine Entscheidung, die die Erforderlichkeit der Reise verneint, in der Regel einen Anscheinsbeweis dafür, daß die dann stattgefundene Reise auch wirklich nicht erforderlich war. Man muß aber bedenken, daß das Gericht im Verfahren nach II ja durchweg vor dem Antritt der Reise entschieden hat und daß sich während der Reise, etwa im Verlauf eines auswärtigen Beweistermins, oder rückwirkend im weiteren Verfahrensablauf zeigen kann, daß die Reise doch sehr wohl erforderlich war.

Vorschuß

127 **Für die entstandenen Gebühren (§ 123) und die entstandenen und voraussichtlich entstehenden Auslagen kann der Rechtsanwalt aus der Bundes- oder Landeskasse angemessenen Vorschuß fordern. § 128 gilt sinngemäß.**

1) Systematik. § 17 enthält die Regelung der Vorschußpflicht des Auftraggebers gegenüber dem Wahlanwalt. § 127 enthält die Regelung der Vorschußpflicht der Staatskasse gegenüber dem beigeordneten Anwalt. Der letztere kann auch gegenüber dem Auftraggeber einen Vergütungsanspruch haben. Insofern ist dann trotz des Umstands, daß er auch als beigeordneter Anwalt tätig wird, § 17 anwendbar.

§ 127 gilt auch für den gerichtlich bestellten Verteidiger und den im Weg der Privatklage usw beigeordneten Anwalt, §§ 97 II, 102, ferner in einer Auslieferungssache, § 107 II, und im gerichtlichen Verfahren auf eine Freiheitsentziehung, § 112 IV.

Für das Festsetzungsverfahren nach § 128 erhält der beigeordnete Anwalt keine Gebühr und daher auch insofern keinen Vorschuß.

2) Vorschuß. A. Rechtsnatur. Soweit § 127 dem beigeordneten Anwalt ein Vorschußrecht gibt, hat er einen Rechtsanspruch. Der ordentliche Rechtsweg ist aber ausgeschlossen; vielmehr muß der Anwalt den Anspruch gemäß § 127 S 2 im Verfahren nach § 128 geltend machen.

B. Gebührenvorschuß. Ein Anspruch auf einen Gebührenvorschuß besteht nur insoweit, als die Gebühren nach § 123 und natürlich auch, soweit § 123 unanwendbar ist, nach § 11 entstanden sind. Ein Gebührenanspruch entsteht, sobald der Anwalt eine gebührenpflichtige Tätigkeit vorgenommen hat. Der Eintritt der Fälligkeit nach § 16 ist nicht erforderlich, Mümmler JB **75**, 1001.

C. Auslagenvorschuß. Ein solcher Anspruch besteht sowohl wegen der bereits entstandenen, also tatsächlich verausgabten Auslagen, als auch wegen der „voraussichtlich entstehenden" Auslagen. Diese letztere Voraussetzung ist bei Anwendung eines objektiven Maßstabs unter einer Berücksichtigung aller Umstände des Einzelfalls bei einer weder zu engen noch zu weiten Auslegung zu prüfen. Eine Fälligkeit des Anspruchs auf Auslagenersatz ist nicht erforderlich.

D. Angemessenheit des Vorschusses. Der Anspruch erstreckt sich auf einen „angemessenen" Vorschuß, S 1. Vgl § 17 Anm 1 D. Der beigeordnete Anwalt kann also für die vollen entstandenen Gebühren und die vollen voraussichtlich entstehenden Auslagen Vorschuß fordern, Schmidt AnwBl **81**, 114, aM AG Alzey AnwBl **81**, 113 (angemessen seien nur ⅘ der entstandenen Vergütung).

Rechtsweg

128 **I Die aus der Bundes- oder Landeskasse zu gewährende Vergütung wird auf Antrag des Rechtsanwalts von dem Urkundsbeamten der Geschäftsstelle des Gerichts des Rechtszuges festgesetzt; jedoch setzt eine aus der Landeskasse zu gewährende**

Vergütung, wenn das Verfahren durch rechtskräftige Entscheidung oder in sonstiger Weise beendet ist, der Urkundsbeamte des Gerichts des ersten Rechtszuges fest. § 104 Abs. 2 der Zivilprozeßordnung gilt sinngemäß. Der Antrag hat die Erklärung zu enthalten, ob und welche Zahlungen der Rechtsanwalt von der Partei oder einem Dritten bis zum Tage der Antragstellung erhalten hat; Zahlungen, die er nach diesem Zeitpunkt erhalten hat, hat er unverzüglich anzuzeigen.

II Der Urkundsbeamte kann vor einer Festsetzung nach § 124 einen Rechtsanwalt auffordern, innerhalb einer Frist von einem Monat bei der Geschäftsstelle des Gerichts, dem der Urkundsbeamte angehört, Anträge auf Festsetzung der Vergütungen, für die ihm noch Ansprüche gegen die Bundes- oder Landeskasse zustehen, einzureichen oder sich zu den empfangenen Zahlungen (Absatz 1 Satz 3) zu erklären, Kommt der Rechtsanwalt der Aufforderung nicht nach, erlöschen seine Ansprüche.

III Über Erinnerungen des Rechtsanwalts und der Bundes- oder Landeskasse gegen die Festsetzung entscheidet das Gericht des Rechtszuges, bei dem die Vergütung festgesetzt ist, durch Beschluß. § 10 Abs. 4 gilt sinngemäß.

IV Gegen den Beschluß ist die Beschwerde zulässig, wenn der Beschwerdegegenstand einhundert Deutsche Mark übersteigt. § 10 Abs. 3 Satz 2, 4 und Absatz 4 gilt sinngemäß. Eine weitere Beschwerde findet nicht statt.

V Das Verfahren über die Erinnerung und über die Beschwerde ist gebührenfrei. Kosten werden nicht erstattet.

Gliederung

1) Allgemeines. Das Festsetzungsverfahren nach § 128 hat zwar eine gewisse Ähnlichkeit mit der Kostenfestsetzung nach §§ 103ff ZPO. Während aber dort die Erstattungspflicht der einen Prozeßpartei gegenüber der anderen geklärt wird, hat § 128 die Erstattungspflicht der Staatskasse gegenüber dem beigeordneten Anwalt unabhängig von dem Ausgang des zugrunde liegenden Rechtsstreits zum Gegenstand und ist damit von einem Kostenfestsetzungsverfahren nach §§ 103ff ZPO grundsätzlich unabhängig, vgl AG Lübeck Rpfleger **84**, 75, so auch Bratfisch Rpfleger **89**, 308.

Deshalb ist auch, anders als im Kostenfestsetzungsverfahren, grundsätzlich kein Vollstreckungstitel erforderlich. Von dieser Regel enthält I 1 Hs 2 in Verbindung mit § 124 III eine Ausnahme.

Die Vorschrift gilt gemäß § 133 sinngemäß im Rahmen einer Beratungshilfe nach dem BerHG, vgl AG Lübeck Rpfleger **84**, 75.

Der Aufbau des § 128 folgt teilweise den Regelungen in §§ 5, 25 GKG, 14, 31 KostO.

2) Festsetzung, I, II. A. Voraussetzungen. Eine Festsetzung der Vergütung findet statt, soweit folgende Voraussetzungen vorliegen:

a) Antrag. Es ist stets ein Antrag des beigeordneten Anwalts erforderlich. Die Vergütungsfestsetzung erfolgt also nicht von Amts wegen. Im einzelnen müssen folgende Voraussetzungen erfüllt sein:

aa) Antragsberechtigter, I 1. Zum Antrag ist nur der beigeordnete Anwalt berechtigt. Insofern müssen wiederum folgende Voraussetzungen zusammentreffen:

aaa) Rechtsanwalt. Zum Antrag ist nur eine zur Anwaltschaft zugelassene Person berechtigt. Nach dem Tod des beigeordneten Anwalts sind seine Erben und sein Sozius berechtigt. Auch ein Abtretungs- oder Pfändungsgläubiger ist berechtigt.

Die von der Beiordnung begünstigte Prozeßpartei oder gar deren Prozeßgegner sind nicht antragsberechtigt, insofern richtig BGH MDR **78**, 214 mwN. Denn im Verfahren nach § 128 handelt es sich ja nur um die Feststellung der Vergütungsforderung des Anwalts gegenüber der Staatskasse. Diese Feststellung ist für die von der Beiordnung begünstigte Partei nicht bindend. Sie kann sich dann, wenn ein Anspruch des beigeordneten Anwalts gegen seinen Auftraggeber infolge der Befriedigung des Anwalts durch die Staatskasse auf diese nach § 130 übergegangen ist, gemäß § 5 GKG gegen einen solchen ihr etwa nach KV 1906 in Rechnung gestellten Betrag wenden, insofern richtig BGH MDR **78**, 214. Das berücksichtigt Hbg AnwBl **64**, 182 nicht.

bbb) Beiordnung. Der Anwalt muß gerichtlich beigeordnet worden sein. Wegen der Einzelheiten § 121 Anm 2 B. Der Urkundsbeamte ist an die Beiordnung unabhängig von deren formeller oder inhaltlicher Zulässigkeit und Begründetheit gebunden, Mü Rpfleger **83**, 503 und Rpfleger **86**, 108.

bb) Form, I 2. Der Antrag unterliegt keiner Form. Man kann ihn zum Protokoll des Urkundsbeamten der Geschäftsstelle einreichen. Entgegen der VO des JustMin Nordrhein-Westfalen vom 23. 5. 58, JMBl NRW 145, ist der Antrag keineswegs an einen Vordruck gebunden, LAG Hamm AnwBl **85**, 106 mwN. Vgl auch (zum alten Recht) Hamm AnwBl **75**, 95.

cc) Frist, I 3, II. Man muß folgende Fälle unterscheiden:

aa) Grundsatz. Der Antrag ist grundsätzlich schon vor der Fälligkeit einer Vergütung zulässig. Denn der beigeordnete Anwalt hat einen Anspruch auf einen Vorschuß nach § 127. Im übrigen ist der Antrag grundsätzlich nicht fristgebunden. Eine Verwirkung ist denkbar, aber nur unter strengen Voraussetzungen anzunehmen.

bbb) Weitere Vergütung, II. Sofern der Urkundsbeamte der Geschäftsstelle den Anwalt vor einer Festsetzung nach § 124 auffordert, einen Antrag auf die Festsetzung einer weiteren Vergütung zu stellen, muß der Anwalt eine Frist von einem Monat seit dem Zugang der Aufforderung einhalten, um das Erlöschen seines Anspruchs zu verhindern. Wegen der Einzelheiten B c bb.

dd) Inhalt, I 3. Der Antrag muß eine Berechnung gemäß § 18 enthalten. Der Antragsteller muß außerdem erklären, ob und welche Zahlungen er von dem Auftraggeber oder von einem Dritten bis zum Tag der Antragstellung, also bis zur Unterzeichnung des Antrags oder seiner Erklärung zum Protokoll des Urkundsbeamten, erhalten hat. Er kann natürlich in diesem Zeitpunkt nur solche Zahlungen angeben, die ihm bereits bis dahin bekannt geworden sind. Zahlungen, die er erst nach diesem Zeitpunkt objektiv erhält oder die ihm erst nach diesem Zeitpunkt bekannt werden, etwa infolge des Zugangs einer Gutschriftsanzeige, hat er unverzüglich, also ohne schuldhaftes Zögern, § 121 I 1 BGB, nachträglich anzugeben.

Einer Zahlung steht eine gleichwertige Art der Leistung gleich, etwa der Empfang eines Verrechnungsschecks, sofern dieser nach seinem Inhalt bereits eingelöst werden kann. Der Anwalt muß auch solche Leistungen angeben, von denen er noch nicht sicher ist, ob sie tatsächlich erfolgen werden, also zB auch einen solchen Wechsel, den er zwar zur Einlösung vorlegen könnte, bei dem er sich aber über die Deckung nicht sicher ist. Er darf auf solche Zweifel natürlich hinweisen.

ee) Kein Anwaltszwang. Der Antrag unterliegt keinem Anwaltszwang. Das ergibt sich auch schon daraus, daß man ihn zum Protokoll des Urkundsbeamten der Geschäftsstelle stellen kann.

b) Glaubhaftmachung, I 2. Der Antragsteller muß die Vergütungsforderung nach Grund und Höhe glaubhaft machen, AG Mannh AnwBl

83, 239 (zustm Haß). Das ergibt sich aus I 2 in Verbindung mit § 104 II ZPO. Nach der letzten Vorschrift genügt es zur Berücksichtigung eines Ansatzes, daß der Anwalt wegen der ihm erwachsenen Auslagen an Post-, Telegrafen- und Fernsprechgebühren versichert, daß diese Auslagen entstanden sind. Im übrigen erfolgt die Glaubhaftmachung wie bei § 294 ZPO.

Die Glaubhaftmachung muß schriftlich oder zum Protokoll der Geschäftsstelle erfolgen. Denn sonst fehlt der Beleg. Bei ungewöhnlich hohen Auslagen entstehen entsprechend hohe Anforderungen an die Darlegung und auch an die Glaubhaftmachung, vgl KG NJW **76**, 1272.

Aus der Stellung der Verweisungsvorschrift I 2 vor I 3 läßt sich ableiten, daß der Anwalt die Erklärung darüber, ob und welche Zahlungen er bis zur Antragstellung vom Auftraggeber oder von einem Dritten erhalten hat, nicht glaubhaft zu machen braucht.

B. Verfahren. a) Zuständigkeit, I 1, II. Man muß folgende Situation unterscheiden:

aa) Vor Beendigung des Hauptverfahrens, I 1 Hs 1. Solange dasjenige Verfahren, in dem die Beiordnung des Anwalts erfolgte, noch nicht durch eine rechtskräftige Entscheidung oder in sonstiger Weise beendet ist, ist der Urkundsbeamte der Geschäftsstelle des Gerichts des Rechtszugs zuständig, I 1 Hs 1. Es braucht sich keineswegs um das Gericht des 1. Rechtszugs zu handeln. Vielmehr ist der Urkundsbeamte desjenigen Gerichts zuständig, bei dem das Hauptverfahren schwebt oder dessen Entscheidung noch nicht rechtskräftig ist, Neustadt MDR **60**, 936.

Das Gericht, an das der Prozeß verwiesen wurde, ist für den ganzen Rechtszug zuständig, soweit der bisherige Anwalt auch dort zugelassen ist und bleibt, OVG Münster NJW **56**, 525; andernfalls ist der Urkundsbeamte des verweisenden Gerichts zuständig, da für ihn der Rechtszug mit der Verweisung endet. Wegen der Zuständigkeit im Fall einer Verweisung an das Gericht eines anderen Landes vgl die Ländervereinbarung der Anlage 2 zur KostVfg, Teil VII A dieses Buchs (dort am Ende abgedruckt).

Der Rpfl ist in keinem Fall zuständig, denn § 21 I Z 1–3 RPflG nennt im Gegensatz zu den §§ 103ff ZPO, 19 BRAGO den § 128 BRAGO nicht, Mü Rpfleger **80**, 203 mwN, LG Bln AnwBl **83**, 573.

bb) Nach Beendigung des Hauptverfahrens, I 1 Hs 2. Wenn dasjenige Verfahren, in dem die Beiordnung erfolgte, im Zeitpunkt der Entscheidung über den Vergütungsantrag bereits durch eine rechtskräftige Entscheidung oder in sonstiger Weise beendet ist, ist der Urkundsbeamte der Geschäftsstelle des Gerichts des ersten Rechtszugs zuständig. Das gilt auch für die Kosten, die infolge einer Beiordnung für die Zwangsvollstreckung entstanden sind, Schlesw SchlHA **82**, 112. Denn die Akten befinden sich dann (wieder) beim Gericht des ersten Rechtszugs oder sollen sich jedenfalls dann (wieder) dort befinden.

Sofern das Hauptverfahren im Zeitpunkt des Antragseingangs noch nicht in der vorstehenden Weise beendet war, jedoch vor der Entscheidung über den Vergütungsantrag beendet wird, übersendet der nach Hs 1 zuständige Urkundsbeamte den Vorgang dem nunmehr nach Hs 2 zuständigen Urkundsbeamten. Der letztere ist durch die Beendigung des Hauptverfahrens zur Festsetzung zuständig geworden.

Auch im Fall Hs 2 ist der Rpfl unter keinen Umständen zur Festsetzung zuständig, aa.

b) Weiteres Verfahren, II. aa) Grundsatz. Der Urkundsbeamte prüft die Voraussetzungen A, B. Wegen der Notwendigkeit der Gebühren § 121 Anm 4. Sofern er einen behebbaren Mangel vorfindet, setzt er dem Antragsteller eine angemessene Frist zur Behebung, Art 103 I GG. Eine mündliche Verhandlung findet nicht statt. Der Urkundsbeamte ist nicht befugt, bei Zweifelsfragen die Akten dem Rpfl oder dem Richter vorzulegen; § 5 RPflG gilt für ihn nicht.

bb) Aufforderung. Soweit eine weitere Vergütung nach § 124 in Betracht kommt, kann und muß der Urkundsbeamte vor einer Festsetzung den Antragsteller auffordern, einen Antrag auf die Festsetzung der Vergütungen, für die ihm noch Ansprüche gegen die Staatskasse zustehen, einzureichen oder sich zu den empfangenen Zahlungen nach I 3 zu erklären. Eine solche Aufforderung kommt natürlich nur insoweit in Betracht, als der beigeordnete Anwalt noch keine nach § 124 I, II ausreichende Berechnung eingereicht hat.

Das Wort „kann" in II 1 legt nur die Zuständigkeit des Urkundsbeamten zu dieser Aufforderung fest. Es gibt ihm keinen Ermessensspielraum. Der Urkundsbeamte muß also vor einer für den beigeordneten Anwalt nachteiligen Entscheidung eine Frist setzen, Art 103 I GG.

Die Aufforderung braucht keinen Hinweis auf die Wirkung eines ergebnislosen Fristablaufs zu enthalten. Sie sollte aber wenigstens einen Hinweis auf die Existenz der Vorschrift II 2 geben. Das ist eine Anstandspflicht. Der Urkundsbeamte muß eine Frist von mindestens einem Monat setzen. In einem besonders umfangreichen oder aus anderem Grund schwierigen Fall kann eine längere Frist erforderlich sein. Die Frist ist keine Notfrist.

Der Urkundsbeamte muß die Verfügung oder den Beschluß, durch den er die Frist setzt, mit seinem vollen Namen unterzeichnen; eine bloße Abkürzung (Paraphe) genügt nicht, vgl BGH NJW **80**, 1168, Düss MDR **89**, 556. Denn es handelt sich um eine fristgebundene Maßnahme.

Der Urkundsbeamte muß die Aufforderung dem beigeordneten Anwalt förmlich zustellen lassen, vgl § 329 II 2 Hs 2 ZPO. Eine Zustellung durch ein Empfangsbekenntnis genügt, vgl § 212a ZPO.

c) Anordnung. aa) Form. Der Urkundsbeamte der Geschäftsstelle setzt die Vergütung durch einen Beschluß fest. Dieser ist ein Verwaltungsakt, AG Lübeck Rpfleger **84**, 75 (insofern zustm Lappe). Soweit er eine Frist setzt, genügt seine sog Paraphe als Unterschrift nicht, Düss Rpfleger **89**, 276.

bb) Begründung. aaa) Notwendigkeit. Der Urkundsbeamte muß den Beschluß grundsätzlich mit einer wenigstens stichwortartigen Begründung versehen, BLAH § 329 ZPO Anm 1 A b mwN, vgl Bbg JB **77**, 381, Düss OLGZ **72**, 245, Kblz NJW **74**, 2055, Schneider MDR **74**, 802. Denn sonst würden die Grundlagen der Nachprüfbarkeit durch den beigeordneten Anwalt, vgl BVerfG **6**, 44, wie durch das Gericht fehlen, Bbg JB **78**, 1360. Der Urkundsbeamte muß eine zunächst fehlende Begründung spätestens dann nachholen, wenn er einer Erinnerung gegen seinen Beschluß nicht abhilft, KG NJW **74**, 2010 und Rpfleger **75**, 109 je mwN, LG Bln JB **76**, 1542.

bbb) Entbehrlichkeit. Soweit allerdings der Beschluß in keinerlei Rechte eines Beteiligten eingreift, darf eine Begründung ausnahmsweise fehlen, vgl BVerfG NJW **57**, 289. Das gilt zB dann, wenn der Urkundsbeamte in seinem Beschluß dem Antrag voll entsprochen hat und wenn bereits erkennbar ist, daß die Staatskasse keinerlei Bedenken hat. Denn dann wäre eine Beschwerde unzulässig, vgl Bbg JB **75**, 1463.

Eine Begründung ist auch dann entbehrlich, wenn alle Beteiligten die Erwägungen des Urkundsbeamten einwandfrei kennen, etwa aus einer mündlichen Erörterung. Es empfiehlt sich aber, in einem solchen Fall in die Akten einen Vermerk darüber aufzunehmen, daß die Fragen des Vergütungsanspruchs erörtert wurden.

Eine Begründung ist schließlich dann entbehrlich, wenn alle Beteiligten einen Rechtsmittelverzicht wirksam erklärt haben, vgl Köln MDR **71**, 225.

ccc) Kosten. Eine Kostenentscheidung findet nicht statt. Denn das Verfahren vor dem Urkundsbeamten ist kostenfrei.

cc) Mitteilung. Der Urkundsbeamte braucht seinen Beschluß nicht förmlich zuzustellen. Denn seine Entscheidung unterliegt keinem befristeten Rechtsmittel. Das gilt auch dann, wenn der Urkundsbeamte im Verfahren eine Aufforderung nach II 1 erlassen hatte. Es genügt also eine formlose Mitteilung von Amts wegen. Sie ist aber auch erforderlich.

Eine bloße Verfügung ohne eine mindestens inhaltlich abschließende Entscheidung ist keine Feststellung, LG Karlsr NJW **76**, 1274.

dd) Wirkung. Der Festsetzungsbeschluß wirkt für und gegen alle Beteiligten. Sie sind solange an ihn gebunden, bis der Beschluß auf Grund einer Erinnerung geändert oder aufgehoben wird, III. Der Beschluß erwächst allerdings nicht in äußere Rechtskraft. Eine endgültige falsche Berechnung der Vergütung kann eine Amtshaftung auslösen, vgl Matzen AnwBl **76**, 333.

ee) Änderung. Abweichend von §§ 25 I 3, 4, 31 I 2, 3 GKG sieht § 128 keine Änderungsbefugnis vom Amts wegen mehr vor.

Diese Frage ist **streitig. Wie hier** zB Bbg MDR **79**, 413, Mü Rpfleger **81**, 412 je mwN, vgl Schmidt MDR **83**, 637; **aM** zB KG Rpfleger **78**, 312, Stgt AnwBl **78**, 463.

3) Erinnerung, III, V. A. Zulässigkeit. Es müssen folgende Voraussetzungen zusammentreffen:

a) Erinnerungsberechtigte, III 1. Zur Erinnerung sind folgende Beteiligten berechtigt:

aa) Rechtsanwalt. Der beigeordnete Anwalt, § 121 Anm 2 A, B, ist zur Erinnerung berechtigt.

bb) Staatskasse. Auch die Staatskasse ist zur Erinnerung berechtigt, KG FamRZ **87**, 727. Sie wird durch den Bezirksrevisor oder den Leiter des Rechnungsamts vertreten. Die Staatskasse kann auch eine Verjährung des Anspruchs geltend machen. Sie soll allerdings nur bei einer grundsätzlichen Streitfrage eine Erinnerung einlegen, soweit es angemessen erscheint, eine gerichtliche Entscheidung herbeizuführen. In anderen Fällen soll die Staatskasse den Weg der Anweisung zur Berichtigung im Verwaltungsverfahren wählen.

Die Staatskasse kann sowohl dann die Erinnerung einlegen, wenn ihr die Vergütung als zu niedrig erscheint, KG FamRZ **87**, 727, als auch dann, wenn sie ihr als zu hoch erscheint, vgl KG Rpfleger **77**, 227. Im letzteren Fall ist die Erinnerung keineswegs eine solche zugunsten einer der Parteien des Hauptverfahrens, sondern zugunsten der Staatskasse.

Die Erinnerung ist nach der Auszahlung der festgesetzten Vergütung nicht mehr zulässig, Hbg AnwBl **82**, 256 mwN (zustm Schmidt MDR **83**, 637).

cc) Andere Personen. Andere als die in aa, bb genannten Personen sind zur Erinnerung nicht berechtigt. Das gilt insbesondere für die durch die Prozeßkostenhilfe begünstigte Partei und ihren Prozeßgegner, aM Hbg AnwBl **64**, 182.

b) Gegenstand der Erinnerung. Die Erinnerung richtet sich gegen die Festsetzung der Vergütung insgesamt. Die Unrichtigkeit eines einzelnen Postens begründet die Erinnerung nicht, soweit das Gesamtergebnis richtig ist. Freilich gilt das nur in rechnerischer Hinsicht.

c) Form, Frist, III 2. Die Erinnerung ist nicht an eine Form oder an eine Frist gebunden. Das ergibt sich aus III 2 in Verbindung mit § 10 IV. Man kann die Erinnerung nach diesen Vorschriften schriftlich ohne Anwaltszwang und auch zum Protokoll der Geschäftsstelle einlegen.

Wegen der Verjährung § 121 Anm 6. Es ist bedenklich, außerdem den Gesichtspunkt einer Verwirkung anzuwenden, Celle MDR **55**, 680, aM zB Kblz AnwBl **83**, 323 mwN.

Die Erinnerung erledigt sich für die erinnernde Partei, soweit der Urkundsbeamte der Geschäftsstelle der Erinnerung stattgibt, vgl § 35 II KostVfg, Teil VII A dieses Buchs.

d) Inhalt. Mit der Erinnerung kann man die Unrichtigkeit der Festsetzung insgesamt oder in einzelnen für das Ergebnis maßgeblichen Punkten rügen und auch als beigeordneter Anwalt weitere Kosten nachschieben, Saarbr AnwBl **77**, 510. Eine Erinnerung der Staatskasse kann sich gegen die Notwendigkeit oder gegen die Höhe auch von Auslagen richten.

B. Verfahren. a) Zuständigkeit, III 1. Zur Entscheidung über die Erinnerung ist stets das Gericht desjenigen Rechtszugs zuständig, dessen Beamter die angefochtene Vergütung festgesetzt hat, also zB der Familienrichter, KG FamRZ **87**, 727. Das kann also in einem Fall nach I 1 Hs 2 das Gericht des 1. Rechtszugs auch dann sein, wenn das Hauptverfahren in einem anderen Rechtszug beendet wurde.

Das Gericht entscheidet in voller Besetzung. Soweit das zugrunde liegende Geschäft dem Rpfl übertragen worden war, § 4 RPflG, entscheidet der Rpfl, AG Lübeck Rpfleger **84**, 75 (insofern abl Lappe, ferner Niederée DRpflZ **84**, 40). Es liegt keine sog Durchgriffserinnerung vor, Kblz AnwBl **89**, 243.

d) Verhandlung. Das Gericht kann auf Grund einer freigestellten mündlichen Verhandlung entscheiden. Sie kommt aber praktisch kaum vor.

C. Entscheidung. a) Form. Das Gericht entscheidet durch einen Beschluß. Das ergibt sich aus IV 1.

b) Begründung. Der Beschluß bedarf grundsätzlich einer Begründung, vgl BLAH § 329 ZPO Anm 1 A b. Vgl im übrigen Anm 2 B c.

Der Beschluß enthält keine Kostenentscheidung. Denn das Erinnerungsverfahren ist gebührenfrei, V 1, und es findet keine Kostenerstattung statt, V 2.

Das Gericht kann den Erinnerungsführer auch schlechter stellen, BayObLG DNotZ **56**, 620, aM RS 22.

c) Mitteilung. Das Gericht teilt den Beschluß dem Erinnerungsführer formlos mit. Denn gegen die Entscheidung ist die nicht fristgebundene Beschwerde zulässig, Anm 4D. Das Gericht teilt auf Grund einer Erinnerung des Anwalts auch der Staatskasse, auf Grund einer Erinnerung der Staatskasse auch dem Anwalt seine Entscheidung formlos mit.

d) Wirkung. Vgl Anm 2 B c dd.

e) Änderung. Vgl Anm 2 B c ee.

4) Beschwerde, IV, V. A. Zulässigkeit. Gegen den Beschluß des Gerichts über die Erinnerung ist die einfache Beschwerde zulässig, IV 1, KG FamRZ **87**, 727. Soweit der Rpfl über die Erinnerung entschieden hat, Anm 3 B a, ist die Erinnerung nach § 11 I 1 RPflG statthaft. In diesem Fall verläuft das Verfahren nach § 11 II RPflG, vgl § 5 GKG Anm 4 A, § 14 KostO Anm 3 A, AG Lübeck Rpfleger **84**, 75 (abl Lappe). Beschwerdeberechtigt ist auch die Staatskasse, also der Bezirksrevisor, Kblz FamRZ **85**, 619.

B. Beschwerdewert. Die Erinnerung setzt voraus, daß der Wert des Beschwerdegegenstands 100 DM übersteigt. Es muß also der Beschluß im Erinnerungsverfahren, nicht etwa der ursprünglich vom Urkundsbeamten festgesetzte Betrag, vgl Hamm JB **70**, 74 (zu § 4 GKG), den Beschwerdeführer um mehr als 100 DM beschweren, vgl KG FamRZ **87**, 727.

Man muß die Umsatzsteuer in die Rechnung des Beschwerdewerts einbeziehen. Denn sie stellt einen Teil des Gesamtanspruchs des beigeordneten Anwalts dar, vgl § 25 II, LSG Schlesw AnwBl **89**, 114 mwN. Soweit es sich um die Nachprüfung der Richtigkeit der Gesamtforderung auf Grund einer Beschwerde der Staatskasse handelt, darf man nur prüfen, ob die tatsächlich vorhandene Gesamtforderung den festgesetzten Betrag nicht übersteigt.

C. Beschwerde an Obersten Gerichtshof des Bundes und an OLG. Eine Beschwerde an einen Obersten Gerichtshof des Bundes ist nicht zulässig, IV 2 in Verbindung mit § 10 III 2, vgl dort.

Zulässig ist aber eine Beschwerde an das OLG gegen die Erstentscheidung des als Rechtsmittelinstanz tätig gewordenen LG, Mü MDR **61**, 779, vgl aber auch § 14 KostO Anm 3 A.

D. Form, Frist. Die Beschwerde ist ohne Einhaltung einer besonderen Form zulässig. Man kann sie schriftlich ohne Anwaltszwang und auch zum Protokoll des Urkundsbeamten der Geschäftsstelle einlegen, IV.

Eine Frist ist nicht zu beachten. Denn IV 2 verweist nicht auch auf § 10 III 3.

E. Weiteres Verfahren. Zuständig ist, abgesehen von dem Fall C, die Zivilkammer des LG, nicht der Familiensenat des OLG.

Diese Frage ist **streitig. Wie hier** zB BGH FamRZ **84**, 775; **aM** zB Brschw AnwBl **84**, 514, Schlesw SchlHA **83**, 55, LG Köln MDR **85**, 945.

Das Beschwerdegericht entscheidet auf Grund einer freigestellten mündlichen Verhandlung. Es muß wegen Art 103 I GG den Beschwerdegegner vor einer ihm nachteiligen Entscheidung anhören, vgl BVerfG **34**, 346. Das Beschwerdegericht entscheidet im Fall des § 11 II RPflG in voller Besetzung, vgl § 5 GKG Anm 4 F.

Der Vorderrichter kann der Beschwerde abhelfen. Im übrigen gelten die in der jeweiligen Verfahrensordnung einschlägigen Beschwerdevorschriften, IV 2 in Verbindung mit § 10 III 4, also §§ 567ff ZPO, 146ff VwGO, 78ff ArbGG.

F. Entscheidung. Das Gericht entscheidet durch einen Beschluß. Wegen der Besetzung vgl E. Der Beschluß bedarf grundsätzlich einer Begründung, vgl BLAH § 329 ZPO Anm 1 A b. Vgl im übrigen Anm 2 B c, Anm 3 C.

Es ergeht keine Kostenentscheidung. Denn das Beschwerdeverfahren ist gebührenfrei, V 1, Schlesw JB **77**, 1581, und es findet keine Kostenerstattung statt, V 2. Das Beschwerdegericht prüft auch nicht den Umfang der Bewilligung der Prozeßkostenhilfe durch das Prozeßgericht, Hamm MDR **72**, 616.

5) Weitere Beschwerde, IV 3. Eine weitere Beschwerde ist unzulässig. Eine weitere Beschwerde kommt auch dann nicht in Betracht, wenn das Gericht der Erstbeschwerde ohne eine vorherige Entscheidung des Vorderrichters entschieden hat, Schlesw JB **77**, 1581. Eine Rechtsbeschwerde zum BGH ist unzulässig, auch beim beigeordneten Vertreter in einer Patentsache, BGH GRUR **88**, 116.

Anrechnung von Vorschüssen und Zahlungen

129 **Vorschüsse und Zahlungen, die der Rechtsanwalt von seinem Auftraggeber oder einem Dritten vor oder nach der Beiordnung erhalten hat, sind zunächst auf die Vergütungen anzurechnen, für die ein Anspruch gegen die Bundes- oder Landeskasse nicht oder nur unter den Voraussetzungen des § 124 besteht.**

1) Allgemeines. Der beigeordnete Anwalt hat zwar einen Anspruch gegen die begünstigte Partei, seinen Auftraggeber. Er kann diesen Anspruch aber nur insoweit geltend machen, als das Prozeßgericht die Bewilligung der Prozeßkostenhilfe aufgehoben hat, § 122 I Z 3 ZPO in Verbindung mit § 124 ZPO. Deshalb geben §§ 121ff dem beigeordneten Anwalt den Anspruch auf eine gesetzliche Vergütung aus der Staatskasse.

Der Anwalt kann auch gegen den in die Prozeßkosten verurteilten Gegner seines Auftraggebers einen Vergütungsanspruch haben, § 126 ZPO.

Soweit nun die Staatskasse gemäß §§ 121ff an den beigeordneten Anwalt eine Vergütung gezahlt hat, kann sie unter den Voraussetzungen des § 130 zur Minderung der Belastung des Staats die auf sie kraft Gesetzes übergegangenen Ansprüche des beigeordneten Anwalts gegenüber dem Auftraggeber oder dem in die Prozeßkosten verurteilten Gegner grundsätzlich erstattet fordern.

Von diesem Grundsatz macht § 129 für die dort genannten Fälle eine Einschränkung. Die Vorschrift entspricht dem Grundgedanken des

§ 366 II BGB, wonach unter anderem mangels abweichender Bestimmung des Schuldners durch seine nicht völlig ausreichende Zahlung zunächst diejenige Forderung getilgt werden soll, die dem Gläubiger eine geringere Sicherheit bietet. Das gilt auch dann, wenn das Gericht den Anwalt rückwirkend beigeordnet hat.

Von dieser, den beigeordneten Anwalt in gewissem Umfang begünstigenden Regelung des § 129 weichen wiederum die Sonderregelungen in § 101 (Strafsache), § 107 II in Verbindung mit § 101 (Auslieferungssache) und § 112 IV in Verbindung mit § 101 (Verfahren der Freiheitsentziehung) ab.

§ 129 gilt nicht für eine solche Zahlung, die der Auftraggeber oder ein Dritter dem beigeordneten Anwalt mit der eindeutigen, wenn auch vielleicht nur stillschweigenden Bestimmung zur Weiterleitung an einen Verkehrsanwalt oder zur Weiterleitung an das Gericht (Kostenvorschuß) gezahlt haben und die der Anwalt auch entsprechend behandelt hat.

Die Staatskasse ist nicht Dritter im Sinne von § 129, LG Bln AnwBl **83**, 478.

2) Anrechnung. A. Grundsatz. Grundsätzlich muß die Staatskasse jede Zahlung und jeden Vorschuß, den ein Auftraggeber oder ein Dritter dem beigeordneten Anwalt vor oder nach der Beiordnung gezahlt hat, zunächst auf diejenige Vergütung anrechnen, für die der beigeordnete Anwalt einen Anspruch gegen die Staatskasse nicht oder nur unter den Voraussetzungen des § 124 hat.

Man muß also wie folgt rechnen: Zunächst muß man die volle Vergütung ermitteln, die dem beigeordneten Anwalt als Wahlanwalt zustehen würde. Sodann muß man diejenige Vergütung errechnen, die ihm infolge der Beiordnung gegenüber der Staatskasse zusteht. Dabei ergibt sich meist eine Differenz wegen der geringeren Höhe des letzteren Betrags gegenüber dem ersteren. Ein etwa an den beigeordneten Anwalt vom Auftraggeber oder einem Dritten gezahlter Vorschuß usw ist nun zunächst auf diese Differenz zu verrechnen. Erst wenn der an den beigeordneten Anwalt geleistete Betrag höher ist als diese Differenz, muß der Anwalt den entsprechenden Restbetrag des erhaltenen Vorschusses usw nunmehr an die Staatskasse zahlen.

B. Vorschuß- und Zahlungsarten. Eine Anrechnung zugunsten des beigeordneten Anwalts findet auf folgende Arten von Vorschüssen und Zahlungen statt:

a) Gesetzlicher Betrag. Soweit der Auftraggeber oder ein Dritter einen Vorschuß oder eine sonstige Zahlung nur in derjenigen Höhe geleistet haben, für die der beigeordnete Anwalt als Wahlanwalt eine gesetzliche Vergütung hätte, findet die Anrechnung voll statt. Es kommt insoweit nicht darauf an, wer die Zahlung erbringt. Es reicht also aus, daß ein Streitgenosse des Auftraggebers oder daß der Prozeßgegner des Auftraggebers zahlen oder daß der Anwalt von ihnen entsprechende Beträge beitreibt. Auch eine vom Auftraggeber gezahlte Rate ist anzurechnen.

b) Vereinbarte Höhe. Soweit der beigeordnete Anwalt mit dem Auftraggeber eine Vergütungsvereinbarung zulässig getroffen hat, kommt eine Anrechnung der daraufhin an ihn gezahlten Beträge doch nur bis zur Höhe der ihm als Wahlanwalt zustehenden gesetzlichen Vergütung in Betracht. Im übrigen ist die Honorarvereinbarung im Verhältnis zur Staatskasse unwirksam, soweit sie diese benachteiligen würde.

Soweit der Auftraggeber und der Anwalt für mehrere selbständige Angelegenheiten eine einheitliche Sondervergütung oberhalb der gesetzlichen Vergütung vereinbart haben und soweit das Gericht der Partei eine Prozeßkostenhilfe nur für eine dieser Angelegenheiten bewilligt hat, muß man die an den Anwalt geleisteten Zahlungen usw zunächst im Verhältnis des Werts der mehreren Angelegenheiten aufspalten und dann die Anrechnung desjenigen Teils, der auf die Prozeßkostenhilfesache entfällt, nach den obigen anderen Grundsätzen vornehmen.

Eine vor der Beiordnung getroffene Vereinbarung dahin, daß der Anwalt einen Betrag an den Auftraggeber oder einen Dritten zurückzahlen soll, der nach seiner etwaigen Beiordnung auf den durch die Staatskasse gedeckten Teil entfällt, ist allerdings wirksam.

Ein Vorschuß deckt nicht die volle gesetzliche Prozeßgebühr des Wahlanwalts ab, sondern nur den nach § 123 nicht gedeckten Teil.

Soweit die Zahlung für einen bestimmten Rechtszug erfolgt, ist eine Anrechnung nur auf die Gebühren dieses Rechtszugs zulässig.

Man muß eine Zahlung wegen der gesetzlichen Vergütung des Wahlanwalts für eine andere Angelegenheit unberücksichtigt lassen. Über die Anrechenbarkeit eines Teils eines einheitlichen Sonderhonorars für mehrere Angelegenheiten s oben.

Wegen einer rückwirkenden Beiordnung Düss AnwBl **82**, 382.

3) Mitteilungspflicht. Wegen der Notwendigkeit einerseits, der Begrenztheit einer Anrechnung andererseits, besteht für den beigeordneten Anwalt gemäß § 128 I 3 Hs 1 eine Pflicht zur Erklärung darüber, ob und welche Zahlungen er von der Partei oder von einem Dritten bis zum Tag der Stellung des Antrags auf eine Vergütung erhalten hat, sowie nach Hs 2 jener Bestimmung eine Pflicht zur Anzeige von Zahlungen, die der Anwalt nach jenem Zeitpunkt erhalten hat.

Vgl § 128 Anm 2 A a dd.

Übergang von Ansprüchen auf die Bundes- oder Landeskasse

130 **I Soweit dem Rechtsanwalt wegen seiner Vergütung ein Anspruch gegen die Partei oder einen ersatzpflichtigen Gegner zusteht, geht der Anspruch mit der Befriedigung des Rechtsanwalts durch die Bundes- oder Landeskasse auf diese über. Der Übergang kann nicht zum Nachteil des Rechtsanwalts geltend gemacht werden.**

II Für die Geltendmachung des Anspruchs gelten die Vorschriften über die Einziehung der Kosten des gerichtlichen Verfahrens sinngemäß.

1) Allgemeines. Der beigeordnete Anwalt hat auf Grund dieser Tätigkeit einen Vergütungsanspruch. Er kann diesen gegenüber seinem Auftraggeber allerdings gemäß §§ 122 I Z 3, 124 ZPO nur nach der etwaigen Aufhebung der Bewilligung der Prozeßkostenhilfe geltend machen. Gegenüber dem zur Zahlung der Prozeßkosten verurteilten Prozeßgegner des Auftraggebers kann der beigeordnete Anwalt seinen Vergütungsanspruch gemäß § 126 ZPO geltend machen. Unabhängig davon hat der beigeordnete Anwalt aber schon auf Grund der Beiordnung und längst vor einer etwaigen Kostenentscheidung des Prozesses einen gesetzlichen Vergütungsanspruch gegenüber der Staatskasse nach §§ 121 ff.

Selbst unter Berücksichtigung etwaiger anrechnungsfähiger Vorschüsse oder Zahlungen des Auftraggebers oder eines Dritten an den beigeordneten Anwalt, § 129, hat die Staatskasse insoweit, als sie den beigeordneten Anwalt gemäß §§ 121 ff befriedigt, ein Interesse daran, von den sonstigen Kostenschuldnern Ersatz zu erlangen, damit die Staatsmittel im Ergebnis möglichst geringfügig in Anspruch genommen werden. Deshalb enthält I einen gesetzlichen Forderungsübergang auf die Staatskasse, soweit diese leistet. Diese Konstruktion entspricht zB derjenigen nach §§ 90, 91 BSHG und vielen vergleichbaren Vorschriften. Damit wird also eine sonst etwa notwendige Abtretung, §§ 398 ff BGB, überflüssig. Der Forderungsübergang tritt unter seinen Voraussetzungen kraft Gesetzes ein.

I gilt nach § 133 sinngemäß im Rahmen einer Beratungshilfe nach dem BerHG.

2) Forderungsübergang, I. A. Grundsatz. Vgl zunächst Anm 1. Der Forderungsübergang tritt kraft Gesetzes ein. Maßgeblicher Zeitpunkt ist nicht etwa derjenige der Entstehung des Vergütungsanspruchs gegenüber dem Auftraggeber oder dem ersatzpflichtigen Prozeßgegner, sondern erst der Zeitpunkt der „Befriedigung des Rechtsanwalts“, also der tatsächlichen Leistung der Staatskasse an ihn.

B. Umfang. Der Anspruch geht so über, wie er im Zeitpunkt der Befriedigung, A, rechtlich bestand. Er ändert ja seinen Rechtscharakter überhaupt nicht, KG MDR **88**, 420. § 130 ist gegenüber KV 1911 eine vorrangige Sonderregelung, vgl Düss NJW **54**, 1692. Die Kosten bleiben außergerichtliche Parteikosten, KG Rpfleger **74**, 233 und MDR **88**, 420, Mü Rpfleger **72**, 464, LG Wuppert JB **75**, 360. § 123 ZPO gilt nach dem Forderungsübergang auch zugunsten der Staatskasse, KG MDR **88**, 420.

Deshalb sind auch die Vorschriften für die Gerichtskosten unanwendbar, namentlich § 2 GKG, BGH NJW **65**, 538, sowie §§ 49, 54, 59 GKG. Auch eine etwaige Gerichtskostenfreiheit zB nach § 24 ConterganG, vgl KG Rpfleger **74**, 233, ist unbeachtlich. Beachtlich bleibt aber § 9 S 2 AUG, abgedruckt in Üb 3 A vor § 49 GKG, Teil I dieses Buchs; denn dort findet eine „endgültige“ Kostenbefreiung statt, soweit nicht das Gericht die Bewilligung der Prozeßkostenhilfe nach § 124 Z 1 ZPO aufhebt.

Der Kläger haftet also nicht etwa als Antragsteller für die Kosten des durch eine Prozeßkostenhilfe begünstigten Beklagten. Allerdings kann seine Haftung im Fall der Übernahme der Kosten gegenüber dem Gericht nach § 54 Z 2 GKG eintreten. Dann liegt aber kein Forderungsübergang vor, sondern ein selbständiger Rechtsgrund.

Soweit das Gericht die Kosten gemäß § 92 ZPO gegeneinander aufhebt, entsteht keine Kostenpflicht gegenüber der Staatskasse. Zwischen dem beigeordneten Anwalt und der Staatskasse besteht ein bürgschaftsähnliches Verhältnis. Darum gehen alle Nebenrechte des beigeordneten

Anwalts entsprechend §§ 401, 412 BGB über, auch ein Pfandrecht an einer vom verurteilten Prozeßgegner geleisteten Ausländersicherheit; sie haftet der Staatskasse in Höhe der ersetzten Kosten, dem beigeordneten Anwalt in Höhe des überschießenden Betrages.

Der beigeordnete Anwalt kann wählen, ob er die Staatskasse oder den in die Prozeßkosten verurteilten Prozeßgegner des Auftraggebers in Anspruch nimmt, Dörndorfer Rpfleger **87**, 448, oder ob er jeden dieser Kostenschuldner zu einem Teil seiner Vergütung beansprucht.

C. Kostenverteilung nach Bruchteilen. Soweit das Gericht die Kosten nach Bruchteilen verteilt hat, darf man die dem beigeordneten Anwalt aus der Staatskasse ersetzten Kosten im Fall der Ausgleichung nicht abziehen. Vielmehr erfolgt zunächst eine Festsetzung so, als ob das Gericht überhaupt keine Prozeßkostenhilfe bewilligt hätte, Mü Rpfleger **82**, 119. Man muß die Anwaltskosten gesondert von den etwa zu erstattenden Gerichtskosten ausgleichen. Soweit sich für die mittellose Partei oder für den beigeordneten Anwalt ein Erstattungsanspruch ergibt, der zuzüglich der nur der Staatskasse erstatteten Gebühren und Auslagen denjenigen Betrag nicht übersteigt, den der Anwalt ohne eine Beiordnung von seiner Partei als Wahlanwalt verlangen könnte, bleibt es bei der errechneten Erstattung.

Soweit der Erstattungsbetrag höher ist als diese Gebühr, steht der Mehrbetrag der Staatskasse zu. Man kann ihn also nicht für die begünstigte Partei oder ihren Anwalt festsetzen. Denn in dieser Höhe hat ein Übergang auf die Staatskasse stattgefunden.

Infolgedessen bleiben bei der Kostenausgleichung die dem beigeordneten Anwalt aus der Staatskasse bezahlten Beträge insoweit unberücksichtigt, als sie zusammen mit den festgesetzen Kosten nicht mehr ergeben, als dem beigeordneten Anwalt gegenüber seinem Auftraggeber zustehen würde, wenn er ihn nicht im Rahmen der Prozeßkostenhilfe vertreten hätte, Mü Rpfleger **82**, 119 mwN.

Über die verschiedenen Berechnungsmethoden Braun Rpfleger, **55**, 179. Soweit der Urkundsbeamte der Geschäftsstelle bei der Kostenausgleichung keine Auskunft der Parteien erhält, muß er so gut wie möglich auf Grund der Akten ausgleichen. Die Partei kann dann die Unrichtigkeit im Weg einer Erinnerung nach § 128 III geltend machen.

D. Kostenvergleich. Ein Vergleich über die Prozeßkosten ist trotz I zulässig, soweit die Kostenpflicht noch nicht rechtskräftig feststeht, Ffm NJW **69**, 144, LG Köln AnwBl **84**, 624, vgl auch BGH **5**, 251. Er kann auch dahin gehen, daß die außergerichtlichen Kosten gegeneinander aufgehoben werden, Düss AnwBl **54**, 182, Oldb AnwBl **55**, 86. Er ist auch dahin zulässig, daß eine Partei auf die Erstattung der außergerichtlichen Kosten verzichtet. In diesen Fällen ist kein Übergang auf die Staatskasse möglich, Celle NdsRpfl **62**, 82, Düss NJW **56**, 1161, Hbg AnwBl **54**, 182.

Soweit die Staatskasse im Anschluß an einen solchen Kostenvergleich gezahlt hat, ist ebenfalls nichts auf sie übergegangen, Köln MDR **56**, 363. Soweit die Staatskasse den erstattungspflichtigen Prozeßgegner der begünstigten Partei in Anspruch genommen hat, muß sie an ihn zurückzahlen.

Soweit die Staatskasse den Kostenvergleich vor der Rechtskraft zur Kenntnis erhalten hat, kann sie sich auf den Übergang nicht berufen. Wenn eine Partei nach der Rechtskraft des Urteils einwendet, man habe vor dem Eintritt der Rechtskraft den Kostenvergleich geschlossen, kommt eine Geltendmachung nur nach § 767 ZPO in Betracht.

Soweit eine Partei durch den Einwand des Kostenvergleichs die Staatskasse arglistig schädigen würde, ist dieser Einwand unzulässig, LG Köln AnwBl **84**, 624. Dafür genügt das Bewußtsein, die Staatskasse ohne einen zwingenden Grund sachlich zu beeinträchtigen, zB dann, wenn die Parteien im Kostenvergleich gerade nur den von der Staatskasse erstatteten Kostenbetrag aus der Erstattungspflicht der unterlegenen, nicht von einer Prozeßkostenhilfe begünstigten Partei ausgenommen hatte. Eine grobe Fahrlässigkeit genügt. Sie liegt allerdings noch nicht dann vor, wenn der beigeordnete Anwalt eine Festsetzung auf den Namen des Auftraggebers vornehmen läßt und damit die Aufrechnung ermöglicht.

Im Fall einer arglistigen Schädigung der Staatskasse hat diese gegenüber dem Anspruch des beigeordneten Anwalts die Einrede der Arglist, Hbg Rpfleger **52**, 352, und nach einer etwaigen Zahlung ein Rückforderungsrecht, Kblz MDR **56**, 497.

3) Kein Übergang zum Nachteil des Anwalts, I 2. Der Forderungsübergang, Anm 2, kann nicht zum Nachteil des beigeordneten Anwalts geltend gemacht werden. Er behält mit seinem Anspruch den Vorrang, LAG Nürnb AnwBl **88**, 182 mwN. Soweit er seine Vergütung nur zum Teil erhalten hat, darf er sich aus dem auf ihn übergegangenen Erstattungsanspruch gegenüber dem Prozeßgegner des Auftraggebers nach § 126 ZPO befriedigen, bevor die Staatskasse den Forderungsübergang nach I geltend machen darf. Das gilt selbst dann, wenn die Festsetzung auf den Namen der durch die Prozeßkostenhilfe begünstigten Partei erfolgt ist. Denn es handelt sich um einen sachlichrechtlichen Anspruch des beigeordneten Anwalts.

Soweit der vom Prozeßgegner des Auftraggebers zu erstattende Betrag zur Deckung der Anwaltskosten nicht ausreicht, darf der beigeordnete Anwalt die Zahlungen der Staatskasse zunächst auf diejenigen Kosten verrechnen, für die der Gegner nicht haftet, Hbg NJW **54**, 1044 (Vertretung von Streitgenossen), LAG Nürnb AnwBl **88**, 182 mwN. Das gilt auch dann, wenn der Prozeßgegner einen bezifferten Teilbetrag gezahlt hat.

4) Verfahren, II. Obwohl der Anspruch der Staatskasse durch den Forderungsübergang nach I seinen rechtlichen Charakter nicht ändert, gelten die Vorschriften über die Einziehung der Kosten des gerichtlichen Verfahrens sinngemäß. Man kann ihn also in Verwaltungszwangsverfahren geltend machen, im Bereich der ordentlichen Gerichtsbarkeit nach der JBeitrO, Teil IX A dieses Buchs. Gegenüber der bisher begünstigten Partei ist die Gerichtskostenrechnung der Vollstreckungstitel. Gegenüber dem Prozeßgegner ist das rechtskräftige Urteil der Vollstreckungstitel.

Einwendungen sind gemäß §§ 1 Z 4, 84 I JBeitrO im Weg von § 5 GKG statthaft. Also ist auch eine Beschwerdesumme von 100 DM erforderlich. Eine Aufrechnung seitens des erstattungspflichtigen Prozeßgegners ist nur im Rahmen von § 126 II ZPO oder dann statthaft, wenn die

Gegenforderung anerkannt oder gerichtlich festgestellt worden ist, § 8 I 2 JBeitrO. Im übrigen hat der in Anspruch Genommene gegenüber der Staatskasse dieselben Einwendungen wie gegenüber dem beigeordneten Anwalt, zB den Einwand der Erfüllung, Hamm Rpfleger **73**, 408.

Vierzehnter Abschnitt. Vergütung für die Beratungshilfe

Einführung

Schrifttum: Baumgärtl, Zugang zum Gericht für Unterprivilegierte: „Rechtshilfe" und Rechtsberatung, in: Gilles, Humane Justiz (1977) 17; Birkl, Prozeßkosten- und Beratungshilfe, 2. Aufl 1981; Greissinger, Beratungshilferecht, 1987; Kalthoener/Büttner, Prozeßkostenhilfe und Beratungshilfe, 1988 (Bespr Luthin FamRZ **89**, 135, Pentz NJW **88**, 2721, Poretschkin WM **88**, 371, Schneider Rpfleger **89**, 43); Klinge, Beratungshilfegesetz, Komm, 1980; Lindemann/Trenk-Hinterberger, Beratungshilfegesetz, Komm, 1987 (Bespr Bergerfurth FamRZ **88**, 360, Schneider Rpfleger **87**, 392); Schoreit/Dehn, Beratungshilfegesetz, Prozeßkostenhilfegesetz, Komm, 3. Aufl 1987 (Bespr Bergerfurth FamRZ **88**, 360, Herget MDR **87**, 702, Schneider Rpfleger **87**, 440).

1) Geltungsbereich. Während für die Fälle einer Beiordnung des Anwalts im Weg einer Prozeßkostenhilfe im Zivilprozeß und den ihm gebührenrechtlich gleichgestellten anderen gerichtlichen Verfahren die Anwaltsvergütung den Vorschriften der §§ 121–130 zu entnehmen ist, enthalten die §§ 131–133 eine Regelung der Vergütung des Anwalts, der im Rahmen einer außergerichtlichen Beratungshilfe tätig wird.

Sie ist freilich nicht abschließend, vgl zB wegen einer Angelegenheit des Arbeits- oder Sozialrechts in Niedersachsen die VO vom 5. 1. 83, NdsRpfl 6, abgedruckt AnwBl **83**, 117; ihr § 7 lautet:

VO § 7. I Die Beratungshilfe ist für den Rechtsuchenden unentgeltlich.

II Der Rechtsanwalt wird seinen Anspruch auf die gesetzliche Vergütung nur dann gegenüber dem Rechtsuchenden geltend machen, wenn dieser von seinem Gegner auf einen etwaigen Kostenerstattungsanspruch die angefallenen Rechtsanwaltsgebühren bereits erhalten hat, oder dem Rechtsuchenden aufgrund der anwaltlichen Tätigkeit ein so erheblicher Vermögenswert zugeflossen ist, daß die Voraussetzungen des § 1 Abs. 1 Nr. 1 nicht mehr vorliegen.

III Rechtsanwälte die sich an der Beratungshilfe beteiligen, werden für ihre Tätigkeit eine Vergütung aus Mitteln der Justizverwaltung erhalten, sobald die haushaltsrechtlichen Voraussetzungen dafür gegeben sind. Die Höhe der Vergütung und das Verfahren bei ihrer Auszahlung werden dann gesondert geregelt.

Bundesrechtliche Grundlage ist das Beratungshilfegesetz (BerHG). Es basiert unter anderem auf der Sozialstaatsverpflichtung des Art 20 I GG. Es hat als ein Bundesgesetz auf dem Gebiet der konkurrierenden Gesetzgebung nach Art 74 Z 1 GG den Vorrang vor Länderregelungen, Art 72

GG. Es hat in § 14 für die Länder, Berlin, Bremen und Hamburg folgende Sonderregelung getroffen:

BerHG § 14. I In den Ländern Bremen und Hamburg tritt die eingeführte öffentliche Rechtsberatung an die Stelle der Beratungshilfe nach diesem Gesetz, wenn und soweit das Landesrecht nichts anderes bestimmt.

II Im Land Berlin hat der Rechtsuchende die Wahl zwischen der Inanspruchnahme der dort eingeführten öffentlichen Rechtsberatung und anwaltlicher Beratungshilfe nach diesem Gesetz, wenn und soweit das Landesrecht nichts anders bestimmt.

Das Gesetz enthält mit dieser Regelung kein Verbot Öffentlicher Rechtsauskunfts- oder Beratungsstellen usw auf Grund von Landes- oder Gemeinderecht, etwa der Lübecker Stelle, AV vom 4. 8. 49, SchlHA 276, und vom 17. 12. 52, SchlHA **53**, 9. Solche Institutionen unterfallen aber nicht dem BerHG; der vor ihnen tätige Anwalt erhält Gebühren jedenfalls nicht nach den §§ 131–133 und auch nicht nach § 8 BerHG, sondern unter Umständen zB nach § 120 oder nach § 118.

2) Vergütungssystem. A. Grundsatz. Das Vergütungssystem nach dem BerHG weicht sowohl von demjenigen nach dem Gesetz über die Prozeßkostenhilfe als auch von demjenigen der sonstigen BRAGO ab. Das muß man beachten, um den vollen Vergütungsanspruch zu erfassen, der dem Anwalt im Rahmen seiner Tätigkeit nach dem BerHG zusteht.

Der Anwalt wird nicht beigeordnet. Dennoch besteht nach § 49a S 1 BRAO eine grundsätzliche Pflicht zur Übernahme der Beratungshilfe. Der Anwalt, an den sich eine Partei mit oder ohne einen Berechtigungsschein wendet, darf seine Tätigkeit nur aus wichtigem Grund ablehnen, § 49a S 2 BRAO.

B. Festgebühr gegen Auftrageber. Sobald der Anwalt eine Beratungshilfe gewährt, erwächst ihm gegen den Auftraggeber ein Anspruch nach

BerHG § 8. I Dem Rechtsanwalt steht gegen den Rechtsuchenden, dem er Beratungshilfe gewährt, eine Gebühr von 20 Deutsche Mark zu, die er nach dessen Verhältnissen erlassen kann.

II Vereinbarungen über eine Vergütung sind nichtig.

Dieser Anspruch ist also weder von der Vorlage eines Berechtigungsscheins nach § 6 I BerHG noch überhaupt von einer vorangegangenen oder nachträglichen Antragstellung beim Amtsgericht auf die Gewährung einer Beratungshilfe abhängig. Es reicht vielmehr aus, daß der Anwalt eine Beratungshilfe im Sinn von § 2 BerHG tatsächlich gewährt hat, Grunsky NJW **80**, 2048, aM LG Bln Rpfleger **82**, 239 mwN.

Freilich muß sich der Auftraggeber als Rechtsuchender im Sinn von § 1 BerHG an den Anwalt gewandt und gerade um eine Beratungshilfe gebeten haben. Soweit der Auftrag unter anderen Voraussetzungen oder in einem weiteren Umfang erteilt wurde, kommt nicht die Festgebühr des § 8 BerHG in Betracht, sondern eine Vergütung nach den §§ 1–130 BRAGO.

Hier bringt das BerHG zahlreiche Abgrenzungsprobleme mit sich. Es ist die Pflicht des Anwalts, von vornherein eine Klärung darüber herbeizuführen, ob sich der Auftraggeber nur im Rahmen des BerHG an ihn wendet (und daher auch nur die Festgebühr des § 8 entrichten will). Diese Pflicht entsteht sowohl aus dem vorvertraglichen Verhältnis zum Auftraggeber als auch aus dem Standesrecht. Im Zweifel schuldet der Auftraggeber nur die Festgebühr des § 8 BerHG, abw AG Minden AnwBl **84**, 516 (der Auftraggeber müsse sofort von sich aus auf seine finanziellen Verhältnisse hinweisen).

Der Anwalt muß beweisen, daß er wenigstens eine Beratungshilfe gewährt hat. Ihr Umfang ist aber für die Festgebühr unerheblich.

Neben der Festgebühr von 20 DM kann der Anwalt keinerlei Auslagenersatz vom Auftraggeber fordern, weder in der Form einer Pauschale noch in der Form der Einzelberechnung. Denn § 8 BerHG steht nicht in der BRAGO und nimmt daher auch nicht an deren Auslagenregelung (§§ 25 ff BRAGO) teil. Dem Gesetzgeber waren auch der begriffliche Unterschied zwischen Gebühr und Auslagen sowie der Oberbegriff Kosten bekannt. Mit dem Begriff Gebühr hat er in § 8 BerHG zu erkennen gegeben, daß nur die 20 DM vom Auftraggeber verlangt werden können.

Die Abgrenzung der einen Beratung von einer weiteren erfolgt am besten entsprechend § 13 II 1 nach dem Begriff derselben Angelegenheit.

Diese Frage ist **im wesentlichen unstreitig. Wie hier** zB insofern richtig Brschw AnwBl **84**, 515, ferner Mü MDR **88**, 330 mwN (auch bei Scheidung und deren Folgen), LG Bln AnwBl **85**, 109 und Rpfleger **84**, 162, LG Bonn AnwBl **85**, 109, LG Dortm Rpfleger **84**, 478, LG Stade AnwBl **87**, 198, vgl AG Aachen AnwBl **86**, 345, AG Köln AnwBl **85**, 335, Greissinger NJW **85**, 1676 mwN; **abw** (wegen Scheidung und Folgesachen) zB LG Gött JB **86**, 1843.

§ 7 II ist wegen des Festgebührensystems des § 132 jedenfalls nicht direkt anwendbar, Bln Rpfleger **84**, 162.

C. Sonstiger Vergütungsanspruch gegen Landeskasse. Unabhängig von § 8 BerHG geben die §§ 131–133 weitere Vergütungsansprüche des Anwalts, und zwar nicht gegenüber dem Auftraggeber, sondern gegenüber der Landeskasse. Diese Ansprüche bestehen also auch, soweit der Auftraggeber die Festgebühr nach § 8 BerHG schuldet oder gezahlt hat oder soweit der Anwalt sie ihm erlassen hat, Klinge AnwBl **81**, 166, oder soweit eine Vollstreckung wegen dieser Festgebühr erfolglos war oder sein dürfte.

D. Erstattungspflicht des Gegners. Hierzu bestimmt

BerHG § 9. Ist der Gegner verpflichtet, dem Rechtsuchenden die Kosten der Wahrnehmung seiner Rechte zu ersetzen, hat er die gesetzliche Vergütung für die Tätigkeit des Rechtsanwalts zu zahlen. Der Anspruch geht auf den Rechtsanwalt über. Der Übergang kann nicht zum Nachteil des Rechtsuchenden geltend gemacht werden. Zahlungen, die der Rechtsanwalt nach Satz 2 erhält, werden auf die Vergütung aus der Landeskasse (§ 131 der Bundesgebührenordnung für Rechtsanwälte) angerechnet.

Der Anwalt kann im Rahmen einer Beratungshilfe also Ansprüche gegen drei Schuldner erhalten: Gegen den Auftraggeber; gegen die Landeskasse; gegen den Prozeßgegner des Auftraggebers.

E. Vordruck und -zwang. Hierzu bestimmt

BerHG § 13. Der Bundesminister der Justiz wird ermächtigt, zur Vereinfachung und Vereinheitlichung des Verfahrens durch Rechtsverordnung mit Zustimmung des Bundesrates Vordrucke für den Antrag auf Gewährung von Beratungshilfe und auf Zahlung der Vergütung des Rechtsanwalts nach Abschluß der Beratungshilfe einzuführen und über deren Verwendung vorzuschreiben.

Vgl VO v 2. 1. 81, BGBl 26.

Vergütung aus der Landeskasse

131 **Der Rechtsanwalt erhält, soweit nicht für die Tätigkeit in Beratungsstellen nach § 3 Abs. 1 des Beratungshilfegesetzes besondere Vereinbarungen getroffen sind, eine Vergütung nach diesem Gesetz aus der Landeskasse.**

1) Geltungsbereich. A. Voraussetzungen. Eine Vergütung des Anwalts nach der BRAGO ist im Rahmen des 14. Abschnitts davon abhängig, daß folgende Voraussetzungen zusammentreffen:

a) Beratungshilfe. Der Auftraggeber muß sich als Rechtsuchender im Sinn von § 1 BerHG an den Anwalt gewandt und gerade um eine Beratungshilfe gebeten haben. Soweit der Auftrag unter anderen Voraussetzungen oder in einem weiteren Umfang erteilt wurde, kommt eine Vergütung nicht nach den §§ 131–133 und auch nicht nach § 8 BerHG, sondern eine Vergütung nach den §§ 1–130 BRAGO in Betracht. Ein Rechtsbeistand darf keine Beratungshilfe gewähren und hat keinen Festsetzungsanspruch, LG Bielef Rpfleger **89**, 69 (abl Feuerich Rpfleger **89**, 202).

Zu den Abgrenzungsproblemen Einf 2 B vor § 131.

b) Keine Vergütungsvereinbarung. Der Anwalt darf weder allgemein noch im vorliegenden Einzelfall oder für eine Gruppe von Fällen eine Vergütungsvereinbarung mit einer Beratungsstelle nach § 3 I BerHG getroffen haben, vgl auch Einf 1 vor § 131. Eine solche Vereinbarung ist vorrangig. Die §§ 131–133 gelten neben ihr nur hilfsweise.

c) Vergütungstatbestand. Die Tätigkeit des Anwalts muß einen der Vergütungstatbestände der §§ 132, 133 erfüllen. Eine Tätigkeit, die zwar unter a und nicht zugleich unter b, aber auch nicht unter c fällt, wird nicht nach der BRAGO vergütet, § 1 I; sie mag freilich die Festgebühr des § 8 BerHG, Einf 2 B vor § 131, oder einen übergegangenen Erstattungsanspruch gegenüber dem Gegner des Auftraggebers auslösen, Einf 2 D vor § 131.

B. Weitere Vergütungsgrundlagen. Neben den §§ 132, 133 kann der Tatbestand einer Festgebühr gegenüber dem Auftraggeber nach § 8 BerHG erfüllt sein, Einf 2 B vor § 131. Außerdem kann ein Erstattungsanspruch des Auftraggebers gegenüber seinem Gegner auf den Anwalt übergegangen sein, Einf 2 D vor § 131.

2) Anwendbarkeit der §§ 1 ff. § 131 verweist auf die BRAGO insgesamt. Das bedeutet: Sowohl zur Auslegung der §§ 132, 133 als auch im übrigen sind die allgemeinen Regelungen der §§ 1 ff direkt anwendbar, soweit nicht der BerHG Sonderregeln enthält, LG Gött AnwBl **84**, 516 mwN. Anwendbar sind zB § 6, LG Gött AnwBl **84**, 516, und § 13, LG Dortm Rpfleger **84**, 479.

3) Landeskasse. Vergütungsschuldner ist in den Fällen der §§ 132, 133 stets die Landeskasse. Die örtliche Zuständigkeit ergibt sich aus § 128, auf den § 133 verweist; vgl die dortigen Anm.

Gebühren für die Beratungshilfe

132 **I Für einen mündlichen oder schriftlichen Rat und für eine Auskunft, die nicht mit einer anderen gebührenpflichtigen Tätigkeit zusammenhängen, erhält der Rechtsanwalt eine Gebühr von 35 Deutsche Mark. § 20 Abs. 1 Satz 3 ist anzuwenden.**

II Für die in § 118 bezeichneten Tätigkeiten erhält der Rechtsanwalt eine Gebühr von 90 Deutsche Mark. Auf die Gebühren für ein anschließendes gerichtliches oder behördliches Verfahren ist diese Gebühr zur Hälfte anzurechnen.

III Führt die Tätigkeit des Rechtsanwalts nach Absatz 2 Satz 1 zu einem Vergleich oder einer Erledigung der Rechtssache (§§ 23, 24), so erhält der Rechtsanwalt eine Gebühr von 110 Deutsche Mark.

Vorbem. Fassg Art 3 I Z 34 G vom 9. 12. 86, BGBl 2326, in Kraft seit 1. 1. 87, Art 10, Übergangsrecht § 134.

Gliederung

1) Allgemeines, I–III. Die Vergütungstatbestände des § 132 weisen teilweise Übereinstimmungen oder Ähnlichkeiten mit anderen Vergütungstatbeständen der BRAGO auf. Gleichwohl geht § 132 als Spezialvorschrift vor. Soweit also der Anwalt (nur) im Rahmen einer Beratungshilfe tätig wird, Einf 2 B vor § 131, erhält er die Festgebühr des § 132 unabhängig davon, ob der Gegenstandwert nach den sonstigen Vorschriften der BRAGO eine höhere oder eine niedrigere Gebühr auslösen würde, so auch in Wahrheit Bischof NJW **81**, 898.

Im Zweifel schuldet der Auftraggeber diejenige Gebühr, die niedriger ist. Der Anwalt ist für die Entstehung einer höheren Gebühr auch dann beweispflichtig, wenn diese höhere Gebühr eine Festgebühr nach § 132 darstellt.

2) Rat, Auskunft, I. I 1 stimmt fast wörtlich mit § 20 I überein; vgl § 20 Anm 1. Rat ist eine Äußerung, die für die Beurteilung und Auffassung einer Angelegenheit und für die Art und Weise ihrer Behandlung von Bedeutung ist, Bischof NJW **81**, 898. Dazu gehört auch zB der Rat, von einer Maßnahme abzusehen, Bischof NJW **81**, 898. Bei einer nur mit dem Auftraggeber stattgefundenen Erörterung liegt meist ein Rat vor, während eine nach außen wirkende Tätigkeit durchweg andere Gebührentatbestände erfüllt, Bischof NJW **81**, 898 mwN.

Der Anwalt, der den Rat oder die Auskunft im Rahmen einer Beratungshilfe erteilt, Anm 1, erhält statt der Rahmengebühr des § 20, Forstmann AnwBl **82**, 182, eine Festgebühr von 35 DM. Daher ist der Gegenstandswert insofern unerheblich, Forstmann AnwBl **82**, 182.

I 2 verweist auf § 20 I 3 und die dort vorgesehene Anrechnungsmethode; vgl dazu § 20 Anm 2 B und Bischof NJW **81**, 898.

3) Kein Zusammenhang mit anderer Tätigkeit. I. Die Festgebühr nach I entsteht nur, soweit der Rat oder die Auskunft nicht mit einer anderen gebührenpflichtigen Tätigkeit zusammenhängt, I 1. Dieser Begriff ist zwar weit auszulegen, erfordert aber doch eine innerliche Verknüpfung, Düss MDR **86**, 158. Sie kann zB bei Scheidungs- und Scheidungsfolgesachen fehlen, Düss MDR **86**, 158. Ein solcher Zusammenhang kann auch dann vorliegen, wenn zB eine Tätigkeit für eine gerichtliches Verfahren noch nicht oder nicht mehr erfolgt. Er kann fehlen, obwohl der Anwalt schon oder noch (auch) im Bezug auf ein gerichtliches Verfahren tätig ist, LG Mainz Rpfleger **87**, 160 mwN.

4) Geschäftsbetreibung, Besprechung, Beweis, II. A. Grundsatz. II verweist auf § 118. Jene Vorschrift enthält in ihren Z 1–3 drei durchaus verschiedene Tätigkeitsbereiche, die sich überschneiden können, aber nicht müssen. Während aber nach § 118 für jeden Tätigkeitsbereich eine besondere Rahmengebühr vorgesehen ist, erhält der Anwalt im Rahmen der Beratungshilfe nach II nur eine einzige Festgebühr von 90 DM, LG Bln Rpfleger **83**, 176 mwN. Das ergibt sich schon aus dem Wortlaut von I.

Denn I 1 spricht einerseits von „Tätigkeiten", andererseits von (nur) „einer Gebühr". Die Vorschrift lautet nicht etwa dahin, der Anwalt erhalte für „jede" der in § 118 bezeichneten Tätigkeiten eine Gebühr. Sie lautet auch nicht etwa dahin, der Anwalt erhalte für die in § 118 bezeichneten Tätigkeiten „je" eine Gebühr oder eine Gebühr von „je" 90 DM. Erst recht nicht spricht I 1 von „Gebühren" oder von „Gebühren in Höhe von je 90 DM" usw.

Auch der Zusammenhang mit I 2 zeigt, daß I 1 nur eine einzige Festgebühr bringt. Denn in I 2 ordnet das Gesetz die Anrechnung von „Gebühren" . . . auf „diese Gebühr" (das heißt: diejenige des I 1) an.

Schließlich spricht auch der Sinn und Zweck des I 1 für nur eine einzige Festgebühr. Das Gesetz soll ersichtlich mit seinem System bloßer Festgebühren eine kostenrechtliche Erleichterung bei der Abrechnung bewirken und nimmt in Kauf, daß die Festgebühr wie jede Gebühr solcher Art im einen Fall rasch, im anderen langsam und mühsam verdient wird. Ersichtlich soll zumindest die ganze Abgrenzungsproblematik der Tatbestände des § 118 hier entfallen.

Freilich ist § 6 anwendbar. Das ist **streitig. Wie hier** zB LG Bln JB **84**, 894, AG Marbg JB **86**, 238, AG Mönchengladb AnwBl **82**, 400; **aM** LG Dortm Rpfleger **86**, 407.

Eine nachträgliche Ermäßigung der Festgebühr ist unzulässig, aM LG Aachen Rpfleger **86**, 495.

B. Einzelheiten, vgl Greißinger AnwBl **86**, 421 (Üb). Auf dieser Grundlage ergibt sich: Es reicht für die Festgebühr aus, daß der Anwalt irgendeine Tätigkeit aus einem der Bereiche des § 118 erbracht hat. Es ist unerheblich, ob seine Tätigkeit zwei oder drei jener Bereiche berührt hat.

Wenn der Anwalt sowohl nach § 118 I Z 1, 2 oder 3 als auch nach § 20 I einzustufen ist, kann er die Festgebühr des I (35 DM) und diejenige des II (90 DM) nebeneinander beanspruchen, AG Osnabr AnwBl **86**, 458, von den Anrechnungsfällen abgesehen. Eine Tätigkeit nach III kann zu einer weiteren Festgebühr (110 DM) führen. Diese ist nicht auf eine Gebühr nach II anzurechnen, LG Ffm AnwBl **82**, 319, Forstmann AnwBl **82**, 182.

Eine besondere Glaubhaftmachung der über eine Raterteilung hinausgehenden Mehrtätigkeit, die II vergütet, ist nicht von vornherein erforderlich.

Diese Frage ist **streitig. Wie hier** zB wohl auch LG Mainz Rpfleger **86**, 155, vgl auch AG Gött AnwBl **88**, 126, ferner Klinge AnwBl **81**, 167; **aM** zB AG Brschw AnwBl **85**, 538 und 539 je mwN, Mümmler JB **80**, 1607.

Wegen der Abgrenzung des § 118 von § 20 vgl § 20 Anm 1 A, § 118 Anm 1 Cc. Zur Abgrenzung des § 118 von den §§ 23, 24 vgl § 118 Anm 1 Cd, e. Strafvollzug gehört zum Verwaltungsrecht im Sinn von § 2 II 1 Z 2 BerHG, nicht zum Strafrecht im Sinn von § 2 II 2 BerHG, und kann daher Vergütungen nach II, III auslösen, LG Bln AnwBl **88**, 80 mwN, aM zB LG Gött NdsRpfl **83**, 161.

C. Anrechnung, II 2. Die Vorschrift entspricht weitgehend dem § 118 II; jedoch findet eine Anrechnung nur zur Hälfte statt. Vgl im übrigen § 118 Anm 6. LG Bln Rpfleger **88**, 42 rechnet auch die Postgebührenpauschale des § 26 S 2 anteilig an.

5) Vergleich, Erledigung, III. A. Zusätzliche Festgebühr. Die Vorschrift gibt dem Anwalt zusätzlich zu der nach II entstehenden Festgebühr von [jetzt] 90 DM, eine weitere Festgebühr.

Diese Frage ist **streitig. Wie hier** zB LG Brschw AnwBl **89**, 64, LG Duisb AnwBl **85**, 110, LG Essen AnwBl **85**, 110, LG Ffm AnwBl **82**, 319, LG Hagen AnwBl **82**, 336 mwN, jetzt auch LG Hann AnwBl **89**, 63 mwN, ferner LG Hildesh NJW **86**, 2324, jetzt auch LG Münst Rpfleger **89**, 333 mwN, ferner LG Tüb Rpfleger **86**, 239, LG Verden Rpfleger **88**, 42, AG Ahaus AnwBl **87**, 198, AG Brschw AnwBl **84**, 108, AG Wetzlar AnwBl **84**, 107, Bauer AnwBl **88**, 406 mwN, GSEM 4, Greissinger NJW **85**, 1676 mwN, Schaich AnwBl **87**, 90, Swolana 4; **aM** zB LG Brschw AnwBl **86**, 345 (abl Schaich), LG Hamm Rpfleger **83**, 87, 294, LG Oldb AnwBl **86**, 163 (je abl Schaich).

Diese weitere Festgebühr beträgt [jetzt] 110 DM, Bischof NJW **81**, 898. Sie entsteht beim Zusammentreffen der folgenden Voraussetzungen:

B. Tätigkeit nach § 118. Zunächst muß der Anwalt eine Tätigkeit nach II 1, also eine der in § 118 bezeichneten Tätigkeiten, ausgeübt haben; vgl dazu Anm 3. Es genügt, daß entweder eine Tätigkeit nach § 118 I Z 1 oder eine solche nach § 118 I Z 2 oder eine solche nach § 118 I Z 3 vorliegt. Eine Tätigkeit nach I, vgl § 20 I 1, reicht dagegen nicht aus. Der Umfang der Tätigkeit nach II 1 ist unerheblich.

C. Vergleich, Erledigung der Rechtssache. Es muß ferner entweder ein Vergleich im Sinn von § 23, dort Anm 2, LG Frankenth Rpfleger **87**, 338, oder eine Erledigung im Sinn von § 24, dort Anm 2 A, B, eingetreten sein. Die Erledigung kann vor oder nach der Rechtshängigkeit eintreten, AG Gött AnwBl **85**, 541 aM (nur nach der Rechtshängigkeit) LG Dortm Rpfleger **84**, 118. Vgl zur Erledigung zB LG Bln AnwBl **84**, 515. Ein außergerichtlicher Vergleich während eines gerichtlichen Verfahrens genügt, Hamm Rpfleger **87**, 82. Wegen eines Vergleichs in einer öffentlichrechtlichen Sache auch LG Augsb AnwBl **85**, 111.

D. Ursächlichkeit der Anwaltstätigkeit. Die Tätigkeit des Anwalts nach A muß für den Vergleich oder die Erledigung nach B zumindest mitursächlich gewesen sein, LG Frankenth Rpfleger **87**, 338, Forstmann AnwBl **82**, 182. Diese Mitursächlichkeit braucht nicht so weit zu gehen wie eine Mitwirkung im Sinn der §§ 23, 24; der Anwalt braucht also nicht noch beim Abschluß des Vergleichs, aber auch nicht bei den Vergleichsverhandlungen usw direkt mitgewirkt zu haben; irgendeine Tätigkeit reicht aus, die dem Vergleich oder der Erledigung förderlich war, selbst wenn die Tätigkeit diese Verfahrensbeendigung nicht oder nicht vorrangig oder nur vorübergehend bezweckte, ähnlich Klinge AnwBl **81**, 167. In der Praxis sind freilich die Maßstäbe für die Ursächlichkeit bei III einerseits und bei den §§ 23, 24 andererseits im wesentlichen dieselben.

Die bloße Glaubhaftmachung reicht hier nicht aus. Diese Frage ist **streitig. Wie hier** zB LG Bielef Rpfleger **84**, 248 mwN; **aM** insofern LG Dortm Rpfleger **86**, 321, ferner LG Hann Rpfleger **86**, 72, AG Brschw AnwBl **85** 538.

Zu den Anforderungen bei Zweifelsfragen im Festsetzungsverfahren Forstmann AnwBl **82**, 183. Vgl deshalb § 23 Anm 3 B, § 24 Anm 2 C.

Weitere Einzelheiten. Pauschsatz. Zuständigkeit

133 Die §§ 125, 126, 128, 130 Abs. 1 sind sinngemäß anzuwenden. Der Pauschsatz des § 26 bemißt sich nach den Gebühren des § 132. Zuständig ist das Amtsgericht, das den Berechtigungsschein ausgestellt hat, in den Fällen des § 7 des Beratungshilfegesetzes das Amtsgericht, in dessen Bezirk der Rechtsanwalt seine Kanzlei hat.

Vorbem. Die Überschrift ist nicht amtlich.

1) Allgemeines. Die Vorschrift regelt eine Reihe unterschiedlich gearteter Einzelheiten. Ergänzend sind die in Einf vor § 131 genannten und erläuterten Bestimmungen, vornehmlich des BerHG, zu beachten. S 3 ergibt keine Zuständigkeit für die Ausstellung eines Berechtigungsscheins, zB BayObLG Rpfleger **83**, 447 mwN, im Ergebnis aM KG

Rpfleger **83**, 446 mwN (abl Glowitz). Für eine nachträgliche Gewährung ist ebenfalls nur dasjenige AG zuständig, in dessen Bezirk ein Beratungsbedürfnis auftritt.

Diese Frage ist **streitig. Wie hier** zB Köln Rpfleger **89**, 112, Zweibr Rpfleger **83**, 285 und **85**, 198 sowie 199; **aM** zB Celle Rpfleger **84**, 241 mwN, KG Rpfleger **85**, 199, Karlsr AnwBl **84**, 514 (maßgeblich sei der Kanzleiort des Anwalts).

§ 129 ist unanwendbar, offen LG Bln AnwBl **83**, 478.

2) Verschulden, § 125. Soweit der Anwalt im Rahmen der Beratungshilfe durch ein schuldhaftes Verhalten die Wahl eines anderen Anwalts (und sein eigenes Ausscheiden) veranlaßt hat, kann er Gebühren, die auch für den anderen Anwalt entstehen, nicht fordern.

3) Auslagen, § 126. Anders als im Fall der Festgebühr nach § 8 BerHG, Einf 2 B vor § 131, entstehen neben den Festgebühren des § 132 Ansprüche auf einen Auslagenersatz wie bei § 126 und Pauschalierungsmöglichkeiten wie bei § 26; die Pauschale von jetzt 15% bemißt sich nach der jeweiligen Festgebühr des § 132, wie S 2 klärt. Zu den Auslagen zählt die Umsatzsteuer, Klinge AnwBl **81**, 168. Der Anwalt braucht zur Geltendmachung der Pauschale keine tatsächliche Entstehung von Unkosten darzulegen, Klinge AnwBl **81**, 165, aM Mümmler JB **80**, 1608.

4) Festsetzung, § 128. Das Festsetzungsverfahren verläuft grundsätzlich ebenso wie nach § 128; jedoch liegt die Zuständigkeit bei demjenigen AG, das einen Berechtigungsschein nach § 6 I BerHG ausgestellt hat oder bei dem der Anwalt in dem Fall, daß sich der Auftraggeber gemäß § 7 BerHG zunächst unmittelbar und noch ohne einen Berechtigungsschein an ihn wandte, seine (Haupt-)Kanzlei hat, S 3, vgl KG Rpfleger **83**, 445, ferner LG Bln Rpfleger **82**, 239. Zuständig ist das ProzG, nicht der FamG, BGH FamRZ **84**, 775, Hamm Rpfleger **84**, 271, aM Schlesw SchlHA **84**, 55. Maßgeblich ist der Zeitpunkt des Eingangs des Festsetzungsgesuchs. Zur Festsetzung ist der Urkundsbeamte, nicht der Rpfl, zuständig, § 128 Anm 2 Ba, Zweibr Rpfleger **83**, 30, LG Bln Rpfleger **82**, 239, LG Köln AnwBl **82**, 84. Er ist an den Umfang der Bewilligung gebunden, LG Bln Rpfleger **88**, 489 (bloße „Beratung" gibt nur die Ratsgebühr nach § 132 I).

Ein bereits entstandener Vergütungsanspruch bleibt von einer nachträglichen Aufhebung und Einziehung des Berechtigungsscheins unberührt, LG Osnabr AnwBl **83**, 143.

5) Anspruchsübergang, § 130 I. Zwar läßt § 130 I auch einen solchen Anspruch auf die Landeskasse übergehen, den der Anwalt bis zu seiner Befriedigung gegen den Auftraggeber hatte. Dazu scheint auf den ersten Blick auch der Anspruch auf die Festgebühr von 20 DM nach § 8 BerHG zu gehören, Einf 2 B vor § 131. Indessen steht § 133 in der BRAGO; § 8 BerHG ist nicht in die BRAGO eingerückt worden. Daraus ergibt sich, daß auch der in § 133 genannte § 130 nur solche Ansprüche auf die Landeskasse übergehen lassen kann, die in der BRAGO selbst geregelt sind. Wenn der Anwalt also die Festgebühr nach § 8 BerHG erhalten hat, geht insoweit nichts auf die Landeskasse über.

Fünfzehnter Abschnitt. Übergangs- und Schlußvorschriften

Übergangsvorschrift

134 **I Die Vergütung ist nach bisherigem Recht zu berechnen, wenn der unbedingte Auftrag zur Erledigung derselben Angelegenheit im Sinne des § 13 vor dem Inkrafttreten einer Gesetzesänderung erteilt oder der Rechtsanwalt vor diesem Zeitpunkt gerichtlich bestellt oder beigeordnet worden ist. Ist ein gerichtliches Verfahren im Zeitpunkt des Inkrafttretens einer Gesetzesänderung noch anhängig, so ist die Vergütung nach neuem Recht nur für das Verfahren über ein Rechtsmittel zu berechnen, das nach diesem Zeitpunkt eingelegt worden ist. Die Sätze 1 und 2 gelten auch, wenn Vorschriften geändert werden, auf die dieses Gesetz verweist.**

II Sind Gebühren nach dem zusammengerechneten Wert mehrerer Gegenstände zu bemessen, gilt für die gesamte Vergütung das bisherige Recht auch dann, wenn dies nach Absatz 1 nur für einen der Gegenstände gelten würde.

Vorbem. Fassg Art 3 I Z 35 G vom 9. 12. 86, BGBl 2326, in Kraft seit 1. 1. 87, Art 10.

Gliederung

1) Allgemeines, I, II. In Abweichung von denjenigen Anknüpfungspunkten, die sich in der bisherigen Fassung des § 134 fanden, und in teilweiser Rückkehr zu den Grundsätzen der Kostennovelle 1975 macht die teilweise mit § 73 I GKG übereinstimmende Neufassung des § 134 die Frage, ob altes oder neues Recht anwendbar ist, grundsätzlich wieder in erster Instanz davon abhängig, wann der Anwalt den unbedingten Auftrag der jeweiligen Tätigkeitsfunktion erhalten hat, Hbg MDR **89**, 78, und nicht mehr davon, wann der jeweilige Rechtszug oder die jeweilige Angelegenheit begann und endete oder wann der Anwalt gerichtlich bestellt oder beigeordnet wurde. In der höheren Instanz kommt es unverändert auf die Einlegung des Rechtsmittels an.

Nur in dieser letzteren Hinsicht richtig BGH NJW **88**, 2671. Seine Auffassung, I 1 sei überhaupt nur im Bereich der außergerichtlichen Tätigkeit und solcher Verfahren anwendbar, die bei Inkrafttreten einer Gesetzesänderung gerichtlich noch nicht anhängig waren, ist eine Überdehnung des I 2. Jene Vorschrift bezieht sich überhaupt nur auf ein Rechtsmittel und läßt keine weiteren, stets gefährlichen Umkehrschlüsse zu.

Diese Merkmale erschienen dem Gesetzgeber geeigneter, obwohl es bei einer Anknüpfung an den Zeitpunkt der Auftragserteilung usw schon früher zu zahlreichen Zweifelsfragen gekommen war. Freilich waren auch die Zeitpunkte des Beginns oder des Endes eines Rechtszuges oder einer Angelegenheit keineswegs immer ganz einfach festzustellen.

Durch die Neuregelung ist auch der Streit um die Verfassungsmäßigkeit der bisherigen Übergangsregelung (Rückwirkungsverbot?) beendet worden.

Abweichend vom bisherigen Recht regelt § 134 die Vergütung einheitlich, enthält also keine unterschiedlichen Anknüpfungspunkte für Gebühren einerseits, Auslagen andererseits mehr. Wegen der Auslagen Anm 2 C. Auch der Gegenstandswert unterliegt dem § 134, wie I 3 iVm § 8 und seiner Verweisung zB auf §§ 3ff ZPO zeigt, vgl schon Kblz Rpfleger **75**, 446, VG Freibg AnwBl **81**, 453.

2) Vergütung, I. Es sind folgende Situationen zu unterscheiden:

A. Erste Instanz, S 1. a) Auftragserteilung, Hs 1. aa) Grundsatz. Das Übergangsrecht soll nicht in einen laufenden Geschäftsbesorgungsvertrag eingreifen, vgl schon Bbg JB **78**, 1646. Für die Höhe der Vergütung, Anm 1, ist grundsätzlich der Zeitpunkt der unbedingten Auftragserteilung maßgeblich.

Diese Frage ist **streitig. Wie hier** zB insofern (teils zum alten Recht) grundsätzlich richtig BGH MDR **78**, 214, ferner zB Hbg MDR **76**, 235, 236, Hamm JB **76**, 1644, Rpfleger **87**, 520 und Rpfleger **88**, 205, KG NJW **76**, 1272 und JB **76**, 939, Karlsr MDR **76**, 676, Kblz JB **77**, 488, Mü zB JB **78**, 1492, Nürnb JB **76**, 1643 und (wegen eines Unterbevollmächtigten) **77**, 347, Saarbr KTS **78**, 185 (wegen § 240 ZPO), Schlesw SchlHA **88**, 41, LG Bad Kreuznach NJW **76**, 531, LG Stgt AnwBl **87**, 620, von Eicken AnwBl **75**, 338 (ausf), Schmidt NJW **76**, 509; **aM** zB Düss ZMR **89**, 62, Stgt Rpfleger **87**, 520 (Gründe jeweils nicht abgedruckt).

Es kommt also nicht etwa auf die Rechtshängigkeit an.

Auch diese Frage ist **streitig. Wie hier** zB schon (zum alten Recht) Bbg JB **77**, 351, KG AnwBl **76**, 217 und NJW **76**, 1272; **aM** zB Düss Rpfleger **88**, 548, KG Rpfleger **88**, 548, Kblz Rpfleger **88**, 548.

bb) Unbedingtheit des Auftrags. Der Auftrag darf nicht unter einer Bedingung erteilt sein. Wenn der Anwalt zB den Auftrag zur Verhandlung mit dem Gegner und für den Fall ihrer Erfolglosigkeit zur Klagerhebung erhält, so mag nur der Auftrag für den ersten Tätigkeitsabschnitt unbedingt erteilt sein, vgl auch § 118 Anm 7 Bd. Ergibt sich seine Erfolglosigkeit erst nach dem Inkrafttreten einer Gesetzesänderung, so gilt für den zweiten Abschnitt (Klage) das neue Recht.

Diese Frage ist **streitig. Wie hier** zB LG Bln Rpfleger **88**, 123 – C – (abl Sonderhüsken), AG Witzenhausen Rpfleger **88**, 337; **aM** (zum neuen Recht) AG St. Ingbert Rpfleger **88**, 337.

Erteilt der Mandant den unbedingten Auftrag zur Tätigkeit als ProzBev erst nach einer Verweisung, so kommt das Gebührenrecht für diesen Tätigkeitsbereich erst ab dieser Auftragserteilung zur Anwendung, selbst wenn der Anwalt vorher Verkehrsanwalt war, Hbg MDR **89**, 78.

cc) Dieselbe Angelegenheit. Der unbedingte Auftrag muß auch dieselbe Angelegenheit im Sinn von § 13 umfassen. Wegen der Einzelheiten § 13 Anm 3. Soweit verschiedene Angelegenheiten vorliegen, gilt das Übergangsrecht für eine jede von ihnen gesondert. Dieser Fall ist aber nicht mit einer Mehrheit von Gegenständen zu verwechseln; zur Abgrenzung § 13 Anm 3 A. Er ist auch nicht mit dem Fall zu verwechseln, daß Gebühren nach dem zusammengerechneten Wert mehrerer Gegenstände zu berechnen sind; dann gilt der vorrangige II.

b) Bestellung, Beiordnung, Hs 2. Soweit der Anwalt gerichtlich bestellt oder beigeordnet worden ist, enthält S 2 in Abweichung von S 1 einen vorrangigen, insofern an Art 5 § 2 IV 1 KostNov 75 anknüpfenden Bezugszeitpunkt. Es kommt darauf an, ob die Bestellung oder Beiordnung vor oder nach dem Inkrafttreten einer Gesetzesänderung erfolgt ist. Der Zeitpunkt der Auftragserteilung ist aber in den Fällen erheblich, in denen zur Bestellung oder Beiordnung eine Auftragserteilung hinzutreten muß, um den Anwaltsvertrag wirksam zu machen, wie zB bei der Prozeßkostenhilfe, BLAH § 121 ZPO Anm 6 B, vgl unten c aa, im Ergebnis ebenso Herget MDR **88**, 374.

c) Einzelfragen. Soweit die folgenden Nachweise aus den Jahren bis einschließlich 1986 stammen, beziehen sie sich auf das in b genannte alte Recht, haben aber noch wegen insofern inhaltlich unveränderter Rechtslage Bedeutung.

aa) Prozeßkostenhilfe. Maßgeblich ist der Zugang der Beiordnung beim Anwalt, Stgt AnwBl **80**, 114, aM Hbg JB **76**, 185 (es komme auf den Zeitpunkt des Hinausgehens des Beiordnungsbeschlusses an). Soweit auch eine Beauftragung neben der Beiordnung erforderlich ist, b, entscheidet der frühere Zeitpunkt.

Diese Frage ist **streitig. Wie hier** zB Bbg JB **76**, 613 mwN (zustm Mümmler) und 1336, Ffm AnwBl **77**, 256, Hamm JB **76**, 617, Köln JB **76**, 1492 mwN, Kblz JB **76**, 1054, 1058 (das OLG meint, im Fall einer „Klage nebst [jetzt] Prozeßkostenhilfegesuch" liege sogleich eine Beauftragung vor) und 1070, Schlesw SchlHA **87**, 175, LG Kblz Rpfleger **88**, 123, Wege SchlHA **76**, 53 mwN; **aM** zB Mümmler JB **87**, 13, Tschischgale NJW **58**, 366 (es entscheide nur der Zeitpunkt der Beiordnung).

bb) Sonstige Beiordnung. Der Auftragserteilung ist auch der Zeitpunkt einer Beiordnung nach § 11 a ArbGG und der gerichtlichen Bestellung zum Verteidiger gleichzustellen, §§ 97 ff BRAGO, Schlesw SchlHA **89**, 80. Soweit neben der Beiordnung auch eine Beauftragung erforderlich ist, entscheidet auch hier der frühere Zeitpunkt, vgl aa.

cc) Scheidungsfolgesache. Vgl Düss AnwBl **78**, 232 und Saarbr AnwBl **76**, 217.

dd) Teilbetrag. Wenn sich der Auftrag darauf beschränkt, zunächst nur einen Teilbetrag der Gesamtforderung des Gläubigers gerichtlich geltend zu machen, sind die Anforderungen a bb, cc zu beachten.

ee) Nachverfahren. Das Nachverfahren zählt im allgemeinen zu dem von vornherein unbedingten Auftrag, einen Urkundenprozeß durchzuführen, vgl Hamm JB **76**, 1644.

ff) Wahlverteidiger, Pflichtverteidiger. Wenn der Rechtsanwalt vor dem 1. 1. 87 zum Wahlverteidiger, nach dem 31. 12. 86 zum Pflichtverteidiger bestellt worden war, dann ist wegen der Pflichtverteidigung das neue Recht anwendbar, vgl schon Düss NJW **76**, 1954, Ffm AnwBl **76**, 446 (je zum alten Recht), ferner Kblz Rpfleger **88**, 123 (zum neuen Recht).

gg) Neue Angelegenheit. Das nach § 134 anwendbare Recht entscheidet auch darüber, inwieweit die Gebühr die Tätigkeit des Anwalts abgilt, also auch darüber, ob gebührenrechtlich eine neue Angelegenheit vorliegt. Vgl aber zunächst a cc.

hh) Streitwertfestsetzung. Soweit das Gericht den Streitwert festgesetzt und entsprechend I altes Recht angewendet hat, gilt dieser und nur dieser Streitwert auch für die Anwaltsgebühren. Das gilt selbst dann, wenn der Mandant den Auftrag erst nach dem 31. 12. 86 erteilt hat bzw das Gericht den Anwalt erst nach diesem Zeitpunkt bestellt oder beigeordnet hat. Denn man kann den Kostenstreitwert nicht für die Gerichtsgebühren und die Anwaltsgebühren unterschiedlich hoch festsetzen.

Diese Frage ist **streitig. Wie hier** zB BGH NJW **77**, 906 mwN, Hbg Rpfleger **58**, 128, Schlesw SchlHA **77**, 107, Wege SchlHA **76**, 53 mwN; **aM** zB Hamm JB **76**, 1060 mwN, KG NJW **76**, 1899, Kblz JB **77**, 1083, Stgt AnwBl **80**, 291.

ii) Fälligkeit. Es kommt nicht darauf an, wann der Anwalt auf Grund des Auftrags oder der Bestellung oder Beiordnung tatsächlich tätig geworden ist und wie lange er tätig war und ob eine späte Beauftragung, Bestellung oder Beiordnung prozessual nachteilig war, vgl Hbg MDR **76**, 500, KG JB **76**, 1195. Daher kommt es auch nicht darauf an, wann der Gebührenanspruch entstanden ist, wann die Gebühren also fällig geworden sind.

Der Zeitpunkt der Fälligkeit ist nur dann maßgeblich, wenn kein Auftrag vorliegt, etwa im Fall der Tätigkeit eines Anwalts in einer eigenen Sache oder bei einem Anspruch nach § 1 II 2 BRAGO in Verbindung mit § 1835 BGB.

jj) Mehrere Auftragszeitpunkte. Je nach dem Zeitpunkt des jeweiligen Auftrags kann für den Anwalt der einen Partei das alte Recht anwendbar sein, für denjenigen der anderen Partei neues.

Das ist **unstreitig,** zB Bbg JB **77**, 658, Hamm AnwBl **76**, 216 je mwN, KG NJW **76**, 1272, Karlsr AnwBl **88**, 255, Schlesw SchlHA **88**, 146 mwN.

Dasselbe gilt ferner dann, wenn derselbe Anwalt in derselben Angelegenheit mehrere Aufträge erhalten hat.

Diese Frage ist **streitig. Wie hier** zB Schlesw JB **78**, 1014 (die Entscheidung betrifft eine Klagerweiterung), Hamm AnwBl **77**, 31, KG JB **77**, 1376, Schleswig SchlHA **88**, 146 (erst ProzBev, dann Verkehrsanwalt), Stgt JB **76**, 794 und 1053, LB Bln AnwBl **76**, 91; **abw** Hamm JB **76**, 1494, KG AnwBl **76**, 346.

Dasselbe gilt schließlich im Fall eines Anwaltswechsels, Hbg JB **78**, 62.

Wegen der Situation im Fall eines Auftrags zunächst nur zur Abwehr der Klage, dann zur Geltendmachung einer Widerklage vgl a bb und in diesen Grenzen Bbg JB **78**, 364, Köln AnwBl **76**, 444 (krit Bach). Wegen § 927 ZPO Hamm JB **78**, 856.

Im Fall der Fortführung eines Rechtsstreits durch den Erben der Partei entscheidet der Zeitpunkt der Auftragserteilung des Verstorbenen, Hamm JB **77**, 350.

Wegen der Situation nach § 6 BRAGO Karlsr MDR **76**, 676, Mü JB **78**, 1492. Wegen der Lage bei § 96a BRAGO AG Bbg AnwBl **76**, 257 und JB **76**, 766, AG Bonn AnwBl **76**, 257.

kk) Prozeßverbindung. Vgl Bbg JB **78**, 692.

ll) Sonstige Einzelfragen. Man darf die Erstattung nach neuem Recht nicht mit der Begründung ablehnen, die Partei hätte ihren Anwalt schon vor dem 1. 1. 87 beauftragen müssen, vgl Hamm AnwBl **76**, 444. Beim Anwaltswechsel kommt es, wie stets, auf die Notwendigkeit an, LG Bln Rpfleger **88**, 123 (D), vgl BLAH § 91 ZPO Anm 21 „Mehrheit von Prozeßbevollmächtigten. A. Anwaltswechsel" mwN. Im Fall einer Aussetzung kann das Recht aus der Zeit der Auftragserteilung fortgelten, LG Bln VersR **88**, 754.

B. Berufung, Revision, Beschwerde, S 2. Im Fall eines jeden Rechtsmittels gegen eine den Rechtszug beendende Entscheidung kommt es nur auf den Zeitpunkt der Einlegung des Rechtsmittels an, nur insofern richtig BGH NJW **88**, 2671 mwN (abl Lappe **KR** Nr 9, Madert AnwBl **89**, 61), ferner zB Düss AnwBl **88**, 255, MDR **88**, 977 und AnwBl **89**, 59, Hbg JB **77**, 658 mwN, Karlsr AnwBl **88**, 255, Köln MDR **76**, 56, Mü JB **77**, 1083 mwN, VG Düss AnwBl **89**, 59, LG Düss AnwBl **89**, 62. Hierher gehört auch eine Beschwerde in einer Kostensache (nicht die Erinnerung), vgl Anm 2 B. Es kommt also nicht auf den Zeitpunkt der Beauftragung an.

Diese Frage ist **streitig. Wie hier** zB (insofern richtig) BGH NJW **88**, 2671, ferner Düss MDR **88**, 977, Schlesw (5. FamS) SchlHA **87**, 176; **offen** Schlesw (9. ZS) SchlHA **87**, 175; **abw** zB Herget MDR **88**, 373 (für den auch erstinstanzlich tätig gewesenen Anwalt neues Gebührenrecht nur für die Rechtsmitteleinlegung nach dem Stichtag); **aM** zB jetzt Schlesw (9. ZS) SchlHA **88**, 41, OVG Hbg AnwBl **87**, 556, LG Bln Rpfleger **88**, 123 – B – (aber Auslegung ist nur bei unklarem Gesetzeswortlaut zulässig; I 2 ist klar und dient auch der Rechtssicherheit).

Es kommt auch nicht auf den Zeitpunkt der Beauftragung mit der Einlegung eines Anschlußrechtsmittels an, Bbg JB **77**, 1374, oder auf denjenigen der Bestellung oder Beiordnung, **aM** insofern BGH MDR **78**, 214, ferner Hamm AnwBl **77**, 30.

Im Fall der Zurücknahme des Rechtsmittels und der anschließenden nochmaligen Einlegung kommt es wegen § 13 II BRAGO freilich nur auf den Zeitpunkt der ersten Einlegung an, Hbg JB **76**, 616.

Wegen einer Zurückverweisung Düss VersR **78**, 157 und Rpfleger **88**, 337, KG zB JB **78**, 1164 und 1507 mwN. Wegen einer Berufung gegen ein Teilurteil vor dem Inkrafttreten einer Gesetzesänderung, dem Schlußurteil aber nach jenem Zeitpunkt Düss MDR **78**, 45.

Ein Auftrag zur Durchführung der Zwangsvollstreckung liegt im allgemeinen erst dann vor, wenn der zugrunde liegende Vollstreckungstitel wirksam ergangen ist, Düss JB **78**, 1494.

C. Auslagen. Vgl zunächst Anm 1. Es entscheidet der Zeitpunkt ihrer Entstehung. Es ist also möglich, daß sich zwar die Gebühren nach dem alten Recht richten, die Auslagen aber nach dem neuen, oder umgekehrt.

D. Gesetzesänderung, S 3. Die Regelung entspricht den §§ 73 I 3 GKG, 161 S 3 KostO, 18 S 2 ZSEG, 16 S 2 JVerwKO, vgl jeweils dort. Die Vorschrift erfaßt den Fall, daß sich eine Änderung derjenigen Bestimmung ereignet, auf die die BRAGO jeweils verweist, etwa in § 8 II 1. Es kommt dann auf den Zeitpunkt an, in dem diejenige Vorschrift, auf die verwiesen ist, in einer geänderten Fassung in Kraft tritt.

3) Wertzusammenrechnung, II. Die Vorschrift klärt, wie zu verfahren ist, wenn man Gegenstände zusammenrechnen muß, für die zum Teil altes, zum Teil neues Recht gilt, zB bei Klagerhebung vor, Klagerweiterung nach einer Gesetzesänderung, BT-Drs 10/5113. Unter den denkbaren Berechnungsmethoden erklärt II diejenige für verbindlich, nach der (auch aus verfassungsrechtlichen Bedenken gegen eine Rückwirkung neuen Rechts) allein das bisherige Recht gilt. Man muß die damit etwa verbundene wirtschaftlich Benachteiligung in Kauf nehmen.

Berlin-Klausel

135 **Dieses Gesetz gilt nach Maßgabe des § 13 Abs. 1 des Dritten Überleitungsgesetzes auch im Land Berlin.**

1) Geltung in Westberlin. Das dortige Übernahmegesetz ist noch nicht verkündet. 3. ÜberleitungsG der BRep vom 4. 1. 52, BGBl 1.

XI. Gesetz über Kosten der Gerichtsvollzieher

vom 26. 7. 1957, BGBl 887,
zuletzt geändert durch G vom 9. 12. 86, BGBl 2326

Grundzüge

Schrifttum: Schneider, Die Ermessens- und Wertungsbefugnis der Gerichtsvollzieher, 1989; Schröder-Kay, Das Kostenwesen der Gerichtsvollzieher, 7. Aufl, bearbeitet von Grohmann und Kuhlmann, 1984; Winterstein, Handbuch des Gerichtsvollzieherkostenrechts, 1988.

1) Geschichtliches. Die GVzGebO vom 24. 6. 1878, der Vorläufer des jetzigen Gesetzes, war eines der Ergänzungsgesetze zu den Reichsjustizgesetzen. Sie trat am 1. 10. 1879 in Kraft, wurde am 14. 12. 1922, RGBl 917, neu bekanntgemacht und mehrfach durchgreifend geändert. Das geschah insbesondere durch die VO vom 13. 12. 23, RGBl 1189. Einige weitere Änderungen sowie eine Erhöhung der Gebühren brachte das Gesetz vom 7. 8. 52, BGBl 401. Durch Art XI § 4 III KostÄndG wurde sie ebenso wie alle sonstigen Vorschriften über Kosten des Gerichtsvollziehers außer Kraft gesetzt. An ihre Stelle trat das Gesetz vom 26. 7. 57, das als Bestandteil des KostÄndG vom 26. 7. 57, BGBl 861, verkündet wurde und am 1. 10. 57 in Kraft trat. § 28 wurde durch § 111 LuftfzRG vom 26. 2. 59, BGBl 57, und durch § 150 II BSHG abgeändert. Im Saarland wurde das Gesetz durch § 14 Nr 27 AnpG vom 18. 6. 58, ABl 1039, eingeführt.

Sodann ergaben sich erhebliche Änderungen durch die Erhöhung vieler Gebühren, den Wegfall von Reisekostenpauschbeträgen, durch eine Neuordnung des Wegegelds und durch eine Anpassung an das neue GKG durch Art 2 des Gesetzes vom 20. 8. 75, BGBl 2189, die sog Kostennovelle 75, Übergangsrecht Einl IV. § 16a wurde eingefügt, § 35 I Z 2 wurde sprachlich angepaßt, § 36 I Z 1a wurde eingefügt durch das Gesetz zur Änderung zwangsvollstreckungsrechtlicher Vorschriften vom 1. 2. 79, BGBl 127. § 5 S 3 wurde neu gefaßt durch das Gesetz zur Beschleunigung und Bereinigung des arbeitsgerichtlichen Verfahrens vom 21. 5. 79, BGBl 545. § 5 S 2 und § 7 wurden durch das Gesetz über die Prozeßkostenhilfe vom 13. 6. 80, BGBl 677, geändert. Eine weitere Änderung ergab sich durch das SGB (X) vom 18. 8. 80, BGBl 1469.

Eine geplante Gebührennovelle 1982 kam nicht zustande. Durch das Zweite Änderungsgesetz vom 8. 3. 84, BGBl 361, wurden die Gebühren erneut angehoben und sonstige kleinere Änderungen vorgenommen, und zwar mit Wirkungs ab 1. 4. 84, Art 3; das Übergangsrecht ist in § 38 geregelt. § 36 II wurde durch das Gesetz vom 9. 12. 86, BGBl 2326, in Kraft seit 1. 1. 87, Art 10, geändert; zum diesbezüglichen Übergangsrecht § 38 Anm 2.

Zur weiteren Reform (Vereinfachung) Kuhlmann DGVZ **83**, 49.

Die Gerichtsvollzieherkostengrundsätze (GVKostGr) ergänzen das Gesetz als seine Durchführungsbestimmungen. Die jeweils zugehörigen Vorschriften sind bei jedem § des Gesetzes mitabgedruckt. Sie sind landesrechtliche Verwaltungsbestimmungen. Sie binden den Gerichtsvollzieher und die mit dem Gesetz befaßten Verwaltungsstellen, Köhler DGVZ **81**, 179. Sie sind aber für das Gericht nicht bindend, obwohl sie dem Gericht für die Auslegung des Gesetzes wertvolle Dienste leisten, LG Kblz DGVZ **82**, 77.

Die Durchführungsbestimmungen sind bundeseinheitlich unter dem 1. 3. 76 neu gefaßt worden und am 1. 4. 76 in Kraft getreten. Sie wurden sodann bundeseinheitlich zum 1. 1. 81 und sodann erneut, diesmal zum 1. 1. 85, geändert. Nachstehend ist die derzeit geltende Fassung abgedruckt.

Die GVKostGr sind in den Bundesländern wie folgt eingeführt worden:

Baden-Württemberg: AV vom 22. 3. 76, Justiz 164, vom 14. 11. 80, Justiz 464, und vom 14. 12. 84, Justiz **85**, 33;

Bayern: Bek vom 1. 3. 76, JMBl 55, vom 14. 11. 80, JMBl 257, vom 3. 12. 84, JMBl 205, und vom 16. 12. 86, JMBl **87**, 4;

Berlin: AV vom 3. 3. 76, ABl 351, vom 14. 11. 80, ABl **81**, 39, und vom 3. 12. 84, ABl 1714;

Bremen:

Hamburg: AV vom 1. 3. 76, JVBl 37, vom 14. 11. 80, JVBl 170, und vom 3. 12. 84, JVBl **85**, 1;

Hessen: RdErl vom 26. 2. 76, JMBl 98, vom 14. 11. 80, JMBl 1014, vom 3. 12. 84, JMBl **85**, 3, und vom 19. 8. 86, JMBl 491;

Niedersachsen: AV vom 1. 3. 76, NdsRpfl 62, vom 14. 11. 80, NdsRpfl 280, und vom 3. 12. 84, NdsRpfl 290;

Nordrhein-Westfalen: AV vom 1. 3. 76, JMBl 62, vom 14. 11. 80, JMBl 281, und vom 3. 12. 84, JMBl **85**, 2;

Rheinland-Pfalz: AV vom 1. 3. 76, JBl 90, vom 14. 11. 80, JBl 268, und vom 3. 12. 84, JBl **85**, 2;

Saarland: AV vom 1. 3. 76, GMBl 345, vom 14. 11. 80, GMBl **81**, 14, und vom 3. 12. 84, GMBl **85**, 62;

Schleswig-Holstein: AV vom 1. 3. 76, SchlHA 56, vom 14. 11. 80, SchlHA 210, und vom 3. 12. 84, SchlHA **85**, 19.

2) Rechtssystematik. Das Gerichtsvollzieherkostenrecht gehört zur konkurrierenden Zuständigkeit des Bundes, Art 74 Z 1 GG. Das Gesetz enthält eine Kodifikation. Ausnahmen gelten nur nach Art XI § 5 I KostÄndG, Teil XII dieses Buchs. Das Gesetz lehnt sich in seiner Systematik an die KostO an. Das ergibt sich auch aus der amtlichen Gesetzesübersicht:

Erster Abschnitt. Allgemeine Vorschriften §§

3) Grundsatzfragen. A. Begriffe. Auch das GVKostG spricht von Kosten und versteht darunter Gebühren und Auslagen, § 1.

B. Abschließende Regelung. Im Gegensatz zu § 2 BRAGO, aber in Übereinstimmung mit § 1 I GKG und mit § 1 KostO entsteht nach dem GVKostG kein Vergütungsanspruch, soweit das Gesetz ihn nicht ausdrücklich vorsieht. Das gilt auch für Auslagen. Eine Tätigkeit des Gerichtsvollziehers ist also kostenfrei, soweit das GVKostG nicht etwas anderes vorschreibt. Es besteht mithin (auch) ein Analogieverbot, Lappe Rpfleger **84**, 339.

C. Staatskasse als Gläubiger. Die gesetzlichen Gebühren des Gerichtsvollziehers fließen in die Staatskasse, die ihr unmittelbarer Gläubiger ist, Mü DGVZ **76**, 59, OVG Bln DGVZ **81**, 139 mwN, Köhler DGVZ **81**, 191. Die Fassung des Gesetzes trägt diesem Rechtsverhältnis Rechnung. Das Gesetz bezeichnet sich demgemäß auch nicht mehr als eine Gebührenordnung „für" die Gerichtsvollzieher. Es regelt nur die Rechtsbeziehungen zwischen der Staatskasse und dem Kostenschuldner, nicht jedoch zum Gerichtsvollzieher, BVerwG NJW **83**, 897. Nicht der Gerichtsvollzieher „erhält" die Gebühr. Sie wird vielmehr „erhoben".

Der Bund, VO vom 8. 7. 76, BGBl 1783, und die Länder billigen den Gerichtsvollziehern Anteile an den von diesen vereinnahmten Gebühren zu, und zwar zur Abgeltung ihrer **Bürokosten:**

Baden-Württemberg: VO vom 17. 11. 87, GBl 739;

Bayern: VO vom 25. 11. 87, GVBl 447, und vom 28. 11. 88, GVBl 373;

Berlin: VO vom 4. 12. 87, GVBl 2734, und vom 16. 2. 89, GVBl 561;

Bremen: VO vom 3. 11. 87, GBl 287, vom 24. 10. 88, GBl 298, und vom 6. 3. 89, GBl 168;

Hamburg: VO vom 14. 3. 89, GVBl 48;

Hessen: VO vom 23. 12. 86, GVBl 454, vom 17. 12. 87, GVBl **88,** 10, vom 20. 12. 88, GVBl 446, und vom 9. 3. 89, GVBl 104;

Niedersachsen: VO vom 22. 3. 89, GVBl 65;

Nordrhein-Westfalen: VO vom 23. 12. 86, GVBl 746, und vom 14. 3. 89, GVBl 191;

Rheinland-Pfalz: VO vom 22. 2. 89, GVBl 59;

Saarland: VO vom 18. 11. 88, ABl 1290, und vom 20. 3. 89, ABl 477;

Schleswig-Holstein: VO vom 16. 1. 87, GVBl 347.

Grundlage sind die Besoldungsgesetze. Die Verordnungen geben dem Gerichtsvollzieher einen entsprechenden Anspruch nur gegenüber dem Dienstherrn, BVerwG NJW **83**, 897, nicht gegenüber der Partei, auf deren Antrag er tätig wird, und auch nicht gegenüber deren Prozeßgegner.

Der Gerichtsvollzieher steht also in keinem Auftragsverhältnis zur Partei, sondern handelt als Beamter, BVerwG NJW **83**, 897 und 899, VGH Mü DGVZ **79**, 88, LG Kblz MDR **78**, 584, VG Köln DGVZ **82**, 10 mwN, vgl BLAH § 753 ZPO Anm 1 A und Üb 1 B vor § 154 GVG, Grawert DGVZ **89**, 97 (ausf). Deshalb ist ihm auch der Abschluß eines sachlichrechtlichen Vertrags mit der einen, der anderen oder beiden Parteien verboten, zumindest braucht er eine Genehmigung des Dienstvorgesetzten oder des Gerichts, aM offenbar Schneider DGVZ **82**, 37. Er kann aber zB einen privatrechtlichen Lagervortrag mit einem Dritten abschließen, BGH **89**, 84.

D. Beitreibung. Die Beitreibung der Kosten des Gerichtsvollziehers erfolgt im Verwaltungszwangsverfahren durch die Gerichtskasse, GVKostGr Nr 8 II, abgedruckt bei § 4. Das gilt, soweit die Kosten selbständig oder gleichzeitig mit einem Anspruch, der nach der JBeitrO vollstreckt wird, bei dem Auftraggeber oder bei dem Ersatzpflichtigen beigetrieben werden, § 1 I Z 7 JBeitrO. Wenn der Gerichtsvollzieher aufgrund eines Vollstreckungstitels zugunsten des Auftraggebers vollstreckt, dann treibt er gleichzeitig die Kosten der Vollstreckung bei, § 788 I 1 ZPO. Soweit er Kosten der Vollstreckung einzieht, unterliegt er grundsätzlich uneingeschränkt der Dienstaufsicht, BVerwG NJW **83**, 898. Diese darf ihn freilich nicht so einschränken, daß er seine Eigenverantwortlichkeit verliert, BVerwG NJW **83**, 898.

E. Vorschuß. Eine Sicherung des Anspruchs auf die Bezahlung der Kosten für die Tätigkeit des Gerichtsvollziehers liegt darin, daß er seine Amtshandlung im Rahmen des § 5 von der Zahlung eines Vorschusses in Höhe der voraussichtlichen Kosten abhängig machen darf.

F. Niederschlagung. Die Niederschlagung von Gebühren oder Auslagen ist im GVKostG nicht unmittelbar ermöglicht worden, obwohl die Vergütung in die Staatskasse fließt. Eine Niederschlagung erfolgt vielmehr nach § 2 II VO vom 20. 3. 35 oder nach den an deren Stelle getretenen Ländervorschriften, Teil VII D dieses Buchs, durch den damit betrauten Behördenvorstand.

G. Stundung. Eine Stundung kann nach der VO vom 20. 3. 35 in Verbindung mit §§ 76 III, 94 JKassO durch den Behördenvorstand derjenigen Gerichtskasse erfolgen, der die Kosten zufließen. Der Gerichtsvollzieher kann eine Stundung nicht persönlich gewähren. Eine Prozeßkostenhilfe befreit im gerichtlich festgesetzten Umfang, § 122 I Z 1a ZPO, den Auftraggeber, § 3 I Z 1, auch von den Kosten für eine Zustellung oder für eine Vollstreckungshandlung. Dem Gerichtsvollzieher werden aber seine Barauslagen ersetzt, § 11 Z 4 GVO; vgl auch § 7 GVKostG.

Erster Abschnitt. Allgemeine Vorschriften

Geltungsbereich

1 **Für die Tätigkeit des Gerichtsvollziehers werden Kosten (Gebühren und Auslagen) nur nach diesem Gesetz erhoben.**

GVKostGr Nr 1 und 2:

Nr. 1. I. Die Gerichtsvollzieherkosten (GV-Kosten) werden für die Landeskasse erhoben.

II. Das Gesetz über Kosten der Gerichtsvollzieher (GVKostG) gilt für die gesamte Tätigkeit des Gerichtsvollziehers. Es gilt auch dann, wenn der Gerichtsvollzieher im Verwaltungszwangsverfahren tätig wird.

III. Die Gebühr für eine Amtshandlung umfaßt, soweit nichts anderes bestimmt ist, die gesamte auf das Geschäft verwendete Tätigkeit des Gerichtsvollziehers einschließlich der Nebengeschäfte. Nebengeschäfte sind insbesondere

a) das Ersuchen an die Polizei um Unterstützung bei Widerstand (§ 758 ZPO);

b) das Zuziehen von Zeugen und Sachverständigen (§§ 759, 813 ZPO);
c) die zu den Amtshandlungen gehörenden Mitteilungen, Aufforderungen, Zustellungen und Postsendungen (vgl. Nr. 17 Abs. 2, Nr. 25);
d) die Umschreibung eines auf den Namen lautenden Wertpapiers auf den Namen des Käufers und die Wiederinkurssetzung eines gepfändeten Inhaberpapiers (§§ 822, 823 ZPO);
e) die Rückgabe gepfändeter Gegenstände;
f) die Annahme, das Quittieren, Abliefern oder Hinterlegen gepfändeten oder erlösten Geldes; § 27 bleibt unberührt.

IV. Für eine erfolglos versuchte Amtshandlung darf eine Gebühr nur angesetzt werden, wenn das GVKostG dies ausdrücklich vorsieht; sonst werden nur die entstandenen Auslagen erhoben. Dies gilt auch bei der vorzeitigen Erledigung eines Auftrags.

Nr. 2. I. Für die Einziehung von GV-Kosten sind Gebühren nur dann anzusetzen, wenn die Beitreibung dieser Kosten besondere Vollstreckungsmaßnahmen erforderlich macht.

II. Bei dem Wert für die Gebührenberechnung rechnen die Kosten früherer Amtshandlungen mit, nicht jedoch die durch die Amtshandlung selbst entstehenden GV-Kosten.

1) Geltungsbereich. A. Persönlicher Geltungsbereich. Das GVKostG ist eine bundeseinheitliche Kodifikation des Kostenrechts für die Tätigkeit des Gerichtsvollziehers, Grdz 1 vor § 1. Das Entgelt für seine Tätigkeit richtet sich also nur nach diesem Gesetz. Wie sich aus der allgemeinen Fassung ergibt und wie auch GVKostGr Nr 1 II hervorhebt, gilt das Gesetz auch dann, wenn der Gerichtsvollzieher im Verwaltungszwangsverfahren tätig wird, also auch für andere Behörden als diejenigen der Justiz. Soweit in den Bundesländern Vollstreckungsbeamte der Justizverwaltung im Verwaltungszwangsverfahren für andere als die Justizbehörden tätig werden, gilt das GVKostG ebenfalls, zB in Baden-Württemberg gemäß § 3 LJustKG idF vom 25. 3. 75, GBl 261. Vgl im übrigen auch die EBAO, Teil IX B dieses Buchs.

B. Sachlicher Geltungsbereich. Das GVKostG gilt nur, soweit der Gerichtsvollzieher als solcher tätig wird, also nicht, soweit er als ein Treuhänder (Sequester) bestellt wird, selbst wenn diese Bestellung durch das Gesetz erfolgt. Soweit der Gerichtsvollzieher allerdings bei einer Tätigkeit als Treuhänder wiederum als Vollstreckungsorgan tätig wird (zur Abgrenzung §§ 177, 195 Z 2,3 GVGA), gilt wiederum das GVKostG.

2) Kosten. Auch das GVKostG unterscheidet Gebühren, §§ 16 ff, und Auslagen, §§ 35 ff. Die Gebühren haben einen Pauschcharakter. Sie gelten also auch Nebentätigkeiten mit ab, wie auch GVKostGr Nr 1 III zeigt. Sie entstehen aber nicht für eine erfolglose Amtshandlung oder bei einer vorzeitigen Erledigung des Auftrags, sofern das Gesetz nichts Gegenteiliges bestimmt, vgl GVKostGr Nr 1 IV.

Kosten entstehen nur, soweit sie durch eine gesetzliche Vorschrift ausgelöst werden können, vgl OVG Bln DGVZ **83**, 91.

Für die Einziehung der Kosten des Gerichtsvollziehers entsteht im allgemeinen keine Gebühr. Allerdings ist die Hebegebühr nach § 27 I 1 grundsätzlich ausgenommen. Wegen weiterer Ausnahmen GVKostGr Nr 2.

Sachliche Unzuständigkeit

2 Kosten werden nicht erhoben, wenn der Gerichtsvollzieher weder nach Bundes- noch nach Landesrecht sachlich zuständig ist.

1) Kostenfreiheit. Da das GVKostG eine abschließende Regelung des Entgelts für jede wie immer geartete Tätigkeit des Gerichtsvollziehers enthält, § 1 Anm 1 A, sieht es auch Gebührenvorschriften für solche Geschäfte vor, die dem Gerichtsvollzieher nur in einzelnen Bundesländern übertragen worden sind, zB für eine Siegelung oder eine Entsiegelung, für die Aufnahme eines Vermögensverzeichnisses oder für die Mitwirkung als Urkundsperson bei einer solchen Aufnahme, § 32 I. Wenn der Gerichtsvollzieher ein derartiges Geschäft in einem Bundesland vornimmt, das eine solche Tätigkeit dem Gerichtsvollzieher nicht übertragen hat, dann überschreitet er seine Befugnis. Es liegt dann eine unrichtige Sachbehandlung vor. § 2 schließt aber den § 11 aus, indem § 2 von vornherein in einem solchen Fall keine Kosten entstehen läßt. Zugleich ergibt sich aus dieser Regelung, daß man aus dem GVKostG keine Zuständigkeitsregelung herleiten kann.

Kostenschuldner

3 I Kostenschuldner sind

1. der Auftraggeber,

2. der Vollstreckungsschuldner für die notwendigen Kosten der Zwangsvollstreckung.

II Mehrere Kostenschuldner haften als Gesamtschuldner.

III Wird der Auftrag vom Gericht erteilt, so gelten die Kosten als Auslagen des gerichtlichen Verfahrens.

GVKostGr Nr 3 und 4:

Nr. 3. Von dem Prozeßbevollmächtigten oder einem sonstigen Vertreter des Auftraggebers sollen Kosten nur eingefordert werden, wenn er sich zur Zahlung bereit erklärt hat.

Nr. 4. I. Die GV-Kosten sind vom Vollstreckungsschuldner zu erheben, soweit sie zugleich mit dem zu vollstreckenden Anspruch einzuziehen sind.

II. Können die GV-Kosten vom Vollstreckungsschuldner nicht eingezogen werden oder fehlt ein solcher, so sind sie vom Auftraggeber zu erheben, soweit diesem nicht Kostenfreiheit zusteht (§ 8). § 7 bleibt unberührt (vgl. Nr. 10).

III. Können GV-Kosten wegen Bewilligung von Prozeßkostenhilfe auch vom Auftraggeber nicht erhoben werden, so teilt der

Gerichtsvollzieher die nicht bezahlten Kosten ohne Rücksicht auf die ihm aus der Landeskasse ersetzten Beträge dem Gericht mit, das die Sache bearbeitet hat (vgl. § 77a GVO). Das gleiche gilt bei gerichtlichen Aufträgen.

IV. Genießt der Auftraggeber Kostenfreiheit, so sind die nicht bezahlten Kosten nach Absatz 3 der Gerichtskasse mitzuteilen; diese hat die Einziehung der Kosten zu veranlassen. Die in einem Verfahren nach der Einforderungs- und Beitreibungsanordnung entstandenen Kosten sind jedoch zu den Sachakten mitzuteilen. Bei Gebührenfreiheit des Auftraggebers sind etwaige Auslagen von diesem einzufordern.

V. Die Mitteilung nach Absatz 3 oder 4 kann unterbleiben, wenn die Kosten voraussichtlich auch später nicht eingezogen werden können.

VI. In den Sonderakten oder – bei Zustellungs- und Protestaufträgen – in Spalte 8 des Dienstregisters I ist zu vermerken, daß die Kostenmitteilung abgesandt oder ihre Absendung gemäß Absatz 5 unterblieben ist.

1) Allgemeines. § 3 bestimmt, wer dem Staat die Kosten schuldet. Denn die Kosten werden für den Staat erhoben, nicht für den Gerichtsvollzieher, Grdz 3 C vor § 1. Der Gerichtsvollzieher ist also kein Kostengläubiger, obwohl I Z 1 vom „Auftraggeber" spricht.

2) Auftraggeber, I Z 1. Da der Staat dem „Auftraggeber" den Gerichtsvollzieher zur Durchführung der Zwangsvollstreckung zur Verfügung stellt, besteht ein öffentlichrechtliches Verhältnis, nicht aber ein privatrechtliches Auftragsverhältnis zwischen dem Gläubiger und dem Gerichtsvollzieher. Z 1 gleicht also seinem Inhalt nach dem § 49 I 1 GKG, dort Anm 2 A; der „Auftrag" ist in Wahrheit ein Antrag, Karlsr Rpfleger **74**, 409, LG Hbg DGVZ **83**, 124.

Als Kostenschuldner kommt nur die Partei selbst in Betracht, nicht ihr gesetzlicher Vertreter oder ihr Prozeßbevollmächtigter, sofern sich diese letzteren Personen nicht etwa persönlich zur Zahlung bereit erklärt haben, GVKostGr Nr 3. Eine Zustellung, die unter einer Vermittlung des Urkundsbeamten der Geschäftsstelle erfolgt, §§ 166 II, 168, 753 II ZPO, ist eine Parteizustellung.

Die Partei schuldet nur alle diejenigen Gebühren und Auslagen, die auf Grund ihres Auftrags notwendigerweise entstehen, Ffm Rpfleger **79**, 351 und DGVZ **82**, 58, Karlsr DGVZ **74**, 115, LG Brschw DGVZ **83**, 118 (betr einen Pfandgehilfen), LG Limburg DGVZ **83**, 126, AG Augsb DGVZ **88**, 13 (je betr Spediteurkosten; zu einem Ausfallbetrag LG Kassel Rpfleger **87**, 425, AG Wiesloch DGVZ **84**, 157).

Der Gläubiger haftet also auch für die Kosten der Räumung und dafür, daß die dabei herausgeholten Gegenstände in eine geeignete Verwahrung überführt werden, § 885 I–III ZPO. Denn erst anschließend ist die Räumung vollendet, Brosette NJW **89**, 965.

Der Gläubiger haftet aber nicht für die Kosten der an diese Überführung anschließenden eigentlichen Einlagerung und auch nicht gemäß § 885 IV ZPO.

Diese Frage ist **streitig. Wie hier** zB Hbg NJW **66**, 2319, LG Hann

DGVZ **77**, 60, LG Lübeck DGVZ **81**, 172, LG Mannh ZMR **74**, 178, LG Offenbach DGVZ **78**, 158, AG Ffm DGVZ **87**, 159, Schneider DGVZ **82**, 2, ZöStö § 885 ZPO Rdz 9; **aM** zB Karlsr Rpfleger **74**, 408, LG Hbg DGVZ **83**, 124, LG Nürnb DGVZ **88**, 175, LG Osnabr Rpfleger **79**, 351 mwN.

Die Partei schuldet ferner nicht die Gebühren oder Auslagen einer Versteigerung oder einer Vernichtung von Räumungsgut, LG Mannh ZMR **74**, 178.

Die Partei schuldet Gebühren und Auslagen auch zB insoweit, als der Gerichtsvollzieher dem Schuldner kraft Gesetzes eine Abschrift erteilt, § 763 II ZPO, AG Bln-Tempelhof DGVZ **84**, 45, oder soweit ein Beteiligter eine Abschrift verlangt, § 760 ZPO, AG Bln-Wedding DGVZ **86**, 78 mwN, AG Usingen DGVZ **83**, 95. Die Partei haftet aber nicht für Schreibauslagen, die dadurch entstehen, daß der Gerichtsvollzieher anderen Personen als denjenigen eine Abschrift erteilt, die eine solche kraft Gesetzes fordern können.

Im Fall einer Prozeßkostenhilfe für den Auftraggeber sind § 7 sowie GVKostGr Nr 4 III zu beachten, und zwar auch ohne eine Vorlage des Bewilligungsbeschlusses, AG Pinneb DGVZ **77**, 142 (zum alten Recht). Die Landeskasse zieht die Beträge ein, soweit die Bewilligung aufgehoben wird, § 124 ZPO. Sie verbleiben ihr dann voll, § 77b GVO. Im Fall einer Kostenfreiheit des Auftraggebers sind § 8 und GVKostGr Nr 4 zu beachten.

3) Vollstreckungsschuldner, I Z 2. Vgl zunächst §§ 54 Z 4 GKG, 3 Z 4 KostO. Der Schuldner ist dem Gläubiger gegenüber verpflichtet, die Kosten der Zwangsvollstreckung zu tragen. Der Gläubiger kann diese Kosten festsetzen lassen. Eine solche Festsetzung ist allerdings grundsätzlich nicht erforderlich. Denn nach § 788 ZPO sind die Kosten der Zwangsvollstreckung zugleich mit dem zur Vollstreckung stehenden Anspruch beizutreiben, soweit die Vollstreckungskosten im Sinne des § 91 ZPO notwendige Kosten waren. Der Gerichtsvollzieher hat daher auch seine Kosten vom Schuldner beizutreiben. Der Auftraggeber kommt also praktisch nur als ein Zweitschuldner in Betracht. I Z 2 stellt außerdem eine unmittelbare Verpflichtung des Vollstreckungsschuldners der Staatskasse gegenüber fest. Für die Fälligkeit gilt § 4, Ffm DGVZ **82**, 60.

Aus dem beigetriebenen Betrag sind in erster Linie die Kosten der Zwangsvollstreckung zu decken, § 6. Im Fall der Bewilligung einer Prozeßkostenhilfe gilt § 7.

Wenn der Vollstreckungstitel, aus dem die Vollstreckung erfolgte, aufgehoben wird, muß der Gläubiger dem Schuldner den beigetriebenen Betrag einschließlich der Kosten der Zwangsvollstreckung zurückerstatten. Im Fall der Klage eines Dritten nach § 771 ZPO darf die Herausgabe nicht wegen der Erstattung der Kosten des Gerichtsvollziehers verweigert werden, Alisch DGVZ **79**, 6.

4) Mehrere Kostenschuldner, II. Vgl zunächst §§ 58 I GKG, 5 I 1 KostO. Der Auftraggeber und der Vollstreckungsschuldner haften grundsätzlich als Gesamtschuldner; vgl aber auch Anm 3. Wenn der Gerichtsvollzieher mehrere Vollstreckungsaufträge durch dieselbe Amtshandlung erledigt, § 15, entsteht keine gesamtschuldnerische Haftung.

5) Auftrag durch das Gericht, III. Das Gericht kann dem Gerichtsvollzieher zB den Auftrag erteilen, den Mieter oder Pächter eines Grundstücks festzustellen, § 29 I, oder eine Amtshandlung zum Zweck der Sicherung eines Nachlasses vorzunehmen, § 32 I. III ergänzt die Auslagenbestimmungen des GKG und der KostO. Die Staatskasse kann also die Kosten des Gerichtsvollziehers dem Kostenschuldner des gerichtlichen Verfahrens in Rechnung stellen, obwohl die Staatskasse diese Kosten nicht verauslagt hat. Vgl auch § 21 KostVfg, Teil VII A dieses Buchs. Solche Kosten des Gerichtsvollziehers werden durch den Gerichtsvollzieher eingezogen, § 27 VII 3 KostVfg.

Fälligkeit

4 **Die Kosten werden mit der Beendigung der gebührenpflichtigen Amtshandlung fällig.**

GVKostGr Nr 5–8:

Nr. 5. I. Der Gerichtsvollzieher stellt über jede gebührenpflichtige Amtshandlung in seinen Akten eine Kostenrechnung auf. Darin ist das Dienstgeschäft kurz zu bezeichnen. Die Gebühren und Auslagen sind unter Hinweis auf die angewendeten Kostenvorschriften einzeln aufzuführen. Sofern die Höhe der Kosten davon abhängt, sind auch der Wert des Gegenstandes und die Zeitdauer des Dienstgeschäfts, beim Wegegeld und bei Reisekosten gemäß § 37 Abs. 5 auch die nach Nr. 43 Abs. 3 bis 6 maßgebenden Entfernungen und der Zeitpunkt der erfolglos versuchten Amtshandlung, beim Pauschbetrag für die Mitnahme von Personen im eigenen Fahrzeug des Gerichtsvollziehers die nach Nr. 41 Abs. 2 maßgebenden Entfernungen anzugeben. Der Gerichtsvollzieher hat die Kostenrechnung unter Angabe von Ort, Tag und Amtsbezeichnung zu unterschreiben.

II. Ist über die Amtshandlung eine Urkunde aufzunehmen, so ist die Kostenrechnung auf die Urkunde zu setzen und auf alle Abschriften zu übertragen. Eine Abschrift der Kostenrechnung ist auch auf die dem Drittschuldner zuzustellende beglaubigte Abschrift des Pfändungs- und Überweisungsbeschlusses zu setzen.

III. Wird dem Kostenschuldner weder die Urschrift noch die Abschrift einer Urkunde ausgehändigt, so muß die Kostenrechnung außer den in Absatz 1 genannten Angaben auch die Geschäftsnummer und eine kurze Bezeichnung der Sache enthalten; eine Abschrift der Kostenrechnung ist dem Kostenschuldner mitzuteilen.

IV. Bei unrichtigem Kostenansatz stellt der Gerichtsvollzieher eine berichtigte Kostenrechnung auf und zahlt den etwa überhobenen Betrag zurück. Dieser Betrag wird in den laufenden Geschäftsbüchern unter besonderer Nummer als Rotbuchung von den Kosten abgesetzt.

V. Bei der Nachforderung von Kosten ist § 10 GVKostG, bei der Zurückzahlung von Kleinbeträgen § 82 GVO zu beachten.

Nr. 6. Die durch Vorschuß (vgl. Nr. 9) nicht gedeckten GV-Kosten sind – vorbehaltlich der Nr. 7 Abs. 1 und 2 – alsbald nach ihrer Fälligkeit vom Auftraggeber einzufordern, soweit sie nicht zugleich

mit dem zu vollstreckenden Anspruch vom Vollstreckungsschuldner einzuziehen sind (vgl. jedoch Nr. 4).

Nr. 7. I. Kostenbeträge unter 10 DM sollen für sich allein nur eingefordert werden, wenn der Auftrag ruht oder endgültig erledigt ist oder wenn die alsbaldige Einziehung wegen eines Buchabschlusses geboten erscheint.

II. Kosten im Betrage von weniger als 3 DM, deren Einziehung besondere Unkosten verursachen würde, sollen nicht für sich allein eingefordert werden. Der Gerichtsvollzieher soll sie vielmehr gelegentlich kostenfrei oder zusammen mit anderen Forderungen einziehen. Kann er hiernach Kleinbeträge nicht einziehen, so löscht er sie durch einen Vermerk bei der Kostenrechnung in den Sonderakten, trägt die ihm nach den geltenden Bestimmungen (§ 11 Nr. 3 GVO) aus der Landeskasse zu ersetzenden Beträge in die Spalten 12 und 13 des Kassenbuchs II ein und kennzeichnet dort in Spalte 14 den Buchungsvorgang durch den Buchstaben K. Bei im Dienstregister I verzeichneten Aufträgen löscht er dort in Spalte 5 die Kosten durch Rotabsetzung, trägt die aus der Landeskasse zu ersetzenden Auslagen in Spalte 7 ein und kennzeichnet den Buchungsvorgang durch den Buchstaben K in Spalte 8. Auch wenn die Beträge gelöscht sind, können sie später nach Satz 2 eingezogen werden.

III. Die GV-Kosten können durch Postnachnahme erhoben werden, wenn der Kostenschuldner dies beantragt hat oder anzunehmen ist, daß diese Art der Einziehung seinen Wünschen entspricht. Diese Annahme ist nicht gerechtfertigt, wenn die Zahlung der Kosten ohne Postnachnahme mit Sicherheit zu erwarten ist oder die Kosten der Nachnahme in auffallendem Mißverhältnis zu dem zu erhebenden Kostenbetrag stehen.

IV. Soweit die GV-Kosten nach den Absätzen 1 und 2 einzufordern sind und nicht durch Nachnahme erhoben werden, fordert der Gerichtsvollzieher den Kostenschuldner auf, die Kosten innerhalb einer Frist, die regelmäßig zwei Wochen beträgt, unter Angabe der Geschäftsnummer an ihn zu zahlen.

V. § 73 GVO ist zu beachten.

Nr. 8. I. Zahlt ein Kostenschuldner die angeforderten GV-Kosten nicht fristgemäß, so soll der Gerichtsvollzieher ihn mahnen. Die Mahnung kann unterbleiben, wenn damit zu rechnen ist, daß der Kostenschuldner sie unbeachtet läßt. War die Einziehung der Kosten durch Nachnahme versucht, so verfährt der Gerichtsvollzieher nach Nr. 7 Abs. 4; einer Mahnung bedarf es in diesem Falle nicht. Beträgt der Rückstand weniger als 5 Deutsche Mark, ist von der Mahnung abzusehen; Nr. 7 Abs. 2 Sätze 3 bis 5 gelten entsprechend.

II. Der Gerichtsvollzieher beantragt bei der für den Wohnsitz des Kostenschuldners zuständigen Gerichtskasse die zwangsweise Einziehung der rückständilen Kosten, falls eine Mahnung nicht erforderlich ist oder der Schuldner trotz Mahnung nicht gezahlt hat (vgl. § 77a GVO). Bei einem Rückstand von weniger als 10 Deutsche Mark soll in der Regel von einem Antrag nach Satz 1 abgesehen werden; Nr. 7 Abs. 2 Sätze 3 bis 5 gelten entsprechend. Der Kosteneinziehungsantrag ist mit dem Abdruck des Dienststempels zu versehen. In den Sonderakten oder – bei Zustellungs- und Protestauf-

trägen – in Spalte 8 des Dienstregisters I ist der Tag der Absendung des Antrags zu vermerken und anzugeben, warum kein Kostenvorschuß erhoben ist. Zahlt der Kostenschuldner nachträglich bei dem Gerichtsvollzieher oder erledigt sich der Kosteneinziehungsantrag aus anderen Gründen ganz oder teilweise, so ist dies der Gerichtskasse unverzüglich mitzuteilen.

III. Die eingegangenen Beträge sind in folgender Reihenfolge auf die offenstehenden Kosten anzurechnen, sofern sie zu ihrer Tilgung nicht ausreichen:
a) Wegegelder und Reisekosten gemäß § 37 Abs. 5,
b) Schreibauslagen,
c) sonstige Auslagen,
d) Gebühren.

IV. Der Gerichtsvollzieher beantragt bei der Dienstbehörde die Löschung der rückständigen Kosten, wenn
a) die Kostenforderung nicht oder nicht in voller Höhe einziehbar ist, insbesondere die Gerichtskasse mitgeteilt hat, daß der Versuch der zwangsweisen Einziehung ganz oder zum Teil erfolglos verlaufen sei, und
b) nach der Mitteilung der Gerichtskasse oder der eigenen Kenntnis des Gerichtsvollziehers keine Anhaltspunkte dafür vorhanden sind, daß die Kosten in Zukunft einziehbar sein werden.

Der Antrag ist schriftlich zu stellen. Die Sonderakten und sonstigen Vorgänge sind beizufügen. In dem Antrag sind die Auslagen zu bezeichnen, die dem Gerichtsvollzieher nach den geltenden Bestimmungen aus der Landeskasse zu erstatten sind. Soweit der Antrag gerechtfertigt ist, verfügt der zuständige Beamte die Löschung in den Sonderakten oder – bei Zustellungs- und Protestaufträgen – in Spalte 8 des Dienstregisters I und bezeichnet dabei den Betrag der zu erstattenden Auslagen. Der Gerichtsvollzieher löscht die Beträge durch Vermerk bei der Kostenrechnung in den Sonderakten und stellt gleichzeitig die zu erstattenden Auslagen in die Spalten 12 und 13 des Kassenbuchs II ein. Bei Zustellungs- und Protestaufträgen löscht er die Beträge durch Rotabsetzung in Spalte 5 des Dienstregisters I und stellt dort in Spalte 7 die zu erstattenden Auslagen ein.

1) Allgemeines. Die Fälligkeit der Kosten tritt erst mit der Beendigung der gebührenpflichtigen Amtshandlung ein. Man muß also die Fälligkeit von der Entstehung der Kosten unterscheiden. Über die Entstehung enthält das GVKostG keine ausdrückliche Vorschrift. Die Gebühren entstehen mit der Erfüllung des gebührenrechtlichen Tatbestandes. Die Auslagen entstehen mit der Ausgabe des entsprechenden Betrages. Im Fall eines Auslagenpauschsatzes entstehen die Auslagen mit dem Eintritt des Tatbestandes, vgl §§ 35 II, 37. Die Entstehung und die Fälligkeit können, müssen aber nicht zeitlich zusammenfallen.

Von der Fälligkeit unabhängig sind: Das Entnahmerecht, § 6; die Verwendung des Erlöses im Fall der Bewilligung einer Prozeßkostenhilfe, § 7; eine Vorschußverrechnung.

2) Beendigung der Amtshandlung. A. Grundsatz. § 4 bindet die Fälligkeit im Interesse der Klarheit an die Beendigung der gebührenpflichtigen Amtshandlung. Die Vorschrift spricht von Kosten und erfaßt daher sowohl Gebühren als auch Auslagen, § 1. Die einzelnen Gebührentatbestände sind in §§ 16ff voneinander abgegrenzt.

B. Einzelfragen. Im einzelnen ergeben sich hauptsächlich folgende Einzelfragen:

a) Eine oder mehrere Amtshandlungen. Wenn der Auftrag mehrere gebührenpflichtige Amtshandlungen umfaßt, dann tritt die Fälligkeit der Kosten bei jeder einzelnen Amtshandlung ein, Ffm DGVZ **82**, 60. Das gilt auch dann, wenn die Amtshandlungen zusammengehören, wenn also die Vornahme der einen Handlung eine Voraussetzung für die Vornahme der weiteren Handlung ist, etwa regelmäßig bei einer Zustellung, die der Gerichtsvollzieher vor dem Beginn der zugehörigen Vollstreckungshandlung vornehmen muß, § 16. Der Zustellung gegenüber sind die Pfändung, § 17, und die Verwertung, § 21, zwei weitere selbständige Amtshandlungen. Für jede dieser weiteren Amtshandlungen tritt die Fälligkeit unabhängig von der anderen ein.

Demgegenüber muß man eine Pfändung auf Grund mehrerer Vollstreckungstitel desselben Gläubigers gegenüber demselben Schuldner dann als eine einheitliche Amtshandlung ansehen, wenn der Gläubiger dem Gerichtsvollzieher einen einheitlichen Vollstreckungsauftrag erteilt hat. Das gilt selbst dann, wenn der Gerichtsvollzieher dann die Pfändung zB im Geschäftslokal des Schuldners und auch in seiner Wohnung durchführt. Vgl auch GVKostGr Nr 15 II, IV, abgedruckt bei § 15.

Wenn der Schuldner dem Gerichtsvollzieher nachweist, daß der Gläubiger dem Schuldner eine Stundung gewährt hat, § 112 Z 1d GVGA, dann ist damit die Amtshandlung des Gerichtsvollziehers beendet, § 775 Z 4 ZPO. Ein neuer Antrag des Gläubigers an den Gerichtsvollzieher, nach dem Ablauf der Stundungsfrist zu pfäneen, ergibt eine neue Amtshandlung. Die ursprüngliche Amtshandlung ist allerdings trotz einer Stundung nicht beendet, wenn der Gläubiger die Stundung nur unter einer Zahlungsauflage gewährt hat, die der Gerichtsvollzieher nach der Entscheidung des Gläubigers überwachen soll. Die bisherige Amtshandlung des Gerichtsvollziehers ist ferner dann beendet, wenn das Gericht die Zwangsvollstreckung einstellt. Denn in diesem Fall ist völlig ungewiß, ob und wann es zu einer Fortsetzung der Zwangsvollstreckung kommen wird. Etwas anderes gilt nur dann, wenn das Gericht die Einstellung von vornherein nur für einen kurzen Zeitraum bewilligt hat. Wenn der Gerichtsvollzieher nach der Aufhebung der gerichtlichen Einstellung eine neue Vollstreckungshandlung vornimmt, liegt darin selbst dann eine neue Amtshandlung, wenn er auf Grund des früheren Vollstreckungsantrags tätig wird.

Eine büromäßige Erledigung des Vollstreckungsauftrags, § 40 GVO, ergibt für sich allein noch keine Beendigung nach § 4; vgl auch GVKostGr Nr 12.

b) Vorzeitige Erledigung; erfolglose Amtshandlung. Ob im Fall der vorzeitigen Erledigung eines Auftrags oder der Erfolglosigkeit einer Amtshandlung Gebühren erwachsen, das hängt davon ab, ob das GVKostG eine Gebühr hierfür vorsieht, wie es etwa im Fall einer erfolglosen Pfändung nach § 17 IV der Fall ist. Diese auch in GVKostGr Nr 1 IV enthaltene Regelung ergibt sich auch aus dem Grundsatz des

GVKostG, daß für eine Amtshandlung kein Vergütungsanspruch entsteht, soweit das Gesetz ihn nicht ausdrücklich vorsieht, Grdz 3 B vor § 1.

Wenn der Gläubiger den Antrag vor dessen Ausführung zurücknimmt oder wenn sich der Auftrag auf andere Weise erledigt, §§ 20, 25, dann muß man die Amtshandlung als im Zeitpunkt der Zurücknahme oder Erledigung des Auftrags beendet ansehen. Wenn der Gerichtsvollzieher noch einen Weg zurücklegen muß, endet dagegen die Amtshandlung erst mit der Rückkehr, vgl § 37.

c) Nebengeschäft. Da die Gebühren Pauschgebühren sind, ist eine Amtshandlung immer erst dann beendet, wenn auch das zugehörige Nebengeschäft, § 1 Anm 2, beendet ist, GVKostG Nr 1 III.

3) Kostenrechnung und Einziehung der Kosten. Über die Aufstellung der Kostenrechnung durch den Gerichtsvollzieher vgl GVKostGr Nr 5. Der Gerichtsvollzieher muß diejenigen Kosten, die nicht durch einen etwaigen Vorschuß gedeckt sind und die er nicht zugleich mit dem Hauptanspruch des Gläubigers vom Vollstreckungsschuldner eingezogen hat, nunmehr sofort einziehen, GVKostGr Nr 6. Über die Einziehung eines Kleinbetrages vgl GVKostGr Nr 7 I, II.

Eine Einziehung durch Postnachnahme ist nur dann zulässig, wenn der Kostenschuldner eine solche Einziehung beantragt oder wenn der Gerichtsvollzieher annehmen darf, daß der Kostenschuldner diesen Einziehungsweg wünscht. Eine Nachnahme gegenüber beiden Kostenschuldnern, § 3 I, ist zulässig. Sie ist unzulässig, soweit der Eingang der Kosten bereits gesichert ist oder soweit die Kosten der Postnachnahme in einem auffälligen Mißverhältnis zu dem (restlichen) Kostenbetrag stehen, GVKostGr Nr 7 III.

Soweit der Gerichtsvollzieher die Kosten nicht durch eine Postnachnahme einzieht oder soweit der Schuldner die Nachnahmesendung nicht einlöst, muß der Gerichtsvollzieher dem Kostenschuldner zur Zahlung eine Frist setzen. Wenn der Gerichtsvollzieher die Einziehung zunächst ohne eine Nachnahme versucht hatte, muß er dem Kostenschuldner nun zunächst auch eine Mahnung schicken. Nach dem erfolglosen Ablauf der Frist stellt der Gerichtsvollzieher bei der für den Wohnsitz des Kostenschuldners zuständigen Gerichtskasse einen Antrag auf eine zwangsweise Einziehung, GVKostGr Nr 7 IV, 8 I, II.

Falls ein vom Kostenschuldner gezahlter Betrag zur Tilgung der gesamten Kosten nicht ausreicht, regelt GVKostGr Nr 8 III die Reihenfolge der Anrechnung. Im Fall des unrichtigen Kostenansatzes (anders als bei einer unrichtigen Sachbehandlung im Sinn von § 11) ist GVKostGr Nr 5 IV zu beachten.

Vorschuß

5 Die Amtshandlung kann von der Zahlung eines Vorschusses, der die voraussichtlichen Kosten deckt, abhängig gemacht werden. Dies gilt nicht, wenn der Auftrag vom Gericht erteilt wird oder dem Auftraggeber die Prozeßkostenhilfe bewilligt ist. Satz 1 gilt ferner nicht für die Erhebung von Gebührenvorschüs-

sen, wenn aus einer Entscheidung eines Gerichts für Arbeitssachen oder aus einem vor diesem Gericht abgeschlossenen Vergleich zu vollstrecken ist.

GVKostGr Nr 9:

Nr. 9. I. Die Erledigung von Aufträgen soll von der Zahlung eines Vorschusses, der die gesamten durch den Auftrag voraussichtlich entstehenden GV-Kosten deckt, abhängig gemacht werden, soweit nicht mit Sicherheit zu erwarten ist, daß die Kosten nach Erledigung des Auftrags gezahlt werden.

II. Ein Vorschuß ist nicht zu erheben bei Aufträgen, die erteilt werden

a) vom Gericht,
b) von einem Auftraggeber, dem Prozeßkostenhilfe bewilligt ist,
c) von einem Auftraggeber, soweit ihm Kostenfreiheit (§ 8) zusteht.

III. Ein Vorschuß soll regelmäßig nicht erhoben werden bei

a) Aufträgen von Behörden oder von Körperschaften, Anstalten oder Stiftungen des öffentlichen Rechts, auch soweit ihnen keine Kostenfreiheit zusteht,
b) Aufträgen, deren Verzögerung dem Auftraggeber einen unersetzlichen Nachteil bringen würde,
c) Aufträgen zur Erhebung von Wechsel- oder Scheckprotesten.

IV. Die Absätze 1 bis 3 gelten im Arbeitsgerichtsverfahren mit der Maßgabe, daß nur ein Auslagenvorschuß, nicht aber ein Gebührenvorschuß erhoben werden darf (§ 12 Abs. 4 Satz 3 ArbG).

V. Reicht der zunächst erforderte Vorschuß nicht aus, so ist unverzüglich ein weiterer Vorschuß zu erheben, soweit es sich nicht um einen geringfügigen Betrag handelt.

VI. Bei der Einforderung des Vorschusses ist eine angemessene Zahlungsfrist zu bestimmen. Der Auftraggeber ist darauf hinzuweisen, daß der Auftrag erst erledigt oder die Erledigung erst fortgesetzt wird, wenn der Vorschuß gezahlt ist; ist mit der Erledigung des Auftrags noch nicht begonnen, so ist weiter darauf hinzuweisen, daß der Auftrag bei Nichtzahlung des Vorschusses als zurückgenommen angesehen werde.

VII. Wird der erforderte Vorschuß nicht gezahlt, so ist der Auftrag nicht auszuführen oder die Erledigung nicht fortzusetzen; die Auftragsunterlagen sind dem Auftraggeber zurückzusenden. Wird der Auftrag demnächst weiter verfolgt, so liegt kostenrechtlich kein neuer Auftrag vor.

VIII. Übersteigt der Vorschuß den endgültigen Kostenbetrag, so ist der Mehrbetrag alsbald an den Einzahler zurückzuzahlen. Die Bestimmungen über die Auszahlung von Kleinbeträgen (§ 82 GVO) bleiben unberührt.

IX. Die Rückgabe der von dem Auftraggeber eingereichten Schriftstücke darf nicht von der vorherigen Zahlung der Kosten abhängig gemacht werden.

Gliederung

1) Allgemeines. § 5 gibt dem Gerichtsvollzieher das Recht, vom Auftraggeber einen Vorschuß zu verlangen (wegen der Ausnahmefälle Anm 2 B) und seine Tätigkeit von der Zahlung dieses Vorschusses abhängig zu machen. Der Auftraggeber muß also vorleisten.

Die frühere Sonderregelung wegen der Haftkosten, § 911 ZPO aF, ist entfallen.

2) Abhängigmachen der Amtshandlung. A. Pflicht zur Vorschußeinforderung. Mit dem Wort „kann" in S 1 gibt § 5 dem Gerichtsvollzieher nicht nur eine Befugnis, sondern macht ihm grundsätzlich auch die Einforderung eines Vorschusses zur Amtspflicht, Ffm DGVZ **82**, 59. Denn es handelt sich um eine Sicherung von Geldern, die dem Staat zustehen. Das kommt auch in GVKostGr Nr 9 I zum Ausdruck. Der Gerichtsvollzieher darf und muß auch dann einen Vorschuß fordern, wenn sich der Gläubiger dazu erbietet, die Handlung auf eigene Kosten vorzunehmen, etwa eine Räumung zu veranlassen, AG Hamm DGVZ **75**, 125.

Die Pflicht zur Vorschußeinforderung umfaßt das Verbot der Fortsetzung einer Amtshandlung, soweit der Vorschuß verbraucht ist, Ffm DGVZ **82**, 61.

B. Entfallen der Vorschußpflicht. Der Gerichtsvollzieher erhebt keinen Vorschuß, wenn einer der folgenden Fälle eintritt:

a) Auftrag des Gerichts. Eine Vorschußzahlung entfällt, soweit das Gericht den Gerichtsvollzieher beauftragt.

b) Mittellosigkeit. Eine Vorschußpflicht entfällt ferner, soweit der Auftraggeber mittellos ist. Denn eine Prozeßkostenhilfe verpflichtet den Gerichtsvollzieher zur vorläufig unentgeltlichen Vornahme von Amtshandlungen, § 122 I Z 1 a ZPO, und zwar unabhängig davon, ob er eine solche Amtshandlung im Namen der mittellosen Partei oder im Namen des ihr beigeordneten Anwalts vornehmen soll, LG Köln NJW **49**, 834. Infolgedessen ist auch kein Vorschuß anzufordern, wenn der beigeordnete Anwalt die Gebühren, die über die von der Staatskasse erstatteten hinausgehen (Differenzkosten), auf Grund eines für die mittellose Partei erlassenen Kostenfestsetzungsbeschlusses betreibt.

Diese Frage ist **streitig. Wie hier** zB AG Mannh NJW **61**, 1585, Chemnitz NJW **61**, 1567; **aM** zB LG Hagen **KR** Nr 2.

Allerdings ist ein Vorschuß insoweit erforderlich, als der beigeordnete

Anwalt die Gebühren im eigenen Namen für sich beitreibt. Das gilt auch im Fall einer Sequestration, § 1 Anm 1 B.

c) Arbeitssache. Ein Vorschuß entfällt für eine Vollstreckungshandlung auf Grund einer Entscheidung eines Gerichts der Arbeitsgerichtsbarkeit oder auf Grund eines vor einem solchen Gericht abgeschlossenen Prozeßvergleichs.

d) Weitere Fälle. Ein Vorschuß entfällt auch in folgenden weiteren Fällen: Der Gerichtsvollzieher nimmt eine Amtshandlung vor, die über den ihm erteilten Auftrag hinausgeht, § 3 Anm 2; der Auftraggeber hat Kostenfreiheit nach § 8, BGH **89**, 85; man kann mit Sicherheit erwarten, daß der Kostenschuldner die Kosten nach der Erledigung des Auftrags zahlen wird, etwa dann, wenn eine Behörde oder eine Körperschaft, Anstalt oder Stiftung des öffentlichen Rechts der Auftraggeber ist, auch wenn sie insofern keine Kostenfreiheit hat, GVKostGr Nr 9 I. Das gilt auch wegen der Auslagen für die Amtshandlung zu Gunsten eines Auftraggebers, der lediglich eine Gebührenfreiheit hat, § 2 GKG; es handelt sich um einen Eilfall, eine Verzögerung der Amtshandlung würde dem Auftraggeber also einen unersetzlichen Nachteil bringen. Ob diese Situation vorliegt, muß der Gerichtsvollzieher von Amts wegen prüfen; es handelt sich um einen Auftrag zur Erhebung eines Scheck- oder Wechselprotestes, GVKostGr Nr 9 III b und c; es handelt sich um die nach § 760 ZPO beantragte Erteilung einer Protokollabschrift.

Diese letzte Frage ist **streitig. Wie hier** zB AG Bln-Wedding DGVZ **86**, 78 mwN, AG Eschwege DGVZ **84**, 191, AG Ffm DGVZ **85**, 93; **aM** zB AG Augsb DGVZ **87**, 126.

Wenn in einem der vorgenannten Fälle zu erwarten ist, daß der Gerichtsvollzieher höhere Auslagen haben wird, dann kann ihm die Dienstbehörde den erforderlichen Vorschuß darauf gewähren, § 65 Z 8 GVO. Sie entscheidet insofern nach pflichtgemäßem Ermessen. Ihre Entscheidung ist für den Schuldner unanfechtbar, Celle NdsRpfl **61**, 247.

C. Höhe des Vorschusses. Der Gerichtsvollzieher muß den Vorschuß so berechnen, daß er die voraussichtlichen Kosten des gesamten Auftrags deckt, LG Bln DGVZ **86**, 156, also die Gebühren und die Auslagen, Alisch DGVZ **79**, 6. Der Gerichtsvollzieher muß die voraussichtlichen Auslagen schätzen; vgl § 35.

Im Fall der Zwangsvollstreckung aus einem Räumungstitel (AG Pinneb DGVZ **77**, 28 fordert vor einer zwangsweisen Öffnung des Raumes die Ausschöpfung aller geringeren Mittel, vgl auch § 758 ZPO) muß der Gerichtsvollzieher also auch denjenigen Betrag als Vorschuß anfordern, den er voraussichtlich benötigen wird, um das Räumungsgut zum Lagerraum zu überführen, § 885 III ZPO.

Das ist **unstreitig,** zB Karls Rpfleger **74**, 408, LG Bln Rpfleger **66**, 29, LG Essen MDR **74**, 762, LG Ffm DGVZ **83**, 173, so grds auch LG Hbg DGVZ **83**, 124, ferner AG Herne DGVZ **80**, 30, AG Itzehoe DGVZ **83**, 142, AG Rotenburg DGVZ **78**, 190, Alisch DGVZ **79**, 6, Brossette NJW **89**, 965.

Das gilt auch dann, wenn sich der Gläubiger erbietet, den Transport durchzuführen, AG Brakel DGVZ **84**, 158, vgl Brossette NJW **89**, 965, oder wenn eine Wiedereinweisung des Schuldners durch die Obdachlosenbehörde zu erwarten ist, AG Schönau DGVZ **89**, 45.

Rechtspolitisch Alisch DGVZ **82**, 110. Der Vorschuß ist unabhängig davon zu leisten, ob der Gläubiger ein gesetzliches Pfandrecht hat, LG Bln DGVZ **86**, 156.

Wenn der zunächst vom Gerichtsvollzieher erforderte Vorschuß nicht ausreicht, sei es, weil er die Auslagen zu niedrig geschätzt hat, sei es, daß er weitere als die zunächst vorausgesehenen Amtshandlungen vornehmen muß, dann muß der Gerichtsvollzieher unverzüglich einen weiteren Vorschuß als Nachforderung erheben, GVKostGr Nr 9 V. Er muß dem Kostenschuldner dabei dieselben Hinweise wie bei der ersten Vorschußanforderung geben, D. Er darf die Amtshandlung vor dem Eingang des weiteren Vorschusses nicht fortsetzen, Ffm DGVZ **82**, 61 (krit Alisch DGVZ **82**, 110), und muß notfalls seine Pfändung aufheben, wenn ein Vorschuß trotz Hinweises auf die Folgen nicht gezahlt wird, LG Aachen DGVZ **89**, 23 (zustm Gilleßen).

Der Gläubiger braucht allerdings dann, wenn der Gerichtsvollzieher den verlangten Vorschuß verbraucht hat, keine weiteren Vorschüsse nachzuschießen, LG Bln MDR **72**, 249 mwN, ähnlich Karlsr Rpfleger **74**, 409 (der Gläubiger sei jedenfalls dann nicht nachschußpflichtig, wenn eine unangemessen lange Zeit in Betracht komme).

D. Art des Vorschusses; Einforderung. Der Kostenschuldner muß den Vorschuß in bar leisten. Eine Sicherheitsleistung ist nicht vorgesehen. Die Einforderung des Vorschusses erfolgt auf Grund einer vom Gerichtsvollzieher anzufertigenden Kostenrechnung unter der Bewilligung einer angemessenen Zahlungsfrist und mit dem Hinweis, daß der Gerichtsvollzieher den Auftrag erst nach dem Eingang des Vorschusses erledigen darf und daß er den Auftrag insoweit als zurückgenommen ansehen muß, als der Kostenschuldner den Vorschuß nicht zahlt.

Soweit der Kostenschuldner den Vorschuß nicht zahlt, muß der Gerichtsvollzieher diejenigen Unterlagen an den Auftraggeber zurücksenden, deren Rückgabe er nicht von der vorherigen Zahlung der endgültigen Kosten abhängig machen darf. In einem solchen Fall wird der Auftrag als erledigt angesehen, sofern nichts weiter geschieht.

Zahlt der Kostenschuldner aber den Vorschuß nachträglich, so liegt nicht schon deshalb ein neuer Auftrag vor. Das gilt auch dann, wenn der Gerichtsvollzieher pflichtgemäß einen weiteren Vorschuß nachfordert und wenn der Kostenschuldner den nachgeforderten Betrag nicht zahlt. Auch in diesem Fall ist der Auftrag grundsätzlich als erledigt anzusehen. Man muß die bisherige Amtshandlung des Gerichtsvollziehers dann als beendet ansehen, § 4. Der Gerichtsvollzieher hat also diejenigen Gebührenteile, die durch die bisherige Zahlung nicht gedeckt wurden, nunmehr einzufordern, § 4 Anm 3. Erfolgt dann doch noch die Zahlung der Nachforderung, so verrechnet der Gerichtsvollzieher die Zahlung auf den alten Auftrag. Vgl S GVKostGr Nr 9 VI, VII, IX.

3) Rechtsbehelfe. A. Grundsatz. § 5 enthält keinen Hinweis auf den zulässigen Rechtsbehelf. Man muß daher auf die sonst gesetzlich vorgesehene Regelung zurückgreifen.

Eine Erinnerung nach § 9 kommt nicht in Betracht. Die Gebühr ist, anders als in den Fällen der §§ 66ff GKG, noch nicht fällig. Denn § 4 GVKostG enthält eine andere Fälligkeitsregelung als § 61 GKG. Im übrigen betrifft die Vorschußpflicht nach dem GKG immer nur eine endgültige Kostenpflicht, § 69 GKG. Schließlich stellt ein Vorschuß noch keinen Kostenansatz im Sinne von § 9 dar, vgl § 4 KostVfg.

Deshalb kommt auch keine zwangsweise Beitreibung eines Vorschusses nach § 5 in Betracht. Es steht vielmehr im Belieben des Auftraggebers, ob er durch die Zahlung des angeforderten Vorschusses die Durchführung seines Auftrages erreichen will oder ob er nicht zahlen will.

B. Einzelheiten. Als Rechtsbehelfe bleiben danach folgende Möglichkeiten:

a) Dienstaufsichtsbeschwerde. Der Kostenschuldner kann ohne die Einhaltung einer Frist eine Dienstaufsichtsbeschwerde an den Dienstvorgesetzten des Gerichtsvollziehers (den Präsidenten oder Direktor des AG) einlegen. Denn der Gerichtsvollzieher ist ein Landesbeamter im Justizdienst.

b) Erinnerung. Zulässig ist ferner vorrangig eine Erinnerung nach § 766 ZPO, soweit es sich um eine Zwangsvollstreckung handelt, KG DGVZ **81**, 153 mwN, AG Bln-Tempelhof DGVZ **84**, 44, Gaul ZZP **87**, 275 mwN. Die Erinnerung richtet sich gegen die Art und Weise der Zwangsvollstreckung, weil der Gerichtsvollzieher seine Amtshandlung von einem Vorschuß oder einem Vorschuß in dieser Höhe abhängig macht. Über die Erinnerung entscheidet dasjenige Vollstreckungsgericht, in dessen Bezirk die Zwangsvollstreckung stattfinden soll oder stattgefunden hat, § 764 II ZPO.

Im Vollstreckungsgericht ist der Amtsrichter zuständig, § 20 Z 17 II a RPflG. Der Amtsrichter übersendet die Erinnerung aber zunächst an den Gerichtsvollzieher. Der Gerichtsvollzieher ist zu einer Stellungnahme verpflichtet. Denn es handelt sich zugleich um eine dienstliche Äußerung. Da auch die Staatskasse an Erinnerungsverfahren beteiligt ist, hat der Amtsrichter auch ihre Stellungnahme einzuholen. Er kann im übrigen eine mündliche Verhandlung anordnen, ist zu ihr aber nicht verpflichtet.

Soweit der Amtsrichter die Erinnerung dem LG vorlegt, statt über sie selbst zu entscheiden, muß das LG die Sache an das AG zurückverweisen.

Der Gerichtsvollzieher hat kein eigenes Erinnerungsrecht, LG Rottweil DGVZ **89**, 74.

c) Sofortige Beschwerde. Gegen die Entscheidung des Amtsrichters ist die sofortige Beschwerde nach § 793 ZPO zulässig. Ein Mindestbeschwerdewert braucht nicht vorzuliegen. Denn es handelt sich um einen besonderen Rechtsbehelf des Vollstreckungsverfahrens, nicht um eine Kostenbeschwerde. Beschwerdeberechtigt ist auch die Staatskasse, die am Erinnerungsverfahren beteiligt ist. Der Gerichtsvollzieher ist nicht beschwerdeberechtigt.

d) Antrag auf gerichtliche Entscheidung. In anderen Fällen als denjenigen nach b kommt ein Antrag auf eine gerichtliche Entscheidung in Betracht. Denn es handelt sich bei der Anforderung des Vorschusses durch den Gerichtsvollzieher um einen Verwaltungsakt im Bereich der Justizverwaltung beim Vollzug des GVKostG, Art XI § 1 KostÄndG, Teil XII dieses Buches. Man stellt den Antrag bei demjenigen AG, in dessen Bezirk die für die Einziehung des Anspruchs zuständige Kasse ihren Sitz hat. Wegen der Einzelheiten des Verfahrens vgl Art XI § 1 KostÄndG Anm 3.

Gegen die Entscheidung des AG ist die Beschwerde an das LG zulässig, soweit der erforderliche Beschwerdewert von 100 DM überschritten ist, Art XI § 1 II KostÄndG iVm § 14 III–V KostO, vgl Art XI § 1 KostÄndG Anm 3 B.

Entnahmerecht

6 Die im § 21 bestimmten Gebühren können dem Erlös vorweg entnommen werden. Sonstige Kosten können bei der Ablieferung von Geld an den Auftraggeber entnommen werden.

GVKostGr Nr 9a:

Nr. 9a. Bei der Einziehung von Geldstrafen, Geldbußen oder zu Geldzahlungen verpflichteten Nebenfolgen wird das Entnahmerecht durch § 459b StPO und § 94 OWiG eingeschränkt. Wenn der Schuldner nichts anderes bestimmt hat, ist eine Entnahme in diesen Fällen nur zulässig, soweit der Betrag nicht für die Erfüllung der in Satz 1 bezeichneten Ansprüche benötigt wird.

1) Allgemeines. Das Entnahmerecht dient der Erleichterung der Kostenerhebung. Es bedeutet aber keine besondere Haftung des Erlöses selbst. Entscheidend bleibt immer die Haftung des Kostenschuldners. Soweit der Gläubiger von den Kosten befreit ist, bleibt § 6 unberührt.

Diese Frage ist **streitig. Wie hier** zB AG Bln-Schöneb DGVZ **81,** 191, AG/LG Saarbr DGVZ **80**, 44, Bittmann DGVZ **86**, 12 mwN, Mümmler DGVZ **69,** 18; **offen** BGH **89**, 26; **aM** zB LG Augsb DGVZ **86**, 15, Stellwaag MDR **89,** 1685.

Mit Rücksicht auf seinen Zweck ist das Entnahmerecht nicht an eine Fälligkeit der Kosten, § 4, gebunden. Die dem Gerichtsvollzieher durch § 6 eingeräumte Befugnis ergibt für ihn grundsätzlich die Pflicht, nach § 6 vorzugehen, Ffm Rpfleger **75**, 325. Einen Sonderfall für die Prozeßkostenhilfe behandelt § 7. Eine Begrenzung wie dort kennt § 6 nicht.

Das Entnahmerecht wird bei einer Einziehung einer Geldstrafe, Geldbuße oder einer zu Geldzahlung verpflichtenden Nebenfolge durch § 459b StPO und durch § 94 OWiG eingeschränkt, GVKostGr Nr 9a, vgl auch Kühn DGVZ **78**, 40 mwN.

§ 6 ist unanwendbar, soweit das Gericht dem Gerichtsvollzieher einen Auftrag erteilt hat. Denn die durch einen solchen Auftrag verursachten Kosten gelten als solche des gerichtlichen Verfahrens, § 3 III, und werden dementsprechend eingezogen, § 3 Anm 5.

2) Versteigerung usw, S 1. Der Gerichtsvollzieher darf nach S 1 nur die im § 21 bestimmten Gebühren dem Erlös vorweg entnehmen, nicht andere Gebühren, auch nicht Auslagen, die mit einer Amtshandlung nach § 21 zusammenhängen, LG Essen DGVZ **72**, 114, AG Bayreuth DGVZ

71, 45 (Anm Mümmler). Es muß sich also um eine Versteigerung, einen Verkauf, eine Verpachtung oder eine Verwertung der im § 21 genannten Art gehandelt haben. Sie muß einen Erlös erbracht haben, den der Gerichtsvollzieher erhalten hat.

3) Geldablieferung, S 2. Der Gerichtsvollzieher darf sonstige Kosten, also Gebühren und Auslagen, auch auf Grund einer Amtshandlung nach § 21, nach S 2 dann entnehmen, wenn er Geld an den Auftraggeber abzuliefern hat.

Dem Auftraggeber steht sein Bevollmächtigter oder ein solcher Dritter gleich, der für den Auftraggeber oder aus einem von dem Auftraggeber abgeleiteten Recht zum Geldempfang berechtigt ist. Ferner steht eine Hinterlegung aus einem Grund, der in der Person des Auftraggebers liegt, gleich, § 196 Z 1 f GVGA, LG Saarbr DGVZ **80**, 43. Eine derartige Hinterlegung steht aber einer Geldablieferung nicht gleich, wenn sie erfolgt, weil die Empfangsberechtigung des Auftraggebers nicht sicher ist.

Der Gerichtsvollzieher hat kein Entnahmerecht, soweit er den ihm übergebenen Betrag an einen Dritten abführen soll, der nicht nach den vorstehenden Regeln dem Auftraggeber gleichsteht. Denn dann könnte der Gerichtsvollzieher den Auftrag nicht ordnungsgemäß durchführen.

4) Rechtsbehelfe. Hier gilt dieselbe Regelung wie bei § 5 Anm 3. Soweit die Kosten schon angesetzt worden sind, ist außerdem die Erinnerung nach § 9 statthaft.

Verwendung des Erlöses bei Prozeßkostenhilfe

7 Ist einer Partei die Prozeßkostenhilfe bewilligt und reicht der Erlös einer Zwangsvollstreckung nicht aus, um die für sie beizutreibende Forderung und die nach § 125 Abs. 1, § 788 der Zivilprozeßordnung einzuziehenden Gerichtsvollzieherkosten zu dekken, so kann der Vollstreckungserlös bis zur Höhe eines Fünftels zur Deckung dieser Kosten verwendet werden.

GVKostGr Nr 10:

Nr. 10. I. Als Erlös ist jeder geldliche Erfolg einer Zwangsvollstreckung anzusehen, also auch jeder durch Zahlungen des Schuldners, durch freihändigen Verkauf sowie durch Pfändung von Geld erlangte Betrag. Ersteht der Gläubiger, dem Prozeßkostenhilfe bewilligt ist, den gepfändeten Gegenstand gemäß § 817 Abs. 4 ZPO oder wird er ihm gemäß § 825 ZPO zur Befriedigung wegen seiner Forderung überwiesen, so ist § 7 nicht anzuwenden.

II. Das Fünftel, bis zu dessen Höhe gegebenenfalls der Vollstreckungserlös zur Deckung der GV-Kosten einzubehalten ist, wird von dem tatsächlich beigetriebenen Betrage berechnet; hierbei werden Kosten nicht abgezogen. Ist nur einzelnen von mehreren Gläubigern Prozeßkostenhilfe bewilligt, so ist der auf jeden Gläubiger entfallende Betrag zu berechnen. Zur Deckung des auf die Partei, der Prozeßkostenhilfe bewilligt ist, entfallenden Kostenanteils darf nur ein Fünftel des auf diese Partei entfallenden Teiles des Vollstreckungserlöses verwendet werden.

III. Nr. 8 Abs. 3 ist anzuwenden.

1) Allgemeines. Nur soweit das Gericht dem Gläubiger eine Prozeßkostenhilfe bewilligt hat, AG Dortm DGVZ **89**, 79, ist er auch von den durch die Tätigkeit des Gerichtsvollziehers verursachten Kosten befreit, § 122 I Z 1a ZPO, und zwar so lange, bis das Gericht etwa die Bewilligung der Prozeßkostenhilfe nach § 124 ZPO aufhebt. Um diese Kosten hereinzuholen, ergibt sich aber für den Fall der Zwangsvollstreckung gegenüber dem Prozeßgegner die Möglichkeit, von diesem neben der Forderung auch die Kosten nach § 788 ZPO beizutreiben. Die Beitreibung der Kosten des Gerichtsvollziehers kann aber auch nach § 125 I ZPO iVm § 1 I Z 7 JBeitrO erfolgen; vgl auch Grdz 3 D vor § 1. Eine Beitreibung der Hauptforderung des Gläubigers kann natürlich nur nach der ZPO erfolgen.

Wenn sich ergibt, daß der Erlös nicht ausreicht, um die Hauptforderung und die Kosten des Gerichtsvollziehers zu decken, dann würde nach dem Entnahmerecht des § 6 der Erlös stets um die Kosten des Gerichtsvollziehers voll zu kürzen sein. Ein mittelloser Gläubiger würde also unter Umständen leer ausgehen. § 7 schränkt deshalb den § 6 ein, Ffm Rpfleger **75**, 325, sieht aber wie § 6 von der Fälligkeit der Kosten, § 4, ab.

Hat der Gläubiger vor der Bewilligung der Prozeßkostenhilfe einen Auftrag zur Zwangsvollstreckung erteilt und die hierdurch entstandenen Kosten bezahlt, so kann er auf Grund nachträglicher Bewilligung der Prozeßkostenhilfe keine Kostenrückzahlung fordern, AG Trier DGVZ **88**, 142.

2) Voraussetzungen. Es müssen folgende Voraussetzungen zusammentreffen:

A. Parteiauftrag. Die Beitreibung muß im Interesse einer mittellosen Partei erfolgen. Eine Beitreibung im Auftrag des Gerichts, § 3 III, reicht also nicht aus.

B. Vorliegen eines Erlöses. Die Zwangsvollstreckung muß einen Erlös erbracht haben. Gemäß GVKostGr Nr 10 I ist darunter jeder geldliche Erfolg zu verstehen, also auch derjenige infolge einer freiwilligen Zahlung des Schuldners zur Abwendung der Zwangsvollstreckung, soweit diese Zahlung auch in die Hand des Gerichtsvollziehers kommt, ferner derjenige Erlös, den ein freihändiger Verkauf oder eine Pfändung erbringen.

C. Deckungslücke. Der Vollstreckungserlös darf nicht ausreichen, um die Hauptforderung und die Gerichtsvollzieherkosten zu decken. Der Kostenbegriff ist weit zu fassen. Wenn zB die erste Versteigerung erfolglos war, dann muß man auch deren Kosten berücksichtigen. Ferner muß man diejenigen Kosten berücksichtigen, die erforderlich waren, um zu der schließlich erfolgreichen Vollstreckung zu kommen. In Betracht kommen zB die Kosten einer Zustellung, einer Vorführung zur Ableistung der eidesstattlichen Offenbarungsversicherung, § 26, wodurch eine Teilzahlung erreicht wurde, usw.

3) Verwendung. Ebenso wie bei § 6, dort Anm 2 A, folgt aus dem Wort „kann" im Gesetzestext die grundsätzliche Amtspflicht des Gerichtsvollziehers zu einer Verwendung nach den Regeln des § 7, Ffm Rpfleger **75**, 325. Der Gerichtsvollzieher hat also den Vollstreckungserlös in Höhe von 20% des tatsächlich beigetriebenen Betrages zur Deckung der Kosten zu verwenden. Das gilt auch für jede Teilzahlung. Wenn der Gerichtsvollzieher mehrere Erlöse erzielt, muß er sie zusammenrechnen. Dabei muß er gemäß GVKostGr Nr 10 III die Auslagen vor den Gebühren, die ersteren in der Reihenfolge der GVKostGr Nr 8 III, abgedruckt bei § 4, abdecken. An Kosten darf der Gerichtsvollzieher aber nur diejenigen berücksichtigen, die auch im Sinne des § 788 I ZPO notwendig waren.

Soweit Auslagen des Gerichtsvollziehers ungedeckt bleiben, ersetzt ihm die Landeskasse solche Auslagen, § 11 Z 4 GVO. Wenn die Landeskasse solche Beträge später einzieht, was sie erst nach der Rechtskraft tun darf, verbleiben sie ihr in voller Höhe, § 77b GVO.

Die Möglichkeit einer Verwendung des Erlöses entfällt, soweit der Gerichtsvollzieher bei einer Zwangsversteigerung des gepfändeten Gegenstand dem mittellosen Gläubiger zuschlägt, § 817 IV ZPO, oder soweit das Gericht den gepfändeten Gegenstand dem Gläubiger zur Befriedigung seiner Forderung nach § 825 ZPO überweist, GVKostGr Nr 10 I 2.

Wenn von mehreren beteiligten Gläubigern nur einzelne eine Prozeßkostenhilfe erhalten haben, dann muß der Gerichtsvollzieher den auf jeden Gläubiger entfallenden Betrag berechnen, GVKostGr Nr 10 II 2. Die Erlösverteilung erfolgt nach dem Verhältnis der beizutreibenden Forderungen, § 168 Z 5 GVGA, falls der Gerichtsvollzieher nicht etwa wegen eines Widerspruchs eines Gläubigers eine Hinterlegung vornehmen muß, § 827 II ZPO. Von dem Teil, der im Fall einer Verteilung auf den Mittellosen entfällt, darf der Gerichtsvollzieher auch dann nicht mehr als ⅕ auf die Kosten verwenden.

4) Rechtsbehelfe. Hier gilt dieselbe Regelung wie bei § 5 Anm 3. Soweit das Gericht die Kosten schon angesetzt hatte, ist auch die Erinnerung nach § 9 statthaft.

Kostenbefreiungen

8 **I Von der Zahlung der Kosten sind befreit der Bund und die Länder sowie die nach den Haushaltsplänen des Bundes und der Länder für Rechnung des Bundes oder eines Landes verwalteten öffentlichen Anstalten und Kassen, Bundesbahn und Bundespost sind von der Zahlung der Auslagen nicht befreit.**

II Bei der Durchführung des Bundessozialhilfegesetzes sind die Träger der Sozialhilfe von den Gebühren befreit. Sonstige Vorschriften, die eine sachliche oder persönliche Befreiung von Kosten gewähren, gelten für Gerichtsvollzieherkosten nur insoweit, als sie ausdrücklich auch diese Kosten umfassen.

III Landesrechtliche Vorschriften, die in weiteren Fällen eine sachliche oder persönliche Befreiung von Gerichtsvollzieherkosten gewähren, bleiben unberührt.

1) Allgemeines. Da es sich bei den Kosten des Gerichtsvollziehers um solche handelt, die der Staatskasse zufließen, Grdz 3 C vor § 1, sind Vorschriften über eine Kostenbefreiung erforderlich. § 8 enthält unterschiedliche Arten von Befreiung: Teilweise gilt völlige Kostenfreiheit, teilweise lediglich Gebührenfreiheit. Einzelheiten Krauthausen DGVZ **84**, 4.

2) Befreiung, I. Die Vorschrift stimmt inhaltlich mit § 2 I GKG überein. Sie stimmt wörtlich mit § 11 I KostO überein. Vgl die dortigen Anm. Ein Landratsamt ist nicht befreit, AG Freyung DGVZ **86**, 31. Der Bund und die Länder sind von sämtlichen Kosten des Gerichtsvollziehers befreit, also von Gebühren und Auslagen, ohne daß das Gesetz das besonders hervorheben muß, BGH **89**, 85. Diese Befreiung gilt aber nur insoweit, als der Bund oder ein Land bei einer Vollstreckung selbst als Partei auftritt, AG Witzenhausen Rpfleger **63**, 61. Soweit ein siegender Kläger die Kosten für eine Zustellung ausgelegt hatte, muß der unterliegende Bund bzw das unterliegende Land sie ihm erstatten, LG Hann MDR **63**, 146.

Bundesbahn und Bundespost sind nur von der Zahlung der Gebühren befreit, müssen also Auslagen erstatten, I 2.

3) Befreiung, II, III. Sonstige bundesrechtliche Vorschriften, die eine sachliche oder persönliche Befreiung von Kosten gewähren, gelten nach II 2 für Gerichtsvollzieherkosten nur insoweit, als sie ausdrücklich auch diese Kosten umfassen, zB nach § 9 AUG in Verbindung mit § 122 I Z 1 a ZPO, vgl Üb 3 A vor § 49 GKG, Teil I dieses Buchs. Das ist kaum je der Fall, zB nicht bei § 64 SGB X, AG Freyung DGVZ **86**, 31. Denn die Kostenbefreiungsvorschriften des Bundes regeln im allgemeinen die Gerichtsvollzieherkosten nicht mit.

Landesrechtliche Vorschriften, die eine sachliche oder persönliche Befreiung von Gerichtsvollzieherkosten gewähren, bleiben nach III unberührt. Die Vorschrift stimmt mit § 2 II 2 GKG inhaltlich und mit § 11 II 2 KostO wörtlich überein. Vgl daher die dortigen Anm.

Bei der Durchführung des BSHG, und zwar nur dieses Gesetzes, AG Freyung DGVZ **86**, 31, sind die Träger der Sozialhilfe nach II 1 nur von den Gebühren befreit, nicht also von den Auslagen. Sozialhilfeträger sind die örtlichen und überörtlichen, von den Ländern bestimmten Behörden, § 96 BSHG. Nur diese Stellen sind gebührenbefreit, also nicht der Empfänger der Sozialhilfe, also auch nicht der Ersatzpflichtige nach §§ 90, 91 BSHG. Eine gesetzliche Krankenkasse wird nicht dadurch gebührenfrei, daß eine Ladung zum Offenbarungstermin beantragt wird, AG Osnabr DGVZ **89**, 31 (abl Krauthausen Rpfleger **89**, 344), ebensowenig eine Berufsgenossenschaft, aM AG Hanau DGVZ **89**, 122 (abl Schriftleitung), oder einer Kreisverwaltung wegen einer Vollstreckung im Landesauftrag, AG Spaichingen DGVZ **89**, 78.

4) Rechtsfolgen der Befreiung. Im Fall einer persönlichen Kostenfreiheit entsteht zwar ein Kostenanspruch; der Staat kann ihn aber dem Kostenbefreiten gegenüber nicht geltend machen, LG Saarbr DGVZ **80**, 43. Der Gerichtsvollzieher darf aber zB nach § 6 vorgehen, der unberührt bleibt, § 6 Anm 1.

Erinnerungen

9 Über die Erinnerungen des Kostenschuldners und der Staatskasse gegen den Kostenansatz entscheidet, soweit nicht nach § 766 Abs. 2 der Zivilprozeßordnung das Vollstreckungsgericht zuständig ist, das Amtsgericht, in dessen Bezirk der Gerichtsvollzieher seinen Amtssitz hat. Auf die Erinnerung und die Beschwerde sind § 4 Abs. 3 Satz 1, § 5 Abs. 2 bis 4 des Gerichtskostengesetzes und § 568 Abs. 1, §§ 569 bis 575 der Zivilprozeßordnung entsprechend anzuwenden.

GVKostGr Nr 11:

Nr. 11. I. Solange eine gerichtliche Entscheidung oder eine Anordnung im Dienstaufsichtswege nicht ergangen ist, hat der Gerichtsvollzieher auf Erinnerung oder auch von Amts wegen unrichtige Kostenansätze richtigzustellen (vgl. Nr. 5 Abs. 4). Soweit der Gerichtsvollzieher einer Erinnerung abhilft, wird sie gegenstandslos.

II. Hilft der Gerichtsvollzieher einer Erinnerung des Kostenschuldners nicht oder nicht in vollem Umfang ab, so legt er sie mit den Vorgängen dem Bezirksrevisor vor. Dieser prüft, ob der Kostenansatz im Verwaltungsweg zu ändern ist oder ob Anlaß besteht, für die Landeskasse ebenfalls Erinnerung einzulegen. Soweit der Erinnerung nicht abgeholfen wird, veranlaßt er, daß sie mit den Vorgängen unverzüglich dem Gericht vorgelegt wird.

III. Alle gerichtlichen Entscheidungen über Kostenfragen hat der Gerichtsvollzieher dem zuständigen Bezirksrevisor mitzuteilen, sofern dieser nicht nach Absatz 2 an dem Verfahren beteiligt war.

1) Kostenansatz. Die Rechnungsaufstellung über die Gebühren und die Auslagen des Gerichtsvollziehers ist ein Kostenansatz. Eine Vorschußberechnung des Gerichtsvollziehers ist kein Kostenansatz. Im Fall einer Entnahme nach §§ 6 oder 7 kann ein Kostenansatz vorliegen.

Soweit ein Kostenansatz vorliegt, kommt eine Erinnerung in Betracht. Sie kann sich gegen die Berechtigung des Ansatzes überhaupt oder auch nur gegen die Höhe der Einzelposten richten.

2) Ansatz von Vollstreckungskosten. Soweit es um den Ansatz von Vollstreckungskosten des Gerichtsvollziehers geht, ist nur die Erinnerung nach § 766 II ZPO statthaft. Über sie entscheidet das Vollstreckungsgericht, §§ 764 II ZPO, 62 II ArbGG, 31 LwVG, 16 III HausratsVO. Gegen die Entscheidung des Vollstreckungsgerichts ist die sofortige Beschwerde nach § 793 ZPO an das LG statthaft. Der Beschwerdewert muß 100 DM übersteigen, § 567 II ZPO. Eine weitere Beschwerde ist unzulässig, § 568 III ZPO. Die Staatskasse wird durch den Bezirksrevisor vertreten.

3) Ansatz sonstiger Gerichtsvollzieherkosten. A. Geltungsbereich. Die Erinnerung nach § 9 kommt nur gegenüber einem Ansatz von Gerichtsvollzieherkosten in Betracht, die keine Vollstreckungskosten sind, OVG Lünebg DGVZ **81**, 111, LG Brschw DGVZ **83**, 118. Für diese Erinnerung gilt das zu § 4 III 1, § 5 II–IV GKG Ausgeführte entsprechend. Der Gerichtsvollzieher kann also unter anderem den bemängelten Kostenansatz berichtigen, solange nicht schon eine gerichtliche Entscheidung oder eine Anweisung der Dienstaufsicht vorliegen.

B. Verfahren. Zur Erinnerung sind der Kostenschuldner und der Bezirksrevisor als Vertreter der Landeskasse berechtigt, LG Kblz MDR **78**, 584. Das Gericht muß dem Bezirksrevisor auch dann Gelegenheit zur Stellungnahme geben, wenn er keinen eigenen Antrag gestellt hat. Das gilt jedenfalls vor einer der Landeskasse nachteiligen Entscheidung, Art 103 I GG. Der Gerichtsvollzieher hat persönlich kein Erinnerungsrecht. Er hat ein Beschwerderecht, soweit seine eigenen Belange verletzt sind.

Diese Frage ist **streitig. Wie hier** zB Karlsr DGVZ **74**, 114, LG Bln DGVZ **77**, 119 mwN; **abw** (strenger) LG Kblz MDR **78**, 584; **aM** zB LG Siegen DGVZ **75**, 28.

Das Gericht muß die Erinnerung dem Gerichtsvollzieher zur Prüfung vorlegen, ob er der Erinnerung abhelfen will. Hilft er nicht ab, so muß er die Erinnerung dem Bezirksrevisor vorlegen. Dieser muß prüfen, ob er den Kostenansatz im Verwaltungsweg zu ändern hat oder ob er für die Staatskasse ebenfalls Erinnerung einlegen muß. Soweit der Gerichtsvollzieher der Erinnerung nicht abgeholfen und der Bezirksrevisor den Kostenansatz auch nicht geändert hat, trifft dasjenige Vollstreckungsgericht die Entscheidung, in dessen Bezirk der Gerichtsvollzieher seinen Amtssitz hat, S 1. Das Vollstreckungsgericht wird durch den Amtsrichter tätig.

4) Beschwerde. Gegen die Entscheidung des Amtsrichters ist die Beschwerde statthaft, soweit der Wert des Beschwerdegegenstands 100 DM übersteigt. Beschwerdeberechtigt sind der Kostenschuldner, der Bezirksrevisor als Vertreter der Staatskasse und der Gerichtsvollzieher, soweit die angefochtene Entscheidung seine eigenen Belange verletzt, Anm 3 B. Auf das weitere Verfahren ist § 568 I ZPO entsprechend anwendbar. Über die Beschwerde entscheidet das LG.

Aus der entsprechenden Anwendbarkeit der §§ 569–575 ZPO ergibt sich: Die Beschwerde ist grundsätzlich beim AG einzulegen. In einem dringenden Fall genügt die Einlegung beim LG. Die Beschwerde ist schriftlich oder zum Protokoll des Urkundsbeamten der Geschäftsstelle einzulegen, denn das Verfahren war beim AG anhängig. Der Beschwerdeführer kann neue Tatsachen behaupten und neue Beweise antreten. Der Amtsrichter muß zunächst prüfen, ob er der Beschwerde abhelfen will. Anderenfalls legt er vor dem Ablauf einer Woche die Sache dem LG vor und muß seine Vorlage begründen. Er muß den Beschwerdeführer und die weiteren Verfahrensbeteiligten von dieser Vorlage unterrichten.

Die Beschwerde hat grundsätzlich keine aufschiebende Wirkung. Jedoch ist eine Aussetzung der Vollziehung des angefochtenen Kostenansatzes zulässig. Eine mündliche Verhandlung ist nicht erforderlich, aber zulässig. Die Prüfung der Zulässigkeit der Beschwerde findet von Amts wegen statt. Im Fall der Unzulässigkeit ist die Beschwerde auf Kosten des Beschwerdeführers zu verwerfen. Eine Zurückverweisung an das AG ist zulässig, insbesondere dann, wenn der Amtsrichter die Nichtabhilfe nicht begründet hatte.

Nachforderung

10 **Wegen irrigen Ansatzes dürfen Kosten nur nachgefordert werden, wenn der berichtigte Ansatz vor Ablauf des nächsten Kalenderjahres nach der Erledigung des Auftrags dem Zahlungspflichtigen mitgeteilt worden ist.**

GVKostGr Nr 12:

Nr. 12. Als Erledigung des Auftrages im Sinne der §§ 10 und 12 gilt nicht die büromäßige Erledigung nach § 40 GVO, § 111 Nr. 2, § 112 Nr. 2 Buchst. b GVGA.

1) Allgemeines. § 10 stimmt mit § 7 S 1 GKG inhaltlich und mit § 15 S 1 KostO fast wörtlich überein. Vgl die dortigen Anm. Eine Hinausschiebung wie bei § 15 S 2 KostO ist in § 10 GVKostG nicht vorgesehen. Nach § 10 können aber Kosten ohne die dort genannte zeitliche Beschränkung nachgefordert werden, wenn ein Beteiligter über den Wert arglistig getäuscht hat. Eine Einwendung aus § 10 ist rechtssystematisch als eine Erinnerung zu behandeln.

2) Erledigung des Auftrags. Für die Zulässigkeit einer Nachforderung kommt es auf den Zeitpunkt der Erledigung des Auftrags des Gerichtsvollziehers an. Eine Auftragserledigung ist nicht mit der Beendigung der Amtshandlung nach § 4 gleichzusetzen. Ein Auftrag kann vielmehr mehrere Amtshandlungen notwendig machen. Entscheidend ist also die Erledigung des Gesamtauftrags einschließlich aller Nebengeschäfte.

Zu diesen Nebengeschäften gehören aber der Kostenansatz und die Einforderung der Gerichtsvollzieherkosten nicht. Ebensowenig gehört die büromäßige Erledigung, §§ 40 GVO, 111 Z 2, 112 Z 2b GVGA, zur Erledigung der Nebengeschäfte im Sinne von § 10, GVkostGr Nr 12.

Im übrigen muß man prüfen, ob ein einheitlicher Gesamtauftrag oder nur eine Zusammenfassung mehrerer selbständiger Aufträge vorliegt. Wenn zB der Gläubiger dem Gerichtsvollzieher einen Auftrag erteilt, aus einem auf die Zahlung einer Geldsumme lautenden Vollstreckungstitel die Zwangsvollstreckung zu betreiben, dann enthält dieser Auftrag mehrere Einzelaufträge auf die Zustellung der Vollstreckungsklausel, die Pfändung und die Pfandverwertung. Die Zustellung gehört nicht zur Zwangsvollstreckung. Demgegenüber bilden die Pfändung und die Pfandverwertung eine Einheit. Ein einheitlicher Gesamtauftrag liegt auch dann vor, wenn der Gerichtsvollzieher auf Grund desselben Vollstreckungstitels eine Pfändung bei mehreren Schuldnern durchführt. Kein einheitlicher Auftrag liegt vor, wenn der Gerichtsvollzieher für mehrere aus demselben Vollstreckungstitel berechtigte Gläubiger eine Pfändung durchführt.

Man muß nach den Umständen des Einzelfalles entscheiden, inwieweit man nach einer zunächst erfolglosen Pfändung für deren Wiederholung einen neuen Auftrag anzunehmen hat.

Nichterhebung von Kosten wegen unrichtiger Sachbehandlung

11 **I Kosten, die bei richtiger Behandlung der Sache nicht entstanden wären, sind nicht zu erheben.**

II Die Anordnung trifft das Amtsgericht, in dessen Bezirk der Gerichtsvollzieher seinen Amtssitz hat. Gegen die Entscheidung ist die Beschwerde zulässig. § 5 Abs. 2 bis 4 des Gerichtskostengesetzes und § 568 Abs. 1, §§ 569 bis 575 der Zivilprozeßordnung gelten entsprechend.

III Solange nicht das Gericht entschieden hat, kann die Anordnung im Verwaltungsweg getroffen werden. Eine im Verwaltungsweg getroffene Anordnung kann nur im Verwaltungsweg geändert werden.

GVKostGr Nr 13:

Nr. 13. I. Beantragt der Kostenschuldner, GV-Kosten wegen unrichtiger Sachbehandlung nicht zu erheben, so hat der Gerichtsvollzieher darüber nicht zu befinden. Er legt die Vorgänge unverzüglich mit einer dienstlichen Äußerung seinem unmittelbaren Dienstvorgesetzten (§ 2 Nr. 2 GVO) vor. Dieser beteiligt den Bezirksrevisor und ordnet entweder die Nichterhebung der Kosten nach § 11 Abs. 3 im Verwaltungsweg an oder legt die Vorgänge mit der Äußerung des Gerichtsvollziehers dem Amtsgericht (§ 11 Abs. 2 Satz 1) zur Entscheidung vor.

II. Stellt der Gerichtsvollzieher selbst fest, daß GV-Kosten durch unrichtige Sachbehandlung entstanden sind, so gilt Absatz 1 Satz 2 entsprechend. Liegt nach Ansicht des Dienstvorgesetzten keine unrichtige Sachbehandlung vor, so vermerkt er dies und gibt die Vorgänge an den Gerichtsvollzieher zurück.

1) Allgemeines. I entspricht fast wörtlich den §§ 8 I 1 GKG, 16 I 1 KostO; III entspricht fast wörtlich den §§ 8 II 2 und 3 GKG, 16 II 2 und 3 KostO. Vgl daher die dortigen Anm, BVerwG NJW **83**, 898, Köln DGVZ **89**, 138 und MDR **88**, 162, ferner zB (nur grds richtig) LG Bln DGVZ **83**, 41. Wenn es zB um die Notwendigkeit der Einlagerung von Räumungsgut geht, muß man die Notwendigkeit der Lagerkosten nicht nur an Hand des Versteigerungserlöses, sondern auch an Hand des Werts der Sachen für den Schuldner bedenken, LG Ffm DGVZ **89**, 92, AG Bln DGVZ **77**, 29. Wenn der Gerichtsvollzieher dem Gläubiger zu einem Übereignungsantrag nach § 825 ZPO rät, darf er nicht sofort einen Versteigerungstermin anberaumen, LG Bln DGVZ **82**, 41. Ein stillschweigender Lagerungsvertrag ist zulässig, LG Hann DGVZ **78**, 186.

Ein Verstoß lediglich gegen eine Verwaltungsanordnung, nicht dagegen gegen eine gesetzliche Vorschrift braucht nicht eine unrichtige Sachbehandlung zu sein, AG Mü DGVZ **71**, 123.

2) Verfahren, II. Soweit das AG entscheidet, ist örtlich dasjenige AG zuständig, in dessen Bezirk der Gerichtsvollzieher seinen Amtssitz hat. Das Verfahren ist von Amts wegen durchzuführen, Köln DGVZ **88**, 138. Es ist rechtssystematisch ein Erinnerungsverfahren. Allerdings ist § 11 gegenüber dem § 766 II ZPO vorrangig, LG Hann DGVZ **77**,

62; vgl freilich LG Bln **77**, 118. Das AG entscheidet durch den Amtsrichter.

Gegen seine Entscheidung ist die einfache Beschwerde zulässig; vgl im übrigen § 5 II–IV GKG und die §§ 586 I, 569–575 ZPO, die entsprechend gelten; vgl dazu auch § 9 Anm 4.

Man kann eine Erinnerung oder eine Beschwerde durch eine Erklärung zum Protokoll des Urkundsbeamten der Geschäftsstelle oder schriftlich einlegen. Ein Anwaltszwang besteht nicht. Vgl im einzelnen § 5 III GKG.

3) Verwaltungsweg, III. Der Gerichtsvollzieher ist nicht befugt, einen irrigen oder angeblich irrigen Kostenansatz von Amts wegen zu berichtigen. Wenn er einen Irrtum selbst feststellt oder auf ihn hingewiesen wird, darf er die Kosten insoweit nicht mehr selbst erheben, sondern muß die Sache vielmehr zusammen mit seiner dienstlichen Äußerung dem Dienstvorgesetzten vorlegen, also dem aufsichtführenden Richter desjenigen AG, in dessen Bezirk der Gerichtsvollzieher seinen Amtssitz hat, § 2 II GVO, GVKostGr Nr 11, Köln MDR **88**, 162 (auch zu den strafrechtlichen Folgen eines Verstoßes; gebührenrechtlich zustm Keller JR **89**, 79).

Verjährung

12 **I Ansprüche auf Zahlung von Kosten verjähren in vier Jahren nach Ablauf des Kalenderjahres, in dem der Auftrag erledigt ist.**

II Ansprüche auf Rückerstattung von Kosten verjähren in vier Jahren nach Ablauf des Kalenderjahres, in dem der Anspruch entstanden ist. Die Verjährung beginnt jedoch nicht vor dem im Absatz 1 bezeichneten Zeitpunkt.

III Auf die Verjährung sind die Vorschriften des Bürgerlichen Gesetzbuchs anzuwenden; die Verjährung wird nicht von Amts wegen berücksichtigt. Die Verjährung der Ansprüche auf Zahlung von Kosten wird auch durch die Aufforderung zur Zahlung oder durch eine dem Kostenschuldner mitgeteilte Stundung unterbrochen; ist der Aufenthalt des Kostenschuldners unbekannt, so genügt die Zustellung durch Aufgabe zur Post unter seiner letzten bekannten Anschrift. Bei Kostenbeträgen unter zwanzig Deutsche Mark wird die Verjährung nicht unterbrochen.

GVKostGr Nr 12 bei § 10.

1) Allgemeines. § 12 stimmt fast wörtlich mit den §§ 10 GKG, 17 KostO überein. Vgl daher die dortigen Anm. Die Erledigung des Auftrags ist in I für den Zeitpunkt entscheidend, von dem ab die Verjährungsfrist zu laufen beginnt; vgl dazu § 10 Anm 2.

Volle Gebühr, Aufrundung

13 **I Die volle Gebühr bestimmt sich nach der Tabelle, die diesem Gesetz als Anlage beigefügt ist.**

II Pfennigbeträge von Gebühren sind auf volle 10 Deutsche Pfennig aufzurunden.

Vorbem. Die zu I dem Gesetz als Anlage beigefügte **Tabelle** befindet sich **am Schluß des Buches.**

1) Volle Gebühr, I. Neben vielen Festgebühren, zB §§ 16, 19, 22, 24, kennt das GVKostG auch Wertgebühren, zB §§ 17, 18. Den Wert, nach dem sich die Gebühr richtet, geben §§ 17, 18, 21, 27, 33 an. Eine besondere Wertvorschrift enthält § 32. Dort sind die Werte der KostO maßgebend. Eine Wertfestsetzung erfolgt nicht. Soweit ein Beteiligter einen vom Gerichtsvollzieher angesetzten Wert für unrichtig hält, muß er vielmehr die Erinnerung einlegen.

2) Aufrundung, II. Die Vorschrift gilt nur für Gebühren, nicht für Auslagen. Jede einzelne Gebühr wird aufgerundet, nicht nur der Endgebührenbetrag. Wenn ein Zeitzuschlag zur Gebühr hinzutritt, erfolgt eine Aufrundung der Gebühr einschließlich des Zeitzuschlages. Im Fall einer Verteilung nach § 15 erfolgt keine Aufrundung der Teile, die auf jeden Schuldner entfallen.

Dauer der Amtshandlung

14 **Ist die Höhe der Gebühren von der Dauer der Amtshandlung abhängig, so wird die für die geringste Dauer bestimmte Gebühr erhoben, wenn im Protokoll keine längere Dauer angegeben ist.**

GVKostGr Nr 14:

Nr. 14. Bei der Berechnung des Zeitaufwandes für eine Amtshandlung ist auch die Zeit für die Aufnahme des Protokolls, für die Zuziehung von Zeugen, Sachverständigen, Handwerkern oder für die Herbeiholung polizeilicher Unterstützung mit einzurechnen. Dagegen darf weder die Zeit für Hin- und Rückweg noch die Zeit, die vor der Amtshandlung zur Herbeischaffung von Transportmitteln verwendet worden ist, in die Dauer der Amtshandlung eingerechnet werden (vgl. auch Nr. 23 Satz 2, Nr. 24, Nr. 27 Abs. 2, Nr. 30 Abs. 2, Nr. 31 Abs. 1 Satz 2).

1) Allgemeines. Die im Gesetz vorgesehene Grundgebühr erhöht sich im Fall der Überschreitung einer gewissen Zeitdauer der Amtshandlung. Das gilt sowohl bei einer Wertgebühr als auch bei einer Festgebühr, vgl §§ 17, 19, 21–25, 32, 33.

2) Zeitdauer. Es genügt nicht, daß der Gerichtsvollzieher durch seine Amtshandlung die im Gesetz angegebene Zeitdauer tatsächlich überschritten hat. Vielmehr muß er die Überschreitung auch im Protokoll angegeben haben. Eine bloße Angabe in der Kostenberechnung genügt nicht. Eine Angabe nach Stunden genügt. Jede angefangene Stunde zählt voll. Wegen der Berechnung des Zeitaufwandes GVKostGr Nr 14. Vgl auch die einzelnen dort angegebenen Vorschriften.

Soweit im Protokoll eine Zeitangabe fehlt, wird die Sache so behandelt, als ob eine Überschreitung der im Gesetz angegebenen Zeit nicht stattgefunden hätte. Eine Protokollberichtigung ist aber zulässig.

Mehrere Aufträge

15 Werden Aufträge eines oder mehrerer Auftraggeber durch dieselbe Amtshandlung erledigt, so werden die Kosten nur einmal erhoben. Wertgebühren werden nach dem zusammengerechneten Wert erhoben und nach dem Verhältnis der Gebühren, die bei gesonderter Ausführung entstanden wären, verteilt. Sonstige Kosten werden nach der Zahl der Auftraggeber verteilt.

GVKostGr Nr 15:

Nr. 15. I. § 15 findet Anwendung, wenn
a) mehrere Aufträge eines oder mehrerer Auftraggeber gegen denselben Schuldner oder
b) mehrere Aufträge desselben Auftraggebers gegen mehrere Schuldner
durch dieselbe Amtshandlung erledigt werden.

II. Dieselbe Amtshandlung liegt insbesondere vor bei
a) der gleichzeitigen erfolgreichen Pfändung (§ 17 Abs. 1),
b) dem gleichzeitigen erfolglosen Pfändungsversuch (§ 17 Abs. 4),
c) der gleichzeitigen Versteigerung gemeinsam gepfändeter Sachen (§ 21),
d) der gleichzeitigen Erledigung mehrerer Aufträge zur Verhaftung oder Vorführung einer Person (§ 26),
e) der gleichzeitigen Entgegennahme von Leistungen (§ 27),
f) der Räumung der von mehreren Schuldnern gemeinschaftlich benutzten Räume einer Wohnung (24 Abs. 1 Nr. 1).

III. Derselben Amtshandlung steht es gleich, wenn mehrere Aufträge, die durch eine Amtshandlung auszuführen gewesen wären, zurückgenommen werden oder sich erledigen.

IV. Mehrere Amtshandlungen liegen vor, wenn verschiedene Gegenstände zwar am gleichen Tage versteigert werden, ihr Ausgebot und ihre Erlöse jedoch gesondert behandelt werden müssen.

V. Die Gebühren sind in den Fällen des Absatzes 2 Buchst. a und b nach dem Gesamtbetrag der beizutreibenden Forderungen, im Falle des Absatzes 2 Buchst. c nach dem Gesamterlös und im Falle des Absatzes 2 Buchst. e nach dem Gesamtbetrag der Leistungen zu berechnen.

VI. Auslagen, die nur durch das besondere Verlangen eines Auftraggebers entstehen, sind ihm allein in Rechnung zu stellen.

1) Allgemeines. § 15 bringt den auch sonst im Kostenrecht herrschenden Grundsatz zum Ausdruck, daß dieselbe Amtshandlung auch dann nur einmal Kosten entstehen läßt, wenn sie mehrere Aufträge erledigt, vgl § 29 BRAGO, § 168 GVGA. Zur geplanten Neuregelung Kuhlmann DGVZ **89**, 82, Winterstein DGVZ **86**, 74.

2) Dieselbe Amtshandlung, S 1. Die Vorschrift ist anwendbar, wenn der Gerichtsvollzieher mehrere Aufträge eines oder verschiedener Auftraggeber gegen denselben Schuldner oder mehrere Aufträge desselben Auftraggebers gegen mehrere Schuldner durch dieselbe Amtshandlung ausführt, GVKostGr Nr 15 I, § 17 Anm 2 D, E. Das gilt auch im Fall einer gleichzeitigen Doppelpfändung von Ehegatten in dieselben Gegenstände, Hamm Rpfleger **64**, 28, LG Brschw NJW **61**, 2166, LG Wiesb NJW **61**, 2025, Winterstein DGVZ **89**, 58 mwN (auch zur abweichenden Handhabung in Hessen).

Etwas anderes gilt dann, wenn der Gerichtsvollzieher für Ehegatten Pfändungen getrennt durchgeführt hat, LG Frankenth Rpfleger **89**, 171, LG Trier **KR** Nr 1, AG Gött **KR** Nr 4 (diese Gerichte nehmen stets mehrere Pfändungsakte an, und zwar auch wegen der Vermutung des § 1362 I 1 BGB).

GVKostGr Nr 15 II gibt Beispiele für das Vorliegen derselben Amtshandlung. Vgl auch § 17 Anm 2 C.

§ 15 ist unanwendbar, wenn der Gerichtsvollzieher mehrere Aufträge verschiedener Auftraggeber gegen mehrere Schuldner durchführt. Dann liegen immer verschiedene Amtshandlungen vor.

Wenn mehrere Aufträge zurückgenommen werden oder sich erledigen, dann muß man prüfen, ob der Gerichtsvollzieher diese mehreren Aufträge durch dieselbe Amtshandlung hätte ausführen müssen. Hätte er so verfahren müssen, dann ist § 15 anwendbar; Einzelheiten Krauthausen DGVZ **78**, 152 mwN. Wenn der Gerichtsvollzieher an demselben Tag verschiedene Gegenstände versteigert, liegt dieselbe Amtshandlung nur unter der weiteren Voraussetzung vor, daß die Gegenstände auch gemeinsam gepfändet worden waren, GVKostGr Nr 15 IIc. Andernfalls muß man das Ausgebot und den Erlös als verschiedene Amtshandlungen behandeln, GVKostGr Nr 15 IV. Vgl auch § 21 Anm 2 B.

Für verschiedene Amtshandlungen, zB für eine Pfändung und die Übernahme, §§ 17, 18, entstehen immer mehrere Gebühren. Dasselbe gilt im Fall einer Pfändung und der Wegnahme der Sache, §§ 17, 22.

3) Kostenverteilung A. Wertgebühren, S 2. Bei einer Wertgebühr, § 13 Anm 1, muß man die Werte zusammenrechnen. Im Fall einer gleichzeitigen erfolgreichen oder erfolglosen Pfändung muß man die beizutreibenden Forderungen, § 17 I und IV, zusammenrechnen. Im Fall der gleichzeitigen Versteigerung gemeinsam gepfändeter Sachen muß man die Erlöse zusammenrechnen, § 21. Im Fall der gleichzeitigen Entgegennahme mehrerer Leistungen muß man diese zusammenrechnen, § 27, GVKostGr Nr 15 V.

Der Gerichtsvollzieher muß außerdem diejenige Gebühr feststellen, die im Fall einer gesonderten Ausführung, also dann entstanden wäre, wenn er für jede Pfändung, Versteigerung, Entgegennahme eine besondere Amtshandlung hätte vornehmen müssen. Der Gerichtsvollzieher muß weiterhin berechnen, in welchem Verhältnis dann die Gebühren zueinander stehen. Er muß diejenige Gebühr, die durch seine einheitliche Amtshandlung entstanden ist, nach diesem Verhältnis teilen.

Die Folge ist also in Abweichung von § 3 II eine Haftungsbeschränkung des Auftraggebers.

B. Sonstige Kosten, S 3. Die sonstigen Kosten, also die Festgebühren und Auslagen, werden nach der Zahl der Auftraggeber geteilt. Es kommt auf die Zahl der Aufträge also außer im Ausnahmefall des § 37 II 3 nicht an. Wenn ein Auftraggeber besondere Auslagen verursacht hat, muß er diese auch allein tragen. Das gilt zB dann, wenn nur ein Anschlußgläubiger die Versteigerung betreibt, AG Aschaffenb DGVZ **77**, 142.

Zweiter Abschnitt. Einzelne Gebührenvorschriften

Zustellung

16 **I Die Gebühr für die Zustellung durch Aufgabe zur Post (§ 175 der Zivilprozeßordnung) sowie für das an die Post gerichtete Ersuchen um Bewirkung einer Zustellung (§ 194 der Zivilprozeßordnung) beträgt 2 Deutsche Mark. Die gleiche Gebühr wird für die im Auftrag eines Rechtsanwalts an den Gegenanwalt bewirkte Zustellung erhoben.**

II Stellt der Gerichtsvollzieher in den Fällen des Absatzes 1 Satz 1 persönlich zu, ohne die Post in Anspruch zu nehmen, so beträgt die Gebühr 4 Deutsche Mark.

III Ist mit der persönlichen Zustellung eine Aufforderung nach § 840 der Zivilprozeßordnung oder bei der Ladung von Zeugen oder Sachverständigen das Darbieten einer Entschädigung (§ 220 Abs. 2 der Strafprozeßordnung) verbunden oder ist dem Empfänger zugleich mit der Zustellung eine Urkunde vorzulegen, so beträgt die Gebühr 5 Deutsche Mark. Die im § 27 Abs. 2 bestimmte Gebühr wird daneben nicht erhoben.

IV Ist die versuchte persönliche Zustellung, nachdem sich der Gerichtsvollzieher an Ort und Stelle begeben hat, infolge von Umständen, die weder in der Person des Gerichtsvollziehers liegen noch von seiner Entschließung abhängig sind, ohne Erfolg geblieben, so beträgt die Gebühr 3 Deutsche Mark.

V Wird der Zustellungsauftrag im Falle des Absatzes 1 vor seiner Erledigung zurückgenommen, so beträgt die Gebühr 1 Deutsche Mark. Dies gilt auch, wenn der Zustellungsauftrag in den Fällen der Absätze 2 und 3 zurückgenommen wird, bevor sich der Gerichtsvollzieher an Ort und Stelle begeben hat.

VI Die Zustellung an den Zustellungsbevollmächtigten mehrerer Beteiligter (§ 189 Abs. 2 der Zivilprozeßordnung) gilt als eine Zustellung.

VII Für die Beglaubigung eines Schriftstücks, das dem Gerichtsvollzieher zum Zwecke der Zustellung übergeben ist (§ 170 Abs. 2 der Zivilprozeßordnung), wird eine Gebühr von 1 Deutsche Mark für die Seite erhoben. Eine angefangene Seite wird als voll berechnet.

GVKostGr 16–20:

Nr. 16. I. Die Zustellungsgebühr wird nur für die Zustellung auf Betreiben der Parteien, nicht für die Zustellung von Amts wegen erhoben.

II. Die ungekürzte Gebühr des § 16 entsteht auch, wenn bei der Zustellung durch die Post (§ 39 GVGA) oder durch Aufgabe zur Post (§ 47 GVGA) die Sendung als unbestellbar zurückkommt.

III. Wird bei dem Versuch einer Zustellung von Anwalt zu Anwalt (§ 198 ZPO) die Ausstellung des Empfangsbekenntnisses verweigert oder ist das Empfangsbekenntnis wegen Abwesenheit des Gegenanwalts oder aus einem sonstigen Grunde nicht zu erlangen, und nimmt der Gerichtsvollzieher daraufhin die Zustellung unter Aufnahme der gewöhnlichen Zustellungsurkunde nach den allgemeinen Vorschriften vor (§ 49 Nr. 4 GVGA), so wird für die erfolglos versuchte Zustellung von Anwalt zu Anwalt keine Gebühr angesetzt.

Nr. 17. I. Für die Zustellung des Vollstreckungstitels wird die Zustellungsgebühr auch dann erhoben, wenn gleichzeitig mit dem Beginn der Zwangsvollstreckung zugestellt wird.

II. Für die nach § 763 Abs. 2 oder § 826 Abs. 2 ZPO bewirkte Zustellung einer Abschrift des Pfändungsprotokolls wird keine Zustellungsgebühr angesetzt (vgl. Nr. 1 Abs. 3 Buchst. c, Nr. 25).

Nr. 18. I. Die Zustellungsgebühr ist für jede Zustellung zu erheben. Dies gilt auch, wenn ein Schriftstück im Auftrag desselben Auftraggebers mehreren Personen zugestellt wird (§ 15 Nr. 1, 3 GVGA).

II. Wird bei der Zustellung an den Vertreter mehrerer Beteiligter (z.B. den gesetzlichen Vertreter oder Prozeßbevollmächtigten) dem Vertreter nur eine Ausfertigung oder beglaubigte Abschrift des zuzustellenden Schriftstücks oder der zuzustellenden Schriftstücke (vgl. Absatz 4) übergeben (§ 15 Nr. 2 Satz 1 GVGA), so ist die Zustellungsgebühr nur einmal anzusetzen.

III. Sind einem Beteiligten mehrere Schriftstücke zuzustellen, die verschiedene Rechtsangelegenheiten betreffen (§ 16 Nr. 1 GVGA), so liegen mehrere Zustellungen vor.

IV. Sind einem Beteiligten mehrere Schriftstücke zuzustellen, die dieselbe Rechtsangelegenheit betreffen, so ist die Gebühr nur einmal anzusetzen, wenn die Schriftstücke durch äußere Verbindung als zusammengehörig gekennzeichnet sind oder der Auftraggeber eine gemeinsame Zustellung beantragt hat (§ 16 Nr. 2 GVGA).

Nr. 19. I. Wird ein Auftrag zur Zustellung und unmittelbar anschließenden Zwangsvollstreckung aus den im § 16 Abs. 4, § 20 Abs. 1 bezeichneten Gründen nicht durchgeführt, nachdem sich der Gerichtsvollzieher an Ort und Stelle begeben hat, so sind die Gebühren für den Zustellungsversuch (§ 16 Abs. 4) und für den Vollstreckungsversuch (§ 20 Abs. 2 oder § 25 Abs. 2) nebeneinander anzusetzen.

II. Wird ein Zustellungs- und Vollstreckungsauftrag (Absatz 1) zurückgenommen, bevor sich der Gerichtsvollzieher an Ort und

Stelle begeben hat, so sind die Gebühr des § 16 Abs. 5 und die Gebühr nach § 20 Abs. 1 oder § 25 Abs. 1 nebeneinander anzusetzen.

III. Ein Fall des § 16 Abs. 4 liegt nicht vor, wenn der Zustellungsempfänger innerhalb des Amtsgerichtsbezirks umgezogen ist. Auslagen sind jedoch anzusetzen.

Nr. 20. Für die Beglaubigung der von dem Gerichtsvollzieher gefertigten Abschriften wird keine Beglaubigungsgebühr (§ 16 Abs. 7) erhoben.

Gliederung

1) Allgemeines. A. Zustellungsarten. § 16 unterscheidet mehrere für den Gerichtsvollzieher in Betracht kommende Zustellungsarten. Sie alle enthalten eine Zustellung auf Betreiben der Partei, vgl auch § 166 I ZPO.

a) Aufgabe zur Post. In Betracht kommt eine Zustellung durch die Aufgabe zur Post, §§ 175, 192 ZPO.

b) Durch die Post. In Betracht kommt weiter eine Zustellung durch die Post, § 194 ZPO.

c) Von Anwalt zu Anwalt. In Betracht kommt schließlich eine Zustellung von Anwalt zu Anwalt. Der Gerichtsvollzieher handelt in diesem Fall im Auftrag eines Anwalts.

B. Voraussetzung der Zustellungsgebühr. Für das Entstehen der Zustellungsgebühr ist grundsätzlich die Wirksamkeit der Zustellung Voraussetzung. Dazu muß das zuzustellende Schriftstück übergeben worden sein. Der Gerichtsvollzieher hat seine Zustellungsgebühr nur dann verdient, wenn er die ihm obliegende Amtshandlung richtig vorgenommen hat. Denn für diese Amtshandlung sieht das Gesetz die Gebühr vor.

Die Zustellungsgebühr des Gerichtsvollziehers kann aber auch dann entstehen, wenn er zwar bei einer Zustellung durch die Post nach § 194 ZPO korrekt vorgegangen ist, wenn aber anschließend ein Postbote gegen seine Vorschriften verstoßen hat und wenn die Zustellung daher insgesamt nichtig ist.

Eine Zustellungsgebühr fällt nicht an, wenn der Gerichtsvollzieher ein Protokoll über eine Vollstreckungshandlung im Wege einer Ersatzzustellung oder der Zurücklassung zustellt oder durch die Post übersendet. Denn er kann eine zur Vollstreckungshandlung gehörige Aufforderung oder Mitteilung nicht mündlich erlassen, § 763 II ZPO. Eine Zustellungsgebühr fällt ferner nicht an, wenn der Gerichtsvollzieher einem anderen Gerichtsvollzieher das Protokoll über eine Erstpfändung nach § 826 II ZPO zustellt, GVKostGr Nr 17 II.

C. Weitere Einzelfragen. Eine Verdoppelung der Zustellungsgebühr kommt dann in Betracht, wenn die Zustellung an einem Sonn- oder Feiertag oder zur Nachtzeit stattfindet, § 34, außer im Fall der Aufgabe zur Post. Vor einer derartigen Zustellung ist aber die Erlaubnis des Rechtspflegers erforderlich, §§ 188 ZPO, 20 Z 9 RPflG. Wegen der Schreibauslagen vgl § 36. Wenn der Schuldner oder für diesen ein Dritter an den Gerichtsvollzieher die Kosten der Zwangsvollstreckung bezahlt, entsteht die Hebegebühr, § 27, vom Betrag der Kosten, GVKostGr Nr 35.

§ 16 ist im Fall einer Zustellung von Amts wegen unanwendbar, GVKostGr Nr 16 I, auch wenn die Partei den Gerichtsvollzieher unter einer Vermittlung des Urkundsbeamten der Geschäftsstelle des Prozeßgerichts mit der Zustellung beauftragt, § 166 II ZPO.

2) Zustellung an mehrere Personen; Zustellung mehrerer Schriftstücke. Für jede Zustellung entsteht eine Gebühr. Bei Zustellungen an mehrere Personen entstehen also selbst dann mehrere Gebühren, wenn die Zustellungen auf Grund eines einheitlichen Auftrages desselben Auftraggebers erfolgen, GVKostGr Nr 18 I. Wenn der Gerichtsvollzieher einem Beteiligten mehrere Schriftstücke in verschiedenen Rechtsangelegenheiten zustellt, entstehen ebenfalls mehrere Gebühren, GVKostGr Nr 18 III. Wenn eine Person einerseits persönlich und andererseits als der Vertreter eines anderen beteiligt ist, § 15 Z 3 GVGA, dann muß der Gerichtsvollzieher ihr in ihrer Eigenschaft als Vertreter besonders zustellen. Infolgedessen entstehen auch dann zwei Gebühren.

Wenn der Gerichtsvollzieher dem Vertreter mehrerer Beteiligter, zB dem gesetzlichen Vertreter oder dem Prozeßbevollmächtigten, für jeden Vertretenen eine Ausfertigung oder eine beglaubigte Abschrift übergibt oder übergeben läßt, dann liegen ebenfalls mehrere Zustellungen vor. Dieser Fall tritt aber nur selten ein. Denn es genügt die Übergabe eines Schriftstücks an den Vertreter, § 15 Z 2 GVGA. In diesem letzteren Fall entsteht auch nur eine Zustellgebühr, GVKostGr Nr 18 II.

Der Gerichtsvollzieher muß einem Zustellungsbevollmächtigten mehrerer Beteiligten so viele Ausfertigungen oder Abschriften übergeben, wie Beteiligte vorhanden sind, § 189 II ZPO.

Obwohl nach den obigen Ausführungen hier eigentlich entsprechend viele Zustellgebühren entstehen müßten, bestimmt VI, daß die Gebühr ausnahmsweise nur für eine Zustellung zu erheben ist. Die Schreibauslagen können aber für jede der Zustellungen entstehen, § 36 I Z 1.

Nur eine Zustellgebühr entsteht auch dann, wenn der Gerichtsvollzieher einem Beteiligten mehrere Schriftstücke zustellen läßt, die dieselbe Rechtsangelegenheit betreffen, vgl § 750 II ZPO, falls die Schriftstücke durch eine äußere Verbindung als zusammengehörig gekennzeichnet sind oder falls der Auftraggeber eine gemeinsame Zustellung beantragt hat, GVKostGr Nr 18 IV.

3) Zustellung nach I. Im Fall einer Zustellung durch Aufgabe zur Post und im Fall einer Zustellung durch die Post, Anm 1, ist die volle Gebühr erwachsen, soweit der Gerichtsvollzieher die Sendungen der Post ordnungsgemäß übergeben hat. Die Gebühr entsteht also auch dann, wenn die Sendung als unzustellbar zurückkommt, GVKostGr Nr 16 II. Für diese Arten der Zustellung und für eine Zustellung im Auftrag eines Anwalts von Anwalt zu Anwalt entsteht eine Festgebühr von 2 DM.

Daneben sind Auslagen (Porto) zu ersetzen, also auch Schreibauslagen für etwa erforderliche Abschriften, vgl auch Anm 6 A, sowie die Beglaubigungsgebühr, VII.

4) Persönliche Zustellung, II–IV. A. Grundsatz. Eine persönliche Zustellung durch den Gerichtsvollzieher kommt im Fall eines besonderen Auftrags oder unter besonderen Umständen in Betracht, etwa dann, wenn der Vollstreckungstitel gleichzeitig mit dem Beginn der Zwangsvollstreckung zuzustellen ist und wird. Besondere Umstände liegen auch vor, wenn die Zustellung besonders eilbedürftig ist oder wenn eine Zustellung durch die Post nicht möglich ist, etwa im Fall einer Einschreibsendung, einer Wertsendung oder einer Nachnahmesendung, oder wenn die Zustellung durch die Post undurchführbar ist, etwa dann, wenn der Gerichtsvollzieher während des Konkursverfahrens an den Gemeinschuldner eine Urkunde vorlegen muß, § 121 KO; vgl § 21 Z 2 II, IV, V GVGA. Wenn diese Zustellungsart nicht erforderlich ist, erwächst eine Gebühr nur nach I, da dann eine unrichtige Sachbehandlung vorliegt, § 11; vgl auch Anm 7.

Es entsteht eine Festgebühr von 4 DM. Sie tritt hier an die Stelle der Gebühr für die Zustellung mit Hilfe der Post, I 1. Daneben erwächst ein Anspruch auf den Ersatz der Auslagen (Reisekosten, Wegegelder), vgl auch GVKostGr Nr 44, abgedruckt bei § 37.

B. Gebühr nach III. a) Voraussetzungen. Die Gebühr nach III kommt in folgenden Fällen in Betracht:

aa) § 840 ZPO. Sie entsteht dann, wenn mit der persönlichen Zustellung eine Aufforderung des Gläubigers an den Drittschuldner zu einer Erklärung nach § 840 ZPO verbunden ist.

bb) § 220 II StPO. Sie kommt ferner in Betracht, wenn der Gerichtsvollzieher einen Zeugen oder Sachverständigen nach § 220 II StPO lädt und der Beweisperson zugleich eine Entschädigung anbietet.

cc) Urkundenvorlage. Sie kommt schließlich in Betracht, wenn der Gerichtsvollzieher dem Empfänger zugleich mit der Zustellung eine Urkunde vorzulegen hat, etwa einen Hypothekenbrief. Im Fall der Übergabe einer Urkunde entsteht gegenüber II keine Gebührenerhöhung.

b) Höhe. Nach III beträgt die Festgebühr 5 DM. Im Fall a bb erwächst keine zusätzliche Hebegebühr nach § 27 II. In allen Fällen nach III erwächst ein Anspruch auf einen Auslagenersatz (Reisekosten, Wegegelder).

C. Erfolgloser Versuch, IV. a) Voraussetzungen. Im Fall des erfolglosen Versuchs einer persönlichen Zustellung entsteht beim Zusammentreffen der folgenden Voraussetzungen eine Gebühr:

aa) An Ort und Stelle. Der Gerichtsvollzieher muß sich in denjenigen Raum oder auf dasjenige Grundstück begeben haben, § 20 Anm 1, auf dem er das Dienstgeschäft vornehmen soll. Er muß dort eingetroffen sein.

bb) Gerichtsvollzieher nicht ursächlich. Der Erfolg der Zustellung darf nicht auf Grund von Umständen ausgeblieben sein, die in der Person des Gerichtsvollziehers liegen oder von seiner Entschließung abhängig sind, also nicht zB wegen einer plötzlichen Erkrankung des Gerichtsvollziehers oder infolge seiner Verhinderung wegen einer anderen Arbeitseinteilung.

Dagegen ist es unschädlich, daß der Zustellungsempfänger unauffindbar ist, vgl auch § 20 Anm 3, oder daß dieser nicht mehr im Bezirk des AG des Gerichtsvollziehers wohnt. Allerdings dürfen solche Umstände dem Gerichtsvollzieher nicht schon vor demjenigen Zeitpunkt bekannt geworden sein, in dem er an Ort und Stelle erschienen ist. Das ergibt sich aus dem Wort „nachdem“ in IV.

b) Höhe. Liegen die Voraussetzungen zu aa und bb vor, dann entsteht eine Festgebühr von 3 DM, und zwar sowohl dann, wenn der Gerichtsvollzieher eine Zustellung nach II versucht hatte, als auch dann, wenn er eine solche nach III versucht hatte. Wenn es sich nicht nur um einen Zustellungsauftrag handelt, sondern auch um den Auftrag auf die Vornahme einer Zwangsvollstreckung, und wenn dieser letztere Auftrag beim Vorliegen der Voraussetzungen zu aa und bb nicht zur Durchführung kommt, dann entstehen Gebühren sowohl für den Zustellungsversuch nach IV als auch für den Vollstreckungsversuch, §§ 20 II, 25 II, vgl GVKostGr Nr 19 I.

Liegen die Voraussetzungen zu aa und bb nicht vor, so entsteht keine Gebühr, GVKostGr Nr 1 IV, vgl auch Anm 5. Wohl aber können Ansprüche auf einen Auslagenersatz entstehen.

Wenn der Zustellungsempfänger innerhalb des Bezirks des AG des Gerichtsvollziehers nur umgezogen ist, dann liegt ein Fall nach IV selbst dann nicht vor, wenn der Zustellungsempfänger jetzt im Bezirk eines anderen bei demselben AG beschäftigten Gerichtsvollziehers wohnt. IV ist ebenfalls dann unanwendbar, wenn ein Anwalt dem Gerichtsvollzieher im Fall einer Zustellung von Anwalt zu Anwalt die Hergabe eines Empfangsbekenntnisses verweigert oder wenn der Gerichtsvollzieher ein solches Bekenntnis aus sonstigen Gründen nicht erlangen kann und wenn er daher die Zustellung nach den allgemeinen Vorschriften vornimmt, GVKostGr Nr 16 III. Für diese letztere Zustellung erwächst dann eine Gebühr nach I.

5) Zurücknahme des Zustellungsauftrags, V. Die Zurücknahme muß vor der Erledigung des Zustellungsauftrags erfolgen. Eine Erledigung liegt im Fall der Zustellung durch eine Aufgabe zur Post in demjenigen Zeitpunkt vor, in dem der Gerichtsvollzieher das zuzustellende Schriftstück verschlossen der Post mit dem Ersuchen übergibt, die Zustellung einem Postbediensteten des Bestimmungsortes aufzutragen, und in dem die sonstigen Erfordernisse des § 194 ZPO erfüllt sind. Im Fall einer Zustellung von Anwalt zu Anwalt nach § 198 ZPO liegt eine Erledigung vor, wenn der Gerichtsvollzieher das Schriftstück dem Gegenanwalt übermittelt und das Empfangsbekenntnis erhalten hat oder im Fall einer Verweigerung der Hergabe des Empfangsbekenntnisses die Zustellung nach den allgemeinen Vorschriften durchgeführt hat, Anm 4 C.

Wenn der Zustellungsauftrag erledigt ist, entsteht eine volle Gebühr nach I, ohne daß es auf den Erfolg ankommt, Anm III. Wenn der Zustellungsauftrag nicht erledigt ist, beträgt die Gebühr 1 DM. Sie wird immer schon dann erhoben, wenn der Auftrag eingegangen ist, selbst wenn der Gerichtsvollzieher noch nichts zu seiner Ausführung getan hat. Dasselbe gilt dann, wenn der Gerichtsvollzieher den Auftrag mangels Vorschußzahlung als zurückgenommen ansieht, GVKostGr Nr 9 VI, vgl dort auch VII.

Wenn es sich um einen Auftrag handelt, zu dessen Ausführung sich der Gerichtsvollzieher an Ort und Stelle begeben mußte, II und III, dann kommt es für die Erledigung darauf an, ob er bereits an Ort und Stelle eingetroffen ist, § 20 Anm 1. Ist das geschehen, so entsteht eine Gebühr nach IV. Anderenfalls entsteht eine solche nach V 2. In diesem letzteren Fall muß man GVKostGr Nr 19 II beachten, wenn auch der Vollstreckungsauftrag zurückgenommen wird. Vgl auch § 25 Anm 2 A.

6) Beglaubigung des zuzustellenden Schriftstücks, VII. A. Grundsatz. Die Beglaubigungsgebühr wird nur von denjenigen Schriftstücken erhoben, die der Gläubiger dem Gerichtsvollzieher zum Zwecke der Zustellung übergeben hat und deren Beglaubigung der Gerichtsvollzieher vornimmt, § 170 II ZPO. Für jede Beglaubigung entsteht eine Gebühr, selbst wenn es sich um identische Schriftstücke handelt, etwa um Durchschläge. Für jede Seite beträgt die Gebühr 1 DM. Jede angefangene Seite rechnet voll. Es reicht aus, daß auf einer Seite irgend etwas steht, was zum Schriftstück gehört.

Wenn der Gerichtsvollzieher die erforderliche Zahl von Abschriften selbst herstellen muß, § 26 Z 2 GVGA, dann ist die Beglaubigungsgebühr durch die dann entstehende Schreibauslage, § 36 I Z 2 iVm § 169 I ZPO, abgegolten, GVKostGr Nr 20.

B. Beglaubigungs- und Zustellungsgebühr. Die Beglaubigungsgebühr wird unabhängig davon erhoben, ob es auch zur Erhebung einer Zustellungsgebühr kommt. Wenn der Gerichtsvollzieher also eine Beglaubigung vorgenommen hat, wenn sich der Zustellungsauftrag dann aber gebührenlos erledigt, Anm 4 C, dann erwächst trotzdem eine Beglaubigungsgebühr.

7) Kostenerstattung. Der Gegner muß die notwendigen Kosten erstatten, § 91 ZPO. In diesem Zusammenhang bestimmt

§ 197 ZPO. Ist eine Zustellung durch einen Gerichtsvollzieher bewirkt, obgleich sie durch die Post hätte erfolgen können, so hat die zur Erstattung der Prozeßkosten verurteilte Partei die Mehrkosten nicht zu tragen.

Voraussetzung der Anwendbarkeit dieser Vorschrift ist, daß die Zustellung durch die Post ebensogut erfolgen konnte. Im Fall einer besonderen Dringlichkeit oder einer besonderen Bedeutung der Zustellung kann der Gerichtsvollzieher aber zu einer persönlichen Zustellung sogar verpflichtet sein, vgl auch Anm 4 A.

Auf eine Zustellung von Anwalt zu Anwalt ist § 197 ZPO nicht anwendbar. In diesem Fall entsteht dort aber keine Erstattungspflicht. Denn es war kein sachlicher Grund zur Hinzuziehung eines Gerichtsvollziehers vorhanden.

Vorpfändung

16a Für die Durchführung des Auftrags nach § 845 Abs. 1 Satz 2 der Zivilprozeßordnung wird eine Gebühr von 7,50 Deutsche Mark erhoben.

1) Allgemeines. Das Gesetz vergütet die Benachrichtigung und die Aufforderung nach § 845 I 2 ZPO besonders, während die Zustellung nach § 845 I 1 ZPO nach § 16 abgegolten wird. Erforderlich ist ein Auftrag. Er muß gemäß § 845 I 2 ZPO ausdrücklich erfolgen. Ein stillschweigender Auftrag reicht also nicht aus, ebensowenig ein bloß angenommenes Einverständnis des Gläubigers.

2) Gebühr. Es entsteht eine Festgebühr von 7,50 DM. Der Gerichtsvollzieher darf sie unabhängig von der Zahl der Benachrichtigungen und der Aufforderungen nur einmal erheben, BR-Drs 193/77. Daneben entsteht ein Anspruch auf den Ersatz von Auslagen nach § 36 I Z 1 a II.

Pfändung

17 I Für die Pfändung von beweglichen Sachen (§§ 808, 809 der Zivilprozeßordnung), von Früchten, die vom Boden noch nicht getrennt sind (§ 810 der Zivilprozeßordnung), von Forderungen aus Wechseln oder anderen Papieren, die durch Indossament übertragen werden können (§ 831 der Zivilprozeßordnung), und von Postspareinlagen wird die volle Gebühr nach dem Betrag der beizutreibenden Forderung erhoben.

II Erfolgt die Pfändung zur Vollziehung eines Arrestes, so ist der in dem Arrestbefehl nach § 923 der Zivilprozeßordnung festgestellte Geldbetrag maßgebend.

III Nimmt die Pfändung mehr als eine Stunde in Anspruch, so erhöht sich die Gebühr für jede angefangene weitere Stunde um die Hälfte, höchstens jedoch um je 15 Deutsche Mark.

IV Wenn nach dem Inhalt des Protokolls pfändbare Gegenstände nicht vorhanden sind oder die Pfändung nach § 803 Abs. 2, §§ 812, 851 b Abs. 2 Satz 2 der Zivilprozeßordnung zu unterbleiben hat, so wird für den Pfändungsversuch die Hälfte der für die Pfändung bestimmten Gebühr erhoben.

GVKostGr Nr 21–26:

Nr. 21. I. Wird der Pfändungsauftrag nur wegen eines Teiles der Forderung erteilt, so ist für die Wertberechnung lediglich dieser Teil maßgebend. Soll jedoch im Erfolgsfall die ganze Forderung beigetrieben werden, so ist diese maßgebend.

II. Wird der Auftrag erteilt, nur einen bestimmten Gegenstand zu pfänden, so ist im Zweifel anzunehmen, daß nur wegen eines Teiles der Forderung gepfändet werden soll, der dem gewöhnlichen Verkaufswert des Gegenstandes entspricht.

Nr. 22. I. Ist bei einem Vollstreckungsauftrag gegen Gesamtschuldner beantragt, gegen die einzelnen Schuldner nur wegen des Betrages der Forderung zu pfänden, der durch vorhergehende Pfändungen bei anderen Gesamtschuldnern nicht gedeckt erscheint, so gilt folgendes:

a) Die Gebühr für die Pfändung gegen den ersten Gesamtschuldner wird nach dem vollen Betrage der Forderung berechnet.

b) Die Gebühren für die weiteren Pfändungen werden jeweils nach dem Teilbetrag der Forderung berechnet, wegen dessen noch zu pfänden ist.

II. Absatz 1 gilt nicht, wenn nur eine Amtshandlung vorliegt.

Nr. 23. Wird auf Grund eines Auftrags gegen einen Schuldner innerhalb desselben Amtsgerichtsbezirks gepfändet, so wird auch bei Pfändung an mehreren Stellen die Pfändungsgebühr nur einmal erhoben; dies gilt nicht, wenn die Pfändung unterbrochen und nicht alsbald fortgesetzt wird. Die Pfändungsgebühr wird nach dem gesamten Zeitaufwand berechnet, die Zeit der Unterbrechung rechnet nicht mit.

Nr. 24. Bei der Berechnung des Zeitaufwandes für die Pfändung wird die Zeit, die zum Transport der gepfändeten Sachen nach der Inbesitznahme verwendet wird, nicht mitgerechnet (vgl. auch Nr. 14).

Nr. 25. Für eine Anschlußpfändung wird dieselbe Gebühr erhoben wie für eine Erstpfändung. Durch die Gebühr wird auch die Zustellung des Pfändungsprotokolls durch den nachpfändenden an den erstpfändenden Gerichtsvollzieher (§ 826 Abs. 2 ZPO, § 167 Nr. 2 GVGA) abgegolten (vgl. Nr. 1 Abs. 3 Buchst. c, Nr. 17 Abs. 2).

Nr. 26. I. Für die Hilfspfändung (§ 156 GVGA) wird die Gebühr des § 17 nicht erhoben.

II. Die Gebühr des § 22 wird für die Hilfspfändung nur erhoben, wenn der Gläubiger den Pfändungsbeschluß über die dem Papier zugrunde liegende Forderung vorlegt, bevor der Gerichtsvollzieher das Papier an den Schuldner zurückgegeben hat. Sonst werden nur die Auslagen erhoben.

Gliederung

1) Allgemeines. § 17 setzt die Gebühr für die Pfändung und für den erfolglosen Pfändungsversuch fest. Im Fall der Rücknahme oder Erledigung des Auftrages gilt § 25. Die Gebühr entsteht auch für eine Anschlußpfändung. Sie gilt dann die Gebühr für die Zustellung an denjenigen Gerichtsvollzieher ab, der zuerst gepfändet hat, § 826 II, GVKostGr Nr 25, vgl auch § 16 Anm 1 B. Die Zustellung ist in diesem Fall ein Nebengeschäft, GVKostGr Nr 1 III c, das wie alle zur Pfändung gehörigen Nebengeschäfte durch die Gebühr für die Pfändung abgegolten wird. Für die Abschrift des Protokolls entsteht aber die Schreibauslage nach § 36 I Z 1.

Die Gebühr richtet sich nach dem Geschäftswert. Wegen der danach anwendbaren Gebühren vgl die Tabelle am Schluß dieses Buches.

2) Pfändungsgebühr, I. A. Allgemeines. Die Pfändungsgebühr entsteht durch den Pfändungsvorgang. Das ist bei der Pfändung einer beweglichen Sache durchweg die Anlegung der Pfandmarke. Es ist für die Entstehung der Pfändungsgebühr unerheblich, ob der Schuldner nach der Pfändung zahlt. Wenn der Gerichtsvollzieher im Zusammenhang mit der Pfändung das Pfandstück sofort wegschafft, dann ist diese Wegschaffung durch die Pfändungsgebühr mitabgegolten. Die Gebühr nach § 22 entsteht dann nicht. Denn die Wegschaffung gehört in diesem Fall noch zur Pfändung, § 808 I ZPO.

Im Fall der Unpfändbarkeit der Sache ist § 11 anwendbar. Im Fall der Pfändung an mehreren Stellen innerhalb desselben Amtsgerichtsbezirks vgl Anm 4 B.

B. Pfändungsarten. Im einzelnen sind folgende Pfändungsarten zu unterscheiden:

a) Pfändung beweglicher Sachen. Diese Pfändung erfolgt nach den §§ 808, 809 ZPO.

Nicht hierher gehört die sog Hilfspfändung, BLAH § 808 ZPO Anm 1 B, § 156 GVGA. Bei der Hilfspfändung nimmt der Gerichtsvollzieher ein Papier, das zwar den Bestand einer Forderung beweist, aber nicht selbst Träger des Rechts ist, vorläufig in seinen Besitz. Das gilt zB: Bei einem Sparkassenbuch; bei einem Pfandschein; bei einem Versicherungsschein; bei einem Depotschein; bei einem Hypothekenbrief; bei einem Grund- oder Rentenschuldbrief, der nicht auf den Inhaber lautet.

Für die Wegnahme eines solchen Papiers entsteht eine Gebühr nicht nach § 17, sondern nach § 22, soweit der Gläubiger den Pfändungsbeschluß über die dem Papier zugrunde liegende Forderung vorlegt, bevor der Gerichtsvollzieher das Papier an den Schuldner zurückgegeben hat, GVKostGr Nr 26, was er im übrigen spätestens nach zwei Wochen tun muß. Der Kostenschuldner muß dann aber die entstandenen Auslagen bezahlen.

Ein Grund- oder Rentenschuldbrief, der auf den Inhaber lautet, ist ein Wertpapier, §§ 808, 821 ZPO. Der Gerichtsvollzieher pfändet ihn also wie eine bewegliche Sache, §§ 156 II, 154 GVGA.

b) Pfändung von Früchten auf dem Halm. Diese Pfändung erfolgt nach § 870 ZPO.

c) Pfändung einer Wechselforderung usw. Hierher gehört auch die Pfändung einer Forderung aus einem anderen Papier, das man durch ein Indossament übertragen kann, § 831 ZPO.

C. Höhe der Gebühr. Sie richtet sich nach dem Betrag der beizutreibenden Forderung, also grundsätzlich nicht nach dem Wert der Pfandsache. Man muß die Forderung einschließlich der bis zum Pfändungstag fällig gewordenen Zinsen und Nebenleistungen und einschließlich aller Kosten der Zwangsvollstreckung nach § 788 ZPO berechnen. Es sind also auch die Kosten früherer Vollstreckungsversuche wegen dieser Sache einzuberechnen. Man darf aber die Vergütung, die der Gerichtsvollzieher für die nun gerade vorgenommene Pfändung zu beanspruchen hat, nicht einrechnen, GVKostGr Nr 2 II. Wenn der Gerichtsvollzieher eine Nachpfändung vornimmt, weil die bisherige Pfändung die Forderung des Gläubigers nicht deckt, BLAH § 803 ZPO Anm 4, dann handelt es sich um eine neue Amtshandlung, LG Regensb JB **75**, 249. Der Wert dieser Amtshandlung ist nach dem noch nicht gedeckten Forderungsteil zu berechnen, insofern krit Mümmler JB **75**, 250.

Wenn der Gerichtsvollzieher nur wegen einer Teilforderung des Gläubigers pfänden soll, darf man nur den Betrag dieser Teilforderung zugrunde legen. Soll der Gerichtsvollzieher aber wenn möglich die Pfändung so weit ausdehnen, daß der Gläubiger wegen seiner gesamten Forderung befriedigt wird, dann ist der Wert dieser Gesamtforderung zugrunde zu legen, GVKostGr Nr 21 I, AG Worms DGVZ **89**, 79.

Die Höhe der Gebühr ändert sich auch dann nicht, wenn die Pfändung zum Teil erfolglos bleibt. Denn IV ist nur im Fall einer völlig erfolglosen Pfändung anwendbar, Anm 5. Wenn der Gerichtsvollzieher nur einen einzelnen bestimmten Gegenstand pfänden soll, muß man davon ausgehen, daß er nur wegen desjenigen Teils der Forderung des Gläubigers pfänden soll, der dem gewöhnlichen Verkaufswert dieses Gegenstands entspricht, sofern sich nicht aus dem Auftrag des Gläubigers etwas anderes ergibt, GVKostGr Nr 22 II.

D. Erledigung mehrerer Aufträge. Wenn der Gerichtsvollzieher durch dieselbe Pfändung mehrere Vollstreckungsaufträge gegen denselben Schuldner erledigt, § 827 III ZPO, dann wird die Pfändungsgebühr nur einmal nach einem Wert erhoben, der nach dem Gesamtbetrag aller beizutreibenden Forderungen zu berechnen ist, § 15. Es ist in diesem Fall unerheblich, ob der Gerichtsvollzieher den Auftrag von einem oder von mehreren Gläubigern erhalten hat. Für die Verteilung der Pfändungsgebühr ist das Verhältnis der Gebühren maßgebend, nicht dasjenige der Forderungen, § 15 S 2, vgl § 15 Anm 3 A.

E. Pfändung bei mehreren Personen. Hier sind folgende Situationen zu unterscheiden:

a) Keine Gesamtschuld. Wenn es sich nicht um die Pfändung bei Gesamtschuldnern handelt, dann liegen regelmäßig verschiedene Amtshandlungen vor. Es entstehen also entsprechend viele Gebühren. Die Höhe einer jeden Gebühr richtet sich nach der Forderung des Gläubigers gegenüber diesem einzelnen Schuldner.

b) Gesamtschuld. Wenn es sich um die Pfändung bei Gesamtschuldnern handelt, dann muß man wiederum folgende Situationen unterscheiden:

aa) Volle Sicherung des Gläubigers. Der Auftrag des Gläubigers kann dahin gehen, daß der Gerichtsvollzieher ihn bei jedem Schuldner durch die Pfändung voll sichern soll. Das ist nach § 421 BGB zulässig, ohne daß eine Überpfändung vorliegt, BLAH § 803 ZPO Anm 3 A. In diesem Fall liegen ebensoviele Pfändungen vor, wie Gesamtschuldner vorhanden sind, vgl LG Ellwangen DGVZ **81**, 78. Für jede dieser Amtshandlungen entsteht eine Pfändungsgebühr nach dem vollen Wert der gesamten Forderung.

bb) Verteilung der Forderung. Der Gläubiger kann den Auftrag an den Gerichtsvollzieher auch so erteilen, daß der Gläubiger die Gesamtforderung auf die einzelnen Gesamtschuldner betragsmäßig aufteilt und den Gerichtsvollzieher veranlaßt, bei jedem der Gesamtschuldner nur wegen der so verteilten einzelnen Teilforderung zu pfänden. In diesem Fall berechnet man die Pfändungsgebühr nach dem Wert der jeweiligen Teilforderung, B.

cc) Ergänzungspfändung. Der Gläubiger kann schließlich den Vollstreckungsauftrag so erteilen, daß der Gerichtsvollzieher bei diesem Gesamtschuldner nur wegen desjenigen Teils der Ursprungsforderung pfänden soll, für den der Gläubiger durch vorangegangene Pfändungen bei den anderen Gesamtschuldnern noch keine Deckung erhalten hat. In diesem Fall entsteht durch die Pfändung bei dem ersten der insgesamt in Anspruch genommenen Gesamtschuldner eine Gebühr nach dem vollen Forderungswert. Durch die Pfändung bei jedem folgenden Gesamtschuldner entsteht die Pfändungsgebühr nach dem dann jeweils noch vorhandenen ungedeckten Restwert, GVKostGr Nr 22 I.

Beispiel: Bei dem ersten Schuldner entsteht eine Pfändungsgebühr nach dem Wert von 10000 DM, bei dem zweiten Schuldner entsteht die Pfändungsgebühr wegen eines ungedeckt gebliebenen Teilbetrages von 5000 DM nach diesem Betrag, bei dem dritten Schuldner entsteht die Pfändungsgebühr wegen eines nunmehr noch ungedeckten Restbetrags der Forderung von 3000 DM nach diesem Wert usw.

Wenn der Gläubiger durch die Pfändung bei dem ersten Gesamtschuldner bereits eine Deckung erreicht, entsteht im Fall eines derartigen Vollstreckungsauftrags die Pfändungsgebühr nur nach dem Wert von 10000 DM. Denn der Gerichtsvollzieher muß bei dieser Art von Auftrag weitere Pfändungen unterlassen, GVKostGr Nr 22 II. S auch § 15 Anm 2 (Ehegattenpfändung).

dd) Weitere Einzelfragen. Wenn der Gerichtsvollzieher die Zwangsvollstreckung gegen mehrere Gesamtschuldner einstellt, dann liegen zwei Amtshandlungen vor, LG Wuppertal JB **75**, 791 (zustm Mümmler).

3) Arrestvollziehung, II. Man berechnet den Wert der Arrestvollziehung nicht nach dem Wert der Forderung, sondern nach der im Arrestbefehl angegebenen Lösungssumme, § 923 ZPO, und zwar auch dann, wenn der Gläubiger die zu vollstreckende Forderung nicht beziffert, LG Kblz DGVZ **82**, 77. Das gilt infolge des Wegfalls des früheren II 2, Vorbem, seit 1. 4. 84 auch im Fall der Pfändung eines im Schiffsregister eingetragenen Schiffes oder eines im Schiffsbauregister eingetragenen Schiffsbauwerks, § 931 ZPO, und im Fall der Pfändung eines ausländischen Schiffes, das registriert werden müßte, wenn es ein deutsches Schiff wäre. Es gilt ferner im Fall der Pfändung eines nicht registrierten Schiffes.

4) Erhöhung der Gebühr, III. A. Berechnung der Pfändungsdauer. Die Regelgebühr nach I setzt voraus, daß die Pfändung höchstens eine Stunde in Anspruch nimmt. Man berechnet die Pfändungszeit dabei von Minute zu Minute. Man darf nur diejenige Zeit anrechnen, die der Gerichtsvollzieher auch wirklich für diese Pfändung verwendet. Die Pfändung beginnt mit der Erklärung des Gerichtsvollziehers, daß er die Pfändung vornehmen wolle. Zur Pfändung gehören aber natürlich auch alle in der Folgezeit notwendig werdenden Maßnahmen, wie zB: Die Zuziehung von Zeugen oder von Polizei; die Inbesitznahme der Sache; die Aufnahme des Protokolls. Mit der Unterzeichnung des Protokolls ist die Pfändung grundsätzlich beendet.

Zur Pfändung gehören nicht: Eine vorbereitende Maßnahme, insbesondere also die Anreise (sie wird nach § 37 abgegolten), oder die Herbeischaffung eines Transportmittels; eine nach dem eigentlichen Pfändungsakt vorgenommene Handlung, etwa die Dauer des Abtransports, GVKostGr Nr 24, oder die Rückreise des Gerichtsvollziehers, § 37.

B. Weitere Einzelheiten. Dauert die Pfändung länger als eine Stunde, so erhöht sich die Gebühr für jede angefangene weitere Stunde, falls sich die längere Dauer aus dem Protokoll ergibt, § 14, um die Hälfte, jedoch höchstens um 15 DM für die Stunde.

Diese Erhöhung setzt eine einheitliche Amtshandlung voraus. Eine solche liegt auch dann vor, wenn der Gerichtsvollzieher die Pfändung in der Nacht unterbricht, aber am folgenden Morgen alsbald fortsetzt. In diesem Fall rechnet die Nachtzeit ebensowenig mit wie die Übernachtungskosten zu berücksichtigen sind, GVKostGr Nr 46 (abgedruckt bei § 37).

Eine einheitliche Amtshandlung liegt auch vor, wenn der Gerichtsvollzieher im Fall der Pfändung gegen denselben Schuldner innerhalb des Bezirks desselben AG an mehreren Stellen pfändet, ohne daß außer durch die Wege eine Unterbrechung eintritt. In diesem Fall muß man die Zeit für die notwendigen Wege von der einen Pfandstelle zur nächsten mitrechnen.

Wenn der Gerichtsvollzieher eine Pfändung unterbricht und nicht alsbald fortsetzt, ist im Fall einer weiteren Pfändung eine neue Amtshandlung vorhanden. Demgemäß berechnet er dann neue Gebühren. Das gilt auch im Fall einer Nachpfändung. Vgl auch GVKostGr Nr 23. Mehrere Gebühren entstehen auch dann, wenn der Gerichtsvollzieher auftragsgemäß Pfändungen zu verschiedenen Zeiten durchführt, zB im Fall einer Kassen- oder Taschenpfändung.

5) Erfolglosigkeit der Pfändung, IV. A. Allgemeines. IV gilt nur, wenn die Pfändung auf Grund einer allgemein beantragten Zwangsvollstreckung in das gesamte bewegliche Gut völlig erfolglos verlaufen ist. Sobald der Gerichtsvollzieher irgend etwas gepfändet hat, entsteht die volle Gebühr nach I, Anm 2 B. IV ist auch auf andere Fälle einer erfolglosen Pfändung unanwendbar, wie etwa auf den Fall der Unauffindbarkeit des Schuldners in der Wohnung oder dann, wenn der Gläubiger nur die Pfändung bestimmter Gegenstände beantragte. In diesen Fällen ist § 20 anwendbar, Brück DGVZ **83**, 137. Wenn der Pfändungsversuch länger als eine Stunde dauert, dann muß der Gerichtsvollzieher die Erhöhung der Gebühren von I durch III feststellen und diese einheitlichen Gebühren halbieren.

B. Voraussetzungen im einzelnen. Eine halbe Pfändungsgebühr entsteht unter folgenden Voraussetzungen:

a) Pfändungsversuch. Der Gerichtsvollzieher muß die Pfändung versuchen. Er muß also die beweglichen Sachen des Schuldners auf ihre Pfändbarkeit durchsehen, AG Montabaur DGVZ **85**, 154.

b) Keine Pfändbarkeit. Der Gerichtsvollzieher muß feststellen, daß irgendwelche pfändbaren Gegenstände überhaupt nicht vorhanden sind, LG Frankenth Rpfleger **89**, 171, oder daß nur solche Gegenstände vorhanden sind, bei denen die Pfändung wegen Zwecklosigkeit unterbleiben muß, § 803 II ZPO, AG Montabaur DGVZ **85**, 154, oder bei denen es sich um Hausrat handelt, der schlecht, weil offensichtlich nur erheblich unter seinem wahren Wert verwertbar ist, § 812 ZPO, oder bei denen es sich um Miet- oder Pachtzinsen handelt, für die die Voraussetzungen des § 851 b I ZPO vorliegen.

c) Protokoll. Die Gründe der Erfolglosigkeit der Pfändung müssen sich aus dem Protokoll ergeben.

Übernahme beweglicher Sachen

18 **I Für die Übernahme beweglicher Sachen zum Zwecke der Verwertung in den Fällen der §§ 847, 854 der Zivilprozeßordnung wird die Hälfte der vollen Gebühr nach dem Betrag der beizutreibenden Forderung erhoben.**

II Die gleiche Gebühr wird erhoben, wenn der Schuldner unter Mitnahme der Pfandstücke in einen anderen Amtsgerichtsbezirk verzieht und ein anderer Gerichtsvollzieher den Vollstreckungsauftrag übernimmt.

1) Allgemeines. Die Übernahme ist nur in den drei in § 18 genannten Fällen gebührenpflichtig, also auch nicht bei der Übergabe an einen anderen Gerichtsvollzieher wegen des Ausscheidens des bisherigen, § 825 II

ZPO, insofern richtig AG Bre DGVZ **77**, 127. Denn ein Wechsel in der Person des Beamten kann grundsätzlich (ausgenommen ist der Fall II) keine Gebühr veranlassen, weil ja nur der Staat die Gebühr erhält. Vgl aber § 21 V.

Die für die Übernahme verwendete Zeit beeinflußt die Höhe der Gebühr nicht. Im Fall der Zurücknahme oder Erledigung des Antrags gilt § 20.

2) Übernahme zur Verwertung, I. In Betracht kommt nur die Übernahme beweglicher Sachen durch den Gerichtsvollzieher von dem Drittschuldner im Fall der Pfändung des Anspruchs auf die Herausgabe, §§ 847, 854 ZPO, und zwar zum Zweck der Verwertung. Durch die Übernahmegebühr ist auch die Entfernung der Sachen abgegolten.

3) Übernahme durch anderen Gerichtsvollzieher, II. A. Voraussetzungen. II findet unter folgenden Voraussetzungen Anwendung:

a) Umzug des Schuldners. Der Schuldner muß unter einer Mitnahme der Pfandstücke in den Bezirk eines anderen AG, also in den Zuständigkeitsbereich eines anderen Gerichtsvollziehers verzogen sein.

b) Übernahme des Vollstreckungsauftrags. Der für den Bezirk des anderen AG zuständige Gerichtsvollzieher muß den Vollstreckungsauftrag übernehmen. Das erfolgt im allgemeinen mit der Annahme des Übernahmeersuchens.

c) Erforderlichkeit der Vollstreckung. Die weitere Vollstreckung muß noch erforderlich sein.

B. Weitere Einzelfragen. II ist auf andere Fälle nicht anwendbar. Die Vorschrift gilt also in folgenden Situationen nicht: Es findet innerhalb des Bezirks desselben AG ein Wechsel des Gerichtsvollziehers statt; es liegt ein Fall des § 825 ZPO vor, Anm 1; der Gerichtsvollzieher überführt das Pfandstück in den Bezirk eines anderen Gerichtsvollziehers, insofern aM AG Bre DGVZ 77, 127.

Die Gebühr entsteht mit der Übernahme durch den neuen Gerichtsvollzieher. Eine Inbesitznahme durch diesen ist nicht erforderlich. Die Gebühr wird durch den übernehmenden Gerichtsvollzieher erhoben. Wenn er die Übernahme ablehnt, kann er keine Gebühr verlangen.

4) Höhe der Gebühr. Sie beträgt bei I und II eine ½ Gebühr. Der Wert errechnet sich nach der beizutreibenden Forderung, § 17 Anm 2 C, D. Vgl im übrigen die Tabelle am Schluß dieses Buches.

Entfernung aus dem Gewahrsam

19 **I Werden Pfandstücke, die im Gewahrsam des Schuldners belassen sind, durch den Gerichtsvollzieher zum Zwecke der Versteigerung oder aus einem anderen Grunde aus dem Gewahrsam des Schuldners entfernt, so wird eine Gebühr von 5 Deutsche Mark erhoben.**

II Nimmt das Geschäft mehr als eine Stunde in Anspruch, so erhöht sich die Gebühr für jede angefangene weitere Stunde um den gleichen Betrag.

II Die Absätze 1 und 2 gelten entsprechend, wenn der Gerichtsvollzieher außerhalb einer Zwangsvollstreckung Gegenstände aus dem Gewahrsam des Inhabers zum Zwecke der Versteigerung oder der Verwahrung entfernt.

GVKostGr Nr 27:

Nr. 27. I. Die Gebühr des § 19 wird ohne Rücksicht auf die Zahl der entfernten Sachen erhoben.

II. Bei der Berechnung der Zeitdauer (vgl. Nr. 14) ist auch die Zeit zu berücksichtigen, die erforderlich ist, um die Sachen von dem bisherigen an den neuen Standort zu schaffen.

III. Zieht der Gerichtsvollzieher Arbeitshilfen hinzu, so genügt es, wenn er ihnen an Ort und Stelle die nötigen Weisungen gibt und ihnen die weitere Durchführung überläßt. Dabei rechnet nur die Zeit, während welcher der Gerichtsvollzieher zugegen ist.

1) Allgemeines. § 19 gilt die mit einer nachträglichen Entfernung des Pfandstücks verbundene Mühe des Gerichtsvollziehers ab. Für einen erfolglosen Versuch, zu dem sich der Gerichtsvollzieher an Ort und Stelle begeben hat, gilt § 20 II. Wenn er das Pfandstück entfernen soll und diese Maßnahme vor dem Eintreffen an Ort und Stelle aus irgendeinem Grund abbricht, dann entsteht keine Gebühr. Die Entfernungsgebühr entsteht neben der Übernahmegebühr des § 18 I. Denn jene Bestimmung vergütet die Übernahme vom Drittschuldner und die sich anschließende Entfernung, § 18 Anm 2, bei § 19 handelt es sich aber um die Entfernung aus dem Gewahrsam des Schuldners. Allerdings ist eine Entfernung nach der Übernahme des Vollstreckungsauftrags durch den anderen Gerichtsvollzieher nach § 18 II denkbar.

2) Entfernung, I. Die Gebühr entsteht nur, wenn folgende Voraussetzungen zusammentreffen:

A. Gewahrsam des Schuldners. Der Gerichtsvollzieher muß das Pfandstück bei der Pfändung im Gewahrsam des Schuldners belassen haben. Wenn er es bei der Pfändung sofort entfernt hat, entsteht also keine besondere Gebühr, Anm 1.

B. Nachträgliche Entfernung. Der Gerichtsvollzieher muß das Pfandstück später aus irgendeinem Grunde aus dem Gewahrsam des Schuldners entfernt haben, zB wegen einer Gefährdung der Rechte des Gläubigers, § 808 II ZPO, oder wegen der Anordnung einer besonderen Verwertung, § 825 ZPO. Die Herbeischaffung des Pfandstücks aus der Pfandkammer löst die Gebühr nicht aus.

C. Anwesenheit des Gerichtsvollziehers. Der Gerichtsvollzieher muß persönlich an Ort und Stelle sein, § 20 Anm 1. Er kann die Entfernung entweder persönlich vornehmen oder sie einer Hilfskraft überlassen, muß im letzteren Fall aber an Ort und Stelle seine Anweisungen geben, GVKostGr Nr 27 III 1.

Die Gebühr entsteht mit der Entfernung aus dem Gewahrsam des Schuldners.

3) Gebührenhöhe, I, II. Es entsteht grundsätzlich eine Festgebühr von 5 DM. Es kommt nicht darauf an, wieviele Stücke der Gerichtsvollzieher entfernt, GVKostGr Nr 27 I. Wenn das Amtsgeschäft länger als eine Stunde dauert, dann kommen für jede angefangene Stunde 5 DM hinzu, falls der Gerichtsvollzieher die längere Dauer der Amtshandlung im Protokoll angegeben hat, § 14. Die Dauer der Amtshandlung wird nach § 17 Anm 4 berechnet. Einzurechnen ist auch die Zeit für die Verbringung der Sache vom Schuldnergewahrsam zum neuen Standort, GVKostGr Nr 27 II. Wenn der Gerichtsvollzieher eine Hilfskraft hinzuzieht, Anm 2 C, dann darf man nur diejenige Zeit ansetzen, während der sich der Gerichtsvollzieher persönlich an Ort und Stelle aufgehalten hat, GVKostGr Nr 27 III 2.

4) Entfernung außerhalb der Zwangsvollstreckung, III. Es muß sich um ein Geschäft handeln, für das der Gerichtsvollzieher nach dem Landesrecht zuständig ist und das er außerhalb der Zwangsvollstreckung vorgenommen hat. Die Entfernung des Pfandstücks muß ferner zum Zweck der freiwilligen Versteigerung oder der Verwahrung geschehen. Unter diesen Voraussetzungen entsteht die Gebühr nach III neben derjenigen nach § 21 I.

Zurücknahme oder Erledigung des Auftrags

20 **I Wird eine Vollstreckungshandlung nach §§ 17, 18 infolge von Umständen, die weder in der Person des Gerichtsvollziehers liegen noch von seiner Entschließung abhängig sind, nicht durchgeführt, so wird ein Viertel der in §§ 17, 18 bestimmten Gebühren, jedoch höchstens 70 Deutsche Mark, erhoben, wenn sich der Gerichtsvollzieher noch nicht an Ort und Stelle begeben hatte.**

II Wird eine Vollstreckungshandlung nach §§ 17, 18, 19 aus den in Absatz 1 bezeichneten Gründen nicht durchgeführt, so wird die Hälfte der für die Amtshandlung bestimmten Gebühr erhoben, in den Fällen der §§ 17, 18 jedoch höchstens 140 Deutsche Mark, wenn sich der Gerichtsvollzieher bereits an Ort und Stelle begeben hatte.

III Treffen die Absätze 1 oder 2 nur für Teile der beizutreibenden Forderung zu, so sind die Gebühren von jedem Teil besonders zu berechnen. Es darf jedoch nicht mehr erhoben werden, als wenn die Gebühr von der Summe dieser Forderungsteile nach dem höchsten der nach Absätzen 1 oder 2 in Betracht kommenden Gebührensätze erhoben würde.

GVKostGr Nr 28:

Nr. 28. I. Ein Fall des § 20 liegt auch vor, wenn der Gerichtsvollzieher entsprechend einem Verlangen des Gläubigers, unter bestimmten Voraussetzungen nicht zu vollstrecken, von Vollstreckungsmaßnahmen absieht.

II. Das gleiche gilt, wenn der Gerichtsvollzieher im Falle des § 63 Nr. 1 GVGA den Auftrag als zurückgenommen ansieht oder der Auftrag gemäß § 40 Nr. 4 GVO ruht. Wird der Auftrag im Falle des § 63 Nr. 1 GVGA demnächst weiterverfolgt oder im Falle des § 40 Nr. 4 GVO fortgesetzt, so liegt kostenrechtlich kein neuer Auftrag vor.

III. Ein Fall des § 20 liegt nicht vor, wenn der Schuldner innerhalb des Amtsgerichtsbezirks umgezogen ist. Auslagen sind jedoch anzusetzen.

1) Allgemeines. § 20 ermäßig die Pfändungs-, Übernahme- und Entfernungsgebühren für den Fall der endgültigen Erledigung des Auftrags vor seiner Ausführung, AG Herne DGVZ **84**, 126 (betr § 758 ZPO), VG Köln DGVZ **82**, 11, vgl AG Montabaur DGVZ **80**, 44, Brendel DGVZ **82**, 180. Wenn sich ein Vollstreckungsauftrag wegen eines anderen Anspruchs als einer Geldforderung erledigt, dann gilt § 25.

Für die Anwendbarkeit von I oder II kommt es darauf an, ob sich der Gerichtsvollzieher an Ort und Stelle begeben hat. Er muß also auf demjenigen Grundstück und in demjenigen Raum eingetroffen sein, auf und in dem er die Amtshandlung vornehmen soll. Solange er sich noch auf dem Wege zu diesem Grundstück oder Raum befindet, entsteht die Gebühr nur nach I. Eine erfolglose Pfändung fällt unter §§ 17 IV, vgl aber auch AG Bre DGVZ **83**, 15 (abl Krauthausen DGVZ **83**, 86).

2) Noch nicht an Ort und Stelle, I. A. Auftrag. Voraussetzung einer Gebühr nach I ist, daß der Gerichtsvollzieher den Vollstreckungsauftrag übernommen hat. Das ist noch nicht der Fall, wenn der Gerichtsvollzieher die Unterlagen des Gläubigers darauf prüft, ob er den Auftrag überhaupt übernehmen darf, und wenn er die Übernahme ablehnt.

Abgesehen von der Übernahmeerklärung oder Übernahmehandlung braucht der Gerichtsvollzieher noch nichts gesagt oder getan zu haben. Die Gebühr nach I ist dann trotzdem entstanden.

Die Gebühr nach I kommt aber nur dann in Betracht, wenn der Auftrag auch gerade eine Pfändung oder deren Übernahme enthält, § 17, 18. Sie kommt nicht in Betracht, wenn der Auftrag lediglich die Entfernung eines Pfandstücks aus dem Gewahrsam des Schuldners enthält. Denn eine solche Entfernung setzt eine Tätigkeit des Gerichtsvollziehers an Ort und Stelle voraus, § 19 Anm 2 C.

Wenn sich ein solcher Auftrag erledigt, bevor sich der Gerichtsvollzieher an Ort und Stelle begeben hat, entsteht also keine Gebühr, GVKostGr Nr 1 IV. Das gilt auch dann, wenn der Gerichtsvollzieher sich zum Zwecke der Entfernung des Pfandstücks schon auf den Weg zu ihm gemacht hatte. Er erhält allerdings in einem solchen Fall den Ersatz seiner Auslagen zugebilligt.

B. Unterbleiben der Vollstreckungshandlung. a) Grundsatz. Die Erledigungsgebühr entsteht nicht, soweit die Vollstreckungshandlung infolge von Umständen unterbleibt, die in der Person des Gerichtsvollziehers liegen oder von seiner Entschließung abhängen. Das ist zB der Fall, wenn der Gerichtsvollzieher eine Stundung gewährt, vgl auch § 16 Anm 4 C a bb. In allen anderen Fällen entsteht aber die Erledigungsgebühr.

b) Zurücknahme. Die amtliche Überschrift nennt auch den Fall der Zurücknahme des Auftrags. Eine Zurücknahme liegt auch dann vor, wenn der Gerichtsvollzieher darauf hingewiesen hat, daß er den Auftrag für den Fall der Nichtzahlung des angeforderten Vorschusses als zurückgenommen ansehen werde, und wenn der Gläubiger den Vorschuß dann nicht gezahlt hat, § 5 Anm 2 B. Eine Rücknahme liegt auch dann vor, wenn der Gläubiger den Gerichtsvollzieher beauftragt hat, unter bestimmten Voraussetzungen nicht zu vollstrecken, GVKostGr Nr 20 I, etwa dann, wenn der Schuldner die eidesstattliche Versicherung zwecks Offenbarung geleistet hat oder wenn bekannt ist, daß eine Vollstreckung nicht zum Ziel führen kann, weil man beim Schuldner nichts oder nichts mehr holen kann. Denn in allen diesen Fällen liegt ein Auftrag mit einer bedingten Rücknahme vor.

Dem stellen GVKostGr Nr 20 II den Fall gleich, daß der Gerichtsvollzieher nach § 63 Z 1 GVGA den Gläubiger von sich aus unterrichtet hat, weil er einen begründeten Anhalt dafür hat, daß die Vollstreckung erfolglos verlaufen werde, und wenn er den Auftrag als zurückgenommen ansieht, falls der Gläubiger nicht die Ausführung dennoch wünscht.

c) Weitere Erledigungsgründe. Hierzu zählen folgende Fälle: Die Vollstreckungshandlung unterbleibt, weil der Schuldner die geschuldete Leistung an den Gerichtsvollzieher erbringt. Dann ist auch die Hebegebühr nach § 27 fällig; es erfolgt eine Einstellung der Zwangsvollstreckung nach den §§ 765a, 813 ZPO; ein Dritter hat sich zur Herausgabe der Sache nicht bereit erklärt; über das Vermögen des Schuldners ist inzwischen der Konkurs eröffnet worden; der Schuldner hat seine Wohnung in einen anderen Amtsgerichtsbezirk verlegt.

Nicht unter § 20 fällt folgende Lage: Es findet eine nur vorläufige Einstellung der Zwangsvollstreckung statt, etwa weil ein richterlicher Durchsuchungsbefehl nach Art 13 GG, § 758 ZPO noch fehlt.

Diese Frage ist **streitig. Wie hier** zB BVerwG DGVZ **87**, 121 mwN, Bratfisch Rpfleger **85**, 44; **aM** zB AG Bre DGVZ **83**, 15, AG Böblingen DGVZ **85**, 186 mwN.

Nicht unter § 20 fallen ferner folgende Situationen: Der Schuldner verzieht innerhalb desselben Amtsgerichtsbezirks. In diesem Fall ist § 20 selbst dann nicht anwendbar, wenn nun ein anderer Gerichtsvollzieher zuständig wird. In solcher Situation kann jedoch die Pflicht zum Auslagenersatz entstehen, GVKostGr Nr 28 III.

Wenn ein anderer Gerichtsvollzieher den Vollstreckungsauftrag übernommen hat, § 18 II, dann kann daneben auch die Gebühr nach § 20 I entstehen. Ebenso sind die Zustellgebühr, § 16 V, und die Vollstreckungsgebühr, § 20 I, nebeneinander zu erheben, wenn der Gläubiger beide Aufträge zurücknimmt, bevor sich der Gerichtsvollzieher an Ort und Stelle begeben hat, GVKostGr Nr 19 II. Wenn sich mehrere Aufträge erledigen, die der Gerichtsvollzieher durch dieselbe Vollstreckungshandlung auszuführen hätte, zB weil der Schuldner ganz oder in Raten zahlt, dann ist § 15 anwendbar, GVKostGr Nr 15 III (abgedruckt bei § 15).

3) An Ort und Stelle, II. Wegen dieses Begriffs vgl Anm 1. Zum Verhältnis zwischen II und § 17 IV vgl § 17 Anm 5 A. Wenn sich der Gerichtsvollzieher an Ort und Stelle begeben hat, kann sich nicht nur eine Vollstreckungshandlung nach § 17 oder § 18 erledigen, sondern auch der Auftrag der Entfernung aus dem Gewahrsam nach § 19, vgl auch Anm 2 A. Es entsteht aber keine Gebühr bei einer Erledigung im Fall des § 19 III. Denn dort erfolgt keine Vollstreckungshandlung.

Außer den in Anm 2 B genannten Erledigungsgründen kommt nach II auch der Fall in Betracht, daß der Gerichtsvollzieher das Pfandstück nicht mehr vorfindet, weil er die Wohnung des Schuldners oder desjenigen Dritten nicht mehr ermitteln kann, bei dem die Vollstreckung erfolgen soll, AG Waldbröhl DGVZ **72**, 143. Der Gerichtsvollzieher muß einen Versuch, den Aufenthalt des Schuldners zu ermitteln, erfolglos vorgenommen haben, zB durch eine Nachfrage im Haus oder bei Nachbarn. Der Gerichtsvollzieher ist nicht verpflichtet, die Beträge für eine Rückfrage beim Einwohnermeldeamt usw auszulegen.

Es ist möglich, daß der Gerichtsvollzieher den Erledigungsgrund erfährt, bevor er sich an Ort und Stelle begeben hat. Wenn er dann trotzdem dorthin gegangen oder gefahren ist, dann entsteht nur eine Gebühr nach I.

Die Gebühr nach II kann zusammen mit der Gebühr für eine erfolglose Zustellung entstehen, GVKostGr Nr 19 I (abgedruckt bei § 16). Wenn sich Aufträge erledigen, die durch dieselbe Vollstreckungshandlung auszuführen wären, nachdem sich der Gerichtsvollzieher an Ort und Stelle begeben hat, dann ist § 15 anwendbar, s auch GVKostGr Nr 15 III (abgedruckt bei § 15).

4) Gebührenhöhe. A. Fall I. In diesem Fall entsteht ¼ der in §§ 17, 18 bestimmten Gebühr, jedoch höchstens 70 DM. Im Fall der Erledigung eines Teils des Auftrags ist für die Gebührenhöhe der Wert dieses Teils zugrunde zu legen.

B. Fall II. Hier entsteht ½ der in §§ 17–19 bestimmten Gebühren, im Fall des Pfändungsübernahmeauftrags jedoch höchstens 140 DM. Wenn sich die Entfernung aus dem Gewahrsam des Schuldners erledigt hat, § 19, entsteht keine derartige Höchstgebühr; sie beträgt dann stets 2,50 DM. Wegen des Wertes in dem Fall, daß der Gläubiger den Gerichtsvollzieher ermächtigt hat, gegen eine Teilzahlung des Schuldners eine Stundung für die Restzahlung zu gewähren, vgl § 27 Anm 2 B.

5) Teilweises Zusammentreffen von I oder II, III. Wenn sich nach I oder II Vollstreckungshandlungen wegen bestimmter Teile der beizutreibenden Forderung erledigen, dann muß man die Gebühren von jedem Teil der Forderung besonders berechnen. Das gilt sowohl dann, wenn sich ein Teil nach I erledigt, als auch dann, wenn sich ein Teil nach II erledigt. Äußerstenfalls darf man aber den höchsten Gebührensatz nach I oder II erheben, der nach der Summe der Forderungsteile in Betracht käme.

Beispiel: Der Pfändungsauftrag ergeht wegen einer Forderung von 2200 DM. Der Schuldner bezahlt 900 DM, bevor sich der Gerichtsvollzieher an Ort und Stelle begeben hat, und weitere 1300 DM nach dem dortigen Eintreffen des Gerichtsvollziehers. Die Gebühr beträgt 5 + 15 = 20 DM. Dieser Betrag ist zu zahlen. Denn die Grenze von 20 DM, also die Gebühr nach dem höchsten hier in Betracht kommenden Gebührensatz (½) ist zwar erreicht, aber nicht überschritten. Zum Problem Hantke DGVZ **77**, 17 mwN.

Versteigerung, Verkauf, Verpachtung, Verwertung

21 I Für die Versteigerung oder den Verkauf von beweglichen Sachen, von Früchten, die vom Boden noch nicht getrennt sind, sowie von Forderungen oder anderen Vermögensrechten wird das Zweieinhalbfache der vollen Gebühr nach dem Betrag des Erlöses erhoben.

II Die gleiche Gebühr wird für die öffentliche Verpachtung an den Meistbietenden nach dem für drei Jahre zu entrichtenden Pachtzins erhoben. Ist die vereinbarte Pachtzeit kürzer, so ist der für diese Zeit zu entrichtende Pachtzins maßgebend.

III Ist ein zum Zuschlag führendes Gebot nicht abgegeben worden oder ist die Versteigerung, der Verkauf oder die Verpachtung aus Gründen der in § 20 Abs. 1 bezeichneten Art unterblieben, nachdem sich der Gerichtsvollzieher an Ort und Stelle begeben hat, so beträgt die Gebühr 5 Deutsche Mark. Diese Gebühr wird nur erhoben, wenn keine Gebühr nach den Absätzen 1 oder 2 entsteht; dies gilt auch, wenn nur ein Teil der Gegenstände versteigert, verkauft oder verpachtet wird.

IV Hat der Versteigerungs- oder Verpachtungstermin auf Antrag des Gläubigers oder des Antragstellers oder nach den Vorschriften der §§ 765a, 775, 813a der Zivilprozeßordnung nicht stattgefunden oder ist der Termin infolge Ausbleibens von Bietern oder wegen ungenügender Gebote erfolglos geblieben, so wird für die Anberaumung eines neuen Termins eine Gebühr von 2 Deutsche Mark erhoben.

V Für die Mitwirkung bei einer vom Vollstreckungsgericht nach § 825 der Zivilprozeßordnung angeordneten besonderen Art der Verwertung einer gepfändeten Sache wird, sofern nicht Absatz 1 anzuwenden ist, die volle Gebühr nach dem Betrag des Erlöses oder sonstigen Preises, höchstens jedoch ein Betrag von 50 Deutsche Mark erhoben. Nimmt das Geschäft mehr als eine Stunde in Anspruch, so erhöht sich die Gebühr für jede angefangene weitere Stunde um den gleichen Betrag, höchstens jedoch um je 15 Deutsche Mark.

GVKostGr Nr. 29:

Nr. 29. Die Gebühr für den erfolglosen Versuch der Entfernung aus dem Gewahrsam (§§ 19, 20 Abs. 2; vgl. Nr. 27) schließt die Gebühr für die unterbliebene Versteigerung (§ 21 Abs. 3) aus.

Gliederung

1) Allgemeines. Die Verwertungsgebühr des § 21 entsteht bei einer Verwertung anläßlich einer Zwangsvollstreckung nach der ZPO oder nach dem ZVG, auch soweit ein freihändiger Verkauf stattfindet, §§ 821, 825 ZPO, 108 ZVG (vgl wegen § 825 ZPO auch Anm 6). Die Verwertungsgebühr kommt ferner in Betracht, soweit das Bundes- oder Landesrecht den Gerichtsvollzieher zu einer Versteigerung außerhalb der Zwangsvollstreckung oder für den freihändigen Verkauf zuständig macht, etwa im Fall der Versteigerung einer hinterlegungsunfähigen Sache, § 383 III BGB, im Fall des Pfandverkaufs, § 1235 I BGB, bei einer Auseinandersetzung unter Miterben, §§ 2042, 753 BGB, bei einer Versteigerung oder beim Verkauf von Waren wegen des Annahmeverzugs des Gläubigers, § 373 HGB, im Fall einer Versteigerung oder des Verkaufs von Sachen, die verpfändet waren, oder von anderen Sachen, wenn ihr Verderb droht oder wenn eine wesentliche Wertminderung zu befürchten ist, §§ 1219 BGB, 379, 388, 391, 437 HGB, im Fall der Versteigerung einer Fundsache, §§ 966, 979 BGB; vgl auch §§ 237ff GVGA. Die Gebühr des § 21 entsteht aber auch bei einer der Verwertung nach I ähnlichen öffentlichen Verpachtung an den Meistbietenden, II.

§ 21 ersetzt die früheren landesrechtlichen Vorschriften, die aufgehoben sind, Art XI § 4 III KostÄndG. Hiervon gilt eine Ausnahme nach § 97 des Hamburgischen GKG vom 26. 2. 26, GVOBl 61, an dessen Stelle inzwischen § 6 des Hamburgischen LJustKostG vom 18. 10. 57, GVOBl 468 (Änderungen Teil VIII A dieses Buchs Vorbem B) getreten ist, das die Gebühren des Gerichtsvollziehers im Fall einer Versteigerung außerhalb der Zwangsvollstreckung regelt (die Gebühr beträgt 10% des Meistgebots). Das Hamburgische Gesetz sieht eine derartige Versteigerung als eine Angelegenheit der Justizverwaltung an, auf die die JVKostO anzuwenden ist, also auch nicht eine andere Vorschrift des GVKostG.

2) Versteigerung und Verkauf, I. A. Anwendungsbereich. Über den Umfang der Anwendbarkeit von I Anm 1, ferner § 17 Anm 2 A. I stimmt mit § 17 teilweise überein. Eine Versteigerung ist aber auch bei einer Forderung und anderen Vermögensrechten möglich, also zB: Bei einer Hypothek; bei dem Anteil einer Gesellschaft mit beschränkter Haftung; bei einem Recht aus einem Patent; bei einem Verlagsrecht; bei einem Urheberrecht; bei einer Lizenz.

B. Einzelheiten. Für jede Verwertung entsteht eine Gebühr. Jeder Termin zählt also besonders. Es ist unerheblich, warum der Gerichtsvollzieher die Verwertung nicht schon im ersten Termin vorgenommen hat.

Wenn es sich aber in Wahrheit um dieselbe Verwertung handelt, liegt nur eine einzige Versteigerung vor. Das gilt zB dann, wenn der Gerichtsvollzieher Sachen in verschiedenen Räumen bei derselben Gelegenheit verwertet oder wenn er Gegenstände auf dem Hof und Früchte auf dem Felde verwertet oder wenn er die Versteigerung am ersten Tag nicht beenden konnte und sie daher am nächsten Tag fortsetzt.

Mehrere Versteigerungen liegen vor, wenn der Gerichtsvollzieher die Verwertung unterbrochen hat, weil die Vollstreckung eingestellt wurde oder weil er dem Schuldner den Rest der Forderung gestundet hat, ebenso dann, wenn er einen weiteren Termin für dasselbe Pfandstück neu anberaumt hat, weil er das Stück im ersten Termin nicht verwerten konnte.

Nur eine Amtshandlung und demgemäß auch nur eine Gebühr nach dem Gesamterlös, § 15, entsteht dann, wenn der Gerichtsvollzieher bei demselben Schuldner mehrere Sachen gemeinsam gepfändet hat, mag er das auch auf Grund mehrerer Schuldtitel für einen oder mehrere Gläubiger getan haben, § 827 III ZPO, und wenn er sie nun gleichzeitig versteigert, GVKostGr Nr 15 IIc. Das gilt auch im Fall einer Anschlußpfändung.

Mehrere Amtshandlungen liegen vor, wenn der Gerichtsvollzieher die Versteigerung zwar an demselben Tag durchführt, das Ausgebot und den Erlös aber gesondert behandeln muß, GVKostGr Nr 15 IV, weil er Gegenstände versteigert, die er in verschiedenen Sachen zu verschiedenen Zeiten gepfändet hat. Die gemeinsam vorgenommene Versteigerung ist in diesem Fall nur eine zeitliche Zusammenfassung mehrerer rechtlich auseinanderzuhaltender Versteigerungen. Deshalb kommt in diesem Fall nur der zu Beginn von B genannte Grundsatz zur Anwendung.

C. Gebührenhöhe. Die Gebühr beträgt für jede Verwertung das 2½fache der vollen Gebühr. Die Dauer der Amtshandlung ist unerheblich. Als Wert ist der Bruttoerlös anzusetzen, also ohne einen Abzug der Verwertungskosten. Wenn der Gerichtsvollzieher nur einen Teil der Sachen verwertet, kommt es auf den für diesen Teil erzielten Bruttoerlös an. Wenn er gleichzeitig die Versteigerung gemeinsam gepfändeter Sachen vornimmt, wenn also nur eine Amtshandlung vorliegt, GVKostGr Nr 15 IIc, oben B, dann ist der Wert der zusammengerechtnete Erlös der einzelnen versteigerten Sachen, GVKostGr Nr 15 V. Der Gerichtsvollzieher kann dem Erlös die Gebühr vorweg entnehmen, § 6 S 1. Im Fall der Bewilligung einer Prozeßkostenhilfe darf er aber nur ⅕ des Erlöses zur Kostendeckung verwenden, § 7.

Neben der Gebühr können Auslagen entstehen, § 35. Für die Beachtung der Auslagen auf Grund derselben Amtshandlung muß man beachten, daß die Gebühren nach dem Verhältnis derjenigen Gebühren zu verteilen sind, die im Fall gesonderter Ausführungen entstanden wären, § 15 S 2, während die Auslagen nach der Zahl der Auftraggeber zu verteilen sind, § 15 S 3.

Die Gebühr gilt nicht nur die Versteigerung als solche ab, sondern auch die damit zusammenhängenden Nebengeschäfte, GVKostGr Nr 1 III, insbesondere die öffentliche Bekanntmachung, die Empfangnahme und die Ablieferung des Geldes, letzteres auch dann, wenn der Gerichtsvollzieher auf Anordnung des Vollstreckungsgerichts nach § 825 ZPO die Versteigerung durch eine andere Person durchführen läßt, die dem Gerichtsvollzieher den Erlös übergibt.

Für die Entfernung aus dem Gewahrsam des Schuldners entsteht eine besondere Gebühr, § 19 I, III.

3) Öffentliche Verpachtung, II. Die Gebühr kann nur entstehen, soweit der Gerichtsvollzieher nach dem Landesrecht zu einer öffentlichen Verpachtung befugt ist. Höchstwert ist der 3jährige Pachtzins. Wenn eine kürzere Pachtzeit vereinbart worden ist, dann ist der dafür zu entrichtende Pachtzins für den Wert maßgeblich.

4) Erfolglose Verwertung, III. A. Voraussetzungen. III bezieht sich sowohl auf I als auch auf II. Es müssen folgende Voraussetzungen erfüllt sein:

a) Kein Gebot, keine Verwertung. Es darf überhaupt kein Gebot vorliegen, oder die gesamte Verwertung muß unterblieben sein. Andernfalls entsteht für den verwerteten Teil eine Gebühr nach I oder II, für den Versuch der Verwertung des übrigen Teils keine Gebühr.

b) An Ort und Stelle. Der Gerichtsvollzieher muß sich jedenfalls an Ort und Stelle begeben haben, § 20 Anm 1. Wenn die Verwertung aus einem Grund unterbleibt, der nicht in der Person des Gerichtsvollziehers liegt und auch nicht von seiner Entschließung abhängt, § 16 Anm 4 C a bb, entsteht eine Gebühr nach II. Hierher gehört jeder sonstige Fall des Unterbleibens der Verwertung, vgl § 20 Anm 2 B. Dasselbe gilt, wenn der Gerichtsvollzieher den Termin abgehalten hat und wenn niemand ein zum Zuschlag führendes Gebot abgegeben hat. Das gilt auch dann, wenn ein Gebot ungenügend war.

Wenn für die Versteigerung die Voraussetzungen des § 15 gegeben gewesen wären, Anm 2 B, dann entsteht auch im Fall einer Erledigung nur eine Gebühr, GVKostGr Nr 15 III, selbst wenn die Gründe für die Nichtdurchführung der einzelnen Aufträge verschiedenartig sind.

Wenn sich der Gerichtsvollzieher nicht an Ort und Stelle begeben hat oder wenn er zwar dort eingetroffen war, wenn aber sonstige Gründe für das Unterbleiben der Verwertung fehlen und wenn er den Termin trotzdem nicht durchführt, soweit es ihm möglich wäre, dann erwächst keine Gebühr. Wenn er vergeblich versucht hat, die Stücke, die zur Verwertung gebracht werden sollen, zu entfernen, dann schließt die für diese Tätigkeit entstandene Gebühr nach §§ 19, 20 II eine Gebühr für die erfolglose Verwertung aus, GVKostGr Nr 29.

B. Gebührenhöhe. Die Gebühr nach III entsteht als Festgebühr in Höhe von 5 DM. Die Dauer des Amtsgeschäfts ist für diese Festgebühr ohne Bedeutung.

5) Neuer Termin, IV. A. Voraussetzungen. Auch IV bezieht sich auf I und II. Die Gebühr nach IV ist ein Entgelt für die Anberaumung eines neuen Termins. Nicht schon der Antrag, sondern erst die Anberaumung des Termins bringt die Gebühr zur Entstehung. Es muß eine der folgenden Voraussetzungen erfüllt sein:

a) Terminswegfall auf Antrag. Der alte Versteigerungs- oder Verpachtungstermin (also nicht etwa ein Termin zu einem freihändigen Verkauf) muß auf Grund eines Antrags des Gläubigers oder des Antragstellers nicht stattgefunden haben.

b) Einstellung. Oder: Der vorgenannte Termin muß wegen des Nachweises eines Einstellungsgrundes nach den §§ 765a, 775, 813a ZPO unterblieben sein.

c) Kein Bieter, ungenügendes Gebot. Oder: Der vorgenannte Termin muß infolge des Ausbleibens von Bietern oder wegen ungenügender Gebote erfolglos geblieben sein.

d) Gemeinsames. Nur wenn einer der vorgenannten Gründe und nicht ein anderer zur bisherigen Nichtverwertung geführt hat, löst die Anberaumung eines neuen Termins die Gebühr aus. Sie kann neben den Gebühren nach I–III entstehen. Sie setzt im Fall a und b nicht voraus, daß sich der Gerichtsvollzieher damals an Ort und Stelle begeben hatte.

B. Gebührenhöhe. Die Gebühr entsteht als Festgebühr von 2 DM; vgl dazu auch GVKostGr Nr 7 I und II. Die Gebühr entsteht auch dann nur einmal, wenn es sich um die Versteigerung mehrerer gemeinsam gepfändeter Sachen handelt, GVKostGr Nr 15 IIc. In diesem Fall ist es unerheblich, ob mehrere Gläubiger den Antrag gestellt haben.

6) Besondere Verwertungsart, V. A. Voraussetzungen. Nach § 825 ZPO kann das Vollstreckungsgericht auf Grund eines Antrags des Gläubigers oder des Schuldners eine anderweitige Verwertung als nach den sonst geltenden Vorschriften anordnen. In Betracht kommen folgende Verwertungsarten:

a) Anderer Ort. Das Gericht kann die Versteigerung an einem anderen Ort anordnen. In diesem Fall ist es unerheblich, ob derselbe oder ein anderer Gerichtsvollzieher die Versteigerung durchführt. Die Gebühr entsteht nach I, evtl nach III und IV. Eine Übernahmegebühr durch den anderen Gerichtsvollzieher kommt nicht in Betracht. Denn § 18 II ist unanwendbar.

b) Freihändiger Verkauf. Das Vollstreckungsgericht kann auch den freihändigen Verkauf der Pfandsache durch den Gerichtsvollzieher anordnen. Die Gebühr entsteht in diesem Fall nach I, evtl nach III, aber nicht nach IV, Anm 5.

c) Andere Person. Das Vollstreckungsgericht kann auch die Versteigerung der Pfandsache durch eine andere Person als den Gerichtsvollzieher anordnen. In diesem Fall erwächst für den Gerichtsvollzieher nur eine Mitwirkungsgebühr nach V.

d) Übereignung. Das Vollstreckungsgericht kann schließlich den Gerichtsvollzieher ermächtigen, die Pfandsache dem Gläubiger oder einem Dritten zu einem bestimmten Preis zu übereignen. In diesem Fall entsteht ebenfalls eine Mitwirkungsgebühr nach V. Dasselbe gilt dann, wenn das Gericht die Übereignung der Pfandsache schon in seinem eigenen Beschluß angeordnet hat. Der Gerichtsvollzieher muß die Sache dann dem Gläubiger oder dem Dritten noch übergeben.

Soweit in den Fällen c und d eine Mitwirkungsgebühr in Betracht kommt, entfällt sie, falls der Versuch ergebnislos ausfällt oder sich der Auftrag vorzeitig erledigt.

B. Gebührenhöhe. Hier sind folgende Situationen zu unterscheiden:

a) Versteigerung durch andere Personen, Übereignung durch Gerichtsvollzieher. Wenn das Vollstreckungsgericht anordnet, daß eine andere Person als der Gerichtsvollzieher die Versteigerung vorzunehmen habe, oder wenn das Vollstreckungsgericht den Gerichtsvollzieher ermächtigt, die Übereignung der Pfandsache vorzunehmen, entsteht eine volle Gebühr nach der Tabelle am Schluß des Buches. Als Wert ist der Bruttoerlös oder sonstige Preis anzusetzen. Jedoch ist die Höchstgebühr 50 DM.

b) Gerichtliche Übereignung. Wenn das Vollstreckungsgericht die Übereignung selbst angeordnet hat, entsteht ebenfalls eine volle Gebühr nach der Tabelle am Schluß des Buches. Der frühere Höchstbetrag von 5 DM ist mit Wirkung vom 1. 4. 84 entfallen.

c) Längere Amtshandlung. Wenn die Amtshandlung länger als eine Stunde dauert, dann entstehen die vorgenannten Gebühren für jede angefangene Stunde. Sie erhöhen sich jedoch höchstens um 15 DM.

Wegnahme beweglicher Sachen

22 **I Für die Wegnahme beweglicher Sachen einschließlich ihrer Übergabe wird eine Gebühr von 15 Deutsche Mark erhoben. Die Gebühr wird auch dann erhoben, wenn der Schuldner an den zur Vornahme der Vollstreckungshandlung erschienenen Gerichtsvollzieher freiwillig leistet.**

II Nimmt das Geschäft mehr als eine Stunde in Anspruch, so erhöht sich die Gebühr für jede angefangene weitere Stunde um 15 Deutsche Mark.

III Wenn nach dem Inhalt des Protokolls die herauszugebenden Sachen nicht aufzufinden sind, wird für den Wegnahmeversuch die Hälfte der in den Absätzen 1 und 2 bestimmten Gebühren erhoben.

GVKostGr Nr 30:

Nr. 30. I. Für die Wegnahme beweglicher Sachen gilt Nr. 23 sinngemäß.

II. Bei der Berechnung des Zeitaufwandes (§ 22 Abs. 2) ist Nr. 14 zu beachten. Die für die Übergabe erforderliche Zeit rechnet mit. Nr. 27 Abs. 2 und 3 gilt entsprechend.

III. Die Gebühr nach § 22 Abs. 3 für den erfolglosen Wegnahmeversuch wird nur erhoben, wenn sämtliche wegzunehmenden Sachen nicht aufzufinden waren; neben einer Gebühr nach § 22 Abs. 1, 2 entsteht sie nicht.

1) Allgemeines. Die Vorschrift gilt im Fall der Wegnahme jeder Art durch den Gerichtsvollzieher, also nicht nur im Fall der Wegnahme nach der ZPO, sondern auch im Fall der Wegnahme auf Grund einer Einziehung, die ein Strafgericht ausgesprochen hat, oder auf Grund des § 33 FGG oder auf Grund einer sonstigen bundes- oder landesgerichtlichen Vorschrift.

2) Wegnahme, Leistung, I. A. Wegnahme, I 1. Die Gebühr entsteht im Fall der Wegnahme einer beweglichen Sache. Das ist eine körperliche Sache, auch eine Menge bestimmter beweglicher Sachen oder eine Menge vertretbarer Sachen. Im Fall der Hilfspfändung, § 17 Anm 2 B a, entsteht die Gebühr nur dann, wenn der Gläubiger den Pfändungsbeschluß über die dem Papier zugrunde liegende Forderung vorlegt, bevor der Gerichtsvollzieher das Papier an den Schuldner zurückgeschickt hat, GVKostGr Nr 26 II. Die Wegnahme kann auch beim Drittschuldner erfolgen, wenn ein Vollstreckungstitel gegen ihn vorliegt.

Ist das nicht der Fall, kann nur die Gebühr nach § 18 I für die Übernahme einer beweglichen Sache vom Drittschuldner, der zur Herausgabe bereit ist, entstehen, §§ 847, 854 ZPO, nicht aber eine Gebühr aus § 22. Denn diese Herausgabe erfaßt gebührenrechtlich nur die freiwillige Leistung durch den Schuldner.

B. Freiwillige Leistung des Schuldners, I 2. Die Wegnahmegebühr nach I entsteht auch dann, wenn der Schuldner an den zur Vornahme der Vollstreckungshandlung erschienenen Gerichtsvollzieher freiwillig leistet. Der Gerichtsvollzieher muß aber an Ort und Stelle erschienen sein, § 20 Anm 1, um die Sache wegzunehmen. Wenn der Schuldner bei einer anderen Gelegenheit an ihn leistet oder wenn der Schuldner leistet, bevor der Gerichtsvollzieher zur Wegnahme an Ort und Stelle erschienen ist, dann ist § 25 I anwendbar.

§ 19 und nicht § 22 ist anwendbar, wenn der Gerichtsvollzieher ein Pfandstück, das er in dem Gewahrsam des Schuldners belassen hatte, zum Zweck der Versteigerung oder aus einem anderen Grunde wegschafft. Das gilt auch dann, wenn er das Pfandstück außerhalb der Versteigerung wegschafft, § 19 III.

C. Weitere Einzelheiten. Die Wegnahme geschieht zum Zweck der Übergabe an den Gläubiger. Sofern es sich um ein Einziehungsurteil handelt, geschieht sie zum Zweck der Übergabe an den Staat, §§ 883, 884, 897 ZPO. Durch die Gebühr ist auch die Übergabe abgegolten. Die Pfändung und die Wegnahme sind verschiedene Amtshandlungen. Deshalb ist § 15 unanwendbar, dort Anm 2.

3) Gebührenhöhe, I, II. Die Gebühr nach I ist eine Festgebühr von 15 DM. Durch sie wird die erste Stunde der Tätigkeit des Gerichtsvollziehers abgegolten. Jede weitere angefangene Stunde, die der Gerichtsvollzieher im Protokoll nach § 14 vermerkt hat, erfordert eine weitere Gebühr von 15 DM, II. Die Tätigkeit des Gerichtsvollziehers beginnt mit seinem Eintreffen an derjenigen Stelle, an der die Wegnahme erfolgen soll. Der Hinweg und der Rückweg rechnen nicht mit. Dagegen rechnen der Zeitaufwand für die Aufnahme des Protokolls, für die Zuziehung einer Hilfsperson, für die Herbeiholung von Polizei, GVKostGr Nr 14 (abgedruckt bei § 19) und für die Übergabe mit, GVKostGr Nr 30 II.

Wenn der Gerichtsvollzieher die Wegnahme an mehreren Stellen innerhalb des Bezirks desselben AG durchführt, entsteht nur eine Gebühr. Die Wege zählen dann aber mit. Ein solcher Fall liegt allerdings nicht vor, wenn der Gerichtsvollzieher die Wegnahme unterbricht und nicht unverzüglich fortsetzt. In diesem Fall darf er die Unterbrechungszeit nicht mitrechnen, GVKostGr Nr 23 (abgedruckt bei § 17); vgl auch § 17

Anm 4 B. Wenn der Gerichtsvollzieher eine Hilfskraft hinzuzieht, der er nach seinen Weisungen die Durchführung überläßt, dann darf man nur diejenige Zeit einrechnen, während der der Gerichtsvollzieher an Ort und Stelle zugegen ist, GVKostGr Nr 27 III (abgedruckt bei § 19).

Das Geschäft ist beendet, wenn der Gerichtsvollzieher das Protokoll abgeschlossen und die Sache evtl dem Gläubiger oder einem Dritten übergeben hat.

4) Erfolgloser Versuch, III. Der Gerichtsvollzieher hat den Versuch unternommen, sobald er die Räumlichkeit nach der Sache durchsucht hat, ohne sie aufgefunden zu haben, § 758 ZPO. Er muß diesen Vorgang im Protokoll vermerken. Wenn er nur irgendetwas findet, mag es auch nur wenig sein, dann entsteht für diesen Teil die Gebühr nach I. Die Gebühr nach III entsteht dann also auch nicht für den Rest, GVKostGr Nr 30 III.

Die Gebühr beträgt ½ der Gebühr nach I und dann, wenn der Gerichtsvollzieher den Zeitraum einer Stunde überschreitet. Anm 3, ½ der gesamten Gebühr nach I und II.

Wegnahme von Personen

23 **§ 22 gilt für die Wegnahme einer Person entsprechend; es wird jedoch das Doppelte der im § 22 bestimmten Gebühren erhoben.**

GVKostGr Nr 31:

Nr. 31. I. Für die Wegnahme jeder Person gilt Nr. 23 sinngemäß. Bei der Berechnung des Zeitaufwands ist Nr. 14 zu beachten; Nr. 27 Abs. 2 und 3, Nr. 30 Abs. 2 Satz 2 gelten sinngemäß.

II. Sind mehrere Personen wegzunehmen, so wird die Gebühr für jede weggenommene oder wegzunehmende Person gesondert, der Zeitzuschlag jedoch nur einmal erhoben.

1) Anwendungsbereich. Die Vorschrift ist im Fall der Wegnahme eines Kindes oder eines Mündels anwendbar, §§ 1632, 1800 BGB, und zwar sowohl dann, wenn ein Herausgabetitel gegenüber einem Dritten vorliegt, als auch dann, wenn ein Herausgabetitel nach § 33 II FGG, § 1632 III BGB gegen den anderen Elternteil vorliegt, vgl § 213 GVA.

2) Voraussetzungen. Wie sich aus der entsprechenden Anwendung des § 22 ergibt, müssen folgende Voraussetzungen erfüllt sein: Die Wegnahme muß begonnen haben. Sie beginnt mit dem Eintreffen des Gerichtsvollziehers an derjenigen Stelle, an der die Wegnahme erfolgen soll. Die Wegnahme muß ferner beendet sein. Sie endet mit der Fertigung des Protokolls und der Aushändigung des Kindes oder Mündels an den Berechtigten. Wenn die weggenommene Person entweicht, entsteht weder die Gebühr nach § 23 noch diejenige nach § 22 III, sondern möglicherweise diejenige nach § 25 II, vgl § 25 Anm 3 A.

Die Wegnahme eines jeden Kindes ist eine besondere Amtshandlung, wie der Gesetzestext „Wegnahme einer Person" erkennen läßt. Für die Wegnahme mehrerer Personen entstehen also mehrere Gebühren.

Eine freiwillige Herausgabe gilt als eine Wegnahme, wie sich aus dem entsprechend anwendbaren § 22 I 2 ergibt. Vgl im übrigen die Erläuterungen zu § 22, auch GVKostGr Nr 31 I.

3) Gebührenhöhe. Die Gebühr ist das Doppelte der in § 22 bestimmten Gebühren. Es erwachsen also für die erfolglose Wegnahme zwei volle Gebühren, für eine erfolglos versuchte eine volle Gebühr, § 22 III. Wegen der Zeitberechnung und der deshalb erhöhten Gebühren § 22 Anm 3. Wenn der Gerichtsvollzieher mehrere Personen wegnimmt, darf er den Zeitzuschlag nach § 22 II nur einmal erheben, GVKostGr Nr 23 II. Dieser Fall kommt aber nur dann in Betracht, wenn sich die Wegnahme der nächsten Person unverzüglich an die frühere Wegnahme anschließt. Wenn der Gerichtsvollzieher die Wegnahmehandlung für die erste Person abgeschlossen, sie dem Berechtigten also übergeben hat, dann kann für die nächste von neuem begonnene Wegnahme auch der Zeitzuschlag entstehen.

Entsetzung aus dem Besitz, Übergabe unbeweglicher Sachen, Beseitigung von Widerstand

24 **I Eine Gebühr von 30 Deutsche Mark wird erhoben**

1. für die Entsetzung aus dem Besitz unbeweglicher Sachen oder eingetragener Schiffe oder Schiffsbauwerke und die Einweisung in den Besitz (§ 885 der Zivilprozeßordnung) sowie für die Wegnahme ausländischer Schiffe, die, wenn sie deutsche Schiffe wären, in das Register eingetragen werden müßten, und ihre Übergabe an den Gläubiger;

2. für die Übergabe unbeweglicher Sachen an den Verwalter im Falle der Zwangsversteigerung oder Zwangsverwaltung;

3. im Falle der Zuziehung zur Beseitigung des Widerstandes des Schuldners gegen die Vornahme einer Handlung.

II Nimmt das Geschäft mehr als eine Stunde in Anspruch, so erhöht sich die Gebühr für jede angefangene weitere Stunde um 15 Deutsche Mark.

III In die Dauer der Vollstreckungshandlungen ist auch die Zeit einzurechnen, die der Gerichtsvollzieher aufzuwenden hat, um bewegliche Sachen, die nicht Gegenstand der Zwangsvollstreckung sind, wegzuschaffen, zu übergeben oder in Verwahrung zu bringen.

1) Besitzentsetzung, I Z 1. Unter diese Vorschrift fallen Entsetzungen aus dem Besitz einer unbeweglichen Sache, § 885 I ZPO, also aus einem Grundstück oder Grundstücksteil (Wohnung), vgl auch § 93 ZVG, ferner die Entsetzung aus dem Besitz eines eingetragenen Schiffes oder Schiffsbauwerks, schließlich die Wegnahme eines ausländischen Schiffs, das als ein deutsches Schiff eingetragen sein müßte. Der Gerichtsvollzieher schafft eine bewegliche Sache, die nicht Gegenstand der Zwangsvollstreckung ist, sofern es sich nicht um Zubehör handelt,

§§ 79, 98 BGB, nach § 885 II ZPO weg, sofern er die Vollstreckung nicht auch insofern durchführen soll.

Die Gebühr entsteht bereits mit der Entsetzung aus dem Besitz. Sie entsteht auch dann voll, wenn der Schuldner den Besitz freiwillig aufgegeben hat. Denn die Gebühr gilt auch die Einweisung in den Besitz oder die Übergabe an den Gläubiger ab. Wenn der Gerichtsvollzieher bei seiner Ankunft an Ort und Stelle den Gläubiger bereits im Besitz vorfindet, ist § 25 II 1 anwendbar. Wenn der Gerichtsvollzieher das Schiff oder das Schiffsbauwerk nicht mehr vorfindet, ist § 25 II 2 anwendbar.

2) Übergabe an den Verwalter, I Z 2. Die Vorschrift ist anwendbar, wenn der Gerichtsvollzieher eine unbewegliche Sache an den Verwalter übergibt. Das gilt aber nur dann, wenn das Vollstreckungsgericht im Fall der Zwangsversteigerung oder Zwangsverwaltung eines Grundstücks, §§ 94 II, 150 II ZVG, den Gerichtsvollzieher auch dahin beauftragt hat. Die Gebühr entsteht mit der Übergabe.

3) Beseitigung des Widerstands des Schuldners, I Z 3. Die Gebühr entsteht nur insoweit, als ein Widerstand des Schuldners gegen die Vornahme einer solchen Handlung beseitigt werden soll, die der Schuldner dulden muß, zB nach den §§ 887, 890 ZPO, vgl § 892 ZPO, und nur insoweit, als der Gerichtsvollzieher hinzugezogen wird. Die Vorschrift gilt seit 1. 4. 84 auch, soweit der Gerichtsvollzieher aus Anlaß der Durchsuchung einer Wohnung einen Widerstand vorfindet, § 758 III ZPO.

Es ist für die Entstehung der Gebühr unerheblich, ob der Gerichtsvollzieher oder ein anderer den Widerstand des Schuldners brechen.

4) Gebührenhöhe, I–III. Die Gebühr nach § 24 I ist eine Festgebühr von 30 DM für die erste Stunde. Wenn das Amtsgeschäft länger als eine Stunde dauert, erfolgt ein Zuschlag von je 15 DM für jede weitere angefangene Stunde, sofern der Gerichtsvollzieher diese weitere Dauer im Protokoll vermerkt hat, § 14. Über den Umfang des Amtsgeschäfts und über die Entstehung der Gebühr s Anm 1–3, ferner GVKostGr Nr 14 (abgedruckt bei § 14).

Man muß auch nach III diejenige Zeit einrechnen, die der Gerichtsvollzieher benötigt, um eine bewegliche Sache, die nicht Gegenstand der Zwangsvollstreckung ist, wegzuschaffen und sie dem Schuldner zur Verfügung zu stellen oder sie in die Pfandkammer zu schaffen oder anderweit in Verwahrung zu bringen; vgl § 885 II, III ZPO. Die dadurch entstehenden Kosten sind Kosten der Zwangsvollstreckung und vom Schuldner beizutreiben, § 788 ZPO.

Zurücknahme oder Erledigung des Auftrags

25 **I Wird eine Vollstreckungshandlung nach §§ 22, 23, 24 aus den in § 20 Abs. 1 bezeichneten Gründen nicht durchgeführt, so wird eine Gebühr von 2,50 Deutsche Mark erhoben, wenn sich der Gerichtsvollzieher noch nicht an Ort und Stelle begeben hatte.**

II Wird die Vollstreckungshandlung aus den in § 20 Abs. 1 bezeichneten Gründen nicht durchgeführt, so beträgt die Gebühr 5

Deutsche Mark, wenn sich der Gerichtsvollzieher bereits an Ort und Stelle begeben hatte. Wird im Falle des § 24 Abs. 1 Nr. 1 die Vollstreckungshandlung nicht durchgeführt, weil nach dem Inhalt des Protokolls der Gerichtsvollzieher das Schiff oder Schiffsbauwerk nicht vorgefunden hat, so wird die Hälfte der im § 24 Abs. 1 und 2 bestimmten Gebühr erhoben.

III Hat in den Fällen des § 24 Abs. 1 Nr. 1 oder 2 der Termin entsprechend einem Antrag des Gläubigers oder auf Grund der Vorschriften der §§ 765a, 775 der Zivilprozeßordnung nicht stattgefunden, so wird für die Anberaumung eines neuen Termins eine Gebühr von 2 Deutsche Mark erhoben.

1) Allgemeines. § 25 enthält die Gebühren im Fall einer vorzeitigen Erledigung eines Vollstreckungsauftrags, der eine Zwangsvollstreckung zur Erwirkung der Herausgabe einer Person, einer Sache und ähnlichen zum Gegenstand hat. Die Vorschrift bezieht sich also auf die Gebühren der §§ 22–24.

2) Noch nicht an Ort und Stelle, I. A. Voraussetzungen. Der Gerichtsvollzieher darf im Fall I noch nicht an Ort und Stelle eingetroffen sein. Zu diesem Begriff vgl § 20 Anm 1. Zum Begriff der Zurücknahme und zu den weiteren Erledigungsgründen vgl § 20 Anm 2 B b, c.

Eine Gebühr nach I entsteht nicht, wenn der Auftrag aus Gründen unterbleibt, die in der Person des Gerichtsvollziehers liegen oder von seiner Entschließung abhängen, § 16 Anm 4 C a bb. Wegen des Aufschiebens seiner Vollstreckungsmaßnahmen Anm 3 A. Wenn der Gerichtsvollzieher die Vollstreckungshandlung in den Fällen der §§ 23, 24 auch nur zu einem kleinen Teil durchführen kann, entstehen Gebühren lediglich nach diesen Bestimmungen, nicht auch nach I.

Wenn der Gerichtsvollzieher mehrere Personen wegnehmen soll, handelt es sich um ebensoviele Amtshandlungen wie Personen, § 23 Anm 2. Infolgedessen entstehen nach I auch so viele Gebühren, wie sich die Amtshandlungen erledigen. Andererseits kann eine Gebühr nach § 23 neben derjenigen nach I entstehen, auch wenn ein und derselbe Auftrag vorliegt, falls der Gerichtsvollzieher eine Person wegnimmt und falls sich der Auftrag wegen der anderen erledigt.

B. Gebührenhöhe. Es entsteht eine Festgebühr von 2,50 DM. Außerdem entsteht die Hebegebühr, § 27, soweit der Schuldner an den Gerichtsvollzieher zahlt. Im Fall der gleichzeitigen Zurücknahme eines Zustellungsauftrags werden beide Gebühren nebeneinander erhoben, GVKostGr Nr 19 II (abgedruckt bei § 16). Nur die Gebühr nach I entsteht dann, wenn sich beide Aufträge aus anderen Gründen erledigen. Man muß die Gebühren nach § 20 I und nach § 25 I nebeneinander erheben, da die dort genannten Amtshandlungen nicht durch eine erledigt werden können, so daß § 15 und demgemäß GVKostGr Nr 15 II nicht anwendbar sind.

3) An Ort und Stelle, II. A. Voraussetzungen. Zum Begriff des Eintreffens an Ort und Stelle vgl § 20 Anm 1. Zu den Begriffen der Zurücknahme und der weiteren Erledigungsgründe vgl § 20 Anm 2 B b, c. Die Erledigung darf nicht aus einem Grund unterbleiben, der in der Person des Gerichtsvollziehers liegt oder von seiner Entschließung abhängt, § 16 Anm 4 C a bb. Von seiner Entschließung hängt zwar zunächst auch die Hinausschiebung einer beabsichtigten Vollstreckungsmaßnahme nach § 765a II ZPO ab. Die endgültige Entscheidung steht aber dem Vollstreckungsbereich zu. Deshalb entsteht im Fall einer Einstellung durch das Vollstreckungsgericht die Gebühr nach II, soweit der Gerichtsvollzieher die Hinausschiebung einer beabsichtigten Vollstrekkungsmaßnahme an Ort und Stelle vornahm, sonst die Gebühr nach I. Ein anderes Ergebnis wäre widersinnig.

Für eine Zustellung und für den Vollstreckungsversuch entstehen Gebühren nebeneinander, GVKostGr Nr 19 I (abgedruckt bei § 16). Die Gebühren nach § 20 II und nach § 25 III entstehen nebeneinander, § 15 ist nicht anwendbar, da es sich um verschiedene Amtshandlungen handelt. Wenn der Gläubiger den Auftrag zur Wegnahme einer Person erteilt hat und wenn diese entweicht, entsteht eine Gebühr nach § 2, sofern den Gerichtsvollzieher keine Schuld trifft; anderenfalls ist § 11 I anwendbar, aM Schröder-Kay 4 (er billigt in diesem Fall eine Gebühr nach I zu).

B. Gebührenhöhe. Es entsteht eine Festgebühr von 5 DM. Daneben kann eine Hebegebühr erwachsen, Anm 2.

C. Nichtvorfinden eines Schiffs usw, II 2. Wenn der Gerichtsvollzieher ein Schiff oder ein Schiffsbauwerk nicht vorfindet und diesen Umstand im Protokoll vermerkt, dann entsteht für den Versuch der Vollstreckungshandlung unter den sonstigen Voraussetzungen von II 1 die Hälfte der Gebühren nach § 24 I, also 15 DM. Hinzu kann die Hälfte des Zeitzuschlags nach § 24 II treten, also 7,50 DM für jede angefangene weitere Stunde, II 2. Wenn der Gerichtsvollzieher die Vollstreckungshandlung nach § 24 I Z 1 wegen eines Schiffes oder Schiffsbauwerks aus einem sonstigen Grund nicht durchführen kann, nachdem er sich an Ort und Stelle begeben hat, entsteht eine Gebühr nach II 1.

4) Terminsanberaumung, III. Die Gebühr entsteht nur dann, wenn der Gerichtsvollzieher bereits einen Termin anberaumt hat und wenn dieser Termin auf Grund des Antrags des Gläubigers oder wegen einer Einstellung der Zwangsvollstreckung durch das Vollstreckungsgericht nach den §§ 765a oder 775 ZPO nicht stattgefunden hat und wenn der Gerichtsvollzieher nun einen neuen Termin anberaumt. Für die Anberaumung dieses neuen Termins entsteht eine Gebühr von 2 DM.

Wenn der Gerichtsvollzieher den Räumungstermin gemäß § 765a II ZPO um 1 Woche hinausschiebt und ihn dann durchführt, dann handelt es sich um den ersten Termin. III ist nur anwendbar, wenn der Gerichtsvollzieher einen Termin auf Grund einer einstweiligen Einstellung der Zwangsvollstreckung zunächst aufhebt und dann später doch durchführt.

Verhaftung, Vorführung

26 **I Für die Verhaftung und für die zwangsweise Vorführung wird eine Gebühr von 30 Deutsche Mark, für jede Nachverhaftung eine Gebühr von 6 Deutsche Mark erhoben.**

II § 20 Abs. 1 und 2 gilt entsprechend; im Falle des § 20 Abs. 1 wird eine Gebühr von 2,50 Deutsche Mark, im Falle des § 20 Abs. 2 eine Gebühr von 5 Deutsche Mark erhoben.

GVKostGr Nr 32:

Nr. 32. I. Werden mehrere Aufträge zur Verhaftung einer Person gleichzeitig erledigt, so ist § 15 zu beachten (vgl. Nr. 15 Abs. 2 Buchst. d, Abs. 3 und 6). Das gilt auch, wenn mehrere Nachverhaftungen (§ 188 GVGA) gleichzeitig vorgenommen werden.

II. Für Verhaftungsversuche wird eine Gebühr nach § 26 Abs. 2 nur erhoben, wenn sich der Auftrag ohne Verhaftung endgültig erledigt.

III. Wird der Auftrag an einen anderen Gerichtsvollzieher desselben Amtsgerichts abgegeben, so werden Gebühren nur bei dem übernehmenden Gerichtsvollzieher angesetzt.

1) Allgemeines. § 26 läßt eine Verhaftungsgebühr nach festen Sätzen für die Verhaftung und die Vorführung in allen denjenigen Fällen entstehen, in denen der Gerichtsvollzieher als Vollstreckungsorgan tätig wird. Es ist insofern unerheblich, ob er die Amtshandlung auf Grund eines Antrags der Partei oder im amtlichen Auftrag vornimmt. Die Gebühr gilt auch die anschließende Ablieferung zur Haft ab. Das ergibt sich schon daraus, daß das Gesetz für diese Ablieferung keine besondere Gebühr festsetzt.

Für eine andere Vollstreckungsmaßnahme, die der Gerichtsvollzieher neben einer Verhaftung oder Vorführung oder Ablieferung vornimmt, können besondere Gebühren entstehen.

2) Verhaftung und Vorführung, I. A. Voraussetzungen. Nach I gehören folgende Fälle:

a) Verhaftung. Hier sind wiederum folgende Situationen zu unterscheiden:

aa) Offenbarungsversicherung. Hierher gehört der Fall der Verhaftung zur Erzwingung der eidesstattlichen Versicherung des Schuldners zwecks Offenbarung, §§ 807, 883 ZPO, 125 KO, Bratfisch Rpfleger **85**, 44.

bb) Sicherung. Hierher gehört ferner der Fall der Verhaftung des Gemeinschuldners, § 101 II KO, oder des Schuldners zur Sicherung, § 106 KO, vgl auch § 72 KO (der Gerichtsvollzieher wird insofern im amtlichen Auftrag tätig).

cc) Erzwingung der Aussage. Hierher gehört weiter der Fall der Verhaftung eines Zeugen zur Erzwingung einer grundlos verweigerten Aussage, §§ 390 II, 653 II ZPO.

dd) Unvertretbare Handlung. Hierher gehört ferner der Fall der Verhaftung des Schuldners zur Erzwingung einer von ihm vornehmbaren, also unvertretbaren Handlung, § 888 ZPO.

ee) Persönlicher Arrest. Hierher gehört weiter der Fall der Verhaftung des Schuldners zur Vollziehung eines persönlichen Arrests, § 933 ZPO.

ff) Ordnungsmaßnahme. Hierher gehört schließlich der Fall der Verhaftung einer Person zur Vollstreckung eines nach den §§ 380, 890 ZPO gegen eine Partei oder einen Zeugen verhängten Ordnungsmittels. Der Gerichtsvollzieher wird hier im amtlichen Auftrag tätig.

b) Vorführung. Hier sind folgende Fälle zu unterscheiden:

aa) Ausgebliebener Zeuge. Hierher gehört der Fall der Vorführung eines ausgebliebenen Zeugen, § 380 ZPO.

bb) Gemeinschuldner. Hierher gehört ferner der Fall der Vorführung eines Gemeinschuldners nach § 101 KO.

B. Gebührenhöhe. Es entsteht eine Festgebühr von 30 DM. Der Betrag gilt die gesamte Tätigkeit des Gerichtsvollziehers ohne Rücksicht auf den Umfang seiner Mühe ab. Er umfaßt also auch das Aufsuchen des Schuldners.

Für eine Nachverhaftung entsteht nur eine Gebühr von 6 DM. Eine Nachverhaftung liegt vor, soweit der Gerichtsvollzieher einen bereits in Haft Befindlichen auf Grund eines anderen Haftbefehls nochmals förmlich verhaftet. Der Gerichtsvollzieher muß dem Verhafteten dann den weiteren Haftbefehl bekannt geben.

Von dieser Nachverhaftung muß man den Fall einer nochmaligen Verhaftung desselben Schuldners im Anschluß an seine vorherige Freilassung unterscheiden. Diese nochmalige Verhaftung läßt eine neue Gebühr entstehen.

Wenn der Gerichtsvollzieher im Auftrag mehrerer Gläubiger eine einzelne Person verhaftet, dann liegt nur eine einzelne Amtshandlung vor, § 15, GVKostGr Nr 32 I, selbst wenn diese eine Person zB für mehrere Schuldner die Offenbarungsversicherung abgeben soll, etwa als Geschäftsführer mehrerer Gesellschafter, Bratfisch Rpfleger **85**, 44. Wenn der Gerichtsvollzieher aber durch dieselbe Handlung mehrere Personen verhaftet, dann gilt dieser Vorgang als eine Mehrzahl von Amtshandlungen. Es ist dann unerheblich, ob diese mehreren Verhaftungen auf Grund desselben Auftrags oder auf Grund mehrerer Aufträge erfolgen. Zu den Einzelfragen Brück DGVZ **78**, 150, Hantke DGVZ **78**, 86, Lappe DGVZ **79**, 85.

Die Gebühr nach I entsteht für die Verhaftung oder für die zwangsweise Vorführung. Wie sich insbesondere aus dem Begriff Vorführung ergibt, muß der Gerichtsvollzieher den Vorgeführten zum Gericht oder den Verhafteten zum Gericht oder zur Haftanstalt gebracht haben. Wenn der Verhaftete oder der zum Zweck der Vorführung Festgenommene entweicht, bevor der Gerichtsvollzieher ihn zur Ablieferung bringt oder vorführt, entsteht die Gebühr nach II, falls den Gerichtsvollzieher keine Schuld trifft, falls der Grund also nicht in seiner Person liegt. Andernfalls ist § 11 anwendbar. Vgl auch § 25 Anm 3 A.

3) Auftragserledigung, II. A. Voraussetzungen. Es sind § 20 I und II entsprechend anwendbar; vgl auch dort. Über die Höhe der Gebühr entscheidet also der Umstand, ob der Gerichtsvollzieher an Ort und Stelle zum Zweck der Vornahme der Amtshandlung eingetroffen ist, § 20 Anm 1. Es kommt ferner darauf an, ob der Auftrag aus einem Grund unterblieben ist, der in der Person des Gerichtsvollziehers liegt oder von seiner Entschließung abhängt, § 16 Anm 4 Ca bb. Im ersteren Fall entsteht keine Gebühr.

Eine Gebühr entsteht auch nur, falls sich der Auftrag endgültig erledigt. Das ist zB in folgenden Fällen der Fall: Der Gerichtsvollzieher erfährt erst an Ort und Stelle, daß der Gläubiger den Auftrag zurückgenommen hat; der vom Gerichtsvollzieher zur Ableistung der eidesstattlichen Offenbarungsversicherung vorzuführende Schuldner zahlt; einer Verhaftung steht ein Umstand nach § 904 ZPO oder nach § 906 ZPO entgegen.

Demgemäß kann die Gebühr nicht schon dann entstehen, wenn der Gerichtsvollzieher der Person nicht gleich habhaft wird, sondern nur dann, wenn diese in der Wohnung überhaupt nicht wohnt oder sie so meidet, daß der Gerichtsvollzieher sie nicht ergreifen kann oder wenn sie an der Arbeitsstelle nicht mehr arbeitet.

Wenn der Gerichtsvollzieher einen Auftrag an einen anderen Gerichtsvollzieher im Bezirk desselben AG abgibt, entstehen die Gebühren nur bei dem übernehmenden Gerichtsvollzieher, GVKostGr Nr 32 III.

B. Gebührenhöhe. Die Gebühr beträgt dann, wenn der Gerichtsvollzieher an Ort und Stelle eingetroffen war, 5 DM, andernfalls 2,50 DM.

Hebegebühr

27 **I Leistet der Schuldner oder für ihn ein Dritter an den Gerichtsvollzieher eine Zahlung, so wird ein Viertel der vollen Gebühr nach dem Betrag der Zahlung erhoben; unbare Zahlungen stehen, soweit sie zulässig sind, baren Zahlungen gleich. Die Gebühr wird nicht erhoben, soweit Kosten nach diesem Gesetz bezahlt oder Zahlungen auf solche Kosten verrechnet werden. Die in §§ 20, 21 Abs. 3, § 26 Abs. 2 bestimmten Gebühren werden daneben erhoben.**

II Absatz 1 gilt entsprechend für die Annahme, Aufbewahrung und Ablieferung von Geld, das dem Gerichtsvollzieher freiwillig außerhalb der Zwangsvollstreckung übergeben wird.

GVKostGr Nr 33–35:

Nr. 33. I. Bei der Zwangsvollstreckung entsteht die Hebegebühr (§ 27) nur, wenn der Schuldner oder für ihn ein Dritter an den Gerichtsvollzieher eine Zahlung leistet. Dieser Fall ist auch gegeben, wenn die Vollstreckung durch Hinterlegung eines Geldbetrages abgewendet werden kann (§ 711, § 712 Abs. 1, § 923 ZPO) und der Schuldner dem Gerichtsvollzieher den Geldbetrag übergibt (vgl. § 193 Nr. 9 GVGA). Für die Rückerhebung und Auszahlung hinterlegter Beträge entsteht die Gebühr nur, wenn ein Fall des § 27 Abs. 2 vorliegt; § 2 ist zu beachten.

II. Nimmt der Gerichtsvollzieher vom Schuldner oder einem Dritten anstelle der geschuldeten Barleistung einen Scheck entgegen (§ 106 Nr. 2 GVGA), so entsteht die Hebegebühr auch dann, wenn der Gerichtsvollzieher den Scheck an den Gläubiger weiterleitet. Die Gebühr wird nicht erhoben, wenn der Scheck von dem bezoge-

nen Geldinstitut bei der Vorlegung durch den Gerichtsvollzieher nicht eingelöst wird.

Nr. 34. Ist der Gerichtsvollzieher mit der Beitreibung einer Forderung beauftragt und ermächtigt, bei Abschlagzahlungen den Rest zu stunden, so wird neben der Hebegebühr die Gebühr nach § 20 Abs. 2 erhoben. Diese Gebühr wird von dem Gesamtbetrag berechnet, die Hebegebühr nur vom gezahlten Betrag abzüglich einbehaltener Kosten des Gerichtsvollziehers (§ 27 Abs. 1 Satz 2).

Nr. 35. Zahlt in den Fällen der §§ 16, 22 bis 24 der Schuldner oder für ihn ein Dritter an den Gerichtsvollzieher die Kosten der Zwangsvollstreckung, so entsteht neben der Gebühr nach §§ 16, 22, 23, 24 oder 25 die Gebühr nach § 27 vom Betrage der Kosten abzüglich einbehaltener Kosten des Gerichtsvollziehers (§ 27 Abs. 1 Satz 2).

1) Allgemeines. § 27 gibt eine Gebühr für die Annahme, die Aufbewahrung und die Ablieferung von Geld außer Kosten, also sowohl im Rahmen einer Zwangsvollstreckung als auch außerhalb einer solchen. Das gilt freilich nur dann, wenn der Gerichtsvollzieher für diese Maßnahmen nach dem Bundes- oder Landesrecht sachlich zuständig ist, § 2, vgl Bratfisch Rpfleger **85**, 44. Denn das bloße Gebührenrecht kann seine sachliche Zuständigkeit nicht erweitern. Vgl auch § 24 Z 1 GVO.

2) Hebegebühr bei der Zwangsvollstreckung, I. A. Voraussetzungen. Diese Hebegebühr entsteht nur, soweit der Schuldner oder für ihn ein Dritter freiwillig an den Gerichtsvollzieher zahlt. Das gilt auch dann, wenn der Schuldner die Vollstreckung durch die Hinterlegung eines Geldbetrags abwenden kann, §§ 711, 712 I, 923 ZPO, und wenn der Schuldner oder ein Dritter für den Schuldner dem Gerichtsvollzieher den Geldbetrag zum Zweck der Hinterlegung übergeben, GVKostGr 33 I 2. Die Hinterlegung durch den Gerichtsvollzieher wird durch die Gebühr mitabgegolten.

Es entsteht keine Hebegebühr nach I, soweit der Gerichtsvollzieher eine Beitreibung vornimmt. Das gilt auch dann, wenn er den Erlös der Vollstreckung im Fall der Verwertung durch einen anderen nach § 825 ZPO von diesem erhält. Eine Hebegebühr entsteht auch nicht, soweit der Gerichtsvollzieher einen anläßlich der Zwangsvollstreckung hinterlegten Betrag rückerhebt und auszahlt. Denn derartige Amtshandlungen können nur außerhalb der Zwangsvollstreckung eine Gebühr zur Entstehung bringen, II, GVKostGr Nr 33 I 3.

Für die Entstehung der Hebegebühr nach I ist es unerheblich, ob die Zahlung in bar oder unbar erfolgt, soweit auch die letztere Zahlungsart zulässig ist, I 1 Halbsatz 2. Die Hebegebühr nach I entsteht insbesondere auch dann, wenn der Gerichtsvollzieher an Stelle einer Barzahlung einen Scheck entgegennimmt und ihn an den Gläubiger weiterleitet. Es ist für die Entstehung der Hebegebühr dann unerheblich, ob die Bank auf Grund der Vorlage des Schecks zahlt. Die Gebühr nach I soll nur dann nicht erhoben werden, wenn der Gerichtsvollzieher den Scheck der Bank persönlich vorlegt, GVKostGr Nr 33 II 2.

Die Hebegebühr wird gemäß I 2 nicht erhoben, soweit Kosten nach dem GVKostG bezahlt oder Zahlungen auf solche Kosten verrechnet werden. Zu dieser Lage und zur Berechnung des Geschäftswerts Krauthausen DGVZ **89**, 166.

Neben der Hebegebühr kommen nach I 3 die Gebühren für die vorzeitige Erledigung der Pfändung, für die Übernahme einer beweglichen Sache, für die Entfernung aus dem Gewahrsam in Betracht, und zwar unabhängig davon, ob sich der Gerichtsvollzieher schon an Ort und Stelle begeben hatte, § 20 in Verbindung mit §§ 17–19.

Ferner kommen die Gebühren in Betracht, die dann anfallen, wenn sich die Versteigerung, der Verkauf, die Verpachtung oder der Auftrag zur Vornahme einer Verhaftung oder einer Vorführung schon vorher erledigen, §§ 21 III, 26 II, wenn sich die Durchführung des Vollstreckungsauftrags infolge einer Zahlung des Schuldners nach dem Eintreffen des Gerichtsvollziehers erledigt.

Die Hebegebühr kann auch neben den Gebühren nach §§ 16, 22–25 entstehen. Wegen des Abzugs der Gerichtsvollzieherkosten GVKostGr Nr 35.

Soweit der Gerichtsvollzieher mehrere Leistungen eines oder mehrerer Schuldner für einen oder mehrere Gläubiger gleichzeitig entgegennimmt, erwächst nur eine Gebühr, GVKostGr Nr 15 I und II e.

B. Gebührenhöhe. Es entsteht eine ¼ Gebühr. Der Wert richtet sich nach dem Betrag der Zahlung, im Fall von Ratenzahlungen also nach dem Betrag einer jeden einzelnen Ratenzahlung. Wenn der Gläubiger den mit der Beitreibung beauftragten Gerichtsvollzieher ermächtigt hat, dem Schuldner im Fall einer Ratenzahlung den Rest zu stunden, dann entstehen auch die Gebühren für eine vorzeitige Erledigung nach § 20. Diese Gebühren werden nach dem Gesamtbetrag, die Hebegebühr nach dem gezahlten Betrag berechnet, GVKostGr Nr 34.

3) Hebegebühr außerhalb der Zwangsvollstreckung, II. A. Voraussetzungen. Die Gebühr nach II entsteht in anderen Fällen als denjenigen der Zwangsvollstreckung für die Annahme, die Aufbewahrung oder die Ablieferung von Geld oder einer unbaren Zahlung, die der Schuldner dem Gerichtsvollzieher freiwillig übergibt, vgl auch Anm 1. Die Gebühr entsteht aber auch für eine Rückerhebung oder Auszahlung eines hinterlegten Betrags durch den Gerichtsvollzieher, GVKostGr Nr 33 I 3.

Sie entsteht nicht für die Empfangnahme der Wechsel- oder Schecksumme, § 32 II 2, oder für das Darbieten einer Entschädigung im Fall der Aufforderung des Drittschuldners zur Erklärung oder im Fall der Ladung eines Zeugen, § 16 III 2.

B. Gebührenhöhe. Für die Gebührenhöhe gilt Anm 2 B entsprechend.

Bewachung und Verwahrung von Schiffen

28 **Für die Bewachung und Verwahrung eines Schiffes, eines Schiffsbauwerks oder eines Luftfahrzeugs (§§ 165, 170, 170a, 171, 171c, 171g, 171h des Gesetzes über die Zwangsversteigerung und die Zwangsverwaltung, § 99 Abs. 2, § 106 Abs. 1 Nr. 1 des Gesetzes über Rechte an Luftfahrzeugen vom 26. Februar 1959 – Bun-**

desgesetzbl. I S. 57) wird eine Gebühr von 30 Deutsche Mark erhoben. Wird der Auftrag, nachdem sich der Gerichtsvollzieher an Ort und Stelle begeben hat, nicht durchgeführt, weil er zurückgenommen ist, die Zwangsvollstreckung nach § 775 der Zivilprozeßordnung einzustellen ist oder der Gerichtsvollzieher das Schiff, das Schiffsbauwerk oder das Luftfahrzeug nicht vorgefunden und dies im Protokoll vermerkt hat, so wird eine Gebühr von 15 Deutsche Mark erhoben.

1) Allgemeines. Die Vorschrift gilt nur in den dort ausdrücklich genannten Fällen. Wenn ein Schiff oder Luftfahrzeug gepfändet worden ist, gilt die Gebühr nach § 17 seine Bewachung oder Verwahrung ab. Die Entsetzung aus dem Besitz eines eingetragenen Schiffs oder Schiffsbauwerks wird durch § 24 abgegolten. Die Gebühr des § 28 entsteht also nicht etwa zusätzlich.

2) Bewachung und Verwahrung, S 1. Es entsteht eine Festgebühr von 30 DM für jedes Schiff, Schiffsbauwerk oder Luftfahrzeug, wie sich aus dem Gesetzestext („eines" Schiffes usw) ergibt. Die Festgebühr entsteht bereits im Zeitpunkt der Beschlagnahme zum Zweck der anschließenden Bewachung und Verwahrung.

3) Vorzeitige Auftragserledigung, S 2. Es entsteht eine Festgebühr von 15 DM. Sie entsteht nur dann, wenn folgende Voraussetzungen zusammentreffen: Der Gerichtsvollzieher muß sich an Ort und Stelle begeben haben, § 20 Anm 1; der Auftrag muß sich erledigen entweder durch eine Zurücknahme oder durch eine Einstellung der Zwangsvollstreckung nach § 775 ZPO oder deshalb, weil der Gerichtsvollzieher das Schiff, Schiffsbauwerk oder Luftfahrzeug nicht mehr vorfindet. Das alles muß sich aus dem Protokoll ergeben.

Wenn sich der Auftrag auf eine andere Weise erledigt, insbesondere vor dem Eintreffen des Gerichtsvollziehers an Ort und Stelle, dann entsteht keine Gebühr, GVKostGr Nr 1 IV. Etwaige Auslagen sind jedoch zu ersetzen.

Feststellung von Mietern oder Pächtern

29 **I Für die im Auftrag des Gerichts erfolgte Feststellung der Mieter oder Pächter von Grundstücken wird je festgestellte Person eine Gebühr von 4 Deutsche Mark erhoben. Werden mehr als fünf Personen festgestellt, so wird für die Feststellung der sechsten und jeder weiteren Person eine Gebühr von 2 Deutsche Mark erhoben. Mindestens werden 6 Deutsche Mark erhoben.**

II Haben die Ermittlungen zur Feststellung eines Mieters oder Pächters nicht geführt, so wird eine Gebühr von 6 Deutsche Mark erhoben.

GVKostGr Nr 36:

Nr. 36. Maßgebend für die Berechnung der Gebühr ist die Zahl der festgestellten Personen, die Inhaber eines Miet- oder Pachtrechts sind; besteht eine Mietpartei aus mehreren Personen (z. B. Eheleu-

te), so sind alle Personen zu zählen. Auf die Zahl der Miet- oder Pachtverhältnisse und auf die Personen, die ihr Benutzungsrecht von einem Mieter oder Pächter ableiten (z.B. Familienangehörige der Mieter oder Pächter, Untermieter), kommt es nicht an.

1) Allgemeines. § 29 setzt die Gebühr für den Fall fest, daß der Rechtspfleger im Zwangsversteigerungsverfahren den Gerichtsvollzieher auf Grund des Antrags eines Gläubigers mit der Feststellung der Mieter und Pächter beauftragt, § 57 b I ZVG.

2) Feststellungsgebühr, I. Für die Feststellung eines jeden Mieters und eines jeden Pächters entstehen 4 DM, mindestens aber insgesamt 6 DM. Für die Feststellung der sechsten und jeder weiteren Person entsteht eine Gebühr von 2 DM. Besteht eine Partei aus mehreren Personen, so erwächst für die Feststellung einer jeden Person eine Gebühr. Man darf aber solche Personen, die ihr Benutzungsrecht lediglich von einem Mieter oder Pächter ableiten, etwa seine Familienangehörigen oder Untermieter, nicht hinzurechnen, GVKostGr Nr 36.

3) Erfolglose Ermittlungen, II. Wenn die Ermittlungen des Gerichtsvollziehers ohne Erfolg geblieben sind, weil Mieter oder Pächter nicht vorhanden sind oder weil er sie nicht feststellen konnte, entsteht eine Gebühr von 6 DM. Diese Gebühr kann nicht nur dann entstehen, wenn der Auftrag überhaupt unerledigt bleibt, sondern auch dann, wenn der Gerichtsvollzieher einen oder mehrere Mieter festgestellt hat, wenn sein Auftrag aber dahin geht, noch weitere Mieter festzustellen. Die Gebühr kann also unter Umständen mehrmals entstehen.

Es ist allerdings stets erforderlich, daß sich der Gerichtsvollzieher an Ort und Stelle begeben hat, § 20 Anm 1. Ist das nicht der Fall oder erledigt sich der Auftrag auf andere Weise, so entsteht keine Gebühr, GVKostGr Nr 1 IV.

Angebot einer Leistung, Beurkundungen, Bekanntmachung von Willenserklärungen

30 **I Für das tatsächliche Angebot einer Leistung (§§ 293, 294 des Bürgerlichen Gesetzbuchs) wird eine Gebühr von 15 Deutsche Mark erhoben. § 27 bleibt unberührt.**

II Hat der Gerichtsvollzieher das Leistungsangebot nur zu beurkunden, so wird eine Gebühr von 7,50 Deutsche Mark erhoben.

III Die im Absatz 2 bestimmte Gebühr wird auch für die Bekanntmachung empfangsbedürftiger Willenserklärungen unter Abwesenden einschließlich der Beurkundung der Bekanntmachung erhoben.

GVKostGr Nr 37:

Nr. 37. I. Die in § 30 Abs. 1 und 2 bestimmten Gebühren werden nur erhoben, wenn der Gerichtsvollzieher mit dem Angebot der Leistung oder der Beurkundung des Leistungsangebots außerhalb eines Auftrags zur Zwangsvollstreckung besonders beauftragt war. Ein Leistungsangebot im Rahmen eines Vollstreckungsauftrags

nach § 756 ZPO oder die Beurkundung eines solchen Angebots ist Nebengeschäft der Vollstreckungstätigkeit (vgl. § 77 Nr. 4, § 84 GVGA sowie Nr. 1 Abs. 3 Satz 1 dieser Grundsätze).

II. § 2 ist zu beachten.

1) Allgemeines. Die Gebühren nach § 30 können nur dann entstehen, wenn der Gerichtsvollzieher nach der jeweiligen landesgesetzlichen Regelung zuständig ist, § 2. Im Fall der vorzeitigen Erledigung eines Auftrags entsteht nach § 30 keine Gebühr. GVKostGr Nr 1 IV 2.

2) Leistungsangebot, I. Es muß sich um das tatsächliche Angebot einer Leistung gegenüber dem Gläubiger außerhalb der Zwangsvollstreckung handeln. §§ 293, 294 BGB. Der Schuldner muß den Gerichtsvollzieher mit diesem tatsächlichen Leistungsangebot beauftragt haben. Wenn der Gerichtsvollzieher im Rahmen eines Vollstreckungsauftrags Zug um Zug gegen die Leistung des Schuldners eine Leistung des Gläubigers anbietet, § 756 ZPO, entsteht dafür keine Gebühr, da es sich um ein Nebengeschäft handelt, GVKostGr Nr 37. Die Festgebühr beträgt 15 DM. Daneben kann eine Hebegebühr nach § 27 entstehen.

3) Beurkundung des Leistungsangebots, II. Wenn sich der Auftrag auf die Beurkundung des Leistungsangebots beschränkt, Anm 1, dann entsteht nur eine Festgebühr von 7,50 DM. Wenn der Gerichtsvollzieher die Leistung tatsächlich anbietet und dieses Angebot beurkundet, erhält er eine Gebühr nur nach I. Auch in diesem Fall muß es sich aber um einen Auftrag außerhalb der Zwangsvollstreckung handeln, GVKostGr Nr 37.

4) Willenserklärung, III. Für die Bekanntmachung einer empfangsbedürftigen Willenserklärung unter Abwesenden entsteht eine Festgebühr von 7,50 DM. Sie entsteht bereits für die Bekanntmachung, also für die mündliche Mitteilung. Für die zugehörige Beurkundung entsteht keine weitere Gebühr.

Anheftung von Terminsbestimmungen, Mitwirkung bei der Hinterlegung, Abfassung von Willenserklärungen

31 **Es werden erhoben**

1. **für die Anheftung der Terminsbestimmung gemäß § 39 Abs. 2 des Gesetzes über die Zwangsversteigerung und die Zwangsverwaltung eine Gebühr von 4 Deutsche Mark;**
2. **für die Mitwirkung bei einer durch die Partei zu bewirkenden Hinterlegung (Anfertigung der an die Hinterlegungsstelle einzusendenden Erklärung) eine Gebühr von 4 Deutsche Mark;**
3. **für die Mitwirkung bei der Abfassung einer rechtserheblichen Willenserklärung, die vom Gerichtsvollzieher außerhalb eines anhängigen gerichtlichen Verfahrens zuzustellen ist, eine Gebühr von 7,50 Deutsche Mark.**

GVKostGr Nr 38:

Nr. 38. I. Die in § 31 Nr. 2 bestimmte Gebühr wird nur erhoben, wenn der Gerichtsvollzieher mit der Anfertigung der an die Hinter-

legungsstelle einzusendenden Erklärung (des Hinterlegungsantrags) besonders beauftragt war. Die Anfertigung des Hinterlegungsantrags, die dem Gerichtsvollzieher selbst obliegt (z. B. in den in § 136 Nr. 4, § 167 Nr. 7, 8, § 168 Nr. 5, § 170 Nr. 5, § 180 Nr. 5, § 193 Nr. 4, 5, 8, § 196 Nr. 1, § 246 Nr. 9 GVGA genannten Fällen), ist Nebengeschäft der Vollstreckungstätigkeit (vgl. Nr. 1 Abs. 3 Buchst. f).

II. § 2 ist zu beachten.

1) Allgemeines. Eine Gebühr nach § 31 setzt voraus, daß der Gerichtsvollzieher nach der jeweiligen landesgesetzlichen Regelung für ein derartiges Amtsgeschäft zuständig ist, § 2. Eine vorzeitige Erledigung läßt keine Gebühr entstehen, GVKostGr Nr 1 IV 2.

2) Anheftung einer Terminsbestimmung, Z 1. Nach § 39 II ZVG kann der Rechtspfleger dann, wenn das zu versteigernde Grundstück nur einen geringen Wert hat, anordnen, daß das Einrücken der Terminsbestimmung für die Versteigerung unterbleibt. In diesem Fall ist die Terminsbestimmung in derjenigen Gemeinde, in der das Grundstück liegt, an der für amtliche Bekanntmachungen bestimmten Stelle anzuheften. Nur auf diesen Fall bezieht sich Z 1. Es entsteht eine Festgebühr von 4 DM.

3) Mitwirkung bei der Hinterlegung, Z 2. Die Gebühr entsteht nur dann, wenn die Partei den Gerichtsvollzieher bei der Hinterlegung hinzuzieht, wenn sie ihn also mit der Anfertigung der an die Hinterlegungsstelle einzusendenden Erklärung (dem Hinterlegungsantrag) beauftragt, §§ 11 f der Ausführungsvorschriften zur Hinterlegungsordnung. Es entsteht eine Festgebühr von 4 DM.

Es entsteht keine Gebühr nach Z 2, wenn der Gerichtsvollzieher die Anfertigung des Hinterlegungsantrags aus Anlaß einer Vollstreckungshandlung ohnehin von Amts wegen vornehmen muß. Denn dann ist der Hinterlegungsantrag nur ein Nebengeschäft der Vollstreckungshandlung, GVKostGr Nr 38.

4) Mitwirkung bei einer Willenserklärung, Z 3. Die Erklärung muß außerhalb eines anhängigen gerichtlichen Verfahrens zuzustellen sein. In diesem Fall entsteht eine Festgebühr von 7,50 DM. Daneben kann eine Zustellungsgebühr nach § 16 entstehen.

Beglaubigungen, Siegelungen, Vermögensverzeichnisse, Proteste und ähnliche Geschäfte

32 **I Die Gebühren für die Beglaubigung einer Unterschrift oder eines Handzeichens, für Wechsel- und Scheckproteste, für Siegelungen und Entsiegelungen, für die Aufnahme von Vermögensverzeichnissen sowie für die Mitwirkung als Urkundsperson bei der Aufnahme von Vermögensverzeichnissen bestimmen sich nach §§ 18 bis 35, 45, 51, 52, 130 Abs. 2 bis 4 der Kostenordnung. Das Wegegeld (§ 37) wird auf die nach § 51 Abs. 2 Satz 1 der Kostenordnung zu erhebende Wegegebühr angerechnet.**

II Für die Empfangnahme der Wechsel- oder Schecksumme (Artikel 84 des Wechselgesetzes, Artikel 55 Abs. 3 des Scheckgesetzes)

wird die im § 149 der Kostenordnung bestimmte Gebühr erhoben. Die im § 27 Abs. 2 bestimmte Gebühr wird daneben nicht erhoben.

1) Allgemeines. Voraussetzung für das Entstehen einer Gebühr nach § 32 ist, daß der Gerichtsvollzieher nach der jeweiligen landesgesetzlichen Regelung zuständig ist, § 2.

2) Entsprechende Anwendung der KostO. Die im § 32 genannten Amtsgeschäfte können auch vom Gericht oder Notar vorgenommen werden. § 32 gleicht die Gebühren für die Tätigkeit des Gerichtsvollziehers deshalb denjenigen Gebühren an, die für jene anderen Amtspersonen in der KostO vorgesehen sind. §§ 18–35 KostO enthalten die Vorschriften über den Geschäftswert. Die übrigen §§ enthalten die Vorschriften über die Gebührenhöhe. Vgl die dortigen Erläuterungen.

Neben den Gebühren können Auslagen nach dem GVKostG entstehen. Ein Wegegeld nach § 32 wird im Fall eines Wechsel- oder Scheckprotests auf die nach § 51 II 1 KostO zu erhebende Wegegebühr angerechnet, I 2. Der Gerichtsvollzieher darf allerdings nur die jeweils die andere Gebühr übersteigende Wegegebühr erheben.

Im Fall der Empfangnahme der Wechsel- oder Schecksumme entsteht keine Hebegebühr, II 2, vgl auch § 27 Anm 3.

Schätzung

33 **I Für die auf Grund eines beonderen Auftrags vorgenommene Schätzung des Werts einer Sache oder eines Rechts wird die volle Gebühr nach dem Schätzwert erhoben. Werden mehrere Sachen oder Rechte gleichgleichzeitig geschätzt, so ist der Gesamtbetrag der Schätzwerte maßgebend.**

II Erfordert die Schätzung mehr als zwei Stunden, so erhöht sich die Gebühr, wenn die im § 32 Abs. 1 bestimmte Gebühr nicht daneben erhoben wird, für jede angefangene weitere Stunde um 15 Deutsche Mark.

III § 25 Abs. 1, 2 gilt entsprechend.

1) Allgemeines. Die Gebühren des § 33 können nur dann entstehen, wenn die Schätzung nach der jeweiligen landesgesetzlichen Regelung zu den Amtsgeschäften des Gerichtsvollziehers gehört, § 2.

2) Schätzungsgebühr, I. Voraussetzung des Entstehens dieser Gebühr ist ein besonderer Schätzungsauftrag. Die Gebühr nach I kann also zB neben der Gebühr für die Aufnahme eines Vermögensverzeichnisses entstehen. Wenn der Gerichtsvollzieher aus Anlaß einer Vollstreckungshandlung den Gegenstand von Amts wegen schätzen muß, ist diese Schätzung durch die Gebühr für jene Vollstreckungshandlung mitabgegolten.

Es entsteht eine volle Gebühr nach dem Schätzwert. Im Fall der gleichzeitigen Schätzung mehrerer Sachen oder Rechte ist der Gesamtbetrag bzw Gesamtwert maßgeblich.

3) Erhöhte Gebühr, II. Die Gebühr nach I gilt die Mühewaltung für die ersten beiden Stunden der Tätigkeit des Gerichtsvollziehers ab. Jede weitere Stunde bringt eine Erhöhung von 15 DM ohne Rücksicht darauf, wie hoch die Gebühr nach I ist. Es muß sich aber aus dem Protokoll ergeben, daß das Geschäft länger als 2 Stunden gedauert hat, § 14.

Die erhöhte Gebühr nach II kommt nicht in Betracht, wenn der Auftrag außerdem auf die Aufnahme eines Vermögensverzeichnisses lautet, § 32 I. Denn dann ist § 52 I 3 KostO anwendbar, und jene Vorschrift sieht bereits eine Gebührenerhöhung im Fall eines größeren Zeitaufwands vor.

Tätigkeit zur Nachtzeit und an Sonn- oder Feiertagen

34 Wird der Gerichtsvollzieher auf Verlangen zur Nachtzeit (§ 188 Abs. 1 Satz 2 der Zivilprozeßordnung) oder an einem Sonn- oder Feiertag tätig, so werden die doppelten Gebühren erhoben.

GVKostGr Nr 39:

Nr. 39. Fällt ein Teil der Amtshandlung in die Nachtzeit oder auf einen Sonn- oder Feiertag, so wird die Grundgebühr stets verdoppelt. Der Zeitzuschlag wird nur für die Stunden verdoppelt, die ganz oder teilweise in die Nachtzeit oder auf einen Sonn- oder Feiertag fallen.

1) Allgemeines. Die in § 34 vorgesehene Gebührenverdoppelung tritt bei jeder Amtshandlung des Gerichtsvollziehers ein, die er in den genannten Zeiträumen vornimmt.

2) Voraussetzungen. Man muß folgende Umstände prüfen:

A. Nachtzeit. Der Gerichtsvollzieher muß entweder zur Nachtzeit tätig geworden sein. Sie läuft in der Zeit vom 1. April bis zum 30. September von 21^{00} bis 4^{00} Uhr, in der Zeit vom 1. Oktober bis zum 31. März in der Zeit von 21^{00} bis 6^{00} Uhr, § 188 I 2 ZPO.

B. Sonn- oder Feiertag. Es reicht auch aus, daß der Gerichtsvollzieher an einem Sonn- oder Feiertag tätig geworden ist, dazu BLAH § 188 ZPO Anm 2. Ein Sonnabend, der wegen der Arbeitszeitverkürzung arbeitsfrei ist, gilt nicht als Feiertag.

C. Verlangen des Beteiligten. In jedem der beiden Fälle A oder B muß der Gerichtsvollzieher gerade auf Grund des Verlangens eines Beteiligten tätig geworden sein. Dieses Verlangen kann sich auch aus einem Verhalten des Beteiligten ergeben, etwa aus einer Zahlung an einem solchen Tag.

§ 34 ist also unanwendbar, soweit der Gerichtsvollzieher eine Amtshandlung zu den dort genannten Zeiten ohne Verlangen vornimmt. Wenn er nur ein Nebengeschäft, GVKostGr Nr 1 III, zu diesen Zeiten vornimmt, löst das die Verdoppelung nicht aus.

D. Gerichtliche Genehmigung. Es muß außerdem eine etwa nach dem Gesetz erforderliche gerichtliche Genehmigung, § 761 I ZPO, rechtzeitig wirksam erteilt worden sein. Anderenfalls wäre die Amtshandlung des Gerichtsvollziehers insofern unwirksam, so daß schon deshalb weder eine Gebühr noch gar eine doppelte Gebühr zu erheben wäre, § 11 I. Das gilt grundsätzlich auch für den Fall, daß er eine persönliche Zustellung ohne die erforderliche Genehmigung vorgenommen hat. Diese Zustellung kann aber nach § 188 IV ZPO dennoch gültig geworden sein, wenn der Empfänger die Annahme nicht verweigert. In diesem letzteren Fall darf der Gerichtsvollzieher eine Gebühr und daher auch ihre Verdoppelung nach § 34 fordern. Eine Zustellung durch die Übergabe an die Post oder durch die Aufgabe zur Post, § 16 Anm 1 A, ist von der Zeit unabhängig.

E. Versuch. Eine Verdoppelung der Gebühr kommt auch dann in Betracht, wenn der Gerichtsvollzieher die Durchführung einer Maßnahme nach § 34 versucht hat, wenn der Versuch aber mißlungen ist.

3) Gebührenverdoppelung. Es entsteht eine doppelte Gebühr. Das gilt für die Grundgebühr immer, auch wenn nur ein Teil der Amtshandlung in die Nachtzeit oder auf einen Sonn- oder Feiertag fällt. Die Verdoppelung gilt für den Zeitzuschlag nur insoweit, als die zusätzlich höher zu bewertenden Stunden in die in § 34 genannten Zeiträume fallen, GVKostGr Nr 39.

Wenn der Gerichtsvollzieher die Amtshandlung sowohl während der Nachtzeit als auch an einem Sonn- oder Feiertag vornimmt, darf er gleichwohl nur eine Verdoppelung, nicht etwa eine Vervierfachung der Gebühren fordern.

Auslagenersatz steht dem Gerichtsvollzieher unabhängig davon zu, ob die mit der Auslage verbundene Handlung in die in § 34 genannten Zeiträume gefallen ist.

Dritter Abschnitt. Auslagen

Allgemeine Vorschriften

35 **I Als Auslagen werden erhoben**

1. **Schreibauslagen;**
2. **die Auslagen für die bei der Erledigung des Auftrags verwendeten Vordrucke aller Art, soweit keine Schreibauslagen zu erheben sind;**
3. **Post-, Telegrafen-, Fernsprech- und Fernschreibkosten;**
4. **Kosten, die durch öffentliche Bekanntmachung entstehen;**
5. **die an Zeugen, Sachverständige, Dolmetscher und Übersetzer zu zahlenden Beträge;**
6. **die Entschädigung der zum Öffnen von Türen und Behältnissen sowie zur Durchsuchung von Schuldnern zugezogenen Personen;**
7. **die für die Umschreibung eines auf den Namen lautenden Wertpapiers oder für die Wiederinkurssetzung eines Inhaberpapiers zu zahlenden Beträge;**
8. **die Kosten einer Beförderung von Personen oder Sachen, der**

Verwahrung und Beaufsichtigung von Sachen, der Aberntung von Früchten und der Verwahrung und Fütterung von Tieren;

9. Wegegelder;

10. die für Auskünfte über die Wohnung des Beteiligten an Einwohnermeldestellen zu zahlenden Beträge;

11. die Kosten für Arbeitshilfen und für die Benutzung von eigenen Beförderungsmitteln des Gerichtsvollziehers zur Beförderung von Personen und Sachen.

II Die Landesregierungen werden ermächtigt, zur Vereinfachung der Kostenberechnung für folgende Arten von Auslagen Pauschsätze durch Rechtsverordnung festzusetzen:

1. Vordruckkosten (Absatz 1 Nr. 2),
2. im Ortsverkehr zu entrichtende Fernsprechgebühren (Absatz 1 Nr. 3),
3. Kosten der Verwahrung von Sachen (Absatz 1 Nr. 8),
4. Kosten für Arbeitshilfen und für die Benutzung von eigenen Beförderungsmitteln des Gerichtsvollziehers (Absatz 1 Nr. 11).

Die Landesregierungen können die Ermächtigung auf die Landesjustizverwaltungen übertragen.

GVKostGr Nr 40, 41:

Nr. 40. I. Andere als die in § 35 Abs. 1 genannten Auslagen werden nicht erhoben.

II. Auslagen für
a) Vordrucke aller Art (§ 35 Abs. 1 Nr. 2),
b) Fernsprechgebühren im Ortsverkehr (vgl. § 35 Abs. 1 Nr. 3),
c) die Benutzung von eigenen Beförderungsmitteln des Gerichtsvollziehers zur Beförderung von Personen (vgl. § 35 Abs. 1 Nr. 11)

werden nur nach Maßgabe der auf Grund des § 35 Abs. 2 erlassenen Rechtsverordnung erhoben (vgl. auch Nr. 41 Abs. 1).

III. Soweit in der in Absatz 2 genannten Rechtsverordnung Pauschsätze bestimmt sind, werden die in Absatz 2 genannten Auslagen ohne Rücksicht auf die Höhe der tatsächlich entstandenen Kosten durch die Pauschsätze abgegolten.

IV. Soweit keine Pauschsätze bestimmt sind, werden die Auslagen (§ 35 Abs. 1 Nr. 3 bis 8, 10 und 11) in Höhe der tatsächlich entstandenen, nicht aufgerundeten Beträge erhoben.

V. Der Grund und – soweit kein Pauschsatz erhoben wird – die Höhe der angesetzten Auslagen müssen aus den Akten ersichtlich sein (vgl. auch Nr. 41 Abs. 2).

Nr. 41. I. Der Pauschbetrag für die Beförderung von Personen im eigenen Beförderungsmittel des Gerichtsvollziehers wird nur erhoben, wenn die Beförderung der Durchführung einer Amtshandlung dient.

II. Der Pauschsatz wird nach der kürzesten mit dem eigenen Beförderungsmittel des Gerichtsvollziehers befahrbaren Strecke be-

rechnet. Der Name der mitgenommenen Person, der Grund für die Beförderung durch den Gerichtsvollzieher sowie die der Berechnung nach Satz 1 zugrunde zu legende Entfernung (unter Angabe von Anfangs- und Endpunkt) sind in den Akten zu vermerken (vgl. auch Nr. 5 Abs. 1 Satz 4).

III. Wird die Beförderung von Personen oder Sachen im eigenen Beförderungsmittel des Gerichtsvollziehers nur versucht, so werden Auslagen (vgl. § 35 Abs. 1 Nr. 11) nicht erhoben.

Gliederung

1) Allgemeines. Es werden nur diejenigen Auslagen erhoben, die die §§ 35–37 ausdrücklich erwähnen. Die Auslagen nach I Z 2 (Vordrucke), Z 3 (Fernsprechgebühren im Ortsverkehr) Z 11 (Benutzung eigener Beförderungsmittel des Gerichtsvollziehers zur Beförderung von Personen) werden nur nach Maßgabe der auf Grund von II erlassenen Rechtsverordnungen erhoben.

A. Ermächtigung durch die Landesregierung. Die Landesregierungen haben nach II 2 die Landesjustizverwaltungen wie folgt ermächtigt:

Baden-Württemberg: VO vom 7. 10. 57, GBl 124;

Bayern: VO vom 25. 9. 57, GVBl 231;

Berlin: VO vom 23. 10. 57, GVOBl 1650;

Bremen: VO vom 23. 9. 75, GBl 329, SaBl 36-b-1;

Hamburg: VO vom 4. 10. 57 und 15. 12. 64, GVBl 268;

Hessen: VO vom 1. 10. 57, GVBl 139;

Niedersachsen: VO vom 9. 10, 57, GVBl SaBl 490;

Nordrhein-Westfalen: VO vom 1. 10. 57, GVBl 256;

Rheinland-Pfalz: VO vom 1. 10, 57, GVBl 187, vom 22. 6. 73, GVBl 209;

Saarland: VO vom 9. 9. 59, ABl 1345;

Schleswig-Holstein: VO vom 1. 10, 57, SchlHA 126.

B. Auslagenpauschsatzverordnungen der Justizverwaltungen. Auf Grund der in A genannten Ermächtigungen haben die Landesjustizverwaltungen folgende Vorschriften über Auslagenpauschsätze erlassen:

Baden-Württemberg VO vom 3. 2. 76, GBl 245, 20. 10. 76, GBl 593, 23. 11. 77, GBl 703, 7. 11. 78, GBl 578, 3. 8. 82, GBl 398, 20. 10. 82, GBl 516, 14. 11. 83, GBl 811, und 14. 11. 83, GBl 811;

Bayern zuletzt VO vom 26. 9. 75, GVBl 338, vom 9. 2. 76, GVBl 28, 30. 9. 76, GVBl 451, 16. 11. 77, GVBl 713, 16. 11. 78, GVBl 787, 22. 10. 79, GVBl 361, vom 11. 11. 80, GVBl 647, 23. 12. 81, GVBl **82**, 19, 25. 10. 82, GVBl 901, 30. 11. 83, GVBl 1115, und 4. 12. 85, GVBl 792;

Berlin VO vom 13. 11. 57, GVBl 1744, 2. 12. 64, GVBl 1288, 16. 8. 72, GVBl 1654, 23. 8. 74, GVBl 2074, 5. 10. 76, GVBl 2504, 7. 11. 78, GVBl 2180, 4. 9. 79, GVBl 1649, 4. 11. 80, GVBl 2445, 19. 11. 81, GVBl 1429, 11. 11. 82, GVBl 1990, und 6. 12. 85, GVBl 2415;

Bremen VO vom 2. 12. 57, GBl 158, 1. 2. 65, GBl 11, 18. 10. 72, GBl 237, 2. 3. 76, GBl 99, 2. 4. 76, GBl 110, 30. 11. 76, GBl 339, 30. 9. 77, GBl 362, 23. 11. 78, GBl 244, 26. 11. 80, GBl 404, 26. 11. 81, GVBl 271, 21. 10. 82, GBl 327, und 13. 11. 85, GBl 219;

Hamburg VO vom 4. 10. 57, GVBl 457, 15. 12. 64, GVBl 268, 15. 8. 72, GVBl 155, 24. 2. 76, GVBl 52, 19. 12. 78, GVBl 425, 18. 12. 79, GVBl 363, 25. 11. 80, GVBl 347, 22. 12. 81, GVBl 3881, 4. 1. 83, GVBl 4, und 16. 1. 86, GVBl 2;

Hessen VO vom 1. 10. 57, GVBl 139, 20. 11. 64, GVBl 191, 21. 8. 72, GVBl 323, 19. 12. 75, GVBl 334, 15. 3. 76, GVBl 202, 30. 9. 76, GVBl 418, 28. 8. 79, GVBl 221, 29. 10. 80, GVBl 408, 5. 11. 81, GVBl 389, 7. 11. 82, GVBl 273, und 7. 11. 83, GVBl 147;

Niedersachsen VO vom 16. 10, 57, GVBl 122, 2. 12. 64, GVBl 196, 24. 8. 72, GVBl 424, 20. 9. 74, GVBl 424, 16. 12. 75, GVBl 434, 8. 3. 76, GVBl 61, 10. 12. 76, GVBl 323, 14. 12. 77, GVBl 646, 30. 11. 78, GVBl 810, 20. 9. 79, GVBl 276, 2. 1. 80, GVBl 1, 11. 11. 80, GVBl 423, 14. 12. 81, GVBl 412, 7. 9. 82, GVBl 356, 28. 9. 83, GVBl 252, 19. 7. 84, GVBl 178, und 7. 1. 86, GVBl 1;

Nordrhein-Westfalen VO vom 11. 10. 57, GVBl 260, 20. 10. 64, GVBl 313, 21. 8. 74, GVBl 884, 23. 1. 76, GVBl 52, 9. 3. 76, GVBl 117, 7. 9. 76, GVBl 322, 9. 11. 78, GVBl 565, 11. 9. 79, GVBl 644, 18. 11. 80, GVBl 1048, 14. 12. 81, GVBl 686, 18. 10. 82, GVBl 689, 27. 10. 83, GVBl 509, 21. 11. 83, GVBl 559, und 6. 12. 85, GVBl 737;

Rheinland-Pfalz VO vom 10. 3. 76, GVBl 87, 16. 9. 76, GVBl 242, 31. 10. 77, GVBl 401, 26. 9. 78, GVBl 670, 28. 8. 79, GVBl 282, 23. 10. 80, GVBl 211, 6. 11. 81, GVBl 317, und 25. 11. 85, GVBl 271;

Saarland VO vom 20. 9. 59, ABl 1345, 16. 11. 64, ABl 1100, 3. 7. 73, ABl 495, 2. 9. 74, ABl 755, 29. 10. 75, ABl 1297, 15. 1. 76, ABl 98, 17. 10. 78, ABl 917, 29. 8. 79, ABl 851, 14. 10. 80, ABl 983, 4. 11. 81, ABl 841, 11. 10. 82, ABl 805, und 14. 11. 83, ABl 742;

Schleswig-Holstein VO vom 5. 10. 57, GVBl 128, 24. 11. 64,

GVBl 234, 2. 8. 72, GVBl 144, 17. 3. 76, GVBl 120, 27. 11. 78, GVBl 338, 17. 9. 79, GVBl 468, 23. 10. 80, GVBl 316, 3. 12. 81, GVBl 341, 3. 11. 83, GVBl 454, 27. 11. 85, GVBl 407, und 6. 3. 89, GVBl 46.

Diese Verordnungen sind nicht ganz einheitlich, stimmen aber in den wesentlichen Punkten überein. Soweit Pauschsätze bestimmt sind, werden nur diese erhoben, sonst werden die tatsächlich entstandenen Auslagen erhoben und dürfen nicht aufgerundet werden, § 13 II, GVKostGr Nr 40 III, IV. Die Auslagen werden ebenso wie die Gebühren für die Staatskasse erhoben, Karlsr Rpfleger **74**, 408. Sie werden als eine Entschädigung für den Aufwand bei der Erledigung des Auftrags dem Gerichtsvollzieher nach der Festsetzung durch die Dienstbehörde überlassen, § 11 Z 3, 77 Z 1 GVO.

2) Auslagen im einzelnen, I. Es gelten folgende Grundsätze:

A. Schreibauslagen, Z 1. Vgl § 36.

B. Vordruckkosten, Z 2. Ein Vordruck ist ein gedrucktes Formular, §§ 106ff GVO sowie ein Postscheckvordruck. Nicht hierher gehören: Ein Briefumschlag mit einer Adresse oder ein Kopfbogen, auch nicht der mit einem Gummistempel oder Metallstempel hergestellte.

Soweit Schreibauslagen erhoben werden, sind dadurch Vordruckkosten abgegolten. Wegen des Ausfüllens einer Zustellungsurkunde usw entsteht keine Schreibauslage, GVKostGr Nr 42 II a (abgedruckt bei § 36).

Über den Pauschsatz für Vordruckkosten bestimmen die Länderverordnungen einheitlich jeweils im § 1:

Pauschsatz für Vordruckkosten

Bei Amtshandlungen der Gerichtsvollzieher werden die Auslagen für Vordrucke durch einen Pauschsatz abgegolten. Der Pauschsatz beträgt 60 Deutsche Pfennig. Er wird nur in folgenden Fällen erhoben:

a) bei jeder Zustellung;
b) bei jedem Auftrag zur Pfändung, Wegnahme, Räumung, Verhaftung oder zwangsweisen Vorführung;
c) bei jeder Vorpfändungsbenachrichtigung;
d) bei jeder Versteigerung, beim freihändigen Verkauf oder bei der Übereignung eines oder mehrerer Gegenstände;
e) bei der Anberaumung eines jeden weiteren Versteigerungstermins.

Der Pauschsatz wird nicht erhoben, wenn kein Vordruck verwendet worden ist.

Vordruckkosten werden nur in den dort erwähnten Fällen erhoben. Vordruckkosten können allerdings dann mehrfach entstehen. Bei a, c–e kommt es darüber hinaus auf die Zahl der Amtshandlungen an, bei b entscheidet die Zahl der Aufträge, vgl Bratfisch Rpfleger **85**, 44.

Wenn der Gerichtsvollzieher keinen Vordruck verwendet hat, darf er auch keinen Pauschsatz ansetzen.

C. Post-, Telegrafen-, Fernsprech-, Fernschreibkosten, Z 3. Sie werden immer vergütet. Für eine Postschecküberweisung entstehen keine Auslagen. Denn der Brief eines Postscheckteilnehmers an ein Postscheckamt ist gebührenfrei. Für eine Zahlung mittels eines Postschecks erwächst nur die wirklich entstandene Postscheckgebühr. Für ein Ferngespräch oder ein Fernschreiben sind die tatsächlich entstandenen Gebühren anzusetzen. Für ein Ortsgespräch gilt dasselbe. Wenn der Gerichtsvollzieher ein Ferngespräch über den eigenen Fernsprechanschluß führt (in Bayern: über den Fernsprechdienstanschluß bei einer Behörde der bayerischen Staatsverwaltung), erwächst ein Pauschsatz von 0,60 DM.

D. Bekanntmachungskosten, Z 4. Alle durch eine öffentliche Bekanntmachung entstandenen Auslagen werden vergütet. Das gilt auch für diejenigen Auslagen, die dadurch entstehen, daß die Bekanntmachung über einen Anschlag an einem Bekanntmachungsbrett usw erfolgt.

E. Zahlung an einen Zeugen, Sachverständigen, Dolmetscher oder Übersetzer, Z 5. Die Vorschrift erfaßt den Fall der Zuziehung eines Zeugen nach § 759 ZPO, auch zwei solche Zeugen neben dem Schlosser, AG Wiesb DGVZ **88**, 14. In diesen Fällen ist das ZSEG nicht maßgebend. Dieses Gesetz gibt aber einen Anhalt für die Notwendigkeit, möglichst einen in der Nähe wohnenden Zeugen auszuwählen. Der Gerichtsvollzieher darf dem Zeugen eine Entschädigung nur auf dessen Verlangen zahlen. Ein Polizist, den der Gerichtsvollzieher zur Brechung des Widerstands herangezogen hat, § 758 III ZPO, ist kein Zeuge.

Gegen die Höhe der gewährten Entschädigung ist die Erinnerung nach § 766 ZPO zulässig.

Entsprechendes gilt für die Zuziehung eines Sachverständigen nach § 813 ZPO, eines Dolmetschers oder eines Übersetzers und für dessen jeweilige Vergütung.

F. Zuziehung einer Person, Z 6. Die Vorschrift erfaßt den Fall, daß der Gerichtsvollzieher zum Zweck der Öffnung einer Tür oder eines Behältnisses eine Person hinzuzieht und sie nach den ortsüblichen Handwerkersätzen vergütet. Die Anordnung muß wirksam und rechtmäßig sein; das ist zB bei § 758 ZPO nicht schon bei einem Haftbefehl nach § 901 der Fall, BLAH § 758 ZPO Anm 2 Cc. Wegen der Entschädigung der im Fall einer körperlichen Durchsuchung hinzugezogenen Person gilt E entsprechend.

G. Umschreibungskosten, Z 7. Gemeint ist eine Umschreibung oder Wiederinkurssetzung nach den §§ 822 ff ZPO. Eine Gebühr erwächst in diesem Fall nicht, da es sich um ein Nebengeschäft handelt.

H. Beförderungs- und Verwahrungskosten, Z 8. Wegen der Personenbeförderung im eigenen Beförderungsmittel des Gerichtsvollziehers vgl K. Im Fall der Beförderung einer Sache kommt hauptsächlich diejenige zur Pfandkammer und von ihr weg in Betracht. Die Spediteurkosten einer solchen Beförderung stellen den Höchstsatz der möglichen Auslagen dar. In Betracht kommen auch die Kosten eines bloßen Beförderungsversuchs, BVerwG DGVZ **82**, 156.

Eine Verwahrung und Beaufsichtigung wird durch die Versteigerungskosten abgegolten, soweit der Gerichtsvollzieher die Sache zum Zweck der Versteigerung verbringt. Wenn der Gerichtsvollzieher eine eigene Pfandkammer hat, kann er angemessene Kosten berechnen, auch angemessene Versicherungskosten. Hamburg erhebt 1A des Sachwerts für jeden Tag der Lagerung; ein angefangener Tag rechnet als volle Mindestgebühr 1 DM. Eine Unterstellung eines Kraftfahrzeugs (nicht auch eines Kraftrads) in der Garage des Versteigerungshauses (§ 3 VO) wird ebenso berechnet.

LG Ffm DGVZ **72**, 136 fordert, Transportkosten durch entsprechende Vorbereitung und Aufsicht in Grenzen zu halten.

I. Wegegeld, Z 9. Vgl § 37.

J. Wohnungsanfrage, Z 10. Die Vorschrift besagt nicht, daß der Gerichtsvollzieher verpflichtet wäre, eine Wohnungsanfrage zu halten. Andere Aufwendungen für eine Wohnungsermittlung, etwa ein Trinkgeld an den Hauswart, gehören nicht hierher.

K. Arbeitshilfe, Beförderungsmittel des Gerichtsvollziehers, Z 11. a) Arbeitshilfe. Die Zuziehung einer Arbeitshilfe muß im Rahmen des Amtsgeschäfts notwendig sein. Sie muß sich also auch in angemessenen Grenzen halten. Hierher können Vergütungen für eine Hilfskraft bei der Wegnahme einer Sache, beim Transport einer Person oder einer Sache, bei der Versteigerung, bei der Bewachung oder Verwahrung eines Schiffes gehören; vgl auch GVKostGr Nr 27 III (abgedruckt bei § 19), Nr 30 I 2 (abgedruckt bei § 22), Nr 31 I 2 (abgedruckt bei § 23).

Die Hinzuziehung einer Arbeitshilfe ist notwendig, soweit der Gerichtsvollzieher die Arbeit wegen ihres Umfangs nicht ohne eine Beeinträchtigung seiner Aufgabe allein leisten kann. Die Hinzuziehung aus einem Grund, der nur in der Person des Gerichtsvollziehers liegt, etwa seiner Krankheit, gehört aber nicht hierher.

b) Beförderungsmittel des Gerichtsvollziehers. Soweit der Gerichtsvollzieher ein eigenes Beförderungsmittel zur Personenbeförderung benutzt, haben die Länder nach II einheitlich in §§ 3 bzw 4 der jeweiligen VO folgendes bestimmt:

Pauschsatz für Kosten der Personenbeförderung

Verwendet der Gerichtsvollzieher zur Beförderung von Personen ein eigenes Fahrzeug, so wird ein Pauschsatz von 10 Deutsche Pfennig für jede Person und jedes angefangene Kilometer der Beförderungsstrecke erhoben. Der Pauschsatz ist auch dann anzusetzen, wenn für die bei der Beförderung zurückgelegte Wegstrecke ein Reisekostenpauschbetrag oder ein Wegegeld erhoben wird.

Das gilt auch für den Fall der Mitnahme einer jeden Person, auch einer Hilfskraft. Voraussetzung ist aber, daß die Beförderung wirklich der Durchführung einer Amtshandlung dient. Der Gerichtsvollzieher muß die kürzeste befahrbare Strecke benutzen, GVKostGr Nr 41 I und II. Neben dem Pauschsatz ist das Wegegeld anzusetzen.

Für die Beförderung einer Sache im eigenen Beförderungsmittel des Gerichtsvollziehers besteht keine derartige Regelung. Er kann dann also seine tatsächlichen Aufwendungen ersetzt fordern.

Für eine nur versuchte Beförderung einer Person oder einer Sache im eigenen Beförderungsmittel erwachsen keine Auslagen, GVKostGr Nr 41 III.

Schreibauslagen

36 I **Schreibauslagen werden erhoben**

1. für alle nach gesetzlicher Vorschrift oder auf Antrag erteilten Abschriften der von dem Gerichtsvollzieher aufgenommenen Urkunden und Protokolle, ausgenommen die nach gesetzlicher Vorschrift zu erteilende Abschrift der Zustellungsurkunde; in den Fällen des § 189 Abs. 2 und des § 829 Abs. 2 Satz 2 der Zivilprozeßordnung wird die Schreibauslage jedoch für jede Abschrift der Zustellungsurkunde erhoben;

1a. für Abschriften der Benachrichtigung des Drittschuldners und des Schuldners nach § 845 Abs. 1 Satz 2 der Zivilprozeßordnung;

2. für Abschriften, die angefertigt werden, weil der Auftraggeber es unterlassen hat, einem zuzustellenden Schriftstück die erforderliche Zahl von Abschriften beizufügen;

3. für die bei einer Hinterlegung zu erstattende Anzeige an das Vollstreckungsgericht (§§ 827, 854 der Zivilprozeßordnung);

4. für die Aufnahme der von dem Drittschuldner bei der Zustellung eines Pfändungsbeschlusses oder nachträglich abgegebenen Erklärungen (§ 840 der Zivilprozeßordnung);

5. für die vor der Verhaftung erforderliche Anzeige an die vorgesetzte Dienstbehörde des zu Verhaftenden (§ 910 der Zivilprozeßordnung) und für die auf Antrag gefertigte Abschrift des Haftbefehls (§ 909 Satz 2 der Zivilprozeßordnung).

II **Die Höhe der Schreibauslagen bei der Erledigung desselben Auftrags bemißt sich nach den für die gerichtlichen Schreibauslagen im Gerichtskostengesetz bestimmten Beträgen. Die Schreibauslagen sind für jeden Auftraggeber gesondert zu berechnen; mehrere Auftraggeber, die für die Kosten als Gesamtschuldner haften, gelten als ein Auftraggeber.**

GVKostGr Nr 42:

Nr. 42 I. Schreibauslagen werden nur in den in § 36 bestimmten Fällen erhoben. Sie betragen für jede Seite unabhängig von der Art der Herstellung eine Deutsche Mark. Schreibauslagen werden auch erhoben, wenn bei der Herstellung von Abschriften Vordrucke oder zur Verfügung gestellte Entwürfe zu ändern oder zu ergänzen sind, und zwar ohne Rücksicht darauf, wieviel auf den einzelnen Seiten geändert oder ergänzt worden ist.

II. Schreibauslagen werden nicht erhoben

a) für das Ausfüllen von Aufschriften auf Zustellungsurkunden und für Anschriften auf Briefumschlägen,

b) für die Reinschrift einer Versteigerungsbekanntmachung,

c) für die Abschrift eines Ersuchens an die Post, die Zustellung einem Postbediensteten des Bestimmungsortes aufzutragen, und für die Abschrift der Bescheinigung über die Übergabe eines Schriftstücks an die Post (vgl. § 194 ZPO, § 39 Nr. 2 GVGA),

d) für die zu den Protestsammelakten des Gerichtsvollziehers zu

fertigende beglaubigte Abschrift des Wechsel- oder Scheckprotestes (Art. 85 Abs. 2 WG, Art. 55 Abs. 3 ScheckG) sowie

e) für den gesamten durch die Amtstätigkeit veranlaßten Schriftwechsel des Gerichtsvollziehers.

1) Allgemeines. § 36 zählt diejenigen Fälle auf, in denen Schreibauslagen von demjenigen erhoben wird, der für die Gerichtsvollzieherkosten aufkommen muß, vgl auch § 35 I Z 1. Die Vergütung des Gerichtsvollziehers für die Schreibarbeit richtet sich nicht nach § 36, sondern nach den Verwaltungsanordnungen der Länder. Die Aufzählung ist erschöpfend, BVerwG NJW **83**, 898, und läßt für ein Ermessen keinen Raum, BVerwG NJW **83**, 898.

In allen anderen Fällen kann der Gerichtsvollzieher für sein Schreibwerk vom Betroffenen keine Vergütung verlangen, vgl Hamm Rpfleger **71**, 111. Er kann also insbesondere keine Vergütung für das Ausfüllen einer Aufschrift auf einer Zustellungsurkunde oder für die Anschrift auf einem Briefumschlag oder für die Reinschrift einer Versteigerungsbekanntmachung oder für die gesamte durch die Amtstätigkeit veranlaßte Schreibarbeit fordern, also für alle Urschriften, GVKostGR Nr 42 II e.

Demgemäß kann der Gerichtsvollzieher auch keine Schreibauslage für die zu den Protestsammelakten zu nehmende beglaubigte Abschrift des Wechsel- und Scheckprotests nehmen, GVKostGr Nr 42 II d. Ebensowenig kann er eine Schreibauslage für eine Abschrift des Zustellungsersuchens an die Post oder für eine Abschrift der Bescheinigung über die Übergabe an die Post fordern, GVKostGr Nr 42 II c.

Für eine vom Gerichtsvollzieher gefertigte Abschrift entsteht keine Beglaubigungsgebühr, GVKostGr Nr 20 (abgedruckt bei § 16).

2) Abschrift einer Urkunde oder eines Protokolls, I Z 1. Eine Schreibauslage erwächst nur, soweit es sich um eine Abschrift handelt, die der Gerichtsvollzieher entweder auf Grund einer gesetzlichen Vorschrift oder auf Grund eines Antrags erteilt hat. Im letzteren Fall kann er die Schreibauslage auch nur für denjenigen Umfang fordern, den der Antrag nannte.

Gesetzlich vorgeschrieben sind zB folgende Abschriften: Die Abschrift des Protokolls über eine Aufforderung oder eine Mitteilung aus Anlaß einer Vollstreckungshandlung, falls jene nicht mündlich ausgeführt werden kann, § 763 II ZPO, an den Schuldner. Der Fall der Zuleitung an den Gläubiger ist nicht gesetzlich vorgeschrieben. Daher kann der Gläubiger nur dann zahlungspflichtig werden, wenn er die Übersendung eindeutig vorher beantragt hatte. Eine bloße widerspruchslose Annahme ohne einen vorangegangenen Übersendungsauftrag reicht nicht aus, um die Zahlungspflicht des Gläubigers zu begründen.

Diese Frage ist **streitig. Wie hier** zB BVerwG NJW **83**, 898 mwN, ferner zB Hamm Rpfleger **71**, 111 mwN, LG Kassel DGVZ **73**, 25; **aM** zB AG Würzb, AG Charlottenb, AG Spandau je DGVZ **71**, 13, Eberhardt DGVZ **71**, 19.

BayVGH DGVZ **79**, 90 hält jede ermessensgerecht hergestellte Abschrift für eine auf Grund gesetzlicher Vorschrift erstellte; Mager DGVZ **71**, 59 stellt darauf ab, ob das Protokoll einen wichtigen neuen Hinweis zur Fortführung der Zwangsvollstreckung enthält.

Gesetzlich vorgeschrieben ist ferner die Übersendung der Protokollabschrift im Fall einer Anschlußpfändung durch einen anderen Gerichtsvollzieher, § 826 II ZPO.

Jedoch ist eine nach § 190 III ZPO zu erteilende Abschrift der Zustellungsurkunde gebührenfrei, es sei denn, daß der Gerichtsvollzieher einem Zustellungsbevollmächtigten mehrerer Beteiligter eine Abschrift übergibt, § 189 II ZPO. In diesem Fall ist jede Abschrift gebührenpflichtig. Etwas anderes gilt hinsichtlich der Zustellungsgebühr, § 16 VI. Gebührenpflichtig ist auch der Fall, daß der Schuldner eine Abschrift der Zustellungsurkunde über die Zustellung an den Drittschuldner erhält, § 829 II ZPO.

3) Benachrichtigung des Drittschuldners und des Schuldners, I Z 1a. Voraussetzung ist ein ausdrücklicher Auftrag des Gläubigers, § 16a Anm 1. In diesem Fall entsteht anders als bei der einmaligen Festgebühr des § 16a, die von der Zahl der Benachrichtigungen und Aufforderungen unabhängig ist, ein Auslagenersatz pro Seite, II.

4) Fehlende Abschrift, I Z 2. Die Vorschrift erfaßt eine Abschrift, die der Gläubiger dem Gerichtsvollzieher zum Zweck der Zustellung zu übergeben versäumt hat, § 169 I ZPO. Diese darf der Gerichtsvollzieher anfertigen, um die Zustellung durchführen zu können, AG Bln-Charlottenb DGVZ **81**, 43. In diesem Rahmen ist eine Abschrift auslagenpflichtig.

5) Hinterlegungsanzeige, I Z 3. Die Auslagenpflicht erwächst nur für eine Anzeige der Hinterlegung des Erlöses an das Vollstreckungsgericht nach den §§ 827, 854 ZPO, also nicht für eine Hinterlegungserklärung oder für eine Nachricht an einen Beteiligten.

6) Erklärung des Drittschuldners, I Z 4. Voraussetzung für die Auslagenpflicht ist der Umstand, daß der Gerichtsvollzieher eine Erklärung aufgenommen hat. Ausnahmsweise entsteht in diesem Fall die Gebühr schon für die Urschrift. Es ist dann unerheblich, ob die Erklärung bei der Zustellung des Pfändungsbeschlusses oder später abgegeben oder aufgenommen wurde, § 840 III ZPO.

Soweit der Drittschuldner die Erklärung dem Gerichtsvollzieher nachträglich übersendet, erwächst keine Auslagenpflicht.

7) Abschrift des Haftbefehls, Verhaftungsanzeige, I Z 5. Der Gerichtsvollzieher muß vor der Verhaftung eines Beamten, eines Geistlichen, eines Lehrers an einer öffentlichen Unterrichtsanstalt der vorgesetzten Dienstbehörde eine Anzeige machen, § 910 ZPO. Die Vorschrift ist entsprechend auf einen Soldaten anwendbar, Z 41f Erl vom 16. 3. 82, VMBl 130. Auslagenpflichtig ist ebenso die Abschrift des Haftbefehls, die ein Schuldner zur Aushändigung an sich beantragt, § 909 S 2 ZPO.

8) Höhe der Schreibauslagen, II. Je Auftrag und je Auftraggeber (Ausnahme: Gesamtschuldner gelten als nur ein Auftraggeber) entstehen Auslagen in der in KV 1900, Teil I dieses Buchs, geregelten Höhe. Das gilt auch im Fall einer Änderung oder einer Ergänzung eines Vordrucks oder eines dem Gerichtsvollzieher zur Verfügung gestellten Entwurfs, GVKostGr Nr 42 I 2.

Wegegeld

37 I Zum Ausgleich von Aufwendungen für Wege, die der Gerichtsvollzieher zur Vornahme von Amtshandlungen zurücklegen muß, wird für jede Amtshandlung ein Wegegeld erhoben. Werden jedoch auf einem Wege mehrere Amtshandlungen
a) gegen einen Schuldner oder
b) in derselben Wohnung, in demselben Geschäftslokal oder sonst an derselben Stelle für einen Auftraggeber

vorgenommen, so wird das Wegegeld nur einmal erhoben und im Falle des Buchstaben a nach der Zahl der Aufträge, im Falle des Buchstaben b nach der Zahl der Schuldner aufgeteilt.

II Als Amtshandlungen im Sinne des Absatzes 1 gelten nicht
1. die Zustellung durch Aufgabe zur Post (§ 175 der Zivilprozeßordnung),
2. das an die Post gerichtete Ersuchen um Bewirkung einer Zustellung (§ 194 der Zivilprozeßordnung),
3. die Versteigerung von Pfandstücken, die sich in der Pfandkammer befinden.

III Das Wegegeld beträgt innerhalb der Gemeinde des Amtssitzes des Gerichtsvollziehers

bei einer Entfernung bis zu 5 Kilometer	1,50 Deutsche Mark,
von mehr als 5 Kilometer bis zu 10 Kilometer	3,— Deutsche Mark,
von mehr als 10 Kilometer bis zu 15 Kilometer	4,50 Deutsche Mark,
von mehr als 15 Kilometer bis zu 20 Kilometer	6,— Deutsche Mark,
über 20 Kilometer	7,— Deutsche Mark.

Maßgebend ist die Entfernung vom Amtsgericht, bei dem der Gerichtsvollzieher beschäftigt ist, bis zum Ort der Amtshandlung. Ist die Entfernung vom Geschäftszimmer des Gerichtsvollziehers bis zum Ort der Amtshandlung geringer, so ist diese maßgebend. Die Entfernung ist nach der Luftlinie zu messen.

IV Muß der Gerichtsvollzieher eine Amtshandlung außerhalb der Gemeinde seines Amtssitzes vornehmen, so wird ein Wegegeld von 0,20 Deutsche Mark für jeden angefangenen Kilometer des Hin- und Rückweges erhoben. Die Entfernung wird berechnet von der Ortsmitte seines Amtssitzes bis zu Mitte des Ortes, in dem die Amtshandlung vorzunehmen ist. Ist die Amtshandlung mehr als 5 Kilometer außerhalb des im Zusammenhang bebauten Gebietes eines Ortes vorzunehmen, so ist die Entfernung bis zum Ort der Amtshandlung maßgebend. Die Entfernung ist nach dem kürzesten befahrbaren Weg zu messen.

V Muß der Gerichtsvollzieher eine Amtshandlung außerhalb des Bezirks des Amtsgerichts, dem er zugewiesen ist, und außerhalb des ihm zugewiesenen Bezirks eines anderen Amtsgerichts vornehmen, so werden abweichend von den Vorschriften der Absätze 1 bis 4 die Reisekosten nach den für den Gerichtsvollzieher geltenden beamtenrechtlichen Vorschriften erhoben.

VI Der Bundesminister der Justiz wird ermächtigt, durch Rechtsverordnung mit Zustimmung des Bundesrates die in den Absätzen 3 und 4 festgesetzten Beträge Veränderungen der wirtschaftlichen Verhältnisse anzupassen.

VII Die Landesregierungen werden ermächtigt, durch Rechtsverordnung zur Verminderung der Kosten bei Amtshandlungen durch Gerichtsvollzieher, die ihren Amtssitz in den Ländern Berlin, Bremen und Hamburg oder in Städten von mehr als 250000 Einwohnern haben, die Erhebung eines geringeren als des in Absatz 3 bestimmten Wegegeldes vorzuschreiben. Die Landesregierungen können die Ermächtigung auf die Landesjustizverwaltungen übertragen.

GVKostGr Nr 43–46:

Nr. 43. I. Das Wegegeld wird für jede, auch für eine erfolglos versuchte Amtshandlung erhoben. Schuldner im Sinne des § 37 Abs. 1 Buchst. a ist auch ein Zustellungsempfänger oder Protestgegner. Die Notwendigkeit (vgl. § 104 Abs. 1 Satz 3 GVGA) eines mehrfachen Ansatzes von Wegegeld in derselben Sache ist zu begründen.

II. Bei der Berechnung des Wegegeldes ist zu unterscheiden, ob der Gerichtsvollzieher die Amtshandlung
a) innerhalb der Gemeinde seines Amtssitzes (§ 37 Abs. 3),
b) außerhalb der Gemeinde seines Amtssitzes (§ 37 Abs. 4) oder
c) außerhalb des Bezirks des Amtsgerichts, dem er zugewiesen ist, und außerhalb des ihm zugewiesenen Bezirks eines anderen Amtsgerichts (§ 37 Abs. 5)
vornimmt.

III. Die Höhe des Wegegeldes im Fall des Absatzes 2 Buchst. a hängt davon ab, in welcher Entfernungszone der Ort der Amtshandlung liegt. Für jede Amtshandlung kommen zwei Entfernungszonen in Betracht. Mittelpunkt der ersten Entfernungszone ist das Hauptgebäude des Amtsgerichts, und zwar auch dann, wenn sich die Verteilungsstelle (§ 33 GVO) in einer Nebenstelle oder Zweigstelle des Amtsgerichts befindet. Mittelpunkt der zweiten Entfernungszone ist das Geschäftszimmer des Gerichtsvollziehers. Maßgebend ist in beiden Fällen die (einfache) nach der Luftlinie zu messende Entfernung vom Mittelpunkt zum Ort der Amtshandlung. Die kürzere Entfernung ist entscheidend.

IV. Für die Höhe des Wegegeldes im Fall des Absatzes 2 Buchst. b ist die Entfernung von Ortsmitte zu Ortsmitte maßgebend, sofern das Wegegeld nicht nach § 37 Abs. 4 Satz 3 zu berechnen ist. Ausgangspunkt für die Entfernungsberechnung ist die Mitte des Ortes, in dem der Gerichtsvollzieher seinen Amtssitz hat. Ist der Amtssitz auf einen Teil des Ortes beschränkt (§ 3 GVO), so ist die Mitte dieses Ortsteiles maßgebend. Endpunkt ist die Mitte des Ortes, in dem die Amtshandlung vorzunehmen ist; hierbei ist der Begriff „Ort“ im

Sinne von „Ortschaft“ zu verstehen, die mit der politischen Gemeinde nicht identisch zu sein braucht.

V. Grundlage für die Berechnung des Wegegeldes im Fall des Absatzes 2 Buchst. b ist der kürzeste befahrbare Landweg (Wasserweg); Hin- und Rückweg werden gesondert auf volle Kilometer aufgerundet. Ein kürzerer Schienenweg ist maßgebend, wenn er im Einzelfall benutzt worden ist. Ist tatsächlich eine längere Wegstrecke benutzt worden, so kann sie nur dann der Berechnung zugrunde gelegt werden, wenn die Benutzung des kürzeren Weges nach Lage der Verhältnisse nicht möglich oder nicht zumutbar war; ist die Benutzung der längeren Wegstrecke dadurch veranlaßt worden, daß auf derselben Reise noch andere Geschäfte erledigt worden sind, so können die Entfernungen nur nach der kürzeren Wegstrecke berechnet werden.

VI. Wird eine Amtshandlung von dem Vertreter des Gerichtsvollziehers vorgenommen, so gilt folgendes:

a) Sind der Gerichtsvollzieher und sein Vertreter bei demselben Amtsgericht beschäftigt, so sind für die Berechnung des Wegegeldes in den Fällen des Absatzes 2 Buchst. a und b der Amtssitz und das Geschäftszimmer des Vertreters maßgebend.

b) Sind der Gerichtsvollzieher und sein Vertreter nicht bei demselben Amtsgericht beschäftigt, so liegt bei Amtshandlungen des Vertreters im Bezirk des Gerichtsvollziehers ein Fall des Absatzes 2 Buchst. c nicht vor. Für die Berechnung des Wegegeldes sind in den Fällen des Absatzes 2 Buchst. a und b das Amtsgericht, bei dem der vertretene Gerichtsvollzieher beschäftigt ist, und der Amtssitz des vertretenen Gerichtsvollziehers maßgebend. Unterhält der Vertreter im Bezirk des Amtsgerichts, bei dem der vertretene Gerichtsvollzieher beschäftigt ist, ein Geschäftszimmer, so ist für die Vergleichsberechnung gemäß § 37 Abs. 3 Satz 3 von diesem auszugehen; andernfalls ist die Entfernung von dem Amtsgericht maßgebend, bei dem der vertretene Gerichtsvollzieher beschäftigt ist (§ 37 Abs. 3 Satz 2).

VII. Für die Feststellung der Entfernungen nach den Absätzen 4 und 5 sind in der Regel die amtlichen Ortsentfernungstabellen oder -karten maßgebend.

VIII. Im Falle des Absatzes 2 Buchst. c (z. B. Vorführungen) sind anstelle des Wegegeldes Reisekosten nach den Reisekostenbestimmungen für Beamte zu erheben.

Nr. 44. Bei einer persönlichen Zustellung (§ 19 Buchst. a GVGA) wird ein Wegegeld nur erhoben, wenn diese Form der Zustellung nach § 21 Nr. 2 Abs. 2, Nr. 4 oder 5 GVGA geboten ist.

Nr. 45. Ist zur Erledigung einer Amtshandlung eine Tätigkeit an verschiedenen Stellen erforderlich, z. B. Pfändung in der Wohnung und auf dem Felde des Schuldners, so wird, wenn die Voraussetzungen für die Erhebung eines Wegegeldes gemäß § 37 Abs. 4 vorliegen, insgesamt nur ein Wegegeld für die gesamte Wegstrecke berechnet. Liegen die verschiedenen Stellen innerhalb der Gemeinde des Amtssitzes des Gerichtsvollziehers, so ist für das Wegegeld (§ 37 Abs. 3) die größere Entfernung entscheidend.

Nr. 46. Neben dem Wegegeld werden andere durch die auswärtige

Tätigkeit bedingte Auslagen, insbesondere Fähr- und Brückengelder sowie Aufwendungen für ein Nachtquartier oder einen Mietkraftwagen nicht angesetzt.

1) Allgemeines. § 37 gilt, wenn der Gerichtsvollzieher zur Vornahme einer Amtshandlung einen in I genannten Weg zurücklegt. Die Vorschrift gilt also nicht, soweit der Gerichtsvollzieher aus einem anderen Grunde unterwegs ist. Die frühere Unterscheidung zwischen Reisekosten und Wegegeldern ist entfallen.

Durch das Wegegeld wird der gesamte Wegeaufwand abgegolten (Ausnahme V), also nicht nur das Fahrgeld, sondern auch das Übernachtungsgeld sowie andere, durch die auswärtige Tätigkeit bedingte Auslagen, zB: Ein Fähr- oder Brückengeld; Aufwendungen für einen Mietkraftwagen, GVKostGr Nr 46; Aufwendungen für einen eigenen Kraftwagen. Der Gerichtsvollzieher wird persönlich durch die Überlassung der Beträge nach der Festsetzung durch die Dienstbehörde entschädigt, es sei denn, die Beträge konnten nicht eingezogen werden oder die Auslagen sind in einer Sache entstanden, für die das Gericht eine Prozeßkostenhilfe bewilligt hatte. Der Gerichtsvollzieher kann dann, wenn die Beträge die tatsächlichen Auslagen nicht decken, auch einen Reisekostenzuschuß erhalten, § 11 Z 3 und 4, § 14, § 77 GVO.

2) Wegegeld, I, II. A. Notwendigkeit. Das Wegegeld kann nur dann erhoben werden, wenn der Gerichtsvollzieher den Weg zur Vornahme der Amtshandlung notwendig zurücklegen „muß". Es reicht also nicht aus, daß der Auftraggeber wünscht, der Gerichtsvollzieher möge diesen Weg nehmen. Im Fall einer persönlichen Zustellung muß dieser Weg notwendig gewesen sein, § 16 Anm 4 A. Der Gerichtsvollzieher kann zB eine Freigabe auch schriftlich erklären.

Der Gerichtsvollzieher muß den Weg gerade zu dem Zweck unternommen haben, eine Amtshandlung vorzunehmen. Die bloße Absicht genügt; auf den Erfolg kommt es nicht an, GVKostGr Nr 43 I.

Wenn sich das Geschäft unterwegs erledigt, dann darf der Gerichtsvollzieher das Wegegeld nur für denjenigen Teil des Gesamtwegs erheben, den er bis zum Erledigungszeitpunkt und für den anschließend notwendigen Rückweg antreten mußte.

Die in II genannten Fälle gelten nicht als eine Amtshandlung.

B. Zahl der Amtshandlungen. a) Grundsatz. Der Gerichtsvollzieher darf ein Wegegeld grundsätzlich für jede Amtshandlung erheben, also für jedes Geschäft den nach III–VII zu berechnenden Betrag, selbst wenn er Geschäfte auf demselben Weg an demselben Ort erledigt. Im Fall einer Rundreise, also einer Reise nach verschiedenen Orten, sind die Reisekosten so zu berechnen, als ob der Gerichtsvollzieher nach jedem Ort hin- und zurück besonders gereist wäre.

Allerdings darf er das Wegegeld für jede Amtshandlung nur einmal erheben. Wenn er über Nacht nach Hause zurückkehrt, um die Amtshandlung am nächsten Tag fortzusetzen, liegt ebenfalls nur eine Amtshandlung vor. Zur Problematik Bratfisch Rpfleger **85**, 44 mwN.

b) Ausnahme. Ausnahmsweise kommt nur ein einziges Wegegeld in Betracht, wenn der Gerichtsvollzieher in einem der folgenden Fälle tätig wird:

aa) Derselbe Schuldner. Nur ein einziges Wegegeld kommt zur Erhebung, wenn der Gerichtsvollzieher mehrere Amtshandlungen gegen denselben Schuldner vornimmt. Dieser Fall liegt auch dann vor, wenn der Gerichtsvollzieher eine Zustellung mehreren Drittschuldnern desselben Schuldners übermittelt, § 829 ZPO. Der Fall liegt nicht vor, wenn der Gerichtsvollzieher demselben Drittschuldner wegen verschiedener Schuldner zustellt, Köln DGVZ **77**, 151, Krauthausen DGVZ **77**, 87. Vgl wegen einer persönlichen Zustellung aber A.

Die mehreren Amtshandlungen gegen denselben Schuldner können an verschiedenen Orten geschehen. Die Amtshandlungen brauchen nicht dieselben zu sein. Der Gerichtsvollzieher mag zB gegen denselben Schuldner eine Zustellung und eine Vollstreckung vornehmen. Die Berechnung erfolgt dann wie GVKostGr Nr 45.

Die Pauschgebühr wird nach der Zahl der Aufträge, nicht der Auftraggeber, verteilt. Jeder Auftraggeber haftet nur für denjenigen Teil, der bei dieser Berechnung auf ihn persönlich entfällt. Es entsteht insofern keine Gesamtschuldnerhaftung. Denn es liegt kein gemeinsamer Auftrag vor, § 3 I Z 1.

bb) Dieselbe Wohnung, dasselbe Geschäftslokal usw. Nur ein einziges Wegegeld kommt ferner in Betracht, wenn der Gerichtsvollzieher mehrere Amtshandlungen in derselben Wohnung, in demselben Geschäftslokal (zu diesen Begriffen §§ 181, 183, 184 ZPO) oder sonst an derselben Stelle für einen Auftraggeber vornimmt. Dieser Fall liegt auch dann vor, wenn der Gerichtsvollzieher auf Grund verschiedener Aufträge desselben Auftraggebers, aus mehreren Schuldtiteln und gegen verschiedene Schuldner tätig wird. Auch in diesem Fall erfolgt eine Berechnung nach GVKostGr Nr 45. Es erfolgt ferner eine Aufteilung nach der Zahl der Schuldner. Jeder Schuldner haftet nur für seinen Teilbetrag wie bei aa).

3) Höhe, III–V. Vgl zunächst GVKostGr Nr 43 III–VII. Die Ortsmitte im Sinne von IV 2 ist nicht die Mitte der Gesamtgemeinde, die man unter Umständen gar nicht feststellen kann (etwa in Hamburg-Altona), sondern es handelt sich um die Mitte desjenigen Teils des Gemeindeverwaltungsbezirks, in dem der Amtssitz des Gerichtsvollziehers liegt, vgl § 3 GVO, also zB Berlin-Charlottenburg, Zehlendorf. Wegen Bremen und Bremerhaven vgl VO über die Bestimmung der Ortsmittelpunkte vom 13. 7. 81, Bre GBl 149.

IV kommt auch dann zur Anwendung, wenn der Gerichtsvollzieher als ein Vertreter in einem anderen Bezirk tätig wird, AG Schwalmstadt DGVZ **76**, 79. Die Vorschrift gilt aber nicht, soweit der Gerichtsvollzieher im Bezirk des erkrankten Vertretenen tätig wird, Ffm Rpfleger **79**, 277.

In den Fällen V gilt wegen der Höhe der Reisekosten das BRKG.

4) Ermächtigung, VI. Sie ist bisher nicht ausgenutzt worden.

5) Ermächtigung, VII. Die früheren Ermächtigungen zu § 38 aF (sie meinten andere Fälle) sind durch Art 4 § 26 Z 3 Nov 75 ersatzlos aufgehoben worden.

Bisher liegen folgende Neufassungen vor:

Baden-Württemberg:
Bayern:
Berlin: VO vom 19. 9. 75, GVBl 2365, und vom 29. 5. 86, GVBl 890;
Bremen: VO vom 25. 9. 75, GBl 357;
Hamburg: VO vom 16. 9. 75, GVBl 162;
Hessen:
Niedersachsen:
Nordrhein-Westfalen: VO vom 30. 12. 75, GVBl **76**, 14;
Rheinland-Pfalz:
Saarland:
Schleswig-Holstein:

Vierter Abschnitt.
Übergangs- und Schlußvorschriften

Übergangsvorschrift

38 Für Gebühren und Auslagen, die vor dem 1. April 1984 fällig geworden sind, gilt das bisherige Recht.

1) Fälligkeit. Sie ergibt sich aus § 4. Maßgebend ist also die Beendigung der gebührenpflichtigen Amtshandlung. Man muß die Fälligkeit von der Entstehung der Kosten unterscheiden. Einzelheiten § 4 Anm 2.

2) Kostenrechtsnovelle 1987. Im Gesetz vom 9. 12. 86, BGBl 2326, in Kraft seit 1. 1. 87, Art 10, fehlt eine Anpassung des § 38. Es dürfte sich um einen Redaktionsfehler handeln, zumal das Gesetz in anderen Teilen durchaus Übergangsvorschriften gebracht hat, zB in dem neuen § 73 GKG, Teil I dieses Buchs. Man darf daher § 38 entsprechend auf die zum 1. 1. 87 in Kraft getretene Änderung des § 36 II anwenden. Danach bemessen sich die Schreibauslagen nach der Fälligkeit und damit nach § 4.

Berlin-Klausel

39 Dieses Gesetz gilt nach Maßgabe des § 13 Abs. 1 des Dritten Überleitungsgesetzes auch im Land Berlin. Rechtsverordnungen, die auf Grund dieses Gesetzes erlassen werden, gelten im Land Berlin nach § 14 des Dritten Überleitungsgesetzes.

1) Allgemeines. § 39 enthält die in allen Gesetzen des Bundes angewandte Berlin-Klausel. Auch Art 3 G v 8. 3. 84, Vorbem, enthält eine dem § 39 S 1 entsprechende Klausel. Wegen der Währungsfragen Einl III 2.

XII. Gesetz zur Änderung und Ergänzung kostenrechtlicher Vorschriften (KostÄndG)

v 26. 7. 1957, BGBl 861, zuletzt geändert durch G v 18. 8. 80, BGBl 1503

Übersicht

1) Umfang der Einarbeitung; Geschichte. Art I und II sind in diesem Buch nicht abgedruckt. Die Änderungen der Art IV und V sind in den Texten der JVKostO und der JBeitrO (Teile VIII und IX dieses Buchs) berücksichtigt. Art III (Kosten der Gerichtsvollzieher) Art VI (Entschädigung der ehrenamtlichen Richter), Art VII (Entschädigung der Zeugen und Sachverständigen) und Art VIII (Vergütung der Rechtsanwälte) brachten neue Regelungen. Die Entschädigungsvorschriften sind inzwischen abermals neugefaßt worden, insbesondere durch Verbesserungen der Entschädigungssätze (Teile V und VI dieses Buchs), ebenso die Kostenvorschriften für die Rechtsbeistände (Teile X und XII dieses Buchs, vgl insofern auch die Tabellen). Die Nov 75 hat weitere erhebliche Änderungen gebracht. Das GKG wurde unter dem 15. 12. 75, BGBl 3047, neu bekanntgemacht. Weitere Änderungen ergaben sich durch Art 2 I G vom 18. 8. 80, BGBl 1503.

Artikel IX. Gebühren und Auslagen von Erlaubnisträgern

Einführung

1) Allgemeines. Der durch die Gebührennovelle 1980 neugefaßte Art IX regelt Gebühren, Auslagen und Erstattungsfähigkeit fast sämtlicher Personen(gruppen), denen eine Erlaubnis nach dem RBerG erteilt worden ist. Die Vorschrift erfaßt jetzt auch solche Rechtsberater, die keine Rechtsbeistände sind.

Die Ansprüche der Erlaubnisinhaber sind ganz erheblich erweitert worden. Sie stehen jetzt kostenrechtlich den Anwälten im wesentlichen gleich. Bedenkt man, daß sie sich jetzt unter den Voraussetzungen des § 209 BRAO auch in die jeweilige Rechtsanwaltskammer aufnehmen lassen und dann gemäß § 157 ZPO in der mündlichen Verhandlung auftreten können, so wird eine außergewöhnliche Anhebung der Stellung dieses Berufsstandes in fast jeder Hinsicht erkennbar.

Ob diese faktische Gleichstellung mit den Volljuristen im Bereich der erteilten Erlaubnis der Rechtspflege dient, bleibt abzuwarten. Allerdings handelt es sich ja ohnehin nur um eine Übergangsregelung, weil die Neuzulassung von Rechtsbeiständen nicht mehr möglich ist.

2) Übergangsrecht. Art 3 G vom 18. 8. 80, BGBl 1503, insoweit in Kraft seit 27. 8. 80, Art 5 II, bringt Übergangsregeln für die bisherigen Erlaubnisinhaber.

Rechtsberatung

IX **I Die Bundesgebührenordnung für Rechtsanwälte gilt für die Vergütung von Personen, denen die Erlaubnis zur geschäftsmäßigen Besorgung fremder Rechtsangelegenheiten erteilt worden ist, sinngemäß. Eine Vereinbarung, durch die die Höhe der Vergütung vom Ausgang der Sache oder sonst vom Erfolg der Tätigkeit abhängig gemacht wird, ist nichtig. Für die Erstattung der Vergütung gelten die Vorschriften der Verfahrensordnungen über die Erstattung der Vergütung eines Rechtsanwalts sinngemäß.**

II Absatz 1 Satz 1 und 2 gilt nicht für Frachtprüfer und Inkassobüros.

Schrifttum: David, Zusammenarbeit mit Inkassounternehmen usw, 1989.

1) Allgemeines. Abweichend von der früheren Systematik enthält Art IX in I 1, II den persönlichen Geltungsbereich, in I 1, 2 die Kostenregelung im Verhältnis zwischen dem Erlaubnisträger und seinem Auftraggeber und in I 3 diejenige im Verhältnis zwischen dem Auftraggeber und dessen Gegner, also die Erstattungsfähigkeit der Kosten des Erlaubnisträgers.

Den sachlichen Geltungsbereich grenzt Art IX nur indirekt ab, indem er auf den Umfang der jeweils erteilten Erlaubnis zur Rechtsberatung bzw bei den Frachtprüfern und Inkassobüros auf deren Geschäftsbereich mit abstellt.

Insbesondere gibt es keine dem Art IX § 2 aF entsprechende Sonderregelung für die Sozialgerichtsbarkeit mehr.

Soweit Art IX unanwendbar ist und auch die BRAGO oder sonstige Kosten-Spezialvorschriften fehlen, sind die Kostenfragen sowohl im Innen- als auch im Außenverhältnis nach dem jeweils anwendbaren sachlichen Recht zu entscheiden, also zB nach den §§ 611ff, 675ff BGB.

2) Erlaubnisträger, I 1, II. A. Grundsatz. Im Verhältnis zwischen dem Rechtsberater und seinem Auftraggeber ist die BRAGO grundsätzlich auf jeden anwendbar, dem die Erlaubnis zur geschäftsmäßigen Besorgung fremder Rechtsangelegenheiten wirksam erteilt worden ist. Es ist unerheblich, ob der Erlaubnisträger eine natürliche oder eine juristische Person, eine Einzelperson oder eine Personenmehrheit ist, ob ihm die Erlaubnis begrenzt oder unbegrenzt erteilt ist, ob sich die Begrenzung aus der Erlaubnisurkunde oder aus dem RBerG usw ergibt.

Natürlich ist die Anwendbarkeit der BRAGO auf solche Tätigkeiten beschränkt, für die die Rechtsberatungserlaubnis im Zeitpunkt der Vornahme der Tätigkeit schon und noch galt, etwa für eine nach § 138 II StPO genehmigte Wahlverteidigung, LG Ffm JB **82**, 104. Ob das der Fall war, läßt sich nur durch Prüfung des RBerG einerseits, der jeweiligen Erlaubnis andererseits klären. Die Behörden sind insoweit im Rahmen des Art 35 GG zur Auskunft, Aktenhergabe usw berechtigt und verpflichtet. Im Kostenfestsetzungsverfahren muß das Gericht die Wirksamkeit der Erlaubnis selbständig prüfen. Eine Aussetzung des Kostenfestsetzungsverfahrens kann zur Klärung der Wirksamkeit der Erlaubnis in Betracht kommen, darf aber nicht zu einem Vorwand werden.

Vielmehr trägt der angebliche Erlaubnisinhaber insoweit die Beweislast und muß notfalls abgewiesen werden.

Nach dem durch die GebNov 1980 ebenfalls geänderten RBerG idF Art 2 V G vom 18. 8. 80, BGBl 1503, in Kraft seit 27. 8. 80, Art 5 II, ergänzt durch BVerfG BGBl **87**, 2501, kann die Erlaubnis nicht mehr sachlich unbegrenzt, sondern nur noch auf einen bestimmten Sachbereich begrenzt erteilt werden, Art 1 § 1 I 2 Z 1–5, S 3 RBerG. Das ist grundsätzlich verfassungsgemäß, BVerfG **75**, 246.

In den letzteren Fällen muß der Erlaubnisinhaber die der Erlaubnis entsprechende Berufsbezeichnung tragen; das Gesetz klärt aber nicht völlig, ob die in Z 1–5 aufgeführten Berufsbezeichnungen bereits verbindlich sind oder ob die Erlaubnis eine abweichende Berufsbezeichnung vorschreiben darf. Zumindest kann auch der Versicherungsberater hierher zählen, BVerfG BGBl **87**, 2501.

Das macht auch die Kostenberechnung nicht gerade einfach. Im Festsetzungsverfahren muß man durchweg von Amts wegen prüfen, ob der Erlaubnisträger sein zugelassenes Sachgebiet auch nicht überschritten hat. Sofern er sich bei einem Teil seiner Tätigkeit im Rahmen der Erlaubnis, bei einem anderen Teil aber außerhalb der Erlaubnis bewegte, ist die BRAGO und für die Erstattungsfähigkeit die jeweilige Verfahrensordnung nur für den von der Erlaubnis gedeckten Tätigkeitsteil anwendbar. Das kann zu äußerst komplizierten Auseinanderrechnungen führen.

Die Aufklärungspflicht im Kostenfestsetzungsverfahren hat aber auch insofern Grenzen. Im Zweifel ist Art IX unanwendbar; der Anspruchsteller trägt die Beweislast.

B. Ausnahmen. Während die Anwendbarkeit der BRAGO grundsätzlich dem Umfang der Rechtsberatungserlaubnis folgt, macht II für zwei Berufsgruppen im Verhältnis zwischen dem Erlaubnisträger und seinem Auftraggeber die BRAGO unanwendbar und läßt lediglich im Außenverhältnis zwischen dem Auftraggeber und dessen Gegner die jeweilige Verfahrensordnung für die Kostenerstattung gelten. II ist als Sonderregel eng auszulegen.

a) Frachtprüfer. Die BRAGO ist auf Frachtprüfer im Sinn von Art 1 § 1 I 2 Z 2 RBerG unanwendbar. Das gilt, soweit der Frachtprüfer die Prüfung von Frachtrechnungen und die Verfolgung der sich hierbei ergebenden Frachterstattungsansprüche vornimmt (beschränkter Erlaubnisbereich). Soweit er andere Tätigkeiten ausübt, ist Art IX schon deshalb unanwendbar, weil er sich dann nicht im Bereich seiner Rechtsberatungserlaubnis bewegt.

b) Inkassobüro. Die BRAGO ist ferner auf Inkassobüros im Sinn von Art 1 § 1 I 2 Z 4 RBerG unanwendbar, ebenso Lappe Rpfleger **85**, 282. Das gilt für jeden Inkassounternehmer für die außergerichtliche Einziehung von Forderungen (beschränkter Erlaubnisbereich). Soweit der Inkassounternehmer andere Tätigkeiten ausübt, ist Art IX schon deshalb unanwendbar, weil er sich dann nicht im Bereich seiner Rechtsberatungserlaubnis bewegt.

Wenn ein Erlaubnisträger eine sachlich unbeschränkte Erlaubnis hat, etwa als Rechtsbeistand, und nun die außergerichtliche Einziehung von Forderungen betreibt, sei es ausschließlich, sei es als ein Teil seiner Tätigkeit, dann ist besonders sorgfältig zu prüfen, ob die Rechtsberatungserlaubnis wirklich umfassend fortgilt, etwa nach dem Übergangsrecht, oder ob sie inzwischen in Wahrheit unter Art 1 § 1 I 2 Z 4 RBerG fällt und daher Art IX II zur Unanwendbarkeit der BRAGO führt. Angesichts der Verbreitung der Inkassobüros sind auch insofern erhebliche Probleme zu erwarten. Im Zweifel ist die BRAGO unanwendbar, A.

3) Gebührenvereinbarung, I 2. Die Vorschrift verbietet eine Gebührenvereinbarung keineswegs schlechthin. Sie verbietet vielmehr nur ein Erfolgshonorar irgendwelcher Art. Im übrigen ist § 3 BRAGO anwendbar, soweit die BRAGO überhaupt anwendbar ist.

Entsprechend dem Zweck der Regel ist ein Erfolgshonorar schon dann anzunehmen und daher nichtig, wenn die Höhe der Vergütung vom Ausgang der Sache oder sonst vom Erfolg der Tätigkeit auch nur mitabhängig gemacht wird. Zur Nichtigkeit würde also zB eine Abhängigkeit vom Ausgang eines Vor- und Nebenverfahrens führen.

Nach dem Gesetzestext wäre ein Erfolgshonorar zulässig, soweit nicht die Höhe, sondern nur die Art der Vergütung vom Ausgang der Sache usw abhängig wäre. In den meisten Fällen wird aber die Art der Vergütung zugleich zwingend Einfluß auf deren Höhe haben, etwa bei der Vereinbarung einer fremden Währung als maßgeblich. Alle derartigen Umgehungsversuche fallen unter I 2.

4) Kostenerstattung, I 3. A. Grundsatz. Die Vorschrift gibt in allen denjenigen Fällen, in denen der Erlaubnisträger im Rahmen seiner Erlaubnis tätig geworden ist, also auch für Frachtgüter und Inkassobüros (bei diesen beiden anders als im Innenverhältnis, Anm 2 B), für die Erstattungsfähigkeit die sinngemäße Anwendbarkeit der jeweiligen Verfahrensordnung, Lappe Rpfleger **85**, 284, insofern abw Löwisch NJW **86**, 1727 mwN, aM Mü Rpflege **89**, 301 (das OLG übersieht, daß II nur den I 1, 2, nicht auch den I 3 ausschließt).

Das Gesetz unterscheidet für die Erstattungsfähigkeit nicht zwischen einer gerichtlichen und einer außergerichtlichen Tätigkeit des Erlaubnisträgers. Insofern sind die vielfachen Probleme des alten Rechts überholt.

B. Einzelheiten. Im Bereich der ZPO ist deren § 91 II in Verbindung mit den daraus folgenden Vorschriften voll sinngemäß anwendbar; der Erlaubnisträger ist dem Rechtsanwalt insofern uneingeschränkt gleichgestellt. Soweit zB § 91 in anderen Verfahren anwendbar ist, etwa in der Zwangsvollstreckung, ist diese Regelung auch für den Erlaubnisträger gültig, etwa bei § 788 ZPO.

Dasselbe gilt für alle anderen Verfahrensarten, vgl Einf 2 vor § 113 BRAGO.

Voraussetzung jeder Erstattungsfähigkeit ist unter anderem, daß die Tätigkeit im Rahmen der erteilten Erlaubnis erfolgte.

Artikel X. Änderung sonstiger Gesetze

Bemerkung. Soweit die Änderung in diesem Buch abgedruckte Gesetze betreffen, sind sie dort berücksichtigt. Im übrigen sind sie hier nicht abgedruckt.

Artikel XI. Schlußvorschriften

Anfechtung von Verwaltungsakten

1 **I Verwaltungsakte, die im Bereich der Justizverwaltung beim Vollzug des Gerichtskostengesetzes, der Kostenordnung, des Gerichtsvollzieherkostengesetzes, des Gesetzes über die Entschädigung von Zeugen und Sachverständigen, des Gesetzes über die Entschädigung der ehrenamtlichen Richter oder sonstiger für gerichtliche Verfahren oder Verfahren der Justizverwaltung geltender Kostenvorschriften, insbesondere hinsichtlich der Einforderung oder Zurückzahlung ergeben, können durch einen Antrag auf gerichtliche Entscheidung auch dann angefochten werden, wenn es nicht ausdrücklich bestimmt ist. Der Antrag kann nur darauf gestützt werden, daß der Verwaltungsakt den Antragsteller in seinen Rechten beeinträchtige, weil er rechtswidrig sei. Soweit die Verwaltungsbehörde ermächtigt ist, nach ihrem Ermessen zu befinden, kann der Antrag nur darauf gestützt werden, daß die gesetzlichen Grenzen des Ermessens überschritten seien, oder daß von dem Ermessen in einer dem Zweck der Ermächtigung nicht entsprechenden Weise Gebrauch gemacht worden sei.**

II Über den Antrag entscheidet das Amtsgericht, in dessen Bezirk die für die Einziehung oder Befriedigung des Anspruchs zuständige Kasse ihren Sitz hat. In dem Verfahren ist die Staatskasse zu hören. § 14 Abs. 3 bis 5 der Kostenordnung gilt entsprechend.

1) Allgemeines. Da die Festsetzung und Einziehung der Gerichtskosten eine Verwaltungstätigkeit ist, erfolgt sie häufig durch einen Verwaltungsakt, zB beim Kostenansatz, § 5 GKG und § 14 KostO, bei der Festsetzung einer Entschädigung, § 16 ZSEG und § 12 EhrRiEG, in den Fällen der JVKostO, der Vergütung eines im Weg der Prozeßkostenhilfe beigeordneten Anwalts, § 128 BRAGO, AG Lübeck Rpfleger **84**, 75 (insofern zustm Lappe), im Fall der Nichterhebung von Kosten, § 8 GKG und § 16 KostO usw. Nach Art 19 IV GG muß ein solcher Verwaltungsakt gerichtlich überprüft werden können.

Deshalb sehen die Kostengesetze in vielen Fällen durch besondere Bestimmungen die Möglichkeit der Anrufung des Instanzgerichts vor. Diese Möglichkeit wird meist Erinnerung genannt.

Art XI § 1 soll etwaige Lücken schließen, BVerwG Rpfleger **82**, 38, OVG Bln Rpfleger **83**, 416 mwN. Die Vorschrift enthält also eine Generalklausel für die Anfechtbarkeit von Verwaltungsakten auf dem Gebiet des Kostenrechts, LG Frankenthal Rpfleger **81**, 373.

Die Vorschrift eröffnet einheitlich kraft besonderer Zuweisung den Rechtsweg zum Zivilgericht, LG Münster NJW **71**, 2002. Ohne sie wären auf Grund der verwaltungsgerichtlichen Generalklausel allgemein die Verwaltungsgerichte zuständig. Die Überschneidungen der Zuständigkeit mit ihren Nachteilen schließt Art XI § 1 aus, BVerwG Rpfleger **82**, 38, OVG Bln Rpfleger **83**, 416. Die dadurch begründete Zuständigkeit des AG wird durch die VwGO nicht berührt, § 40 I 1 VwGO, und ist auch nicht auf das OLG übergegangen, § 23 III EGGVG, Anh § 160 KostO.

2) Geltungsbereich, I. A. Grundsatz. Soweit das Gesetz kein anderes Rechtsmittel ausdrücklich vorsieht, kann man einen Verwaltungsakt, der im Bereich der Justizverwaltung beim Vollzug eines Kostengesetzes ergeht, lediglich durch einen Antrag auf eine gerichtliche Entscheidung anfechten.

B. Beispiele der Anwendbarkeit. Es handelt sich um einen Bescheid über die Einforderung und Rückzahlung, LG Frankenthal Rpfleger **81**, 373; es handelt sich um die Festsetzung einer Reisekostenentschädigung, soweit diese nicht durch einen Akt der Rechtsprechung erfolgt, ZSEG (Teil V dieses Buchs) Anh A Vorbem; es handelt sich um die Anforderung eines Vorschusses nach § 5 GVKostG; es geht um die Weigerung eines Notars, seine Auskunftspflicht zu erfüllen, § 31 a KostO Anm 2; es geht um die Aufrechnung mit einer Geldstrafe oder mit Kosten (vgl dazu § 96 a BRAGO).

Diese Frage ist **streitig. Wie hier** zB Ffm Rpfleger **78**, 154, insofern auch Schlesw SchlHA **79**, 184, AG Freibg AnwBl **84**, 267, AG Mü JB **77**, 1248, AG Tüb AnwBl **83**, 134, jetzt auch Mümmler Rpfleger **74**, 93 je mwN; **offen** LG Krefeld MDR **74**, 951 mwN; **aM** zB Hbg AnwBl **77**, 70, LG Mannh AnwBl **82**, 165 mwN, Schmidt MDR **74**, 952 (§ 767 ZPO sei anwendbar).

Weiteres Beispiel der Anwendbarkeit: Es geht um eine Stundung von Ratenzahlungen auf Grund einer Prozeßkostenhilfe, die der Antragsteller erst nach dem Abschluß der Instanz begehrt hat, Hbg MDR **83**, 234.

C. Beispiele der Unanwendbarkeit. Es handelt sich um eine ablehnende Verwaltungsentscheidung über einen Kostenansatz, § 4 III GKG und § 14 VI KostO. Denn in diesem Fall ist ohnehin die Erinnerung zulässig; es geht um den Erlaß von Gerichtskosten der Verwaltungsgerichtsbarkeit, OVG Bln Rpfleger **83**, 415; es handelt sich um eine Anordnung der Dienstaufsicht gegenüber dem Gerichtsvollzieher, den Kostenansatz zu ermäßigen oder erhaltene Gebühren oder Auslagen zurückzuzahlen. Denn diese Anordnung ergeht nicht „beim Vollzug", sondern betrifft nur das Verhältnis zwischen dem Gerichtsvollzieher und dem Dienstherrn

Diese Frage ist **streitig. Wie hier** zB BVerwG NJW **83**, 897, Mü Rpfleger **76**, 336 mwN, VG Köln DGVZ **82**, 10; **aM** zB AG Aachen DGVZ **71**, 38.

D. Weitere Einzelfragen. Soweit eine Kostenvorschrift unmittelbar oder wegen einer Verweisung auch außerhalb der eigentlichen Justizverwaltung anwendbar ist, gilt die Generalklausel zugunsten des AG nicht. In einem solchen Fall entscheidet kraft Zusammenhangs das Gericht der ersten Instanz über die Anfechtung, soweit eine Sondervorschrift fehlt.

Es kommt nicht darauf an, ob das Gericht der Aufsicht des Justizministers untersteht, OVG Bln Rpfleger **83**, 415 mwN, aM VG Wiesb **KR** Nr 2. „Justizverwaltung" im Sinn von § 1 ist nur die Verwaltung des ordentlichen Gerichts, OVG Bln Rpfleger **83**, 415.

3) Antrag auf gerichtliche Entscheidung, I, II. A. Voraussetzungen. Der Antrag ist der verwaltungsgerichtlichen Anfechtungsklage nachgebildet. Das Gericht hat demgemäß den angefochtenen Verwaltungsakt auf etwaige Rechtsfehler einschließlich etwaiger Ermessensfehler zu überprüfen, I 2, 3. Als ein Rechtsfehler gilt auch die Annahme eines unrichtigen Sachverhalts. Obwohl das Gesetz schweigt, ist das AG nicht auf die Befugnis beschränkt, den angefochtenen Verwaltungsakt aufzuheben. Soweit es sich nicht um eine Ermessensentscheidung der Verwaltung handelt, darf das Gericht also im Fall der Spruchreife die begehrte Rechtspflege selbst aussprechen, vgl § 28 II EGGVG, aM Tschischgale JVBl **66**, 98.

B. Verfahren. Über den Antrag entscheidet das Zivilgericht, Hbg AnwBl **86**, 43 mwN, und zwar dasjenige AG, in dessen Bezirk die für die Einziehung oder Befriedigung des Anspruchs zuständige Kasse ihren Sitz hat, II 1, also nicht das VG, BVerwG Rpfleger **82**, 37. Das Gericht muß den Bezirksrevisor als den Vertreter der Staatskasse anhören, II 2. Im übrigen regelt das Gesetz das Verfahren des AG nicht näher. Da der Gesetzgeber die Anwendung der verwaltungsgerichtlichen Verfahrensvorschriften nicht angeordnet hat, ist das Verfahren entsprechend dem ersten Abschnitt des FGG zu gestalten, wie es jetzt in § 29 II EGGVG vorgesehen ist.

Entsprechend § 14 III KostO ist bei einem Beschwerdegegenstand von mehr als 100 DM die unbefristete Beschwerde an das LG zulässig, eventuell die weitere Beschwerde an das OLG, II 3. Ein Landesgesetz kann die Zulässigkeit zur Entscheidung über eine weitere Beschwerde einem einzigen OLG (ObLG) zuweisen, Art XI § 2 KostÄndG.

Der Antragsteller kann jeden Antrag und jede Beschwerde schriftlich oder zum Protokoll des Urkundsbeamten der Geschäftsstelle anbringen. Es herrscht daher auch beim LG und beim OLG (ObLG) kein Anwaltszwang, II 3 in Verbindung mit § 14 V KostO.

C. Kosten. Es entstehen keine Gerichtsgebühren. Für die Anwaltsgebühren gilt § 118 BRAGO. Der Anwalt erhält also in der Regel eine geringere Gebühr als bei einem vergleichbaren Verfahren vor dem VG,

§§ 114 I, 31 BRAGO. Wegen des Geschäftswerts vgl § 30 KostO. Falls der Geschäftswert nicht feststeht (zB bei einem Kostenbetrag), muß das Gericht ihn nach freiem Ermessen bestimmen, notfalls nach den Grundsätzen des § 30 II KostO. Es findet keine Kostenerstattung statt, II 3 in Verbindung mit § 14 V 2 KostO.

Zuständigkeit für die weitere Beschwerde in Kostenangelegenheiten

2 Durch die Gesetzgebung eines Landes, in dem mehrere Oberlandesgerichte errichtet sind, kann die Entscheidung über das Rechtsmittel der weiteren Beschwerde nach §§ 14, 156 der Kostenordnung und nach Artikel XI § 1 dieses Gesetzes, der Beschwerde nach § 5 des Gerichtskostengesetzes, nach § 14 der Kostenordnung, nach § 16 des Gesetzes über die Entschädigung von Zeugen und Sachverständigen und nach § 12 des Gesetzes über die Entschädigung der ehrenamtlichen Richter einem der mehreren Oberlandesgerichte oder an Stelle eines solchen Oberlandesgerichts einem obersten Landesgericht zugewiesen werden. Dies gilt auch für die Entscheidung über das Rechtsmittel der weiteren Beschwerde nach § 10 der Bundesgebührenordnung für Rechtsanwälte, soweit nach dieser Vorschrift das Oberlandesgericht zuständig ist.

1) Geltungsbereich. Die Vorschrift ermöglicht es den Ländern, in den genannten Kostenangelegenheiten die Zuständigkeit für die Entscheidung über eine Beschwerde oder über eine weitere Beschwerde einem von mehreren Oberlandesgerichten oder einem Obersten Landesgericht zu übertragen, zB Bayern, AGGVG idF vom 23. 6. 81, GVBl 188, BLAH Schlußanhang I B, vgl freilich BayObLG **79**, 338. Rechtspolitisch krit Bratfisch Rpfleger **88**, 552 (er fordert Regelungen nach § 2 auch für die restlichen Bundesländer).

3 (Übergangsvorschrift; s 14. Auflage).

Außerkrafttreten bisherigen Rechts

4 (vgl 15. Aufl).

Unberührt bleibendes Recht

5 I Durch die Aufhebung der bisherigen Vorschriften über die Kosten der Gerichtsvollzieher werden folgende Vorschriften nicht berührt:

1. die landesrechtlichen Vorschriften über die Kosten der Vollstreckung im Verwaltungszwangsverfahren;

2. § 97 des hamburgisches Gerichtskostengesetzes vom 26. Februar 1926 (Hamburgischen Gesetz- Verordnungsbl. S. 61) **[jetzt § 6 Hbg JustKostG v. 18. 10. 57, Hbg SLR 34-a.]**

II Durch die Aufhebung der Vorschriften, nach denen sich bisher die Gebühren und Auslagen der Rechtsanwälte bemessen, werden folgende Vorschriften nicht berührt:

1. § 53 des Patentgesetzes in der Fassung der Anlage 1 des Gesetzes vom 18. Juli 1953 (Bundesgesetzbl. I S. 615, 623) [jetzt § 144 in der Fassung v. 16. 12. 80, BGBl **81**, 1 abgedruckt Teil I dieses Buches Anh § 12];
2. **das Gesetz über die Erstattung von Gebühren** des beigeordneten Vertreters **in Patent-** und **Gebrauchsmuster**sachen und Sortenschutzsachen **vom 18. Juli 1953 (Bundesgesetzbl. I S. 654);**
3. **die Verordnung über die Vertretung vor den Ausgleichsbehörden und Feststellungsbehörden (4. LeistungsDV – LA – 2. FeststellungsDV) vom 24. August 1953 (Bundesgesetzbl. I S. 1026 [geändert durch VO v. 17. 12. 55, BGBl. 807, u. VO v. 17. 9. 57, BGBl. 1380]);**
4. **§ 9 Abs. 2 der 16. Durchführungsverordnung zum Umstellungsgesetz und Artikel 9 Nr. 15 der Durchführungsbestimmungen Nr. 13 der Berliner Militärregierung zur Zweiten Verordnung zur Neuordnung des Geldwesens (Umstellungsverordnung) vom 4. Juli 1948 (Verordnungsbl. für Groß-Berlin 1949 I S. 163, 166);**
5. **die Vorschriften, nach denen sich die Gebühren und Auslagen der Rechtsanwälte in Rückerstattungssachen und in Angelegenheiten der Entschädigungsgesetze bestimmen.**

Verweisungen

6 Soweit in anderen Gesetzen und Verordnungen auf die durch dieses Gesetz aufgehobenen oder abgeänderten Vorschriften verwiesen ist, treten die entsprechenden Vorschriften dieses Gesetzes an ihre Stelle.

1) Geltungsbereich. Gebührenbefreiungsgesetze sind als „andere Gesetze“ zu verstehen, vgl auch LG Kref Rpfleger **89**, 77 mwN (zum überholten WohnGebBefrG).

Bekanntmachung des Wortlauts des Gerichtskostengesetzes und der Kostenordnung

7 Das Gerichtskostengesetz und die Kostenordnung gelten vom Inkrafttreten dieses Gesetzes ab in der aus den Anlagen 1 und 2 ersichtlichen Fassung.

Geltung in Berlin

8 Dieses Gesetz gilt nach Maßgabe des § 13 Abs. 1 des Dritten Überleitungsgesetzes vom 4. Januar 1952 (Bundesgesetzbl. I S. 1) auch im Land Berlin. Rechtsverordnungen, die auf Grund dieses Gesetzes erlassen wurden, gelten im Land Berlin nach § 14 des Dritten Überleitungsgesetzes.

Geltung im Saarland

9 Dieses Gesetz gilt nicht im Saarland.

1) Geltungsbereich. Inzwischen überholt. Die Kostengesetze gelten vom Ende der Übergangszeit, Art 3 des Saarvertrages vom 27. 10. 56, BGBl II 1587, auch im Saarland, dh seit 6. 7. 59, Bek vom 30. 6. 59, BGBl 401; vgl auch Einl I.

Inkrafttreten

10 Dieses Gesetz tritt am 1. Oktober 1957 in Kraft.

Schlußanhang

Gebührentabellen

Vgl auch Ahrens/Mack, Kostentabelle für Rechtsanwälte und Notare, 9. Aufl. 1987; Göttlich/Otto, Gebührentabellen, 17. Aufl. 1987; Höver, Gebührentabellen, 20. Aufl 1987; Lappe, Gebührentabellen; 15. Aufl 1988; Quandt'sche Gebührentabellen, 29. Aufl. 1987; Schweckenbecher, Kostenübersichtstabellen, 8. Aufl 1987

A. Gebührentabelle für Gerichtskosten, § 11 II 4 GKG

Bei einem Streitwert bis ... DM	beträgt die Gebühr ... DM	Bei einem Streitwert bis ... DM	beträgt die Gebühr ... DM
300	15	17000	306
600	24	18000	318
900	33	19000	330
1200	42	20000	342
1500	51	25000	378
1800	60	30000	414
2100	69	35000	450
2400	78	40000	486
2700	87	45000	522
3000	96	50000	558
3500	105	55000	594
4000	114	60000	630
4500	123	65000	666
5000	132	70000	702
5500	141	75000	738
6000	150	80000	774
6500	159	85000	810
7000	168	90000	846
7500	177	95000	882
8000	186	100000	918
8500	195	115000	1008
9000	204	130000	1098
9500	213	145000	1188
10000	222	160000	1278
11000	234	175000	1368
12000	246	190000	1458
13000	258	205000	1548
14000	270	220000	1638
15000	282	235000	1728
16000	294	250000	1818

Bei einem Streitwert bis ... DM	beträgt die Gebühr ... DM	Bei einem Streitwert bis ... DM	beträgt die Gebühr ... DM
265000	1908	580000	3798
280000	1998	610000	3978
295000	2088	640000	4158
310000	2178	670000	4338
325000	2268	700000	4518
340000	2358	730000	4698
355000	2448	760000	4878
370000	2538	790000	5058
385000	2628	820000	5238
400000	2718	850000	5418
430000	2898	880000	5598
460000	3078	910000	5778
490000	3258	940000	5958
520000	3438	970000	6138
550000	3618	1000000	6318

B. Gebührentabelle für Gerichtskosten vor den Arbeitsgerichten

1. Rechtszug, § 12 II 2 ArbGG

Die Gebühr beträgt bei Gegenständen im Wert

bis zu	100,– DM		3,– DM
über	100,– DM bis	200,– DM einschließlich	6,– DM
über	200,– DM bis	300,– DM einschließlich	9,– DM
über	300,– DM bis	400,– DM einschließlich	12,– DM
über	400,– DM bis	500,– DM einschließlich	15,– DM
über	500,– DM bis	600,– DM einschließlich	18,– DM
über	600,– DM bis	700,– DM einschließlich	21,– DM
über	700,– DM bis	800,– DM einschließlich	24,– DM
über	800,– DM bis	900,– DM einschließlich	27,– DM
über	900,– DM bis	1000,– DM einschließlich	30,– DM
über	1000,– DM bis	1100,– DM einschließlich	33,– DM
über	1100,– DM bis	1200,– DM einschließlich	36,– DM
über	1200,– DM bis	1300,– DM einschließlich	39,– DM
über	1300,– DM bis	1400,– DM einschließlich	42,– DM
über	1400,– DM bis	1500,– DM einschließlich	45,– DM
über	1500,– DM bis	1600,– DM einschließlich	48,– DM
über	1600,– DM bis	1700,– DM einschließlich	51,– DM
über	1700,– DM bis	1800,– DM einschließlich	54,– DM
über	1800,– DM bis	1900,– DM einschließlich	57,– DM
über	1900,– DM bis	2000,– DM einschließlich	60,– DM
über	2000,– DM bis	2100,– DM einschließlich	63,– DM
über	2100,– DM bis	2200,– DM einschließlich	66,– DM
über	2200,– DM bis	2300,– DM einschließlich	69,– DM

über	2300,– DM bis	2400,– DM	einschließlich	72,– DM
über	2400,– DM bis	2500,– DM	einschließlich	75,– DM
über	2500,– DM bis	2600,– DM	einschließlich	78,– DM
über	2600,– DM bis	2700,– DM	einschließlich	81,– DM
über	2700,– DM bis	2800,– DM	einschließlich	84,– DM
über	2800,– DM bis	2900,– DM	einschließlich	87,– DM
über	2900,– DM bis	3000,– DM	einschließlich	90,– DM
über	3000,– DM bis	3100,– DM	einschließlich	93,– DM
über	3100,– DM bis	3200,– DM	einschließlich	96,– DM
über	3200,– DM bis	3300,– DM	einschließlich	99,– DM
über	3300,– DM bis	3400,– DM	einschließlich	102,– DM
über	3400,– DM bis	3500,– DM	einschließlich	105,– DM
über	3500,– DM bis	3600,– DM	einschließlich	108,– DM
über	3600,– DM bis	3700,– DM	einschließlich	111,– DM
über	3700,– DM bis	3800,– DM	einschließlich	114,– DM
über	3800,– DM bis	3900,– DM	einschließlich	117,– DM
über	3900,– DM bis	4000,– DM	einschließlich	120,– DM
über	4000,– DM bis	4100,– DM	einschließlich	123,– DM
über	4100,– DM bis	4200,– DM	einschließlich	126,– DM
über	4200,– DM bis	4300,– DM	einschließlich	129,– DM
über	4300,– DM bis	4400,– DM	einschließlich	132,– DM
über	4400,– DM bis	4500,– DM	einschließlich	135,– DM
über	4500,– DM bis	4600,– DM	einschließlich	138,– DM
über	4600,– DM bis	4700,– DM	einschließlich	141,– DM
über	4700,– DM bis	4800,– DM	einschließlich	144,– DM
über	4800,– DM bis	4900,– DM	einschließlich	147,– DM
über	4900,– DM bis	5000,– DM	einschließlich	150,– DM
über	5000,– DM bis	5100,– DM	einschließlich	153,– DM
über	5100,– DM bis	5200,– DM	einschließlich	156,– DM
über	5200,– DM bis	5300,– DM	einschließlich	159,– DM
über	5300,– DM bis	5400,– DM	einschließlich	162,– DM
über	5400,– DM bis	5500,– DM	einschließlich	165,– DM
über	5500,– DM bis	5600,– DM	einschließlich	168,– DM
über	5600,– DM bis	5700,– DM	einschließlich	171,– DM
über	5700,– DM bis	5800,– DM	einschließlich	174,– DM
über	5800,– DM bis	5900,– DM	einschließlich	177,– DM
über	5900,– DM bis	6000,– DM	einschließlich	180,– DM
über	6000,– DM bis	6100,– DM	einschließlich	183,– DM
über	6100,– DM bis	6200,– DM	einschließlich	186,– DM
über	6200,– DM bis	6300,– DM	einschließlich	189,– DM
über	6300,– DM bis	6400,– DM	einschließlich	192,– DM
über	6400,– DM bis	6500,– DM	einschließlich	195,– DM
über	6500,– DM bis	6600,– DM	einschließlich	198,– DM
über	6600,– DM bis	6700,– DM	einschließlich	201,– DM
über	6700,– DM bis	6800,– DM	einschließlich	204,– DM
über	6800,– DM bis	6900,– DM	einschließlich	207,– DM
über	6900,– DM bis	7000,– DM	einschließlich	210,– DM
über	7000,– DM bis	7100,– DM	einschließlich	213,– DM
über	7100,– DM bis	7200,– DM	einschließlich	216,– DM
über	7200,– DM bis	7300,– DM	einschließlich	219,– DM

über 7300,– DM bis 7400,– DM einschließlich 222,– DM
über 7400,– DM bis 7500,– DM einschließlich 225,– DM
über 7500,– DM bis 7600,– DM einschließlich 228,– DM
über 7600,– DM bis 7700,– DM einschließlich 231,– DM
über 7700,– DM bis 7800,– DM einschließlich 234,– DM
über 7800,– DM bis 7900,– DM einschließlich 237,– DM
über 7900,– DM bis 8000,– DM einschließlich 240,– DM

über 8000,– DM bis 8100,– DM einschließlich 243,– DM
über 8100,– DM bis 8200,– DM einschließlich 246,– DM
über 8200,– DM bis 8300,– DM einschließlich 249,– DM
über 8300,– DM bis 8400,– DM einschließlich 252,– DM
über 8400,– DM bis 8500,– DM einschließlich 255,– DM
über 8500,– DM bis 8600,– DM einschließlich 258,– DM
über 8600,– DM bis 8700,– DM einschließlich 261,– DM
über 8700,– DM bis 8800,– DM einschließlich 264,– DM
über 8800,– DM bis 8900,– DM einschließlich 267,– DM
über 8900,– DM bis 9000,– DM einschließlich 270,– DM

über 9000,– DM bis 9100,– DM einschließlich 273,– DM
über 9100,– DM bis 9200,– DM einschließlich 276,– DM
über 9200,– DM bis 9300,– DM einschließlich 279,– DM
über 9300,– DM bis 9400,– DM einschließlich 282,– DM
über 9400,– DM bis 9500,– DM einschließlich 285,– DM
über 9500,– DM bis 9600,– DM einschließlich 288,– DM
über 9600,– DM bis 9700,– DM einschließlich 291,– DM
über 9700,– DM bis 9800,– DM einschließlich 294,– DM
über 9800,– DM bis 9900,– DM einschließlich 297,– DM
über 9900,– DM bis 10000,– DM einschließlich 300,– DM

über 10000,– DM bis 10100,– DM einschließlich 303,– DM
über 10100,– DM bis 10200,– DM einschließlich 306,– DM
über 10200,– DM bis 10300,– DM einschließlich 309,– DM
über 10300,– DM bis 10400,– DM einschließlich 312,– DM
über 10400,– DM bis 10500,– DM einschließlich 315,– DM
über 10500,– DM bis 10600,– DM einschließlich 318,– DM
über 10600,– DM bis 10700,– DM einschließlich 321,– DM
über 10700,– DM bis 10800,– DM einschließlich 323,– DM
über 10800,– DM bis 10900,– DM einschließlich 327,– DM
über 10900,– DM bis 11000,– DM einschließlich 330,– DM

über 11000,– DM bis 11100,– DM einschließlich 333,– DM
über 11100,– DM bis 11200,– DM einschließlich 336,– DM
über 11200,– DM bis 11300,– DM einschließlich 339,– DM
über 11300,– DM bis 11400,– DM einschließlich 342,– DM
über 11400,– DM bis 11500,– DM einschließlich 345,– DM
über 11500,– DM bis 11600,– DM einschließlich 348,– DM
über 11600,– DM bis 11700,– DM einschließlich 351,– DM
über 11700,– DM bis 11800,– DM einschließlich 354,– DM
über 11800,– DM bis 11900,– DM einschließlich 357,– DM
über 11900,– DM bis 12000,– DM einschließlich 360,– DM

über 12000,– DM bis 12100,– DM einschließlich 363,– DM
über 12100,– DM bis 12200,– DM einschließlich 366,– DM
über 12200,– DM bis 12300,– DM einschließlich 369,– DM

über 12300,– DM bis 12400,– DM einschließlich 372,– DM
über 12400,– DM bis 12500,– DM einschließlich 375,– DM
über 12500,– DM bis 12600,– DM einschließlich 378,– DM
über 12600,– DM bis 12700,– DM einschließlich 381,– DM
über 12700,– DM bis 12800,– DM einschließlich 384,– DM
über 12800,– DM bis 12900,– DM einschließlich 387,– DM
über 12900,– DM bis 13000,– DM einschließlich 390,– DM

über 13000,– DM bis 13100,– DM einschließlich 393,– DM
über 13100,– DM bis 13200,– DM einschließlich 396,– DM
über 13200,– DM bis 13300,– DM einschließlich 399,– DM
über 13300,– DM bis 13400,– DM einschließlich 402,– DM
über 13400,– DM bis 13500,– DM einschließlich 405,– DM
über 13500,– DM bis 13600,– DM einschließlich 408,– DM
über 13600,– DM bis 13700,– DM einschließlich 411,– DM
über 13700,– DM bis 13800,– DM einschließlich 414,– DM
über 13800,– DM bis 13900,– DM einschließlich 417,– DM
über 13900,– DM bis 14000,– DM einschließlich 420,– DM

über 14000,– DM bis 14100,– DM einschließlich 423,– DM
über 14100,– DM bis 14200,– DM einschließlich 426,– DM
über 14200,– DM bis 14300,– DM einschließlich 429,– DM
über 14300,– DM bis 14400,– DM einschließlich 432,– DM
über 14400,– DM bis 14500,– DM einschließlich 435,– DM
über 14500,– DM bis 14600,– DM einschließlich 438,– DM
über 14600,– DM bis 14700,– DM einschließlich 441,– DM
über 14700,– DM bis 14800,– DM einschließlich 444,– DM
über 14800,– DM bis 14900,– DM einschließlich 447,– DM
über 14900,– DM bis 15000,– DM einschließlich 450,– DM

über 15000,– DM bis 15100,– DM einschließlich 453,– DM
über 15100,– DM bis 15200,– DM einschließlich 456,– DM
über 15200,– DM bis 15300,– DM einschließlich 459,– DM
über 15300,– DM bis 15400,– DM einschließlich 462,– DM
über 15400,– DM bis 15500,– DM einschließlich 465,– DM
über 15500,– DM bis 15600,– DM einschließlich 468,– DM
über 15600,– DM bis 15700,– DM einschließlich 471,– DM
über 15700,– DM bis 15800,– DM einschließlich 474,– DM
über 15800,– DM bis 15900,– DM einschließlich 477,– DM
über 15900,– DM bis 16000,– DM einschließlich 480,– DM

über 16000,– DM bis 16100,– DM einschließlich 483,– DM
über 16100,– DM bis 16200,– DM einschließlich 486,– DM
über 16200,– DM bis 16300,– DM einschließlich 489,– DM
über 16300,– DM bis 16400,– DM einschließlich 492,– DM
über 16400,– DM bis 16500,– DM einschließlich 495,– DM
über 16500,– DM bis 16600,– DM einschließlich 498,– DM
über 16600,– DM 500,– DM.

C. Gebührentabelle nach § 32 KostG

Bei einem Geschäftswert bis ... DM	beträgt eine volle Gebühr ... DM	Bei einem Geschäftswert bis ... DM	beträgt eine volle Gebühr ... DM
500	15	500000	860
1000	18	520000	890
1500	21	540000	920
2000	24	560000	950
4000	38	580000	980
6000	52	600000	1010
8000	66	620000	1040
10000	80	640000	1070
15000	90	660000	1100
20000	100	680000	1130
25000	110	700000	1160
30000	120	720000	1190
35000	130	740000	1220
40000	140	760000	1250
45000	150	780000	1280
50000	160	800000	1310
55000	170	820000	1340
60000	180	840000	1370
65000	190	860000	1400
70000	200	880000	1430
75000	210	900000	1460
80000	220	920000	1490
85000	230	940000	1520
90000	240	960000	1550
95000	250	980000	1580
100000	260	1000000	1610
120000	290	1020000	1640
140000	320	1040000	1670
160000	350	1060000	1700
180000	380	1080000	1730
200000	410	1100000	1760
220000	440	1120000	1790
240000	470	1140000	1820
260000	500	1160000	1850
280000	530	1180000	1880
300000	560	1200000	1910
320000	590	1220000	1940
340000	620	1240000	1970
360000	650	1260000	2000
380000	680	1280000	2030
400000	710	1300000	2060
420000	740	1320000	2090
440000	770	1340000	2120
460000	800	1360000	2150
480000	830	1380000	2180

Bei einem Geschäftswert bis ... DM	beträgt eine volle Gebühr ... DM	Bei einem Geschäftswert bis ... DM	beträgt eine volle Gebühr ... DM
1400000	2210	1720000	2690
1420000	2240	1740000	2720
1440000	2270	1760000	2750
1460000	2300	1780000	2780
1480000	2330	1800000	2810
1500000	2360	1820000	2840
1520000	2390	1840000	2870
1540000	2420	1860000	2900
1560000	2450	1880000	2930
1580000	2480	1900000	2960
1600000	2510	1920000	2990
1620000	2540	1940000	3020
1640000	2570	1960000	3050
1660000	2600	1980000	3080
1680000	2630	2000000	3110
1700000	2660		

D. Tabelle für Rechtsanwaltsgebühren, Anlage zu § 11 BRAGO

Bei einem Streitwert bis ... DM	beträgt die Gebühr ... DM	Bei einem Streitwert bis ... DM	beträgt die Gebühr ... DM
300	40	8500	461
600	55	9000	487
900	70	9500	513
1200	85	10000	539
1500	100	11000	570
1800	115	12000	601
2100	130	13000	632
2400	145	14000	663
2700	160	15000	694
3000	175	16000	725
3500	201	17000	756
4000	227	18000	787
4500	253	19000	818
5000	279	20000	849
5500	305	25000	914
6000	331	30000	979
6500	357	35000	1044
7000	383	40000	1109
7500	409	45000	1174
8000	435	50000	1239

Bei einem Geschäftswert bis ... DM	beträgt eine volle Gebühr ... DM	Bei einem Geschäftswert bis ... DM	beträgt eine volle Gebühr ... DM
55000	1304	340000	3089
60000	1369	355000	3164
65000	1434	370000	3239
70000	1499	385000	3314
75000	1564	400000	3389
80000	1629	430000	3509
85000	1694	460000	3629
90000	1759	490000	3749
95000	1824	520000	3869
100000	1889	550000	3989
115000	1964	580000	4109
130000	2039	610000	4229
145000	2114	640000	4349
160000	2189	670000	4469
175000	2264	700000	4589
190000	2339	730000	4709
205000	2414	760000	4829
220000	2489	790000	4949
235000	2564	820000	5069
250000	2639	850000	5189
265000	2714	880000	5309
280000	2789	910000	5429
295000	2864	940000	5549
310000	2939	970000	5669
325000	3014	1000000	5789

E. Tabelle für Gerichtsvollziehergebühren, § 13 GVKostG

Die volle Gebühr beträgt bei einem Gegenstandswert
bis zu 300 Deutsche Mark einschließlich 10 Deutsche Mark
bis zu 600 Deutsche Mark einschließlich 15 Deutsche Mark
bis zu 1000 Deutsche Mark einschließlich 20 Deutsche Mark
bis zu 2000 Deutsche Mark einschließlich 30 Deutsche Mark
bis zu 3000 Deutsche Mark einschließlich 40 Deutsche Mark
bis zu 4000 Deutsche Mark einschließlich 50 Deutsche Mark
bis zu 5000 Deutsche Mark einschließlich 60 Deutsche Mark
bis zu 6000 Deutsche Mark einschließlich 70 Deutsche Mark
bis zu 7000 Deutsche Mark einschließlich 80 Deutsche Mark
bis zu 8000 Deutsche Mark einschließlich 90 Deutsche Mark
bis zu 9000 Deutsche Mark einschließlich 100 Deutsche Mark
bis zu 10000 Deutsche Mark einschließlich 110 Deutsche Mark
von dem Mehrbetrag für je 2000 Deutsche Mark 10 Deutsche Mark. Werte über 10000 Deutsche Mark sind auf volle 2000 Deutsche Mark aufzurunden.

Sachverzeichnis

Fette römische Zahlen = Abschnitte des Buches, zB **I** = GKG
Magere arabische ein- bis dreistellige Zahlen = §§, zB **I** 13 = § 13 GKG in der Fassung der Neubekanntmachung 1975
Magere arabische vierstellige Zahlen = Nr des KV (GKG, ab 1000) bzw GV (ArbGG, ab 2000), zB **I** 1150 = Nr 1150 des KV zum GKG
Magere einstellige Zahlen hinter Anm = Nr der Anmerkung

Einl: Einleitung

I: GKG
II A: ArbGG
II B: SGG
III: KostO
IV: LwVG
V: ZSEG
VI: EhrRiEG
VII: DVKostG
VIII: JVKostG
IX: Beitreibung
X: BRAGO
XI: GVKostG
XII: KostÄndG 57

Buchanzeigen

Haegele/Schöner/Stöber

Grundbuchrecht

Handbuch der Rechtspraxis, Band 4

Von Dr. Hartmut Schöner, Notar, Kurt Stöber, Regierungsdirektor

9., neubearbeitete Auflage 1989
des von Karl Haegele, Bezirksnotar a. D., begründeten und bis zur 5. Auflage bearbeiteten Handbuchs
XXXVIII, 1437 Seiten. In Leinen DM 185,–
ISBN 3-406-33960-3

Dieses Handbuch
ist für die juristische Praxis geschrieben. Es enthält eine umfassende Darstellung des gesamten **materiellen Grundstücksrechts** und des formellen Grundbuchrechts einschließlich des damit zusammenhängenden öffentlichen Bodenrechts.

Für die Neuauflage
wurde das Werk durchgehend neu bearbeitet, wobei die Ausführungen zu grundlegenden Teilen vertieft dargestellt wurden.

An Gesetzesänderungen waren zu berücksichtigen:

- das **Baugesetzbuch** mit seinen Auswirkungen auf öffentlich-rechtliche Verfügungsbeschränkungen und Vorkaufsrechte
- das Gesetz zur Neuregelung des **Internationalen Privatrechts.**

Die übrigen Schwerpunkte der Neubearbeitung:

- **Kaufrecht** mit Schwergewicht bei der Absicherung der Vertragsparteien und bei den Finanzierungsproblemen bis hin zum Bauträgervertrag
- das umfassend behandelte **Wohnungseigentumsrecht**
- **Erbbaurecht**
- Recht der **Kreditsicherung durch Grundschulden**
- **Dienstbarkeiten**
- **sonstige Erwerbsvorgänge** wie z. B. Erbteilskauf
- **Verfahrensgrundsätze** (vornehmlich Prüfungspflicht des Grundbuchamtes und Beweislast).

Verlag C. H. Beck